中共山东省委主办

2014

中共山东年鉴

黄河出版社

责任编辑 程 鹏 **封面设计** 席 伟

图书在版编目(CIP)数据

中共山东年鉴. 2014卷/中共山东省委主编. —济南: 黄河出版社,2014.12

ISBN 978-7-5460-0650-5

Ⅰ. ①中… Ⅱ. ①中… Ⅲ. ①中国共产党—工作—山东省—2014—年鉴 Ⅳ. ①D235.52-54

中国版本图书馆CIP数据核字（2014）第307268号

中共山东年鉴(2014)

中共山东省委主办

《中共山东年鉴》编辑部

出版发行:黄河出版社

通讯处:济南市英雄山路21号 **邮政编码:**250002

印 刷:山东新华印务有限责任公司

889×1194毫米 16开本 53.25印张 2627千字

2014年12月第1版 2014年12月第1次印刷

印数:2600册

ISBN 978-7-5460-0650-5

定 价:268.00元

《中共山东年鉴》理事会

《中共山东年鉴》编辑部联络员

2013年11月24日至28日，中共中央总书记、国家主席、中央军委主席习近平到青岛、临沂、济宁、菏泽、济南等地深入革命老区、企业、科研院所、文化机构等，就贯彻落实党的十八届三中全会精神、做好经济社会发展工作进行考察。图为11月27日，习近平到山东省农业科学院考察。

2013年4月15日至17日，中共中央政治局常委、全国人大常委会委员长张德江先后到烟台、潍坊、淄博、济南等地，深入企业、农村、社区调研，并分别召开了各级人大代表和地方人大工作座谈会，就全面贯彻落实党的十八大精神和十二届全国人大一次会议精神，全面推进依法治国、维护宪法和法律权威等作出重要指示。图为4月15日，张德江在烟台东方海洋科技股份有限公司调研。

2013年11月15日至17日，中共中央政治局常委、中央书记处书记刘云山先后到烟台、威海、济南等地，深入企业、社区、农村和文化单位，就学习贯彻党的十八届三中全会精神进行了调研。图为11月15日，刘云山到烟台市文化中心调研。

2013年1月13日，中共中央政治局委员、国务委员刘延东在荣成石岛湾高温气冷堆核电站示范工程工地调研并召开现场协调会。图为刘延东在荣成石岛湾高温气冷堆核电站示范工程工地调研。

2013年10月11日至12日，中共中央政治局委员、国务院副总理刘延东在山东调研并出席第十届中国艺术节系列活动。图为10月12日，刘延东到济南舜耕国际会展中心出席中国(山东)演艺产品交易会。

2013年3月25日至28日，中共中央政治局委员、中宣部部长刘奇葆在江苏、山东调研。在鲁期间，刘奇葆深入山东省广电中心、青岛市盐城路社区、青岛中青出租车公司、青岛海信集团等单位，就学习宣传贯彻党的十八大精神情况进行了调研。图为3月27日，刘奇葆在山东省广电中心调研。

2013年7月18日，中共中央政治局委员、国务院副总理汪洋在山东调研食品药品安全工作。图为汪洋在济南山东博士伦福瑞达制药有限公司调研。

目　录

特　载

中共山东省委工作概况

政治纲要

大　事　记

省委各部门及工青妇工作概况

党风和党纪

武装工作

党建论坛

执政论坛

重要纪事

市委工作概况

县(市、区)委工作概况

济南市

青岛市

淄博市

枣庄市

高校党委工作概况

企业党建

农村党建

社区党建

机关党建

改革和创新

光荣榜

山东省党组织发展统计资料

附　录

特　　载

中共山东省委常委班子党的群众路线教育实践活动整改工作方案

按照中央关于开展党的群众路线教育实践活动的统一部署，省委常委班子针对"四风"方面的突出问题，广泛征求意见，深入查摆剖析，形成了对照检查材料，明确了整改方向和措施。为推动"四风"突出问题的解决，确保省委常委班子教育实践活动取得实效，制定如下整改方案。

一、总体思路

认真贯彻落实党的十八大和十八届三中全会精神，深入学习习近平总书记系列重要讲话精神和视察山东重要讲话精神，紧紧围绕中央关于全面深化改革重大决策部署，以为民务实清廉为主要内容，按照"照镜子、正衣冠、洗洗澡、治治病"的总要求，弘扬沂蒙精神，聚焦作风建设，坚持从严从实，从思想上、行动上、制度上进行综合性整改，着力解决"四风"方面存在的突出问题，不断提高省委常委班子思想政治能力、动员组织能力、驾驭复杂矛盾能力，更好地团结带领全省广大党员干部群众改革创新、攻坚克难，加快推进经济文化强省建设。

整改落实要坚持立足当前、着眼长远，立行立改、标本兼治。针对"四风"方面存在的问题，既要立说立行、立查立改，该纠正的纠正、该禁止的禁止，又要在理想信念、工作程序、体制机制等方面下功夫，从根本上抵制不正之风。要注重把解决思想问题与解决实际问题相结合、开展清理整顿与建章立制相结合、抓好当前工作与谋划长远发展相结合、加强常委班子自身建设与推动全省面上工作相结合。通过整改落实，努力实现思想进一步提高、作风进一步转变、党群干群关系进一步密切、为民务实清廉形象进一步树立的目标。

二、整改内容及措施

（一）突出思想政治建设，加强学习，把思想高度统一到党的十八大、十八届三中全会和习近平总书记系列重要讲话精神上来

1. 加强和改进学习。把学习好、宣传好、贯彻好党的十八大、十八届三中全会和习近平

总书记系列重要讲话特别是习近平总书记视察山东重要讲话精神作为当前和今后一个时期的重大政治任务。省委常委班子发挥示范作用,带动全省把学习宣传贯彻引向深入。制定省委常委会关于加强和改进学习的意见,改进省委理论学习中心组的学习方法,加强学习的系统性、针对性、实效性。在全省组织开展"理想信念、宗旨意识"教育。分期分批组织干部轮训,省委常委带头讲课辅导。

2. 严格遵守党的政治纪律。加强理论武装,深入学习中国特色社会主义理论体系,坚定理想信念,不断增强遵守党的政治纪律的自觉性、坚定性。坚决贯彻党的路线方针政策和中央重大决策部署,坚决维护党的团结统一,坚决维护中央权威,自觉在思想上政治上行动上同以习近平同志为总书记的党中央保持高度一致。认真落实党风廉政建设责任制,保持党的先进性、纯洁性。

3. 加强对山东改革发展重大问题的研究。认真贯彻落实党的十八届三中全会关于全面深化改革的重大决策部署,深刻领会习近平总书记视察山东时的重要指示精神,紧密联系山东实际,进行深入学习研讨和调查研究,牢固树立科学发展理念和正确政绩观,认真整改不符合科学发展的思想观念和工作方法,深入谋划和切实抓好一系列事关全局和长远发展的重大举措,加大对重要领域和关键环节的改革力度,努力实现工作指导的重大转变、工作格局的重大调整。

4. 健全和完善民主集中制的相关制度规定。严格按照党的组织原则和政治生活准则办事,坚持贯彻执行民主集中制,坚持用好批评和自我批评武器,坚持严格党内生活,坚持党性原则基础上的团结。加强相互谈心和沟通交流,制定省委常委会关于做好谈心谈话工作的规定,完善省委常委与干部谈心谈话制度。

(二)改进调查研究,在解决实际问题上务求实效

1. 制定和落实省委常委年度调研计划。省委常委会每年年初确定一批重大调研课题,分别由常委主持调研,提出决策方案,经省委常委会研究转化为指导工作的政策措施。常委班子每年召开一次调研成果专题研讨交流会,交流调研工作经验。

2. 改进调查研究方法。落实好常委联系点制度,多开展一些不打招呼、不提前安排的随机调研。注重解决实际问题,提倡现场办公,及时研究解决调研中发现的具体问题,涉及面大的重要问题向常委会汇报,集体研究解决。在全省县级以上领导机关组织开展调研活动,通过领导干部深入基层摸民情、听民声、解民忧,达到改进作风、改进工作的目的。

(三)改进文风会风,切实增强针对性和指导性

1. 规范会议、文件、简报。提倡少开会、开短会。制定并认真落实"无会月"制度,集中精力深入基层、指导解决实际问题。加强会议的计划性,继续精简文件简报,抓好文山会海专项整治,从严控制会议数量、会期和参加人员规模,简化会议程序,严格会议经费管理。

2. 进一步减少出席一般性活动。未经省委批准,不在市任职的常委不出席各类剪彩、奠基活动和庆祝会、纪念会、表彰会、博览会、研讨会及各类论坛,在市任职的常委出席上述活动要从严掌握。从严控制领导活动新闻报道的数量、字数、时长。

3. 进一步规范各类议事协调机构。在前期精简调整省委议事协调机构的基础上,对拟保留的议事协调机构进一步作出规范,明确职责,提高议事协调能力。从严控制设立新的省委议事协调机构,规范设立程序,及时进行调整,切实发挥作用。

(四)改进工作作风,密切联系群众,在求真务实上狠下功夫

1. 健全完善直接联系群众和服务群众制度。认真抓好省委《关于广泛开展党员干部联系困难家庭工作的意见》的贯彻落实,带头联系困难家庭,加强对分管部门和全省面上工作的督促指导,帮助特困家庭解决实际困难,推进工作落实。畅通联系群众的渠道和方式,深化对做好新形势下群众工作规律的认识。对重要信访事项当面听取群众意见或直接接访,解决一批重点信访事项和群众反映强烈的突出问题,在化解矛盾、解决问题中进一步改进作风。

2. 健全抓落实的工作机制。对省委出台的重大发展战略,及时完善配套措施,加强督促检查,加大工作推进力度。对每年制定的省委常委会工作要点,搞好任务分解和责任落实,形成层层抓落实的工作机制。每年年底,省委常委会听取重点工作落实情况汇报。建立省委常委经常性督查机制,每年由常委带队对重大战略、重点工程、重要项目建设情况进行督导,确保决策部署和政策落地;改进全省现场观摩会组织方式,以便各地更有针对性地相互学习借鉴,更好地推动科学发展。充分发挥各民主党派、工商联和无党派人士的作用,调动一切积极因素干事创业。

(五)改进决策工作,努力提高决策科学化民主化水平

1. 坚持走群众路线,充分发扬民主。健全重大决策议事规范,建立健全民情民意反映、重大决策专家咨询和社会听证等在内的一系列制度,注意直接听取群众意见,搞好调研论证。积极推进协商民主,坚持协商于决策之前和决策实施之中。规范省委常委会工作运行,在充分酝酿讨论的基础上研究决定重大事项。建立重要决策终身负责制。

2. 完善党内民主。坚持和完善常委会向全委会定期报告工作并接受监督制度,发挥全委会对重大问题的决策作用。落实和完善党代会代表任期制,认真执行向党代会代表定期通报情况和代表列席省委重要会议、联系党员群众等制度,建立健全党代会代表提案制,充分发挥代表参与决策和监督作用。

3. 健全完善依法办事、依法行政制度机制。运用法治思维和法治方式来谋划事业和推动工作,严格依法办事,弘扬法治精神。继续推进办事公开,坚决查处在项目审批、专项转移支付资金分配等工作中搞暗箱操作、权力寻租等行为。

(六)加强干部队伍建设,把调动积极性与增强约束性更好地统一起来

1. 完善干部考核评价和选拔任用工作。进一步改进干部考核指标、考核体系、考核方式,研究制定更加科学的干部政绩考核体系,坚决纠正唯国内生产总值用干部问题。研究制定加强和改进干部选拔任用工作的意见,完善干部选拔任用机制。

2. 强化基层基础工作指导。研究制定加强基层服务型党组织建设的意见,集中力量解决制约基层组织服务能力的若干突出问题,提高基层党组织的凝聚力和战斗力。完善县乡党委书记抓党建工作述职制度,实施农村党组织书记素质提升工程。加强对村“两委”选举工作的指导,制定行之有效的监督措施,确保村“两委”依法依规选举。

3. 切实关心基层。部署工作充分考虑基层的现实条件、工作基础，不搞“一刀切”，不提不切实际的标准和要求。从严清理和规范评比达标表彰活动，严厉整治授牌晋级泛滥现象。完善规范评比表彰和达标活动方面的制度规定，切实纠正“一票否决”过多过滥问题。深入研究解决基层单位长期存在的问题，帮助基层解决实际困难。把群众工作能力和成效纳入党员干部考核、考察范围，分期分批分层次搞好对基层党组织负责人的培训，不断提高基层党员干部的能力素质和工作水平，提升联系和服务群众的能力。

4. 坚持对干部严格要求、严格管理。清理整顿在职领导干部在行业协会、商会类社会组织中兼职。集中整治“门难进、脸难看、事难办”。坚决纠正工作人员对待群众态度生硬、推诿扯皮现象；坚决杜绝利用便民服务谋取不正当利益现象；坚决查处“吃拿卡要”行为；坚决整治执法监管中的作风粗暴、滥用职权行为。切实整治“庸懒散”，严肃处置无故旷工、迟到早退、擅离职守等行为。突出解决办事效率低下问题，坚决纠正有令不行、有禁不止的各种行为，努力提升党政机关工作效能。巩固清退各类会员卡的成果。

5. 加强廉政风险防控。坚持有案必查、有腐必反，“老虎”“苍蝇”一起打，保持对腐败分子的高压态势。进一步细化对领导干部监督特别是“一把手”监督方面的制度措施，建立务实管用的监督制度。从严查处和纠正涉及“四风”的各类消极腐败行为，树立勤政为民的好风气。

（七）加强联系群众和民生工作，创新群众工作方法，完善直接联系群众和服务群众制度，着力解决关系群众切身利益的问题

1. 统筹考虑发展和民生问题。把更多精力放到保障和改善民生上来，加大民生工作、公共事业投入，为群众多办好事实事。认真落实就业优先战略，研究制定扩大就业的具体政策和措施，做好重点人群就业工作，完善覆盖城乡的公共就业服务体系。实施“老小孤残”救助帮扶，更加关注老年人、孤儿、农村留守儿童、残疾人等特殊群体，提高低保重度残疾人生活补助标准。加大扶贫开发力度，认真落实《山东省农村扶贫开发纲要（2011—2020 年）》，努力解决贫困村居的路水电医学等群众生产生活中的实际困难，发挥好“第一书记”的作用。

2. 坚持教育优先发展。全面完成学前教育三年行动计划，推进现代职业教育体系建设，认真解决进城农民工子女就近入学、校舍改造等实际问题。坚决纠正发展教育事业中损害群众利益行为，严肃查处滥用行政权力干预职称评定、科研经费使用、研究生名额分配等学术资源配置的问题和利用职务插手教材教辅选用、基建工程、校办企业、招标采购等领域的问题。

3. 着力解决关系群众切身利益的问题。加强食品药品安全监管，实行严格的质量追溯制度、召回制度、市场准入和退出制度，严厉打击食品药品制假售假行为，保证群众饮食用药安全；坚决纠正食品药品安全方面损害群众利益行为，严肃查处滥用职权、玩忽职守、徇私舞弊等问题。综合治理城市交通拥堵，构建城市综合交通体系，加强城市路网、公交专道、停车设施建设，有重点、分层次推进治堵工作，争取尽快见到成效。加快治理大气污染，全面落实节能减排综合性工作实施方案，大力实施《山东省 2013—2020 年大气污染防治规划》，确保实现大气污染防治的目标任务。

（八）加强改革创新，进一步开创工作新境界新局面

1. 深化重点区域发展战略。细化对省会城市群经济圈和西部经济隆起带两个发展规划的相关配套措施，加强工作指导，强力推动落实。在项目立项审批、财税体制改革、重大基础设施建设等方面，对西部地区给予更多倾斜。

2. 集中抓好“三个一批”改革举措。实施一批重点改革，在转方式调结构、发展民营经济、县域经济、园区经济上强化措施，创新体制机制；组织一批改革试点，选择不同层面的试点单位先行先试，探索积累经验；培育一批改革典型，鼓励和引导基层探索实践，发挥群众首创精神，营造创新创造的浓厚氛围。通过改革创新，破解制约科学发展的矛盾和问题，为全省发展注入动力和活力。依靠法制和政策创造良好的营商环境，最大限度地取消和下放一批审批项目。改进行政审批流程，简化程序，提高效率，进一步激发经济社会发展活力和全民创新创业热情。

3. 加快推进农村改革发展。加快构建新型农业经营体系，深入推进农业发展方式转变，大力发展优质安全农产品。积极推进农村土地流转，推进适度规模经营。提高农业劳动者素质，培养懂经营、会管理的新型农民，加快农业现代化步伐。坚决纠正损害涉农利益行为，严肃查处截留、挤占、挪用、骗取惠农资金等问题。

4. 推动军民融合式发展。促进军地在科研开发、基础建设、人才培养、应急救灾、宣传文化等领域深度融合。大力支持国防和军队建设，加强民兵预备役建设。

（九）加强清理整顿，确保专项整治取得实效

1. 整治公款送礼、公款吃喝、奢侈浪费。严禁在公务活动中赠送或接受礼品、礼金和各种有价证券、支付凭证，严禁节日期间用公款送节礼，严肃查处索取、接受或以借为名占用管理和服务对象以及其他与行使职权有关的单位或个人的财物。严禁用公款大吃大喝或安排与公务无关的宴请，坚决查处利用“农家乐”、私人会所等场所公款吃喝行为。坚决制止豪华铺张办晚会现象，严禁使用财政性资金举办营业性文艺晚会。建立健全招商引资活动方面管理规定，坚决纠正境外招商入住豪华酒店、举办奢侈宴请、赠送高档礼品等问题，坚决纠正用公款参与高消费等行为。

2. 规范公务用车和国有企业职务消费。整治超标配备公车，坚决查处超编超标配车、违规换车和借车、摊派款项购车、豪华装饰公务用车以及公车私用、滥用军车警车牌照等行为，严禁领导干部亲属和身边工作人员使用配备给领导干部的公务用车。巩固国有企业职务消费和处理违规用车专项清理整顿成果，严格落实国有企业负责人职务消费管理制度和国有金融企业负责人职务消费管理制度，规范职务消费行为。

3. 整治多占办公用房、滥建楼堂馆所，处理省直房改遗留问题。建立完善楼堂馆所建设的管理制度，严格落实党政机关 5 年内全面停止新建楼堂馆所的要求。全面清理党政机关和领导干部超面积占有、使用办公用房以及多处占用办公用房，豪华装修办公用房、配置高档办公家具及办公用品等问题，严禁领导干部长期租用宾馆、酒店房间作为办公用房；配备使用的办公用房，在退休或者调离时应当及时腾退并交原单位处理，严肃查处领导干部违规多占住房。严禁党政机关违反规定建楼堂馆所、搞豪华装修，不得以任何名义新建、改造、扩建所属宾馆、招待所或具有接待功能的设施或者场所。

4.整治“三公”经费开支过大。完善“三公”经费预算管理和公开制度,控制预算总量,严格审批程序,增强刚性约束。严格执行预算,严禁党政机关及其工作人员违反规定进行不必要的公务活动,严禁超预算或无预算安排支出。完善公务接待制度,严格公务接待标准,从严控制公务用车经费开支,从严控制因公出国(境)经费开支,强化监督执行。完善因公出国(境)管理制度,严格任务审批,严肃外事纪律。严格控制因公临时出国(境)团组数量和规模,不得安排照顾性、无实质内容的一般性出访,不得安排考察性出访,不得由企事业单位出资或补助,不得摊派、转嫁出国(境)费用。制定关于进一步做好省级领导外事工作的若干规定。

5.整治“形象工程”和“政绩工程”。坚决叫停违背科学发展、盲目铺摊子上项目的行为,坚决遏制盲目“造城”之风。采取切实措施,纠正有的地方执行政策搞变通、统计数据不实和招商引资声势大、项目落地少问题。坚决查处制造假情况、假数字、假典型、虚报工作业绩的问题。

6.坚决纠正损害群众利益行为。坚决纠正征地拆迁中损害群众利益行为,严肃查处补偿款不按标准及时足额发放问题;坚决纠正涉法涉诉中损害群众利益行为,严肃查处办“人情案”“关系案”“金钱案”等问题;坚决纠正安全生产方面损害群众利益行为,严肃查处不依法依规处理安全事故的问题;坚决纠正环境保护中损害群众利益行为,严肃查处出台有悖于环保法律法规的“土政策”、限制和干扰环境执法,纵容企业违法建设、违法生产和非法排污等问题;坚决纠正医疗卫生方面损害群众利益行为,严肃查处医药购销和办医行医中的不正之风问题。

7.抓实其他清理整顿任务。清理和规范节庆、论坛、展会,建立健全节庆、论坛、展会等方面管理规定。整治和规范报刊征订工作,解决报刊征订发行中的搭车、摊派行为。集中清理“吃空饷”、在编不在岗、编外大量聘用人员等问题。

(十)加强建章立制工作,实现作风建设规范化长效化

1.制定制度建设计划。根据中央部署要求,围绕解决“四风”方面突出问题,突出制度建设重点,提出作风建设制度废、改、立的主要任务,明确工作措施、责任单位、完成时限等,推动抓好落实。

2.建立健全各项制度规定。认真贯彻《党政机关厉行节约反对浪费条例》,深入调查研究,制定我省实施办法和相关配套制度,推动抓好落实。建立健全体现群众意愿的科学民主决策机制和工作落实机制,完善党员干部直接联系群众制度,完善畅通群众诉求反映渠道制度。制定规范学会、协会管理规定,建立健全体育运动会方面管理规定。建立健全领导机关、领导干部以及执法监管部门和窗口单位、服务行业履职尽责的相关制度规定。建立健全党政机关领导干部工作生活待遇的制度规定,规范领导干部住房、用车、办公用房、医疗等方面的工作生活待遇。

3.推动纠治“四风”常态化。制定关于加强对落实改进作风各项规定情况监督检查的办法,明确“四风”具体内容并建立问题评价和违规惩处机制。加强社情民意收集,强化暗访、排查工作，发挥信访网络作用，及时发现“四风”方面的新情况新问题，提出解决方案，提交常委会专题研究，部署开展专项治理。加强对下级执行情况的监督检查，对违反规定的坚决从严处理。

三、整改工作要求

省委常委会把整改工作列入重要议事日程，坚持高标准、严要求，发扬“钉钉子”精神，集中力量、时间抓好整改，确保整改工作取得扎扎实实的成效，确保教育实践活动善始善终、善作善成。

（一）领导率先垂范。整改落实工作由省委、省政府主要领导同志负总责。省委常委同志根据分工，明确责任，对整改事项具体抓，勇于担当，亲自部署，切实抓好落实，发挥好示范带头作用。有关方面积极协调配合，切实做好各项工作。

（二）抓紧整改落实。按照整改分工，各牵头领导和责任单位要拿出具体整改的任务书、路线图和时间表，上下互动，各负其责，真整实改，一件一件抓好落实。凡是具备条件近期能解决的，要采取有力措施，按时间要求抓紧整改落实。需要长期努力的，要以积极作为的精神，努力创造条件，加大工作力度，完成好阶段性的工作任务。要加强对有关问题产生原因的研究分析，举一反三，有针对性地加强法规制度建设，努力从源头上、根本上解决问题。

（三）加强督促检查。省委办公厅、省政府办公厅、省委教育实践活动领导小组办公室要认真履行工作职责，加强督促检查，建立整改台账，定期调度情况，通报工作进度，完成一项销号一项，确保整改工作有序推进、整改任务件件落实。

（四）接受群众监督。把整改方案作为省委常委会对全省人民的庄严承诺，坚持群众标准，开门整改，整改内容要向社会公布，整改过程接受群众监督，整改进展情况和成果要及时向社会通报，并采取适当方式听取群众对整改工作的评价，对达不到要求的整改项目要重整重改，确保改一件成一件，以整改实际成效取信于民。

（本方案发表于 2014 年 1 月 3 日《大众日报》）

在全省党的群众路线教育实践活动第一批总结暨第二批部署会议上的讲话

姜异康

这次会议的主要任务是，认真学习贯彻中央党的群众路线教育实践活动第一批总结暨第二批部署会议精神，回顾总结我省第一批教育实践活动，对第二批活动进行动员部署。

1月20日至21日上午，中央召开党的群众路线教育实践活动第一批总结暨第二批部署会议。习近平总书记发表重要讲话，从战略和全局的高度，全面总结了第一批教育实践活动取得的重要成果和宝贵经验，深刻阐述了开展第二批活动的重要性和紧迫性，明确提出了活动的方针原则和目标要求。讲话总揽全局、立意高远、思想深邃、内涵丰富，具有很强的思想性、针对性和指导性，是开展好第二批活动的基本遵循和行动指南。我们一定要认真学习、深刻领会，把思想高度统一到习近平总书记重要讲话精神和中央部署要求上来，确保全省教育实践活动善始善终、善作善成，取得群众满意的效果。

一、全省第一批教育实践活动取得重要阶段性成果，为开展第二批活动打下了坚实基础

以习近平同志为总书记的党中央，部署在全党深入开展以为民务实清廉为主要内容的党的群众路线教育实践活动，聚焦作风建设，着力解决“四风”突出问题，充分体现了从严治党的政治担当和加强作风建设的坚定决心，充分体现了对党和国家事业发展全局的深远战略思考，对于保持党的先进性和纯洁性，坚持和推进中国特色社会主义伟大事业，具有重大而深远的意义。

省委坚决贯彻中央部署要求，牢牢把握教育实践活动的正确方向，精心组织、精心实施；145个省直部门单位、省管企业、省属高校，济南、青岛2市领导机关及其直属单位，全省纪检机关、组织部门参加第一批活动，涉及3.5万个基层党组织、57.5万名党员，党员、干部态度认真、行动自觉；广大群众热情参与、大力支持。在各方面共同努力下，第一批教育实践活动取得明显成效。主要体现在以下几个方面。

第一，坚持理论教育、历史教育、实践教育“三位一体”，打牢思想政治基础，增强了为民务实清廉的自觉性和主动性。我们紧紧抓住强化宗旨意识、增强群众观点这个作风建设之本，深入开展马克思主义群众观点和党的群众路线教育。注重原原本本学习理论、提升思想境界，把学习贯彻党的十八大和十八届二中、三中全会精神、中国特色社会主义理论体系与学习贯彻习近平总书记系列重要讲话精神一同部署、一同推进。习近平总书记每次发表重要讲话后，省委都及时组织传达学习，认真研究贯彻措施。省委及时印发有关意见和通知，

对学习贯彻习近平总书记系列重要讲话作出安排，对县处级以上领导干部进行集中轮训。注重在学习党的历史中汲取政治营养，深入挖掘红色文化资源，以沂蒙党的群众路线教育基地为依托，以沂蒙精神为生动教材，开展党的光辉历史和优良传统教育。注重在联系群众中强化宗旨意识，省委常委会带头化解信访积案，深入开展党员干部直接联系困难家庭工作，从解决群众反映强烈的突出问题中了解民生、查找不足、反思“四风”之害。通过这些措施，广大党员、干部思想受到了洗礼，党性得到了锤炼，精神上补了“钙”，在相信谁、依靠谁、为了谁等根本问题上认识更深一层，在联系群众、服务群众的能力上提高了一步。

第二，坚持问题导向，着力查摆解决群众反映强烈的突出问题，赢得了群众的信任和支持。始终着力于发现问题、解决问题，敞开大门听意见，坚持“三个摆进去”，对号入座开展查摆，对查摆出的问题和群众提出的意见建议，立行立改、真抓实改，以实际行动取信于民。省委、省政府成立专项清理整顿工作小组，分 3 期抓好 33 项专项整治任务落实。省委、省政府会议、文件和各类议事协调机构都大幅精简，清理评比达标表彰项目 652 个；省政府分三批取消下放行政审批 230 项，从源头上促进作风转变；全省处置违规公务用车 5395 辆，批准因公出访团组和人数同比分别下降 22.6% 和 31.4%；省直单位“三公”经费支出比上年下降 20.97%，省管企业负责人职务消费总额同比下降 36.9%；下大气力解决省直房改遗留问题，自 1998 年以来延续 16 年的兑现住房资金补偿挂账工作全部结束，一些沉积多年的老问题得以解决。第一批活动单位共确定整改任务 7256 项，已完成 3967 项。强化正风肃纪，查处曝光了一大批违反中央八项规定精神和“庸懒散”典型问题，警示了党员干部，刹住了“四风”蔓延势头。党风政风的好转，带动了民风和社会风气的好转，赢得了广大群众的信任。

第三，坚持用好批评和自我批评武器，召开高质量专题民主生活会，提高了解决自身问题的能力。各单位以习近平总书记参加河北省委常委班子专题民主生活会时的重要讲话精神为指导，贯彻整风精神，普遍召开了一次高质量的专题民主生活会。会前下足功夫，在谈心谈话中做到“五个谈透”，即班子的问题谈透、个人的问题谈透、对方的问题谈透、拟在会上批评的意见谈透、改进的措施谈透，沟通思想、找准问题，消除隔阂、增进共识。在对照检查上坚持“四个突出”，即突出自己动手、突出个人特点、突出多点聚焦、突出深化剖析，各单位一把手和督导组从严把关，确保问题查得深、摆得实。会上体现效果，开门见山、直面问题，自我批评见深见底，相互批评见真见心，达到了团结—批评—团结的目的。会后巩固落实，根据查找出来的问题和批评意见，充实完善整改方案，进一步抓好整改落实。大家普遍反映，这样的民主生活会是多年来少有的，既有红红脸、出出汗、揭短亮丑的紧张和严肃，又有加加油、鼓鼓劲、增进团结的宽松与和谐，在严格的党内生活中经受了一次深刻的党性教育。

第四，坚持边整改边规范，及时用制度巩固活动成果，推动了作风建设的常态化长效化。针对“四风”问题特点，整改一类问题，健全一套制度，消除一个病灶，努力从根本上防止反复反弹。省委常委会带头健全完善秘书配备、加强调查研究、到基层公务活动食宿安排等自身建设 8 项制度。中央部署的 4 个方面 19 项制度，由省级领导干部和相关部门逐项认领，牵头抓好落实。各单位积极推进规章制度的废、改、立工作，共废止不适用的制度 1314 项、修订完善 3695 项、新制定 2573 项，贯彻群众路线、推进作风建设的长效机制和刚性约束初步形成。

第五，坚持领导带头、以上率下，一级带一级、层层抓落实，有力推动了活动健康有序开展。省委常委以中央政治局率先垂范为无声命令，一直走在全省活动前面，做在全省干部前面。省委常委全程指导联系点活动，为面上活动提供了示范。突出抓好一把手，强化领导责任，层层传递压力。各级领导干部以身作则，带头加强学习，在增强思想自觉和行动自觉上做榜样；带头深入查摆问题，在找准找实找深问题上当表率；带头开展批评和自我批评，在召开高质量专题民主生活会上树标杆；带头抓好整改落实，在立行立改、严肃整改上做示范，要求他人做到的自己先做到，要求他人不做的自己坚决不做，以实际行动引领广大党员、干部。

教育实践活动的深入开展，为全省改革发展注入了强大动力。面对国内外复杂严峻的形势，全省上下深入贯彻落实习近平总书记对山东工作的新要求，把活动激发出来的热情转化为推进改革发展的强大力量，加快转方式调结构，完善“两区一圈一带”区域协调发展总体布局，高度重视保障和改善民生，保持了经济持续健康发展和社会和谐稳定。初步核算，2013 年全省实现生产总值 54684 亿元，同比增长 9.6%；公共财政预算收入 4560 亿元，增长 12.3%；城镇居民可支配收入 28264 元，农民人均纯收入 10620 元，分别增长 9.7% 和 12.4%；全年粮食总产 905.6 亿斤、实现“十一连增”。

第一批教育实践活动带来了新变化、新气象，取得了新的思想认识成果、实践成果和制度成果。对此，广大群众充分认同，党内外积极评价，社会各界广泛赞誉。事实证明，党的群众路线教育实践活动，是在新的历史条件下，弘扬党的光荣传统和优良作风的生动实践，是新时期严格党内政治生活的生动实践，是党的建设新的伟大工程与中国特色社会主义伟大事业相互融合促进的生动实践，为我们进行具有许多新的历史特点的伟大斗争作了思想上组织上作风上的重要准备。党中央的决策部署英明正确、非常及时。习近平总书记系统总结了教育实践活动为加强和改进党的建设积累的宝贵经验，强调指出，群众路线是永葆党的青春活力和战斗力的重要传家宝，必须做到教育和实践两手抓，使马克思主义群众观点深深植根于思想中、真正落实到行动上；理想信念是共产党人的精神之“钙”，必须加强思想政治建设，解决好世界观、人生观、价值观这个“总开关”问题；加强和改进作风建设是保持党同人民群众血肉联系的有效途径，必须聚焦解决群众反映强烈的突出问题，以作风建设新成效汇聚起推动改革发展的正能量；批评和自我批评是清除党内政治灰尘和政治微生物的有力武器，必须以整风精神严格党内生活，着力提高领导班子发现和解决自身问题的能力；讲认真是我们党的根本工作态度，必须做到无私无畏、敢于担当，把认真精神体现到党内生活和干事创业方方面面。这些宝贵经验，深刻揭示了党的作风建设的规律，科学回答了在新的历史条件下，如何坚持党要管党、从严治党，永葆党的先进性和纯洁性这一重大理论和实践问题，进一步丰富和发展了中国特色社会主义理论体系，是加强党的建设的强大思想武器，为搞好第二批活动指明了方向。全省各级党组织和广大党员、干部，一定要认真学习、深刻领会，自觉贯穿到改造主观世界、加强党性修养之中，自觉贯穿到加强和改进党的建设之中，自觉贯穿到全面深化改革、推动科学发展之中。

认真总结我省第一批教育实践活动的做法和经验，感到主要把握好了以下五个方面：

一是坚决贯彻习近平总书记系列重要讲话精神，不折不扣落实中央部署，确保活动正确方向。把深入学习习近平总书记系列重要讲话和视察山东重要讲话精神，作为开展教育实践活动的根本指针和做好各项工作的重要遵循。认真落实刘云山同志在山东调研时的重要指示精神，按照中央教育实践活动领导小组及办公室的统一部署，在中央督导组及时有力的督促指导下，结合山东实际，高标准高质量地做好规定动作，坚持时间服从质量、进度服从效果，确保整个教育实践活动始终沿着正确轨道发展。这是活动取得实效的根本保证。

二是敞开大门搞活动，紧紧依靠群众，充分调动群众积极性，从群众中汲取智慧和力量。我们把活动的大门向群众敞开，引导群众热情参与、深度参与、有序参与，多渠道请群众提意见，整改落实情况向社会公布，主动接受群众监督，形成了抓整改、反"四风"的倒逼机制，为开展活动提供了有力支持。

三是牢牢抓住聚焦"四风"这个焦点，自始至终着力解决问题，确保"不走神""不散光"。以落实中央八项规定精神和省委常委会实施办法为切入点，扭住"四风"问题不放手，提出明确目标，从活动一开始就学起来、动起来、改起来，既让群众尽快看到活动带来的变化，又不断把活动引向深入，这是确保活动不走过场的关键所在。

四是严字当头、真督实导，把"认真"要求和"钉钉子"精神贯穿活动始终。坚持从严从实，自始至终严格要求，督导组认真履职、严格把关，夯实各级党委(党组)特别是一把手责任，把中央、省委的部署要求传导给每个班子、每名党员干部，让党员干部受到教育、强化约束，让广大群众看到决心、增强信心。这是活动顺利推进的重要保障。

五是健全作风治理体系，提高作风治理能力，统筹推进、标本兼治，使作风建设成为系统工程。对面上普遍存在的突出问题，发挥党委统一协调指挥作用，加强领导，明确责任，各部门协调联动；对涉及行业、系统的问题，发挥上级主管部门作用，上下联动、系统整改，做到活动分批次、整改无先后；注重用制度治疗作风痼疾，强化制度刚性约束。这是加强作风建设的治本之策。

二、着眼大局联系实际，充分认识开展第二批教育实践活动的重大意义

第二批教育实践活动是第一批的延伸和深化，但与第一批相比，情况又有不同，特点也很突出，涉及的单位和人员范围更广、领域更宽、数量更多，同群众联系更直接更紧密，面对的矛盾和问题更加具体尖锐，任务也更加艰巨。我们要深刻理解习近平总书记"四个直接关系"的重要论述，着眼大局，联系山东实际，深化对第二批教育实践活动重要性和紧迫性的认识。

第一，搞好第二批教育实践活动，是深入学习贯彻党的十八届三中全会精神、全面深化改革的必然要求。十八届三中全会对全面深化改革作出重大部署。贯彻落实三中全会精神，把全面深化改革任务落到实处，各级党组织和广大党员干部是关键，党的建设是根本保证。搞好第二批教育实践活动，着力解决"四风"问题，大力弘扬新风正气，对于进一步推动领导班子建设和基层党组织建设，对于提高各级领导班子和领导干部的思想政治能力、动员组织能力、驾驭复杂矛盾能力，对于深入贯彻党的群众路线，从群众中汲取智慧和力量，调动一切积极因素，形成攻坚克难的强大合力，具有十分重要的意义。全省各级党组织和广大党员干部要牢固树立宗旨意识、进取意识、机遇意识、责任意识，把教育实践活动与全面深化改革紧密结合起来，团结带领人民群众把改革蓝图变为现实。

第二，搞好第二批教育实践活动，是深入学习贯彻习近平总书记对我省工作新要求，在推动科学发展、全面建成小康社会的历史进程中走到前列的强劲动力。习近平总书记视察我省时要求我们在转变经济发展方式、全面提高经济发展质量和效益上起到领头雁作用，在推动科学发展、全面建成小康社会的历史进程中走到前列。省委十届七次全体会议对贯彻落实习近平总书记重要讲话精神作了全面部署，提出努力在发展理念、发展定位、发展动力、发展途径、考核导向上实现工作指导的重大转变。一分部署，九分落实。能否实现转变，关键看作风、关键在行动。落实好习近平总书记的要求，要练就过硬的作风，要有正确的政绩观和“功成不必在我”的思想境界，要有一心为民的高尚情怀。各市、县（市、区）是改革发展的主战场，参加第二批活动的广大基层党组织和党员干部，处在改革发展的第一线。作风问题特别是“四风”问题解决不好，再好的发展思路也难以落到实处，再美的发展蓝图也是空中楼阁。要通过开展活动，引导各级领导班子和广大党员干部，牢固树立正确的政绩观、事业观，掌握科学方法，锤炼过硬作风，更加求真务实，多做打基础利长远的工作，不干图虚名招实祸的事情，坚持“一张好的蓝图绘到底”，为加快建设经济文化强省贡献力量。

第三，搞好第二批教育实践活动，是着力解决群众反映强烈的突出问题、把改进作风不断推向深入的迫切需要。总体上看，全省党员、干部队伍是好的，是信得过、靠得住、有战斗力的。广大基层党员、干部处在贯彻上级决策部署、推动发展、维护稳定的最前沿，处在联系和服务群众的第一线，处在各种矛盾冲突、舆论批评的风口浪尖。同志们无怨无悔、尽职尽责、勇于担当，为全省改革发展稳定作出了重要贡献。但也必须看到，习近平总书记在讲话中指出的庸懒散、奢私贪、蛮横硬等问题，在我省一些地方和单位也不同程度存在，有的还相当突出。这里我也列举一下“四风”问题的一些表现：

在市、县领导班子和领导干部中，有的政绩观出现偏差，热衷于搞形象工程、政绩工程，盲目蛮干、不顾长远，换一任领导就画一张图，干的是急功近利的事，留下的是烂摊子，欠下的是一屁股债；有的弄虚作假，谈成绩“估计加统计”，讲问题“历史加客观”；有的事业心责任感缺失，遇到矛盾绕着走，碰到“硬骨头”闭上嘴，不敢担当；有的有令不行、有禁不止，在对待上级决策部署上动歪脑子，合意的就执行，不合意的就打折扣、搞变通；有的霸气十足，搞“一言堂”，听不进不同意见，喜欢“一锤定音”，还自以为有魄力、能决策；有的官欲十足，到处跑门子、找关系，一个干部几个方面打招呼，只搭天线、不接地气；有的把“岗位”等同于“地位”，利用手中权力为子女和亲朋好友上学、就业、升迁打招呼、递条子，严重违反工作纪律；有的目无群众，损害群众利益，甚至以权谋私、贪赃枉法、到处敛财，等等。

在市、县直属单位中，有的该办的事以各种理由顶着、拖着、卡着不办，决策变成了一纸空文，政策变成了玻璃门、弹簧门、旋转门；有的部门利益至上，协调困难、效率低下，“部门打架、百姓遭殃”；有的公仆意识淡薄，对群众态度冷漠、推诿扯皮，办事程序复杂，手续名目繁多，“门难进、脸难看、话难听、事难办”，或者“门好进了、脸好看了，话好听了，但事仍然难办”；有的习惯做表面文章，应付上级，对精简事项搞数字游戏，前脚刚取消，紧接着变相恢复，只减“数量”、不减“内容”；有的精神懈怠，贪图安逸，服务不主动、不作为，推一推动一动，只求“过得去”、不求“过得硬”；有的部门管理松懈，干部在位不在岗、在岗不尽责；有的上班时间打游戏、串门子、搞网购、玩手机，等等。

在执法监管部门和窗口单位、服务行业中，有的架子大、脾气暴，对服务对象态度生硬，甚至刻薄刁难；有的只有管理之心，缺乏服务之意，不设身处地为群众着想，张口闭口拿法规条文说事，对办理事项不一次告知，让群众往返多次，对群众的合理意见和困难诉求态度消极，能拖则拖；有的执法不公，优亲厚友，宽严失度，公事私办；有的吃拿卡要，雁过拔毛，乱检查、乱收费、乱罚款、乱摊派；有的纪律松弛，工作松散，上班迟到早退，无故旷工离岗，等等。

在乡镇、街道和村、社区等基层组织中，有的想问题办事情不是考虑群众安危冷暖，而是以是否容易出政绩为标准，“不怕群众不满意，只怕上级不注意”；有的落实强农惠农政策打折扣，惠农资金发放不及时、不到位，甚至从中截留、挪用；有的身在基层、不懂基层，面对群众、不懂群众，同讲一种方言、没有共同语言；有的工作方法简单粗暴，不愿意不善于做耐心细致的群众工作；有的班子软弱涣散，干部拉帮结派，宗族家族势力影响扩大；有的办事不公，服务群众不上心，利用权力为自己和亲属谋私利；有的侵犯群众利益，克扣群众财物，拖欠群众钱款，打白条、当老赖；有的党员党性意识差，长期脱离党组织，不履行党员义务，组织活动不参加，公益事业不参与，群众利益不关心，成了“下岗”党员，等等。

以上这些问题，群众反映十分强烈，严重影响党在群众中的形象，必须切实加以解决。第二批教育实践活动在群众家门口开展，一定要把中央关于改进作风的要求全面贯彻到包括基层组织在内的各级各部门各单位，着力解决发生在群众身边的腐败问题，着力解决损害群众利益的问题，着力解决联系服务群众“最后一公里”的问题，形成持续改进作风的环境和氛围，以党员干部转作风、人民群众得实惠的效果树立新形象、打开新局面。

第四，搞好第二批教育实践活动，是加强基层组织建设、夯实党的执政根基的重大机遇。基层党组织是党全部工作和战斗力的基础。越是全面深化改革，越要做好抓基层打基础强服务的工作。这些年，我们在实践中采取了一些措施加强基层组织建设，也取得了比较好的成效。但要看到，在我们党的组织建设中，在我们国家的政权建设中，上层健全、基层薄弱的现象依然存在，基层弱化是我们的短板。我们要以开展第二批教育实践活动为契机，以基层服务型党组织建设为抓手，重新审视基层组织建设工作思路、功能定位和载体平台，把更多的人力、物力、财力投向基层，扩大组织覆盖、工作覆盖、活动覆盖，解决好基层党组织和党员作用发挥不够、联系服务群众不到位等问题，解决好服务手段单一、服务能力不强等问题，解决好“无人服务”“无钱服务”等问题，使基层党组织战斗堡垒作用和党员先锋模范作用更加突出，服务群众的能力切实增强，党执政的根基更加牢固。

三、全面贯彻中央、省委部署要求，高标准高质量抓好第二批教育实践活动

习近平总书记对开展第二批教育实践活动提出了“五个更加”的要求，这是搞好第二批活动的基本原则，也是确保活动取得实效的重要思想方法和工作方法，我们必须领会好、贯彻好、落实好。中央已经下发了第二批活动的指导意见,省委也印发了实施方案和基层党组织开展活动的指导意见,就有关工作作出具体安排。

第一,牢牢把握活动的目标要求,坚持主题不变、镜头不换。开展第二批教育实践活动,要以党的十八大和十八届三中全会精神为指导,深入学习贯彻习近平总书记系列重要讲话和视察山东重要讲话精神,认真贯彻落实中央关于开展教育实践活动的指导思想、目标任务、方法步骤,牢牢把握"照镜子、正衣冠、洗洗澡、治治病"的总要求,以为民务实清廉为主题,落实中央八项规定精神和《党政机关厉行节约反对浪费条例》等规定,突出作风建设,贯彻整风精神,与第一批教育实践活动紧密衔接、上下联动,坚持主题不变、镜头不换,坚持领导带头、层层示范,坚持正面教育为主、教育与实践并重,坚持开展批评和自我批评,坚持求真务实、讲求实效,坚决反对形式主义、官僚主义、享乐主义和奢靡之风,着力解决群众反映强烈的突出问题,提高做好新形势下群众工作的能力,使党员、干部思想认识进一步提高、作风进一步转变,党群干群关系进一步密切,为民务实清廉形象进一步树立,基层基础进一步夯实。

与第一批活动相比,参加第二批活动的范围和人员有很大不同,在具体组织形式和活动方式上也有所区别。要突出为民务实清廉这个主题。参加第二批教育实践活动的更多是具体执行单位、服务单位,党员干部直接面对群众、面对具体矛盾和问题,活动成效怎么样,群众感受最直接。要自觉把这个主题贯穿到活动全过程、各环节,对照理论理想、党章党纪、民心民声、先辈先进四面镜子,查找差距、正视问题、改正缺点、净化提高,补精神之"钙"、除"四风"之害、祛行为之垢、立为民之制。要坚持不懈、坚定不移反对"四风"。教育实践活动是不是走了过场,群众对教育实践活动满意不满意,关键看群众反映强烈的"四风"问题有没有得到解决,看党员干部作风是不是明显转变。要紧盯作风问题不放,对准焦距、找准穴位、抓住要害,不能走神、不能散光,从小事做起,从具体事抓起,有针对性地进行检查、整改,确保让群众看到实实在在的成效。要坚持严的标准、严的措施、严的纪律。不折不扣落实中央部署,发扬认真精神,坚持标准、严字当头,把从严要求贯穿到活动全过程,在思想上要严、整改上要严、正风肃纪上要严,把每一个环节、每一个步骤的工作做扎实、做到位,确保教育实践活动不虚不空不偏、不走过场。

第二,充分借鉴运用第一批活动有效做法,统筹推进三个环节工作。从第一批教育实践活动的实践看,把三个环节有效衔接、相互贯通起来,是中央、省委的明确要求,是科学有效的设计,也是教育实践活动取得实效的重要方法,应当继续坚持好、运用好。要把学习教育贯穿始终,把学习贯彻党的十八届三中全会精神和习近平总书记系列重要讲话精神作为重要内容,按照"三个坚持"要求,加强集中学习讨论,强化理论武装,增强思想自觉。认真落实习近平总书记关于弘扬沂蒙精神的要求,深入挖掘、切实做好沂蒙精神进课堂进头脑等工作,注重发挥各地红色资源优势,让党员干部汲取政治营养、增强精神动力。注意向群众学习,拜群众为师,扎实做好党员干部联系困难家庭工作,使党的群众路线在全体党员、干部中深深扎根,使践行党的宗旨成为党员、干部的普遍自觉。要针对不同对象特点,采取灵活多样、喜闻乐见的方式,用身边事教育身边人,切实增强学习效果。要把群众参与贯穿始终,走群众路线、听群众意见，是开展教育实践活动的应有之义。第二批教育实践活动在群众家门口开展，更应该相信群众、依靠群众，敞开大门搞活动。要注重调动好、发挥好、引导好、保护好群众积极性，多渠道、多形式真心实意听取群众意见，每个环节、每项工作都组织群众有序参与，活动进展、活动成效主动让群众监督和评议，汇聚起转变作风的强大正能量。要把解决问题贯穿始终，紧紧抓住“四风”突出问题，抓住关系群众切身利益的问题，抓住联系服务群众不到位的问题，不等不靠不拖，边学边查边改，什么问题突出就着重解决什么问题，什么问题紧迫就抓紧解决什么问题。看得准的问题，要立说立行、马上整改；对一些顽症痼疾，要敢于动真碰硬、集中打好专项整治攻坚战。活动中取得的经验，要及时用制度的形式固定下来、坚持下去，防止已解决的问题反弹反复。要更加主动回应群众关切、维护群众利益，把改进作风的成效真正落实到党的基层组织和“末梢神经”。各级各单位都要及早确定一批即知即改、立行立改的事项，从活动一开始就改起来，让群众尽快看到变化、见到成效。要把整风精神贯穿始终，第一批教育实践活动中，大家拿起批评和自我批评这个有力武器，专题民主生活会开出了党内生活的新气象。第二批活动中，要继续开展积极健康的思想斗争，自我批评真正触及问题、挖到思想根源，防止避重就轻；相互批评敢于指出问题，防止好人主义，确保真正“红红脸、出出汗、排排毒”，使心灵受触动、思想受教育，切实提高领导班子解决自身问题的能力，增进在党性原则基础上的团结，增强党内生活的原则性、政治性、战斗性。要把领导带头贯穿始终，中央政治局常委率先垂范，以实际行动带动全党深入转变作风；省委和各级领导班子带头开展活动，示范带动了第一批活动深入开展。参加第二批活动的领导机关、领导班子和领导干部，特别是主要负责同志，一定要在活动中做在实处、走在前面，推动形成上级带头、领导示范、上行下效的生动局面。在三个环节压茬进行的情况下，要经常性地开展“回头看”，及时查缺补漏、巩固提高，确保活动一步一个脚印扎实向前推进。

第三，把握各层次、各行业、各领域的不同特点，加强分级分类指导。我省参加第二批教育实践活动的党员 562.3 万名，基层党组织 25.5 万个，市、县领导班子及其直属部门、单位 1.4 万多个。涉及到市、县、乡、村不同层次，农村、社区、机关、企业、学校、社会组织等不同领域，量大面广、情况复杂，需要解决的问题有很大差别。要区分不同层级、不同领域、不同对象，有针对性地找准突出问题，确定目标任务和推进措施，使活动更加贴近基层、贴近实际、贴近群众。要统一有序推进活动。在贯彻好中央、省委总体部署要求的基础上，按照统一部署、梯次展开、压茬进行的办法，市、县领导机关和直属部门、单位要先行一步，为基层党组织作出示范；乡镇、街道和村、社区及其他基层组织可以拉开一段时间，依次推进。各地各单位要坚持时间服从质量，统筹协调、灵活安排时间进度。具体到每个单位，开展教育实践活动的时间一般不少于 3 个月。要分类施策确定目标。坚持从实际出发，区分不同对象制定活动方案，不能“一个方子治百病”，更不能搞“拿来主义”，简单套用一个标准、一个模式。省委根据各单位不同特点，针对不同层级，分别提出了差异性的要求。各级要认真研究，结合实际抓好落实。市、县党委在抓好本级班子教育实践活动的同时，要针对不同领域、不同行业基层党组织特点，分类制定实施方案。要因地制宜制定措施。在做好规定动作的同时，要把中央部署、省委要求同本地本单位职能、同党员干部思想工作实际结合起来，为自己量身定做一套好用、管用的自选动作。自选动作必须在解决问题上出实招,坚决防止用新的形式主义反对形式主义。要切实加强基层服务型党组织建设,真正成为推动发展、服务群众、凝聚人心、促进和谐的坚强战斗堡垒。要发挥行业系统指导作用。对一个行业、一个系统来讲,许多"四风"问题是共性的。参加第一批活动的省直部门、单位,对本行业、本系统的作风建设负有重要责任。要针对本系统、本行业"四风"方面的突出问题,加强对口指导,研究提出推进措施,强化督促检查,上下协力、系统联动,切实解决行业、系统内的不正之风,确保活动成效让群众看得见、感受得到、大多数人满意。

第四,搞好一二批活动衔接,确保整个活动善始善终、善作善成。习近平总书记强调,第一批教育实践活动已经进入尾声,但"收尾"不是收场,还有许多后续工作需要落实。第一批活动中查摆出的问题,有些整改已经取得了成效,但巩固成果的任务很重;有些只是初步得到了解决,需要继续深化;有些还没有开始整改,应该加大力度、积极推进;有的整改任务,还需要延续到第二批活动中,延续到基层单位。第二批活动单位的一些问题,症状在基层,病根在上面,需要第一批活动单位主动认领、研究解决。同时,也要清醒地看到,作风问题具有反复性和顽固性,"四风"问题有很强的变异性和传染性,这样的问题解决了,那样的问题又会出现,必须树立持久战思想,在"常""长"二字上下功夫,坚持不懈、持之以恒、久久为功。教育实践活动有期限,但贯彻群众路线没有"休止符",作风建设永远在路上。两批教育实践活动是一个有机整体,是一场接力赛,不能截然分开。第二批教育实践活动期间,第一批活动单位要思想不松、力度不减、机构不撤、措施不软,继续深入抓好整改,对确定的整改事项盯住不放、一抓到底。与市、县和基层单位联系密切的省直部门、单位,要针对本系统、本行业"四风"方面的突出问题,研究提出指导第二批活动的推进措施,担负起对口指导、系统整改的责任。对第二批活动中新发现的问题要及时整改,对基层需要上级帮助解决的问题,要与基层联动整改,以上带下、以下促上,以落实到基层的整改成效检验活动成果。

四、切实加强组织领导,把教育实践活动各项任务落到实处

中央、省委关于第二批活动的任务已经明确。活动能否达到预期效果,关键在组织领导。各级党委(党组)要高度重视,把活动作为一项重大政治任务抓紧抓实。

一要严格落实责任。各级党委(党组)对本地本单位活动负有直接责任,党委(党组)主要负责同志是抓好活动的第一责任人。各市党委已经成立了教育实践活动领导机构和工作机构,县、乡等各级党委也要抓紧把领导机构和工作机构组建起来。要加强调查研究,广泛听取意见建议,对本地本单位存在的突出问题,要心中有数;对活动中需要解决的重点问题,要早作安排。对所属领导班子、领导干部情况要认真分析梳理,对软弱涣散的领导班子、不能担负活动领导责任的干部要及早调整,保证教育实践活动的领导力量,保持活动期间干部队伍的基本稳定。要加强组织协调,靠前指挥、深入指导,加强对活动总体态势的分析和评估,对于倾向性、苗头性、潜在性问题,及时研究提出工作预案,确保活动有序有效开展。各级领导干部都要建立联系点,省委常委联系到县,市委常委联系到乡镇,县委常委联系到村,乡镇领导班子成员包村联户。各级纪检机关和组织、宣传等部门是推进活动的重要工作力量，要尽职尽责，做好相关工作。

二要从严从实督导。第二批活动期间，省委将派出 8 个督导组，每组负责督导 2—3 个市，同时巡回督导到县；还要组建 2 个巡回督导组，督促第一批活动单位进一步抓好整改落实。各市要向各县派出督导组，并巡回指导到乡镇；各县也要派出督导组。要配强督导力量，特别要选好督导组组长，真正把担子压在那些政治过硬、原则性强、经验丰富、敢于较真的同志肩上。督导组要紧紧依靠所督导单位党委（党组）开展工作，做到尽职不越位、督导不包办。要突出督导重点，对意见收集、问题查摆、对照检查材料撰写、批评和自我批评、整改方案制定和落实等关键工作，都要严格把关，该提醒的提醒，该纠正的纠正，绝不能敷衍了事、降格以求。要强化担当意识，讲规矩不讲面子，讲公心不讲私心，敢于“唱黑脸”“当包公”，不怕得罪人，真正把严的标准、严的措施、严的纪律贯彻始终。

三要营造浓厚氛围。让群众看到声势、看到效果，是赢得群众支持的重要条件。要重视做好宣传舆论工作，把握好舆论引导的时机、节奏和力度，宣传好教育实践活动的重大意义和部署要求，宣传好各地各单位开展活动取得的成果。要及时推出一批从身边问题入手、即知即改的典型，注意挖掘和宣传边学边查边改的好经验好做法，让群众持续感受作风转变的新气象、解决问题的新成效。要抓住带有普遍性、群众反映强烈的反面典型，加大通报曝光力度，加强对党员干部的警示教育。

四要加强统筹协调。要把开展活动同做好当前改革发展稳定各项工作紧密结合起来，同完成本地本部门本单位各项任务紧密结合起来，摆布好时间和精力，使活动更好地服务于中心工作，确保开展活动和做好各项工作两手抓、两不误、两促进。

春节就要到了，全省各级党组织和广大党员、干部，要把节日作为开展教育实践活动的一个好时机，作为为民务实清廉的一次现实检验，加强学习、改进作风，主动联系服务群众，严格自律、抵制庸俗，过一个风清气正、欢乐祥和的春节。各级党组织要尽快组织和发动全体党员学起来、改起来、做起来，积极投入到教育实践活动中，切实发挥好坚强堡垒和模范带头作用，以实际行动倡导新风尚、树立新形象、带动新风气。

今年改革发展的任务非常繁重。我们要更加紧密地团结在以习近平同志为总书记的党中央周围，深入贯彻落实党的十八大和十八届三中全会精神，精心组织、扎实推进教育实践活动，确保活动善始善终、善作善成，为全面深化改革、加快建设经济文化强省提供强大动力和重要保证。

（本文系中共山东省委书记、省人大常委会主任姜异康 2014 年 1 月 25 日在全省党的群众路线教育实践活动第一批总结暨第二批部署会议上的讲话摘要）

中共山东省委工作概况

2013年，在党中央坚强领导下，中共山东省委坚持以邓小平理论、“三个代表”重要思想、科学发展观为指导，深入学习贯彻党的十八大和十八届二中、三中全会精神、习近平总书记系列重要讲话和视察山东重要讲话精神，围绕落实省第十次党代会提出的目标任务，团结带领全省广大党员干部群众，牢牢把握主题主线和稳中求进的工作总基调，积极推进社会主义经济建设、政治建设、文化建设、社会建设、生态文明建设，全面加强党的建设，各项工作取得了新的进展。

一、深入学习贯彻党的十八大和习近平总书记系列重要讲话精神，坚定不移落实中央决策部署

认真贯彻党中央一系列重大决策部署，牢牢把握山东工作的正确方向，注重加强思想政治建设，始终在思想上、政治上、行动上同以习近平同志为总书记的党中央保持高度一致。

（一）深入学习贯彻党的十八大和十八届二中、三中全会精神 进一步深化对党的十八大精神的学习宣传贯彻工作，着重在把握实质、宣传阐释、贯彻落实上下功夫，自觉用党的十八大精神武装头脑、指导实践、推动工作。党的十八届三中全会闭幕后，迅速进行传达学习和宣传宣讲工作，印发《关于认真学习贯彻党的十八届三中全会精神的通知》。召开省委十届八次全体会议，审议通过《中共山东省委关于深入学习贯彻党的十八届三中全会精神的意见》，对山东全面深化改革作出部署。

（二）深入学习贯彻习近平总书记系列重要讲话精神 把学习贯彻习近平总书记系列重要讲话精神与学习贯彻十八大精神结合起来，一同部署、一同推进，制定下发《关于深入学习贯彻习近平总书记一系列重要讲话精神的意见》；省级领导班子先后组织11次学习研讨，并通过举办研讨会、报告会、专题辅导等形式，组织和引导全省党员干部深入学习；把习近平总书记系列重要讲话精神作为各级党校、行政学院、干部培训机构和高校重要教学内容，加大教育培训力度；广泛开展中国特色社会主义和“我的中国梦”主题宣传教育活动，用中国梦统一思想、凝聚力量；在全省各地开展宣讲活动，面向基层集中宣讲1500多场，直接受众达20多万人次，推动形成深入持久学习的浓厚氛围。

（三）深入学习贯彻习近平总书记视察山东重要讲话精神 2013年11月下旬，习近平总书记到山东视察指导工作，发表重要讲话，使全省广大党员干部群众欢欣鼓舞、倍感振奋。省委召开常委扩大会议进行传达学习，发出《关于印发习近平总书记视察山东时的重要讲话的通知》，对全省学习贯彻作出部署。召开省委十届七次全体会议，进一步传达学习习近平总书记重要讲话精神，引导各级各方面按照习近平总书记要求，科学谋划山东全面深化改革的思路举措；努力实现工作指导重大转变，重点在发展理念、发展定位、发展动力、发展途径、考核导向上实现新转变，在调整优化经济结构、提高科技支撑能力、抓好“三农”工作、促进区域协调发展、提高开放型经济水平、推进社会主义核心价值体系建设、保障和改善民生、加强作风建设和提高领导水平上取得新突破。

二、扎实开展党的群众路线教育实践活动，把激发出来的进取精神转化为做好工作的强大动力

开展党的群众路线教育实践活动，是以习近平同志为总书记的党中央在新形势下坚持党要管党、从严治党的重大战略举措，省委深刻认识开展教育实践活动的重大意义，按照中央部署和要求，扎扎实实做好每一个环节、每一个步骤的工作，教育实践活动取得了重要阶段性成效。

（一）抓好学习教育打牢思想基础 采取集中辅导、领读原著、专题讨论、个人自学等多种形式，组织广大党员干部深入学习马克思主义群众观，学习中央规定的书目和文件，提高思想认识。发挥山东红色资源丰富的优势，组织1600多名省管干部到沂蒙老区接受革命传统教育，拍摄专题片《力量》，组织全省党员干部观看，教育引导党员干部在革命传统教育中增进群众感情，增强宗旨意识和群众观

念。

(二)聚焦"四风"深入查摆问题 坚持以上带下,充分发挥领导干部特别是一把手的示范带动作用。省委常委带头深入基层和群众听取意见建议,先后召开72个座谈会,征求各类意见建议归纳为899条,并作了集中梳理。第一批活动单位综合运用多种方式听取意见,共征求到各类意见建议3.4万条,其中涉及"四风"问题7443条。

(三)开好专题民主生活会 坚持以整风精神开展严肃认真的批评和自我批评,省委常委班子率先召开专题民主生活会,相互提出批评意见205条;省委常委分别参加各自联系点的专题民主生活会;召开情况通报会,通报省委常委班子专题民主生活会情况。第一批活动的147个单位全部召开专题民主生活会,真正触及思想、红脸出汗、加油鼓劲,达到了沟通思想、帮助同志、促进工作的目的。

(四)坚持边整边改务求实效 坚持把边学边查边改贯穿始终,以"钉钉子"精神着力解决突出问题。省委成立专项清理整顿工作小组,分三期开展33项专项治理,取得阶段性成果。省委精简调整各类议事机构51个,保留数量占原数量的48.5%;取消和归并评比表彰项目33个,占中央批准山东保留项目总数的25%;在全省党员干部中开展"会员卡"专项清退,共有108万多名党员干部作出"零持有"报告。省委常委班子带头制定整改工作方案。第一批活动单位共确定4899个整改事项,已整改完成2644项。坚持开门搞整改,分期分批公示第一批活动单位的重点整改事项。统筹推进建章立制工作,将作风建设的积极成果固化为制度约束,形成长效机制。同时,认真做好第二批教育实践活动的调研和各项准备工作。通过开展教育实践活动,广大党员干部的宗旨意识和群众观点得到增强,工作作风有了很大转变,社会风气为之一新,为全省经济社会发展注入了强大动力。

三、进一步完善全省区域协调发展总体布局,着力打造山东发展新优势

针对山东发展不平衡的实际,加强对东中西部区域发展的分类指导,在继续实施山东半岛蓝色经济区和黄河三角洲高效生态经济区发展规划的同时,研究制定省会城市群经济圈发展规划和西部经济隆起带发展规划,形成覆盖全省的"两区一圈一带"区域协调发展总体布局。

(一)深入实施"蓝黄"两大国家发展战略 围绕构建现代海洋和高效生态产业体系,制定《山东省海洋产业发展指导目录(试行)》,重点推进产业集群和特色园区培育等工作,产业承载能力显著增强。充分发挥未利用地优势资源,扎实推进未利用地开发综合管理改革试点和"飞地经济"发展试点工作,取得明显成效。顺利完成黄河三角洲高效生态经济区规划实施中期评估工作,为全国开展区域规划实施评估工作创造了经验、提供了示范。全年山东半岛蓝色经济区实现生产总值25728.8亿元,对全省经济增长的贡献率为46.4%;黄河三角洲高效生态经济区实现生产总值7985.2亿元,增速超过全省1.3个百分点。

(二)出台实施"一圈一带"发展规划 把建设省会城市群经济圈和西部经济隆起带作为打造山东发展新优势的重大举措,经过8个多月的深入调研论证,在深刻认识和把握中央重大战略部署和省情的基础上,出台了"一圈一带"发展规划。省会城市群经济圈规划范围,包括省会济南及周边的淄博、泰安、莱芜、德州、聊城、滨州,共7市52个县(市、区)。西部经济隆起带规划范围,包括枣庄、济宁、临沂、德州、聊城、菏泽6市和泰安市的宁阳县、东平县,共60个县(市、区)。省委、省政府召开动员大会进行部署,成立省区域发展战略推进工作领导小组,建立工作推进机制,启动建设一批重点产业和基础设施项目,"一圈一带"建设实现良好开局。

(三)围绕"两区一圈一带"建设做好打基础利长远工作 大力加强能源、交通、水利等重点项目建设,强化基础设施对区域协调发展的支撑作用。新开工济宁至鱼台等6条高速公路,德大等12个铁路项目、海阳核电和荣成石岛湾核电项目进展顺利,南水北调山东段干线工程试通水圆满成功。全年电力装机容量达到7700万千瓦,沿海港口货物吞吐量达11.8亿吨。

(四)积极推进城镇化和生态文明乡村建设 加强城镇化发展战略研究和规划编制,印发山东省城镇化发展纲要,制定城镇化"提质增速、城乡一体"行动实施方案,深入开展百镇建设示范行动。统筹城乡规划建设,出台加强农村新型社区建设推进城镇化进程的意见,新增农村新型社区600个。探索建立县域经济发展评价模型,加强县域经济综合评价分析考核,推动县域经济整体实力持续提升。制定与农民工相关的工资、社保、教育、医疗、就业、户籍、住房保障等一系列政策措施,促进同工同酬和基本公共服务均等化,推动农民工逐步融入城市,全省城镇化率达到53.75%,比上年提高1.32个百分点。

四、加大转方式调结构力度,促进经济持续健康发展

面对错综复杂的国内外形势,坚决贯彻中央宏观经济政策,坚持以提高经济发展质量和效益为中心,统筹推进稳增长、调结构、促改革各项工作。召开全省转方式调结构、推动科学发展现场观摩交流会,通过集中观看专题片、分组现场观摩交流、召开全体会议,对全省17市转方式调结构工作进行检查,有力推动了全省转方式调结构各项工作。全省经济运行总体平稳,稳中有进、稳中向好,全年主要预期增长目标顺利完成。全年全省实现生产总值54684.3亿元,增长9.6%;固定资产投资35875.9亿元,增长19.6%;社会消费品零售总额21744.8亿元,增长13.4%;物价水平总体平稳,居民消费价格总水平上涨2.2%。发展质量有新的提高,公共财政预算收入4560亿元,增长12.3%;税收收入占比提高2.4个百分点,达到77.5%;规模以上工业企业主营业务收入、利税分别增长12.5%、11.6%。工作

中,着重抓了三个方面:

(一)着力推动产业转型升级 统筹推进三次产业调整,促进各行业转型升级。在农业方面,继续实施千亿斤粮食生产能力建设规划,全年粮食总产达到905.6亿斤,实现“十一连增”。在工业方面,大力改造提升传统产业,实施千项重点技改项目和行业对标专项行动;加快培育发展战略性新兴产业,着力推进150个新兴产业项目,积极推进信息化与工业化融合试验区建设和国家级智慧城市试点工作,全年规模以上工业增加值增长11.3%,高新技术产业比重上升到30.2%。在服务业方面,出台加快服务业发展的若干意见,大力发展信息、物流、金融及各种商务服务业,全年服务业增加值比重提高1.2个百分点。

(二)大力实施创新驱动发展战略 与科技部开展省部会商,围绕山东重大区域发展战略协同推进科技创新。加强以企业为主体、市场为导向、产学研相结合的技术创新体系建设,培育在全国具有重要影响的创新型产业集群。加快创新平台建设,国家级工程技术研究中心达到34家,企业国家重点实验室达到10家,一批关键核心技术实现重大突破。国瓷公司的60纳米钛酸钡粉体材料和山东电力研究院的变电站巡检机器人获得国家专利金奖;浪潮集团研制的高端容错服务器,实现了云计算核心装备国产化;天岳公司研发生产的碳化硅晶体材料,打破了半导体材料受制于人的局面。实施“渤海粮仓”科技示范工程,创造了在中度盐碱地大面积种植粮食作物的历史,为全国中低产田治理和改造提供了示范。全年获得国家级科技成果奖励21项,取得重要科技成果2332项,发明专利申请量、授权量同比分别增长67.5%和19.6%。

(三)加快生态山东建设步伐 正确处理经济发展同生态环境保护的关系,积极推进绿色发展、循环发展、低碳发展,着力抓好节约资源和保护环境工作。积极调整优化能源结构,不断加大风电、生物质能、太阳能等新能源开发力度。强化大气污染防治,编制实施大气污染防治规划和一期行动计划,实行空气质量监测预警信息定期发布,积极构建大气污染联防联控机制。推动重点领域节能减排,开展千家企业节能低碳行动。提前完成淘汰111家企业落后产能任务,继续做好小火电关停工作,完成国家下达的关停任务。全面淘汰立窑水泥生产线,加快发展循环经济和节能环保产业。着力抓好重点流域污染综合治理,全面完成南水北调沿线治污项目,扎实推进小清河流域生态环境综合治理,实现淮河流域、海河流域治污考核“六连冠”和“四连冠”。万元生产总值能耗降低率超额完成年度和进度目标任务,主要污染物排放总量持续下降。

五、全面深化改革,为经济社会发展注入强大动力

坚持以改革促发展,努力破除体制机制障碍,激发市场主体活力,实施更加积极主动的开放战略,进一步拓展发展空间。

(一)积极推进改革探索 按照中央部署要求,把握机遇推进重点改革,积极进行探索实践,为下步全面深化改革打下基础。一是深化农村改革。开展农村土地承包经营权确权登记颁证工作,全省129个涉农县(市、区)全部开展试点;构建新型农业经营体系,农民合作社、家庭农场快速发展。二是减少行政审批事项。分三次取消和下放审批事项230项,投资项目省级核准事项减少40%,行政事业性收费由87项缩减为25项;改革工商登记制度,新增市场主体69万户,增长22%。三是加快地方金融改革。出台加快全省金融改革发展的若干意见,地方金融机构改革和民间金融阳光化进程加快;启动建立地方金融监管体系,市场融资渠道进一步拓宽;民间资本管理机构超过100家,齐鲁股权交易中心完成公司制改造。四是推进财税体制改革。完善全口径预算管理体系;规范和理顺省以下财税体制;稳步推进“营改增”试点工作,全年为纳税人减负45亿元;首次向社会公布省级“三公”经费预算总额及95个省政府部门单位预算;深化省级国有资本经营预算改革。

(二)加快提升开放型经济水平 针对外需不振的严峻形势,及时研究制定促进进出口稳增长、调结构的实施意见。不断深化与重点国家和地区的交流,国际友好城市和友好合作城市分别达到190对和187对。开展外资外贸企业大走访活动,实施“境外百展市场开拓计划”,加快科技兴贸创新基地、外贸转型升级基地建设,大力发展服务贸易和服务外包。积极探索内外贸一体化,开展临沂商城国际贸易综合改革试点。加大招商引资力度,举办“2013香港山东周”、“台湾山东周”等重要经贸活动。坚持“走出去”、“引进来”并重,农产品出口、境外投资、对外承包工程和外派劳务保持全国领先,全年对外投资超过45亿美元。推动开发区转型升级,加快中德生态园、日照国际海洋城建设,国家级开发区达到32家。全年实现进出口总额2671.6亿美元,增长8.8%;新批外商投资项目1405个,增长5.4%;实际到账外资140.5亿美元,增长13.8%。

六、加强政治和文化建设,保持和谐稳定政治局面

把社会主义政治建设和宣传思想文化工作作为经济社会发展的重要内容和保障,采取有力措施加以推进,不断取得新的进展。

(一)大力推进社会主义民主政治建设 坚持党的领导、人民当家作主、依法治国有机统一,推进社会主义民主政治建设,积极营造民主团结、生动活泼、安定和谐的政治局面。一是认真做好人大、政协工作。顺利召开省“两会”,选举产生了新一届省人大、省政府、省政协领导班子。支持人大及其常委会依法履行职责,着力提高立法质量,依法加强对“一府两院”工作的监督,重视发挥人大代表作用。支持人民政协履行政治协商、民主监督、参政议政职能,深入开展调研视察和咨政建言活动。二是深入推进法治山东建设。研究制定法治山东建设纲要,实施“六五”普

法规划，维护宪法法律权威。坚持严格执法、公正司法，维护社会公平正义。支持法院、检察院依法独立行使审判权、检察权。三是充分调动各方面积极性。认真做好统一战线工作，加强党外代表人士队伍建设，同民主党派、无党派人士团结合作，就重大问题通报情况、听取意见。扎实开展非公有制经济人士理想信念教育实践活动，重视发挥工商联组织作用，促进非公有制经济健康发展和非公有制经济人士健康成长。支持工会、共青团、妇联等人民团体做好换届工作，充分发挥其桥梁纽带作用。加强国防后备力量建设，深入开展双拥共建活动，巩固加强军政军民团结。

（二）全面加强宣传思想文化工作　一是着力做好意识形态工作。认真贯彻落实全国宣传思想工作会议精神，召开全省宣传思想工作会议，制定出台加强意识形态工作的意见。稳妥做好重大突发事件和热点敏感问题舆论引导。加强和改进互联网宣传管理，积极开展网上舆论斗争，规范网上传播秩序取得明显成效。积极推进信息公开和新闻发布工作，开通“山东发布”政务微博。二是大力加强社会主义核心价值体系建设。广泛开展“学雷锋，做山东好人”活动，深入实施公民道德建设“四德”工程。大力推进乡村文明行动和文明城市、文明单位创建活动，培育和发扬新时期山东精神，美德山东、文明山东、诚信山东建设水平进一步提高。三是积极发展文化事业和文化产业。大力发展公益性文化事业，基本形成覆盖城乡的五级公共文化服务网络。深入开展全省文化设施、体制机制、人才队伍建设和艺术精品创作等方面的工作，建成标准剧场34个，新建、改建县级图书馆和文化馆132个。采取17市共同承办新模式，成功举办第十届中国艺术节。深入推进文化体制改革，一批经营性文化单位转企改制。文化产业持续快速发展，文化发展活力进一步增强，共有国家级文化产业示范基地12个，省级文化产业示范基地104个。

七、高度重视保障和改善民生，加强和创新社会管理

坚持把民生工作和社会管理工作作为社会建设的两大根本任务，把办好广大人民群众的事作为最大责任，认真解决事关群众切身利益的问题，确保人民群众安居乐业、社会安定有序。

（一）认真落实各项民生政策　制定全省基本公共服务体系建设行动计划、居民社会养老保险实施意见，研究出台一系列民生政策措施。一是加大民生投入，年初确定的10个方面民生实事全部兑现，省级又筹措26亿元资金，再办好10件民生实事。全年民生投入占财政支出比重达到57.18%，同比提高1个百分点。二是重视做好就业创业工作，城镇新增就业119.98万人，农村劳动力转移就业133.3万人，全省城乡就业连续10年实现双过百万。三是进一步完善社会保障体系，城镇职工基本养老、城镇基本医疗、失业、工伤、生育保险参保人数分别比上年末增加196.4万人、546.7万人、79.8万人、32.3万人和55.4万人；居民基本养老保险参保人数4512.8万人；新型农村合作医疗覆盖面继续巩固扩大，参合人数为6378.8万人，参合率为99.93%；推进新型农村社会养老保险和城镇居民养老保险制度合并实施，启动了城乡居民基本医疗保险制度整合工作。四是加大保障性住房建设力度，开工建设保障性住房27.9万套，建成22.2万套，分配18.9万套，提前完成国家计划。五是继续提高困难群众生活保障水平，城镇最低生活保障人数48.7万人，月人均保障标准421元，比上年提高51元；农村最低生活保障人数259.9万人，年人均保障标准2510元，比上年提高296元；加强扶贫开发，150万贫困人口实现脱贫。六是稳步发展社会救助事业，安排城乡医疗救助资金7.3亿元，已建救助管理站和流浪未成年人救助保护中心共计61处，共有收养性社会福利单位2473个，各级慈善总会用于五大工程的支出善款达11.3亿元。全年城镇居民人均可支配收入28264元，增长9.7%；农民人均纯收入10620元，增长12.4%。

（二）全面发展社会事业　把教育摆在优先发展位置，加快教育改革发展，启动高职、中职与本科教育对口贯通分段培养试点，积极推进现代职业教育体系建设，开展中小学校取消行政级别试点，加强高校完善治理结构的探索。深化医药卫生体制改革，在全国率先以省为单位推行新农合大病保险，选择30个县开展公立医院综合改革试点。加快建设社会养老服务体系，推动老龄事业实现新发展。促进群众体育和竞技体育协调发展，在第十二届全运会上，山东蝉联金牌榜和奖牌榜第一。认真完成中央部署的对口支援任务，加强对口支援新疆、西藏、青海、三峡库区和扶贫协作重庆等工作，取得新的进展。

（三）不断强化食品药品安全和安全生产工作　大力推进食品药品监管体制改革，加强食品药品生产、流通、消费环节的全程监管，努力保障群众饮食用药安全。持续开展安全生产大检查和“打非治违”专项行动，加强隐患排查治理，努力减少安全生产事故，八个行业（领域）各类生产安全事故发生起数比上年下降7.2%。“平安行·你我他”道路交通安全整治活动取得明显成效。

（四）努力提高社会治理科学化水平　坚持系统治理、依法治理、综合治理、源头治理，推进社会管理服务制度、体制机制和方法创新。完善社区治理机制，推动行政管理、社会事务、便民服务一体化；建成城市社区服务站6286个，“一站式”服务大厅4019个；社区社会组织发展到1.8万个，社区志愿者达到92.9万人。深化平安山东建设，加强社会治安综合治理，依法严厉打击各类刑事犯罪活动。健全完善大排查大调解工作体系，推行社会稳定风险评估并逐步向县以下延伸，预防化解社会矛盾。创新群众工作方法，积极探索用群众工作理念和方法做好信访工作的新途径新举措，完善党员干部直接联系群众服务群众制度，省委常委带头包案处理信访积案，促进了信访突出问题及时妥善解决，全省信访形势保持平稳有序。

八、坚持党要管党、从严治党，提高党的建设科学化水平

坚持以改革创新精神全面加强党的建设，把党要管党、从严治党的要求落到实处，为经济社会发展提供坚强保证。

（一）抓好思想政治建设 围绕提高思想政治能力，认真贯彻落实全国干部教育培训工作会议精神和《2013—2017年全国干部教育培训规划》，切实加强干部教育培训。充分发挥党校、行政学院和各类培训机构的作用，全省各级举办专题培训班3000多个，培训县处级以上干部2.3万人次。进一步严肃培训纪律，强化党性教育、宗旨观念教育、革命传统教育，大力弘扬理论联系实际学风，增强干部教育培训的针对性实效性。注重换届后各级领导班子思想政治建设，完善"双向约谈"制度，进一步加大谈心谈话力度。

（二）切实加强领导班子、干部队伍和基层组织建设 认真贯彻落实全国组织工作会议精神，努力建设高素质的执政骨干队伍。积极稳妥推进干部人事制度改革，完善科学发展综合考核和领导班子、领导干部年度考核，健全干部经常性管理机制，进一步发挥党组织在干部选拔任用工作中的领导和把关作用。以加强村党组织带头人队伍建设和增加村集体经营性收入为重点，大力推进基层服务型党组织建设。深入开展"第一书记"工作，省市县三级共派出2.6万名"第一书记"抓党建促脱贫。以"接地气、受教育、解难题、改作风"为主题，组织党员干部直接联系困难家庭，省级班子和省直单位率先启动，共联系4044户困难家庭。注重人才队伍建设，出台加强党管人才工作意见，突出抓好高层次创业创新人才和高技能人才队伍建设，组织实施泰山学者蓝色产业领军人才团队支撑计划等重点人才工程，统筹各级各类人才队伍建设，国家"千人计划"专家增长50%，为经济社会发展提供了有力的人才支撑。

（三）深入推进党风廉政建设 认真落实党风廉政建设责任制，严格正风肃纪。加强对中央八项规定和省委十条实施办法落实情况的监督检查，在全省开展厉行勤俭节约、反对铺张浪费专项行动，公开通报曝光违反中央和省委规定要求的典型问题。加强和改进巡视工作，发现和督促解决了一些突出问题。坚持有腐必反、有贪必肃，"老虎"、"苍蝇"一起打，保持惩治腐败的高压态势，全年全省纪检监察机关共立案查办各类案件12242件，其中大案要案3601件，给予党纪政纪处分12182人。

2014年是全面贯彻落实党的十八届三中全会精神、全面深化改革的第一年，是全面完成"十二五"规划目标任务的重要一年。山东工作的总体要求是：高举中国特色社会主义伟大旗帜，以邓小平理论、"三个代表"重要思想、科学发展观为指导，全面贯彻落实党的十八大和十八届二中、三中全会精神，以习近平总书记系列重要讲话和视察山东重要讲话精神为指引，坚持稳中求进工作总基调，把改革创新贯穿于经济社会发展各个领域各个环节，着力推动工作指导重大转变，加快转方式调结构，提高经济发展质量和效益，保障和改善民生，创新社会治理，大力推进经济、政治、文化、社会、生态文明建设和党的建设。

政 治 纲 要

中共山东省委组成人员名单
（2013 年）

书　　记：姜异康

副 书 记：姜大明※　郭树清☆　王军民

常　　委：姜异康　姜大明※　郭树清☆　王军民　才利民（满）
孙　伟　王　敏　李法泉　李　群　高晓兵（女）
孙守刚　刘从良　雷建国　颜世元

委　　员（排名按姓氏笔画为序）

于国安　于金明　于钦彦　于晓明　才利民（满）
马文艺（回）　马平昌　王　良　王　敏　王　磊（女）
王云鹏　王军民　邓向阳　左　敏（女）　厉彦林
卢得志　申长友　吕明辰　朱晓强　任纪善
刘　奇　刘　渊　刘士合　刘长允　刘从良
刘曙光　齐　涛　许立全　孙　伟　孙传宏
孙守刚　孙述涛　孙建功　孙爱军　杜昌文
李　群　李同道　李守信　李法泉　李洪峰
杨　军　杨子强　杨宜新　杨鲁豫　吴鹏飞
吴翠云（女）　宋远方　张　波　张　惠（女）　张少军
张心骥　张术平　张务锋　张光峰　张江汀

张洪运	张超超	张新起	陈　伟	陈先运
林峰海	李缃绮	周清利	赵润田	姜　杰※
姜大明※	姜异康	姜铁军	夏　耕	徐景颜
高晓兵(女)	郭述禹	郭树清☆	梅永红	商志晓
韩金峰	傅绍万	蒿　峰	雷建国	谭成义
翟鲁宁(女)	翟黎明(女)	颜世元		

候补委员　（按得票多少为序排列，得票相等的按姓氏笔画为序排列）

王英龙	王金宝	王春秋	仉兴玉(女)	孙明亮
孙孺声	李同智	张雪燕(女)	张毓华	周建安
赵德健	高淑贞(女)	席秀海	于富华	王可杰

附：省委秘书长、副秘书长名单

秘 书 长： 雷建国

副秘书长：

彭绪进※	刘长允☆	孙建功※	于建修※	宋玉山☆
倪明元	王泽厚☆	唐　慎	王　浩	孙振华※
明春德☆				

※2013 年 3 月，姜大明不再担任中共山东省委副书记、常委、委员职务。

※2013 年 7 月，姜杰不再担任中共山东省委委员职务。

※2013 年 1 月，孙振华不再担任中共山东省委副秘书长职务。

※2013 年 3 月，彭绪进、孙建功、于建修不再担任中共山东省委副秘书长职务。

☆2013 年 3 月，郭树清任中共山东省委委员、常委、副书记。

☆2013 年 2 月，明春德任中共山东省委副秘书长。

☆2013 年 3 月，刘长允任中共山东省委副秘书长。

☆2013 年 5 月，宋玉山任中共山东省委副秘书长。

☆2013 年 6 月，王泽厚任中共山东省委副秘书长。

重 要 会 议

中共山东省委十届四次全体会议 1月21日，中共山东省委十届四次全体会议在济南举行。这次会议为即将召开的省十二届人大一次会议和省政协十一届一次会议作了准备，并就有关工作进行安排。省委常委会主持会议，省委书记姜异康讲话。省委委员、候补委员出席会议，省有关方面负责人列席会议。姜异康在讲话中强调，即将召开的全省“两会”，是在全面深入贯彻落实党的十八大精神的开局之年召开的重要会议，是一次换届的会议，是全省人民政治生活中的一件大事。这次省“两会”将总结过去五年全省工作，对今后五年各项工作作出部署，开好“两会”对于统一思想，明确任务，动员全省人民加快建设经济文化强省，谱写山东人民美好生活新篇章具有十分重要的意义。要高度重视，加强领导，精心组织，依法办事，把“两会”开成民主、团结、求实、奋进的大会。省“两会”期间，要严格按照简约、俭朴原则安排好各项会务，坚决反对各种奢侈浪费行为，让人民群众从良好会风中感受到新变化新气象。全委会号召，全省要紧密团结在以习近平同志为总书记的党中央周围，深入学习贯彻党的十八大精神，团结一心，励精图治，艰苦奋斗，扎实工作，努力开创山东省各项工作新局面。

省委常委扩大会议 1月22日，省委召开常委扩大会议，学习讨论中共中央总书记习近平在十八届中央纪委二次全会上的重要讲话精神，研究贯彻落实意见。省委书记姜异康主持会议并讲话，省委副书记、省长姜大明，省政协主席刘伟，省委副书记王军民，省委常委，省人大、省政府、省政协领导和省有关部门负责人出席会议。姜异康在讲话中强调，习近平总书记的重要讲话，深刻阐述了党风廉政建设和反腐败斗争的极端重要性，鲜明表达了新一届中央领导集体反对腐败的坚强决心；深刻阐明了严明党的政治纪律的要求，为维护党的团结统一提供了根本保证；明确提出了做到干部清正、政府清廉、政治清明的反腐倡廉总体目标，进一步指明了努力方向；通篇贯穿了党要管党、从严治党的要求，突出了保持党的先进性和纯洁性这条主线；突出强调要解决好党纪、党风和反腐倡廉问题，抓住了当前党的建设的重点和关键；明确要求领导干部要守住做人、处世、交友底线，充分体现了对领导干部的殷切期望和关心厚爱。姜异康指出，省委对党风廉政建设始终高度重视，贯彻执行中央部署十分坚决，采取了一系列有力措施，取得了明显成效。要按照习近平总书记重要讲话精神，认真对照检查在哪些方面做得还不够，群众对哪些问题意见比较集中，体制机制中还有哪些障碍，采取更加有效的措施，扎实推进党风廉政建设和反腐败斗争。姜异康要求，要深入学习领会习近平总书记重要讲话精神，切实履行反腐倡廉建设的重大政治责任。把握关键突出重点，全面落实党风廉政建设和反腐败工作任务。严格遵守党的政治纪律，坚决维护党的团结统一。深入贯彻落实中央八项规定，切实改进工作作风。反对特权思想，保持共产党人清正廉洁的政治本色。各级纪检监察机关要充分发挥职能作用，执好纪、问好责、把好关，努力建设一支忠诚可靠、服务人民、刚正不阿、秉公执纪的纪检监察队伍，始终保持良好形象。

中国人民政治协商会议第十一届山东省委员会第一次会议 1月24日至30日，中国人民政治协商会议第十一届山东省委员会第一次会议在济南举行。中共山东省委书记、省人大常委会主任姜异康，省委副书记、省长姜大明，全国人大财政经济委员会副主任委员韩寓群，省委副书记王军民等省领导应邀出席有关会议。刘伟受政协第十届山东省委员会常务委员会委托，向大会作工作报告。大会的主题是：高举中国特色社会主义伟大旗帜，以邓小平理论、“三个代表”重要思想、科学发展观为指导，全面贯彻中共十八大和省第十次党代会精神，团结动员参加政协的各党派团体和各族各界人士，在建设中国特色社会主义的新征程上同心同德同心同向同心同行，为加快建设经济文化强省，为提前全面建成小康社会、谱写山东人民美好生活新篇章作出应有贡献，不断开创山东政协事业新局面。刘伟指出，五年来，在全国政协有力指导和中共山东省委坚强领导下，十届省政协认真履行政治协商、民主监督、参政议政职能，切实深化理论学习，不断巩固团结奋斗的共同思想政治基础；把服务科学发展作为第一要务，全力推动山东改革开放和现代化建设；加强制度建设，不断提升政治协商规范化水平；积极响应建设文化强国、文化强省的号召，助推文化发展繁荣；坚持履职为民，力促民生改善社会和谐；按照强化政协意识、学习意识、规范意识、服务意识的要求，加强政协自身建设，坚持一流的标准、一流的作风、一流的服务，建设政协委员之家、各界人士之家、基层政协之家、干部职工之家。刘伟在报告中对新一届省政协提出了工作建议。五年来，省政协委员和各参加单位共提交提案3881件，经审查立案3503件，分送120个承办单位办理，已全部办复。许多意见建议被采纳落实，为推动全省科学发展发挥了积极作用。会议通过关于政协第十届山东省委员会常务委员会工作报告的决议、关于政协第十届山东省委员会常务委员会提案工作报告的决议、政协第十一届山东省委员会第一次会议提案审查委员会关于提案审查情况的报告和政协第十一届山东省委员会第一次会议政治决议。大会选举刘伟为省政协主席,选举焉荣竹、张传林、栗甲、王新陆、王乃静、陈光、许立全、郭爱玲、孙继业为省政协副主席,选举张心骥为省政协秘书长,选举177名政协委员为省政协常委。选举之后,刘伟主持闭幕大会。

山东省第十二届人民代表大会第一次会议 1月25日至2月1日,山东省第十二届人民代表大会第一次会议在济南举行。省长姜大明代表省政府向大会作《政府工作报告》。报告分四个部分:过去五年工作;今后五年工作总体要求;2013年主要工作;建设为民务实清廉政府。姜大明在报告中指出,五年来,在党中央、国务院和中共山东省委的正确领导下,全省紧紧围绕主题主线,坚定不移以富民强省为目标,积极作为、科学务实,凝心聚力、攻坚克难,全省生产总值、地方财政收入、粮食总产量分别跨上五万亿元、四千亿元和九百亿斤台阶,城乡居民收入增幅连续两年超过GDP增速,农民收入增幅连续三年超过城镇居民收入增速,节能、减排两项工作均受到国务院通报表扬,省十一届人大一次会议确定的各项目标任务已经胜利实现。姜大明强调,做好之后五年政府工作,必须深入贯彻落实党的十八大精神,高举中国特色社会主义伟大旗帜,以邓小平理论、"三个代表"重要思想、科学发展观为指导,牢牢把握主题主线和富民强省目标,以改革开放为动力,以提高经济增长质量和效益为中心,大力实施创新驱动发展战略,坚决打好转方式调结构这场硬仗,促进工业化、信息化、城镇化、农业现代化同步发展,切实保障和改善民生,全面推进社会主义经济建设、政治建设、文化建设、社会建设、生态文明建设,促进经济持续健康发展和社会和谐稳定。之后五年要努力实现经济综合实力、民主法制水平、文化软实力、人民生活质量、生态文明水平显著提升。大会经过表决,通过了省十二届人大一次会议关于政府工作报告的决议、关于山东省2012年国民经济和社会发展计划执行情况与2013年国民经济和社会发展计划的决议、关于山东省2012年预算执行情况和2013年预算的决议、关于山东省人民代表大会常务委员会工作报告的决议、关于山东省高级人民法院工作报告的决议、关于山东省人民检察院工作报告的决议。丁玉华等175人当选为第十二届全国人民代表大会代表,按照法律规定,当选的全国人大代表须报请全国人大常委会代表资格审查委员会审查后确认其代表资格;姜异康当选为山东省第十二届人民代表大会常务委员会主任,柏继民、贾万志、温孚江、尹慧敏、于建成、宋远方当选为山东省第十二届人民代表大会常务委员会副主任;姜大明当选为山东省省长,孙伟、夏耕、王随莲、孙绍骋、张超超、季缃绮、赵润田、邓向阳当选为山东省副省长;白泉民当选为山东省高级人民法院院长;吴鹏飞当选为山东省人民检察院检察长,按照法律规定,当选的省人民检察院检察长须报经最高人民检察院检察长提请全国人大常委会批准;翟鲁宁当选为省十二届人大常委会秘书长,于永晖等64人当选为省人大常委会委员。大会完成各项议程后,省委书记、省人大常委会主任姜异康做总结讲话。

省委常委会议 1月29日,省委召开常委会议,传达学习十八届中央纪委二次全会精神,研究贯彻落实意见。省委书记姜异康主持会议并讲话。省委副书记、省长姜大明,省政协主席刘伟,省委副书记王军民和省委常委出席会议。省人大、省政府、省政协领导和省有关部门负责人列席会议。会议传达学习了十八届中央纪委二次全会精神。大家一致认为,中共中央总书记习近平在中央纪委二次全会上的重要讲话深刻阐述了加强党的建设、深入开展反腐败斗争的重大意义和极端重要性,科学分析了当前反腐倡廉形势,明确提出了2013年党风廉政建设和反腐败工作总体要求和主要任务。讲话思想深刻、内涵丰富,切中要害、令人警醒,是指导当前和今后一个时期党风廉政建设和反腐败斗争的纲领性文献。中央纪委书记王岐山的工作报告,对2013年反腐倡廉工作作了全面部署,指导性、针对性都很强。全会要求,一定要认真学习领会,抓好贯彻落实,把党风廉政建设和反腐败斗争不断引向深入。姜异康在讲话中强调,过去的一年,全省各级纪检监察机关围绕中心、服务大局,认真履行职责,党风廉政建设和反腐败工作取得新的进展和成效。但是也要清醒地看到,反腐倡廉形势依然严峻,任务艰巨繁重。各级各部门要认真学习贯彻中央纪委二次全会精神,特别是要认真学习贯彻习近平和王岐山的重要讲话精神,切实担负起推进党风廉政建设的政治责任,坚持党要管党、从严治党,严明政治纪律,下大气力改进作风,依纪依法严惩腐败,努力夺取党风廉政建设和反腐败工作的新胜利。

省纪委十届三次全体会议 2013年2月3日,中国共产党山东省第十届纪律检查委员会第三次全体会议在济南举行。出席会议的省纪委委员54人,列席241人。省纪委常委会主持会议。全会传达学习了习近平在十八届中央纪委第二次全会上的重要讲话和王岐山代表中央纪委常委会所作的工作报告,总结了2012年全省党风廉政建设和反腐败工作,部署2013年任务。全会审议通过了省委常委、省纪委书记李法泉代表省纪委常委会所作的工作报告。省委书记、省人大常委会主任姜异康出席全会第一次大会并作重要讲话。全会指出,过去的一年,全省各级党委、政府和纪检监察机关坚持反腐倡廉方针,严格执行党风廉政建设责任制,坚持服务保障大局,着力加强作风建设,扎实推进惩治和预防腐败体系建设,认真解决发生在群众身边的腐败问题,党风廉政建设和反腐败工作取得新的进展和成效。同时要清醒地看到,当前反腐倡廉建设面临一些新情况新问题,反腐败斗争形势依然严峻。全会强调,2013年是全面贯彻落实党的十八大精神的开局之年,做好党风廉政建设和反腐败工作意义重大。要以邓小平理论、"三个代表"重要思想、科学发展观为指导,深入贯彻党的十八大精神,认真落实十八届中央纪委第二次全会部署和省委要求,坚持党要管党、从严治党,坚持标本兼治、综合治理、惩防并举、注重预防,着力严明党的纪律特别是政治纪律,切实转变工作作风，认真解决反腐倡廉中的突出问题，明确重点、狠抓落实，改革创新、攻坚克难，推动党风廉政建设和反腐败斗争向纵深发展。第一，坚决维护党章，严明党的纪律。第二，改进工作作风，密切联系群众。第三，完善惩防体系，科学有效防治腐败。第四，坚持从严要求，加强自身建设。全会强调，各级党委要严格执行党风廉政建设责任制，担负起反腐倡廉的政治责任。坚持和完善反腐败领导体制和工作机制，形成全党全社会推进反腐倡廉工作的强大合力。省委常委，省人大、省政府、省政协及省法院、省检察院、省武警总队领导出席会议。有关方面负责人参加会议。

副省级以上党员领导干部会议 3月1日，省委召开副省级以上党员领导干部会议，传达学习党的十八届二中全会精神。省委书记姜异康主持会议并讲话，省委副书记、省长姜大明，省委副书记王军民，省委常委，省人大常委会党员副主任，党员副省长，省政协党员副主席，住鲁的担任全国人大专门委员会委员的省级领导干部，省法院院长、省检察院检察长，省武警总队司令员、政委，济南市、青岛市党员副省级干部，山东大学党委书记、校长等出席会议。会议一致认为，党的十八届二中全会是在全国"两会"开幕前召开的十分重要的会议，为全国"两会"的胜利召开作了充分准备。姜异康在讲话中指出，要按照中央的部署要求，集中精力抓好各项任务落实，扎实做好当前和今后一个时期的工作。要着力促进经济持续健康发展，围绕主题主线，把握稳中求进的工作总基调，以提高经济增长质量和效益为中心，牢牢把握经济工作的主动权。要着力做好保障和改善民生工作，认真办好省委、省政府2013年确定的10个方面的民生实事，大力加强以保障和改善民生为重点的社会建设。要着力深化改革开放，认真落实已经出台的改革措施，深入研究深化改革的具体措施，努力为全省发展增添动力活力。充分认识行政体制改革的重要性和紧迫性，对深化行政体制改革、推进政府机构改革进行研究，以职能转变为核心，努力建设服务型政府。要着力提高党的建设科学化水平，坚持党要管党、从严治党，全面加强党的思想建设、组织建设、作风建设、反腐倡廉建设、制度建设，为加快建设经济文化强省提供坚强保障。姜异康强调，要持之以恒地抓好改进工作作风各项工作，努力把改进工作作风引向深入、推向持久，从点到面，以点带面，取得实实在在、人民满意的成效。要牢固树立正确的政绩观，多做打基础、利长远的事，不搞脱离实际的盲目攀比，不搞劳民伤财的"形象工程""政绩工程"，努力创造实实在在的业绩。要不断创新完善工作思路，注意保持工作的稳定性和连续性，一以贯之地落实好行之有效的思路措施，真正做到一张好的蓝图一干到底，切实干出成效来。要深入调查研究，提出切实有效的政策措施，推动各项工作不断有新发展、新突破。各项工作要有部署，有检查，确保落到实处、见到实效。要牢固树立政治意识、大局意识、责任意识，切实做好全国"两会"期间的有关工作，为全国"两会"圆满成功作出应有的贡献。

全省领导干部会议 3月18日，全省领导干部会议在济南召开，传达学习全国"两会"精神，对全省学习贯彻作出部署。省委书记、省人大常委会主任姜异康主持会议并讲话，省政协主席刘伟，省委副书记王军民出席会议。会上，姜异康、刘伟分别传达了十二届全国人大一次会议和全国政协十二届一次会议精神。会议指出，这次全国"两会"选举和决定了新一届国家机构领导人员和全国政协领导人员，标志着国家高层人事顺利实现新老交替，这对于党和国家事业承前启后、继往开来，具有十分重大的意义。会议要求，要认真学习贯彻全国"两会"精神，切实把思想认识统一到中央的决策部署上来。各级党委、人大、政府、政协和广大党员干部，要认真学习习近平在十二届全国人大一次会议闭幕时的重要讲话，认真学习政府工作报告等一系列会议文件，领会精神实质，明确目标任务。要把学习贯彻全国"两会"精神与深入学习贯彻党的十八大精神、习近平的重要讲话和李克强在参加山东代表团审议时的重要讲话紧密结合起来，进一步把全省党员干部群众的思想和行动统一到党的十八大和全国"两会"精神上来，努力开创建设经济文化强省的新局面。姜异康强调，要全面落实全国"两会"确定的各项目标任务，努力促进全省经济持续健康发展。坚持把中央精神与山东实际相结合，坚定信心、扎实工作，继续走在全国发展和改革的前列；要深化行政体制改革，推进政府职能转变和工作效率提高。要充分认识推进机构改革的重要意义，按照中央的统一部署，认真研究山东省政府机构的状况，积极推进政府机构改革，使政府机构更加高效运转，更加符合时代要求；要做好人大和政协工作，扎实推进社会主义民主法制建设。2013年是全面贯彻落实党的十八大精神的开局之年，改革发展稳定的任务十分繁重。要持之以恒改进工作作风，以良好精神状态抓好各项任务的落实。要深入贯彻落实中央政治局八项规定和省委常委会实施办法，扎实开展厉行勤俭节约、反对铺张浪费专项行动，巩固已经取得的成果，努力取得新的成效，以实际行动取信于民。要牢固树立正确的政绩观，多做打基础、利长远的事，推动各项工作不断取得新的进展。现在一季度即将过去，各级要集中精力抓好当前各项工作，为上半年乃至全年工作打下良好基础。省委、省人大、省政府、省政协领导班子成员等副省级以上领导，省各民主党派、工商联主要负责人，各市市委书记、市长，省直部门（单位）主要负责人等出席会议。

省委常委扩大会议 3月19日，省委召开常委扩大会议，宣布中共中央关于山东省领导同志调整的决定。中央组织部部务委员兼干部二局局长陈向群出席会议并宣布中央决定：郭树清任山东省委委员、常委、副书记，姜大明不再担任山东省委副书记、常委、委员职务。省委书记姜异康主持会议并讲话，姜大明、郭树清分别讲话。省政协主席刘伟，省委副书记王军民，省委常委，省人大常委会副主任，副省长、省政府党组成员，省政协副主席，省法院院长，省检察院检察长出席会议。姜异康在讲话中说，姜大明同志政治立场坚定，大局意识强，领导经验丰富，善于科学决策，组织领导能力和协调能力强。思想解放，思路清晰，工作重点突出，勇于开拓创新。担任省长以来，为山东的改革发展稳定付出了大量心血，作出了重要贡献，在全省干部群众中具有很高的威信。姜异康代表省委、省人大、省政府、省政协和全省人民，对姜大明同志表示真诚的感谢，祝愿他在新的岗位上取得更大成绩。姜异康说，郭树清同志长期在国家部委工作，又有地方工作经验，视野开阔，思想解放，组织领导和协调能力强，政治立场坚定，大局意识强，作风正派、待人坦诚，原则性强，严于律己。我们一定要把思想认识高度统一到中央决定上来，从大局出发，以实际行动坚决拥护中央的决定。姜异康强调，要紧密团结在以习近平同志为总书记的党中央周围，高举中国特色社会主义伟大旗帜，坚持以邓小平理论、“三个代表”重要思想、科学发展观为指导，全面贯彻落实党的十八大和全国“两会”精神，按照省第十次党代会的部署，紧紧围绕主题主线，继续把握稳中求进的工作总基调，集中精力抓好当前各项工作，解放思想、改革创新，同心协力、开拓奋进，为提前全面建成小康社会、加快建设经济文化强省、谱写山东人民美好生活新篇章而努力奋斗。姜大明在讲话中表示，完全拥护、坚决服从中央的决定，真诚欢迎郭树清同志到山东工作，无论走到哪里，都会情系山东、祝福山东，关心山东、支持山东，衷心祝愿山东人民永远幸福安康，山东的发展永远蒸蒸日上。郭树清在讲话中表示完全服从、坚决拥护中央的决定，按照中央“一张蓝图绘到底”的要求，一定要在以往发展的基础上，努力把山东经济社会事业推上新台阶。

中国共产主义青年团山东省第十三次代表大会 3月31日至4月2日，中国共产主义青年团山东省第十三次代表大会在济南举行。来自全省各条战线的900名团代表出席大会。省委书记姜异康，省委副书记、代省长郭树清，省政协主席刘伟，济南军区政治部主任张贡献，省委副书记王军民和省领导才利民、孙伟、李法泉、高晓兵、孙守刚、刘从良、雷建国、颜世元等出席大会开幕式。开幕式上，姜异康代表省委、省政府向大会的召开表示热烈祝贺，向全省广大团员青年和青少年工作者致以诚挚的问候，对全省广大青年提出了殷切期望和要求。他说，希望广大青年主动投身伟大事业，在全面建成小康社会、加快建设经济文化强省的实践中奉献青春、建功立业，创造出无愧于党、无愧于人民、无愧于时代的光辉业绩。姜异康要求，全省各级团组织要主动适应形势发展要求，进一步增强组织青年、引导青年、服务青年、维护青少年合法权益的能力，不断提高共青团工作科学化水平。广大团干部要热爱团的岗位、竭诚服务青年，更好地履行新形势下青年群众工作的职责。各级党委要进一步加强对共青团工作的领导，及时研究解决共青团事业发展中的实际问题，支持共青团组织创造性开展工作。要广泛动员社会各方面力量关心支持共青团工作，共同为青年成长成才创造良好环境和条件。张涛受共青团山东省第十二届委员会的委托作了题为《高举旗帜跟党走，聚力青春勇担当，为加快建设经济文化强省而努力奋斗》的工作报告。大会选举产生了由60名委员、29名候补委员组成的共青团山东省第十三届委员会，选举出山东省出席团的十七大代表82名，通过了《共青团山东省第十三次代表大会关于共青团山东省第十二届委员会报告的决议》。4月2日，共青团山东省第十三届委员会第一次全体会议在济南召开。全会以无记名投票方式，选举产生了第十三届团省委常委和书记、副书记。张涛当选为团省委书记。省委常委、组织部部长高晓兵出席并讲话。

省委常委会议 4月22日，省委召开常委会议，传达学习中央政治局常委、全国人大常委会委员长张德江来山东省调研和视察工作时的重要讲话精神，研究贯彻落实意见。省委书记姜异康主持会议并讲话，省委副书记、代省长郭树清，省政协主席刘伟，省委副书记王军民和省委常委出席会议。省人大、省政府、省政协领导，省有关部门负责人列席会议。会上，传达学习了张德江在山东调研时的重要讲话。大家一致认为，张德江在讲话中对山东经济社会发展和人大工作给予充分肯定，就全面推进依法治国、加快建设法治国家提出明确要求。讲话主题鲜明、重点突出，对于深刻理解和把握中央精神，做好当前和今后一个时期山东工作，具有十分重要的指导意义。一定要认真学习贯彻张德江委员长重要讲话精神，深入开展“中国梦”的宣传教育，不断深化对党的路线方针政策和重大决策部署的认识，切实把思想和行动统一到中央要求上来，把力量凝聚到实现中央确定的目标任务上来。姜异康在讲话中指出，要深入学习张德江委员长重要讲话精神，进一步增强做好工作的责任感。要认真落实依法治国基本方略，大力推进社会主义民主法制建设，扎实推进科学立法、民主立法，严格执法、公正司法，加强对法律实施情况的监督。要深入开展法制宣传教育，弘扬社会主义法治精神。各级领导干部要牢固树立法治理念，切实提高运用法治思维和法治方式的能力，努力以法治凝聚改革共识、规范发展行为、促进矛盾化解、保障社会和谐。要认真学习张德江关于做好人大工作的要求，坚持人大工作的正确方向，支持人大依法履行宪法和法律赋予的立法、监督、决定、任免等职权，支持和保证代表依法履行职责，扎实做好人大各项工作，努力开创人大工作新局面。党委要进一步加强对人大工作的领导，支持人大常委会依法履行职责，努力把山东省人大工作提高到一个新水平。要切实抓好当前各项工作，加强分析研判，把握规律性，增强预见性，以奋发有为的精神状态和良好的工作作风抓好各项工作落实，不断巩固和发展全省经济社会发展的良好势头。

山东省第十二届人民代表大会第二次会议 6月4日至5日，山东省第十二届人民代表大会第二次会议在济南举行。4日下午，山东省第十二届人民代表大会第二次会议举行第一次全体会议。会议听取审议了省十二届人大二次会议选举办法（草案），经过表决，通过了省十二届人大二次会议选举办法。5日上午，山东省第十二届人民代表大会第二次会议举行第二次全体会议，会议应到代表910名，出席全体会议的代表862名，符合法定人数。经过投票，郭树清当选为山东省人民政府省长。选举结束后，省委书记、省人大常委会主任姜异康发表讲话。他指出，山东省第十二届人民代表大会第二次会议，经过全体代表的共同努力，圆满完成了既定议程，大会期间，各位代表以高度负责的精神，依法履行宪法和法律赋予的职责，选举郭树清同志为山东省省长，这对于进一步加强省级领导班子建设，加快建设经济文化强省，具有十分重要的意义。相信郭树清同志当选省长后，一定会忠于职守，勇于担当，扎实工作，勤政为民，为加快建设经济文化强省作出更大贡献，不辜负各位代表和全省人民的信任和重托。姜异康指出，省十二届人大一次会议以来，全省上下认真贯彻落实党的十八大精神，牢牢把握主题主线，坚持以提高质量效益为中心，深入实施创新驱动发展战略，更加注重保障和改善民生，着力促进经济持续健康发展和社会和谐稳定；统筹推进经济建设、政治建设、文化建设、社会建设、生态文明建设，高度重视法治山东建设。姜异康强调，2013年全国“两会”闭幕不久，全国人大常委会委员长张德江来山东省就全面推进依法治国进行视察和调研，要求更加注重发挥法治在国家治理和社会管理中的重要作用，不断完善中国特色社会主义法律体系，培养全社会的法律意识和法治观念。要认真学习领会张德江重要讲话精神，坚持党的领导、人民当家作主、依法治国有机统一。

省委、省政府安全生产专题会议 6月9日，省委、省政府在济南召开专题会议。省委书记姜异康主持会议并讲话，省委副书记、省长郭树清讲话，省委副书记王军民出席会议。会上，传达学习了中共中央总书记习近平、国务院总理李克强、国务院副总理张高丽关于安全生产的重要批示。与会人员一致认为，习近平重要批示深刻阐明了安全生产工作的极端重要性，把对安全生产的认识提升到一个新的水平，催人警醒，意义深远。一定要认真学习、深刻领会习近平重要批示精神，切实把批示精神贯彻落实到安全生产和各项工作当中。姜异康在讲话中指出，习近平的重要批示体现了新一届中央领导集体“以人为本、执政为民”的执政理念，体现了转变经济发展方式、推动科学发展的本质要求，体现了把人民群众放在心中最高位置的鲜明立场和一贯作风，是做好当前工作的重要指导方针。要深入学习贯彻习近平重要批示精神，把思想和行动统一到中央要求上来。在经济社会发展中，必须始终把人民生命安全放在首位，必须把决不能以牺牲人的生命为代价作为一条不可逾越的红线。对这个重大原则问题，必须保持头脑清醒，始终坚定不移。要按照中央要求和省政府部署，扎实做好安全生产大检查的各项工作，确保做到工作实、措施严、效果好。一要全面彻底。各行业、各领域都要进行全面检查，做到全覆盖，不留死角、不留空白。二要严格要求。在检查中严格执行国家标准和要求，对查出的问题实行“零容忍”，及时彻底地予以解决。对非法违法行为，必须从严查处，决不手软、决不姑息迁就。三要突出重点。高度重视防范大事故、多发频发事故，突出抓好重点行业、重点领域的安全监管和专项整治工作。四要落实责任。要组织足够的领导力量和人员，对一些企业和领域进行彻底检查，对一些重点部位严防死守，落实和强化措施，责任到人，确保不出现大的问题。姜异康强调，要重视加强制度建设和工作考核，形成安全生产工作规范化、常态化。郭树清就加强安全生产工作提出了明确要求。

省委召开常委扩大会议 6月19日，省委召开常委扩大会议，传达学习中共中央总书记习近平在党的群众路线教育实践活动工作会议上的重要讲话。会议强调，要用习近平重要讲话精神统一思想，指导全省扎实开展党的群众路线教育实践活动。省委书记姜异康主持会议，省委副书记、省长郭树清，省委副书记王军民，省委常委，省人大常委会、省政府、省政协领导，省有关部门负责人出席会议。大家一致认为，习近平总书记的重要讲话，站在我们党90多年光辉历史和实现中华民族伟大复兴中国梦的高度，进一步深刻阐释了开展党的群众路线教育实践活动的极端重要性和深远意义，明确了开展教育实践活动的指导思想、主要任务和目标要求，思想深邃，内涵丰富，深刻透彻，具有很强的思想性、针对性、指导性。大家深刻认识到，加强和改进党的作风建设，核心问题是保持党同人民群众的血肉联系。习近平的重要讲话，鲜明指出群众路线是党的生命线和根本工作路线，深刻揭示了形式主义、官僚主义、享乐主义和奢靡之风方面存在的突出问题，令人警醒，催人奋进，充分体现了新一届中央领导集体以强烈的忧患意识推进党要管党、从严治党的坚强决心。姜异康谈了学习习近平重要讲话的认识，他说，习近平总书记的重要讲话，对开展群众路线教育实践活动的重大意义和时代内涵作了深刻阐述，深化了党的执政理念，丰富和发展了马克思主义执政党建设的理论，是新形势下做好群众工作的科学指南，是我们党在新时期坚持群众路线的重要遵循，是指导开展党的群众路线教育实践活动的纲领性文件和强大思想武器。一定要认真学习领会，进一步增强搞好教育实践活动的责任感和使命感。要认真落实教育实践活动的指导思想、目标任务和“照镜子、正衣冠、洗洗澡、治治病”的总要求，以党章为镜，在宗旨意识、工作作风、廉洁自律上摆问题、找差距、明确努力方向。要进一步明确教育实践活动的主要任务，坚定信心，求真务实，着力解决“四风”方面存在的突出问题。要从现在做起，从自身改起，不等不靠，立说立行，对作风之弊、行为之垢，来一次大检查、大检修、大扫除，以实际行动取信于民。要坚持领导带头，以身作则，严格要求，以一个普通党员的身份参加活动，当好表率、作出示范。姜异康强调，全省各级党组织一定要加强对教育实践活动的领导，高度重视，认真负责，精心组织，加强督导，把广大党员干部的思想统一到习近平总书记重要讲话精神上来，按照中央部署和要求，把开展好教育实践活动作为一项重大政治任务抓紧抓好抓实。要按照这次中央工作会议的部署，统筹安排，抓紧做好我省教育实践活动的各项准备工作，确保活动如期开局、健康发展、取得实效。

省委常委会议 6月27日，省委召开常委会议，传达学习中央党的群众路线教育实践活动工作会议精神，研究党的群众路线教育实践活动有关工作。省委书记姜异康主持会议并讲话，省委副书记、省长郭树清，省委副书记王军民和省委常委出席会议，省有关领导和有关部门负责人列席会议。会上，听取了全省教育实践活动《实施意见》和省委常委会《实施方案》起草情况的汇报，讨论通过了这两个文件。姜异康在讲话中指出，要深入学习习近平总书记重要讲话和中央关于教育实践活动的部署要求，深刻领会精神实质，切实解决好模糊认识和思想障碍，进一步把思想统一到中央精神上来，切实增强开展教育实践活动的紧迫感责任感。省委常委会要率先启动教育实践活动，虚心听取意见，带头查摆问题，搞好整改落实，无私无畏，敢于碰硬，真正作出表率。要结合“七一”走访慰问老党员，深入开展调研，虚心征求各方面意见建议，认真查找和解决问题。各位常委要认真贯彻中央和省委的要求，以从我做起、向我看齐的鲜明态度，率先垂范、立说立行，要求别人做到的自己首先做到，要求别人不做的自己坚决不做，以自身的过硬作风和实际行动，为全省作出示范。姜异康强调，要把开展好教育实践活动作为一项重大政治任务，切实加强对全省教育实践活动的领导和指导，务求取得实实在在的效果。要把指导各级开展好教育实践活动，作为每一名常委的重要职责，深入基层、深入一线，督促和指导各级开展好活动，不折不扣落实中央要求。活动期间，常委同志都要建立联系点，要指导联系点开展好教育实践活动，示范带动和推进全省的教育实践活动。要切实抓好分管部门、分管领域的教育实践活动，真正在转变作风、解决问题上取得实效。要合理分配时间和精力，把开展活动同做好当前各项工作紧密结合起来，把活动抓紧抓实抓好，通过活动激发全省广大党员干部的工作热情，为推动经济社会发展、加快建设经济文化强省凝聚力量、提供保障。

省委党的群众路线教育实践活动领导小组第一次会议 6月27日，省委党的群众路线教育实践活动领导小组召开第一次会议，传达学习中央召开的党的群众路线教育实践活动工作会议精神，听取全省教育实践活动前期准备工作情况汇报，审议山东省教育实践活动有关文件，安排近期工作。省委书记、省委党的群众路线教育实践活动领导小组组长姜异康主持会议并讲话，省委副书记、省长、领导小组副组长郭树清，省委副书记、领导小组副组长王军民，省委常委、领导小组副组长李法泉、高晓兵出席会议。会议指出，要深入学习中央党的群众路线教育实践活动工作会议和中央政治局专门会议精神，深入学习习近平的重要讲话，自觉把思想统一到中央精神上来，增强搞好教育实践活动的责任感和使命感，扎实做好山东省教育实践活动各项工作。要认真履行职责，扎实做好工作，发挥好指导协调、督促落实的作用，确保教育实践活动健康有序推进。要坚决贯彻“照镜子、正衣冠、洗洗澡、治治病”的总要求，聚焦作风建设，以整风的精神抓好教育实践活动，切实解决好“四风”问题。要科学谋划，严格按照规定的方法步骤，坚持分类指导，加强工作督导，在注重实效、解决问题上下功夫，把中央部署要求落到实处。要多到基层一线了解情况，多到党员群众中听取意见，多到实际工作中去发现问题，做到情况明、底数清。要及时总结经验，注意研究和掌握政策，强化舆论宣传引导，为活动开展营造浓厚氛围。各领导小组成员单位要发挥表率作用，在履行好职责的同时，认真组织好本单位的教育实践活动。姜异康要求，要超前考虑、详细设计，扎实做好全省教育实践活动启动的各项工作，把工作做细致做扎实做到位，确保活动从一开始就高质、高效推进。省委党的群众路线教育实践活动领导小组成员参加会议。

山东省工会第十四次代表大会 6月30日至7月2日，山东省工会第十四次代表大会在济南召开。省委书记姜异康出席开幕式并讲话，省委副书记、省长郭树清，全国总工会党组副书记、副主席张鸣起，省委副书记王军民，省领导孙伟、李法泉、高晓兵、孙守刚、刘从良、雷建国等出席开幕式。姜异康在讲话中代表省委、省政府向全省广大职工和工会工作者致以亲切问候。姜异康要求，要勇于创新创造，以加快转方式调结构、推进科学发展为己任，牢固树立生态文明理念，深入贯彻落实创新驱动发展战略，广泛参与群众性精神文明创建活动，立足本职争创一流业绩。要贯彻落实“四个尊重”重大方针，维护和发展劳动者的利益，高度重视安全生产，努力构建和谐劳动关系，共建共享幸福美好生活。全省各级党委、政府要支持工会依照法律和章程创造性开展工作，为工会履行职责创造更好条件。全省各级工会组织要把竭诚为职工群众服务作为工会一切工作的出发点和落脚点，结合全省即将开展的党的群众路线教育实践活动，千方百计为广大职工排忧解难，推动工会工作创新发展。张鸣起代表全国总工会对大会召开表示祝贺，并就做好下一步工会工作提出了要求。省人大常委会副主任、省总工会主席尹慧敏代表省总工会第十三届委员会作工作报告。共青团山东省委代表省各人民团体向大会致贺词。大会选举出由156名委员组成的山东省总工会第十四届委员会，选举出由30名委员组成的山东省总工会第十四届经费审查委员会，选举出97名山东省出席中国工会第十六次全国代表大会代表。大会充分肯定了省总工会第十三届委员会的工作，一致通过了《山东省工会第十四次代表大会关于山东省总工会第十三届委员会工作报告的决议》。7月2日下午，省总工会第十四届委员会第一次全体会议在济南召开。会议选举产生了省总工会第十四届委员会主席、常务副主席、副主席和常委，尹慧敏当选为省总工会第十四届委员会主席。省委常委、组织部长高晓兵出席会议并讲话。

全省党的群众路线教育实践活动动员大会 7

月3日，全省党的群众路线教育实践活动动员大会在济南召开。省委书记姜异康主持会议并作动员部署，中央督导组组长周声涛讲话。省委副书记、省长郭树清，省政协主席刘伟，省委副书记王军民，中央督导组副组长李祖沛出席会议。会议对山东省开展教育实践活动进行动员部署，强调要进一步加深对教育实践活动重大意义的认识，坚决贯彻落实中央决策部署，着力解决"四风"问题，密切同人民群众的血肉联系，确保教育实践活动取得实实在在的成效。会议要求，要认真学习习近平重要讲话，深刻领会其精神实质和丰富内涵，切实把思想和行动统一到讲话精神和中央部署要求上来；要把习近平重要讲话精神作为科学指南，指导山东省的教育实践活动，贯穿活动的始终，落实到每一个环节、每一个步骤上。要围绕学习贯彻习近平重要讲话精神特别是"三个必然要求"的重要论述，围绕实现山东省第十次党代会提出的奋斗目标、加快建设经济文化强省，围绕加强山东各级党组织和党员队伍建设，更好地担负起历史重任，进一步加深对开展教育实践活动重大意义的认识，切实增强政治责任感、使命感和紧迫感。会议强调，要坚决贯彻落实中央决策部署，扎扎实实做好每个环节每个步骤的工作。要高举中国特色社会主义伟大旗帜，紧紧围绕保持党的先进性和纯洁性，以为民务实清廉为主要内容，以县处级以上领导机关、领导班子和领导干部为重点，切实加强全体党员马克思主义群众观点和党的群众路线教育，把贯彻落实中央八项规定精神作为切入点，聚焦作风建设，坚决反对形式主义、官僚主义、享乐主义和奢靡之风，着力解决人民群众反映强烈的突出问题，提高做好新形势下群众工作的能力，保持党同人民群众的血肉联系，发挥党密切联系群众的优势，为推动全省经济社会持续健康发展、加快建设经济文化强省、全面建成小康社会提供坚强保证。会议要求，要把"照镜子、正衣冠、洗洗澡、治治病"的总要求贯穿始终，查摆问题一定要真，对照标准一定要高，整改措施一定要硬，真正取得令全省人民满意的实际效果。要以整风精神开展批评和自我批评，坚持惩前毖后、治病救人，开展积极健康的思想斗争，形成健康的党内政治生活。要切实加强组织领导，确保教育实践活动扎实有序推进。姜异康代表省委常委一班人，向全省广大党员干部群众作出郑重承诺：坚决贯彻中央要求，认真参加教育实践活动，带头学习、带头剖析、带头整改，要求别人做到的自己首先做到，要求别人不做的自己坚决不做，切实发挥好示范表率作用，请全省广大党员干部群众进行监督。周声涛传达了中央关于开展教育实践活动的基本要求，对山东省开展教育实践活动筹备工作给予充分肯定。动员大会采取视频会议形式召开，各市、县设分会场。在主会场参加会议的有：在山东省工作的中央委员、候补委员和中央纪委委员，省委委员、候补委员，省纪委副书记；现职省级领导干部；正省级老同志和近年退出领导岗位的副省级老同志；省直部门和群众团体主要负责人，省委巡视组组长；市党政正职等。

省委党的群众路线教育实践活动领导小组第二次会议 7月15日，省委党的群众路线教育实践活动领导小组召开第二次会议，听取全省教育实践活动进展情况汇报，讨论省委教育实践活动领导小组成员单位职责分工等文件，研究部署下步工作。省委书记、省委党的群众路线教育实践活动领导小组组长姜异康主持会议并讲话，省委副书记、省长、领导小组副组长郭树清，省委副书记、领导小组副组长王军民，省委常委、领导小组副组长李法泉、高晓兵出席会议。会议指出，最近，中共中央总书记习近平到联系点河北省调研指导教育实践活动，强调要充分调动领导干部和广大群众两个积极性，保证教育实践活动善始善终、善做善成。各单位要认真学习习近平一系列重要讲话精神，准确把握中央、省委部署要求，积极主动、不等不靠，把各项准备工作做扎实，把各个环节、各个方面的工作做到位，确保教育实践活动顺利开局、扎实推进，确保取得群众满意的实效。会议强调，要切实抓好学习宣传和思想教育工作，把思想进一步统一到中央、省委部署要求上来，为开展教育实践活动打牢思想基础。各级党员领导干部要发挥模范带头作用，先学一步、学深一层。要深入开展调查研究，广泛听取党员干部群众意见建议。紧扣作风建设、聚焦"四风"问题，着重听取群众对领导机关、领导班子和领导干部在作风方面存在突出问题的反映，着重听取群众对贯彻落实中央八项规定、反对"四风"和践行党的群众路线方面的意见建议，真正对准主题、找准问题。要以好的作风听取意见，把调研听取意见的过程，作为了解基层情况、分析工作差距、反思"四风"问题的过程，作为改进工作作风、学习基层经验、加深干群感情的过程。要坚持边学边查边改，从现在做起，立说立行，抓紧解决一批群众反映强烈的突出问题，让群众感受到活动带来的新变化。领导小组办公室和各成员单位要切实履行好职责，高质高效地开展工作，形成密切配合、齐抓共管的工作格局，确保教育活动的每项工作、每个步骤都扎扎实实、不走过场。省委教育实践活动领导小组成员参加会议。

省委常委会议 7月23日，省委召开常委会议，听取上半年全省经济社会发展情况汇报，研究部署下一步经济工作。省委书记姜异康主持会议，省委副书记、省长郭树清，省委副书记王军民和省委常委出席会议。省人大常委会、省政府、省政协领导和省有关部门负责人列席会议。会议听取了上半年全省经济社会发展情况和下半年工作安排的汇报。会议认为，2013年以来，全省认真贯彻落实党中央、国务院的决策部署，牢牢把握主题主线和稳中求进的工作总基调，扎实推进经济社会发展各项工作，结构调整积极推进，经济发展的质量和效益有了新的提高，改革继续深化，保障和改善民生力度加大，全省经济运行总体平稳。同时也要清醒地看到，当前经济平稳增长的基础还不牢固，内外环境更加错综复杂，经济下行压力依然存在，面临不少困难和问题。要深刻认识当前经济形势的复杂性和严峻性，进一步增强忧患意识和责任意识，切实做好应对各种困难和挑战的工作。姜异康在讲话中要求，做好下半年工作，要把学习贯彻习近平总书记一系列重要讲话精神作为重要政治任务，把讲话精神贯彻落实到经济社会发展和各项工作中，坚决贯彻执行中央宏观经济政策和重大决策部署，牢牢把握主题主线，确保经济工作的正确方向。要正确把握经济形势，加强对经济发展趋势的分析研判，及时采取科学有效的应对措施，坚定做好经济工作的信心和决心。要继续突出质量和效益的工作导向，大力实施高端高质高效产业发展战略，进一步深化转方式调结构各项工作，推动经济转型升级。要进一步创新思路，统筹利用国际国内两个市场，释放内需潜力，扩大对外开放，努力保持经济平稳运行。要深化体制机制改革，进一步释放改革红利，强化创新支撑，为经济社会发展提供强大动力活力。姜异康强调，要以开展党的群众路线教育实践活动为动力，进一步转变作风狠抓落实，促进经济社会发展和各项工作，做到两不误、两促进。要把开展活动同做好改革发展各项工作紧密结合起来，切实加强对经济工作的领导，深入谋划和不断完善工作思路措施，牢牢把握经济工作主动权，用经济社会发展成效检验教育实践活动成效。对省委、省政府确定的民生实事和任务，要在前段工作基础上，认真梳理，加紧推进，确保兑现。要抓紧抓实安全生产大检查各项工作，消除安全隐患，坚决杜绝重特大安全生产事故发生。要高度重视做好防汛减灾工作，严格落实防汛责任制，切实保障人民群众生命财产安全。

省委常委扩大会议　8月26日，省委召开常委扩大会议，传达学习习近平和刘云山、刘奇葆在全国宣传思想工作会议上的重要讲话精神。省委书记姜异康主持会议并讲话，省委副书记、省长郭树清，省政协主席刘伟，省委副书记王军民，省委常委，副省级以上党员领导出席会议。姜异康在讲话中指出，习近平在全国宣传思想工作会议上的重要讲话，站在党和国家全局的高度，深刻阐述了事关宣传思想工作长远发展的一系列重大理论和现实问题，是做好新形势下宣传思想工作的纲领性文献，为加强意识形态和宣传思想工作指明了方向。学习贯彻全国宣传思想工作会议精神，是当前的一项重要任务。全省各级党组织和广大党员，要认真学习领会习近平等中央领导同志的重要讲话精神，把思想和行动统一到中央的部署要求上来，切实做好山东省宣传思想文化工作，加快推进经济文化强省建设。姜异康强调，要充分认识做好意识形态工作的极端重要性和现实紧迫性，牢牢掌握意识形态工作的领导权和主动权，坚持中心工作与意识形态工作两手抓，既要注重物质文明建设，又要毫不放松地抓好精神文明建设，把做好意识形态工作同中国特色社会主义特别是中国梦的宣传教育结合起来，同社会主义核心价值体系建设结合起来，大力弘扬主旋律，努力营造干事创业的良好氛围，集聚推动改革发展的正能量。要牢牢把握宣传思想工作的根本任务、基本要求和基本遵循，胸怀大局、把握大势、着眼大事，把围绕中心、服务大局作为基本职责，紧紧围绕加快建设经济文化强省，积极推动宣传思想文化工作创新，全面抓好宣传思想文化工作任务落实，努力开创全省宣传思想文化工作的新局面。各级党委要切实负起党管宣传、党管意识形态的政治责任和领导责任，重视加强宣传思想文化部门领导班子和干部队伍建设，不断提高领导宣传思想文化工作能力和水平。要牢固树立大宣传工作理念，强化"一盘棋"思想，调动各方面力量，发挥各方面优势，形成推进宣传思想文化工作的强大合力。

省委党的群众路线教育实践活动领导小组第四次会议　8月26日，省委党的群众路线教育实践活动领导小组第四次会议在济南召开。会议深入学习习近平关于教育实践活动的一系列重要讲话和指示精神，传达学习了中央教育实践活动领导小组有关会议精神，研究提出了贯彻措施和下步工作任务。省委书记、省委教育实践活动领导小组组长姜异康主持会议并讲话，中央教育实践活动督导组组长周声涛讲话，省委副书记、省长、省委教育实践活动领导小组副组长郭树清，省政协主席、省委教育实践活动领导小组副组长刘伟，省委副书记、省委教育实践活动领导小组副组长王军民，省委常委，副省级以上党员领导人出席会议。省直有关部门负责人，省委教育实践活动领导小组成员参加会议。会议指出，要认真学习领会习近平重要指示和中央领导的重要讲话精神，准确把握中央部署要求，结合山东省实际，不折不扣抓好贯彻落实。要正视推进过程中存在的不足和问题，进一步深化认识，把思想统一到中央部署要求上来，切实增强责任感、紧迫感，高标准、高质量推进教育实践活动。要始终聚焦"四风"，深化学习教育，开门听意见、主动摆进去，充分调动领导干部和广大群众两个积极性，打牢学习教育和查摆问题两个基础，抓住整改落实和建章立制两个关键，深入查找存在的突出问题。要坚持边学边查边改，认真做好清理整顿工作，在先期开展7项重点清理整顿任务的基础上，抓紧启动第二期清理整顿，把工作抓实抓好抓出成效。要突出领导班子、领导干部这个重点，强化"一把手"责任，发挥好示范带头作用。各督导组要坚持从严要求、严格把关，加强对各单位开展活动情况的督促检查。省级领导班子要带头查摆问题、开展批评，在前段工作基础上，按照从严标准，带头查摆在"四风"方面存在的问题，切实克服怕疼怕丑怕难看的心理。要广泛深入开展谈心，认真撰写对照检查材料，深刻剖析问题根源，制定好整改措施，以整风精神搞好批评与自我批评，明确努力方向，以实际行动为全省作出表率。周声涛对山东省教育实践活动开展情况给予充分肯定。

全省推进省会城市群经济圈和西部经济隆起带建设动员大会　8月30日，全省推进省会城市群经济圈和西部经济隆起带建设动员大会在济南召开。省委书记姜异康出席会议并作重要讲话，省委副书记、省长郭树清主持，省政协主席刘伟，省委副书记王军民出席。姜异康在讲话中指出，建设"一圈一带"是深入贯彻落实党的十八大精神和习近平总书记一系列重要讲话精神，扎实开展党的群众路线教育实践活动，顺应人民对美好生活新期待的重大举措；是抓住机遇、挖掘潜力，培植山东省新的经济增长极，打造山东发展新优势的迫切需要；是统筹全省协调发展，进一步完善区域发展格局，增强山东长期发展后劲的战略选择。一定要统一思想，凝聚力量，扎扎实实推进“一圈一带”建设。姜异康强调，要明确建设“一圈一带”的思路和总体要求，牢牢把握科学发展这个主题和加快转变经济发展方式这条主线，推进经济结构战略性调整，以提高质量和效益为中心，把保障和改善民生放在更加突出的位置，坚持以人为本，统筹推进全面协调可持续发展。在建设省会城市群经济圈上，要突出核心作用，增强省会济南的辐射带动能力，在城市承载能力、产业发展、集聚生产要素、统筹城乡发展上实现新突破。建设西部经济隆起带，要在鲁苏豫皖冀五省交界的长条地带，依托贯穿其中的交通干线和优势资源，以现代农业为基础，以区域性中心城市和重点镇为骨架，以特色产业为支撑，形成若干发展高地，对周边地区产生聚吸优质生产要素的“海绵”效应和商品流通、产业辐射的“泵压”效应，利用后发优势实现跨越发展，为山东省发展注入新的活力。姜异康要求，各级要切实加强组织领导，以改革创新精神和求真务实作风抓好规划落实。郭树清在主持讲话中指出，各级各部门一定要自觉把思想认识统一到省委、省政府的重大决策部署上来，不等不靠，狠抓落实，确保开好局、起好步。要认真研究、宣传和贯彻好政策规划，深入研究挖掘，吃透政策精神，最大限度地发挥政策效能。省发改委负责人作“一圈一带”规划说明，济南、淄博、德州、临沂、菏泽等市负责人作表态发言。会议采取电视电话会议形式召开，各市设分会场。在省主会场出席会议的有：省级领导班子成员，驻济省直部门、省管企业和中央驻鲁单位主要负责人等。

省委常委会议 10月23日，省委召开常委会议，听取前三季度经济社会发展情况汇报，研究部署下一步经济工作。省委书记姜异康主持会议并讲话，省委副书记、省长郭树清和省委常委出席会议，省有关领导和省直有关部门负责人列席会议。姜异康指出，在下步经济工作中，要认真学习贯彻习近平一系列重要讲话精神特别是对山东发展的新要求，按照中央决策部署，结合实际抓好贯彻落实。要全力以赴做好第四季度经济工作，努力完成2013年经济社会发展目标任务。要继续做好农业农村工作，搞好秋冬农业生产；深入推进转方式调结构各项工作，加强对重要投资、重大项目、重点企业的调度督导，着力拉长产业价值链条；抓住第四季度的销售旺季，促进消费潜力进一步释放；落实好促进外贸稳定增长的政策措施，引导企业开辟新的发展空间；深入落实“两区一圈一带”发展规划，力争尽快见到成效。会议要求，要及早研究谋划2014年经济工作，切实把握经济工作主动权。要围绕贯彻落实习近平总书记提出的怎么凤凰涅槃、腾笼换鸟，怎么优化产业结构，怎么继续起到领头雁、火车头作用，深入谋划和切实抓好一系列事关全局和长远发展的重大举措。要抓好即将召开的党的十八届三中全会精神贯彻落实，解放思想，积极进取，敢于担当，结合实际研究制定山东省全面深化改革的意见措施，进一步释放改革红利。要围绕贯彻落实年底将要召开的中央经济工作会议精神，深化工作思路，为做好2014年经济工作创造条件、打好基础。会议强调，要以深入开展党的群众路线教育实践活动为动力，进一步转变作风抓好落实。要把做好当前工作与教育实践活动整改工作结合起来，针对查摆出来的“四风”问题，抓好整改落实和建章立制工作，确保取得实效。对省委、省政府确定的2013年办好的民生实事，要加大督导力度，加紧推进，把好事办好，确保落实兑现。要坚持不懈抓好安全生产和食品药品安全，加强和创新社会管理，解决好影响社会稳定的突出问题，保持社会大局和谐稳定。郭树清就全省经济发展形势和一些重点问题作了分析。

省委常委会暨教育实践活动领导小组第六次会议 11月3日，省委召开常委会暨教育实践活动领导小组第六次会议，传达学习中央第一批教育实践活动工作座谈会和刘云山重要讲话精神，研究贯彻落实意见。省委书记姜异康主持会议，省委副书记、省长郭树清，省政协主席刘伟，省委副书记王军民，省委常委和省委教育实践活动领导小组成员出席会议。会议指出，教育实践活动开展以来，省委认真贯彻落实中央的决策部署，聚焦“四风”问题，坚持边学边查边改，推动教育实践活动不断深入。目前，省级领导班子专题民主生活会已经结束，第一批活动单位的专题民主生活会正在陆续召开。要认真学习贯彻中央第一批教育实践活动工作座谈会精神，坚决防止“闯关”、“松口气”和赶进度、走程序的思想，坚持高标准、严要求，以更加有力的措施扎实做好下一步各项工作。会议要求，要打牢思想基础，把学习教育贯穿活动始终。姜异康强调，要抓好“回头看”，确保教育实践活动质量。按照刘云山提出的“六看”的要求，认真组织各单位对前段工作进行“回头看”，真正看出问题、找到差距，从而有针对性地加以解决，确保教育实践活动不虚、不空、不偏、不走过场。整改落实的情况既是对开展教育实践活动的检验，也是让人民群众满意的关键。要发扬“钉钉子”精神，深入扎实推动整改落实。把整改落实作为下一步工作的重中之重，针对查摆出来的问题，细化完善整改方案，制定任务书、时间表，明确责任单位和责任人。要坚持领导带头，坚持开门整改，坚持上下联动，确保整改事项事事有着落、件件有回音。要继续深化全省党政机关“庸懒散”等专项治理，适时启动第三批清理整顿任务，以重点突破推动教育实践活动向纵深发展。要强化治本意识，以法治思维和改革精神抓好建章立制。对中央将要颁布的《党政机关厉行节约反对浪费条例》，要结合山东省实际，抓紧研究山东省实施办法。要维护制度规定的严肃性、权威性，提高制度的执行力，确保不折不扣地贯彻执行。省委教育实践活动领导小组及办公室要强化组织领导、协调指导，各督导组要发挥职能作用，从严要求、加强督导，确保教育实践活动善始善终、善做善成。

省委党的群众路线教育实践活动领导小组第七次会议 11月13日,省委党的群众路线教育实践活动领导小组召开第七次会议,研究部署山东省整改落实、建章立制环节工作。省委书记、省委教育实践活动领导小组组长姜异康主持会议,省委副书记、领导小组副组长王军民,省委常委、领导小组副组长李法泉、高晓兵出席会议。会议要求,要坚持从严标准,以"钉钉子"的精神抓好整改落实,切实把解决"四风"突出问题狠抓到底。要围绕做好整改落实、建章立制环节的工作,对前段活动进展情况进行综合分析,进一步深化认识、聚焦问题、剖析原因、拿出办法、见诸行动。要在把问题找准查透的基础上,制定并完善好整改方案,明确整改落实的任务书、时间表,落实责任,加快推进,保证整改到位。各级领导干部特别是"一把手",要切实负起责任,认真履行职责,切实把整改落实抓到位、抓到底,坚决防止前紧后松、虎头蛇尾。第三期专项清理整顿任务即将启动,要在继续做好前两期清理整顿工作基础上,以"钉钉子"的精神抓好整改,以点带面、重点突破,推动教育实践活动向纵深发展。各督导组对督导单位的整改工作要把好关,确保各项要求落到实处。姜异康强调,要坚持务实管用原则,有针对性地抓好建章立制,以机制制度固化教育实践活动成果。要深刻领会十八届三中全会提出的健全改进作风常态化制度的要求,针对产生"四风"问题的深层次原因,对已有制度继续进行梳理,做好建章立制各项工作。省委常委初步确定建立的自身建设方面的规章制度,要保证质量、加快进度,为全省做出表率。有关省领导和部门要结合即将颁布实施的《党政机关厉行节约反对浪费条例》,深入调查研究,抓紧做好山东省实施办法和有关制度建设工作,使制度真正成为克服"四风"的硬约束。

副省级以上党员领导干部会议 11月14日,省委召开副省级以上党员领导干部会议,传达学习党的十八届三中全会精神,研究贯彻落实意见。省委书记姜异康主持会议并讲话,省委副书记、省长郭树清,省政协主席刘伟,省委副书记王军民,副省级以上党员领导干部出席会议。省有关部门负责人列席会议。会议指出,习近平重要讲话和三中全会《决定》,内容丰富、内涵深刻、博大精深,全省各级党组织要把深入学习贯彻党的十八届三中全会精神作为重大政治任务,切实把思想和行动统一到中央关于全面深化改革重大决策部署上来,用三中全会精神统一思想、指导实践、推动改革。会议强调,要以十八届三中全会精神为重要遵循,紧密结合实际研究谋划山东全面深化改革问题。当前,山东的发展正处在新的历史起点上。按照五位一体的总体布局,全面推进山东的科学发展和文明进步,切实将经济社会发展纳入良性循环、持续发展、广惠民生的科学轨道,根本的还是要靠全面深化改革。这次全会对深化改革作出全面部署,对山东来说是一次难得的重大历史机遇。要紧密结合实际,认真研究谋划山东省贯彻落实全会精神、全面深化改革的思路举措。要对山东深化改革情况进行全面深入的调查研究,坚持问题导向,认真研究用改革的办法解决问题的途径。会议强调,要以改革创新精神做好当前各项工作,继续保持经济平稳较快发展的良好势头,扎实做好保障和改善民生工作,全力维护社会和谐稳定,确保完成全年工作目标任务。要继续深入开展党的群众路线教育实践活动,把学习贯彻十八届三中全会精神作为教育实践活动的重要内容,坚持边学边查边改,以改革的精神抓好整改落实、建章立制环节工作。要积极谋划,认真做好第二批教育实践活动的准备工作,并注意第一批和第二批活动的有序衔接。要认真谋划好2014年工作,通过改革创新努力实现工作指导的重大转变和工作格局的重大调整,推动山东工作不断取得新的更大成绩。

省委常委会议暨教育实践活动领导小组第八次会议 11月19日,省委召开常委会议暨教育实践活动领导小组第八次会议,传达学习中央政治局常委、中央书记处书记、中央党的群众路线教育实践活动领导小组组长刘云山在山东调研时的重要讲话精神,研究做好全省教育实践活动下步工作。省委书记姜异康主持会议并讲话,省委副书记、省长郭树清,省委副书记王军民,省委常委和省委教育实践活动领导小组成员出席会议。姜异康在讲话中指出,要按照十八届三中全会精神的要求,统筹谋划和推进各项改革,以改革创新精神抓好整改落实、建章立制各项工作,以机制制度固化教育实践活动成果。要通过深入扎实地开展好教育实践活动,进一步树立为民务实清廉的良好作风,以作风建设的新成效确保把全面深化改革各项任务落到实处。姜异康强调,各单位要真抓真改,以"钉钉子"精神抓好整改落实、建章立制环节工作,确保第一批教育实践活动善始善终、善做善成。要坚持领导干部带头,抓紧修改完善整改方案;要督促抓好面上整改,并按照责任分工落实好省委确定的33项专项清理整顿任务;要通过以上带下、上下联动,使第一批活动单位以真抓真改的实际成效取信于民;要强化正风肃纪,加强对贯彻落实中央八项规定精神和改进作风有关规定执行情况、对各单位清理整顿任务落实情况的监督检查;要坚持从严把关,领导小组办公室、各督导组要严格标准,及时跟进,认真指导督导;要加快行政审批、财政制度、政绩考核机制等方面的改革,规范权力运行,实现作风建设的常态化长效化。会议要求,在毫不放松抓好第一批教育实践活动的同时,积极谋划做好第二批教育实践活动准备工作。有关方面要认真研究,就如何搞好第二批教育实践活动听取意见、深入调研、掌握情况,把准备工作做充分做扎实。当前,各项工作头绪很多、任务繁重。要认真贯彻落实十八届三中全会精神,按照习近平对山东工作的新要求,以良好的作风和精神状态狠抓落实,确保完成2013年经济社会发展各项目标任务,为以后的工作打下良好基础。

省委常委扩大会议 11月29日,省委召开常委扩大会议,省委书记姜异康主持会议,省委副书记、省长郭树清,省政协主席刘伟,省委副书记王军民,省委常委,省人大、省政府、省政协、省法院、省检察院领导,省有关部门负责人出席会议。会议传达学习了中共中央总书记习近平在山东省工作汇报会和有关座谈会上的重要讲话以及沿途作的重要指示。姜异康在讲话中指出，习近平视察山东重要讲话对于山东的长远发展、科学发展、根本发展具有重大指导意义。要认真学习贯彻习近平视察山东重要讲话精神，统一思想，凝聚力量。要把学习贯彻习近平重要讲话精神作为当前全省的一项重要政治任务，作为开展教育实践活动的重要内容，把思想和行动统一到习近平重要讲话精神上来。会议要求，要以习近平重要讲话精神和十八届三中全会精神为指引，科学谋划推进山东改革发展。习近平对山东工作提出了“五个切实”的要求，一定要深刻领会，认真贯彻落实到各项工作中。一要切实贯彻落实十八届三中全会精神，坚定信心、凝聚共识、有序推进，把改革举措落到实处。紧密结合山东实际，认真谋划全省贯彻落实全会精神、全面深化改革的思路举措，坚持正确推进改革、准确推进改革、有序推进改革、协调推进改革，一步一个脚印、扎扎实实地把各项改革推向前进、取得实效。二要切实转变经济发展方式，促进经济持续健康发展。切实转变观念，不再简单以国内生产总值增长率论英雄，真正把推动发展的立足点转到提高质量和效益上来，大力调整经济结构，积极实施创新驱动发展战略，努力塑造开放型经济发展新优势，坚持腾笼换鸟、凤凰涅槃的思路，努力在转变经济发展方式、全面提高经济发展质量和效益上起到领头雁作用。三要切实做好“三农”工作，统筹推进城乡区域协调发展。以重大问题为导向，进行深入研究和实践，坚定不移地走中国特色农业现代化道路，加快构建新型农业经营体系，深入推进农业发展方式转变，大力发展优质安全农产品，不断提高农业农村发展水平。深入实施“两区一圈一带”区域发展战略，进一步加快欠发达地区发展，打好扶贫开发攻坚战，促进区域协调发展。四要切实加强社会主义核心价值体系建设，继承和弘扬优秀传统文化。深入推进美德山东、文明山东、诚信山东建设，大力弘扬优秀齐鲁传统文化。五要切实加强和改进党的建设，为全面深化改革提供坚强保证。继续深入开展群众路线教育实践活动，着眼于领导好全面深化改革这场攻坚战，加强学习和实践，努力提高领导干部的思想政治能力、动员组织能力、驾驭复杂矛盾能力。要紧紧围绕全面深化改革来定任务、添措施、建机制，做好党的建设各项工作，保证和促进全面深化改革取得实际成效。

中共山东省委十届七次全体会议 12月5日至6日，中国共产党山东省第十届委员会第七次全体会议在济南举行。出席会议的有，省委委员78人，省委候补委员12人。省纪委常委和有关方面负责人列席了会议。会议由省委常委会主持。省委书记姜异康作了重要讲话。全委会认真传达学习了习近平视察山东时的重要讲话，对全省学习贯彻作出部署。全委会一致认为，在党的十八届三中全会闭幕不久，习近平来山东省视察指导工作，充分体现了对山东工作的高度重视和对山东人民的亲切关怀，是对全省广大党员干部群众的极大鼓舞和有力鞭策。要深入学习领会习近平视察山东重要讲话精神，进一步统一思想凝聚力量。全委会指出，贯彻落实党的十八届三中全会精神、全面深化改革，是习近平视察山东重要讲话的中心内容。全省各级各方面一定要把学习贯彻十八届三中全会精神作为当前和今后一个时期的重大政治任务，认真落实中央关于全面深化改革的决策部署。一要全面准确把握十八届三中全会精神，切实统一思想凝聚改革共识。二要以解决制约山东科学发展的重大问题为导向，认真研究谋划全面深化改革的有力措施。三要坚持统筹协调，积极稳妥有序推进全面改革。全委会强调，贯彻习近平重要讲话精神，必须努力实现工作指导重大转变。这是贯彻落实习近平对山东发展总要求的关键环节，是山东发展面临新关头、迈入新阶段、实现新跨越的战略之举。第一，要在发展理念上实现新转变，进一步克服简单以生产总值增长率论英雄的倾向，牢固树立正确的政绩观，始终坚持以提高经济增长质量和效益为中心。第二，要在发展定位上实现新转变，进一步摆脱过于看重经济总量排名的纠结，坚持统筹协调、全面发展，努力在推动科学发展、全面建成小康社会进程中走到前列。第三，要在发展动力上实现新转变，进一步改变过于依赖资源扩张规模的增长模式，大力实施创新驱动发展战略，增强持续发展后劲。第四，要在发展途径上实现新转变，进一步扭转产业结构偏重层次偏低的状况，坚持腾笼换鸟、凤凰涅槃的思路，坚决打好转方式调结构攻坚战。第五，要在考核导向上实现新转变，进一步防止过于偏重依靠生产总值增长速度和显绩识别干部的现象，重视看基础、看质量、看潜绩、看实绩，用好科学的政绩考核“指挥棒”。全委会指出，推动工作指导的重大转变，是在原有基础上进行深化、拓展、提升，既要勇于创新，又要稳妥有序，注重解放思想的针对性，注重思路政策的连续性，注重工作运筹的系统性，加大改革探索力度，在实践中逐步丰富和完善。全委会要求，贯彻习近平重要讲话精神，必须真正把改革发展各项任务落到实处。一是坚持腾笼换鸟，努力在调整优化经济结构上取得新突破。二是坚持创新驱动，努力在提高科技支撑能力上取得新突破。三是坚持“三个导向”，努力在抓好“三农”工作上取得新突破。四是坚持统筹推进，努力在促进区域协调发展上取得新突破。五是坚持扩大开放，努力在提高开放型经济水平上取得新突破。六是坚持弘扬优秀传统文化，努力在推进社会主义核心价值体系建设上取得新突破。七是坚持以人为本，努力在保障和改善民生上取得新突破。八是坚持党要管党，努力在加强作风建设和提高领导水平上取得新突破。

副省级以上党员领导干部会议 12月14日，省委召开副省级以上党员领导干部会议，传达学习中央经济工作会议和中央城镇化工作会议精神，研究贯彻落实意见。省委书记姜异康主持会议并讲话，省委副书记、省长郭树清，省政协主席刘伟，省委副书记王军民，省委常委，副省级以上党员领导干部及有关部门主要负责人出席会议。会议传达学习了习近平、李克强在中央经济工作会议和中央城镇化工作会议上的重要讲话。大家一致认为,这次中央经济工作会议和中央城镇化工作会议,是在全国深入学习贯彻党的十八大和十八届三中全会精神、全面深化改革的重要时刻召开的,意义重大而深远。姜异康在讲话中指出,要深入学习领会中央经济工作会议和中央城镇化工作会议精神,切实把思想认识统一到中央决策部署上来,按照习近平视察山东重要讲话要求,研究谋划好2014年的经济工作。一是坚持以改革统领2014年经济工作,正确处理“稳”与“改”的关系,既要稳扎稳打,巩固稳中向好的发展态势,又要把改革创新贯穿于经济社会发展各个领域各个环节,以改革促发展、促转方式调结构、促民生改善。二是合理确定全省2014年经济工作的预期目标,从山东实际出发,既保持生产总值的合理增长,又注重质量和效益,把速度控制在合理范围内,努力实现实实在在、没有水分的增长。三是认真贯彻中央宏观经济政策,促进消费稳步增长,引导好投资方向,采取有效措施扩大外需,努力推动经济持续健康发展。四是抓住2014年经济工作的重点和着力点,努力在调整优化经济结构、提高科技支撑能力、抓好“三农”工作、促进区域协调发展、提高开放型经济水平、保障和改善民生、加强作风建设和提高领导水平上取得新突破。五是加强党对全面深化改革的领导,着眼于领导好全面深化改革这场攻坚战,加强学习和实践,努力提高各级领导干部的思想政治能力、动员组织能力、驾驭复杂矛盾能力。要按照中央部署,正确、准确、有序、协调推进改革,注重实效,取信于民,为全面做好2014年经济工作提供强大动力。姜异康指出,要认真学习贯彻中央城镇化工作会议精神,研究分析城镇化发展规律,从山东实际出发,以改革创新精神做好全省城镇化工作。要坚持以人为本,着力提高城镇化质量,与工业化、信息化、农业现代化同步推进,走中国特色、科学发展的新型城镇化道路。要抓好学习宣传,深刻领会中央推进城镇化工作的重大部署,准确把握精神实质。要加强调研论证,对山东省城镇化发展的特点、问题和态势深入研究,根据资源环境承载能力、发展基础和潜力,科学制定山东省推进城镇化工作的规划意见,着力构建布局科学、分工合理、功能互补、协同发展的城镇化格局。

中共山东省委十届八次全体会议 12月17日至18日,中国共产党山东省第十届委员会第八次全体会议在济南举行。出席这次会议的有省委委员74人,省委候补委员13人。省纪委常委和有关方面负责人列席会议。省第十次党代会代表中部分基层代表和专家学者列席会议。会议由省委常委会主持。省委书记姜异康作了重要讲话。全委会进一步深入学习贯彻党的十八届三中全会和习近平视察山东重要讲话精神,听取和讨论了省委书记姜异康受省委常委会委托作的工作报告,审议通过了《中共山东省委关于深入学习贯彻党的十八届三中全会精神的意见》。省委副书记、省长郭树清就《意见(讨论稿)》向全委会作了说明。全委会充分肯定了2013年省委常委会的工作。全委会强调,全面深化改革必须高举中国特色社会主义伟大旗帜,全面贯彻落实党的十八大和十八届三中全会精神,全面贯彻落实习近平总书记对山东工作的重要指示要求,坚决破除各种体制机制弊端,建立完善推动科学发展的体制机制,把党的十八届三中全会描绘的改革蓝图一步步变为现实,到2020年,在重要领域和关键环节改革上取得决定性成果,完成中央和省委确定的各项改革任务,形成系统完备、科学规范、运行有效的制度体系,开创经济文化强省建设新局面。全委会指出,全面深化改革是一项长期艰巨复杂的系统工程。在贯彻落实党的十八届三中全会精神过程中,态度一定要坚定,步子一定要稳健,科学谋划改革,做到既坚定不移、又准确有序地推进全面深化改革。要全面落实十八届三中全会确定的各项改革任务,做好与中央部委改革措施的衔接工作,把握好全面深化改革的若干重大关系,确保各项改革上下贯通、相互衔接、有条不紊进行。全委会要求,深入学习贯彻党的十八届三中全会精神,重在结合山东省实际,抓好中央重大改革措施的细化和落实。建立系统完整的生态文明制度体系。不断加强社会主义民主法制建设。扎实推进社会领域的改革。全面深化改革对党的执政能力和领导水平是一个新的考验,对做好党的建设各项工作提出了新的更高要求,必须切实加强和改进党的建设,为贯彻落实党的十八届三中全会精神提供坚强保证。

全省经济工作会议 12月19日至20日,全省经济工作会议在济南召开。会议深入学习贯彻了党的十八大和十八届三中全会精神,传达学习了中央经济工作会议精神和中央城镇化工作会议精神,总结了全省2013年经济工作,研究部署了2014年经济发展任务。省委书记、省人大常委会主任姜异康,省委副书记、省长郭树清出席会议并作重要讲话。省政协主席刘伟,省委副书记王军民出席会议。会议指出,2014年全省经济工作的总体要求是:全面贯彻党的十八大和十八届二中、三中全会精神,以习近平总书记系列重要讲话和视察山东重要讲话为指引,按照中央经济工作会议部署,坚持稳中求进工作总基调,把改革创新贯穿于经济社会发展各个领域各个环节,认真落实省委十届七次、八次全体会议部署要求,着力推动工作指导重大转变,坚决打好转方式调结构攻坚战,切实做好保障和改善民生、创新社会治理大文章,着力激发市场活力,努力提高经济发展质量和效益,促进经济持续健康发展和社会和谐稳定,推动经济文化强省建设取得新的进展。会议要求,贯彻落实中央经济工作会议精神,最核心的是要坚持稳中求进、改革创新。要统筹兼顾协调推进,努力完成2014年经济工作各项任务。各级各部门各方面要抓住全面深化改革的机遇,以改革统领2014年经济工作全局,用改革的思路和办法破解发展难题,把蕴藏于体制机制创新之中的潜力充分挖掘出来,进一步增强发展活力。三次产业要协调发展,通过调整优化结构,提升产业层次,促进发展方式转变。要把科技创新摆在发展全局的核心位置,完善以企业为主体的产学研协同创新机制,立足打造区域创新体系、推动优势产业发展，攻克核心技术，提升创新水平，推动科技与经济紧密结合、信息化和工业化深度融合，实现由“山东制造”向“山东创造”“山东设计”“山东标准”转变。要统筹“两区一圈一带”区域协调发展，按照“面上推开、点上突破、融合互动”的工作思路，着力打造一批特色优势产业高地，形成区域联动协同效应。要根据经济发展和财力状况，逐步提高人民生活水平，加大民生投入，加强制度建设。要坚持以人的城镇化为核心，以提升质量为关键，把握新型城镇化的正确方向。各级各部门要加强对经济工作的领导，尊重经济规律，讲究科学方法，提升干部队伍自身素质和能力，团结带领广大干部群众把各项任务落到实处、见到实效，为做好2014年经济工作提供坚强保证。郭树清在讲话中对2013年全省经济工作作了回顾总结，分析了2014年的经济形势，提出了2014年全省经济发展的主要预期目标，对2014年的经济工作作了全面部署。一是加快转方式调结构。二是增强微观经济机制的活力。三是以开放促改革促发展促转型。四是重视做好财政金融工作。五是全面落实新型城镇化各项任务。六是加快生态文明建设。七是稳步提高民生保障水平。省委常委，省人大常委会副主任，副省长，省政协副主席，省法院院长，省武警总队政委；各市党委、政府主要负责人，省直部门（单位）、省管企业和中央驻鲁单位主要负责人等参加会议。

省委常委会议　12月26日，省委召开常委会议，听取全省国防后备力量建设情况汇报，研究下步工作意见。省委书记姜异康主持会议，省委副书记、省长郭树清，省委副书记王军民和省委常委出席会议，省政府分管领导、省军区党委常委和省直有关部门负责人列席会议。省军区司令员荣森之汇报了全省国防后备力量建设情况，省委常委、省军区政委刘从良讲了意见。听取汇报后，姜异康作了讲话。他指出，2013年，省军区认真贯彻落实党中央、国务院、中央军委关于加强国防后备力量建设的部署要求，围绕强军目标，大力加强思想政治建设，扎实推进军事斗争准备，深入开展党的群众路线教育实践活动，组织民兵预备役人员积极参加经济社会建设，各项工作取得新进展，有力促进了全省国防后备力量建设科学发展。姜异康要求，要认真落实党管武装的根本原则。各级党委要从坚持党对军队绝对领导、实现党在新形势下的强军目标高度，深刻认识加强党管武装工作的极端重要性，不断增强履行党管武装职责的政治自觉。要认真落实党管武装工作制度，着力在把方向、议大事、解难题上下功夫，进一步提高党管武装工作质量，为国防后备力量建设提供坚强保证。姜异康指出，要努力提高我省国防后备力量建设水平。各级党委、政府和军事机关要着眼应对多种安全威胁、完成多样化军事任务，扎实做好抓基层打基础工作，努力推进国防后备力量建设创新发展。要深入开展实战化训练演练，扎实做好国防动员各项准备，积极推进民兵转型建设，不断开创我省国防后备力量建设新局面。要积极推进军民融合深度发展。统筹国防建设和经济建设，进一步做好军民融合式发展这篇大文章。要大力弘扬拥政爱民、拥军优属的光荣传统，深入开展军民共建与和谐创建活动，充分发挥部队官兵和广大预备役人员在经济文化强省建设中的重要作用。各级党委、政府要进一步加强国防教育，增强全民国防观念，把国防后备力量建设纳入经济社会发展全局，积极帮助解决存在的困难和问题，坚持和完善“党管武装工作述职”制度，为国防和军队现代化建设作出新的贡献。

副省级以上党员领导干部会议　12月28日，省委召开副省级以上党员领导干部会议。省委书记姜异康主持会议，省委副书记、省长郭树清，省政协主席刘伟，省委副书记王军民，省委常委，副省级以上党员领导干部及有关部门主要负责人出席会议。会议传达学习了习近平、李克强、汪洋等在中央农村工作会议上的重要讲话和《中共中央、国务院关于全面深化农村改革、加快推进农业现代化的若干意见（讨论稿）》精神。会议指出，要深入学习贯彻中央农村工作会议精神，切实把思想认识统一到中央决策部署上来。要深刻领会和把握农村改革发展取得的巨大成就，深刻领会和把握中央对“三农”工作重要地位和面临形势的科学判断，深刻领会和把握做好新形势下“三农”工作面临的重大问题和重点任务，深刻领会和把握中央关于全面深化农村改革的总体部署，以改革创新精神扎实做好“三农”工作。会议强调，山东省是农业大省，做好“三农”工作尤为重要。要按照中央农村工作会议的部署，按照习近平系列重要讲话和视察山东重要讲话精神，按照稳定政策、改革创新、持续发展的要求，认真总结分析山东省“三农”工作形势，重点围绕加快发展现代农业、全面深化农村改革、着力保障和改善农村民生、创新农村社会管理、切实搞好村“两委”换届工作等方面，抓紧研究谋划好下步工作，保持农业稳定发展、农民持续增收。会议要求，要始终把“三农”工作放在重中之重的战略位置，进一步加强对“三农”工作的领导，把农村改革发展的各项任务落到实处。要深入开展群众路线教育实践活动，切实转变工作作风，以求真务实精神抓好“三农”工作。各级领导干部要深入基层、深入实际，多到农村去，多到农民家里去，真正了解农民诉求和期盼，真心实意帮助农民解决生产生活中的实际问题，多做一些打基础、利长远的事情，通过共同努力打开“三农”工作新局面。

省委教育实践活动领导小组第九次会议　12月28日，省委教育实践活动领导小组召开第九次会议。省委书记、省委教育实践活动领导小组组长姜异康，省委副书记、领导小组副组长王军民，省委常委、副组长李法泉、高晓兵出席会议。李法泉传达了中央教育实践活动领导小组第六次会议精神，高晓兵汇报了全省教育实践活动进展情况及下步工作安排建议。会议指出，要深入学习贯彻习近平重要讲话精神，与学习贯彻习近平系列重要讲话和视察山东重要讲话结合起来，把“认真”的要求体现到活动全过程，以认真的态度一鼓作气抓好第一批教育实践活动收尾工作，一以贯之地坚持教育与实践的统一，使广大党员干部切实增强贯彻党的群众路线的思想自觉和行动自觉，切实改进工作作风。姜异康要求，要进一步加大整改落实力度，认真抓好第一批活动收尾工作，确保善始善终务求实效。全省第一批活动单位的整改方案都已制定，下一步关键是要强化责任，抓好落实，兑现整改承诺。重点要抓住三条：一是坚持领导带头。首先是省委常委带头。二是深入开展专项整治。三是强化正风肃纪巩固活动成果。姜异康强调，要认真总结第一批活动经验，积极谋划和准备好第二批教育实践活动，做到相互呼应、无缝衔接。在第一批教育实践活动中，各单位结合实际、积极探索，形成了很多好的经验和成果，要认真加以总结，为开展第二批活动提供有益借鉴。要注意坚持开门搞总结，以群众满意为标准，敞开大门让群众评判，防止以自我感觉代替群众评价。要坚持边总结边完善边提高，及时对活动开展情况进行总的"回头看"，进一步审视不足、查缺补漏、巩固成果。第二批教育实践活动涉及的单位与群众联系更直接，群众充满期望，因而对开展活动的要求很高，必须统筹谋划，认真准备，进一步细化完善有关文件，调整充实领导机构和工作机构，配齐配强工作力量。要充分考虑基层实际，坚持严格标准，加强分类指导，确保第二批活动开好头、起好步。省委教育实践活动领导小组成员参加会议。

全省组织工作会议 12月30日，全省组织工作会议在济南召开。会议深入学习贯彻了十八届三中全会和全国组织工作会议精神，深入学习贯彻了习近平系列重要讲话和视察山东重要讲话精神，研究部署了当前和今后一个时期全省党的建设和组织工作。省委书记姜异康到会讲话，省委副书记王军民主持会议，省领导李法泉、高晓兵、孙守刚、雷建国和省委党的建设领导小组成员出席会议，高晓兵作工作部署。会议指出，习近平系列重要讲话和在全国组织工作会议上的重要讲话，是加强党的建设和组织工作的指导方针和行动指南。要深入学习贯彻习近平总书记关于关键在党、关键在人，培养选拔党和人民需要的好干部，正确认识和处理干部制度改革中出现的新情况，组织工作要落实好党要管党、从严治党方针等方面的重要论述，深入理解把握讲话中贯穿的马克思主义立场观点方法，进一步深化认识、统一思想、明确方向。会议强调，当前和今后一个时期，是全面深化改革的关键时期，是实现山东由大到强战略性转变的关键时期，对党的建设和组织工作提出了新的更高要求。要扎实推进各项重点任务落实，努力提高党的建设和组织工作科学化水平。要准确把握干部标准，进一步形成好的选人用人导向，改进完善干部考核评价制度，提高干部的培养锻炼质量，始终保持良好的选人用人风气，努力建设高素质干部队伍。要继承和发扬党的优良传统，用好坚持民主集中制、开展批评和自我批评、严格党内生活、加强党的团结统一这些重要法宝，提高领导班子解决自身问题的能力。要大力实施人才强省和创新驱动发展战略，加大创业创新人才和高技能人才的培养引进力度，建立健全集聚优秀人才的体制机制。要坚持抓基层、打基础、强服务不放松，加强基层服务型党组织建设，着力夯实党的执政根基。姜异康要求，各级组织部门和广大组工干部要坚持更高标准、更严要求，进一步加强自身建设。各级党委要进一步增强执政意识、管党意识、全局意识，切实加强组织领导，认真担负起管党治党的政治责任。各市市委书记、组织部长，省直各部门、各大企业、高等院校分管负责人和组织(干部、人事)处长等参加会议。

重大活动

刘延东在山东调研 1月13日，中共中央政治局委员、国务委员刘延东赴荣成石岛湾高温气冷堆核电站示范工程工地调研并召开现场协调会，听取了参加研发、制造和建设的企业和高校的专家学者、工程技术人员、管理人员的意见建议。刘延东强调，要深入贯彻党的十八大精神，大力实施创新驱动发展战略，强化政产学研用紧密结合，积极稳妥推进核电科技重大专项，为我国能源结构调整和清洁能源发展提供有力科技支撑。刘延东指出，这一工程是中国拥有自主知识产权的第一座高温气冷堆示范电站，也是世界上第一座安全性更高的第四代核能、模块式商用规模示范电站，兼具科研性、工程性和商业化的三重特征。高温气冷堆核电站科技重大专项实施以来，在技术研发、安全防范、装备研制、人才培养和项目建设等方面取得了重要阶段性成果，标志着我国在该领域技术和工程化已迈入世界先进行列。刘延东指出，高温堆示范工程是我国自主创新的重大标志性工程，要创新组织模式，坚持政府推动、企业主体、市场导向、研发引领，产学研紧密结合，各方加强对接，围绕关键核心技术协同攻关。要坚持应用牵引、需求拉动，把实现核电技术突破和支撑产业发展结合起来，提升专项成果工程化、产业化程度和国际化水平，努力把创新成果转化为现实生产力。安全是核电发展的生命线，要坚持安全第一、质量第一，加强监督管理，确保研发质量、制造质量和施工质量，确保工程建设运行的绝对安全。各有关方面要加强统筹配合，落实责任分工，增强工作的系统性和协调性，形成共同推进核电科技重大专项顺利实施的强大合力。省委常委、常务副省长孙伟等陪同调研。

刘奇葆在山东调研 3月25日至28日，中共中央政治局委员、中宣部部长刘奇葆在江苏、山东调研。在鲁期间，刘奇葆深入到山东省广电中心、青岛市盐城路社区，以及青岛中青出租车公司、青岛海信集团等单位，了解学习宣传贯彻党的十八大精神情况，并召开座谈会听取干部群众的意见建议。刘奇葆强调，要把开展中国梦宣传教育作为一项重要任务，与中国特色社会主义宣传教育结合起来，切实抓紧抓好。要坚定不移推进文化体制改革，在总结成功经验的基础上，加强调查研究，明确今后改革的实施方案、路线图和时间表。27日下午，在济南召开的深化十八大精神学习宣传贯彻和推动文化改革发展座谈会上，刘奇葆对山东经济社会发展和宣传思想文化工作取得的成绩给予充分肯定。希望山东继续深入学习宣传贯彻党的十八大精神，推动经济社会发展和宣传思想文化工作取得新的更大成绩。姜异康在主持座谈会时表示，一定要认真学习贯彻刘奇葆部长的重要讲话精神，进一步深化十八大精神的学习宣传贯彻，更加努力地做好各项工作，加快建设经济文化强省，努力开创山东工作新局面。座谈会上，孙守刚汇报介绍了山东宣传思想文化工作。刘奇葆强调，要深化党的十八大精神学习宣传贯彻，把坚持和发展中国特色社会主义作为凝聚点、着力点、落脚点，组织开展形式多样的宣传教育，在干部群众中展开，在全社会展开，引导人们始终坚持中国特色社会主义道路、中国特色社会主义理论体系、中国特色社会主义制度。山东省委书记姜异康，省委副书记王军民，省委常委、青岛市委书记李群，省委常委、宣传部部长孙守刚参加在山东的活动。

张德江在山东调研 4月15日至17日，中共中央政治局常委、全国人大常委会委员长张德江在山东调研。张德江先后到烟台、潍坊、淄博、济南等地，深入企业、农村、社区调研。在车间，张德江详细了解企业生产经营状况。在海洋生物试验室，同科研人员探讨蓝色经济的发展前景。在小麦高产示范田，和种田能手交流科技兴农之道。在社区，与居民拉起家常，了解社区服务管理情况。张德江充分肯定了山东省近年来经济社会发展的成绩，希望保持优势，奋发有为，谱写人民美好生活新篇章。他强调，要促进经济持续健康发展，准确把握稳中求进总基调，加快转变发展方式，强化发展质量和效益，着力培育和壮大海洋产业等发展新优势；要巩固农业基础地位，重视粮食安全，发展现代农业，增加农民收入；要坚持把办好广大人民群众的事作为最大责任，解决好关系人民群众切身利益的突出问题，加快推进以保障和改善民生为重点的社会建设。调研期间，张德江分别主持召开了各级人大代表和地方人大工作座谈会，并看望了山东省人大机关干部职工。省委书记、省人大常委会主任姜异康陪同调研并参加座谈会，省委副书记、代省长郭树清参加在济南举行的地方人大工作座谈会。张德江指出，中国法制建设经过不断探索、不断实践，取得了巨大成就。面对新形势新要求，要把坚持依法治国、维护宪法和法律权威作为人大工作的重要任务，继往开来、扎实推进，为全面建成小康社会、加快建设社会主义法治国家作出新贡献。张德江指出，全面推进依法治国，重点是提高立法质量。要坚持科学立法、民主立法，强化立法论证、立法调研、立法评估，加强重点领域立法，拓展人民有序参与立法途径，切实增强法律的可执行性和可操作性，提高法律的权威性，更好地发挥立法的引领和推动作用。全面推进依法治国，关键是加强法律的实施。要坚持严格执法，推进依法行政，维护公共利益、人民权益和社会秩序。要坚持公正司法，增强司法公信力，切实维护社会公平正义。要加强对法律实施情况的监督，维护国家法制统一、尊严、权威。张德江指出，全面推进依法治国，基础是推进全民守法。要深入开展法制宣传教育，大力弘扬法治精神，在全社会营造良好的法治氛围。领导干部和公职人员要切实增强法治观念，提高运用法治思维和法治方式的能力。全体人民要树立法律意识，养成自觉守法、办事依法、遇事找法的行为习惯。他强调，实现中华民族伟大复兴的中国梦，对依法治国提出了更高要求，要全面贯彻落实党的十八大精神和十二届全国人大一次会议精神，全面推进依法治国、维护宪法和法律权威，更加注重发挥法治在国家治理和社会管理中的重要作用，为建设法治中国不懈奋斗。

全省转方式调结构、推动科学发展现场观摩交流会召开 4月22日至26日，山东省召开转方式调结构、推动科学发展现场观摩交流会。会议的主要任务是，深入贯彻落实党的十八大和全国“两会”精神，对2010年10月全省转方式调结构现场观摩会以来，各地转方式调结构工作进行检验，总结经验，分析问题，明确努力方向，进一步推动科学发展。省委书记姜异康，省委副书记、代省长郭树清，省政协主席刘伟，省委副书记王军民参加会议。会议分观看专题片、分组现场观摩、集中讨论交流三个阶段。22日下午，省领导和十七市主要负责人、省直有关部门主要负责人等与会人员，在济南集中观看了专题片。专题片通过数据对比、实景画面、文字图表、解说介绍等形式，客观、形象地展示了全省和十七市2010年来转方式调结构的主要措施和取得的成效，对照先进分析问题和不足。23日至25日，与会人员分六个组同时进行现场观摩，每组观摩2到3个市，每市观摩1天。省领导姜异康、王敏、雷建国、夏耕和与会人员到济南、泰安、莱芜观摩考察；郭树清、李群、柏继民、王随莲和与会人员到青岛、潍坊、淄博观摩考察；王军民、孙守刚和与会人员到烟台、威海观摩考察；才利民、季缃绮、赵润田和与会人员到枣庄、临沂、日照观摩考察；孙伟、邓向阳和与会人员到聊城、菏泽、济宁观摩考察；李法泉、高晓兵、孙绍骋和与会人员到德州、滨州、东营观摩考察。26日上午，在济南召开全体会议，与会人员进行讨论交流。23日至25日，三天中，与会人员深入企业车间、建设工地、街道社区，听取情况介绍，共考察了158个观摩点，真切感受到了全省2010年来转方式调结构的新思路、新举措、新发展、新变化。各地按照省委、省政府的部署要求，牢牢把握主题主线和稳中求进的工作总基调，更加重视把推动发展的立足点转到提高质量和效益上来，强化质效优先的经济发展导向，深入实施创新驱动和高端高质高效产业发展战略，不断增强发展的动力活力，转方式调结构迈出新的步伐，取得新的重大进展。通过实地观摩，大家感到触动深、启发大、收获多，进一步开阔了视野、拓展了思路。一致表示，要以这次观摩交流会为契机，虚心学习先进经验，认真查找差距和不足，进一步增强转方式调结构的紧迫感和自觉性，坚定信心，狠抓落实，在推动科学发展上迈出更大步伐，努力开创经济文化强省建设新局面。各市市委书记、市长，省直有关部门主要负责人参加观摩考察。

国际反贪局联合会第五届研讨会在济南召开 6月23日至24日，国际反贪局联合会第五届研讨会在济南举行，中共中央政治局委员、中央政法委书记孟建柱出席会议并讲话。孟建柱代表中国政府向会议的召开表示热烈祝贺，向参加会议的各国代表表示诚挚欢迎。他指出，中国共产党自成立以来，就旗帜鲜明地反对腐败，正在走一条具有中国特色的反腐倡廉道路，为中国改革开放和社会主义现代化建设提供了重要保障。中国政府从事关党和国家生死存亡的高度，把反对腐败作为重要任务，坚持标本兼治、综合治理、惩防并举、注重预防方针，坚持运用法治思维和法治方式反对腐败，努力把权力关进制度的笼子，促进官员清正、政府清廉、政治清明。孟建柱指出，建设一个廉政、公正、和谐、稳定的国际社会，是世界各国政府和人民的共同期盼。近年来，各有关国家、地区深入实施《联合国反腐败公约》，完善多层次、多形式的合作机制，推动惩治和预防腐败工作取得了明显成效。同时随着经济全球化、社会信息化深入发展，腐败犯罪组织化、跨国化、智能化趋势越来越明显，迫切需要深化反腐败国际合作。这届研讨会以技术援助和信息交流为主题进行深入研讨，必将对加强反腐败区域性、全球性技术援助和信息交流，促进各国各地区更加有效地惩治和预防腐败犯罪，发挥建设性作用。孟建柱在会上提出三点建议，一是坚持相互尊重、相互信任，在充分尊重各国主权的基础上，通过平等对话、坦诚沟通，进一步增进信任、凝聚共识，推动反腐败技术援助和信息交流向纵深发展，促进国际反腐败领域务实合作。二是坚持相互支持、协作共赢，建立健全技术援助和信息交流工作机制，加大对发展中国家反腐败工作的技术援助力度，共享惩治和预防腐败工作经验，推动反腐败工作共同发展。三是坚持健全机制、深化合作，促进各国各地区反贪机构加强互访和对话，共同预防和惩治跨国境、跨区域腐败犯罪，共同提升反腐败工作水平。开幕式前，孟建柱会见了出席会议的部分代表，并与全体会议代表合影留念。研讨会由最高人民检察院检察长、国际反贪局联合会主席曹建明主持。山东省委书记、省人大常委会主任姜异康，山东省委副书记、省长郭树清等出席开幕式。来自70多个国家和地区的总检察长、司法部长、监察部长、反贪机构负责人和国际组织领导人、专家学者共300多人参加本届研讨会。会议期间，与会代表进行了全面而深入的研讨，交流和分享了工作经验，提出了许多建设性的建议和意见，会议取得了丰硕成果。

省委常委集体赴沂蒙群众路线教育基地进行现场教育活动 7月1日，在山东省党的群众路线教育实践活动即将展开之际，省委书记姜异康，省委副书记、省长郭树清，省委副书记王军民与全体省委常委到沂南、蒙阴，重温党的历史，带头接受革命传统教育，增强党的宗旨意识和群众观念。省委常委首先来到红嫂纪念馆，重温那段难以忘怀的历史，领略沂蒙红嫂感人至深的英雄事迹。

在村边的抗大一分校旧址报告厅，省委常委听取了王换于孙女于爱梅作的“沂蒙母亲和她的儿女们”的报告。随后，姜异康在纪念馆主持召开支前模范和群众代表座谈会，围绕群众路线教育实践活动主题，听取意见建议。姜异康指出，沂蒙精神与延安精神、井冈山精神、西柏坡精神一样，是党和国家的宝贵精神财富，是我们山东的巨大政治优势。我们一定要继承和发扬好沂蒙精神，牢记党的宗旨，树立人民至上的理念，进一步密切与人民群众的血肉联系，团结带领全省广大干部群众，以更加昂扬的精神、更加务实的作风、更加有力的举措，推动全省各项事业不断向前发展，谱写好山东人民美好生活的新篇章。沂蒙红嫂名扬全国，孟良崮战役更是举世闻名，它是人民战争史上的一座丰碑。位于蒙阴县的孟良崮战役纪念馆，是沂蒙群众路线教育基地的另一个重要教学点。省委常委怀着激动的心情，到纪念馆参观。纪念馆后方的孟良崮革命烈士墓区，松柏苍翠，安然静谧，2865 名烈士长眠于此。在庄严肃穆的气氛中，大家伫立在烈士英名碑前，拜谒英灵，鞠躬致敬，深切缅怀革命烈士的英雄事迹。在孟良崮战役纪念馆，姜异康主持召开省委常委会议。省委常委踊跃发言，结合思想和工作实际，畅谈自己的心得体会和认识。通过深入讨论，省委常委在三个方面进一步加深了认识：一是人民是历史的创造者，群众是真正的英雄，党的一切来自于人民，我们必须牢固树立群众观点，坚持人民主体地位。二是群众路线是我们党的生命线和根本工作路线，是党的优良传统和政治优势，我们必须始终坚持党的群众路线，切实做好新形势下的群众工作。三是党的作风关系人心向背，关系党和国家生死存亡，执政党的最大危险就是脱离群众，我们必须坚持理想信念，切实改进作风，始终保持党同人民群众的血肉联系。姜异康强调，这次党的群众路线教育实践活动，就是为了让广大党员干部牢固树立宗旨意识和群众观点，保持同人民群众的血肉联系，始终赢得人民群众的信任和拥护。作为省委常委，既是这次活动的组织推动者，又是参与者，更要发挥示范带头作用。要紧紧依靠群众开门搞活动，真心实意听取群众意见。要坚持以身作则、率先垂范，为全省党员干部作出表率。

省委理论学习中心组举行集体学习 7 月 16 日至 17 日，省委理论学习中心组举行集体学习。省委书记姜异康主持全体会议，省委副书记、省长郭树清，省委副书记王军民出席。这次省委理论学习中心组集体学习，是深入开展党的群众路线教育实践活动的一项重要内容。目的是通过深入学习习近平一系列重要讲话精神，强化理论武装，把思想和行动统一到中央的决策部署上来，进一步推动全省教育实践活动的深入开展。这次集体学习，采取个人自学、集中研讨和专题辅导相结合的方式，共两天时间。7 月 16 日，与会人员按照要求进行了自学。17 日上午，举行全体会议，邀请中国社会科学院副院长李慎明作了题为《始终保持与人民群众血肉联系 坚持和发展中国特色社会主义》的辅导报告。17 日下午，中心组成员围绕学习习近平一系列重要讲话精神，结合思想和工作实际作了发言，交流了学习体会。会议认为，通过认真学习习近平一系列重要讲话，与会人员在五个方面进一步加深了认识：一是讲话深刻阐述了中国特色社会主义这一根本问题，郑重宣示了党举什么旗、走什么路，表明了坚定不移沿着中国特色社会主义道路前进的信心和决心。二是讲话深刻阐述了中华民族伟大复兴中国梦这一重要思想，深化和拓展了党的奋斗目标，有力地凝聚了全国各族人民的思想和力量。三是讲话深刻阐述了深化改革开放这一活力之源，表明了党深化改革开放的决心和勇气，凝聚了全党朝什么方向改革、如何推进改革的共识和力量。四是讲话深刻阐述了落后就要挨打、发展才能自强这一硬道理，强调发展绝不能以牺牲人的生命为代价，深化了党的发展理念，为科学发展、安全发展提供了重要思想引领和行动指南。五是讲话深刻阐述了必须把党建设好这一根本保证，突出强调了加强党的作风建设的极端重要性，着力打牢人民拥护和支持这个党执政的最牢固根基，确保党始终成为中国特色社会主义事业的坚强领导核心。姜异康在主持会议时强调，全省各级要把学习贯彻习近平一系列重要讲话作为重要政治任务，贯穿党的群众路线教育实践活动始终，把握内涵要义，吃透精神实质，融会贯通运用，坚持用讲话精神统一思想认识。要认真落实习近平关于群众路线和改进作风的要求，扎实开展好党的群众路线教育实践活动，以为民务实清廉的成效赢得群众信任。要坚持学以致用、用以促学，不断深化对山东省情的认识，深入谋划和推动各项工作。要认真研判下半年经济形势，加强和创新社会管理，做好汛期洪涝灾害防范工作，切实保障人民群众生命财产安全。省委常委，省人大常委会党组副书记，副省长，省政协党组副书记，省法院院长，省检察院检察长，省武警总队政委，省直有关部门、单位主要负责人参加会议。

汪洋在山东调研 7 月 18 日，中共中央政治局委员、国务院副总理汪洋在山东调研食品药品安全工作。省委书记姜异康陪同调研，省委副书记、省长郭树清出席在济南召开的食品药品安全工作座谈会，汇报山东省食品药品安全工作情况。汪洋到济南市考察了浪潮集团、博士伦福瑞达制药有限公司、青岛啤酒（济南）有限公司、济南绿涧生态农业循环经济产业园。下午，在济南市主持召开食品药品安全工作座谈会，听取基层政府、企业、科研院所、行业协会、农民合作社等的意见和建议。在认真听取发言后，汪洋作了讲话。他充分肯定了山东省食品药品安全工作取得的成绩。汪洋要求，要整合、充实监管力量，改善监管执法条件，确保各级监管机构有足够的力量和资源履行职责。创新监管方式，加快电子追溯系统、信息化平台建设。要深入开展专项治理，严厉惩处违法违规行为，营造让人民群众放心的食品药品消费环境。汪洋强调，要积极推进食品药品行业结构调整和转型升级，加快技术改造，全面提高食品药品质量安全水平。要完善激励约束机制，推动企业落实产品质量安全的首负责任。健全社会公众参与监督机制，加大信息公开力度，落实有奖举报制度，发挥行业协会、消费者、新闻媒体等的作用。他强调,食品药品安全事关人民群众切身利益,事关经济发展与社会和谐稳定,责任重于泰山。要加快推进地方食品药品监督管理体制改革,严格落实各方责任,全面强化保障措施,着力构建企业自律、政府监管、社会协调、公众参与的共治格局,汇聚起共同维护食品药品安全的合力。省领导孙伟、王敏、雷建国等分别参加有关活动。

省级领导班子成员开展集中学习 9月26日,省级领导班子成员开展集中学习。省委书记姜异康主持会议,省委副书记、省长郭树清,省委副书记王军民出席。会上,传达学习了中央党的群众路线教育实践活动第70期简报《河北省委常委会召开高质量专题民主生活会》,观看了中央电视台9月25日焦点访谈播出的《批评和自我批评是一剂良药》,观看了党内教育参考片《苏联亡党亡国20年祭——俄罗斯人在诉说》。姜异康指出,在中共中央总书记习近平的指导下,河北省委常委会认真开展批评与自我批评,作出了表率和榜样,对山东深入开展教育实践活动、开好民主生活会具有很强的指导和借鉴意义。《苏联亡党亡国20年祭——俄罗斯人在诉说》教育参考片,深刻剖析了苏联亡党亡国的原因,发人深思,令人警省,使我们受到了一次深刻的党性教育。要从苏联亡党亡国的历史中汲取教训,深刻认识新形势下党面临的“四大考验”、“四大危险”,进一步增强政治意识、忧患意识、责任意识、担当意识。姜异康强调,要牢记习近平打铁还需自身硬的教诲,从每一名党员干部做起,从自身做起,进一步坚定理想信念,坚决反对和抵制各种错误思潮,旗帜鲜明地反对腐败,把党要管党、从严治党的要求落到实处。要集中精力办好自己的事情,切实增强做好山东各项工作的责任感和紧迫感,加快推进经济文化强省建设。要牢固树立宗旨意识和群众观点,进一步密切与人民群众的血肉联系,办好顺民意、解民忧、惠民生的实事,以实际行动赢得人民群众的信赖和支持。要深入学习习近平重要讲话精神,按照中央要求,深入剖析“四风”方面存在的问题,对照检查,深挖根源,明确努力方向和改进措施,坚持用好批评和自我批评的锐利武器,开好高质量的专题民主生活会,不断提高领导班子和领导干部解决自身问题的能力。省级领导班子成员出席会议,省委教育实践活动领导小组成员列席会议。

省委常委班子召开专题民主生活会 10月9日至10日,省委常委班子召开专题民主生活会。省委书记姜异康首先代表常委班子作了集体对照检查,共查摆了22个方面的问题和不足。在深入查摆问题的基础上,常委一班人透过“四风”问题的各种表现,深挖思想根源。大家深刻认识到,形式主义实质是主观主义、功利主义,根源是政绩观错位、责任心缺失;官僚主义实质是封建残余思想作祟,根源是官本位思想严重、权力观扭曲;享乐主义实质是革命意志衰退、奋斗精神消减,根源是世界观、人生观、价值观不正确;奢靡之风实质是剥削阶级思想和腐朽生活方式的反映,根源是思想堕落、物欲膨胀。通过认真反思,深入剖析了对政绩观和责任担当的认识不够深刻全面,公仆意识有所淡薄,攻坚克难意识不强,对腐朽思想作风的侵袭影响缺乏高度警觉和有力抵制等原因。针对问题表现和原因剖析,常委班子研究提出从思想上、行动上、制度上进行综合性整改,突出常委班子的思想政治建设,着力改进调查研究、改进文风会风、改进工作作风、改进决策工作,大力加强干部队伍建设、加强民生工作、加强改革创新、加强清理整顿。省委常委班子集体对照检查后,姜异康带头作了自我批评,常委班子成员逐一作了对照检查。大家主动承担常委班子问题的责任,紧密联系思想、工作和生活实际,认真查摆了自己在“四风”方面存在的问题。在深入查摆“四风”问题的同时,班子成员认真分析深挖思想根源,从理想信念、宗旨意识、群众观点和党性修养上找差距,深刻剖析问题产生的原因。省委常委个人对照检查后,班子成员之间认真坦诚地开展了相互批评。常委相互之间都提出了批评意见,共提出批评意见205条。通过深入查摆问题、深挖思想根源、深刻对照检查、开展相互批评,常委进一步找到了自身存在的差距。中央督导组组长周声涛在省委常委班子民主生活会上作了重要讲话,指出民主生活会有五个特点:一是聚焦“四风”、主题明确;二是查摆问题、切中要害;三是触及灵魂、剖析深刻;四是拿起武器、开展批评;五是方向明确、措施有力。10月22日,省委召开情况通报会,通报了省委常委班子专题民主生活会情况。

刘延东在山东调研 10月11日至12日,中共中央政治局委员、国务院副总理刘延东在山东调研并出席第十届中国艺术节系列活动。刘延东对全国各地文化建设的丰硕成果和广大文艺工作者的重要贡献给予了充分肯定。她指出,中国艺术节是国内规格最高、规模最大的文化艺术盛会,举办26年来,推出了大批精品力作和优秀人才,已成为优秀文艺作品争奇斗艳的平台、文艺工作者展示才华的舞台、人民群众欢乐喜庆的节日,在繁荣社会主义文艺、丰富群众文化生活、振奋民族精神、促进改革开放和社会进步和谐等方面发挥着越来越重要的作用。刘延东强调,要全面落实文化强国建设的部署要求,加快文化改革发展,繁荣文化事业和文化产业,不断提高文化软实力。要以社会主义核心价值观为引领,凝聚社会共识,充分发挥文化凝聚人心、弘扬主旋律、传播正能量的重要作用。要繁荣文化创作,不断产出更多具有中国精神、中国特色、中国风格、中国气派的传世佳作。要完善公共文化服务体系,大力实施惠民工程,切实保障人民群众基本文化权益,丰富精神文化生活。要推动文化产业与科技和旅游、体育等产业融合发展,增强文化产业核心竞争力,延伸产业链,增加相关产业文化含量,加快推进文化产业成为国民经济支柱产业。要深化文化体制改革,完善市场体系,进一步增强文化发展活力和整体实力。要加强队伍建设,造就大批德艺双馨的文化艺术人才,为文化发展繁荣提供人才支撑。要创新文化“走出去”模式,全方位、多层次、宽领域开展文化交流与合作,努力提升中华文化国际影响力。刘延东还考察了浪潮集团、山东省立医院、济南市天桥区工人新村北村街道办事处社区卫生服务中心，到寺院看望了宗教界人士。她强调，要继往开来，改革创新，繁荣文化事业，振兴文化产业，推动文化大发展大繁荣，服务中国梦，让广大人民群众更好地享受文化改革发展的成果。省委书记姜异康，文化部部长蔡武，省委副书记、省长郭树清等分别陪同调研。

刘云山在山东调研 11月15日至17日，中共中央政治局常委、中央书记处书记刘云山在山东调研。他先后到烟台、威海、济南等地，深入企业、社区、农村和文化单位，就学习贯彻十八届三中全会精神，调研了解基层情况，面对面听取了干部群众意见。他对山东改革开放和党的建设的成绩给予肯定，希望山东抓好全会精神的学习贯彻，在全面深化改革上不断取得新进展。在东方海洋科技股份有限公司、威高集团、光威集团、中国重汽集团、浪潮集团，刘云山详细询问企业生产经营情况，对他们通过机制改革、技术创新实现发展壮大表示赞许。他指出，改革增动力、添活力，十八届三中全会的召开对企业来说是重要机遇，必将为企业营造更有利的体制环境，打开更广阔的发展空间。在烟台黄海社区、威海古陌社区、济南万新村和甸柳新村等，刘云山深入百姓中间，与大家交流学习全会精神的体会。许多群众说，全会很提气、很给力，让我们对未来生活充满信心，充满希望。刘云山强调，大家的好日子是改革开放带来的，创造更加美好的生活还要靠改革开放，推进改革就是为了增进人民福祉，让发展成果更多更公平惠及全体人民。调研期间，刘云山分别召开基层干部座谈会和山东、江苏、安徽、河南四省党委有关负责同志座谈会，就推进群众路线教育实践活动听取意见。他指出，扎实开展教育实践活动、加强作风建设，是十八届三中全会精神的重要内容，也是落实全会部署的重要保证。第一批教育实践活动正在进行整改落实、建章立制，这是最终检验活动成效的环节，是攻坚克难的阶段。一些地方和单位在整改中存在“松”的情绪、“软”的现象、“拖”的问题，需要引起高度重视。要认真贯彻习近平总书记指示精神，坚持标准、从严要求，以钉钉子精神抓好整改落实，决不能虎头蛇尾、失信于民。整改就要真正改，整改方案就是军令状、责任书，领导干部要带头改，以过硬的措施来改，以有力的约束和监督来改，坚持准、狠、韧，不能只说不练、虚晃一枪，防止整改承诺成为空头支票。要接地气、顺民心，从群众最关心的问题、最不满意的地方抓起，让群众受益、群众满意。对整改不力、解决问题效果不好的及时约谈，问题严重而没有行动的要进行问责。要立好规矩、建好章法，形成科学、务实、管用的制度机制，既治“流行病”又治“地方病”，既能“堵风”又能“防风”，实现作风建设常态化长效化。中央组织部常务副部长陈希，中央宣传部副部长孙志军，中央政策研究室副主任江金权，山东省委书记姜异康，省委副书记、省长郭树清陪同调研。省领导王军民、王敏、高晓兵、孙守刚分别参加调研或座谈。

习近平在山东考察 11月24日至28日，中共中央总书记、国家主席、中央军委主席习近平到山东省青岛、临沂、济宁、菏泽、济南等地深入革命老区、企业、科研院所、文化机构等，考察经济社会发展情况。24日下午，习近平专程到青岛市，考察黄岛经济开发区黄潍输油管线事故抢险工作并看望慰问了伤员、医护人员和遇难者家属，在听取事故抢险工作汇报后，他指出，要认真吸取教训注重举一反三，全面加强安全生产工作。25日上午，习近平来到华东革命烈士陵园，向革命烈士纪念塔敬献花篮，参观沂蒙精神展，听取沂蒙地区革命战争历史介绍，并会见了当地先进模范和当年支前模范后代代表；随后来到金兰物流基地，视察物流信息中心，考察物流运输企业。25日下午，习近平来到临沭县曹庄镇朱村，观看抗战时期支前模范村村史展，了解革命老区群众生产生活。25日晚，习近平来到位于济宁的山东如意科技集团有限公司，听产品介绍、看生产车间，了解企业生产经营。26日上午，习近平来到孔府和孔子研究院参观考察，并同有关专家学者座谈。26日下午，习近平来到菏泽调研，考察了尧舜牡丹产业园，对菏泽发展牡丹产业、探索牡丹加工增值、带动农民增收致富的情况进行了具体了解。随后，习近平专门同菏泽市及其县区的主要负责同志座谈，共同探讨扶贫开发和加快发展的良策。27日下午，习近平来到济南市外来务工人员综合服务中心，了解当地政府为外来务工人员提供一揽子服务、帮助农民工融入城市等情况；接着来到省农科院，视察智能化温室和省农村农业信息化综合服务平台，了解依靠科技创新促进农业发展和农民增收的情况，随后召开座谈会，听取农业科研机构、农业行政部门、基层干部等有关人员对“三农”工作的意见和建议。调研期间，习近平听取了省委和省政府工作汇报，对山东近年来的工作给予肯定，希望山东认真学习贯彻党的十八届三中全会精神，锐意改革，敢创新路，坚决打好转方式调结构攻坚战，切实做好保障和改善民生、创新社会管理这篇大文章，努力在推动科学发展、全面建成小康社会历史进程中走在前列。习近平强调指出，全面深化改革任务艰巨、矛盾繁多，对党的执政能力和领导水平是一个新的考验。党的建设各项工作，都要紧紧围绕全面深化改革来定任务、添措施、建机制，都要用保证和促进全面深化改革的实际成效来检验。各级领导干部要着眼于领导好全面深化改革这场攻坚战，加强学习和实践，努力提高思想政治能力、动员组织能力、驾驭复杂矛盾能力，做到信心坚定、行动坚决，科学推进、勇于担当。要时时处处为群众作示范、当表率，让群众跟着来、一起干，不断增强人民群众投身改革的积极性和主动性。中央政治局委员、中央政策研究室主任王沪宁，中央政治局委员、中央书记处书记、中央办公厅主任栗战书，中央宣传部常务副部长雒树刚，中央财经领导小组办公室主任、国家发展和改革委员会副主任刘鹤，农业部部长韩长赋，中央办公厅副主任、总书记办公室主任丁薛祥，山东省委书记、省人大常委会主任姜异康，省委副书记、省长郭树清等随同考察。28日，习近平视察了济南军区部队，范长龙、王沪宁、栗战书和赵宗岐、杜恒岩、姜异康、郭树清等陪同参加有关活动。

省委重要文件目录

顺序号	文件形成日期	文件标题	文件号
1	2013－1－7	中共山东省委　山东省人民政府关于认真贯彻落实中发〔2013〕1号文件精神深入推进农村改革发展的意见	鲁发〔2013〕1号
2	2013－3－1	中共山东省委　山东省人民政府印发《关于2013年全省党风廉政建设和反腐败工作任务分工意见》的通知	鲁发〔2013〕6号
3	2013－4－7	中共山东省委　山东省人民政府印发《关于落实党风廉政建设责任制的实施办法》的通知	鲁发〔2013〕7号
4	2013－6－28	中共山东省委关于深入开展党的群众路线教育实践活动的实施意见	鲁发〔2013〕8号
5	2013－6－28	中共山东省委印发《省委常委会关于深入开展党的群众路线教育实践活动的实施方案》的通知	鲁发〔2013〕9号
6	2013－8－11	中共山东省委关于广泛开展党员干部联系困难家庭工作的意见	鲁发〔2013〕11号
7	2013－12－15	中共山东省委关于印发《省委常委班子党的群众路线教育实践活动整改工作方案》的通知	鲁发〔2013〕15号
8	2013－12－18	中共山东省委关于深入学习贯彻党的十八届三中全会精神的意见	鲁发〔2013〕16号

省委办公厅重要文件目录

顺序号	文件形成日期	文件标题	文件号
1	2013－1－19	省委办公厅　省政府办公厅印发《关于支持留学人员来鲁创业的意见》的通知	鲁办发〔2013〕2 号
2	2013－2－22	省委办公厅印发《关于加强省委常委重大课题调查研究的意见》和《省委常委重大课题调研分工》的通知	鲁办发〔2013〕4 号
3	2013－2－27	省委办公厅　省政府办公厅关于印发《泰山学者蓝色产业领军人才团队支撑计划》的通知	鲁办发〔2013〕5 号
4	2013－5－14	省委办公厅　省政府办公厅转发省农业厅等部门《关于开展农村土地承包经营权确权登记颁证工作的意见》的通知	鲁办发〔2013〕10 号
5	2013－5－20	省委办公厅　省政府办公厅关于印发《山东省文化强省建设先进市县考评管理办法（试行）》的通知	鲁办发〔2013〕11 号
6	2013－5－31	省委办公厅　省政府办公厅关于印发《关于加强党管人才工作的实施意见》的通知	鲁办发〔2013〕12 号
7	2013－7－2	省委办公厅　省政府办公厅　省军区政治部关于贯彻落实中办发〔2013〕8 号文件进一步加强烈士纪念工作的实施意见	鲁办发〔2013〕13 号
8	2013－8－7	省委办公厅　省政府办公厅贯彻《中共中央办公厅、国务院办公厅关于党政机关停止新建楼堂馆所和清理办公用房的通知》的通知	鲁办发〔2013〕16 号
9	2013－9－17	省委办公厅　省政府办公厅关于加强农村新型社区建设推进城镇化进程的意见	鲁办发〔2013〕17 号

重要文件选编

中共山东省委　山东省人民政府
关于认真贯彻落实中发〔2013〕1号文件精神
深入推进农村改革发展的意见

鲁发〔2013〕1号

（2013年1月7日）

为认真贯彻落实《中共中央、国务院关于加快发展现代农业进一步增强农村发展活力的若干意见》（中发〔2013〕1号）精神，进一步深化农村改革，创新体制机制，增创农业农村发展新优势，加快生态文明乡村建设，现结合我省实际，提出如下意见。

一、深入学习贯彻党的十八大和中发〔2013〕1号文件精神，进一步明确农村改革发展的目标任务

党的十八大明确提出了全面建成小康社会和全面深化改革开放的目标任务，作出了坚持走中国特色新型工业化、信息化、城镇化、农业现代化道路的重大决策，并从推进城乡发展一体化的战略高度，对农村改革发展作了全面部署。《中共中央、国务院关于加快发展现代农业进一步增强农村发展活力的若干意见》对当前和今后一个时期农业农村工作作出了安排部署。党的十八大报告和中发〔2013〕1号文件是推进农村改革发展的纲领性文件，各级各部门一定要认真学习领会和贯彻落实。要准确把握全面建成小康社会和全面深化改革开放的目标任务，深刻理解解决好“三农”问题是全党工作“重中之重”的战略定位，城乡发展一体化是解决“三农”问题的根本途径，促进新型工业化、信息化、城镇化、农业现代化同步发展，建立新型农业经营体系和新型工农、城乡关系。要进一步增强做好“三农”工作的责任感和紧迫感，不断加大农村改革力度、政策扶持力度、科技驱动力度，努力把我省农业农村发展提高到新水平。

2012年，全省各级各部门认真贯彻落实中央强农惠农富农政策，不断加大城乡统筹力度，农业农村继续保持了良好发展势头。粮食生产实现“十连增”，总产突破900亿斤；农民增收实现“十连快”，连续3年超过城镇居民收入增幅；生态文明乡村建设扎实推进，农村面貌发生重大变化。农业农村发展的好形势，为全省经济社会持续健康发展赢得了战略主动、提供了有力支撑。同时也要看到，农业农村发展面临的形势仍然严峻，农村发展不全面、不协调、不可持续的问题仍然存在，农民增收难、融资难和农产品流通难的问题仍然突出，农民组织化程度、农业社会化服务、农村公共服务水平仍然较低。解决这些问题，必须在深化改革上找出路，在创新体制机制上作文章，在推动城乡发展一体化上下功夫。

2013年农业农村工作总的要求是：全面贯彻党的十八大精神，以邓小平理论、“三个代表”重要思想、科学发展观为指导，认真落实中发〔2013〕1号文件和中央农村工作会议提出的各项任务，按照保供增收惠民生、改革创新添活力的工作目标，突出深化改革，创新体制机制，推进城乡统筹，加快构建集约化、专业化、组织化、社会化相结合的新型农业经营体系，进一步解放和发展农村社会生产力，增创农业农村发展新优势，确保农业持续增产，农民持续增收，农村面貌持续改善。

二、加快发展现代农业，全面提升综合竞争能力

（一）深入实施千亿斤粮食生产能力规划和十大特色产业振兴规划。开展粮食稳定增产行动，以市、县（市、区）为单位整建制推进高产创建，打造一批亩产吨粮市、吨粮县，确保全省粮食生产“十一连丰”，力争实现“十一连增”。加强产粮大县基础设施建设，加大产粮（油）大县奖补力度，财政用于“三农”的支出要向产粮大县集中，转移支付资金要向产粮大县倾斜，努力把产粮大县和小农水建设重点县打造成为高产稳产商品粮基地。加大新一轮“菜篮子”工程实施力度，加快推进畜禽标准化规模养殖，加快规模化、标准化省级现代渔业园区建设，支持发展远洋渔业，落实远洋渔业补贴及税收减免政策，加快建设国家级海洋牧场。启动林下经济示范点建设，支持发展林下经济。落实十大特色产业区域布局、扶持政策、资金投入，推动优势

产业集聚发展、加工企业集群发展，形成一县一业、一县一特发展格局。围绕十大特色产业体系组织科技攻关和创新，推进农业产业向高端高质高效转型，保持山东农业优势地位。

（二）加快现代农业示范区建设。推动一二三产业融合发展，形成全产业链发展模式。列为省级以上现代农业示范区的县（市、区），到“十二五”末要有三分之一的种植面积达到集约化、基地化水平，85%以上养殖能力达到规模化、园区化健康养殖水平，形成百亿元以上加工能力的龙头企业集群和加工园区。其他县（市、区）也要达到“三个一”：每个县（市、区）至少建设一个有龙头企业带动、有专业市场支撑、有较大种养规模的特色农产品生产基地；至少培育一个围绕农产品开展深加工的产业集群；建设一个包括科技推广、质量安全、运输物流、信息化等内容的农业发展服务体系。所有乡镇都要有万亩以上的园区化农业基地，有农产品加工或商贸物流集中区。开展以奖代补支持现代农业示范区建设试点。

（三）着力提高农业设施装备水平。重点提高农业水利化、机械化、信息化与科技化水平。大力实施以耕地灌区化、灌区节水化、节水长效化为重点的农田水利建设，加快“旱能浇、涝能排”高标准农田建设，全面推进农村土地整治，2013年建设高标准基本农田841万亩。引好用好黄河水。及时足额计提并管好用好从土地出让收益中提取的农田水利建设资金，落实农业灌排工程运行管理费用由财政适当补助的政策。加大农业机械研发与推广，推进大田作物生产全程机械化，加快棉花、花生等经济作物生产机械化进程，全面提高畜牧机械装备水平。加快渔船升级改造步伐，不断提升渔业设施装备水平。加强农业科技创新平台建设，加快农业现代产业技术体系创新团队建设，深入实施农业良种工程，着力培育科技型现代种业企业，加快高效安全肥料农药兽药研发。加快推进黄河三角洲国家现代农业科技示范区建设，实施“渤海粮仓”科技示范工程。实施农村信息化示范工程，加快互联网信息技术在农业生产经营领域的应用。发展农业气象信息服务，提高气象预测预报和灾害预警能力，提高森林防火能力。

（四）全面推进农产品质量安全区建设。将出口农产品质量安全示范区建设的做法推广到所有农产品和所有县（市、区），实施农产品质量安全提升工程，整建制推进农产品质量安全区建设。以市县为基本单元，建立政府主导、部门联动、企业主体、市场运作的工作机制，推行以企业为龙头、基地为依托、标准为核心、品牌为引领、市场为导向的“五位一体”管理模式，健全农产品标准体系、农业投入品控制体系、质量安全可追溯体系、监控评估预警体系、质量安全诚信体系，实现农产品生产源头无隐患、投入无违禁、管理无盲区、市场无障碍。改革和健全食品安全监管体制，加强综合协调联动，健全基层食品安全工作体系，加大监管机构建设投入，全面提升监管能力和水平。支持农产品批发市场食品安全检测室（站）建设，补助检验检测费用。

（五）大力发展生态农业。加快高效生态渔业园区建设、黄河三角洲国家生态渔业基地建设。搞好绿色山东建设，全面推进山区、平原和村庄（社区）绿化，提高公益林补偿标准，完善林木良种、造林、森林抚育等林业补贴政策。改善水系生态环境，加快河道、水环境综合整治，搞好湿地保护与修复和水土保持，创建水生态文明市、县。加强海洋生态保护，创建海洋生态文明示范区。严格控制农业面源污染，深入实施测土配方施肥、绿色控害等技术，加强农作物秸秆综合利用，推进农村清洁工程和农业清洁生产。启动低毒低残留农药和高效缓释肥料使用补助试点。

（六）加快农产品流通体系建设。以潍坊、临沂、聊城三大综合性农产品物流基地为骨干，优势农产品市场为基础，建设覆盖全省、辐射全国的农产品流通体系。开展农产品现代流通综合示范区创建，启动农村区域连锁网络建设试点，建设县域大型超市、乡镇商贸中心、村级标准超市的网络化连锁体系。把农村流通设施建设纳入农村基础设施建设范围，支持重要农产品集散地、优势农产品产地批发市场建设，扶持发展一批公益性农产品市场。加快农产品加工配送和冷链物流系统建设，加快发展电子商务等现代流通业态，积极发展“农超对接”等各类直销模式。深入实施“商标富农”工程，强化农产品地理标志和商标保护。完善主要农产品市场监测预警机制，建立和完善农产品信息发布制度，健全农产品应急调控体系。

三、全面落实强农惠农富农政策，健全农业支持保护制度

（一）继续加大财政投入和补贴力度。增加总量、优化存量、用好增量、加强监管，确保总量持续增加、比例稳步提高。增加农业综合开发投入，以粮食主产区和产粮大县为重点，继续加强中低产田改造、高标准农田建设和中型灌区节水配套改造，提高农业综合生产能力；创新完善扶持政策，大力支持农业合作化、产业化和现代农业示范园区建设，促进现代农业发展。继续增加农业补贴资金规模，新增补贴向主产区和优势产区集中，向专业大户、家庭农场、农民合作社等新型生产经营主体倾斜。增加财政扶贫投入。落实好对种粮农民直接补贴、良种补贴政策，稳步推进种粮大户补贴试点工作，全面落实小麦、玉米、水稻、棉花四类主要农作物良种补贴政策，实施花生、马铃薯、畜牧良种补贴政策，实施生猪调出大县奖励政策。继续实施农业防灾减灾稳产增产关键技术补助和土壤有机质提升补助，支持开展农作物病虫害专业化统防统治。扩大农机具购置补贴规模，重点扶持大型机械购置和农机合作社发展。推进农机以旧换新试点。完善农资综合补贴动态调整机制。

（二）完善农村金融服务体系。各类金融机构都要加大支农力度。建立农村金融改革协调机制，引导各类金融资源向农业农村聚集。改善农村支付服务条件，畅通支付结算渠道。深化农村信用社改革，加快发展村镇银行、贷款公司、农村资金互助社等新型农村金融机构，小额贷款公司

实现县域全覆盖。鼓励社会资本参与设立新型农村金融机构。落实县域金融机构涉农贷款增量奖励、农村金融机构定向费用补贴、农户贷款税收优惠、小额担保贷款贴息等政策。创新金融产品与服务,优先满足农户信贷需求。加强涉农信贷与保险协作配合,创新抵(质)押担保方式和融资工具,拓宽有效抵押物范围。积极支持渔民利用海域使用权和水域滩涂养殖使用权抵押贷款。加大林权抵押贷款规模,完善林业贷款贴息政策。支持符合条件的农业企业上市和发行债券,开展大型设备设施的融资租赁业务,吸引社会资金参与农业基础设施建设。探索成立省级政策性农业担保公司,为龙头企业、合作组织提供贷款担保。继续对农业保险县的小麦、玉米、棉花等保险品种给予补贴,根据实际适时扩大农业保险品种,切实增强农业抗风险能力。

(三)鼓励引导社会资本投入新农村建设。坚持工业反哺农业、城市支持农村,所有公共服务部门都要把职能延伸到农村社区,国有经营性单位和服务组织都要把服务网点延伸到农村社区。各行各业制定发展规划、安排项目、增加投资要主动向农村倾斜。鼓励城市各类企业和经营组织发挥资金、技术、人才和管理优势,参与现代农业和新农村建设,兴办各类公益性和经营性项目,按规定享受税收优惠、管护费用补助等政策。鼓励城市初加工企业和劳动密集型企业向小城镇和农村社区转移,鼓励农民工返乡创业,促进农村劳动力就地就近转移就业。

四、创新农业经营体制,激发农村发展活力

(一)坚持和完善农村基本经营制度。探索研究现有土地承包关系保持稳定并长久不变的具体实现形式。推进家庭经营向采用先进适用技术和现代生产要素发展,加快转变生产经营方式,提高经营集约化水平。采取奖励补助等办法扶持联户经营、专业大户、家庭农场。对中高等学校毕业生回乡务农人员、退役军人、返乡农民工务农创业给予补助和贷款支持。鼓励农民依法自愿有偿流转土地承包经营权,发展多种形式的适度规模经营。结合农田基本建设,解决承包地块细碎化问题。稳步推进农村综合改革示范试点。

(二)积极培育新型经营主体。大力发展农民合作社和农业龙头企业、专业服务公司等新型经营主体,加快构建集约化、专业化、组织化、社会化相结合的新型农业经营体系。把农民合作社作为带动农户进入市场的基本主体、发展农村集体经济的新型实体、创新农村社会管理的有效载体,按照积极发展、逐步规范、强化扶持、提升素质的要求,加大工作力度,加快发展步伐。2013年农民合作社要覆盖到每一个行政村,扩大单体规模,提高农户入社率。鼓励农民合作社开展跨区域、跨产业联合,发展土地股份合作社、合作社联合社、行业协会、产品协会。鼓励合作社兴办农产品加工、流通企业,发展产加销一体化经营。增加农民合作社发展资金,支持合作社改善生产经营条件,增强发展能力。把合作社纳入国民经济统计并作为单独纳税主体列入税务登记。合作社生产设施用地和附属设施用地按农用地管理。逐步扩大农村土地整理、农业综合开发、农田水利建设、农技推广等涉农项目由合作社承担的规模。安排部分财政投资项目直接投向符合条件的合作社,引导国家补助项目形成的资产移交合作社管护。实行部门联合评定示范社机制,把示范社作为政策扶持的重点。对示范社建设鲜活农产品仓储物流设施、兴办农产品加工业给予补助。逐步扩大农产品加工增值税进项税额核定扣除试点行业范围,扩大农产品产地初加工补助项目试点范围。加大专业大户、家庭农场经营者、合作社带头人、农村实用人才培训力度,加快培育新型农民。

(三)大力发展多元化服务组织。坚持主体多元化、服务专业化、运行市场化的方向,加快构建以政府公益性机构为依托、龙头企业和专业服务公司为骨干、农民合作组织为基础、其他社会组织为补充的新型农业社会化服务体系。提升乡镇或区域性农技推广、动植物疫病防控、农产品质量监管等公共服务机构的服务能力,加强乡镇或小流域水利、基层林业公共服务机构和抗旱服务组织、防汛机动抢险队伍建设,建立农技推广补助经费与服务绩效挂钩的激励机制。鼓励供销社、大型商贸集团、邮政公司、交通物流、烟草系统、粮油系统等在农村设立专业公司、服务组织和经营网点,支持开展托管服务、专项服务、连锁配送服务,形成系列化配套服务体系。采取政府订购、定向委托、奖励补助、招投标等方式,鼓励各类经营性组织承担公益性服务项目,政府购买的公共服务要向社会组织开放,使各类组织公平参与、平等竞争。对符合条件的农业经营性服务业务免征营业税。继续实施科技特派员制度,发展壮大农村经纪人队伍,培育会计审计、资产评估、政策法律咨询等涉农中介服务组织。开展农业社会化服务示范县创建。

(四)深化农业产业化经营。完善产业化组织体系,鼓励农民、合作社、工商企业以及社区性经营组织等各类市场主体参与产业化经营,搞好产学研对接,提高产业化经营的组织化程度。完善产业化经营体制,引导龙头企业建立现代企业制度,支持龙头企业通过兼并、重组、收购、控股等方式组建大型企业集团,促进龙头企业集群发展。实施"五十百千万"工程,增加扶持农业产业化资金,支持龙头企业建设原料基地,节能减排,培育品牌。完善利益联结机制,鼓励农户、合作组织以多种形式参股龙头企业,引导农业龙头企业采取保底收购、股份分红、利润返还等多种方式,与农户建立紧密型利益联结机制。

五、改革农村集体产权制度,保障农民财产权利

(一)全面开展农村土地确权登记颁证工作。健全农村土地承包经营权登记制度,今年每个县都要选择不同类型的乡镇和村庄开展农村承包土地登记试点,并逐步推开,争取用3年时间基本完成农村土地承包经营权确权登记颁

证工作，妥善解决农户承包地块面积不准、四至不清等问题。经济基础和群众思想基础好的村也可直接进行股份制改造，发展土地股份合作社。2013 年全面完成包括宅基地在内的农村集体土地所有权和建设用地使用权的确权登记颁证工作，依法保障农民的土地承包经营权、宅基地使用权、集体收益分配权。农村土地确权登记颁证工作经费列入各级财政预算。开展新型农村社区居民住房所有权颁证工作，稳妥推进集体土地范围内房屋登记工作。

（二）推进征地制度改革。完善征地补偿机制，提高农民在土地增值收益中的分配比例。严格征地程序，约束征地行为，补偿资金不落实的不得批准和实施征地。改革和完善农村宅基地制度，依法保障农户宅基地使用权。

（三）推进农村集体产权股份合作制改革。健全农村集体资金、资产、资源管理制度，以清产核资、资产量化、股权管理为主要内容，推进集体资产股份合作制改造，实现集体资源资产化、资产资本化、资本股份化，加快建立“归属清晰、权能完整、流转顺畅、保护严格”的农村集体产权制度。将农村除承包土地以外的集体各类资源性、经营性资产，作股量化到村集体组织成员，成立农村社区股份合作社、集体资产股份合作社、股份公司等新型集体经济组织，发展壮大农村集体经济，增加农民财产性收入。建立集体经济组织法人治理结构，健全财务制度，完善产权管理机制。深化集体林权制度改革，加强林权流转服务平台建设，盘活资源资产。推进小型水利设施产权改革和小型水利工程改制，鼓励户办、联户办、股份制办各类水利工程。加快水域滩涂使用权确权登记发证。在市、县两级建立综合性的农村产权交易市场，将农村集体各类产权以及农民个人房屋等产权，纳入有形市场公开交易，有序流动。

六、加快生态文明乡村建设，推进城乡发展一体化

坚持新型工业化、信息化、城镇化、农业现代化同步推进，县域经济、小城镇建设和新型农村社区建设联动发展，加快构建以工促农、以城带乡、工农互惠、城乡一体的新型工农、城乡关系。

（一）加快构建以小城镇和新型农村社区为基础的县域城镇体系。全面实施城镇化战略，编制城镇化发展规划，优化城镇人口、产业空间布局，开展提质加速行动，有序推进农业转移人口市民化。推动以市为单位整体提升县域经济发展水平，不断增强县域综合实力和统筹发展能力。深入开展“百镇建设示范行动”，着力提高产业支撑能力、承载能力和辐射带动能力。把新型农村社区作为城镇体系建设的基础环节，纳入城镇体系规划建设。继续推进农村住房建设与危房改造，今年新建农房 50 万户，改造危房 10 万户。充分运用城乡建设用地增减挂钩政策，坚持田水路林村综合整治，实行农村社区与经济园区统筹规划、同步建设，社区建设、基础设施建设和社会事业发展同步配套，促进产业向园区集中、就业向小城镇集中、居住向社区集中。合理控制社区建设强度，保持乡村功能特色。深入实施生态文明乡村创建活动，表彰生态文明乡村建设先进县（市、区）、生态文明乡镇、村（社区）。

（二）推进城乡基础设施建设一体化。继续加强农村基础设施建设，注重各类设施衔接配套，逐步提高标准和水平，建立投入保障和运行管护机制。改造农村公路 9000 公里，推进网化试点，搞好乡镇客运站建设，大力实施城乡客运一体化示范工程。提高农村饮水安全水平，推进区域集中供水，逐步实现城乡供水一体化。继续实施农村电网升级改造工程，提高供电质量和科技水平。搞好国家农业农村信息化示范省建设，推进城乡信息互联互通、资源共享。推进城市供水、供气、供热、污水和垃圾处理设施向周边村镇延伸，推进城乡基础设施共享。新建集聚型农村社区要逐步实现集中供热、供气、供水和垃圾、污水集中处理。继续搞好农村环境综合整治，深化连片整治示范，促进农村沼气可持续发展。健全村级公益事业一事一议财政奖补机制，提高财政奖补资金占农村公益事业建设投资的比重。积极推进公益性乡村债务清理化解试点。

（三）推进城乡社会事业发展一体化。严格落实学前教育资助制度，继续抓好中小学校舍安全工程、农村中小学“211”工程，启动农村中小学就餐条件改善工程。整合农村中等职业教育和成人教育资源，构建县域职业与成人教育培训网络，落实中等职业学校学生免学费政策。健全农村三级医疗卫生服务网络，支持省统一规划村卫生室实施基本药物制度。将新型农村合作医疗政府补助标准提高到每人每年 280 元，积极推进异地结算，加快建立城乡救助与新农合、城镇医保同步结算平台。落实农村计划生育家庭奖励扶助政策。加强农村公共文化设施建设，建立农村文化投入保障机制。研究建立新型农村社会养老保险保障水平调整机制，研究与其他养老保险制度衔接整合的办法，推进新农保和城镇居民社会养老保险制度合并实施。开展城镇居民和新农合大病保险。完善农村最低生活保障制度，加快农村社会养老服务体系建设。农村社区化服务与管理覆盖率达到 90%。加大扶贫开发力度，落实好扶贫开发十年规划。

（四）推进农业转移人口市民化。把推进人口城镇化特别是农民工在城镇落户作为城镇化的重要任务，城镇基本公共服务要逐步覆盖包括农民工在内的所有常住人口。农村居民转入城镇户口后，原有土地承包经营权、宅基地使用权、林地经营权、集体收益分配权保持不变，自主选择参加城镇养老保险。入住小城镇和农村社区的农民可自主选择城镇居民户口、纳入城镇社保体系。各市、县（市、区）都要研究出台推进农业转移人口市民化的具体办法，并向社会公布。

七、创新农村社会管理，完善乡村治理机制

适应农村社区化服务与管理的发展趋势，顺应农村经

济体制、社会结构、城乡关系的深刻变化，创新农村社会管理，健全组织体系，理顺管理体制，完善管理制度，提高农村社会管理科学化水平。

（一）完善农村社区管理体制。建立以社区党组织为核心、自治组织负责、其他组织协同、居民广泛参与、依靠法制保障的管理体制。加强基层党组织及带头人队伍建设，扩大农村党组织和党的工作覆盖面，落实村（社区）干部“一定三有”政策和村级组织运转经费保障，提升推动农村发展、服务农民群众的能力。加强农民合作社党建工作，完善组织设置，理顺隶属关系，探索功能定位。强化农村社区自治组织为民服务和社会管理职责，完善社区综合服务中心功能，健全公共服务、经营性服务、互助性服务“三位一体”的服务体系。积极发展社区经济组织，有序发展社区性社会组织，发挥农民自我管理、自我服务、自我教育、自我监督作用。

（二）完善农村社区民主管理制度。健全农村社区党组织领导的充满活力的居民自治机制，加强农村社区民主管理。完善村务公开制度，以县（市、区）为单位统一公开目录和时间，扩大公开内容，规范公开程序，推进村务公开由事后公开向事前、事中延伸。建立村级民主监督机制，落实农民群众的知情权、参与权、监督权。深入推进乡镇政务公开，逐步推行乡镇财政预算、公共资源配置、重大建设项目、社会公益事业等领域的信息公开。

（三）完善农村社区管理运行机制。建立以网格化为基础、信息化为支撑的社区管理运行机制，实现管理全覆盖。完善乡村两级人民调解制度，加强调解组织建设，推进社会矛盾排查化解工作。进一步完善信访制度，建立科学有效的利益协调机制、诉求表达机制、矛盾调处机制、权益保障机制。建立健全突发事件预警和应急处置机制，完善立体化治安防控体系，落实在农村警务室连续工作一定年限人员的有关激励政策。深入开展平安创建活动。加强农村交通安全管理，创建平安畅通县（市、区）。深入开展乡村文明行动，建立和完善农村社会诚信体系和行为规范体系，提高农民思想道德素质和文明水平。

八、加强对农村工作的领导，以扎实作风推进工作落实

各级各部门要认真贯彻执行中央关于改进工作作风、密切联系群众的八项规定和省委常委会实施办法，把落实好强农惠农富农政策和“三农”工作任务作为改进工作作风的重要内容，以提高“三农”工作能力和本领抓落实，以求真务实、奋发有为的精神抓落实，以率先垂范、以身作则的姿态抓落实。

（一）建立深入农村调查研究制度。把调查研究作为改进作风、联系群众的重要途径，在领导干部和各级机关中大兴调查研究之风，推进调查研究工作经常化、制度化、科学化。各级领导同志要经常深入农村农户调查研究，及时掌握农民所想、所盼、所急，定期分析农村形势和群众需求，按照农民意愿作决策、抓工作。要针对农业农村发展中的突出问题开展调查研究，找出问题症结，有针对性地采取措施，突破发展瓶颈和薄弱环节。提倡现场办公，就地回答和解决农民提出的问题。要向农民群众学习，尊重农民群众首创精神，善于运用典型指导工作。

（二）建立农村工作联系点制度。各级党委、政府主要负责同志及与农村工作有联系的领导干部，都要建立农村工作联系点，经常深入农村了解社情民意，直接听取农民意见，畅通农民反映问题渠道。提倡驻村蹲点，解剖“麻雀”，体察民情，增进与农民的感情。各有关部门和机关干部也要建立农村工作联系点制度。要注意运用网络、媒体等手段，及时掌握农村动态。推广民情台账、蹲点日记、联系卡等做法，做到联系群众制度化、为民服务常态化。建立乡镇干部直接联系群众制度，把主要精力和时间放在为农民排忧解难上。

（三）完善抓落实责任制度。将农村工作的各项任务进行分解量化，逐项落实到责任部门、责任单位、责任人，一级抓一级，层层抓落实，形成明确的责任体系。各级各部门要从群众愿望出发，每年为农民办几件实事，并作出公开承诺。

（四）完善督查考核制度。农村工作各项任务都要做到有布置、有检查、有考核。将农村工作纳入科学发展综合考核评价体系，加大权重，严格考核。实行综合考核与单项考核、指标考核与现场考核、组织考核与群众评议相结合，提高督导考核的公信力和实效性。督查考核结果要以适当形式通报，对完不成任务或完成不好的，取消综合性评先树优资格。今年在全省集中开展一次强农惠农富农政策“回头看”活动，检查落实情况，提出整改措施。

做好 2013 年农业农村工作，任务艰巨，意义重大。我们要紧密团结在以习近平同志为总书记的党中央周围，深入贯彻落实党的十八大精神和中发〔2013〕1 号文件要求，改革创新，攻坚克难，锐意进取，全面完成今年农村工作各项任务，为加快推进经济文化强省建设、提前全面建成小康社会作出积极贡献。

中共山东省委 山东省人民政府
印发《关于落实党风廉政建设责任制的实施办法》的通知

鲁发〔2013〕7号

（2013年4月7日）

各市党委和人民政府，省军区，省委和省政府各部门（单位），各人民团体，各高等院校：

2010年11月，中共中央、国务院印发了新修订的《关于实行党风廉政建设责任制的规定》（中发〔2010〕19号）。按照中央要求，省委、省政府决定对我省1999年6月制定的《关于落实党风廉政建设责任制的实施办法》（鲁发〔1999〕14号）进行修订。现将修订后的《关于落实党风廉政建设责任制的实施办法》（以下简称《实施办法》）印发给你们，请认真贯彻执行。

《实施办法》是深入推进党风廉政建设和反腐败斗争的一项重要基础性法规，是贯彻落实党的十八大精神的一项实际举措。全省各级党委和政府要从提高党的执政能力、巩固党的执政地位的高度，充分认识贯彻实施《实施办法》的重要性，结合贯彻落实党的十八大精神，扎实抓好组织实施工作。要采取多种形式加强宣传教育，为贯彻实施《实施办法》创造良好氛围；要对照《实施办法》分析查找本地、本部门（单位）、本系统落实党风廉政建设责任制工作中存在的突出问题，采取有效措施加以解决；要加强对《实施办法》贯彻执行情况的监督检查，及时纠正并严肃处理违反《实施办法》的行为。各级领导干部要把落实党风廉政建设责任制作为一项重要任务，进一步增强责任意识，认真履行职责，推动形成反腐倡廉的强大合力，不断开创党风廉政建设和反腐败斗争的新局面。

各地各部门（单位）在执行《实施办法》过程中的重要情况和建议，要及时报告省委、省政府。

中共山东省委
山东省人民政府
2013年4月7日

关于落实党风廉政建设责任制的实施办法

第一章 总则

第一条 为加强全省党风廉政建设，明确各级领导班子、领导干部在党风廉政建设中的责任，提高党的执政能力，保持和发展党的先进性和纯洁性，保证党中央、国务院以及省委、省政府关于党风廉政建设决策部署的贯彻落实，根据中共中央、国务院2010年印发的《关于实行党风廉政建设责任制的规定》（中发〔2010〕19号）等党内法规，结合我省实际，制定本办法。

第二条 本办法适用于全省各级党的机关、人大机关、行政机关、政协机关、审判机关、检察机关的领导班子、领导干部。

人民团体、国有和国有控股企业（含国有和国有控股金融企业）、事业单位的领导班子、领导干部参照本办法执行。

第三条 实行党风廉政建设责任制，应当坚持以邓小平理论、"三个代表"重要思想、科学发展观为指导，坚持党要管党、从严治党，坚持标本兼治、综合治理、惩防并举、注重预防，全面推进惩治和预防腐败体系建设，做到干部清正、政府清廉、政治清明。

第四条 实行党风廉政建设责任制，应当坚持党委统一领导，党政齐抓共管，纪委组织协调，部门各负其责，依靠群众的支持和参与，形成全党全社会推进反腐倡廉工作的强大合力。坚持把党风廉政建设作为党的建设和政权建设的重要内容，纳入领导班子、领导干部目标管理，与经济建设、政治建设、文化建设、社会建设以及生态文明建设和业务工作紧密结合，一起部署落实，一起检查考核。

第五条 实行党风廉政建设责任制，应当坚持集体领导与个人分工负责相结合，谁主管、谁负责，一级抓一级、层层抓落实。各级建立由党委、政府及有关部门主要负责同志组成的落实党风廉政建设责任制领导小组，领导小组办公室设在各级纪委。

第二章 责任范围和内容

第六条 领导班子对职责范围内的党风廉政建设负全面领导责任。

（一）认真贯彻落实党中央、国务院以及上级党委、政府关于党风廉政建设的部署和要求，结合实际研究制定党风廉政建设工作计划和具体措施，并组织实施。每年召开专题研究党风廉政建设的党委常委会议（党组会议）和政府廉政建设工作会议，对党风廉政建设工作任务进行责任分解，明确领导班子、领导干部在党风廉政建设中的职责和任务分工，并认真抓好落实。

（二）开展党性党风党纪和廉洁从政教育，不断增强党员干部党性观念、纪律观念和廉洁自律意识。加强廉政文化建设。

（三）贯彻落实党风廉政法规制度，结合实际制定职责范围内的党风廉政法规制度，建立健全党风廉政建设管理和监督机制，推进惩治和预防腐败体系建设，从源头上预防和治理腐败。

（四）强化权力制约和监督，建立健全决策权、执行权、监督权既相互制约又相互协调的权力结构和运行机制，推进权力运行程序化和公开透明。

（五）对本地、本部门（单位）、本系统的党风廉政建设情况和下级领导班子、领导干部廉洁从政情况进行监督检查。

（六）严格执行《党政领导干部选拔任用工作条例》及相关规定，防止和纠正选人用人上的不正之风。

（七）加强作风建设，纠正损害群众利益的不正之风，切实解决党风政风方面存在的突出问题。

（八）领导、组织并支持执纪执法机关依纪依法履行职责，及时听取工作汇报，切实解决重大问题。

（九）其他应当履行的党风廉政建设方面的职责。

第七条　领导班子主要负责人是职责范围内党风廉政建设的第一责任人，对职责范围内的党风廉政建设负总责。

（一）贯彻落实上级关于党风廉政建设的决策部署，结合本地、本部门（单位）、本系统实际，对职责范围内的党风廉政建设工作作出具体部署和安排。

（二）每年主持召开领导班子党风廉政建设工作专题会议，听取工作汇报，分析党风廉政建设和反腐败工作形势，提出指导性意见。对反腐倡廉建设的重大问题，及时研究解决。

（三）保证反腐败领导体制和工作机制的落实，领导并参与党风廉政建设工作的检查考核，抓好党风廉政建设各项任务和各项法规制度的落实。

（四）坚持民主集中制原则，自觉遵守党的组织纪律，严格按照规定选拔任用干部。

（五）加强对查办案件工作的领导，推动各相关部门协调配合，及时排除办案工作中的干扰和阻力，支持执纪执法机关依纪依法履行职责，重要环节亲自协调，重要案件亲自督办。

（六）管好班子，带好队伍。定期主持召开本级领导班子专题民主生活会，带头开展批评与自我批评，检查党风廉政建设责任制执行情况及廉洁从政情况，增强领导干部廉洁自律意识和责任意识。对领导班子其他成员和下一级主要领导干部严格要求、严格管理、严格监督，对其在党性党风党纪方面存在的苗头性问题和不廉洁行为，亲自找本人谈话，进行批评教育，及时提醒并督促其检查、改正。

（七）以身作则，带头学习并严格遵守党的纪律和国家法律法规，自觉接受组织、群众、舆论等方面的监督。加强对亲属和身边工作人员的教育和约束，防止其发生违纪违法行为和不廉洁问题。

（八）自觉践行以人为本、执政为民理念，不断改进领导作风，密切联系群众，听取群众的意见和呼声，着力解决群众反映强烈的热点、难点问题。

（九）其他应当履行的党风廉政建设方面的职责。

第八条　领导班子其他成员根据工作分工，对职责范围内的党风廉政建设负主要领导责任。

（一）协助班子主要负责人或分管负责人抓好上级关于党风廉政建设部署要求的贯彻落实，结合分管的业务工作和部门（单位）的实际，及时提出党风廉政建设工作的意见和建议，在班子民主生活会上报告分管范围内的党风廉政建设情况；

（二）加强对职责范围内党风廉政建设工作的领导，掌握分管部门（单位）党风廉政建设情况、领导班子和领导干部廉洁从政情况，指导、督促制定党风廉政建设工作计划，抓好落实；

（三）经常分析研究职责范围内的党风廉政建设状况，对存在的突出问题督促整改，组织制定廉政风险防控措施和办法；

（四）负责组织分管部门（单位）党风廉政建设工作的检查考核，对分管部门（单位）主要负责人适时进行廉政谈话，参加并指导分管部门（单位）的党员领导干部民主生活会，针对存在的问题督促整改；

（五）注重解决群众关心的热点、难点问题，支持分管范围内违纪违法案件的查处工作，并及时向班子主要负责人或分管负责人汇报情况；

（六）严格遵守党的纪律和国家法律法规，加强对亲属和身边工作人员的教育和约束，防止其发生违纪违法行为和不廉洁问题；

（七）其他应当履行的党风廉政建设方面的职责。

第三章　检查考核与监督

第九条　党委（党组）负责领导、组织对下一级党政领导班子和领导干部党风廉政建设责任制执行情况的检查考核工作。检查考核工作由落实党风廉政建设责任制领导小组及其办公室组织实施。纪检监察机关（机构）、组织人事部门协助同级党委（党组）开展对党风廉政建设责任制执行情况的检查考核，或者根据职责开展检查工作。

第十条　党委（党组）应当建立健全检查考核机制，制定检查考核的评价标准、指标体系，明确检查考核的内容、方法、程序，真实、准确地反映党风廉政建设责任制的执行情况。

第十一条　检查考核工作每年进行一次，一般在年底进行。可以进行全面检查考核，也可以进行专项检查考核或抽查。检查考核工作可以与领导班子、领导干部工作目标考核、年度考核、惩治和预防腐败体系建设检查工作等结合进行。检查考核情况应当及时向同级党委（党组）报告。

第十二条　检查考核应当通过听取汇报、召开述职述廉大会、组织民主测评和民意调查、座谈或个别谈话、实地考察、查阅有关文件资料等形式，广泛听取党员和群众的意见。

第十三条　被检查考核地区、部门（单位）应当积极配合考核工作，如实汇报领导班子和领导干部执行党风廉政建设责任制的情况。

第十四条　党委（党组）应当将检查考核情况在适当范围内通报。对检查考核中发现的问题，及时研究解决，并督促整改落实。

第十五条　党委（党组）应当建立和完善检查考核结果运用制度。检查考核结果由落实党风廉政建设责任制领导小组办公室、组织人事部门存档，作为对领导班子总体评价和领导干部业绩评定、奖励惩处、选拔任用的重要依据。

第十六条　领导干部应当将贯彻落实党风廉政建设责任制的情况列入年度总结或工作报告，列入民主生活会和述职述廉的重要内容，如实报告个人执行党风廉政建设责任制情况和《廉政准则》情况，并在本部门（单位）进行评议。

第十七条　党委常委会应当将执行党风廉政建设责任制情况，作为向同级党的委员会全体会议报告工作的一项重要内容。

第十八条　党委（党组）应当将贯彻落实党风廉政建设责任制情况，每年专题报告上一级党委（党组）和纪委。

第十九条　省委巡视组应当依照巡视工作的有关规定，将被巡视地区、部门（单位）党委（党组）领导班子及其成员执行党风廉政建设责任制情况纳入巡视内容。

第二十条　党委（党组）应当结合自身实际，健全完善民主评议、走访座谈、社会问卷调查等社会评价机制，动员和组织党员、群众有序参与，广泛接受监督。

第二十一条　各级纪检监察机关在党委（党组）、政府和上级纪检监察机关的领导下，负责对本地、本部门（单位）、本系统党风廉政建设责任制的执行情况进行监督检查。通过全面或专项检查、与下级党政主要领导谈话、参加民主生活会等形式，进行考察了解、督促检查，发现问题及时处理。重要情况，及时向同级党委（党组）和上级纪委报告。

第四章　责任追究

第二十二条　领导班子违反本办法第六条规定，有下列情形之一，情节较轻的，责令作出书面检查；情节较重的，给予通报批评；情节严重的，进行调整处理。同时追究领导班子主要负责人和有关人员的责任。

（一）对上级党委、政府及上级机关关于党风廉政建设的部署和要求不认真贯彻执行，对党风廉政建设工作领导不力，以致职责范围内明令禁止的不正之风得不到有效治理，造成不良影响的；

（二）对执纪执法机关工作不重视、不支持，干扰执纪执法机关及其工作人员依纪依法行使职权，对违纪违法问题隐瞒不报、压案不查的；

（三）领导班子内部不团结、不协调，党的组织生活不健全、不严格，纪律松弛、软弱涣散的；

（四）对所辖地区、部门（单位）、系统的党风廉政建设情况和领导班子、领导干部廉洁从政情况疏于监督管理，致使发生严重违纪违法问题的；

（五）违反规定选拔任用干部，或者用人失察、失误造成恶劣影响的；

（六）领导班子有集体违纪行为的；

（七）有其他违反党风廉政建设责任制行为的。

第二十三条　领导干部违反本办法第七、八条的规定，有下列情形之一，情节较轻的，给予批评教育、诫勉谈话、责令作出书面检查；情节较重的，给予通报批评；情节严重的，给予党纪政纪处分，或者给予调整职务、责令辞职、免职和降职等组织处理。涉嫌犯罪的，移送司法机关依法处理。责任追究方式可以单独使用，也可以合并使用。

（一）对职责范围内的党风廉政建设和反腐败工作领导不力，导致明令禁止的不正之风得不到有效治理，造成不良影响，或者对上级领导机关交办的党风廉政建设责任范围内的事项不传达贯彻、不安排部署、不督促落实，或者拒不办理的；

（二）对本地、本部门（单位）、本系统发生的严重违纪违法行为隐瞒不报、压案不查的；

（三）违反《党政领导干部选拔任用工作条例》及相关规定选拔任用干部，或者提拔任用明显有违纪违法行为的人，造成恶劣影响的；

（四）因失职渎职导致直接管辖范围内出现重大政治问题，或者发生重大事故和群体性事件，严重影响生产、工作和社会正常秩序，使国家、集体资产和人民利益受到严重损失或者造成恶劣影响的；

（五）放任、包庇、纵容下属人员阻挠、干扰、对抗监督检查、案件查处，或者对办案人、检举控告人、证人打击报复，或者放任、包庇、纵容下属人员违反财政、金融、税务、审计、统计等法律法规，弄虚作假的；

（六）对配偶、子女、身边工作人员违纪违法问题知情不管或者包庇、纵容的；

（七）有其他违反党风廉政建设责任制行为的。

第二十四条　领导班子、领导干部有本办法第二十二、二十三条所列情形，并有下列情节之一的，应当从重追究责任：

（一）对职责范围内发生的问题进行掩盖、袒护的；

（二）出现问题后，仍不采取补救措施，致使危害结果扩大的；

（三）职责范围内多次发生重大违纪违法案件的；

（四）干扰、阻碍责任追究调查处理的。

第二十五条　领导班子、领导干部有本办法第二十二、二十三条所列情形，并有下列情节之一的，可以从轻或者减轻追究责任：

（一）对职责范围内发生的问题及时如实报告并主动查处和纠正，有效避免损失或者挽回影响的；

（二）积极主动配合组织调查处理的；

（三）及时进行整改，成效明显的。

第二十六条 领导班子、领导干部违反本办法，需要查明事实、追究责任的，由有关机关或者部门（单位）按照职责和权限调查处理。其中需要追究党纪政纪责任的，由纪检监察机关按照党纪政纪案件的调查处理程序办理；需要给予组织处理的，由组织人事部门或者由负责调查的纪检监察机关会同组织人事部门，按照有关权限和程序办理。

第二十七条 实施责任追究，应当实事求是，分清集体责任和个人责任、主要领导责任和重要领导责任。有关责任人员的区分，按照《中国共产党纪律处分条例》第三十八条的规定办理。

追究集体责任时，领导班子主要负责人和直接主管的领导班子成员承担主要领导责任，参与决策的班子其他成员承担重要领导责任。对错误决策提出明确反对意见而没有被采纳的，不承担领导责任。

错误决策由领导干部个人决定或者批准的，追究该领导干部个人的责任。

第二十八条 实施责任追究不因领导干部工作岗位或者职务的变动而免予追究。已退休但按照本办法应当追究责任的，仍须进行相应的责任追究。

第二十九条 受到责任追究的领导班子、领导干部，取消当年年度考核评优和评选各类先进的资格。

单独受到责令辞职、免职处理的领导干部，一年内不得重新担任与其原任职务相当的领导职务；受到降职处理的，两年内不得提升职务。同时受到党纪政纪处分和组织处理的，按影响期较长的执行。

第三十条 各级纪检监察机关应当加强对下级党委（党组）、政府实施责任追究情况的监督检查，发现有应当追究而未追究或者对责任追究处理决定不落实等问题的，应当及时督促下级党委（党组）、政府予以纠正。

第五章 附则

第三十一条 各地、各部门（单位）可以根据本办法，结合实际制定配套制度或具体实施细则。

第三十二条 本办法由省纪委、省监察厅负责解释。

第三十三条 本办法自发布之日起施行。1999 年 6 月发布的《关于落实党风廉政建设责任制的实施办法》（鲁发〔1999〕14 号）同时废止。

中共山东省委关于深入开展党的群众路线教育实践活动的实施意见

鲁发〔2013〕8 号

（2013 年 6 月 28 日）

为深入贯彻落实党的十八大精神和习近平总书记一系列重要讲话精神，按照《中共中央关于在全党深入开展党的群众路线教育实践活动的意见》（中发〔2013〕4 号）和中央党的群众路线教育实践活动工作会议的部署要求，结合山东实际，就全省深入开展党的群众路线教育实践活动（以下简称“教育实践活动”），制定如下实施意见。

一、总体要求

全心全意为人民服务是党的根本宗旨，群众路线是党的生命线和根本工作路线。在全党深入开展党的群众路线教育实践活动，是新形势下坚持党要管党、从严治党的重大决策，是顺应群众期盼、加强学习型服务型创新型马克思主义执政党建设的重大部署，是推进中国特色社会主义伟大事业的重大举措。扎实开展好教育实践活动，对于教育引导党员、干部牢固树立宗旨意识和马克思主义群众观点，坚持党的群众路线；对于整顿和改进作风，解决群众反映强烈的突出问题，始终赢得人民群众的信任和拥护；对于保持党的先进性和纯洁性，提高党的创造力凝聚力战斗力，巩固党的执政基础和执政地位；对于全面推进党的建设新的伟大工程，实现党的十八大确定的奋斗目标，实现中华民族伟大复兴的中国梦，意义重大而深远。各级党委（党组）要把思想统一到习近平总书记一系列重要讲话精神和中央部署要求上来，以高度的政治责任感和历史使命感，把开展好教育实践活动作为一项重大政治任务，抓紧抓好抓实，务必抓出成效。

开展教育实践活动的指导思想是：高举中国特色社会主义伟大旗帜，坚持以马克思列宁主义、毛泽东思想、邓小平理论、“三个代表”重要思想、科学发展观为指导，紧紧围绕保持党的先进性和纯洁性，以为民务实清廉为主要内容，以县处级以上领导机关、领导班子和领导干部为重点，切实加强全体党员马克思主义群众观点和党的群众路线教育，把贯彻落实中央八项规定精神作为切入点，聚焦作风建设，坚决反对形式主义、官僚主义、享乐主义和奢靡之风，着力解决人民群众反映强烈的突出问题，提高做好新形势下群众工作的能力，保持党同人民群众的血肉联系，发挥党密切联系群众的优势，为推动全省经济持续健康发展，加快建设经济文化强省，全面建成小康社会提供坚强保证。

要把“照镜子、正衣冠、洗洗澡、治治病”的总要求贯穿始终，以整风精神开展教育实践活动，坚持自我净化、自我完善、自我革新、自我提高，努力在解决作风不实、不正和行为不廉上取得实效。要更加注重领导带头，各级领导机关、领导班子和领导干部要坚持更高标准、更严要求，先学先查先改，为党员、干部作出表率、当好示范；更加注重思想教育，坚持正面教育为主，紧密联系思想实际，紧紧围绕树立宗旨意识、群众观点开展学习教育，真正触动思想、触及灵魂；更加注重解决问题，把整改和解决问题贯穿始终，严明党的纪律特别是政治纪律，什么问题突出就着重解决什么问题，什么问题紧迫就抓紧解决什么问题；更加注重听取群众意见，开门搞活动，一开始就沉下去听取群众意见和建议，每个环节、每项工作都要组织群众有序参与，请群众评判、受群众监督；更加注重建章立制，梳理现有制度，研究制定新制度，认真落实制度，坚决纠正有令不行、有禁不止、无视制度的问题，推动贯彻党的群众路线常态化长效化。

二、目标任务

坚持围绕中心、服务大局，全面贯彻落实党的十八大和省第十次党代会精神，落实为民务实清廉要求，立足实际，突出重点，不折不扣地落实中央部署要求，教育引导党员、干部牢固树立群众观点，始终坚持全心全意为人民服务的根本宗旨和党的群众路线，坚定理想信念；弘扬理论联系实际、密切联系群众、批评和自我批评以及艰苦奋斗、求真务实等优良作风；有效解决在作风建设方面存在的突出问题，进一步提高调查研究、掌握实情，科学决策、民主决策，解决问题、化解矛盾，宣传群众、组织群众的能力；自觉遵守党章，严格执行廉政准则，增强反腐倡廉和拒腐防变自觉性，保持清廉本色。通过教育实践活动，使党员、干部思想进一步提高，作风进一步转变，党群干群关系进一步密切，为民务实清廉形象进一步树立，取得群众满意的实效。

当前，全省各级党组织和党员、干部贯彻党的群众路线总体是好的，在联系服务人民群众方面做了大量富有成效的工作，但也存在不符合为民务实清廉要求的问题，集中表现在形式主义、官僚主义、享乐主义和奢靡之风这“四风”上。要把集中解决“四风”问题，作为开展教育实践活动的主要任务。

反对形式主义，着重解决作风不实问题，主要是知行不一、不求实效，文山会海、花拳绣腿，贪图虚名、弄虚作假等，教育引导党员、干部端正学风，改进文风会风，在大是大非面前敢于担当、敢于坚持原则，真正把心思用在干事业上，把功夫下到察实情、出实招、办实事、求实效上。

反对官僚主义，着重解决在人民群众利益上不维护、不作为问题，主要是脱离实际、脱离群众，高高在上、漠视现实，唯我独尊、自我膨胀等，教育引导党员、干部深入实际、深入基层、深入群众，接地气、通下情，坚持民主集中制，改进调查研究，虚心向群众学习，真心对群众负责，热心为群众服务，诚心接受群众监督。

反对享乐主义，着重克服及时行乐思想和特权现象，主要是精神懈怠、不思进取，追名逐利、贪图享受，讲究排场、玩风盛行等，教育引导党员、干部牢记“两个务必”，克己奉公、勤政廉政，保持昂扬向上、奋发有为的精神状态。

反对奢靡之风，着重狠刹挥霍享乐和骄奢淫逸的不良风气，主要是铺张浪费、挥霍无度，大兴土木、节庆泛滥，生活奢华、骄奢淫逸，甚至以权谋私、腐化堕落等，教育引导党员、干部坚守节约光荣、浪费可耻的思想观念，做到艰苦朴素、精打细算，勤俭办一切事情。

这次教育实践活动要解决的“四风”问题，在我省不同地方、不同领域、不同行业都有不同程度的表现，有的还比较严重。各地各部门各单位要紧密结合各自实际，找准存在的突出问题，列出具体表现，逐一对照检查，深刻剖析原因，认真进行整改。查摆问题要真，紧密联系思想和工作实际，敢于触及灵魂，不做表面文章，切忌大而化之、虚于应付；对照标准要高，自觉坚持用党性原则、人民利益和先进人物标准对照检查自己，不能一般化，更不能降格以求；整改措施要硬，要动真碰硬、切实管用，不搞形式、不走过场、不做无用功，真正取得令全省人民满意的实际效果。

三、方法步骤

全省教育实践活动从今年下半年开始，自上而下分两批进行，每批大体安排半年时间。各级领导机关教育实践活动要先行开展，直属单位及基层组织随后压茬进行。具体到每个单位，集中教育时间不少于 3 个月。

第一批：省级领导机关和副省级城市领导机关及其直属单位，包括省党政机关，省人大、政协机关，省法院、检察院和人民团体机关，省直属事业单位，省直机关所属事业单位，省属高校，省管企业；济南、青岛市级机关及其直属单位。省委常委会教育实践活动于 7 月初启动，7 月中旬，省级其他领导班子和第一批教育实践活动单位教育实践活动陆续启动，年底前基本完成。

第二批：其他市、县（市、区）各级机关及其直属单位和基层组织，2014 年 1 月开始，2014 年 7 月基本完成。

要统筹安排教育实践活动，科学确定开展活动的范围、对象、时间、方式等，把握工作进度和节奏，确保活动有条不紊、有序推进。在重点抓好县处级以上领导机关、领导班子和领导干部教育实践活动的同时，要突出抓好直接联系服务群众的执法监管部门和窗口单位、服务行业的教育实践活动；广大党员要普遍受到一次马克思主义群众观点和党的群众路线教育。

要进行广泛深入的思想动员，对软弱涣散的领导班子和领导干部及时调整，尽快解决一批人民群众反映强烈的突出问题，为开展活动做好思想、组织和工作准备。每个批次、每个单位的教育实践活动，着力抓好以下 3 个环节。

1. 学习教育、听取意见。重点是搞好学习宣传和思想教育，深入开展调查研究，广泛听取党员干部群众意见。

坚持集中学习与个人自学相结合，组织党员、干部分专题认真学习中国特色社会主义理论体系，学习党章和党的十八大报告，学习习近平总书记一系列重要讲话精神，学习党的光辉历史和优良传统。充分发挥各级党校和干部培训机构的作用，采取集中轮训、巡回报告、专题辅导、典型示范、警示教育等方式，开展理想信念、党性党风党纪、道德品行教育和中国特色社会主义宣传教育。发挥山东红色资源丰富的优势，用好各类党性教育基地开展现场教育，从中汲取政治营养、增强精神动力。组织开展马克思主义群众观点和党的群众路线大讨论，明确新时期坚持党的根本宗旨和群众路线的标准要求，查找存在的风险点，增强贯彻群众路线的自觉性和坚定性。

要深入基层调研走访，广泛听取群众意见。各级党委(党组)要采取发放征求意见表、问卷调查、座谈、走访等方式，认真征求所属基层单位、服务对象和基层群众的意见建议。领导干部要改进联系点工作方式，通过蹲点调研，解剖麻雀、掌握实情，从基层面临的矛盾、困难中反思自身工作存在的差距和不足。基层党组织要与党员群众面对面沟通、心贴心交流。对发现的各种矛盾和问题，要立说立行，马上整改，为对照检查、开展批评和解决问题打好基础。

2. 查摆问题、开展批评。通过群众提、自己找、上级点、互相帮，认真查摆问题，进行党性分析和自我剖析，开展批评和自我批评。

突出自我查摆。坚持把自我查找问题作为这个环节的重点，对照党章、廉政准则、改进作风要求、群众期盼和先进典型，深入查找宗旨意识、工作作风、廉洁自律方面的差距和不足，查找在"四风"方面存在的突出问题。要敢于正视矛盾和问题，真正把自己摆进去，从深处、细处查摆，为开展批评和自我批评奠定基础。

搞好班子状况分析。各级领导班子要对本级班子及其成员和所属单位领导班子及其成员的状况进行分析，找准存在的突出问题。上级派出的督导组要向所督导单位党委(党组)主要负责同志和班子成员通报情况。对反映存在问题较多的班子成员，由督导组会同党委(党组)主要负责同志进行谈话提醒；对其他班子成员也要进行个别谈话提醒。

深入开展谈心谈话。党委(党组)主要负责同志要与班子成员逐一谈心，班子成员之间要互相谈心，班子成员与分管部门(单位)班子成员也要普遍谈心。县处级以上领导干部要主动接受党员干部群众的约谈。

认真撰写对照检查材料。各级领导班子及其成员，要围绕查摆出的问题，深入分析问题症结，深刻剖析思想根源，制定整改措施，明确努力方向。把撰写对照检查材料的过程，作为思想再深化、认识再提高的过程。对照检查材料要开门见山、触及思想，并在一定范围内进一步听取意见。

开好高质量的专题民主生活会。用好批评和自我批评的武器，勇于揭短亮丑，敢于动真碰硬，开展积极健康的思想斗争。党委(党组)要切实负起责任，主要负责同志要带头查摆问题，带头开展批评和自我批评。与会人员既要深入剖析和检查自己，又要开展诚恳的相互批评，不文过饰非、不发泄私愤，不搞无原则的纠纷，真正达到"团结—批评—团结"的目的。督导组要全程参与领导班子的专题民主生活会。

专题民主生活会后，督导组要会同党委(党组)主要负责同志对班子成员的对照检查材料、开展批评和自我批评情况进行评价，采取适当形式反馈。民主生活会情况和班子及其成员的对照检查材料，要在规定范围通报。可邀请各级党代会代表、人大代表、政协委员和服务对象、党员群众代表参加对领导班子和党员领导干部的民主评议。

基层党组织要按照有关要求，开好专题组织生活会，开展批评和自我批评，针对存在问题，提出改进措施和办法。每个党员都要参加所在党支部或党小组召开的专题组织生活会。

3. 整改落实、建章立制。重点是针对作风方面存在的问题，提出解决对策，制定和落实整改方案；对反映突出的问题，进行集中治理。注重从体制机制上解决问题，使贯彻党的群众路线成为党员、干部长期自觉的行动。

落实整改责任。每个单位都要抓住重点问题，列出整改任务书、时间表，明确整改目标、任务、措施、责任人，在一定范围内公示。整改任务由一把手负总责，班子成员分工抓落实。要结合整改，集中处理一批群众反映强烈的突出问题和信访积案。同时，要积极为下级党组织整改提高创造条件、提供帮助。督导组要对整改方案进行审阅把关。上级党组织要定期对整改落实情况进行督促检查，及时进行通报。

强化正风肃纪。紧扣为民务实清廉要求，对"四风"方面存在的突出问题进行清理、检查和专项治理。精简会议活动、文件简报，认真清理节庆、展会、评比表彰和达标活动；对各级党政机关特别是领导干部的勤政情况进行监督检查，坚决整治推诿扯皮、效率低下问题；专项治理消极应付、不作为、乱作为，门难进、脸难看、事难办以及侵害群众利益的问题；对各级领导干部落实有关工作和生活待遇规定情况进行专项检查；严禁违反规定配备秘书，对违规占用的住房、办公用房和配备的车辆进行清退；严禁超编制、超标准配备公务用车；进一步规范和落实公务接待有关规定；巩固治理"小金库"专项工作成果；全面检查"三公"经费使用情况，严肃整治公款大吃大喝、公款旅游行为；继续从严控制党政机关办公楼、接待场所等楼堂馆所建设，严禁违反规定购建、装修办公用房和配置高档办公用品。要按照党风廉政建设和反腐败工作任务分工，落实工作责任，搞好督促检查，扎实抓好各项治理任务的落实。同时，要加强领导班子建设和严格教育管理干部，对软、懒、散的领导班子进行整顿；对存在一般性作风问题的干部，立足于教育提高，促其改进；对群众意见大、不能认真查摆问题、没有明显改进的干部，要进行组织调整。在活动中发现的重大违纪违法问题，要及时移交纪检监察机关或有关方面严肃查处。对那些与群众有感情、为群众办实事、得到群众拥护的干部，要提拔使用，树立正确用人导向。

加强制度建设。对已有的制度进行认真梳理，经实践检验行之有效、群众认可的，要长期坚持，抓好落实；对不适应新形势新任务要求的，要抓紧修订完善。注重总结实践中的好经验好做法，完善党员干部直接联系群众制度和畅通群众诉求反映渠道制度，建立健全体现群众意愿的科学民主决策机制，健全干部作风状况考核评价机制，制定改进工作作风各项规定监督检查办法，建立健全厉行节约、制止浪费制度，修订完善国内公务接待管理和外宾接待管理规定，完善公务用车配备使用管理办法，完善因公出国（境）管理规定，修订楼堂馆所建设管理制度，完善会议、培训、活动经费管理办法，完善党政机关领导干部住房、用车等工作生活待遇方面的制度，研究制定金融企业、国有企业负责人职务消费管理办法，建立健全公务支出、公款消费方面的审计制度，推动改进工作作风、密切联系群众常态化长效化。

集中教育实践活动告一段落后，要继续抓好整改措施的落实，巩固扩大活动成果。

第一批教育实践活动开展期间，参加第二批教育实践活动的各地各部门各单位，不要等待观望，抓紧行动起来。要认真贯彻落实中央八项规定和省委常委会实施办法精神，该改的马上改，该做的马上做。注意结合实际深入调查研究，广泛听取意见，为开展教育实践活动做好准备。

四、组织领导

健全落实领导责任制。全省教育实践活动在省委的统一领导下开展。省委成立党的群众路线教育实践活动领导小组，负责全省教育实践活动的组织协调和督查指导；领导小组下设办公室，负责日常工作。省委常委建立教育实践活动联系点，对联系点的教育实践活动进行指导，示范带动和推进全省的教育实践活动。各级党委（党组）是抓好本地本部门本单位教育实践活动的责任主体，要高度重视，认真负责，一级抓一级，层层抓落实。党委（党组）要成立相应的领导机构和工作机构，具体负责教育实践活动；主要负责同志要承担起第一责任人的责任；有关部门要密切配合，形成工作合力。充分发挥行业系统主管部门对本行业本系统的指导作用。

用好的作风开展活动。各地各部门各单位既要把中央、省委的部署要求落到实处，坚持教育实践活动的基本环节不缺少、重点要求不变通、措施目标不走样，把“规定动作”做到位；又要从各自实际出发，灵活安排各个环节的工作，在解决问题上下功夫，使“自选动作”有特色。力戒形式主义，不走过场，做到“不虚”；着力解决突出问题，做到“不空”；紧紧围绕为民务实清廉，做到“不偏”，确保教育实践活动沿着正确轨道健康深入推进。要坚持统筹兼顾，把开展教育实践活动与认真做好各项工作和党员、干部履职尽责结合起来，做到两手抓、两促进，用经济社会发展成果检验活动成效。

加强宣传引导。新闻媒体要广泛宣传中央、省委精神，通过新闻报道、先进典型宣传、言论评论、工作综述、专题专访等形式，充分反映教育实践活动进展和成效。创新宣传形式和载体，重视发挥网站、微博客等新兴媒体的作用，加强正面宣传和舆论引导，为教育实践活动营造良好舆论氛围。强化舆论监督，通过以案说法、典型曝光、事件评述等方式，发挥监督警示作用，促进教育实践活动深入开展。

各地各部门各单位开展教育实践活动的实施方案，要经上级党组织派出的督导组审阅把关，报上级党组织备案。每个批次教育实践活动结束后，各地各部门各单位党委（党组）要向上级党组织写出报告。

中共山东省委关于广泛开展党员干部联系困难家庭工作的意见

鲁发〔2013〕11号

（2013年8月11日）

为深入推进以为民务实清廉为主要内容的党的群众路线教育实践活动，总结运用基层开展干部联系群众工作的经验做法，推动党员干部深入基层、联系群众、转变作风，经研究决定，在全省广泛开展党员干部联系困难家庭工作。现提出如下意见。

一、总体要求

按照中央、省委开展党的群众路线教育实践活动的部署要求，结合深化“第一书记”工作，以“接地气、受教育、解难题、改作风”为主题，组织省市县乡机关和企事业单位党员干部开展联系困难家庭工作。通过联系帮扶困难家庭，使广大党员干部切身体验困难群众疾苦，深入了解各级党委、政府关于社会保障等民生政策的贯彻落实情况，发现问题、解决问题，反思和整改工作，接受深刻的马克思主义群众观点和党的群众路线教育，进一步增进同人民群众的感情，进一步改进领导作风和工作作风，推动教育实践活动深入开展。

二、基本原则

1. 坚持领导干部带头。从省级领导班子和省直单位做起，各级领导干部带头联系困难家庭，帮助解决实际困难，主要领导带班子成员、领导干部带一般干部。

2. 坚持自觉自愿。鼓励党员干部积极参与，根据个人实际开展联系帮扶工作。提倡党外领导干部参加联系帮扶工作。

3. 坚持分类指导。针对各地各单位实际情况，区别不同家庭实际困难，采取灵活多样、务实有效的方式开展联系帮扶工作，不搞一刀切，不提不切实际的目标要求。已经开展党员干部联系群众工作的地方，要结合实际完善措施，不推倒重来，不另起炉灶。

4. 坚持全面覆盖。省市县乡四级联动，对纳入民政部门统计范围的特困家庭，都应有党员干部联系。对其他困难家庭，有条件的地方也要确定党员干部联系。省市县乡党员干部联系的困难家庭一般不重合。

5. 坚持依靠制度安排解决实际问题。党员干部联系帮扶困难家庭，不得动用公共资源和社会资源，防止因领导干部帮包把公共资源和社会资源倾斜到个别困难家庭。要善于从党员干部作风和政策层面查找产生问题的原因，通过完善社会保障、扶贫济困、社会救助等制度解决实际困难。

民政部门要会同教育、财政、人力资源社会保障、住房城乡建设、卫生等有关部门针对困难家庭的致贫原因，及时调整完善各项保障、救助政策，使联系户能够通过社会保障体系解决基本生活困难。各县（市、区）要整合救助资源，统筹安排使用，防止救助不公。

三、主要任务

这次党员干部联系的困难家庭，主要是指各级民政部门确定的城乡低保家庭中的特困家庭，以及其他因大病、重残、年老体弱、家庭变故、天灾人祸等原因陷入困境的家庭。

党员干部联系帮扶困难家庭，重点做好以下工作：(1)定期联系走访困难家庭，通过到户、电话、信件等多种方式保持经常性联系。教育实践活动期间，至少入户走访1次。(2)加强精神关爱和心理慰藉，鼓励困难家庭增强战胜困难的信心和勇气。(3)深入了解困难家庭生活状况，分析致贫原因，根据自身能力，适当帮助解决实际困难。(4)听取困难群众意见建议，认真分析反思上级机关和党员领导干部在“四风”方面存在的突出问题，更好地改进作风、推动工作。(5)了解各项民生政策在基层实施情况，注意发现政策盲区和政策落实不到位的问题，及时向有关部门提出改进的意见建议，促进各项民生政策的完善和落实。

四、方法步骤

各级各单位要有计划、有组织、分步骤地推进党员干部联系困难家庭工作，着力抓好七个环节：

1. 搞好调查摸底。要根据民政部门政策规定，对本地困难家庭情况进行一次深入调查摸底，做到情况明、底数清。困难家庭名单要经村（居）民会议或村（居）民代表会议讨论通过，并向党员群众公示后，报县（市、区）民政部门审核确定。根据困难家庭变化情况，民政部门定期对困难家庭名单进行动态调整。

2. 确定联系人员。深入做好思想发动工作，组织有条件、有能力的党员干部积极参与。

3. 搞好教育培训。通过举办培训班、编印学习资料等，组织联系人员学习各项民生政策，掌握入户注意事项和有关工作纪律要求，做明白人。

4. 进行工作对接。省直各单位在省直选派“第一书记”帮包的枣庄、济宁、泰安、临沂、聊城、滨州、德州、菏泽8个市确定联系对象。各级要从本地实际出发，确定党员干部联系帮扶的困难家庭。

5. 组织结对帮扶。各单位可以多种形式与困难家庭结成联系帮扶对子，并向党员干部提供困难家庭基本情况，组织党员干部开展联系帮扶活动。县处级以上党员领导干部要带头多走访困难户，联系对象由所在单位党组织统筹安排，一般不对外公布。

6. 入户开展工作。教育实践活动期间，省直单位组织党员干部到联系户走访看望，尽可能多地与群众开展谈心交流，了解村情民意，了解民生政策落实情况，力所能及地帮助困难群众。各地也要有针对性地对党员干部联系困难家庭工作提出具体要求。

7. 探索建立长效机制。认真总结开展联系困难家庭工作的经验做法，研究本单位本系统改进工作的思路措施，健全转变作风、联系服务群众的长效机制。

五、组织领导

党员干部联系困难家庭工作，由省委常委、组织部部长高晓兵，副省长孙绍骋牵头，省选派“第一书记”工作领导小组办公室和省委组织部、省教育厅、省民政厅、省财政厅、省人力资源社会保障厅、省住房城乡建设厅、省卫生厅等组织实施，省民政厅负责做好日常工作。

各级党委、政府要把开展党员干部联系困难家庭工作作为教育实践活动的重要内容，作为深化“第一书记”工作的重要措施，认真制定工作方案，加强督促检查，确保健康扎实开展。党委、政府主要负责同志要带头联系困难家庭，亲自抓部署、抓推动、抓落实。组织部门要加强统筹协调，强化工作指导；民政部门要切实担负起日常工作责任，重点做好调查摸底、工作对接、情况调度、意见收集、完善政策等工作；教育、财政、人力资源社会保障、住房城乡建设、卫生等相关部门要密切配合，形成合力。各级各单位选派的“第一书记”要发挥桥梁纽带作用，协助派出单位做好政策宣传、联络服务、监督落实、情况反馈等方面的工作。注意把党员干部联系困难家庭工作与村民事务干部代办、党员干部联户等制度结合起来，积极探索创新，推动党员干部联系服务群众工作常态化、长效化。把党员干部联系困难家庭工作，作为评价考核“第一书记”工作的重要内容，作为边学边改、立说立行解决问题的重要措施，务求取得实实在在的成效。

具体工作中，要严格执行中央八项规定和省委有关要求，严格遵守群众工作纪律和廉政纪律，注重实效，轻车简从，杜绝层层陪同，不增加基层负担，不搞形式，不走过场。

各地各单位要结合实际，制定实施方案，抓好工作落实。

中共山东省委关于深入学习贯彻党的十八届三中全会精神的意见

鲁发〔2013〕16 号

（2013 年 12 月 18 日中国共产党山东省第十届委员会第八次全体会议审议通过）

为深入贯彻落实党的十八届三中全会和习近平总书记视察山东重要讲话精神，推动全面深化改革，加快经济文化强省建设，努力开创山东各项工作新局面，现提出如下意见。

一、深入学习贯彻党的十八届三中全会和习近平总书记视察山东重要讲话精神，进一步统一思想、提高认识

党的十八届三中全会，是在我国改革开放新的重要关头召开的一次十分重要的会议，全会通过的《中共中央关于全面深化改革若干重大问题的决定》（以下简称《决定》），是我们党在新的历史起点上全面深化改革的科学指南和行动纲领。习近平总书记视察山东重要讲话，对贯彻落实三中全会精神、推进全面深化改革有着极为重要的指导作用。全省要以强烈的责任感和使命感，深刻领会全会精神、习近平总书记系列重要讲话和视察山东重要讲话精神，以坚定的信念、高度的共识、统一的行动，坚定不移推进改革，促进经济社会发展，努力完成全会确定的各项任务。

1. 在学习领会精神上下功夫求深入。要把学习贯彻党的十八届三中全会和习近平总书记视察山东重要讲话精神，作为当前和今后一个时期的重要政治任务，切实抓紧抓好，真正把思想高度统一到十八届三中全会和习近平总书记重要讲话精神上来，积极主动投身全面深化改革的伟大事业。要深刻领会、准确把握党的十八大以来以习近平同志为总书记的党中央团结带领全党全军全国各族人民在各个领域取得的重大成就和作出的重大部署，坚定不移地在思想上政治上行动上同以习近平同志为总书记的党中央保持高度一致。按照习近平总书记对山东工作的总要求，认真学习贯彻党的十八大和十八届三中全会精神，以邓小平理论、“三个代表”重要思想、科学发展观为指导，牢牢把握主题主线和稳中求进的工作总基调，锐意改革，敢闯新路，坚决打好转方式调结构这场攻坚战，切实做好保障和改善民生、创新社会治理这篇大文章，努力在推动科学发展、全面建成小康社会历史进程中走到前列；深刻领会、准确把握《决定》提出的一系列新思想、新观点、新论断、新举措，把握好全面深化改革的指导思想、总体目标、主要任务、重大原则；深刻领会、准确把握全面深化改革的总目标是完善和发展中国特色社会主义制度、推进国家治理体系和治理能力现代化；深刻领会、准确把握全面深化改革必须立足于我国长期处于社会主义初级阶段这个最大实际，坚持发展仍是解决我国所有问题的关键这个重大战略判断，以经济建设为中心，发挥经济体制改革牵引作用，推动生产关系同生产力、上层建筑同经济基础相适应，推动经济社会持续健康发展；深刻领会、准确把握经济体制改革是全面深化改革的重点，核心问题是处理好政府和市场的关系，使市场在资源配置中起决定性作用和更好发挥政府作用；深刻领会、准确把握全面深化改革的目的是进一步解放思想、解放和发展社会生产力、解放和增强社会活力，营造更加有利于一切创新创造活力充分释放的体制机制和社会环境；深刻领会、准确把握全面深化改革的出发点和落脚点是促进社会公平正义、增进人民福祉，进一步实现好、维护好、发展好最广大人民根本利益；深刻领会、准确把握全面深化改革的根本保证是紧紧依靠人民推进改革，充分尊重人民主体地位、发挥群众首创精神，使改革开放事业深深扎根于人民群众之中。

2. 明确全面深化改革的目标任务。全面深化改革，必须高举中国特色社会主义伟大旗帜，全面贯彻落实党的十八大和十八届三中全会精神，全面贯彻落实习近平总书记对山东工作的重要指示要求，坚定信心，凝聚共识，坚决破除各种体制机制弊端，建立完善推动科学发展的体制机制，把三中全会绘制的改革蓝图一步步变为现实，到 2020 年，在重要领域和关键环节改革上取得决定性成果，完成中央和省委确定的各项改革任务，形成系统完备、科学规范、运行有效的制度体系，开创经济文化强省建设的新局面。

按照党的十八届三中全会确定的目标任务，切实推进重点领域的各项改革。深化经济体制改革，坚持和完善基本经济制度，完善产权保护制度，积极发展混合所有制经济，推动国有企业完善现代企业制度，支持非公有制经济健康发展；加快完善现代市场体系，建立公平开放透明的市场规则，完善主要由市场决定价格的机制，建立城乡统一的建设用地市场，完善金融市场体系，深化科技体制改革；加快转变政府职能，落实国家宏观调控政策，全面正确履行政府职能，优化政府组织结构；深化财税体制改革，改进预算管理制度，完善税收制度，建立事权和支出责任相适应的制度；健全城乡发展一体化体制机制，加快构建新型农业经营体系，赋予农民更多财产权利，推进城乡要素平等交换和公共资源均衡配置，完善城镇化健康发展体制机制；构建开放型经济新体制，放宽投资准入，加快自由贸

易区建设,扩大中西部对外开放。深化政治方面的改革,加强社会主义民主政治制度建设,推动人民代表大会制度与时俱进,推进协商民主广泛多层制度化发展,发展基层民主;推进法治山东建设,维护宪法法律权威,深化行政执法体制改革,确保依法独立公正行使审判权检察权,健全司法权力运行机制,完善人权司法保障制度;强化权力运行制约和监督体系,形成科学有效的权力制约和协调机制,加强反腐败体制机制创新和制度保障,健全改进作风常态化制度。深化文化领域改革,推进文化体制机制创新,完善文化管理体制,建立健全现代文化市场体系,构建现代公共文化服务体系,提高文化开放水平。深化社会领域改革,推进社会事业改革创新,深化教育领域综合改革,健全促进就业创业体制机制,形成合理有序的收入分配格局,建立更加公平可持续的社会保障制度,深化医药卫生体制改革;创新社会治理体制,改进社会治理方式,激发社会组织活力,创新有效预防和化解社会矛盾体制,健全公共安全体系。深化生态文明体制改革,加快生态文明制度建设,健全自然资源资产产权制度和用途管制制度,划定生态保护红线,实行资源有偿使用制度和生态补偿制度,改革生态环境保护管理体制。深化党的建设制度改革,加强和改善党对全面深化改革的领导,充分发挥党总揽全局、协调各方的领导核心作用,建设学习型、服务型、创新型的马克思主义执政党,提高党的领导水平和执政能力。要按照中央的要求和部署,确保各项改革任务落到实处。

3. 坚定改革信心凝聚改革共识。改革开放以来,我省经济社会发展取得了历史性成就,但随着改革的全面深化,面临的挑战越来越大,出现了许多新问题新矛盾。实践发展永无止境,解放思想永无止境,改革开放永无止境,改革开放只有进行时、没有完成时。改革越深化,越要坚定与时俱进、攻坚克难的信心,越要有进取意识、进取精神、进取毅力。各级党组织和广大党员干部必须全面理解中央全面深化改革的战略意图,深刻领会习近平总书记对山东工作的重要指示要求,无论遇到什么困难和挑战,都要坚决贯彻中央要求,坚定推进改革的信心。要加强对改革的宣传阐释和舆论引导,帮助干部群众全面准确地理解中央精神,及时回答干部群众关心的重大思想认识问题,使广大党员干部和人民群众理解改革、支持改革、参与改革。善于做好化解矛盾、理顺情绪、提振精神、鼓足干劲的工作,团结一切可以团结的力量,调动一切可以调动的积极性,汇聚成推进全面深化改革的强大正能量。

二、科学谋划改革,增强改革的针对性、实效性,积极有序地推进全面深化改革

全面深化改革是一项长期艰巨复杂的系统工程。在贯彻落实党的十八届三中全会精神的过程中,态度一定要明确坚定,步子一定要扎实稳妥,既要解放思想、积极有为、大胆探索,又要正确准确把握,有序协调推进,富有成效地把各项改革任务落到实处。

1. 牢牢把握改革的正确方向。全会《决定》提出了60条、15个领域、超过300项重大改革举措,涉及改革发展稳定、内政外交国防、治党治国治军方方面面。全省各级各部门要坚定不移贯彻落实中央改革决策部署,任何时候任何情况下都要头脑清醒、站稳立场、坚持原则,在大是大非面前有主见、有定力、有底气。凡是与自身工作领域有关的改革举措和部署,都要积极主动、认真深入地研究贯彻落实的具体意见,联系本地本部门实际,搞好自己的顶层设计,确定好改革的重点、路径、次序、方法,周密考虑、精心组织、扎实工作,把中央的重大改革措施落到实处。要通过民主协商、项目评估、决策咨询等方式,增强改革决策的科学性、协调性,使改革举措充分体现各方面意见、兼顾好各方面利益。要注重把握改革的轻重缓急,确保各项改革相互配合、协调推进。要准确研判影响改革发展的重大问题和群众反映强烈的突出问题,及时查找分析改革推进中的突出矛盾和原因,拿出解决办法,增强改革的针对性、科学性、实效性。

2. 准确有序地推进各项改革。全面深化改革必须既坚定不移又准确有序。对中央已有明确要求、实践中条件成熟的,要在中央确定的范围内,抓紧出台贯彻细则,立说立行,加快推进,争取率先突破;对实践发展有要求,中央有方向性原则性意见,但操作上暂时把握不准、工作基础比较薄弱、条件尚不具备的改革事项,要积极创造条件,深入研究、搞好试点、总结经验、探索推进;对各方面认识还不一致,但又必须突破的改革,要妥善处理好各方面的利益关系,做好方方面面的工作,尽可能寻求最大公约数,凝聚改革共识,审慎加以推进;对涉及法律法规的改革,要严格依法办事,按程序进行,该先得到授权的不要超前推进。要正确处理改革发展稳定关系,把改革的力度、发展的速度、社会可承受的程度统一起来,统筹各领域、各方面、各层面的改革,协调好不同时期、不同区域、不同内容的改革,科学调配改革要素和改革资源,科学把握改革的战略重点、优先顺序、主攻方向。要坚持边实践边总结,不断从实践中取得规律性认识,确保改革健康有序推进。

3. 做好与中央部委改革措施的衔接工作。三中全会提出的改革举措事关全局和长远,中央各部委将会陆续作出具体部署、提出贯彻意见。省和各地各部门要加强衔接沟通工作,采取部门对口联系的形式,及时了解新情况新政策,完整准确地把握各项改革的目标任务、具体措施和方法步骤,结合实际研究具体贯彻落实方案,确保"上""下"政策把握一致,确保中央政令不折不扣得到贯彻执行。要加强改革内容的衔接,吃透各项改革的科学内涵和着力点,防止误读、曲解,防止有缺项、漏项,防止有选择地执行。要加强改革时间步骤的衔接,该尽早推进的不要拖延,该中央统一部署的不要抢跑,该深入研究后再推进的不要急于求成,该试点的不要仓促推开,并积极争取中央各部委在我省开展试点。要加强权力事项和管理体制收放的衔接,特别是在深化行政体制改革、理顺事权配置、精

简下放审批事项等方面，中央明令取消或下放的，必须坚决取消或下放。同时，正确行使政府职权，把该管的管起来、管到位，确保各项改革上下贯通、相互衔接、有条不紊进行。

4. 把握好全面深化改革的若干重大关系。全面深化改革涉及经济社会发展各领域，关联性互动性很强。必须把握内在规律，加强统筹协调，正确认识和处理全面深化改革中的重大关系，富有成效地把改革推向前进。要正确处理重点牵引和协调推进的关系。坚持以经济体制改革为重点，努力在重要领域和关键环节改革上取得突破，以此牵引和带动其他领域改革，使各方面改革协同推进、形成合力。要正确处理政府和市场的关系。既使市场在资源配置中起决定性作用，又更好发挥政府作用。准确把握政府和市场的作用范围及边界，着力解决市场体系不完善、政府干预过多和监管不到位问题，推动资源配置依据市场规则、市场价格、市场竞争实现效益最大化和效率最优化。要正确处理积极推进和稳妥有序的关系。全面深化改革胆子一定要大，步子一定要稳。只要经过了充分论证评估、符合实际且必须推进的改革，就要积极作为，大胆试、大胆闯，坚决破、坚决改；改革任务一旦确定，就要周密制定具体实施方案，一步一个脚印、稳扎稳打，积小胜为大胜。要正确处理局部和全局的关系。善于把自觉维护中央大政方针的统一性严肃性和因地制宜、充分发挥主观能动性结合起来，既坚决按中央确定的方向、目标、原则办，又勇于探索、勇于创造。各地各部门各有关方面都要正确对待利益格局调整，提出的任何一项改革举措都要坚持从大局出发考虑问题，都要看是否符合全局需要，是否有利于党和国家事业长远发展，坚决克服地方利益和部门利益的掣肘。要正确处理深化改革和促进发展的关系。坚持发展是硬道理，抓住和用好战略机遇期加快科学发展，为深化改革积累物质基础、营造条件。同时，通过深化改革破除体制机制弊端，进一步解放和发展社会生产力、解放和增强社会活力，让一切劳动、知识、技术、管理、资本等要素的活力竞相迸发，让一切创造社会财富的源泉充分涌流，推动全省经济发展腾笼换鸟、凤凰涅槃，优化结构、提高质量效益，实现由大到强的历史性转变。要正确处理深化改革和改善民生的关系。始终牢牢把握改革的出发点和落脚点，不断完善保障和改善民生的制度安排，将改革的红利更及时更有效体现到广大人民群众身上，使发展成果更多更公平惠及人民群众。

三、立足实际、勇于探索、积极稳妥，着力抓好各项改革措施落实

学习贯彻三中全会精神，重在结合我省实际，抓好中央重大改革措施的细化和落实。根据《决定》提出的“六个紧紧围绕”，全面深化、统筹推进重要领域和关键环节改革。

1. 坚持“两个毫不动摇”，激发和释放各类市场主体活力。公有制为主体、多种所有制经济共同发展的基本经济制度，是中国特色社会主义制度的重要支柱，也是社会主义市场经济体制的根基。必须毫不动摇巩固和发展公有制经济，坚持公有制主体地位，发挥国有经济主导作用，不断增强国有经济活力、控制力、影响力。必须毫不动摇鼓励、支持、引导非公有制经济发展，激发非公有制经济活力和创造力。

深化国有企业改革，完善公司法人治理结构，推行职业经理人制度，合理增加国有企业管理人员市场化招聘比例。调整优化国有资本布局结构，推动国有资本有序退出产能过剩行业和劣势企业。认真拟定国有资本运营平台的实施方案。支持具备条件的国有企业改组为国有资本控股公司，加大国有企业改制上市力度。建立以管资本为主的国有资产监管模式，实施国有企业分类管理和考核。扩大国有资本经营预算实施范围，逐步提高国有资本收益上缴公共财政比例。划转部分国有资本充实社会保障基金。积极发展混合所有制经济，鼓励国有资本、集体资本、非公有资本等交叉持股、融合发展，鼓励国有资本和非国有资本共同发起设立股权投资基金、产业投资基金，健全归属清晰、权责明确、保护严格、流转顺畅的现代产权制度及政策。

大力发展非公有制经济，坚持权利平等、机会平等、规则平等，废除对非公有制经济各种形式的不合理规定，消除各种隐性壁垒，对各种所有制企业实行同等待遇。鼓励非公有制企业参与国有企业改革，鼓励发展非公有资本控股的混合所有制企业，鼓励有条件的私营企业建立现代企业制度。加快制定非公有制企业进入特许经营领域的具体办法。

2. 加快完善现代市场体系，充分发挥市场在资源配置中的决定性作用。着力清除市场壁垒，反对地方保护、垄断和不正当竞争，推进工商注册制度便利化改革，省内自行规定的市场主体设立和经营项目许可审批事项一律取消。建立公平开放透明的市场规则，实行统一的市场监管。完善主要由市场决定价格的机制。推进国内贸易流通体制改革。加快建设社会征信体系，探索建立全省统一的信用信息平台，推进金融、工商、质检、节能、环保、用地等相关信息互联互通可查询。

根据国家统一部署，建立城乡统一的建设用地市场。在符合规划和用途管制前提下，有序推进农村集体经营性建设用地出让、租赁、入股，实行与国有土地同等入市、同权同价，建立兼顾国家、集体、个人的土地增值收益分配机制。完善土地交易市场功能和服务体系。深化征地制度改革，健全征地审批、实施、补偿安置、基本养老保险政府补贴发放、争议调处裁决等程序，完善对被征地农民合理、规范、多元保障机制。有序扩大国有土地有偿使用范围，减少非公益性用地划拨，逐步对经营性基础设施和社会事业用地实行有偿使用。

完善金融市场体系。经过批准，推进具备条件的民间

资本依法发起设立中小型银行、专业化保险组织等地方金融机构，积极发展村镇银行、小额贷款公司、融资性担保机构、融资租赁公司、农村资金互助社等新型金融组织。深化农村信用社改革，探索开展地方金融综合经营试点。完善地方金融企业法人治理结构。健全多层次资本市场，加快发展直接融资，促进符合条件的企业上市，积极利用债务融资工具。加快齐鲁股权交易中心、山东产权交易中心建设，促进产权（股权）公开透明规范流动。加快推进济南区域金融中心和青岛财富管理中心建设。建立并不断完善地方金融监管体系，加强与中央金融监管机构的密切联系和配合，切实防范系统性、区域性金融风险。研究制定山东省金融业发展条例。

深化科技体制改革，健全技术创新市场导向机制。发挥市场对技术研发方向、路线选择、要素价格、各类创新要素配置的导向作用，强化企业在技术创新中的主体地位，建立产学研协同创新机制，加快建设区域创新体系。按照国家政策，推进应用型技术研发机构市场化、企业化改革，健全技术市场和技术转移机制，创新促进科技成果资本化、产业化的商业模式。整合科技规划和资源，打破行政主导和部门分割，建立主要由市场决定技术创新项目和经费分配、成果评价机制。建设高科技人才引进管理使用平台。加强知识产权运用和保护，完善知识产权执法行政管理体系。

3. 创新行政管理方式，加快建设法治政府和服务型政府。全面推进依法行政，落实规范性文件、重大决策合法性审查制度。进一步转变政府职能，强化政府公共服务、市场监管、社会管理和环境保护等职责。健全以中长期发展战略和规划为导向，以财政、金融、投资、产业、价格等政策为支撑的宏观管理体系，强化规划计划的宏观引导和统筹协调功能。全面深化投资体制改革，确立企业投资主体地位，完善企业投资项目核准和备案管理。深化行政审批制度改革，进一步简政放权，5年内省级行政审批事项再削减二分之一左右。加快建立统一的公共资源交易平台，制定公共资源交易平台具体实施办法和监管细则。引入竞争机制，推广政府购买事务性管理服务。统筹推进党政群机构改革。严格控制机构编制。

按照中央部署，有序推进事业单位分类改革，2014年底基本完成从事生产经营活动事业单位转为企业或社会组织，2015年底基本完成承担行政职能事业单位的改革。理顺公办事业单位与主管部门关系，在试点基础上，逐步取消学校、公立医院、科研院所等单位行政级别。

深化财税体制改革，建立现代财政制度。健全公共财政预算、政府性基金预算、国有资本经营预算和社会保险基金预算有机衔接的全口径政府预算体系，统筹运作政府财力。审核预算的重点由收入预算、平衡状态向支出预算和政策拓展。清理规范重点支出同财政收支增幅或生产总值挂钩事项，一般不再采取挂钩方式。完善一般性转移支付增长机制，重点增加对革命老区、贫困地区的转移支付，清理、整合、规范专项转移支付项目，逐步取消竞争性领域专项和地方资金配套，严格控制引导类、救济类、应急类专项，对保留专项进行甄别，属市县事务的划入一般性转移支付。全面推进预算绩效管理，加快形成“花钱必问效、无效必问责”机制。2015年实现省市县三级财政预决算、部门预决算及“三公”经费预决算向社会全面公开。深化税收制度改革，深入推进“营改增”试点，完善地方税体系。加强税政管理，全面清理规范税收优惠政策。加强财政税收监管，完善监督机制，杜绝虚假税收，依法打击涉税违法行为。落实省以下财政体制改革方案，进一步明确省以下各级政府事权和支出责任，完善省以下政府间收入分配关系，建立事权和支出责任相适应的制度。健全政府资产和债务管理制度，逐步把地方政府性债务分门别类纳入预算管理。

4. 完善城乡发展一体化体制机制，进一步统筹城乡协调发展。以解决好地怎么种为导向，加快构建新型农业经营体系，坚持家庭经营在农业中的基础性地位，推动家庭经营、集体经营、合作经营、企业经营等共同发展的农业经营方式创新，坚持农村土地集体所有权，依法维护农民土地承包经营权，发展壮大集体经济。鼓励土地承包经营权在公开市场上向专业大户、家庭农场、农民合作社、农业企业有序流转，稳定农村土地承包关系并保持长久不变，在坚持最严格的耕地保护制度前提下，赋予农民对承包地占有、使用、收益、流转及承包经营权抵押、担保权能，允许农民以土地承包经营权入股发展农业产业化经营。研究制定山东省农村土地整治条例。大力发展各种类型的合作经济，发展农民合作社联合社，允许合作社开展信用合作。健全农业社会化服务体系。以缓解地少水缺的资源环境约束为导向，深入推进农业发展方式转变，加快农业科技进步，创新相应体制机制。鼓励引导各种社会资本到农村发展适合企业化经营的现代种养业和乡村旅游业。以满足吃得好吃得安全为导向，健全农产品质量安全监管体制，大力发展优质安全农产品。

拓宽农民财产性增收渠道。赋予农民对集体资产股份占有、收益、有偿退出及抵押、担保、继承权。依法保障农户的宅基地用益物权，按照全国统一部署改革完善农村宅基地制度，慎重稳妥推进农民住房财产权的抵押、担保、转让。建立农村产权流转交易市场，推动农村产权流转交易公开、公正、规范运行。

建立城乡要素平等交换机制。改革城乡就业和劳动报酬制度，保障农民工同工同酬，健全农民工综合服务体系。创新农村金融产品，保障金融机构农村存款主要用于农业农村。开展城乡建设用地增减挂钩和工矿废弃地复垦利用试点，推进节余指标省域内有偿调剂使用。完善农业支持保护机制，增加对粮食主产区一般性转移支付，提高粮食综合生产能力，确保粮食安全。统筹推进城乡基础设施建设和基本公共服务均等化。

优化城镇化健康发展体制机制。积极推进以人为核心的城镇化，转变城镇化发展方式，完善城镇化发展格局，提高城镇化发展质量。全面提升城市群综合竞争力，做大做强区域中心城市，加快发展县域经济，推进小城镇向小城市转型，促进大中小城市和小城镇协调发展。优化行政区划设置。实施扩权强镇。创新农村新型社区建设模式，完善社区化服务体系，将符合条件的农村新型社区纳入城镇化管理。有序推进农业转移人口市民化，深化户籍制度改革，实施差别化的户口迁移政策，在济南、青岛两市中心城区探索建立"积分入户"等阶梯式落户通道，有序放开其他设区市市域范围户口迁移限制，全面放开县域城镇落户限制。优先解决新生代农民工等重点群体落户城镇问题。建立财政转移支付同农业转移人口市民化挂钩机制，加快实现城镇基本公共服务常住人口全覆盖。

完善区域协调发展机制。落实"两区一圈一带"区域发展规划，创新各区域重大基础设施互联互通和产业交流合作机制，建立区域发展联席会议制度，探索建立区域经济利益分享和补偿机制，支持鼓励各区域既充分发挥各自优势和特色，又功能互补、相互促进、协调发展。完善扶贫工作机制，扶持欠发达地区加快发展。

5. 努力构建开放型经济新体制，培育参与国际经济合作竞争新优势。坚持对内对外开放相互促进、引进来和走出去更好结合，进一步推动经济国际化、企业国际化、人才国际化、环境国际化，扩展新的发展空间。认真落实国家放宽投资准入措施，探索实施外商投资准入前国民待遇加负面清单的管理模式。扩大金融、教育、文化、旅游、医疗等服务业领域对外开放，大力引进国际知名育幼养老、建筑设计、会计审计、商贸物流、旅游休闲、电子商务等服务业态，加快引进高端制造、高新技术、战略性新兴产业项目。稳妥推进企业及个人对外投资，自担风险自由承揽国际工程和劳务合作项目，加快境外经贸合作区和境外资源基地建设。探索实施境外投资备案制。构建境外投资管理服务平台，建立风险应急处置机制。

继续深入实施以质取胜和市场多元化战略，稳定和扩大国际市场份额。加快电子口岸建设。促进内外贸一体化发展，推进国际贸易综合改革试点。争取建立青岛自由贸易园区，推进中日韩地方经济合作示范区建设。积极参与丝绸之路经济带和21世纪海上丝绸之路建设。选择具备条件的经济开发区等园区开展体制机制创新试点，完善要素资源聚集模式。创造条件整合优化海关特殊监管区域，建设产业配套和功能联动区。支持出口加工区转型发展。大力推进中西部扩大开放，支持中西部有条件的地方建设加工贸易转移承接地。在内陆地区增设一批海关监管场所。创新青岛海关与济南海关的合作，推进区域海关通关一体化。支持中西部地区空港、铁路通道和高速公路建设。

6. 加快建立系统完整的生态文明制度体系，大力促进生态山东建设。研究修订山东省水污染防治条例，制定山东省自然保护区条例。强化大气污染防治，构建大气污染联防联动机制。实行最严格的源头保护制度、损害赔偿制度和责任终身追究制度，完善环境治理和修复制度，用制度保护生态环境。按照国家统一部署，对自然生态空间进行统一确权登记，形成归属清晰、权责明确、监管有效的自然资源资产产权制度。严格国土规划和用途管制制度，建立空间规划体系，划定生产、生活、生态空间开发管制界限，构建用途管制"一张图"管控机制。探索编制自然资源资产负债表。实施主体功能区制度，划定和严守耕地、森林、湿地生态和海洋生态红线，有序实现耕地、山林、河湖、海洋等生态系统休养生息，将生态环境质量逐年改善作为区域发展的约束性要求。

建立促进资源节约和循环利用制度体系。研究制定山东省循环经济促进条例。加快自然资源及其产品价格改革，实施资源和能源价格阶梯化调整制度，健全促进节能减排的差别价格机制。完善资源谁使用谁付费、环境谁污染谁付费、生态谁破坏谁付费制度。坚持谁受益、谁补偿原则，完善对重点生态功能区、生态脆弱区和敏感区的以奖代补制度，以生态环境质量改善为重点建立地区间横向生态补偿制度，制定重点流域生态补偿管理办法。健全资源节约集约使用制度，积极发展循环经济。探索推行节能量、碳排放权、排污权、水权交易制度。健全生态环境保护管理体制机制。完善分阶段逐步加严的地方污染物排放标准体系，严格监管所有污染物排放。建立陆海统筹的生态系统保护修复和区域污染联防联控机制。完善污染物排放许可制，实行企事业单位污染物排放总量控制制度。健全环境信息公开制度，完善举报投诉受理处置机制。对造成生态环境损害的责任者严格实行赔偿制度，依法追究刑事责任。

7. 加强社会主义民主法制建设，健全权力运行制约和监督体系。坚持和完善人民代表大会制度，支持人大及其常委会依法履行职能。科学制定立法规划和计划，扩大公民有序参与立法途径，防止部门利益法制化。健全人大监督"一府两院"的制度体系，加强人大预算决算审查监督、国有资产监督、规范性文件备案审查监督职能，探索创新监督制度。加强人大工作机制建设，完善人大常委会组成人员分工联系代表制度，更充分发挥代表的作用，密切代表同人民群众联系。

推进协商民主广泛多层制度化发展。发挥统一战线在协商民主中的重要作用，完善各民主党派省委直接向中共山东省委提出建议制度，扩大各民主党派有序政治参与，建立健全政府部门与民主党派、工商联和无党派人士联系的工作机制。贯彻党的民族政策，保障少数民族合法权益，巩固和发展平等团结互助和谐的社会主义民族关系。发挥人民政协作为协商民主重要渠道作用，重点推进政治协商、民主监督、参政议政制度化、规范化、程序化。各级党委和政府、政协制定并组织实施协商年度工作计划，建立完善重大事项主动听取政协意见制度，拓展协商民主形式，提高协商成效。在政协健全委员联络机构，完善委员联络制度。

加强基层民主建设。健全基层党组织领导的基层群众自治机制,拓宽基层群众意愿表达渠道。建设"阳光村务",完善村党组织领导的充满活力的村民自治机制。积极开展基层民主协商,促进群众在城乡社区治理、基层公共事务和公益事业中依法自我管理、自我服务、自我教育、自我监督。健全以职工代表大会为基本形式的企事业单位民主管理制度,加强非公企业厂务公开民主管理工作。

健全行政执法体制机制。整合执法主体,相对集中执法权,推进跨部门、跨行业综合执法。减少执法层级,加强市、县(市、区)食品药品、安全生产、环境保护、劳动保障、海域海岛、农业、文化等重点领域的基层执法力量。建立健全行政执法争议协调机制,完善行政执法监督制度,健全城市管理、执法、服务"三位一体"大城管体制。

推进法治山东建设。深入开展普法依法治理,维护宪法法律权威。按照中央统一部署,深化司法体制改革,健全司法权力运行机制,确保依法独立公正行使审判权检察权,严格规范减刑、假释、保外就医程序,让人民群众在每一个司法案件中都感受到公平正义。按照国家规定,完善人权司法保障制度,做好依法废止劳动教养制度的相关工作,健全社区矫正、法律援助、司法救助、法律顾问、律师执业权利保障和违法违规执业惩戒等制度。建立涉法涉诉信访依法终结制度,把解决涉法涉诉信访问题纳入法治轨道。

强化权力运行制约和监督体系。坚持用制度管权管事管人,构建决策科学、执行坚决、监督有力的权力运行体系,让权力在阳光下运行。坚持民主集中制,发挥党的领导核心作用,健全体现集体领导和个人分工负责相结合的制度,完善党委(党组)讨论决定重大问题和任用重要干部票决制。规范党政主要领导干部职责权限,加强和改进对主要领导干部行使权力的制约和监督。加强行政监察和审计监督。依法梳理审核行政职权,推行地方各级政府及其工作部门权力清单制度,公开权力运行流程。完善党务、政务和各领域办事公开制度,加大对决策、管理、服务和结果的公开力度。

8. 积极推进文化体制机制改革创新,推动文化事业文化产业繁荣发展。坚持正确的文化发展方向,坚持把社会效益放在首位、社会效益和经济效益相统一,坚持以社会主义核心价值体系建设为根本,建立和完善革命文化和优秀传统文化传承体系,进一步提高公民道德素质,激发文化创造活力。健全完善思想道德建设体系。坚持马克思主义道德观,坚持社会主义道德观,紧紧围绕激发人们形成善良的道德意愿、道德情感,培育正确的道德判断和道德责任,提高道德实践能力尤其是自我践行能力,教育引导人们向往和追求讲道德、尊道德、守道德的生活,形成向上的力量、向善的力量。深入实施"四德工程",建立加强社会公德、职业道德、家庭美德、个人品德教育制度,尤其要在青少年中强化社会主义道德引领,各类学校都要进一步完善充实加强思想道德教育课程的设置。各单位、各企业、各社区要把思想道德建设纳入日常工作规范。进一步发挥革命传统文化教育引领作用,大力弘扬沂蒙精神。制定有效政策,加强对中华优秀传统文化的挖掘和阐发,努力实现中华传统美德的创造性转化、创新性发展。深入推进美德山东、文明山东、诚信山东建设,弘扬新时期山东精神。

完善文化管理体制。理顺党政部门与其所属的文化企事业单位关系,推动政府部门由办文化向管文化转变。整合文化管理机构和职能,加强文化综合执法。建立党委和政府监管国有文化资产的管理机构,实现管人管事管资产管导向相统一。健全正确引导舆论的体制机制,统筹社会舆情、媒体舆情、网络舆情,建立集舆情收集、分析研判和引导处置于一体的大舆情工作格局。坚持积极利用、科学发展、依法管理、确保安全的方针,加快完善互联网管理领导体制和工作机制。健全基础管理、内容管理、行业管理以及网络违法犯罪防范和打击等工作联动机制,健全网络突发事件处置机制,形成正面引导和依法管理相结合的网络舆论工作格局。推动传统媒体和新兴媒体融合发展。推动新闻发布制度化,推进党务政务信息公开常态化、规范化。

建立健全现代文化市场体系。深入推进国有经营性文化单位转企改制,加快国有文化企业公司制、股份制改造,建立健全现代企业制度。对按规定转制的重要国有传媒企业,探索实行特殊管理股制度。对转企改制国有文化单位扶持政策执行期限再延长五年。修订山东省文化市场管理条例。优化文化产业结构和布局,推动文化企业跨地区、跨行业、跨所有制兼并重组。实施小微文化企业孵化培养计划。建设文化要素交易平台。引导社会资本以多种形式投资文化产业,允许参与对外出版、网络出版,允许以控股形式参与国有影视制作机构、文艺院团改制经营。在坚持出版权、播出权特许经营前提下,允许制作和出版、制作和播出分开。提高文化开放水平。统筹文化走出去与引进来,加强改善对外宣传,支持重点媒体面向国内国际发展,扩大对外文化贸易。继续创新提升"好客山东"品牌,增强海外文化影响力。

构建现代公共文化服务体系。加强文化基础设施建设,构建覆盖城乡、结构合理、功能健全、实用高效的公共文化服务体系。统筹服务设施网络建设,整合基层宣传文化、党员教育、科学普及、体育健身等设施,建设综合性文化中心,提高公共文化服务资源利用率。按照标准化、均等化要求,制定完善全省公共文化服务标准和指标体系,明确服务管理规范和绩效考核办法。深化公益性文化事业单位内部机制改革,建立法人治理结构,完善绩效考核机制。推动公共图书馆、博物馆、文化馆、美术馆、科技馆等组建理事会。研究制定山东省非物质文化遗产保护条例,加强文物保护。

9. 创新社会治理体制,建立党委领导、政府主导、社会协同、公众参与、法治保障的社会治理格局。加强社会治安综合治理，健全社区网格化管理、社会化服务机制，搭建基层综合管理服务平台，在更高起点上推进平安山东建设。激发社会组织活力。加快实施政社分开，推进社会组织明确权责、依法自治、发挥作用。按照国家部署，限期实现行业协会商会与行政机关真正脱钩，重点培育和优先发展行业协会商会类、科技类、公益慈善类、城乡社区服务类社会组织，实行依法直接登记。建立健全社会组织管理体系，完善社会组织发展政策支持机制。通过改革创新，实现政府治理、社会自我调节、居民自治有效衔接和良性互动。

创新预防化解社会矛盾体制。运用法治思维和法治方式化解社会矛盾，依法维护人民群众合法权益。健全重大决策社会稳定风险评估机制，强化责任追究制度。建立畅通有序的诉求表达、心理干预、矛盾调处、权益保障机制，推动人民调解、司法调解、行政调解在制度、程序、效力等环节实现有效衔接。改革信访工作制度，畅通和拓宽群众诉求表达渠道，实行网上受理信访，健全及时就地解决群众合理诉求机制。

健全公共安全体系。深化安全生产管理体制改革，建立党政同责、一岗双责的领导体制和行业主管部门直接监管、安全监管部门综合监管、地方政府属地管理工作体制，建立安全生产督促落实责任制，完善隐患排查治理体系、安全预防控制和应急救援体系，坚决遏制重特大安全事故。修订山东省安全生产条例。健全统一权威的食品药品安全监管机构，强化安全责任，建立最严格的食品药品生产、流通、消费全过程监管制度，健全食品原产地准出、市场准入和食品质量标识制度，完善食品药品质量可追溯制度。构建食品药品安全诚信体系，加大失信惩戒力度。研究制定山东省食品安全条例。加强重大疫病防控能力建设，健全防灾减灾救灾体制和救灾应急联动机制。

推动军民融合深度发展。加强双拥共建，以创新的精神做好拥军优属和复退军人安置工作。发展军民结合产业，促进军队保障社会化。深化国防教育改革，增强全民国防观念。

10. 加大推进各项社会事业改革力度，提高保障和改善民生水平。按照守住底线、突出重点、完善制度、引导舆论的思路，统筹推进社会事业改革。深化教育领域综合改革，全面实施素质教育，研究制定山东省素质教育推进条例，实施学生体质健康提升计划和艺术教育普及计划。大力促进教育公平，优化配置区域、城乡、校际义务教育资源，完善县域义务教育均衡发展机制。加快建立现代职业教育体系，整合职业教育资源，健全纵向贯通、与普通教育横向衔接、协调均衡发展的职业教育人才培养体系。支持省属本科院校向应用型本科教育转型，创新高校人才培养模式，调整优化教育结构。深入推进管办评分离，完善学校内部治理结构，保障学校充分行使办学自主权和承担相应责任。推进学前教育、特殊教育、继续教育改革发展。鼓励社会力量兴办教育。加快推进考试招生制度改革。

健全促进就业创业体制机制。建立经济发展和扩大就业的联动机制，完善政府促进就业责任制度。研究制定山东省人力资源市场条例，推进统一的人力资源市场建设，完善招录人员制度。健全城乡均等的公共就业服务制度和面向全体劳动者的职业培训制度，促进以高校毕业生为重点的青年就业和农村转移劳动力、城镇困难人员、退役军人就业。完善创业创新政策和服务体系，加快创业载体建设，形成政府激励创业、社会支持创业、劳动者勇于创业新机制。建立健全就业失业监测预警和调控制度。创新劳动关系协调机制。

深化收入分配制度改革。着重保护劳动所得，努力实现劳动报酬增长和劳动生产率提高同步，提高劳动报酬在初次分配中的比重。健全工资决定及正常增长机制，完善最低工资和工资支付保障制度，完善和推行企业工资集体协商制度。健全资本、知识、技术、管理等由要素市场决定的报酬机制。完善以税收、社会保障、转移支付为主要手段的再分配调节机制。规范收入分配秩序，努力缩小城乡、区域、行业收入分配差距。

完善社会保障制度。坚持社会统筹与个人账户相结合的基本养老保险制度，完善个人账户制度，健全多缴多得激励机制。规范企业职工基本养老保险省级统筹，逐步提高城乡居民基本养老保险基金管理层次，加快机关事业单位养老保险制度改革，健全城乡居民养老保险制度。完善医疗、失业、工伤、生育保险市级统筹，积极推进省级统筹。建立城乡医疗保险统一管理体制，整合城镇居民基本医疗保险和新型农村合作医疗，完善大病医疗保险制度，健全重特大疾病医疗保险和救助制度。完善各项社会保险关系转移接续办法，建立健全合理兼顾各类人员的社会保障待遇确定和正常调整机制。统筹城乡最低生活保障制度，完善城乡社会救助制度体系。加快建立社会养老服务体系和发展老年服务产业。健全农村留守儿童、妇女、老年人关爱服务体系，健全残疾人权益保障、困境儿童分类保障制度。

深化医药卫生体制改革。深入开展“健康山东行动”。统筹推进医疗保障、医疗服务、公共卫生、药品供应、监管体制综合改革，健全全民医保体系。深化基层医疗卫生机构综合改革，健全网络化城乡基层医疗卫生服务运行机制。加快公立医院改革，加强区域公共卫生服务资源整合。完善中医药事业发展政策和机制。鼓励社会办医，优先支持举办非营利性医疗机构，社会资金可以多种形式参与公立医院改制重组。允许医师多点执业，允许民办医疗机构纳入医保定点范围。

逐步调整完善计划生育政策。坚持计划生育的基本国策，尽快研究制定实施一方是独生子女的夫妇可生育两个孩子政策的具体方案，适时修改《山东省人口与计划生育条例》，促进人口长期均衡发展。

四、切实加强和改进党的建设，为贯彻落实党的十八届三中全会精神提供坚强保证

全面深化改革，任务艰巨，矛盾繁多，对党的执政能力和领导水平是新的考验，对做好党的建设各项工作提出了新的更高要求。各级党委（党组）要切实担负起管党治党的政治责任。搞培训、提素质，选干部、配班子，育人才、聚贤能，抓基层、打基础，转作风、树形象，倡廉洁、惩腐败，都要紧紧围绕全面深化改革来定任务、添措施、建机制，都要用保证和促进全面深化改革的实际成效来检验，确保各项改革措施落到实处。创新基层党建工作，加强基层服务型党组织建设，充分发挥基层党组织的战斗堡垒作用和共产党员先锋模范作用。

1. 坚持不断解放思想。全面深化改革必须进一步解放思想、勇于创新。要有自我革新的勇气和胸怀，跳出条条框框限制，克服部门利益掣肘，克服惧怕困难、畏首畏尾的思想，始终保持与时俱进、锐意进取的精神状态，敢啃硬骨头，敢于涉险滩。坚持解放思想和实事求是的有机统一，既超前思维又立足现实，既勇于探索又脚踏实地，在推进改革中实现思想再解放、观念再更新。坚持人民是改革的主体，建立社会参与机制，把解决思想问题与解决实际问题结合起来，充分调动广大干部群众参与和推动改革的积极性、主动性、创造性，紧紧依靠人民群众推动改革。

2. 切实加强作风建设。良好的作风是全面深化改革的重要保障。继续认真搞好党的群众路线教育实践活动，持之以恒地反对“四风”，健全作风建设长效机制，制定改进工作作风各项规定监督检查办法，推动改进作风制度化常态化。加强领导班子民主集中制具体制度建设，完善科学民主决策和工作运行机制。健全严格党内生活的各项制度，严明党的纪律特别是政治纪律。健全领导干部带头改进作风、深入基层调查研究机制，完善直接联系和服务群众等制度。健全严格的财务预算、核准和审计制度。认真落实《党政机关厉行节约反对浪费条例》，勤俭办一切事业。严格落实《党政机关国内公务接待管理规定》，完善公务接待制度。规范并严格执行领导干部工作生活保障制度。密切党同人民群众的血肉联系，把群众满意与否作为衡量改革成效和干部作风的重要标准。发扬“钉钉子”精神，真抓实干，雷厉风行，以“踏石留印、抓铁有痕”的劲头抓好各项改革任务落实。

3. 建设高素质干部队伍。完善干部教育培训制度，深入开展中国特色社会主义理论体系教育，教育引导党员干部坚定道路自信、理论自信、制度自信。深化干部人事制度改革。坚持党管干部原则，发挥党组织的领导和把关作用，强化党委（党组）、分管领导和组织部门在干部选拔任用中的权重和干部考察识别的责任，规范干部酝酿提名，积极构建有效管用、简便易行的选人用人机制。改革和完善干部考核评价制度，完善发展成果考核评价办法，建立区域化分类考核体系，更好体现促进科学发展和鼓励改革的导向。坚持在改革发展实践中识别干部。加强干部跨地域跨领域交流。改进优秀年轻干部培养选拔机制，积极稳妥解决领导干部任职年龄层层递减问题，用好各年龄段干部。完善从严管理干部制度体系，健全领导干部问责制。健全集聚人才体制机制，完善党政机关、企事业单位、社会各方面人才顺畅流动的制度体系。

4. 推进反腐败体制机制创新。认真落实党风廉政建设责任制，强化党委主体责任和纪委监督责任，严格执行责任追究制度。健全反腐败领导体制和工作机制，完善各级反腐败协调小组职能。纪委履行协助党委加强党风建设和组织协调反腐败工作职责，加强对同级党委特别是常委会成员的监督，更好地发挥党内监督专门机关作用。逐步推行党委班子成员向同级纪委全委会述廉工作。认真贯彻中央部署，推动党的纪律检查工作双重领导体制具体化、程序化、制度化。落实查办腐败案件以上级纪委领导为主的要求，抓紧建立线索处置和案件查办在向同级党委报告的同时必须向上级纪委报告有关制度和程序。落实纪委书记、副书记的提名和考察以上级纪委会同组织部门为主的要求。进一步落实纪检机关派驻机构统一管理要求，向省级党和国家机关全面派驻纪检机构，实行统一名称、统一管理，派驻机构对派出机关负责，履行监督职责。改进巡视制度，对市、县（市、区）和省直部门、企事业单位实现全覆盖。健全反腐倡廉法规制度体系，完善惩治和预防腐败、防控廉政风险、防止利益冲突等方面法规制度。

5. 加强对改革的组织领导。各级党委（党组）要切实履行对改革的领导责任，把全面深化改革摆在更加突出的重要位置，健全领导机制，有重点、有步骤、有秩序地推进改革。根据中央统一要求，省委成立全面深化改革领导小组，各市也要成立领导机构并有效开展工作。注重发挥工会、共青团、妇联等人民团体的作用，齐心协力推进改革。各级党校、行政院校要发挥主阵地作用，制定计划，抓好培训。组织形式多样的宣讲活动，向基层和群众讲深、讲实、讲透三中全会精神，最大程度地凝聚全省干部群众的改革共识。各级各部门要抓紧研究制定具体的改革方案和实施细则，明确职责分工，落实责任主体，实行定期评估，强化督促检查，狠抓各项工作落实，切实完成全省深化改革各项任务。

全省各级党组织和全体党员干部要更加紧密地团结在以习近平同志为总书记的党中央周围，深入学习贯彻党的十八届三中全会精神和习近平总书记系列重要讲话精神，按照习近平总书记对山东工作的重要指示要求，开拓进取，锐意改革，为加快建设经济文化强省、谱写山东人民美好生活新篇章而努力奋斗！

大　事　记

1 月

1 日　省委书记姜异康到莱芜市看望慰问困难群众和坚持节日生产的一线职工，向大家致以新年祝福。省委常委、秘书长雷建国等参加活动。

1 日　省委副书记、省长姜大明到潍坊青州，察看灾区恢复重建情况，走访慰问困难群众。

4 日　省委书记姜异康在济南会见新加坡驻华大使罗家良。省委常委、秘书长雷建国等参加会见。

4 日　省委书记姜异康在济南会见重庆市委常委刘光磊一行。省领导王军民、雷建国等参加会见。

5 日　省政协十届二十八次常委会议在济南召开。省委副书记、省长姜大明作关于《政府工作报告》起草情况的说明，省政协主席刘伟主持会议，省委常委、统战部部长颜世元作关于十一届省政协委员人选情况的说明。

5 日　山东重庆东西扶贫协作座谈会在济南召开，省委副书记王军民，重庆市委常委、市委农工委书记刘光磊出席会议并讲话。

6～7 日　武警山东总队党委召开三届三次全体（扩大）会议。省委副书记王军民出席并讲话。

8 日　省政府听取济南市城市轨道交通前期工作情况汇报，省委副书记、省长姜大明出席会议并讲话。省委常委、济南市委书记王敏主持座谈会。

8 日　山东省第八届人民代表大会常务委员会副主任、山东省原副省长郭长才因病医治无效在济南逝世，终年 80 岁。

9 日　省委副书记、省长姜大明到省民主党派办公大楼，登门听取民主党派、工商联和无党派人士对《政府工作报告（征求意见稿）》的意见建议。省委常委、省委统战部部长颜世元主持会议。

10 日　全省农村工作会议在济南召开。会议认真贯彻落实党的十八大和中央农村工作会议精神，总结 2012 年全省农业农村工作，分析形势，交流经验，全面部署当前和今后一个时期的农业农村工作。会前，省委常委会议、省政府常务会议分别对贯彻中央农村工作会议精神、做好 2013 年农业农村工作进行了研究，省委书记姜异康，省委副书记、省长姜大明提出了明确要求。会议印发了《中共山东省委、山东省人民政府关于认真贯彻落实中发［2013］1 号文件精神，深入推进农村改革发展的意见》。省委副书记、省委农村工作领导小组组长王军民出席会议并讲话。

10 日　山东省人民检察院原检察长、党组书记臧坤因病医治无效在青岛逝世，终年 85 岁。

上旬　省委、省政府领导带队，组成 15 个检查组，对全省 17 市和 13 个省直部门进行了检查考核。这是山东省连续第四年对落实党风廉政建设责任制、推进惩防体系建设情况进行检查考核。

11 日　省委、省政府召开省直老干部情况通报会。省委书记姜异康通报了 2012 年山东省经济社会发展情况，省委副书记、省长姜大明主持会议。省领导高晓兵、雷建国出席会议。

11 日　省政府召开质量强省工作座谈会，表彰获得 2012 年省长质量奖的企业和个人，听取获奖企业和个人的意见建议。省委副书记、省长姜大明出席会议并讲话。

12 日　山东省人民代表大会常务委员会原副主任、党组副书记，山东省委原常委苗枫林因病医治无效在北京逝世，终年 81 岁。

13 日　中共中央政治局委员、国务委员刘延东在山东省就核电国家科技重大专项实施工作，在荣成石岛湾高温气冷堆核电站示范工程工地调研并召开现场协调会，听取意见建议。

13 日　省委副书记、省长姜大明在淄博市调研。他强调要认真贯彻落实党的十八大精神，突出做好稳增长和“转调创”，加快发展现代服务业，推动经济社会持续健康发展。

13 日　省委副书记王军民在青岛市就加强信息网络安全管理工作进行调研。

13 日　全省宣传文化工作会议在济南召开。会议学习贯彻了全国宣传部长会议精神，总结了 2012 年工作，研究部署了2013年宣传思想文化工作任务。省委常委、宣传部部长孙守刚出席会议并讲话。会前,省委常委会听取了全国宣传部长会议精神汇报,省委书记姜异康作了重要讲话,提出明确要求。

13~14日 省委副书记王军民率领省新年春节拥军优属慰问团,到青岛市走访慰问驻青部队,看望基层连队战士和优抚对象家庭,送去新春的问候。省委常委、青岛市委书记李群等参加走访慰问活动。

14日 山东省与匈牙利包尔绍德州在济南举行工作会谈。省委副书记、省长姜大明,包尔绍德州州长罗兰特·门季出席会议。

15日 省委书记姜异康在济南会见中共中央统战部副部长、全国工商联党组书记、常务副主席全哲洙一行。省领导雷建国、颜世元等参加会见。

15日 2013年南水北调工程建设工作会议在济南召开。国务院南水北调办主任鄂竟平出席会议并讲话。会前,省委副书记、省长姜大明会见鄂竟平一行。

16日 省委书记姜异康在临沂市走访慰问老干部、老党员和困难群众,向他们致以新春祝福和亲切问候。省委常委、秘书长雷建国等陪同走访。

16日 全省审计工作电视会议召开。会议要求贯彻落实党的十八大精神和全国审计工作电视电话会议要求,进一步统一思想,明确任务,在新起点上把山东省审计工作推向更高水平。省委副书记、省长姜大明出席会议并讲话。

16日 省委副书记、省长姜大明主持召开第139次省政府常务会议,研究部署第三次经济普查、"十二五"节能目标责任考核等工作,讨论并原则通过《山东省公共消防设施管理办法(草案)》、《山东省生产经营单位安全生产主体责任规定(草案)》、《山东省人民政府关于修改〈山东省契税征收规定〉的决定(草案)》。

16日 《求是》刊发省委书记姜异康署名文章《山东新跨越的五个关键》。

18日 全省组织部长会议在济南召开。省委书记姜异康会前提出要求。省委常委、组织部部长高晓兵出席会议并讲话。

20日 省政府与交通运输部在济南签署《共同推进绿色交通运输体系建设会谈备忘录》。省委书记姜异康、省长姜大明会见交通运输部部长杨传堂一行,并共同出席签字仪式。

21日 中共山东省委十届四次全体会议在济南举行。这次会议为省十二届人大一次会议和省政协十一届一次会议作了准备,并就有关工作进行安排。

21日 中共山东省委在济南举行民主协商会,就省十二届人大一次会议和省政协十一届一次会议议程、拟向省"两会"推荐的山东省出席第十二届全国人民代表大会代表候选人和换届人事安排,进行民主协商。省委书记姜异康主持会议并讲话,省委副书记王军民出席会议,省委常委、组织部部长高晓兵受省委委托就有关事项作了说明,省委常委、统战部部长颜世元出席会议。

21日 省委在济南举行副省级老同志情况通报会,通报山东省出席第十二届全国人民代表大会代表候选人产生和省"两会"换届人事安排情况。省委书记姜异康主持会议并讲话。省委常委、组织部部长高晓兵,副省级老同志出席会议。

21日 省政协十届三十八次主席会议在济南召开。省政协主席刘伟主持会议,省委常委、统战部部长颜世元出席会议。

22日 省委召开常委扩大会议,学习讨论习近平在十八届中央纪委二次全会上的重要讲话精神,研究贯彻落实意见。

22日 全省统战部长会议在济南召开。会议传达学习了全国统战部长会议精神,总结交流了2012年工作,研究部署了2013年任务。省委书记姜异康会前提出要求。省委常委、统战部部长颜世元出席会议并讲话。

22~23日 省十一届人大常委会举行第三十五次会议。会议审议并通过了省人大常委会主任会议、省高级人民法院、省人民检察院提请审议的人事任免案;通过了省十一届人大常委会代表资格审查委员会关于省十二届人大代表的代表资格审查报告,确认了省十二届人大代表的代表资格等。

23日 省政协十一届一次会议预备会议在山东会堂举行。十届省政协主席刘伟主持预备会议并讲话。同日,省政协十一届一次会议主席团举行第一次会议。

24日 山东省第十二届人民代表大会第一次会议预备会议在山东会堂举行。同日,省十二届人大一次会议主席团在山东大厦举行第一次会议。会议召集人、省委书记姜异康主持会议。

24~30日 中国人民政治协商会议第十一届山东省委员会第一次会议在济南举行。

25日~2月1日 山东省第十二届人民代表大会第一次会议在济南举行。

29日 省委召开常委会议,传达学习十八届中央纪委二次全会精神,研究贯彻落实意见。

30日 省委副书记、省长姜大明签发《山东省人民政府关于修改〈山东省契税征收规定〉的决定》(省政府令第258号)。

2月

2日 新春佳节即将到来之际,省委书记姜异康,省委副书记、省长姜大明,省政协主席刘伟,省委副书记王军民到济南军区、济南军区空军、省军区、省武警总队机关走访慰问。省委常委、秘书长雷建国等参加活动。

2日 省委副书记、省长姜大明主持召开新一届省政府第1次常务会议,研究了省政府领导工作分工,对新一届省政府工作提出要求,研究了安全生产、调整最低工资标准和发布企业工资指导线等工作,确定授予美国肯尼斯·贝林“山东省荣誉公民”称号。

2 日 省委副书记、省长姜大明签发《山东省公共消防设施管理办法》(省政府令[2013]259 号),《山东省生产经营单位安全生产主体责任规定》(省政府令 260 号)。

3 日 省纪委十届三次全体会议在济南召开,省委常委、省纪委书记李法泉作工作报告。

3 日 省十二届人大常委会在济南举行第一次主任会议。省委书记、省人大常委会主任姜异康主持会议并讲话。会议研究通过了省人大常委会 2013 年工作要点、2013—2017 年立法规划和 2013 立法计划、2013 年监督工作计划,宣布了省人大常委会主任会议成员分工。

4 日 省委书记姜异康走访各民主党派省委和省工商联机关,代表中共山东省委向全省民主党派、工商联各级组织和无党派人士,向统一战线广大成员致以诚挚问候和新春祝福,并与省各民主党派、工商联新老负责人和无党派代表人士进行了座谈。省领导雷建国、颜世元参加活动。

4 日 省委、省政府领导分九路,走访慰问住济省级老同志及已故省级老同志遗属。省委书记姜异康,省委副书记、省长姜大明,省政协主席刘伟,在省委常委、秘书长雷建国陪同下,走访慰问了苏毅然、梁步庭、赵志浩、李振、陆懋曾、李春亭、韩喜凯七位正省级老同志,看望了几位老同志遗属。

5 日 山东军政迎春座谈会在山东大厦举行。省委书记姜异康,省委副书记、省长姜大明,济南军区司令员赵宗岐、政委杜恒岩出席座谈会。省政协主席刘伟,省委副书记王军民等出席座谈会。

5 日 山东省委、省政府、济南军区暨济南市委、市政府在山东会堂举行 2013 年山东军民春节联欢晚会。省委书记姜异康,省委副书记、省长姜大明,济南军区司令员赵宗岐、政委杜恒岩,省政协主席刘伟,省委副书记王军民与 2000 多名各界代表欢聚一堂,喜迎新春佳节。

5 日 省委副书记、省长姜大明主持召开省经济责任审计工作领导小组会议,总结 2012 年经济责任审计工作情况,部署 2013 年工作任务。

7 日 省委、省政府在山东大厦举行各界人士迎春茶话会。省委书记姜异康主持茶话会,省委副书记、省长姜大明致辞,省政协主席刘伟,省委副书记王军民等出席茶话会。

7 日 省委副书记、省长姜大明先后到京福高速济南西收费站,看望慰问高速公路值班职工、公安干警和消防官兵,代表省委、省政府向大家致以新春问候和诚挚祝福。

8 日 农历蛇年春节来临之际,省委书记姜异康先后到济南和德州齐河县,慰问坚持节日生产的干部职工,走访老年公寓和困难群众,向全省广大干部群众致以新春的祝福和亲切的问候。

8 日 省委副书记、省长姜大明到菏泽市曹县,走访慰问城乡困难群众和老党员,代表省委、省政府向大家致以新春的问候和祝福。

17 日 全省维护稳定工作电视电话会议召开。省委副书记王军民出席会议并讲话,省委常委、政法委书记才利民主持会议。省领导雷建国等和省维稳工作领导小组成员及驻济高校负责人在济南主会场参加会议。各市、县(市、区)设分会场。

18 日 省选派“第一书记”工作领导小组第二次会议在济南召开。省委副书记、省选派“第一书记”工作领导小组组长王军民主持会议并讲话,省委常委、组织部部长、领导小组副组长高晓兵出席会议,对“第一书记”工作作出安排部署。

19 日 省政府召开全省安全生产工作电视会议,总结工作,分析形势,安排部署 2013 年工作任务。省委副书记、省长姜大明出席会议并讲话,省委常委、常务副省长孙伟主持会议。

21 日 省委举办理论学习辅导报告会,邀请中央党校党史研究部副主任谢春涛教授,就深入学习贯彻党的十八大精神,增强中国特色社会主义道路自信、理论自信、制度自信作专题辅导报告。省委书记姜异康,省委副书记、省长姜大明,省政协主席刘伟出席,省委副书记王军民主持报告会。省委常委等参加报告会。

22 日 省委书记姜异康,省委副书记、省长姜大明分别在济南会见卫生部部长陈竺一行。省领导雷建国等参加会见。

22 日 省政府部门主要负责人会议在济南召开。省委副书记、省长姜大明出席会议并讲话,省委常委、常务副省长孙伟主持会议。

26 日 全省高校党建工作会议在济南召开。会议传达学习了第二十一次全国高校党建工作会议精神和省委书记姜异康对高校党建工作提出的新要求,对 2013 年全省高校党的建设工作作出部署。省委常委、常务副省长孙伟出席会议并讲话,省委常委、组织部部长高晓兵主持会议。

27 日 全省机关党的工作会议在济南召开。会议传达学习了省委书记姜异康对机关党建工作的重要指示。省委常委、秘书长雷建国出席会议并讲话。

28 日 十二届全国人大一次会议住鲁全国人大代表在济南参加专题学习。省委副书记王军民作动员讲话,省委常委、组织部部长高晓兵主持。

3 月

1 日 省委召开副省级以上党员领导干部会议,传达学习党的十八届二中全会精神。

3 ~ 12 日 全国政协十二届一次会议在北京召开。会议期间,山东代表团的代表听取和审议了政协全国委员会常务委员会工作报告、政协全国委员会常务委员会关于提案工作情况的报告,选举了政协第十二届全国委员会主席、副主席、秘书长、常务委员;列席了十二届全国人大一次会议,听取并讨论了政府工作报告及其他有关报告;围绕国务院机构改革和职能转变方案进行了认真讨论;围绕经济社会发展的重点问题和民生热点建言献策，提出了具有较强前瞻性、针对性和可操作性的意见建议。

4日 省文明委在济南召开纪念毛泽东等老一辈革命家为雷锋同志题词50周年座谈会，贯彻落实全国会议精神，总结交流学雷锋活动的经验体会，探讨学雷锋活动、学习宣传道德模范常态化的途径方法，安排部署学雷锋工作。会前，省委书记、省人大常委会主任、省文明委主任姜异康对全省学雷锋活动作出批示，省委常委、宣传部部长、省文明委副主任孙守刚出席座谈会并讲话。

5～17日 十二届全国人大一次会议在北京召开。会议期间，山东代表团的代表以高度的责任感和使命感，认真履行宪法和法律赋予的职责，审议批准了政府工作报告、人大常委会工作报告和其他报告，依法选举和决定了新一届国家机构领导人员。

7日 省厉行勤俭节约反对铺张浪费督导组召开会议，听取了督导情况汇报，省委副书记王军民，省委常委、省纪委书记李法泉出席会议并讲话。

8日 省委副书记王军民到枣庄市调研“三农”工作。

13日 省委副书记王军民到山东中医药大学调研。

15日 由文化部和山东省人民政府共同主办的“三魂一心 于希宁诞辰一百周年艺术展”在中国美术馆开幕。省委副书记、省长姜大明，省委常委、宣传部长孙守刚等出席开幕式。

18日 全省领导干部会议在济南召开，传达学习全国“两会”精神，对全省学习贯彻“两会”精神作出部署。

19日 省委召开常委扩大会议，宣布中共中央关于山东省领导调整的决定。中央组织部部务委员兼干部二局局长陈向群出席会议并宣布中央决定：郭树清任山东省委委员、常委、副书记，姜大明不再担任山东省委副书记、常委、委员职务。

19日 中共山东省委召开党外人士情况通报会，向省各民主党派、工商联、无党派代表人士通报中共中央关于山东省领导同志调整的决定。省委书记姜异康主持会议并作了通报。省委常委、组织部部长高晓兵，省委常委、统战部部长颜世元出席会议。

25～28日 中共中央政治局委员、中宣部部长刘奇葆在江苏、山东调研。山东省委书记姜异康，省委副书记王军民，省委常委、青岛市委书记李群，省委常委、宣传部长孙守刚参加在山东的活动。

28日 省委书记姜异康，省委副书记郭树清分别在济南会见国务院南水北调办公室主任鄂竟平一行。

28～29日 省十二届人大常委会在济南举行第一次会议。会议决定任命郭树清为山东省副省长，接受姜大明辞去山东省省长职务的请求，决定郭树清为山东省代理省长。会议表决通过了关于提请任免山东省人民政府组成人员职务的议案，省委书记、省人大常委会主任姜异康向新任命的人员颁发了任命书。

28～29日 省委副书记郭树清到济南市就城市规划、土地集约利用、社会管理创新等方面问题进行调研。省委常委、济南市委书记王敏等参加调研活动。

31日～4月2日 中国共产主义青年团山东省第十三次代表大会在济南举行。会议期间，省委副书记王军民受邀为与会代表作了关于中国梦学习体会的专题辅导报告。

4月

1日 省暨济南市开展全民义务植树活动。省委书记姜异康，省委副书记、代省长郭树清，济南军区司令员赵宗岐、政委杜恒岩，省政协主席刘伟，省委副书记王军民等军地领导参加活动。

1日 省委副书记、代省长郭树清主持召开第2次省政府常务会议，研究省政府工作规则、省政府2013年立法工作计划、“十二五”突发事件应急体系建设规划、大气污染防治、调整企业退休人员基本养老金、省有突出贡献的中青年专家选拔等事项。

2日 全省宣传部长会议在济南召开。会议传达贯彻了全国宣传部长座谈会精神和中共中央政治局委员、书记处书记、中宣部部长刘奇葆在山东调研时的重要讲话精神，研究部署了下一步宣传思想文化工作。省委常委、宣传部部长孙守刚出席会议并讲话。会前，省委常委会听取了全国宣传部长座谈会精神汇报，省委书记姜异康作了重要讲话，提出明确要求。

2日 新一届省政府举行第一次全体会议，学习贯彻党的十八大、全国“两会”和习近平、李克强一系列重要讲话精神，全面落实省第十次党代会和省“两会”确定的目标任务，讨论通过了《山东省人民政府工作规则》，对政府工作进行了部署。省委副书记、代省长郭树清主持会议并讲话。

7日 新一届省政府第一次廉政工作会议在济南召开。省委副书记、代省长郭树清出席会议并讲话。会议提出，2013年向社会公开省级“三公”经费预算总额，同时县级政府2013年也将探索实行接待经费公开。孙伟主持会议，李法泉应邀出席会议。

8～10日 省委副书记、代省长郭树清先后到东营、滨州就转方式调结构、加快城镇化建设、优化营商环境进行调研。

9日 黄河三角洲国家现代农业科技示范区建设座谈会暨“渤海粮仓”科技示范工程启动会在东营举行。全国政协副主席、科技部部长万钢，省委副书记、代省长郭树清出席会议并讲话。

11日 省委副书记王军民在济南就加快发展现代农业进行调研。

12～13日 国务委员、公安部部长郭声琨在山东调研。他强调要认真贯彻落实党的十八大和全国“两会”精神，紧紧围绕推进平安中国、法治中国、过硬队伍建设，立足山东发展新起点，不断开创公安工作新局面，努力使山东公安工作走在全国前列，为维护社会大局稳定、促进全省发展作出新的更大贡献。

13日 《人民日报》头版以《总投资811亿元的50个重点项目集中推进——山东半岛开放蓝海创意未来》为题介绍了山东省建设山东半岛蓝色经济区的有关情况。

15日 省委副书记、代省长郭树清主持召开第3次省政府常务会议。研究评选推荐山东省劳动模范和先进工作者、2014年青岛世界园艺博览会筹办工作等事项，讨论并原则通过《山东省农田水利管理办法(草案)》。

15～17日 中共中央政治局常委、全国人大常委会委员长张德江在山东调研。他强调，实现中华民族伟大复兴的中国梦，对依法治国提出了更高要求，要全面贯彻落实党的十八大精神和十二届全国人大一次会议精神，全面推进依法治国、维护宪法和法律权威，更加注重发挥法治在国家治理和社会管理中的重要作用，为建设法治中国不懈奋斗。

16日 省委副书记王军民在济南会见武警部队政治部主任于建伟率领的武警总部工作组一行。省委常委、政法委书记才利民参加会见。

17日 省委副书记、代省长郭树清主持召开第4次省政府常务会议，分析一季度经济社会发展形势，研究综合交通运输发展等工作。

17日 中央农村工作领导小组办公室副主任唐仁健、省委副书记王军民在德州调研“两区同建”工作。

18日 山东省与土耳其安塔利亚省在济南举行工作会谈。省委副书记、代省长郭树清，安塔利亚省省长阿尔特帕尔马克出席会议。

18～19日 省委书记姜异康到枣庄和济宁就深入学习贯彻党的十八大和全国“两会”精神，进一步改进工作作风，重视保障和改善民生进行调研。他强调，改善民生要从一件件的具体事情做起，做成做好，让老百姓能够得到实惠，共享改革发展成果。

18～19日 省委副书记、代省长郭树清在德州、聊城，就加快省会城市群经济圈和西部隆起带建设进行调查研究。

20日 8时2分，四川省雅安市芦山县发生7.0级地震，给当地人民群众生命财产安全造成重大损失。山东省委、省政府分别于20日、21日向四川省委、省政府发去慰问电，并向四川省提供800万元救助资金。

22日 省委召开常委会议，传达学习中央政治局常委、全国人大常委会委员长张德江来山东省调研和视察工作时的重要讲话精神，研究贯彻落实意见。

22日 省委书记姜异康在济南会见台湾佛光山开山宗长星云大师一行。省政协主席刘伟，省领导雷建国、颜世元和山东大学校长徐显明参加会见。

22日 全省人口和计划生育工作会议在济南召开。省委副书记、代省长郭树清出席会议并讲话。

22日 省委副书记、代省长郭树清在济南会见上海证券交易所理事长桂敏杰一行。省委常委、常务副省长孙伟参加会见。同日，山东省人民政府与上海证券交易所签订全面战略合作备忘录。

22～26日 山东召开转方式调结构、推动科学发展现场观摩交流会。

25日 首届山东省—南澳州合作发展论坛在济南举行。省委书记姜异康出席论坛，南澳州州长魏杰、副省长夏耕出席论坛并致辞。省委书记姜异康，省委副书记、代省长郭树清分别在济南会见了魏杰率领的大型政府暨企业代表团一行。

27日 省委副书记、代省长郭树清在济南会见中国农业银行党委书记、董事长蒋超良。省委常委、常务副省长孙伟参加会见。

27日 省委副书记王军民主持召开省综治委矛盾纠纷排查调处工作协调会议第一次会议，就全省建立矛盾纠纷排查调处工作协调会议制度进行了研究部署。省领导才利民、雷建国等出席会议。

28日 省委、省政府召开山东省劳动模范和先进工作者表彰大会，庆祝“五一”国际劳动节，表彰山东省改革开放和社会主义现代化建设中作出突出贡献的劳动模范和先进工作者。省委书记姜异康出席会议并讲话，省委副书记、代省长郭树清主持会议，省政协主席刘伟，省委副书记王军民出席会议。

28日 省文明委全委会在济南召开，总结工作，分析形势，部署下一步山东省精神文明建设工作。省委书记、省文明委主任姜异康出席会议并讲话。省委常委、宣传部长、省文明委副主任孙守刚主持会议，副省长、省文明委副主任季缃绮传达中央文明委第一次全体会议精神。

29日 省委副书记、代省长郭树清到枣庄市看望人感染H7N9禽流感患者，代表省委、省政府向患者及其家属表示慰问，并向节日期间坚守工作岗位的医护人员表示感谢。

29日～5月1日 省委副书记、代省长郭树清先后到枣庄、临沂调研。

5月

2日 省委副书记、代省长郭树清签发《山东省农田水利管理办法》(省政府令第261号)。

3日 省委书记姜异康，省委副书记、代省长郭树清在济南会见国防大学政委刘亚洲、副校长王永生率领的第42期国防研究班学员一行。省及济南军区领导陈照海、王军民、刘从良、雷建国、颜世元等参加会见。

3日 省委副书记、代省长郭树清在济南会见国家开发银行行长郑之杰。省委常委、常务副省长孙伟参加会见。

7日 省委副书记、代省长郭树清在济南会见中储粮总公司董事长包克辛。省委常委、常务副省长孙伟参加会见。

8日 由全国人大常委会副委员长、民盟中央主席张宝文，全国政协副主席、民盟中央常务副主席陈晓光率领的民盟中央调研组来山东考察调研。省委书记姜异康在济南介绍了有关情况，省政协主席刘伟参加活动。

8 日 《大众日报》报道：自 2009 年医改启动以来，山东省通过大力筹集资金，调整支出结构，全力支持医改五项重点工作深入推进，4 年来，省财政累计投入 461 亿元，年均增长 30%。

8～10 日 由山西省委书记袁纯清，省委副书记、省长李小鹏率领的山西省代表团来山东省考察。8 日，双方在济南举行两省工作交流座谈会，省委书记姜异康，省委副书记、代省长郭树清与袁纯清、李小鹏共同出席。座谈会后，郭树清、李小鹏代表两省签署《山东省人民政府 山西省人民政府关于深化战略合作的指导意见》。考察期间，山西省代表团先后在济南、潍坊、青岛考察。

9 日 省委书记姜异康在济南向来山东调研指导工作的全国政协副主席、全国工商联主席王钦敏一行介绍了有关情况，省政协主席刘伟参加。

9 日 《人民日报》头版以《山东十年增产增效不增水》为题介绍了山东省在支撑经济总量连续两位数增长、保障全省粮食生产“十连增”和农民收入“十连快”的情况下，全省万元 GDP 取水量不断下降的经验。

9～10 日 省委副书记、代省长郭树清先后到菏泽、济宁就加快西部地区发展、推进新农村和小城镇建设等进行调查研究。

13 日 省委书记姜异康，省委副书记、代省长郭树清在济南会见社保基金会党组书记戴相龙一行。雷建国等参加会见。

13 日 省委书记姜异康在济南会见国家发改委副主任朱之鑫一行。省领导孙伟、雷建国参加会见。15 日，省委副书记、代省长郭树清在济南会见朱之鑫。

14 日 省委副书记、代省长郭树清在济南会见印尼佳发集团首席执行官汉多㖞一行。

15 日 为转变工作作风、密切联系群众，省委确定每位常委定点联系一个县。省委书记姜异康到他的工作联系点聊城市东阿县调研，深入了解社情民意，帮助解决群众生产生活中的困难，就如何加快西部地区发展听取基层群众的意见和建议。

15 日 省委副书记王军民在莱芜调研。他强调，要紧紧围绕建设现代农业的中心任务，坚持和完善农村基本经营制度，大力培育新型农业经营主体，加快构建新型农业经营体系，不断提高现代农业发展水平。

16 日 省委书记姜异康在济南会见国家统计局局长马建堂一行。省领导孙伟、雷建国参加会见。此前一天，省委副书记、代省长郭树清在济南会见了马建堂一行。

16～17 日 省委副书记、代省长郭树清先后到烟台、威海考察，就推进对外开放、发展民营经济、优化营商环境等进行调查研究。16 日，郭树清专程到烟台市儿童福利院和芝罘社会福利院，亲切看望生活在这里的残疾儿童，代表省委、省政府向全省残疾人工作者表示慰问。

18 日 省委书记姜异康在济南会见中宣部副部长、文化部部长蔡武一行。省领导王军民、孙守刚、雷建国等参加会见。

18 日 第十届中国艺术节文化部山东省第三次联席会议暨山东省筹委会第五次全体会议在济南召开，中宣部副部长、文化部部长蔡武，省委副书记、代省长郭树清出席会议并讲话，省委常委、宣传部部长孙守刚汇报了十艺节筹备工作情况。

18 日 由国家文物局、山东省人民政府主办的 2013 年“5·18 国际博物馆日”中国主场城市活动在济南启动。中宣部副部长、文化部部长蔡武，省委副书记、代省长郭树清，文化部副部长、国家文物局局长励小捷出席开幕式并共同启动主场活动，省委常委、宣传部部长孙守刚等出席仪式。

20 日 上午 10 时 45 分，设于济南市章丘市的保利民爆济南科技有限公司生产车间发生爆炸事故，造成 33 人死亡、19 人受伤。省委书记姜异康，省委副书记、代省长郭树清及省市领导王敏、雷建国等赶赴现场指挥救援工作。中共中央政治局常委、国务院副总理张高丽作出重要批示，要求全力抢救被埋人员和伤员，查清事故原因，扎实做好善后工作，举一反三，吸取教训，坚决防止和杜绝重大恶性事故发生。

20 日 省委副书记、代省长郭树清在济南会见全国供销合作总社党组书记、理事会主任王侠。省领导王军民、王敏等参加会见。省委副书记王军民陪同参加调研。

20 日 受省委副书记、代省长郭树清的委托，省委常委、常务副省长孙伟主持召开第 5 次省政府常务会议，研究部署营改增试点、第十届中国艺术节筹备等工作，讨论并原则通过《山东省公路路政条例（草案）》、《山东省劳动合同条例（修订草案）》、《山东省专利条例（草案）》、《山东省人口与计划生育条例修正案（草案）》。

21 日 省委副书记、代省长郭树清在日照会见韩国现代汽车集团副会长薛荣兴一行。

21～22 日 省委副书记、代省长郭树清先后到莱芜、日照调查研究。

23 日 省委书记姜异康围绕深入实施创新驱动战略、推进科技创新到青岛市调研。他强调，要把科技创新摆在全省发展大局的核心位置，依靠科技的力量推动经济转型升级。省市领导李群、雷建国参加调研。

23 日 省委副书记、代省长郭树清在济南会见深圳证券交易所理事长陈东征、总经理宋丽萍一行。省委常委、常务副省长孙伟参加会见。

24 日 省委副书记、代省长郭树清在济南会见韩国希杰集团中国本社总裁朴根太一行。

24 日 山东省财政厅向社会公布 2013 年省级“三公”经费预算总额及 95 个省政府组成部门和直属机构单位的部门预算。这是山东历史上首次公开省级“三公”经费预算。2013 年山东省本级公共预算财政拨款安排的“三公”经费预算总额为 7.62 亿元。其中，因公出国（境）费 0.68 亿元，公务用车购置及运行维护费 4.96 亿元，公务接待费

1.98 亿元。

25 日 国务院山东保利民爆济南科技有限公司“5·20”特别重大爆炸事故调查组全体会议在济南市召开。事故调查组组长、国家安全监管总局副局长王德学，省委副书记、代省长郭树清等分别对严肃事故查处、强化安全防范措施等提出意见、建议和要求。

25 日 全省非公有制经济人士理想信念教育实践活动动员部署会议在济南召开。省委书记姜异康会前提出要求，省委常委、统战部部长颜世元出席会议并讲话。

26 日 省委副书记、代省长郭树清在济南会见民政部副部长戴均良。

27 日 省双拥工作领导小组召开第二十八次全体会议，对加快推进军民融合式发展、不断开创全省双拥工作新局面进行研究部署。省委副书记王军民，省委常委、省军区政委刘从良出席会议并讲话。

27～30 日 “2013 香港山东周”在香港举行。活动期间，省委副书记、代省长郭树清率领山东省代表团广泛接触香港各界人士，通过拜访、论坛、推介会等多种形式全力推介山东，增进了鲁港双方的互信了解，推动两地的战略合作，签署了一批重大合作项目，活动取得丰硕成果。

28 日 省委书记姜异康到临沂莒南县、费县调研。他强调，在推动科学发展中要突出本地特色，发挥自身优势，大力发展县域特色产业，促进经济持续健康发展。

28 日 省直单位“第一书记”首批工作总结暨第二批推进会在济南召开。省委副书记、省选派“第一书记”工作领导小组组长王军民讲话，省委常委、组织部长、领导小组副组长高晓兵主持会议并对会议贯彻落实提出要求。

29 日 省委副书记王军民在肥城市调研。他指出，要进一步深化农村改革，大力培育新型农业经营主体，用中国梦激发带动广大农民发展现代农业的积极性主动性创造性。

30 日 在“六一”国际儿童节来临之际，省委书记姜异康到济南市北大槐树第一小学，亲切看望少年儿童，代表省委、省政府向全省少年儿童表示节日的祝贺，向广大教师和少年儿童工作者致以亲切的问候。

30 日 武警部队拥政爱民工作会议在济南召开。解放军总政治部副主任贾廷安，武警部队政委许耀元出席会议并讲话，省委书记姜异康致辞，省委副书记、代省长郭树清，武警部队副政委崔景龙，政治部主任于建伟，省委副书记王军民出席会议。

30 日～6 月 2 日 省十二届人大常委会在济南举行第二次会议。会议决定省十二届人大二次会议 6 月 4 日在济南召开，补选郭树清为十二届全国人大代表，表决通过了有关人事任免案和有关决议、决定、报告等。

6 月

2 日 省委副书记、代省长郭树清到泰安就发展县域经济、推进城镇化和民生建设等进行调查研究。

3 日 中共山东省委在济南举行民主协商会，就即将召开的省十二届人大二次会议议程和省委拟向省人代会推荐的有关人选情况，进行民主协商。中共山东省委书记姜异康主持会议并讲话，省委副书记王军民，省委常委、组织部部长高晓兵出席会议。

3 日 省十二届人大二次会议会前法制讲座在济南举行。十一届全国人大常委会委员、法律委员会主任委员胡康生应邀为出席省十二届人大二次会议的全体代表作专题辅导报告，省委书记、省人大常委会主任姜异康主持讲座。

3 日 省委副书记、代省长郭树清主持召开第 6 次省政府常务会议，研究民主评议政风行风、行政审批事项清理、优化市场环境、节能减排等工作。

4～5 日 山东省第十二届人民代表大会第二次会议在济南举行。会议选举郭树清为山东省人民政府省长。

5 日 省委副书记、省长郭树清在济南会见深圳正威国际集团董事局主席王文银。省委常委、常务副省长孙伟参加会见。会见结束后，正威国际集团与威海市政府签订了合作协议。

5 日 省委副书记、省长郭树清在济南会见中国职业经理人协会会长洪虎。

6 日 省委书记姜异康在济南会见中央统战部副部长，全国工商联党组书记、常务副主席全哲洙一行。省领导雷建国参加会见。

6 日 省委书记姜异康在济南会见中国工商银行行长杨凯生一行。省领导高晓兵、雷建国参加会见。

6～8 日 省委副书记王军民在潍坊、青岛两市调研。他强调，要大力实施农业高端高质高效发展战略，加快培育新型农业经营主体，深化农业产业化经营，创新完善农业经营体制，不断增创农业农村发展新优势。

7 日 全国政协副主席卢展工率全国政协调研组来山东，就加强人民政协协商民主制度建设进行专题调研。省委书记姜异康，省委副书记、省长郭树清参加有关活动。

9 日 省委、省政府召开专题会议，学习贯彻习近平等中央领导关于安全生产重要批示精神，结合山东省实际，研究部署进一步加强安全生产工作。省委书记姜异康主持会议并讲话，省委副书记、省长郭树清讲话，省委副书记王军民出席会议。

10 日 省委书记姜异康到济南市检查安全生产工作。他强调，要把习近平总书记重要批示作为当前工作的重要指导方针，以对党和人民事业高度负责的态度，进一步增强安全生产的责任感和自觉性，切实保障人民群众生命财产安全。

10 日 省委书记姜异康在济南会见黑石集团大中华区主席梁锦松一行。省领导王敏、雷建国等参加会见。

10 日 省委副书记王军民在淄博沂源县督导检查安全生产。他强调，要把安全生产作为一条不可逾越的红线，严格落实安全生产责任制，强化监督检查，确保不发生重特大安全生产事故。

11日 省委副书记、省长郭树清到泰安检查指导安全生产和防汛工作。

13日 省政府召开防汛抗旱总指挥部成员扩大会议，学习贯彻国家防总2013年第一次全体会议和黄河防总、淮河防总防汛抗旱工作会议精神，分析山东省防汛抗旱形势，安排部署重点任务、防控措施。省委副书记、省长郭树清出席会议并讲话。

14日 省委副书记、省长郭树清主持召开第7次省政府常务会议，研究部署安全生产、道路交通"平安行·你我他"行动等工作，讨论并原则通过《山东省政府采购管理办法(草案)》。

14日 省委副书记、省长郭树清在济南会见全国工商联副主席、伊利集团董事长兼总裁潘刚一行。

14日 省委副书记王军民到省网络文化办公室，就山东省互联网宣传管理情况进行调研。

17日 山东省与韩国全罗南道在济南举行工作会谈。省委副书记、省长郭树清，全罗南道知事朴晙莹出席会谈。会谈前，郭树清会见了韩国驻青岛总领事黄胜炫一行。省委常委、常务副省长孙伟等参加活动。

19日 省委召开常委扩大会议，传达学习习近平在党的群众路线教育实践活动工作会议上的重要讲话。

20日 全省关工委主任座谈会在潍坊召开，省委书记姜异康作出批示。会议传达了中国关工委主任顾秀莲在听取省关工委工作汇报时的讲话精神和省委常委、组织部部长高晓兵在省关工委工作恳谈会上的讲话精神。

20日 省政府在山东大学召开高等教育座谈会，研究加快山东省高等教育改革发展工作。省委副书记、省长郭树清主持座谈会并讲话。

20～21日 山东省残疾人联合会第六次代表大会在济南举行。会议总结了过去五年全省残疾人工作，研究部署了今后一个时期的目标任务，选举产生了新一届省残联主席团委员和出席中国残联第六次代表大会代表。省委书记姜异康出席会议并讲话，中国残联党组书记、理事长王新宪，省委副书记、省长郭树清，省里的老领导赵志浩，省委副书记王军民出席开幕式。

21日 省委、省政府召开深入贯彻"四个尊重"重大方针、充分发挥工人阶级主力军作用座谈会，强调要认真学习习近平总书记同全国劳动模范代表座谈时的重要讲话精神，贯彻落实党的全心全意依靠工人阶级根本方针，进一步发挥广大职工模范带头作用，加快推进经济文化强省建设。省委书记姜异康出席会议并作重要讲话，省委副书记、省长郭树清主持。省领导孙守刚、雷建国等出席会议。

21日 最高人民检察院检察长曹建明来山东考察指导工作。省委书记姜异康在济南介绍有关情况，省委副书记、省长郭树清参加活动。

21日 全省财政工作会议在济南召开，会议深入贯彻落实党的十八大和省第十次党代会精神，分析当前财政经济形势，部署省以下财政体制改革任务，安排今后一个时期财税工作。省委副书记、省长郭树清出席会议并讲话。

23～24日 由70多个国家和地区反贪机构参加的国际反贪局联合会第五届研讨会在济南举行。中共中央政治局委员、中央政法委书记孟建柱出席会议并讲话。最高人民检察院检察长、国际反贪局联合会主席曹建明主持开幕式，山东省委书记姜异康致辞，省委副书记、省长郭树清，中央政法委秘书长、国务院副秘书长汪永清等出席会议。

24日 省委书记姜异康，省委副书记、省长郭树清在济南会见国务院南水北调办公室副主任于幼军一行。省领导雷建国等参加会见。

24日 省委副书记、省长郭树清在济南会见中国邮政集团公司总经理李国华。

24日 省委副书记王军民在聊城市茌平县调研。他强调，要高度重视"三农"工作，进一步深化农村改革，加快培育新型农业经营主体，努力在促进农业农村发展上取得新成效。

26日 省委书记姜异康在济南会见出席第二届中非省市长对话的中方嘉宾全国政协原副主席阿不来提·阿不都热西提，全国友协会长李小林一行。省领导雷建国等参加会见。

26日 省委副书记、省长郭树清在济南会见出席第二届中非省市长对话的前非盟主席让·平等非方客人。

26日 省委副书记、省长郭树清在济南会见新加坡贸工部政务部长、新加坡—山东经贸理事会新方联合主席张思乐。

26日 全省互联网宣传管理工作会议在济南召开。会议总结交流了近年来全省互联网宣传管理工作，安排部署了下一步工作。省委副书记王军民，省委常委、宣传部部长孙守刚出席会议并讲话。

27日 省委召开常委会议，传达学习中央党的群众路线教育实践活动工作会议精神，研究党的群众路线教育实践活动有关工作。

27日 省委党的群众路线教育实践活动领导小组召开第一次会议，传达学习中央召开的党的群众路线教育实践活动工作会议精神，听取全省教育实践活动前期准备工作情况汇报，审议山东省教育实践活动有关文件，安排近期工作。

27日 省委副书记、省长郭树清在济南会见突尼斯苏斯省省长穆赫里斯·贾玛尔。会谈后，山东省与苏斯省签订了进一步加强友好合作备忘录。

27～29日 第二届中非省市长对话在济南举行。中非地方政府合作论坛理事长、全国政协原副主席阿不来提·阿不都热西提，山东省委副书记、省长郭树清，中国人民对外友好协会会长李小林，前非盟主席让·平出席开幕式并致辞。本届中非省市长对话由中国人民对外友好协会和山东省政府联合举办，主题为"实业兴地方，基础促发展"，非洲19国的27位地方政府领导人、11国驻华大使，中国6省市、山东17市的代表和中非50多位企业家参加本届对话。

28日 省委理论学习中心组进行集体学习，邀请中央财经领导小组办公室副主任杨伟民就实施新型城镇化发展战略作辅导报告。省委书记姜异康主持，省委副书记王军民出席。

30日~7月2日 山东省工会第十四次代表大会在济南举行。会议总结了过去五年的全省工会工作，研究部署了今后一个时期工会工作的目标任务，选举产生了省总工会第十四届委员会委员和出席中国工会第十六次全国代表大会代表。

7月

1日 省委书记姜异康，省委副书记、省长郭树清，省委副书记王军民与全体省委常委，到沂南、蒙阴，重温党的历史，带头接受革命传统教育，增强党的宗旨意识和群众观念。

2日 省委书记姜异康，省委副书记、省长郭树清在济南会见国家烟草专卖局局长凌成兴一行。省领导雷建国等参加会见。

2日 省委副书记、省长郭树清在济南会见韩国韩华集团社长、中国总裁琴春洙。

2日 省委副书记、省长郭树清签发《山东省政府采购管理办法》（省政府令第262号）。

3日 全省党的群众路线教育实践活动动员大会在济南召开。会议对山东省开展教育实践活动进行动员部署，强调要进一步加深对教育实践活动重大意义的认识，坚决贯彻落实中央决策部署，着力解决“四风”问题，密切同人民群众的血肉联系，确保教育实践活动取得实实在在的成效。省委书记姜异康主持会议并作动员部署，中央督导组组长周声涛讲话。省委副书记、省长郭树清，省政协主席刘伟，省委副书记王军民，中央督导组副组长李祖沛出席会议。

3日 全省党的群众路线教育实践活动工作会议在济南召开。省委副书记、省委教育实践活动领导小组副组长王军民出席并讲话，省委常委、省纪委书记、省委教育实践活动领导小组副组长李法泉传达中央党的群众路线教育实践活动工作会议精神，省委常委、组织部部长、省委教育实践活动领导小组副组长高晓兵作关于全省第一批教育实践活动部署安排的说明。

4日 全省贯彻落实老年人权益保障法，推进社会养老服务体系建设座谈会在济南召开。省委书记姜异康出席会议并讲话。省委常委、秘书长雷建国等出席会议。

5日 省委书记姜异康到聊城市东阿县，听取党员干部群众对开展党的群众路线教育实践活动的意见建议，了解“四风”方面群众反映强烈的突出问题，走访慰问老党员和生活困难党员。省委常委、秘书长雷建国等参加活动。

5日 省委副书记、省长郭树清在德州市临邑县就开展党的群众路线教育实践活动调研走访。

5日 省政协召开十一届六次党组会议，传达学习全国党的群众路线教育实践活动工作会议和全省教育实践活动动员大会精神，研究省政协深入开展党的群众路线教育实践活动有关工作。省政协主席刘伟主持会议并讲话。

5日 省委副书记王军民到兖州市走访慰问老党员和生活困难党员，听取基层党员干部群众对开展党的群众路线教育实践活动的意见建议，并就“三农”工作进行调研。

7日 《人民日报》头版以《山东使巧劲扶持实体经济》为题，介绍山东省在全国率先探索建立“以存引贷”管理机制，用较少的财政资金，撬动更多的社会资本，大力扶持实体经济的经验。

8日 省委副书记、省长郭树清主持召开第9次省政府常务会议，研究完善居民社会养老保险、促进高校毕业生就业、政府简政放权等工作，讨论并原则通过《山东省火灾高危单位消防安全管理规定（草案）》、《山东省大运河遗产山东段保护管理办法（草案）》。

9日 省委书记姜异康，省委副书记、省长郭树清在济南会见全国双拥工作领导小组副组长兼全国双拥办主任、民政部副部长姜力一行。会见前，姜力率领调研考察组实地考察了山东省新一轮双拥模范城（县）创建工作，并同军地有关负责人进行座谈交流，省委副书记、省双拥工作领导小组组长王军民参加座谈并讲话。

9日 省委书记姜异康在济南会见国电集团董事长、党组书记乔保平，总经理陈飞虎一行。

9日 省委党校学位与研究生教育10周年纪念大会在济南召开。会前，省委书记、省委党校校长姜异康作出批示。

10日 省委副书记、省长郭树清在济南会见中国国民党中央评议委员会主席团主席、和协海峡金融集团总裁郑逢时一行。

11日 省委副书记、省长郭树清签发《山东省火灾高危单位消防安全管理规定》（省政府令第263号）。

12日 省政府党组暨办公厅机关党的群众路线教育实践活动动员大会在济南召开。省委副书记、省长郭树清主持会议并讲话。

14日 省委书记姜异康在济南向来山东调研指导工作的全国人大常委会副委员长、民革中央主席万鄂湘介绍有关情况。省领导颜世元等参加活动。

15日 省委党的群众路线教育实践活动领导小组召开第二次会议，听取全省教育实践活动进展情况汇报，讨论省委教育实践活动领导小组成员单位职责分工等文件，研究部署下步工作。省委书记、省委党的群众路线教育实践活动领导小组组长姜异康主持会议并讲话，省委副书记、省长、领导小组副组长郭树清，省委副书记、领导小组副组长王军民，省委常委、领导小组副组长李法泉、高晓兵出席会议。

15日 省委书记姜异康在济南会见由工业和信息化部党组副书记、副部长苏波率领的国务院安全生产委员会第三督查组一行。省领导雷建国等参加会见。

16日 省委书记姜异康,省委副书记、省长郭树清在济南会见惠普全球高级副总裁、惠普软件集团总裁汉斯皮特·克莱一行。省领导雷建国等参加会见。

16日 省委副书记、省长郭树清主持召开第10次省政府常务会议,分析上半年全省经济社会发展形势,研究部署下半年工作。

16日 惠普—济宁国际软件人才及产业基地签约仪式在济南举行,省委副书记、省长郭树清等出席仪式。

16日 省农村土地承包经营权确权登记颁证工作领导小组召开会议,听取试点工作进展情况汇报,研究部署下一步工作。省委副书记王军民出席会议并讲话。

16~17日 省委理论学习中心组举行集体学习。省委书记姜异康主持全体会议,省委副书记、省长郭树清,省委副书记王军民出席。省委常委,省人大常委会党组副书记,副省长,省政协党组副书记,省法院院长,省检察院检察长,省武警总队政委,省直有关部门、单位主要负责人参加会议。

17日 省委副书记、省长郭树清在济南会见斯洛伐克共和国副总理卢博米尔·瓦日尼。

18日 中共中央政治局委员、国务院副总理汪洋在山东调研食品药品安全工作。

18日 省委书记姜异康在济南会见团中央书记处第一书记秦宜智一行。省委常委、组织部部长高晓兵参加会见。

18日 《人民日报》头版以《山东2.6万干部强基层》为题介绍山东省从省直单位选派582名"第一书记"到全省最贫困的农村抓党建促脱贫,全省各地共选派2.6万名"第一书记"帮包1.8万个工作薄弱基层单位的经验。

19日 省委书记姜异康在济南会见海峡交流基金会董事长林中森率领的海基会山东台商参访团一行。省领导雷建国、颜世元等参加会见。此前一天,省委副书记、省长郭树清在济南会见了林中森一行。

19日 省委副书记、省长郭树清主持召开第11次省政府常务会议,研究省会城市群经济圈发展规划编制、加快金融改革发展、加快发展乡村旅游业等事项,讨论并原则通过《山东省台儿庄古城管理条例(草案)》。

20~23日 省委连续三次召开座谈会,听取对省委常委会和省委常委在作风方面存在的突出问题、贯彻落实中央八项规定精神和省委常委会实施办法情况,以及践行党的群众路线、反对"四风"方面的意见和建议,为省委常委会和省委常委对照检查、开展批评和自我批评、解决问题打好基础。

23日 省委召开常委会议,听取上半年全省经济社会发展情况汇报,研究部署下半年经济工作。

23日 省委书记姜异康在济南向来山东省视察公立医院改革情况的全国政协副主席马飚介绍有关情况,省委副书记、省长郭树清参加。省领导雷建国参加活动。

24~26日 省委副书记、省长郭树清率领省政府党组成员集体到博兴县、青州市、诸城市、莒南县进行调研,征求基层干部群众对省政府党组开展群众路线教育实践活动的意见和建议,实地调研干部作风、群众生产生活、转方式调结构、改革开放等工作。

26日 省委副书记、省长郭树清签发《山东省人民政府关于取消和下放行政审批事项的决定》(省政府令第264号)。

27日 省委举办群众工作专题报告会,邀请全国优秀共产党员、时代先锋人物、北京市海淀区法院副院长宋鱼水介绍转变作风、联系服务群众方面的事迹和体会。省委书记姜异康,省委副书记、省长郭树清,省委副书记王军民,在济南的省级领导班子成员出席报告会,省委常委、省纪委书记李法泉主持报告会。

29日 省综治委召开矛盾纠纷排查调处工作协调会议第三次会议,专题研究涉法涉诉信访改革问题。省委副书记王军民主持会议并讲话,省领导才利民等出席会议。

29~30日 省委副书记、省长、省委党的群众路线教育实践活动领导小组副组长郭树清主持召开基层党员干部群众代表座谈会和省直有关部门、高校负责人座谈会,听取对省委常委会和省委常委在作风方面存在的突出问题、贯彻落实中央八项规定精神和省委常委会实施办法情况,以及践行党的群众路线、反对"四风"方面的意见和建议。

29日~8月1日 省十二届人大常委会在济南举行第三次会议,听取并审议通过有关法规草案审议结果的报告、有关视察情况和议案审议结果的报告、人事任免案等。

30日 省委副书记、省长郭树清到群众路线教育实践活动联系点齐鲁工业大学调研,征求高校教职工对省政府工作的意见建议。

30日 济南军区、山东省暨济南市庆祝建军86周年文艺晚会在济南举行。济南军区司令员赵宗岐、政委杜恒岩,省委书记姜异康,省委副书记、省长郭树清,省委副书记王军民出席晚会。

30日 省委副书记、省长郭树清在济南会见日本日中经济协会理事长冈本岩一行。

31日 省委书记姜异康到教育实践活动联系点省民政厅调研教育实践活动。

31日 省委副书记、省长郭树清到烟台龙口市考察,就优化营商环境进行调查研究。

31日 全省第一批教育实践活动单位负责人会议在济南召开。会议传达学习了教育实践活动中央督导组工作座谈会和省委教育实践活动领导小组第三次会议精神,对下一步工作进行研究部署。省委副书记、省委教育实践活动领导小组副组长王军民出席会议并讲话,省委常委、领导小组副组长李法泉、高晓兵出席会议。

8月

1日 省委书记姜异康,省委副书记、省长郭树清在济南分别会见中国银行党委书记、董事长田国立一行。省领导孙伟、雷建国等参加会见。

1日 省委副书记王军民到群众路线教育实践活动联系点省司法厅,调研指导教育实践活动,面对面听取意见建议。

1日 省委副书记、省长郭树清签发《山东省大运河遗产山东段保护管理办法》(省政府令第265号)。

2日 省委举办党风党纪专题辅导报告会,邀请中央纪委副书记张军作专题辅导报告。省委书记姜异康主持报告会,省委副书记、省长郭树清,省委副书记王军民出席会议。省委、省人大、省政府、省政协领导班子成员,驻济的第一批教育实践活动单位主要负责人参加报告会。

2日 《人民日报》头版以《山东决心突破十面"霾"伏》为题,介绍山东省强力治理大气污染的有关情况。

4日 《人民日报》头版以《济南"西瓜地图"让围堵变有序》为题,介绍山东省济南市城管部门从2010年起连年推出"西瓜地图",一改过去的"围追堵截",引导瓜农有序进城的有关经验。

5日 省委举办马克思主义群众观点专题理论讲座,邀请中央党校党建研究部副主任张志明作报告。省委书记姜异康,省委副书记、省长郭树清,省政协主席刘伟出席报告会,省委副书记王军民主持。省级领导班子成员,驻济第一批教育实践活动单位主要负责人和部分省直机关干部参加报告会。

5日 省委书记姜异康,省委副书记、省长郭树清在济南会见国务院妇儿工委副主任、全国妇联党组书记、副主席、书记处第一书记宋秀岩一行。省领导高晓兵、雷建国等参加会见。

6日 省委副书记、省长郭树清在济南会见日本贸易振兴机构理事长石毛博行。

7日 省政府在济南召开参事座谈会,征求省政府参事对省政府党组作风建设和省政府工作的意见建议。省委副书记、省长郭树清主持会议并讲话。

8日 省委副书记、省长郭树清主持召开第12次省政府常务会议,研究部署安全生产、铁路建设和消防装备建设等工作。

13日 省委副书记、省长郭树清主持召开第13次省政府常务会议,研究西部经济隆起带发展规划编制和进一步做好新形势下农民工工作。

14~16日 省委、省人大、省政府、省政协领导班子开展为期两天半时间的集中学习和专题讨论。15日下午至16日上午,与会人员围绕如何坚持党的群众路线、践行全心全意为人民服务的宗旨,进行了分组讨论。省委书记姜异康,省委副书记、省长郭树清,省政协主席刘伟,省委副书记王军民和省级领导班子成员分别参加所在小组讨论并发言。省委常委,省人大常委会副主任,副省长、省政府特邀咨询,省政协副主席等出席会议。

19日 省委副书记、省长郭树清在济南会见中国广核集团有限公司董事长贺禹一行,省委常委、常务副省长孙伟等参加会见。

20日 省委副书记、省长郭树清在济南会见韩国三星集团大中华区总裁、三星电子社长张元基一行。

20日 《人民日报》头版以《山东 领导摆进去问题找出来》为题介绍山东省开展党的群众路线教育实践活动的有关经验。

20~21日 省委副书记王军民在广饶县深入乡村、社区和企业,就农村土地承包经营权确权登记颁证和环境综合整治工作进行调研。

21日 省委副书记、省长郭树清在济南会见韩国现代汽车集团副会长薛荣兴一行。省委常委、常务副省长孙伟等参加会见。

23日 全省农村土地承包经营权确权登记颁证工作电视会议在济南召开。省委副书记王军民出席会议并讲话。

26日 省委召开常委扩大会议,传达学习习近平和刘云山、刘奇葆在全国宣传思想工作会议上的重要讲话精神。

26日 省委党的群众路线教育实践活动领导小组第四次会议在济南召开。会议深入学习习近平关于教育实践活动的一系列重要讲话和指示精神,传达学习中央教育实践活动领导小组有关会议精神,研究提出了贯彻措施和下步工作任务。

26日 山东省—佐治亚州经贸洽谈会在济南开幕,省委副书记、省长郭树清,美国佐治亚州州长纳森·迪尔出席开幕式并致辞。

27日 根据省委关于在党的群众路线教育实践活动中广泛开展党员干部联系困难家庭工作的安排,省委书记姜异康到临沂市苍山县下村乡灰泉村走访慰问困难家庭,听取群众对党委政府工作的意见建议。同日,省委副书记王军民到苍山县下村乡埠阳村,联系困难家庭,看望困难群众。

27~28日 省委副书记、省长郭树清到菏泽市曹县安蔡楼镇走访慰问困难家庭,听取群众对党委政府工作的意见建议,并就"三农"与县域经济发展进行调研。

28日 省委书记姜异康在济南会见韩国驻华大使权宁世一行。次日,省委副书记、省长郭树清在济南会见了权宁世一行。

28日 全省第一批教育实践活动单位主要负责人会议在济南召开。会议主题是传达学习部分省区市党委教育实践活动领导小组负责同志座谈会精神,传达省委书记、省委教育实践活动领导小组组长姜异康和中央督导组组长周声涛的讲话要求,总结活动前段进展情况,研究部署下步工作。省委副书记、领导小组副组长王军民出席会议并讲话,省委常委、省纪委书记、领导小组副组长李法泉主持会议。

28日 省委、省政府召开全省直接联系群众做好信访工作会议,就进一步推进党员干部直接联系群众、做好信访工作、化解矛盾纠纷作出安排部署。省委副书记王军民出席会议并讲话，省委常委、秘书长雷建国主持会议。

29日 省委副书记、省长郭树清主持召开第14次省政府常务会议，研究促进进出口稳增长调结构、加强农村新型社区建设推进城镇化进程、“百镇建设示范行动”新增示范镇、清理规范行政事业性收费等工作。

30日 全省推进省会城市群经济圈和西部经济隆起带建设动员大会在济南召开，对“一圈一带”建设工作进行部署。

31日～9月12日 第十二届全运会在辽宁省举办。山东代表团共有838名运动员（含与解放军双计分60人）在28个大项、283个小项上获得决赛资格，共获得65枚金牌、47.5枚银牌和43枚铜牌，奖牌总数155.5枚，创历史新高，蝉联奖牌榜和金牌榜第一。

9月

2日 省委副书记、省长郭树清签发《山东省价格调节基金管理办法》（省政府令第266号）。

3～4日 省委副书记王军民在菏泽市深入农村社区和农业龙头企业，就加快推进生态文明乡村建设进行调研。

4日 省委书记姜异康在济南会见德国安顾保险集团董事会主席欧磊一行。

4日 省委副书记、省长郭树清在济南会见台湾三三企业交流会会长、台湾经济研究院董事长江丙坤一行。省委常委、统战部部长颜世元等参加会见。

5日 按照省委教育实践活动领导小组安排，第八督导组召开第一批教育实践活动单位情况汇报会，总结交流前段工作情况，部署安排下一步工作。省委副书记、省委教育实践活动领导小组副组长王军民出席会议并讲话。

6日 省委举办学习党章专题辅导报告会，邀请中央党史研究室副主任高永中作辅导报告。省委书记姜异康主持报告会，省委副书记、省长郭树清，省政协主席刘伟，省委副书记王军民出席会议。省级领导班子成员，驻济第一批教育实践活动单位主要负责人、部分省直机关干部等参加报告会。

6日 科技部、山东省政府在济南举行2013年部省工作会商会议。全国政协副主席、科技部部长万钢，省委书记姜异康，省委副书记、省长郭树清出席会议。会上，科技部与山东省围绕“加快实施山东半岛蓝色经济区战略，大力发展海洋经济，提升海洋产业竞争力”等议题进行了深入会商并达成一致意见。

9日 全国公安厅局长座谈会在青岛召开。国务委员、公安部部长郭声琨出席会议，他强调要紧紧围绕人民群众深恶痛绝的突出治安问题，始终保持对违法犯罪活动的严打高压态势，确保社会大局持续稳定和人民群众安全感稳步提升。省委书记姜异康出席会议并致辞。省领导才利民、李群、雷建国出席会议。

9日 在教师节即将到来之际，省委书记姜异康在青岛与教师、教育工作者代表座谈，结合正在开展的党的群众路线教育实践活动，听取意见建议，代表省委、省政府，向全省广大教师和教育工作者致以节日祝贺和诚挚慰问。省领导李群、雷建国等参加座谈。

9日 省委副书记、省长郭树清到山东师范大学，走访慰问离退休老教授，调研高等教育发展情况，代表省委、省政府向全省教育工作者致以节日问候。

10日 第七届华商企业科技创新合作交流会在济南开幕，省委副书记、省长郭树清，国务院侨务办公室主任裘援平出席开幕式并致辞。开幕式前，省委书记姜异康会见了裘援平一行。

11日 2013年“百名法学家百场报告会”山东专场首场报告会在济南举行。省委书记姜异康出席报告会，省委副书记王军民主持。中央政法委副秘书长、中国人民大学教授姜伟作题为《中国特色社会主义法治发展道路》的报告。省级领导班子成员，驻济省直部门（单位）主要负责人参加报告会。

11～12日 省委副书记、省长郭树清在青岛市就高等教育改革发展、促进外贸自由化投资便利化、优化创业创新环境进行调研。

13日 省委党的群众路线教育实践活动领导小组召开第五次会议，传达学习刘云山关于群众路线教育实践活动工作的重要讲话，听取全省教育实践活动前段征求意见、开展清理整顿和总体工作进展情况汇报，安排部署工作任务。省委书记、省委教育实践活动领导小组组长姜异康主持会议，省委副书记、省长、领导小组副组长郭树清，省政协主席、领导小组副组长刘伟，省委副书记、领导小组副组长王军民，省委常委、领导小组副组长李法泉、高晓兵，中央督导组孔强出席会议。

13日 全国机关党建工作研讨会在济南召开，交流研讨做好机关党的群众工作的经验。中央国家机关工委副书记邵旭军，省委副书记王军民出席会议并致辞，省委常委、秘书长雷建国出席会议。

13日 省委书记、省人大常委会主任姜异康，省委副书记、省长郭树清在济南会见中国建设银行董事长王洪章一行。省领导孙伟、雷建国等参加会见。

17日 省委副书记、省长郭树清主持召开第15次省政府常务会议，研究深入推进粮食高产创建、优先发展公共交通、现代职业教育体系建设等工作，确定授予24名外国专家“齐鲁友谊奖”、10位外国友人“山东省荣誉公民”称号。

20日 《人民日报》头版以《山东“一圈一带”满盘皆活》为题介绍山东启动省会城市群经济圈和西部经济隆起带两大区域发展战略后，在全省形成“两区一圈一带”区域协调发展的总体格局，东中西部各区域都明确了各自的功能、定位和发展方向的经验。

23日 省委书记姜异康在济南向来山东省就水源地保护工作进行专题调研的全国人大常委会副委员长沈跃跃及调研组汇报介绍有关情况。

23日 省委副书记、省长郭树清在济南市察看第十届中国艺术节主要场馆，亲切看望工作人员，检查指导最后阶段各项筹备工作。

25～29日 省十二届人大常委会第四次会议在济南举行，会议审议并表决通过了有关人事任免案、决定、议案审议结果的报告等。会议经过表决，免去省法院、青岛铁路运输法院、省检察院、济南铁路运输检察院有关人员职务，批准《济南市保障残疾人合法权益的若干规定》《青岛市气象灾害防御条例》，通过省人大城乡建设与环境资源保护委员会关于省十二届人大一次会议主席团交付审议的第30号议案审议结果的报告。

26日 省级领导班子成员开展集中学习。省委书记姜异康主持会议，省委副书记、省长郭树清，省委副书记王军民出席。

26日 省委书记姜异康在济南会见国家税务总局局长王军一行。省委常委、秘书长雷建国参加会见。此前一天，省委副书记、省长郭树清在济南会见了王军一行。

26日 省委书记姜异康，省委副书记、省长郭树清在济南会见中国工商银行董事长姜建清一行。省委常委、常务副省长孙伟参加会见。

26日 2013年全国股份制商业银行行长联席会议在济南召开，来自中国银监会、中国人民银行、中国银行业协会的相关负责人及12家全国股份制商业银行行长参加会议，省委副书记、省长郭树清会见了与会代表，省委常委、常务副省长孙伟出席会议并讲话。会前，郭树清会见了中国银监会副主席阎庆民一行。

27日 第四届全省道德模范表彰会在济南举行。会前，省委书记姜异康会见了山东省第四届全国道德模范及提名奖获得者并合影留念。省领导孙守刚、雷建国参加会见。

28日 省委副书记、省长郭树清到省美术馆新馆、省文化馆调研第十届中国艺术节场馆建设情况，检查指导展览布置等筹备工作。

29～30日 省委、省人大、省政府、省政协分别召开会议，集中学习习近平指导河北省委常委班子专题民主生活会有关新闻报道和纪实文章，观看有关录像，为开好山东省民主生活会作准备。省委书记姜异康，省委副书记、省长郭树清，省政协主席刘伟，省委副书记王军民等出席会议。

29～30日 全省农村新型社区建设工作会议在潍坊召开。省委副书记、省长郭树清出席会议并讲话。

10月

2日 省委副书记王军民到滨州市调研。他强调，要高度重视农业科技创新工作，坚持走高质高端高效现代农业发展的路子。

8日 省委副书记、省长郭树清主持召开第16次省政府常务会议，研究大气污染防治、完善县级基本财力保障机制等工作，讨论并原则通过《山东省机动车排气污染防治规定（草案）》、《山东省辐射污染防治条例（草案）》。

8日 省委副书记、省长郭树清在济南会见香港贸发局总裁林天福。

9～10日 省委常委班子召开专题民主生活会，按照“照镜子、正衣冠、洗洗澡、治治病”的总要求，以为民务实清廉为主题，以“反对四风、服务群众”为重点，坚持实事求是、民主团结、以整风精神开展批评和自我批评，认真查摆解决“四风”问题，切实改进工作作风，努力提高促进发展、服务人民群众的本领。

10日 《人民日报》头版以《山东文化惠民“群众点单”》为题，介绍山东省为破解基层群众文化生活匮乏的难题向群众征求意见，变“只干不问”为向百姓“问了再干”、“边问边干”，保障群众的基本文化权益，先从保障群众对文化工作的发言权做起的经验。

11日 第十届中国艺术节在济南省会文化艺术中心大剧院开幕。中共中央总书记、国家主席、中央军委主席习近平致信祝贺。中共中央政治局委员、国务院副总理、第十届中国艺术节组委会主席刘延东在开幕式上宣读了习近平的贺信，并宣布艺术节开幕。省委书记姜异康，文化部部长蔡武，省委副书记、省长郭树清，省政协主席刘伟，省委副书记王军民等出席开幕式。

11日 第十二届全运会山东代表团总结大会在济南召开。会前，省委书记姜异康，省委副书记、省长郭树清会见了山东代表团代表。

11日 第十届中国艺术节组委会全体会议在济南举行，中宣部副部长、文化部部长蔡武，省委副书记、省长郭树清出席并讲话。

11日 全国供销合作社基层工作会议在济宁召开。中华全国供销合作总社党组书记、理事会主任王侠出席并讲话，省委副书记王军民出席并致辞。

11～12日 中共中央政治局委员、国务院副总理刘延东在山东调研并出席了第十届中国艺术节开幕式等系列活动。

12日 山东省庆祝老年节大会在济南召开，隆重表彰第八届“山东省十大孝星”、山东省“敬老文明号”，并为新命名的“山东省长寿之乡”蒙阴县授牌。省委书记姜异康，省委副书记、省长郭树清会前向全省老年人和老龄工作者致信慰问。省委常委、统战部部长颜世元出席会议并讲话。

12日 第十届中国艺术节全国优秀美术作品展览在山东省美术馆新馆开幕，中宣部副部长、文化部部长蔡武出席并宣布展览开幕，省委副书记、省长郭树清等出席开幕式。此后，蔡武、郭树清等还出席了第十届中国艺术节演艺产品交易会重点演艺项目签约仪式，共16个项目现场签约。

14日 省委副书记王军民在东营市调研棉花机械化采摘。他强调，要大力推进农业机械化，进一步提高现代农业机械技术装备水平。

15日 省委副书记、省长郭树清签发《山东省机动车排气污染防治规定》(省政府令第267号)。

15~16日 省政府党组召开党的群众路线教育实践活动专题民主生活会,贯彻落实习近平总书记在参加河北省委常委班子专题民主生活会的重要讲话和有关文件精神,深入查摆在"四风"方面存在的突出问题,认真开展批评与自我批评,深刻剖析产生问题的根源,制定系统的整改措施,构建解决问题的长效机制。省委副书记、省长、省政府党组书记郭树清主持会议。中央督导组和省委教育实践活动领导小组有关人员到会指导。

15~16日 省委副书记王军民参加省司法厅党委班子召开的专题民主生活会。

16日 省人大常委会党组召开党的群众路线教育实践活动专题民主生活会,认真开展批评和自我批评,深刻剖析"四风"问题,切实改进工作作风,提高群众工作本领。省委书记、省人大常委会党组书记、主任姜异康主持会议。中央督导组和省委教育实践活动领导小组有关人员到会指导。

17日 省委书记姜异康,省委副书记、省长郭树清分别在济南会见新加坡淡马锡控股(私人)有限公司总裁科尔一行。

18日 省委副书记王军民到莱芜市,深入农业园区和涉农企业,就大力发展现代农业进行调研。

20日 《人民日报》头版以《盐碱地何以变粮仓》为题,介绍山东省依靠科技改变盐碱地的有关情况。

21日 省委副书记、省长郭树清主持召开第17次省政府常务会议,研究前三季度经济社会发展形势,安排部署下一步工作,讨论并原则通过《山东省重污染天气应急预案》、《山东省实施〈森林防火条例〉办法(草案)》。

21日 山东省政府与内蒙古自治区政府在济南签订能源战略合作补充协议。省委副书记、省长郭树清,内蒙古自治区党委常委、常务副主席潘逸阳出席签字仪式,省委常委、常务副省长孙伟,内蒙古自治区副主席王波代表两省区在协议上签字,山东省政府秘书长主持签字仪式。仪式前,郭树清会见了潘逸阳一行。

21日 省委副书记、省长郭树清在济南会见香港东亚银行主席兼行政总裁李国宝一行。省委常委、常务副省长孙伟参加会见。

21~30日 应以色列经济部、柬埔寨贡布省、马来西亚首相对华事务特使黄家定的邀请,省委副书记王军民率团访问了上述三国。

22日 省委召开情况通报会,通报省委常委班子专题民主生活会情况,就深入贯彻落实习近平重要讲话精神,深入开展教育实践活动提出要求。省委书记姜异康主持会议并讲话,省委副书记、省长郭树清,省政协主席刘伟和省委常委出席会议。中央教育实践活动督导组组长周声涛、副组长李祖沛及督导组全体成员出席会议。

22日 省委副书记、省长郭树清主持召开第18次省政府常务会议,研究加快服务业发展、进一步规范发展民间融资机构、推进小额贷款公司试点、六大传统产业转型升级、政府向社会力量购买服务等工作。

23日 省委召开常委会议,听取前三季度经济社会发展情况汇报,研究部署下一步经济工作。

23日 省委副书记、省长郭树清在济南就节能减排、安全生产工作进行调研。

23~24日 省委书记姜异康到省民政厅参加厅领导班子专题民主生活会。

24~26日 省委副书记、省长郭树清在威海市就社会事业发展和农村新型社区建设进行调研。

25日 第十届中国艺术节"群星奖"颁奖仪式在威海市举行。中宣部副部长、文化部部长蔡武,省委副书记、省长郭树清等出席仪式并为获奖单位和个人颁奖。

25日 省委副书记、省长郭树清在威海主持召开座谈会,深入学习贯彻了习近平在指导河北省委常委班子专题民主生活会时的重要讲话精神。

25日 《人民日报》头版以《山东淘汰落后"断尾求生"》为题,介绍山东省自2010年国家要求进一步淘汰落后产能以来,促进经济增长转型升级的有关情况。全省1122户企业淘汰了落后产能,数量是国家下达任务的3倍多。

26日 第十届中国艺术节闭幕式在青岛举行。中宣部副部长、文化部部长蔡武,省委副书记、省长郭树清出席仪式并致辞。

28日~11月1日 省委副书记、省长郭树清率领山东省经济文化交流团在台湾成功举办2013台湾·山东周暨第十九届鲁台经贸洽谈会。5天时间里,交流团以"走亲戚、交朋友、促交流"为主题,在台湾展示了山东深厚的历史文化底蕴和广阔的发展前景。在台湾期间,郭树清会见了中国国民党荣誉主席连战、吴伯雄等知名人士。

29日 全省宣传思想工作会议在济南召开。会议认真学习贯彻了全国宣传思想工作会议精神,研究部署了当前和今后一个时期山东省宣传思想工作。省委书记姜异康出席会议并讲话。省领导王敏、李群、孙守刚、雷建国等出席会议。

29日 省委书记姜异康在济南会见以香港新闻工作者联会主席、《大公报》董事长兼社长姜在忠为团长的香港媒体高层访问团一行。省领导孙守刚、雷建国参加会见。26日,省委副书记、省长郭树清在青岛会见访问团一行。

31日 全国检察机关统一业务应用系统部署工作会议在济南召开。最高人民检察院检察长曹建明出席会议并讲话。省委书记姜异康出席会议并致辞。

11月

1日 2014年度全省重点党报党刊发行工作视频会议在济南召开。会议传达学习了省委书记姜异康重要批示精神,部署了2014年度全省重点党报党刊发行工作。省委常委、宣传部部长孙守刚出席会议并讲话。

2 日 省委书记姜异康，省委副书记、省长郭树清在济南会见新疆喀什地区党政代表团。省领导孙伟、高晓兵、雷建国及省直有关部门负责人参加会见。

3 日 省委召开常委会暨教育实践活动领导小组第六次会议，传达学习中央第一批教育实践活动工作座谈会和刘云山的重要讲话精神，研究贯彻落实意见。

4 日 省政府召开全省加快服务业发展电视会议。会议学习贯彻了习近平一系列重要讲话精神，总结了此前几年山东省服务业发展情况，明确了今后服务业发展思路和重点。省委副书记、省长郭树清出席会议并讲话。

5 日 省委举行理论学习辅导报告会，深入学习习近平总书记一系列重要讲话精神，邀请中国社会科学院院长王伟光和国家发改委宏观经济研究院常务副院长王一鸣作辅导报告。省委书记姜异康，省委副书记、省长郭树清分别主持报告会，省政协主席刘伟出席。省级领导班子成员，省有关部门（单位）负责人、部分省直机关干部等参加报告会。

6 日 省委副书记、省长郭树清主持召开第 19 次省政府常务会议，研究进一步完善省级国有资本经营预算制度、推进节约集约用地、地方政府职能转变和机构改革等工作，讨论并原则通过《〈山东省农业环境保护条例〉等四件地方性法规的修正案（草案）》。

7 日 全省创业创新工作会议在济南召开。会议深入贯彻落实习近平对山东发展提出的新要求，交流了各行各业创业创新经验，动员全省上下进一步解放思想、深化改革，把创业创新工作推向更高水平，促进山东经济转型升级。省委副书记、省长郭树清出席并讲话，省委常委、常务副省长孙伟主持会议。

7 日 省委副书记、省长郭树清在济南会见以立陶宛驻华大使丽娜·安塔纳维切涅为首的欧盟驻华使节团一行。

11 日 全省深入推进生态文明乡村建设现场会在荣成召开，省委副书记、省委农村工作领导小组组长王军民出席会议并讲话。

13 日 省委党的群众路线教育实践活动领导小组召开第七次会议，研究部署山东省整改落实、建章立制环节工作。

13 日 省委召开全省第一批教育实践活动单位主要负责人会议，传达省委教育实践活动领导小组第七次会议精神，对做好整改落实、建章立制环节的工作进行部署。省委副书记、省委教育实践活动领导小组副组长王军民出席会议并讲话，省委常委、领导小组副组长李法泉、高晓兵出席会议。

13 日 省委副书记、省长郭树清签发《山东省人民政府办公厅关于印发政府向社会力量购买服务办法的通知》（鲁政办发〔2013〕35 号），《山东省实施〈森林防火条例〉办法》（省政府令第 268 号）。

14 日 省委召开副省级以上党员领导干部会议，传达学习党的十八届三中全会精神，研究贯彻落实意见。省委书记姜异康主持会议并讲话，省委副书记、省长郭树清，省政协主席刘伟，省委副书记王军民，副省级以上党员领导干部出席会议。

15～17 日 中共中央政治局常委、中央书记处书记刘云山先后到烟台、威海、济南等地，深入企业、社区、农村和文化单位，就学习贯彻十八届三中全会精神，调研了解基层情况，面对面听取干部群众意见。省委书记、省人大常委会主任姜异康，省委副书记、省长郭树清等陪同调研。

19 日 省委召开常委会议暨教育实践活动领导小组第八次会议，传达学习中央政治局常委、中央书记处书记、中央党的群众路线教育实践活动领导小组组长刘云山在山东省调研时的重要讲话精神，研究了全省教育实践活动的下步工作。

19 日 省委副书记、省长郭树清到党的群众路线教育实践活动联系点齐鲁工业大学调研指导工作，并参加学校党委领导班子专题民主生活会。

19 日 省综治委召开矛盾纠纷排查调处工作协调会议第七次会议，专题研究重大决策社会稳定风险评估机制建设问题。省委副书记王军民主持会议并讲话，省委常委、政法委书记才利民出席会议。

20 日 省委副书记、省长郭树清在济南会见美国微软公司国际业务总裁让·菲力浦·古德华一行。

20 日 省委副书记、省长郭树清在济南会见以色列驻华大使马腾一行。

21 日 省委副书记、省长郭树清在济南会见台湾联华电子股份有限公司董事长洪嘉聪。

21 日 山东省海防委员会在日照召开工作座谈会，研究部署海防管理和建设任务，推动全省海防工作创新发展。省委副书记、省海防委主任王军民出席会议。

22 日 凌晨 3 时许，青岛经济技术开发区中石化黄潍输油管线一输油管道发生原油泄漏。10 时 30 分左右，在准备抢修过程中发生爆炸。事故共造成 62 人死亡，100 余人受伤。事故发生后，中共中央总书记、国家主席、中央军委主席习近平，中共中央政治局常委、国务院总理李克强分别作出批示，国务委员王勇、省委书记姜异康，省委副书记、省长郭树清等赶到事故现场指导救援工作。

22 日 省委副书记、省长郭树清主持召开第 20 次省政府常务会议，研究建立健全地方金融监管体制、加快发展节能环保产业、整合城乡居民基本医疗保险、海岛保护规划编制、建立渤海海洋生态红线制度及红线区划编制等工作，讨论并原则通过《山东省水土保持条例（草案）》、《山东省残疾人就业办法（草案）》、《山东省规范行政处罚裁量权办法（草案）》。

23 日 中央宣讲团党的十八届三中全会精神报告会在济南举行。中央宣讲团成员、中央政策研究室副主任潘盛洲作宣讲报告，省委书记姜异康主持报告会，省政协主席刘伟，省委副书记王军民出席会议。

24～28日 中共中央总书记、国家主席、中央军委主席习近平在山东考察。他先后到青岛、临沂、济宁、菏泽、济南等地，深入革命老区、企业、科研院所、文化机构等，考察了经济社会发展和党的十八届三中全会精神学习贯彻情况。

25日 省委副书记、省长郭树清在"11·22"特大事故现场指挥部第三次全体成员会议上，就学习贯彻习近平重要讲话精神，迅速在全省开展安全生产大检查作出部署。

25～29日 省十二届人大常委会在济南举行第五次会议，会议表决通过了有关人事任免案、法规、决定决议、议案审议结果的报告等，确定省十二届人大三次会议于2014年1月17日在济南召开。

26日 山东省学习贯彻党的十八届三中全会精神宣讲团成立暨宣讲工作动员会在济南举行。省委书记姜异康会前作出重要批示。省委常委、宣传部长孙守刚出席会议并讲话。

28日 《人民日报》头版以《山东标本兼治抓整改》为题介绍山东省委勇于拿自己"开刀"，敢于揭短亮丑。针对查找出的"四风"突出问题，先后启动三期33项专项清理整顿工作，强化措施推动整改，标本兼治解决问题的经验。

29日 省委召开常委扩大会议，传达学习习近平在山东省视察时的重要讲话，研究贯彻落实意见。

29日 省委副书记、省长郭树清签发《山东省规范行政处罚裁量权办法》(省政府令第269号)。

12月

1日 省委书记姜异康，省委副书记、省长郭树清在济南会见由西藏自治区人大常委会副主任、日喀则地委书记丹增朗杰率领的日喀则地区党政代表团一行。省领导孙伟、雷建国等参加会见。

2日 省委书记姜异康以一名普通党员的身份参加所在的省委办公厅综合室党支部专题组织生活会，一起对照检查"四风"突出问题，开展批评和自我批评，研究整改措施。省委常委、秘书长雷建国参加了专题组织生活会。

3日 省委召开常委扩大会议，传达学习习近平关于安全生产工作的重要讲话精神，研究部署全省的安全生产工作。

3日 省委副书记、省长郭树清在济南会见韩中亲善协会会长李世基一行。

4日 省委副书记、省长郭树清主持召开专题会议，研究部署石油天然气管道安全、工业结构调整和化解过剩产能工作。省委常委、常务副省长孙伟等出席会议。

4日 省委副书记、省长郭树清签发《山东省人民政府关于建立健全地方金融监管体制的意见》(鲁政发〔2013〕28号)。

4日 第十四次全省普法依法治理工作电视电话会议在济南召开，省委副书记、省全民普法依法治理工作领导小组组长王军民到会讲话，省委常委、政法委书记才利民主持会议。

5～6日 中国共产党山东省第十届委员会第七次全体会议在济南举行。

6日 省委、省政府召开专项整治工作调度会议，对在教育实践活动中开展"四风"问题专项整治工作作出进一步部署。省委副书记王军民主持会议并讲话，省领导孙伟、李法泉、孙守刚、雷建国等出席会议。

6日 全省非公有制经济人士理想信念报告会暨非公有制经济人士理想信念教育实践活动总结会电视电话会议召开。省委书记姜异康会前作出重要批示。省委常委、统战部部长、省非公有制经济人士理想信念教育实践活动领导小组组长颜世元出席会议并讲话。

9日 省委副书记王军民到山东劳动职业技术学院，就在高校中建立完善党员干部直接联系服务群众制度进行调研。

12日 第一期全省领导干部学习贯彻十八届三中全会精神和习近平系列讲话精神专题培训班在省委党校开班。省委副书记王军民作动员讲话和辅导报告，省委常委、组织部部长高晓兵主持开班式，省委常委、宣传部部长孙守刚出席。

14日 省委召开副省级以上党员领导干部会议，传达学习中央经济工作会议和中央城镇化工作会议精神，研究贯彻落实意见。

15日 省委副书记、省长郭树清主持召开第21次省政府常务会议，研究2014年全省经济社会发展思路建议、2014年财政预算编制、安全生产等工作。

16日 省委书记姜异康，省委副书记、省长郭树清在济南会见青海省海北州党政代表团一行。省领导高晓兵、雷建国等参加会见。

16日 省委副书记、省长郭树清签发《山东省残疾人就业办法》(省政府令第270号)。

16日 省全民普法依法治理工作领导小组在济南召开全体会议，研究讨论《法治山东建设纲要(讨论稿)》，对"六五普法"中期督导检查作出部署安排。省委副书记、省全民普法依法治理工作领导小组组长王军民出席会议并讲话。

17～18日 中国共产党山东省第十届委员会第八次全体会议在济南举行。

18日 生态山东建设工作领导小组会议在济南召开，对全省大气污染防治工作进行研究部署。省委副书记、省长郭树清出席会议并讲话。

19日 省委副书记、省长郭树清签发《山东省人民政府关于做好2014年预算编制工作的通知》(鲁政发〔2013〕30号)。

19～20日 全省经济工作会议在济南召开。会议深入学习贯彻了党的十八大和十八届三中全会精神，传达学习了中央经济工作会议精神和中央城镇化工作会议精神，总结了全省2013年经济工作，研究部署了2014年经济发展任务。

23日 2013年全省对口支援新疆工作会议在济南召开。会议总结交流了援疆工作特别是就业、教育、人才援疆工作经验做法，研究部署了下一阶段重点任务。会前，省委书记姜异康作出关于援疆工作的重要指示。省委常委、常务副省长孙伟出席会议并讲话，省委常委、组织部部长高晓兵主持会议。

25日 省委、省政府召开省直老干部情况通报会。省委书记姜异康通报了2013年山东省经济社会发展情况，省委副书记、省长郭树清主持会议。省领导高晓兵、雷建国出席会议。省里的老领导赵志浩、陆懋曾，省直住济副省级老干部，省直老干部工作联络员，省直、中央驻济单位离退休干部代表参加会议。

25日 省委副书记、省长郭树清主持召开第22次省政府常务会议，研究2014年政府工作报告（讨论稿）、中央农村工作会议精神贯彻意见、加快现代流通业发展等工作，讨论并原则通过《山东省专职消防队伍管理办法（草案）》。

26日 省委召开常委会议，听取全省国防后备力量建设情况汇报，研究下步工作意见。

26日 山东省青年联合会第十二届委员会第一次全体会议和山东省学生联合会第十一次代表大会在山东大厦开幕。省委副书记王军民出席会议并讲话，省领导高晓兵等出席大会开幕式。

26日 武警山东省总队召开宣布命令大会，武警部队副司令员潘昌杰宣布国务院、中央军委命令，任命李苏鸣为武警山东省总队司令员，武警山东省总队原司令员南平退休。省委副书记王军民出席会议并讲话。

26~27日 省政协召开十一届五次常委会议，省委副书记、省长郭树清出席会议并作省政府工作报告（征求意见稿）起草情况说明，省政协主席刘伟主持会议。会议深入学习了习近平视察山东重要讲话精神和中共十八届三中全会精神；围绕省政府工作报告（征求意见稿）进行了认真协商讨论，提出了意见建议；决定省政协十一届二次会议2014年1月16日在济南召开；审议并原则通过了十一届省政协常委会工作报告和提案工作报告；审议并原则通过了省政协2014年协商工作计划（草案）。

27日 全省警备区、军分区、预备役师（旅）党委第一书记述职会议在济南召开。省委书记、省军区党委第一书记姜异康，济南军区副司令员陈照海出席会议并讲话。省委副书记王军民宣读"党管武装好书记"表彰通报。省委常委王敏、李群、高晓兵、雷建国出席会议。

28日 省委召开副省级以上党员领导干部会议，传达学习中央农村工作会议精神，研究贯彻落实意见。

28日 省委教育实践活动领导小组召开第九次会议，传达学习中央教育实践活动领导小组第六次会议精神，研究做好教育实践活动下步工作。省委书记、省委教育实践活动领导小组组长姜异康，省委副书记、领导小组副组长王军民，省委常委、副组长李法泉、高晓兵出席会议。

30日 全省组织工作会议在济南召开。会议深入学习贯彻了十八届三中全会和全国组织工作会议精神，深入学习贯彻了习近平系列重要讲话和视察山东重要讲话精神，研究部署当前和今后一个时期全省党的建设和组织工作。省委书记姜异康到会讲话。

30日 省委书记姜异康听取省民政厅党的群众路线教育实践活动情况汇报。他强调，越是在教育实践活动的收尾阶段，越不能松懈、不能麻痹，要在"认真"二字上下功夫，切实把工作做细、做实，确保教育实践活动取得实效。

30日 省委副书记、省长郭树清在济南会见中国建设银行行长张建国一行。

31日 在2014年元旦来临之际，省委书记姜异康深入淄博市企业、农村和社会福利院，考察经济社会发展和民生工作，看望生产一线职工和困难群众，向全省广大干部群众致以新年祝福。

31日 2014年元旦前夕，省委副书记、省长郭树清到济南市看望幼儿园师生、武警官兵和一线职工，察看安全生产和市场供应情况。

31日 十艺节组委会召开总结座谈会，全面回顾总结十艺节筹办工作的成功经验，对作出突出贡献的先进集体和个人进行表彰。省委书记姜异康，文化部部长蔡武，省委副书记、省长郭树清分别作出批示，肯定十艺节工作。省委副书记王军民出席座谈会并讲话，省委常委、宣传部部长孙守刚主持会议。

31日 省委副书记、省长郭树清主持召开第23次省政府常务会议，研究政府核准的投资项目目录修订、2013年第三批取消下放行政审批项目、2013年省级国有资本预算调整和2014年预算安排等工作。

31日 省委副书记、省长郭树清签发《山东省专职消防队伍管理办法》（省政府令第271号）、《山东省人民政府关于发布政府核准的投资项目目录（山东省2013年本）的通知》（鲁政发〔2013〕32号）。

省委各部门及工青妇工作概况

省委办公厅工作概况

省委副秘书长、办公厅主任　刘长允

2013年，省委办公厅认真学习习近平总书记系列重要讲话精神，认真贯彻姜异康书记“希望大家深入贯彻党的十八大精神，结合正在开展的党的群众路线教育实践活动，不断提高办公厅工作科学化水平，努力做出新成绩”的指示要求，围绕中心、服务大局，齐心协力、扎实工作，着力开创新局面、营造新风气，较好地完成了省委交给的各项任务，工作取得了新进展。2013年，省委办公厅被评为省级文明机关，有12个处、室、单位获得省级以上荣誉称号，9名同志获得省级以上表彰。

一、深入学习贯彻党的十八大和习近平总书记系列重要讲话精神，进一步统一思想凝聚力量

认真落实省委《关于深入学习贯彻习近平总书记一系列重要讲话精神的意见》，把深入学习贯彻习近平总书记系列重要讲话、视察山东重要讲话作为重大政治任务，与学习贯彻党的十八大和十八届二中、三中全会精神紧密结合，切实把思想和行动统一到讲话精神上来。注重创新学习方式，采取厅领导班子带头学、组织各处室单位集中学、相互交流学、参加培训学、结合思想工作实际学等多种形式，进一步加深对党的重大理论观点、重大战略思想的理解把握，进一步加深对省委一系列重大决策部署和省情的认识，不断增强政治理论水平，在思想上政治上行动上同以习近平同志为总书记的党中央保持高度一致。坚持理论联系实际，引导全厅党员干部用讲话精神武装头脑、指导实践，使学习贯彻讲话的过程成为完善工作思路、提升工作水平的过程，使讲话精神真正转化为做好各项工作的强大力量，为不断提升“三服务”水平、开创全厅各项工作新局面奠定了坚实思想基础。为推动和促进全省面上学习贯彻工作的不断深入，召开全省党委秘书长会议进行专题部署，全面掌握全省学习贯彻落实习近平总书记系列重要讲话的情况，较好发挥了综合协调、督查落实职责，努力推动学习贯彻工作取得扎实成效。

二、扎实开展党的群众路线教育实践活动，着力推进党员干部作风转变

把开展教育实践活动作为改进工作作风、提升工作水平的重要契机，精心组织，周密部署，取得了实实在在的效果。一是将学习教育贯穿始终。厅级领导带头抓好学习，到沂蒙党的群众路线教育基地接受教育。各处室单位把集中学习与个人自学结合起来，组织党员干部原原本本通读中央规定的书目和文件。组织党员干部到济南战役纪念馆接受教育，集中收看教育影片，接受革命传统教育，帮扶临沂苍山21个困难家庭。二是将听取意见查摆问题贯穿始终。坚持开门搞活动，厅领导班子成员带头，采取多种形式广泛征求各方面意见建议，深入查摆“四风”方面存在的突出问题。厅领导班子自查出12个方面的问题和不足，办公厅层面共征求意见建议100余条。秘书长、主任领导班子对照检查材料剖析深刻，对照准确，措施有力，得到省委督导组肯定。三是将整风精神贯穿始终。秘书长、主任领导班子和厅级党员领导干部利用两天时间，召开两个专题民主生活会，提出批评意见412条。各处室单位党组织都严格按要求召开了专题生活会。四是将边学边查边改贯穿始终。在活动一开始，就针对干部职工反映比较集中的问题，从深入基层调研、加强宿舍区车辆管理等5个方面入手，出台了24项措施。认真研究拟定秘书长、主任领导班子整改

工作方案,从9个方面采取43项措施进行整改。制定了厅班子成员基层联系点制度,每名同志分别联系1个县级党委办公室,每年完成1个调研课题。进一步加强综合协调,主动加强与几大班子办公厅之间经常沟通,确保各项工作运转有序、协同推进。进一步增强主动服务意识,围绕省委中心工作和省委领导关注的热点问题,积极收集信息,撰写编印供省委领导同志参考的《参考资料》4期。五是将建章立制贯穿始终。分别就加强调查研究、改进会议文件简报、改进厅内公务接待、厅领导集体廉政建设等8个方面制定了规定。对内部规章制度进行修订和补充,形成《中共山东省委办公厅工作规章制度汇编》。六是积极做好省委常委会教育实践活动服务工作。密切跟进主动服务省委常委会教育实践活动各环节工作,从活动开始就建立起台账,在人手少、任务重的情况下,统筹兼顾、压茬推进。扎实做好意见征求、梳理分解工作,跟踪调度专项清理整顿,具体落实建章立制,积极配合省委教育实践活动办公室工作。

三、紧紧围绕省委中心工作,不断提升政务服务水平

坚持把提升政务服务水平作为办公厅工作的核心业务和工作水平的集中体现,紧紧围绕省委中心工作,努力为省委领导决策和省委工作落实提供优质服务。一是进一步改进文风,文稿起草质量有了新提高。起草整理各类文稿1200多篇,其中省委领导讲话400多篇。承担了省委十届四次至八次全体会议、全省党的群众路线教育实践活动动员大会、转方式调结构推动科学发展现场观摩交流会等系列重要会议的文稿服务任务,参与起草了深入学习贯彻党的十八届三中全会精神的意见等若干重要文件。积极服务省委重大调研活动,全程参与省委12项重大课题研究。圆满完成中央领导来我省视察相关材料起草任务,扎实做好重要文电等文稿起草工作。二是会议活动服务有了新改进。制定印发了《关于加强和改进省委常委会会议组织服务工作的具体措施》和《关于对邀请中央和省领导同志出席会议活动从严把关有关意见的通知》,会议活动组织更加科学规范。及时掌握中央重要会议和省委工作安排,主动加强与有关部门单位的协调沟通,早准备、早谋划。着力减少会议数量,提高会议质量,组织省委常委会议44次、全委会议5次、其他全省性重要会议40余次,拟定各类活动方案165个并做好全程服务。三是法规服务工作有了新开拓。建立法规工作机构,切实履行省委文件和党内法规制度的起草制定和审核把关职责,在省委制度建设中发挥好牵头、协调作用。强化文电制发管控,严格控制文件数量,着力提高文电质量,制发"鲁发"、"鲁办发"文件数量比上年下降21%。完善备案工作机制,扎实开展党内法规和规范性文件对上报备和对下审查工作,向中办报备法规、文件27件,审查各市党委和省委各部委报备文件193件。做好精简调整省委议事协调机构工作,顺利完成省委党内法规和规范性文件集中清理第一阶段任务,对1978年至2012年6月期间制定的文件作出清理。四是信息调研工作实现新突破。信息调研工作的主动性针对性明显增强,更多的信息进入领导决策,通过信息渠道解决重大实际问题30余件。积极改进紧急信息报送工作,快速反应能力不断增强,为突发事件妥善处置赢得主动。研究出台建立特约信息员队伍的实施意见,在基层单位选聘特约信息员500名,确保省委领导及时了解基层情况。召开全省党委信息工作会议,完善大信息工作格局。做好重要信息上报工作,中央领导对我省报送信息批示12件次,省委、省政府领导批示37件次。五是督促检查工作有了新进步。对学习贯彻习近平总书记系列重要讲话精神、落实中央八项规定、转方式调结构、区域发展战略等事关全局的重要工作,开展联合督查、专项督查30余次。完善重要工作进展情况统计调度和定期通报制度,对全省县域经济发展等9项工作,每季度调度通报。根据省委领导要求,对全省贯彻省委常委会工作要点情况进行集中调度,派出督查组进行实地督查,形成了综合报告。办理中央和省委领导批示1605件。向中央和省委领导报送督查落实报告215期,中央领导同志5次作出批示。六是维稳协调工作得到新加强。积极协调督促做好重大活动和重点敏感时期的维稳工作,较好地完成了各项任务,中央维稳办专门发函给予肯定。着力推动重大决策社会稳定风险评估机制向重点领域和重点部门延伸,组织开展重大事项风险评估6077项,为省委领导决策提供了重要参考。加强群体性应急处置机制建设,建立健全预案体系,提高了应急处置能力。七是政务接待工作有了新变化。严格执行中央八项规定和《党政机关国内公务接待管理规定》,积极探索新形势下改进政务接待的新办法新章程,坚持既热情周到又朴素节俭,创新实行处室工作"点、线、面"结合的管理模式,接待工作运转顺畅、高效有序。圆满完成党和国家领导人到我省考察调研的接待服务工作,共接待副国级以上党和国家领导人70余次,同时也为到我省有公务活动的国家有关部委和兄弟省市领导提供了热情服务。

四、增强服务保障能力,确保省委日常工作高效运转

把保障省委日常工作高效运转,作为办公厅工作的重要职能,完善制度规范,改进方法手段,加强综合协调,运行保障质量和水平进一步提高。一是省委值班工作运转有序。健全制度,加强力量,强化服务意识,充分发挥总值班室职能。加大指导力度,规范值班工作,完善全省值班体系,认真做好节假日值班和重大突发事件报告处理工作。全年共处理重要电话、报告、传真、函件等1000多件,办理中央领导同志重要批示12件。严谨细致做好厅务服务工作,组织厅内各种会议30余次,协调安排秘书长主任出席会议活动100余次。严格省委和办公厅印章使用管理,做好文电传阅工作。二是公文处理工作科学高效。把中央文件办理作为重中之重,对中央文件,在研究我省贯彻落实意见时,主动召集有关部门商议,发挥好牵头作用。改进拟办

意见工作，提高决策服务水平，强化对文件办理的督促落实，文件办理质量和水平进一步提高。做好精简简报工作，直接报送领导同志的简报由138种减少至38种。优质完成中央和省委文件印制、发行、清退工作，发文准确率和清退率均为100%。加强中央"亲启件"和绝密公文管理，受到中办表扬。加大各类档案收集整理力度，整理文书档案2398件，积极提供优质利用服务工作。三是机要交通工作高效及时。坚持保核心、保要害、保关键，不断推进工作格局、机制、手段创新，强化统一管理、搞好外部协作，衔接顺畅、保障有力、联动有效，实现载体传递安全高效。四是安全保卫工作保障有力。坚持预防为主、综合防范，强化群防群治机制，加强物防技防和指挥体系建设，提高信息化管理水平，打造安保工作大平台，着力提升安保工作服务水平。严格规范管理，有针对性制定安保措施，全力做好省委机关和宿舍区安保服务工作，切实维护好正常秩序。多次开展拉网式安全大检查，利用多种形式进行消防安全宣传和培训，切实消除各类安全隐患。五是认真做好老干部工作。落实老干部政治和生活待遇，组织省级老同志参加各种会议和活动120多人次。落实好走访慰问和住院探望制度，及时对家庭困难的老干部进行帮扶。到医院看望病号100余人次，走访慰问老同志300多人次。六是密码通信工作安全畅通。加强基础设施建设，健全工作管理体制，提高全省密码队伍综合素质，着力提升密码通信保障能力、信息安全支撑能力。强化核心密码管理，开展密码安全保密检查，在省、市密码部门装备新型应急密码通信设备，优质高效完成中央、省委领导密码通信随行服务保障任务。规范电报传输办理，共收发各类电报7243份，办理41256份，实现"无事故、无差错、无错情"工作目标。七是保密工作扎实有效。高度重视信息化条件下的安全保密工作，部署开展了信息公开保密审查专项检查和专项清理整治。深入开展保密宣传教育，完成了全省保密干部的全员培训。扎实推进保密监督管理和技术科技保障，认真组织开展保密普查，严肃泄密案件查处。八是信息化建设有序推进。以推进机关工作规范科学优质高效运行为目的，推动互联互通、信息共享，努力提高信息化服务保障能力。强化应用平台建设，组织设计"办公厅系统业务网络应用平台"，建设信息报送系统和网上舆情检索、传输报送系统。认真做好网上舆情的监测、研判和编报工作，全年累计编发275期，省委主要领导作出批办或注办57条。九是后勤保障高效节约。按照"提高机关管理水平，降低行政运行成本"的思路，重点加强对国有资产、财务经费、基建投资、物资采购、公务用车维修等领域的管理，推进建立权责清晰、协调高效、公开透明的管理模式。大力推进节约型机关建设，在省直机关率先完成了省委机关办公建筑节能监测平台建设项目。强化省委机关办公区和宿舍区的运行服务管理，顺利完成省委重要会议活动行政保障任务。

五、充分发挥机关党组织战斗堡垒作用，全面加强机关内部建设

坚持把抓好机关党建作为提升干部素质、提高工作效率的重要途径，以改革创新精神全面加强机关党建工作，为做好"三服务"工作提供坚强组织保障。一是创新机关党建工作。加大学习型机关建设力度，改进学习形式，制定了加强和改进学习的规定，请厅驻村"第一书记"上党课，请有关处室主要负责人进行业务辅导，组织参加高层次报告会，努力提高学习层次和效果。进一步强化和规范基层党组织工作，集中对厅机关18个处室局办和2个事业单位党组织进行换届，理顺了组织关系，增强了党组织的内在动力和活力。深入开展"改进作风提高效能"主题实践活动，引导干部职工比学习、比创新、比提高，受到省委省直机关工委表扬。深入挖掘工会、共青团和妇工委等群团组织的内在潜力，进一步增强机关的生机和活力。二是着力建设高素质干部队伍。认真做好干部培训学习和选拔任用工作，推荐选拔一批优秀干部走上更重要的领导岗位，为更多的干部提供发展空间。选送6名厅级、32名处级干部参加培训学习，面向基层公开招录、遴选公务员，为办公厅开创工作新局面提供有力的领导和组织保障。三是切实加强党风廉政建设。把反腐倡廉建设摆在全厅工作重要位置，坚持"一岗双责"，及时调整厅党风廉政建设责任制领导小组成员，抓好班子，带好队伍。通过举办专题报告会、收看廉政教育片、在《厅刊》及内网开设廉政专栏等形式，筑牢拒腐防变思想道德防线。加强监督检查，对40余项工程招标、物资采购以及20多项选人用人等工作进行了跟踪监督。加强制度建设，建立长效机制，制定了加强厅领导集体廉政建设的意见、实行廉政谈话制度的意见等规章制度。

附：省委办公厅领导成员名单

主　　任：刘长允

正厅级机要秘书：李德臣

副 主 任：陈保亚　孟向东　李超群　李世华

巡 视 员：郭　芬　周　勇

省委机要局局长：赵文海

省委保密办主任、省保密局局长：慕京品

省委督促检查室主任：解庆芝

省委办公厅信息调研室主任：王玉河

省委督促检查室督查专员：李晓光　任朝荣

省维稳办专职副主任：刘灿河

副 巡 视 员：杨殿利　郭仁亭　王建梅　李春喜

南郊集团党委书记：岳增亮

南郊集团总经理：董廷之

南郊宾馆总经理：马玉科

南郊宾馆党委书记：郭春晓

全省组织工作概况

省委常委、组织部部长　高晓兵

2013年，全省各级组织部门坚持以邓小平理论、“三个代表”重要思想和科学发展观为指导，深入学习贯彻党的十八大、十八届二中、三中全会和习近平总书记系列重要讲话、视察山东重要讲话精神，深入学习贯彻全国组织工作会议和省委十届七次、八次全会精神，跟着中心走、贴着中心做，强化服务意识、坚持问题导向，求真务实、狠抓落实，各项工作都取得了新进展新成效，为经济文化强省建设提供了坚强组织保证。

一、认真履行政治责任，全力以赴参与组织指导党的群众路线教育实践活动

把开展教育实践活动作为加强领导班子和干部队伍建设、加快建设经济文化强省的重大机遇，把参与组织指导第一批教育实践活动作为中心任务，从3月份开始，组织力量着手进行理论研究、梳理制度、前期调研、拟定工作方案等，提前做好活动筹备。从部机关抽调骨干力量参与活动办公室和督导组工作，与有关部门密切配合，做好活动的组织筹备、指导督导、联系服务等。认真落实中央教育实践活动领导小组、中央督导组和省委、省委教育实践活动领导小组部署要求，搞好调查研究，牵头起草制定全省教育实践活动的重要文件。会同省委办公厅，认真做好省委常委班子教育实践活动的服务工作，先后召开9次领导小组会议，研究部署教育实践活动推进措施；召开3次第一批活动单位主要负责人会议、6次省委督导组组长会议，作出具体安排。建立活动情况周报制度，定期调度、及时掌握活动进展情况并搞好综合分析，针对倾向性、苗头性问题，研究推进措施，及时向领导小组提出对策建议。认真指导抓好各个环节任务的落实，围绕深化学习教育，组织省管干部到沂蒙党的群众路线教育基地接受现场教育，组织拍摄群众路线专题片《力量》、《第一书记》，并组织省管干部进行学习情况测验；围绕搞好对照检查，汇总梳理各方面掌握的情况，分别向单位领导班子、省管党员干部反馈问题及意见建议4794条、7533条，分别对省直单位、省管企业、省属高校提出对照检查的重点问题，组织力量对领导班子和省管干部对照检查材料逐一审核把关；围绕抓好整改，及时提出分期开展专项治理的意见建议，配合清理整顿工作小组办公室做好相关工作，加强对各单位整改落实情况的调度指导，分五批向社会公示第一批活动单位需要整改的182项重点问题、749条整改措施。在省委坚强领导下，全省第一批教育实践活动周密部署、精心实施，取得了重要阶段性成果，为整个教育实践活动取得实实在在效果奠定了坚实基础。

二、搞好统筹融合，把学习贯彻全国组织工作会议精神与开展教育实践活动紧密结合

全国组织工作会议召开后，把学习全国会议精神、开展调查研究、谋划思路措施，融入教育实践活动三个环节，特别是结合学习十八届三中全会和习近平总书记视察山东重要讲话精神，不断深化拓展对全国会议精神的认识和把握，在此基础上筹备召开了一次高质量、解决实际问题的全省组织工作会议。一是把全国会议精神作为教育实践活动学习的重要内容。在对全国会议精神的集中学习告一段落后，先后三次组织17市常委组织部长，原原本本地学习会议文件，着重把握贯彻落实全国会议精神与开展教育实践活动的内在联系，统一思想认识。二是通过广泛深入查摆“四风”反思工作中存在的问题。在全省组织部门组织开展“百名组织部长集中调研”活动，召开部分市委常委组织部长座谈会进行深入研讨，由省委组织部领导班子成员带队先后利用一个半月时间开展调研，梳理下步的主攻方向、目标任务和思路措施，进一步明确了山东贯彻全国组织工作会议精神的重点任务和对策措施。三是在教育实践活动中认真落实全国会议提出的有关任务。与考察班子、识别干部相结合，省委督导组与所到单位班子成员和中层正职8000多人普遍开展谈话，把班子和干部平时情况掌握起来，为综合分析研判提供依据；与落实党员干部联系服务群众制度相结合，会同有关部门组织省直单位党员干部直接联系892个贫困村近4000户困难家庭，带动全省各级党员干部直接联系18万户困难家庭；与加强领导班子思想政治建设相结合，认真总结各单位召开高质量专题民主生活会的经验，研究制定开好民主生活会、严格党内生活的意见；与了解组织工作落实情况相结合，利用广泛接触服务对象的机会，了解组织工作政策措施落实情况，听取意见建议，提出改进工作的办法。

三、按照好干部标准选人用人，努力建设高素质执政骨干队伍

把培养选拔党和人民需要的好干部作为关系富民强省事业全局的关键性、根本性、长期性问题来抓，围绕服务经济文化强省建设，大力加强领导班子和干部队伍建设，着力构建有效管用、简便易行的选人用人机制，努力建设一支能够担当改革发展重任的高素质执政骨干队伍。一是认真做

好省人大、政府、政协领导班子换届有关工作。精心筹备省“两会”，制定工作预案，搞好大会选举，顺利选出新一届省人大、政府、政协领导班子和山东省出席第十二届全国人民代表大会代表。扎实做好省十二届人大二次会议筹备及选举工作，中央提名的省长候选人全票当选。积极配合中组部干部考察组，落实省级人大、政府、政协领导班子换届纪律要求，对换届选举风气和严肃换届纪律工作总体评价的满意程度均在98分以上。结合领导班子换届，配强配顺部分省直单位领导班子，进一步优化班子结构，增强整体功能。同时，指导工会、共青团、妇联等群团组织完成换届任务，调整理顺食品药品、工商、质监领导班子管理体制。二是加强干部教育培训和实践锻炼。突出理论武装和理想信念教育，着力抓好党的十八大、十八届三中全会和习近平总书记系列重要讲话精神专题培训，轮训县处级以上干部5万多人次。深入挖掘沂蒙精神内涵，改造提升沂蒙党的群众路线教育基地建设水平，全年培训各级干部2.8万人次。围绕省委、省政府确定的中心任务，开设转变经济发展方式、民生和社会保障、新型城镇化、现代服务业等专题培训班，以“金融与实体经济发展共赢中的政府责任”为主题举办首期齐鲁发展专家讲座，提高了干部队伍推动改革发展能力。深入实施“名师送教”行动，省里组织送教168场，培训基层干部4.1万多人次。完善山东干部学习网建设，覆盖17个市和101个省直单位，累计访问量5600多万人次。以最坚决的态度抓学风建设，严格培训过程管理，从严治校、从严治学、从严治教，带动了干部队伍作风转变。三是积极稳妥推进干部人事制度改革。落实中央有关精神和省委实现工作指导重大转变的要求，研究改进对17市的科学发展综合考核办法，坚持目标导向和综合评价相结合，加大差异化考核力度，年初部署、年中评估、年底考核，推动各市更好地落实省委、省政府重大决策部署，努力解决自身发展中存在的突出问题，引导领导干部牢固树立正确的政绩观。加强干部工作的日常调查研究，通过考核、考察、巡视、审计、谈心谈话、跟班学习等方式，了解班子和干部的实际情况，加强综合分析研判，为党委选人用人当好参谋。强化干部实践锻炼，有计划地选派年轻干部到基层一线培养历练；邀请中央金融单位29名干部人才来我省挂职，选派34名干部人才到中央金融单位等挂职；做好援派干部轮换工作，选派新一轮252名援藏援疆援青干部人才，妥善安排期满返回援派干部。从升本时间较短、办学层次较低的高校选派10名班子副职到综合实力较强的省属高校挂职，培养储备一批高校优秀管理人才。认真做好公务员考录和省直机关公务员公开遴选工作，全省各级考录公务员8500多名，省直机关遴选公务员117名。四是从严加强干部管理监督。把“认真”作为重要原则，对苗头性问题早发现、早提醒、早纠正。完善“双向约谈”制度，加大主动约谈力度，全省组织部门约谈干部、接受干部约谈7.2万人次。深化领导干部报告个人有关事项工作，对2012年省管领导干部报告个人有关事项进行了汇总。加强对干部的谈话提醒和函询，省委组织部对领导干部谈话提醒39人、函询33人；安排对44名领导干部进行了经济责任审计，对7人约谈提醒，会同省纪委对6名领导干部进行诫勉谈话。加强干部选拔任用工作监督检查，开展“带病提拔”人员倒查和破格提拔干部自查。以群众工作理念统领组织部门举报信访工作，建立健全来信、来访、电话、网络、短信“五位一体”的举报信访受理平台，带着感情和责任认真受理群众信访举报，坚持每件必办，违规必查，查实必究。改进巡视工作，对济宁、泰安等11市和邹城、新泰等20个县(市、区)进行巡视，依法依纪对发现的问题作出处理。

四、坚持抓基层打基础，大力推进基层服务型党组织建设

适应新形势新任务新要求，着力健全党的基层组织体系，不断创新基层党建工作，进一步发挥基层党组织推动发展、服务群众、凝聚人心、促进和谐的作用，切实夯实党执政的组织基础。一是深化“第一书记”抓党建促脱贫工作。有序做好第一批和第二批接替工作，省直171个部门单位选派第二批“第一书记”586名，全省各级共选派“第一书记”2.6万名。把工作重点转到加强村级班子建设、增加村集体收入、帮助农民脱贫致富上来。“第一书记”帮助新建基层党支部824个、发展党员1.3万名，帮助村集体和村民发展致富项目4万多个，累计投入资金49.4亿元，帮助4.1万户脱贫。“第一书记”工作已成为我省基层党建工作的一个响亮品牌。二是着力提高基层党组织服务能力。围绕加强基层服务型党组织建设，努力解决“有人服务”和“有钱服务”问题。把基层党组织书记队伍建设作为重点，落实目标管理、报酬待遇、教育培训等制度，做好第十一届村“两委”换届调研筹备工作。把大学生村官与选调生工作结合起来，按照选调生标准考录1367名大学生村官，引导他们安心基层、服务基层，做实来自基层一线的干部培养选拔链。加强基层党组织运转经费保障，协调省财政对54个财政困难县给予村级经费专项补助，指导27.8%的城市社区落实了基层党组织为民服务专项经费。指导各地多渠道增加村集体经营性收入，全省年集体收入3万元以上的村比2011年提高了11个百分点。针对乡镇“人进不来、人留不住、人用不活”的问题，从提高基层干部待遇入手，协调有关部门制定下发《关于提高乡镇机关事业单位人员津贴补贴的通知》。同时，统筹推进非公企业、社会组织、机关、国有企业、高校等领域基层党建工作。三是加强党员教育管理服务工作。对2013—2022年全省发展党员工作进行规划，突出加强入党积极分子队伍建设，提高发展党员质量，优化党员队伍结构。认真做好党员教育管理工作，对《2009—2013年全国党员教育培训工作规划》贯彻落实情况进行了检查。建立健全党员示范岗、机关党员到社区报到、党员结对帮扶困难群众等制度，改进对流动党员的教育管理和服务，推动党员作用发挥。严格党内组织生活，健全党员党性定期分析、民主评议等制度。探索党员能进能出

机制，指导寿光、临清等地开展处置不合格党员工作试点。认真做好党内激励关怀帮扶工作。积极推进远程教育转型发展，改造升级"齐鲁先锋网"，协助办好《共产党员》电视栏目，着力打造《齐鲁先锋》党建电视频道（栏目）品牌。

五、坚持服务发展、以用为本，努力建设高素质人才队伍

围绕为产业转型升级提供人才引领和支撑，把人才作为创新驱动的核心要素，加大创业创新人才和高技能人才队伍的培养、引进、使用力度，深入实施人才强省战略。一是完善人才工作机制。以省委办公厅、省政府办公厅文件印发《关于加强党管人才工作的实施意见》，对新形势下加强党管人才工作作出全面系统的部署。完善组织部门牵头抓总、职能部门密切配合的工作机制，健全省人才工作领导小组，新增加省编办、省公安厅、省金融办作为成员单位。完善人才工作目标责任制考核，精简考核指标，改进考核办法，以省委文件通报表扬50家人才工作先进单位。二是提升重点人才工程。围绕服务国家战略和产业发展，突出人才、科技、产业一体化发展，深入推进泰山学者、蓝色产业领军人才团队支撑计划等重点人才工程。印发《泰山学者蓝色产业领军人才团队支撑计划》，作为我省第一个服务国家战略和产业发展的人才工作示范工程，统筹人才、产业、资金等政策，力争在我省最具优势和潜力的海洋产业实现突破。三是加大高层次人才培养引进力度。高层次人才数量稳步增长，全年新增泰山学者36人，泰山学者海外特聘专家39人；20人新入选第9批国家"千人计划"，总数达到107名。我省成功增选3名院士，其中中国科学院1名、中国工程院2名，这是近10年来我省增选院士最多的一年。四是推动区域人才协调发展。开展"科技人才服务团"成员选派工作，从我省范围内的高校、院所、企业、园区等选派一批优秀人才，到县域挂职担任县（市、区）科技副职。通过选拔基层优秀专业技术人员到高校、科研院所进修、建立高层次人才到基层提供志愿服务制度等，强化对基层人才扶持。对省首席技师、乡村之星、和谐使者三项实用人才工程，实行层层遴选，逐级推荐，推动向市、县延伸覆盖，形成省、市、县三级衔接配套工程体系。五是做好人才服务工作。通过整合资源、流程再造、创新机制，建设人才公共服务信息平台，为人才、用人单位和基层提供个性化服务。会同有关部门举办泰山学者学术论坛、主题沙龙等，促进高校和企业专家人才之间的对接和交流。在清华大学举办山东专场招聘会，为引进急需紧缺人才搭建平台。加大对基层人才工作者和创业人才的培训力度。

六、坚持从严治部，努力建设"讲政治、重公道、业务精、作风好"模范部门

按照从严治部、从严律己、从严带队伍要求，切实加强自身建设，积极开展"作风年"主题实践活动，严格落实中央八项规定精神和省委实施办法，制定执行部机关《进一步改进作风密切联系群众9条具体规定》。大力推进学习型机关建设，定期组织开展"名家讲座"，引导组工干部发扬"安、专、迷"精神，立足本职钻研业务，开阔视野提高能力。坚持以人为本，在思想、工作和生活等方面加强关心关怀，开展经常性的谈心谈话，帮助解决实际困难和问题，努力营造团结和谐、温馨如家的工作氛围。为更好地履行教育实践活动的双重责任，经中央督导组和省委同意，省市县三级组织部门一起参加第一批教育实践活动。省委组织部同步制定了部机关和全省组织系统活动方案，部领导班子成员分头联系2—3个市，并在县里建立活动联系点，抓住关键节点加强指导，一起抓学习提高认识，一起查问题剖析原因，一起抓整改形成合力，上下联动、统筹推进。及时总结教育实践活动阶段性成果，把好做法好经验固定下来、深化提升，健全完善加强组织部门自身建设的制度机制。通过开展教育实践活动，聚焦作风建设，切实加强了理想信念和优良传统教育，增强了为民务实清廉的自觉，着力解决了一批工作中存在的突出问题，进一步提高了组织工作的质量和水平。

附：省委组织部领导成员名单

部　　长：高晓兵（女）
常务副部长：胡文容
副 部 长：厉彦林　韩金峰　时培伟
刘永巨　陈迪桂
副 巡 视 员：马晓磊

全省宣传思想文化工作概况

省委常委、宣传部部长　孙守刚

2013年，全省宣传思想文化战线深入学习宣传贯彻党的十八大和十八届二中、三中全会精神，学习贯彻习近平总书记系列讲话和视察山东重要讲话精神，认真贯彻落实全国、全省宣传思想工作会议精神，紧紧围绕中心、服务大局，牢牢把握正确导向，扎实推进社会主义核心价值体系建设，巩固壮大主流思想舆论，加快文化改革发展，各项工作取得新的进展，为加快经济文化强省建设提供了有力的思想保证、舆论支持、精神动力和文化条件。

一、深入学习宣传贯彻党的十八大和习近平总书记系列讲话精神，推动党的理论创新成果更加深入人心

深化党的十八大精神学习宣传贯彻，推动十八大宣讲进基层，全省举办宣讲报告1.9万场，直接听众600万人次。大力推动习近平总书记系列重要讲话精神学习宣传贯彻，纳入全省党委（党组）中心组学习，编印《党的十八大以来习近平同志重要讲话选编》，举办专题理论研讨会，省级领导班子先后组织11次集体学习。组织成立社科理论工作者宣讲团，开展习近平总书记系列讲话宣讲活动，省、市、县三级开展宣讲1500多场、直接受众达20多万人次，举办各类讲坛、讲座4000余场。深入开展十八届三中全会精神集中宣讲，成立省委宣讲团，举办报告会37场，开展互动交流活动21场。深入开展中国特色社会主义和中国梦宣传教育，组织开展“我的中国梦·宣讲进基层”活动，全省宣讲1.5万余场、受众390多万人次。利用齐鲁大讲坛、干部大讲堂等举办各类讲坛、讲座、研讨3600余场。开展沂蒙精神与群众路线研究宣传，举办弘扬沂蒙精神理论研讨会，拍摄电视理论专题片《永恒——沂蒙精神与群众路线》，推出《沂蒙精神与群众路线》等通俗读物和理论文章。加强重大理论与实践问题研究，围绕中心工作确定一批重点课题，获批国家社科基金项目193项、经费资助4164万元。加强理论人才队伍建设，举办6期社科理论骨干和高校哲学社会科学教学科研骨干研修班、2期高校思想政治课教师培训班，共培训1500多人。

二、加强舆论引导和管理，营造加快建设经济文化强省的良好舆论环境

深化党的十八大精神宣传，充分反映我省各级贯彻落实十八大精神的新举措新成效。深入开展党的十八届三中全会精神宣传，准确、全面、严谨宣传阐释全会精神，推动兴起学习贯彻的热潮。开展十八大以来经济文化强省建设成就宣传，大力宣传省委省政府贯彻习近平总书记对山东工作新要求，大力推动科学发展，实现凤凰涅槃、腾笼换鸟的思路措施。做好党的群众路线教育实践活动宣传，大力宣传我省开展教育实践活动的重要部署和活动进展，宣传贯彻中央八项规定、转变工作作风、反对“四风”、服务群众的新变化新风貌。完善突发公共事件舆论引导机制，抓好重大突发事件、重大案件审理的舆论引导，有效化解一批舆论热点问题。加强和改进对新闻媒体的管理，落实党管媒体原则，完善新闻阅评、新闻例会、新闻通气会、新闻协调会等工作机制，健全重大报道选题策划会制度。开展整治虚假低俗违法广告专项行动，开展新闻单位和高校新闻传播院系人员互聘交流。做好2014年重点党报党刊发行工作，从党费、宣传文化资金和财政资金中拿出专项资金，解决农村订阅重点党报党刊经费难题。

三、加强意识形态领域管理，牢牢把握意识形态工作主动权

认真贯彻落实中央和省委加强意识形态工作的重要部署，切实做到守土有责、守土负责、守土尽责。加强思想引导和工作管理，针对错误思潮，积极开展思想舆论斗争。加强宣传思想文化阵地管理，抓好对各类报告会、研讨会、讲座、论坛的管理。加强文化市场管理，规范市场准入和日常监管，深入开展“扫黄打非”，组织开展重大专项和集中行动，净化了社会文化环境。

四、扎实推进思想道德建设，积极培育和践行社会主义核心价值观

持续开展“学雷锋，做山东好人”活动，推动学雷锋活动常态化，广泛开展“美德山东、诚信齐鲁”主题教育实践活动。组织评选第四届全国、全省道德模范，刁娜、沈星、孟祥民3人荣获第四届全国道德模范，7名获得全国道德模范提名奖，评选表彰第四届“全省道德模范”50名、“全省道德模范提名奖”70名。组织“山东好人——每周之星”推荐评选活动，评出“每周之星”49名、年度人物10名。开展“我推荐我评议身边好人”活动，全省有38名入选“中国好人榜”。加强和改进典型宣传，宣传最美司机宋洋、青岛“红飘带”、青岛港工人群体、浪潮集团科技创新等先进典型，推出“最美基层干部”系列典型。开展“我们的节日”主题活动和“传承文明 共筑梦想”经典诵读活动。制作播出“美德山东”公益宣传片，开展“讲文明树新风”公益广告作品征集评选活动。开展“四德”工程示范县（市、区）创建活动，全省涌现出34个示范县（市、区）、68个示范乡镇、1万个示范村居。在农村、社区、机关、企业、学校建立善行义举四德榜2万多个，1000多万人上榜，覆盖全省30%的村居，建成各类道德讲堂8400多个。加强青少年思想道德建设，全省建成乡村学校少年宫4500余所，实现每个乡镇至少有一所乡村学校少年宫的目标。创新企业文化建设，拍摄完成并在央视播出大型文化电视纪录片《大道鲁商》。

五、深入开展精神文明创建活动，城乡文明程度进一步提高

组织全省文明县（市、区）精神文明建设重点工作测评，对96个省级文明县（市、区）进行测评。做好迎接全国城市文明程度指数测评工作，参与的10个城市全部进入同类城市前列，整体测评成绩名列全国前茅。评选表彰2013年度省级文明村镇、文明单位、文明社区。深入推进乡村文明行动，实施“百镇千村”建设示范工程，开展“乡村文明家园”项目建设，首批确定43个文化特色建设示范镇、250个“乡村文明家园”建设示范村。举办乡村文明行动领导干部培训班、“新农村新生活”骨干培训班。加大农村环境综合整治力度，全省4.6万个行政村已开展村容村貌整治，60个县（市、区）实现城乡环卫一体化镇村全覆盖。开展以

"三关爱"为主题的系列志愿服务活动，总结推广一批志愿服务工作经验。

六、加强改进互联网宣传管理，网上舆论保持健康有序

积极做好网上正面宣传，开展"中国梦 我的梦"大型网络主题宣传活动，组织"美丽山东——你我一起行动"等网络主题宣传活动，成功举办"聚焦美丽山东"第九届中国网络媒体山东行等采访活动。扎实推进网络文化惠民工程，涌现出一批网络惠民服务品牌。加强网上舆论引导，利用新技术新应用做好热点事件、突发事件的引导，重大舆情事件网上引导积极主动。加强网上舆情监控，及时发现各类负面和有害信息，成功处置多起重大网络舆情事件。开展集中打击网络谣言专项行动。加强新闻网站建设管理，省级重点新闻网站达到8家，数量居全国首位。制定手机媒体服务管理、网络评论员管理等管理办法。

七、成功举办第十届中国艺术节，全面推进公共文化服务体系建设

圆满完成十艺节各项筹办任务，夺取了办赛、参赛"两块金牌"。我省取得参赛和获奖剧目、作品数量最多的突出成绩，有15台剧目荣获文华奖，京剧《瑞蚨祥》、吕剧《百姓书记》、舞剧《红高粱》荣获"文华大奖"，京剧《项羽》荣获"文华大奖特别奖"，32件作品获得"群星奖"，一大批作品获得专业单项比赛奖项。精心组织文艺精品创作生产，推出电影《小小飞虎队》、电视剧《穿越烽火线》等一批优秀作品。我省作家出版各类文学作品800多部，文艺图书全年出版870余种，170种获省部级以上奖励。成功组织第六届山东国际大众艺术节，组织第六届"泰山文艺奖"和第七届"刘勰文艺评论奖"评选活动。进一步完善公共文化服务体系，省会文化艺术中心、山东美术馆新馆等一批重点场馆建成使用，全省建成农村文化大院6.9万个、覆盖率达85%，建成农家书屋7万多家，乡镇实现综合文化站全覆盖。开展"基层公共文化服务提升年"活动，我省8个单位荣获全国服务农民、服务基层文化建设先进集体称号。集中办好"文化惠民、服务群众"16件实事，省级以上财政资金投入3.2亿元，带动各级财政和社会资金投入18.6亿元。实施重点文物保护项目带动战略，文博事业加快发展。

八、深入推进文化体制改革，加快文化产业发展步伐

推动经营性文化单位完成转企改制任务，全省118家国有文艺院团、列入改制任务的72种非时政类报刊、4家重点新闻网站完成改革任务。齐鲁传媒集团、山东演艺集团、山东影视传媒集团组建、重组工作基本完成，山东出版集团启动上市申报准备工作。全省广电系统实现"局台分开、管办分离"和电台、电视台"两台合一"，有线电视网络整合全面完成，文化市场综合执法规范化建设深入推进，国有文化资产管理体制机制初步建立。积极推进文化事业单位内部机制改革试点。深入推进文化产业项目、企业、园区"三大载体"建设，骨干文化企业发展壮大，大众报业、山东广电、山东出版综合实力进一步增强，山东广电网络有线用户达到2000多万、数字用户1000多万。规范文化产业园区发展，推进文化产业资源整合和跨地区发展。开展首届文化强省建设先进市县考评工作，省委、省政府通报表扬8个先进市、41个先进县（市、区）。

九、加强改进对外宣传和文化交流，扩大山东对外影响

精心做好重大主题对外宣传报道，抓好香港山东周、台湾山东周及第二届中非省市长对话等重大活动的对外宣传。加强新闻发言人队伍建设，精心策划组织20场省级新闻发布会。推进政务微博建设，开通省政府新闻办官方微博"山东发布"、微信账号"山东发布"和山东政务微博发布厅，全省开通政务微博1.92万个。扩大对外文化、新闻交流合作，组织山东文化北欧行活动，举办第六届世界儒学大会、"孔子故乡 中国山东"图片展等活动。

十、深入开展党的群众路线教育实践活动，干部队伍素质能力不断提升

按照中央和省委统一部署，扎实开展群众路线教育实践活动，广大党员干部增强了贯彻落实群众路线、为民务实清廉的自觉性，提高了政治素养、强化了责任担当，有效解决了存在的"四风"问题。集中开展制止豪华铺张办晚会、打击新闻敲诈行为、规范报刊征订三项整治工作，取得明显成效。全面加强宣传文化系统领导班子和干部人才队伍建设，启动实施齐鲁文化名家工程，扎实推进齐鲁文化英才工程、齐鲁文化之星工程等重点人才工程，深化"走转改"活动，开展全战线大调研，有力地提高了干部队伍整体素质。

附：省委宣传部领导成员名单

部　　长：孙守刚
常务副部长：姜铁军
副 部 长：徐向红　刘宝莅　李建军　林建宁　王红勇　刘致福
省文明办主任：刘宝莅（兼）
省网络文化办公室主任：刘致福（兼）
省委讲师团团长：迟　云
省委外宣办主任：王世农
省文明办专职副主任：王少杰
副 巡 视 员：孙杏林　李宗国

全省统战工作概况

省委常委、统战部部长　颜世元

2013年，在省委的坚强领导和中央统战部的正确指导下，省委统战部深入学习贯彻党的十八大和十八届二中、三中全会精神，深入学习贯彻习近平总书记系列重要讲话特别是视察山东重要讲话精神，紧紧围绕省委重大决策部署和全省经济社会发展大局，转变观念，调整思路，以改革创新精神做好各领域统战工作，进一步巩固和发展了全省统一战线团结、和谐、开拓、活跃的良好局面，为加快经济文化强省建设作出了新贡献。

一、深入学习贯彻党的十八大和习近平总书记系列重要讲话精神

按照中央和省委的要求，把学习贯彻党的十八大、十八届三中全会精神和习近平总书记系列重要讲话特别是视察山东重要讲话作为统一战线的首要政治任务，加强思想建设和政治引导，牢牢把握统一战线正确的政治方向，在思想上、政治上、行动上同以习近平同志为总书记的党中央保持高度一致，统一战线共同的思想政治基础更加牢固。

迅速兴起学习贯彻热潮。各级统战部门把学习习近平总书记系列重要讲话精神与学习十八大、十八届二中、三中全会精神结合起来，与学习省委一系列重要会议精神结合起来，密切结合统战工作实际，精心组织，周密部署，不断把学习引向深入。对十八大以来习近平总书记重要讲话跟踪研究，编印了习总书记《重要讲话目录》、《重要讲话选编》、《统一战线论述汇编》，及时下发了关于学习习近平总书记系列重要讲话和十八届三中全会精神的通知，部领导班子中心组先后10次组织专题学习研讨，自觉用马克思主义中国化最新成果武装头脑、指导实践、推动改革。

不断深化政治交接。通过举办各民主党派工商联负责人暑期研讨会、同心讲坛、知识竞赛等形式，组织引导统战成员加强理论学习，进一步统一思想、增进共识。以“五一口号”发布65周年为契机，通过参观统一战线教育基地、在省主要媒体发表署名文章等形式，引导各民主党派、工商联和无党派人士继承优良传统，不断深化政治交接。对协助各民主党派、工商联和无党派人士开展坚持和发展中国特色社会主义学习实践活动作出安排部署。

扎实开展非公有制经济人士理想信念教育实践活动。省委、省政府高度重视，成立专门领导小组，省委办公厅下发实施意见。充分发挥淄博市作为全国试点作用，省市县三级建立试点和联系点725个，推动活动迅速铺开、扎实开展。充分发挥代表人士主体作用，在非公企业比较集中的地区划分“活动区”，由工商联企业家副主席、常委等担任指导员、督导员、辅导员，通过典型宣讲、中国梦大讨论等形式引导广大非公人士崇尚先进、学习先进、争当先进。坚持开展活动与服务企业发展相结合，解决思想问题与解决实际问题相结合，对全省230余家企业调查摸底，梳理汇总非公企业发展中的难题及意见建议200多条，报送省主要领导，有力地推动了问题解决。省委、省政府建立了主要领导与非公人士座谈制度，省发改委建立了与非公人士定期对话机制，省政法委建立了政法工作服务非公企业发展联席会议制度，有效破解了影响和制约非公企业发展的一系列问题，广大非公人士的信念、信任、信心显著提升，非公经济活力进一步激发，受到中央统战部、全国工商联充分肯定。

二、深入开展党的群众路线教育实践活动

按照中央和省委统一部署，以“联基层、交挚友、强培训、促发展”为主题，密切联系实际，突出统战特色，加强分类指导，聚焦“四风”突出问题，扎实做好活动各项工作，取得了明显成效。

着力打牢思想基础。坚持把学习教育贯穿活动始终，深入学习中国特色社会主义理论体系，学习党章和中央、省委一系列重要文件精神，自觉接受革命传统教育。部领导班子成员带头学理论、带头谈认识、带头讲体会，力求学深学透、融会贯通。通过学习，进一步强化了理论武装，坚定了理想信念，增强了宗旨意识。

充分发挥示范作用。部领导班子成员充分发挥带头作用，紧密结合实际，深入查摆“四风”方面的突出问题。班子成员带头深入基层和统战成员听取意见建议，先后到81个县（市、区）、103个非公企业调研，召开了48个不同层面的座谈会，两次召开省各民主党派、工商联负责人座谈会，登门听取意见建议，征求各类意见建议364条，梳理归纳122条。

以整风精神开展批评和自我批评。按照中央和省委开一个高质量民主生活会的要求，部领导班子扎实做好各项准备工作，认真撰写对照检查材料，广泛开展谈心交心，班子成员相互提出批评意见120条，达到了触及思想、红脸出汗、加油鼓劲的目的，取得明显成效。

把边学边查边改贯穿始终。坚持把边学边查边改贯穿始终，以钉钉子精神着力解决突出问题。对查摆出来的问题制定了41项整改措施，对整治文风会风等6个问题制定了专项整治方案，取得阶段性成果；坚持开门搞整改，公示了两项重点整改事项。抓好建章立制，对统战工作规章制度进行全面梳理，新建19项，修订合并38项，废止31项，已完成34项，基本形成了系统完备、科学规范、运行有效的制度体系。通过开展教育实践活动，广大党员干部的宗旨

意识和群众观念得到增强，工作作风明显转变，自身素质显著提高。

三、全力助推经济文化强省建设

坚持围绕中心、服务大局，充分发挥统一战线议政建言的政治优势、人才荟萃的智力优势、联系广泛的资源优势、协调关系的功能优势，为经济文化强省建设贡献力量。

着力提高建言献策水平。鼓励和引导统战成员牢牢把握主题主线，积极建言献策。认真总结助推“蓝黄”两大战略实施情况，研究提出服务“转调创”的工作措施，受到省委、省人大、省政府、省政协领导同志高度重视，姜异康书记作出重要批示。各民主党派、工商联紧紧围绕“转调创”确定11个课题，集中力量，深化调研，形成了较高质量的调研成果。在民革中央、民建中央支持下，滨州省级经济开发区升级为国家经济技术开发区；青岛西海岸新区上升为国家战略的建议得到张高丽同志批示；青岛创建金融综合改革示范区战略规划扎实推进。深入开展“百名专家教授联百企”活动，促进党外优秀人才将研究成果转化为现实生产力。

着力促进非公有制经济健康发展。积极推动破除制约非公经济发展的“玻璃门”“弹簧门”等隐性壁垒，广泛开展人才对接、科研对接、银企对接活动，有效改善非公经济营商环境。协助省委、省政府成功申办全国工商联十一届三次执委会暨全国知名民营企业家助推山东转调创投资洽谈会，为我省非公经济发展注入强大活力。指导淄博市成功承办全国工商联直属商会深化理想信念教育活动会议，签约意向项目资金1600亿元。组织举办全省优秀民营企业家“莱州行”、“新泰行”、“沂蒙行”等活动，助推县域经济社会发展。

着力保障改善民生。深入开展抗震救灾、同心行动、光彩事业等社会公益活动，积极参与四川雅安抗震救灾工作，全省统一战线广大成员累计捐款捐物6000多万元；组织实施“同心·光彩助学行动”，为500名受助学生发放助学金251万元；深入开展“光彩事业”、“海联捐资助学”、“海联新农村卫生室”、“温暖工程”等活动，累计实施项目4500多个，到位资金140多亿元，帮助65万群众摆脱了贫困。争取社会资金及多方支持，为全省黄埔抗战老兵解决了每月300元的生活补助。高度重视选派“第一书记”抓党建促脱贫工作，建立“山东统一战线帮村富民资金”，向3个帮包村捐款捐物价值200余万元，组织机关党员干部直接联系14户困难家庭。

着力促进社会和谐。坚持“两个共同”主题，深入开展民族团结进步宣传教育和创建活动，推动各民族和睦相处、和衷共济、和谐发展。大力加强宗教团体建设，指导8个市完成了17个宗教团体的换届工作。妥善处理天主教房产问题，切实维护民族宗教领域的和谐稳定。

着力深化交流合作。召开省海联会四届一次理事会议，圆满完成换届任务。举办两期“情系海联·同心同行”活动，达成合作意向15个，投资额近80亿元。港澳台海外企业家在省内新增投资280亿元，新增就业2000多人。进一步深化同港澳台海外友好社团及代表人士的交流交往，成功举办中华同根文化齐鲁行、台胞青年夏令营山东分营、海峡两岸退役将军高尔夫球邀请赛、纪念台儿庄大捷75周年等一系列活动，为深化山东对外交流、争取港澳人心回归、促进台湾民心认同、推动海外侨心凝聚作出了积极贡献。

四、积极推进社会主义协商民主

充分发挥统一战线在协商民主中的重要作用，不断扩大各民主党派、工商联和无党派人士有序政治参与，推进社会主义协商民主深入发展。

畅通渠道搭建平台。认真贯彻落实习近平总书记重要讲话精神，及时创办了《重要信息周知》、《议政建言集萃》，进一步畅通了党外人士知情出力、参政议政的渠道。在省委、省政府高度重视下，省财政每年为省各民主党派、工商联增拨重点课题调研经费100万元，与有关部门共同制定了经费使用和优秀成果奖励办法，有效地调动了各民主党派、工商联参政议政的积极性。

积极开展民主协商。支持民主党派、工商联和无党派人士积极参加省委、省政府及有关部门组织的重要活动。全年省委、省政府或委托部门召开的协商会、座谈会、通报会12次，其中省委书记、省长主持或参加的8次。2013年省政协会议民主党派组织提案占集体提案的83.7%，党派个人提案占委员提案的52.9%，确定的25件重点提案中，党派组织和个人提案占56%。

发挥民主监督作用。重视发挥特约人员作用，牵头召开特约人员工作座谈会，推动有关单位认真落实中央、省委要求，进一步健全机制、形成合力，支持特约人员积极履职尽责，充分发挥作用。目前，省直有关部门、单位共聘请各类特约人员151人，其中党外人士36人；全省共聘请各类特约人员15800余人，其中党外人士2700余人。

五、进一步加强党外代表人士队伍建设

深入贯彻落实中央4号文件和我省实施意见，着力夯实源头基础、创新体制机制、解决难点问题，推动党外代表人士队伍建设扎实推进。

强化调研督导。部领导班子成员带队先后到12个市、21个县（市、区）和部分高校、企业进行调研，深入了解各地党外代表人士队伍建设的开展情况、存在问题和意见建议，指导督促各地各单位切实将中央、省委文件精神落到实处。在深入调研基础上形成了省委常委课题《加强党外代表人士队伍建设更好地服务经济文化强省建设》，提出了一系列有针对性的对策和建议。

夯实源头基础。抓住党外知识分子这个源头，成立了山东省党外知识分子联谊会，制定了《关于加强党外知识分子联谊会建设的实施意见》。把新的社会阶层人士作为加强党外代表人士队伍建设工作的着力点，召开了省直新

的社会阶层行业协会统战工作联席会议，举办了全省律师参政议政培训班，充分发挥律师协会、注册会计师协会等社团组织在统战工作中的平台作用。

创新培养模式。着眼加强对新生代青年企业家的培养、推进代际传承，在北京大学、山东财经大学举办了全省非公有制经济组织青年企业家管理创新培训班。强化教育培训基础设施建设，省社会主义学院新校区建设扎实推进。加大实践锻炼力度，制定了《全省党外代表人士实践锻炼基地工作管理办法》，建立了3个全省党外代表人士实践锻炼基地，选派19名党外干部到基地挂职锻炼。

解决难点问题。积极推动党外代表人士政治、实职特别是正职安排，党外全国人大代表、全国政协委员比上次换届时各增加1名，新增全国工商联副主席1名；党外省人大代表、省政协委员分别比上次换届时增加40名和55名，所占比例分别提高4.5和1个百分点。有3个市在超过三分之一的政府工作部门中配备了党外干部；有9个市在政府工作部门配备党外正职11名，较去年增加36.4%。

改进监督管理。制定相关制度，进一步加强对党外代表人士特别是已作安排的代表人士的联系与管理。召开了党外代表人士队伍建设工作联席会议第二次会议，推动各民主党派、工商联、宗教团体和党外领导干部所在单位通过民主评议、述职述廉等方式，加强对党外代表人士的管理和监督，教育引导党外干部讲政治、顾大局、守纪律，把心思和精力用到干事创业上。

六、切实搞好自身建设

深入开展"作风年"主题实践活动和文明机关创建活动，机关自身建设进一步加强。

突出抓好教育培训。着眼于提高统战干部队伍素质，创新培训的内容、形式和机制，将统战干部培训纳入全省领导干部专题培训计划，制定了《全省统战干部教育培训工作制度》，分层次、有步骤地进行培训，与省委组织部、省委党校联合举办了全省统战工作领导干部、县（市、区）委统战部长理论研讨班，进一步提高了统战领导干部能力素质。

不断提高调研宣传信息工作水平。召开了新形势下统战理论与实践问题研讨会，在山东大学、齐鲁工业大学建立首批省级研究基地。深入开展统战理论调研宣传"四新工程"活动，3篇课题获全国统战理论政策创新成果三等奖，1项工作获全国统战工作实践创新成果奖；信息工作再获全国一等奖，青岛、济南分别获得直报点信息工作一等奖、二等奖。

加强作风建设和反腐倡廉建设。严格落实中央八项规定和省委十条实施办法，认真执行厉行勤俭节约、反对铺张浪费的各项规定，加强廉政风险防控工作机制建设，制定并严格遵守"所有文字材料一律不超过5000字，部领导讲话一律不超过60分钟，新闻报道一律不超过400字，党内公务活动一律不安排宴请，到基层调研一律吃自助餐、家常饭"的"五个一律"工作要求。各类会议活动、文件、简报同往年相比分别减少25%、21%、16%，"三公经费"下降23%。省委统战部连续8年评为省级文明单位。

附：省委统战部领导成员名单

部　　长：颜世元
常务副部长：孙传宏
副 部 长：孙蕴声　马　啸
巡 视 员：王晓炜
副部长（正厅级）：曲　涛
巡 视 员：亓同秋
副 部 长：李法信　牟　强
副巡视员：王传洲

全省政法工作概况

省委常委、政法委书记　才利民

2013年，全省政法机关在中央和省委的坚强领导下，深入学习贯彻党的十八大、十八届二中、三中全会和习近平总书记系列重要讲话精神，认真贯彻落实全国政法工作会议、深化平安中国建设工作会议和纪念毛泽东同志批示"枫桥经验"50周年大会精神，以平安山东建设、法治山东建设、政法队伍建设为载体，以健全社会矛盾预防化解机制、完善立体化社会治安防控体系、加强基层基础建设、推进执法规范化建设为重点，以改进工作作风和提升能力素质为保障，狠抓各项工作措施落实，充分发挥了维护社会大局稳定、促进社会公平正义、保障人民安居乐业的职能作用。

一、依法服务保障经济社会发展

全省政法机关紧紧围绕服务"五位一体"总布局和全面建成小康社会的奋斗目标，充分发挥政法职能作用，努力服务保障经济文化强省建设。

（一）服务保障由经济大省向经济强省转变　认真贯彻落实中央、省委关于稳增长、调结构、促改革的决策部署，充分发挥调节、保护、服务、监督等职能，依法保障转方式调结构、"两区一圈一带"区域发展战略和推进城镇化进程、建设创新型省份、加快生态山东建设等重大举措的落实，促进经济持续健康发展。省委政法委召开政法工作服务促进非公有制企业发展座谈会，制定出台政法工作服务促进企业发展、非公有制企业发展意见，建立健全工作机制，为经济发展创造良好的营商环境。2013年，全省法院共受理各类案件102.36万件，结案98.17万件，结案标的额1756亿元；全省公安机关共立破坏市场经济秩序犯罪案件1.05万起，挽回经济损失58.7亿元。

（二）服务保障由文化大省向文化强省迈进 依法支持和推动文化事业和文化产业健康发展，推进文化改革创新和弘扬齐鲁优秀传统文化，加强新兴文化产业、优秀文化产品和网络环境下著作权保护，深入开展“扫黄打非”和整治网络淫秽色情、低俗信息专项行动。依法保护企业专利权、商标权等自有知识产权，加大对各类不正当竞争行为的制裁力度，严厉打击侵犯企业知识产权、制售假冒伪劣商品等违法犯罪行为，促进创新型企业加快成长。全省法院共审结知识产权案件4700余件，加强了对关键核心技术、战略新兴产业的司法保护。

（三）服务保障以改善民生为重点的社会建设 加大对教育、就业、医疗卫生、安居工程和社会保障等基本民生领域的法律服务保障力度，依法处理涉及土地征收、房屋拆迁、劳动争议等民事案件，解决好人民群众普遍关心关注的公共安全、权益保障、公平正义等问题。深入开展“文明窗口创建”、“保平安、保稳定、创满意”大走访、“人民调解质量万里行”等活动，办好“诉讼服务中心”、“民生检察服务热线”、“公安民生服务在线”等服务群众平台，把便民惠民措施落到实处。

二、深化平安山东建设

以人民群众对社会平安的需求为导向，着力解决群众反映强烈、影响社会稳定、制约平安建设深入开展的突出问题，提升平安山东建设整体工作水平。7月，在淄博市召开深化平安山东建设工作会议，认真研究部署在更高起点、更高水平上建设平安山东的任务措施。

（一）全力维护社会政治稳定 牢固树立底线思维，健全情报信息搜集会商研判机制，精心部署应急处突各项工作，始终保持对“三股势力”的严打高压态势，深入开展反邪教斗争。全面落实反恐怖斗争各项措施，构建高效顺畅的扁平化应急指挥体系，健全完善反恐怖侦察协作机制，加强反恐应急处置能力建设。2013年，圆满完成了全国全省“两会”、“十艺节”等一系列重大活动安保任务，有效维护了国家安全、公共安全和社会稳定。

（二）全面加强社会治安综合治理 以“打黑恶、反盗抢、追逃犯”安民行动为主线，先后组织开展缉捕重大逃犯攻坚行动、打黑除恶“飓风”行动、打击经济犯罪“破案会战”、“打四黑除四害”、打击侵权假冒犯罪、打击食品犯罪保卫餐桌安全等一系列专项斗争和集中行动。全年八类暴力案件、“两抢”案件同比分别下降1.96%和21.43%。加强社会治安重点地区排查整治工作的制度化建设，定期召开联席会议，研究制定了《关于社会治安重点地区排查整治工作规定》，建立了社会治安重点地区认定标准体系和程序办法、社会治安重点地区和突出问题挂牌督办机制。加大对“城中村”、城乡结合部、中小旅馆、出租房屋等场所、部位管理力度，组织开展了集中清查、治安检查，加大枪支安全检查整治、网上贩卖危险物品治理等整治力度，及时发现查处违法犯罪行为，有效挤压了违法犯罪空间。

（三）积极预防化解社会矛盾 坚持和发扬“枫桥经验”，积极预防化解社会矛盾，切实加强新形势下的群众工作，努力做到“小事不出村、大事不出镇、矛盾不上交”。12月召开了全省学习“枫桥经验”预防化解社会矛盾工作会议，认真研究部署提高社会矛盾预防化解效能的任务措施。深入开展大下访、大排查、大调处活动，充分发挥完善人民调解、行政调解、司法调解、专业调解和社会调解的作用。2013年全省调解成功率达到97.26%，防止“民转刑”3000余件。严格落实省矛盾纠纷排查调处工作协调会议、情况报告等各项制度，省综治委先后召开8次矛盾纠纷排查调处工作协调会议，研究解决突出矛盾纠纷的具体措施。

（四）着力推进体制机制建设 健全完善确保社会长期平安稳定的有效工作体系，突出抓好重大决策社会稳定风险评估、社会矛盾排查化解、立体化社会治安防控和应急维稳处突等机制建设，不断提高平安建设科学化水平。在省、市、县全面推行重大决策社会稳定风险评估，并逐步向县以下延伸。稳步推进涉法涉诉信访工作改革，9月召开全省涉法涉诉信访工作改革试点动员会议，对全省改革工作进行动员部署，努力把解决群众诉求、化解社会矛盾工作纳入法治化轨道。紧密结合山东地域大、空域广、海岸长的区域特点，建立了“空中、地面、海域”为一体的全域统筹、整体布局的社会治安防控体系。深入开展科技创安示范城建设活动，大力推进视频监控全覆盖工程，按照党政领导、综治协调、公安主导、社会参与的工作思路，全面推进视频监控全覆盖工程，全省共安装视频探头130万个，初步达到了对重点部位、公共复杂场所监控全覆盖，利用视频监控系统预防案、事件1.8万余起。完善安保指挥机制，制定出台《关于应对处置重大突发事件组织指挥分工和指挥机构组成的意见》，加强专业队伍建设，组织开展实战演练，全面提升应急处突能力。

（五）夯实平安建设基层基础 扎实推进县、镇、村三级综合服务管理平台建设，整合力量、健全组织、完善机制、发挥作用，平台管理服务质量和效率不断提高，在维护稳定、化解矛盾、服务民生、促进和谐方面发挥了日益重要的作用，全省县、镇、村三级平台覆盖率分别达到95.03%、98.6%和78.37%。推进城乡社区网格化管理，按照统筹城乡、聚居人口适度、服务半径合理、资源配置有效、功能相对齐全的要求，科学规划社区布局，因地制宜划分基础网格，把政法、综治、信访、质量监管、安全监管、劳动保障以及群防群治等资源最大限度延伸到网格，形成覆盖城乡、条块结合、横向到边、纵向到底的基层服务管理网络体系，全省县(市、区)网格化覆盖率达95.03%。深入开展公安"社区六进",推动消防、车管、外管、危管、网管、物管六项警务工作进社区,全省社区民警达到1.9万名,"社区六进"覆盖率达到88%以上。

三、推进法治山东建设

认真贯彻实施依法治国基本方略,组织全省政法机关开展发挥政法职能推进法治建设重大课题调研,全面提高法治山东建设水平。

(一)深入推进普法依法治理 12月召开第十四次全省普法依法治理工作电视电话会议,深入推进普法依法治理,确保"六五"普法规划和《2011—2015年山东省依法治省规划》顺利实施。以宣传和实施新交规、新刑诉法、新民诉法为契机,加强全民法治观念教育,在全社会形成了学法遵法守法用法的良好氛围。深化"法律六进"活动,不断满足群众日益增长的法律需求,提高全民法律意识和全社会法治化管理水平。持续开展法治城市、法治县(市、区)创建活动,全省有6个市、36个县(市、区)被授予全国法治创建先进单位,数量居全国第一。

(二)加强执法规范化建设 从容易发生执法偏差、群众反映强烈的问题入手,进一步细化执法标准、严密执法程序、规范办案流程,确保司法权严格依法运行。法院系统加强审判监督管理,加大司法公开力度,全面落实庭审旁听、庭审直播、公开听证、人民陪审员和民意沟通"五项制度",各类案件一审后的服判息诉率保持在92%以上。检察系统深化案件管理机制改革,创建了执法主体、执法制度、执法场所、执法信息化、执法监督五位一体执法规范化建设新模式。公安系统树立"规范执法是基本警务"的理念,巩固深化"主体、标准、管理、信息、公信"规范执法模式,推进了执法规范化建设可持续发展。国家安全系统着力加强执法责任体系、执法质量考评体系和执法监督体系建设,执法规范化水平有了显著提高。司法行政系统着力推进监狱管理、强制隔离戒毒、社区矫正、律师和司法鉴定工作规范化建设,取得良好效果。

(三)着力解决执法司法突出问题 按照中央和省委的统一部署,深入开展久押不决案清理、党政机关执行人民法院生效裁判积案清理、重点涉法涉诉信访案件化解,切实纠正了执法办案中损害群众利益的行为。按照中央和省委关于严肃查处办"人情案"、"关系案"、"金钱案"等问题的部署要求,组织开展专项清理整顿,通过健全制度、完善机制、加强执法监督等方式,进一步规范执法行为,切实把维护群众合法权益落到实处。

(四)推进执法信息化建设 建立健全执法信息网上录入、执法流程网上管理、执法活动网上监督、执法质量网上考核等机制,实现从立案到处理各个环节的全网络运行和全过程监控。法院系统积极推进"网上法院"建设,检察系统全力做好全国检察机关统一业务应用软件试点工作,公安机关探索建立省、市、县三级执法问题网上预警分析系统,推动了执法质量水平进一步提高。推进信息资源跨部门共享,重点组织开发由涉法涉诉信访处理、电子公文传输、网上协同办案、综合查询和政法数据交换等系统组成的"政法信息资源共享与信息应用服务平台",努力实现政法综治业务系统深度应用。

(五)强化执法司法权监督制约 加强刑事诉讼监督、民事和行政诉讼监督,严把案件事实关、证据关、程序关、法律适用关,从实体、程序和时效等各方面强化法律监督。建立健全执法巡视、执法评议、案件督办等行之有效的制度机制,落实重大执法活动和事项报告备案等制度,出台省委政法委督促检查工作规定,进一步提升执法监督规范化水平。推行和规范司法公开制度,推进"阳光司法"、"阳光执法",扩大审务、检务、警务公开的领域和范围,自觉接受社会各界和群众的监督。

(六)做好重大敏感性案件依法办理工作 坚持依法公开公正办案,做好重大敏感性案件依法办理工作,彰显了法治精神和司法正义。及时总结固化依法办理重大敏感性案件经验,对办理过程中形成的一整套经实践检验行之有效的经验做法,通过开展专题研讨、制作专题片、组织培训等形式进行总结固化,有力推动了执法规范化水平的提高。

四、加强政法队伍建设

结合开展党的群众路线教育实践活动,坚持以政治建警为前提,以能力建设为核心,以群众满意为目标,全面推进政法队伍建设,着力打造一支忠诚可靠、执法为民、务实进取、公正廉洁的高素质政法队伍。

(一)坚持政治建警 组织学习贯彻党的十八大、十八届二中、三中全会和习近平总书记系列重要讲话精神,弘扬社会主义法治精神,引导政法干警坚定对中国特色社会主义的道路自信、理论自信、制度自信,始终在思想上、政治上、行动上与以习近平同志为总书记的党中央保持高度一致。11月,举办全省政法系统领导干部学习贯彻党的十八届三中全会精神培训班,及时学习贯彻全会精神,切实把全省政法系统领导干部的思想行动统一到全会的精神上来。

(二)加强能力建设 强化宗旨观念教育,创新群众工作方法,组织开展了丰富多彩的为民实践活动,各级政法领导干部带头落实基层联系点制度,不断提升做好新形势下群众工作能力。以专业化、职业化、正规化建设为切入点,健全完善落实职业准入、执法资格和分类管理制度,增强执法培训的针对性、实战性,提高维护社会公平正义能力。7月,召开全省政法宣传工作会议,研究加强舆论宣传工作的措施,提升新媒体时代舆论引导能力。加强干警的信息化基本素养和应用技能培训,以信息化推动政法工作执法、管理、服务等方式转变,提高科技信息化应用能力。突出廉政建设,通过召开专门工作会议、开展警示教育、深化廉政创建活动等方式,提升政法队伍拒腐防变能力。

(三)狠抓纪律作风建设 扎实开展党的群众路线教育实践活动,聚焦查找和解决执法司法领域"四风"问题,努力构建践行群众路线长效机制，政法干警宗旨意识进一步提高，作风进一步转变。认真贯彻执行中央和省委关于改进工作作风、密切联系群众的有关规定，针对查摆出的“四风”问题，积极整改落实和建章立制，在转变执法作风、改进会风文风、压缩公用经费和出国出境学习考察活动等方面取得了明显成效。深入推进政法机关惩治和预防腐败体系建设，认真解决人民群众反映强烈的执法不公、执法不廉等问题，坚决纠正执法活动中的违法违规行为，坚决清除政法队伍中的害群之马。

（四）加强政法文化建设 为充分展示全省政法干警忠诚为民、清正廉洁的良好形象，进一步鼓舞士气、弘扬正气、激励斗志、凝聚力量，组织开展了第二届“感动齐鲁政法人物”评选表彰活动，对评选出的第二届“感动齐鲁政法人物”组织开展集中宣传报道和先进事迹报告。充分发挥典型引路的示范作用，涌现出了济南市“民生警务服务平台”、青岛市“模范网络支队”，以及全国模范检察官李树德，最美交警张斌等一大批先进典型。

附：省委政法委领导成员名单

书　　　记：才利民
常务副书记：丛大鸣
副　书　记：李　敏　王凯祥
副书记、省综治办主任：张志华
政治部主任：梁战光
省法学会专职副会长兼秘书长：王彤宇
省综治办副主任：李　平
副　巡　视　员：徐海波　任　伟

省委政策研究室工作概况

省委副秘书长、政策研究室主任　宋玉山

2013年，在省委坚强领导下，省委政研室坚持以邓小平理论、“三个代表”重要思想、科学发展观为指导，深入学习贯彻党的十八大和十八届二中、三中全会精神、习近平总书记系列重要讲话和视察山东重要讲话精神，牢牢把握“深新好快”的工作要求，突出调查研究和文稿起草两个重点，扎实开展党的群众路线教育实践活动，各项工作取得了新进展。

一、围绕中心服务大局，深入开展调查研究

围绕贯彻省委重要决策，聚焦领导关心、群众关注的突出问题，着重抓了五个方面的调研。

（一）围绕“调结构”，重点调研了建设西部经济隆起带、优化产业内部结构、加快发展服务业、培育特色经济等问题 主要成果有：《关于建设西部经济隆起带的调研报告》；《关于优化我省第一产业结构调整的调研报告》、《关于优化我省工业结构的调研报告》、《关于优化我省服务业结构的调研报告》；《对我省百强企业发展情况的分析与建议》；《关于培育和发展新兴现代服务业的研究报告》；《当前我省餐饮业发展态势及需要关注的几个问题》；《我省海洋经济发展基本情况》、《我省海洋经济发展历程及政策措施》；《加快我省民营经济发展应着力解决七个问题》、《我省民营经济发展情况调查及建议》、《我省民营经济发展历程及出台的政策措施》和《关于微山湖开发与保护工作的调查与建议》等。

（二）围绕“稳农业”，重点调研了增创农业优势、增加粮食生产、促进农业科技、完善经营体系、搞活农产品市场、探索土地流转等问题 主要成果有：《关于在“凤凰涅槃、腾笼换鸟，优化产业结构”中发挥农业科研院所作用的调研报告》；《关于加快培育我省新型农业经营主体创新农业经营体制机制调研报告》；《山东省农产品期货市场发展有关情况》；《促进粮食生产有关问题的调查与思考》；《提高农村土地综合整治实效的新探索》；《我省农村集体经营性建设用地现状》、《我省农村土地承包经营权流转情况》等。

（三）围绕“促创新”，重点研究了发挥重大科技平台作用、促进成果转化、创新文化旅游融合发展、培育经济新业态等问题 主要成果有：《依托国家科技重大专项，努力建设在全国具有影响力的医药产业发展基地》；《关于我省信息技术产业发展的研究报告》；《鲁苏浙粤科技创新能力比较分析及对策建议》；《从我省电影市场的变化看文化强省建设成效》等。其中，《强化文化引领打造品牌体系，进一步提升我省旅游核心竞争力——关于加快建设旅游业强省的调研报告》，姜异康书记、刘伟主席、王军民副书记等分别作出重要批示，在此调研报告基础上形成了省政府文件。

（四）围绕“惠民生”，重点研究了改善群众居住条件、农村养老、关注特困群体、发展慈善事业、改善人居环境等关系群众利益的现实问题 主要成果有：《更加关注城中村和棚户区改造中的群众利益问题——我省城中村和棚户区改造的情况与建议》；《关于我省“老小孤残”民生保障问题的调研报告》；《关于全省乡镇卫生院情况的调研报告》；《我省食品安全现状问题及对策》；《当前生态文明乡村建设中几个问题的研究与思考》、《我省生态文明乡村建设实践成效及推进措施研究》；《对全省志愿者（义工）服务工作的调查与建议》等，促进了以改善民生为重点的社会建设。

（五）围绕“抓典型”，从多个层面解剖麻雀，总结各地发展好思路好做法，挖掘和推广基层创造的新鲜经验，为指

导面上工作提供借鉴 主要成果有:《东营市积极开展科技银行试点》;《坚持以大项目建设引领经济转型跨越——莱芜市加快转型发展的调查》;《立足小县域,实现大作为——庆云县发展县域经济的实践与探索》;《成功推进“高木小镇”合村并居建设的调查与思考》;《借助资本之手打造发展新引擎——临邑县成功构建县域多层次资本市场》;《依托旅游业发展县域经济的“沂南模式”》;《强村固基、富民兴社——关于全省供销社开展“党建带社建、社村共建”的实践与思考》等。其中,《双覆盖双到位双评价双激励——沂水县创新群众工作机制的调查与思考》,王军民副书记作出重要批示,并在全省推广了这一经验。

二、当好参谋助手,扎实做好文稿起草工作

省委政研室承担了省委重要文稿、重要文件和重要专题材料的起草任务。工作中,注重改进文风、提高质量,把领导意图领会好、贯彻好,以高度负责的精神完成任务。

(一)起草重要文稿 主要有:在全省转方式调结构推动科学发展现场观摩交流会上的讲话,在全省推进省会城市群经济圈和西部经济隆起带建设动员大会上的讲话,在全省党的群众路线教育实践活动动员会上的讲话,在省委十届七次、八次全体会议上的讲话,在全省领导干部会议上的讲话,在全省经济工作会议上的讲话,在全省农村工作会议上的讲话,在全省深入推进生态文明乡村建设现场会上的讲话,等等。

(二)参与起草省委重要文件 主要有:《关于落实中办发[2013]1号文件精神深入推进农村改革发展的意见》、《中共山东省委关于深入学习贯彻党的十八届三中全会精神的意见》、《省委常委会2013年工作要点》、《中共山东省委山东省人民政府关于培植山东新的产业优势的指导意见》、《关于进一步加强厉行勤俭节约反对铺张浪费的实施意见》、《全省加快转调创进程、推动科学发展纪实》等。

(三)认真完成省委交办事项 在省委领导的精心指导下,起草了在中央有关会议上的汇报、发言提纲等材料。起草了中组部的专题访谈材料《关于开展党的群众路线教育实践活动的意见建议》。撰写了《聚焦“四风”问题,推动活动进展》、《科学谋划山东区域协调发展新篇章——关于“建设西部经济隆起带”的调查与思考》等文章。我室编印的《党的十八大以来习近平同志重要讲话选编》被省委组织部指定为干部培训教材。

三、坚持高标准严要求,精心服务重大活动

根据省委安排和领导同志指示,着力搞好三个方面的服务。

(一)服务好省委常委会教育实践活动 党的群众路线教育实践活动启动后,我们承担了省委常委会相关材料起草任务,拿出精干力量,以高度政治责任感搞好服务。先后为起草《山东省委常委班子对照检查材料》、《在省委常委班子专题民主生活会上的讲话》、《中共山东省委关于常委班子专题民主生活会情况报告》及其附件材料、《在省委常委班子专题民主生活会情况通报会上的讲话》、《省委常委会党的群众路线教育实践活动整改落实方案》等做了一些基础性服务工作。中央政治局常委、中央书记处书记刘云山同志在省委向中央的报告上作出重要批示,给予充分肯定。还整理了《河北省委党的群众路线教育实践活动有关资料》、《中央领导同志关于教育实践活动的重要论述》等材料供领导参阅。

(二)服务好省委学习贯彻十八届三中全会精神 按照《中共中央关于对党的十八届三中全会研究全面深化改革问题征求意见的通知》要求和省委领导同志指示,汇总整理、研究吸收各方面意见建议,形成《中共山东省委关于对全面深化改革问题征求意见情况的报告》。围绕全面深化改革,在全省部署开展了集中调研活动,组织17市和43个省直部门对本地、本领域的改革情况进行全面调查研究,形成了62篇、100多万字的研究成果,包括《山东改革情况综合研究报告》、《全省改革综合情况及各市改革情况汇编》、《全省重点领域改革情况汇编》、《全省改革典型情况汇编》等,为省委谋划改革做了认真准备。全会闭幕后,积极参与省委贯彻三中全会精神的意见起草工作。最近,即将编辑出版《山东改革35年》一书。

(三)服务好中央领导同志视察山东重大任务 根据省委安排,精心准备中央领导同志到我省视察有关材料,起草《山东工作基本情况》、《山东工作情况汇报》等,搜集和调度了大量新情况新数据,并协助省委有关领导同志做好济南、菏泽两个座谈会的准备工作,为整个任务的圆满完成作出了积极努力。组织研究我省腾龙换鸟、凤凰涅槃问题,就全省工作指导重大转变提出建议,为省委召开十届七次全会、学习贯彻好中央领导同志视察山东重要讲话做了认真准备。

四、强化主动性针对性,认真做好信息服务和党刊编辑工作

本着快捷、准确、有用的原则,及时准确搜集整理国际国内重要信息,反映重要调研成果,为领导决策提供参考。全年共编发《信息参阅》75期,《参阅件》26期。把握办刊方向,服务工作大局,围绕一个阶段的重点工作开辟专栏,宣传中央和省委决策部署、政策方针,全年共编辑出版《山东通讯》24期、约180万字,《调查与研究》13期、约60万字。汇编出版了《2012年山东省情研究报告》、《山东省情手册》(2013年版)。面向社会积极开展决策咨询服务,举办了政策研究专题研讨班,不断提升服务决策的整体效能。

五、改进工作作风,扎实开展教育实践活动

按照省委关于教育实践活动的部署要求,结合政研工作实际,认真做好每个环节每个步骤的工作。

(一)抓好学习教育打牢思想基础 采取集中辅导、领

读原著、专题讨论、个人自学等多种形式，学习中央规定的书目和文件，与学习党的十八大和十八届三中全会精神、习近平总书记系列讲话和视察山东重要讲话精神结合起来，与学习省委十届七次、八次全体会议精神和姜异康书记讲话结合起来，努力做到融会贯通，增强思想自觉、行动自觉。全年班子集体学习12次，各处室、各支部集体学习都在10次以上。

（二）坚持开门搞活动 通过向21个工作联系较多的厅局和17个市委政研室发出征求意见函，室领导带队到12个省直部门登门征求意见，召开老干部、处长、年轻干部等座谈会，班子成员和各处室负责人广泛开展谈心活动，共收集各类意见建议120条，有针对性地制定了整改措施。

（三）开好专题民主生活会 按照省委要求和规定程序，领导班子召开专题民主生活会，认真开展批评和自我批评，相互提出批评意见52条，达到了预期目的，省委督导组给予高度评价。各处室支部以“坚决反对四风、深入实际调查研究、当好参谋助手”和整治“庸懒散”为重点，认真开好组织生活会，增强了凝聚力战斗力。

（四）坚持边学边查边改，确保活动善始善终、善做善成 对我室原有的13项制度进行修订完善，新增加了7项制度，形成了包括理论学习、信息报送、公文处理、机关党建、思想政治工作等在内的规章制度体系。选择10个基层单位作为联系点，并组织力量先行到巨野县的太平镇、田桥镇、独山镇进行了为期11天的蹲点调研，深入群众接地气。

（五）切实改进文风 在全室倡导“短实新”，树立朴实文风。针对解决文风、调研质量等问题，制定了《省委政研室关于改进调查研究工作的意见》和改进调研工作的17条具体办法和措施。牢固树立成果导向，以调研起草工作为中心，引导大家把精力用到学习研究上，在思考高度、研究深度、措施力度上下功夫。对省委的每次重要会议都第一时间传达学习，组织专题讨论，特别对领导同志亲手修改的文稿，反复研究理解，促进思维对接。组织各调研处对其侧重研究领域的情况和动态进行梳理，掌握该领域的现状、历程、已有政策、外省动态、国际经验、规律趋势等，为进一步深化研究作了积累。

附：省委政策研究室领导成员名单

主　　任：宋玉山

巡 视 员：孙建生　朱建和

副 主 任：苏建华　郝宪印　王　侠　杨占辉

副巡视员：徐庆光

全省机构编制工作概况

省机构编制委员会办公室主任　刘星泰

2013年度，山东省编办在省委、省政府和省编委的正确领导下，认真学习贯彻党的十八大、十八届二中、三中全会精神和省委、省政府一系列重大决策部署，深入开展党的群众路线教育实践活动，深化行政体制和事业单位改革，优化机构编制资源配置，全面提高机构编制工作整体水平，较好地完成了各项工作任务。

一、政府职能转变取得实质性进展

一是遵照省领导关于营造全国领先营商环境的指示精神，在职能转变方面先行一步。会同有关部门深入开展调查研究，报请省政府印发《关于推进政府职能转变简政放权减少行政许可的意见》（鲁政发〔2013〕15号）（以下简称《意见》），明确了本届政府职能转变的目标任务、30条具体措施、责任部门和时限要求。会同省政府办公厅、监察厅、法制办等部门对8个市和11个省直部门贯彻落实《意见》情况进行了实地督查。二是深化行政审批制度改革，大力简政放权。按照中央部署，将省行政审批制度改革工作牵头部门由省监察厅调整为省编办。印发《关于对省级行政审批事项摸底清理的通知》（鲁编办〔2013〕221号），部署省政府各部门审批事项摸底核查工作。省政府分三批取消下放230项行政审批事项，其中取消103项、下放127项，国务院取消下放的148项审批事项全面落实到位，实现了良好开局。三是做好政府职能转变和机构改革各项准备工作。认真学习领会中央精神，着眼于解决制约经济社会发展的体制机制问题，加强调查研究和统筹谋划，拟订了省政府职能转变和机构改革方案。

二、重点领域改革取得新突破

一是基本完成食品药品工商质监管理体制改革。认真落实国务院关于改革完善食品药品监管体制和调整工商、质监部门行政管理体制的部署，提出整合组建省食品药品监督管理局的意见和统筹推进市县食品药品工商质监管理体制改革的意见。会同有关部门制定人员编制与经费资产划转、异地交流干部安置、干部任职年龄对接等配套措施，加强政策指导，保障体制调整顺利推进。截至年底，工商质监管理体制已调整到位，省市县三级食品药品监管机构组建基本完成，市县政府功能进一步完善，监管责任得到强化。山东省的改革思路和做法得到汪洋副总理和中央编办的充分肯定。二是健全完善地方金融监管体制。为促进全省金融业发展，本着先行先试、稳慎推进的原则，报请省政府印发《关于建立健全地方金融监管体制的意见》(鲁政发〔2013〕28号)，在县级以上人民政府单独设置金融工作办公室，挂地方金融监督管理局牌子，加快形成条块结合、运转高效、无缝衔接、全面覆盖的区域性金融管理与风险防范机制。三是深化经济发达镇行政管理体制改革试点工作。在总结广饶县大王镇等8个经济发达镇行政管理体制改革试点工作经验基础上，报请省编委印发《关于深化经济发达镇行政管理体制改革试点工作的意见》(鲁编〔2013〕44号)，将章丘市刁镇、胶州市李哥庄镇、临淄区金山镇、高密市夏庄镇、邹城市太平镇、宁阳县磁窑镇、莒县夏庄镇、莱城区口镇、禹城市房寺镇、临清市烟店镇、博兴县兴福镇、巨野县龙堌镇等12个经济发达镇列入改革试点范围，围绕扩大管理权限、创新体制机制、强化服务功能、统筹配套改革，探索建立适合小城镇发展特点的行政管理体制。

三、事业单位分类改革和监管工作稳步推进

一是全面完成清理规范工作。通过撤销合并职能弱化单位，推动经营类单位转企改制，全省撤并事业单位4000余个，收回编制2万余名，进一步规范了机构设置，优化了编制配备。二是加强事业单位改革政策研究。会同组织、财政、人社部门起草事业单位分类、创新机构编制管理、转企改制、人事制度改革等10个配套文件和分类目录，进一步完善了改革政策框架体系。三是创新事业单位监督管理体制。全省市县两级建立健全事业单位绩效考核工作机制，并选择卫生、教育领域事业单位开展了考核试点。潍坊市、青岛市在中小学去行政化方面进行了积极探索。组织18家公立医院开展法人治理结构建设试点，完善事业单位运行机制。改进监管方式，全面取消事业单位法人年检，规范年度报告公开制度，推动"登记许可"向"事中事后监管"转变。

四、机构编制管理进一步加强

一是严控机构编制。加强总量控制，明确全省各级行政编制不得突破中央核定的数额，事业单位编制不得突破2012年度总量。会同组织、财政、人社部门制定《关于健全完善机构编制人员与经费管理协调配合机制的意见》(鲁编办发〔2013〕16号)，加强协调配合，形成严控财政供养人员的合力。研究拟定《严格控制机构编制确保实现财政供养人员只减不增目标的意见》和减编控编方案，提出严控财政供养人员的具体措施。二是优化编制资源配置。按照总量控制、盘活存量、优化结构、增减平衡的思路，通过深化改革、内部挖潜等途径，精简调剂部分编制，加强全省重点区域规划建设、经济开发区、大气污染防治、食品安全评估、土地管理、水利工程安全监管、防汛抗旱、纪检办案等领域机构建设，保证了重点工作的需要。会同有关部门研究制定中等职业学校编制标准和加强农村中小学教师队伍建设的意见，促进教育事业发展。三是加强机构编制监督检查。组织开展政府部门履职和机构编制评估工作，对评估中发现的职责交叉、监管空白、权责不一致等问题，及时责成有关部门进行整改，严肃了机构编制纪律，强化了部门职责履行。加大案件查处力度，全年共接收群众举报152件(次)，专项查办案件17件，严肃追究了相关人员责任。

五、科研宣传、电子政务建设取得新成效

一是加强科研工作。筹备成立山东省机构编制管理研究会，打造行政体制改革研究交流新平台，为推进改革提供理论支持。完成联合国开发计划署课题《围绕权力下放推进经济发达镇行政管理体制改革的建议》和《人才工作综合管理体制中的问题及对策》、《城镇化发展中面临的行政管理体制改革问题研究》等省部级课题。会同省社科联举办第二届山东省行政管理体制改革及机构编制管理科研成果奖评审活动。二是加大宣传推介力度。充分依托《机构与行政》杂志和山东机构编制网等媒介，宣传推介全省机构编制工作。2013年度，全省编办系统在中央编办网站发布信息量居全国前列，《大众日报》、山东卫视新闻联播对省编办各项重点工作和教育实践活动等经验做法作了重点宣传，刊发稿件10余篇次。三是推进电子政务建设。推动17市编办和大部分县级编办完成政务专网接入和互联网网站开通工作。全省机构编制综合管理信息系统软件、硬件平台已全部建成，16个市(除济南市外)及所属县级编办均与省编办实现联网。政务和公益中文域名注册工作进展顺利，全省共注册域名56754个，注册率71.51%，注册总量和注册率居全国前列。完成2012年度机构编制统计工作，充分发挥统计对中心工作的服务作用。

六、自身建设进一步强化

以开展党的群众路线教育实践活动为契机，积极创建学习型、研究型、开放型、服务型机关，理顺内外职责关系，加强干部队伍建设，厉行勤俭节约，着力解决"四风"和工作中的突出问题，工作作风进一步改进，自身建设得到有力加强，省编办连续11年被评为省级文明单位。强化对基层编办的工作指导，先后举办机构编制法规政策、事业单位绩效考核、监督检查工作创新等培训班，培训市县党委政府分管机构编制工作负责同志155人、市县编办业务骨干600余人次，提高了干部政策水平和业务能力。扎实做好"第一书记"帮包工作，坚持抓班子、带队伍，增

强帮包村村级班子战斗力；坚持因地制宜、一村一品，着力转变农村生产经营方式，探索适合当地发展的致富路子；协调落实帮扶政策，争取资金项目，改善了村民生产生活条件。

附：省编办领导成员名单

主　　任：刘星泰

副 主 任：刘维寅　刘书伟　孙书恒　王振乾

省政府行政审批制度改革办公室主任（副厅级）：李　捷

副巡视员：刘志春

全省对台工作概况

省委台湾工作办公室
省政府台湾事务办公室 主任　张雪燕

2013年，山东省对台工作认真贯彻党的十八大和十八届二中、三中全会精神，紧紧围绕团结广大台湾同胞主线和经济文化强省建设，积极进取，开拓创新，呈现出蓬勃发展的新局面。

一、扎实落实中央和省委部署，对台工作实现新发展

省委相继召开常委会议、对台工作会议、对台工作领导小组会议，对贯彻落实中央对台工作会议精神、全面做好全省对台工作进行部署。省委、省政府领导先后作出批示93次，省委书记、省人大常委会主任姜异康多次参加重要涉台活动，对服务好中央对台工作大局、做好全省对台工作作出重要指示；省委副书记、省长郭树清率团赴台举办2013台湾·山东周活动，大力推动鲁台经济、文化等各领域交流合作；省委常委、统战部部长颜世元，副省长夏耕对对台工作及时指导，对重点工作大力推动。在全省倡导和践行"创新为民务实"的对台工作理念，开展了"鲁台交流合作创新年"活动，重点推动对台经贸合作模式、对台交流方式和对台工作载体创新，实现了对台工作创新发展。

二、办好2013台湾·山东周，鲁台交流合作提升新层次

经中央批准，省委副书记、省长郭树清率山东省经济文化交流团赴台湾，以"走亲戚、交朋友、促交流"为主题，举办了"2013台湾·山东周暨第十九届鲁台经贸洽谈会"。在台期间，交流团主打亲情牌，唱响两岸一家亲；深耕基层行，亲近民众博感情；深结孔孟缘，增强文化凝聚力；共谋发展路，深化经贸合作；展开高层会，凝聚和平共识。整个活动务实高效、亲民近民、开放自信、低调简朴，中央政治局常委、全国政协主席俞正声在中央对台工作会议上给予高度评价。省委常委、常务副省长孙伟，省委常委、济南市委书记王敏，省委常委、青岛市委书记李群，省委常委、统战部部长颜世元先后率团赴台交流，副省长夏耕、济南市市长杨鲁豫、青岛市市长张新起赴台参加2013台湾·山东周活动。台湾林丰正、林中森、江丙坤、王志刚、郑逢时、郭台铭、星云大师等一大批各界知名人士来鲁参访交流，省委、省政府领导多次会见。鲁台交流合作层次进一步提升，各领域交流合作进一步深化。

三、服务经济文化强省建设，鲁台经贸合作取得新成果

抓住海峡两岸投保协议、服贸协议签署的重大机遇，围绕我省"两区一圈一带"区域发展战略，鲁台经贸合作呈现良好发展势头。全年新批台资项目110个，实际使用台资13.4亿美元；对台贸易47.5亿美元，同比增长14.5%；截至2013年底，累计批准台资项目8496个，实际使用台资215.2亿美元。中国重汽、浪潮集团、烟台冰轮等山东企业在岛内建厂、设立分支机构或开展同业合作。省贸促会、省经信委、省海洋与渔业厅分别与台湾相关部门签署交流合作协议，德州经济开发区与台湾中部科学园区合作在德州建设台湾科学园区，淄博市政府在台北市内湖科技园区设立"齐鲁科技园"，台湾贸易中心在青岛设立代表处，鲁台农渔业合作协调机制正式启动，服务业、金融业、农业、渔业等经贸合作领域进一步拓宽。威海至台北实现空中直航，新开通济南至花莲、高雄至济南、青岛至台中直航航线，鲁台往返航班每周达50多个，全年执行航班2470个，运送旅客34万人次，鲁台两地人员往来更加便捷。

四、主打"孔孟缘·鲁台情"对台工作品牌，鲁台交流开创新局面

以"孔孟缘·鲁台情"对台工作品牌为引领，以文化、教育、旅游、青少年、基层民众为重点，成功举办200多项交流活动，"情系两岸"、"两岸一家亲"、"齐鲁风两岸情"、"情牵黄河口"等一系列富有各地文化特色的交流品牌影响不断扩大。新增曲阜孔庙、泰安泰山2处国家级海峡两岸交流基地，高唐李奇茂美术馆1处国家级海峡两岸文化交流基地，泰安泰山、济南府学文庙、潍坊齐鲁台湾城、惠民孙子兵法城4处省级海峡两岸交流基地；新增青岛为赴台个人游城市；我省公安机关出入境管理部门获批为在我省的台胞换、补发5年有效台胞证，为符合条件的申请人在居住地就近办理大陆居民往来台湾通行证及签注。全年来鲁

台胞27.6万人次，同比增长9.7%；应邀赴台交流1226项7099人次，同比增长8%和12%；赴台旅游11.5万人次，同比增长18.2%；截至2013年底，累计来鲁台胞达288万人次，应邀赴台7671项4.4万人次，赴台旅游35.5万人次，鲁台人员往来规模大幅增长。

五、增强山东对台工作影响力，对台宣传调研工作再上新水平

大力宣传我省对台工作和鲁台交流合作成果，完成重要涉台活动宣传报道49项；在中央、省级主要媒体刊发新闻报道、稿件182篇（条），在中国台湾网、华夏经纬网等网站发稿3900多篇，转载转播超过10万次。邀请中评社、东森电视台等21批台湾媒体记者127人次来鲁采访，首发报道700余篇（条）。加快山东省对台宣传服务平台建设，推动齐鲁晚报与台湾旺报、山东电视台与台湾中天电视台开展战略合作。围绕我省对台重点工作和两岸关系热点问题，完成国台办委托调研课题项目1个、全省台办调研课题19个，撰写台湾形势分析报告10篇，为领导决策提供参考。

六、优化山东营商环境，台胞台企服务和权益保障工作取得新进展

颜世元、夏耕等省领导多次到台资企业走访调研，省政府召开全省台协会长暨台商恳谈会、座谈会，研究制定改善营商环境、促进台企发展的政策措施。省台办联合20余个省直部门制定落实22条惠台政策的分工方案和工作细则，青岛、聊城、日照、烟台等地相继出台落实22条政策配套措施。首次开展"台资企业走访季"活动，持续推动"齐鲁台商行"活动，受到台胞台商的一致好评。调整省台胞投诉协调工作领导小组和涉台突发事件处理工作协调小组，重点疑难案件报告制度、涉台信访工作联系机制进一步健全完善。一些久拖不决的重点案件得到解决，台商台企合法权益得到有效维护。

七、扎实开展党的群众路线教育实践活动，台办干部队伍呈现新面貌

认真学习贯彻党的十八大和十八届二中、三中全会精神，扎实开展党的群众路线教育实践活动，省台办领导班子进行12次集体学习，向17个市台办、40多个省直部门和省台办各处室征求意见建议120条，查摆问题6大类20个，领导班子专题民主生活会提出批评意见40余条，班子整改方案制定整改措施26条，在建立健全行政事务、安全保密等规章制度基础上，确定修订制度16项、新建制度6项、废止制度1项，党员干部存在的"四风"问题得到有效解决，服务基层、台胞台商台属能力进一步提高，为民务实清廉形象进一步树立。认真落实中央八项规定和省委常委会实施办法，严格执行《党政机关厉行节约反对浪费条例》，扎实开展"作风年"主题实践活动，台办党风廉政建设和节约能力进一步加强。大力推进台办干部队伍建设，组织9批24人次省台办处级以上干部参加干部学院、党校、行政学院培训，6批37名台办干部参加国台办组织的业务培训，公开选聘工作人员充实加强鲁台经贸服务中心力量，台办系统凝聚力、战斗力进一步增强。

附：省台办领导成员名单

主　　任： 张雪燕

副 主 任： 张民忠　曹晓武　庄卫平

副巡视员： 齐子明

省直机关党建工作概况

省委省直机关工委书记　卢得志

2013年，省直机关党的各项工作取得新的进展，得到省委的充分肯定。省委书记姜异康在听取省委省直机关工委工作汇报后指出，省直机关工委紧紧围绕全省工作大局，做了大量卓有成效的工作，特别是以开展党的群众路线教育实践活动为重要契机，突出作风建设这个重点，以改革创新精神推进党的建设，呈现新的面貌，为确保省直机关各项任务的顺利完成，提供了重要保证。

一、深入学习贯彻党的十八大、十八届三中全会和习近平总书记系列讲话精神

将深入学习贯彻党的十八大、十八届三中全会和习近平总书记系列重要讲话精神贯穿全年工作始终，及时作出安排部署，采取集中学习、系统培训、专题辅导、研讨交流等多种方式，切实做好统一思想、坚定信心、凝聚力量的工作。重点抓好部门单位党组（党委）理论中心组和处以上干部的学习，在对省国土资源厅等20个单位中心组学习情况进行专题调研的基础上，提出了进一步加强和改进省直单位理论中心组学习的意见；在省直机关党校举办了10期学习贯彻十八大精神培训班，轮训处级干部3450名；围绕推进学习型党组织建设，举办了5期领导干部读书学习系列讲座，着力提高领导干部的历史文化素养和治政水平，3600余人次听取了辅导报告。为深入学习贯彻十八届三中全会精神和习近平总书记系列讲话精神以及省委十届七次、八次全体会议精神，于12月24—26日，举办了省直机关学习贯彻十八届三中全会精神和习近平总书记系列讲话精神骨

干培训班，省委、省政府有关领导，中央政策研究室有关专家和省财政厅、省金融办、省发改委、省环保厅、省人社厅和省国土资源厅的主要负责同志，紧密结合山东工作实际，集中对中央精神和省委省政府的决策部署进行了系统讲解和重点辅导，省直机关600余名领导干部和党务干部参加培训，省直机关工委对省直机关各级党组织找准工作着力点，推动深化改革、促进转型发展及时作出部署。

二、扎实开展党的群众路线教育实践活动

自2013年年初开始，狠抓中央八项规定和省委实施办法的贯彻落实，研究制定了《关于贯彻落实中央政治局〈八项规定〉和省委常委会〈实施办法〉的具体措施》，从改进调查研究、精简会议和文件简报、厉行勤俭节约、加强督促督查四个方面对贯彻落实工作措施进行了细化。加大对厉行勤俭节约、反对铺张浪费专题会议落实情况的督查力度，推动省直部门单位制定和完善改进文风、会风、学风、工作作风的具体措施和办法。下发《关于省直机关文明单位协作区严格贯彻落实中央八项规定及省委实施办法的通知》，发挥省直机关文明单位示范引领作用。在群众路线教育实践活动中，工委机关自身坚持高标准、严要求，认真扎实地组织开展每个环节的工作。在学习教育、听取意见环节，突出抓好集中讨论交流，收到了触及思想的实际效果，工委机关34名同志作了大会交流发言，占到参学党员的55%。在查摆问题、开展批评环节，工委领导班子共查摆归纳出18个“四风”方面的突出问题，坚持边查边改、立说立行，针对群众反映的热点问题及时研究整改措施，一一作出回应。在整改落实、建章立制环节，修订完善了21项管理制度，突出抓好对21项整改事项的落实，处级以上领导干部分别制定了个人整改措施，并按干部管理权限进行了备案。在抓好工委机关自身活动的同时，作为省委教育实践活动领导小组成员单位，按照省委关于工委“在面上教育实践活动中发挥突出作用”的职责要求，对省直机关各级党组织和广大党员干部发挥新优势与先锋模范作用，推进教育实践活动深入开展及时作出安排部署；举行了省直机关党的群众路线专题学习报告会，邀请中央党校党建教研部副主任、博士生导师戴焰军教授作了题为《坚持群众路线，改进党的作风》学习辅导报告，对省直机关600余名党务干部骨干进行培训；及时调度各单位机关党委配合有关处室参与活动组织协调工作的情况，通过多种方式，积极总结、宣传、推广省直各部门(单位)的经验做法；注意在活动中提高加强党的作风建设的规律性认识，为提升机关党的工作水平积累经验。

三、深入实施作风能力建设系统工程，精心组织开展“作风年”主题实践活动

按照省直机关三年作风能力建设系统工程的总体安排，结合贯彻落中央、省委关于改进工作作风、密切联系群众的规定，在省直机关集中组织开展了“作风年”主题实践活动，着力解决在机关作风方面存在的“精神不振、作风不实、服务不佳、执行不力、效能不高”等问题。抓住组织动员、学习提高、解决问题、倡树新风、加强督查五个环节，通过“摆、清、查、改”等方式，组织党员干部个人和基层党组织重点从精神状态上、工作纪律上、文风会风和工作作风上、服务基层和群众上、工作效能上，集中查摆不良作风的表现；厘清各部门、单位的各项行政权力事项，促进简政放权和行政权力的公开透明运行；查找问题存在的原因，分析危害，找准问题症结所在；针对存在的问题，建立台账，提出目标要求，制定落实整改措施和办法。坚持有“破”有“立”，把解决实际问题与解决思想问题结合起来，与加强理想信念和职业操守教育结合起来，大力选树和弘扬先进典型，开展了“我的身边有一缕清风吹过——改进作风见闻”征文活动，有效激发党员干部弘扬求真务实作风的内在动力，焕发和保持良好的精神风貌。上半年集中开展的“作风年”主题实践活动，为省直机关深入开展党的群众路线教育实践活动做了铺垫和准备。

四、大力弘扬优秀党员干部的先进事迹，为改进作风汇聚正能量

用好榜样力量，发挥典型的带动、示范、引领作用，配合“作风年”主题实践活动和群众路线教育实践活动，分别于2013年5月份和8月份，在深入开掘、精心筹备的基础上，组织举行了山东援疆援藏干部先进事迹报告会和省直机关作风能力建设先进事迹报告会。为办好山东援疆援藏先进事迹报告会，工委组织人员奔赴西藏和新疆进行考察，现场感受、深入了解典型的先进事迹，组织力量深度诠释先进人物的精神品格。报告会上，援疆干部李力、宋学华、李汝明和援藏干部杨国莹、白平和、曲涛分别作了报告，在社会上引起良好反响。在省直机关作风能力建设先进事迹报告会上，集中介绍了省纪委信访室正处级检察员谭明建、省审计厅行政事业审计四处处长张翔燕、省国土测绘院第一测绘院院长杨艳萍的先进事迹。其中杨艳萍事迹报告团先后在省内18个单位和北京、四川、重庆、海南、黑龙江、陕西、浙江等省(市)直属机关和解放军总参谋部机关进行巡回报告，引起强烈反响。

五、着力抓基层打基础，切实提升机关党组织的凝聚力、战斗力、创造力

继续全面贯彻机关党的工作《条例》和省委《实施办法》，进一步建立和完善机关党建工作责任制，推进机关基层党组织规范化建设。严格标准要求，调整充实机关党务干部133人；表彰182个先进基层党组织、268名优秀共产党员和167名优秀党务工作者；培训党员发展对象2000多名。发挥机关党的工作优势，积极推进“支部联村、党员包户”模式，大力宣传和服务推进“第一书记”的工作。研究制定了分类分层指导机关党建工作的意见，着力加强机关基层党支部的工作。认真加强调查研究，省直机关工委“建设学习型服务型创新型机关党组织”的调研成果收入《全省重点领域改革

情况汇编》，在全国机关党建课题研讨会上作了典型发言。继续加强对省直机关领导干部民主生活会和党员组织生活会的管理，实行党员领导干部民主生活会情况反馈制度，结合巩固深化党的群众路线教育实践活动成果，正在研究制定严格规范省直机关党内生活的意见办法。

六、坚持教育、预防与惩处并重，深入推进机关反腐倡廉建设

进一步强化监督检查，保障重点工作有效落实。按照省委、省纪委的统一部署，对省直单位规范和简化公务接待，加强因公出国管理，严禁违规收送礼金、有价证券和支付凭证，内部餐厅使用等方面的情况进行了监督检查和专项治理，及时发现和解决问题。加强廉政风险防控管理，在春节、中秋等节日前夕专门下发通知，进行廉政风险预警，做到了超前预防、节点提醒、全程监管，有效地从源头上防治腐败。组织开展了廉政文化示范点创建工作和“党风廉政建设好新闻”评选活动，组织5624名干部参加了警示教育。受理人民来信来访2031件次，对74名党员进行了诫免谈话，处分党员干部17人。

七、充分发挥群团组织的作用，扎实做好机关群众工作

承办了以“机关党的群众工作新实践”为主题的全国机关党建工作研讨会，推广新时期机关党的群众工作经验。严格执行有关规定，将会期压缩到1天，不组织考察活动，以周到热情服务赢得了与会人员的赞同和认可。举办了省直机关第十二届运动会，112个省直单位的6840名干部职工报名参加56个项目的比赛，规模空前，节俭务实，展示了省直机关干部职工通过教育实践活动焕发的良好风貌。积极协调省体育局，帮助省直单位加强体育健身设施建设，推动群众性健身活动的开展。筹集资金71.1万元，向53名劳模和452户困难职工发放了慰问金，对51名困难职工子女上大学进行了资助。继续组织开展省直机关职业道德建设标兵评选、“学雷锋做山东好人”、关爱农村留守儿童、省直机关大龄异性青年交友等活动。文明和谐与平安机关建设不断深化，修订《省直机关文明单位管理条例和考核细则》，文明单位创建工作趋于制度化、规范化。

八、加强省市县机关党的工作交流互动，全省机关党建工作呈现良好发展态势

认真贯彻《中国共产党党和国家机关基层组织工作条例》和省委《实施办法》的有关精神，积极回应市县工委和党务干部的期望和要求，充分发挥全省机关党的工作的整体优势，加强省市县机关党建经验交流和工作互动，全省市县和基层机关党的工作亮点纷呈，保持了竞相发展的良好势头。济南市的“三服务”活动和淄博市“三服务一争创”活动在服务大局中不断得到深化；青岛、济宁市直机关工委的群众工作做法被评为“2013年全国机关群众工作典型案例”；日照市在建立机关民主监事会，打造干部职工参政议政平台方面作出积极探索，得到了有关方面的关注；菏泽市继续发挥机关党建考核综合评价体系的杠杆和指挥棒作用，机关党的工作围绕中心贴得更紧，服务大局抓得更实；东营市机关党建网络平台建设，在机关党的工作中发挥了越来越大的作用；枣庄市的市县乡三级联创工作，覆盖面不断扩大，进展健康；临沂市对机关党员干部的培训，措施强、投入大、效果好；泰安市以争创“十佳五型机关、百佳履职科室”为载体，提升市直机关工作的执行力；聊城市的“机关党员进社区”活动形成了工作品牌；烟台市在利用媒体畅通民意反映渠道，威海市在基层党支部书记述职和考核方面，都有新的进展；滨州、德州的学习型党组织建设，潍坊、莱芜的服务型党组织建设，也都迈出了新的步伐。

附：省委省直机关工委领导成员名单

书　　记：卢得志

副 书 记：李　茜（女）　董书华　邵明贵　薛淑喜　李玉清（女）

纪工委书记：邵明贵（兼）

巡 视 员：赵修东

副巡视员：刘　杰　赵　森

省委省直机关党校常务副校长：高尚瑞

全省高校党建工作概况

省委高校工委书记　左　敏

2013年，省委高校工委按照中央和省委的统一部署，以邓小平理论、“三个代表”重要思想、科学发展观为指导，全面贯彻落实党的十八大和十八届二中、三中全会精神，深入开展党的群众路线教育实践活动，高校党建、思想政治教育、安全稳定和“三型”机关建设等工作取得显著成绩。

一、扎实推进高校党的建设

（一）深入开展党的群众路线教育实践活动　按照“照镜子、正衣冠、洗洗澡、治治病”的总要求，以为民务实清廉为

主题，成立领导机构，制定实施方案，组织机关全体党员干部集中学习、实地考察和专题调研，征求意见建议，认真查摆工委领导班子及成员在“四风”方面存在的问题，深刻剖析思想根源，提出整改措施和时限，修订完善相关制度22项，保留18项，废止5项，新建7项。与2012年同期相比，减少会议50%，减少文件21.6%，减少大型活动58.3%，减少检查42.9%，减少评比40%，减少会议经费31%，减少接待经费30.8%，减少文印费19.9%，减少公车费用10%。

(二)切实加强高校领导班子建设 按照社会主义政治家、教育家的标准要求，分别召开高校党委书记、校长专题座谈会，组织新提任高校副厅级领导干部和高校领导班子副职后备干部学习考察，抓好高校党委中心组理论学习和党的群众路线教育实践活动，坚持和完善领导干部“双向约谈”、函询、诫勉以及重大事项报告制度，定期分析研究2007年以来省管高校领导班子和干部队伍状况。协助做好6所高校10名领导干部试用期满考核、充实调整了73所高校的领导班子121人，其中提拔50人。指导山东大学、青岛理工大学、济宁医学院等高校召开党代会。

(三)进一步加强干部培训和管理工作 制定2013年高校干部培训工作计划，全年培训1744人次，会同考察了4所高校新任党委组织部长人选，审查批复烟台大学、山东工商学院、泰山医学院等高校纪委副书记人选、滨州市技术学院党委副书记和党委委员、纪委书记人选。备案审查烟台大学、鲁东大学、潍坊医学院、潍坊学院、滨州学院、山东青年政治学院等高校的处级干部。

(四)着力加强高校基层党组织和党员队伍建设 召开全省高校党建工作会议，指导高校召开党员领导干部民主生活会，上报全省高校党员领导干部民主生活会情况，推荐7所高校基层党支部活动优秀创新案例参加全国评选。组织召开座谈会、问卷调查、随机访谈、实地抽查，抽查上报高校贯彻落实高校党员教育培训工作规划情况和《高校基层组织工作条例》情况。组织23所党的关系隶属工委的高校填报《开展党员定期评议基层党组织领导班子情况统计表》和《开展党员旁听基层党委会议情况统计表》。推选8所民办高校党的建设和思想政治工作优秀成果参加全国评选。

(五)推进高校党风廉政建设 召开全省高校党风廉政建设视频会议和部分高校专题研讨会，落实党风廉政建设责任制，交流党风廉政建设经验。开展教育系统优秀纪检单位、纪检干部评选表彰，举办了全省高校纪检干部专题培训班。完成省属高校上报会员卡专项清退工作。加大对全省高校厉行节约反对浪费工作的监督检查力度。受理人民来信167封，接待来访21人次。建立全省高校反腐倡廉教育研究基地2个、高校廉政文化示范点10个。

二、进一步加强高校思想政治教育工作

(一)加强思想理论建设 制定下发《关于全省高校深入学习贯彻习近平总书记五四重要讲话精神的通知》等一系列文件，切实加强党的十八大和十八届二中、三中全会精神的学习宣传，加强习近平总书记系列讲话精神的学习教育，举办了全省高校学习贯彻三中全会和习近平总书记系列讲话专题培训班，培训高校宣传部长、马列部主任等150余人，举办了部分高校宣传部长学习全国宣传思想工作会议精神座谈会。

(二)开展思想教育活动 在全省高校广泛开展“我的中国梦”、“节约从我做起”等主题教育活动。举办了“黄金杯”全省大学生“我的中国梦”演讲大赛和颁奖晚会、“我的中国梦·孝行齐鲁”主题实践活动、“实践激扬青春志，奋斗成就中国梦”山东省大中专学生志愿者暑期“三下乡”社会实践活动、“唱响中国梦、喜迎十艺节”全省大学生器乐艺术展示活动、“艺术梦中国梦”山东高校师生美术书法作品大赛等主题教育活动。还举办了全省高校大学生“走基层 看变化 学习宣传党的十八大精神”主题寒假社会实践活动、“千名辅导员访千家”寒假家访活动、山东省大学生心理健康节、全省大学生“节约，从我做起”文化作品大赛和第二届全省高校大学生廉政文化大赛。

(三)加强队伍建设 加强双“十百工程”建设，有8个辅导员名师工作室和71名骨干辅导员入选辅导员“十百工程”，9名优秀中青年思政课教学学术带头人和65名优秀中青年思政课骨干教师入选思政课“十百工程”。举办了第五期山东高校辅导员高级研修班、第16期辅导员岗前培训班、本科高校和高职院校辅导员学生党建工作专题培训班、5期全省社科理论骨干和高校哲学社会科学教学科研骨干研修班、全省高校新进思想政治理论课教师培训班和思政课新修订教材、教学大纲示范培训班、高校形势与政策课专题培训班、山东高校“心理动力学视角的精神创伤治疗连续培训项目”首期培训班和大学生心理健康咨询与团体辅导技能培训班、山东省大学生心理健康教育工作培训班等，2600余人参训。选拔4名辅导员参加第二届全国辅导员职业能力大赛、20名辅导员参加教育部6期骨干辅导员研修班。有2位教师入选全国高校优秀中青年思想政治理论课教师择优资助计划，组织教师参加全国2013年哲学社会科学教学科研骨干研修班。有3项目入选教育部辅导员工作精品项目。

(四)深入开展调研 召开教师和青年学生座谈会、个别访谈，对20所高校师生思想动态进行调研分析，组织开展了2013年全省高校1000名教师和2000名大学生思想政治状况滚动问卷调查。对山东高校青年教师关注的思想理论热点问题和高校意识形态工作现状、存在的问题及意见专题调研，对全省107所高校40周岁以下青年教师基本情况进行统计汇总，对25所省属本科、高职高专院校的2000名青年教师进行问卷调查。组织召开多个层次的座谈会，就高校思政课教育教学工作进行专题调研。

(五)推进工作研究 获批教育部2013年度人文社会

科学研究专项任务项目一类课题立项2个,二类课题6个,辅导员骨干专项课题6个。开展2013年全省高校思想政治教育课题申报、评审工作,设立高校人文社会科学研究计划50项。成立山东省高等学校形势与政策课专业委员会。召开全省高校宣传思想工作会议暨山东省高等学校思想政治教育研究会年会、山东省大学生心理健康教育工作专业委员会年会、山东省高等学校学生教育与管理研究会年会,组织2011年山东省高等学校学生教育与管理研究项目结项评审和2013年研究项目立项。推选两部著作入选教育部《思想政治教育研究文库》培育建设。

(六)加强典型示范 组织参加2012中国大学生年度人物评选,评选出2013年"大众报业杯"山东高校十大优秀学生,遴选15名优秀少数民族学生参加全国优秀少数民族学生的评选。组织参加全国辅导员年度人物评选,我省1人获2012年全国高校十大年度人物称号。评选表彰了2013年"大众报业杯"山东高校十大师德标兵。开展2012年度全省高校校园文化建设优秀成果评选工作,推选30个优秀成果参加全国评选,获一等奖1项,二等奖3项,三等奖3项。开展了2012年度全省高校思想政治教育优秀成果评选活动。

(七)做好新闻宣传 组织评选了山东高校2012年"十佳新闻"、"党建和思想政治工作优秀新闻"、"教学工作优秀新闻"、"科研工作优秀新闻"、"学生教育管理工作优秀新闻"、"改革建设发展优秀新闻"。在《人民日报》、《光明日报》、《中国教育报》、《大众日报》等发表稿件106篇,推出"山东高校围绕中心抓党建"、"山东高校深入开展群众路线教育实践活动"、"山东高校师生学雷锋巡礼"、"山东高校实施双'十百工程'"等重点文章。

三、切实抓好高校安全稳定工作

(一)全力做好高校维稳工作 强化重点时段值班调度,加强形势分析研判、网络有害信息查控和高校反邪教工作,协调处理了个别学校练功人员事宜。扎实做好高校领域重点人工作,严防高校领域重点人进京到省串联滋事。制定下发2013年抵御和防范校园传教渗透工作要点。妥善处置了韩国"统一教"下属鲜文大学与我省有关高校合作事宜、多起因学生意外伤亡引发的学生家长及亲属群体聚集事件和"南方周末"新年贺词涉我省人员问题,跟踪指导处置个别学校食堂烟道起火事件。

(二)认真做好校园安全管理工作 召开全省高校安全稳定工作会议。制定《山东省〈校车条例〉实施办法》和《省级校车服务方案》,加强校车安全管理。下发《关于进一步加强全省教育系统安全管理工作的通知》和《关于教育系统集中开展安全生产大检查的通知》,对部分高等学校进行了安全生产大检查。修订《全省教育系统突发公共事件应急预案》,制定操作手册。制定印发了《山东省教育系统反恐怖防范工作标准》。着手安全规章立项。

(三)切实做好校园及周边综合治理工作 认真履行省综治委校园及周边社会治安综合治理专项组办公室职责,召开了办公室成员会议,制定下发了2013年全省校园及周边治安综合治理工作要点。协调各成员单位,重点开展校园安全隐患排查、校园周边网吧检查、扫黄打非等专项治理行动,严厉打击针对学校、师生的违法犯罪行为和违法、违规生产行为,确保校园安全稳定及师生生命财产安全。

四、积极推进"三型"机关建设

(一)积极组织工委机关干部学习 制定年度高校工委中心组深入学习习近平总书记系列讲话和十八届三中全会精神工作方案,参加省直机关工委组织的领导干部带头学习系列讲座和省直机关党校组织的十八大精神培训班,组织全委处级党员干部认真学习贯彻党的十八大精神、习近平总书记一系列重要讲话和指示精神和中央、省委关于教育实践活动的重要文件、重要会议精神和指定的学习材料,进一步学习党章,努力提高学习能力和政治水平。

(二)加强机关作风建设 根据中央八项规定和省委实施意见,制定了《省委高校工委机关关于改进工作作风、密切联系群众的实施细则》、《中共山东省委高校工委关于全省高校厉行勤俭节约反对铺张浪费的意见》和《省委高校工委专项治理"庸懒散"问题"十不准"》,切实转变机关工作作风,提高工作效率。

(三)全力做好服务高校师生各项工作 完善山东高校党建研究基地工作制度,加强高校课题评审与立项工作。召开驻济部分高校慈善工作座谈会和山东高校"扬帆工程"工作座谈会。组织全省高校"慈心一日捐"活动和"扬帆工程",资助家庭经济特别困难大学生3265人,共计经费653万元,救助81名贫困师生近45万元。举办优秀成功女性进高校报告会60多场。组织高校参加全省贯彻男女平等基本国策主题征文活动和专题讲座。建立省高校妇女理论研究基地,形成了一批研究成果。

(四)扎实推进"第一书记"工作 继续选派第二批"第一书记"到基层挂职扶贫。投资60余万元建设一处综合性的村民活动中心,协调筹措资金300万元新建一个面粉厂。协调筹措资金39万元,新打机井20眼、修路500米、新建桥涵18个。协调筹措资金40万元,建设蔬菜交易市场1个、蔬菜大棚20个。确定党员干部联系"第一书记"帮扶村中7个困难家庭12名困难群众和16个相对困难的家庭,在经济、医疗等方面联系帮扶。

附:省委高校工委领导成员名单

书　　记:左　敏

副 书 记:齐秀生　黄　琦　傅华峰

纪工委书记:张圣中

省国资委党委工作概况

副省长、省国资委党委书记 张超超

2013年，在省委、省政府的正确领导下，省国资委党委紧紧围绕主题主线，以改革创新精神扎实推进党的建设，为省管企业科学发展、转型升级提供了有力的政治和组织保证。面对严峻复杂的市场形势，省管企业实现了稳中有进的任务目标，全年实现营业收入7610亿元，同比增长14.2%；截止12月底，净资产3444亿元，同比增长6.2%。

一、以开展党的群众路线教育实践活动为契机，大力加强和改进省管企业党建工作

坚持抓基层、打基础、求规范，努力建设服务型党组织，着力提高企业基层组织建设科学化水平。一是扎实开展省管企业党的群众路线教育实践活动。把开展教育实践活动作为首要政治任务，组建了领导机构、工作机构和4个督导组，精心组织实施。按照中央和省委的统一部署，坚持高标准、严要求，聚焦查找和解决“四风”问题，不折不扣地抓好各个环节的工作，确保企业教育实践活动扎实有序开展。省国资委党委管理的企业各级党委开展集体学习3053次，集中学习讨论2081次，共征求意见建议11876条，确定需要整改的问题6191个，截至年底已经整改完成3626个，制定整改措施7897条。二是抓好党的十八大和十八届三中全会精神的学习贯彻。坚持把思想建设放在首位，印发《2013年省管企业党委中心组理论学习安排意见》，要求企业各级党组织抓好领导团队的理论学习，以党的最新理论成果武装头脑。组织完成了省管企业领导人员学习贯彻十八大精神轮训工作，组织企业主要负责人参加了学习贯彻十八届三中全会精神和习近平总书记系列讲话精神培训班，共培训360多人次。组织成立了十八届三中全会精神宣讲团，深入企业集中宣讲32场次。三是加强省管企业服务型党组织建设和党员队伍建设。按照十八大的战略部署，研究制定了《关于加强省管企业服务型党组织建设的意见》，引导企业各级党组织以服务职工群众、做好职工群众工作为主要任务，以群众满意、企业发展为检验标准，转变服务理念、创新服务平台、增强服务功能、健全服务机制，充分发挥党委的政治核心作用、党支部的战斗堡垒作用、党员的先锋模范作用。着眼于提高党员队伍素质，制定实施了2013年度发展党员工作计划，组织企业对党员发展、教育培训工作进行了自查。积极树立先进典型，宣传了全省重大典型、省交运集团职工宋洋，在社会上引起了强烈反响。组织开展了第二届省管企业道德模范评选活动，对98名省管企业道德模范进行了表彰。四是深入开展党建工作研究。出台了《省管企业党建思想政治工作研究专家库专家管理办法》，组建了省管企业党建思想政治工作研究专家库，实行以课题研究为核心的专家动态管理。首批聘用45名专家牵头开展课题研究72项，专家带动、党务政工干部参与的课题研究队伍逐步形成，研究课题数量和质量明显提升。

二、以提升领导班子功能与活力为目标，大力加强企业领导班子建设

着眼于做优做强企业，强化管理考核，改进选用方式，优化素质结构，着力提升省管企业领导班子的整体功能和活力。一是组织开展了领导班子和领导人员2012年度考核工作。共考核28户企业领导班子和208名领导人员，并开展了干部选拔任用“一报告两评议”工作。根据考核情况，有针对性地制定了加强班子建设的措施意见。二是不断优化企业领导班子结构。着眼于解决部分企业领导班子力量不足、年龄和专业结构不合理以及能力、状态不适应企业发展需要等问题，注意选拔德才兼备、市场认可、业绩突出、群众公认的优秀干部，研究任免21户企业领导人员57名，其中：提拔重用20人，交流8人。三是开展高级经营管理人员契约化管理试点工作。制定出台了实施意见，明确了试点企业、目标及相关配套措施。对符合条件的试点企业，将逐步落实董事会对高级管理人员的选聘权、考核评价权和薪酬确定权，解决企业领导人员能上不能下、干多干少一个样等弊端，促进领导班子正常更迭、优进绌退。四是加强对企业领导人员监督。研究制定了《关于加强和改进省管企业民主管理工作的指导意见》，为推进省管企业民主管理工作奠定了制度基础。安排企业主要负责人经济责任审计项目5个，对审计发现的问题进行了梳理和整改。开展了企业领导人员约谈工作。

三、继续深入实施“人才强企”战略，为省管企业转型升级提供有力支持

注意把人才工作摆到更加突出的位置，作为推进企业转方式、调结构的全局性、战略性措施，不断激发省管企业创新创业创效的活力和动力。一是积极推进人才选用机制改革。坚持重操守、重能力、重业绩，以岗位价值管理为基础，以市场化选聘、契约化管理为重点，研究制定了《关于深化省管企业用人制度改革的指导意见》，着力推进企业加快建立管理人员岗位能上能下、员工能进能出、收入能增能减的选人用人机制。二是实施“创新驱动、转型发展能力提升工程”。与山东行政学院签订了战略合作协议，在

人才培养、教学培训、基地建设等方面进行合作，推动省管企业经营管理人员素质提升。建立高端化、专业化、开放式的人才培养机制，启动实施了第4期省管企业中高级管理人员赴美国世界500强企业培训锻炼。组织召开省管企业人才对标培训暨分领域人才工作座谈会，深入对标查找问题，谋划改进工作措施。选调了3名年轻干部到中央金融机构挂职锻炼，着手培养高素质的金融人才队伍。三是指导企业大力培养和引进高层次人才。严格掌握标准条件，积极争取国务院国资委等有关部门的支持，组织省管企业申报“千人计划”等国家级重点人才项目。2013年省管企业引进高层次人才实现了新突破，新增国家“千人计划”人选2人，“特支计划”人选1人，泰山学者3人，泰山学者海外特聘专家3人。省管企业有3个项目获批山东半岛蓝色经济区人才发展项目。四是进一步完善人才工作考核体系。突出考核的个性化、差异化，对考核指标体系进行了优化调整。本着全面客观、突出重点、科学合理、注重实效的原则，组织对20户企业开展了人才工作考核，确定了各企业考核结果和等次，并纳入省管企业负责人业绩考核，强化了考核的针对性和实效性。

四、扎实做好宣传与群团工作，进一步增强国有企业影响力和凝聚力

立足于为省管企业改革发展营造良好氛围和环境，加大统筹协调力度，抓好宣传与群团各项工作。一是着力加强正面舆论宣传与引导。会同省委宣传部，研究制定了《关于加强和改进国有企业宣传工作的意见》。以“创新国企、责任国企、活力国企、文化国企”为主题，组织25家中央驻鲁新闻机构与省主流媒体，开展了走进新国企集中宣传活动，对12户省管企业进行了宣传报道。二是认真抓好群众活动品牌建设。组织开展了第二届省管企业智慧献企业金点子征集评选活动，有效激发了广大职工群众的创新热情。组织开展了年度文明单位复查和推荐申报工作，新增省级文明单位11个，省管企业文明单位31个，责令限期整改和撤销省管企业文明单位各1个。举办了省管企业第二届职工职业技能大赛，组织87名选手参加了4个工种的技能大赛，有17名选手分获“富民兴鲁劳动奖章”和“山东省技术能手”、“山东省青年岗位能手”荣誉称号，有35名选手晋升高级技师、技师和高级工职业资格。举办了第九届山东省青年职业技能大赛，提升了青年职工的职业技能素质。三是进一步活跃共青团工作。深入贯彻共青团十七大和省第十三次团代会精神，组织召开省国资委团委一届二次全委会议。积极开展“梦想导师”活动，省管企业共招募“梦想导师”311名，组织巡回宣讲299场次，听众达4万人次，签订《青春导航约定书》1300余份。广泛开展评优表彰活动，评选省管企业五四红旗团委33个、五四红旗团支部31个、优秀共青团干部41人、优秀共青团员68人，“省管企业五四奖章”获得者15人。四是认真开展慈善救助工作。充分发挥省管企业慈善工作分会职能作用，认真组织慈善基金认捐和“慈心一日捐”等公益活动，募集善款3027万元，发放善款1551万元，对35户省管企业1万余名困难职工进行了救助，解决了部分职工的实际困难和问题，促进了企业的和谐稳定。

五、强化执纪监督，深入推进省管企业党风建设和反腐倡廉工作

紧紧围绕企业改革发展大局，结合教育实践活动，切实加强反腐败体制机制创新和制度保障，坚持不懈纠正“四风”，不断加大查办违纪违法案件力度，保持惩治腐败高压态势。一是对省管企业负责人职务消费和公务用车进行了专项治理。制定印发了《关于省管企业加强作风建设、厉行勤俭节约反对铺张浪费的实施意见》，深入推进作风建设。联合有关部门出台了省管企业负责人职务消费管理暂行规定，明确了职务消费项目、预算管理和监管要求，要求各企业制定具体职务消费管理办法，并开展了专项检查，2013年省管企业领导人员人均职务消费额同比下降34.47%。全面开展省管企业公务用车专项治理，对28户省管企业5946部公务用车逐辆进行登记自查，彻底摸清车辆底数，认定违规超标车辆760部，并指导省管企业对超标车辆做了分类妥善处理。在省管企业纪检监察系统和中层以上干部中开展了各类会员卡专项清退活动，共有2.59万人做出会员卡零持有报告。二是加大查办案件力度，释放执纪必严强烈信号。突出重点，加大案件直查直办力度，全年共直接查办案件19起，其中违反中央八项规定的案件8起，违反物资购销、招投标等方面政策法规的案件8起，对有关责任人给予党纪政纪处分8人，组织处理16人，经济处罚2人。强化责任追究，给予2名企业领导人员免职处理，对1名因决策失误造成国有资产损失的企业领导人员扣罚年度绩效薪金19.8万元。对某企业违规集资问题予以立案调查，对1名领导班子成员给予行政记大过处分，扣减其绩效薪金和责令赔偿损失40多万元，并在省管企业进行了通报，发挥了警示震慑作用。三是强化监督检查，严格落实党风廉政建设责任制。对31户省管企业2012年度落实党风廉政建设责任制情况进行了检查考核，并首次将检查考核结果纳入省管企业负责人年度业绩考核，直接与薪酬分配挂钩。四是大力开展效能监察工作。组织开展了招投标工作专项效能监察，对省管企业2012年以来的工程建设项目、物资采购招投标工作进行了督导、排查，发现问题684个，提出监察建议350条，完善修订管理制度7227个，排查案件线索5个，立案2起，责任追究37人，党纪处分3人，收缴违规金额203.85万元，进一步规范了省管企业招投标行为，堵塞了管理漏洞。2013年，省管企业通过开展效能监察增加经济效益5.5亿元。五是不断深化反腐倡廉教育。深入开展警示教育，组织省管企业领导人员和关键岗位管理人员观看了现代廉政吕剧《断桥惊梦》，联系检察机关预防警示教育宣讲团到10户省管企业做廉洁报告。组

织了廉洁文化示范点创建和评选活动，3 户企业被省纪委命名为省级廉政文化进企业示范点单位。

附：省国资委党委领导成员名单

书　记：张超超

副书记：谭成义　胡文容　时　民　岳　滨

委　员：张超超　谭成义　胡文容　时　民　岳　滨　李　红（女）　樊　军　刘光海　邵泽武

全省信访工作概况

省委副秘书长、省信访局局长　明春德

2013 年，在省委、省政府领导下，全省各级各部门认真贯彻落实党中央、国务院和省委、省政府关于信访工作的一系列决策部署，以深入开展党的群众路线教育实践活动为动力，着力转变指导思想，改进工作作风，突出工作重点，推动“事要解决”，全省信访形势总体平稳可控，信访秩序明显好转。

一、强化领导带动，为信访工作提供有力组织保障

省委、省政府高度重视信访工作，省委书记姜异康、省长郭树清多次作出重要批示和指示，提出明确要求；王军民、才利民、雷建国、邓向阳等分管领导靠上抓，对重要工作亲自安排部署，对重大问题亲自研究和推动解决。2013 年 8 月，省委、省政府召开了全省直接联系群众做好信访工作电视会议，就做好新形势下信访工作提出明确要求。党的群众路线教育实践活动中，省委常委主动牵头包案解决信访积案，各常委亲自召开会议听取汇报，亲自作出批示指示，亲自主持研究制定具体方案，亲自协调督促落实，所包案件全部按期化解或息诉罢访。省委常委会议还把建立信访与调解联动工作体系研究作为 2013 年 12 个重大课题之一，常委牵头深入调研，取得了较好成果。各级各部门按照省委省政府部署要求，坚持一级抓一级，层层抓落实，主要领导亲力亲为，亲自阅批群众来信、接待群众来访。同时，学习借鉴省委常委牵头包案化解信访积案的做法，认真落实“各市联席会议召集人、县（市、区）委常委每人牵头化解一件信访积案”的要求，全省 126 名市委常委、1290 名县（市、区）委常委参与包案，1.5 万余名领导干部参与公开接访下访，有力推动了信访工作开展。

二、强化督导推动，进一步落实信访工作责任制

省委办公厅、省政府办公厅下发了《关于进一步落实信访工作责任制的意见》，进一步明确了落实信访工作责任制的任务目标和基本要求，着力强化属地责任、部门责任和领导干部责任，健全了通报、考核和责任追究等制度，着力在全省建立纵到底、横到边、无缝隙、全覆盖的信访工作责任体系。省委、省政府分管信访工作的领导同志和按照“一岗双责”原则分管部门工作的领导同志，分别与 17 市党委政府分管信访工作的领导同志和 41 个省有关部门单位主要领导、分管领导签订《信访工作责任书》，并要求各市、县（市、区）层层签订责任书，将责任逐级分解压实。全省部署开展了以无到省进京集体上访、无非正常上访、无信访积案为内容的争创“三无”活动，进一步强化了基层工作责任。省里两次组织暗访督导组，就领导干部接访下访、重点信访事项办理、重点人员和重点群体稳定、信访事项到期办理率和群众满意率真实性等情况进行暗访督导。各地也参照省里做法，强化明察暗访，全省共成立暗访督导组 876 个，参加督导、暗访的人员 3246 人，有力推动了信访工作任务措施的落实。同时，强化分类指导，建立健全约谈制度，受省委省政府领导同志委托，省联席办、省信访局对部分工作任务重的县市区党政领导进行了约谈，取得较好效果，被约谈地方的信访稳定形势发生了明显变化。

三、强化“事要解决”，多措并举减少信访增量和存量

各级各部门坚持把化解矛盾、解决问题作为做好信访工作的根本立足点，全面实施社会稳定风险评估机制，从源头上减少信访问题的发生。把信访事项按期办理率、群众满意率等作为主要考评指标，推动各地各部门把工作着力点放在解决群众反映的实际问题上。省信访局加大信访事项交办督办力度。对重复上访、集体上访和联名信等，及时立案交办，确保全年交办率达到 15% 以上。对应结未结的交办案件、重复到省上访案件、疑难重点案件、重大集体上访案件等，采取跟踪督办、会商研办等方式，全力推动化解，确保所有信访事项只要有 1% 的化解希望，就尽 100% 的努力去推动化解。建立“分级督查”模式，一般信访事项信访部门专人督查，重要信访事项协调党委政府重点督查，涉及面广、政策性强的问题组织有关部门联合督查。建立了重点信访事项处室分工包市制度，对“钉子案”、“骨头案”和重大不稳定群体案件，由局领导班子成员牵头，有关处室分工包市集中督查，半数以上案件得到妥善化解或终结，人员

总体稳定率达到95%以上。同时，强化疑难复杂信访案件专项资金配套、管理和使用，省财政划拨专项资金2300万元，带动地方配套1.1亿元，化解疑难复杂信访积案480余件。

四、强化机制创新，提高信访工作科学化规范化水平

在全省信访系统广泛开展"贯彻十八大·开创新局面"大调研活动，从制度建设入手，着力解决制约信访工作发展的体制机制问题。出台了关于进一步落实信访工作责任制的意见、处置极端信访行为的实施意见、对违法上访行为进行依法处置的意见；健全完善了信访工作约谈制度和信访工作暗访督导制度；进一步明确了重点信访群体和信访突出问题工作责任部门和配合部门，将信访事项到期办理率和群众满意率纳入地方科学发展考核，完善信访工作考核办法，规范进京非正常上访跟踪督办流程，推进工作机制体制不断创新，全省信访工作规范化、制度化水平进一步提升。

五、强化自身建设，力促作风转变和效能提升

按照省委统一部署，坚持把搞好党的群众路线教育实践活动作为建设"工作一流、群众满意"信访部门的重大机遇和有力抓手，紧扣作风建设，聚焦"四风"问题，边学边查边改，立说立行立改，有力推动了信访部门作风转变和信访工作效能提升。同时，在全省信访系统深入开展"信访干部队伍建设年"活动，信访工作力量不断加强，班子结构更加合理，队伍结构更趋优化，能力素质明显提高，进一步树立了团结和谐、为民务实、清正廉洁的良好形象。各级各部门注重加大信访干部培训力度，省信访局分两批举办全省信访局长培训班，完成了对17市和138个县(市、区)信访部门负责同志的轮训工作，进一步统一了思想、凝聚了共识、激发了干劲、增强了战斗力，全省信访系统服务群众水平得到了整体提升。

附：省委省政府信访局领导成员名单

局　　长：王　浩(2014年1月离职)
　　　　　明春德(2014年1月任职)
巡 视 员：赵　进
副 局 长：杜永富　王伟华(女)　刘兴磊
信访督查专员：刘东范　刘　强
副 局 长：王贵军
副巡视员：孔繁玺

全省农村工作概况

省委副秘书长、农工办主任　王泽厚

2013年，全省各级各部门认真贯彻落实党的十八大、十八届三中全会和习近平总书记视察山东重要讲话精神，全面落实各项强农惠农富农政策，保持了农业持续增产、农民持续增收、农村面貌持续改善的良好发展态势。全省第一产业增加值4742.6亿元，同比增长3.8%；粮食总产905.6亿斤，比上年增产3.4亿斤，实现"十一连增"；农民人均纯收入10620元，实际增长9.7%，实现"十一连快"，连续四年高于城镇居民人均可支配收入增幅。

一、加快发展现代农业

坚持在工业化、信息化、城镇化进程中同步推进农业现代化。一是深入实施千亿斤粮食生产能力规划和十大产业振兴规划。以市、县为单位整建制推进高产创建，建设粮棉油高产创建万亩示范片970个，建成粮食整建制推进市1个、整建制县6个。落实十大产业区域布局、扶持政策，推动优势产业集聚发展。二是加快现代农业示范区建设。以县为单位整建制推进现代农业示范区建设，新认定省级以上现代农业示范区21个，总数达到40个。三是着力提高农业设施装备水平。重点提高农业水利化、机械化、信息化与科技化水平。建成"旱能浇、涝能排"高标准农田6000万亩，农业耕种收综合机械化水平达到79%，主要农作物良种普及率达到98%以上。国家农村农业信息化示范省建设全面推进，黄河三角洲现代农业科技示范区、"渤海粮仓"工程、"粮食丰产"科技工程扎实推进。四是全面推进农产品质量安全区建设。以县为单位整建制推进农产品质量安全区建设，建立国家级出口农产品质量安全示范区32个，省级示范区78个，6个市成为出口农产品质量安全示范市，出口农产品152.1亿美元。把出口农产品质量安全示范区的做法扩大到所有县(市、区)，建成国家级农业标准化示范县14个、渔业标准化示范县11个。五是大力发展生态农业。加快高效生态渔业园区、黄河三角洲国家生态渔业基地建设，搞好绿色山东建设，改善水系生态环境，严格控制农业面源污染。新增造林面积335.6万亩，治理水土流失面积1600平方公里。秸秆综合利用率达到81%。六是加快农产品流通体系建设。扎实推进农村现代

商品流通网络建设，累计建设改造8.6万个农家店，中央和省级财政累计支持建设改造380个物流配送中心和67个兼具配送功能的乡镇商贸中心，年销售过5亿元的农产品交易市场达到137家，农资配送率达到90%以上。继续推进潍坊、威海、临沂农产品现代流通综合试点，全面启动烟台、日照、莱芜试点工作。

二、全面落实强农惠农富农政策

继续加大财政投入和补贴力度。省级财政预算安排"三农"方面资金389.5亿元，比上年增长20.4%。粮食直补及农资综合补贴标准提高到125元/亩。认真落实良种补贴政策，加大农机购置补贴力度，完善主产区利益补偿机制，对产粮大县、产油大县、生猪调出大县、省级以上现代农业示范区和现代渔业园区进行奖补。各级财政"一事一议"奖补资金总投入53.3亿元，引导带动社会公益事业建设项目总投入92.3亿元，建成奖补项目2.1万个。完善农村金融服务体系。深化农村信用社改革，44家县级法人机构改制组建成农村商业银行或农村合作银行。加快发展新型农村金融机构，全省设立村镇银行78家、小额贷款公司357家、融资性担保机构493家、农民资金互助社1790家、扶贫资金互助协会1153家，小额贷款公司实现县域全覆盖。创新抵(质)押担保方式和融资工具，农村产权抵押贷款213.8亿元。鼓励引导社会资本投入新农村建设。

三、创新农业经营体制

坚持和完善农村基本经营制度。探索现有土地承包关系保持稳定并长久不变的实现形式，推进家庭经营向采用先进适用技术和现代生产要素发展，加快转变生产经营方式，提高集约化水平。鼓励农民依法自愿有偿流转土地承包经营权，发展多种形式的适度规模经营。积极培育新型农业经营主体。大力发展农民合作社、家庭农场、种粮大户、农业龙头企业、专业服务公司等新型经营主体，加快构建集约化、专业化、组织化、社会化相结合的新型农业经营体系。全省农民合作社、家庭农场分别达到9.9万家和1.2万户。大力发展多元化行业性服务组织。加快构建以政府公益性机构为依托、龙头企业和专业服务公司为骨干、农民合作组织为基础、其他社会组织为补充的新型农业社会化服务体系。全省行业性基层服务组织达到20多万个。深化农业产业化经营。完善产业化组织体系和经营体制，鼓励各类市场主体参与产业化经营。全省规模以上农业龙头企业达到9109家，销售收入1.4万亿。

四、推进农村集体产权制度改革

全面开展农村土地确权登记颁证试点工作。省委、省政府先后召开全省农村土地承包经营权确权登记颁证试点工作座谈会议和全省农村土地承包经营权确权登记颁证工作电视会议，部署确权登记颁证工作。全省129个涉农县(市、区)全部开展试点工作，1.5万个村完成确权登记任务，占行政村总数的21.7%。农村集体土地所有权、宅基地使用权、集体建设用地使用权累计发证率分别达到99.21%、94.01%和93.43%。中央农村工作会议上印发了省委、省政府《加快农村土地确权登记颁证落实农民土地财产权益》的书面发言。推进农村集体产权股份合作制改革。将农村除承包土地以外的集体各类资源性、经营性资产，作股量化到村集体组织成员，成立农村社区股份合作社、集体资产股份合作社、股份公司等新型集体经济组织，发展壮大农村集体经济，增加农民财产性收入。全省4205个村进行了集体产权制度改革，成立村级股份合作组织3610个，138.2万村民成为股民。建立农村产权流转交易市场。三个市建立农村综合产权交易平台，86个县(市、区)建立土地流转服务中心。全省土地流转1567.9万亩，占家庭承包经营耕地面积的16.9%。

五、加快生态文明乡村建设

加快构建以小城镇和农村新型社区为基础的县域城镇体系。省委、省政府印发《关于加强农村新型社区建设推进城镇化进程的意见》和《农村新型社区纳入城镇化管理标准(试行)》，召开全省深入推进生态文明乡村建设现场会议，部署农村新型社区和生态文明乡村建设工作。全省新建农房55万户，改造危房12万户，建设农村新型社区5790个，1394万农民群众实现了居住社区化，85%的农村实现社区化服务。省委农村工作领导小组通报表彰20个生态文明乡村建设工作先进县(市、区)、400个生态文明乡村建设先进村(社区)。推进城乡基础设施建设一体化。注重农村各类基础设施衔接配套，提高标准和水平，建立投入保障和运行管护机制。新解决400万农村人口安全饮水问题，农村自来水普及率达到93%，53个县(市、区)基本实现城乡供水一体化。建制村通柏油路率达到99.8%。74%的村庄进行村容村貌整治，60多个县(市、区)基本实现城乡垃圾一体化处理，建制镇生活垃圾处理率达到80%以上，农村生活垃圾无害化处理率超过43.9%。推进城乡社会事业发展一体化。启动实施农村义务教育学校校舍标准化建设工程，全部免除公办中等职业学校学生学费。20户以上自然村全部通电视、通信息网络，提前两年完成广播电视"村村通"建设任务。合并统一了城乡居民基本养老保险管理体制，农村基础养老金提高到每人每月65元，全省农村平均最低生活保障标准达到2510元。建立健全农村三级医疗卫生服务网络，人均基本公共服务经费标准提高到30元。新农合参合率为99.93%，政府补助标准和人均筹资标准分别达到280元、350元。在全国率先以省为单位推行新农合大病保险工作。扶贫标准提高到2500元，减少贫困人口150多万人。深化户籍制度改革，以合法稳定住所、合法稳定职业为基本落户条件，全面放开中小城市户口迁移限制。全省人口城镇化率达到53.75%，户籍城镇化率42.97%，高于全国7.27个百分点。

六、创新农村社会治理机制

完善农村社区管理体制。加强基层党组织及带头人队伍建设，强化农村社区自治组织为民服务和社会管理职责，积极发展社区经济组织，有序发展社区性社会组织，建立以社区党组织为核心、自治组织负责、其他组织协同、居民广泛参与、依靠法制保障的管理体制。完善农村社区民主管理制度。建立村级民主监督机制，健全农村社区居民自治机制，落实农民群众的知情权、参与权、监督权。全省138个县（市、区）完成《村务公开目录》修订工作。完善农村社区管理运行机制。建立以网格化为基础、信息化为支撑的社区管理运行机制，建立立体化社会治安防控体系，实现管理全覆盖。深化拓展“第一书记”工作。从省直171个部门单位选派586名干部担任第二批“第一书记”，全省共派出2.6万名“第一书记”，帮扶2.51万个贫困村，累计帮助新建基层党支部824个。

附：省委农工办领导成员名单

主　任：王泽厚

副主任：刘同理　王　宪　杨炳平

全省老干部工作概况

省委老干部局局长　厉彦林

一、离退休干部基本情况

我省是全国离休干部最多的省份。截至2013年底，全省离休干部总数为72905人（不含外省易地安置在我省的离休干部）。其中，我省地方管理的65322人（各市56486人，省直单位8836人），中央驻鲁单位7583人。全省离休干部中，行政机关20272人，事业单位21921人，企业单位30712人。

全省离休干部平均年龄为84.6岁。其中，土地革命时期22人，抗日战争时期14282人（抗日战争前期3017人，抗日战争后期11265人），解放战争时期58601人。享受副省级单项及以上待遇的147人，厅局级待遇2147人，县处级待遇27508人，科级及以下待遇的43103人。

全省地方（不含中央驻鲁单位）退休干部及纳入统计范围退休人员的总数为670745人。其中，机关单位145844人，占21.74%；事业单位464566人，占69.26%；企业单位60335人，占9.00%。

我省现有离退休干部党员441849人，其中离休干部党员49512人，退休干部党员392337人。建立离退休干部党委56个，离退休干部党总支514个，离退休干部党支部13715个，离退休干部党小组23050个。

近五年离休干部增减详细情况对比

项目 / 年份	离休干部总数	年新办理离休人数	年死亡人数	年死亡率（%）
2009年	98883	1	7253	7.33
2010年	92374	1	6509	6.58
2011年	85622	0	6752	7.31
2012年	79167	0	6627	7.72
2013年	72905	0	6262	7.91

二、老干部工作基础设施建设情况

全省老干部活动中心、老年大学、老干部党校、干休所情况一览表

数量 / 项目	总计	省级	市级	县级	乡镇	市县单位建	省直单位建	部属单位建
老干部活动中心（站、室）	9509	1	17	158	2298	3875	1774	1386
老年大学（学校）	2337	1	17	141	1542	515	55	66
老干部党校	598	1	17	128	401	2	1	48
干休所	99	3	16	78	0	0	0	2

三、老干部工作情况

（一）组织领导得到新加强　省委、省政府和各级党委、政府始终高度关心、重视老干部工作，自觉把老干部工作摆上重要议事日程。2月21日，省委第34次常委会议专题听取中组部召开的全国老干部局长会议精神的汇报，省委书记姜异康同志对做好离退休干部工作提出了明确要求。12月25日，省委书记姜异康同志，省委副书记、省长郭树清出席省直老干部情况通报会，姜异康同志亲自向省直老干部通报全省经济社会发展工作情况。省几大班子领导同志春节和其他重大节日带头走访慰问老干部。省委常委、组织部长高晓兵同志对老干部工作满怀深情，重要工作亲自部署，重要活动亲自参加。12月24日，在全省老干部工作“双先”表彰大会上，省委、省政府表彰了220个先进集体，并为15位同志记个人一等功，省委组织部、省委老干部局和省人力资源和社会保障厅联合表彰了200名先进个人，省委常委、组织部长高晓兵同志出席大会并作了重要讲话，副省长孙绍骋同志主持会议。会议对做好今后5年老干部工作作出部署、提出要求。在省委、省政府的关心和省

直有关部门的支持下，建筑面积4.13万平方米的省老干部活动中心（颐心苑），5月份正式投入使用，能同时容纳1500人活动。以省委、省政府名义分期分批对安置在全国20个省（区、市）的154名离休干部进行了走访慰问。

（二）转型发展迈出新步伐 我省在全国最早提出老干部工作转型发展理念，并付诸实践。3月下旬，省委组织部、老干部局举办了全省老干部工作转型发展专题研讨班，以专题讲座、辅导报告、集中交流、撰写论文等方式，深入研讨了我省老干部工作如何站在新的历史起点上实现转型发展等问题。本着立足实际、稳中有为的精神，确定对老干部工作转型发展、老干部工作领导责任制、离退休干部思想政治建设和组织建设、退休干部管理服务、老干部发挥作用、老年教育等13项重点工作、创新工作实行项目化管理，责任化推进，通过省市联动、试点推动、典型带动，实现以创新促转型，以改革促发展。举办了20余期、共千余人次参加的全省退休干部信息管理系统软件操作培训班，建立了全省离退休干部统计工作QQ群。修订完善了《全国离退休干部信息管理系统（山东版）》软件，为老干部工作转型发展奠定基础。

（三）"两项建设"取得新成效 继续按照"三建"（建组织、建阵地、建队伍）、"三抓"（抓活动、抓沟通、抓考核）六措并举的工作思路，加强对离退休干部的政治教育、政治管理、政治要求，扎实推进离退休干部思想政治建设和组织建设，在离退休干部中广泛开展"贯彻十八大、畅谈新变化"主题活动。认真抓好党的十八大和十八届三中全会精神的学习宣传贯彻工作，加强对离退休干部的政治引导、思想教育。省委组织部、省委老干部局印发了《山东省离退休干部党支部工作规定》，提高了离退休干部党支部建设制度水平。积极推进离退休干部党工委建设，促进老干部工作与基层党建工作的紧密结合。目前，已有4个市、100多个县（市、区）建立了离退休干部党工委。对老干部网上党支部进行升级改版，建立了老干部网上党建平台。目前，共有7471个老干部党支部和13691个老干部党员在党建平台注册，该平台是全国收纳基层党组织数量最多的党建网站。在全省离退休干部中广泛开展了以"为民、务实、清廉"为主题的《红色印迹》征文活动和向禹城市已故离休干部张星南同志学习活动。成功举办了第五届全省老干部文化艺术节，来自各市、省直部门单位、大企业和高等院校的27个代表队、92个参演节目汇报演出。据统计，全省老干部文化艺术节，共有1100多个单位团体、30多万名离退休干部参加了各级组织的各类文艺展赛活动。

（四）共享成果实现新突破 在省委、省政府领导的关心重视和省直有关部门的积极支持下，增加了困难市县离休干部"两费"专项转移支付资金额度。省财政在连续11年每年下达6000万元专项转移支付资金的基础上，自2013年每年再增加4000万元，有效推进了9个市、68个县（市、区）离休干部"三个机制"的正常运行。研究制定了《关于做好省属国有改制和破产企业离休干部服务管理工作的意见》，省财政拨付1.04亿元帮助解决省属特困企事业单位离休干部"两费"。省直及各市县普遍建立了离退休干部及遗属特困帮扶机制，为有特殊困难的老同志解决了大量实际问题。

（五）老有所为搭建新平台 总结推广泰安市经验，举行了全省暨泰安市老干部志愿者活动启动仪式。积极搭建以老干部志愿者活动为主体的各类老有所为平台，引导老干部在服务强省建设、关心下一代、联系服务群众、促进社会和谐等方面发挥作用。涌现出关工委等在全国产生重要影响的工作品牌和张星南、谢立亭、李振华等一批老干部先进典型。对"老干部网上家园"进行升级改版。目前，网站注册会员37000多人，日平均点击量38000多次，"家网"微博粉丝58000多人，是目前国内访问量最大的老年类网站。老干部活动学习阵地规范化建设进一步加强，全省已有9509个老干部活动中心（站、室）、老干部党校598所、干休所99所、2337所老年大学（学校），在校学员达到55万人。

（六）转变作风展示新形象 各级老干部工作部门按照讲党性、讲学习、讲科学、讲奉献的要求，不断加强老干部工作队伍建设。按照中央、省委的部署安排，省委老干部局和济南市委老干部局、青岛市委老干部局参加第一批教育实践活动，根据"照镜子、正衣冠、洗洗澡、治治病"的总体要求，通过认真学习，广泛听取意见，全面查找问题，注重整改落实，着力建章立制，严格标准、严格程序，扎实做好各个环节的工作，收到良好效果。始终坚持边学边改、边查边改、边整边改，以知促行、知行合一，把队伍建设、社团建设、服务管理三大建设、13项制度作为教育实践活动整改落实的重中之重，集中力量、集中时间落实整改。坚持建章立制，注重标本兼治，确保党的群众路线教育实践活动常态化、制度化、长效化。通过开展争创"五好"党支部、争当"五好"党员、全省老干部工作"双先"表彰大会、纪念山东老年大学成立30周年等活动，广大老干部工作者的精神状态、作风建设和素质能力进一步提升，做好本职工作的荣誉感、责任感进一步增强，展示了良好的新形象。

附：省委老干部局领导成员名单

局　长：厉彦林

副局长：杜英杰　石真祥　赵桂东　吕德义

巡视员：邓海燕

全省党校工作概况

省委党校常务副校长　赵　强

2013年，在省委的正确领导和中央党校的有力指导下，全省各级党校坚持以中国特色社会主义理论体系为指导，以《中国共产党党校工作条例》为基本遵循，深入学习贯彻党的十八届三中全会精神和习近平总书记系列讲话精神，按照“创建一流党校，实施四大战略，追求六精目标”的工作思路，围绕中心、服务大局，开拓创新、求真务实，各项工作取得了较为显著的成绩。

一、发挥党校优势，深入学习贯彻十八大、十八届三中全会精神和习近平总书记系列讲话精神

全省各级党校把深入学习贯彻党的十八大、十八届三中全会精神和习近平总书记系列讲话精神作为头等大事抓紧抓好，取得了良好效果。扎实做好专题培训、宣讲解读等工作，共举办十八大精神、十八届三中全会精神和习近平总书记系列讲话精神培训班971期，培训干部18万余人。其中省委党校举办首期全省领导干部学习贯彻党的十八届三中全会精神和习近平总书记系列讲话精神专题培训班，各市市委书记、省直各部门单位主要负责同志、省属高校党委书记和部分省属企业主要负责同志220多人参加培训；举办全省党校系统学习党的十八届三中全会精神理论骨干培训班，450人参加培训。组织专家学者多渠道宣传宣讲三中全会精神，在中央电视台、人民网、山东电视台等主流媒体专题解读24期(次)，接受采访30多人次。

二、落实中央八项规定，真正做到厉行节约、改进作风

全省各级党校认真贯彻中央八项规定和省委常委会实施办法，强化勤俭办党校意识，控制经费支出，压缩会议、文件，规范公务接待，严格考勤值班，外出调研轻车简从，节日期间不搞走访，工作作风明显改变。特别是省委党校结合党的群众路线教育实践活动开展，集中整治“四风”问题。在反对形式主义方面，解决了思想浮躁、工作漂浮、贪图虚名、不重实效等作风不实问题；在反对官僚主义方面，解决了疏离群众、推诿扯皮等不维护、不作为问题；在反对享乐主义方面，摒弃了拈轻怕重、慵懒散和及时行乐等思想；在反对奢靡之风方面，消除了大手大脚、铺张浪费等现象。通过教育实践活动开展，取消了全省党校系统“三评”会议，完成会员卡清退、办公用房清理等8项整治任务，会议和文件数量同比减少30%，“三公”经费同比减少44%。

三、锐意改革创新，不断提高教学质量

全省各级党校深入实施“质量立校”战略，圆满完成了培训任务。全年培训党员干部53万人次，其中主体班次29.6万人次，部门班次23.4万人次。省委党校举办各类班次51期，培训学员4799人次。一年来，全省各级党校不断加大教学改革创新力度，着力提升办学质量。科学设置教学内容，更新完善“十大板块”教学专题，不断增强教学的针对性和实效性；组织开展新专题试讲、竞课评课、教学观摩，评选“特别推荐课”，不断提高教学管理水平；围绕“课堂讲授、流动课堂、现场点评、团队论坛”四个环节，全力打造沂蒙精神省级教学研究平台；采用团队论坛、两段式、嵌入式、应急管理实训等教学新方式，组织教师指导学员开展调研写作，促进教学相长、学学相长；精心策划、认真组织实施分类教学、异地教学和现场教学，聘请著名专家授课，开阔学员的眼界和思路。省委姜异康书记对省委党校教学改革创新作出重要批示：“关于党校教学方式创新以及沂蒙精神进课堂、外请报告等工作做得都很好，体现了脚踏实地、创新发展的要求，也是省委党校的新气象。要继续努力，巩固成果，不断发展。”

四、发挥思想库作用，着力提升科研工作水平

全省各级党校以加快科研转型为重点，大力提升参政资政水平。加强党的创新理论和全局性、战略性、前瞻性问题的研究，把研究中国特色社会主义与中国梦、习近平总书记系列讲话精神作为首要任务，推出了一批高质量的研究成果；抓好资政研究，突出重大现实问题和社会热点、难点问题，引导教研人员深入基层、深入一线、深入学员调查研究，撰写了一批有分量的调研报告；加强信息报送平台建设，定期将优秀调研报告报送省委、省政府，为党委政府决策提供参考；实施课题带动战略，研究制定激励措施，充分调动广大教研人员积极性。2013年，全省党校系统完成国家级课题10项，省部级课题143项，获国家级科研奖励2项，省级科研奖励108项。其中省委党校立项国家社科基金项目6项，省社科规划项目19项，省软科学课题10项，全国党校系统调研课题3项；在全国重点刊物发表论文190余篇，出版著作11部；14项成果获9位省部级领导16次批示，首次参与《中共山东省委关于学习贯彻党的十八届三中全会精神的意见》等重要文件起草，研究成果直接进入重大决策；着力打造理论研究交流平台，省委党校承办的“山东社科论坛——中国特色社会主义道路与中国梦”理论研讨会荣获2013年度“山东社科论坛十佳研讨会”荣誉称号。

五、坚持从严治校，着力加强学风建设

全省各级党校继续以最科学的态度、最严格的纪律抓好学风建设。大力弘扬理论联系实际的马克思主义学风，引导学员潜心读书、用心思考；加强对学员培训期间德的考察，认真落实“十不准”纪律要求；探索党性教育长效机制和考核办法，把党性锻炼寓于学员学习、组织、作风和生活各个管理环节；突出人本管理，探索班级文化建设新路子，营造了独特的文化氛围。刘云山、赵乐际、李景田和姜异康等中央、省委领导同志对省委党校学风建设的做法作出重要批示，予以充分肯定。

六、坚持人才强校，扎实推进队伍建设

全省各级党校着眼于提高素质、改善结构、稳定骨干、培养后俊，积极营造充满活力、富有效率、更加开放的人才制度环境。通过进修学习、挂职锻炼、社会调研、跟班学习，竞争择优、考核评估等方式和途径，从理论水平、政治素养、知识储备、实践经验等方面提高教师队伍素质能力；加强急需人才、高层次人才的引进，注重中青年人才的选拔，有效改善了教师队伍结构；选聘了一批实践经验丰富、理论水平较高、善于课堂讲授的党政领导干部、企业管理人员和专家学者为兼职教师，提高了师资队伍的整体水平；加强党校领导班子建设，选拔了一批政治立场坚定、理论功底扎实、“想作为、能作为、有作为”的优秀干部充实进党校领导班子。省委党校组建了新一届校委会，市县党校调整主要负责同志41人次，实现了领导干部队伍年龄结构优化。目前，全省党校共有专职教师3594名，其中教授192名，副教授1432名，兼职教师846名。全年共有847名教师外出进修，170名教师挂职锻炼，2495名教师参加各类社会调研。省委党校1人获省社会科学突出贡献奖，1人当选省有突出贡献的中青年专家。

七、强化管理服务，不断提高行政后勤保障能力

全省各级党校按照“八配套、新四化”的要求，提高行政效率，加大设施投入，优化后勤管理，服务保障能力明显提升。加大资金投入和基础设施建设力度，加快数字图书馆和智慧校园建设，提升信息化建设水平；加强后勤管理，增强服务意识，健全完善各项规章制度，提高服务人员的业务素养，提升服务水平和质量。全年共完成基本建设投资8.1亿元，13所市县级党校新校建成并投入使用，11所正在建设当中，3所进行了改扩建，学员和教职工的学习、工作、生活条件明显改善。目前，计算机配置达到12559台，藏书679万册，多媒体教室833个，校园网79个，图书馆数据库155个。

八、加强业务指导，充分发挥党校系统整体优势

省市党校注重统筹党校资源、发挥系统优势。以教学科研等业务指导为重点，对下级党校课程设置、教材编写、科研立项、学科建设、学位评定、队伍建设等工作给予指导支持，探索建立市县党校工作评估体系和示范体系。省委党校校委会成员深入市、县党校调研55人次、134天。评选先进党校40所、优秀教师130名、先进工作者74名，为75名符合条件的县级党校教师办理《30年教龄荣誉证书》。发挥《山东党校通讯》的校际交流平台作用，探索干部教育培训新思路，推广办学的好经验好做法。

附：省委党校领导成员名单

校　　长：姜异康（兼）

常务副校长：赵　强

副 校 长：王延超　丁长顺　孙占元　孙黎海　魏恩政　张明福

副巡视员：袁永新

校委委员：孙建昌　张云汉　张朝谱

全省党史工作概况

省委党史研究室主任　常连霆

2013年，是按照省委审定的党史工作五年规划，实施十大工程、建设党史强省的关键一年。全省党史部门在省委和各级党委的坚强领导下，全面贯彻落实中发［2010］10号、鲁发［2010］19号文件和全国全省党史工作会议的各项部署，坚持为党治史、科学治史，围绕中心、服务大局，以资政育人为根本任务，以提高党史工作科学化水平为根本目标，以人才队伍建设为根本保障，以实施党史十项工程为主要抓手，全面推进党史研究、党史资料征编、党史学习和宣传教育等项工作，进一步开创了党史工作新局面。

一、以深入贯彻落实中央、省委关于党史工作的决策部署为机遇，不断提高党史工作科学化水平

（一）认真开展党史工作专项督查调研 根据中央党史研究室的部署，在全省党史部门开展以贯彻落实中发［2010］10号文件、鲁发［2010］19号文件和全国、全省党史工作会议精神及五年规划情况为主要内容的专项督查调研。省委党史研究室成立专门督查组，采取座谈交流、实地调研、查阅资料和抽查相结合等方式，开展了历时3个多月的集中督查调研，形成上报中央党史研究室的督查报告，并向省委常委会作了专题汇报。

（二）积极推进重大专项课题研究和编纂工作 一是开展《改革开放实录（山东卷）》重大课题征编研究。根据中央党史研究室的部署，立足于为中共山东历史第三卷打下坚实基础，全面系统收集改革开放时期全省各方面重要资料，客观记述各系统、各地区改革开放时期的重大事件、重要成就，科学总结规律性认识和可资借鉴的经验，精心研究制定了《改革开放实录（山东卷）》征编工作方案。二是开展省级党的文献编辑工作。按照中办厅字［2011］8号、鲁厅字［2011］41号文件的要求，在中央文献研究室的具体指导下，经广泛征求意见，组织专家充分论证，研究提出了革命历史文献和新中国成立后省委、省人大、省政府、省政协重要文献等16项课题工作方案。上述两项工作均向省委常委会作了专题汇报。中央党史研究室和中央文献研究室对山东的做法给予了充分肯定和很好的评价。

（三）扎实开展省社科规划党史专项课题联合攻关研究 为整合高校、党校、社科院所党史研究力量，形成一批高层次研究成果，与省社科规划管理办公室联合，设立了省社科规划山东地方党史专项课题。2013年首批16项课题由16名党史部门的研究骨干和16名党校、高校的专家学者“一对一”结成研究对子，初步形成了党史部门和高校、党校、科研院所“优势互补、结对研究、联合攻关”的科研模式。这一科研模式为全国党史系统首创，得到中央党史研究室的充分肯定。年底，首批16项课题全部完成了框架设定和资料搜集，形成了资料长编。

（四）编写完成《科学发展 成就辉煌——从党的十七大到十八大》（山东篇） 按照中央党史研究室的部署，省委党史研究室组织骨干力量，对党的十七大到十八大期间山东全面推进社会主义经济建设、政治建设、文化建设、社会建设、生态文明建设，全面推进党的建设的新举措、新亮点、新成就作了系统总结。文稿经省委分管领导审定后入选中央党史研究室编纂的《科学发展 成就辉煌——从党的十七大到十八大》一书。

二、以党史研究“系列工程”和党史“资政工程”为抓手，抓紧抓好深化党史研究这个第一位任务，形成一批有分量的党史研究成果

（一）《中共山东编年史》完成最后统稿 全面系统反映中共山东90多年历史、共计1100余万字、20卷本的《中共山东编年史》（1921—2011），经过多方征求专家意见、9易其稿，形成了送审稿。

（二）百部通史工程加速推进 110余万字的《中国共产党山东历史》第二卷，先后两次在专家中征求意见、3次修改完善。启动了《中国共产党山东历史》第一卷的增订工作，在原稿50余万字的基础上形成了110余万字的增订稿。指导市县党史部门加快二卷编写进度。截至年底，已编辑出版市县地方史二卷50余部，有些市县已完成三卷的编写和出版。

（三）千题攻关工程取得显著成绩 在专题研究基础上，编辑完成100多万字的《中共山东专题史稿》第一辑、第二辑。市县党史部门结合本地实际，以千题攻关工程项目为主要平台，积极开展专题研究，形成一批党史专题研究成果。

（四）“资政工程”取得良好反响 继续发挥《中共山东年鉴》是即时跟进省委决策部署、开展党史资料征集和资政研究的重要平台作用，突出办好重要纪事、执政论坛、党建论坛等资政栏目，编纂出版了《中共山东年鉴》2013卷。淄博、东营、济宁、日照、费县等一些市县党史部门也参照省里做法，编纂出版了地方党委年鉴。

（五）“警世工程”扎实推进 按照全国抗损课题办公室关于编纂出版抗损课题调研成果丛书的统一部署要求，编纂完成了丛书A系列我省主要项目《山东省抗战时期人口伤亡和财产损失》综合卷、《山东省抗战时期伤亡人员名录》。其中《名录》已经被中央党史研究室纳入2014年出版计划。B系列项目完成了《山东省抗战时期人口伤亡和财产损失大事记》送审稿、《山东省抗战时期重大惨案》、《山东省抗战时期人口伤亡和财产损失档案文献选编》初稿。许多市完成了本市综合卷送审稿或初稿编纂工作。

（六）《山东省重要革命遗址通览》编纂定稿 组织科研骨干三次校审《山东省重要革命遗址通览》书稿，年底完成定稿。

三、以党史资料征编“丰碑工程”、党史整合利用“文库工程”、党史资料共享“信息工程”为抓手，系统整合党史部门30年来的资料成果和研究成果，党史资料征编工作取得突破性进展

（一）文库工程取得阶段成果 省市县三级党史部门通力协作，系统整理30多年来全省党史部门征集积累的档案资料、报刊资料和回忆资料，编辑完成了3000余万字的

《山东党史资料文库》民主革命时期卷。其中，总计600余万字、七卷本《山东党史资料文库》党的创立和大革命时期卷、土地革命战争时期卷已基本达到出版标准；2400余万字的抗日战争时期卷和解放战争时期卷资料征集、整理已经完成，进入编辑、校订阶段。

（二）信息工程继续推进 结合资料文库编纂工作，积极推进党史资料共享“信息工程”，已完成5000万字的党史资料数字化转换，为党史网站建设奠定了坚实资料基础。

四、以党史学习教育“基础工程”和党史宣传“声像工程”为抓手，突出形式、手段创新，发挥涉党史部门的整体合力，党史学习和宣传教育的吸引力、辐射力、影响力不断扩大

（一）深入开展党史学习教育 与省委宣传部、省教育厅等12个部门联合下发了《关于在全省党员、干部、群众和青少年中开展中共党史学习教育的通知》。结合党的群众路线教育实践活动，在全省积极组织开展了形式多样的党的历史知识、光荣传统和优良作风、英雄模范事迹的教育，推动了党史学习教育进机关、进社区、进学校、进课堂。

（二）创办“齐鲁红色文化讲坛” 借鉴中央电视台百家讲坛的形式，组织科研骨干走上讲坛，启动了齐鲁红色文化讲坛的录制工作，完成了11个专题的宣讲、录像。主要做法是，从党史资源中梳理出对解决重大现实问题具有资政育人作用的专题，撰写成主题鲜明、史料精当、思想性强、语言生动的演讲稿，参照“百家讲坛”宣讲录像，以音像作品的形式推动党史进企业、进农村、进机关、进社区、进学校、进军营。

（三）建成长期开放性的《中共山东历史图片展》 采用画史结合的形式，精选300余幅图片，配备1万余字的说明，联合老干部活动中心推出《中共山东历史图片展（1919—2013）》。该展览长期展出，成为加强山东党史宣传教育的又一重要阵地。

五、以双百成果“精品工程”和人才队伍“十百千万工程”为抓手，坚持学习培训和实战练兵并举，党史人才队伍建设取得明显成效

（一）建立不同层次的研究平台，通过实战练兵培养人才 省委党史研究室设立了省社科规划党史专项课题、全省高端研究专题、人物研究、基本著作编研、资料征编等适合不同层次人才发挥潜能的重要研究平台，为每位成员发挥自己聪明才智提供了舞台和空间。

（二）建立针对不同层次人才的培养激励机制 省委党史研究室制定了山东地方党史学术带头人遴选办法，建立了特聘研究员推选办法，启动山东地方党史特聘研究员的推荐、评选工作，初步确定了具备特聘研究员条件的人员。

（三）加强学习培训 安排3名业务骨干参加了全国培训。以中央党史研究室主任欧阳淞在《中共党史研究》上发表的关于党史研究的理论指导、理论借鉴、布局和样式、资料准备、著述要领、成果转化等系列文章为主要培训内容，先后举办5期全省党史科研骨干培训班，培训市县科研骨干143人次。培训班结束后，编发《山东党史研究高端人才培训教材》，进一步提高全省党史队伍为党治史、科学治史的能力。

六、以反对“四风”、转变作风、服务群众为重点，党的群众路线教育实践活动取得明显成效

（一）强化对症下药，着力在解决“四风”中求实效 活动中，室领导班子率先垂范，努力克服“清水衙门水自清”等模糊、错误思想认识，对作风之弊、行为之垢和心中之病进行了系统排查、深刻剖析、全面整改。《大众日报》以《与党史事件亲历者面对面——省委党史研究室打通四个终端把整改落到实处》为题，对省委党史研究室开展活动情况进行了报道。

（二）积极服务大局，着力在党史宣传教育上求实效 配合全省党的群众路线第一批教育实践活动开展，省委党史研究室组织撰写《从铸造伟大沂蒙精神的历史经验看彰显为民务实清廉之风的现实路径》；配合山东电视台以全新的视角制作了理论宣传专题片《永恒——沂蒙精神与群众路线》；协助省委宣传部编写了《永恒——沂蒙精神与群众路线》理论通俗读物，取得良好效果。

（三）弘扬改革精神，着力在建章立制中求实效 及时抓好制度的“废、改、立”工作，其中，废止7项，修改完善25项，制定健全7项。对未列入制度建设计划、全国尚无成文的“党史工作科研攻关流程”、“党史研究质量控制体系”等事项进行了制度化探索。

（四）坚持服务群众，着力在驻村帮扶中求实效 在第一书记驻村帮扶工作中，发动全室党员干部捐款捐物6000余元，对帮包村低保家庭中的4户特困家庭给予重点帮扶。继续选派处级干部担任“第一书记”，帮助硬化街道3条，将村变压器由30千伏安增至160千伏安，新打直径5米、深15米大口井1眼。

（五）注重统筹推进，着力在机关建设中求实效 以开展教育实践活动为动力，在室机关倡导形成了“板凳须坐十年冷，文章不著一句空”的党史工作精神和“对党和人民忠心、对科学治史专心、对著书立说痴心、对提职加薪无心”的机关文化氛围，工作效能进一步提高。充分发挥室机关党委、机关工会、妇委会的作用，认真组织实施机关作风年活动，连续12年被评为省直文明机关。热情做好老干部工作，精心做好机关公文处理、机要、保密、档案、节能等工作，为各种资源的优化配置、工作积极性的激发推动和研究成果的有效转化提供了有效保障。

附:省委党史研究室领导成员名单

主　　任:常连霆

副 主 任:林　杰　席　伟　李晨玉

巡 视 员:韩延明

副巡视员:臧济红

大众报业集团(大众日报社)工作概况

大众报业集团(大众日报社)
党委书记　傅绍万

大众报业集团(大众日报社)【以下简称集团(报社)】,拥有《大众日报》、《农村大众》、《齐鲁晚报》、《生活日报》、《半岛都市报》、《鲁中晨报》、《经济导报》、《城市信报》、《山东法制报》、《新晨报》、《蓝色快报》、《黄三角早报》等12份自办报纸和《潍坊晚报》、《沂蒙晚报》、《鲁南商报》、《牡丹晚报》、《青岛早报》、《青岛晚报》等6种合办报纸,另有《青年记者》、《城色》、《今参考》、《机构与行政》、《山东人力资源和社会保障》等5种刊物及1个全省重点新闻门户网站——大众网,形成以母报《大众日报》为龙头,系列子报刊、网站全面发展的格局,集团(报社)舆论影响力和经济实力居全国报业集团前列。2013年,集团(报社)再获中国新闻奖3个,至此已8年荣获中国新闻奖25项,备受业内赞誉的"大众报业现象"持续升温,一批稿件得到中宣部新闻阅评和省领导批示肯定;主要报刊发行量稳中有升,《大众日报》发行量达到41.72万份,比去年同期增长1583份。集团(报社)总收入达到22.4亿元,同口径增长10%;在2012年利润超过全国报业集团前五强总和基础上,2013年利润又增长了5%,达到7.35亿元,继续遥遥领先于全国各大报业集团。

一、牢牢把握正确导向,舆论影响力显著提升

面对宣传思想工作面临的一系列新挑战、新考验,集团(报社)各媒体围绕中心服务大局,牢牢把握正确舆论导向,着力提高宣传报道水平,呈现出一系列亮点。

主题报道特色鲜明,有力配合中心工作。各媒体紧紧围绕中央、省委中心工作,精心策划组织报道,系列评论和主题重头报道有力度有特色。习近平总书记在河北省委常委班子专题民主生活会上的讲话发表后,《大众日报》连续推出《实现山东发展的凤凰涅槃》等6篇重头评论,充分展示了省委的态度、决心和信心,受到省领导充分肯定。习近平总书记视察山东后,《大众日报》迅速推出系列评论,围绕省委工作指导的五个重大转变,对全省深刻理解总书记对山东的新要求、统一思想凝聚共识起到了良好舆论引领效果。十八届三中全会后,《大众日报》立即推出8个版的高层专家权威解读,成为各级干部的学习辅导材料。围绕"中国梦"宣传,集团(报社)各媒体评论、典型宣传、百姓故事、征文多形式并用,深入展示了中国梦的丰富内涵。围绕群众路线教育实践活动,《大众日报》一版每天推出针对性很强的短评,有力推进活动走向深入。围绕转方式调结构特别是"全省科学发展现场观摩交流会",《大众日报》推出"走进东部"、"齐鲁周边行"等系列报道;围绕"一圈一带"区域发展战略和"山东金改"、简政放权、加快服务业发展等新思路新举措,各媒体浓墨重彩宣传解读,形成一轮又一轮宣传报道强势,为各项重点工作的深入推进营造了浓厚舆论氛围。

深入转变作风文风,媒体面貌焕然一新。集团(报社)各媒体建立健全长效机制,加强采编队伍建设,转变作风改进文风,媒体面貌变化明显。《大众日报》从新闻报道、评论言论和文字风格、文章标题、版面编排等方面总体研究,主动创新,敢于突破,发现问题立说立改,规范改进时政报道,扩版"论丛",增设"县域新观察"、"新闻锐调查"等栏目,先后涌现出《从沂蒙根据地看党群鱼水情是怎样形成的》等一批采写作风扎实深入的重磅深度报道。《齐鲁晚报》、《生活日报》、《鲁中晨报》、大众网、《农村大众》等全新改版,在向主流媒体转型中定位更加准确,独特性和独家性更加凸显。特别是《齐鲁晚报》派出记者对习近平总书记首次出访进行全程采访,实现了都市类媒体时政报道的新突破。

重大事件活动报道充分,热点敏感问题引导得当。在全国、全省"两会",十艺节、嫦娥三号发射等重要活动和重大事件中,集团(报社)各媒体现场有身影,版面有特色,报道有创新。围绕突发舆情、公共事件和热点敏感问题,注重把握"时、度、效",取得良好舆论引导效果。特别是大众网组织的"平度拆迁事件"报道,有力引领了网络声音回归理性;半岛报系客观报道黄岛输油管线燃爆事件,及时消除居民恐慌,为救援营造了良好环境。

二、多策并举增收节支,经营效益逆势增长

面对宏观经济持续走低和全国都市类媒体广告大幅下滑等严峻形势,集团(报社)党委进一步坚定做好经营工作的信心,明确思路强化措施;各部门(单位)多策并举增收节支,创新经营方式,严细深实管理,主要媒体、公司效益稳定提升,主要报刊发行量稳中有升,各部门(单位)增收节支成效显著,有力确保了经营业绩逆势增长。

三、整合深耕大步突破，事业拓展亮点纷呈

集团(报社)各部门(单位)全力巩固主业发展根基，扩大控制性利润；加快获取优质廉价资源，推动资源资本化，事业拓展取得一系列突破。

报纸整合取得重大突破，控制性效益持续释放。2013年3月，半岛传媒公司成功整合《青岛早报》和《青岛晚报》，在全国引起巨大反响，青岛基地成为集团赶超全国先进报业集团的后劲所在。齐鲁报系充分挖掘整合和新办报纸潜力，总收入达到8.57亿元，利润突破2.6亿元。

深耕山东取得显著进展，主业可持续发展根基更加牢固。《大众日报》全力拓展行业深耕地方，一年新办烟台、聊城、潍坊、东营、淄博、寿光6个地市、县域版和金融、健康、教育3个行业版，涌现出3个创收超过或接近千万元的行业工作室。《齐鲁晚报》实现地方版和合办报纸全省17市全覆盖，县域版达到44个，仅此创收1.34亿，同比增长16.1%。《半岛都市报》地方版达到9个，累计创收2500多万元。

四、楼宇板块即将成形，文化园区正在崛起

集团(报社)新建的大众传媒大厦具备入驻和租售条件；山东报业大厦出租协议基本达成，年租金可达1500万元。济南西部汽车文化产业园主展厅主体封顶；青岛大众报业文化创意产业园完成建筑面积5万平方米；黄岛明清古建筑园区一期主体施工基本完成，将青岛建筑史拉长了800年。蓬莱山东文化产业职业学院在校生接近4000人。

五、投融资等板块快速成长，相关投资收益可观

集团(报社)所属山东省文化产业投资公司7.65亿元现金增资全部到位，注册资本达到15.75亿元，成为全省最大、全国领先的文化产业投融资平台；通过增资半岛传媒和大众网，回流集团(报社)现金2.2亿元，为整合青岛早、晚报提供了强有力的资金支持；成功入股山东出版股份公司，上市后投资增值潜力可观。2013年，集团(报社)投融资板块收益3800万元，成为新的利润增长点。集团(报社)所属天一会展公司与辽宁日报报业集团合作在沈阳成立子公司，迈出了开拓省外市场第一步。与此同时，集团(报社)按照省政府批复的《改革方案》，顺利完成相关公司股权清理、置换、增资和划转，如期组建齐鲁传媒集团公司。

六、践行党的群众路线，凝聚力向心力显著增强

集团(报社)结合群众路线教育实践活动，不断加强党风廉政、制度、队伍、文化和幸福和谐家园建设，切实解决事关群众利益的热点难点问题，取得明显成效。活动中，集团(报社)党委不断深化学习教育，广泛听取群众意见，聚焦“四风”对照查摆突出问题，抓好整改落实和建章立制，特别是结集出版了《大众报业集团管理规章汇编》，制定实施了重点工作督察通报和服务采购管理等一系列制度，严控大项开支和会务接待、车辆购置费用，初步形成覆盖各岗位的廉洁风险防控机制，得到省委领导和省委督导组的充分肯定。

七、队伍、作风和文化建设得到加强

成功实施“换届人事月”活动，一大批德才兼备的年轻干部走上集团中层领导岗位。举办党委常委议事会和高级研修班、新提拔干部任职培训和新员工入职培训；坚持时事政治学习制度，组织了14次马克思主义新闻观培训；成立新闻道德委员会，规范采编人员从业行为，防范失德风险，坚决打击新闻敲诈行为，有力促进了队伍素质提升。开展了沂蒙寻根和《大众日报》创刊75周年系列活动以及丰富多彩的文体活动，为沂蒙老区缺水村成功打出第8口井，积极支持“第一书记”做好帮扶贫困村工作，促进了集团文化建设。

附：大众报业集团(大众日报社)党委常委名单

书　记：傅绍万

副书记：梁国典　李壮利　赵念民

常　委：傅绍万　梁国典　李壮利　赵念民　魏　武　鲁　锐　高　燕　郑立波　王修滋　杨晓洲

全省工会工作概况

省人大常委会副主任、省总工会主席　尹慧敏

2013年，在省委、全总的坚强领导下，全省工会深入贯彻落实科学发展观，牢牢把握新时期工人运动的时代主题，围绕全省工作大局，全面履行工会职能，着力打造亮点品牌，着力建设“五型工会”，不断开创全省工会工作新局面，团结动员广大职工为加快建设经济文化强省做出了新贡献。

一、牢牢把握正确方向，坚定不移地走中国特色社会主义工会发展道路

认真学习宣传贯彻党的十八大和十八届三中全会、习

近平总书记系列重要讲话特别是“4·28”、“10·23”重要讲话和视察山东重要讲话精神，通过召开会议、下发通知、制定学习计划、加强集体学习等，教育引导广大工会干部深刻理解中央一系列战略部署，全面把握中央对工人阶级和工会工作的殷切期望和更高要求，进一步增强道路自信、理论自信、制度自信，为全面深化改革增进共识、凝聚力量。成功承办了以省委、省政府名义召开的贯彻“四个尊重”重大方针、充分发挥工人阶级主力军作用座谈会。认真学习贯彻中国工会十六大精神，并为此专门向省委第61次常委会议进行了汇报，姜异康书记作了重要讲话，郭树清省长作出重要批示。认真组织学习贯彻姜异康书记、郭树清省长、高晓兵部长等省领导关于工会工作一系列重要指示精神，就学习贯彻中国工会十六大精神、做好2014年的工作，分别召开了各市总工会主席、省产业工会主席座谈会听取意见，召开十四届二次委员会议作出了学习贯彻中国工会十六大精神的决议。在省委、全总坚强领导下，全会上下认真筹备、精心组织，成功召开省工会第十四次代表大会。会上，提出了今后五年全省工会工作的目标任务，明确了把握“一个主题”、突出“三项服务”、建设“五型工会”的总体要求。大会的召开，极大地激发了全省各级工会组织和广大工会干部的工作热情和创新活力。

二、牢牢把握工运主题，动员组织广大职工当好齐鲁主力军、同心建功“十二五”

牢牢把握团结动员广大职工为加快建设经济文化强省、实现中华民族伟大复兴中国梦而奋斗这一工会工作的时代主题，围绕实施“两区一圈一带”重点区域带动战略，组织开展省级示范性重点工程劳动竞赛、节能减排达标竞赛等多项竞赛活动，开展市级以上重点工程劳动竞赛284项，953万名职工参加了上述竞赛。评选了895名山东省劳动模范和先进工作者，召开大会进行了隆重表彰，以劳模精神引领社会、激发活力。认真贯彻全国、全省宣传思想工作会议精神，进一步改进职工思想政治工作，强化职工团结奋斗的思想基础。深入开展了“中国梦·劳动美”主题教育活动，评选出34名“最美劳动者”，在主流媒体上予以专题报道。大力加强职工文化阵地建设，着力打造职工、企业“文化大道”品牌，全国工会“职工书屋”示范点达到365个。深入实施职工素质建设工程五年规划，全省各级工会培训职工113.4万人，联合举办省级行业性职工职业技能竞赛56项，19.3万名职工晋升技术等级。以建设劳模（高技能人才）创新工作室为载体，引导企业和职工广泛开展经济技术创新活动，全省职工技术革新5.8万项、发明创造2.2万项、总结推广先进操作法3.2万项。开展了第四届职工优秀技术创新成果评选，评选表彰了100项优秀成果，其中5项获得全国职工优秀技术创新成果奖。充分发挥工会的组织和群众优势，上下联动，动员职工广泛参与，在全省开展了“查身边隐患、保职工安全、促企业发展”群众性安全生产活动，并召开会议作出专门部署，省总工会领导班子成员带队分头实地督导检查，扎实推进活动的深入开展，努力夯实企业安全生产第一道防线。郭树清省长等省领导分别就这项活动作出重要批示，给予充分肯定。

三、牢牢把握基本职责，主动依法科学维护职工合法权益

积极参与《山东省劳动合同条例》和涉及职工利益的政策法规制定和监督落实，从源头上维护好职工权益。广泛开展“就业援助月”、技能培训促就业等活动。深化“工友创业”行动，全省建设“工友创业”实训基地已达374个，对7.86万人开展职业技能培训，帮助5.29万人实现就业；建立“工友创业园”102个，扶持960名城乡劳动者创业，带动9320人实现就业。顺利完成工资集体协商三年规划任务，全省建会企业工资集体协商建制率达到88%，覆盖职工1481.4万人；全省签订集体合同13.2万份，覆盖企业22.4万家、职工1521.4万人；签订女职工权益保护专项集体合同14.1万份，覆盖企业23.6万家、女职工863.8万人。协助政府开展农民工工资支付专项检查活动，督促用人单位补发农民工工资1.56亿元。帮扶救助力度不断加大。加强工会帮扶中心规范化建设，深化“四季服务”活动，全省工会共筹集送温暖资金2.55亿元，走访慰问困难职工14.23万户，困难农民工2.63万户，困难劳模及先进人物9023人；“夏送清凉”活动共筹集资金4120.2万元，慰问职工125.1万人次；“金秋助学”和“帮扶送教育”活动共筹集资金6158.1万元，资助困难职工子女4.15万名。省送温暖基金会发放130万元，用于救助大病职工、困难职工子女上大学。全省工会积极开展农民工平安返乡行动，组织运送农民工23.2万人次。

四、牢牢把握共建共享，推动构建社会主义和谐劳动关系

认真贯彻落实省委、省政府《关于加强和谐劳动关系建设的意见》，积极构建社会主义和谐劳动关系。充分发挥协调劳动关系三方机制的作用，联合省人社厅、省企联、省工商联制定下发了贯彻省委、省政府《意见》的实施方案，在巩固前两个三年规划成果的基础上，进一步规范创建劳动关系和谐企业、工业园区的内容、标准、措施，推动创建活动规范化、常态化、长效化发展。厂务公开民主管理工作增量提质。加快推进《山东省厂务公开条例》立法工作；以“建制规范年”活动和“职代会星级创建”活动为载体，进一步推动了职代会、厂务公开等企事业单位民主管理法制化规范化建设。全省已建会企事业单位中，18.2万家建立了职代会制度，18万家实行了厂务公开，建制率分别达到93.3%和92.3%。劳动关系预警和劳动争议调解工作不断加强。加强劳动关系矛盾排查，及时化解隐患。依法协调劳动纠纷，加大法律援助配合信访工作力度，引导信访职

工依法仲裁诉讼，全省工会信访和职工热线办结率、满意率均保持在95%以上。重视做好防范抵御工作，完成了3次全省职工队伍稳定工作调研，与有关地方、部门加强沟通合作，共同做好职工队伍和社会稳定工作。

五、牢牢把握重大机遇，努力建设学习型、服务型、创新型、活力型、务实型工会

抓住开展党的群众路线教育实践活动重大机遇，以改革创新精神建设"五型工会"。一是深入扎实开展党的群众路线教育实践活动。根据省委统一部署，以为民务实清廉为主要内容，聚焦反对"四风"，突出解决问题，务求取得实效。通过多种途径广泛征求意见，认真撰写对照检查材料，严肃召开专题民主生活会，坚持边查边议边改，修订完善规章制度，建立完善长效机制。通过教育实践活动，有力地促进了工作作风转变，推动了工会工作发展。二是基层基础工作进一步夯实。积极争取同级党委和组织部门支持，推动贯彻落实省委组织部、省总工会联合下发的《关于加强新形势下基层党建带工建工作的意见》，进一步形成有机衔接、协同配合、运转有序、全面覆盖的党工共建联动机制。认真落实工会组建三年规划，依法推动企业普遍建会。加强"职工之家"建设，开展"双亮"活动，进一步增强了基层工会活力。截至2013年9月底，全省已建立基层工会21.4万个，工会会员发展到2391万人，其中农民工会员797万人。三是干部培训和协管工作不断强化。省总工会举办培训班17期，培训工会干部1500余人次；市、县两级工会通过多种方式培训工会干部26.3万人次。加大干部协管力度，协助有关单位党委(党组)完成11个市总工会、7家大企业工会和3家省产业工会领导班子成员调整工作；县级工会主席按同级副职级配备已达到99人。四是省总工会机关自身建设进一步加强。积极培养新时期工会工作理念，教育引导机关干部强化超前、创新、争先、担当、效率、团结六种意识，大力营造创先争优、干事创业的浓厚氛围。召开了机关工作会议，围绕落实省工会十四大工作部署、培植工会亮点工作，谋划思路，明确目标，完善措施，努力推动全省工会重点工作走到全国前列。

附：省总工会领导成员名单

主　　席：尹慧敏(女)
党组书记、常务副主席：刘赞杰
副 主 席：赵立群　冯庆禄　魏　丽(女)
王星海　李　臻
经审委主任：赵立群(兼)
党组成员、纪检组组长：贺余德
副 巡 视 员：侯国华

全省共青团及青少年工作概况

共青团山东省委书记　张　涛

2013年是十三届团省委的开局之年。在省委和团中央的正确领导下，全省各级团组织全面贯彻党的十八大和十八届二中、三中全会精神，深入学习贯彻习近平总书记系列重要讲话精神，认真落实省委十届七次、八次全会和团十七大、十七届二中全会精神，按照省第十三次团代会确定的"一二三四五六"工作思路，重点实施青春导航、青春建功、青春创业、青春同行、青春绿色"五项行动"和助力县域科学发展、服务青年项目创新"两项工程"，全面加强自身建设，团的各项工作取得新的进展。

一、把牢根本任务，青少年思想引导工作取得新成效

围绕培养中国特色社会主义事业建设者和接班人，重点实施青春导航行动，不断增强引导工作的吸引力、凝聚力和感染力。

(一)深入学习贯彻党的十八大、十八届三中全会精神和习近平总书记系列重要讲话精神　围绕学习贯彻党的十八大和十八届三中全会精神，先后召开团省委常委(扩大)会议、团的各级领导机关干部会议传达学习，举办"山青学堂"和各级团干部培训班开展专题辅导，持续兴起学习贯彻热潮。围绕学习贯彻习近平总书记系列重要讲话精神，第一时间举办市级团委书记和大学生骨干培训班，开展主题团日活动15.1万场次，覆盖青年779.6万人次。围绕学习党章、团章和团十七大、十七届二中全会精神，先后召开全省共青团工作会议、十三届二次全委(扩大)会议，研究贯彻落实措施；向专职团干部配发团章，集中开展学习团章活动，形成深入持久学习氛围，努力廓清本源。

(二)不断加强青少年理想信念教育　以"我的中国梦"为主题，广泛开展"青春建功中国梦"、"奋斗的青春最美丽"、"红领巾相约中国梦"等系列活动18.9万场次，覆盖团员青年867.2万人次。组建"梦想导师团"，举办"梦想导师——对话青春"交流会18.7万场次，结成帮扶对子1241个，直接覆盖团员青年511.7万人次。在高校举办"与信仰对话"主题教育活动300场次，青年学生参与10万人次。深入推进青年马克思主义者培养工程，全省培养大学生骨干、高校团干部和青年教师22.9万人次。

（三）广泛开展青少年道德规范教育 坚持以“三观”、“三热爱”为主线，着眼于培养和践行社会主义核心价值观，广泛开展“山东青年五四奖章”、“山东十大杰出青年”、寻找“最美青工”等评选活动和“道德榜样面对面”、“学习雷锋，爱在齐鲁，做山东好青年”等道德实践活动，带动广大青年寻找身边榜样、学习身边榜样。抓住烟台大学7名餐厅保洁员吃学生剩饭引发热议的契机，深入推进“光盘行动”，广泛开展“倡导节约、反对浪费”大讨论。

（四）创新引导青年的方式方法 建设“团”字号微博体系，开通团组织、团干部实名认证微博1.5万个，“山东共青团”新浪官方微博粉丝量达200万。实施微博矩阵“双百”计划，分别在新浪、腾讯开通100个团组织微博和100个团干部微博。建立省级微信公众平台和微网站，组建青年网络评论员队伍，“网上祭英烈·共铸中国梦”、“中国梦想·青春出彩”等微话题讨论，影响覆盖青少年1780万人次。开通“我的中国梦”专题网页，各级手机报平台发布专题内容1.5万余次。

二、紧扣工作主线，助力经济社会发展创造新业绩

紧紧围绕中心、服务大局，重点实施青春建功、青春绿色行动，组织动员广大青年为加快建设经济文化强省作贡献。

（一）积极投身经济强省建设 着力提高青年劳动者素质，深化青工技能振兴计划，创新实施百万青工岗位大练兵活动，举办市级及以上青年职业技能大赛75场次，参赛人数达7.2万。承办寻找“最美青工”暨第九届“振兴杯”全国青年职业技能大赛展示活动。围绕“两区一圈一带”等重点区域带动战略，深入实施“助力县域科学发展工程”，组织大批青年突击队投身重点工程、重大项目建设，组建981支团队1.1万人次大学生“调研山东”。深入实施“青年人才工程”，在全省范围内选拔1799名优秀青年，建立起省级网络版青年人才库。

（二）大力服务文化强省建设 创新开展大学生科技文化艺术节、“三下乡”等青少年文化活动，深化青年文明号等群众性精神文明创建活动。深入推进“花YOUNG年华欢乐送”青少年公益文化活动，使14.4万名贫困家庭青少年免费享受到公益文化服务。开展“送文化下基层”公益文化活动，组织1600个困难家庭免费观看“十艺节”剧目演出。开展“发微博、游家乡”等主题文化活动，参与青年70万人次。推进文化产品创作，举办首届山东青年动漫创意大赛，制作中国梦系列公益宣传片。

（三）广泛参与社会治理创新 举办首届青年社会组织优秀公益项目评选活动，吸引400多家青年社会组织关注参与。设立2200万元的省青联公益发展基金，扶持青年社会组织开展公益活动。深入推进志愿者行动，组织1万名志愿者服务第十届中国艺术节，推动5.7万名志愿者参与“平安行·你我他——青年志愿者在行动”活动。深入实施大学生志愿服务西部计划，选派784名志愿者赴西部8省区开展志愿服务。

（四）扎实服务生态山东建设 深化保护母亲河行动，组织开展“青春汇绿美丽山东”青少年植树行动，动员218.8万人次青少年植树784.8万棵。联合省林业厅命名创建18处省级青少年绿化基地。成立省青少年绿色联盟，首批吸纳184个社团加入，吸引1万名青少年广泛参与。组织开展“青春绿动中国梦”摄影及微电影（动漫）大赛和“湿地寻梦”随手拍活动，吸引35万青少年关注参与。探索利用移动互联网终端吸引青少年关注绿色环保，首次推出“指尖上的绿色”手机APP公益软件。

三、坚持青年为本，服务青少年成长成才实现新提升

深刻把握巩固和扩大党执政的青年群众基础这一政治责任，围绕服务青年需求，深入实施青春创业、青春同行行动，使团组织成为广大青年遇到困难时想得起、找得到、靠得住的力量。

（一）积极服务青年创业就业 一是激发青年创业创新意识。举办第二届全省青年创业大赛、“挑战杯”省大学生课外学术科技作品竞赛和第二届全省大学生创意文化节，评选山东青年创业奖。“联通未来青春创业社”吸引740支团队、8000名大学生进驻创业。二是服务青年创业就业现实需求。深化青年小额贷款项目，争取并发放各类小额贷款18.2亿元，带动7.1万名青年创业就业。新增创业就业见习基地913个，“百校千企送岗”活动直接为应届毕业大学生提供就业岗位6.1万个。加强农村青年创业就业培训，落实培训经费640.5万元，培训农村青年19.6万人。三是力所能及地降低青年创业风险。加强青年创业导师队伍建设，省、市两级575名青年创业导师帮扶2070名创业青年。组建青春创业俱乐部，吸纳1326名初创业青年抱团取暖。选派第二批128名金融机构优秀年轻干部到县级团委挂职，发放小额贷款6.3亿元，帮扶1.6万名农村青年创业就业。用好每年省级300万元青春创业贴息专项资金。11月7日，团省委在全省创业创新工作会议上作典型发言。

（二）竭诚服务重点青少年群体 集成服务青年项目品牌，在全省范围内深入实施“服务青年项目创新工程”。深入推进“心愿直通车”少年儿童关爱行动，筹集款物1138万元，累计服务农村留守儿童、进城务工人员子女和贫困家庭儿童24万人次。稳步推进“青春助力”——山东共青团关爱农民工子女志愿服务行动，全省结成帮扶对子53.3万对，惠及60.7万农民工子女。希望工程募集资金5370万元，援建希望小学40所，资助贫困学生1.3万名。

（三）切实代表和维护青少年合法权益 全面部署开展重点青少年群体服务管理和预防犯罪第一轮推动工作。推动“共青团与人大代表、政协委员面对面”活动向县一级延伸，各级团组织“两会”期间举行座谈和集中见面会105

场,提出建议、提案182份。建立健全"走进青年——人大代表、政协委员调研日"活动机制,省政协副主席许立全两次带队开展调研。依托12355平台,广泛开展阳光行动、12355"三进"等系列活动,发送"彩虹伞"青少年自护提示短信3000万条。

四、抓基础强作风,团的自身建设和团属事业迈上新台阶

坚持党建带团建、团建抓创新,积极扩覆盖、提活力、强队伍,不断扩大团的工作有效覆盖面。

(一)全面加强基层组织建设和基层工作 一是努力扩大组织覆盖。推进乡镇实体化"大团委"建设和"回头看"工作,建立乡镇直属团组织2.9万个,覆盖团员青年273.8万人。新推动6061家非公有制企业、1043个乡镇金融机构、2862家青年农民合作社建立团组织,组建县级以上驻外团工委151家。集中开展县乡团委换届工作,全省共有80个县(市、区)、1048个乡镇(街道)完成换届。二是着力提升组织活力。遵循不同领域团的工作内在规律,有重点地将团的特色工作和品牌活动嫁接到企业和镇域团组织中去,大力开展"特色支部"、"活力支部"等活动,使新建基层团组织走出"建了瘫、瘫了建"的恶性循环。三是充实工作力量。推动1768名青年民警兼任乡镇团委副书记、1031名乡镇金融机构优秀青年兼任乡镇团委委员。新选配市、县团委班子成员93名。选派69名高校团干部、128名金融干部到县级团委挂职,组织37名团干部到县级团委驻点。

(二)狠抓团干部队伍建设 一是切实转变团干部作风。团省委机关以各项工作走在前列为标准深入开展党的群众路线教育实践活动。以此为契机,启动全省共青团作风建设年活动,按照"头脑始终牢记信念,心里始终装着青年,眼睛始终盯着基层,肩上始终扛着责任,胸中始终燃烧激情"的要求,狠抓专职团干部作风。组织团省委机关干部直接联系县(市、区),近距离观察县级团委书记的精神状态和工作业绩,形成了"逐级抓工作、隔级盯作风"的工作态势。广泛开展"走进青年、转变作风、改进工作"大调研、全省团员发展管理和少先队工作开展大样本调研和"走进青年"团干部恳谈日活动,推动团干部下基层、访青年、办实事。二是狠抓团干部学习。举办"山青学堂",定期邀请专家通过视频会议系统为省、市、县三级团干部授课,全年共举办25期,2.3万人次参加学习。加强团干部培训,举办各级团干部培训班497期,培训基层团干部1.9万人次。三是积极加强制度建设。从严落实中央八项规定和省委、团中央实施办法,出台团省委具体实施办法。加强团干部协管,建立县级团委班子成员变动情况向团省委备案制度。

(三)推动团属事业蓬勃发展 胜利召开省第十三次团代会、省青联十二届一次全委会和省学联第十一次代表大会,圆满完成省青少年研究会、省宫协、省青企协等6个团属青年社团的换届工作。成功承办第九届中国青少年发展论坛,举办首届山东青少年发展论坛。青少年对外交流交往进一步扩大,与港澳台交流的内容、层次和规模实现新的突破,同德国、意大利、韩国等国家的交流渠道进一步拓宽。《山东青年》杂志、《山东青年报》和《齐鲁少年报》办刊质量不断提高,报刊发行量、覆盖面及各项经济指标稳中有增。省青少年活动中心、素质教育中心在服务质量、综合管理、基础设施和阵地建设等方面实现新突破,社会影响不断扩大。省中国青年旅行社不断拓宽经营范围,加强对外合作,扎实推进省当代青年艺术交流中心筹建工作。

附:团省委领导成员名单

书　　记:张　涛

副 书 记:任海涛　陈必昌　袁　良

党组成员、纪检组长:谢　宁

全省妇女工作概况

省妇联主席　翟黎明

2013年,在省委和全国妇联的坚强领导下,全省各级妇联组织紧紧围绕省委、省政府工作部署,贯彻落实党的十八大、十八届三中全会和中国妇女十一大精神,全面深化巾帼创业、收入倍增、和谐创建、权益维护四大行动,强化基层基础,突出重点、突破难点、打造亮点,全省妇女工作创新发展。

一、服务经济文化强省建设作出新贡献

(一)促进妇女创业就业富有成效 围绕全省就业创业工作部署,深化"巾帼创业行动",积极扶持创业、促进就业。一是推动女大学生创业就业。实施"女大学生创业就业扶持行动","优秀创业女性进高校"活动走进58所高校,举办报告会92场次。各级广泛开展女大学生专场招聘、项目推介、创业大讲堂、创业导师指导帮扶等活动,推动建立女大学生创业孵化基地16处,开展免费培训、岗位实践,多渠道帮助女大学生创业就业。二是强化扶持服务。加大资金扶持,妇女创业小额贷款省级示范性贴息增至500万元,扶持135家企业;全省为2.09万妇女发放贷款

19.2亿元，贴息6414.2万元。加大技能扶持，启动巾帼创业培训工程，计划5年培训妇女5万人，2013年各级培训4500余人。加大项目和岗位扶持，开展优秀女性"创业创新创优"产品评选活动，征集、推介妇女创业项目；各级举办妇女专场招聘会450场，提供岗位13.5万个，签订就业意向3.3万个。加强信息服务，编发《妇女创业指南》，完善创业信息库，通过创业就业网、电子杂志、微博、微信等，搭建平台，促进交流。三是推动女企业家创新创优。省妇联与省经信委等十部门联合表彰最具影响力、贡献力等优秀女企业家。各级开展"齐鲁优秀女企业家一圈一带行"活动，成立巾帼创业家俱乐部，开展经贸洽谈、高层培训、发展论坛，助推女企业家在重点区域发展中作贡献。

（二）参与家庭服务业发展彰显"大姐"品牌优势 抓住政府扶持服务业发展的契机，实施大姐创新示范工程，大姐品牌实现新发展。全省县以上妇联建大姐机构175个、基层服务站点千余个。推动全省大姐机构合作发展，山东大姐机构发展联盟成员单位达到50个。推进家庭服务行业标准化建设，依托省巾帼职业技能鉴定所，组建鉴定考评师队伍，开展家庭服务职业鉴定。加强从业人员队伍建设，举办首届全省家庭服务业职业技能大赛总决赛，省及各地层层举办家庭服务师资培训、技能培训、职业技能大赛等，提升职业化水平。习近平总书记视察山东时对妇联组织创办大姐机构、促进妇女就业工作给予充分肯定。

（三）服务农村妇女发展积极有为 组织妇女积极参与全省现代农业发展，实施"巾帼收入倍增行动"，带动农村妇女增收致富。强化科技服务。加强农村妇女培训，开展增收带头人、农村女经纪人、妇女合作社负责人等骨干培训，全省培训5000多人；广泛开展科技培训，各级培训11万人。开展第12届巾帼科技齐鲁行活动，各级组织科技下乡980场次，服务34.4万人次。促进合作经营。省妇联创办省巾帼花木协会、手工艺协会。各级因地制宜扶持发展以妇女为主体的行业协会、专业合作组织、示范基地、家庭农场等，加强示范带动，组织妇女参与合作经营、产业化发展。省里命名妇字号龙头企业50个，专业合作社示范社、示范基地、示范村（社区）600个。多渠道促进增收。引导妇女参与农村二三产业发展，开发农产品种养加、特色旅游、手工艺品制作等项目，形成一批妇字号乡土品牌，促进持续增收。

（四）促进文明和谐建设发挥优势 突出"实现中国梦·齐鲁巾帼行"主题，深化"巾帼和谐创建行动"，积极参与文化强省建设。一是强化思想引领。深入宣传贯彻党的十八届三中全会、中国妇女十一大精神，组织宣讲会、座谈会、专题培训，统一思想、凝聚力量。加强社会主义核心价值体系建设，各级广泛开展"我与中国梦"主题教育活动，开展"扮靓我的中国梦"主题征文，组织近百名优秀女性进高校宣讲，举办齐鲁女性讲堂2000余场。二是深化家庭创建工作。统筹推进五好文明家庭、特色家庭、平安家庭等创建工作，县以上表彰优秀家庭4.3万户、优秀家庭成员2.9万人。各级开展"美丽山东·魅力女性"摄影大赛、家庭读书、家庭健身、家庭美德故事征集宣传等活动，举办家庭道德讲堂2000余场、健身培训4400多场，命名县以上妇女健身站点3600多个，丰富群众精神文化生活。三是广泛开展巾帼志愿服务。推进巾帼志愿服务规范化建设，市、县建协会34个，全省3.3万支巾帼志愿者队伍、38万余名志愿者立足社区、面向家庭，开展"平安行·你我他"、法律维权、卫生保健、扶贫助困等志愿服务活动，服务群众，奉献爱心。省里表彰优秀巾帼志愿者、志愿服务组织，倡扬志愿服务精神。四是积极参与生态山东建设。实施"美丽家园工程"，各级开展家庭净化绿化美化、节能宣传、生态道德教育等宣传实践活动，引导妇女和家庭自觉践行节能低碳生产生活方式。五是加强家庭教育知识宣传普及。举办"家教大讲堂"15期，制作"农村父母课堂"系列讲座，在党员干部远程教育网上线播出。在网上家长学校开办"父母学堂"，全年网站点击量达123万多人次。在全省开展"美德实践在齐鲁"家庭教育亲子阅读月等系列活动，组织专家、志愿者开展巡回讲座、结对帮扶等，普及科学家教知识，加强留守流动、贫困等儿童群体家庭教育工作，优化儿童成长环境。

二、维护妇女儿童权益重点工作有新突破

（一）男女平等基本国策宣传教育全面推进 党的十八大首次将"坚持男女平等基本国策，保障妇女儿童合法权益"写进党代会报告。省及各级妇联抓住契机，推动国策教育纳入省及10市党校教学课程、纳入党员干部学习平台必修课程、纳入6所高校选修课程，开展第三期妇女社会地位调查深度研究，举办国策宣传月、主题征文、专题研讨等活动，组织讲师团成员进基层、高校开展宣讲，提高全社会对国策的认知度和各级党政干部落实国策的责任感。

（二）推动妇女儿童发展规划实施举措有力 省委省政府首次开展妇女儿童发展规划实施情况专项督查，各级层层开展中期监测评估自查和检查，推动规划目标落实。争取资金33万元，在17个省级示范县（市、区）实施突破妇女儿童发展规划项目，率先突破重点难点指标，为全省提供经验。建立完善监测统计分性别统计和预警机制，首次向社会发布妇女儿童发展规划主要指标预警报告，及时反映妇女儿童发展状况和存在的问题。国务院妇儿工委"两纲"督导检查组高度评价我省纲要规划实施工作。大力推动为妇女儿童办实事。省政府将新生儿疾病筛查、扩大农村妇女"两癌"检查等纳入政府工作报告和民生实事。省财政拨款3119万元，开展新生儿疾病免费检查和农村妇女"两癌"检查扩面工作。全省12个市、98个县（市、区）为妇女儿童办实事近千件。加强妇儿工委自身建设。省和部分市将妇儿工委列为政府议事协调机构，进一步理顺组织管理体系，强化政府主体责任。加强业务培训，对各级妇儿工委有关人员和监测统计专业人员全部轮训一遍。

（三）维护妇女儿童权益富有实效 坚持维权与维稳

相结合,加强基层维权工作,积极参与社会矛盾纠纷调解,有效维护妇女权益。加强阵地规范化建设,在基层妇女维权站(点)全覆盖的基础上,广泛开展普法宣传、矛盾调解、心理咨询、维权维稳等工作,连续三年开展示范站争创活动,命名市级以上示范站2180个。推进维权队伍专业化建设,全省366名妇联干部考取心理咨询师、婚姻家庭咨询师,556人担任人民陪审员或劳动保障法律监督员。发挥各级妇女维权法律服务团专业优势,开展法律援助和法制宣传,全省101个律师事务所、509名律师参与维权工作,援助妇女8352人(次)。各级完成中央公益金法律援助项目23.03万元,法援案件111件,挽回经济损失590.42万元。加强信访窗口建设。推行妇女信访代理协理制,全省6100多名妇女信访代理员代理案件1500多件。完善重大案件督办、12338维权热线定期抽查通报等制度,畅通妇女诉求渠道,提高接访和案件处理能力。积极突破妇女维权重点难点问题。配合民政部门在7市开展以维护妇女权益为重点的村规民约修订试点工作,推动解决农村妇女土地权益问题。省政协对维护农村妇女土地权益工作进行视察。

(四)实施妇女儿童民生项目成效显著 加大农村妇女"两癌"检查和救助力度。完成38个国家项目县(市、区)检查任务,确定38个省级项目县(市、区),全省新一轮农村妇女"两癌"免费检查项目县(市、区)扩展到76个,各级财政投入资金1.72亿元,免费检查234.35万人。省妇联争取专项救助金732万元、救助贫困患病妇女732人;全省各级妇联募集资金1282.61万元、救助1597人。深化"留守流动儿童关爱行动",推进关爱服务体系建设,全省新建留守流动儿童活动站478所,开展心理关爱、学业辅导、生活帮扶等活动;开展"六一"圆梦活动,募集资金、物品184.18万元,为贫困、留守流动儿童送上节日礼物。实施春蕾计划、母亲健康快车、恒爱行动等公益项目,募集资金、物品2420余万元,为妇女儿童送健康、送关爱、送温暖。继续实施"贫困母亲救助行动",全省募集资金、物品2000余万元,资助贫困母亲2.79万人。

三、加强妇联组织自身建设有新成效

(一)工作作风更加务实 省及部分市妇联集中开展了党的群众路线教育实践活动。各级以群众路线教育活动为契机,全面落实"为民务实清廉"要求,严格贯彻中央"八项规定",建立健全改进工作作风、密切联系群众的一系列规章制度,形成作风建设长效机制。扎实开展"下基层、访妇情、办实事"活动,深入农村、社区调研,为妇女群众办实事、解难事,更加有效地服务妇女、服务基层。

(二)基层妇联工作力量不断壮大 各级在配齐配强基层妇联工作班子的基础上,选聘1449名各界优秀妇女担任乡镇(街道)妇联兼职副主席或执委,争取政府为社区妇联购买社会公益岗位1756个,广纳人才,壮大队伍,进一步提升基层妇联组织的凝聚力、战斗力。

(三)基层阵地建设水平全面提升 在村(社区)妇女之家全覆盖的基础上,拓展建立"两新"组织、机关事业单位妇女合作经济组织等妇女之家3992个。继续实施妇女儿童家园项目,省财政拨款630万元建第三批省级家园90处;各地新建市、县级家园492处。完善家园管理和运营模式,实施项目化运作,建立社会化工作队伍,为妇女儿童提供教育、维权、就业、娱乐等多元化服务。加强各级各类阵地建设,妇女报刊、活动阵地整体实力进一步增强。

(四)妇女工作经费保障取得重要突破 贯彻全国妇联按照妇女人均一元钱标准增拨专项工作经费的要求,各级妇联工作经费有较大幅度增长。在积极落实省、市、县妇联工作经费的基础上,协调推动省财政厅与省妇联联合发文,对乡镇(街道)妇联按照妇女人口数划拨专项工作经费、县(市、区)妇联专项工作经费纳入财政预算作出明确规定,为基层妇联工作经费提供了制度保障。

附:省妇联领导成员名单

主　　席:翟黎明
副 主 席:任月英
党组成员:魏艳菊
纪检组长:樊丽萍
副 主 席:范晓丽　玄祖香

党风和党纪

全省纪检监察工作概况

省委常委、省纪委书记　李法泉

2013年，在中央纪委监察部和省委省政府的坚强领导下，省纪委省监察厅和各级纪检监察机关依据党章和行政监察法，着力转职能、转方式、转作风，明确职责定位，聚焦中心任务，认真履职尽责，坚定不移改进作风，坚定不移惩治腐败，全省党风廉政建设和反腐败工作取得新进展新成效。

一、严明党的纪律、严格执纪监督，认真落实中央八项规定精神

全省纪检监察机关认真贯彻中央、省委决策部署，坚持正风肃纪，加强对中央八项规定精神和省委实施办法落实情况的监督检查，执好纪、问好责、把好关，改进作风取得了重大阶段性成果，人民群众感受到了显著变化。一是把严明党的纪律特别是政治纪律摆在重要位置，严肃查处违反政治纪律行为，坚决维护中央权威。围绕山东重点区域带动战略实施、政府机构改革、政府职能转变以及生态安全、生产安全等开展监督检查。创新监督方式，实行对地方和职能部门履职情况约谈制度，约谈市县、主管部门和企事业单位负责人19人，督促解决问题。二是强化对中央八项规定精神和省委实施办法落实情况的执纪监督。针对不良作风易多发强化重要节点监督检查。年初，开展厉行勤俭节约、反对铺张浪费专项检查。在中秋、国庆、元旦等重要时间节点，下发通知，提出严格要求，开展明查暗访。在新闻媒体公布省纪委和17市纪委举报电话，畅通监督渠道。约谈市纪委书记和省直派驻纪检组长，提出自觉执行和履行监督职责要求。针对不良作风易反复加大执纪问责、通报曝光力度。全省共查处违反中央八项规定精神问题1876起，处理2127人，其中给予党纪政纪处分437人。省纪委分4批通报曝光"四风"典型问题27起，各市通报曝光131起，发挥了警示震慑作用。针对不良作风突出问题开展专项治理。结合开展党的群众路线教育实践活动，认真查摆和整改突出问题，在全省开展会员卡清退活动，在全省纪检监察系统率先清退的基础上，108万多名党员领导干部作出"零持有"报告；开展公款送礼、公款吃喝集中整治，2013年省直部门公务接待费同比下降21.9%，17市市本级下降35.1%；开展党政机关使用无信息和虚假车牌问题专项治理，清理出930副；开展"庸懒散"专项治理，受理问题投诉2181件，查处直接责任人2064人，问责相关领导337人，省纪委通报曝光10起典型问题，各市通报曝光796起。三是加大对领导干部违反纪律规定行为的问责力度。配合监察部对保利民爆济南科技有限公司"5·20"特别重大事故进行调查，给予党纪政纪处分10人。调查滨州市博兴县诚力供气有限公司"10·8"重大爆炸事故，给予党纪政纪处分16人。配合监察部对青岛市"11·22"中石化东黄输油管道泄漏爆炸特别重大事故进行调查，对涉及山东省的24名责任人员给予党纪政纪处分。

二、坚持"老虎"、"苍蝇"一起打，保持惩治腐败高压态势

认真落实中央和省委坚决反对腐败的部署要求，把惩治腐败放在突出位置，坚持有腐必惩、有贪必肃，加大查办违纪违法案件工作力度，坚决遏制腐败现象蔓延势头。2013年全省纪检监察机关共立案12242件，增长17.2%；结案12146件，增长17.9%；党纪政纪处分12182人，增长20%；涉嫌犯罪移送司法机关处理497人。查办厅级干部案件26件，增长225%；县处级干部案件254件，增长

56.8%。一是拓宽案源渠道。注重从信访举报中发现线索,2013年全省纪检监察机关接受信访举报90895件(次),其中网络举报25328件(次);强化网络舆情监控,发现问题线索188个。注重从办案中发现线索,查处案件605件。注重从审计监督中发现线索,查处案件46件。二是严格线索管理。健全完善案件线索集中管理和定期排查制度,按拟立案、初核、暂存、留存和了结5类方式和标准进行处置。三是强化自办案件。全省各级纪检监察机关重点查办大案要案,严肃查处发生在领导机关和领导干部中贪污贿赂、腐化堕落、失职渎职等案件,查办发生在群众身边、侵害群众利益的案件。着力抓好纪检监察机关自办案件,形成重视自办案件导向,2013年自办案件7647件,占案件总数的62.5%;其中省纪委自办22件,增长214.3%。四是转变办案理念和方式,坚持抓早抓小,建立健全早发现、早处置机制,对反映领导干部问题线索认真核查,对失实的予以澄清,对一般性问题及时教育警示,全省共函询党员干部747人、谈话1700人,收到治病救人的效果。五是加强和规范案件审理工作,严格审理案件,做到依纪依法办案,使所查处的每起案件都经得起实践和历史的检验。

三、以监督权力为核心、以领导干部为重点,增强监督和廉政教育实效

积极探索科学有效预防腐败的思路、措施和办法,强化权力监督,深化廉政教育,努力把权力关进制度的笼子里,防止权力滥用和以权谋私。一是着眼发现问题强化巡视监督。省委常委会3次听取巡视发现问题和整改情况汇报,研究推进措施。省委巡视机构围绕"四个着力发现",改进方式方法,分两轮对11个市和20个县(市、区)进行巡视,发现违纪违法问题线索280个,已立案122件,组织处理60人,集中纠正了一些地方违规建房分房、多占办公用房、违规配备公务用车、干部兼职取酬等突出问题。二是着眼强化对"一把手"廉政提醒教育,加强纪委同下级党政正职廉政谈话工作,省纪委常委同55名厅局级党政正职廉政谈话,市县级纪委常委谈话1.1万人次,前移了监督关口。三是着眼增强领导干部学习遵守党纪条规和廉洁从政自觉性,在正县处级党员领导干部中开展德廉知识学习测试,规定测试不合格者暂缓提拔,全省6297名领导干部参加,激发了内在动力。四是着眼加强纪委对同级党委及其成员监督,探索开展县级党政班子成员向同级纪委全委会专题述廉,在22个县(市、区)进行试点,述廉内容主要是履行党风廉政建设责任制情况及个人收入、住房、公务用车、投资、婚姻、配偶子女从业、出国(境)等方面执行廉政准则的情况,记录在案。通过专题述廉,既发挥了纪委作为专门监督机关对同级党员领导干部的监督作用,也使党员领导干部增强接受党组织监督的意识,做到超前监督防范。五是深化防控廉政风险工作,开展防止利益冲突制度试点,完善电子监察综合平台;采取多种形式进行警示教育,加强廉政文化建设,积极应对、注重引导舆论,增强了宣传教育实效。

四、着力转职能、转方式、转作风,明确纪检监察机关职责定位、突出主业主责

全省纪检监察机关坚决落实中央纪委和省委关于推进党风廉政建设和反腐败工作的新要求,着力转职能、转方式、转作风,聚焦党风廉政建设和反腐败斗争,更好地履职尽责。一是调整优化纪检监察机关内设机构。省纪委监察厅调整设立党风政风监督室、执法和效能监督室,增设2个纪检监察室,担负查办案件、执纪监督的人员占机关总人数的60%以上。二是调整议事协调机构。省纪委监察厅牵头或参与的议事协调机构由原来的126个调整为23个。三是规范纪委书记、纪检组长职责分工,明确不得分管与纪检监察业务无关的工作,集中精力抓好主业。四是改进工作作风。认真贯彻中央八项规定精神和省委实施办法,制定具体实施办法,认真抓好落实。省市县三级纪检监察机关统一参加第一批党的群众路线教育实践活动,全省各级纪检监察机关上下联动,深入查摆和整改"四风"问题,以实际行动转作风。省纪委常委班子发挥表率作用,以上率下,召开不同层面座谈会48个,征求意见建议860多条,针对查摆的问题,制定整改方案,列出41个方面任务,修订完善62项制度,自觉联系服务群众,坚持定期接访、包重点信访案件,督促解决问题。五是严格内部管理监督。省纪委制定机关工作人员执行公务十条行为规范,对反映纪检监察干部的问题认真调查核实,属于苗头性问题的及时谈话提醒,经核实违纪的严肃处理。

附:省纪委领导成员名单

书　记:李法泉

副书记:郭建昌☆　马明生　王喜远　李　琥☆

常　委:李法泉　郭建昌☆　马明生　王喜远　李　琥☆　刘凤岐　迟丽华(女)　王元榜　孙成良　司家军　刘铁生☆

委　员:(按姓氏笔画为序)

于　冲　于常青　万志博
马明生　马越男(女)　王　斌
王元榜　王成波　王凯祥
王喜远　牛启忠　丛大鸣
司家军　朱秀香(女)　任建军
刘子玉　刘凤岐　刘建华※
刘俭朴　刘铁生☆　关　华
孙成良　李　敏　李　琥☆
李平瑞　李永健　李法泉
李建华(女)　何建平　邹庆忠
宋纪明　初炳玉　迟丽华(女)

张传亭	邵明贵	范　真
岳　滨	岳德川	周立军
赵启全	赵明东	胡文容
倪明元	徐向红	高　一
郭建昌☆	黄利明	葛　伟
董天祥	董立新	蒋文彩
鲁建华	臧玉健	

秘书长：孙成良

☆ 2013 年 4 月，明确省纪委副书记郭建昌为负责省纪委常务工作的副书记。

※ 2013 年 4 月，于晓明不再担任中共山东省纪律检查委员会副书记、常委、委员职务。

☆ 2013 年 6 月，刘铁生任中共山东省纪律检查委员会常委。

☆ 2013 年 7 月，李琥任中共山东省纪律检查委员会委员、常委、副书记。

※ 2013 年 7 月，刘建华不再担任中共山东省纪律检查委员会常委职务。

重要会议及决议

省纪委十届三次全会　2 月 3 日，省纪委十届三次全会在济南举行。出席会议的省纪委委员 54 人，列席 241 人。省纪委常委会主持会议。全会传达学习了习近平总书记在十八届中央纪委第二次全会上的重要讲话和王岐山同志代表中央纪委常委会所作的工作报告，总结 2012 年全省党风廉政建设和反腐败工作，部署 2013 年任务。全会审议通过了省委常委、省纪委书记李法泉代表省纪委常委会所作的工作报告。省委书记、省人大常委会主任姜异康出席全会第一次大会并作重要讲话。省委常委，省人大、省政府、省政协及省法院、省检察院、省武警总队领导出席会议。

省委巡视机构干部培训班　3 月 11 日，省委常委、省纪委书记、省委巡视工作领导小组组长李法泉出席省委巡视机构干部培训班并讲话。李法泉指出，做好 2013 年巡视工作要把握重点，把领导班子及其成员特别是党政"一把手"作为重点对象，把贯彻落实科学发展观、遵守政治纪律、执行民主集中制、选拔任用干部、执行党风廉政建设责任制等情况作为重点内容。要增强发现问题的责任意识，掌握发现问题的科学方法，具备敢讲问题的党性原则。要把发现问题作为巡视的核心和关键，把督促整改、解决问题作为巡视的目的和成果运用的体现，充分发挥巡视监督作用。要研究把握巡视工作规律，改进方式方法，加强制度建设，积极探索创新，提高巡视工作水平。要加强巡视干部队伍建设，树立党性坚强、公道正派、作风务实、廉洁自律的良好形象。

全省反腐倡廉宣传教育工作电视会议　3 月 14 日，省纪委召开 2013 年全省反腐倡廉宣传教育工作电视会议，传达全国反腐倡廉宣传教育工作电视会议精神，部署 2013 年全省反腐倡廉宣传教育工作任务。省纪委副书记郭建昌出席会议并讲话。郭建昌强调，各级纪检监察机关和宣传教育部门要切实增强做好反腐倡廉宣传教育工作的责任感和紧迫感，进一步提高对宣传教育工作重要性的认识，坚持反腐倡廉宣传教育常抓常新、长抓不懈，确保抓出成效。要全面把握 2013 年反腐倡廉宣传教育工作五项主要任务，即：以提高舆论引导能力为重点，加强反腐倡廉宣传；以促进领导干部廉洁从政为重点，深化反腐倡廉教育；以打造特色品牌为重点，推进廉政文化建设；以净化网络舆论环境为重点，做好反腐倡廉网络舆情信息工作；以提高履职能力为重点，强化干部教育培训。要采取得力措施，以求真务实的精神和踏石留印、抓铁有痕的劲头抓好各项任务落实，进一步提高党员领导干部廉洁自律意识和拒腐防变能力，营造风清气正的良好氛围。

全省纪检监察调研工作电视会议　4 月 9 日，省纪委召开全省纪检监察调研工作电视会议，学习贯彻全国纪检监察调研工作会议精神，总结 2012 年全省纪检监察调研工作，部署 2013 年任务。省纪委副书记王喜远出席会议并讲话。会议充分肯定 2012 年全省纪检监察调研工作，分析了当前纪检监察调研工作面临的新任务、新挑战，强调要以高度负责的态度、求真务实的作风和改革创新的精神开展调研工作。会议要求，调研要在破解热点难点问题上下功夫，着力解决人民群众反映强烈的热点问题和影响反腐倡廉建设深入发展的难点问题；在转变调研作风上下功夫，深入调查、摸透实情，注重研究、把握规律，讲求质量、改进文风；在培养高素质调研队伍上下功夫，选好人才，加大培训力度，强化实践锻炼，为人才成长提供条件。

全省纪检监察系统党风室工作视频会议　4 月 11 日，省纪委召开全省纪检监察系统党风室工作视频会议，传达学习全国纪检监察系统党风室工作电视电话会议精神，总结交流 2012 年全省党风建设工作，研究部署 2013 年工作。省纪委副书记郭建昌出席会议并讲话，省纪委常委、省监察厅副厅长迟丽华主持会议。会议强调，2013 年全省党风工作要按照十八届中央纪委第二次全会和省纪委十届三次全会的部署，以贯彻中央八项规定精神为重点，着力解决党员干部作风方面的突出问题，在抓巩固、抓规范、抓深入上下功夫，统筹兼顾、整体推进，改革创新、攻坚克难，推动党风建设工作不断向纵深发展。要严格执行党的政治纪律，严肃查处违反政治纪律行为；加强监督检查，确保中央八项规定精神和省委实施办法贯彻落实；着力推进党内监督工作，促进廉洁从政；严格落实有关规定，切实强化领导干部廉洁自律工作；统筹兼顾，深入推进基层党风廉政建设；明确责任，认真落实党风廉政建设责任制。各地各部门要加强组织领导，统筹谋划、突出重点，精心组织实施，加强督促检查，确保各项任务落到实处。

全省纪检监察进京访处理工作座谈会 4月12日，省纪委在济宁市召开全省纪检监察进京访处理工作座谈会，传达贯彻中央纪委部分省（市）纪检监察群众来访接待工作座谈会精神，安排部署2013年工作任务，省纪委副书记、省监察厅厅长、省预防腐败局局长马明生出席会议并讲话。会议强调，全省各级纪检监察机关要在成绩面前保持清醒头脑，敢于正视工作中遇到的困难，勇于破除制约工作深入开展的瓶颈，以更加奋发有为的精神状态和更加扎实有效的举措，进一步巩固进京访处理工作成果。要进一步夯实基层基础，从源头上预防和减少群众进京上访。要有效规范进京上访秩序，既要严格规范接访劝返行为，又要逐步规范群众进京上访行为，引导群众理性表达诉求。要切实加大"事要解决"力度，努力维护群众合法权益。要切实加强组织领导和工作保障，确保责任到位、保障到位。

全省纪检监察机关党的群众路线教育实践活动动员会议 7月9日，全省纪检监察机关党的群众路线教育实践活动动员会议召开，省委常委、省纪委书记李法泉出席会议并讲话。李法泉指出，要深入学习中央和省委领导同志重要讲话精神，深刻领会开展教育实践活动对于推进反腐倡廉建设、促进纪检监察机关全面履职、加强纪检监察机关自身建设的重要意义，把思想和行动统一到中央和省委部署上来。全省纪检监察机关要坚决贯彻落实教育实践活动总体要求，准确把握指导思想和目标任务，扎实做好每个环节工作。要把强化思想理论武装放在第一位，以整风精神开展批评和自我批评，注重长效机制建设。要紧密联系纪检监察机关实际，深入查摆"四风"方面突出问题，制定和落实整改措施，立说立行，边查边改，不搞形式、不走过场。要加强组织领导，严格落实责任，坚持领导带头，搞好分类实施，强化督促检查。要坚持两手抓，把开展教育实践活动与扎实做好当前工作结合起来，用反腐倡廉建设和纪检监察工作成果检验活动成效。

省纪委理论学习中心组集中学习 7月19日至23日，省纪委理论学习中心组集体学习习近平总书记一系列重要讲话。23日中心组成员结合思想和工作实际交流了学习体会，省委常委、省纪委书记李法泉主持会议。与会同志认为，习近平总书记一系列重要讲话，是做好各项工作的重要指导方针，为深入推进党风廉政建设和反腐败斗争指明了方向。李法泉要求，要扎实开展纪检监察机关的教育实践活动，认真听取群众意见，着力解决突出问题，务求取得实效。要以学习贯彻讲话精神为动力，更加有力地加强对中央和省委改进作风规定落实情况的监督检查，更加坚决惩治腐败，更加有效预防腐败，更加自觉维护群众利益，以反腐倡廉成效检验教育实践活动成果，取信于人民群众。

全省纪检监察系统进一步落实八项规定精神纠正"四风"视频会议 8月26日，省纪委召开全省纪检监察系统进一步落实八项规定精神纠正"四风"视频会议，学习贯彻中央纪委常委会精神和省纪委常委会部署，对进一步落实中央八项规定精神、纠正"四风"作出安排。省纪委常务副书记郭建昌出席会议并讲话，省纪委副书记王喜远主持会议。郭建昌指出，各级纪检监察机关要进一步增强严格执纪监督的自觉性和责任感，深刻认识中央纠正"四风"的坚定决心，切实提高纠正"四风"的主动性和坚定性；深刻认识作风问题的反复性和顽固性，以抓铁有痕、踏石留印的精神持续抓下去；深刻认识纪检监察机关的重要职责，切实把监督执行中央八项规定精神作为一项经常性工作，执好纪、问好责、把好关。抓住重要时间节点，加大查处和问责力度，坚持从严执纪、铁面执纪，释放执纪必严的强烈信号。纪检监察干部要率先垂范，带头纠正"四风"；要坚持守土有责，对工作不力导致所在地方和部门发生"四风"严重问题的，不仅要追究所在地方和部门主要领导的责任，也要问责纪检监察机关的领导，确保改进作风各项规定落实。

省委巡视机构2013年第二轮巡视工作动员部署会议 11月7日，省委巡视机构召开2013年第二轮巡视工作动员部署会议。省委常委、省纪委书记、省委巡视工作领导小组组长李法泉出席会议并讲话。李法泉强调，要认真贯彻落实中央和省委部署，准确把握巡视职能定位和工作重点，紧紧围绕党风廉政建设和反腐败工作，重点加强对党组织领导班子及其成员特别是主要负责人的监督，扎实做好第二轮巡视工作。要着力发现领导干部违纪违法问题，着力发现违背中央八项规定精神和省委实施办法的"四风"问题，着力发现违反党的政治纪律问题，着力发现选人用人上的不正之风和腐败行为，强化震慑作用，不让有问题的人心存侥幸，不让搞不正之风的人逃脱监督，不让腐败分子有立足之地，遏制消极腐败现象蔓延。要运用好巡视成果，违纪违法问题线索要报告省纪委，选拔任用干部方面的问题要移交省委组织部，强化督查督办，促进问题整改。要加强巡视机构自身建设，带头改进作风，严守纪律，严格自律，打造过硬的巡视干部队伍。

重要文件目录

1. 关于印发《山东省纪委省监察厅机关及派驻机构干部人事管理工作暂行办法》的通知（鲁纪发〔2013〕1号）

2. 关于认真学习贯彻十八届中央纪委第二次全会精神的通知（鲁纪发〔2013〕2号）

3. 关于废止和停止执行部分规范性文件（第三批）的通知（鲁纪发〔2013〕3号）

4. 关于印发《省纪委省监察厅机关关于改进工作作风的实施办法》的通知（鲁纪发〔2013〕4号）

5. 关于加强和规范市、县（市、区）纪检监察派驻机构统一管理工作的若干意见（鲁纪发〔2013〕5号）

6. 关于在全省正县(处)级党员领导干部中开展德廉知识学习测试的意见(鲁纪发〔2013〕6号)

7. 关于贯彻鲁发〔2013〕6号文件抓好党风廉政建设和反腐败工作分工任务落实的通知(鲁纪发〔2013〕7号)

8. 关于进一步加强纪检监察干部队伍管理监督的通知(鲁纪发〔2013〕8号)

9. 关于转发中央纪委《关于在全国纪检监察系统开展会员卡专项清退活动的通知》的通知(鲁纪发〔2013〕9号)

10. 关于印发《中共山东省纪委山东省监察厅深入开展党的群众路线教育实践活动的实施方案》的通知(鲁纪发〔2013〕10号)

11. 关于印发《省纪委常委会关于深入开展党的群众路线教育实践活动的具体方案》的通知(鲁纪发〔2013〕11号)

12. 关于贯彻监察部令第28号切实做好生产安全事故调查处理工作的通知(鲁监发〔2013〕1号)

13. 关于印发2013年全省行政监察工作要点的通知(鲁监发〔2013〕2号)

14. 关于印发山东省行政征收电子监察办法(试行)的通知(鲁监发〔2013〕3号)

武 装 工 作

山东省军区工作概况

省委常委、省军区政治委员　刘从良

2013年，在济南军区党委和中共山东省委领导下，省军区各级党委坚持以党的十八大和十八届三中全会精神为指导，认真贯彻党中央、中央军委和总部一系列决策部署，紧紧围绕实现强军目标，着眼有效履行使命任务，扭住根本，聚焦打赢，改进作风，狠抓落实，重点工作扎实推进，大项活动组织严密，各项任务完成圆满，部队、民兵预备役全面建设取得新发展。

一、军事工作

（一）军事斗争准备迈出实质性步伐　各级党委聚焦"能打仗、打胜仗"的标准要求，坚持以军事斗争准备为龙头，着眼担负的使命任务扎实推进各项准备，部队遂行任务能力有新的跃升。高标准迎接军委大规模作战准备和落实"十二五"规划中期检验评估，全面推动实案化准备。省军区组织对火炮分队实弹战术演习、组织师团单位军事斗争准备检验评估、对海防团进行实战化检验性考核拉动，部队战斗力水平明显提高。加强经常性战备和形势任务教育，不断强化广大官兵的战斗意志、战斗作风和战斗精神，使命意识、忧患意识和责任意识进一步增强。加强作战问题研究，形成了5大类24项研究成果。严密组织夜间作战单元合成训练和濒海地区联合防卫夜间作战试点，创新海防部队夜战战法，规范了海防营分队高强度连续演练的作战体系，初步探索了基于能力、逐级合成的方法路子。指导师旅级单位完成通信指挥系统建设，加紧推进海防部队信息化建设，按计划展开"十二五"海防战场建设论证设计，部队机动指控和应急出动能力明显提高。对重要目标和部分工程数据库更新完善，为应急作战准备提供了可靠数据支撑。根据作战任务要求，召开专题作战会议，研究部署战备工作，及时修订完善作战方案，为部队实案化准备提供科学依据。密切关注周边形势发展变化，坚持常态化搜集最新动态信息和网络舆情评论。认真落实《战备工作条例》，加强各级值班执勤，规范战备值班秩序，严格落实请示报告制度，特殊敏感时期，坚持日报告、零报告制度，确保及时准确掌握部队及辖区敌、社情动态。把应急能力建设作为工作重点，加强针对性战备演练和非战争军事行动训练，有效提高了快速反应能力。海防部队把战备演练作为年度演习的重要内容，定期组织紧急拉动演练；军分区、预备役部队，结合节日战备和不同阶段任务特点，组织针对性的战备演练；沿黄军分区（警备区）和预备役部队会同地方防汛部门，对防区内多处险工险段、控导工程和分滞洪工程逐个进行勘察，组织防汛抢险演练。省军区部队在遂行多样化任务的考验中大幅提高了应急处突能力。高标准完成山林灭火、飞机失事、管道爆燃、抗洪抢险等非战争军事行动任务。

（二）军事训练聚焦实战化要求　各级党委和领导机关着眼提高实战能力大抓军事训，切实摆在战略位置，严格落实党委议训管训制度，持续掀起训练热潮，指导思想明确，训练重点突出，大项军事训练活动筹划组织严密，部队基础训练扎实，训练秩序正规，训练成效明显。各级军政主官严格落实组训参训规定，海防和预备役部队成立党委常委"第一班"，坚持开第一车、打第一枪、敲第一键，有效促进了严训实练要求的落实。按照济南军区提出的"军事训练考核首先要从领导考起，切实在训练上做好表率"和"军分区要训、人武部要练"的指示要求，坚持把首长机关训练突出出来、狠抓落实。省军区组织首长机关封闭集训，组织新任职人武部、预备役团和干休所主官学习培训。各师旅级单位采取区（师）带团（队）、人武部等方式组织封闭集训。加大基础体能项目训练考核力度，新兵入伍训练成绩整体好于往年。严密组织专业兵、干部骨干教学法和预提指挥士官集训，全面打牢部队训练基础。参加全军、军区集训和比武均取得优异成绩。训风演风考风明显好转，指导海防部队结合阵地完成大口径火炮实弹射击。坚持以“考、比、拉”为手段，狠抓部队实战化训练落实。省军区组织旅团军政主官、师旅级单位组织营连主官进行普考，分专业大考核、大排队，进一步激发练兵热情。对部分海防团进行拉动检验和军事训练考核，全面检验部队战备训练水平。按实战要求组织海防部队和民兵预备役炮兵、高炮部(分)队赴潍北靶场完成实弹战术演习。高标准参加战区侦察情报要素集成演练、通信指控要素演练和战役集训，严密组织预备役部队完成与现役部队联训联演。大力宣传先进典型，把争当“爱军精武标兵”、“三手”、“四会”活动贯穿训练全过程，71187部队副政治教导员刘瑞栋分别被评为全军“爱军精武标兵”和济南军区首届“强军精武标兵”。

(三)安全发展基础更加牢固 坚持依法治军、从严治军，扎实开展“学法规、用法规、守法规”和“百日安全竞赛”等活动，深化“军人军车军风军纪”教育整顿，官兵法规条令意识、养成意识、责任意识明显增强。认真学习贯彻新颁发《警备条令》，加大检查纠察力度，有力维护了部队形象。组织省军区安全管理集训，分类制定完善安全管理和正规化建设配套措施，出台了《四种不同类型团级单位正规化建设量化考评标准》、《常见事故防范实施办法》等制度规定，为加强安全工作和正规化建设提供遵循。认真贯彻济南军区安全文化建设集训精神，大力营造安全文化氛围，强化安全发展理念，推动安全制度落实。广泛开展“六抓六建”活动，建立“五个联动”协作机制，安全预防力度不断加大。扎实开展五项整治、“安全隐患大排查”等活动，分部门按系统检查督导，制定《安全风险评估实施规范》，有效防范重大安全问题发生。坚持新兵抓教育、选取抓风气、退役抓安全、全程抓监督，严密组织团以上机关及省军区直属单位超占兵员和“家门口”士兵清理调整，兵员管理秩序更加规范。退休干部和伤病残军人移交安置任务完成圆满。严格涉密信息管控和网络舆情监控，在全军率先建成涉密电子信息集中管控系统。参加全军档案建设观摩暨军区档案业务比武获总分第一名。

二、政治工作

(一)理论学习和思想政治教育在强军目标引领中有效落实 认真落实“走在前列”的标准要求，深入抓好党的十八大、十八届三中全会精神和习主席系列讲话的学习贯彻，坚持用党的创新理论武装头脑、指导实践，用习主席重要指示统一思想、凝神聚力。先后召开17次常委会集中传达学习党中央、中央军委和习主席的决策部署和指示要求，学习军委、总部和军区党委的指示精神，研究贯彻落实意见。狠抓党委中心组理论学习和基层干部理论轮训，先后举办两期正团职以上领导干部读书班和“王保成式”理论骨干培训班。深入开展强军目标学习教育和“坚定信念、铸牢军魂”主题教育，大力培育当代革命军人核心价值观，扎实做好经常性思想工作，确保官兵绝对忠诚、绝对纯洁、绝对可靠。注重建强基层政治教员队伍，在济南军区组织的“四会”政治教员授课比武中，71867部队指导员王柏获得一等奖。扎实开展“三战”教育，指导东营军分区和71251部队总结开展心理战教育训练的方法路子。认真抓好国防生选拔培养，严密组织寒暑假强化训练、迎接国防生“军政训练月”和部队实践锻炼活动，有效弥补军事素质和管理能力的短板弱项。广泛开展军事训练中“五小”活动，有效强化官兵战斗精神，激发练兵热情。大力加强先进军事文化建设，参加第八届全军“战士文艺奖”评选获得16个奖项，在全军名列前茅。新闻报道工作成效明显，省军区在中央级报刊、电视、电台见稿2156篇，其中《解放军报》头版头条6篇、《中国国防报》一版头条33篇，电视新闻在省级以上媒体见稿281条，其中中央电视台《新闻联播》11条，在济南军区蝉联第一。

(二)基层建设水平在深入帮建帮抓中持续提升 依据《军队基层建设纲要》，按照分类指导、分类建设的思路，针对新形势下基层建设遇到的新问题，研究制定指导性意见，为提高基层建设质量提供具体抓手，为部队按纲抓建提供基本遵循。根据济南军区党委部署要求，扎实做好帮抓人武部、干休所工作，省委、省政府和省军区联合制发加强县(市、区)人武部建设《意见》，组织对干休所“敬老爱老四项工程”(永葆本色、健康长寿、居所优化、优质服务)达标考评，人武部、干休所建设有新进步。认真学习运用济南军区“三帮一建”抓基层经验，召开基层建设专题形势分析会，组织海防部队和省军区直属队基层单位党支部书记培训，抓好新毕业学员岗前培训，基层自建水平有较大提高。深入开展“三还两减”和“住基层、摸实情、解难题、送温暖”活动，组织省军区党委常委和机关干部蹲点帮抓、下连当兵，立项为基层办20件实事，下力压减基层登记统计和领导小组，受到基层官兵普遍欢迎。深入开展创先争优和“双争评比”活动，加大培养和帮抓力度，大力宣扬71281部队70分队、71251部队71分队和预备役某团政治处主任李郁等先进典型事迹，充分发挥示范导向作用，积极营造学先进、赶先进、当先进的浓厚氛围，进一步激发基层建设的生机活力。为老干部办好具体事、实在事，有计划、分步骤解决远离体系医院干休所看病难、服务保障设施不配套等问题。

(三)党委班子和干部队伍建设在大力改进作风中不断加强 以改进作风为抓手，不断加强党委班子和干部队伍建设。认真抓好中央八项规定、中央军委十项规定和济南军区党委十二条细则学习贯彻，省军区党委常委研究制定了改进工作作风《规定》。根据总部和济南军区统一部署，扎实开展“学习贯彻党章、弘扬优良作风”教育活动和党的群众路线教育实践活动。紧贴省军区实际突出解决精神懈怠、铺张浪费、军纪松弛3个重点问题，制发《关于整治三种不良风气的措施》，有效强化改进作风的思想自觉和行为自觉；坚持聚焦反对“四风”纠治突出问题，研究制定8项具体措施，有力推动了作风转变，中央军委委员、总政治部张阳主任，济南军区赵宗岐司令员对省军区开展教育实践活动分别给予充分肯定。认真学习贯彻全军党建工作会议精神，紧紧围绕改进作风深化“五力工程”建设，突出加强团以上干部教育管理，党委核心领导作用不断增强。扎实开展《廉政规定》“学、查、评、改、考”活动，严密组织河南省济源市人武部征兵严重违纪违法问题警示教育，大力加强反腐倡廉建设，严格落实按部门、分系统抓党风廉政建设责任制，加大执纪办案和从严问责力度，严肃查处违规违纪问题，纯洁部队风气，有力促进了党风廉政建设。总结推广71496部队家属委员会建设经验，成立军人家属委员会，较好发挥了家属“贤内助”作用。完成转业干部和退休干部接收安置任务，安置质量有较大提高。

三、后勤工作

（一）紧贴实战需求加强后勤战备训练 坚持把建设“打仗型”后勤作为牵引和主线，基础性、探索性工作成效显著。后勤军事斗争后勤准备和后勤建设“十二五”规划中期检验评估工作，着手早、推进快，成立专项筹备组，编写两类8套评估细则，对三种类型部队后勤作战准备进行细化量化。通过业务培训、试点先行、检验考核，达到了以评促备、以考促建的预期目的。组织“打仗型”后勤建设集训，制定出台《加强“打仗型”后勤建设实施细则》。依托本级、上级、院校组织参加各类专业集训培训31期，后勤队伍整体素质大幅提高。坚持把“考、比、拉”引入后勤系统，先后组织财务业务、卫生装备、油料消防岗位练兵比武，在总部、济南军区比武考核中取得优异成绩。

（二）突出重点领域严格规范管理 对师旅及所属部分团级单位财务管理情况进行综合检查，发现问题97个，提出改进意见104条。严格落实政策规定和标准程序做好清车清房工作，逐项认定清查。严控新式军车号牌核发标准，比原有数量减少了近一半。省军区先后6次组成工作组，重点对办公用房、楼堂馆所、空余房地产租赁情况组织普查核查，停建缓建5个建设项目，对存在问题逐一督导整改，管理秩序进一步规范。党的群众路线教育实践活动期间，专门围绕解决行政消耗性开支较高、营房建设超面积、超标准、超投资问题，制定具体的措施办法。针对检查中发现的问题，区分本级和部队两个层面，重点从经费管理、营建规范、疾病防控、房地产管理等方面，修订完善11项规定措施，坚决做到用制度管事管钱管物。

（三）树好服务导向提高保障效益 牢固树立“后勤就是服务”导向意识，围绕改进作风抓服务，积极主动干工作。年初，在机关和直属单位开展“优质服务月”活动，组织9类50多个服务项目，下发开展优质服务活动的《意见》在省军区后勤单位推广，为基层官兵办了一批看得见、摸得着的实事好事。党的群众路线教育实践活动中，结合后勤调研、下连当兵、帮抓人武部干休所，为基层解决了战备训练、设施配套、水电暖改造等12个实际困难，进一步强化服务功能，提高了服务质量。编制年度综合预算，压减不合理预算，经费投向投量更加合理。完成船艇部队港湾码头战备工程立项，对数条军用公路、多个油库站组织整修整治。开展为海岛部队和远离体系医院干休所送医、送药、送健康活动，巡诊巡治官兵和老干部3900余人次。先后指导2个军分区展开机关新营区建设、完成3个单位新增随军家属住房建设。圆满完成总部赋予的青岛方向基本建设项目和房地产资源普查及经济适用住房定价出售两项试点任务。

四、装备工作

（一）着眼能打胜仗推进装备准备 大力加强“两成两力”建设，高标准组织海防部队信息系统装备综合集成建设集训观摩活动。规范海防部队装备战备库室建设，按标准配齐建制连队装备器材，完善补充战备物资和指挥作业器材、整修战备库室，达到了设施配套齐全、器材资料完整、“三分四定”落实的要求。对部分师旅团级单位武器装备制度化、科学化、经常化管理进行达标检查，各级科学管装、从严治装和安全用装的能力不断提高，确保了所属武器装备始终保持良好状态。注重聚焦打赢，切实为基层办实事解难题。对预备役部队大型车辆装备进行技术普查和检修，突出抓好装备大中修计划落实，装备技术性能得到有效恢复，完好率、配套率和战备出动率均达到总部规定标准。结合开展信息系统装备综合集成建设集训观摩和民兵报废弹药调运销毁工作，进一步锤炼机关干部统筹谋划和快速反应能力。积极探索研究本职业务，装备部机关被表彰为“装备保障学术研究先进单位”，研制的“海防部队装备保障指挥车”获军队科技进步三等奖。

（二）注重科学规范加强科学管装 坚持依据纲要抓建设，对照条令抓规范，注重经常抓落实，围绕任务抓保障，自觉抬高建设标准，加强科学统筹，全面建设有序有效推进。组织预备役部队武器装备普查、民兵武器装备仓库达标和“两红两优”评比表彰活动，对省军区民兵装备武器仓库、队属装备仓库进行3次拉网式检查，查纠隐患问题120余个。认真落实制度化、科学化、经常化管理要求，积极探索装备管理的方法路子，部队装备管理水平明显提高。

（三）结合完成任务提升保障能力 围绕信息系统装备“建、训、用、管、修”五个方面，组织海防部队信息系统装备综合集成建设集训观摩，制定《海防部队信息系统装备综合集成建设实施细则》，培养了一批信息化装备操作使用的骨干和指挥员，为海防部队全面展开信息系统装备综合集成建设打下坚实基础。经验做法在新华社《国内动态清样》、中央电视台等10余家中央媒体进行了报道。圆满完成全省报废弹药销毁处理任务，做到“千里调运无差错，百万销毁无事故”，经验做法被《总参综合要讯》和《济南军区要讯》转发。

五、国防动员建设

（一）突出“六个基本”规范民兵预备役政治工作 认真落实民兵预备役政治工作两个《规定》，扎实开展“学规定、抓规范、创先进”活动，提升“六个基本”建设质量。注重加强对新形势下民兵预备役政治工作研究探索，总结部分人武部参加和支援地方经济社会建设经验做法，圆满完成总政治部赋予的党管武装、群众工作和军政军民关系等课题调研任务。组织召开省委议军会和全省警备区、军分区、预备役师旅党委第一书记述职会，表彰16名党管武装好书记和全省关心国防建设“双十佳”，有效促进党管武装制度落实。深入抓好全民国防教育，经验做法在全国国防教育工作会议上作了介绍。召开省双拥工作领导小组会议，会同省双拥办对全省46个县（市、区）双拥模范城创建工作进行了检查考评。

（二）注重改革创新加强国防后备力量建设 认真贯彻落实全省民兵工作会议精神，积极深化后备力量改革，围绕推进民兵建设“三个转变”，指导部分警备区、军分区开展民兵调整改革试点。研究制定《“十二五”时期山东省基干民兵组织规模和年度训练任务调整方案》，完成基干民兵由原来四类队伍向应急、支援、储备三类队伍的调整，总数适当压缩，结构布局更加合理，建设质量进一步提高。大力加强民兵训练基地建设，省国防教育和军事训练基地建设进展顺利。人武系统建设质量明显提高，按照“四部、六好”要求，加强人武部工作和建设机制探索实践，梳理形成6类12套工作和建设机制。组织全省人武部部长封闭式集训和考核大排名。高标准抓好征兵工作，适应征兵时间调整改革，狠抓各项准备工作落实，圆满完成征兵工作任务。认真落实党管武装制度，广泛开展“兴武建功”活动，积极发动部队、民兵预备役人员支援地方经济社会建设。

（三）适应实战需求组织国防动员演训 坚持保障演练与演练保障相结合，组织省、市、县三级国防动员演练，全面检验和提高了省国防动员实战能力。围绕中期检验评估中部队演习拉动等作战行动需求，省军区指导各级预设国防动员战时指挥机构，进一步修订完善省、市两级国防动员总体方案和专项预案，指导各市、县设立固定演练指挥机构，利用通信指挥系统和野战帐篷组建前进指挥所，采取实践性、检验性与研究性相结合的方式，上导下演、异地同步，昼夜连续实施，既练战时国防动员指挥程序，又练实际动员保障能力。狠抓民兵预备役部队训练，先后对部分师级单位、人武部和民兵应急分队进行拉动考核，在参加济南军区军事训练检查考核中，获得6个项目中5个第一、总分第一的好成绩。

附：省军区党委领导成员名单

第一书记： 姜异康
书　　记： 刘从良
副 书 记： 荣森之
常　　委： 姜异康　刘从良　荣森之　吴建初　尚庆生　朱　利　胡少平　孙显宁　王　楠　曹建军

党 建 论 坛

在省委十届七次全体会议上的讲话

姜异康

召开这次会议，是要进一步传达学习习近平总书记视察我省时的重要讲话，统一广大党员干部群众的思想和行动，深入贯彻落实党的十八大和十八届三中全会精神，加快推进经济文化强省建设，努力在推动科学发展、全面建成小康社会历史进程中走到前列。

11月24日至28日，习总书记先后到我省青岛、临沂、济宁、菏泽、济南视察指导工作，深入农村、企业、科研机构和群众家中调查研究，先后召开3个座谈会和2个工作汇报会，详细了解有关情况，发表了重要讲话。全省深受鼓舞、倍感振奋。省委把习近平总书记重要讲话作为指导山东工作的重要方针，于11月29日召开常委扩大会议，进行了传达学习，并研究了贯彻意见；12月1日，省委发出《关于印发习近平总书记视察山东时的重要讲话的通知》，对全省学习贯彻习总书记重要讲话作出部署，提出明确要求。为进一步统一思想认识，省委决定召开这次全委会。通过学习讨论，大家一致认为，在党的十八届三中全会刚刚闭幕不久，习总书记来我省视察指导工作，充分体现了对山东工作的高度重视和对山东人民的亲切关怀，是对全省广大党员干部群众的极大鼓舞和有力鞭策；在山东经济社会发展的关键时刻，习总书记视察山东并发表重要讲话，为我省发展指明了方向，注入了强大动力，必将极大地激发全省人民的奋斗热情，有力推动经济文化强省建设。大家一致表示，一定认真学习贯彻习总书记重要讲话精神，以讲话精神为指引，全面深化改革，做好各项工作，不辜负习总书记的期望和重托。

一、深入学习领会习近平总书记视察山东重要讲话精神，进一步统一思想凝聚力量

习近平总书记对山东工作一直十分关心关怀。2008年5月，习总书记到山东视察工作时，要求我们努力实现由经济大省向经济强省的新跨越，做好“新、特、优”三篇文章。去年全国“两会”期间，习总书记参加山东代表团讨论，对山东发展作了重要指示。今年9月，习总书记在参加河北省委常委班子专题民主生活会时的重要讲话中，又对山东工作提出了新要求。这次习总书记来我省连续视察5天时间，进一步提出明确要求和殷切期望。我们感到，这不是一般的调研和考察，而是对我们深入贯彻落实党的十八届三中全会精神的一次有力督促、鞭策和检查。习总书记视察山东重要讲话，深刻阐述了山东在贯彻十八届三中全会精神过程中必须把握好、解决好、落实好的一系列重大问题，肯定了山东近年来的工作，对山东发展定位、发展方式、发展途径、发展重点提出了明确要求，在山东发展的历史关头给我们指明了方向，具有很强的思想性、理论性和针对性、指导性，是推动山东全面深化改革、做好经济社会发展各项工作的重要遵循，是山东长远发展、科学发展、根本发

展的重要指导方针，对山东的改革发展具有重大而深远的意义。我们一定要深刻领会和理解习总书记重要讲话的丰富内涵和精神实质，把思想认识高度统一到讲话精神上来。

一要深刻理解习总书记对山东工作总体要求，牢牢把握山东工作的正确方向，努力在全国发展大局中走到前列。习总书记在重要讲话中，要求山东认真学习贯彻党的十八大和十八届三中全会精神，以邓小平理论、“三个代表”重要思想、科学发展观为指导，牢牢把握主题主线和稳中求进的工作总基调，锐意改革，敢闯新路，坚决打好转方式调结构这场攻坚战，切实做好保障和改善民生、创新社会治理这篇大文章，努力在推动科学发展、全面建成小康社会历史进程中走到前列。习总书记对山东工作提出了新的更高要求，明确了山东在推动科学发展、全面建成小康社会历史进程中走到前列的发展定位，为我们指明了下一步的努力方向。全省广大党员干部一定要牢记习总书记的嘱托，自觉把山东发展放在全国大局中来思考和推进，牢记责任，不辱使命，开拓进取，扎实工作，尽心竭力地把山东的事情办好。

二要深刻理解习总书记指出的改革关键问题，坚定全面深化改革的信心和决心，把中央改革蓝图变为山东科学发展的生动实践。习总书记在重要讲话中深刻阐述了贯彻三中全会精神、全面深化改革的重大理论和实践问题，廓清了一些模糊认识，是对我们深入贯彻落实党的十八届三中全会精神的一次更为全面、更为具体的再部署、再动员，使我们进一步统一了思想，提高了认识，更加坚定了全面深化改革的信心和决心。习总书记就如何深刻领会和正确理解三中全会精神，如何坚定信心、凝聚共识、落到实处，如何正确、准确、有序、协调推进改革提出了明确要求，是我们深入贯彻落实十八届三中全会精神、推动改革蓝图变为现实的根本指引。要按照习总书记的要求，深刻领会全面深化改革的战略意图，全面准确把握三中全会决定的精神实质和丰富内涵，不断增强推进改革的思想自觉和行动自觉，结合实际科学谋划我省全面深化改革的总体设计和具体安排，确保把各项改革措施落到实处。

三要深刻理解习总书记加快形成新的经济发展方式的要求，增强转方式调结构的紧迫感，把经济发展的立足点转到提高质量和效益上来。习总书记要求我们，要坚持腾笼换鸟、凤凰涅槃的思路，端正思路，坚定信心，把使市场在资源配置中起决定性作用和更好发挥政府作用结合起来，努力在转变经济发展方式、全面提高经济发展质量和效益上起到领头雁作用。这既体现了习总书记对山东发展的殷切期望，也抓住了影响山东由大到强战略性转变的要害。当前，我省经济发展方式还比较粗放，能耗高、污染重的问题十分突出。我们必须深刻警醒自己，结合实际认真思考，切实增强危机意识、忧患意识、责任意识，坚决扭住经济发展的质量和效益，着力在完善发展思路上下功夫，在转变发展方式上见成效，使山东发展形成良性循环、持续发展、广惠民生的良好局面。

四要深刻理解习总书记重要讲话中蕴涵的科学方法，增强辩证思维能力，不断提高做好各项工作的水平。习总书记的重要讲话，科学严谨、深入浅出，用通俗易懂的语言阐述了深刻的理念。习总书记指出，学习贯彻三中全会精神，要有序推进改革，既不能消极等待、无所作为，又不能急于求成、盲目蛮干；要以重大问题为导向，进行深入研究和实践，走中国特色农业现代化道路；要对传统文化有鉴别地加以对待，有扬弃地予以继承；要围绕全面深化改革，加强党的建设，等等，为我们深刻认识问题、分析问题、解决问题提供了有效方法“钥匙”。要认真学习领会习总书记重要讲话蕴涵的重要思想方法、工作方法、领导方法，提高做好自身工作的本领，自觉运用科学的方法推动改革、领导发展，推动各项工作提高到新水平。

五要深刻理解习总书记加强和改进党的建设的要求，弘扬优良传统，为推进改革发展提供坚强保证。习总书记在重要讲话中指出，全面深化改革，对党的执政能力和领导水平是一个新的考验，强调要紧紧围绕全面深化改革来定任务、添措施、建机制，并就提高思想政治能力、动员组织能力、驾驭复杂矛盾的能力、弘扬沂蒙精神等提出明确要求。这是习总书记根据形势发展、着眼工作大局，对加强党的建设提出的新任务，为进一步加强和改进党的建设指明了方向。我们要深刻领会习总书记关于加强和改进党的建设的重要论述，适应全面深化改革的新形势，继续发扬优良传统，大力弘扬沂蒙精神，更加自觉地在思想上政治上行动上同以习近平同志为总书记的党中央保持高度一致，以改革创新精神进一步深化干部人事制度改革，切实转变干部作风，不断提高领导干部的执政能力和领导水平，为全面深化改革、做好各项工作提供坚强保证。

二、贯彻习总书记重要讲话精神，科学谋划我省全面深化改革的思路举措

贯彻落实党的十八届三中全会精神、全面深化改革，是习近平总书记视察山东重要讲话的中心内容。全省各级各方面一定要按照习近平总书记的要求，把学习贯彻十八届三中全会精神作为当前和今后一个时期的重大政治任务，认真落实中央关于全面深化改革的决策部署，科学谋划，把山东的改革发展不断推向前进。

第一，全面准确把握十八届三中全会精神，切实统一思想凝聚改革共识。推进全面深化改革，必然会带来社会结构的深刻变动，利益格局的深刻调整，思想观念的深刻变化。越是在这种情况下，越是需要我们下大气力做好凝聚改革共识的工作，努力寻找最大公约数。要通过各种有效形式和方法，组织党员干部群众深入学习全会精神，准确领会全会提出的新思想、新论断、新举措，切实把思想和行动统一到全会精神上来。为推动全会精神走进基层、走进群众，省委成立了三中全会精神宣讲团，分赴各地开展集中宣讲活动。各地也要组织好宣讲活动，用好各种宣传资源、宣传手段，不断扩大全会精神学习宣传的覆盖面和影响力，使十八届三中全会精神家喻户晓、深入人心。要通过深入学

习、精心辅导,解疑释惑、析事明理,及时回答干部群众普遍关心的问题,讲清楚为什么改、改什么、怎么改,引导广大党员干部群众在全面深化改革重大意义上形成共识,在改革的方向、原则、路径、重点任务上形成共识,在结合山东实际加快推进落实上形成共识,调动起各个方面支持改革、参与改革、投身改革的积极性主动性,在全省形成推动改革的强大合力。

第二,以重大问题为导向,认真研究谋划全面深化改革的有力措施。改革是由问题倒逼产生,又在不断解决问题中得以深化。改革开放以来,我们依靠改革,极大地解放和发展了社会生产力,城乡面貌发生巨大变化,人民生活水平得到显著提高。山东发展在取得重大成就的同时,也积累和出现了许多新的矛盾和问题,比如,发展中不平衡、不协调、不可持续问题越来越突出,有些方面的改革还相对滞后,制约科学发展的体制机制性障碍依然存在,等等。当前存在的问题,既有显性的、也有隐性的,既有思想观念方面的、也有工作指导方面的。山东是在改革中快速发展起来的,解决这些问题、实现又好又快发展,仍然要紧紧依靠深化改革。要以解决制约山东科学发展的重大问题为导向,深入调查研究,认真分析查找各类矛盾和问题,明确改革的主攻方向和重点,确定好改革的路径、次序、方法。要注重发挥好经济体制改革的牵引作用,带动其他领域改革,确保把三中全会确定的全面深化改革的目标任务落到实处。

第三,坚持统筹协调,积极稳妥有序推进全面改革。深化改革是一项系统工程,涉及方方面面。在推进改革过程中,既要积极又要稳妥,既要解放思想、勇于开拓,又要把握规律、遵循规律,既要胆子大,又要步子稳。要按照中央部署,正确推进改革,准确推进改革,有序推进改革,协调推进改革,一步一个脚印、扎扎实实地把各项改革推向前进、取得实效。要处理好解放思想和实事求是的关系、整体推进和重点突破的关系、全局和局部的关系、改革发展稳定的关系。对那些中央已有明确要求、有良好基础的改革事项,要加快推进,争取率先突破;对那些暂时把握不准、工作基础比较薄弱的改革事项,要积极创造条件稳步推进。十八届三中全会召开后,省委成立了起草小组,研究制定我省贯彻三中全会精神的意见,目前相关工作正在积极推进。习总书记视察山东重要讲话为我们进一步深入理解三中全会精神、贯彻落实中央全面深化改革的决定,提供了科学指南和强大思想武器,要按照习总书记视察我省时的重要讲话精神,抓紧对意见稿进行修改完善,提交省委十届八次全体会议审议。

三、贯彻习总书记重要讲话精神,必须努力实现工作指导重大转变

习总书记2008年视察山东时明确指出,谋划发展思路不要还是老一套,不要片面追求生产总值,要在新的起点上谋划科学发展。这次来山东更强调指出,山东经济总量在全国排名靠前,但能耗、污染也是靠前的,再按老的思路发展就难以为继。并明确提出,希望山东努力在转变经济发展方式、全面提高经济发展质量和效益上起到领头雁作用。这是习总书记对山东工作的精心指导和寄予的殷切期望,也是我们沉甸甸的责任。为此,我们必须下决心实现工作指导的重大转变,这是贯彻落实习总书记对山东发展总体要求的关键环节,是山东发展面临新关头、迈入新阶段、实现新跨越的战略之举。

目前,国内外发展环境正在发生深刻变化,曾经让我们受益、赖以依靠的传统发展理念、方式、路径现在已经难以适应,形成了巨大的倒逼压力。要清醒地看到,我省经济总量超过五万亿元规模的另一面,是煤炭消耗量、主要污染物排放总量居高不下,重工业占到工业总产值的六成,服务业占比低于全国平均水平。这种不合理的能源结构、产业结构、增长结构,已经成为推动山东科学发展必须突破的羁绊,工作指导如不转变,我们的回旋空间就会越来越小,路就会越走越窄。要清醒地看到,全国各省份都在加快转方式调结构步伐,推动腾笼换鸟,为新的增长模式创造空间,竞争发展的核心内容和制高点已经发生重大转变,这就要求我们在工作指导上必须跟进,稍有懈怠就会掉队。要清醒地看到,随着经济文化强省建设向纵深推进,我省除明显的"短板"外,在有的优势领域也存在强项中有弱项、先进中有落后、富裕中有贫困的问题,这也要求我们在工作指导上必须加快转变。总之,实现工作指导的重大转变,有利于我们抢抓全面深化改革的历史机遇,以脱胎换骨的勇气突破长期制约发展的瓶颈,赢得长远发展的优势和主动权,是形势倒逼、大势所趋。

实现工作指导的重大转变,是在原有基础上进行深化、拓展、提升。深化,就是要在发展内涵上,更好地体现科学发展要求,深入推进转方式调结构,引领向破解深层次矛盾转变;拓展,就是要在视野空间上,注重要素组合和战略布局,增强统筹意识,引领向全面协调发展转变;提升,就是要在工作定位上,树立更高标准,增强创新创造意识,引领向率先科学发展转变。实现工作指导转变,需要严谨的科学态度和深入的调查研究。初步考虑,在今后的工作中,我们要以习总书记视察山东重要讲话精神为指引,按照中央关于推动经济社会又好又快发展的要求,加快工作指导转变。

第一,在发展理念上实现新转变,进一步克服简单以生产总值增长率论英雄的倾向,牢固树立正确的政绩观,始终坚持以提高经济增长质量和效益为中心。近年来,全省各地在提高发展的质量和效益上做了大量工作,质效优先的工作导向初步形成,发挥了重要作用。今年前10个月,全省税收收入增长16.3%,税收收入占公共财政预算收入的比重比去年同期提高3.1个百分点。这说明我们坚持以质量和效益为中心取得了成效,但实现发展理念的新转变还有大量工作要做,一些同志还没有真正摆脱以生产总值增长率论英雄的束缚。为此,必须在创新发展理念、提升思想境界上狠下功夫,使质效导向更鲜明、更牢固,做到"三个贯穿":一是贯穿于经济发展各方面,无论是传统产业还是

新兴产业，无论是区域发展还是园区建设，都要突出质量和效益；二是贯穿于推动工作全过程，抓工作、搞改革、促发展，都要以质量和效益为衡量标准；三是贯穿于谋划长远发展，制定规划、政策都要坚持以质量和效益为中心，形成持续提质增效的局面。

第二，在发展定位上实现新转变，进一步摆脱过于看重经济总量排名的纠结，坚持统筹协调、全面发展，努力在推动科学发展、全面建成小康社会进程中走到前列。习总书记明确提出，中央看一个地方工作做得怎么样，不会仅仅看生产总值增长率，而是要看全面工作，看解决自身发展中突出矛盾和问题的成效。强调要坚决把中央关于推动经济社会又好又快发展的要求落到实处，不要顾虑重重、瞻前顾后，更不要为生产总值增长率、全国排名等纠结。这使我们更加坚定了加快转变经济发展方式的信心和决心，进一步克服了阻碍前进的思想障碍，为山东转方式调结构提供了重要遵循。我们要自觉把山东发展放到全国大局中来谋划和推进，以开阔的视野和思路，善用机遇着力解决自身发展中的矛盾问题，既要注重整体全面建设小康，又要注重接长“短板”、克服薄弱环节，大力扶持经济欠发达地区发展，防止以平均数掩盖大多数的问题；既要保持稳定增长，又要注重生态环境建设，注重社会事业发展，注重保障和改善民生，做好打基础利长远工作。

第三，在发展动力上实现新转变，进一步改变过于依赖资源扩张规模的增长模式，大力实施创新驱动发展战略，增强持续发展后劲。要加快转变经济发展方式，大力实施创新驱动发展战略，着力增强创新驱动发展新动力。这是从根本上摆脱主要依靠增加物质资源消耗的粗放增长模式的必由之路。我们在工作指导上，要重视创新要素的整合，重视创新力量的协同，实现“多管齐下、协同创新”：一是促进创新政策落地、成果持续转化，强化高端人才支撑，加快各类创新要素向产业、企业聚集，把创新能力延伸到产业链上，形成科技创新的产业导向；二是促进科技与经济深度融合，形成完善的科技体制和评价机制，使创新要素与生产要素、产业项目有机结合，打造产业制高点；三是以释放区域改革发展红利为载体，发挥改革推动、创新驱动、内需拉动、区域互动的叠加效应，形成创新创造的浓厚氛围；四是加快推进政府职能转变和简政放权，更多地依靠市场力量配置资源，为发展增添动力活力。

第四，在发展途径上实现新转变，进一步扭转产业结构偏重层次偏低的状况，坚持腾笼换鸟、凤凰涅槃的思路，坚决打好转方式调结构攻坚战。我省经济发展中的结构性矛盾比较突出，一个重要原因是存在重规模和速度的路径依赖。实现我省产业转型升级，必须摆脱传统发展路径的束缚，坚持运用腾笼换鸟、凤凰涅槃的思路和办法，积极推动三次产业结构从“二三一”向“三二一”加快转变，产业内部结构从价值链低端向价值链高端加快转变。实现这个转变，一要拿出凤凰涅槃、浴火重生的勇气和胆识，敢于摒弃多年形成的已不适应发展要求的路径依赖，敢于忍受产业转型需要经历的阵痛甚至是巨痛，敢于承受可能带来的风险；二要按照腾笼换鸟、破茧成蝶的方法，坚决淘汰落后产能，下决心腾出发展空间，留出资源环境容量，大力发展替代产业、新兴产业、高端产业，努力实现存量调整和增量优化。

第五，在考核导向上实现新转变，进一步防止过于偏重依靠生产总值增长速度和显绩识别干部的现象，重视看基础、看质量、看潜绩、看实绩，用好科学的政绩考核“指挥棒”。近年来，我省不断完善干部考核体系，改进考核方法手段，在树立正确的用人导向、提高干部队伍整体素质、转变干部作风等方面取得明显成效。但也要清醒地看到，现行的干部考核评价体系还不能完全适应改革发展的需要，必须按照习总书记关于干部考核评价既看发展又看基础，既看显绩又看潜绩的要求，进一步改革和完善干部考核评价体系，纠正单纯以经济增长速度评定政绩的偏向，加大资源消耗、环境损害、生态效益、产能过剩、科技创新、安全生产、新增债务等指标的权重，更加重视劳动就业、居民收入、社会保障、人民健康状况，研究完善对省直部门的考核办法，以科学的政绩考核“指挥棒”引导广大干部创造实实在在的政绩。

推动工作指导的重大转变，也是一次深刻的改革，既要勇于创新，又要稳妥有序，重点抓好三个关键环节。一是注重解放思想的针对性。推动工作指导转变，必须进一步解放思想，但不能笼统地讲解放思想，要有的放矢，增强针对性，真正把解放思想落到提高认识、找准问题、查清原因、谋好对策上，落到加快摆脱惯性思维和短期行为上，落到以“功成不必在我”的境界推动经济社会持续健康发展上。二是注重思路政策的连续性。我们强调的工作指导转变，是在继承中发展，在扬弃中纳新，而不是另起炉灶，不是推倒重来。要处理好继承和创新的关系，对于过去行之有效的工作思路、重大举措，必须坚持和发扬，并不断丰富完善；对于影响和制约科学发展的思想认识、工作方式、体制机制，必须以壮士断腕的决心，坚决予以改变和纠正。三是注重工作运筹的系统性。要统筹推进工作指导转变，对相关发展规划、政策体系、考核评价体系等进行系统性修订和完善，做到方向一致、配套联动，加快形成导向鲜明、推进有序、约束有力的制度保障体系。工作指导转变是一个不断提高认识、不断深化的过程，要加大改革探索力度，在实践中逐步丰富和完善。

四、贯彻习总书记重要讲话精神，必须真正把改革发展各项任务落到实处

贯彻落实习总书记重要讲话精神，要落实到行动上，体现在实践上。要按照习总书记提出的要求，围绕以下几个重点工作，认真研究、科学谋划，对工作的运行机制、政策举措、制度体系等方面采取具体措施，努力实现新的突破。

第一，坚持腾笼换鸟，努力在调整优化经济结构上取得新突破。经济结构不够合理一直是制约我省发展的老问

题、难问题。实现工作指导重大转变，推动科学发展，必须加快转变经济发展方式，大力推进经济结构调整。要经过深入调查研究，准确把握调结构的取向和重点，统筹调整需求结构，协调发挥消费、投资、出口对增长的拉动作用，着力启动消费，提高投资效益，大力支持非公有制经济健康发展；要深度调整产业结构，着力实施高端高质高效产业发展战略，实施“双轮驱动”，拉长产业链、价值链，大力发展特色产业，推动我省工业由大变强；要注重集聚资源、壮大规模、提质增效，使服务业成为促进产业转型升级的新引擎；要着力调整资源能源结构，大力发展节能环保产业和循环经济，加快推进“外电入鲁”，加强生态环境建设，化解过剩产能，走绿色、循环、低碳发展路子；要转变调结构的手段和方法，更多地运用市场机制推动企业重组、产业转移、落后产能淘汰等工作，实现资源的合理有效配置。

第二，坚持创新驱动，努力在提高科技支撑能力上取得新突破。把科技创新摆在发展全局的核心位置，立足提高自主创新能力和科技贡献率，以强化资源整合和成果转化为重点，加快实现由“山东制造”向“山东创造”、“山东设计”、“山东标准”转变；要着眼促进科技与经济紧密结合，健全技术创新市场导向机制，充分发挥市场对技术研发方向、路线选择、要素价格、各类创新要素配置的导向作用，加快关键核心技术研发，抢占产业发展制高点；要针对我省各类科技资源分散和效率不够高的问题，统筹整合创新平台、公共服务设施和科技专项资金等，提高创新资源利用效率；要引导鼓励企业增加科技经费支出，发挥企业在技术决策、研发投入、成果转化中的主体作用，支持高等院校、科研院所与企业协同创新，积极培育科技型小微企业；要加快建立全省统一的技术产权交易中心，为科技成果转化提供畅通渠道，促进科技成果资本化、产业化；要以高层次和高技能人才为重点，统筹推进各类人才队伍建设，为科技创新提供强大人才支撑。

第三，坚持“三个导向”，努力在抓好“三农”工作上取得新突破。要坚持走中国特色农业现代化道路，以重大问题为导向，进行深入研究和实践，在明确“三农”工作的主攻方向和不断增创农业发展新优势上下功夫，着力在推进农业现代化方面取得新成果。一要以解决好地怎么种为导向，加快构建新型农业经营体系。深入推进农村产权制度改革，做好土地承包经营权、宅基地、集体土地所有权和建设用地使用权的确权颁证工作。加强农业现代产业体系创新，摒弃传统的以初级农产品生产为主导的狭隘的农业观念，树立新的现代农业产业体系发展观念，形成多功能复合、一二三产业融合发展的产业体系。二要以缓解地少水缺的资源环境约束为导向，加快转变农业发展方式。积极推进农业发展方式向资源节约型、环境友好型、产出高效型转变，大力发展节约型农业、循环农业、生态农业，不断增强农业可持续发展能力。加强农业科技研发和成果转化，实现农业发展的创新驱动、内生增长。三要以满足吃得好吃得安全为导向，大力发展优质安全农产品。按照高产、优质、高效、生态、安全的要求，继续实施千亿斤粮食生产能力建设规划，实施农业十大产业振兴和五个特色产业发展规划，以重点产业、重点园区、重点项目为抓手，推进标准化生产、品牌化经营，生产优质安全农产品，带动整个农业发展提质增效。

第四，坚持统筹推进，努力在促进区域协调发展上取得新突破。要进一步实施“两区一圈一带”区域发展战略。目前，无论是“两区”，还是“一圈一带”，发展势头都很好。要把优化区域产业布局作为工作重点，打造有重大引领和带动作用的特色区域、跨区域产业带、骨干产业和重点项目，建立跨区域紧密协调的产业体系，实现优势互补、共赢发展。城镇化是统筹城乡区域协调发展的重要途径，近期中央将要召开城镇化工作会议作重要部署。现在我省城镇化正处于提质加速的关键时期，要把握“四化”同步发展的新趋势，研究谋划重大推进措施，更多用市场化手段破解难题，加快转变城镇发展模式，增强城镇产业支撑、综合功能和带动发展能力，走新型城镇化发展路子。革命老区为中国革命作出了重大贡献和巨大牺牲，要加大对革命老区的扶持力度，帮助老区群众过上更好生活。要进一步采取措施，加快经济欠发达地区发展，推进全面建设小康社会进程。

第五，坚持扩大开放，努力在提高开放型经济水平上取得新突破。要充分利用我省地处沿海的地理位置，努力塑造开放型经济发展新优势，实施更加主动的开放战略，在更广领域、更深层次上参与国际经济竞争与合作。要继续实施以质取胜和市场多元化战略，推进外贸转型升级示范基地和出口农产品质量安全示范区建设，推动加工贸易向产业链高端延伸，不断提高机电和高新技术产品出口比重。要完善投资环境，优化完善沿海港口功能布局，优化利用外资结构，全面深化与跨国公司的战略合作，做好外商增资扩股、企业境外上市和境外重大活动签约项目落实工作，引导外资参与产业转型升级和区域协调发展。要进一步研究制定扶持政策，支持有条件的企业全球布局产业链，推进境外资源开发、优势产能转移、跨国并购投资和海外工程承包，加快打造具有全球竞争力的跨国公司、国际品牌。要抓好中德生态园等国际合作园区、特色产业园区和海关特殊监管区建设，配合国家有关部门谈判，积极争取建立自贸区。

第六，坚持弘扬优秀传统文化，努力在推进社会主义核心价值体系建设上取得新突破。我省是齐鲁文化发祥地，中华民族优秀传统文化资源丰富。我们要加强对优秀传统文化的挖掘和阐发，进一步弘扬优秀传统文化中文明和善、积极向上的道德内涵。加强社会公德、职业道德、家庭美德、个人品德教育，深化美德山东、文明山东、诚信山东建设，大力推进乡村文明行动和文明城市、文明单位创建活动，培育和发扬新时期山东精神。着力打造一批齐鲁文化名牌和品牌，推动文化事业和文化产业共同繁荣，更好地发挥文化引领风尚、教育人民、服务社会、推动发展的作用。

第七，坚持以人为本，努力在保障和改善民生上取得新突破。要切实做好保障和改善民生、创新社会治理这篇大文章。坚持把人民对美好生活的向往作为奋斗目标，认真研究解决群众最关心、最直接、最现实的利益问题。积极扩大就业创业，建立经济发展与扩大就业的联动机制，促进以高校毕业生为重点的青年就业和农村劳动力转移；加强外来务工人员综合服务，落实好农民工的政策；健全城乡社会保障体系，提高统筹层次和保障水平，做好养老、医疗、住房等工作；进一步做好扶贫开发工作，保障低收入群众基本生活，做好家庭困难学生资助工作；深化收入分配制度改革，规范收入分配秩序。改进社会治理方式，制定实施《法治山东建设纲要》，深入开展平安山东建设，有效预防和化解社会矛盾，依法打击违法犯罪活动，努力提高社会治理科学化水平。以对党和人民高度负责的态度，吸取教训，举一反三，把安全生产工作抓实抓细抓好，坚决遏制重特大事故的发生。

第八，坚持党要管党，努力在加强作风建设和提高领导水平上取得新突破。要着眼于全面深化改革，加强和改进党的建设，统筹推进党建工作。围绕提高思想政治能力，加强思想理论武装和党性教育，增强党性修养，始终在思想上政治上行动上同以习近平同志为总书记的党中央保持高度一致，坚决维护中央权威。围绕提高动员组织能力，坚持以人为本、执政为民，把全社会的积极性主动性创造性引导到落实中央决策部署上来，做好新形势下统一战线工作，形成推动发展的强大合力。围绕提高驾驭复杂矛盾能力，科学谋划全面深化改革的各项举措，做好新形势下群众工作，正确处理各方面关系，勇于面对挑战，敢于担当风险和责任，努力维护社会稳定。要深入扎实开展党的群众路线教育实践活动，巩固解决"四风"问题的成果，加强党员干部作风建设，确保善始善终、善做善成。大力弘扬沂蒙精神，发扬光荣传统，进一步密切党群干群关系。从严抓好领导班子和干部队伍建设，加大反腐倡廉工作力度，以党的建设新成效为全面深化改革提供坚强政治保证。

习总书记视察山东重要讲话意义重大而深远，我们要继续深入学习、加深理解、积极实践，指导山东各项工作。全省广大党员干部和广大人民群众要更加紧密地团结在以习近平同志为总书记的党中央周围，深入学习贯彻党的十八大和十八届三中全会精神、习近平总书记系列重要讲话和视察山东重要讲话精神，汇聚起全面深化改革的强大正能量，积极作为、科学务实、锐意改革，努力开创山东各项工作新局面。

（本文系中共山东省委书记、省人大常委会主任姜异康2013年12月6日在省委十届七次全体会议上的讲话摘要）

在中共山东省纪委十届四次全体会议上的讲话

姜异康

这次省纪委十届四次全体会议，主要是深入学习贯彻十八届中央纪委第三次全会精神，总结2013年我省党风廉政建设和反腐败工作，部署2014年任务。

一、坚决贯彻落实中央纪委第三次全会的部署要求，进一步增强党风廉政建设和反腐败斗争的责任感紧迫感

十八届中央纪委第三次全会，是在全党深入贯彻党的十八大和十八届三中全会精神、全面深化改革的新形势下召开的一次十分重要的会议。习近平总书记在会上发表的重要讲话，站在党和国家全局的高度，全面总结了一年来党风廉政建设和反腐败工作成绩，明确提出当前和今后一个时期党风廉政建设和反腐败斗争的总体思路和主要任务，就以深化改革推进党风廉政建设和反腐败斗争、严明党的组织纪律提出了明确要求。讲话主题鲜明、内涵丰富、思想深邃、语重心长，提出了许多新思想、新观点、新举措，是党的建设理论的丰富和发展，为我们在新形势下全面加强党风廉政建设和反腐败斗争提供了科学指南和强大思想武器。王岐山书记的工作报告，全面总结了去年党风廉政建设和反腐败工作，对今年工作作出具体部署。我们一定要认真学习领会，结合山东实际，坚决贯彻落实。

全省各级党组织要把学习贯彻习近平总书记重要讲话和中央纪委第三次全会精神作为重要政治任务，与学习贯彻党的十八大和十八届二中、三中全会精神、习近平总书记系列重要讲话和视察山东重要讲话精神结合起来，着力领会其丰富内涵和精神实质，进一步增强做好工作的责任感和紧迫感。一要深刻认识和把握当前党风廉政建设和反腐败斗争的新形势新要求，更加清醒地认识反腐败斗争的长期性、复杂性、艰巨性，切实把思想和行动统一到中央对当

前形势的科学判断上来，进一步增强党风廉政建设和反腐败斗争的坚定性和自觉性。习近平总书记的重要讲话，充分肯定了一年来党风廉政建设和反腐败斗争取得的新进展，科学总结了党的十八大以来党风廉政建设和反腐败斗争的宝贵经验，同时指出滋生腐败的土壤依然存在，反腐败形势依然严峻复杂，强调要坚决把党风廉政建设和反腐败斗争进行到底。这充分体现了党中央对反腐败斗争形势的科学判断和清醒认识，表达了反对腐败的坚强意志和坚定决心，宣示了中国共产党人的历史使命和责任担当，为我们进一步做好工作指明了方向。我们一定要深刻认识反腐败是事关党的生死存亡和国家长治久安的重大政治问题，时刻保持清醒头脑，坚持不懈地把党风廉政建设和反腐败斗争引向深入。二要深刻认识和把握当前党风廉政建设和反腐败斗争的总体要求和主要任务，明确努力方向和工作重点，切实增强做好党风廉政建设和反腐败工作的针对性有效性，不断取得新的进展。习近平总书记的重要讲话，顺应时代发展要求和人民群众期待，明确了今后党风廉政建设和反腐败斗争的总体思路和主要任务，强调要抓好惩治和预防腐败体系规划贯彻落实、深化党的作风建设、坚持以零容忍态度惩治腐败等工作，重点突出、要求明确，抓住了当前党风廉政建设和反腐败斗争的关键，显示了党中央的高瞻远瞩和战略思维，为我们进一步做好工作提供了根本遵循。我们要紧密结合山东实际，认真研究具体措施，持之以恒抓好贯彻落实。三要深刻认识和把握中央关于反腐败体制机制各项改革部署，以改革创新精神抓好贯彻落实，不断强化反腐败体制机制创新和制度保障，推动党风廉政建设和反腐败斗争不断取得新成效。习近平总书记的重要讲话，深刻把握了当前党风廉政建设和反腐败斗争的特点和规律，对贯彻党的十八届三中全会精神、健全反腐败领导体制和工作机制、处理好深化各领域改革与防治腐败的关系等，提出了一系列重大改革举措，贯穿和体现了改革创新精神，我们要深刻领会、准确把握，按照中央改革部署，统筹谋划，有序推进，为党风廉政建设和反腐败斗争提供坚强的体制机制和制度保障。四要深刻认识和把握严明党的组织纪律的各项要求，从坚持党性原则的高度切实增强党的组织纪律性，始终与以习近平同志为总书记的党中央保持高度一致，进一步增强贯彻中央决策部署的自觉性和坚定性。在这次全会上，习近平总书记突出强调了严明党的组织纪律问题，深刻阐述了增强组织纪律性的极端重要性，提出了“四个切实”和全面落实党组织责任的明确要求，体现了对在新形势下加强党的建设规律性的科学把握，体现了党要管党、从严治党的鲜明态度和一贯方针，为我们进一步做好工作提供了坚强保证。我们要从提高党的领导水平和执政能力的高度，深刻认识加强党的组织纪律建设的重要性、紧迫性，切实增强组织纪律性，靠严密的组织和铁的纪律凝聚起推进改革发展的强大力量。要全面落实党组织的责任，自觉用中央精神指导山东工作，不折不扣地把中央的决策部署落到实处。

二、全面落实党风廉政建设和反腐败工作任务，把握工作重点

今年是全面贯彻落实党的十八届三中全会精神、全面深化改革的第一年，也是完成“十二五”规划目标任务的关键一年。去年底，省委召开十届七次、八次全委会，就贯彻落实党的十八届三中全会和习近平总书记视察山东重要讲话精神，努力实现工作指导重大转变，全面深化改革，做好各方面工作作出了部署。实现这些目标任务，对全省党风廉政建设和反腐败工作提出了新的要求。在新的一年里，我们要深入贯彻落实党的十八大和十八届二中、三中全会精神，深入贯彻落实习近平总书记系列重要讲话和视察山东重要讲话精神，坚持党要管党、从严治党，推进改革创新，强化党对党风廉政建设和反腐败工作统一领导，强化反腐败体制机制创新和制度保障；加强思想政治教育，筑牢廉洁从政思想基础；严明党的纪律，坚决克服组织涣散、纪律松弛现象；深入落实中央八项规定精神和省委实施办法，坚持不懈纠正“四风”；加大查办违纪违法案件力度，保持惩治腐败高压态势，形成不想腐、不能腐、不敢腐的有效机制，努力取得人民群众比较满意的进展和成效，为加快建设经济文化强省提供坚强保障。

（一）深入贯彻落实中央八项规定精神和省委实施办法，毫不放松地深化作风建设。去年我们按照中央部署，狠抓中央八项规定精神和省委实施办法落实，切实加强作风建设，着力整治“四风”问题，严肃查处、曝光各种违规行为，改进作风取得明显成效，提振了干部群众信心。但不良作风具有反复性和顽固性，转变作风不可能一蹴而就。去年11月统计部门民意调查显示，认为不正之风和腐败现象与以往相比有好转的占93.5%，认为执行中央八项规定“很有效”和“比较有效”的占91.5%，但仍有40.8%的人认为当前不正之风和腐败问题严重。从检查情况看，仍有个别党员干部心存侥幸、顶风违纪，有的性质恶劣、影响很坏。如，有的单位违规配备使用公车，有的违规用公款送节礼、给干部职工发福利，有的公车私用、公款吃喝，有的以考察工作为名公款旅游，有的大办婚宴收受礼金。可以说，我们抓作风建设开了个好头，效果也很明显，但任务仍很艰巨。我们要紧紧扭住贯彻中央八项规定精神和省委实施办法不放，继续以“钉钉子”的精神和踏石留印、抓铁有痕的劲头，乘胜前进、一抓到底，坚决防止反弹。

抓作风建设，要注重从具体问题抓起，大问题要抓，小问题也要抓，不断积小胜为大胜。去年，我们严肃查处曝光公款吃喝和用公款购买赠送月饼、贺卡等节礼行为。这些问题，有的习以为常、见怪不怪，有的认为抓这些小事不值当，甚至查处的时候还来说情、打招呼。其实这些问题不小，用公款请和送是违纪违规，私人请和送可能就另有名堂，涉嫌腐败了。要突出重要时间节点，把元旦、春节、“两会”、五一、端午、中秋、国庆等重要时间节点连成线，加大执纪检查力度，一个时间节点一个时间节点地抓下去，严肃

查处违纪违规行为，点名道姓通报曝光。要强化问责追究，既要查处违纪违规当事人，又要追究有关领导的责任。

抓作风建设，关键要持之以恒坚持不懈，把作风建设变成常态。应该看到，随着一个个作风问题的顽固堡垒被攻破，在有的干部中，差不多就行的想法、过于乐观的态度有滋长的苗头；也有的人不以为然，甚至频生怨言，设法搞“下有对策”。越是在这样的时候，越考验我们的党性和品行。省纪委通报的案例中，有不少公车私用问题，有的开公车去旅游，有的工作时间用公车办私事，有的开警车参加朋友婚宴。我们应该看到，公款送礼、公款吃喝、公款旅游、公车私用等问题，积习已久，很容易反弹，必须持之以恒长期抓下去。要坚决落实《党政机关厉行节约反对浪费条例》，规范并严格执行党政机关国内公务接待管理规定和领导干部工作生活保障制度，严禁党员领导干部到私人会所活动，严禁领导干部利用婚丧喜庆、乔迁履新、就医出国等名义，收受下属以及有利害关系单位和个人的礼金行为，严禁用公款互相宴请、赠送节礼、违规消费。对这些规定，都要长期坚持。

抓作风建设，必须以改革创新精神健全完善各项制度，以制度固化作风建设的成果。在我省第一批教育实践活动中，各单位已制定出台了一些制度，要抓好落实；有的正在研究制定，要抓紧推进，尽快出台。要坚持重心下移，在巩固第一批教育实践活动成果的同时，认真抓好第二批教育实践活动，着力解决基层党员干部“四风”方面的突出问题。要结合开展教育实践活动，把中央要求、实际需要和新鲜经验结合起来，本着于法周延、于事简便的原则，围绕加强和改进作风建设制定一批新制度，完善已有制度，废止不适用的制度，切实增强制度的针对性、适用性和可操作性。

（二）深入推进惩治和预防腐败体系建设，更加科学有效防治腐败。前段时间，中央印发了《建立健全惩治和预防腐败体系2013—2017年工作规划》，我省也制定了实施办法，已经省委常委会研究通过，这是我们开展党风廉政建设和反腐败工作的指导性文件。各级各部门要把贯彻落实中央工作规划和我省实施办法作为重大政治任务，制定实施细则，狠抓工作落实，不断完善我省惩防体系，逐步形成党员干部不想腐、不能腐、不敢腐的有效机制。

第一，加强理想信念教育，使领导干部不想腐。从近年来查处的腐败案件看，发生腐败的原因固然是多方面的，但主要与本人放松主观世界改造有关。习近平总书记深刻指出，对共产党人来说，理想信念是精神上的“钙”，没有理想信念或者理想信念不坚定，精神上就会“缺钙”，就会得“软骨病”。我们要按照习总书记的要求，切实做好“补钙”的工作。要深入开展中国特色社会主义和中国梦教育，学习习近平总书记系列重要讲话精神，引导党员干部坚定理想信念，筑牢思想根基。强化党纪国法、廉政法规和从政道德教育，加强警示教育，引导党员干部时刻警钟长鸣、防微杜渐。近年来，我省严肃查处了一批涉及领导干部的腐败案件，触目惊心，影响恶劣，发人深省，要充分利用这些典型案例开展警示教育。要加强廉政文化建设，营造以廉为荣、以贪为耻的良好社会氛围。

第二，强化制度保障和监督管理，使领导干部不能腐。要坚持用制度管权管事管人，让人民监督权力，让权力在阳光下运行，把权力真正关进制度笼子。要着眼于强化制约，合理分解权力，科学配置权力，形成决策科学、执行坚决、监督有力的权力运行体系。着眼于强化监督，改进对领导干部特别是“一把手”行使权力的监督；加强纪委对同级党委特别是常委会成员的监督，深化县级党政班子成员向同级纪委全委会专题述廉试点；加强行政监察和审计工作，强化对社保基金、扶贫资金、惠民资金等专项资金使用情况的监管，防止贪污、挪用、截留等问题发生。着眼于强化公开，推行政府及其工作部门权力清单制度，依法公开权力运行流程，以公开促规范，保证权力正确行使。着眼于健全制度，抓住重点领域和关键环节，完善惩治和预防腐败、防控廉政风险、防止利益冲突等方面法规制度，用法规制度规范党员干部行为。

第三，始终保持惩治腐败高压态势，使领导干部不敢腐。要把坚决遏制腐败蔓延势头作为重要任务，坚持有腐必反、有贪必肃，以零容忍态度惩治腐败。习近平总书记强调，坚决查办案件，不是要和什么人过不去，而是要严肃法纪。对腐败分子，发现一个就要坚决查处一个，决不姑息。通过查办违纪违法案件，让每一个干部牢记“手莫伸、伸手必被捉”的道理，心存敬畏，而不要心存侥幸。从这些年查办的腐败案件看，有的党组织对干部平时出现的小错提醒不够，明明知道有违纪违法问题也不批评制止，甚至网开一面、法外施恩，导致干部在腐败泥坑中越陷越深。因此，要抓早抓小，对党员干部身上的问题早发现、早提醒、早纠正、早查处，使小错不至于发展到严重违纪违法的程度，这是对干部的最大爱护。

（三）严明组织纪律，切实解决软弱涣散、纪律松弛问题。严明组织纪律，是维护中央权威和党的团结统一的需要，是确保中央政令畅通的需要，是推进各项事业健康发展的需要。没有严明的组织纪律，党员队伍就像一盘散沙，党组织就会分崩离析，党的事业也无从谈起。在遵守和维护组织纪律方面，山东有好的传统，绝大多数党组织和党员干部遵守组织纪律的情况是好的。但也还存在一些问题，有的党组织和党员干部组织观念薄弱，奉行个人主义、自由主义，目无组织纪律，与组织讨价还价，遇事不请示不报告，各自为政，互不服气，等等。这些问题和现象严重削弱党的领导力、凝聚力、战斗力，是党的纪律坚决不允许的。

全省各级党组织要按照这次中央纪委全会的要求，大力弘扬优良传统，从以下四个方面推动严格执行党的组织纪律：一要加强学习教育，增强组织意识。要组织全省广大党员干部特别是领导干部自觉学习党章、学习党史、学习党的各项组织制度，引导全省党员干部特别是领导干部始终把党放在心中最高位置，正确处理组织意图和领导个人意图的关系，正确对待组织，切实增强党的意识、组织意识、责任意识，增强贯彻执行党的组织纪律的自觉性和坚定性。二要严格执行组织制度，确保政令畅通。遵守组织制度，是党员干部必须遵守的规矩，也是检验一名党员干部合格不合格的试金石。要引导党员干部认真执行民主集中制、党内组织生活等党的组织制度，自觉维护党的团结统一。特别要增强组织观念、程序观念，严格执行领导干部请示报告制度，在涉及重大问题、重要事项时要按照规定向组织请示报告。对领导干部报告的个人重大事项，要加强抽查核实，通过这项制度的落实推进党的作风和纪律建设。三要加强监督检查，严格纪律约束。各级党组织要自觉担负起执行和维护组织纪律的政治责任，把党的组织纪律理直气壮抓起来。要坚持铁腕执纪，敢抓敢管，对违反组织纪律的行为，必须严肃处理，坚决改变一些地方执行组织纪律失之于软、失之于宽、失之于晚的状况，使纪律真正成为带电的高压线，坚决防止"破窗效应"。今年，全省各级纪委要按照中央的部署要求，把对组织纪律执行情况的监督检查作为一项重点工作，切实抓紧抓好。四要全面落实党组织的责任，把中央和省委决策部署落到实处。对中央和省委作出的各项决策部署，各级党组织都要坚定不移地抓好落实。党委是起领导核心作用的，各方面都应该自觉向党委报告重大工作和重大情况。

三、加强领导落实责任，以深化改革推进党风廉政建设和反腐败斗争

党的十八届三中全会和十八届中央纪委第三次全会对健全反腐败领导体制和工作机制作出了部署。全省各级要牢固树立进取意识、机遇意识、责任意识，把中央部署要求落到实处。

（一）注重统筹推进配套衔接，各项改革举措都要体现惩治和预防腐败要求。十八届三中全会作出了全面深化改革的战略部署，为我们从体制、机制、制度上解决腐败问题提供了有利条件和坚强保障。但改革涉及利益关系调整，如果各领域改革不能体现防治腐败要求，就容易产生体制机制上的缝隙和漏洞，为一些人提供寻租、搞腐败的机会，越是改革的重点领域，越有可能成为腐败的高发区域。因此，在推进全面深化改革的过程中，我们要更加注重改革的系统性、整体性、协同性，把深化改革与防治腐败结合起来，把防治腐败的要求和措施融入改革的全过程，落实到每一个环节，体现到各项制度建设之中，做到全面深化改革与防范腐败同步考虑、同步部署、同步实施，切实堵塞腐败漏洞，坚决防止有人借改革之机牟取私利、中饱私囊，保障深化改革各项任务顺利稳步推进。

（二）完善纪律检查工作双重领导体制，把"两个为主"要求落到实处。十八届三中全会和中央纪委第三次全会对完善纪律检查工作双重领导体制提出明确要求，强调查办腐败案件以上级纪委领导为主，各级纪委书记、副书记的提名和考察以上级纪委会同组织部门为主。这"两个为主"，符合党章精神，切合实践需要，既坚持了党对反腐败工作的领导和党管干部原则，又保证了纪委监督权的行使，有利于加大反腐败工作力度。要制定党的纪律检查工作双重领导体制具体化、程序化、制度化的实施办法，强化上级纪委对下级纪委的领导，探索形成有效工作机制。全省各级党委要全力支持和保障纪委履行职责，在执纪监督、查办腐败案件时不干扰、不说情，更不能压案不查、瞒案不报。各级纪委要坚持党委统一领导，更好发挥纪委党内监督专门机关作用。

（三）强化权力制约监督，把"两个全覆盖"要求落到实处。十八届三中全会和中央纪委第三次全会提出，纪委派驻监督要对党和国家机关全覆盖，巡视监督要对地方、部门、企事业单位全覆盖。派驻监督和巡视监督"两个全覆盖"，充分体现了所有权力都必须受到制约和监督的要求。在派驻机构统一管理方面，我省已有良好基础，要认真总结经验，精心制定方案，坚持点片结合，向省级党和国家机关全面派驻纪检机构。在巡视监督方面，要进一步搞好工作规划，扩大范围、加强力量、加快节奏，做到对市、县（市、区）和省直部门、企事业单位全覆盖。省委巡视机构要牢固树立对重大问题应该发现而没有发现就是失职、发现问题没有如实报告就是渎职的观念，聚焦党风廉政建设方面的问题，着力发现违反党的政治纪律问题，着力发现领导干部违纪违法问题，着力发现"四风"方面的问题，着力发现选人用人上的不正之风和腐败问题。对发现的问题要跟踪督促整改，对违纪违法案件线索要及时移交、严肃查处，不让有问题的人心存侥幸，不让搞不正之风的人脱离监督，不让违纪违法的人逍遥法外，不让腐败分子有立足之地。

（四）认真落实党风廉政建设责任制，把"两个责任"落到实处。十八届三中全会提出，落实党风廉政建设责任制，党委负主体责任，纪委负监督责任。落实这"两个责任"，为我们深入推进党风廉政建设和反腐败斗争提供了有力抓手。各级党委（党组）要切实担负起主体责任，把党风廉政建设和反腐败工作摆在重要位置，纳入总体工作部署，切实加强组织领导，特别是要把习近平总书记强调的主体责任的五个方面落到实处。党委主要负责同志必须树立不抓党风廉政建设就是严重失职的意识，认真履行第一责任人职责，管好班子，带好队伍；班子其他成员要根据工作分工，对职责范围内的党风廉政建设负领导责任，切实履行"一岗双责"，各级纪委作为党内监督的专门机关，要认真履行监督责任，聚焦党风廉政建设和反腐败斗争，执好纪、问好责、把好关，做到不越位、不缺位、不错位。理清了责任，就要强化责任追究。无论是党委（党组）还是纪委（纪检组），或者其他相关职能部门，都要对承担的党风廉政建设责任签字背书。要抓紧完善并严格执行责任追究办法，健全责任分解、检查监督、倒查追究的完整链条，有错必究、有责必问。对那些领导不力、不抓不管而导致不正之风长期滋长蔓延，或者屡屡出现重大腐败问题而不制止、不查处、不报告的，无论是党委（党组）还是纪委（纪检组），不管是谁，只要有责任，都要追究，真正发挥责任制的威力。

纪检监察机关肩负着深入推进党风廉政建设和反腐败斗争的重任，纪检监察干部工作辛苦、生活清苦，还容易"得罪人"。各级党委、政府要始终重视和支持纪检监察工作，从政治上、工作上、生活上关心爱护纪检监察干部。各级纪检监察机关和广大纪检监察干部要以更高的标准、更严的纪律要求自己，牢固树立党的意识、责任意识，增强政治定力，坚守责任担当，提高素质能力，自觉接受各方面监督，解决好"灯下黑"问题，用铁的纪律打造过硬的纪检监察干部队伍。

（本文系中共山东省委书记、省人大常委会主任姜异康2014年1月23日在中共山东省纪委十届四次全体会议上的讲话摘要）

提高治理能力 推动科学发展

——深入学习贯彻习近平同志在省部级主要领导干部专题研讨班上的重要讲话精神

姜异康

习近平同志在省部级主要领导干部学习贯彻十八届三中全会精神全面深化改革专题研讨班开班式上的重要讲话，紧紧围绕党的十八届三中全会提出的全面深化改革的总目标，就完善和发展中国特色社会主义制度、推进国家治理体系和治理能力现代化作了全面深刻的论述，充分表明我们党对治国理政规律的认识和把握达到了新的高度。深入学习贯彻习近平同志这一重要讲话精神，必须坚持理论联系实际，把提高治理能力与推动科学发展有机结合起来。

提高治理能力、推动科学发展是全面深化改革的必然选择

当前，我国正处于全面深化改革的攻坚阶段。落实各项改革任务，必须着力解决影响和制约科学发展的思想认识、工作方式、体制机制，加快推动观念更新、思路调整和能力提高，切实增强全面深化改革的思想自觉和工作本领。

适应发展环境新变化的迫切需要。目前，国内外发展环境正在发生深刻变化。全球经济正在进行新一轮调整，我国支撑发展的要素条件也在发生深刻变化，正处于结构调整阵痛期、增长速度换挡期、爬坡过坎关键期，迫切要求加快转方式、调结构、促升级。全面审视山东发展，使我们对省情的认识更加清晰、客观和辩证。曾经让我们受益的传统发展方式和路径已经难以为继，如果工作指导不转变，发展的回旋空间就会越来越小，路就会越走越窄。主动适应发展环境新变化，必须增强危机意识、忧患意识，以宽广眼界重新审视山东发展的定位、方向和路径，变"倒逼"为"牵动"、化压力为动力，努力实现山东发展凤凰涅槃、浴火重生。

打造长远发展新优势的根本途径。当前，全国各地都在加快结构调整、技术创新与产业升级，竞争发展的核心内容和制高点发生重大改变。随着经济文化强省建设向纵深推进，不合理的能源结构、产业结构、增长结构成为山东科学发展必须突破的羁绊。山东除了这几个明显的"短板"，在有的优势领域也存在强项中有弱项、先进中有落后、富裕中有贫穷的问题。"百舸争流，奋楫者先"。增强山东发展的内生动力，培植区域发展优势，要求我们努力实现工作指导转变，抢抓全面深化改革的历史机遇，以脱胎换骨的勇气突破长期制约发展的瓶颈，以全面深化改革破除体制机制障碍，不断增创发展新优势，把握工作的主动权。

推进治理体系和治理能力现代化的内在要求。习近平同志指出："必须适应国家现代化总进程，提高党科学执政、民主执政、依法执政水平，提高国家机构履职能力，提高人民群众依法管理国家事务、经济社会文化事务、自身事务的能力，实现党、国家、社会各项事务治理制度化、规范化、程序化，不断提高运用中国特色社会主义制度有效治理国家的能力。"这一重要论述，深刻阐明了推进国家治理体系和治理能力现代化的方向和目标。治理体系和治理能力有着丰富内涵，涵盖思想观念、思维方法、运行机制、制度建设等方方面面。必须按照治理体系和治理能力现代化的要求，着力破除传统发展观念，牢固树立科学发展观和正确政绩观，着力转变粗放型发展模式，努力实现经济社会全面协调可持续发展。

提高治理能力、推动科学发展，必须在发展理念、发展定位、发展动力、发展路径、考核导向上实现新转变

习近平同志在视察山东时，要求山东认真学习贯彻党的十八届三中全会精神，锐意改革，敢闯新路，坚决打好转

方式调结构攻坚战，切实做好保障和改善民生、创新社会治理这篇大文章，努力在推动科学发展、全面建成小康社会历史进程中走到前列。这在山东发展的关键时刻为我们指明了正确方向、提供了根本遵循。落实这一要求，必须努力在发展理念、发展定位、发展动力、发展路径、考核导向上实现新的转变。

在发展理念上实现新转变。发展理念决定发展方向、影响发展质量。近年来，山东努力做好“新、特、优”三篇文章，大力实施高端高质高效产业发展战略，质效优先的工作导向初步形成，但实现发展理念的新转变还有大量工作要做。必须在创新发展理念上狠下功夫，进一步克服简单以生产总值增长率论英雄的倾向，把推动发展的立足点切实转到提高经济发展质量和效益上来。要强化经济工作的质效导向，做到“三个贯穿”：一是贯穿于经济发展各方面，无论传统产业还是新兴产业，无论区域发展还是园区建设，都要突出质量效益；二是贯穿于推动工作全过程，抓工作、搞改革、促发展都要以质量和效益为衡量标准；三是贯穿于谋划长远发展，制定规划、完善政策都要坚持以质量和效益为中心，形成持续提质增效的良好局面。

在发展定位上实现新转变。习近平同志指出，中央看一个地方工作得怎么样，不会仅仅看生产总值增长率，而是要看全面工作，看解决自身发展中突出矛盾和问题的成效。他殷切期望山东努力在转变经济发展方式、全面提高经济社会发展质量和效益上起到领头雁作用。这就要求我们站在全局高度，在国家总体发展战略中找准定位。山东是我国由南向北扩大开放、由东向西梯度发展的战略节点，要自觉把工作放到全国大局中来谋划和推进，进一步摆脱过于看重经济总量排名的纠结，坚持统筹协调、全面发展，努力在推动科学发展、全面建成小康社会进程中走到前列。要准确把握省情特征，瞄准先进水平，在融入大格局中保持率先科学发展强劲态势。要提高经济发展的全面性、协调性、可持续性，科学处理区域、城乡、经济增长与资源环境、长远发展与眼前利益等关系，实现经济持续健康发展。

在发展动力上实现新转变。改革创新是科学发展的强大动力。加快转变经济发展方式、增强经济发展的内生动力，必须充分发挥改革推动、创新驱动、区域互动的叠加效应，增强持续发展后劲。依靠深化改革释放发展红利，破除单纯依赖投资项目扩张拉动经济增长的旧模式，把改革贯穿经济社会发展各个领域和全过程，以改革促发展、促转方式调结构、促民生改善。大力实施创新驱动发展战略，推动科技与经济紧密结合、信息化和工业化深度融合，加快由“山东制造”向“山东创造”“山东设计”“山东标准”转变。统筹推进区域协调发展，深入实施山东半岛蓝色经济区、黄河三角洲高效生态经济区、省会城市群经济圈、西部经济隆起带“两区一圈一带”区域发展战略。加快推进政府职能转变，进一步简政放权，更多依靠市场力量配置资源，让各类市场主体在公平竞争中焕发更大活力。

在发展路径上实现新转变。发展路径的选择决定着未来发展的取向。山东经济发展中的结构性矛盾比较突出，一个重要原因是存在重规模和速度的路径依赖。路径依赖具有惯性力量，克服起来需要付出艰苦努力。必须拿出更大勇气和决心，坚持腾笼换鸟、凤凰涅槃的思路，坚决打好转方式调结构攻坚战。要把促进三次产业协调发展作为转变发展路径的关键举措，勇于摒弃多年形成的已不适应发展要求的路径依赖，积极推动三次产业结构从“二三一”向“三二一”加快转变，产业内部结构从价值链低端向价值链高端加快转变，坚定不移走转型发展之路。要把大力调整需求结构作为转变发展路径的重要环节，积极有效地扩大内需、稳定外需，协调发挥消费、投资、出口对经济发展的拉动作用。要把保护生态环境作为转变发展路径的重要目标，加快推进生态山东建设，毫不放松地抓好节能减排，狠抓环境治理和生态保护，着力推进绿色、循环、低碳发展，在治理大气污染，解决雾霾问题方面真正见到成效。

在考核导向上实现新转变。政绩考核具有发展“风向标”作用，是转变工作指导的关键环节。要按照习近平同志关于考核评价既看发展又看基础、既看显绩又看潜绩的要求，进一步改革和完善干部考核评价体系，纠正单纯以经济增长速度评定政绩的偏向，用好科学的政绩考核“指挥棒”。要明确考核定位，重视看基础、看质量、看潜绩、看实绩，着重看推动科学发展、解决薄弱环节和突出矛盾的实际成效。要科学设置指标体系，加大资源消耗、环境损害、生态效益、产能过剩、科技创新、安全生产、新增债务等指标的权重，更加注重劳动就业、居民收入、社会保障、人民健康状况，增强考核的针对性和实效性。要改进考核方式方法，把工作导向、考核导向和用人导向统一起来，进一步防止过于偏重依靠生产总值增长速度和显绩识别干部的现象，以科学的政绩考核引导广大干部创造实实在在的政绩。

提高治理能力、推动科学发展，必须加强思想、能力和作风建设

提高治理能力、推动科学发展，对各级领导干部、各方面管理者的政治素质、工作能力和作风提出了新的更高要求，也对各级党组织的执政能力和领导水平提出了新的现实考验，需要我们切实加强思想、能力和作风建设。

提升思想境界。提高治理能力、推动科学发展是一次深刻的变革，必须以思想的新境界开创工作的新局面。要以解放思想为先导，坚决破除陈旧思维定势，确立与科学发展要求相适应的思维方式和思想观念；坚持长远眼光，克服急于求成、急功近利的浮躁心态，重视做好打基础利长远的工作，以“功成不必在我”的境界干事创业，一任接着一任干，“一张蓝图绘到底”；坚持民生为先、民生为本，把人民对美好生活的向往作为奋斗目标，切实做好保障和改善民生、创新社会治理这篇大文章；强化价值引领，大力培育和弘扬社会主义核心价值观，凝魂聚气、强基固本，汇聚起全面深化改革、加快强省建设的强大正能量。

加强能力建设。要着眼于提高治理能力、推动科学发

展，加强学习实践，不断提高各级领导干部的执政能力和领导水平。努力提高政治思想能力，任何时候任何情况下都要头脑清醒、站稳立场、坚持原则，在大是大非面前有主见、有定力、有底气，始终在思想上政治上行动上同以习近平同志为总书记的党中央保持高度一致，坚决维护中央权威。努力提高组织动员能力，坚持以人为本、执政为民，切实做好新形势下的群众工作，统筹各方力量、整合各种资源，增强全社会投身改革发展的主动性和自觉性。努力提高驾驭复杂局面能力，增强思维系统性和工作协调性，正确处理各方面关系，敢于啃硬骨头，敢于涉险滩，做到科学推进、勇于担当，努力维护社会和谐稳定。

弘扬优良作风。习近平同志指出，“要树立和发扬好的作风，既严以修身、严以用权、严以律己，又谋事要实、创业要实、做人要实”。这“三严三实”，为各级领导干部树立和弘扬优良作风指明了方向。“严”是立德之本，“实”是干事之基。各级领导干部要大力弘扬焦裕禄精神，自觉践行“三严三实”的要求，以身作则，率先垂范，坚持以“三严”立规矩，以“三实”正作风。要坚持问题导向，用问题倒逼工作，及时发现和解决各种矛盾和问题，并在解决问题中推动发展。要深入开展党的群众路线教育实践活动，聚焦“四风”，解决突出问题，推动形成良好作风，努力创造经得起实践、人民、历史检验的实绩。

（本文作者系中共山东省委书记、省人大常委会主任）

深入学习贯彻习近平总书记重要讲话精神 全面做好新形势下政法工作

才利民

当前，全省政法系统正按照中央和省委的部署要求，把学习贯彻习近平总书记重要讲话特别是在中央政法工作会议上的重要讲话精神作为一项重大政治任务和长远战略任务不断引向深入。全省政法机关深入学习贯彻好讲话精神，必须紧密联系当前政法工作面临的形势任务，坚持用讲话精神武装头脑、指导实践、推动工作，进一步增强政治意识、大局意识、法治意识、责任意识，全面做好新形势下的政法工作。

一、强化政治意识，坚持党对政法工作的绝对领导

中国革命、建设、改革的实践证明，坚持党的领导，是党的事业从胜利走向胜利的根本保证。政法机关作为人民民主专政的国家政权机关，是党和人民掌握的“刀把子”，必须从事关中国特色社会主义事业兴衰成败的高度，坚定不移把政法工作置于党的绝对领导之下。全省政法机关在坚持党对政法工作的领导这个大是大非面前，要保持政治清醒和政治自觉，任何情况下都不能有丝毫动摇。

（一）对党的事业绝对忠诚。对党的事业绝对忠诚是政法工作的生命线，是做好政法工作的根本，必须把绝对忠诚作为做好政法工作的首要政治原则，任何时候都不能含糊。要加强科学理论武装，加强党的基本理论、基本路线、基本纲领、基本经验、基本要求和十八大、十八届二中、三中全会精神的学习，特别是深入学习贯彻习近平总书记系列重要讲话精神，深刻理解和全面把握习近平总书记系列重要讲话的思想精髓，学会用马克思主义的立场观点认识问题、分析问题、解决问题，不断提高新形势下解决实际问题、推动改革发展和驾驭复杂局面的能力。要坚定理想信念，把坚定理想信念摆在修身立德之首，固本培元、补钙壮骨，真正炼就“金刚不坏之身”。要不断增强党性，一切以党和人民利益为重，站在党和人民立场上担重任、当先锋，创造经得起历史检验的业绩。要培养高尚的道德情操，讲奉献、讲团结，互相支持、互相尊重，用纯洁的党性维护团结、推动工作。

（二）坚决贯彻党的决策部署。各级政法机关要在思想上政治上行动上同以习近平同志为总书记的党中央保持高度一致，认真贯彻执行党的路线方针政策，坚决维护中央和省委的权威。要坚决贯彻中央和省委决策部署，坚决防止和克服地方和部门保护主义、本位主义，绝不允许“上有政策、下有对策”，绝不允许有令不行、有禁不止，绝不允许在贯彻执行中央决策部署上打折扣、做选择、搞变通。要正确处理党的政策和国家法律的关系，充分认识到党的政策和国家法律都是人民根本意志的反映，在本质上是一致的；党的政策是国家法律的先导和指引，是立法的依据和执法司法的重要指导；党的政策成为国家法律后，实施法律就是贯彻党的意志，依法办事就是执行党的政策，做到既维护党的政策的权威性，又维护国家法律的权威性。要正确处理坚持党的领导和确保司法机关依法独立公正行使职权的关

系，适应科学执政、民主执政、依法执政的要求，支持政法系统各单位依照宪法法律独立负责、协调一致开展工作。要坚决执行党的政治纪律，自觉担负起执行和维护政治纪律的责任，加强对政法干警遵守政治纪律的教育，对背离党性的言行要有鲜明态度，对本单位发现的违反政治纪律的苗头性倾向性问题要及时提醒和纠正，对违反政治纪律的行为要坚决制止和改正。

（三）增强干事创业的本领和执行力。强化政治意识、坚持党对政法工作的绝对领导，关键在于两点：一是对党要绝对忠诚，二是要有能力执行党的路线方针政策。看一个领导干部，关键是两条，忠诚和能干，二者不可偏废。忠诚讲的是政治方向，能干讲的是执行力。要切实增强政治敏锐性和政治鉴别力，时刻保持政治上的清醒，能够明辨是非，善于从政治上观察问题、分析问题、判断问题、解决问题。要切实增强忧患意识，强化底线思维，善于透过现象看本质，善于把握规律，善于发现问题，注意“风起于青萍之末”，做到见微知著、未雨绸缪。要切实解决领导干部能力建设方面的突出问题，按照习近平总书记对政法队伍建设提出的“政治过硬、业务过硬、责任过硬、纪律过硬、作风过硬”要求和孟建柱书记提出政法领导干部要提高做好新形势下群众工作能力、维护社会公平正义能力、新媒体时代社会沟通能力、科技信息化应用能力、拒腐防变能力的要求，高度重视能力建设，坚持做到“五个过硬”、努力具备“五个能力”。要善于抓主要矛盾攻坚克难，善于把握大局、抓主要矛盾，不能不分轻重缓急，“眉毛胡子一把抓”，抓住重点、抓住关键细节，集中精力做好工作，少说“正确的废话”。要坚持踏石留印、抓铁有痕的作风，在实践中进一步锤炼锻造，把我省政法队伍打造成特别能吃苦、特别能战斗的过硬队伍。

二、强化大局意识，围绕全省经济社会发展全局谋划推进政法工作

政法系统是国家的免疫系统，是营血卫气、祛邪扶正、保证社会肌体健康的重要力量。全省政法机关必须围绕维护社会大局稳定、促进社会公平正义、保障人民安居乐业“三大任务”，自觉围绕经济社会发展全局来思考、来谋划政法工作，主动为全面深化改革和经济文化强省建设提供坚强的政法保障。

（一）把反恐维稳作为政法工作的重中之重。全省政法机关要紧绷弦、出重拳、下狠手，以反恐维稳为牵引，全力做好维护社会稳定各项工作。要深入学习贯彻习近平总书记关于反恐维稳工作的重要指示精神，按照《山东省2014—2016年反恐维稳行动计划》，着力打造反恐维稳十大体系，坚决打赢反恐斗争这场硬仗。要以大数据、云计算为支撑，加强反恐维稳能力建设，认真学习借鉴济南市公安局运用大数据、云计算支撑、反恐机制建设的经验做法，抓紧拿出学习“济南样本”的方案，进一步推动大数据、云计算建设，进一步发挥其在反恐维稳中的作用。要树立反恐维稳全国一盘棋的思想，加强同新疆和重点地区的沟通协作，积极配合支持新疆主战场的专项打击行动，保持对暴力恐怖活动的高压态势，坚决把暴力恐怖分子的嚣张气焰打下去。要加强反恐维稳的基础工作，广泛发动群众，充分调动群防群治积极性，鼓励群众支持参与反恐怖斗争，及时发现举报暴力恐怖活动线索，使暴恐分子在我省无处藏身、无法从事犯罪活动，打赢反恐维稳的人民战争。

（二）以创新社会治理深化平安山东建设。综治工作的重心要围绕平安建设来进行，政法机关社会治理创新要落脚在平安建设上。要学习“枫桥经验”，进一步推动人民调解、行政调解、司法调解衔接配合，切实预防化解社会矛盾，防止矛盾上行。要加强基层基础工作，把工作做在平时、注重抓基层打基础，坚持工作重心下沉下移，加强人民法庭、派驻检察室、派出所、司法所建设，充分发挥基层政法机关的基础性作用。要坚持以网格化管理为基础，以信息化为支撑，构建立体化社会治安防控体系，充分融合网格化、信息化和调解体系建设，发挥网格化在社会治理中的作用，不断深化、拓展、提升网格化管理功能。要坚持法德并举，把法治建设与德治建设紧密结合起来，让法律信仰内化为人们的自觉意识，充分发挥道德对公民行为的规范作用。要加强基层社会治安防控，加大对严重暴力犯罪的打击力度，适时开展打击整治专项行动，保持对各类犯罪的高压态势，实现社会治安根本好转，提高人民群众的安全感和满意度。

（三）积极服务促进经济社会发展。全省政法机关要紧紧围绕“五位一体”总布局和全面建成小康社会的奋斗目标，充分发挥政法职能，努力为经济文化强省建设提供政法保障。要严厉打击经济领域的违法犯罪活动，有效打击和防范金融、证券、保险领域犯罪，严厉打击非法集资、非法吸收公众存款等涉众型经济犯罪，遏制经济犯罪高发态势，切实保护人民群众的财产安全，维护正常市场经济秩序。要围绕知识产权保护，依法加强对知名品牌、驰名商标、农产品地理标志以及战略性新兴产业的保护，促进品牌经济发展和创新型企业成长。要为服务保障民生提供政法保障，坚持把人民群众的关注点作为政法工作的着力点，充分发挥职能，开展集中整治，特别是对食品药品安全、保障性住房、医保社保资金、征地补偿、环境保护等领域侵害人民群众切身利益的违法犯罪，依法严格审理，并深入查办背后职务犯罪，坚决惩治损害民生民利行为。要坚持开门办政法，加大政法部门与有关主管部门的工作融合和衔接配合，认真研究落实对接措施，进一步加强沟通联系，健全联席会议制度等工作机制，采取有力举措，做好各项工作。

三、强化法治意识，善于运用法治思维和法治方式开展工作

习近平总书记在中央政法工作会议上指出，党委政法委要善于运用法治思维和法治方式领导政法工作，在推进国家治理体系和治理能力现代化中发挥重要作用。这是党

中央在新的历史条件下对政法机关和政法领导干部提出的新要求。全省政法机关要把法治理念根植于头脑之中，用法治精神引领谋划工作，以法治方式攻克破解难题，将政法工作纳入法治轨道，推动社会主义法治国家建设，推动国家治理体系和治理能力现代化。

（一）带头弘扬法治精神。政法机关担负着确保宪法法律正确实施、维护宪法法律权威的重要职责，必须具有较高的法治思维水平和能力。要深化对法治重要意义的认识，带头敬畏法治、信仰法治、厉行法治，把法治作为中国特色社会主义核心价值来追求，作为国家治理体系和治理能力现代化的重要依托来把握，树立正确的权力观、法治观，增强尊法学法守法用法的自觉性和坚定性。要深入学习法律知识，切实提高运用法治思维和法治方式深化改革、推动发展、化解矛盾、维护稳定的能力。要深刻认识手中权力的有限性，深刻懂得有权必有责、用权受监督、滥权要追究的道理，自觉用法律厘清权力边界，自觉用法律约束和规范自己的行为，克服特权思想，慎用手中权力，做遵法守法的模范。

（二）注重执法司法规范化建设。按照新的中华人民共和国刑事诉讼法的要求，在人权保障、程序公正和非法证据排除这些关键环节实现规范化，平等对待控辩双方，充分保障控辩双方的权利，确保执法司法依照法律程序进行，以程序公正彰显公平正义。要充分运用微博、新闻发言人等渠道，依法公开案件信息，积极回应社会关切，以公开透明展现公平正义。要认真把好事实认定关、法律适用关和文书制作关，加强裁判文书说理，制作高水平的诉讼裁判文书，确保取得良好的法律效果。要加强对干警的教育培训，引导干警公正文明规范执法，实现良好的社会效果。要强化媒体管理服务，为执法司法活动营造平稳社会治安环境和良好社会舆论环境。

（三）加强执法司法监督。通过完善的监督管理机制、有效的权力制衡机制、严肃的责任追究机制，加强对执法司法权的监督制约，最大限度减少权力出轨、个人寻租的机会。要增强主动公开、主动接受监督的意识，积极支持、主动接受对执法司法活动的监督，通过完善机制、创新方式、畅通渠道、提高透明度等方法，以监督挤压执法司法腐败的空间，让执法司法权在阳光下运行。要妥善处理好依法行使职权与依法接受监督的关系，自觉接受法律监督、党内监督和社会监督，确保司法权力规范有序运行。要妥善处理好依法监督与不当干预执法司法的关系，对执法司法活动，既不能"捂盖子"不让监督，又不能当"甩手掌柜"推出去了事。面对媒体，既要自觉接受媒体监督，以正确方式及时告知公众执法司法工作情况，有针对性地加强舆论引导，又要坚决守住法律底线，严格依法执法司法，防止形成舆论审判。

四、强化责任意识，切实担负起党和人民赋予的职责使命

当前，维护社会和谐稳定和政法工作改革发展的新形势新任务对政法机关提出了更高要求。全省政法机关特别是政法领导干部必须以对党的事业高度负责的精神，坚持高标准、严要求，不断加强自身建设，切实担负起中国特色社会主义事业建设者和捍卫者的职责使命。

（一）敢于担当，勇于负责。政法队伍是"养兵千日、用兵千日"，敢于担当是政法干警必须具备的基本素质。当前，国际形势正在发生新的深刻复杂变化，我国改革进入攻坚期和深水区，政法工作的改革发展将触及更多深层次矛盾，涉及多方面利益关系的深度调整，复杂性和艰巨性前所未有。面对严峻形势、艰巨任务，全省政法干警必须牢固树立敢于担当的责任意识，在职责和使命面前敢想、敢做、敢当，在重大政治考验面前旗帜鲜明、挺身而出，在歪风邪气面前敢于亮剑、坚决斗争，在急难险重任务面前豁得出来、顶得上去，在执法干扰面前铁面无私、秉公执法，在复杂局势面前敢于决断、勇于负责，经得起各种风险和挑战的考验。

（二）思路清晰，善做善成。政法领导干部必须对工作有清晰的思路，这是能够作出正确决策的先决条件。具体地讲，就是要做到"心中有数""眼中有活""手中有招"。"心中有数"，就是要围绕中心、服务大局，吃透党的路线方针政策和上级的决议部署指示精神，准确把握工作的脉搏，注重调查研究，获取全方位的准确信息，切实做到底子清、情况明，创造性地开展工作。"眼中有活"，就是对工作中面临的问题和存在的不足要及时发现、快速反应，时刻关注党委、政府部署的中心工作，关注影响群众安全感、社会稳定的突出问题，关注社会关注度高的热点焦点问题，关注群众反映的难点问题，把工作盯在眼里，挂在心上。"手中有招"，就是要有正确判断形势、有效化解矛盾、顺利推进工作的有效办法和措施。

（三）严于律己，清正廉洁。干部廉洁自律的关键在于守住底线。政法机关掌握着执法司法权力，面临的诱惑多、廉政风险高。全省政法干警要坚定理想信念，精神上补好"钙"，不断打牢高举旗帜、听党指挥、忠诚使命的思想基础。要自觉增强自我约束力，坚持做到"慎独、慎微、慎权"，规范自身的一言一行，严格按照法定权限程序行使权力。要严格落实党风廉政建设责任制，党委（党组）要履行主体责任，纪委要履行监督责任，每一位领导干部要按照"一岗双责"的要求，加强纪律教育，健全纪律执行机制，用纪律约束干警、用纪律保护干部，坚决扫除政法领域的腐败现象。

（本文作者系中共山东省委常委、政法委书记）

在中共山东省纪委十届四次全体会议上的讲话

李法泉

一、2013 年全省党风廉政建设和反腐败工作回顾

（一）明确职责定位，聚焦党风廉政建设和反腐败斗争。全省纪检监察机关深入学习贯彻党的十八大和省第十次党代会精神，把思想和行动统一到中央和省委部署上来。坚决落实中央纪委和省委关于推进党风廉政建设和反腐败工作的新要求，着力转职能、转方式、转作风，全面履行党的纪律检查和政府行政监察两项职能。规范纪委书记、纪检组长职责分工，集中精力做好纪检监察工作。纪检监察机关职责定位更加明确，人员力量更加集中，履行监督职责更加主动。

（二）强化执纪监督，落实中央八项规定精神和省委实施办法取得明显成效。严明党的纪律特别是政治纪律，保证中央和省委重大决策部署贯彻落实。开展对政治纪律执行情况监督检查，严肃查处违反政治纪律行为，坚决维护中央权威，党员干部组织纪律观念进一步增强。认真落实中央八项规定精神和省委实施办法，坚决纠正“四风”。各级党组织结合实际制定具体措施，严格要求，正风肃纪。各级纪检监察机关加强执纪监督，狠刹不正之风。落实中央八项规定精神、改进工作作风取得明显进展，赢得广大干部群众的支持。

（三）坚持“老虎”、“苍蝇”一起打，查办违纪违法案件力度进一步加大。落实中央和省委坚决反对腐败的部署要求，把惩治腐败放在突出位置，强化办案职能，坚持有腐必惩、有贪必肃，保持惩治腐败高压态势。加强信访举报工作，进一步畅通和规范了网络举报渠道。加大审查违纪违法党员干部力度，健全完善案件线索集中管理和定期排查制度，按拟立案、初核、暂存、留存和了结 5 类标准进行处置。加强和规范案件审理工作，落实案件审理相关制度，严格审理每一起违纪违法案件，做到依纪依法办案。

（四）完善监督制度、深化廉政教育，监督制约权力的实效性不断增强。完善监督制度，增强监督实效。着力加强对各级领导干部监督，完善并落实省纪委常委同厅局级党政正职廉政谈话制度，起到提醒警示作用。深化党风廉政教育，着力增强针对性。开展德廉知识学习测试，激发了干部学习、遵守廉政法规的内在动力。采取多种形式进行警示教育，开展廉政文化示范点创建和优秀作品征集展演，增强了廉政文化感染力。

（五）加强纪检监察机关自身建设，纪检监察干部作风进一步转变。打铁还需自身硬。全省纪检监察机关以开展党的群众路线教育实践活动为契机，狠抓纪检监察干部队伍建设，严格管理监督，以实际行动转作风、树新风。

二、2014 年党风廉政建设和反腐败工作主要任务

深入开展党风廉政建设和反腐败斗争是全省各级党组织的重大政治任务和全社会的共同责任。当前，滋生腐败的土壤依然存在，反腐败形势依然严峻复杂，一些不正之风和腐败问题影响恶劣、亟待解决。我们要把思想、行动统一到中央和省委对形势的判断和任务部署上来，更加清醒地认识反腐败斗争的长期性、复杂性、艰巨性，坚持不懈加强党风建设，遏制腐败蔓延势头，不断增强人民群众对党风廉政建设和反腐败斗争的信心。

2014 年工作总体要求是：深入贯彻党的十八大和十八届二中、三中全会精神，认真贯彻习近平总书记系列重要讲话和视察山东重要讲话精神，全面落实中央纪委、省委关于党风廉政建设和反腐败工作的新部署新要求，坚持党要管党、从严治党，加强党对党风廉政建设和反腐败工作统一领导，聚焦中心任务，推进改革创新，加强反腐败体制机制创新和制度保障；严明党的各项纪律，坚决克服组织涣散、纪律松弛现象；深入落实中央八项规定精神和省委实施办法，强化执纪监督，坚持不懈纠正“四风”；加大对违纪违法党员干部审查力度，保持惩治腐败高压态势；强化监督和教育，促进领导干部廉洁从政；加强纪检监察干部队伍建设，提高履职能力，坚定不移把党风廉政建设和反腐败斗争引向深入。

（一）认真贯彻中央和省委部署，加强反腐败体制机制创新和制度保障。深入贯彻党的十八届三中全会和省委十届八次全会精神，牢固树立进取意识、机遇意识、责任意识，求真务实、探索实践、循序渐进，逐步落实加强反腐败体制机制创新和制度保障的各项措施。

健全反腐败领导体制和工作机制。各级党委（党组）要切实担负党风廉政建设主体责任，各级纪委（纪检组）要承担监督责任。党的组织、宣传、统战、政法等部门要把党

风廉政建设的要求融入各自工作，人大、政府、政协和法院、检察院的党组织都要按照中央和省委要求，履行党风廉政建设主体责任。各级党委（党组）特别是主要领导必须树立不抓党风廉政建设就是严重失职的意识，主要领导是第一责任人，领导班子成员根据工作分工对职责范围内的党风廉政建设负领导责任。党委（党组）要定期向上级纪委报告党风廉政建设责任制落实情况。要分清党委（党组）、有关部门和纪委（纪检组）的责任，制定切实可行的责任追究办法，加大问责工作力度，健全责任分解、检查监督、倒查追究的完整链条，有错必究、有责必问。对发生重大腐败案件和不正之风长期滋生蔓延的地方、部门和单位，实行"一案双查"制度，既要追究当事人责任，又要追究相关领导责任。改革党的纪律检查体制机制。落实中央纪委关于党的纪律检查工作双重领导体制具体化、程序化、制度化意见，制定我省实施办法，探索形成有效工作机制。强化上级纪委对下级纪委的领导，建立健全报告工作、定期述职、约谈汇报、考核评价等制度。落实查办腐败案件以上级纪委领导为主的要求，建立线索处置和案件查办在向同级党委报告的同时必须向上级纪委报告有关制度和程序。落实纪委书记、副书记的提名和考察以上级纪委会同组织部门为主的要求，研究制定具体规定。

改革和完善纪检监察派驻机构。落实中央纪委加强派驻机构建设的指导性意见，向省级党和国家机关全面派驻纪检机构，实行统一名称、统一管理，明确派驻机构的职责任务、机构设置、人员配备和工作保障。派出机关要加强对派驻机构的管理，建立各项制度，完善考核、激励和责任追究机制。派驻机构要对派出机关负责，全面履行监督职责，加强对驻在部门领导班子及其成员的监督。驻在部门要自觉接受监督，支持派驻机构开展工作，提供各项保障。进一步完善市县派驻机构统一管理，履行监督职责，发挥监督作用。

（二）深入落实中央八项规定精神和省委实施办法，持之以恒正风肃纪。强化纪律建设，维护党的集中统一。严格执行党的政治纪律、组织纪律、工作纪律、财经纪律和生活纪律等各项纪律。把严明政治纪律放在首位，决不允许有令不行、有禁不止，决不允许各自为政、阳奉阴违，保证在思想上政治上行动上同以习近平同志为总书记的党中央保持高度一致，保证中央和省委各项重大决策部署贯彻落实。严明组织纪律，加强组织纪律性，克服组织涣散、纪律松弛现象。各级党组织要严格教育、加强组织管理，坚决纠正无组织无纪律、自由主义、好人主义等现象。教育引导党员干部增强党性，正确处理个人与组织的关系，常怀敬畏和戒惧之心，遵守组织制度，切实按照党章规定，做到党员个人服从党的组织，少数服从多数，下级组织服从上级组织，全党各个组织和全体党员服从党的全国代表大会和中央委员会，严格执行请示报告制度，敢于同违反党纪的行为作斗争。各级纪委要铁面执纪，坚决查处违反党纪的行为，确保纪律刚性约束。

深化作风建设，坚决纠正"四风"。落实中央八项规定精神和省委实施办法，必须持之以恒地抓，在坚持中深化，在深化中坚持，巩固和扩大成果。要由浅入深、由易到难、由简到繁，循序渐进，积小胜为大胜。结合深入开展第二批党的群众路线教育实践活动，着力解决基层党员干部中"四风"方面的问题。加大执纪检查力度，扭住落实中央八项规定精神不放松，一年一年抓下去，从具体问题抓起，突出重要时间节点，坚决防止反弹。健全改进作风常态化制度，制定落实改进作风各项规定监督检查办法，健全作风建设惩戒问责机制。认真落实《党政机关厉行节约反对浪费条例》及公务接待、公务用车、办公用房等各项管理规定和领导干部工作生活保障制度，及时查处违规违纪行为，严肃追究相关人员责任，点名道姓通报曝光。加大集中整治力度，重点纠正领导干部利用婚丧喜庆、乔迁履新、就医出国等名义，收受下属以及有利害关系的单位和个人的礼金行为；严格执行严禁到风景名胜区开会等各项规定，严肃查处党员领导干部到私人会所活动、变相公款旅游问题；严禁用公款互相宴请、赠送节礼、违规消费；深化"庸懒散"专项治理，整治"门难进、脸难看、事难办"，坚决查处"吃拿卡要"行为。督促各主管、监管部门认真履行纠风主体责任，整治损害群众切身利益的不正之风，深化民主评议政风行风工作。加强农村、企业、高等院校、城市社区党风廉政建设。抓党风带民风促社风，营造风清气正的社会环境。

（三）坚持以零容忍态度惩治腐败，坚决遏制腐败蔓延势头。各级党委要把坚决遏制腐败蔓延势头作为重要任务，切实加强对反腐败工作的领导。建立健全查办案件组织协调机制，进一步明确各级反腐败协调小组工作职责，加强同司法、审计等机关协调配合，增强查办案件工作合力。

各级纪委要严格审查和处置党员干部违反党纪政纪、涉嫌违法的行为。严肃查办发生在领导机关和领导干部中贪污贿赂、买官卖官、徇私枉法、腐化堕落、失职渎职案件，严肃查办发生在重点领域、关键环节和群众身边的腐败案件。进一步畅通群众投诉举报渠道，加强群众信访举报受理工作，规范管理和处置反映党员干部问题线索。对巡视、审计和党风政风、执法效能监督检查中发现的违纪违法线索，严格立案查处；对网络反映的有关线索，快速查处，妥善回应。加强调查取证，形成各种证据相互印证、完整稳定的证据链。着力查清主要违纪违法事实，严肃党纪政纪处理，涉嫌犯罪的及时按程序移送司法机关。加强办案基础建设，规范办案工作程序，充实办案力量，提高查处违纪违法案件的效率和质量。加强对基层办案工作的指导，探索及时发现、快速查处的办案机制。进一步加强案件审理工作，认真履行审核把关和监督制约职责。加大追逃追赃力度，决不让腐败分子逍遥法外。落实责任制，强化纪律检查职能部门间的相互制约和监督。坚持以法治思维和法治方式反对腐败，提高依纪依法惩治腐败的能力。

坚持严管厚爱、治病救人，建立抓早抓小工作机制。全面掌握党员干部的思想、工作、生活情况，对党员干部自身存在的问题要早发现、早提醒、早纠正、早查处,对苗头性问题及时约谈、函询,加强诫勉谈话工作,防止小问题演变成大问题;对受到错告、诬告的要及时予以澄清,保护干事创业积极性。重视做好对受处分党员干部谈话教育工作。健全重大案件剖析制度,总结教训、举一反三,发挥查办案件的治本功能。

严明审查纪律,加强办案安全工作。规范并严格审查程序,严守保密纪律,依纪依法安全办案。认真落实办案安全责任制,全面排查、消除安全隐患,加强对办案点、录音录像、暂扣款物的管理和对审查过程的监督,强化教育、提醒、警示,坚决守住不发生办案严重安全事故的底线。严格责任追究,对发生办案安全事故的,既要追究相关人员的直接责任,也要追究党委和纪委有关领导的责任。

(四)强化对领导干部的监督、管理和教育,促进廉洁从政。全面推进惩治和预防腐败体系建设,认真落实中央惩治和预防腐败体系五年工作规划和我省实施办法,抓好任务落实。建立健全惩治和预防腐败各项法规制度,清理、修订和完善党风廉政建设相关党内法规,从工作要求入手,注重实践探索,逐步形成制度。加强监督检查,提高制度执行力,用党内法规和制度规范党员干部行为,把权力关进制度的笼子。

完善监督机制。认真落实党内监督各项制度,加强对领导干部特别是主要领导干部的监督,反对特权思想和作风。坚持和完善省纪委常委同厅局级党政正职廉政谈话制度。加强纪委对同级党委特别是常委会成员的监督,深化县级党政班子成员向同级纪委全委会专题述廉试点。严肃党内政治生活,开展经常性的批评和自我批评。加大问责工作力度,坚决追究失职渎职行为。对领导干部报告个人有关事项情况开展有针对性的抽查核实。强化对政府部门转变职能的监督。健全完善省级电子监察综合平台,强化权力运行动态监控。加强廉政风险防控机制建设,规范和制约关键岗位、关键环节的权力运行。推进防止利益冲突制度试点工作。加强行政监察和审计工作。进一步发挥群众监督和舆论监督作用,注重运用和规范互联网监督。

加强和改进巡视工作。贯彻落实中央、省委对巡视工作的新要求,认真执行中央新修订的巡视工作条例,扩大范围、加强力量、加快节奏,做到对市、县(市、区)和省直部门、企事业单位全覆盖。聚焦党风廉政建设和反腐败斗争,突出发现问题、强化震慑作用。创新组织制度和方式方法,探索专项巡视。加强成果运用,细化分类处置措施,确保整改落实。

加强党风廉政宣传教育。深入开展理想信念和宗旨教育、党风党纪和廉洁自律教育,使党员干部做到公私分明、克己奉公、严格自律。深化党员领导干部德廉知识学习测试,抓好示范教育,运用典型案例进行警示教育。加强纪检监察网站建设,坚持正确舆论导向,做好正面宣传引导工作。推进廉政文化创建活动,弘扬廉荣贪耻的社会风尚。

(五)转职能、转方式、转作风,建设过硬的纪检监察干部队伍。全省各级纪检监察机关要聚焦中心任务,坚守责任担当,监督执纪问责,推进组织制度创新,进一步发挥党内监督专门机关作用。广大纪检监察干部要进一步增强责任感和使命感,加强党性锻炼,树牢群众观点,求真务实、真抓实干,树立忠诚可靠、服务人民、刚正不阿、秉公执纪的良好形象。

纪检监察机关要转职能、转方式、转作风。继续清理各类议事协调机构,把不该管的工作交还主责部门,调整优化纪检监察机关内设机构,规范纪委书记、纪检组长职责分工,派驻纪检组长在党组中不分管其他业务工作,做到不越位、不缺位、不错位。创新思想理念,改进方式方法,把握新形势下的工作规律。纪检监察干部要带头纠正"四风",加强调查研究,掌握第一手情况,严格日常管理,强化基础工作,做到情况明、数字准、责任清、作风正、工作实。加强业务培训和实践锻炼,不断提高监督检查能力、纪律审查能力、综合组织协调能力等,更好地履职尽责。

坚决落实各级纪委的监督责任。对协助党委加强党风建设和组织协调反腐败工作不力,发生严重违纪违法案件的地方、部门和国有企事业单位,要严肃追究纪委的责任。

强化监督管理。对纪检监察干部要严格要求、严格监督、严格管理,对违纪违法行为"零容忍"。严肃查处泄露秘密、以案谋私等违纪违法行为,发现一起查处一起,决不姑息。狠抓纪检监察机关领导班子和干部队伍建设,从组织创新和制度建设上加强和完善内部监督机制,自觉接受党组织、人民群众和新闻舆论的监督,用铁的纪律打造过硬队伍。

(本文系中共山东省委常委、省纪委书记李法泉2014年1月23日在中共山东省纪委十届四次全体会议上的讲话摘要)

在省委党校春季学期开学典礼上的讲话

高晓兵

当前和今后一个时期党校教学的一个中心任务，是深入学习党的十八届三中全会精神和习近平总书记系列重要讲话精神。

一、关于深化学习、提高认识问题

党的十八大以来，以习近平同志为总书记的党中央，紧紧围绕坚持和发展中国特色社会主义，抓改革、促发展、开新局、树新风，开辟了治国理政的新境界，赢得了广大党员干部群众的衷心拥护。

改革开放是党在新的时代条件下带领人民进行的一场新的伟大革命。围绕把这场新的伟大革命推向前进，新一届中央领导集体采取了一系列重大战略举措，特别是党的十八届三中全会，对全面深化改革作出了全面部署。党的十八大之后，习近平总书记离京视察的第一站，就是到改革开放最前沿的广东，向国内外宣示了新一届中央领导集体坚持改革开放的决心意志；之后，习近平总书记就全面深化改革发表了一系列重要讲话，对全面深化改革进行有力指导。例如，在党的十八届三中全会二次全体会议上的重要讲话，着重阐述了全面深化改革的重大意义、全面深化改革的主要精神、加强对全面深化改革的组织领导。去年11月24日至28日，习近平总书记来我省视察，这是三中全会以后总书记离京视察的第一站，在视察山东时的重要讲话中，总书记主要阐述了如何贯彻三中全会精神、把改革举措落到实处的问题，包括学习贯彻全会精神，必须坚定信心，必须凝聚共识，必须有序推进，特别强调要正确、准确、有序、协调推进改革，并要求各级领导干部要着眼领导好全面深化改革这场攻坚战，加强学习实践，努力提高思想政治能力、动员组织能力、驾驭复杂矛盾能力。今年1月22日，总书记在中央全面深化改革领导小组第一次会议上发表重要讲话，着重对正确把握全面深化改革面临的形势，切实做好领导小组工作等提出明确要求。今年2月17日，总书记在省部级主要领导干部专题研讨班上的重要讲话，着重阐述了5个方面的问题，即为什么提出全面深化改革的总目标，怎样认识国家治理体系和治理能力现代化，推进国家治理体系和治理能力现代化必须解决好制度模式选择问题，推进国家治理体系和治理能力现代化要解决好价值体系问题，学习领会三中全会的要求，等等。

总书记关于全面深化改革的这些重大论述，紧密联系世界近现代历史，特别是世界社会主义实践史，系统思考我们党如何坚持和发展中国特色社会主义事业的一系列重大理论和实践命题，深刻总结建党90多年、建国60多年、改革开放30多年的经验，丰富和发展了我们党关于改革的理论，鲜明回答了国内外关心、关注的一些重大问题，为继续推进改革开放和现代化事业，保持党和国家长治久安，开辟中国特色社会主义更加广阔的道路，指明了前进方向，提供了科学的理论指导。总书记关于改革开放的论述还有很多，贯穿和体现在党的十八大以来总书记的系列重要讲话当中。作为党员领导干部，必须全面系统地学习，融会贯通地理解，知行统一地落实。当前，要认真学习好、领会好习总书记在省部级主要领导干部专题研讨班上的重要讲话。这篇重要讲话，站在历史进程、社会制度、意识形态、价值体系、道德文化的高度，全面、系统、深刻地阐述了为什么改、往哪里改、怎么改等改革的方向性、根本性、全局性问题，集中体现了我们党关于改革的世界观，是我们理解和把握改革的起点、原点。同时，讲话针对一个时期以来学习贯彻三中全会的实践，就学习理解和贯彻落实提出了明确要求，要言不繁，针对性非常强，是我们当前和今后一个时期全面深化改革的方法论。这篇重要讲话，是指导和推动全面深化改革的又一篇纲领性文献，必须深刻理解和准确把握：

一要深刻理解和准确把握关于全面深化改革总目标的重要论述。全面深化改革的总目标，是“完善和发展中国特色社会主义制度，推进国家治理体系和治理能力现代化”。总书记在讲话中，对为什么确立这样一个总目标进行了深入论述，不仅回答了推进各领域改革最终是为了什么、要取得什么样的整体结果的问题，而且从历史和现实、国际和国内、理论和实践的结合上，回答了全面深化改革的旗帜、道路、方向问题。同时，总书记第一次明确指出：从形成更加成熟更加定型的制度看，我国社会主义实践的前半程已经走过了，前半程的主要历史任务是建立社会主义基本制度，并在这个基础上进行改革；后半程的主要历史任务是完善和发展中国特色社会主义制度，这就需要继续推进改革，而且这种改革必须是全面的系统的，必须是各领域改革和改进的联动和集成，在国家治理体系和治理能力现代化上形成总体效应、取得总体效果。这方面的重要论述，大大拓展了我们全面深化改革的历史视野、理论思维、制度自信和实践深度，规定了在新的历史起点上全面深化改革的历史方位、根本路径和方向。

二要深刻理解和准确把握关于“怎样认识国家治理体系和治理能力现代化”的重要论述。总书记在三中全会上的讲话中指出，国家治理体系和治理能力是一个国家制度和制度执行能力的集中体现。这次总书记再次从国际的观察、现实的比较中论述这个问题，核心是告诉我们：我们的国家治理体系和治理能力总体是好的，是有独特优势的，是适应我国国情和发展要求的，我们应该有这个自信；国家治理体系和治理能力是辩证统一的关系，我们还有许多亟待改进的地方，必须适应国家现代化总进程，推进党、国家、社会各项事务治理的制度化、规范化、程序化，提高运用中国特色社会主义制度有效治理国家的能力。总书记对这个问题的重要论述，为我们准确理解国家治理体系和治理能力的丰富内涵，正确把握和推进国家治理现代化提供了理论依据和行动指南。

三要深刻理解和准确把握关于坚持改革总目标必须解决好制度模式选择、价值体系建设等问题的重要论述。总书记讲制度模式选择、价值体系建设问题，核心是在讲：一个国家选择什么样的发展道路、发展模式，是由这个国家的历史传承、文化传统、经济社会发展水平决定的，是由这个国家的人民决定的。依赖外部力量，跟在他人背后亦步亦趋，不可能实现国家富强和民族振兴。我们的改革，是坚持和完善中国特色社会主义制度的改革，是中国共产党领导和推动的改革，我们必须“坚定不移走中国特色社会主义道路，既不走封闭僵化的老路，也不走改旗易帜的邪路”。这方面的重要论述，为我们进一步增强“三个自信”，始终保持全面深化改革的正确方向，提供了根本的原则和立场。

四要深刻理解和准确把握关于贯彻三中全会精神全面深化改革的新要求。习近平总书记在讲话中，实事求是地指出了当前对全面深化改革存在的一些认识偏差和曲解误读，强调在学习宣传三中全会精神上还要下细功夫、苦功夫、深功夫，“在学习理解上，要防止一知半解、断章取义、生搬硬套”，“在贯彻落实上，要防止徒陈空文、等待观望、急功近利”，等等。这方面的重要论述，从认识和实践的有机结合上，为我们认真学习领会和贯彻落实三中全会精神，正确、准确、有序、协调推进改革提出了明确要求，指明了方向途径。

二、关于领导干部推进改革需要把握的几个问题

办好中国的事情，关键在党、关键在人。党员领导干部必须自觉服从服务于党在一个时期的政治路线、中心任务。总书记指出：改革开放是决定中国命运的关键一招，是中国共产党人的鲜明品格。带头理解改革、支持改革、参与改革，必须成为领导干部的自觉行动。领导有决心，群众才会有信心；基层的同志、老百姓只有看到我们确实是在坚决改、真正改，才能跟着我们一起干，形成推进改革的强大合力。

1. 要始终坚持正确的改革方向。当前，在只有通过改革才能推动国家更好发展这个问题上，社会各方面的认识是高度一致的，但在改什么、不改什么、向哪个方向改革的问题上，意见并不完全统一。有些意见虽然是极少数，但必须引起高度警惕。必须明确，改革的目的，是推进社会主义制度的自我完善，增强社会主义的生机活力，核心有两条，一是坚持党的领导，二是坚持社会主义制度。现在有些社会思潮也在喊改革，但却把改革往西方政治制度上引，如果不按他们的意愿改，那就不是改革。党员领导干部必须在大是大非上保持清醒头脑，防止自觉不自觉地跟着错误的东西跑。

总书记在省部级领导干部研讨班上的重要讲话，很重要的是从理论和实践上讲清、讲透了独立自主、走自己的路与照抄照搬别人制度模式的区别，强调防止西方多党轮流执政、三权鼎立、两院制、“军队非党化”、“军队国家化”，以及西方所谓自由、民主、人权等“普世价值”，对改革形成干扰。在这个问题上，总书记讲了这么一段话，他说：“我在纪念毛泽东同志诞辰120周年座谈会上特别讲了一段话，就是站在960多万平方公里的广袤土地上，吸吮着中华民族漫长奋斗积累的文化养分，拥有无比广阔的舞台，具有无比深厚的历史底蕴，具有无比强大的前进定力。”“我说以上这段话的意思，强调3个‘无比’，就是强调我们要有坚定的政治自信”。总书记的这段话，既充满哲理又富有情感。回顾90多年的历史，我们党正是依靠独立自主，才取得了革命、建设和改革的巨大成就。尽管今天我们在发展中面临很多极其艰巨复杂的问题，但我们坚信，依靠独立自主，依靠党和人民的力量，坚持从中国的实际出发，坚持运用马克思主义的立场观点方法来研究和解决问题，我们一定能正确、有效地推进各方面改革，化解前进中的各种困难和问题，不断开辟中国特色社会主义事业更加广阔的道路、更加光明的前景。

必须看到，意识形态的斗争尖锐复杂，思想领域的演化影响巨大。越是深化改革，越要坚持从政治上看待改革、把握改革，越需要领导干部提高思想政治能力。不仅自己要在大是大非面前有主见、有定力、有底气，而且对界限不明、是非不分的模糊认识，要用中央精神加以引导，及时予以澄清。对偏离正确方向、违背中央精神的错误言论和行动，要旗帜鲜明加以反对，理直气壮进行纠正。

2. 要增强改革的担当。现在各方面都充分感受到了中央全面深化改革的决心和信心。根据中央的部署，我们省改革的路线图、时间表也已经明确。改革的蓝图能不能变成现实，很重要的是靠省直和市、县来操作、来实施、来落实。回顾党的十一届三中全会以后那段气势磅礴改革开放史，正是因为中央在改革上决心坚定，地方大胆探索，并且涌现出了一大批有胆有识的改革家，上下同心协力，才能迅速打开各方面改革的新局面。今天改革的难度和复杂程度都远远超过了当年，我们尤其需要一大批对党忠诚、一心为

民，对改革有热情有激情，在攻坚克难上有能力有水平的好干部。

我们常讲，要在思想上政治上行动上与党中央保持高度一致，这不是一句空洞、抽象的口号，关键要落到实际行动上。改革推进到今天，比认识更重要的是决心，比方法更关键的是担当。作为在地方和部门工作的同志，一定要主动站在党和国家事业发展全局的高度思考问题、推动改革。必须看到，党和人民的事业就是在不断深化改革中波浪式前进的。没有改革，就没有今天的大好局面。当前，以往的改革红利已经释放得差不多了，发展已经进入个位数的中高速稳定增长期，政府和市场、政府和社会、经济社会和自然的关系都呈现出鲜明的阶段性特点，一些深层次的问题躲不开、绕不过，必须通过全面深化改革，进一步调整生产关系与生产力、经济基础与上层建筑的矛盾运动，才能推动经济转型升级，推动社会公平正义，推动发展进入新阶段，进一步实现好、维护好、发展好人民群众的利益。改革的历史接力棒传到我们手中，我们必须承担起自己的责任，坚定信心、增强勇气，坚决打好全面深化改革这场攻坚战。

担负起改革的责任，也是我们做好本地本单位工作的需要。推进国家治理体系和治理能力现代化，是中央提出的一个重大理论和实践命题。习总书记在三中全会上指出："真正实现社会和谐稳定、国家长治久安，还是要靠制度，靠我们在国家治理上的高超能力，靠高素质的干部队伍"。我想，这对我们治理好一个单位、治理好一个城市同样具有重要的启示意义。例如，对一个市、县来讲，全面深化改革，不仅包含着经济、社会方面的体制机制创新，而且包含着文化、生态方面的制度建设，还内含着党的执政能力建设。现在少数同志缺乏政治观点、大局意识，片面认为只要抓经济、抓项目、抓发展，就是服务群众，就是为老百姓办事，对党的建设、意识形态工作重视不够。经济建设是中心任务，必须毫不动摇，但抓经济不能代替一切。没有政治和精神，物质就是空壳。政治是灵魂，不注意政治，发展也会走偏；精神、感情上丧失群众基础，最后也要出问题。所以，在全面深化改革上，担当必须是全面的，既要抓好经济、社会领域的改革，也要重视和抓好文化、生态和党的建设方面的制度改革，努力把一个地方各方面的体制机制、干部队伍素质、党风政风社会风气等发展和治理的基础要素搞好搞扎实，这样才能顺利推动一个地方的科学发展和现代化进程。

3. 要增强解放思想的自觉。思想解放是社会变革的先导。我国改革开放的过程就是思想不断解放的进程，没有思想上的破冰，就没有改革的跟进和突破。党的十八届三中全会提出的"三个进一步解放"（进一步解放思想、进一步解放和发展社会生产力、进一步解放和增强社会活力），既是改革的目的，又是改革的条件。习近平总书记指出，"领导我们这样前无古人、世所罕见的伟大事业，最要不得的是思想僵化、固步自封。"那么，思想从哪里解放？

首先，解放思想要从既得利益中跳出来。改革就是利益调整，改革落地，不可能皆大欢喜，而且新一轮改革在很大程度上是自我革命，往往要"削手中的权、去部门的利、割自己的肉"。在这种情况下，作为改革的组织者、领导者，思想上一有私心杂念、一旦患得患失，改革上就会走偏，或者很难看清改革究竟该怎么改，或者即使明白该怎么改，在行动上也往往会打折扣、搞变通。比如，在加快转变政府职能方面，很多地方按照省里的要求，该取消的取消了、该下放的下放了，但也有少数单位和地方就是明放暗不放。要说解放思想的阻力和障碍，既得利益就是最大的阻力和障碍。改革总会有代价。解放思想，首先需要我们从个人主义、本位主义中解放出来，跳出本地、本单位的一亩三分地，勇于为全局利益牺牲局部利益，真正按照改革的内在要求办事，而不能各取所需、挑三拣四，甚至借改革之名强化局部利益。

其次，解放思想要从思维定势中走出来。习总书记在讲话中指出，"面对新形势新任务，如果完全顺着既有思维定势来行事，可能就觉得不需要改革或不积极去推动改革了，就可能误事。"搞改革、抓发展，尤其要防止习惯于过去的老路子、老办法。比如，欠发达市、县在如何加快科学发展问题上，就需要破除简单照搬别人经验的思维定势。以前，一些地方的确靠招商引资，靠拼要素资源、拼优惠政策、拼生态环境，靠大上项目特别是工业项目，把总量做大了，今天再讲科学发展，已经有了一个比较现实的基础。但时代发展到今天，欠发达的市、县还能不能继续走这样的道路、重复这样的发展模式？"剜到篮子里就是菜"，上了一些项目，占用了宝贵的土地、环境资源，但如果项目质量不高，明天还要再消化过剩产能、再调结构、再治污染，往往得不偿失、欲速不达。中央一再强调要不再以 GDP 增长率论英雄，就是要引导各地放下包袱、解放思想，真正把工作重点转到提高经济发展的质量和效益上来。历史条件的多样性，决定了各地实现科学发展途径的多样性。作为相对欠发达的市、县，在这个问题上一定要解放思想，打破传统定势，发挥后发优势，敢于走别人没有走过的路。关键是要牢固树立正确的政绩观，有"功成不必在我"的境界，自觉把当前的发展放到当地实现现代化的历史进程中来审视、来把握，不追求表面上数字一时好看，而是安下心干好本届党委政府应该干的事情。与每一任都想快一些相比，这样一任一任干下去，一个地方摆脱欠发达面貌的进程一定是快了，而不是慢了。

解放思想，最根本的要从实事求是中来。习近平总书记去年在湖北调研时，把处理好解放思想与实事求是的关系，作为把握全面深化改革内在规律的首要问题。解放思想不是脱离实际的异想天开，也不是闭门造车的主观想象，更不是毫无章法的莽撞蛮干。上世纪 90 年代，小平同志在判断姓"资"姓"社"上，提出了"三个有利于"的著名标准；习总书记在省部级领导干部专题研讨班上明确提出："对党和人民事业有利的，对最广大人民有利的，对实现国家兴旺发达、长治久安有利的，该改的就要坚定不移改"。这就是我们解放思想与实事求是有机统一的标准。各地发展水平不同,各部门各行业的具体情况不一样,研究确定改革的重点任务、具体举措,一定要从实际出发,经过充分调研和论证,防止不看是否符合实际、是否能取得成效的主观主义、经验主义。

4. 要坚持走群众路线推进改革。人民群众是历史创造者,也是改革的主体、改革的受益者。落实三中全会精神,必须贯彻党的群众路线,把各方面的积极性调动好、发挥好、保护好。

全面深化改革,同样要坚持一切为了群众、一切依靠群众。习近平总书记强调:"我们讲宗旨,讲了很多话,但说到底还是为人民服务这句话"。回顾党的历史,一代又一代共产党人流血牺牲、艰苦奋斗搞革命、搞建设、搞改革,到底为了什么?说到底,是为了使最广大人民群众过上好日子,实现中华民族伟大复兴的中国梦。这就是党、党的事业和共产党员的崇高、先进和优秀所在。今天,我们进一步解放思想,进一步解放和发展社会生产力,进一步增强社会活力,最终目的还是维护和发展群众利益。例如,经济体制改革的核心问题是处理好政府和市场的关系,关键是通过大力推进以简政放权为重点的各项改革,向市场、向社会放权,激发社会投资和创业的热情,增强市场主体发展的信心。其实质,就是相信、鼓励和支持人民群众用勤劳的双手,在创造自己的美好生活中实现民族复兴的中国梦。

在座的一些同志去过沂蒙党的群众路线教育基地,到了那个地方、触摸那段历史,都会被党和人民群众那种牢不可破的血肉联系、鱼水深情所感动、所震撼、所教育。"淮海战役的胜利是沂蒙人民用小车推出来的",这句话,揭示了淮海战役胜利的原因,也揭示了中国革命胜利的原因。历史走到今天,不管我们党拥有的执政资源多么丰富,这个时代的科技文明多么发达,人民群众的力量是不可替代的,仍然是党和国家事业发展、社会历史进步的决定因素。脱离人民群众,我们什么都不是;离开群众支持,我们会一事无成。必须牢记这个颠扑不破的真理。

今天,我们党的中心任务是经济建设。发展经济,同样要依靠群众。家庭联产承包责任制作为改革开放的历史性一步,就是农民的创造,而且正是因为解放了农民,才解放了农村生产力。现在,大家都说江浙经济发达,而且质量高、效益好,其根源,在于全民创新创业创造。群众路线是我们的根本工作路线,全民创业、"草根经济",就是党的群众路线在经济建设上的具体体现。而在一些地方,与高度重视招商引资相比,重视民营经济、特别是小微企业不够,在很多方面卡得过死、帮扶不多,原因在于急功近利,认为小微企业交税太少;在一些地方,与高度重视工业相比,重视农业不够,原因在于抓粮食生产对 GDP 贡献不大,帮助农民发展蔬菜大棚对财政贡献不大,搞土地增减挂只是为了腾出农民的宅基地来上工业项目。缺乏抓农业生产的积极性,推进农业现代化没力度、没投入,留在土地上那部分农民群众的利益就得不到有效保证。

发展生产、组织创业,这是代表和实现群众利益的治本之策,也是大多数群众最希望我们做的事。在社会主义市场经济条件下,我们全面深化改革,很重要的就是帮助和引导群众创家业、办企业、干事业。只有这样的改革,才是真正为人民群众满意、欢迎的改革。同时,我们还要围绕保障和改善民生,深化社会领域方面的改革,让发展成果更多更公平地惠及全体人民。因此,改革要让人民受益,必须成为我们牢牢把握的一条根本原则。尤其是推进改革遇到关系复杂、难以权衡的利益问题的时候,要认真想一想群众到底需要什么、究竟期待什么,群众的愿望如何满足、利益怎么保障,对我们的工作是不是真满意。心里有群众,各方面的改革措施才能符合经济社会发展规律,经得起实践和历史的检验。

5. 要以良好的作风推进改革。习近平总书记今年全国"两会"参加安徽代表团审议时,要求"各级领导干部都要树立和发扬好的作风,既严以修身、严以用权、严以律己,又谋事要实、创业要实、做人要实。"这"三严三实"的重要论述,既是作风建设的重要抓手,也是全面深化改革的内在要求。

我们贯彻落实三中全会精神和省委全面深化改革的意见已经 4 个月了,应当说,绝大多数地方和单位的态度坚决、行动迅速、措施有力,但也有个别地方和单位出现了一些不好的倾向。有的认为改革离自己很远,当成任务甚至是负担,不学习、不调查、不研究,推一推动一动,认为能应付过去就行。有的存在形式主义的苗头,以会议落实会议、以文件落实文件,而且照抄照转照搬,对该结合实际的改革内容,缺乏创造性的落实措施;有的为改革而改革,对改革还没弄明白就跟风而上;有的把早出台、多出台改革措施当成政绩,根本不顾改革措施是否落实、是否真正解决了实际问题。

总书记在论述改革的系列重要讲话中,着眼全面深化改革的时间表,针对改革需要法律法规授权的不同情况,区别改革条件的成熟完备等,就落实改革措施提出了一系列明确要求。我们要坚持积极进取与科学精神相统一,大胆探索与善于总结相结合,形式手段与目的内容相一致,不一定开多少会议、发多少文件、出多少简报,更不能急着出经验、拼宣传,以引起领导和上级注意,关键是要脚踏实地,用心把握改革的本质和规律,把功夫下在研究和解决实际问题上,努力以奋发有为、求真务实、真抓实干的良好作风,确保各项改革能收到预期的效果和目的。

(本文系中共山东省委常委、组织部部长高晓兵 2014 年 3 月 19 日在省委党校春季学期开学典礼上的讲话摘要)

大力培育和践行社会主义核心价值观

孙守刚

党的十八大以来，习近平总书记在一系列重要讲话中，对培育和践行社会主义核心价值观作出重要论述，党的十八届三中全会对大力培育和践行社会主义核心价值观作出了重要部署。我们要深入学习贯彻习近平总书记系列重要讲话精神，充分认识培育和践行社会主义核心价值观的重大现实意义和深远历史意义，发挥齐鲁文化在培育和弘扬社会主义核心价值观中的作用，大力培育和践行社会主义核心价值观，努力打造山东道德高地。

一、充分认识培育和弘扬社会主义核心价值观是凝魂聚气、强基固本的基础工程

价值观属于意识形态上层建筑范畴，是人们对社会价值的性质、构成、标准和评价的根本看法和态度。核心价值观是意识形态的本质体现，是一个社会中居主导地位、起支配作用的思想观念、道德标准和行为准则，集中反映着一个社会的价值追求、价值理想、价值取向和价值规范。不同的国家、不同的民族、不同的社会，各有不同的核心价值观，核心价值观深深影响着民众的思想精神和日常生活，引领着社会的发展方向。

社会主义核心价值观，是社会主义制度在思想和精神层面的质的规定性，体现了社会主义意识形态的本质要求，是形成全民族奋发向上、团结和睦的精神纽带，使我们的国家、民族、人民在思想和精神上强起来。我们党历来重视精神力量的重要作用，高度重视价值观的建构。毛泽东同志强调精神力量的巨大作用，早在我国民主革命初期就指出："主义譬如一面旗子，旗子立起来了，大家才有所指望，才知所趋赴。"邓小平同志曾经深刻地讲到："过去我们党无论怎样弱小，无论遇到什么困难，一直有强大的战斗力，因为我们有马克思主义和共产主义的信念。有了共同理想，也就有了铁的纪律。无论过去、现在和将来，这都是我们的真正优势。"江泽民同志指出："一个国家，一个民族，如果没有自己的精神支柱，就等于没有灵魂，就会失去凝聚力和生命力。"胡锦涛同志强调："民族精神是一个国家综合国力的重要组成部分。"习近平总书记鲜明指出："一个国家的文化软实力，从根本上说，取决于其核心价值观的生命力、凝聚力、感召力。"这些重要论述充分表明，我们党历代领导人价值观思想是一脉相承、不断丰富和发展的。

社会主义核心价值观是在社会主义核心价值体系基础上提出来的，认识和实践上经历了一个不断深化的过程。党的十六届六中全会提出建设社会主义核心价值体系的战略任务，党的十七大对推进社会主义核心价值体系建设作出部署，党的十七届六中全会又作了进一步阐发，党的十八大提出培育和践行社会主义核心价值观，突出强调了"三个倡导"，即"倡导富强、民主、文明、和谐，倡导自由、平等、公正、法治，倡导爱国、敬业、诚信、友善"，从国家、社会、公民三个层面明确了社会主义核心价值观的基本内容。这"三个倡导"24 个字，是我们党凝聚全党全社会价值共识提出的，体现了"最大共识"和"最大公约数"，具有强大认同力和感召力。社会主义核心价值观与社会主义核心价值体系的关系可以概括为 4 句话：社会主义核心价值观是社会主义核心价值体系的内核，体现着社会主义核心价值体系的根本性质和基本特征，反映着社会主义核心价值体系的丰富内涵和实践要求，是社会主义核心价值体系的高度凝炼和集中表达。

党的十八大以来，习近平总书记对培育和践行社会主义核心价值观作出了一系列重要论述，强调"把培育和弘扬社会主义核心价值观作为凝魂聚气、强基固本的基础工程"，指出"构建具有强大感召力的核心价值观，关系社会和谐稳定，关系国家长治久安"，更加深刻、透彻地阐明了社会主义核心价值观对我们党、国家、民族的重要地位和作用，使我们党对核心价值观的认识达到了新的高度。我们要深入学习领会习近平总书记系列讲话精神，从战略和全局的高度，充分认识培育和践行社会主义核心价值观的重大现实意义和深远历史意义。

（一）充分认识培育和践行社会主义核心价值观是国家治理体系和治理能力现代化的重要内容。习近平总书记在省部级领导干部专题研讨班上的讲话，围绕为什么提出全面深化改革的总目标、怎样认识国家治理体系和治理能力现代化、推进国家治理体系和治理能力现代化必须解决好制度模式选择问题、解决好价值体系问题等重大理论和现实问题，进行了富有创见的阐释。特别是把社会主义核心价值观放在国家治理体系和治理能力现代化这样一个宏大视角深刻阐述，是重大理论创新，是对马克思主义治国理

政理论的丰富发展。国家治理体系,既包括制度体系,也包括价值体系;国家治理能力,既包括制度执行力,也包括精神凝聚力。制度安排是价值取向的体现,任何一种社会制度的背后,都有其价值判断和选择;有什么样的价值观,就有什么样的制度安排。资本主义国家治理模式与资本主义价值体系密不可分,西方国家的治理过程,就是不断强化资本主义核心价值的过程。社会主义核心价值体系是兴国之魂,决定着中国特色社会主义发展方向。如果不能坚持我们的核心价值观,我们的国家和民族就会失去自己的精神独立性,政治、思想、文化、制度等方面的独立性就会被釜底抽薪。只有夯实社会主义核心价值观这个根本,我们的国家才能基业长青。

(二)充分认识培育和践行社会主义核心价值观是抵御西方意识形态渗透的战略选择。习近平总书记去年8·19重要讲话深刻阐述了意识形态工作的极端重要性,告诫我们"一个政权的瓦解往往是从思想领域开始的""思想防线被攻破了,其他防线就很难守住"。体现了我们党高度的政治清醒和强烈的忧患意识。我们与西方敌对势力在意识形态领域的斗争,本质上是社会主义价值体系和资本主义价值体系的较量。西方敌对势力对我西化、分化一刻也没有停止过,他们把我国发展壮大视为对其价值观和制度模式的挑战。西方国家鼓吹所谓"普世价值",实际上是要借用这个名头,抹黑我们党、我国社会主义制度、我们的意识形态、我们的文化传统。我们必须坚守我们的价值体系,坚守我们的核心价值观,加快构建充分反映中国特色、民族特性、时代特征的价值体系,努力抢占价值体系的制高点,筑牢抵御西方敌对势力西化分化的思想防线。

(三)充分认识培育和践行社会主义核心价值观是维护社会和谐稳定的根本途径。古人云:"江山之固,在德不在险。"任何一个社会都有自己的核心价值体系,这是它赖以生存和发展的精神支撑。习近平总书记在视察山东重要讲话中明确指出:"基本道德规范是支撑一个社会发展的基本道德力量。"在省部级主要领导干部专题研讨班上进一步强调:"培育和弘扬核心价值观,有效整合社会意识,是社会系统得以正常运转、社会秩序得以有效维护的重要途径。"这些重要论述,深刻阐明了核心价值观在社会发展、社会治理中的重大作用。现在我国正处在经济转轨和社会转型的加速期,经济快速发展的同时,也在经历发展带来的阵痛。当今我国社会存在的许多矛盾冲突、怨气情绪、消极心态甚至腐败现象,原因是多方面的,但其中十分重要的一条就是道德缺失,一些人心目中没有了底线,没有了敬畏,没有了基本的道德价值判断和是非标准。国无德不兴,人无德不立。越是纷繁复杂、众声喧哗,越需要以社会主义核心价值观引领社会思潮、凝聚价值共识,引导人们明辨是非、善恶、美丑,追求美好崇高的思想道德境界。

二、充分发挥齐鲁文化在培育和弘扬社会主义核心价值观中的作用

牢固的核心价值观,都有其固有的根本。习近平总书记明确指出:"培育和弘扬社会主义核心价值观必须立足中华优秀传统文化。""抛弃传统、丢掉根本,就等于割断了自己的精神命脉。"中华民族绵延5000多年的文明史,源远流长、博大精深的中华优秀传统文化,积淀着中华民族最深层的精神追求,包含着中华民族最根本的精神基因,是社会主义核心价值观最深厚的源泉。

山东是中华文明最早的发源地之一,自远古时期起就孕育了发达的古老文化。在春秋战国这一中国文化史上的"轴心时代",齐鲁地区成为中国的文化重心。生于春秋末期鲁国的孔子,创立了儒家学说,成为儒学的奠基人和最主要代表。生于战国前期的孟子,继承和发展了孔子思想,并积极推动鲁国文化和齐国文化的融合,是儒学思想的又一代表人物。自古以来,齐鲁大地名人辈出,如星汉灿烂,为我们留下了丰富多彩的文化遗产,这是中国传统文化库存中的瑰宝。习近平总书记在视察山东重要讲话中明确指出"山东是齐鲁文化发祥地,是孔孟故乡,也是墨子、孙子、荀子等古代思想家的故里,在弘扬中华民族传统美德方面资源丰富""要加强对中华优秀传统文化的挖掘和阐发,努力实现中华传统美德的创造性转化、创新性发展"。我们要深入学习贯彻习近平总书记重要讲话精神,充分发挥山东历史文化底蕴深厚的优势,加强儒家思想的研究和传播,大力弘扬中华优秀传统文化。深入挖掘齐鲁传统文化中的道德精华和精神追求,我体会有这样五个方面:

(一)崇君子、尚圣贤的道德理想。儒家经典《周易》里有句名言:"天行健,君子以自强不息;地势坤,君子以厚德载物。"奠定了中国人的价值观和中华精神的基本点。儒家推崇君子人格,君子之上还有圣人、贤人,这是人格的完美典范和最高境界。司马迁在《史记·孔子世家》中说"高山仰止,景行行止,虽不能至,然心向往之",就是对这一伟大人格的赞叹。发生在齐鲁大地上的孟母三迁择邻、断杼教子、劝子远行、孔融让梨,"志士不饮盗泉之水""廉者不受嗟来之食""天知地知你知我知"等故事,蕴含着很多做人的基本道德规范,引导人们要有做人的气节和骨气,不要摧眉折腰、苟且偷生、见利忘义、贪赃枉法。这些对高尚人格、道德理想的追求,今天依然具有重要价值。

(二)讲仁爱、尊礼仪的道德原则。齐鲁文化尚仁重德、崇礼厚德。"仁爱"是孔子儒家思想的核心思想,体现了儒家思想最基本的价值。孔子讲"仁者人也""仁者爱人","仁"在家庭中就是孝悌之爱,推广到社会成员中就是"泛爱众而亲仁",用于处理人际关系就是"己欲立而立人,己欲达而达人""己所不欲,勿施于人"。儒家把仁扩展为仁义礼智信"五常",成为中国传统社会最重要的人伦纲常和道德规范。孔子尊礼、重礼,对个人来说,"不学礼,无以立",要"克己复礼";对社会来说,主张"德政""为政以德"

“道之以德，齐之以礼”，孟子也主张“行仁政”。儒家的礼治、德治思想在中国封建社会治国安邦中发挥了重要作用，自古就有“半部论语治天下”之说，对当今社会仍然具有十分重要的价值。

（三）重民本、倡人道的道德情怀。齐鲁文化的一个显著特点就是以人为中心，具有非常深厚的民本思想和人道关怀。管子最早提出了“以人为本”这一概念，主张“政之所行，在顺民心。政之所废，在逆民心”“治国之道，必先富民”“以天下之财，利天下之人”。孟子提出经典论断“民为贵，社稷次之，君为轻”“天时不如地利、地利不如人和”，墨子主张“兼爱非攻交相利”，这些观点，无不体现了民本思想和人文主义特征，对中国人的思想与行为、中国社会生活与社会发展都有重要影响。

（四）守诚信、崇正义的道德品质。齐鲁文化推崇诚信美德。由管子、孙子、孔子、孟子和荀子为代表的齐鲁先哲对诚信作了创发性探索，提出了一系列诚信要求。孔子说：“民无信不立”“人而无信，不知其可也”“与朋友交，言而有信”；管子说：“诚信者，天下之结也”，他认为诚实守信是一个国家、一个社会文明程度的标志，他提出“非诚贾不得食于贾，非诚工不得食于工，非诚农不得食于农，非信士不得立于朝”。意思是说，做人要讲诚信，做官要讲诚信，经商务农都要讲诚信。在齐鲁文化的润泽中，山东人铸就了诚实守信的道德品格，形成了讲信修睦、真诚做人的良好形象。齐鲁文化重情尚义，主张“舍生取义”。孔子认为“君子义以为上”“不义而富且贵，于我如浮云”。孟子则以“生，亦我所欲也；义，亦我所欲也。二者不能兼得，舍生而取义也。”表达了重“义”的勇敢决断。由齐鲁文化滋养的鲁商文化，重承诺、守信用，讲究千金“义取”、千金“义散”，乐善好施、扶危济困。在新的历史条件下，要克服市场经济发展中的许多负面现象，更需要大力弘扬诚实守信的传统美德。

（五）尚和合、求大同的道德追求。儒家贵“和”尚“中”，认为“德莫大于和”“致中和，天地位焉，万物育焉”“礼之用，和为贵”。儒家强调人际关系“以和为美”，提出的仁、义、礼、智、忠、孝、爱、悌、宽、恭、诚、信、笃、敬、节、恕等一系列伦理道德规范，其目的就在于实现人与人之间的普遍和谐，并把这种普遍的“人和”原则作为一种价值尺度规范每一个社会成员。儒家还为中国文化指出一个“大同”社会的远景目标，以至成为中国历史上生生不息的价值之源。《礼记·礼运》有云：“大道之行也，天下为公。”描述了重诚信、讲仁爱、求友善、修和睦、选贤能、富庶安康、路不拾遗、夜不闭户等大同和谐理想社会的基本特征。这一和合文化与大同理想，为当今和谐文化与和谐社会建设提供了取之不竭的资源，有着重要的现实意义和参考价值。

新的时代条件下，传承弘扬齐鲁优秀传统文化，要在三个方面下功夫：一是在创造性转化和创新性发展上下功夫。坚持古为今用、推陈出新，去伪存真、去粗取精，有鉴别地加以对待，有扬弃地予以继承，挖掘和弘扬齐鲁传统文化中跨越时空、富有永恒魅力、具有当代价值的文化精神，不断赋予其新的时代内涵，使优秀传统文化不断发展。实现优秀传统文化的创造性转化和创新性发展，很重要的是创新方式方法，让人们喜闻乐见，具有广泛参与性和吸引力。“山东乡村儒学现象”是推动中华传统美德创造性转化、创新性发展的积极探索，专家学者深入乡村开设儒学讲堂，让儒学走进生活、走进群众，有力推动了乡村文化建设和精神文明建设，促进了儒学研究和传播，具有很强的生命力和实践价值。二是在做好结合文章上下功夫。齐鲁文化既有底蕴深厚的优秀传统文化，又有波澜壮阔的革命红色文化，以及丰富多彩的现代文化。要把弘扬齐鲁优秀传统文化，与大力弘扬以爱国主义为核心的民族精神和以改革创新为核心的时代精神结合起来，与大力弘扬沂蒙精神和新时期山东精神结合起来，凝聚起经济文化强省建设的强大精神力量。三是在文化走出去上下功夫。博大精深的中华优秀传统文化，是我们在世界文化激荡中站稳脚跟的根基。要打好“孔子牌”，推动齐鲁文化传播，展示中华文化独特魅力，为推动中华文化走向世界作出更大贡献。

三、大力培育和践行社会主义核心价值观

中央、省委对培育和践行社会主义核心价值观作出一系列重要决策部署，我省各级积极行动，狠抓落实，取得明显成效。要进一步增强责任感使命感，加大工作力度，强化工作措施，大力培育和践行社会主义核心价值观，努力在道德建设上走在全国前列。

（一）增强认知认同。培育核心价值观，知是前提、是基础。列宁认为，“社会主义的意识不会自发的产生，这种意识只能从外面灌输”。培育核心价值观，离不开持续有效的灌输，这也是我们思想政治工作的一条重要经验。习近平总书记在全国宣传思想工作会议讲话中提出了“上乘的宣传”这一重要观点。上乘的宣传，看起来要像从未进行过一样；最好的宣传，要让被宣传对象沿着你所希望的方向走，却认为是自己在选择方向。要深入持久地开展社会主义核心价值观教育，使“三个倡导”24字真正为人们熟知熟记。

（二）勇于开展思想斗争。价值观领域的较量，实质上是一场正能量和负能量、正效应和负效应的角力与交锋。毛泽东同志曾经指出：“正确的东西总是在同错误的东西作斗争的过程中发展起来的。真的、善的、美的东西总是在同假的、恶的、丑的东西相比较而存在，相斗争而发展的。”面对各种杂音噪音的干扰，我们必须旗帜鲜明、理直气壮，敢于发声、善于发声，不做“沉默的大多数”，更不能成为“应声虫”。对于西方“宪政民主”“普世价值”错误思潮，要勇于拿起批判的武器，针锋相对地抨击和批驳，廓清人们思想迷惑，抵御错误思想观点的侵蚀。

（三）广泛开展道德实践。社会主义核心价值观的生命力在于实践，在于每一个社会成员的自觉行动。习近平总书记强调：“一种价值观要真正发挥作用，必须融入社会

生活，让人们在实践中感知它、领悟它。”要紧密结合山东实际，积极推进美德山东、文明山东、诚信山东建设，广泛开展丰富多彩、富有特色的道德实践活动。各地都形成了许多工作亮点，创造了许多鲜活经验，要在实践中不断总结完善。培育和践行社会主义核心价值观，关键是接地气，融入百姓日常生活。要在工作思路、工作方法、工作措施等方面认真研究人们的认知规律、接受规律，从点滴做起，在落细、落小、落实上下功夫，让人们便于参与、乐于参与，推动形成人人参与、人人实践的生动局面。

（四）营造浓厚舆论氛围。新闻媒体要有责任担当，把社会主义核心价值观的学习宣传作为长期任务，创新方式方法，不断改进文风，充分反映培育和践行社会主义核心价值观的好经验好做法，弘扬真善美，贬斥假恶丑，形成强大舆论场。通过广泛宣传，大力倡导好人好报、善有善报的价值导向，大力营造崇德向善、见贤思齐的社会氛围。

（五）形成强大社会合力。培育和践行社会主义核心价值观，是我们党、国家、民族的大事，每一个部门单位、每一个层次的党组织都有责任；不是一朝一夕可以完成的，而是长远大计、根本大计，需要长期坚持、不懈坚持。要把社会主义核心价值观要求融入经济、政治、文化、社会、生态文明建设和党的建设各领域、各方面、各环节。各领域各方面都有培育和践行核心价值观的任务，工作中都要注意把握价值取向。各级党员干部要在弘扬先进思想道德上作出表率，见诸行动。要通过全社会的共同努力，凝聚起强大的正能量，使社会主义核心价值观像空气一样，无处不在，无时不有，使山东真正成为道德建设高地。

（本文作者系中共山东省委常委、宣传部部长）

发挥焦裕禄故乡政治优势
在深学细照笃行上见实效

周清利

最近，习近平总书记在兰考县调研指导教育实践活动时指出，要把学习弘扬焦裕禄精神作为一条红线贯穿活动始终，做到深学、细照、笃行。淄博是焦裕禄的家乡，在贯彻落实习总书记指示精神，学习弘扬焦裕禄精神上，有责任、有义务走在前列。

一、坚持对标定位学，着力增强教育实践活动针对性

开展教育实践活动，既要把规定动作做到位，又要立足自身优势搞好自选动作。淄博拥有县委书记的好榜样焦裕禄、“时代楷模”朱彦夫、“环保卫士”孟祥民等全国重大典型，这是开展好活动的宝贵政治资源。围绕发挥这一优势，我们在全市开展向焦裕禄、朱彦夫、孟祥民学习活动，引导党员干部以先进为标杆，“照镜子、正衣冠”，切实把改进作风、践行党的群众路线落到实处。

（一）在各级党员领导干部中开展向焦裕禄学习活动。焦裕禄出生在我市博山区北固山村，曾长期工作生活在博山。到兰考县工作后，他在470多天里，靠着一辆自行车和一双铁脚板，团结带领当地干部群众自力更生、艰苦创业，大力治理风沙、内涝、盐碱“三害”，以满腔热情和实际行动谱写了一曲改天换地的英雄壮歌，塑造了一名优秀共产党员和优秀县委书记的光辉形象，是人民的好公仆、县委书记的好榜样。焦裕禄同志虽然已经逝世50年了，但他的崇高品质、伟大精神永不过时。各级党员领导干部学习焦裕禄精神，就是要大力弘扬他“亲民爱民、艰苦奋斗、科学求实、迎难而上、无私奉献”的精神，见贤思齐、彰显于行，真正使践行党的群众路线由被动变为主动、由要求成为自觉、由一时转为持久。

（二）在镇村党员干部中开展向朱彦夫学习活动。朱彦夫是中宣部授予“时代楷模”荣誉称号的第一人。他出生在我市沂源县西里镇张家泉村，参加战斗上百次，10次负伤，3次荣立战功；他主动放弃优越的特护待遇，回到家乡带领群众治理荒山、兴修水利、发展教育，使全村群众逐步摆脱贫穷落后状态，过上温饱殷实的好日子；他卸任村支部书记后，以顽强的毅力撰写了自传本小说《极限人生》和长篇小说《男儿无悔》。他是新时期基层党员干部的优秀代表，是农村基层党支部书记学习的好榜样。镇、村党员干部向朱彦夫同志学习，就是要学习他坚定的理想信念和崇高的精神追求，学习他一心为民、无私奉献的高尚情怀，学习他自强不息、勇于拼搏的奋斗精神，努力做群众的贴心人、带头人。

（三）在各级党政群机关党员干部中开展向孟祥民学习活动。孟祥民是环保战线第一个全国重大典型，被国家环保部授予“环保卫士”称号。他生前是我市淄川区环保

分局的一名科长，15年如一日，长期战斗在环保工作第一线，尤其在身患绝症的情况下，以超越常人的毅力和干劲，边治疗边工作，做出了无愧于党和人民的业绩。党政群机关党员干部向孟祥民同志学习，就是要学习他忠诚于党、永葆先进的政治品质，学习他珍惜岗位、忘我工作的敬业精神，学习他奋发向上、顽强拼搏的昂扬斗志，学习他严于律己、清正廉洁的公仆本色，努力在平凡的岗位上做出不平凡的业绩。

二、坚持边学边查边改，着力增强教育实践活动效果

焦裕禄精神和朱彦夫、孟祥民先进事迹，是检验党员干部德行操守的尺子和镜子。在活动中，我们对照先模人物，坚持边学边查边改，开门征求意见，积极整改问题，办好民生实事，让群众见到实实在在的成效。

（一）市委常委带头学。坚持领导带头，是确保活动取得实效的重要保障。第二批教育实践活动一启动，市委常委率先集体赴焦裕禄纪念馆参观学习，上教育实践活动的"第一课"。通过参观学习，重温焦裕禄同志先进事迹，真切感受他与群众之间的鱼水情深，感受他一心为民、无私奉献的高尚情怀，心灵得到了洗礼和震撼。随后，市各大班子和各区（县）以及各部门单位也分别组织党员干部到焦裕禄纪念馆参观学习、接受教育，为我市教育实践活动开展确立较高标准，打下了好的思想基础。

（二）坚持开门征求意见。在第一批教育实践活动期间，我们就按照中央和省委的部署要求，同步加温预热、同步学习整改，通过个别访谈、专题调研、走访慰问、问卷调查、设立意见箱等多种方式，广泛征求各方面意见建议。最近，市委通过召开区（县）委书记座谈会，区（县）长座谈会，市级民主党派、工商联主要负责人和无党派代表人士座谈会，镇、村党组织负责人座谈会，基层党员干部群众代表座谈会以及市委各常委分别到各自教育实践活动联系点组织召开民情恳谈会，并结合开展调查研究，走村（企）入户等9个层面的会议和活动，广泛深入地开展征求意见工作。截至目前，全市县级以上单位共召开座谈会155个，个别访谈2600余人，发放问卷3.7万份，征求意见建议5000余条。

（三）坚持立说立行抓整改。从第一批教育实践活动开始，我们就按照中央和省委的部署要求，对照征求的意见建议和查摆出的问题，有针对性地解决群众反映强烈的突出问题。重点是严格落实中央八项规定精神，压缩会议文件，严控出国（境）费用、公务接待费用、车辆购置及运行费用等，扎实抓好清退会员卡、规范节庆论坛展会、停建楼堂馆所、纠正地方车辆使用武警部队号牌等工作；积极回应群众关切，率先规范领导干部操办婚丧喜庆、公车配备使用、购建住房、从业行为、药品回扣等问题，262名领导干部按规定申报了婚丧喜庆事项，清退公车78辆，清理纠正15起违规兼职取酬行为。同时，各级各部门各单位还在简政放权、提高服务效能、便民利民惠民服务等方面，查找整改了一批实际问题。自2013年以来，市级共清理审批事项104项。

（四）坚持问题导向办实事。坚持以群众呼声为第一信号、群众满意为第一标准，从群众最关心、最直接、最现实的利益问题入手，认真落实中央、省出台的各项民生政策，确保各项惠民政策不折不扣落到实处。目前，我市已建立起覆盖城乡的全民养老、全民医疗保障体系，城镇登记失业率始终保持在3%左右；2013年，保障性住房建设完成省下达任务的126.3%，城市低保标准提高到每人每月420元，农村低保标准提高到每人每年不低于2500元。同时，在群众教育、医疗、出行、环境等方面，我们也确定了一批具体措施，努力让群众享受到改革发展的成果，切身感受到教育实践活动带来的新气象新面貌。

三、丰富创新活动载体，努力营造学习先进争当先进的浓厚氛围

开展好学习活动，离不开富有实效的活动载体。我们在学习弘扬焦裕禄精神和朱彦夫、孟祥民先进事迹中，高度重视活动载体设计，丰富创新活动内容，增强学习实效。具体就是抓好"五个一"。

（一）办好一个教育阵地。重点是进一步建好管好用好焦裕禄纪念馆，下大气力丰富充实馆藏，对焦裕禄故居进行维护提升，提高讲解和展示质量，充分发挥焦裕禄纪念馆的学习教育功能。把学习焦裕禄精神列入市委党校的教学计划，鼓励市及各区（县）委党校组织学员到焦裕禄纪念馆参观学习，充分发挥焦裕禄纪念馆"第二课堂"的作用。今年以来，焦裕禄纪念馆已接待省内外1.5万余名党员干部参观学习，知名度和影响力进一步提升。

（二）组织好一个巡回报告演讲。按照省委统一部署，我市按照高标准要求，抽调各方精干人员，组建了朱彦夫先进事迹报告团。在中宣部和省委的统一组织下，深入机关干部、部队官兵、基层群众中间，广泛宣传朱彦夫先进事迹。截至目前，报告团已在济南、淄博作报告20余场，直接听众过万人。下一步，报告团将按照省委部署要求，在全省17地市进行巡回报告，进一步推动学习宣传朱彦夫先进事迹活动深入开展。

（三）开展好一次承诺、践诺、评诺活动。立足淄博特色，在机关部门单位中广泛开展以部门公开承诺、扎实践诺、群众和社会各界评议践诺情况为主要内容的承诺践诺评诺活动，引导各级机关和广大党员干部，对照焦裕禄、朱彦夫、孟祥民这三面镜子，深入查摆自身存在的问题和不足，立足本职工作，公开作出承诺，认真履行承诺，接受社会监督和评议，真正把教育实践活动的成果体现到干好本职工作、推动科学发展上。

（四）举行好一个纪念活动。今年5月14日，是焦裕禄同志逝世50周年纪念日。我们正筹划举办一次有意义的纪念活动，通过召开座谈会、发行纪念邮票、组织参观焦裕禄故居、举办焦裕禄专题展览等形式，丰富和拓展学习教育

内容，进一步把焦裕禄精神发扬光大。

（五）选树一批群众身边学习焦裕禄、朱彦夫、孟祥民的先进典型。在教育实践活动中，我们确定在各个层面特别是群众身边，选树一批学习焦裕禄、朱彦夫、孟祥民的先进典型，更好地发挥榜样的引领带动作用。重点是在市、区（县）党员领导干部中开展"争当焦裕禄式好党员好干部活动"，在镇（街道）、村（居）党员干部中开展"争当朱彦夫式好党员好干部活动"，在机关党员干部中开展"争当孟祥民式好党员好干部活动"，推出一批就在自己身边、经得起检验、可敬可学的先进典型，在面上形成学习先进、争当先进的良好导向。

（本文作者系中共淄博市委书记）

全力打造胶东红色文化龙头城市

张江汀

烟台既是革命老区又是沿海发达城市，革命历史波澜壮阔，红色文化传承不息，经济总量位居全国地级市前列。2013 年以来，烟台市充分发挥胶东区域主体板块优势，把红色文化作为团结凝聚广大群众的精神纽带、城市软实力的重要标志，融入群众路线教育实践活动，叫响胶东红色文化品牌，力争用 3—5 年时间，把烟台打造成名副其实的胶东红色文化龙头城市、闻名遐迩的红色文化教育和旅游城市。

一、把胶东红色文化建设摆到与经济发展同等重要位置

专门成立由市委书记任组长的胶东红色文化建设工作领导小组，7 位市委常委和副市长分别担任副组长，成员单位包括 32 个市直单位、驻烟高校和部队，下设收集认定、史馆建设、创作策划三个工作组；先后赴临沂、莱芜等地考察学习，召开领导小组会议、筹备工作汇报会、驻烟高校座谈会，制定出台《胶东红色文化建设工作推进计划》，确定 9 方面 59 项具体推进事项，建立胶东红色文化建设工作每周情况通报、每半月工作进展汇总、每月工作情况督查制度，切实抓好推进计划各项任务落实；将胶东红色文化建设工作纳入县市区科学发展综合考核和市直部门目标管理考核，把握市县两级党的群众路线教育实践活动和 2015 年抗日战争胜利 70 周年两个时间节点，做好"五篇文章"，形成"四个一批"，打造"三个亮点"。"五篇文章"，即集中力量抓好搜集史料、总结典型、展览展示、宣传推介、培育产业工作；"四个一批"，即挖掘整理一批红色革命史料，整合提升一批红色文化场所，精心创作一批红色艺术精品，集中推出一批红色革命典型；"三个亮点"，即高标准建设一座红色纪念馆，坚持向设施一流、情景逼真、特色鲜明、气势恢宏的标准看齐，确保建成一座集文化感染力与艺术震撼力于一体的新标志性建筑和永久性文化遗产；高水平创作一部红色电视剧，坚持向艺术高超、令人震撼、百看不厌、经久不衰的标准看齐，真正拍出一部反映胶东波澜壮阔革命历史的红色经典电视剧；高起点打造一条红色旅游线，坚持向布局科学、特色突出、吸引力强、影响力大的标准看齐，把县市区知名度高、有震撼力的红色景点串联整合成集教育、观赏、健身、休闲于一体的综合旅游线路。

二、系统挖掘整理深厚的胶东红色文化资源

作为全国开展革命活动最早的区域之一，深入挖掘作为胶东革命发祥地的深厚红色底蕴。1921 年中国共产党成立不久，邓中夏、王荷波等同志受中央局委派，于同年秋天即到烟开展党团工作；1923 年胶东第一位党员在烟诞生，1924 年胶东第一个党小组建立，此后相继成立胶东第一个农村党支部、胶东第一个县委、首届中共胶东特委，创立的中国工农红军胶东游击队是我国北方沿海地区及山东省内硕果仅存的红军队伍。作为全国发生革命历史事件最集中的区域之一，深入挖掘作为胶东战斗主战场的丰富红色资源。抗日战争时期，牟平雷神庙战斗打响了胶东抗战第一枪，在掖县（今莱州市）成立山东省第一个县级抗日民主政权，解放战争时期掖县战役胜利后，毛泽东亲自起草电文，以"中共中央"名义发来贺电，在黄县（今龙口市）成立山东第一个专区级抗日民主政权；地处栖霞的英灵山胶东革命烈士陵园 1945 年开始筹建，许世友将军和当地 10 万名干部群众参加落成仪式，是我党最早、占地面积最大、纪念烈士最多的专题抗战烈士陵园。作为全国为革命贡献人财物力最多的区域之一，深入挖掘支援前线大后方的突出红色贡献。抗日战争和解放战争时期，胶东人民先后将 50 万优秀儿女送进党的队伍，有名有姓的烈士 7.6 万人，民工支前 280 多万人次；抗日战争和解放战争期间，胶东军民向党中央及其根据地和解放区密送黄金 43 万两，成为我党当

时主要经费来源之一;从 1945 年 9 月开始,胶东军民陆续将八路军部队 7 万多人(主要是胶东人)和地方干部 6000 多人从海上运往东北,为建立巩固的东北根据地奠定了基础;走出去的胶东子弟兵达 4 个军另 2 个师又 25 个团,第 27、31、41 三个军已发展成为集团军仍在建制,占全国现有 18 个集团军的六分之一。作为全国践行红色文化最先进的城市之一,深入挖掘革命传统传承区的浓厚红色氛围。"大学生村官"张广秀、"优秀选调生"王媛媛、"最美女孩"刁娜、"爱心老人"刘盛兰、"消防英雄"孙茂晖、"高富帅经理"周江疆、敬老爱亲模范王华堂和张翠兰夫妇等烟台好人、最美人物层出不穷,是七届全国双拥模范城市、连续三届全国文明城市、连续六届全国社会管理综合治理优秀城市;连续 12 年开展爱心捐助活动,累计筹集善款 13 亿元;积极参与汶川地震、玉树地震、舟曲泥石流等自然灾害救援,捐款总额位居全省前列;全市义工和志愿者 50 多万人,全国志愿服务制度化电视电话会议推广烟台经验做法。

三、凝聚全社会力量齐心协力加快推进

全市各级把加快胶东红色文化建设摆到更加突出位置,按照"凝炼红色精神鼓舞人、挖掘红色资源吸引人、打造红色亮点震撼人、创作红色经典感召人"的工作思路,紧锣密鼓、有条不紊地加快推进各项工作。收集认定组通过召开征集大会、发布征集公告、实地采访征集等多种形式,全面开展史料征集普查,整理完成《胶东革命史料目录》,建立人物影像资料库,对 69 名老将军、老干部、老党员和亲历者进行影像留存,整理完成有价值影像资料 1700 多分钟,翻录讲述内容 28 万字。深入挖掘和系统整理胶东革命"名人、名物、名事",遴选出 3 位重要人物、1 处烈士陵园和 9 个胶东革命亮点事件作为重点研究课题,组织县市区、市直部门和驻烟高校成立课题组,整理形成 13 篇、10 多万字的课题报告。全力做好"胶东革命精神"提炼工作,协调中央党史研究室牵头组织中央党校、军事科学院、军事博物馆、国防大学和中国人民大学的党史军史专家,对"胶东革命精神"进行论证。胶东革命烈士陵园、海阳地雷战纪念馆入选第一批国家级抗战纪念设施和遗址名录,被团中央命名为"全国青少年教育基地",胶东革命烈士陵园被中宣部命名为"全国爱国主义示范基地"。向党中央秘送黄金、中国工农红军胶东游击队、胶东革命烈士陵园等重要事件和设施得到中央党史研究室等上级部门权威认可。理琪、任常伦、于寄吾、马石山十勇士等个人和群体入选全国第一批著名抗日英烈和英雄群体名录。史馆建设组按照"建设全国知名、省内一流的胶东革命历史展示基地、爱国主义教育基地、生态文化旅游胜地"的目标要求,先后邀请何镜堂、张锦秋等 9 位国内知名规划建筑大师,对胶东历史文化公园和胶东革命历史文化展示中心选址、命名、建筑单体形式等进行反复研究论证,最终确定公园规划及主体建筑设计方案。目前,主题雕塑设计创作顺利开展,各项施工准备工作全部就绪。对全市 332 处红色遗址进行调查摸底,整理完成革命遗址、旧址保护整合、改造提升计划,精心打造各具特色的红色文化载体。目前,莱阳胶东第一个县委革命历史文化展览馆、龙口红色文化展览馆、海阳许世友在胶东纪念馆等场馆相继建成使用,"运兵东北"老码头、二行署驻地、徐镜心故居、郑耀南故居和胶东区第一次党代会旧址正在进行升级改造。通过整合提升红色革命资源,打造胶东党员干部理想信念教育基地,构建以市委党校为党性教育主阵地,以烟台山、牟平、英灵山为教学区的"1 + 3"教学布局。在全市党的群众路线教育实践活动期间,基地先后承接 260 个教学班次,培训党员干部 1.3 万多人,有关经验做法在中组部《党建研究》刊发。创作策划组联合中央电视台第四频道《国宝档案》栏目组拍摄播出 8 个篇章、12 集反映胶东革命重大事件和重要人物的专题片——《胶东烽火》,与中央党史研究室合作编撰的《胶东红色文化系列丛书》和联合摄制的《胶东革命历史文献纪录片》正在紧锣密鼓进行,电视剧《大秧歌》加紧拍摄,电视剧《胶东烽火》剧本正在创作。按照"高起点打造一条红色旅游线、擦亮胶东红色旅游名市品牌"的思路,制定《烟台红色旅游发展纲要》,印发《烟台红色旅游指南》,开通《胶东文化》官方网站,在烟台电视台开设"网游红色胶东"专栏和"红色旅游直通车",推出"巍巍丰碑"红色图片展,举办"传承胶东红色文化、放飞青春梦想"百场报告会,推动胶东红色文化走进学校、军营和社区,营造红色文化建设良好氛围。

(本文作者系中共烟台市委书记)

树立问题导向 不断深化学习 用习近平总书记系列重要讲话精神指导改革发展实践

杜昌文

党的十八大以来，习近平总书记对如何做好党和国家的工作发表了一系列重要讲话，提出了许多新思想、新观点、新论断、新要求，为我们推进改革发展提供了强大思想武器。习近平总书记系列重要讲话的鲜明特征是问题导向，接地气、合民心，既生动又深刻，充分体现了真挚的为民情怀、巨大的理论勇气和强烈的历史担当。我们按照中央和省委的部署要求，把学习习近平总书记系列重要讲话精神作为重大政治任务，树立问题导向，集中学、深入学、系统学，着力提高领导科学发展的能力，推动潍坊各项事业不断迈向更高层次。

一、围绕破解发展难题集中学

贯彻习近平总书记对山东工作的新要求，努力在转变经济发展方式、全面提高经济发展质量和效益上起到领头雁作用，必须着力破解影响科学发展的难题。习近平总书记明确指出，山东经济总量在全国排名靠前，但能耗、污染也是靠前的，再按老的思路发展就难以为继。具体到我们潍坊，矛盾更为突出。在长期高速发展取得巨大成就的同时，也积累了诸多矛盾和问题，最为突出的是发展方式粗放，全面小康目标还没有实现，资源环境已经面临巨大压力，主要污染物排放总量居全省前列，已超出环境承载能力；建设用地"红线"约束加剧，水资源开采率超过警戒线；能源结构不合理，单位能耗高；传统产业比重偏大，多数处于价值链中低端。如不加快转变发展方式，经济发展必然还要增加能耗和排放，生态环境压力会更大，经济发展也不会可持续。

面对粗放发展与改善环境的尖锐矛盾以及由此带来的一系列问题，我们认真学习习近平总书记讲话，从中寻找解决问题的"钥匙"。一是集中专题学。把习近平总书记关于转方式调结构的重要论述作为学习的重点内容，集中学习、研讨和交流，着重领会新思想、新要求，用心思考转什么、转向哪里、如何转等问题，做到把握要义、学深悟透。二是集中时间学。习近平总书记每次发表重要讲话，我们都在第一时间组织传达学习，仅转方式调结构专题就已集中学习8次。同时，适时举办读书会、研讨会，潜心研读，相互交流，增强对系列重要讲话精神的全面理解和深层领悟。三是集中人员学。将中心组学习的范围扩大到市级班子全体成员和县（市、区）、市直部门主要负责人，并通过专题讲座、集中宣讲等方式，扩大学习覆盖面。在这个过程中，我们坚持以学促用、以用促学，将潍坊发展实际与习近平总书记讲话要求对光聚焦，梳理出8个重大课题，按照工作分工，由市级领导牵头，相关部门和专家参加，边学边干边研究。深切感到习近平总书记指出的腾笼换鸟、凤凰涅槃的思路，是我们破解发展难题、转变发展方式的必由之路、必然选择；打好转方式调结构攻坚战，解决好"老鸟"哪里去、"新鸟"怎么来的问题，关键是依靠创新驱动，"腾"出用地空间、环境容量、资源要素和市场份额，"换"上新工艺、新设备、新产品、新机制，发展高端高质高效的绿色产能，走绿色发展、文明发展道路。

二、围绕促进思想自觉深入学

路子找到了，要自觉付诸实践，必须解决好思想上的纠结。有些同志因担心实施腾笼换鸟、凤凰涅槃，会影响发展速度、财政收入和政绩排名、考核评价，而下不了决心、迈不开步子。造成这些思想纠结的原因，既有认识问题，也有现实因素，但根子是政绩观有偏差，必须从"总开关"入手，强化理想信念教育，在补足精神之"钙"上下功夫，用习近平总书记讲话精神来校正干部的政绩观。为此，我们组织深入地学习习近平总书记关于怎么看待政绩、创造什么政绩、如何评价政绩等重要论述，着力促进思想自觉。一是深入研读。反复深入地学习习近平总书记"不再简单以国内生产总值增长率论英雄"、"坚持正确用人导向"等重要论述，在发展目的、发展方式、发展路径、发展重点上廓清迷思，消除疑虑，促进观念转变。二是深入检查。对照习近平总书记"要以功成不必在我的境界，多做打基础、利长远的事"、"决不能以牺牲环境为代价去换取一时的经济增长"等要求，把自己摆进去，找准问题，深挖根源，解开思想"扣子"，促进境界提升。三是深入教育。对思想上还不转弯的同志，按照习近平总书记的要求，拿起批评和自我批评的武器，进行帮助教育。通过深入学习，更加坚定了腾笼换鸟、凤凰涅槃的决心，以对人民、对事业、对历史高度负责的态度，来"扳这个道岔"、闯一条新路，宁愿忍受"浴火"巨痛，寻求“重生”期盼，坚决打好这场攻坚战。为此，我们在全市范围内展开了为期3年的“三八六”环保集中整治行动，在坚决治理企业超标准排放、超标准消耗“双超”的基础上，建立环境质量倒逼机制，实行分阶段逐步加严的环境标准，倒逼企业改造升级，使经济发展与环境改善相统一。去年以来，共关停污染企业581家，拒批“双高”项目63个，对4个区域实施了限批，在经济速度和效益均保持两位数增长的情况下，万元生产总值能耗降低4.89%，化学需氧量、氨氮、二氧化硫、氮氧化物排放分别下降5.3%、6.1%、7.8%、8%。同时，强化创新驱动，通过发挥企业创新主体作用、搞好集成创新和强化政府引导等措施，在推动转方式调结构中实现经济持续发展。注重强化考核导向，坚持考核导向、发展导向与用人导向相统一，完善考核评价体系，引导各级在提质、增效、升级上用心用力，自觉追求可持续的发展，坚定不移地腾笼换鸟，打好转方式调结构攻坚战。

三、围绕凝聚改革共识系统学

破解发展中的问题，还必须破除体制机制的制约，向深化改革要动力。当前，改革已进入攻坚期和深水区，全面深化改革涉及方方面面的利益调整，既要冲破思想观念的束缚，也要突破利益固化的藩篱，因此凝聚共识至关重要。

在这个重大问题上，我们坚持系统学习习近平总书记系列重要讲话精神，着力解决认识把握上的浅层次、片面性、碎片化问题，在更高层次上精准把握习近平总书记系列重要讲话的精神实质。一是制定系统学习计划，坚持个人自学与集体学习、原原本本学习与专题研讨、集中宣讲与面对面互动交流等多种形式相结合，增强学习效果。二是把习近平总书记系列重要讲话作为科学系统的体系，在注重学习习近平总书记在十八届三中全会重要讲话的同时，与学习习近平总书记其他方面重要论述结合起来，与精研十八届三中全会《决定》原文结合起来，准确领会全面深化改革的指导思想、总体思路和目标任务，深刻把握政府与市场、经济体制改革与其他领域改革、改革与发展稳定等重大关系，增强认识自觉和行动自觉。三是列出改革专题，按照工作分工，由市级领导牵头，吸收有关方面组成学习、调研、改革、工作推进“四位一体”的专题小组，先分组学习、调查、研究，形成初步成果，再召开中心组读书会讨论交流，最后提交常委会形成决策，组织实施。通过系统学习，进一步凝聚了共识，汇聚起推动全面深化改革的正能量。

在此基础上，我们围绕“三个进一步解放”，按照习近平总书记正确、准确、有序、协调推进改革和“五该五不要”的要求，结合潍坊实际，研究制定了《关于全面深化改革的总体方案》，确定了14个领域、282项具体改革举措，确定了起步之年的重点改革任务。特别是按照十八届三中全会的部署，坚持以经济体制改革为重点，注重发挥经济体制改革的牵引作用，以处理好政府与市场的关系为核心，实行权力清单、负面清单、服务清单“三个清单”制度，让政府与市场各归其位、各负其责，从而更好地发挥“两只手”的作用。目前，各方面工作正在积极稳步向前推进。

集中、深入、系统学习习近平总书记系列重要讲话精神，使我们对党中央治国理政方略有了更加全面深刻的理解，对推进中国特色社会主义事业、实现中华民族伟大复兴的中国梦更加坚定了信心。下一步，我们将结合正在开展的第二批党的群众路线教育实践活动，采取更加有力的举措，不断把学习贯彻习近平总书记系列重要讲话精神引向深入，推动潍坊改革发展各项事业持续健康发展，在加快推进经济文化强省建设中作出应有的贡献。

（本文作者系中共潍坊市委书记）

以高度的政治责任感和对老区感恩之情抓好党的群众路线教育实践活动

张少军

临沂是革命老区和沂蒙精神的发源地，沂蒙精神党和人民水乳交融、生死与共的本质内涵与教育实践活动为民务实清廉的主题是高度契合的，大力弘扬沂蒙精神与践行党的群众路线是高度一致的。中央和省委领导同志把蒙阴县、沂南县作为联系点，充分体现了对沂蒙革命老区的关心重视。我们深感责任重大，使命光荣，以对历史、现实和人民负责的态度，把教育实践活动作为当前首要的政治任务抓紧抓实抓好，努力走在前头、作出表率，取得让老区人民群众满意的实效。

一、牢记责任担当，不断凝聚思想共识、增强行动自觉

我们深刻认识到，老区人民有着爱党爱军、无私奉献的光荣传统，开展教育实践活动有良好的群众基础；同时，老区群众对党群鱼水关系有着深刻的记忆，对“四风”问题非常敏感和反感，对开展好教育实践活动更为关注和期待。认识到位才能行动自觉。我们坚持把提高全市党员干部的思想认识，增强行动自觉作为第一位的任务来抓。一是认真学习领会中央领导同志重要讲话精神。及时召开教育实践活动领导小组会议、常委会议、全委扩大会议传达学习习近平总书记在兰考调研指导民主生活会时的重要讲话和王岐山同志在蒙阴调研指导时的重要讲话精神，研究贯彻落实措施，始终保证教育实践活动的正确方向。全市各级通过召开党组（党委）会议、党员大会等形式认真组织学习，深刻领会精神实质，凝聚形成了把学习焦裕禄精神、学习革命先烈和弘扬沂蒙精神作为一条红线贯穿活动始终的共识。二是积极引导各级领导干部统一思想认识。今年2月初，市委主要领导专门召集县（区）委书记会议，全市动员会后又分别到各个县（区）召开常委会和座谈会，进行动员和“吹风”，引导各级领导干部强化政治意识，克服模糊认识，自觉当好表率，集中精力抓好教育实践活动。对全市156名乡镇党委书记进行了集中思想发动和业务培训。三是树立从严要求、抓紧抓实的导向。在全市动员大会上公开了市级领导班子和领导干部初步查摆出的“四风”问题突出表现17项，并作出郑重承诺，向全市表明态度和决心。抽调176名同志组成活动办公室，对全市6322名督导人员进行了全员培训。对各单位活动实施意见、班子活动方案和动员讲话3个重点材料，实行三级联审把关，从活动一开始就传递严、紧、实的信号。

二、突出沂蒙特色开展学习教育，大力传承和弘扬优良传统

坚持严格要求与精心组织相结合，在原原本本、原汁原味学习规定书目的基础上，充分利用老区丰富红色资源，开展形式多样的学习教育活动，把学习教育深化认识与弘扬老区光荣传统、增强自豪感和责任感有机结合起来，努力取得入脑入心、真懂真信、触及灵魂的效果。一是红色教育触动思想。分25批组织3156名县级以上干部、县（区）直部门主要负责人和乡镇党委书记到沂蒙党的群众路线教育基地、沂蒙革命纪念馆接受教育。全市共有23万多名党员干部到各类教育基地接受现场教育。在市电视台和村级党员教育站点开展了红色影片展播活动。市、县、乡209名党委书记作了党课报告。全市各级邀请将帅后人、红嫂后代等作传统报告会1128场次，组织交流讨论3229场次。二是先模事迹净化灵魂。把向焦裕禄、郑培民、朱彦夫等先模人物学习列入学习教育专题，通过集体学习、上党课、举办事迹报告会、观看先模人物影片等形式，引导全市广大党员干部学先进、找差距。用身边典型教育身边人，在全市巡回组织优秀基层干部寻明胜同志先进事迹报告会14场次，20余万党员干部听取报告，反响强烈。三是大讨论活动提升境界。开展了“学英烈、忆传统，强党性、正作风”大讨论，党员干部对照先辈先烈这面镜子进行“五比五看”，比理想信念、事业心责任感、组织观念、群众观念、作风，看一看在党性觉悟、履职尽责、遵守纪律、联系服务群众、“四风”方面存在哪些不足。通过摆进去比、对照着看，找准了差距和不足，增强了传承优良传统、做“三严三实”好干部的积极性。

三、敞开大门听意见查问题，在活动中坚持走群众路线

王岐山同志来蒙阴调研时指出，要用革命先烈的标准来衡量作风、找准差距。我们积极引导各级对照先辈先烈、

先模先进这面镜子，真开门、多层面征求意见，真正把问题找准找实，把原因查深摆透。一是广开言路、真心实意听取意见。首先，走下去听意见。市、县、乡党政领导班子成员分别设立2—3个基层联系点，全市8.1万名机关党员干部直接联系群众284万户，市、县、乡机关部门单位全部结对帮扶一个村、社区或企业，形成了一张纵到底、横到边的意见征求网。全市各级共建立联系点1685个，召开座谈会1833场，征求意见2.2万条。其次，请上来提意见。市、县两级主动邀请老党员、老干部、"两代表一委员"、党外人士、基层干部群众代表等不同层面代表，召开座谈会133个，个别访谈220余人，收集意见建议3553条。第三，用好送上门来的意见。坚持办好"行风热线"、"12345"市民服务热线和书记市长公开电话，重视意见箱、网络舆情、民意调查等背靠背征求意见方式，主动把群众来信来访纳入意见收集范围，从中梳理各类意见建议2300余条。二是对号入座、层层深入查摆问题。首先，自我查摆"画像"。组织各级党员干部对照"四面镜子""三严三实"要求，对照习近平总书记指出的"25个有的"和姜异康同志列举的"28个有的"，按照"三个摆进去"的要求，把个人存在的问题摆实在、列具体，画好"自画像"。其次，领导骨干试讲试摆。为确保查摆的问题不虚、不空、不偏，市、县（区）委分别召开常委扩大会，每一位常委聚焦"四风"亮思想、摆问题，剖析思想根源，进行试讲试摆。市委常委班子成员共查找"四风"方面问题233条。市、县（区）分别召开党委书记集中学习讲评会，下一级党委书记逐一发言，上级党委书记讲评，对认识不深刻、问题不聚焦的提出意见，确保查摆的问题见事见人见思想。第三，集体会诊和谈心谈话"热身"。各级领导班子召开专题会议，通报听取意见情况，传达上级督导组反馈意见，对班子存在的"四风"问题进行集体"会诊"，列出班子和个人"四风"问题清单。按照"四必谈""五谈透"的要求，深入开展谈心谈话，交流思想，交换意见。市委常委班子集中专门时间、安排固定地点进行个别谈话，取得了较好效果。在此基础上，认真撰写对照检查材料，为召开民主生活会做好准备。

四、坚持抓整改惠民生，以为民务实清廉的作风服务老区人民

习近平总书记指出："搞好教育实践活动，说一千道一万，还得看解决问题。"教育实践活动的成效如何，要靠整改落实来体现，靠民心民声来检验。对自身发现和征求到的问题，即知即改，立说立行，从一开始就着手进行整改，努力让群众看到变化、得到实惠。一是以"零容忍"的态度反"四风"。对办公用房、公务接待、公务用车、操办婚丧嫁娶、工作纪律5个方面的问题进行限期集中整治，共清理出超标办公用房3.9万平方米、违规车辆157台，"三公"经费同比下降15%。组织开展多次暗访活动，今年以来共查处违反中央八项规定问题367个，处理503人；先后4次对22起典型案例进行公开通报。针对群众反映强烈的农村低保户确定不公问题，在全市范围内进行专项清理，清退不符合低保条件2.4万人。针对村干部经济行为不规范、村级财务管理混乱问题，利用两个月时间，全面推行村干部经济责任审计。二是积极主动办实事解民忧。共投资1.23亿元，为76个乡镇购置垃圾转运车，为80个农村新型社区配备污水处理设施，对全市104个路口的交通设施进行安装和维护。对群众迫切要求解决的实际问题列出清单，并在新闻媒体公示。目前，市级班子、县（区）和市直部门单位公布了第一批整改事项246件，各级共确定整改事项5379件，已整改2095件。把解决群众信访问题作为整改的重要内容，先后两次召开县（区）委书记会议进行专题部署，市、县（区）党政班子成员带头包2至3件信访积案，目前已化解551件。精简下放行政审批事项，将216项市级行政审批事项压缩到110项，将249项行政事业性收费项目减少到113项，成为全省审批事项最少、收费标准较低的市之一。优先保障民生投入，确定办好就业创业、保障性安居、碧水蓝天、畅通出行等"十件为民实事工程"。今年一季度，全市民生方面支出60.3亿元，同比增长53.6%，占财政支出的71.5%。三是建立健全加强作风建设长效机制。《关于牢记历史责任，发扬光荣传统，大力加强作风建设的决定》，提出加强作风建设16条措施。建立市纪委班子成员集中约谈县（区）、市直部门党委（党组）书记制度和县级党政班子成员向同级纪委全委会述廉制度。连续下发关于廉洁过节、厉行节约、规范内部食堂接待管理、严肃工作纪律、严禁领导干部大操大办婚丧喜庆等文件，制定了公务接待、会议费管理等办法，建立健全干部外出报告备案、交流干部工资随转、重大事项报告等制度，促进作风根本持久转变。

（本文作者系中共临沂市委书记）

坚守责任担当 不断开创党风廉政建设新局面

张少军

党的十八届三中全会和十八届中央纪委三次全会强调,落实党风廉政建设责任制,党委负主体责任,纪委负监督责任,这是新形势下党要管党、从严治党的重大决策部署。各级党委必须深化思想认识,进一步明确职责定位,自觉坚守责任担当,不断开创党风廉政建设新局面,为改革发展提供坚强的纪律和作风保障。

一、深化思想认识,自觉担当主体责任

党风廉政建设党委担负主体责任,是由党的性质决定的,是法定职责所赋予的,是反腐败形势的迫切要求。各级党委(党组)必须从落实党要管党、从严治党要求的高度,从推进国家治理体系和治理能力现代化的高度,深刻认识落实党委主体责任的极端重要性,牢固树立"抓不好党风廉政建设是失职、不抓党风廉政建设是渎职"的责任意识,把落实主体责任作为推动党风廉政建设的"牛鼻子",切实抓在手上、放在心上、扛在肩上,真正做到守土有责、守土尽责。党委主要负责同志是抓党风廉政建设的"第一责任人",对党风廉政建设负全面责任、直接责任、首要责任,必须增强担当意识,发挥好表率作用,对党风廉政建设工作亲自部署、重大问题亲自过问、重点环节亲自协调、重要案件亲自督办,做党风廉政建设责任制的践行者、引领者、推动者和示范者。今年以来,我们按照中央和省委部署要求,市委常委会6次专题研究党风廉政建设工作,以市委名义下发关于党风廉政建设文件19个,出台了《实施中央〈建立健全惩治与预防腐败体系2013—2017年工作规划〉方案》,从建设惩防体系上进一步明确了主体责任的内容。下发了《2014年度党风廉政建设主体责任及任务分工意见》,改变以往硬性分配任务的方式,改由部门对照市纪委全会、市政府廉政会议精神,结合自身工作实际和存在的突出问题,提报本部门年度党风廉政建设工作任务,以此为依据将主体责任的内容进行细化分解,每项任务明确一个主责部门,切实将党风廉政建设的各项工作落到实处。

二、创新制度机制,保障主体责任落实

(一)建立完善党政班子及成员述责述廉制度。2013年,在费县进行了党政班子成员向同级纪委全委会述廉试点,20个市直部门主要负责人向市纪委全委会进行了集中述廉,由参加会议的纪委委员投票,对党政班子成员、市直部门主要负责人廉洁从政情况进行现场民主测评。今年,将述廉工作进行深化和延伸,把履行主体责任纳入述廉内容,不仅述廉还要述责;不仅测评领导班子成员,还要对党政班子进行测评;由只对纪委委员述廉扩展到向党委全委会、纪委全委会一并述廉。并将这一制度扩展到市级党政班子和所有县(区)。新拟定的《关于开展党政班子成员向党委全委会和纪委全委会述责述廉工作的实施办法》,对述责述廉的对象、内容、方法步骤和工作要求等作了明确要求。述责述廉结束后,由市、县(区)委党委委员,市、县(区)委纪委委员对述责述廉对象进行评测,评测结果记入领导干部廉政档案。最近,市委带头召开了述责述廉专题会议,将市委和市政府党组履行党风廉政建设主体责任和党政班子成员坚持"一岗双责"、廉洁从政情况向市委委员、纪委委员作了报告,带头接受了民主测评。

(二)建立完善履责谈话和廉政约谈制度。确定各级党委政府主要负责人与下一级党委政府主要负责人、纪委领导班子成员与下一级党委政府班子其他成员,进行定期不定期履责谈话;党委政府班子其他成员也按照各自分工,与部门班子成员定期不定期进行履责谈话,了解班子及成员履行主体责任情况,履责谈话每年至少集中开展一次。同时,作为有益补充,继续坚持纪委廉政约谈制度。对在检查中发现问题较多、群众来信来访反映问题较多、民主测评满意度较低的班子或成员,由纪委进行廉政执纪约谈,听取被约谈人落实主体责任和个人廉洁从政情况报告,及时解决苗头性、倾向性问题。今年上半年,市委委托市纪委书记、副书记同15个县(区)党政正职就落实党风廉政建设主体责任、廉洁自律、改进作风等进行了廉政谈话。

(三)建立完善党委主体责任"双报告"制度。确定各级党委(党组)及其主要负责人于每年1月31日前,以书面形式分别向上一级党委和纪委报告上年度履行党风廉政建设主体责任情况。上级党委常委会、纪委常委会适时听取党委(党组)主要负责人履行责任情况汇报。上级纪委负责对报告审核汇总,并结合日常督导和检查考核隋况,针对存在的问题提出整改意见建议,向同级党委常委会作专

题汇报，研究确定反馈意见并进行反馈。这项制度把党风廉政建设工作的着力点聚焦在了平时，牢牢盯住日常的责任落实，避免了“贴在墙上、说在嘴上、做做样子、走走形式”的问题。

（四）建立完善部门党委（党组）及成员落实主体责任评议制度。近几年开展的“千家企业评市直部门活动”，对于转变部门作风、提高行政效能发挥了较好作用。借鉴这一做法，建立了部门党委（党组）及成员落实主体责任评议制度。每年由纪委组织一次社会评议，采取民意测评、问卷调查等方式，全面了解社会各界和群众对部门党委（党组）落实主体责任情况、主要负责人履行“第一责任人”情况、班子成员履行“一岗双责”情况及个人廉洁自律情况的评价，对社会评价情况和工作建议及时反馈给相关部门党委（党组）及其成员，并督促抓好整改落实。

（五）建立完善领导干部廉政报告制度。实践证明，党员干部报告个人有关事项制度，是一项有效的干部自我监督机制。继续抓好对这项制度的健全完善，按照干部管理权限，及时报告涉及个人重大问题、重要事项、外出国境等事项。同时，进一步完善党员领导干部廉政档案管理制度，建立健全全市党员领导干部廉政档案资料库。

（六）建立完善主体责任检查考核制度。在总结以往考核办法的基础上，研究制定《落实党风廉政建设主体责任检查考核办法（试行）》，对领导班子、主要负责人和班子成员考核重点内容进行细化，实行量化打分，把考核结果纳入被考核单位科学发展综合考核成绩，领导干部考核结果存入个人廉政档案，作为干部选拔使用的重要依据。健全日常工作督导机制，每年都组成工作督导组，对县（区）、市直部门主体责任落实情况进行专项督导。

三、突出工作重点，认真履行主体责任

（一）认真抓好党员干部宗旨观念和廉政教育。近年来，市委注重加强了对党员干部尤其是领导干部的党风廉政教育，从思想道德上筑牢拒腐防变的防线。一是办好“沂蒙干部大学堂”，每月举办1—2次，抓好集中学习教育，进一步提高党员干部的组织意识和纪律观念，增强遵守党的政治纪律和落实党风廉政建设责任制的自觉性。今年以来，邀请中直、省直党政机关领导干部和党校、高等院校专家学者等围绕提高党员素质修养，先后作了8场报告。二是充分发挥红色教育资源优势，扎实开展群众路线教育实践活动，已安排35万多名党员干部到沂蒙党的群众路线教育基地、沂蒙革命纪念馆和廉政警示教育基地接受群众路线教育和廉政教育。三是注重发挥先模人物的示范教育作用，通过组织事迹报告会、观看专题影片、开展大讨论活动等方式，引导广大党员干部学先进、找差距，不断提升思想和道德境界。四是持续抓好具有沂蒙特色的廉政文化建设，通过深入开展党风廉政建设宣传月等活动，在全社会形成了学廉倡廉、廉荣贪耻的浓厚氛围。

（二）不断推进权力运行体制改革。注重研究新形势干部在用权、生活、交往等方面的新情况新问题，从源头上查找原因，弥补缺失、堵塞漏洞，不断完善权力运行机制，编好织密制度“笼子”。对重大事项决策、重要干部任免、重要项目安排和大额资金的使用的“三重一大”决策，严格落实集体讨论制度；对涉及人财物管理、行政许可和审批、行政事业性收费、执纪执法等腐败问题易发多发领域，进一步搞好建章立制、规范运行机制。认真执行《干部任用条例》，不断改进干部选任办法，坚持正确的用人导向，努力防止选人用人上的不正之风。深入推进行政审批制度改革，进一步压缩行政审批事项，着力推行“两集中、两到位”，建立“一张表”流程，不断提高行政审批效能。2013年市级行政许可（审批）项目由216项减少到110项，审批项目办理速度比法定工作日提速89.8%。

（三）持续抓好作风建设。贯彻落实中央八项规定精神，是改进作风、树立形象的关键环节，必须以“钉钉子”精神和有力措施抓好落实。2013年市委制定了贯彻中央八项规定的12条实施办法，出台了公务接待、厉行节约、干部外出报告备案等18项制度规定，加大专项督查、明察暗访和通报曝光力度，促进了干部作风转变和厉行节约良好风气的形成。深入开展群众路线教育实践活动，坚决纠正“四风”、转变作风，以实际工作成效取信于民。活动开展以来，广大党员干部认真查摆自身存在的突出问题，结合征求到的群众意见抓好整改落实，目前全市各级领导班子公示的第一批189件整改事项已整改108件，全市确定的7897件整改事项，已整改完成4445件。大力传承和弘扬沂蒙精神，践行“三严三实”要求，完善了领导干部联系点、党员群众“结亲连心”等直接联系服务群众机制，畅通了行风热线和“12345”市民服务热线、书记市长公开电话等群众诉求表达渠道，进一步密切与人民群众的联系。坚决纠正损害群众利益的各种不正之风，深入开展了城乡居民养老、减轻农民负担和涉农乱收费、教育乱收费、公路“三乱”、医药购销、医疗服务等专项治理活动，加大对民生领域案件的查处力度。2013年以来，全市共查处涉及民生的违规违纪案件291件，给予党政纪处分和组织处理170人。

（四）领导和支持执纪执法机关监督问责。一方面，支持纪委突出主业，理顺职能。对市纪委内设机构进行调整，设立了党风政风监督室、执法和效能监督室，增设了1个案件检查室，办案人员增加到44人，占机关公务员总数的61%；先后两次清理市纪委牵头或参与的各类议事协调机构，由176个减少到15个，确保纪检监察机关集中精力抓好执纪监督和查办案件工作。另一方面，以“零容忍”的态度惩治腐败，坚持有腐必反、有贪必肃。认真落实中央《关于实行党政领导干部问责的暂行规定》，建立健全分级负责、分级追究的运行机制，坚持“一岗双责”“一案双查”，既查直接责任、又查领导责任；既查案件本身问题，又查监管不力问题，始终保持严惩腐败的高压态势。严格责任追究制度，严格执行行政问责办法，加大对不作为、慢作为、乱作为的问责力度，严肃查处有令不行、有禁不止行为，以及失

职渎职、违法行政的行为。2013 年以来共对 13 个部门、163 名行政人员进行了问责，对 6 名分管负责同志给予相应的党纪政纪处分，起到了有力的震慑作用。

（本文作者系中共临沂市委书记）

张会所村调研

林峰海

今年 4 月 16 日至 4 月 18 日，我到高新区韩集乡张会所村进行了蹲点调研，走访该村所有老党员、困难户和部分普通农户，与 60 多户村民进行面对面交流，向 30 户村民做了问卷调查，召开乡村干部、村全体党员和村民代表座谈会 3 次，到田间地头察看农业生产情况，充分了解当前农村生产生活状况和基层干部群众的所思所想。总体上看，张会所村在一定程度上反映了聊城农村的整体情况。解剖这只“麻雀”，对更加深入了解当前农村实际和深化农村改革具有重要的借鉴意义。

一、张会所村的基本情况

张会所村位于高新区与茌平县、东阿县的交界处，共有居民 156 户、577 人，其中党员 18 人，村“两委”成员 3 人，村民小组长 4 人。全村宅基占地约 200 亩，耕地 784.2 亩，人均耕地 1.36 亩。从实地调研情况看，村民对当前的生活普遍较为满意，家庭支出结构逐步由以生活支出为主向生产、教育、医疗等方面支出转变，并迫切期盼进一步增收致富。具体来看，主要呈现出五个方面的阶段性特征：

（一）吃饭靠种地。改革开放初期，村里实行了家庭联产承包责任制，通过种植棉花解决了温饱问题。20 世纪 90 年代以后，主要种植小麦和玉米，由于土地盐碱化较重，亩产平均八九百斤。近几年，虽然种地收入在中的比重逐步降低，但仍是一年口粮的基本保障。目前，村民有的自己种地，有的把土地承包给别人，无论是否种地，他们都非常重视土地，将其视作安身立命之本。

（二）花钱靠打工。近年来，随着农业机械化的普及，农民种粮劳动强度下降，青壮年大多外出打工。2008 年之前，全村打工户达到 80% 以上，18—65 岁的劳动力几乎都外出打工。此后，虽然有部分村民回乡创业，但打工仍然是他们重要的收入来源。目前，张会所村打工的有 160 多人，年工资收入大约两三万元。相比之下，种粮收入加上粮食补贴，每亩仅收入 1000 元左右，在家庭收入中所占的比重已经很小。

（三）致富靠项目。2008 年以来，村民王爱国在当地种植葡萄取得成功，带动一些村民相继回来建起了 30 多个葡萄大棚，种植面积达到 120 亩。还有十几户村民利用打工学来的技术，干起了木材、铝合金、面粉、服装等个体加工，这些村民大多比较年轻，头脑灵活、敢想敢干，家庭年收入平均达到七八万元，成为村里先富起来的一批人。近两年，村里种大棚、搞个体的农户逐渐增多，全村年人均纯收入达到 1 万元，生活水平正向更高水平的小康迈进。

（四）困难靠救济。村里有 6 户低保户，除了种几亩地，经济上主要靠每月 105—140 元的低保金，有的还靠政府救助改造了危房。随着新农合住院报销比例不断提高，村里因大病致贫或者返贫的农户基本没有了，但是一些患慢性病的困难户医药费用负担还比较重。

（五）干部靠觉悟。该村共有 7 名村干部，2012 年之前每人每年只能领到 500 元的误工补贴，2013 年由于获得了 5000 元的农业特色村奖励，每人补贴提高到了 1000 元。虽然待遇比较低，但还能尽心尽力做事，村支书张彦忠两次组织群众集资，为村里修了 3 条路，他每次都带头捐款上千元，逢年过节还用自己的补贴给老党员、老干部购买慰问品。

二、张会所村存在的主要问题

（一）村“两委”班子带动发展的作用发挥不够充分。一是“本领”不够。整体素质偏低，7 名村干部中初中学历 6 人、高中学历 1 人。部分村干部对发展现代农业的知识和技术掌握不足，既不能成为带头致富的典型，又不能为村民提供各种服务。二是“意识”不强。缺乏在市场经济中发现机遇的意识和能力，缺少带领群众开拓创新、发展致富的魄力，很难发展起村集体经济。三是“动力”不足。缺乏工资增长、职位晋升等激励奖惩机制，难以调动起村干部的积极性。

（二）村民创业的积极性不高。一是传统思想束缚。受传统思想的影响，大部分村民创业的积极性不高。二是风险意识不强。大部分村民认为搞项目投入大、风险高，不如打工稳定，而且“干得多就挣得多，省心省力”。三是发动引导不够。村里搞铝型材加工和装修的、开馒头房的都搞得很好，证明村民有能力成功创业，但在对他们的发动和引导上做得还不够。

(三)大量劳动力外出导致村庄活力不足。一是带来“空巢老人”“留守儿童”等社会问题。村里大约有40多位上年纪的老人,都是在老宅里独自生活,子女要么分家立户,要么外出打工,“空巢”现象比较突出。二是影响了村庄发展活力。当前,村里从事传统种植的农民主要以妇女、老人为主,综合素质普遍不高,在很大程度上制约着农业结构的调整。三是未能从根本上改变村民生活。绝大多数外出打工者都是以体力劳动为主,等到年龄大了只能再回家种地,生活得不到实质性改善。

(四)政策落实仍然不到位。一方面,政策落实不力。近年来,我市大力实施农业产业调整振兴计划和“农业龙头带动”战略,对推动农村经济社会发展起到了积极作用。但在村一级,相关政策落实还有不到位的地方。另一方面,村干部对政策掌握不够。部分村干部平时不注重学习和研究政策,也不能为村民提供政策服务。由于市场信息不对称,村民对上级推行的政策也不是十分了解,往往只能被市场牵着鼻子走。

(五)村民发展生产仍存在困难。一是调地难。该村的耕地都是南北向,不能修建保温效果更好的冬暖式大棚,导致葡萄上市时价格已经开始回落。二是浇地难。该村主要靠季节性黄河水浇地,难以满足需求。村民自己打一眼井则需投入1.5—2万元。三是融资难。调查中有2/3的农户反映扩大生产缺少资金,办理农业贷款则手续繁琐、门槛较高。四是提高技术难。村民平时都是自学葡萄种植技术,虽然村里请乡农技站的技术员每月来现场指导一次,但很多农户感到不能满足实际需要。五是合作社起步难。村里于2012年成立了惠所无公害蔬菜瓜果专业合作社,由于村民缺乏经营管理知识,对下步发展没有明确的思路。

(六)一些涉及群众切身利益的问题未得到解决。去年村里有农户通过“五户联保”的方式贷款,结果借贷者携款潜逃,导致村民不敢再为他人担保。乡里的小学存在指定购买辅导书等变相收费现象,校服虽不强制购买,但不穿校服不让参加集体活动;学校周边的小商小贩缺乏管理,食品卫生难以保证。村里的路灯只在过年过节时才亮,很多垃圾堆弃在废池塘边,等等。

三、感悟和体会

这次蹲点调研,既是一堂生动的党课,更是一次党性觉悟的升华。通过与村里群众朝夕相处,自己有了很深的感悟和体会。

(一)我们与群众的感情是近了还是远了?习近平总书记最近在兰考讲了发人深省的一段话:“事实表明,经济发展了,人民生活水平提高了,不等于党同人民的联系就更加密切了、必然密切了,有时候反而是疏远了。”我自己从农村长大,参加工作又在农口,自认为和农民群众有着天然的感情。但随着职务的变化,不知不觉中同农民群众在感情上疏远了。看到87岁的贾吴氏老人独自生活,住的非常简陋,吃的是馒头咸菜,我心里非常酸楚,就像长期不归的孩子回到家面对年迈母亲那样感到愧疚。

(二)我们对基层党员干部关心够不够?在平时的工作中,我们把更多的精力都放在抓经济上,对党建特别是基层组织建设抓的不够。调研时发现,有的村干部每年只有500元补贴,做集体的事只能靠奉献、靠觉悟,自己深感责任没尽到,对基层党员干部的关心不够。

(三)基层党组织的能力是加强了还是弱化了?在调研中发现,有些村级党组织的能力有所弱化。具体表现在两个方面:一是党员干部思维模式还未根本改变。部分村干部的思维模式还处于计划经济时代。尤其是取消农业税后,村干部感觉工作缺少抓手,不会抓工作了,在群众中的威信也不如以前。二是没有服务村民的经济能力。以张会所村为例,该村村集体一年的收入还不如一个普通农户,“村比户穷”的现状让村级组织缺乏领导力和执行力。

(四)农村发展到底是快了和还是慢了?与工业、服务业相比,农业农村发展速度还不够快,还缺少强有力的支撑点。从农民收入来看,虽然近几年来保持了较高的增长速度,但打工收入所占比重过大,自主创业或通过结构调整所带来的收入占比仍然较小,农民增收缺乏可持续性。

“三农”问题事关改革发展稳定大局。面对新的形势和任务,结合这次蹲点调研,对如何更好地做好农业农村工作进行了深入思考,心中打起了四个问号:

一是农村发展农民致富的路径到底在哪里?近年来,我市围绕农业农村发展,通过一系列强力举措,有效调动了各级各部门抓好“三农”工作的积极性,对农村经济社会发展起到了积极的推动作用。但受土地、资金、人才、技术等多方面因素制约,我市现代农业发展的支撑点还不牢固,农业产业结构调整的脚步仍然比较缓慢。那么,我们如何突破各方面掣肘,为农业产业结构调整扫清障碍,尽快把立体农业的框架搭建起来?

二是农民增收的突破口到底在哪里?农民群众增收致富的期盼十分迫切,但由于“自主创业怕风险、发展特色种养殖嫌麻烦”,许多人更愿意外出打工挣钱。从长期看,打工收入具有不稳定性,难以对农民增收产生根本性的影响。在发展以工业化生产方式为主要特征的新型农业过程中,如何打破固有格局,推动人口聚集载体由村庄向产业转变?如何引导农民把手中的资金充分利用起来,敢于善于自主创业?如何通过多种形式的培训增强农民致富能力,实现由“输血”向“造血”转变?如何为农民提供与市场相对称的信息,防止农民收入大起大落?

三是城镇化进程中农民的出路到底在哪里?伴随着城镇化进程加快,大批农民将离开他们赖以安身立命的土地,进入城市生活。这些失地农民长期的生存发展,是我们必须认真思考的问题。在推进城镇化的过程中,如何实现人口转移与农村发展、产业集聚、失地农民就业创业的有机统一?如何为失地农民提供就业、教育、医疗、养老等方面的保障,真正让他们过上和城市人一样的生活,共享城镇化建设的成果？

四是农业农村改革如何破题？党的十八届三中全会对深化农村改革作出了全面部署。作为一个农业大市，聊城农村改革的突破口在哪里？如何通过改革，实现资金、人才、技术等各类要素的合理配置，最大限度地激发农业发展活力？如何在把农民从繁重的体力劳动中解放出来的同时，提高他们的经济收入？如何破解农业农村发展的瓶颈制约，激活“三农”工作全局？

四、对加快农村发展的几点思考

（一）加强村级班子建设。农村要发展，关键要有一个好班子，特别是要选好带头人。对于基层党员干部，一方面应加强关心和激励，在工作待遇、发展前途等方面予以适当考虑。另一方面需要加强指导和培训，提高他们的思想认识和工作能力。一是素质培训。通过培训提高广大村干部的自身素养，增强他们“为官一任，造福一方”的责任意识。二是技能培训。尽快弥补村干部在现代农业知识和技能上的欠缺，让村干部成为带领村民致富的“领头雁”。三是能力培训。增强村干部发展农村经济、带领群众致富的意识和能力，特别是发展集体经济的意识和能力。

（二）鼓励支持村民自主创业。从张会所村的收入结构可以发现，要真正实现富裕，必须依靠项目，走开创业的路子。一方面，要鼓励和引导村民自主创业，尤其是鼓励外出打工人员返乡创业，增强本地经济发展的动力。另一方面，要加大引导和扶持力度，积极推广适合群众创业的项目，降低创业门槛，优化创业环境，使群众的创业热情得到充分释放。

（三）加快城乡一体化步伐。解决好农业农村农民问题，是全党工作的重中之重，城乡发展一体化是解决“三农”问题的根本途径。一是推动更多公共资源覆盖农村，让农村人过上城市人的生活。促进城市生产要素更多、更快向农村流动，促进公共资源向农村均衡配置。二是以农业现代化为核心，增强农村的“造血”功能。推进城乡一体化，以农业现代化为核心，增强农村自身的发展能力。三是结合城镇化建设，统筹城乡产业协调发展。以“人的城镇化”为核心，突出产城融合的理念，重视以产业作支撑，推进土地流转，让更多的农民发展现代农业、从事二三产业，实现城镇化与工业化、农业现代化的协调发展。

（四）强化农民的基本保障。目前，普通农户的抗风险能力还比较弱，一旦主要劳动力发生意外，家庭很可能会陷入困境。因此，要认真研究如何增加农民的财产性收入，同时进一步做好社保、医疗、教育、优抚等工作，使改革发展成果更多更好地惠及农民，切实解除农民的后顾之忧。

（本文作者系中共聊城市委书记）

高校思想政治教育的有益探索

——对聊城职业技术学院“知史爱党”教育的调查

省委政策研究室调研组

近年来，聊城职业技术学院高度重视学生思想政治教育工作，不断巩固思想政治教育的基础地位，发挥教育的引领作用。2012 年底，学院组织开展了大规模调查，发现高职院校学生缺信仰、缺自信、缺动力问题突出。为此，学院组织广大师生，开展了“如何提振学生精气神”大讨论，广开言路，集思广益，最终取得共识：党史是最好的“营养剂”“教科书”，是学生精神上的“钙”，是开启学生信仰之源、自信之源、动力之源的“金钥匙”。院党委经过认真研究决定，把党史教育作为突破口，使学生知史爱党，努力解决好理想信仰、价值观念养成问题，打牢学生全面健康发展的根基。学院经过近两年的实践，取得显著成效，先后获得省德育工作优秀高校、党员教育先进单位、文明单位等 10 多项荣誉称号；今年以来，全院递交入党申请书的学生达到 4600 多人，占在校生的近一半；毕业生就业率连续多年保持在 98% 以上，毕业生良好的政治思想品质受到社会好评。

一、深化教学改革，创新党史教育模式

围绕搞好党史教育，坚持向改革要动力，探索形成了一套卓有成效的教学模式。

（一）理论与史实结合，让党史教育入脑入心。针对传统教学存在的重理论、轻效果，重理性、轻感性等问题，创新教学形式，把党史教育打造成人格课、智慧课、创新课。一是以马克思主义理论和思想品德“两课”内容为核心，推行模块化教学，增强理论教育感染力。坚持理论要精、形式新颖的原则，活化教学素材，调整教学方式，把“两课”内容划分为多个模块，按照模块精选教学案例，搜集有关图片、影音等形象化资料，把理论化、术语化、抽象化的文字表述转化为大众化、口语化、形象化的生动教材。教学中，坚持因时、因地、因人而宜，把理论与学生关注的现实问题结合起来，使教学更加贴近学生生活，更加适合学生“口味”，更有利于学生吸收其中的知识。二是以重大历史事件为经，推行故事化讲评教学，增强党史教育吸引力。党史是由一个

个重大事件串联而成的，每个事件都蕴含着动人的故事情节。学院从我党90多年奋斗史中，精心选取学生感兴趣、具有重大意义的历史事件，编辑成一个个鲜活生动的历史故事，用事件贯串历史、用故事呈现历史，运用通俗易懂的教学形式，让学生接受系统完整的党史教育。特邀省委党校教授为学生量身打造、系统设计了12个党史故事课程，全景展现党波澜壮阔、发奋前行的光辉历史。在课堂上，改变传统的灌输式教学法，让学生充当"主角"，对故事进行听、讲、评、议，增强了学生对党史的认知和感悟。三是以重要历史人物为纬，推行拟人化情景教学，增强党史教育亲和力。党的光辉历史，还体现在革命先辈和先进人物身上，他们的感人事迹对学生身心具有强大的冲击效果。学院积极探索以人物解读为主的教学模式，采用现代艺术和科技相结合的手法，认真挖掘、精心打造以重要历史人物为核心的10个历史篇章，把人物的伟大形象和生活细节相结合，模拟人物产生的历史背景、生活的历史环境、创造的感人事迹，用鲜活的历史人物还原历史，阐述其中蕴含的宝贵精神财富，使学生在生活化、细节化的教学环境中，领悟先进人物的崇高品格，体悟以爱国主义为核心的民族精神和以改革创新为核心的时代精神，领悟井冈山精神、延安精神、焦裕禄精神的现实意义，增强信念坚定性和政治鉴别力。

（二）德育与美育融合，增强教育的艺术感染力。学习借鉴北京师范大学檀传宝教授提出的德育美育融合理念，将党史与艺术相结合，创新开设了红色经典音乐鉴赏和红色电影欣赏两门党史教育必修课，让学生在浓厚的艺术氛围中增进对党的理解和感情。一是在流动的音符中涤荡学生们的灵魂。探索尝试红色经典音乐鉴赏教育，按照党史脉络，编辑了《长征组歌》《黄河大合唱》《东方红》《复兴之路》4部作品，每个乐章浓缩与再现一段历史，4部作品组合在一起，完整清晰地再现了党领导人民从战略转移到北上抗日、新中国成立，再到改革开放，一步步走向复兴的伟大历程。课堂上，伴随着优美动听的词曲，链接入大量历史资料，把学生引进党史的"时空隧道"，极大地提高了学习兴趣，增强了教育效果。二是在激荡的剧情中提升学生们的价值追求。利用青年学生普遍爱看影视的特点，探索形成了深受学生欢迎的影视感染教学法。成立专门的教学团队，对学生的影视偏好进行调查分析；遵循思想性、艺术性、可看性的原则，精选反映党的重要历史转折、弘扬党的优良传统和主流价值取向的作品，建立了包含数百部影视、总计900GB的影视库，形成一套完整的党史影视教材。教学中，从解读镜头、色彩、构图等电影语言入手，引导学生深化对主题的理解、对内涵的领悟，进而达到陶冶情操、美化心灵、提升品德的目的。

（三）历史与现实交汇，增强党史教育的时代感。现实是最好的历史教材。学院把形势政策教育作为党史教育的重要内容和有效途径，努力用党领导改革开放的生动实践，增强学生对党史的认知。专门设立"形势与政策"教研室，统筹协调教材、教师、教学问题，探讨有效教育形式。紧贴形势发展变化，结合学生兴趣特点，及时研究、更新内容，建立形势政策资源库。院领导带头参与形势政策教育重大问题研究，党政主要领导和分管领导亲自授课，分析形势，把脉人生，为学生成长成才导向把舵。建立报告会制度，定期邀请校外党政领导、专家学者作形势政策报告，让学生及时了解改革开放重大成就，解疑释惑社会敏感问题，增强了党史教育的真实性和可信度。

二、丰富载体形式，将党史教育融入育人全过程

把党史教育融入学生学习生活各个方面、每个环节，构建起全方位育人格局。

（一）搭建实践平台，强化实践育人。社会是育人的熔炉。学院注重用实践育人，突出正向激励作用，精心选择实践平台，先后与聊城市革命烈士陵园、孔繁森纪念馆、聊城监狱等单位签订了实践育人协议书，建立了比较稳定的党史教育基地。加强实践教学安排，每学期根据形势发展变化，突出党史教育主题，及时调整教学计划，提高实践教学针对性。近几年，先后开展了社会主义核心价值观、科学发展观、群众路线等主题社会实践活动。丰富社会实践活动形式，每年都组织开展大学生"三下乡"活动，引导学生利用业余时间自主开展社会实践活动，以用促学、学以致用。丰富充实的社会实践，增进了学生的社会融入度，坚定了跟党走、干事业的信心和决心。

（二）突出职业教育特色，强化职业核心能力培训。学院坚持以党的优良作风为引领，大力开展职业核心能力培训，帮助学生明确努力方向、追求良好职业操守、激发向上的动力。由院党委书记挂帅，一名副院长负责，在全院选拔优秀年轻教师，组建了高素质培训团队，从中选拔教师赴北京、哈尔滨等地参加全国学习培训和资格测评，目前已形成30人的骨干培训队伍，有7人获得培训师证、20余人取得职业核心能力测评师资格。合理规划设计培训课程，先后开发了7个核心能力训练模块，2012年9月以来，在校内开展了80多期培训，5000余名学生受益。学院还主动承担社会责任，把职业核心能力培训向校外拓展，先后义务走进高唐一中、冠县职教中心等16所中学，培训了近2000名学生，在全国开创了先例。职业核心能力训练营已成为该院思想政治教育的品牌。

（三）开展"四心教育"活动，强化知行合一。注重从学生日常言行抓起，用党的优良传统促进学生习惯养成，使党史教育内化于心、外化于行。一是忠心献给祖国。借助"七一"、国庆等重大节点，广泛开展"青春耀齐鲁""我与祖国共奋进"等活动，引导学生增强民族自尊心、自信心和自豪感。以理想信念为核心，依托主题班会，开展诚信、励志等教育活动，引导学生把好世界观、人生观、价值观这个总开关。注重培养学生读书兴趣，建立教师导读团队，设立"红色书屋"，积极倡导读好书、读红书，让学生领会党史、思考当下、谋划未来。二是爱心献给人民。组织引导学生

深入革命老区、沂蒙红区走访、调查、“寻根”，体验党的光荣历史和优良传统。深化学生志愿服务活动，实施大学生志愿服务西部计划，开展“传承雷锋精神、参与志愿服务”活动，定期组织学生志愿者深入老年公寓、特教学校、农村社区，开展公益服务和对口支援，增强了学生服务群众、奉献社会意识。目前，形成80多支志愿服务团队，有6支团队荣获省级优秀服务队，5名学生荣获优秀学生。三是孝心献给父母。发挥校园文化育人作用，借助网络、微信等现代传媒，开展“我为父母献支歌”“感恩励志儿女、孝心回馈父母”亲情实践等文化活动，并利用学生假期特别是春节返乡的时机，持续开展家访、家书活动，引导学生与父母真情交流，为父母干一件好事，激发学生孝心。四是信心留给自己。坚持鼓励为主的教育导向，精心打造贺信活动，对在道德模范行为等7类项目中表现突出的学生，采取向其家庭、所在村“两委”或乡镇发送一封贺信的方式，增强学生进取意识。广泛开展科技创新、技能竞赛等活动，投资8000多万元建设完善实训条件，引进网易印象派、天猫小邮局等10多家企业搭建创业载体，让学生在展示自我过程中增强自信。

三、强化基础建设，增强思想政治教育的组织人才保障

（一）建设强有力的组织领导和制度体系。实施思想政治教育“一把手”工程，成立了院党委书记、院长任组长的思想政治教育工作领导小组，在每个二级学院都建立了相应的组织领导和工作机构，加强了工作力量配备，强化了组织领导。研究制定了《关于进一步加强和改进学生思想政治教育工作的实施意见》，出台课程改革、队伍建设、学风建设等各类配套文件27项，形成了一套比较完善的工作制度。

（二）培养一支业务素质过硬的专业教师队伍。在严格准入、高标准配备思想政治教育专任教师的基础上，实施教师素质提升计划，建立“校培、省培、国培”三级师资培训体系，构建“教学新秀——骨干教师——专业带头人——教学名师”选拔激励机制，对党史教育专任教师队伍进行重点培养。坚持“走出去”与“引进来”相结合，制定一系列激励和保障措施，2011年以来，投入100余万元鼓励引导教师培训、进修，先后选派4名教师到北师大等高校学习、4名教师赴中国传媒大学进行为期一年的电影分析培训，聘请中国传媒大学、省委党校、省社科联、聊城大学等多位知名思政教育专家，参与学院党史教育课程和教学改革、教师培训、现场指导等系列活动，极大提高了全院党史教育教学水平。

（三）组建一支有广泛社会影响力的“五老”宣讲队伍。学院注重挖掘利用红色资源，组建了一支老干部、老战士、老劳模、老工人、老教师“五老”党史教育特殊队伍，采取与学生座谈、面对面交流、报告会等形式，让“五老”现身说法，让典型模范引路，依托真人真事，增强党史教育的亲和力。全国劳模许振超、全国优秀检察官白云、孔繁森同志事迹报告团成员等，都是学院“五老”队伍成员，都曾先后到学院作报告。他们的精彩演讲和感人事迹，为学生们带来丰富的精神滋养和强烈的心灵震撼，在当下与历史之间、在个人与理想之间架起一座桥梁，使学生从这些模范人物身上感受到党的感召力。

（四）建设一支引领作用突出的学生政工队伍。学院通过严把入口、培训、考核3个“关口”，突出选拔、培养、考评、激励4个环节，努力打造以专兼结合、精干高效、稳定优秀的辅导员和班主任为主的政工队伍。推行无缝隙全时段精细化管理和服务，对政工干部组织、协调、实施学生思想政治教育工作作出明确规定和要求，每年对党政干部履行思想政治教育工作职责做出有计划、有时间、有进度、有考核的部署，努力打造良好育人环境，营造了全员联动育人的“知史爱党”教育氛围。

执 政 论 坛

政府工作报告

郭树清

各位代表：

现在，我代表省人民政府向大会报告工作，请予审议，并请省政协各位委员提出意见。

一、关于2013年工作回顾

过去一年，在中共山东省委的领导下，我们认真贯彻党中央、国务院的各项决策部署，带领全省人民开拓创新、埋头苦干，圆满完成省十二届人大一次会议确定的年度任务，实现了本届政府的良好开局。

经济保持稳定快速增长。全省生产总值预计达到5.5万亿元，增长9.6%左右。粮食总产实现“十一连增”，达到905.6亿斤。固定资产投资增长19.6%，社会消费品零售总额增长13.4%，居民消费价格上涨2.2%。结构调整见到新的成效，服务业增加值比重预计提高1.2个百分点，规模以上工业增加值增长11.3%，高新技术产业比重上升到30.2%。发展质量有新的提高，公共财政收入4560亿元，增长12.3%；税收收入占比提高2.4个百分点，达到77.5%。规模以上工业企业主营业务收入、利税预计分别增长12.2%、10.8%。

地区协调发展取得新的突破。蓝黄两区科技创新、特色产业培育、未利用地开发成效明显。制定省会城市群经济圈和西部经济隆起带发展规划，基础设施建设、人才引进培训、投资环境改善都迈出实质性步伐。修订全省交通发展专项规划，把贯通全省的铁路、公路项目和西部机场列入优先位置。新开工济宁至鱼台等6条高速公路，德大等12个铁路项目进展顺利。制定了与农民工相关的工资、社保、教育、医疗、就业、户籍、住房保障等一系列政策措施，促进同工同酬和基本公共服务均等化。预计全省城镇化率达到53.7%。示范镇新增100个，农村新型社区新增600个。

重点领域改革进一步深化。省政府分三次取消和下放审批事项230项，投资核准事项减少40%，行政事业性收费由87项缩减为25项。改革工商登记制度，新增市场主体69万户，增长22%。全省开展了农村土地确权登记颁证试点，农民合作社、家庭农场快速发展。在资本市场引领下，各类企业规范改制步伐加快。进一步理顺了省以下财税关系，“营改增”试点工作稳步推进。地方金融机构改革和民间金融阳光化进程加快，启动建立地方金融监管体系，市场融资渠道进一步拓宽。民间资本管理机构超过100家，齐鲁股权交易中心完成公司制改造。在全国率先以省为单位推行新农合大病保险，选择30个县开展公立医院综合改革试点。统一了城乡居民基本养老保险管理体制，启动了城乡居民基本医疗保险整合工作。

对外开放迈出新的步伐。全省上下大力推进对外开放，与重点国家和地区的交流不断深化，国际友好城市和友好合作城市分别达到190对和187对。积极走访全球知名企业地区总部，与一批世界500强公司建立了更密切关系。成功举办第二届中非省市长对话、第七届华商企业科技创新合作交流会，香港、台湾山东周活动取得丰硕成果。全省进出口总额2671.6亿美元，增长8.8%。实际到账外资140.5亿美元，增长13.8%。农产品出口、境外投资、对外承包工程和外派劳务保持全国领先。国家级开发区达到32家。

法治政府建设取得新的进步。深入开展以“为民、务实、清廉”为主题的教育实践活动，作风建设和制度完善成效明显。严格执行省人大及其常委会的决议决定，自觉把政治协商纳入决策程序，主动听取民主党派、工商联和人民群众的意见建议。办理人大代表建议405件、政协提案752件。提请省人大审议通过地方性法规9件，制定政府规章14件。全面落实行政程序规定，加快推进政务公开。完善社区治理机制，推动行政管理、社会事务、便民服务一体化。建成城市社区服务站6286个，“一站式”服务大厅4019个。社区社会组织发展到1.8万个，社区志愿者达到92.9万人。加强惩治和预防腐败体系建设，全省纪检监察机关立案12242件，其中大案要案3601件，给予党纪政纪处分12182人。

各项社会事业繁荣兴旺。各级各类教育全面发展。试行职业教育与本科教育对口贯通分段培养，青岛、潍坊等地推进中小学校取消行政级别试点，山东农业大学、临沂大学等完善治理结构的探索取得成效。科技创新能力不断增强，全社会研发投入比重预计达到2.17%。青岛海洋科学与技术国家实验室启动建设。采取17市共同承办新模式，成功举办“十艺节”。加快推进文化体制机制改革，艺术精品创作取得丰硕成果。建成标准剧场34个，新建、改建县级图书馆和文化馆132个。一批经营性文化单位转企改制。城乡医疗卫生服务体系建设加快。全民健身工作取得新进展，十二届全运会山东蝉联金牌、奖牌榜冠军。

民生保障得到较好落实。大力实施基本公共服务体系建设行动计划，民生实事全部兑现。全年民生投入占地方财政支出的比重达到57.2%。预计城镇居民人均可支配收入28200元，增长9.5%；农民人均纯收入10500元，增长11%。城镇新增就业119.9万人，农村劳动力转移就业133.3万人。150万贫困人口实现脱贫。新增养老床位8.9万张。开工建设保障性住房27.9万套，建成22.2万套，分配18.9万套，提前完成国家计划。深入开展平安山东建设，立体化社会治安防控体系不断完善，“平安行·你我他”道路交通安全整治活动取得明显成效。持续开展安全生产大检查和“打非治违”专项行动，努力减少安全生产事故。理顺机构体制，加强对食品药品全过程监管。

生态文明建设扎实推进。编制实施大气污染防治规划和一期行动计划，积极构建大气污染联防联控机制。开展千家企业节能低碳行动，完成淘汰111家企业落后产能任务，全面淘汰立窑水泥生产线。新能源发电装机新增147万千瓦，占比提高到9.5%。南水北调东线山东段工程正式通水，沿线治污取得重大进展。胶东调水主体工程基本完工。小清河流域生态治理扎实推进，淮河流域治污和海河流域治污在国家考核中都名列第一。全省新治理水土流失面积1600平方公里。测土配方施肥面积占到播种面积的25%。造林335.6万亩，新增湿地保护面积130万亩。预计全年万元生产总值能耗降低5%左右。

各位代表，2013年全省各条战线都争先创优，奋发有为。国防动员、人民防空、民兵预备役建设、双拥共建和优抚安置工作不断加强，军政军民团结进一步巩固。人口计生、妇女儿童、青少年、慈善、残疾人、老龄事业持续发展，民族、宗教、对台、侨务、档案、史志、气象和防震减灾等工作取得新进步。

去年的成绩来之不易。这是党中央、国务院高度重视、亲切关怀的结果，是中共山东省委科学决策、正确领导的结果，是省人大、省政协和社会各界有效监督、大力支持的结果，是全省上下同心同德、共同努力的结果。在此，我代表省人民政府，向全省各族人民、各民主党派、工商联、各人民团体和各界人士，向驻鲁人民解放军、武警官兵、公安干警和中央驻鲁单位致以崇高的敬意！向关心支持山东发展的香港特别行政区同胞、澳门特别行政区同胞、台湾同胞、海外侨胞和国际友人表示诚挚的感谢！

在总结成绩的同时，我们也清醒地看到，我省经济社会发展还存在不少问题。经济下行压力较大，服务业比重偏低，工业结构过重，企业创新活力不足，资源环境约束增强，大气污染形势严峻，就业结构性矛盾突出，社会保障不够完善，政府职能转变还不到位，安全生产事故和干部腐败现象时有发生。对此，我们一定高度重视，采取有效措施加以解决。

二、关于2014年政府工作总体安排

今年是完成“十二五”规划任务的关键一年。综观国内外形势，我们既面临挑战，也具有许多机遇。习近平总书记去年11月视察山东并发表一系列重要讲话，为我省发展指明了方向，注入了强大动力。

习近平总书记要求我们切实转变观念，不再简单以国内生产总值增长率论英雄。要坚持腾笼换鸟、凤凰涅槃，端正思路、坚定信心，把使市场在资源配置中起决定性作用和更好发挥政府作用结合起来，努力在转变经济发展方式、全面提高经济发展质量和效益上起到领头雁作用。按照习近平总书记的指示，今后我们必须在发展理念、发展定位、发展动力、发展途径、考核导向等方面实现新的转变，逐步减少对资源投入的严重依赖，在持续增长中调整经济结构，努力在推动科学发展、全面建成小康社会历史进程中走到前列。

2014年政府工作必须牢牢把握“稳中求进、改革创新”的核心要求，按照省委十届七次、八次全体会议部署，全面深化改革，加快产业结构调整，保障和改善民生，创新社会治理，加快发展社会主义市场经济、民主政治、先进文化、和谐社会、生态文明，让发展成果更多更公平惠及全省人民。

各位代表，综合考虑多方面因素，建议今年我省经济社

会发展的主要预期目标为：地区生产总值增长9%左右，公共财政收入增长11%左右；固定资产投资增长17%，社会消费品零售总额增长13%，居民消费价格涨幅控制在3.5%左右；城镇新增就业100万人，农村劳动力转移就业120万人，城镇登记失业率控制在4%以内；进出口总额增长6%左右，实际利用外资保持稳定增长；城镇居民人均可支配收入增长10%左右，农民人均纯收入增长10%以上。人口自然增长率控制在8.5‰以内。全面完成国家下达的年度节能减排任务。

实现以上目标，综合政策方面需要采取以下措施：

——着力推动农业农村现代化。巩固农业基础地位，使之与工业化、城镇化和信息化的发展相协调，不断提高农业生产专业化水平，为国家粮食安全和食品安全做出更大贡献。做好农村发展规划，保留山水田园风光，挖掘乡土文化资源，发展乡村旅游和休闲农业，建设美丽乡村。

——着力改善国民收入分配格局。着重保护劳动所得，努力实现工资性收入和劳动生产率同步增长，提高劳动报酬在初次分配中的比重。进一步拓宽农民增收渠道，切实提高基层干部和教师的收入。完善企业工资集体协商制度。加强税收征管，依法组织预算收入，坚决反对弄虚作假，稳步提高财政收入在生产总值中的比重。

——着力调整地区经济总支出结构。贯彻中央积极的财政政策和稳健的货币政策，促进经济增长向依靠消费、投资、出口协调拉动转变。构建扩大服务性消费的长效机制，落实带薪休假，提高消费支出在国民经济中的比重。推进投资轻型化、社会化、多样化。深入实施以质取胜和市场多元化战略，优化出口结构，扩大资源、技术和设备进口，保持对外收支基本平衡。

——着力推进区域协调发展。深入实施“两区一圈一带”发展战略，发挥东部地区龙头带动作用，加快发展蓝色经济、高效生态经济。推动各种资源更多地向中西部地区倾斜，构建经济紧密型和一体化发展的省会城市群经济圈，加快建设西部经济隆起带，增强区域发展活力和动力。

——着力加强民主法制建设。严格依法行政，自觉接受人民群众和社会各界监督，接受人大及其常委会监督，健全接受人大审查、检查、询问、质询制度。支持人民政协完善协商民主，坚持协商于决策之前和决策之中。健全企事业单位民主管理制度，搞好村委会换届。支持司法机关依法独立公正行使审判权和检察权。

——着力提升文化软实力。加强社会主义核心价值体系建设，弘扬中华优秀传统文化，提高全民文明素质。推进文化体制机制创新，促进文化事业和文化产业协调发展，增创齐鲁文化新优势。

——着力提高社会治理水平。鼓励社会各方共同参与，实现政府治理、社会调节和居民自治之间的良性互动。坚持依法治理、综合治理，大力发展新型社会组织，激发社会内在活力。创新有效预防和化解矛盾体制，依法处理涉法涉诉信访问题，健全公共安全体系。

——着力建设生态山东。把尊重自然、顺应自然、保护自然的理念融入经济社会发展全过程。落实最严格的耕地保护、水资源管理和环境保护制度，全力推进环境治理和生态修复工作，促进资源节约和循环利用。

各位代表，山东人民勤劳诚信，富有智慧，勇于进取。只要我们万众一心，众志成城，就一定能够克服各种困难，不断开创各项工作的新局面。

三、关于全面深化经济体制改革

做好今年政府工作，最关键的是贯彻党的十八届三中全会精神，全面深化改革。其中，特别重要的是，切实发挥好经济体制改革的牵引作用。根据中央的规划和省委的部署，今年重点抓好以下方面：

第一，进一步简政放权。全面完成省市县政府机构改革。再取消和下放一批行政审批事项，放宽市场准入门槛，政府管理由事前审批更多地转为事中事后监管。继续推进工商登记制度改革。合理构建省级公共资源交易平台。推进行业协会、中介组织与行政机关脱钩。加大政府向社会力量购买服务力度。

第二，深化农村改革。构建以农户家庭经营为基础、合作与联合为纽带、社会化服务为支撑的现代农业经营体系。积极培育专业大户、家庭农场、农民合作社、农业企业等新型经营主体，开展职业农民培训，大力发展新型服务体系。落实集体所有权、稳定农户承包权、放活土地经营权，实现农民土地承包权和经营权分置并行。继续扩大农村土地承包经营权确权登记颁证试点，建立农村产权交易市场。深化征地制度改革，提高农民在土地增值收益中的分配比例。以土地托管、领办合作社为切入点深化供销社改革。

第三，建立和完善现代企业制度。积极发展混合所有制经济，鼓励国有资本、集体资本、非公有资本等交叉持股、融合发展。完善公司法人治理，推行职业经理人制度。深化省管国有企业改革，完善国有资产管理体制。以管资本为主加强国有资产监管，引导具备条件的国有大型集团公司改组为国有资本控股公司。划转部分国有资本充实社会保障基金。积极引导民营企业建立现代企业制度。

第四，完善现代市场体系。深化流通体制改革，加快要素市场体系建设。完善主要由市场决定价格的机制，健全居民用水、用电、用气阶梯式价格制度，推进药品、医疗、教育、交通等公用公益事业价格改革。健全劳动就业市场，积极推动农民工、编制外用工、劳务派遣用工同工同酬。缩小征地范围，规范征地秩序，建立城乡统一的建设用地市场。深化科技体制改革，发挥市场对技术研发方向、路线选择、要素价格的导向作用。

第五，加快事业单位分类改革。从事生产经营活动的事业单位，年内基本转为企业或社会组织。选择部分中小学、公立医院、科研院所开展去行政化试点。积极探索机关事业单位社会保障制度改革，统筹解决民办非营利机构就业人员的养老、医疗待遇。

第六，深化财税改革。加快构建全面规范、公开透明的预算制度。向省人代会报告全口径政府预算，全面公开省级财政总预决算、部门预决算和“三公”经费预决算，选择50%的市、县开展部门预算和“三公”经费公开试点。按照国家统一部署，推进税收制度改革，深入开展“营改增”试点。继续减少“三公”经费，按不低于5%的比例压减省直部门运转经费。清理、整合、规范专项转移支付项目，省级专项由243项压减到99项。完善一般性转移支付增长机制，力争把省对下一般性转移支付的比重提高到55%左右。积极推进预算绩效管理，形成“花钱必问效、无效必问责”机制。强化政府债务管理，加快消化存量债务，坚决防止出现债务危机。

第七，稳步推进金融改革。积极指导农民合作社内部的资金互助和信用合作，使之为“三农”提供最直接最基础的金融服务。继续深化农村信用社改革。鼓励小额贷款公司、村镇银行等中小型金融机构发展，稳步推动由民间资本发起设立银行。规范设立民间资本管理机构、民间融资登记服务机构。推动更多企业改制、挂牌和上市，利用多层次资本市场拓宽中小企业融资渠道。搞好济南区域金融中心和青岛财富管理中心建设。探索发展介于现货与期货之间的商品交易市场。推动保险业创新发展。进一步优化金融生态，防范和化解金融风险。

第八，健全城乡发展一体化体制机制。有序推进农业转移人口市民化，稳步实现城镇基本公共服务常住人口全覆盖。加快小城镇和农村新型社区建设，积极推动经济以非农产业为主体、人口达到一定规模的乡村和不在城镇驻地的企业工矿区，发展成为新型城镇化社区。组织好20个经济发达镇行政管理体制改革。有序推进具备条件的城中村、城边村改造，按标准建设新型社区。坚决避免不切实际的大拆大建、迁村并点、赶农民“上楼”等现象。

第九，加快对外经贸体制创新。推进国际贸易综合改革试点。支持增开国际客货运航线，发展多式联运。加快电子口岸建设，加快海关特殊监管区域整合优化，打造中小微企业国际贸易服务平台。推进中日韩地方经济合作示范区建设，支持青岛市申办建设自由贸易港区，开展经济开发区体制机制创新试点。积极参与丝绸之路经济带和海上丝绸之路建设。

第十，进一步改善跨境投资管理体制。下放外资审批管理权限，落实国家放宽投资准入政策措施，优化利用外资结构。深化与世界主要经济体及跨国公司的战略合作。支持有条件的企业全球布局产业链，搞好境外资源开发、优势产能转移、国际研发合作。审慎推进企业及个人对外投资，完善境外投资管理服务平台和风险预警机制。加快培育本土跨国公司。办好亚太经合组织部长会议和高官会议。

四、关于产业结构调整升级

各位代表，能耗高、污染重、附加值低、产业链短已严重制约我省经济竞争力的提升。必须痛下决心，狠下功夫，加快产业结构调整升级。

我们将按照高端高质高效的方向，努力提高第三产业比重，降低一二产业比重；提高最终产品比重，降低初级产品比重；提高绿色环保产品比重，降低高污染产品比重；提高有记录可追溯产品比重，降低信息不完整产品比重。

持续推进千亿斤粮食产能建设，实施“渤海粮仓”科技工程和耕地质量提升计划，努力实现粮食生产稳步增长。落实农业特色产业振兴规划，推进种植业养殖业的标准化规模化。普及测土配方施肥，加强对农药使用的科学指导。积极筹建黄河三角洲国家农业高新技术开发区，加快建设现代农业示范区、现代渔业园区。引进高端人才，创新育种技术，做大做强种子和种苗产业。完善农产品质量标准、检测和认证体系，整建制推进农产品质量安全区建设。全面开工建设南水北调续建配套工程和引黄济青改扩建工程，启动实施雨洪资源利用一期工程，建设“旱能浇、涝能排”高标准农田385万亩。

传统工业遵循市场导向进行调整，可以释放出极大潜能。需要我们共同探讨的是，销往海内外的食品，能不能拥有更多名优商标和自主品牌；堆积如山的纸张，能不能转化为高档印刷品和精美包装；铺天盖地的布料，能不能变为服装、内饰和工艺品；多种多样的金属，能不能加工成各种特殊用材和金属制品；遍布各地的化工企业，能不能有一些转向生产精细产品；规模极大的建材工业，能不能提供更多的优质地板、高级陶瓷和卫生洁具；产量高达200万辆的汽车工业，能不能提高中高档乘用车的比例。

必须正视严重的产能过剩问题。坚持“消化一批、转移一批、整合一批、淘汰一批”，积极化解钢铁、水泥、船舶、化工、轮胎等行业的困境。加强重点领域节能，强化能耗、环保、安全等标准的硬约束。进一步敞开大门，面向全国和世界，鼓励各类市场化兼并重组。

在市场发挥决定性作用的前提下，大力培育发展新兴产业。支持企业加强产业链高端产品研发，加快推动科技成果资本化、产业化。重视发展新能源、新材料、生物制药、新一代信息技术、高端装备制造、海洋开发等产业，力争在节能环保、石油装备、集成电路、物联网、云计算、大数据等重点领域实现突破，打造新的优势产业。推进信息化和工业化深度融合，加快“智慧山东”建设。

推动服务业跨越发展，是我省产业结构升级的中心环节。全面落实相关政策措施，鼓励企业和个人创业创新，激发服务业发展活力。打破行业垄断，鼓励社会资本投向银行、保险、铁路、民航、教育、医疗、养老、健康等服务业。各级政府产业扶持和结构调整资金，要全面向服务业倾斜，重点培育那些处于初创时期或幼稚阶段的产业行业。加大财政对公益性事业和准公益性事业的支出。深化机关、学校后勤服务社会化。加快培育电子商务、连锁经营、物流配送等新兴业态，大力发展服务贸易、服务外包。加强旅游公共服务设施建设，提升“好客山东”品牌，推进旅游业转型升级。

交通、通信、互联网是经济结构调整优化的基础条件，也是现代形势下发展服务业的战略重点。今年将编制全省综合交通运输体系中长期发展规划。加快推进济南、青岛综合运输枢纽建设。开工建设莘县至南乐、蓬莱至栖霞、泰安至东阿、东阿至鲁冀界、龙口至莱西、文登至莱阳等6条高速公路。加快鲁南大通道的前期工作，争取完成跨微山湖的方案设计。完善全省快速铁路网规划，加快推进济青高铁等重大项目的规划建设，建成青烟威荣城际铁路。积极发展绿色、低碳的内河水运。争取日照、青岛新机场开工建设，抓紧做好聊城、菏泽等机场前期工作。深入实施“信息惠民”工程，推动城市光纤入户、农村宽带进村。加快第四代移动通信技术商用化进程，有序推进“三网融合”。创新投融资方式，带动经营性基础设施建设走出市场化融资新路子。

推进产业结构升级，从政府的角度来说，只有抓好以下几项工作，才能事半功倍，发挥出最大效能。

一是以更大决心和勇气推动民营经济发展。认真筹备全省民营经济大会，进一步完善促进民营经济发展的政策措施，努力在解决“玻璃门”、“弹簧门”、“旋转门”方面取得突破。承办好全国工商联十一届三次执委会暨助推山东转调创投资洽谈会，积极邀请优秀民营企业到我省投资兴业。把县域作为民营经济发展的重要载体，培育主导产业，形成产业集群。做大做强镇域经济，开展“百镇建设示范行动”。

二是真正实现对外地、外省和外国的全面开放。充分利用我省地处沿海的地理位置，努力塑造开放型经济发展新优势。着力清除市场壁垒，建立公平开放透明的市场规则，实行统一的市场准入制度，允许各类市场主体平等进入负面清单之外领域。推进工商注册制度便利化，由先证后照改为先照后证，建设法治化营商环境。废除妨碍统一市场的各种规定和做法，反对地方保护，反对垄断和不正当竞争。

三是把人才培养和引进放在更加突出的位置。深入实施人才强省战略，以高层次和高技能人才队伍建设为重点，统筹推进重点人才工程建设。探索实行国际通用的人才评价、培养、引进、使用、激励机制，引导人才向产业和科研一线流动。鼓励企业转变观念，加强与高校、科研机构合作，利用好国内外的人力资本和人才资源。

四是把鼓励创新的各项政策落到实处。强化企业在技术创新中的主体地位，健全产学研协同创新机制。打破行政主导和部门分割，建立主要由市场决定项目设立、经费分配和成果评价机制。改进政府科技专项资金的使用方式，围绕产业升级和结构调整，主要用于人才引进、节能环保、创业补助、创新奖励、基础研究和公共科技平台建设。深入实施质量强省和品牌带动战略，加强企业标准、计量和质量管理。支持企业创造新品牌、制定新标准，实现管理创新、商业模式创新。

五、关于社会事业和民生保障

坚持教育优先发展。启动第二轮学前教育三年行动计划，完善县域义务教育均衡发展机制。实施中小学校舍标准化建设工程，搞好学校规划布局，加强师资队伍特别是农村教师队伍建设，便利城乡居民子女就近就学。加快现代职业教育体系建设，扩大分段贯通培养招生规模。实施高等学校质量与教学改革工程，加快建立现代大学制度。深化考试招生制度改革。

推动文化繁荣发展。深入实施公民道德建设“四德工程”，大力推进乡村文明行动和文明城市创建。制订公共文化服务标准化、均等化指标体系，整体创建国家级公共文化服务示范区。办好一批文化惠民、服务群众的实事，丰富基层群众文化生活。推进全民阅读。建设地面无线数字电视覆盖网，建立应急广播体系。加快发展文化创意产业。深化文化管理体制改革，健全国有文化资产管理机构。加强文化遗产保护，实施“乡村记忆”工程。组织好第三届中国非物质文化遗产博览会，办好第五届山东文化产业博览交易会。筹办好山东省第二十三届运动会和第四届全民健身运动会。

促进就业创业。抓好以高校毕业生为重点的青年及农村转移劳动力、城镇困难人员、退役军人就业创业工作，注意做好化解产能过剩、企业兼并重组过程中企业职工的重新安置工作。依法调处劳动人事争议，构建和谐劳动关系。实施政府就业培训项目，完善就业困难援助机制，规划建设公共就业创业服务体系。要把政府支持创业创新的政策、资源和信息送进大学、送进社区、送进企业、送进家庭。把全社会都动员起来，关心就业，支持创业。鼓励每一位公民制定职业生涯规划，帮助他们创造条件，实现自己的梦想。

健全社会保障体系。提高基本社会保险统筹层次，完善社会保障待遇确定和正常调整机制。企业退休职工养老金提高10%。做好养老保险基金的保值增值工作。推进城乡低保制度统筹发展，进一步提高保障标准，扩大覆盖面。抓好城乡社会救助工作，解决好特困家庭生活问题。加强以居家为基础、社区为依托、机构为支撑的社会养老服务体系建设。健全农村留守儿童、留守妇女、留守老年人关爱服务体系。全面推进残疾人“整体赶平均、共同奔小康”计划。加大扶贫开发力度。解决280万农村人口饮水安全问题。

深化医药卫生体制改革。整合城乡居民基本医疗保险制度，提高政府补助标准，实施城乡统一的大病保险制度。扩大县级公立医院综合改革试点范围。深入开展健康山东行动，加强基层医疗卫生服务网络建设，完善突发公共卫生事件应急和重大疾病防控机制。坚持计划生育基本国策，制定“单独两孩”政策实施方案。

加强环境保护和生态建设。狠抓大气污染防治，加强重点行业脱硝脱硫、城区裸露土地绿化和建筑扬尘综合整治，加快黄标车淘汰进度，落实分阶段逐步加严的大气污染物排放标准。控制能源消费总量,逐步降低煤炭消费比重。加大“外电入鲁”实施力度,积极稳妥推进“煤改气”工程。加强南水北调沿线和小清河流域水质监管及治污建设。实施地下水超采区和海水入侵区水生态治理,启动退耕还林和重金属污染土壤修复试点。加强森林、湿地、海洋生态保护,抓好水土流失、荒山荒滩、破损山体、采矿塌陷等生态脆弱区的恢复治理。持续推动生态文明乡村建设,积极开展农村面源污染治理。

统筹城乡公共基础设施建设。各级政府都要加强城乡规划建设工作,强化规划执行。坚持一切从实际出发,尊重自然风貌,保持地方特色,传承历史文化,注入绿色、智能等现代元素。从体制、政策上优先支持公共交通建设,方便群众出行。加快推进建筑工业化,加强建筑质量管理制度建设。抓好城市管网建设改造,增强防洪防涝能力,加快污水和垃圾处理设施建设。建制镇污水处理率达到45%,生活垃圾无害化处理达到70%,农村新型社区配备污水处理设施达到60%。

加快保障性住房建设。有序推进公租房和廉租房并轨,继续搞好棚户区改造。开工各类保障房31.6万套,建成19万套。新建农房50万户,改造农村危房10万户。探索将农民工纳入住房公积金制度,把符合条件的企业建房纳入保障房管理。改进住房公积金归集、使用、监管机制。

进一步创新社会治理。加强民生工作人员、社会工作者、志愿者“三支队伍”建设,完善基层综合服务管理平台,提高社区治理服务水平。深化平安山东建设,加强社会治安综合治理。健全党政同责、一岗双责、齐抓共管的安全生产责任体系,强化企业主体责任,抓好安全生产检查,坚决防止重特大事故发生。深入开展道路交通“平安行·你我他”行动。加快推进食品药品安全监管体制改革,健全统一权威的监管机构,加强监管能力、检验检测能力和信息化建设,持续开展食品药品专项整治。加强防汛抗旱、防灾减灾和应急工作。认真贯彻党的民族宗教政策,依法管理宗教事务,促进民族团结和睦、宗教关系和谐。

各位代表,任何时候我们都不能忘记国家安全。我们要进一步加强国防动员和后备力量建设,做好双拥共建、人民防空和交通战备工作,提高退役军人安置和优抚工作水平,推动军地、军民融合发展。

六、关于政府自身建设

打铁还需自身硬。面对艰巨繁重的改革发展任务,必须切实提高政府综合素质,全面推进政府治理体系和治理能力现代化。

持续推动作风建设。进一步巩固教育实践活动成果,持之以恒落实中央八项规定精神,毫不松懈地反对“四风”,推进作风建设制度化、常态化。健全领导干部带头深入基层调查研究制度,完善直接联系和服务群众机制。多到困难和矛盾集中的地方,倾听群众呼声,帮助解决问题。不断改进文风会风,严控会议和文件数量。认真贯彻《党政机关厉行节约反对浪费条例》,进一步完善公务接待、公务用车、办公用房等管理规定,坚持勤俭办一切事业。加强政府绩效管理,深化“庸懒散”专项治理。认真解决“门好进、脸好看,但事还是难办”的问题。多做打基础、利长远的事情,坚决不搞劳民伤财的形象工程、政绩工程。发扬钉钉子精神,弘扬求真务实、敢于担当的作风,以踏石留印、抓铁有痕的劲头抓好各项工作落实。

强化权力运行制约和监督。没有制约就没有公信力,没有监督就没有执行力。要摆正政府自身位置,科学分解权力,合理配置权力,加快构建决策科学、执行坚决、监督有力的权力运行体系。坚持用制度管权管事管人,把权力关进制度的笼子。政府各级各部门“一把手”都要定期述职述廉。涉及财务、土地、工程和干部人事的事项,绝不允许一个人说了算。进一步发挥好审计、监察部门的作用,重视舆论监督和互联网监督。严格行政问责,强化对滥用权力、失职渎职的责任追究。阳光是最好的防腐剂。要进一步加大政务公开力度,推行政府及其工作部门权力清单制度,依法公开权力运行流程。各级政府及公务人员必须依法向群众说真话、交实底,充分保障人民群众的知情权、参与权、表达权、监督权。完善政府信息发布制度,全面、准确地向社会发布相关信息,及时回应群众关切。

全面加强法治建设。制定实施法治政府建设规划纲要。坚持运用法治思维和法治方式深化改革、推动发展、化解矛盾,严格依照法定权限和程序行使权力、履行职责。健全依法科学民主决策机制。建立政府法律顾问制度,改进行政复议工作,做好有关规章和规范性文件的清理、修改、制定和备案。整合行政执法主体,相对集中执法权,推进跨部门、跨行业综合执法。全面加强普法依法治理工作,形成不愿违法、不能违法、不敢违法的法治环境。

不断增强政府公信力。政令信者强,政令不信者弱。各级政府及其工作人员必须带头践行社会主义核心价值观,带头抓好诚信建设,做到公私分明、克己奉公,以自身诚信带动社会诚信。优化工作流程,注重服务细节,提高政府精细化管理水平。加强社会征信体系建设,健全各领域信用评估体系,引导企业重质量、守信用,打造公平正义、重诺守信的营商环境。强化个人信用体系建设,从法律和道德两方面推动群众增强诚信意识,让山东人诚实守信的美德不断发扬光大。

进一步加大反腐倡廉工作力度。把党风廉政建设各项规定落实到政府工作各环节,对腐败现象零容忍,努力做到干部清正、政府清廉、政治清明。全面推进惩治和预防腐败体系建设,拓展从源头上防治腐败工作领域。既要健全制度,更要执行制度。各级政府要把检查执行廉政规定情况作为今年的一项重点工作,推进廉政风险防控。省政府领导成员要带头严格执行各项制度。各级政府公务人员都要严格要求自己,勤勉尽责,秉公用权。坚决纠正损害群众利益的不正之风,坚决查处各类违法违纪案件。真正做到,让暗箱操作没有空间,让腐败分子无处藏身。

各位代表，实现凤凰涅槃、浴火重生，谱写山东人民美好生活新篇章，关键在脚踏实地、真抓实干。让我们紧密团结在以习近平同志为总书记的党中央周围，高举中国特色社会主义伟大旗帜，以邓小平理论、“三个代表”重要思想、科学发展观为指导，在中共山东省委的坚强领导下，同心协力，顽强拼搏，为加快建设经济文化强省，实现中华民族伟大复兴的中国梦而努力奋斗！

（本文系中共山东省委副书记、省长郭树清 2014 年 1 月 17 日在山东省第十二届人民代表大会第三次会议上所作的政府工作报告）

在全省加快服务业发展电视会议上的讲话

郭树清

这次会议是在学习贯彻习近平总书记一系列讲话精神，加快我省产业结构调整、转变发展方式的关键时期召开的一次重要会议。

一、充分认识加快服务业发展的重大意义

服务业是实体经济的重要组成部分，其发展水平是衡量现代社会经济发达程度的一个标尺。党的十八大明确提出，要推动服务业特别是现代服务业发展壮大。国务院在去年颁布实施服务业“十二五”规划的基础上，今年，在金融支持经济发展，促进信息消费，发展健康、养老服务业和推进政府购买公共服务等方面，连续密集出台了一批加快服务业发展的政策意见。当前，我省人均 GDP 超过 5 万元，已进入全面建成小康社会的关键阶段，加快服务业发展，对于我省经济可持续发展具有重大的现实意义。

（一）加快服务业发展是实现经济平衡成长的关键。由于历史的原因，我国工业化过程中服务业受到种种限制，长期处于滞后状态。从欧美日的经验来看，工业化进程中，农业的比重持续下降，工业的比重不断提高，服务业与制造业相比始终处于水涨船高的状态。而我们则由于实行强制积累、计划指令和严格的户籍制度，特别是政治运动的干扰，城镇化和服务业长期踏步不前，甚至还出现了倒退现象。改革开放后虽然有很大改变，但是不协调、不均衡的问题仍然非常严重。根据世界银行的统计，2007 年全世界平均，农业占全部 GDP 的 3%；工业占 28%，其中制造业 18%，建筑业和矿业 10%；服务业占 69%。中等收入国家平均服务业占 53%，低收入国家平均 46%。我国的统计低于这两个数字，我省的数字又低于全国的水平。应当指出，这里面确实存在统计方法的差异，我们的服务业存在低估问题，但是服务业落后于总体经济发展则是不争的事实。这意味着经济资源的配置存在比较严重的不合理，使用上存在着比较明显的低效率。

（二）加快服务业发展是促进产业升级的必然选择。我省工业、农业基础都比较强，总量居全国前列，但是产业层次不够高。要提升一、二产业，必须按照“微笑曲线”拉伸其产业链条，曲线两端正好都是服务业，而且很大比例是现代服务业。不发展第三产业就不可能大幅提高工农业的生产率，关系非常直接。从另一个角度来看，整个国民经济的产业结构在由“二三一”向“三二一”转变时期，服务业的水平决定着农业、工业的水平，服务业的进步带动着整个国民经济的进步。再从生态文明的角度来看，工业和农业的发展方向是精细化，要大幅节能减排。服务业能耗低、污染少、人力资本密集、经济效益好，是现代经济中层次比较高的组成部分，因此在后工业社会中，服务业在经济中占绝对主体地位。

（三）加快服务业发展是扩大内需的重要途径。近些年来，我们不断遭遇到库存过多、产品滞销和市场疲软，但是这主要涉及到工业和农业领域，很少表现在服务业领域。相反，总是听到买车票难、看病难、就学难、找保姆难，还有就是融资难、租房难、投资难、办公证难，等等。其实，服务业早在古代经济中就已占据重要地位，例如商行、酒馆、客栈、诊所、当铺、钱庄就早已有之，甚至戏曲、音乐、文学也被纳入社会分工，为满足各种物质性的、精神性的消费需求发挥了各自的作用。服务业在历史上与农业、手工业的关系更亲近一些，比工业古老得多，从满足未来消费需求多样化、差异化、个性化的角度看，服务业更有生命力。服务业具有生产与消费同时发生的特点，因为服务不能储存，没有存货。无论是生产性服务业还是生活性服务业，绝大部分产业链在当地，由此形成的就业、财税贡献也主要在当地，对区域经济发展的带动作用很强。加快发展服务业，可以进一步深化社会分工，促进资源节约型经济和环境友好型社会建设。加快发展服务业，还可以促进政府职能转变，有利于扩大公共服务采购规模，有利于形成更加完善的社会化服务体系，有利于提高行政效能，营造良好的营商环境，放大改革红利效应，推动经济社会持续健康发展。

（四）加快服务业发展是推进新型城镇化的有力支撑。新型城镇化关键是人的城镇化。而人的城镇化关键在于这样几个方面，一是要使农业转移人口找到非农工作；二是要使他们享受到同样的教育、卫生、文化等公共服务；三是获得相同的基本社会保障，包括养老、医疗、失业保险和公共住房保障；四是能够生活在生态可持续的文明社区。这些都意味着服务业要大有作为。据测算，一个农民转化为市民，每年消费需求会增加1万多元，同时可带动城市基础设施、公用设施和住房投资需求10万元。按照“十二五”确定的目标，我省城镇化率每年将提高1个百分点以上，每年可吸纳100万农村人口进城，进而带动上百亿元的消费需求和上千亿元的投资需求。

（五）加快服务业发展是增加就业的重要保障。服务业具有用人多的特点。近两年来，经济增速持续降低，但是就业的增长情况一直还比较好，主要是得益于服务业发展加快了步伐。当前，无论是生产性服务业还是生活性服务业，都有着旺盛的市场需求，许多领域还供不应求。人们对实物产品的消费总是有限的，但是对服务产品的需求则可以是无限的。比如乡村旅游，我省有5000万城市人口，如果人均每年乡村旅游消费1000元，总规模就是500亿元。再如济南“阳光大姐”，依托家政服务市场，累计安置就业达80余万人次，取得了很好的经济和社会效益。

二、认真分析服务业发展中存在的问题及原因

近年来，全省上下贯彻落实国家和省委、省政府的决策部署，围绕主题主线，加大推进力度，全省服务业取得了长足进步。为稳增长、调结构、增就业、惠民生做出了重要贡献。一是总量持续扩大。2012年，全省实现服务业增加值19995.8亿元，占GDP的比重达到40%。二是投资快速增长。2012年，全省完成服务业投资15207亿元，占全部投资的比重达到50%以上。三是社会贡献增大。2012年，全省实现服务业税收收入3135亿元，占全部税收收入的比重达到41.7%；其中服务业地税收入1634亿元，占全部地税收入的57%。四是外向度不断提高。2012年，全省服务贸易总额达到424.7亿美元，是2010年的2.43倍。

今年前三季度，全省服务业继续保持了平稳发展的态势，实现增加值16148.2亿元，同比增长9.1%，增速高于全国增速0.7个百分点；服务业增加值占比达到40.8%，比上年全年提高0.8个百分点；服务业完成固定资产投资12413亿元，同比增长20.3%，高于全社会固定资产投资增速；服务业实现地税收入1491亿元，同比增长25.6%，占全部地税收入的61.7%，比上年末提高4.7个百分点。

尽管我省服务业取得长足发展，但必须清醒地认识到，服务业相对滞后的局面还没有得到根本改变。与经济转型升级的要求相比，我省服务业在规模、质量和效益上都存在较大差距，仍是经济发展的“短板”。一是增加值占比偏低。2012年，我省服务业增加值占GDP的比重仍低于全国4.6个百分点，分别低于广东省、浙江省和江苏省6.2个、5.1个和3.5个百分点。二是结构层次不优。2012年，我省交通运输、批发零售、住宿餐饮三大传统服务业占服务业增加值比重近50%，而江苏省、浙江省、广东省均低于40%。三是市场主体竞争力不强。据2012年9月发布的中国服务业500强数据，我省营业收入超100亿元的企业仅为9家，分别比江苏省、浙江省、广东省少4家、7家和19家。我省服务业企业在国内外市场上的知名度低、竞争能力弱，缺乏像阿里巴巴、腾迅等创新型领军企业。四是对经济发展的贡献率不高。2012年，我省服务业对经济增长贡献率仅为36.8%，远低于工业的59.1%；服务业实现税收占全部税收的41.7%，分别比江苏省、浙江省低3.5个和11.7个百分点。

我省服务业发展滞后，存在着多方面的深层次原因：

（一）思想观念有偏差。作为历史文化大省，“重农轻商”、“重工轻商”和“学而优则仕”等传统观念影响深远。一些地方没有把服务当作劳动成果来看待，没有看到其参与流通分配、创造财富、提供就业、提高人们生活水平的作用；有的人认为科技、教育、医疗就是花钱的，没有看到这些行业在经济发展中的巨大带动作用；还有些同志错误地认为服务业不是生产性的，甚至觉得服务业比重高了是经济实力不强的表现。这些观点和理念都是封闭的落后的。实际上一个社会、一个经济体生产力是否发达，服务业是最好的衡量尺度。中国古代唐、宋时期经济繁荣，很大程度上是由于服务业兴盛。当然在古代社会，服务业产值在全部经济中的比重能超过20%就非常不易，更不要说是30%、40%了。没有现代化的工农业技术作支撑，服务业比重不可能上到很高水平。现代服务业都是知识密集型行业，对人力资本要求很高。很少有人注意到，1956年美国发生了一件具有重大历史意义的事件，这一年全部就业人口中白领首次超过了蓝领。这是美国经济，也是世界经济，跨入新时代的一个里程碑事件。

（二）“四化”发展不协调。与工业化、农业现代化相比，我省城镇化和信息化更加滞后。2012年，我省城镇人口比重为52.4%，分别比江苏、浙江、广东低10.7个、10.9个和15个百分点。城镇化水平低，在全国、全省影响较大和辐射带动能力强的区域性中心城市少，难以提高服务业特别是现代服务业的集聚发展水平，制约了服务业的发展。2012年，我省济南和青岛服务业增加值占全省服务业增加值的比重分别为13.1%和17.9%，而广州、深圳服务业增加值占广东省服务业增加值的比重分别达到32.6%和27.3%。2012年发布的全国信息化发展指数显示，我省与福建、辽宁、陕西、湖北和重庆同属信息化发展二类地区，仅达到北京、上海、天津、浙江、广东、江苏等一类地区发展水平的80%左右。

（三）体制改革进展缓慢。多数服务业领域改革长期落后于农业和工业领域，特别是带有垄断性质的部门和行业，仍然保持着计划经济时期的行政色彩，国有事业单位改

革任务艰巨。政府职能转变和行政审批改革不到位，服务业领域的各类审批多，资格认证多，营商环境亟待改善。现在，社会上对国有企业还有许多批评，认为它们行政色彩重、服务意识差。其实比较而言，国有工业、商业、物资、外贸、金融企业的改革起步很早，可以说，总体上已经经历了浴火重生。官僚气息浓厚的部门还有许多公办事业单位，包括学校、医院、科研院所等等，还没有真正做到管办分离，在审批过多过滥的同时，行业监管却严重缺位，因为相关部门还都是"主管部门"，是公立机构的总代表，这样民办学校、民办医院、民办科研院所等等民间机构势必会处处遇到困难，"玻璃门"、"弹簧门"、"旋转门"及种种"隐性门槛"层出不穷。

（四）对外开放程度较低。我省农业、工业、建筑业对外开放起步早，国际化达到一定水平，但是大部分服务业较为封闭，管理落后，竞争力弱。2012 年，我省服务业外商投资占全省外商投资的比重为36.2%，比第二产业低24.5个百分点，比全国平均水平低 15 个百分点。金融、信息、文化、教育等行业仍实行过分严格的市场准入制度，外资和民间资本很难进入。服务行业的封闭，必然导致竞争很不充分，不仅容易造成服务质量差、水平低，而且还容易滋生腐败。

（五）政府引导作用不够强。各级政府部门对服务业的研究、规划、指导薄弱，财政资源还有相当大比例没有用于公共服务领域，产业结构调整资金用于服务业的比重较低。一些地方和部门对发展服务业缺少思路和办法，在体制改革和政策创新上总比先进省份慢半拍。

三、合理确定服务业发展的目标和重点

转方式、调结构和推动经济转型升级，是现阶段我省经济工作的重中之重。往哪里转、哪里调，服务业就是一个主攻方向。如何转、如何调，加快发展服务业就是主要举措。全省上下一定要认清经济形势，明确服务业发展思路和重点，采取强有力的工作措施，以改革创新的精神，推动全省服务业大踏步前进。

根据党的十八大和省第十次党代会精神，今后一个时期，我省加快服务业发展的指导思想是：进一步解放思想，更新观念，切实把发展服务业放到转方式调结构的战略重点位置上；进一步整合力量、加大扶持，集聚各类资源向服务业倾斜；进一步转变政府职能、提高效能，创造一流营商环境；进一步深化改革、扩大开放，打破行业垄断和地方保护；进一步加强引导、激发活力，充分调动各级各部门加快发展服务业的积极性和创造性。要看到，我省加快发展服务业既具有"补课"的性质，使经济增长回归平衡和常态，又具有"领先"的特点，这就是使经济发展找到新的引擎，利用好后发优势，在一定程度上实现超常规发展。因此，必须挖掘各种有利因素，坚持分类指导，加大财政投入，鼓励社会资本参与，开发多层次市场，促进服务业消费，拉长产业链，提高附加价值。力争到 2020 年，服务业总量显著扩大，就业容量明显增加，体制机制更加完善，开放水平全面提高，市场竞争力持续增强，总体发展规模、质量和层次与经济文化强省的要求相适应；服务业增加值占生产总值的比重达到50%左右，基本形成以服务业占主导地位的经济结构。

服务业包括三大板块，一是生活性服务业，二是生产性服务业，三是公共服务业，这三个板块都很重要。每个板块都有许多个行业，都是不可或缺的，很难说哪个比哪个更重要。因此，说突出重点，实际是比较困难的，各地区、各时期可能还好讲一点。从总体上看，我省所有服务业领域都存在着供不应求的问题，都存在着巨大的发展潜力，都需要加快发展步伐。从相互关联和带动作用考虑，今后一段时期，全省要特别重视发展信息、物流、教育、研发、文化、旅游、养老、医疗、金融以及各种商务服务等行业和领域。具体分析说明如下：

——关于信息服务业。信息产业代表着当代科技进步的方向，因此，国际上一些经济学家甚至建议将信息产业定义为第四产业。不论如何衡量，经济信息化都是非常重要的。我们要制定促进信息消费的政策，实施"信息惠民"工程，推动"三网融合"发展，丰富信息产品和信息消费内容，增强信息产品供给能力，培育信息消费需求。

——关于物流业。与种植业、养殖业和制造业相比，物流业是"短腿"，跟不上需要，落后于许多国家和地区。我省需要以济南、青岛、临沂等全国性物流节点城市和一批区域节点城市为重点，发展综合性、专业性、行业性特色物流业。完善城乡一体化配送体系，提升冷链物流发展水平，培育壮大龙头物流企业，大力发展第三方物流，积极推广现代物流技术，提高物流标准化水平。

——关于教育培训业。教育培训服务，现在的规模已经很大，将来只会更大。终生学习、自我学习、网络学习的普及，要求全社会各方面的广泛参与和支持。我省要增加对学前和中小学教育的财政投入，提升义务教育质量，全面推进现代职业教育体系建设，支持发展市场化教育培训业，推进各类培训机构整合社会资源，向专业化、精细化、连锁化和品牌化发展。

——关于研发设计业。山东的规模以上企业中，有研发活动的比例不足 10%，明显低于全国平均水平。引导和支持创新要素向企业集聚，加快技术研发创新和成果转化平台建设。大力发展工业设计，重点培育壮大一批具有较强竞争力的研发设计企业和知名品牌。

——关于文化创意产业。文化对经济的意义相当于科技。我省应利用特有的文化资源优势，组织实施重大文化科技创新工程，建立产学研一体的文化创新机制，大力推动现代科技与文化的融合。深入实施创意山东计划，扶持发展一批文化创意骨干企业，建设博览交易服务平台，促进文化创意向现实生产力转化。

——关于旅游业。山东具备全国最丰富的旅游资源，有条件建成最强的旅游业。要加快整合各类资源，把滨海

旅游、生态旅游、红色旅游和文化旅游全面发展起来。创新营销模式，延伸旅游产业链条，推进与农业、工业、商贸、文化、海洋等相关产业和行业的融合发展。促进旅游业转型升级，把乡村旅游培育成旅游经济新的增长点。

——关于养老服务业。积极探索和完善养老模式，尽快构建以居家为基础、社区为依托、机构为支撑的新型社会化养老体系。大力发展居家养老服务网络，全面支持社会力量兴办养老服务事业。

——关于医疗健康服务业。重点发展健康教育、预防保健、康复医疗、卫生保健、健身休闲等行业。探索健康服务业发展模式，建立健全多层次、多元化的健康服务业产业体系。

——关于金融业。以深化改革、产融结合、区域协调、创新发展、优化环境为重点，稳步扩大金融业整体规模，壮大地方金融企业实力。继续深化农信社改革，规范发展各种民间信贷机构，健全银行类机构的公司治理结构。拓宽直接融资渠道，培育多层次资本市场体系。健全保险市场服务结构，拓宽保险服务领域。鼓励投资基金和投资咨询，促进财富管理业健康发展。

——关于商务服务业。着力发展会计审计、法律咨询、环保评估、代理经纪等中介服务业。建立规范的多层次的人力资源市场，培育一批集团化、规模化、品牌化运作的人力资源服务企业。各地要立足当地实际，发挥优势，突出特色，确定各自的发展重点，推动生产性服务业繁荣发展。

四、切实解决妨碍服务业发展的具体问题

服务业发展滞后是因为存在着种种限制性因素造成的，必须认真研究，逐一加以解决。

（一）集聚优势资源，加大对服务业的投入。扩大服务业规模，提升服务业发展水平，需要理顺市场关系，充分发挥客户和服务对象的导向作用，把分散的资源进行有效整合，在财政资金、土地供给、人才培养等方面加大投入。要加强规划引领。各级政府在制定国民经济中长期发展规划和年度计划中，要把服务业放在优先发展的位置，统筹规划布局服务业重点产业、各类集聚区和重点项目，引导政府和社会各类资源投向服务业。要加大财政投入。除了加大公共财政对公共服务投入外，各类政府产业扶持和结构调整资金主要投向服务业，一般不再投入竞争性工业领域。各级政府要在本级财政预算内设立服务业发展引导资金，引导社会资金投向服务业，发挥政府财政资金“四两拨千斤”的作用。要保障和优化土地供应。各地要调整城镇用地结构，扩大服务业用地供给，提高服务业建设用地比例。鼓励各市探索扶持性的供地政策，支持对地方经济带动作用大的现代服务业和惠及民生的旅游、养老等服务业项目建设。要调整价格政策。严格执行服务业用电、用气、用水、用热与工业同价政策。进一步完善峰谷分时电价政策，110千伏安以下的商场、超市、餐饮、宾馆、冷库等无法避峰用电的企业，不再纳入执行峰谷分时电价范围，并分步实施到位。要拓宽融资渠道。积极发展供应链融资、物流融资、网络融资。加快发展消费金融业务，满足教育、文化、旅游等服务消费领域的信贷需求。要强化人才支撑。各级政府要加大对人力资源服务业的资金支持力度，吸引高层次、高技能人才来我省创业发展，同时要大力实施多种方式的本地服务业人才培养培训计划。

（二）深化改革开放，激发服务业发展的活力。服务业发展活力不足，难以发挥在经济中的引领作用，必须在打破行业垄断、深化改革、扩大开放上加大工作措施。要打破行业垄断。除国家法律、法规有明确规定外，允许各类社会资本平等进入各服务业领域。鼓励社会资本参与交通、通信等基础设施建设，进入城市供水、供气、供热等市政公用事业领域，发展教育、卫生、文化、体育等社会事业，在设立登记、行政许可等各方面，执行与公办机构相同的政策。要深化服务业综合改革试点。推进国家和我省服务业综合改革试点工作，在市场准入、对外开放和财税、土地、人才等要素支撑方面，积极进行体制机制和政策创新，为全省服务业加快发展探索和积累经验。要加快事业单位和社会组织管理改革。坚持分类施策，对从事生产经营活动的事业单位，完善过渡政策，加快转企改制步伐；对面向社会提供公益服务的事业单位，实行政事分开，建立健全法人治理结构，积极探索管办分离的有效形式。推进行业协会商会与行政机关脱钩。探索一业多会，引进竞争机制，激发行业协会商会发展活力。要扩大服务业对外开放。继续支持运输、旅游、对外劳务及工程承包等劳动力密集型服务出口，加快发展文化、教育、医疗和研发设计等资本和技术密集型服务贸易，提高服务贸易在对外贸易中的比重。鼓励外资在我省以合资、合作方式举办营利性或非营利性医疗机构。鼓励外资兴办职业技能培训、养老和社会福利机构，合作举办高等教育机构。有序推进普通高中教育和文化产业对外开放。支持利用外资发展金融保险、科技信息、现代物流等现代服务业。

（三）加大扶持力度，鼓励企业和个人创业创新。服务业需求具有多样性、差异性，适应人们消费结构升级的需要，最大限度地满足市场需求，必须充分调动企业和个人创业创新的积极性、主动性。要支持服务业企业自主创业和小微企业发展。发展服务业需要依靠“千军万马”，要把中小微企业和工人农民的积极性调动起来。各级政府要依托公共就业服务体系和中小企业公共服务平台，开展自主创业培训和辅导，帮助个人创办小微服务业企业、提高经营管理水平和多渠道开拓市场；要加大扶持力度，促进家庭服务业、社区和物业管理服务业加快发展。要支持服务业企业创新发展。支持服务业领域关键共性技术研发及公共服务平台建设，扶持发展电子商务平台和园区；鼓励服务业相关企业申报博士后科研工作站和国家、省市级重点实验室、企业技术中心等，申报高新技术企业、软件企业和技术先进型服务企业。要支持企业剥离非主营业务。自2007年我省开展企业剥离非主营业务，到2012年底，全省累计剥离新

增服务业企业7899家，新增营业收入1182.3亿元，增加地税收入68.1亿元。不仅助推了工业企业核心竞争力的提升，发展了服务业，而且增加了地方税收和就业，一举多得。因此，要进一步推动生产制造企业将研发设计、信息、物流、售后服务等业务分离出来，组建成为专业化的法人实体，为企业和社会提供服务。要支持服务业集群集聚发展。完善省重点服务业城区、园区、企业认定和动态管理办法，制定我省现代服务业集聚示范区培育办法。

（四）转变政府职能，打造一流的营商环境。营商环境就是生产力。推动服务业科学跨越发展，政府除了加大投入外，必须在转变职能、提高效率、规范市场秩序等方面下大功夫。要进一步减少行政审批。破除体制机制障碍，进一步理顺政府和市场的关系，最大限度减少行政审批，让权力在阳光下运行。今后，地方性法规和省政府规章不得新设工商登记前置性审批项目；已经设定的，按照程序将直接关系国家安全和公民生命财产安全的前置性审批项目改为后置审批，其他一律取消。要提高行政效率。进一步简化登记、许可、立项、规划等审批验收环节和程序，取消不必要的中间流程，压缩审批时限。能当场办结的审批事项，要当场办结；法律、法规有审批时限规定的，一律做到限时办结。进一步下放审批权限，凡是下级作实质性审查、上级只作程序性批准的事项，采取授权或委托方式下放到下级办理。要规范市场秩序。实现政府职能从“重审批”向“重监管”的转变，加强对市场主体和经营活动的监管。对取消的资质资格许可项目，制定职业标准或评价规范，提高相关行业组织的自律管理能力，并依法加强监督。对通过备案制度或自由进入市场的服务业企业和个人，严格按标准进行监管，维护公平竞争的市场秩序。

（五）加强组织领导，形成推动服务业发展的工作合力。实现山东经济“凤凰涅槃、腾笼换鸟”，推进服务业加快发展的任务十分繁重，各级各部门要切实加强领导，充分调动起各方面发展服务业的积极性。要完善服务业工作机制。政府主要领导同志要把发展服务业摆上重要工作日程，要建立健全与服务业发展新形势、新要求相适应的组织领导和工作推进机制，主动牵头研究和协调解决服务业重大政策、规划、项目等发展中的问题。要进一步强化服务业重点产业和重点工作协调推进机制，同时，要充分发挥行业中介组织的作用。要加大服务业绩效考核力度。要提高服务业在各级科学发展综合考核评价体系中的权重，引导各级、各部门切实把加快发展服务业放到更加重要的位置。根据服务业发展的新特点、新要求，完善服务业发展年度目标和重点工作责任分解制度。修订完善对各市、县（市、区）、省有关部门和服务业载体单位的考核办法，建立科学有效的绩效考核指标体系和奖励机制，提高考核的公正性和客观性，更好地发挥激励示范作用。要完善服务业统计制度。健全完善全面反映我省服务业发展水平的统计指标体系和统计制度，大力推进服务业全行业统计。加强服务业各行业主管部门和行业协会的统计工作，完善对服务业重点产业、新兴产业的统计，建立行业统计和运行监测分析季报制度，促进统计信息的交流与资源共享，提高统计数据的时效性和准确性。要强化典型示范带动。近几年，各地、各行业都涌现出了一批发展服务业的先进典型。临沂推进传统服务业转型升级、潍坊发展新兴服务业，济南、青岛、淄博市促进现代服务业发展，泰安市加快文化旅游发展，威海市环翠区发展社区养老、济宁市汶上县土地托管的做法和经验，在不同行业和领域发挥了很好的示范带动作用。同时，还涌现出了银座、卓创资讯、临沂立晨物流等一批企业典型。新闻宣传部门要扩大对服务业的宣传报道，各地要认真学习借鉴典型单位的经验和做法。

省政府《关于加快服务业发展的若干意见》已下发。为出台这个政策文件，花了半年多的调研时间，省发展改革委会同有关部门做了大量卓有成效的工作，文件内容体现了改革创新的要求，各市和省有关部门要尽快制定具体配套措施，各司其职、各负其责，配合协作，形成合力，认真抓好贯彻落实。

推动服务业科学跨越发展，任务艰巨，责任重大。各级各部门要按照省委、省政府的决策部署，以敢为人先的魄力、革故鼎新的锐气和勇立潮头的信心，脚踏实地，真抓实干，不断开创我省服务业发展的新局面！

（本文系中共山东省委副书记、省长郭树清2013年11月4日在全省加快服务业发展电视会议上的讲话摘要）

在全省创业创新工作会议上的讲话

郭树清

省政府召开这次创业创新工作会议，主要是深入贯彻落实习近平总书记对山东发展提出的新要求，交流各行各业创业创新经验，动员全省上下进一步解放思想、深化改革，把创业创新工作推向更高水平，促进山东经济转型升级。

一、我省创业创新取得的成绩和存在的不足

山东发展的大好局面主要得益于创业创新。改革开放以来，我省经济社会事业之所以能够达到今天全国领先水平，是全省人民在党中央、国务院和省委、省政府的正确领导下，解放思想、实事求是、开拓创新、奋力拼搏的结果。胶东半岛如此，临沂老区如此，中西部地区也是如此。全省经济社会发展的各个领域，无论一、二、三产业，国有企业、民营经济，还是社会事业各方面，都有很多创业创新的经验，创造了一个又一个发展奇迹。具体说来，我省创业创新的成绩有以下几个方面：

第一，涌现出一大批创业创新典型。这些年，各地创造了很多产业开办、兴起、转型升级和科技创新的光辉案例。寿光的冬暖式蔬菜大棚，是生产力领域的巨大创新，引发了一场全国“菜篮子革命”，结束了北方人在冬天吃不上新鲜蔬菜的历史，奠定了寿光作为全国蔬菜种植引领者的地位。魏桥创业集团从一家小棉纺厂发展成世界500强企业，成为中国棉化纤纺织加工业最具竞争力企业。信发集团从一个小规模的热电厂，发展成为与中铝公司并肩的铝业巨头。还有南山集团、西王集团等，都是十几年间从无到有、从小到大，销售收入连翻十几倍、几十倍，企业发展不断跃上新台阶的典型案例。如意集团通过技术创新，坚持高端定位，提高核心竞争力，成为毛纺行业全球领先的创新型企业。更令我们骄傲的是，海尔集团在2012年全球各行业高级经理人评出的最具创新力企业中，位列第八，显示了在全球影响力的快速跃进。还有海信集团、浪潮集团等，都是通过持续研发和自主创新实现了跨越发展。齐鲁股权交易中心创新打造了挂牌交易、托管发布、综合展示三大平台，挂牌企业228家，托管企业339家，展示企业1188家，实现了17市全覆盖。还有很多创业创新的成功案例，可以说举不胜举。

第二，制定了一系列鼓励创业创新的政策措施。会前，我们梳理了近年来创业创新方面的有关政策文件，其中国务院及国家部委的有16件，省政府及省直部门的有43件。例如，去年省政府出台了加快科技成果转化的意见，其中规定，在鲁高等学校、科研院所职务发明成果的所得收益，按至少60%、最多95%的比例划归参与研发的科技人员及其团队拥有。比如，省政府不久前出台的促进创业带动就业的具体意见。又如，今年6月省工商局出台了优化市场环境30条意见，其中很多措施比较超前。

第三，创业创新平台建设富有成效。截至目前，全省创业孵化基地达到528个，创业园达到266个，各类科技企业孵化器达到79家。国家级工程技术研究中心34家，企业国家重点实验室10家，均居全国首位。省级工程技术研究中心1100家，省级重点实验室129家，省级企业重点实验室186家。越来越多的企业、学校、医院和社会组织重视研发活动，参与到创业创新中来。

第四，创业创新服务体系逐步完善。省、市、县三级全面建立了创业指导服务机构，组建了全省共享的创业指导专家资源库和创业项目库，形成了便捷的创业信息服务网络。搭建了省科技信息公共服务平台，加强了网上网下结合的技术市场建设，探索建立了财政资金、金融资金、社会资本、产业资本、知识财富为一体的科技投融资服务体系。2012年，全省研发经费首次突破千亿元，增长20.8%。全省发明专利申请量达到40381件，增长57.6%；发明专利授权量达到7453件，增长27.3%。

总之，过往的创业创新活动，为我省经济社会持续健康发展作出了重要贡献，也为我们继续推进结构调整和转型升级奠定了坚实基础。

但是，与先进省份相比，我省在创业创新上还有较大差距。一是思想观念还需要进一步转变。我省受儒家文化影响很深，“学而优则仕”的观念比较重，许多人对经商办企业、冒险闯市场热情不够高，社会对失败失误的宽容度也不够高。大学毕业生想当公务员的多，想自己创业的少。据省人社部门调查统计，2012年我省城镇居民有创业意愿的比例不到5%，2013年大学应届毕业生的创业比例不到2%。而南方沿海省份大学生的创业比例远超我省，发达国家大学生的创业比例占到20%左右。如前所述，我们“家门口”就有许多创业创新的奇迹，可是不少人却充耳不闻，

熟视无睹,意识不到身边就有学习的榜样。二是创业创新主体不够多。2012 年底,我省每万人口拥有私营企业 68 户,而广东是 119 户、江苏是 166 户、浙江是 162 户,全国平均水平也达到了 80 户。我省每万人拥有个体工商户的数量也低于广东、江苏、浙江和全国平均水平。我省人才队伍总量较大,但近三分之二集中在党政机关和事业单位,专业技术人才近 40% 分布在教育卫生系统。高层次创业创新人才相对缺乏。目前,住鲁院士 37 人,长江学者 54 人,国家“千人计划专家”107 人。而江苏有院士 90 人,长江学者 178 人,国家“千人计划专家”365 人,分别是我省的 2.4 倍、3.3 倍和 3.4 倍。三是创业创新氛围不浓厚。2012 年,全省 39173 家企事业单位中仅有 3742 家开展了研发(R&D)活动,仅占 9.6%,比全国平均水平低 6 个百分点,比江苏、浙江分别低 15.6、17.3 个百分点,比重居全国第 23 位。全省企业有研发活动的比例更低,仅为 8.7%,工业仅为 8.4%。我省重要科技成果实现产业化的比例仅为 20% 左右。四是创业创新政策还没有完全落到实处。前面讲过近些年出台的鼓励创业创新的政策很多,但落实情况并不理想。很多地方对这些政策没概念,不知道国家和省里有哪些政策,不知道资金从哪里来,主要还是对形势研究不够,危机意识和忧患意识不强,对创业创新工作不上心、不重视。在融资服务方面,虽然实施了小额担保贷款等一系列政策,但资金紧张、融资困难仍然是困扰创业者的一大难题。在营商环境方面,不少企业反映,现在领执照上项目,手续还是太繁杂,仍有一些部门和工作人员向企业乱收费、乱罚款,吃拿卡要。

二、山东经济的浴火重生要靠创业创新

习近平总书记在参加河北省委常委民主生活会时指出,“广东、江苏、山东,主要是看怎么凤凰涅槃、腾笼换鸟,看怎么优化产业结构,怎么继续起到领头雁、火车头的作用。”要落实总书记对山东工作的新要求,我们必须把创业创新摆在更加重要的位置。这是因为:

第一,创业创新是增强国家实力的必然选择。国际上一些经济学家将现代经济分成三种形态,即工业化、后工业化、信息化或知识化。世界经济论坛发布的全球竞争力报告,将世界各经济体按另外一种说法进行划分,依据的也是发展阶段,即要素驱动阶段、效率驱动阶段和创新驱动阶段。目前,发达国家都已进入创新驱动阶段。以美国、瑞士、德国为例,它们之所以能够长期保持强劲竞争力,就是因为其创业创新活动持续活跃。1990 年以来,美国每年都有 100 多万个新公司成立,如今美国财富中的绝大部分是 1980 年以后创造的。瑞士是一个人口、国土都很小的国家,但是国际竞争力长期名列前茅,其创业创新活动渗透在社会生活的每个角落。德国将中小企业称为“散落在各地的珍珠”、德国市场经济的“心脏”、促进经济增长及创造就业机会的“发动机”。

必须看到,国际竞争力的衡量标准已发生很大改变。国家经济实力不再主要看实物产品、生产能力,不再看有多少钢铁、水泥、汽车。不能简单地认为一些发达国家出现制造业外移就是产业空心化,就是竞争力下降。美国控制着全球价值链的上端,其竞争力在世界上仍然遥遥领先。事实证明,在当代经济中,各种生产要素的影响决定作用也在发生变化,资本的地位不断后移,技术、管理、人才、创意、品牌、商业模式的重要性日益凸显。许多发展中国家的外汇储备都超过了英美,但竞争力却远远不及发达国家。

我国经济总量已居世界第二,但结构性矛盾突出,不加快转型升级没有出路。特别是制造业产能普遍过剩,不少行业目前的利用率明显低于国际正常水平。我国的劳动力低成本优势正在减少。印度工人的工资水平只有我们的三分之一,其他还有印度尼西亚、巴西、墨西哥等人口大国的劳动力都比较便宜。而且,我国劳动人口的总数量也在减少,去年减少 345 万人。我国已是全球最大的资源消耗国,有害气体排放等环境污染问题十分突出。单纯依靠引进和模仿他人已经不可能增加有效的生产力,我们必须自己走到前排,从各个方面进行创造开发,真正成为世界经济技术的领先者之一。

第二,创业创新是解决我省面临诸多挑战的根本性举措。山东是人口大省、经济大省,就业压力大,资源环境约束突出。工业总量较大,化工、轻工、纺织、机械等规模实力居全国前列,但仍以传统产业为主,重工业占比 2012 年高达 68%。服务业发展滞后,2012 年,我省服务业增加值占 GDP 的比重仍低于全国 4.6 个百分点。农业比重还比较高。解决这些困难,很重要的一个方面就是要依靠创业创新。党的十八大指出,要促进创业带动就业。据测算,每新增 1 家个体工商户可以带动 2 个人就业,每新增 1 户私营企业可以带动 12 个人就业。如果我们每年能多创办 3—5 万个小企业,就可以带动几十万人就业。今年前三季度,我省能提前完成全年城镇新增就业目标,创业带动就业功不可没。更重要的是,推动创业创新,可以开发出源源不断的人力资本,催生出源源不断的创新成果,推动经济转入创新驱动、内生增长轨道,从根本上破解资源环境约束难题。

第三,创业创新是人民群众自身发展的内在要求。社会主义是人民群众自己的事业,每个中国人都有自己的梦想。习近平总书记说,要让全国人民“共同享有人生出彩的机会,共同享有梦想成真的机会”。人民群众中蕴藏着无穷的智慧、热情和力量。山东人向来吃苦耐劳、敢闯敢拼,拥有创业创新的胆识和气魄。例如,威高集团董事长陈学利,1988 年利用借来的 2.5 万元开始创业,持续不断地推进技术、管理创新。公司现已拥有发明专利 50 多项,自主知识产权产品 340 多项,高科技含量和高附加值产品达 80% 以上,其中 120 多种产品达到国际先进、国内领先水平,100 多种产品打破国外垄断。又如,泰安的翟墨,完成了自驾帆船环球航海一周的壮举。青岛的郭川,创造了单人不间断帆船环球航行世界纪录。这些事迹,充分展现了

山东人敢为人先、锐意进取的优良品质。在新的形势下,山东人民朝气蓬勃,奋发有为,具有创业创新的强烈愿望。只要条件具备,每个人都会充分挖掘出自己的潜力,实现自己的价值,创造出幸福美好的新生活。

三、支持和鼓励各个领域、各类群体创业创新

创业创新是全方位、多层次、多领域的,涉及经济社会各个方面,涉及工人、农民、学生、科研人员、管理人员等各类群体。创业创新既包括技术、工艺,又包括管理、运营;技术方面也既有高精尖技术,又有一般普通工艺;管理和运营也既涉及农业、工业,又涉及文化、卫生、社会管理等领域;既包括产品行业,又包括品牌创意等等。总之,应该说是既有阳春白雪,又有下里巴人。我们要广泛动员各行各业的创业创新积极性,把创业创新落实到经济建设、政治建设、文化建设、社会建设、生态文明建设等各个方面,努力形成全民创业、全面创新的生动局面。

不能把创业创新神秘化,并不是只有受过良好教育者才能创新,也不是只有设备好、环境好的单位才能创新。三百六十行,行行出状元。就是说,行行可以搞创新。去年媒体报道了石家庄的"油条哥"。他每天把炸油条剩下的油底子倒掉,第二天一定用新油。虽然他的油条卖得比别人贵,但卖得比别人好。这就是典型的商业模式创新。想到了、做到了,坚持下去,就是自己独特的品牌。再讲个例子,台湾高雄有个著名企业家叫林义守。他早前做简单的钢材加工,然后生产钢铁,把钢铁规模做到了台湾数一数二的位置。近年来又向旅游、酒店、购物、休闲转型,转得也非常成功。他在一个小荒山上建立了亚洲最大的名牌厂家直销店。他一天学都没上过,赚了钱之后办学校,从幼儿园、小学、中学一直办到大学。实际上,我省许多民营企业家也都是受教育程度不高,但市场感觉特别好的一些人,他们也都是在过去30年里几次创业、几次转型成功的人。由此可见,创业创新并不神秘,并不是一定要有多高的学历、学位,每个人都可以创业创新。

加快农业农村创业创新。我省农业和农村经济基础很好,在创业创新方面创造了很多好经验。比如,德州临邑县刘庙村党支部书记刘崇斌,用盐碱涝洼荒地开发出200多亩集体所有的鱼塘,转包出去搞养殖,赚到钱后,又建起了黄牛改良和育肥基地,成立了食品公司。威海农民邹积峰多年刻苦钻研食用菌栽培技术,自主研究选育出适于当地栽培的平菇新品种,并成立了威海第一个食用菌专业技术协会,推动了食用菌栽培技术的进步。要认真总结推广这些好经验,不断增创我省农业农村发展新优势。

加快工业创业创新。要引导市场主体更加重视研发、设计、专利、品牌、标准,发展高附加值的产品和行业,推动产业向价值链前后两端延伸。我省很多企业已经在这些方面取得了很好的成效。比如,潍坊歌尔声学股份有限公司,创立至今已申请专利1600余项,参与了多项国家及行业标准的制订,在声学技术、无线通信技术等领域达到国际先进水平。九阳股份有限公司1994年成立至今,累计主持和参与制定了49项国家、行业标准,成为行业龙头企业。要大力培育发展中小微企业,完善产业链条,形成产业集群。密切追踪新一轮科技革命和产业变革,积极创新制造模式、商业模式,抢占未来发展制高点。

加快服务业创业创新。服务业进入门槛较低,对启动资金要求不高,非常适于不同层次、不同类别的群体创业创新。例如,我省卓创资讯有限公司,2004年创业之初只是一个7人的小团队。他们抓住信息资讯业发展的机遇,大力开拓市场,短短几年,注册会员由5000户增至400万户,实现销售收入7000余万元,企业队伍发展到了1800余人。再如,威海市12349居家服务呼叫中心,是一家民办非企业单位。该平台通过呼叫服务的新模式,为城乡居民开展家政、养老、医疗、外卖、政务咨询、法律咨询、小区导购等信息服务。目前加盟企业1896家,志愿者422名,取得了政府、家政服务企业和市民"三方满意"、"三方共赢"的显著成效。又如,中央八项规定出台后,高端餐饮业受到一定影响,但不少饭馆、酒店面向大众市场调整定位,一些大排档、小吃铺还是生意红火。我们要充分调动各类社会资源的积极性,通过合资、合作等多种形式,大力发展各种商业服务,满足人民群众的不同需求。

加快社会管理创业创新。社会管理粗放问题还比较普遍。要把加强社会管理作为创业创新的一项重要内容,规范程序,优化流程,努力做到标准化、精细化管理。济南交警是我国交警系统的一面旗帜。近年来,他们努力应对交通环境变化的新挑战,在道路信号管理、执法规范化建设等方面,不断创新管理模式,做到了旗帜不倒、荣誉常新。各地都要创新管理方式,进一步提升城市和社区管理水平。要大力培育发展各类社会服务组织,加大政府向社会组织购买服务的力度,改善社会组织发展环境,增强其发展活力。

加快各类群体创业创新。我省各类群体都有一大批创业创新的先进典型。例如,返乡农民工张胜祥,原在北京打工,从事饲料销售工作,2009年回到家乡注册成立了养猪专业合作社,建立了一个占地10多亩、存栏200多头的种猪繁育场。2011年又组建了农业科技有限公司,利用养殖场污染物和沼渣等开发有机肥和有机介质,发展新型有机农业。大学生村官李浩,从零做起,创办了一家制作鲁班锁等系列旅游纪念品的木工艺企业。经过近3年努力,公司固定资产已达到300余万元,年销售收入280余万元,吸纳带动100余名村民就业。

要广泛调动大学生、返乡农民工、归国留学人员、科研人员、退伍军人、大学生村官、基层组织等各类群体的积极性。深入、具体地研究每类群体的特点、因人制宜,分类帮扶。比如,对大学生要加强创业指导、培训,激发大学生的创业意识,提升其创业能力。对返乡农民工创业,要全面落实税收优惠、创业补贴、小额贷款等扶持政策,搞好相关服

务。对科研人员要完善创业风险分担机制,尽可能减少他们的心理压力和经济负担。

四、下苦功夫完善促进创业创新的体制机制

党的十八届三中全会即将对全面深化改革作出重大部署。我们要认真学习贯彻全会精神,统筹推进重点领域和关键环节改革,加快建立健全有利于创业创新的体制机制。

从国内外成功的案例发现,创业创新有其内在规律性。从政府角度看,主要有以下几条:第一,人民群众是真正的英雄,越是尊重人民主体地位、放手发动群众的地方,创业创新做得越好。第二,行政管制越少的地方,创业创新做得越好,优秀企业往往都是在行政管制不严格的行业或地方生长出来的。第三,市场经济是法治经济,法治越健全、越依法办事的地方,创业创新做得越好。第四,市场体制越完善,能够坚持按要素公平分配的地方,创业创新做得越好。第五,对劳动、知识、人才、创造越尊重的地方,创业创新做得越好。从创业创新主体的角度看,凡是成功的,大都是对市场悟性好、市场灵敏度高的,都是在市场上摸爬滚打、历经磨难,艰苦锻炼出来的,都是懂得尊重知识、尊重人才的,都是诚实守信、守法经营的,都是平等对待每一个客户、每一名员工的。我们应当认真研究和把握创业创新的规律,在完善体制机制方面下更大气力。

(一)进一步深化各项改革。要深化科技体制改革。突出企业在技术决策、研发投入、科研组织和成果转化中的主体地位,鼓励高校和科研院所科技成果尽快向企业转化。政府投资建设的科研设施,最大限度地向企业、社会组织和研究人员个人开放。要深化教育体制改革。大力发展职业教育,培养学生的创新思维和创业技能,培育具有创业基本素质和开创型个性的人才。探索建立现代大学制度,淡化学术机构行政色彩。比如,临沂大学出台了"导向教学、导向高层次人才"等一系列向教学科研一线倾斜的政策,近两年来科研成果层出不穷,在世界顶级学术期刊发表了论文。要大力发展民营经济,支持民营企业加强技术创新、制度创新、管理创新、盈利模式创新,培育形成一批能够引领市场的排头企业。

(二)把人才培养和引进放在突出位置。人才是创业创新的核心要素,人才的重要性越来越突出。招商引资的趋势是向招揽人才和人才团队转型。项目让位于人才,不是定个什么项目引人才,而是人才引进项目。政府最重要的是紧紧围绕创业创新来设计和制定持久性人才政策,为人才发展创造良好环境。我们要好好研究和学习深圳、苏州、成都等地的经验。深圳拥有一批国内最先进、最优秀的企业,像华为、中兴、比亚迪、腾讯、万科、平安保险、招商银行等。这些企业家向深圳聚集,主要是因为那里干事创业的环境好。这一点值得我们的市县深入学习和思考。要分类推进事业单位人事制度改革,逐步取消对高等院校和科研院所的统一职称评定。依托各类园区、高校、科研院所等,建设一批人才管理试验区,探索实行国际通用的人才引进、评价、培养、使用、激励机制。修订完善泰山学者建设工程,继续实施好首席技师、乡村之星等人才工程,完善激励和保障政策,促进各类人才向企业集聚和自主创业。

(三)努力营造最有利于创业创新的宽松环境。政府第一位的责任就是转变职能,减少行政干预,把能量集中到市场监管上去。还要大力营造诚信守诺的社会氛围,加快形成有利于企业发展的法治环境和社会环境,让每一位投资者、创业者都感受到公平正义,真正让创业创新在全社会"火"起来、"旺"起来。

(四)切实抓好政策落实。各级各有关部门要进一步完善政策措施,同时加大解读、辅导和宣传力度。进一步调整财政支出结构,加大资金支持力度。加快发展创业金融,提高金融服务实体经济的能力。加强创业创新载体建设,积极培育多种形式和各种层次的创业创新孵化器。完善创业创新孵化链条,针对不同发展阶段创业创新主体,提供差异化专业服务,帮助其提高技术研发、财务、人力资源、市场开拓等方面的经营管理水平,降低创业创新风险和成本。

五、在全社会形成创业创新的浓厚氛围

一要转变思想观念。在全社会大力弘扬尊重劳动、尊重知识、尊重人才、尊重创造的理念,引导各行各业崇尚创业创新、摒弃因循守旧,崇尚大胆尝试、摒弃畏首畏尾,倡导敢为人先、敢冒风险、敢于探索、宽容失败的新风尚。"人无完人",企业也没有完美的企业。对那些被淘汰出局的企业、个人,曾对经济社会发展做出过贡献,我们同样要有敬佩和感激之情。要使一切有利于社会进步的创业创新愿望得到鼓励,创业创新活动得到支持,创业创新才能得到发挥,创业创新成果得到肯定,形成创业创新在社会上非常光荣的鲜明导向。

二要强化组织领导。各级各有关部门要把创业创新作为推进转型升级的重要举措,放在经济社会发展全局中统筹规划和实施。把创业创新工作纳入对各级党委、政府考核的重要内容。各级政府主要领导同志要亲自过问创业创新工作,及时研究解决出现的新情况、新问题。省政府将分别召开农业农村、中小企业、非公经济、医疗卫生、文化产业、社会事业、社区管理等领域的创业创新经验交流和工作推动会议。各有关部门要认真履行职责,密切配合协作,狠抓工作落实。工会、共青团、妇联和工商联,要积极动员组织广大职工、青年、妇女和社会各界投身创业创新。

三要搞好宣传引导。今天的会议上,将有20个典型作交流发言,还有32个典型进行书面交流。希望各行各业认真学习他们的创业创新精神,借鉴他们的做法。宣传部门和新闻媒体要持续地广泛地宣传创业创新的典型事迹,报道各级各部门推进创业创新的新举措、新成效,为创业创新加油鼓劲。

总之,我们要深入贯彻落实习近平总书记对山东发展

提出的新要求，进一步振奋精神，扎实苦干，大力推进创业创新工作，为加快建设经济文化强省作出不懈努力。

（本文系中共山东省委副书记、省长郭树清2013年11月7日在全省创业创新工作会议上的讲话摘要）

中国人民政治协商会议第十一届山东省委员会常务委员会工作报告

刘　伟

各位委员、同志们：

这次大会的主题是：高举中国特色社会主义伟大旗帜，深入学习贯彻中共十八大和十八届二中三中全会精神，以邓小平理论、“三个代表”重要思想、科学发展观为指导，以习近平总书记视察山东重要讲话精神为统领，全面落实中共中央、中共山东省委的重大决策部署，进一步解放思想、凝聚共识、认真履职、服务大局，为全面深化改革、加快建设经济文化强省，为推动我省在科学发展、全面建成小康社会历史进程中走到前列作出应有贡献。

下面，我代表常委会报告工作，请各位委员审议，并请出席会议的各位领导和来宾提出宝贵意见。

一、关于2013年的工作

2013年是本届省政协的开局之年。一年来，省政协常委会围绕经济文化强省建设，认真开展政治协商、民主监督、参政议政，努力做好协调关系、汇聚力量、建言献策、服务大局的工作。

（一）深化理论学习，坚定理想信念凝聚思想共识。组织政协各参加单位、政协委员和机关干部，深入学习中共十八大和十八届二中三中全会精神，深入学习习近平总书记一系列重要讲话和视察山东重要讲话精神，深入学习俞正声主席重要讲话精神，深入学习中共山东省委十届七次八次全会精神，不断加深对中国特色社会主义理论体系和“三个自信”的认识，加深对中国梦重大战略思想的认识，加深对全面深化改革重大意义、指导思想、目标任务和路径措施的认识，确保中央、省委重大决策部署在政协得到全面贯彻落实。举办了两期新任委员培训班，学习政协工作的方针政策、理论知识、优良传统和履职方法，强化政协意识，增强责任感和自觉性。

（二）提高议政建言水平，助推科学发展社会和谐。一是紧贴大局专题议政。选择“培育消费热点、有效扩大内需”和“加快科技创新体系建设、大力实施创新驱动发展战略”这两个事关我省发展的重要课题进行专题议政，分别形成建议案报省委、省政府。二是深入开展调研视察活动。围绕法治政府建设、精简行政审批、海洋装备制造业发展、房地产市场调控、南水北调工程山东段建设、资源山东建设、侨资企业发展、大气污染和农村生态环境依法治理、采煤塌陷地整治和耕地资源保护等，开展了多项调研视察活动，通过实行课题负责制、成立专家委员会、与部门和科研机构开展联合调研等方式，努力提高调研质量，为相关部门完善政策措施、推动问题解决提供参考。三是注重发挥政协在文化建设中的优势和作用。就公共文化服务体系建设、体育产业健康发展、历史文化的保护传承、高校人才培养模式改革等进行认真研究，开展了“天南地北山东人”、“记忆山东”史料征集活动。四是努力做好服务民生促进和谐的工作。办好“民声连线”，委员们公开征集“百姓提案”，拓宽联系服务群众的渠道。围绕公立医院改革、青少年社会教育、城市社区民族工作、寺庙宫观管理、道路交通安全、农产品质量安全、农村土地承包中妇女权益保护等问题，认真做好参政议政和民主监督工作。积极组织委员开展扶贫帮困、捐资助学、送药义诊和“三下乡”等惠民活动。为省政协机关“第一书记”帮扶村引进资金项目，加强农村党建，促进群众脱贫致富和新农村建设。

（三）积极探索实践，扎实推进协商民主。为促进两个《建议案》的转化落实，分别召开了两次专题协商会，邀请省政府领导和部门负责同志与委员面对面沟通协商。围绕年度经济工作计划、半年经济形势和体制改革问题，相关专委会开展对口协商分析，提出对策建议。针对做好市民热线工作、机关软件正版化过程中厉行节约等问题，进行了提案办理协商，收到较好效果。

（四）健全工作机制制度，提高履职效能。研究制定了常委会建设、委员履职以及机关建设等方面的多项规章制度，进一步加强了工作的规范化。完善重点提案遴选督办制度，督促承办单位优化提案办理机制，通过重点提案高层督办、难点提案专题督办、同类提案集中督办，不断提高办理成效。去年收到提案近900件，立案860余件，已全部办复。加强社情民意信息收集工作，向全国政协报送信息400余篇，向省委、省政府报送100余篇。建立委员履职情况软件系统，制定界别活动暂行办法，划分界别活动组和综合组、设立召集人，全年开展活动近90次，参加委员1300余人次。召开了专委会工作座谈会，对做好专委会工作进行研究部署。加强团结联谊工作，密切与民族宗教界人士和港澳委员的联系，建立了港澳委员信息数据库和微信群，做好波兰参议长访华团和港澳代表人士考察团的接待工作。加强政协宣传工作，办好《联合日报》、《春秋》杂志、《委员天地》、省政协网站和政协手机报等媒体，《联合日报》被评为“全国十大专业报刊”，进入全国报业百强。省政协理论研究会承担的“马克思主义理论研究与建设工程”重点课题“中国协商民主的制度设计及实践机制”，经过4年研究，形成了一批有价值的成果。

（五）深入开展党的群众路线教育实践活动，不断加强政协自身建设。把党的群众路线教育实践活动作为政协重要政治任务和加强自身建设的有利契机，坚持理论武装贯穿始终，创新学习方法，学好规定书目篇目，强化政治素质、群众观念；坚持开门搞教育，广泛听取各民主党派、工商联和无党派人士，市县政协和省政协委员的意见建议；坚持开展严肃认真的批评和自我批评，开展谈心交心，深入查摆剖析，明确努力方向；坚持边查边改不等不靠立说立行，从建立联系和服务群众长效机制，密切省政协与各民主党派、工商联和无党派人士的联系，改进文风会风和调研视察，提高议政质量，加强干部工作，简化公务接待，清理规范办公用房，帮扶困难家庭等方面，制定整改措施，明确责任人和时限要求，并狠抓落实，有些已初见成效。严格贯彻中央八项规定和《党政机关厉行节约反对浪费条例》、《党政机关国内公务接待管理规定》以及省委、省政协实施意见，做到令行禁止。深入开展“作风年”主题实践活动和“庸懒散”专项治理，加强教育培训和管理，不断提高政协干部队伍的综合素质和组织服务能力。

各位委员，本届省政协工作取得良好开局，是全国政协有力指导和中共山东省委坚强领导的结果，得到了省人大、省政府大力支持，得到了全省各级各部门和社会各界关心帮助。姜异康书记、郭树清省长等领导同志对政协工作高度重视，给予了大力支持、关心和帮助。政协各参加单位特别是省各民主党派、工商联和无党派人士发挥了重要作用，全省各级政协、广大政协委员和政协机关干部职工做了大量工作，付出了智慧、心血和汗水。在此，我代表常委会，表示衷心的感谢和崇高的敬意！

我们清醒地看到，在提高议政建言质量、发挥协商民主重要渠道作用、创新民主监督方式、健全委员联络机构和联络机制、活跃界别工作、加强政协组织和各参加单位间联系以及抓好群众路线教育实践活动成果巩固、提高机关服务保障能力和水平等方面，还存在一些不足和薄弱环节，一定高度重视，认真研究和改进。

二、关于当前政协工作的形势任务

在以习近平同志为总书记的中共中央坚强领导下，中国特色社会主义迈出坚实步伐、呈现出前所未有的光辉前景，为政协事业发展开辟了新的广阔空间，提出了新的更高要求。

（一）习近平总书记一系列重要讲话为政协事业发展指明了前进方向。习近平总书记一系列重要讲话，立意高远、博大精深、内涵丰富，进一步科学回答了在当代中国“具有许多新的历史特点的伟大斗争”中，“什么是中国特色社会主义、怎样建设和发展中国特色社会主义”，“实现什么样的发展、怎样实现科学发展”，“走什么样的群众路线、怎样走群众路线”，“建设什么样的党、怎样建设党”，创造性地提出并回答了“什么是中国梦、怎样实现中国梦”，“什么是国家治理现代化、怎样实现国家治理现代化”等一系列重大问题，进一步丰富和发展了中国特色社会主义理论体系，实现了马克思主义中国化的新飞跃，是实现中华民族伟大复兴的科学指南，也是政协事业与时俱进、不断发展的根本指导思想。

（二）全面深化改革为政协事业提供了新的发展机遇。中共十八届三中全会发出了全面深化改革的历史宣言，是改革开放史上的一个伟大坐标，是当代中国共产党人政治勇气、高度自信的一次充分彰显。全面深化改革，是一场事关前途命运的攻坚战，也是艰巨复杂的系统工程，需要最大限度地凝聚共识、凝聚智慧、凝聚力量、凝聚积极因素。政协作为最广泛的爱国统一战线组织，作为多党合作和政治协商的重要机构，作为发扬社会主义民主的重要形式，应当成为全面深化改革的坚定拥护者、主动参与者、积极助力者，应当在全面深化改革的进程中有所作为。

（三）习近平总书记对山东工作的总要求为我省政协工作提供了巨大动力。去年9月，习近平总书记对山东工作提出了“凤凰涅槃、腾笼换鸟”，“优化产业结构”，“继续起到领头雁、火车头作用”的要求。11月，习近平总书记来我省视察发表重要讲话，要求我们努力在推动科学发展、全面建成小康社会历史进程中走到前列。这充分体现了习近平总书记对山东工作的高度重视、关心厚爱和殷切期望。我们要以此为强大动力，坚持立足本职、发挥优势、服务大局，为加快建设经济文化强省作出新贡献。

（四）新的历史条件下政协事业面临许多重大而紧迫的课题。主要是，中共十八大和十八届三中全会明确了协商民主的重要地位，对制定协商计划、增加协商密度、规范协商内容和程序等提出了明确要求，如何使政协的协商民主更广泛更充分更有效；三中全会提出完善和发展中国特色社会主义制度，推进国家治理体系和治理能力现代化，这是重大理论创新，如何与之相适应，不断丰富政治协商、民主监督、参政议政的内涵，切实改进政协履职方式；在社会结构深刻变动、经济体制深刻变革、利益格局深刻调整、思想观念深刻变化的情况下，政协工作如何进一步增强代表性、包容性，如何更好地践行履职为民的理念、做好群众工作，等等。对此，我们应当树立强烈的问题意识，坚持理论与实践相结合，在解决问题中不断提高工作水平。

（五）实现工作指导重大转变要求政协积极献计出力。为深入贯彻落实中共十八届三中全会和习近平总书记视察山东重要讲话精神，深入贯彻落实中央经济工作会议精神，中共山东省委先后召开十届七次八次全会和全省经济工作会议等重要会议，明确提出要努力实现工作指导的重大转变，以更高的眼界标准和更加对路的措施，高质量高效率地推进经济文化强省建设，更为清晰地提出了我省今后发展定位是什么、按照什么样的路子发展、要实现什么样的发展目标等问题。我们要认真落实好省委的部署要求，确保方向一致、目标一致、行动一致。

这些，是我们考虑谋划当前和今后工作的根本依据和基本遵循。

三、关于2014年的工作打算

2014年是全面深化改革的第一年。我们要坚持以习近平总书记视察山东重要讲话精神为统领，坚持围绕大局、服务大局，坚持稳中求进、改革创新，努力使政协的各项工作更加扎实、更富活力、更有成效。

（一）深入学习习近平总书记一系列重要讲话精神。这是政协首要的政治任务。要在不断营造学习氛围、改进学习形式、增强学习效果上下功夫，既要深刻领会新思想新论断新要求，又要透彻把握贯穿其中的立场观点和方法，努力做到真学真懂真信真用。要把学习习近平总书记一系列重要讲话、视察山东重要讲话精神与深入学习中共十八大、十八届二中三中全会精神结合起来，与深入学习中国特色社会主义理论体系结合起来，与深入学习十二届全国政协历次会议精神结合起来，与深入学习省第十次党代会和十届七次八次全会精神结合起来，与学好政协理论政策和业务结合起来，坚定地同以习近平同志为总书记的中共中央保持高度一致，在大是大非的原则性问题上旗帜鲜明，不断提高政治素质和履职能力。

（二）全力服务和助力“走到前列”。“走到前列”是习近平总书记对山东工作的明确要求，是全省人民的热切期盼，是全省各项工作的目标定位。政协要更好地服务“走到前列”，就是要增强积极性主动性，努力想在前、议在前、谋在前。选题要精心论证，把重大战略性、制约性问题，尤其是前沿性、引领性问题作为重要内容。今年常委会专题协商议政的题目是大力发展混合所有制经济、激活企业创新创造活力，坚持“三个导向”、推进我省农业现代化进程，深化医药卫生体制改革、提高基本医疗保障水平，城镇化进程中历史文化的保护与传承。各专委会在促进经济转型升级方面提出的化解产能过剩、塑造开放型经济新优势、新能源开发利用、养老服务业发展，在民主政治建设方面提出的深化法治山东建设、少数民族聚居区经济发展、农村基层宗教管理，在文化建设方面提出的弘扬齐鲁优秀传统文化、践行社会主义核心价值观，在民生和社会建设方面提出的现代职业教育体系建设、食品安全监管、民族医药发展、大气和水污染防治等题目，现实性针对性都比较强，都有重要的实践意义。我们要实行严格的课题负责和质量把关制度，要加强调查研究，吃准吃透情况，提高议政建言水平，力求参在点子上、议在关键处、言在需要时。要做好建议案、提案、调研报告、协商专项建议的跟进落实，使委员的真知灼见转化为推动发展的实际举措。

（三）积极为全面深化改革贡献力量。要当好“智囊团”，围绕企业改革、财税金融体制改革、科技体制改革、社会保障体制改革以及行政体制改革等献计献策，为省委、省政府正确协调有序推进改革提供参考。要当好“监督员”，继续做好“民声连线”、“百姓提案”等工作，提高民主监督实效，促进各项改革任务落到实处。要当好“宣传员”，积极引导各界人士统一思想，为全面深化改革寻求最大公约数。要当好“生力军”，广大委员要积极投身改革一线，努力做优事业做强产业，以实实在在的作为贡献社会、服务群众，汇聚起推进改革的强大正能量。要把改革创新精神贯穿到政协工作中，不断改进和完善履职思路理念、方式方法、载体途径和机制制度，始终保持生机和活力。

（四）推动协商民主工作取得新进展。今年我们在广泛征求意见的基础上，制定了年度协商计划，专题协商重点课题已经省委同意。要精心组织，认真做好协商前的准备工作，加强协商各方的沟通对接，确保取得实效。在协商手段上，既要用好大会发言、咨询论证、讨论等方式，又要注意探索会议商谈和现场评议相结合、网上与网下相衔接的新方法。要积极营造平等协商的浓厚氛围，鼓励和支持不同观点、意见的交流交融，协商出智慧火花、协商出好的思路建议。要注意总结提炼协商民主的生动实践，加强理论研究，进一步规范协商的内容、程序和机制，解决好“谁来协商、协商什么、怎样协商、协商成果如何运用”等问题，不断提高协商民主的科学化规范化水平。要逐步探索协商落实督查制度以及以适当方式向省委和省政协常委会议、全体会议报告制度。今年，省委、省政府、省政协办公厅将对中央、省委关于加强提案办理工作《意见》的贯彻落实情况进行督查，推动提案质量和办理质量不断提高。

（五）为发挥委员主体作用拓展载体平台创造良好条件。充分调动委员的主动性和创造性，是做好政协工作的关键。要尊重和保护委员的民主权利，鼓励支持委员在政协的各类会议和活动中畅所欲言、坦诚直言，充分表达主张和见解。要通过组织委员参加学习培训、参观考察、情况通报会以及利用网络等方式，更好地知情明政、提高素质。要认真落实中共十八届三中全会要求，健全委员联络机构，完善政协主席会议成员联系政协常委、常委联系委员、专委会联系界别等制度。适时召开全省政协界别工作座谈会和政协基层组织建设工作座谈会，根据需要及时调整界别设置，积极探索专委会和界别组织活动的有效载体，运用现代信息技术加强委员的履职管理和日常联系，更好地发挥委员在本职工作中的带头作用、政协工作中的主体作用、界别群众中的代表作用。

（六）努力使教育实践活动成果长期管用，切实抓好政

协自身建设。要按照中央和省委的部署，坚持高标准严要求，发扬“钉钉子”精神，持之以恒地抓好整改工作，认真解决存在的突出问题和薄弱环节，建立和形成长效机制，坚持不懈地反对“四风”，把政协的思想、组织、作风、反腐倡廉建设和制度建设提高到一个新水平。要进一步坚定理想信念，严守政治纪律，始终保持团结进取、昂扬向上、奋发有为的良好精神状态。要毫不放松地严格落实好中央八项规定，落实好党政机关厉行节约反对浪费条例、公务接待管理规定及省委、省政协实施意见，确保不打折扣、不搞变通，使政协的会风、文风、工作作风不断得到改进。要加强党风廉政建设和干部队伍建设，创新干部教育培训和监督管理方式，努力建设一支信念坚定、为民服务、勤政务实、敢于担当、清正廉洁的高素质政协干部队伍，树立为民务实清廉的良好形象。

各位委员、同志们，让我们紧密团结在以习近平同志为总书记的中共中央周围，高举中国特色社会主义伟大旗帜，在中共山东省委的坚强领导下，改革创新、团结奋进、扎实工作，为加快建设经济文化强省，为推动山东在科学发展、全面建成小康社会历史进程中走到前列作出应有贡献！

（本文系省政协主席刘伟 2014 年 1 月 16 日在政协第十一届山东省委员会第二次会议上所作的中国人民政治协商会议第十一届山东省委员会常务委员会工作报告）

在全省生态文明乡村建设现场会议上的讲话

王军民

近几年，省委、省政府围绕生态文明乡村建设，每年召开一次现场会，每次都要研究谋划几件事情，以此解决问题、推动工作。这次会议主要采用以会代训的方法，就实施《山东省农村新型社区和新农村发展规划（2014—2030）》进行一次辅导培训。同时，这也是一次现场会，看临沂的沂水、沂南现场，交流经验，推进全省生态文明乡村建设再上新水平。

建设生态文明乡村，是省委、省政府的重大决策部署，各级各部门认真贯彻落实，按照中央“5 句话 20 字”总要求和省委、省政府“产业生态高效、环境优美宜居、生活文明健康”的要求，加大投入力度，强化推进措施，全省生态文明乡村建设取得了重要阶段性成果。一是农业转型升级加快。全省县以上农业园区发展到 2527 个，农业标准化生产面积达 2752 万亩，畜牧业规模化、标准化饲养比重达 60%，现代渔业园区达 28.2 万亩，“三品一标”产品发展到 6100 个。今年夏粮比去年提高了 9 亿斤，达到 452.8 亿斤，连续 7 年增产。二是农村改革继续深化。农村土地承包经营权确权登记颁证工作全面推开，91% 的村开展了试点，60% 的村完成了登记，32% 的村完成了颁证，东营、临沂完成 90% 以上。新型经营主体快速发展，社会化服务组织形成规模，全省规模以上农业龙头企业发展到 9109 家，农民合作社发展到 11.98 万家，家庭农场发展到 3.8 万家；各类社会化服务组织超过 20 万个。三是农村基础设施和公共服务水平不断提升。通过选派“第一书记”和推进扶贫，进一步推动了村村通柏油路、通自来水、农村电网改造、村文化大院、卫生所、幼儿园等建设，农村社会养老保险制度实现城乡并轨，社会保障水平进一步提高。四是农村综合整治效果明显。全省 68.5% 的村庄达到“五化”标准，秸秆综合利用率达 81%，到今年年底可基本实现城乡生活垃圾一体化处理。五是农村新型社区和新农村建设稳步推进。全省累计建成农村新型社区 5790 个，1300 多万农民改善了居住条件。六是乡风文明建设深入开展。全省“乡风文明行动”示范县（市、区）33 个、示范乡镇 89 个，省级文明村镇 1383 个。特别是通过开展党的群众路线教育实践活动，许多市县党委查找了不重视“三农”、深入农村不够等问题，主动整改，加大了对“三农”的投入。对取得的这些成绩，我们要保持头脑清醒；对存在的困难和问题，我们要心中有数。要看到，农村仍然是全面建成小康社会的短板，农村基础设施和公共服务仍然薄弱，农村改革还面临不少矛盾和障碍，农产品质量安全仍存在不少隐患。因此，我们必须坚持把建设生态文明乡村作为“三农”工作的总抓手，不断加大力度，始终抓紧抓好。

一、认真贯彻习近平总书记关于“三农”工作重要讲话精神，以实施《规划》为引领，推进新农村建设再上新水平

习近平总书记在中央农村工作会议上指出，小康不小康，关键看老乡。中国要强，农业必须强；中国要美，农村必须美；中国要富，农民必须富。这充分体现了科学发展的理念，充分体现了新一届中央领导集体对“三农”工作的高度重视，充分体现了中央对解决好“三农”问题的决心和信心。我们要认真学习习总书记重要讲话特别是去年视察山

东重要讲话和关于“三农”工作重要讲话精神，学习贯彻国务院关于做好新农村建设规划的部署要求，从全面建成小康社会、加快建设经济文化强省的高度，充分认识贯彻实施《农村新型社区和新农村发展规划》的重要意义，以高度的思想自觉和行动自觉，以从严从实的作风，抓好《规划》的落实。

（一）要正确认识《规划》对推进生态文明乡村建设的重要作用。《规划》作为顶层设计和战略安排，为我省农村新型社区和新农村建设提供了科学的指导和遵循。把这个《规划》落实好，有利于引领农村新型社区合理布局、有序建设、创新管理，为广大农民群众创造良好生活环境，提供规范便利高质量的服务；有利于夯实生态文明乡村建设的基础，使建设产业生态高效、环境优美宜居、生活文明健康的生态文明乡村工作有抓手、实践有载体、目标能落地；有利于转变抓农业农村工作的思维方式、工作方式，实施《规划》的过程，是一个加快农村工作指导转变，坚持运用战略思维、辩证思维、创新思维，研究问题、解决问题的过程，能够减少工作的盲目性、随意性、无序性，做到全省“一盘棋”，有计划、有步骤、有重点的推进农村新型社区和新农村建设。

（二）要把握好《规划》实施中的几个重大关系。《规划》的实施涉及城乡经济社会发展，关系农民当前和长远利益，必须注意把握好五个方面的关系：一是《规划》与推进城镇体系建设的关系。要把建设农村新型社区和推进城镇化统一起来，作为城镇体系建设的重要组成部分，纳入到城镇化体系中来，通过加快农村新型社区建设，实现农民就地就近城镇化，推进城镇化与新农村建设协调发展。二是《规划》与产业发展的关系。要把新型社区和新农村发展规划与产业发展规划、土地利用规划相衔接。要坚持走新型社区与产业园区同步发展的路子，坚持宜农则农、宜工则工、宜商则商、宜游则游，发展产业，为社区居民创造就业创业机会，逐步实现居住在社区、就业在园区。三是《规划》与保护农村传统风貌的关系。农村是我们传统文明的发源地。要尊重历史、尊重文化，注意乡土味道，体现农村特点，保留乡村风貌，不能照搬城市建设那一套。要加大对传统建筑风貌完整、非物质文化遗产丰富的村庄保护，在新型社区建设中要突出特色，挖掘文化内涵，针对不同类型的资源提出合理的利用方式和措施。如何体现特色，要把握好三个问题：第一，要围绕自然特点、自然风貌，周围的山、周围的水，把这个特色体现出来。山东的城市基本上分三种类型，靠海的青岛、烟台、威海、日照是把海边的文章做足，把海岸线保护好；平原的像济南、聊城、临沂是把城中的湖面、水面文章做足，有了水就有了灵气；靠山的像泰安、莱芜是把山的文章做足，把山绿化好、保护好。农村也是如此，是海边村，是山区村，还是平原村，都要把自然特点充分体现出来。第二，在村庄布局和建筑上体现特色。布局要依山就势，建筑风格要有时代和地域特色，在建筑的色彩、材质、风格上体现特色。第三，在人文方面深入挖掘体现当地文化、历史人物、民风民俗的东西。要各具特色，各有特点，不要搞得千篇一律，为农民建设既有现代生活气息，又有乡土文化根脉的幸福家园和美丽乡村。四是《规划》与基础设施、公共服务建设的关系。要把农村基础设施和公共服务设施建设作为《规划》实施的重点，加大投入，积极改善农村居住条件、生活环境和公共服务，促进农村精神文明建设，加快农村现代化进程，形成城乡经济社会一体发展的新格局。要区分不同类型分步实施，先把路、水、电、医、学等最基本的设施搞好，然后把环卫搞好，做到“三清五化”。有条件的把污水、厕所、燃气搞好，再有条件的可以把取暖搞好。五是《规划》与建设时序、建设重点的关系。《规划》中的新型社区数量和布局是以各地的规划为依据的，随着建设发展也可能有动态变化。各地在制定市、县规划时要从实际出发，不要简单地去说要减掉多少村，可以先明确条件成熟村庄为建设重点，以加大新型社区和中心村的设施建设配套为吸引，形成聚集效应。

（三）要以科学求实的态度抓好《规划》的实施。每个市、县都要做好与省里《规划》的衔接工作，制定好村镇体系规划。新型社区定在哪个村、中心村定在哪个村，都要在科学论证的基础上作出明确的空间布局安排，并做到村庄布局规划、土地利用规划、产业发展规划“三规”合一。要坚持一张好的蓝图干到底，自觉维护《规划》的严肃性和约束性，持续用力，步步推进，把宏伟蓝图变为美好现实。要统一规划、分步推进，按照建设新农村、保护老村落、发展新社区的要求，制定详细规划，对不同类型和规模的社区，提出相应的设施配建标准，科学预留社区发展空间，分类推进，分步建设，逐一完善。要因地制宜、量力而行、突出特色，根据各地基础条件、发展水平，分类指导、梯次推进，合理确定社区建设模式，突出重点、先易后难，成熟一批建设一批。同时发挥自然环境、发展基础和资源禀赋优势，打造各具特色的农村新型社区和新农村。要尊重规律、尊重农民意愿、维护农民权益，不能搞强迫命令，不能搞“一刀切”。要坚持群众参与、规范运作、依法推动，保证群众的知情权、参与权、表达权和监督权。要把安置工作放在重要位置，确保群众生活不因拆迁受到影响，维护好农民群众的切身利益。

二、深化农村改革，进一步激发生态文明乡村建设的动力和活力

党的十八届三中全会对全面深化改革进行了部署，总体改革涉及336项内容，其中农村改革50多项，占15%。到今年年底，中央及有关部门将有十几项涉农改革措施出台，农村改革任务重大而艰巨。我省新一轮农村改革是从土地、林地等确权登记颁证起步的，逐步向落实权能、规范流转交易等各项改革深入，正在有计划、分步骤地向前推进。要始终把改革创新作为农村发展的根本动力，提高改革决策的科学性，增强改革措施的协调性，准确有序协调推进改革，创新生态文明乡村建设的体制机制。

（一）加快农村土地承包经营权确权登记颁证工作。总的要求是，时间期限不变、目标任务不变、质量要求不变，确保今年全省50%以上的村（社区）完成土地承包经营权确权登记颁证任务。要坚持问题导向，把农村土地承包经营权确权登记颁证工作进一步引向深入。一是在保证工作质量的前提下，加快发证进度。对已经完成公示、登记工作的村，要及时将承包经营权登记证书发到农民手中，真正让农民吃上"定心丸"。二是抓紧推进剩余村的确权登记颁证工作。要按照省委、省政府两办10号文件和农业部等六部门2号文件的要求，总结推广基层经验，采取切实可行的办法，解决好存在的困难和问题，在确保今年完成50%任务的同时，为明年全面完成任务打好基础。对于城郊村、经济园区村等土地变化较大、难以确地到户的村，可按照中央1号文件"可以确权确地，也可以确权确股不确地"的精神，采取村民议决的方式逐村研究确权办法。对于"两田制"等历史遗留问题，要通过这次确权登记颁证，研究措施，加以解决。省有关部门要根据今年9月5日领导小组会议纪要精神，做好相关政策解答工作，确保确权颁证顺利进行。总的是要依法依规，一村一策，先易后难，搞好试点，充分尊重群众的意愿。三是加快土地确权登记颁证信息管理系统建设。要对淄博等地的做法进行总结和提升，加快全省的信息管理平台建设。四是做好土地承包档案管理工作，确保农村土地承包档案的完整与安全。

（二）规范建设农村产权流转交易市场。这项工作已列入省委全面深化改革领导小组今年的工作要点。要适应农村产权流转交易特点，重点抓好县、乡两级的流转交易平台建设。各市都要选择1至2个县开展试点，积累经验，探索路子，逐步推开。总结我省各地及兄弟省市的做法，在试点工作中要注意把握好以下几点：一是坚持公益性质。现在对农民土地流转等服务都是无偿的，不能因建起市场而搞成收费项目。二是坚持便利化原则。对县、乡两级市场的职能作出规定，能在乡镇办理的不要让农民到县里去办，要将服务职能向乡、村延伸。三是充分利用农业部门现有的经管系统资源和服务网络，不要另起炉灶，再搞一套机构。四是最大限度满足农民需求，尽可能实行一门办理，让农民进了这个门就能把交易、注册、评估、认证、鉴证、公证、抵押、担保、贷款等各项需求全部办成。

（三）扎实推进土地承包经营权抵押融资。这是落实农民承包土地权能的重要内容。全省已有16个市、97个县（市、区）出台了这方面的政策性文件。青岛、莱芜等市创造了一些很好的做法，各地要很好地借鉴，主要有三点：一是对流转土地的大户可以由农业部门鉴证后再发一个《土地经营权证书》，专门用于抵押贷款，把土地所有权、承包权、经营权"三权"分离落到实处；二是由农业部门主动与金融机构协商，联合制定出台抵押贷款实施办法；三是由政府设立担保机构，可以是市场化的担保公司，也可以是政策性的担保基金，还可以将政府的贷款奖励、政策性保险等扶持政策捆绑用于抵押担保，最大限度降低金融机构的风险。金融机构要积极支持并加强监管。林业、水利、海洋渔业等部门也要深化本系统范围内的农村产权制度改革，积极推进农村产权抵押贷款工作。

（四）开展农村集体资产股份合作制改革试点。党的十八届三中全会《决定》指出："保障农民集体经济组织成员权利，积极发展农民股份合作，赋予农民对集体资产股份占有、收益、有偿退出及抵押、担保、继承权"。中央2013年1号文件提出"鼓励具备条件的地方推进农村集体产权股份制改革"。要以清产核资、资产量化、股权管理为主要内容，积极开展集体资产股份合作制改革试点工作，逐步建立"归属清晰、权能完整、流转顺畅、保护严格"的农村集体产权制度。农村集体资产包括资源性资产、非资源性的经营性资产、非资源性的公益性资产、未利用资源四大类，其中对土地、林地、海域滩涂等资源性资产，要按照中央部署，继续搞好确权颁证工作。需要进行股份合作制改革的，重点是经营性资产，主要是村办企业、村集体办公用房等资产。这项工作比较复杂，可以先选择部分城中村、城郊村和经济发达村试点，取得经验后再推开。改革的主要任务是清产核资、界定村集体经济组织成员资格、将集体资产作股量化到人、组建股份合作经济组织、搞好集体资产经营、保障农民权益等。具体怎么搞、成员资格如何界定、股权如何设置、资产如何经营、收入如何分配等，要因村而宜，由村民讨论决定，充分尊重农民意愿，不搞一个模式，不下达任务指标，不追求工作进度。

（五）加快构建新型农业经营体系。习近平总书记关于农村土地"三权"分离的论断，为落实集体所有权、稳定农户承包权、放活土地经营权提供了理论和政策依据。这次农村土地确权颁证，为创新农业经营体系创造了条件。要适应农业现代化要求，顺应社会主义市场经济发展方向，坚持家庭承包经营在农业中的基础性地位，积极推进家庭经营、集体经营、合作经营、企业经营等共同发展的农业经营方式创新，加快构建以农户家庭经营为基础、合作与联合为纽带、社会化服务为支撑的立体式复合型现代农业经营体系。要坚持顺势而为、因势利导，大力培育农民合作社、家庭农场、产业化龙头企业等新型经营主体，充分发挥它们在建设现代农业中支撑适度规模经营的骨干作用、服务农业生产的纽带作用、对接市场的桥梁作用。所谓新型经营主体，新就新在它是一个独立的市场主体，搞的是规模经营、商品生产，而不是自给自足的小生产，其组织架构、生产经营活动，都要按照市场规则来规范。要大力发展农村合作经济，推进各经营主体之间在生产、供销、信用等方面的合作。在农村要促进农民合作社之间再联合、再合作，发展联合社；在县域范围内，要发展区域性联合会、协会等；在全省范围内，要自下而上逐步建立产业协会或行业协会，发挥其沟通政府、行业自律、维护权益等作用。适度规模的众多经营主体和社会化的服务组织相结合，构成新型农业经营体系。在推进农业服务专业化、系列化、规模化方面，我省创造了许多新鲜经验，农口部门以及供销、邮政、交通、商贸、烟草等系统，都在向农村延伸服务职能，发展了一大批基层服务组织，特别是供销、邮政、农机三大系统，托管土地近2000万亩，在不改变土地承包关系的前提下，实现了规模经营，产生了良好的经济和社会效益。要大力推广这些部门单位的经验，大力推进供销社改革，积极发挥邮政、烟草等系统的作用，按照主体多元化、服务专业化的要求，搭建服务平台，创新服务机制，拓宽服务领域，构建公益性服务与经营性服务相结合、专项服务与综合服务相协调的新型农业社会化服务体系。

（六）加强和创新农村社会治理。当前，城乡利益格局深刻调整、农村社会结构深刻变动、农民思想观念深刻变化，为农村经济社会发展带来了巨大活力，同时也遇到了一些突出矛盾和问题，加强和创新社会管理，完善乡村和社区治理机制刻不容缓。一要推进农村社区化服务和管理。要以农村新型社区服务中心为载体，探索建立农村社区管理服务体制和运行机制，使农村社区成为农村基层社会管理的实体和基本单元，逐步实现农村社会管理规范化、公共服务社区化。二要健全完善农村组织体系。进一步加强社区党组织建设，健全社区自治组织、群团组织，大力发展各种类型的社区经济组织和社会服务组织，建立以基层党组织为核心、村民自治组织和监督组织为基础、集体经济组织和农民合作组织为纽带、各种经济社会服务组织为补充的农村组织体系和运行机制。三要加强农村基层民主管理。继续推广“四议两公开”等工作法，借鉴浙江经验，可以在村里建立“村务监督委员会”，进一步完善村务公开民主管理制度，促进农民群众在农村社区治理、公共事务和公益事业中实行自我管理、自我服务、自我教育、自我监督。四要完善农村社会治理机制。加快建立以网格化为基础、信息化为支撑的农村社会管理机制，建立健全畅通有序、心理干预、矛盾调处、权益保障机制，妥善处理农村各种矛盾和纠纷。深化农村平安建设，完善立体化社会治安防控体系，保障农村社会公共安全，确保农村居民安居乐业、农村社会安定有序。

三、做好农产品质量安全工作，夯实生态文明乡村建设的产业基础

习近平总书记视察我省时，对农业农村发展提出“三个导向”的要求：“以解决好地怎么种为导向，加快构建新型农业经营体系；以缓解地少水缺的资源环境约束为导向，深入推进农业发展方式转变；以满足吃得好吃得安全为导向，大力发展优质安全农产品”。这“三个导向”为推进生态文明乡村建设指明了方向。我们按照习总书记重要指示精神，大力发展新型农业经营主体和农村社会化服务组织，努力破解“谁来种地”问题；着力提高粮食生产水平、农业科技化水平、农业产业化水平、农业可持续发展水平，努力破解资源环境约束；深入实施质量兴省战略，大力发展生态、优质、安全、高效农业，建设农产品质量安全放心省。这几个方面的工作，省委、省政府都已作出部署，这里重点讲一讲农产品质量安全和品牌建设工作。

（一）依法加强农业投入品管理。农业投入品是影响农产品质量安全的关键因素，必须严格监管。一是建立健全各项农业投入品管理制度。要认真落实《山东省农产品质量安全监督管理规定》（277号省长令），以种子、化肥、农药、兽药、饲料和饲料添加剂等为重点，加强监管制度建设，重点是建立健全剧毒高毒农药限制区域销售使用制度，许多蔬菜、瓜果、茶叶、中草药等生产县已经发布了禁止销售、使用剧毒高毒农药的公告，效果很好。还有一个制度是剧毒、高毒农药实名购买制度，就是谁买了、买多少都可追查。总之，要切实规范农业投入品生产、经营和使用。要大力发展节约型、节水型农业和绿色农业，推广节水技术和水肥一体化技术，促进农药、化肥等农业投入品科学减量使用。二是加快农业投入品信息平台建设。及时公告农业投入品的审批、撤销、注销、吊销等信息，及时更新并依法公开生产经营主体基本信息，实现农业投入品“信息可查询、流向可追踪、质量可控制”。三是强化农业投入品综合整治。每年要集中一段时间，开展专项整治行动，对农业投入品从生产、经营到使用都要进行全面清查和治理。要始终保持高压严打态势，出重拳、用狠招，坚决依法打击各种违法违规行为。

（二）进一步提升农业标准化生产水平。农业标准化是保障农产品质量安全的重要基础，没有农业标准化，就谈不上农产品质量安全。一要加快标准制修订步伐。积极推动我省地方标准、行业标准与国际标准并轨，修改、完善、提升现有各类农业生产技术规范和操作规程，加快制订高效农业生产技术、产地准出和质量追溯等新标准，建立覆盖全省主要农产品的标准体系。二要推广标准化生产模式。积极开展出口农产品质量安全示范省、农产品质量安全市县和畜禽规模化养殖、水产健康养殖等创建活动，建立不同层次的标准化生产基地，形成辐射带动效应。要把“三品一标”产品认证作为重要抓手，鼓励支持各类农业经营主体开展农产品标准认证，力争到“十二五”末全省农业标准化率达到30%以上。三要推进农业规模化。通过深化提升农业产业化，提高农业组织化、专业化水平，特别是加大社会化服务的力度，通过“农户+服务”“流转+托管”等方式，把分散农户纳入标准化生产体系，扩大农业标准化覆盖面。充分发挥龙头企业、农民合作社和农产品出口、农业产业化的引领和带动作用，确保“产”出优质安全农产品。

（三）加大农产品质量安全检测监管力度。优质安全的农产品既是“产出来”的，也是“管出来”的。有关部门要切实发挥好“侦查员”“纠察队”作用，建立健全从田间到餐桌全过程检测监管体系，严守质量安全底线。一是健全农产品质量安全检测网络。按照国家要求，加强农产品综合质检机构建设。提高基层批发市场、农贸市场、生产基地等检测机构的快速检测能力，扩大速测点覆盖面。鼓励支持第三方检测机构参与农产品检验检测业务，发挥生产企业内设检测机构作用，构建基本覆盖农产品各品种、生产加工

各环节、产销市场各层次的安全检测网络。二是加大农产品检测密度。要按月、按季制定实施检测计划，对农残、兽残等高风险项目要严格抽检监测，对蔬菜、肉类、水产品等重点产品要增加抽检频次和覆盖率，坚决杜绝不合格农产品进入市场。三是加强监管队伍特别是基层监管队伍建设。完善村级农产品质量监管信息员制度，在县级要加强农口部门行政执法力量，完善硬件设施，加强业务培训，确保“有机构履职、有人员负责、有能力干事”。

（四）健全农产品市场制度和品牌培育机制。要严把市场这个农产品质量安全的重要关口，用市场倒逼农产品质量安全水平提高。一是建立农产品产地准出、市场准入制度。推行农产品生产、加工、流通各环节记录管理，建立健全生产档案。农产品上市销售，必须取得由所在地农产品质量安全机构依据生产档案出具的质量安全证明，进货企业、市场要严格逐批查验，做到有记录、可倒查。二是健全农产品追溯和包装标识制度。实施农产品“智慧监管”工程，加强农产品包装管理，建立全程追溯体系，给农产品配上“身份证”、装上“跟踪器”，让不合格农产品“无处可逃”。莘县在农产品追溯体系建设方面进行了积极探索，成效明显。要选择部分城市和农产品主产地开展试点，推动龙头企业、农民合作社、家庭农场等实施可追溯管理，率先将“三品一标”农产品纳入追溯范围。三是大力发展电子商务。要积极开展农产品电子商务示范培育工程，多形式、多元化发展农产品电子商务，支持农产品批发市场依托场内加工配送中心或产地集配中心和田头市场，开展线上线下相结合的产销一体化经营，力争在农产品电子商务方面走在全国前列。四是搞好农产品品牌建设。品牌是信誉的凝结，是市场竞争力。要深入开展“食安山东”行动，创建“出口农产品质量安全示范省”、农产品质量安全市县、优质农产品基地，以“齐鲁灵秀地、放心农产品”为主题营造山东农产品品牌培育氛围。农、林、牧、渔等行业部门和商务、质监、食药、工商等管理部门要紧密配合，建立山东农产品质量安全和品牌建设推进机制。鼓励支持龙头企业、合作社、家庭农场、农产品市场、行业协会等市场经营主体打造认证品牌、商品品牌、团体品牌，申请著名商标、驰名商标，以品牌建设带动农产品质量安全全面提升。

（五）净化农产品产地环境。产地环境是确保农产品质量安全的重要条件，必须采取综合措施净化农产品产地环境，切断污染物进入农田的链条。一是深入推进农村环境综合整治。在这方面各地做了大量工作，村容村貌整体上呈现好的变化，比如济宁市对全市需要整治的村庄全部进行了整治，村容村貌有了明显改观。但这个问题是多种原因和多年形成的，具有反弹性和顽固性，一不抓就会再现。必须树立长期作战的思想，大力推进沿路、沿河、沿湖、沿库、沿海以及重点风景区、农家乐乡村旅游集中地的环境整片连线整治，加大村旁、路旁、宅旁、沟旁绿化力度，重点整治农村垃圾和污水，大力推广“三格化”厕所，加快农村无害化卫生厕所改造，切实改善农村生产生活环境。二是实施土壤改良工程。组织实施土壤改良修复、农药残留治理、地膜污染防治、秸秆肥料化利用、畜禽粪便无害化处理、重金属污染修复等专项治理，改善土壤生态功能和质量。三是搞好水污染防治。要聚焦高污染、高耗水、生态破坏三个突出问题，深化完善“治、用、保”并举的流域治污体系，严格落实重金属污染防治规划，推进城乡一体化污水集中处理，进一步加强水系生态建设。

（六）加强农民教育培训和诚信体系建设。质量安全问题，说到底是人的问题。要把提高农民群众的质量安全意识、诚信经营理念和安全生产水平作为基础性工作抓紧抓牢。一是广泛开展农民技能培训。组织市县两级农技推广人员到园区、企业、基地、合作社，举办农产品质量安全培训活动，指导农民群众科学合理用药用肥，提高生产经营者特别是农民群众安全生产意识和技能。用好县级电大、职业学校、农广校、远程教育等资源，建立面向农民技术教育和农民工转移就业的教育培训机构，开展各种形式的教育培训，将农业标准化技术落实到田间地头，解决好“最后一公里”和“最后一步路”的问题。二是持之以恒地搞好法制教育。把《农产品质量安全法》《山东省农产品质量安全条例》等法律条文和精神宣传到村、到户、到人，结合典型案例，以鲜活的事实教育引导广大农民群众树立法制观念，依靠守法生产经营，获取合法收益、安全收益、长期收益。三是加快诚信体系和信用文化建设。引导广大农民群众强化责任意识、自律意识、诚信意识，对农业龙头企业、农民合作社、家庭农场、农户和农资生产经营单位等建立诚信电子信用档案或诚信数据库，实行诚信等级分类管理制度，强化诚信经营正面宣传，形成诚信经营的社会正气。

四、加强组织领导，全面提高生态文明乡村建设水平

现在，目标任务已经十分明确，能否取得实效，关键在领导，关键在能否认认真真地抓好落实。在党的群众路线教育实践活动中，各地围绕纠正“四风”、抓好整改落实，探索创新了许多具体管用的办法，要把这些经验和做法运用到抓生态文明乡村建设当中，既立足当前解决重大现实问题，又着眼长远夯实未来发展基础，把各项任务一件一件落到实处。

（一）要进一步落实责任。推进生态文明乡村建设，各级党委、政府承担第一责任，各有关部门担负具体责任，这一点必须十分明确，不能有任何含糊。省委科学发展2014年考核细则，将生态文明乡村建设、农村土地承包经营权确权登记颁证试点、粮食产量、农产品合格率等列入考核指标。各级各部门要高度重视起来，切实增强责任意识、担当精神。主要领导要亲自抓，分管领导要具体抓，使生态文明乡村建设的各项任务和措施真正落地生根。

（二）要完善工作推进机制。对省委、省政府做出的部署，要一项一项梳理出来，层层分解责任，制定工作方案，建立工作台账，细化实化措施要求，严格监督检查，形成考核、

奖惩机制。有关单位要各司其职、各负其责、充分配合，该出台的措施要及时出台，该批准的项目要及时批准，该下达的资金要及时下达。各级党委农工办也要认真履行职责，全面掌握情况，及时发现问题，加强综合协调，搞好调研督查，推动各项工作落到实处。

（三）要坚持问题导向。生态文明乡村建设，是一件大事，也是一件难事，各地情况不同，遇到的问题也不一样。要坚持辩证法，加强调查研究，把握事物发展变化的客观规律，善于透过现象看本质，从体制机制上找原因，抓住主要矛盾，突出工作重点，用改革的思路谋对策，用创新的精神解难题。坚持每年解决一两个重大问题，连续抓上几年，就会见到成效。

（四）要发扬"钉钉子"精神。习总书记提出的"三严三实"要求，直指党员干部修身之本、为政之道、成事之要。我们一定要认真学习领会，自觉贯穿于生态文明乡村建设中。要始终绷紧作风建设这根弦，按照"抓常、抓细、抓长"的要求，以"准、狠、韧"的劲头克服作风之弊，大兴求真务实之风，在出实策、鼓实劲、办实事、求实效上狠下功夫。生态文明乡村建设涉及产业发展、公共服务、生态环保、社会管理各个领域，我们不熟悉、不了解的东西很多。各级领导班子和广大干部，要有本领恐慌的危机感，增强学习自觉性，认真学习生态文明乡村建设的相关理论和知识，不断充实自己、提升自己，进一步提高推进生态文明乡村建设的能力。

（本文系中共山东省委副书记王军民 2014 年 9 月 22 日在全省生态文明乡村建设现场会议上的讲话摘要）

山东省人民代表大会常务委员会工作报告

柏继民

各位代表：

我受省人大常委会的委托，向大会报告工作，请予审议。

过去一年的主要工作

一年来，在中共山东省委的坚强领导下，省人大常委会认真贯彻落实中央和省委重大决策部署，紧紧围绕全省工作大局，认真履行法定职责，积极发挥地方国家权力机关的职能作用，为加快经济文化强省建设作出了重要贡献。

一、坚持用中央和省委决策统一思想，牢牢把握正确方向和根本任务

常委会积极适应改革发展的新形势、新任务，统一思想、凝聚力量，着力在理论武装、改进作风、制度保障三个方面下功夫，为新一届常委会依法履职打下坚实的基础。

一是大力加强思想建设，坚定做好人大工作的信念。认真学习贯彻党的十八大和十八届二中、三中全会、习近平总书记系列重要讲话和视察山东重要讲话精神，学习贯彻张德江委员长关于推进依法治国的重要讲话精神，学习贯彻省委有关会议精神，切实把思想认识统一到中央对形势的科学判断上来，统一到省委对各项工作的部署要求上来，统一到民主法制建设这一根本任务上来。常委会采取多种方式，加强理论武装，组织召开了全省各市人大主任座谈会，举办了全省县级人大主任培训班，围绕坚持和完善人民代表大会制度、推进依法治国、坚持群众路线等，先后举办了 8 次专题报告会和法制讲座，强化了常委会组成人员的政治意识、法治意识、群众意识、责任意识，增强了做好人大工作的信心和决心。

二是大力加强作风建设，夯实人大工作的群众基础。常委会把开展党的群众路线教育实践活动作为加强作风建设的有利时机，紧扣为民务实清廉主题，深刻查摆在形式主义、官僚主义、享乐主义和奢靡之风方面存在的突出问题。坚持开门搞活动，在广泛征求意见基础上，姜异康同志主持召开常委会党组专题民主生活会，带头查摆问题，剖析原因，带头与班子成员相互之间开展严肃认真的批评与自我批评，收到了红脸出汗、加油鼓劲的效果。常委会把贯彻中央八项规定和省委实施办法作为加强作风建设的重要抓手，在加强调查研究、精简会议活动和文件简报、改进新闻报道、规范因公出访、厉行勤俭节约等方面，建章立制，完善办法，着力抓好落实，取得了明显成效。常委会把调查研究作为加强作风建设的常态化工作，深入实际、深入基层、深入群众，听取百姓诉求，了解社情民意，集中群众智慧，共开展专项调研活动 58 次，形成了大量的调研成果，为开展立法、监督等工作和科学决策提供了依据。

三是大力加强制度建设，提高工作规范化水平。认真贯彻执行民主集中制原则，坚持集体行使职权，对每一项立法、监督、决定、任免事项，都充分发扬民主，实行民主决策，依法按程序办事。坚持向省委请示报告制度，每月报告工作情况，重要活动、重大事项及时报告，按照省委的指示要

求推进工作。为使工作更加规范有序，制定或修订了贯彻落实中央八项规定、加强廉政建设改进工作作风、加强调查研究、密切与人大代表和人民群众的联系、代表议案及建议办理、常委会专题询问等方面的制度，以及机关服务保障的一系列制度规范，健全完善了符合人大依法履职的制度机制。同时，明确责任，强化措施，规范行为，保证各项制度得到执行和落实。

二、坚持以人为本立法为民，切实发挥立法的引领和推动作用

常委会坚持"不抵触、有特色、可操作、重实效"的原则，积极推进科学立法、民主立法。共审议法规或法规性决定草案10件，通过了8件；审查批准济南、青岛、淄博三市法规13件，对10件国家法律及法律性决定草案提出修改意见。

围绕全省改革发展稳定大局，积极开展立法工作。一是注重立法与改革发展决策相结合。为深入推进行政管理体制改革，加快政府职能转变，提高行政效率，常委会作出了关于修改农业环境保护条例等4件地方性法规的决定，对涉及行政审批的有关条款进行了修改。为维护环境安全，保障人体健康，制定了辐射污染防治条例。制定的专利条例，从专利促进、保护、管理和服务等方面，作出了具体规范，有利于激励发明创造，增强自主创新能力，为推动实施创新发展战略提供了有力支撑。二是注重以民生为重点的社会领域立法。为促进我省人口长期均衡发展，对人口与计划生育条例作了修改，取消了合法生育第二个子女的时间间隔，增加了流动人口计生服务等便民惠民条款，顺应了群众期待，社会反响热烈。劳动关系是重要的社会关系，事关劳动者的切身利益。在劳动合同条例修改中，增加和细化了保护劳动者合法权益的规定，强化了政府的服务责任，为促进劳动关系和谐提供了重要的制度保障。三是注重突出法规地方特色。制定的公路路政条例，创设了公路安全畅通、路域环境综合整治和便民服务等制度，适应了群众安全、舒适、快捷出行的需求。为有效保护和合理利用历史文化遗产，传承地方文化，制定了台儿庄古城保护管理条例。新修订的代表法实施办法，细化代表履职规范，强化代表履职保障，对更好地发挥代表作用具有重要意义。

围绕提高法规质量，大力推进科学立法、民主立法。一是坚持常委会在立法中的主导地位。科学制定了五年立法规划和年度立法计划，保证立法的有序性；重视法规立项论证，选取国有土地上房屋征收与补偿、社会科学普及2件立法建议项目进行立法前评估，增强立法的前瞻性和可行性；在全国省级人大率先建立地方性法规实施情况报告制度，深化了立法后评估。坚持提前介入法规起草工作，把握方向性和焦点难点问题，适时加以指导和协调。严把法规审议关，坚持专门委员会先行审议、法制委员会统一审议、常委会集中审议的程序，充分吸纳常委会组成人员和专门委员会的意见，对意见分歧较大的法规草案，增加审议次数，保证审议质量。二是发挥政府部门在立法中的重要作用。政府部门在立法工作中担负着大量的基础性工作。常委会在制定立法规划和计划、法规起草、修改以及国家法律草案征求意见等方面，注重发挥省政府有关部门熟悉情况、掌握政策的专业优势，完善立法联系协调机制，正确处理权利与义务、权力与责任的关系，及时研究解决立法中的突出矛盾和问题，保证了立法工作的有序开展。三是扩大人大代表、人民群众对立法的有序参与。继续完善立法的公众意见表达、专家论证、立法评估三个机制，坚持法规草案征求省人大代表意见，及时将代表提出的立法议案列入立法计划，通过设立立法联系点，实行网上听证，召开座谈会、论证会等形式，吸纳社会各方面的意见和建议。聘请了20名经济、法律、环保等领域的专家学者为立法咨询员，对每件法规进行咨询论证，增强了法规的科学性。

三、加强和改进监督工作，努力增强监督实效

常委会坚持围绕中心，突出重点，进一步增强监督工作的针对性和实效性。一年来，听取审议计划、预算执行和审计工作报告4项、专项工作报告7项，开展专题视察3次、执法检查6次。

一是全力推动经济持续健康发展。常委会适时听取审议了省政府关于计划、财政、审计等情况的报告，督促政府全面落实宏观调控政策，科学合理地管好用好财政资金。针对发行地方政府债券和省对市实行新的财政体制引起的收支变化，先后两次审查批准省政府提出的省级预算调整方案，维护了预算的严肃性。为推动"十二五"规划纲要顺利实施，常委会听取审议了纲要实施中期情况的报告，督促政府加快"转调创"步伐，以改革促创新发展，努力实现规划纲要确定的各项任务目标。为实现税收与经济协调增长，组织开展了《山东省地方税收保障条例》执法检查，针对税收执法风险加大、一些地方收入虚增空转等问题，提出了完善体制机制，优化税收服务，推进依法治税等方面的意见建议。省政府对此高度重视，进一步强化税收税源监控，依法加强征管，税收执法水平有了新的提高。为推动实施新型城镇化发展战略，常委会对全省城镇化发展情况进行了视察，督促政府科学编制发展规划，同步推进综合配套政策改革，促进城乡一体化协调发展。常委会还听取审议了人防工作情况的报告，支持人民防空与地方经济建设融合发展。

二是着力促进民生改善。常委会坚持民生为先、民生为重、民生为本。道路交通安全连着千家万户，关系群众生命财产安全，省委、省政府高度重视，人民群众普遍关注。为推动道路交通安全工作，常委会组织了视察活动，针对制约和影响道路交通安全的源头性、根本性问题，提出了意见建议。省政府积极抓好整改，推进交通安全管理创新，加大综合整治力度，道路交通安全形势逐渐好转，去年全省道路交通事故总量和死亡人数同比实现了"双下降"。组织开展了农村土地承包经营纠纷调解仲裁法执法检查，对维护农民土地权益，促进农村经济发展与社会稳定起到了重要

作用。听取审议了畜牧业发展、侨务工作情况报告，推动了相关工作。组织开展了防震减灾“一法一条例”执法检查。受全国人大委托，就义务教育法、气象法等进行了执法检查。

三是大力推进生态文明建设。为全力支持省政府打好节能减排攻坚战，完成“十二五”节能减排目标任务，在上届常委会连续组织视察的基础上，继续跟踪监督，由常委会4位副主任分别带队，赴8个市进行视察，深入到70多个现场实地察看，其他9个市人大常委会同步开展视察，上下联动，形成合力，共同推进。常委会听取了视察情况报告，提出了审议意见。省政府采取积极有效措施，坚决淘汰落后产能，加快实施高耗能产业转型升级，引领新兴产业发展，节能减排工作取得了新成效。常委会组织协调有关单位和媒体继续开展“齐鲁环保世纪行”活动，以“让人民群众喝上干净的水，呼吸清新的空气”为主题，进行集中采访报道，把人大监督和舆论监督有机地结合起来，积极营造关注生态环保的社会氛围。受全国人大委托，组织开展了可再生能源法执法检查。

四是努力促进公正司法和规范执法。常委会注重加强司法监督，听取审议了省高级人民法院关于全省法院民事审判工作情况报告，从规范司法行为、增强责任意识、提高审判质量等方面，提出了审议意见。听取审议了省人民检察院关于全省检察机关贯彻实施刑事诉讼法情况的报告，推动检察机关更新执法理念，提高办案质量，确保刑诉法得到正确有效实施。听取审议了全省公安机关执法规范化建设工作情况的报告，督促公安机关提升执法能力和水平，增强执法公信力，构建和谐的警民关系。省高院、省检察院和公安机关认真落实常委会审议意见，积极改进工作，提高了公正司法和规范执法的水平。

五是扎实开展备案审查工作。规范性文件备案审查是人大监督工作的重要内容。全年共完成55件规范性文件的备案工作，重点选取6件社会关注度较高的文件进行主动审查，邀请法学专家参与审查、提出意见。制定了《规范性文件纠错办理工作规范》，进一步健全相应工作制度。召开了全省人大规范性文件备案审查工作会议，推动了工作。目前全省17市人大常委会全部成立备案审查机构，各县（市、区）人大常委会均配备专人负责。

六是认真做好信访工作。常委会把信访工作作为依法开展监督、密切联系群众的重要渠道，规范工作程序，完善制度机制，推动解决信访问题，化解社会矛盾。召开了全省人大信访工作会议，总结经验，部署工作，推进信访工作依法有序开展。共受理群众来信6683件，接待群众来访7398人次，督促化解了一批群众利益诉求问题，维护了人民群众正当权益。

四、支持和保障代表依法履职，充分发挥代表作用

人大代表是国家权力机关组成人员。常委会高度重视代表工作，支持和保障代表依法执行职务，充分发挥代表作用。

一是加强培训，不断提高代表履职能力。针对换届后新任代表较多的实际，先后举办了三期省人大代表培训班，组织学习人民代表大会制度理论和地方组织法、代表法等有关知识。组织驻鲁全国人大代表参加了初任学习和履职培训。编印了17位全国人大代表和43位省人大代表及22个优秀代表小组的典型材料。通过学习培训，为代表依法执行职务、参与管理国家事务打下了良好基础。

二是组织活动，保证闭会期间代表依法履职。代表小组是闭会期间代表开展活动的基本形式。组建了19个全国人大代表小组和111个省人大代表小组，确定17个省人大代表小组为重点联系单位，指导建立相关工作制度，促进代表小组活动经常化、制度化。常委会组织我省全国人大代表和省人大代表围绕实施创新驱动战略、水污染综合防治、加强和创新社会治理等方面进行了专题调研，撰写调研报告20多篇，为党委、政府科学决策提供了重要参考。组织代表进行了集中视察，为代表出席人代会审议各项议案做了充分准备。各位代表围绕大局，结合实际，有针对性地开展视察、调研等活动，听取并反映群众的意见和要求，在推动政府工作、化解社会矛盾、促进和谐稳定等方面发挥了重要作用。

三是改进工作，努力提高代表议案建议办理质量。常委会重视代表议案建议办理工作，坚持提前介入，密切联系沟通，及时转交处理。对省十二届人大一次会议主席团交付审议的5件议案，省人大有关专门委员会加强调研，反复论证，认真审议，及时向常委会提出了审议结果的报告。省政府及有关部门认真研究，抓好落实。其中2件代表议案形成了法规案。供热条例（草案）已经常委会两次审议，老年人权益保障条例的修订已列入今年立法计划；对制定学前教育条例的议案，经审议，确定了先行制定政府规章的意见，其余2件将继续调研论证。对代表提出的428件建议、批评和意见，常委会注重加强检查指导，督促有关机关和组织认真研究办理，推进了一批事关经济社会发展全局和群众普遍关注问题的解决。如《关于落实〈中原经济区发展规划〉建设鲁西经济隆起带先行示范区的建议》，省政府专门组成调研组，深入研究论证，充分吸纳代表建议，制定实施了《西部经济隆起带发展规划》，对完善我省区域发展格局，增强发展后劲，打造山东经济升级版具有重要意义。

四是强化服务，进一步提升代表工作水平。坚持尊重代表的主体地位，努力为代表执行职务提供服务和保障。重视加强与人大代表的联系，及时向代表通报常委会工作，听取代表和群众的意见。积极协调政府、“两院”及有关部门适时向代表介绍工作情况、寄送相关资料，为代表知情知政提供便利。坚持邀请代表列席常委会会议，参加常委会和专门委员会组织的执法检查、视察和调研等活动，不断扩大代表对常委会工作的参与。

坚持把党管干部原则与人大依法任免干部有机结合起

来，认真做好人事任免工作。一年来，共任命国家机关工作人员240人，批准任命3人，接受和批准辞职5人，免职60人，撤职1人。

立足全省对外交往大局，组团赴7个国家进行友好交流，接待了11个国家来访的12个议会代表团，促进了对外交流与合作，在服务山东经济社会发展中发挥了积极作用。

常委会的工作取得了一定成效，但与形势任务的要求仍有不相适应的方面。如立法质量有待进一步提高，监督工作的实效还不够强，代表履职的服务保障机制仍需完善，利用信息化网络技术开展工作方面亟需加强。这些问题，我们将认真研究改进。

今后一年的工作安排

各位代表，今年是全面贯彻落实党的十八届三中全会精神、全面深化改革的第一年，也是完成“十二五”规划目标任务的关键一年。常委会要以邓小平理论、“三个代表”重要思想、科学发展观为指导，深入学习贯彻党的十八大和十八届三中全会精神，以习近平总书记系列重要讲话和视察山东重要讲话精神为指引，坚持党的领导、人民当家作主、依法治国有机统一，按照省委的总体部署，依法行使职权，大力加强社会主义民主法制建设，坚定不移推进改革创新，促进我省经济社会持续健康发展。

一、切实加强理论武装，以改革创新精神推进工作

认真组织好常委会组成人员的政治理论学习，深刻把握习近平总书记系列重要讲话的科学内涵，深刻把握中央关于全面深化改革的指导思想和目标任务，深刻把握省委关于推进改革和各项工作的决策部署，深刻把握中央、省委关于加强党风廉政建设和反腐败斗争的部署要求，进一步统一思想认识，凝聚改革共识，理清思路，把好方向，坚定信心，与时俱进，以改革创新精神谋划推进工作。坚决贯彻落实关于改进工作作风的要求，完善作风建设长效机制，进一步密切联系群众，深入开展调查研究，集中民智，反映民意，使常委会各项工作更好地体现人民群众的意愿。大力加强专门委员会和常委会工作机构建设，不断完善体制机制，发挥好专门委员会的职能作用，发挥好常委会机关的服务保障作用，保障常委会的各项工作有序运转。按照省委适时召开全省人大工作会议的意见，认真总结经验，深入研究人大工作理论创新、实践创新的具体措施，组织好人民代表大会成立60周年和人大工作的宣传，更好地适应形势、把握规律，推进人大工作的创新发展。

二、紧紧围绕改革发展大局，认真履行法定职责

继续坚持以人为本、立法为民理念，积极做好地方立法工作，着力提高立法的针对性和时效性，切实发挥立法在全省经济社会发展中的引领和推动作用。认真落实立法规划和年度立法计划，制定和修改水土保持、企业技术改造促进、国有土地上房屋征收与补偿、行政执法监督、社会科学普及等12件地方性法规；按照省委贯彻落实十八届三中全会精神意见的要求，抓紧相关法规的起草论证工作，条件成熟的及时提请审议。继续做好三市报批法规的审查和国家法律草案征求意见工作。综合运用多种方式开展监督工作，切实增强监督实效。常委会将听取审议省政府关于政府债务审计、金融、国土资源、农业技术推广、体育、外事等方面的报告，听取审议省法院有关人民陪审员工作和省检察院有关反贪污贿赂方面的报告；对全省企业技术进步和自主创新情况进行视察，委托专门委员会对邮政、献血、残疾人保障、妇女权益保障和行政复议、黄河河道管理等法律法规贯彻实施情况进行执法检查，对大气污染防治工作进行视察。结合审议专项工作报告、视察和执法检查报告，对企业技术进步和自主创新、大气污染防治等项工作开展专题询问。扎实推进规范性文件备案审查工作。认真行使重大事项决定权，就加强对政府全口径预算决算的审查和监督作出决定。认真受理人民群众的来信来访和申诉控告，依法维护群众的合法权益。

三、积极做好代表工作，努力提高代表履职水平

认真贯彻代表法，尊重代表主体地位，支持和保障代表依法履职，为代表联系群众、开展活动、执行职务提供服务保障。围绕提高代表履职能力和水平，举办省人大代表专题学习班，邀请专家学者就经济社会发展、预算审查、财政税收等方面进行专题辅导。加强对代表小组活动的指导，适时召开省人大代表小组工作座谈会，总结推广经验，提高代表小组活动质量。精心组织好代表闭会期间的活动，继续组织省人大代表跨区域调研，增强代表集中视察、专题调研的实效。积极指导代表提出高质量的议案和建议，认真做好代表议案建议处理工作。加快代表履职信息化网络平台建设，为代表履职提供高效、便捷的服务。坚持常委会联系代表、代表联系群众等制度，进一步提高代表和群众对人大工作的有序参与，紧紧依靠代表和群众做好常委会的工作。人大代表要密切与选民、群众的联系，及时反映群众的意见和诉求，自觉接受群众的监督，动员和团结广大人民群众，积极投身改革发展的伟大事业。

各位代表，我们面临的任务光荣而艰巨。让我们紧密团结在以习近平同志为总书记的党中央周围，在中共山东省委的坚强领导下，开拓进取，锐意改革，为加快建设经济文化强省、谱写山东人民美好生活新篇章，作出新的更大的贡献！

（本文系山东省人大常委会副主任柏继民2014年1月19日在山东省第十二届人民代表大会第三次会议上所作的山东省人民代表大会常务委员会工作报告）

在全省县级公立医院综合改革电视会议上的讲话

王随莲

县级公立医院是县域内的医疗卫生服务中心，承担着基层广大群众的看病就医工作，在缓解“看病难”、“看病贵”问题上发挥着重要作用。省委、省政府高度重视县级公立医院改革，要求按照国家统一部署，扎实推进各项工作。7月28日，郭树清省长专题召开医改工作座谈会，听取基层医改工作进展情况汇报，对下一步工作提出了明确要求。省委常委、常务副省长孙伟同志多次主持召开省医改领导小组会议，研究部署各个阶段的工作任务，确保每项工作落实到位。从2013年起，我省在30个县（市、区）的73家医院启动了县级公立医院改革试点工作。一年多来，各级各有关部门认真贯彻省委、省政府的部署要求，坚持公立医院公益性质，按照政事分开、管办分开、医药分开、营利性和非营利性分开的要求，以破除“以药补医”机制为关键环节，实施了一系列公立医院改革措施，群众就医负担有所减轻，医务人员收入稳步增长，医院服务能力不断提升，运行新机制正在逐步建立。可以说，改革成效初步显现。

通过对第一批改革试点情况的总结评估，总体上说，前段时间的改革取得了阶段性成果，但与国家和省里的要求相比，与广大群众的期盼相比，还有不小的差距，还存在一些困难和问题。主要表现在：一是改革进展很不平衡。有的地方进行了较为系统的改革和探索，而有的地方仅仅实行了单项的改革措施。有的地方已经探索建立了科学的补偿机制，而有的地方补偿还不到位，有的甚至一分钱补偿也没有。二是深层次体制机制改革还没有取得突破。大部分试点县（市、区）仅仅取消了药品加成，其他配套改革相对滞后。科学的医保支付制度、人事分配制度、医院管理体制等方面的改革，还没有取得实质性进展。特别是，医院去行政化改革还没有破题，与建立和完善法人治理结构的改革目标还有很大差距。三是改革的系统性、协同性还有待加强。许多改革措施没有同步推进，一些好的政策没有及时出台配套文件，政策打了折扣。一些地方在推进改革的过程中，没有形成一盘棋，部门之间没有形成合力，影响了改革的整体效果。四是政府办医责任还没有得到很好落实。政府投入长效机制还不健全，在事关医院长远发展方面的投入还不够，花钱建机制、花钱买机制的目标还没有实现，等等。

今年，我省在第一批试点基础上，再启动54个县（市、区）进行综合改革。我们既要继续深化第一批试点医院的改革，又要抓好今年的扩面工作，改革任务很重。大家一定要坚定信心，迎难而上，进一步强化工作措施，狠抓工作落实，努力推进县级公立医院改革不断取得新的成效。

一、进一步深化补偿机制改革

取消药品加成，破除“以药补医”机制，是推进县级公立医院改革的关键环节。从第一批改革的情况看，所有试点医院都取消了药品加成，实行零差率销售，深受群众欢迎，效果很好。第一批改革的医院，是按照15%的加成进行补偿的。但实际上，县级医院的药品平均加成大大超过15%，致使这些医院的收入大幅下降。考虑到这一点，省政府决定，在今年的改革中，把医院因取消药品加成所减少的实际收入，全部纳入补偿范围。具体办法是，通过调整医疗服务价格补偿80%，政府补助不低于10%，其余部分通过医院内部挖潜解决。这个政策不仅适用于这次参与改革的医院，还包括第一批73家试点医院。各地要抓住这个时机，进一步健全完善科学合理的补偿机制，尽快使参与改革的医院走上良性运行的轨道。一要落实政府办医责任。各县（市、区）政府作为县级公立医院的举办主体，要切实落实好投入政策，对符合规划要求的基本建设、设备购置、学科发展、人才培养等资金，按实际情况予以保障。关于取消药品加成后的补偿，从第一批试点的情况看，部分县级政府落实的还不是很好。郭树清省长在座谈会上强调，各级政府要调整财政支出结构，多向民生方面倾斜。各地一定要按照不低于10%的比例，足额落实补偿资金，确保医院正常运转。省级财政结合中央支持给予适当补助。二要合理调整医疗服务价格。调整医疗服务价格，不仅可以弥补医院因取消药品加成而减少的收入，而且更能体现医务人员的劳动价值，把医务人员从“开大处方”、“开检查单”引导到提升医疗服务水平上来，对于健全完善新的补偿机制，加快推进县级公立医院改革，具有重要意义。各地要抓紧测算，尽快制定价格调整方案，在医保基金可以承受的范围内，根据药品价格实际降幅的80%，合理提高诊疗、手术、护理、床位和中医药服务等项目价格,确保9月30日前调整到位。各市要注重统筹协调,避免各县(市、区)医疗服务价格调整差距过大。同时,要采取更加积极灵活的价格政策,逐步扩大调整范围。这里再强调一下,调整后的医疗服务价格,必须按政策纳入医保报销范围,发挥好医保的补偿作用,不能增加群众的就医负担。三要强化医院成本核算。各医院要加强内部管理,优化就医流程,强化成本核算,形成科学合理的支出约束机制,最大限度减少“跑冒滴漏”等浪费现象。

二、进一步深化管理体制改革

加快推进管理体制改革,是当前县级公立医院改革的难点之一。各地要结合实际,大胆探索,建立完善法人治理结构,推行现代医院管理制度,努力提高县级公立医院的管理服务水平。一要落实医院的独立法人地位。长期以来,我们的卫生行政部门和公立医院关系密切,卫生部门既管医院,又办医院,既当裁判员,又当运动员。在这种情况下,医院不可能独立。要使医院真正成为独立法人,关键是彻底实现“管办分开”。各级卫生计生部门负责人在医院兼任领导职务的,年底前要一律辞去医院或卫生计生部门的职务。各地要进一步转变职能,简政放权,减少对医院具体事务的管理,把主要精力转移到规划引导医疗产业健康发展和对医疗行为的行业监管上来。医院要独立行使经营自主权,承担经营管理责任,政府不得随意干涉。要结合事业单位去行政化改革,在条件成熟的地方,逐步取消医院的行政级别。二要建立健全现代医院管理制度。现代医院管理制度的核心是建立法人治理结构,形成决策、执行、监督相互分工、相互制衡的权力运行机制。刚才,东阿县作了很好的发言,给我们很多启示。东阿县通过成立理事会作为医院的决策机构,行使医院重大事项的决策权;管理层由行政负责人及其他主要管理人员组成,是理事会的执行机构,实行院长负责制;院长由理事会推荐提名,无行政级别,负责医院的日常管理工作;监事负责对医院的运行管理情况进行监督。东阿县人民医院的这种组织架构,初步具备了法人治理结构的雏形,使医院的经营管理逐步走上制度化的轨道,值得大家学习和借鉴。在实践中,其他一些医院也进行了不同模式的有益探索。希望各地进一步解放思想,大胆创新,力争在法人治理结构改革方面取得新的突破。三要探索开展医院股份制改革。鼓励各地在确保医院公益性的前提下,允许大医院参股小医院,资金雄厚的企业、社会团体参股公立医院,充分发挥市场在资源配置中的决定性作用,实现不同主体之间的资源共享、互利共赢。四要加强行业监管。我们在基层调研时发现,取消药品加成后,个别医院又出现了检查涨价、过度检查等现象,群众甚至编出了“问诊三句半、检查一大片”的顺口溜。还有的医院,该出院的病人不让出院,人为延长了住院时间。这种现象在一定程度上抵消了医改给群众带来的“红利”,加重了患者的就医负担,增加了医保基金的支出。在城市周边,仍然存在一些假冒伪劣的“黑诊所”、“假大夫”,经常打游击,坑害群众。根据国家统一部署,从去年10月份开始,我省开展了打击非法行医专项行动。截至目前,已取缔无证行医的“黑诊所”2700多户次。各级各有关部门要进一步加强对医疗行业的监管,切实整顿医疗秩序,规范医疗服务行为,降低大型设备的检查费用,严查开“大处方”、“挂空床”等行为,严格控制医疗费用不合理过快增长。要充分发挥医保对医疗服务行为的激励约束作用,利用信息化手段,逐步健全对医务人员用药、检查等服务行为的监督。各医院要积极推行临床路径管理,主动控制医疗费用,改善就医环境,开展便民惠民服务,让广大群众实实在在感受到改革带来的新变化、新气象。

三、进一步深化人事分配制度改革

广大医务人员是县级公立医院改革的主力军、推动者和实践者,没有医务人员的真心拥护和大力支持,医改不可能取得成功。因此,在改革过程中必须充分调动广大医务人员的积极性。一要继续深化用人制度改革。把深化医院用人制度改革和正在进行的事业单位改革结合起来,统筹谋划,协同推进。鼓励各地在不突破编制总量的前提下,根据各个医院的功能定位、发展规模等情况,对医院编制进行动态调整,切实满足医院发展对人才的需求。鼓励各地探索开展编制备案制工作试点,总结出成熟经验后逐步推开。要进一步落实医院的用人自主权,在岗位设置方面,鼓励各地允许医院根据自身发展需要,自主拟定岗位设置方案,公开招聘新进人员;在岗位管理方面,要引导医院全面推行聘用制度,坚持按需设岗、竞聘上岗、按岗聘用、合同管理,实行定编定岗不固定人员,真正建立能上能下、能进能出的竞争性用人机制。二要建立符合行业特点的薪酬制度。今年,在全国推进县级公立医院综合改革电视电话会议上,福建省三明市、陕西省子长县人民医院作了典型发言。子长县最大的亮点在于,医院职工根据绩效考核结果发放的可变动工资,占收入总量的80%以上。三明市从去年开始实行院长和医生年薪制,在规范医务人员廉洁从医行为,充分调动工作积极性方面发挥了积极作用。这些好的经验和做法,都值得大家认真学习和借鉴。各地要结合实际,加快建立适合医疗行业特点的薪酬制度,充分发挥绩效考核的激励作用,加大绩效工资比重,重点向临床一线、关键岗位、业务骨干和作出突出贡献的医务人员倾斜,真正做到多劳多得、优绩优酬、同工同酬、同岗同酬,切实调动医务人员的积极性。在实行院长聘任制的医院,要建立院长评价体系,鼓励探索实行院长年薪制。

四、进一步深化药品供应保障制度改革

去年,我省率先在全国开展了试点医院常用药品省级集中采购工作,中标产品价格与我省挂网价格和试点医院实际销售价格相比,分别下降17.25%和32.25%,成效十分明显。今后,要继续坚持完善药品省级集中采购制度,进

一步减少药品流通环节,切实降低药品价格。一要健全完善药品集中采购制度。省卫生计生部门要认真总结省级集中采购工作取得的经验,分析查找存在的问题,采取有针对性的措施,不断健全完善采购制度。要强化社会监督,多听取医疗机构、医保部门和患者的意见,坚持阳光采购,努力把各项工作做精做细。为解决高值医用耗材采购环节多、价格高的问题,我省正在开展高值医用耗材省级集中采购工作,今年先行集中采购冠状动脉介入、血液净化和眼科材料三类高值医用耗材,以后逐步扩大采购种类。县级公立医院的高值医用耗材要纳入省级集中采购平台,进行统一采购。二要健全药品供应保障体系。一方面,中标企业要保证配送到位。鼓励中标企业优先选择规模大、网络广、服务优、信誉好、具备现代物流能力的企业配送药品,确保供应及时。另一方面,医疗机构要及时支付货款。为解决用药单位结算不及时、拖欠货款问题,省里确定实行市级集中付款制度。各市要认真研究,制定有针对性的保障措施,确保按时付款。三要加强对药品集中采购过程的监管。据了解,有个别医院仍然存在"体外循环"等违规行为。各地要加强对医疗机构和中标企业的监督,对发现存在上述问题的,要严肃查处、坚决纠正。对发现中标企业存在供应药品质量不达标、未及时配送供货等情况的,要及时报省卫生计生部门。要建立诚信记录和市场清退制度,对存在违法违规行为的药品生产经营企业,一律列入"黑名单",2年内不得参与省内任何药品的招标采购或配送。必要时,可以把这些不守信、不诚信的企业在媒体上进行曝光。

五、进一步深化诊疗制度改革

长期以来,群众到大医院"看病难"的问题一直没有得到很好解决。这既有基层医疗条件相对薄弱的问题,也有部分群众就医观念不够理性,大病小病都想去大医院、找大专家,就医秩序混乱的原因。因此,建立科学合理的分级诊疗制度,是破解"看病难"问题的关键环节。一要明确功能定位。基层医疗卫生机构主要承担基本医疗和基本公共卫生服务,县级医疗机构主要承担常见病、多发病和部分疑难杂症的诊治任务,市级以上公立医院主要开展危急重症、疑难杂症患者的救治和科研教学等工作。各地在制定卫生事业发展规划时,要统筹考虑,按照不同的功能定位,引导它们在发展模式和发展方向上相互衔接、错位发展。二要优化资源配置。进一步调整完善卫生服务体系和医疗机构设置,坚持医疗资源向基层倾斜,引导优质医疗资源和医疗人才下沉到基层,避免医疗资源过度集中在大城市。在资源配置过程中,要结合新一轮城镇化建设,注重发挥信息化作用,着力提升基层医疗卫生机构的服务能力和水平。三要建立科学合理的诊疗模式。各地要通过开展全科医生首诊试点、家庭医生签约式服务等方式,为基层群众提供及时、有效的诊疗服务,努力构建良好互信的医患关系,真正把看小病的群众留在基层。要制定科学合理的转诊标准和转诊程序,通过合作、托管、建立医疗联合体、村医乡管、乡医县管等方式,构建畅通、便捷的双向转诊渠道。县级公立医院要为基层转诊患者提供优先就诊、优先检查、优先住院等方便,要积极引导病情稳定的患者回到基层康复。四要引导群众转变就医观念。一方面,各地要积极开展宣传教育,动员大家自觉养成小病到基层的意识和习惯。另一方面,要充分发挥价格和医保的杠杆作用,医保支付政策进一步向基层倾斜,适当拉开不同级别医疗机构间的报销比例差距,引导群众到基层医疗卫生机构就诊,推动形成基层首诊、分级诊疗、双向转诊的就医新秩序。据了解,国家正在研究制定分级诊疗办法。省里要抓紧行动,学习借鉴省内外好的经验和做法,结合我省实际,尽快研究制定我省的分级诊疗办法。

六、进一步深化中医药改革

中医药是中华民族几千年来的伟大创造。充分利用好中医药优势资源,最大程度发挥中医药"简、便、验、廉"和"治未病"的特色,对于实现改革目标具有重要意义。一要积极推进中医医院改革。在县级公立医院改革中,要同步推进中医医院综合改革,探索出一条体现中医医院特色、符合中医药发展规律的改革路径。各地在研究制定公立医院补偿办法时,要坚持分别测算、分类补偿的原则,落实政府对中医医院的投入倾斜政策,适当增加对中医医院的补偿。在医保支付方式改革中,要合理确定支付标准,给予县级中医医院适当倾斜,逐步缩小与综合医院的差别,真正实现"同区域、同级别、同病种、同费用"。二要完善中医药扶持政策。在药品加成方面,为了扶持中医药发展,这次改革中,没有取消中草药和中药饮片25%的药品加成,各地要利用好这一政策,推动中医药事业加快发展。在调整服务价格方面,要体现中医药特色,重点提高传统中医药治疗方法的服务价格,不断提升医疗机构和医务人员使用中医药技术的积极性。在医保政策方面,将中医诊疗技术项目、中药饮片和符合规定的中药制剂纳入医保报销范围,进一步提高报销比例,鼓励群众使用中医药服务。三要深入推进中医优势病种收费方式改革。今年,省里选择7个病种,在济宁、威海开展了中医优势病种收费方式改革试点,实现了患者费用负担减轻、医院得到合理补偿和医保资金有效节约的改革预期目标,效果非常好。各地要加快推进这项工作,在改革县(市、区)进一步扩大试点范围,并逐步增加试点病种,争取取得更大成效。

最后,再强调一下几项医改重点工作。一是抓紧出台相关政策文件。《关于推进县级公立医院综合改革的实施意见》和《关于巩固完善基本药物制度和基层运行新机制的意见》,已经省医改领导小组会议研究通过,近期即将印发。各级各有关部门要按照文件要求,尽快制定具体实施方案和医疗服务价格调整、绩效考核、医师多点执业等方面的配套政策,推动改革任务真正落到实处。二是进一步巩固完善基本药物制度和基层运行新机制。要稳步扩大基本药物制度实施范围,继续推进基层医疗卫生机构综合改革,加强以全科医生为重点的基层医疗卫生队伍建设,稳定和优化乡村医生队伍,完善多渠道补偿机制,进一步筑牢基层医疗卫生服务的网底。这几年对乡村医生待遇问题反映较多。省里正在进行乡村医生调查摸底工作。各地要进一步加快进度,把工作做细、做实,把情况摸准、摸透,为下一步政策制定打好基础。关于基层医疗卫生机构的药品配备问题,经省里研究,允许各市从我省医保药品目录中遴选一定数量的补充药品,用于基层医疗卫生机构,补充品种和采购金额均不得超过总量的20%。三是健全完善全民医保制度。进一步巩固扩大覆盖面,确保职工基本医保、城乡居民基本医保的参保率稳定在97%以上。探索建立与经济发展水平相适应的筹资机制,逐步提高医疗保障水平。进一步深化支付方式改革,在实行医保付费总额控制的同时,加快推进按病种付费、按人头付费等付费方式改革。提高基本医保管理服务能力,推动医疗费用即时结算,方便群众看病就医。加快推进城乡居民医保制度整合,搞好制度设计,确保满足城乡居民参保的需要。认真开展好居民大病保险工作,由统筹地区政府负担的3元大病保险资金,各地要积极想办法,不折不扣落实到位。鼓励商业机构发展健康保险产品,满足多样化医疗需求。四是积极支持社会资本办医。据了解,一些地方和部门还不同程度存在"玻璃门"、"弹簧门"现象,名义上取消了政策限制,实际上还有种种隐形门槛,阻碍了社会办医。各地要切实放宽准入范围,凡是法律没有明令禁止的,一律向社会资本开放。支持社会资本发展保健、康复、护理等健康服务业,青岛市探索的"医养结合"模式,把医疗和养老紧密结合起来,既解决了养老问题,又充分利用了医疗闲置资源,效果很好,希望大家学习和借鉴。鼓励社会资本参与公立医院改制,探索发展混合所有制医院。加快制定医师多点执业的配套措施,鼓励人才合理流动。五是继续加强公共卫生服务。今年的人均基本公共卫生服务经费补助标准已经增加到35元,省卫生计生部门要从群众实际需要出发,及时调整增加新的服务项目,把服务经费落实到具体的服务内容,确保把钱用到"刀刃上"。要逐步扩大项目覆盖面,确保流动人口、农村留守儿童、老年人等特殊群体都能享受同等的基本公共卫生服务。要加强项目管理,改进项目考核方式,积极引进第三方评估,提高公共卫生的服务效率。

(本文系山东省副省长王随莲2014年7月30日在全省县级公立医院综合改革电视会议上的讲话摘要)

在全省农村新型社区建设工作会议上的讲话

孙绍骋

省政府召开这次会议,主要目的是认真落实省委、省政府关于农村新型社区建设的政策文件,总结交流经验,安排部署任务,加快推进农村新型社区建设,促进我省城镇化健康发展。

一、充分认识加快农村新型社区建设的重要意义

农村社区是整合社区资源、强化社区功能、完善社区服务的平台,在新农村建设中处于基础性地位。加强农村社区建设,对于统筹城乡经济社会发展、加快城镇化进程具有重要意义。我省2009年大规模启动社区建设以来,取得了明显成效,但也存在这样那样的问题。省委、省政府对此非常重视,郭树清省长两次批示,要求建设农村新型社区,加快推进我省城镇化进程。省政府从年初开始,组织有关部门开展专题调研,起草了《关于加强农村新型社区建设推进城镇化进程的意见》,并制定了《农村新型社区规划建设管理导则》,为加强农村新型社区建设提供了重要依据。各级各部门要从战略和全局高度,充分认识加强农村新型社区建设的重大意义,切实把农村新型社区建设工作抓实抓好,共筑城乡居民"中国梦"。

(一)加强农村新型社区建设,是统筹城乡发展、推进城镇化进程的重要载体。我省人口基数大,人口总量位居全国第二位,有4600多万人生活在农村地区,提高城镇化率要转移更多的农村人口。同时,我省53.5%的城镇人口分布在县市,85%的流动人口在省内流动、50%在县内转移,本地城镇化、县域城镇化特征明显,与其他省份相比,具有就地城镇化的优势。加快农村新型社区建设,实现农民就地就近城镇化,是我省加快城镇化进程的必然选择。

(二)加强农村新型社区建设,是顺应农民期待、加快改善民生的客观需求。近年来,各地大力开展农村住房和社区建设,农民生产生活条件明显改善,但从总体上看全省城乡差异仍然很大。随着经济社会的快速发展,进一步改善住房条件和居住环境,成为广大农民群众的梦想和新期待。建设农村新型社区,同步配套建设基础设施和公共服务设施,将公共服务向农村基层延伸,将极大地顺应农民群众期盼,激发他们建设社会主义新农村的热情。

（三）加强农村新型社区建设，是破解土地瓶颈制约、促进土地资源集约利用的重要抓手。我省人口密度大，人多地少是我们的实际省情。通过盘活农村闲置、空闲、低效用地，促进农民向社区集中，产业向园区集中，实现用地节约、布局优化和要素集聚，提高土地利用效率，是破解土地资源瓶颈的有效手段。前几年我省通过实施城乡建设用地增减挂钩政策，在耕地不减少、建设用地不增加的前提下，解决了中小城市和小城镇发展中面临的用地难题。

（四）加强农村新型社区建设，是破解城乡二元结构、实现城乡公共服务均等化的重要途径。开展农村新型社区建设的过程，实际上是对农村的建设用地、基础设施、公共服务设施等诸多要素优化整合与调整利用的过程。通过完善农村基础设施，加大社会公共服务覆盖面，从根本上改善农村的居住条件、生活环境和公共服务水平，能加速改变城乡二元结构，缩小城乡差距，逐步实现基本公共服务均等化。物质决定意识，居住方式的改变会深刻影响农民的生产生活方式，促进农村精神文明建设，加快农村现代化进程，加快形成城乡经济社会发展一体化的新格局。

应该说，经过近几年各级各部门的共同努力，我省农村社区建设成效是非常明显的。目前，全省已经建成和正在建设的农村新型社区 5190 个，其中万人以上社区有 134 个、3000—10000 人的有 1321 个，约有 381 万户、1254 万人入住农村新型社区。各地在建设过程中，因地制宜，积极探索，通过市场化运作、政策推动、村民自筹资金等运作方式，形成了城镇聚合型、多村合并型、村企结合型、村庄直改型、异地迁建型等各具特色的建设模式，涌现出潍坊整体推进社区建设、临沂配套完善社区基础设施、诸城社区服务与管理、章丘全面编制社区规划、青岛城阳区社区居民社会保障、齐河“两区同建”、青州市何官镇南张楼社区土地整理和环境整治工作等一大批先进典型。实践证明，农村新型社区建设不仅为农村政权建设、组织建设、民生建设带来深刻变革，而且为同步推进城镇化与农业现代化，建设现代化新农村走出了一条新路子。

成绩应当肯定，但缺点和错误更要勇于面对。郭树清省长在批示中，深刻揭示了农村社区建设中存在的问题，概括起来有这么几条。一是有的地方没有很好地坚持以人为本理念，不能充分尊重农民意愿，随意调整甚至取消农民对承包地、宅基地和集体经济组织的合法权益，土地收益没有全部用于社区建设，工作中也比较草率，没有认真听取群众意见，结果出现了农民“被上楼”现象，极个别地方甚至强拆强建、先拆后建，导致集体上访，好事没有办好。二是有些社区规划布局过于分散，设计理念落后，建设标准较低，缺乏地方特色，造成“千楼一面、区区相似”。甚至一些项目，规划、设计、建设、招投标、工程监理、竣工验收等方面运作不规范，工程施工管理滞后，导致一些房屋、道路、管道出现质量问题，群众意见很大。三是有的地方对基础设施和公共服务条件考虑不周，重住房建设轻配套设施，重工程建设轻后续管理，重人员聚集轻公共服务，导致现在的设施和服务水平不高，不能满足群众需求，未来有可能会成为新的“空心区”。四是有些地方非农产业不很发达，还主要以农业为主，尚不具备大规模集中居住的条件，但为了满足城市用地需求，片面追求土地增减挂钩指标，不顾实际情况，盲目扩大农村社区建设，致使农民集中居住后生产生活很不便利。五是有的地方综合改革配套措施不健全，户籍改革、建制改革、土地管理、住房产权、社会保障、集体资产处置都有待规范。有些经济以非农产业为主、人口达到一定规模的农村新型社区，还没有纳入城镇化管理，居民也没有享受到市民待遇。郭树清省长指出，导致这些问题产生的原因，主要是经验不足、规划滞后、指导不力等。我看除了这些原因外，还有就是一些地方的干部群众观念淡漠，工作方式简单，脱离实际，急于求成，片面追求政绩工程。对此，我们要在下一步农村新型社区建设中，坚决纠正过去的不足和缺陷，认真研究解决问题的办法，积极加以改进，决不能再出现同样的问题，切实把好事办好，让广大农民群众满意。

二、明确农村新型社区建设的总体要求和工作重点

当前和今后一个时期，我们要坚持政府引导、规划先行、群众自愿、社会参与的原则，强化产业支撑，完善基础设施，延伸公共服务，创新管理体制，着力建设布局合理、环境优美、功能完善、服务便捷、管理高效的新型社区。重点抓好以下工作：

（一）切实维护农民权益。农民是农村新型社区建设的主体，要始终把维护农民合法权益放在首位，充分尊重群众意愿，不能搞强迫命令，不能搞“一刀切”。要坚持群众参与、规范运作、依法推动，保证群众的知情权、建议权和监督权，在改造方案、规划设计、评估丈量、拆迁补偿、施工监管、房屋分配等环节，都要实行阳光操作，让村民代表全程参与，取得广大农民群众的信任支持。要把安置工作放在重要位置，先建新后拆旧，先安置后拆除，严禁未批先建、边批边建等行为，确需先拆后建的，必须实施妥善的过渡安置，确保群众生活不因拆迁受到影响。各地基础条件、发展水平不同，必须分类指导、梯次推进，合理确定社区建设模式，成熟一批建设一批。要将土地增值收益全部返还农村，解决补偿标准偏低、先拆后建的问题。要积极推进农村土地确权，严格执行国家政策，坚决维护农民对承包地、宅基地和集体经济组织的合法权益。

（二）科学编制农村新型社区规划。科学的规划是有序推进农村新型社区建设的基础。各地要把农村新型社区建设放到县乡区域经济社会发展的大局中来谋划，按照建设新农村、保护老村落、发展新社区的三种模式，坚持科学规划、整体设计，合理确定农村新型社区的空间布局、人口规模和产业发展，以县市区为单位编制农村新型社区布局规划，与土地利用、产业发展、生态建设、水利交通等规划相衔接，统筹安排产业发展、基础设施、公共服务设施与居民点建设。乡镇政府、街办要组织编制好本辖区新型社区详

细规划。规划的编制和实施要充分发扬民主，引导农村居民广泛参与。要突出地方特色，将农村新型社区与当地社会习俗、社会风情有机融合起来，注重建筑模式、户型设计的多样性，不搞千篇一律、千区一面。要高度重视历史文化名村、名镇保护，注意保留一些具有典型乡村景观的村庄。

（三）高标准建设农村新型社区。农村新型社区建设要立足于高起点、高标准、高水平。国务院最近出台的《关于加强城市基础设施建设的意见》，对推进农村新型社区建设，具有很强的指导作用。省里也制定出台了《农村新型社区规划建设管理导则》，各级要按照国务院《意见》和省里的《导则》要求，更加注重配套完善基础设施和公共服务设施，更加注重产业发展和园区建设，坚持同步推进、一步到位，让社区居民享受和城里人一样的生活条件和服务设施，决不能做使农民生活成本提高，而生活质量得不到提高的蠢事。一是基础设施和公共服务设施要配套完善。农村新型社区建设与过去农房建设最大的区别，就是基础设施更加齐全、公共服务设施更加完善，农民不仅有房住，而且要住得更好。要完善社区道路交通、燃气热力、污水处理、园林环卫、防灾避险等基础设施，推进广电网、通信网、互联网“三网”融合，建设绿色社区、生态社区、低碳社区。要统筹建设社区综合服务中心，将卫生、计生、文化、党建、治安、社保等便民服务场所与服务中心一并建设，合理布局农村学校、托幼托老、体育健身、商业服务、农机大院等配套设施。二是产业园区建设要同步推进。产业是农村新型社区的重要支撑。没有产业，农村新型社区很容易变成“空心社区”。要依托自身优势和发展条件，宜工则工、宜商则商、宜游则游，培育特色经济，加快建设产业园区，方便社区居民就业创业，逐步实现居住在社区、就业在园区和就地就近城镇化。原则上每个农村新型社区，都要依托一个产业集聚区，或在周边培植一个专业园区，为农村新型社区发展提供持久动力。各地要支持农产品加工业、服务业和劳动密集型企业到园区发展，增加居民就业机会。三是住房建设要确保质量。要按照打造百年住房的标准，坚定不移地抓好农村社区住房质量，“宁可慢一些，也要好一些”。要对农村社区建设实行全过程监管，严格落实工程质量终身责任制、工程招投标、监理、质量监督、竣工验收等制度，将其纳入县级建设部门质量安全监管范围。要注重工程质量细节，防止质量通病，最大限度减少墙体、台阶、门窗破损和房屋漏雨、地下室渗水等现象。要严格按照《导则》要求，制订社区住宅建设高度、层数和间距的控制标准，推广使用经济、适用、节能和体现地方特色的住宅设计方案。四是管道和排水除涝设施要同时跟进。按照“先地下、后地上”的原则，加强对社区供水、排水、燃气、供热、通信等各类地下管网的建设、改造，提高建设质量、运营标准和管理水平，原则上各类管网全部入地敷设。要大力提高社区排水防涝、防洪减灾能力，健全预报预警、指挥调度、应急抢险等措施，社区防洪排涝标准应与服务区域人口规模、经济发展状况相适应，新建社区雨污分流管网系统要与项目同步设计、同步施工、同步验收。对已建社区，要加大雨污分流排水管网改造力度，暂不具备改造条件的，要尽快建设截流干管，提高雨水排放能力，消除安全隐患，保障社区运行安全。

（四）加强农村新型社区管理与服务。适应农民生产、生活方式的变化，农村新型社区要进一步强化基层组织建设，下沉公共服务，不断提高管理和服务水平。一要健全农村新型社区基层组织。要构建以社区党组织为核心、自治组织为主体、群团组织为纽带、各类经济社会组织为补充的社区组织管理新体制。要加强农村新型社区党组织和自治组织建设，多村合并的社区可设立社区党总支或党委，村民委员会要按照法定程序合并建立社区居民委员会。社区村（居）民委员会要逐步剥离经济职能，把主要精力用在搞好社区服务和公共事务管理上。乡镇、街道要强化政府指导和职能转变，尽可能将权力、责任、义务、经费同步下放社区，提升社区自我管理、自我服务能力。二要提高农村新型社区公共服务水平。要推动基本公共服务向社区延伸，将面向群众的行政审批、社区警务、医疗卫生、计划生育、人民调解、劳动就业、社会保险、社会救助、信息咨询等纳入社区服务中心，实行“一站式”服务，就近为社区居民提供服务。同时，要引导各类经济主体到农村新型社区发展餐饮娱乐、物流配送、物资供应、物业管理等服务业，满足社区居民基本生产生活需求。大力培育各类公益性社会组织，提倡政府购买服务，对社区服务实行项目管理。鼓励发展助老扶幼、扶残助残、拥军优属等互助性、志愿性服务，切实解决特殊群体的实际困难。三要强化农村新型社区物业管理和平安建设。要研究制定符合实际的农村社区物业管理办法、服务标准，提高管理效益和服务质量。要加强农村社区人防、物防、技防建设，推进消防、车管、物管、危管、网管、外管“社区六进”工作，实现警务延伸和警力下沉，建设平安社区。要加强流动人口服务管理，实行与户籍人口同管理、同服务。

（五）积极推进农村新型社区纳入城镇化管理。《山东省城镇化发展纲要》首次将农村新型社区纳入城镇体系。据统计，我省40%已建成的农村新型社区没有实行村改居，因非农业人口数量、社区规模等原因，约2200个社区、330万人未纳入城镇化统计范围。今年，省里专门制定了《农村新型社区纳入城镇化管理标准》，对已建成的农村新型社区，达到标准要求的，经民政和统计部门审核，可纳入城镇化管理和统计。各地新建社区要按照人口规模、基础设施、公共服务、经济发展、社会保障、社区管理等标准要求，整体规划，搞好建设，力争一步到位，建成城镇化社区。已建成、未达到标准要求的社区，要积极推进人口集聚和产业发展，着力改造提升基础设施和公共服务设施，进一步扩大规模，提高管理服务水平，力争纳入城镇化管理。各级民政、统计部门要对现有社区进行核查，按有关要求将其纳入城镇化统计，对条件成熟的农村新型社区依法实行“村改居”，并参照城镇社区模式进行管理。

三、认真落实农村新型社区建设政策

省里出台的《意见》对农村新型社区建设，从资金、土地、税费、信贷等四个方面，提出了具体支持政策。各级各有关部门要认真落实，确保发挥政策的最大效用。要搞好政策的分解，将责任落实到具体部门、具体处室和具体责任人。

（一）加强用地保障。各级要根据社区建设规划，积极做好土地的申报、审批工作，搞好土地调整利用，解决好农村新型社区建设用地问题。目前，我省东部地区的一些村庄在八十年代左右进行过一次改造，农村土地整治潜力小，靠村庄整治挖潜节地难度大、成本高，增减挂钩政策难以很好利用。中西部农村新型社区建设急切需要更多的增减挂钩土地指标。省里要进一步完善城乡建设用地增减挂钩政策，积极推进增减挂钩管理创新，推行增减挂钩节余指标在全省范围内有偿调剂使用机制。省国土资源部门要积极向国家争取增减挂钩指标，尽快出台全省不同区域增减挂钩土地增值收益返还最低标准。

（二）用好财政资金。省财政从今年起，将农村新型社区纳入相关城镇化建设发展资金扶持范围。在今年省政府安排的10亿元示范镇建设专项资金中，拟安排4.3亿元用于农村新型社区污水处理设施建设。各地也要加大财政投入力度，统筹安排土地出让收益、耕地占用税新增部分和土地开发整理项目资金，合理使用可用于农村建设的有关专项资金，向农村新型社区建设倾斜。要把农村新型社区建设资金纳入财政预算安排，对社区规划编制、污水处理、垃圾收运、服务中心等设施建设给予资金扶持。

（三）完善税费政策。对农村新型社区建设，各级相关部门要简化审批程序，按规定减免行政事业性收费，经营服务性收费按最低标准收取。要将社区规划编制、住房建设、基础设施和公共服务设施建设纳入城市维护建设税支持范围。农村新型社区建设要享受农村电网改造、村村通等相关优惠政策。

（四）强化信贷支持。从全省范围看，农村新型社区建设渠道多样化、主体多元化的投融资机制尚未形成，资金短缺瓶颈制约仍非常突出。各级要创新金融产品、担保方式、投融资模式，引导和鼓励金融机构参与农村新型社区建设。要以土地增减挂钩收益为基础，依托融资平台，向金融单位融资贷款，支持农村新型社区建设。要积极探索实行集体建设用地使用权抵押、农户住宅确权抵押、集体土地承包经营权抵押等多种贷款方式，解决社区建设资金困难问题。

四、进一步加强农村新型社区建设工作的组织领导

一是强化组织领导。各级各部门要将其列入重要议事日程，健全完善分工负责、整体联动、实绩联考的部门协作机制，形成齐抓共管的工作合力。农工办、公安、民政、财政、国土、农业、统计等部门要按照省有关文件要求，尽快出台具体落实措施。建设部门要牵头抓好项目规划、组织实施和检查指导，研究制定相应推进政策。乡镇党委政府和街道办事处要发挥综合管理职能，承担起社区建设的具体责任，创造性地开展工作。

二是强化督导考核。省委省政府确定，对农村新型社区建设实行目标管理考核，建立绩效考核机制。省里将通过实地检查、定期通报等形式，对各地工作开展情况进行督查考核，对工作不力的要进行通报。各地也要分解落实责任，加强督导调度，严格落实奖惩，确保各项工作任务落到实处。省政府将根据各地工作开展情况，适时组织开展经验交流和现场观摩。

三是强化队伍建设。目前，镇村建设管理人才比较缺乏，难以满足日益繁重的农村新型社区工作需要。各级要高度重视机构建设和人才培养，支持县市和乡镇、街道下派工作人员到社区一线工作，创造条件吸引高校毕业生到社区就业。要将社区办公和人员经费列入财政预算，加强社区工作人员专业培训，着力打造一支政治素质好、群众意识强、工作水平高的人才队伍，确保农村新型社区建设健康有序推进。

四是强化宣传引导。要充分利用各类新闻媒体，广泛宣传农村新型社区建设对加快农村发展方式转变、改善农民生产生活条件的重要意义，赢得广大农村群众和社会各界的信任和支持。要发挥典型引领作用，及时宣传报导农村新型社区建设的好典型、好做法，激发广大干部群众的积极性、创造性，形成推进农村新型社区建设的浓厚氛围。

（本文系时任山东省副省长孙绍骋2013年9月30日在全省农村新型社区建设工作会议上的讲话摘要）

在全省经信工作会议上的讲话

张超超

这次全省经济和信息化工作会议，是省政府决定召开的，主要任务是以党的十八届三中全会和习近平总书记视察山东重要讲话精神为指导，认真落实中央经济工作会议、省委十届七次、八次全会和全省经济工作会议精神，总结2013年工作，分析当前面临的形势，安排部署2014年任务。

一、关于2013年全省经信工作

今年以来，在极为错综复杂的形势下，全省上下认真贯彻落实党的十八大和十八届二中、三中全会以及习近平总书记一系列重要讲话精神，坚持以邓小平理论、“三个代表”重要思想、科学发展观为指导，围绕科学发展这个主题和加快转变经济发展方式这条主线，围绕提高经济发展质量和效益这个中心，坚持稳中求进工作总基调，统筹推进稳增长、调结构、促改革各项工作，全省经济社会发展总体平稳、稳中有进、稳中向好。预计全年生产总值增长9.6%左右；固定资产投资增长20%以上，社会消费品零售总额增长13%以上，进出口增长6%左右；城镇居民人均可支配收入、农民人均纯收入分别增长9.5%和10%以上；公共财政收入增长12%左右，税收占比达到76%以上。

从工业来看，预计全年规模以上工业增加值增长11%以上；主营业务收入、利润分别达到13万亿以上、8000亿以上，均增长12%以上；技改投资保持较快增长，预计全年工业技改投资突破1万亿元，占工业固定资产投资的60%以上；企业创新能力不断增强，全省实施省级企业技术创新项目4113项，项目研发经费计划投资额238.7亿元，新培育国家级技术创新示范企业6家、省级以上企业技术中心185家；企业实力不断提升，山东能源集团、魏桥集团进入2013年世界500强，46家企业进入2013年中国企业500强，预计全年规模以上中小企业工业增加值增长13%以上。信息技术产业快速发展，预计全年信息技术产业实现主营业务收入1.2万亿元左右，增长20%左右。节能工作稳步推进，预计全省万元GDP能耗同比下降5%左右。淘汰落后产能超额完成国家下达的目标任务。

在各种困难矛盾相互叠加的多重压力下，今年能够取得这样的成绩实属不易，为做好明年经信工作打下了坚实基础。这是各级政府、各部门牢牢把握主题主线，坚定不移地贯彻落实中央和省委、省政府重大决策部署的结果，是全省经信系统广大干部职工改革创新、团结奋进、努力拼搏的结果。在此，我代表省政府向全省经信战线全体干部职工，向关心支持经信工作的各级政府、有关部门和单位，表示衷心感谢！

二、关于宏观经济形势

2014年是贯彻落实党的十八届三中全会精神、全面深化改革的第一年，改革任务重大而艰巨；也是实施“十二五”规划的第四年，对全面完成“十二五”规划至关重要。做好明年的经济和信息化工作，必须准确把握国内外宏观经济形势的变化，正视面临的困难和挑战，努力做到心中有数。

——从国际上看，明年世界经济仍将延续缓慢复苏态势，但存在不稳定不确定因素。从目前情况看，美国经济增长有所加快，扩大消费和增加投资的愿望有所增强，但其货币政策正在逐渐转向中性，美联储18日宣布从明年1月起削减量化宽松政策，将目前每月850亿美元的购买额调整为每月购买750亿美元，对国际资本、汇率和大宗商品价格的影响尚难估量。欧洲经济增长整体上由负转正，进入弱复苏状态，但各国分化严重。德国、英国等经济保持复苏势头，希腊、葡萄牙、意大利、西班牙等重债国仍处于触底后的艰难回升阶段。印度、俄罗斯、南非等新兴市场国家虽然保持相对较快的增长率，但普遍面临外需疲弱、内生增长动力不足、通胀压力上升的问题，经济增速自2010年以来是逐年减缓。总的看，国际金融危机影响深远，世界经济复苏将是一个缓慢、曲折和复杂的过程，外部需求增长在短时间内难以恢复到危机前的水平，我国稳定出口和国际市场份额的难度依然很大。

——从国内看，中央经济工作会议为明年经济工作定下了总的基调，突出表现在三个方面：一是经济保持合理的增长速度。明年全国经济增长预期目标，同前些年确定的8%相比略有回落。回落多少不是关键，关键是内涵不同。国际金融危机前，我国经济处于高速增长期，把目标定的低一些，是为了防止经济过热和价格过快上涨，带有下压的意味。目前，我国经济下行压力比较大，确定一个合理的预期增长目标，更多的是为了保就业和稳定市场预期，这个目标带有引领的意味。

二是宏观经济政策保持连续性和稳定性。中央决定，明年继续实施积极的财政政策和稳健的货币政策。积极的财政政策主要体现在：优化财政支出结构，重点用于保障和改善民生，向农业、教育、社保、卫生、环保等领域倾斜；完善有利于结构调整的税收政策，拟将现行享受企业所得税减半征收的小微企业范围，由年应纳税所得额6万元扩大到10万元；以及加强地方政府性债务管理三个方面。稳健的货币政策主要体现在：把好流动性总闸门，引导货币信贷和社会融资规模平稳适度增长；鼓励和引导金融机构加大对“三农”、小微企业、结构调整的金融支持；保持人民币汇率在合理均衡水平上的基本稳定等三个方面。

三是对化解产能过剩提出了明确严肃的要求。中央要求，要本着对党、对人民高度负责的精神，多从全局考虑，多从长远考虑，定计划、定指标、定时间表、定监督检查机制，不折不扣地执行好中央化解产能过剩的决策部署。要求各地清理对产能过剩行业的优惠政策，该取消的要坚决取消；要强化环保、安全等标准的硬约束，对不符合环境标准的企业，要严格执法，该关停的要坚决关停。应该说，中央对化解产能过剩的要求，前所未有的严肃。从长远看，化解产能过剩对于推动工业转型升级、提质增效，促进经济持续健康发展至关重要。我们必须拿出壮士断腕的勇气，坚决执行中央的决策部署。同时，也要把困难和可能遇到的阻力考虑充分，要把各方面工作措施考虑周全，积极稳妥地开展工作，尽可能减少对地方经济和社会稳定的影响。

——从我省看，经济发展稳中有忧，面临的矛盾仍然比较突出。一是工业经济运行存在下行压力。全省规模以上工业增加值增速9月份当月为11.4%，10月份当月为12.3%，11月回落为11.6%，说明增长的趋势还不稳固。部分行业和企业效益下滑，生产经营仍面临较大压力。1—10月份，煤炭行业利润下降了近40%，石油天然气行业下降了20%，有色金属采选业下降了31.6%；全省规模以上工业利润占全国比重为14.7%，比上半年下降0.4个百分点。再加上新的消费热点不够突出，企业投资意愿不强，出口竞争优势减弱，有效需求增长动力不足。实体经济面临不少难题。初步调度情况看，周边主要省市2014年工业增加值预测目标普遍回调1—1.5个百分点。

二是资源环境约束持续增强。随着工业化、城镇化加速推进，能源需求总量呈刚性增长。2012年，全省能源消费总量达到3.89亿吨标准煤，占全国能源消费总量（36.2亿吨）的1/10还多，居第一位。能源结构不够合理，去年，我省煤炭消费量3.4亿吨，在一次能源消费中占75.2%。根据国家制定的大气污染防治行动计划，要求山东到2017年煤炭消费总量比2012年减少2000万吨。省政府《2013—2020年大气污染防治规划一期（2013—2015年）行动计划》要求，到2015年底，力争全省实现煤炭消费总量“不增反降”的历史性转折。能源是支撑工业经济发展的刚性需求，随着调整能源消费结构、推进节能减排的压力不断加大，经济社会发展与资源环境承载力不足的矛盾也将更加突出。

三是生产要素特别是电力供应压力较大。预计2014年部分原材料行业和中间产品生产企业受价格波动影响较大，土地供应相对紧张，部分企业在用工、融资和电力供应等方面仍然存在缺口。从电力供求方面看，今年我省夏季用电高峰期间已出现200万千瓦的供电缺口，全省实施了11天的错避峰有序用电。明年电力平衡偏紧，新增发电能力不足2%，预计从4月份开始实行200—300万千瓦的移峰限电，夏季用电高峰有600万千瓦左右的移峰限电，电力供需矛盾突出，对部分企业生产经营时段性影响较大。

四是重型化的工业结构调整困难。2012年全省轻重工业比重为32∶68，其中原材料、消费品、装备类占比分别为44.4%、29.4%、26.2%。这种偏重的产业结构，决定了全国经济转型对我省的负面影响要更大一些。国务院要求用5年时间，以钢铁、水泥、电解铝、平板玻璃、船舶等行业为重点，积极有效地化解产能过剩。这些行业在我省存量较大，需要我们付出更多努力，实现全面转型发展将是一个需要付出相应代价、长期艰难的过程。

对经信工作取得的成绩和当前面临的严峻形势，要综合分析，正确研判。在战略上，要坚信我国仍处于重要战略机遇期，经济发展的基本面没有发生根本性改变，保持工业经济持续健康发展是完全可能的。在战术上，既要充分考虑到世界经济形势的不确定性和复杂性，又要准确把握中央对明年工作总的要求，坚持从我省实际出发，把困难想得更多一点，把情况分析得更全面一点，把问题研究得更透彻一点，把措施准备得更充分一点，努力抓住发展机遇，从容应对各类风险和挑战，促进工业经济持续健康发展。

三、关于做好经信工作总的要求

按照全省经济工作会议确定的经济发展主要预期目标，2014年我省工业发展的主要预期目标是：规模以上工业增加值增长10.5%以上；工业技术改造投资增长15%以上；节能降耗、淘汰落后产能均确保完成国家下达的年度任务。做好明年全省经济和信息化工作，要坚持稳中求进、改革创新的总要求，坚持转型升级、提质增效的大方向，加快实现发展理念、发展定位、发展动力、发展路径和指导方式上的重大转变，努力打造山东工业发展新优势，再创山东工业新辉煌。

（一）发展理念要实现新转变。当前，我省工业发展已经步入新的发展阶段，以资源要素和物质资本大规模投入为主要特征的传统发展方式已难以为继，必须大幅提升科技创新和人力资本对工业增长的贡献，加快形成新的发展方式，努力实现有质量、有效益、可持续的发展。但是，我省一些地方和干部缺乏解放思想、与时俱进、创新发展的意识，缺乏研究新情况、解决新问题、破解新难题的自觉，缺乏敢创、敢试、敢为人先的胆识气魄，对科学发展观和正确政绩观的理解不深刻、落实不到位，以增长速度论英雄的传统思维定势还没有彻底摆脱,重速度轻质量、重规模轻效益的传统观念还没有根本改变,与转变发展方式的要求差距甚远。

我们必须加快实现发展理念的转变,紧紧围绕转型升级、提质增效,在保持工业合理增长的基础上,更多地关注劳动生产率的提高,更多地关注自主创新能力的提升,更多地关注劳动就业的增加,更多地关注职工收入的增长,更多地关注能源资源消耗的下降,更多地关注环境污染的减少,坚决摒弃不顾资源和环境代价、盲目攀比速度和规模的短期行为,牢固树立正确的政绩观,切实把推动发展的立足点转到结构优化和提质增效上来,把改革创新和转型发展理念始终贯穿于谋划思路、制定政策、推动工作的全过程。

(二)发展定位要有新转变。我省工业大而不强的问题十分突出。长期以来,我省被定位为重要的能源和原材料生产基地,工业生产以原材料初加工为主,处于产业分工的较低层次。比如,纺织企业多集中在纺纱环节,煤化工主要集中在化肥等低端环节,产品附加值不高、资源能源消耗较大。当前,发展形势和基础条件已发生重大变化,资源约束、能源供给和环境容量日益趋紧,传统产业比重过大、工业结构偏重、产业链条偏短的问题,已经成为制约我省工业转型升级、提质增效的突出矛盾。

我们必须加快摆脱固有的路径依赖,要有全球视野、战略眼光、全局意识,瞄准更高的目标,明确更高的定位,树立更大的抱负,担当更大的作为。一是瞄准世界经济结构调整和国际产业发展方向,在积极参与国际竞争与合作中推动我省工业转型升级,提高我省工业的国际竞争力和国际分工地位。二是在继续发挥比较优势的基础上,推动产业结构由价值链的低端向价值链高端转变,着力培育以科技进步和提高劳动者素质为基础的新的竞争优势。三是把工业发展放到保障和改善民生的大局中考虑,把工业发展和扩大就业更好地结合起来,大力发展中小企业和劳动密集型、人才密集性产业。四是把工业发展放到生态文明建设的大局中考虑,坚决控制“两高一资”产业的发展,坚决淘汰落后产能,大力发展环保产业,努力实现绿色发展、循环发展、低碳发展。

(三)发展动力要有新转变。技术创新是推动工业发展的不竭动力,信息技术是加快工业发展的倍增器,服务业与制造业的深度融合是提质增效的重要手段。这些工作,都与经信部门的职能有关,我们完全可以大有所为。要找准当前存在的突出问题和薄弱环节,研究新办法,拿出新举措,努力形成推动工业发展新的合力。

——提高企业自主创新能力。一是要牢固树立企业在技术创新中的主体地位,建立和完善激励企业自主创新的制度体系,着力推动创新投入的成果化和创新成果的产业化,切实加强知识产权保护,使企业愿意开展创新活动,并且能够依靠技术创新获取超额利润,真正形成推动企业自主创新的持久动力。二是要强化人才队伍支撑,实施好“千人计划”、泰山学者等人才引进专项,建立高层次人才无障碍引进机制。要大力发展职业教育,培养一批产业发展急需的高技能人才。三是要着眼于小试、中试、产业化等创新全过程,对现有创新平台进行分类聚集、整合归并,加快构建定位清晰、任务明确、上中下游紧密衔接的产业技术创新平台网络。四是要强化成果转化应用机制,加快建立全省统一的技术产权交易中心,把技术交易、成果评估与信息发布、人才技术服务、法律服务、资本运作等功能融于一体,为科技成果转化提供畅通的渠道。

——推进信息化与工业化融合。一是要加快信息基础设施建设。实施“宽带山东”工程,加快城市光纤入户,全面提升宽带接入能力。加强全省通信管线、基站等信息基础设施的共建共享,优化各类城域网络,提升信息基础设施一体化程度。二是要加快发展信息技术产业。应加快突破核心元器件、高性能芯片、高端软件三大核心技术,构建物联网、云计算、大数据挖掘和超级计算中心四大应用创新平台,形成从材料、芯片、元器件、整机到终端设备,从数控机床到智能机器人,从硬件、软件到信息技术集成服务的完善产业链。三是要全面提高企业的信息化水平。通过对产品设计、设备改造、生产过程、经营管理、市场营销等各环节的信息化改造,推进工业生产全过程信息共享、系统整合、智能控制和协同制造,提高精准制造、柔性制造、敏捷制造能力。

——加快服务业与制造业融合。“十一五”以来,除了“大力发展现代服务业”之外,我们另外一个经常强调的发展重点就是“大力发展先进制造业”。所谓“先进制造业”,其主要特点就是和服务业相融合,甚至可以称为服务化的制造业。我们要把推进服务业和制造业融合发展放到突出位置,注重服务要素对产业链的嵌入和提升,努力催生新技术、新工艺、新产品、新服务。应引导各地选择重点行业,加大融合发展推进力度,可以选择基础条件较好的市县和重点企业开展制造业服务化的试点工作。比如,在机床、节能环保装备行业,着力发展工程总承包、交钥匙工程、整体解决方案等业务;在工程机械和农业机械行业,着力发展设备租赁、担保、再保险、再制造等业务;在轨道交通、航空、船舶等装备行业,着力发展检测、维修、零部件定制等业务;在专用和配套装备行业,着力推广BOT模式,提升服务水平。

(四)发展路径要有新转变。要敢于抛弃多年形成的路径依赖,敢于忍受转型升级需要经历的阵痛甚至是巨痛,敢于承受引领创新可能带来的风险,紧扣提质增效主题,坚持腾笼换鸟与筑巢引凤并重,处理好改造传统产业与培植新兴产业、存量调整与增量优化的关系,深度挖掘产业高端提升潜力,推动工业发展的全面转型。

一是传统产业重在提升。传统产业并不代表着落后产业,传统产业仍然大有可为。我们应当根据产业禀赋和市场需求,选准主攻方向和转调重点,大力提升传统产业的核心竞争力。重点是适应制造业绿色化、网络化、融合化、服务化的新趋势,实施高端高质高效发展战略,推动初加工产品和中间产品向最终产品转型,向高端制造、绿色制造方向转型,推动企业由单一生产向系统集成、生产服务结合转变。

二是新兴产业重在培育。新兴产业的兴起,通常是自发出现的,由市场来加以选择,优胜劣汰,很难由政府来决定。政府能做的事,就是盯着产业发展的态势,发现了发展的苗头之后,及时地加以分析研究。如果确认某个产业有发展前途,就应当采取适当的措施来引导和培育,加快新兴产业的形成和发展。总之,发展新兴产业,一方面要记住"强扭的瓜不甜",政府不能越俎代庖;另一方面,政府也不能不闻不问,无所作为。

三是产能过剩重在化解。对产能严重过剩行业的新增产能项目,不得以任何名义核准、备案,不得办理土地供应、环评审批、新增金融授信等手续,质监部门也不能办理生产许可。要发挥市场机制的决定作用,由企业通过平等协商、依法合规开展兼并重组。要正确对待破产保护和破产重整方式,利用好依法破产这种不可或缺的调整机制。要积极引导东部地区劳动密集型产业向中西部适度转移,为发展技术、资金密集型产业腾出空间。

(五)指导方式要有新转变。全面深化改革对处理好政府和市场的关系,提出了明确要求。真正做到"使市场在资源配置中起决定性作用",真正做到"更好地发挥政府的作用",是我们政府部门的同志们必须遵循的基本原则。工作中,要着重做好以下三点:

一是同时发挥好政府和市场"两只手"的作用。政府和市场的作用不是对立的,而是相辅相成的;也不是简单地让市场作用多一些、政府作用少一些的问题,而是统筹把握,优势互补,有机结合,协同发力。要划清政府和市场的边界,凡属市场能发挥作用的,政府要简政放权,要松绑支持,不要去干预;凡属市场不能有效发挥作用的,政府应当主动补位,该管的要坚决管,管到位,管出水平,避免出问题。要善于运用负面清单管理模式,只告诉市场主体不能做什么,至于能做什么,该做什么,由市场主体根据市场变化作出判断。

二是切实转变工作方式方法。要进一步强化服务意识,改进服务方式,一切从加快企业发展出发,想企业之所想,急企业之所急。要把调查研究摆在更加重要位置,坚持深入基层、深入企业,及时了解企业生产经营状况,认真倾听企业的反映和诉求,尽可能多地掌握第一手资料,及时发现苗头性、趋势性问题,面对面解决制约企业发展的突出问题。要进一步清理规范行政审批和涉企政策规章,努力减轻企业负担。要积极适应改革带来的新变化、新要求。省政府确定,明年将大力压缩一般性财政支出,规范各类专项资金的管理,调整优化资金投向,将产业、科技以及区域发展等方面用于竞争性领域的财政投入,调整用于规划编制、创业补助、创新奖励、人才引进、教育培训、节能减排以及公共服务平台建设等领域。财政资金投向的改革是大势所趋,我们必须积极适应这个变化,彻底改变过去靠分钱、分项目来推动工作的做法,更多地靠政策、靠信息、靠服务来引导工业和信息工作的开展。三是提高宏观管理能力和水平。经信部门作为经济运行综合部门,在加快推进全省工业化、信息化的进程中具有不可替代的重要作用。做好经信工作,一定要有大局意识,要善于协调各种利益关系和工作关系,善于调动各方面的积极性和主动性,善于广泛吸取社会各界的意见和建议,真正形成凝心聚力干事业的强大合力,确保省委、省政府部署的各项工作落到实处。经信部门对全省工业化、信息化取得的进展、拥有的优势、存在的问题掌握的最全面,了解的最清楚,要把这种部门优势尽快转变为工作优势,把中央的总体要求和工作部署与我省实际紧密结合起来,认真研究工业化、信息化发展的目标、措施、任务,提出一批事关全局的重大战略、重大思路和重大政策,努力为各级党委政府出好主意、当好参谋、做好助手。

(本文系山东省副省长张超超2013年12月30日在全省经信工作会议上的讲话摘要)

在全省农村扶贫开发精准识别工作电视会议上的讲话

赵润田

今天我们召开这次会议，主要是深入贯彻党中央、国务院关于新时期扶贫开发工作的重要精神，研究部署我省扶贫开发精准识别工作。

一、充分认识做好贫困村贫困户精准识别的重大意义

省委、省政府历来高度重视扶贫开发工作，特别是2012年以来，召开了高规格的全省扶贫开发工作会议，研究出台了"新十年扶贫开发纲要"。全省各级各部门认真贯彻落实会议精神，以选派"第一书记"抓党建促脱贫为抓手，以整村推进、产业开发为重点，持续增加扶贫资金投入，全面落实"五通、十有"行业目标分工责任制，扶贫开发工作取得了显著成效，基本构建起了专项扶贫、行业扶贫、社会扶贫"三位一体"的大扶贫格局。全省脱贫人口数量由2010年以前的每年30万人扩大到目前的每年100万人以上。到2013年底，全省农村贫困人口由2010年的820万人减少到470万人。

新一届中央领导集体对扶贫开发工作高度重视。去年以来，中央政治局和国务院多次召开会议专题研究扶贫开发工作，习近平总书记、李克强总理多次深入贫困地区考察指导扶贫工作，特别是习近平总书记在我省视察工作时指出，要继续下大力气抓好扶贫开发，大幅度减少扶贫对象。去年底，中央下发了《关于创新机制扎实推进农村扶贫开发工作的意见》(中办发〔2013〕25号)，国务院召开了扶贫开发工作座谈会，对做好新时期扶贫开发工作提出了新的更高要求。3月24日，国务院扶贫开发领导小组又召开会议，汪洋副总理对深入推进农村扶贫开发工作作出了具体部署。

中央新时期扶贫开发工作的新要求，最突出的一点就是精准扶贫，也就是习总书记强调的"看真贫、扶真贫、真扶贫"。过去我们扶贫开发都是以县、乡镇或村为对象，所采取的帮扶措施对贫困人口脱贫虽然起到了重要作用，有些也完成了脱贫任务，但是还有相当一部分没有真正脱贫，特别是贫困村之外的贫困人口还没有纳入到扶贫范围。要提高扶贫效果，必须进一步摸清底数，搞清情况，增强针对性，做到精准扶贫。而要做到精准扶贫，基础工作是精准识别，即在全省范围内，按照统一标准，通过扎实细致的工作，筛选出真正的贫困村、贫困户，把真正的扶贫对象搞明确。

对于精准识别这项工作，国务院扶贫办已将其列为2014年重点工作，并作为一号工程来抓。省委、省政府主要领导对这项工作高度重视，姜书记、郭省长和军民副书记都专门听取汇报，作了明确指示。省委、省政府研究确定，从现在开始，集中50天的时间，全省完成扶贫对象精准识别任务。各级各有关部门要进一步提高认识，高度重视，增强责任感和紧迫感，确保如期圆满完成任务。

二、准确把握贫困村贫困户精准识别工作的基本要求

对贫困村、贫困户进行精准识别，总的要按照"县为单位、规模控制、分级负责、精准识别、动态管理"的原则，有计划、有组织地开展。

(一)关于贫困村的识别。国家扶贫办要求按照"一高一低一无"的标准来识别贫困村，即行政村贫困发生率比全省贫困发生率高一倍以上、行政村2013年全村农民人均纯收入低于全省平均水平60%、行政村无集体经济收入。根据国家要求和我省实际，确定首先将"十二五"期间省、市、县三级确定的7000个贫困村作为省定贫困村。这7000个贫困村，当初各级在选定时已做了大量工作，进行了认真的筛选排查。在驻村"第一书记"帮扶下，这些村尽管脱贫工作有了较大进展，但目前相对而言仍是全省最贫困的，是当前和今后一个时期需要帮扶的重点。对这些贫困村，要按国家要求进行公示，经公示无异议后最终确定。

(二)关于贫困户的识别。第一，要明确识别标准。综合各方面的情况，省委、省政府确定这次识别贫困人口的贫困标准，由2010年的2500元提高到3000元(2010年不变价，现价3322元)。之所以确定这样一个标准，主要是考虑到我省是沿海经济大省，原标准在东部沿海省份较低。而且，这几年随着经济发展，农民人均收入已普遍明显增长，贫困标准也理应适当提高。需要说明的一点，国家确定的标准仍然是2300元(2010年不变价，现价2736元)。按这个标准，国家确定山东2013年贫困人口为264万。在识别中，我们需要将这部分贫困人口细分出来。有的市扶贫标准高于省定指标，应按各自标准进行识别。

第二，要明确识别范围和规模。总的要求是，根据国家和省定识别标准，按照“县不漏乡、乡不漏村、村不漏户”的原则，对全省所有行政村的贫困户全部进行识别。一是7000个贫困村内的贫困户，按贫困发生率平均50%的比例识别。二是其余行政村的贫困户，全省东、中、西部，分别按贫困发生率平均3%、4%、5%的比例识别。需要强调的是，在这两种类型的识别中，所确定的贫困发生率都是就整县而言的，都是以县为单位控制规模；具体到各村要实事求是、因村制宜。有的村比例可以高一些，有的村比例可以低一些。有些经济发展好的村没有也是正常的。有就是有，没有就是没有。省定7000个贫困村及所属贫困户由省里统一管理，省、市、县共同负责；其他村的贫困户由市、县、乡负责扶持，直至脱贫。要坚持扶贫开发和农村最低生活保障制度有效衔接，扶贫部门要加强与民政部门沟通，用好低保和精准识别的成果。

第三，要明确识别步骤。总的要按照六个步骤来进行。第一步是组织培训。各市县在认真搞好试点、制定方案的基础上，对相关人员要层层组织好培训。要把精准识别的目标任务、工作要求、工作流程等作为培训的重点内容，使大家都能熟练掌握。要抓好扶贫系统的业务骨干人员培训，增强培训的针对性、有效性。要把培训重点放在乡、村两级，确保每个村在第一线操作的都有明白人，确保精准识别工作规范有序进行。第二步是农户申请。要把精准识别的相关政策宣传到每个行政村、每个农户。要根据识别标准，认真发动农户自愿申请，确保符合条件的贫困户全部纳入识别范围。农户申请是精准识别的基础，对此要注意工作方法，既尊重群众意愿，又做到村不漏户。第三步是入户调查。农户提出申请后，由乡镇干部会同村委会开展入户调查，核实相关情况，对不符合条件的予以剔除，筛选出贫困户初选名单。第四步是民主评议。对贫困户初选名单，各行政村要召开村民代表会议进行民主评议。民主评议要有详细的会议记录，包括时间地点、参加人员、发言记录、评选过程等内容。最后，根据评议结果，经村两委集体研究，由村党支部书记、村委会主任和驻村“第一书记”（或包村干部）核实签字后，确定贫困户入选名单。第五步是公示公告。先将入选名单在贫困户所在的行政村进行第一次公示；经公示无异议后，报所在地乡镇人民政府审核，确定出全乡镇贫困户名单，并在各行政村进行第二次公示；第二次公示无异议后，各乡镇汇总报县扶贫办复审，复审后进行公告。第六步是建档立卡。由乡镇人民政府组织村委会、驻村工作队和帮扶单位，对已确定的贫困户填写《帮扶手册》。

三、正确处理贫困村贫困户精准识别工作中的几个问题

第一，要依靠群众。贫困村和贫困户精准识别工作，面对千家万户，涉及广大农民群众的切身利益，情况复杂，工作量大，政策性强，群众关注程度高。要把这项工作做好，必须坚持党的群众路线，紧紧依靠人民群众。在各个环节，都要高度重视并认真听取农民群众意见，让广大群众广泛参与，确保群众的知情权、参与权、监督权。要认真组织开好村民代表会议，确保民主评议不走过场、不流于形式，真正经得住检查，让人民群众满意，把好事办好。

第二，要公开透明。要严格执行识别程序，规范操作流程，将所有过程和结果都向群众公开，以公开保公平促公正。该走的步骤一步不能少，应有的环节一项不能落。要严格执行识别标准，对识别出的贫困村和贫困户，该公开的公开，该公示的公示，该公告的公告。切忌工作想当然、简单化，严禁少数人暗箱操作，严禁优亲厚友，严禁提供虚假信息，严禁拆户、分户和空挂户。我们各级干部都不想出问题，防止出问题的最好的办法就是公开，就是置于阳光之下，置于人民群众的监督之下。最了解情况的是群众，只要公开透明、尊重民意，就不会出大偏差。

第三，要确保质量。精准识别的准确与否，直接关系着后续的结对帮扶工作，关系着扶贫开发的成效。各地要严把农户申请关、入户调查关、民主评议关、公示公告关，确保数据真实可靠。所有数据都要实事求是。不是贫困户越多越好，也不是越少越好，而是要符合实际、尊重民意，该大就大、该小就小。需要强调的是入户调查这一关，必须结合农民人均纯收入，综合参考经济发展状况、当年自然灾害情况、农户因病、因学致贫等各种因素，客观真实地反映出贫困户的实际情况，做到符合标准的一户不漏、不符合标准的坚决不入，确保精准识别工作高质量、高标准地完成，确保精准识别成果经得起历史的检验。在这个方面不能吃“夹生饭”，否则会造成很大被动，甚至引发社会矛盾，影响农村稳定。

第四，要按期完成。这项工作主要分两个阶段进行。第一个阶段是培训与试点阶段，主要是做好方案制定和人员培训，学习借鉴武城县的经验和做法，组织开展相关试点工作。这个阶段安排半个月时间，要于5月25日前完成。各县可以选择不同类型的村进行试点，总结各自经验，形成面上工作方案。第二个阶段是全面展开阶段。利用一个多月的时间，各地全面部署开展这项工作，确保于6月底前完成。各级各部门务必统筹安排，积极推进。时间定了，具体安排各市县自主决策。在确保质量的前提下，可以集中力量，提前完成。但不管怎样，最后的截止时间，不能晚于6月30日。

四、切实加强对贫困村贫困户精准识别工作的组织领导

一要高度重视。扶贫工作不同于一般工作，实行中央统筹、省负总责、县抓落实的管理体制。对于新一轮扶贫开发工作，精准识别是基础、是起点。如果这项工作做不好，后续各项扶持就会缺乏针对性，就等于是输在了起跑线上。当前，各地正在深入开展第二批党的群众路线教育实践活动。各级特别是每个基层干部，都要从心里把这项工作与

教育实践活动挂起钩来，将其作为对自身群众观点、宗旨意识的一次重要考验，认真做好相关工作。近期，省里已确定要调整扶贫开发工作领导小组，提高规格，加强力量。下一步，各市、县也必然要作相应调整。会后，大家要立即将这次会议的精神向当地党委、政府主要领导汇报，引起各级党政主要领导尤其是县（市、区）委书记、县（市、区）长的高度重视。各级分管的同志作为直接责任人，要靠上抓、具体抓，亲自抓试点，亲自总结试点经验，亲自做推广方案，亲自解决工作中的困难。

二要组织精干力量。各级都要成立相应的工作机构，抽调专业水平高、责任心强的人员从事此项工作。特别是乡镇要组织干部进村入户，负责在每个贫困村组建起3—5人的工作班子，集中时间、集中精力抓好这项工作。驻村“第一书记”及其他包村干部要发挥好表率作用，率先完成精准识别任务。此外，各级都要安排一定的工作经费，用于精准识别工作必需的宣传培训、材料印制、数据录入及信息化建设等方面的支出，提供必要的工作条件，保障工作正常进行。

三要加强督导考核。省委已将扶贫开发工作纳入对各市的科学发展综合考核，精准识别是今年对各市考核的重要内容。在督查方法上，将采取“省抽查、市督查、县核查”的方式。过了5月25日，省里就将统一组织督查组到各市，通过明察暗访结合，在每个市随机抽查3—4个县，每个县抽查3—4个乡镇，每个乡镇抽查1—2个村，深入检查工作开展情况。对工作质量完成差、进度达不到要求的市县，要在全省进行通报。市县两级也要加强对这项工作的督导考核，确保精准识别工作扎实有序开展。

做好贫困村和贫困户精准识别工作，事关党的扶贫政策能否得到有效落实，事关新时期扶贫开发工作大局。各级各有关部门一定要迅速行动、精心组织，确保高质量完成精准识别工作任务，为扎实推进农村扶贫开发工作、加快贫困群众脱贫致富步伐做出积极贡献。

（本文系山东省副省长赵润田2014年5月9日在全省农村扶贫开发精准识别工作电视会议上的讲话摘要）

在全省环境保护工作会议上的讲话

邓向阳

省政府决定由我分管环保工作，我深感责任重大。通过这一个时期的工作，又充满了信心，主要是环保工作有良好的工作基础，有一支过硬的工作队伍，有省委、省政府主要领导高度重视、大力支持。会前，树清省长又专门对这次会议作出重要批示。树清省长批示：当前大气污染治理的关键是严格执行法律和规划，要按照中央和省委省政府的要求，严肃监管，坚决落实。

一、进一步增强做好新时期环保工作的责任感和紧迫感

2013年，在省委、省政府的正确领导和各级各部门的共同努力下，全省环保工作取得明显成效。经过11年科学治污，省辖南水北调沿线水质达标，有效保障了南水北调东线一期工程正式通水，习近平、李克强、张高丽等中央领导同志分别作出重要批示给予充分肯定。围绕实现山东蓝天梦想，全省大气污染防治的工作体系基本形成，并取得一系列初步成果。创新体制机制，在环境监测、资源利用等方面，加大市场化改革的力度，走出一条符合山东特色的环境保护新路子。各级各有关部门加快工作方式方法转变，探索实施了一系列新时期环保群众工作方法，党委政府领导，社会各界共同参与、良性互动的环保大格局逐步形成。这些成绩来之不易，借此机会，我代表省政府，向关心支持山东环保事业的社会各界、向全省环保工作者表示衷心的感谢和诚挚的慰问！

当前，我省环保形势十分严峻，任务十分艰巨，对此，我们必须保持清醒的认识。一是环境约束日趋加剧。习近平总书记视察山东时指出，山东经济总量在全国排名靠前，但能耗、污染也是靠前的。我省产业层次偏低、工业结构偏重、能源结构不合理，2012年全省重工业增加值占规模以上工业比重高达68%，产值排前三位的化工、农副产品加工、纺织业均为资源性产业；一次能源消费中原煤超过76%，比全国高8个百分点。近年来，六大高耗能行业增加值增速持续高于规模以上工业，社会经济发展对资源环境的依赖呈进一步加剧趋势。二是环境风险日渐突出。尽管我省近几年没有发生影响社会稳定的环境安全事件，但全国一些地区出现的突发环境事件和环境群体性事件给我们敲响了警钟。当前由安全生产事故引发的环境安全问题越来越突出，全省涉及重金属、剧毒物质和危险化学品排放以及放射源应用的企业达5900多家，潜在的环境安全风险异常突出，必须时刻保持警惕。三是社会压力日益加大。从

去年初的“网传高压泵深井排污”事件，我们应当看到，随着公众环保意识不断提高，因环境问题引发社会热点的频度和强度不断加大，处理不好就会成为泛政治化的问题。比如，雾霾、PM2.5爆表、请环保局长下河游泳、“红豆局长”等都引起社会高度关注，使各级环保部门处于风口浪尖之上，承受着巨大社会压力，环保工作已成为考验政府执政能力的风向标。这对环保工作提出了新的更高的要求，我们必须变压力为动力，敢于担当，进一步提高新时期环保工作的能力和水平。

生态文明建设是中国特色社会主义事业“五位一体”总体布局的重要组成部分，环境保护是基本国策，是生态文明建设的主阵地。党的十八大以来，新一届中央领导集体站在战略和全局的高度，对生态文明建设和环境保护提出了一系列新思想新论断新要求。习近平总书记提出，环境问题既是重大经济问题，也是重大社会问题和政治问题，强调要牢固树立生态红线的观念，在生态环境保护问题上不能越雷池一步。总书记的讲话为我们做好环保工作指明了方向，增添了动力，提供了发展机遇。

随着经济社会发展，人们对环境质量的追求越来越普遍，环境问题特别是空气质量问题已经成为媒体关注、社会关心、群众热议的焦点。我一直强调，环保工作从大处说，事关人民群众的生命安全，做好环保工作是实实在在的生命之托。通俗地讲，环保工作就是要让老百姓喝口好水、喘口好气、吃个好饭、看个好景。环保工作与老百姓日常生产生活息息相关，谁都无法避开。基本的环境质量、不损害群众健康的环境质量是一条底线，是各级政府应当提供的基本公共服务，是我们的职责所在。大家一定要珍惜肩负的这一神圣使命，要深怀压力和不安，时时刻刻保持强烈的责任感、使命感，认真回应人民群众的热切期盼，坚决抓好污染治理，持续改善环境质量，当好人民群众生命的“保护神”。

二、努力开创环保工作新局面

在新的一年里，各级各部门要按照党的十八届三中全会关于加快生态文明制度建设的要求，把改革贯穿于今年环保工作始终，更加注重依托转型发展解决环境问题，更加注重创新环保政策制度，更加注重治本治源和生态修复并举，进一步解放思想，大胆探索，真抓实干，攻坚克难，下真功夫、见真成效。

（一）充分发挥环保着力点作用，务求在转方式调结构上取得新成效。抓好转方式、调结构、促转型，是解决环境问题的根本举措。要充分发挥好标准引导和执法监督的作用，倒逼污染行业调整结构优化布局，不断提升工业产业层次和水平。强化环保科技支撑，着力解析和突破重大环境瓶颈问题，发展壮大园区经济，改造提升传统产业，加快发展战略性新兴产业，努力形成一批产业链完善、创新能力强、特色鲜明的战略性新兴产业聚集区。强化源头管理，严格项目环评审批，严控高耗能、高污染行业过快增长，加快淘汰重点行业落后产能，为转型升级腾出空间。着力优化能源结构，大力实施“外电入鲁”，强力推进小火电“上大压小”和煤改气工程，逐步提高清洁能源使用比重，坚决把煤炭消费总量降下来。

（二）强化污染综合整治，务求在环境质量改善上取得新成效。对于环境质量只能改善、不能恶化这一点，省委、省政府态度十分坚决，要求非常明确。一是坚决打好大气污染防治攻坚战和持久战。省委、省政府高度重视大气污染防治工作，出台了一系列配套政策措施，12月18日，又召开生态山东建设工作领导小组会议进行了全面部署。为坚决遏制当前大气污染反弹的势头，树清省长同意在现有工作基础上，进一步加大力度，强化五项措施：一要继续每月公布17个设区城市空气质量排名，将大气环境质量逐年改善作为区域发展的约束性要求，并纳入科学发展观综合考核体系。二要对大气环境质量继续反弹的区域，暂停审批涉大气污染物排放的新、扩、改建项目。三要建立基于大气环境质量的生态补偿机制，省、市两级均建立大气环境生态补偿专项资金；对大气环境质量同比改善的市，由省级给予补偿；对大气环境质量同比恶化的市，由市级向省级赔偿；每季度结算一次，并向媒体公布，具体办法由省财政部门会同环保部门制定。四要严格执行分阶段逐步加严的区域性大气污染物综合排放标准，对没有合法手续且不能稳定达标的企业，坚决实施停产治理；对具有合法手续但经限期治理仍不能稳定达标的企业，坚决实施停产治理。五要省级对重点环境案件挂牌督办并实施跟踪督察，对挂牌督办仍不能解决问题的，由监察部门严肃追究相关单位和人员的行政责任，情节严重的移交司法部门依法追究刑事责任。在做好以上工作的同时，我们还要积极做好“搞绿化”这篇文章，以荒山绿化、城市绿化为重点，大力加强绿色生态屏障建设。要以济南市大气环境质量改善为突破口，带动全省加快大气污染综合治理的步伐。二是深化流域生态环境综合治理。推广“治、用、保”流域治污体系，全力推进工业污染治理、城镇污水处理、中水截蓄导用、人工湿地等工程建设，巩固提升流域治污成果，着力打造让江河湖泊休养生息示范区，推动全省流域环境质量持续改善。要围绕“十二五”末省控主要河流全部消除劣五类的目标，按照“一河一策”的原则，逐一研究制定保达标方案，限期消除不达标断面。要努力提高管网覆盖范围和污水集中处理能力，下大力气解决好城市（含县城）建成区污水直排环境问题。健全完善南水北调治污长效监管机制，坚持不懈地抓好小清河流域生态环境综合治理工作。要以南四湖、马踏湖生态环境保护试点为重点，加大生态保护和修复力度，着力构建环湖沿河大生态带。今年3月，国家将对我省重点流域治污情况进行考核，流域内各市特别是枣庄、德州两市，要认真做好各项准备，力争我省重点流域治污考核再创佳绩。

（三）严格落实目标责任，务求在污染减排上取得新成效。污染减排已经成为环保工作的硬抓手，在大力推进生态文明建设的新形势下,要进一步发挥总量控制制度的作用。抓好今年减排工作对完成“十二五”的目标任务至关重要,各级各部门要围绕“调结构、控新增、减存量”的主攻方向,切实提高政治敏锐性,下更大决心,用更大气力,采取更加坚决的措施,毫不松懈地抓好减排工作。要密切关注宏观经济形势变化,开展减排形势分析,科学研判增量变化趋势,及时调整减排措施,着力化解新增压力。要进一步深化重点行业治污减排,坚持和完善多形式的环保监管机制,提高减排设施运行水平,巩固减排成果。省直各有关部门要严格按照减排责任书要求,分工负责,协调配合,尽快解决减排工作存在的薄弱环节和突出矛盾。各地要立足实际,明确减排主攻目标和任务,层层分解落实责任,切实加大减排项目建设力度,确保发挥减排效益。减排是约束性指标,是“军令状”,我们必须时刻绷紧这根弦,确保主要污染物排放量持续削减,争取各项指标都能超额完成减排计划,为完成“十二五”目标任务奠定坚实基础。

(四)着力完善防控体系,务求在环境安全保障上取得新成效。各级各有关部门要着力构建政府主导、部门协调、分级负责、属地管理的环境风险防范与应急机制,围绕预防、预警、应急三大环节,健全完善环境安全防控体系。要突出抓好重污染天气各项预防和应急响应措施的落实,最大限度减少重污染天气发生,让人民群众看到希望,增强信心。南水北调沿线各市要加快编制涉水突发环境事件应急预案,千方百计确保南水北调调水水质安全。土壤污染被称作“看不见的污染”,绝大部分水污染和大气污染最终都会回归土壤,影响农作物的产量与品质,危害人体健康,各相关部门要及早谋划,研究防治和修复措施。要不折不扣地按照省政府安全生产大检查的部署要求,扎实做好全省环境安全风险大排查,消除环境安全隐患。要组织做好全省化工企业聚集区污染状况和地下水环境状况调查,开展地下水污染修复试点及技术攻关工作,加强地下水饮用水水源地环境监管,确保群众饮用水环境安全。要抓好预警监测,加强舆情监控,及时发现并妥善处置突发环境事件,确保全省环境安全和社会稳定。

(五)深化体制机制改革,务求在用市场手段解决环保问题上取得新成效。加快生态文明制度建设是全面深化改革的主要任务,深化环保体制机制改革则是其中的重点。要坚持政府主导与市场推动相结合,创新环境经济政策,通过发挥市场在资源配置中的决定性作用,提高环保工作的市场化、专业化和社会化水平。要推进资源性产品价格改革,实施资源和能源价格阶梯化调整制度,提高高耗能企业差别电价加价标准,完善脱硫、脱硝、除尘电价补贴政策,健全促进污染行业节能减排的财税政策。完善污染物排放许可制,提高主要污染物排污费标准,探索建立逐日递增超标排污惩罚性收费制度。按照谁保护、谁受益,谁破坏、谁付费的原则,以生态环境质量为重点,探索建立地区间横向生态补偿制度。要完善吸引社会资本投入环保的市场化机制,加强环保市场公共服务平台建设,积极推广第三方治理模式。凡适合市场、社会组织承担的,都可以通过委托、承包等方式交给市场和社会组织承担,促进环保服务业发展,并做好简政放权与强化监管、搞好服务的同步衔接。当前,既要用环保的手段支持转方式调结构,又要在转方式调结构中发展环保产业,培育新的经济增长点。

三、加快建立完善环保工作长效机制

环境保护是一项涉及面广、综合性强、长期复杂的系统工程,确保各项任务措施落到实处,抓出成效,必须加强领导,健全机制。各级各部门要紧密结合实际,强化措施,密切协作,不断提高政策水平和工作能力。

(一)加强组织领导。各级各部门要切实把环保工作作为转型发展和改善民生的一件大事来抓,切实担负起应尽职责,着力加强组织领导。各级政府要切实把环保工作摆上重要议事日程,立足当前,着眼长远,统筹谋划,健全综合工作体系和长效机制。各级环保部门要认真履行好科学规划、综合协调、监督管理的主体职责,有关部门要围绕环保目标任务,各司其职、各负其责、密切配合,完善环保协调机制,形成多方联动、齐抓共管的工作合力。东营市把今年作为“生态环境整治提升年”,制定了详细的工作方案,成立了领导小组,市长任组长,分管副市长任副组长,体现了市委、市政府对环保工作的高度重视。

(二)完善考核机制。各地要牢固树立生态红线的观念,坚决不再简单地以GDP增长率论英雄,要将生态环境质量逐年改善作为区域发展的约束性要求,并纳入科学发展观综合考核体系。今年要以大气环境质量为重点,发挥生态山东建设的平台作用,完善各级政府考评体系和相关部门考核体系,每月公布设区城市空气质量排名,定期通报重点工作进展,严明责任推进目标任务落实。

(三)严格环境执法。坚持用法治的思维和方法解决环保问题,严格依法行政,做到执法必严、违法必究。要健全执法程序,规范执法行为,建立执法责任制。完善环境行政执法与刑事司法衔接、环保与公安联勤联动执法机制,实施跨行政区执法合作和部门联动执法。对情节恶劣的各类环境违法行为,坚决实行“零容忍”,让违法者付出付不起的代价,真正起到震慑作用。各地要高度重视环保机构和队伍建设,着力建设一支政治合格、业务精良的环保队伍。针对基层特别是农村环保力量薄弱的问题,下大力气推进乡镇级环保站(所)建设,确保随时掌握环保最基层、最一线的情况。

(四)强化公众参与。环境保护是全社会的共同事业。要大力弘扬生态文明理念,大力倡导文明、节约、绿色环保的生活和消费方式,引导全社会以实际行动关心环境、珍惜环境、保护环境。要加大环境信息公开力度,充分发挥媒体的力量,保障公众的环境知情权、参与权和监督权。要畅通公众参与环保的渠道,倾听群众呼声,接受群众监督,“随手拍”等公众参与活动都要继续坚持下去。要逐步建立和完善社会力量参与环保的工作机制,加强与社区、民间环保组织和环保志愿者的沟通，更好地鼓励、支持和引导他们参与到环保工作中来，最终形成党委政府主导，社会各界共同参与，良性互动的环保工作大格局。

（本文系时任山东省副省长邓向阳2014年1月14日在全省环境保护工作会议上的讲话摘要）

锐意进取谱华章

——建国65年来山东经济社会发展情况综述

省委政策研究室

新中国成立以来，在党中央正确领导下，山东历届省委团结带领全省人民艰苦创业、锐意进取，经济社会发展取得了辉煌成就，谱写了建设富裕文明新山东的美好篇章。

一、建国以来山东经济社会发展的阶段性特征

纵观65年社会主义现代化建设与改革开放的伟大实践，我省经济社会发展可划分为改革开放前和改革开放后两大历史时期，每个时期分若干阶段。

第一个历史时期（1949年至1977年），是社会主义改造顺利完成，国民经济和社会发展逐步恢复，社会主义经济建设在不断探索中缓慢发展的时期。这一时期经济社会发展可划分为三个阶段：

第一阶段（1949年至1957年），社会主义改造基本完成，生产关系的变革极大地促进了生产力发展，国民经济得以迅速恢复。这一阶段的前3年，我省制定了“发展经济、保障供给、城乡互助、内外交流”的经济工作总方针，没收官僚资本和帝国主义国家在华企业，统一财政经济，合理调整工商业，建立“统一领导、分级管理”的价格管理体制，为有计划地进行大规模社会主义建设创造了有利条件。1953年全省农业掀起了合作化高潮，农户组成了农业生产合作社；手工业者组成了手工业生产合作社；资本主义工商业实施了公私合营的社会主义改造。至1956年底，社会主义改造基本完成，一些旧中国所没有的工业部门也开始建立起来，初步改变了山东工业的落后局面，经济发展呈现一派生机。1957年，全省实现生产总值61.4亿元，比1952年增长37.5%；农业总产值36.4亿元，比1949年增长63.3%；工业总产值43.3亿元，比1949年增长4.2倍；城镇居民人均可支配收入和农民人均纯收入依次达到206.3元和78.6元，分别比1952年和1949年增长70.1%和75.8%。

第二阶段（1958年至1965年），重新确定经济工作总方针，国民经济在探索中前进。由于缺乏社会主义经济建设的经验，以“共产风”为主要标志的“大跃进”运动在全省泛滥。“大跃进”运动，在产业结构上突出发展重工业，在重工业中突出发展冶金工业，在经济增长上追求高速度，国民经济主要比例关系严重失调。农业产值占工农业总产值比重由1957年的45.7%下降至1960年的21.2%；轻工业产值占工业总产值的比重由81.6%下降至50.1%，重工业产值比重则由18.4%激增至49.9%。从1961年开始，全省认真贯彻“调整、巩固、充实、提高”的经济工作总方针，国民经济各部门之间的协调性得以改善，全省经济形势全面好转，农轻重之比由1960年的21.2∶39.5∶39.3调整到1965年的41.4∶39.6∶19.0。

第三阶段（1966年至1977年），文化大革命使国民经济遭到严重破坏，国民经济在重创下艰难发展。这一阶段，全省经济发展起伏波动较大。1968年全省生产总值比上年下降0.1%，1974年比上年下降15.8%；国民经济比例关系失调，生产结构性失衡进一步加剧，1976年农轻重产值比例关系演变为31.3∶33.4∶35.3。从总体看，十年“文革”时期全省经济仍有一定的发展，但人民生活消费水平长期处于低缓增长状态。与1966年相比，1977年全省生产总值增长1.1倍，年均递增7.1%；农业总产值增长45.1%，年均增长3.4%；全省居民消费水平年均增长3.9%。

第二个历史时期（1978年至今），是国民经济和社会发展实现历史性跨越，改革开放全面发展，“五位一体”发展布局进一步确立，经济文化强省建设加快推进的重要时期。这一时期可划分为四个阶段：

第一阶段（1978年至1992年），改革由农村向城市及整个经济领域全面展开，对外开放步伐不断加快。省委、省政府全面拨乱反正，工作重点转移到社会主义现代化建设上来，先后组织实施了“科教兴鲁”“海上山东”等重大战略，全省经济社会发展实现历史性转变。一是各项改革逐步展开。改革由农村率先展开并向城市推进，向经济社会各个领域全面渗透，为长期封闭的经济社会注入了生机和活力。1978年至1984年，全省生产总值年均增长11.1%，全省农村基本解决了温饱问题。二是对外开放开始起步。1983年，省第四次党代会提出要把发展对外贸易、扩大对外开放作为实现“提前翻番、富民兴鲁”奋斗目标的重要举措。1984年，国务院正式批准青岛、烟台为对外开放城市，带动山东半岛乃至内陆地区直接参与国际竞争，开放型经济得到较快发展。1992年全省进出口总额达到77.8亿美元，实际利用外商直接投资达到9.7亿美元。三是经济发

展开始步入市场经济轨道。全面推行企业承包经营责任制，探索试行多种经济模式，计划经济体制逐步转变为有计划的商品经济体制，市场机制在经济运行中的作用越来越明显。四是确立新的战略发展布局。1992年邓小平同志视察南方重要谈话以后，省委实施“东部开放，西部开发，东西结合，梯次推进，加快发展”的区域协调发展战略，并将建设“海上山东”与黄河三角洲综合开发确定为振兴山东经济的两大跨世纪工程，推动经济社会持续快速发展。

第二阶段（1993年至2002年），探索建立社会主义市场经济体制，确立新的奋斗目标，经济社会发展活力进一步增强。在农业领域，率先在全国提出了农业产业化的发展战略，一大批农业龙头企业相继崛起。在科技领域，推动“科教兴鲁”战略落实到科技兴市、科技兴县实践中去。在对外开放上，制定了“全面开放、重点突破、梯次推进、东西结合、加快发展”的方针，不断扩大对外开放领域，不断拓展对外开放深度。十年间，全省经济社会快速发展，到2002年全省生产总值增长2.7倍，年均增长12.6%；城镇职工平均工资和居民人均可支配收入年均分别增长15.9%和14.5%；农民人均纯收入增长2.7倍；全省进出口总额增长3.4倍。

第三阶段（2003年至2007年），坚持以科学发展观为指导，改革开放向纵深推进，经济实力显著增强。2003年6月，省委作出《关于进一步解放思想干事创业加快现代化建设步伐的决定》，标志着我省进入了思想大解放和经济大发展新的历史阶段。针对2003年下半年至2005年出现的经济局部过热和2007年下半年以来经济增长偏快、物价上涨过高等矛盾和问题，及时采取了有保有压、多管齐下、综合治理等一系列宏观调控措施，全省经济社会发展进入稳中求进、好中求快、又好又快的发展轨道。

第四阶段（2008年至今），围绕主题主线，打好转方式调结构攻坚战，增创山东发展新优势，经济运行的质量效益稳步提高，经济文化强省建设迈出坚实步伐。一是大力推进经济结构战略性调整。积极应对国际金融危机冲击，促进经济平稳较快发展，提高经济发展质量，三次产业结构进一步优化。实施千亿斤粮食生产能力规划和农业十大特色产业振兴规划，2013年粮食总产实现“十一连增”。坚持改造提升传统产业和发展战略性新兴产业“双轮驱动”，2013年规模以上工业增加值增长11.3%。促进服务业跨越发展，服务业投资占全部投资的比重达到50%以上。二是促进区域协调发展。实施山东半岛蓝色经济区和黄河三角洲高效生态经济区两大国家战略，制定实施《省会城市群经济圈发展规划》和《西部经济隆起带发展规划》，形成覆盖全省的“两区一圈一带”区域发展布局，城乡区域发展更趋协调，全省城镇化率达到53.75%。集中培育发展海洋经济，2013年实现海洋生产总值超过1万亿元，占全省生产总值的18%。三是提高生态文明建设水平。树立生态文明理念，大力推进生态山东建设，抓好节能减排，强化大气污染防治，“十二五”前3年均完成国家下达的化学需氧量、二氧化硫和氨氮减排目标任务。四是坚持深化改革扩大开放。国有企业改革重组深入推进，国有资产监管体系不断完善；开展了农村土地承包经营权确权登记颁证工作，农民专业合作社9.9万个，家庭农场发展到3万户；至2013年全省各级政府共调整取消审批事项4437项；开放型经济发展水平进一步提高。深入贯彻党的十八届三中全会精神，制定《中共山东省委关于深入学习贯彻党的十八届三中全会精神的意见》，谋划推进重点领域改革。五是切实保障和改善民生。努力办好民生实事，民生投入占财政支出连续7年保持在50%以上。全民医保基本实现，城乡基本医疗卫生制度初步建立，新型社会救助体系基本形成。教育投入占财政支出比重达到20.9%。文化建设成果丰硕，平安山东建设深入推进。

二、建国以来山东经济社会发展取得巨大成就

建国以来，我省经济社会发生了翻天覆地的变化，取得了一系列举世瞩目的新成就，主要体现在十个方面：

（一）综合实力由弱到强，稳步达到世界中等偏上收入国家水平。一是经济总量逐步攀升。全省生产总值由1952年的43.8亿元增加到2013年的5.47万亿元，年均增长9.4%，占全国的比重由6.5%提高到9.6%，居全国第3位。经济总量接连跨越新台阶，1988年过千亿元，2002年过万亿元，2006年过2万亿元，2008年过3万亿元，2010年接近4万亿元，2012年过5万亿元，2013年达到5.47万亿元。经济总量攀升的速度逐步加快，全省一年创造的生产总值从建国初期的40亿元到百亿元、从百亿元到千亿元均用了18年，从千亿元到万亿元用了14年，从万亿元到5万亿元用了10年。二是人均生产总值稳步达到世界中等偏上收入国家水平。1952年山东人均生产总值仅为91元，1978年升至316元，按当年平均汇率折算仅为188美元，2007年达到3630美元，提前13年实现了党的十六大确定的人均生产总值超过3000美元的目标。2008年达到4742美元，开始步入世界中等偏上收入国家水平。此后，我省人均生产总值每年跨上一个千美元台阶，2013年达到9094美元。人均生产总值在全国的位次由1952年的第19位升至1978—1980年的第17位、1981—1982年的第12位，1995年以来一直稳居全国前10位。三是公共财政预算收入较快增长。2013年，全省公共财政预算收入达到4560.0亿元，是1952年的597.8倍，现价年均增长11.0%，较生产总值年均增速高1.6个百分点。尤其是近年来，公共财政预算收入保持较快增长速度，收入增加量逐年递增，2005年超过1千亿元，达到1073.1亿元；2009年超过2千亿元，达到2198.6亿元；2011年、2012年又连续跨上3千亿元和4千亿元台阶。

（二）产业结构不断优化，实现由“一二三”到“二三一”的重大转变。一是产业结构发生重大变化。建国初期至1978年，全省逐步建立了较为完整、门类齐全的工业体系，国民经济

主要比例关系得到较大改善,三次产业之比由1952年的67.4∶16.6∶16.0调整到1978年的33.3∶52.9∶13.8,开始具有工业化初期的特征。改革开放以来,山东注重三次产业的协调发展,逐步形成第一产业较为稳固、第二产业处于主导、第三产业逐步加快的新格局,三次产业之比逐步调整到2013年的8.7∶50.1∶41.2,已处于工业化中期阶段。与建国初期1952年相比,第一产业比重回落58.7个百分点,第二产业比重提升33.5个百分点,第三产业比重上升25.2个百分点,产业结构实现了由"一二三"到"二三一"的重大转变,经济结构进一步向合理化方向演变。二是农业内部结构由以种植业为主向农林牧渔业全面发展转变。建国以来,全省逐步消灭旧的农业生产关系,有效促进了农业的发展。特别是改革开放以来,农业综合生产能力显著增强,主要农产品产量大幅增加。2013年,我省粮食产量居全国第3位,蔬菜、水果和肉类产量均居全国第1位。农林牧渔业总产值达到8750.0亿元,居全国首位,是1949年的25.4倍,年均增长5.2%。农林牧渔业结构由1949年的89.7∶0.6∶8.3∶1.4调整为2013年的51.5∶1.4∶27.0∶16.0。三是工业经济内部结构不断优化。建国初期,为尽快改变"一穷二白"的落后面貌,全省采取各种政策和措施加快推进工业经济的发展。改革开放之后,全省坚持走新型工业化道路,逐步形成基础产业——优势产业——支柱产业——先导产业的良性发展。规模以上工业企业单位数由1962年的6794个增加到1978年的1.5万个、2013年的4.0万个。工业总产值年均增长15.6%,2013年达到13.0万亿元,是1949年的1.1万倍。近几年,制造业发展加快,2013年制造业增加值占规模以上工业的比重已提高到88.2%,其中装备工业比重提高到26.1%。高新技术产业发展持续推进,总产值占规模以上工业的比重提升至30.23%。四是第三产业迅速成长,所占份额显著提高。建国初至改革开放前,第三产业增加值年均增速仅为5.3%。改革开放以来,我省把大力发展第三产业作为经济结构调整的重点,第三产业滞后状况得到明显改善,全省服务业增加值由1952年的7.0亿元增加到2013年的22519.2亿元,年均增长9.7%,较生产总值年均增速高0.3个百分点;占生产总值的比重由16.0%提高至41.2%,提高了25.2个百分点。

(三)市场化程度不断提高,由单一公有制经济逐步转向公有制为主体、多种所有制经济共同发展。一是由计划经济走向市场经济。改革开放以后,我省坚持市场化改革方向,破除计划经济束缚,充分发挥市场作用,初步建立起了社会主义市场经济体制。打破国有、集体经济一统天下的局面,扶持个体私营经济,促进外商投资企业发展壮大,逐步形成了以公有制为主体、多种所有制经济共同发展的基本经济制度。二是国有经济加快壮大。1958年,随着社会主义改造的基本完成,全省全民所有制工业企业总产值占全省的比重达74.46%,1978年为67.63%。我省从上世纪80年代中期开始推进国有企业改革,在国有大中型企业全面建立现代企业制度,促进了国有经济健康发展。特别是近年来,我省坚持公有制主体地位,毫不动摇巩固和发展公有制经济,国有经济的活力、控制力、影响力显著增强。2013年,全省规模以上国有工业企业资产总额3907.5亿元,实现主营业务收入4569.1亿元,利润总额239.3亿元。三是非公有制经济快速发展。党的十一届三中全会以后,历届省委、省政府大力支持引导非公有制经济发展。到2006年,非公有制经济增加值占生产总值的比重超过50%,成为支撑经济社会发展的"半壁江山"。进入新世纪以来,我省把发展民营经济作为经济工作的战略重点,非公有制经济在经济总量中的比重逐步提高,在支撑增长、促进创新、扩大就业、增加税收等方面的作用越来越突出。2013年,非公有制经济增加值占生产总值的比重为55.5%,比2000年提高23.9个百分点。

(四)投资增加消费扩大,内需逐渐成为经济主要拉动力。一是经济增长由投资拉动为主逐步向投资和消费共同拉动转变。建国以来特别是改革开放以后,我省的消费、投资呈现稳定快速增长态势,投资和消费需求的变化较大,呈现明显的三个阶段:1978年至1992年,消费所占比重一直高于投资;1993年至2003年,消费、投资所占比重处于此降彼升的胶着状态,差距较小;2003年以后,消费所占比重一直低于投资。近年来,全省积极实施扩大内需的政策措施,消费对经济增长的贡献率逐步提高。2013年,消费、投资对经济增长的贡献率分别为37.2%和66.3%。二是投资规模不断增加。1949年全社会固定资产投资仅为0.14亿元,1978年增至41.9亿元。改革开放之后,我省抓住机遇、深化改革,加大投入力度,投资总量迅猛膨胀,先后于1984年超过百亿元、1994年超过千亿元、2005年超过万亿元、2010年超过2万亿元,2012年超过3万亿元,2013年达到3.68万亿元,为1978年的878.6倍,现价年均增长21.4%。基础产业和基础设施是投资的主要方向,占全社会投资的近1/4。能源生产供给能力良好,2013年原油、原煤产量分别为2765.6万吨和1.52亿吨。交通运输能力增强,铁路通车里程4397公里,是1949年的5.0倍;高速公路从无到有,通车里程达到4994公里。沿海港口吞吐能力快速扩增,达到11.8亿吨,为1990年的21.7倍。三是消费需求不断扩大。1949年,山东社会消费品零售总额仅为6.2亿元。改革开放以后,以商品流通体制和商业管理体制为主的流通体制改革步伐加快,逐步形成了开放繁荣的城乡消费品市场,流通规模持续扩大。全省社会消费品零售总额于1980年超过百亿元,1994年超过千亿元,2008年突破万亿元,2013年达到2.23万亿元。消费水平明显提高,以汽车、住房、通讯产品以及文教娱乐、旅游、家政等"新兴消费品"为特征的娱乐型、享受型消费,推动了消费结构的快速升级。

(五)创新驱动战略深入实施,科技支撑能力不断增强。一是区域创新体系不断完善。加强创新平台、科技园区和创新龙头建设,为区域创新提供有力支撑。先后建设了青岛海洋与技术实验室、国家超算济南中心等一批重大科技创新平台，我省海洋经济、信息通信、量子通信等产业创新水平进入全国前列。科技园区建设迈上新台阶，已建成省级以上高新区20家，其中国家级高新区9家；建设国家高新技术产业化基地10家、国家火炬计划特色产业基地42家、国家农业科技园区6家。建成国家产业技术创新战略试点联盟17家、企业国家重点实验室10家、国家工程技术研究中心34家，均居全国第1位。济南、青岛、济宁3市成为国家创新型试点城市。二是创新成果不断增加。2007年以来，共取得重要科技成果1.65万项，获得国家科技成果奖励204项，其中6项获国家科技进步一等奖。2013年，共取得省级重要科技成果2332项，获得国家科技成果奖励21项；专利申请和授权量分别达到15.5万件和7.7万件，是1985年（首次列入统计制度）的355倍和9625倍。三是企业创新主体地位逐步显现。企业研发经费投入快速增长，2013年全省研发经费内部支出中企业资金占比为89.8%；全省研发人员达到40.9万人，84.0%集中于企业。至2013年底，共有国家级企业技术中心140家、省级企业技术中心1028家、国家级创新型试点企业45家，均居全国第1位。目前，以企业为主体建设院士工作站256家，建成生产力促进中心111家、各类孵化器79家。65%以上的大中型企业与高校、科研单位建立了产学研合作关系。四是创新人才队伍不断扩大。实施人才强省战略，人才队伍规模快速膨胀，结构不断优化。2013年，我省入选国家“千人计划”的高层次人才达到107人，比2008年（国家首次实施“千人计划”）增加106人；驻鲁院士40人（另有6名院士常年在山东工作），比2000年增加24人；泰山学者特聘专家641人，是2004年首批36人的17.8倍，增加605人。5名中青年科技创新领军人才、4名科技创新创业人才、2个重点领域创新团队、2家创新人才培养示范基地入选国家首批创新人才推进计划，居全国第1位。

（六）区域发展战略逐步完善，城乡区域发展日趋协调。一是区域发展逐步形成新优势。“蓝黄”两大国家发展战略深入推进，生产总值占到全省一半以上，成为我省发展的重要引擎。2013年，山东半岛蓝色经济区实现生产总值2.57万亿元，公共财政预算收入2115.2亿元，增幅分别比全省高0.8个百分点和1.3个百分点。2013年，黄河三角洲高效生态经济区实现生产总值7985亿元，增幅比全省高2.3个百分点；公共财政预算收入550.9亿元。2012年8月，省委、省政府又制定实施了省会城市群经济圈、建设山东西部经济隆起带两大战略，全省形成“两区一圈一带”区域发展战略布局。二是城镇化由长期停滞到加快发展。建国以来，我省城镇化在波动中发展，甚至还出现过“逆城镇化”的现象。进入新世纪以来，省委、省政府将城镇化作为全省经济社会发展的重大战略之一，推动大中小城市和小城镇协调发展、产业和城镇融合发展，加快以人为核心的城镇化步伐，全省城镇化水平稳步提高。2000年至2013年，全省城镇化率从38.2%提高到53.75%，年均提高1.2个百分点。三是统筹城乡发展迈出新步伐。进入新世纪以来，省委、省政府把城乡发展一体化作为解决“三农”问题的根本途径，大幅增加农村基础设施建设投入，农村生产生活条件不断改善。到2013年，全省农机总动力达到1.27亿千瓦，是1952年的1.1万倍、1978年的11.7倍。农村路水电气房等基础设施建设全面加强，全省基本实现村村通电、村村通电话、村村通宽带，村村通油路达到99.8%，自来水普及率达到93%；近4年集中建设农房375万户、改造危房73万户。小城镇建设提质加速，农村新型社区建设蓬勃开展，城乡发展一体化格局初步形成。2013年，全省平均每个小城镇建成区面积3.35平方公里、镇区人口1.45万人，比2000年分别增长156%和101%，比2008年分别增长41%和27%，累计建成农村新型社区5790多个。

（七）开放型经济水平不断提高，全方位、宽领域、多层次对外开放格局基本形成。一是对外贸易发展加快。从进出口规模看，1952年全省进出口总额仅为7357万美元，1978年为8.7亿美元。在1995年超过百亿美元之后，2007年迈上千亿美元台阶，2008年达到1581.4亿美元，2013年达到2671.6亿美元，居全国第6位，是1952年的3631倍，是1978年的307倍，占全国进出口总额比重达到6.4%。从出口商品结构看，2013年机电产品出口达508.8亿美元，占出口总额的比重达37.8%，成为我省第一大类出口商品；高新技术产品出口172.6亿美元，占出口总额的12.8%。从外贸经营主体看，1978年全省仅有11家外贸公司，随着外贸经营权放开，开展对外贸易的市场经营主体大幅度增加，2013年达到3.5万家。外商投资企业和私营企业成为外贸进出口的重要力量。2013年，全省外商投资企业进出口总额1014.6亿美元，占全省进出口总额的38.0%；私营企业进出口1158.5亿美元，占进出口总值的43.4%。从国际市场看，1978年与我省有贸易关系的只有50余个国家和地区，且贸易额主要集中在港澳地区。到2013年，与我省有贸易关系的国家和地区已发展到220多个，除美国、欧盟、韩国、日本四大传统市场外，新兴市场得到开拓，与东盟、印度、俄罗斯、澳大利亚、巴西贸易往来不断扩大。对外贸易对国民经济贡献度增强，2013年进出口总值占全省生产总值的比重达30.3%，比1978年提高24.3个百分点。二是外商投资不断增加。1981年全省第一家中外合资企业落户青岛，标志着我省吸引外商直接投资开始起步。1992年以后，全省利用外商直接投资步入快车道，2013年全省新批外商投资企业合同外资177.1亿美元，实际到账外资140.5亿美元。到2013年底，全省累计批准外商直接投资项目66269个，合同外资金额2277.6亿美元，实际使用外资金额1392.1亿美元。三是“走出去”步伐不断加快。1998年中央提出“走出去”战略以后，山东境外投资迅速发展。至2013年，全省累计核准投资项目3562个，协议投资总额199.9亿美元，其中中方协议投资总额164.2亿美元，占协议投资总额的82.1%。对外承包工程和劳务合作迅速发展。1990年，对外承包工程和劳务合作营业额只有1712万美元，1992年达到了3882万美元。2013年，全省对外承包工程合同额达到84.8亿美元，外派各类劳务人员52591人。至2013年，我省累计签订对外承包劳务合同额773.6亿美元，完成营业额540.8亿美元，年末在外人数9.9万。

（八）生态文明建设加快推进，可持续发展进入新阶段。一是扭转了连续多年能耗持续上升势头，节能降耗取得实质性进展。改革开放以来，我省万元生产总值能耗曾长期保持下降，1978年为4.19吨标准煤，1984、1992、2000年分别下降到2.76、1.91和1.14吨标准煤。但"十五"以来，由于冶金、化工和建材等高耗能工业的迅猛发展，我省万元生产总值能耗一度呈上升趋势。从2001年开始，我省万元生产总值能耗一路上升，到2005年达到1.32吨标准煤。随着对节能降耗的重视程度不断提高，我省万元生产总值能耗自2006年上半年开始出现向下的"拐点"，2006年比上年下降3.46%，2007年下降4.54%，万元生产总值能耗降至1.21吨标准煤，首次完成年度节能降耗任务。近年来，我省万元生产总值能耗一直保持下降趋势，2008年至2013年分别降至1.13吨、1.07吨、1.02吨、0.86吨、0.82吨、0.78吨标准煤，分别比上年下降6.47%、5.46%、4.39%、3.77%、4.55%、4.48%，较好地完成了国家下达的目标任务。二是环境治理保护取得新成效，环境质量逐步改善。自上世纪80年代以来，我省环境质量总体经历了快速污染、治污"拉锯战"和环境持续改善三个阶段。从2002年开始，在经济连续保持两位数增长的背景下，实现了环境质量明显改善，重点流域水污染得到改善，工业"三废"排放增量逐步减少，污染排放连续多年下降。继2005年化学需氧量排放量减排1.1%后，2006年至2010年，二氧化硫排放量分别减排2.1%、7.12%、7.15%、6.01%和3.30%，化学需氧量排放量分别减排1.6%、5.04%、5.73%、4.67%、4.09%，超额完成"十一五"减排目标任务。全省化学需氧量、氨氮、二氧化硫排放量2011年分别下降1.68%、1.98%和2.86%，2012年分别下降1.95%、3.96%和2.51%，2013年分别下降3.93%、4.18%和5.94%。农村环境综合整治取得重要进展。2013年，全省已建成乡镇污水处理厂535个，总处理能力达到340万立方米/日，污水处理率达45%；3346个农村新型社区建设了污水处理设施，10317个行政村实现了生活污水处理；建成乡镇垃圾中转站823个，乡镇生活垃圾无害化处理率达到55%；46032个行政村对生活垃圾进行了处理，占全省的72%。三是生态建设迈出较大步伐，绿色、循环、低碳发展方式初步形成。生态山东和循环经济试点省建设有序推进，主体功能区规划发布实施，淘汰落后产能任务全面完成，连续14年实现耕地占补平衡。2010年以来，我省累计淘汰水泥产能8523万吨、炼铁1321万吨、炼钢514万吨、焦炭649万吨、平板玻璃753万重量箱、造纸281万吨。2013年，全省城市污水集中处理率达到了93.5%；城市（县城）生活垃圾无害化处理率达98%。省控59条重点污染河流全部恢复鱼类生长，湿地面积恢复增加到173.75万公顷，森林覆盖率达到22.8%。

（九）人民生活更加殷实富裕，逐步由贫穷、温饱向提前实现全面小康社会加快迈进。一是城乡居民收入稳步提高。1952年全省城镇居民人均可支配收入和农民人均纯收入仅为121.3元和60.2元，1978年增至391.5元和114.6元，分别于1988年、1994年超过千元；城镇居民人均可支配收入于2005年超过万元，2013年达到28264元，依次为1952年和1978年的233.6倍和72.3倍；农民人均纯收入达到10620元，依次为1952年和1978年的176.4倍和92.7倍。1952年至2013年，城镇居民人均可支配收入和农民人均纯收入年均分别增长9.4%和8.8%。二是城乡居民拥有财富不断增加。1952年城乡居民储蓄为4201万元，1978年为14.4亿元，1984年超过百亿元，1993年超过千亿元，2006年超过万亿元，2013年达到29796.1亿元。城镇居民拥有的财产性收入从无到有，占可支配收入比重逐年增加，2013年达到2.8%，比2000年提高1.1个百分点。三是城乡居民消费水平不断提高。城乡居民人均消费支出逐年加快，2013年分别达到17112元和7393元，是1957年的89.1和95.6倍，年均依次增长8.3%和8.5%。生活消费水平不断提升，城乡居民食品消费占消费支出的比重从1957年的62.0%和60.1%降至2013年的32.9%和34.5%。城镇居民人均住房建筑面积由改革开放初期的5.4平方米增加到36.4平方米，农村居民人均住房面积由9.8平方米增加到39.6平方米，分别扩大5.7倍和3.0倍。

（十）社会事业全面发展，民生保障水平显著提高。一是经济发展与就业逐渐形成良性互动。建国以来，全省就业人数以年均2.0%的速度增加，1949年全省就业人员只有1859.3万人，1978年为2969.8万人，2000年为5441.8万人。特别是2004年以来，全省各级采取积极措施千方百计扩大就业，城镇新增就业和农村劳动力转移就业连续10年实现"双过百万"，2013年分别达到120万人和133.3万人，其中困难群体再就业11.7万人。2013年全省就业人员达到了6580.4万人。城镇登记失业率自1990年以来始终低于4%，2009年以来保持在3.5%以下的较低水平，2013年为3.2%。二是文化事业和文化产业不断发展。文化事业发展领域拓宽，建立了省、市、县、乡、村五级文化信息网络，广播、电视人口综合覆盖率分别达到98.49%和98.21%。全省有公共图书馆153个、博物馆194个，分别是1965年的5.7倍和27.7倍。2013年全省文化及文化创意相关产业实现增加值3230亿元，占生产总值的比重为5.9%。三是社会事业加快发展。教育结构进一步优化。义务教育发展均衡全面，小学、初中适龄人口入学率保持在99%以上；高中教育全面普及；2013普通高等教育在校生达到169.85万人，为1949年的428倍，年均增长9.9%。卫生医疗保障能力逐步改善，全省拥有医疗卫生机构7.5万所，各类医疗卫生机构床位49.0万张，卫生技术人员

59.8万人,分别是1949年的262.1倍、163.2倍和23.0倍,年均依次增长9.1%、8.3%和5.0%。覆盖城乡的社会救助体系逐步健全,共有收养性社会福利单位2473个,床位数38.6万张,收养人数25.8万人。社会保障覆盖范围不断扩大,城镇职工社会基本养老、医疗、失业、工伤、生育保险参保人数依次达到2259.6万人、3647.9万人、1089.6万人、1371.9万人和974.4万人。城镇居民社会养老保险和新型农村社会养老保险制度实现全覆盖,城乡居民社会养老保险参保人数达4512.8万人。新型农村合作医疗全面建立,农民参合率达到99.93%。四是人口素质全面提升。建国以来,我省人口发展实现了由"高出生、低死亡、高增长"向"低出生、低死亡、低增长"的转变。尤其是进入新世纪以来,全省坚持把人口发展与经济发展、资源环境通盘考虑,着力控制人口数量、提高人口素质,改善人口结构,人口发展进入"稳定低速增长"的健康发展轨道。根据第六次全国人口普查结果,至2010年11月1日,全省常住人口为9579.3万人,居全国第2位。2000年至2010年共增加500万人,年均增长0.54%;与1990年至2000年相比,少增140.1万人,年均增长率下降0.19个百分点。人口素质显著提高,与第五次全国人口普查相比,全省6岁及以上人口平均受教育年限由7.50年提高到8.76年,每10万人中具有大学教育程度的由3331人上升为8694人。文盲人口由765.4万人减少为475.7万人。

山东:对口支援西藏工作20周年

省发展改革委

中央开展对口援藏工作20年来,省委、省政府积极响应国家号召,先后选派了7批383名优秀党政干部、330名教师和689名专业技术人员到西藏日喀则地区工作;累计投入援藏资金26.42亿元,实施各类项目1001个。这些对口支援措施的实施,为日喀则地区经济发展、民族团结、社会稳定和藏族同胞脱贫致富发挥了积极的促进作用,受援各县步入了历史上发展速度最快、发展质量最好、城乡面貌变化最大的时期。20年来,日喀则地区受援5县(市)生产总值增长了27.6倍;地方财政收入增长了33.8倍;农牧民人均纯收入增长了5.3倍。

1994年,中央第三次西藏工作座谈会决定采取"分片负责、对口支援、定期轮换"的形式对口支援西藏,确定山东省对口支援西藏日喀则地区的日喀则、白朗、昂仁、聂拉木4县(市),2001年中央第四次西藏工作座谈会增加对口支援南木林县。省委、省政府高度重视,把援藏工作作为一项重大的政治任务和义不容辞的责任,多次召开专题会议研究援藏工作,强调要把日喀则的事当成山东的事,把受援地5县(市)作为山东的县,完善工作机制,统筹协调推进当地经济发展和社会稳定的重大事项。全省各级各部门以援藏工作为己任,精心组织,认真履责。广大援藏干部、教师和专业技术人员牢记使命,不忘重托,作出了突出贡献。全省援藏前后方密切配合,共同努力,坚持真帮实扶,给予真情实意,支持真金白银,创出了一条"用政府援助资金保民生、聚社会资金促产业、集全省资源抓培训"的对口援藏工作新路。

一、加强组织领导,不断完善援藏工作机制

(一)建立了强有力的领导机制。为切实做好对口支援西藏工作,省委、省政府确定经济实力较强的济南、青岛、淄博、烟台、潍坊5市分别对口支援日喀则地区的白朗、日喀则、昂仁、聂拉木、南木林5县(市),实施一对一结对帮扶;省和承担对口援藏任务的5市专门成立了对口支援工作领导小组,由省、市主管领导担任组长,定期召开会议,研究部署对口支援工作。2010年中央第五次西藏工作座谈会召开后,我省进一步加强了对口援藏工作的组织领导,省委、省政府成立了由主要领导同志任组长,常务副省长和组织部长任副组长,20多个省直部门和承担对口支援任务各市主要负责同志组成的省援藏工作领导小组,多次召开领导小组工作会议,学习贯彻中央指示精神,统筹推进各阶段工作任务,审议确定援建重大事项。省委、省政府多位领导同志先后率团赴日喀则地区视察指导援藏工作,听取受援地意见建议,看望慰问援藏干部、教师和专业技术人员,不断推动对口援藏工作深入开展。在前方,成立了省援藏干部管理中心组,赋予其援建项目责任主体和实施主体的职责。在后方,成立了省对口支援办公室,负责全省对口支援工作的综合、协调和服务工作。各市及有关部门也相应成立了领导机构和办事机构,全省形成了上下贯通、齐抓共管、分级负责的援藏工作机制。

(二)建立了援藏工作推进机制和资金稳定增长机制。省和承担对口援藏任务的各市都设立了援藏专项资金,建立了援藏资金稳定增长和物资保障机制。中央第五次西藏工作座谈会召开后,省委、省政府下发了《关于进一步加强

和推进对口援藏工作的实施意见》，在结对关系、资金筹措、工作重点、组织领导等方面，进一步明确了具体措施，保证了各项工作的顺利推进。根据中央确定的援藏资金实物工作量，制定了我省援藏资金筹集办法。我省援藏资金每年都及时足额拨付到位，保障了项目建设的需要。

（三）坚持科学谋划援藏工作。从1996年开始，我省就充分考虑日喀则地区实际，着眼当地长远发展，坚持真诚支援、统筹兼顾、务求实效的原则，以改善民生、促进发展、维护稳定为重点，编制了《山东省对口支援日喀则地区10年规划》和具体实施计划，确保援藏工作帮到点子上，各项任务落到实处。2010年，按照中央要求，我省在深入调研和与受援地充分沟通协商的基础上，按照以人为本、民生优先、科学规划、有序推进的援建思路，紧密结合日喀则实际，精心编制了《山东省对口支援日喀则地区"十二五"规划纲要(2011—2015年)》。2013年上半年，我省组织专家对援藏规划实施情况进行了中期评估和修订，评估结果表明，我省援藏"十二五"规划符合中央精神，符合当地实际，实施效果显著。

二、坚持援藏项目和资金向基层、农牧区倾斜，着力优先保障和改善民生

20年来，我省支援西藏民生领域的资金约18.5亿元，占援藏资金总量的71%。重点抓了三个方面的工作：

（一）始终注重抓农牧民生产生活条件改善。重点实施了农牧民危房改造、偏远地区用电、大骨节病村迁建、基层卫生院(室)扩建、水电站改造等惠民项目，切实把项目和资金向各族群众最需要的方面倾斜。特别是2010年以来，对受援5县(市)31个新农村示范点进行村容村貌整治和水电路等小型基础设施建设，建设村级活动场所289个，农牧区太阳能澡堂40个，城乡自动抽水式厕所80个，为偏远无电村农牧民群众安装太阳能户用系统200套。这些项目的建成投入使用，改变了藏区农牧民生产生活方式，提高了藏区农牧民生活水平和质量，让广大农牧民共同参与社会主义现代化建设，共同分享现代化的成果。

（二）始终注重抓社会事业发展。重点支持了日喀则地区及受援5县(市)双语幼儿园、中小学改扩建、职业教育、标准化卫生院、群众文化中心等项目建设，开展了农牧民免费体检、先天性心脏病儿童救治、白内障患者救治等工作，有效提升了受援地基本公共服务水平。地区公共职业技能实训基地项目建成后，年可培训农牧民1万人次，为推动当地富余劳动力就业打下坚实基础。借助社会力量组织开展"西藏光明行活动"，无偿为542名西藏农牧民白内障患者成功实施了复明手术，在西藏产生了巨大的社会影响，被当地干部群众称为"建在老百姓心坎上的工程"。

（三）始终注重抓城镇基础设施建设。我省投资8000多万元建设的日喀则山东大厦，于1998年建成投入使用，以世界最高海拔城市的最高楼，被上海大世界吉尼斯分部颁布为世界之最，成为鲁藏人民友谊的象征。在日喀则市的实施道路亮化、净化工程，先后对城区1591盏有线路灯进行了维修，新建LED太阳能路灯1264盏，使城区亮化率达到95%；购置了21辆社区垃圾清运车、道路清扫车等设备，创新环卫管理模式，使曾经脏乱差的市容市貌有了明显改观，推动现代化生活理念和生产方式日益深入人心。白朗县城供排水及防洪工程的建成使用，使白朗县城成为日喀则地区首个实现24小时全天候供水服务的县城，同时还有效化解了泥石流等自然灾害长期对县城的威胁。昂仁县城区改造绿化、聂拉木和南木林县城基础设施改造等项目的实施，有效提高了受援地城镇的承载力。

三、重点支持产业发展，不断增强受援地自我发展的内生动力

坚持"输血"与"造血"相结合，充分发挥双方比较优势，加大援藏资金投入，帮助受援地培育特色优势产业，提升产业发展水平。

（一）持续推进白朗县农业科技示范园建设，带动农业转型升级。"山东蔬菜看寿光，西藏蔬菜看白朗"。1998年，第二批援藏干部针对白朗县产业结构单一、农牧民增收困难等问题，从山东引进大棚蔬菜。先后引进近20名蔬菜种植技术人员赴白朗开展技术培训，解决老百姓不会种的问题；通过评选奖励农民种植能手的方式，引导群众不断扩大种植规模；建立白朗县蔬菜协会，搞好产前、产中、产后服务；培育"白朗县绿色蔬菜发展有限公司"，建成西藏唯一的国家级蔬菜标准化种植示范区，不断提高产业化水平。一连串的有效措施，把白朗县打造成为全自治区最大的高原蔬菜生产基地，蔬菜产业成为白朗县重要的主导产业和支柱产业。经过16年的不懈努力，白朗县温室大棚已发展到5417座，遍及全县10个乡镇107个行政村，蔬菜瓜果品种达到了116个，2013年蔬菜产量达7514万斤。蔬菜产业的发展带动了农牧民增收致富，全县有3200户农民种植大棚蔬菜，蔬菜收入占农牧民纯收入的比重在20%以上。

（二）扎实推进白朗县农业机械化示范县建设，不断提升农业机械化水平。积极响应国家和自治区要求，在中央确定的实物工作量外，我省安排专项资金400万元，为白朗县购置了352台(套)现代化农业机械，助力白朗县成为西藏首个农业机械化示范县。农业机械的广泛使用，极大地提高了农业生产效率和土地产出效益，青稞亩产量由原来的300斤提高到600斤，广大农牧民告别了传统的"二牛抬杠"式耕作方式，从长年累月的繁重劳作中解放出来，有了更多的时间和精力从事其他致富经营活动，实现了由传统型农牧民向现代新型农牧民的转变。

（三）加快推进日喀则市经济技术开发区建设，打造工业发展聚集区。投入援藏资金3083万元，在日喀则市城郊5平方公里的荒地上建成了后藏地区首个经济技术开发区，全部建成投入运营后，将为日喀则市年均增加利税4.75亿元，创造就业岗位3000个以上，成为带动当地工业经济发展的新引擎。目前开发区已入驻企业27家，到位资

金11.1亿元。山东力诺、超日国策两公司20兆瓦太阳能光伏电站已建成投产；投资2.6亿元的民生管业产品已下线。

(四)积极发展旅游经济，着力培养新的经济增长点。 投资3000万元建设的日喀则珠峰会展中心项目，是日喀则市的标志性城市建筑之一，于2007年投入使用，成为西藏和尼泊尔经贸交往的重要场所，年商品交易额达到4000多万元，极大地促进了当地边贸旅游经济的发展。围绕构建和完善吃、住、行、游、购、娱的旅游产业全链条，实施了景区环境综合治理、亮化绿化工程、后藏文化主题街等重点项目，在聂拉木建成了集游客集散、藏医药加工、旅游纪念品加工于一体的经贸旅游文化产业基地，旅游服务水平和质量得到明显提升，旅游业已成为当地新的经济增长极。

四、着眼于长远发展，注重生态改善与经济发展协调并重

针对西藏生态环境脆弱的实际，启动了一批生态环境保护和改善项目。如投入援藏资金5200万元、整合各方资金1.79亿元实施的雅江北岸生态示范区项目，在常年砂石翻滚的80多平方公里荒滩上，平整沙丘、兴修水利，植树造林、换土造田，种植牧草、养殖牲畜，大力发展生态休闲旅游，成为自治区实现生态系统良性循环的典型项目和“样板工程”。目前已完成土地开发平整3.1万亩，抽砂换土390万立方米，修建生产路80公里，建设道路林网66公里。种植藏川杨、榆树等树木100余万株、饲草1.4万亩、青稞5000亩，带动3000多名农牧民通过参与示范区建设人均增收1700多元。经过3年多的建设发展，综合生态示范区的生态效益、经济效益和社会效益逐步显现，土地荒漠化趋势得到遏制，生态环境和区域气候条件得到改善，形成了“高原绿洲”。目前，雅江北岸生态示范区已被西藏列为自治区发展战略，纳入“两江四河”流域植树造林工程。

五、大力推进干部人才培训交流，为受援地发展提供强有力的人才支撑

针对受援地区人才相对匮乏的实际，坚持“硬件支援”与“软件支援”相结合，把人才智力援藏放在重要位置，多形式选派援藏干部人才进藏工作，多渠道培养受援地骨干人才，不断增强受援地经济社会发展的软实力。经过严格把关、层层筛选，先后选派了383名优秀干部赴藏工作，广大援藏干部自觉以孔繁森为榜样，以高度的政治责任感和历史使命感，在雪域高原无私奉献，全力推进当地经济社会发展和民生改善，涌现出许多可歌可泣的感人事迹，赢得了西藏各族干部群众的信任和尊重。同时，采取“请出来”“走进去”和就地培养等多种方式，强化智力支持。根据受援地的实际需要，组织日喀则地区3500名县、乡、村干部、大学生村官和专业技术人才来山东培训，使他们解放了思想，更新了观念，开拓了思路，掌握了技术，起到了“培训一人，带动一片”的良好效果。在做好中央规定的援藏干部人才工作的基础上，又增派了689名工程技术、医疗卫生、文化教育人员到日喀则地区开展短期技术服务，为受援地经济社会又好又快发展提供有力的智力支持和人才保障。以未就业初、高中毕业生和农村富余劳动力为主要群体，在当地举办各类培训班培训新型实用人才近6万人次。我省对口支援西藏工作取得了重要进展，形成了许多新的工作亮点和经验做法，得到各级领导和受援地各族干部群众的广泛认可。中央领导同志先后对我省援藏工作作出重要批示，给予充分肯定。新华社、人民日报、中央电视台等新闻媒体先后70多次宣传报道了我省的经验做法。

重要纪事

经济建设

山东启动“智慧山东”试点

建设“智慧山东”是以数字化、网络化、智能化为主要特征，以信息、知识为核心资源，以物联网、云计算等新一代信息技术为支撑，以互联网、广电网、电信网等网络的融合集成为基础，通过更加广泛的信息获取和全面感知，快速、安全的信息传输，科学、有效的信息处理，全面提升山东经济和社会发展水平的过程。山东省委、省政府高度重视“智慧山东”建设，先后于2010年12月10日、2011年11月23日出台了《山东省物联网产业发展规划纲要（2011—2015）》和《关于加快信息化与工业化深度融合促进转方式调结构的意见》。2012年2月19日，省长姜大明在省十一届人大五次会议上所作的政府工作报告中提出，大力发展以电子信息制造业、软件服务业、物联网和云计算为重点的信息产业，启动“两化”深度融合示范工程。加快建设智能工业、智能物流、智慧矿山、智能交通、智能电网，逐步形成“智慧山东”基本框架。

2013年1月24日，山东省政府出台《关于开展“智慧山东”试点工作的意见》，标志着“智慧山东”试点工作正式启动。

《意见》提出“智慧山东”试点工作的基本目标是：“十二五”末，“智慧山东”试点工作形成比较突出的示范效应。下一代信息网络基础设施初步建成，光纤到户、无线宽带网络对重点区域实现全覆盖，城市家庭带宽接入能力不低于20Mbps（比特/秒），构建起多层次、广覆盖、多热点的无线宽带网络，全省宽带网络出口达到6640Gbps（比特/秒），“三网融合”工作取得实质性进展；新一代信息技术产业体系初步建成，信息技术在无线射频识别、传感器及节点、应用软件、高端集成、服务应用以及网络通信、云计算、云安全等技术领域取得突破，集成电路、系统软件、关键元器件等领域取得一批重大创新成果，电子信息制造业加快转型升级，软件业占信息产业收入比重进一步提高；初步建立便捷高效的信息感知和智能应用体系，基本形成效能显著提升、成果惠及全民的信息化应用发展格局，基本建成可信、可靠的区域信息安全保障体系，信息化总体水平保持全国领先。

《意见》明确“智慧山东”试点工作的重点内容是：一是试点先行，树立“智慧山东”典型和示范。以“智慧城市”、“智慧城区、社区”和“智慧园区”试点为载体，改造提升传统产业，积极培育战略性新兴产业，加快发展高技术服务业，加强和创新社会管理，努力形成典型示范带动效应。二是突出重点，培育智慧产业。依托济南、青岛、潍坊、威海、济宁、淄博、日照市7个省级物联网产业基地，重点发展新型显示、智能传感器、新光源、新一代宽带无线通信、位置感知技术、微机电系统（MEMS）和软件产业，利用信息技术进一步提升新能源、新材料、新医药、海洋工程、节能环保、航空航天、文化创意等战略性新兴产业的发展水平，重点培育一批影响力大、带动性强的大企业，做好一批“专、精、特、新”中小企业的孵化和扶持工作，逐步形成门类齐全、协同发展的智慧产业体系。三是提升服务能级，构建下一代信息基础设施。实施“宽带山东”建设工程，以光纤宽带和宽带无线移动通信为重点，率先完成国内领先的第三、四代移动通信技术（3G、4G）、无线网络（WIFI）、卫星等多种制式综合服务的无线通信体系建设。加快发展下一代互联网，加大骨干网升级改造力度，提高互联互通水平和宽带网络接入速率。加快高性能数据中心建设，探索云计算运营服务和统一建设模式，推动云计算相关技术、产业的不断发展。加快推进“三网融合”，加快广播电视网、电信宽带网的建设和功能提升，全面推进广电网络数字化、双向化改造，培育壮大“三网融合”相关产业和市场。

4月16日，“智慧山东”试点工作座谈会在潍坊召开，研究了“智慧山东”试点工作推进思路，并就进一步提高智慧城市建设水平、更好地服务经济文化强省建设进行了工作部署。7月11日，“智慧山东”节能技术发展报告会在济南召开。8月5日，国家住房和城乡建设部公布了2013年度国家智慧城市试点名单。在103个上榜城市中，山东省烟台市、曲阜市、济宁市任城区、青岛市崂山区、青岛高新技术产业开发区、青岛中德生态园、昌乐县、平度市明村镇等8市、县(区)、园区、镇上榜，成为上榜城市最多的省份。10月11日，省住房和城乡建设厅组织召开山东省国家智慧城市试点工作推进及培训会。

11月4日，省政府发布了《关于贯彻国发〔2013〕7号文件推进物联网有序健康发展的实施意见》，对组成“智慧山东”的“智慧城市”、“智慧城区、社区”、“智慧园区”试点建设工作进行了明确分工。该意见确定，按照近期目标，到2015年，以构筑“智慧山东”为目标，物联网产业规模超过2000亿元，实现物联网在经济社会重要领域的规模示范应用，突破一批核心技术，初步形成物联网产业体系，安全保障能力明显提高。在开展“智慧城市”试点方面，重点围绕交通、能源、物流、金融、医疗、环保等应用热点和难点，选择市场潜力大、迫切需要以信息化手段促进区域转调创的领域，分期分批建设应用示范工程和项目，打造引领全省的综合物联网应用示范先行区；在开展“智慧城区”试点方面，重点围绕城市运行管理中的重点和薄弱环节，利用先进、可靠、适用的信息技术和创新的管理理念，通过强化跨部门数据整合和业务协同，实现对供水、供热、供气、路灯、城市防汛、排水等公共基础设施的实时监测和智能调度，构建智能、协同、高效、安全的城市运行管理体系和惠民利民的公共服务应用体系；在开展“智慧社区”试点方面，重点通过智能家居、智慧楼宇、远程医疗、电子商务、移动互联网、社区呼叫中心等信息技术在节能、安防、物业管理等各个领域的深入应用，利用物联网、智能控制等先进信息技术，进一步完善社区管理服务等应用系统；在开展“智慧园区”试点方面，按照高端化、智慧化、生态化的新型园区发展模式，以物联网技术应用为支撑，大力推进园区信息基础设施优化、开发管理精细化、功能服务专业化和产业发展智能化，建设一批公用信息通信网络高速泛在、精细管理高效惠企、功能应用高度集成、智慧产业高端集聚的示范性“智慧园区”，形成多元协作、广泛参与的园区发展综合推进体系，制订“智慧园区”技术标准和评估规范，全面提高重点园区信息基础设施能级、信息化应用水平、运营管理效率、配套服务能力和产业发展水平。

建设“智慧山东”是促进信息化与工业化、城镇化、农业现代化融合发展，推进转方式调结构，发展战略性新兴产业，提升全省综合竞争力的重要举措。截至2013年年底，山东省国家智慧城市试点总数已达16个，与江苏并列全国第一。它们分别是寿光、东营、威海、德州、昌邑、肥城、济南西区、新泰、烟台、曲阜、济宁任城区、青岛崂山区、青岛高新技术产业开发区、青岛中德生态园、昌乐、平度市明村镇。这16个智慧城市试点立足本地实际，重点突出自身优势，科学构建智慧城市建设的总体框架，初步形成了各具特色的智慧应用。如东营的油地结合管理创新、威海的智慧环保和智慧林业、德州的智慧物流等，都具有较强示范价值。

山东开展农村土地承包经营权确权登记颁证工作

开展农村土地承包经营权确权登记颁证工作，是健全社会主义市场经济体制、坚持和完善农村基本经营制度的有效手段，是保护农民土地承包合法权益、增加农民财产性收入的现实需要。

作为农业大省，山东省委、省政府高度重视农村土地确权登记颁证工作。2013年1月，省委、省政府发出关于认真贯彻落实中发〔2013〕1号文件精神深入推进农村改革发展的意见，提出要改革农村集体产权制度，保障农民财产权利。每个县都要选择不同类型的乡镇和村庄开展农村承包土地登记试点，并逐步推开。3月15日，全省农村土地承包经营权确权登记颁证工作座谈会在沂南县召开。5月14日，省委办公厅、省政府办公厅转发省农业厅等《关于开展农村土地承包经营权确权登记颁证工作的意见》，标志着山东农村土地承包经营权确权登记颁证工作正式启动。

《意见》提出在搞好试点工作基础上，用三年时间基本完成全省农村土地承包经营权确权登记颁证工作，进一步稳定和完善农村土地承包关系，建立健全土地承包经营权确权登记颁证制度，解决承包地块面积不准、四至不清、空间位置不明、登记簿不健全等问题，实现承包面积、承包合同、经营权登记簿、经营权证书“四相符”和承包地分配、承包地四至边界测绘登记、承包合同签订、承包经营权证书发放“四到户”。建立农村土地承包经营权登记管理系统，实现农村土地承包经营权登记管理信息化。经济基础和群众思想基础好的村，也可直接进行股份制改造，发展土地股份合作社。

《意见》明确开展农村土地确权登记颁证工作的基本原则：一是坚持尊重历史、正视现实。严格执行“现有土地承包关系要保持稳定并长久不变”的规定，以已经签订的土地承包合同和已经颁发的土地承包经营权证书为基础，正视现实状况，有效解决农民实际承包经营的土地面积与原合同记载不一致等问题。二是坚持依法办事、规范有序。三是坚持公开、公平、公正、民主协商，做到内容、程序、方法和结果“四公开”。四是坚持先行试点、逐步推开。五是坚持积极稳妥、不留后患。在保持现有农村土地承包关系稳定和不影响正常农业生产经营的前提下开展工作。省委、省政府成立了由省委副书记王军民任组长、副省长赵润田任副组长的领导小组，综合协调和研究解决全省农村土地承包经营权确权登记颁证工作中的重大问题。

6月14日，全省农村土地承包经营权确权登记颁证工作领导小组办公室印发《山东省农村土地承包经营权确权登记颁证工作方案》，进一步明确了登记颁证工作的目标任务、主要内容和方法步骤。在目标任务上，2013年选择不同类型的乡镇和村进行试点，2014年全面开展农村土地承包经营权确权登记颁证工作，2015年确保基本完成农村土地承包经营权确权登记颁证工作。登记颁证工作主要包括清理核实土地承包档案，查清承包地块面积和空间位置，建立健全土地承包经营权登记簿，加强承包经营权变更、注销等日常管理，对其他承包方式开展确权登记颁证，做好土地承包经营权登记资料归档，实施土地承包经营信息化管理等九项内容。登记颁证工作分为组织发动、调查摸底、测绘公示、登记颁证、总结验收五个阶段。组织发动阶段主要是成立机构、制定方案、宣传发动、组织培训。调查摸底阶段主要是查清承包土地现状、查清农户家庭承包状况、完善土地承包关系。测绘公示阶段主要是勘测定界和公示确认。登记颁证阶段主要是建立健全登记簿、颁发证书、建立管理信息系统、归档保存。总结验收阶段主要是对工作进行全面总结。

6月17日，全省农村土地承包经营权确权登记颁证工作领导小组办公室印发《山东省农村土地承包经营权确权登记颁证工作有关法规政策问题解答》，对各地试点工作中遇到的一些实际问题逐条进行了解答。7月16日，全省农村土地承包经营权确权登记颁证工作领导小组在济南召开会议。会议指出，各级党委、政府要积极推进农村土地承包经营权确权登记颁证工作，确保试点工作年底前在全省各县（市、区）全面推开。要认真落实中央和省里的有关法规政策，充分发挥国土部门现有地籍资料的作用，妥善解决经费保障问题。领导小组各成员单位要明确分工，落实责任，加大宣传引导力度，充分发挥确权颁证后的作用，促进城乡发展一体化。

8月23日，全省农村土地承包经营权确权登记颁证工作电视会议在济南召开。省委副书记王军民出席会议并讲话，副省长赵润田主持。会议指出，各级各部门要加大工作力度，强化工作措施，确保年底前所有县（市、区）都开展试点工作。要坚持尊重历史、正视现实，依法办事、规范有序，公开、公平、公正、民主协商，先行试点、逐步推开，积极稳妥、不留后患的原则，严格按规定程序和要求开展试点工作。要坚持现有土地承包关系不变的要求，严格依据法律法规政策开展工作，确保确权颁证成果合法有效。要尊重基层创造，尊重群众意愿，因地制宜搞好调查勘测工作，在确保农民群众认可的基础上，尽可能采用简便、高效、节约的方法，切实把好事办好。8月29日至30日，全省农村土地承包经营权确权登记颁证工作培训会分别在滕州、临清召开。

2013年，全省农村土地承包经营权确权登记颁证工作稳妥推进，并取得初步成效。截至11月底，全省131个县（市、区）、25个开发区均开展了试点工作。开展试点工作的乡镇1258个，占总数的77.75%；开展试点工作的村（社区）16922个，占总数的21.41%。其中，5376个村完成了土地确权登记工作，占总数的6.8%；确权农户数1032782户，占总数的6%。全省各级累计举办培训班1122期，培训工作人员16.6万人次，落实工作经费近3亿元。

山东开展营改增试点

所谓“营改增”，是指以前缴纳营业税的应税项目，改成缴纳增值税（即对于产品或者服务的增值部分纳税），减少重复纳税的环节。营改增试点是中共中央、国务院站在战略的高度，从全局和长远考虑作出的重大决策，是深化财税体制改革、打造中国经济升级版的重大举措。2011年10月26日，国务院常务会议决定，选择部分地区和部分行业开展营改增试点，逐步将征收营业税的行业改为征收增值税。2012年1月1日，上海市交通运输业和部分现代服务业率先开展营改增试点。随后营改增试点由上海市分批扩大至北京、天津、江苏、浙江、安徽、福建、湖北、广东8省市和宁波、厦门、深圳3个计划单列市。2013年4月10日，国务院常务会议决定进一步扩大营改增试点，并逐步在全国推行。

山东省委、省政府高度重视营改增试点工作。2013年1月25日，省长姜大明在政府工作报告中提出，要落实结构性减税措施，做好营改增试点的准备和实施工作。5月10日，省财政厅、省国家税务局、省地方税务局联合印发《山东省营改增试点纳税人信息移交方案》，对信息移交的基本原则、主要步骤和内容进行了明确规定，进一步加强了财政、国税和地税部门的沟通协调，为全省营改增试点工作打下良好开端。5月22日，省政府召开全省营改增试点工作电视会议，贯彻落实国家营改增试点改革精神，部署安排全省营改增试点工作。会议的召开标志着山东营改增试点工作正式启动。根据安排，全省营改增试点工作分三个阶段实施：5月24日至6月30日为全面准备阶段，进行公告发布、征管信息移交、征管系统改造、试点纳税人培训等准备工作；7月1日至7月31日为模拟运行阶段，重点做好试点纳税人变更登记和资格认定、税收征管模拟测试等工作；8月1日起为正式实施阶段，重点做好纳税申报、应征税款清缴、打击偷逃税等工作。

5月24日，省财政厅、省国家税务局、省地方税务局联合下发《关于开展交通运输业和部分现代服务业营业税改征增值税试点有关事项的公告》，对试点纳税人范围、试点时间、征收机关、试点纳税人的申请与确认等有关事项进行了公告。试点纳税人是指提供交通运输业和部分现代服务业的单位和个人。其中，交通运输业包括陆路运输服务、水路运输服务、航空运输服务、管道运输服务;部分现代服务业包括研发和技术服务、信息技术服务、文化创意服务、物流辅助服务、有形动产租赁服务、鉴证咨询服务和影视服务。5月27日,全省营改增试点工作进入试点纳税人确认阶段。基层国税和地税部门设立联合办公场所,共同办理试点纳税人申请确认手续。

6月6日,省国家税务局印发《营业税改征增值税纳税人培训方案》,部署全省营业税改征增值税培训辅导工作,帮助试点纳税人了解和掌握相关政策内容和办税事宜,实现税制转换的平稳过渡。6月19日,省国家税务局发出《营改增税目注释执行参考》,对纳入营改增范围的相关行业及其适用范围作了进一步的明确。同日,省地方税务局发出《关于加强营改增试点纳税人税收管理的通知》,进一步加强对试点纳税人的税收管理。截至7月31日,全省已下发各类方案、办法等配套文件32个,升级19个涉税应用软件,搭建综合征管、防伪税控等10个系统平台,印制试点发票3.4亿份,安装税控器具4684套,增设服务窗口853个,配备办税人员1086名,发放培训材料及光盘12万套,培训试点纳税人6.6万户、10.2万人次。6.55万户试点纳税人从地税顺利移交国税,其征管基础信息已被国税接收并录入。经模拟测试,税收征管系统运行良好,确保全省营改增试点的顺利启动。

8月1日,山东广播电视台开出全省首张广告服务业增值税专用发票,标志着全省营改增试点正式启动并成功上线。根据规定,从即日起,试点纳税人应开具由国税部门监制的发票,停止使用地税等部门监制的发票和票据。9月1日,全省营改增试点工作进入纳税申报阶段。截至同日下午,全省共有270户试点纳税人顺利完成当期纳税申报,申报销售额9475.62万元,涉及增值税税款245.96万元。继8月1日营改增试点纳税人顺利开具增值税发票,到9月1日成功办理首笔纳税申报,山东实现了营改增两个关键节点的顺畅运行。纳税人能买票、能开票、能申报,标志着全省营改增试点工作全面实施,新旧税制转换初步完成。

12月9日,省财政厅、省国家税务局、省地方税务局联合下发《关于实施山东省营业税改征增值税试点过渡性财政扶持政策的通知》和《山东省营业税改征增值税试点过渡性财政扶持资金管理办法》,对自2013年8月1日起全省交通运输业和部分现代服务业营改增试点过程中,确因新旧税制转换导致税负增加较多的试点企业,实施过渡性财政扶持政策,进一步保障全省营改增试点工作的顺利实施。根据规定,在2013年8月1日交通运输业和部分现代服务业营改增试点以后,按照新税制(即试点政策)规定缴纳的增值税比按照旧税制(即营业税政策)规定计算的营业税,月均增加额在10000元(含10000元)以上的增值税一般纳税人,可按照"按期申请、半年预拨、全年清算、分级负担"的方式实施过渡性财政扶持政策。

12月4日,国务院常务会议决定,从2014年1月1日起,将铁路运输和邮政服务业纳入营业税改征增值税试点,至此交通运输业将全部纳入营改增范围。12月20日,省国税局与省地税局联合发布《关于做好铁路运输和邮政业营业税改征增值税纳税人征管衔接相关事宜的公告》,对此次扩围的行业范围进行了明确界定。经省国税局、地税局共同确认,共有1050户企业纳入本次试点纳税人的初步名单。

2013年,山东扎实推进营改增试点工作,纳入首轮营改增试点范围的纳税人达到9.42万户,其中新增3.79万户,累计开具增值税专用发票82.32万份,申报增值税额19.05亿元,整体减税23.81亿元,为2014年全省营改增试点工作向纵深发展打下良好基础。

山东创造国内领先营商环境

营商环境是指企业在开设、经营、贸易活动、纳税、执行合约及关闭等方面遵循政策法规所需付出的时间和成本等条件。在世界银行对各国营商环境的评价中最重要的指标共11项:开办企业、办理施工许可证、获得电力供应、登记财产、获得信贷、保护投资者、缴纳税款、跨境贸易、执行合同、解决破产和雇佣员工。这些指标涵盖了企业从成立到关闭的各个方面。因此,新一轮的区域竞争,不仅是企业、项目、资金的竞争,也是发展环境和营商成本的竞争。谁能在营商环境打造上先行一步,谁就能率先争取到发展新优势。

作为传统经济大省,山东省委、省政府高度重视营商环境。2013年3月27日,省委副书记郭树清作出批示:"职能转变重点抓两件事,一是简政放权,减少行政许可;二是降低市场准入门槛,改善营商环境,加强对市场行为监管,维护公平竞争秩序。"4月26日,在全省转方式调结构推动科学发展现场观摩交流会上,省委副书记、代省长郭树清再次明晰加快政府职能转变,并首次提出"创造国内领先的营商环境"。此后,山东简政放权的各项措施密集出台。

5月22日,省工商局出台《关于进一步发挥职能优化市场环境的意见》,提出30条措施,最大限度简政放权、降低市场准入门槛,加强市场监管,维护公平竞争的市场秩序。这标志着山东创造国内领先营商环境迈出了坚实的一步。

《意见》强调主要把握以下原则:一是宽进便利原则。最大限度地简政放权,降低准入门槛,对各类所有制经济一视同仁。对能放宽的政策,毫不保留地予以放宽。二是严管透明原则。在降低门槛、放宽政策的同时,强化对严重扰乱市场秩序违法行为的监管力度,促进市场公平交易、竞争有序。三是依法办事原则。在现行法律法规框架内,立足自身职能,从全省实际出发,既解放思想、放宽政策,又不突破法律法规,不留"后遗症"。其主要内容有:一是实行"八个放宽"、"七个支持",营造宽松、便捷的准入环境。"八个放宽”，即放宽企业名称使用限制、企业住所使用证明限制、企业经营范围核定条件、公司股东（发起人）资格、省级企业集团登记条件、境外投资者主体资格证明、个体业户“免登记”范围、户外广告发布登记，下放外商投资广告企业项目审批权。“七个支持”，即支持企业拓宽投融资渠道、企业连锁经营、筹建重点项目的企业主体资格先行确认、股权投资企业发展、家庭农场设立登记和发展、农民专业合作社联合社发展、农村（社区）经济股份合作社发展。二是推出九条措施，改进方式、强化监管，营造公平有序的发展环境。九条措施分别为：简化企业年检材料和程序，慎用吊销企业营业执照处罚手段，全面推行行政指导制度，规范行政处罚自由裁量权，加强监管执法的信息化支撑，加快企业诚信体系建设，创新消费维权方式，规范网络商品交易行为，加强市场监管重点领域执法力度。三是制定六条保障措施，提升行政效能，营造透明、高效的服务环境。六条保障措施分别为：牢固树立优化市场环境执法理念，全面落实政务公开和服务承诺，加快推行网上服务，深入扎实“走企业、听建议、解难题、促发展”，提升市场主体登记监管信息综合分析运用水平，拓展协会的市场服务功能。

7月31日，省政府办公厅印发《关于推进政府职能转变简政放权减少行政许可的意见》，提出5年内省级行政审批事项削减三分之一以上，办结时限比法定时限缩短50%以上，同时从六个方面提出了具体措施办法：一是减少和下放行政审批事项。减少和下放一批投资审批、生产经营活动和产品物品的行政许可事项，取消对各类机构及其活动的认定等非行政许可审批、资质资格行政许可事项。二是减少和规范行政管理事项。下放一批省级财政采用补助、贴息等方式扶持市县的项目，减少、合并、下放一批财政专项转移支付项目，清理规范行政事业性收费、经营服务性收费和政府性基金项目，精简评比、达标、表彰等活动。三是优化职能配置。整合分散在不同部门相同或相似的职责，建立统一规范的公共资源交易平台，动态调整机构编制资源。四是改革完善社会组织体制机制。逐步推进行业协会与行政机关脱钩，改革社会组织登记制度，加大政府向社会组织购买服务力度。五是完善和加强宏观管理。建立统一开放、公平诚信、竞争有序的市场监管新格局，完善国有资产管理体制，加强政务诚信和商务诚信建设。六是加强依法行政。完善依法行政制度，加大政府信息公开力度，强化行政问责，严格责任追究。与历次政府机构改革相比，《关于推进政府职能转变简政放权减少行政许可的意见》有四个突出特点：一是第一次提出政府职能转变的量化指标；二是把行政审批制度改革作为政府职能转变的切入点和突破口；三是把政府职能转变和机构改革有机结合起来；四是体现了改革的连续性、系统性和前瞻性。

10月12日，省质监局出台《关于进一步转变职能优化企业发展环境的意见》和《关于改善营商环境为小微企业发展做好服务工作的意见》，共提出30项具体措施，几乎涵盖了质监部门所有职能范围，是继省工商局出台30条措施之后，山东推出的又一项改善营商环境、服务小微企业的重要举措。与此同时，省国税局出台了《关于改善营商税收环境的意见》，制定4大项19条具体措施，助力山东打造全国领先的营商环境。

2013年，全省简政放权迈出较大步伐，创造国内领先营商环境初见成效。省级权限内企业投资项目核准审批事项下放7项，由核准改备案1项；省级实施的生产经营活动和产品物品的行政许可事项由172项减少到143项；对各类机构及其活动的认定等非行政许可审批事项全部取消。6—12月，全省新登记各类市场主体46.1万户，同比增长35.6%，比1—5月份增高了34.2个百分点。其中，新登记民营经济市场主体户数同比增长36.1%，比1—5月增幅高了33个百分点。

山东进一步深化省以下财政体制改革

财政是调控经济的重要手段，加快转变经济发展方式，财政改革要先行。山东现行的财政体制基本框架是1994年分税制改革时确定的，之后经过2002年的营业税和所得税分享改革，以及2007年的石油、石化、电力、有色金属等中央四大部门企业税收分享改革等，总体上较好地适应了不同时期经济社会发展需要，有力地调动了各级发展经济、培植财源、增收节支的积极性。但随着经济社会快速发展，现行体制也积累了一些矛盾和问题，不能很好地适应新形势、新要求。例如，市县收入划分不够科学合理，部分行业尚未打破按企业隶属关系划分税收的做法，不利于更好地调动各地转方式调结构的积极性，等等。

山东省委、省政府经过深入研究论证和广泛征求意见，决定从2013年开始，进一步完善省以下财政体制，调整和理顺省与市县财政分配关系。6月21日，省政府召开全省财政工作会议，分析全省财政经济形势，部署省以下财政体制改革任务，安排下一个时期财税工作。省委副书记、省长郭树清出席并讲话。会议指出，要按照“规范体制、理顺关系、促进发展、多方共赢”的思路，调整省以下财政体制，简化省市收入划分，理顺政府间分配关系，形成利益共享、风险共担、分税分成、规范统一的财政分配体制。这是健全和强化市县财政、推进转方式调结构、调动各方面发展积极性的重要举措。各级各部门要从全省科学发展大局的高度，充分认识这项改革的重要意义，明确目标责任，加强组织领导，确保改革顺利实施。

7月4日，省政府办公厅印发《关于进一步深化省以下财政体制改革的意见》，决定自2013年1月1日起，对省以下财政体制进行调整完善，理顺省以下财政分配关系，更好地引导各地加快转变经济发展方式。

《意见》在指导思想上提出，要在保证各级既得利益的前提下，通过采取下划省级税收、健全激励约束机制等措施，更好地促进各地加快转方式调结构步伐，增强县乡政府财政保障能力。按照国家财税改革取向，积极构建省与市县财力同步稳定增长机制，有效调动市县政府科学发展、壮大财源、组织收入的积极性，更好地支持全省经济社会发展。在基本原则上提出，要坚持存量不动、增量调整，公平统一、简明规范，强化激励、促进发展，利益共享、风险共担。

《意见》对省以下财政体制主要作出十个方面的调整：一是下划省级部分收入。自2013年起，将省级分享的一般企业营业税、企业所得税（含企业所得税退税，下同）、个人所得税以及石化企业增值税，胜利石油管理局增值税，电力生产企业增值税和企业所得税，国家开发银行山东分行、高速公路和铁路运输企业城市维护建设税和教育费附加，全部下划市县，作为市县财政收入，属地征管、就地缴库。对省级下划的收入，以2012年决算数为基数，每年由市县定额上解省财政。二是建立统一规范的省市税收增量分享机制。自2013年起，对增值税、营业税、企业所得税、个人所得税、资源税、房产税、城镇土地使用税、土地增值税、耕地占用税和契税收入比核定的2012年收入基数增长部分，由省与市县按照15:85的比例分成。三是取消原体制递增上解政策。自2013年起，济南、淄博、烟台、潍坊、济宁、泰安、威海、日照、莱芜等市及相关省财政直接管理县（市）以2012年原体制上解额为基数，每年定额上解省财政，不再按照3%的比例递增。四是建立中石化胜利油田石油增值税和资源税省市分享机制。为支持产油区加强环境保护和生态治理，对2011年度资源税改革增加的石油资源税收入，省级按一定比例每年定额补助产油区政府；对2013年以后中石化胜利油田石油增值税和资源税收入比2012年基数增长部分，由省与产油区政府按照7:3的比例分成。五是调整矿产资源专项收入省级分成政策。自2013年起，将省属及以上采矿权人缴纳的矿产资源补偿费省级分成比例统一降低到50%，将煤炭资源探矿权、采矿权价款收入省级分成比例降低到30%。六是完善出口退税省市分担机制。自2013年起，对市县负担出口退税比上年增长部分，由省级补助50%，其中对西部地区的补助比例统一提高到70%。七是对省级因体制改革从财政困难县（市、区）集中的收入给予全额返还。八是对省级分享税收增长15%以上部分给予返还。九是对县级税收收入上台阶给予奖励。十是强化财政收入质量考核和政策约束。

《意见》出台了财政体制改革的相应配套措施。一是同步调整完善市以下财政体制。各市按照省以下财政体制改革的指导思想、基本原则和相关政策内容，结合本地实际，及时调整理顺和规范市以下财政体制，将省下划的税收以及县域内属于市级的税收，尽可能下划到县，并在财力上重点向财政困难县（市、区）倾斜。二是完善转移支付制度。结合国家统一部署，在科学合理界定政府间事权和支出责任划分的基础上，进一步完善省对下转移支付制度，优化转移支付结构，增加一般性转移支付的规模和比例，控制和规范专项转移支付项目。三是加强财政收支管理。各级财税部门科学组织收入，挖掘税收增长潜力，促进财政收入稳定增长，不断提高财政收入质量。完善税源控管体系，严格依法征税管费，确保财政收入真实可靠。

2013年，山东进一步深化省以下财政体制改革，并取得明显成效。省级251亿元税收全部下划市县管理，取消了济南、淄博等9市执行24年的体制递增上解政策，实施了困难县税收返还、县级税收上台阶奖励机制。同时，完善了县级基本财力保障机制，省级新增资金由过去注重“补缺口”向“奖补并重”转变，建立了科学规范的省市收入分享办法，形成了有利于做大做强市县财政、提高财政收入质量、促进发展方式转变的体制新格局。

山东加快金融改革发展

加快金融改革，是经济体制改革的重要内容。党的十八大提出：深化金融体制改革，健全促进宏观经济稳定、支持实体经济发展的现代金融体系。2013年6月，国务院召开常务会议，专题研究部署金融支持经济结构调整和转型升级的政策措施。7月5日，国务院办公厅发布《关于金融支持经济结构调整和转型升级的指导意见》，提出要把金融改革的目标聚焦到支持经济结构调整和转型升级上来。

山东省委、省政府对金融改革发展非常重视，多次召开深化金融改革专题会议，研究部署全省金融改革工作。8月7日，省政府印发《关于加快全省金融改革发展的若干意见》，明确了山东未来5年的金融改革发展目标，提出了支持和推动金融市场创新发展等5个方面、22条具体任务和工作措施，标志着山东金融改革发展进入新阶段。

《意见》在指导思想上，提出要按照科学规划、协调推进、突出重点、注重特色和大胆审慎探索的原则，加快推进综合性和专项性改革，争取用5年左右时间，初步建成与全省实体经济相适应、市场化水平较高的现代金融体系。在发展目标上，提出到2017年底，全省金融业增加值占生产总值比重达到5.5%以上，占服务业增加值比重达到12%以上，社会融资结构明显改善，金融开放水平明显提升，金融风险防控能力明显加强。在支持和推动金融市场创新发展方面，提出要稳步推进多种形式的社会融资，发展股权交易市场，建立各类要素交易平台，发挥期货市场功能，拓宽保险服务领域。在发展和规范各类地方金融组织方面，提出要发展民营金融机构，深化地方金融机构改革，发展金融中介服务，引导民间融资健康发展。在做好经济结构调整和转型升级的金融服务方面，提出要深入推进县域金融创新发展试点工作，加强高新技术产业开发区的金融服务，不断提升对重点行业和地区的金融服务能力，建设济南区域金融中心和青岛财富管理中心。在加快金融业对外开放方面，提出要引进金融投资类机构，加强跨区域金融合作，做好对“走出去”企业的金融服务。在营造金融业发展的良好环境方面，提出要加强对金融工作的组织领导，加强对金融业的人才智力支持，加强社会信用体系建设，完善金融业发展激励机制，完善金融风险防控工作体系，建立健全地方金融监管体制。

与此同时，一场事关全省的组织人事调整也提上日程。7月12日，山东证监局新业务监管处原处长邵珠东挂职担任淄博市副市长，分管证券、企业上市方面的工作，从而拉开了此次人事调整的序幕。随后，17市懂金融的挂职副市长相继配齐。8月29日，省政府公布一批任命名单：证监会国际合作部处长庞魁霞挂职担任省商务厅副厅长；中国人民银行调查统计司副司长阮健弘挂职担任省发改委副主任；中国工商银行山东省分行营销专家刘光海挂职担任省国资委副主任。除中央金融部门与央企选派30名干部到山东挂职外，山东也派出干部到中央金融部门挂职学习，从而实现央地官员双向交流，为全省金融改革的持续推进提供人才后盾，成为山东金融改革棋局走出的关键一步。

8月23日，作为2013年国务院批准自行发债的试点省，山东自行招标112亿元债券成功发行。这是山东首次自办发行地方政府债券。参与投标的承销商18家，其中主承销商7家。共成功发行五年期、七年期地方政府债券各56亿元，中标年利率分别为3.94%和4%。债券种类为记账式固定利率附息债券。山东发行的112亿地方政府债券，较2012年增加了33亿，在使用上重点围绕保障改善民生和支持经济结构调整。

10月28日，省政府办公厅出台《关于进一步规范发展民间融资机构的意见》，确定在东营、临沂两市试点的基础上，在全省逐步推开民间融资规范引导工作。山东成为全国首个在全省范围推进该项工作的省份。该意见对民间资本管理机构和民间融资登记服务机构两类民间融资机构的设立作出规定，明确民间融资机构的设立条件与经营范围、监督管理和风险防控、政策保障和配套措施，要求运用“穿透原则”核查出资人的资金来源、真实数量，严禁非法集资、“一带多”出资和银行信贷资金进入；建立审慎规范的资产分类和拨备制度，确保准备金充足率始终保持100%以上，并对呆账及时进行核销。

11月4日，省政府办公厅下发《关于鼓励和支持小额贷款公司发展有关事宜的通知》，对准入门槛、经营区域、融资渠道等多项政策进行调整，以进一步鼓励和支持全省小额贷款公司发展。通知放宽小额贷款公司的准入门槛，小贷公司主发起人及其关联方持股比例上限由49%提高到51%。同时取消了之前对本县（市、区）股东持股比例不得低于60%的限制。对符合一定条件的国内企业和境外机构，经批准可不受主发起人及其关联方持股比例上限、发起地域、设立家数的限制。鼓励小额贷款公司通过发行私募债券、中小企业集合票据、资产转让、资产证券化等方式开展直接融资，各类债务融资的余额最高可达注册资本的2倍。

11月5日，全省唯一的股权类交易市场——齐鲁股权托管交易中心完成公司制改造正式运营。这意味着山东加快推动多层次资本市场建设迈出了重要一步。改制后的齐鲁股权交易中心有限公司坐落在淄博市，注册资本1亿元。公司由齐鲁股权托管交易中心、齐鲁证券有限公司、山东省鲁信投资控股集团有限公司、山东省经济开发投资公司、深圳证券信息有限公司等15家机构共同发起，股东还包括济南、东营、济宁、日照、德州、聊城、滨州、菏泽等8个市的国有投资公司，成为名副其实的全省性股权交易市场。运营当日，该中心还推出了企业综合展示平台（展示板）和金融产品综合交易平台，并开区域性股权交易市场之先河，率先挂牌银行信贷资产、信托受益权、理财产品、银行票据等多种产品。

11月28日，省金融办、省财政厅、人民银行济南分行、山东银监局、山东证监局、山东保监局等6部门联合下发《关于进一步扩大全省县域金融创新发展试点范围的通知》，将平阴县、济阳县、沂源县、招远市、新泰市、文登市、荣成市、五莲县、巨野县、临邑县列为试点县（市），另将莱芜市整体列入试点范围。至此，山东县域金融创新发展试点工作已覆盖全省17市。

12月4日，省政府办公厅出台《关于建立健全地方金融监管体制的意见》，要求县级以上政府单独设置金融工作办公室，挂地方金融监督管理局牌子，正式拉开了全省金融监管体制改革的序幕。按照“属地管理、权责统一”原则，地方金融监管局主要监管中央驻鲁金融监管部门法定监管范围之外的新型金融组织和金融活动，包括辖区小额贷款公司、融资性担保公司、民间资本管理机构等新型金融组织和权益类、大宗商品类等具有金融属性的交易场所。12月10日，潍坊市地方金融监督管理局挂牌，成为全省首家地方金融监管局。

2013年，全省社会融资总量达到1.08万亿元，同比多增1533亿元。存贷款分别突破6万亿元和4.5万亿元大关。债券融资1837亿元，同比增长20%。其中，中小企业集合票据发行企业达91家，累计发行额64.1亿元，居全国首位，为全省经济社会平稳较快发展做出重要贡献。具体表现在：

一是银行融资稳定增长。新增贷款5023亿元，表外业务融资增加4295亿元，同比多增1947亿元。信贷结构不断优化，“涉农”和小微企业贷款继续实现“两个不低于”目标。

二是直接融资渠道不断拓宽。股票、债券两项直接融资达到1920亿元。其中，债券融资1837亿元，同比增长20%。积极参与全国中小企业股份转让系统（“新三板”）试点，储备挂牌企业资源超过800家，居全国前列。新增挂牌企业175家，累计达291家，实现直接融资近20亿元，带动间接融资近100亿元。中小企业集合票据累计发行额64.1亿元，发行企业91家，居全国首位。中小企业私募债券试点步伐加快，累计备案企业44家，全年新发行18家，募集金27.6亿元。保险资金运用新增83亿元，累计177亿元。私募股权、信托、典当、融资租赁、资产管理等融资渠道均实现新发展。

三是保险功能作用得到较好发挥。全年实现保费收入1280.4亿元,同比增长13.5%,高于全国平均水平约2.4个百分点;累计赔付440.9亿元,增长35.9%。农业保险保费收入持续增长,治安保险、安全生产等责任保险增长25.6%。

四是地方金融改革步伐明显加快。全方位推进地方金融改革,壮大地方金融规模实力。农村信用社改革持续深化,累计改制组建农商行30家;村镇银行新设15家,累计达到79家;小额贷款公司新增61家,达357家,注册资本411.4亿元,全年累计发放贷款1082亿元;融资性担保公司新增融资担保金额近1300亿元,支持了7万多户中小企业发展。山东晨鸣集团财务公司批复筹建,全省财务公司(含批筹)达到13家。外资银行分支机构新开业4家,总数达19家。设立民间资本管理机构163家,吸纳民间资本97.3亿元;设立民间融资登记服务机构18家,对接资金10.9亿元。

五是重点区域金融保障能力持续增强。半岛蓝色经济区、西部经济隆起带新增贷款额占全部新增贷款比重明显提高,青岛市财富管理金融综合改革实验区总体方案已经国务院初步同意,济南区域性金融中心建设稳步推进。股份制商业银行和城市商业银行在县域新设分支机构46家,村镇银行、小额贷款公司、融资性担保机构县域覆盖率分别达到63.3%、95.8%、89%。

六是金融生态环境建设进一步加强。山东省政府成立全省金融改革发展领导小组,着力推动金融重大政策措施落实。进一步建立健全金融风险防范处置工作机制,及时发现和化解金融领域风险隐患,地方金融机构风险防控能力明显增强。省政府出台了《关于建立健全地方金融监管体制的意见》,积极构建上下贯通、条块结合、完整覆盖、运行高效的地方金融监管体系。

山东启动“一圈一带”区域发展战略

山东中西部地域辽阔、人口众多,在全省大局中具有重要地位。历届山东省委、省政府十分重视中西部地区发展。2003年6月,省委工作会议提出“龙头带动、重点突破、促强扶弱、协调发展”的工作思路。2007年5月,省委八届十五次全会作出打造山东半岛城市群、省会城市群经济圈、鲁南经济带、黄河三角洲高效生态经济区和海洋经济强省“五大板块”的形象概括。2007年8月,省委提出构建“一体两翼”的经济发展新格局。2012年5月,省第十次党代会作出构建省会城市群经济圈和打造西部经济隆起带的重大决策。

2013年8月28日,省政府印发《省会城市群经济圈发展规划》和《西部经济隆起带发展规划》。8月30日,全省推进省会城市群经济圈和西部经济隆起带建设动员大会召开。两个规划的印发和动员大会的召开,标志着山东“一圈一带”区域发展战略正式启动。

省会城市群经济圈东临渤海,与辽东半岛隔海相望,南连长江三角洲、中原经济区,北接京津冀,向西辐射黄河中下游。规划范围包括:省会济南及周边的淄博、泰安、莱芜、德州、聊城、滨州,共7市、52个县(市、区)。总人口3368万,国土面积52076平方公里,分别占全省的34.8%和33.2%。发展定位为全省改革开放先行区、转型升级示范区、文化强省主导区、生态文明和谐区,全国重要的战略性城市群经济圈。主要任务是:牢牢把握主题主线,按照“五位一体”(发展规划一体化、基础设施一体化、要素市场一体化、生态建设一体化、公共服务一体化)的总布局,发挥圈内各市特色优势,以做大做强省会城市为龙头,以一体化发展为方向,以体制机制创新为动力,以提高发展质量效益为中心,增强城市辐射带动,推进资源要素整合,壮大优势产业集群,提高区域综合实力和科技创新、可持续发展水平,加快建设南承沪宁、北联京津、东接半岛、西启黄河中上游的枢纽型城市群,争取建成发展活力充足、创新能力较强、产业素质较高、服务功能强大、生态环境优美、社会文明和谐的经济圈,在带动中西部崛起、促进区域协调发展、建设经济文化强省中发挥重要作用。发展目标是:发展水平不断提高,区域经济一体化框架初步形成;主要经济指标增幅与全省保持同步,欠发达地区发展步伐加快。2020年地区生产总值达到3.5万亿元左右,年均增长9%左右,人均地区生产总值达到10万元左右;公共财政收入占生产总值的比重逐步提高;对外开放水平显著增强。与东部地区经济发展的质量和效益差距缩小,确保与全省同步提前实现生产总值和城乡居民收入比2010年翻一番。经济结构优化升级,到2020年,三次产业结构调整为5:45:50。城市功能明显强化,区域“一小时生活圈”更趋完善;到2020年,城镇化率达到65%左右,城镇化质量明显提高。生态环境不断改善,单位GDP能耗和污染排放低于全省平均水平,到2020年林木绿化率由目前的22%提高到27%;循环经济发展水平达到全省领先、全国先进。人民生活殷实富裕,城乡居民收入增长与经济发展保持同步,基本公共服务明显改善,人民幸福指数进一步提高。空间布局是:“一个核心、两个圈层”,即做大做强省会城市这一核心,建设完善以济南为中心,70公里为半径,包括济阳、商河、平阴、章丘、莱芜市区、齐河、禹城、临邑、肥城、邹平、泰安市泰山区和岱岳区等周边区域的紧密圈层和以150公里为半径,淄博、泰安、德州、聊城、滨州5市市区为节点的辐射圈层。产业布局是:“一个高地、两条产业带”,即建设城市经济发展高地,形成滨淄济聊产业带和德济泰莱产业带,打造支撑经济圈发展的“十”字形发展轴。

西部经济隆起带地处山东腹地,同苏豫皖冀4省11市接壤,南接长三角,北临京津冀,与半岛城市群、中原城市群相连,是山东与华北、华东和中西部地区联结的重要门户,是全国交通、通信大通道的重要枢纽。规划范围包括:枣庄、济宁、临沂、德州、聊城、菏泽6市和泰安市的宁阳县、东平县，共60个县(市、区)。面积67179平方公里，人口4481万人，分别占全省42.8%和46.5%。战略定位是：建设具有较强竞争力的特色产业基地、高素质劳动力富集地带、体制机制创新试验区、生态良好的美丽新西部，形成若干竞相发展、各具特色、富有生机、加快隆起的邻边高地，打造新的经济增长极。发展目标是：综合实力明显增强，力争经济发展速度、公共财政收入增速、城镇化发展速度、城乡居民收入增幅均适当高于全省平均水平。西部地区生产总值年均增长10%左右，公共财政收入占生产总值的比重逐步提高，逐年缩小与中东部地区的差距。质量效益明显提升，到2020年，西部地区三次产业结构调整为7:48:45，三分之一左右的县(市、区)公共财政收入争取超过30亿元。基础设施明显改善，到2020年，新增高速公路通车里程1053公里，铁路建设总里程1643公里，新建聊城、菏泽民航机场，新增内河港口吞吐能力4400万吨。城乡建设明显加强，到2020年，西部地区城镇化率达到60%左右。生态环境明显改观，到2020年，西部地区林木绿化率由19.9%提高到26%，循环经济发展达到全省先进水平。人民生活明显提高，加快推进西部地区基本公共服务均等化，建设覆盖城乡居民的社会保障体系；城乡居民收入增长与经济发展同步，到2020年接近全省平均水平；西部地区建成产业特色突出、发展后劲充足、生态环境优美、经济文化融合、人民生活幸福的区域，争取实现与全省同步提前全面建成小康社会的奋斗目标。发展布局是：建设转型升级和经济文化融合发展高地、"两型社会"建设和商贸物流高地、统筹跨越和生态低碳发展高地、科学发展和邻边经济高地等四大发展高地，构筑京杭运河发展轴、临枣济菏发展轴、德聊菏发展轴等三条发展主轴，提高各类园区发展水平，形成高地引领、主轴贯通、园区壮大的发展态势。

"一圈一带"区域发展战略，是继蓝黄两区两大国家战略之后，山东深入实施重点区域带动战略、促进区域协调发展的重大战略选择。至此，山东四大区域战略板块实现全省覆盖。"一圈一带"区域发展战略的实施，对带动中西部崛起、加快经济文化强省建设，具有重要的战略意义和现实意义。

山东进一步加强农村新型社区建设

加强农村新型社区建设，是统筹城乡发展、推进城镇化进程的重要载体，是顺应农民期待、加快改善民生的客观需求，是破解土地瓶颈制约、促进土地资源集约利用的重要抓手，是破解城乡二元结构、实现城乡公共服务均等化的重要途径。山东省委、省政府高度重视农村新型社区建设。2013年9月17日，省委办公厅、省政府办公厅印发《关于加强农村新型社区建设推进城镇化进程的意见》，转发了省住房和城乡建设厅等部门《农村新型社区纳入城镇化管理标准》，为加强农村新型社区建设提供了重要依据，标志着山东农村新型社区建设发展到新阶段。

《意见》从总体要求、规划建设、产业发展、服务体系建设、管理创新、政策支持、保障措施等方面，对加强农村新型社区建设提出了明确要求。在指导思想方面，提出坚持政府引导、规划先行、群众自愿、社会参与的原则，强化产业支撑，完善基础设施，延伸公共服务，创新管理体制，在农村地区着力建设布局合理、环境优美、功能完善、服务便捷、管理高效的新型社区。在规划建设方面，提出科学规划农村新型社区。市、县(市)政府负责组织编制本辖区农村新型社区布局规划，合理确定社区数量、布局和建设用地规模并报省住房城乡建设部门备案；乡镇政府(街道办事处)负责组织编制本辖区新型社区详细规划，做到合理选择社区建设模式、统筹安排基础设施建设和配套公共服务设施建设。在产业发展方面，提出加强产业园区建设，农村新型社区要与产业发展相结合，突出专业分工和规模经营，积极发展特色优势产业，逐步实现居住在社区、就业在园区和就地就近城镇化。改革社区集体产权制度，对农村社区集体资源性、经营性资产进行股份制改造，作股量化到户。积极发展社区股份合作社、土地股份合作社、集体资产股份公司等新型集体经济组织，实现资源变资产、资产变资本、资本变股权，建立归属清晰、权能完整、流转顺畅、保护严格的现代农业产权制度。资金扶持、用地保障、税费支持和信贷支持方面，提出省财政从2013年起，将农村新型社区纳入相关城镇化建设发展资金扶持范围。对贫困地区已建成的农村新型社区，各级财政要对其运转经费给予适当支持。

《标准》从人口规模、配套设施、服务保障、经济发展、社区管理等方面，对农村新型社区建设纳入城镇化管理标准作出明确规定。在人口规模方面，规定社区总人数达到3000人以上，其中非农业人口中从事二、三产业人员达到从业人员总数70%以上。在基础配套设施方面，规定社区主要道路路面宽度不小于6米，路灯及排水设施齐全，集中供水，供暖，燃气普及率、社区绿地率分别到达90%、30%以上；社区生活垃圾定点收集，生活污水实行管网收集，社区配建专用停车位等。在公务服务方面，规定社区服务中心建筑面积不低于500平方米，将面向群众的社区审批、社区警务、流动人口管理、医疗卫生、计划生育、人民调解、社区教育、人民就业、社会保险、社会救助、信息咨询、文化活动等纳入社区服务中心，实行"一站式"服务；按照国家和省有关标准，配套建设中小学、幼儿园、公共广场、养老设施等，其中公共广场要配备体育健身器材，满足群众休闲娱乐需求。经济发展方面，规定发挥社区资源优势，形成有特色的优势产业，基本实现居住在社区、产业进园区、社区居民就地就近就业创业；农村土地承包经营权流转规范有序，流转率达到60%以上。社区管理方面，规定建立健全社区党组织，实现党组织全覆盖；按照法定程序设立社区委员会，每500户居民配备一名社区管理人员，每个社区不少于3人，实施"网格化"管理和市场化物业管理。

9月29日至30日，全省农村新型社区建设工作会议在诸城市召开。省委副书记、省长郭树清就加强农村新型社区建设工作提出重要意见，副省长孙绍骋出席会议并讲话。会议强调，农村新型社区建设是一项系统工程，是各级党委政府的重要职责，是全社会的共同任务。必须强化组织领导，整合各方面资源，逐步列入城镇化管理目标考核，细化任务措施，健全责任体系，形成合力统筹推进。会议指出，农村新型社区建设的工作重点是切实维护农民权益，把维护农民合法权益放在首位，充分尊重群众意愿；科学编制农村新型社区规划，按照建设新农村、保护老村落、发展新社区的基本思路，坚持科学规划、整体设计，合理确定农村新型社区的空间布局、人口规模和产业发展；高标准建设农村新型社区，立足于高起点、高标准、高水平，注重配套完善基础设施和公共服务设施，注重产业发展和园区建设，坚持同步推进、一步到位，让社区居民享受和城里人一样的生活条件和服务设施；加强农村新型社区管理与服务，进一步强化基层组织建设，下沉公共服务，不断提高管理和服务水平。

2013年，山东进一步加强农村新型社区建设，新增农村新型社区600个，约有422万户、1394万农民入住新社区；农村新型社区80%左右的农户用上了燃气，55%左右的生活污水实现了集中处理，98%以上的生活垃圾进行集中收集处理。2014年1月24日，国家住房城乡建设部公布了2013年中国人居环境奖获奖名单，诸城市新型农村社区建设项目榜上有名。

山东进一步加快服务业发展

服务业是实体经济的重要组成部分，具有能耗低、污染少、人力资源密集、科技含量高、经济效益好的特点，其发展水平是衡量现代社会经济发达程度的重要标志。党的十八大报告提出，要加快传统产业转型升级，推动服务业特别是现代服务业发展壮大。加快发展服务业，对于山东稳增长、调结构、扩内需、增就业具有重大的现实意义，是打造山东经济升级版、推动长期健康发展的新引擎。

2013年11月1日，山东省政府办公厅印发《关于加快服务业发展的若干意见》，提出通过加强引导、增加投入、简政放权、优化环境、激励创业、推动创新、强化考核等一系列举措，进一步助推全省服务业改革发展，力争到2020年，服务业总量显著扩大，就业容量明显增加，体制机制更加完善，开放水平全面提高，市场竞争力持续增强，总体发展规模、质量和层次与经济文化强省建设的要求相适应，服务业增加值占生产总值的比重达到50%左右，基本形成服务业占主导地位的经济结构。

《意见》指出，在指导思想上，要进一步解放思想、更新观念，切实把服务业放到转方式调结构的战略重点位置；进一步整合力量、加大扶持，集聚各类资源向服务业倾斜；进一步转变政府职能、提高效能，创造一流营商环境；进一步深化改革、扩大开放，打破行业垄断和地方保护；进一步加强引导、激发活力，充分调动基层和群众的聪明才智和创业积极性，推动服务业全面进步。在发展重点上，今后一个时期，要特别重视发展信息、物流、教育、研发、文化、旅游、养老、医疗、金融以及各种商务服务等行业和领域。

《意见》指出，在主要内容上，包括更新观念、突出重点，加强引导、增加投入，简政放权、优化环境，深化改革、扩大开放，激励创业、推动创新，加强领导、强化考核等6个方面，30个条款。概括起来，主要是致力于营造5个环境。一是全力营造公平竞争的市场环境。继续降低准入门槛，打破行业垄断和地方保护，使各类企业依法平等使用生产要素，公平参与市场竞争。二是全力营造重点倾斜的政策环境。加强规划引领，加大财政投入，保障和优化土地供应，鼓励服务业集约用地，调整价格政策。三是全力营造高效透明的政务环境。通过简政放权，转变政府职能，努力将政府部门口袋里的生产力都掏出来。减少行政审批，提高行政效率，规范市场秩序。四是全力营造互利共赢的开放环境。加快金融保险、科技信息、现代物流、文化旅游、评级评估、会计审计、法律咨询、会展创意等领域的对外开放步伐。五是全力营造创业创新的激励环境。支持服务业自主创业和小微企业发展，在财政扶持、税收优惠、公共服务、金融服务和产业引导上更多向小微服务业企业倾斜。

11月4日，省政府召开全省加快服务业发展电视会议。会议总结了全省服务业发展情况，明确了服务业发展思路和重点，要求采取强有力的工作措施，以改革创新的精神，加快推动全省服务业大踏步前进。省委副书记、省长郭树清出席会议并讲话。会议指出，要加强规划引领，加大财政投入，保障和优化土地供应，拓宽融资渠道，强化人才支撑。要打破行业垄断，鼓励社会资本参与，深化服务业综合改革试点，加快事业单位和社会组织管理改革，激发服务业发展活力。要鼓励企业和个人创业创新，支持服务业企业自主创业和小微企业发展，支持服务业企业创新发展，支持企业剥离非主营业务，支持服务业集群集聚发展。要加强组织领导，完善服务业工作机制，加大服务业绩效考核力度，完善服务业统计制度，强化典型示范带动，形成促进服务业发展的工作合力。会上宣读了2012年度全省服务业发展绩效考核情况的通报，临沂市、潍坊市和省财政厅、省旅游局、省金融办的负责人作了交流发言。

《意见》印发和会议召开后，各市纷纷立足实际，明确重点，制定措施，全力打好服务业发展攻坚战。淄博市立足抓好服务业重点项目建设，加快在建项目实施，策划和新上了一批规模大、层次高、效益好的大项目、好项目。烟台市着重构建以生产性服务业为主体、生活性服务业为基础、公共服务业为保障的服务业产业体系。潍坊市提出突破滨海服务业，以服务业吸聚人气，以服务业汇聚商气的理念，以滨海区服务业突破为重点，一批新招商服务业项目陆续落地。滨州市立足“六个更加注重”的发展理念，结合“黄蓝”

两区国家开发战略以及省会城市群经济圈发展规划的实施，综合形成了全市加快服务业发展的思路目标、工作重点和对策措施。德州市把载体培育作为服务业跨越发展的重要抓手和关键支撑，深入实施“123”工程，即大力培育15个服务业重点园区、20条服务业特色街区和30家服务业重点企业，充分发挥其集聚、示范和带动效应。菏泽市为服务业企业设立扶持奖励资金，进一步支持服务业发展。

2013年，全省服务业继续保持良好发展势头。一是服务业实现平稳增长。全省服务业实现增加值22519.2亿元，比2012年增长9.2%，增速高于全国0.9个百分点；服务业增加值占全省生产总值的比重达到41.2%，比2012年提高1.2个百分点。服务业对GDP增长的贡献率为35.3%，拉动全省经济增长3.4个百分点。二是服务业重点行业发展态势趋好。全省批发和零售业完成增加值7523.8亿元，比2012年增长12%，占GDP的比重提高0.8个百分点；房地产市场运行平稳，完成增加值2237.5亿元，增长9.2%，商品房销售面积10329.8万平方米，增长19.7%；软件信息服务业保持较快增长，完成软件业务收入2263亿元，增长30.2%；旅游业增速稳定，实现旅游总收入5183.9亿元，增长14.7%。三是服务业外向度进一步提高。全省服务贸易进出口完成613.5亿美元，比2012年增长44.4%。服务外包实现离岸执行额39.5亿美元，增长82%。新批服务业利用外资项目734个，实际到账外资67.9亿美元，增长52%，占全部外商投资的比重达到48.3%。四是服务业经济社会贡献加大。全省服务业实现税收3583.8亿元，比2012年增长14.3%，占山东税收总收入的比重达到43.4%，比2012年提高1.7个百分点。其中，服务业实现地税收入1978.1亿元，增长21.1%，占全部地税收入的比重达到57.8%，比2012年提高0.8个百分点。服务业成为吸纳就业主渠道，四季度三产人力资源需求占市场总需求的53.9%。五是服务业投资稳中有进。全省服务业完成固定资产投资18027亿元，增长19.7%，占全省固定资产投资的比重达到50.2%。其中，完成房地产开发投资5444.5亿元，增长15.6%，增速比2012年提高1个百分点。

山东发布六大传统产业转型升级指导计划

工业是推动经济社会又好又快发展的重要力量，是实现全面建成小康社会奋斗目标的重要基础和保障。山东是传统工业大省，其中轻工、纺织、机械、化工、冶金、建材是优势传统产业，规模实力居于全国前列。2012年六大产业实现主营业务收入88959亿元，实现利润5389亿元、利税8563亿元，分别占全省工业的76.5%、72.4%和70.8%，成为全省工业经济的重要支撑，在技术创新、产品升级、产业集聚、战略性新兴产业衍生等重点领域，涌现出一大批新亮点，为促进全省经济持续稳定健康发展发挥了重要作用。但是，随着工业总量的扩张和外部发展环境的变化，产业层次偏低、创新水平不高、能源资源趋紧、节能减排压力加大、部分产业产能过剩等问题日益凸显，制约了传统产业持续健康发展。因此，加快推进工业转型升级，全面提升工业发展的质量和效益，关系到全省经济社会发展全局。

2013年11月19日，山东省政府办公厅印发《山东省六大传统产业转型升级指导计划》，提出以六大传统产业为突破口，明确转型升级目标，突出重点任务和行动路线，凝聚各方面力量，通过传统产业转型升级促进全省工业经济全面提质增效。

《指导计划》提出转型升级目标主要包括两个方面：一是体现“转型”，实施“五个加快转变”，即由依靠资源消耗向创新驱动加快转变，由一般加工向高端制造加快转变，由粗放式经营向集约化经营加快转变，由制造环节为重向研发生产营销并举加快转变，由产品竞争向品牌质量竞争加快转变。“五个加快转变”实质上是传统产业转换发展模式、实现科学发展的新路径，目的是增创发展活力。二是体现“升级”，到2015年实现“六个明显提升”。质量效益方面，到2015年底实现主营业务收入约13万亿元、利税1.2万亿元，分别年均递增13.5%和12%；产业结构方面，六大产业中先进产能比重进一步提升，衍生战略性新兴产业能力不断提高；创新能力方面，建设一批高水平的技术创新平台，攻克一批制约六大产业优化升级的关键共性技术，形成一批自主知识产权，转化一批重大创新成果；品牌建设方面，到2015年底山东省名牌产品达到1800个左右，中国驰名商标达到400件，省级优质产品生产基地达到80个以上；集约发展方面，到2015年底，六大产业企业主营业务收入能够过百亿元的大企业集团达到92户，其中过千亿元的达到7户，销售收入过百亿元的产业集群达到160个，省级以上新型工业化产业示范基地达到80个以上；节能环保方面，六大产业主要能耗行业单位产品能耗持续下降，重点行业清洁生产水平明显提升，主要污染物排放量明显降低，安全生产保障能力进一步提高。

《指导计划》根据全省六大传统产业实际情况，从主要矛盾和问题入手，立足区域资源禀赋和产业比较优势，坚持有所为、有所不为，围绕技术突破、产品升级、企业培育、链条配套、产业集聚、淘汰落后等六大领域，制定了“六个一批”分行业行动路线。一是攻克一批关键技术。亟需解决的、制约六大行业转型发展的共性、关键、核心技术，争取“十二五”攻克或取得重要进展。二是做强一批新特优产品。围绕全省传统产业优势和发展潜力，梳理出今后应该着力发展、优先支持、大力培育的高新、特色和优势产品，促进在现有基础上实现产品升级换代。三是壮大一批骨干企业。在各行业筛选一批龙头骨干、中小专精企业，结合企业自身发展战略和本行业结构调整需要，科学规划、分类指导，明确未来三年发展方向，形成大企业带动——中小企业成长——特色企业培育的梯次壮大效应。四是完善一批产业链。以促进重点产品衍生产业链为出发点，对全省工业经济能够形成重要辐射力的产业链，查摆出其短板瓶颈和薄弱环节，按照填平补齐和延伸发展的思路，明确各个产业链需要完善的关键环节。五是培育一批产业集群。从提升现有集群水平、推进新生集群发展两个层次，凝练出一批各有侧重、特色鲜明的重点产业集群。六是淘汰一批落后产能。根据国家产业结构调整政策和山东年度淘汰落后产能任务，提出了一批缺乏竞争力、能耗高、污染重的行业领域、技术和产品。

《指导计划》在推进措施方面，主要是从创新驱动、技术改造、质量品牌、两化融合、重点区域、抓大扶小、节能减排、对外开放等八个方面，针对全省传统产业转型升级的体制机制瓶颈，有针对性地提出了一些行之有效的促进措施。例如，完善创新体系，探索创新模式，高效转化创新成果；保持投资合理增长，优化技改投向，建立产能进退的衔接机制；加强质量监管，加快标准体系建设，完善产品质量安全溯源体系，紧跟消费热点引领需求转型，积极培育品牌；延伸信息化应用领域，促进向服务型制造转型；区域错位协调发展，增强产业转移承接能力，提升集群内涵层次；搞好联合重组，引导中小企业专精特新发展；开展低碳工业园区试点，加大淘汰落后补贴力度；深度参与跨国公司全球价值链合作，推进全省传统产业加工贸易转型。

《指导计划》在保障机制方面，提出加强组织领导、落实财税政策、增强金融服务、搞好人才支撑、优化发展环境等五个方面机制性意见。主要是加强部门协作，加大对传统产业转型升级重大问题的协调解决力度；切实搞好财税引导，认真执行现有财政扶持和国务院关于免征部分小微企业相关税收等政策；落实国务院关于金融支持经济结构调整和转型升级的指导意见，创新金融服务；突出人才重点，抓紧培养兼具创新和管理的高素质优秀企业家；规范市场秩序，依法加强环保、质量、安全、税收等约束管控手段，营造良好发展环境。

政治建设

山东省政协十一届一次会议召开

2013年1月24日至30日，中国人民政治协商会议第十一届山东省委员会第一次会议在济南召开。来自各党派团体和各族各界的800多名政协委员，审议了十届省政协常委会工作报告和提案工作报告，围绕事关经济社会发展的重大问题议政建言，选举产生了十一届省政协领导班子。

1月24日，省政协十一届一次会议开幕。刘伟受十届省政协常委会委托，向大会作工作报告。报告指出，这次大会是在全省兴起深入学习贯彻中共十八大精神热潮、加快推进经济文化强省建设的形势下召开的。大会的主题是：高举中国特色社会主义伟大旗帜，以邓小平理论、“三个代表”重要思想、科学发展观为指导，全面贯彻中共十八大和省第十次党代会精神，团结动员参加政协的各党派团体和各族各界人士，在建设中国特色社会主义的新征程上同心同德、同心同向、同心同行，为加快建设经济文化强省，为提前全面建成小康社会、谱写山东人民美好生活新篇章作出应有贡献，不断开创山东政协事业新局面。

报告指出，五年来，在全国政协有力指导和中共山东省委坚强领导下，十届省政协认真履行政治协商、民主监督、参政议政职能，切实深化理论学习，不断巩固团结奋斗的共同思想政治基础；把服务科学发展作为第一要务，全力推动山东改革开放和现代化建设；加强制度建设，不断提升政治协商规范化水平；积极响应建设文化强国、文化强省的号召，助推文化发展繁荣；坚持履职为民，力促民生改善社会和谐；按照强化政协意识、学习意识、规范意识、服务意识的要求，加强政协自身建设，坚持一流的标准、一流的作风、一流的服务，建设政协委员之家、各界人士之家、基层政协之家、干部职工之家。

报告指出，总结五年来的工作，做好新形势下的人民政协工作，必须始终坚持中国共产党的领导，坚定不移走中国特色社会主义政治发展道路；必须增强政协意识，始终保持强烈的事业心、责任感和奋发有为的精神状态；必须认真贯彻长期共存、互相监督、肝胆相照、荣辱与共的方针，坚持用共同的理想、民主的理念、协商的方法、真诚的态度凝聚共识和力量；必须坚持讲落实抓落实重落实，力求参在点子上、议在关键处、言在需要时，努力推动建言献策转化为实实在在的工作效果；必须以开阔的视野、科学的思维、改革的精神推动政协工作，努力以理念、思路和方法常新实现政协工作的与时俱进；必须紧紧依靠各方面的共同努力开展工作，形成齐心协力推进政协事业的良好局面。

报告指出，中共十八大和省第十次党代会描绘了全面建成小康社会、加快建设经济文化强省的宏伟蓝图，习近平总书记发出了实现中华民族伟大复兴、实现伟大中国梦的有力号召。这些都为政协工作赋予了新的时代使命，开辟了大有可为的广阔空间。要坚持不懈地用中共十八大精神、用中国特色社会主义统领政协工作，始终在思想上政治上行动上同以习近平为总书记的中共中央保持高度一致；

要坚持不懈地为建设经济文化强省、提前全面建成小康社会献计出力，围绕经济持续健康发展、文化繁荣进步、民生不断改善和建设美丽山东建言献策、参政议政；要坚持不懈地推进人民政协的协商民主，为协商民主广泛、多层、制度化发展作出应有努力；要坚持不懈地做好增进团结、汇聚力量、促进和谐的工作，密切联系群众，真心服务群众，积极参与社会管理创新；要坚持不懈地提高政协自身建设科学化、制度化、规范化水平，认真学习贯彻习近平总书记在中共中央纪委第二次全体会议上的重要讲话精神，认真贯彻落实中央八项规定和省委具体要求，全面加强政协思想、组织、作风、反腐倡廉和制度建设，为推动山东政协事业发展提供坚实保证。

栗甲受十届省政协常委会委托，向大会报告十届省政协五年来的提案工作。十届省政协常委会坚持“围绕中心、服务大局、提高质量、讲求实效”的提案工作方针，切实加强领导，强化措施，细化服务，提案工作扎实活泼、卓有成效。省政协委员和各参加单位共提交提案3881件，经审查立案3503件。其中，委员提案2991件，各民主党派省委、省工商联提案498件，人民团体提案1件，省政协专门委员会提案7件，界别提案3件，小组提案3件，分别交由120个承办单位办理，并全部办复。

1月28日上午，省政协十一届一次会议举行全体会议，17名委员先后作大会发言。委员们紧紧围绕中共十八大和省第十次党代会精神，就实施蓝黄战略、加快转方式调结构，构建现代产业体系、促进“四化”同步发展，保障和改善民生等重大问题发表了意见和建议。

1月28日下午，省政协十一届一次会议召开提案审查委员会全体会议，审议了《关于省政协十一届一次会议提案审查情况的报告（草案）》，并同意提交闭幕大会审议。省政协十一届一次会议期间，各民主党派省委、省工商联、有关人民团体和广大省政协委员，积极运用提案形式建言献策。这次会议提案呈现出三个特点：一是提案选题科学，围绕省委省政府中心工作，关注热点难点问题，有情况、有分析，所提建议针对性、可操作性强。二是提案高度关注保障和改善民生。三是各民主党派省委、省工商联提案数量多，占收到提案总数的近六分之一。大会共收到提案718件，经审查立案698件。立案提案中，围绕经济建设、政治建设、文化建设、生态文明建设方面的提案分别为236件、34件、76件、66件。围绕社会建设方面的提案数量最多，共286件，占提案总数的40.9%。

1月30日上午，省政协十一届一次会议选举刘伟为省政协主席，焉荣竹、张传林、栗甲、王新陆、王乃静、陈光、许立全、郭爱玲、孙继业为省政协副主席，张心骥为省政协秘书长，选举177名政协委员为省政协常委。通过了关于十届省政协常委会工作报告的决议、关于十届省政协常委会提案工作报告的决议、省政协十一届一次会议提案审查委员会关于提案审查情况的报告和省政协十一届一次会议政治决议等。大会圆满完成各项议程后胜利闭幕。

山东省十二届人大一次会议召开

2013年1月25日至2月1日，山东省第十二届人民代表大会第一次会议在济南召开。会议的主要议程是：听取和审议省政府工作报告及其它各项报告，总结过去五年的工作，提出2013年工作的奋斗目标；选举山东省出席第十二届全国人民代表大会的代表和新一届省级国家机关领导人员和组成人员。

1月25日，省十二届人大一次会议开幕。来自全省各行各业、各条战线的899名人大代表，肩负全省人民的重托，汇聚一堂，共绘建设经济文化强省、实现富民强省新跨越蓝图。韩国、日本驻青岛总领事，外商、港台投资企业负责人应邀旁听了会议。上午9时，大会执行主席姜异康宣布大会开幕。姜大明代表省政府向大会作政府工作报告。

报告指出，本届政府任职的五年，在党中央、国务院和中共山东省委的正确领导下，紧紧围绕主题主线，坚定不移以富民强省为目标，积极作为、科学务实，凝心聚力、攻坚克难，全省生产总值、地方财政收入、粮食总产量分别跨上五万亿元、四千亿元和九百亿斤台阶，城乡居民收入增幅连续两年超过GDP增速，农民收入增幅连续三年超过城镇居民收入增速，节能、减排两项工作均受到国务院通报表扬，省十一届人大一次会议确定的各项目标任务已经胜利实现。

报告指出，我国已经进入全面建成小康社会的决定性阶段，山东省正处在由大到强战略性转变的关键时期。做好今后五年政府工作，必须深入贯彻落实党的十八大精神，高举中国特色社会主义伟大旗帜，以邓小平理论、“三个代表”重要思想、科学发展观为指导，牢牢把握主题主线和富民强省目标，以改革开放为动力，以提高经济增长质量和效益为中心，大力实施创新驱动发展战略，坚决打好转方式调结构这场硬仗，促进工业化、信息化、城镇化、农业现代化同步发展，切实保障和改善民生，全面推进社会主义经济建设、政治建设、文化建设、社会建设、生态文明建设，促进经济持续健康发展和社会和谐稳定。今后五年要努力实现经济综合实力、民主法制水平、文化软实力、人民生活质量、生态文明水平显著提升。2013年全省经济社会发展的主要预期目标是，生产总值增长9.5%左右，地方财政收入增长12%左右，固定资产投资增长17%左右，社会消费品零售总额增长15%左右，进出口总额力争增长8%左右，实际利用外资稳步增加，城镇新增就业100万人，农村劳动力转移就业120万人，城镇登记失业率控制在4%以内，城镇居民人均可支配收入和农民人均纯收入均增长10%左右，居民消费价格涨幅控制在3.5%左右，人口自然增长率控制在6‰以内，全面完成国家下达的节能减排各项约束性目标。完成2013年目标任务，要牢牢把握稳中求进的工作总基调，紧密跟踪研判国内外形势的新变化，落实好积极的财政政策和稳健的货币政策，立足当前，着眼长远，突出重点，扎实开局。一是促进经济持续健康发展。二是进一步加大“转、调、创”力度。三是积极稳妥推进城镇化。四是加快建设现代农业。五是推动区域协调发展。六是建设生态山东、美丽山东。七是全面提高开放型经济水平。八是加快文化强省建设。九是坚定不移深化改革。十是加强民生保障和社会建设。

报告指出,要认真贯彻落实中央政治局改进工作作风、密切联系群众的八项规定和省委常委会十条实施办法,坚持以人为本、执政为民,坚持从严治政、依法行政,坚持风清气正、廉洁从政,努力提高各级政府的执行力和公信力。要牢记全心全意为人民服务的根本宗旨,对人民群众常怀敬畏之心,为老百姓办事常抱歉疚之情,保持与人民群众的血肉联系。自觉接受省人大及其常委会监督,认真落实省人大及其常委会各项决议、决定,定期报告政府工作。把从严治政、廉洁从政要求落实到政府工作的各个环节,政府工作人员特别是领导干部要坚定理想信念、严守政治纪律、把住廉政底线、不谋私利特权,切实做到干部清正、政府清廉、政治清明。

1月27日下午,省十二届人大一次会议举行第二次全体会议,听取了国家森作的省人大常委会工作报告、周玉华作的省高级人民法院工作报告、吴鹏飞作的省人民检察院工作报告,表决通过了省十二届人大一次会议关于设立省十二届人大专门委员会的决定、省十二届人大一次会议选举办法、省十二届人大各专门委员会组成人员人选表决办法。

大会期间,与会代表紧紧围绕中央和省委的重大决策部署,围绕宪法法律实施中的重大问题和人民群众普遍关注的热点问题,依法履职,积极提出议案。议案组共收到代表10人以上联名提出的议案62件。其中,涉及财政经济方面的16件,内务司法方面的5件,教育科学文化卫生方面的10件,城乡建设与环境保护方面的23件,农业农村方面的8件。涉及不同领域立法的议案占有较大比重,多数立法案都附有法规草案文本。代表所提议案主要有两个特点:一是立意高,涉及面广。这些代表议案多数是涉及区域经济发展、生态农业、文化事业发展、环境与资源保护、基础设施建设等经济社会发展方面的重大问题,事关民生的食品安全、学前教育、医疗卫生、老年人权益保护等方面的重要问题。二是质量有新的提高。多数议案案由翔实、案据充分,解决问题的方案明确具体,针对性、可操作性都非常强。大会主席团第四次会议决定,其中5件代表议案作为大会议案,其余57件改作代表建议、批评和意见处理。

1月31日下午,省十二届人大一次会议举行第三次全体会议,选出新一届省级国家机关领导人。姜异康当选为省人大常委会主任,柏继民、贾万志、温孚江、尹慧敏、于建成、宋远方当选为省人大常委会副主任;姜大明当选为省长,孙伟、夏耕、王随莲、孙绍骋、张超超、季缃绮、赵润田、邓向阳当选为副省长;白泉民当选为省高级人民法院院长,吴鹏飞当选为省人民检察院检察长(按照法律规定,当选的省人民检察院检察长须报经最高人民检察院检察长提请全国人大常委会批准)。

2月1日,省十二届人大一次会议经过表决,通过了省十二届人大一次会议关于政府工作报告的决议、关于山东省2012年国民经济和社会发展计划执行情况与2013年国民经济和社会发展计划的决议、关于山东省2012年预算执行情况和2013年预算的决议、关于山东省人民代表大会常务委员会工作报告的决议、关于山东省高级人民法院工作报告的决议、关于山东省人民检察院工作报告的决议等。大会圆满完成各项议程后胜利闭幕。

共青团山东省
第十三次代表大会召开

2013年3月31日至4月2日,共青团山东省第十三次代表大会在济南召开。来自全省各条战线的900名团代表出席大会。大会认真总结了省第十二次团代会以来的工作,研究确定今后五年全省共青团工作的目标和任务,选举产生共青团山东省第十三届委员会和山东省出席共青团第十七次全国代表大会代表,组织动员全省团员青年为全面建成小康社会、加快建设经济文化强省、谱写山东人民美好生活新篇章贡献青春力量。

3月31日,共青团山东省第十三次代表大会开幕。中共山东省委书记姜异康,省委副书记、代省长郭树清,省政协主席刘伟,济南军区政治部主任张贡献,省委副书记王军民和省领导才利民、孙伟、李法泉、高晓兵、孙守刚、刘从良、雷建国、颜世元、柏继民、南平出席开幕大会。姜异康代表省委、省政府向大会的召开表示热烈祝贺,向全省广大团员青年和青少年工作者致以诚挚的问候。他说,五年来,在省委和团中央的正确领导下,全省各级团组织围绕中心、服务大局、发挥优势,以全面提升山东共青团事业发展水平为工作主线,在服务经济社会发展、促进青年成长成才、加强自身建设等方面做了大量卓有成效的工作。全省广大团员青年积极投身建设经济文化强省实践,在各条战线上顽强拼搏、激情奉献,为全省改革开放和现代化建设作出了重要贡献。姜异康对全省广大青年提出了殷切期望和要求,希望广大青年主动投身伟大事业,在全面建成小康社会、加快建设经济文化强省的实践中奉献青春、建功立业,创造出无愧于党、无愧于人民、无愧于时代的光辉业绩。要深入学习贯彻党的十八大精神,自觉把个人理想与实现中华民族伟大复兴的中国梦紧密结合起来,把个人奋斗与加快建设经济文化强省紧密结合起来,坚定理想信念,把握人生方向,努力为中国特色社会主义事业接续奋斗。要大兴学习之风,练就过硬本领,不断提高知识化、专业化水平,努力成为建设经济文化强省的栋梁之才。要积极投身改革发展实践,奋发有为开拓创新,在加快建设经济文化强省中建功立业。要大力弘扬优良传统和作风,脚踏实地艰苦奋斗,在扎根基层服务群众中增长才干。要大力弘扬中国精神，全面提高道德素质，积极培育和践行社会主义核心价值观，树立新时期山东青年的良好形象。姜异康要求，全省各级团组织要主动适应形势发展要求，进一步增强组织青年、引导青年、服务青年、维护青少年合法权益的能力，不断提高共青团工作科学化水平。广大团干部要热爱团的岗位、竭诚服务青年，更好地履行新形势下青年群众工作的职责。各级党委要进一步加强对共青团工作的领导，及时研究解决共青团事业发展中的实际问题，支持共青团组织创造性开展工作。要广泛动员社会各方面力量关心支持共青团工作，共同为青年成长成才创造良好环境和条件。开幕式上，少先队员代表向大会献词，省总工会代表省各人民团体向大会致贺词。共青团中央和全国34个省级团委向大会发来了贺信或贺电。

张涛代表共青团山东省第十二届委员会作了题为《高举旗帜跟党走，聚力青春勇担当，为加快建设经济文化强省而努力奋斗》的工作报告。报告指出：五年来，全省各级团组织在中共山东省委和团中央的正确领导下，按照“两个全体青年”的要求，以“建设有强大凝聚力的山东共青团”为组织发展目标，以“全面提升山东共青团事业发展水平”为工作主线，全面履行团的基本职能，团结带领广大团员青年在建设经济文化强省、实现富民强省新跨越的历史进程中，谱写了忠诚、担当、务实、奋进的青春华章。报告强调要以党的十八大精神为指导，提高共青团工作科学化水平。全省共青团工作今后五年的总体要求是：认真学习贯彻党的十八大精神，高举中国特色社会主义伟大旗帜，以邓小平理论、“三个代表”重要思想、科学发展观为指导，紧紧围绕省第十次党代会提出的目标要求，牢牢把握提高共青团工作科学化水平的主线，突出“一个根本”，强化“两项服务”，建设“三型组织”，打牢“四个基础”，实施“五项行动”，实现“六个提升”，团结带领广大团员青年为加快建设经济文化强省、谱写山东人民美好生活新篇章奉献青春。报告提出要以共同理想引领青年，深入开展社会主义核心价值体系教育；要以建功立业感召青年，踊跃投身加快建设经济文化强省实践；要以服务维权凝聚青年，帮助解决青年现实利益问题；要以团建创新组织青年，持续推动山东共青团事业发展。

大会通过了《共青团山东省第十三次代表大会关于共青团山东省第十二届委员会报告的决议》，选举产生了由60名委员、29名候补委员组成的共青团山东省第十三届委员会，选举出山东省出席团的十七大代表82名。共青团山东省第十三届委员会第一次全体会议以无记名投票方式，选举产生了团省委书记、副书记和常委，张涛当选为团省委书记。4月2日，共青团山东省第十三次代表大会圆满完成各项议程后胜利闭幕。

山东首次公开“三公”经费

“三公”经费，指因公出国（境）费用、公务用车购置及运行维护费、公务接待费。其中，因公出国（境）费用，指工作人员公务出国（境）的住宿费、旅费、伙食补助费、杂费、培训费等支出；公务用车购置及运行维护费，指公务用车购置支出及租用费、燃料费、维修费、过路过桥费、保险费、安全奖励费等支出；公务接待费，指按规定开支的各类公务接待（含外宾接待）费用。“三公”经费一直是社会关注的热点话题。2011年，国家首次公开了中央各行政单位、参照公务员法管理的事业单位的“三公”经费情况。上海、广东等地也陆续公布“三公”经费情况。

2013年4月7日，新一届山东省政府召开第一次廉政工作会议，省委副书记、代省长郭树清出席会议并讲话。会议提出要进一步深化政务公开，大力推进行政决策过程公开，加大涉及群众切身利益信息的公开力度，保障和落实人民群众的知情权、参与权、表达权、监督权。2013年要向社会公开省级“三公”经费预算总额，省直各部门除少数因涉密不宜公开的，都要公开部门预算及“三公”经费预算，在县级政府探索实行接待经费公开。为落实省政府第一次廉政工作会议精神，省政府办公厅发出了2013年政府系统廉政工作任务分工，其中明确省本级“三公”经费2013年9月底完成公开，县级政府接待经费公开试点方案在9月底前印发。“三公”经费公开工作由省财政厅和省监察厅负责，省财政厅牵头。

5月24日，2013年省级“三公”经费预算总额及95个省政府组成部门和直属机构单位的部门预算向社会公布。这是山东历史上首次公开“三公”经费。2013年山东省本级公共预算财政拨款安排的“三公”经费预算总额为7.62亿元。其中，因公出国（境）费0.68亿元，公务用车购置及运行维护费4.96亿元，公务接待费1.98亿元。与2012年预算执行数相比，2013年省本级“三公”经费预算下降4.5%，减少0.36亿元。

随着省级“三公”经费预算的公开，各市、各部门预算及其“三公”经费预算也在各自门户网站上作了公开。例如，2013年济南市级预算部门使用当年公共预算财政拨款安排的“三公”经费预算为23357万元，比2012年执行数下降4.92%；2013年市级预算部门，包括市级行政单位（含参照公务员法管理的事业单位）、事业单位和其他单位使用当年公共预算财政拨款安排的“三公”经费预算为23.357万元，比2012年执行数下降4.92%。其中，因公出国（境）费1257万元，公务用车购置及运行费16989万元（其中，公务用车购置费366万元），公务接待费5111万元。省卫生厅2013年收入预算为1772300.40万元。其中，财政拨款（补助）269455.75万元，财政专户管理资金79242.34万元，批准留用的教育及医疗收费747634.93万元，事业收入

（不含教育及医疗收费）605261 万元，事业单位经营收入 600 万元，其他收入 9946.94 万元，上年结转 60159.44 万元。2013 年支出预算为 1772300.40 万元。其中，教育支出 210081.98 万元，科学技术支出 1528.59 万元，社会保障和就业支出 52607.80 万元，医疗卫生支出 1507542.03 万元，节能环保支出 100 万元，资源勘探电力信息等事务支出 440 万元。

2013 年，省直各部门认真贯彻落实中央八项规定和省委十条办法，厉行节约，反对浪费，严控“三公”经费等一般性支出，取得显著成效。2014 年 2 月 13 日，省财政厅印发《山东省省级“三公”经费预算管理和公开暂行办法》，包括总则、预算编制管理、预算执行管理、预决算公开、监督管理、附则等条款，进一步推进了省级“三公”经费公开的制度化、规范化，推进了省直部门厉行节约反对浪费，增强了预算刚性约束。8 月，根据省政府办公厅《关于印发当前全省政府信息公开工作要点的通知》的有关要求，2013 年省级“三公”经费决算总额及省政府组成部门和直属机构的部门决算向社会公布。2013 年省级部门“三公”经费决算合计 4.47 亿元，比 2013 年预算数少 0.35 亿元。从“三公”经费具体构成看，因公出国（境）费 0.43 亿元，公务用车购置及运行维护费 2.74 亿元，公务接待费 1.3 亿元。

山东在全国率先推行事业单位绩效考核制度

实施绩效考核，就是通过定量定性分析，对事业单位履行公益服务职责情况进行客观、公正的综合评价，从而强化事业单位的公益属性。2011 年，东营市开始进行事业单位绩效考核试点，对教育、卫生、农业、城市管理系统和副县级以上 204 个事业单位开展绩效考核。考核中坚持“既评优，又评差”，敢于“动真格”，严格兑现奖惩，2012 年确定了 17 家 C 级单位，不仅相应的财政支持有所减少，主要负责人还被调离了原岗位，大大增强了事业单位的压力感，在社会上引起了强烈反响。

为破解事业单位监督管理难题，提高公益服务质量和效率，2012 年，山东省政府发出《关于加强事业单位监督管理的意见》，提出建立事业单位考核机制，成立由组织、机构编制、监察、财政、人力资源和社会保障、审计等部门组成的事业单位考核委员会，负责领导、组织、协调考核工作。考核委员会办公室设在机构编制部门，具体工作由监督管理机构承担。各级事业单位考核委员会要认真搞好考核工作，考核内容包括对领导班子、领导干部的考核和对单位的绩效考核。对事业单位的绩效考核是对单位依法履行职责情况的考核。绩效考核要引入服务对象满意度调查，通过各种形式，广泛听取社会意见。要提高绩效考核结果的使用效力，考核结果作为事业单位法人履行职责评价，机构编制调整，财政经费预算，单位领导班子成员和相关人员的聘用、奖惩及绩效工资总量核定等的重要依据。要注重对事业单位诚信状况的考核，将事业单位信用建设纳入全省社会诚信建设体系，由监督管理机构对事业单位进行信用等级评价。到 2013 年上半年，全省有 16 个市、119 个县（市、区）成立了事业单位考核委员会，考核委员会主任由编委主要领导担任。

2013 年 5 月 29 日，全省事业单位绩效考核工作会议在东营召开。会议指出，开展事业单位绩效考核，是中央和省委、省政府在新形势下加强事业单位管理的一项重要举措，对于加快建设服务型政府、完善事业单位监管工作和创新事业机构编制管理具有重要意义。各地要创新思路，强化措施，重点从四个方面做好工作：一要建立健全工作机制。没有成立考核委员会的市、县要争取尽快成立，为工作开展提供组织保障。考核委员会成立以后，要明确职责分工，建立健全工作规则和程序，形成长效机制。二要科学设计指标体系。设计指标体系要强化事业单位公益属性，做到具体分析、动态调整，体现服务对象满意度。三要提高考核结果的使用效力。各级要按照省政府文件的规定，会同有关部门研究制定考核结果使用的具体办法，形成有效的激励约束机制。四要切实加强组织领导。认真履行考核委员会办公室的职责，加强统筹协调。

会议要求统筹做好几项重点工作：一是推进政府机构改革和职能转变工作。要认真学习领会中央精神，准确把握政府机构改革和职能转变的总体要求、目标任务和基本思路，研究提出本级政府机构改革和职能转变的框架性意见，做好中央、省级下放的行政审批事项的承接和后续监管，坚决取消和下放本级应该取消和下放的行政审批事项。二是组织完成食品药品工商质监管理体制改革。各市要按照省委、省政府部署，制定推进措施和应急预案，积极稳妥推进改革工作，进一步健全完善食品药品监管体制机制。三是扎实推进事业单位分类改革。组织实施分类工作，健全完善改革配套政策，积极推进经营类事业单位转企改制，加强事业单位监管。四是严格机构编制和领导职数管理。严控机构编制总量，优化编制资源配置，组织开展部门履职情况检查评估，加强机构编制监督检查。

事业单位绩效考核内容主要包括单位运行、目标任务完成情况和服务对象满意度等多项指标，考核结果分为 A、B、C 三个等级。根据《关于加强事业单位监督管理的意见》，考核结果与事业单位法人履行职责评价、机构编制调整、财政经费预算、单位领导班子成员和相关人员的聘用、奖惩及绩效工资总量核定等挂钩。考核结果确定为 A 级的，适当加大财政支持力度和绩效工资总量；被确定为 C 级的，予以告诫，由主管部门负责整顿，减少财政支持力度，单位主要领导当年年度考核定为不合格等次，问题特别严重的，免去相关责任领导人职务，或责令辞去现任职务。

2013 年，全省 17 市 137 个县（市、区）全面展开事业单位绩效考核试点工作，东营、潍坊和烟台牟平区等力度较大。各地制定的考核体系多是兼顾共性指标和个性指标，并体现行业特色。例如,基层医疗卫生机构绩效考核,考核内容包括基本医疗服务、公共卫生服务等,并引入社会满意度指标,体现公益特征。截至2014年上半年,全省共考核事业单位5310家,评定A级单位873家、B级单位4387家、C级单位50家,成效较为显著,顺利实现了"开篇破局"。

山东省工会第十四次代表大会召开

2013年6月30日至7月2日,山东省工会第十四次代表大会在济南召开。会议总结过去五年的全省工会工作,研究部署今后一个时期的目标任务,选举产生省总工会第十四届委员会和出席中国工会第十六次全国代表大会代表。

6月30日,山东省工会第十四次代表大会开幕。省委书记姜异康出席会议并讲话,省委副书记、省长郭树清,全国总工会党组副书记、副主席张鸣起,省委副书记王军民,以及省领导孙伟、李法泉、高晓兵、孙守刚、刘从良、雷建国、柏继民、张超超、张传林,全国总工会原副主席杨兴富,省里的老同志刘洪仁、齐乃贵出席会议。姜异康在讲话中代表省委、省政府向全省广大职工和工会工作者致以亲切问候。他说,五年来,全省广大职工和劳动群众以高度的主人翁精神,在各自岗位上发挥聪明才智,释放创造活力,为建设经济文化强省作出了重要贡献。全省各级工会组织围绕中心、服务大局,在组织职工建功立业、构建和谐劳动关系、维护职工合法权益等方面,做了大量卓有成效的工作。姜异康强调,当前,山东省正处于由大到强战略性转变的关键时期,全省广大劳动群众肩负着光荣而艰巨的历史使命。要认真学习习近平总书记在全国劳动模范代表座谈会上的重要讲话精神,切实增强使命感和责任感,辛勤劳动,甘于奉献,在建设经济文化强省的征程上走在最前列、争当排头兵。要高举中国特色社会主义伟大旗帜,始终坚定理想信念,自觉把个人理想与中国梦结合起来,始终做坚持中国道路的柱石、弘扬中国精神的楷模、凝聚中国力量的中坚。要认真贯彻全心全意依靠工人阶级根本方针,继承和发扬优良传统,充分发挥工人阶级的主力军作用,充分展现工人阶级伟大创造力量。姜异康要求,要勇于创新创造,以加快转方式调结构、推进科学发展为已任,牢固树立生态文明理念,深入贯彻落实创新驱动发展战略,广泛参与群众性精神文明创建活动,立足本职争创一流业绩。要贯彻落实"四个尊重"重大方针,维护和发展劳动者的利益,高度重视安全生产,努力构建和谐劳动关系,共建共享幸福美好生活。全省各级党委、政府要支持工会依照法律和章程创造性开展工作,为工会履行职责创造更好条件。全省各级工会组织要把竭诚为职工群众服务作为工会一切工作的出发点和落脚点,结合全省即将开展的党的群众路线教育实践活动,千方百计为广大职工排忧解难,推动工会工作创新发展。张鸣起代表全国总工会对大会召开表示祝贺,并就做好下一步工会工作提出了要求。共青团山东省委代表省各人民团体向大会致贺词。

尹慧敏代表省总工会第十三届委员会作了题为《高举伟大旗帜,凝聚职工力量,为加快建设经济文化强省而努力奋斗》的工作报告。报告指出:省工会第十三次代表大会以来,在省委和全国总工会的坚强领导下,全省工会以邓小平理论、"三个代表"重要思想、科学发展观为指导,坚定不移地走中国特色社会主义工会发展道路,坚持发展为先、职工为本、基层为重、创新为魂,围绕全省工作大局,全面履行工会职能,着力打造亮点品牌,不断开创全省工会工作新局面,团结动员广大职工为加快建设经济文化强省作出了新贡献,圆满完成了省工会第十三次代表大会确定的目标任务。报告提出今后五年全省工会工作的总体要求是:全面贯彻党的十八大精神,高举中国特色社会主义伟大旗帜,以邓小平理论、"三个代表"重要思想、科学发展观为指导,坚定不移地走中国特色社会主义工会发展道路,紧紧围绕省第十次党代会的战略部署,把握"一个主题",突出"三项服务",建设"五型工会",不断提高全省工会工作科学化水平,团结动员全省广大职工为加快建设经济文化强省而努力奋斗。报告强调,要提高工会自身建设科学化水平,在扩大组织覆盖、提高建会质量上下功夫,在改进工作作风、密切联系职工上下功夫,在创新方式方法、增强工会活力上下功夫,在加强能力建设、提升干部素质上下功夫,在狠抓增收节支、提高使用效益上下功夫,在统筹协调推进、实现全面发展上下功夫。同时,以书面形式向大会提交了财务工作报告和经费审查委员会工作报告。

大会通过了《山东省工会第十四次代表大会关于山东省总工会第十三届委员会工作报告的决议》、《山东省工会第十四次代表大会关于山东省总工会第十三届委员会财务工作报告的决议》、《山东省工会第十四次代表大会关于山东省总工会第十三届经费审查委员会工作报告的决议》,选举出由156名委员组成的山东省总工会第十四届委员会、由30名委员组成的山东省总工会第十四届经费审查委员会,选举出97名山东省出席中国工会第十六次全国代表大会代表。省总工会第十四届委员会第一次全体会议选举产生了省总工会主席、常务副主席、副主席和常委,尹慧敏当选为省总工会主席。7月2日,山东省工会第十四次代表大会圆满完成各项议程后胜利闭幕。

山东出台首部规范政府采购工作规章

2013年是《政府采购法》实施第十周年。山东自1998年开始试行政府采购,到2012年,全省政府采购规模达到1073亿元,比2011年增加226亿元,增长27%,居全国第三位。为了规范政府采购行为,提高政府采购质量和效率,保护政府采购当事人的合法权益，促进廉政建设，2013 年 6 月 14 日，省政府第 7 次常务会议审议通过了《山东省政府采购管理办法》（7 月 2 日公布）。《办法》自 2013 年 9 月 1 日起施行。

《办法》共 8 章 56 条，主要规范了政府采购管理体制、预算和计划、组织实施、采购合同等内容，核心是规范政府采购行为，提高政府采购质量效率。

作为政府采购活动的源头，政府采购预算编制和计划编报的标准化、科学化程度，直接关系采购质量和效率。为了突出预算和计划的重要性，《办法》将其单独列为一章，并在总结多年经验的基础上对以下内容作出了规定：以上位法规定为基础，明确了年度内追加或者调整的部门支出预算中属于政府采购项目的，应当同时追加或者调整政府采购预算；规定了政府采购计划的编报要求和主要内容；为了督促采购人落实采购计划，对预算执行设定了期限，并规定了政府采购预算未执行完毕以及无特殊原因未执行的法律后果；明确了政府采购预算和计划的效力，规定政府采购必须按照批准的预算和计划执行，未编报政府采购预算和计划的项目，采购人不得组织实施，财政部门不得支付采购资金。

《办法》借鉴《政府采购货物和服务招标投标管理办法》等规定，以更具可操作性为目标，细化了政府采购的具体操作程序，主要包括编制采购文件、供应商以担保函等形式交纳保证金、明确投标（响应）文件无效的情形、规范评审工作、废标后变更采购方式的条件和程序、采购人如何确定中标（成交）供应商、中标（成交）公告和中标（成交）通知书的发布要求、采购当事人及评审委员会成员在采购活动中不得出现的恶意串通情形等内容。

《办法》在三个方面进行了创新，细化规定了采购效率、价格及质量等问题。一是在及时采购方面，规定预算单位应在采购预算批复后两个月内编报采购计划，当年 11 月底前执行完采购预算并签订政府采购合同；属于追加预算的，应当在追加预算后 3 个月内执行完毕并签订政府采购合同。二是在采购效率方面，规定公开招标或者竞争性谈判供应商不足三家时，经报批可现场变更为竞争性谈判或者单一来源采购；评审报告送预算单位由 5 个工作日缩短为 2 个工作日，结果确定由 5 个工作日缩短为 3 个工作日；签订政府采购合同由 30 日缩短为 15 日内完成；供应商不履行合同的，经核准，可顺位选择第二名为中标供应商；明确合同完成 7 个工作日内验收完毕。三是在采购价格和质量方面，规定各级政府采购中心要建立健全内部管理制度和采购价格监测制度，还对采购项目论证、文件编制、信息披露、指标确定等提出了明确要求；对合同履行和验收，要做到采购与验收人相分离，较复杂的采购项目，由国家认可的质量检测机构予以验收。

《办法》的颁布实施是从源头预防腐败、促进廉政建设的重要举措，目的就是管住权力、隔断利益、阳光运作。《办法》第三章第十二条规定："实现采购价格低于市场平均价格，并不得将采购项目委托给其他组织或者个人。"第十九条规定："评审委员会成员与供应商有利害关系的，必须回避。"第二十条规定："评审工作应当在严格保密的情况下进行。评审场所应当具备完善的录音录像设备。"

8 月 26 日，省财政厅、省法制办联合召开《山东省政府采购管理办法》宣传贯彻工作会议。会议强调要紧紧围绕建立现代财政制度开展工作。各级财政部门要认真梳理和完善监管机制，进一步加强政府采购预算编制管理，促进加快政府采购预算执行，努力盘活存量资金，提高资金使用效益。各级预算单位要严格执行政府采购政策制度，下大力气做好采购需求设计、采购项目论证，既要将采购预算编"全"、编"准"、编"实"，又要将采购执行抓"紧"、抓"快"、抓"牢"，最大限度地压减年底资金结余结转。会议提出要紧紧围绕提升公共服务水平开展工作。各级财政部门要在创新采购模式、完善管理机制、提升采购绩效方面多做文章、做好文章；要加快推进政府采购信息化建设，逐步实现管理、执行统一平台，各方当事人信息库与诚信评价体系完备，省市县三级信息资源连通共享；要在公共资源交易统一规范管理的大原则下，认真研究提出政府采购平台建设方案，强化政府采购科技防腐技术支撑。会议指出要紧紧围绕支持经济发展开展工作。要积极推进政府采购合同融资和信用担保业务，实现担保机构、银行、中小企业三方受益的良性发展；要研究实行政府采购进口产品集中论证、统一公示制度，简化审批程序，提高管理效能；要认真落实财政部制定的节能环保产品政府采购目录，严格监督执行财政部规定的评审加分办法，积极探索扩大扶持范围。

《办法》是山东第一部规范政府采购工作的规章。它的出台是山东省政府采购制度建设的重大突破，对于政府采购事业的发展具有里程碑式的意义，有利于进一步规范政府采购行为、提高政府采购质量和效率、促进廉政建设。山东省也成为了全国第三个出台政府采购地方规章的省份。

全省学习贯彻党的十八届三中全会精神

2013 年 11 月 9 日至 12 日，中国共产党第十八届中央委员会第三次全体会议在北京举行。全会由中央政治局主持，中央委员会总书记习近平作了重要讲话。全会听取讨论了习近平受中央政治局委托作的工作报告，审议通过了《中共中央关于全面深化改革若干重大问题的决定》。十八届三中全会是在我国改革开放新的重要关头召开的一次重要会议。这次会议的召开，是党在新形势下坚定不移贯彻党的基本路线、基本纲领、基本经验、基本要求，坚定不移高举改革开放大旗的重要宣示和重要体现，是全面深化改革的又一次总部署、总动员。全会审议通过的《中共中央关于全面深化改革若干重大问题的决定》，深刻剖析了我国改革发展稳定面临的重大理论和实践问题，提出了全面深化改革的指导思想、目标任务、重大原则，描绘了全面深化改革的新蓝图、新愿景、新目标，汇聚了全面深化改革的新思想、新论断、新举措，形成了改革理论和政策的一系列新的重大突破，是党在新的历史起点上全面深化改革的科学指南和行动纲领，具有重大的现实意义和深远的历史意义。

11月14日，中共山东省委召开副省级以上党员领导干部会议，传达学习十八届三中全会精神，研究贯彻落实意见。省委书记姜异康主持会议并讲话，省委副书记、省长郭树清，省政协主席刘伟，省委副书记王军民，副省级以上党员领导干部出席会议。会议指出：习近平总书记的重要讲话和三中全会《决定》，内容丰富、内涵深刻、博大精深。全省各级党组织要把深入学习贯彻十八届三中全会精神作为重大政治任务，切实把思想和行动统一到中央关于全面深化改革重大决策部署上来，用三中全会精神统一思想、指导实践、推动改革。会议强调，要以十八届三中全会精神为重要遵循，紧密结合实际研究谋划山东全面深化改革问题。要以改革创新精神做好当前各项工作，继续保持经济平稳较快发展的良好势头，扎实做好保障和改善民生工作，全力维护社会和谐稳定，确保完成全年工作目标任务。

11月23日，中央宣讲团党的十八届三中全会精神报告会在济南举行。中央宣讲团成员、中央政策研究室副主任潘盛洲作宣讲报告。省委书记姜异康主持报告会。潘盛洲在报告中介绍了中央关于全面深化改革若干重大问题的决定起草情况和总体框架，深刻阐述了全面深化改革的指导思想、总体思路、重点任务和重大举措，围绕决定提出的新思想、新观点、新论断，结合实例进行了深入解读。省级领导同志，省直部门单位、高校、省管企业和中央驻鲁单位主要负责人，省直机关、企事业单位干部代表和离退休干部代表，理论工作者，驻济高校师生代表，济南市机关干部代表等共约2000人在主会场参加报告会。各市设分会场，通过山东广播电视台公共频道进行现场直播。同日，潘盛洲等到济南市历下区甸柳新村街道第一社区居委会，与社区居民代表进行了座谈交流。

12月5日至6日，省委十届七次全体会议在济南举行。会议由省委常委会主持。省委书记姜异康作了重要讲话。全委会认真传达学习了习近平总书记视察山东重要讲话，对全省学习贯彻作出部署。全委会指出，贯彻落实十八届三中全会精神、全面深化改革，是习近平总书记视察山东重要讲话的中心内容。全省各级各方面一定要把学习贯彻十八届三中全会精神作为当前和今后一个时期的重大政治任务，认真落实中央关于全面深化改革的决策部署。一要全面准确把握十八届三中全会精神，切实统一思想凝聚改革共识。二要以解决制约山东科学发展的重大问题为导向，认真研究谋划全面深化改革的有力措施。三要坚持统筹协调，积极稳妥有序推进全面改革。全委会强调，贯彻习近平总书记重要讲话精神，必须努力实现工作指导重大转变。第一，要在发展理念上实现新转变，进一步克服简单以生产总值增长率论英雄的倾向，牢固树立正确的政绩观，始终坚持以提高经济增长质量和效益为中心。第二，要在发展定位上实现新转变，进一步摆脱过于看重经济总量排名的纠结，坚持统筹协调、全面发展，努力在推动科学发展、全面建成小康社会进程中走到前列。第三，要在发展动力上实现新转变，进一步改变过于依赖资源扩张规模的增长模式，大力实施创新驱动发展战略，增强持续发展后劲。第四，要在发展途径上实现新转变，进一步扭转产业结构偏重层次偏低的状况，坚持腾笼换鸟、凤凰涅槃的思路，坚决打好转方式调结构攻坚战。第五，要在考核导向上实现新转变，进一步防止过于偏重依靠生产总值增长速度和显绩识别干部的现象，重视看基础、看质量、看潜绩、看实绩，用好科学的政绩考核“指挥棒”。

全委会要求，贯彻习近平总书记重要讲话精神，必须真正把改革发展各项任务落到实处。一是坚持腾笼换鸟，努力在调整优化经济结构上取得新突破。二是坚持创新驱动，努力在提高科技支撑能力上取得新突破。三是坚持“三个导向”，努力在抓好三农工作上取得新突破。四是坚持统筹推进，努力在促进区域协调发展上取得新突破。五是坚持扩大开放，努力在提高开放型经济水平上取得新突破。六是坚持弘扬优秀传统文化，努力在推进社会主义核心价值体系建设上取得新突破。七是坚持以人为本，努力在保障和改善民生上取得新突破。八是坚持党要管党，努力在加强作风建设和提高领导水平上取得新突破，以党的建设新成效为全面深化改革提供坚强政治保证。

12月17日至18日，省委十届八次全体会议在济南举行。会议由省委常委会主持。省委书记姜异康作了重要讲话。全委会进一步深入学习贯彻十八届三中全会和习近平总书记视察山东重要讲话精神，听取和讨论了省委书记姜异康受省委常委会委托作的工作报告，审议通过了《中共山东省委关于深入学习贯彻党的十八届三中全会精神的意见》。省委副书记、省长郭树清就《意见（讨论稿）》向全委会作了说明。

全委会指出，全面深化改革必须高举中国特色社会主义伟大旗帜，全面贯彻落实党的十八大和十八届三中全会精神，全面贯彻落实习近平总书记对山东工作的重要指示要求，坚决破除各种体制机制弊端，建立完善推动科学发展的体制机制，把十八届三中全会描绘的改革蓝图一步步变为现实。到2020年，在重要领域和关键环节改革上取得决定性成果，完成中央和省委确定的各项改革任务，形成系统完备、科学规范、运行有效的制度体系，开创经济文化强省建设新局面。

全委会指出，全面深化改革是一项长期艰巨复杂的系统工程，重在结合山东实际，抓好中央重大改革措施的细化和落实。要坚持“两个毫不动摇”，深化国有企业改革，大力发展非公有制经济，激发和释放各类市场主体活力；要加快完善现代市场体系，着力清除市场壁垒，建立城乡统一的建设用地市场，完善金融市场体系，健全技术创新市场导向机制，充分发挥市场在资源配置中的决定性作用；要创新行政管理方式，进一步转变政府职能，深化财税体制改革，有序推进事业单位分类改革，加快建设法治政府和服务型政府；要完善城乡发展一体化体制机制，加快构建新型农业经营体系，拓宽农民财产性增收渠道，建立城乡要素平等交换机制，优化城镇化健康发展体制机制，进一步推动区域协调发展；要实施更加积极主动的开放战略，努力构建开放型经济新体制，发挥沿海优势，推进中西部扩大开放，培育参与国际经济合作竞争新优势。

全委会强调，建立系统完整的生态文明制度体系十分重要。要实行最严格的源头保护制度、损害赔偿制度和责任终身追究制度，建立促进资源节约和循环利用制度体系，健全生态环境保护管理体制机制，将生态环境质量逐年改善作为区域发展的约束性要求，大力促进生态山东建设。必须不断加强社会主义民主法制建设，坚持和完善人民代表大会制度，推进协商民主广泛多层制度化发展，加强基层民主建设，拓宽基层群众意愿表达渠道。健全行政执法体制机制，整合执法主体，强化重点领域的执法力量，建立健全行政执法争议协调机制。推进法治山东建设，深入开展普法依法治理，健全司法权力运行机制，维护社会公平正义。强化权力运行制约和监督体系，坚持用制度管权管事管人，让权力在阳光下运行。扎实推进社会领域的改革。创新社会治理体制，建立党委领导、政府主导、社会协同、公众参与、法治保障的社会治理格局，加强社会治安综合治理，健全社区网格化管理、社会化服务机制，创新预防化解社会矛盾体制，健全公共安全体系，推动军民融合深度发展。深化文化体制机制改革，坚持以社会主义核心价值体系建设为根本，建立和完善革命文化和优秀传统文化传承体系，健全完善思想道德建设体系，完善文化管理体制，建立健全现代文化市场体系，构建现代公共文化服务体系，推动文化事业文化产业繁荣发展。加大推进各项社会事业改革力度，深化教育领域综合改革，健全促进就业创业体制机制，深化收入分配制度改革，完善社会保障制度，深化医药卫生体制改革，逐步调整完善计划生育政策，提高保障和改善民生水平。

全委会强调，全面深化改革对党的执政能力和领导水平是一个新的考验，对做好党的建设各项工作提出了新的更高要求，必须切实加强和改进党的建设，为贯彻落实十八届三中全会精神提供坚强保证。各级党委（党组）要切实担负起管党治党的政治责任，坚持解放思想，更新观念，切实加强作风建设，健全作风建设长效机制，建设高素质干部队伍，完善考核评价制度，推进反腐败体制机制创新，健全反腐败领导体制和工作机制。加强对改革的组织领导，确保各项改革措施落到实处。

除此之外，全省通过宣讲、培训等多种形式，迅速掀起学习贯彻十八届三中全会精神的热潮。11 月 26 日，山东省学习贯彻党的十八届三中全会精神宣讲团成立暨宣讲工作动员会举行，标志着全会精神集中宣讲活动正式全面启动。省委书记姜异康会前作出重要批示。省委常委、宣传部长孙守刚出席会议并讲话。动员会后，与会人员听取了中国社科院经济研究所朱恒鹏研究员作的辅导报告。从 12 月 3 日开始，宣讲团分赴各地开展集中宣讲。12 月 12 日，山东省第一期全省领导干部学习贯彻党的十八届三中全会精神和习近平总书记系列讲话精神专题培训班在省委党校开班。省委副书记王军民作动员讲话和辅导报告，省委常委、组织部长高晓兵主持开班式，省委常委、宣传部长孙守刚出席。

习近平来山东视察

2013 年 11 月 24 日至 28 日，中共中央总书记、国家主席、中央军委主席习近平，在省委书记姜异康和省长郭树清的陪同下，来到青岛、临沂、济宁、菏泽、济南等地，深入革命老区、企业、科研院所、文化机构等，考察经济社会发展情况。

临沂是革命老区，为中国革命胜利作出了重要贡献。11 月 25 日上午，习近平来到华东革命烈士陵园，向革命烈士纪念塔敬献花篮，参观沂蒙精神展，听取沂蒙地区革命战争历史介绍，并会见了当地先进模范和当年支前模范后代代表。他深情地说，我一来到这里就想起了革命战争年代可歌可泣的峥嵘岁月。在沂蒙这片红色土地上，诞生了无数可歌可泣的英雄儿女，沂蒙六姐妹、沂蒙母亲、沂蒙红嫂的事迹十分感人。沂蒙精神与延安精神、井冈山精神、西柏坡精神一样，是党和国家的宝贵精神财富，要不断结合新的时代条件发扬光大。

临沂交通便利，货畅其流。习近平来到金兰物流基地，视察物流信息中心，考察物流运输企业。他同管理人员和装卸工亲切交谈，详细了解物流业运行过程和成本效益，问他们还有哪些问题需要政府帮助解决。习近平指出，物流业一头连着生产、一头连着消费，在市场经济中的地位越来越凸显。要加快物流标准化信息化建设，提高流通效率，推动物流业健康发展。

11 月 25 日下午，习近平来到临沭县曹庄镇朱村，观看这个抗战初期就建立党组织的支前模范村村史展，了解革命老区群众生产生活。在 83 岁的“老支前”王克昌家中，他挨个房间察看，并坐下来同一家人拉家常，关切询问家里有几亩地、搞柳编能挣多少钱、还有什么困难。听老人说家里的生活有了改善，习近平很高兴。他强调，生活一天比一天好，但我们不能忘记历史，不能忘记那些为新中国诞生而浴血奋战的烈士英雄，不能忘记为革命作出重大贡献的老区人民。习近平叮嘱当地干部，让老区人民过上好日子，是我们党的庄严承诺，各级党委和政府要继续加大对革命老区的支持，形成促进革命老区加快发展的强大合力。

夜色降临，习近平又来到位于济宁的山东如意科技集团有限公司，听产品介绍、看生产车间，了解企业生产经营。得知他们依靠科技创出多个知名纺织服装品牌，拓展国际市场成绩显著，习近平予以肯定。他指出，企业是创新主体，掌握了一流技术，传统产业也可以变为朝阳产业。要深入实施以质取胜和市场多元化战略，支持有条件的企业全球布局产业链，加快形成出口竞争新优势，提高抵御风险能力。

曲阜是历史文化名城。11 月 26 日上午，习近平来到孔府和孔子研究院参观考察，并同有关专家学者座谈。在听取关于中华传统优秀文化研究的情况介绍后，习近平强调，一个国家、一个民族的强盛，总是以文化兴盛为支撑的，中华民族伟大复兴需要以中华文化发展繁荣为条件。对历史文化特别是先人传承下来的道德规范，要坚持古为今用、推陈出新，有鉴别地加以对待，有扬弃地予以继承。习近平指出，国无德不兴，人无德不立。必须加强全社会的思想道德建设，激发人们形成善良的道德意愿、道德情感，培育正确的道德判断和道德责任，提高道德实践能力尤其是自觉践行能力，引导人们向往和追求讲道德、尊道德、守道德的生活，形成向上的力量、向善的力量。只要中华民族一代接着一代追求美好崇高的道德境界，我们的民族就永远充满希望。

11 月 26 日下午，习近平来到经济欠发达的菏泽市调研。他考察了尧舜牡丹产业园，对菏泽发展牡丹产业、探索牡丹加工增值、带动农民增收致富的情况进行了具体了解。随后，习近平专门同菏泽市及其县区的主要负责同志座谈，共同探讨扶贫开发和加快发展的良策。座谈会上，他一面听，一面插话，详细询问每个县区经济发展和民生改善情况。在听取市委书记、市长和所有县区委书记的发言后，习近平指出，一个地方的发展，关键在于找准路子、突出特色。欠发达地区抓发展，更要立足资源禀赋和产业基础，做好特色文章，实现差异竞争、错位发展。欠发达地区和发达地区一样，都要努力转变发展方式，着力提高发展质量和效益，不能"捡进篮子都是菜"。抓扶贫开发，要紧紧扭住增加农民收入这个中心任务、健全农村基本公共服务体系这个基本保障、提高农村义务教育水平这个治本之策，突出重点，上下联动，综合施策。

11 月 27 日下午，习近平来到济南市外来务工人员综合服务中心，了解当地政府为外来务工人员提供一揽子服务、帮助农民工融入城市等情况。他同窗口单位工作人员和前来办事的农民工亲切交谈，了解为农民工的服务有哪些项目，农民工工作稳不稳定、收入是不是在增长、有没有自己的房子住、孩子上学问题解决得怎么样，叮嘱当地干部把涉及农民工的政策落实好，并在实践中不断完善。一群从事家政服务的"阳光大姐"围上来向总书记问好，习近平对她们说，家政服务大有可为，要坚持诚信为本，提高职业化水平，做到与人方便、自己方便。

围绕贯彻党的十八届三中全会精神做好"三农"工作，是习近平此次调研的重要内容。11 月 27 日下午，他来到山东省农科院，视察智能化温室和省农村农业信息化综合服务平台，了解依靠科技创新促进农业发展和农民增收的情况，随后召开座谈会，听取农业科研机构、农业行政部门、基层干部等有关人员对"三农"工作的意见和建议。习近平指出，保障粮食安全是一个永恒的课题，任何时候都不能放松。解决好"三农"问题，根本在于深化改革，走中国特色现代化农业道路。当前，重点要以解决好地怎么种为导向，加快构建新型农业经营体系；以解决好地少水缺的资源环境约束为导向，深入推进农业发展方式转变；以满足吃得好吃得安全为导向，大力发展优质安全农产品。习近平强调，要给农业插上科技的翅膀，按照增产增效并重、良种良法配套、农机农艺结合、生产生态协调的原则，促进农业技术集成化、劳动过程机械化、生产经营信息化、安全环保法治化，加快构建适应高产、优质、高效、生态、安全农业发展要求的技术体系。

调研期间，习近平听取了山东省委和省政府工作汇报，对山东近年来的工作给予肯定，希望山东认真学习贯彻党的十八届三中全会精神，锐意改革，敢创新路，坚决打好转方式调结构攻坚战，切实做好保障和改善民生、创新社会管理这篇大文章，努力在推动科学发展、全面建成小康社会历史进程中走在前列。

习近平指出，党的十八届三中全会已经胜利闭幕，军令状已经下达，集合号已经吹响。一分部署，九分落实。改革蓝图有了，现在的关键是把蓝图一步步变为现实。学习贯彻党的十八届三中全会精神，重点是坚定信心、凝聚共识、落到实处。习近平强调，改革开放使我国以世所罕见的速度发展起来了，但改革开放只有进行时、没有完成时。解决我国发展面临的难题，不深化改革不行，深化改革力度小了也不行。全党同志对把改革蓝图变成现实要有信心。无论遇到什么困难，无论出现什么干扰，都要坚定不移推进改革。

习近平指出，学习贯彻党的十八届三中全会精神，必须凝聚共识，使全党全社会都理解改革、支持改革、参与改革。宣讲全会精神，要联系实际、研机析理、解疑释惑，引导干部群众全面准确地把握各项改革举措，不要盲人摸象、以偏概全，不要不明就里、大而化之。习近平强调，行动最有说服力。学习贯彻党的十八届三中全会精神，重在结合实际，抓好中央重大改革措施的细化和落实。要正确推进改革，坚持改革是社会主义制度自我完善和发展。要准确推进改革，认真执行中央要求，不要事情还没弄明白就盲目推进。要有序推进改革，该中央统一部署的不要抢跑，该尽早推进的不要拖宕，该试点的不要仓促推开，该深入研究后再推进的不要急于求成，该得到法律授权的不要超前推进。要协调推进改革，注重改革的关联性和耦合性，把握全局，力争最大综合效益。要善于把自觉维护中央大政方针的统一性严肃性和因地制宜、充分发挥主观能动性结合起来。任务一经确定，就要一步一个脚印、稳扎稳打向前走，积小胜为大胜，积跬步致千里。

习近平指出，全面深化改革任务艰巨、矛盾繁多，对党的执政能力和领导水平是一个新的考验。党的建设各项工作，都要紧紧围绕全面深化改革来定任务、添措施、建机制，都要用保证和促进全面深化改革的实际成效来检验。各级领导干部要着眼于领导好全面深化改革这场攻坚战，加强学习和实践，努力提高思想政治能力、动员组织能力、驾驭复杂矛盾能力，做到信心坚定、行动坚决，科学推进、勇于担当。要时时处处为群众作示范、当表率，让群众跟着来、一起干，不断增强人民群众投身改革的积极性和主动性。

文化建设

山东在全国率先设立文化创新奖

山东是文化资源大省。2012 年 12 月，山东省政府与文化部签署《关于合作推进山东文化强省建设框架协议》，拉开了山东文化繁荣发展的大幕。经中央批准，省政府设立山东省文化创新奖表彰项目，周期为 2 年，表彰名额为 30 个文化创新优秀成果。山东省文化创新奖是全国第一个由省政府设立的文化创新最高奖。

为进一步做好省文化创新奖评选奖励工作，根据省政府的要求，2013 年 1 月，省文化厅、省人力资源和社会保障厅、省财政厅印发《山东省文化创新奖评选奖励办法》。3 月 21 日，省新闻办、省文化厅、省人力资源和社会保障厅、省财政厅共同召开新闻发布会，正式启动山东省文化创新奖评选活动。

《山东省文化创新奖评选奖励办法》分 5 章共计 23 条，分别对奖项的评选标准及范围、评选机构及职责、评选程序、奖励及经费、监督管理等作了具体规定。

关于评选标准，《办法》规定，省文化创新奖是对文化实践过程的奖励，授予在文化行业各领域中以科学理论、科学方法、科学技术实施创新，为促进文化的创新发展做出突出贡献的单位及项目完成人：一是立足当代文化艺术前沿，取得重大突破或者在促进文化大发展大繁荣中有重大贡献，对山东文化强省建设有重要推动作用的；二是紧密联系文化建设实践，在观念和理念、内容和形式、方法和手段、机制和体制等方面开展创新，并取得较大的社会效益或经济效益的；三是实施大型文化项目，在组织策划、方案设计、运营与实践等各个环节有重大创新，达到国内先进水平的；四是促进文化与科技融合，完成重大技术创新、成果转化与推广，实现文化科技成果引进吸收再创新，创造显著效益的；五是创新文化管理运行模式，推动决策科学化和管理现代化，具有较强实践性和示范性的。

关于评选范围，《办法》规定，省文化创新奖评选范围分为公共文化服务创新、体制机制创新、文化产业、文化市场、演艺创新、文化遗产保护传承、文化科技、艺术教育、对外文化交流等 9 个专业领域。一是在公共文化服务中运用先进模式实施创新，拓展服务功能，提高公共文化管理运行与服务水平；二是在文化体制改革中引入先进的管理理念，运用科学的管理方法，提高运营效率和水平；三是在文化产业发展中应用高新技术，提升文化产品的技术含量，改造传统文化产业，创新文化生产方式、催生新的文化业态；四是在文化市场监管中利用高新技术实施有效管理，提高市场监管水平，促进文化市场健康、有序发展；五是在艺术演出和制作中应用先进科学技术创造新的表现形式，积极探索新的表现手法，增强艺术表现力；六是在文化遗产保护、开发和利用中运用高新技术和先进理念，实现文化遗产保护和发展，促进中华民族优秀传统文化的传承；七是在文化科技中运用新方法和新工艺探索创新的发展模式，实现工艺创新，发挥文化科技的支撑作用；八是在艺术教育与人才培养中应用先进理念，提高教育教学水平，发挥艺术教育在高层次人才培养和后备人才储备的主阵地作用；九是在对外和对港澳台文化工作中，创新理论和工作机制，探索对外文化交流、对外文化贸易和对外文化宣传的新领域、新模式，提升齐鲁文化的国际影响力与竞争力。

《办法》对评选程序作了详细规定。例如，对于参评条件，规定要有一套完整的科学理论、科学方法作指导，将科学理论、方法和技术创造性地应用在文化工作中，取得显著的社会效益或经济效益，具有广泛的推广应用价值；自主创新能力、管理与服务水平要在国内同行业处于先进地位；申报时间距完成时间不超过三年；近三年内无重大安全事故；在参评期间不涉及法律纠纷。

为做好首届山东省文化创新奖评选，山东省文化创新奖评审委员会办公室制定了《山东省文化创新奖评选奖励工作方案》，对项目申报、评选程序、奖励表彰、宣传推广等明确了详细职责、计划安排和活动进度。6 月 6 日，省文化创新奖评审委员会办公室印发《山东省文化创新奖评审规则》及《评分表》，对评审过程作了更为详细的规定。

7 月 31 日，首届山东省文化创新奖评审会议在济南召开。省文化创新奖评委会办公室共受理全省申报项目 164 项，均为近两年来山东省各地各单位在文化实践中涌现出的优秀创新成果。评委会按照“注重实践、注重实效，面向基层、面向一线，精益求精、优中选优”的要求，遵循“科学、公平、公正、公开”的原则，经过推荐申报、形式审查、初评、终评四个程序，共评审出30项优秀文化创新成果为拟获奖项目，基本代表了近两年山东文化事业和文化产业改革创新的最高水平。

9月27日，省政府以通报的形式公布了首届山东省文化创新奖获奖项目。这30项获奖项目分别为：山东省“文化惠民、服务群众”办实事；尼山世界文明论坛；山东省非物质文化遗产抢救性保护模式；中华文化体验模式创新与对外文化交流平台构建；山东省公共电子阅览室综合管理平台建设；“五位一体”戏剧影视人才培养模式实践与创新；临沂市文化市场监控平台新模式；县域非物质文化遗产保护“一三五”模式；山东文化艺术宣传推介工程；“学儒育新”——儒家文化与监狱教育改造共建模式探索与实践；“依团代传”在破解濒危剧种（大弦子戏）传承危机中的“薪火”效应；青岛市文化市场综合执法规范化建设工程；乳山市文化产业十大领域创新工程；鲁北民间音乐文化传承创新与实践；山东省“文化项目社会办”文化服务创新项目；文化超市——基层公共文化服务模式新探索；齐鲁大讲坛；探索文化和科技融合发展模式，推进“国家级文化和科技融合示范基地”建设工程；孔子文化世界行；沂蒙演艺精品的协同创新模式；区域文化事业体制机制改革创新与实践；鲁西红色文化教育长廊；山东琴书的教育传承与创新模式研究；台儿庄古城文化产业园创建运营模式；日照市公共文化服务体系建设“千百重点文化工程”模式创新；多媒体智能咨询公共服务平台；黄河三角洲文化创新工程；音乐表演专业师生教演一体化的实践与探索——经典民族歌剧《党的女儿》排练及巡演；基层公共文化服务“1+3”网格化管理模式；山东演出票务网。

全国首个世行贷款文化遗产保护项目在济宁启动

经国务院批准，2009年7月，山东孔孟文化遗产地保护项目列入国家《世界银行贷款2010—2012财年备选项目规划》。省中华文化标志城规划建设办公室协调省和济宁市有关部门，全力推进项目各项前期准备工作，依次经过了鉴别团、准备团、预评估团、评估团等世行代表团的审核，完成了项目建议书批复、环评报告批复、可研报告批复、财政投资评审、资金申请报告批复等各项国内审批程序。

2011年4月20日，国家财政部牵头就该项目在华盛顿与世界银行进行谈判，对项目《贷款协定》、《项目协定》文本内容进行确认，形成谈判纪要。2011年5月24日，在美国华盛顿召开的世界银行总部世行贷款项目审查会议上，山东孔孟文化遗产地保护项目顺利通过世界银行执行董事会批准，10月份正式生效。世行执董会对该项目的审批通过，标志着世界银行官方就该项目的技术、经济、财务、采购、环境、社会等各个方面的最终认可，也标志着项目进入全面实施阶段。

2013年2月27日，山东省利用世界银行贷款孔孟文化遗产地保护项目管理办公室与意大利海缔雅公司在山东博物馆签署咨询服务合同，世行项目咨询服务正式启动。该世行项目是我国第一个由世界银行贷款资助的文化遗产保护利用项目，也是山东最大的利用外资进行历史文化遗产保护的主权债务项目。

孔孟文化遗产地保护项目总投资8.73亿元，其中利用世界银行贷款5000万美元，折合人民币3.33亿元，占总投资的38.19%。项目实施周期为6年，其中包括准备期1年，建设期5年，于2016年年底完成全部工程建设。项目贷款期限为21年，其中包括8年宽限期，在宽限期内只偿还利息，不偿还本金，从第9年开始偿还本金和利息。

项目由济宁市、曲阜市、邹城市3个项目主体承担。其中，孔孟文化数字信息系统由济宁市文物局（市文化城办公室）组织实施；曲阜市建设项目由曲阜市规划局、曲阜市水利局、曲阜市文物旅游局、曲阜市文化产业园管理委员会组织实施；邹城市建设项目由邹城市住房与建设局、邹城市水利局、邹城市文物旅游局组织实施。

项目建设地点位于曲阜市和邹城市。内容包括四部分：一是文化遗产保护与展示。包括孔府、孔庙、孔林、尼山等孔子文化遗产保护，曲阜明故城文化遗产保护、管理和展示，鲁国故城文化遗产保护、管理和展示；孟府、孟庙、孟林等孟子文化遗产综合保护，基于可持续旅游的文化遗产展示体系及孔孟文化数字信息系统。二是历史古城区更新与基础设施提升。包括曲阜明故城更新与基础设施提升；曲阜鲁故城、明故城环境改善、河道恢复；邹城古城区更新、孟子小学重建和基础设施提升；邹城古城区环境改善、因利河河道治理恢复。三是规划编制及实施细则。包括编制《曲阜历史文化名城保护规划》、《曲阜明故城修建性详细规划》、《曲阜市、邹城市文化遗产保护和文化名城保护实施细则》、《社区参与式文化遗产保护和旅游发展实施细则》等。四是能力建设和项目管理。包括省、市、县项目办和项目实施单位人员培训和能力建设，为可持续的旅游发展提供人员技能培训。

在内容设置上，该项目除包括古建筑维修和基础设施建设外，还设置了许多亮点工程，如孔孟文化数字信息系统、文化遗产解说标识系统、石碑石刻保护技术研究等。其中，世界银行为山东省争取到意大利无偿赠款5万美元用于石碑石刻、木结构和彩绘保护的技术研究。

按照采购计划，孔孟文化遗产地保护利用世界银行贷款项目共包括46个工程、货物和咨询服务合同。截至2012年9月，已签订工程合同1个，即曲阜泗河拦蓄引水入城工程；签订货物合同4个，即尼山古建筑维修地材石材、琉璃瓦、灰瓦和木材供应；签订咨询服务合同2个，即《社区参与式遗产保护和旅游发展手册》、《曲阜历史文化名城保护规划》。两项咨询服务合同已基本完成，世界银行资金已经开始报账。孔孟文化数字信息系统已经完成详细设计，曲阜市、邹城市文化遗产解说标识系统正在加紧开展设计。该项目在工程前期准备阶段和建设阶段已累计完成投资1.2亿元。

按照世界银行的要求，山东世行项目办需通过招标聘请国际咨询顾问机构，为项目实施提供支持。新签约的意大利海缔雅公司将协助和指导山东省项目办的工作，并对所有的子项目在设计、规划、文化遗产保护、历史城市更新和基础设施提升等方面提供专家智力支持。

全省文化系统实施“大师引进工程”

加强人才培养是基础，引进人才同样不可或缺。2012年，山东启动“大师引进工程”。省文化厅研究制定了2012年人才工作重点项目及职责分工，确定了大师引进、高端人才引进等13项重点人才工作。

2013年3月15日，山东省图书馆、艺术馆、博物馆、美术馆(简称“四馆”)名誉馆长聘任仪式在北京举行。许嘉璐、单霁翔、王文章、刘大为分别作为山东文化系统“大师引进工程”引进的四位大师，被聘为山东省图书馆、博物馆、艺术馆、美术馆名誉馆长。省委常委、宣传部部长孙守刚现场为四位名誉馆长颁发了聘书。

为保障“大师引进工程”的顺利实施，8月27日，省文化厅制定《“大师引进工程”实施办法》。《办法》对引进范围和条件、遴选程序、管理模式与运行机制、保障措施、考核评估等作了明确规定。

关于大师引进的范围和条件，《办法》规定，引进人选主要从长期从事文化艺术研究、图书文献、公共文化服务、美术创作研究、文博事业等领域，卓有建树的高端人才中确定；引进人选应当具有深厚的学术造诣，在社会上享有较高声誉或为业内公认的文化艺术名家；在艺术创作、艺术研究、艺术教育、图书文献、公共文化服务、美术创作研究、文博等领域作出系统的、创造性的成就或重大贡献；引进人选应当身体健康，熟悉齐鲁历史文化及山东现代文化艺术发展情况，有志于为山东文化改革发展作出贡献。

在管理模式方面，《办法》规定，馆内设立专家委员会和管理委员会。专家委员会由相关业务领域的高层次专家组成，主任由名誉馆长兼任。管理委员会聘请省级领导、社会各界知名人士、企业家代表等组成，主任由省文化厅与名誉馆长、省级领导商定。专家委员会负责为业务规划、学术科研、服务拓展、人才培养、文化交流、重大活动、展陈策划、讲座选题等重要工作确定目标和把握方向。管理委员会负责监督馆内运行，论证提出发展规划建议，承担整合利用社会资源、筹集运作社会支持等职责。

为保障各位名誉馆长有效开展工作，《办法》规定，对设立的“大师引进工程”岗位，给予专项经费支持，保证名誉馆长团队活动。资金主要用于解决引进大师的学术科研、人才培养、服务保障等。专项经费从“山东省文化艺术人才培养引进资金”中列支；设立“大师引进”岗位的单位，要根据名誉馆长的要求和工作需要，为其设立办公室，配备必需的办公和学术科研设施、设备，安排好交通、通讯、生活等相关事项，创造良好的工作生活环境；以学术课题和科研项目为纽带，以本单位专业人才为骨干，适当吸收社会人才参加，为名誉馆长组建学术科研团队。在名誉馆长的带领和指导下，参与相关科研学术活动，以名誉馆长为核心，拓展人才培养途径，形成跟班进修、联合培养、名师带徒等多种模式，推动有发展潜力和培养前途的年轻专业技术人才迅速提升科研学术能力和业务水平。

省文化厅设立大师工作办公室，厅主要领导同志兼任办公室主任，分管领导同志任办公室副主任，相关单位和处室负责人参加。大师工作办公室主要负责督促四馆落实各项政策，指导协助馆长与名誉馆长衔接，为名誉馆长开展工作创造条件，提供坚强保障。名誉馆长确定后，省文化厅任命的馆长仍作为单位法人主持全面工作，继续履行相关党政管理职责。“大师引进”单位要结合实际制定《聘请名誉馆长创新内部机制工作实施细则》，明确名誉馆长的职责，充分发挥专家委员会和管理委员会的作用，及时就重大规划和重大业务事项向两个委员会提出咨询。重大发展规划、重大资金运作、重大学术课题、重大文化艺术活动、重大人才培训规划等事项要提交两个委员会研究论证后方可组织实施。名誉馆长每年应当安排一定时间驻馆工作，全面了解工作情况，梳理研究需要解决的问题，提出工作意见或建议。馆长要定期向名誉馆长汇报工作，综合性工作汇报每年不少于2次；涉及学术研究、人才培养、业务建设等方面的重要工作，要积极主动汇报，获得指导帮助。

全省文化系统实施“大师引进工程”，在文化艺术领域引进了一批高端人才，不仅可以有效缓解山东文化艺术领域领军人物、名家大师等高层次人才相对不足的矛盾，还可以带动全省文化人才队伍素质的全面提升，打造山东文化人才高地，形成文化强省建设的人才优势，为加快文化强省建设提供强有力的人才支撑。

山东开展首届文化强省建设先进市县创建考评活动

开展文化强省建设先进市县创建考评工作，是中共山东省委九届十三次全体会议作出的重大部署。2013年5月17日，省委办公厅、省政府办公厅印发《山东省文化强省建设先进市县考评管理办法(试行)》。6月5日，省文化体制改革和发展工作领导小组印发《首届山东省文化强省建设先进市县测评标准体系》。创建考评工作由省文化体制改革和发展工作领导小组办公室具体组织实施。2013年6月28日，山东省文化体制改革和发展工作领导小组会议召开，标志着山东省正式启动首届文化强省建设先进市县创建考评活动。

《山东省文化强省建设先进市县考评管理办法(试行)》共分总则、范围和条件、申报和考评、奖励和管理、附则5个部分。规定,山东省文化强省建设先进市县必须具备以下基本条件:组织领导有力,创建活动扎实;社会主义核心价值体系凝聚力强,社会文明程度高;公共文化服务设施完善,群众精神文化生活丰富;文化体制改革到位,文化产业竞争力强;齐鲁文化弘扬发展,人才队伍发展壮大;文化创新体系完善,文化发展活力增强。

《首届山东省文化强省建设先进市县测评标准体系》为考评管理工作科学化提供了保障。一是定性与定量考评相结合。测评体系将社会主义核心价值体系建设、公共文化服务体系建设、文化产业发展、精神文化产品创作生产、文化体制机制改革创新、优秀传统文化弘扬发展、文化人才队伍建设、文化建设组织领导等方面内容纳入考评体系,设为8项一级指标,下设二级指标27项、三级指标100项,按照总分数100分的标准,进行定性定量考核,使文化强省建设的目标要求进一步量化、具体化。二是突出价值导向。社会主义核心价值体系建设在测评体系中的占比达22%,包括理论学习教育、公民道德建设、精神文明创建、舆论引导管理等若干二级指标。同时精神文化产品创作生产作为一级指标,也占比5%。三是注重改革创新。在测评体系的指标设计上加大文化改革发展考核权重,文化体制机制改革、公共文化服务体系建设、文化产业发展占比分别为6%、24%、25%,合计占比达55%。四是全面综合考评。测评标准体系不仅涵盖了文化建设的各个方面,而且专门设置群众满意度系数,通过群众满意度调查计算,用以与测评总分相乘,得出最后分值,同时还参考了省科学发展观考核结果、精神文明建设考评结果,并征求了各市和省直有关部门的意见,从而使考评结果真正是综合考评的结果,确保了考评结果的科学性、可靠性。

考评工作分动员部署、申报、考评、审核公示、报批通报5个阶段进行。6月上旬,省文化体制改革和发展工作领导小组下发通知,对文化强省建设先进市县创建活动和考评工作作出安排部署;7月底,对各市文改办主任进行了考评培训。各市和各有关部门精心组织,广泛发动,对照测评体系100条准备了详尽的审核材料,开展了深入细致、扎实有效的工作。8月中旬,各市按要求向省文化体制改革和发展工作领导小组提交本市推荐参评名单和综合报告。申报工作积极踊跃,共申报了14个市和75个县。

9月1日至9日,省文化体制改革和发展工作领导小组办公室委托省统计局成立独立测评机构,在动员和培训后,分8个考评组51人深入17市75个县开展测评打分。考核定性、定量、定向考核,分四个方面同时展开测评。一是考评组按照《首届文化强省建设先进市县材料审核要求》,采取听取汇报、查阅资料等方式,严格审核材料打出分数;二是制定现场测评卡对相关测评指标分别设定了A、B、C三个档次,采取随机抽查、实地考察等形式进行现场打分。三是省统计局社情民意调查中心对各个申报市和县分别进行了电话调查访问,得出群众满意度系数。四是文改办协调财政厅、省国税局、省地税局、省商务厅等领导小组成员单位,对省、市、县三级相关考核数据进行了采集和核实。同时,对省直宣传文化系统部门单位和17市党委宣传部分别进行了强市县排名情况的调查,作为总体考核的辅助参考。根据以上五个方面的测评,确定申报地区的综合考评得分,提出候选名单。

9月18日至9月24日,省文化体制改革和发展工作领导小组在《大众日报》对评选出来的文化强省建设先进市县予以公示。首届文化强省建设先进市县评选,共评选出8个文化强省建设先进市、41个文化强省建设先进县(市、区)。它们分别是济南市、青岛市、淄博市、烟台市、潍坊市、泰安市、威海市、临沂市,章丘市、济南市历下区、济南市市中区、济南市槐荫区、济南市天桥区、青岛市市南区、青岛市黄岛区、青岛市城阳区、即墨市、胶州市、淄博市周村区、桓台县、枣庄市山亭区、枣庄市台儿庄区、广饶县、垦利县、烟台市牟平区、蓬莱市、龙口市、莱州市、诸城市、寿光市、高密市、兖州市、曲阜市、泰安市泰山区、肥城市、荣成市、乳山市、日照市东港区、莒县、莱芜市钢城区、临沂市兰山区、临沂市河东区、沂水县、齐河县、武城县、茌平县、邹平县、无棣县、菏泽市牡丹区、郓城县。

山东开展文化强省建设先进市县创建和考评活动,在全国属于首创,受到了社会各界的广泛好评,在全省形成了加快文化改革发展、共建文化强省的热潮。

全国首个国家级国际版权交易中心落户青岛

2013年5月,国家版权局正式批复,在青岛经济技术开发区设立国家级国际版权交易中心(西区),从事文化创意产业版权交易。7月4日,国家级国际版权交易中心举行揭牌仪式,正式落户青岛。

青岛国际版权交易中心是由国家版权局下属中国版权保护中心在山东设置的第一个,也是唯一的国家级权威分站和综合性版权产业试点基地,注册资金1000万人民币,总投资6个亿。中心是以创意文化产业为核心、高科技为动力、资本运营为纽带的集知识产权和创意作品确权、登记、交易、保护、投融资服务为一体的综合服务机构。

按照规划,青岛版权交易中心设立西区和东区。西区位于青岛经济技术开发区,以文化创意版权交易为主要特色;东区位于市北区,以工业设计版权交易为主要特色。为扶持文化创意中小企业,中心设立文化产业种子基金,由中心提供担保金,由银行无抵押放款给中小企业。种子基金的设立对企业来说是一个融资的福音,因为文化创意企业都是轻资产,贷款较难,通过种子基金,中心只要认定这个项目的前景较好,就可以为其提供一条龙的服务,而之前企业则要分别与评估所、认证机构、银行等多个部门打交道。

青岛国际版权交易中心(西区)自运营以来,重点围绕版权创意和文化科技,大力发展科技文化服务、科技文化金融、科技文化产业运营三大板块,创建了切实可行的版权创意产业公共服务运营模式。

在科技文化服务方面,中心主要以版权登记服务、版权维权和版权质押评估为基础,以服务实体经济和创新产业为目标,创新产业发展模式,加强国际交往和合作。在音乐著作权收费方面,中心是山东"中国音乐著作权协会"首席代表,负责全省17个地市的宾馆、酒店、咖啡厅和商场等的背景音乐著作权收费,业务范围覆盖全省17个地市,此外还为影视企业、电视台和国内知名企业提供音乐维权服务。中心拥有全国领先的知识产权和无形资产评估体系,对版权、商标、艺术品、设计、软件等提供国家级的评估和质押,帮助企业获得权威的价值认证并取得融资。2013年年底,中心与韩国国家电视台KBS签署战略合作协议,计划引进全国第一个"KBS环球数码体验城"项目,着力建设全国性的文化创意数码体验中心,创建西海岸文化产业新格局,促进蓝色经济快速发展。中心通过与中国科学院海洋所、农业部黄海所、中国海洋大学、山东科技大学、青岛理工大学等驻青岛院校的合作和资源共享,在青岛市主管部门的帮助下,计划搭建国内一流的海洋科技成果转化平台和专利数据库,为加快海洋科技成果转化和激励民族创新产业的发展作出努力。

在科技文化金融业务方面,中心通过版权质押的形式与银行联手合作,成为版权创意产业数字化和文化金融融合时代背景下的"闯路先锋"。中心与中信银行青岛分行签约战略合作协议,意向授信10亿元,用于服务版权产业;与民生银行青岛分行合作为科技文化型企业提供无抵押贷款服务,总额度3亿元,是对青岛市创意文化和科技创新企业破格无抵押、无担保的一次重大扶持。

在文化金融和中小企业股权上市方面,2013年9月,中心与齐鲁股权托管交易中心签约,正式成为全省唯一"四板"证券市场的保荐机构,可以为全省的中小企业和创意文化企业进行上市孵化和股权交易保荐,再结合其他服务功能,中心已经成为一个可以为创意文化企业提供从确权、质押、评估、贷款到股权投资和上市的一条龙公共服务平台。2013年12月,中心受到邀请,参股贵州省唯一的"四板"市场——贵州省股权金融产品交易市场,抓住了全国最后剩余的入股省级股权交易市场的机会,此类股权中心每个省只有一个。青岛国际版权交易中心不仅走出了山东,而且极大地拓展了业务,可以为贵州省的文化和中小企业提供综合服务,成为跨省的版权综合服务平台。

在科技文化产业运营方面,中心利用权威性平台,建立行业完整的产业链服务体系和平台,通过对接工业和文化企业,服务实体经济,加快转型升级,为广大中小创意文化企业和原创作者提供更多服务,同时也努力为中国创意产品走出去作出应有的贡献。

2013年,中心普通著作权作品登记量已突破2000件,全市文化创意产业增加值达715.3亿元,占地区生产总值的8.6%,版权创意产业成为了青岛市国民经济的支柱性产业。

山东出台大运河遗产保护管理办法

举世闻名的京杭大运河,是世界上开凿最早、最长的一条人工河道。自开凿到现在已有2500多年的历史,形成了大量的文物古迹和非物质文化遗产。大运河以其深厚的历史文化内涵,被誉为"古代文化长廊"、"古代科技库"、"名胜博物馆"、"民俗陈列室",其历史遗存是研究中国古代政治、经济、文化、社会等方面的绝好实物资料,是中国悠久历史文明的最好见证。为了加强大运河遗产山东段的保护和管理,规范大运河遗产利用行为,2013年7月8日,省政府第9次常务会议审议通过《山东省大运河遗产山东段保护管理办法》(8月4日公布),并于2013年10月1日正式实施。

《办法》从山东大运河遗产保护和管理实际出发,积极创新,增加了具有山东特色、符合现实需要的条款:

一是明确界定了大运河遗产山东段的范围。大运河山东段,全长约643公里,流经德州、聊城、泰安、济宁、枣庄5个地级市,涉及16个县(市、区),是大运河的关键性河段。根据《办法》,大运河遗产山东段,是指与京杭大运河(以下简称大运河)相关的水工遗存,各类伴生历史遗存,历史文化名镇、名村,历史文化街区,环境景观,以及近代以来兴建的、具有文化代表性和突出价值的水工设施。

二是要求成立大运河遗产山东段保护工作领导机构。《办法》规定,省人民政府设立大运河遗产保护和申遗工作领导小组,作为大运河遗产山东段保护的领导机构,并明确领导小组依法履行协调大运河遗产山东段保护的重大事项,审订、修改大运河遗产山东段保护规划的职责。这项工作涉及到省政府多个部门和5个地级市。

三是实行大运河遗产山东段保护规划制度。《办法》要求,大运河遗产实行保护规划制度,对规划的构成、制定和颁布实施单位、制定程序等均予以明确。特别是第十条第三款规定,"公布实施的大运河遗产山东段省级保护规划和市级保护规划,未经省人民政府文物行政部门会同有关部门批准,不得修改";第十二条规定,"在大运河遗产山东段保护规划划定的保护范围和建设控制地带内进行工程建设,应当实行建设项目遗产影响评价制度"。这些具体规定使大运河遗产保护规划具有了更充分的保障。

四是实施大运河遗产保护专家咨询制度和听证制度。《办法》规定,大运河遗产山东段保护实行专家咨询制度和听证制度,规定大运河遗产山东段沿线县级以上人民政府及其有关部门在制定保护规划,审批有关文物保护方案,进行建设工程,或者决定其他涉及大运河遗产的重大事项前,均应当征求文物保护专家的意见，建立专家意见档案，并应当举行听证会，公开听取公众的意见。这一规定的设立有利于文物保护专家和公众参与政府重大决策，有利于大运河遗产得到有效保护，使得政府作出的涉及大运河遗产的重大决策更加科学、民主、透明。

五是实行建设项目遗产影响评价制度，明确惩戒要求。《办法》规定，在大运河遗产山东段保护规划划定的保护范围和建设控制地带内进行工程建设，实行建设项目遗产影响评价制度。除依法批准的防洪、航道疏浚、水工设施维护、输水河道工程外，任何单位或者个人不得在大运河遗产山东段保护范围内进行工程建设。禁止在保护范围和建设控制地带内挖沙取土、乱搭乱建、倾倒垃圾、排放污水、破坏河堤、刻划文物本体、毁坏界碑、界桩或者其他遗产标识，以及擅自耕种、植树等活动。针对上述违法行为的，《办法》作了详细的惩戒条款，对个人可处以警告或者100元以上1000元以下的罚款；对单位可处以警告或者1000元以上1万元以下的罚款；情节较重的，可处以1万元以上3万元以下的罚款；造成大运河遗产山东段损毁的，依法承担民事责任；涉嫌犯罪的，依法追究刑事责任。

《办法》是我国第一部由省级人民政府颁布实施的大运河保护专项政府规章，也是山东第一部关于大运河遗产保护的法律法规。《办法》的公布施行，为大运河遗产的保护、管理和申遗提供了重要的科学依据和法律保障。2014年6月22日，在卡塔尔首都多哈召开的第38届世界遗产大会宣布：由扬州牵头的中国大运河项目成功入选世界文化遗产名录，成为中国第46个世界遗产项目。

山东实施齐鲁文化名家工程

为深入贯彻中央和省委关于人才工作的部署要求，着力培养造就一批造诣高深、成就突出、影响广泛的宣传思想文化领域杰出领军人才，结合全省宣传思想文化工作和人才队伍建设实际，山东决定实施齐鲁文化名家工程。2013年9月17日，中共山东省委办公厅、省政府办公厅印发《齐鲁文化名家工程实施意见》。

《意见》指出，通过实施齐鲁文化名家工程，在全省重点选拔扶持一批哲学社会科学、新闻出版、广播影视、文化艺术和文物保护、文化经营管理、文化科技等方面具有领军才能和团队组织能力的高端人才，为他们创新创业创优提供资助，创造良好条件。充分发挥齐鲁文化名家的引领带动作用，打造更多优秀团队，培养更多优秀人才，推动全省宣传思想文化事业和文化产业繁荣发展。

《意见》指出，齐鲁文化名家工程在坚持党管人才、坚持差额择优、注重激励创新和注重统筹兼顾的原则下每4年评选一次，每次选拔不超过20名。入选条件为：一是政治意识强，思想素质好。拥护党的理论和路线方针政策，坚持“二为”方向和“双百”方针，坚持“三贴近”原则，有强烈的事业心和社会责任感，有良好的职业精神、职业道德和个人品德，模范遵守国家法律法规，自觉弘扬正气，抵制不良风气。二是专业造诣深，业务成就大。在哲学社会科学、新闻出版、广播影视、文化艺术和文物保护、文化经营管理、文化科技等方面取得显著成绩，具有本领域公认的代表性作品及其他有影响的重要成果，获得国内外重大奖项，在本领域有较高的权威性，能够切实发挥引领带动作用，为宣传思想文化事业和文化产业繁荣发展作出突出贡献。三是知识层次高，社会影响广。一般应具有大学本科以上文化程度和高级专业技术职务，年龄不超过58周岁，在一线工作，身体健康，社会知名度较高，在全国、全省有较大影响。其中，获得泰山学者、山东省有突出贡献的中青年专家称号的，享受国务院政府特殊津贴的，入选齐鲁文化英才工程等省级以上重点人才工程的，有本人率领并取得突出业绩团队的，可优先推荐。

《意见》规定选拔程序分为4步：第一步，名额分配。省委宣传部会同有关部门，根据了解掌握的各界别高层次宣传思想文化人才情况，研究确定每次的选拔时间、选拔名额，并按照一定差额比例分配推荐名额，下发推荐工作通知。第二步，推荐提名。各市、有关企业党委宣传部和省直有关部门单位，严格按照推荐名额和标准条件进行推荐，广泛征求意见，研究提出推荐人选，向省委宣传部呈报推荐材料。省委宣传部对推荐材料进行审核。第三步，专家评议。省委宣传部会同有关部门，组织由专家学者和有关部门负责人组成的专家评议委员会，按界别分设评审小组，对不同界别推荐人选的专业能力、业务成就和工作业绩等分别进行评议。根据评审小组初步意见，专家评议委员会按一定差额比例提出人选建议，采取无记名投票方式产生初步人选。第四步，确定人选。根据专家评议意见，征求有关纪检监察部门意见后，省委宣传部部务会议研究确定齐鲁文化名家人选。人选名单通过新闻媒体向社会公示。公示无异议后报省人才工作领导小组审定，由省委组织部、省委宣传部、省财政厅、省人力资源社会保障厅发文公布，授予齐鲁文化名家称号，并颁发证书。

10月10日，省委宣传部发出《关于开展首批齐鲁文化名家推荐选拔工作的通知》，提出齐鲁文化名家选拔工作实行总量控制，首批选拔不超过20名，在各市、有关企业、有关部门和单位推荐的人选中评选。济南、青岛市可各推荐2至3名；其他市和有关企业可各推荐1至2名；省直宣传文化系统各部门、单位和省委高校工委、省委党校可各推荐2至3名；其他有关部门、单位可各推荐1名。推荐人选界别，由各市、有关企业、有关部门和单位根据各自实际自定。没有合适人选的，可不推荐。

12月29日，首批齐鲁文化名家评审会议在济南召开。评审委员会对哲学社会科学界、新闻出版广播影视界、文化艺术和文物保护界、文化经营管理界的87名参评人选进行了评审，共评出20名首批齐鲁文化名家初步人选。在征求有关纪检监察部门意见后，确定20名首批齐鲁文化名家人选。2014年1月3日,首批齐鲁文化名家人选面向社会公示。

2014年3月4日,首批齐鲁文化名家评选揭晓,共有哲学社会科学、新闻出版广播影视、文化艺术和文物保护、文化经营管理等领域20名高端领军人才入选。首批齐鲁文化名家是:哲学社会科学界王志东(山东社会科学院)、王学典(山东大学)、宋协娜(省委党校)、魏建(山东师范大学);新闻出版广播影视界马新(山东大学出版社)、王修滋(大众报业集团)、胡鹏(山东出版传媒股份有限公司)、潘士强(山东广播电视台);文化艺术和文物保护界王华莹(省艺术研究所)、王延辉(省文联)、孔笙(山东影视传媒集团)、杨志军(青岛出版集团)、李青(济南市京剧院)、宋昌林(省京剧院)、张炜(省作协)、张志民(山东艺术学院)、郭思克(山东博物馆)、谭好哲(山东大学);文化经营管理界任志鸿(山东世纪天鸿书业有限公司)、郑立波(大众报业集团)。

第十届中国艺术节在山东举办

中国艺术节是我国规模最大、水平最高的艺术盛会,已经成为优秀作品争奇斗艳的园地、艺术家展示才华的舞台、人民群众欢乐喜庆的节日。2013年10月11日晚,由文化部、山东省政府主办的第十届中国艺术节(以下简称"十艺节")在济南省会文化艺术中心大剧院开幕。中共中央总书记、国家主席、中央军委主席习近平向十艺节发来贺信。中共中央政治局委员、国务院副总理、十艺节组委会主席刘延东宣读贺信,并宣布十艺节开幕。省委书记姜异康,文化部部长蔡武,省委副书记、省长郭树清,省政协主席刘伟,国务院副秘书长江小涓,省委副书记王军民等出席开幕式。

开幕式一改过去请明星、聘大腕,追求大舞美、大制作、大场面的做法,摒弃舞台奢华炫目,彰显艺术本体魅力,呈现清新自然、淳朴简约之风。开幕式结束后,十艺节山东省重点推荐剧目——吕剧《百姓书记》精彩上演。该剧以寿光县原县委书记王伯祥的创业历程为素材,艺术地再现了寿光人民在党的领导下,面对改革大潮、敢于迎接挑战的历史。该剧制作精良、恢弘大气,剧情跌宕起伏,讲述了王伯祥冒着风险、排除万难,带领群众发展蔬菜市场、建设绿色大棚、开发寿北、改变贫穷落后面貌的感人事迹,展示出一名共产党员敢闯敢干、一心为民、把老百姓的事情当作爹娘的事情去办的公仆精神。

十艺节秉承"艺术的盛会、人民的节日"宗旨,集中展示出全国艺术创作和文化建设的丰硕成果,为人民群众奉献更好更多的精神食粮。同时,按照"力求节俭"的要求,彰显"回归艺术本体、文化共建共享"的理念,开创举办国家级艺术节的新风,成为了一届展示中国道路、中国精神、中国力量的艺术盛会。十艺节举办地包括济南、青岛等9市,各类演出近2000场次、展览活动约150个。

十艺节全国优秀美术作品展览通过邀请参展和公开征集相结合的方式,汇集了近三年来中国美术创作在中国画、油画、版画、雕塑、水彩(粉)画方面的精品力作647件,反映了中国美术在当代的传承、创新与探索。参展作者涵盖了全国美术界老、中、青三代美术家。截至10月26日,有16万人次走进山东美术馆新馆参观展览。

全国31个省(区、市),新疆生产建设兵团,中直院团和解放军文艺团体均有作品参加评奖演出,规模超过历届。舞台艺术有133台剧节目参加演出;角逐第十四届文华奖的剧目多达87台。较上届增加22台。参评剧目中戏曲作品44台,涉及27个剧种。除京剧、昆曲、秦腔、越剧等传统大剧种之外,还包括五音戏、平调落子、锡剧、汉剧等地方剧种。这些作品中包括戏曲现代戏24台,历史剧及传统戏12台,整理改编传统剧目8台,体现出传统戏、新编历史剧、现代戏"三并举"。这与10年来国家持续实施"国家舞台艺术精品工程"、"国家昆曲艺术抢救保护与扶持工程"、《国家重点京剧院团扶持规划》等政策措施密切相关。

第十六届群星奖共有884件作品、157个公共文化项目和117个"群文之星"候选人参评,最终决出220个作品类群星奖、110个项目类群星奖以及100位"群文之星"。十艺节突破15天的办节时限,把京剧、话剧、指挥、舞蹈、民族器乐、木偶皮影、曲艺7项全国性评比展演提前安排在山东举办,演出100余场,极大地丰富了十艺节的内容。此外,社会各界高度关注的现实题材创作取得显著成果。作为开幕式演出的吕剧《百姓书记》,用山东人民熟悉的音乐曲调、语言,塑造了带领百姓致富的新时期优秀基层干部形象。话剧《生命档案》、《郭明义》中,艺术家们力求以今天的视角,对英模人物、历史事件及其内在精神进行挖掘,做出新的独特阐释。音乐、舞蹈、杂技类作品,也呈现出创新、融合、多元的态势。除歌剧、舞剧、舞蹈诗之外,还出现了说唱剧、歌舞剧、杂技剧等艺术形式,充分显示了中国艺术的多元与创新。

演艺产品交易会重点演艺项目签约仪式上,共有86个演艺项目达成合作,签约额9.02亿元,是上届演交会交易额的5倍。本届演交会共吸引国内外600多个演艺机构近2000个剧(节)目参展推介,参展范围广泛、内容丰富、形式多样。其中,兖州市政府重点推出的大型旅游演艺项目《菩提东行》与山水盛典文化产业有限公司达成12000万元的合作;北京龙视大羽华裳国际文化传媒公司的大型戏曲服饰意象剧《大羽华裳》与美国、澳大利亚、意大利、台湾演艺总工会等达成7000万的合作;安徽省演艺院线有限公司与上海等合作方达成4000万元的合作;恒德数字舞美科技有限公司的数字化舞台监督监控指挥调度系统研发及应用项目与中央歌剧院达成3800万元的合作;杭州剧院音乐剧与中国国际演出剧院联盟达成2400万元的合作;山东演艺集团与中国国际演出剧院联盟、北京联艺环球文化传媒有限公司达成1800万元的合作;中国对外文化集团公司与英国阿姆斯特朗经纪有限公司等达成1407万元的演出合作;北京保利剧院管理有限公司的芭蕾舞系列剧与中央芭蕾舞团达成1320万元的合作等。参加签约的项目涵盖了文化旅游演艺、芭蕾舞、音乐剧、杂技剧、儿童剧、动漫等多个门类。

为让群众共享艺术发展的成果,十艺节一律取消向各级党政机关、领导干部公款赠票送票,中低票价占到总体的60%以上,有些文华奖的剧目最低票价仅需20元。而享受赠票"特权"的是受组委会邀请的劳动模范、低收入群众、福利院儿童等群体。除此之外,组委会开创性地将各种比赛和展演散落在17市,送戏进社区、村镇、广场,企业、学校和军营。据不完全统计,参与群众达2900多万人次。

10月26日晚,十艺节在青岛圆满落下帷幕。文化部和省政府共同在青岛大剧院举办了简短的闭幕仪式。山东省、陕西省政府相关负责人进行了艺术节节旗交接仪式,宣布第十一届中国艺术节将在陕西省举办。随后,部分中国艺术节优秀剧目和演员进行了回顾和展示演出。歌舞诗《魅力西藏》、歌剧《红河谷》、杂技剧《聊斋遗梦》、黄梅戏《徽州往事》、舞剧《红高粱》、秦腔《西京故事》、京剧《大唐贵妃》等剧目的精彩选段再次回馈观众。

山东"文化惠民、服务群众"16件实事全面完成

开展"文化惠民、服务群众"办实事是山东省宣传文化工作的一项重要制度创新。在总结2012年经验的基础上,2013年1月5日,《大众日报》等省内媒体发布了《您的期盼,我们的行动——2013年"文化惠民、服务群众"办实事建议公开征集启事》,通过开通热线、专用邮箱和网上留言等方式,广泛征求群众意见和建议。共收到意见和网络留言3600多条。与此同时,全省各级宣传部门广泛开展调查研究,积极建言献策。在此基础上,省委宣传部会同省财政厅、省文化厅、省广电局、省新闻出版局,本着小角度、实打实,保持连续性等原则,研究确定了2013年山东省"文化惠民、服务群众"16件实事。

3月4日,省委宣传部在新闻媒体公布了2013年山东省"文化惠民、服务群众"16件实事。它们分别为:(1)实施乡村文明行动,建设500个乡村文明家园示范点。(2)弘扬凡人善举,在1万个村(居)建立善行义举榜(栏),倡导和鼓励村居、企业、机关和学校围绕社会公德、职业道德、家庭美德、个人品德建立公民道德档案。(3)发挥农村文化设施作用,对1万家农村文化大院进行优化升级。(4)提升国有改制文艺院团装备水平,为全省百家改制国有文艺院团更新配备演出器材。(5)扩大博物馆、纪念馆、图书馆、文化馆(站)和美术馆免费开放范围,创建百家优秀馆(站)。(6)加强爱国主义教育基地建设,扶持30个省级爱国主义教育基地改陈布展。(7)丰富农村少儿课外活动场所,为160所乡镇中心学校建设乡村学校少年宫。(8)满足农民群众学习需求,对5000个农家书屋进行数字化升级。(9)加强县域影视设施建设,为100家县级城市数字影院改善放映条件。(10)振兴山东地方戏曲,建设20个山东地方戏曲示范基地。(11)实施基层公共文化辅导工程,免费培训1万名乡村文艺骨干。(12)传承优秀文化,继续扶持1000位"非遗"传承人、民间艺人"收徒传艺"。(13)实施农村公益电影放映工程,为农村(社区)放映公益电影100万场。(14)改善农村困难群众文化生活,为2万户农村困难家庭免费提供有线电视节目。(15)丰富农村文化生活,以政府购买服务方式为农村(社区)免费送戏1万场。(16)关心爱护道德模范和先进典型,为全省1万名道德模范和先进典型免费提供一次健康查体。

3月6日,省委宣传部发出《关于做好2013年"文化惠民、服务群众"16件实事工作的通知》。同时,省委宣传部会同省直有关部门多次召开协调会,积极衔接落实资金支持,认真研究制定工作方案。3月29日,省委宣传部、省文明办、省财政厅、省文化厅、省广电局、省新闻出版局联合印发《2013年山东省"文化惠民、服务群众"16件实事工作方案》,明确了每件实事的具体内容、实施方式、工作进度和责任部门。

4月19日,省政府举行2013年"文化惠民、服务群众"办实事第一次新闻发布会,通报了2013年山东"文化惠民、服务群众"16件实事整体情况和每件实事的具体安排、推进措施。省委宣传部、省文明办、省财政厅、省文化厅等部门相关负责人分别介绍了2013年各部门负责的工作推进情况。

与2012年相比,2013年的文化惠民实事更加注重从小角度出发,实打实地为民众办好事,旨在推动文化资源、资金投入等向农村基层、贫困地区、革命老区和困难群体倾斜,破解制约基层文化建设的瓶颈问题。例如,2012年提出"实现全省美术馆、公共图书馆、文化馆(站)免费开放",2013年则改为"扩大博物馆、纪念馆、图书馆、文化馆(站)和美术馆免费开放范围,创建百家优秀馆(站)"。同时,省财政不断加大资金投入和整合力度,16件实事省级以上财政资金投入3.2亿元,比2012年增长13.4%;带动各级财政和社会资金投入18.6亿元,比2012年增长17.8%。

截至2013年底,"文化惠民、服务群众"16件实事圆满完成,其中有10件实事超额完成任务。具体情况是:(1)建成省级乡村文明家园示范点250个、市级示范点505个。(2)在2万多个村(居)建立善行义举四德榜,1000多万普通百姓的好人好事上榜。(3)优化提升农村文化大院10370个。(4)为17家改制国有文艺院团配备了流动舞台车。(5)扩大了博物馆、纪念馆、图书馆、文化馆(站)和美术馆"五馆一站"免费开放范围,新增服务窗口647个,新增服务品牌项目376个,接纳群众2780多万人次,比上年增长17%。(6)扶持30个省级爱国主义教育基地改陈布展。(7)为179所乡镇中心学校建设了"乡村学校少年宫"。(8)为5000个农家书屋进行了数字化升级。(9)为100家县级城市数字影院改善了放映条件。(10)扶持建设

了22个山东地方戏曲示范基地。(11)培训文艺骨干19300余人次。(12)扶持1000位"非遗"传承人、民间艺人收徒17890名,其中省级以上传承人收徒6270余名。(13)为每个行政村每月放映一场公益电影,为城市社区和农民工免费放映电影2.2万场。(14)对菏泽市、临沂市、枣庄市的2万户农村困难家庭免费提供了有线电视节目。(15)以政府购买服务方式,为农村(社区)免费送戏21030余场。(16)为全省10342名道德模范和先进典型免费提供了一次健康查体。

2013年,"文化惠民、服务群众"16件实事的顺利完成,使全省基层文化基本设施更加完善,基层文化基本队伍更加壮大,基层群众基本文化权益保障和服务水平不断提升。这些实实在在的成果,得到基层群众的热情赞誉和社会各界的广泛好评。

社会建设

山东在全国率先以省为单位推行新农合大病保险

党中央、国务院高度重视农村居民重大疾病医疗保障工作,先后下发了一系列政策文件,对做好重大疾病医疗保障工作提出了明确要求。2012年8月,国家发展改革委员会等6部门下发了《关于开展城乡居民大病保险工作的指导意见》,决定全面开展城乡居民大病保险工作。

为进一步完善新型农村合作医疗制度,逐步提高重大疾病保障水平,防止群众因病致贫、因病返贫,经过反复论证,精心准备,山东省决定于2013年,在全国率先以省为单位推行新农合大病保险工作。这一制度的基本思路是通过利用新农合基金购买商业保险机构大病保险,对参合居民大病患者经新农合报销后个人负担的合规医疗费用再给予补偿,并与医疗救助有效衔接,形成多重保障机制,提高参合居民重大疾病医疗保障水平,切实减轻农民个人医药费用负担。

基本原则是政府主导、专业运作,试行起步、逐步过渡,责任共担、持续发展,收支平衡、保本微利,机制创新、管办分离。运作模式是引入商业保险机构承办服务,实行省级统筹、专账管理、独立核算。

新制度对资金筹集、保障范围、保障水平及保险机构作了统一部署。

一是在资金筹集方面。新农合大病保险资金由统筹地区新农合经办机构从新农合基金支出户中按照一定比例直接列支,实行省级统筹,用于购买商业保险机构大病保险。从2013年初开始,统筹地区将新农合大病保险资金按照省确定的比例拨付至承办服务的商业保险机构。根据山东省实际,2013年确定购买新农合大病保险的筹资标准为每人15元,此后随着新农合筹资水平的提高,逐步提高购买大病保险的筹资标准。

二是在保障范围方面。对患大病的参合居民在新农合报销后个人负担的合规医疗费用再给予补偿,合规医疗费用是指实际发生的、符合诊疗规范的、治疗必需的、合理的医疗费用。根据国家要求和全省重大疾病的发病率、住院率、医疗总费用、筹资及新农合保障水平等综合因素,2013年先从严重危害群众健康和影响农村居民生产、生活、给家庭带来沉重负担,且疗效确切、费用易于控制的儿童白血病、肺癌等共20类重大疾病试行,具体包括:儿童白血病、儿童先天性心脏病、终末期肾病、乳腺癌、宫颈癌、重性精神疾病、艾滋病机会性感染、耐多药肺结核、血友病、慢性粒细胞白血病、唇腭裂、肺癌、食道癌、胃癌、I型糖尿病、甲亢、急性心肌梗塞、脑梗死、结肠癌、直肠癌等。随着筹资水平的不断提高,不断增加病种,扩大范围,逐步向大病大额医疗费用过渡。

三是在保障水平方面。按照医疗费用高低分段制定支付比例,原则上医疗费用越高支付比例越高。2013年,在新农合报销的基础上,对个人负担超过上年度全省农村居民人均纯收入部分的合规医疗费用补偿比例不低于50%,个人最高年补偿限额20万元,具体补偿比例通过招标确定。随着筹资、管理和保障水平的不断提高,逐步提高新农合大病保险补偿比例,最大限度地降低个人医疗费用负担。

四是通过招标确定商业保险机构。山东省卫生厅会同有关部门制定招标办法,规定了商业保险机构的准入条件,委托招标代理机构通过公开招标确定承办的商业保险机构,签订保险合同,明确双方责任、权利和义务。通过政府招标,最终确定了2家商业保险机构具体经办新农合大病保险补偿。

2013年,山东省新农合大病保险共筹集大病保险资金9.57亿元,补偿大病患者63.62万人次,支出大病保险资金9.69亿元,资金使用率达到101.25%。据统计,实行大病保险后,大病患者实际补偿比达到了68.45%,在新农合实际补偿53.78%的基础上,通过大病保险又提高14.67个百分点。按照临床路径规范治疗、花费数额巨大的大病患者,实际报销比超过了80%,有8947名大病大额患者个人负担降到了20%以下。从病种分布来看,20类病种中,有

3 类病种的实际报销比超过了 70%，其中终末期肾病达到 76.43%，血友病达到了 74.76%，食道癌达到了 70.15%。第三方评估结果显示，山东省新农合大病保险工作的群众满意率基本达到了 100%。大病保险与新农合制度优势互补，促进了两者的共同发展。2013 年，山东省参合率连续保持在 99.93% 以上的高水平；筹资水平大幅提高，达到年人均 355 元；保障能力进一步提升，统筹区域内政策范围报销比例达到 75% 以上。

山东食品安全
变九龙治水为统一监管

按原来的监管制度，一盒月饼，生产环节出问题找质监部门，流通环节有问题归工商部门负责，而消费者在酒店里吃到的月饼有问题则需要到食药监部门反映。这说的就是国内食品安全监管中“九龙治水”的弊病。为了有效避免“九龙治水”现象，实现食品安全监管的“无缝衔接”，山东省加大体制改革的力度，实现了变九龙治水为统一监管。

2013 年 7 月，山东省政府公布《关于整合组建山东省食品药品监督管理局的通知》，确定将省政府食品安全工作办公室的职责、省食品药品监督管理局的职责、省工商行政管理局的流通环节食品安全监督管理职责、省质量技术监督局的生产环节食品安全监督管理职责进行整合，重新组建省食品药品监督管理局，同时挂省食品安全委员会办公室牌子。机构和职能调整涉及的工作人员，按照“人随职能走”的原则划入新组建的省食品药品监督管理局。

随后，省政府办公厅印发《关于印发山东省食品药品监督管理局主要职责内设机构和人员编制规定的通知》，确定新组建的食品药品监督管理局，负责对生产、流通、消费环节的食品安全和药品的安全性、有效性实施统一监督管理。新组建的省食品药品监督管理局为省政府直属机构，挂山东省食品安全委员会办公室牌子。《通知》对省食品药品监督管理局职能进行了调整，划入和增加职责 8 项，整合、下放、取消职责 6 项，对 4 项职责进行了加强。职能调整后，新组建的省食品药品监督管理局主要承担生产、流通、消费环节的食品安全和药品、医疗器械、化妆品监督管理等职责。这次机构调整，将省卫生厅承担的食品安全综合协调、组织查处食品安全重大事故、统一发布重大食品安全信息和组织实施药品法典的职责，将省工商行政管理局承担的流通环节食品安全监督管理职责、将省质量技术监督局承担的生产环节食品安全监督管理职责、化妆品生产行政许可和强制检验职责，划入省食品药品监督管理局。

此前，食品监督制度以分段监管为主，各个机构部门负责食品从生产到消费的一到两个环节，这一看似环环相扣的“九龙治水”链条结构，可能导致各个部门只负责自己的领域，引起个别环节监管的疏失，在食品安全问题出现时也容易出现责任界定不明、相互推诿等问题。机构调整完毕后，无论是生产、流通还是餐饮环节，将统一由省食品药品监督管理局负责。但也不是所有食品相关的问题都划归食品药品监管部门负责，其与省农业、畜牧兽医、林业、海洋与渔业、卫生、质监、工商、商务、公安、出入境检验检疫等部门之间还存在部分职责分工。食用农产品、食用畜禽及其产品、食用林产品、食用水产品进入批发、零售市场或生产加工企业后，即进入省食品药品监督管理部门监督管理职责，之前的种植、养殖等环节仍由省农业、畜牧兽医、林业、海洋与渔业部门负责。同时为了加强协调配合和工作衔接，省食品药品监督管理部门将分别与上一环节负责部门建立食品安全追溯机制，形成监管合力。省质监部门负责用于食品的包装材料、容器、洗涤剂、消毒剂和用于食品生产经营的工具、设备生产加工环节的监督管理，即省质监部门此后将对食品等相关产品生产加工环节质量安全负责。

同时，有关部门还将整合市和市辖区食品药品监管、质监等部门所属的食品药品检验检测资源，组建统一的食品药品检验检测中心。原则上，将在各乡（镇、街道）设立食品药品监督管理所，承担本区域食品药品监管和行政执法工作，在农村行政村和城镇社区设立食品药品监管协管员，负责收集报送食品药品违法生产经营的信息和线索，协助食品药品监管部门做好日常监管、宣传教育等工作。

山东建立城乡统一
居民养老保险制度

2009 年，党中央、国务院决定开展新型农村社会养老保险试点，2011 年，为加快建设覆盖城乡居民的社会保障体系，党中央、国务院决定开展城镇居民社会养老保险试点。山东省委、省政府高度重视，将推进新农保和城镇居民社会养老保险试点工作列为重要的民生工程来抓，不断加大财政投入力度，积极加以推进，于 2011 年比全国提前了一年实现了两项制度的全覆盖。整合新型农村社会养老保险（以下简称新农保）和城镇居民社会养老保险（以下简称城居保）两项制度，实现合并实施，是统筹城乡的重要内容，这一制度的建立，将彻底打破社会保障方面的城乡壁垒，为缩小城乡之间经济、社会差距，最终破除城乡二元结构，起到重要推动作用。山东省政府将两项制度的合并实施作为民生实事的重要内容写入了 2013 年的省政府工作报告，并作了具体部署。

2013 年 7 月，省政府常务会议研究决定，在全省范围内将两项制度合并实施，实行统一的“居民基本养老保险制度”，（简称“居民养老保险”）。新的居民基本养老保险制度，统合了参保范围，调整了参保原则，取消了“新农保”中的家庭联动参保机制，建立了丧葬补助政策，变更了个人账户计息方式，明确了全省统一的缴费档次设置并严格上限封顶，加强了政策管理。

新制度的主要内容是：一是在参保范围方面。按照政策规定，只要是年满16周岁（不含在校学生），未参加其他社会养老保险的居民，就可以在户籍地参加居民养老保险。符合参保条件的居民，可携带户口簿和居民身份证原件，到户籍所在地村（居）委会提出参加居民基本养老保险申请，填写《参保登记表》，选择缴费档次后，持“缴费通知单”到指定地点或银行缴费。以后每年度在规定的时间内到指定地点或银行继续缴费。二是在缴费标准方面。全省缴费标准统一设为每年100元、300元、500元、600元、800元、1000元、1500元、2000元、2500元、3000元、4000元、5000元12个档次。其中100元档次只适用重度残疾人等缴费困难群体的最低选择。除100元档次外，参保人按300元及以上标准自主选择缴费档次，按年缴费，多缴多得。缴费方式和时间，由当地政府确定。设定300元的最低缴费档次，是出于提高参保人的年老时保障水平的考虑。参加居民养老保险，除参保人自己缴费外，政府还会给予缴费补贴。主要有以下两部分，政府对符合领取待遇条件的参保人全额支付基础养老金，2013年，全省基础养老金为每人每月60元；地方政府对参保人缴费给予补贴，补贴标准不低于每人每年30元，参保人缴费后即补入个人账户。三是在缴费时间方面。按照政策规定，45周岁（不含）以上的，应按年缴费，累计缴费年限不少于实际年龄到60周岁的剩余年数，允许补缴，但补缴后累计缴费年限不超过15年；45周岁（含）以下的，应按年缴费，累计缴费年限不少于15年。凡不是按年缴费，在之后补缴的部分，政府不给予缴费补贴。四是在申领条件方面。按政策规定，年满60周岁（重度残疾人可以申请提前5年）、按规定参保、未享受其他社会养老保险待遇（如职工基本养老保险）的居民，可以按月领取养老金。在之前的新农保和城居保制度实施时已年满60周岁的老年人不缴费，直接按月领取基础养老金。五是在领取标准方面。达到领取条件后，个人账户养老金的月计发标准：个人账户全部储存额除以139（139是根据目前我国60周岁以上老年人平均预期寿命按保险精算理论计算出来的计发系数），为个人账户养老金；此外政府会全额支付给每个按规定缴费的参保人每月60元，这是基础养老金；个人账户养老金和政府给的基础养老金加在一起，就是参保人每月能领取的养老金待遇。六是在资金构成方面。社会保险经办机构为每一个参保人建立一个终身记录的养老保险个人账户。个人缴费、政府补贴全部记入个人账户。如果参保人所在村集体或者其他集体经济组织条件较好，为参保人提供了集体补助；或者有其他组织（个人）给参保人提供了资助、捐助等，也会全部存入参保人的个人账户。个人账户里的这些钱，每年按照我省企业职工基本养老保险个人账户记账利率计息。七是在保险金转移方面。参保人在缴费期间要跨地区转移，可将养老保险关系及个人账户资金随户籍转入新参保地，按新参保地有关标准核算，并享受相应待遇；如果参保人员已经达到养老金待遇领取年龄的话，养老保险关系就不能再转移了，要在原参保地领取养老金待遇。

此外新制度还在资金继承、丧葬补助以及残疾人入保等方面作了规定。按照政策规定，参保人死亡，其个人账户中属于个人缴费、集体补助的资金如果还有剩余，可以依法继承；缴费补贴的资金是从公共财政支出的，这部分资金余额不能继承，继续用于其他长寿老年人的养老金支付，以体现社会互济原则。居民养老金待遇领取人死亡后30天之内办理社会养老保险注销登记的，政府还会一次性发给丧葬补助费，标准为500—1000元。具体数额由市、县（市、区）政府确定。这主要是从统筹城乡、打破城乡二元结构的角度考虑，参照了职工养老保险的做法。对重度残疾人等缴费困难群体，市、县（市、区）政府为其代缴部分或全部最低标准的养老保险费。其中重度残疾人（不包括其他缴费困难人员）还可以凭本人身份证件、户口本、重度残疾证等证件，向当地人力资源社会保障部门提出提前领取待遇的书面申请。符合条件的，可以提前5年领取待遇。

山东出台首部省级基本公共服务体系建设行动计划

基本公共服务是旨在保障全体公民生存和发展基本需求的公共服务，集中体现了党中央提出的学有所教、劳有所得、病有所医、老有所养、住有所居的要求，是涉及千家万户和广大人民群众切身利益的大事。2012年7月，国务院印发《国家基本公共服务体系“十二五”规划》，要求各地编制实施省级基本公共服务专项规划或行动计划。

按照山东省政府的部署要求，自2012年11月开始，省发改委、省财政厅会同省教育厅、省公安厅、省监察厅、省民政厅等19个省直有关部门，共同开展了计划的编制工作。主要做了以下工作：一是开展基础研究。收集整理和研究分析相关的法律法规、政策文件和理论文献等，赴省内外进行专题调研，开展基本公共服务标准及政策课题研究。二是组织计划编制。省政府召开计划编制部署工作会议，在省直有关部门研究提出分管领域建议计划的基础上，吸收借鉴先进经验，经汇总分析、综合平衡和反复研究，形成了计划征求意见稿。三是多方衔接论证。将计划征求意见稿印发至各市政府、省政府各部门、有关直属机构和单位，邀请省内外专家召开论证会，全方位征求意见建议，进一步修改完善。

2013年8月15日，省政府正式印发基本公共服务体系建设行动计划（2013—2015年）。主要包括六个方面的内容：

（一）明确了全省基本公共服务体系建设的总体要求和目标。计划提出要着力保障城乡居民生存发展基本需求，着力增强服务供给能力，着力创新体制机制，加快建立健全符合省情、比较完整、覆盖城乡、可持续的基本公共服务体系，促进基本公共服务均等化。到2015年，全省基本公共服务体系基本建立，供给有效扩大，发展较为均衡，群众比较满意。

（二）明确了全省基本公共服务的范围。计划将全省基本公共服务的范围确定为基本公共教育、劳动就业服务、社会保险、基本社会服务、基本医疗卫生、人口和计划生育、基本住房保障、公共文化体育、基本公共安全服务等9个领域和残疾人基本公共服务。

（三）明确了各领域重点任务。计划坚持与国家规划重点任务的要求相衔接，与省相关规划和重点工作相结合，注重重点任务的连贯与创新，提出了今后三年涉及全省基本公共服务各领域的37项重点任务，明确了工作着力点。

（四）明确了省级基本标准。计划确定了84个基本公共服务项目标准，针对每个服务项目，从服务对象、保障标准、支出责任、覆盖水平等4个方面对标准进行了设计，体现了公民权利、政府责任和工作目标。这些项目标准构建了全省基本公共服务的基本标准，也是各设区市必须达到的底线标准。

（五）明确了一批保障工程。为支撑和保障确定的目标任务和基本标准的实现，计划提出实施普通中小学办学条件标准化、养老服务体系、公共卫生服务体系等28项保障工程，以及基本保障住房方面的土地、财税、金融、价格等4项保障政策。

（六）明确了主要政策措施。计划在加强城乡基本公共服务规划一体化、推进城乡基本公共服务制度衔接、加大农村基本公共服务支持力度、全面落实主体功能区基本公共服务政策、加大对欠发达地区基本公共服务财政投入和公共资源配置力度等方面，提出了一系列政策措施。同时，进一步明确了省市县各级政府间事权和支出责任，提出了完善财政转移支付制度、保障基本公共服务投入，以及创新多元供给机制，积极推进事业单位分类改革，鼓励社会力量参与等政策。

在全面贯彻落实国家规划要求的基础上，计划结合山东实际和人民群众愿望，进行了拓展和创新，体现了鲜明的山东特色，也意味着全省在保障和改善民生上主动自我加压。与国家规划相比，全省计划有几个特点：一是扩大了基本公共服务范围。结合平安山东建设，全省将基本公共安全服务纳入基本公共服务范围，比国家规划增加1个领域。将涉及人民群众切身安全利益的保障，如食品安全、药品安全、交通安全、社会治安等，作为基本公共服务体系建设的重要内容，目的是努力为城乡居民创建安全有序的社会环境。二是提高了基本公共服务标准。全省基本公共服务基本标准不低于且多数高于国家基本标准。基本公共服务项目也比国家规划增加9项，包括城镇“三无”老年人残疾人生活保障、新生儿疾病筛查、食品安全、社会治安、交通安全、消防安全、校园（幼儿园）安全、校车安全等。三是拓展了保障工程。与国家规划相比，全省增加食品安全检验检测能力、社会治安打防控体系、公安交通管理信息化和消防安全基层基础建设等4项保障工程，同时扩大了义务教育学校标准化建设等4项保障工程的覆盖面。四是强化了对弱势群体的保障。将农民工基本公共服务纳入全省基本公共服务各相关领域，并在重点任务、基本标准等方面给予重点体现。在残疾人基本公共服务方面，首次明确参加城乡居民社会养老保险的重度残疾人可以提前5年发放养老金；建立残疾人护理补贴制度，对就业年龄段生活不能自理的智力、精神和重度肢体残疾人给予每人每月不低于60元的护理补贴等内容，政策惠民的力度较大。五是增强了主要政策措施的针对性和可操作性。着力细化促进城乡、区域基本公共服务均等化的政策，强调建立流动人口基本公共服务制度。就抓好计划实施工作对省直有关部门和各市政府提出了具体要求和分工安排。提出要建立完善基本公共服务综合评价和考核问责机制，确保全面完成计划确定的目标和任务。

基本公共服务体系建设行动计划（2013—2015年），是山东第一部省级基本公共服务体系建设行动计划，也是一部惠及全省城乡居民的重量级民生规划。它的全面实施，对山东保障和改善民生、促进社会和谐、建设服务型政府，对加快“转调创”进程、扩大内需，将发挥积极的促进作用。

全省实现异地就医即时结算

随着医保体系的逐步建立完善，老百姓看病报销的比例在逐年提高，但是对于异地就医的人来说，想实现即时报销并非易事。据统计，山东每年有24万余人涉及异地就医，由于省内各统筹地区统筹层次不高，药品、诊疗项目、医疗服务设施目录库不统一，异地就医不能即时结算。为破解这一难题，山东省政府于2011年11月正式启动实施省内异地就医联网结算试点。经过两批试点，最终探索出借助就医地的系统网络，开发异地运行模块，建立全省统一的异地就医联网即时结算平台，实现各市参保人就医信息的记录和交换。

2013年8月，全省17地市异地就医即时结算互联互通系统投入运行。实现省内异地就医即时结算后，按就医地目录标准和全省统一的异地就医结算政策，通过省异地就医联网结算信息平台，参保人员直接与医院进行结算就医发生的医疗费用，参保人只缴纳个人自付部分，无需再全额垫付医疗费用。

2013年9月出台的《山东省城镇基本医疗保险异地就医联网结算业务操作细则》规定，山东省内参保人员在异地安置（包括异地居住或工作）、异地急诊、异地转诊3种情况下异地就医的，经参保地医疗保险经办机构审核，可进行异地联网即时结算。一是对于符合转诊就医条件的参保人员，经参保地医疗保险经办机构审核，通过当地医保系统办理异地就医住院备案手续，并将备案信息上传省异地就医结算平台（不再提供纸质备案表）。二是异地安置人员需住院的，无需回参保地办理备案，可由参保单位（也可由参保人或其亲属）通过电话、传真等方式告知参保地医疗保险经办机构，经办机构为其办理备案并将信息上传省异地就医结算平台。三是参保人员在省内发生异地急诊住院的，经参保地医疗保险经办机构审核同意，为其办理备案并将信息上传省异地就医结算平台。四是参保人员在异地就医期间，因病情需要，需转到其他定点医疗机构住院的，经参保地医疗保险经办机构审核同意，为其办理备案并将信息上传省异地就医结算平台。定点医疗机构要加强对异地患者备案信息的核实确认，确保省内参保患者出院时做到联网结算。同时，细则还规定，对因各种原因未办理备案手续的，定点医疗机构应告知参保患者异地就医联网结算的相关政策规定，主动协助其补办备案手续。对已办理了备案手续，因各种原因未在住院时进行确认的，定点医疗机构应主动协调参保地医保经办机构解决；因各种原因未能在备案时间段内住院的，定点医疗机构应主动协调参保地医保经办机构调整备案时间。

全省异地就医即时结算的实现，使山东成为继福建、云南后，第三个实现全省异地就医结算的省份。异地就医即时结算，解决了符合条件的城镇职工和居民异地就医时垫资、跑腿的问题，尤其是对一些治疗费用高昂的大病患者而言，不用再为筹措全部住院费用发愁，参保人员就医地和参保地两头奔波，报销周期长的问题将成为历史。2013 年 1 至 9 月，山东省 17 市异地就医定点医院达到了 90 家，共联网结算 6 万多人次，结算总费用近 15 亿元。

临沂大学治理结构改革取得显著成效

中国高校“学术”与“官位”倒挂现象一直被人们诟病，而如何破除这种倒挂现象，则是中国高等教育一直探索的方向。2013 年 9 月，中共山东省委副书记、省长郭树清在一份有关临沂大学内部治理结构改革的材料中批示：“临沂大学的改革探索代表了现代大学制度的方向……（要）进一步总结经验、正视问题、完善制度，努力推动全省教育改革迈出实质性步伐。”在 2014 年 1 月召开的省十二届人大三次会议上，郭树清在政府工作报告中再次对临沂大学的改革探索作了肯定，指出：“山东农业大学、临沂大学等完善治理结构的探索取得成效”。

为了适应综合性大学发展新形势，临沂大学及时调整发展战略，促进由外延扩张为主向内涵发展为主的转变，并实施了校院二级管理、教学改革、后勤改革、考核评价和人事制度改革等五大改革工作，其中人事制度改革是学校的重点改革项目。根据国务院《关于开展国家教育体制改革试点的通知》精神，临沂大学把建立现代大学制度和以质量特色为核心的内涵提升作为目标，采取政策引导、教授治学、刚柔并举、引育结合等多种举措，弱化“官本位”强化“学本位”，逐渐把高层次人才队伍做大做强，努力构建与时代发展需求相适应的现代大学制度。

分“三步走”，打破“官本位”回归“学本位”。第一步，“导向科研，导向基层”。2011 年 7 月，临沂大学开展了更名为综合性大学后的首次管理干部全员竞聘上岗，出台“导向基层、导向科研”的两个导向政策，在人、财、物、岗等方面，全面向科研院所、二级学院基层单位倾斜，进而把高学历、高素质、高水平人才从机关引向基层。规定：从事科研工作和在基层工作的人员，工资津贴比同岗级机关人员上浮一定比例；建立“学科特区”，给予科研机构独立的决策权和行政权，使其在人才引进、财务管理、内部分配、条件配置上优于其他机构部门；对科研机构实行契约经费、配套经费和奖励与成果转化再奖励“三段式”经费配套，并给予其充分的支配权；逐步下放人、财、物的管理权限，实行真正的二级办学体制和运行机制等。同时规定，没有基层单位副处级及以上工作经历者，不能担任机关处室正处级职务；新提拔的正副处级干部，必须到教学单位任职；鼓励在同一处级岗位上，连续任职 2 届及以上的高级专业技术人员，专职从事专业技术工作等等。这一系列举措，促使机关处室与基层单位之间人员交流超过了四分之三。“导向基层，导向科研”政策改变了学校管理干部长期以来形成的“高人一等”意识，对弱化“官本位”起到了积极调节作用。第二步，“导向教学，导向高层次人才”。2012 年 8 月，临沂大学开展了专业技术竞聘上岗，出台了“导向教学，导向高层次人才”政策，进一步突出教学中心地位，突出一线教师、高层次人才的地位，让高层次人才享受最优惠的政策、得到最高的待遇和最大力度的支持。为此，学校设了特聘教授一至四级岗位，面向全校竞聘，并大幅提高教授津贴与教学、科研待遇，为教学科研机构提供良好的工作条件和环境，为教授配置高规格工作室，加大教师对科研等经费的支配权等。“两个导向”政策出台后，临沂大学有包括教务处长、科技处长、社科处长、纪委副书记等在内的 8 位“处长”主动请辞竞聘到教授岗位，8 位教学科研能力强的年轻科级干部也主辞职回归教学科研一线。专业技术竞聘出台的“两个导向”政策与管理干部竞聘出台的“两个导向”政策，体现了临沂大学“导向基层，导向高层次人才”的主导政策。随着“两个导向”政策的深入贯彻落实，“重基层、重人才”的理念在临沂大学深入人心，为进一步推进人事制度改革铺平了道路。第三步，博士回归教学科研一线。2013 年暑期，临沂大学再次出台政策，强化教学科研一线师资队伍建设，进一步压缩行政机构编制，规定在行政机关工作的博士人员全部回归教学科研一线、回归本专业，并给予政策倾斜，进一步激发博士的积极性，让高学历人才发挥教书育人的最大作用。此举再一次促使 14 位博士从机关处室走向基层教学科研单位，解除了博士的后顾之忧，使他们一心一意从事本专业教学科研工作。

落实教授治学，弱化“官本位”强化“学本位”。校长主动提出不再担任临沂大学学术委员会主任，而改由最受认可的学术领军人物担当。这是临沂大学弱化“官本位”强化“学本位”的又一举措。同时还规定，各学院的行政管理干部也不再担任学院的学术委员会主任，而由本学院最权威的教授任职。这一举措极大地提升了教授、一线教师的教学学术地位，在更大程度上避免了学术课题、科研奖励等资源被行政管理干部“包揽”的现象，进一步激发和调动了一线教师工作的积极性和主动性。同时把行政办公用房压缩了五分之二，腾出了5000多平米用房来建设教授工作室、教师备课室、教学科研平台、课题研讨室，并配置了先进的仪器设备，极大改善了一线教师的工作环境，再一次把弱化“官本位”强化“学本位”推向深入。

刚柔并济、引育结合，削弱“官本位”巩固“学本位”。2012年2月，临沂大学公布高层次人才引进政策，采取“刚柔并济”的方式大力引进高层次人才，对全职引进的院士、长江学者、知名专家在待遇上给予更大优惠，在科研上给予强力扶持，在教学上给予特殊激励；对柔性引进的人才按照“一人一议”的方式进行，来校承担某门课程讲授、带动某门学科、建设某个实验室，以及推动与区域经济合作、拉动文化传承创新等工作任务。在人才培养方面，临沂大学出台了《杰出青年人才支持计划实施办法》，实施了“1171”人才工程和“千名教师培训计划”，加大对本校人才培养力度，力争在“十二五”期间培养10位国内学术领军人物，培植10个省级及以上学术创新及应用型团队，培养70位省内知名的中青年学术骨干，培养100位中青年学术后备骨干。

临沂大学在全校弱化“官本位”强化“学本位”的系列改革举措，既引来了高层次人才，又培育了高层次人才，促进了学校内涵建设水平的跨越式提升，产生了显著的社会效益。学校新世纪人才由原来1人增加到7人，实现了国家千人计划、长江学者、国家杰青零的突破，解决了临沂大学人才队伍长期以来“有山无峰”问题。2012年有2人被评为“山东省首席专家”，1人获评新世纪人才，1人获得“山东省有突出贡献的中青年专家”称号；2013年又有2人被评为“山东省首席专家”，1人获评新世纪人才。在高层次教学学术人才的强力支撑下，临沂大学国家自然科学基金每年以超过50%的速度递增，近三年共获批63项，是临沂大学过去总和的6倍多；2012年和2013年在《自然》和《科学》上发表论文4篇，其中3篇是2013年发表的，临沂大学的自然出版指数列全国高校第8位。在优秀区域经济和文化人才的支撑下，临沂大学与临沂市合作建立了“区域经济协同创新中心”和“文化传承协同创新中心”，申请了2项世界PCT专利和1项国家发明专利；获得了山东省首届“文化创新奖”；师生自编自演的大型红色歌舞《沂蒙印象》获得泰山文艺奖；大型民族交响乐《沂蒙畅想》被教育部指定为全国高雅艺术进校园演出剧目；大型情景剧《沂蒙情深》也成为群众路线教育实践活动的重要载体；教育部还在临沂大学设立了全国12家之一也是山东省唯一的全国高校思政理论课教师社会实践研修基地、全国四个党性教育基地之一。截至2013年，学校共有国家级、省部级学科平台和研究基地近30个。三年来，临沂大学在校生在全国性专业大赛中获奖400多项，在全省性专业大赛中获奖1800多项，学生木球队、啦啦操队作为国家队出征世锦赛，均取得了优异成绩。

山东出台促进创业带动就业的意见

就业是民生之本，创业是富民之源。创业不仅对就业有倍增效应，还具有增强劳动者抵御风险能力的效应。2013年9月，山东省政府办公厅出台《关于促进创业带动就业的意见》（以下简称《意见》）。这是继2009年以来，山东促进创业含金量最高、鼓励扶持力度最大的一个文件。

《意见》提出，全省各级政府要切实加强对就业创业工作的领导，加大工作力度，强化工作措施，狠抓政策落实，积极推进“创业齐鲁·乐业山东”建设，实现更多劳动者创业、更高素质就业、更充分就业、更公平就业、更和谐就业。2014年至2018年，确保创业成功率年均增长5%以上；年培训城乡劳动者120万人以上，培训后就业创业率达到85%以上；年度城镇新增就业和农村劳动力转移就业均稳定在100万人以上，城镇登记失业率控制在4%以内。到2018年，各类企业劳动合同签订率达到95%以上。内容主要包括：

（一）促进创业带动就业。为进一步鼓励扶持创业，促进小微企业发展，《意见》作出五项政策突破：一是设立创业带动就业扶持资金。2014年至2018年，省政府每年安排不少于10亿元，作为省级创业带动就业扶持资金；各市也要安排市级创业带动就业扶持资金。二是提高创业补贴标准。从2014年起，对首次领取营业执照并正常经营1年以上的小微企业，给予不低于1万元的一次性创业补贴；对吸纳就业人员并与其签订1年以上期限劳动合同的，按照申请补贴时创造就业岗位数量给予每个岗位2000元的一次性创业岗位开发补贴。三是加大小额担保贷款支持力度。2013年年底前，省级担保基金增加到5亿元，市级担保基金增加到不低于1亿元，有条件的县（市、区）担保基金增加到不低于1000万元。从2014年起，全省各类创业人员小额担保贷款最高额度统一提高到10万元，符合条件的小企业小额担保贷款最高额度提高到300万元。四是加强创业载体建设。给予孵化效果好、企业存活率高的创业孵化基地和创业园区一次性奖补，所需资金从省、市创业带动就业扶持资金中列支。每年评估认定20处省级创业孵化示范基地、创业示范园区，根据入驻企业个数和吸纳就业人数，给予每处不超过500万元的一次性奖补资金。五是提升创业型城市创建水平，启动创业型街道（乡、镇）、社区创建工作。对国家级创业型城市给予一次性奖补100万元，对省级创业型城市给予一次性奖补50万元，对创业型街道（乡、镇）给予一次性奖补20万元，对创业型社区给予一次性奖补5万元，所需资金从省级创业带动就业扶持资金中安排。

（二）实施就业优先战略。为深入落实就业优先战略，《意见》提出：制定出台财税、外贸、中小企业发展等政策，要征求就业主管部门意见，要有利于促进就业并与就业优惠扶持政策相衔接。完善政府公共投资和重大建设项目对就业影响评估机制，将落实情况作为对各级政府目标责任考核的重要内容。建立国有大中型企业公开招聘制度，切实做到招聘信息公开、过程公开、结果公开，招聘计划、程序和结果须向同级就业主管部门备案。

（三）提高劳动者就业能力。为进一步提高劳动者就业创业能力，《意见》提出了四条针对性措施：一是制定实施山东省职业技能培训规划。采取多种措施加强对高校毕业生、退役军人、农民工、失业人员、就业困难人员的培训，使素质与岗位需求相一致。二是打破培训补贴户籍限制。从2014年起，城乡各类劳动者均可在户籍所在地或求职、就业地享受职业培训补贴和技能鉴定补贴。三是提高省级培训补助标准，初级工、中级工和高级工分别提高到350元/人、400元/人、450元/人，创业培训补助提高到800元/人，增加部分所需资金从省级创业带动就业扶持资金中列支。建立职业培训补贴标准与社会需求程度、培训成本相挂钩的动态调整机制，逐步实现初、中级技能免费培训。四是提高企业定额职业培训补贴，新录用符合条件人员并签订1年以上期限劳动合同，经培训后取得初级以上职业资格证书的，将企业定额职业培训补贴提高到80%。

（四）积极促进公平就业。为积极促进就业公平，《意见》规定：推进就业机会平等，采取切实措施，消除性别、民族、年龄、户籍、毕业院校类型等就业限制和歧视。依法使用被派遣劳动者，确保符合临时性、辅助性、替代性岗位要求，用工人数不得超过国家规定的比例。以农民工等群体为重点，依法保障同工同酬权利。以小微企业、民营企业为重点，提高劳动合同签订率。保持职工工资收入水平合理增长，一线职工工资增长不低于企业平均工资增长水平。加大专项执法检查力度，依法及时调处各类劳动争议，坚决打击拖欠工资、不签劳动合同、违法超时加班、非法用工等违法行为。

（五）切实稳定就业岗位。为稳定就业岗位，《意见》提出三条针对性办法：一是对列入省市节能减排、淘汰落后产能计划范围，依法参加失业保险并履行缴费义务的企业，在实施"转、调、创"过程中，组织职工依托定点职业培训机构开展转岗培训或岗位技能提升培训，不向社会输出失业人员的，根据培训合格人数，参照当地职业培训补贴标准的50%给予职业培训补贴，补贴数额不超过该单位上年度缴纳失业保险费总额的50%。二是加强失业动态监测，科学分析研判，及时预警预报，对可能出现的区域性、行业性集中失业风险，制定应急预案，切实将失业率控制在社会可承受范围。三是因不可抗力等客观原因造成企业生产经营严重困难时，对不裁员或少裁员的困难企业，在一定期限内给予政策扶持，确保岗位不流失。

（六）提升创业就业服务能力。为进一步提升创业就业服务能力，《意见》提出三项举措：一是强化创业指导服务。加强创业培训、实训，2014年至2018年每年组织20万人参加创业培训。继续开展创业助推"1+3"行动，为每一个有创业意愿且创业培训合格的城乡各类劳动者推荐一个创业项目、协助落实一处经营场地、帮助办理一笔小额担保贷款，帮助创业者成功创业。二是完善公共就业服务体系。依托街道（乡、镇）和社区（行政村）公共就业服务平台，以两公里为半径、半小时为时限，着力打造"山东半小时公共就业服务圈"。推进公共就业服务信息化，建设数字化就业社区，尽快实现劳动者求职、岗位招聘等信息"一点登录、全省查询"。加快推进公共就业服务标准化建设，加强公共就业服务人员培训，全面实现劳动保障协理员持证上岗，为城乡劳动者提供更加便捷、及时、高效的公共就业服务。三是开展"充分就业县（市、区）"和"充分就业社区"创建工作。落实就业援助措施，对就业困难人员做到全员登记认定、全员免费服务、全员岗位提供、全员特困安置。确保灵活就业的困难人员社会保险补贴等政策落实到位，城镇零就业家庭和农村零转移就业贫困家庭实现动态消零，就业困难群体基本实现就业。

2013年，全省各级党委、政府把促进创业带动就业作为施政的重中之重，高度重视高校毕业生、农民工、就业困难人员、退役军人等各类群体的就业创业，加强城乡劳动者就业创业培训，大力发展职业教育，实现了全省就业局势持续稳定。全省城镇新增就业119.98万人，农村劳动力转移就业133.3万人，城乡就业连续十年实现双过百万。

潍坊荣获全国教育改革创新特别奖

2013年12月14日，第三届全国教育改革创新奖颁奖典礼在北京举行，潍坊市政府申报的"四位一体"素质教育推进机制，荣获最高奖项——教育改革创新特别奖。"四位一体"中，"专家办学"是一个重要方面，经过近10年的不解探索，潍坊在全国率先建立起保障和促进教育专家办学的制度体系。

2004年9月，潍坊在全市范围内实施以校长职级制为核心的中小学去行政化改革。同年，该市有600所学校撤消行政级别，935名中小学校长人事档案从组织部门转交教育部门，81名副处级以上干部、111名正科级干部、267名副科级干部脱掉"官服"，走上职业化岗位。去行政化并非一去了之，潍坊市对中小学校长实行职级制管理，建立起校长后备人才、校长遴选、职级评定、绩效薪酬、任期交流等一系列配套制度，确保校长有办学自主权。

实行职级制和弹性退休制度。校长取消行政级别后，职级高低成了评判校长素质能力的重要标准。潍坊市的校长职级分为特级、高级（一、二、三档）、中级（一、二、三档）、初级（一、二档），共四级九档。校长职级高低与业绩直接挂钩，根据校长治校能力、办学绩效、专业素养、教师认可、同行评议、家长学生评价等要素，评级晋档。截至2013年年底，潍坊市共有1252名校长纳入职级管理序列。其中，特级校长11名，高级校长215名，中级校长632名，初级校长374名，试聘期校长20名。根据规定，校长的一个任期为4年，在一所学校连续任职不超过2个聘期。校长任期结束后，其职务和职级自动解除。继续担任校长，需重新竞争上岗。优秀校长是教育的珍贵资源，如果参照干部任职年龄一刀切，将会造成极大人才浪费。为此，潍坊市出台政策，特级校长和特别优秀的高级校长可延期退职到65周岁。截至2013年底，潍坊市有近80名超过55周岁的优秀校长继续活跃在一线。

实行任职资格制度。潍坊市在全市建立统一的校长后备人才库，新任中小学校长必须从校长后备人才库中公开选聘。通过现职优秀校级干部过渡、专家团队公开考选等方式，提前选拔适合做校长的优秀人才，纳入校长后备人才库管理，认定相应的校长任职资格。截至2013年底，全市建立起1016人的校长后备人才库，有效杜绝了不适合当校长的人通过不正当的手段谋取校长职位，有利于有意愿当校长的人选潜心研究校长成长和发展规律，缩短新任校长的适应期。2013年8月，潍坊盲校、潍坊聋哑学校校长岗位出现空缺，潍坊市教育局面向校长后备人才库的1000多人公开遴选2名校长，由特级校长、教育专家、优秀教师代表和有关部门人员共同组建校长选聘委员会负责遴选，取得了良好的效果。

实行双向交流任职制度。校长取消行政级别后，很难再调任教育行政部门任职。同时，教育行政部门也不能全都是不懂教育、没有教学经验的公务员，迫切需要一批懂教育的专家。针对这个矛盾，2011年，潍坊市建立了校长和教育行政部门领导双向交流任职制度。该制度规定，业绩特别突出、具有中级及以上职级的校长任满一个聘期后，可调任教育行政主管部门科级领导职务；特别优秀的高级校长和特级校长，可调任市教育行政部门领导职务或者副调研员以上非领导职务。同时，具有较高学术水平的教育行政部门副职以上负责人和直属单位主要负责人，可以通过申请校长任职资格进入校长后备人才库后参与校长职务的公开竞聘。2011年以来，潍坊市报名参与校长后备人才考选的人数达到8980人，先后有9名优秀校长调入教育行政部门任职，确保了教育部门领导班子的专业化，避免了“外行领导内行”。此外，有15名县（市、区）教育局业务副局长，“不当局长当校长”，通过考选进入后备人才库，其中5人担任了学校校长，疏通了教育部门适宜担任校长的人走上校长岗位的渠道。

潍坊市去行政化的职级制改革让校长走上了专业化成长的道路，成为带动课堂改革、搞活学校学习氛围的带头人。校长从大量的社会事务和社会关系中解放出来，校外的“政务”少了，社会的“公务”少了，思考学校“内务”多了，与师生和课堂接触多了，全身心地投入到教书育人的研究上。2005年10月，对全市300名校长的统计数据显示，中小学校长平均参加各级各类会议的数量缩减了4/5，研究教学的时间由改革前的56%提高到82%。2012年6月，对全市高中校长的调查显示，校长人均年听课171节，最多达312节，216名校长出版了专著。

经过一以贯之的改革实践，潍坊市中小学实现了“专家办学”，呈现出“轻负担、高质量、高满意度”的教育生态。2013年11月25日，山东省教育厅公示“2013年度山东省普通中小学生课业负担监测电话调查结果”：全省17市的中小学阶段，潍坊市的学生课业负担最轻。自2008年以来，潍坊市群众对中小学教育工作的满意度连续5年位居各行业首位。

山东学前教育三年行动计划基本完成

为推进学前教育健康发展，解决群众反映强烈的入园难问题，按照国务院的部署，山东制定了2011—2013年实施学前教育三年行动计划。2011年行动计划启动实施以来，全省各级政府将学前教育纳入重要的民生工程，大力建设公办幼儿园，积极扶持民办幼儿园。省委、省政府把学前教育作为普及普惠性教育的起点，纳入建设社会主义和谐社会的重要民生工程和社会公共服务体系，提出了“政府主导，公办为主，民办补充”的办园体制，为构建广覆盖、保基本、有质量的学前教育公共体系提供了强有力的政策保障。经过三年不懈努力，学前教育三年行动计划基本完成。

学前教育资源快速扩增，广覆盖、保基本的学前教育公共学前教育体系初步形成。全省各地大力建设公办幼儿园，积极扶持民办幼儿园，学前教育资源得到快速扩增，入园难的问题得到有效缓解。截至2013年底，全省共新建幼儿园4309处，改扩建幼儿园5613处，建设完成率为107.2%。其中，新建、改扩建公办幼儿园9002处，占总数的90.7%。各级财政投入资金154亿元，完成率为97.5%。增加幼儿学位108.3万人，完成率为105.1%。其中，公办幼儿园新增幼儿学位99.2万人，占总数的91.6%。新建、改扩建公办乡镇（街道）中心幼儿园1589处，1714处中心幼儿园通过省级认定，建设率及认定通过率均达到100%。新建、改扩建了484处贫困村幼儿园。

学前教育普及率大幅度提升，为更多的适龄儿童提供了接受学前教育的机会和条件。教育公平是最基本的社会公平，而学前教育是教育公平的起点。通过实施学前教育三年行动计划，扩增了普惠性学前教育资源，提高了学前教育的普及水平。2013年，全省共有幼儿园20319处，在园幼儿283.77万人，学前三年儿童毛入园率达到80%，分别比2010年增加64万人和13个百分点。

学前教育经费保障能力明显提高。按照国务院及省政府提出的“预算有单列，投入有比例，拨款有标准，增量有倾斜，资助有制度”的要求，各级财政加大了对学前教育经费保障力度。设立学前教育专项经费，自2011年以来，省级财政核拨专项资金3.2亿元，并争取中央资金约26亿元，用于农村幼儿园建设和对城市企事业单位举办幼儿园及民办幼儿园的扶持。不断增加公共财政投入学前教育比例，财政性学前教育经费占财政性教育经费比例逐年增长。2011年秋季学期起建立学前教育资助制度，2011年至2013年各级财政安排学前教育资助资金6亿元，资助适龄儿童62万人次。

幼儿教师队伍建设全方位推进。各地在扩大教育资源的同时，把幼儿教师队伍建设作为提供有质量学前教育的前提和基础。核定公办幼儿园编制，突破学前教育发展瓶颈。各地根据省编办下发的《山东省公办幼儿园编制标准》，启动公办幼儿园编制核定工作。随着幼儿园编制核定工作的推进，各地逐步加大了对公办幼儿教师的招考力度。截至2013年底，各地新增幼儿教师4.5万人，新增公办幼儿教师1.7万人，占总数的37.8%。调整高校培养结构，提升幼师生源数量和质量。全省幼儿教师培养任务主要由19所省级教师教育基地学校承担，实行全科综合培养，提升了学前教育专业学生的学历层次和专业能力。加强培养培训，全面提升园长教师管理水平和教育能力。2012年以来，省财政安排1500万元专项经费用于幼儿园骨干园长教师省级集中培训和远程研修，培训人次达3万余人。

幼儿园办园行为初步规范。一是规范办园标准。2011年，省教育厅出台《山东省幼儿园基本办园条件标准(试行)》，对城市幼儿园、乡镇(街道)中心幼儿园和农村幼儿园的设置与规划、建设用地标准、园舍建设标准、设施设备配备标准、教职工配备标准、经费保障都给予明确规定，成为全省幼儿园规划、建设、管理和评估的重要依据。二是加强对民办幼儿园的管理和引导。2012年，省教育厅、省财政厅、省物价局发出《关于开展对普惠性民办幼儿园认定工作的通知》，从办园许可、基本条件、服务范围、收费标准、教职工资格及待遇、保育教育质量等10个方面，提出普惠性民办幼儿园认定的条件，并进行动态管理。三是加强质量监管。2013年，省教育厅发出《关于学习贯彻〈3—6岁儿童学习与发展指南〉推进学前教育健康发展的通知》，要求各级教育行政部门在继续扩展学前教育资源的同时，深入贯彻实施指南精神，深化幼儿园教育改革，做好小幼双向衔接，建立监督检查机制，坚决纠正小学化倾向。

山东创建立体化社会治安防控体系

山东按照深化平安建设、完善立体化社会治安防控体系的部署要求，健全完善"全域统筹、打防管控、网上网下、云端集成"立体化社会治安防控体系，确保了社会和谐稳定。截至2013年，全省90%以上的社区达到平安社区标准，3750个社区实现可防性案件"零发案"；刑事案件和治安案件同比下降1.53%和17.19%，群众的安全感和满意度分别达96.71%和97.06%，比2012年提升了0.16和0.26个百分点。

(一)建立全域统筹、整体布局的一体化防控体系，即结合全省地域大、空域广、海岸长的区域特点，建立了空中、地面、海域为一体的全域统筹、整体布局的社会治安防控体系。2012年12月，省综治办、省公安厅出台《全省视频监控全覆盖工程指导意见》和《关于在全省开展"科技创安示范城"建设活动的意见》，提出2013年实现一类目标100%覆盖、二类目标80%覆盖、三类目标60%以上覆盖，2015年底二类、三类目标基本实现全覆盖的任务。截至2013年底，全省视频监控系统建设共投入61.9亿元，安装监控摄像机130万余个，85%以上的村庄建成"技防村"，实现了一类目标100%、二类目标90%、三类目标80%的目标任务；利用视频监控系统预防案、事件1.8万起，协助查破刑事案件9200余起，查处治安案件1.7万起，协助抓获违法犯罪嫌疑人1.1万人。围绕守护首都"南大门"，建立9处环京"护城河"公安检查站；围绕"环鲁防控圈"，建立43处检查站；在市、县交界处设置445个检查站和1725个治安卡点及流动检查站，形成了一点布控、全网响应的防控效应。针对山东与韩国、日本隔海相望、扼控黄渤两海的特殊区位，推进"智慧边检"、"智能口岸"和"环半岛海防监控圈"建设，着力打造"平安海域"。

(二)建立反应灵敏、打防并举的合成化防控体系。针对当前严重暴力犯罪时有发生，群体性突发事件隐患大量存在，安全生产事故易发多发，恐怖活动现实威胁越来越大的严峻形势，山东省建成了快速反应、高效处置、打防并举的合成化防控体系。一是提高维稳处突能力。制定出台《关于应对处置重大突发事件组织指挥分工和指挥机构组成的意见》，编制修订27件省级预案、328件市级预案、1392件县级预案，形成了较完备的应急预案体系。完善由党政统一领导，政法委(综治办)、维稳办、公安、武警等15个部门共同参与，省市县上下贯通的安保维稳指挥机制，确保一旦发生重大突发事件，能够统一指挥、快速反应、联勤联动、合成作战。实行省市县三级公安机关领导值班制，建立重大突发事件信息直报员"随长作战"机制，第一时间、第一现场直报情况，最大限度缩短响应时间。加强专业队伍建设，在全省7000名消防队员的基础上，组建由政府出资的8200余人的专职消防员队伍，全面提升应急救援能力，在处置突发事件、维护社会稳定中发挥了尖刀作用。在各县级公安机关组建不少于50人的应急处突力量，24小时备勤待命，一旦发生突发事件，能够先期快速处置。2013年，全省组织开展了40多次演练、20多次区域性拉动，全面提升了应急处突能力。二是深入开展严打整治行动。适时组织破案攻坚、缉捕重大逃犯等专项行动，始终保持高压态势，2013年，全省共破获刑事案件202721起，抓获刑事作案成员110375人，打掉犯罪团伙3745个。坚持以打促防、以侦导防，强化治安形势、警情特点、犯罪空间关联分析，完善四色预警研判机制，实行社会面“三级巡防”，重大活动安保、重要敏感时期和重要节假日期间，全省实行一级巡防，将35%的警力投向街面，最大限度提高见警率、管事率、盘查率，提升打击力、震慑力和管控力。三是加强社会治安重点地区排查整治。加强社会治安重点地区排查整治工作的制度化建设，定期召开联席会议。省综治委研究制定了《关于社会治安重点地区排查整治工作规定》，建立了社会治安重点地区认定标准体系和程序办法、社会治安重点地区和突出问题挂牌督办机制。加强对重点地区和治安混乱重点问题的分析研判，组织开展了社会治安重点地区、场所的排查整治活动。四是强化基层基础建设。省综治委制定出台《关于在全省城乡社区实行网格化管理的指导意见》，进一步完善社区管理体制机制，有效发挥社区在加强社会治理、维护社会稳定、促进社会和谐等方面的基础作用，做到情况掌握在基层、问题解决在基层、矛盾化解在基层、工作推动在基层。截至2013年底，全省80%以上的城市社区、30%以上的农村社区都实行了网格化管理。在城市，坚持社会化与市场化相结合，积极推进社区警务战略和民警包片、网格化巡逻等警务制度，大力发展保安服务公司、物业管理公司和企业内保组织等专业治安保卫组织。在农村，不断完善治安承包责任制、选派治安员驻村、推行治安保险等做法，充分发挥治保、调解、巡逻、帮教、普法等五支群防群治队伍和多种形式的义务治安员、信息员的作用。积极探索加强军警民联防、企地联防、油地联防等维护社会治安的新模式。

（三）建立网上网下、虚实对接的网络化防控体系。按照坚持积极利用、科学发展、依法管理、确保安全的方针，建立了网络化防控体系。2013年9月，山东省综治委出台了《在平安山东建设中加强网络平安工作的意见》，省公安厅出台了《关于加强网络社会防控体系建设意见》，构建了网上舆情信息巡查、网上违法犯罪侦查、网上重点对象管控、网络信息安全管理“四张工作网”，完善力量保障、全警协作、齐抓共管、群防群治、警务保障“五项机制”，强化打、防、管、控、查、建“六大网上防控能力”。健全完善网上情报信息巡查机制，依托网络社会防控中心和基层综治信息化建设平台，构建省、市、县三级网上舆情信息巡查网，严格落实网上巡查“双负责制”。全省1.9万余名社区民警通过建立社区警务QQ群、微信群，与社区居民在网上实时沟通交流，及时发现不稳定苗头。把“大情报”平台作为网上网下情报信息的汇集点，突出“重点人员管控、重大事件预警、网络舆情分析、治安动态分析”四大主题应用。2013年以来，通过“大情报”平台化解各类不稳定因素近万起，协破案件3.6万起。健全完善网上侦查机制，加大对网上违法犯罪活动的打击力度。2013年，投入上亿元，建立了上下贯通、联网共享的网络侦控技术手段体系。全省建成网安电子实验室46个，其中6个通过了国家认可委CNAS评审认证，数量位居全国第一。“网上灭枪”、“打击网络有组织造谣炒作”等专项行动取得显著成绩。

（四）建立云端集成、抢占高点的信息化防控体系。积极适应形势任务发展需要，按照中央综治委的部署要求，大力推进基层综合服务管理平台建设，统筹规划设计，加大资源整合，健全完善工作机制，稳步推进全省综治信息系统建设。截至2013年底，全省县（市、区）和乡镇（街道）两级综治平台覆盖率达到100%，村（社区）平台覆盖率达到76%。基层综治平台建设，消除了各部门、单位之间的信息“鸿沟”、信息“壁垒”、信息“孤岛”，建立了纵向贯通、横向集成、共享共用、安全可靠的信息系统。加强实战应用，切实做好对重点领域、重点事件、重点物品等基础信息的采集，及时把了解到的群众诉求、发现的矛盾纠纷和问题隐患，上传到各级综合服务管理平台，统一台账管理、分流交办、跟踪督办、结果反馈，实现了服务管理快捷优质高效。随着治安信息化大数据实时性处理和智能化需求迅猛增长，2012年山东省在全国率先建成“山东警务云计算中心”1号工程，以理念创新和技术突破提升治安防控能力。与浪潮集团实施战略合作，建设了“警务云计算中心”，开展计算池和储存池建设，打造视频监控、智能交通、警务指挥等10项现代化应用系统。截至2013年，“云计算”平台已汇集治安和社会数据146种60亿条。整合地理、图像多层信息资源和多种指挥调度手段，完善“三台合一”接处警系统、合成指挥调度系统、实时警情多维度分析研判系统、警情信息流程化管理系统，实现省市县三级指挥系统互联互通、数据共享。对接警综、“大情报”、刑事犯罪信息研判平台，积极推行执法闭环优化管理系统和法制视频监督信息系统，整合多库资源，有效推进信息化深度应用、规模应用和合成应用，实现人、案、物、信息的历史与现实、动态与静态、网络与时空无缝对接和立体展现，提高了打击防控的准确性、实效性。

生态文明建设

山东制定实施主体功能区规划

党的十八大提出加快实施主体功能区战略，推动各地区严格按照主体功能定位发展，构建科学合理的城市化格局、农业发展格局、生态安全格局。在党中央将发展生态文明提到新的战略高度的背景下，2013 年 1 月 15 日，山东省政府印发《山东省主体功能区规划》，提出到 2020 年，山东形成主体功能清晰，人口、经济、资源环境相协调，均衡、和谐、可持续的国土空间格局。

《规划》是山东省国土空间开发的战略性、基础性和约束性发展规划，将全省 15.7 万平方公里的陆域面积划分为优化开发、重点开发、限制开发和禁止开发四类区域。（1）优化开发区域指综合实力较强、经济规模较大、内在经济联系密切、科技创新实力较强，集中体现全省竞争力、支撑并带动全省经济发展、引领全省自主创新和结构升级的城市化地区。山东优化开发区域分为国家级优化开发区域和省级优化开发区域两个层次，共包括 32 个县（市、区），占全省国土总面积的 15.7%。国家级优化开发区域包括胶东半岛和黄河三角洲的部分地区，具体包括青岛市、烟台市、威海市、潍坊市、东营市、滨州市的部分地区。该区域具有完备的产业发展基础和配套能力，是全国重要的船舶、电子信息、家电、造纸、化工、医药和食品加工集聚区，海洋产业、生态经济比较发达，是全省经济社会发展的核心区域之一。省级优化开发区域主要包括济南、淄博、泰安部分城区，该区域具有完备的产业发展基础和较强配套能力，具有坚实的科技人才支撑，服务业发展基础好，发展潜力巨大。主要是强化济南城市核心地位，加快淄博城区发展步伐，发挥科技人才优势和产业优势，加快发展现代服务业，打造全国重要的区域性金融中心、物流中心、文化中心、科技创新中心、人才集聚中心、旅游中心，成为全省服务业发展龙头等。（2）重点开发区域包括国家级重点开发区域和省级重点开发区域两个层次，由枣庄、潍坊、日照、临沂等地市的 29 个县（市、区）组成，还包含部分城市重点开发的镇（乡、街道办），具备较强经济基础、技术创新能力和较好发展潜力，作为落实全省区域发展总体战略重要支撑的城市化地区，占全省面积的 19.1%。东陇海国家级重点开发区域主要包括鲁南部分地区，并与苏北经济区域紧密连接，是区域重要的钢铁及配套产业、能源、化工和物流等临港产业基地。济南都市圈是省级重点开发区域，将以发展现代服务业为重点，加快构筑现代制造研发基地，努力建设南承沪宁、北接京津、东接半岛、西启黄河中下游的枢纽型城市群。鲁南经济带也是省级重点开发区域，努力建成鲁苏豫皖边界区域新的经济隆起带、山东经济发展的重要增长极。（3）限制开发区域主要包括农产品主产区和重点生态功能区。农产品主产区主要有鲁北农产品主产区、鲁西南农产品主产区、东部沿海农产品主产区以及其他作为农产品主产区的乡镇。重点生态功能区主要包括鲁中南山地生态经济区、东部沿海生态经济区等，占全省面积的 65.2%。（4）禁止开发区域是指有代表性的自然生态系统、珍稀濒危野生动植物物种的天然集中分布地、有特殊价值的自然遗迹所在地和文化遗址等点状分布的生态地区，占全省的 4.8%。禁止开发区域将严格控制人为因素对自然生态的干扰，严禁不符合主体功能定位的开发活动，引导人口逐步有序转移，实现污染物"零排放"。

《规划》根据不同主体功能区实现不同的产业特点，规定了不同主体功能区的产业投资项目实行不同的占地、能耗、水耗、资源综合利用率、工艺设备、"三废"排放和生态保护等强制性标准。一是严控"铺摊子"式产业发展行为。优化开发区域将逐步减少和转移占地多、消耗高的加工业和劳动密集型产业。优先发展先进制造业、战略性新兴产业、高技术产业和现代服务业，积极发展科技含量高和附加值高的海洋产业。重点开发区域要重点发展装备制造业、新型原材料、生物医药等优势产业，加强基础设施建设，提高产业配套能力，增强对优化开发区域转移出来的产业吸纳能力，通过园区建设和发展产业集群，延长产业链，打造国家级新型产业基地。限制开发区域要重点发展旅游、绿色食品等特色产业，严格限制不符合主体功能的产业扩张。二是不同功能区有不同的能效和产业准入标准。《规划》要求，优化开发区域要制定更严格的产业能耗能效标准，限制继续发展占地多、消耗高、污染重的一般加工业和低附加值产业。重点开发区域要制定较严格的产业效能标准，增强吸收资金、技术和劳动力集聚能力，通过增量扩张，提高工业化水平。严格控制"外延式扩张"和"铺摊子"的产业发展行为。限制开发区域除对农业、环保产业等特色项目采取较为宽松的准入标准外，对其他产业要采取严格标准，对禁止开发区域，实行"一票否决制"。禁止开发区域鼓励发展旅游业和一些特色产业。三是不同功能区人口迁入迁出政策不同。优化开发和重点开发区域实施积极的人口迁入政策。上述两类区域将放宽户口迁移限制，鼓励外来人口迁入和定居，将有稳定就业或住所的流动人口逐步实现本地化。而限制开发和禁止开发区域要实施积极的人口退出政策，引导人口逐步自愿平稳有序转移，缓解人与自然关系紧张的状况。作为配套政策，山东省将建立可转移、可衔接的社会保障制度，建立多种形式的农村养老保险制度和最低生活保障制度，逐步实现外来人口与城市人口一体化的社会保障体系。同时还将改革城乡户籍管理制度，打破城乡、地区限制，逐步统一城乡户口登记管理制度，将公共服务领域各项法律法规和政策与户籍相剥离。优化开发、重点开发区域分别占全省面积的15.7%、19.1%，限制开发区域比例占65.2%。这是根据国家规定要求和山东实际情况所决定的。

《规划》确定山东构建城市化战略格局、农业战略格局和生态安全战略格局"三大战略格局"。一是构建以胶东半岛城市群、济南都市圈、黄河三角洲城镇区和鲁南城镇带为主体的"一群一圈一区一带"的城市化战略格局。二是构建六大农产品供给功能区为主体的农业战略格局。以基本农田为基础，以鲁北、鲁西南、东部沿海三大农产品主产区为基地，以优势农产品为核心，加快构建鲁北低洼平原大宗农产品供给功能区、鲁西南黄淮平原大宗农产品供给功能区、黄河三角洲农牧复合生态调节功能区、胶济山前平原及城郊文化传承休闲功能区、鲁中南山地丘陵农林复合生态调节功能区、鲁东丘陵高效农产品供给功能区。三是构建以东部沿海和鲁中山区两大生态屏障建设，加强沿黄河保护带、沿海保护带和南水北调保护带建设，大力发展黄河三角洲高效生态经济区、鲁东低山丘陵生态经济区、鲁中山地丘陵生态经济区、鲁西平原现代农业生态经济区为主体的"两屏三带四区"的生态安全战略格局。还将在重点生态功能区及其他环境敏感区、脆弱区划定生态红线，制定相应的环境标准和环境政策。按此三大战略格局，全省城市空间面积将达到8450平方公里。耕地保有量维持在1.1亿亩，其中基本农田不低于9980万亩。绿色生态空间扩大，河流、湖泊、湿地面积增加，林地面积扩大到14497平方公里左右。此外，还加快推进"三横三纵"城镇发展轴线的空间集聚。"三横"包括德州—滨州—东营—潍北—烟台—威海北部横向发展轴、聊城—胶济沿线中部横向发展轴、日菏沿线南部横向发展轴。"三纵"包括沿海轴线、京沪轴线和京九轴线。

山东编制大气污染防治规划和一期行动计划

加强大气污染防治是山东省委、省政府推进美丽山东、生态山东建设的重大决策，是推动"转方式、调结构"的重要手段，是全省人民的共同期盼。近年来，大气污染问题逐步成为公众和社会普遍关注的环境问题。2012年，山东颗粒物、二氧化硫和可吸入颗粒物年均浓度分别为129微克/立方米、66微克/立方米和41微克/立方米，比2010年分别下降了15.1%、23.3%和12.8%。其中，细颗粒物(PM2.5)折算浓度约84微克/立方米，超过国家标准1.4倍，是发达国家和地区平均浓度的6倍多。2013年年初，全国多地发生了长时间大面积的雾霾，部分城市空气污染指数达到了极严重污染程度。山东17城市，除青岛、烟台、威海等个别市以外，其余市均启动了空气质量重度污染应急处置程序，1月至2月，17市出现污染指数(API大于300)的天数达70天(次)，比去年同期上升了312%。

在推进大气污染治标行动的同时，健全生态文明制度，加快完善有利于生态文明的体制机制，是省委2013年生态文明建设方面的工作要点之一。2013年，山东批准实施了火电、钢铁、建材、锅炉和工业炉窑5项行业污染物排放标准和大气污染物综合排放标准，制定了渤海生态红线制度等一系列制度，出台了集约节约利用土地的意见等，使生态文明制度建设迈上了新台阶。在大气污染防治方面，还群策群力、编制实施了2013至2020年大气污染防治规划和一期行动计划，为其后八年大气污染防治确立了基本纲领、行动指南和奋斗目标。

山东大气污染防治规划和一期行动计划，是在科学论证和广泛征求意见的基础上制定的。为科学确定山东大气污染防治工作的思路、目标和主要举措，2013年，省政府第2次常务会决定，由省环保厅会同有关部门，自2013年4月3日起开始组织编制《山东省2013—2020年大气污染防治规划》，完成初稿后经征求31个部门(单位)和17市政府意见，进行了修改完善，形成了《山东省2013—2020年大气污染防治规划(征求意见稿)》。规划(征求意见稿)分三期实施，并分别编制实施细则，其中《山东省2013—2020年大气污染防治规划一期(2013—2015年)实施细则(征求意见稿)》已与规划(征求意见稿)同步编制完成。为增强规划和一期实施细则的科学性和可操作性，根据省政府决定，自5月27日起，规划和一期实施细则在山东环境网站上公开征求社会各界意见，征求意见时间为1个月。征求意见之后，省环保厅认真研究修改意见和建议，并对规划和一期实施细则进行了补充完善，经专家论证后，按程序报批实施。

2013年7月，省政府正式发布《山东省2013—2020年大气污染防治规划》和《山东省2013—2020年大气污染防治规划一期(2013—2015年)行动计划》。《规划》的总体思路是：深入贯彻落实党的十八大精神，按照建设生态山东的总要求，坚持以人为本，生态优先，统筹兼顾，以治理大气污染倒逼能源与产业结构调整，以改善大气环境优化经济社会发展，综合运用规制、市场、科技、行政、文化5种力量，扎实做好"调结构、促管理、搞绿化"3篇文章，着力构建全社会共同参与的大气污染防治大格局。

《规划》提出了"到2020年，山东环境空气质量将在2010年的基础上改善50%左右"的奋斗目标。为实现这一责任目标，《规划》围绕做好"调结构、促管理、搞绿化"3篇文章，提出"调整能源结构、调整产业结构、深化重点行业污染治理、加强扬尘综合整治、绿色生态屏障建设”6项举措。在具体的实施步骤上,将分3期实现这一目标:第一阶段,初见成效期:从2013年到2015年,空气质量比2010年改善20%以上。第二阶段,持续改善期:从2016年到2017年,空气质量比2010年改善35%左右。第三阶段,基本达标期:从2018年到2020年,空气质量相比2010年改善50%左右。

按照《规划》,2020年以后,山东将以人民群众应当享受的基本空气质量界定周边污染源的排放标准,工业企业排污的要求不再根据行业划分,高污染行业的排放特权将被取消。为此,建立一系列责任体系。这些保障体系主要包括目标责任制的考核体系、法规标准政策体系、科技支撑体系、节能环保社会化服务体系、环保执法监管体系和弘扬生态文化体系。

《一期行动计划》实施包括工业污染治理、结构调整、能力建设等18类项目,估算投资3955亿元,新增二氧化硫减排能力47万吨/年、氮氧化物减排能力50万吨/年、颗粒物减排能力30万吨/年、挥发性有机物减排能力20万吨/年。

威海建成全省首个省级生态市

生态市、县(市、区)建设是落实党的十八大和十八届三中全会精神、建设生态山东、提升生态文明水平的重要载体。2008年后,荣成、文登、乳山先后被国家环保部命名为国家生态市,有46个镇被命名为国家级生态镇,实现省级生态镇全覆盖。2012年,威海市及3个县级市通过国家环保模范城市群复核验收。2013年,威海市率先建成了全省首个省级生态市。

(一)实施四大生态环境工程,让全市人民共享美丽家园。在推进生态市建设过程中,威海市实施蓝天、碧水、宁静、绿色四大生态环境工程,让全市人民共享美丽家园。在蓝天工程方面,从建筑扬尘和汽车尾气污染防治、城市燃料结构调整入手,先后建成10家机动车环保检测机构和29条检测线,在全市范围内开展机动车排气污染检测工作。市区燃气普及率达到99.71%,空气质量优良率始终保持全省第一。在碧水工程方面,监测与整治双管齐下,投资3.25亿元新增污水日处理能力11.5万吨,全面实施市区河道整治和污水截污并网工程。在宁静工程方面,把治理噪音污染作为生态建设的一个重要内容,整个市区范围都被设定为机动车禁鸣区,组成联合执法队伍对市区范围内的“五小行业”进行噪声污染治理,建筑施工单位全部签订噪声污染防治承诺书。在绿色工程方面,在2012年成片造林8.1万亩的基础上,2013年又新增2万亩,成片造林达到10.1万亩,同时,结合城区改造和城中村改造,完成51个城中村和十几个区域绿化改造工程,覆盖全市的生态绿化系统已经成型,让市民生活在“人在城中,城在绿中”的优美环境之中。

(二)确立生态立市、科教兴市、产业强市的城市发展战略,并且把生态立市放在第一位。威海市围绕“生态立市、环境优先”发展战略,按照《关于建设生态威海的决定》要求,积极推进生态市创建工作,修编了《威海生态市建设总体规划》,并作为其他各类规划的指导。强调无论是城镇化建设,还是产业发展,都必须把环境置于优先地位,以最严格的制度、最有力的举措推进生态环境保护。一是在项目建设上,严守“产业红线”。无论是招商引资,还是项目建设,都不断抬高环保审批门槛,对于“两高一资”等不符合产业红线的项目,哪怕是GDP拉动再大、财税贡献再高,也坚决不要。2012年,全市实际到账外资8亿美元,其中91%的资金投向先进制造业和现代服务业领域,确保从源头上预防环境污染。二是在产业培育上,强化创新驱动。按照出政策、搭平台、增投入的思路,引导企业增强科技创新能力,支持企业开展技术改造,大力培植高新技术产业,形成了具有明显低能耗特征的绿色产业体系,高新技术产业产值比重达到35.5%,比全省高6个百分点。三是在企业监管上,强化节能减排。实施最严格的环境监管制度,加大执法监察力度,加强对重点耗能、排污和扬尘企业的监控,引导各类企业大力发展循环经济和清洁生产,严肃查处超标排放、违规排污的企业,确保环境安全,全市万元GDP能耗比全省低8.1%。2013年,组织开展了生态安全格局、城乡建设用地、公共开放空间布局等规划编制工作。健全水资源利用、海岸带管理、沙滩保护等方面的管理制度。完善大气污染联防联控工作机制,开展散流物体运输、弃土堆、燃煤小锅炉、机动车尾气等专项整治,空气质量指数保持全省首位。

(三)在快速城镇化过程中,努力促进“三生”共融。面对快速推进的城镇化,威海市竭力促进生态环境保护。一是在城镇化推进过程中,牢固树立质量意识、生态意识,探索推动城镇发展向低碳化、生态化方向转型,走可持续发展的新型城镇化道路。在2012年省里组织的城镇化监测评价中,威海市城镇化环境质量指数位居全省第一。二是在园区建设上,促进“三生”共融。正确处理生态、生产、生活的关系,在重点区域开发和各类园区建设中,都强化规划控制,按照“三生”共融的原则,引导各区域科学布局生态、生产、生活空间,坚决避免为了经济利益而侵占生态空间,把更多空间留给人民群众,留给子孙后代。三是在资源开发上,推动集约利用。在城镇化建设中,始终坚持严格保护、规范管理、集约利用的原则,最大限度地保护山体、沙滩、海湾、岸线、绿地、湿地、耕地,严禁为增加土地指标而破坏资源环境,严格控制风电建设、围填海和沿海房地产等项目,严禁在风景名胜区搞住宅开发,推动各类资源得到合理利用。四是在生态建设上,强化城乡统筹。威海市在全省率先推行了农村环境保护综合整治等工作,实现了镇驻地污水集中处理设施全覆盖和城乡生活垃圾一体化处理,90%的镇成为全国环境优美乡镇,被评为全省农村环境连片整治示范市。

（四）不断提升群众的环境幸福指数。威海市在提高环境质量方面采取了一系列针对性的措施，从群众关心、社会关注的环境问题入手，逐一加以解决，切实提升群众的环境幸福指数。一是强化大气污染治理，让人民群众呼吸更清新的空气。关注全国城市空气质量实时发布平台，对威海哪个监测点的数据出现异常，都会让监管部门及时查找原因，坚决治理企业不达标排放的问题。2013 年，不断健全区域大气污染联防联控机制，加强重点领域和关键环节的控制。计划利用三年的时间，购置 711 辆节能环保型公交车，全部淘汰市区的“黄标车”、老旧公交车，优化群众的乘车环境，倡导绿色出行。同时，继续加强各类污染源控制，争取进一步改善空气质量，努力让“天蓝蓝、海蓝蓝”成为威海永久性的标志品牌。二是抓好水源地保护，让人民群众喝上更加纯净的水。2013 年，开展了水源地保护工作，实施了五渚河流域综合整治工程，对市区的水源地进行了生态化治理。2013 年，围绕推进现代水利示范市、水生态文明城市建设，实施农村河流生态化治理，进一步加强水源地建设与修复。组织实施农村饮水安全工程，努力让城乡居民都喝上干净、放心的水。三是围绕创建首批国家海洋生态文明示范区，完善海洋功能区规划，推行海岸带网格化管理，严厉查处排污倒废、非法养殖等违法行为，全面预防和治理海洋污染，近岸海域水质均达到相应功能区标准，清洁和较清洁海域达到 98.5%，居全国领先水平。实施刘公岛、九龙湾等 12 个海洋整治修复项目，完成 7 条河道综合治理。

2013 年 7 月 15 日，省环保厅通报了 6 月份全省 17 地市环境空气质量排名，“蓝天白云、繁星闪烁”天数最多的城市是威海，为 29 天，仅有 1 天能见度小于 10 公里。据统计，2013 年上半年，威海“蓝天白云”天数达 153 天，在全省位居榜首。

山东实施分阶段逐步加严的地方污染物排放标准

实施分阶段逐步加严的大气污染物排放地方标准，建立应对雾霾天气长效机制，是 2013 年山东省委、省政府关于生态文明建设的主要工作之一。2013 年，山东向高污染行业开刀，在全国率先出台了分阶段逐步加严的地方污染物排放标准，提出利用 8 年时间取消高污染行业排污特权。

山东省能源结构不尽合理，清洁能源、优质能源和可再生能源比重较低。2010 年，山东省一次能源消耗量为 3.63 亿吨标准煤，其中原煤消耗量 2.77 亿吨标准煤，占一次能源消费量的 76.2%，高于全国平均水平，也高于广东、江苏、浙江等省份。原煤消费所占比率高，消费总量大，是造成大气污染物排放总量大的最主要原因，2010 年山东省二氧化硫排放总量 188.1 万吨，仍高居全国第一位。钢铁、建材等高污染行业落后产能比重仍然较大。

为实现《山东省 2013—2020 年大气污染防治规划》提出的 2020 年空气质量基本达标的目标，山东总结借鉴全省流域治污的成功经验，参照流域水污染物排放标准的制定思路，组织制定了《山东省区域性大气污染物综合排放标准》。利用 8 年时间分 4 个时段，逐步实现由行业标准向区域性大气污染物排放标准的过渡，实现污染物排放标准与环境质量标准的衔接。同时，考虑区域综合标准第一、二、三时段行业排放差异，结合山东省实际，解析颗粒物、氮氧化物、二氧化硫等污染因子比重较大的污染源，制修订火电、钢铁、建材、锅炉、工业炉窑 5 项行业大气污染物排放标准。6 项地方污染物排放标准经省政府批准，于 2013 年 5 月 24 日发布，2013 年 9 月 1 日起正式实施。

制修订《山东省区域性大气污染物综合排放标准》等 6 项标准，目的是为了实现到 2020 年环境空气质量得到明显改善，人口密集区的公众能够享受到最基本的环境空气质量。以此为目标，采取环境目标倒逼机制，倒推污染源最高允许排放浓度限值，通过发布实施分阶段逐步加严的地方环境标准，倒逼企业转方式、调结构，取消高污染行业排污特权，实现排放标准与环境质量相衔接。即要保证企业达标后排出的废气，经过大气扩散、稀释后，要达到或接近《环境空气质量标准》（GB3095－2012）二级标准的要求。

在制定了钢铁、火电等 5 项行业大气污染物排放标准的同时，还要制定《山东省区域性大气污染物综合排放标准》。主要原因是，行业大气污染物排放标准是依据技术经济可行性来确定的。行业标准的确定基于两个因素，首先，它是企业要具备的达标排放的技术；其次，为实现达标排放投入的经济成本是企业能够接受的。这种做法可以确保大多数的企业能够实现达标排放，但这类污染物排放标准与环境质量标准间是不衔接的。即使按照现行的污染物排放标准去进行环境监管，排污单位能完全达标排放，但在大气环境容量较小的区域，环境空气质量现状与环境功能区的要求仍会相去甚远。

高污染、高耗能行业执行相对宽松的排放标准，短时期内有其合理性，但长期下去实质上是保护了落后生产力，默许其占有更多的原本稀缺的自然资源和环境容量，对其他行业是不公平的。要解决企业达标排放仍无法实现环境空气质量目标，就必须依据区域大气环境容量的要求执行相对统一的排放限值。发布实施《山东省区域性大气污染物综合排放标准》，就是以公众能够享受到最基本的大气环境质量为目标，倒推得到的污染源最高允许排放浓度限值，从根本上取消高污染行业排污特权。

在标准制定过程中，遵循了一个思路、坚持了三个原则、把握了四项策略。遵循的一个思路，即分区域重点控制的制定思路：依据生态环境敏感程度、人口密度、环境承载能力 3 个因素，将全省区域划分为核心控制区、重点控制区和一般控制区，不同区域执行不同的排放限值。坚持的三个原则，即坚持了以人为本、生态优先和统筹兼顾三个原则:以人为本,即把改善环境质量、保障公众健康安全放在更加突出的位置,予以优先保障;生态优先,即遵循尊重自然、顺应自然、保护自然的生态文明理念,以环境承载力为基础,优化国土空间开发格局;统筹兼顾,即以污染减排倒推转方式、调结构,以改善环境质量优化经济发展,以科学发展提升环境保护水平。把握的四项策略,即必要性、预见性、引导性和强制性4项策略:必要性,即用改善环境质量、保障公众健康的必要性和经济发展的必然规律统一思想。预见性,即统筹经济社会与环境保护,提前若干年科学确定工作目标,明确努力方向。引导性,即制定实施分阶段逐步加严的地方环境标准,引导企业逐步淘汰落后产能,转变发展方式,提高治污水平。强制性,即确定的政策措施必须依法坚决予以实施。

从标准的具体内容来看,各个标准根据行业实际情况,分不同时段逐步加严。《山东省区域性大气污染物综合排放标准》分4个时段逐步加严。第一时段,自2013年9月1日起至2014年12月31日止,依据省内较先进的技术确定排放浓度限值。第二时段,自2015年1月1日起至2016年12月31日止,依据省内最先进的技术确定排放浓度限值。第三时段,自2017年1月1日起至2019年12月31日止,依据国内最先进的技术进一步加严排放浓度限值。第四时段,自2020年1月1日起,以公众能够享受到最基本的大气环境质量为目标,倒推污染源最高允许排放浓度限值,取消高污染行业排污特权,实现排放标准与环境质量相挂钩。火电厂标准划分为两个时段逐步加严。自2013年9月1日起至2016年12月31日止为第一时段,对应于区域性大气污染物综合排放标准第一时段和第二时段,现有企业与新建企业执行不同排放限值。2017年1月1日起,现有企业与新建企业执行相同排放限值,对应于区域性大气污染物综合排放标准的第三时段。钢铁、建材、锅炉和工业炉窑标准划分为两个时段逐步加严。自2013年9月1日起至2014年12月31日止为第一时段,现有企业与新建企业执行不同排放限值;2015年1月1日起,现有企业与新建企业执行相同排放限值,分别对应于区域性大气污染物综合排放标准第一时段和第二时段。

至2020年,在第四时段标准限值全面落实后,山东省现有固定源大气二氧化硫排放总量预计可削减60%左右,氮氧化物排放总量可削减60%左右,颗粒物排放总量可削减70%左右。在上述基础上,机动车燃油由国Ⅲ提升为国Ⅴ标准,扬尘得到较好控制,山东省绝大部分区域环境空气PM2.5浓度能够达到50μg/m³以下,大部分区域环境空气PM2.5浓度能够达到或接近35μg/m³左右。

临沂荣膺“国家森林城市”称号

2013年9月24日,在江苏省南京市召开的中国城市森林建设座谈会上,临沂市和全国其他16个城市一起,被授予“国家森林城市”称号。这是山东继威海市之后第二个获此荣誉的城市。

临沂市高起点规划、全方位落实,上下一心、齐心协力,为创建国家森林城市进行了诸多努力。

(一)高起点制定总体规划。2010年,临沂市委、市政府提出了3年争创国家森林城市的目标。2011年4月,临沂市政府委托国家林业局林产工业规划设计院对原创建规划进行修编提升,高起点编制了《山东省临沂市国家森林城市建设总体规划(2011—2020)》。《规划》提出了“山水沂蒙、宜居宜业、红色老区、绿色发展”的森林城市建设理念,全面打造森林临沂。同时,从市域和主城区两个尺度提出了“北部生态”、“中部产业”、“南部林网”的森林城市建设功能布局和“一核”(中心城区生态景观核)、“两屏”(西北沂蒙山地水源涵养生态屏障、东南近海丘陵海域防护林生态屏障)、“三网”(水系林网、道路林网、农田林网)、“四廊”(沂河、沭河、祊河、汶河四条大型河流生态廊道)、“多点”(市域内的森林公园、自然保护区、林场、村镇林等呈点状分布的生态建设点)的森林城市建设空间布局。《规划》提出将创建国家森林城市分为近期、中期、远期三个阶段,规划期末临沂全市中心城市人均公共绿地达到19平方米。近期是2011年至2013年,为城市森林建设达标期,努力完成创建国家森林城市的基础性工作,分期分步实施森林生态、林业产业和森林文化建设工程,到2013年,森林覆盖率达到32%,中心城市人均公共绿地面积达到18平方米,水岸绿化率达到93.07%,道路绿化率达到82%,苗木自给率达到87%,各县城建成区人均公园绿地达到11平方米以上,各项指标达到国家森林城市标准,通过国家主管部门验收,并获得“国家森林城市”称号。中期是2014年至2016年,为城市森林建设完善期,继续提升国家森林城市建设水平,一方面对近期实施工程查漏补缺、升级提质,另一方面继续完成规划期内的任务。争取到规划中期临沂市森林覆盖率达到35%,中心城市人均公共绿地达到18.50平方米,加大森林公园、湿地公园以及各类城市公园建设力度,进一步推进森林城市建设项目的实施。远期是2017年至2020年,为城市森林建设深化期,进一步完善城市森林建设工作成果,稳步提高城市森林健康,促进城市森林经济发展,弘扬森林生态文化,加强城市森林管理和支撑保障。争取到规划期末临沂市森林覆盖率稳定在37%以上,中心城市人均公共绿地达到19平方米,苗木自给率达到90%,建成完善的城市森林生态体系,发达的林业产业体系和繁荣的森林生态文化体系,全面改善生态环境、丰富森林景观,形成整个市域范围内协调配置的绿色生态网络。

(二)及时出台创城意见,明确目标任务。总体规划出台以后,2012年1月12日,临沂市委、市政府又出台了《关于创建国家森林城市的实施意见》,正式将“到2013年年底,成功创建国家森林城市”确定为任务目标。具体计划为全市森林覆盖率达到30%以上;城市建成区绿化覆盖率率达到40%,绿地率达到35%,人均公共绿地达到15平方米;山区森林覆盖率,山区达到62%以上,丘陵达到42%以上,平原达到22%以上;在建成区内建成20处公园绿地,多数市民出门平均500米有休闲绿地,义务植树尽责率达到90%等10项。工作的重点为城区滨水景观绿化提升、城区景观绿化提升、环城生态林带;水系绿化、湿地修复与保护、荒山造林、村镇绿化、森林资源保护和绿化提升、森林文化建设、高校林业产业开发工程等共11项工程。

(三)在统一领导、共同创建,注重实效、突出重点的基础上,重视宣传,营造浓厚的创城氛围。2013年3月20日至4月20日,临沂市委宣传部、市林业局等10部门在全市联合组织开展了创建国家森林城市摄影大赛、书画大赛、知识竞赛、征文大赛、公益广告用语创意大赛5项主题活动。此次活动吸引了社会各界的广泛积极参与,收到了良好的创建宣传效果。活动共收到来自全国10余个省、市以及省内和临沂市各地的摄影、书画、征文、公益广告用语、知识竞赛答题卡等参赛作品近2万件,涌现出许多反映临沂市国家森林城市创建风采的好作品。

(四)创新体制机制,调动群众积极参与到创城活动中来。2013年6月5日,临沂市林业局组织16名机关青年干部职工到沂南县国有北大山林场,开展了"我当一天护林员"体验活动,走进森林、感受森林、体验森林,提高森林保护意识,倡导生态文明。建立永久性标识牌制度。2013年,临沂市对新建的生态工程造林项目统一设置永久性标识牌,并统一进行编号。同时,将永久性标识设置情况纳入生态工程造林考核验收范围。在此措施激励下,2013年临沂市生态工程造林2.33万亩,涉及13个县区30个乡镇、单位,183个造林小班,统一编号设置永久性标识牌32块。建立全民义务植树登记卡制度。2013年,临沂市绿化委员会下发《关于建立全民义务植树登记卡制度的通知》,建立全民义务植树登记卡制度,对每一年公民履行植树义务的情况实行制度化、规范化、常态化管理,做到应登尽登,努力实现义务植树覆盖面100%,使适龄公民都能明白义务植树是自己应尽的法定义务。对所辖区内适龄人员无故不履行植树义务的,按有关规定进行批评教育、限期补栽或者经济处罚;对于单位未完成植树任务的,追究领导责任,确保全民义务植树尽责率在90%以上。

通过三年创建攻坚,临沂市"水更清、山更绿、天更蓝、空气更清新"。一是以城乡增绿为目标,森林城市网络基本形成。截至2013年底,临沂市城区绿化覆盖率达到42%,人均公园绿地面积17平方米,实现了市民开门见绿,步行500米有公园绿地,满足了市民日常游憩需求。对山区、道路的绿化,创建以来共完成荒山造林14万亩,道路两侧植树1032万株,有力改善了临沂市城乡环境。二是以维护生物多样性为目标,城市森林健康得以维护。创建以来,森林城市建设绿化面积8.44万公顷,乡土树种使用量占城市绿化树种使用量的95%,城市郊区自然度达到0.63。森林火灾受害率控制在0.5‰以内,有害生物成灾率控制在2‰以内,有力保障了森林城市建设成果。三是以促进林农致富增收为目标,城市林业经济繁荣发展。坚持民生林业发展理念,确立了杨树、板栗、核桃、银杏、杞柳、种苗、花卉、板材加工、林下经济和森林旅游十大主导产业。2012年,临沂市生态旅游进一步发展,林产基地品牌逐步做强,种苗花卉文章不断做大,林业产业总产值达944亿元,林业产业吸纳180余万人就业,对农民收入的贡献份额超过10%,使广大林农增收20%以上,林业已成为临沂发展崛起的新兴支柱产业。同时在生态文化建设上,临沂市围绕打好红色沂蒙、森林临沂"一红一绿"两张牌,将森林生态文化、红色革命文化与悠久历史文化紧密结合,严格保护现有古树名木,大力开展栽植希望林、和谐林、碳汇林等主题植树活动,临沂市义务植树尽责率达到92%。

山东财政积极支持大气污染防治

2013年,山东财政充分发挥职能作用,不断加大投入,完善政策,大力推动大气污染防治。10月29日,山东省财政厅研究制定《关于充分发挥财政职能作用加快推进大气污染防治工作的意见》,提出20条政策措施,切实落实山东省2013—2020年大气污染防治规划及一期(2013—2015年)行动计划,促进大气环境改善。

工业结构偏重、煤炭消耗总量大、机动车燃油质量不高、发展理念有待提升、城市环境管理措施有待加强等,是影响山东省大气污染的主要因素。山东出台的20条大气治理财政措施,也主要涵盖了推动经济结构战略性调整、构建有利于大气污染防治的财税政策体系、着力抓好大气污染防治重点治理工程、探索建立有利于大气污染防治的长效机制四大方面。与以往治理大气污染的举措不同,山东省这次出台的大气治理措施,是通过财政手段来倒逼污染源减少排放,以提升相应的排放收费标准等方式,增加废弃污水排放成本。通过将达不到排放标准的污染源纳入财政"黑名单"等措施倒逼和推动各地改善大气环境。具体内容主要是:(一)在积极推动经济结构战略性调整方面:一是积极推动主体功能区建设,鼓励城市建成区内的石化、钢铁、火电、水泥等企业改造搬迁,优化经济空间布局。二是管好用好各项服务业发展资金,扎实推进"营改增",促进服务业跨越发展。三是认真落实战略性新兴产业发展规划,充分发挥区域发展、自主创新等专项资金的引导作用,加快推进工业转型升级。四是大力支持天然气管网等基础工程建设,积极发展城市燃气,改善能源消费结构。(二)在构建有利于大气污染防治的财税政策体系方面:一是逐步提高废气排污费征收标准,研究开征扬尘、挥发性有机物排污费,增加企业废气排放成本。二是充分发挥税收政策导向作用,企业从事环境保护项目所得,自项目取得第一笔生产经营收入所属纳税年度起,第一年至第三年免征企业所得税等等。三是从绿色照明、节能与新能源城市公交车等方面入手,大力推行政府绿色采购,逐步提高节能环保产品政府采购比重。(三)在着力抓好大气污染重点治理工程方面:一是积极争取中央淘汰落后产能奖励资金,加快落后产能淘汰步伐。结合钢铁产业结构调整试点,推动日照精品钢基地建设。二是进一步优化环保资金支出结构,加大燃煤锅炉脱硫脱硝除尘改造投入。三是结合中央支持,开展燃煤锅炉除尘改造和清洁能源替代,不断降低城市冬季燃煤消耗量。四是鼓励提前淘汰黄标车,加快老旧汽车报废步伐。五是加快推广节能与新能源汽车。六是积极发展风电、太阳能、浅层地能、页岩气等新能源产业。大力支持分布式光伏发电应用。七是认真落实技术研发税费优惠政策,鼓励地炼企业升级改造。八是加快既有居住建筑节能改造进度,建立星级绿色建筑、绿色城区奖励政策,推动建筑领域节能。(四)在探索建立有利于大气污染防治的长效机制方面:一是加强统筹规划,强化部门协同,实现资源优势集成和政策配套联动。二是夯实基础管理。大力支持环境空气质量监测体系建设,加强重点污染源在线监测能力建设。三是强化激励约束。对达不到排放标准的,列入财政扶持"黑名单",并将各市县大气污染防治任务完成情况,作为确定省级环保资金扶持规模的重要依据。四是发挥市场作用。探索在脱硝、除尘、挥发性有机物治理等方面实行社会化运营,提高治污设施的建设质量与运行效果。五是加强跟踪问效。委托中介机构制定资金项目评价标准和验收程序,加强跟踪问效,确保各项大气污染防治资金、政策真正发挥效应。

在制定政策的基础上,山东进一步着力于政策的执行。主要是:

(一)聚焦行动计划,初步构建起推动大气污染防治的财政政策框架。为贯彻落实国务院、省政府大气污染防治行动计划,2013 年山东财政将大气污染防治政策研究列为重点课题,组织力量、加强调研,相关研究得到了省委、省政府主要领导的充分肯定。在深入研究的基础上,出台了 20 条有针对性的政策措施,明确了今后一个时期财政推动大气污染防治的总体思路、目标原则和政策措施。同时,按照省政府要求,分门别类研究制定制度办法,初步搭建起支持大气污染防治的财政政策框架。如,针对黄标车污染问题,会同有关部门研究制定了黄标车提前淘汰补贴管理办法,从 2013 年 10 月 1 日起,分 4 个时段按黄标车车型和使用年限给予差别化补贴。为鼓励各市加快淘汰步伐,又制定了黄标车提前淘汰考核奖励办法,在足额落实补贴资金的基础上,山东财政计划再安排 3 亿元,依据各市实际提前淘汰数量、累计补贴金额、淘汰进度等三项指标给予奖励,形成了推动黄标车提前淘汰的政策"组合拳"效应。2013 年,山东推进机动车排气污染防治取得进展。全省淘汰黄标车 3 万余辆,17 设区市建成区全面禁行黄标车。全省自 2014 年 1 月 1 日起全面供应国 IV 汽油,完成 1388 座加油站、540 个油罐车、25 个储油库油气回收改造。

(二)加大财政投入,较好保证了大气污染重点工程的资金需要。通过积极争取中央财政支持、优化省级支出结构等方式,2013 年山东财政筹集资金 53 亿元,着力支持大气污染防治重点工程。一是加大淘汰落后产能和节能技术改造力度。完善淘汰落后产能奖励政策,筹集资金 24.3 亿元,对造纸、水泥、焦炭、印染等 12 个工业行业的 173 家企业落后产能实施淘汰关停,加快钢铁产业结构调整;积极实施建筑节能改造、重大节能技术产业化、合同能源管理等财政奖补政策,支持重点领域节能降耗和污染物减排。二是改善能源供给结构。筹集 20.4 亿元,重点支持太阳能集热系统在公共领域和工业锅炉领域示范推广、光伏应用、可再生能源发电等,加快新能源推广应用力度。三是加快重点行业脱硫脱硝除尘改造步伐。安排 2 亿元,采取以奖代补等方式,支持 79 个电力、水泥行业脱硝脱硫改造,以及烟(粉)尘再提高工程与挥发性有机物治理等项目。2013 年,全省 626 万千瓦燃煤机组实施脱硫提标改造,1521 万千瓦现役火电机组建成脱硝设施,拆除 267 个燃煤机组脱硫烟气旁路,8370 平米钢铁烧结机建成脱硫设施。建立重点治污项目定期调度通报制度,对 21 家重点监管企业下达限期治理。四是推动机动车污染防治。筹集资金 3.89 亿元,引导各方面加快黄标车、老旧汽车报废进程,加大节能与新能源城市公交车的推广力度。五是支持重点城市燃煤锅炉改造等。采取切块下达方式,安排 2 亿元,由重点城市统筹用于燃煤锅炉改造、重点污染源治理、城市扬尘等大气污染防治支出。六是支持大气环境治理监测系统建设。筹集 3900 万元,用于挥发性有机物监测仪器设备购置,大气质量监测体系运行经费等,较好保证了大气污染防治资金需要。

(三)注重政策调控,努力发挥好财税政策导向作用。一是充分发挥税收政策导向作用。对企业从事环境保护项目所得,自项目取得第一笔生产经营收入所属纳税年度起,第一年至第三年免征企业所得税;第四年至第六年减半征收企业所得税。企业购置并实际使用环境保护专用设备的,专用设备投资额的 10% 可从应纳税额中抵免。二是积极发挥收费政策导向作用。加强排污费征收与使用管理,认真实施超耗能收费、差别电价政策,增加企业废气排放成本。三是注重发挥政府采购政策导向作用。根据大气污染防治需要,及时调整政府采购目录,大力推行政府绿色采购,完善强制采购和优先采购制度。重点从绿色照明、节能与新能源城市公交车等方面入手,逐步提高节能环保产品政府采购比重。四是强化财政资金政策导向作用。积极引入信息发布、项目公示等机制,确保大气污染防治资金分配公开、透明。完善资金绩效管理制度,委托中介机构制定资金项目评价标准和验收程序,加强跟踪问效,确保各项资金、政策真正发挥效应。

南水北调东线山东段工程正式通水

南水北调是党中央、国务院的重大决策部署。2013

年，南水北调东线一期工程山东段历经艰辛建设，成功进行了试通水、试运行。2013年11月15日，经国务院同意，主要包括山东段在内的南水北调东线一期工程转入正式通水运行。习近平、李克强、张高丽、汪洋等中央领导同志分别作出重要批示，给予充分肯定。

南水北调工程是缓解中国北方水资源严重短缺、优化配置水资源的重大战略性基础设施，关系到经济社会可持续发展和子孙后代的长远利益。南水北调工程分别在长江下游、中游、上游规划了三个调水区，形成了东线、中线、西线三条调水线路。其中，东线工程从长江下游扬州抽引长江水，利用京杭大运河及与其平行的河道逐级提水北送，并连接起调蓄作用的洪泽湖、骆马湖、南四湖、东平湖。出东平湖后分两路输水：一路向北，在位山附近经隧洞穿过黄河；另一路向东，通过胶东地区输水干线经济南输水到烟台、威海。东线工程开工最早，并且有现成输水道。南水北调东线山东段工程，全长1191公里，其中南北输水干线长487公里，东西输水干线长704公里，在山东境内构成"T"字形输水大动脉。每年可为山东省调引长江水15亿立方米，将有效缓解山东省水资源不足的问题，并可实现长江水、黄河水、淮河水和山东当地水的联合调度、优化配置。

南水北调山东段工程自2002年12月以济平干渠工程为标志举行开工仪式后，2005年12月台儿庄泵站枢纽工程临时工程举行开工，2009年6月南四湖至东平湖工程开工，至2010年12月30日，南水北调东线山东段主体工程全面开工。至2011年12月19日，韩庄泵站5台机组经过联合试运行，正式通过验收委员会验收，山东已具备大流量调引江水入境条件；2011年12月30日，随着南水北调东线山东管理设施专项调度运行中心开工，标志着南水北调东线山东段11个单项、54个设计单元工程全部开工建设；2011年12月31日，东线穿黄河工程穿黄隧洞出口闸及出口连接段工程最后一仓混凝土浇筑完成，标志着东线穿黄河工程主体工程全部完工。2012年7月17日，烟台市南水北调工程建设管理局举行揭牌仪式。2012年7月26日，淄博市南水北调续建配套工程开工仪式在新城水库扩建现场举行。2012年10月31日，济南以东明渠段输水工程穿205国道箱涵顺利完工，标志着济南以东明渠段输水主体工程基本建成。2012年11月27日，济宁市中水截蓄导用工程验收会议召开，济宁市中水截蓄导用工程顺利通过竣工验收，标志着山东省21项中水截蓄导用工程全部通过竣工验收，正式投入运行。2012年11月29日至30日，南水北调东线一期南四湖至东平湖段输水与航运结合工程南四湖湖内疏浚工程合同项目验收会议在济宁召开，工程所含的2个合同项目全部完成并通过验收。

自2013年5月25日至6月27日，南水北调山东段工程进行了试通水运行。按照国家确定2013年三季度南水北调东线一期工程通水目标，山东段工程完成了全线试通水。在试通水阶段，山东段工程共划分为韩庄运河段至南四湖段、南四湖段至东平湖段、穿黄河工程和鲁北段、胶东输水干线四个试通水单元。其中，韩庄运河段至南四湖段于5月25日实现了试通水目标；胶东输水干线于5月29日至6月8日试通水成功；6月9日上午10时起，南四湖至东平湖段输水干线上的长沟、邓楼、八里湾三座大型梯级抽水泵站开启，将长江水经南四湖逐级提水入东平湖，再经穿黄河工程自流入鲁北段工程输水干线。6月10日，长江水首次穿越了黄河。当日上午11时56分，南水北调东线一期穿黄河工程北岸出口闸开启，水流自穿黄河工程奔涌而出进入鲁北段工程输水干渠，长江水历史性地经过穿黄涵洞，同时标志着南水北调山东段工程进入全线试通水阶段。长江水首次穿越黄河后，鲁北段输水干线水流到达南水北调东线一期工程末端——大屯水库，进而实现山东段工程全线试通水运行，为东线一期工程正式通水创造条件。

试通水期间，山东境内7级泵站均达到了泵站联调的时间要求，总计从台儿庄泵站下游河道抽调水87万立方米，从南四湖抽调水4961万立方米，从东平湖引水4842万立方米，东湖、双王城和大屯水库均实现了初期蓄水至死水位以上的预期目标。根据监测数据统计分析，工程运行处于安全稳定状态，完成了试通水运行参数验证、工程检验等目标任务。调度工作有条不紊，泵站、渠道调度运行人员得到了初步锻炼。这标志着经过十二年的工程建设，南水北调东线一期山东段工程全线试通水成功。山东段工程自5月25日开始分段试通水，七级泵站，六大输水河道、干渠，南四湖、东平湖两大调蓄湖泊和穿黄隧洞工程均已试通水运行，南水北调东线一期工程正式具备通水条件。通过试通水运行，也为全线通水积累了一定的调度运行经验。

自2013年10月19日起，南水北调东线一期工程，自源头江苏江都起进行全线试通水。具体全线试通水情况是：10月19日，南水北调东线一期工程自长江下游江苏境内江都泵站引水逐级北送；10月22日10时，山东段韩庄运河段工程台儿庄、万年闸、韩庄泵站依次开机运行，将长江水调入南四湖下级湖；10月23日10时，二级坝、长沟、邓楼、八里湾依次开机运行，从南四湖下级湖调水入东平湖；10月24日9时，开启济平干渠渠首闸，胶东调水正式开始；10月25日9时30分，开启穿黄出湖闸，鲁北干线开始运行，标志着南水北调东线山东段工程进入全线试运行阶段。经28天严密监测，输水水质稳定达标。

东线工程重点在山东，关键在治污，治污工作直接关系东线工程的成败。为确保南水北调东线工程山东段的水质达标，山东在水污染治理方面下了大工夫。截至2013年底，经过长达11年的艰苦努力，山东成功突破南四湖治污难题，国家南水北调东线山东段治污方案确定的324个治污项目已全部按期完成。南四湖生态环境明显改善，流域内已恢复水生高等植物78种，鱼类52种，浮游植物119种，底栖动物51种，表征南四湖水生态系统健康程度的综合指数（EHCI）已达到较高水平，在南四湖栖息的鸟类达200多种。具体措施：一是着力构建完善"治用保"流域治污体系。下发《山东省环境保护厅关于严格落实〈山东省南水北调沿线水污染物综合排放标准〉等4项标准修改单的通知》,督促废水排放单位按照新标准稳定达标排放。对省控重点河流断面、涉水重点企业和城镇污水处理厂盐分指标开展专项监测,并开展底泥重金属污染治理技术攻关和工程示范。大力推广省辖南水北调沿线先进流域治污模式,引导各市加快人工湿地水质净化工程及再生水循环利用工程建设,印发小清河流域生态环境综合治理规划方案。二是全力做好南水北调沿线水质保障。围绕"南水北调东线工程2013年建成通水"的目标,层层签订目标责任书,将治污责任落实到各市、县和重点污染企业,并作为约束性指标,纳入县域经济社会发展考核体系。定期分析调水沿线水环境形势,省环保厅、监察厅联合印发通报12期,对存在突出环境问题的市,约谈环保部门主要领导及超标责任县(市、区)政府负责同志,从严审批或限批涉水建设项目。大力实施"退渔还湖",湖滨带、河滩地生态修复,达标废水经湿地进一步净化后再进入干线。截至2013年底,调水沿线已建成人工湿地17.9万亩,修复自然湿地20.1万亩。编制印发《山东省南水北调工程沿线突发涉水环境事件应急预案编制指南》,开展调水沿线环境隐患问题拉网式大排查,严格环境执法监管,加强水质监测。三是加强组织调度和宣传力度。为保证试通水、试运行顺利进行,按照国务院南水北调办的统一部署,山东省成立了由分管省长牵头的专门小组,召开专题调度会、现场办公会,协调交通、航运、电力、公安、环保及沿线各级政府,统筹做好航运调度、交通安全、电力供应、社会保障及水质保护、水量调度、交叉工程运行管理等工作,共张贴省直四部门《关于加强南水北调工程管理的通告》5万份,印制发放中小学安全警示笔记本35万份,动员各方力量700多人坚守在一线现场加强巡护、看护、养护,建立了省环保厅、南水北调局两部门水质巡查和应急处置机制,省财政、渔业、南水北调部门在大屯、东湖、双王城三座水库采取"放鱼养水"措施,有效地保障了山东段工程顺利通过试通水、试运行检验,保证了11月15日南水北调东线一期工程顺利正式通水。

2013年11月15日,国务院南水北调办下达调度令,南水北调东线一期工程于12时正式通水。按照计划,这次调水过程将于12月10日结束。到12月9日,南水北调东线一期山东段工程正式通水运行,这意味着长江水正式来到山东,到达济南。按照计划,此次共调引长江水3400万立方米到山东,调水过程于12月10日结束。南水北调东线一期工程自长江下游江都泵站引水,通过13级泵站提水北送,经山东东平湖后分别输水至德州和胶东半岛。全长1467公里,设计年抽江水量87.7亿立方米,供水范围涉及江苏、安徽、山东3省的71个县(市、区),直接受益人口约1亿人。

与通水工作同步进行的是配套工程建设。2013年,山东加快推进配套工程建设,部分工程具备消纳江水能力。其中,随着南水北调东线一期工程正式通水运行,淄博市配套工程同时接引长江水,在全省率先实现了配套工程通水运行,长江水进厂入户,南水北调东线一期山东段工程开始发挥效益。至11月底,淄博市实际完成引水1002万立方米。长江水的正式接入标志着淄博市纳入全国水资源平衡体系,并由此构建起当地水和客水相结合、地表水和地下水综合利用的安全供水保障网络。除淄博外,南水北调山东段其他续建配套工程正在加紧建设中。全省配套工程经优化调整共需实施38个供水单元,总投资204.96亿元。截至2013年底,山东已有30个供水单元开工建设或具备开工条件,其中6个供水单元基本完工,累计完成投资42.1亿元,为2014年全面加快配套工程建设奠定了良好基础。但水价问题是南水北调东线一期工程亟待解决的难题。根据国家发改委初步测算,南水北调江苏、山东境内平均水价(俗称"工程水源费"),均高于当地的水源费。要将江水送达用户,还需要建设配套工程和进入城市供水管网工程,并计入相应的供水成本费用。因此终端用户的成本会很高。据国家发改委初步测算,南水北调山东段平均水价为1.54元/立方米,其中基本水价0.76元/立方米、计量水价0.78元/立方米。按此计算,山东每年必须要上缴的基本水费为10.28亿元,计量水费则按实际使用量缴纳。而2012年的《山东省水资源公报》显示,2012年山东的水资源费标准分别为:地下水0.65元/立方米、地表河库水为0.3元/立方米,黄河水价格更低。南水北调高水价问题已经在一定程度上影响了调水城市的调水量。在山东上报水利部的2014年调水计划中,仅有济南、枣庄、青岛、潍坊、淄博5个城市上报了调水计划,总计7750万立方米,而按照原定规划,这5个城市承诺多年平均调水总量应为5.12亿立方米。此外,济宁、菏泽、滨州、东营等8个城市原定的多年平均计划调水量总计9.55亿立方米左右,但2014年均无调水安排。尽管水价并未最后敲定,但初步测算出来的高水价已经在江苏、山东等省引起了很大反响。

在大力推进南水北调山东段工程正式通水的同时,山东积极发挥南水北调工程的综合带动效应,促进工程沿线经济社会发展。2013年,做到了"六个结合"。一是21项中水截蓄导用工程与防洪、除涝、灌溉、交通和生态保护等结合实施,使山东省7个市的30个县市区直接获益,共新建改建桥梁116座、提水灌溉泵站81座、建设拦河闸及橡胶坝145座,每年可消化达标中水2.06亿吨,增加农田有效灌溉面积200万亩,保障了调水水质。二是南四湖至东平湖段工程调水与航运结合实施,使京杭运河三级航道通航从济宁市延伸到东平湖。三是济南市区段工程与小清河综合治理工程结合实施,不仅避免工程施工出现反复开挖的被动局面,而且将征迁投资13亿元包干给小清河综合治理工程一并实施,节约了投资,实现了双赢。四是台儿庄泵站工程与市区防洪除涝结合实施,使台儿庄城区排涝由五年一遇提升为五十年一遇。五是梁济运河出湖口段与济宁城市新区开发结合实施,取得了提升城市景观、改善生态环境及带动发展的综合效益。六是干线工程与沿线灌区改造、影响工程、防洪除涝结合实施,保障并提升了沿线群众的生产生活环境。

山东率先在渤海实施海洋生态红线制度

为认真贯彻落实党的十八大关于生态文明建设的重要部署,结合生态山东建设,以保障渤海生态安全、促进"人海和谐"为目标,改善渤海海洋生态环境,促进环渤海地区经济社会可持续发展,按照国务院总体部署,经山东省政府同意,山东省人民政府办公厅2013年12月13日印发《关于建立实施渤海海洋生态红线制度的意见》(以下简称《意见》),并附发《山东省渤海海洋生态红线区划定方案(2013—2020年)》(以下简称《方案》),决定自2013年起,山东在渤海海域试点实施"海洋生态红线制度",并建立"区域限批制度",分区明确海洋生态保护底线,严格控制各类损害海洋生态红线区的活动,同时开展入海污染物总量控制制度试点,以严格环境准入,规划到2020年,红线区陆源入海直排口污染物排放达标率达到100%。

《意见》主要内容涉及山东省建立实施渤海海洋生态红线制度的重要意义、总体要求、重点任务、保障措施等。划定渤海海洋生态红线的原则是:保住底线、兼顾发展,分区划定、分类管理,陆海统筹、河海兼顾,生态保护、整治修复,政府主导、各方参与。确定的控制目标是:海洋生态红线区面积占管辖海域面积的比例不低于40%;自然岸线保有率不低于40%。到2020年,红线区陆源入海直排口污染物排放达标率达到100%,陆源污染物入海总量减少10%—15%,水质达标率不低于80%。

红线区的具体划定方法,是在现场实地勘查、资料综合分析研究、专题研究及红线区初步认定的基础上,依照《渤海海洋生态红线划定技术指南》的技术要求,对山东省渤海海域的红线区进行识别,确定红线区性质。同时根据自然保护区、海洋特别保护区、水产种质资源保护区的位置和分区以及卫星遥感、地形图、海图、海岸线测量图等图件资料,确定红线区的边界。海洋生态红线区的识别按照"自然保护区→海洋特别保护区→重要河口生态系统→重要滨海湿地→重要渔业海域→特殊保护海岛→自然景观与历史文化遗迹→重要砂质岸线及邻近海域→沙源保护海域→重要滨海旅游区"顺序,剔除各类海洋生态红线区相互叠压部分。

山东省渤海海洋生态红线区划定范围涉及海域总面积16313.90平方公里,海岸线总长931.41公里。具体范围为:沿海岸线西起漳卫新河河口的鲁冀海域界线,东至蓬莱角东侧的蓬莱沙河口,向陆至山东省人民政府批准的海岸线,向海至离海岸线约12海里的海域,包括长山列岛两侧各约12海里,即为我省管辖全部渤海海域。同时为保持生态系统的完整性,也包括了长山列岛以东部分黄海海域。在此范围内,被划定为此次山东渤海海洋生态红线区的有73个,总面积6534.42平方公里,占山东省管辖渤海海域总面积的40.05%。

山东省渤海海洋生态红线区分为禁止开发区和限制开发区,并进一步细分。一是禁止开发区。禁止开发区指海洋生态红线区内禁止一切开发活动的区域,主要包括自然保护区的核心区和缓冲区、海洋特别保护区的重点保护区和预留区。共划定禁止开发区23个。其中,自然保护区禁止开发区11个,面积985.39平方公里,占红线区总面积的15.08%,主要分布在滨州、东营、烟台;海洋特别保护区禁止开发区12个,面积251.81平方公里,占红线区总面积的3.85%,主要分布在东营、潍坊、烟台。二是限制开发区。限制开发区指海洋生态红线区内除禁止开发区以外的其他红线区,主要包括自然保护区的实验区、海洋特别保护区的适度利用区和生态与资源恢复区、重要河口生态系统、重要滨海湿地、重要渔业海域、特殊保护海岛、自然景观与历史文化遗迹、重要砂质岸线与邻近海域、沙源保护海域及重要滨海旅游区等。共划定限制开发区50个。其中划定自然保护区限制开发区7个,海洋特别保护区限制开发区12个,重要河口生态系统限制区4个,重要滨海湿地限制区1个,重要渔业海域限制区13个,特殊保护海岛划定限制区3个,自然景观与历史文化遗迹划定限制区3个,重要砂质岸线与邻近海域划定限制区3个,沙源保护海域划定限制区2个,重要滨海旅游区划定限制区2个。

在具体划分渤海海洋生态红线区的基础上,《意见》明确,山东实施渤海海洋生态红线制度的重点任务有三个:

(一)有效推进红线区生态保护与整治修复。一是加强红线区内保护区管理和典型生态系统保护。制定保护区建设管理办法,健全管理制度体系,开发管理信息系统,加快视频监控、遥感监测等先进监管手段的应用,提高保护区规范化管理水平。优先在红线区管控范围内选划各类海洋保护区,加强基础设施建设,加大创建力度。开展生物多样性调查,编制生物多样性名录,重点加强黄河口、莱州湾、庙岛群岛等典型生态系统生物多样性保护。二是实施生态整治修复工程。编制红线区生态修复整治规划,实施重点区域修复整治。在黄河三角洲、莱州湾南岸和东岸等修复受损河口环境和自然景观,恢复河口生态系统功能。实施黄河口、小清河滨海湿地生态修复工程,综合运用海岸生态防护林建设等手段,打造滨海生态走廊。实施海岛生态保护规划,重点加强对无居民海岛鸟类、生态林、自然景观和原始地貌的保护。在莱州湾沿岸、庙岛群岛附近等重要渔业区域,恢复渔业生物种群。加强主要经济鱼类产卵场、索饵场、越冬场和洄游通道的保护和建设,构建水生生物资源养护体系。三是开展海岸带综合治理。编制实施海岸带整治修复规划。在莱州土山、朱旺、海庙和长岛等重点岸段,实施退养还海,拆除不符合管控要求的养殖堤坝和人工构筑物,清理工程废弃物,恢复海岸自然景观。在蓬莱西、龙口屺坶岛东、招远、莱州等海岸侵蚀严重岸段,开展海水入侵防治与沙滩养护工程。严厉打击非法采砂行为,保护登州浅滩、莱州浅滩沙源。在东营市河口区、东营区和潍坊市北部沿海地区等防潮堤人工岸段实施海岸景观资源养护与亲水海岸环境营造。在莱州三山岛、蓬莱、长岛、龙口等风景名胜区和重要旅游区,科学设计海岸人文景观,建设滨海休闲长廊和步行道等,整体提升区域海岸景观质量,改善人居环境。四是坚持集中集约用海,严格用海管控。完善以海洋功能区划为基础的功能管理制度和以生态红线为基础的环境管控制度,优化海域开发利用布局,坚持集中集约利用海域资源,对红线区内用海项目严格区域限批,严禁不符合红线区管控要求的项目建设。重点加强新建、扩建重大海岸及海洋工程建设项目环境监管,严格环境影响评价和跟踪监测。严禁在红线区内围垦河口、湿地等环境敏感区和脆弱区。

(二)严格监管红线区污染排放,促进产业布局优化。一是加强入海河流和排污口管理。依法加强陆源入海排污口管理,根据环境状况和功能科学设置入海排污口。实施近岸海域、陆域和流域环境协同综合整治,全面清理非法和设置不合理的陆源入海排污口。以红线区内入海河流及沿岸直排口为主,加强对沙头河、套尔河、弥河、虞河等重点入海河流和陆源入海排污口的实时动态监控,密切监控入海河口水质。二是加强污染物排放管控。严格实施污染物浓度控制与排放总量控制制度。海洋与渔业、环保部门要加强协调,对红线区内现有入海河流主要污染物及入海总量进行评估分析,确定小清河、黄河、潍河等主要入海河流特征污染物的排放总量控制和削减目标,建立实施入海污染物排放总量控制制度和地区间、陆海间污染损害生态补偿制度。加强对船舶排污监管,控制船舶压舱水和各类污染物直接排放。加强船舶建造维修作业管理,实行定点拆解,集中规范处置污染物。加强海洋倾倒区监控,做好海洋倾废监管工作。三是调整优化产业布局。综合运用海域使用审批、海岸带工程、海洋工程环评等手段,严把产业准入门槛。支持海洋生物资源利用、海水淡化与综合利用、海洋能利用等海洋新兴产业发展。推进滨海旅游、海洋娱乐、海洋文化、海洋信息服务等海洋服务产业发展。积极推广全循环养殖、海洋生态增养殖技术和模式,鼓励有条件的地方结合现代渔业示范园区建设,扶持一批浅海鱼、贝、藻生态养殖基地,科学合理确定养殖空间、规模、结构和发展速度。

(三)加强监视监测、执法监督和污染处置能力建设。一是构建、完善监视监测网络与评价体系。重点加强红线区管控范围内市、县(市、区)监测机构能力建设,增加海(咸)水入侵检测点,建立实时、动态、立体化监视监测体系。统筹近岸陆海环境监视监测资源,加快建设渤海近岸海域环境浮标在线监测系统,建立信息共享平台。重点实施对海洋生态环境高风险区的监视监测,开展受损海域生态修复工程的跟踪监测与评估,对围填海活动和海洋工程开发实施全覆盖监管监测。二是加强红线区环境监督执法。各级政府要建立海洋与渔业、海事和环保部门联合执法机制,积极开展联合执法和专项执法检查,依法查处和严厉打击非法涉海项目建设活动和损害生态环境的环境违法行为。三是加强赤潮等灾害防治和溢油污染事故应急处置。通过监测站点监视监测和海上船舶观测、卫星遥感等多种手段,加强对赤潮等多发性海洋灾害的监视监测和防范应对。建立渤海管辖海域溢油监视监测系统,健全应急响应机制,及时发现和处置溢油等重大环境污染事故。

为加强对实施红线制度的组织保障,《意见》提出设立实施渤海海洋生态红线制度联席会议机制,环渤海地方各级人民政府是实施渤海海洋生态红线制度的责任主体。同时,加强制度创新,逐步建立海洋生态红线区生态评价制度。完善奖惩机制,建立考核和奖惩办法,列入政府绩效考核内容。凝聚社会共识,完善公众参与机制,积极引导公众自觉参与海洋生态红线区保护管控工作。

海洋红线的划定,对海洋生态保护起到了积极作用。截至2013年底,虽然陆源入海排污口达标排放率仍较低。69个监测排污口邻近海域水质、生物质量达标率分别为27.3%、62.5%。山东所辖海域赤潮、绿潮等现象皆有发生,并已有部分近海海湾呈亚健康状态,山东近岸海域的环境压力仍旧很大。但2013年山东省所辖海域共鉴定出浮游植物160种、浮游动物99种、底栖动物322种,浮游动植物种类较2012年均略有增加。重点海水浴场和滨海旅游度假区环境状况良好;海洋保护区环境状况总体良好,主要保护对象基本保持稳定。

山东探索实践节约集约用地新路径

山东是一个人口大省,同时又是土地资源小省,土地资源严重不足。作为全国人口最多、发展速度最快的地区之一,山东人均耕地面积只有全国人均水平的77.6%,以占全国1.6%的土地面积、6.2%的耕地面积,承载着全国10.4%的生产总值、提供占全国8.2%的粮食、养活占全国7.1%的人口。与此同时,山东的土地承载着巨大的供需压力,由于处于城镇化、工业化、农业现代化快速发展时期,山东近年来的用地需求持续上升。数据显示,“十二五”期间,山东每年建设用地需求约为60万亩,而国家每年下达的指标仅为30万亩左右,供需矛盾非常突出。

为在有限的土地上实现科学健康发展,山东在总结实践经验的基础上,启动了园区、城镇、乡村三大节地工程,提出要从更大范围、更宽领域和更深层次推进节约集约用地。

路径一:“飞地经济”念活“土地经”

所谓“飞地经济”,是指两个不同的行政地区打破原有体制限制,把“飞出去”方的资金和项目放到行政上互不隶属的“飞入地”方的工业基地,通过规划、建设和税收分配等合作机制,进行跨空间的行政管理和经济开发。“飞地经济”实现了多方共赢,对企业来说,园区完善的基础配套建设为企业发展提供了更好的平台;对招商地区来说,丰厚的税收分成机制极大地调动了招商引资的积极性;对政府来说，项目集聚激发了土地效益，减少了基础设施重复建设，达到了节约集约用地的综合效应。这种以项目集中、产业集聚和用地集约为主要特点的“飞地”模式，有效破解了工业发展面临的用地指标瓶颈和产业结构趋同困局，对以农业、旅游、生态为主导的行政区域是极大的利好。

山东省沂水县是“飞地经济”模式的首创地。在节约土地资源的同时，沂水实施的“飞地经济”也让沂水人尝到了甜头。2013 年，沂水县全县 18 个乡镇地方财政收入全部超过 2000 万元，其中位置最偏远、条件最差的圈里乡，通过这项政策，3 年财政收入增加 39.6%。“飞地经济”在山东引起了广泛关注，并得到极大推广。山东正在全省大力推行“飞地经济”模式，仅临沂市就有 523 个工业项目实现县域内“飞地”转移，已达产项目 410 个，总投资 456 亿元；同时，在东营市和滨州市规划设立全国重要的“飞地经济”示范区，通过在建设、管理、运营收益分配方面实行优惠政策，吸引省内外经济发达、土地资源紧张的市县到“飞地经济”示范区投资，示范区规模到 2015 年预计达 120 平方公里。

路径二："零增地"引领转型升级路

越是低效粗放，越要加快转型升级；越是要素制约，越要向集约要效益。通过转变土地利用方式，引领企业走出低、小、散的产业困境，促进工业经济转型升级。向“土地存量”要“发展增量”，日渐成为下至市县、企业，上至省委、省政府的共识。山东诸城市积极引导企业实施“零增地”技术改造，挖潜降耗、淘汰落后产能，或在现有土地上增资扩股、扩大规模、提高效益，实现增资不增地。据统计，自 2011 年以来，诸城每年实施 100 个以上“零增地”技改项目，先后有 50 多家企业利用低效土地或原有厂房实现增资扩产，总投资额达 20 多亿元。济宁市兖州区的“零增地”扩建计划得到了政府大力支持。以土地集约利用倒逼产业转型升级，济南市章丘市建立闲置低效用地盘活网上信息共享平台，采取纳入政府储备盘活利用、协议收回开发利用、鼓励企业间转让土地、利用挂钩政策进行异地置换开发利用 4 种模式，加大闲置低效用地的清理力度。章丘市共摸排闲置低效用地 103 宗，面积 7363.65 亩，累计清理盘活近 6000 亩。

2013 年，山东省政府进一步强化盘活存量、促进转型发展，要求对“拆企并企”、“拆企入园”、“退二进三”、转型升级的企业予以鼓励，完善地下空间使用权制度，推进地下空间开发利用，建立新增建设用地计划与存量挖潜计划配比下达的机制，大幅提高项目投资强度、容积率、亩均产出效益等用地标准等，促进了经济更为科学健康的发展。

路径三：综合整治绘就美丽乡村图景

随着农村土地综合整治和新型社区建设的推进，齐鲁大地的农村正发生着一场深刻变革，成为以节约集约用地推动工业化、城镇化的成功范例。以汶上县杨店乡王楼村为例，王楼村经过土地综合整治试点，建起了新型社区，旧村复垦出来的土地统一流转给金银花基地，节余出来的建设用地一部分作为城乡建设用地周转指标进行置换，一部分用于社区厂房建设。新社区和社区厂房建成后，村里引进了济宁丽洋服装有限公司，就地招工生产。当地在着手土地综合整治和新型社区建设时，以学校、医院和就业为半径进行规划，统筹镇域内城乡、工农发展，既考虑社区生活环境，又考虑后续运转和发展。每个大型社区都成功引来了各种劳动密集型企业，在改善着农民居住条件和环境的同时，也改变着他们的生产生活方式。潍坊市安丘市凌河镇拥翠社区的村民等，也从房屋破旧、散乱差现象严重的旧村，搬迁到水电暖齐全，学校、幼儿园、超市配套，各类现代化设施同步的新社区。据统计，山东已实施了 1457 个农村土地综合整治和增减挂钩项目，筹措资金 558.17 亿元，新建村庄社区 1914 个，安置农民 44.84 万人。与此同时，使用结余指标新建各类项目 2451 个，总投资 1073 亿元。在实践中，山东土地综合整治取得了丰硕的成果，在各地探索形成小城镇聚集型、中心社区集中型、异地迁建型、就地改造型、村企合作性等不同模式。在此基础上，山东也提出了新目标——“按照城乡统筹、合理布局、适度集中的原则，推进人口向城镇集中、居住向社区集中、产业向园区集中，到 2020 年，山东农村居民点用地在城乡建设用地总量中的比重，与 2010 年相比下降 4.23%。”

路径四："变废为宝"破解用地指标困境

充分开发荒山等未利用地，破解土地利用困境，是集约节约利用土地的又一路径。山区面积占 47% 的青州市，根据当地特殊的地理条件，积极探索山地丘陵地区工业化发展路子，引导好项目、大项目利用废弃矿坑和荒坡地进行建设。在昔日的废弃矿坑上建成了青州三大工业园区之一的猖山工业园。该工业园内已落户项目 65 个，总投资 200 多亿元，初步形成了以汽车和机械装备制造以及新能源、新材料为主导的产业集群，为当地经济腾飞插上了强有力的翅膀。位于安丘市的齐鲁酒地创意文化产业园，是“变废为宝”的又一典型案例。本着变废为宝、还绿于山、造福于民的原则，安丘市引进了这个投资规模达 60 亿元的创意旅游文化项目，对青龙山及周边采矿废弃地进行总体规划、综合开发，使深达 50 多米的废弃矿坑变成远近闻名的藏酒池。截至 2013 年底，全省已批复的低丘缓坡荒滩等未利用地开发利用试点项目区规模接近 2 万亩，同时引进了上百个项目。试点结果显示，有序开发利用好未利用地，既减少了对城市周边和平原区优质耕地的占用，又拓展了建设用地新空间，改善了试点区域的生态环境，拉动了社会就业，产生了很好的经济效益、社会效益和生态效益。

除此之外，山东省还积极开展工矿废弃地复垦试点。据统计，山东共有工矿废弃地 56.64 万亩，可以复垦成耕地的有 52.79 万亩。变废为宝、向荒山荒滩等未利用地要“指标”，将成为山东提升节约集约用地水平、拓展经济社会发展用地空间、解决部分历史遗留问题的又一突破口。

路径五："机制创新"收获改革红利

紧紧围绕中共中央总书记习近平在山东视察时提出的

“稳中求进，改革创新”要求，山东各地积极地在土地管理体制、机制创新上做文章，向改革要节地红利。通过创新供地机制和模式，山东鼓励企业以租赁方式使用国有建设用地，实行工业用地弹性年期出让、分期供地制度等灵活的土地供应方式，极大地提升了土地利用效率和产出效益。如，山东省临沂市以弹性年期供应土地，按工业企业的生命周期一般在20年左右的期限，改变过去通常土地出让为50年的期限，将部分国有土地使用年限改为为20年，一方面通过缩短出让年限可以降低企业的拿地成本，另一方面，从长期看，采用弹性年期出让工业用地对土地有效腾退、循环利用有利。

引入用地指标分配竞争机制，是济南的一大创新。从2013年起，济南改变新增建设用地指标分配办法，除重点项目指标、分给区县的自控指标外，留下约20%作为调控指标，全市大排队，哪个项目好就给哪个。济南市将年度新增建设用地指标分为重点项目指标、自控指标和调控指标三大类。重点项目指标用于保障市级以上重点项目建设，自控指标分配到各县(市)区政府统筹使用，优先保障辖区各级重点项目、基础设施和民生项目建设，调控指标用于对各县(市)区经济发展有较强带动作用的项目用地。这种方式，实现了土地差别化管理，切切实实地将新增指标用好、用足、用到位。

此外，济南市历城区在土地高度集约、节约利用中，形成了叫响全国的城市发展新模式——“JD模式”(即是节地城市发展模式的缩写)。历城区作为济南市“东拓”战略的主阵地，重点片区、平台多，用地需求大。为了完成好既坚守好全区56万亩耕地红线，又实现跨越式、超常规发展的目标任务，他们把节约集约用地作为破解“双保”难题的必由之路。历城模式=“节地+挖潜+循环”，其节约集约的主要做法：一是坚持内涵挖潜，大力推进旧城村改造、土地整理和城乡建设用地增减挂钩项目，努力做大土地增量。二是坚持集中发展，推进产业聚集，努力提高土地产出效益。特别是充分发挥临港经济开发区作为全区招商引资主窗口、工业发展主阵地的作用，提高投资吸引力，形成了优势产业向开发区集聚的发展格局，使开发区不到1平方公里的土地上聚集了30余家高科技、高收益的项目，培育了一批像德国采埃孚转向机有限公司等每亩利税过百万元的优势企业。三是坚持循环发展，推进土地循环利用，努力提高土地利用效率。一方面，充分运用政策和市场手段，通过盘活闲置厂区、清理占而不用土地、提高投资强度等方式挤出更多的项目用地。另一方面，在项目建设中，通过大力提倡集约用地、建设标准厂房、扩容技改等方式，提高集约利用水平。如济南钢铁集团通过实施“四化两新”，使每亩面积生产负荷提高到了1067吨，受到了国家领导人的好评。

路径六：体制创新搭建占补平衡平台

各市县可以在本行政区域内，利用“飞地”等模式实现本行政区域内的占补平衡问题。但省级范围内一直缺少一个统一的土地指标交易平台。省级土地交易一直面临政策、体制、机制和利益关系等诸多矛盾和障碍，一直存在土地资源节约集约利用、土地出让综合收益均不高等问题。据统计，全省耕地后备资源约165万亩，每年新增建设用地占用耕地18万亩左右，近年来跨市指标交易规模在3万亩左右。但通过双方协议交易，存在着交易不规范、渠道不畅通、价格差异大、缺乏统筹规划等缺陷，想买指标的找不到卖方，想卖的找不到买方现象很突出。

为进一步推进体制机制创新，山东在2013年的政府工作报告中明确提出，“建立省级土地指标交易平台”。平台建立的一个重要内容就是省内实现异地占补平衡，即其它建设用地紧张的地区可以购买指标比较富裕地区如黄三角地区的土地指标。省政府明确提出，利用交易平台“开发黄河三角洲未利用土地20万亩”。2013年9月13日上午，山东省土地储备中心、山东省土地和矿业权交易中心、山东省土地储备开发集团有限公司正式揭牌成立。此外，为加强对省级土地储备工作的统一领导和决策协调，山东省政府成立了山东省土地资产管理委员会。省土地储备中心是省级土地储备工作的组织实施机构，省土地储备开发集团有限公司是省级土地储备工作具体运营机构，省土地和矿业权交易中心是全省耕地占补平衡指标、存量建设用地挖潜节余指标以及矿业权出让、转让的交易机构。组建省土地储备中心等三个单位，对于山东加强国土资源调控，规范市场交易秩序，更好地运用市场机制合理配置国土资源，具有十分重要的意义。9月13日上午，即墨和禹城、青岛高新区和东营市分别签订4000亩、1980亩耕地占补平衡指标交易协议。这是省土地和矿业交易中心挂牌成立后，全省第一宗通过省级平台开展的指标交易，意味着山东省在建立城乡统一的资源要素市场道路上迈出了关键一步。

山东开创环境监测新模式

环境质量监测“上收一级”、污染源监测“下放一级”，从监测数据“考核谁谁出数”变为“谁考核谁出数”，从小范围试点到144座空气站全部实行TO模式运营管理，山东围绕提升大气环境质量，敢于尝试，大胆探索，在全国率先改革环境监测管理体制机制，开创了独具山东特色的环境监测模式。

山东省环境监测管理体制机制改革主要包括两个方面：

一是实行环境质量“上收一级”管理、污染源“下放一级”管理，即“一上一下”的监测管理体制，由省级环保部门负责17个设区城市环境质量的监督监测，污染源监督监测下放到各市、县(市、区)。这一机制是根据山东省环境监测管理体制机制改革意见要求，在2012年省环保厅研究制定的《山东省环境质量和污染源监督监测管理办法(试行)》中明确规定的。为进一步加强对全省重点水、气环境和重点污染源的监管，深化环境监测管理体制机制改革，该

《办法》规定山东环境监测体制上实行环境质量"上收一级"、污染源"下放一级"管理,同时科学划分了省市县三级监督检测的职责,提高了监管效率。省环保厅负责全省主要水、气环境质量和国家规定由省级承担的污染源的监督监测,市、县级环保局负责辖区内水、气环境质量和其他重点污染源的监督监测。省环保厅考核各市省控重点污染源自动监测设备运行率和监测数据准确率,并将其纳入《山东省污染物减排和环境改善考核奖励办法》中"环境监管奖"的考核。

二是实行空气站TO模式(转让—经营)社会化运营管理机制,即监测设备有偿转让、专业队伍运营维护、专业机构移动比对、环保部门质控考核、政府购买合格数据。山东自2011年开始,率先探索建立环境自动监测设施专业化、社会化建设和运营管理的体制机制,并选取济南、滨州、菏泽三市开展了"转让—经营"(简称TO)改革试点,对环境空气质量自动监测站,实行"现有设备有偿转让、专业队伍运营维护、专业机构移动比对、环保部门质控考核、政府购买合格数据"的管理模式,由社会化运营单位负责环境空气质量自动监测站的运营维护和设备更新,比对单位通过移动监测站对空气站监测数据整体比对质控,保证了监测数据质量,避免了行政干预,提高了监测数据公信力,降低了监测成本,实现了运行费用降低与国有资产增值的双赢,进一步提高了监测数据的客观性、准确性和公正性。2012年,全省17市全面实行了转让—经营(TO)模式运营管理。扎实做好环境监测监控工作,组织全省各级环境监测站完成了环境质量检测、污染源监督性监测、应急和预警监测、专项监测等各项监测任务,自动检测设备运行率和数据准确率平均达到了90%以上,数据采用率达到了95%以上,为全省环境安全防控、环境管理和环境决策提供了坚实依据。积极推进PM2.5和能见度监测,并在山东环境网站实时发布了全省17市空气质量数据、能见度和"蓝天白云、繁星闪烁"天数,赢得了社会广泛认可。实施了新的《山东省环境监测服务收费标准》,科学设置了收费项目和收费标准,促进了监测事业的发展。2013年,在过去基础上,山东环境监测体制机制改革全面铺开,巩固了空气站TO模式改革成果,进一步完善了TO模式质量管理技术体系,制定了巡检维护、质保质控、维护维修、数据审核、档案管理、资质管理等6项工作制度。加强运营、比对公司技术人员培训及能力考核,实现技术人员持证上岗。对运营、比对公司进行月度量化绩效考核,开展空气站运维情况和数据质量交叉检查。同时,加强环境监测能力建设,截至2013年底,13个市级监测站、75个县级监测站通过省环保厅达标验收。建成省级大气环境超级监测站和机动车尾气通用测试平台。研发了自动监测设备动态管控系统,严格落实24小时监控制度,扎实做好环境监测监控工作。做好监测信息公开工作,开通污染源自动监控信息和监督性监测信息发布系统,定期举办"环境监测开放日"活动。制定了《山东省社会环境检测机构管理办法(试行)》,重点强化对社会化检测机构的监管,38家机构列入我省《社会环境检测机构目录》。严厉打击监测数据弄虚作假行为,全年共查处破坏或干扰自动监控设施、监测数据弄虚作假企业17家,2家移交公安机关,有力震慑了监测数据弄虚作假的违法行为。积极应对空气质量重污染。自2013年11月10日起正式启动城市环境空气质量预报和重污染天气监测预警工作。11月26日,省应急工作小组成员单位和济南市政府联合开展重污染天气应急演练,为应对重污染天气奠定了基础。

山东环境监控体系建设一直走在全国前列。"十一五"期间,山东省已全面建设完成了全省自动监控系统,对59个河流断面、144个城市空气自动站、24个城市饮用水水源地水质自动监测站、1193个省控重点监管企业和166个城市污水处理厂,实现了国家、省、市、县四级联网实时监控,监测设备运行率和监测数据准确率稳步提高,分别由最初的75%和60%提高到95%和90%以上。认真落实《关于构建全省环境安全防控体系的实施意见》,全防全控的环境安全防控体系在全省初步建立。2011年,山东全面构建起了全省"三级五大体系"的自动监控体系。在此基础上,狠抓监测质量管理,制定实施了《关于进一步加强环境监测质量管理的规定》,编制实施了全省环境监测监控和信息化能力建设"十二五"规划,构建完善全省总量减排监测体系,在国家考核中山东省名列第一,实现了"三连冠"。信息与监控中心实行24小时监控值班,对全省环境自动监控系统五个方面共1800余个站点开展实时监控。

此外,山东省还借鉴流域治污经验,创造性地提出了评价环境空气质量的描述性指标——"蓝天白云、繁星闪烁",并选择了空气能见度作为对应的技术参考性指标,在全省全面开展大气能见度的监测,建立贴近公众感受、完善科学实用的城市环境空气监测与评价体系,服务于社会公众,服务于环境管理和决策。

建立监测数据及时发布制度,及时发布环境监测数据。山东省环保厅通过山东环境网站,向社会同时发布全省环境空气质量信息,大气能见度、"蓝天白云、繁星闪烁"状况等监测指标的数据。发布内容主要分为环境空气能见度和环境空气质量两项,一是发布各监测点位二氧化硫、二氧化氮、PM10、PM2.5、臭氧、一氧化碳等6项指标的实时小时浓度值、最近24小时浓度均值、AQI指数和责任区域。同时结合山东省能见度监测实际,发布各监测点位能见度实时小时值和实时图片、17设区城市能见度上一日日均值、各市呈现"蓝天白云、繁星闪烁"的状况。此外,自2013年1月起,山东每月向全省公布上月17城市大气环境质量排名。这样的排名不仅有横向的,也有纵向的,不仅与其他地市比,还和自己市比,是改善了还是恶化了,公众一看就知道,从而有效保证了公众的环保知情权。

党的建设

山东实施泰山学者蓝色产业领军人才团队支持计划

为加快山东半岛蓝色经济区建设，根据海洋产业发展对领军人才团队的迫切需求，2013年2月27日，中共山东省委办公厅、山东省人民政府办公厅发出《泰山学者蓝色产业领军人才团队支撑计划》，按照“领军人才 + 团队 + 项目”的模式，面向省外、海外引进领军人才团队，并对范围条件、支撑政策措施、遴选程序等作了规定。

泰山学者蓝色产业领军人才团队支撑计划所指的领军人才团队，是以海洋产业领军人才为核心，由领军人才和3—5名团队核心成员组成，内部结构合理，合作关系稳定，持续创新能力强，具有国际一流水平的人才群体。围绕《山东半岛蓝色经济区发展规划》确定的产业发展重点，统筹考虑山东海洋经济发展现状和高端人才需求，重点支持海洋渔业、现代海洋化工、海洋运输物流等海洋传统优势产业和海洋生物、海洋装备制造、海洋新能源、海洋新材料、海洋环保等海洋战略性新兴产业。计划用5年左右时间，引进一批带项目、带成果来山东创新创业的领军人才团队，攻克一批重大关键技术，研发一批具有核心竞争力的新产品，支持一批涉海企业做大做强，推动海洋产业转型升级，促进海洋经济加快发展，为建设海洋强省提供强有力支撑。

领军人才要拥有国际一流水平或填补国内空白的发明专利或自主知识产权；团队成员遵纪守法，具有良好的职业道德，研究方向和目标明确，具备重大技术研发和成果转化能力；团队专业、年龄和梯队结构合理，能够建立稳定的合作关系；项目符合山东海洋产业发展方向，具有较好的产业化开发潜力和市场前景，能够促进山东海洋产业转型升级、跨越发展。

领军人才团队分为企业创新类和科技创业类。企业创新类领军人才团队是指依托省内现有企业和科技平台进行持续创新创造的人才群体；科技创业类领军人才团队是指拥有先进技术、科研成果和管理经验来山东创办企业的人才群体。

引进企业创新类领军人才团队符合下列条件：一是引进的领军人才团队与企业签订工作合同，合同须就工作任务、合作方式、成果转化、资金使用等问题进行明确规定；二是领军人才在用人单位工作时间每年累计9个月以上，紧缺急需的领军人才可放宽到3个月，团队核心成员在用人单位工作时间每年累计9个月以上；三是研发项目能够突破重大技术或开发出新产品新工艺，带来显著经济社会效益；四是申报企业上年度销售收入不低于1亿元；五是申报企业上年度(研究与开发)经费占销售收入的比例不低于3%；六是申报企业拥有省级以上科技创新平台，包括工程研究中心、工程技术研究中心、企业技术中心、重点实验室、工程实验室等；七是申报企业投入领军人才团队项目的资金不低于申请省级财政资助金额。

除此之外，引进科技创业类领军人才团队还需符合下列条件：一是在山东半岛蓝色经济区规划范围内依法注册创办企业，公司成立时间不超过3年，经营状况良好，拥有自主知识产权的成果；二是领军人才是企业的主要创办人和主要股东，占股不低于35%；三是领军人才或核心成员有海外成功创业经验或曾任国际知名企业中高层管理职位，团队拥有技术研发、经营管理、市场开发等专业人才，具备重大科技成果产业化的能力；四是项目具有国内领先水平，能够填补省内空白，带来显著经济社会效益；五是申报项目已完成前期研发或可以直接进行成果转化，3年内能够在省内实现产业化；六是创办企业投入项目建设的资金不低于申请省级财政资助金额。

支持资金来源于省级财政蓝色产业领军人才团队建设资金、“蓝黄”两区建设省级财政专项资金和蓝色产业领军人才投资资金。一是省级财政给予每个团队500万至800万元经费资助。其中，泰山学者蓝色产业计划专家和团队核心成员津贴300万元，科研补助200万至500万元。对全省海洋产业发展有重大影响，带来重大经济社会效益的领军人才团队，采取特事特办、一事一议的方式，给予特别支持。二是从“蓝黄”两区建设省级财政专项资金中给予每个团队1000万至3000万元蓝色经济区产业人才项目经费资助，重大项目可加大支持力度。三是通过各级政府投入、社会募集等方式筹措设立蓝色产业领军人才投资资金，指定山东海洋投资有限公司作为投资平台，以直接参股等方式支持领军人才团队产业化项目。引导国内外风险投资资金跟进投资，省级创业投资引导基金给予重点倾斜支持。

泰山学者蓝色产业计划由省人才工作领导小组统一领导，省委组织部综合协调。省发展改革委负责泰山学者蓝色产业计划的具体实施工作；省发展改革委和省财政厅负责制定资金管理办法、资金使用监督等工作；各市党委组织部负责综合协调本市泰山学者蓝色产业计划相关实施工作;各有关市蓝色经济区建设办公室(发展改革委)负责本市泰山学者蓝色产业计划具体实施工作;各有关市蓝色经济区建设办公室(发展改革委)和财政局负责本市资金拨付和使用监管等工作;用人单位和所在园区是人才引进和使用的主体,负责领军人才团队引进、组织项目建设、落实相关配套政策、定期提交工作情况报告等工作。建立完善的遴选程序。省发展改革委征集人才需求,编制发布引才目录,组织开展申报推荐,支持各市各单位拓展引才渠道,采取委托专业招聘公司、以才引才等方式,点对点对接引进领军人才团队。省发展改革委组建由相关技术、投资、管理等方面专家组成的评审小组对团队技术水平、项目可行性和预期经济社会效益提出综合评价意见和支持措施建议。省人才工作领导小组办公室组织有关部门和相关领域专家开展考察复评。省人才工作领导小组研究审定后,报省政府发文公布。建立严格的评估机制。泰山学者蓝色产业计划管理期一般不超过4年。每年年初由用人单位提交上年工作情况报告。实施过半后,省发展改革委组织中期评估,重点评估资金使用、项目进度等情况,调整确定后续支持措施。项目实施期满后,省人才工作领导小组办公室会同省发展改革委、省财政厅等组织项目验收,重点对产业化效益情况进行评估。

临沂市成立
首个中共个体私营企业委员会

临沂市是民营经济大市。截至2012年底,全市拥有个体工商户26万余户,私营企业3.6万余家,民营企业占到规模以上企业总数的97%,从业人员近120万人,以个体私营经济为主体的非公有制经济贡献的GDP、财政收入和提供的就业岗位均占到了90%以上。为了加强对个私企业流动党员进行无缝隙链接管理,发挥职能组织优势,扩大党组织覆盖面。2013年5月,临沂市成立首个中共个体私营企业委员会。

中共临沂市个体私营企业委员会设立在市工商局。作为一个专设党委,个体私营企业委员会主要职责是统筹抓好市个体私营企业党建工作,按照市委组织部、市委“两新”组织工委赋予的职责,忠诚履职,勇于担当,在深入推进非公党建工作中发挥好生力军的作用。

抓党建组织体系建设。按照市里的模式,在各县区全部建立起县(区)一级的个体私营企业党委,并依托工商所、个体私营企业协会基层分会建立起镇(街)一级的个体私营企业党总支或党支部,形成市、县(区)、镇(街)三级联动、较为健全完善的个体私营企业党建工作组织体系。特别是中小企业、个体工商户、各类市场的党建工作。2013年,在各级组织部门的指导帮助下,全市先后成立15个县区级的个体私营企业党委,沂水、罗庄、平邑、兰山等县区先后成立乡镇(街道)级的个体私营企业党总支,逐步建立起市、县(区)乡镇(街道)三级个体私营企业党建工作机构,使全市的非公党建工作站到了一个新起点上。

加强各项基础性工作。一是根据临沂市委“两新”组织工委的要求,对全市个体私营企业党建工作情况进行了一次“全方位”的调查摸底,真正摸清了底数。在此基础上,投资开发了全市个体私营企业党建工作电子档案系统。该档案系统具有统计、分析、综合等功能,能有效地解决个体私营企业党员流动性较大管理力度较小等问题。二是设立个体私营企业党建办公室,抽调2名同志专门负责具体业务的开展,理顺了该项工作责任不清,任务不明,多头管理形不成合力的矛盾。三是大力推进个体私营企业党建制度建设,经过多方学习借鉴,结合临沂工作实绩,制定完善了《中共临沂市个体私营企业委员会党组织规范化建设工作要则(试行)》。《要则》分为七章三十一条,对如何加强党组织建设以及各级党组织的职责和工作程度进行了明确界定。四是推进市场党建工作,完成了关于对临沂商城市场党建工作的评估报告。

在摸清底子的基础,有针对性地做好“建组织、扩覆盖”工作。充分发挥工商机关对市场主体从设立到注销全过程监管、全方位服务的职能优势和工商机关派出机构设到乡镇、全面落实“网格化”监管的体制优势,深入扎实地做好摸底调查、分类建档等工作。在此基础上争取党组织部门的支持,针对非公经济组织的经营规模、党员人数、行业特点等不同状况,通过派驻党建指导员的形式,灵活采用独立式,联合式、统建式、兼合式、驻外式等不同的方式、指导做好基层党组织建立工作。全市建立非公有制企业党组织2892个,吸纳管理党员20342名。

在学习借鉴外地经验做法的基础上,临沂市结合实际制定实施了《关于加强非公有制企业党建指导员管理的意见》,共分为4大部分19条,对党建指导员的选派、职责、管理、制度等方面作了详尽的规定。其中规定每个工商所至少选派2名党建指导员,实行责任制和目标管理。先后选派培养了300名党建指导员队伍,成为抓工作的基础性力量。注重将发挥党建指导员队伍的作用同工商部门的职能优势进行有机地结合,下大力气狠抓了“三支队伍建设”(党建指导员队伍、基层党组织书记队伍、企业出资人队伍)均取得了实实在在的成效。

活动载体不断创新。按照市委要求,立足于全市非公有制企业党建工作开展的实际,深入开展了以“创先争优”和“双强双争”为内容的党建活动,积极引导广大企业富而思源、富而思进、热心公益、回馈社会,组织了一系列向山区贫困小学、敬老院捐款捐物等“手拉手”活动,涌现出了临沂小商品商会党总支、山东冠蒙建设集团有限公司党支部、山东舜天化工集团党委等一大批先进典型。同时,抓住临沂商城国际化这一机遇,提出了“打造沂蒙精神相辉映的红色商人队伍”这一口号,全面深入地开展市场党建工作,有效地提升了临沂商城的社会地位和形象。商城内的

2073名党员经营户，已有1326户在五个星级的信用商户认定中达到“五星级”、“四星级”达到654户，“三星级”以上党员经营户占到党员数的100%。有58名党员业户当选各级人大代表、政协委员，30多人荣获“富民兴鲁”劳动奖章、“振兴沂蒙”劳动奖章、“临沂市劳动模范”等荣誉称号，有力地擦亮了“临沂商城市场党建”这张名片。

临沂市个体私营企业党委的设立，适应了经济结构、组织形式、行业分工和党员流向的新变化，有利于充分发挥工商系统管理垂直、联系企业紧密、职能抓手有力的优势，有利于非公企业中党员的培养和党组织的组建工作，有利于不断扩大党组织的覆盖面和影响力。

山东开展第一批群众路线教育实践活动

开展党的群众路线教育实践活动，是以习近平同志为总书记的党中央在新形势下坚持党要管党、从严治党的重大战略举措。根据中央部署，2013年7月1日，中共山东省委发出《关于深入开展党的群众路线教育实践活动的实施意见》。7月3日，全省党的群众路线教育实践活动工作会议在济南召开，要求第一批教育实践活动参加单位按照中央教育实践活动领导小组和中央督导组的要求，按照“照镜子、正衣冠、洗洗澡、治治病”的总要求，切实聚焦“四风”问题，统筹抓好“学习教育、听取意见，查摆问题、开展批评，整改落实、建章立制”三个环节的工作，以实际行动密切党群干群关系。

全省参加第一批教育实践活动的有省级领导班子和2个副省级城市、90个省直部门单位、12家省管企业、43所省属高校及省市县三级纪检机关、组织部门；参加活动的基层党组织3.5万个，党员57.5万名，县处级以上干部3.6万名。教育实践活动中，省委先后召开13次常委会、10次教育实践活动领导小组会议，学习贯彻中央部署要求和习近平总书记系列重要讲话精神，谋划推进措施。

坚持理论教育、历史教育、实践教育“三位一体”，弘扬沂蒙精神、启发内生动力。从2013年12月开始，山东分9期对2000多名省管干部进行集中轮训，并组织第一批活动单位深入学习贯彻三中全会和习近平总书记重要讲话精神，开展专题集体学习研讨，对县处级以上领导干部集中轮训。一是广大党员干部坚持原汁原味、原原本本，深入学习党章和十八大报告，认真研读习近平总书记系列重要讲话和规定书目。省委常委会先后安排6天时间，集中精力读原文、看“原版”，联系实际讲认识、谈体会。全省第一批活动单位都安排了不少于3天的集中学习。二是观看群众路线教育的专题片《永恒》、《力量》。三是充分发挥沂蒙党的群众路线教育基地作用，“七一”期间，省委常委集体到现场上了第一课，分期分批组织1600多名省管干部到基地接受教育，在学习党史中汲取政治营养。

坚持认真听取意见，化解矛盾。从全省信访突出问题中筛选出涉及房屋拆迁、劳动社保、干部作风等群众关注度高、解决难度大的信访积案，由省委常委分头包案，带动和督促各级化解矛盾。省级班子带头开展党员干部直接联系困难群众工作，省直单位党员干部直接联系892个贫困村的近4000个困难家庭，带动全省各级党员干部直接联系18万户困难家庭。

聚焦“四风”，着力找准问题、触及要害。一方面，通过召开座谈会、登门拜访、专题调研、个别访谈等方式，到企业、农村、社区、学校、工地面对面听取意见建议。同时，采取民意调查、书面征询、设置意见箱和网络、热线电话等方法，多渠道、多层次查找“四风”问题。省委常委带头深入农村、企业、社区调研走访，共召开座谈会72个，归纳出意见建议899条；第一批活动单位领导班子共梳理各类意见建议3.4万条，其中涉及“四风”问题7443条。另一方面，领导带头查找问题，坚持三个“摆进去”：班子查摆的问题，班子成员摆进去；下级查摆的问题，上级领导摆进去；业务部门查摆的问题，分管领导摆进去。省委教育实践活动领导小组办公室对有关方面掌握的情况和形成的调研成果、人大代表和政协委员的相关提案等进行汇总梳理，共向各单位领导班子反馈问题及意见建议4794条，向省管党员干部反馈问题及意见建议7533条。

坚持用整风精神开好民主生活会。第一批活动单位领导班子成员共建立联系点2961个，其他党员领导干部建立联系点10879个。通过蹲点调研、解剖麻雀，从基层存在的问题和面临的困难中查找作风建设的不足。省委常委和省级领导班子带头，省委常委联系点作示范，坚持个人查深、相互谈透、上级把严，运用好批评和自我批评的武器，用整风精神高标准高质量开好专题民主生活会。省委教育实践活动领导小组办公室针对机关、企业、高校等，分别列出“四风”问题主要表现，发放到各单位对照查摆。从2013年10月上旬到11月底，第一批教育实践活动各单位普遍召开了一次高质量的专题民主生活会。在省委常委专题民主生活会上，省委书记姜异康带头深刻对照检查，诚恳提出“向我开火，对我开炮”，对每名省委常委都提出了2条批评意见，平均每名省委常委收到15条批评意见。各单位专题民主生活会普遍采取“一人谈、众人帮、逐人进行”的方式，开门见山，不回避不掩饰，对班子的问题自觉承担责任，对个人的问题敢于揭短亮丑，自我批评深刻见底。第一批活动单位领导班子平均主动查摆问题33.4条；省管党员干部每人平均主动查摆问题13.2条，收到批评意见12条。通过专题民主生活会，存在不团结、闹矛盾情况的8个领导班子统一了思想，40名平时有隔阂的班子成员消除了误会。

边学边查边改，分步推进、一抓到底，以“准、狠、韧”的劲头抓好整改落实。省委、省政府带头撤销合并178个议事协调机构，减少52%；取消9项以省政府名义或国家部委与省政府名义共同举办的节庆、论坛、展会等活动。

从2013年7月开始，分三期启动33项专项整治任务，省委、省政府成立专项清理整顿工作小组，对中央确定的7个方面26项整治任务、结合山东实际开展的7项整治任务，明确牵头省领导和责任部门，实行项目化推进落实。其中13项任务已于2013年底前完成或取得阶段性成效，其他任务于2014年6月底前全部完成。2013年，全省各级纪检监察机关共查处违反中央八项规定精神问题1876起，处理2127人，给予党政纪处分437人；全省各级受理“庸懒散”问题投诉2181件，办结1977件，查处直接责任人2064人，问责337人，给予党政纪处分406人，通报796起，曝光483起，起到了查处一起、震慑一批、教育一片的警示作用。

及时用制度机制巩固整改成果。按照中央要求的制度建设任务和山东实际加强制度建设。围绕贯彻十八届三中全会和习近平总书记视察山东重要讲话精神，在重点领域和薄弱环节推出34项重点改革任务、22条金融改革措施，制定了深入推进工商登记制度改革、优化市场环境30条意见，省政府分三批取消下放行政审批230项，从源头上促进作风转变。

教育实践活动以活动的实效取信于民。第一，着力解决了一批群众反映强烈的“四风”问题，党员干部作风建设有了明显改进。2013年，全省比上年同期精简会议7703个，精简文件13737个，清理评比达标表彰项目652个；全省处置违规公务用车5395辆；全省批准因公出访团组和人数同比分别下降23.3%和29.3%；省直单位“三公”经费支出比上年下降20.97%，省管企业负责人职务消费总额同比下降36.9%；全省各级党政机关、事业单位、国有企业领导干部全部按时作出会员卡“零持有”报告；543名在行业协会、商会类社会组织兼职的领导干部，按规定辞去了兼任社会组织职务。党员干部作风的转变，带动了政风的好转和社会风气的改善。第二，形成了一批制度成果，促进了作风建设的常态化长效化。省委常委会认真总结活动中集中学习讨论、面对面听取群众意见、深入谈心交心、包案化解疑难信访问题等做法，及时上升为制度规范。全省第一批活动单位共确定废止不适用的制度1314项、修订完善3695项、新制定2573项；已完成4166项制度的“废、改、立”任务。第三，广大干部群众一致反映，这次活动联系实际紧密、触动思想深刻、实践特征鲜明、解决问题有效，从中感受到了中央改进作风的坚定决心，看到了各级领导班子和党员干部实实在在的变化，对党充满了信心和希望。

山东清理整顿相关人员在行业协会商会类社会组织兼职(任职)

为加强干部队伍建设和反腐倡廉建设，推动政府社会管理职能转变，激发行业协会商会的发展活力，2013年10月30日，中共山东省委办公厅、省政府办公厅发出《关于对相关人员在行业协会商会类社会组织兼职(任职)进行清理整顿的通知》，对相关人员在行业协会商会类社会组织兼职情况进行清理整顿。8月28日，省委副书记王军民在全省第一批教育实践活动单位主要负责人会议上对此进行了部署。

清理整顿工作由省委组织部、省民政厅负责。省委组织部对主管行业协会商会较多的单位加强督导，省民政厅指导有关行业协会召开理事会或会员代表大会对相关负责人进行调整，并将清理整顿情况列入2013年社会组织年度检查内容。

准确界定行业协会商会的范围，确定全省性行业协会商会名单。《通知》指出，行业协会商会类社会组织，是指会员主体为从事相同性质经济活动的经济组织、同业人员(经济鉴证类中介机构从业人员)或同地域的经济组织，在民政部门注册登记的社会团体法人。按照上述标准，省民政厅逐一进行甄别，并与不易界定的社会团体充分进行沟通，确认列入清理范围的全省性行业协会商会268家，并于2013年11月11日将名单在“山东社会组织”网站公布。

认真梳理全省性行业协会商会负责人情况，确定在全省性行业协会商会兼职的相关人员名单。《通知》要求，党的机关、人大机关、行政机关、政协机关、审判机关、检察机关、民主党派和工商联机关、人民团体、参照公务员法管理机关(单位)的在职领导干部和工作人员，包括退出现职尚未办理退休手续的干部，不得在行业协会商会类社会组织兼职。自《通知》下发之日起，上述人员辞去公职或退休后3年内不得在行业协会商会类社会组织兼职(任职)。3年后兼职(任职)的，须由本人向其原所在单位党组(党委)报告，由拟兼职(任职)行业协会商会类社会组织出具兼职(任职)理由说明材料，原所在单位党组(党委)按规定审批并按照干部管理权限向相应的组织(人事)部门备案。2013年9月，省民政厅采取查阅登记档案、行业协会商会自报等方式，对268个全省性行业协会商会的负责人情况进行认真梳理、统计，逐一核对，初步确定了在行业协会商会兼任领导职务的相关人员名单。经省委组织部审定，确认有相关人员兼任领导职务的全省性行业协会商会128家，兼职的在职党政领导干部和工作人员263名，其中省级5名，厅级73名，处级175名，科级10名。

明确政策措施，组织开展清理整顿工作。《通知》强调，按规定批准兼职(包括本通知下发前退休人员兼职)的，不得在兼职的行业协会商会类社会组织领取薪酬、奖金、津贴等报酬，不得获取其他额外利益；兼职不得超过1个；所兼任职务实行任期制的，任期届满拟连任必须重新审批或备案，连任不超过两届；兼职的任职年龄界限为70岁；要严格遵纪守法，廉洁自律，禁止利用职权和职务上的影响为社会组织或个人谋取不正当利益。2013年10月14日，省委组织部、省民政厅专题研究了清理在职领导干部在行业协会商会兼职工作，提出了具体政策措施。

截至2014年2月，148家有清理整顿任务的全省性行业协会商会中,除省国家税务局、省银监局、山东海事局主管的山东省注册税务师协会、山东省银行业协会、山东船员服务协会外,兼任领导职务(会长、副会长、秘书长)和其他职务(副秘书长、理事、常务理事、名誉职务)的领导干部和工作人员已全部辞去所兼任的职务,共计545名,其中在职人员525名。有14家全省性行业协会商会完成负责人的选举、调整工作,并在省民政厅办理了变更登记或负责人备案手续。

山东广泛开展党员干部联系困难家庭工作

按照中共中央、山东省委开展党的群众路线教育实践活动的部署要求,结合深化"第一书记"工作,以"接地气、受教育、解难题、改作风"为主题,2013年8月,省委发出《关于广泛开展党员干部联系困难家庭的意见》,组织省市县乡机关和企事业单位党员干部开展联系困难家庭工作,并对活动基本原则、重点工作、主要环节等作出了安排。

《意见》明确了党员干部联系困难家庭工作贯彻的基本原则。一是从省级领导班子和省直单位做起,各级领导干部带头联系困难家庭,帮助解决实际困难,主要领导带班子成员、领导干部带一般干部。二是鼓励党员干部积极参与,根据个人实际开展联系帮扶工作。提倡党外领导干部参加联系帮扶工作。三是针对各地各单位实际情况,区别不同家庭实际困难,采取灵活多样、务实有效的方式开展联系帮扶工作,不搞一刀切,不提不切实际的目标要求。已经开展党员干部联系群众工作的地方,要结合实际完善措施,不推倒重来,不另起炉灶。四是省市县乡四级联动,对纳入民政部门统计范围的特困家庭,都应有党员干部联系。对其他困难家庭,有条件的地方也要确定党员干部联系。省市县乡党员干部联系的困难家庭一般不重合。五是党员干部联系帮扶困难家庭,不得动用公共资源和社会资源,防止因领导干部帮包把公共资源和社会资源倾斜到个别困难家庭。要善于从党员干部作风和政策层面查找产生问题的原因,通过完善社会保障、扶贫济困、社会救助等制度解决实际困难。

党员干部联系的困难家庭,主要是指各级民政部门确定的城乡低保家庭中的特困家庭,以及其他因大病、重残、年老体弱、家庭变故、天灾人祸等原因陷入困境的家庭。为此,《意见》提出了党员干部联系帮扶困难家庭的重点工作:一是定期联系走访困难家庭,通过到户、电话、信件等多种方式保持经常性联系。二是加强精神关爱和心理慰藉,鼓励困难家庭增强战胜困难的信心和勇气。三是深入了解困难家庭生活状况,分析致贫原因,根据自身能力,适当帮助解决实际困难。四是听取困难群众意见建议,认真分析反思上级机关和党员领导干部在"四风"方面存在的突出问题,更好地改进作风、推动工作。五是了解各项民生政策在基层实施情况,注意发现政策盲区和政策落实不到位的问题,及时向有关部门提出改进的意见建议,促进各项民生政策的完善和落实。

《意见》要求着力抓好七个环节,推进党员干部联系困难家庭工作。一是要根据民政部门政策规定,对本地困难家庭情况进行一次深入调查摸底,做到情况明、底数清。困难家庭名单要经村(居)民会议或村(居)民代表会议讨论通过,并向党员群众公示后,报县(市、区)民政部门审核确定。根据困难家庭变化情况,民政部门定期对困难家庭名单进行动态调整。二是深入做好思想发动工作,组织有条件、有能力的党员干部积极参与。三是通过举办培训班、编印学习资料等,组织联系人员学习各项民生政策,掌握入户注意事项和有关工作纪律要求,做明白人。四是省直各单位在省直选派"第一书记"帮包的枣庄、济宁、泰安、临沂、聊城、滨州、德州、菏泽8个市确定联系对象。五是可以多种形式与困难家庭结成联系帮扶对子,并向党员干部提供困难家庭基本情况,组织党员干部开展联系帮扶活动。县处级以上党员领导干部要带头多走访困难户,联系对象由所在单位党组织统筹安排,一般不对外公布。六是省直单位组织党员干部到联系户走访看望,尽可能多地与群众开展谈心交流,了解村情民意,了解民生政策落实情况,力所能及地帮助困难群众。各地也要有针对性地对党员干部联系困难家庭工作提出具体要求。七是认真总结开展联系困难家庭工作的经验做法,研究本单位本系统改进工作的思路措施,健全转变作风、联系服务群众的长效机制。

《意见》提出把开展党员干部联系困难家庭工作,作为教育实践活动的重要内容,作为深化"第一书记"工作的重要措施。党委、政府主要负责同志要带头联系困难家庭,亲自抓部署、抓推动、抓落实。组织部门要加强统筹协调,强化工作指导;民政部门要切实担负起日常工作责任,重点做好调查摸底、工作对接、情况调度、意见收集、完善政策等工作;教育、财政、人力资源社会保障、住房城乡建设、卫生等相关部门要密切配合,形成合力。各级各单位选派的"第一书记"要发挥桥梁纽带作用,协助派出单位做好政策宣传、联络服务、监督落实、情况反馈等方面的工作。注意把党员干部联系困难家庭工作与村民事务干部代办、党员干部联户等制度结合起来,积极探索创新,推动党员干部联系服务群众工作常态化、长效化。把党员干部联系困难家庭工作,作为评价考核"第一书记"工作的重要内容,作为边学边改、立说立行解决问题的重要措施,务求取得实实在在的成效。

截至2013年10月,202个省直单位中,有199个单位已完成一次入户走访,共走访慰问困难家庭4011户。在走访中,很多党员干部看到贫困户破旧漏雨的房屋,看到患重病无钱医治情况,难过地流下了泪。一些干部说,只有亲眼见到才知道自己对省情县情村情的了解、对现实的把握是多么肤浅,才知道全面建成小康社会的任务是多么艰巨。省工商局对走访的每户困难家庭都拍了照片,集结成册,发给没参加第一次走访的党员干部，使每一名党员干部从中受到教育。山东省副省长孙绍骋说，组织党员干部联系困难家庭，就是为了让广大党员干部"接地气"，切身体验群众疾苦，帮助群众解决实际困难，反思工作和作风上的问题，更有针对性地改进工作，提高工作效能。

山东通过广泛开展党员干部联系困难家庭工作，使广大党员干部切身体验到困难群众疾苦，深入了解各级党委、政府关于社会保障等民生政策的贯彻落实情况，发现问题、解决问题，反思和整改工作，接受深刻的马克思主义群众观点和党的群众路线教育，进一步增进了同人民群众的感情，进一步改进了领导作风和工作作风，推动了教育实践活动深入开展。

菏泽市实施领导干部任前经济责任告知告诫制度

菏泽市是全国较早开展领导干部经济责任审计的地区之一，1998 年 2 月，中纪委、中组部、审计署等中央五部委联合推广了菏泽经济责任审计工作的经验做法。菏泽自 2005 年开始，实施了对被审计的领导干部划分综合评价等次，以评价等次来运用审计结果的办法。几年来，菏泽市经济责任审计工作联席会议已先后召集会议 34 次，对 619 名被审计干部进行了综合评价，其中 16 人被评定为"较差"。这其中有的被取消提拔县级副县级资格、有的被免除县级领导职务、有的被司法机关立案查处、有的受到党政纪处分。

2013 年 10 月，菏泽市出台《菏泽市领导干部任前经济责任告知告诫制度》。12 月 11 日，菏泽市 23 名新任职县长和市直部门单位正县级主要领导干部，集体接受任前经济责任告知告诫，并在承诺书上签字。由此，菏泽形成了以任前经济责任告知告诫、提拔重用前的任前经济责任审计、任职期间的任中审计和调离转任离任时的离任审计为主要内容的干部经济责任管理制度。

实施对领导干部任前经济责任告知告诫，就是把审计监督的关口前移，对新任领导干部应当履行的经济责任、应遵守的财经法律法规，和因不遵守财经法律法规而应给予的处理等，进行提前告知告诫，以起到防范问题发生和保护干部的作用。

菏泽市领导干部任前经济责任告知告诫制度的告诫对象包括：一是新任职的县区及乡镇（街道办事处）党政主要领导干部；二是新任职的县区人大、政协、纪委、法院、检察院的主要领导干部；三是新任职的市、县区党政工作部门、事业单位、人民团体的主要领导干部；四是新任职的国有及国有控股企业的主要领导人员；五是其他需要告知告诫的主要领导干部。在任职前，以谈话提醒、签定承诺书、提供告知告诫有关法律法规规定等形式，告知其应当履行的经济责任和应了解的法律法规规定，告诫其在履行经济职责时应遵守的各项财经纪律、廉政准则、规定，以及违反相关法律法规规定应给予的处分处理等事项。

告知告诫内容包括严格执行国家财政经济政策等 14 个具体方面：一是严格执行国家财政经济政策（如财政、税收、土地管理等），实施科学决策、民主决策；二是严格执行国家收费政策和"收支两条线"管理规定，严禁乱收费、乱摊派、乱集资、乱罚款；三是认真执行相关财务规则及会计制度、准则，严禁私设账外账、小金库，确保财政财务收入（包括各项税收收入）、支出的真实、完整、合法；四是认真执行预算法及其相关法律法规，严格财政财务支出范围和标准；严格会议费支出，严禁超标准招待、公款吃喝、公款旅游、超范围发放、报销不合规发票；五是严格按照规定用途使用各类资金，各项专项资金必须专款专用，严禁挤占挪用，同时提高各项资金使用效益；六是严格落实国家各类惠民惠农政策，关注民生，加强民生工程建设；七是加强对资金、资产（资源）的管理，确保国有资产安全完整和保值增值；八是严格执行办公用房和配车标准，严禁超标准配车及违规使用车辆；九是严禁收受礼品、礼金、各种有价证券和支付凭证，以及公款支付应由个人支付的费用；十是加强政府举债或部门、单位借款，以及投融资、对外担保、建设项目、政府采购等方面的管理，规范依法办理重大经济事项行为；十一是加强对所属单位或分管部门单位的监管；强化单位内部管理，建立健全各项内控制度；十二是新任职单位前任领导干部审计发现的、应当引以为戒的主要问题；十三是任期内应接受经济责任审计的规定（包括任职期间的任中审计、提拔重用前的任前审计，以及调离、转任、离任时的离任审计）；十四是应当遵守的其他廉政规定及其他需要告知告诫的内容。这些内容有些是要求做到的，有些则是给予提醒需要了解的。

实施告知告诫时，经济责任审计工作联席会议相关部门应提供《财政违法行为处罚处分条例》，以及财政财务管理、廉政规定、经济责任审计等有关的文件、资料。告知告诫对象按照规定，落实好告知告诫内容，认真学习并严格遵守有关法律法规规定，同时就正确履行经济责任等作出书面承诺。干部管理部门应将履行承诺情况作为干部考核的重要内容，并负责告知告诫有关资料的归档保管。经济责任审计工作联席会议办公室组织对告知告诫领导干部履行经济责任情况的监督检查，对存有问题的，督促整改。

在实施告知告诫制度中，实行分级负责制。市委管理的干部或县区委管理的干部，分别由市或县区的经济责任审计工作领导小组办公室负责组织实施。提拔重用或平职交流的干部，分别在公示期满或下发任免文件后一个星期内进行，或个别告知告诫，或集体告知告诫，并填写《领导干部任前经济责任告知告诫登记表》存档。

菏泽市通过实施领导干部任前经济责任告知告诫制度，有效地增强了领导干部的责任意识和自我约束意识，促进了领导干部正确履行经济职责，对党委及组织部门充分了解并合理使用干部提供了重要依据，同时推进了党风廉政建设，在促进经济发展和社会稳定方面发挥了积极作用。

山东加强党管人才工作

党管人才是人才工作的重要原则，是党的组织制度的重要组成部分，是人才工作沿着正确方向前进的根本保证。2013 年 5 月 31 日，中共山东省委办公厅、省政府办公厅出台《关于加强党管人才工作的实施意见》，加强党管人才工作，进一步落实党管人才原则，推进人才强省建设。

《意见》提出健全党管人才工作格局。一是发挥党委在人才工作中的核心领导作用。各级党委常委会每年至少专题研究部署一次人才工作。党委（党组）书记是本地（部门、单位）人才工作第一责任人。二是各级党委组织部门要在党委领导下，切实履行好人才工作牵头抓总职责，坚持牵头不包办，抓总不包揽，统筹不代替，积极支持配合其他部门在职责范围内开展工作。三是省人力资源社会保障厅、省科技厅、省经济和信息化委及省国资委、省农业厅、省民政厅要齐抓共管、通力合作，共同推动人才工作。各市要结合自身实际，科学划分有关部门在人才工作和人才队伍建设中的职责。四是支持企业、高校、科研院所等用人单位以充分发挥各类人才作用为中心，创新人才发展体制机制，引导非公有制经济组织和新社会组织重视人才工作，积极参与各项人才工程项目申报、人才表彰奖励等。鼓励金融机构、人力资源服务机构、中介机构为人才提供个性化和多样化服务。鼓励各地建立人才管理改革试验区（人才特区）。

《意见》提出加强人才工作领导机构和工作机构建设。一是健全各级人才工作领导体制和领导机构。县级以上地方党委都要建立人才工作领导小组，原则上应由党委或政府主要负责同志担任人才工作领导小组组长，党委组织部部长和政府分管领导同志担任副组长。二是各市、县（市、区）党委组织部门要按照“编制、职责、人员、工作”四到位的要求，建立专职人才工作机构，配备专门人员负责人才工作。三是人力资源社会保障、宣传文化、发展改革、经济和信息化、教育、科技、公安、民政、财政、农业、商务、卫生、国资、金融等人才工作任务较重和人才资源规模比较大的部门，要建立人才工作领导机构，根据实际需要建立工作机构，配齐配强工作力量。四是各级党委组织部门要定期对下级组织部门、同级人才工作领导小组成员单位、各用人单位等人才工作者队伍进行多种形式的培训和实践锻炼。

《意见》提出规范完善人才工作领导小组运行机制。一是各级人才工作领导小组要规范完善各项制度，切实发挥统筹推动人才工作的作用。二是完善科学决策机制。凡涉及人才工作的重要文件、重要活动安排等，都要提交人才工作领导小组审议，重大事项要报同级党委（党组）审定。三是建立省人才工作领导小组成员单位工作例会制度，由省人才工作领导小组及办公室根据工作需要召集，相关成员单位负责同志参加。建立完善人才工作领导小组成员单位职能处室之间的交流渠道，成员单位设立人才工作联络员。四是人才工作领导小组按照同级党委（党组）人才工作部署，制定年度人才工作要点、重点工作任务（项目），并及时分解到各有关部门，明确工作质量和进度要求。有关部门要细化任务分工，提出具体落实措施，部门之间要加强协作配合。

《意见》提出加大人才工作投入。一是建立健全政府、社会、用人单位和个人多元化投入机制。统筹运用现有各类人才发展专项资金，并加大投入力度，保障各项重大人才工程项目实施。各市要根据自身实际，统筹安排人才发展专项资金；鼓励支持企业和社会组织建立人才发展专项资金。二是发展改革、经济和信息化、科技、人力资源社会保障、国资等各相关部门要根据人才工作重大决策和部署，主动将本部门拥有的政策资源，特别是重大项目、科技计划、平台建设、资金投入等，积极与人才工作进行衔接和政策配套，实现人才、科技、产业一体化发展。

《意见》提出不断创新党管人才方式方法。一是借助信息化手段，通过整合资源、流程再造、创新机制等措施，对现有各项工作进行梳理，分级分类建设完善高层次人才数据库，构建综合性开放式的网上服务平台，不断拓展新的功能模块，为人才、用人单位和基层提供个性化服务。二是组织开展人才发展和人才工作规律重点课题研究，推动人才研究机构建设，加强人才理论研究队伍建设。三是组建人才工作服务联盟，建立上下贯通的服务体系，开辟高层次人才服务“绿色通道”，为人才创新创业提供快速便捷的政务服务。

《意见》提出加强对人才工作的评估监督。一是建立“一把手”抓“第一资源”的工作责任制。各级各部门要落实任务，明确责任，加强监督，做到一级抓一级，层层抓落实。各市加强党管人才工作情况，要纳入对各市的人才工作目标责任制考核。逐渐提高人才考核在市、县（市、区）科学发展综合考核指标中所占的分值权重，考核结果作为领导班子调整和领导干部使用的重要依据。二是加强对重点人才工作跟踪指导和专项督查。省人才工作领导小组办公室要对各市各部门工作落实情况定期检查通报，积极探索通过第三方对人才发展情况、重点人才工程实施情况进行监测，分析和评估的有效办法。

山东省委开展党内法规和规范性文件制定清理和备案工作

为规范党内法规和规范性文件制定工作，建立健全党内法规制度，维护党内法规制度体系的统一性和权威性，推进全省党的建设制度化、规范化、程序化，提高党的建设科学化水平，2013 年 3 月 1 日，中共山东省委出台了《党内法规和规范性文件制定办法》和《山东省党的机关规范性文件备案工作实施细则》，同时废止了部分党内法规和规范性文件。

省委党内法规，是指省委制定的规范全省党组织的工作、活动和党员行为的党内规章制度的总称。省委规范性文件，是指省委在履行职责过程中形成的具有普遍约束力、可以反复适用的决议、决定、意见、通知等文件，包括贯彻执行中央决策部署、指导推动经济社会发展、涉及人民群众切身利益、加强和改进党的建设等方面的重要文件。

《办法》明确了由省委党内法规和规范性文件可以规定的内容包括：贯彻执行中央重大决策部署、中央党内法规和规范性文件规定的重要事项；贯彻落实省党代表大会、省委全体会议、省委常委会议决定的重要事项；规范全省党的思想建设、组织建设、作风建设、反腐倡廉建设和制度建设等方面工作的事项；其他涉及全省党的建设全局性重大问题的事项。由中央党内法规规定的事项，省委党内法规和规范性文件不得规定。

《办法》规定了制定省委党内法规和规范性文件应当遵循的原则：从党的事业发展需要和全省党的建设实际出发；以党章为根本依据，贯彻党的理论和路线、方针、政策；遵守党必须在宪法和法律范围内活动的规定；符合科学执政、民主执政、依法执政的要求；有利于推进全省党的建设制度化、规范化、程序化；坚持民主集中制，充分发扬党内民主，维护党的集中统一；维护党内法规制度体系的统一性和权威性；注重简明实用，防止繁琐重复。

省委党内法规和规范性文件分别使用不同的名称。省委党内法规的名称为规则、规定、办法、细则。规则用于对全省党组织工作、活动的制度、程序、方式、方法及要求等作出具体规定。省委规范性文件的名称一般为决议、决定、意见、通知等。

省委党内法规的内容应当用条款形式表述，可以分为编、章、节、条、款、项、目等结构单位。编、章、节、条均用汉字冠序数。条文可以分款、项、目，款另起一行不冠数字，项用汉字加括号冠序数，目用阿拉伯数字冠序数。

《办法》提出，省委党内法规和规范性文件制定工作在省委领导下进行。省委办公厅承担省委党内法规和规范性文件制定的统筹协调工作，其所属法规工作机构承办具体事务。省委党内法规制定工作五年规划，由省委办公厅依据中央规划，对省纪律检查委员会、省委各部门和各设区市党委提出的制定建议进行汇总研究。省委党内法规制定工作年度计划，由省委办公厅依据中央年度计划，对省纪律检查委员会、省委各部门每年年底前提出的下一年度制定建议进行汇总研究后拟订。省纪律检查委员会、省委各部门和各设区市党委提出的省委党内法规制定建议，应当包括党内法规名称，制定必要性和依据，起草单位、配合单位以及报送时间等内容，经主要负责同志审核同意后，送省委办公厅汇总。

对于党内法规和规范性文件的起草，《办法》指出，按照其内容，省委党内法规和规范性文件一般由省纪律检查委员会、省委各部门起草。综合性党内法规和规范性文件由省委办公厅协调省纪律检查委员会、省委有关部门起草或者成立专门起草小组起草。在起草省委党内法规和规范性文件时，要深入调查研究，全面掌握实际情况，充分了解各级党组织和广大党员的意见和建议，要与现行党内法规和规范性文件相衔接。对同一事项，如果需要作出与现行党内法规和规范性文件不一致的规定，应当在草案中作出废止或者如何适用现行党内法规和规范性文件的规定。省委党内法规和规范性文件草案形成后，应当广泛征求意见。

《办法》提出，省委党内法规和规范性文件草案审议批准前，要交由省委办公厅法规工作机构进行审核。对存在问题的省委党内法规和规范性文件草案，省委办公厅法规工作机构可以向起草部门和单位提出修改意见。如果起草部门和单位不采纳修改意见，省委办公厅法规工作机构可以向省委提出修改、缓办或者退回的建议。

对于省委党内法规和规范性文件的审议批准，《办法》提出要按照下列职权进行：一是涉及贯彻执行中央重大决策和省党代表大会决议、决定以及涉及全省党的自身建设和其他全局性重大问题的省委党内法规和规范性文件，由省委全体会议审议批准；二是涉及组织实施中央党内法规和规范性文件、省委全体会议决议以及涉及全省党的自身建设等方面经常性工作的省委党内法规和规范性文件，由省委常委会议审议批准；三是涉及其他方面内容专项性较强的省委党内法规和规范性文件，可以按照规定程序报请省委负责同志签批。

《办法》指出，一般每 5 年对规范性文件开展一次集中清理，在制定或者修改规范性文件时，对与之不协调、不衔接、不一致的相关规范性文件同步进行清理，实现清理工作经常化、制度化、规范化。2013 年，省委对 100 件同党章和党的理论路线方针政策相抵触、同宪法和法律不一致、明显不适应现实需要、已被新规定涵盖或者替代的党内法规和规范性文件，予以废止；对 115 件调整对象已消失、适用期已过的党内法规和规范性文件，宣布失效。其余 253 件继续有效，其中 9 件需作修改。

山东开展“庸懒散”专项治理

为深入推进党的群众路线教育实践活动，强化正风肃纪，2013 年 9 月，省委办公厅、省政府办公厅印发《关于在全省开展“庸懒散”专项治理突出解决办事效率低下问题的方案》的通知，在全省党政机关开展“庸懒散”专项治理，突出解决办事效率低下问题。

明确目标任务。“庸懒散”治理是一项经常性、长期性的工作，为了体现党的群众路线教育实践活动成果，充分发挥专项治理的“短、平、快”作用,《方案》确定“庸懒散”专项治理阶段性目标是,到年底突出解决办事效率低下问题。重点整治影响办事效率、群众反映强烈的7类问题:有部署不落实,有规定不执行,确定的任务没完成;不敢担当,不认真履行职责,工作没有进展,打不开局面;不认真落实行政审批改革措施,不依法依规办理行政审批和其他管理服务事项;对群众合理诉求置之不理,门难进、脸难看、事难办;违反规定乱检查、乱收费、乱罚款的;单位内部管理不规范,办事环节过多、周期过长;不遵守工作纪律,上班时间做与工作无关的事情。其间,又将中央部署的整治“门难进、脸难看、事难办”专项清理整顿任务纳入“庸懒散”专项治理工作。

对工作任务分解落实责任。“庸懒散”专项治理面广量大,时间紧任务重。《方案》出台后,省纪委监察厅切实担负起组织协调的责任,将专项治理分解为开展专项督查、加强电子监察、开展明察暗访、严查投诉案件、严格责任追究、开展民主评议、加强制度建设、加强舆论引导等8个方面的工作措施,加强与各责任部门沟通联系,制定《任务配档表》,细化分解任务,明确省纪委、省监察厅、省政府办公厅、省财政厅、省编办、省法制办、省物价局等7个牵头部门和省委宣传部、省委省直机关工委、省人力资源社会保障厅等10个配合部门的具体措施和时限要求。对省纪委监察厅承担的每一项工作任务都明确委厅分工领导,分解落实到了综合室、宣教室、法规室、党风政风监督室、执法和效能监督室等5个厅室,制定机关内部分工方案,明确各室工作责任,抓好承担任务落实。省直各部门也加强内部任务分解,明确“庸懒散”专项治理分管领导和牵头处室责任,结合群众路线教育实践活动主动查摆整改单位和个人在“庸懒散”方面的突出问题,加强宣传教育、监督检查和建章立制,认真抓好本部门“庸懒散”专项治理。各市、县党委政府印发专项治理方案分解任务,落实责任,精心组织,认真部署。

明确工作措施。省纪委监察厅、省政府办公厅、省财政厅等牵头部门和配合部门,认真落实责任,完成了《方案》确定的政府职能转变情况、省政府取消和下放行政审批事项落实情况、涉及群众利益信息公开情况、省政府清理规范行政事业性收费项目落实情况的专项督查任务。加强电子监察工作,运用视频监察系统对办事大厅工作人员行政行为实时监察;及时处置行政权力电子监察系统红黄牌预警信息,纠正逃避电子监察行为。省纠风办将“门难进、脸难看、事难办”等“庸懒散”突出问题治理情况纳入2013年政风行风评议内容。省级新闻媒体加强对“庸懒散”专项治理工作宣传力度,营造良好氛围。

加强明查暗访。省纪委监察厅制定《关于对全省各级党政机关“庸懒散”问题开展暗访的方案》,先后组织59人,分成若干个暗访组,对省级党政机关和各市进行了两轮暗访,重点是对参加第一批教育实践活动的省级党政机关的暗访,共暗访单位230多个。对暗访发现的问题,及时反馈部门整改,对相关人员严肃问责。12月中旬,省纪委监察厅组成5个检查组,由厅级领导带队,对17市和省直有关部门开展“庸懒散”专项治理情况进行督导检查。重点检查9月下旬以来,受理“庸懒散”问题投诉和开展明察暗访情况,以及对“庸懒散”问题进行查处、问责和通报、曝光情况。主要采取听取汇报、查阅专项治理案卷资料、现场检查、随机电话回访办事群众等形式进行。多数省直部门也组织了对本机关和本系统的暗访活动。市、县采取县市区互查与市级重点抽查相结合的方式,对“庸懒散”问题开展明查暗访。全省各级各部门单位共开展“庸懒散”问题监督检查1104轮次,暗访1349轮次。加强与山东电视台、《大众日报》、大众网等新闻媒体联系,发挥媒体对“庸懒散”专项治理的舆论监督作用。

加大问责力度。畅通“政风行风热线”、“齐鲁民声”等投诉举报渠道,在报纸、网站、电台、电视等媒体上公布省纪委和17市纪委“庸懒散”专项治理举报电话,受理“庸懒散”问题投诉举报,严肃查处突出问题,在追究直接责任人的同时,追究单位负责人的责任。省纪委监察厅分两批通报、曝光了通过电子监察、效能投诉、暗访发现的10起“庸懒散”典型案例,涉及25人,其中处理直接责任人15人,问责追究10人。自“庸懒散”专项治理以来,全省各级共受理投诉2181件,办结1977件。查处直接责任人2064人,问责相关领导337人,给予党纪处分244人,政纪处分162人,组织处理1270人,通报796起,曝光446起。

省委、省政府对“庸懒散”专项治理高度重视,省委、省政府领导先后召开两次调度会议,听取专项治理工作进展情况汇报,提出明确工作要求。全省各级各部门对开展“庸懒散”专项治理积极行动。省直各部门按照“谁主管、谁负责”的要求,迅速召开会议,传达《通知》精神,抓好组织落实,有的部门单位成立了厅长(局长)任组长的“庸懒散”专项治理领导小组。市、县各级党委、政府参照省里部署,制定专项治理方案,明确纪委为“庸懒散”专项治理牵头单位,纪委书记亲自抓,纪委监察局加强督促协调,严肃执纪问责,保证了专项治理的顺利开展。

山东开展“庸懒散”专项治理,作为教育实践活动抓整改落实和解决“四风问题”的有效途径,通过集中整治,推动了取消和下放行政审批事项的落实和政务公开,确保了清理规范行政事业性收费项目工作落实到位,深化了科技防腐工作,规范了政府行为,促进了政府职能转变,提高了机关效能,解决了一大批群众反映强烈的突出问题,鼓舞了群众,教育了干部,提高了各级各部门整治“庸懒散”的意识。同时也存在有的部门、地方和干部对“庸懒散”专项治理认识还不够到位、专项治理工作开展还不够平衡、治理长效机制还不够健全等问题。

山东省委加强和改进巡视工作

建立巡视制度是加强党内监督的一项重大制度创新。党的十六大提出建立和完善巡视制度，十七大将这项制度写入了党章，十八大强调要更好地发挥巡视制度的监督作用。十八届三中全会又提出要改进中央和省市区巡视制度，做到对地方、部门、企事业单位全覆盖。2013 年，中央关于进一步加强和改进巡视工作的意见下发后，中共山东省委结合山东实际，研究贯彻落实意见。

省委巡视组的巡视对象是：市、县（市、区）两级党委和同级人大常委会、政府、政协委员会党组织领导班子及其成员，以及省直机关、省属事业单位、省属高等院校、省属国有或国有控股企业的党组织领导班子及其成员。

聚焦党风廉政建设和反腐败工作，突出“四个着力”：一是着力发现领导干部是否存在权钱交易、以权谋私、贪污贿赂、腐化堕落等违纪违法问题。二是着力发现是否存在形式主义、官僚主义、享乐主义和奢靡之风等违反中央八项规定精神的问题。三是着力发现领导干部是否存在涉及党的理论和路线方针政策等重大政治问题公开发表反对意见、搞“上有政策、下有对策”等违反政治纪律的问题。四是着力发现是否存在买官卖官、拉票贿选、违规提拔干部等选人用人上的不正之风和腐败行为。对领导干部其他方面涉嫌违纪违法的问题线索也要注意发现。

巡视组开展巡视一般要经过三个步骤：发现问题、反映问题、推动解决问题。

把发现问题作为衡量巡视工作成效的最重要标准，不断强化监督责任。一是提高发现问题的意识和能力。巡视干部要增强发现问题的责任意识，掌握发现问题的科学方法，具有敢讲问题的党性原则。省委巡视机构始终绷紧查找和发现问题这根弦，把发现问题作为第一职责，把监督的责任意识贯穿巡视工作全过程，不让有问题的人心存侥幸、不让搞不正之风的人脱离监督、不让违法违纪的人逍遥法外、不让腐败分子有立足之地。二是改进巡视工作方式方法。各巡视组改进民主测评、问卷调查工作，完善测评内容，扩大个别谈话范围。谈话内容聚焦在领导班子及其成员，紧盯党政“一把手”，紧盯群众反映强烈的突出问题，突出对领导干部个人情况的了解。完善走访调研方式，增加随机性、临时性考察活动，采用暗访方式了解真实情况。巡视中，改进民主测评方法，延长回收时间，扩大谈话范围，多渠道多层次了解情况。三是拓宽发现问题的途径和渠道。在坚持接听投诉电话、接收人民来信、接待群众来访等传统手段受理群众投诉举报的同时，探索运用现代科技手段拓宽发现问题渠道。在纪检监察外网上统一设立巡视举报信箱，建立舆情监测机制，对网络曝光问题积极研判。还要通过走访调研乡镇、街道、企业等基层单位，深入查找和发现相关问题。

加强对巡视成果的运用，反应问题和推动解决问题。把巡视成果运用放在更加突出位置，对巡视发现的问题线索及时移交，对问题整改靠上跟踪督促，做到件件有着落、事事有回音。省委巡视工作领导小组对巡视中发现的问题及时研究，提出整改要求。具体做法：一是针对重点问题，建立台账跟踪督办。从巡视反馈的意见建议中，梳理出内容比较具体、群众反映集中的问题，制定《重点整改督查清单》，建立台账，实行销号管理，并进行跟踪督导和回访督查，及时了解掌握整改情况。对整改不力的地区或单位省委巡视工作领导小组下达《整改督办事项通知单》，限期整改，有力促进了整改落实。二是坚持边巡视、边整改。省委明确要求，上级必须对下级出现的问题负领导责任，市里的问题省里要督促整改，县里的问题市里要督促整改。省委巡视组发现重大问题随时报告省委巡视工作领导小组研究解决，有些问题随时反馈给有关地方解决。例如，省委巡视组对一些地方多年没有解决的违规配车、多占住房等问题，及时向有关地方党委反馈，并督促整改，促进了问题解决。三是针对普遍性的问题，条块结合专项整治。坚持督促地方与督促部门结合、注重抓块块与抓条条结合。对巡视发现的问题，在督促地方整改的同时，一并转给省直有关部门，举一反三，注意发现本系统本行业全局性、普遍性、倾向性问题，组织开展专项整治。探索建立领导班子调整听取巡视机构意见制度，尤其对领导班子出现问题的单位，省委组织部安排管班子、管干部的处室直接听取巡视组意见，为省委调整领导班子提供依据和参考。四是认真搞好问题线索移交，抓早抓小。省委巡视工作领导小组对于巡视中发现的短期内易于整改见效的问题及时研究，提出整改意见。巡视组及时移交案件线索，交有关部门认真调查处理，巡视机构予以跟踪督办。

巡视工作的制度化、规范化水平不断提高。一是省委把巡视工作列入重要议事日程，明确提出每年至少两次听取巡视工作情况汇报。2013 年，省委常委会三次听取巡视情况汇报。省委、省政府主要领导同志对每一份巡视报告都亲自审阅。二是省委巡视力量配备进一步强化。先后制定和修订了《巡视工作程序》、《巡视人员“十不准”》、《省委巡视机构关于进一步改进工作作风的若干意见》等规章制度。三是加强力量。省委巡视办高配了正厅级的主任，省委组织部选派了两批 16 名处级干部到巡视机构挂职，同时，还从纪检、组织系统选派了 9 名年轻干部到巡视机构锻炼。

2013 年，山东扎实开展两轮对市、县（市、区）巡视工作。4 月至 9 月，省委七个巡视组分别对济宁市及邹城市、泗水县，泰安市及新泰市、宁阳县，莱芜市及莱城区、钢城区，德州市及乐陵市、禹城市，聊城市及茌平县、莘县，滨州市及滨城区、沾化县，菏泽市及成武县、东明县共计 7 个市和 14 个县（市、区）开展了巡视工作。11 月起至 2014 年 1 月，分别对枣庄市、潍坊市、威海市、日照市 4 市和临淄区、桓台县、广饶县、利津县、沂水县、费县 6 区县进行了巡视。

第一轮巡视发现问题线索199件，已立案79件，其中立案审查省管干部2名、给予组织处理22人，列入整改清单的重点问题137个，向被巡视单位提出整改意见建议110条，向省直有关部门下达巡视重点督导事项25项，集中解决了一批违规占用配备公车、多占办公用房、婚丧嫁娶大操大办，以及干部住房、职务消费等涉及违反中央八项规定和领导干部廉洁自律等方面的突出问题。

市委工作概况

中共济南市委工作概况

省委常委、济南市委书记　王　敏

一、组织概况与党的建设

截至2013年底，全市共有县（市）区委10个；市委工委4个；市直部门党委38个、党组48个；基层党组织23447个，其中党委894个、党总支1644个、党支部20909个。全市共有党员446248名，占全市总人口的7.28%，2013年内新发展党员6050名。

2013年，中共济南市委以开展党的群众路线教育实践活动、深入改进作风为重点，采取有力措施，推进党的建设。一是扎实开展群众路线教育实践活动。按照“照镜子、正衣冠、洗洗澡、治治病”的总要求，坚持领导带头，贯彻整风精神，扎实推进各个环节的工作。市委常委先后召开不同层面座谈会91次，登门走访中央、省和部队驻济单位45家，组织107个市直部门（单位）近6000名机关干部到城区3700多个建筑工地开展实地走访，举办了3场专题辅导报告会和2场基层群众代表、困难企业困难职工代表报告会，利用12345市民服务热线全天受理市民意见建议。通过各种方式，共征求各方面意见建议21万余条。在此基础上，研究制定了《中共济南市委常委班子党的群众路线教育实践活动整改工作方案》。整改方案中确定的转变作风狠抓落实、加强和改进群众工作、市属国有困难企业困难职工帮扶解困、改进农民工综合服务、解决重点历史遗留问题、党员干部联系困难家庭、党政机关厉行节约反对浪费等8项重点整改任务，已取得积极成效。二是抓好领导班子和干部队伍建设。扎实推进理论武装和干部培训工作，举办6期市管领导干部十八大精神轮训班、2期乡镇（街道）党政正职专题培训班、3期基层党组织书记示范班，对1960多名党员干部进行了教育培训。健全市管领导班子和领导干部日常考察制度，努力做好选人用人工作。研究改进了2013年度全市科学发展综合考核工作办法。开展县（市）区联合公开选拔领导干部工作。加大对高层次人才和骨干企业负责人培训力度，统筹推进各类人才队伍建设。三是加强基层基础工作。制定并实施强化乡镇党委抓农村党建责任、农村党组织书记服务群众等规范性意见。围绕加强基层服务型党组织建设，进行了农村党支部“1+3”强基惠民工作试点。深入推进“千村（社区）提升”工程，更好地发挥“第一书记”作用。扎实开展党员干部联系困难家庭工作，全市党员干部共联系帮扶困难家庭13975户。创新城市社区党建工作，落实社区党组织群众工作专项经费。制定了关于加强农民工党建工作的意见，强化了外来务工人员党员教育管理和服务工作。四是深入推进党风廉政建设。严格执行中央八项规定和省委实施办法，出台了关于改进工作作风的27条规定，深入开展厉行勤俭节约反对铺张浪费专项检查，注重从具体事项抓起，跟进督查问责，强化整风肃纪。认真落实领导干部述职述廉、廉政谈话、函询等制度，开展县（市）区党政班子成员向同级纪委全委会述廉工作。发挥审计、巡视、派驻机构等监督作用，建立巡视反馈意见跟踪督办制度。加强廉政文化建设和反腐倡廉教育，加大案件查办力度，依法依纪严惩腐败分子。

二、重大决策与主要工作

2013年，在中央和省委的坚强领导下，中共济南市委全面贯彻落实党的十八大和十八届二中、三中全会精神，深入学习贯彻习近平总书记系列讲话和视察山东重要讲话精神，紧紧围绕率先全面建成小康社会的奋斗目标，以群众为根本，以实践为标准，团结带领广大党员干部群众，着力稳增长、调结构、促改革、惠民生、蓄后劲，各项工作取得了新的进展。全市实现生产总值5230.2亿元，增长9.6%；地方公共财政收入482.1亿元，可比口径增长13.9%；全社会固定资产投资2638.3亿元，增长20.7%；社会消费品零售总额2633.9亿元，增长13.4%；城市居民人均可支配收入35648元，农民人均纯收入13247.6元，分别增长9.5%和12.4%。

（一）紧扣主题主线，推动经济发展 一是实施创新驱动战略。2013年末全市拥有高新技术企业462家、国家级企业技术中心21家，国家级科技园区6家，国家级火炬计划特色产业基地9个，863成果转化基地2个。高新技术产业产值占规模以上工业的比重达到40.56%，提高1.01个百分点。二是加大重点项目推进力度。2013年全年完成工业固定资产投资806亿元，其中技改投资548.2亿元，分别增长24.5%、22.3%；全市在建亿元以上工业项目238个，新开工亿元以上工业项目232个，分别增加77个和71个；规模以上工业增加值增长11.34%，规模以上工业利税、利润分别增长26.32%和40.3%。三是激发各类市场主体发展活力。全市新登记各类市场主体6万余户、新增注册资本689.5亿元，分别增长12.3%、70.6%，其中新增登记企业17508家、注册资本634.94亿元，分别增长25.7%、73.5%。四是调整优化产业结构。结合开展国家服务业综合改革试点，制定出台加快发展高技术服务业、健康养老服务业、建设旅游强市等政策措施。全市战略性新兴产业增长15%，软件和信息服务业收入、旅游业总收入、社会物流总额分别增长25%、13.3%、13%，电子商务交易额突破千亿元，服务业占生产总值比重达到55%。五是积极推动绿色发展。严格落实节能减排责任制，突出抓好重点产业、重点企业、重点领域节能减排工作，节能减排各项约束性指标全面完成。

（二）完善城市功能，建设美丽泉城 一是加快城市轨道交通规划建设。编制完成了轨道交通线网规划和总长度95.6公里、总投资489亿元的“一横两纵”轨道交通近期建设规划，2013年底启动了轨道交通R线建设。二是创建全国水生态文明市。抓住济南被列为全国第一个水生态文明建设试点市的机遇，规划总投资443亿元实施南部生态保护区、中部泉水景观区、北部湿地风貌区三大重点片区生态水系工程建设。2013年，共实施重点工程126项，完成投资105.6亿元。三是拓展优化城市发展空间。积极构建“一城三区”中心城市发展格局，106个城市建设管理重点项目完成投资444.5亿元，西客站、兴隆、华山、雪山等一批片区建设加快推进，千佛山风景区、泉城特色标志区、火车站北场站一体化等规划建设取得积极进展，省会文化艺术中心、绿地普利中心等一批文化、商业新地标快速兴起。四是强化城市功能配套。加快城市综合交通体系建设，二环西路高架桥北段建成通车，二环西路南延、二环南路高架动工建设。完成了一批供水、供热、供气、供电、公交和生活垃圾处理等市政工程。五是加大环境整治力度。深入推进市容道路、铁路沿线、建筑渣土、违法建设等11项重点整治任务。继续实施城市交通综合整治三年行动计划，城区交通综合整治初见成效。强化大气污染防治和水环境治理，全力做好控燃煤、治尾气、降扬尘各项工作。大力提升城市绿化美化水平，“天下第一泉”风景区荣膺国家5A级旅游景区，趵突泉等泉群实现十年连续喷涌。

（三）激发县区活力，统筹城乡发展 充分发挥县区发展主体作用，赋予县区更多的发展决策权和管理权，实行差别化县域经济扶持政策，为县区经济发展注入了新动力。全市11个县（市）区（包括高新区）财政收入均有较大幅度增加，其中历下区101亿元，市中区72.5亿元，高新区64.5亿元，历城区53.5亿元，章丘市40.9亿元，天桥区、槐荫区均超过30亿元，济阳县、平阴县和长清区地方财政收入均超过10亿元。全面落实强农惠农富农政策，粮食生产实现十一连丰，农业产业化水平不断提高。加大农村扶贫开发力度，实现6.5万贫困人口人均增收1428元。

（四）保障改善民生，创新社会管理 一是做好重点民生工作。实施更加积极的就业政策，新增城镇就业18.55万人，农村劳动力转移就业7.3万人。科学配置教育资源，推动教育优质均衡发展，择校热问题有效控制。县级公立医院综合改革扎实推进，“新农合”人均筹资标准达到350元。提前超额完成保障性住房建设任务，开工建设各类保障性安居工程16370套。抓住承办“十艺节”的契机，大力提升公共文化设施，加快实施文化惠民工程，丰富了群众精神文化生活。二是提高社会管理服务水平。激发社会组织活力，各类社会组织达到4000多家，吸纳就业人数10万余人，兼职工作人员超过15万人，注册的志愿者达到38.35万人。积极探索新型社区管理体制，扎实推进社区网格化管理。坚持用群众工作统揽信访工作，深入推进领导干部接访下访，加大社会矛盾纠纷排查化解工作力度。12345市民服务热线被国家标准化委员会认定为全国唯一的政府创新社会管理国家级服务标准化示范单位。三是全力维护社会稳定。严密防范、严厉打击境内外敌对势力的渗透破坏活动，确保了重大活动、重要工作和敏感时期的社会大局平稳。深入推进平安济南建设，健全完善立体化社会治安防控体系，社会治安局势持续好转。深刻汲取重大安全事故教训，加大安全生产监管力度，全面排查治理安全隐患。

（五）深化改革开放，优化发展环境 认真贯彻党的十八届三中全会《决定》和省委《意见》，以解决影响全市经济社会发展和群众反映强烈的突出问题为重点，研究制定了深入学习贯彻党的十八届三中全会精神全面深化改革的《实施意见》，着力推进行政管理、经济管理、社会治理、统筹城乡发展、推进政务公开等五大领域的改革。在2012年下放精简审批事项94项的基础上，2013年又调整减少行政审批事项66项。探索实行建设项目并联审批“一号通”、企业设立联合审批“一表通”服务机制，项目从取得规划许可到施工许可的累计审批时间由原来80多个压减为45个工作日。创新财政资金使用方式，整合部分产业引导资金,变财政拨款为股权投资,引导社会资金投向实体经济、科技创新和文化产业领域。稳妥推进城镇化试点,探索户籍制度改革,城镇化率达到66%左右。创新招商引资机制方式,组织赴北京、香港、台湾、韩国及东南亚、欧洲等招商活动,成功举办第七届华交会,促进了一批大项目签约落地。

三、改革与创新

(一)启动国有困难企业帮扶解困和改革发展工作 成立了44个协调组进驻44户市属国有困难企业,筹集5.35亿元启动资金,坚持"发展、救助、改制"三管齐下,采取战略重组发展一批、加快调整改造搞活一批、一次性安置职工解决一批、依法破产和政策性破产退出一批的办法,力争用三年时间基本完成清偿拖欠职工费用、依法妥善安置职工、促进企业改革发展三项任务。

(二)建立完善农民工服务体系 把推动农民工实现更高质量就业、推进基本公共服务均等化、促进农民工真正融入城市作为工作重心,着力解决农民工面临的各种现实问题,稳步推进农民工市民化。加快构建市、县、乡、社区、企业五级综合服务平台,将市直机关党员培训中心改为市外来务工人员(农民工)综合服务中心,整合20多个市直部门力量,设立集培训咨询、社会保障、子女教育、住房保障等15项公共服务为一体的综合服务大厅,努力为广大农民工提供多层次、全方位的服务。

(三)实施省会城市群经济圈发展规划 按照省委、省政府部署,制定下发了《关于落实省会城市群经济圈发展规划的实施意见》,以提升省会综合实力、增强集聚辐射能力为目标,落实工作责任,积极协调推进,着力在打造城市经济发展高地、增强城市综合服务水平、推动区域融合对接、建设济莱协作区等方面实施突破。通过积极磋商对接,建立了省会城市群经济圈联席会议三级运作机制,济南与莱芜两市成立了济莱协作区建设工作推进机构,济南与聊城、泰安等市签署了战略合作框架协议,区域一体化发展步伐加快推进。

(四)加快济南综合保税区建设发展 按照建设"山东省中西部地区外向型经济发展示范区,对外开放新高地"的发展目标,完善基础设施,提升服务质量,推动重点项目建设,济南综合保税区顺利通过国家海关总署等十部委联合验收,正式封关运行,成为我省中西部地区唯一国家级综合保税区。

附:济南市委书记、副书记、常委名单

书　记:王　敏

副书记:杨鲁豫　雷　杰(女)

常　委:王　敏　杨鲁豫　雷　杰(女)　王以才　孙晓刚　苏树伟　谭延伟　陈　勇　慕建民　杨　峰　王兴树　李占国　雷天太

中共青岛市委工作概况

省委常委、青岛市委书记　李　群

一、组织概况与党的建设

截至2013年底,全市共有市直党(工)委135个,其中市(区)委10个,市委工委9个。基层党委1606个,其中非公有经济219个;党总支1480个,其中非公有经济175个;党支部32906个,其中非公有经济8570个。党员674640人,其中非公有经济单位76336人;新发展党员13327人,其中非公有经济单位1726人。

2013年,中共青岛市委全面贯彻中央和省委的部署,以加强党的执政能力建设、先进性和纯洁性建设为主线,着力推进党的建设。一是扎实开展第一批党的群众路线教育实践活动。牢牢把握"照镜子、正衣冠、洗洗澡、治治病"的总要求,聚焦"四风"问题,市委常委班子发挥示范带头作用,135个市直单位及各区市纪检、组织部门认真参与,全市共确定29项专项整治任务和22项制度建设计划,从严解决"四风"问题,严格落实"八项规定",党员干部队伍素质和作风有较大改进,教育实践活动取得重要成果。二是切实加强领导班子和干部队伍建设。深入实施领导干部科学发展能力提升工程,建成开通青岛干部网络学院。坚持好干部二十字标准,以一把手为重点,调整充实部分市管领导班子。严格监督干部选拔任用工作,强化干部日常管理监督,提高选人用人质量。开展领导干部经济责任审计,严格落实领导干部个人有关事项报告制度。突出科学导向和实干导向,优化综合考核指标体系。三是深入推进基层党建工作创新。加强基层服务型党组织建设,开展"阳光村务"、"全民议事"等试点。统筹抓好各领域党建工作,开展"两新"组织"百日攻坚"扩覆盖活动,党组织覆盖率提升了26个百分点。开展对口帮扶工作,选派80名市管干部及100余名工作助理对口帮扶80家企业,继续选派92名市直机关干部到村任"第一书记",增强了基层活力。四是着力建设廉洁青岛。提出建设廉洁青岛目标,突出抓好反腐倡廉法治、惩治和预防腐败体系、作风和纪律、社会诚信体系、廉洁文化"五大建设"。严肃查处各类违纪违法案件,深入开展纠风和专项治理,有力维护了党纪政纪的严肃性。

二、重大决策与主要工作

2013年,在省委正确领导下,青岛市坚持以邓小平理论、“三个代表”重要思想、科学发展观为指导,全面贯彻党的十八大和十八届二中、三中全会精神,认真落实习近平总书记系列重要讲话和视察山东重要讲话精神,围绕率先科学发展、实现蓝色跨越、加快建设宜居幸福的现代化国际城市的奋斗目标,以世界眼光谋划未来,以国际标准提升工作,以本土优势彰显特色,积极寻标、对标、达标、夺标、创标,开创了各项工作新局面。全市实现生产总值8006.6亿元,增长10%;公共财政预算收入完成788.7亿元,增长17.7%;城市居民人均可支配收入和农民人均纯收入分别达到35227元、15731元,增长9.6%和12.4%。

(一)推进转方式调结构,提高经济发展质量和效益 一是着力发展蓝色经济。深入实施蓝色引领战略,加快建设蓝色经济领军城市,蓝色硅谷、西海岸经济新区、红岛经济区“一谷两区”三大平台建设取得重大进展,蓝色硅谷纳入国家“十二五”海洋经济发展规划,国家深海基地、海洋国家实验室等一批“国字号”大项目加快推进;西海岸经济新区发展体制机制不断完善,董家口经济区获批国家级循环经济示范区,青岛经济技术开发区获批国家生态工业示范区,中德生态园获批国家级国际创新园;红岛经济区四大产业基地开园,高新技术项目加快布局。全市海洋生产总值达到1317亿元,增长18.2%,占生产总值比重达到16.5%。二是稳步促进产业转型升级。着力调整优化产业结构,先进制造业持续壮大,全市规模以上工业总产值超过1.6万亿元,十条新型工业千亿级产业链产值所占比重达到75.4%,战略性新兴产业产值增长8.6%。着力发展现代服务业,“十个千万平米工程”顺利推进,一批现代服务业项目加快布局,服务业在三次产业中的比重达到50.1%。加快“腾笼换鸟”,推进21个重点经济功能区建设,新启动搬迁8家老城区工业企业。大力发展金融业,新引进金融机构15家,全市金融机构达到193家。建设国际化旅游目的地城市,旅游总收入增长16.1%。实施现代农业十大重点工程,着力推进农业现代化。三是积极推进创新驱动发展。建设创新型城市,获批国家智慧城市技术和标准试点示范城市,成为全国唯一的国家创新型城市和技术创新工程“双试点”城市。加快创新平台建设,引进西安交大青岛研究院等8家研发机构,新增国家级产业技术创新战略联盟2个、企业技术中心3家。加快人才队伍建设,新增国家千人计划24人,总数达55人。加大科技研发力度,发明专利申请量和授权量分别增长172%和26.5%,增幅均居副省级城市首位;高新技术产业产值占规模以上工业总产值的比重达到40%。四是统筹城乡一体化发展。优化“中心城区—次中心城市—重点城镇—城乡社区”梯次布局,稳步提高城镇化质量,城镇化率达到67.72%。市财政投入“三农”资金54亿元,增长19.2%。开工建设102个新型农村社区,建成380个新型农村社区服务中心,完成农村危房改造3813套。统筹城乡基础设施,新机场获国家批复,地铁一期2条线加快建设,铁路北客站、海青铁路建成使用。统筹城乡社保,在全省率先实现城乡居民养老保险制度全覆盖,在全国率先启动城乡居民养老保险和新型农村养老保险向城镇职工基本养老保险转移接续机制,加快整合城镇医疗保险和新型农村合作医疗。五是持续释放改革开放活力。根据中央、省委部署,全面深化各领域改革。实施城乡统筹和综合配套改革,农村土地承包经营权确权颁证等工作顺利推进。加快转变政府职能,市级行政审批事项削减33.8%,行政审批提速34%。提升开放型经济水平,实际利用外资55.2亿美元,列副省级城市第二位;保税港区汽车整车进口口岸一期建成运营;港口吞吐量和集装箱吞吐量达到4.55亿吨、1552万标箱,均列世界第7位;服务外包离岸执行额增长98%,占全省41.3%。全市外贸进出口总额779亿美元,占全省30%。

(二)促进文化繁荣发展,打造文化强市 一是巩固思想文化阵地。坚持管好阵地、管好导向、管好队伍,牢牢把握意识形态工作主动权。广泛开展理想信念和中国梦的宣传教育活动,培育和树立社会主义核心价值观。加强网络舆论引导,营造良好网络环境。深化文明城市建设,顺利通过各项测评。“文化环保”城市建设取得新成效。二是完善公共文化服务。圆满筹办第十届中国艺术节,舞剧《红高粱》荣获“文华大奖”,实现历史性突破。推进重点文化惠民工程,办好“文化惠民、服务群众”实事。加快基层文化设施建设,成为首批31个国家公共文化服务体系示范区之一。实施文艺创作“精品工程”,加强文化遗产保护。三是深化文化体制改革,发展文化产业。推进国有文艺院团及非时政类报刊转企改制。深化国家文化和科技融合示范基地建设,国家级国际版权交易中心落户青岛。积极发展新型文化业态,推进东方影都、中国电影交易中心等项目建设。实现文化创意产业增加值715亿元,占生产总值的8.6%。

(三)着力保障和改善民生,提高宜居幸福程度 一是加大民生工作力度。民生领域市级财政投入186.2亿元,占财政支出的64%。实施城乡就业一体化政策,组织职业培训8.5万人,扶持创业2.14万人,新增城乡就业43.8万人。完善托底政策,区市最低工资、城乡居民低保标准增速均高于生产总值增速,将新市民纳入临时救助范围。提升保障水平,建立城镇居民大额医疗补助金制度,完成第二轮住房保障发展规划,推进供水、供热、供气、环卫、公共交通建设。二是全面发展社会事业。围绕学有优教、劳有应得、病有良医、老有颐养、住有宜居、困有所助的目标,高标准推进千万平米社会事业公共设施建设。稳步推进教育事业改革发展,全部免除中职教育学费,加快新建、改扩建幼儿园、中小学,在全省率先推行新一轮校长职级制改革。推动县级公立医院综合改革试点,扩大基本药物制度实施范围,改扩建9个区域性医疗中心,齐鲁医院青岛院区开诊。积极发展体育事业,“十二运”取得历史最好成绩,成功举办世界杯帆船赛。三是提升社会治理水平。加强依法治市,法治环境进一步改善,被评为首批“全国法治城市创建活动先进单位”。创新社会治理体制,提出“六小六大”(小堡垒、大党委,小政府、大服务,小社区、大社会,小乡村、大天地,小场所、大文化,小基层、大平安)基层建设思路,激发社会组织、社会力量的活力。加强社会治安工作,实施“天网”工程,健全立体化治安防控体系。全面推行重大决策稳定风险评估机制,完善大调解工作体系。加强安全生产监管,妥善有效处置突发事件。四是加强生态文明建设。抓好节能减排,加快国家低碳城市试点和循环经济示范工程建设,全市四项主要污染物减排进度达到国家和省的要求。改善城乡生态环境,实施环湾保护三年行动计划,大沽河综合治理七大工程进展迅速,推进大干300天市容环境整治行动和农村环境综合整治,城乡面貌进一步改善。世园会园区基本建成,全面进入试运行。

三、改革与创新

(一)深入贯彻落实十八届三中全会精神,科学谋划全面深化改革各项举措 党的十八届三中全会召开以后,青岛市委高度重视、迅速行动,认真学习贯彻三中全会、习近平总书记系列重要讲话和省委十届八次全会精神,分成16个专题进行调研,每个专题都由一名市级领导同志牵头,并明确了牵头部门和参与部门,对相关课题做了大量调研,形成了16个专题报告。市委专门成立了汇总工作领导小组,在16个专题调研报告的基础上,制定出台了青岛市委《关于贯彻落实党的十八届三中全会精神的意见》。市委《意见》共分十六部分、60条、2万字,对全市全面深化改革工作作出了整体部署,立足青岛实际,不折不扣地落实好中央、省委全面深化改革的各项举措要求,把握好改革的正确方向,在具备条件和优势的领域先行先试、率先突破、走在前面,争当全面深化改革的领头雁、排头兵。

(二)全面贯彻落实习近平总书记视察山东重要讲话精神,制定实施“八大行动”纲要 为全面贯彻好习近平总书记视察山东重要讲话精神,落实好省委、省政府的决策部署,青岛市委组成了三个专题调研组,开展了专题调研,并形成了专题调研报告。在充分调研的基础上,形成了青岛市委、市政府《贯彻落实习近平总书记视察山东重要讲话精神行动纲要》。《行动纲要》提出了深化改革扩大开放、增强创新驱动能力、优化产业总体布局、构建现代产业体系、加强文化青岛建设、提升生态文明水平、增强民生保障能力、提升安全宜居水平等八个方面的目标任务,并分别提出了2016年、2020年两个时间节点的定量或定性目标要求,各项目标的确定力求具体、务实、可行,对于青岛今后一个时期经济社会发展具有很强的指导性。

(三)积极创建财富管理金融综合改革试验区 青岛市把握金融产业发展规律,对标先进城市做法,立足我市特色优势,加快建设财富管理中心,并提出了争创国家财富管理金融综合改革试验区的设想。2013年7月,在省委、省政府的关心支持下,《青岛市财富管理金融综合改革试验区总体方案》通过省政府正式上报国务院。2013年8月,省政府出台《关于加快全省金融改革发展的若干意见》,明确提出“把青岛市建设成为国内领先、面向国际的新兴财富管理中心”。到2013年底,在中国人民银行的支持和牵头下,《方案》在部委间先后经过两轮征求意见、修改完善,部委会签等公文流转程序全部顺利结束,并由中国人民银行正式报国务院待批。(2014年2月,青岛市财富管理金融综合改革试验区正式获得国家批复。)

附:青岛市委书记、副书记、常委名单

书　记:李　群

副书记:张新起　王　伟

常　委:李　群　张新起　王　伟　胡绍军　牛俊宪　王广正　何建平　徐学武　王鲁明　王建祥　边祥慧　韩耀玉　陈　飞　王晓方(挂职)

中共淄博市委工作概况

淄博市委书记　周清利

一、组织概况与党的建设

截至2013年底,全市共有市委直属党委、党组121个,其中区县委8个,市委工委5个;基层党委705个,党总支1035个,党支部14068个;党员327366人,年内新发展党员7066人。

(一)着力加强领导班子和干部队伍思想政治建设 加强中国特色社会主义理论体系培训学习,广泛开展中国梦主题宣传教育活动,着力加强学习型党组织建设。深入开展大规模培训干部工作,提高干部以改革创新精神推进科学发展的能力,全年市级共培训干部5200余人次。

(二)着力加强干部队伍和基层组织建设 坚持德才兼备、以德为先用人标准,树立正确的用人导向,注重在发展实干中识别使用干部,最大限度地调动各级干事创业的积极性。全面落实“书记抓、抓书记”基层党建工作责任制,选派第二批1039名“第一书记”继续做好帮包工作。全面开展党员干部联系困难家庭工作,全市共联系帮扶特困家庭6073户、困难家庭2.5万户。

(三)着力加强党风廉政建设 全面落实中央和省委关于转变作风的规定要求,扎实开展清退会员卡、规范节庆论坛展会工作,全面停止新建楼堂馆所,坚决纠正地方车辆使用武警部队号牌问题。率先规范领导干部操办婚丧喜庆、公车配备使用、违规购建住房、从业行为等问题,集中开展药品回扣专项治理并建立长效机制。深入贯彻落实《廉政准则》及《实施办法》,全面落实述职述廉、函询质询、报告个人有关事项等制度,探索实行市直部门党政主要负责人向市纪委全会专题述廉制度,严肃查处违纪违法案件,促进党风政风持续好转。

二、重大决策与主要工作

2013年,全市上下认真学习贯彻中央和省委决策部署,全面深化改革,加快科学发展,经济社会发展不断迈上新台阶。全年实现地区生产总值3801.2亿元,实现公共财政预算收入273.1亿元,城市居民人均可支配收入达到31515元,农民人均纯收入达到13932元。

(一)深入学习贯彻中央和省委重大决策部署,始终保持淄博工作的正确方向 一是抓好中央和省委重大决策部署的学习贯彻。组织各级深入学习贯彻党的十八大和十八届三中全会精神、习近平总书记系列重要讲话和视察山东重要讲话精神,切实用科学理论指导实践、推进工作。认真贯彻中央政治局8项规定、省委常委会10条实施办法,在第一时间制定出台市委常委会12条落实意见,扎实开展厉行勤俭节约、反对铺张浪费专项行动。制定出台市委贯彻落实十八届三中全会精神全面深化改革的《意见》,对我市全面深化改革作出全面部署。省委十届七次、八次全会以及全省经济工作会议、全省推进省会城市群经济圈建设动员大会等重要会议召开后,市委都结合淄博实际,及时研究制定具体的贯彻落实意见。二是进一步推动形成发展实干和以项目建设为纲的工作导向。立足淄博实际,引导各级坚持把发展作为最重要、最紧迫的任务,打破常规、奋力进取,全力加快科学发展步伐;坚持把实干作为加快科学发展的根本途径,铺下身子、真抓实干,努力取得实实在在的成效;坚持把项目建设作为推动科学发展的关键举措,引导各级拿出主要资源、主要力量抓项目,实实在在地提高质量效益、优化产业结构、增强整体实力。三是充分发挥党总揽全局、协调各方的领导核心作用。支持和保证人大及其常委会依法履行地方立法、民主监督、人事任免、重大事项决定等职能,支持政协充分发挥政治协商、民主监督和参政议政职能;加强统一战线工作,强化同民主党派、工商联和无党派人士合作共事,认真做好民族、宗教、侨务和对台工作;加强对工会、共青团、妇联等人民团体的领导,凝聚形成科学发展的强大合力。

(二)积极应对复杂形势、着力破解要素制约,促进经济持续健康发展和产业转型升级 一是千方百计保持经济持续健康发展。加强经济运行分析研判,全市经济运行总体平稳,工业销售收入达1.16万亿元,服务业增加值同比提高1.8个百分点。粮食生产实现"十一连丰"。大力实施扶优扶强战略,研究制定扶持全市纳税500强和创新500强企业发展的政策措施,助推优势企业做大做强、创新发展。二是以项目建设促转调。制定实施推进重大项目建设和优化营商环境的两个《意见》,全力助推项目建设提速增效。成功举办全国工商联直属商会经贸活动、赴港赴台经贸招商活动等,签约了一批利长远、打基础的重大项目。2013年,全市新开工规模以上项目2363个,同比增加72个;其中亿元以上项目384个,同比增加101个。三是大力加强自主创新。深入实施创新驱动发展战略,进一步深化产学研合作,全市省级以上研发中心达到216家,其中国家级11家;院士工作站达到54个;全市战略性新兴产业和高新技术产业产值占比分别提高1.2个和1.3个百分点。四是毫不放松地抓好节能减排。制定出台《淄博市节约能源条例》,严格落实环境影响评价、节能评估审查等制度,坚决杜绝新上"三高"项目,有序化解过剩产能,依法淘汰落后产能,进一步加大大气污染、水污染治理力度,努力建设生态美丽淄博。五是积极推进开放型经济发展。推进商事登记制度改革,激发市场主体活力,全年新增市场主体2.8万户。大力发展开放型经济,着力稳定对外贸易,全市实际利用外资增长10.9%。

(三)提升城市定位、完善城市功能,努力增强城市综合竞争力 一是进一步明确城市定位。围绕发挥好我市在省会城市群经济圈中的"次中心"城市作用和在全省发展中的枢纽城市作用,积极推进济淄一体化发展,完善提升"四个层级"的发展规划,做大做强中心城区,协调发展次中心城区,合理发展中心镇和农村社区,让城市定位更加明确、特色更加鲜明。二是以淄博新区建设为龙头带动四个层级协调发展。突出抓好淄博新区建设,加快推进市文化中心、公共资源交易中心、股权交易中心、社会管理中心等重大工程建设,论证规划一流水平的城市现代交通体系,努力提升城市品位和形象。2013年,全市城镇化率达到65.31%,比全国全省均高出10个百分点以上。三是加强城市功能支撑体系建设。大力实施绿化扩增、森林围城、清水润城、湿地保护等工程,积极推动生态文明乡村建设,全市森林覆盖率达到37%,城市绿化覆盖率达到44.3%,人均公园绿地面积达到16.6平方米。进一步完善骨干交通网络,加强供水、供电、供气、供热等管网建设,完善污水处理和垃圾处理体系,城市功能不断提升,城乡环境持续改善。

(四)注重保障和改善民生,全力促进社会文明进步、和谐稳定 一是着力办好民生实事。认真落实中央、省出台的各项民生政策,民生支出占财政总支出的比重达到57%。全年新增城镇就业13.84万人次,新增农村转移就业10.25万人次,城镇登记失业率为2.7%;保障性住房建设完成省下达任务的126.3%。进一步加大社会保障力度,巩固提升覆盖城乡的全民养老、全民医疗保障体系,城市低保标准提高到每人每月420元,农村低保标准提高到每人每年不低于2500元,新农合人均筹资标准提高到361

元。坚持教育优先发展，扎实推进校舍安全工程和教育资源布局调整，办学水平不断提高。加大扶贫工作力度，启动实施十万农户脱贫奔康工程。二是推动文化繁荣发展。大力加强社会主义核心价值体系建设，成功通过国家卫生城市复审，全国城市文明程度指数测评取得好成绩。深入实施公共文化惠民工程，镇办、农村、城市社区文化服务设施建设协调推进。加快发展文化事业和文化产业，成功创建为首批文化强省建设先进市。三是全力维护社会和谐稳定。牢固树立维稳第一责任意识，大力实施网格化管理、信息化建设、社区化服务“三大工程”，完善公共安全管理防范、社会稳定风险评估、矛盾纠纷排查调处、社会稳定督查考核“四大体系”，强化法治宣传教育、品牌政法队伍建设“两大保障”，初步构建起了具有淄博特点的社会治理“三四二”工作格局。全年群众来信来访下降11.4%，治安案件立案数下降16.2%，安全事故起数、死亡人数分别下降4.43%、1.54%。荣获全国法治城市创建工作先进单位，连续两届荣获全国社会治安（管理）综合治理优秀市。

三、改革与创新

（一）深化经济体制改革 积极推进农村改革，加快构建新型农业经营体系，年内发展新型农业经营主体300余家，有30%左右的涉农村庄、35%左右的家庭承包土地完成确权登记颁证任务。研究制定完善国有资产管理体制的《意见》，认真落实支持民间投资77条实施细则。研究落实国家放宽投资准入措施的具体办法，稳妥推进资源环境价格改革。积极推进投资体制、财税体制、行政审批制度改革，市级行政审批事项精简41.8%。进一步深化金融体制改革，齐鲁股权交易中心成功实施公司制改造，出台《淄博市民间融资管理暂行办法》，市民间融资登记服务中心建成运营。

（二）深化政治体制改革 研究制定支持人大及其常委会依法履行职责的具体办法，出台《关于加强协商民主建设的实施意见》。加强基层民主制度建设，健全完善基层党组织领导的基层群众自治机制。完善法治淄博建设推进机制，着手制定我市推进法治政府建设的《意见》、《法治政府建设规划纲要（2014—2020）》和法治政府考核评价体系。

（三）深化文化体制改革 健全完善思想道德建设体系，大力实施“四德工程”，孟祥民被评为全国道德模范。积极推进文化体制改革，建立健全现代文化市场体系，完善文化市场准入和退出机制，建设了一批文化要素交易平台，培育了一批文化产业金融服务机构。

（四）深化社会体制改革 积极鼓励创业就业，建立覆盖城乡的创业就业服务体系。整合城乡居民养老、医疗保险制度，研究制定被征地农民参加社会保障办法和城乡基本保险制度衔接办法。推动公租房和廉租房并轨建设，健全多层次的城镇住房供应体系。深化教育领域综合改革，启动第二期学前教育三年行动计划。深化医药卫生体制改革，推进县级公立医院和基层卫生机构综合改革试点。

（五）深化生态文明体制改革 完善国家环保模范城市、国家生态园林城市、国家森林城市“三城同创”机制。建立健全生态补偿机制，加快高耗能企业清洁能源置换，逐步完善生态文明制度建设。制定出台《关于政法机关全力支持环保工作的10条意见》，我市做法得到了国家环保部、省领导的高度评价。

（六）深化党的建设制度改革 深化干部人事制度改革，凡市委、市政府工作部门正职拟任人选和推荐人选，均经市委全会或全体市委委员审议通过。创新高层次人才引进使用机制，2013年引进海外优秀人才300余人次，4名国家“千人计划”专家来我市创业。创新基层党建工作，深化提升为民服务“双代”机制，全面推行群众工作“四步法”。

附：淄博市委书记、副书记、常委名单

书　记：周清利

副书记：徐景颜　周连华

常　委：周清利　徐景颜　周连华　刘　晓　赵启全　郭利民　张顺华　尚龙江　庄　鸣　丛锡钢　韩国祥　王成方　毕荣青

中共枣庄市委工作概况

枣庄市委书记　陈　伟

一、组织概况与党的建设

截至2013年底，全市共有党员215045人，其中女党员36033人，占16.8%；农村党员92268人，占42.9%。基层党组织10513个，其中党委382个，党总支826个，党支部9305个；乡镇党委46个，街道党委18个；建制村2113个、乡镇社区居委会22个，其中1个行政村建立党委，15个行政村建立党总支，2066个行政村、22个乡镇社区居委会建立党支部，31个行政村建立联合党支部25个。

（一）加强思想政治建设 采取理论中心组带头学、专家报告会集中学、培训班深入学等形式，深入学习贯彻党的十八大和十八届三中全会精神、习近平总书记系列讲话和视察山东重要讲话精神。全年共召开市县两级党委理论中心组学习220次，举办培训班近100场、理论报告会100余场、“名师大讲堂”5场、宣讲会300余场。

（二）加强作风建设 严格执行中央八项规定，改进文风会风，严格公务接待、公车配置使用、办公用房管理。全市性会议、文件分别减少38%、31%；压缩各类节庆展会活动15项；压减公务用车编制1357辆、压减率27.7%；市级“三公”经费下降24.5%、会议费下降43.6%；查处违反八项规定方面的问题81起，处理133人。

（三）加强干部队伍建设 深入实施“百千万”干部培训工程，培训干部2150人次。强化干部日常监督管理，对区（市）党政班子、98个市直单位和600多名班子成员建立现实表现台账，对42名市直部门党政负责人实施“三审一查”。抓好人才工作，1人入选全国首批科技创新创业人才，新增柔性引进国家千人计划专家2人、泰山学者1人。

（四）加强基层组织建设 继续开展“第一书记”工作，不断增强基层组织力量和后备力量，全市新发展党员2539名，村级组织经费平均达到4.6万元。开展党员干部联系困难家庭工作，帮助8052户困难家庭解决实际难题。实行基层党组织任期目标管理，村党支部书记承诺事项完成率96%。

（五）加强党风廉政建设和反腐败工作 严格落实党风廉政建设责任制，开展“枣庄清风”廉政文化品牌创建，实施“123农廉工程”，完善重大建设监督关口前移机制，对全市重点工程全程监督、跟踪问效。开展“百千百”评议活动和“庸懒散”专项治理，加强“四级”政务服务体系建设，促进机关效能提高。坚决查处各类违纪违法案件，全市纪检监察机关共立查案件625件，给予党纪政纪处分580人。

二、重大决策与主要工作

2013年，全市各级党政坚定不移地实施城市转型战略，纵深推进“三大战役”，积极打造“转型升级和经济文化融合发展高地”，建设“幸福新枣庄”，全市经济社会保持了稳中有进、稳中向好的态势。一是经济总体平稳。全市GDP完成1830.6亿元，增长10.1%；地方财政收入完成130.7亿元，扣除省级下划部分可比口径增长6.4%；固定资产投资完成1238亿元，增长20.5%；社会消费品零售总额达到627亿元，增长13.5%。二是结构逐步向好。三产占GDP比重达到35.1%，非煤产业占规模以上工业增加值和三产投资占规模以上固定资产投资比重，分别比2012年提高5.3个和1.1个百分点。三是后劲不断增强。全市在建投资亿元以上项目303个，其中过10亿元项目63个；限额“四上”企业新增1004户、增长39.6%。四是民生持续改善。城镇居民人均可支配收入25238元，增长9.9%；农民人均纯收入10878元、增长13.2%，增幅连续4年超过城镇居民收入。

（一）纵深推进工业转型战役，工业经济增添新优势 把工业转型作为重中之重，深入实施“工业转型振兴计划”，坚定不移地走新型工业化道路。全市规模以上工业增加值增长12.2%，工业产销率达到99.4%。一是推动集群发展。培植壮大精细化工、机械制造、新型建材等接续替代产业。全市煤炭精深加工项目总投资592亿元，精细化工产品达到47种；联想控股项目全年完成投资45亿元；总投资65.2亿元的薛城能源循环经济产业园建设顺利，一期110万吨焦化项目投产。辰龙精密超精密数控机床项目列入“国家产业振兴项目”，国际机床市场一期工程建成使用。泉兴中联整合了全市三分之二的水泥产能，中联水泥集团运营总部落户枣庄；八一轮胎成功重组丰源轮胎。二是推动集聚发展。发挥枣庄高新区的龙头和载体作用，完善园区基础设施和公共服务配套。城市转型示范园、鲁南高科技化工园、锂电产业园、华润三九工业园、鲁南装备制造园等加快建设。2013年底，入园规模以上工业企业1089家，占全市规模以上工业企业的75.1%。三是推动绿色发展。坚持“一箱油”理念，积极发展循环经济、绿色经济、低碳经济。实施重点节能工程50项、总投资12.2亿元。列入国家2013年淘汰落后产能计划的13家企业，全部拆除落后设备并通过验收。全年万元GDP能耗下降5.27%以上，COD、氨氮、SO_2、氮氧化物排放量分别下降2.5%、1.8%、15.6%和2.9%。

（二）纵深推进服务业发展战役，服务业发展取得新成效 把繁荣服务业作为主攻方向，坚持扩大规模与提升层次并重，努力打造新的增长点。2013年，服务业固定资产投资完成635亿元、增长21.7%。一是突出古城龙头地位。台儿庄古城重建全面竣工，通过省人大常委会立法保护，全年接待游客262万人次、增长6.2%。国家级文化产业试验园建设加快推进，荣获首届山东省文化创新奖。二是大力发展文化旅游。推动全域乡村旅游，对冠世榴园、温泉度假、农家乐等文化旅游项目提品味、创品牌，微山湖古镇一期展示区、翼云生态旅游度假区一期核心区建成，成功创建省乡村旅游示范市。加大市场营销，市旅游集散中心建成使用，深化与淘宝、百度、谷歌以及康辉、中旅的战略合作。全市旅游综合收入111.6亿元、增长16.5%。三是狠抓特色服务业。鲁南铁水联运、滕州义乌商城、薛城万洲浙商城等项目加快推进，枣庄数据中心、跨采中心枣庄农畜产品分中心、室内迪斯尼等项目落地建设。全市物流企业达到378家，交易额过亿元的专业市场发展到35家。金融保险、电子商务等新兴业态加快发展，济宁银行枣庄分行挂牌营业，青岛银行枣庄分行获批筹建，枣庄农商银行组建加快推进，32家企业实现股权挂牌托管。

（三）纵深推进新型城镇化战役，城市面貌发生新变化 坚持以“人”为核心、以棚户区改造为突破口，做大做强做优中心城区、区（市）驻地、小城镇、新型农村社区，加快构建具有枣庄特色的现代城镇体系。全市城镇化率达到50.4%；城市基础设施完成投资46亿元、增长10.3%。一是加快新城建设步伐。新城实验高中、八中东校、中医院新院建成启用，实验小学、妇保院新院、文体中心、双子座、枣矿城等项目进展顺利，公共服务配套和便民商业网点日益完善。二是强力推进棚户区改造。坚持"造城"与"造市"相结合、民生工程与发展工程相结合,扎实做好棚户区改造工作,最大限度改善区(市)驻地面貌。全年征收房屋4000户,开工建设安置房4300套。新城至陶庄BRT建成使用,BRT通车总里程148.5公里,年发送乘客近2000万人次。三是抓好小城镇建设。坚持宜农则农、宜工则工、宜游则游、宜商则商,强化产业、市场支撑,突出抓好省、市级示范镇建设,努力打造一批大镇强镇。新争取省级示范镇7个;小城镇建设完成投资35亿元,增长8%。四是优化生态环境。加快国家森林城市创建,新增造林面积26万亩,市域森林覆盖率达34.1%。省级卫生城市通过复审验收。建成国家级生态镇12个、省级生态镇26个。境内7条主要河流稳定达到南水北调水质标准。秸秆禁烧成效显著,"三秋"期间实现国家卫星火情零通报。全年蓝天白云天数达到144天。

(四)加快国家农村改革试验区建设,"三农"发展呈现新气象　围绕城乡发展一体化谋划"三农"工作,坚持在工业化、城镇化进程中同步推进农业现代化。一是深化农村土地使用产权制度改革。抓住列入国家农村改革试验区机遇,在确权、交易、合作、深化上下功夫。全市土地合作社发展到1209家、流转土地72.5万亩、利用农地抵押贷款5.04亿元,比2012年分别增长68.6%、37.4%和62.6%。注册成立全省首家农村产权交易中心,家庭农场、社办企业分别发展到149家、86家,各类经营主体累计吸引社会资本25亿元。二是积极发展现代农业。加快优质商品粮、特色农产品"两大基地"建设,推进农业产业化、标准化、市场化、组织化进程。粮食总产量200.9万吨、单产459公斤,均创历史新高。滕州被列入第一批国家现代农业示范区。国家级农业标准化示范区、省级以上农业龙头企业、"三品一标"产品分别达到9个、33家、425个。三是改善农村生产生活条件。开展"美丽乡村"建设,3个村被列为国家千村试点;推进城乡环卫、交通、公共服务一体化,所有乡镇和半数以上村居配套了垃圾处理设备。2013年,完成村镇建设投资58.3亿元,改造农村危房2672户,启动农房建设2万户;实施农田水利基本建设1142项;发放各类农业补贴资金4.5亿元。

(五)高度重视保障和改善民生,人民生活得到新改善　办好百件惠民实事,民生支出占财政总支出比重达到53%。一是积极扩大就业。建立半小时公共就业服务圈,零工劳务市场在全省率先实现区(市)全覆盖。新增城镇就业6万人,农村劳动力转移就业7万人。二是完善城乡社会保障体系。征缴各项社会保险费53.2亿元。城市低保、城乡居民基础养老金发放标准分别提高到每人每月360元、70元,农村低保、五保集中和分散供养标准分别提高到每人每年2200元、4000元和2700元,企业退休人员基本养老金"九连增"。开工建设保障性住房1890套,竣工1005套。三是繁荣发展社会事业。优先发展教育,新建幼儿园35所,高考优秀生万人比连续八年居全省前列。县级公立医院综合改革稳妥推进,枣庄被确定为全国卫生信息化建设试点市。举办台儿庄古城非博会、年博会,完成十艺节承办任务。有线电视、农家书屋、农村电影放映实现行政村全覆盖。拍摄《台儿庄》、《独有英雄》等影视精品,两部舞蹈作品首获文化部"群星奖"。创编全国第六套健身秧歌,承办国家级比赛15项,成功举办市八运会。四是切实维护社会稳定。扎实推进"平安枣庄"、"法治枣庄"建设,开展"十进社区"活动,启动视频监控全覆盖工程,实现了"六个不发生"目标,枣庄被评为"全国首批法治城市创建活动先进市"。依法有序关闭30万吨以下小煤矿9处,安全生产形势总体平稳。

三、改革与创新

面对城市转型中遇到的难题,不拼基础拼理念,不拼套路拼招数,创造性地开展工作。

(一)向改革要活力　实施新一轮33家市属工业企业改革改制,25家企业依法破产终结,9家企业实现社会化管理,近2万名职工历史遗留问题基本得到解决;市南工业区改造迈入建设发展阶段,棚改、业态招商全面铺开,企业"退城进园"扎实推进。加快行政审批制度改革,行政许可事项减少近60%,成为省内行政许可事项最少的市。深化财税体制改革,推进预算绩效管理,建立权责匹配的财政支出制度,清理规范重点支出同财政收支增幅挂钩事项,加快形成"花钱必问效、无效必问责"的管理机制。市级增量分享比例进一步下降,"营改增"工作扎实开展。

(二)向开放要活力　围绕亩均税收高、亩均就业多、研发能力强、市场占有率高四个标准,积极开展定点招商、专业招商。全市新建外来固定资产投资过亿元项目140个、完成投资100.7亿元,新引进JFE、喜达屋等世界500强投资项目10个;新增境外投资企业5家、投资5358万美元。召开全市科学发展项目观摩会,加大对产业大项目调度力度,市定100个重点项目完成投资370亿元。

(三)向创新要活力　国家级机床检验检测中心验收启用,国家级锂电检验检测中心获批筹建,国家级食品安全检测中心加快建设;全市省级企业技术中心、院士工作站分别达到36家、10家。工业技改完成投资267亿元、增长23.5%;高新技术产业产值603.39亿元、增长15.3%。

(四)向民营经济要活力　实施"中小企业帮扶计划",重点扶持100家特色成长型企业。设立市级过桥还贷资金,为84家企业提供4.9亿元还贷支持;在全国首创"土地使用权封闭贷款",有效破解中小企业融资难问题。民营经济纳税额占比达到76%,万人个体工商户数连续两年居全省首位。

附:枣庄市委书记、副书记、常委名单

书　记:陈　伟

副书记:张术平　梁宪廷

常　委：陈　伟　张术平　梁宪廷　周杰华
张宝民　王邵军　秦元祥　高　一
马金栋　董沂峰　孙欣亮　易卫东

中共东营市委工作概况

东营市委书记　刘士合

一、组织概况与党的建设

市委辖5个县区党委，31个直属党(工)委。基层党委189个，党总支303个，党支部7228个，党员112820名。一年来，以党的执政能力建设、先进性和纯洁性建设为主线，全面推进党的思想建设、组织建设、作风建设、制度建设和反腐倡廉建设，不断提高党的建设科学化水平。一是突出抓好干部队伍建设。认真学习贯彻党的十八届三中全会、习近平总书记系列重要讲话和省委十届七次、八次全会精神，深刻把握精神实质，自觉用以统一思想、指导实践。扎实做好大规模培训干部工作，全市举办各类培训班1550余期，培训干部10万人次。健全完善在实践中锻炼、考察、选用干部的制度和办法，选派大批机关干部到基层一线进行实践锻炼。加强对全市纪检监察机关、组织部门党的群众路线教育实践活动的组织领导，取得明显成效。二是切实加强基层组织建设。深化新型农民学校创建工作，设立新型农民创业基金，命名了首批30个新型农民教育培训基地。积极发展壮大村集体经济，80%以上村经营性收入过3万元。开展“两新”组织“建组织、扩覆盖”集中攻坚行动，全市非公有制企业和社会组织党组织覆盖率分别达到85%和88%。开展社区“大党委制”和“非建制党委”试点，落实城市社区党组织为民服务专项经费，提升了社区党组织服务水平。三是大力转变工作作风。健全完善工作推进机制，对重大举措、重要工作、重大工程落实责任领导、责任部门，明确完成时限，采取现场办公、定期调度、现场观摩等方式，全力推进落实。严格执行中央八项规定、省委实施办法，制定落实具体实施意见，从市委常委和各大班子领导干部做起，推动干部作风转变。深入开展厉行勤俭节约反对铺张浪费专项行动，集中开展“庸懒散”专项治理和会员卡、办公用房等清理整治工作，解决了一批突出问题。积极创新群众工作的思路举措，实行党员干部“联户帮困”，全市2.3万名党员干部联系17.5万农户，帮扶1.2万个困难家庭。四是深入推进反腐倡廉建设。认真落实党风廉政建设责任制，健全完善惩治和预防腐败体系。加强公共资源交易平台建设，开展派驻机构巡查工作，推动从源头上预防腐败。深入开展招投标突出问题、“小金库”、土地闲置问题、中介领域突出问题等专项治理，取得了明显成效。加大案件查办力度，2013年全市纪检监察机关立案214件，给予党纪政纪处分212人。

二、重大决策与主要工作

(一)解放思想提升境界，掀起新一轮干事创业的热潮　召开市委工作会议，在准确把握东营历史方位和阶段性特征的基础上，科学谋划东营发展，提出了“高境界、高标准、高起点、大作为”的工作总要求，确立了“转方式、调结构、扩总量、增实力、上水平”的工作大局，规划了“一个龙头、三个增长极”的战略布局。紧紧围绕事关全局和长远发展的重大问题，在加快经济转型升级、推进招商引资、培育骨干企业、促进油地协同发展等方面作出了重大决策，在推进东营港城建设、启动广利港建设、推进疏港铁路建设、发展高中阶段、高等教育和卫生事业等方面推出了重大举措，在健全工作推进机制、优化发展环境、维护公共安全、完善考核办法等方面作出了重大部署，拉开了东营新一轮发展跨越的序幕。

(二)加快转方式调结构，提高发展的质量和效益　以实施黄蓝国家战略为统领，以项目建设为抓手，统筹推进稳增长、调结构、促改革、惠民生等各项工作。全市经济发展呈现稳中向好、稳中有进的态势，主要经济指标增幅位居全省前列。2013年全市生产总值比上年增长11.2%，固定资产投资增长20.8%，公共财政预算收入增长15.8%。经济发展的质量效益明显提升，公共财政预算收入占生产总值的比重提高0.37个百分点，税收占公共财政预算收入的比重提高4.3个百分点，高新技术产业产值占规模以上工业产值比重达到33.49%。在全省首次蓝黄“两区”建设绩效考核中，东营被评为高效生态经济区建设先进市。一是推动产业优化升级，加快构筑新型工业体系。大力改造提升石化、橡胶轮胎、造纸等传统产业，实施总投资1200多亿元的298个传统产业改造项目，提升了质量效益和档次水平。着力发展壮大石油装备、高端数控机床、汽车及零部件等先进制造业，实施了科瑞800台套油田特种设备、广汽吉奥GA汽车等总投资445亿元的121个制造业重点项目。扶持发展电子信息、新能源、新材料、新医药等战略性新兴产业，实施了总投资680多亿元的110个新兴产业重点项目，培育了一批新的增长点。以建设国家现代农业示范区为总抓手，突出抓好农业重点项目和示范园区建设，加强与泰国正大、新加坡澳亚、江西正邦等大企业集团的战略合作，集中发展绿色种植、现代渔业、生态畜牧业等优势产业。完善服务业发展政策，实施了总投资498亿元的24个服务业重点项目，突出抓好服务业集聚区建设，构筑服务业发展新格局。二是全力打造新一轮发展的增长极。科学谋划经济发展布局，加强政策倾斜，集中要素资源，打造“一个龙头、三个增长极”（“一个龙头”即广饶县，“三个增长极”是东营经济技术开发区、东营港经济开发区和河口区、东营区和垦利县）的发展格局，推动形成了比学赶超、竞相发展的良好局面。三是加强骨干企业和企业家队伍建设。全面实施“137”计划和“双十”工程，积极培育骨干企业和支柱产业。建立联系企业制度，33名市级领导联系36家骨干企业，676名干部担任“驻企联络员”服务589家重点企业。全市主营业务收入过百亿元的企业达到24家，10家企业入围中国企业500强，占全省上榜企业总数的五分之一。

（三）统筹城乡发展，积极推进新型城镇化 全市城镇化率达到62.08%，居全省第4位；城镇化质量在全国地级以上城市中居第16位，居全省第1位。一是提升城乡建设水平。突出抓好中心城建设，实施了总投资270亿元的52个重点城建项目，大剧院、体育馆等九大公益场馆完成主体。加快城市片区和道路改造建设，17个西城改造重点项目完成投资3亿元。推行数字化城管模式，加强信息基础设施建设，东营成为首批国家智慧城市试点建设城市。调整东营港城规划，积极推进县城和小城镇建设，新建改造新型农村社区38个。启动黄河南展区新型农村社区建设，首批3个社区建设完成年度任务。二是强化基础设施支撑。东营港十大业主码头和公共管廊带建成投用，北防波堤工程、疏港铁路获准建设，东营至旅顺客货滚装航线正式复航。广利港确定了规划建设方案，疏港公路开工建设。东营胜利机场新开4条航线。德大铁路建设进展顺利，黄大铁路获准建设，济东高速公路开工建设，淄东铁路扩能改造、环渤海高等级公路建设积极推进。三是加强生态环境建设。以创建国家生态园林城市和中国人居环境奖为抓手，实施了一批生态建设工程，生态林场建设完成造林12.4万亩，金湖银河生态工程建设加快推进。10万亩湿地修复工程全面完成，自然保护区被列入国际重要湿地名录。加强水气污染治理和节能减排，万元生产总值能耗、污染物排放量等实现控制目标。

（四）加强政治建设和文化建设，保持安定和谐的政治局面 一是推进民主政治建设。支持人大、政协更好地履行职责，积极做好统一战线和民族宗教工作，加强和改进对工会、共青团、妇联等群团工作的领导。健全基层群众自治机制，扩大城乡基层民主。支持司法机关依法履行职责，提高了依法治市水平。深入开展双拥共建活动，促进了军政军民团结。二是加强宣传思想文化工作。深入开展中国特色社会主义和中国梦的宣传教育，加强社会主义核心价值体系建设，推进实施“四德工程”。深入实施文化惠民工程，积极创建省级公共文化服务体系示范区。三是积极创建全国文明城市。实施市民文明素质提升工程，深入实施集中整治行动，改善了城市环境面貌，提升了市民文明素质和社会文明水平。

（五）切实保障和改善民生，加强和创新社会管理 认真落实各项民生政策，加大民生投入，10件民生实事全部完成年度计划。2013年城镇居民人均可支配收入33983元、农民人均纯收入13000元，分别比上年增长9.8%和13.2%。一是扎实做好就业和社会保障工作。全市新增城镇就业4.61万人，农村劳动力转移就业4.72万人，城镇登记失业率为1.97%。完善社会保障体系，各项保障标准居全省前列。建设保障性住房1.5万套，超额完成省下达的任务。二是大力发展各项社会事业。坚持教育优先发展，中小学办学条件标准化等工程深入实施，新建改造学校、幼儿园116所，新市一中、二中、中专学校建设全面启动，油地校共建中国石油大学理工学院、东营职业学院建设国家骨干高职院校工作进展顺利。市立儿童医院建成投用，市人民医院急诊急救中心暨内科病房综合楼建设顺利推进；深化公立医院改革，政府办公立医院全部实行药品零差率销售，率先实现城镇居民医保与新农合并轨运行。援疆工作取得新的进展。三是积极创新社会治理。加强矛盾纠纷排查化解，认真落实领导干部公开接访、带案下访、包案督办等制度，对重点信访案件由市委常委和副市长包案化解。实施社会管理创新示范工程，启动实施油区安全综合整治，深入推进平安东营建设，促进了社会持续稳定。

三、改革与创新

一是积极创新体制机制。扎实开展未利用地开发管理改革试点，实施未利用地开发14.2万亩，新增耕地5.8万亩。出台了加快推进金融改革发展的意见，各类金融机构达到261家，其中开业银行达到27家；齐鲁股权东营管理中心开业，新增挂牌企业13家；黄河三角洲产权交易中心完成2个产权交易项目，交易额1.15亿元。农村综合改革取得明显成效，农村土地承包经营权确权登记颁证工作全面铺开。二是全力扩大对外开放。实现进出口总值131.48亿美元，比上年增长7.2%，其中出口58亿美元，增长16.5%。完善招商引资政策，创新招商引资机制，增强了招商引资实效。新批外商投资企业19家，实际到账外资2.1亿美元，增长31.4%。积极申报设立东营综合保税区，构筑高层次的开放平台。三是深入实施创新驱动战略。加强黄河三角洲可持续发展研究院等创新平台建设，国家采油装备工程技术研究中心、黄河三角洲现代农业国际创新园获准组建，创新孵化面积50.2万平方米，省级工程技术研究中心50家，院士工作站13家，高新技术企业达到94家。东营六度蝉联“全国科技进步先进市”，成为首批“国家科技服务体系建设试点城市”，在国家知识产权示范城市综合考核中位居地级市第一名，国瓷公司获得本届全省唯一国家专利金奖。深入实施引进高层次人才“313”计划、“黄河三角洲学者”等重点人才工程，引进高层次人才63名，建立海外人才工作站7处。四是着力优化发展环境。实施“效能提升工程”，落实服务承诺、首问负责、限时办结等制度，精简行政审批事项102项。集中开展发展环境整治，扎实开展建设领域环境秩序综合整治，依法规范市场秩序。五是推进油地共建协同发展。建立油地联席会议制度，制定出台《关于进一步加强油地共建促进协同发展的意见》，签署《油地共建协同发展框架协议》，组建市油区工作委员会，健全各个层面的工作推进机制。实施的产业融合项目、城市片区开发改造、支持油田职工住房建设等事项扎实推进。

附：东营市委书记、副书记、常委名单

书　记：姜　杰（2013 年 7 月离职）
　　　　刘士合（2013 年 7 月任职）

副书记：申长友　赵豪志

常　委：刘士合　申长友　赵豪志　李金昆
　　　　田青云　郑建军　张庆华　岳德川
　　　　张润国　贾瑞霭　何学民　聂建军

中共烟台市委工作概况

烟台市委书记　张江汀

一、组织概况与党的建设

烟台市委辖基层党组织 23610 个，其中党委 876 个，党总支 1052 个，党支部 21682 个。全市共有党员 562294 名。

2013 年，烟台市委认真贯彻落实中央和省委的决策部署，扎实工作、改革创新，全面提高党建工作的科学化水平。一是加强思想作风建设。把学习宣传贯彻党的十八大、十八届三中全会和习近平总书记系列重要讲话精神，作为一项重大政治任务，精心组织、周密部署，引导广大党员干部深刻领会丰富内涵和精神实质，增强贯彻落实的坚定性和自觉性。认真贯彻中央八项规定，开展厉行勤俭节约反对铺张浪费等专项行动，以优良的党风促政风带民风。认真贯彻落实刘云山同志来烟调研时的讲话精神，按照中央和省委部署，聚焦“四风”，先学先查先改，为全市开展党的群众路线教育实践活动打好基础。二是打造高素质领导班子和干部队伍。深刻领会和把握新时期“好干部”标准，大力选拔使用具有正确政绩观、敢于担当、为民务实清廉的干部，树立正确用人导向。注重加强对领导班子和干部队伍的经常性考察，改进干部德才和政绩考核办法，不定期、多渠道了解干部情况，为选好干部、配强班子提供准确依据。严格落实四项监督和“双向约谈”制度，狠抓干部教育管理，不断提高干部队伍的能力素质，更好地服务人民群众、推动科学发展。三是抓好基层组织和党员队伍建设。加强基层服务型党组织建设，做好党员“双管双责”、选派“第一书记”和部门包村工作，落实帮扶资金 4 亿多元，帮扶群众 4.7 万多户。加大村级组织运转经费保障力度，新建改建村级活动场所 900 多处。全面深化农村、社区、“两新”组织等各领域党建，放大商会党建的品牌效应，进一步增强基层党组织的凝聚力、战斗力、号召力。四是提高人才工作整体水平。加强对人才工作的宏观指导，多渠道培养引进高层次人才，新引进“双百计划”人才 35 名、入选国家“千人计划”人才 5 名。海军航空工程学院何友院长当选中国工程院院士，成为全省新当选的 3 名“两院”院士之一。五是推进党风廉政建设和反腐败斗争。强化监督检查，保证重大决策部署贯彻落实和重大项目顺利推进。坚持暗访、查处、曝光、追责、建章立制多管齐下，坚决纠正“四风”方面的突出问题。注重分领域、分系统进行分析研判，重点查办违纪违法案件，保持惩治腐败的高压态势。开展“庸懒散”专项治理，加强重点事项督办，有效维护群众利益、优化发展环境。深化巡察监督制度，推动廉政风险防控市县乡全覆盖，确保权力规范运行。

二、重大决策与主要工作

2013 年，烟台市委在中央和省委、省政府的坚强领导下，牢牢把握主题主线和稳中求进的总基调，解放思想、抢抓机遇，攻坚克难、开拓进取，经济保持持续健康发展。全年完成 GDP5613.9 亿元，实现国地税收入 800.9 亿元，公共财政预算收入 437.2 亿元，城市居民人均可支配收入 32956 元，农民人均纯收入 14952 元。同时，政治、文化、社会、生态文明建设和党的建设全面推进，各方面工作都取得新的成绩。烟台被评为国家历史文化名城、中国最安全城市和最佳休闲城市，荣获社会管理综合治理优秀城市“六连冠”。

（一）着力提升经济发展的质量和效益　加快产业结构调整。深入实施“5510 工程”，规模以上工业主营业务收入突破 1.4 万亿元，过百亿元企业达到 17 家，五大传统优势产业产值均超过 1000 亿元，五大战略性新兴产业占比达到 20%，十个产品集群中有 4 个产值超过 1000 亿元。突破发展现代服务业，服务业增加值占比达到 37.7%，提高 1.4 个百分点；接待海内外游客 5000 多万人次，成功举办国际葡萄酒博览会、果蔬·食品博览会等 120 多个展会。加快发展优质、高效、生态、安全的现代农业，农业标准化基地达到 480 万亩，烟台被省政府授予“出口农产品质量安全示范市”。实施创新驱动发展战略。新增高新技术企业 45 家，国家、省级工程技术研究中心和企业技术中心 35 家，高新技术产业产值占比达到 40% 以上，成功入选全国 15 个、全省唯一的“中欧智慧城市合作试点城市”。提升对外开放水平。积极实施招大引强、外贸提升、跨国投资、园区转型“四项工程”，实际使用外资增长 13.9%，外贸出口止跌回升、增长3.9%。烟台开发区连续6年进入国家级开发区投资环境综合评价前六强，龙口开发区居省级开发区综合排名首位。突出抓好节能减排。坚决杜绝新上高耗能、高排放、高污染项目，有序转化过剩产能，依法淘汰落后产能，单位生产总值能耗、主要污染物排放持续下降，连续8年完成山东省下达的节能目标任务，市区空气质量优良率达到90%以上。在《2013年中国绿色发展指数报告》中，烟台列100个测评城市第五位。

(二)全面实施重点区域带动战略 牢牢把握山东半岛蓝色经济区、黄河三角洲高效生态经济区叠加实施的历史机遇，突出蓝色发展的统领地位，坚持"蓝""黄"结合、统筹推进，着力构建"一极领先、多极崛起"的发展格局。坚持把东部新区建设作为重中之重、头号工程来抓，出台《关于加快推进东部海洋经济新区起步区发展的意见》，新区起步区拓展到200平方公里，总投资270多亿元的106个基础设施和公益类项目进展顺利，一批产业项目陆续入驻。同时，在西部、南部和北部，分别抓好莱州湾高效生态经济增长极、丁字湾文化旅游增长极、龙口湾临港高端产业增长极和以长岛为主体的海岛经济增长极建设，形成错位竞争、互补发展态势。在900多公里海岸线上，一批投资过百亿、上千亿元的大项目正在加快推进，在建和储备的蓝色经济项目总投资超过5000亿元，蓝色经济已经成为推动烟台发展的主导力量和鲜明特色。在全省蓝黄"两区"建设绩效考核评价中，烟台列蓝区建设第2位，莱州列黄区建设县级首位。

(三)统筹推进新型城镇化和生态文明建设 召开全市城镇化暨生态文明建设工作会议，出台《烟台市城镇化发展纲要》、《打造森林城市建设美丽烟台的意见》，在更高层次上统筹城乡发展、建设秀美山川。以"人的城镇化"为核心，以产业发展带动人口聚集，实施功能区带动战略，积极探索具有胶东特色的新型城镇化格局。中心城市建成区面积扩展到270多平方公里，全市城镇化率达到57.9%；莱州、莱阳、龙口、海阳、招远等5个县级市跨入中等城市行列，24个镇街成为国家重点镇和省中心镇，50%的镇被评为省级以上环境优美乡镇，1200多个村居转为新型社区。大力实施城乡环境综合整治、造林绿化、海岸和山体修复工程，90%的村庄实现城乡生活垃圾一体化处理，新增造林面积25万亩，成功创建全国绿化模范城市。全面推进生态文明乡村建设，与中国社科院合作建设的横跨7区、面积1500平方公里的生态文明示范区项目进展良好；招远被评为省级生态文明示范县，30个村居被评为省级生态文明示范村，昆嵛山保护区跻身首批"国家生态旅游示范区"。

(四)加快打造胶东文化龙头城市 深入推进社会主义核心价值体系建设，广泛开展群众性道德实践活动，"四德工程"经验在全国推广，刁娜被评为第四届"全国道德模范"，王华堂、张翠兰夫妇荣获全国道德模范提名奖，刘盛兰入选感动中国2013年度人物。健全完善公共文化服务体系，乡镇综合文化站、村文化大院、社区文化活动室和农家书屋实现全覆盖；圆满完成"十艺节"筹办任务，获评国家公共文化服务体系示范区创建城市。精心培育红色文化、海洋文化、葡萄酒文化和民俗文化等胶东特色文化品牌，加快打造胶东文化龙头城市。特别是充分发挥烟台红色文化底蕴深厚、革命贡献突出等优势，全力做好提炼红色精神鼓舞人、深挖红色资源吸引人、打造红色亮点震撼人、创作红色经典感召人四篇文章，努力将烟台建设成全国具有广泛影响力的红色教育和旅游首选城市。

(五)以更大力度保障和改善民生 认真办好为民服务实事，切实解决群众关心的就业、教育、医疗、保障、养老等实际问题，全市用于民生领域的财政投入增长24.6%，高于公共财政支出增幅11个百分点。新增城镇就业17.2万人，转移农村富余劳动力3.3万人。校安工程全部完成，农村中小学校车实现全覆盖。启动实施新农合和城镇居民大病保险制度，新农合政府补助标准提高到人均280元；住院重大疾病保障种类由8类扩大到20类，并实行新农合与大病保险相结合的补偿模式，每人最高补偿可达到20万元。全市失业金标准提高到每人每月830元，市区城市低保标准提高到每人每月500元，农村五保集中供养率达到84.1%。深入开展平安、法治、和谐烟台"三城联创"活动，认真抓好社会治安、信访稳定、食品药品监管等工作，扎实开展安全生产大检查活动，全市大局保持稳定，人民群众安居乐业。

三、改革与创新

(一)把解放思想见贤思齐，作为推动科学和谐率先发展的重要法宝 坚持把党的十八大、习近平总书记系列重要讲话特别是视察山东重要讲话精神作为行动指南，引导广大党员干部始终保持坚定正确的政治方向，自觉在思想上、政治上、行动上与以习近平同志为总书记的党中央保持高度一致。及时召开市委十二届四次全会，认真贯彻十八届三中全会和省委十届八次全会精神，研究制定全面深化改革的《意见》，把改革创新贯穿经济社会发展各个领域各个环节，积极构建和完善有利于科学发展的体制机制。围绕"一个率先、三个坐标、三个跨越"，早日把烟台打造成蓝色、文明、幸福之城的目标要求，坚持跳出烟台看烟台、立足当前谋长远，组织开展市外考察、市内观摩系列活动，引导各级见贤思齐、敢想敢干、勇于开拓，有效激发思想活力和进取动力。

(二)把凤凰涅槃腾笼换鸟，作为加快推进转方式调结构的基本遵循 按照习总书记"不再简单以国内生产总值增长率论英雄"的要求，加快实现工作指导重大转变，把发展的立足点转到提高质量和效益上来，深入实施"5510工程"，突破发展现代服务业，大力发展现代农业，加大科技投入和产学研合作力度，努力以转调发展的主动赢得经济发展的主动、区域竞争的主动。坚持把蓝区建设作为全市发展重中之重，着力构建"一极领先、多极崛起"发展格局，积极打造具有综合竞争优势的蓝色经济产业体系，全力推动烟台经济加速向蓝色拓展、向高端提升、向生态转型。

（三）把深化改革扩大开放，作为增强区域发展竞争优势的内生动力 把经济体制改革作为全面深化改革的重点，制定出台了培育市场主体、加快金融业发展等政策意见，努力使市场在资源配置中起决定性作用；开展行政审批制度改革，加快转变政府职能，共取消、下放和调整减少的审批事项286项，真正用政府权力的“减法”换取市场活力的“加法”。坚持“引进来”与“走出去”并举，实施更加积极主动的开放战略，加快转变对外贸易增长方式，全力推动开放向优化结构、拓展深度、提高效益方向转变。

（四）把加强党的作风建设，作为打造蓝色文明幸福之城的根本保证 以开展群众路线教育实践活动为契机，坚持不等不靠、先学先查先改，围绕“四风”方面查出并要求着力解决好18个突出问题，市级领导班子成员带头深入基层和群众开展调研，带头学习、查摆和整改，全市会议活动、文件简报、公务接待费用大幅下降，查处违反“八项规定”问题65起、处理90多人，对5起典型案例予以公开通报和曝光。召开“工作落实年”动员大会，提出“八突破、八落实”的要求，出台《全市重要指标重点项目考核办法》，引导各级求真务实、真抓实干，营造出以考核促落实、凭实绩论英雄的工作导向。

附：烟台市委书记、副书记、常委名单

书　记：张江汀

副书记：孟凡利　张永霞

常　委：张江汀　孟凡利　张永霞　王晓敏
于爱军　朱秀香　刘延林　王曰义
陈小川　李树军　程德智　燕卫华
王　中　杨洪旭

中共潍坊市委工作概况

潍坊市委书记　杜昌文

一、组织概况与党的建设

潍坊市委辖6市2县4区12个地方党委，1264个基层党委，1410个党总支，24867个党支部。共有党员585074名，其中，女党员102276名，大专以上文化程度党员190657名。2013年发展党员9506名。

（一）严守政治纪律 加强理论培训和党性教育，教育引导党员干部坚定理想信念，增强政治敏锐性和鉴别力，强化政治意识和大局观念，自觉同党中央保持高度一致。

（二）改进工作作风 严格落实中央和省、市委关于转变工作作风、密切联系群众的有关规定，以铁的纪律、好的作风取信于民。突出解决“四风”问题，对公款吃喝、公车私用、公款旅游、办公用房超标等进行了集中治理。领导干部带头联系“一县一镇一村一企业一困难家庭”，各级党员干部全覆盖联系镇村户。开展“庸懒散浮”专项治理，查处消极懈怠、不敢担当、作风漂浮等方面的突出问题241个、处理相关责任人565人次。

（三）端正用人导向 坚持用人导向与发展导向、考核导向相统一，进一步完善科学发展综合考核办法，对县市区、开发区和市直部门确定不同的考核内容和标准，重点发展什么就重点考核什么；创新选人用人机制，按民意和实绩用干部，在考核优秀的干部中选用最适合岗位要求的人选，激励各级干部放开手脚干事业。2013年，先后对6个市直部门正职、73个县级岗位，以及市政府投融资和建设开发类公司13个正副职岗位进行了竞争性选拔。

（四）加强基层组织建设 落实基层党建责任制，强化农村、城市社区党组织建设，全面推进各领域基层党建工作。对建设服务型基层组织作出部署，着力解决存在的突出问题和薄弱环节，进一步提升基层党建工作水平。

（五）加大反腐倡廉力度 认真落实党风廉政建设责任制，加强廉政教育，提高底线要求，完善制度机制，强化对权力运行的制约和监督。坚持有案必查、有腐必惩，共查处党员干部违纪违法案件1460件、给予党纪政纪处分1263人。

二、重大决策与主要工作

（一）认真学习贯彻党的十八大、十八届三中全会和习近平总书记系列重要讲话精神 把学习贯彻党的十八大、十八届三中全会、习近平总书记系列重要讲话和视察山东时重要讲话精神作为重大政治任务，在全市兴起学习宣传贯彻的热潮。着重领会精神实质，引导各级干部准确把握全面深化改革的指导思想、总体思路和目标任务，准确把握习近平总书记对山东工作的总体要求，以及转变工作作风、密切联系群众、端正用人导向、推进反腐倡廉等方面的新思想、新观点、新论断、新要求，努力做到学深悟透、融会贯通。坚持理论联系实际，着眼发挥比较优势，争取未来发展主动，坚持不动摇、不变调、不折腾，努力研究新情况、解决新问题、谋求新发展，对发展战略和工作思路进行优化提升，确立了“四一三”八个战略重点和突破滨海、提升城区、开发“两河”的统筹发展战略布局，把招商与转调创紧密结合起来，努力推动在新起点上实现更高层次新发展。

（二）着力推动经济转型升级 按照习近平总书记腾笼换鸟、凤凰涅槃的要求，着力转变发展方式，努力把推动发展的立足点转到提高质量和效益上来。2013年，全市地区生产总值增长16%，公共财政预算收入增长15.6%，固定资产投资增长19.5%，社会消费品零售总额增长13.4%，城镇居民人均可支配收入、农民人均纯收入分别增长10%和12.5%。

一是加快推进产业结构调整。以建设"四个基地"为重点，推动三次产业向更高层次迈进。加快推进工业由产能导向转向质效导向，全面提升工业素质和竞争力，全市工业利润总额、利税总额分别增长23.3%、22.4%，高新技术产业产值占比较年初提高1个百分点。积极推进服务业社会化、市场化、专业化、规范化发展，服务业增加值同比提高1.95个百分点。加快推进农业由产量导向转向质量导向，突出抓好规模化经营、标准化生产、企业化管理和社会化服务，全市家庭农场发展到2000多家，规模化经营农田达到286万亩，创建农业品牌1604个。

二是举全市之力突破滨海。把突破滨海作为深入实施"蓝黄"战略、拓展发展空间的重大举措，围绕发展海洋经济，建设滨海现代工业新城，创新政府管理服务，实行"飞地经济"政策，在拓宽发展空间、深化体制改革、产业集群布局、转变生产方式、产城一体发展、科技教育支撑、生态文明建设、金融投资服务八个方面强力推进、寻求突破。15个县市区（开发区）在滨海设立了特色产业园，特色小镇规划全部完成，衡山镇已开工，汽车制造、海工装备、海洋化工等特色产业集群发展顺利起步。

三是有序推进城镇化。围绕构建新型城镇化体系，坚持以人的城镇化为核心，着力提升中心城市首位度，提升县域统筹发展能力，强化小城镇承接产业转移、吸纳农村人口、服务现代农业功能，加快农民市民化、农村社区化和农业现代化进程。提升市区整体方案初步形成，重点片区改造进展顺利，自行车公共绿道系统投入运行。县域公共财政预算收入占到全市的85.6%，20个示范镇公共财政预算收入增长23.3%，建成农村社区965个，全市城镇化率提高2个百分点。

四是大力实施创新驱动发展战略。深入实施科教兴潍战略和创新驱动发展战略，着力提高科技创新能力，抓好高层次人才引进培养，促进发展加快转到依靠科技进步和提高劳动者素质的轨道上来。抓住建设国家职业教育创新发展试验区的重大机遇，加快推进职业教育改革发展，启动潍坊科技大学创办和全省职教实训基地建设工作，中、高职与普通本科人才衔接培养试点开始实施。全市专利授权量增长10.8%，新增国家"千人计划"专家2名、省"泰山学者"10名。

五是加强重大基础设施建设。突出培育水生态、建设大枢纽、发展新能源，提高支撑保障能力。开发"两河"规划基本完成，重点治理项目列入国家规划，潍日高速开工建设，济青高速复线前期工作启动，高铁枢纽列入国家规划，潍坊港5万吨级航道一期工程正式开工，保税港区规划建设纳入重要议程，鲁辽陆海货滚甩挂运输大通道项目进入研究论证阶段，新机场选址已经确定。黄岛至潍坊、莱州至昌邑输油管道以及泰青威天然气干线管网工程逐步发挥效益，靖边至潍坊、呼盟至青州特高压输电工程加快推进。

（三）加强宣传思想工作和文化建设 高度重视做好宣传思想工作，加强文化建设，重点推动统一思想，凝聚力量。一是加强舆论引导。注重加强社会舆情分析研判，深入开展形势政策宣传教育，搞好对社会热点问题的正面引导，健全重大突发事件应急报道机制，有效应对网络舆论事件，牢牢把握舆论主动权和话语权。二是加强社会主义核心价值体系建设。积极培育和践行社会主义核心价值观，倡导自立、公正、秩序、进步，推动形成共同的价值追求。加强社会公德、职业道德、家庭美德、个人品德教育，广泛开展志愿服务，深入开展全国文明城市创建，全国城市文明程度指数和未成年人思想道德建设工作测评均居全国地级提名资格城市第1名。推进生态文明乡村建设，重点抓好饮水安全、道路提升、环境整治、乡村绿化等实事，建设美丽乡村。昌邑城乡环卫一体化经验在全省推广。三是加强现代公共文化服务体系建设。推进城乡公共文化设施网络建设，实施重大文化惠民工程，成功创建为首批省级公共文化服务体系示范区。圆满完成十艺节承办任务，成功举办第三届中国画节、第六届文展会，被授予"中国画都"称号。潍水文化生态保护实验区建设总体规划通过文化部审批。四是加快文化产业发展。围绕建设文化创意旅游基地，着力抓好重点园区、重点项目、重点企业建设，大力发展文化创意产业，重点突破工业设计，促进文化创意与产业发展、城市建设相融合，被评为首届全省文化强省建设先进市。

（四）扎实做好民生保障和社会管理工作 认真贯彻习近平总书记"抓住两个基本、守住民生底线"的要求，努力在改善民生上创实绩、求实效。一是积极实施民生工程。把饮水安全作为事关群众切身利益的突出问题来抓，加快推进农村供水城市化、城乡供水一体化，规模化集中供水覆盖人口占全市农村人口的94.6%，在全省、全国率先整建制达到国家新的饮水安全标准。大力发展低碳便民公交，2万辆公共自行车投入运行，滨海区开通免费公交，我市被确定为国家新能源汽车推广示范城市。二是强化基本民生保障。全市民生支出占公共财政支出的比重达58.2%，年初确定的25件民生实事全部兑现。调整提高全市最低工资标准，中心城区和寿光、诸城提高到1380元，其他县市提高到1220元。加强就业和社会保障工作，城镇新增就业和农村劳动力转移就业实现双过10万，城乡居民社会养老保险提前实现全覆盖，中心城市低保标准提高到每人每月450元以上，农村低保标准提高到每人每年2400元以上。深化校长职级制和中小学教师职称改革，去行政化改革成效明显，教育发展活力显著增强。着力推进基本公共服务均等化，新农合参合率达到99.98%，我市被确定为社会办医（国家）联系点。三是加强和创新社会管理。深入推进平安潍坊建设，加强和改进信访工作，毫不放松地抓好安全生产和食品药品安全监管，健全社会治安防控体系，保持社会大局稳定。在全省群众安全感满意度调查中居第一位。

（五）大力推进生态文明建设 坚持以对长远发展负责的精神处理好经济发展与生态建设的关系，自觉走生产发展、生活富裕、生态良好的文明发展道路，宁肯发展慢一点也要顺应民心、痛下决心把生态环境保护好、治理好。一是扎实开展“三八六”环保行动。从9月份启动了为期三年的集中整治行动，着力打好八大战役，强化六项措施，努力建设全省乃至全国流域治理示范区和大气污染防治先行区。八大战役进展顺利，年度重点任务完成303项，全年“蓝天白云”天数达到151天，60.7%的河流水质达到地表水环境功能区划标准Ⅴ类以上。二是全面优化提升生态系统。强化市域统筹、顶层设计、全域保护，在南部山区和峡山区设定生态保护区，中部平原地区加快水网、绿网建设，北部滨海地区大力推行零排放、低碳化、大绿量、新能源，力求在起步阶段就整体纳入生态文明发展轨道，力争建成国内首个全域直饮水地区。三是创新完善制度机制。实行铁腕执法、刚性问责，对完不成环境保护、节能降耗目标任务的“一票否决”。建立市场化节能减排机制，启动 SO_2 和 COD 排污权有偿使用和交易试点，在临朐、青州、寿光开展区域生态补偿试点。

三、改革与创新

坚持把深化改革作为促进更高层次新发展的主动力，以处理好政府和市场的关系为核心，加大重要领域和关键环节改革力度，努力使市场在资源配置中起决定性作用和更好发挥政府作用。一是深化行政审批制度改革。将涉及55个部门的353项审批项目压减至193项，精简幅度达45.3%，引进培育高端中介服务机构20多家。推行项目备案登记制、专管员联评制、限时办结制和零首付注册、零收费管理、零距离服务，变事前审批为事中、事后监管，确保该放的放开放到位，该管的管住管好。二是推动企业主辅分离。抓住营改增税制改革机遇，大力推进企业主辅分离，培育社会化服务主体，全市共分离出限额以上服务业企业1500余家。三是加快农村产权制度改革。农村集体土地所有权、宅基地使用权、集体建设用地使用权确权颁证全部完成，农村集体资产改制、农村土地承包经营权确权登记加快推进。获准建设齐鲁农村产权交易中心。四是推进金融创新。出台加快金融创新发展的“33条”，大力发展地方金融机构和中介组织，培育新型金融业态和金融要素市场，改善金融生态环境。在全省率先成立地方金融监管局和金融控股集团，15家市级投融资平台合并为7家，“融、用、还”一体化机制初步形成。

附：潍坊市委书记、副书记、常委名单

书　记：杜昌文

副书记：刘曙光　王献玲

常　委：杜昌文　刘曙光　王献玲　苏立科　张小梅（女）　初宝杰　陈白峰　邹庆忠　孙起生　孙明亮　刘炳国　郝树东

中共济宁市委工作概况

济宁市委书记　马平昌

一、组织概况与党的建设

全市各级党组织不断深化思想建设、组织建设、作风建设、制度建设和党风廉政建设，努力提高党的建设科学化水平，为科学发展跨越发展提供了动力和保证。截至2013年底，全市共有党员474362名，基层党委732个，党总支1643个，党支部20360个，年内新发展党员7157名。

（一）大力加强领导班子和干部队伍建设 深入推进市县党委领导班子内部建设创新试点工作。坚持正确用人导向选干部配班子，先后调整县级干部295人，其中提拔87人、重用40人，进一步优化了班子结构、增强了整体功能。健全完善干部选任风险预警办法，实行干部工作动态巡察，从严做好干部选任风险防控工作。扎实开展干部培育工作，共举办30类38期培训班次，培训干部2700余人次。探索建设干部政德教育基地，深入开展政德教育专题培训。围绕推进人才强市战略，实施海外人才引进“511”计划和国内人才集聚“百千万”工程，共引进高层次人才3361人，新增高技能人才1.32万人，引进数量创历史新高。

（二）全面加强党的基层组织建设 健全完善基层党建工作“三级联述联评联考”制度，开展了县乡党委书记抓基层党建工作述职。开展驻村联户活动，领导班子成员全部建立联系点，部门党组织全部确定联建村，乡镇街道党政班子成员全部包保后进村，部门全部选派“第一书记”驻村，统筹推进基层组织建设。实施“基层党组织服务能力提升工程”，建立了村党组织运转最低经费保障制度，设立了城市社区党组织服务群众专项经费，新建修缮村级活动场所1738处，实现村村都有达标活动场所的目标，提高了基层党组织的服务能力。精心组织纪检机关和组织部门参加第一批党的群众路线教育实践活动。

（三）深入推进党风廉政建设和干部作风建设 从严从紧落实中央八项规定和省委实施办法，市委常委会制定了十一条落实措施，就严肃公务用车和住房管理纪律、改进公务接待等出台了具体规定，制定了《重大事项决策暂行办法》及《补充规定》，不折不扣地把各项纪律规定落到实处。改革完善了公共资源交易管理体制，在机关单位和国有企业普遍推开廉政风险防控机制建设，加大了"科技+制度"防腐预警力度，在全省地级市率先全面开通科技防腐电子监督系统。坚决查办腐败案件，保持了惩治腐败高压态势。大力推动干部下基层、转作风、接地气，深入开展"大规模驻村入户、面对面谈心交流"活动，全面实行"干部联系农户、联系困难家庭"制度，市县乡7.3万名机关干部与181.4万农户建立了直接联系，做到每人都有联系户、每户都有联系人。大力优化营商环境，压减市级行政审批事项97项，免征市级行政事业性收费105项。2013年群众满意度调查，比上年省对市调查提高了7.55分，8项指标成绩全面提高、持续提高。

二、重大决策与主要工作

2013年，在省委、省政府的正确领导下，济宁市委深入学习贯彻党的十八大、十八届三中全会和习近平总书记系列重要讲话精神，围绕"与全省同步提前全面建成小康社会"的目标定位，以打造"鲁西科学发展高地"为统领，坚持"科学发展、争先进位"总基调，推动工业化、城市化"两化并进"，深化转调创、突出大项目，实施新型工业、城市发展、县域经济、文化产业、生态建设"五大突破"，完善提升民生保障"十大体系"，着力提升质量、提高均量、做大总量，经济实力、发展活力、区域竞争力显著增强。2013年，全市实现地区生产总值3501.5亿元、同比增长11%，公共财政预算收入完成302.2亿元、增长13.3%，固定资产投资完成2188.3亿元、增长23%，社会消费品零售总额达到1476亿元、增长13.5%，城市居民人均可支配收入27956元、农民人均纯收入11348元，分别增长9.8%、13.5%。

（一）加快转方式调结构步伐，打造济宁经济升级版 立足济宁资源型城市特点，围绕打造济宁经济升级版，分行业、分产业、分领域实施系列"三年行动计划"，构建以优势产业为主导、战略性新兴产业为先导、现代服务业为支撑、现代农业为基础的新型产业体系。一是把工业作为转调的主战场，坚持工业立市、工业强市不动摇，深入实施"1351"百千亿产业培植工程，全市规模以上工业企业达到1956家，规模以上工业增加值增长12.5%，战略性新兴产业主营业务收入增长34%，高新技术产业产值1200亿元、占比提高到24%；销售收入过百亿企业达到9家，4家企业上榜中国企业500强。二是把服务业作为转调的突破口，大力发展现代物流、金融保险、文化旅游、商务服务等行业，服务业完成投资930亿元，增加值占GDP比重比上年提高1个百分点。港口吞吐能力近5000万吨，济宁曲阜机场开通了15条航线，市级银行机构达到19家、保险机构达到52家。三是把现代农业作为坚实基础，大力推进粮食高产示范方创建，粮食总产突破百亿斤、实现"十连增"；农业产业化龙头企业发展到862家，"三品一标"产品达到1441个，标准化生产基地发展到283万亩。大田作物土地托管服务模式在全国推广，济宁农高区晋升为国家农业科技园区，全国小型农田水利重点县实现全覆盖。四是把县域经济作为转调的基本支撑，深入实施"县域经济倍增计划"，共落实帮扶项目250个、帮扶资金15亿元，市财政一般性转移支付116.7亿元，县域地方财政收入、固定资产投资分别增长16.7%和23.1%，高于全省平均4.7和3.2个百分点。五是把民营经济和对外开放作为转调的强劲动力，全市民营经济主体发展到37.4万户，上缴税金309亿元、增长17.2%。到位市外国内资金790亿元、增长30.2%，实际利用外资8.3亿美元、居全省第5位，世界500强投资项目达到45个，其中投资20亿美元的美国惠普产业基地项目已开工建设。

（二）实施城镇化追赶战略，加快建设淮海经济区中心城市 围绕建设淮海经济区中心城市，持续开展"城市建设管理年"活动，加快构筑以中心城区为核心、都市区为主体、县城和小城镇为支撑的新型城镇体系。做大做强中心城区，成功实施了部分行政区划调整，实施重点城建项目110个、完成投资126.4亿元，27个省运会系列场馆全部竣工。加速都市区融合发展，开工建设了39个交通基础设施项目、完成投资72.5亿元，开通了都市区城际公交和BRT快速公交，"同城效应"进一步显现。加快城乡统筹一体发展，市财政每年列支1亿元支持奖励小城镇建设，重点扶持60个省级示范镇和市级中心镇，2013年全市城镇化率提高了2.2个百分点、达到48.3%。实施"城市绿荫行动"和城区道路提升、背街小巷治理、公共交通畅通等工程，全面推进精细化、网格化、数字化管理，城市功能和形象进一步改善，顺利通过了省级卫生城市复审。

（三）充分发挥文化资源优势，加快建设首善之区文化强市 深入贯彻习近平总书记在孔子研究院重要讲话精神，提出了打造弘扬中华优秀传统文化首善之区的目标，加快由文化资源大市向文化强市迈进。大力传承弘扬优秀传统文化，成功举办了国际孔子文化节和世界儒学大会，全面实施了曲阜片区大遗址保护工作。积极推进曲阜文化经济特区建设，出台了《关于加快推进曲阜文化经济特区规划建设的意见》，启动了明故城保护复兴工程、孔子国际文化交流中心等一批先导性、基础性重大文化项目。健全完善公共文化服务体系，实施了乡镇综合文化站、村文化大院和农家书屋优化升级工程，推进"千场大戏进农村"、"万场演出惠民生"等文化惠民活动，"政府搭台、百姓听戏、激情广场大家唱"入选国家公共文化服务示范项目。

（四）大力推进生态市建设，打造生态宜居美丽济宁 坚持"绿化当模范、治水当示范、治气当先行"，以创建全国文明城市、全国绿化模范城市、全国双拥模范城市、国家卫生城市、国家环境保护模范城市"五城同创"为牵动，实施"碧水"、"蓝天"、"增绿"工程，以高于省定目标开展生态济宁建设大会战。下大力抓好节能降耗，实施了108项节能技术改造、100个重点节能项目，淘汰70家企业落后产能，超额完成节能减排任务。强力推进环保治污，完善“治用保防控”流域治污体系，119个国家治污项目全部竣工，13个省控考核断面全部达标。重拳整治大气污染，大气环境质量改善幅度居全省前列。实施城区绿化、山区绿化、通道绿化、水系绿化、镇村绿化等“十大绿化会战工程”，新增造林面积24.9万亩，湿地保护修复20万亩，治理采煤塌陷地2.1万亩，新建国家级森林公园、湿地公园2处，建成省级生态示范县6个、示范乡镇28个。

（五）完善提升民生保障“十大体系”，建设幸福和谐济宁 按照“城乡一体、全面覆盖、初始起步、逐步提高”的思路，完善提升民生保障“十大体系”，让群众普遍受益、持续受益。全市公共财政民生支出238亿元、占财政总支出的56%。就业方面，做好以高校毕业生为重点的青年就业，新增城镇就业8万人，高校毕业生就业3.66万人，新增农村劳动力转移就业8.5万人，城镇登记失业率控制在3%以内。社保方面，新农保和城镇居民养老保险基本实现全覆盖。在全省率先建立了“三无”老人定额生活补助制度、每人每月补助500元。医疗卫生方面，新农合参合率达到99.9%、筹资标准提高到350元。城镇职工基本医疗保险统筹基金和大额医疗救助金最高支付限额提高到25万元、城镇居民提高到13万元。住房保障方面，开工建设保障性住房14689套，改造城市棚户区4318套、农村危房1.2万户。教育方面，城区新增中小学办学规模229个班，新建改建公办幼儿园296所，学前教育三年行动计划顺利完成，校舍安全工程全部完成。统筹城乡方面，投入资金24亿元完成了1928个村庄6875公里的村内道路硬化和综合整治任务，基本建立起城乡环卫一体化长效机制，农民生产生活条件明显改善。社会治理方面，调整完善了全市社会稳定信访工作试行《考核办法》，全面推行城乡社区网格化管理，深入开展“社区六进”活动，民警联系村居实现了全覆盖。

三、改革与创新

（一）成功实施部分行政区划调整 合并任城区、市中区设立新的任城区，撤销兖州市设立兖州区，对济宁高新区、太白湖新区进行扩容提升，在西部设立济宁经济技术开发区，形成“一城五区”城市发展格局，市区行政区域面积由884平方公里扩大到1534平方公里，人口由113.8万增加到177.5万。

（二）创新公共资源交易监管模式 调整充实了市公共资源交易监督委员会，整合市招监办、招标投标中心、政府采购中心组建了公共资源交易服务中心，财政、住建、交通、水利、国土、卫生等行业主管部门在中心设立窗口，纪检监察机关在中心设立派驻工作室，对进场交易活动进行综合监管和提供服务，对各行业主管部门审批、核准情况实施监督，形成了“委员会统一领导、行业监管、综合协调、行政监察互为合作补充与监督制衡”的交易监管新体制。

（三）探索建立新型农业经营体制 积极稳妥推进农村土地承包经营权确权登记颁证试点工作，分两批在402个村开展试点工作。积极推进土地流转，强化县乡两级农村土地流转服务平台建设，新增土地流转面积45.1万亩、总面积达到154万亩。供销社系统依托基层经营网络，大力开展土地托管服务，全市供销社系统已托管土地50万亩，实现托管服务收入3400万元，村集体增收1500万元，为托管农户增收8800万元。全国供销合作社基层工作会议在济宁市召开，推广我市经验。

（四）健全完善工作推进机制 在探索构建目标责任、考核奖惩、监督检查“三个体系”的基础上，进一步建立起“宝塔形、网格化、全覆盖、分线作战”的责任落实机制，把全年任务划分为16条重点工作线，分别由市级领导班子成员担任指挥，分线作战、一线到底、集中突破。完善考核办法，加大督查力度，对各工作线进展情况每季度召开一次市委常委扩大会议进行调度分析，对县市区产业项目每季度一观摩、城建工作每半年一观摩，进一步树立起干事创业、争先进位的鲜明导向。

附：济宁市委书记、副书记、常委名单

书　记：马平昌

副书记：梅永红　傅明先

常　委：马平昌　梅永红　傅明先　韩　军
何思清　刘成文　刘中会　周　洪
王次忠　张　辉　李建华（女）
佘春明　许向农　石中和（挂职）

中共泰安市委工作概况

泰安市委书记　李洪峰

一、组织概况与党的建设

泰安市辖6个县市区和泰安高新区、旅游经济开发区、泰山景区，87个乡镇（街道），总面积7762平方公里，人口560万。共有基层党组织17006个，其中党委646个，党总支1291个，党支部15069个，党员380037名。

（一）切实加强思想政治建设 坚持把学习贯彻党的十八大、十八届三中全会和习总书记系列讲话精神以及省委十届七次、八次全会精神，作为重大政治任务，深入学习贯彻，举办了2000多名领导干部参加的十八大精神培训班。先后召开市委常委会、十届五次全会，对习总书记来山东重要讲话和三中全会精神进行了专题学习，迅速兴起了学习宣传热潮。

（二）加强干部队伍和基层组织建设 积极深化干部人事制度改革，培养选拔党和人民需要的好干部，打造高素质执政骨干队伍。在东平县试点探索“公推比选”（多维公推提名、指标量化比选、推荐测评比选、演讲答辩比选、综合考察比选、差额票决比选）方式，选拔10名科级干部。竞争性选拔配备泰山护理职业学院18个中层正职岗位，并探索实行职岗分离。完善干部经常考察、跟踪考察、谈心谈话、双向约谈等制度，加强干部队伍建设结构分析，建立领导干部现实表现台账。探索制定市直部门单位中层以下干部轮岗交流办法，加强乡镇党委书记队伍建设，激发干事创业活力。深化拓展农村、城市社区、国有企业、“两新”组织和机关、学校等各领域党建工作，深入实施“强村固基”工程，扶持1000个薄弱村发展壮大村级经济。分级建立开放式项目库，设立2.5亿元农村集体经济发展基金，为38个项目发放贷款5225万元。

（三）推进干部教育培训改革创新 探索创新干部教育培训体制机制，发挥党校和各类培训基地作用，增强干部培训的针对性和实效性。加强“一把手”和重点行业干部培训，先后赴浙江大学、复旦大学等高校举办专题培训班8期，培训干部400余人。同时，充分利用市委党校加强对干部的分类培训，进一步提升了党员干部破解发展难题、推动科学发展的能力。

（四）重视干部考核和监督管理 完善科学发展综合考核评价机制，强化重点工作考核、创新考核、特色考核和绩效考核，在全省率先探索由社会中介机构承办的群众满意度问卷调查，着力提升群众满意度。严格执行领导干部报告个人有关事项制度，完善干部谈话、函询、诫勉等制度，加强对干部廉洁自律、德的表现等日常监督。

（五）深入推进人才强市战略 坚持人才优先发展，发挥人才第一资源的支撑作用，全面推进各类人才队伍建设。出台“泰山英才”评选表彰办法和梯次开发工程实施意见，在北京、上海分别建立“泰山人才引荐中心”。加大海外高层次人才引进力度，推进中科院泰安科技转化平台、旅游文化创意园等18个重点人才工作项目，建成泰安—浙江中科院应用技术研究院科技产业化示范基地。深化“泰山人才金桥”工程，推进校地科技合作。

（六）深入开展党风廉政建设和反腐败斗争 认真落实党风廉政建设责任制，查实违纪违规问题61起，对26起典型问题在全市公开曝光。加强机关作风和政风行风监督，探索创建了“3+1”机关作风和政风行风监督体系。全面推行乡镇纪检组织标准化建设，被中纪委确定为全国乡镇纪检组织规范化建设试点市。认真落实中央关于改进工作作风、密切联系群众的八项规定和省委十条实施办法，制定了二十项具体落实措施，从市委常委做起，各级领导干部以身作则、率先垂范。在全市开展“庸懒散”专项治理活动，在市直机关开展“双争为民实践活动”，以转变作风的实际成效取信于民。在全市纪检、组织系统率先开展以“为民务实清廉”为主题的党的群众路线教育实践活动，为全市面上活动趟路子、找经验。

二、重大决策与主要工作

面对复杂的国内外形势和繁重的改革发展稳定任务，全市上下坚决贯彻落实中央和省委、省政府的决策部署，紧紧围绕“推进富民强市、建设幸福泰安”奋斗目标，积极作为、科学务实，戮力同心、攻坚克难，各项工作取得新进展，全市呈现出政治稳定、社会安定、经济发展、人民群众安居乐业的可喜局面。2013年全市实现生产总值2790.7亿元，比上年增长10.6%；完成公共财政预算收入168.8亿元；完成固定资产投资1981.8亿元，增长20.5%；实现社会消费品零售总额1053.8亿元，增长13.5%；城镇居民人均可支配收入28201元，增长9.9%；农民人均纯收入11547元，增长13.3%。

（一）加快推进“一圈一带”发展战略 省委、省政府“一圈一带”区域发展战略部署后，立即召开动员大会，出台了贯彻落实《省会城市群经济圈发展规划》的实施意见和支持宁阳县、东平县在西部经济隆起带中加快发展率先崛起的16条措施。与省发改委签订了战略合作协议，对接争取全省“一圈一带”建设项目73个，专项资金1.5亿元。各县市区积极利用区域战略资源和政策叠加效应，抢抓机遇努力实现借势发展。

（二）全力推进经济持续健康发展 坚持把招商引资和重点项目建设作为工作总抓手，组织党政考察团赴省内考察，实行大项目观摩考核实名制打分等办法，调动各级各方面抓招商上项目的积极性主动性。全市新开工投资过亿元境内招商引资项目281个，到位资金372.8亿元，分别增长33.8%和20.6%。大力实施开放兴市战略，奥特莱斯、益海嘉里、泺亨物流等一批外资项目陆续落地建设。成功举办首届中国（泰山）国际矿山装备与技术展览会。莱商银行、济宁银行、浙商财险等多家金融机构落户泰安。坚持把转方式调结构作为经济社会发展的重大任务和主攻方向，统筹推进农业、工业和服务业发展，经济运行质量和效益不断提高。三次产业结构由2012年的9.1∶50.7∶40.2调整到2013年的9.3∶49∶41.7。现代农业发展步伐加快，粮食生产实现“十一连丰”。新增楼德煎饼、宁阳种子、大羊薄皮核桃等中国地理标志证明商标7件，总数达13件。泰安农高区被科技部评为国家农业科技园区。工业转型升级持续推进，2013年全市规模以上工业企业增加值增长12.5%。泰安云计算中心投入运营，泰盈科技成为国内规模较大的呼叫服务中心之一。泰安市列入国家首批新能源示范城市，泰安高新区列入国家能源局首批18个分布式光伏发电示范区。服务业发展势头良好，2013年全市实现服务业增加值1162.8亿元，增长11.3%，占生产总值的比重提高1.5个百分点。旅游业持续健康发展，全市接待境内外游客4830.3万人次，实现旅游总收入441.7亿元，分别增长10.9%和14%。国资监管体制、投融资、事业单位分类等改革稳步推进,"营改增"、农村产权、公立医院、国有林场等改革试点取得成效。实施创新驱动发展战略,高新技术产业发展有了新的突破,输变电器材和非金属新材料2个国家火炬计划特色产业基地顺利通过复审,国家级机械产品再制造质量检测中心等一批研发监测机构正在规划建设。国家知识产权示范创建市通过验收。泰安市获全国科技进步先进市称号。

(三)不断加强民主法治和文化建设 坚持党的领导、人民当家作主和依法治国有机统一,支持和保证人大及其常委会依法履行地方国家权力机关职能,重视发挥人大代表作用。支持人大围绕中心工作和科技创新、农业综合开发等开展调研视察和监督检查。支持政协围绕团结和民主两大主题履行职能,不断提高政治协商、民主监督、参政议政水平。积极推动文化大发展大繁荣,2013年全市文化产业增加值占GDP的5%,比上年提高0.8个百分点,泰安市被评为"全省首批文化强省建设先进市"。扎实推进"四德"工程建设,深化群众性精神文明创建活动,创造性地开展了"菜单式"志愿服务活动,民政部和团中央联合推广了我市经验。积极构建公共文化服务体系,泰安文化艺术中心投入使用,圆满完成了十艺节部分比赛和参赛剧目演出任务。扎实推进基层公共文化服务体系建设和乡村文明行动,全省基层公共文化服务体系建设现场会在泰安召开。成立泰安传媒集团,加大文化产业策划和招商力度,成功举办泰安市第二届特色文化产品展销会。

(四)保障和改善民生,社会事业全面发展 坚持在保发展的同时高度重视改善民生。财政用于民生支出143.5亿元,增长6.1%,占全部支出的比重达55.4%。市委、市政府确定的为民要办的10件实事基本完成。一是认真落实各项民生政策。实施更加积极的就业政策,统筹做好各类群体就业工作。全市新增城镇就业6.3万人,新增农村劳动力转移就业9.2万人,城镇登记失业率2.73%。社会保障能力进一步提高,各项社会保险扩面15.4万人次,发放各项社会保险金84.7亿元。在全省率先建立城镇居民大病保险制度,全面推行城镇基本医疗保险门诊统筹。城乡低保、五保供养财政补助标准都有新提高。开工保障房10121套,超额完成省下达任务。京沪高铁新区保障房项目获得"鲁班奖"。二是促进各项社会事业加快发展。全面完成学前教育三年行动计划目标任务,落实义务教育免费政策和困难学生资助政策,办学条件不断改善。实施基本和重大公共卫生服务项目,完善基层医疗服务体系和城乡公共卫生服务体系。泰安市荣获全国基层中医药工作先进单位。三是努力保持社会和谐稳定。深入推进社会治理创新,推出平安协会、泰山义工、桃乡义工订单服务、小荷公益等一批在全省全国知名公益服务品牌。全面推行城乡社区网格化服务管理模式,全市农村社区化服务覆盖率达到95%。泰安市被民政部确定为社区建设国际交流基地。深化平安泰安建设,实施"天网工程",社会治理水平不断提高。保持安全生产形势持续稳定,是全省唯一没有发生较大以上事故的市。

三、改革与创新

(一)用推进富民强市建设幸福泰安奋斗目标凝聚力量 在保持工作连续性的基础上,市第十次党代会提出了推进富民强市、建设幸福泰安的奋斗目标。实践证明,这一奋斗目标顺应了广大群众追求幸福生活的新愿望和新期待,在全市上下形成了聚精会神搞建设、一心一意谋发展的强大合力。

(二)不断创新完善推进工作的体制机制 坚持把招商引资和重点项目建设作为经济工作的总抓手,以增加财政收入和居民收入为目的,以体制机制的创新强力推进项目建设。成立了市招商引资和重点项目建设领导小组,组建了9大指挥部,按照领导小组领导、指挥部推进的运行模式开展工作,及时协调解决项目建设中的具体问题,快速推进了项目建设。

(三)强化对科学发展的考核评价 注重以科学的绩效评估和考核来引导和激励各级各部门开展工作,组织了两次大项目观摩检查,对县市区、高新区和指挥部实行实名制评比,把评比情况计入年度科学发展考核成绩。对市直部门增设表彰奖项,进一步增强了综合考核的科学性、针对性、实效性和导向性。

(四)统筹经济社会各项事业全面发展 既抓住牵动全局的主要工作、事关群众利益的突出问题,着力推进、重点突破,又总揽全局、统筹推进经济社会各项事业,多项工作得到上级领导和有关部门的肯定。

附:泰安市委书记、副书记、常委名单

书　记:李洪峰

副书记:王云鹏　李希信

常　委:李洪峰　王云鹏　李希信　辛显明　陈　刚　刘卫东　张宏伟(女)　唐福泉　张志华　赵明东　王德慧　郭德文

中共威海市委工作概况

威海市委书记 孙述涛

一、组织概况与党的建设

威海市现有党委478个,党总支305个,党支部9677个,党员22.2万名,其中2013年新发展党员3265名。一年来,市委深入学习宣传贯彻党的十八大及十八届三中全会精神,认真落实管党治党责任,以改革创新精神全面加强党的执政能力和先进性建设,为经济社会发展提供了坚强的组织保障。

(一)加强思想政治建设 坚持用党的最新理论武装党员干部头脑,深入学习宣传贯彻党的十八大、十八届三中全会和习近平总书记系列重要讲话精神,扎实推进学习型党组织建设,不断加强和改进干部教育培训工作。扎实开展党的群众路线教育实践活动,教育引导广大党员干部不断加强党性锻炼和道德修养,自觉讲党性、重品行、作表率。坚持和完善社情民意调查、深入群众大走访等制度,进一步密切了与人民群众的联系。

(二)加强领导班子和干部队伍建设 坚持德才兼备、以德为先、注重实绩、群众公认,进一步完善了干部培养选拔、考核评价和管理监督机制。出台了一系列规范机关、企事业单位干部管理的意见,完善了目标绩效管理考核和县级干部考核办法,进一步提升了党员干部抓经济发展和社会管理的能力。

(三)加强和创新基层组织建设 坚持把党建工作的主阵地放在基层,积极创新组织设置,在加快农村、社区党组织上档升级的同时,推进“两新”领域党组织建设,新建“两新”组织党组织148个。进一步加大农村、社区、“两新”组织基层党组织经费、人员及办公场所的管理和保障力度。组织2.7万名党员干部联系基层困难群众,选派917名“第一书记”到薄弱基层党组织开展工作,开展了第九轮市直单位联系村工作。

(四)加强人才队伍建设 坚持党管人才原则,举办了“山东半岛蓝色经济区海外博士科技行”活动,被人社部列入“海外赤子为国服务行动计划”。坚持以实施重点人才工程为抓手,立足全市经济社会发展需求,切实加大各类人才培养力度,全市新增省级以上重点人才工程人选(团队)12人,并有2人进入国家“千人计划”专家最终评审阶段。

(五)加强反腐倡廉建设 认真落实党风廉政建设责任制,全面推进惩治和预防腐败体系建设。不断深化廉政教育和廉政文化建设,深入实施县处级领导干部廉政谈话制度,并将谈话范围延伸到镇党委书记。不断强化对权力运行的监督制约,出台了政府投资项目审计监督办法,加快推进“三公”经费预决算公开。充分发挥电子监察、公共资源交易平台、农廉工程等科技防腐平台作用,加快建设行政权力阳光工程。严格落实八项规定,狠抓纠正“四风”问题,深入开展“庸懒散”专项治理活动,全面推进防止利益冲突工作,严肃查处违纪违法案件,始终保持了惩治腐败的高压态势。

二、重大决策与主要工作

市委团结带领全市广大党员干部群众,解放思想,抢抓机遇,开拓创新,务实奋进,加快建设现代化幸福威海,经济、政治、文化、社会和生态文明建设都取得了新的成绩。全年生产总值同比增长10.8%,公共财政预算收入增长13.4%,城镇居民人均可支配收入增长9.8%,农民人均纯收入增长11.6%。

(一)坚持发展第一要务,不断加快“转调创”步伐 牢牢把握稳中求进的工作总基调,坚持以提高质量和效益为中心,把更多精力用于转方式调结构,用于提高经济运行质量,促进全市经济稳定增长、结构持续优化、质量效益进一步提高。公共财政预算收入增幅比生产总值增幅高2.6个百分点;税收和四税收入占公共财政预算收入比重分别同口径提高3.45和2.8个百分点。一是推动产业转型升级。坚持产业强市、工业带动,一产抓特色促跨越,二三产抓结构上规模,促进三次产业在更高层次上协调发展。全年完成技改投资总额增长20%,规模以上工业增加值增长11%;服务业增加值增长12.5%,位居全省第一,高出生产总值增幅1.7个百分点。二是加快建设海洋经济强市。抓住山东半岛蓝色经济区建设机遇,坚持产业先行,积极培育现代海洋产业体系,加快由渔业大市向海洋经济强市跨越。加快推进省蓝区规划确定的重大事项,山东船舶技术研究院与黄海造船合作成立船舶设计公司,国家海产品质检中心一期工程即将完工,4个海洋特色优势园区入选全省首批海洋特色园区。三是继续开展自主创新年活动。大力实施创新驱动战略,开展了第六个自主创新年活动,出台了促进企业自主创新、加强知识产权工作等意见,市级财政科技支出增长30.6%;新增省级以上企业研发平台16家,其中国家级4家;新建科技企业孵化器10家,大学生创业孵化基地5家;促成产学研合作项目82项,与我市结成产学研战略联盟的高校院所达到16家;高新技术产业产值比重达到36.6%,比年初提高1.1个百分点。四是提高开放型经济发展水平。坚定全方位对外开放的信心不动摇,召开了全市对外开放大会,出台了更加积极主动的开放政策,有针对性地组织开展了一系列经贸活动。全年实现外贸进出口总额171.5亿美元,其中出口107.02亿美元,比上年略有增长;实际到账外资9.2亿美元、利用内资554亿元,均增长15%。五是不断提升经济增长动力。坚持把项目建设作为拉动经济增长的重要抓手,强力推进市级重点项目及重大基础设施建设。百项市级重点项目完成投资351.1亿元,37个项目建成投入使用,带动完成固定资产投资1923.7亿元,增长20.5%。六是加强生态环境保护。坚持生态立市、环境优先,加强生态环境制度建设,出台了节约能源、石材资源开采保护管理、海岸线规划管理等制度办法,开展了一系列专项整治行动,进一步提高生态环境质量。空气质量指数保持全省首位;万元GDP能耗同比下降3.7%;在全省率先通过省级生态市验收,成为全国首批海洋生态文明建设示范区。

(二)实施重点区域带动战略,加快推进全域城市化和市域一体化　坚持以全域城市化为方向,以人的城市化为核心,以重点区域和示范镇建设为抓手,加快推进城市化步伐。一是强力推进重点区域开发建设。坚持"政府主导、社会参与、市场运作、城市融合",按照重点突破东部滨海新城、扎实开发双岛湾科技城、加快建设南海新区、有序推进其他重点区域建设的思路,调整完善了重点区域管理体制,建立健全调度通报、协调服务等机制,保证了重点区域开发建设的顺利推进。二是全面提升精品城市建设管理水平。加强对核心区域和重点片区的规划控制,加快推进36项城建重点工程建设,江家寨立交桥、威海港国际客运中心等投入使用,统一路南延工程正式通车。突出抓好城市管理机制的衔接配合,健全完善精细化管理制度体系,拓展升级城市综合管理平台,智慧城市建设快速推进。三是着力促进城乡统筹发展。坚持把小城镇建设作为缩小城乡差距的重要途径,着力推进各级示范镇建设,积极稳妥推进农村新型社区建设,环翠区张村镇被确定为全国首批美丽宜居小镇示范。深入推进生态文明乡村建设,完成270个村的环境整治任务,累计整治1435个村,占需整治村的75%。全省深入推进生态文明乡村建设现场会议在我市召开。

(三)坚持以人为本、民生为重,全力保障和改善民生　始终牢固树立宗旨意识,坚持把人民幸福作为根本价值取向,把群众满意作为最高工作标准,把民生作为一切工作的出发点和落脚点,不断加强以民生为重点的社会建设。一是扎实推进民生工程建设。制定实施了12类27项民生实事,全市财政民生支出占财政总支出的60.7%。坚持把就业作为民生之本,城镇登记失业率保持全省最低水平。积极推动新农保与城镇居民社会养老保险合并实施,提高了各项保障的财政补助标准,加快推进城镇居民基本医疗保险和新农合整合工作。大力实施城市社区和养老服务体系建设,"12349"居家服务平台模式得到省委、省政府肯定。积极开展保障性住房建设、残疾人帮扶、老龄事业等工作,大力推行教育、卫生、公交等城乡均衡化,三市一区全部通过全国义务教育发展基本均衡县(市、区)验收。二是着力加强社会治理创新。把社会治理与经济建设放在同等重要位置,有效整合社会治理资源,扎实推进网格管理平台、基层社会服务管理平台及视频监控平台建设,进一步夯实了社会治理的基层基础。坚持定期接访、现场接访制度,不断健全主动超前的社情控制、分析研判、矛盾化解机制,全市信访总量持续下降。健全安全生产监管制度,完成了全市应急避难场所建设。强化食品药品安全监管,理顺了监管体系。三是全力打造海陆一体的平安威海。确立了海陆一体推进平安建设的总体思路,将平安建设的触角由内陆向海洋延伸。全市刑事立案同比下降0.32%,治安案件数量同比下降19.75%,海上案件发生率大幅下降,保持了社会大局的持续稳定。四是繁荣发展文化事业。牢牢把握正确舆论导向,精心开展主题宣传活动,加强网络文化建设和管理,提升舆论引导水平。积极培育和践行社会主义核心价值观,开展美德威海·诚信威海建设。推动文明城市创建和"乡村文明行动"不断上档升级,创城工作在国家测评中继续名列前茅,所辖区市在省级文明县市测评中均居前列。扎实办好文化惠民16件实事,"威海农村文化大院规范化建设与服务"入选首批国家公共文化服务示范项目。成功承办"十艺节"。我市被授予首届山东省文化强省建设先进市称号。

三、改革与创新

(一)深化机关作风建设年活动　坚持把作风建设作为推进干事创业、打造营商环境的重要抓手,将机关作风建设年的主题进一步丰富为"转作风、重规范、求创新、提效能",引导各级把心思放在谋发展上,把精力用在干事业上,把功夫下到抓落实上。在全面推行行政审批流程规范再造的基础上,启动了建设工程项目模块化审批工作。开展送政策到企业活动,清理行政事业性收费项目138项,减轻企业和社会负担6000多万元。

(二)提出全域城市化发展战略　针对全国推进新型城镇化的大形势,按照"中心崛起,两轴支撑,环海发展,一体化布局"的既定战略,提出加快全域城市化、带动市域一体化的思路,自觉走具有威海特色的城市化道路。召开了全市城市化工作会议,研究出台了城市化发展纲要,在户籍管理、公共服务、住房保障等方面推出一系列政策措施,积极推进市域农村居民市民化,让老百姓真正享受到城市化的成果。

(三)全力抢抓新一轮发展机遇　深刻理解、准确把握中央和省委出台的改革措施和政策,及时组织做好对接申报工作。围绕提升区域承载能力,积极筹备,多方争取,工业新区成功升级为国家级临港经济技术开发区。围绕抢抓中韩自贸区建设机遇,多次赴韩对接,开展了共建中韩国际食品安全示范区等经贸合作活动,启动了相关推进机构筹建工作,全力抢占中韩经贸合作先机。围绕争取先行先试,着力抓好全国中小城市综合改革试点、国家海洋高技术产业基地试点、国家电子商务示范城市等申报工作,取得了阶段性成果,成功入选全国首批中欧城镇化伙伴关系合作示范城市。

(四)扎实推进农村"三项改革"　在坚持农村土地农

民集体所有、坚持家庭经营基础性地位、坚持稳定土地承包关系的基础上，认真总结农村改革经验，推动农村改革深入扎实开展。农村土地承包经营权确权登记颁证、农村土地承包经营权流转、农村集体经济组织产权制度"三项改革"均超额完成了年度计划，各项工作走在全省前列，685个村完成了土地确权登记，占涉农村的28.6%；新增土地流转15.5万亩，累计流转46.4万亩，占家庭承包地面积的21.6%；135个村完成了产权改革，其中城中村37个，改革村均注册成立了经济股份合作社。

附：威海市委书记、副书记、常委名单

书　记：孙述涛

副书记：张　惠（女）　　赵熙殿

常　委：孙述涛　张　惠（女）　　赵熙殿
董天祥　徐东升　汤光运　王学文
刘茂德　李在武　王　亮　曹元怀
田治颖

中共日照市委工作概况

日照市委书记　杨　军

一、组织概况与党的建设

日照市现有基层党组织8869个，其中基层党委366个、党总支505个、党支部7998个，党员210411人。2013年，在省委的正确领导下，中共日照市委坚持以科学发展观为指导，以加强执政能力建设和先进性建设为主线，抓班子带队伍、抓基层强基础，团结凝聚干事创业的强大合力，为加快实现"一个率先、五个日照"奋斗目标和海洋特色新兴城市建设提供了坚强保障。

（一）加强换届后领导班子建设　坚持以中国特色社会主义理论武装党员干部头脑，把学习贯彻党的十八大、十八届二中、三中全会和习近平总书记系列重要讲话精神、视察山东重要讲话精神作为重大政治任务，与学习贯彻省第十次党代会和省委十届七次、八次全体会议相结合，把思想行动高度统一到中央、省委决策部署上来。大力开展"三观四德"主题培训，深入开展名师送教和系列讲坛活动，共举办各类讲坛2650余场次，培训干部群众9万多人次。牢固树立正确的用人导向，深入开展科学规范和有效监督市、县委书记用人行为试点工作，选人用人的社会公信度和群众满意度不断提高。

（二）有力整治"四风"、密切联系群众　坚持"四个提前"，扎实做好党的群众路线教育实践活动准备工作，成立市委党的群众路线教育实践活动领导小组，出台前期工作方案，做好学习教育、边查边改、载体准备、组织实施工作。市委常委带头深入乡村基层蹲点调研，撰写民情日记和调研报告，做到先学先改、先行先改。配合做好省委巡视组的工作。出台市委贯彻中央八项规定精神、改进工作作风、密切联系群众的九条实施意见，搞好公务用车、办公用房、新建楼堂馆所等专项治理。全市性会议次数同比减少14%，简报种数减少34.9%，市委议事协调机构减少40个，因公出国（境）团组、人数分别下降43.2%、42.9%。查处违反中央八项规定精神的问题26起、处理38人。在社会问卷调查中，92.37%的群众认为我市落实中央八项规定精神"好和较好"。

（三）积极推动基层组织工作创新　启动实施"三年行动计划"和"双增工程"，加强基层组织建设、发展壮大村级集体经济。深化完善党群"双向直通"机制，认真落实第一书记制度，实施"连心关爱工程"，加大对后进村和困难群众的帮扶力度。以"接地气、受教育、解难题、改作风"为主题，深入开展党员干部与困难群众结对帮扶活动，全市党员干部建立长期帮扶关系的困难家庭达5433户。

（四）加快推进惩防体系建设　深入开展"纪检监察在行动"活动，分线推进28项重点工作，加强对城建重点工程、环保、社保基金、城乡低保、涉农资金等专项监督检查。依托鲁南监狱建立市反腐倡廉教育基地，1200多名党员领导干部接受警示教育。严格落实党风廉政责任制，全面推行廉政风险防控管理，加大违法违纪案件查办力度，共查处违法违纪案件290件，其中涉及处级干部5人、科级干部31人、党员305人，挽回直接经济损失3945万元。

二、重大决策与主要工作

2013年，面对复杂多变的经济形势和下行压力加大的考验，全市深入贯彻落实党的十八大、十八届三中全会精神，紧紧围绕"一个率先、五个日照"的奋斗目标，抢抓"蓝、红、金"国家战略机遇，全力稳增长、强蓝区、调结构、促改革、惠民生、保稳定，经济社会发展稳中有进、稳中向好。全市生产总值突破1500亿元、增长10.6%，高于全国、全省增幅2.9和1个百分点，人均生产总值达52778元；公共财政预算收入突破100亿元、增长15.5%；港口货物吞吐量突破3.1亿吨、增长12.1%；进出口总值达到330.39亿美元、增长30.6%；全市城镇居民人均可支配收入增长10%，农民人均纯收入增长12.8%；居民消费价格指数涨幅控制在2.1%。

（一）坚持稳中求进、好中求快，加快转调创步伐　一是壮大临港产业集群。抓好百项重点工业项目，推进技术改造和产业链延伸、价值链再造。现代派沃泰50万台自动变速箱二工厂、威亚发动机10万台增产项目等建成投产，汽车及零部件产业超过钢铁产业领先成为全市第一大产业。二是大力发展高新技术和战略性新兴产业。落实加快战略性新兴产业发展的实施意见，79项战略性新兴产业项目开工建设，战略性新兴产业重点企业发展到87家。高新技术企业达28家，高新技术产业实现产值480余亿元，同比增长29.8%，增幅居全省第一位。发展省级工业化产业示范基地4个、市级7个。三是推动服务业扩容升级。全市社会物流总额首次突破5000亿元，同比增长19.5%，增幅居全省第二位。全市旅游人数、旅游总收入分别增长11.7%、14.7%。服务业增加值占GDP的比重提高1.2个百分点，我市被评为山东省服务业发展先进市。

（二）大力实施“蓝红金”国家战略，加快“双十·一城”工程建设 全年实现蓝色经济增加值685.37亿元，同比增长13.5%，占全市生产总值的比重达45.7%。一是全面启动日照钢铁精品基地“头号工程”。总投资528亿元的日照钢铁精品基地正式开工，拆迁居民安置、产业链延伸、淘汰落后产能等工作顺利推进，市财政垫资8亿元启动并基本完成拆迁清障。二是加强港、铁、公、机等交通基础设施建设。完成港口建设投资39.6亿元，新建启用6个泊位，日照、岚山口岸创建为全国运行管理先进口岸。推进石臼港区布局调整，计划4年实现货物“北集南散”和铁路“南进南出”。山西中南部铁路完成投资计划的85.5%，日照段进入全面铺架阶段。日照机场获批，6个土石方试验段和2个爆破工程标段开工。青日连城际铁路获批，日照至济南城际铁路列入省城际轨道交通网规划，潍日高速公路开工建设，岚临高速公路项目已招标，613省道和336省道线路建设加快推进。三是加大招商引资和大项目建设力度。全年实际到账外资5.3亿美元，增长25.8%；招引推进投资5000万元以上项目451个，到位资金327.5亿元。200个重点建设大项目完成投资470.3亿元。四是着力打造日照国际海洋城等蓝色新区。完成基础设施投资16.6亿元，10平方公里起步区地下基础设施初步形成，6个海洋产业项目开工。积极推进国家级、省级开发区和山海天旅游度假区区域开发保护，培育蓝色经济新的增长极。

（三）推动城乡统筹全域发展，加快新型城镇化进程 一是增强主城区集聚辐射功能。市区完成城建投资88.12亿元。城中村改造完成拆迁面积65万平方米。出台《关于加快城镇化发展的意见》和9个配套文件，全市新落户城镇人口21710人，城镇化率达到51.31%，提高1.47个百分点。二是加快县域经济发展和小城镇建设。用好沂蒙革命老区扶持政策，实施一县一策，发展壮大县域经济。扶持10个全国重点镇和省、市示范镇，实施好涛雒镇、城阳街道全国发展改革城镇试点。分层选择67个社区开展全国农村社区管理和服务创新实验区试点，全市建成农村社区350个，服务农民180万人，覆盖率达85%。三是抓好生态文明乡村建设和城乡环境整治。积极开展乡村文明行动，推进城乡环卫一体化和村庄“五化”改造，建成区以外2797个村庄全部配备环卫设施和保洁人员。实施“乡政工程”，新建改建农村公路750公里；建成电气化镇5个、电气化村381个；农村自来水普及率达95%。四是深化农业农村改革发展。全市农民专业合作社发展到3188户、农业龙头企业达到409家。粮食产量连续九年过百万吨。绿茶、蓝莓、设施蔬菜等特色种植业面积达140万亩，占农业产值的比重超过70%。国家级农业标准化示范区达到10个，东港区成为“全国特色农业知名品牌创建示范区”。

（四）着力保障和改善民生，加强和创新社会管理 全年用于改善民生的财政支出达94.96亿元，占财政支出的比重60%。农村饮水灌溉、社会养老服务等12件市办为民实事全面完成。一是加快实施基本公共服务体系建设三年行动计划。全市城镇新增就业5.78万人，农村劳动力转移就业3.7万人。推进城镇居民养老保险国家试点，在全省率先将被征地农民纳入城镇职工基本养老保险范围，7万名达到退休年龄的被征地农民享受到城镇退休职工待遇。开工建设保障性安居工程11320套，开工率达113%。坚持优先发展教育，连续三年被评为全国新教育优秀实验区。做好公立医院综合改革试点工作。制定城乡居民养老、医疗保险制度整合实施办法，城镇基本医疗保险实现省内异地就医网上即时结算。二是加强文化文明建设。扎实推进“德润港城善行日照”等活动，深入开展“文化建设年”活动，积极创建全国文明城市。总建筑面积5.2万平方米的日照图书馆主体工程完工。设立2000万元专项资金扶持文化产业发展，城乡“一刻钟公共文化服务圈”覆盖面达85%。三是深入推进“平安日照”建设。严格落实维稳第一责任，加快构建“三全”维稳体系。毫不放松抓好安全生产，社会平安和谐稳定。我市再次被表彰为全国社会管理综合治理优秀市。四是着力抓好生态建设。加强临港工业、港口粉尘、建筑扬尘、汽车尾气等专项整治，实施总投资37.9亿元的十大环保重点治理工程，制定出台大气污染应急预案，搞好PM2.5防控监测。全市林木绿化率达到39.2%，荣获首批“山东省森林城市”称号，省级生态乡镇达到39个。成功入选首批国家级海洋生态文明示范区，既有居住建筑供热计量及节能改造获得“中国人居环境范例奖”。五是圆满完成第一批援疆任务。高标准高质量完成省委书记试点项目、省长示范工程和阶段性援建任务。三年实施产业、人才、民生援疆项目78个，投入资金达6.7亿元。

三、改革与创新

（一）深入推进重点领域改革 制定出台学习贯彻党的十八届三中全会精神、全面深化改革的意见，排出210项重点改革任务。成立市委全面深化改革领导小组和6个专项小组，设立改革办公室，加强总体设计、统筹协调、整体推进、督促落实。坚持以问题为导向，扎实推进重点领域改革。稳步推进“营改增”试点，全面落实小微企业免征营业税和增值税政策,取消和停征部分行政事业性收费。改善营商环境,取消、下放行政审批事项113项,出台工商登记改革18条措施,全市私营企业户数增长15.6%,注册资本增长35.2%,分列全省第5位和第3位。探索投资主体多元化,成立全省规模最大的私募股权基金日照常春藤股权投资基金;组建青苹果置业、兴城置业、东城置业等文化创意服务外包混合所有制企业。农村信用社改革破题,五莲农商行挂牌成立,莒县农商行获银监会批准。农村产权制度改革试点圆满完成,面上工作全面启动。全面启动实施食品药品、工商、质检管理体制改革,公共资源交易实现集中统一规范管理。

(二)强化创新驱动发展和科技人才支撑 加快国家级蓝色经济引智试验区建设,推进日照精品钢铁研究院、日照高新区科技孵化中心建设。高新区创业服务中心、清大华创科技被科技部认定为国家级科技企业孵化器。市财政拿出2.5亿元间歇资金作为信用保证金,撬动银行向中小微企业发放"财政增信优惠贷"9.7亿元。全市各类市场主体发展到13.7万户,注册资本1617亿元,分别增长9.6%、27.9%。新增场外市场挂牌托管企业25家,发行城投债券等直接融资55亿元,是上年的1.8倍。依托中国蓝色经济引智试验区等平台,建成国家级人才创新平台3个、省级平台72个。加大人才开发投入,设立1000万元引智专项资金,引进高层次创新团队7个。实施"551"工程,建立日照籍海外高层次人才信息库。新建院士专家工作站8家,设立日照港集团博士后科研工作站。

(三)全面扩大开放合作 加快转变外贸发展方式,引导企业开拓境外新兴市场。积极参与中日韩自由贸易区和地方经济合作示范区建设,发挥保税物流中心作用,搭建高端开放平台。加快构建青潍日城镇组团,加强与鲁南经济带、陆桥沿线城市的合作对接。加强与大企业大集团合作,全市新引进企业249家,注册资本78.62亿元。外向型经济逆势增长,再创新高,2013年全省外贸企业50强中,我市占14强,居全省各市第一位。

附:日照市委书记、副书记、常委名单

书　记:杨　军

副书记:李同道　孟庆斌

常　委:杨　军　李同道　孟庆斌　邹斌芳(女)　钱焕涛　王　斌　解世增　刘西良　范　真　高　勇　高　杰　万　同　尹成基(挂职)

中共莱芜市委工作概况

莱芜市委书记　王　良

一、组织概况与党的建设

截至2013年底,全市共有区委2个、市委工委9个,基层党组织4515个,其中党委140个、党总支223个、党支部4152个;党员96773名,年内新发展党员1439名。

(一)加强思想政治建设 把学习宣传贯彻党的十八大、十八届三中全会以及习近平总书记系列讲话精神作为重要政治任务,加强组织领导,周密安排部署,扎实开展宣讲培训,增强了各级贯彻落实中央决策部署的坚定性和自觉性。坚持用社会主义核心价值体系武装头脑,深入推进学习型党组织建设,经验做法被中宣部确定为全国三个典型之一。

(二)加强基层党组织建设 扎实开展"千名干部下基层"工作,组织1007名机关干部担任驻村第一书记和企业督导联络员,全年累计为群众办实事12000多件,争取无偿资金和扶持贷款5600余万元,扶持新上项目6200多个;为企业解决实际困难9600多件,协调银行贷款10.2亿元,争取各类无偿资金9210万元。扎实推进党员干部联系困难家庭工作,组织市区镇6800多名机关干部与3760户困难家庭结成联系对子,累计为困难家庭送去帮扶物资折款260余万元。扎实开展经济薄弱村集中攻坚行动,增强农村班子的凝聚力和战斗力,全市87.4%薄弱村实现转化升级。同时,非公党建、"项目党建"、社区党建等工作扎实推进。

(三)加强领导班子和干部队伍建设 牢固树立以"发展论英雄、凭实绩用干部"的鲜明用人导向,紧紧围绕全市工作大局和中心工作选干部、配班子,对部分市直部门单位领导班子和干部队伍进行了调整,一批优秀的乡镇党委书记得到提拔重用。围绕领导班子规范运行,先后制定出台了《领导干部重大事项报告制度》、《市委、市政府领导每日主要工作安排制度》等一系列规章制度,形成了较为完善的党委领导班子内部制度体系。健全完善干部教育培训、考核评价、监督管理等体制机制,促进干部能力提升和作风转变。

(四)加强党风廉政和反腐倡廉建设 严格落实党风廉政建设责任制,不断加强"6+1"惩治和预防腐败体系建设,始终保持对腐败的高压态势。加大廉政文化建设力度,扎实开展反腐倡廉宣传教育，营造风清气正的良好氛围。扎实开展岗位廉政风险防控管理，廉政风险防控网络覆盖全市242个部门单位。稳步推进科技防腐工作，全市所有行政审批事项、2379项行政处罚事项、18.48亿元公共资金纳入电子监察系统，增强了惩治和预防腐败实效。

二、重大决策与主要工作

2013年，在省委、省政府的坚强领导下，莱芜市委、市政府坚持以党的十八大和十八届三中全会精神为指导，深入学习贯彻习近平总书记系列讲话和视察山东重要讲话精神，认真贯彻落实经济文化强省战略部署，从莱芜实际出发，创新和完善了“一二三四五”总体发展思路。“一”就是“一个主题”，突出“奋起赶超、科学跨越”这一主题；“二”就是“两个率先”，力争通过3年左右努力在全省率先全面建成小康社会，再经过5年左右努力在全省率先基本实现现代化；“三”就是“三个坐标”，努力建设省会城市群经济圈一体化发展先行示范区、全省科学发展示范区、全国钢铁城市转型发展示范区；“四”就是“四个发展”，着力推动转调发展、协作发展、创新发展、和谐发展；“五”就是“五个莱芜”，建设实力莱芜、活力莱芜、魅力莱芜、生态莱芜和幸福莱芜。在面对严峻复杂形势和诸多困难的情况下，全市GDP增长10.1%，规模以上工业增加值增长12.5%，工业主营业务收入、利税、利润分别增长14.5%、90%、412.5%，固定资产投资增长19.5%，公共财政预算收入增长1.7%，税收占地方财政收入比重提高到81.6%，城乡居民收入分别增长9.7%、11.7%，政治建设、文化建设、社会建设、生态文明建设和党的建设都取得了新的进展。

（一）落实“1553”工作部署，加快转调步伐 把握提高质量效益这一核心要求，实施“五大带动”战略，推进“五大提升”工程，加快“三大方式”转变，全力提升转调发展水平。

“五大带动”战略：一是实施项目建设带动战略，深入开展“大项目建设提升年”活动，着力推进技术含量高、装备水平高、产品效益好、创税能力强的项目，全市在建大项目425个，高新技术、新兴产业和现代服务业项目占在建大项目的86%；当年竣工投产项目151个，实现销售收入175亿元、税收5.3亿元。二是实施招商引资带动战略，更加注重招商选资、招大引强、招才引智，全年引进过亿元招商引资项目285个，完成招商引资178亿元。三是实施企业成长带动战略，坚持培植大企业和扶持中小企业并重、引进新企业和盘活老企业并重，新培植规模以上工业企业165家，增幅达到43.4%，新发展私营企业2000多家。四是实施园区开发带动战略，按照“突出特色、振兴产业、产城融合、宜业宜居”的思路，提升市高新区、雪野旅游区、经济开发区等省级园区开发建设水平，3—5年内重点园区产值有望达到3000亿元以上。五是实施镇域突破带动战略，引导各镇（办）按照“产业立镇、商贸富镇、特色名镇、富民强镇”的思路加快发展，全年有1个镇地方财政收入过3亿元、8个过亿元。

“五大提升”工程：一是推进“传统产业转型提升”工程，推动钢铁产品结构升级和产业链条延伸，全市高端板带型材产量占比提高到60%以上，钢铁精深加工能力达到650万吨；加快能源、纺织、化工等非钢产业改造提升，全年非钢产业占工业比重达到51%，提高3.2个百分点。二是“新兴产业壮大提升”工程，大力发展生物医药、新材料、新能源等高新技术和新兴产业，全市高新技术产业产值增长20.9%。三是推进“服务业跨越提升”工程，扎实推进雪野旅游区、五矿（山东）钢铁物流园、“三辣一麻”农副产品集散园等服务业集聚区建设，服务业占比提高1.2个百分点，被评为“全省服务业发展先进市”。四是推进“现代农业增效提升”工程，坚持“产业化、市场化、标准化、品牌化”发展方向，发展姜蒜标准化种植面积30多万亩、年产姜蒜50万吨，发展农产品加工流通企业1000多家、加工储藏能力250万吨，成为全省出口农产品质量安全示范市。五是实施“标准经济引领提升”工程，把标准化要求贯穿到产业发展的全过程和各环节，全市企业牵头起草国家标准9项，参与制定标准20项，建立国家级标准示范区4个，起草联盟标准3项。

“三大方式”转变：一是加快土地利用方式向集约节约转变，提高投资强度和准入标准，深入开展“低效闲置用地集中整治行动”，全年盘活闲置低效用地1700多亩，被评为“全国国土资源节约集约模范市”。二是加快资金保障方式向多元融资转变，高度重视金融生态环境建设，全市上市后备资源企业达到20家，7家企业在齐鲁股权交易中心挂牌，小额贷款公司、融资性担保公司等民间金融机构达到13家，推动交通银行正式落户莱芜。三是加快生产生活方式向绿色环保转变，加强重点领域、重点行业、重点企业节能减排工作，积极开展绿色企业、绿色社区、绿色机关、绿色家庭建设，全市主要污染物削减率居全省前列，在全社会形成了“发展重环保、增产降能耗、行业比节能、单位赛低碳”的浓厚氛围。

（二）着力保障和改善民生，促进社会和谐 一是提升民生保障水平。年初确定的中小学校舍改造、农村饮水安全等民生实事全面完成，全市民生投入占财政支出的比重达到58.9%。按照“搭框架、广覆盖、建机制、提水平”的要求，抓好就业、住房、养老、医疗等民生保障体系建设，保障标准进一步提高。高度重视抓好信访维稳、社会治安、安全生产、食品药品监管等工作，社会持续保持和谐稳定。二是提升新型城镇化发展水平。围绕改善城乡面貌，大力推进城乡建设，开工城建重点项目140项、镇村建设重点工程221项，完成投资220多亿元；围绕改善群众生产生活条件，统筹抓好城乡卫生、教育、文化等公共服务“大配套”和水、电、路、气、暖等基础设施“小配套”建设，全市基本实现村村通油路、通自来水、通网络，农村文化大院、健身设施村庄覆盖率分别达到95%和86%；围绕提升城乡文明水平，积极开展城乡文明共建活动，深入推进“四德工程”建设，城乡居民素质进一步提高。三是提升生态文明建设水平。在全市集中开展“环保百日攻坚行动”，重点打好大汶河综合治理、水源地综合整治、空气污染治理、城区扬尘污染治理、重点污染源减排、农村环境综合整治“六大攻坚战”，圆满完成省下达的节能减排目标任务，成功创建13个省级生态文明村和30个市级生态文明示范村。

（三）加强干部作风建设，狠抓工作落实 结合全党开展的群众路线教育实践活动，在全市深入开展“干部作风建设年”活动。一是认真贯彻执行中央关于改进工作作风密切联系群众各项制度规定，制定出台了《中共莱芜市委关于改进工作作风、密切联系群众的实施细则》、《干部作风六条禁令》等一系列规章制度及配套办法，全市性会议召开次数减少34%，发文数量减少32%，公务接待费用降低32.8%，腾退办公用房2.6万平方米，清理规范办公用车166辆。二是开展“到一线、解难题、办实事”活动，重点实施项目建设和企业发展提质增效行动、招商引资攻坚突破行动、深入基层联镇包村行动、联系群众扶贫济困行动、环境整治和文明提升行动“五大行动”，全市1/4以上的县处级干部、1/3以上的机关干部、2/3以上的乡镇干部靠在服务企业、联系困难群众一线。三是在全市组织开展以“增强群众观念、坚持依法办事、严肃党纪政纪、提高服务水平”为主题的干部作风集中整顿活动，集中治理了一批损害群众切身利益、执法司法不公、“庸懒散”等方面的问题。

三、改革与创新

围绕推进济莱协作区建设，建立完善同城化发展的协作机制，努力打造省会城市群经济圈一体化发展先行示范区。一是推进交通同城化。开通了济莱城际快客，票价由38元降到20元，济青高速南线限速上调了10公里/小时。目前济莱城际铁路项目已经上报国家审批，正在积极推进连通济南的国道、省道改造扩建工程，提高两地快捷通达能力。二是推进通信同城化。推动两地广播电视频道交叉落户，逐步统一两市电话区号，莱芜在济落地节目已在莱芜境内顺利试播，统一电话区号申请已正式上报国家工信部电信管理局。三是推进户籍管理同城化。开辟了户籍同城绿色通道，对涉及两市居民迁移、落户、办理居住证等户籍业务优先办理。积极推动建立济莱两市交换信息的业务数据平台，实现两市居民身份证跨市办理和网上迁移户口。四是推进公共服务同城化。深化两市教育、文化、卫生等领域合作，组建了济莱协作区教育发展联盟，济南23家医院与我市建立社会保障同城结算机制。五是推进资源配置同城化。积极承接济南先进制造业转移，深化两市旅游、物流、金融等方面合作，引进了奔速电梯、泰来铸铝等一批高端制造项目，与国家开发银行山东分行和齐鲁证券签订战略合作协议。

统筹推进其他重点领域改革，重点围绕加快政府职能转变，着力深化行政审批制度改革，大力压减行政审批事项，市级行政审批事项由485项压减到97项，共取消、下放、调整388项，幅度达到80%，成为全省市级审批事项最少的市之一。围绕促进城乡一体化发展，着力深化农村产权制度改革，全市土地承包经营权、农村集体建设用地使用权、集体林权、小型水利设施产权确权颁证率分别达到96.1%、99.4%、95%、100%，农村宅基地使用权和房屋所有权确权颁证工作扎实推进，土地流转率达到24.2%，土地股权化面积占土地流转面积的25.1%，有55个村完成集体资产股份改造；积极培育新型农业经营主体，新发展一批农业龙头企业、家庭农场、农民专业合作社、农业专业服务公司，带动70%以上的农户参与产业化经营；推进涉农资金整合试点，整合资金4.37亿元，涉及重点项目21个；推动工商资本下乡，全市下乡工商企业达到19家，累计完成投资30多亿元。围绕推进新型城镇化发展，坚持“政府主导、市场主体、社会参与、统贷统还、自求平衡、滚动发展”的思路，建立完善规范透明的投融资平台，形成多元可持续的建设资金保障机制。围绕激发经济发展活力，创新民营经济促进机制和科技人才工作机制，全市民营企业达到1.5万家，每万人拥有私营企业94户、居全省第4位。围绕建设创新型城市，加大科技创新和人才引进力度，荣获“全国科技进步先进市”称号。

附：莱芜市委书记、副书记、常委名单

书　记：刘士合（2013年7月离职）
王　良（2013年7月任职）

副书记：王　磊（女）　林殿玲（女）

常　委：王　良　王　磊（女）
林殿玲（女）　毕玉惠　王光华
周　勇　黄希俭　张作平　武林中
王　斌　郑际平

中共临沂市委工作概况

临沂市委书记　张少军

一、组织概况与党的建设

截至2013年底，全市共有基层党组织22920个，其中党(工)委672个，党总支885个，党支部21363个；共有党员559119名，其中女党员90692名，农村党员292778名。一年来，市委牢牢把握加强党的执政能力建设、先进性和纯洁性建设这条主线，以改革创新精神全面推进党的建设，不断提高领导科学发展的水平。

(一)切实改进工作作风 严格落实中央关于改进工作作风、密切联系群众的八项规定及省委十条实施办法，研究制定了市委常委会改进作风的十二条具体办法。2013年，市级"三公"经费总支出同比下降7.1%，全市性会议、文件、简报分别减少23.4%、4.1%和44.8%，因公出国(境)人数减少29.8%，公务接待、车辆购置及运行费用分别减少20.2%、1.1%。围绕狠刹"四风"，制定下发了关于严禁公款送礼、公款吃喝、公款旅游、公车私用、新建楼堂馆所和奢侈浪费等行为的十条禁令，扎实开展了办公用房清理、会员卡专项清退和治理"庸懒散"等活动。全市各级共查处问题206个，处理责任人员260人，点名道姓通报曝光6次、27起；清理腾退办公用房93871平方米。

(二)努力建设高素质执政骨干队伍 加强干部教育培训工作，办好沂蒙干部大学堂，邀请中央党校、国家行政学院等院校知名专家，结合学习贯彻十八大、习近平总书记系列讲话精神进行现场辅导，举办专题辅导报告19场。突出市直机关中层干部这个层面，实施"素质提升工程"，共举办10期培训班、培训干部668人。加快改造提升沂蒙党的群众路线教育基地，共接待各类培训班386个，培训学员2.8万人次。

(三)大力加强基层组织建设 扎实做好"第一书记"选派工作，"第一书记"共为任职村协调资金3.6亿元，帮助解决实际困难2万多件。研究出台了关于加强基层服务型党组织建设的意见，在机关、农村、城市社区等不同领域选取单位进行试点。调整理顺"两新"组织党建工作领导体制，在全省率先成立了市委"两新"组织工委。

(四)深入推进党风廉政建设 严格落实党风廉政建设责任制，不断健全以宣传教育、制度建设和科技防腐为主的预防体系，以信息研判、提醒提示和查办案件为主的惩治体系。扎实开展廉政文化"六创建"活动，开辟网上反腐倡廉基地，打造"沂蒙清风"廉政文化品牌。重视抓好惩防体系建设，制定了《关于对党员干部实施廉政提醒谈话的暂行办法》，有针对性开展廉政提醒谈话106次。始终保持查办案件的工作力度，全市纪检监察机关立案984件，其中大案要案498件，给予党纪政纪处分1037人。

二、重大决策与主要工作

2013年，中共临沂市委在中央和省委坚强领导下，深入贯彻落实党的十八大和十八届三中全会精神，紧紧围绕"好中求快'过四五'、富民增收'双翻番'"和与全省同步、比全国提前全面建成小康社会的奋斗目标，团结带领广大干部群众凝心聚力，干事创业，全市经济社会实现持续健康发展。

(一)坚持把思想政治建设摆在首要位置，科学谋划全市发展思路 抓好习近平总书记来临沂视察重要指示和省委十届七次、八次全会精神的学习贯彻，多次召开会议进行传达学习，作出了《关于大力弘扬沂蒙精神，进一步凝聚形成推动老区发展强大力量的决定》，动员全市上下以习近平总书记亲切勉励和深情嘱托为强大动力，推动全市经济社会科学发展，让老区人民生活得更幸福。突出抓了全省转方式调结构推动科学发展现场观摩交流会、省推进省会城市群经济圈和西部经济隆起带建设动员大会精神的贯彻落实，提出了全力打造"两型社会"建设和商贸物流高地、建设西部经济隆起带重要增长极的目标。这些思路和举措，既推动了全市经济社会的科学跨越发展，又为今后的发展确立了方向、奠定了基础。

(二)坚持以质量效益为中心，推动经济发展转型升级 认真落实中央和省委省政府转方式调结构的重大战略部署，加快实现工作指导的重大转变，正确处理"好"与"快"的关系，经济发展的质量效益不断提高。全市实现地区生产总值3336.8亿元，同比增长11%；公共财政收入216.1亿元，增长16.6%；固定资产投资2431.6亿元，增长20.8%；社会消费品零售总额1781亿元，增长13.4%；进出口总额94.1亿美元，增长19.1%。一是现代产业体系培植取得新进展。深入实施新型工业强市战略，落实"10+6"产业计划，集中推进10大传统优势产业和6大未来新兴产业跨越发展。全市完成工业增加值1760亿元，增长16.4%；全市产值过十亿元、过百亿元企业分别发展到2154家和84家，同比分别增加423家、10家。二是现代农业发展有了新提升。加强优质农产品基地建设，省政府批准的临沂农业高新技术产业示范区正在加快建设，全市新建各类农业园区131个，新增通过国家"三品一标"认证的农产品134个。积极培育新型农业经营主体，全市农民合作经济组织达12798家，家庭农场发展到5594家。健全农产品购销服务体系，市政府注资4000万元成立了沂蒙优质农产品交易中心，成功举办了首届中国(苍山)国际蔬菜产业博览会和山东沂蒙优质农产品交易会。三是现代服务业发展实现新突破。加快发展文化旅游业,蒙山景区成功创建国家5A级景区,全市实现旅游总收入同比增长14.8%,占GDP的比重达到12.5%。稳健发展金融、房地产、家政等现代服务业,全市累计发展股份制银行7家、引进市外城市商业银行3家,各项贷款余额2531.1亿元,较年初增加372亿元;商品房销售面积、销售额分别增长23.8%和33.7%,打造了“沂蒙大姐”等家政服务品牌。四是创新驱动战略迈出新步伐。临沂高新区科技孵化中心升级为“国家级科技企业孵化器”,临沂科技合作应用研究院被科技部确定为国家级国际技术转移中心,投资5.7亿元、建筑面积15.6万平方米的临沂应用科学城已开工建设。制定出台了《高层次人才住房保障暂行办法》、《鼓励引荐高层次人才奖励办法》和《“10+6”产业人才支撑计划》,面向国内外公开引进350名博士、硕士研究生到市直部门和县区工作。我市被评为全国科技进步先进市。

(三)坚持以城镇化为主导,推动城乡一体化发展 全市城镇化率达到53.2%,中心城区面积达195平方公里、人口193万人,我市被列为全国水生态文明建设试点城市,被授予国家森林城市称号。一是中心城区建设稳步推进。老城区13个重点改造片区基本完成征收,涉及居民6186户、面积132.3万平方米。新城区开发建设进展顺利,北城新区二期工程累计完成拆迁面积220万平方米,建设安置房70万平方米。西部新城开工建设18个重点项目,总投资达125亿元。二是县域经济“三年倍增”计划提前完成。全市15个发展主体完成公共财政收入209.4亿元,增长26.3%,提前1个多月完成“三年倍增”计划;有11个县区(开发区)收入过10亿元,其中兰山区突破50亿元。乡镇(街道)一级公共财政收入增长32.2%,其中12个重点镇增长45.8%,呈现出了镇域支撑县域、富民壮镇强县同步推进的良好局面。三是中心镇和农村新型社区建设扎实推进。12个市级优先发展重点镇完成基础设施建设投资12亿元,有12个镇入选全省“百镇建设示范行动”第二批示范镇,我市在全国率先实现了管道天然气“镇(乡)镇通”。组织开展了新一轮行政村规模调整和推进农村社区建设工作,全市行政村总数由7151个减少到3990个;集中新建农村住房9万户,实施危房改造2.2万户。深入抓好生态文明乡村建设和城乡环境综合整治,有6个村入选全国“美丽乡村”试点。

(四)坚持以人民幸福为根本,切实加强民生建设 全市完成民生支出263.3亿元,占财政总支出的64.9%;城镇居民人均可支配收入27380元,增长12%;农民人均纯收入10340元,增长13%。一是扎实办好民生实事。城镇新增就业11.6万人,新增农村劳动力转移就业20.8万人次。全市农村低保标准提高到每人每年2000元,城市低保标准提高到每人每月370元,新农合筹资标准提高到人均350元,参合率达99.9%。继续实施敬老院“蛋奶工程”、“暖冬工程”,五保老人集中供养率达到70%以上;实施农村小学“热水热饭”工程,使全市1302处农村小学的学生在校就餐都能喝上热水、吃上热饭。开工建设各类保障性安居工程22648套,新增发放廉租房住房租赁补贴343户。二是大力推进文化繁荣发展。市图书馆、博物馆新馆、文化中心、书圣阁等已投入使用,临沂大剧院、兵学城二期工程、报业传媒大厦等正在加快建设。改造提升水上实景演出《蒙山沂水》,柳琴戏《沂蒙情》在十艺节上获三项大奖。我市被评为文化强省建设先进市,连续3年被评为全国文化体制改革先进地区,在全国文明程度指数和未成年人思想道德建设工作测评中均获全国地级城市第一名。三是着力加强和创新社会治理。扎实抓好社会管理工作“五项机制”、“三大体系”建设,全市各级累计受理群众诉求29038件次、办结率达98%以上,共调解各类矛盾纠纷23629件、调处成功率达99%以上。坚持领导干部定期接访和包案责任制,畅通群众诉求反映受理渠道,加大问题调查解决力度,全市没有发生有影响的信访突出问题。

三、改革与创新

(一)积极稳妥扎实有序推进各项改革 在深入学习贯彻《中共中央关于全面深化改革若干重大问题的决定》和《中共山东省委关于深入学习贯彻党的十八届三中全会精神的意见》精神的基础上,市委制定出台了《关于深入贯彻党的十八届三中全会精神全面深化改革的实施意见》。《实施意见》共分八个部分35条,提出了到2020年的七项改革重点,对深化经济、政治、文化、社会、生态文明和党的建设等领域的改革作出了全面部署,努力走出一条具有时代特征、临沂特色的改革发展之路。

(二)扎实做好省级国际贸易综合改革试点工作 紧紧抓住国家有关部门和省委省政府大力支持临沂发展国际贸易的机遇,加快推进临沂商城国际化,取得了积极成效。临沂商城“旅游购物商品”贸易方式和市场采购模式商品检验便利化政策已经海关总署和国家质检总局批准实施,年吞吐能力50万标箱的内陆无水港——临沂港建成并投入使用,设立了商城国际贸易服务大厅,完成了临沂综合保税区的规划选址和前期基础设施建设工作。临沂商城完成市场交易额2096.2亿元、增长18.3%,其中商品直接出口额32.1亿美元、增长150.8%。

(三)稳步推进农村产权制度改革试点工作 积极稳妥推进农村土地承包经营权、农村集体土地产权、农村房屋产权的确权发证三项主体改革和产权交易、融资服务体系建设两项配套改革,全市30%以上的行政村完成三项主体改革确权登记颁证工作。农村产权制度改革走在全省前列,全省农村土地承包经营权确权登记颁证工作座谈会在我市召开,新华社对我市农村产权制度改革情况进行了系列报道。

(四)全力打造高效便捷的政务服务环境 大力推进行政审批制度改革,市级行政许可(审批)项目由216项减少到110项,减幅达49.1%,我市成为全省保留行政审批事项最少的城市之一。行政审批服务提速增效,市级行政审批项目缩时提速率达到89%。加快推进“两集中、两到位”,市县两级服务中心共进驻2721项行政审批事项和公共服务事项。整合各类热线资源,开通试运行12345市民服务热线,搭建了创新社会管理的新平台,架起了党委政府直接联系服务群众的桥梁和纽带。

(五)创新开展干部“结亲连心”活动 建立健全领导干部直接联系和服务群众工作制度,以“听取群众意见、培养锻炼干部、化解矛盾纠纷、帮助解决难题”为主要任务,按照“全覆盖、网格化”的要求,扎实开展“结亲连心”活动。目前,全市共有8.1万名干部直接联系群众284.8万户,平均每名干部联系35户,已普遍完成了进村入户走访,与群众面对面交流,进行政策宣传和解惑释疑,了解掌握群众的困难和诉求,受到群众普遍欢迎。

附:临沂市委书记、副书记、常委名单

书　记:张少军

副书记:陈先运　李　峰

常　委:张少军　陈先运　李　峰　左沛廷　尹长友　焦海旺　李　刚　张广敬　关　华　闫剑波　林国华　李沂明　王行华

中共德州市委工作概况

德州市委书记　吴翠云

一、组织概况与党的建设

截止2013年底,德州市委辖11个县市区党委,5个派出工委,1564个机关党组织,共有基层党委421个,党总支978个,党支部12568个,党员291330人,其中预备党员4244人,新发展党员4122人。

(一)扎实开展党的群众路线教育实践活动 按照中央和省委要求,认真开展全市组织部门党的群众路线教育实践活动。一是以上率下,上下联动。市县捆绑进行、统筹推进,一起定方案、听意见、查问题、抓整改,同步开展全员谈话活动,共听取8656人意见建议,研究梳理需集中整改问题25个。二是严格标准,严肃认真。高密度学习教育,突出部长领学、个人自学相结合,组织集体学习24次79学时。坚持开门搞活动,聘请446名市县活动观察员全程参与监督。三是深入交流,深刻批评。查摆剖析真正触及思想灵魂问题,组织召开高质量专题民主生活会,会前广泛开展谈心活动,部领导班子成员深入交流,认真开展批评与自我批评。四是直面问题,一抓到底。开展案例式剖析,对查摆的因工作失误被群众举报查实等四方面突出问题、678个问题案例,深入剖析、敢于碰硬。五是抓好整改,建章立制。市县集中攻坚、专项整治问题15个,立说立行整改事项82个,通过整改建立了“四风”问题定期分析、会议“十不准”等一批制度成果。在全省组织部门党的群众路线教育实践活动总结会议上,我市作为唯一代表作典型发言。

(二)不断加强领导班子和干部队伍建设 一是实施重大战略培训工程。全面开展党的十八大精神轮训工作,实现市管干部全覆盖。承接上级调训班次42个。举办新能源产业发展与规划管理德国专题培训班、城镇化暨小城镇建设清华大学专题培训班。邀请高校、干部学院专家教授和国家、省有关部门领导授课178次。发挥市县党校主阵地作用,举办各类培训班168期,培训党政干部17000余人次。二是围绕发展大局选干部配班子。根据全市经济社会发展需要,分批次对县市区、市直部门领导班子进行调整,创新解决县市区事业单位干部遗留问题。推进市县党委领导班子内部制度建设,加强乡镇党政正职管理。三是建立干部全员谈话制度。出台实施意见,市县组织部长、副部长与在职领导干部开展普遍谈话,解决实际问题242个。四是加大干部挂职锻炼力度。围绕产业发展需要,争取中省直挂职干部36人(2013年新争取25人),强化对县市区及市直有关部门挂职考核工作。五是强化干部监督管理。集中抽查各县市区选人用人工作,研究制定经济责任审计制度规定7项,审计市直单位及县级党委政府“一把手”19名。组织2055名市管干部集中报告个人有关事项,制定《举报和信访工作规程》全年受理举报信访件211件,查实23件。开展“干部人事档案科学规范提升年”活动,规范干部档案信息审核,强化干部任前监督。六是做好干部基础工作。开展全市公务员日常登记,制定《德州市公务员公开遴选办法(试行)》,从基层遴选公务员28名;组织考录公务员811名,招聘事业单位人员685名。

(三)切实推进服务型基层组织建设 一是实施村级集体经济“三年突破”计划。出台《关于进一步发展村级集体经济切实保障村级组织运转的意见》,市、县财政分别投入1463万元、1245万元,以奖代补专项用于村级集体经济发展;总结推广两区同建、资产盘活、土地流转等9种增收模式,指导启动基层服务型党组织建设试点。二是建立网格化党员干部联系服务群众制度。实现全市乡镇(街道)、社区(村)、党员、群众四个全覆盖,全年共走访党员19.4万名、群众101万户,征求意见建议6.7万条,为群众办实事2.5万件,折合资金6500万元。二是推进百局帮百区“第一书记”工作。重新选派“第一书记”1322名,通过公开承诺、定期通报等有效措施，各级“第一书记”走访贫困户9544户，帮助发展致富项目896个，争取资金投入7300余万元。选调91名优秀高校毕业生到村任职。四是发挥远程教育资源优势。研究探索远程教育工作改革转型，指导搞好转型发展试点工作。更新全市远教站点台账，站点管理进一步规范。发挥党建频道、专题专栏、手机短信平台载体作用，宣传报道全市党的建设和组织工作。围绕组织工作重点，统筹策划全市课件选题和拍摄制作，13部课件获省级奖项。

（四）积极实施现代产业人才支撑计划 一是强化政策规划和统筹指导。出台《关于实施现代产业人才支撑计划的意见》、《关于落实党管人才工作的实施方案》，做好人才工作顶层设计，提高全市人才政策吸引力和人才工作科学化水平。加大考核力度，提高县市区和市直部门对人才工作的重视程度。二是强化高端人才引进。建立企业人才需求定期分析机制，在《人民日报》等新闻媒体发布人才需求计划，在上海、北京、天津举办区域战略合作人才恳谈会，签约54人。开展海外引才，签订合作协议2项。修订、制订乡村之星、卫生英才管理办法，统筹加强各类人才队伍建设。申报通过国家“千人计划”专家1人，新增“泰山学者”1人，柔性引进院士6人、“千人计划”专家5人、新世纪“百千万人才工程”国家级人选等领军人才158名。三是强化平台载体建设。实施“一企一平台”建设工程，全年新增国家级平台9家，省级平台51家。加快大学（院所）科技创业园建设，部分县市区已经取得实质性进展。

（五）科学完善综合考评工作 调整县市区及市直部门考核指标设置，建立县市区、市直部门、省级开发区、镇域经济“四位一体”考核体系。对县市区突出关键指标，围绕市委“十二条工作线”，提高财政、招商引资、重点项目建设等经济发展指标分值权重；对两个开发区只考核反映开发区功能定位的13项指标；对市直部门突出考核重点工作和优化发展环境实效。首次在市级层面开展省级开发区、镇域经济工作考核，对省级开发区，围绕打造“四区一极”，重点考核反映发展质量效益的指标；对镇域经济，既突出考核经济发展，又兼顾城镇建设和社会民生。

（六）着力强化组织部门自身建设 一是学风作风务实有力。组织开办“组工讲堂”10期，积极开展“全员读书”活动，以学习教育促素质提升、作风转变。严格落实中央“八项规定”和省市实施办法，出台《市委组织部进一步改进作风、密切联系群众12项具体规定》，规范完善《会议纪律十不准》、《机关工作人员考勤办法》等规章制度，规范清理改革开放以来部机关制定的文件171项。二是机关工作提档升级。建立机关党总支，顺利完成换届选举。增强以文辅政能力，加强组工调研信息宣传工作，优化部机关刊物，提高办刊质量。推进“大组工网”建设，提高办公信息化水平。

二、重大决策与主要工作

2013年，中共德州市委在省委、省政府的坚强领导下，坚持以邓小平理论、“三个代表”重要思想、科学发展观为指导，深入贯彻落实党的十八大、十八届三中全会和习近平总书记系列讲话特别是视察山东重要讲话精神，团结带领广大党员干部群众，着力克服经济下行带来的不利影响，坚定信心，抢抓机遇，开拓创新，苦干实干，统筹推进经济、政治、文化、社会、生态文明建设，各项工作取得新进展，在推动跨越发展、建设幸福德州的征程中迈出了坚实步伐。全年实现地区生产总值2460亿元，增长11.2%；公共财政预算收入150亿元，增长15.7%；固定资产投资1686亿元，增长20.9%；城镇居民人均可支配收入24812元，增长10.6%；农民人均纯收入10876元，增长13.3%。

（一）深入贯彻落实党的十八大、十八届三中全会和习近平总书记系列重要讲话精神，统一思想凝聚力量 坚持把学习贯彻党的十八大、十八届三中全会和习近平总书记系列讲话精神作为重要政治任务，聘请高层次专家学者作辅导报告8场（次），开展宣讲活动300多场（次），形成高密度、立体化、全方位的学习宣传格局，对十八大以来形成的新思想、新观点、新论断、新举措做到内化于心、外化于行，使全面深化改革、实现工作指导重大转变、反对“四风”等部署要求家喻户晓、入脑入心。坚持把学习宣传贯彻工作与谋划推进改革发展结合起来，组织了赴省内七市学习考察、年内观摩考评、重大课题调研、重要工作督办等活动，进一步解放思想、提升标杆、完善思路，确立了一个同步（确保与全省同步提前实现全面建成小康社会的奋斗目标）、两个显著（经济实力显著增强、经济结构显著优化）、四个更加（社会更加和谐、文化更加繁荣、城乡更加美丽、人民更加幸福）的工作总要求，汇聚起推动跨越发展、建设幸福德州的强大正能量。

（二）加快转调创步伐，努力保持经济平稳健康较快发展 一是加快构建现代产业体系。深入实施产业强市战略，推动“四化”深度融合，着力构筑特色优势突出、大企业支撑、创新型引领、链条式聚集的现代产业发展新格局。继续放大农业优势，实现粮食生产“十一连增”、农民收入“十一连快”，全省粮食高产创建暨春季农业生产现场会、全国秋粮生产暨粮食增产模式攻关现场会、全国土地确权培训班在我市召开或举办；休闲观光农业蓬勃发展，乐陵市千年枣林公园被评为省级休闲农业与乡村旅游示范点，齐河县20万亩方麦田风景区被评为齐鲁最美田园。加快推进新型工业化，坚持集约化、集群化、集聚化发展方向，改造提升传统优势产业，积极培育战略新兴产业，现代产业集群不断壮大。全年规模以上工业企业完成增加值1468亿元，同比增长14.3%；坚持抓大培强不动摇，筛选出60家大企业、55家科技成长型企业给予重点扶持，全年主营业务收入过百亿元的企业2家，过50亿元的13家，过30亿元的24家。着力提升服务业发展层次和水平，大力发展现代物流、文化旅游、金融服务、城市综合体等新兴业态，东北商贸物流城、黄河生态文化旅游大观园、唐人中心等一批高端项目建设进展顺利。全年完成服务业固定资产投资、实现增加值分别增长25%和9.5%，服务业增加值占GDP的比重比上年提高1.1个百分点。二是强力推进重大项目建设。充分发挥投资对拉动增长的关键作用，深入实施项目兴德工程，年初筛选出总投资1254亿元的105个市级重点项目集中推进。严格落实“五个一”推进机制和“四定两保”责任机制，强化督导调度、服务管理和考核奖惩。目前开工建设重点项目103个，总投资260亿元的东北商贸物流城二期、150亿元的济铁物流园、120亿元的亚特尔装备制造产业园等一批重大项目开工建设或竣工投产。重大基础设施项目建设进展顺利，邯济铁路德州段完成铺轨，德大铁路、济乐高速加紧建设，石济客专、德商高速、济齐黄河大桥等已完成前期筹备工作或开工建设。三是集中精力抓好县域经济。以实施县域经济三年倍增计划为抓手，落实各项扶持政策，尽最大努力松绑、放权、让路，引导县市区以特求强、差异竞争、错位发展，提升发展质量，壮大县域实力。全年地方财政收入2个县市区过20亿元，3个过10亿元，5个提前一年实现三年倍增目标。突出抓好各类园区建设，高铁新区产业园区新引进项目48个。四是深入实施创新驱动战略。加强创新体系建设，新增市级以上科技创新平台130家，其中国家火炬计划重点高新技术企业3家、工程技术研究中心41家、科技企业孵化器2家。大力实施现代产业人才支撑计划，先后在上海、北京、济南、天津等地举办区域合作人才恳谈会，引进院士6名，国家“千人计划”专家5名，国家首批“青年千人计划”等领军人才158名，创新团队77个。全年完成高新技术产业产值1834亿元，占规模以上工业总产值的比重达到25%。

(三)扎实推进“一圈一带”建设，增创发展新优势 紧紧抓住全域进入“一圈一带”两大战略覆盖的重大机遇，在全省率先召开动员大会、出台实施意见，超前谋划、迅速行动、开局良好。围绕全力打造鲁冀边界科学跨越发展先行区、生态低碳发展新高地、全省对接京津冀和环渤海经济圈桥头堡的目标定位，明确了在“一圈一带”建设中率先突破、走在前面的工作要求，勾画出一年起好步、三年见成效、五年大跨越，到2020年建成产业特色突出、发展后劲充足、城乡统筹协调、经济文化融合、生态环境优美、人民生活幸福的发展蓝图。与省发改委、省科技厅、山东高速集团、国开行山东分行、山东大学、山东中西医结合大学、天津滨海新区等签署战略合作协议，山东大学齐鲁医疗城等项目落户齐河。积极向上争取各类专项资金6.3亿元。扎实推进黄三角高效生态经济区建设，圆满通过省“两区”建设2012年度绩效评价和对乐陵、庆云的检查验收。依托友城合作关系，加强与环渤海、长三角、珠三角及中原经济区、西部能源基地的联系，在资本引进、投资协作、产业分工、市场拓展、人才交流方面深入对接，推动了区域合作向纵深发展。

(四)着眼提升城镇化水平，推动城乡一体发展共同繁荣 坚持在统筹城乡大局中推进新型城镇化，加快构建以工促农、以城带乡、工农互惠、城乡一体的新型工农、城乡关系。一是充分发挥中心城区龙头带动作用。全力推进老城改造、新城提升、新区开发、陵县对接，提高中心城区的综合实力和辐射带动能力。通过国家园林城市现场考核，在全省6个申报城市中排名第一。全省城市园林绿化现场会在我市召开。二是努力推动县城和小城镇扩容提质。全面启动现代城镇体系规划编研工作，县城、乡镇和农村社区规划设计实现市级统筹。5个省级、7个市级示范镇启动建设项目135个、完成投资8.5亿元，25个镇被列为“一圈一带”重点特色镇，8个镇入选第二批百个省级示范镇。三是更大力度推进两区同建。新开工农村社区75个，在建续建规模以上社区314个，建设面积1200万平方米，15万多农户入住；新增土地流转面积30多万亩，已建或在建各类农村产业园区876个，30余万农民实现家门口就业。

(五)大力发展先进文化，塑造社会文明新形象 按照守土有责、守土负责、守土尽责的要求，毫不放松地抓好意识形态领域的工作。一是牢牢把握正确的舆论导向。组织开展重大主题、重大典型和重大事件宣传，深入开展党的十八大、十八届三中全会和习近平总书记系列讲话及视察山东重要讲话精神的宣讲教育，凝聚党员干部群众的思想共识。加强对传统媒体和新兴媒体的管理，不断提升网络舆论引导水平。二是深入推进社会主义核心价值体系建设。大力弘扬德州精神，全省社会主义核心价值体系建设“四德”工程现场观摩会在我市召开。扎实开展创建省级文明城市活动，启动实施“九大文明示范创建”和“四大改造提升工程”。三是公共文化服务体系建设成效显著。德州大剧院、市图书馆新城分馆等重点文化设施投入使用，市、县、乡、村四级公共文化服务设施实现全覆盖。圆满完成“十艺节”各项承办任务，三台原创剧目入选十艺节优秀展演剧目，1件作品获群星奖，成功举办文华奖4台剧目展演。农家书屋建设与管理工作走在全省前列。四是文化产业蓬勃发展。泉城欧乐堡欢乐谷、孝文化传播基地、鲁北书城二期、泰山体育集团被纳入省级文化产业发展重点。

(六)不断提升幸福德州建设水平，让发展成果更多更公平惠及人民群众 坚持把人民幸福作为根本价值取向，年初确定十件民生实事并作出公开承诺，全市民生支出占财政支出的比重达到67.5%。一是千方百计扩大就业。全年新增城镇就业、失业人员再就业、困难人员就业、新增农村劳动力转移就业全部超额完成任务。发放小额担保贷款4.7亿元，扶持2.1万人创业。二是加快发展社会事业。中心城区教育资源扩容增量工程成果显著，德州学院校区东扩工程部分投入使用，获批全省首个职业教育创新发展试验区。深入推进医药卫生体制改革，加快推进基本公共卫生服务均等化，基层卫生服务体系更加健全完善。三是着力提高社会保障水平。各项社会保险待遇明显提高，企业退休人员工资实现“九连涨”。城乡低保、五保供养、孤儿基本补贴标准进一步提高，城乡低保对象实现动态管理下的应保尽保。全市新建 12 处高标准敬老院、14 处社会福利中心。四是大力加强生态环境建设。主要污染物排放量均实现下降,海河迎查工作取得阶段性成果,林木覆盖率达到 33%,成为全国第一个整建制城乡供水一体化示范城市和全国节水型社会建设示范区。五是深入开展平安德州建设。健全完善维稳情报信息定期会商研判机制、重大决策社会稳定风险评估机制、矛盾纠纷排查调处机制、群体性事件应急处置机制和"信、访、网、电"和信访代理站"五位一体"诉求表达渠道,认真开展"社会管理基层基础提升年"活动,严格落实安全生产责任制,社会保持和谐稳定。"警务社区六进"经验做法在全省推广。

三、改革与创新

(一)创新工作思路 深入学习贯彻党的十八大、十八届三中全会精神,坚持用十八届三中全会精神统一思想、指引方向、凝聚力量,把推动跨越发展、建设幸福德州,与全省同步提前全面建成小康社会作为总目标,深入实施产业强市、文化立市、科教兴市、生态美市、惠民安市五大战略,全面加快工业化、城镇化、信息化和农业现代化"四化"进程,着力构建现代产业、新型城镇、民生保障三大体系,加快提升产业竞争力、基层承载力、科技创新力、对外影响力。

(二)创新工作措施 把改革创新作为科学发展跨越发展的重要引擎,努力推动重要领域和关键环节的改革。进一步转变政府职能,先后精简行政审批事项 153 项,下放行政审批事项 33 项,审批项目精简幅度达到 67.6%,成为全省行政审批事项最少的市之一,入选全球知名财经媒体 2013 年福布斯中国大陆最佳商业百强城市。稳妥推进政府机构改革。深入推进医药卫生体制改革,平原县公立医院改革、新农合支付方式改革经验在全省推广。不断创新金融体制机制,全年直接融资 200 多亿元,新增各类金融机构 63 家。分类推进企业上市挂牌工作,完成股改 14 家,间接上市 4 家,场外挂牌 10 家。创新金融服务,实施支持中小微企业发展"春雨工程",被农发总行列为全国新农村建设唯一试点市。成功举办第三届资本交易大会。把扩大开放作为开拓发展空间、聚集要素资源的重中之重,组织开展了招商引资百日会战,美国威讯产业园、广药集团等 311 个项目签约落地。围绕创新社会管理模式,坚持以群众工作统领信访工作,深入推进领导干部公开接访、定期下访制度,建立健全矛盾纠纷排查化解长效机制。

(三)创新工作机制 认真坚持民主集中制原则,健全完善议事规则,集体研究问题时严格按规则议事,不随便简化和变通,不搞临时动议。对重大决策部署和重要事项,坚持广泛征求意见,充分体现民本民意。把遵循法律制约和规范贯穿决策全过程,涵盖决策的各个方面,自觉按照法定权限和法定程序制定政策、行使职权,确保行政及各个决策环节都在法律的范围内进行。围绕"一圈一带"战略,调整完善全市科学发展、幸福德州建设综合考评办法,探索建立了目标责任、监督检查、考核奖惩三个体系,树立起干事创业、争先进位的鲜明导向。成立重点工作督查办公室,建立定期调度通报制度,加强对全局性、战略性重点工作的调研和督导。把全市重点工作划分为十二条工作线,由市级领导同志分工负责、分线作战,形成了强有力的责任落实体系和科学高效的工作推进机制。

附:德州市委书记、副书记、常委名单

书　记:吴翠云(女)

副书记:杨宜新　满春重(回族)

常　委:吴翠云(女)　杨宜新　满春重(回族)　韩建亭　王培明　翟长生　刘子玉　张传忠　刘贵堂　孙开连　魏洪祥　刘长民　翁啟文　单传海

中共聊城市委工作概况

聊城市委书记　林峰海

一、组织概况与党的建设

全市共有党委(工委)375 个,其中县(市区)党委 8 个,乡镇(街道)党委(工委)135 个,企业党委 83 个,事业单位党委 85 个,机关单位党委 74 个。党组 440 个,其中机关党组 330 个,事业单位党组 110 个。党总支 849 个,党支部 13043 个,党员 311911 名。

(一)加强干部队伍建设 将党的十八大、十八届三中全会、习近平总书记一系列重要讲话和视察山东讲话精神作为干部教育培训的主要内容,以科学理论武装头脑、指导实践。以中央和省委部署开展的第一批党的群众路线教育实践活动为契机,引导各级干部不等不靠、先查先改,广泛听取意见、认真查找"四风"问题、狠抓整改落实,促进干部工作作风进一步转变。全市各级领导班子相继召开了以查摆"四风"问题为重点的民主生活会,为开展第二批党的群众路线教育实践活动奠定了坚实基础。坚持以工作实绩实效考察使用干部,充分调动起广大干部干事创业的积极性。

(二)加强基层组织建设 坚持重心下移,大力创新基层党组织设置,突出抓好基层组织带头人队伍建设,促进人财物向基层倾斜,确保基层组织"有人服务、有钱服务"。

各级领导同志带头深入基层、联系群众、帮扶落后镇村，基层基础地位得到进一步夯实。认真做好选派“第一书记”、开展“双联共建”活动，各级共选派“第一书记”3395人，帮扶困难家庭2.2万余户，办成了一大批实事好事。大力推进村级活动场所建设，积极探索发展农村集体经济的路子，不断加强机关、企业、社区、“两新”组织党的建设，进一步增强了基层党组织的凝聚力和战斗力。

（三）加强党风廉政建设 认真贯彻中央八项规定和省委实施办法，出台了市委实施办法和《整肃市直机关纪律作风的五项规定》，开展了清退会员卡、规范节庆论坛展会、禁止节日公款送礼、清理规范公职人员兼职等一系列工作。扎实开展了“庸懒散”专项治理，进行了严肃纪律作风和厉行节约的明查暗访，对发现问题的72个单位及其“一把手”、132名责任人进行了处理，对31人给予了党纪政纪处分，在全市上下引起了强烈反响。认真落实党风廉政建设责任制，加强廉政教育和廉政文化建设，开展了正科级党员领导干部德廉知识测试。着力查办发生在群众身边的腐败问题，以反腐倡廉的实际成效取信于民。

二、重大决策与主要工作

2013年，认真贯彻落实党的十八大和十八届三中全会精神、习近平总书记重要讲话以及省委、省政府的重大决策部署，团结带领全市广大党员干部群众，解放思想、转轨提速、攻坚克难、真抓实干，促进各项工作迈上了新台阶。全市实现生产总值2365.9亿元，同比增长10%。地方财政收入完成135.6亿元，增长19.9%，与国税、地税收入增幅一同位居全省第1位。城镇居民人均可支配收入26087元，增长10.1%；农民人均纯收入10083元，增长13.6%，增幅分别居全省第3位和第2位。主要经济社会发展指标增幅位居全省前列。

（一）紧紧围绕“转调创”，拉开发展大格局 将市经济开发区和高新区进行分设，为高新技术产业的发展拓宽了空间；新建了江北水城旅游度假区，将其打造为文化、旅游、创意、养老等新兴产业的聚集区，与东昌府区一起，形成了四区竞相发展的新格局。在聊城市区、茌平、东阿之间的“大三角”地带，规划建设了“转调创”高端产业集聚区、“四化协调”综合改革试验区。规划建设了“3+5”千亿产业园区，到2015年，将祥光铜业生态工业园、信发铝业循环经济示范园、鲁西化工新材料产业园建成年主营业务收入过千亿元的产业园区；到2020年，将新能源汽车、泉林循环经济、临清轴承、莘县油盐化工、阿胶生物产业园建成年主营业务收入过千亿元的产业园区，促进优势传统产业“凤凰涅槃”、转型升级。

（二）着眼扩张优质增量，全力突破大项目 按照符合国家产业政策、产出效益大、科技含量高、节能环保、节约用地的原则，大力谋划、引进、建设重大项目。邯济铁路扩能改造、德商高速公路聊城段、济聊一级公路、济聊城际铁路等交通基础设施项目加快推进；投资117亿元的信发铝电产业综合配套、投资138亿元的鲁西化工新材料、投资106亿元的泉林秸秆综合利用、投资116亿元的聊城农产品物流交易中心、投资140亿元的江北水镇、投资55亿元的中色奥博特铜精深加工、投资62亿元的金号家纺工业园、投资57亿元的阳谷电缆光电产业园等一批产业项目加快建设。全市完成固定资产投资1511亿元，同比增长20.5%。新开工过亿元项目570个，比上年增加300个。

（三）立足经济提质增效，着力培植大产业 以提高经济发展的质量和效益为核心，实施创新驱动发展战略，推动产业转型升级，加快形成新的经济发展方式。在工业方面，大力开展企业“二次创业”活动，促进企业在转型升级中实现跨越发展。2013年，全市规模以上工业主营业务收入达到7924.19亿元，总量居全省第7位。在农业方面，全年粮食总产达到115.7亿斤，实现“十一连丰”；瓜菜菌总产1550万吨，保持全省第一；新增绿色食品认证119个，位居全省第1位。总投资116亿元、占地4800亩的聊城农产品物流交易中心一期建成试运营；项目全部建成后，将成为全国规模最大、功能最全的现代农业发展综合服务体。在服务业方面，加快推进中华水上古城、聊城物流园区、阿胶养生养心文化旅游区等重点项目建设，促进了服务业发展提速、比重提高、层次提升。同时，对外经贸取得新的进展。全市进出口总额同比增长10.26%，实际利用外资增长41.5%。中通客车与德国赛格公司签订了1000台客车的出口合同，标志着中国制造的客车首次大批量销售到德国。积极推进科技创新和环境保护，我市再次被评为全国科技进步先进市；第二次代表山东省参加海河流域水污染防治检查，不仅取得了海河流域4市的第1名，而且夺取了全国9大流域25个省(市、自治区)的第1名。

（四）致力加速城镇化，推动城乡大建设 按照聊城城区率先突破、各个县城全面跟进、重点抓好小城镇、农村社区稳步发展的总体思路，加强城乡规划建设管理，大力推进城镇化进程。聊城市区以徒骇河两岸开发为纲，同步推进旧城改造和新区建设，开展了环城道路、环城水系、环城林带、环城花带和环城高速“五环聊城”建设，实施了105条主次干道和背街小巷建设。各县市城区也加大了城市建设力度，促进城乡面貌发生了重大变化。全年完成住房和城乡建设投资921.6亿元，是上年的3倍多；全市棚户区征迁9万多户、1672万平方米，相当于过去10年的总和，位居全省第1位，而由此引起的信访量同比大幅下降；建成保障性住房12760套，完成率居全省第5位；改造农村危房15067户，居全省第1位；城镇化率比上年提高3个百分点。

（五）更好发挥党政作用，优化提升大环境 在提高行政效能上，在全省率先开展行政审批制度改革，将367项市级行政审批项目精简到96项，力争成为全省及周边地区审批项目最少、速度最快、收费最低的城市。在破解发展瓶颈上，全年完成土地“增减挂”拆旧1.5万亩，相当于过去5年的总和；建成多层标准厂房1300多万平方米，保证了大项目、好项目的落地需求。在提供金融支持上，新引进3家银行在我市开办分支机构;新增股权挂牌企业10家,总量居全省第3位;各县(市区)都建立了注册资金3亿元以上的融资担保平台,为中小企业增强抗风险能力提供了有力条件。在创优服务方式上,对投资10亿元以上的项目设立警务室,选派一名科级以上干部任联络员,全程提供服务,在项目建设中发挥了较好作用。

(六)坚持以人为本,推动民生大改善 在财力较弱的情况下,千方百计打紧行政开支,财政用于民生的支出177.3亿元,占到总支出的68.7%。2013年,全市新增城镇就业6.2万人,新增农村劳动力转移就业7.1万人,城镇登记失业率为3.15%;城市低保标准每人每年提高了300元以上,农村低保标准每人每年提高了400元;城镇医疗保险、新农合补助标准每人每年提高到280元,大病医疗救助比例提高到55%,中心敬老院建设走在全省乃至全国前列。教育、卫生、文化、体育等社会事业全面加强。加强和创新社会管理,坚持以群众工作统领信访工作,认真落实领导干部定期接访、重大信访维稳事项挂牌督办、重大事项社会稳定风险评估等制度,全市赴省进京上访量保持在全省较低水平;深入开展平安聊城建设,积极创建全国法治城市,促进了社会和谐稳定。

三、改革与创新

(一)抢抓机遇科学谋划 为进一步抢抓"一区一圈一带"重大历史机遇,市委确立了"东融西借、跨越赶超,建设冀鲁豫三省交界科学发展先行区"的奋斗目标。"东融",就是全方位融入省会城市群经济圈和山东西部经济隆起带,通过融理念、融产业、融交通、融信息、融城市、融环境,实现在山东西部率先崛起。"西借",就是借助国家中原经济区战略,借力发展、借机突破、借势而上,抢占冀鲁豫三省交界科学发展的制高点。"跨越赶超",就是自断后路、背水一战,到2015年全市公共财政预算收入实现翻番、突破200亿元,向全省中等水平迈进一大步;在此基础上,"十三五"继续跨越,力争在"十三五"末达到全省平均水平,在2020年之前与全省同步全面建成小康社会。"建设冀鲁豫三省交界科学发展先行区",就是统筹规划、协调推进,努力建设"转调创"的先行区、交通建设的先行区、对外开放的先行区、生态文明的先行区、文化繁荣的先行区、民生改善的先行区。为确保目标任务的顺利完成,制定了"万亿工业"、"双百大城市"、"立体大交通"等八大富民兴聊战略和实行大招商、建设大园区等五大保障措施。

(二)转轨提速狠抓落实 将全市重点工作划分为产业发展、城乡建设、环境保障三条工作线,分解为100个重点项目,由市几大班子主要领导同志牵头负责,市级领导同志分别帮包。先后开展了重点项目建设、城镇化推进、农业龙头带动等四次大规模观摩活动,均采取现场实名打分,实打实、面对面地评比工作、一决高下。创新督查考核方式,整合相关力量,成立了大督查委员会,把全市的重点工作均纳入大督查范围,根据督查考核的结果评判工作和干部,树立了"以跨越赶超论英雄"的用人导向,充分调动了广大干部干事创业的积极性。

(三)深化改革释放活力 认真贯彻落实中央《关于全面深化改革若干重大问题的决定》,制定出台了《关于贯彻落实党的十八届三中全会精神的实施意见》,成立了市委全面深化改革领导小组。从深化行政审批制度改革入手,积极开展财税体制、金融体制、食品药品监管体制等多个领域的改革,进一步释放了经济发展活力。同时,明确了释放市场主体活力、优化资源配置、建立新型城乡关系等十个方面的改革方向,为推动全面深化改革顺利开展打下了良好基础。

附:聊城市委书记、副书记、常委名单

书　记:林峰海

副书记:王忠林　陈　平

常　委:林峰海　王忠林　陈　平　万志博　刘春华(女)　蔡同民　赵庆忠　刘　强　李吉增　耿　涛　张旋宇　杜昌伟　宋铁平

中共滨州市委工作概况

滨州市委书记　张光峰

一、组织概况与党的建设

滨州市委辖6县1区7个地方党委、3个市级开发区党工委,有289个基层党委,318个党组,903个党总支,12114个基层党支部。共有党员227117人,其中女党员39556人。

(一)以选育用管为核心,努力建设高素质执政骨干队伍 深入开展理想信念教育,认真组织学习党的十八大、十八届三中全会和习近平总书记系列讲话精神,深入开展"我的中国梦"主题教育活动,大力宣传兰辉同志先进事迹,将为民务实清廉教育和党性锻炼贯穿主体培训班次始终,分四期赴复旦大学对95名县区党政正职和市直部门"一把手"进行轮训。深化干部人事制度改革,开展干部适岗能力分析研究,建立干部适岗能力分类信息库,建成领导干部管理综合信息系统,开通了领导干部查询PDA系统,确保了选拔使用干部程序规范、公开公正。加强干部监督和日常管理,严格执行个人有关事项报告、配偶子女均移居国(境)外情况报告和诫勉谈话、述职述廉等制度,清理干部在企业兼职,规范干部日常行为。全面推进惩治和预防腐败体系建设,加大反腐倡廉力度,营造干部清正、政府清廉、政治清明的良好氛围。

(二)着眼服务型党组织创建,扎实推动基层组织建设 结合党的群众路线教育实践活动,深入开展"作风改进年"活动,开展村"两委"班子公开述职承诺活动,3.8万件承诺事项得到落实。开展市委常委"联村为民"活动,每个常委直接联系指导4个后进村,直接帮扶2个后进村,有效促进了全市72个后进村转化升级。制定《关于进一步发展壮大村级集体经济的意见》,着力提高基层党组织运转保障水平。抓好选派"第一书记"、大学生村官等工作,选聘74名大学毕业生到村任职。统筹推进各领域党的建设,在社区,下发《关于进一步做好市直单位党员到居住地城市社区党组织报到工作的通知》,共有10473名党员报到并发挥作用;在非公有制企业和社会组织,加大"兼合式"党组织组建力度,重点抓好农民专业合作社和"两新"组织党组织覆盖;在机关,开展党员干部联系困难家庭工作,市直单位帮扶2520户困难家庭,4800名党员干部入户走访、资助钱物。加强党员队伍建设,试点开展入党积极分子动态管理、党员量化积分管理办法。落实基层党建工作责任制,完善"书记抓、抓书记"责任制,开展县委书记抓基层党建工作专项述职。

(三)加大高层次人才引进力度,增强人才工作服务科学发展实效 制定《进一步加强党管人才工作的实施办法》,进一步优化人才工作环境。大力引进急需紧缺高技术产业人才,设立人才补助金制度和人才引进奖,支持企事业单位引进人才。努力培育本土产业领军人才,建立企业人才载体建设联席会议制度,发展壮大一线技术技能领军人才队伍,深入推进高技能人才发展工程和名师、名医、文化英才培育工程,启动2013年度"市乡村之星"、"市有突出贡献的专业技术人员"和"市首席技师"、"市优秀创新团队"评审选拔工作,深入实施青年学术技术带头人培养工程。积极培育壮大企业家队伍,完善支持人才初始创业工作机制,举办人才创业大赛,构建创业人才孵化机制,着力培育杰出贡献企业家。创新发展农业产业化人才,深入推进人才服务"春风计划",形成了市人才办统筹调度、县区组织部门牵头抓总、涉农部门督导协助、乡镇党委承接服务的工作模式。

二、重大决策与主要工作

2013年,在省委、省政府的坚强领导下,市委团结带领全市广大干部群众,牢牢把握主题主线和稳中求进的总基调,积极抢抓"黄蓝"两区开发和济南省会城市群经济圈建设重大历史机遇,集中力量抓重点、办大事,千方百计推动经济社会科学发展、追赶超越。全年实现地区生产总值2156亿元,增长9.8%;规模以上工业增加值增长12.6%;固定资产投资完成1517.2亿元,增长19.6%;进出口总额达到83.3亿美元,增长32.4%;城镇居民人均可支配收入达到28363元,农民人均纯收入达到11358元,分别增长9.9%、13.1%。

(一)更加注重质量效益,坚持内涵发展 始终以质量效益为中心,大力发展绿色、循环、低碳经济,三次产业结构调整为9.8∶51.3∶38.9。公共财政预算收入税收占比达到75.43%,提高2.9个百分点。工业转型升级步伐加快,出台了《关于加快推进工业转型升级的若干意见》,纺织家纺、油盐化工、粮油果蔬、装备制造等传统产业链逐步向高端延伸。全年新增规模以上企业270家,工业主营业务收入实现7104亿元,增长15.6%。现代农业快速推进,粮食总产达266万吨,实现丰产丰收;农机化综合水平达到86.5%,机采棉示范推进工作走在全国前列;黄河三角洲(滨州)国家农业科技园区是全国三家"部省共建"园区之一,成功纳入国家"一城两区"战略布局;"渤海粮仓"工程实现新突破,中轻度盐碱地上大面积种植小麦平均亩产达到300公斤以上,北海、无棣盐碱地试种水稻成功。现代服务业拓展提升,黄河三角洲文化产业园、秦皇河公园、明珠剧院、北海湿地公园等重点项目进展顺利,成功举办孙子文化节、沾化冬枣节等经贸节会。

(二)更加注重资源环境,坚持生态发展 突出高效生态定位,强力推进"黄蓝"两区开发,黄河三角洲高效生态经济区建设顺利通过省规划中期评估。坚持集约集聚开发,规划建设北部沿海经济带、沿黄高效生态农业示范带,编制完成了《北部沿海产业规划》,实施沿海突破、产业提升、品牌拓展、改革驱动、生态支撑、民生保障"六大工程"。北海经济开发区起步区基础设施已逐步到位;滨州经济技术开发区升级为国家级经济技术开发区;市高新区通过省级高新技术产业开发区审定。主动对接省会城市群经济圈实施,与省发改委签订了《加快推进两区一圈开发建设战略合作框架协议》,在规划、产业、项目等方面与周边市进行了对接。加强生态建设,形成了7个行业15条循环经济产业链,实现了生态环保、经济发展和资源高效利用的"多赢"。开展小清河流域生态环境综合治理、潮河(秦台河)流域综合整治,全市8条河流9个断面水质持续改善。严把土地投资强度、环保、节能、产业布局、亩均产出"五个关口",扎实做好重点行业、重点企业和重点环节的节能减排。

(三)更加注重科技人才,坚持创新发展 大力实施创新驱动发展战略,以建立有利于科技创新的体制机制、完善以企业为主体的科技创新体系为目标,以提高自主创新能力为核心,抢抓机遇,汇聚优势,为经济社会发展注入活力。全市共建有省级重点(企业)实验室5家,省级工程技术研究中心26家,省级创新型(试点)企业18家,中国专利山东明星企业45家;省级产业技术创新战略示范联盟5家,院士工作站8家,省级国际合作研究中心4家,省级知识产权试点单位3家,为全市装备制造、新材料、生物医药、资源与环境和农业高新技术等产业成果转化和工程化开发提供了重要支撑。统筹推进各类人才队伍建设，柔性引进高层次人才82人，泰山学者海外特聘专家5人，全市累计引进海外人才345名。科技创新能力不断提升，连续三年荣获“全国科技进步先进市”。不断加大对外开放力度，滨州港一类开放口岸申报工作全面启动，鲁中运达保税物流中心获批设立。成功举办第12届银企洽谈会。全市上市企业15家，境外上市工作走在了全省前列。

（四）更加注重城乡统筹，坚持协调发展 坚持以城带乡、以工带农，南北联动、统筹发展。在中心城区，围绕打造黄河三角洲中心名城，突出“四环五海·生态滨州”品牌建设，推进城市生态化、精品化、数字化发展。中心城区顺利通过国家园林城市考核验收。在农村，突出“粮丰林茂·北国江南”品牌建设，连续五年开展以植树造林、农田水利建设为主要内容的“林水会战”，林木覆盖率提高到29.8%，一次性总蓄水能力达到8.9亿立方。10个镇列入“省级示范镇”。深入开展农村环境综合整治，利用3年时间，对5000多个村（居）全部实现硬化、净化、美化。重大交通设施显著改善，滨州港实现试通航；德龙烟铁路滨州段开始铺轨、阳信火车站变更获批并施工，黄大铁路项目获得国家核准；济滨东高速公路开工建设，无棣至莱州公路、埕口（鲁冀界）至沾化高速公路、长深高速高青至广饶段前期工作加快推进；大唐滨州2×35万千瓦热电联产项目获得国家发改委正式核准。

（五）更加注重改善民生，坚持民本发展 按照守住底线、突出重点、完善制度、引导舆论的工作思路和“民生保障向东部地区看齐”的工作标准，努力解决群众实际困难和问题，提升群众幸福感。全年教育、社保、医疗、住房等八项民生支出148.9亿元，占财政支出的比重为59.2%。年初16项民生承诺实事全部兑现。新增城镇就业7.2万人，农村劳动力转移就业16.4万人。滨州职业学院通过国家骨干高职院校验收。平安校车工程实现全覆盖。中小学校舍安全工程和学前教育三年行动计划如期完成。居民养老保险基础养老金提高到每人每月70元。农村低保标准提高到每人每年平均2520元，城市低保标准提高到每人每月平均430元。五保集中和分散供养标准分别提高到5350元和3440元，集中供养率稳定在80%以上。启动新农合20类大病保险工作，探索实施了乡镇卫生院住院“起付线以上全报销”制度。超额完成保障性住房和棚户区改造任务。荣获“十艺节”组织奖和三项群星奖。成功创建“中国书法城”。

（六）更加注重依法治市，坚持规范发展 全面落实依法治国基本方略，研究出台了《关于加快依法治市进程，推动滨州科学发展、追赶超越的决定》，把遵循法律的制约和规范贯穿决策的全部过程。扎实推进行政审批“三集中、两到位”，市级行政许可项目减少157项。市阳光政务服务中心、公共资源交易中心建成启用，有效整合了工程招标投标、土地使用权出让、国有产权交易、政府采购等平台。滨州市公共资源交易中心荣获“2013全国公共采购先进单位”。出台了政府购买公共服务、投资项目代建制等意见，调整市县财政体制，启动“营改增”试点，实施了食品药品管理体制、金融体制改革，试行了海域使用权“直通车”制度。加强和创新社会管理，深入开展联合接访日、民主议政日、社情民意日“三日”活动，通过领导干部下访、包信访积案、重点案件集中整治等方式，直接联系群众做好信访稳定工作。滨州成为“全国社会管理综合治理优秀市”。

三、改革与创新

（一）创新思路谋发展 客观分析发展形势，判定滨州正处于战略关键期、转型碰撞期、特殊敏感期、寻找驱动期、危险高发期“五期”并存的阶段，逐步提出了“更加注重质量效益，坚持内涵发展；更加注重资源环境，坚持生态发展；更加注重科技人才，坚持创新发展；更加注重城乡统筹，坚持协调发展；更加注重改善民生，坚持民本发展；更加注重依法治市，坚持规范发展”“六个更加注重”的发展理念，为到2016年实现“六个翻番”、提前全面建成小康社会、再造一个新滨州，努力实现生态美丽幸福新滨州的“滨州梦”，确立了科学发展思路。

（二）深化改革促发展 坚持以经济体制改革为主轴，一手抓科学发展，一手抓营商环境，双轮驱动、协调推进。突出理顺政府和市场关系，发挥市场在资源配置中的决定性作用，研究出台了《关于进一步打造一流营商环境加快追赶超越的意见》，优化审批流程、压减审批时限、提升服务效能，努力把滨州打造成全省行政审批事项最少、时限最短、收费最低、评审评估最快、服务水平最好的市。

（三）科学考评保发展 坚决破除唯GDP论英雄，引导各级干部树立科学发展观和正确的政绩观。组织成立市考核督查委员会，修订完善考核办法，把有质量效益、可持续的经济发展和民生改善、扶贫解困、社会和谐进步、文化建设、生态文明建设、党的建设等作为考核评价的重要内容，强化约束性指标考核，力求各项考核指标设计更加科学。

附：滨州市委书记、副书记、常委名单

书　记：张光峰

副书记：崔洪刚　薛庆国

常　委：张光峰　崔洪刚　薛庆国　秦传滨　祁维华（女）　胡炳山　葛　伟　魏克田　周桂萍（女）　杨国强　张　凯　洪胜兵　马春笋

中共菏泽市委工作概况

菏泽市委书记　于晓明

一、组织概况与党的建设

菏泽市共有地方党委10个，其中市委1个，县（区）委9个；共有各级党组507个，各级地方党委派出工委38个；共有基层党组织14577个，其中党委353个，总支部539个，党支部13685个。企业中共有党组织3374个，事业单位中共有党组织2607个，机关中共有党组织2051个。全市共有党员382691名，其中女党员55028名。

2013年，中共菏泽市委坚持党要管党、从严治党，为推动菏泽科学发展、加快发展提供了坚强的政治和组织保证。

（一）注重加强思想政治建设　大力加强理论武装，组织党员干部认真学习党的十八大和十八届二中、三中全会精神，认真学习习近平总书记系列重要讲话特别是视察山东及菏泽重要讲话精神，先后组织集中学习、专题辅导20余次，开展理论宣讲230场次。坚持搞好正面宣传，加强社会舆论引导，妥善处置重要敏感舆情74起。加强干部教育培训，邀请"省级名师"授课，举办各类培训班830余期，培训干部8.9万人次。

（二）扎实开展党的群众路线教育实践活动　全市纪检、组织系统作为第一批活动开展单位，扎实做好规定动作，积极创新自选动作，取得阶段性成效。同时，我们本着"早行动、争主动"的原则，超前安排部署，严格按照活动要求自觉先学先查先改，起到了热身作用，为活动的深入开展打下了坚实基础。多次召开市委常委会议、全委会议集中学习，分批次组织广大干部接受革命传统教育；坚持开门搞活动，成立专题调研组深入基层调查研究，市委常委带头细分不同领域召开专题座谈会征求意见；召开专题民主生活会，开展批评和自我批评，收到了红红脸、出出汗的良好效果；坚持聚焦"四风"问题，边查边改、即知即改、立行立改，兴办了大气污染防治、发展城市公交、打通断头路、开工丹阳路立交桥、整治露天烧烤、改扩建城区中小学等一大批民生实事，立查作风问题案件217件，问责408人；注重加强制度建设，本着"于法周延、于事简便"的原则，修订了考核办法等一批制度，废止了公费读在职研究生的做法等一批规定，出台了关于密切联系群众、转变干部作风的实施意见等一批办法，制度的笼子越扎越牢，越扎越密。

（三）全面加强领导班子、干部队伍和基层组织建设　全面加强各级班子建设，努力提高思想政治能力、动员组织能力、驾驭复杂矛盾能力。严格按照"好干部"标准选拔调整干部，进一步完善干部考核评价体系，加大干部监督力度。深入开展"第一书记"工作，"两新"组织党组织实现全覆盖。建立健全长效机制，完善了党组织书记抓基层党建工作专项述职制度，制定了《关于进一步加强县乡领导班子和干部队伍建设的意见》和《关于进一步加强农村基层组织建设的意见》。

（四）进一步强化党风廉政建设　创新反腐倡廉教育方式，大力开展警示教育，收到良好效果。认真开展县级党委正职向市纪委全委会述廉，扎实推进乡镇财物监管"双核会审"，积极实行乡镇财政所长异地任职、定期交流和离任审计制度，不断探索反腐倡廉建设新路子。加强公共资源交易、行政审批、招标投标等网络平台规范化建设，科技防腐能力进一步提升。坚持有腐必反、有贪必肃，加大专项监督检查、纠风治乱和案件查办力度，全市纪检机关立查案件1168件，党政纪处分1179人，促进了党风政风持续好转。

二、重大决策与主要工作

2013年，面对错综复杂的形势，我们在省委、省政府的坚强领导下，围绕既定目标，把握主题主线，按照"一二三四五"的工作思路，大力实施富民兴菏"八大战略"，着力推动菏泽经济社会科学发展、加快发展。全年实现地区生产总值2052亿元，同比增长12%；完成公共财政预算收入159.3亿元，增长6.3%；城镇居民人均可支配收入21236元、农民人均纯收入9309元，分别增长11%、13.7%；金融机构存款余额1918.8亿元、贷款余额1230.7亿元，分别比年初增加310.9亿元、168.4亿元。

（一）坚持提质增量，工业化进程进一步加快　按照园区化、链条化、高端化、集约化的要求，重点培育"四大主导产业"，大力实施"百千万"工程，新型工业化进程不断加快。狠抓招商引资和项目建设，积极实行市级干部包产业、项目责任制，开展了8次集中招商活动，新落地过亿元项目215个，8个列入省重点项目名单。着力推进园区建设，引导项目向园区集中、产业向园区集聚，14个重点园区完成固定资产投资600亿元，高新区通过省级现场评审验收。精心组织经济运行，在要素保障、开拓市场等方面综合施策，大力培育百强企业，加快发展中小微企业，新增规模以上工业企业245家，达到2650家；积极引导企业调整发展思路、加强自身管理、挖掘释放潜能，进一步做大做强，全市规模以上工业增加值、主营业务收入、利税分别增长17.8%、18.1%和17.8%。

（二）坚持拓展提升，城镇化步伐快速推进　坚持以"人的城镇化"为核心，走城乡统筹、市域统筹的一体化发展路子，积极构建布局合理、功能完善的"四点对接"新型城镇体系，城镇化率达到41.6%，提高1.6个百分点。全面提升市区建管水平，启动规划设计项目11项，市图书馆、牡丹生态公园全面竣工；新改扩建市直医疗单位6家，新建改造城区道路25条，打通断头路5条，全票通过国家级园林城市评审。加快推进县城、小城镇和生态文明村、农村新型社区建设，不断完善基础设施和公共服务设施，综合承载能力进一步增强。

（三）坚持优化升级，农村经济稳步发展 高度重视巩固农业的基础地位，进一步加大"三农"工作力度。着力提高农业综合生产能力，粮食总产134.6亿斤，实现"十连增"，小麦、玉米最高单产达到全省一流水平。加快推进农业产业化，初步形成了以粮油、果蔬、畜禽、林木、纺织五大行业为支柱的产业化链条；牡丹种植面积达到45.6万亩，第一条年产1万吨牡丹籽油生产线投产运营。不断完善农村基础设施，新改建农村公路1319公里，新增改善有效灌溉面积90万亩，新增饮水安全受益人口62万人。认真落实各项强农惠农政策，通过各种方式培训农民40多万人次，发放种粮补贴和良种补贴资金13.8亿元。

（四）坚持转型增速，服务业发展水平显著提升 把服务业发展作为转变发展方式的主攻方向，实现服务业增加值681.5亿元，增长12.5%，占比提高1.2个百分点。大力发展商贸物流业，稳步推进"万村千乡市场工程"，社会消费品零售总额首次突破千亿元，增长13.7%。深入挖掘"一都四乡"文化资源，着力发展文化旅游业，旅游收入达到78.5亿元，增长20%。积极发展现代服务业，济宁银行建成开业，浦发银行筹建完毕，现代金融总量规模和服务发展能力明显增强；大力发展电子商务、会展经济、家政服务等新兴服务业，成功举办了牡丹文化旅游节、中国林交会等活动。

（五）坚持科学发展，发展质量效益明显提高 牢固树立"绿水青山就是金山银山"的理念，积极谋求科学发展、绿色发展、低碳发展。大力实施创新驱动发展战略，全社会研发投入21亿元，占GDP的比重首次突破1%；高新技术产业产值达到1600亿元，占比达到30%；国家"千人计划"、博士后科研工作站和省级科技孵化器建设实现零的突破，首次被评为"全国科技进步先进市"。着力推进节能降耗，实施投资过亿元技改项目118个，按期关闭列入国家和省"关小计划"企业19家，圆满完成省下达的任务目标。牢固树立"大环保"理念，狠抓大气污染防治，全面落实"河长制"，空气质量持续好转，三条主要河流出境断面水质稳定达标，代表山东再夺迎淮核查第一名。坚持节约集约用地，盘活利用存量土地1.2万亩，市、县工业项目投资强度分别达到260万元/亩和200万元/亩。

（六）坚持打基础利长远，重大基础设施建设取得积极进展 把重大基础设施建设作为带动菏泽长远发展的重要抓手，千方百计加快推进。菏泽火车站提升改造、洙水河航道一期工程2014年底前可竣工投用，德商高速、东新高速、丹阳路立交、坚强智能电网、13座平原水库正加快建设，菏泽机场被纳入国家民航发展规划，济祁高速、菏鱼高速、菏徐铁路及曲阜东经菏泽至兰考铁路客运专线前期工作扎实推进，与齐鲁工业大学的合作加快实施，青岛保税港区菏泽功能区、济铁菏泽铁路物流园区建设已经启动。

（七）坚持民生优先，社会大局和谐稳定 按照"社会政策要托底"的要求，大力实施"民生优先"战略，扎实推进"六大民生工程"，着力办了30件民生实事，全市民生支出178.7亿元，占财政支出的67.6%。完成教育投入86亿元，新建幼儿园262所、城区中小学12所，新改建中小学校舍107万平方米，有效缓解了中小学大班额问题。20种重大疾病纳入医疗保险，公共文化服务体系建设扎实推进。新增公交车110辆，新开通公交线路6条、助学公交线路5条，市民出行条件明显改善。投入扶贫资金4830万元，重点扶持了161个贫困村，受益人口11万人。建立完善民意导向工作机制，深入开展矛盾纠纷大排查大化解活动，积极推进社区网格化管理，强化安全生产和食品药品监管，社会大局持续稳定。

三、改革与创新

（一）践行科学发展理念，实现工作指导重大转变 引导各级各部门以习近平总书记视察山东及菏泽重要讲话精神为指导，牢固树立科学发展理念和求真务实作风，由单纯追求"快"向更加注重"好"转变，努力实现质量与规模、效益与速度同步推进。在产业定位上，根据资源禀赋和产业基础，确定重点培育能源化工、生物医药、机电设备制造、农副产品加工、商贸物流五大主导产业，引导各县区扬长补短、扬长避短，实现差异竞争、错位发展。在发展动力上，坚决摒弃"捡到篮里都是菜"的思想，把提高发展的质量和效益摆在突出位置，加快"转调创"步伐，千方百计扩大优质增量，增强持续发展后劲。在发展理念上，始终坚持以人为本、民生优先，做好"加减法"，在做大"蛋糕"的同时更加注重分好"蛋糕"，更加注重社会公平正义，让广大群众共享发展成果。在考核导向上，进一步改进观摩方式、调整观摩内容、完善考核办法，新增群众满意度调查项目，引导各级正确处理"潜"与"显"、"快"与"慢"、"全"与"偏"的关系，多为群众办实事、做好事、解难题，多做打基础、利长远、可持续的工作。在底线思维上，始终严守环境保护、依法用地、安全生产、社会稳定四条红线，做到守住底线、不碰红线。

（二）全面深化改革，为加快发展提供强大动力 成立了市委全面深化改革领导小组，设立了市委改革办及6个专项小组，细化分解了132项具体任务，力争在深化经济体制改革、转变政府职能、建立城乡一体化发展体制等方面取得积极进展。围绕全面落实习近平总书记视察山东及菏泽重要讲话精神，研究制定了具体贯彻意见，明确了15项重点工作，出台了16个配套文件，努力推动总书记重要讲话精神在菏泽落地生根、见到实效。围绕实现鲁苏豫皖周边"审批时间最短、涉企收费最低、市场秩序最优、营商环境最佳"的目标，大力优化发展环境，市级行政审批事项精简

32%，审批时限压缩64%，减少涉企收费2300万元。围绕加强财政收入管理，出台了财政规范管理制度46项，调整了市对县区财政体制，实行分享县区税收总量10%的办法，引导县区提高财政收入质量，防范财政风险，最大限度发挥资金使用效益。

（三）开展专项治理活动，下大力转变干部作风　全面落实中央八项规定和省委实施意见，制定了《落实中央政治局八项规定的实施办法》等文件，明确了"五个不准"，要求市级领导干部每人每年到基层调研时间累计不少于2个月，驻村调研不少于5天。市委常委率先垂范，深入基层和群众，调查研究、访贫问苦，主动为企业、为群众排忧解难。严格控制办文办会，全年发文数量同比下降22%，简报种类减少41%，全市性会议下降42%。坚持推动作风建设常态化，深入开展"厉行勤俭节约、反对铺张浪费"专项行动和"庸懒散"专项治理活动，全市共问责2644人，市级公务接待费下降36%，因公出国人数减少56%，各级干部作风进一步转变。

附：菏泽市委书记、副书记、常委名单

书　记：于晓明

副书记：孙爱军　解维俊

常　委：于晓明　孙爱军　解维俊　段伯汉　张毓华　孙丰华（女）　李法洪　尹玉明　付　伟　王永江　杨东明　张晓海

县（市、区）委工作概况

济　南　市

中共历下区委工作概况

历下区委书记　田庆盈

一、组织概况与党的建设

历下区是省会济南的中心城区和老城区，面积100.89平方公里，辖13个街道，78个社区、20个村，常住人口75万，区属党（工）委34个，基层党组织1679个，共有党员2.79万。

2013年，历下区委在市委的坚强领导下，坚持以科学发展观为指导，按照市委"标准更高，环境更美，变化更大"的总体要求，大力实施"一二三四五"工作思路，繁荣文明首善之区建设迈出坚实步伐。

（一）深入学习贯彻十八届三中全会和习近平总书记视察山东重要讲话精神，将繁荣文明首善之区建设不断引向深入　把学习贯彻十八届三中全会和习近平总书记系列重要讲话精神作为重要的政治任务，作为开展群众路线教育实践活动的重要内容，与贯彻落实中央和省市委各项决策部署结合起来，在完整准确把握科学内涵和精神实质上下功夫，引导各级干部讲政治、敢担当，讲原则、守纪律，讲大局、重团结，抓关键、重落实，讲民生、比贡献，在全区上下营造了浓厚的发展氛围。

（二）注重把握方向、谋划全局　不断加强对全区各项工作的领导和指导，形成了一个思路、一个目标、一个局面、一个重心、一个氛围"五个一"的生动局面。即：确定了"一二三四五"的工作思路，明确了财政收入过百亿的奋斗目标，开创了全区上下大干快上抓项目建设的良好局面，突出了社会管理和民生保障这个重心，形成了提速增效、服务发展的浓厚氛围。

（三）不断提高党的建设科学化水平　紧紧围绕全区建设发展大局选干部、配班子，把"德才兼备、以德为先、群众公认、注重实绩"作为选任干部的首要标准，真正使经验丰富、踏实肯干、业绩突出的优秀干部走上各级领导岗位，领导班子和干部队伍素质进一步提高。深入开展城市社区服务型党组织建设，投入2340万元，按每个社区30万元/年的标准落实群众工作专项经费，提升了基层党组织服务群众的能力水平。

（四）切实加强自身建设　坚持把思想政治建设放在首位，努力使常委"一班人"的思想观念、精神状态、工作标准与发展要求、目标任务相适应。严格遵守中央"八项规定"和省市一系列会议精神，出台了关于改进工作作风的若干规定，规范公车使用、公务接待等行为，党政机关和领导干部的作风进一步转变。出台机关作风"九条禁令"，组织开展"庸懒散"现象专项整治专项检查，不断提高行政效能，打造廉洁高效的服务型基层政府。同时，注重支持人大、政协依照法律和章程开展工作，改善党对政法工作的领导，支持和保障政法机关依法独立行使职权。加强同民主党派、工商联和各界人士的合作共事，巩固和发展最广泛的爱国统一战线。改善对工会、共青团、妇联等人民团体的领导，更好地发挥其联系群众的桥梁纽带作用。深入开展

"六五"普法宣传教育活动，居民法制观念不断增强，基层民主政治建设稳步推进。

二、主要工作与成绩

（一）经济平稳较快增长 全年完成地区生产总值928.2亿元，增长9.7%；完成公共财政预算收入101亿元，增长15.7%，总量在全省142个县区级发展主体中列第2位。二、三产业比重调整为15.5∶84.5，经济结构更趋优化。完成全社会固定资产投资247.5亿元，增长21.5%；社会消费品零售总额625亿元，增长13.3%；招商引资140亿元；出口创汇7.23亿美元，增长49.6%。新增各类企业2494家，全区各类市场主体达3.5万余家，注册资本累计达2000亿元，市场活动更加活跃。

（二）城市功能形象显著提升 新区建设步伐明显加快，中央商务区建设取得新的进展，中国人寿组团等6个商务项目、总建筑面积78万平方米载体开工，中润三期等55万平方米载体基本完工；城中村改造步伐加快，总占地2700亩的刘智远旧村改造工程进展顺利，26万平方米保障房开工建设，丁家、义和等4个村启动改造。老城改造稳步推进，总建筑面积300万平方米的世茂国际广场、金光旺角等26个项目建设进展顺利，明府城保护性改造工作加快推进，城区基础设施逐步完善。按照"顺、洁、绿、水、好"的要求，打造与省会城市核心城区地位相称的城区环境。实施交通秩序治理，投入1850万元完成全部57个开放式小区交通微循环改造，交通秩序明显好转。舜井商厦等4处停车场基本完工，"停车难"问题得到进一步缓解。在全市率先启动工地扬尘和渣土运输集中整治，投入200万元为全区所有工地配备冲洗、监测、监控设施，确保了整治工作取得实效。

（三）民生保障水平不断提高 "124910"惠民工程（投入10亿元为群众办好12大类49项实事）圆满完成，全年民生和社会事业方面的投入占财政总支出60%以上。设立3000万元专项资金，低保家庭大病治疗全部由医保和政府承担，低保边缘家庭医保之外的95%由政府承担。每年向低保居民和低保边缘居民分别发放1000元和800元的医疗卡。对全区12家老年公寓进行设施提升，发放高龄津贴630万元。每年投入6000万元，保持1600个左右规模的大学生公益岗，投入2000万元成立山东财经大学历下大学生创业园，即将投入使用。新建改造解放东路、燕山等17处社区菜市场，规范56家放心早餐示范店。完成19处保洁员公寓建设，220名环卫工人居住条件得到有效改善。积极促进就业再就业，城镇登记失业率控制在1.88%。城乡居民养老保险参保率达99%。着力改善群众居住条件，盛福片区公租房项目主体完工，姚家村旧村拆迁安置工作全面完成。

（四）社会事业全面进步 大力实施素质教育，更加注重优质教育均衡发展，顺利通过"全国义务教育发展基本均衡区"验收。积极实行教育惠民，全年新建小学3所、幼儿园8所，为区属中小学4.5万余名学生免除了书本费。着力发展社区卫生服务，社区卫生服务覆盖率达94.7%。繁荣发展文化体育事业，新建18处基层文化活动场所，区图书馆被评为国家一级馆，群众精神文化生活更加丰富多彩。认真贯彻计划生育基本国策，人口自然增长率控制在3.16‰。全面加强民兵预备役和国防后备力量建设，军政军民团结更加巩固。

（五）社会大局和谐稳定 认真履行社会稳定第一责任，以社会管理创新为抓手，下大力气解决影响社会稳定的突出问题和历史遗留问题，筑牢了维护稳定的第一道防线。深化平安历下建设，广泛开展领导干部公开接访活动，认真做好矛盾纠纷排查调处，努力将矛盾化解在基层和萌芽状态。抓好社区网格化管理、协勤队伍建设和电子防控城工程，打造了立体化社会治安防控体系。严格落实安全生产责任制，认真开展安全生产和消防安全隐患大排查，大力加强食品药品安全管理，群众的生命财产安全和健康得到有效保障。

三、创新与经验

（一）深化对全区现代化建设规律的认识，创造性地开展工作 不断深化对全区建设发展阶段性特征的认识把握，提出了"一二三四五"的总体思路，即：牢牢把握首善之区建设这一核心；突出老城区和东部新区两大战场；做好现代服务业、城市建设和民生改善三篇文章；实现发展更好、服务更优、环境更美、社会更和谐四个目标；实行五条线推进的工作机制。将全区各项工作分为干部队伍建设和民生保障、城市建设和区域经济发展、基层政权建设、发展环境优化、社会稳定五个大的方面，由四大班子主要领导和区委专职副书记牵头，有关副区级领导协助配合，努力开创工作新局面。同时，围绕总体思路的实施，提出一系列奋斗目标和制度措施，统一了思想，凝聚了力量。

（二）坚定不移地抓项目促发展，推动城市建设与经济发展有机融合 始终把重点项目建设摆在突出位置，以项目长制为抓手，实施区级领导包办事处、包项目等行之有效的推进措施，实现了城市建设的全面推进，直接带动了财政收入过百亿目标的实现。

（三）坚持民生第一的发展理念，把群众的事情办好 坚持以人为本，把工作重心和财政投入进一步向民生领域倾斜，大力实施"124910"民生工程，不断扩大救助范围，提高保障层次，全面提升社会事业服务水平，努力让群众共享改革发展成果，得到了辖区居民群众的肯定和拥护。

（四）树立正确的政绩观，多做打基础、管长远的工作 坚持"功成不必在我"的理念，既立足当前，更着眼长远，甘做铺垫工作，甘抓未成之事，不管是"显绩"还是"潜绩"，只要是有利于发展、有利于民生的事，就坚定不移地抓下去，特别是在基层组织建设、大气污染防治等工作上下大气力、下真功夫，为今后的发展打好基础，推动历下加快发展、科学发展。

附:(一)历下区委书记、副书记、常委名单

书　记:雷天太(2013 年 6 月离职)
　　　　田庆盈(2013 年 6 月任职)
副书记:宋永祥　赵东升
常　委:田庆盈　宋永祥　赵东升
　　　　韩宏伟(女)　王　诚　曹　辛
　　　　聂　军　尹红梅(女)　高　卫
　　　　纪　亮　何继文

(二)各街道党工委书记名单

泉城路街道　张秋力
大明湖街道　石永先
东关街道　殷保钦
建筑新村街道　包　昆
千佛山街道　张　明
趵突泉街道　杜宝现
解放路街道　李乐军
文化东路街道　李　江
燕山街道　李光耀
甸柳新村街道　丁晓红
姚家街道　曾素燕
智远街道　田　耕
龙洞街道　何继文

中共市中区委工作概况

市中区委书记　朱红方

一、组织概况与党的建设

市中区面积 280 平方公里,户籍人口 58.8 万,辖 17 个街道办事处、105 个社区居委会、77 个行政村,共有 1829 个基层党组织,31291 名党员。2013 年,区委认真贯彻落实党的十八大和十八届一中、二中、三中全会精神,深入推进全区党的思想、组织、作风、制度建设和反腐倡廉建设,广大党员干部推动科学发展、促进社会和谐的能力水平不断提高。

(一)大力加强班子队伍建设　坚持"注重品行、崇尚实干、重视基层、群众认可"的选人用人导向,强化在项目现场、企业改制、信访维稳、村居建设等一线锻炼干部,着力打造敢打硬仗、能打胜仗的干部队伍,领导干部解决疑难问题、应对复杂局面的能力水平不断提升。立足建一流班子、带一流队伍、上一流水平、创一流业绩,健全完善符合科学发展观要求的干部考核评价体系,把工作的实际成效与领导班子的政绩评定和领导干部的提拔任用挂钩,以正确的导向把各级干部的积极性引导到推动科学发展上来。

(二)积极推进基层组织建设　探索建立以"社区党总支—特色党支部—楼栋党小组—党员中心户"为架构的城市社区党组织体系,分级分类组建志愿服务队伍,结合老年人、青少年、残疾人等群体的不同需求,有针对性地开展服务项目,社区党建工作呈现新局面。以用好选好带头人为重点,全面加强农村党组织建设,着力打造高素质农村党组织书记队伍,规范基层组织权力运行,村级组织服务带动发展的能力进一步提升。积极探索商圈、楼宇、餐饮、专业市场和小微企业五种区域化党建工作模式,精心培育"两新"组织党建品牌,党的组织和工作覆盖进一步扩大。

(三)切实加强党风廉政建设　建立督导检查工作机制,成立联合督导检查组,进驻各街道办事处和有关部门靠上督导不少于 10 天,全面了解各单位落实上级决策部署、重点工作推进、干部精神状态及党风廉政等情况,督促广大党员干部真正把心思用到干事业上、把功夫下到抓落实上。狠抓作风建设,坚持勤俭节约,开短会、讲短话、发短文,说实话、办实事、做老实人,减少应酬性活动,严格控制"三公经费"支出,切实做到为民务实清廉。同时,严格执行党风廉政建设责任制,积极构筑惩治预防体系,加强领导干部廉洁自律宣传教育,严厉查处违法违纪行为,坚决纠正损害群众利益的不正之风,全区党员干部廉洁自律意识明显增强,党群干群关系进一步密切。

二、主要工作与成绩

2013 年,市中区紧紧围绕"加快科学发展,建设美丽泉城"任务要求,攻坚克难,积极作为,全区经济社会继续保持健康发展的良好态势。综合经济实力不断增强,全区生产总值突破 600 亿元,同比增长 10.5%;实现公共财政预算收入 72.5 亿元,同比增长 14%。同时,城区功能明显提升,民计民生持续改善,各项事业全面发展,社会保持和谐稳定。

(一)着力推动结构调整,现代产业体系加快形成　坚持以高端高质高效为方向,大力推动服务经济优先发展,积极促进工业、农业经济加快发展,着力构建以现代服务业为主导、三次产业多元融合、良性互动的经济发展新格局。加快济南金融商务中心区建设,东亚银行济南分行等 14 家金融机构相继落户开业,全区各类金融机构及营业网点达到 270 余家,金融业实现区域税收 33.2 亿元。大力推进大型商业设施建设,中海环宇城满铺开业,鲁能领秀城商业综合

体裙楼封顶,欧亚大观商都开工建设,英雄山文化休闲商业街区改造全面启动,高端商贸业承载力和影响力不断增强。大力发展楼宇经济、总部经济,全区5000平方米以上楼宇达到60幢,税收亿元楼达到8幢,总部企业达到133家。坚持新型工业化道路,加快发展都市工业,深入推进创新战略,全区工业经济稳步发展,规模以上工业增加值增长10.5%,高新技术产业产值占规模以上工业总产值的比重达到86.2%。坚持因地制宜、突出特色,大力发展农业经济,规划占地面积5000亩的威龙千亩生态葡萄庄园等一批富有特色、具有较强吸引力的休闲旅游项目加快推进,石崮都市农业生态园、市中农业科技产业园等17个现代都市农业园区加快提升,农业经济在生态保护和富民惠民中加快发展。

(二)强力推进项目建设,发展后劲持续增强 坚持把项目建设作为全区发展的总抓手,年初确定的续建、落地、策划及基础设施等4类75个亿元以上重点项目加快推进。一是片区拆迁实现突破。南北康片区用50天时间完成拆迁350万平方米,兴隆片区自5月份启动拆迁以来拆除房屋352万平方米,二环西路南延、二环南路高架等基础设施项目拆迁工作有序推进。二是项目建设成效明显。绿地普利中心、山东书城、国际财富中心完成主体封顶;兴隆泛旅游综合体一期开工40万平方米,小姑山公园已进场施工,安置房开工建设;西河绿地新都会项目完成土地摘牌,已经启动开工;大庙屯文化创意城完成土地出让230亩,安置房建设已开工;百年老商埠项目一期工程完成地下施工,鲁能领秀城竣工69万平方米,中海国际社区竣工56万平方米,文庄公租房项目竣工4.7万平方米,经八纬一、梁庄片区居民回迁安置工作基本结束,柏石峪、井家沟、九曲片区村民安置房已经建成。三是项目策划招商取得实效。认真做好项目谋划,2014年全区亿元以上重点项目达到85个。精心做好项目策划,南北康片区规划取得阶段性成果,东地块已实现土地出让;四里村片区等项目已确定规划条件;魏家、韩庄等城中村改造项目已办理土地利用审查等有关手续。立足"招大、引强、选优",全年共引进山东文莱高速公路公司、山东美益投资有限公司等项目756个,实际到位资金72.4亿元。

(三)积极探索改革创新,发展动力不断增强 大力推动简政放权,在全市率先开展自管房产租赁权公开拍卖,探索把政府"不该管、管不了、管不好"的事情交给市场、企业、中介组织等运作管理,进一步推动了政府职能转变。针对全区11家区属困难企业,按照"一企一策"原则详细制定帮扶解困工作方案,抽调精干力量,成立12个协调工作组,蹲在企业,靠上工作,力争用2年时间完成困难企业帮扶解困任务。针对全区办公场所分散、办公条件差异较大、不利于管理等现状,采取资源整合、市场调配等措施,推动相对集中办公,进一步提高工作效率、方便服务群众。

(四)着力保障改善民生,社会保持和谐稳定 深入开展环境综合整治,实施6个老旧小区改造和8个村庄美化亮化工程,城区新增绿化面积21万平方米,屋顶绿化2.5万平方米,城郊农村实施山体绿化、荒山绿化、水系绿化共计9718亩,103省道出入口等路段道路绿化18.7公里,完成韩庄河等河道截污治污和综合整治,拆除违法违章建设27万平方米,城乡环境持续优化。全力办好年初确定的就业、帮扶、养老等12件民生实事,建立市中区外来务工人员综合服务中心,实施环卫保洁人员关爱工程,新建城区日间照料中心11处、农村幸福院6处,努力让群众共享改革发展成果。积极推行"1+X"社区服务管理模式,集中力量开展矛盾纠纷排查化解和信访积案攻坚,全力做好"09.28"专案审理、重大安保接待任务、十艺节等重要时期维稳工作,确保了社会大局和谐稳定。

(五)大力加强作风建设,发展环境进一步优化 扎实开展"转作风、抓落实、促发展"大讨论大调研活动,树立问题导向意识,深入查找在境界标准、精神状态、工作作风、推进措施等方面的突出问题,努力以更高的标准、更宽的视野、更大的力度推动经济社会发展取得新的更大成效。强化狠抓落实的制度保障,建立督导检查工作机制,推行重大事项、重点工作、重要工程项目化,项目推进责任化,责任落实具体化"三重三化"制度,充分发挥目标引导、督查促进和考核导向作用,保障各项工作落到实处。大力提升工作效能,深化行政审批制度改革,清理调整审批事项67项,承诺时限缩减32.7%,全区发展环境进一步优化。着力改进会风文风,加强公务用车管理,坚决抵制形式主义、官僚主义、享乐主义和奢靡之风问题,营造风清气正的社会环境。

三、创新与经验

回顾过去的工作,工作中的创新与经验主要有:坚持突出科学发展这个主题,以更宽的视野谋划工作,以更大的力度推进工作,以更高的标准衡量工作,努力实现经济社会又好又快发展。坚持突出项目建设这个抓手,坚持重要工作项目化、重点项目责任化、责任落实具体化,用心谋划,强力推进,不断增创发展新优势。坚持突出改革创新这个动力,以更大的决心和勇气、更有力的措施和办法,创新体制机制,充分激发和释放发展活力。坚持突出统筹兼顾这个路径,同步推进城乡建设与发展,拉开框架、拓展空间,努力实现城乡统筹、全域发展。坚持突出民生改善这个根本,着力解决人民群众最关心、最直接、最现实的利益问题,让辖区群众更多更公平地共享改革发展成果。坚持突出环境优化这个保障,下大气力提升行政效能,提高服务质量,让企业满意、让驻区单位满意、让群众满意。

附:(一)市中区委书记、副书记、常委名单

书　记:孟庆斌(2013年6月离职)
　　　　朱红方(2013年6月任职)

副书记:王勤光　邵登功

常　委:朱红方　王勤光　邵登功　王其广

于　红(女,回族)　　任晓策
谢兆村　蒋济东　刘伟华　王国顺
郅　颂(女)　　田俊林

(二)各街道党工委书记名单

舜玉路街道　蒋春雷
六里山街道　周　杰
七里山街道　齐志为
二七新村街道　闫志强
四里村街道　胡永福
杆石桥街道　贾汝兴
大观园街道　陈国华
魏家庄街道　焦卫东
泺源街道　胡　明
王官庄街道　孙振华
舜耕街道　刘淑芳(女)
七贤街道　潘建军
白马山街道　王宝安
十六里河街道　刘秀才
兴隆街道　李广林
党家街道　张敬轩
陡沟街道　邹　斌

中共槐荫区委工作概况

槐荫区委书记　李继民

一、组织概况与党的建设

槐荫区是省会济南的四个中心城区之一,总面积151.48平方公里,辖16个街道办事处,下设70个社区居委会、93个行政村,常住人口49.08万。2013年,全区实现生产总值320.6亿元,增长9.6%;地方公共财政收入33亿元,增长16.4%;固定资产投资229.8亿元,增长18.1%;社会消费品零售总额291.8亿元,增长12.3%;外贸出口3.2亿美元,实际到账外资4062.3万美元;农民人均纯收入16106元,增长11.9%。先后荣获全国科技进步考核先进区、全国社区志愿服务示范城区、全民终身学习活动周成功组织奖、山东省文化强省建设先进区、全省信访工作先进单位、山东省第三届全民健身运动会先进单位、济南市节能工作先进单位等荣誉称号。

2013年,槐荫区牢牢把握加强党的执政能力、先进性和纯洁性建设这条主线,全面加强党的思想、组织、作风、反腐倡廉和制度建设。

(一)进一步加强领导班子和干部队伍建设　坚持民主集中制原则,由常委会集体研究决定"三重一大"事项。注重在重点项目建设和工作一线发现、培养、使用干部,坚持正确的用人导向。大力加强干部培训,深入开展"解放思想、转变作风"集中教育活动,注重发挥党校干部教育培训的主阵地作用,全面推进十八大和十八届三中全会精神的学习宣传贯彻,理论武装工作进一步强化。

(二)坚持夯实基层党建基础　扎实开展"共产党员先锋岗"创建、"村村(居)提升"工程、社区党建"三有一化"书记项目等,基层党组织建设水平进一步提升。

(三)认真落实中央"八项规定"　制定出台了《关于改进工作作风的若干规定》等一系列规章制度,党员干部工作作风进一步转变。全面落实党风廉政建设责任制,深入开展廉政风险防控、防止利益冲突、区级党政班子向区纪委全会述廉等源头防治工作,持续加大查办违纪违法案件力度,党风廉政建设和反腐败工作进一步加强。

二、主要工作与成绩

(一)区域综合实力持续攀升　充分发挥优质大项目的拉动作用,重点推进的117个重点项目,开工率达88%。招商引资成效显著,引进项目230个,到位资金166亿元;三产主体地位进一步突出,房地产市场持续健康发展,商贸业不断膨胀壮大,银行、保险、商务等现代服务业实现多元化快速发展。工业支撑作用愈加明显,科技创新力度不断加大,天岳晶体、华润医药、山东电力等项目进展顺利,为全区实体经济发展注入了新动力。全面落实强农惠农富农政策,农业基础作用充分发挥,"两型"农业发展取得新成绩。

(二)迎办十艺节各项任务圆满完成　以征地拆迁、服务保障、环境整治、氛围营造为重点,扎实做好迎十艺节各项筹备保障工作,为十艺节成功举办提供了有力支撑。强力推进征地拆迁,累计拆除637个拆迁点,拆除面积6.5万平方米。强化对场馆及配套设施建设的服务保障,主动服务工程建设,及时协调解决工程推进中的各类问题。深入实施环境综合整治,累计投资2.6亿元,高标准开展了10大类28项重点整治工程。不断完善文化惠民设施,深入推进省级文明城区和"四德"工程示范区创建活动,持续深化稳定风险评估、矛盾纠纷排查化解等信访维稳体制机制,扎实开展安全生产百日行动,营造了既文明有序又安定和谐的环境氛围。

(三)城市建设管理水平显著提高　省会文化艺术中心"一院三馆"、济南西站南北综合体及站前东广场投入使用。西部新城全年出让土地近4000亩;恒大雅苑、中建锦绣城、金科世界城、西元大厦等重点项目进展顺利，龙湖地产、海亮地产等大型企业集团进驻，二环西路全面建成通车。百年商埠风情区规划策划初步完成，段店片区、连城国际等重点项目扎实推进；纬十二路拓宽改造正式启动，北大槐树等棚改项目拆迁全力推进，安置房建设同步展开。非遗园建设进展顺利，济齐路改造扎实推进，齐鲁大道"双跨"大桥建成通车；济西湿地一期工程基本完成，美丽乡村建设扎实有效。顺利完成撤镇设办工作，标志着槐荫区进入了统筹城乡发展、实现城乡一体化的新阶段。

（四）文化强区战略深入实施 充分发挥十艺节的多元带动作用，积极推进文化事业大繁荣、文化产业大发展，荣获首批山东省文化强省建设先进区，开启了槐荫文化名片从无到有、由弱到强的新纪元。区文化馆新馆免费对外开放，一批规范化综合文化站、文化大院全面建成，基本构建了覆盖城乡、惠及全民的公共文化服务体系。文化产业蓬勃发展，省会文化艺术中心投入商业运营，"一院三馆"成为全省、全市文化交流与艺术展示的高品质舞台；荣宝斋大厦基本建成，传媒大厦实现封顶，西街工坊、世纪金榜等健康发展，茶文化创意产业园全面启动。

（五）社会建设取得新进展 涵盖教育、医疗、就业等民生领域的12件惠民实事全部完成。制定出台了《密切联系群众大力改善民生的实施意见》，进一步明确了7大类108项民生工程，持续把民生建设推向深入，投资总量达1亿多元。筹资4300万元，实施了老旧开放式小区整治，受益群众8万余人。设立了1000万元的民生专项引导资金，认真落实村级公益事业建设一事一议财政奖补政策，累计筹资达到3500万元。深入实施社会综合治理，六大专项整治实现长效化。据统计，全年民生领域投入约13.5亿元，超过财政支出的60%。

三、创新与经验

以委托国家发改委产业经济与技术经济研究所编制的《槐荫区产业发展规划（2013年—2020年）》为引领，坚持"主体功能定位发展，产业集群重点支撑，重点项目多点联动"，努力打造九大产业集群。一是建设西部新城2平方公里的"T"字型总部经济集群。二是全力打造国家级碳化硅新材料产业集群。三是打造覆盖整个文化创意产业链的文化创意产业集群。四是形成富有竞争力的现代科技信息产业集群。五是打造高端演艺、会展、艺术品展示交易产业集群。六是打造生态休闲产业集群。七是建设纬十二路阳光新路高端商贸产业集群。八是打造高端装备制造业产业集群。九是依托九阳股份打造智能家电产业集群。

紧紧围绕全区"一城三区"总体布局，抓好"四大工程"和"一个创新"。四大工程：一是抓征地拆迁工程。强力推进西客站片区、北大槐树、南辛、经四纬十二、第三安置区等剩余拆迁点的拆迁收尾。二是抓项目推进工程。西部新城重点推进总部基地建设和西城国际会展中心落地，老城区重点推进纬十二路沿线15个城市综合体建设，生态片区重点推进非遗园、融汇温泉度假等项目，并通过大项目的带动和整体环境的提升，用2—3年的时间将吴家堡片区打造成为生态、文化、休闲特色小镇。三是抓城中村改造和村庄整合工程。以全市美丽乡村建设工作会议为契机，依托大项目建设，推动匡山、西沙等5个片区8个村加快城中村改造步伐，扎实推进非遗园等片区涉及的20余个村庄的整合工作。四是抓基础设施建设工程。进一步完善了交通路网、市政管网等基础设施建设，不断提高城市承载能力和辐射能力，为大项目的落地建设和整个生态片区的开发提供有力支撑。一个创新：创新思路、大胆实践，深入研究探索西部新城城市管理的新模式，构建起适应现代化新城区发展要求的城市管理体制机制。进一步完善党委领导、政府负责、社会协同、公众参与、法治保障的社会管理体制，积极推广"一平台、两中心、三站"的社会管理架构，推动社会管理由注重管控向注重服务转变，由事后处理向源头治理转变，由单一行政手段向行政、法律、调解、宣传引导等多措并举转变，社会管理科学化水平不断提高。

附：（一）槐荫区委书记、副书记、常委名单

书　记：李继民

副书记：国承彦　徐　宾

常　委：李继民　国承彦　徐　宾　陈贯鹏　周　敬　吴　力　武善欣　刘海峰　王传良　胡民安　董传师

（二）各街道党工委书记名单

振兴街街道	刘艳丽
五里沟街道	齐　敏
青年公园街道	张　喆
南辛庄街道	滕永军
中大槐树街道	朱庆胜
道德街街道	周　谊
营市街街道	刘　义
西市场街道	刘惠恩
张庄路街道	王殿纲
段店北路街道	牛兴军
匡山街道	张新村
美里湖街道	汪　浩
吴家堡街道	李　刚
腊山街道	米卫东
兴福街道	张士东
玉清湖街道	范忠平

中共天桥区委工作概况

天桥区委书记　毕筱奇

一、组织概况与党的建设

天桥区委辖28个直属党(工)委,有基层党组织1599个,其中党委60个,党总支131个,党支部1408个,共有党员32252名。2013年,区委着眼于全面提高党建工作科学化水平,加强党的思想、组织、制度、作风建设和反腐倡廉建设,为全区改革发展提供了坚强保障。

(一)选干部、配班子,增强服务科学发展能力　强化班子运行定期分析,注重在项目建设一线、重点工作一线、基层工作一线选拔使用干部。出台科级干部竞争上岗办法,干部竞争性选拔机制更加完善。调整交流干部277名,提拔使用35岁以下年轻干部14名,公开选拔12名区管副处级干部。

(二)抓基层、打基础,加强党执政的组织基础　出台《关于街(镇)党(工)委书记履行党建职责的意见》,建立街(镇)党(工)委书记基层党建工作季度述职制度,形成"联述联评联考"工作运行机制。深入实施"千村(社区)提升工程",扎实开展选派"第一书记"工作,对78名城市社区书记和41名农村支部书记进行专题培训。出台《社区服务型党组织和社区居委会年度考核试行办法》、《关于强化社区党组织书记十项重点职责的意见》,进一步规范基层服务型党组织的职责任务。推行党员积分制管理,增强党员党性意识,激发了党员队伍的生机与活力。

(三)育人才、聚贤能,提高了人才智力支撑水平　加大人才智力引进,选考教育、卫生领域专业技术人才115人。推进县域发展特聘助理计划和拔尖人才专业支持计划,选聘省级专家9名,表彰第二批"天桥才俊",借力省会人才服务经济发展。

(四)转作风、树形象,加强干部队伍作风建设　严格落实领导干部述职述廉、廉政谈话、函询等制度,扎实开展区级党政班子成员向区纪委全委会述廉工作。严格执行中央"八项规定"和省委、市委《关于改进工作作风的若干规定》,狠刹"四风"。保持惩治腐败强劲态势,严厉查处各类违法违纪案件。

二、主要工作与成绩

2013年,天桥区委按照"一二三四五"总体思路和"向南求特色、向北求发展"的总体要求,全面推进经济建设、文化建设、社会建设、生态建设,各项工作取得了新的进展。

(一)认真学习贯彻党的十八大和十八届三中全会精神　召开常委会议、常委(扩大)会议、区委理论中心组学习暨十八届三中全会精神辅导报告会,对党的十八大和十八届三中全会精神进行传达学习。把学习十八大和十八届三中全会精神与学习习近平总书记系列重要讲话和视察山东重要讲话精神结合起来,深化对涉及党和国家事业一系列重大理论实践问题和工作部署的认识。加强对深化改革的统筹协调和督促落实,制定了《关于认真学习贯彻党的十八届三中全会精神全面深化改革的实施意见》。

(二)推动经济持续健康发展　全区实现生产总值330亿元,同比增长9.2%;完成地方财政一般预算收入30.75亿元,增长15%;完成全社会固定资产投资140亿元,增长25%。拓展产业发展空间,济南化工产业园区全年新开工项目16个,建筑面积70万平方米,实现固定资产投资25亿元。鹊山龙湖项目完成总体规划设计。推进科技创新,组建9处产学研基地和4个国际合作平台。药山科技园产业升级步伐加快,天鹅棉机项目实现投产,重汽配件城、山大鲁发碳纤维、时代总部基地三期项目主体完工。加快商贸服务业发展,新开工重点服务业项目27个,泺口服装国际会展中心等5个项目纳入省级服务业载体项目。大力发展以楼宇经济和金融业为重点的现代服务业,现代服务业占服务业比重达到46.5%。积极发展文化产业,被省委省政府评为"文化强省建设先进区"。加快发展都市农业,创建市级农业示范园区9家,推广农产品品牌13个,发展市级以上重点农业龙头企业18家、农民专业合作社示范社11家,带动农民4000余户。保持投资持续增长,总投资亿元以上项目57个,完成投资102.8亿元,占固定资产投资的75%。

(三)加强城市建设管理　着力提升老城区,完成火车站北场站一体化项目房屋拆迁,与上海世茂集团签订官扎营片区开发协议。宝华片区2400户居民回迁新居。努力建设滨河新区,泺口片区完成居民拆迁852户,房屋征收完成85%。徐李片区北大时代项目36万平方米开工建设。药山片区大魏、张庄、小鲁庄城中村改造顺利实施。加快建设美丽乡村,积极推进农住房建设,靳家、大吴村安置楼主体基本完工。加强基础设施建设,标山南路等46条道路完成整修改造。新建环保型垃圾转运站10处。实施万盛大沟、虹吸干渠、边庄沟等河道截污工程。加强城市绿化,新增绿地21.6万平方米。提高城市管理水平,坚决遏制违法违章建设,拆除各类违法违章建设85处、5万余平方米。在济南市首创"红绿灯"渣土运输管理模式,被授予全市"建筑渣土管理规范区"荣誉称号。推进数字化城管项目建设,城区实现数字化城管系统全覆盖。

（四）不断优化发展环境 实施副区级干部包挂街镇和重点项目制度，14位区级干部包挂15个街镇和105个重点项目。建立重点项目调度机制，召开项目建设专题调度会40余次。制定《天桥区招商项目推介手册》，宣传全区发展环境、优惠政策和产业平台。加强行政效能监察，成立重点项目优化环境监督督办工作组，集中治理"庸懒散"现象。

（五）切实保障和改善民生 实施"爱生学校"项目，推进城乡紧密型教育共同体建设。积极促进社会就业，安置就业1.75万人。深入推进医疗卫生体系建设，提高乡医补助标准，加强基层医疗卫生服务平台建设。扎实做好计划生育工作，获得济南市人口计生目标责任管理一等奖。加强社会保障工作，城乡居民养老保险覆盖率达到98.9%。实施文化惠民工程，以"十艺节"为契机组织各类文化展演150余场次，区图书馆被文化部评为国家一级场馆。举办天桥区首届农民运动会，被评为省老年体育工作先进单位、全国全民健身活动先进单位和全国群众体育先进单位。深入推进"四德"建设，我区被评为全省"四德"工程建设示范区。

（六）创新加强社会管理 推广"五位一体"社区管理服务做法，"康桥经验"被评为全国加强和创新社会管理十佳典型案例，被济南市委确定为党的群众路线教育实践活动制度成果。总结推广以"三靠三用四到位"为主要内容的"象霞社区群众工作方法"。实施"暖心工程"试点，公办民助型养老模式走在全省前列。推进军民融合发展，巩固了全省双拥模范区"六连冠"成果。健全完善立体化社会治安防控体系，深入推进平安天桥建设。

三、创新与经验

（一）坚持把发展第一要务牢牢抓在手上 保持一定发展速度的同时，优化结构、增加效益、提升质量，实现可持续。正确处理改革发展稳定的关系，把握发展主题，凝聚发展力量，增强区域可持续发展能力。

（二）坚持解放思想、更新观念 坚持历史地系统地具体地分析研判面临的形势任务，以思想解放应对复杂局面，以观念更新创新举措方法，产业发展平台建设、城市改造开发、加强社会治理等工作不断取得新进展。

（三）增强全局意识、大局观念 把"再造新天桥"放在"建设美丽泉城"大局中推进，服从大局、服务全局，既全力落实市里的部署又积极争取市里的支持，更多的项目列入市里的盘子，更多的政策创新放在天桥实施，为天桥发展创造了更加有利的政策和工作条件。

（四）坚持统筹兼顾、重点突破 推进经济发展的同时兼顾各方面发展要求，各项事业相互促进、相互支撑，各项工作整体上水平。突出抓项目，以项目建设促投资、转方式、拓空间、惠民生、强作风。

（五）坚持务实求实、狠抓落实 大力倡导求真务实之风，对部署的工作明确责任、倒逼进度、强化调度，较真碰硬、善抓敢管，确保了各项工作快节奏、有实效。

（六）坚持增进团结、凝聚合力 注重加强干部队伍建设，注重加强领导班子和领导干部的团结，严格党性原则，加强沟通协调，形成风清气顺劲足的干事创业局面。

附：（一）天桥区委书记、副书记、常委名单

书　记：毕筱奇

副书记：李洪海　朱玉明

常　委：毕筱奇　李洪海　朱玉明　亓　伟
樊　瑞　滕志超　韩　伟
王　芳（女）　王联华
叶　辉（女）　张　庆

（二）各街道、镇党（工）委书记

街道、镇	书记
制锦市街道	郑学诗
北坦街道	续　明
纬北路街道	王新锋
天桥东街街道	胡风云
官扎营街道	李　旭
宝华街街道	孙向军
堤口路街道	张永强
无影山街道	孙广忠
工人新村南村街道	王永春
工人新村北村街道	赵新龙
药山街道	黄光秀
北园街道	蒋绪平
泺口街道	延　磊
大桥镇	李　雷
桑梓店镇	董学山

中共历城区委工作概况

历城区委书记　李胜利

一、组织概况与党的建设

历城区现有21个街镇党(工)委,16个区直部门党(工)委,1963个党支部,45319名党员。

2013年,区委团结带领全区党员干部群众,认真贯彻落实党的十八大和十八届三中全会精神和省、市委指示要求,切实加强了党的思想、组织、作风和党风廉政建设,广大党员干部的思想政治素质进一步提高。一是围绕保持党的先进性和纯洁性,加强党的思想建设。深入学习贯彻党的十八大及十八届三中全会精神,圆满完成第一批教育实践活动各项目标任务,积极组织开展党员干部联系困难家庭,全区广大党员干部党性观念和宗旨意识进一步增强。二是围绕固本强基,加强党的基层组织建设。充分发挥派驻单位和"第一书记"作用,帮扶经济薄弱村、提升工作薄弱村、整治难点村工作扎实推进。落实城市社区党组织服务群众工作专项经费,社区"三有一化"建设深入推进。着力提高"两新"组织党组织覆盖率,803家非公企业、37家社会组织建立党组织。三是围绕提高执政能力,加强领导班子和干部队伍建设。严格执行《干部任用条例》等规章制度,提高了选人用人公信度。四是围绕服务保障发展,加强党风廉政建设。认真贯彻落实中央"八项规定",切实解决好损害人民群众利益和群众反映强烈的突出问题。

二、主要工作与成绩

(一)经济发展迈上新台阶　加强经济运行调度,采取鼓励扩大投资、扶持小微企业、发展总部经济、稳定外贸增长等一系列有效举措,增强经济发展的内生动力和活力。新增市级高新技术企业18家,新增注册企业2726家,引进内资项目438个,到位资金213亿元,推动经济总量扩大、效益提升、后劲增强。全年实现生产总值706亿元,同比增长9.6%;完成公共财政预算收入53.28亿元,同比增长14.7%;完成固定资产投资335亿元,同比增长21%;社会消费品零售总额393亿元,同比增长14%;实际利用外资1.49亿美元,同比增长15.3%;城镇居民可支配收入和农民人均纯收入33840元、14500元,同比分别增长11.5%、12.5%。

(二)转方式调结构取得新成效　坚持以提质增效为重点,积极推动产业转型发展。工业经济稳中有升,围绕加速实现历城工业"由大变强",突出抓新型工业项目落地,加快传统工业转型升级,现代工业体系正加速形成。全年53个重点工业项目开工建设,完成工业投资105亿元,完成规模工业增加值150亿元。工业内部结构调整加快,完成技改投资100亿元,增长20%。临港开发区新建续建项目达到35个,固定资产投资等主要指标增幅均在25%以上;力诺科技园年销售收入同比实现翻番,达80亿元。服务业发展持续向好,金融、信息、高端商务等现代服务业较快发展,实现增加值177亿元,占第三产业比重达48.5%。意大利维龙等15个高端物流项目顺利签约落地,总投资120亿元。农业发展亮点纷呈,新增市级以上农业龙头企业14家,增至34家,龙头企业增至82家,涌现出董家柿子园、郭店世珍、仲宫虹禾谷等一大批集约程度高、产品特色鲜明、带动能力强的重点农业园区,农业产业化、品牌化建设取得显著成效,我区被评为省级现代农业示范区。

(三)城市建设开创新局面　坚持把统筹城乡发展作为提升城市品位、彰显城市特色的重要举措,集中力量组织实施了一批事关城市形象和人民生活的重点工程。城市化建设步伐明显加快,发展空间不断拓展。唐冶新区在建项目达到17个,华山片区成功签约中海地产,王舍人片区信豪鸿腾等8个重点在建项目进展顺利;雪山片区、旅游路片区分别与新加坡吉宝三家集团达成开发协议;济钢片区海亮院里项目开工建设,全年出让土地3000亩,出让金67亿元,增长110%。城市基础设施不断完善,完成省道103线大修、港西路改建,启动济乐高速连接线建设和机场路改造工程,新建改造村镇公路123公里。加强市政设施建设和城市管理,城市基础设施和生态环境明显改善。投资1.2亿元,实施大辛河等3条河道整治和应急疏通工程。

(四)改革开放步入新阶段　坚持整体推进和重点突破相结合,落实市级下放审批管理权限125项。有序推进财税体制改革,深化农村综合改革,完成首批农村土地承包经营权确权登记试点工作,新流转土地2万亩。创新招商引资方式,组建区招商办,出台总部经济扶持办法和招商引资项目核查等一系列政策措施,形成了项目策划洽谈、签约开工、投产达效一条龙服务机制。参加香港山东周和台湾、新加坡重点企业经贸洽谈等招商活动,与中海、万科、绿地、新加坡丰树等国内外知名企业集团顺利签约,招商引资工作取得了历史性重大突破。

(五)民生和社会事业建设取得新进展　持续加大民生投入,全区公共财政预算民生支出占比达到50%以上。提高城乡居民就业水平,新增城镇就业1.3万人、农村劳动力转移就业1.6万人,城镇登记失业率2.3%。阳光民生救助工作投入救助资金7500万元,救助各类困难群众19.4万户次。全年投入10亿元,实施教育惠民、就业帮扶、医疗保障等关注民生十件实事工程,切实解决事关人民群众切身利益的现实问题。做好矛盾大排查大调解工作,被评为全省信访工作先进单位。严厉打击各类违法犯罪活动，全力维护社会秩序，社会大局保持稳定。

三、创新与经验

（一）狠抓项目引进，促进经济发展　始终坚持把项目推进作为经济工作的重中之重，紧紧抓住项目建设不放松，坚定不移实施重大项目带动战略。全年实施重点项目142个，完成投资160.2亿元。新引进内资项目中，投资额达1亿元以上的98个，23个达10亿元以上。这些重大项目的建设，为我们加快成为“济南跨越发展新的增长极”奠定了坚实基础。

（二）狠抓作风建设，提高工作效能　坚持把作风建设作为促进经济发展的第一保障，建设类项目审批“一号通”试点工作全面试运行，制定了《关于鼓励总部经济发展的实施方案》、《关于促进民营经济发展的实施方案》等文件，出台《影响经济发展环境责任追究办法》等规章制度，紧紧抓住转作风、提效能不放松，深入推进改革创新，进一步优化了跨越发展的大环境。

（三）狠抓民生建设，促进社会和谐　坚持把保障和改善民生作为加快转变经济发展方式的根本出发点和落脚点，紧紧抓住创新社会管理不放松，加大民生改善力度，群众幸福指数进一步提升。全面推行合同监管、项目竞标、公章监管、三资代理“四位一体”的农村村务管理新机制，在加强基层组织建设、维护集体和群众利益、促进基层稳定等方面发挥了重要作用。

（四）狠抓党的建设，夯实基层基础　把加强党的建设作为做好各项工作的基础，紧紧抓住提高党的建设科学化水平不放松，以改革创新精神全面加强党的建设。认真开展区级党政班子成员向区纪委全委会述廉工作，加强和规范纪检监察归口派驻机构工作。最大程度激发调动各方面积极性主动性，人大、政协、武装等部门，都在服务全区经济社会又好又快发展中开创了新局面，做出了新贡献。

附：（一）历城区委书记、副书记、常委名单

书　记：李胜利

副书记：吴承丙　孙德顺

常　委：李胜利　吴承丙　孙德顺　路建玲（女）　李国祥　黄晓广　满　斌　寇少杰　边祥为　张庆国　禚红武

（二）各镇、街道党（工）委书记名单

山大路街道	张中原
洪家楼街道	申世平（女）
东风街道	侯光军（副书记、主任，主持工作）
全福街道	张宝贤
华山街道	王　平
荷花路街道	刘冠山
王舍人街道	韩延才
鲍山街道	周培利
港沟街道	马延良
唐冶街道	尹少华
郭店街道	孟祥民
遥墙街道	刘　栋
临港街道	许卫军
仲宫镇	刘兆河
西营镇	徐建利
柳埠镇	王元柱
彩石镇	马兆水
董家镇	田延良
唐王镇	李延德（副书记、镇长，主持工作）

中共长清区委工作概况

长清区委书记　王京文

一、组织概况与党的建设

长清区共有51个基层党委，192个党总支、1539个党支部，党员37817名。2013年，长清区委认真学习贯彻党的十八大和十八届二中、三中全会精神，按照省十次党代会的要求，不断积极探索，大胆改革创新，科学谋划和推进基层党建工作，为全区经济社会持续健康快速发展提供了强有力组织保障。

（一）加强常委会自身建设　以“讲政治，善团结，能力强，素质高”为目标，认真学习贯彻习近平总书记系列重要讲话和中央、省、市重要会议精神，不断提高区委班子的思想政治素质和驾驭全局、解决问题的能力；认真贯彻执行民主集中制，充分发挥领导班子成员作用，不断增强干事创业、推动发展的整体合力。

（二）加强干部队伍建设　一是以解放思想、提升境界为目标，要求领导干部带头讲真话、干实事，带头敢作为、勇担当，带头言必行、行必果，着力解决重报喜轻报忧、作风不深入、工作不扎实等突出问题；要求各级干部尽职尽责、真抓实干，日事日毕、日清日高，高标准、高效率、高质量完成各项工作。二是以建设为民、务实、优质、高效的团队为目标,着力加强工作团队建设,把全区各级干部分为六类团队,深入自查、开展恳谈、制定措施、提升完善,各级班子、各级干部的凝聚力、战斗力进一步增强。三是以"品德为先、发展为本、实绩为基"为导向,正确评价和使用干部,注重从工作第一线、建设最前沿,选拔工作上有本事、作风上过得硬、群众信得过、善于领导科学发展的干部,选人用人公信力不断提高。

(三)加强基层组织建设 一是实施街镇联系村居"121"工作法(即街镇领导班子成员每月到村居指导一次工作,每年到村居开展两次党员群众一对一恳谈活动,每年撰写一篇抓村居党建调研报告),解决街镇党(工)委抓基层党建责任心不强的问题,进一步提高农村党建科学化水平。二是开展了"村社合一扩面"活动(即村两委领办合作社,带动群众增收致富,增加村集体收入),有效解决村集体经济薄弱的问题。三是建立了村居"三诺"制度(即村居党组织年初向党员群众公开承诺、年内全面践行承诺、年底组织党员群众进行评诺),解决村居党组织服务群众不到位的问题。四是实行"重点人员管理计划",对各村居影响发展和稳定的村霸、市霸、痞霸调查摸底,实行重点监管,解决村居党组织损害群众利益的问题。

二、主要工作与成绩

2013 年,坚持以"加快融入省会中心城区"为目标,扎实开展"工作标准提升年"活动,抢抓机遇,提升标准,强攻项目,统筹兼顾,全年实现生产总值 233 亿元、增长 11.3%,地方公共财政预算收入 13.7 亿元、增长 19.2%,固定资产投资 170.3 亿元、增长 22.3%,三项指标增幅位居济南市前列。

(一)狠抓项目建设,壮大实体经济 突出招商引资与项目建设,培植优势主导产业,积蓄发展后劲,全区签约引进项目 88 个,完成招商引资额 93.8 亿元、增长 32.1%,新开工千万元以上项目 192 个,建成投产项目 101 个。积极培育环保设备、出版印刷、新能源(天然气输配送)三大新兴产业,全力促进装备制造、压力容器两大传统产业转型升级,新增规模以上企业 48 家、达到 197 家。大力发展品牌农业,建成市级以上农业园区、品牌基地 50 余个,长清茶种植面积达到 6000 亩,中草药种植面积达到 3.5 万亩。优化提升建筑业,住宅产业化项目稳步推进,建筑业总产值完成 100 亿元,商品房销售额 23.7 亿元、增长 123.6%。旅游业稳中有升,全年接待游客 680 万人次、增长 23%,实现旅游业总收入 47.9 亿元、增长 21%。

(二)突出城市建设,打造"宜居长清" 一是集中力量推动济南创新谷建设,三大规划(概念性规划、产业发展规划和加速器项目规划)基本完成,40 万平方米的孵化器项目正在施工,投资 100 亿元的清华紫光科技城等 17 个项目顺利签约;中建长清湖等一批新项目开工建设,第三安置区、北区污水管网等基础建设项目加快推进,园区配套水平进一步提升;济西湿地建设不断加快,河道、绿化、道路框架、桥梁等基础设施基本完成,预计今年顺利开园。二是全力支持济南经济开发区集聚发展,实施了平安片区安置房建设、电力改造、供排水配套等工程,项目承载力进一步增强;泉城农业完成投资 6500 万元,公园基础配套更加完善,园区环境明显改观,今年五一即将开园。三是全力加快主城区开发建设,挂牌出让项目 8 个,进入评估招拍挂程序项目 4 个,9 个项目正在土地熟化,5 个新开发项目顺利推进,济南市第一条轻轨 R1 号线正式启动、长清黄河大桥开工建设。四是全面提升城市管理水平,城市管理重心下移成效明显,城乡环卫一体化管理实现全覆盖;集中开展环境整治"春风行动","扮靓省会南大门"工程进展顺利,城区广告牌匾全面规范,重点道路、旅游线路周边环境进一步提升。

(三)强化社会管理,促进和谐稳定 突出办实事、促稳定,努力保障改善民生,帮扶弱势群体的"五千行动"扎实开展,为民十件实事圆满完成,城镇居民人均可支配收入达到 25399 元、增长 11.2%,农村居民人均现金收入达到 12694 元、增长 12.1%。深入实施"四德"工程,举办"领导干部大讲堂"、"农村干部大讲堂"500 余场,"五星级文明户"达到 1.78 万户,"厚德长清"品牌深入人心,公共文明程度不断提高。大力开展社会管理综合治理十大行动,大要案调度协调富有成效,信访总量下降 38.5%,治安满意度不断提升,社会大局保持和谐稳定。

三、创新与经验

(一)创新工作思路,引领科学发展 立足长清实际,根据不同阶段的发展需求,及时深化思路、改进措施,引领长清加快发展。年初,部署开展了"工作标准提升年"活动,动员全区上下全面提升各个领域、各条战线的工作标准,努力促进更好更快更大发展;春节后,提出抢抓六大机遇,转变工作作风,努力巩固保持良好发展势头;5 月初,强调认清形势、查找问题、反骄破满,变一般化工作为"用心干、拼命干";6 月中旬,提出瞄准既定目标,矢志不移,埋头苦干,不断扩大长清发展的大好局面;9 月底,部署"奋战四季度"和建设为民务实优质高效团队两项工作,通过团队能力的增强促进工作水平提升,确保超额完成全年任务目标;年底,动员全区上下继承和发扬苦干实干、攻坚克难的优良作风,团结奋斗、乘胜前进,推动长清持续健康快速发展。

(二)创新工作举措,促进加快发展 结合长清发展实际,部署开展了"解放思想,推进改革,提升工作"大讨论活动,安排区级领导牵头成立 5 个专题调研组,对经济建设、城市建设、街镇工作、社会管理和机关建设五个领域深入查找问题、研究解决措施,出台了《关于深化全区重点领域改革的意见》,形成 9 个方面、28 条改革举措,破除妨碍科学发展的思想观念和体制机制弊端。进一步优化发展环境,在济南市率先开通了建设项目行政审批"一号通",从项目立项到竣工验收一号通行，手续简化、时间缩短、流程规范，推动了项目加快建设。

（三）创新制度建设，推动健康发展 深入开展“三个怎么办”公开承诺与监督检查活动（企业、群众到我办公室办理事务怎么办？企业、群众遇到困难，我怎么办？企业、群众办理事务时没先找我，而是找了领导或其他同事，最后将工作转交给我；或言语不周，不合我意，怎么办？），建立实行“企业宁静日”制度，服务企业、服务发展的标准和水平进一步提高。积极贯彻“八项规定”精神，健全完善了公务接待函和接待清单入账制度，公务卡结算、公务用车管理制度，以及财政投资项目建设的各项制度，从根源上预防违规违纪问题发生。不断加大制度落实监督力度，实行经常化、制度化检查，保证各项制度落到实处、发挥作用。

附：（一）长清区委书记、副书记、常委名单

书　记： 王京文

副书记： 张洪武　孙常建

常　委： 王京文　张洪武　孙常建　袁长奎　张　彦　刘明霞　赵金民　韩　军　曹　军　孙　静　陈尔彪　张　峰

（二）各镇、街道党（工）委书记名单

文昌街道	赵　博
平安街道	周　波
崮云湖街道	李成刚
五峰山街道	王恩庆
归德镇	刘永亭
孝里镇	张振利
马山镇	许　兵
双泉镇	方宝军
张夏镇	刘兴文
万德镇	亓　明

中共章丘市委工作概况

章丘市委书记　江　林

一、组织概况与党的建设

章丘市辖14个乡镇、6个街道，908个行政村。共有77个党（工）委，231个党总支，2482个党支部，56916名党员。2013年，各级党组织坚持以科学发展观为统领，以党的执政能力和先进性建设为主线，全面推进党的思想、组织、作风、制度建设和反腐倡廉建设，为全市经济社会发展提供了坚强组织保证。通过积极稳妥调整财政收入结构，压缩非税收入，地方公共财政预算收入40.89亿元，其中地方税收29.91亿元，增长16.18%，税收占财政收入的比例由去年53.8%提高至今年73.15%，市财政收入结构明显优化，发展质量更加科学、更加健康、更可持续。

二、主要工作与成绩

（一）突出质量效益，实体经济持续健康发展 市委常委会始终坚持发展第一要务，牢牢把握发展实体经济这一重点，转型升级这一趋向，不断提高经济发展质量和效益，努力做到稳中求进、好中求快，三次产业结构调整为9.4∶60.2∶30.4。积极推进新型工业化，实施“131”和“小进规”工程，新增规模以上企业77家，完成规模以上工业增加值300亿元、销售收入1300亿元、利税130亿元、利润75亿元，分别增长13%、16%、23%、22%。设立全省首家县级政府质量奖。加强驰（著）名商标、名牌产品培育，新认定济南市级以上著名商标19件，被评为全省首批商标战略示范市。完成技术改造项目119项，完成新产品开发300项，新增国家级高新技术企业12家，济南市级以上工程技术中心、企业技术中心19家，高新技术产业产值比重达到42%，被评为全国科技进步先进县。圣泉集团设立全市首家博士后工作站，华凌电缆荣获山东省省长质量奖，昊月公司成为高吸收性树脂及检测方法国际标准主导制定单位。大力发展循环经济，实施节能减排工程75项，万元GDP能耗、主要污染物排放持续下降。加快省级现代农业示范区建设，小农水重点县三年工程通过省级验收，完成百脉现代农业示范园一期、绣江河中游治理等工程，高标准农田建设、南水北调地方配套等工程进展顺利。在全省率先发布农产品“百脉泉”牌区域公用品牌，新认证“三品一标”农产

品41个,新增济南市级以上农业龙头企业16家,新增农民合作社等新型农业经营主体389个。强化农产品质量安全,建立覆盖全市主要农产品的检测网络。粮食总产实现"十一连增",获评全国粮食生产先进县市、中国果菜生态优质农业十强县市、品牌农业示范县市。签约深圳喜来乐旅游综合体、山东电子商务示范园等现代服务业大项目,越海物流、大润发商业综合体等项目进展顺利。朱家峪风景区改造提升一期工程基本完工,龙山文化博物馆完成改造并免费开放,成功举办第二届"中国济南国际泉水冬泳节"、济南泉水节系列活动,实现旅游业总收入48.4亿元,增长30%。全年完成社会消费品零售总额279亿元、服务业增加值233亿元,分别增长16%、16%。

(二)坚持创新驱动,发展动力活力进一步增强 开展"项目建设突破年"活动,年初确定的200个重点项目按计划实施。完成固定资产投资355亿元,增长22%,其中工业投入172亿元,增长23%,占济南市全年工业投入的45%,为今后发展积蓄了强大后劲。出台《关于加快推进明水经济技术开发区建设发展的意见》,完善开发区产业规划和主项目区西片区控制性详规,实施框架路及管网、第三污水处理厂等基础设施建设,承载能力不断增强。突出"招大商引大资",提高项目准入标准,组织开展系列招商活动,全年签约项目22个,全部为过亿元项目。银江智谷项目填补软件产业空白,山东电子商务示范园项目建成后,将作为济南市创建国家级电子商务示范基地的主要载体。完成煤炭企业二次整合重组,企业提档升级和战略合作迈出坚实步伐。实行审批专用章、窗口首席代表、联审联办等制度,精简优化审批流程,政务服务效能不断提升。积极推进文化旅游产业市场化改革,景区质量、运营水平和发展后劲不断增强。加大增减挂钩工作力度,依法清理低效闲置用地。出台《关于加快金融业发展的意见》,开展"助保贷"等业务,全市商业银行达到18家,存贷比67%,提高4.2个百分点。农信社银行化改革迈出坚实步伐,圣鼎园公司在齐鲁股权交易中心上柜交易。实施百脉英才开发计划,优化人才成长环境,聘请中科院专家等22人为特聘专家(助理),新增享受国务院特殊津贴专家1人,4人入选济南市"5150引才计划",连续荣膺全省人才工作先进单位。

(三)推进城乡一体,新型城镇化进程明显加快 工作中着力突出重点片区、重点工程、重点社区建设,拓展城市发展空间,惠及广大群众。启动中心城区总体空间规划和白云湖湿地、朱家峪风景区等总体规划,完成刁镇省级示范镇总体规划和15个新型社区规划。有序推进"四大片区"开发建设,绣源河景区安置房实现群众回迁。北外环相公驻地段、绣水东街、桃花山公园改造提升工程如期竣工,G309收费站顺利东迁。实施小城镇建设三年行动计划,完成62项城镇化重点项目,村级公路网化工程通过省级验收,刁镇申报全国重点镇,相公庄镇新晋省级示范镇。提高增减挂钩补助标准,有序推进25个新型社区和城中村改造项目建设。创卫工作顺利通过国家爱卫会暗访验收和技术评估,凝聚形成的创卫精神成为推动全市科学发展的宝贵精神财富。创建国家生态市工作顺利通过省级预审评估,18个镇街创建为国家级生态镇。绣源河景区、白云湖分别荣获国家级水利风景区、国家级湿地公园。我市被评为中国生态小康示范市、美丽乡村典范县市。

(四)着力改善民生,社会更加和谐有序 "十项民生工程"、"十件惠民实事"全部完成年度目标任务,预计新增城镇就业6667人,农村劳动力转移就业1.2万人;城镇居民人均可支配收入和农民人均纯收入分别达到26140元和15490元,分别增长13%和14%。顺利通过全国义务教育发展基本均衡市验收,新建改造学校、幼儿园48所,高考一本上线首破千人大关,职专春季高考成绩列济南首位。医改重点任务全面完成,基本药物制度实现全覆盖,基本公共卫生服务均等化水平明显提高,公立医院改革试点积极推进,率先在全省实施新农合重大疾病保险工作,公共卫生中心主体建成。职工及城乡居民养老保险社会化发放率继续保持100%,城乡低保、农村五保标准进一步提高。实施农村公益事业"一事一议"项目390个,被评为全国"一事一议"规范化管理示范县市。扶持南部山区、北部滩区薄弱区域发展,完成60个村的村内街道硬化,实施造林绿化(退耕还果)6.7万亩。完成第三批248个济南市文明生态村创建任务,新建农村文化大院、农家书屋等100处,被评为全省乡村文明行动示范市;开展百脉剧场演出等文化活动,圆满承办"十艺节"系列文化展演,成功举办第四届全民运动会;扎实开展身边好人、道德模范评选活动,4人被评为济南市第四届道德模范。社会管理综合治理体系进一步完善,"A级"平安创建活动全面有序推进,初步完成视频监控天网工程,平安法治建设不断深化。"流动信访大厅"充分发挥作用,领导干部接访下访和矛盾纠纷排查化解深入开展,被评为全国平安建设先进市、全省信访工作先进单位。强化安全生产监管和企业主体责任,分类制定重点领域安全生产措施,持续开展安全生产检查和隐患治理。食品药品监管、审计、计生等工作取得新成绩。

三、创新与经验

创新发展党建工作。市委常委会高度重视和加强党员干部队伍建设,着力提高整体素质,提供坚强保障。开展"强党性、重品行、当先锋、促发展"集中教育活动,改进领导干部集体学习和会议方式,思想政治建设不断加强。完善科学发展综合考评体系,公开选拔12名副局级领导干部,选派39名干部到重点工程、重点项目建设一线挂职锻炼,树立注重实绩、鼓励干事的鲜明导向。认真贯彻落实中央八项规定和省、济南市有关部署,完善机关管理、公务接待、资金使用等制度,加强监督检查,作风建设成效明显,公车改革"五统三定"做法得到上级肯定。全面加强学习型服务型创新型基层党组织建设,扎实推进农村党组织"晋档创牌"、非公企业党组织示范点创建工程。以壮大农村集体经济为抓手,以打造坚强有力的服务型基层党组织为目标，推广支部“一加三”工作，全年“脱空”村120个以上，实现了支部有作为、集体增收益、群众得实惠，进一步密切了党群干群关系，全国党建研究会将该做法作为重大调研课题，给予高度评价和充分肯定，并在我市召开课题成果交流会，推广章丘经验。认真落实党风廉政建设责任制，市级党政班子成员向市纪委全委会述廉，廉政教育、廉政文化创新发展，在济南市率先建成“农廉网”，积极推进非公企业纪检组织建设。实施“廉效监察”等专项行动，开展招投标、项目建设等重点领域专项检查，深化明察暗访，开通作风效能短信投诉平台，严厉惩治违纪违法行为，营造了风清气正的良好氛围。

附：(一)章丘市委书记、副书记、常委名单

书　记：江　林

副书记：刘天东　李文秀

常　委：江　林　刘天东　李文秀　王继民　孟雪峰　齐怀栋　亓　峰　赵立元　杨高峰　王　斌　王士强　李会军

(二)各乡、镇、街道党委书记名单

明水街道　王　勇
双山街道　张　刚
龙山街道　（空缺）
枣园街道　滕培汤
埠村街道　李良阁
圣井街道　刘韶山
高官寨镇　李庆祥
水寨镇　王向儒
辛寨镇　高成玉
刁　镇　（空缺）
绣惠镇　谭连勇
宁家埠镇　张　钰
白云湖镇　刘　涛
相公庄镇　李前卫
普集镇　张乃成
官庄镇　杨　忠
文祖镇　赵兴林
曹范镇　张广强
垛庄镇　（空缺）
黄河乡　赵德峰

中共平阴县委工作概况

平阴县委书记　毛华铭

一、组织概况与党的建设

平阴县现有38个基层党(工)委，76个党总支，1114个支部，25081名党员。2013年，县委认真学习贯彻党的十八大和十八届二中、三中全会精神，深入贯彻落实科学发展观，党建工作科学化水平明显提高。

(一)不断加强理论武装　把学习贯彻十八大和十八届二中、三中全会精神作为主线，与三年突破平阴相结合，从实际出发谋划发展，确保了上级决策部署在平阴的贯彻落实。依托集政策理论宣讲、新闻通讯报道、乡风文明宣传于一体的村居宣传员队伍，利用“十八大精神集中培训月”、“玫城大讲堂”、“道德大讲堂”等活动载体进行多层次宣讲。村居宣传员做法作为全省创新案例推广，县委中心组荣获全省先进县级党委中心组。

(二)抓好领导班子和干部人才队伍建设　组织企业家、党员干部到江浙苏北、进上海交大解放思想、拓宽视野、提高能力。加强干部的跟踪考察和效能问责，面向社会公开选拔25名年轻干部，充实一线培养锻炼。

(三)大力加强基层组织建设　深入推进基层服务型党组织建设，充分发挥“第一书记”包村帮镇促县作用，积极搭建“1+10”竞赛平台，积极开展机关“三服务”、“下基层、解难题、办实事”活动、村级班子集中教育提升活动和村支部书记大比武活动，基层党组织战斗力和凝聚力进一步增强。在全市率先成立离退休干部党工委。荣获“全省老干部工作先进集体”荣誉称号。

(四)切实加强反腐倡廉建设　认真贯彻省、市关于改进工作作风、密切联系群众的八项规定和厉行勤俭节约、反对铺张浪费的要求，严格落实党风廉政建设责任制，开展县级党政班子成员向县纪委全委会述廉工作，深化党务公开暨权力运行“阳光工程”，全面推进廉政风险防范管理，扎实推进惩治和预防腐败体系建设，有力促进了党风、政风和民风进一步好转。

二、主要工作与成绩

2013年，平阴县抢抓省会城市群经济圈规划实施和“三年突破平阴计划”战略机遇，集中精力抓投入、扩总量，下大气力抓改革、促转型，千方百计优环境、惠民生，经济社会发展呈现出总量扩张、结构优化、效益提高、民生改善的良好态势。完成生产总值191.5亿元，同比增长11.9%；地方公共财政预算收入11.69亿元，增长15.3%；完成固定资产投资160亿元，增长25%；城镇居民人均可支配收入19019元，农民人均纯收入10836元，分别增长12%和13%。孔村镇镇级公共财政收入突破1亿元。争创为全国国土资源节约集约模范县，被列入全国高标准农田水利建设示范县、全省8个美丽乡村建设试点县之一。

(一)产业结构优化提升 全县初步形成了机械装备、炭素、医药食品、水泥建材、服装鞋帽和战略性新兴产业六大产业集群。三产结构比重调整为15.3:56.7:28.0。工业经济扩规增效，规模以上工业实现主营业务收入249.88亿元、利税40亿元，增长16.9%和15.9%，机械装备产业主营业务收入实现过百亿元。高新技术产业产值比重达到36%，35个项目列入省技术创新项目计划，自主创新能力不断增强。玫德公司获批国家级企业技术中心，福胶集团获批博士后科研工作站。现代服务业提速发展，实现第三产业增加值53.61亿元，增长11.5%；社会消费品零售总额77.07亿元，增长13.8%；金融存贷款余额分别达到129亿元和67亿元。义乌小商品城正式开业，龙冈梦幻星空、新天地商务中心加快建设，玫瑰湖湿地公园一期工程完工，山东万商城奠基动工。现代农业产业化特色化推进，“一环两区一带”产业布局初步形成，年新增土地流转2.1万亩。全县累计认证有机、绿色、无公害和地理标志农产品117个。市级现代农业科技示范园、七彩谷食用菌产业园进展顺利，“一红(玫瑰花)一绿(蔬菜)一白(奶牛)”主导产业特色更加突出。

(二)新型城镇化有序推进 围绕“山水园林城、泉城后花园”的特色定位，按照统筹城乡、梯次衔接、布局合理、功能配套、以大带小的原则，充分发挥县城龙头作用，加强城乡建设统筹，形成空间科学合理、协调联动发展良性格局。县城发展扩容提质，17个城中村改造全面铺开，新开工建筑面积38万平方米。云翠新区加快推进，九年制实验学校建成使用，中医院迁建项目主体完工，全民健身中心加快建设。翠屏街、青龙路等城区道路改造提升，城区基础设施逐步完善。美丽乡村建设启动实施。城乡环境综合整治全面展开。孔村镇列入国家小城镇试点，孝直镇列入省级示范镇。稳妥有序推进新型农村社区建设，在建社区25个，建设住房1.4万户、面积173万平方米。建成孝直、东阿、孔村等6处污水处理工程、5个垃圾中转站，进一步配齐了村镇生活垃圾收集、清运设施。

(三)生态文明建设成效明显 以国家森林县城、省级园林城市、水生态文明县、省级生态文明县“四城联创”为抓手，积极推动城市绿荫行动、城乡绿化八大工程和水系综合治理工程。全面开展城市建绿补绿透绿，精心打造“樱花街”、“红叶街”，街道景观初步形成。完成造林绿化面积2.6万余亩，城区新增绿化面积20万平方米，森林覆盖率达到37.5%。治理破损山体9座，关闭整合建筑石料矿山43处，有效提高了全县矿产资源规模化、集约化开采水平。实施污染减排工程，二氧化硫和化学需氧量排放分别削减672吨和364吨，节能考核列济南市第二位。围绕水系打造，实施锦水河、安栾河、浪溪河综合治理，精心打造河道景观，山水园林城市特色更加明显。

(四)社会民生事业蓬勃发展 用于“三农”、教育、社保、医疗卫生等民生支出占公共财政预算支出的59.65%。职教中心通过国家示范校验收，中小学标准化建设通过省级验收，新建、改扩建幼儿园20处。新农合财政补贴标准提高到每人每年280元，最高补偿额由12万元提高到15万元，县人民医院外科综合楼建成使用，全县医疗机构实现药品零差率销售，减轻群众医药负担2000多万元。城乡低保标准分别提高到月人均400元和年人均2500元。连续提高环卫工人工资，达到全市保障线标准。县农民工综合服务中心投入使用。全年新增城镇就业3857人，转移农村劳动力7120人。文化建设全面推进，电视连续剧《一个和八个》在我县拍摄，12个村(居)荣获省“乡村文明行动示范家园”。社会治理更加科学，在全省县(市、区)群众安全感和满意度调查中列第33位。

三、创新与经验

(一)遵循科学发展的执政理念 立足县情，作出了“平阴目前仍处于打基础、扩总量、蓄后劲的阶段，仍处于爬坡过坎、蓄势突破的重要节点，科学发展、加快发展比以往任何时候都更为紧迫、更加重要”的形势判断，强调发展突破的决心不动摇，标准不降低，速度不减慢，劲头不松懈的“四不”原则。坚持一张蓝图干到底，深入推进工业强县战略、“山水园林城、省城后花园”、六大产业集群、三年突破“123”的目标体系的落实。追求实实在在的发展，有效益、有质量、可持续的发展，群众认可、得实惠的发展。无论是美丽乡村建设，还是城乡环境综合整治，都力争让群众感受、让群众评价、让群众满意，实现群众看得见、摸得着、感受得到的成效。

(二)形成以问题倒逼决策的良性机制 坚持重大事项、重大项目、重大工程“未经调查研究不决策，未经广泛听取意见不决策，未经专家咨询不决策，未经合法性论证不决策，未经集体讨论不决策”的“五不”要求。全委会报告、政府工作报告起草，都做到了事先深入调研，广泛征求意见，梳理出5大类18个方面的问题建议，形成以问题为导向倒逼决策深化的运行机制，增强了各项决策的科学性、民主性和实效性。

(三)营造敢作敢为、狠抓落实的工作氛围 突出强调每项重要工作“早部署、早落实”，每个重大项目“快推进、快突破”，每个重点指标“快提升、快进位”。制定出台加强督查的意见，全县转变作风狠抓落实的12条意见，从县委常委会、县四大班子做起，带头抓落实，保障县委、县政府决策部署能得到不折不扣的执行落实。在重点项目建设以及旧城改造中，靠前指挥，一线办公，集中处理解决了一批影响项目建设、制约发展环境的困难问题，形成了立说立行、苦拼实干的良好风气。

附：(一)平阴县委书记、副书记、常委名单

书　记：朱红方(2013 年 7 月离职)
毛华铭(2013 年 7 月任职)

副书记：朱云生　刘业朝

常　委：毛华铭　朱云生　刘业朝　陈　红
焦卫星　宋广炎　翟立波　魏志胜
牛世亮　齐广山

(二)各街道、镇党(工)委书记名单

榆山街道　董泽勇
锦水街道　张　军
安城镇　李吉宏
玫瑰镇　李冠芳
东阿镇　姜爱文
洪范池镇　夏冬梅
孔村镇　尚海成
孝直镇　刘忠亮

中共济阳县委工作概况

济阳县委书记　祖爱民

一、组织概况与党的建设

济阳县共有基层党(工)委 35 个，党总支 58 个，党支部 1433 个。其中镇(街道)党(工)委 10 个，农村党支部 844 个。2013 年，全县共发展党员 336 名，其中 35 岁及以下的占 58.9%，高中以上文化的占 70.2%，女性占 27.4%。截至 2013 年底，全县共有党员 25487 名，其中农村党员 15094 人，占全县党员总数的 59.2%；机关、事业单位党员 7125 人，占 28%；公有制企业及“两新”组织党员 3268 人，占 12.8%；女性党员 3456 人，占 13.6%。

2013 年，县委认真贯彻党的十八大和十八届二中、三中全会及省、市第十次党代会精神，以习近平总书记系列重要讲话和视察山东重要讲话精神为指引，全面加强和改进党的建设，各级党组织的凝聚力、战斗力不断增强。

(一)加强基层组织建设　严格落实党建工作责任制，实施县委常委包镇(街道)制度，深入开展“双联双诺双先锋”和“党员在您身边，群众在我心中”服务奉献活动，党组织和党员履职尽责、服务群众的能力进一步提高。按照“三推三示两票决”和“两考三审”制度发展党员 336 名，进一步优化了村级党员干部队伍。大力实施“1 + 5”固垒工程，创新基层党组织设置方式，扩大覆盖范围，特别是农民工党建工作实现新突破，在崔寨镇建立了我县第一个农民工党支部，逐步破解农民工党员队伍管理难题。深入推进“百千万”工程，发挥“第一书记”引领带动作用，促进了薄弱村的提升，群众生活明显改善。注重发挥基层党组织作用，不断壮大村集体经济收入，村集体收入过 3 万元的村由 2012 年的 34 个增长到了 162 个，真正让村集体有钱办事。

(二)加强干部队伍建设　突出抓好领导班子和干部队伍建设，坚持德才兼备、以德为先的用人导向，不断深化干部人事制度改革，建立有效管用、简便易行的选人用人机制。坚持以发展论英雄、凭实绩用干部，注重在基层一线、艰苦环境中，在招商引资和项目建设中培养磨练干部，不断提高选人用人公信度和科学性。完善干部选拔任用机制，对部分领导班子进行调整，进一步优化了干部队伍结构，激发了领导干部干事创业热情。加强干部教育培训，共举办培训班 85 期，培训干部 3 万余人次，增强了领导干部干事创业的能力。加强党员教育阵地建设，投资 80 余万元对史家寺第一党支部进行改造提升，并被列为济南市党史教育基地。积极实施“星网工程”建设，利用网络搭建起基层党组织和党员互动交流、学习培训、服务群众、创先争优的平台。

(三)加强党风廉政建设　积极安排纪检、组织系统参加第一批党的群众路线教育实践活动，取得了丰硕成果，为全县开展第二批活动积累了经验。不折不扣落实中央关于改进工作作风、密切联系群众的“八项规定”和省委实施办法、市委若干规定，对公款吃喝、相互宴请、公车私用等群众反响强烈的不良风气进行了专项整治，营造了风清气正、干事创业的浓厚氛围。把反腐倡廉建设摆在更加突出的位置，严格执行中央、省、市关于廉洁从政的各项规定，全面推进惩治和预防腐败体系建设。坚持党政领导干部重大事项报告制度、党政班子向县纪委全委会述廉工作制度，健全权力运行制约和监督机制。突出抓好重大领域、重点环节和关键岗位的监督管理，不断健全完善廉政风险防控机制。继续保持惩治腐败的高压态势，着力解决强农惠农资金落实、征地拆迁等方面存在的腐败问题，依法严肃查处损害群众利益、影响恶劣的违纪违法案件 42 起，为国家和集体挽回经济损失 122.81 万元。

二、主要工作与成绩

2013 年，完成生产总值 231.2 亿元，可比增长 13.1%；

地方公共财政预算收入14.7亿元,增长17.4%,三年实现翻番;全社会固定资产投资172.3亿元,同比增长22.6%。

(一)工业经济快速发展 坚持工业强县不动摇,狠抓招商引资和项目建设,以招商引资推动工业经济快速发展,以工业经济的先行突破带动县域经济的整体提升。新签约落户了丹夫食品、古德面包、旺旺集团PET生产线、统一二期等项目,初步形成了食品饮料、机械装备两大特色产业集群,叫响了济北开发区、台湾工业园、液压升降平台产业园和食品工业城四大品牌。全县新增规模以上工业企业35家,规模以上企业增加值、销售收入、利税分别增长22.5%、26.1%和38.5%,增加值增幅连续两年位居济南市首位,工业税收占全部税收的比例达到59.5%。

(二)农业效益大幅提高 高度重视粮食安全,高标准农田建设扎实推进,第二批小农水重点县工程、新增千亿斤粮食产能规划项目顺利通过验收,粮食生产连续十一年丰产丰收。大力实施新"四个一"农民收入倍增计划,农民人均纯收入12122元,增长12.7%。加快农业园区建设,现代农业科技示范园果菜项目通过省级评估,新增市级农业园区3个,新发展旅游观光采摘园9处。进一步做强"济阳瓜菜"品牌,成功举办首届放心农产品展销会、梨花节、西瓜节、黄瓜节等节庆活动,垛石镇荣获"中国番茄之乡"称号,曲堤镇代表全市参加了习总书记主持召开的"三农"工作座谈会,曲堤黄瓜品牌和营销模式得到总书记充分肯定。

(三)城镇建设扎实推进 坚持规划先行,强化城市发展战略性研究,对《济阳县城市总体规划》、《城镇化发展规划》等进行系统修编,城镇功能和发展定位更加清晰。围绕提升城市的承载功能和品牌价值,大力实施了城建"十项工程",扎实推进了浙江五金建材城、黄河古镇开发、徐家片区拆迁改造、澄波湖综合开发、海棠湾国际温泉、华辰百线文化综合体等关键项目。围绕改善民生、提升环境,加快推进新型农村社区建设,全县共有23个社区开工建设,全部建设完成后,可腾出土地20572亩。同时,加快推进G220线、S248线改造提升,努力做好济乐高速、济东高速的建设协调工作。

(四)社会民生持续改善 实施民生优先战略,全年民生领域投入13.7亿元,占财政支出的60.6%。积极回应群众期待,扎实推进年初确定的"十件实事",一批涉及群众切身利益的问题得到有效解决。城乡社会保障、新型农村合作医疗、城镇职工基本医疗保险、农村五保户集中供养、城乡最低生活保障等社会保障体系更加健全,标准不断提高。高度重视创业就业,农民工综合服务中心加快建设,济阳劳务品牌实现境外注册,全县在外务工人员稳定在12万人。深入开展政法基层基础建设年活动,县法院荣获全省集体一等功,"天网"工程监控范围延伸至畜牧小区、蔬菜大棚等重点区域。积极引导帮助少数民族村发展特色经济,民族关系团结融洽,社会大局和谐稳定。

三、创新与经验

(一)解放思想,抢抓机遇 始终以解放思想为先导,把解放思想贯穿于工作的全过程,坚持以思想的大解放推动经济社会的大发展。坚持在解放思想中统一思想,通过外出参观学习、县内观摩对比、组织大讨论等形式,引导全县上下对比先进找差距、加压力,查找问题挖根源、议对策,增强各级加快发展的紧迫感和责任感。坚持在解放思想中抢抓机遇,特别是针对济南市实施帮扶国有困难企业的战略机遇,引入浩鑫投资有限公司和中铁建二十四局,两个企业合作投资60亿元,对济阳灏源造纸厂进行资产并购,一次性解决了灏源造纸厂各类欠账欠款7700万元,盘活土地1368亩。

(二)抓住关键,突出重点 立足形势发展要求和济阳县实际特点,围绕"深化对接融合,加快跨越赶超,全面开启济阳科学发展新征程"这一中心任务,提出"加快建设北跨产业发展区"和"早日全面建成小康社会"的发展目标,积极承接省城北跨,主动融入济南发展。这个发展目标既与省市的决策部署相一致,符合济阳发展实际,又保持了工作的连续性,体现了一以贯之抓发展的决心和力度。工作中,我们突出抓好实体经济这一基础,济北开发区、台湾工业园、食品工业城和液压升降平台产业园四大工业品牌进一步打响,工业发展的质量和效益得到不断提升。此外,现代农业、城镇建设、社会民生和环境改善等方面也取得了显著成绩。

(三)凝心聚力,狠抓落实 始终把维护团结、凝心聚力作为加快发展的基本保证,做到思想上同心,目标上同向,工作上同步,形成几套班子步调一致,各部门齐抓共管,全县上下同心协力促发展的强大合力。进一步加大责任落实力度,对于全年的发展任务进行层层量化分解,从县委常委到各镇、街道、部门的主要负责人都明确了职责分工、完成时限和工作标准,继续坚持"四个一"推进机制,加强督查调度,努力使各项工作环环相扣,不间断向前推进。严格考核奖惩,坚持半年观摩、年终总评,按照发展快慢、工作实绩兑现奖惩,激励各级干部用心用力、义无反顾抓落实。

附:(一)济阳县委书记、副书记、常委名单

书　记:祖爱民

副书记:王　壮　庞金良

常　委:祖爱民　王　壮　庞金良　刘佩禄　孙战宇　孙良才　刘建章　孙长利　王长军　王秀成　李　莉

(二)各镇、街道党(工)委书记名单

济阳街道　李永军

济北街道　李庶森

孙耿镇　宋　琳

垛石镇	李智魁
曲堤镇	白宝强
仁风镇	王洪亮
崔寨镇	张　方
太平镇	李金峰
新市镇	许崇勇
回河镇	常为民

中共商河县委工作概况

商河县委书记　姜　涛

一、组织概况与党的建设

商河县有29个基层党委，5个党（工）委，下设党总支90个，党支部1439个，其中农村党支部948个。共有党员26315名，其中农村党员15987名，女性党员3362名，35岁及以下党员3321名，少数民族党员181名，大专及以上文化程度党员5630名。

2013年，县委认真贯彻落实中央及省、市委决策部署，紧扣中心、真抓实干，各项工作都取得新成绩。

（一）领导班子和干部队伍建设得到新的加强　对部分乡镇和县直部门单位领导班子进行调整补充，采取公推选任方式选拔10名乡镇（街道）党政正职，公开选拔20名副局级干部和1名团县委副书记。规范干部选拔任用工作制度，完善目标管理绩效考核办法，建立健全干部监督谈话责任制度，做好经济责任审计、领导干部报告个人有关事项和信访举报网络建设等工作。开展党的十八大精神集中轮训，举办县局级领导干部北京大学培训班、中青年干部培训班、中层干部培训班和农村党支部书记潍坊培训班。

（二）基层党组织和党员队伍建设取得新进展　开展村两委“三票评议”活动，推行“四议两公开”工作法，落实村两委集中办公、村务财务党务公开等制度，推行村党支部书记星级化管理，做好村党支部书记报酬发放和养老保险办理工作。探索发展集体经济有效途径，年集体经济收入3万元以上村达到218个。深化农村党支部书记系统培养工程，采取“县级示范培训、乡镇普遍培训”方式，对农村党支部书记进行普遍轮训。抓好市、县派“第一书记”管理协调服务工作，做好到村（居）任职高校毕业生管理服务和续聘工作。加强村级后备干部队伍建设，组织100名村两委成员和村级后备干部参加大专学历教育。落实“三有一化”要求，指导城市社区用好服务群众专项经费，开展机关党组织规范化建设年活动，加大“两新”组织党组织组建力度，统筹抓好国有企业、教育、卫生等领域的党建工作。执行发展党员“四全程”制度，落实“三会一课”、组织生活会、党员承诺践诺等制度。开展乡镇（街道）党（工）委书记履行基层党建工作责任专项述职，做好基层党建“一定三考”工作。

二、主要工作与成绩

2013年，全县上下坚持以科学发展观为指导，深入学习贯彻党的十八大和十八届三中全会精神，围绕加快发展、富民强县主题，以项目突破和生态创建为总抓手，抢抓机遇，攻坚克难，奋力进取，全县经济和各项社会事业取得新的成绩。

（一）实体经济稳步发展　突出工业强县，坚持培大育强，创新落实服务措施，加强企业家队伍建设，设立企业发展基金，64个重点工业项目完成投资27.5亿元，新增规模以上工业企业35家。强化特色培育，推进农业示范引领、品牌创建和标准化建设，省市级农业龙头企业达到40家，市级以上农民专业合作示范社79家，建成国家级蔬菜标准园3个，“三品一标”农产品121个，被评为国家级出口农产品质量安全示范区。推进三产兴县，编制全县商业网点规划，加快三产设施项目建设，发展金融保险、文化旅游等现代服务业，鼓励促进个体工商户转化升级，新增限额以上商贸和重点服务业企业28家。

（二）发展活力不断增强　实施园区二次创业行动，制定实施支持开发区跨越发展实施方案，完善园区总体规划和产业发展规划，清理盘活闲置用地，优化“一区两园”空间功能布局，加强基础设施和公共服务设施建设。坚持招大引强，完善经济发展顾问聘用管理、项目三级联审等制度机制，全县引进在建项目134个。落实“5·22会议”精神，争取上级各类帮扶资金7.32亿元。深化金融改革创新，成立宏业小额贷款公司，农村信用社改革扎实推进，中小企业助保金和小微企业互助合作基金平稳运行，济南金王食品股份有限公司成功实现股权挂牌交易。

（三）城乡建设步伐加快　编制实施《商河县城镇化发展纲要（2013—2020年）》，完成道路交通、绿地、燃气等专项规划和西三里等重点片区修建性详细规划。德大铁路、济乐高速公路商河段建设顺利推进，商展路等城乡道路建设和危桥改造项目全部完工，汽车客运站基本建成，镇镇通燃气项目有序实施，被列为全省第二批村级公路网化示范县；老城改造、新区开发同步实施，全民健身中心以西、油管委片区等旧城村改造项目加快推进，市民文体中心项目启动建设，城区初步形成集中供热与地热供暖双轨运行机制。玉皇庙省级示范镇建设取得阶段性成效，贾庄镇被列为全省第二批百镇建设行动示范镇，龙桑寺、怀仁、郑路等重点小城镇基础设施及产业项目加快推进；编制完成全县农村新型社区布点规划,调整完善加快农村新型社区建设的政策意见,建成和在建农村新型社区项目9个,8个村3638名群众搬入新社区;加快推进户籍制度改革,转户居民达到20420人。

(四)生态特色逐步彰显 编制实施水生态文明建设规划,推进"双创"和水生态文明县创建活动,新增造林2.3万亩,全县林木覆盖率达到34.26%,城区绿化覆盖率42.6%;商中河、城东环城河综合整治工程完成年度建设任务,城镇污水和垃圾处理设施平稳运行;12个乡镇街道全部达到国家级生态乡镇创建标准,市级以上生态文明村达到516个,国家级生态县创建稳步推进,被评为"全国绿化模范县"。加强重点行业和重点企业节能减排,关停粘土砖瓦厂等高耗能企业10家,全县工业废水排放达标率、城区空气质量二级以上天数达标率100%。

(五)民生事业全面加强 以实施"十件民生实事"为切入点,全年投入社会事业和民生领域资金达到财政总支出的70%。南部新区九年一贯制学校、第二实验幼儿园等重点项目进展顺利,县二中等29个中小学校舍安全工程全部完成。推进医药卫生体制改革,完善医疗设施项目建设,县、乡、村三级医疗机构全部配备使用基本药物,新农合实现即时结报,报销比例不断提高。就业创业扶持政策深入落实,城乡居民养老保险、城乡低保和敬老院服务管理等工作扎实推进,社会福利服务中心项目加快建设。争取国家和省市科技立项22项,县图书馆建成免费开放,有线数字电视整体转换工作有序推进,被评为国家级计生优质服务先进县。扎实推进社会治安打防管控一体化建设,群众安全感、满意度连续4年列全市第一位,被评为全省"平安建设先进县"。

三、创新与经验

(一)坚定不移抓大项目引进建设,培育跨越发展新引擎 把项目引进建设作为经济工作的总抓手,提高项目引进质量,加快项目建设速度,努力培植新的经济增长点。

(二)坚定不移推进实体经济发展,增创加快发展新优势 坚持"工业强县"、"全民创业"理念,制定实施全县产业发展规划,进一步调整优化经济结构,推动产业扩张升级,提高发展的质量效益。

(三)坚定不移统筹城乡发展,加快新型城镇化进程 强化"以城聚产、以产兴城"理念,以"提质加速、城乡一体"为目标,推进产城融合发展,加快构建以县城为中心、以城镇为支撑、以农村新型社区为基点的新型城镇化格局,提高城镇化发展水平。

(四)坚定不移深化环境建设,激发内部发展活力 强化"环境立县",坚持不懈抓好环境优化提升,增强发展活力。

(五)坚定不移保障改善民生,开创和谐发展新局面 坚持经济发展与民生事业并重,以实施"十件民生实事"为切入点,持续加大民生投入,推进基本公共服务均等化,让发展成果最大限度惠及广大群众。

附:(一)商河县委书记、副书记、常委名单

书　记:姜　涛

副书记:孙　斌　张　军

常　委:姜　涛　孙　斌　张　军　路来良　牛力强　韩　英(女)　李冬利　宋玉金　王玉忠　陈晓东　田兆江

(二)各乡、镇、街道党(工)委书记名单

许商街道　张　磊
玉皇庙镇　刘学德
龙桑寺镇　韩福杰
殷巷镇　张吉忠
怀仁镇　尹承甫
贾庄镇　董树登
郑路镇　车富春
白桥镇　王兴阳
孙集镇　张才林
韩庙镇　阮爱军
沙河乡　晋　翔
张坊乡　赵营田

青 岛 市

中共市南区委工作概况

市南区委书记　王久军

一、组织概况与党的建设

市南区现有党组织2001个，其中党（工）委112个，党总支33个，党支部1856个，党员40638名。2013年，市南区委在市委的坚强领导下，团结带领全区广大党员干部群众，深入贯彻党的十八大和十八届三中全会精神，进一步加强基层党组织建设，推进党建工作科学化水平不断提升，为加快建设国际国内一流的宜业宜居幸福城区提供了坚强的组织保障。

（一）大力推进街道社区区域化党建工作　下发《关于进一步加强区域化党建工作的意见》，进一步调整完善区域化党建领导体制。实行街道“大党工委”制，全区10个街道共增设兼职委员54名；完善社区“两委一站”领导体制，建立社区区域化党委、区域化居委会，优化社区工作站设置，由党员社区居委会主任兼任社区党委书记、党员社区工作站站长和社区居委会副主任分别兼任社区党委副书记，选派65名街道副处级党员干部担任社区党委“第一书记”并兼任工作站包站干部，选聘65名大学生社区工作者担任社区工作站站长。编写《市南区社区工作指南（试行）》，从街道社区组织设置及管理运行、“两新”组织党建、流动党员管理服务、社区工作经费使用管理、社会组织培育与项目开展、“有困难，帮到家”便民服务、平安社区创建等7个方面全面指导基层党组织规范高效开展工作。按照每个社区每年20万元的标准，拨付社区党组织服务群众专项经费，出台《市南区社区工作经费使用管理办法（试行）》，规范资金使用。

（二）加强非公有制经济组织和社会组织党建工作　成立街道非公有制经济组织和社会组织党工委。对全区非公有制经济组织和社会组织党建工作情况进行了调查摸底，完善党建工作台账，实行动态管理。扎实开展“两新”组织党组织覆盖“百日攻坚行动”，截至2013年底，全区“两新”组织共计建立党组织679个，拥有党员5958名，组织覆盖率达到94%。

二、主要工作与成绩

2013年，市南区紧紧围绕全力打造国际国内一流的宜业宜居幸福城区的奋斗目标，凝心聚力，求真务实，攻坚克难，开拓进取，各项工作取得了新的进展。市南区先后被评为全国科技进步先进区、首批全国社会工作服务标准化建设示范地区、全国首批城市中央休闲区、全国校园科技体育示范区、山东省首届文化强省建设先进区等荣誉称号。

（一）经济建设实现新跨越　全区生产总值达790.21亿元，增长9.8%，其中服务业增加值719.98亿元，增长9.9%，服务业增加值占生产总值比重达91.1%；完成固定资产投资184.98亿元，增长19.5%；社会消费品零售总额409.31亿元，增长11.8%；居民人均可支配收入达38000元，增长10%；58个重点项目完成年度投资135亿元，税收过亿元楼宇达21座；外贸进出口总额154亿美元，其中出口61.7亿美元；全年引进500万元以上内资项目198个，实际到位资金120.5亿元，增长91.3%，新批外资项目54个，实际利用外资3亿美元，增长105.5%。

（二）基层基础建设实现新突破　不断加快社区服务管理中心建设，剩余10处社区服务管理中心全部落实房源，全部投入使用后社区用房总面积达8.6万平方米，平均面积1300平方米，走在全国前列。以“有困难，帮到家”社区服务品牌为引领，大力发展便捷化的政务服务、多元化的便民服务、特色化的志愿服务，构建了优质高效、普惠均等的社区服务体系。积极落实社区党组织服务群众专项经费，进一步加大社区工作经费保障力度。加强公共服务基础设施建设，65处社区休闲健身广场全部建成。

（三）城区面貌实现新变化　成立区城市规划建设审查委员会等机构，抽调骨干力量充实到各项目组，全面推进城区开发建设，燕儿岛路9号楼等4个项目安置房竣工，搬迁安置居民1585户，金华路项目6个楼座10万平方米公共租赁住房封顶，山东路8号、地铁综合楼等国有土地上房屋征收取得突破性进展。建成全民城市管理网格化信息平台，组建火车站区域联合管理办公室，发动居民和驻区单位参与城市管理，完成智慧海湾一期试点工程，建成国内首条免费无线宽带海岸线。开展市容环境整治，加强绿化力度，拆除违法建筑，在全市率先开展生活垃圾分类收集，加强节能减排工作，城区生态文明水平进一步提升。加强道德讲堂建设，组建公共文明引导志愿队伍，成立全省首家一站式青少年服务中心，深化学雷锋志愿服务活动，完成了中央文明委开展的全国城市文明程度指数测评任务。

(四)社会事业实现新发展 完成12件民生实事，累计发放各类救助资金4892万元，全年用于民生支出增长18%，占财政支出比重达53%。全力推进学有优教，建成西部学校午餐配送中心，设立午餐补贴专项资金，新建2所、改造6所公办幼儿园，通过全国义务教育基本均衡区验收。全力推进劳有应得，全面推动充分就业城区、和谐劳动示范城区建设，努力实现更高质量的就业。全力推进病有良医，探索建立全科医生团队契约式服务模式，引进全市首部全科体检车，开展全区健康产业发展规划编制工作，推动健康产业与旅游产业、卫生事业融合发展。全力推进老有颐养，升级改造7处社区日间照料中心，建设8处社区食堂，引导社会力量投资建设泽雨南京路老年公寓，5.5万余名老人享受到“六送”居家养老服务。

三、创新与经验

一年来，市南区始终坚持放眼国内外先进城区比学赶超，持之以恒地寻标、对标、达标、夺标、创标，结合区域实际，大胆探索，开拓创新，不断取得新成绩，努力增创新优势。

(一)深化“寻标、对标、达标、夺标、创标”工作 按照青岛市委确定的加快建设宜居幸福的现代化国际城市的战略部署，市南区立足区域实际，展望未来发展，确立了全力打造国际国内一流的宜业宜居幸福城区，率先全面建成小康社会的奋斗目标，先后赴北京、上海等先进城区学习考察，从市内、市外和全国三个维度全方位选定寻标对标对象，在各项工作领域中奋力争当科学发展的排头兵。

(二)公共财政预算收入继续位居全省首位 2013年，市南区区级公共财政预算收入110.02亿元，增长15.3%，区级公共财政预算收入继续位居全省137个县(市、区)首位。优化经济发展环境，出台优化经济发展环境工作的实施意见，制定12个重点产业发展扶持政策细则，累计拨付专项资金2.6亿余元。全面落实出口退税政策，及时足额退付出口退税45亿余元。积极推动服务业结构优化升级，全面提升服务业的规模、层次和能级，新增德意志银行等金融类机构(企业)10家，总数达到154家；新增永旺美思佰乐等区域性总部类企业或机构18家，市级大型总部企业达129家，实现全口径税收超过80亿元，占税收总量的47%左右，以金融、总部为代表的高端业态引领作用进一步发挥。

(三)社会治理创新全面加强 不断提高社会治理科学化水平，深入推广网格化管理机制，为群众提供多元化、精细化、个性化服务。加强矛盾纠纷排查调处，发挥人民调解作用，进一步健全维护社会稳定工作体系，加大信访积案化解力度，圆满完成各敏感时期信访维稳任务。加强治安环境综合整治，健全立体化治安防控体系，社会治安满意度达97%，公众安全感为96%。强化安全生产“红线”意识，安全责任落实到社区，安全生产形势持续稳定。加大对道路交通、消防和食品药品监管工作力度，提升法律援助服务水平，推进应急管理规范化建设，切实保障人民群众生命财产安全。市南区连续第二次被评为全国平安建设先进区。

(四)党员干部队伍作风建设全面加强 认真按照中央关于改进工作作风、密切联系群众的八项规定要求，深入开展自查整改，广泛接受社会监督，开展专项督查。围绕工作纪律、窗口服务、企业发展环境等开展明察暗访活动，发现问题及时通报，有力促进了工作作风的转变。加强“廉洁市南”建设，深化“跟单式”监督工作。严肃查处违纪违法案件，深化社区党风廉政建设，形成反腐倡廉良好氛围。区纪委(监察局)、区委组织部参加全市第一批党的群众路线教育实践活动，坚持高标准、严要求，扎实推进，务求实效，形成了一批实践成果和制度成果。

附：(一)市南区委书记、副书记、常委名单

书　记：王久军

副书记：华玉松　任宝光(女)

常　委：王久军　华玉松　任宝光(女)　赵　斌　宋立清　陈大维　王孝芝　李钦坤　陈　伟(女)　韩　峰　刘云峰

(二)各街道党工委书记名单

八大峡街道	蒋延灿
云南路街道	吴　坚
中山路街道	肖　辉
江苏路街道	王　建
八大关街道	毕建国
湛山街道	辛民志(女)
香港中路街道	董晓斌
八大湖街道	吕丽艳(女)
金门路街道	张万华(女)
珠海路街道	牛鲁彬(女)

中共市北区委工作概况

市北区委书记 惠新安

市北区是青岛市主城区的地理中心，西部濒临胶州湾，东部与崂山区为邻，北部与李沧区接壤，南部与市南区毗连，东西最大距离11.5公里，南北最大距离9.9公里，海岸线17.83公里，总面积65.4平方公里，常住人口105.92万人，户籍人口87.1万人，人口密度1.6万人/平方公里，辖19个街道，173个社区居委会。2013年，市北区坚持以科学发展观为指导，认真贯彻党的十八大和十八届三中全会精神，全面落实市委、市政府决策部署，抢抓行政区划调整历史机遇，按照"一带突破、双核引领、三区集聚、四轴展开、多园支撑"战略布局，集思广益谋发展，同心同德促融合，攻坚克难求突破，全区经济社会发展实现良好开局。

一、组织概况与党的建设

截至2013年12月31日，市北区共有基层党组织2885个，其中党(工)委170个、党总支118个、党支部2620个，共有党员65279名。

(一)全面加强干部队伍建设 深入开展"融合发展年"主题实践活动，基层党组织和干部队伍建设得到新加强。顺利完成了处科级干部分流安置和区划调整部门整合干部配备工作，新配备的部门领导班子分工明确，运行顺畅，确保了新区各项工作的有效推进。在对区划后区管班子全面考察的基础上，本着注重实绩、注重融合、重视一线、优化结构原则，统筹编制、职数，对区管领导班子进行了两次调整配备。做好工商、药监、质监系统部门管理体制改革工作。统一战线领域各组织、团体整合顺利推进，并在融合中得到提升。招才引智成效明显，充分发挥高新技术企业和科研院所资源优势，引进中国工程院院士3名、国家"千人计划"专家2名，3名人才被授予省"泰山学者"称号，形成了创业人才集聚效应。

(二)切实抓好基层组织建设 扎实推进基层服务型党组织建设，总结推广了"蜂式工作法"等经验做法，海琴社区"365工作法"入选中组部全国基层党组织书记工作案例，是全省10个入选案例中唯一一个城市社区案例。建立"三级联众"服务体系和党员干部联系服务群众制度，投入社区党组织服务群众专项经费3460万元，为居民群众办实事80余件；总投资3692万元的41个街道书记亲自抓的民生项目全面完成，受到居民群众广泛好评。推行街道社区"兼职委员制"，落实党建工作联席会议制度，定期开展共驻共建活动，街道社区区域化党建氛围日益浓厚。组织开展非公有制企业和社会组织党组织覆盖"百日攻坚行动"，党组织覆盖率达到93.2%，超额完成市里下达的目标任务。

(三)大力推进党风廉政建设 扎实开展第一批群众路线教育实践活动，认真做好全区面上活动准备工作。加强"廉洁市北"建设，创新廉政教育模式，研发"廉政教育全景平台"。加强对中央"八项规定"等制度执行情况的监督检查，对群众反映的4起公款内部宴请、外出考察旅游等问题进行了严肃处理。建立完善"治庸问责"工作机制，定期明查暗访，对15名干部进行了治庸问责处理。加强查办案件力度，立案查处违反党纪政纪案件15起。加强社区和非公企业党风廉政建设，加大纠风力度，营造了风清气正的良好环境。

二、主要工作与成绩

2013年，市北区紧紧围绕建设高品质宜居幸福城区的奋斗目标，大力发扬"包容、创新、激情、超越"的新时期市北精神，抢抓机遇，开拓创新，经济社会实现平稳较快发展，先后荣获"全国义务教育发展基本均衡区"、省级文明区等荣誉称号。

(一)经济实力显著增强 全区经济实现平稳较快增长，全年实现地方公共财政预算收入80亿元，增长20.3%，地方税收占地方公共财政预算收入比重达到89.3%；固定资产投资呈现快速增长态势，完成280.75亿元，增长20.8%；消费品市场保持活跃，完成社会消费品零售总额515.21亿元，增长12.6%；预计完成生产总值551.6亿元，增长10.1%；预计完成外贸进出口总额36亿美元，增长12%。

(二)项目建设富有成效 坚持把项目建设作为加快发展的主攻点，扎实开展"双月奋战"、"攻坚克难、百日突破"等系列活动，一批投资规模大、集聚效应强的重点项目实现新突破。15个市级重点项目全部实现开工，102个区级重点项目累计完成投资304亿元，开工在建项目达到91个，30个项目实现新开工，29个项目实现主体竣工，获得全市"项目建设突出贡献奖"和"开工大项目奖"。招商引资取得新成效，先后组织市北区发展战略说明会暨招商项目推介会、现代产业园区招商说明会、国际邮轮峰会暨招商洽谈会等活动，新引进青岛热电能源集团等16个注册资金过亿元大项目，三菱重工、日立集团等3家世界500强企业入驻我区，引进培育了中铁十局区域总部、青岛东软载波科技等12个总部项目，总投资60亿元的绿地超高层双子塔、总投资25亿元的长沙路企业搬迁地块等项目完成招拍挂。

(三)城市管理水平不断提升 针对区划调整实际，及时理顺城市管理体制，统筹推动老城区改造、基础设施建设和环境综合整治,城区环境和功能品质不断提升。强力推动棚户区改造,先后启动了顺昌路片等18个集中片区和31个零星片区房屋征收工作,涉及居民1.4万户,通过“转、建、购”等方式积极筹措安置房源2000余套。深入开展“大干300天”市容整治行动,圆满完成世园会周边环境整治任务,拆除违法建筑15.7万平方米。着力改善人居生态环境,重点打造“一园、两山、四条路”精品工程,新建改建绿地28万平方米,综合整治20片51万平方米老旧楼院,受益居民2.2万户。持续加强基础设施配套建设,对14条市政道路进行整治,新增供热面积284万平方米,受益居民3.5万户,新建公共停车位2000个,城区功能品质逐步提升。

(四)社会民生事业加快发展　区划调整以来,市北区按照“就高不就低”的原则统一理顺了原两区民生保障政策和标准。全年3298套保障性住房开工任务全面完成,海岸馨园等8个项目竣工交付。持续扩大社会保障范围,全年共发放低保及各种补助金1.22亿元,安置就业6.08万人,新建改造社区日间照料中心65处,全省最大的单体养老机构福山老年公寓建成启用,新增5所公办或公办性质幼儿园,创建25所市现代化学校,成功创建山东省首批“全国义务教育发展基本均衡区”,实现山大齐鲁医院青岛院区一期开诊。全国文明城市与省级文明区测评圆满完成,群众性精神文明创建活动蓬勃开展,加快创建国家公共文化服务体系示范区,“邻居节”、群众文化艺术节等文化品牌深入人心。社会治安综合治理全面加强,违法犯罪严打整治扎实有效,一批涉及群众切身利益的难点问题得到妥善解决。

三、创新与经验

(一)必须坚持解放思想不动摇　区委坚持以解放思想为先导,不断深化区情认识,主动适应形势变化,针对老城区的转型发展,带领全区干部群众深入开展解放思想大讨论;集中全区智慧,科学编制完成了“十二五”后三年发展规划;确立了“一带突破、双核引领、三区集聚、四轴展开、多园支撑”的空间布局;明确了调整产业结构、提升城区品质、持续改善民生三大重点任务;提出了“打造商务中心、创新高地、文化客厅、蓝色新岸、宜居家园,加快建设高品质宜居幸福城区”的奋斗目标;提炼形成了“包容、创新、激情、超越”的新时期市北精神。新的发展思路、发展目标和发展方向更加明确,全区上下呈现人心思进、干劲倍增、奋起超越的新气象,各项工作均形成良好局面。

(二)必须坚持融合发展不停步　行政区划调整后,新的市北区更多地集中了老城区的优势资源,更多地释放了中心城区的发展潜力,更多地显示出独特的区位优势,作为全市“全域统筹、三城联动”战略的关键节点、城市空间结构调整优化的重要区域,经济社会发展步入全新的阶段。2013年,市北区坚持一手抓区划调整,一手抓经济社会发展,顺利完成了机构合并、人员安置和资源整合,平稳实现了新区融合,取得了区划调整和经济社会发展双丰收。顺利召开了区第一次党代会和区人大、区政协一届一次、二次会议,确立了新的领导班子,为全区融合发展奠定了坚实的思想、政治和组织基础。

(三)必须坚持创新提升不懈怠　坚持一切工作顺应改革大势、服从发展大局,积极推动各领域的改革创新提升,力争在全区重要领域和关键环节改革上取得实质性成果,完成中央和省委、市委确定的各项改革任务。同时结合开展党的群众路线教育实践活动,通过实现各项工作创新提升来检验教育实践活动的实际成效,坚持把创新提升与重点工作和具体任务相结合,以创新提升的措施推动工作落实,以任务目标的完成彰显活动成果。全区上下牢牢锁定各项任务目标,求真务实,干事创业,切实把力量凝聚到了抓具体、抓推进、抓落实上来,经济社会各项事业取得了长足发展。

附:(一)市北区委书记、副书记、常委名单

书　记:惠新安

副书记:张　杰　马继世

常　委:惠新安　张　杰　马继世　林先好　杨旭东　刘　敏(女)　徐　光　李建伟(女)　于　洋　焦明伟　赵宇龙　丁刚德

(二)各街道党工委书记名单

大港街道	逄福清
即墨路街道	韩　勇
辽宁路街道	邓泽贤
兴隆路街道	崔金喜
延安路街道	姜　渤
登州路街道	肖剑虎
水清沟街道	朱世伟
台东街道	周家伟
阜新路街道	杨　健
四方街道	阚常宝
宁夏路街道	黄　青
镇江路街道	冯书盛
海伦路街道	宋　冰
敦化路街道	曹　镇
洛阳路街道	吴法万
辽源路街道	杜　杰
河西街道	王君基
合肥路街道	赵玉田
浮山新区街道	张治敏

中共李沧区委工作概况

李沧区委书记 李奉利

2013年，李沧区委区政府团结带领全区广大干部群众，认真学习贯彻党的十八大和十八届二中、三中全会以及习近平总书记系列重要讲话和视察山东重要讲话精神，抢抓2014青岛世园会筹办和铁路青岛北站建设机遇，以世界眼光谋划未来，以国际标准提升工作，以本土优势彰显特色，全面落实"拥湾枢纽、生态商都"发展定位和"一极两轴三区四带"战略布局，抓回迁、谋规划、兴经济、促和谐，深入开展了"迎世园、促发展，决战2013"、"百日竞赛，决战争先"等一系列主题活动，活力宜居幸福的现代化新李沧建设取得新的成效。

一、组织概况与党的建设

李沧区现有党(工)委23个，其中街道党工委11个，社区党组织121个，党员24672人。

(一)加强干部队伍建设 坚持德才兼备、以德为先，强化重基层、重一线用人导向，深化干部一线培养考察选拔机制，全年提拔重用的71名干部中，从一线岗位提拔的干部达51名，占72%，选拔比例逐年提高。以"两公开四差额"方式选拔正处级领导干部2名，竞争性选拔干部力度进一步加大。

(二)加强基层组织建设 深入实施"个十百千万"工程，组织全区600余名两代表一委员、3000余名机关和社区干部走访居民10.7万户，收集汇总群众意见建议4200余件，立项解决1952件，基层基础不断巩固。开通"民生服务热线68061111"，打造服务群众新载体。开展"民声对话"活动，建立社区居民议事制度，基层社区建设进一步民主化、科学化。

(三)加强党风廉政建设 严格执行中央转变作风"八项规定"，狠刹"四风"，深入治理"庸懒散慢拖瞒"，全年组织明察暗访87次，对8个单位和12名干部进行了问责。建立机关干部包大项目、重点项目现场办公等制度，进一步改进工作作风。大力压缩"三公"支出。扎实开展社区"三资"监管和审计工作。

二、主要工作与成绩

(一)经济发展量质齐升 坚持稳增长与调结构相统一、发展速度与发展质量和效益相协调，经济实现平稳较快发展。一方面，经济总量持续跃升。全年实现生产总值297.67亿元，同比增长10%；固定资产投资320.4亿元，同比增长22.6%；区级公共财政预算收入43.28亿元，同比增长19.8%；社会消费品零售总额255.7亿元，同比增长13.5%。另一方面，经济结构进一步优化。全年完成三产投资320.3亿元，同比增长24%。三产增加值完成155.67亿元，增长11.2%；二三产比例由2012年年底的49.1:50.9调整为47:53，我区被评为中国商业名区和全省服务业发展先进区。

(二)产业项目提质增速 围绕打造服务青岛、辐射半岛的"一站式购物天堂"，加快大型商业综合体项目建设，银座广场、中央公园等项目主体封顶，下王埠商业综合体竣工交付，奥克斯广场等项目顺利推进。金水商务城、中艺1688等总部楼宇和创意园区项目加快推进。大力培育现代商务服务业，李沧首家五星级酒店——绿城·喜来登酒店试运营，庞大汽车文化广场一期大众培训中心等项目开业。在青岛市科学发展项目现场观摩会评议中，连续第三年位列市内各区第一。

(三)城市建设扎实推进 2014青岛世园会进入试运行阶段，铁路青岛北站建成通车，带动全区城建项目建设稳步推进。全力推进安置房项目27个，涉及居民25053户，已回迁项目5个，回迁居民2025户。世园大道、九水东路等一批道路主线通车，路网密度由"十一五"末的每平方公里3公里提高到3.8公里，路网骨架体系更加健全。金水路养护工作获全国市政养护最高奖——"扁鹊杯"。污水集中处理率由"十一五"末的60%提高到78%，城区承载能力大幅提升。新建改建绿地165万平方米，绿化覆盖率由2012年的39.5%达到40.5%，李村河上游综合治理工程竣工，城区环境品质进一步提升。

(四)社会事业加快完善 总投资23.6亿元的10大类34项政府实事全部完成。开工建设保障性住房2117套，实现配租配售1967套。全区集中供热、供气覆盖率分别由"十一五"末的65%、71%提高到89%、91%。中小学校新建扩建工程加快实施，新建、改扩建中小学校13所，是建区以来学校建设项目最多、投入最大的一年。社会化养老服务工作不断深化，我区被评为全省养老服务社会化示范区。青岛市第三人民医院迁建项目竣工，医疗资源布局进一步优化。在全省率先实施居民家庭财产保险统保。文明城市创建深入开展，荣获全省"四德"工程示范区称号。

(五)社会管理创新发展 坚持民生优先、服务为先、基层在先，在121个社区设立了社会服务管理中心，引导社会组织参与社会管理服务，积极探索党委政府与社会力量互联互补互动的社会管理新路子。注重提高社会管理信息化水平，在青岛市率先建设社会管理综合信息系统，实现社会管理信息动态跟踪、数据共享和全面覆盖。开通"李沧发布"政务微博、"微李沧"政务微信，多渠道处置群众反映的问题。立足"事要解决"，化解初信初访做法得到省信访局认可推介。食品安全监管新模式得到商务部肯定。立体化社会治安防控体系进一步健全,群众安全感和治安满意度不断提高。

三、创新与经验

(一)实施"个十百千万"工程 为进一步加强服务型党组织建设,切实转变工作作风,密切党群干群关系,提升群众满意度,按照上级关于以为民务实清廉为主要内容的群众路线教育实践活动先行先试的要求,实施"个十百千万"工程。"个"指的是"一个"目标,即以提高群众满意度为目标。"十"指的是抽调机关干部组建"十支"维稳专项工作队,进驻社区一线,解决难点问题,集中化解矛盾,做好群众工作。"百千万"指的是开展"百千万"入户走访活动,即动员600余名"两代表一委员"、3000余名机关和社区干部入户走访15余万户居民。自活动开展以来,共累计走访居民10.7万余户,开展谈心谈话12.5万人次,收集汇总群众意见建议4200余件,立项解决1952件,挖掘典型案例67个。

(二)建立"1122"城管进社区工作模式 这是我区城市管理的一项创新性工作。从2013年4月份开始,选择7个新建小区试点,派驻城管队员、街道办事处人员沉到社区,组建"1122"社区服务站。"11"是指向社区派驻1名城管队员、1名街道办事处工作人员,分别担任服务站站长、副站长,承担日常工作指导、宣传引导、综合协调等职责。"22"是指2个社区工作人员、2个物业工作人员,作为"11"的联络员,承担小区内日常巡查记录、违章现象劝阻教育、备案上报等职责。已在94个居民小区建立工作站,有效维护了小区整体形象和居民合法权益。城管进社区经验做法得到市政府主要领导肯定并在全市推广。

附:(一)李沧区委书记、副书记、常委名单

书　记:傅明先(2013年6月离职)
李奉利(2013年6月任职)

副书记:王希静　管成密

常　委:李奉利　王希静　管成密　陈北平
张　毅　毛德义　张元升
赵　燕(女)　管习会
魏瑞雪(女)　刘新学

(二)各街道党工委书记名单

李村街道　王庆胜
虎山路街道　王子兴
浮山路街道　金　杰
永清路街道　罗万锁
振华路街道　姜可新
永安路街道　魏　华(女)
兴华路街道　张东华
兴城路街道　孙兰泉
楼山街道　周利砚(女)
湘潭路街道　高玉宦
九水路街道　徐介彬

中共黄岛区委工作概况

青岛市委常委、副市长、
黄岛区委书记　王建祥

黄岛区陆域面积2096平方公里,海域面积约5000平方公里;辖27个镇(街道、园区),城市社区62个、村(农村社区)1156个,常住人口171万。

一、组织概况与党的建设

黄岛区现有党(工)委129个,党总支123个,党支部3646个,党员86301名,新发展党员1350名。其中,非公有制经济组织和社会组织党组织840个,党员11000余名,新发展党员446名。

(一)持续加强领导班子和干部队伍建设 深化干部人事制度改革,提高干部选拔任用工作的规范化和科学化。坚持正确用人导向,突出对基层一线干部的选拔配备,选优配强镇、街道、园区和经济建设等部门领导班子。稳妥推进公务员和参公管理人员科级职务晋升工作,继续实行事业单位职员制改革。深化干部人事制度改革,完善干部综合考核评价机制,引导党员干部树立正确的政绩观。举办各类培训班58期,参训干部3200余人次,全面启动干部在线学习,干部视野更加开阔,能力水平进一步提升。

(二)扎实推进基层组织建设 指导纪检机关和组织部门参加第一批教育实践活动,做好第二批教育实践活动前期筹备工作。推广区域化党建试点经验,实现区域化党建工作全覆盖。调整完善新型农村社区组织体系设置,218个新型农村社区全部建立社区党组织、民主协调委员会和社区服务中心。全面推行村级事务"四审四议三公开"工作机制,创新村级民主管理镇村联动工作机制。选派151名"第一书记"开展驻村帮扶,推动农村重点工作开展。扎实开展"两新"组织"建组织、扩覆盖"活动和"百日攻坚"行动,党的组织覆盖率和工作覆盖率均达到100%。

(三)切实加强党风廉政建设 坚定不移地推进反腐

倡廉,严格落实"一岗双责",各级干部更加为民务实清廉。落实"八项规定",开展"六整治、四清理"治理行动,实现区级会议数量、时长、规模"三下降","三公"经费下降15%,节约的资金全部用于民生事项。加强对中央和省市区重大决策部署贯彻落实情况的监督检查,确保政令畅通。自觉接受各方面的监督,抓好领导干部的廉洁自律,发挥好带头示范作用。严肃查处各类违纪违法案件,有力维护了党纪政纪的严肃性。

二、主要工作与成绩

(一)经济实力实现新跨越 紧紧抓住行政区划调整重大机遇,坚持世界眼光、国际标准,"南学浦东、北学滨海",以奋战状态推进稳增长、调结构、促改革、惠民生各项工作。2013年,全区实现地区生产总值2266亿元,增长11.4%;公共财政预算收入152.3亿元,增长13.5%;固定资产投资1226亿元,增长19.6%;规模以上工业总产值5061亿元,增长9.7%;城镇居民人均可支配收入35829元、农民人均纯收入15609元,分别增长9.7%和12.3%。

(二)产业转型实现新突破 实施蓝色跨越行动计划,海洋经济增加值占GDP的21.8%。港口和集装箱吞吐量分别达到4.6亿吨、1552万标箱。亚洲最大的深海油气平台荔湾3-1组块、世界最大水下立管支撑浮体系统正式交付。海西湾船舶与海洋工程产业基地、前湾国际物流园区、海洋生物产业园被评为全省首批海洋特色产业园。推进86个工业重点技改项目,组建8个技术创新联盟,院士专家工作站达到13家,三条千亿级产业链产值突破4000亿元。高端服务业"千万平米工程"竣工485万平方米,东方影都、国际航运交易中心等重点项目加快推进。共接待游客2150万人次,旅游业总收入140亿元。逐步实现由自然人搞农业向法人搞农业转变,蓝莓、茶叶、食用菌分别达到8.2万亩、7.1万亩、2.8万亩,成功举办首届中国国际蓝莓大会。

(三)人居环境实现新提升 启动了青连铁路、轨道交通R3线等重点工程前期工作,开城路一期具备通车条件,新客运中心建成运营,基本实现城乡公交一体化。新建成一批供水、供气、排水和道路整治工程,新增城区供热面积270万平方米,数字化城管一期建成运行。开工建设24个集聚型农村社区,社区服务中心实现全覆盖,农村危房改造1115户。投资10亿元开展城乡环境综合整治,实施大气污染治理、水污染治理和主要污染物减排,关停洗沙场、采石场100余家,对豆金河等8条河道开展整治改造。唐岛湾南岸公园获"鲁班奖",唐岛湾国家湿地公园试点获批。新建万亩林场两处,新造林3万亩,森林覆盖率达到45.9%。

(四)民生事业实现新发展 财政投入8亿元一次性将民生保障标准全部由县级调整为区级,普惠80多万群众。实施就业创业促进政策,新增城乡就业7.7万人。新建、改扩建中小学和幼儿园78所,农村中小学校车实现全覆盖。率先启动4家公立医院改革,扩大基本药物制度实施范围。实施了社会福利中心扩建工程,7家社会化养老院投入运营。新建保障性住房3040套,配租配售2294套。顺利通过省级文明城市测评、全国公共文化服务体系示范区验收,荣获首批文化强省建设先进区市。加强社会治安防控、信访积案化解和食品药品监管,深入开展安全生产隐患排查整治,化解了一批影响安全稳定的突出问题。

三、创新与经验

(一)以改革创新释放新区发展活力 把区划调整作为最大改革,实现区划调整和经济社会发展"两不误,双促进"。国家级新区报批申请正式上报国务院,已完成25个国家部委征求意见,均获总体肯定性答复。有序推进行政审批制度改革,推行十项承诺、容缺受理、三项服务代理制,建立重点项目审批绿色快速通道,建设项目审批、企业工商注册等事项办理提速约30%。青岛开发区启动投资便利化改革试点,基本完成国库集中支付和公务卡改革,社会组织实现直接登记,全面清理规范涉企收费项目,全年为企业减负2亿元。就业创业考核评价体系试行,组建全国首个地方政府主导的紧密型"双法人(事业法人和企业法人)"制职教集团,被教育部认定为全国集团化办学典型实践模式。

(二)以功能区建设推进重点区域开发 在新区统一平台下,对功能区探索实行"管委会(指挥部)+平台公司"开发管理模式,发挥功能区开发开放主力作用。保税港区汽车整车进口口岸投入运营,正在申请自由贸易港区试点。青岛开发区被确定为国家可持续发展实验区。中德生态园获评国家智慧城市试点单位、国家绿色制造国际创新园和全国首批新能源示范产业园。董家口经济区成为国家级循环经济示范区,中石化LNG、青钢环保搬迁等项目加快建设。古镇口军民融合创新示范区完成规划编制,已上报国家审批。现代农业示范区规划建设全面启动,蓝莓精品示范园、藏马山旅游度假等龙头项目进展顺利,获批省级现代农业示范区。

(三)以"双月奋战"引领重大项目建设 深入开展"双月奋战"活动,坚持"一个双月接着一个双月干",以奋战状态抓招商、抓服务、抓落地。全区新开工过亿元项目192个,产业类开工项目是2012年的两倍。54个青岛市级重点项目全部开工,在建一次性投资过百亿元项目7个,被评为项目建设突出贡献区。依托区位和平台优势,全力突破招商引资,促进外向型经济发展。新批办外资及增资项目168个,其中投资过5000万美元项目23个;累计实现到账外资15.7亿美元,完成外贸进出口总额218.6亿美元,其中出口97.8亿美元。

(四)以"五进"活动促进干部作风转变 在全区开展"进农村、进社区、进企业、进学校、进家庭"主题实践活动,深入基层接地气,知民情、办实事、解民忧,全区干部走访1223个村(社区)、500家企业、100多所学校和3000余户贫困家庭，征集各类意见建议3850条，解决群众反映实际问题1302个，办结为民实事1473件。每名常委定点联系1个街道(镇)、1家企业、1所学校、1个困难村(居)，4758名党员与困难家庭结对定点联系，办理实事500余件次，涌现出"最美村支书"张玉刚等先进典型。

附：(一)黄岛区委书记、副书记、常委名单

书　记：张大勇(2014年2月离职)
王建祥(2014年3月任职)

副书记：万建忠　佟海燕(女)　曹　峰

常　委：王建祥　万建忠　佟海燕(女)
曹　峰　于东明　杨东亮　李红兵
张　忠　张建国　刘鲁强　逯　鹰
丁继恕　邢金晓

(二)各镇、街道、区党(工)委书记名单

长江路街道	孙　利
黄岛街道	顾清弥
薛家岛街道	薛仁龙
辛安街道	孙业安
灵珠山街道	倪艳芬(女)
红石崖街道	张松涛
珠海街道	周佳春
珠山街道	王少冰
隐珠街道	崔坤山
滨海街道	王　波
铁山街道	史桂龙
灵山卫街道	刘学宏
青岛临港经济开发区	刘　昕
胶南经济开发区	李学聚
青岛琅琊台省级旅游度假区	赵钧荣
张家楼镇	杨亦武
琅琊镇	徐志向
藏南镇	李春荣
泊里镇	密德生
大场镇	杨志刚
海青镇	李金国
大村镇	逄树林
六汪镇	毕吉锋
宝山镇	刘吉彩
王台镇	陈根培
胶河经济区	王　鹏
积米崖港区	王红卫

中共崂山区委工作概况

崂山区委书记　齐家滨

一、组织概况与党的建设

截至2013年末，崂山区共有党组织1029个，党员21568名，其中党(工)委46个，党总支66个，党支部917个。非公有制经济组织党组织263个。区委派出工委8个。

2013年，崂山区深入贯彻落实党的十八大精神，不断加强基层党组织建设，推动党的建设科学化水平实现新提升。着力抓好学习型党组织建设，深入开展党的群众路线、十八大精神、金融科技等知识的学习教育，共培训党员干部1.5万人次。严格执行中央八项规定，扎实开展"庸懒散慢拖瞒"专项治理，对违反规定的25名机关工作人员进行了处理，行政效能不断提升。深入实施农村党组织星级化管理，建立完善"第一书记"和"科学发展指导员"选派机制，探索非公党建网格化管理新模式，积极构建新型社区"大党委"格局，夯实了基层基础。坚持德才兼备、以德为先，扎实推进科学发展综合考核，加大从基层一线、急难险重岗位选拔干部力度，选调300余名机关干部到项目、社区、信访一线工作锻炼，干事创业的氛围持续高涨。深化"山海英才"工程，全区新增国家千人计划5人，入选泰山学者7人，千人计划和海外人才引进量居全市首位。严格落实党风廉政建设责任制，全面推进源头治理和制度防腐，严肃查处违纪违法案件，营造了风清气正的发展氛围。

二、主要工作与成绩

全年实现GDP439.7亿元，增长9.8%；税收总收入195亿元，增长14.1%；区级公共财政预算收入89.51亿元，增长16.6%，总量在全省县(区)中位列第三。

(一)项目建设在机制创新中提速增效　创新开展"双包双促"活动，将总投资达千亿元的200个重点项目分包到41位区级领导、56个责任单位和4个街道，迅速掀起了"进现场、解难题、抓开工"的热潮，全区16个市级重点项目完成投资90亿元，超出年度计划的73%；新开工过亿元项目43个，增长168%，完成规模以上固定资产投资188.3亿元，增长20.8%。集中推进大项目，崂山路一期改造项目克服重重困难，实现按期全幅通车，成为全市标准最高的景观大道、旅游大道、便民大道。总建筑面积17万平方米的青岛国际创新园一期投入使用，二期87万平方米的16栋楼宇全部开工；备受社会关注的啤酒城改造取得实质性进展，3座总部楼宇主体封顶；风景区太清广场综合改造、北九水木栈道等项目按时完工，在全市科学发展项目现场观摩会中得分领先。着力优化投资软环境，取消行政性收费7项，行政审批事项提速47%，办结率达到100%；集中开展"平安工地"整治行动，处理扰乱施工问题130余件，投资环境进一步优化，全区新登记企业1765户，增长18.3%，其中，注册资本过亿元企业27户，增长107.7%。

（二）以人为核心的城市化在攻坚克难中加快突破 调整理顺村庄改造工作机制，全力加快村庄改造进程，先后完成13个社区、24.2万平方米的房屋征收工作，总面积达49万平方米的6个安置区开工，55个楼座封顶，房屋征迁面积、安置区建设面积均创历史新高。着力抓好新型社区建设，28个新型社区服务中心全部建成，初步实现了人员到位、服务下沉、有序运转。大力完善城市功能，新增供热面积96万平方米、燃气管道8公里，建成世园会配套停车场，城市承载能力不断提高。加强重点区域环境整治，枯桃花艺生态园主体完工，张村河中上游、金岭山环境综合整治扎实推进，全区新增绿化面积25万平方米，整治楼体立面30万平方米，拆除违法建筑1542处、25.3万平方米，全区万元GDP能耗、PM2.5指标保持全市最低，城市环境更加生态宜居。

（三）民生事业在统筹推进中优化提升 区财政直接用于民生的投入达到34亿元，同比增长16%，占财政支出总额的68%。围绕业有所依，着力拓宽居民增收渠道，加大对崂山茶、王哥庄大馒头等特色农产品扶持力度，将城市最低生活保障标准提高到每人每月540元，农村最低生活保障标准提高到每人每年3900元，实现城乡就业1.8万人，城镇居民可支配收入达到38755元，增长9.5%；农民人均纯收入17855元，增长12.1%。围绕病有良医，大力实施"名医下乡"和"百名乡医"培塑工程，新落户医保城中医院和全省第一家外资医院—和睦家医院，新建成崂山中医院，新农合人均筹资标准、个人年度报销封顶线分别提高到535元和18.67万元，保障水平全省领先。围绕学有优教，扎实推进"教育强区"战略，区实验小学夺得世界头脑奥林匹克竞赛冠军，省、市规范化学校占比达到94.3%，成功创建全国义务教育发展基本均衡区。围绕老有颐养，大力开展居家养老、社区养老，社会福利服务中心二期主体封顶，全面完成城乡居民养老保险转移衔接工作，全区所有"五保"老人全部实现集中供养。围绕住有宜居，全区在建保障性住房达到37万平方米，集中居住社区一期1115套住房全部配租完毕。

（四）社会治理在齐抓共管中不断加强 区人大、区政协围绕中心、服务大局，在推进经济发展、保障民生、民主监督等方面取得了一系列创新性、突破性成果，为全区发展稳定做出了重大贡献。统一战线、工商联工作扎实开展，民族、宗教、对台、侨务工作实现新突破。工会、共青团、妇联的桥梁纽带作用得到有力发挥。扎实做好信访工作，全面落实区级领导包信访案件责任制，成功化解了一批久拖不决的骨头案、钉子案，解决了一批萌芽性、倾向性问题，信访形势总体向好。加强社会治安综合治理，扎实推进依法治区、公正司法，严厉打击违法犯罪，全力抓好护林防火、安全生产、食品药品安全等重点工作，群众安全感和满意度全市领先。广泛开展理想信念和"中国梦"宣传教育，圆满完成全国文明城市和"省级文明区"测评迎检工作，区图书馆获评国家一级馆，成功创建国家级公共文化服务示范区。

三、创新与经验

深入实施腾笼换鸟、凤凰涅槃战略，加快推进青岛金家岭金融新区、蓝色硅谷产业创业带、崂山风景旅游度假区"三大战略平台"建设，全区经济结构不断优化升级。

（一）以金家岭金融新区建设为载体，金融产业加速崛起 总投资530亿元的金融中心大厦、金领广场等30个楼宇项目扎实推进，总规模约270亿元的5支大型股权基金落户，总部企业达到85家；新建成金融楼宇104万平方米，金融企业达到192家，金融业税收突破20亿元，均比2012年初金融新区规划建设时翻了一番，金家岭金融新区正发展成为青岛财富管理综合改革试验区的试验田。

（二）以蓝色硅谷产业创业带建设为动力，海洋产业持续壮大 海洋生物产业园获批全省首批海洋特色产业园，青岛国际创新园一期入驻ITW、IPC等知名企业40余家，海信全球研发中心、中石化安工院等项目开工，国内最大的医药电子商务平台—京东医药城上线运营，国家一类新药—杰华生物项目落户，全区电子商务交易额突破1000亿元，软件业务收入突破200亿元，服务外包离岸执行金额突破4亿美元，全社会科研经费投入占GDP比重、技术交易额、万人发明专利拥有量均为全省领先，成功创建全市首批国家级智慧城市试点区。全区实现海洋产业增加值48.8亿元，增长23.7%。

（三）以崂山风景旅游度假区建设为核心，文化旅游产业提速增效 总投资过10亿元的"十大重点工程"稳步推进，崂山游客服务中心完工，崂山旅游集团公司组建成立，崂山道家文化园项目封顶，沙港湾项目加快建设，青岛崂山湾国际生态健康城前期工作有序开展，青岛国际啤酒节连续八年位居"中国十大节庆品牌"榜首。全区实现旅游收入68亿元，增长20%。

附：（一）崂山区委书记、副书记、常委名单

书　记：齐家滨

副书记：杨鹏鸣　于惠霞（女）

常　委：齐家滨　杨鹏鸣　于惠霞（女）
邵显先　赵　镭　单卫平　夏正启
王清源　尚苏光　杨聚钧　王振竹
葛　祥

(二)各街道党工委书记名单

中韩街道 慕海波

沙子口街道 苏本江

王哥庄街道 张贤玥

北宅街道 宋仁登

中共城阳区委工作概况

城阳区委书记 孙立杰

一、组织概况与党的建设

城阳区设立于1994年6月,总面积378平方公里,辖6个街道办事处、195个农村社区,户籍人口40.7万。全区共有基层党组织1892个、党员31960人,其中社区(村)级党组织195个、党员12783人。

2013年,区委牢牢把握加强党的执政能力、先进性和纯洁性建设这条主线,全面推进各级党组织思想、组织、作风、制度和反腐倡廉建设。

(一)全面加强干部队伍建设 大力实施科学发展能力提升工程,举办各类培训研讨班19期,完成新一轮"大规模干部轮训"。完善干部选任机制,在干部公开选拔中引入业绩评价、群众评委,选人用人公信度不断提高。从严管理监督干部,制定出台了《城阳区调整不胜任现职干部办法(试行)》,实现干部能上能下。深入贯彻落实中央八项规定精神,加大庸懒散慢拖瞒奢治理力度,干部作风持续改进。

(二)着力加强基层组织建设 深入开展社区"三基强化年"活动,以教育培训为重点强化社区干部基本素质,社区"两委"成员全部轮训一遍,培训社区党员1.3万多名;以规范社区资财管理为重点强化基础工作,完成全部195个社区经济责任审计;以抓班子、带队伍、促转化为重点强化基层组织,全面推行社区党员量化管理考核和不合格党员处置办法,完成12个后进社区集中整顿转化。建成片区联合党委27个,片区型党组织工作体系基本实现全覆盖。

(三)切实抓好党风廉政建设 深入推进党风廉政建设综合示范区创建,着力构建"不想、不能、不敢"三位一体的惩治和预防腐败体系。健全教育防范机制,建成全国第一个以国学为背景的廉政文化特色主题公园,建成区、街道、社区三级百姓"学廉堂"24处。健全制度约束机制,完善全员全程勤廉监管平台建设,建立党风廉政询问函制度,试点推行社区集体资源集中交易和智能化公章管理。健全监督惩处机制,以零容忍态度从严从快查处党员干部违纪违法问题。

二、主要工作与成绩

2013年,以党的十八大和十八届三中全会精神为指引,以满足人民对美好生活的向往为奋斗目标,坚持干在实处、走在前列,坚持世界眼光、国际标准,发挥本土优势,坚持全域统筹、项目为先、民生为本,保持了稳中有进、稳中有为、稳中提质的良好态势,荣获省级以上荣誉称号57项。全区完成生产总值806亿元,增长12%;公共财政预算收入66.4亿元,增长18.3%;固定资产投资443亿元,增长21.9%;社会消费品零售总额157亿元,增长14.3%;外贸进出口89.6亿美元,增长10.6%;农民人均纯收入16499元,增长12.2%;城镇居民人均可支配收入38389元,增长9.7%。

三、创新与经验

(一)加快转调步伐,经济增长质量效益实现双提升 以打造青岛总部经济集聚区和世界级动车小镇为引领,落实"腾笼换鸟"、实现"凤凰涅槃",加快产业模式由加工贸易型向总部集聚服务型转变,三次产业比例优化为0.4:58.6:41。巩固提升总部经济、文化创意、现代物流三大服务业主导产业,完成服务业增加值330亿元、增长13.2%。总部经济构建起"一轴两区五园"发展格局,全区在建、待建总部面积近800万平方米,引进企业总部296家、意向客户400多家。集聚壮大高速列车、精密机械、电子信息、汽车制造、纺织服装、食品加工六大过百亿产业集群,轨道交通产业区被认定为国家级新型工业化产业示范基地,规模以上工业总产值完成1844亿元、增长15.1%。项目建设量质齐升,实际利用内资135亿元、增长23%,到账外资7.11亿美元、增长34.8%,新开工、竣工大项目数量均居全市首位,继续保持千亿级项目储备。科技创新活力迸发,引进硕士以上学历、副高级以上职称人才1161人、增长214%,完成企业技改投入30亿元,高新技术产业产值占规模以上工业总产值比重达到45.8%。

(二)回归人的需求,打造新型城镇化"城阳模式" 积极探索以人为核心、以规划为引领、以产业为支撑、以服务为保障、以群众安居乐业为根本的新型城镇化之路,被市委市政府确定为"城阳模式"。

遵循城镇发展规律,探索产城一体新模式。坚持城乡统筹、产城一体,积极推动83平方公里的轨道交通产业区、15平方公里的生命健康城等新型城镇片区和旺疃、三台等超百万平方米社区大组团规划建设,新启动4个新型社区建设,13个社区续建回迁。

对应群众多元需求,创建公共服务新标准。依托社区中心健全三级便民服务体系，集中配套建设学校、幼儿园、卫生室、农贸市场等公共服务设施，新建成社区中心9处、累计36处，基本实现现状区域全覆盖，形成“15分钟便民服务圈”，以社区中心为载体的公共服务配套被确定为“青岛标准”。规划建设农贸市场13处，启动有轨电车示范线建设，公共自行车租赁系统（一期）投入使用。

回应群众生态关切，建设美丽宜居新家园。深化“密植混交”式绿化，林木覆盖率、城区绿化覆盖率分别达到39.2%、41.2%，基本达到国家森林城市标准。总投资15亿元的白沙河综合整治开发初见成效，集产业、休闲、居住、防汛等于一体的生态长廊基本建成。组建运行“数字化城管”，智能交通（二期）投入使用，全国首个TOT市场化运营的垃圾转运站正式启用。

顺应农民向市民转变，打造道德文明新高地。实施“四德”建设，市民行为理念成为百姓自觉行动，“您懂得、别忘了”温馨提示深入民心。实施文化惠民，为基层免费配送文艺演出600余场、电影1300余场、图书4万余册，“文化超市”惠民服务项目获省政府首届文化创新奖。

适应农村向城镇转型，完善社会治理新体系。整合16条群众诉求渠道，在全国县市区率先成立民声服务办公室，构建一个部门“集中受理、协调办理、统一答复”的群众诉求办理新机制，重复投诉受理和转办减少近30%。广泛开展以“请居民参与、听居民意见、请居民监督”为主要内容的市民议事活动，让群众参政议事、干部遵规守纪，每个社区均完成3轮以上，普通户代表参与率68.6%、问题办结率93.7%、群众满意率95.6%。试点建立街道级专业调委会，90%以上的矛盾纠纷在基层得到解决，被评为全省信访工作先进单位。全面推行“五位一体”街面巡控模式和社区网格化管理模式，建成标准化、规范化警务室85个，治安案件发案率下降25%。

（三）着力增进群众福祉，不断增强群众幸福感 坚持显著改善民生、为民优质服务，将7成以上财力投向民生领域。推进学有优教。投入6.6亿元新建、改扩建幼儿园、中小学36处，市级以上规范化学校达到93.7%，公益普惠性幼儿园基本实现全覆盖；“中小学生八个好习惯”深入人心，“区长杯”体育艺术系列活动蓬勃开展，中小学生参与率达100%。推进劳有应得。在全市率先成立由政府主导的区、街道技能培训学院，投入2200余万元统筹城乡就业2.4万余人，社区可支配财力最低达到70万元以上。推进病有良医。投资7000万元完成区人民医院扩建工程，“先住院、后付费”诊疗模式惠及3万余名群众，投入2350万元实现大病救助病种全覆盖、参保人群全覆盖。推进住有宜居。在全市率先将农村居民纳入城镇住房保障体系，开建保障性住房3572套、1万余套主体完工。推进老有颐养。投入8200余万元完成农村居民养老保险向城镇基本养老保险转移接续6.7万人，养老保障城镇化进程基本完成。推进困有多助。建成社会救助管理系统，加快建立覆盖所有困难群体的大救助机制，确保居民应保尽保、应助尽助。

附：（一）城阳区委书记、副书记、常委名单

书　记：孙立杰

副书记：张希田　薛暖新

常　委：孙立杰　张希田　薛暖新　王本兵　李建基　李桂锡　杨　超　刘青林　王泽旭　张永国　殷世逸

（二）各街道党工委书记名单

街道	书记
城阳街道	纪尚恩
流亭街道	刘哲广
夏庄街道	纪瑞礼
惜福镇街道	杨相贤
棘洪滩街道	梁　双
上马街道	于延涛

中共胶州市委工作概况

胶州市委书记　张德平

一、组织概况与党的建设

胶州市共有3526个基层党组织，53938名党员，包括64个市委直属党（工）委，其中镇党委6个，街道党工委6个，市直部门（单位）党（工）委39个，企业党委13个。各党（工）委下属党组织包括基层党委直属党委20个，党总支87个，党支部3355个，其中村（居）党组织816个（含村转居12个，联合村党组织5个），党员27992名；非公有制经济组织党组织1478个（含规模以上企业党组织374个），党员5960名；社会组织党组织48个，党员186名。2013年，胶州市委领导班子更加注重问题导向，推动重心下移，深入开展“基层组织规范化建设年”活动，着力构建基层服务型党组织，党的建设取得显著成效。

（一）加快推进“三网融合” 围绕推进为民服务智能化和服务重心下移的目标，构建横向到边、纵向到底、上下联动、全域覆盖的网格化体系，将支部建在每个基础网格上，充分利用互联网等手段，建设党建网、民生网、平安网三位一体综合服务平台，实现民生和平安信息及时收集，推动各级党组织和广大党员自觉履行职责、服务群众,发挥好党组织的战斗堡垒和党员的先锋模范作用,实现哪里有民生诉求、群众忧困,哪里就会有党组织的积极回应和党员的模范身影;哪里有矛盾纠纷、危急险难,哪里就能见到党组织高扬的红旗和广大党员冲锋在前的行动。

(二)打造坚强有力基层堡垒 强化基层服务型党组织保障水平,从市镇两级财政拿出1800多万元,将593个村庄全部纳入转移支付基本保障范围,实现每年大村基本运转经费不低于13.5万元、中村不低于10.3万元、小村不低于7.2万元,在青岛市率先达到每村运转经费7万元以上。"7个80%"目标有序落实,转化后进村52个。全面推行"一定双评"(即组织鉴定、现实表现评分、群众民主评议)农村党员资格年审办法,对16名不胜任现职的村支部书记进行了调整,形成了农村党员干部队伍优进劣汰的工作机制。

(三)搭建高效便民服务载体 深入开展问政于民、问需于民、问计于民"三问"活动,坚持"走下去"找问题,通过电话访问、调查问卷、座谈会等形式,一年两次面向"两代表一委员"、群众代表等,在市、镇、村三级广泛征集群众最不满意的10件事和最急需解决的10件事(双10)工作机制,增强政策制定的针对性。推行党员干部直接联系群众制度,29名市级领导分工访遍811个行政村;选派811名胶州籍干部"联家乡";选派9476名机关事业单位党员、干部联系帮扶全市10498户困难家庭。2013年累计为村庄投入帮扶资金7000多万元,办理各类实事4600多件。在全市12个镇办建立了"民生365"服务机制,打造高效便民服务网络。整合全市救助资源,创建阳光民生999救助中心,困难群众得到及时救助。

二、主要工作与成绩

2013年完成地方生产总值836.7亿元,增长12.5%;公共财政预算收入56.6亿元,增长25.3%;规模以上固定资产投资659.5亿元,增长22.1%;实际利用内资197亿元,外资到账6.8亿美元,分别增长31%和28.8%;城镇居民人均可支配收入31334元,农民人均纯收入15690元,分别增长9.6%和12.6%。万元GDP能耗下降3.7%,化学需氧量削减2.7%。空气质量优良率达95.3%,优良天数两年内新增61天,在青岛市空气质量现状及改善率考核中列第一位,连续三次荣获青岛市科学发展电话民意测评第一名。荣获全国法治创建先进市、省四德工程建设示范市、首批文化强省建设先进市等称号。

(一)加快两大引擎建设,打造青岛第四大发展平台和三城联动发展新引擎 加速国家级开发区向高端智慧新区迈进。创新规划、建设、招商、服务"四统一"模式,形成36.7平方公里启动区、102平方公里核心区。实行市级领导包挂项目责任制,仅11个月时间核心区落户45个项目,总投资555亿元,总建筑面积650万平方米,加速培育冷链、电力、物流、航空四大百亿级产业板块。注重产城融合,西安交大青岛研究院、专家人才公寓等项目加快推进。壮大临空经济区打造国际物流港。抢抓4F级胶东国际机场建设机遇,发挥空港、中铁联集青岛集装箱中心站、前湾港优势,构建"两园两中心",建设海陆空铁多式联运的国际物流港,全面打造欧亚大陆桥和海上丝绸之路重要节点。目前,已引进总投资107亿元的过亿元物流项目10个。顺势打造临空经济区,构建航空物流、通用航空、航空制造和临空现代服务业为重点的产业发展新格局,开启引领大青岛北岸发展新时代。

(二)深入推动"转调创",增强转型升级新动力 深入开展"大项目突破年"和"双月奋战"活动,全市新签约过亿元内资项目67个,新批准过千万美元外资项目33个;新开工、新投产过亿元(千万美元)项目分别为117个、32个,荣获青岛市项目建设突出贡献市。推动腾笼换鸟,推进城区工业企业搬迁,规划建设东部中央商务区。率先开展政府职能转化改革,创新工商登记后置审批,审批事项精简率达41.1%。培育科技创新载体,引进西安交大青岛研究院和中国机械科学研究总院青岛分院,加快打造一条千亿级高科技机电产业链,培育航空、数字化装备等8个百亿级产业集群。设立亿元专项基金、1500万元科技信贷风险准备金,发明专利申请量突破2650件。强化人才支撑,设立2000万元人才工作专项资金,引进"两院院士"1人、"千人计划"专家2人,引才引智工作走在青岛市前列。

(三)坚持城乡一体,打造美丽宜居新家园 注重规划引领,确立"一带、两区、四板块"城市空间发展框架,全市城镇化率达65.7%。注重生态优先,淘汰"两高一资"企业96家,关停20吨/小时以下燃煤锅炉137台,淘汰高污染黄标车3543辆。坚持合力治脏,创新"镇村保洁、收集,市级清运、处理"城乡垃圾处理模式,城乡环卫一体化镇村实现全覆盖,全省乡村文明行动现场推进会在我市召开,中央文明办来胶专题调研。坚持统筹治水,投入20亿元资金,实现镇驻地和镇办工业园区污水处理全覆盖,加速构建"1+10+9+X"城乡污水处理体系,大沽河治理实现观摩考评七连冠;坚持植树增绿,林木覆盖率达40.65%。

(四)注重以人为本,营造和谐共进新气象 加大民生事业投入,投资40.3亿元实施12件实事工程,全市公共财政预算支出的85%投向民生领域,实事工程90%以上事关民生问题。加快扩大城乡供热覆盖面,城区集中供热率达到75%,两年内服务投诉率下降95%,群众满意度明显提升。成功举办国际艺术滑水对抗赛、全国航空航天模型锦标赛等赛事。改进社会治理,建立民本化"下访"调处新机制,"N+1+1"村居调解新模式等相关做法在全国推广。加快构建"大防控"格局,在群众安全感和满意度测评中荣获青岛市第一、全省第三。

三、创新与经验

(一)创新推行两个"6+1"执法改革 实行镇级集中执法改革,将城镇管理、土地管理、环境保护、安全生产、食品安全、治安管理6个领域,以及文化管理领域(仅限街道办事处)和畜牧兽医领域(仅限镇)的执法权限,通过向镇(街道)派驻人员的方式,在镇(街道)设立综合执法中队,推进重心下移,实行镇级综合执法,形成上下衔接、覆盖全域的执法监管体系。

(二)实现"7个80%"目标 自2013年开始,三年内实现"五个好"村党组织达到80%以上;"贤人"村党组织书记达到80%以上;"一人兼"和"交叉任职"分别达到80%以上;自有固定收入5万元以下村中80%过5万元;年收入过4万元农户家庭达到80%以上;村庄矛盾化解率达到80%以上。

(三)深入推进尚德胶州建设 以培育社会主义核心价值观为主线,大力实施"四德"工程,在省级文明城市测评中列全省第三、青岛市第一。"最美胶州人"典型库达475人,其中4人被评为中国好人,8人被评为山东好人,王伟获第四届全国道德模范提名奖,受到习总书记的亲切接见。

(四)创新实施"N+1+1"村居调解新模式 注重开门"下访",按矛盾纠纷类型及社会管理难点,各村(居)设立由德高望重的老党员、老干部、退休教师等组成的N个工作小组和1个人文工作室、1名派驻律师,有效化解各类矛盾纠纷。

附:(一)胶州市委书记、副书记、常委名单

书　记:张德平
副书记:孙永红　庄增大
常　委:张德平　孙永红　庄增大　张友玉　李晓光　杨升海　张瑞圣　闫晓峰(女)　毕维准　宋业敏　麦永治

(二)各镇、街道党(工)委书记名单

阜安街道	周茂播
中云街道	刘　学
胶北街道	马锦秀(女)
三里河街道	孙书全
胶东街道	李宝帅
九龙街道	刘　涛
李哥庄镇	王　勇
胶莱镇	刘　瑛(女)
胶西镇	杨升金
里岔镇	贯泽荣
铺集镇	秦玉峰
洋河镇	赵遵路

中共即墨市委工作概况

即墨市委书记　刘赞松

一、组织概况与党的建设

即墨市现有基层党(工)委77个,党支部(总支)3713个,其中非公有制经济组织、社会组织党组织1449个,党员64248名。

(一)加强领导班子和领导干部队伍建设,选准用好党和人民需要的好干部 坚持举办"科学发展论坛",邀请国家部委和高校6名知名专家教授进行专题辅导;全年共举办各类培训班次45期,培训干部上万人次。在青岛市范围内率先实施了领导班子和领导干部综合研判制度。完善了竞争性选拔干部方式,公开选拔了镇、街道领导班子部分副职;集中开展了两次股级干部竞争上岗,全市44家单位750余名干部参与集中笔试、面试。注重在重点工作和急难险重任务中跟踪考察干部,突出加强了关系产业发展、重点区位的干部配备。建立完善了指挥部机制,选拔500多名优秀干部参与到蓝色硅谷核心区、省级开发区创智新区、国际商贸城和现代物流区等重点项目建设。改进干部考核评价办法,实现了考核导向、用人导向和发展导向有机统一,激发了全市干部队伍干事创业活力。

(二)加强基层服务型党组织建设,推进基层党建工作创新 连续两年从市、镇两级机关选派300名干部组成工作组进驻96个后进村庄帮扶整顿,实施扶班子与促发展同步推进,累计投入帮扶资金8000多万元,有效扭转了村庄的后进面貌。开展了"阳光村务"异村经济责任审计和"阳光民主议事厅"试点工作,有关经验做法被《光明日报》、《山东新闻联播》等媒体报道。将636个村庄纳入市、镇财政基本保障范围,有力解决了"有钱服务"的问题。分领域开展非公党建示范点创建活动,创建了40个"两新"组织市级党建示范点。依托远程教育网络建立为民服务站点200多个,党建频道制作播出节目52期,提高了党员教育的针对性和实效性。

(三)加强人才队伍建设,加快推进人才强市战略 坚持以人才工作考核为抓手,统筹推进高端人才引进和平台载体建设,整合人社、科技、工信等11家单位职能,建立人才工作联席会议制度,推动人才工作重要决策部署落实到位。全年引进国家"千人计划"专家2人,邀请5位国家"千人计划"专家来我市考察投资事宜,评选表彰专业技术拔尖人才33名、优秀农村实用人才57名,为经济社会发展提供了有力的人才智力支持。

二、主要工作与成绩

2013年,全市完成地区生产总值878.16亿元,增长13.1%;地方公共财政预算收入64.3亿元,增长26.7%;城镇居民人均可支配收入31358元,增长9.6%;农民人均纯收入15682元,增长12.6%。位居中国县级市综合竞争力排行榜第17位,名列福布斯中国大陆最佳县级城市第19位,被确定为全省率先发展为大城市的9个县级市之一。

(一)坚持蓝色引领,蓝色硅谷核心区建设实现新突破 全面完成了蓝色硅谷核心区总体规划及各专项规划和中央商务区城市设计,山东大学青岛校区、海洋科技国家实验室等重点项目建设进展顺利,在建、签约和在谈项目达到70多个;18条市政道路、76万平方米科技孵化器等基础设施和公共服务设施建设加快推进;全面启动了涉及13个村庄的10个新型社区建设。

(二)实施现代产业体系建设战略,产业转型升级开创新局面 坚持以转方式调结构为主线,以蓝色、高端、新兴为方向,加快构建以先进制造业为支撑、战略性新兴产业为先导、服务经济为主体、现代农业为基础的现代产业体系。一是全线推进重点组团建设,产业承载力迅速提升。坚持"全域统筹、产城融合、组团发展"理念,全力推进蓝色硅谷核心区、省级开发区创智新区、城市中心区、国际商贸和现代物流区、汽车产业新城、大沽河沿岸现代农业示范区等重点功能区建设。二是大力实施"3×3工业振兴计划"和"个十百千工程",制造业核心竞争优势不断增强。快速壮大汽车、发电装备、造船三大先进制造业实力,不断提升纺织服装、家电电子、机械加工三大优势传统产业发展水平,加快突破太阳能光伏、生物医药、新材料三大战略性新兴产业规模。2013年,规模以上工业总产值达到2333亿元、增长17.6%。连续四届被评为全国科技进步先进市。三是全力构建传统服务业和现代服务业齐头并进发展格局,服务业发展水平进一步提高。规划了总面积26平方公里的中国即墨国际商贸城,正在加快建设小商品新城、四季青国际纺织服装城、复星天贸城和智慧物流园、青岛国际服装产业城、即墨商都等市场商贸业重点项目,力争3—5年内新增市场面积400万平方米,建成具有第五代专业市场特点的千亿级市场商贸集群。同时,引进建设了摩天三五MALL、青岛航空商务基地等一批旅游会展、现代物流、航空服业重点项目。四是以大沽河综合治理为契机,现代农业发展实现提质增效。在大沽河沿岸规划建设了大沽河现代农业示范区,着力打造了带动西北部经济腾飞和农民增收的新增长极。力争到2016年,全市至少培育汽车、纺织服装、市场商贸、现代物流4个年产值过千亿元的产业集群,形成10家百亿元企业、100家十亿元企业、1000家规模以上企业,规模以上工业总产值突破4000亿元。

(三)实施特色精品城市建设战略,现代化新城展现新形象 坚持以片区理念抓好旧城改造,将中心城区84个城中村规划为20个新型社区,启动实施了古城片区、市医院片区、顺河片区、国际商贸城片区和商都片区改造,城中村改造呈现出连片改造之势。以国际标准抓好新城建设,省级开发区创智新区18项重点工程全线推进,现代化新城形象初步彰显。以改革精神加快推进蓝村小城市培育试点工作,着力打造时尚元素与田园风光相融合的新型小城市。以统筹思维抓好新型农村社区建设,重点抓好重点经济功能区和镇驻地新型农村社区建设。深入开展"城乡同治、全域共美"环境综合整治活动,城乡一体化发展进程不断加快。

(四)切实保障和改善民生,社会建设和管理工作成效明显 坚持新增财力全部用于民生事业,实施了总投资43.8亿元的10件大事实事,使城乡居民向着学有优教、病有良医、劳有所工、困有所助、住有宜居、老有颐养的目标不断迈进。建立社会管理信息中心和"1620"社会治理组织领导体制,推行"阳光村务"和农村妇女网格化管理服务,开展"直通·联办"和行政综合执法试点,不断提高了社会治理科学化水平。

三、创新与经验

(一)始终坚持科学发展,开创经济社会又好又快发展的新局面 教育引导各级领导干部牢固树立正确的政绩观,进一步克服简单以生产总值增长率论英雄的倾向,更加注重以人为本、全面协调可持续发展。进一步创新完善绩效考核体系,科学设置发展指标,更加注重看基础、看质量、看潜绩、看实绩。加快转变政府职能,创新行政管理方式,减少政府对微观事务的管理,为各类市场主体创造了统一开放、公平竞争的发展环境。实践证明,只有坚持科学发展的正确方向,才能真正推动全市经济社会实现又好又快发展。

(二)始终坚持群众路线,开创依靠群众力量突破重点工作的新局面 牢固树立群众是做好一切工作的力量之源的理念,坚定不移地践行党的群众路线,作决策、办事情始终把惠民利民作为根本出发点,开展重点工作始终坚持紧紧依靠群众、广泛发动群众,有效保证了市委各项战略部署的全面贯彻落实。特别是,在推进即墨古城、顺河、市医院、国际商贸城等片区改造中,始终坚持群众工作群众做、先拆矛盾后拆房屋,与群众面对面沟通、心贴心交流,最大限度地赢得了群众支持。实践证明,只要认真贯彻群众路线,深入了解民情、充分反映民意、广泛集中民智,就没有克服不了的困难。

(三)始终坚持机制创新,开创全市上下同心同德、干事创业的新局面 创造性地实行了指挥部工作机制,把每名市级领导都压到重点工作一线,并充分放权,既当指挥员、又当战斗员,较好地推动了各项重点工作的落实。始终坚持在一线培养、锻炼和选拔干部的选人用人机制,实现了干部培养选拔与工作推进的双赢。不断完善改进干部作风的一系列制度和机制，建立健全市级领导联系镇村、重点企业、重点工程和包重点信访案件等制度；在全市广大机关干部中深入开展了“体民情转作风”、“知大局精业务”等主题教育实践活动，进一步增强了群众观念和服务意识。实践证明，良好的机制和作风是攻坚克难、从胜利走向新的胜利的有力保障，必须继续坚持和发扬好，努力争创新的业绩。

附：（一）即墨市委书记、副书记、常委名单

书　记：刘赞松

副书记：郑德雁　于　澎

常　委：刘赞松　郑德雁　于　澎　郭可汾　邢福栋　衣立渊　王宝善　王宏志　李　杰　鞠朝友　李志红（女）

（二）各镇、街道、区党（工）委书记名单

环秀街道	邱　兴
通济街道	刘永军
北安街道	孙　健
龙山街道	慈有显
龙泉街道	于成刚
鳌山卫街道	孙福坚
温泉街道	徐永全
经济开发区	刘　伟
田横岛省级旅游度假区	王　忠
省级高新技术产业开发区	李先尧
大信镇	李德军
田横镇	王新双
金口镇	孙公伟
灵山镇	杨　政
段泊岚镇	朱崇昕
移风店镇	黄迪川
蓝村镇	宋修强

中共平度市委工作概况

平度市委书记　王　中

一、组织概况与党的建设

平度市现有基层党委55个，市委工委12个，党总支37个，党支部3499个，其中机关事业单位党支部674个、社区党支部36个、村党支部1785个、企业党支部915个、新社会组织党支部89个，党员79908名。

（一）思想政治建设在坚定理想信念中得到全面加强　坚持把思想理论建设放在党建工作的首位，把学习宣传党的十八大、十八届三中全会精神与中国梦宣传教育、学习贯彻习近平总书记系列讲话特别是视察山东时的重要讲话精神相结合，统一思想、指导实践、推动工作。深入开展争创学习型领导班子和学习型基层党组织活动，选派200余名市管干部赴江阴市委党校、南开大学、浙江大学进行主题培训或专题研修，建立完善考学述学评学、学习成效评估、学习情况与干部培养使用挂钩等制度。实施重建基层党校和恢复党员冬训、夏训等制度，党员干部理论素养和政治素质不断提高。

（二）党员干部队伍在体制机制创新中更加充满活力　推行工作业绩与干部去留、荣辱、升迁“三挂钩”制度，对实际吸收到账外资、实际到位内资、进出口总额实行代理负责制，对地方财政收入、新型农村社区建设实行“军令状”制度，强化弹性干部调整机制。推行干部选任初始提名制度，实行市委全委（扩大）会议提名、市委委员实名推荐提名、差额提名推荐、干部选拔任用工作记实等制度，配套建立具有初始提名权领导干部的干部提名“信用档案”。完善领导班子和领导干部业绩积分档案、干部道德诚信档案，实施纵评横比考评制度和重点项目节点考评，健全一线考察识别干部机制，充分激发干部队伍活力。

（三）基层组织战斗堡垒作用在扩面提质中持续巩固提升　重新规范推行了党员联户制度，深入推进市直部门、镇（街道）、村庄及党员服务群众“四级承诺制”，完成承诺服务事项3.4万余件。选派131名“第一书记”驻村包建或联村共建。加大市、镇两级投入，新建修缮村级活动场所45处。开展非公企业党建“百日攻坚”行动，加强农民专业合作社党建示范点培育，努力实现党的工作全覆盖。严格落实“三谈三考一答辩”预备党员教育考察机制和党员党性考评积分制管理办法。“一定两议三监督”工作法全国推广,"党建引领、服务凝聚、合作富民"做法全省典范,党代表任期制青岛领先。

(四)党风廉政在惩防并举中更加取信于民 把群众路线教育实践活动与贯彻落实中央八项规定、推进当前工作相结合,有力促进了干部作风转变。严格落实代办制、陪办制,狠抓庸懒散慢拖瞒整治,干部效能持续提升。深化讲廉、宣廉、述廉、评廉、考廉、用廉"六廉"活动,市级党政班子成员向同级纪委全委会述廉、党政主要负责同志讲廉政党课、加强乡镇纪委建设等工作全省领先。

二、主要工作与成绩

2013年,在中央、省委和青岛市委的正确领导下,全市上下紧紧围绕跨越赶超、绿色崛起、富民强市发展战略,扎实开展第二轮重点项目推进年行动及专项会战,强力突破新型工业化、信息化、城镇化、农业现代化,实现了科学发展历史性突破。全年完成地区生产总值790亿元、增长12%;地方财政收入45.2亿元、增长24%,圆满完成地方财政收入三年翻番年度任务,财政预算财力达到72.5亿元;农民人均纯收入15269元、增长12.3%,城镇居民人均可支配收入27864元、增长9.6%,城乡居民收入差距比例由上年度的1.87∶1缩小为1.82∶1,低于全国3.03∶1的比例。被省委、省政府授予"全省信访工作先进单位"荣誉称号。

(一)围绕打造大青岛北部最大的先进制造业基地,以三大板块扩容升级为重点推动新型工业化实现质的飞跃 新河生态科技产业新城争创为中国生态化工产业基地,开发区食品饮料产业集聚区、高新区新能源材料产业聚集区分别获认省、青岛市新型工业化产业示范基地,规模以上工业产值突破1600亿元。全年引进和在建投资过亿元或千万美元项目分别达到144个和162个,以海信千万台白色家电、青啤150万千升扩能等为代表的一批重大工业项目加快建设。狠抓万户市场主体培育,新增各类市场主体17410户、总量突破6万户,纳税过千万元企业达到57户、连续三年年均增加10户。战略性新兴产业加快发展,征和工业建成我市首家国家级企业技术研发中心,2名国家"千人计划"专家落户平度。

(二)大力推动高端特色名牌农业精致化,成功争创为全国农业改革和建设试点市 加快建设特色鲜明、沿海典范、全国一流的国家现代农业示范区,高端特色名牌农业发展模式获得北京"平度特色的农业现代化之路"专家论证会与会专家充分肯定。创建国家地理标志产品保护示范区的申请获国家质检总局批复。实现粮食生产"十一连丰",再获全国产粮(油)大县奖励。新型农业经营主体发展迅速,成立了全省首家新型农业经营主体联合组织。农村土地承包经营权、集体建设用地使用权、居民房屋所有权、林权"四权"确认工作取得初步成效。

(三)统筹推进以旧城新区更新改造和新型农村社区建设为重点的环境再造,城乡面貌正在加速实现根本性改观 坚持引入有实力、有经验、有品牌"三有"企业参与旧城改造和新区建设,建筑面积125万平方米、惠及1.28万户居民的二十大片区改造全面开花,建筑面积60万平方米的圣达商务、广电文化等五大中心建设加快推进。加快编制一个发展新规划、全力打造一个新驻地、合理布局一批新产业功能区、加快建设一个新中心社区、建立一个党建和群众工作平台等镇街"五个一"建设,16个新型农村社区全部开工,261个社区服务中心挂牌运营。海青铁路全线开通,结束了平度不通火车的历史。大力推进大沽河综合整治、六大万亩林场建设、国省道路域环境整治、农村垃圾处理试点,镇村环境明显改善。

(四)坚持以群众工作统揽民生工作,群众安全感满意度持续提升 坚持财政支出70%以上用于民生,圆满完成总投资21亿元的8件惠民实事。抓好农村普高进城、农村五保老人进城集中供养、公交下乡和农民就业培训下乡"两进城两下乡",承载农村五保老人进城集中供养的社会福利中心主体工程完工。全面构建起以市委群众工作部为龙头、以镇级33个群众工作大队为纽带、以1801个村庄(社区)群众工作室为基础的市镇村三级群众工作体系。开展"党员联户、干部帮包、走进群众"实践活动,实现了对42万个城乡家庭联系全覆盖。推进严打整治行动和社会治安天网工程,严格落实"党政同责、一岗双责"安全生产责任制,建立安全生产专项基金和风险承诺金制度,信访总量、刑事案件同比下降8.9%、11.5%。

三、创新与经验

(一)坚持以党的十八大和十八届三中全会精神为引领 把深入学习贯彻党的十八大、三中全会精神作为首要政治任务,引领全市上下紧紧围绕建设青烟潍联接地区中心城市的奋斗目标,强化总量翻番意识、实施效益倍增计划、推进结构质变工程、突出创新驱动导向、坚守生态安全底线,集中精力、加快发展。

(二)坚持把解放思想、争创一流摆在各项工作首位 以更大决心冲破思想牢笼,强化只争朝夕、争创一流、利用市场综合运用资源、依法办事意识,积极作为、科学务实,狠抓寻标、对标、达标、夺标、创标"五标"落实,以思想跨越推进各项工作加速、提升、创新、增效、落实。

(三)坚持用作风建设新成效为平度跨越发展提供坚强保障 更加突出真抓实干,以真心、用心、细心、小心、全身心和创新、特色、亮点、品牌、理念、效率、标准、精细"五心十六字"工作法抢机遇、争一流,以雷厉风行、迅速行动、马上就办的高效能加快推动经济社会根本性转变。

附:(一)平度市委书记、副书记、常委名单

书　记:王　中

副书记:杨钊贤　郭　萍(女)

常　委:王　中　杨钊贤　郭　萍(女)　牛润之　姜乃鹏　李虎成　姜文慎

于乃江 庄金杰 毛军响 杨志华

(二)各镇、街道、区党(工)委书记名单

经济开发区	刘玉明
凤台街道	付 强
同和街道	王彬堂
李园街道	刘宝刚
东阁街道	杜酉逢
白沙河街道	谢劲光
南村镇	徐广举
蓼兰镇	王连涛
崔家集镇	唐云莉(女)
明村镇	陈 勇
田庄镇	王文涛
新河镇	石德涛
店子镇	孙 坚
大泽山镇	官祥斌
旧店镇	赵旭军
云山镇	夏有军
古岘镇	邓伟玉
仁兆镇	柴生华
新河生态化工科技产业基地	姜文慎
农业试验区	徐广举

中共莱西市委工作概况

莱西市委书记 刘圣珍

一、组织概况与党的建设

截至2013年12月31日,莱西市共有党员46286名,其中新型经济社会组织党员3149名;党组织1898个,其中党(工)委178个,总支部63个,党支部1657个;市委直接管理党(工)委48个,总支部11个。2013年发展党员511名,其中新型经济社会组织发展78名。

(一)领导班子和干部队伍建设进一步加强 根据年度考察、科学发展综合考核结果和领导班子建设实际需要,对有关镇(街道)和市直部门领导班子进行了调整。对全市87家单位600个中层干部岗位进行了调整配备,进一步优化了干部队伍结构。认真落实干部监督管理的各项措施,创新建立干部监督工作信息库,提高了干部事前监督工作效率。

(二)基层党建工作科学化水平再上新台阶 实施基层组织建设“双百”工程,选派202名市镇干部,分别担任115个社区和87个换届选举重点村党组织“第一书记”,组织开展了“两新”组织“百日攻坚行动”,党组织覆盖率和党建工作覆盖率实现“双百”目标。围绕提高发展党员质量,建立了发展前征求公安部门意见制度和非党村干部、异地入党等重点发展对象发展前考察制度。

(三)人才工作取得新成效 制定下发了《2013年全市人才工作要点》,结合我市实际确定了年度工作重点,完善了工作目标责任分解机制,对每项工作做到任务目标、责任单位、工作措施、完成时限“四明确”,建立人才工作信息报送和季度调度制度,人才工作合力不断增强。筹备举办了生物医药产业高端人才项目签谈会,共签约项目4个,目前已有2名“千人计划”专家和1名“长江学者”在我市注册创办企业。被省委省政府评为“全省人才工作先进市”。

(四)干部能力素质得到新提升 先后组织120名领导干部赴成都置信培训学校进行集中培训,组织60名领导干部赴无锡市委党校进行园区建设及招商引资专题培训,举办主体培训班次9期、专题讲座9期,培训干部1.7万人次。全员开展“接地气、连民心”活动,征求意见建议392条次,结对帮扶114户困难家庭。领导班子及成员带头,聚焦“四风”问题,深入开展对照检查工作,召开了领导班子民主生活会和党员专题组织生活会,干部能力素质得到新提升。

二、主要工作与成绩

2013年,在中央、省委和青岛市委的正确领导下,莱西市委团结带领全市广大党员干部群众,紧紧围绕加快建设宜居幸福新莱西的奋斗目标,深入贯彻落实党的十八大和十八届三中全会精神,积极转方式、调结构、惠民生,工作取得新成绩,发展呈现新气象。完成生产总值595亿元,同比增长11.9%;公共财政预算收入34.9亿元,增长20.3%;城镇居民人均可支配收入30247元,增长9.6%;农村居民人均现金收入15302元,增长12.3%。

(一)项目建设提质增效 出台招商奖励办法,积极开展定向招商、产业招商,大项目引进实现新突破。全年新签约投资亿元以上项目50个,新批准外资项目24个。先后引进了合联姜山新型产业城、石墨烯新材料产业园等一批大项目。扎实开展双月奋战活动,加快重点项目建设。梦想望城、国林臭氧二期等57个过亿元项目开工建设,雀巢咖啡等12个过亿元项目竣工投产。清理供而未用土地近1400亩,被评为国家国土资源节约集约模范市。

(二)产业结构优化升级 积极壮大先进制造业,食品

加工、纺织服装、机械制造、橡胶化工四大传统产业完成产值735.8亿元,增长14.1%;新能源、新材料、生物医药、节能环保、信息技术五大战略性新兴产业完成产值159.2亿元,增长24.7%。牢牢扭住农业产业化不放松,新增青岛市级农业产业化龙头企业17家,新认证"三品一标"农产品6个,建成现代农业园区33个、标准化规模养殖场43处,苹果矮砧集约栽培模式被农业部推广,粮食生产实现"十一连丰"。大力培育现代服务业,利群商厦等7个服务业大项目建成运营,缤纷五洲等10个项目开工建设,启动了莱西市旅游业发展总体规划,完成了大青山、九顶山等景区规划,姜山湿地保护性开发加快推进,"休闲田园游"示范点创建活动蓬勃开展,全年社会消费品零售总额实现206.6亿元,增长14%。

(三)发展活力不断增强 深入推进行政审批制度改革,取消市级行政审批事项30项,分别向经济开发区和姜山镇下放行政审批权限65项、75项。开通重点项目绿色快速通道,重点项目审批提速30%。创新农村金融服务,满足农民日益多元化、多层次的金融需求。开展土地承包经营权确权登记颁证试点工作,相关经验被青岛市推广。政府融资方式实现新突破,10亿元企业债券发行获批。坚持"引进来"与"走出去"相结合,提高开放型经济水平,全年实际利用内资138.7亿元,增长33.2%;到账外资4.2亿美元,增长37.6%;实现进出口总额28.5亿美元,增长9.3%。

(四)城乡面貌焕然一新 城乡基础设施、配套功能进一步完善,城镇化率达到60.4%。出台了加快推进旧城改造工作意见,统筹推进35个城中村和四大片区改造。姜山新城建设全面展开,沽河新城建设正式启动,新型农村社区建设加快推进。大沽河治理工程进展顺利,乡镇污水专项规划编制工作全面完成,对5处镇街实施了环卫一体化管理。连续三年植树1000万株以上,城市绿化覆盖率达到45.5%。强化节能降耗监管,加大对工业扬尘、挥发性有机污染物、锅炉烟尘的整治力度,环境空气质量优良率保持在92%以上,被评为"全国最佳环保示范城市"。

(五)社会事业稳步推进 不断健全社会保障体系,新增城乡就业3.18万人,为142.6万人次报销医疗费用2.17亿元。全面启动现代化学校建设工程,提高和改善医疗服务质量,基层医改取得显著成效。积极做好第二届世界休闲体育大会筹备工作,12届全运会我市运动员取得4金1铜的优异成绩。努力丰富群众精神文化生活,现代吕剧《断桥惊魂》荣获山东省第六届"泰山文艺奖"一等奖。深入开展法治莱西创建工作,法治环境得到进一步改善。健全食品药品安全、生产安全等监管体系,安全生产形势保持稳定。扎实开展矛盾纠纷排查、领导干部公开接访等活动,积极畅通信访渠道,信访秩序逐步规范,被授予全省信访工作先进单位荣誉称号。

三、创新与经验

(一)创新绿化模式 在高标准、高质量推进城乡绿化工作的同时,积极创新绿化思路,更新绿化理念,探索出了一条市场化与政府投资相结合的造林新模式,得到上级充分肯定,相关经验被青岛市予以推广。

(二)创新基层医疗机构运行机制 紧紧围绕"保基本、强基层、建机制"这一主线,以实施基本药物制度为切入点,落实政府投入责任,积极推进基层医疗机构在投入补偿、药品配备使用、绩效考核、规范管理等方面的综合改革,构建起维护公益性、调动积极性、保障可持续性的基层医疗机构运行新机制。

(三)创新基层供销社经营模式 着力推进基层供销社发展,以"农超对接"为契机、以专业合作社为平台,引导供销系统立足莱西农产品资源丰富的优势,依托供销网络和品牌资源,挖掘自身潜力,选准市场定位,创新商业模式,走出了一条新形势下基层供销社发展新路子,一大批基层供销社焕发了新的生机与活力。

(四)创新中小企业发展模式 牢牢抓住园区建设这一关键,着力提升集聚功能、配套功能、服务功能和可持续发展能力,加速了中小企业进园区组团发展,为全市经济社会发展提供了强劲动力和重要支撑。其中,精密机械产业园、中一实业产业园成为青岛首批中小企业试点产业园,工作经验被青岛现场会推广。

(五)创新社会管理模式 创新特殊人群分类管理模式、社区矫正三级联动管理模式,全市1838名刑事解教人员安置率、帮教率均达到100%,577名社区矫正对象无一托管失控。建立了综治信息服务管理平台,12处镇街、5个新型农村社区纳入平台管理。推广了新型社区治安防控模式,将全市分为142个网格并划分成红、黄、绿三个等级,实现了网格化管理。

附:(一)莱西市委书记、副书记、常委名单

书　记:刘圣珍(女)

副书记:纪家栋　李兴伟

常　委:刘圣珍(女)　纪家栋　李兴伟　姜水清(女)　赵希胜　梅红波　张升山　王福考　郝曙光　邹学新　王保岚

(二)各镇、街道、区党(工)委书记名单

水集街道	臧志勇
望城街道	刘术林
沽河街道	张洪才
姜山镇	张维振
夏格庄镇	于同荀

店埠镇	徐一冰	马连庄镇	隋庆九
院上镇	张　笑	河头店镇	于建波
南墅镇	张　平	经济开发区	左永胜
日庄镇	王仁江		

淄　博　市

中共张店区委工作概况

张店区委书记　王　咏

一、组织概况与党的建设

张店区委现有基层党委71个，党总支124个，党支部1098个，党员32092名。2013年，张店区委深入学习贯彻党的十八大、十八届三中全会和习近平总书记系列重要讲话精神，围绕中心、服务大局、真抓实干，统筹推进各领域基层党建工作，基层党组织的创造力、凝聚力和战斗力不断增强。

（一）党建工作责任落实到位　通过召开常委会、现场会等方式专题研究部署党建工作，创新开展"转作风、访民情、促发展"主题实践活动，实行区委常委、党员副区长挂包联系点制度，累计开展调研指导活动83人次。严格落实全区基层党建专项述职和镇、村两级党组织书记履行基层党建工作述职报告制度，以"赶考"的方式让基层党组织书记有压力、有责任。实施基层党建"项目化"管理，对重点任务进行责任细化分解，将党建工作由"软指标"变成"硬任务"。

（二）基层组织建设创新突破　不断拓展为民服务"双代"机制，进一步深化村级事务管理"一二三四"工作法，在农村和城市社区同步推行村居民事务干部代办，积极帮助群众办实事、解难题。深化社区党建"四级网络"和"网格化管理、组团式服务"工作，集中打造了"情暖夕阳"、"日间照料"等便民服务品牌，淄博市基层党建现场会在张店现场观摩。统筹推进机关、学校、企事业单位、"两新"组织等各领域党建工作，在抓基层、打基础方面取得新的发展。

（三）党员队伍建设凸显成效　制定出台《关于进一步规范发展党员工作的通知》，进一步把好党员"入口关"。深化联建、联动、联管、联创"四联式"流动党员管理服务机制，定期召开流动党员座谈会，为596名流动党员赠送了学习书籍。抓好市、区优秀集中学习站点的创建和后进站点晋位升级工作，投资6万余元，为14个站点购置了投影仪、电视机等设备。扎实开展党员教育积分制试点工作，精心办好《张店党建》电视栏目。

（四）党风廉政建设扎实推进　认真贯彻落实中央八项规定和省、市、区关于改进工作作风、反对"四风"方面的一系列制度规定，狠抓了会议安排、政务接待、公车管理、财经纪律以及领导行为规范、办公用房清理、严格婚丧喜庆活动等重点工作落实，形成了一整套务实管用、科学高效的管理制度。认真落实党风廉政建设责任制，深入开展镇办、部门党政正职向区纪委全委会专题述廉工作，扎实推进惩防体系建设，严肃查处违纪违法案件，全区党风政风民风持续好转。

二、主要工作与成绩

2013年，张店区委团结带领全区广大干部群众，在市委、市政府的正确领导下，按照"发展、实干和以项目建设为纲"的工作总要求，攻坚克难，扎实工作，经济社会保持了平稳健康发展的良好态势。全年完成GDP796.49亿元，地方财政收入37.65亿元，全社会消费品零售总额429.67亿元，分别增长10.75%、8.31%和14.1%。

（一）重点项目建设成效显著　深入开展"两个大干150天"项目建设年活动，精心筛选确定重点项目117个，总投资872亿元，全年完成投资140亿元。其中，茂业百货、麦德龙超市、彩世界商业广场等28个项目开业运营，嘉亿国际、华润置地、恒大帝景、联创节能等项目加快建设，卓创科技产业园、太保在线生活服务商城和第三方支付、山东纳格液化天然气装备以及浙江现代集团总投资62亿元的4个项目等实现了业态质态的重大突破。

（二）转方式调结构扎实推进　深入实施"聚焦园区"战略，市重大工业项目全部进入园区，区重大工业项目85%以上布局在园区。两化融合步伐不断加快，全区电子商务平台企业突破20家。现代服务业蓬勃发展,东营银行、青岛银行和信达财险开业运营,省糖酒会、汽博会、绿兰莎啤酒节参会人数、交易金额均创历史新高,服务业增加值占比达到53.93%。成立了张店金融工商业交流促进中心,先后举办洽谈对接活动23场,累计实现授信或放款超过100亿元。

(三)城市建管水平明显提升 以“两城”迎审为契机深入开展“城市管理年”活动,投资1.5亿元实施6大类20个城乡环境综合整治项目,累计拆除乱搭乱建、乱摆乱放等3万余处,完成建筑物立面粉刷18万平米,居民小区、背街小巷、农贸市场“脏乱差”现象大为改善。深入开展环保综合治理专项行动,32项环保重点任务和10个节能项目建设有序推进,累计关停取缔违法企业333家。扎实开展“森林围城”工程,累计完成种植4.36万亩,栽植各类林木500余万株。

(四)民生保障能力持续增强 城镇居民人均可支配收入和农民人均现金收入保持两位数增长,分别达到3.2万元、1.7万元,城镇登记失业率控制在2.44%,各项民生政策得到全面落实。建成农村住房2884套、30.88万平米;新开工建设保障性住房2297套,基本建成3533套。实施东部城区供热管网建设工程,商园社区、兴东社区等老旧社区4000余户居民实现集中供暖。深入实施社会治理创新“三大工程”,全区社会大局持续和谐稳定。

三、创新与经验

(一)人才工作建设成效显著 继续开展“三年三千计划”,“千名干部培训”累计在延安、井冈山干部学院举办培训班12期、培训干部1016名;“千名人才引进”面向全国985、211工程高校和张店区招聘人才722名;“千名创业英才培养”通过贷款支持、技能培训等形式培养创业人才500余名,发放各类贴息贷款、创业基金近1000万元。注重加强人才工作载体建设,打造了淄博科技工业园(创业园)等8处市级创业园(街),先后建立院士工作站6家,博士后工作站2家,省市级企业工程(技术)中心86家,产学研基地148家,6次蝉联“全国科技进步先进区县”。着力提高人才服务水平,坚持按年度地方财政收入的4‰划拨人才工作专项资金,去年实际投入达到1807.92万元,为各类人才办理安置家属、医疗保险、健康查体等实事300余件,成功引进院士工作团队1个、各类外国专家27名、引进转化实用科技技术成果80余项。

(二)“文化教育名城”建设加快推进 天赋艺术博物馆、博元堂艺术博物馆等12家民办博物馆建成运营;张店女子合唱团、张店都市森林交响乐团分别在维也纳金色大厅、国家大剧院盛妆演出。教育名城建设成果丰硕,涌现出一批名校、名师、名学科;投入9亿元实施的15项中小学校、幼儿园建设工程加快推进;全区中小学校全部实现集中供暖,基本告别使用旱厕,85%以上的学校拥有标准化训练场地。

(三)“三包双联”活动和选派“第一书记”工作扎实开展 全区92个区直部门单位联系95个村(社区)党组织,5000余名机关党员每人联系一家农户,累计发放帮扶钱物320余万元,为群众办实事2600余件。继续选派35名第二批“第一书记”到村任职,率先在全市组织向城市社区选派了15名“第一书记”,着力增强社区工作力量。

(四)城市社区党建工作凸显亮点 按照省、市部署要求,遵循“先试点、后推开”的思路,张店承担了淄博市整个社区党组织服务群众专项经费试点任务,先期选取15个城市社区开展了党组织服务群众专项经费试点工作,每个试点每年落实20万元专项经费,打造了和平街道城西社区“邻里如亲、幸福加分”、体育场街道兴乔社区“心系百姓、情暖万家”等15个为民服务品牌、90多个服务项目,走出了一条建设基层服务型党组织的新路。新华社《山东参考》、《中国组织人事报》、《大众日报》等媒体进行了专题刊发推介。

附:(一)张店区委书记、副书记、常委名单

书　记:王　咏

副书记:沙向东　徐　磊

常　委:王　咏　沙向东　徐　磊　杜海圣　汪德法　孙激波　赵晨光　徐俊杰　张　苗　张荣国　孙宏业

(二)各镇、街道党(工)委书记名单

南定镇	李纯永
傅家镇	文士利
马尚镇	刘在东
房镇镇	张胜利
中埠镇	郑亚飞
沣水镇	于　洪
车站街道	王志臣
和平街道	赵　兵
公园街道	王焕金
科苑街道	田太军
体育场街道	朱训勇
杏园街道	王洪涛

中共淄川区委工作概况

淄川区委书记 杨洪涛

一、组织概况与党的建设

淄川区辖9个镇、3个街道、1个经济开发区，73万人。现有基层党组织2028个，其中党委88个，总支174个，支部1766个，党组30个，派出工委7个。党员40584名，其中2013年发展党员523名。

2013年，淄川区坚持以邓小平理论、“三个代表”重要思想、科学发展观为指导，认真学习贯彻党的十八大和十八届三中全会精神，各级党组织的执政能力和先进性进一步提高。严格落实“书记抓、抓书记”党建工作机制，全面推行基层党组织书记抓基层党建工作专项述职制度，促进党建目标责任的层层落实。深化落实“双代”服务机制，区、镇对村居监管力度进一步加强，累计代理村级资金8.4亿元、资产22亿元；提高代办服务质量，统一配备代办车辆，区财政拨付110万元专项经费，用于薄弱村居代办工作，全年共为群众代办事项9.2万件。“村级有满意服务”项目列为全省第二批区县委书记基层党建创新项目。推行企业事务干部代办，年内代办企业事务519项，办理重点项目手续146项，协调解决问题275个。制定了《关于实行村居书记主任业绩考评奖励的意见》，区、镇财政拿出800余万元，对在职村居书记主任实行“每月一考核、一评议、一通报、一奖励”，切实激发了村居干部干事创业的内在动力。组织研究制定村级年度财务收支预算、集体资产资源处置、工程项目招投标等10项规程，村居工作规范化水平逐渐提升。依托网格化党建体系，区直部门单位的5763名党员结对帮扶5785户困难家庭，年内普遍走访2次，党员个人自愿提供帮扶救助物资230万元。实施包村帮扶工程，从区直部门选派75名干部到薄弱村居担任“第一书记”，组织14个区委直属企业“一对一”帮扶山区村，累计协调资金750万元，帮助新增集体经营性收入140万元。成功举办第六届“百名专家淄川行”活动，启动实施“百家企业院校行”活动，对接项目496个，签订合作项目68个。实行区党政班子成员联系专家制度，落实人才激励政策办法，重视人才情感关怀，充分发挥高端优秀人才在“创新引领、转型升级”中的关键作用。加强企业家队伍培训，培训2750人次。

二、主要工作与成绩

2013年，淄川区在市委市政府的坚强领导下，认真按照“发展实干”和“项目为纲”的工作要求，紧紧围绕全面建设富饶秀美幸福新淄川的总体目标，坚持以“项目建设年”为载体，以“作风建设年”为保障，团结拼搏，攻坚克难，较好地完成全年目标任务，经济社会发展呈现“稳中有进、进中提升”的态势。全区实现GDP569.5亿元，增长9.2%；公共财政预算收入23.98亿元，增长8%；规模以上固定资产投资290亿元，增长20.4%。

（一）经济转型升级坚实有力 超前实施弯道超越、“转调创”战略，经济发展质量和效益稳步提高。工业经济提质增效。扎实开展“项目建设年”活动，150项区级重点项目完成投资124.87亿元，高新技术项目达到32个，占比提高5个百分点。继续实施“双轮驱动”战略，完成技改投资120亿元；新能源、新材料、新医药三大战略性新兴产业增幅均超过30%，高新技术产值占比达到21.5%，创建为中国纺织产业基地，被评为全省节能降耗先进区。成功举办第六届百名专家淄川行，签约高新技术项目50项，新增省级以上品牌5个、省级以上高新技术企业5家、省级研发平台4个，鲁泰荣获中国工业大奖、全国质量奖、中国创新设计红星奖，金狮王荣获首届中国意大利陶瓷设计大奖赛唯一金奖，被评为全国科技进步先进区。举办第二届银企合作促进会，授信签约资金91.92亿元。经济开发区跻身全省省级开发区前十强，淄川新材料产业园等园区配套更加完善。服务业发展加快提速。中国（淄博）陶瓷产业总部基地等重大项目开工建设，招商银行、浦发银行落户淄川，SM城市广场、淄博瓷厂（1954）陶瓷文化创意园、新星电子商城等项目进展顺利，以潭溪山、齐山为代表的山水生态旅游蓬勃发展，服务业增加值占比达到37.9%。现代农业稳步发展。扎实推进农村产权制度改革，完成土地承包经营权确权登记颁证试点工作。编制完成全区农业发展规划，完成土地流转4万亩，核桃基地突破3万亩，七河生物等龙头企业快速发展，都市农业等新型业态发展良好，创建为全国食用菌建设示范区、国家小农水重点县和中国矿泉水之乡。

（二）新型城镇化扎实推进 统筹推进魅力城区、新型城镇、美丽乡村三个层级建设。昆仑等4个镇完成总体规划，双杨镇入选省级百强示范镇，黉山城乡统筹示范区整体框架初步拉开，西河镇“乡村连片治理”工程顺利通过验收，藏梓村入选全国“美丽乡村”。北京路南延一期工程竣工通车，205国道示范路建设通过验收，升级改造鲁泰西路、通济街南段等城区道路，改造农村道路54.1公里；建成城乡一体化供水体系，新解决3万农村人口饮水安全问题；新完成90万平方米循环水热平衡改造和20.9公里雨污分流工程，城乡基础设施日趋完善。实施城乡环境综合整治，累计投入资金1.2亿元，顺利通过国家卫生城市复审。继续推进“森林淄川”建设，新增造林面积3.13万亩。加大重点领域治理力度,生态环境进一步改善。

(三)民生保障持续改善 全面落实各项民生政策,民生支出占比达到60.71%。开工建设城区南部小学、区医院医技楼等一批民生项目,般阳中学新校、淄川社会福利中心、留仙湖养老中心等工程相继竣工投入使用。实现城镇新增就业2万人,转移农村劳动力1.35万人。新建保障性住房1012套,新农合与城镇医保实现并轨。勇夺市运会金牌和总分"三连冠"。全面深化"四德工程"建设,被评为全省首批"四德工程"示范区,孟祥民被评为淄博历史上首位全国道德模范,孙奉岩等2人被评为全省道德模范。全面实施网格化社会管理服务,信访总量比去年下降45%。严厉打击违法犯罪行为,刑事案件同比下降36.8%,连续7年实现命案必破,安全生产持续平稳,群众满意度持续提升。

三、创新与经验

(一)坚持弯道发力、加速赶超,有效拓宽了转型升级的上升空间 面对资源枯竭型城市转型这一全国性难题,坚持把上级要求和淄川实际紧密结合,实施弯道超越,主动转型升级。加快推进建陶、纺织、水泥等传统产业转型升级,全力推动新能源、新医药、新材料等新兴产业规模化,全区经济结构更趋优化;积极盘活闲置土地,搭建发展平台,淄川新材料产业园、小顶山新能源产业园等一批园区在矿坑废墟中拉开框架;着力优化金融生态环境,积极深化政银企合作,年度增量贷存比跃居全市首位;大力弘扬创新精神,赢得一系列国家级荣誉称号,在全市现场观摩点评中获得第4名的历史最好成绩。资源、空间、环境、人才等各种要素制约均得到不同程度地化解,老工业区科学发展的空间更加广阔。

(二)坚持三位一体、综合施策,有效打通了社会治理的"最后一公里" 以提高社会治理能力为目的,全面实施网格化社会管理服务,将"四德工程"、村民事务干部代办、党员干部联系群众等工作集成到网格中,实行"网格化走访、网格化代办、网格化服务",定岗定责、重心下移,推动各级干部经常下基层、接地气、办实事,实现了联系群众的制度化、常态化、固定化。深入开展"学三法倡四德促五进"活动,集中开展交通安全、环境治理、金融秩序、医疗秩序等领域的专项整治行动,积极打造道德、行政、法治"三位一体"的社会治理模式,全区绝大多数信访积案和历史遗留问题得到妥善化解,全省深化平安山东建设工作现场会来淄川观摩,并在全省推广淄川经验,全区经济社会发展环境更加和谐。

(三)坚持转变作风、崇尚实干,有效提振了广大党员干部的精气神 以"项目建设年"和"作风建设年"活动为载体,以创城复审为契机,重视发挥广大党员干部主观能动性,积极作为,主动创新,大胆探索,全区党员干部工作激情空前高涨,精神面貌焕然一新。淄川城市环境、干部作风、社会秩序、市民素质和精神面貌得到全面提升。在产业转型、科技创新、"四德工程"、网格化管理、组织建设、党风廉政等方面涌现和创造出一批典型和经验,大大提振了淄川的人气指数和对外影响力。全区上下比学赶超、争先进位的氛围日益浓厚,淄川人敢为人先、不甘落后的信心更加坚定。

附:(一)淄川区委书记、副书记、常委名单

书　记:杨洪涛

副书记:李新胜　阎炳义

常　委:杨洪涛　李新胜　阎炳义　白向坊　李　涌　冯丽萍(女)　孙月东　尚　武　包希安　高　方　梁海涛　李边疆(挂职)

(二)各镇、街道、区党(工)委书记名单

洪山镇	赵　军
昆仑镇	翟纯乾
罗村镇	孙启喜
寨里镇	刘鹏飞
双杨镇	郑向忠
龙泉镇	焦鹏生
岭子镇	汪洪新
西河镇	张　伟
太河镇	朱庆农
般阳路街道	张　刚
将军路街道	宋　磊
松龄路街道	刘　博
经济开发区	杨宏伟

中共博山区委工作概况

博山区委书记 许 冰

一、组织概况与党的建设

博山区共有基层党组织1684个,其中党委66个、党总支138个、党支部1480个,党员32978名。2013年,博山区委认真贯彻落实上级党委重要决策部署,深入学习贯彻党的十八大、十八届三中全会和习近平总书记一系列重要讲话精神,紧紧围绕建设活力博山、魅力山城的发展目标,准确把握新形势下党执政的内在规律、基本要求,以改革创新精神努力提高基层党建工作水平,全区上下加快推进科学发展的创造力、凝聚力和战斗力进一步增强。紧紧围绕农村、街道社区、企业和社会组织、机关事业单位4条主线,深入实施"十百千"工程,全面完成100名第二批"第一书记"和扶贫干部选派工作。全面推行"五代理"制度,深入开展党员干部联系困难家庭活动,不断提高联系群众、服务群众的能力和水平,涌现出了一批先进典型,吕绪兰同志荣获全国第八届人民满意的公务员称号。始终坚持正确的用人导向,严格落实"四项监督制度"规定要求,建立完善"一报告两评议"干部监督和考核机制,全区各级领导班子和干部队伍不断优化。认真贯彻中央和省市委关于改进工作作风、密切联系群众,反对"四风"的有关制度规定。聚焦"四风"问题,深入开展"庸懒散"专项治理,突出解决办事效率低下问题,进一步优化营商环境。出台《关于开展厉行勤俭节约、反对铺张浪费专项行动的通知》和《关于进一步规范领导干部操办婚丧喜庆事宜的暂行规定》,突出公车使用、婚丧喜庆、铺张浪费等社会关切、群众关注的焦点问题,深入开展专项监督查纠。充分发挥派驻机构、"行风热线"、"百名中层干部大家评"等载体积极作用,先后组织73个部门开展作风效能建设"承诺、晒诺、践诺"活动。严格执行区级党政领导班子成员向区纪委全委会进行专题述廉,打造"颜山清风"廉政文化品牌。

二、主要工作与成绩

(一)积极应对复杂严峻的宏观形势,全区经济保持持续健康发展 坚持把稳增长与调结构紧密结合起来,更加注重激发经济发展活力,经济运行稳中提质、持续向好。出台《关于积极应对当前经济形势支持企业健康发展的意见》,全力保障土地、资金、用电等要素供应,对"双百"企业进行重点扶持。坚持把项目建设作为推动发展的重要抓手,累计策划实施总投资415亿元、年度计划投资143亿元重点项目239项,11个工业项目列入市级重点。对关系全区经济发展的32项重点项目,全部挂包到区大班子领导,确保了项目建设按照时间进度扎实推进。银仕来、华成、金龙电力等一批项目先后开工建设和投产达效。积极推进"一核二区三片""北工南游"整体规划布局,实施"产业聚集"和"招商引资"两大工程,启动高端机电装备产业园区建设。坚持改造提升优势传统产业和培植壮大战略性新兴产业"双轮驱动",策划实施技改项目90余项,5个项目列入全省2013年技术创新项目,全年完成技改投资40亿元。牢固树立科学的资源配置思路,集中培植东佳、佶缔纳士、银仕来、龙泉等企业做大做强,齐鲁股权托管交易中心挂牌企业达到15家。不断加强自主创新,新建省级以上研发机构5家,新培育省级以上知名品牌5个,华成、银仕来获得首届市长质量奖,东佳集团成功组建博士后科研工作站,创建为山东省优秀知识产权试点区、山东省商标战略实施示范区。服务业发展水平明显提升,陈氏红木休闲品鉴馆、装饰材料城二期建成投用,原山集团系列项目进展顺利,完成三产投资103亿元,同比增长20%。成功举办中国琉璃文化艺术节、全国汽车场地越野锦标赛、孝文化旅游节、美食节、猕猴桃采摘节、蓝莓节等系列活动。新增省级旅游强乡镇1个,池上镇中郝峪村发展乡村旅游经验做法在全省推广。策划实施太河水库水源保护区产业扶贫、基础设施建设和生态保护项目95项,国家优质高效富硒农产品关键技术研究与示范项目落户博山,新增有机农业转化认证3万余亩,优质生态高效农业综合效益进一步提高。2013年,实现地区生产总值332.5亿元,完成公共财政预算收入17.75亿元,完成全社会固定资产投资243亿元。

(二)扎实推进城乡统筹,城乡环境日益改善 重点做好城区道路升级、老旧小区改造和背街小巷改造三大工程,高水平实施39项城建重点项目。完成国道205博山段改造示范工程,先后对金晶路、柳杭东路、金凤路、凤凰山东路、青龙山路等主次干道升级改造,建成海眼110千伏变电站,改造新增供热面积80多万平方米。对12个老旧小区和27条背街小巷进行升级改造,对大街等集贸市场以及城中村、城乡结合部进行综合治理。白塔镇、石马镇省、市级示范镇建设扎实推进。深入实施环保治理再提高工程,关停治理高能耗、高污染企业213家,环科污水厂二期扩建、白杨河电厂机组低氮燃烧等减排项目建成投用,万元GDP能耗同比下降3.7%,空气质量良好率达到57%。突出抓好土地矿产执法检查、非煤矿山和钙业生产整顿等工作。实施生态绿化,完成汪溪湖湿地公园续建,实施五阳湖人工湿地、易灾区生态修复、泉水景观改造等项目,新增造林面积2.5万亩、园林绿地面积40公顷。深入推进农村"五化"工程,新建改造农村公路70.5公里,开工建设垃圾压缩站5个,完成小流域综合治理25平方公里,建成池上、源泉两个国家级生态镇,省级生态镇达到9个,被列为全省美丽乡村建设试点区。

(三)切实保障改善民生,社会大局保持和谐稳定 始终坚持以民为本,大力推进民生工作,加强和创新社会管理,促进了社会和谐。各项民生政策得到不折不扣地落实,区级财政统筹用于三农及民生方面的投入达到8.4亿元,同比增长14%。新增就业再就业1.2万人。城乡居民养老、医疗保险顺利整合,新农合重大疾病医疗保险启动实施。实施校舍安全工程改造11万平方米,新建成镇中心小学、镇中心幼儿园4所,新购置专用校车21辆并全部投入运营,教育投入占财政支出的比例达到26%。集中开展药品回扣专项治理工作,国家基本药物制度和基层医疗机构运行机制进一步巩固,公共卫生和医疗服务水平不断提高。广泛开展"四德"工程,积极组织"唱响中国梦·喜迎十艺节"、弘扬陶琉文化演讲比赛、"走基层,送文化"等系列文艺展演活动,先后组织文化惠民活动500余次。博山陶瓷琉璃艺术中心建成启用,陶琉大师王乃宝被中国日用玻璃协会授予"中国石榴王"荣誉称号。进一步健全完善社会稳定风险评估机制,全面实施网格化、社区化、信息化"三大工程",建立完善公共安全防范、社会稳定风险评估、社会矛盾排查调解、平安建设督查考核奖惩"四大体系",深化"一村一警"工作模式,全区"鹰眼"视频监控系统基本实现全覆盖,初步建成了人防、物防、技防相结合的立体化、多层次综合防控网络。严厉打击和严密防范各类违法犯罪活动,一刻也不放松地抓好安全生产。全市社会稳定风险评估现场会、全市疑难信访案件化解工作座谈会先后在我区召开,我区经验做法在全市得到推广,《人民日报》对我区社会稳定风险评估工作进行了专题报道。

三、创新与经验

(一)坚持解放思想,激发干事创业活力 始终抓住经济建设中心不动摇,在解放思想中激发热情、鼓舞斗志,攻坚克难、重点突破。牢牢把握工作主动权,建立健全领导挂包重点项目、考核奖励机制,激发了全区上下迎难而上的勇气,形成了竞相发展的生动局面。

(二)坚持以人为本,着力提升群众满意度和幸福指数 始终坚持把保障和改善民生作为工作的重中之重,进一步加大民生投入力度,在就业、社保、住房、教育、医疗、人民群众出行等方面实施了一系列民心工程,赢得了广大群众的信任支持。

(三)坚持转变作风,密切联系群众中增进群众感情 进一步强化大局意识、服务意识、岗位担当意识、坚决反对四风,坚持深入基层,深入群众,察民情、解民忧、暖民心,促进了干部作风进一步转变、各项工作有效落实,保障了目标任务的圆满完成。

附:(一)博山区委书记、副书记、常委名单

书　记: 许　冰

副书记: 任书升　周茂松

常　委: 许　冰　任书升　周茂松　宗志坚　周庆德　刘承志　李同军　张　华　成　文　高　健　冯友明

(二)各镇、街道、区党(工)委书记名单

开发区(域城镇)	司志荣(孙荣斌)
池上镇	李信忠
源泉镇	宋乐宝
博山镇	王　伟
石马镇	郑良宪
八陡镇	刘　伟
白塔镇	黄向军
山头街道	孙传博
城东街道	马　辉
城西街道	李晓燕

中共周村区委工作概况

周村区委书记　韩昆山

一、组织概况与党的建设

2013年,周村区共有党(工)委57个,党总支部51个,党支部1174个,党组36个。共有党员20911名,其中男党员15895名,女党员5016名;正式党员20400名,预备党员511名;汉族党员20805名,少数民族党员106名。

(一)着力加强思想政治理论武装 坚持把加强思想政治理论学习作为首要任务,深入系统学习党的十八大、十八届三中全会和习近平总书记系列重要讲话精神,始终在思想和行动上与党中央保持高度一致。特别是自觉把贯彻上级部署要求与周村实际相结合,教育引导全区党员干部进一步树立"周村小不是小周村、周村老不是旧周村"的雄心壮志,下决心革除"小我"、冲破"旧我",以思想解放凝聚发展共识、激发干事热情。

(二)着力推进基层服务型党组织建设 实施新一轮村级组织活动场所规范提升工作,投资739万元,新建改建36处,印发《管理使用办法》,明确产权归属,健全长效管护机制。加强“两新”组织党建工作规范化建设，确立“双强六好”争创目标，调整强化工作机构，实行星级考核、动态管理，服务发展更加有效。

（三）着力抓好人才队伍建设 成立企业人才工作服务团，在5家重点成长型企业设立试点联系点，为企业人才工作实行“一站式”“直通车”服务。实施“树百年商埠英才工程”，在北京大学举办全区女干部素质能力提升研修班，继续组织强企业负责人、新生代企业经管人才和相关部门负责人赴国内外一流高校和跨国企业培训，选派49名优秀年轻干部到基层一线挂职锻炼。实施“名校揽才”计划，从国家重点院校引进各类人才100名充实到区镇机关，增强了人才队伍活力。

（四）着力加强党风廉政建设 认真落实党风廉政建设责任制，狠抓作风建设不放松，严格抓好中央八项规定和省市委要求，制定出台区委改进作风的《实施办法》，提出一并践行“七个一律”“十不”、工作日中午无例外禁酒等制度规定，加大升学宴、生日宴、婚丧嫁娶大操大办等不正之风治理力度，开展治庸治懒治散“效能亮剑”专项行动，在全区营造了风清气正的良好氛围。

二、主要工作与成绩

2013年，面对复杂严峻的经济形势，全区干部群众紧紧围绕建设“富而强、精而美”的幸福周村这一奋斗目标，牢牢把握“项目为纲、民生优先、实干当先”工作总要求，集中精力上项目、调结构、稳增长、惠民生，经济实现逆境增长、发展后劲显著增强、城市形象全面提升、民生保障持续改善、社会大局和谐稳定。2013年，完成地区生产总值277.85亿元，同比增长8.9%；地方财政收入15.21亿元，增长7.02%；城镇居民人均可支配收入和农民人均纯收入分别达到27171元、13691元，分别增长11.20%、11.30%。先后荣获省级双拥模范城、省级文明区、文化强省建设先进区、全国新农村建设档案工作示范区等荣誉称号。

（一）转型升级步伐明显加快 坚持把基础上建设、园区发展、结构调整牢牢抓在手上，持续深入开展“项目建设年”活动，产业转型发展的质量和效益明显提升。一是“两型经济”凸显活力。科技型工业方面，赫达公司纤维素醚及研发中心项目列入省重点，华安公司氟化催化剂制备及应用技术荣获国家技术发明二等奖，全区新增省市级企业技术中心、工程技术研究中心9家，19个项目列入省技术创新项目，规模以上高新技术产业产值占比达到26.3%。服务型经济方面，投资3.2亿元的盛和国际家居博览中心开业运营，五洲国际、红星美凯龙、一汽备品等一批高层次服务业项目落地；周村古商城全年接待游客198万人次，实现综合收入4.5亿元。二是特色园区布局发力。装备制造产业园区，总投资13.2亿元的新华医疗科技园一期项目建成投产，园区规模以上装备制造企业达到59家；化工新材料产业园区，以精细化工、新材料为主导的百亿级化工集群产业链初具规模；高档耐材产业园区，高档耐材产能占比提高到60%；商贸物流产业园区，沙发家具、不锈钢、汽车、纺织品四大专业市场群规模档次逐年提升，年交易额突破220亿元。三是项目建设支撑有力。全年新上规模以上项目221个，累计完成投资128.7亿元，同比增长21.5%。其中，过10亿元项目5个，8个项目列入省重点和市重大项目，11个项目列入市百项工业重点项目。

（二）城市形象全面优化提升 坚持把城市当作景观来设计，把建筑当作景点来建设，把城区当作景区来管理，大力实施城市形象提升工程，集中打好“东进、西优”两大战役，努力打造“舒展、大气、精致”的宜居休闲城市。“东进”，坚持“政府引导、开发造城、以城兴业”，突出抓好孝妇河生态商住区建设，着力打造容纳聚集10万人口的滨河风情城镇，加快对接融合淄博新区，努力实现“同城格局、错位发展”。“西优”，累计投资10亿元，改造完成城区主次干道31条、背街小巷39条，铺设地下雨污分流管线132公里，城市基础设施水平大幅提高；成功完成汇龙街片区、大毛巾、二毛巾等棚户区、老旧工矿区改造，启动建国片区搬迁改造，老工业城市面貌焕然一新。高度重视节能降耗和环境保护，全区规模以上工业万元增加值能耗下降4.61%，建成区绿化覆盖率达到43.93%。

（三）民生保障持续不断改善 深入实施“群众满意工程”，年初承诺为民办的10件实事全部按计划完成。区财政用于民生和社会事业支出8.9亿元，占财政支出比重达到58,05%。总投资近4亿元的周村市民之家、区医院迁建项目，明后两年建成投用。农村产权制度改革走在全市前列。全面完成城乡居民基本医疗保险整合工作，城乡居民养老保险实现并轨。

三、创新与经验

（一）激发科学发展活力干劲 围绕贯彻落实市委“发展、实干”和“项目为纲”的工作导向，年初在全区明确提出了“项目为纲、民生优先、实干当先”的工作总要求。特别是随着省委、市委实施“一圈一带”战略、加快淄博新区建设的决策部署出台和深化，进一步完善形成了发展“两型经济”、加快“两大转变”、努力实现“三个走在前列”的工作思路。专门成立9个重大项目指挥部，实行一个大项目、一名区领导、一套班子、一抓到底，全力靠上推进落实项目。制定出台《周村区创新发展50强企业认定管理暂行办法》和王村、北郊示范镇建设发展的实施意见等政策文件。

（二）创新完善工作机制 进一步健全完善区委各项制度机制，制定出台《区委工作制度汇编》，形成配套制度37项、相关工作流程图8个，促进了班子整体功能发挥。创新开展机关干部联系群众工作，采取区领导联片、部门联村、干部联户的“三联”方式，全区3500余名机关干部全部下到基层，联系全区11万户群众，面对面倾听民声民意，心贴心服务基层群众，做到“下基层、接地气、暖民心”。探索开展以机关在职党员到社区报到服务为载体的城市党建“双联互促”机制。把城市党建“双联互促”与干部“代办”

服务、社区党建"网格化"管理统筹推进,打造形成了周村党建特色品牌。

(三)加强和创新社会管理　大力推进实施社会管理,网格化、信息化、社区化"三大工程",依托"周村民声网"建立网上信访平台。开通"周村发布"政务微博,社会管理资源得到有效整合,机关服务效能明显提升,受到群众一致好评。周村公安分局创新推行的电动自行车实名登记服务管理模式在全省推广。周村区荣获首批文化强省建设先进区,被评为全省人口和计划生育先进集体。

附:(一)周村区委书记、副书记、常委名单

书　记:韩昆山

副书记:陈思林　于　军

常　委:韩昆山　陈思林　于　军　曲　明(女)　阚金智　刘长民　蔡华刚　于　清　耿玉河　王　军　苏振华(挂职)

(二)各镇、街道党(工)委书记名单

王村镇　国卫兵

南郊镇　薛福河

北郊镇　刘冀中

大街街道　刘子稳

丝绸路街道　于继营

永安街街道　耿　峰

青年路街道　解金章

城北路街道　陈安平

中共临淄区委工作概况

淄博市委常委、临淄区委书记　毕荣青

一、组织概况与党的建设

临淄区现有基层党委57个,党组37个,党支部1221个,党员32673名。2013年,临淄区委认真贯彻落实党的十八大、十八届三中全会精神,坚持"围绕中心、服务大局"的党建工作思路,以增强基层党组织服务能力为抓手,全面加强党的基层组织建设,全区党建工作科学化水平不断提高,为建设生态和谐文明的现代化临淄提供了坚强组织保证。

(一)强化责任,凝聚党建工作合力　召开12次区委常委会,研究部署基层党建工作。建立党员干部联系点制度,区大班子领导带头深入一线蹲点调研,帮助联系点抓好党建工作。制定《临淄区2013年度党建工作主要目标》,健全完善区、镇、村三级党建工作责任目标体系,提高党建工作权重,强化结果运用。召开基层党委书记专项述职会议,进一步强化党委书记抓党建工作的责任意识。

(二)创新载体,激发基层党建工作活力　组织实施"网格联系、代办服务"工作,在所有镇街道、村居全部设立代办机构,全区共建立1964个网格,选聘3532名代办员,搭建党员干部服务群众"一站式"平台。这一做法先后在《大众日报》、《领导科学报》刊发。全面推行"党员活动日"制度,各区属党委每月确定一天为"党员活动日",明确活动主题,以支部为单位组织党员开展活动,集中为群众办实事好事。

(三)夯实基础,提升基层党建工作水平　率先将每村经费提高到每年5万元,保障村级组织正常运转。第二批"第一书记"的选派范围扩大到40名,工作开展以来,共协调物资、资金900余万元,结成帮扶对子405对。推行区直党委书记述职制度,开展"双联系双服务"(联系群众服务基层、联系项目服务发展)主题实践活动,区直党委党建工作进一步加强。提高发展党员工作水平,严格实行入党积极分子备案管理、发展党员"双向"考察公示制度,保证发展党员质量。改版《党员手机报》,丰富《临淄党建》电视栏目内容,编发《党员手机报》144期、400余万条,编播《临淄党建》21期,拍摄播放《合力帮扶润民心》、《丙方调解员》等节目,党员教育信息化水平稳步提升。

(四)健全机制,深入推进党风廉政建设　全年共受理领导干部婚丧喜庆事宜报告46件次,制定"庸懒散"专项治理实施方案,通过"临淄政风行风在线"网络平台为群众解决实际问题1112个,开设"廉政之窗"电视栏目,全年共播出12期,继续做好《临淄廉政教育周刊》,全年共编辑46期,大力实施"123"农廉工程,建成开通"临淄农廉网",构建临淄特色"6*3+1"农廉体系。

二、主要工作与成绩

2013年,全区生产总值完成784.5亿元,增长9%;地方财政收入实现49.4亿元,增长8%;全区规模以上固定资产投资完成352.5亿元,增长21.2%;社会消费品零售总额实现195.4亿元,增长13.8%;城镇居民人均可支配收入、农民人均纯收入分别增长13.7%和12.3%。各项事业全面发展,生态环境质量不断改善,文化建设、社会建设和党的建设进一步加强,全国卫生城市指数测评、淄博市科学发展现场观摩点评、淄博市群众满意度测评,成绩均居全市各区县首位。荣获全国科技进步先进区、全国德育科研工作先进实验区、国家级出口食品农产品质量安全示范区、全国法治区创建活动先进单位、全国群众体育先进单位、全省信访工作先进单位、全省生态文明乡村建设工作先进区等多项省级以上荣誉称号。

(一)发展实力稳步提升 按照"调大"、"调强"、"调优"的思路,强化投资拉动、项目带动、工作推动,经济发展的质量、效益和后劲显著增强。拥有齐鲁化学工业区、临淄经济开发区、齐城农业高新区3处省级经济园区,全省唯一稀土新材料产业基地,基础设施、公用工程等配套完善,具备3000亿元承载能力。石油炼化和精细化工、塑料加工、特种钢材和装备制造、高档纸、生物制药、稀土深加工六大产业集群,销售收入超过2500亿元,占规模工业的90%以上。现代农业稳步发展,国家地理标志产品发展到4个,40万亩粮食生产实现政府代种,占粮田总面积的90%。生产性、生活性服务业繁荣发展,文化产业、旅游业日益壮大。创新能力持续增强,2个项目列入国家火炬计划,区内上市企业发展到7家。

(二)人居环境不断优化 科学施策,多措并举,强力建生态、治污染,生态环境持续优化。老旧社区全部改造提升,村居"五化"(硬化、绿化、亮化、美化、净化)成果进一步巩固。全省乡村文明行动现场推进会在临淄召开,民生工程"十个全覆盖"在全省引起良好凡响。万元GDP综合能耗、COD、SO_2排放量持续下降,节能减排约束性指标全面完成。

(三)城乡统筹加快推进 "主城区、中心镇、中心村"三级村镇体系日趋完善,金山镇在全省百镇建设示范行动考核中,综合成绩第一。累计开工"两区三村"项目288.6万平方米,建设新型农村社区28个,惠及群众2.4万户。全区公路通车里程近2400公里,公路密度达每百平方公里350公里,城乡公共汽车线路发展到37条。

(四)民生民计持续改善 全覆盖推开困难群众救助帮扶行动,累计募集资金3565万元,救助困难家庭4591户,低保人数较年初减少1137人。农村低保标准提高到每人每年2600元,五保供养标准提高到3800元。完成33所中小学、幼儿园校舍改造,顺利通过全国义务教育发展均衡区验收。公立医院全部实现药物零差率销售。国家级非物质文化遗产项目鹧鸪戏《宝莲灯》在北京长安大戏院演出。成功举办山东省女子柔道锦标赛。

三、创新与经验

(一)咬定发展不放松 发展是硬道理。只有发展,才能解决前进中的矛盾和问题,才能让群众生活得更加幸福,才能在激烈的竞争中立于不败之地。我区始终把科学发展抓在手上,牢固树立"不加快发展必然加速落后"的思想,以坚定的信心、强大的气势,调动一切积极因素,利用一切有利条件,凝聚一切发展力量,自我加压,主动作为,推动发展向更高层次、更高水平迈进。

(二)创新思路求突破 思路决定出路,创新推动发展。紧紧抓住全面深化改革的重大机遇,既立足现实、激情干事,更创新创造、积蓄势能,把握规律、解决问题,在经济发展上,全力提升质量和效益,大力增强传统产业的附加值和竞争力,发挥创新对转型升级的乘数和倍增效应,集中要素,集成政策,实施创新发展项目,培育优势产业集群,占领制高点、掌握主动权。在社会建设上,全力提升"全覆盖"的层次水平,把巩固提升"十个全覆盖",作为构建和谐社会的载体,完善长效机制,抓好运行管理,不断提升民生工程成效。

(三)转变作风抓落实 群众路线没有休止符,作风建设永远在路上。把群众路线教育实践活动开展与为群众解难题、办实事结合起来,与改作风、正党风结合起来,与做好各项工作结合起来。领导班子要带头实干,把经验丰富、协调力强的潜在优势,变成帮助基层引资金、上项目的现实举措,村居干部要踏实肯干,坚持为群众办实事、办好事,说到做到、有诺必践。

(四)凝心聚力干事业 坚持统揽全局,协调各方,调动一切积极因素,团结各方力量,以党的坚强领导凝聚起共谋发展的强大合力,形成目标同向、干群同心、工作同力的发展氛围。

附:(一)临淄区委书记、副书记、常委名单

书　记: 毕荣青(女)

副书记: 宋振波　王义朴

常　委: 毕荣青(女)　宋振波　王义朴　邢　强　曹丕祯　路玉田　董红光　张召才　卢华栋　韩瑞平　罗　建

(二)各镇、街道党(工)委书记名单

齐都镇	朱伯学
金岭回族镇	于少华
金山镇	杨晓军
敬仲镇	路德芝
朱台镇	李家刚
皇城镇	刘恩慧
凤凰镇	朱春光
辛店街道	田钢昌
闻韶街道	国爱梅(女)
雪宫街道	周恒学
稷下街道	王云明
齐陵街道	张成刚

中共桓台县委工作概况

桓台县委书记　王可杰

一、组织概况与党的建设

桓台县共有党委59个,党工委6个,党总支51个,党支部1105个,党员31305人,其中农村党员17848人,女党员5641人。2013年,在省委、市委的坚强领导下,以科学发展观为引领,着力提高基层党建科学化水平,为经济社会平稳健康发展提供了重要保障。

(一)严格落实党建责任制　全面落实"书记抓、抓书记"基层党建工作责任制,扎实推进基层服务型党组织建设,着力推进"两新"组织党建工作,扎实开展非公有制经济人士理想信念教育实践活动。建立基层组织建设专项资金,进一步加大对基层党建工作的资金投入。大力加强干部队伍建设,组织领导干部到国内知名高校学习培训,提高了推动科学发展的能力和水平。

(二)着力抓好农村基层组织建设　深入实施支部书记队伍建设、民主政治建设、村级组织运转保障、党建工作标准化建设四项工程,着力提高农村基层党建水平。建立农村基层党组织信息化系统,对各村特别是村党支部书记实行动态管理、实绩考核。加大对农村干部教育培训力度,有针对性培训镇村干部3900余名。全面推行村级重大事项"四步决策法",2013年对350余件村级重大事项进行了民主决策;制定《村权运行内控规范》,进一步规范了村级民主权力运行和村干部施政行为。

(三)切实加强基层服务型党组织建设　深化拓展为民服务"双代"机制,进一步规范工作运行,提升服务水平。2013年,为群众代办各类事项8万余件,群众满意率达99%以上。组织开展党员干部联系困难家庭活动,89个县直部门单位联系帮扶全县757户特困家庭,成立帮扶小组220个,结成帮扶对子1027对,帮助解决实际问题1300余件。扎实推进后进村整治,采取县镇领导干部挂包、部门帮包、选派"第一书记"等有效形式,着力推进后进村整治常态化、长效化。

(四)高度重视作风效能建设和党风廉政建设　立足把桓台打造成"审批事项最少、行政效能最高、行政成本最低的城市之一",着力优化发展环境。大力加强党风廉政建设,认真落实中央和省市关于转变作风的规定要求,出台了规范领导干部操办婚丧喜庆、购建住房、清理办公用房等规定,深入开展"庸懒散"专项治理,组织开展了"三比一争"活动,党风政风持续好转。深入推进"6+1"惩防体系建设,探索实行镇(街道)、县直部门党政正职和县直部门重点岗位负责人向县纪委全会专题述廉制度,强化对领导干部监督,严肃查处违纪违法案件,凝聚形成了风清气正、崇尚务实、真抓实干的浓厚氛围。

二、主要工作与成绩

2013年,县委团结带领全县各级党政组织和广大干部群众,牢牢把握主题主线和稳中求进的工作总基调,强化发展、实干和以项目建设为纲的工作导向,紧紧围绕打造实力桓台、建设幸福城乡,统筹推进稳增长、转调创、惠民生、保稳定各项工作,经济社会保持了平稳健康发展的良好势头。全年实现地区生产总值466.4亿元,同比增长10.4%;公共财政预算收入26.3亿元,增长5%;城镇居民人均可支配收入31666元,农民人均纯收入15091元,分别增长14.5%和12.5%。顺利通过全国文明县城复评,获评中国中小城市综合实力百强县。

(一)坚持以项目建设为纲,县域经济稳中有进、稳中向好　扎实开展"项目建设突破年"活动,32个投资过千万元重点项目竣工投产,一批科技含量高、产业带动力强的项目加快推进。完成固定资产投资305亿元,增长22.2%。完成规模以上工业主营业务收入1650.8亿元,增长9.2%。四家企业入围中国民企500强。全县实际利用县外资金36.3亿元,增长7.8%。小麦、玉米平均单产分别达到506公斤、564公斤,小麦单产连续三年保持全省第一。服务业发展步伐加快,11个市级服务业重点项目全部开工。天齐汽车博览园开工建设。王渔洋故居保护修复全面完工、对外开放。忠勤祠获"山东省十大精品陈列"。新城古镇·王渔洋故里、红莲湖晋升为国家3A级旅游景区。建筑业进一步提升,完成总产值460亿元,增长19.5%。财税金融持续健康发展,全县金融机构存贷款余额分别达311亿元、333亿元。

(二)突出产业转型升级,大力推进转调创,发展质量效益明显提升　突出工业结构调整,新开工重点技改项目81个,26个竣工投产。加大对上争取力度,2个项目列入中央重点产业振兴和技改专项、5个项目入选省战略性新兴产业目录、18个项目列入省技术创新项目。三个工业主导区和五大工业特色产业集群占全县经济总量的比重分别达到84.5%和84.9%。加强自主创新和产学研带动,新建博士后工作站1家、省级工程技术研究中心2家、省级企业技术中心2家,承担各级科技计划38项,其中国家级3项,宝恩集团"制革产品技术"项目列入国家863计划,连续六届获评全国科技进步先进县。全县上市、挂牌企业达到13家。强恕堂酒获国家地理标志保护产品认证,入选国家知识产权强县工程试点县。

(三)加快统筹城乡发展,城乡一体化进程扎实推进

中共高青县委工作概况

高青县委书记 徐培栋

一、组织概况与党的建设

高青县现有党(工)委32个,党总支78个,党支部1153个,党组40个。共有党员20276名。2013年,高青县强化发展实干和项目建设为纲的工作导向,深化干事选人的指挥部工作机制,突出抓好"双百工程"、高层次和急需紧缺人才引进等工作,扎实开展党的群众路线教育实践活动,改进作风,改革创新,组织工作科学化水平不断提升,充分发挥各级党组织的战斗堡垒作用和广大党员的先锋模范作用,为全县经济社会跨越发展提供了坚强的组织保证。

(一)深化"干事选人的指挥部工作机制" 2013年,共调整组建了16个重点工作指挥部,下设59个指挥部办公室(推进组),选调配备优秀干部441名。创新考核方式,参与和组织开展了督导式、阶段式、点评式考核,对各项重点工作进行了半月动态通报、季度通报、半年和年终考核通报。

(二)为事业发展选用干部 对部分单位班子成员和领导干部进行了交流和调整,全年共选拔任用干部9批次,涉及干部652人次,其中,提拔重用354人。先后选派48名干部到企业、金融部门、招商和拆迁工作一线挂职锻炼。

(三)加强人才队伍建设 制定了"教育杰出人才"和"医疗卫生专家人才"管理考核办法。发挥政府津贴的导向、激励和撬动作用,为教育杰出人才、医疗卫生专家人才等14名受表彰人员发放奖金33万元。建立了高层次人才服务团队和"政府津贴人员"服务团队,为高层次专家型人才和政府津贴人员的研修培训、社会活动、考察休养、工作生活、待遇落实等提供服务。健全了人才服务绿色通道,为引进优秀人才提供"一站式"服务。2013年,共引进各类高层次人才41名,聘用急需紧缺人才108人,选聘到企业工作的优秀大学毕业生132人。我县首家"博士后科研工作站"在扳倒井集团挂牌成立。

二、主要工作与成绩

一年来,高青县委认真贯彻落实党的十八大精神和省、市委决策部署,团结带领全县广大党员干部群众,按照"以城市化为统领,以工业化为龙头,统筹推进新型工业化、农业现代化、新型城镇化和信息化"建设的总体思路,大力弘扬"开放、包容、创新"的城市精神,坚持以项目建设为纲,坚持问题导向和底线思维,开创了各项工作的新局面,保持了全县经济平稳较快增长。全年实现地区生产总值168.6亿元,增长9.3%;三次产业比例调整到13.8∶51.2∶35.0;全年公共预算收入完成10.5亿元,增长17.9%;规模以上固定资产投资完成103.5亿元,增长20.9%;城镇居民人均可支配收入和农民人均纯收入分别达到22694元和10013元,分别增长14.7%、13.7%。

(一)加快转方式调结构,县域经济实现了平稳较快发展 积极应对宏观经济形势变化带来的严峻挑战,坚持把稳增长与调结构紧密结合起来,以发展促转调,以项目促转调,以招商促转调,县域经济发展质量不断提升,发展后劲不断增强。一是新型工业化加快推进。突出发展三大增长极,大力发展食品与生物工程产业,国井集团年实现销售收入33亿元,同比增长19%;大力发展石油精细化工与新材料产业,投资12亿元的开泰石化丙烯酸及酯一期项目投入运营;抓住用好"黄三角"政策优势,坚实推进新能源风电装备重大科技创新,总装基地建设取得新进展。深入推进六个战略,实现了如意集团对钜创的重组,成功化解了兰骏集团因资金链断裂带来的区域性金融风险。强力推进重点项目建设,年初确定的第一批总投资300亿元的80个项目,开工率达90%,完成投资65亿元,开工率和投资进度均创历年新高。大力开展产业链招商,全年新注册招商引资企业16家,合同利用县外资金149亿元。密切政银企合作,成功举办2013'政银企合作促进会,签约授信金额108.8亿元,创历史新高。加快推进企业上市,有3家企业正式进入上市程序,8家被列为挂牌后备资源企业。县经济开发区和清河经济区管理体制进一步理顺,八个专业园规划不断完善,园区经济的带动作用明显提升。二是现代农业快速发展。积极推进"两园五基地"建设与"双百工程",以山东黑牛为龙头,以循环农业为核心,以产业融合为特色,初步构建形成了"回型产业链"现代循环农业模式,被农业部专家认定为"高青模式"。10万头山东黑牛产业化工程快速推进,全县黑牛存栏达到5.5万头,被中国畜牧业协会授予"中国黑牛城"。22种农产品通过绿色食品认证。我县被认定为全省第二家国家级标准化农业示范县,荣获"中国蚕桑之乡"称号。三是服务业实现新的突破。编制完成了高青旅游产业发展规划,大力培植温泉养老托老、温泉休闲度假产业,引进实施了颐阳文化园项目,天鹅湖国际温泉慢城项目签约落地。文化创意产业实现了破题,《我的师傅姜子牙》动漫制作顺利,陈庄西周古城遗址公园保护与开发规划进展顺利。成功举办第二届中国(高青)黑牛节,大力发展"风情周末"游,高青的知名度和美誉度进一步提升。

(二)坚持城乡统筹,城乡一体化进程扎实推进 一是启动实施南进、西扩、北改城市倍增工程。南部新区完成控制性规划和城市设计,国井大道、太公大道、县第二人民医院、新汽车站等重点项目启动实施。北部老城区提升改造和城西片区开发完成控制性详细规划。二是积极推进省、市级示范镇和新型社区建设。以青城、唐坊省市级示范镇建设为引领,大力实施"百村改造计划",已建成和在建新型社区24个,涉及61个村庄、2.5万人,"农村变社区、农民变市民"步伐加快。三是生态高青建设深入推进。全长43公里的环城水系全部贯通,建成环城绿廊55公里,新植各类苗木340万株,新增绿化面积800公顷。创新网格化管理,深入推进城乡环境综合治理,城乡环境面貌焕然一新,顺利通过省级卫生城市复审。

(三)切实保障和改善民生,全力促进社会文明进步、和谐稳定 坚持把保障和改善民生,提升群众幸福指数作为一切工作的出发点和落脚点,统筹发展各项事业,努力让人民群众共享改革发展的成果。一是教育、医疗卫生改革取得新突破。推行校长职级制和中小学教师职称评定弹性制改革,制定实施教育三年振兴计划,投入1亿元用于中小学配套基础设施建设,大幅提高农村幼儿教师工资待遇。建成了全国第一个数字化书法教学基地,高考一本上线首次突破200人大关,同比增长50%。实施卫生创新提升工程,争取15家市级医疗机构对口支援高青,县医院、县妇保院成功实现托管。二是文化高青建设扎实推进。大力加强社会主义核心价值体系建设,深化群众性精神文明创建活动。开展了"学三法倡四德促五进"法制宣传教育实践活动,实施了"文化惠民"和文化"三下乡"活动,不断推动城乡公共文化服务一体化。三是全力维护社会和谐稳定。牢固树立维稳第一责任的意识,稳步推进网格化管理工程、视频监控全覆盖、社会管理服务中心"三大工程"。严格落实安全生产责任制,坚持"专家查隐患、企业抓整改、政府抓督查"的工作机制,一刻也不放松的抓好安全生产。坚持用群众工作统揽信访工作,畅通群众利益诉求渠道,社会大局持续和谐稳定。

三、创新与经验

(一)扎实推进"双百工程" 以提高带领群众致富能力为重点,深入开展百优创建活动,以提高贫困村贫困户增收致富能力为重点,大力实施"百村万户扶贫奔康工程",通过"村企对接、干部联户、结对帮扶","输血"与"造血"相结合,在贫困村建立产业基地,全县7000名干部结对帮扶8000个贫困户,实现了扶贫全覆盖。创新开展"富民信贷工程",着力破解农业产业发展贷款难、担保难问题,已评定信用户1931户,拟授信金额达到1.25亿元。

(二)实行积分制差异化考核 为落实三中全会要求,摆脱以GDP论英雄,体现发展是硬道理,鼓励差异化发展,创新实行了积分制差异化考核。对镇(街道)的考核包括生态高青建设、山东黑牛发展、新型城镇化建设等13项内容,其中有8项根据实际工作完成量进行计分,多干多得,上不封顶,鼓励各镇(街道)找准自身优势和发力点,重点突破,各打各的优势牌;对部门的考核强调突出重点工作,例如:对服务经济发展部门重点考核服务发展、服务民生、业务工作等;对服务高青金融单位重点考核贷款和存贷比等,激励各部门进一步提升自身核心业务水平,服务全县中心工作。

(三)着力加强创新实干型干部队伍建设 坚持以事业为核心,为干事选人,在干事中选人用人的机制,大力弘扬"四子"精神,继续实行重点工作指挥部机制,坚持实行在一线、基层、急难险重工作中考察锻炼识别使用干部的"试马机制"。今年共选调配备优秀干部441名充实到重点工作指挥部,在项目建设一线施展才能、建功立业;高标准选派第二批"第一书记"79名,帮助村级班子发展产业基地,招引产业项目,改善村级基础设施。

附:(一)高青县委书记、副书记、常委名单

书　记:徐培栋

副书记:刘忠远　边江风(女)

常　委:徐培栋　刘忠远　边江风(女)　李　勇　孙英涛　满　军　崔玉栋　耿庆玮　张守伟　高连家　李厚海

(二)各镇、区、街道党(工)委书记名单

经济开发区	邵珠泉
田镇街道	王　忠
芦湖街道	孟呈文
青城镇	刁忠卫
高城镇	吕　凯
黑里寨镇	袁文波
唐坊镇	李　杰
花沟镇	陈先彬
木李镇	高　平

中共沂源县委工作概况

沂源县委书记　苏　星

一、组织概况与党的建设

(一)组织概况　全县有基层党(工)委41个,其中镇党委11个,县直机关事业单位党(工)委18个,企业党委11个,村级党委1个;党组46个;党总支92个,其中镇党总支58个,县直机关事业单位党总支23个,企业党总支11个;党支部1438个,其中农村党支部630个,社区居委会党支部13个,机关事业单位党支部414个,企业党支部370个,新社会组织党支部11个。党员34561名,其中女党员4937名,非公有制企业经济组织党员3773名。

(二)党的建设　深化机关事业单位党组织书记抓基层党建专项述职制度,开展了创建"双强六好"党组织活动,加强了"两新组织"党建;完善了村级事务"双代"机制,选派第二批156名"第一书记"到村任职;新建改造村级组织活动场所53个。深入推进群众工作"四步法",中央《党建要报》刊发推广了这一做法,中央政治局委员、中央书记处书记、组织部部长作出重要批示,在省作了发言交流。实施了人才队伍建设123工程,"县委书记项目"扎实推进。作为全市唯一试点县,推行了县党政领导班子成员向县纪委全委会专题述廉制度;建立了纪检监察工作信息化管理平台,被省纪委作为信息化建设成果典型案例上报中纪委;在全市率先开通了"农廉网";围绕纠正"四风",开展了"庸懒散"问题专项治理。

二、主要工作与成绩

2013年,沂源县突出以项目建设为纲,按照"三创两新"、"两个再造"要求,进一步强化民生为先、生态文明、内涵发展和城乡统筹理念,全县经济社会持续健康协调发展。实现生产总值227.4亿元,同比增长9.3%;城镇居民人均可支配收入27849元,农民人均纯收入12377元,分别增长14.9%和13%;财政总收入26亿元,其中公共财政预算收入16.2亿元,增长8%。

(一)农业现代化迈出新步伐　新流转土地2万亩,建成提升现代农业园区22处,建成市级示范园9处。中央电视台播出了《沂源:一果万金》专题片,确定了"沂源红"保护区,组建了"沂源红"研究所,开展了繁育研究,"沂源红"苹果通过山东农作物品种审定委员会品种审定,获"中国绿色食品2013青岛博览会畅销产品奖"。"三品一标"认证总数94个。高效节水灌溉试点县二期工程通过省验收,苹果产业、生态农业与农村新能源示范县项目通过省绩效考核。

(二)新型工业化加快推进　新规划14.7平方公里的高新技术产业园,布局了医药及医药包装、高分子和新材料三个专业板块和建设起步区,实施了首批入园项目,被确定为"山东半岛蓝色经济区生物医药示范基地"。实施了巨源机械等"退城进园"、"退镇进园"工程。实施了总投资208亿元的83个重点项目,高新技术项目占60%以上。高新技术企业达17家,企业技术中心23家,博士后科研工作站5家,9个项目列入省技术创新或省千项重点项目。

(三)现代服务业实现新发展　实施了投资54.5亿元的22个服务业重点项目,天湖旅游度假区、鲁中·义乌国际商贸城列入省服务业载体项目;投资46亿元的牛郎织女景区综合开发项目与华原国际投资(香港)有限公司签约。开展了沂源优惠二日游等活动,启动了"美丽沂源乡村行"工程,接待游客数量增长7.5%。

(四)新型城镇化提速推进　河湖新区建设渐入佳境,实施重点项目43个,完成拆迁19万平方米。坚持道路先行,枣庄路、南麻大街竣工通车,铺开济南路改线工作;启动了螳螂河两岸综合保护开发,确定重点工程16个,一桥一景、一桥一韵效果初步显现。"花园世家"等退办公区、兴服务业"首批项目和南部老工业区综合改造加快推进。实施了7条14.7公里城市道路、LNG储备站及加气站、42座城区公厕改造提升等工程建设,新铺设天然气管网30公里。完成了省道沂台路改建、59条113公里农村公路改造工程。

(五)对外开放和金融工作取得新成绩　临矿集团并购重组格赛博公司,慧科助剂与大连实德达成合作协议。落实革命老区政策项目43个,申请省以上资金2.27亿元;落实省会城市群经济圈政策专项3个。1家公司启动重组程序,4家场外交易挂牌企业分红,1家公司启动新三板挂牌程序,1家公司发行国内区域场外交易市场第一只私募集合债。

(六)生态文明建设跃上新水平　被整体列为省重点生态功能区,获"省人居环境范例奖",被联合国人居署、亚洲人居环境协会授予"亚洲都市景观奖"。实施了19项节能技改项目、11家企业天然气替代工程。深入实施"绿满沂源"造林绿化工程,森林覆盖率达56.7%,代表全市迎接并通过省验收。启动了"齐鲁之心"生态文化公园和城中森林公园规划建设,完成了九九乐园建设。创成国家级生态镇2个、省级生态村2个。实施了螳螂河引水水源工程,织女湖湿地公园被批准为省级湿地公园。

(七)民生工作和社会治理水平进一步提高　民生投入达14.8亿元,占财政总支出的61%。着眼全省全国一流标准,实施了投资10.3亿元的保障性住房等8类70个民生项目。新农合、低保等保障救助力度加大。开展“学三法倡四德促五进”法制宣传教育实践活动，11个镇完成“村村响”工程建设。实施了“警灯闪烁”等专项行动，群众对社会治安满意率全市第一。深入推进网格化、信息化、社区化三大工程建设，在省综治委矛盾纠纷排查调处协调会议上作典型发言，诉讼风险“五笔账”评估机制创新经验全市推广，矛盾纠纷排查化解率全市第一。

（八）宣传思想文化工作扎实有效 抓了党的十八大、习近平总书记系列重要讲话和十八届三中全会精神的学习宣传。深入实施“四德”工程，通过开设“四德”专栏、设置主题宣传牌、建设主题文化广场文化公园等形式，营造了健康的思想舆论氛围。94%的村建成文化大院，建成文化信息资源共享工程示范站点12处，完成城乡数字电视转换工作。开展了文明出行、文明引导、文明餐桌和文明传播“四项行动”，通过全国文明县城测评。

三、创新与经验

（一）坚持科学深入把握县情，不断丰富完善发展思路 根据跨越发展的新形势、新任务，提出把“三创两新、两个再造”作为跨越发展的主要抓手、根本途径和重要载体；围绕激活农业农村跨越发展，提出实施“美丽沂源乡村行”工程；科学把握现代服务业面临的重大发展机遇，提出推动现代服务业升级突破的思路和措施。这些，使推进跨越发展的思路更清晰、目标更明确、体系更完善，把发展推向了新境界、新水平。

（二）坚持工作项目化，持续上好大项目、大上好项目 将经济社会跨越发展的各个产业、各个领域、各项工作分解落实为具体项目，以项目为工作抓手和发展载体。把“创新、创税、创收”作为项目建设的鲜明导向和根本标准，坚持新上、新增并举，农业现代化、新型工业化、新型城镇化等各项工作都有高端高质高效项目作支撑，以项目建设的突破提升带动了发展跨越。

（三）坚持“先干起来”，把事情干对、干快、干成、干完美 强化“发展等不起、慢不得”的理念，对看准的事，不争论、不迟疑、不等不靠，边干边研究、边干边完善，以大干快干、干成干好的成效，统一了思想、凝聚了力量。对作出的决策部署，实施的重点工程，始终遵循“干对的事情”和“把事情干对”，本着对沂源跨越发展负责、对老区人民负责的态度推进实施，以一件件高标准工作、一个个高质量项目推动了赶超跨越。

（四）坚持激活内力、借好外力、内外兼修、形成合力 实行重点工程项目县领导挂包、部门承办和项目组负责制，一个项目、一名总指挥、一套班子、一套方案、一抓到底；实行考核奖惩机制，形成了“以服务推动跨越发展成效论英雄”的鲜明导向；实行招商引资和项目建设考核奖惩机制，把抓招商、抓项目作为干部考核评价、选拔任用的重要依据，激发了干事创业热情。积极推进与山能、大连实德等大企业集团的战略合作，争取了大批重大政策和项目，为跨越发展注入了新活力。

附：（一）沂源县委书记、副书记、常委名单

书　记：苏　星

副书记：谭秀中　陆汉明

常　委：苏　星　谭秀中　陆汉明　王学刚　聂玉彬　陈保华　周士亮　胡敬涛　黄雪颂（女）　史本龙　崔伟春　王龙辉（援藏）

（二）各镇、街道、区党（工）委书记名单

南麻街道	江贵军
南鲁山镇	宋传方
鲁村镇	武光明
大张庄镇	齐俊涛
燕崖镇	黄军红
中庄镇	刘洪法
西里镇	郭　栋
东里镇	许永利
张家坡镇	李民斌
石桥镇	王贵玉
悦庄镇	唐晓伟
历山街道	陈作磊
经济开发区	左效凯

枣　庄　市

中共滕州市委工作概况

枣庄市委常委、滕州市委书记　董沂峰

一、组织概况与党的建设

滕州辖17个镇、4个街道办事处，1246个行政村(居)；共有基层党组织3756个，党员73175名。

(一)思想政治建设持续深化　深入开展以“破满立争、破浮立实、破僵立活、破庸立能”为主要内容的解放思想科学发展大家谈活动，进一步开阔了思路、提升了眼界。突出抓好十八大、十八届三中全会精神等政治理论学习，先后召开各级党委理论中心组学习320次，举办培训班362场、理论报告会457场、“滕州大讲堂”3场。

(二)干部队伍建设不断创新　按照民主、公开、竞争、择优原则，实施了“两荐一讲三差额”的竞争性选拔干部制度，选拔了231名副科级干部，调整干部141人，提高了选人用人公信度。公开选拔了45名年轻干部到信访、城管、拆迁等部门或任务较重、条件较差的镇街挂职锻炼2年。

(三)基层组织建设扎实推进　创新实施了镇域统筹选配村党组织书记，选拔“难点村”支部书记12人。建立村级班子“四定双诺三挂钩”任期目标管理新机制，基层党委对村级工作有了新抓手。创新社区党建“双服务双教育双带动”工作模式，整合20个社区居委，新建4个党建引领服务型社区，打造“10分钟便民服务圈”。

(四)党风廉政建设全面加强　严格落实中央八项规定和省市实施办法，在全省率先开展了集中整治“庸懒散奢疏”活动，集中整治了5个方面30种不良行为；开展了公务用车、办公用房、会员卡清退等问题专项整治活动；建立了全省一流的政务服务中心，建立了财政预算集中管理制度，形成了“讲实话、干实事，敢作为、勇担当，言必信、行必果”的良好风气。

二、主要工作与成绩

2013年，滕州瞄准建设区域性中心城市和争当全省县域经济发展排头兵的目标定位，科学应对，积极作为，经济社会发展呈现出“逆势增长、晋位升级、重点突破、亮点纷呈”的良好态势。全市生产总值实现902.6亿元；地方财政收入完成61亿元；固定资产投资完成457.1亿元；社会消费品零售总额达到282.9亿元；城镇居民人均可支配收入达到25238元；农村居民人均纯收入达到12053元，增长13.4%，增幅连续五年超过城镇居民收入；滕州在全国县域经济基本竞争力百强县中，列第22位，比上年上升3个位次；在2013年中国最具竞争力百强县排行榜中，列第12位，比上年上升18个位次。

(一)注重超前谋划主动工作　坚持把中央精神和滕州实际相结合，始终把滕州的发展放在全国、全省的大格局中去谋划、去思考、去定位，区域性中心城市、全域城镇化、差异化考核、特色化发展等思路理念和改进工作作风、治理“庸懒散奢疏”活动、城乡环卫一体化工作早在上级部署之前，就已超前谋划、率先提出、提前推进，较好地争取了工作的主动权和发展先机。

(二)注重经济规律科学决策　面对土地、环境、市场等各种生产要素日益趋紧的现实，滕州市委明确提出要握紧拳头，发挥比较优势，集中各种生产要素，坚持三化统筹，实施五大发展战略，培植县域经济竞争优势的发展思路，滕州县域经济科学发展的经验在河北省全委扩大会议和中央党校作了介绍。玻璃深加工产业主营业务收入达到102亿元，率先实现百亿板块目标；盛隆公司主营业务收入突破100亿元，成为滕州首家“百亿企业”。我市被省政府授予“全省服务业发展先进县市”，被评为全省首批首个优秀旅游城市；在福布斯2013年中国大陆最佳县级城市排行榜中，滕州的货运总量位居全国县级第一位。城市建成区面积扩大到100平方公里，城市人口超过70万人，城镇化水平达到54.2%，成为全省唯一跨入新四线城市的县级市。滕州再次被评为“全国粮食生产先进县”，成功入选“国家现代农业改革与建设试点县”。

(三)注重理性务实抓落实　工作中，力戒形式主义，不空喊口号，不盲目蛮干，不急功近利。在项目建设上，自觉摒弃过去那种招商“大呼隆”、项目“大跃进”、政策支持“赔本赚吆喝”的做法，重点支持事关滕州经济社会发展的重大项目。2013年共开工重点项目98个，完成投资320亿元；其中总投资过30亿元的项目11个，过100亿元的项目

4个。总投资180亿元的联想控股滕州化工基地完成投资51亿元;实施了总投资100亿元的微山湖古镇一期展示区建成运营;总投资110亿元的义乌真爱商城项目列入"全国重点培育市场";总投资100亿元的兴盟国际商城列入中国市场"百城万亿"增长计划重点培育项目。在城乡建设上,聘请一流机构先后高标准编制了全域城镇化发展总体规划、高铁新区概念性规划和总体规划等各类规划76项,秀美荆河和小清河市民休闲长廊建设等重点城建工程顺利推进,"绿之城、水之乡、文之邦"的城市特色日益凸显。

(四)注重打基础利长远 坚持以对历史、对人民负责的精神和"功成不必在我"的胸怀,积极化解一些历史欠账,着力做好打基础、利长远的工作。在城市建设上,集中实施了一批群众关注的民生工程,看不见的"下地工程"。完成了54个村、5.3万人饮水安全工程;实施雨污分流工程,有效解决了城市汛期内涝问题;启动实施了总投资3.65亿元的南线高温热水工程,全部建成后将彻底解决城市冬季供暖问题;棚户区改造、老旧小区改造、林荫停车场、背街小巷治理成效明显,顺利通过省级卫生城市复审。在生态建设上,坚持"既要金山银山、更要绿水青山"的理念,新增城市绿化面积100万平方米,新增成片造林5.8万亩,滕州被评为"全国生态文明先进市"、山东省首批"森林城市"。在环境保护上,实施了墨子湿地公园项目,创造了污水就地转化利用的环保新模式。全面关停供热管网范围内的燃煤锅炉,城区大气环境质量优良天数同比提高5天。对水源地保护区内30余家土小企业进行了强制取缔,保障了饮水安全。

(五)注重以人为本、改善民生 在全省县级率先实行农民工参加城镇职工社会保险和工资发放"一卡通";农家书屋在全省第一个实现村村全覆盖;高考再创佳绩,考取北大、清华和国际名校27人,山东省理科状元、枣庄市文科状元均出自滕州;新中医院和6处镇街卫生院扩建进展顺利,市中心人民医院成功晋升为"三级甲等"综合医院,组建了全国第一支在县级成立的乙级职业足球队,神舟九号、神舟十号英雄航天员先后走进滕州,滕州先后被评为"全国素质教育示范市"、"全国全民健身活动先进市"、全省首批"四德工程建设示范县(市)"、"乡村文明行动建设示范市"、"创建省级公共文化服务体系示范区";被省委、省政府表彰为"全省信访工作先进单位"。

三、创新与经验

(一)创新土地产权制度改革 抓住被列为全国农村土地承包经营权确权登记试点单位的机遇,选择洪绪镇作为整建制试点,采用卫星影像资料进行空间位置图绘制,探索建立了"五个环节、十八个步骤"的工作模式和一套以"一书、一表、一图、一簿、一证、一库"为内容的确权登记办法,圆满完成了试点工作任务。全年新发放农村土地使用产权证1.33万个,新增农村产权抵押贷款1.05亿元,全省农村土地承包经营权确权登记颁证培训会议在滕州召开,滕州经验在全省推广。

(二)创新开展电视问政活动 为推动经济社会任务目标高效落实,滕州在前期广泛学习调研的基础上,在全省率先开展了"电视问政"活动,通过确定话题、新闻发布、电视承诺、跟踪落实、电视问政五个环节,坚持问题"真找"、现场"真问"、事后"真改",使之成为一个听取民声、了解民意、汇聚民智、改进工作的平台,群众反映强烈,社会效果良好。

(三)创新开展领导干部双联活动 建立领导干部直接联系服务群众制度,在全市副科级以上领导干部中广泛开展"入村双联、回家双联、入户双联"活动和领导干部联系困难家庭活动。共联系困难群众3900余户,为群众办实事2000余件,帮助村级引进项目53个。"双联"活动的经验做法在新华社《山东参考》刊发。

附:(一)滕州市委书记、副书记、常委名单

书　记:董沂峰
副书记:远义彬　邵士官
常　委:董沂峰　远义彬　邵士官　侯宗伟　宗大全　程春常　刘　光　冯再法　张熙滨　崔士永

(二)各镇、街道党委书记名单

镇、街道	书记
鲍沟镇	邢　军
滨湖镇	刘宗峰
柴胡店镇	黄传军
东郭镇	秦　魁
东沙河镇	马　冀
大坞镇	周茂林
官桥镇	张瑞刚
洪绪镇	段修进
界河镇	宗兆波
级索镇	张铁耀
姜屯镇	朱秋源
龙阳镇	李洪波
木石镇	王开峰
南沙河镇	康凤霞
西岗镇	马　峰
羊庄镇	王德海
张汪镇	朱光耀
北辛街道	薛登峰
荆河街道	闵祥寨
龙泉街道	孙　剑
善南街道	俞　涛

编制完成《桓台县城镇化发展规划》、《柳泉北路地段风貌规划》。加快配套完善城乡基础设施,城乡供水一体化工程完工,率先整建制实现城乡供水同源同网同质。寿济路提升、205国道改造示范工程全面完工。西部城区雨水主管线等重点基础设施竣工投用。投资5800余万元完成东部城区提升改造。获评中国新型城镇化质量百强县。深入开展城乡环境综合整治,顺利通过省级卫生县城复审。红莲湖公园二期工程园林绿化和配套建筑主体工程完工,获评省水利风景区。马踏湖湿地河道清淤疏浚全面完成,生态修复蓄水工程进展顺利,入选国家湖泊生态环境保护试点。桓台大道东延、滨莱高速桓台段等绿化提升全面完成,获评山东省园林城市。深入开展生态文明乡村建设,获评全省生态文明乡村建设工作先进县。

(四)加大保障改善民生的力度,城乡群众享受更多发展成果 认真落实各项民生政策,2013年直接用于民生的财政资金达8.18亿元。大力加强社会主义核心价值体系建设,荣膺全省"四德"工程建设示范县。积极扩大就业再就业,东岳集团荣获"全国就业与社会保障先进民营企业"。城南学校小学部建成投用,中小学校舍安全工程全面完成。圆满完成"十艺节"承办任务。提升改造70处农村文化大院,公共文化服务覆盖率连续三年居全省首位。获评山东省公共文化服务体系示范县、山东省文化强省建设先进县。公共电子阅览室建设与服务项目获全国社会文化最高奖"群星奖"。稳步推进县级公立医院综合改革,巩固国家基本药物制度实施成果,获评省级卫生应急示范县。对新农合和城镇居民医保进行整合,初步建立起统一的城乡居民医疗保险制度。县福利服务中心和8个农村社区幸福院建成投用。建成经济适用房276套,公租房770套,进一步满足中低收入群体住房需求。合并建立城乡居民基本养老保险制度,提高城乡最低生活保障标准,社会保障日臻完善。

三、创新与经验

(一)深入学习贯彻十八届三中全会精神,争创科学发展新优势 以十八大和十八届三中全会、习近平总书记系列重要讲话和视察山东重要讲话精神为指引,充分认识全面深化改革的重大意义,坚定不移地贯彻落实中央和省委、市委的改革决策部署,不抢跑、不冒进、不掉队,用改革的办法破除发展中的障碍,用创新的思路解决发展中的难题,充分激发发展的动力和活力,推动各项工作有新作为、新突破。坚持咬定科学发展不放松,把稳增长牢牢抓在手上,努力在实现经济平稳健康发展上有新作为。坚持以质量和效益为中心,优化增量、提升存量,用腾笼换鸟、凤凰涅槃的思路和办法,打好转方式调结构攻坚战,在加快转型升级上有新突破。紧紧抓住全面深化改革的历史机遇,旗帜鲜明地叫响全民创业创新口号,让创业创新在桓台大地上"火"起来、"旺"起来,在全民创业创新上有新实践。坚持工业立县不放松、不动摇,加快推进新型工业化进程,努力将工业做强做优做大,在加快推进新型工业化上有新进展。科学规划、合理布局、突出特色,全面推进城镇化进程,在新型城镇化建设上有新提升。扎实办好民生实事,维护好群众利益,在凝聚改革发展合力上有新成效。

(二)解放思想、真抓实干,确保各项工作落到实处 把解放思想贯穿于科学发展的各个领域各个环节,着力转变不适应不符合改革发展的思想观念,着力解决影响和制约改革发展的突出问题,着力建立促进和保障改革发展的体制机制,把各方面的积极性引导到改革发展上来。更加注重学习,努力把学习成果转化为谋划发展的思路、推动改革的措施、改进工作的实践。切实提高服务保障能力,狠抓作风效能建设,进一步优化提升发展环境。以钉钉子的精神,狠抓各项工作落实,逐级分解目标任务,纵向落实到每个镇办、部门,横向落实到每个具体责任人,进度上落实到每个月份。强化考核结果运用,褒奖和重用埋头实干的干部,问责和惩处不作为乱作为的干部,用鲜明的导向促进落实、引领实干。

附:(一)桓台县委书记、副书记、常委名单

书　记:王可杰

副书记:贾　刚　刘春杰

常　委:王可杰　贾　刚　刘春杰　蒲先农　张成利　赵　霞(女)　孙长顺　李向东　刘　帅　王刚杰

(二)各镇、街道党委书记名单

索　镇	王晓东
唐山镇	孙长顺
田庄镇	周焕宝
新城镇	孙　燕
马桥镇	许　珂
荆家镇	于亦恩
起凤镇	赵曰珠
果里镇	张联国
城区街道	崔若林

中共薛城区委工作概况

薛城区委书记 吴 磊

一、组织概况与党的建设

薛城区辖5镇2个街道,总面积520平方公里,总人口53万;共有34个基层党委、86个党总支、764个党支部、19400名党员。2013年,区委在省、市委的正确领导下,深入学习贯彻党的十八大和十八届三中全会精神,大力加强和改进党的建设,为发展提供了坚强保障。

(一)思想政治建设扎实有效 全年举办理论中心组读书会、理论学习报告会各6次。特别是广泛开展宣讲活动,累计举办党的十八大、十八届三中全会精神和“中国梦”宣讲活动30余场次,教育干部8400余人次,在全区掀起了学习宣传的热潮。

(二)干部队伍建设持续加强 坚持重实干、重实绩、重公论,选拔启用了一批优秀干部,在全区树立了正确的用人导向。深入实施高端培训战略,组织230余名领导干部、企业负责人到浙大、复旦接受高层次培训;联合浙大每月举办一期领导干部高级公共管理研修班,有效提升了干部队伍素质能力。注重在重点一线、急难险重岗位培养和锻炼干部,先后选派了110余名干部到产业招商、村居一线接受锻炼,为长远发展积蓄了干部基础。

(三)基层组织建设创新发展 深入实施“双百工程”、“北雁南飞”工程,新选派98名干部担任“第一书记”,组织全区217名农村支部书记到江阴培训,并选派20名优秀村支部书记到嘉兴挂职锻炼,增强了基层组织的凝聚力、战斗力。开展了“双包双联为民服务”活动,组织40名区级领导、800名机关干部沉到基层,帮包了所有村居、140家企业、670个困难家庭,得到了广大干部群众的一致好评。加强城乡社区建设,科学调整社区规模,充实社区工作队伍,推动区镇两级重心下移,建立了全覆盖无缝隙的管理服务体系。

(四)党风廉政建设深入推进 制定了改进作风、联系群众的《十项规定》,扎实开展反对“四风”、“庸懒散”专项治理及公务用车、办公用房清理,使改进作风、服务群众成为了广大干部的自觉行动。坚持纪检监察机关提前介入、全程参与重点工程建设,有效预防和减少了腐败现象发生。坚决查处违法违纪案件,全年立查各类案件85件,给予党政纪处分89人。

二、主要工作与成绩

2013年,面对宏观经济持续下行的巨大压力,区委团结带领全区人民,深入实施城市转型战略,攻坚克难,砥砺奋进,全区经济社会在逆境中保持了稳中有进、全面向好的态势。

(一)综合实力有新提升 全年完成地方生产总值260.05亿元,增长10.6%;地方财政收入12.5亿元,增长10.1%;固定资产投资179亿元,增长20.5%;社会消费品零售总额74.4亿元,增长21%。城镇居民人均可支配收入和农民人均纯收入分别达到25359元、10861元,增长11%、13.3%。

(二)城乡面貌有新改观 回迁安置工程进展顺利,完成了燕山国际、托后等4处回迁安置工程建设,2072户居民喜迁新居,其余12处安置工程正紧张有序推进。城市功能更加完善,新建、改造道路12条,新增城市供热面积310万平方米,污水日处理能力提升到5万吨,新增城区绿化面积12万平方米,城区绿化率达到42%;特别是借助省级卫生城市复审迎检,对背街小巷、城中村、农贸市场及交通、经营秩序进行了集中整治,城市更加整洁有序、生态靓丽,更富承载力和吸引力。在全市率先实现城乡环卫一体化全覆盖,城乡人居环境明显改善。

(三)转型发展有新成效 工业转型成效明显。全面退出立窑水泥,新关闭小煤矿4处,基本摆脱了对煤炭、水泥等资源型行业的依赖;实施了总投资117.5亿元的58项工业技改项目,新上投资过亿元工业项目16个,特别是总投资71.7亿元的薛城能源、总投资35.8亿元的热电多联产项目顺利建设,工业经济质量效益明显提升。全区纳税过百万元和千万元企业分别达101家和28家,均较上年度增加7家。服务业发展活力迸发。实施了总投资262.4亿元的25个服务业重点项目,新引进了投资50亿元的农产品跨国采购中心、投资20亿元的鲁南之家电子商务基地等一批大项目,全区服务业投资增长38%、税收增长12.9%,限上商贸企业发展到179家,市场主体数量增长32.8%,呈现出规模扩张、档次提升、业态聚集的良好态势。现代农业扎实推进。新发展农民专业合作社、家庭农场220家,流转土地2.9万亩,土地流转率达32.6%,高出全市6.6个百分点。

(四)发展后劲有新增强 年初确定实施的90个重点项目,已建成投产、投入运营41项,超计划和按计划推进的有30项,全年累计完成投资242.8亿元、占年度计划的128.5%。同时,深入推进产业招商,全区新建外来固定资产投资5000万元以上项目30个,总投资161.9亿元,实际到位外来固定资产投资51.2亿元,完成市下达全年任务的489%;实际到位外资2012万美元,超额完成任务;另有80多个总投资达270亿元的项目正在洽谈,形成了建成一批、在建一批、储备一批的良好格局,为经济社会持续发展积蓄了力量。在全市县域经济科学发展项目观摩会评比中，连续两年夺得全市第二名的好成绩。

（五）民生事业有新改善 始终坚持民生为本，累计投入13.6亿元用于各项民生事业，占全年地方财政支出的73.7%。高度重视就业工作，妥善安置了新关闭煤矿职工3010人，全年新增城镇就业7176人。社会保障体系更加健全，城乡医保、新农保、新城保基本实现全覆盖，特别是在财力十分紧张的情况下，为机关事业单位干部职工月均增资365元，广大干部群众得到了更多实惠。社会事业全面发展，在全市率先实施公立医院改革，有效缓解了群众看病贵问题。整合了城乡9所中小学，实现了农村高中进城办学，使全区60%的学生在城区享受优质教育。扎实开展计生集中服务和出生人口性别比综合治理，获评全国计划生育优质服务区。积极创建国家森林城市，新增造林面积4.3万亩，森林覆盖率达到34.2%。同时，全力抓好信访稳定、治安防控和安全生产工作，化解信访突出案件176件起，基本实现视频监控全覆盖，杜绝了重大安全事故，保持了稳定和谐的好局面。

三、创新与经验

（一）必须坚持以先进的理念引领发展 围绕既定的思路目标，用先进理念指导工作、引领发展，城市建设标准和品位显著提升，工业走上了新型工业化道路，服务业发展量质同步提升，各项工作均赢在了起点、走在前列。特别是根据形势发展变化，在城市形象大幅提升、城市发展框架全面拉开的基础上，适时提出了老城做新、新城做靓、城南新区做活、铁西新区做强、城北乐活新区做特、煤化工园区做大“六位一体，产城融合”的思路，既保持了工作延续性，又体现了与时俱进的要求，凝聚了发展共识。

（二）必须坚持解放思想、创造性地开展工作 面对改革发展的新形势，不等不靠，抢抓先机，许多工作干在上级安排之前，走在全市乃至全省前列。比如，坚持经济发展与社会治理并重，对考核体系进行调整，取消GDP总量考核，并将社区建设、信访稳定、城乡环卫一体化等工作纳入考核，引导干部树立了正确的政绩观；顺应改革需要，争取市工商部门支持，设立全市首个工商改革试验区，在全省率先实施工商注册零收费，促进了市场主体的爆发式增长；从去年6月份开始实施城乡环卫一体化，比市里部署提前2个月，并在全市率先实现环卫一体化全覆盖；变大呼隆招商为产业招商、依托社区建设加强社会治理、鼓励发展总部经济、楼宇经济等工作举措，都紧跟时代步伐，走在了发展前列。

（三）必须保持攻坚克难、奋发有为的精神状态 面对纷繁复杂的矛盾和问题，全区上下不言难、不怕苦，真抓实干，奋力拼搏，各条战线捷报频传。特别是在回迁安置工程建设、三夏三秋秸秆禁烧、省级卫生城市复审迎检、城乡环境整治、财税征收等硬任务和大事、难事面前，全区上下思想统一、步调一致，众志成城、连续奋战，克服了诸多艰难困苦，圆满完成了区委、区政府交办的任务，体现了薛城干部能打硬仗、能吃苦、肯奉献的优秀品质和精神风貌。

（四）必须建立健全科学完善的工作机制 适应不断变化的新形势，以创新的思维探索推进工作的有效办法，形成了一套比较完善的运作机制，特别是坚持了区级领导分线作战、重点项目领导帮包、经济工作动态考核等好的制度，抽调精干人员组成专门班子筹措资金、加快安置工程建设，定期召开党政联席会、区委常委扩大会交流工作。这些行之有效的工作举措，凝聚了合力，抓住了关键，带动了全局。

附：（一）薛城区委书记、副书记、常委名单

书　记：张鲁军（2013年6月离职）
　　　　吴　磊（2013年6月任职）
副书记：刘中波　韩惊涛
常　委：吴　磊　刘中波　韩惊涛　张凤麟
　　　　王明先　王洪燕（女）　张德伟
　　　　李良军　刘真政　于建水
　　　　高　欣（挂职）

（二）各镇、街道党委书记名单

镇、街道	党委书记
陶庄镇	张　军
邹坞镇	李利萍（女）
临城街道	时荣国
常庄镇	张　勇
沙沟镇	魏玉华
周营镇	李景东
巨山街道	种法家

中共山亭区委工作概况

山亭区委书记 王常胜

一、组织概况与党的建设

山亭区辖9镇1街道、1个省级经济开发区、273个行政村(居),总面积1018平方公里,总人口52万。现有基层党组织907个,党员18252名,其中农村党员9820名。2013年,区委认真贯彻落实党的十八大和十八届三中全会精神,扎实推进党的思想建设、组织建设和作风建设,不断提升党建工作科学化水平,为经济社会发展提供了坚强组织保障。

(一)抓学习促提升,理论武装工作不断加强 组织开展了“贯彻十八大精神,我应该怎么做;建区三十周年,我应该做些什么”讨论实践活动,深入开展党的十八大、十八届三中全会和习近平总书记系列重要讲话精神学习宣传活动,累计举办宣讲报告会150余场、“山亭周末大讲堂”6场,在全区上下统一了思想、凝聚了正能量。组织区党政考察团赴沂源、沛县、罗庄等六县区(市)考察学习,进一步解放思想、开阔视野。举办十八大精神专题培训班5期、高层次专家讲座28场,对全区科级干部进行轮训,有效提升了干部素质。区委理论学习中心组被评为全省先进,我区被省委统战部确定为唯一一个县级党外代表人士实践锻炼基地。

(二)抓基层打基础,干部队伍建设取得实效 区委研究确定了干部调整的“四条原则”,对镇街、部分区直部门单位领导班子和领导干部进行了充实调整,树立了正确导向,优化了班子结构,激发了干部活力。全面推行党组织任期目标管理,加强非公企业和新社会组织党的建设,基层党组织的凝聚力和战斗力明显增强。公开招聘事业单位人员116名。实施“人才支企”工程,为3家国企集团招聘紧缺人才6名。启动实施了“英才引领”工程,选拔“乡村英才”30名。实施校地“直通车”人才提升工程,青岛农业大学扶持建立了7个专家大院和5个实验基地。

(三)抓作风树形象,党风廉政建设成效明显 深入开展基层组织建设“五级联动、百村突破”活动,各级“第一书记”共协调实施各类项目441个,争取资金7089.7万元。积极组织开展“干部联户包案、干群联心互促”活动,进一步密切了党群干群关系。深化党风廉政建设,推进“123”农廉工程,严肃查处违纪违法案件。对机关事业单位在编不在岗人员进行了集中清理,收到了治庸治懒治散的良好效果。严格落实中央“八项规定”和厉行节俭反对浪费的各项规定,继续执行工作日中午禁酒等工作纪律,树立了“干部清正、政府清廉、政治清明”的良好形象。

二、主要工作成绩

2013年,山亭区紧紧围绕“一二三四六五”的总体发展思路和“三年翻一番、五年创强区”的奋斗目标,大力弘扬“敢为天下先、甘吃天下苦”的山亭精神,抢抓机遇、开拓实干、狠抓落实,开创了经济增长、结构优化、民生改善、形象提升的良好局面。全年完成生产总值114.2亿元,同比增长10.2%;地方财政收入4.55亿元,增长7.5%;固定资产投资88.29亿元,增长20.6%;进出口总额完成1.16亿美元,增长16%;财政支出16.32亿元,增长15.1%;城镇居民人均可支配收入24915元,增长9.4%;农民人均纯收入8600元,增长13.5%。在全市2013年度目标管理考核三次群众满意度调查中,我区成绩均位居第一,实现“三连冠”。荣获中国经济林之乡、豆制品产业基地,全国计划生育优质服务先进单位,山东省文化强省建设先进区、信访工作先进单位,省级农产品质量安全示范区、现代农业示范区,好客山东最美风景县(区)等荣誉称号。

(一)城建交通乘势而进,城镇化水平进一步提高 开展“城建提升年”活动,实施“八大工程”、53个城建项目建设,区财政投资5.1亿元,拉动社会投资31.7亿元。8条城区道路建成通车,新建改建省道、县乡道路、农村公路95条、216公里。省级卫生城市复审迎检工作卓有成效,国家森林城市创建活动深入开展,森林覆盖率提高到54.6%,城市绿化覆盖率达48.3%,城区林荫路建设荣获山东人居环境范例奖,环境空气质量优良天数达225天。建成开放紫云湖、市民中心、文化休闲广场。城乡环卫一体化覆盖率达60%。城镇化率达到46.4%。

(二)项目建设成效明显,工业化步伐进一步加快 19平方公里新经济开发区基础设施建设完成投资1.76亿元,新落地东粮生物、丰盛果蔬、迪特中汉、矿用救生舱等项目15个。开展“招商引资项目建设年”活动,新签订项目合同65个,实际利用外来资金40.22亿元。60个区定重点项目完成投资67亿元,开工率和手续完备率位居全市前列。实施“3226”企业培育工程,103家企业扩规增效,新增规模以上企业82家、达到256家。

(三)文化旅游加快推进,服务业总量进一步膨胀 理顺抱犊崮、熊耳山管理体制,完成5A级提升规划,开工建设八路军115师抱犊崮抗战纪念馆。翼云石头部落景区被评为山东省乡村旅游示范点,纳入全省第三批重点文化产业项目、100个重点旅游项目。新增14家省级“好客人家”农家乐,7处景点被评为省、市级休闲农业与乡村旅游示范点。小邾国故城遗址公园和市民中心文化馆、图书馆、党史馆建成开放,建新遗址晋升为国家级重点文物保护单位。山亭商贸城、鲁南农产品物流中心竣工试运营。

（四）农村改革深化领先，新农村面貌进一步改善 纵深推进国家农村改革试验区建设，农村土地使用产权制度改革规范发展、扩面提质，新发展土地合作社44家、家庭农场70家，新增规模经营土地4.84万亩、使用产权抵押贷款3210万元，均位居全市前列。新创省级林业龙头企业3家、标准化养殖场3家和市级农业龙头企业10家。完成“三品”认证6个，徐庄镇、水泉镇分别被评为全省“一村一品”示范镇。

（五）民生事业协调发展，群众幸福指数进一步提升 全年民生支出达到11.1亿元，占财政支出的比重提高到67.9%。年初确定的十件惠民实事全部完成。区实验二小、实验幼儿园和7处镇街中心幼儿园建成启用，新创省级幼儿园4家。区中心人民医院晋升为二级甲等医院。为全区教师和机关干部人均月增资200元。建设农村社区服务中心和农村幸福院26处。平安山亭建设不断深化，安全生产、信访稳定形势总体平稳。

三、创新与经验

（一）推进产权制度改革，激发农村发展活力 加快国家农村改革试验区建设，稳步推进新型农业经营主体创新、农村土地承包经营权确权登记、农村集体产权股份制改革等各项试点工作，推动产权抵押范围向宅基地、农村建设用地、林权、水权延伸，规模经营主体向种养大户、家庭农场延伸，产业发展向农产品深加工等现代农业产业体系延伸，“三农”资本注入向吸纳各类社会资本延伸“四个延伸”，有效促进了农村经济发展。龙潭家庭农场成为全省第一个具有法人主体资格的“家庭农场”，城头东山亭社区股份合作社成为全市首家工商注册的社区股份合作社。

（二）加强生态环境建设，增创生态文明优势 坚持生态立区、绿色发展，牢固树立“既要金山银山又要绿水青山，绿水青山就是金山银山，不要金山银山也要绿水青山”的发展理念，以生态打基础、创环境、树品牌。加大生态环境保护力度，大搞植树造林、增绿护绿，狠抓节能减排、污染防治，空气和水环境质量均居全省前列。积极发展生态产业，加快推进乡村旅游业、现代观光农业和农副产品加工业发展，有效提升经济发展质量和效益。把生态文明理念融入新型城镇化建设的全过程，扎实推进生态文明乡村建设和乡村文明行动，农村面貌持续改善。

（三）创新基层党组织设置，扩大党建工作覆盖面 围绕服务和推进农村土地使用产权制度改革，出台了《关于加强农村土地合作社党建工作的意见》，探索建立了“健全一个体系、厘清两个关系、明确三项职责、强化四个保障”的“一二三四”土地合作社党建工作新模式，新建合作社党组织14个，选派党建指导员121名。在全区178家非公有制企业建立党建工作台账，实现了党建工作全覆盖。合作社党建的经验做法在《大众日报》、《现代领导》等媒体刊发。

附：（一）山亭区委书记、副书记、常委名单

书　记：王常胜
副书记：李春英　李　勇
常　委：王常胜　李春英　李　勇　马宏伟　柴正民　刘　侠　孙海鹏　刘　巨　赵海涛　朱延东（挂职）　姬伟锋　滕　壮

（二）各镇、街道党（工）委书记名单

山城街道　刘庆东
西集镇　王洪斌
桑村镇　张成国
城头镇　齐　健
冯卯镇　褚红丽
店子镇　唐永平
水泉镇　任为哲
徐庄镇　李　军
北庄镇　刘春岭
凫城镇　褚福涛

中共市中区委工作概况

枣庄市副市长、市中区委书记　霍高原

一、组织概况与党的建设

市中区辖5个乡镇、6个街道，111个行政村、51个社区，总面积375平方公里，总人口53万人，城市建成区面积46平方公里，城区人口42万人。现有42个党（工）委、30个党组、17个党总支、824个党支部、19751名党员。

（一）加强思想政治建设 制定出台了《关于进一步加强干部作风建设的实施意见》、《中共市中区委常委会关于改进工作作风密切联系群众的实施意见》等10余个制度性文件；加强理论中心组学习，累计举办7次集中学习活动。认真落实民主集中制，进一步完善常委会议事规则，定期召开区委常委会议、区委常委（扩大）会议、区委全委会议，促进了区委决策的制度化、规范化、民主化。

（二）加强领导班子和干部队伍建设 严格贯彻执行

《干部任用条例》和干部选拔任用的系列要求,严格"好干部"标准条件,严格选拔任用程序,围绕城市转型选干部、配班子、强队伍,加大教育培训、竞争上岗、公开选拔力度,推行"德效示"考核、"双向约谈"、一把手"实名推荐"、"两推两考两差额"等工作。35岁以下年轻干部、女干部、党外干部比例分别比2012年提高了5.7、1.1和1.7个百分点。

(三)加强基层组织建设 全面推行党组织书记任期目标管理,制定出台村级党支部书记十星级评定管理办法,开展党员干部联系困难家庭和领导干部下基层活动,选派141名"第一书记"到基层任职,936名党员干部已与1064户困难家庭结对联系,3026名区直单位在职党员到所在社区报到,136家规上非公企业、68家社会组织的党组织组建率均达到100%。实施农村党员发展"1132"计划,深化拓展区直单位在职党员"816"管理法,进一步充实了基层力量,夯实了基层基础。

(四)加强党风廉政建设 先后组织开展了落实八项规定反对"四风"、厉行节约、机关作风建设、规范节庆活动、精简会议文件简报等专项整治,区级"三公"经费同比下降16%,各类节庆展会活动压缩至3项,全区性会议、文件分别减少34%、31%。严肃查处违纪违法案件,全年共立案45起,给予党政纪处分41人。严格落实党风廉政建设责任制,坚持原则,守住底线,树立了为民务实清廉的良好形象。

二、主要工作与成绩

2013年,市中区认真贯彻落实党的十八大和十八届三中全会精神,坚持以科学发展观为统领,牢固树立"打基础、利长远、惠民生"的执政理念,坚定信心,埋头苦干,积极作为,经济和社会各项事业保持了持续健康发展的良好势头。全区生产总值完成191.4亿元,增长9.8%;地方财政收入完成21.2亿元,增长6%,可比口径增长0.57%;固定资产投资完成161.7亿元,增长19.5%;社会消费品零售总额达到93.2亿元,增长13.5%。

(一)突出实体经济发展,城市转型成效显著 全区过亿元重点项目开工建设68个,其中,20个项目竣工投产。十电2×60万千瓦超超临界机组项目开工奠基,泰和年产30万吨水处理剂项目列入省级重点,"一区两镇五个项目"纳入西部经济隆起带发展规划,市南工业区安置廉租房等6个项目纳入中央投资计划。全年新引进项目48个,实际到位外来资金46.7亿元,利用境外资金2006万美元。累计完成技改投资41亿元,市级以上企业技术中心和工程技术研究中心发展到44家,高新技术产业产值占规模以上工业总产值的比重达到22.6%,比上年提高2个百分点;全部淘汰立窑水泥生产线,万元GDP能耗降低3.75%以上。全区服务业投资完成89.6亿元,占固定资产投资总额的55.4%。现代特色农业、农村改革试验区建设继续走在全市前列。市南工业区改革发展取得阶段性成效,6家市属工业企业改制基本完成,职工宿舍棚改和路网等基础设施建设顺利推进,招商运营和产业发展取得重要突破。33家市属工业企业属地化管理稳步推进,2万名困难职工历史遗留问题基本得到解决。

(二)注重城乡统筹,新型城镇化步伐加快 累计开工建设城建项目183个,完成投资65亿元。道南里、牛村等4个项目、2730户居民回迁上房。道南里二期、三角花园西南片区等5个棚户区改造项目回迁安置区,以及600套经适房、廉租房、公租房全部开工建设,1530套经适房完成选房分配。总投资13.2亿元的西沙河治理工程基本完工,顺利通过世行验收。投资2.38亿元,完成光明园等45个老旧小区供热二次管网维修改造,南郊热电供热首站及18公里供热主管网建成使用,城区西部、北部实现集中供暖,新增供热能力600万平方米。城市基础设施日趋完善,人民东路、建设南路等"断头路"全线打通,振兴南路、建华中路等13条道路建成通车。顺利通过省级卫生城市复审验收。镇村建设成效明显,安顺、齐福、东王庄、鲁王桥等新型农村社区2266户群众陆续回迁上房;11座压缩式垃圾转运站新建改建任务提前完成,195个自然村实现环卫一体化管理。

(三)强化宗旨意识,民生保障持续改善 全区民生财政支出15.9亿元,占财政支出的55%。市政府"百件惠民实事"和全区"十件惠民实事"基本完成。全区新增城镇就业8024人,转移农村劳动力5152人,城镇登记失业率为1.94%。城乡低保、城乡居民基本养老保险、城镇居民基本医疗保险、新农合人均补助标准不断提高。大力开展"问计于民"活动,设立社情民意观察员制度,密切了党群干群关系。全面推进平安市中建设,深化普法依法治区,加强食品药品安全监管,群众安全感不断增强。

三、创新与经验

(一)树立了"打基础、利长远、惠民生"的执政理念 引导全区上下牢固树立正确的政绩观,紧紧抓住发展实体经济这一主要矛盾,牢固树立以群众满意为标准的民生导向,重潜绩、重民生、重落实,力戒浮躁和急功近利,努力让科学发展的成果最大限度地惠及人民群众。

(二)建立健全科学决策运行机制 健全了区委全委会议、区委常委会议、区长办公会议(区政府常务会议)为主体的决策体系。坚持区几大班子分工负责,密切配合,积极创造良好的干事环境,注重以尊重、理解、爱护、激励为主,充分调动了各级干部主动做事、用心做事、创造性做事的潜能,营造了一种政治上志同道合、思想上肝胆相照、工作上密切配合、生活上相互关心的良好政治生态。

(三)建立"问计于民"长效工作机制 广泛开展"政府怎么办、百姓提意见,办得怎么样、百姓来评判"问计于民活动,强化全民参与、全过程参与和群众评议话语权,让群众满意成为检验各项工作的指挥棒、方向标。设立专门机构,充实人员力量,强化监督问效,激励各级干部为民尽责、真抓实干。

（四）建立狠抓落实工作机制 坚持重大事项、重点项目、民生工程帮包帮扶、督查调度、挂牌督办和周六现场办公制度，使抓落实成为各级干部的自觉行动。围绕全区中心工作、重点工程，实行一周一督查、一月一通报，半年一评比、年终总考核，对工作落实不力、影响全区整体工作推进的，严格进行问责。改革和完善绩效考核评价体系，重视看基础、看质量、看潜绩、看实绩，用科学的政绩考核指挥棒引领和推动工作指导的重大转变。

（五）建立科学的干部选拔激励机制 提出了"团结、学习、实干、公正、廉洁"的要求，坚持重实绩、重公论、重品行"三重"原则，倡树"三宽"（胸襟宽、眼界宽、思路宽）、"四不"（不急功近利、不朝秦暮楚、不花拳绣腿"、不慵懒拖拉）、"五有"（有抱负、有担当、有激情、有智慧、有操守）导向，实施了"一把手实名推荐"、"德效示"日常考核评价、"两推两考两差额"等工作制度，在广大干部中形成了真抓实干、奋发有为、争创一流的浓厚工作氛围。

附：（一）市中区委书记、副书记、常委名单

书　记：王　刚（2013 年 6 月离职）
霍高原（2013 年 6 月任职）

副书记：于　良　修　婷

常　委：霍高原　于　良　修　婷　刘　勇　高志勇　沙雪斌　徐　刚　王光明　赵　琨　魏　涛（挂职）　高　淦　华明航

（二）各乡、镇、街道党委书记名单

永安乡	王绥良
税郭镇	李　义
孟庄镇	刘凌东（副书记、镇长，主持工作）
齐村镇	张衍耀
西王庄乡	罗春耕
光明路街道	高召军
文化路街道	杨　秋
中心街街道	张继东
龙山路街道	宋海芳
各塔埠街道	孟凡学
矿区街道	姬鸿鹄

中共峄城区委工作概况

峄城区委书记　刘振学

一、组织概况与党的建设

峄城区位于枣庄市南部，辖 5 个镇 2 个街道，342 个行政村（居），总人口 39.6 万人，总面积 635 平方公里。全区现有党组织 862 个，其中党委 26 个，党总支 42 个，党支部 794 个（包括农村党支部 285 个、城市居委会党支部 57 个），党员 16715 人，其中农村党员 8167 人。

（一）加强思想政治建设 先后成立了十八大和十八届三中全会精神宣讲团，深入各镇（街）、区直部门开展巡回宣讲，累计举办报告会 200 余场，受众 10 万余人（次）。专家理论报告会一季度一场，提升了各级领导干部的理论水平。利用理论骨干宣讲、文艺演出等有效载体，广泛开展党的政策法规宣传和形势教育，统一了思想、凝聚了力量。

（二）加强干部队伍建设 推行调动手续"一票办理工作法"，将干部编制、工资关系、党组织关系等五项手续整合到"一张纸"上，区内调动工作"一张纸"办到底。选派了 8 名优秀年轻干部到江苏宜兴挂职培训 3 个月，学习发达地区先进经验。建立领导班子"述职述三责"制度，重点报告"钱是怎么花的、人是怎么进的、干部是怎么提拔的"。实施专业技术人才星级化管理，加强农村实用人才协会建设，建立"优进绌退"的会员动态管理机制。

（三）加强基层组织建设 深化村党支部书记任期管理工作，评出四星级以上村党支部书记 121 名。开展非公企业党建"清零行动"，实现了党组织的全覆盖。开展党员干部联系困难家庭活动，687 名党员干部和困难群众结对子，帮助群众解决实际困难。开展"第一书记"就业帮扶活动，建立人力资源信息库，牵头成立村级人力资源服务站。

（四）加强党风廉政建设 全面贯彻落实党风廉政建设责任制，通过开通廉政短信平台等活动，强化党员干部廉政教育。积极开展区委常委向同级党委述廉试点工作，进一步筑牢了反腐倡廉防线。严格落实中央"八项规定"要求，出台了《关于改进工作作风密切联系群众的实施意见》，大力整治"庸懒散"、中梗阻、吃拿卡要和"四乱"行为，在全区实行工作日中午禁酒，营造了转作风、提效能、增团结、干实事的良好环境。

二、主要工作与成绩

2013年,全区在省、市委政府的正确领导下,牢牢把握稳中求进工作总基调,紧紧围绕"一三五七"总体工作思路,按照"一化引领、三业并举、产业集聚、保障民生"的具体举措,全力做好"石榴做深、水泥做强、橡胶做大、运河做长"四篇文章,稳中有为,开拓奋进,全区经济社会持续健康发展。全区完成生产总值147.57亿元,同比增长10.1%;地方财政收入76862万元,增长1.4%;固定资产投资144.59亿元,增长19.6%;城镇居民人均可支配收入25099元,增长9.8%;农民人均纯收入10600元,增长13.1%。

(一)"一化引领"稳步推进,城市功能更加完善,城乡布局更加合理 中心城区狠抓提档升级,累计投资5.7亿元实施双热源低温循环水供热、主次道路升级等重点城建工程。筹资5.9亿元完成蓝水湾、檀翠御都等棚改片区的扫尾工程。总投资15亿元的茂源国际商贸城一期主体工程基本完工,总投资12亿元的文体中心加快推进。小城镇加快特色发展,古邵镇、榴园镇、阴平镇均列入省级示范镇。扎实开展城乡环卫一体化、农村环境连片整治等活动,被评为全省生态文明乡村建设工作先进区,顺利通过省级卫生城市复审验收。

(二)"三业并举"成效显著,产业结构更加优化,发展空间更加广阔 全区59个重点项目累计完成投资62.8亿元,规上企业达到220家,引进5000万元以上项目35个,新上及续建技改项目49个,完成技改投资60亿元。不断加速推进旅游服务业,按照5A级标准完善了景区规划,调整充实了风管委人员力量,投资1.5亿元,加快冠世榴园游客服务中心、石榴文化博览园等项目建设。省级农高区创建加快推进,累计投资1.6亿元,完成了农村饮水安全、高标准农田建设等一批农田水利工程,荣获全国"平安农机"示范县称号。扎实开展农村土地承包经营权确权登记颁证工作,新发展农民专业合作社159家,家庭农场37家,流转土地3.4万亩。

(三)"产业集聚"实现突破,产业链条更加完善,经济增长更加有力 以建设"中国石榴城"为目标,全力推进石榴做"深",新扩石榴3.9万亩,总面积达到18万亩,成功举办第一届世界石榴大会,美果来加入了穆拉德企业集团,为峄城石榴真正走向世界开辟了更广阔空间。以申丰水泥整合为契机,全力推进水泥做"强",申丰水泥与泉兴中联实现股权变更,通过控量提价,迅速扭转亏损局面。以丰源轮胎重组为新起点,全力推进橡胶做"大",深化丰源轮胎与山东能源的战略合作,投资6亿元重启半钢子午轮胎生产线,产品远销马来西亚等国家。以打造全市龙头港为引领,全力推进运河做"长",投资1600万元,开挖了3公里魏家沟内河航道,投资1.6亿元的凯博港建成启用,峄城港年吞吐量达1800万吨,占全市港口吞吐量的60%以上。

(四)"保障民生"坚实有力,社会环境更加稳定,人民生活更加幸福 深入开展"走百村访万户"活动,深入342个行政村,对3.2万户困难家庭进行了重点走访。累计筹资4.3亿元,全面兑现"八件实事"。城乡低保提标扩面全面完成,新增1100人,全年发放低保金4700余万元。改造农村危房450户,新建保障房70套,获得"全国保障性住房示范工程"称号。城乡公共文化体系日益完善,庄户剧团演出500多场,3次登上《人民日报》。全市"四德"工程现场会在峄城召开,被评为省级"四德"工程示范县。在城区大力推行多警联勤和社区警务,在全市三次群众满意度测评中均取得第二名的好成绩。"六五"普法和"五五"依法治区扎实推进,获得"全国法治创建活动先进县"称号。

三、创新与经验

(一)科学定位,坚持一个思路不动摇 在区九次党代会上,确定了"一三五七"的总体工作思路,为峄城发展明确了大方向。为让这一思路更加符合峄城发展实际,在区经济工作会议上,提出"一化引领、三业并举、产业集聚、保障民生"的具体工作思路,重点做好"石榴做深、水泥做强、橡胶做大、运河做长"四篇文章,对总体工作思路进行了丰富,使之更加具体化,更有针对性和可操作性。实践证明,"一三五七"的思路非常符合峄城的实际,特别是"四篇文章"成效显著,得到市委、市政府的充分肯定,成为了全区人民的共识。

(二)突出特色,抓住优势产业不放松 特色产业是促进一个地区经济发展的主要支撑。围绕石榴优势资源,我们提出了打造"中国石榴城"的目标。全年累计投入扶持资金1.43亿元,用于扶持石榴产业发展,积极延伸石榴产业链条,提高附加值,全区石榴深加工企业已发展到10多家,已研发石榴果汁、石榴芽茶、石榴酒等多种石榴产品。美果来成为国内石榴汁产品行业标准和石榴鲜果国家标准参与制定者,年产石榴饮料2000万罐,国内市场占有率达60%以上。

(三)改进作风,激发干事创业新活力 始终把转变作风作为经济社会发展的强力保障,严格落实中央"八项规定"和厉行勤俭节约等有关规定,深入开展"作风建设年"活动,对全区重点部门股室作风建设进行大家评议,深挖"四风"问题,大力整治"庸懒散"等不良风气,把有限的资金和资源用在保发展、保稳定、保民生上,营造了主动服务、高效服务、为民服务、廉洁服务的良好氛围。

附:(一)峄城区委书记、副书记、常委名单

书　记:刘振学

副书记:张贺泽　窦建军

常　委:刘振学　张贺泽　窦建军　孔祥君
王　齐　尹作义　闫義和　丁　伟
关纪喜　魏作明　刘　永
郝迎春(挂职)

（二）各镇、街道党委书记名单

底阁镇	刘　明
峨山镇	孙雪玲
榴园镇	林西海
阴平镇	廖　华
古邵镇	孙中军
吴林街道	褚庆升
坛山街道	李桂林

中共台儿庄区委工作概况

台儿庄区委书记　王广金

一、组织概况与党的建设

台儿庄区辖5镇1个街道，211个行政村（居），总面积538.5平方公里，31.4万人。全区共有基层党（工）委31个、党总支39个、党支部652个，党员14926人。2013年，区委坚持以党的十八大精神为指导，突出党要管党、从严治党，各级党组织的凝聚力、战斗力不断增强。

（一）高度重视思想政治建设　认真学习宣传贯彻党的十八大、十八届三中全会以及习近平总书记系列讲话精神，进一步统一思想，凝聚力量。抓实各级理论中心组学习，加大教育培训力度，各级干部综合素质不断提高。

（二）突出抓好干部队伍建设　扎实开展"作风能力建设年"活动，严格落实"八项规定"，坚决反对"四风"，集中治理"庸懒散"，干部作风明显转变。注重在急难险重工作中培养考察干部，各级干部干事创业和攻坚克难的能力不断增强。

（三）全面加强基层组织建设　扎实开展党员干部联系困难家庭、社区"双报到"等活动，创新村级党支部书记"三诺一星"任期目标管理模式，基层党组织的凝聚力、战斗力进一步提升。

（四）扎实推进反腐倡廉建设　严格落实党风廉政建设责任制，健全重大建设监督关口前移机制，从源头上预防腐败。深入实施"123农廉工程"，开展公务用车治理、会员卡清理和厉行勤俭节约、反对铺张浪费等专项行动，严肃查处发生在群众身边的腐败案件，党风政风不断好转。

二、主要工作与成绩

2013年，面对经济下行的压力，坚持以科学发展观为指导，深入实施古城重建引领城市转型战略，抢抓机遇，迎难而上，经济社会保持平稳健康发展态势。一是经济稳中有进。全区生产总值完成146.5亿元，增长7.9%；财政总收入完成15.79亿元，其中地方财政收入7.07亿元、增长14%；固定资产投资完成95.84亿元，增长18.9%，其中服务业投资占比达57.9%；金融机构贷款、新增存贷比增幅均居全市第一。二是结构逐步向好。服务业增加值占GDP比重提高2.2个百分点，增幅居全市第一；万人工商户户数增长43%，增幅居全市第一。三是民生持续改善。全区民生支出达8.55亿元，占财政总支出的64%；城镇居民人均可支配收入增长11.7%，农民人均纯收入增长13%。

（一）抓牢第一要务，促进结构优化　一是以古城为龙头，带动服务业跨越发展。台儿庄古城2平方公里核心景区全面竣工，通过省人大常委会立法保护，成功创建省级旅游度假区，被誉为"中国最美水乡"。全年古城接待游客262万人次，实现经营收入1.1亿元，同比分别增长6.2%、58%。国家级文化产业试验园建设全面启动，国家版权贸易交易平台即将建成，非博园"三中心一长廊"、省级广告创意产业园、云计算等项目扎实推进，荣获首届山东省文化创新奖。大运河月河段申遗通过国际专家评审。软件与服务外包产业实现离岸外包执行额438.1万美元。成功举办全国童歌会、第二届中国年博会等大型会展活动。投资10.6亿元的港航物流中心项目开工建设。2013年，全区旅游综合收入实现16.03亿元，增长4.2%；三产税收完成2.45亿元，增长45.2%。二是以传统产业改造升级为抓手，纵深推进新型工业化。联润新材料、青纺联10万纱锭全部投产，全区精纺能力达到30万锭。荣华纸业20万吨技改项目试生产，恒宇纸业15万吨技改项目开工建设，建成后优质纸产能将突破100万吨。胜达精密铸造、金山机械技改项目进展顺利，机械制造企业发展到35家。贵州夫康煤矿、耳海煤矿开工建设，弘泰福源煤矿即将投产，全区原煤产能将达到300万吨。稳妥关闭南石煤矿和张山子煤矿南井，污泥焚烧发电、浦辉新能源等项目开工建设。新增市级以上研发中心11家，新认定国家高新技术企业1家，新培育山东省著名商标1个。三是以国家农村改革试验区建设为动力，加快发展现代农业。八大万亩现代农业示范基地建设初见成效，土地合作社发展到222家，规模经营土地11.49万亩，占耕地总面积的27.6%；利用农地抵押贷款1.15亿元；发展马兰植物博览园、乡村季风采摘园等500亩以上经营实体45家。高效节水灌溉试点县二期通过省级验收，现代渔业、祥和生态农业示范园等项目正在实施。特色加工专业村创建不断深入，累计发放加工费3.5亿元，带动农民人均工资性收入增长1000多元。强农惠农政策全面落实，共发放各类补贴7408万元。

（二）建设特色城市，打造美好家园　一是加快中心城区建设。投资1.85亿元,完成了东顺路拓宽、小季河南堤路综合整治和开发区台北路、中心路西延工程。推进北郊水厂、户用天然气管网建设,新增供热面积10万平方米,首批1593户居民用上天然气。开通运营快速公交B10线,建成古城公交总站。扎实开展"两城同创",顺利通过省级文明城市先进区测评、省级卫生城市复审验收。二是稳步推进镇村建设。获省级示范镇1个、市级示范镇1个。累计投入4.5亿元,完成5处新型农村社区建设,复垦置换土地2234亩,全部通过省级验收。发展城乡环卫一体化试点村231个,新建农村社区综合服务中心16处。三是不断加强生态建设。积极创建国家森林城市,实施"一区一环两公园"大绿化,新增造林3.96万亩,森林覆盖率达33.5%。开展南部山区生态环境综合整治,关停露天采石场28家。以迎淮核查治理为重点,实施中水回城综合利用等环保工程21项,江北水乡特色更加突出。

(三)着力改善民生,构建和谐社会 一是大力发展社会事业。枣庄二中新校、区实验幼儿园新校投入使用,区医院门诊大楼落成启用,区中医院老年托抚中心基本建成,教育、医疗条件明显改善。文化惠民和全民健身工程稳步推进,被评为全省首届文化强省建设先进县。扎实开展出生人口性别比综合治理,低生育水平持续稳定,被评为省级计划生育优质服务先进区。二是完善社会保障体系。城乡居民养老保险实现全覆盖,城市低保每人每月提高到360元,农村低保每人每年提高到2200元。国家基本药物制度让利于民1406万元,新农合参合率达99.9%。建设保障性住房285套,完成农村危房改造362户。三是全力维护社会稳定。以群众工作统揽信访工作,信访形势保持平稳有序。扎实推进"鲁苏边界平安区"建设,实施视频监控全覆盖工程,严厉打击违法犯罪,群众安全感和满意度不断提升。组织开展安全生产大检查,加强隐患排查治理,安全生产形势平稳。

三、创新与经验

(一)牢固树立"功成不必在我"的发展理念,着力做好打基础、利长远、惠民生的工作 坚持把打基础、利长远、惠民生作为重要遵循,精心谋划事关全局、事关长远的重大项目和重点工作,持之以恒加以推进。一是倾力打造发展平台。发挥台儿庄古城作为全国首家海峡两岸交流基地、国家5A级旅游景区的优势,积极推进立法保护、申遗和上市工作,不断提升品牌影响力和竞争力。以古城为核心,规划建设了占地18平方公里的文化产业园,被批准为国家级文化产业试验园区,国家版权贸易基地、云计算、省级广告创意产业园等项目相继落户,华辰集团健康养老项目正在洽谈推进。二是下大力气解决事关全局的民生问题。投资3.6亿元建成了枣庄二中新校,顺利完成6所学校教育资源整合,引进了一批名师、名校长;投资1亿元,建成并启用区医院新门诊大楼,教育、医疗条件不断改善,赢得了群众认可。

(二)坚持政府作为和群众意愿有机统一,打造八大万亩现代农业示范基地 抢抓国家农村改革试验区建设的机遇,立足农业资源优势,顺应农村土地流转和农民向二三产业转移的趋势,提出并推动实施"八大万亩现代农业示范基地"建设工程,发展设施蔬菜、食用菌、干鲜果、苗木花卉等示范基地5.33万亩,促进了农业增效、农民增收。

(三)扎实推进创新创业,激发全社会创造活力 坚持把扶持创业作为保增长、惠民生、促发展的重要举措,以创建省级创业型城市为契机,不断完善政策,健全服务体系,优化创业环境,营造创业氛围,有效激发了全社会创造活力。近年来,累计发放创业扶持贷款3593万元,贴息300余万元,直接扶持创业752人,带动就业4657人。2013年,荣获"山东省创业先进城市"荣誉称号。

附:(一)台儿庄区委书记、副书记、常委名单

书　记:王广金

副书记:王　辉　韩耀东

常　委:王广金　王　辉　韩耀东　刘文强　杜飞廉　迟本用　陈忠奇　王忆青(女)　褚衍驰　王学勇(挂职)　李琰琰(女,挂职)　徐　春

(二)各镇、街道党委书记名单

张山子镇	王晓丽(女)
涧头集镇	刘　品
运河街道	孙殿镇
邳庄镇	王　锋
马兰屯镇	曹恒超
泥沟镇	邱志千

东 营 市

中共东营区委工作概况

东营市委常委、东营区委书记 贾瑞霭

一、组织概况与党的建设

东营区是东营市的中心区，总面积1156平方公里，辖4个镇、6个街道，总人口62万人。共有基层党组织1441个，其中党（工）委26个，党总支54个、党支部1361个，党员16772名，其中正式党员16384人，预备党员388人，女党员3768人，少数民族党员26人。

（一）注重创新、强化实践，干部队伍建设迈上新台阶 牢固树立"实践至上"的用人导向，从重点工程项目建设和下派帮扶一线提拔重用优秀干部67名，激发了广大干部扎根基层、干事创业的热情。强化实践锻炼，公开选派10名副科级年轻干部到镇街挂职党（工）委副书记，10名副科级以下干部到镇街挂职镇长（办事处主任）助理，进一步加大优秀年轻干部培养力度。按照打造示范班、精品班的思路，注重加强学风建设，举办科级干部任职培训班等23个主体班次，培训干部2260人次。

（二）重心下移、强基固本，基层组织建设得到新增强 牢固树立为民服务原点意识，开展基层基础年活动，把更多的精力放在抓基层、打基础上。统筹整合各级各类资源，以"百村千课"活动为载体，积极推进新型农民培训工作；深入实施村级集体经济破壳工程，实施村级发展项目44个，所有村集体经济收入达到3万元以上；制定"两新"组织党组织和离退休干部党组织党费返还制度、村级组织运转资金补助管理办法，设立社区便民公益金，实施便民项目1200个，基层组织服务保障能力明显增强；部署开展党员干部联系城乡居民和困难家庭工作，帮助解决实际问题1098个。

（三）完善政策、强化措施，人才工作实现新突破 研究制定了进一步加强党管人才工作的实施意见等政策文件，认真落实人才工作述职评议等制度，人才工作步入制度化、规范化轨道。围绕全区重点产业和重点项目建设，加大高层次人才引进培养力度，对外发布人才需求目录7次、980余人次，引进国家"千人计划"、省"泰山学者"等高层次人才6人，有4人入选黄河三角洲学者，争取扶持奖励资金400万元；举办各类优秀人才培训班52期，培养各类人才14900余人次。2013年7月，被省委、省政府表彰为"山东省人才工作先进单位"。

二、主要工作与成绩

2013年，在市委、市政府的正确领导下，我区团结带领广大干部群众，认真贯彻落实科学发展观，以"转方式、调结构、扩总量、增实力、上水平"为主线，按照"转化一产、做优二产、提升三产"的总要求，深化"市区、油地、城乡、政银企"四个结合，大力实施"大项目带动、服务业拉动、城镇化驱动、油地联动"四大战略，加快推进"两谷两园三区"建设，全力打造全市最大最强发展增长极，经济社会发展取得显著成绩。全年实现生产总值363.36亿元，比上年增长14.4%。实现公共财政预算收入26.7亿元，完成全社会固定资产投资425.4亿元，实现社会消费品零售总额273.4亿元。完成进出口总额13.23亿美元，实际利用外资5048万美元。

（一）结构调整和产业培育实现新突破 坚持以质量和效益为核心，深入推进产业结构调整，三次产业比由上年的4.48∶45.26∶50.26调整到2.97∶45.17∶51.86。一是现代农业加快发展。大力发展生态种植养殖产业，全区新增标准化蔬菜基地5000亩、水产养殖基地1万亩、畜牧养殖区17.2万平方米。蓝海蔬菜生产基地、蓝海畜牧生产基地、史口畜牧养殖基地、生物质能源循环农业园区等项目投产，3.2万亩现代渔业示范区全面建成。全区农业龙头企业发展到78家，农民专业合作社发展到190家，完成"三品"认证64个。二是石油装备和战略性新兴产业发展壮大。以打造中国高端石油装备产业基地为目标，积极推进石油装备产业壮大规模、提档升级，全区规模以上石油装备企业达到49家，产值285亿元。成功举办第六届中国（东营）国际石油石化装备与技术展览会。强化科技支撑，规划建设石油科技谷、生物科技谷、石油科技产业园、胜利大学生创业园"两谷两园"，搭建高端产业发展载体和油地创新研发平台。全区高新技术企业达到25家，产值占工业总产值的比重达到34.7%。我区被评为全国科技进步先进区、国家知识产权强县工程试点区。胜利经济开发区成为国家新型工业化产业示范基地。三是服务业蓬勃发展。以打造黄河三角洲现代服务业基地为目标,全力推动服务业发展提速、比重提高、水平提升,连续四年被评为全省服务业发展先进区。全年实施过亿元服务业项目41个,完成投资233亿元,占全社会固定资产投资的54.8%。全区物流企业发展到40家,年营业收入过亿元企业13家。完成服务外包离岸执行额1.2亿美元。

(二)城乡建设管理开创新局面 坚持市区一体、油地结合、城乡联动的思路,统筹抓好城乡建设管理,着力提高城市品位和形象。全力做好31大项116小项市属重点城建项目拆迁迁占和协调服务工作,保障了市属工程顺利实施。充分尊重群众意愿,依法稳妥推进拆迁迁占,全年累计征用和流转土地2.9万亩,拆除建(构)筑物67.1万平方米。全面启动16个城市片区改造项目,集中开展"百日攻坚"行动,累计拆除房屋45万平方米,腾空土地2800亩,西城片区改造取得重大突破。全力推进生态林场和重点道路绿化建设,栽植各类苗木192.4万株,新增绿化面积1.9万亩,森林覆盖率达到24.8%。狠抓污染治理,高标准实施7项重点环保工程,取缔"土小"企业57家,全面完成节能减排任务。切实担负创建全国文明城市主战场的重大责任,组织开展志愿者服务月、文明礼仪月等创城主题月活动,圆满完成年度任务,顺利通过省级文明区复核和全国人居环境奖验收。着力突破小城镇建设,牛庄镇成为全市试点强镇,史口镇成为全省百镇建设示范行动示范镇,龙居镇成为首批乡村文明行动省级示范镇,我区被评为首批乡村文明行动省级示范区。

(三)民生社会事业迈上新台阶 坚持民生优先理念,实施12件利民实事,全年财政用于民生的支出20.55亿元,占财政总支出的63.54%。千方百计促民增收,城镇居民人均可支配收入34484元,农民人均纯收入13348元,分别增长9.7%、13.2%;扎实推进就业再就业工作,新增城镇就业12790人,转移农村劳动力7934人。全面提高城乡低保、农村五保、城乡医疗、老年人救助等社会保障标准,均位居全市乃至全省前列。1026套公共租赁住房主体通过验收,500套棚户区改造完成主体框架施工,实施货币补贴100户。各项社会事业全面进步,投资7.53亿元实施教育惠民工程,对19所学校教育设施进行改造提升,新建成启用学校幼儿园17所。在全省首家建设综合性数字信息管理服务中心,打造智慧城市综合服务平台、便民服务平台。区图书馆晋升为国家一级馆,我区被评为全国群众体育先进单位、全省人才工作先进单位、全省社会主义新农村建设档案工作示范区。深入开展治安环境、地沟油、非法行医等集中整治专项行动,持续开展安全生产大检查和"打非治违"行动,社会大局保持和谐稳定。

三、创新与经验

(一)以项目建设增强发展动力 牢固树立"抓项目就是抓发展、抓发展必须抓项目"的理念,深入开展"项目服务年"活动,实行"一个项目、一名领导、一套班子、一个方案、一包到底"的工作机制,建立覆盖全区的项目管理和责任落实体系,按照全力加快推进一批、积极新上启动一批、着力论证储备一批"三个一批"的工作思路,全力抓大项目好项目,投资增量和规模效益初步显现。2013年全区共实施141个工程项目,概算总投资884.1亿元,累计完成投资264亿元,其中50个区级重点工程项目完成投资114亿元,大连万达、上海宝龙等一批国内外知名企业落户我区,成为拉动经济社会发展的强力引擎。

(二)以油地共建凝聚发展合力 牢固树立油地"一盘棋"思想,建立健全油地联席会议制度,不断拓宽服务领域,油地共建成果显著。积极服务油田重点工程项目建设,将胜利油田2013年实施的重点工程项目纳入全区"项目服务年"活动内容,加快项目相关手续办理速度,胜利发电厂600兆瓦热电工程等项目顺利实施。携手推进西城改造,联合实施旧城片区改造,泵公司、采油院、胜建集团等一批油田老旧厂区搬迁改造加快推进。坚持油地联动,共同建设东营胜利科技创新园区,油田科技馆整体入驻石油科技馆。深入开展生态文明和谐油区乡镇创建工作。联合开展油气管道、电力设施安全隐患集中整治,严厉打击打孔盗油、私拉乱接等违法行为,营造了安全稳定的油区环境。

(三)以深化改革激发发展活力 积极推进市区、油地工作体制机制改革,推动区域协调发展。积极探索"板块经济、区块开发"的发展新路径,以城市片区开发改造,以及龙居林场、胜利经济开发区等重点区块的综合开发,打造板块经济增长极。理顺市区事权管理体制,共计11个方面41项事权下放我区。西城和东城北区的城市管理职能、西城区域的供电管理职能移交我区。创新油地结合新途径,搭建合作平台,以政策和服务推动资源整合、人才流动、科技成果转化。成立油区工作委员会,全面提升对油田的协调服务水平。

附:(一)东营区委书记、副书记、常委名单

书　记:贾瑞霭(女)

副书记:丁卫东　梁润生

常　委:贾瑞霭(女)　丁卫东　梁润生　牟春辉　陈卫奎　张宝山　张成彬　田兵兵　王建军　杨继红(女)　杜书亮

(二)各镇、街道党(工)委书记名单

牛庄镇　许明德

六户镇　生利林

史口镇　康茂礼

龙居镇　刘海峰

辛店街道　陈吉强

胜利街道	曹永刚
黄河路街道	孙海军
文汇街道	刘乃斌
东城街道	盖长祥
胜园街道	刘辰勇

中共河口区委工作概况

河口区委书记　聂建军

2013年,全区上下按照"高境界、高标准、高起点、大作为"的工作总要求,紧紧围绕"发挥港口优势,科学规划'一港三区一带三线一城'经济发展新格局,全力打造五大基地,努力实现在黄河三角洲开发建设中高点定位、率先崛起"的发展思路,深入实施重大项目攻坚、和谐城乡建设、机关效能提升"三大行动",在推进"两个率先"的征程上迈出了新的坚实步伐,荣获首批"中国经济转型发展示范区"、"中国新型城镇化示范奖"等荣誉称号。

一、组织概况与党的建设

河口区共有各级党组织641个,其中基层党委12个,区委派出工委8个,党总支13个,党支部608个,党员8436人,其中农村党员3383人。

(一)抓制度建机制,为基层党建工作提供坚强保障　坚持把基层党建工作摆上重要位置,主要领导每年向常委会和全委会进行述职,调整充实区委党建工作领导小组,健全完善落实区委常委会和镇(街道)党(工)委定期讨论研究党建工作、党委领导班子成员抓党建工作联系点、区委常委包靠镇街等制度,党建工作扎实推进。建立督查考核制度,建立年终考核成绩与日常考核相挂钩的科学评价体系。建立完善镇街、村党组织书记、区委直属党(工)委书记基层党建工作述职评议制度和工作问责制度,确保基层党建工作任务落实。

(二)抓导向提能力,切实加强领导班子和干部队伍建设　牢牢把握重基层、重一线、重实绩的用人导向,选派9名干部进行为期3年的驻外招商,选派30多名干部到信访部门、重点项目指挥部等重点岗位和工作一线挂职锻炼。不断深化干部人事制度改革,认真执行"一报告两评议"制度,提拔调整科级干部129名。注重搞好干部培训工作,组织各类培训班40余个,培训党员干部3400余人次。深入实施"百名英才"选拔培养工程和"百名企业家培养工程",新增"百名英才"19名,引进高层次人才17人、专业技术人才3000余人,累计培训农村党支部书记520人次,培训企业管理人才500余名。

(三)抓基层强基础,统筹推进各领域党建工作　在农村,健全完善农村党支部议事规则等制度,创新实施村级事务五事工作法、镇村干部"双向互挂"等村级组织运行机制,切实加强了以村党支部书记为重点的村级班子建设。在社区,设立社区党组织为民服务专项经费220万元,创建"红色港湾"、"梦想365"等社区服务品牌6个,社区党组织战斗堡垒作用进一步增强。在机关,对所属5个党总支、102个党支部进行了集中换届;深化党建品牌创建和机关文化建设,打造优秀机关品牌48个。在"两新"组织,深入开展"集中攻坚"行动以及"建组织、扩覆盖"、"双培、双争"等系列活动,新建"两新"组织党组织38个,非公有制企业和社会组织党组织覆盖率分别达到91.7%和90.9%。

(四)抓创新求突破,着力破解制约基层发展难题　每年安排3025万元用于村级组织运行和发展壮大村集体经济,全年确定集体经济项目132个,带动村集体当年增收800余万元,所有村都建立了稳定的收入来源,《山东组工调研信息》对该做法予以刊发,市委组织部在全市予以推广。全面深化新型农民学校创建工作,投资1.85亿元实施的区委党校、区职教中心和区新型农民学校"三校合一"工程扎实推进,全年共举办各类培训班513期,培训农民群众1.89万人次。坚持重心下移,扎实开展第二批"一包三派"活动,精心做好区级领导联系重点企业、党员干部联系困难家庭、"部门帮企、干部联企"等工作,为基层投入各类资金物资折合1400多万元,实施重点帮扶项目142项,帮助企业融资1.28亿元。

二、主要工作与成绩

全区实现生产总值220亿元,同比增长14.1%;完成全社会固定资产投资246亿元,同比增长21.2%;规模以上工业增加值增长19%;完成进出口总值1.95亿美元,实际利用外资4080万美元,增幅均高居全市第一;实现公共财政预算收入15.3亿元,增长17%;城镇居民人均可支配收入32104元,农民人均纯收入12823元,分别增长9.8%和13.3%。

(一)深化重大项目攻坚,经济实力显著增强　坚持以增量优化带动产业结构调整升级,实施了总投资540亿元的55项重点工程项目,金信新材料等26个项目当年实现投产运行。工业经济提速增效。中海油500万吨炼化、晨宇铝合金车轮等重大项目快速推进,中海化工跻身中国民营企业500强,规模以上工业企业达到126家,其中主营业务收入过亿元企业67家、过10亿元企业16家。高效生态农业纵深突破。仙河澳亚现代牧场建成为亚洲单体存栏规模最大的现代化牧场,北部百万亩高效生态渔业区20万亩典型片区一期工程基本完工,神州澳亚、印尼佳发、黄河方舟等项目顺利推进,澳亚集团奶制品加工、新户万头奶牛牧场等项目成功签约,澳亚集团运营总部、佳发集团肉牛事业总部成功落户,实现全市外资总部经济零的突破。现代服务业蓬勃发展。实现社会消费品零售总额40.2亿元,山东黄河三角洲石油化工交易中心入驻会员企业达208家,交易额突破50亿元,入选国家级电子商务集成创新试点;第五届油品贸易洽谈会交易额突破196亿元,再创历史新高。槐树林温泉旅游度假区晋升为国家3A级景区,成功创建为山东省摄影家创作基地。

(二)坚持城乡统筹发展,城乡环境不断改善 深入实施"和谐城乡建设"行动,重点实施了总投资102亿元的47项城乡建设工程,湖滨新区核心景观全面建成开放,老城区改造和城中村迁建快速推进,油田老区块改造、大院子"退二进三"实现深度破题。小城镇和新型农村社区稳步推进,新建新型农村社区12处,东营港城规划建设拉开序幕。

(三)深化"机关效能提升"行动,服务水平不断提升 严格落实服务承诺、限时办结等制度,创新实行重大项目"三提前"模拟审批等制度,探索开辟"绿色通道"机制,行政审批时间缩短50%以上,区域发展环境持续优化,行政效率和服务水平不断提升。深入推进反腐倡廉建设,创新完善廉政风险防控机制,加大违纪案件查办力度,党风、政风、行风持续改善。

(四)着力保障改善民生,社会更加和谐稳定 统筹推进教育、就业、卫生、社会保障等各项民生事业,投资10.7亿元实施了十大民生实事,在全省率先实现了医疗保险、养老保险城乡并轨、五保老人区级集中供养、城乡电视信号数字化整体转换。切实抓好以"阳光190"为龙头的社会救助工作,全年发放各类救助金1920余万元。全面加强社会治安综合治理,严格落实领导干部公开接访、带案下访和定期到基层接访等制度,化解了大量矛盾纠纷。切实抓好3612345民生热线的运行监管,科学发展综合考核群众满意度电话调查再次位居全市第一,实现"三连冠"。

三、创新与经验

(一)突破资金瓶颈 善于用市场化运作的办法破解难题、推动发展,通过支持企业上市、引进村镇银行、召开政银企洽谈会等措施,帮助企业解决资金难题。金融机构达到39家,落实政银企签约资金69.02亿元,到位资金71.68亿元,资金规模和到位率均创历史新高。金舜石油装备、金和钰棉业实现场外市场挂牌交易。积极开展"三争"工作,富海集团等4家企业、神州澳亚等8个项目被列入全省2013年重点调度企业和重点调度项目,争取上级各类资金4.58亿元。

(二)破解土地难题 坚持开源与节流并举,进一步完善土地利用管理机制,促进土地节约集约利用,全年盘活闲置土地430亩,向上争取用地指标3729.5亩,为重大项目落地提供了保障。

(三)注重科技创新 不断深化产学研结合,建立山东大学东营研究院河口工作站,组建院士工作站、博士后工作站等省级以上科研机构5家,山东河口经济开发区博士后科研工作站成为全市首家以开发区名义申请设立的博士后科研工作站。

(四)拓展环境容量 孤岛刺槐林场挂牌成立,新增造林绿化2.2万亩,投资4.6亿元实施9项环保重点工程,新增污水处理能力5.7万吨,圆满完成节能降耗任务,生态环境持续改善。

附:(一)河口区委书记、副书记、常委名单

书 记:聂建军

副书记:苟增杰 杨同贤

常 委:聂建军 苟增杰 杨同贤 马保文 侯永强 高立燕(女) 王永跃 曹永湖 王兴法 徐竞科 张增洲 刘 斌

(二)各镇、街道党(工)委书记名单

河口街道 牟焕民

六合街道 杨月明

新户镇 闫 彬

义和镇 徐文棠

孤岛镇 李金峰

仙河镇 张英然(女)

中共广饶县委工作概况

广饶县委书记 田和友

一、组织概况与党的建设

广饶县现有基层党(工)委41个,党总支111个,党支部1695个,党员29668名,其中女党员4812名,占16.2%。

(一)加强思想作风建设,保持昂扬向上的精神风貌 把学习贯彻党的十八大和习近平总书记系列重要讲话精神作为重要政治任务,组织各级党员干部进行深入系统学习,自觉加强政治修养,在思想上、政治上、行动上同党中央保持高度一致。持续加强干部经常性思想教育,在全县部署开展"当好龙头、改进作风、干事创业、促进发展"主题活动,通过教育引导和实践锻炼,促进各级党员干部推动发展、服务发展的境界和水平进一步提升。

(二)加强服务型党组织建设,提高党建工作群众满意度　深入落实"抓书记、书记抓"党建工作责任制,不断深化县乡村三级党组织书记述职制度,述评结合、上下联动,有效增强了各级抓党建工作的自觉性主动性。大力实施薄弱村转化提升工程,积极发展壮大村级集体经济,全县82%的村年集体收入达到3万元以上。广泛开展"第一书记"驻村、"联户帮困"、驻企联络、"干部下基层日"等工作,促使联系服务群众常态化,进一步密切了党群干群关系。深入推进新型农民学校创建工作,突出高层次培训、创业培训、就业技能培训、学历教育四项重点,全年共开展培训1020期,培训7万余人次,有效提升了农村干部群众的综合素质和致富本领。

(三)加强干部队伍建设,营造干事创业的浓厚氛围　不断强化看实干、重实绩的用人导向,突出提拔重用想干事、能干事、不怕事、干成事的干部,注重在经济社会发展一线和急难险重任务中培养锻炼干部、选拔任用干部,有效激发了各级干事创业的积极性、主动性。逐步加大干部选任制度改革力度,规范完善差额选拔干部工作机制,进一步提高了选人用人公信力。在全县"一报告、两评议"中,对干部选任工作的满意率保持100%。加大干部教育培训力度,在搞好日常培训的同时,积极开展高层次研修培训,促进干部整体素质能力进一步提升。研究制定了县委《关于加强党管人才工作的实施意见》,统筹抓好各类人才队伍建设,为经济社会发展提供了有力支撑。

(四)加强党风廉政建设,维护风清气正的政治环境　持续加大党员干部廉政教育力度,依托廉政教育基地和廉政教育示范点开展日常教育、警示教育,进一步筑牢了广大干部的思想防线。严格落实领导干部述职述廉、离任审计等规范性制度,加强廉政风险防控体系建设,从源头上遏制了腐败问题发生。严格落实领导干部廉洁从政各项规定,对私设"小金库"、公职人员违规经商办企业、违规持有会员卡等进行了专项治理,有效避免了违纪违规问题发生。深入推进县委权力公开透明运行,以县权公开带动全县上下党务公开、政务公开和基层事务公开,使阳光执政、科学执政成为常态。

二、主要工作与成绩

2013年,县委团结带领全县上下深入贯彻党的十八大和十八届三中全会精神,牢牢把握"高境界、高标准、高起点、大作为"工作总要求和"转方式、调结构、扩总量、增实力、上水平"工作大局,努力创新思路、创新机制、创新实践,掀起了新一轮干事创业、跨越发展的热潮。2013年,全县实现生产总值686亿元,比上年增长14.9%;公共财政预算收入35亿元,同口径增长20.4%;进出口总额58亿美元,其中出口37.7亿美元,增长18.1%。县域综合实力与竞争力持续提升,成功跨入全国县域经济基本竞争力百强县50强。

(一)坚持量质并举,加快经济转型升级　谋划实施了总投资840亿元的136个重点工程项目,带动全县固定资产投资突破500亿元,增长21.9%,为转型升级、跨越发展奠定了坚实基础。着力加快产业转型发展。工业方面,坚定不移推进新型工业化,加快改造提升传统产业,大力发展战略性新兴产业,推动全县工业向高端高质方向发展。全县完成规模以上工业主营业务收入3840亿元、利税466.7亿元,10家企业销售收入过百亿元,5家企业入闱中国企业500强,9家企业入闱中国制造业企业500强,4家企业入闱全球轮胎75强。农业方面,在稳定发展基础农业的同时,大力发展特色高效农业,重点实施了8个龙头企业提升项目,建设了6个高效农业园区,带动土地流转13万亩,新培育县级以上龙头企业10家、农民专业合作组织50家,促进现代农业区域化布局、产业化经营、标准化生产、高效益发展,我县成功创建为国家级出口食品农产品质量安全示范区。服务业方面,重点加快商贸物流、文化旅游、现代金融等产业发展,大王保税物流园区等一批龙头型商贸物流项目顺利实施,孙子文化园建设有序推进,红色刘集旅游区创建为4A级景区,国际橡胶轮胎暨汽车配件展览会、孙子国际文化旅游节成功举办,服务业发展全面提速。突出发展金融产业,新增股份制银行等金融机构10家,贷款规模保持全省县级前列,实现了助推经济发展、壮大金融产业"互促共赢"。

(二)坚持城乡统筹,稳步推进新型城镇化　以争创中国人居环境奖为抓手,同步推进县城新区开发和旧城改造,建设了中心商务区等一批城市功能组群,实施了城市水系、集中供暖、供排水等一系列市政配套工程,促进城市规模、形象与宜居水平同步提升。把镇域作为城镇化的关键层次来抓,启动实施了乡镇发展"三年倍增"计划,通过调整财政体制、强化政策支持,促进乡镇各展优势、竞相发展,各乡镇财政收入增幅均达到25%左右,有4个乡镇财政收入突破1亿元。稳步推进新型农村社区建设,启动建设新型农村社区8个,带动完成11个村庄搬迁改造,城乡统筹发展步伐加快,全县城镇化率较上年提高6.7个百分点。

(三)坚持生态优先,着力加强生态环境建设　以争创国家级生态县为目标,持续优化生态环境。深入开展绿化造林,全县累计植树430万株,新增造林面积3.9万亩,林木覆盖率达到31.8%,我县被评为全国绿化模范县。严格落实节能减排目标责任制,集中开展环境违法行为专项整治行动,实施了总投资10亿元的51个公共环境改善工程,查处超标排污、偷排偷放等环境违法行为137起,取缔"土小"污染企业59家,县域水气质量明显好转,生态县创建达到省级标准,我县顺利通过国家节水型社会建设试点中期评估验收。深入推进乡村文明行动,不断健全完善城乡生活垃圾集中清运处理机制,促进全县城乡环境进一步改善。

(四)坚持民生为本,着力改善民生增进和谐 县级61.5%的财政支出投向民生领域,推进实施10件惠民实事,进一步增进了群众福祉。加快完善社会保障体系,在全省率先实现城乡居民基本医疗保险一体化,城乡居民医保、低保等各类保障标准大幅提高,总体水平位居全省前列。积极发展社会事业,教育惠民、文化惠民力度加大,城乡公共服务水平进一步提高。我县创建为中国楹联文化县、全国群众体育先进单位、全省首批文化强省建设先进县。深入推进"平安广饶"建设,不断强化安全生产各项措施,健全社会综治网格化、常态化管理机制,扎实做好信访维稳工作,及时化解矛盾纠纷,全县政治社会保持和谐稳定。

三、创新与经验

(一)解放思想提升境界,通过高点定位引领跨越发展 确立了"再用两年进入全国县域经济30强"这一总体目标,引导各级各部门自觉瞄准更高水平定标杆、谋跨越,推动各方面工作全市率先、全省领先、全国争先,在全县上下营造形成了比学赶超、奋力争先、勇创一流、加快发展的浓厚氛围,促进全县发展水平整体提升。

(二)加快转方式调结构,提升产业综合实力 出台《关于加快转方式调结构扩总量增实力上水平推动广饶跨越发展的意见》,设立转型升级引导资金,制定实施自主创新、品牌培育、企业上市三个攻坚计划,规划建设国家级轮胎及橡胶制品质检中心、橡胶轮胎试验场等一批公共创新平台,2013年新增省级以上知名品牌12个,有5家企业进入上市程序,8家企业在场外市场挂牌上市,促进了主导产业综合实力和竞争力进一步提升。

(三)加强企业家队伍建设,促进企业更好更快发展 研究制定《关于加强企业家队伍建设的意见》,围绕企业家培养、加强创业扶持、强化服务保障等方面出台具体政策,鼓励企业家放胆创业、放手发展;实施百名企业家素质提升工程,每年举办一届企业家年会,围绕产业转型、企业上市等重点内容进行学习培训和集中交流,促进广大企业家战略眼光、创业发展能力进一步增强;研究制定《广饶县优秀企业家评选管理办法》,每2年评选一次优秀企业家,2013年评选首届广饶县优秀企业家10名,有效激发了广大企业家干事创业、加快发展的积极性主动性。

(四)探索建立信访与调解联动工作体系,从源头上维护社会和谐稳定 加快推进信访与调解联动工作体系建设,重点围绕制度设计、运行流程、责任落实等方面进行积极探索,基本形成多触角、全覆盖的调解工作网络,在化解矛盾增进和谐方面取得显著成效。2013年,全县各级调解组织共排查调处矛盾纠纷2895起,调处成功率98%以上,到县以上上访案件、人数较上年同期分别下降15.2%和17.8%。

附:(一)广饶县委书记、副书记、常委名单

书　记:田和友

副书记:霰景亮　陈景新

常　委:田和友　霰景亮　陈景新　刘良范　李英慧(女)　孙　剑　陈伟颂　武文斌　孟凡吾　王国文　张兴臣　张　凌(女,挂职)

(二)各乡、镇、街道、区党(工)委书记名单

广饶街道	邢少鹏
大王镇	王国文
稻庄镇	刘林成
丁庄镇	韩海亮
李鹊镇	赵军元
大码头镇	侯丽霞(女)
花官镇	王志强
陈官乡	胥高远
县经济开发区(乐安街道)	陶家孟
广饶滨海新区	刘法光

中共垦利县委工作概况

垦利县委书记　韩利学

一、组织概况与党的建设

垦利县现有党(工)委23个,其中镇、街道党(工)委7个,机关党委5个,企业党委6个,派出工委5个。党支部(总支)934个,其中农村党支部326个。党员16151名,其中农村党员7555名。一年来,垦利县委以改革创新精神全面推进党的建设,主要抓了以下几个方面工作。

(一)强化理论武装,思想政治建设取得新成效 以党校为培训主阵地,组织全县党员干部认真学习党的十八大、十八届三中全会精神,举办各类干部培训班22期,培训干部2800余人次,指导基层党(工)委举办培训班122余期,培训党员11300余人次。在全县深入开展"改进作风提效能,务实为民谋发展"主题实践活动,以活动开展改进干部队伍作风,凝聚党心民心,掀起了干事兴业创先争优的热潮。

(二)立足配管并重,领导班子和干部队伍建设得到新

加强 实施"百名村官进高校"工程，对村"两委"主职干部进行集中轮训。加快推进干部人事制度改革，探索开展"五考一试用"公开考选科级干部工作，将2013年新考选的18名优秀年轻干部，全部安排到镇街、重点工程项目一线挂职锻炼。建立健全"双向约谈"制度，强化干部日常监督管理。实行差异化考核、重点工作考核，修订完善综合考核指标体系，树立良好考核导向。不断优化干部队伍结构，全县35岁以下科级干部150人，占科级干部总数的18.2%；女干部165人，占科级干部总数的20.1%；大专以上文化程度613人，占科级干部总数的74.6%；党外干部36人，占科级干部总数的4.4%。

（三）坚持创新机制，人才工作实现新突破 深入实施"百名硕博进垦利"工程，把引进"千人计划"、"泰山学者"等作为重中之重，引进了一批高层次人才。积极搭建高端载体平台，制定出台《关于加快区域科技创新体系建设的意见》，新建明珠石油装备省级企业技术中心等4家省级载体；新增骏马石油装备等7家市级载体，大力吸聚专业人才。创优人才服务环境，组织评选出一批"首席技师"、"突贡专家"等优秀人才，极大调动了人才发挥作用的积极性。

（四）着眼固本强基，基层组织建设迈出新步伐 开展城市社区共驻共建工作，全县79个部门单位1141名在职党员到社区报到，认领服务岗位2352个，构建起社区党建新格局。深化"产业党建"、"园区党建"工程，重点抓好合作社、协会和非公企业党组织组建工作，稳步扩大"两新"组织党组织覆盖。开展后进村整治转化工作，19个相对后进村实现顺利转化。实施"强基兴村富民"工程，全县90%以上村实现集体经济破壳。扎实开展下派帮扶工作，选派105名"第一书记"，为民办实事好事290余件，落实帮扶资金2100万元。

二、主要工作与成绩

2013年以来，垦利县委、县政府按照中央和省委、市委一系列决策部署，紧紧围绕建设黄蓝经济示范区、和美幸福新垦利这一总目标，加快"一城一带三区"建设，经济社会呈现快速健康发展良好态势。全年实现生产总值346亿元，同比增长14.1%；完成全社会固定资产投资305亿元，增长21.6%；实现公共财政预算收入18.1亿元，增长15.1%，先后被评为"全国平安建设先进县"、"全国科技进步先进县"、"全省信访工作先进单位"、"黄蓝两区建设先进县"。

（一）坚持思想引领，高起点谋划垦利发展大局 牢牢把握市委"高境界、高标准、高起点、大作为"的工作总要求和"转方式、调结构、扩总量、增实力、上水平"的工作大局，深入推进"转作风促发展提标准上水平"工作，规划布局了现代化黄河口生态新城、沿黄生态产业带和东部海洋产业区、中部新型工业区、西部现代服务区"一城一带三区"五个主体产业区，明确了"打造东营经济重要增长极和主城区发展新空间"的目标定位，力争用两年时间跨入全省县域经济综合实力第一方阵。

（二）坚持转型升级，夯实东营经济增长极的产业基础 实施总投资434亿元的106个重点项目，转调步伐不断加快。农业上，新建8处现代农业示范园区，全县海淡水养殖面积达到71万亩，标准化畜牧养殖小区344个，新增市级以上龙头企业4家、农民专业合作联合社2家、家庭农场99个、"三品一标"农产品40个，成功举办了第三届黄河三角洲国际农博会。工业上，实施总投资365.6亿元的76个工业项目、71个传统产业改造升级和12个战略性新兴产业项目，精细化工、石油装备制造两个产业集群被评为省级产业集群。服务业上，重点推进万通金顺物流、润都商务等总投资94亿元的31个服务业项目，东营西郊现代服务区入选首批"市级服务业聚集区"。

（三）坚持城乡统筹，拓展主城区发展新空间 城区提升上，实施总投资102.6亿元的34项城建工程，开工建设16个片区棚户区改造提升工程，国家园林城市、省级文明县"双城"联创工作取得优异成绩。小城镇建设上，突出镇区一体、产城融合，以胜坨镇、永安镇"强镇建设"为示范，各乡镇都制定了三年改造建设计划，小城镇建设步伐明显加快。农村社区建设上，实施了50个村的搬迁改造和14处农村社区建设，城乡发展更加协调。生态文明建设上，全面启动乡村文明行动，实施了兴隆林场、垦利林场、天宁寺林场等一系列生态工程，完成29家工业企业搬迁改造，生态环境明显改善。

（四）坚持以人为本，全面保障改善民生 重点推进教育惠民、老年人幸福等总投资16.4亿元的10件50项为民办实事工程。总结提炼了"包容、厚德、务实、创新"的垦利精神，组织开展的"村村唱戏村村舞"活动获选全国"群星奖"。实施总投资2400万元的公共卫生提升工程，聘请三级以上医院专家定期到县医院坐诊，打造便民利民的医疗卫生服务品牌。出台《关于促进高校毕业生就业的意见》，在全市县区率先设立每年300万元的高校毕业生创业基金，进一步拓宽了毕业生就业创业渠道。实施既有建筑节能改造"温暖工程"，全面完成总面积135.5万平米的外墙保温及建筑节能改造，位列全国县级首位。

三、创新与经验

（一）必须始终坚持着眼长远、提升境界，把加快发展作为第一要务 坚持在解放思想中统一思想，站在实施国家战略的高度，谋划推进垦利的发展，咬定发展不放松，锁定目标不动摇，形成了凝心聚力、干事创业的浓厚氛围。

（二）必须始终坚持以人为本、民生优先，把群众满意作为第一标准 坚持发展至上、民生优先两项原则不动摇，既千方百计干好发展的大事，又尽心竭力办好群众的实事，实施了"千名干部走百村联万户"工程，真正把爱民之心、利民之举落到实处，得到了群众的广泛拥护和支持。

（三）必须始终坚持大胆探索、勇于突破，把改革创新作为第一动力 面对制约难题和瓶颈障碍，坚决破除循规蹈矩的旧观念、束缚思想的旧框框,靠改革增活力,以创新求突破,在思路理念、体制机制和发展的关键环节、重点工作上大胆探索,取得了跨越发展的新成效。

(四)必须始终坚持改进作风、狠抓落实,把干事创业作为第一责任　以开展党的群众路线教育实践活动为总抓手,将任务目标具体到一项项重点工程,落实为一个个重点项目,不尚空谈,真抓实干,以扎实苦干的工作作风、迎难而上的创业精神,开创了各项工作的新局面。

(五)必须始终坚持科学执政、凝聚合力,把加强党建作为第一保障　严格执行中央"八项规定",着力解决"四风"问题,认真落实党要管党、从严治党的责任,抓党建、强基础,充分发挥基层党组织的战斗堡垒和共产党员的先锋模范作用,凝聚起了和衷共济、团结奋进的强大合力。

附:(一)垦利县委书记、副书记、常委名单

书　记:韩利学

副书记:崔建华　盖举波

张　锋(正县级,援疆)

常　委:韩利学　崔建华　盖举波

张　锋(正县级,援疆)　邵红双(女)

付兆钦　王　峰　张　河　高加夫

韩其国　陈　志　魏　东(挂职)

(二)各乡、镇、街道党(工)委书记名单

垦利街道	孙永清
开发区(兴隆街道)	胥光远
胜坨镇	张学锋
郝家镇	吕景亮
永安镇	隋艳珍(女)
黄河口镇	盖运动
董集镇	李希泉
垦东办事处	崔旭升
东营市现代渔业示范区(红光办事处)	耿民喜

中共利津县委工作概况

利津县委书记　杜振波

2013年,利津县委在市委、市政府的坚强领导下,团结带领全县各级党组织和广大党员干部群众,坚持以科学发展观为指导,全面贯彻落实党的十八大、十八届三中全会和习近平总书记重要讲话精神,积极抢抓黄蓝战略和市委、市政府支持利津加快科学发展重大机遇,全面加强社会主义经济建设、政治建设、文化建设、社会建设、生态文明建设和党的建设,各项工作取得了新进步。

一、组织概况与党的建设

利津县共有党(工)委25个,党总支15个,党支部1024个,党员19378名。2013年,利津县委认真落实党要管党、从严治党任务,牢牢把握党的建设总要求,以改革创新精神全面推进党的建设,为县域发展提供了坚强组织保障。

(一)勇于破难,强化基层组织建设　为破解村级组织"有人办事"的难题,实施了农村基层组织集中整治活动,集中精力选优配强村级班子,原先43个班子不健全的村有22个选出了村支部书记,10个确定了合适人选,剩下的由机关干部兼任。为破解村级组织"无钱办事"的难题,实施了村级集体收入"破壳"工程,通过一年的努力,村集体收入3万元以下的村由原先的298个减少到29个,无任何收入的村由原先的58个减少到7个,村级组织服务能力有效提升。

(二)敢于创新,强化党员队伍建设　实行"无任用考察"制度,通过民主测评、述职述廉、"一对一"谈话等方式,全面掌握领导班子运行情况和干部现实表现情况。全年共与75个部门单位、1161名干部进行了"一对一"谈话,这一做法在全市予以推广。推行干部业绩日常申报制度,建立起科级干部业绩数据库。实行"三步公选、民主择优"确定入党积极分子新机制,从源头上保证了党员发展质量,这一做法被新华社、省委、省委组织部、省电视台、市委等上级部门采用推广。以"沐浴党恩、点燃青春"为理念,设立了党员助学基金,教育党员树立形象,教育群众爱党敬党,共募集捐款100余万元,已资助贫困学生35名、7万元。

(三)立于务实,强化人才队伍建设　广泛开展高层次培训,先后组织47名部门"一把手"和48名村支部书记、农业龙头企业负责人赴浙江大学培训。深化新型农民学校创建工作，注重培训成果转化，全县农民群众申请获批市创业基金贷款3111万元，占全市的47.6%。加强人才平台载体建设，开展“人才工作示范单位（企业）”评选表彰活动，全社会重视人才、重用人才的氛围更加浓厚。

（四）严于律己，强化党风廉政建设 全面推进惩防体系建设，创建省级廉政文化“进家庭”示范点1处，市级反腐倡廉教育基地、廉政文化示范点11处，确保了党风廉政工作有效落实。扎实推进县级党政班子成员向县纪委全委会述廉省级试点工作和县委权力公开透明运行市级试点工作，强化了对权力运行的监督和制约。认真落实中央八项规定，在纪检机关、组织部门率先开展党的群众路线教育实践活动，对公车私用、违规集资、公款吃喝、工作日午间饮酒等问题进行专项治理，对相关单位和相关人员进行全县通报，对违纪违法案件进行了严厉查处，推动反腐倡廉建设取得了新成效。

二、主要工作与成绩

2013年，全县实现地区生产总值221.5亿元，增长12%；地方财政收入10.1亿元，增长26.5%；固定资产投资172.1亿元，增长20.6%；城镇居民人均可支配收入26728元，农民人均纯收入11831元，分别增长9.6%和12.9%。

（一）把握主题主线，加快调整优化产业结构 三次产业结构调整为11.7∶55.3∶33.0，经济发展质量和效益同步提升。积极发展高效生态农业，大力扶持农业龙头企业、农民专业合作社、家庭农场等新型农业经营主体发展，规划建设了7大现代农业园区，实施了总投资51.5亿元的24个支撑项目，新增市级农业龙头企业4家、市级以上示范农民专业合作社11家、注册备案家庭农场42家，有力促进了农业增效、农民增收。大力推进新型工业化，围绕石化化工、装备制造、资源再生利用等主导产业，实施了总投资265亿元的37个重点工业项目，石化化工产业荣获省级产业集群认证，全县规模以上工业总产值达到1239.6亿元，增长18%。加快发展现代服务业。编制了铁路物流园区和沿黄旅游区规划，实施了总投资15.6亿元的12个现代服务业项目，仓储物流和文化旅游业成为新的增长点。

（二）实施重点突破，以点带面促进全面发展 大力扶持培育骨干企业，坚持一手抓本土企业膨胀、一手抓招商引资，实行县级干部和县直部门联系帮扶企业制度，帮助40多家企业与60多所高等院校建立了长期合作关系；对招商引资考核办法和优惠政策进行修订完善，新建续建项目69个，到位固定资产投资42亿元，促进了企业做大做强。切实加强企业家队伍建设，高度重视青年企业家协会、企业家联合会、基层商会等组织的建设，大力营造尊重企业家的浓厚氛围，激发起了企业家干事创业的热情。加快“两极一带”建设，南部高端产业发展极，闲置低效利用土地清理工作取得明显成效，建设了占地7000亩的明集小微企业创业园；北部蓝色经济增长极，成功收回土地10万亩，规范管理土地20万亩，实施了河埕路改造、供排水设施建设等基础设施工程，引进了总投资145.6亿元的17个项目；中部经济隆起带，开展了规划编制、资源整合等工作，为发展园区经济提供了广阔平台。全力支持油田发展，油地关系达到历史最好水平，油地共建获得长足发展。

（三）统筹城乡发展，积极稳妥推进新型城镇化 确立了“一主两副三大区块五十个新型农村社区”的城镇体系空间布局，促进了城乡一体发展，新型城镇化建设实现破题。重点抓好县城开发建设，实施了利三路中段、四矿等九大片区改造工程，重点推进的4.5平方公里南部生态新区建设，将建成集高端居住、文化休闲、商业服务于一体的新城区。积极推进新型农村社区建设，以乡镇驻地为主要区域，启动了12处新型农村社区建设，目前已完成投资10.03亿元，2015年前可全部建成入住。切实加强基础设施建设，加快村级公路网化示范县、小型农田水利重点县、生态文明乡村等建设，实施了褚官河疏浚治理、城乡环卫一体化、生态绿化等工程，着力抓好省道316改线、济东高速、德大铁路、110千伏崔湾输变电站等重大基础设施建设，发展承载能力不断提升。

（四）着力改善民生，切实维护社会和谐稳定 始终坚持“民生政策不欠账、量力而行办实事”，实施了12项重点民生实事。扎实做好就业和社会保障工作，新增城镇就业2800人，转移农村劳动力11152人次，建设廉租房20套、公共租赁住房728套，改造棚户区823户、农村危房220户。大力发展各项社会事业，扎实推进办学条件标准化、医药卫生体制改革等工作，安排113个县直部门单位结对帮扶77处中小学和幼儿园，全面完成基层医疗机构债务化解工作，荣获全省“四德”工程建设先进县、山东省戏曲之乡等称号。加强社会治理创新，开展了十大专项治理行动，信访、治安、安全生产等工作不断加强，社会大局持续稳定。

三、创新与经验

（一）推动跨越发展，必须始终把握正确方向不动摇 把学习贯彻党的十八大、十八届三中全会和习近平总书记系列重要讲话精神作为首要政治任务，学深学透，融会贯通，指导实践，保证了各项工作的正确方向。深入开展“爱我利津、敢于担当、跨越发展”主题教育实践活动，通过外出考察学习、组织现场观摩、举办干部讲坛等方式，引导全县上下提升境界、争创一流，形成了“小县要有大作为”的思想共识。召开全县解放思想加快发展动员会议，邀请企业家前排就座，传递出尊重企业家、支持企业家的强烈信号。开展了为期四个月的解放思想大讨论，不断强化广大干部群众的忧患意识、赶超意识、担当意识和学习意识，全县上下的思想更统一、精神更振奋、干劲更充足，掀起新一轮发展的热潮。

（二）推动跨越发展，必须牢牢扭住项目建设不放松 始终坚持以项目建设为总抓手，把产业发展、基础设施、社会民生等各方面的工作任务，全部细化为具体项目，每年筛选实施一批重点项目。2013年,确定并实施了68个重点项目、总投资450亿元,较上年增加20个、283亿元。同时,健全完善工作推进机制,对重点项目实行县级领导负责,建立专门班子靠上推进,采取现场办公、定期调度等方式进行督查落实,项目全部达到或超过计划进度,为县域发展提供了持续动力。

(三)推动跨越发展,必须紧紧抓住作风转变不懈怠 认真落实中央八项规定、省委实施办法、市委实施意见和反对“四风”方面的各项规定,深入开展了“厉行勤俭节约、反对铺张浪费”专项行动,出台了《改进工作作风密切联系群众的实施意见》、《加强和改进领导干部工作作风的有关规定》等一系列文件,进一步规范了文风会风、公务接待等工作,对信息、简报等进行了清理,对“庸懒散奢”进行了专项治理。深入推进效能提升工程,开展了县直部门单位重点中层股室效能评议、承诺践诺、发展环境集中整治等活动,严厉打击吃拿卡要、阻挠施工等歪风邪气,干部作风明显转变,发展环境日益优化,为全县经济社会发展提供了坚强保障。

附:(一)利津县委书记、副书记、常委名单

书　记: 杜振波

副书记: 燕振诚　李道明

常　委: 杜振波　燕振诚　李道明　张凌燕(女)　王守业　张和森　赵绍青　秦安忠　贾学坤　王学春　郭舒明　刘　军(挂职)

(二)各乡、镇、街道党(工)委书记名单

北宋镇	徐光照
盐窝镇	牛建民
陈庄镇	牟心田
汀罗镇	王泽武
明集乡	王新生
刁口乡	宫长江
凤凰城街道	韩春强
利津街道	陈步先

烟　台　市

中共芝罘区委工作概况

芝罘区委书记　高庆波

2013年,芝罘区在上级党委的正确领导下,坚持稳中求进工作总基调,深化改革、创新进取、扎实工作,全区经济继续保持平稳较快增长态势。

一、组织概况与党的建设

芝罘区委辖党(工)委100个,党总支71个,党支部1355个,全区共有党员30071名。

(一)围绕强基固本、实化载体加强基层组织建设,着力夯实基层基础 推行网格化管理、项目化服务,提升“双管双责”工作实效。合理划分890余个区片、2400余个网格,组织1.2万余名党员认社区网格、领服务项目,经验做法被《人民日报》等媒体报道。进一步强化党组织服务阵地和经费保障,灵活采取新建、租借等方式解决社区用房12处7000余平米,并在10处新投入使用场所建设标准化服务平台。将社区和非公企业党建经费纳入财政预算,社区党建和工作经费实现“双翻番”。

(二)围绕丰富储备、动态管理选好配强干部,着力加强领导班子和干部队伍建设 坚持考选优秀应届大学毕业生、优秀教育管理者,探索选拔年轻干部、女干部和非党干部,进一步丰富了干部储备。坚持精细化动态考察,根据需要及时调配干部。动态跟踪考察和调整使用干部,及时把握干部实绩表现,记入个人卷宗式实绩档案。逐一对全区60多个领导班子和500多名领导干部进行干部考察结果“双向反馈”,收集到意见建议120余条,反馈给有关部门。

(三)围绕服务中心、注重实用开展有效培训,着力提升干部培训针对性实效性 主动跟进旧城旧居改造形势,牵头编印《芝罘模式—和谐征收补偿工作手册》,实施面上培训和到征收指挥部进行现场培训,全面提升干部参与和服务发展能力。搭建“青年干部学坛”,采取线上论坛互动交流、线下集中培训实践“两线”并行的方式,对全区35岁以下科级领导干部进行素质跃升培训。举办“楼宇经济与芝罘经济可持续发展”高层论坛和浙江大学城市管理长效机制建设高层培训班等,提升干部谋划和指导工作的素质和能力。

（四）围绕惠民优先、盘活存量用好专家人才，着力探索完善中心城区人才工作有效路径 深化"才智首善·和谐芝罘"人才工程，组建1万余人的区－街－居三级网络专家库，引导600多名专家与群众、社区或团体结成帮扶对子，设置"专家服务岗"与"菜单式"服务370多个，打造了"专家进社区"服务品牌，工作经验做法被中组部刊发。在高层次人才队伍建设方面，做好重点人员和团队的培育和推介，抓好高端人才项目申报工作，协助有关单位为中集来福士申报泰山学者蓝色产业领军人才团队支撑计划，协同有关单位推进冰轮集团的博士后工作站建设。

二、主要工作与成绩

（一）综合实力稳步提升 全区实现GDP326亿元，增长11.7%；完成服务业增加值230.3亿元，占GDP的比重达到70.7%；公共财政预算收入达到47.4亿元，增长18%；实现社会消费品零售总额315亿元，增长13.5%；完成固定资产投资311.5亿元，增长21.04%。在烟台市科学发展综合考核中位列第一。

（二）发展活力和动力显著增强 全面实施"项目带动"战略，全区117个3000万元以上的重点项目开复工率达到90%，完成投资285亿元。加大对外开放力度，实际利用外资1.57亿美元，增长31.17%；外贸进口10.6亿美元，增长14.7%，外贸出口14.9已美元，增长12.3%。

（三）城市功能形象全面提升 重点推进以旧城旧居改造和滨河、临港新城建设为主要内容的"两旧改造、两新建设"。围绕旧城旧居改造，坚持以房屋征收为突破口，累计完成征收160万平方米，旧城旧居改造开工面积达到325万平方米。注重产城融合，加快推进重大产业项目和基础设施配套建设，两个新城加速崛起，实现地区生产总值164.5亿元，占全区总量的50.9%。投入1.02亿元开展环境综合整治，城市面貌全面提升。

（四）和谐社会建设不断深入 民生支出达到19亿元，占财政总支出的78%。投资1.5亿元建设芝罘创业服务中心，新增就业再就业2.8万人。全面提升民生保障和救助水平，全年发放低保金和救助金6900万元。投入1.3亿元改善教学条件，滨河新城中学等7所学校新建、改建工程有序推进。紧紧依托区、街、社区和网格四级工作架构，探索建立了"一网三全"社会管理新格局。扎实开展"打黑恶、反盗抢"等专项行动，破获各类刑事案件2422起，区法院被最高法院记集体一等功，区检察院获得"全国先进基层检察院"荣誉。

三、创新与经验

（一）坚持不懈打开解放思想"总闸门"，改进作风、提升境界，不断激发广大干部干事创业的活力和热情 始终把解放思想、提升境界作为谋划和推动发展的首要任务。组织开展了"解放思想浙江行"活动，引导各级干部不断增强赶超发展的进取精神和开拓创新意识。把优化作风、提高效能作为解放思想的重要抓手，连续第三年召开全区经济工作暨作风建设大会，确立了"改作风转观念、倡实干求突破"的工作主基调，深入开展以"提振精神强状态、提高效能强执行、提升形象强服务"为主要内容的"三提三强"作风建设活动，为加快全区跨越发展统一了思想共识、凝聚了攻坚合力。

（二）坚持不懈突出服务经济主导方向，精心转调、优化升级，不断增强城市经济的承载力和竞争力 一是突出抓好楼宇经济。将2013年作为楼宇经济全面起步年，出台了加快楼宇经济发展的实施意见和奖励办法，探索实施了"1＋X"楼宇服务模式和联席会议制度，在部分重点楼宇建立了楼宇服务中心，全区商务面积超5000平米的楼宇达到91幢，其中税收过亿元的楼宇9幢、过千万的44幢，实现税收28亿元，增长24.5%。二是突出抓好文创产业。充分发挥烟台广告创意产业园的品牌优势，重点引进了日本创和株式会社、北京每日视界等20余家知名文创企业，有效提升了园区知名度和影响力。目前入驻企业达到323家，注册资本近2亿元，相关从业人员2200余人。三是突出抓好电商产业。积极抢抓国家出台扶持信息消费业发展的政策机遇，全力加快烟台电子商务产业园建设。园区一期1861·汇尧项目已完成主体工程，成功引进易买特、开淘网等35家优质电商企业，产业集聚效应逐步凸显。

（三）坚持不懈实施"项目带动"战略，招大引强、支撑引领，不断发掘赶超发展潜力和后劲 坚持"能推多快推多快、能走多远走多远"的原则，引导各级不断增强抓项目促发展的工作合力。从年初确定的117个总投资1234.5亿元的重点项目中筛选42个重大产业项目，继续实行领导分包和捆绑考核，每个项目都确定1—2名分包区级领导和责任牵头单位，通过节点目标再提升、跟踪考核再明确、效能督查再规范、治庸问责再强化，加大现场调度力度，进一步健全完善督导考核体系，全面提速建设步伐，在全市重点项目考核中名列前茅，项目推进水平创历史新高。积极抓好项目引进和储备，全面推进星尧慧城、百脑汇等20个计划总投资37亿美元的重点在谈外资项目进度，加快项目落地步伐。

（四）坚持不懈加快城市化进程，抢抓机遇、积极作为，不断完善中心城市功能和形象 一是提速推进旧城旧居改造。坚持快拆快建，先后启动了慎礼、白石等七大旧城区片和沙埠、西牟等24个旧居区片，两年累计完成征迁260多万平方米，是"十一五"总量的两倍多。纳入全市考核的20个旧居改造项目，建设安置房125万平方米，征迁居民6100多户。二是全面加快新城建设步伐。在芝罘滨河新城，重点推进安德冷链物流基地、新城中心广场等重大产业项目和通林路等配套项目建设，新城功能形象和产业布局进一步优化。在芝罘临港新城，依托国家级保税港区，加快1平方公里保税港网外配套服务区建设，重点打造了4万平方米的烟台国际商品城。统筹推进芝罘岛、崆峒岛整体开发,强化新城发展支撑。三是有效提升城市管理水平。建立健全文明城市创建长效机制,集中开展了主次干道、重点区域及河道水源地综合整治,完成了4个老旧小区及4处游园的升级改造,顺利通过全国城市文明程度指数评测。

附:(一)芝罘区委书记、副书记、常委名单

书　记:高庆波

副书记:牟树青　隋运升　孙玉荣(援藏)

常　委:高庆波　牟树青　隋运升　孙玉荣(援藏)　祁小青(女)　李玮静(女)　姚云喜　吴晨光　陈　斌　夏旻昱　马延胜　朱　涛

(二)各街道、园区党(工)委书记名单

只楚园	慕程杰
卧龙园	赵晓峰
黄务街道	任松泰
只楚街道	李元彬
世回尧街道	邹积恩
奇山街道	杜广新
东山街道	赵国明
向阳街道	李宝军
毓璜顶街道	姜　丹(女)
通伸街道	陈浩鹏
白石街道	吴之卫
凤凰台街道	滕　鹏
幸福街道	唐明达
芝罘岛街道	张朋尧

中共福山区委工作概况

福山区委书记　姜中二

2013年,福山区委以科学发展观为统领,深入贯彻落实党的十八大和十八届三中全会精神,坚持"以城市化为总方向,以建设经济文化强区为目标,大力实施工业立区、服务业兴区、文化强区三大战略,加快推进产业高端化、城镇现代化、城乡一体化,全面建设富美和谐文明新福山"的发展思路不动摇,突出提高经济增长的质量和效益这一中心,坚定不移地扩大对外开放、壮大实体经济、统筹城乡发展、保障和改善民生,保持了经济提质增效、社会安定有序的良好态势。

一、组织概况与党的建设

福山区委辖基层党(工)委22个,党总支60个,基层党支部873个,党员19786名。一年来,坚持党要管党、从严治党,牢牢把握提升党的建设科学化水平总要求,以改革创新精神推进党建各项工作,为全面建设富美和谐文明新福山提供了坚强的组织保障。

(一)加强思想政治建设,提高干部政策理论水平　利用周五机关集中学习日等载体,组织各级各部门认真学习党的十八大、十八届三中全会精神和习近平总书记系列重要讲话特别是视察山东重要讲话精神,引导广大党员干部自觉在思想上、政治上、行动上与党中央保持高度一致。突出抓好专题教育培训,先后举办12期领导干部"双休日讲习班",邀请中央党校等专家学者授课,深入解读党的新思想、新论断、新政策。对80多名新任科级干部开展为期2周的集中培训,提高思想认识,增强履职能力。

(二)加强工作作风建设,带动形成良好社会风气　坚持把作风建设摆在突出位置,严格落实中央八项规定和厉行节约反对浪费等一系列规章制度,对违规违纪现象"零容忍"。坚决破满、破散、破懒、破庸、破难,区级领导带头践行"一线工作法",及时解决了一批重点难点问题,带动全区形成了"苦干巧干拼命干、求实务实抓落实"的浓厚氛围。继续做好联村联户心连心工作,帮助村居办实事390件,开展主题实践活动220场,为群众解决难题1830件,进一步密切了党群干群关系。

(三)加强基层组织建设,夯实党的执政基础　深入推进"第一书记"、"双管双责"等工作,把广大党员推向发展和稳定一线，在实践中锤炼党性、服务群众、推动发展，涌现出优秀大学生村官张广秀、“全国十佳最美检察官”王家强等一大批先进基层干部。探索实施了农村党组织书记绩效考核、老党员贡献奖等行之有效的好政策，建立村级组织运转保障机制，对集体经济收入不足3万元的村级组织给予补助，在全省率先实现“五有保障”目标，基层党组织战斗堡垒作用更加坚强有力。

（四）加强党风廉政建设，树立清正廉洁形象 严格落实党风廉政建设“一岗双责”，坚持“一把手”负总责亲自抓、领导班子成员分口抓、有关部门分工负责具体抓的责任机制，形成了一级抓一级、层层抓落实的工作局面。积极开展区级党政班子成员向区纪委全委会述廉试点工作，认真抓好工程建设领域突出问题专项治理，坚决纠正损害群众利益的不正之风，凝聚起为民务实清廉的正能量。

二、主要工作与成绩

2013年，全区完成地区生产总值236亿元，同比增长13%；地方财政收入25亿元，增长26%；实际使用外资1.3亿美元，增长25.8%；外贸进出口16.6亿美元，增长9.8%；城镇居民人均可支配收入、农民人均纯收入分别增长6.9%和12.8%，主要经济指标增幅均列全市前茅。

（一）对外开放层次持续提升 坚定不移地实施招大引强选优战略，新引进60亿元的华安信息产业园、30亿元的采埃孚配套园等过亿元或千万美元大项目59个，总投资251亿元，世界500强和大型央企投资项目分别达到26个和17个；德尔福柴油系统、采埃孚三期等61个项目开工建设，东岳润和整车出口基地、上汽传动系统等25个项目建成投产。按照新型工业化和园区城市化标准，加快推进40平方公里的临港工业区、福东新兴产业园和岗嵛山高科技孵化园“三大园区”工程，目前累计拓展空间12.7平方公里，落户项目104个，总投资336亿元。

（二）工业经济运行质量稳步提高 立足高端高质高效的发展方向，积极实施培大育强工程，全区规模以上工业企业达到129户，完成总产值238亿元、利税18亿元，分别增长15.8%和22.3%；工业企业完成税收21亿元，占两税收入的比重达到57%。主营业务收入过亿元企业41户，纳税过千万元企业35户，分别比上年增加7户和6户。企业创新能力不断提升，新增高新技术企业7家，总数达到21家，省市级创新平台达到19家，企业专利拥有量850项。

（三）服务业发展活力明显增强 着眼于打造烟台西部商业新地标，高标准推进投资20亿元的彤悦城、10亿元的渔场58街等一批重大服务业载体工程，家乐福、必胜客等12个国际知名品牌集中入驻，繁荣消费的集聚效应加速显现。集中力量突破旅游业，国露寺一期对外开放，福山美食城正式营业，王懿荣广场基本建成，成功举办首届福寿文化周、国际美食节、大樱桃节等重大活动，荣获“最美中国·文化旅游生态旅游目的地”称号。大力发展以现代物流为重点的生产性服务业，投资31亿元的五洲国际博览城一期开业、35亿元的玖龙资源配送中心进展顺利，物流业大项目达到37个，主营业务收入182亿元。

（四）新型城镇化建设步伐进一步加快 坚持城乡统筹、一体发展，以重大基础设施和旧城旧村改造引领新型城镇化，启动了总投资11亿元的19项城建和交通重点工程，33个重点征收板块和28个城镇开发项目加快推进，城市功能和城市形象得到极大提升。深入开展以垃圾清除、河道治理和绿化美化为重点的生态文明乡村建设，每个镇街都新建垃圾中转站和小型污水处理厂，构建起城乡垃圾和污水一体化处理长效机制，城区绿化覆盖率和城市森林覆盖率分别达到41.3%和45.6%，门楼镇和回里镇被评为全省“百镇建设示范行动”示范镇。

（五）社会各项事业全面进步 把改善民生作为一切工作的出发点和落脚点，安排资金9.5亿元用于教育教学、卫生医疗、养老保障等民生事业，让改革发展成果更多更公平地惠及于民。3处中心小学和6处公益性幼儿园投入使用，烟台汽车工程职业学院入选省人才培养重点名校。成功创建国家级慢病防控示范区，实现基层医疗机构综合达标全覆盖。持续提高城乡居民基础养老金标准，60岁以上老人每月领取基础养老金120元，是省规定标准的两倍。全面启动“福在福山”文明行动，成功举办第二届全民运动会，开展激情广场、文化惠民乡村行等活动30多场次，群众精神文化生活不断丰富。

三、创新与经验

（一）以“三大板块”建设为引领，拉开城市发展新框架 立足资源禀赋和基础条件，将福山整体规划为南、中、西“三大板块”，明确主攻方向和产业定位，进一步增强集聚功能，实现错位发展，激发区域整体活力，加快打造南部生态新城、中部现代化城区、西部特色化园区，努力把福山建设成为“南部靓丽、中部繁荣、西部强盛”、“功能分区明确、宜居宜业宜游”的现代化城区。

（二）以工业转型升级为主线，筑牢实体经济发展根基 在做大做强先进机械制造、特钢制品、电子信息三大主导产业的同时，更加重视发展装备制造业，打造关键部件与整车整机共同发展的先进制造业基地；更加注重膨胀壮大新能源、新材料、生物医药等战略性新兴产业，促进新兴产业向规模化、集群化发展，推动工业经济横向膨胀规模、纵向提升质量，为增强实体经济竞争力打牢坚实基础。

（三）以群众幸福满意为标准，切实保障和改善民生 牢固树立民生优先的发展理念，围绕“上学难、养老难、就医难”等群众关心关注的热点难点问题，着力在政策创新和制度创新上动脑筋、求突破，建立了财政增收与民生投入同步增长机制，对民生支出项目优先研究、优先投入、优先保障，实现资金向民生倾斜、土地为民生预留、精力向民生靠拢，打造起均等化、广覆盖的民生新高地，有效提高了群众的幸福感和满意度。

附:(一)福山区委书记、副书记、常委名单

书　记:姜中二

副书记:戴龙成　李晓明

常　委:姜中二　戴龙成　李晓明　陈善志
姜雪宁(女)　李　忠　王德胜
宋福荣　王军伟　李心敏(女)
李天浩

(二)各镇、街道党(工)委书记名单

清洋街道　张中学
福新街道　任　倩(女)
东厅街道　李丹业
门楼镇　汪光祖
高疃镇　姜洪军
回里镇　于　涛
张格庄镇　潘　莅(女)

中共莱山区委工作概况

莱山区委书记　金志海

2013年,莱山区委在上级党委的坚强领导下,坚持以科学发展观为指导,抢抓"一极领先、多极崛起"、"一二四五"等战略机遇,牢牢把握"发展、稳定"两大要务,不断强化"管理、服务、协调、创新"四种意识,加快建设尊重自然、崇尚人文的现代莱山,经济社会保持了又好又快发展。

一、组织概况与党的建设

莱山区委辖基层党工委16个,党总支30个,党支部878个;共有党员11841人。莱山区委牢固树立"抓党建就是抓发展、就是抓稳定"的理念,在管理上精细化,在服务上人性化,把协调作为主要方式方法长期坚持,把创新贯穿于工作的全过程,打造健全、完善、坚强的战斗堡垒。

(一)加强基层组织建设,夯实党在基层的执政根基 深入推进党员"双管双责"工作,将党员报到范围扩大到全区所有社区、村居及重点骨干企业;启动了以"奉献我村、服务群众"为主题的党员"创星行动",建立联系户7200多户,为群众办好事、办实事1000多件;开展了"和谐村居"创建活动,确定13个后进村居,分别明确一名区级领导、一个重点部门包帮,促进了农村的和谐稳定。

(二)加强干部队伍建设,提高各级干部的战斗力和执行力 引导各级干部不断深化勇于担当、高度负责的精神,深入基层主动上门服务、解决困难,打造一支特别能吃苦、特别能战斗的坚强团队。坚持"德才兼备、以德为先"的用人标准,使想干事、敢干事、干成事的干部脱颖而出,形成了良好的用人导向。加强干部教育培训工作,举办各类主体班次11期、专题讲座12期,在浙江大学举办了2期领导干部综合素质提升高级研讨班,干部的能力素质明显提高。

(三)加强党风廉政建设,促进各级干部清正廉洁 开展了厉行勤俭节约反对奢侈浪费、反对"四风"、"廉政过节"、治理"庸懒散"等活动,干部队伍工作作风明显提升。率先在全市建设了"阳光农廉网",对村级事务规范化管理13项制度实现在线监管,打造全省领先的"阳光村务"品牌。加大廉政教育力度,组织2000余名党员干部,分批到区反腐倡廉警示教育基地接受教育,进一步增强了各级干部的廉洁从政意识。

二、主要工作与成绩

2013年,全区完成地方财政收入27亿元,同比增长25.2%;实际使用外资1.3亿美元,增长42%;固定资产投资271亿元,增长21.1%。

(一)坚持统筹城乡发展,加快城乡一体化步伐 按照"全域城市化、全域生态化"和"北部都市化、南部城市化"的思路,坚持城市化与工业化、信息化、农业现代化、生态文明建设有机结合,破解城乡"二元"结构和"三农"问题。一是加快南部大开发,建设莱山生态新城。全年落户重点项目30多个,总投资300多亿元。其中,2平方公里的烟台植物园,已栽植各类苗木15万株,15个专类园已建成。25平方公里的新兴生态产业园,欧达节能项目已开工,占地3500亩的杰瑞工业城、金海可建等项目即将开工。启动了总长70多公里的"四纵四横"路网建设,已有轸大路、桂山路、金斗山路、烟海高速连接线、莱源路及南延等5条道路通车。二是加快旧村改造,完善提升北部城区。坚持"统一规划、统一招商、统一安置、统一建设"的改造模式,全年启动了23个旧村改造项目,总投资328亿元、建筑面积921万平方米,华润、金地、保利、中铁、宝龙等一批地产巨头进驻。三是加强生态文明建设,打造美丽城市环境。栽植彩叶树30多万株,城区绿化覆盖率达到42.2%;新增造林面积近7000亩,森林覆盖率达到44.5%。凤凰山公园西扩工程,3.5公里的登山步道已完工,24米的凤凰阁即将投入使用;投资2亿元的瀑拉河治理一期、总长9公里的辛安河整治已完工。

(二)大力发展实体经济,区域综合实力和竞争力不断增强 把经济增长和转型升级作为首要任务,坚持创新引领,实现创新驱动、投资拉动、消费带动多重推动,实现优化结构与做大总量同步推进。一是做大做强工业经济。大力

实施“6113”工程，全区规模以上工业增加值、销售收入、利税、利润四项指标，有两项居全市第一、两项居全市第二。杰瑞集团销售收入突破60亿元、纳税突破6亿元，分别增长50%和100%以上，股票市值居全市上市公司第一位；台海集团成功并购了法国玛努尔工业集团，是烟台民营企业最大的海外并购项目。二是提速发展服务产业。坚持“多样化、高端化、规模化”的方向，重点突破发展商业、旅游、文化综合体，完成服务业增加值119亿元，占GDP比重达到52.7%。华润中心、新天地都市广场、宝龙城市广场、美联国际广场等项目快速推进，振华商厦、新世界百货等大型商场开业运营。胶东文化广场部分已运营，文化产业工程、文化长廊和影视基地即将开工。总部经济基地落地项目10个，总投资60多亿元，企业服务中心等项目开工建设。

（三）加强和创新社会治理，群众的幸福感和满意度不断提高 牢固树立“以人为本、执政为民”的理念，在做大经济总量“蛋糕”的同时，努力切好民生“蛋糕”，使发展成果更多地惠及广大群众。一是突破发展社会事业。农村低保标准、城市低保标准分别提高到每人每年3000元和每人每月500元，主要社会保障指标保持全市前列。投入1.27亿元加快推进校舍改造工程，为全区中小学生提供免费校服、免费校车、购买保险。区社会福利中心一期已投入使用，胶东剧院、美术馆、图书馆、文化馆等公共设施已运营。二是创新社会治理模式。牢固树立“稳定就是形象、就是生命、就是一切、就是最大民生”的意识，认真解决好群众反映的历史遗留问题和现实利益问题。在全区成立了137所“家长学校”，举办了第二届文化艺术节、第二届运动会以及马拉松比赛、“文明尚礼”等活动，群众的文明素质明显提升。

三、创新与经验

（一）以撤村并居带动模式改造“城中村” 在城区内部，通过引进大投资商、大开发商、大财团，把地域相近、人口集中的“城中村”，实施政府主导、连片开发、合村并居，一步到位建设功能齐全、设施一流的现代都市型社区，滨海国际社区就是这种模式的典型代表。2013年，示范区7栋楼约1.8万平方米已封顶，安置区21栋楼约18万平方米已启动建设。项目建成后，将形成一个拥有2万户、近10万居民的现代新城区。

（二）以项目带动模式改造“城郊村” 在建成区边缘，围绕培育主导产业，探索形成了“企业＋农户”的经营方式，实现“城区延展、产业提升、农企双赢”，瀑拉谷休闲产业集群项目就是这种模式的代表。引导绿叶集团投资90亿元，开发瀑拉谷休闲产业集群项目，建设风格各异、功能完善的国际化高端酒庄54个。2013年，与朱唐夼、北格庄等5个村签定了租赁协议，流转土地1万亩，1.5万名农民变为产业工人，农民年人均收入增加2万元。烟台植物园也属于这种模式，建成后可拉动周边土地升值10倍以上，带动周边5个村变为社区，近万名农民变身产业工人。

（三）以园区带动模式改造“园中村” 依托园区的带动作用，引导“园中村”与园区资源共享、融合发展，实现“园村一体、村企联建”，曹家庄社区就是这种模式的典型代表。通过启动曹家庄社区旧村改造，改造后大部分土地为园区企业提供生产和办公用房，同时居民可借助园区优势，实现“家门口”就业和创业。目前，莱山区已有1个省级经济开发区，以及新兴生态产业园和总部经济基地2个园区，三大园区实现完全开发后，可带动周边近40个“园中村”向城市社区转变，转移农村富余劳动力5万多人。

（四）以生态文明示范带动模式建设“新农村” 以生态文明乡村建设为抓手，以环境整治为重点，形成新农村建设与生态文明建设互促共融的格局。筛选确定了繁荣庄、解村、北格庄和曲家庄等四个村居作为“生态文明示范村”，投入5000万元奖补资金，按照区60%、街道20%、村居20%的比例，把“输血”与“造血”有机结合，因地制宜、一村一品，打造“生态环境优美、人与自然和谐、彰显田园风格”的新农村，以点带面推动生态文明乡村建设。

附：（一）莱山区委书记、副书记、常委名单

书　记：金志海

副书记：姚秀霞（女）　黄　涛

常　委：金志海　姚秀霞（女）　黄　涛　王　瑛（女）　周　俊　殷广春　李金涛　吴军源　李文军　王嗣强　郇兴波

（二）各街道、区党（工）委书记

莱山街道　林乐岐
解甲庄街道　孙竹林
初家街道　刘建鹏
黄海路街道　苏　健
滨海路街道　宋英杰
院格庄街道　吕　进
经济开发区　林乐岐

中共牟平区委工作概况

牟平区委书记　李爱杰

2013年,牟平区委在上级党委、政府的坚强领导下,坚持以党的十八大和十八届三中全会精神为指引,突出实干兴区、实干为民,靠苦干实干推动烟台东部新区起步区和"幸福牟平"建设取得新突破。县域综合实力快速提升,被评为全国市辖区综合实力百强区、全国县域经济科学发展特色区、全国科技进步先进区、山东省服务业重点城区、山东省首届文化强省建设先进区、全省精神文明建设先进区、全省四德工程建设示范区。

一、组织概况与党的建设

牟平区委现辖74个党(工)委,12个党总支,1391个党支部,共有党员40505名。

2013年,牟平区委认真贯彻落实中央和省、市委决策部署,坚持"三贴近三服务",不断提升组织工作科学化水平。

(一)坚持贴近实际、服务基层,持续提升基层党建工作水平　投资1100多万元,新建或改扩建村级组织活动场所86个,实现村级组织活动场所全覆盖;扎实推进"党建兴企"工程,在全省率先成立新型经济和社会组织党工委,在烟台市率先实行非公企业党组织活动经费税前列支和党费全额返还制度,创新开展"远学红豆、近学丽鹏,党建兴企、同兴共荣"活动,被省委组织部确定为非公企业党建两个试点县市区之一;创建农村干部干事创业、书记主任"黄金搭档"等41个示范点,有效提升基层党建工作整体水平;加大红色文化建设力度,高标准完成杨子荣纪念馆、雷神庙战斗纪念馆改造升级,被烟台市委确定为胶东党员干部理想信念教育基地。

(二)坚持贴近需求、服务党员干部群众,持续强化科学发展软实力　创新干部教育培训方式,坚持区委党校"党校功能、高校特色、军校管理"办学理念,先后举办科级干部、农村干部、企业干部、青年干部等8类主体班次,培训干部3200多名,有效提升党员干部服务科学发展能力;开展送教"进企业、进商铺、进工地、进社区"的"四送四进"活动,有效提升企业职工、个体工商户、农民工、社区工作人员技能素养;开展"牟平能人"评选活动,实施"1带20"星火燎原工程,形成"人人争当能人、个个争做优秀人才"浓厚氛围,有效破解本土人才发掘难、发挥作用难的问题。

(三)坚持贴近中心、服务大局,持续打造高素质党员干部队伍　健全完善干部考察措施,对承担烟台东部新区起步区建设任务的干部进行跟踪考察,树立优秀干部到一线磨砺、在一线提拔的鲜明导向;推行中层干部全员竞争上岗,公开考选30名优秀年轻干部,形成能上能下、优胜劣汰的干部进退机制;实行烟台东部新区起步区和"幸福牟平"建设"双轨制"考核,激励广大干部干事创业。

二、主要工作与成绩

(一)坚持科学发展,县域综合实力实现新提升　全年完成GDP274.2亿元,同比增长11.7%;公共财政预算收入23.4亿元,增长13.1%;固定资产投资312.5亿元,增长21%;实际使用外资1.1亿美元,增长30.2%;城市居民人均可支配收入31604元,增长12%;农民人均纯收入15302元,增长13.1%。

(二)坚持重点发力,东部新区起步区建设取得新突破　总投资21亿元的"烟台海洋经济发展中心"全部主体封顶,周边区域14项道路工程快速推进;3个多月收回1.3万亩海域,创造了快速征迁、高效征迁、和谐征迁的"金山湾模式",金山湾区域路网、桥梁、围堰等基础设施建设加快推进,开发框架快速拉开;滨海生态城、中冶总部基地商务城等一批重点项目提速突破;总投资135亿元的海德新能源汽车产业园、高压氧舱及富氧空调等8个投资过亿元项目加快推进。

(三)坚持创新驱动,产业转型升级催生新动力　恒邦股份连续两年跻身中国上市公司500强,石药烟台生物产业园生产的新药"津优力"成为烟台市第二个国家一类新药,安德利果胶公司酰胺化果胶加工改造项目打破国际技术垄断、填补国内空白,孚信达和迪康环境两个科技院士工作站即将落户,孚信达"高性能铜包铝导体材料"项目列入国家"863"计划,海德专汽纯电动节能清扫除尘作业装置列入全省100个重点建设项目和重点技术改造项目导向计划,丽鹏股份瓶盖装箱机自动控制系统获国家专利奖。

(四)坚持统筹推进,"美丽牟平"建设取得新成效　青荣城际铁路线下工程全部完工,牟平站配套站场建设全面启动;投资6.8亿元实施城区雨污分流改造、供热管网及二级站建设、城区供水管网提升及电网改扩建工程,城市基础设施功能大幅提升;在烟台市率先推行数字化环卫监管模式,常态化开展城市环境整治,城市形象快速提升;投资1950万元打造生态文明乡村20个,累计创建生态文明乡村120个,农村整体环境持续提升;集中推进总投资60多亿元的万呈健康城、英雄湖田园康疗休闲度假区、高陵生态产业园等重点休闲旅游观光农业项目,打造引领现代农业发展的龙头。

(五)坚持实事惠民,民生改善取得新进展　全年民生支出占财政总支出的比重突破80%;总投资3.5亿元的18件惠民实事项目全部完成年度目标任务;市民文化中心、政务服务中心等一批民生工程相继投入使用；滨医烟台附院、职业中专改扩建、中医药博物馆等一批惠民工程加快推进；建成各类水利工程246项，解决了83个村4.5万人的饮水安全问题；实施校车全覆盖、校舍安全改造等工程，在全省率先解决寄宿学生夏季洗澡和冬季洗脚问题；坚持文化惠民，成功承办"十艺节"相关活动，农村文化大院、农家书屋实现全覆盖，农村文化演出实现常态化。

三、创新与经验

（一）实施"幸福牟平"九大工程，以为民的精神引领发展　以人民对美好生活的向往为奋斗目标，从群众关注的热点出发，向群众关心的难点发力，将"幸福牟平"的建设成果体现在县域经济跨越发展上，体现在东部新区起步区建设上，体现在群众满意度提升上，重点实施"九大工程"，即，县域综合实力提升工程、东部新区起步区建设提速工程、社会保障提升工程、教育惠民、文化惠民、医疗惠民、安居惠民、生态惠民及和谐安民工程，加快建设惠及全区群众的"幸福牟平"。在全省蓝区建设群众满意度测评中，以96.77分位居全省第一；在烟台市群众满意度测评中，连续两年位居烟台市第一。

（二）实施"大督查"工程，以务实的作为推动发展　整合区委督查室、区政府督查室力量，变事后查结果为跟踪督过程，创新建立事前预警、事中推进、事后追责的"大督查"体系，对重点工程、重大项目、重要工作、重要事项，卡实责任、卡严要求、卡准节点，采取事前早警示，发放"提示单"；事中晒进度，公布"成绩单"；事后促问责，发出"处理单"的方式，跟踪落实抓督查，从根本上扭转了重"查"轻"督"的局面，有力调动广大干部苦干、实干、快干的劲头，积聚起推动发展的强大"正能量"。

（三）实施干部作风提升工程，以清廉的形象保障发展　严格执行中央"八项规定"和省、市相关规定，围绕公款吃喝、公车私用、公务用房等方面，高密度开展集中督导、明察暗访，对9名违规干部进行了严肃处理；围绕厉行勤俭节约、反对铺张浪费，全区接待费用和以区委或区委、区政府名义召开的各类会议大幅减少；严厉整治"庸懒散"，深入开展事业单位绩效考核、公开评议重点科室（站所）活动及"两集中两到位"改革，机关工作效能显著提升；持续推行工作日中午无例外禁酒、"十不准"、问责制等严管干部刚性管理制度，全区干部作风持续转变。

附：（一）牟平区委书记、副书记、常委名单

书　记：王　中（2014年1月离职）
李爱杰（2014年1月任职）

副书记：王玉新

常　委：李爱杰　王玉新　石德彬　王策铭
姜作君　高京涛　邹　勃
王　媛（女）　陶可令　王玉琪

（二）各镇、街道党（工）委书记名单

养马岛街道	孙立冰（女）
宁海街道	邹德仁
文化街道	董少磊
大窑街道	宋军伟
姜格庄街道	王　林
武宁街道	宿向阳
龙泉镇	姜振超
玉林店镇	邱虎城
水道镇	杨文敏
王格庄镇	黄树成
观水镇	曲大卫
高陵镇	王欲晓
昆嵛镇	戴德传

中共龙口市委工作概况

烟台市委常委、龙口市委书记　杨洪旭

2013年，全市上下认真贯彻十八大、十八届二中、三中全会和省十次党代会以及烟台市十二次党代会精神，以习近平总书记系列重要讲话和视察山东重要讲话精神为引领，紧扣科学发展主题和转方式调结构主线，突出抓好"实力龙口"、"幸福龙口"、"生态龙口"三大建设，深入实施新型工业化、城乡一体化、以港兴市、服务业跨越、创新驱动"五大战略"，推动经济社会保持了"稳中有进、转中提质"的良好态势。

一、组织概况与党的建设

龙口市委辖69个基层党（工）委，1757个党（总）支部，共有党员47108名。

（一）切实加强领导班子和干部队伍建设，努力打造高素质干部队伍　坚持"德才兼备、以德为先，担当尽责、倾斜基层"的原则，分批次对镇街区、市直部门领导班子进行调整充实，进一步优化了领导班子结构。围绕加强人才储备，继续实施"优秀毕业生选拔工程"，抓好年轻干部的跟踪培养，采取坐班学习、座谈交流、实践锻炼等多种形式，有效提高了年轻干部的整体素质。

(二)扎实推进基层服务型党组织建设,着力夯实基层组织基础 深化以"强村富民"为主题的农村干部干事创业活动,对全市村党组织书记和村委会主任进行了集中培训,进一步激发了农村干部的工作热情;开展了"双包双联双推进"、"双结对、双促进"等活动,扎实推进了党员干部联系困难家庭工作,联系服务群众机制进一步完善;拨付村级转移支付资金2000多万元,为村级干事创业提供保障;推进了以村情集中摸底、财务集中审计、问题集中化解为主要内容的"三集中"整顿活动,打牢了村"两委"换届选举基础;实施党组织活动阵地规范升级工程,村居(社区)场所综合服务功能明显增强;在非公企业党组织中开展了"四个一"活动,党建工作水平明显提升;启动实施了"胶东红色文化"建设工作,开展了"我喜欢的党员教育电视片推荐"活动,龙口党建频道被评为"全省优秀党建电视频道";建立"龙口远教e家"视频互动服务平台,实现了党员群众和辅导专家"面对面"交流;制作课件先后荣获全国一、二等奖各1个。

(三)深入推进机关作风和软环境建设,为经济社会发展提供强力保障 组织开展了"为民、务实、清廉"作风教育整顿和"庸懒散"专项治理等活动,严格执行中央八项规定、厉行勤俭节约反对铺张浪费等制度,有效杜绝了行为失范、操行失守等问题的发生;开展了"察民情、解民忧、惠民生"大走访活动,深入群众宣传政策,解决问题,化解矛盾;全面落实党风廉政建设责任制,有力推动了党风廉政建设和反腐败工作深入开展;狠抓廉政文化建设,编辑出版了廉政文艺作品集,充分发挥文化教育的唤醒作用;加强制度建设,制定出台了干部关爱提醒、巡察监督、"四廉"等制度规定,对公车、办公用房管理和机关事业单位非在编人员进行了集中清理规范;在镇街区以"廉洁乡村"创建和"农廉网"建设两项重点工作为抓手,深入推进村级事务规范化管理。

二、主要工作与成绩

(一)综合实力再上新台阶 全年完成GDP935.2亿元,增长11%;公共财政预算收入71.6亿元,增长15%;固定资产投资480亿元,增长20%,主营业务收入过亿元的企业达到200家,上市企业达到7家。在全省县域综合评比中继续位居首位,在烟台市科学发展综合考核中连续多年位居第一。

(二)转调升级迈出新步伐 三次产业比重调整为3.6:60.6:35.8,服务业占GDP比重提升1.4个百分点;高新技术产业产值1456.6亿元,占规模以上工业总产值比重达到51.7%;全年完成工业技改投入100亿元,较好完成节能减排年度目标;启动建设了山东省中关村(烟台南山)高新技术产业示范基地,全国铝行业唯一的南山集团国家级铝合金压力加工工程技术研究中心成功获批。

(三)城乡建设实现新突破 实施了绛水河综合整治、新人民医院、港城大道西延等一批重点公共服务设施建设。加速推进小城镇建设,新启动社区项目6个,惠及群众5466户,城镇化率提高到64.3%。启动了"美丽乡村"建设,集中开展了农村人居环境综合整治活动,城乡垃圾一体化处理实现全覆盖,城乡一体化供水覆盖率达78%。

(四)民生事业取得新成效 全年市财政用于保障和改善民生的投入达到50.5亿元,教育、养老、医疗、文化、交通等民生设施条件全面提升,各项社会保障和救助体系实现提标扩面。积极践行社会主义核心价值观,深入推进以"孝德"建设为先导的"四德"工程建设,大力弘扬"诚信、崇商、友善、进取"的城市精神,"最美女孩"刁娜被评为全国道德模范;开展各类群众性文化活动5000多场次,精神文明建设取得新成效。全面加强和创新社会治理,信访总量、治安案件等进一步下降,群众的幸福感、满意度不断攀升。

三、创新与经验

(一)以"实力龙口"建设为核心,大力提升发展质效 坚持"工业强市"不动摇,实施新型工业化战略,围绕高端铝材料、汽车零部件、港口及临港、战略性新兴、食品加工及存储、旅游及度假六大主导产业上下游延伸上项目,实施了1.6万吨铝挤压机、海洋重工装备、LNG接收站、制动器总成等一批高端、优质项目建设,全年六大产业主营业务收入突破2000亿元;实施城乡一体化战略,倡树"以人为本"理念,科学推进城镇化建设,编制完成了全市城镇化总体发展规划和区域控制性详细规划,推进了黄县林苑改造、市民文化中心、广电中心等重点工程,城市形象和承载力全面提升;实施以港兴市战略,抓好了通用泊位、深水泊位、疏港高速、龙青高速、龙烟铁路等工程建设,积极推动龙口至大连客滚航线复航,人工岛群累计完成投资130.5亿元、土石方2.7亿方,港口年货物吞吐量达到7385万吨;实施服务业跨越战略,推进了五洲国际商贸城、汽车广场等服务业项目建设,"龙口现代海洋运输物流业特色产业园"入选全省首批海洋特色产业园;实施创新驱动战略,大力推行"产、学、研、政"联合创新模式,鼓励企业加强与科研机构、高等院校联姻合作,用好"拿来主义",加速产业、产品升级。

(二)以"幸福龙口"建设为根本,全面提高民生福祉 积极拓宽群众致富增收渠道,提高了群众的工资性、经营性、财产性和转移性综合收入,实现了群众收入与经济发展速度同步增长、生活水平与发展质量同步提升;深入推进"全民创业"活动,加大政策扶持、降低创业门槛、放宽经营限制,全力营造"人人就业、家家创业"的良好氛围;以"普惠性民生指标全省领先"为定位,提高了基础养老金、城镇居民医疗保险补助、新农合、农村五保等标准,重点实施了明德学校、残疾人综合服务中心等民生工程;推行了以"网络问政、网上政务、网格管理"为核心的"用网理政"工程,高度重视安全生产和食品药品安全监管等工作,保证了群众的生命财产安全。

(三)以"生态龙口"建设为抓手,矢志不渝优化环境 强化"生态立市"理念,把生态文明建设摆到更加突出的位置，科学编制了生态龙口建设规划，启动了“美丽龙口”活动；进一步优化产业空间布局，明确各区域板块发展重点，真正把生态文明建设融入经济社会发展的各方面和全过程；以巩固国家可持续发展实验区创建成果为抓手，大力推进节能减排，关停淘汰一批污染企业和落后产能；深入开展了地下水、粉尘、烟尘污染整治和石材、造纸、铸造等行业专项治理；在巩固提升植树造林成果的同时，狠抓了城市美化绿化，开展了农村污水、垃圾集中处置等工作，人居环境质量全面提升。

附：(一)龙口市委书记、副书记、常委名单

书　记：杨洪旭

副书记：韩世军　李才令

常　委：杨洪旭　韩世军　李才令　孙成列　张丽敏　周学军　马吉嘉　姜　瑞　刘海彬　丛文胜　姜　开　姜文广

(二)各镇、街道、区党(工)委书记名单

龙口经济开发区	刘海彬
高新技术产业园区	林　阳
滨海旅游度假区	杜　枫
东江街道	王国峥
新嘉街道	杨文平
徐福街道	赵树杰
东莱街道	成宝功
龙港街道	郑建波
诸由观镇	吕孝杰
石良镇	闫继业
兰高镇	刘勋章
七甲镇	王久勇
下丁家镇	范钦禹
芦头镇	李　剑
北马镇	霍树春
黄山馆镇	陈　隽

中共莱阳市委工作概况

莱阳市委书记　刘　森

2013年，面对极为错综复杂的宏观形势和跨越发展的繁重任务，莱阳市委认真贯彻落实党的十八大和十八届三中全会精神，团结带领全市干部群众，解放思想、激情创业、实干当头、争先进位，经济社会发展稳中快进。被评为全省网化工程先进市，获批全省首批“科技创安示范城”、全国高标准农田水利建设示范县。

一、组织概况与党的建设

莱阳市委辖基层党委82个，党总支90个，党支部1945个，共有党员55929名。一年来，积极推进党的建设各项工作，全市各级党组织的凝聚力和战斗力不断增强。一是坚持德才兼备、以德为先，突出实绩、注重基层，以正确的导向选干部、配班子。严格控制领导干部职数，加强了女干部、党外干部的配备。组织各镇街竞争性选拔股级干部，公开选拔年轻科级后备干部20名，激发了干部队伍活力。通过开展组织部长“双向约谈”、对干部信息进行调查摸底等措施，拓宽监督渠道，加强了干部日常监管。二是全面开展村级事务规范化管理，进一步夯实基层基础。加强对村干部特别是村主职干部的监管，对“三资”处置、集体承包地、拆迁等与群众切身利益相关问题，按程序公开公示，用制度规范和约束村干部的职务行为。补贴240万元，对146个村级活动场所进行达标建设；组织各镇街开展村级班子考察，对165个难点村开展综合整治。深入推进“两新”组织“建组织、扩覆盖”，非公有制企业、社会组织党组织组建率分别达到91.3%、85.8%。出台了新的发展党员和党员教育管理工作意见，突出政治标准，严格发展程序，实行全程记实和终身追责，全年新发展党员830名。三是开展人才引进培养工程，促进党员干部素质提升。统一招聘“211”、“985”大学研究生16名，开辟了我市招才用才的先河。抓好党政人才培训，举办各类培训班16期，培训干部6000多人次，选派12名干部到省、烟部门挂职锻炼。组织46名党政“一把手”分两批到浙江大学集中培训，取得良好反响。四是挖掘整理莱阳革命史实，红色文化建设全面展开。成立专门工作机构，广泛搜集整理红色革命史料，建立莱阳红色革命史料资料库；规划建设我市红色文化展馆，基础工程基本结束。

二、主要工作与成绩

全市实现地区生产总值303亿元,增长9.7%;公共财政预算收入11亿元,可比增长24.7%;固定资产投资增长21%;实际利用外资增长127%;社会消费品零售总额增长13.5%。发展质量效益明显提高,高新技术产业占比、第三产业占比分别提高1.9和1.4个百分点;税收占财政收入比重达到93.4%;城镇居民人均可支配收入增长13.3%,农民人均纯收入增长12.6%。对上争取无偿扶持资金11亿元。

(一)把握实体经济主体地位,推动三次产业协调发展 强化骨干企业包保和中小企业培育,规模以上企业主营业务收入和利税分别增长15%、18%,获评863计划等国家科技项目4个,新增省级高新技术企业4家、省级技术中心1个。确定总投资326.9亿元的重点项目136个,其中过亿元39个,当年完工投产36个,山汽中重卡、华茂重工、远东新材料等一批大项目进展顺利。义乌国际商城开工建设,鲁海冷链物流、中防商街等投入运营,五龙河流域综合开发等景点启动建设,培育出亿元市场17个,成交总额115亿元,莱阳梨文化节期间签约总投资52亿元的重点城镇化项目3个。以莱阳梨品牌培育为重点,挖掘和保护农产品品牌,夏粮生产实现"十一连增",畜牧业占农业总产值比重过半。

(二)强化园区聚集带动效应,推动区域经济均衡发展 经济开发区,以大项目突破为重点,完成23项基础设施建设,启动了沐浴水库向开发区供水工程,新引进总投资60亿元的项目15个,12个在建项目建成投产,两税收入首次突破亿元大关。丁字湾南海新区,以基础设施和重大旅游三产项目建设为重点,开展了12个专项规划编制,新建续建项目19个,竣工项目6个,青岛滨海大道连接线、即墨温泉至金口轨道交通列入青岛规划和投资计划,区域合作迈上新台阶。以食品工业园、姜疃工业园、团旺工业园、柏林庄民营经济园建设为重点推进镇域经济振兴工程,盘活土地401亩,开工了道路、污水处理等一批基础工程,新引进过5000万元项目15个,新冷大姜疃工业园一期和龙大朝日农业科技一期等7个项目完工投产。

(三)攻坚老城改造拉动内需,推动城乡一体统筹发展 面对莱阳老城面积大,旧城旧村拆迁改造刻不容缓、势在必行的艰巨任务,充分调研、统筹谋划,决心对城中村进行全面改造,启动了五个街道8个城中村的整体拆迁,拆迁总面积100余万平方米;建立市委常委挂帅的指挥部机制,加快推进城铁新区、东部城区、白龙河片区、姜疃小城镇、梨乡风情旅游区五大城乡建设重点工程的规划编制、拆迁改造、土地回收、基础设施和重点项目建设,全面放大城市经济圈,文莱高速正式立项,潍莱高铁列入省规划,209省道莱阳段全面开工,第二污水厂投入试运行,实现了由开发商主导的"被动城建"向政府规划主导、开发商竞相发展的"主动城建"格局的转变。

(四)突出以人为本改善民生,推动经济社会和谐发展 组织实施为民服务20件实事和促进教育事业发展15件实事,投入民生资金15亿元,新增就业再就业7635人,发放60周岁以上城乡参保居民基础养老金1.05亿元,为126万人次参合农民报销医药费2.3亿元,为残疾人和65周岁以上老人提供免费乘坐公交车服务,开展了标准化学校建设和校舍改造工程,民和家园478套保障性住房主体工程基本完工。大力实施文化惠民工程,送戏下乡150余场次,升级农村文化大院230个、农家书屋126个,涌现出"中国好人"4名。围绕"五有"标准加强社区建设,社会治安、信访维稳、安全生产、计划生育、双拥共建、食品安全监管等工作都取得了新进展。

三、创新与经验

(一)深入开展"工作落实年"活动 对大项目突破、企业膨胀发展、南海新区开发、城乡建设兴市等全市重点工程,实行市级领导"三重"工作包保和公示、一线工作法、重点工程指挥部等机制,坚持一年两次科学发展观摩与专项观摩相结合,整合"两办"督查力量,建立大督考机制;发挥"经济110"的作用,严查破坏发展经济环境、损害群众利益的现象,全市机关作风有效转变,干部执行力、落实力明显提升。在全市大力弘扬敢干、苦干、会干、快干、带头干的"五个实干"精神,解放思想、激情创业、实干当头、争先进位成为全市工作的主旋律,"五干为先、实干当头"凝聚起推动发展的强大力量。

(二)全面落实"工业18条" 从对企业费用减免、审批优惠、奖励扶持、人才引进等方面继续完善落实扶持工业发展的18条政策措施、各项规定,强化对骨干企业"一对一"包保,全年累计兑现各类奖补资金2.26亿元,工业支撑力明显增强,中小企业规模不断膨胀壮大。

(三)全力推进老城改造 在城区严格控制空地起楼,以旧村改造为突破口,启动了五个街道8个城中村的整体拆迁,拆迁总面积100余万平方米,其中建筑面积40.9万平方米,实现了依法拆迁、阳光拆迁、和谐拆迁,取得了整村连片拆迁的历史性突破。

(四)大力实施镇村环境综合整治工程 以"我爱我村"干部驻村强基工程为载体,在全市大力实施了镇村环境综合整治工程,共投入财政以奖代补资金1800万元,拉动社会资金投入5000多万元,配备农村保洁员2110人,新增垃圾收集车70多辆,新建垃圾箱4000多个,清理"三大堆"3000多处,整治河道53条,建立起"户保洁、村收集、镇运输、市处理"的城乡一体生活垃圾集中处理机制,实现了"垃圾村村有人管,村村都有保洁员",极大改善了农村人居环境。

(五)加强平安莱阳建设 在烟台率先启动"天网工程",投资2300万元,新建高清卡口8个、高清监控探头484个,构建起覆盖全市的"两圈一面多点"视频监控体系,获批全省首批"科技创安示范城"。

附:(一)莱阳市委书记、副书记、常委名单

书　记:刘　森

副书记:李胜刚　慕　欣

常　委:刘　森　李胜刚　慕　欣　孙赋欣
董福荣　郦志强　田　宏　张克顺
丛方伟　桑建伟　王彦博

(二)各镇、区、街道党(工)委书记名单

经济开发区	宋竹行
烟台莱阳丁字湾滨海度假区	董风波
城厢街道	蒋海华
古柳街道	官振林
龙旺庄街道	初晓华
冯格庄街道	(空缺)
柏林庄街道	周建峰
沐浴店镇	董海涛
团旺镇	修焕红
穴坊镇	徐飞武
羊郡镇	盖玉松
姜疃镇	陈　裕
万第镇	郝华清
吕格庄镇	盖新章
照旺庄镇	姜海涛
山前店镇	梁　雷
谭格庄镇	杨文杰
大夼镇	赵玉庭
高格庄镇	刘春江
河洛镇	李松岩

中共莱州市委工作概况

莱州市委书记　李　明

一、组织概况与党的建设

莱州市委现辖基层党(工)委77个,党总支99个,党支部2407个,共有党员66002名。

(一)切实加强各级领导班子建设　建立健全干部选拔任用规则和实施办法,形成了干部选任“7+1”工作机制。加大竞争性选拔力度,采取领导干部会议推荐、大评委面试等程序竞争性选拔主任科员10名。实施干部道德建设工程,把“德”的评价结果直接与干部选拔任用挂钩。全年调整科级领导干部269名,其中新提拔重用165名,干部选拔任用工作满意度达99.22分,新选拔任用干部满意度达99.63分。

(二)始终抓牢干部队伍教育管理　以学习贯彻党的十八大精神为主线,抓好干部理论武装、能力培训和党性教育,全年举办“科级干部轮训培训班”、“年轻科级干部素质提升培训班”等主体班次21期,培训各类干部6000多人次。坚持办好“发展论坛”,举办高层次辅导讲座5期、编发培训刊物3000多册。深入开展素质约谈,全年集中约谈1300人次,自主约谈1600人次。

(三)全面推进基层党组织建设　积极开展村级组织活动场所达标建设,按期完成建设任务。深入实施农村干部“素质提升”工程,全面实行学分制管理。高标准建设17处镇街党务村务服务中心,落实社区党组织服务群众专项经费和非公有制企业党组织工作经费。创新推行农村干部“记工式”考核,集中开展村级班子考察和村务审计。扎实开展“农村干部干事创业”活动,拨付105万元表彰奖励优秀村支书。健全党员“双管双责”“1+X”模式,深入推进派驻“第一书记”和部门包村工作,基层党建工作水平进一步提升。

二、主要工作与成绩

(一)综合实力实现新提升　全年完成地区生产总值643亿元,同比增长12%;完成公共财政预算收入46.5亿元,增长18.5%;规模以上固定资产投资331亿元,增长21%;金融机构各项存款余额达到532.6亿元,比年初增加50.2亿元;城市居民人均可支配收入3.3万元,增长12%;农民人均纯收入1.6万元,增长12.6%。在全国县域经济

基本竞争力百强县(市)中居第36位;在省县域经济综合实力考核中居第5位;在省“蓝黄”两区绩效考核中列“黄区”第1位。

(二)滨海开发实现新突破 先行突破总面积100平方公里的南北两个起步区,完成土地收储20平方公里。积极推进莱州港2个10万吨级泊位及配套工程,港口吞吐量突破3500万吨;总投资22亿元、全长56公里的无棣—莱州沿海公路莱州段工程率先开工建设;临港产业、滨海旅游、高端产业、海洋文化和循环经济“五大组团”内新建续建千万元以上项目92个,其中过亿元项目60个,投资百亿元的华电国际莱州电厂一期工程两台百万千瓦机组正式投产发电,当年实现利税13亿元。

(三)产业转调取得新成效 工业经济不断壮大,规模以上工业企业达到372家,总数居烟台各县市区首位,规模以上工业总产值突破1500亿元;83个重点工业技改项目完成投资80亿元,高新技术产值突破500亿元。高效农业取得新突破,夏粮生产实现11连增,地理标志证明商标总数居全省县级市首位,生物育种产业园成为省“蓝黄”两区首批特色产业园区。服务业加快发展,南阳河中心商务带、朗湖国际广场、文峰物流园等一批服务业重点项目加快建设,服务业占比提高到35.5%。

(四)城乡面貌有了新改善 投资5亿元的市民之家主体完工,投资6000万元的河套湿地公园建成开园。沙河镇在全省百镇建设示范行动中的位次进一步巩固,朱桥镇跻身全省第二批示范行动行列。大力实施生态文明乡村建设、乡村文明行动,统筹推进农村环境连片整治、社区建设、基础设施配套等工程,城乡环卫一体化实现全覆盖,全市环境优美镇比例达到80%以上,成功进入“全省村级公路网化示范县”行列。

(五)民生保障达到新水平 全年用于民生事业财政资金突破12亿元,增长30%。低保、五保、新农合等社会保障标准全面提高,新建筹措保障性住房795套。城乡教育、文化事业迈上新台阶,高考重点本科上线人数保持全省各县市区首位,农村小学校车服务实现“全覆盖”;道德建设得到中央政治局常委刘云山同志的肯定批示,成为全国学雷锋活动8个重大典型之一;成功举办首届“云峰奖”全国书法展,被确定为“省级公共文化服务体系示范区”,在全省精神文明测评中居第1位。

三、创新与经验

(一)坚持“蓝黄”战略引领,推动经济平稳较快发展 一是全力推进滨海开发。将起步区建设列为全市“一号工程”,加快土地收储和基础设施配套,落实部门、镇街招商任务,集全市之力加快突破。深入实施“以港兴市”战略,全年完成港口及配套设施投资7亿元,着力引进一批科技含量高、带动能力强的临港产业项目。自筹资金、率先启动建设无棣—莱州沿海高等级公路,同步推进沿线产业功能区详细规划。将临港产业、滨海度假、高端产业、海洋文化、循环经济“五大组团”作为率先发展的主战场,推动项目向沿海集中、产业向组团聚集。二是加快推进产业转调。以“工业向高端化升级、服务业向规模化迈进、农业向现代化转型”为目标,壮大提升机电、黄金、建材、盐化工等支柱产业规模效益,大力发展商贸流通、旅游地产、金融会展等服务产业,加快推进农业产业化、标准化、品牌化建设,全市主营业务收入过亿元企业达到63家,高新技术产业产值占比提高到32.2%。三是不断增强发展后劲。深入开展“项目推进年”活动,全市开工过千万元项目189个,其中过亿元项目109个;深入实施“三·二〇”工程,对20个重点在建项目、20个重点推进项目和20家重点骨干企业实施集中帮扶;创新招商引资模式,成功组织全省知名企业家莱州行、月季花节、石展会等大型招商活动,全年引进内外资项目30个。

(二)坚持保障改善民生,促进社会事业全面发展 一是突出发展成果惠民。支持全民创业,健全就业创业保障体系,努力为群众增收致富创造机会。扎实做好低保、优抚、救助等社会保障工作,加大民生事业资金投入,让改革发展成果更多地惠及人民。二是突出道德文化乐民。深入推进“四德工程”建设,使道德建设融入群众的生产生活,进一步打响“厚德莱州”城市品牌。健全完善公共文化服务体系,促进文化产业快速发展,积极开展群众性文化活动,丰富群众的精神文化生活。三是突出和谐稳定安民。深入开展平安、法治、和谐城市创建活动,进一步完善市镇村三级群众工作网络,深化矛盾纠纷排查调处,妥善处置信访突出问题,全力抓好安全生产和食品药品安全,社会局势保持和谐稳定。

(三)坚持始终抓牢党建,打造为民务实清廉干部队伍 一是深入解放思想。围绕在烟台市内率先发展、在全省30强县中争创一流、在全国百强县中赶超进位“三个坐标”,全市各层面分别确立学赶对象,引导全市上下开阔视野、比学争先,掀起加快发展的新热潮。二是加强队伍建设。实施干部队伍“素质能力提升”工程,深入开展素质约谈、“三问两承诺”、实践锻炼等活动,提升干部队伍服务发展能力。深入开展农村干部“干事创业”活动,加大村级组织经费保障,完成村级组织活动场所达标建设,扎实做好部门包村和选派“第一书记”、党员“双管双责”等工作,有效发挥了基层组织的战斗堡垒作用。三是改进工作作风。严格落实中央“八项规定”,集中开展厉行勤俭节约、反对铺张浪费专项行动,深入开展“庸懒散”整治,严肃查办各类腐败问题,营造了风清气正、干事创业的良好氛围。成立“市委让群众满意办公室”,建立“月评群众最不满意问题整改工作机制”,解决了一批群众反映强烈的热点难点问题,在烟台群众满意度调查中第4次位居各县市区第1,在“蓝黄”两区群众满意度调查中分列“黄区”第1位、“蓝区”第2位。

附:(一)莱州市委书记、副书记、常委名单

书　记:李　明

副书记：宫　权　黄亚林
常　委：李　明　宫　权　黄亚林　田长青
康秀军　孙付春　李东峰　张锡岭
李光耀　韩国功　李勇刚

（二）各镇、街道、区党（工）委书记名单

莱州经济开发区	周平安
莱州工业园区	王先亭
莱州滨海生态省级旅游度假区	周　平
城港路街道	桑京波
三山岛街道	李旭峰
文昌路街道	张绍鹏
永安路街道	高　鹏
金仓街道	王晓君
文峰路街道	刘　涛
郭家店镇	王雷波
虎头崖镇	闫旭辉
程郭镇	郝慎强
平里店镇	程建军
夏邱镇	王希林
沙河镇	张云生
朱桥镇	王晓润
土山镇	杜均武
金城镇	王　强
柞村镇	邹风群
驿道镇	韩喜波

中共蓬莱市委工作概况

蓬莱市委书记　张代令

2013年，蓬莱市委深入贯彻落实党的十八大、十八届二中、三中和省十次党代会及烟台市十二次党代会精神，围绕建设经济文化强市奋斗目标，团结带领全市人民攻坚克难，拼搏奋进，有效抵御金融危机影响，顶住经济下行压力，保持了经济社会的良好发展态势。新获得全国食品工业强市、2013中国县域网络形象十佳县市、中国酿酒葡萄之乡、2013中国休闲小城等荣誉称号。

一、组织概况与党的建设

蓬莱市现有基层党（工）委64个，党总支37个，党支部1330个，党员40770人。一年来，蓬莱市以“强化基层基础保障，打造服务型党组织”为目标，扎实推进基层党建各项工作，基层基础不断巩固，为经济文化强市建设提供了坚实的组织保障。

（一）加强领导班子和干部队伍建设　继续深化干部人事制度改革，认真贯彻执行《干部选拔任用条例》和全国组织工作会议精神，坚持正确的用人导向，严格按照好干部标准选干部、配班子，努力做到选贤任能、用当其时，知人善任、人尽其才，领导班子和干部队伍建设的科学化、规范化、制度化水平明显提高。加强干部教育培训，先后举办各类研修班、培训班等25期次，培训2882人次，有效提高了全市党员干部综合能力。

（二）加强基层组织建设　以调查研究、政策宣传、为民服务、矛盾化解“四进基层”为抓手，深入开展“情系万家进基层”活动，推动联系服务群众常态化和长效化。坚持党建工作区域化推进的思路，创新推行党组织联创联建模式，采取村庄+企业、村庄+村庄等方式，整合人才、项目、信息、阵地等资源，形成共建联建、资源共享、优势互补的区域化党建格局，有效扩大了组织和工作覆盖。开展村级组织活动场所建设达标升级行动，169个重点建设的村级组织活动场所全部建成投入使用，实现村级组织活动场所全覆盖、全达标。不断加强商会党委建设，开展了“两新”组织党建工作示范点创建活动，命名表彰23个党建工作示范点，示范带动了全市“两新”组织党建工作整体上水平。

（三）加强党员干部思想作风建设　大力倡导“积极转作风、强力抓落实”的工作作风，严格执行中央“八项规定”和反对“四风”要求，出台《关于加强市级领导干部作风建设的实施意见》等一系列制度文件，开展“庸懒散”专项治理和厉行勤俭节约等专项行动，坚决查纠不正之风，严格查办违纪违法案件，有效维护了党纪政纪的严肃性。

二、主要工作与成绩

2013年，全市完成地区生产总值457.6亿元，地方财政收入25.5亿元、固定资产投资302.5亿元；社会消费品零售总额达到116亿元；城市居民人均可支配收入、农民人均纯收入分别达到33432元和16116元。

（一）科学推进转调，县域经济核心竞争力稳步提升　特色产业优化升级。旅游业领先地位更加巩固，欧乐堡梦幻世界投入运营，水城实景演出等项目加快推进，乡村旅游迅速兴起，全年接待游客600万人次，新增3个省级农业旅游示范点和2个省级旅游特色村。葡萄与葡萄酒产业向高端迈进，拉菲、香格里拉玛桑等10个酒庄加快建设，成功注册“蓬莱葡萄”地理标志证明商标，被评为“山东省商标战略示范产业集群”。装备制造业稳定发展，大金重工建成投产,北奔重汽5万辆扩能项目扎实推进,京鲁船业和巨涛重工被列入首批“山东省机电产品出口基地企业”,我市成为山东省“船舶及海洋工程装备出口基地”。载体空间有效拓展。农业高新技术产业示范区成功晋升国家农业科技园区,开发区海洋装备制造产业园入选山东省首批“蓝色经济特色产业园”,旅游度假区被批准筹建省内首个“全国海滨度假旅游产业知名品牌创建示范区”,12个专业园区建设全面铺开。

(二)统筹城乡一体,新型城镇化建设提质加速 城市品质全面提升。钟楼南路外立面改造和平山河中游生态修复工程顺利完工,完成3条道路雨污分流、6条道路拓宽和14个小区供热管网改造,新汽车站、体育中心等项目开工建设,碧桂园、宝龙城市广场等城市综合体和13个城中村改造项目稳步实施。基础设施快速推进。烟台新机场、龙烟铁路蓬莱段、蓬栖高速等重大工程顺利推进,成功跻身“全省农村公路网化示范县”行列,新建改造农村公路52公里。胶东调水蓬莱段试通水成功,港口泊位、防波堤和水库除险加固等工程加快建设。村居面貌显著改观。深化城乡垃圾处理一体化工程,开展了“农村大扫除”活动,全市577个村居全部纳入“户集、村收、镇运、市处理”运行模式,覆盖率达到100%。

(三)改善民生福祉,社会局势持续繁荣安定 年初承诺的48件为民实事全部完成,总投资7亿元,解决了一批关系群众切身利益的问题。新增城镇就业再就业7400多人,农村劳动力转移就业1.2万人。新农合、城乡低保、农村五保供养等补助标准持续提高。新建和改造中小学校教学及配套设施17处,高考一本上线人数连续五年实现增长。全省公立医院综合改革试点工作进展顺利,人均住院药费减少1100余元,切实减轻了群众就医负担。深入开展平安蓬莱、法治蓬莱、和谐蓬莱“三城联创”活动,突出抓好信访稳定、社会治安、安全生产和公共安全等工作,群众的安全感和满意度不断提升。

三、创新与经验

(一)坚持“长短结合”,加快经济转调步伐 在全球经济持续低迷、国内经济下行压力不断加大的形势下,把稳增长、调结构贯穿始终,立足本市实际确定了“长短结合”战略。“长”,就是通过推进产业转型升级、抓好园区建设、加大对外开放力度、加快项目建设进度等措施,培植利在长远的经济增长点;“短”,就是通过抓好企业帮扶和城市促销等措施,挖掘短期见效的经济增长点。通过“长短结合”组合拳,实现了全市经济运行总体平稳、稳中有进。全市开复工项目131个,67个项目建成投产,利源生态农业、嘉信化工两家企业分别在天津和上海股权交易所挂牌上市;累计引进外资项目23个,到位资金1.36亿美元,增长29.2%。

(二)打造“美丽乡村”,转变农村发展方式 深入开展“蓬莱美丽乡村”创建活动,把壮大村级经济、增加农民收入作为着力点,切实改变以往农村土里刨食、靠天吃饭的传统生产方式。坚持以统筹规划编织“美丽”、以产业发展催生“美丽”,依托村庄的独特景观、民俗文化、优势产业,着力打造“一村一景、一村一貌、一村一业”,实现集体资产和农民收入同步增加。目前,已打造“蓬莱美丽乡村”21个,其中马家沟村新入选“中国最有魅力休闲乡村”行列,全市共发展“农(渔)家乐”1200多户,“蓬莱美丽乡村”创建工作登上央视《新闻联播》。

(三)关注“精神民生”,改进群众工作方式 在保障“物质民生”的基础上,更加注重改善“精神民生”,以“满足群众精神需求、实现群众精神富有”为目标,开展了“情系万家进基层”、“群众大走访”等践行群众路线的主题活动,实施了以和谐文明创建、道德模范创评为主要内容的道德工程建设,打造了“欢乐蓬莱行”、“百日仙境之夏”等群众文化活动品牌,使广大群众生活得更加幸福、更加满意。一年来,累计走访群众16.6万户,解决群众实际问题5000多个,举办各类文化活动2000多场次,干群关系更加密切。在烟台市群众满意度测评中,我市干部作风得分居烟台各县市区首位。

(四)建设“道德档案”,创新社会管理机制 顺应社会管理的形势变化,突出家庭这个社会的“细胞”,在烟台地区创新实施了“家庭道德档案”制度,通过为全市常住家庭和流动家庭建立一套“道德档案”,将每个家庭及成员的身份情况、道德评价、社会管理、民生服务四个方面的档案信息通过计算机记录、存档。突出平台信息化、管理类别化、服务亲情化、应用规范化“四化”建设,着力规范运行道德档案,促进社会协调发展、和谐融洽。全市共建立“家庭道德档案”近万份、采集信息16万余条,通过档案的管理运用,先后化解矛盾纠纷240起、管控特殊人群161名、办理服务事项1019件。

附:(一)蓬莱市委书记、副书记、常委名单

书　记:张代令

副书记:孙业宝　杨升岩

常　委:张代令　孙业宝　杨升岩　张祖玲　曹承华　王培歧　孙　文　于风格　孙学材　仲　良　李少娜　李桂勋(援藏)

(二)各镇、街道党(工)委书记名单

登州街道　蔡浩礼
紫荆山街道　刘晓东
蓬莱阁街道　王　海
新港街道　张成刚
南王街道　赵江波
刘家沟镇　鲁　伟
潮水镇　陈少华

大柳行镇	王林祖
小门家镇	杜文生
大辛店镇	孙福勋
村里集镇	胡艳静
北沟镇	崔洪勋

中共招远市委工作概况

招远市委书记　张　伟

2013 年，招远市委在上级党委的坚强领导下，深入贯彻落实党的十八大、十八届二中、三中全会和省十次党代会精神，以习近平总书记系列重要讲话和视察山东重要讲话精神为指引，团结带领全市广大干部群众解放思想、创新突破，全市经济社会实现平稳较快发展。

一、组织概况与党的建设

招远市委辖 76 个党(工)委，46 个党总支，1661 个党支部，党员 45841 名。一年来，坚持以加强党的执政能力建设和先进性、纯洁性建设为主线，积极践行党的群众路线，真抓实干，破难奋进，党建工作的公信力、服务力进一步提升。一是着眼接地气解民忧，开展干部驻村蹲点工作。从全市选派 724 名机关干部进驻到所有行政村，办理为民服务实事 2292 件，有效密切了党群关系。中央电视台《新闻联播》对此进行专题报道。二是坚持抓基层打基础，强化农村基层组织建设。安排财政资金 2705 万元，落实村级组织运转经费，加强村级规范化管理，设置农村干事创业奖，激发干事创业活力。扎实做好选派“第一书记”工作，实施 237 件重大帮扶事项，促进后进村转化升级。三是围绕建组织扩覆盖，加快“两新”组织党建工作步伐。抓好承担省基层党建“县委书记项目”的实施，加快与党同心同向的出资人队伍建设。探索推进依托农民专业合作社联合会抓合作社党建工作，打造出 7 个合作社党建示范点。推行“两新”组织党建连抓共建模式，提高党建工作质效。玲珑集团党委“双航”党建模式入选全国非公企业党建典型案例。四是注重强保障拓功能，提升城市社区服务效能。落实社区党组织服务群众专项经费方案，搭建社会组织服务社区工作平台，拓展社区党组织服务功能，提升服务群众工作水平。五是着力扬清风树正气，加强党员干部队伍廉政建设。不断完善惩治和预防腐败体系，严格落实党风廉政建设责任制，贯彻执行中央八项规定、厉行节约反对浪费、反对“四风”等制度要求，着力开展公务用车、工程建设等重点领域专项整治和“庸懒散”专项治理、作风效能和环境建设专项评议、行风监督民企行等活动，大力推进廉政文化建设、廉政谈话、廉政巡察、廉政审计工作，严肃查处违法违纪行为，树立起为民务实清廉的良好形象。完善不合格党员处置机制，健全生活困难党员关爱帮扶机制，深化拓展党员“双管双责”工作，党员先锋形象进一步树立。

二、主要工作与成绩

(一)经济运行质量稳步提升　2013 年，全市实现 GDP604.8 亿元，境内财政总收入 85.3 亿元，地方财政收入 41.5 亿元，分别增长 12%、10.3% 和 15.2%；在全国县域经济基本竞争力评价及中小城市综合实力百强榜中，分别排名第 37 位和 39 位。工业经济提质增效，年产黄金 129.4 万两，实施转型项目 33 个，完成投资 31 亿元；实现规模以上工业主营业务收入 1731.8 亿元，增长 11.2%；主营业务收入过亿元企业达到 228 家、过 10 亿元 11 家，其中招金集团、玲珑集团、中矿集团分别达到 443 亿元、240 亿元和 202 亿元，荣获“全国科技进步先进市”称号。服务业全面升级，实现服务业增加值 230.4 亿元、社会消费品零售总额 132.8 亿元，分别增长 13.2% 和 13.9%。现代农业蓬勃发展，实现农村经济总收入 1306.8 亿元、农民人均纯收入 16284 元，分别增长 11.5% 和 12.6%，跻身“省级现代农业示范区”行列。开发区提速发展，中亚轮胎试验场、奥特姆新能源汽车、人工岛开发建设等一批大项目取得突破性进展，合同外资、实际利用外资分别增长 22.2% 和 38.8%，带动能力显著增强，荣获“山东省蓝色经济区建设先进市”称号。项目建设成效显著，完成固定资产投资 302.6 亿元、增长 21%；实施过 3000 万元重点项目 114 个、完工 61 个，完成投资 230 亿元；实际利用内资 62.7 亿元、外资 1.5 亿美元、进出口总额 23.8 亿美元，分别增长 14%、32% 和 9.8%。

(二)城乡发展面貌明显改善　城市建设管理提档升级，投入财政资金 18 亿元，道路桥梁建设改造、绿化美化亮化等 41 个基建项目和 18 个旧城旧村改造项目开工建设，滨河湿地公园、龙王湖公园等 8 大生态景观提升工程顺利实施，交通秩序、市场经营等城市管理专项整治深入开展，城市功能形象进一步提升。美丽乡村建设全面铺开，投入 9000 多万元财政奖补资金，全面建成城乡环卫一体化处理体系，新建生态文明示范镇 2 个、生态文明示范村 22 个，荣获“全国生态文明先进县”、“山东省生态文明乡村建设工作先进市”等称号。

(三)人民生活水平持续提高　15 件为民服务实事全面落实，新增参保职工 12050 人，参保农民 10 万人；新增城镇就业 9150 人、农村劳动力转移就业 3311 人；发放新农保基础养老金 7046 万元，低保、五保、住房、临时困难等各类救助金6200多万元;新农合财政补贴标准提高到280元/人;新建经济适用房、廉租房、公租房375套。社会事业繁荣发展,9处乡镇中心幼儿园、9处校安工程以及市人民医院、体育公园改扩建等工程完工启用,中医院迁建完成主体工程,新建文化大院示范点100处、送戏送电影下乡9900多场次;电视剧《战火大金脉》在中央台和多个地方台热播,荣获"泰山文艺奖"电视类一等奖。乡村文明行动和精神文明创建活动扎实开展,全市文明程度显著提高,刘盛兰入选"感动中国"2013年度人物。社会大局和谐稳定,人民群众安居乐业。

三、创新与经验

(一)立足当前着眼长远,谋划科学发展新思路 面对县域发展的战略机遇和重大任务,市委常委班子创造性地把贯彻执行上级决策部署与招远实际紧密结合起来,按照"建设富美文明新招远"的奋斗目标,以提高经济增长质量和效益为中心,以"创先创新创优"为工作主基调,以解放思想、改革开放为先导,突出"开发区带动、实体经济突破、城乡一体发展"三大重点,强化"民生改善、社会稳定、党的建设"三大保障,有力地推动了全市经济社会更好更快发展。

(二)扭住关键重点突破,推动经济发展新跨越 坚持以调整促优化、以转型促升级,全力放大既有优势,培育增创新的经济增长点。围绕园区建设,对开发区空间布局和产业规划进行优化升级,全面理顺管理体制和运行机制,以原开发区为核心、滨海科技产业园和东城新区为两翼的"一核双驱"发展架构初步形成,放大了区域带动优势。围绕项目建设,深入开展"招商引资突破月"活动,健全完善领导包帮和考核问责机制,大力推行周六集中调度日制度,推动领导干部主要精力放在大工程大项目上,提高了项目引进建设实效。围绕增强发展活力,着力实施产业转调战略,以黄金产业转型为统领,改造升级传统产业,大力培育新兴产业,提速发展三产服务业,蓬勃发展现代农业,经济发展质效全面提升。围绕城乡建设,按照"一年有变化、两年大变样"的奋斗目标,专门投入财政资金,同步推进五大类城市建设管理工程和美丽乡村建设,城乡面貌明显改善,实现一体统筹发展。

(三)创新机制强化服务,探索社会治理新路径 围绕创新社会治理机制、丰富社会治理方式,以建设"和谐稳定模范城市"为目标,以平安金都、法治金都、和畅金都建设为抓手,深入开展"群众工作基层基础建设年"、"信访维稳工作基层基础年"、"信访积案分类化解年"等活动,着力强化源头预防、矛盾纠纷化解、基层管理、服务社会、动态管理五大体系建设,全面推进综治基础设施、社区网格化管理、技防建设等工作,有效维护了社会和谐稳定。

(四)锤炼作风优化环境,激发干事创业新活力 坚持把作风建设作为攻坚克难的制胜法宝,以密切党同人民群众的血肉联系为核心,在全市开展机关干部驻村蹲点、党员"双管双责"、便民服务代理、承诺践诺、人大代表为建设富美文明新招远建功立业、三条渠道听取群众意见、"百名委员联百企"、"万人评机关"和"万人评窗口"等活动,促使各级干部下基层、接地气、惠民生,以为民务实清廉的良好形象取信于民,推动全市经济发展环境持续好转。

附:(一)招远市委书记、副书记、常委名单

书　记:张　伟

副书记:王光耀　杨　波

常　委:张　伟　王光耀　杨　波　郝永平　李太利　张烟航　王文锋　王　浩　张金亮　李　波　赵美瑜

(二)各镇、街道、区党(工)委书记名单

经济开发区	王炳波
温泉街道	于希江
泉山街道	张旭峰
罗峰街道	杨志军
梦芝街道	侯福江
大秦家街道	冷海祥
辛庄镇	徐青林
蚕庄镇	曹　胜
张星镇	王连成
阜山镇	李天骄
玲珑镇	王国良
金岭镇	蒲晓虹
齐山镇	路　桥
夏甸镇	张　涛
毕郭镇	杜小兵

中共栖霞市委工作概况

栖霞市委书记　李　宁

2013年，栖霞市委深入贯彻落实党的十八大和十八届二中、三中全会以及省第十次党代会精神，以习近平总书记系列重要讲话和视察山东重要讲话精神为指引，坚持把提高财政支撑能力和群众幸福指数统筹谋划、同步推进，大力弘扬“脚踏实地干事创业”优良风尚，全市经济社会保持了科学稳健、持续向好的发展态势。

一、组织概况与党的建设

栖霞市共有基层党(工)委31个，党总支42个，党支部1678个，党员43851名。2013年，市委以改革创新的精神全面加强领导班子和干部队伍、基层组织以及党风廉政建设，为经济社会科学发展提供坚实政治保障。

(一)着力加强领导班子和干部队伍建设　坚持“有作为才能有地位”的用人导向，一大批任劳任怨、兢兢业业、实绩突出的干部得到提拔重用，干事创业、狠抓落实成为市镇机关的共同追求；开展双向约谈活动，约谈和接受干部约谈433人次，在沟通交流中促使干部转变作风、增强动力；公开考选30名优秀大学毕业生，选派16名优秀年轻干部到一线接受锻炼、增长才干，选聘130多名机关事业单位紧缺人才，进一步优化干部队伍结构；先后举办主体培训班、专题培训班38期，对4800余名干部进行教育培训，干部综合素质明显提高。

(二)切实强化基层组织建设　以深化“基层组织建设年”为抓手，筹措资金1800万元，新(改)建村级场所182个，真正让农村基层组织活动有场所；深入开展部门包村和机关干部下基层活动，累计投入帮扶资金3774万元，党群干群关系更加密切；纵深推进“建组织、扩覆盖”活动，党的工作覆盖率达到100%；深化党员“双管双责”工作，组织党员下沉到农村、服务单位和“两新”组织服务，实现党员服务群众常态化；严格落实农村“集中办公日”制度，镇街区领导班子成员、重点民生服务部门班子成员定期参加农村“集中办公日”会议，包村干部每周至少三天靠在村庄研究解决问题，提高了村级管理规范化、科学化水平；超前做好村“两委”换届选举准备工作，组织开展村级班子集中整顿活动，为新一届村“两委”换届奠定坚实基础。

(三)深入推进党风廉政建设　制定出台《关于2013年建立健全惩防腐败体系深入推进反腐倡廉工作分工意见》，将反腐倡廉工作任务细化量化，做到分工明确、责任到位，组织领导体系更加健全有力；以弘扬廉政文化释放正能量，组织开展“果都正气颂”廉政教育活动，建设廉政文化品牌；健全监督体系、强化跟踪督导，刚性落实中央“八项规定”，积极主动解决“四风”问题；充分发挥“阳光政务监督热线”、千人评机关评窗口、政府网站等载体作用，促进“低成本执法、高质量服务”；严格执行“十严禁”、“禁酒令”等制度，深入治理“庸懒散”现象，树立起市镇机关的良好形象。

二、主要工作与成绩

全市完成生产总值221.1亿元，增长9.7%；完成地方财政收入7.94亿元，增长15.4%；税收占财政收入的比重达到92.4%；政治、文化、社会和生态文明建设等也都取得了新成绩。

(一)牢牢把握第一要务，经济综合实力迈上新台阶　紧扣发展主题，着力增强“造血”功能、做强财政经济。一是产业发展提质增效。工业经济稳定增长，企业创新力度加大，获得烟台市以上科技进步奖11项；服务业发展速度加快，实现地方税收同比增长25.7%；苹果全产业链提升成效明显，与青岛农业大学合作成立国内首家苹果产业发展研究院，利用大宗商品交易平台、电子商务平台、果品龙头企业等载体拓展销售渠道，果农收入稳定增长。二是骨干企业贡献提高。骨干企业引领发展，传统纳税大户保持强势，新兴企业快速成长，骨干企业群体不断壮大，支撑能力明显增强。三是发展活力持续增强。共引进投资过3000万元项目84个，其中过亿元项目26个，项目质量明显提高；重点突破的汽车零部件及机械制造、旅游、清洁能源等六个潜力产业成长良好，展现出良好的发展前景。

(二)持续提升功能形象，城乡一体发展迈出新步伐　科学审慎地推进城市规划建设，力求“只留财富、不留遗憾”。一是科学编制城市规划。引入市场竞争机制，吸引一流团队参与城市规划，集思广益、反复斟酌，完成了城市新一轮总体规划及栖霞古镇、凤凰山苹果主题公园、太虚宫旅游开发等区域详细规划，为城市建设提供了科学依据。二是全面完善城市功能。启动实施53个重点城建项目，完成投入37亿元，中心城区带动功能、小城镇节点功能、基础设施支撑功能以及生态环境保障功能显著提升，城市更加宜居宜业。三是着力提升城市形象。按照精细化、规范化的原则，对乱摆乱放、乱搭乱建、交通违章进行集中整治，建设了一批富有特色文化“小微景观”，深入开展城乡大环境综合整治，城市形象明显改观。

(三)创新载体加大投入，群众幸福指数实现新提升　始终坚持密切联系群众、增进民生福祉，民生投入占全部财政支出的55.9%，创出最高水平。全面兑现十项惠民工程，对年初承诺的包含40多件实事在内的十项惠民工程全部落实，群众得到更多实惠；深入开展“两进两诺两评”活动,以"三问于民"大走访促进干群之间良性互动,走访群众19.5万户,把群众反馈的277条意见全部转化为承诺事项,1万余件实事全部落实,共投入资金4.56亿元;全面加强弱势群体救助,城乡低保提标扩面、基础养老金提标及农村危房改造等工作全面落实,定期开展送温暖活动,让困难群众生活有保障、有尊严。

三、创新与经验

(一)提升思想境界,增强奋发进取动力 坚持"请进来"和"走出去"有机结合,充分利用理论中心组学习、外出参观考察、集中教育培训等多种形式,引导各级党员干部积极用党的十八大、十八届三中全会精神武装头脑、指导实践,切实使广大干部精神得到深刻洗礼、境界得到全面升华,以追求卓越来定位目标,以蓬勃向上的状态投入工作,在全市形成愈加浓厚的干事创业氛围。

(二)倾力突破重点,推动经济跨越发展 坚持把膨胀经济总量与提高发展质量同步推进,扬长避短、发挥优势,整合资源、倾力扶持,推动重点区域率先突破,重点产业、重点企业做大做强,重点项目快速推进,以重点工作的突破性推进带动全市经济速度效益同步提高,促进综合经济实力上层次、上水平。

(三)着力改善民生,赢得群众广泛支持 坚持把增进群众福祉作为首要职责,倾注真情沉到一线,创新载体加大投入,倾听民心民意,并根据群众提出的个性化、差异化需求全部转化为党员干部的承诺实事、为民服务的实际行动,真正做到民有所呼我有所应、民有所需我有所为,实现干群关系的良性互动,最大限度赢得人民群众的支持。

(四)锻造干部队伍,汇聚干事创业合力 引导全市上下积极践行"脚踏实地、干事创业"优良风尚,大力倡导实干精神,市级班子成员不分"一线"、"二线",在重要工作推进、重点产业发展中积极担责,带头深入一线、现场办公、解决问题,带动全市党员干部心无旁骛抓发展,展现出艰苦创业、拼搏奋进的良好风貌。

附:(一)栖霞市委书记、副书记、常委名单

书　记:李　宁(女)

副书记:陈兆宽　刘宏涛

常　委:李　宁(女)　陈兆宽　刘宏涛　陈洪军　于杰宁　宋贤章　李存杰　王志文　曲洪功　王蔚蕾　王　晨

(二)各镇、街道、区党(工)委书记名单:

桃村镇	刘智勇
臧家庄镇	刘明连
蛇窝泊镇	李卫国
唐家泊镇	马玉升
亭口镇	房学智
苏家店镇	孙振会
西城镇	徐海勇
寺口镇	苏春岭
官道镇	程贤华
观里镇	王永新
杨础镇	史大琛
庙后镇	牟世举
庄园街道	王春光
翠屏街道	李万平
松山街道	王秀元
经济开发区	唐功明(副书记、主任,主持工作)

中共海阳市委工作概况

海阳市委书记　姜仕礼

2013年,面对第三届亚洲沙滩运动会结束之后海阳经济发展面临的新困难、新挑战,以及宏观经济形势下行的不利局面,海阳市委在上级党委、政府的坚强领导下,全市上下不等不靠、同频共振,顺势而为、奋力拼搏,经济发展破难前行、稳中求进,呈现出良好局面。

一、组织概况与党的建设

全市共有党(工)委44个,其中市直党(工)委26个,镇区街道党(工)委18个;党组38个、党总支78个、有党支部1644个;党员50942人,其中农牧渔民党员30204人,占59.2%。

(一)深入开展"双争"活动 开展"争做基层满意党组织,争当群众满意村干部"活动,将农村工作细化、量化考核,市财政拿出158万元对成绩突出的村党支部和党支部书记进行表彰奖励,激励广大农村干部围绕改善民生、发展经济等方面干事创业、勇争一流。

(二)扎实推进部门包村工作 在烟台市29个部门包帮的基础上,又筛选确定了112个后进村,由市直部门进行帮扶,每个村都选派了"第一书记",有力推进了后进村的转化升级。全年市县两级共提供无偿资金和物资折款858多万元,争取无偿资金1638万元,有效地改善了后进村生产生活环境。

（三）加快村级组织活动场所建设　研究制定了《关于村级组织活动场所建设的实施意见》，通过列入惠民利群实事、部门帮扶、企业支持、镇村自筹等方式，多方筹措建设资金，切实加大督导推进力度。全年有268个村完成了场所新建、改建和升级任务。

（四）实施村集体经济示范培育工程　依托全市52个联村党总支，大力实施村集体经济强村典型带动，进一步提高薄弱村发展集体经济的能力。同时，制定下发了《关于鼓励村“两委”干部领办农民专业合作社的意见》，积极发动有能力的村“两委”干部领办绿茶、苹果、农资等各类农民专业合作社38个，架起了强村富民新通道。

（五）全面加强城市社区建设　按照“三有一化”标准规划设立了11个城市社区，全部成立了党组织，建立起街区→社区→居民小区→楼宇→居民的层级化管理体系，从而能够更好地有针对性提供服务。依托党员“双管双责”工作机制，组织机关企事业单位在职党员到所居住社区登记报到，设立登记活动党支部，引导党员在8小时之外履行好服务群众职责。

（六）广泛开展下基层服务群众活动　深入开展“下基层服务群众、转作风民情直通”活动，市委常委带头，全市副科级以上党员干部每人联系1个村和1名贫困学生，引导广大党员干部经常性进农村、进社区、进企业，在基层一线联系服务群众。共走访群众4100余户、企业近百家，召开座谈会300多次，征求群众意见建议600多条，给787名贫困学生捐助款物近50万元。

二、主要工作与成绩

2013年，实现生产总值302.6亿元，增长10.3%；地方财政收入22.1亿元，增长17%；固定资产投资303.7亿元，增长21%。再次获得“烟台市科学发展综合考核先进县市区”荣誉称号。

（一）重点区域开发热潮涌动、生机勃发　南部滨海自西向东、全线拉开，设施配套、项目建设并驾齐驱、大见形象，“一体两翼”发展框架加快构筑、初具规模，不仅在短时间内隆起了一座以碧桂园为依托的滨海新城，创造了速度、形象、贡献都令人震撼的“项目建设奇迹”；也在短时间内“勾勒”出一个26平方公里、“七通一平”的核电产业园区，创造了“基础建设奇迹”；同时成功与知名大公司、大财团实现对接，促成鲁能健康度假养生城、保利达、中核总东方仪控等一批优质项目落户海阳，积蓄起了强大的发展后劲。

（二）实体经济培育全面开花、卓有成效　“工业立市”方面，传统产业加快转调，毛衫业相继在美国、日本注册公司、设立研发营销机构，电脑横机拥有量突破7200台、机织率达100%，年产值过亿元毛衫企业由3年前的1家增至9家；新兴产业加速膨胀，尤其是核电站、核电设备制造、来福士等新兴企业成长迅速，形成新的骨干，地方级纳税增幅达50%以上。“海洋强市”方面，引进蓝色经济项目33个，总投资逾千亿元，成功创建“山东半岛蓝色经济区海洋特色产业园”，成为烟台四大海洋特色产业园之一。“旅游兴市”方面，旅游收入以30%以上的速度快速增长；成功举办了世界杯攀岩赛和亚洲杯沙足赛两大国际赛事；荣膺“中国最美旅游休闲度假目的地”、“‘美丽中国’十佳旅游县区”称号。

（三）新型城镇建设持续突破、日新月异　老城区改造提升有力有效、压茬推进，城市拆迁面积、安置楼建设规模均比同期翻了将近一番；新城区要素配套更加完善，启动建设了集产业、居住、文体、卫生、学校、金融及生态等于一体的基础工程，供暖、供气等配套设施有序跟进，宜居条件显著改善；小城镇建设水平持续提升，19个商贸综合项目全面开工，示范带动效应不断增强。

（四）战略工程项目齐头并进、支撑有力　省级重点项目海阳核电站按既定计划节点稳步推进，一期两台机组进入设备安装调试阶段，二期两台机组有望今年上半年开工；海阳港一类开放口岸已经交通部同意，正式获批为期不远；继海即跨海大桥、烟海高速之后，又有青荣城际铁路、海青城市轻轨、丁字湾环湾公路、海翔西路等重点交通工程相继启动，对内、对外交通网络更加完善，海阳作为胶东节点城市的枢纽地位日益显现。

（五）和谐社会建设统筹兼顾、协调并进　以“大走访”、“民情直通”活动为依托，长效化、机制化实施惠民利群工程，2013年49件实事全部兑现，群众满意度大幅提升。高度重视农业和农村工作，农民收入持续增长。以路域、荒山、水系三大板块为重点的造林绿化取得新成效，城乡面貌显著改观，节能减排指标持续位居烟台市前列。按照弘扬红色文化、发扬优良传统、凝聚发展合力的宗旨，启动实施了《大秧歌》电视剧拍摄基地、地雷战遗址、许世友胶东纪念馆“一剧一址一馆”建设。以社区网格化管理为平台，“平安海阳”、“法治海阳”、“和谐海阳”三城联创取得新进展，全市发展大局持续和谐稳定。

三、创新与经验

面对前所未有的挑战，我们把各项工作的出发点和落脚点建立在务实的基础上，出实招、打实谱、求实效，进一步提高抓落实的创造性和实效性。

（一）解放思想抓落实　把解放思想与时俱进结合起来，提出了“凝心聚力科学发展、奋战五年率先崛起”奋斗目标，全力构筑以老城区、经济开发区、旅游度假区为主体，以临港核电装备制造工业园区和亚沙文化旅游产业聚集区为两翼的“一体两翼”发展布局，纵深实施“开放活市、工业立市、海洋强市、旅游兴市、生态美市”五大战略，膨胀壮大“新能源、机械装备制造、海洋工程、电子信息、生物科技、高端服务业”六大新兴产业，全力增创区域发展新优势。

（二）创新突破抓落实　为加快重点区域开发和城镇化建设，在调整充实核电产业、丁字湾新城、城镇化建设三个专项指挥部的基础上，新成立了临港、亚沙城二期两个指挥部，完善了机制，配强了人员，为加快开发夯实了基础；针对重大工程、重点项目亟待突破的紧迫情势，对五个指挥部工作、全市“双重点”、惠民利群实事分别每月、每季度、每半年视察一次，现场打分，现场评比，9 月 11 日开始在全市开展“奋战四季度，大干一百天”活动，掀起了新一轮发展高潮；为深入开展党的群众路线教育实践活动，进一步转变政府职能，打造服务型政府，全面提升便民服务水平，在年初就开展了解放思想优化环境活动，正式启用了市民服务中心，将全市 42 个具有行政审批、服务和收费功能的部门单位集中办公，可办理各类审批、服务和收费事项 495 项，为企业和市民提供“一条龙”行政审批服务。

(三)强化责任抓落实 进一步健全完善目标倒排制、工作台账制、责任追究制，将工作逐项细化、量化，落实到岗位，分解到人，形成了一级抓一级，层层抓落实的工作格局；进一步强化过程控制，把着力点放在关键环节上、任务完成的质量上和完成任务的时限上，对重点工作一周一调度、一月一排名，不断增强各级干部的压力感、紧迫感；进一步加大考核力度，坚持“突出重点、同类同考，打破平衡、鼓励竞争，奖先罚后、考以致用”的原则，把考核结果与干部的升降去留紧密联系在一起，真正考出导向、考出压力、考出动力。

附：(一)海阳市委书记、副书记、常委名单

书　记：姜仕礼

副书记：李　波　陈海涛

常　委：姜仕礼　李　波　陈海涛　杜善永　吴德柱　丛　浩　孙义平　辛宗明　程存东　于　锁

(二)各镇、区、街道党(工)委书记名单

度假区	高正基
开发区	李洪波
核电装备制造工业园区	李俊学
东村街道	郭　伟
方圆街道	姜立杰
凤城街道	王庆凯
龙山街道	张　勇
留格庄镇	孙光亮
盘石店镇	迟志君
朱吴镇	邵珠逊
郭城镇	王月军
徐家店镇	赵　伟
发城镇	李军作
小纪镇	张忠旭
行村镇	赵富浩
辛安镇	邵　蕾
里店镇	于晓鹏

中共长岛县委工作概况

长岛县委书记　张延廷

一、组织概况与党的建设

长岛共有基层党委 28 个，党工委 3 个，党总支 14 个，党支部 261 个，党员 5753 名。一年来，长岛县委坚持以党的十八大和十八届三中全会精神为指导，完善机制、夯实基础，创新方法、增强活力，努力提高基层党建科学化水平，为加快生态旅游度假岛建设提供坚强组织保证。

(一)以优化结构、提高执政能力为着力点，全面加强领导班子和干部队伍建设 一是抓好领导班子和干部队伍宏观管理。开展“提境界、转作风、树形象”活动，推动干部队伍思想解放和作风转变；制定下发《关于在全县重点工作中加强干部跟踪考察的意见》，强化对干部的经常性考察；坚持德才兼备、以德为先的用人标准，做好领导班子充实调整工作，对部分缺职岗位以及上级要求必须配备女干部和党外干部的部分岗位进行了配备。二是拓展教育培训形式。分期分批组织全县所有副科级以上干部赴临沂接受党性教育；举办股级干部十八大精神培训班、入党积极分子培训班等 7 个班次，累计培训各级各类干部 419 人次。三是加强干部基础性工作。专门开通“12380”短信举报手机号加强对干部的监督管理。分别对全县科级以上干部、一般干部和工作人员、公务员“三库”建设进行补充完善。

(二)以创新人才工作机制为重点，切实做好引才聚才工作 建立完善干部挂职机制。争取省海洋渔业厅、旅游局 2 个省直部门，市发改委、港航局等 9 个市直部门各选派 1 名优秀干部到长岛挂职，助推生态旅游度假岛建设。完善落实一般性人才考录补充机制。继续加大人员考录力度，全年共考录公务员、事业单位人员等各类人才 100 名，进一步缓解了机关队伍断层、专业人才总量偏少状况。

(三)以服务型党组织建设为主线，努力夯实基层党建工作基础 一是以精细化管理带动规范化建设。对全县 40 个渔村“两委”班子、干部和后备干部、党员队伍进行了整体考察，逐村综合分析研判，为新一轮“两委”换届做好准备。制定出台《基层党组织党建经费投入奖补办法(试行)》，累计投入资金 300 多万元，改扩建村级活动场所 11 处、面积 2000 多平米。二是以品牌活动搭建服务平台。深化选派“第一书记”和部门包村工作，积极争取市直部门包村政策，安排县直部门包村，帮助渔村累计协调资金物资1165万元；深化党员“双管双责”活动，先后开展了便民志愿服务、结对弱势群体等活动；制定下发《关于深入开展军地党组织结对共建活动的实施方案》，开展共建活动72次、互办实事250多件。三是以工作有效覆盖促进服务能力提升。建立完善非公企业党组织建设工作台账，对应建能建却未建的全部建立了党组织；把好发展党员“入口关”，严格实行村“两委”干部亲属入党报告制度和“六部门联审”制度；开展多层面培训活动，先后举办了渔村党支部书记村委会主任培训班、基层党务工作者培训班，修订印发《长岛县基层党建业务工作规范》，推动基层党建工作规范化、制度化水平有了较大提高。

二、主要工作与成绩

2013年，全县完成生产总值69.6亿元、同比增长12%，固定资产投资10亿元、增长38.9%，公共财政收入1.05亿元、增长12%；获批首批国家级海洋生态文明建设示范区，被命名为国家卫生县城，长岛对外知名度和影响力全面提升。

（一）基础工程建设扎实推进 基础设施建设方面，蓬长跨海引水工程完成单根海底管道敷设，砣大线和黑山线双回路电网投入使用，南北长山大桥、陆岛交通码头和高抗风等级船舶等按期推进，长岛至旅顺海上旅游航线可行性研究通过评审，蓬长旅游码头、海底通道、通勤机场等前期工作有序开展。生态保护和修复方面，实施渤海生态修复示范项目和5处生态化海洋牧场建设，新增海洋牧场5万亩；拆除南长山岛岸线育保苗场7.2万平方米，恢复旅游和自然岸线2公里；推进城乡绿化改造、裸露山体治理和沿街立体美化，完成垃圾中转站改造和无害化处理示范工程；出台殡葬管理办法，新建公墓18处。城乡建设方面，东海岸休闲养生度假区启动岸线拆迁，西海岸旅游娱乐商务区开工海湾整治工程，城区渔村改造和旅游地产项目开工面积18万平方米；生态文明乡村建设深入推进，年度62个基础建设项目完工55个，渔村面貌得到较大改观，南隍城乡荣获“国家级生态乡镇”称号。

（二）产业转型升级步伐加快 在旅游服务业发展上，环岛慢行旅游服务系统开工建设，游客服务中心完成主体工程，景区改造升级和旅游车船更新投入运营，“渔家乐”提档升级和示范园区规划设计顺利推进；引进青岛海鲨游艇俱乐部注册公司，创新开展旅游整体形象市场宣传，荣获“山东省乡村旅游示范县”称号，全年接待游客275万人次，实现门票收入9850万元、旅游直接收入27.1亿元，分别增长13.6%、10.7%和33.5%，旅游服务业三产占比提高5个百分点。在生态渔业发展上，与中国水科院、鲁东大学开展了产学研合作，完成海域承载力和养殖容量调查，推行筏养鲍鱼、网箱养参、中科海带等示范养殖，创建了国家级出口食品农产品质量安全示范区，全年实现渔业产值19.8亿元，增长5.2%。在文化产业发展上，庙岛妈祖露天塑像完成1:10模型制作，庙岛整体开发等项目达成合作意向；我县被命名为“中国妈祖文化之乡”，猴矶岛灯塔入选全国重点文物保护单位。

（三）创新发展机制初显成效 争取支持实现新的突破 常务副省长孙伟专题听取长岛情况汇报，作出支持长岛科学发展的重要批示；市委、市政府主要领导先后专程来岛调研，市出台《关于支持长岛加快建设中国北方生态旅游度假岛的意见》，在18个方面给予重点支持，全年争取无偿资金5.9亿元。创新体制机制有序推进。推动长岛由县域经济区向特殊功能区转化工作列入全市深化改革意见，争取市级下放了县域海上旅游航运等审批权限；推进旅游资源整合运作，加快打造旅游龙头企业。激发内力掀起创业热情。开展“提境界、转作风、树形象”活动，组织赴先进海岛地区考察和副科级以上干部赴临沂接受党性教育，实施组织、纪检、考核部门全程跟踪重点工程；争取省市11名干部来岛挂职和长岛干部到省直部门锻炼，招考公务员和事业人员100名；严格落实中央八项规定，强化党政机关“三公”经费管理，出台渔村“三资”管理制度，建立了“三位一体”渔村廉政风险防控机制。

（四）激发内力掀起新的创业热情 坚持把实事惠民、文明利民、稳定安民摆在重要位置，年初确定的14项惠民实事基本完成，北岛岛间航班开通、备用发电机组更新、南北长山岛村村通公交、城乡道路和市政设施改建、农产品质量检测等逐项得以落实，就业安置、教育医疗、老年服务、渔业安全等保障水平明显提高，海岛民生质量不断改善；深入开展“三爱三心三创”精神文明创建工作，举行了志愿者社会服务、行业文明岗位创评、渔俗风情文化演出等系列活动，完善渔村文化大院、渔家书屋、数字影院等基层文化服务设施，海岛文明程度进一步提升；实施平安长岛、法治长岛、和谐长岛“三城联创”，健全社会稳定风险评估、矛盾排查化解等工作机制，强化重点领域安全生产执法检查，建立军地联席会议制度，政治社会持续和谐稳定，刑事案件发案率保持全省最低，安全生产事故同比下降93%。特别是国家卫生县城的成功创建，省级文明城市测评、乡村文明行动抽查和全市群众满意度调查位次的较大前移。

三、创新与经验

（一）必须立足当前着眼长远，创新发展理念 着眼于破解制约海岛发展的根本性、长远性问题，牢固树立“规划引领、基础先行、生态优先”的理念，脚踏实地做好打基础、利长远的“桩基工程”，为海岛发展夯实了基础、积蓄了后劲。

（二）必须解放思想创新机制，提供坚强保障 深入开展“提境界、转作风、树形象”活动，千方百计破除影响科学发展的思想观念、体制机制等障碍，确保精神面貌有新变化，机制创新有新突破，工作作风有新改进，为转型升级、跨越发展提供了坚强保障。

(三)必须以抓项目和争支持为重要抓手,增强发展合力 坚持依靠内力和借助外力相结合原则,对内实施项目带动战略,对外加大争取支持力度,经济社会发展的内生和外在动力不断增强。

(四)必须把改善民生作为出发点和落脚点,赢得群众支持 始终坚持以人为本执政理念,大力实施民生工程,重点解决交通、供水、供电等群众最关心、最直接、最现实的利益问题,以实际行动赢得群众理解、支持和拥护。

(五)必须坚持不懈地加强和改善党的建设,打造领导核心 引导党员干部牢固树立正确的事业观、政绩观,把主要精力放在创造性开展工作、造福海岛人民上,形成齐心协力谋发展、建和谐的良好局面。

附:(一)长岛县委书记、副书记、常委名单

书　记:张廷廷

副书记:刘树军　李俊杰

常　委:张廷廷　刘树军　李俊杰　王立胜　刘文家　于红旗　宋春燕　谭　刚　郑　钧　孙华君

(二)各乡、镇、街道、管理处党工委、总支书记名单

南长山街道	宋民绪
北长山乡	梁科峰
黑山乡	林运涛
砣矶镇	于国旭
大钦岛乡	骆　涛
小钦岛乡	李　姗
南隍城乡	王诗钰
北隍城乡	王仁和
庙岛开发管理处	梁景涛
小黑山开发管理处	梁景卫

潍　坊　市

中共奎文区委工作概况

奎文区委书记　李　辉

一、组织概况与党的建设

奎文区辖8个街道办事处,83个社区居委会,直辖面积57.6平方公里,人口44.34万。全区共有党组织822个,其中党(工)委82个,党总支36个,党支部704个,党员16007名。

区委始终坚持党要管党、从严治党,牢牢把握加强党的执政能力建设、先进性和纯洁性建设这条主线,努力建设学习型、服务型、创新型党组织,党的建设科学化水平不断提高。

(一)狠抓干部作风建设 认真执行"八项规定",配套制定实施意见,严格落实"禁酒令",深入开展"小金库"、公务用车、办公用房、"庸懒散浮"等专项清理整治活动,抓好厉行勤俭节约、反对铺张浪费工作,着力解决"四风"问题,以新作风、新形象取信于民。广泛开展"感动奎文·年度十佳先模人物"、"基层好干部"评选活动,选树了一批先进典型,营造了见贤思齐、比学赶超的浓厚氛围。

(二)深化干部队伍建设 强化理论武装,通过成立宣讲团、举行辅导报告会等形式,引导各级干部深入学习贯彻党的十八大、十八届三中全会和习近平总书记系列讲话精神,坚定理想信念,提高党性修养。创新培训机制,扎实推进"行动学习"项目,深入开展"万名党员大培训"、"奎文阁大讲堂—局长讲坛"、"高校课堂进奎文"等培训活动,党员干部能力素质不断提升。深化干部人事制度改革,坚持发展、用人、考核"三个导向"相统一,注重在推进科学发展的实践中考察、锻炼和使用干部,提高了选人用人公信度。

(三)强化基层组织建设 坚持先学一步、先查一步、先改一步,扎实做好群众路线教育实践活动准备工作。严格标准要求,认真搞好纪检监察机关、组织部门群众路线教育实践活动,发挥了良好示范作用。深化完善社区"大党委"制,统筹抓好机关、社区、楼宇、"两新"组织党建工作,加强服务型党组织建设,培育了一批党建示范点。狠抓"五不社区"整顿提升,重点解决少数基层党组织书记管党意识不强等突出问题,夯实了基层基础。

(四)加强党风廉政建设 推进党风廉政建设责任制

落实，着力构建教育、制度、监督并重的惩防体系，从源头上预防和治理腐败。实行区纪委常委同科级党政正职廉政谈话制度，增强领导干部“一岗双责”和廉洁自律意识。加强廉政文化建设，组织科级干部进行德廉知识测试，引导各级干部筑牢拒腐防变思想防线。加大违纪案件查办力度，强化对权力运行的制约与监督，始终保持惩治腐败的高压态势。

二、主要工作与成绩

紧紧围绕加快建设现代化商务中心区一个目标，突出城市经济和社会治理两大重点，经济社会发展呈现良好发展态势。2013 年，全区实现地区生产总值 200.9 亿元，增长 10.5%；完成固定资产投资 153.1 亿元，增长 19.6%；实现财政总收入 35.4 亿元，其中公共财政预算收入 27.6 亿元，分别增长 19.6% 和 20.6%。

（一）加快结构调整步伐，发展质量不断提升 深入实施高端高质高效战略，以现代服务业为主攻方向，大力发展高端产业，积极培育新兴产业，转型提升传统产业，构建起以现代服务业为主导的产业体系。2013 年，三次产业构成调整为 0.3:20.7:79.0，服务业实现税收占全部税收比重达到 87.4%；全区市级以上金融保险机构达到 72 家，占全市总数的 80%，金融保险业年实现税收 8.37 亿元，对地方财政收入的贡献达到 31.8%；各类餐饮、休闲娱乐网点和市场经营业户发展到6150 家，其中亿元以上商品交易市场 8 处，年交易额达到 132.7 亿元。

（二）突出重点项目建设，发展后劲持续增强 深入开展“重点项目攻坚年”活动，强化片区、园区、楼宇平台作用，加大招商引资力度，引进储备了一批大项目、好项目，为全区经济发展提供了强大动力。统筹抓好片区产业招商、项目建设、征收拆迁、运营繁荣工作，总投资 750 亿元的奎南总部基地群、茂业天地等 100 个重点项目和万达广场、阳光 100 等一批投资过 50 亿元的龙头项目建设顺利；奎文经济开发区、滨海特色产业园、潍坊汽车服务产业园、泰华城商务园区、金宝文化产业园等骨干园区的产业承载力、市场竞争力不断增强，滨海特色产业园开工建设厂房 20 万平方米，汽车年交易额达到 180 亿元；建成和在建商务楼宇 85 栋，商业商务面积 362 万平方米，税收过千万元的楼宇达到 25 栋，其中过 5000 万元的 4 栋；全年新引进招商项目 368 个，招商到位资金 125 亿元，实际利用外资 3249 万美元。

（三）加速推进城市化进程，城市品质日益提升 坚持高起点规划、高标准建设、高效能管理，组织实施了潍州路北段拓宽改造、“四化”工程等一批重点工程，对 100 多条区管道路进行全面维护，完成庄樱路等 6 条背街小巷改造，新增绿化面积 10 万平方米，城区绿化覆盖率达到 42.2%，“城中村”改造全面实施，路、水、电、气等基础设施向城区南部、北部有序延伸，居民生产生活环境得到有效改善。创新城市管理模式，提升城市管理数字化、精细化水平，深入开展文明城市创建，大力实施城乡环卫一体化，垃圾无害化处理率达到 100%。全力推进“生态奎文”建设，扎实开展“三八六”环保行动，着力解决影响生态环境的突出问题，生态环境质量不断改善。

（四）着力促进民生改善，社会保持和谐稳定 坚持发展惠民，全区新增财力的 60% 以上投向民生领域和社会事业，2013 年完成民生支出 10.9 亿元，重点抓好社区提升、优质教育等八大民生工程，完善“一保五助”综合救助帮扶体系，全年新增城镇就业 5650 人，城镇登记失业率控制在 2.2% 以内。大力实施“民情巡访”、“警灯闪亮”工程，扎实开展社会矛盾集中化解专项行动，巩固“全国安全社区”创建成果，毫不放松地抓好安全生产，社会保持和谐稳定。深入开展领导干部大接访活动，全国“两会”和党的十八届三中全会期间，实现到省进京访“零登记、零通报”。

三、创新与经验

以全省综合配套改革试点为契机，深入开展“百项创新成果评比活动”，打造了一批立得住、过得硬的创新品牌，为推动经济社会更好更快发展提供重要保障。

（一）创新完善发展思路 把奎文的发展置于全国大中城市中心区，特别是山东省“济青烟威”四市中心区的比较平台上去定位和运筹，深化完善“一二六五五”工作思路，牢固树立“全党抓经济、目标转调创、关键在招商、重点抓项目”思想，优化“三大功能区”布局，大力实施“片区开发”战略，突出“南北突破、楼宇扩张、园区先行”战略地位，着力构建以服务业为主导的现代产业体系，努力打造金融服务核心区、商贸商务聚集区、文化旅游示范区、城市工业先行区。

（二）创新社会治理体制 按照“六个必须、四个转变、四个满意”的社会治理工作思路要求，突出重点、破解难点、打造亮点，不断提高社会治理科学化水平。深化“三改四化”综合配套改革，积极落实“村改居”后续配套政策，不断加快城市化进程。建成启用全区社会治理数字化服务平台，将 19 类、532 项公共服务项目全部分解，实行网上办公、责任到人、量化考核、跟踪问效，全面提高服务效率。建立党员干部密切联系服务群众工作机制，按照“1+5”模式，实现机关干部联户、区领导或部门包靠社区两个 100% 全覆盖。

（三）创新社区管理模式 突出社区网格化管理，科学划分各级网格，建立“社区—片区—楼组（单位）—楼栋—单元”五级管理体系。加大财政投入力度，建立社区经费投入逐年增长机制，基本实现了就医、托幼、养老、购物、休闲、健身、救助、调解“八不出社区”。制定《社区工作规范》、《社区“两委”成员管理办法（暂行）》，健全社区各类组织相对独立运行的治理机制，做到各负其责、依法办事。

（四）创新工作推进机制 全面落实区委常委联系街道和区级领导包靠片区、项目、楼宇、企业责任制，大力推行一线工作法，推动各项工作高效落实。调整完善考核办法，健全考核指标体系，加大民生改善、环境保护、工作创新、干部作风等方面的考核权重,建立科学有效的考核激励机制。

附:(一)奎文区委书记、副书记、常委名单

书　记:李　辉

副书记:宋均圻　高志秀(女)

常　委:李　辉　宋均圻　高志秀(女)　高东洋　王峰贵　田玉军　张兴业　贾　平(女)　沃付贤　韩廷珍　权文松

(二)各区、街道党工委书记名单

经济开发区	杨焕民
大虞街道	赵天宝
梨园街道	王　磊
潍州路街道	王庆汉
东关街道	石凌峰
北苑街道	段宏喜
广文街道	刘　煜
北海路街道	李德宝

中共潍城区委工作概况

潍城区委书记　王兆辉

一、组织概况与党的建设

潍城区是潍坊市中心城区之一,总面积272平方公里,常住人口42.3万,辖6个街道,2个管理区,1个省级开发区,169个行政村,83个城市社区。共有基层党委55个,党工委10个,党总支93个,党支部926个,党员20102名,2013年发展党员219名。一年来,潍城区委坚持以党的执政能力建设和先进性建设为主线,大力推进党建工作创新,努力建设学习型、服务性、创新型党组织。

(一)注重抓班子带队伍　坚持德才兼备、以德为先的用人导向,按民意和实绩用干部,调动了广大干部干事创业的积极性;进一步扩大提升"局长论坛"的规模和层次,促进了部门之间的交流,拓展了领导干部的知识面;积极做好大规模干部培训工作,先后培训党员干部1500余人次。大力推行"四议两公开"工作法和村居党组织书记双向述职制度,增强了村级班子的凝聚力和战斗力。

(二)注重基层党建创新　创新基层党组织设置方式,推行农村社区党建、城市社区"大党委"、行业党建等多种模式,在276个"两新"组织中建立了党组织,选派139名党建指导员,党的组织覆盖率和工作覆盖率均达到100%。完善基层党组织经费保障制度,把集体经营性收入3万元以下的村居全部纳入财政保障,激发了村居工作的干劲和活力。扎实开展包村联户活动,全区各级党员干部深入村居1.3万余次,集中整治后进村居17个,转化软弱后进班子6个,帮助落实优惠政策850余项,解决实际问题600多个。

(三)注重干部作风建设　深入开展作风建设年,引导干部用心对待工作、用脑谋划工作、用力推进工作,打造认真负责、勇于担当、令行禁止、务实扎实、廉洁自律的干部队伍。开展"五查五看三个一"、"干部三亮"、"评议政府部门暨百名科长大评议"活动,创新企业"双评"模式,解决了部门服务"中梗阻"问题。深入实施"庸懒散浮"专项治理,查处违反工作纪律人员55人次,给予组织处理53人次。开展"问政于民、问需于民、问计于民"调研,收集民生等12大类意见建议352条,畅通了民意表达渠道。

(四)注重反腐倡廉建设　认真落实中央和省市委有关精神,开展厉行勤俭节约反对铺张浪费专项行动,严肃查处公款吃请、公车私用、奢侈浪费等违纪问题,扎实开展清理办公用房工作,按时完成党政机关会员卡专项清退,党员干部廉洁自律意识进一步增强。注重从源头上预防和治理腐败,扎实开展廉政警示教育、德廉知识测试等"六个一"教育活动,强化党员干部权力监督,着力构建教育、制度、监督并重的惩防体系。加强执纪办案力量,坚持有案必查,立查破坏软环境案件56起,优化了发展环境。

二、主要工作与成绩

2013年,潍城区围绕建设宜居宜业的现代化新城区和现代物流基地、城市商贸基地、文化产业基地、城市工业基地"一城、四基地"的发展定位,创新实干、拼搏争上,经济社会保持了持续健康发展的良好态势。工作中,坚持全区抓项目、重点抓投入、突出抓招商、关键抓作风,深入开展项目建设年和作风建设年,推动了各项工作高效有序开展。全区完成地区生产总值208.7亿元、固定资产投资178.2亿元、公共财政预算收入16.5亿元,同比分别增长10.5%、19.1%和19.8%;城镇居民人均可支配收入达到28386元、农民人均纯收入达到13961元,同比分别增长10%和12.2%。

(一)优化产业结构,扩张经济总量、提升发展质量　坚持双轮驱动、三产融合、量质并举、高端发展,加快现代物流、城市商贸、文化产业、城市工业"四个基地"建设,全区三次产业比例调整为4.4:42.5:53.1。服务业经济繁荣发展,以打造千亿级服务业强区为目标,加快传统服务业提档

升级、现代服务业规模膨胀、新兴服务业培育发展,推进鲁东物流中心、广告创意产业园等6个服务业特色园区建设,抓好中百、火车站、金沙、金泰4大商圈提档升级和6条特色街区规划建设,促进现代物流、城市商贸、文化创意等8大产业板块聚集发展。全区完成服务业增加值107.5亿元、增长11.5%,实现税收17.8亿元、占全部税收比重的64.4%。城市工业集群发展,以乐埠山创新科技产业园、经济开发区低碳产业园、潍城滨海特色产业园三大园区为载体,大力发展城市工业,规模以上工业企业实现主营业务收入121.2亿元、利税9.4亿元、利润6.2亿元,分别增长12.2%、20.8%和27.7%,全区坚定不移抓工业的成效逐步显现。

(二)实施全域开发,完善城市功能、提升价值品质 围绕增强中心城区吸引力、凝聚力和辐射带动力,以打造安全稳定的社会环境、规范有序的公共环境、方便舒适的生活环境、生态优美的居住环境、和谐文明的人文环境"五个环境"为目标,推进齐鲁台湾城、火车站南广场、军埠口片区三大重点区域和十笏园、利昌、大于河、"两山一湖"四个城市组团开发建设,浩博香港城等12处城市综合体加快建设,小许家等22个城中村改造稳步推进,全区全年新开工地产面积207万平方米、竣工96万平方米,建成区面积达到51.2平方公里。不断完善基础配套,启动和平南路、月河南路等9条道路建设,永安路、向阳路等6条道路建成通车,完成21.5公里城区排污管道铺设,城市承载力明显增强。深入实施"三八六"环保行动,完成大于河综合整治一期工程,启动二期基础施工,城市绿化率达到49%,生态环境进一步改善,城市价值品质不断提升。

(三)坚持发展惠民,健全服务体系、保障改善民生 围绕构建均衡普惠的公共服务体系,设立"潍州名师"奖励基金,连续两年公开招考50名优秀教师;试点推行新农合大病保险政策,家庭医生签约式服务覆盖15.8万人;新增就业6792人,转移农村劳动力4903人;城镇居民医疗保险、城乡居民养老保险参保人数分别达12.3万人和12.8万人;城乡低保标准分别提高到每人每年5520元和2700元,共发放低保金2328万元;实施城市棚户区改造2220户,建成各类保障性住房790户,完成168套经济适用住房实物分配,完成农村住房建设与危房改造438户;实施农村饮水安全工程,新完成46个村规模化集中供水,解决3.5万人饮水安全问题。创新社会综合治理,深化"三级包靠"、"六个起来"、"零案发社区"等6项强基固本工程,坚持不懈地强化生产安全、食品药品安全、农产品质量安全监管检查,有力维护了和谐稳定大局。

三、创新与经验

(一)坚定政治立场 区委始终坚定理想信念,坚定不移地贯彻落实党的路线方针政策,在大是大非问题上立场坚定、旗帜鲜明,保证了中央和省市委决策部署在潍城的全面贯彻落实。

(二)不断探索创新 坚持抓大事、谋全局,集中精力谋划解决事关经济社会发展问题,在园区建设、城市开发等方面进行了"一城四基地"建设的探索创新,公开承诺、非投资类项目建设等创新性举措,促进了全区科学发展。

(三)注重民主决策 坚持民主集中制,重大事项集体研究、集体决定,并注意征求其他区级领导班子成员和基层意见,促进了决策的民主化、科学化。

(四)坚持团结干事 倍加珍惜和自觉维护团结,用常委一班人的团结带动各级班子和各个方面和谐共事、团结共事,形成了同心同德、齐心协力干事业、谋发展的良好局面。

(五)强化廉洁勤政 坚持改进作风、联系群众,带头加强和改进调研工作,带头转变文风会风,带头到一线、到现场抓项目抓推进,充分发挥了表率作用,树立了为民务实清廉的良好形象。

附:(一)潍城区委书记、副书记、常委名单

书　记: 王兆辉

副书记: 刘泮英　扈洪波

常　委: 王兆辉　刘泮英　扈洪波　秦保荣(女)　李　伟　刘华东　李　明　王龙堂　刘本河　孙修炜　潘立东

(二)各街道、区党(工)委书记名单

于河街道	齐春正
望留街道	刘英杰
北关街道	马佐昌
西关街道	李贵武
南关街道	王成义
城关街道	谭福春(女)
潍城经济开发区	李学光
乐埠山生态经济发展区	曹升曦
军埠口综合项目区	杨永健

中共坊子区委工作概况

坊子区委书记　贾有余

一、组织概况与党的建设

坊子区辖5个街道、1个省级高新技术产业园区、1个经济发展区和1个工业发展区,共有301个村(居),面积412平方公里,人口31.2万。全区共有区委直属党(工)委34个,党总支33个,党支部909个,党员19605名,其中公有制经济单位在岗职工党员5036名,非公有制经济单位在岗职工党员2659名。

(一)加强思想政治建设 认真学习贯彻党的十八大、十八届二中、三中全会以及省第十次党代会精神,深入学习领会习近平总书记一系列重要讲话精神,确保在思想上、政治上、行动上始终同党中央保持高度一致。开展"领导干部带头学习、领导班子带动学习、争创学习型党组织"主题学习活动,通过召开区委理论学习中心组读书会、举办专题辅导报告会等形式,提高各级干部政策理论水平,共组织各类专题学习报告会8场,集体学习1300余场次。

(二)加强领导班子和干部队伍建设 加大教育培训力度,利用党校、专题培训班等形式,先后举办8期培训班,对全区600多名科级领导干部和1000多名村"两委"干部进行了轮训。树立正确的用人导向,注重用事业凝聚人、激励人、培养人,在干事创业的具体实践中锻炼、考察、选拔、使用干部,不断提高各级班子和干部谋发展、抓发展的能力和水平,激发了广大党员干部抓落实、干事业的积极性、主动性。

(三)大力夯实基层基础 全面推进农村、企业、社区等基层党组织建设,做好党员发展管理工作,推进"两新"组织党建工作,加强村务、政务、财务公开和民主管理,集中整顿转化后进村班子,基层党组织的创造力、凝聚力、战斗力进一步增强。抓好村级组织活动场所建设,投资500万元,新建扩建修缮村级组织活动场所111处,实现了全部达标。选派50名优秀年轻干部到后进村担任"第一书记",全区2000多名机关党员干部联系6000余户群众,91个包村部门单位共为包靠村办实事好事581件,实施帮扶项目149个,投入帮扶资金1500万元。

(四)切实转变工作作风 结合开展群众路线教育实践活动,在全区开展"访民情、听民意、解民忧"大走访活动,解决了一批群众反映和关注的问题。严格落实中央作风建设八项规定和省市委要求,深入开展"作风提升年"活动,落实工作日中午无例外禁酒等一系列规定,重拳治理"庸懒散浮",着力解决"四风"问题,干部作风进一步转变。坚持公平公开公正,所有审批事项全部纳入为民服务中心办事大厅,实现并联审批、封闭运行、一站服务,全面提高行政审批服务效能,全年共办理服务事项近3万项,权限内按时办结率100%。严格遵守党员领导干部廉洁从政若干准则,深入推进反腐倡廉建设,始终保持对惩治腐败的高压态势,切实解决损害群众利益的突出问题,倡树了为民、务实、清廉的良好风气。

二、主要工作与成绩

2013年,全区实现地区生产总值116亿元,同比增长11%;完成固定资产投资93.5亿元,同比增长19.5%;完成公共财政预算收入9.46亿元,同比增长17.1%,其中税收收入8.61亿元,占公共财政预算收入的91%。

(一)转型升级不断加快 以项目建设为抓手,以重点园区为载体,推动产业集聚发展,共引进投资过亿元项目37个,成功举办2013中国地理信息产业大会。扶持壮大现有企业,规模以上工业企业发展到92家,农业龙头企业发展到63家,主营业务收入过亿元、税收过千万元的企业分别达到50家和25家。深化科技创新,实施名牌带动战略,新增市级以上企业研发中心7处、重点实验室2处,7个项目列入省级科技计划,富源增压器"内燃机高增压关键技术"项目获得国家科技进步奖,新增山东省著名商标1个、名牌产品4个。

(二)城乡建设扎实推进 编制全区新型城镇化发展体系规划,优化城乡发展布局,推进城乡统筹和区域协调发展。按照中心城区标准,加快城市组团开发建设,引进建设一批商业综合体,提升城市功能品质。加快小城镇建设,镇域发展活力进一步增强。开工建设11个城乡社区,在建居民安置房35万平方米,新建和改造农村住房1881户。完成基础设施投资8.5亿元,实施凤凰街、金山街、恒安街等道路改造提升工程,修建乡村道路225公里,天然气管道实现街道全覆盖。全面完成农村饮水安全工程,实现了城乡供水一体化。

(三)生态环境持续改善 扎实开展"三八六"环保行动,空气异味、城市扬尘、农业面源污染得到有效防治,圆满完成节能减排目标任务,"蓝天白云、繁星闪烁"天数达到171天。全面完成虞河、白沙河综合治理,流域生态环境明显改善。成片造林6200亩,城区绿化覆盖率达到41.7%。大力发展绿色建筑,8个项目被评为省级以上可再生能源建筑应用项目,低碳社区建设做法被《人民日报》刊发推广。

(四)社会日益和谐稳定 完成民生投入7.6亿元,占公共财政预算支出比重58.5%。新建中小学校舍2万平方米,31所中小学和5处街道中心幼儿园通过省级标准化验收。实施41项免费公共卫生服务项目,新农合政府补助标准提高20个百分点。新增城镇就业3760人，城镇登记失业率控制在2.9%。城乡居民养老保险实现全覆盖，实现了养老金村级社会化发放。公共文化服务体系不断完善，区图书馆创建为国家一级馆，FBA篮球联赛被评为全省“县级特色全民健身项目”。毫不放松地抓好人口计生工作，被评为全省计划生育优质服务先进单位。深入开展综合整治集中行动，扎实做好信访工作，狠抓安全生产和食品药品安全，社会保持和谐稳定。

三、创新与经验

（一）项目园区化布局推动产业升级 坚持项目园区化布局、产业集群化发展、城市组团化开发，规划建设山东测绘地理信息产业园、坊子（滨海）特色产业园、机械装备制造园、坊茨小镇、潍州路商贸物流产业带、农业示范园区等产业园区，实施虞河、金山、沟西、双羊、龙山等城市组团开发，进一步盘活存量、优化增量、提升质量，促进了产业集聚和转型升级。

（二）生态修复与滚动开发相结合推进河流综合治理 把河流治理作为改善生态环境、提升城市价值的关键举措，作为重要的民生工程来抓，投资3.3亿元对白沙河进行综合治理，恢复河道自然生态功能，因地制宜打造绿色休闲空间，使昔日的“垃圾河”、“臭水沟”成为城市亮丽的风景线。在生态保护基础上，实施沿河滚动开发，整理闲置土地2200亩，提升了沿河地块开发价值，吸引了客商投资发展，沿河商业开发面积达到200多万平方米，实现了生态效益、社会效益、经济效益共赢。

（三）完善工作推进机制提升执行力 完善科学发展考核激励机制，健全有利于科学发展的目标体系、考核奖惩办法，充分调动各级推动科学发展、狠抓工作落实的自觉性和主动性。完善“一个重点项目、一名区级领导、一个包靠部门、工作一抓到底”的工作推进机制，坚持“一个园区、一个组团、一个指挥部”的指挥部式工作模式，实施“一周一调度、一月一检查、半年一观摩、全年总考核”的督查考核机制，有力地促进了决策部署落实和各项重点工作开展。

附：（一）坊子区委书记、副书记、常委名单

书　记：贾有余
副书记：刘升勤（女）　潘振东
常　委：贾有余　刘升勤（女）　潘振东　常祖领　王希慧　许文远　宋伟伟（女）　张仁科　赵　伟　肖继林

（二）各街道、区党工委书记名单

凤凰街道	李春玉
坊城街道	高凤全
坊安街道	冯　涛
九龙街道	张　波
黄旗堡街道	刘新喜
经济发展区	王国光
工业发展区	潘锡才

中共寒亭区委工作概况

寒亭区委书记　孟晓雷

一、组织概况与党的建设

寒亭区委辖党委25个，党工委15个，党总支80个，党支部985个，党员19475名。潍坊经济开发区党工委辖党委10个，党总支1个，党支部190个，党员3700多名。一年来，我们坚持以党的十八大和十八届三中全会精神为指导，以加强党的执政能力建设、先进性和纯洁性建设为主线，大力推进党建工作创新，为经济社会实现更高质量更高水平发展提供了坚强的组织保证。

（一）大力加强思想政治建设 组织党员干部深入学习中国特色社会主义理论体系、科学发展观和党的十八大、十八届三中全会精神，以科学理论武装头脑、指导实践、推动工作。教育党员干部模范践行社会主义荣辱观，努力做社会主义道德的示范者、诚信风尚的引领者、公平正义的维护者。组织党员干部自觉学习党章、遵守党章，努力为党分忧、为国尽责、为民奉献。

（二）大力加强领导班子和干部队伍建设 健全完善各级领导班子工作机制和运行方式，提高了领导班子科学决策、民主决策、依法决策水平。不断深化干部人事制度改革，从区直部门单位竞争性选拔13名科级干部，到街道、园区挂任副书记或副主任，安排2012年考选的23名事业人员到街道锻炼一年，根据挂职期间表现和个人意愿进行了重新分配，对10名自愿留在街道工作的人员落实了中层正职待遇。继续做好大规模培训干部工作，开办“局长讲堂”和“街道周末课堂”11场，举办培训班10期，培训干部4200多人次。

（三）大力加强基层组织建设 实施基层党建标准化建设，制定《基层党建工作标准化建设实施意见》，在党组织班子建设、经费保障、民主管理等方面逐项设置达标细则，组织各基层党组织按照细则逐项自查、对标自评。抓好三级党建责任人队伍,制定街道党工委书记履行基层党建工作责任十项职责,将60名街道工作片总支书记纳入组织部门管理,对村党支部书记实行双向述职管理,增强了各级抓党建的责任意识。加大基层组织保障体系建设,设立"保运转、促发展"基层组织运转保障专项资金,区街两级财政筹集资金600多万元,用于村级组织运转;落实党内关爱帮扶,发放党内关爱基金10万元,帮扶救助生活困难党员183人。

(四)大力加强党风廉政建设 严格落实党风廉政建设责任制,一手抓防范、一手抓查处,惩防体系更加完善。认真贯彻执行中央八项规定和省、市委关于转变工作作风、密切联系群众的有关规定,聚焦"四风"问题,狠抓专项整治,党员干部工作作风有了较大转变;以优化发展环境、解决信访突出问题为突破口,突出抓好"庸懒散浮"专项治理,有效解决了一批群众反映强烈的突出问题;进一步加大执纪办案力度,严肃查处了违纪违法案件,保持了惩治腐败的高压态势。

二、主要工作与成绩

2013年,深入学习贯彻党的十八大、十八届三中全会和习近平总书记一系列重要讲话精神,坚持稳中求进的工作总基调,以提高发展质量和效益为中心,大力推动经济转型升级,谋求更高层次新发展,实现了经济持续健康发展和社会和谐稳定。全区实现地区生产总值170亿元,同比增长10.2%;农民人均纯收入13232元,增长12%;实现公共财政预算收入12.2亿元,增长12.5%。

(一)更加注重转方式调结构 工业转型成效明显,着力实施工业振兴计划,加大技改投资力度,加快发展高新产业,推进"产学研"合作,规模以上工业实现主营业务收入434亿元;现代服务业增势强劲,中凯冷链物流园、环宇机电市场、中国兽药饲料交易大厦等项目加快建设,新引进了6家金融保险机构、组建了1家街道农村金融服务中心,杨家埠文化生态旅游项目顺利启动,禹王湿地创建为国家级湿地公园。现代农业稳步提升,土地流转、土地托管服务面积分别达到29.3万亩、2.5万亩,认证标准化基地12.5万亩,新建农民专业合作社63家、联合社10家,潍县萝卜、固堤西瓜等五个"万亩农业园区"基本建成。

(二)更加注重重点园区建设 突出抓了潍坊经济开发区、中国食品谷、先进制造工业园、北海工业园、临港产业园、高新技术产业园"一区、一谷、四园"的开发建设。全年完成园区基础设施投入3亿多元,新修建新溥街、蓝天路等多条道路,完善了强弱电、供排水、天然气等管网。新引进项目39个、计划总投资220.5亿元,潍柴铸锻续建、天润曲轴等项目加快推进。"中国食品谷"被农业部认定为国家农业产业化示范基地和部省共建项目。

(三)更加注重城乡统筹协调 加快推进城乡规划一体化,编制了统筹城乡发展规划、城区控制性详细规划和街道专项规划。加快推进道路交通一体化,新建或改造城乡道路26条,完成了农村公路网化工程。加快推进村庄改造一体化,22个城中村改造项目和南纸房、蔡家栏子、清源社区等农村社区建设顺利推进。加快推进生态环保一体化,开展了"三八六"环保行动,城乡环卫一体化水平显著提升。同时,不断增强中心城区的带动作用,拆迁改造地块25处,改造集中供热管网62.4万平方米,开通了41路环城公交。

(四)更加注重深化改革开放 深化行政审批制度改革,压减37类40项行政审批事项。推动企业主辅分离,共分离出服务业企业212家。加大农村产权制度改革力度,完成了241个村的农村集体土地承包经营权确权登记工作,组建了全省唯一经省金融办批准的齐鲁农村产权交易中心。招商引资取得新成果,新引进项目78个、总投资257.2亿元;开展"大项目突破年"活动,抓好229个投资过千万元的重点项目建设,完成固定资产投资184.6亿元。对外开放取得新进展,实现进出口总额7.1亿美元,实际利用外资3766万美元。

(五)更加注重改善民本民生 认真落实各项就业创业政策,建成了基层公共(就业)服务平台,城镇登记失业率控制在2.63%。不断完善社会保障体系,城镇职工医保待遇和城乡低保、五保供养标准进一步提高,完成了190套经济适用房的分配工作。坚持教育优先发展,47处学校标准化建设和54个校安工程全部完成,新改扩建幼儿园7处。加快发展卫生事业,完善了新农合重大疾病保障制度,实施了中医药服务能力提升工程。大力发展文化事业,文化惠民工程深入实施,以年画为题材的电视剧《大掌门》在央视播出。扎实做好人口计生工作,人口自然增长率控制在3.87‰。

三、创新与经验

(一)建设省级农村产权交易中心 按照"先行先试"的原则,经省金融办批准,组建了全省首家省级农村产权交易中心——齐鲁农村产权交易中心,主要开展农村土地承包经营权、农村房屋所有权和宅基地使用权、大型农业设施及农具、林权等交易,提供农村资产评估及招投标、农村产权抵(质)押贷款鉴证等服务,推动农村产权规范、有序、高效流转,加快了农村改革进程。截至2013年底,已累计促成交易8200宗、交易额3.8亿多元。

(二)开展土地托管服务 围绕推动土地适度规模经营、消除农民向社区和城镇转移后的后顾之忧,在坚持农民土地承包主体、农民经营主体、农民受益主体"三个不变"的前提下,依托供销部门成立农业经营性服务组织,与有意向的农户签订协议,提供产前、产中、产后的"保姆式"土地托管服务,使农户能够"离乡不丢地、不种有收益",彻底从土地中解脱了出来,带动了土地适度规模经营,加快了新型城镇化步伐,同时每亩地为农民增收约2500元。

(三)搭建"两实一虚"平台 按照"以服务群众、做群众工作为主要任务,加强基层服务型党组织建设"的要求,扎实开展包村联户和选派“第一书记”工作，搭建“机关服务基层”平台，深入实施农村“党员中心户”创评活动，搭建“党员服务群众”平台，规范完善寒亭组工和党务村务公开网，搭建“网络服务大众”平台，不断强化联系服务群众工作，逐步实现了基层党组织和党员联系服务群众的常态化、长效化。

附：(一)寒亭区委书记、副书记、常委名单

书　记：孙德奎(2013 年 10 月离职)
孟晓雷(2013 年 10 月任职)

副书记：李兰祥　王文琦

常　委：孟晓雷　李兰祥　王文琦
葛凤春(女)　孙修炜　庞胜明
丁爱辉　吴兴安　孙吉海　李良华
王垂军

(二)各区、街道党(工)委书记名单

潍坊经济开发区	孟晓雷
寒亭经济开发区	石铭奎
杨家埠旅游开发区	刘希春
寒亭街道	李忠强
开元街道	孙令波
固堤街道	程国栋
高里街道	张金海
朱里街道	李中强
北城街道	解小辉

中共青州市委工作概况

青州市委书记　孙忠礼

一、组织概况与党的建设

青州市现辖 4 个街道、8 个镇；有各级党组织 2558 个，其中党(工)委 115 个、党总支 59 个、党支部 2384 个，党员 56275 人。2013 年，青州市委以党的十八大和十八届二中、三中全会精神为指导，坚持以群众满意为根本标准，以解决实际问题为工作导向，抓基层、打基础，抓创新、求突破，农村、非公等领域基层党建工作取得新成绩。

(一)以“第一书记”工作为抓手，密切联系群众工作深入扎实开展　村村选派由市级领导、市直单位和镇街领导班子成员担任的“第一书记”，全力帮助抓党建、打基础、解难题、促发展。健全党员干部直接联系群众制度，举办全市党员干部密切联系群众工作业务骨干培训班，广泛组织开展党员干部联系农户和困难家庭工作，全市 22 万农户、1820 个困难家庭实现联系全覆盖。

(二)以“双强双促”活动为载体，基层组织建设水平全面提升　组织开展以“强基层、强服务，促发展、促稳定”为主要内容的“双强双促”活动，突出解决基层组织建设中存在的难点问题。成功转化后进村 63 个，新建村级活动场所 81 个、规范提升活动场所 310 个，排查化解基层组织信访案件 171 件。深入推行“四议两公开一监督”民主管理制度，搞好村务公开，抓好财务管理，有效推动了村级议事决策程序化、工作监管常态化、事务管理民主化。创建运行“青州民声”平台，打造反映社情民意的“晴雨表”，解决群众诉求的“直通车”。

(三)以推进“县委书记项目”为突破，非公党建工作再上新水平　实施基层党建创新“县委书记项目”，结合选派“第一书记”工作，对全市非公企业党建工作指导员进行调整选派，同时择优选派一批离岗、退休的党员干部担任非公企业党建工作指导员。率先开展非公企业党建工作经费税前列支试点工作，进一步激发了企业加大党建工作投入的积极性。推行非公区域化党建模式，探索抓好园区党建工作，开展镇街工业园区党建示范点建设，在面上起到了很好的示范引领作用。

(四)以推行“差额公推”发展党员办法为重点，党员干部素质显著提升　全面推行“差额公推”发展党员工作，从人选范围、组织程序、社会公示等环节，按照“三个不低于 50%”的比例要求组织“差额推荐”，从源头上保证了发展党员质量。分类开展村(社区)党组织书记集中轮训，村干部履职适岗能力大幅提升。联合市创业促进会办公室，举办大学生村官花卉创业培训班，16 名大学生村官获创业扶持。

(五)以深化干部人事制度改革为路径，干部队伍建设不断加强　采取竞争上岗、公开选拔等竞争性方式选拔科级干部 18 名，首次成立面试监督委员会，对公开选拔团市委副书记面试工作进行全面全程监督。适当扩大干部选拔任用初始提名权，试行市级分管领导推荐、单位党组织推荐、近三年年度考核情况和干部群众民主推荐情况“四方印证”初始提名办法，保证了初始提名人选质量。坚持“双向约谈”制度，试点年中考核，推进经常性考核工作的规范化、制度化建设。

二、主要工作与成绩

2013 年，青州市深入学习贯彻党的十八大和十八届二中、三中全会精神，扎实推进“11153”工作部署，突出科学转调,强化创新引领,着力改善民生,全力推动经济社会更高层面转型科学发展。实现地区生产总值504.3亿元,增长11.1%;公共财政预算收入34.3亿元,增长18.1%;全社会固定资产投资359亿元,增长19.9%。

(一)新型工业化进程明显加快 坚持“三全力一放手”发展原则,全力提升经济开发区,全力建设猫山经济发展区,全力打造卡特彼勒工业区,放手发展镇街道工业园,同时加快滨海青州工业园建设。大项目建设取得新突破,天容食品、云内动力等11个过10亿元项目顺利投产,在建投资过5000万元的项目达到170个。坚持一手抓高新技术、一手抓落后产能淘汰,近年来,先后引进“千人计划”专家4人,成立院士工作站7处、博士后科研工作站1处,荣获“全国科技进步先进市”称号;520家落后产能企业完成转调,2013年,规模以上工业企业万元产值能耗同比下降9.5%。

(二)现代农业档次水平不断提升 突出发展花卉产业和有机农业,成立青州花卉集团,建成新花卉苗木交易中心,连续成功举办13届花博会,青州(国际)花卉创业园、花卉公园等项目扎实推进,被评为“中国花木产业示范基地”。潍坊市级以上农业龙头企业达到83家,“三品”认证品牌达到222个,建成650亩国家级蔬菜标准园和1000亩国家级水果标准园,创建为国家级出口食品农产品质量安全示范区。农村产权改革稳步推进,农民专业合作社达到1412家,流转土地达到35.2万亩,山东第一单土地流转信托项目在青州落地。

(三)现代服务业日益繁荣 文化旅游持续升温,成功创建成为国家历史文化名城,青州国家地质公园获评“中国最美地质公园”,弥河被命名为“国家湿地公园”,被确定为山东省乡村旅游示范县,荣获好客山东贺年会“最美风景县”等十项大奖;成功举办翰墨青州·中国书画年会,中国美协和中国书协写生创作培训基地落户青州;荣获“山东省民间文化艺术之乡”称号,非遗保护被授予省政府创新奖。商贸物流健康发展,2013年,完成市场交易额425亿元,实现社会物流总额1183亿元。金融助推作用显著增强,各类金融机构达到63家,各项存款余额达到531.1亿元,贷款余额397.9亿元。

(四)城乡面貌发生深刻变化 老城区“古青”特色越发彰显,东部新城建设进度加快,小城镇建成区面积达到18.9平方公里。弥河镇、邵庄镇被列为全省“百镇建设示范行动”示范镇,南张楼村入选全国“美丽乡村”创建试点。城镇基础设施不断完善,背街小巷改造提升、雨污分流、强弱电管网下地等市政工程扎实推进,公共自行车租赁系统被列为国家公共服务标准化试点。加强生态治理保护,强力实施“三八六”环保行动,列入全国小农水重点县和中小河流治理重点县。

(五)民本民生持续改善 将“种树、修路、搞水利、办教育”作为领导干部的“四项基本功”,竭尽全力干实事、惠民生、解民忧。教育、卫生、就业和社会保障等民生事业协调发展,农村饮水安全、平安亮化、城乡环卫一体化实现全覆盖,镇村道路改造提升、老旧小区基础设施改造等为民实事办到了群众心坎里。创新社会治理,启用“青州民声”平台,完善领导干部公开接访制度,民意诉求渠道更加畅通便捷。强化社会治安综合治理,社会持续和谐稳定。

三、创新与经验

(一)不断解放思想、完善工作思路,是转型科学发展的前提 坚持把上级的决策部署与青州的具体实践相结合,扎实推进“11153”部署,加快各项工作提质增效,全力推动经济社会在更高层面上转型科学发展。实践证明,这一工作思路符合科学发展观要求,切合本地实际,得到了上级肯定和全市上下的拥护与支持。

(二)高度关注民生、共享发展成果,是转型科学发展的基础 把保障和改善民生作为加快发展的根本目的,广开渠道听民意、聚民智,竭尽所能分民忧、解民困,各项社会事业全面加强,事关群众切身利益的实事件件落到实处,社会保持了持续和谐稳定,用实实在在的工作赢得了群众的理解、支持和参与。

(三)创新机制体制、优化发展环境,是转型科学发展的动力 坚持发展、考核、用人“三个导向”相统一,完善科学发展综合考核办法,实行差异性考核,进一步规范选人用人机制,狠抓环境建设,简化办事流程,转变服务方式,激发了活力,推动了工作。

(四)加强党的领导、转变工作作风,是转型科学发展的保障 把抓基层打基础摆在突出位置,深入贯彻群众路线,把密切联系群众落到实处,开展“庸懒散浮”机关作风专项治理,“市级领导身先士卒、部门单位跟上步伐、基层干部创先争优”,服务发展的水平和能力不断提高。

附:(一)青州市委书记、副书记、常委名单

书　记: 孙忠礼

副书记: 韩幸福　杨晓辉

常　委: 孙忠礼　韩幸福　杨晓辉　蒿英煜　任宪强　刘永福　陈同洲　宋正树　高凌云(女)　杨君星　罗相贤　逄新军(挂职)

(二)各镇、街道党(工)委书记名单

王府街道	吕耐彬
益都街道	赵凤鸣
云门山街道	冷传波
黄楼街道	刘全林
弥河镇	赵延福
王坟镇	陈湘颖(女)
庙子镇	张洪刚

邵庄镇	徐剑发
高柳镇	李世斌
何官镇	曹建国
东夏镇	褚兴春
谭坊镇	刘文革

中共诸城市委工作概况

诸城市委书记　陈汝孝

一、组织概况与党的建设

诸城市总面积2183平方公里，辖13处镇街、1个省级经济开发区，235个社区，常住人口109.1万。现有266个党(工)委、275个基层党总支、2776个基层党支部，68991名党员，其中2013年发展党员755名。

(一)思想政治建设　先后召开市委常委会、市委全会、市委理论学习中心组读书会，深入学习贯彻党的十八大、十八届三中全会和习近平总书记系列重要讲话精神，形成了凝心聚力深化改革、推动发展的广泛共识。坚定理想信念，牢固树立大局意识和全局观念，始终在思想上、政治上、行动上同党中央保持高度一致，确保中央和省市委决策部署在诸城不折不扣地贯彻执行。

(二)基层党组织建设　深化农村社区党建、城乡党组织联建、镇域党建和"两新"组织党建，推进服务型党组织建设，实现服务网络全覆盖、服务渠道多方位、服务机制常态化。强化基层民主法治建设，以民主集中制为核心，健全完善集党委领导班子自身建设、议事决策、工作推进、监督约束于一体的市镇党委内部制度体系。

(三)领导班子和干部队伍建设　认真贯彻《党政领导干部选拔任用工作条例》和四项监督制度，坚持德才兼备、以德为先用人标准，完善选拔机制，严格选拔程序，调整科级干部121名，其中提拔重用40名。大力推行一线工作法，落实市级领导"五联系三包靠"制度，深入开展重大事项调查研究，深入群众化解民忧、深入基层问计问策，树立了党员干部良好形象。

(四)反腐倡廉建设　严格执行中央"八项规定"和省市有关要求，认真执行《中国共产党党员领导干部廉洁从政若干准则》、《党政机关厉行节约反对浪费条例》和《党政机关国内公务接待管理规定》等党纪法规，注重廉政文化建设，健全廉政风险防控机制。严格落实党风廉政建设责任制，全面推进惩防体系建设，连续八年被中纪委表彰为"党风建设工作先进联系点"。

二、主要工作与成绩

2013年，在中央和省委、潍坊市委的坚强领导下，诸城市坚持全域统筹、城乡融合、四化同步、五位一体，科学确立"一六五一"思路举措，深入实施"三区两带多园"发展战略，着力建设"五个集聚区两大体系"，深入推进统筹城乡一体化发展，实现了全市经济社会转型跨越新突破。全年完成地区生产总值642.7亿元、同比增长11.4%；实现财政总收入79亿元、公共财政预算收入57.1亿元，分别增长13.4%和13.3%；完成固定资产投资402.4亿元，增长19.4%；三次产业结构调整到8.9∶57.1∶34.0；城镇居民人均可支配收入23788元、农民人均纯收入14408元，分别增长11.3%和12.5%。县域经济基本竞争力升至全国百强县(市)第32位。

(一)深入推进产业转型升级　一是内涵式发展推进工业提质。深入实施"3113"产业发展计划，加快培育汽车、食品两个千亿级和服装纺织、智能装备、生物医药、现代物流四个五百亿级产业链，主营业务收入过百亿元的企业3家、过10亿元的26家，利税过亿元企业24家，规模以上工业企业实现主营业务收入2181.8亿元，增长14.1%，省级以上品牌达到182件，高新技术产业产值占比达到37.6%，被评为省新型工业化产业示范基地、省蓝色经济区建设先进市、省科技兴贸出口创新基地，连续五次荣获国家科技进步先进市。二是多业态推进服务业提速。规划建设龙海水产品冷链物流等10个现代物流项目，物流企业发展到65家，限额以上商贸企业发展到271家，金融机构增加到62家，实现社会消费品零售总额183.8亿元，增长16.6%。恐龙国家地质公园入选中国最美地质公园，恐龙文化旅游区获批省级旅游度假区，被确定为全省全域旅游试点城市。三是品牌化推进现代农业提效。潍坊市级以上农业龙头企业发展到110家，家庭农场增加到617家，农民专业合作社发展到2163家，农业园区化水平超过80%。建成省级质量检测中心4个，农产品抽检合格率提高到99.3%。被列为省级现代农业示范区、省农产品质量安全示范县，连续六年荣获全国粮食生产先进县，连续七年荣获全国生猪调出大县。

(二)加快构建新型城镇化体系　加快构建"1313"新型城镇化体系，城镇化率达到55.2%，全省农村新型社区建设现场会在我市召开，农村新型社区建设项目通过"中国人居环境范例奖"评审。一是片区化提升中心城区价值。实施重点片区开发，规划建设高层楼宇754栋，封顶519栋。加快建设潍河生态产业带、南湖生态经济发展区，培育城市经济隆起带。二是整体化增强镇区承载功能。高标准加快驻地改造提升，增强城镇节点功能，建成省级特色产业镇3个,财政收入过亿元镇街6个。三是人本化推进社区化发展。特色产业社区发展到138个,规划建设30个生态小镇,聚合区竣工面积达120万平方米,改造农村社区服务中心100个,公共服务均等化水平持续提升。四是一体化推动基础设施联网。全市公路通车里程达到3140公里,新铺设燃气管道80多公里,供热面积达到630万平方米,全市集中供水人口覆盖率和水质合格率100%。

(三)倾力保障改善民本民生 全年完成民生支出近40亿元,占财政支出65.4%。一是完善社会保障体系。新增城镇就业人员1.7万人,转移农村劳动力2.6万人,城乡居民社会养老保险参保率100%,基层公共就业服务平台规范化建设通过省级验收,被确定为全省城乡居民社会养老保险示范市。二是加快发展社会事业。所有中小学达到标准化要求、镇街卫生院和农村社区卫生室达到省规范化标准,首批通过全国义务教育发展基本均衡县验收,荣获山东省首批全国义务教育发展基本均衡市称号。新建续建文化产业项目43个、专业文化市场4处,连续三届获省级文明城市称号,连续五年荣获省级"双拥模范城"称号,被评为首批山东省文化强省建设先进市、首批省级公共文化服务体系示范区、山东省民间文化艺术之乡。三是深化平安建设。完善四级综治维稳体系,扎实做好信访工作,全年调处矛盾纠纷1964件,可防性案件同比下降8.7%,深化安全生产标准化建设,强化食品安全、生态安全、舆情安全监管,被表彰为全国平安建设先进市。

(四)着力推动绿色低碳发展 一是健全生态产业体系。实施40个节能重点项目,15家企业通过清洁生产审核验收,万元GDP能耗降至0.61吨标准煤、电耗433千瓦时,城区空气质量良好率保持95%以上,被表彰为国家绿色能源示范县。二是健全生态保护体系。深入开展"三八六"环保行动,实施潍河、芦河、淇河等河流生态治理工程,4家污水处理厂完成一级A升级改造,农村社区全部配套污水处理设施。三是健全生态人居体系。完成成片造林5.6万亩,全市林木覆盖率、城市绿化覆盖率分别达到37.6%和42.5%,顺利通过国家卫生城市考核验收,荣膺国家园林城市,8处镇被命名为国家级生态镇。

三、创新与经验

(一)深化体制机制改革 深化经济体制综合配套改革,30个改革创新项目进展顺利。依法清理压减行政审批事项,取消41项、调整64项、保留232项。深入实施扩权强镇,对昌城镇、辛兴镇分别确定放权事项94项、102项。推进农村集体产权制度改革,完成871个经联社产权改制、717个经联社土地承包经营权确权登记颁证,启用农村集体"三资"管理平台系统,有效激发社会活力。

(二)提升自主创新能力 健全自主创新体系,促进科技成果转化为现实生产力,参与制修订国标行标72项,鉴定各类科技成果14项、其中省级科技成果4项。统筹推进创新平台、创新联盟、创新型企业建设,新增省级企业技术中心2家、省级以上高新技术企业7家,获省级科技进步奖5项,牵头构建产业技术创新战略联盟2家,完成专利申请2357件,不断增强企业核心竞争力。

(三)优化要素资源配置 深化"5121"人才计划,引进成立研究院所(实验站)16家、创新团队21个、高端人才440人,其中国家"千人计划"、"泰山学者"各1人。引导企业零增地技改,完成160个技改项目,累计挖潜存量土地2300多亩。实施"15345"金融创新工程,金融保险机构发展到56家,通过债券、集合票据直接融资5.4亿元,持续增强转型发展动力。

(四)深化社会治理创新 坚持以社区化为平台、网格化为基础、信息化为支撑、法治化为保障、一体化为目标,强化"民情台账"和"三问于民"调研工作,创新"三联"群众工作模式,完善社区化农村基层社会治理服务机制,建成社会管理服务综合信息应用平台,为群众解决需求诉求5.9万件。

附:(一)诸城市委书记、副书记、常委名单

书　记:陈汝孝

副书记:李　峰　刘峰梅(女)
　　　　李　明(挂职)

常　委:陈汝孝　李　峰　刘峰梅(女)
　　　　李　明(挂职)　鞠进增　孙利宝
　　　　杜建华　刘作勋　赵治国　孙文力
　　　　陈　盛　肖继林　王安东(挂职)

(二)各镇、街道、区党(工)委书记名单

密州街道	刘永军
龙都街道	王　勇
舜王街道	秦嗣炜
枳沟镇	冯士磊
贾悦镇	杨连富
石桥子镇	李　磊
相州镇	王雪玲
昌城镇	于鹏展
百尺河镇	李　向
辛兴镇	王桂华
林家村镇	王大鹏
桃林镇	林　飞
皇华镇	王学斌
经济开发区	(空缺)

中共寿光市委工作概况

寿光市委书记　朱兰玺

一、组织概况与党的建设

寿光市总面积2072平方公里，辖14处镇(街道)，1处生态经济园区，975个行政村，105万人口。共有基层党组织2981个，其中党工委11个，党委90个，党总支161个，党支部2719个，党员64865名。2013年，我市坚持以城乡党建一体化为抓手，强化思想政治、基层组织、干部队伍、党风廉政"四大建设"，加快推进城乡党建一体发展，走出了一条城乡党建工作统一领导、总体部署、以城带乡、优势互补的新路子。

(一)加强思想政治建设，牢牢把握正确方向　全面贯彻落实党的十八大、十八届三中全会以及习近平总书记视察山东重要讲话精神，先后召开了市委常委会议、全市领导干部会议，进行了专题学习贯彻，深入开展了"学习贯彻十八大精神，解放思想加快发展"主题大讨论活动，组织集中宣讲70多次，切实增强学习贯彻的自觉性、主动性、坚定性，在思想上、行动上始终与党中央保持高度一致。

(二)加强基层组织建设，党建创新扎实有效　紧密结合时代发展，调整工作重心，全面加快城郊村党建、城市社区党建"两个转型"，圆满完成了城市社区"大党建"换届工作，并通过创新城乡联建、村企联建、强弱联建、产业联建等多种形式，建立各类党组织447个，实现了党建工作的动态延伸和全面覆盖。

(三)加强干部队伍建设，党员素质不断提升　扎实开展党员队伍纯洁性建设，组织开展了党政机关、企事业单位党员"双报到"活动，归纳总结了不合格党员6大类、75项具体表现，在"全国发展党员和党员管理工作座谈会"上作了典型发言，被省委确定为"处置不合格党员工作试点市"。

(四)加强党风廉政建设，干部作风务实高效　严格落实中央"八项规定"，围绕破除"四风"问题，制定出台了关于改进工作作风、密切联系群众的"九条意见"，在公务接待、工作日午间禁酒等方面进行了专项整治，成为"全省农村党风廉政建设联系点"。

二、主要工作与成绩

2013年，全市上下在中央和省委、潍坊市委的正确领导下，全面加快工作指导重大转变，抓转型、抓创新、抓民生，经济社会快速发展，各项事业全面进步。

(一)综合实力全面增强　全市完成地区生产总值701亿元，同比增长11.2%；实现财政总收入97亿元，其中地方财政收入70.69亿元，地方财政收入居全省县域第二位；先后荣获"全国生态文明建设试点示范市"、"联合国人居环境奖"等荣誉称号，连续6届被评为"全国科技进步先进市"；在最新的全省县域综合实力排名中，我市跃居前3强；在潍坊市科学发展群众满意度调查、社会治安群众满意度调查中，我市均以较大优势位居第一。

(二)三次产业提质增效　新型工业集聚壮大，全市规模以上企业实现主营业务收入1739亿元、利税135亿元；完成进出口总额26.4亿美元、居潍坊首位，实际利用外资1.9亿美元、占潍坊总量的1/4；高新技术产业占比达到37.2%，高于全省6.97个百分点，实现四年翻番；兰典生物等3个项目入选国家"863"计划，新增国家级创新战略联盟2家，国家"千人计划"专家达到4人，连续三年被评为"全省人才工作先进市"；全面启动了寿光(滨海)产业园建设，寿北"千亿级新型工业基地"强势崛起。高端农业领跑全国，建立了全国唯一的"蔬菜分子育种公共实验平台"，有8家国家级种苗研发机构入驻，自主研发蔬菜新品种35个；全市新增家庭农场619家、国家级标准园区3处、国家地理标志证明商标5个。第三产业持续繁荣，全国首家荷兰模式电子拍卖市场落户我市，菜博会被评为国家5A级专业展会，我市成为"中国十佳品牌会展城市"；红星美凯龙等22项重点项目进展迅速，实现社会消费品零售总额204亿元，三产税收对财政的贡献率提高5.2个百分点。

(三)城乡建设亮点纷呈　中心城市魅力彰显，全力加快东城开发，全福元商业综合体等75个重点项目高效推进，全市高层总数达到750栋；"智慧城市"试点工作扎实推进，全面实施了总投资6.6亿元的103项市政工程，城市建设品质、档次不断提升。镇域实力显著增强，完成小城镇建设投入25亿元，有7个镇街地方财政收入过亿元，侯镇在全省首批"百强示范镇"年度考核中列第6位，羊口镇成为全省第二批示范镇。新农村建设稳妥推进，全市新建大型农村社区20个，对90%以上的村庄开展了环境综合整治，受益群众达到60万人，基本消除了集体经济收入5万元以下村。

(四)环境质量明显改善　双王城生态开发大见成效，总投资58亿元的30个生态旅游项目进展顺利，双王城水库成功蓄水，洰淀湖生态湿地公园一期开园运行，被评为全国"美丽乡村"创建试点区。环保整治大见成效，完成生态环保投入29亿元，确定了34处永久性保护绿地，完成植树造林1600万株，在潍坊率先实现了污水处理、卫生直管全覆盖，顺利通过了"国家生态市"验收。文明创建大见成效，全面推进中华汉文化产业园等61项重点文化项目，大力开展"四德"工程建设和"寿光好人"评选，成功举办了第四届中国农业电视评估年会、2013中国(寿光)文化产业博览会,开创了全省县级举办文博会的先河,成为全省“文化强省建设先进市”。

(五)群众满意度不断提高 2013年财政用于民生领域的投入达到50.3亿元,占财政总支出的64.2%。社会事业全面推进,新建、改建学校19处,成为“全国县域义务教育发展基本均衡市”;全面加快东城医院等重点项目建设,省级标准化卫生所覆盖率达到100%;市财政补贴1.08亿元,对所有镇村医疗机构、中医院实施了药品“零差率”销售,为群众报销医药费3.1亿元。服务体系日益完善,为17万60岁以上老人发放养老金1.4亿元;市财政出资5394万元,对全市2万名城乡低保人员提高了补贴标准;总投资3.3亿元的农村公路网化工程全面完成,在城区投放公共自行车3000辆,群众出行更加环保便捷;解决了421个村、27万群众的安全饮水问题,农村集中供水实现全覆盖,成为“全国农村饮水安全工程示范市”。

三、创新与经验

(一)高点定位,明晰工作思路 坚持以全新的理念、更宽的视野推动工作、谋划发展,紧紧围绕“深化城乡一体均衡发展、加快实现两个率先”的总目标,大力实施“新型工业化、农业高端化、全域城镇化、城乡生态化”四大战略,突出抓好“工业经济、现代农业、城镇化建设、生态文明、社会管理创新、民生改善”六大重点,全面强化“党的建设、作风建设、廉政建设”三大保障,经济社会实现了科学发展、和谐发展、率先发展、均衡发展。

(二)创新举措,破解发展难题 围绕企业融资难的问题,积极创新工作思路,在全国率先启动“订单农业”贷款保证保险服务,试点计划总规模达到20亿元;市财政出资2亿元设立中小企业“过桥互助基金”,2013年累计为44家企业缓解了资金难题;围绕环境优化,取消、合并、下放27项行政审批事项,服务效能全面提速,服务环境进一步优化。

(三)强化执行,推动工作落实 把干部执行力作为推动工作的第一推力,大力发扬“敢于超越、敢于挑战、敢于担责、敢于领先”的“四敢”精神,倡树“为人真实、工作务实、干事扎实”的“三实”作风,争当“创业有激情、内心有热情、服务有真情”的“三有”干部,对全市重点工作和重点项目,全部组建指挥部和包靠小组,实行领导包靠、现场办公、跟踪督查,强力推动工作落实;创新完善考核办法,在考核方式上划分组别、同台竞争,在考核重点上弱化总量、突出增幅,在考核结果上奖优罚劣、刚性兑现,在全市营造了干事创业、加快发展的浓厚氛围。

附:(一)寿光市委书记、副书记、常委名单

书　记: 孙明亮(2014年3月离职)
朱兰玺(2014年3月任职)

副书记: 赵绪春　邱　旺

常　委: 朱兰玺　赵绪春　邱　旺　李宝华　王惠玲(女)　王教法　侯法强　徐　莹(女)　孙成华　武治强　李志平

(二)镇、街道、区党(工)委书记名单

圣城街道	袁义林
文家街道	刘乐朋
洛城街道	马焕军
古城街道	李铁柱
孙家集街道	范福民
稻田镇	李增国
侯　镇	卜庆华
纪台镇	付乐启
化龙镇	李存启
上口镇	孙荣新
田柳镇	崔　欣(女)
营里镇	袁恩庶
台头镇	王爱民
羊口镇	吴广兴
双王城生态经济园区	燕黎明

中共安丘市委工作概况

安丘市委书记　刘兴明

一、组织概况与党的建设

安丘市总面积1760平方公里,辖10个镇、2个街道、2个开发区,866个行政村,95万人。全市有65个党(工)委,121个党总支,2137个党支部,58190名党员。

2013年,市委坚持以邓小平理论、“三个代表”重要思想、科学发展观为指导,深入学习贯彻党的十八大和十八届二中、三中全会精神,以习近平总书记系列重要讲话和视察山东重要讲话为指引,不断夯实基层基础,加强干部作风建设,全面提升党的建设工作水平,为加快富强秀美幸福新安丘建设提供了强有力的组织保障。

(一)加强领导班子和干部队伍建设 坚持在工作一

线考察识别干部、按民意和实绩使用干部,对部分部门单位领导班子和领导干部进行了调整,选派了5名派出所所长挂职镇街党(工)委委员、副镇长(副主任)。采取竞争性选拔方式,选配驻外招商联络处主任、副主任18名。加强干部教育培训,共举办各类培训班25期、"青云大讲堂"11期,培训干部6700多人次,促进了干部队伍整体素质提升。

(二)加强基层组织建设 深入开展包村联户、联系服务群众、"一联四帮一评"活动,选派"第一书记"201名,深入到穷村、弱村、乱村开展对口帮扶,1160名科级以上干部参与联系群众,协调投入资金4200多万元,调整充实村级班子60多个,新建改建村级场所286处。全面提升村级党组织"五有"保障水平,扎实推进两新组织"建组织、扩覆盖"进程,党的组织和工作覆盖面不断扩大,战斗堡垒作用显著增强。

(三)加强党风廉政建设 全面落实党风廉政建设责任制,严格落实中央八项规定,制定印发了改进作风十条意见、工作日中午无例外禁酒、公务用车管理使用等一系列制度规定。开展了"下基层、听民声、找问题"活动,群众最不满意的10个方面的问题得到较好解决。深入开展"庸懒散浮"专项治理,严厉查处违纪违法案件,全市上下保持了风清气正、心齐劲足的良好局面。

二、主要工作与成绩

2013年,全市地区生产总值同比增长10.3%;规模以上固定资产投资增长22.5%;实现财政总收入22.5亿元、公共财政预算收入13.76亿元,分别增长18.9%和25.2%;城镇居民可支配收入23567元,农民人均纯收入12131元,分别增长15.2%和12.6%。在潍坊市科学发展综合考核中,我市列各县市区第3名、获一等奖。

(一)经济保持较快发展 工业经济提速壮大。加大招商引资力度,新引进工业项目75个,实施技改和新开工项目168个,完成工业投资100亿元。加快产业园区建设,在提升五个市级工业园区承载能力的同时,规划建设了青龙湖高新产业园、圣普闪联智慧产业园和金安、昌安2处中小企业孵化园区。新增规模以上工业企业52家,总量达到354家,实现主营业务收入405亿元,增长12%。89家企业实现主营业务收入过亿元,30家企业实缴税金过千万元。企业自主创新能力不断增强,9个项目列入国家科技计划、7个项目列入省级科技计划,高新技术产业产值占比达到14.3%。新增省著名商标3件、省名牌产品3个。现代农业持续增效。深入实施"五个一百"工程,全市新建标准化种植园区50个、规模化养殖园区59个,新发展潍坊市级以上农业龙头企业14家、"三品一标"农产品21个,农民专业合作社发展到1158家、家庭农场达到327家,被评为国家级农业综合标准化优秀示范市。新增改造高标准农田14.1万亩,被确定为全国高标准基本农田建设示范市。现代服务业上档升级。新发展限额以上商贸流通企业99家,社会消费品零售总额增长15.7%。88个项目入选潍坊市服务业重点项目,2个列入省服务业载体项目,完成企业主辅业分离384家。留山古火山景区被评为国家级森林公园,青云国际旅游度假区被评为首批省级旅游度假区。

(二)城乡面貌持续改善 完成了城市总体规划修编和有关专项规划,实施了路桥建设、景观改造、公共设施、片区改造四大工程,基础配套不断完善,城市形象明显提升。加快城乡统筹步伐,改造维修县乡公路90公里,完成农村公路网化工程488.7公里,建成农村饮水安全工程136处,农村自来水通村率和水质合格率均达到100%。启动建设新型农村社区37个,实施整体搬迁32个村、部分搬迁93个村,建设安置楼231栋,搬迁入住2850户。深入开展"三八六"环保专项行动,关停违法排污企业53家,建设完成减排项目23个,完成植树1560万株,城镇生活垃圾无害化处理率和城乡环卫一体化村级覆盖率均达到100%,成功创建为省级森林城市、省级园林城市、省级优秀旅游城市。

(三)群众生活更加幸福 重点民生支出占公共财政预算支出的比重达到71.9%,承诺的15件惠民实事全部落实。在潍坊市群众满意度调查中,我市列第4位。社会保障体系不断完善。城乡低保标准分别提高到每人每月410元和每人每年2500元;新增城镇就业1.1万人,城镇登记失业率控制在2.9%以内;新农合参合率达到98.7%,新农保适龄人员参保率达到100%;新建经适房270套,改造棚户区住房2061户。社会事业全面发展。实施了城区学校建设项目9个、校舍安全工程30个,新改扩建普惠性标准化幼儿园38处;设立了安丘文化奖,改造提升农村文化大院200处;新汽车站建成运营,首批2280辆公共自行车和40辆新能源公交车投入使用;全市合法生育率达到97.4%。"平安安丘"建设扎实推进,社会保持和谐稳定,在潍坊市社会治安状况群众满意度调查中,我市列县市区第2位。

(四)改革创新不断深化 新发展股份制企业17家,3家企业在齐鲁股权交易中心挂牌。组织实施城乡建设用地增减挂钩、低丘缓坡未利用地开发试点、盘活闲置低效利用土地,获批各类建设用地指标8829亩。加强银政企对接,引进银行机构2家、保险机构4家,争取非普惠性无偿资金10.5亿元,累计发放过桥资金2.8亿元。完成进出口总额8.2亿美元,利用外资2349万美元。围绕破解人才瓶颈,引进高层次人才312名、国家"千人计划"专家2名、外国专家45人次,培训技能型人才2060名,设立院士专家工作站、博士后科研工作站各1家。

三、创新与经验

(一)坚持把提振精神作为转型升级、提质增效的先决条件 坚持团结奋进不懈怠、激情创业不停步,全市上下坚定信心、鼓足干劲,从市级领导到基层一线,从各镇街区到部门企业,从党员干部到社会各界,一条心、一股绳,同心同德、众志成城,一个声音喊到底、一气呵成干到底,为实现更高层次新发展营造了良好氛围。

(二)坚持把改革创新作为转型升级、提质增效的持久动力　始终坚持以改革催生新机制、激发新动力、创造新活力,围绕解决经济社会发展中深层次的矛盾和问题,不断加大重点领域和关键环节的改革攻坚力度,有效破解了土地、资金、人才等发展瓶颈制约,依靠改革创新赢得了持续健康发展的优势和主动。

(三)坚持把项目建设作为转型升级、提质增效的强力支撑　始终坚持以项目建设支撑大调整、大发展,牢固树立"抓项目就是抓发展、抓项目就是促跨越"的理念,全力以赴大上项目、上大项目,一手抓现有企业培强做大,一手抓招商引资上新项目,一批投资规模大、科技含量高、带动能力强的大项目、好项目投产达效,为经济社会发展提供了有力支撑。

(四)坚持把改善民生作为转型升级、提质增效的根本目标　始终坚持把保障和改善民生作为全部工作的出发点和落脚点,把有限的财力更多地用于重点民生事业支出上,着力解决群众关注的道路交通、饮水安全、城乡环境等热点难点问题,真正让发展成果惠及广大群众,提升了人民群众的幸福感和满意度。

(五)坚持把党的建设作为转型升级、提质增效的重要保障　始终坚持把加强和改进党的建设摆在突出位置,不断改进和完善党的领导方式,提高执政能力和水平,持续加强党风廉政建设和机关作风效能建设,为全面提升各项工作水平提供坚强有力的组织保障。

附:(一)安丘市委书记、副书记、常委名单

书　记:刘兴明

副书记:桑福岭　原　理

常　委:刘兴明　桑福岭　原　理　肖振胜
刘兴军　江　波　张振城　李光明
闫凤林　王国强　李建英(女)
张　建(挂职)

(二)各镇、街道、区党(工)委书记名单

经济开发区	牛茂荣
新安街道	刘　超
兴安街道	冷文清
大汶河旅游开发区	郑可德
景芝镇	王加利
凌河镇	郑建成
石埠子镇	肖　明
大盛镇	贺纯栋
辉渠镇	房师靖
郚山镇	谢谦彪
石堆镇	李金峰
柘山镇	刘庆玲(女)
官庄镇	张宪宝
金冢子镇	马康谊

中共昌邑市委工作概况

昌邑市委书记　马跃启

一、组织概况与党的建设

昌邑市辖3处街道、6个镇,690个村(社区)。全市共有78个基层党工委,70个基层党委,85个党总支,2263个党支部,40158名党员。其中,2013年发展党员376名,发展"两新"组织党员66名。

(一)大力加强领导班子和干部队伍建设　坚持把党的十八大和十八届三中全会精神作为大规模培训干部的重要内容,共举办各类培训28期,培训干部5200多人次。采取"四差额"模式,选拔科级干部12名,进一步提高了选人用人公信度。注重考核结果运用,对6名存在苗头性问题的科级干部进行谈话提醒,发挥了警示作用。实施年轻干部"双向挂职锻炼"计划,安排67名干部到基层一线、市直综合部门挂职锻炼,综合素质能力不断提升。创新老干部管理服务工作,被授予"全省老干部工作先进集体"称号。

(二)积极实施人才强市战略　实施引才、聚才"六个一"计划,引进院士、"千人计划"专家6人,国务院特贴专家5人,泰山学者海外特聘专家2人,在建院士工作站2处、产业技术联盟1处,高端人才引进和平台建设实现了较大突破。扎实开展"招院引所"活动,成功引进9处院所分支机构,引进硕士、博士和高级职称专业技术人才154人。抓好各类人才培训工作,举办农村实用人才科技讲坛17期,培训农村实用人才4200多人次。

(三)全面提升基层组织建设水平　实施村级组织活动场所改造提升工程,强化村级组织运转保障,筹集资金1040多万元,修建村级活动场所176个,对146个年集体收入3万元以下村实行财政兜底补助。深入开展矛盾问题突出村治理整顿和包村联户活动,为群众办实事720多件。建立市级领导干部联系镇街区、科级以上干部联系村(社区)、党员干部联系户和重点党员干部联系特困户制度,全市1486个特困家庭、12.9万多农户全部由党员干部联系,实现了联系服务群众全覆盖。出台《非公企业党组织工作经费落实办法》,保障非公企业党组织正常运转。强化党员管理工作,加大违规发展党员处理力度。修订《党员关爱基金管理办法》，注重关爱生活困难党员，救助困难党员54人，发放关爱基金53.6万元。

二、主要工作与成绩

2013年，全市上下认真贯彻落实党的十八大和十八届三中全会精神，按照上级党委、政府的决策部署，牢牢把握主题主线和稳中求进的工作总基调，围绕建设滨海特色城市一个总目标，强力推进"滨海开发建设、产业转型升级、新型城镇化、民生事业改善、生态环境优化"五大突破，全力夯实"科学投入、改革开放、自主创新、文化繁荣、社会和谐"五个支撑，着力强化"基层基础、推进机制、务实作风"三项保障，全力以赴稳增长、调结构、抓改革、惠民生、促和谐，加快推动科学发展、转型发展、更好更快发展。全年完成地区生产总值326.5亿元，同比增长10.5%；实现财政总收入39.2亿元，其中公共财政预算收入23.4亿元，分别增长22%和18.2%；完成固定资产投资237.1亿元，增长19.7%；金融机构各项存、贷款本外币余额分别突破300亿元和200亿元，城乡居民人均储蓄余额达到36175元。我市先后被评为"中国中小城市综合实力百强"、"中国最具投资潜力中小城市百强"、"中国全面小康成长型百佳县市"、"全国科技进步先进市"、"全国义务教育发展基本均衡县"、首批"国家智慧城市试点市"、"山东省投资环境最佳县市"、"全省生态文明乡村建设工作先进市"、"全省农业物联网技术应用示范市"。

（一）滨海开发实现新突破 滨海（下营）经济开发区累计完成基础设施投入12.7亿元，配套面积56.4平方公里，共落户项目143个、总投资533.6亿元，被认定为全省首批蓝黄"两区"特色产业园。昌邑市潍坊滨海产业园落户项目4个、总投资41亿元。下营滨海新城建设初具规模。

（二）产业转型取得新成效 加快推进转方式、调结构，三次产业比调整到10.7∶56.8∶32.5。规模以上工业企业信息化应用率达到80%，主营业务收入突破千亿元。中国棉纺城物流中心列入省服务业重点项目，完成主辅业分离企业404家，建成运营潍坊市首个县级中小企业公共服务综合平台。新增国家地理标志证明商标4件，粮食生产实现"十一连增"，被评为"省级现代农业示范区"，建成了全国生姜价格指数发布中心。中国绿色交易网成为国内首家绿化行业在线交易平台，中国（昌邑）北方花木城投入运营，连续成功举办11届绿博会和8届中国园林花木信息交流会。

（三）城镇化发展呈现新变化 城区沿潍河发展、跨潍河发展步伐加快，基础设施惠及面积达到60平方公里。"智慧昌邑"一期智慧应急、统一视频监控平台等15个服务平台及应用系统建成运行，建立了中科院县域农业信息化研究中心和院士工作站。柳疃镇被评为"山东省产业化驱动城镇化十强镇"，饮马镇成为全省"百镇建设示范行动"示范镇。深化"乡村文明行动"，扎实开展以净化、硬化、绿化、美化、亮化为重点的村容村貌集中整治。城乡环卫一体化"昌邑模式"被列为国家标准化试点项目并通过了国家标准委验收。

（四）文化发展迸发新活力 扎实开展文化产业项目建设年活动，总投资100亿元的91个文化重点项目进展顺利。成功承办第十届中国艺术节部分展演节目。土陶烧制技艺、乾隆杯酒传统酿造技艺入选第三批省级非物质文化遗产名录，龙池镇被评为全省第四批民间文化艺术之乡。

（五）民生改善再上新水平 完成义务教育阶段中小学标准化建设和学前教育三年行动计划，潍水学校一期等工程投入使用。成功承办全国中学生排球联赛。代表潍坊市通过了国家卫计委妇幼卫生工作检查验收。连续24年荣获潍坊市人口目标达标一等奖。新增城镇就业9780人，转移农村劳动力1.1万人。全市规模化集中供水覆盖率达到100%。

（六）生态建设取得新进展 全面启动"三八六"环保行动，完成总量减排任务，城镇污水处理实现全覆盖。新增成片造林1.5万亩、苗木基地1.7万亩。大水网生态体系基本形成。

三、创新与经验

（一）转变工作指导引领科学发展 始终坚持科学发展主题和加快经济发展方式转变主线，坚持稳中求进工作总基调，着力突出滨海开发建设、产业转型升级、新型城镇化等工作重点，加快转变发展理念、发展动力、发展定位、发展途径和考核导向，切实把推动发展的立足点和着力点转到全面提升质量和效益上来，进一步丰富科学发展内涵，努力在新起点上推动昌邑更高层次新发展。组织开展深入大调研谋划新发展活动，围绕事关昌邑当前和今后长远发展的滨海开发建设、培育农业发展新优势等13个重大课题进行了调查研究，完善发展思路，推动科学发展。

（二）坚持改革创新促进科学发展 坚持以改革为统领，用创新的思路和办法破解发展难题，靠改革创新催生新机制、激发新动力、创造新活力。在全省率先全面启动"智慧昌邑"建设，突出全、新、实"三个理念"，打好发展、绿色、转型"三张牌"，以信息技术推动城市转型、社会管理转型和经济发展转型。坚持把村容村貌集中整治作为深化"乡村文明行动"的重要举措，全面落实村级集体资金、账务、资产、档案、公章"五代理"、村级决策监督管理制度，进一步提升了生态文明乡村建设水平和农村规范化管理水平。在全省率先开展土地承包经营权抵押贷款，省和潍坊市在我市召开了土地承包经营权确权登记工作现场会。我市探索推广城乡环卫一体化"昌邑模式"荣获潍坊市突出贡献奖，城乡环卫一体化工作荣获"全国环卫行业创新奖"。

（三）加快转变作风保障科学发展 按照中央八项规定和省委、潍坊市委贯彻意见，制定并严格落实改进工作作风"八条意见"，主动整改"四风"问题，扎实开展"厉行勤俭节约、反对铺张浪费"专项行动和"庸懒散浮"专项治理活动,加快构建促进干部作风转变的长效机制。深入践行"一线工作法",市级领导干部带头包靠镇街区、社区、村和重点工程、重点项目,带头联系服务群众,深入基层、深入一线、深入群众,掌握情况,解决问题,带动全市形成了抓落实、争一流的良好风气。

附:(一)昌邑市委书记、副书记、常委名单

书　记:马跃启

副书记:吕珊珊(女)　鞠立强

常　委:马跃启　吕珊珊(女)　鞠立强　孙晓非　陶金先　高文奎　刘杰然　王志强　田洪波　黄志华　王　伟

(二)各镇、街道党(工)委书记名单

奎聚街道　李子石

都昌街道　张英杰

围子街道　宋晓波

龙池镇　韩文宏

柳疃镇　王明胜

下营镇　李寿岩

卜庄镇　董明明

饮马镇　曲　伟(女)

北孟镇　孙　磊

中共高密市委工作概况

高密市委书记　范福生

一、组织概况与党的建设

高密市版图面积1526平方公里,辖7个镇、3个街道、1个省级经济技术开发区、960个行政村(居),人口87.6万。全市共有14个党工委,95个党委、107个党总支和2427个党支部,党员52174名。

2013年,我们深入学习贯彻党的十八大、十八届三中全会精神,坚持以邓小平理论、"三个代表"重要思想、科学发展观为指导,以群众满意为目标,以改革创新为动力,全面推进党的建设,各级党组织的执政能力和领导水平不断提高。

(一)突出抓好领导班子和干部队伍建设　始终把思想政治建设放在重要位置,引导各级干部用党的科学理论武装头脑、指导实践,着力推动领导干部理论学习制度化、规范化,不断提高各级党员干部的政治素质和理论素养。认真执行《党政领导干部选拔任用工作条例》和四项监督制度,注重在推进科学发展的实践中考察、锻炼和使用干部,提高了选人用人工作水平。突出抓好人才工作,重点抓好人才创新创业平台建设以及创新型科技人才、重点区域和产业人才的培育开发,年内新引进硕士及以上学位、高级职称专业人员500多人,为科学发展提供了人才支撑。

(二)切实加强基层党组织建设　持续推进农村党支部书记队伍"532"工程,大力选拔经济能人和市镇干部到村任职,推动后进村转化、中间状态村升级。深入开展"两帮一包"活动,加大对村级的财政投入,用好企业、强村和"第一书记"三种资源,通过帮村、包村,有力地促进了经济薄弱村发展。扎实推进"两新"组织扩面提质,深入开展"建组织、扩覆盖"活动,"两新"组织党的工作覆盖已达到100%,选树推广40个"两新"组织党建工作示范点,带动"两新"组织党组织上档升级。全面推行党员奉献积分管理模式,将党员奉献积分制由农村推广到全市,使各级党组织评价党员有了"标尺",这一做法被评为第二届全国基层党建创新30个最佳案例之一。

(三)着力强化党员干部作风建设　以学习贯彻党的十八大、十八届三中全会精神为引领,深入开展"项目建设攻坚年"和"干部作风建设年"活动,引导各级党员干部敢于担当、真抓实干,转变作风、联系群众,形成了风正气顺心齐、同心同德同力的工作局面。特别在项目建设、招商引资、旧城改造等重点工作中,广大党员干部冲锋在前、沉在一线,充分展现出敢打必胜、勇于担当、争创一流的优良作风。

(四)深入推进反腐倡廉建设　认真落实党风廉政建设责任制,严格执行《党员领导干部廉洁从政若干准则》,加强对关键岗位、关键环节和关键人物特别是"一把手"的监督,进一步健全完善教育、制度、监督并重的惩治和预防腐败体系。作为山东省第二批、潍坊市唯一的县级党政班子成员向同级纪委全委会述廉试点单位,成功举办述廉会议。严厉查处各类违法违纪案件,从群众反映强烈的重点信访案件着手,加大纠正不正之风和案件查办力度,营造了风清气正的发展环境。

二、主要工作与成绩

2013年,完成地区生产总值501.4亿元,增长10.8%;实现地方财政收入36.3亿元,增长20.2%。在第十三届全国县域经济基本竞争力与科学发展评价中位居第71位。

(一)以招商与转调创为主线,奋力推动经济转型跨越发展　一是工业转型升级实现新突破。以城北工业区建设为带动,高新区、经济开发区、胶河疏港物流园区、高密(滨海)特色产业园全面推进,新引进落户项目45个,总投资

300多亿元,优势区域的引领带动作用更加凸显。深入开展"百家企业提升行动",孚日集团、豪迈集团率先转型发展,引领中小企业和传统产业上档升级。在2013年中国制造业自主品牌价值评价中,"孚日"品牌价值达到37亿元,居纺织轻工业第三位;豪迈集团被《福布斯》评为2014年上市潜力企业40强。金亿、大昌、高锻等一批中小企业加快改造升级步伐,实施重大技改项目220个,完成投资115亿元、同比增长31%。全市规模以上工业企业主营业务收入达到1630亿元、高新技术产业企业实现产值325亿元,同比增长13.6%和16.1%。二是旧城改造取得新进展。全年搬迁居民3332户,征收建筑面积87万平方米,房地产竣工98.8万平方米,在建回迁安置房94万平方米。同时,投资5.5亿元的胶河综合治理和湿地公园建设基本完成,小康河北延等工程全面展开。三是现代农业发展呈现新亮点。加快建设城西都市农业园区,全年新建、续建各类现代农业园区72个,新建农民合作社202家,新增家庭农场300多家,农业龙头企业发展到512家,新增"三品一标"认证13个,无公害农产品和绿色食品种植基地发展到29万亩。四是现代服务业实现新发展。积极培育文化旅游、现代物流、金融保险等新型服务业态,加速推进中百佳乐家、全宇圣华广场等45个投资过亿元的现代服务业项目。全年完成服务业增加值161亿元,占地区生产总值的比重提高1个百分点。

(二)以民本民生为目标,着力保障和改善民生 全年各类民生支出预计达到25.6亿元,占财政总支出的60.3%。全面完成69.5万平方米校舍改造任务,启动一中新校区、职教中心的规划建设,新建、改扩建城区中小学、普惠性幼儿园等38所,被评为全国义务教育基本均衡县。以打造红高粱文化品牌为引领,成功举办第四届"红高粱"文化节。县级公立医院综合改革稳步推进,基本药物制度实现全覆盖,新农合、新城合参合率均达到100%,为群众报销医药费用2.1亿元。全面实施新农保、新城保制度,适龄城乡居民参保率达到100%,城乡低保对象实现应保尽保。加快推进城乡环卫一体化,新修农村道路922公里,完成植树1000万株,潍坊市级生态绿化村达到597个。

(三)以群众工作为统领,着力维护社会和谐稳定 在全市开展集中解决突出问题活动,重点对城市拆迁、土地流转等12类社会矛盾纠纷进行集中有效化解。认真落实群众工作日和市级领导大接访制度,共调处重大矛盾纠纷184件,化解176件,成功率达96%。深入推进平安高密建设,认真抓好食品药品监管、安全生产等工作,群众安全感和满意度持续提升。在潍坊市群众满意度电话访问测评中,居潍坊县市区第三位。

三、创新与经验

(一)创新干部多岗位锻炼机制 探索创新机关干部到基层挂职锻炼工作机制,先后选派两批共242名市直干部到镇街区工作1年,并决定每年选派10%左右的市直单位干部到镇街工作,新考录的公务员、事业单位工作人员、军转干部等一律先到镇街工作锻炼1年,以基层工作全方位锻炼培养干部。

(二)创新群众工作机制 完善市级领导包靠镇街、企业、学校等联系基层制度,镇(街、区)党(工)委书记开展"走走门、认认人"活动,市、镇两级党员干部普遍联系3—5户困难家庭,实现了对镇街区、村居、农户和困难家庭的全覆盖。以群众满意为标准,以诉调机制对接为突破口,引导各级正确处理发展多数人长远利益与维护少数人眼前利益、主观愿望和客观效果、解决现实问题与化解历史积怨、尊重群众与引导群众的关系,积极探索群众工作的新思路、新机制,切实解决好涉及群众切身利益的民生问题,赢得了群众的理解和支持,推动了各项工作开展。

(三)创新重点工作推进机制 坚持以科学发展为主题,以项目建设为抓手,实行领导分线工作法和重点项目包靠制度,市委三位书记和人大、政协主要负责同志分线作战,分别牵头负责"北工、南文、中商、东新、西农"五大板块的推进建设。坚持发展导向、考核导向和用人导向相统一,对重点项目全部落实市级领导包靠,包靠结果记入组织部门台账,市委赋予项目包靠领导充分的选人用人建议权和干部奖惩决策权,调动了各级干事创业的积极性,有力推动了各项建设进程。

附:(一)高密市委书记、副书记、常委名单

书　记:范福生

副书记:杨建华　贾勤清(援藏)　万　丽(女)

常　委:范福生　杨建华　贾勤清(援藏)　万　丽(女)　刘明伦　刘建成　徐振刚　马常春　徐方吉　王保功　刘　斌　孙业宗

(二)各镇、区、街道党(工)委书记名单

经济开发区	单际庆
密水街道	张友勤
醴泉街道	乔日升
朝阳街道	朱永利
柏城镇	邱纯洁
夏庄镇	付联宝
姜庄镇	刘思芳
大牟家镇	魏　征(女)
阚家镇	张建明
井沟镇	钟元国
柴沟镇	田凯文
胶河疏港物流园区	范　珲

咸家工业区　　　　　禚朝晖
胶河生态发展区　　　管增璋

中共临朐县委工作概况

临朐县委书记　顾建华

一、组织概况与党的建设

临朐县总面积1831平方公里,辖8个镇、2个街道办事处、1个省级经济开发区,345个中心村(居),87.8万人。现有基层党组织1591个,其中党(工)委82个、党总支154个、党支部1369个;党员50267名,其中农村党员31203名。

2013年,县委认真贯彻落实党的十八大和十八届三中全会以及省第十次党代会精神,牢固树立"抓好党建是本职、抓不好党建是失职"的理念,着力转作风、强服务、破难题、求实效,党建科学化水平明显提升,各级党组织和广大党员的凝聚力、战斗力和创造力明显增强,为全县经济社会事业科学发展、跨越赶超提供了坚强组织保证。

(一)突出抓好思想政治建设　坚持把思想教育放在党建工作的突出位置,充分发挥党校、"临朐大讲堂"、"临朐e支部"、临朐电视台先锋频道、远程教育网络等阵地作用,全面实施"党员大培训"工程,创新开展理论教育"流动大课堂"活动,通过理论学习中心组读书会、专题辅导报告会、集中宣讲等形式,深入开展马克思主义群众观点和党的群众路线教育,引导党员干部自觉加强党性修养,切实解决好世界观、人生观、价值观这个"总开关"问题。

(二)着力强化干部作风建设　着眼解决少数党员干部存在的工作效率、工作标准、工作质量"三个不够高"和责任心、工作纪律、创新能力、群众观念"四个不够强"等问题,深入开展"解放思想,加快发展"大讨论活动,提升党员干部服务群众的意识和能力。坚持在实践中强化锻炼干部。全面推行"一线工作法"和分管领导现场一线协调推进机制,各级干部的工作执行力不断提升。畅通联系和服务群众渠道,组织开展县级领导干部大接访和干部下访活动,从县直部门抽调154名干部到村担任"第一书记",全程参与村党组织工作,各级干部的思想政治能力、组织动员能力、驾驭复杂矛盾能力不断提高。

(三)切实加强基层组织建设　坚持每年拿出三个月的时间,以"三整顿、三提高、三促进"为主要内容,大力开展农村基层党组织和党员干部教育整顿活动,基层党建工作科学化水平进一步提升。创新推行"两托管一代办"为民服务机制,探索出了一条建设农村服务型党组织的新路子。狠抓后进村治理整顿,为11个班子软弱村配强了党组织书记,40个后进村全部得到有效治理。着力扩大"两新"组织党建覆盖面,建立"两新"组织党支部357个,党组织组建率和工作覆盖率均达到100%。

(四)深入推进反腐倡廉建设　严格落实党风廉政建设责任制,深入贯彻执行《廉政准则》,扎实推进教育、制度、监督并重的惩治和预防腐败体系。以优化发展环境、提升行政效能为突破口,开展"访查正促"活动,突出抓好"庸懒散浮"专项治理,有效解决了一批群众反映强烈的突出问题。以解决发生在群众身边的10个方面腐败问题为重点,加大案件查办力度,全年共立案查处党员干部违法违纪案件153起,给予党纪政纪处分148人。

二、主要工作与成绩

2013年,全县完成地区生产总值205.6亿元,同比增长10.7%;完成固定资产投资207.5亿元,增长20.4%;实现社会消费品零售总额105亿元,增长13.3%;完成财政总收入17.6亿元,公共财政预算收入10.39亿元,分别增长24.2%和28.5%;城镇居民人均可支配收入20815元,增长12.5%;农民人均纯收入11835元,增长12.6%。

(一)工业经济提质增效　始终坚持"工业立县"战略不动摇,大力实施"5141"工程,全县规模以上工业企业实现主营业务收入451.2亿元、利税24.1亿元,同比分别增长9.5%、8.3%。以大项目引进为重点,坚定不移大招商、招大商,重点在建项目达到59个,其中过10亿元项目10个、过40亿元项目1个。骨干企业和高新产业支撑作用不断增强,主营业务收入过亿元工业企业达到164家,纳税过千万元企业达到21家,高新技术产业对工业产值增长贡献率达到37.2%。新增中国驰名商标3件、省名牌产品和著名商标8件、市以上各类研发中心11家,企业竞争力不断提升。

(二)新农村建设扎实推进　加快现代农业转型步伐,全县新增"三品一标"农产品30个,新认证有机农业示范基地3000亩,标准化奶牛养殖场发展到45个、新增奶牛9000头,大棚果和黄烟种植面积分别发展到4.2万亩和5万亩,市级以上龙头企业和农民专业合作社发展到46家、33家。以小农水重点县建设为契机,全面加强农田水利建设,争取各类农业发展资金1.6亿元,新增旱涝保收高标准农田3.9万亩。农村土地承包经营权确权登记颁证工作稳步推进。

(三)现代服务业蓬勃发展　全力突破旅游产业,沂山成功创建为国家5A级旅游景区,实现潍坊市5A级景区零的突破。推动奇石、临朐书画、雕塑、红木工艺等特色文化产业集中规模发展,中华奇石城二期、北方石林扩建等32个文化产业项目进展顺利。商贸物流业实现上档升级,佳乐家购物中心开业运营，华兴商场与银座集团达成战略合作，中国国际门窗幕墙博览城建成运营。聚丰村镇银行、民生银行临朐支行开业运营，大业化工在天交所正式挂牌，全县金融机构本外币存、贷款余额分别达到244.7亿元、178.8亿元，同比分别增长19.8%和23.5%。

（四）发展空间进一步拓展 积极推进"一区四园"建设，龙山高新技术产业园起步区"四纵四横"框架拉起，临朐（滨海）特色产业园完成总体规划和一期项目区基础设施配套。围绕推进城镇化进程，组织实施旧城改造、道路建设、安居工程、公共服务设施建设四大类36项重点城建工程，成功创建国家园林县城，"山水园林宜居"特色进一步彰显。加强道路基础设施建设，新修改建城市道路18条、31.2公里，大修中修县管公路12条、90公里，新建改建农村公路101条、206公里。省道仲临路改线工程全面启动，进一步拉开城区发展框架。

（五）社会事业全面进步 完成民生工程支出17.5亿元，占全部财政支出的73.9%。大力发展教育、卫生事业，新建改建中小学校23处，建成标准化幼儿园29处；县人民医院门诊医技楼、海浮山医院病房楼建成使用。全面加强社会保障，新增城镇就业9892人，转移农村劳动力1.8万人，建设各类保障性住房948套、12万平方米。大力实施农村饮水安全工程，投资1.2亿元，新解决358个村、24.4万人的饮水安全和规模化供水问题。扎实开展"打霸治邪"专项行动，社会保持和谐稳定。

三、创新与经验

（一）把握大局，科学谋划发展思路 坚持把落实上级决策部署同临朐实际紧密结合，提出了"又好又快、跨越赶超"的总基调，确立了围绕建设"富强临朐、文化临朐、生态临朐"总目标，大力实施工业立县、文化兴县、旅游强县、生态活县"四大战略"，着力推进新型城镇化、现代农业和现代服务业"三大体系"建设，不断强化公路交通、产业园区、环境、资源、科技人才"五大支撑"的"一四三五"总体思路部署。实践证明，这些思路举措符合党的十八大和十八届三中全会以及省第十次党代会精神，符合临朐实际，有力地引领和推进了全县经济社会又好又快发展。

（二）提振精神，激发干事创业活力 坚持一年一个主题，连续三年围绕作风建设开展主题教育实践活动，引导广大干部群众坚决破除小富即安、小进即满、按部就班、四平八稳、坐而论道、缩手缩脚等不利于发展的思想羁绊，牢固树立"等不起"的机遇意识、"慢不得"的忧患意识和"坐不住"的责任意识，以思想的大解放，推进境界大提升、工作大发展，各级党员干部的精神状态焕然一新，"用心用力、真抓实干、自强不息、攻坚克难"的工作作风在全县蔚然成风。

（三）狠抓落实，创新工作推进机制 坚持把创新制度机制作为推进工作落实的关键点和着力点，经过积极探索，形成了一套科学有效的工作推进机制。对重点工作，实行指挥部分线负责推进制，做到"一项重点工作、一个工作方案、一名领导挂帅、一套工作班子、负责一抓到底"。对重点项目、重点工程、重点工作实行"三个重点"调度推进机制，县委县政府主要领导、分管领导和"两办"督查室定期不定期进行现场调度。对每一项工作，建立典型带动、分管领导一线协调推进和科学考核奖惩机制，通过坚持和完善科学有效的工作机制，有力地促进了工作落实。

（四）建强队伍，提升干部领导能力 强化发展导向、考核导向和用人导向相统一，全面推行新任科级干部政治理论水平任职资格考试制度，健全干部任用初始提名、差额票决办法，提高选人用人公信度。进一步完善干部考核机制，抓好科学发展综合考核和县直部门绩效考核，创新实行镇街党政正职、县直部门主要负责人考核排名办法，打造了一支境界高、标准高、效率高和责任心强、创新能力强、组织纪律强、群众观念强的干部队伍。

附：（一）临朐县委书记、副书记、常委名单

书　记：顾建华
副书记：刘裕斌　杨锡栋
常　委：顾建华　刘裕斌　杨锡栋　冯　铸
　　　　刘世海　衣利民　郭家荣
　　　　郭宝花（女）　冯　波　周书坤
　　　　王　勇　蔡相山（挂职）

（二）各镇、街道党（工）委书记名单

城关街道	沈明新
东城街道	孙传坤
五井镇	马建平
冶源镇	赵洪军
寺头镇	瞿志敏
九山镇	张守兵
辛寨镇	白文玉
蒋峪镇	王锡利
柳山镇	耿怀金
山旺镇	魏林卿（女）

中共昌乐县委工作概况

昌乐县委书记 张新强

一、组织概况与党的建设

昌乐县总面积1101平方公里,人口61.8万,辖4个镇、4个街道、1处省级经济开发区和1处水库管理区。现有67个基层党委、1495个基层党支部(总支)、36580名党员。2013年,我们全面贯彻党的十八大和十八届三中全会精神,紧紧围绕中心工作抓基层、打基础,抓创新、增活力,基层党建工作全面加强,为全县经济社会科学发展提供了坚强的组织保证。

(一)基层基础更加牢固 组织全县党员深入学习党的十八大、十八届三中全会和习近平总书记一系列重要讲话精神,坚持用中国特色社会主义理论体系武装党员干部的头脑,党员队伍的思想政治素质不断提高。县级领导干部带头进驻后进村,解难点、作示范,加快了后进村转化提升。扎实开展"两新"组织"建组织扩覆盖"活动,"两新"组织党组织实现全覆盖。

(二)党员干部整体素质明显提升 坚持干事创业的选人用人导向,注重从基层选拔干部,让有激情、责任心和事业心的人在重要岗位上干大事业。加大竞争性选拔干部力度,面向全县公开考选8名年轻副科级干部到镇街挂职副书记。开展"双百"示范培训工程,举办培训班30余期。建立领导干部讲课制度,组织县级领导讲课26期。

(三)作风建设成效显著 认真开展党的群众路线教育实践活动,深入开展"强责任、转作风、提效能"学习教育活动,扎实推进"庸懒散浮"专项治理,大力推行"一线工作法",县级领导带头联系镇村、包靠项目和企业,党员干部全部包靠困难家庭、联系一般农户。部门和镇街干部沉到一线抓落实、促发展,营造了创先争优、干事创业的浓厚氛围。

(四)党风廉政建设不断加强 严格落实党风廉政建设责任制,完善风险防控和科技防腐机制,严格农村财务管理,扎实开展财务审计和中介机构清理,突出抓好以清房、清车、清股、清兼职、清公款消费为内容的"五清"和"小金库"专项治理工作,严肃查处不作为、乱作为,党风政风进一步好转。

二、主要工作与成绩

2013年,我们认真贯彻落实中央和省、市决策部署,团结带领全县广大干部群众,紧紧围绕建设富强昌乐、生态昌乐、幸福昌乐的奋斗目标,开拓进取、拼搏实干,经济社会转型发展、科学发展实现新突破。全县完成地区生产总值238.5亿元,增长10.8%;实现公共财政预算收入18亿元,增长10.2%;完成固定资产投资208.6亿元,增长19.1%。先后荣获全国科技进步先进县、全国群众体育先进单位、山东省信访工作先进县、全省水资源管理规范化建设示范县、山东省村级公路网化示范县等称号,被确定为国家智慧城市试点县、国家知识产权强县工程试点县、全省唯一的全国资源成长型城市。

(一)统筹城乡一体发展,新型城镇化加快推进 创新农村新型社区建设模式,以新居所、新设施、新环境、新管理、新生活"五新"为统领,坚持社区、园区"两区"共建,以人为本,因地制宜,规划了114个农村新型社区,27个示范社区正加快建设。按照小城市标准建设小城镇,完成投入22.5亿元,红河镇、鄌郚镇先后入选全省"百镇建设示范行动"示范镇。积极推进智慧昌乐建设,加快建设东部生态新城,引进了总投资350亿元的潍坊西部娱乐城、昌乐二中新校等28个项目,城市承载力进一步增强。

(二)全力招大商转调创,县域经济实力明显增强 一是加快工业转型发展。全力培植装备制造、黄金珠宝加工交易两个千亿级产业和新能源汽车一个500亿级产业,加快建设朱刘新能源、鄌郚乐器等9个蓝色经济特色产业园区。英轩重工、雷丁新能源汽车等项目建成投产,黄金珠宝年加工交易额达到450亿元。规模以上工业企业实现主营业务收入825.9亿元。组织开展5月、9月"集中招商月"活动,洽谈引进了投资30亿元的特种汽车等270多个项目。建成英轩实业博士后工作站,51个项目列为省技术创新项目,技术交易额突破1.2亿元,居潍坊市第一位。二是加快现代农业提升发展。大力培植合作社、家庭农场、专业大户等新型经营主体,规划建设昌乐西瓜科技示范园等一批现代农业园区,认证昌乐西瓜等2件中国地理标志证明商标。全面推广"党支部+合作社"模式,国家级示范社达到4家,建成合作社一条街,全国首笔合作社信用贷款在昌乐发放。2013年,全县农民人均纯收入达到13037元。三是加快现代服务业发展。昌乐宝石节被商务部批准为国际宝石博览会,古火山群被住建部确定为国家自然遗产,被国土资源部确定为国家地质公园,远古火山口群文化旅游景区列为省重点项目,寿阳山旅游度假区被确定为省级旅游度假区,引进中信、交通等4家银行。

(三)全力加强生态文明建设,环境质量持续提升 大力实施丹河、桂河、红河、汶河、白浪河、大圩河"六河"生态修复工程,新建和提升城北、红河等7处污水处理厂,污水全部实现集中处理、达标排放。成片造林3.2万亩,森林覆盖率达到35.2%。城管、环卫、绿化"三托管"实现全覆盖,乔官镇、鄌郚镇被确定为国家级生态镇。

(四)大力发展民生事业,社会全面进步 坚持民生优先,认真践行"群众第一、基层第一、弱势群体第一"的理念,61%的财政支出投向社会事业。规划了总投资450亿元的一路(方山路贯通改造及周边开发)、一园(企业总部基地公园)、一校(昌乐二中新校)等"十个一"工程,正在加快实施。投资5.5亿元新修22条道路,其中16条道路建成通车,是历史上投资最多、修路里程最长的一年。保障房建设、农村饮水安全工程等10件惠民实事全部落实。大力实施昌乐二中"271"教育模式,吸引近万名县外学生前来求学,昌乐教育得到教育部高度评价。在全县大力倡树孝顺、诚实、实在、实干"一孝三实"的新风尚,社会文明程度进一步提高。

三、创新与经验

(一)以工作力量下沉为重点,完善社区运行机制 全县社区全部成立党组织,落实一个计划、一套制度、一份档案、一本台账"四个一"管理机制,70%以上的镇街干部吃住在社区、工作在社区、服务在社区,统一配备200辆新能源便民服务车,24小时受理群众诉求,履行好发展经济、治理社会、推进社区规划建设"三项职责"。实行县直部门包靠社区制度,选派年轻后备干部到重点村担任"第一书记",把社区变成了联系服务群众的载体、锻炼干部的平台。我县的社区建设、运行工作得到潍坊市主要领导的充分肯定和高度评价。

(二)以环境综合整治为抓手,全面提升环境质量 把生态建设作为重大民生工程,以壮士断腕的决心和力度抓环保,在潍坊市率先开展污染综合整治,先后关停、拆除、治理不达标企业152家,淘汰潍焦集团40万吨湿法熄焦等一批落后产能,与德国鲁奇公司合作新上工程塑料等转型项目,经济、生态效益实现双促进、双提升,空气质量排名始终保持全市前列,8月、11月居全市第一位。中宣部将昌乐作为典型重点宣传,中央电视台《焦点访谈》、《人民日报》、《经济日报》等媒体和栏目作了深入报道。

(三)以推进产业"四化"为引领,加快工业转型发展 牢牢把握中央和省委工作指导的重大转变,强化骨干企业龙头带动,"一个产业一个策略",加快造纸包装产业向制造服务化、食品加工产业向品牌化、传统化工产业向精细化、装备制造产业向高端化转型,进一步增强了产业竞争力,提升了工业发展质量和效益。我县围绕"四化"探索工业转型发展新路子的做法得到潍坊市委主要领导肯定性批示。

(四)以"干部回家"帮扶发展为纽带,密切党群干群关系 探索推行县直机关"干部回家"帮扶发展制度,组织2100多名机关干部利用业余时间回原籍村帮扶发展,在全县开展"大走访"活动,村村到、户户进、全覆盖,建立起直接联系服务群众新机制,有力地推动了干部作风转变,促进了农村发展稳定。现已落实帮扶项目360多个,代办服务事项1180件。

附:(一)昌乐县委书记、副书记、常委名单

书　记:张新强

副书记:高立伯　肖建华

常　委:张新强　高立伯　肖建华　田元君　张建伟　高登友　徐玉山　包艳伦　孙春雷　刘艳芳(女)　田永全

(二)各镇、街道、区党(工)委书记名单

县经济开发区(宝城街道)	张金涛
朱刘街道	王永信
宝都街道	张　彬
五图街道	刘德利
乔官镇	王龙之
营丘镇	秦春军
红河镇	张志强
鄌郚镇	张义增
高崖水库库区	孔德奎

济　宁　市

中共任城区委工作概况*

济宁市委常委、任城区委书记　张　辉

2013年,任城区委团结带领全区各级党组织和广大党员干部群众,解放思想、凝聚力量,厉行担当、创新争先,在顺利实施区划调整的同时,全区经济社会始终保持了良好发展态势。

一、组织概况与党的建设

全区共有基层党组织1755个,其中党(工)委114个,党总支99个,党支部1542个,党员38305名。

(一)思想政治建设全面提升　把思想建设作为根本性、基础性工作。充分发挥区委理论学习中心组示范引领作用,自觉用党的基本理论和十八大精神、十八届三中全会精神武装头脑,着力促进党员干部境界提升、素质提高、能力增强。特别在区划调整期间,突出强化党员干部的政治意识、责任意识、担当意识,全区各级各部门讲政治、顾大局、守纪律,与中央和省、市委保持高度一致,促进了全区干部群众思想融合、工作融合。

(二)基层组织建设扎实推进　扎实推进服务型基层党组织建设,不断强化基层党建工作责任,科学确立基层党建创新项目。认真落实市委"两增一扶"要求,持续壮大村级集体经济,基层党组织的战斗堡垒作用和党员的先锋模范作用得到有效发挥。创新开展"联系群众年"、"服务群众年"和"群众工作巩固年"系列活动,扎实做好干部驻村联户工作,实现了联系服务群众全覆盖、常态化。

(三)规章制度建设日益完善　坚持以制度规范工作,严格执行干部日常管理监督季报告、零报告制度,建立健全监督制约和责任追究制度,实行干部双向约谈制度。每周召开书记办公会,沟通全区重点工作;每月召开党政联席会,总结上月工作,部署下步任务。集中修订完善《区委全委会工作规则》、《区委常委会议事规则》等多项规章制度,制定出台重大事项决策暂行办法,对"三重一大"事项由区委常委会集体研究确定,促进了区委议事决策的科学、民主、依法、有序。

(四)班子队伍建设不断加强　坚持"德才兼备、以德为先"的用人标准和凭实绩用干部的正确导向,分批次充实调整部分经济工作、创卫工作和正职空缺的部门单位领导班子。结合区划调整,坚持公开公正民主任用配备区直部门单位科级干部,选派干部到对口上级部门挂职、到重大项目指挥部工作,拓宽了选人用人的渠道,进一步优化班子结构、增强整体功能,为顺利完成干部调整、发挥干部优势打下坚实基础。

(五)党风廉政建设取得新进展　严格落实党风廉政建设责任制,始终坚持廉洁自律,认真执行廉洁从政各项规定,深入开展形式多样的党风廉政建设宣传教育活动,着力解决损害群众利益和破坏发展环境的突出问题,坚决惩治不正之风和违法违纪行为,做到干净干事、干事干净,树立了为民务实清廉的良好形象。

二、主要工作与成绩

2013年,全区完成地区生产总值450亿元,公共财政预算收入48.5亿元,固定资产投资246亿元,社会消费品零售总额270亿元。主要经济指标高于全市全省平均水平,综合实力位居鲁西前列。

(一)经济发展增量提质　产业结构调整为"321"格局,三次产业比例达到4.8∶36.9∶58.3。服务业主导地位凸显,限额以上服务业企业达到426家,高端地产、金融保险、商贸物流等产业增势强劲,太白楼路、红星路、金宇路、火炬路特色商圈产业聚集度进一步提高。工业经济快速增长,规模以上工业企业达到173家,精细材料、机械制造、食品医药、高端轻工四大主导产业占全区工业主营业务收入比重达到62%,新信息、新材料、新能源和节能环保产业加速成长,碳素集团销售收入突破百亿。都市型现代农业特色初显,"南水北林"格局逐步形成,苗木花卉、瓜果蔬菜、食用菌、水产养殖亮点增多,农业龙头企业、农村合作经济

* 2013年11月,根据国务院《关于同意山东省调整济宁市部分行政区划的批复》和省政府《关于调整济宁市部分行政区划的通知》精神,济宁市实施撤销市中区、任城区,设立新的任城区,以原市中区、任城区的行政区域为新设任城区的行政区域。

组织分别发展到50家、523家，农业产业化经营率达到65%，43个农产品通过“三品一标”认证。

（二）发展后劲显著增强 项目更具带动力。在建亿元以上项目146个，新签约亿元以上项目42个，招商引资到位资金152亿元，实际利用外资2000万美元。投资2亿美元的博拉炭黑、投资25亿元的山东路邦汽车智能防撞系统、投资30亿元的山东钢联电子商务产业园等重大项目成功签约。园区更具承载力。济北高新技术产业园、唐口工业园基础设施加快完善，43家企业入园发展。企业更具创新力。国家高新技术企业达到17家，国家级实验室4家，省级工程技术中心、企业技术中心12家，高新技术产业产值占比达到23.8%。创业更具新活力。民营业户和从业人员分别发展到5.3万户、36.2万人。

（三）城乡建设展现新面貌 城市建成区面积达到53.3平方公里，城镇化率达到75%。北二环、金宇路、济阳路升级改造、文体中心等40余个重点城建项目稳步推进。东南片区、西南片区、城北片区、城西片区和大运河文化产业带等重点片区、重点地段开发建设步伐加快，济北新区、滨河新城成为中心城区北延、西跨主要板块，城市建设呈现连片突破之势。长沟镇纳入全省“百强示范镇”，唐口、南张等街镇驻地改造和唐营等9个新型社区加快建设，农民就地城镇化途径进一步拓宽。全面启动“五城同创”，大力实施创卫攻坚，整治城区背街小巷128条，改造旱厕130个，446个村完成环境综合整治，城乡面貌焕然一新。节能减排约束性指标如期完成，南水北调东线工程过境水质稳定达标，生态环境不断改善。

（四）社会大局和谐稳定 民生保障十大体系不断完善，公共财政民生支出28.4亿元，承诺的民生实事如期兑现。驻村联户扎实深入，有效解决了一批群众关心的热点难点问题。城镇就业、农村劳动力转移就业稳步增加，城镇登记失业率控制在3%以内，实现城镇居民人均可支配收入26866元、农民人均纯收入11325元，同比分别增长11.4%、12.5%。五大保险参保人数达到92万人次。城乡办学条件、教育质量同步改善。基本公共卫生服务水平不断提升。保障性住房建设和农村贫困家庭危房改造如期完成。平安任城建设扎实推进，“三安”工程、社区“六进”工作加快实施。“四德工程”和精神文明创建活动创新开展，社会大局始终保持安全和谐稳定。

三、创新与经验

（一）牢牢把握区划调整重大机遇 2013年11月，根据国务院批复和省政府通知精神，济宁市撤销市中区、任城区，成立新的任城区，揭开任城发展的新篇章。按照市委、市政府部署要求，新任城区委领导班子周密安排、精心组织、稳步推进区划调整工作。2013年11月29日，新任城区委正式挂牌。12月中旬，区人大和区政协一届一次会议相继召开，选举产生新的政权机构。区划调整以来，全区党员干部牢牢把握区划调整的历史机遇，充分放大资源优势叠加效应，一手抓调整、一手抓发展，实现了科学发展融合发展的良好开局。

（二）科学确立新的思路和目标 紧密结合新形势新任务新要求，特别是面对区划调整的重大机遇，广泛征求意见建议，及时在发展的定位、目标、重点等关键问题上明确了方向。抬高境界标杆，确立了建设“省内一流现代化强区”、努力在全市率先全面建成小康社会的奋斗目标；坚持以科学发展融合发展为主题，以转方式调结构为主线，以改革创新为动力；突出重点任务，着力打造“现代产业发达区、生态文明示范区、运河文化特色区、幸福和谐首善区”。

（三）着力推进产业转型升级 大力实施“产业兴区”战略，全力构建以现代服务业为主导、新型工业快速突破、都市型农业健康发展的现代产业新体系。坚持服务业主导地位，牢固树立现代服务业强区意识，按照“多元发展、路带拓展、板块支撑、总部聚集”的思路，完善规划、优化布局，着力打造区域性“五大中心”。大力实施“工业追赶”战略，实施工业企业本土化提升战略，落实中小企业成长计划，扶持龙头骨干企业，有力促进了工业经济发展。积极建设都市型农业，突出“南水北林”特色优势，加快农业产业结构调整，深入推进农业农村综合改革。坚持建设园区发展平台，坚持“优势互补、错位联动、整体提升”，着力加大任城经济开发区、唐口工业园、济北高新技术产业园“三园”建设力度，严格项目入园评审论证制度，增强园区承载力和发展后劲。坚持强化科技创新，建设了中科院计算所济宁分所，开展了国家“智慧城市”试点工作，科技进步对经济增长的贡献率逐年提高。坚持“项目带动”战略，将重大项目全部纳入指挥部管理和区级领导联系包保体系，严格“半月调度、月度通报、季度考核、半年观摩”工作制度，落实招商引资责任制，持续掀起引项目上项目抓建设的热潮。

（四）突出抓好民生保障工作 坚持民生优先，不断健全完善民生保障十大体系建设，创新完善了创业促进会、多元惠普型养老等民生工作。扎实推进社会治理创新，以网格化为依托，以一体化社会治理服务平台为载体，将人口信息、社会治安、信访维稳等数据整合纳入平台管理。同时，创新实施“三安”工程、社区“六进”等工作，构建起全覆盖、精细化、一体化治理服务新体系。

（五）不断创新完善体制机制 创新投融资机制，鼓励不同投资主体参与城镇建设。积极探索土地利用模式，大力开展土地增减挂钩，破解土地制约瓶颈。实行领导干部分线工作制度，严格落实目标责任、督导检查、考核奖惩“三个体系”，创新完善“大督查”督导机制，充分激发起各级干事创业的内生动力。

附：（一）任城区委书记、副书记、常委名单

书　记：张　辉

副书记：岳根才　张玉强　朱勇志

常　委:张　辉　岳根才　张玉强　朱勇志
王宏伟(女)　范德元　汪金厚
杨力新　曹　广　李功川　刘学圣
崔兆收

(二)各街道、镇党(工)委书记名单

阜桥街道	万庆军
古槐街道	曹晓东
金城街道	赵才文
李营街道	孙兴格
仙营街道	赵文卫
观音阁街道	孙长新
越河街道	贯庆斌
济阳街道	韩　波
南苑街道	梁玉志
喻屯镇	陈贵清
唐口街道	孟祥建
安居街道	刘恒志
南张街道	赵　岗
长沟镇	谢晓华
二十里铺街道	陈元强

中共兖州区委工作概况

兖州区委书记　张玉华

2013年,兖州区委认真贯彻省市委各项决策部署,深入学习贯彻党的十八大和十八届三中全会精神,团结带领全区广大干部群众,开拓创新,拼搏实干,保持了经济社会又好又快发展的良好态势,科学发展跨越发展迈出坚实步伐,改革开放和现代化建设取得显著成绩。

一、组织概况与党的建设

截至2013年底,兖州区共有基层党组织1662个,其中基层党(工)委60个,党总支132个,党支部1470个,党员35077名。区委按照"围绕发展抓党建,抓好党建促发展"的思路,以开展"干部联户、党群连心"活动为载体,深入实施"基层党组织服务能力提升工程",扎实推进各领域基层党建工作和党员队伍建设,为经济社会发展提供了坚强有力的组织保障。

(一)大力加强思想政治建设　深入学习贯彻党的十八大和十八届三中全会以及习近平总书记一系列重要讲话精神,始终在政治上、思想上、行动上与党中央保持高度一致。坚持以中国特色社会主义理论体系武装和教育全区党员干部,各级党组织的创造力、凝聚力、战斗力进一步加强。

(二)扎实推进基层组织建设　狠抓基层党建工作责任制落实,实行了区镇村三级书记抓基层党建报告述职制度。注重加强基层党组织书记队伍建设,提高了村级运转经费和村干部补贴标准。在农村党员中开展了理想信念教育活动,查摆解决村级工作中存在的突出矛盾和问题,提升了基层党组织服务能力和水平。

(三)深入开展"干部联户、党群连心"活动　以"访民交心、惠民直通、利民解困、富民强村"四民工程为主题,选派3588名干部深入437个村居,与11.07万户城乡居民建立联系,实现了"每名干部都有联系户、每户家庭都有干部联系"两个全覆盖。通过开展活动,收集群众意见4985条,化解矛盾问题4272件,帮助新上致富项目672个,真正让干部接受了锻炼、让群众见到了实惠。

(四)突出抓好各级领导班子和干部队伍建设　坚持"德才兼备,以德为先"用人标准,不断完善竞争性选拔干部方式,做到了多数人选干部、在多数人中选干部、选作风好的干部。加强人才队伍建设,实施了高端人才引进"316"工程,引进海内外高层次人才216人,被评为全省人才工作先进单位。

(五)切实强化党风廉政建设　加强廉政教育,组织开展了廉政勤政宣誓、德廉知识测试、"廉洁教育讲堂"等系列活动。创新实行"庭审情境教育",切实加强农村和社区党风廉政建设,"清风社区"品牌被评为济宁市反腐倡廉工作创新成果。加大查办案件力度,建立联席会议、信息共享、案件移送等制度,形成了查办案件的整体合力。

(六)不断加强干部作风建设　认真落实中央八项规定精神和省、市委实施办法,出台了厉行节约、公务接待、公车使用、住房管理等方面的具体规定,并持续加大监督检查力度。深入开展"软环境建设年"活动,出台了"十条禁令"、"七个一律"、"八不准"等纪律要求,对违规违纪行为加大明查暗访力度,坚决刹住各种不正之风。开展了"庸懒散"专项治理,突出解决办事效率低下问题。深化"三个体系"建设,完善工作推进机制,进一步树立起干事创业的鲜明导向。

二、主要工作与成绩

(一)经济保持平稳较快增长　全年完成地区生产总值554.9亿元、增长11.7%,公共财政预算收入37.9亿元、增长13.6%,县域经济综合实力跃居全省第19位。认真落实扶持十百千亿工业企业加快发展的《意见》,全力推进大型企业创千亿、骨干企业创百亿、中小企业创亿元,规模

以上工业企业新增35家、达到179家,太阳纸业、华勤集团稳居中国企业500强,以永华机械、育达医疗等为代表的一批高成长型中小企业迅速崛起。限额以上服务业企业发展到245家,服务业增加值占GDP的比重达到33.8%,连续三年被评为"全省服务业发展先进市"。

(二)转型发展取得新的突破 全区规模以上新兴产业企业达到33家,新兴产业占比提高到17.9%,农机产业被认定为全省中小企业产业集群,4个项目被列为全省重点战略性新兴产业项目。出台了加快推进企业上市的意见,区财政每年列支1000万元用于扶持补助,3家企业纳入全省、16家企业纳入济宁市上市后备资源库,被评为"全省企业上市工作先进市"。按照"区辖镇"模式,组建新的兖州工业园区,积极争创国家级开发区。深入开展"大项目突破年"活动,列支1000万元支持招商引资和大项目建设,成功举办"首届百家名企走进兖州经贸洽谈"等招商活动,集中开工4批重大项目,全年签约64个亿元以上项目,实施过亿元项目138个,利用区外国内资金72亿元,到位外资1.6亿美元,完成进出口19.3亿美元。区财政每年拿出2000多万元支持企业科技创新,创成驰名商标2件、著名商标14件、省级名牌产品25个,全区拥有省级以上研发平台23处,国家级高新技术企业17家,高新技术产业占比提高到23.4%。

(三)城乡面貌发生明显变化 按照"产城融合、统筹城乡、一体发展"的思路,不断优化城乡布局、完善城市功能、改善环境面貌。城市建成区面积达到43平方公里,城镇化率提高到61.3%。启动实施55项重点工程,九州大桥及连接线、新人民医院、体育中心等31项全面竣工或基本建成,104省道改线、金融中心、职教中心等重点项目加快建设,城市功能形象明显提升。新建改建市民公园、百卉公园、君临健身公园等26处公园绿地,新增城市绿化面积347万平方米,城市绿化覆盖率提高10个百分点、达到36.2%,绿地率达到31.4%。扎实推进农村新型社区建设,新启动楼房115栋3126户,拆除旧房2309户,腾空土地1080亩。推行了"按量定酬"农村垃圾清运模式,农村生活环境得到进一步改善。

(四)民生事业发展水平不断提高 全面启动了民生保障"十大体系"建设,全年用于民生的支出达到22亿元,占财政总支出的55%。城镇居民人均可支配收入、农民人均纯收入分别达到27738元、13383元,分别增长15.1%和15.2%。新增城镇就业10500人、劳动力转移就业9569人,城镇登记失业率控制在2%以内。提高了城乡低保标准,城乡居民养老保险实现全覆盖,基础养老金提高到每人每月85元,高出省定标准20元。建成启用社会福利综合服务中心和残疾儿童康复服务中心,探索推行了"医养结合"养老服务模式。继续设立1000万元大病救助基金,实施了人民医院公立医院改革,开展了"千名保健医生进农户"活动,提高了城乡群众医疗健康水平。投入1.05亿元新建改造10处中小学和11处公办幼儿园。义务教育阶段学生营养课间餐实现全覆盖,学前教育三年行动计划全面完成。加强基层公共文化设施建设,"一月一主题、月月都精彩"群众文化活动深入开展,被评为首批"文化强省建设先进市"。深入推进平安建设活动,和谐稳定的社会局面不断巩固和发展。

三、创新与经验

(一)创新发展理念 着眼兖州发展阶段和区域竞争态势,坚持稳中求进、改革创新,确立了"一二三四五"的发展思路,动员全区上下围绕提高经济增长质量和效益这一中心,坚持工业化、城镇化"双轮驱动",瞄准全省进位次、县域当排头、率先达小康"三大目标",实施项目带动、创新驱动、开发引领、人才支撑"四大战略",促进新型工业化、城乡一体化、农业现代化、保障全民化、环境生态化"五化同步",有力推动了经济社会又好又快发展。

(二)倡树实干作风 坚持领导干部带头转作风、抓落实,深化解放思想大讨论活动,进一步打开思想通道、提升发展标杆;部署开展"软环境建设年"活动,全面加强作风建设,深度优化发展环境。

(三)完善"三个体系" 通过严格的考核奖惩、有力有效的监督检查,从体制机制上保证各项决策部署的落实,进一步树立起干事创业的鲜明导向。

附:(一)兖州区委书记、副书记、常委名单

书　记:张玉华

副书记:董　波　王　骁

常　委:张玉华　董　波　王　骁　初建伟　刘英会　李艳华(女)　曹广州　毛景卫　徐继瑞　邱培友　唐　军

(二)各镇、街道党(工)委书记名单

酒仙桥街道	孙　恒
鼓楼街道	颜丙辉
龙桥街道	陈　伟
新兖镇	张建芬(女)
大安镇	王　建
漕河镇	韩　枫
小孟镇	张　冲
新驿镇	张　猛
颜店镇	郭玉清
兴隆庄镇	栾　涛

中共曲阜市委工作概况

曲阜市委书记　李长胜

2013年,曲阜市委深入贯彻落实党的十八大、十八届三中全会、习近平总书记系列重要讲话和视察山东、视察济宁、视察曲阜重要讲话精神,团结带领全市广大党员干部群众,始终坚持实干兴市总要求,努力开创了科学发展跨越发展新局面,蝉联济宁市科学发展综合考核第一名,获得了济宁市“招商引资工作先进市”、“社会稳定信访工作先进市”、“群众满意先进市”等荣誉。全年实现地区生产总值331.66亿元,增长12.5%;地方财政收入20.1亿元,增长16.3%;完成固定资产投资174.57亿元,增长24.5%;城镇居民人均可支配收入20365元,增长13.1%,农民人均纯收入11268元,增长14.3%。

一、组织概况与党的建设

曲阜市现有基层党(工)委42个,党组36个,党总支181个,党支部1477个。共有党员37286人,其中男党员30965人,女党员6321人;汉族党员37163人,少数民族党员123人。

曲阜市委紧紧围绕中央和省、市委部署要求,坚持以改革创新精神全面加强党的建设。一是深入开展党的群众路线教育实践活动。深化拓展第一书记“1+1”制度,建立干部群众“三联系”制度,认真开展“干部党员联户”、“万户大走访”等活动,第一书记“1+1”制度荣获全国基层党建创新最佳案例。二是强力推进基层组织建设。率先试行镇党代会年会制和党代会代表提案制,深入实施“基层党组织服务能力提升”工程,镇街党群服务中心全部建成使用,巩固提升“百强示范村”创建工程,分批展开“百村集体经营场所示范”建设,村级组织活动场所全部消灭“空白村”,基本建立村级民生代办体系。三是切实加强干部队伍建设。坚持“以德为先、实绩至上”和“重视基层、倾斜一线”用人导向,继续推行实绩公示、正反评德等制度,探索实施了公推直选镇(街)党(工)委书记和差额选拔任用镇街部门正职等制度。大力实施人才引进“511”工程,引进硕士、博士等高层次人才155名。四是强力推进干部作风转变。大力弘扬“5+2”“白加黑”精神,认真践行“天天一线”、“马上就办”工作法;制定并严格执行《关于改进工作作风密切联系群众的二十条规定》、《关于厉行勤俭节约反对铺张浪费的十条暂行规定》;严肃“8·36·7”纪律要求,开展了“中层干部作风整顿巩固提升年”和“村居党组织书记作风整顿年”活动,实行了村干部作风群众直评制度。

二、主要工作与成绩

(一)招商引资和项目建设实现新突破　大力实施专业化、大规模和常态化驻点招商,强力推进项目建设。签约项目193个,引进世界500强企业一家;尼山圣境项目被列为省重大文化旅游产业项目第一位;4个项目纳入省西部经济隆起带发展规划。

(二)工业经济快速发展　坚持“工业立市”战略,着力扶持发展生物医药、汽车及零部件两大主导产业。全市新增规模以上工业企业43家,达到162家;新增税收过千万元企业6家,达到22家;新增国家级高新技术企业4家,达到11家;新增科技型小微企业111家。

(三)文化强市建设加快推进　全力配合“曲阜文化经济特区”规划建设,启动18平方公里的国家级文化产业园区核心区规划建设,尼山圣境、鲁故城考古遗址公园、孔子国际文化交流中心、蓼河二十里清明上河园等项目加快建设。孔庙成为国家级海峡两岸交流基地。深入推进“彬彬有礼道德城市”建设活动,实现了“善行义举四德榜”农村全覆盖,承办了全省“四德”工程建设现场会,开展了“唱响曲阜·舞动圣城”人人唱村村演等文化活动,实施“511”文化惠民工程,“15分钟公共文化服务圈”基本形成,曲阜成为山东省文化强省建设先进市、全省“四德”工作先进市。

(四)城乡建设水平明显提升　大力实施“一轴双城”“一路两河”“一轴三区”城市发展战略,实施了80项城镇建设工程,城镇化率达到54%。全面启动国家卫生城市、国家园林城市、国家级生态市、国家森林城市、全国环保模范市“五城同创”工作,通过省级卫生城市复核验收和除“四害”省级评估验收,建成国家级生态乡镇9个,成为“山东省园林城市”和“省级生态市”,获得“山东人居环境范例奖”。

(五)镇域经济发展势头强劲　以主体功能区理论为指导强力振兴镇域经济。12个镇街全年在建主导产业项目167个,其中过亿元83个。8个镇街地方财政收入超过3000万元,其中5个镇街超过5000万元。全力发展现代农业,创建林业院士工作站1家,农产品标准化生产基地达到17个,规模以上农业产业化龙头企业达到89家。大力实施“科教兴村”战略,注册家庭农场153家,一村一品专业村达到89个,农民专业合作社达到454家。

(六)民生保障体系不断完善　坚持“百姓至上”理念,坚持财政民生投向,拓展实施农村“村村通、村村洁、村村绿、村村亮、村村医、村村安、村村演、村村富、村村和、村村响”十个全覆盖工程,大力实施教育名市、健康名市、人才引进“511”、失独家庭关爱、全民创业、农村土坯房改造和保障性住房建设等系列民生工程,在全省率先实现了全民免费健康查体和困难家庭大病全报销,兑现了“百姓生活年年有改善、人民群众年年得实惠、干部职工年年涨工资”的承诺。深入推进平安曲阜建设,“新三大员”制度被评为“全国第二届社会管理创新优秀案例”;常态化开展“大接访、大走访、大下访”活动,信访局第一局长“1+2”工作制度入选第四届全国优秀地方新政第一名。

三、创新与经验

(一)创新决策方式 坚持民主集中制原则,完善制定了《关于提高市委常委会议事决策质量的办法》、《曲阜市“三重一大”事项决策办法》;创新开展了“群众最不满意十件事”征集交办活动,着力完善工作由“群众提出、群众交办、群众监督、群众评判”的程序和制度,探索建立了群众监督批评党委政府工作机制;推行了常委倒序发言模式,建立了网民与市委书记面对面、干部群众三联系等制度,设立了社情民意调查中心,逐镇召开常委会研究确定镇街发展思路目标,提高了议事决策的科学化、民主化水平。

(二)创新工作思路 一是按照“农业招商重标准、工业招商上规模、文化招商重品牌、城建招商上档次”的原则,坚持“专业化、大规模”招商不动摇,试行了“一小时谈判制”和“一对一”招商模式,先后策划举办驻点、专题招商活动29次。二是实行“一事一议、一企一策”,推进企业合资合作、科技创新和上市融资。三是着力实施文化建设突破战略,完善了国家级文化产业园示范园管理运作机制,做大了融资平台,推出了“背论语免费游三孔”活动,坚持天天举办开城仪式、祭孔仪式、晨钟暮鼓仪式和儒家思想讲座,进一步弘扬和传承了民族优秀传统文化。四是按照“高点定位、全面铺开、重点突破、创新推进”的城建总要求,实施了“房地产优先发展”战略和城市慢行系统规划建设工程,加快推进了开发区扩区升级和高新区基础设施建设步伐。五是将“四德”建设作为践行社会主义核心价值观的具体实践,以“东方圣城·首善之区”为目标,从儒家思想传统美德中撷取“爱、诚、孝、仁”四字作为社会公德、职业道德、家庭美德和个人品德建设的支点和承接点,设立1000万元专项基金,以全覆盖的理念为指导,具体化、标准化、制度化地开展了“彬彬有礼道德城市”建设活动。

(三)创新推进机制 全面推行个性化考核,实现镇街分类考核、部门同类同考。推行干部工作实绩周公示制度,规范新闻发布会制度,设立曝光栏,组建群众监督评议团,召开网民座谈会,形成“五位一体”的监督机制。完善提升“马上就办”工作法,创新实行“一会制”决策审批模式,建立健全了“天天一线”工作机制、常态化项目论证机制、指挥部运作机制、“村村到”检查落实机制和“一月一通报、一季一观摩、半年一评议、年终总考核”的检查评比机制。

(四)创新廉政制度规范 健全完善惩防体系,全面开设“廉洁道德讲堂”,推行了市委权力公开透明运行试点工作、市级党政领导班子成员向同级纪委全委会述廉试点工作、镇街及部门党政主要领导“五不直管”和村官经济责任市级直审制度,深化完善“四零”工程,健全完善了电子监察平台。

附:(一)曲阜市委书记、副书记、常委名单

书　记:李长胜
副书记:杨凤东　赵永和
常　委:李长胜　杨凤东　赵永和　刘继芳　李　丽(女,满族)　马建国　高西强　张令华　靳　亚　马　刚　高心红

(二)各镇、街道党(工)委书记名单

鲁城街道　朱兴武
书院街道　朱亚峰
王庄镇　丁　刚
石门山镇　刘一山
吴村镇　宋　昱
姚村镇　刘慧敏(女)
时庄街道　孔文旭
陵城镇　胡士川
小雪街道　刘继峰(回族)
息陬镇　高晓华(女)
尼山镇　陈　鹏
防山镇　程广利

中共泗水县委工作概况

泗水县委书记　范宇新

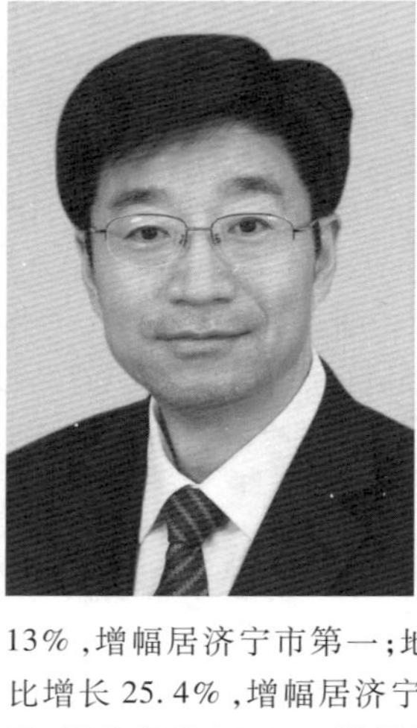

2013年,泗水县委以邓小平理论、“三个代表”重要思想、科学发展观为指导,全面贯彻落实党的十八大、十八届三中全会和习近平总书记系列重要讲话精神,团结带领全县广大党员干部群众,解放思想,开拓进取,克难攻坚,奋发作为,推动经济与社会各项事业发展取得新突破。全年实现地区生产总值135.42亿元,同比增长13%,增幅居济宁市第一;地方财政收入完成6.85亿元,同比增长25.4%,增幅居济宁市第二;固定资产投资96.9亿元,同比增长24.1%,增幅居济宁市第三;城镇居民人均可支配收入、农民人均纯收入分别增长13.4%、14.8%,增幅均列济宁市第一。在济宁市2013年度科学发展综合考核

中,泗水县取得第五名的好成绩。在全省县域科学发展综合评价考核中,泗水县综合实力排名比上年上升24个位次、幅度列全省第11位,“两个同步”考核列全省第36位。

一、组织概况与党的建设

泗水县辖2个街道、10个镇、1个乡和1个省级经济开发区,601个行政村(社区)。现有基层党组织1224个,包括28个党委,95个党总支,1101个党支部,其中农村党支部571个。共有党员28708名,其中农村党员16578人。

(一)思想政治建设方面 不断健全完善县委理论中心组学习制度,全年举办4期县委理论学习中心组读书会。毫不放松地抓好党员干部理论学习,全年共举办22个主体培训班次、7期“泗水领导干部大讲堂”。深入学习贯彻党的十八届三中全会、习近平总书记系列重要讲话及视察山东视察济宁重要讲话精神,使各级党员干部始终在思想上、政治上、行动上与党中央保持高度一致,与省委、市委保持步调一致,切实增强了各级党组织贯彻执行党的路线方针政策的坚定性和自觉性。

(二)基层组织建设方面 严格落实党建工作责任制,县委常委会召开6次专题会议研究党建工作。积极实施“基层党组织服务能力提升工程”,全年新建、扩建、修缮村级组织活动场所231个,共拨付运转经费及奖补资金1138万元。实施“基层党组织服务能力提升工程”,全县13个乡镇(街道)全部建成党群服务中心。深化干部驻村联户工作,全年下派驻村联户干部7147名、联系农户14.2万户,实现了干部、农户“两个全覆盖”。

(三)党风廉政建设方面 扎实开展“作风效能改进年”活动,开展廉政勤政宣誓和书写廉政勤政承诺书、会员卡清理活动。全面推行“廉洁教育讲堂”建设,筛选了16个讲堂节目,举办了廉洁教育大讲堂精品展演。积极构建农村“四民主、三公开”工作长效机制,扎实推进农村党风廉政建设。严格落实中央“八项规定”和各级实施办法,深入实施“庸懒散”专项治理,大力加强反腐倡廉建设,保证领导干部廉洁从政,树立为民、务实、清廉形象。

二、主要工作与成绩

(一)发展后劲显著增强 成立由县级领导挂帅的四个区域招商组和六个专业招商组,聘请40名企业家为县政府招商顾问和招商分局局长,集中时间、集中精力、集中资源招商。成功引进娃哈哈二期、中耀陶板、润泽国际广场、吉阳光电等一批过十亿元大项目,全年共引进项目178个、其中过亿元项目36个、过十亿元大项目5个,实际到位资金54亿元、同比增长25.4%,实际利用外资2810万美元、增长46.9%。创新建立项目审批“两大服务链条”,对重点项目实行县级领导包保推进,一周一通报、一月一观摩、一月一公示,项目建设呈现“签约一批、落地一批、在建一批、达产一批”的良性循环。新开工重点项目42个,全年共实施规模以上项目143个,康得新二期、康师傅二期、汇川汽车部件、鸿润食品等21个产业项目建成投产,为跨越发展奠定了坚实基础。

(二)工业经济增量提质 着力实施“13512”产业培植工程,强化运行调度监测,深入为企业排忧解难,推动工业经济保持良好运行态势。新增规模以上工业企业35家、达到120家,工业增加值增长12.51%。食品产业集群发展效应凸显,荣获“全国食品工业强县”称号。泗水经济开发区承载能力明显增强,新进驻亿元以上项目17个,荣获“2013山东省投资环境最佳园区”称号。投资6000余万元建设了科技服务中心,投资4000余万元建设了济宁市第一家县级科技企业孵化器,新增国家级高新技术企业6家、市级4家。成功申报省级中小企业创业园,全县民营经济总户数达到1.75万户,上缴税金增长17.8%。对外经济贸易发展态势良好,实现进出口总额2.04亿美元,同比增长20.8%。

(三)特色经济发展迅速 现代农业加快发展,新申报认证“三品”基地5处、6.4万亩,新发展规模养殖场240个,成功创建“省级现代农业示范区”。“泗水粉皮”、“黄沟池藕”、“柘沟土陶”获批国家地理标志证明商标,认证数量达到11个,在全国县级位居前列。成功创建“国家核桃示范基地”,荣获“全省农机安全示范县”称号。乡村旅游活力迸发,成为全省六个乡村旅游重点县之一,省级以上乡村旅游点数量位居济宁市首位,泗水“赏花汇”被评为省级乡村旅游节庆活动。全年实现旅游社会总收入24亿元、增长24.8%。

(四)城乡面貌日新月异 大力实施“城镇化追赶战略”,城镇化率提高3.37个百分点、达到38.2%。投资34.4亿元实施5大类、81项重点城建项目,是投资最大的一年。在济宁市率先争创“国家园林县城”,新建伏羲公园、人民路广场等4处公园广场,各项指标均达到或超过创建标准。泗水生态新城建设拉开序幕,启动了滨河大道、圣华路北延等市政设施建设。建设工程质量大幅提升,12个项目获市“运河杯”、位列全市第一,2个项目获省“泰山杯”,填补了我县空白。积极实施“乡镇驻地改造提升工程”,示范镇和中心镇建设取得阶段性成果。大力开展环境综合整治,顺利通过“省级卫生县城”复核验收。

(五)生态建设稳步推进 积极开展“大绿化”行动,新增成片造林7.3万亩、绿色通道52公里,森林覆盖率提高3.1个百分点、达到45.1%,林木绿化率提高2.5个百分点、达到48.1%。“全国绿化模范县”正式授牌,成为济宁市第一个国家级绿化品牌。成功创建“圣源湖省级水利风景区”、“龙湾湖省级湿地公园”,泉林国家森林公园通过评审验收。“省级生态县”创建基础工作全部完成,入围“全国绿色能源示范县”备选。

(六)民生事业全面发展 积极开展“民生建设改善年”活动,民生保障“十大体系”进一步健全完善,年初承诺的惠民实事全部兑现。全年民生支出达14.25亿元、占财政总支出的66.8%。城镇登记失业率控制在3%以内。城乡居民养老保险参保率达到99.8%。积极开展“万名保健医生进农户”活动，选派790名医务人员联系帮扶全县所有行政村（居）。建设保障性住房630套，改造农村危房1587户。文化惠民活动实现全覆盖，泗水仲庙、泗水泉林等4个文保单位成功纳入省级文保单位，泗张镇、柘沟镇荣获“山东省民间艺术之乡”称号。顺利通过“全省双拥模范县”复验。

三、创新与经验

（一）以解放思想引领发展 深入开展“解放思想跨越发展大讨论”活动，以“跨越发展、进位赶超”为主题，以“五破五立”为主要内容，以“三围绕三明确”为重点，进一步打开思想通道、提升发展标杆。

（二）以机制体制保障发展 健全完善目标责任、考核奖惩、监督检查“三个体系”，全面推行“指挥部、推进组、服务组”运作机制，对重点工作实行县级领导分工负责、分线作战，调整划分了18条重点工作线，配套实行“月通报、季小结、半年检查观摩、年终考评论奖惩”制度，构建起“宝塔形、网格化、全覆盖、分线作战”的责任落实体系，切实形成了“全面覆盖、人人担责、步步推进”的抓落实格局。

（三）以党建创新激励发展 创新建立“民意收集分理机制”，成立县民意受理中心，探索实行“菜单式服务、清单式管理”的“双单”模式，创新“网格化联系农户”模式，实现了“民意快递、民事快办、民忧快解”，被评为“2013中国十大社会管理创新”案例。

附：（一）泗水县委书记、副书记、常委名单

书　记：范宇新

副书记：刘宜星　王业成

常　委：范宇新　刘宜星　王业成　张林成　蔡同芝（女）　程国栋　陈兴成　尹林壮　王庆峰　孙希忠　于勇强

（二）各乡、镇、街道党（工）委书记名单

泗河街道　吴茂民
济河街道　许振成
泉林镇　孙忠生
星村镇　麻修华
柘沟镇　齐剑波
杨柳镇　张　磊
中册镇　张永强
高峪镇　丁　强
苗馆镇　郑兴军
金庄镇　齐　伟
泗张镇　罗明颖（女）
圣水峪镇　孟昭峰
大黄沟乡　吕彩英（女）

中共邹城市委工作概况

邹城市委书记　张胜明

2013年，在中央、省委和济宁市委的坚强领导下，邹城市委紧紧围绕建设“和谐幸福新邹城”的目标定位，按照“落实年、突破年”的部署要求，以解放思想、创新机制为主线，以加强干部队伍和基层党组织建设为保障，加速推进新型工业化、新型城镇化和农业现代化“三化统筹”，大力实施百项重点工程，经济社会发展呈现提速推进、量质并举的良好态势。全市实现地区生产总值731.58亿元、公共财政预算收入55.33亿元，城镇居民人均可支配收入、农民人均纯收入分别达到27605元、12576元。荣获全国科技进步先进市、全国最具生态竞争力城市、全国法治县创建活动先进单位、全国群众体育先进单位、全国农村中医药工作先进单位、山东省森林城市等称号。

一、组织概况与党的建设

邹城市委现有68个党（工）委，其中镇街党（工）委16个、市直党（工）委48个、园区党（工）委4个，下设203个党总支，2517个党支部，党员51379名，其中农村党员25144名。

（一）着力加强干部队伍建设 按照“讲政治、懂经济、敢创新、自身正”的选人标准，提拔重用一线人员131人，形成干事创业的鲜明导向。采取城乡之间、平行单位之间、单位内部轮岗、系统内部交流任职等形式交流科级干部185人，面向镇街公开考选副科级干部38人。加强干部日常监督管理，健全年中巡察、年终考核制度，强化组织部长约谈、个人事项报告、经济责任审计等工作。开设领导干部大讲堂，举办各级各类培训31期次，培训干部人才4400多人次，干部队伍素质全面提升。

（二）着力抓好基层组织和人才队伍建设 深入实施以村级“三个全覆盖”、市直部门“三个体系”和社情民意“三个平台”为内容的“三个三”工程，全面加强基层党组织建设。大力实施村级组织建设“双百工程”，筛选100个示范村和100个后进村进行重点打造、率先突破。严格执行市级领导干部每人联系一个镇街、一个后进村、一到两户困难户、一个学校、一个企业、一个重点建设项目“六个一”联系制度，实行部门镇街联建、捆绑考核、同奖同罚。实行干部联系农户和困难家庭等制度，开展点评谈心活动，加强村级班子建设。实行机关党组织书记公推直选、竞争上岗,全面规范机关党建工作。启动"五星级城市社区党建"创建,实施"两新"党建"扫除盲点"工程,"两新"领域党组织覆盖率达到83%。加大人才引进和培训力度,全年引进国内高层次人才318人,累计引进国家"千人计划"人才4人,培训企业高层管理人才700余人次。

(三)着力抓好作风建设 严格执行中央八项规定和省市委实施办法,实施专项督查50余次。开展以"强化上赶争、提振精气神"为主题的"庸懒散"专项治理。深入推进简政放权,行政审批事项由185项压减至94项,收费项目由106项压缩为62项,累计下放行政审批权52项、收费权14项。组织87个市直部门及其重点科室负责人公开承诺。深化"一费制"改革,建设涉企统一缴费平台和企业"生产宁静日"、重点企业挂牌保护等制度,干部作风进一步转变。

(四)着力抓好反腐倡廉建设 建立市级德廉知识学习测试平台,组织全市副科级以上党员干部学习考试。实行廉政勤政宣誓和公开承诺活动,推行新任干部任前廉政谈话,举办廉洁教育讲堂4200余次。建成公共和民生资金业务及电子监察系统,16个镇街便民服务中心统一安装电子监控设备,建立市、部门、镇街、村居四级联动的农廉网站,严格执行村级资金、资产、资源、公章、合同"五代管"。加大对腐败案件的查处力度,全年纪检监察机关立查违纪违法案件183起,处理党员干部190人。

二、主要工作与成绩

(一)工业转型迈出坚实步伐 全力突破136平方公里的大工业板块建设,完成"三纵三横"道路、污水处理等一批重大基础设施建设,规划建设化工、铝型材、机电制造、新能源汽车及食品加工物流"4+1"特色园区,努力争创国家级经济开发区。200万吨造纸、诺博泰机器人等一批引领项目开工建设,总投资380亿元的20个重大项目加速推进。实施骨干企业"创百亿工程",支持荣信煤化、里能集团、宏河集团建设龙头带动型专业化园区。加快重点技改项目建设,推进鲁南铁合金、圣达纺织等地方国有企业改制重组,促进传统产业改造升级。全年净增规模以上工业企业50家,累计达到233家。

(二)服务业发展提档升级 大力实施"文化突围"战略,高标准编制文化经济特区邹城规划,成立孟子研究院,开讲孟子公开课,加强传统文化研究。明鲁王陵遗址公园、峄山景区改造提升加快推进,邾国故城国家遗址公园正在规划建设。实施两孟、三迁祠和博物馆为核心的历史文化街区复兴改造。立足"生态邹东"自然资源优势,绿鑫春、三山农业、邹鲁生态园等生态旅游项目加快推进。红星美凯龙、中煤新城广场等高端服务业项目加快建设,千泉装饰城、义乌商贸城、鲁南汽车综合体等提档升级,服务业增加值占比达到35.73%,比上年提高1.97个百分点。

(三)城镇建设进程提速推进 启动孟子湖新区建设,"三纵三横"主干道和杨下河滨水景观提升工程竣工,华茂万商城、宏河小区、职教园区等10大重点项目加快推进。同步完善东城区提升老城区,东城区文化中心、体育中心及公共服务设施正在配套完善,老城区因利河治理、原机关办公片区开发等重点工程快速推进,形成"一城三片区"组团发展新格局。启动建设镇街小微产业园8处,城前、香城、石墙等小城镇建设率先突破。纵深推进"五城联创"活动,深入开展"十六乱"和城市社区环境综合整治,城镇建设和管理水平全面提升。

(四)民生事业持续稳步改善 扎实推进十件实事和系列惠民工程,把11类42项惠民政策汇编成册、集中落实。解决困难群众再就业1200人,新增城镇就业1.3万人。提前一年实现4.3万名农村中小学生课间营养补助全覆盖。初步实现农村5.1万空巢老人养老保障全覆盖。加快推进1160套保障性住房、450户农村危房改造工程。持续深化"打霸除恶"专项行动,实施"流动信访大厅下基层"活动,强化安全生产监督管理,群众幸福感持续提升。

三、创新与经验

(一)大力推进"三个三"工程建设,构建为民服务新机制 深化以第一书记、民警联村、民生代办为主的村级"三个全覆盖"活动,在市直部门开展以职责标准、民主评议、督查考核为主的"三个体系"活动,打造以"书记市长公开电话和电子信箱、市级领导手机短信、行风热线电台栏目为主的社情民意"三个平台"建设,切实让干部接通地气、让部门转变风气、让百姓平心顺气,实现群众满意度和越级信访案件数、110接警数"一升两降"。

(二)实施农村环境综合整治,加快推进和谐美丽新乡村建设 制定《邹城市农村环境综合整治工作实施方案》,列支专项资金1.54亿元,健全完善"以奖代补"政策。积极推进环卫一体化建设,建立专职环卫队伍,健全完善管理制度,建成一批环卫设施,配备更新环卫工具,形成农村环卫保洁长效管理机制。实施"村内通"工程建设,完成村庄道路硬化1429公里,同步实施环境净化、绿化、美化、亮化建设。着力打造200个示范村,对52条公路路域环境进行整治。

(三)开展点评谈心活动,赢得村级换届工作主动权 启动镇街党(工)委书记与村级党组织书记逐一见面点评谈心活动:镇街党(工)委书记重点与后进村、换届"费心村"党支部书记逐一见面点评谈心,党(工)委副书记与一般村、换届"担心村"党支部书记逐一见面点评谈心,下派工作队队长与剩余示范村、换届"放心村"党支部书记逐一见面点评谈心。引导干部正确认识进、退、留、转,为村级换届夯实了基础、赢得了主动。

(四)开展对上争取工作,抢占先机赢得发展主动权 出台《邹城市上派省直(中直)机关挂职干部管理办法》、《对上争取资金认定办法》等工作制度。选派优秀干部32名到27家省直(中直)机关挂职,主动邀请上级部门领导到邹城挂职。健全完善对上争取项目库，策划资源型城市可持续发展项目119个、对接新政策项目115个。

附：(一)邹城市委书记、副书记、常委名单

书　记：张胜明

副书记：谢成海　朱瑞显　王红岩(挂职)
赵　勇(挂职)

常　委：张胜明　谢成海　朱瑞显
王红岩(挂职)　赵　勇(挂职)
李景鹏　张彦生　王永玲　段　闽
田成柱　梁　伟　李　晔　赵海林

(二)各镇、街道党(工)委书记名单

峄山镇　梁　超
看庄镇　崔俊锋
香城镇　孙　颖
张庄镇　王　营
城前镇　屈耀武
田黄镇　冯　强
大束镇　王俊岩
中心店镇　周相华
北宿镇　李　强
唐村镇　高　胜
太平镇　曾凡玉
郭里镇　田　野
石墙镇　张　亮
钢山街道　王建华
千泉街道　杨　华
凫山街道　赵洪新

中共微山县委工作概况

微山县委书记　程大志

2013年，微山县委坚持以科学发展观为指导，深入贯彻落实党的十八大和十八届三中全会精神，团结带领全县人民，凝心聚力抓发展，克难攻坚求突破，全面推进经济、政治、文化、社会、生态文明和党的建设，各项工作迈出坚实步伐，取得新的成绩。实现地区生产总值325亿元、增长11.5%；公共财政预算收入25.3亿元、增长14%；固定资产投资175亿元、增长23%；社会消费品零售总额91.8亿元、增长13%；城镇居民人均可支配收入达到27727元、增长13%；农民人均纯收入11724元、增长13.9%。总体实力稳居济宁市第一方阵。

一、组织概况与党的建设

2013年，微山县有36个基层党(工)委，其中乡镇党委12个，街道党工委3个，县直部门、企事业单位党(工)委21个，村党支部523个，社区党组织19个，党员30448名。

(一)打造一流干部队伍　高度重视干部学习，实行每周日晚全县副科级以上干部集中学习制度。坚持看德才、凭实绩用干部，注重在经济建设"主战场"发现干部、识别干部、培养干部，共选拔调整干部7批次411名，其中提拔193人，重用80人；对全县259个职位300多名中层干部进行了轮岗交流，有效激发了各级干部干事创业的热情。

(二)加强基层组织建设　县财政每年安排2800余万元用于基层组织建设，村均运转经费达到5万元；投入180万元改善村级组织活动场所，除部分拆迁村外，其他所有行政村村级组织活动场所均已达标。举办了为期9天的村党组织书记培训班，对542个村党组织书记培训一遍。评选出10名"十佳村党组织书记"、20名"优秀村(社区)干部"、10个"四强村班子"。

(三)进一步加强党风廉政建设　深入落实党风廉政建设责任制，加快推进惩治和预防腐败体系建设。广泛开展党风廉政教育，通过发短信、赠书籍、设置宣传栏、建设廉政书屋、开展"廉政讲堂"等形式，不断增强党员干部廉洁自律意识。大力发扬民主、加强监督，以党务公开带动政务、事务、村务、厂务公开，切实保障人民群众的知情权、监督权。

(四)切实加强常委会自身建设　始终把加强理论学习摆在突出位置，坚持总揽全局、协调各方，带头严格执行

民主集中制,确保决策的科学化、规范化。严格落实中央“八项规定”,省委“十条”、市委“十一条”实施办法和反“四风”要求,出台了《关于进一步深化领导班子和领导干部作风建设的规定》,带头转变作风,促进发展,服务群众。带头严格遵守廉洁从政各项规定,自觉接受各方面监督,管好班子,带好队伍,保持了为民、务实、清廉的良好形象。

二、主要工作与成绩

紧紧围绕建设“经济强县旅游名县滨湖新城”奋斗目标,坚持工业化、城镇化“双轮驱动”,加快推进发展方式转变,经济发展速度加快、结构趋优、质量更好。坚持以人为本、以民为重,大力发展社会事业,促进社会和谐,让广大群众共享改革发展成果。

(一)工业转型升级步伐加快 把工业作为立县之本、强县之基,改造提升煤炭、港航物流等传统产业,扶持壮大光电新能源等新兴产业。全县规模以上工业企业发展到135家,新增38家。完成销售收入335亿元,实现利税50亿元、利润35亿元。继续完善县经济开发区基础设施建设,启动扩区工作,已有112个项目92家企业入驻。加快驩城工业园、船舶工业园、乡镇特色产业聚集区建设,配套设施逐步完善,承载能力不断增强。

(二)招商引资项目建设加快推进 深入开展“大项目突破年”活动,出台招商引资纪律规定,聘任20名招商专员驻点招商。实行招商引资周例会、离职人员外出情况周通报、定期走访高端客商制度,在经济热点地区开展招商活动7次。全年到位市外国内资金65亿元,增长20.5%;实际利用外资3200万美元,增长45%;新开工项目125个,其中亿元以上44个、10亿元以上5个。

(三)滨湖新城建设呈现新变化 中心城区控制性详细规划拓展到57平方公里,核心区拓展到36平方公里。城乡和谐拆迁350万平方米,建设安置房230万平方米、城市经营性开发项目500余万平方米。续建、在建城市基础设施项目72个,总投资35亿元。顺利通过省级卫生县城复审,成功创建省级园林城市。创建国家级生态乡镇3个、省级生态乡镇11个、市级生态村95个。

(四)旅游开发成效显著 加快景区开发和配套设施建设,全力打造区域旅游度假中心、国内新兴旅游目的地。微山岛、南阳古镇景区景点基础设施建设不断加快,微山湖国家湿地公园被评为“中国十大魅力湿地”。微山湖水利风景区被评为国家水利风景区。微山岛镇、南阳镇入选“好客山东·最美乡村”。成功举办第二十届荷花节暨第二届湿地节、第二届湿地论坛、首届微山湖放鱼节暨四季微山湖全国旅游摄影大赛。

(五)精神文明建设成果丰硕 深入开展“责任文化建设年”活动,唱响“微山责任文化之歌”。确立了“开放包容、诚信友善、尚德崇学、实干争先”的新时期微山精神。大力实施社会公德、职业道德、家庭美德、个人品德“四德工程”,深入开展“全民普学弟子规、德行微山有你我”教育实践活动,着力建设诚信微山、友善微山、文明微山、和谐微山。大力实施文化惠民工程,群众性文体活动蓬勃开展,社会文明程度不断提高。

(六)民生保障再上新水平 大力加强民生保障十大体系建设,全年累计民生投入10.5亿元,增长22.7%。创新开展“家庭医生巡回医疗保健服务”,累计为54.3万人进行了义诊和健康指导;“进百姓门吃百姓饭知百姓事帮百姓忙”主题实践活动取得明显效果,共解决群众难事5613件。聘任761名党代表、人大代表、政协委员为民意代表,拓宽社情民意反映渠道。持续开展打黑恶除霸痞专项斗争,治安形势持续好转,发展环境不断优化。

三、创新与经验

(一)坚持思想解放,提升发展境界 深入推进解放思想大讨论,深化全面持续学沭阳活动,组织党政考察团到先进地区学习考察。提出了“经济加速崛起、城乡三年巨变、群众幸福满意”目标,努力把微山打造成为济宁市和周边地区发展最快、变化最大、活力最强的县,在济宁打造鲁西科学发展高地中发挥骨干作用,努力在科学发展跨越发展的道路上迈出更大步伐。

(二)实行分线作战,凝聚发展合力 县委常委会充分发挥领导核心作用,完善县级班子大分工体制,齐心协力推进工作开展。成立了12个攻坚会战指挥部和7个重点工作领导小组,抽调一大批干部到经济社会发展的一线平台合力攻坚,有力推动了重点工作的开展。

(三)强化督查考核,激发争先进位活力 实行按季度攻坚会战体制,以交办任务的方式安排部署工作,对攻坚会战情况一季一观摩,一季一点评。探索实施目标管理办法,不断健全完善目标管理、督导检查、考核奖惩“三个体系”。建立全员排位、末位黄牌激励机制,按季度、年度对排名靠后的亮黄牌。

(四)加强干部作风转变,优化发展环境 开展了“反奢侈之风反脱离群众反特权思想”三反主题教育活动,制定了领导干部严明政治纪律“8个严禁、16个不准”。开展了中层干部“自我教育自我整顿自我提高”主题实践活动。开展了国有工业企业“强管理增效益谋发展做贡献”主题教育实践活动。开展“进百姓门吃百姓饭知百姓事帮百姓忙”四百主题实践活动,推动干部联系群众,密切党群干群关系。大力推行“保姆式”服务,完善特别礼遇证、“3+1”企业帮扶等制度。聘任28名软环境监察专员、督查专员,对干部不履责、不尽责、不担责问题和破坏发展环境的问题进行查处,全方位优化环境服务发展。

附:(一)微山县委书记、副书记、常委名单

书　记:程大志

副书记:田冠军　李洪文　张洪雷

陈晓霞(挂职)

常　委：程大志　田冠军　李洪文　张洪雷
陈晓霞（挂职）　於炜玉　山桂岭
刘　勇　刁允强　赵　旭　陈秋岭
孟　进　张国军

（二）各乡、镇、街道、区党（工）委书记名单

韩庄镇　李振万
微山岛镇　谷相国
昭阳街道　王　伟
夏镇街道　孙允网
傅村街道　张玉涛
驩城镇　盛　波
留庄镇　刘庆敏
两城镇　孙文博
鲁桥镇　徐　霆
马坡镇　邵长岭
南阳镇　马汉柱
张楼镇　张　新
西平乡　李丙宏
赵庙镇　孔　磊
高楼乡　孙晋仕
开发区　郝树林

中共鱼台县委工作概况

鱼台县委书记　李志红

2013 年，鱼台县委深入学习贯彻党的十八大、十八届三中全会、习近平总书记系列重要讲话精神和省、市委一系列重大决策部署，紧紧围绕实现经济综合实力、城乡开发建设"两大突破"和主要经济指标"三年翻番"的目标，务实创新、埋头苦干，主要经济指标顺利完成，重点工作实现重大突破，城乡面貌发生显著变化，民生实事项目如期兑现，安定和谐的社会政治局面进一步巩固发展。

一、组织概况与党的建设

鱼台县现有 31 个基层党（工）委，其中 9 个镇党委，15 个县直党（工）委，2 个街道党工委和 1 个开发区党工委；共有 92 个党总支、918 个党支部，其中农村党支部 392 个；党员 21872 人，其中农村党员 12331 人。

（一）推进基层服务型党组织建设　按照行政村人口每人每年不低于 30 元的标准，将村级党组织运转经费列入财政预算，确保村级党组织运转经费落实到位、规范使用。统筹建设县党员服务中心、镇街党群服务中心和村党员服务点，构建县镇村三级联动的党建综合服务网络。打造"温暖星期六"服务品牌，806 名党员志愿者组成 9 支专业服务队，广泛开展各类"温暖志愿行"活动。推进"十百千"人才工程，储备 3000 余名村级后备干部。筹资 92 万元在 11 个镇街高标准建成 9 个远程教育创业富民示范点和 2 个学用广场。强化村级集体经济发展政策扶持，有集体经济收入的村达到 257 个，全县新增 55 个集体经济收入"破零"村，23 个村集体经济收入增幅超 50%。实施村级组织活动场所服务功能提升工程，对 239 个场所进行了新建、扩建、修缮和配套办公设施。

（二）打造高素质干部队伍　实施"干部培训质量提升年"活动，强化对不同领域、岗位、层级干部的针对性培训，先后举办"第一书记"及驻村干部、科级领导干部和妇女干部等 9 期主体班次，培训党员干部 1200 余人次。稳妥推进干部人事制度改革，制定完善领导班子和领导干部综合考核奖惩办法，充分发挥督查考核"指挥棒"作用；公开差额选拔 8 名镇街党政正职，提拔重用交流了一批领导干部，选人用人公信度大幅提升。健全干部监督管理机制，坚持和完善"双向约谈"、干部选拔任用风险预警、经济责任审计、干部监督联席会议等制度，强化对干部的监督、管理和约束。

（三）加强党风廉政建设　严格落实党风廉政建设责任制，制定反腐倡廉任务分工意见，健全完善责任考核办法，以考核推进责任制落实。开展重要制度规定执行情况"回头看"活动，对 2012 年以来领导班子执行组织人事纪律、廉政工作纪律、财经工作纪律、重大事项决策制度规定等方面，深刻查摆问题，抓好制度完善，强化制度执行，深化党务政务公开，进一步丰富和创新公开形式，规范公开内容，规范公开程序，方便接受群众监督。开展党政机关会员卡专项清退活动，加强农村廉政风险防控标准化建设。加强对权力运行的监督制约，领导干部报告个人有关事项 647 人，领导干部述职述廉 632 人次，任前廉政谈话 61 人次，诫勉谈话 12 人次。

二、主要工作与成绩

2013 年全县公共财政预算收入 8.2 亿元，增长 17%；规模以上固定资产投资 98.7 亿元，增长 23%；社会消费品零售总额 67 亿元，增长 14%；城镇居民人均可支配收入、农民人均纯收入分别突破 2 万元、1 万元，增长 12.5% 和 13%。

（一）着力壮大提升工业经济　进一步完善项目包保

"宝塔形"责任落实机制、"指挥部、推进组体制"等推进体制机制,招商引资和项目建设呈现出"力度加大、推进加快、亮点增多"的良好局面。总投资50亿元的华能鱼台热电及新能源项目、金威煤电公司与德国CBAA公司合资的凯本氯乙酸项目、印度博拉公司差别化粘胶纤维项目以及江苏广和服务外包项目等一批重量级项目成功签约,辰龙药业、安泰防爆电气、博杰机械、峰润纤维素钠、真源精细化工等一批过10亿元的大项目、好项目快速有序推进。围绕煤盐化工、机械制造、农副产品加工等优势主导产业培育产业集群。大力发展中小微企业,注重传统产业的提升改造。全年新增规模以上工业企业32家,新增4家税收过千万元的非煤、非房地产企业。

(二)强力推进城镇开发建设 高标准完成新一轮50平方公里城市总体规划和6个重点发展片区详规编制。委托北京土人设计院高标准编制滨湖新城控规、城市设计及湿地公园的景观设计。启动实施68万平方米的综合开发项目,金水湾小区、孝贤大厦星级酒店、中央商务区、京港花园城市综合体等一批高品质城建项目进展顺利。高标准完成滨湖大道及连接线道路绿化工程。城区燃气、供热、供水、污水等公共基础设施管网建设维护力度持续加大,城市综合服务功能进一步提升。成功完成七所楼片区、佃户李片区、二郎庙片区、大聂片区的搬迁征用工作。王鲁镇"省级示范乡镇"创建工作扎实推进。

(三)全力突破交通瓶颈制约 相继完成滨湖大道连接线和滨湖大道(鱼台段)修建工程以及金清线、鱼丰线大修改造工程。滨湖大道的竣工通车,使鱼台融入济宁"半小时经济圈"。投资1.5亿元集中实施新城区路网工程4条道路建设,构建形成了"三纵三横"的路网框架,为新城区的发展奠定了坚实的基础。投资6638万元,对老城区5条主要道路进行修建改造,湖凌二路南北全线贯通,多年的"断头路"被打通。济徐高速建设顺利推进。跨湖高速前期工作有序展开。

(四)大力发展现代农业 2013年,全面落实惠农政策,兑现小麦直补、农资综合补贴4069.5万元。粮食生产实现"十连增",总产达到35.26万吨。新增市级龙头企业6家,规模以上龙头企业发展到95家。农民专业合作社达到410个、带动农户3.5万户。全国新增千亿斤粮食项目全面完成。全国小型农田水利重点县工程连续三年被评为优秀等次。以全省第一名的成绩入选第五批小型农田水利重点县。袁隆平院士工作站落户鱼台美晶米业有限公司。农村集体土地所有权确权发证工作通过省级审查验收。稳步推进农民土地承包经营权流转,累计流转土地6.2万亩。扎实推进生态农业、农村新能源示范县和生态家园项目建设,新建沼气工程9处、区域服务站5个、户用沼气池2000个。

(五)倾力实施民生"消零"工程 2013年全县可用财力达到19.4亿元,其中民生支出10.1亿元,占总支出的57.3%。年初承诺的10件惠民实事如期完成。群众期盼多年的城区集中供热工程启动运行,首年度供热面积达到60万平方米,终结了我县在全市唯一没有集中供热的历史。先期成功开通运营3条县城到乡镇的公交线路,城乡公交一体化迈出坚实一步,百姓出行更加方便、快捷。投资2000余万元实施"天网工程",先后在城区和部分镇街安装14处红绿灯、12个抓拍系统和12个治安卡口。提前一年在全市全面完成全县农村道路硬化工程,392个行政村实现了"村村通、户户通"。

三、创新与经验

(一)稳扎稳打,科学务实谋求进位突破 致力于打基础、利长远,坚持"小步快跑",稳扎稳打,坚持干一件成一件,件件成精品,不盲目发展,为未来发展留下充足的空间。在2013年度全市群众满意度电话随机访问考核中取得86.32分,较上年在全市提高了2个位次,尤其在环境卫生方面提升了6个百分点。社会信访稳定全市考核第一名。计划生育工作创多年来最高水平,位列全市第六名,荣获三等奖。各镇街在全市的排名均有提升,其中滨湖街道与唐马镇提升11个位次,滨湖街道进入了全市乡镇街道"经济发展速度十强"。

(二)精心运筹,"订单式"拆迁实现共赢 拆迁前,对建设资金、回迁安置等重要环节都做好充足的准备,确保边拆边建,无后顾之忧,群众满意度不断提升,政府公信力不断增强。顺利完成了佃户李、二郎庙、大聂等片区1120余户房屋搬迁征收,拆迁面积16万平方米。运河片区回迁安置房建设如期竣工,667户群众喜迁新居。

(三)落实"AB角"工作制,服务群众无缝隙 由于镇干部有包村任务,部分民生服务大厅干部也是包村干部,群众办事时经常遇到干部下村而办不成事的情况。为了保证不缺岗、不断岗,随时为老百姓服务,创新实施了"AB角"工作制度,具体指A角不在岗的情况下,由B角负责补位,保证工作时间AB两角必须有一个人在岗;互为"AB角"的人员,原则上不能同时休假,不同时安排出差,遇到急事或重要工作时,"AB角"应协调处理。通过实行"AB角"工作制度,实现了服务群众无缝隙、无断档的目的。

附:(一)鱼台县委书记、副书记、常委名单

书　记:李志红(女)

副书记:宫振华　王亚栋(回)

常　委:李志红(女)　宫振华　王亚栋(回)　张本立　韩贵省　张玗　曲朝勃(女)　李森　马汉柱　辛剑　刘健

(二)各镇、街道、区党(工)委书记名单

老砦镇　张华山

谷亭街道　郭良峰

滨湖街道	张　峰
唐马镇	田卫锋
王鲁镇	张　毅
张黄镇	张永春
清河镇	王德垠
罗屯镇	刘　健(兼)
李阁镇	罗保祥
鱼城镇	孟广忠
王庙镇	于长海
县经济开发区	姚念举

中共金乡县委工作概况

金乡县委书记　刘章箭

金乡县是驰名中外的中国大蒜之乡、诚信之乡。截至2013年底,全县共有40个基层党(工)委、1211个党支部、28306名党员,其中镇党委8个,街道党工委2个,开发(园)区党工委8个,“两新”组织党工委2个,县直机关党委16个,企业党委1个。

2013年,全县上下始终突出“创新赶超、争先进位”主基调,解放思想,真抓实干,锐意进取,全县经济、政治、文化、社会和党的建设均取得长足发展。全县实现地区生产总值158.53亿元,地方财政收入10.01亿元,固定资产投资105.63亿元,城镇居民人均可支配收入、农民人均纯收入分别达到21184元、12136元,主要经济指标增幅继续保持全市前列,2013年全省县域经济发展综合考核,金乡排名从114位跃升至40位,前移73个位次,进位幅度全省第一。2012年和2013年,我们连续两次取得了全市综合考核第二名,保持了强劲的发展势头。

一、组织概况与党的建设

一年来,县委牢固树立党建是第一保障理念,以改革创新精神实施一系列加强和改进党建工作的新举措,为金乡创新赶超提供了强有力的政治和组织保证。

(一)切实强化理论武装建设　县委常委会始终保持政治上的清醒坚定,在思想上、政治上、行动上始终做到与党中央和省、市委保持高度一致,确保金乡各项事业沿着正确方向前进。特别是党的十八届三中全会后,迅速行动,精心组织,先后召开县委常委会议、县委常委扩大会议作出安排,一个学习宣传贯彻十八届三中全会精神和总书记一系列讲话精神的热潮在全县迅速兴起。同时,坚持把贯彻落实全会精神与工作实际结合起来,进一步树立进取意识、机遇意识、责任意识,最大限度凝聚改革共识,找准创新突破口,努力推动金乡新一轮大发展。

(二)持续强化干部队伍建设　树立正确的用人导向,坚持公开、公平、公正的原则,加大竞争性干部选拔力度,公开差额选拔了1名镇党委书记、5名镇长。坚持总体稳定、重点突出的原则,有针对性地对部分县直部门和镇街科级干部进行充实调整,进一步优化了班子结构、增强了整体功能。创新干部考察机制,选取69名干部,组建了我县首支干部考察员队伍。坚持把教育培训作为提高干部能力的重要途径,共举办各类培训班、专题讲座12次,培训各级各类干部、人才4650人次。

(三)全面提升基层组织建设　扎实推进“三服务三提升”工程,通过增加投入、增强力量、强化帮扶,基层组织服务发展、服务群众的能力水平不断提升。深化拓展“包村联户”活动,实现了全县4900余名干部都有联系户、14万个农户都有联系人,投入各类物资、资金3000余万元,实实在在办了一批实事好事。组织开展党支部书记集中培训和“我是党员、我该做什么”为主题的农村党员冬训,广大党员的党性意识和先锋模范作用进一步增强。

(四)扎实推进党风廉政建设　严格落实党风廉政建设责任制,健全完善惩治和预防腐败体系,纪检监察工作运行体制机制更为完备;加强党风廉政教育,通过主题学廉、警示促廉、党课讲廉等形式,深化廉政文化建设,积极推进廉政风险防控管理工作;加大对土地出让、重点工程建设等重点领域和关键环节监察整治力度,有效预防了权力失控、行为失范;始终保持惩治腐败的高压态势,立查各类违法违纪案件79起,给予党政纪处分64人,营造了风清气正、干事创业的浓厚氛围。

二、主要工作与成绩

按照“抓落实、求突破”的总体要求,不断优化发展思路,创新赶超举措,聚焦园区膨胀、项目突破、产业提升、城乡统筹等重点领域和关键环节,强势推动经济高速高效增长,社会民生事业全面均衡发展。

(一)发展思路赶超举措不断优化　面对复杂多变的宏观经济形势,始终牢牢把握经济社会发展主动权,科学研判、完善思路,提升理念、准确定位。县委十三届三次全委会上,提出了以创建国家级千亿产业园区统领经济发展全局,全面推进实施“三二一”工程,加快美丽金乡建设的决策部署。市委提出打造鲁西科学发展高地后,县委立即召开十三届四中全会,主动顺应发展大势、深刻认识金乡县情,不断抬高发展标杆、提升标准境界,确立了抢占鲁西县域经济发展制高点,争当济宁科学发展排头兵,打造鲁西科学发展高地新的增长极的奋斗目标,以及打造增长极必须突出的五大战略重点,并在全县形成了广泛共识,变成了自觉行动,实现了县域经济社会科学发展、赶超发展。

(二)工业经济规模实力持续膨胀 经济开发区、化工园区、食品园区基础设施日益完善,五大板块骨干路网对接互通,产业互促融合,国家级千亿产业园区发展框架逐渐形成。新引进亿元以上项目70个,入驻世界500强企业1家、央企3家、上市公司8家,中电工程热电联产、中化集团苯加氢和黑猫炭黑等一批大项目、好项目相继落地建设。阳光颜料、科蓝化工、梅亿邦赛等13个亿元以上项目投产运营;新增规模以上工业企业28家。

(三)城乡一体化建设提质增速 高标准完成城市总体规划,核心城区扩大到39.1平方公里。加速推进"九湖五河"治理,建成省级水利风景区1处、市级湿地公园3处。成功创建省级园林城市,顺利通过省级卫生城市复审和省级文明城市初评,被授予"全国生态文明建设先进县"。新建改建农村道路1470余公里,实现农村道路硬化全覆盖,城乡环境全面优化。

(四)现代农业新优势不断凸显 深入推进"农工科贸一体化"进程,三大农业示范园区带动能力明显增强,设施农业和后续产业发展迅速;食品工业园区项目加快集聚,新增市级以上农业重点龙头企业9家、专业合作社160家,成功创建为国家外贸转型升级示范基地和国家农业产业化示范基地。投资3.8亿元的农村六大水利工程投入使用,成功获批济宁首个全国中小河流治理重点县。

(五)商贸旅游辐射能力显著增强 提速推进羊山景区和商贸物流区两大板块。商贸物流园区创建为省二级物流园区,金宇家居、申科汽车城、大蒜国际交易市场等运营良好,总投资62亿元的蒜都国际物流园、农产品国际物流园、红星美凯龙等项目加快建设。一批重点文化设施初具规模,羊山景区晋级国家4A级景区。

(六)民生事业稳步推进 以民生保障"十大体系"为载体,全力抓好城乡医疗、保险、养老等提标扩面,全年各项民生财政支出超过12亿元。全面推行"先看病后付费"模式,学生营养餐惠及全部小学生,镇村文化广场全面普及,医疗、教育、文化等各项社会事业稳步提升。镇街为民服务中心全部建成启用,"平安金乡"建设成效显著,群众安全感、满意度大幅提升。

三、创新与经验

在推动金乡科学发展、赶超发展中,我们主要有四点经验体会:

(一)最根本的一点,就是把改革创新作为一切工作的动力和源泉 发展着的形势要有发展的思路,发展中的问题最终要靠发展来解决。近年来,我们始终坚持以思想的解放促进活力的迸发,以改革的突破推动事业的发展,凭着开阔的视野、超前的思维、创新的精神,破解了一系列困难和问题的制约,把以往的"复杂"变成"简单",把过去的"不可能"变成"可能",把以前的"办不到"变成"办得好",去年累计向上争取各类资金13亿元,申报土地指标3845亩,发展活力大幅提升。

(二)最核心的一点,就是进一步明晰了科学发展的路径和目标 思路决定出路,目标就是追求,我们确定的"建设美丽金乡、打造鲁西科学发展高地新的增长极"奋斗目标和"全面实施三二一工程"总体工作思路,包括今年的"四个争当"目标,符合金乡发展实际,抓住了金乡事业发展的要害所在,反映了全县人民的殷切期望,也必将形成强大的工作合力。

(三)最重要的一点,就是把倾力改善民生作为全部工作的最终目标 在财政十分困难的情况下,我们始终坚持以人为本,尽心竭力为广大群众谋福祉,扎实推进教育、医疗、保障等一系列事关群众切身利益的"民心"工程,不仅使广大群众得到了实惠,更赢得了广泛的理解和支持,凝聚了发展的强大合力。

(四)最关键的一点,就是把激发活力、弘扬实干作为各项工作取得胜利的根本保障 我们坚持推行的指挥部管委会体制、干部大范围轮岗交流、二线干部返一线、年轻干部一线锻炼等等,有效激发了干部的积极性和能动性,形成了自上而下,一级带着一级干,一级干给一级看,竞相发展、奋力争先的生动局面。这些经验和启示弥足珍贵,我们将倍加重视,倍加珍惜,并在今后的工作中继续丰富,继续坚持,继续遵循,继续光大。

附:(一)金乡县委书记、副书记、常委名单

书　记:刘章箭

副书记:董　冰(女)　杜庆节

常　委:刘章箭　董　冰(女)　杜庆节　郑士民　杜宏春　胡桂生　管洪祥　王卓珍　闫　峰　白占德　李　洁(女)

(二)各镇、街道党(工)委书记名单

金乡街道　高广民
鱼山镇　许　刚
马庙镇　童方明
羊山镇　曾黎明
胡集镇　李文贞
卜集镇　程铁鹏
高河街道　闫长虹
化雨镇　李颖然
霄云镇　杨舵己
司马镇　宋兰军
鸡黍镇　李中文
兴隆镇　周红枫
王丕镇　刘保才

中共嘉祥县委工作概况

嘉祥县委书记 柳景武

2013 年,嘉祥县委认真学习贯彻党的十八大和十八届三中全会精神,以习近平总书记系列重要讲话及视察山东、济宁重要指示为指导,坚持"科学发展、跨越崛起"总基调,提升标杆、转型升级、加快发展。尤其是 7 月份县委主要负责同志调整后,保持政策及工作的连续性,一个思路一条心,一张蓝图绘到底,凝心聚力,真抓实干,经济社会平稳健康发展。

一、组织概况与党的建设

嘉祥县现有基层党组织 1578 个,其中党委 37 个,党总支 109 个,党支部 1452 个,党员 32665 名。

(一)基层组织建设不断夯实 建立"县委组织员、乡镇特聘组织员、村级党建指导员"三支队伍相融合的"千人党建顾问团",充实加强基层党务干部力量。打造精品党建示范区 3 个、示范线路 16 条、联动示范村 89 个,带动提升党建整体水平。实施边角经济"百村示范计划",发展壮大村集体经济。利用嘉祥党建频道开展农村党员冬训工作,动员到村、授课到人,解决了农村党员难集中的问题。开展关爱农村老党员健康行动,为全县 70 岁以上农村老党员统一缴纳新农合参保资金。开展"三化三满意"(组织网格化、活动集中化、作用具体化,企业满意、党员满意、职工满意)活动,提升非公企业党建科学化水平。

(二)干部队伍整体素质明显增强 优化乡镇(街道)干部队伍结构,公开考选 40 名乡镇(街道)副科级干部,配齐配强乡镇(街道)政协办工作力量。全年中层干部轮岗 158 人,对 12 个管人、管钱、管物的热点岗位公开跨部门竞争性交流。选派 42 名优秀年轻干部分别到上级对口业务部门学习、到发达地区挂职锻炼,到指挥部项目建设一线培养,依托"祥城大讲堂"举办专家讲座及走出去赴浙江大学开展财税干部专题培训等方式提升干部综合素质。

(三)党风廉政建设持续深化 严格落实中央八项规定和省市委实施办法,减少会议文件、改进公务接待、严格公车管理及清理整改办公用房。开展优化发展环境专项治理行动和"一把手公开承诺"活动,对 63 个重点执法岗位进行公开评议;出台《优化经济发展软环境十五条规定》和《优化发展软环境"九不准"》;强化民生热点问题监管,设立"12388"投诉举报热线,印发《关于进一步加强强农惠农富农资金监督管理工作的意见》。签订个性化党风廉政建设责任书,实行廉政风险分级防控,强化村级职权规范运行监管。建成廉洁教育讲堂 554 个,新建 48 处廉政文化"六进"(进农村、进机关、进学校、进企业、进社区、进家庭)示范点,开展廉洁教育活动 2000 余次,编发廉政手机周报 36 期。

二、主要工作与成绩

2013 年,全县地区生产总值完成 220.7 亿元,增长 10.7%;地方财政收入 12.4 亿元,增长 14%;固定资产投资完成 155 亿元,增长 25.9%;城镇居民可支配收入、农民人均现金收入分别增长 11.5%、13%。荣获全国科技进步先进县"三连冠"、全省双拥模范县"两连冠"、全省人居环境范例奖。

(一)转型发展步伐加快 实施"1351"骨干企业培育工程,深入开展"现场管理年"活动,益大针状焦等 128 个重大项目完成投资 152 亿元,云机机床等 11 个项目建成投产,新增规模以上企业 32 家、达到 127 家。规模以上工业实现主营业务收入 168.5 亿元、利税 18.6 亿元、利润 12.5 亿元,分别增长 4.5%、9.6%、7.4%。嘉祥石雕城被评为省级文化产业示范园区,手套产业被认定为省级特色产业集群。规划建设钢管产业园、水泥制品产业园,新增民营企业 397 家、个体工商户 4940 户。圣丰种业等 3 家企业和个人荣获济宁市第四届市长质量奖,新增省著名商标、名牌产品 4 个,新增国家级高新技术企业 6 家。

(二)城乡建设统筹推进 抢抓"济兖邹曲嘉"实质性融合历史机遇,推动济嘉同城化,全面建设宜居宜业生态新城区、济宁西花园。新区建设和老城改造同步推进,实施城建项目 63 个、总投资 184.6 亿元。投资 4.8 亿元新修改造城市道路 23 条、32.6 公里。全速推进体育馆、市民广场等 10 个城市惠民工程。农村电网升级改造提前完成。省级园林城市创建通过初验,城区新增绿化面积 125 万平方米,绿化覆盖率达到 32.6%。省级卫生县城顺利通过复核验收,新增省级生态乡镇 2 个、省级生态村 3 个、市级生态村 52 个。投资 10 亿元,启动实施"三区同建"(集中居住区、产业聚集区、现代农业示范区)项目 20 个、93 万平方米。

(三)农村经济稳步发展 种业集群效应初显,良种繁育面积发展到 20 万亩。规模以上农业龙头企业达到 63 家,新增农民专业合作社 596 家、家庭农场 70 家。农村土地确权登记扎实推进,有序流转土地 23.2 万亩。农业标准化基地发展到 18 万亩,建成卧龙蔬菜等设施农业基地 36 处,完成"三品一标"认证 42 个,新增市级以上标准化规模养殖场 13 个。农作物耕种收综合机械化水平达到 82.9%,仲山镇农机专业合作社被评为全国示范社。

(四)生态建设显著提升 实施路域环境综合整治、乡镇驻地环境整治、文明生态村创建、河道绿化等重点生态环境整治工程。实施大绿化工程,造林 2.1 万亩、植树 360 万株。加大南部山区禁采力度,大力发展生态经济,规划启动九顶山生态养生城、卧龙湖景区等生态文化旅游项目,纸坊镇、卧龙山镇被评为“山东省旅游强乡镇”,紫云山观光采摘园被评为省级乡村旅游示范区。

(五)民生保障逐步完善 着力推进7项民生工程、8件民生实事。新建廉租房公租房4.1万平方米,改造农村危房400户。新增城镇就业4300人,农村劳动力转移就业6900人。建立城乡低保、农村五保供养标准自然增长机制,农村五保集中供养率达到81%。完成校安工程75.9万平方米,新建、改扩建幼儿园179处。县职业中专成功争创全国千所示范校、被评为全国职工教育培训示范点。新建改造农村文化大院186处、文体广场252处。开展规范化诊所建设工程和保健医生结对帮扶困难家庭活动,免费为6.5万名农村妇女进行“两癌”筛查,为1.3万名符合生育政策的夫妇进行孕前优生健康检查,为9684对城乡居民办理了婚姻登记,为3360户居民落实了殡葬惠民政策。投入1500万元实施“天网三期”工程。

(六)人才工作开创新局面 建立健全人才工作领导小组专项述职、专题研讨、定期交流等制度。县财政设立500万元专项资金,用于高层次人才引进、培养和创新平台建设,全年引进高层次人才153名,其中博士14名,新增国家级博士后科研工作站1个、省级重点实验室1个、市级产业技术创新联盟2个、市级“创新型示范企业”1家。首批“祥城英才”评选活动选出带头型、拔尖型人才56名。“人才公寓”已竣工。成立嘉祥县高层次青年人才联谊会、党外知识分子联谊会、青年企业家俱乐部等交流平台。

三、创新与经验

(一)不断解放思想,推进改革创新 深化投融资体制改革,城建集团、民祥新农村建设、祥圣投资等实体性投融资公司成立运营,获得银行授信4.4亿元。推行重大投资项目模拟审批和全程代办制度。出台《关于完善招商引资工作体制机制的若干意见》,成立13个重点产业招商组、25个驻点招商局、32个企业招商局,建立项目落地“绿色通道”服务及考核激励机制。拓展“第一书记”制度内容,与驻村民警、大学生村官、保健医生、动物防疫员队伍结合,形成“1+4”新模式,有力助推农村经济发展。

(二)强化责任体制,凝聚发展合力 围绕“三重一大”(重点工作、重大工程、重要项目、社会民生大事)任务的落实,组建生态环境建设委员会、社会民生建设委员会及城建等6个指挥部,由县级领导牵头包保,建立“分线负责、块状推进、点式落实”推进机制。强化问责督查,对“三重一大”工作实行月通报、季排序。出台《领导干部职务代理制暂行办法》,对年度考核排名靠后的乡镇(街道)党政正职、县直部门主要负责人或重点工作执行不力的相关责任人实行职务代理。

(三)不断转变作风,提升工作效能 出台《嘉祥县党政机关工作人员问责暂行办法》、《干部作风九条禁令》,深入开展干部纪律作风教育整顿及庸懒散专项治理活动;组织全县101个单位5324名党员干部开展纪律作风教育整顿测试;实施以“县直部门包服务区、科级干部包村、机关干部联系农户和村民事务有干部代办”为主要内容的“双包一联、民事代办”制度。倡导“三提三要三上”(提高思想境界、工作标准、落实能力,向资源、规划、服务要效益,盯上项目、靠上工作、拼上落实)精神,一切工作具体化、立说立行抓落实,以务实作风保障务实发展。

附:(一)嘉祥县委书记、副书记、常委名单

书　记:秦存华(2013年7月离职)
柳景武(2013年7月任职)

副书记:周生宏　薛超文

常　委:柳景武　周生宏　薛超文　刘东利
卞延军　李运恒　刘思峰　宫　磊
尹　露(女)　王大勇
袁文霞(女)

(二)各乡、镇、街道党(工委)书记名单

嘉祥街道	李远航
金屯镇	查守彬
满硐乡	石可清
纸坊镇	程合玉
仲山镇	王明新
卧龙山街道	王　辉
孟姑集镇	魏余锋
老僧堂镇	田长太
黄垓乡	王文建
梁宝寺镇	孙晓伟
大张楼镇	秦朝滨
马村镇	刘来芹
万张镇	毛玉华

中共汶上县委工作概况

汶上县委书记　赵东升

2013 年，汶上县委在省委、市委的坚强领导下，牢牢把握“高点定位跨越发展”总基调，大力实施“产业兴县”战略，全力转方式调结构、提增速扩总量、惠民生促和谐，全县经济社会在转型升级中保持了平稳较快发展。

一、组织概况与党的建设

汶上县委辖基层党委 41 个，其中乡镇党委 14 个，部门、企事业党委 25 个，“两新”组织党委 2 个；党总支 132 个，其中“两新”组织党总支 3 个；1317 个党支部，其中“两新”组织党支部 120 个。全县共有党员 33167 名，其中农村党员 18485 名，“两新”组织党员 1587 名。

（一）扎实推进思想政治建设　把学习贯彻党的十八大、十八届三中全会和习近平总书记一系列重要讲话精神作为首要政治任务，及时进行安排部署，纳入县委理论中心组和党校主体培训班次的重要学习内容，掀起了学习宣传贯彻热潮。坚持每月举办干部素质提升大讲堂，邀请知名专家授课，提高了各级干部的综合素质和执政能力。

（二）打造过硬干部队伍　深化干部人事制度改革，从乡镇事业编制人员中遴选了 15 名副科级干部，面向基层公开遴选了 27 名一般干部充实到部分县委和县政府主要部门，分两次调整充实了乡镇领导班子，新提拔重用的 10 名乡镇党政正职中有 9 名直接来自乡镇，树立了重视基层、注重实干的导向，极大地调动了基层干部的积极性。研究制定了《汶上县领导干部日常行为规范》，增强了干部教育和干部监督工作的针对性。

（三）不断夯实基层基础　强化村级场所建设，新建修缮场所 213 个，配备办公设施场所 110 个，实现了村村都有标准活动场所。建立村级组织“红绿灯”动态管理机制，整顿转化了 102 个落后村。实施了“百村集体经营性场所示范”计划，86 个经营场所运转良好。全面实行干部联系农户制度，全县 5000 多名干部联系 17.5 万农户，实现了行政村、干部和农户三个“全覆盖”。重视加强和改进党建带群建，顺利完成团县委、县妇联换届工作。

（四）持续改进干部作风　把“从严从紧抓作风，强化执行提效能”作为转变作风的活动主题，认真执行中央八项规定和省市委实施办法，明确提出“十不准”要求，新成立了作风建设指挥部，集中开展“庸懒散”专项治理，干部作风明显好转，群众满意度大幅提升。扎实开展“廉洁教育讲堂”和廉政文化“六进”活动，全面完成农廉网建设，成功创建省级廉政文化示范点 1 个、市级廉政文化示范点 4 个、市级党风廉政建设示范村 55 个。

二、主要工作与成绩

2013 年，全县完成地区生产总值 216.5 亿元，增长 12.3%；公共财政预算收入首次突破 10 亿元大关，达到 11.26 亿元，增长 14.7%；规模以上固定资产投资 150.1 亿元，增长 23.6%；社会消费品零售总额 82.3 亿元，增长 13%；城镇居民人均可支配收入 21435 元、农民人均纯收入 11426 元，分别增长 11.6% 和 13.4%。

（一）突出转型发展，经济结构不断优化　工业经济提质增量，规模以上工业企业新增 38 家，实现销售收入 146.7 亿元、利税 24 亿元，分别增长 34.9%、41.9%，盐煤精细化工、节能环保、工程机械、发电机组、纺织服装五大特色产业销售收入、利税占工业经济的比重分别达到 78.3%、76.1%，纺织服装产业集群被列为省重点产业集群，工业经济成为县域经济发展的重要支撑。文化旅游业提速发展，宝相宫完成主体建设，大运河南旺枢纽申遗工程顺利通过世界遗产专家考察评估，南旺枢纽被列入第二批国家考古遗址公园名单，顺利通过省旅游强县复核。农业产业化水平显著提升，核桃、苗木花卉、芦花鸡等特色农业规模进一步扩张，粮食总产实现“十一连增”，50 万亩粮食高产创建示范区被纳入省重点扶持项目，再次被评为全国粮食生产先进县。科技创新成效显著，新增国家级高新技术企业 2 家、“山东名牌”2 个，新风光电子公司“电机系统高效能运行与控制技术”荣获国家科学技术发明二等奖，再次荣获“全国科技进步先进县”称号。

（二）突出统筹发展，城乡建设亮点纷呈　中心城区更加靓丽，“一城五区”功能布局更加优化，县文化艺术中心、体育中心完成主体建设，中都影视城开工建设，新城功能逐步完善。创城工作取得重大成果，顺利通过省级双拥模范县验收和省级文明城市先进县测评复查。小城镇建设加快推进，郭仓镇通过省级百强示范镇年度验收，南站镇、康驿镇被命名为国家级生态乡镇。美丽乡村建设成为统筹城乡的新亮点，新建新型农村社区面积 110 万平方米，完成了 165 个村的环境综合整治，农村环境更加优美，我县被确定为全省首批美丽乡村建设试点县。

（三）突出跨越发展，招大引强成效显著　持续开展“大项目建设突破年”活动，全县到位市外国内资金 55 亿元，新开工亿元以上产业大项目 37 个，辰欣佛都药业列为省重点建设项目，中联化学盐化工和烧氧化、新风光高压变频器扩产项目建成投产，凯尔菱电光伏电梯、吉江新能源汽车、芯光园 LED 等项目投入试生产。深入实施全民创业“双千工程”、小微企业“千百十”培育工程，建设了大学生创业孵化园，创建市级创业示范基地 2 处，新增个体工商户

1980户、中小企业1360家。

(四)突出和谐发展,民生水平显著提升 扩大城镇就业成效明显,新增就业8598人。新建保障性住房3.5万平方米,改造农村危房900户。新农保和城镇居民养老保险合并实施,社会保险制度实现全覆盖。城乡教育优质均衡发展,农村广播实现"村村通",公共卫生服务均等化水平明显提高,"平安汶上"建设扎实推进,社会大局持续和谐稳定。

三、创新与经验

(一)必须坚持解放思想引领发展 始终坚持以解放思想为先导,持续不断地推进思想大解放、境界大提升,以新理念谋划新思路,以新举措开创新局面,准确把握了前进方向和发展主动权。按照省委、省政府建设西部经济隆起带和市委、市政府打造鲁西科学发展高地的决策部署,确立了"争当先行者、冲刺前十强"的目标定位,全面展开了新一轮发展布局。

(二)必须坚持改革创新推动发展 坚持以创新引领发展,用改革创新的办法破解难题、排除障碍,最大限度地释放改革红利。每年初都对事关全局的"三重"工作进行责任分解,全面推行县级领导包保责任制、指挥部工作制和一线工作法,成立了专业招商局、特色产业发展办公室,大田作物土地托管服务新模式、广播惠农工作经验在全国推广。

(三)必须坚持执政为民服务发展 坚持把群众需要作为第一选择、群众满意作为第一标准,扎实推进民生保障"十大体系"建设,持续加大民生投入和政策扶持,集中力量办成了一批惠及城乡百姓的实事好事,极大地提升了人民群众的生活质量和幸福指数,广大群众享受到更多改革发展的成果。

(四)必须坚持党的领导保障发展 坚持把党的领导作为发展各项事业的根本保证,充分发挥县委总揽全局、协调各方的领导核心作用,注重县各大班子的团结协调和作用发挥,注重激发各个层面的创造性,充分调动基层和群众的积极性,为推动汶上在西部经济隆起带中率先崛起、确保与省市同步提前全面建成小康社会凝聚了力量、提振了士气。

附:(一)汶上县委书记、副书记、常委名单

书　记:赵东升

副书记:王宏伟　侯典峰

常　委:赵东升　王宏伟　侯典峰　李　青　汲进梅(女)　徐玉全　岳耀寅　张德平　王卫星　李兆岚　盛向东

(二)各乡、镇党委书记名单

汶上镇　林望山
南站镇　李登军
康驿镇　林　辉
南旺镇　李振生
刘楼镇　李福坤
次丘镇　张斌举
寅寺镇　刘　峰
郭楼镇　王庆明
郭仓镇　张淑星
杨店镇　王君磊
军屯乡　陈　勇
白石镇　张　锐
苑庄镇　宋恩全
义桥镇　王秋霞(女)

中共梁山县委工作概况

梁山县委书记　田卫东

2013年,在省、市委的正确领导下,梁山县委深入贯彻党的十八大精神,团结带领全县人民,紧紧围绕建设"工业强县、文化名城、生态和谐家园"发展定位和"三年倍增"目标要求,解放思想、开拓创新,务实苦干、奋发有为,各项工作都取得了新的成绩。

一、组织概况与党的建设

梁山县共有党员35281名,基层党委37个、党总支56个、党支部1416个。乡镇、农村党组织705个,其中12个党委、12个党总支、681个党支部。

一年来,梁山县委坚持把执政能力建设和先进性建设作为主线,全面推进党的思想、组织、作风、制度和反腐倡廉建设,不断提高领导科学发展的能力和水平。

(一)持续加强基层党建工作 全面实施以"两增一扶"为主要内容的基层党组织服务能力提升工程。在全市率先实行了"村级低保"制度,县乡财政共拨付村级组织运转经费1336.1万元;投资1063万元,为每个乡镇都建成了党群服务中心。进一步深化"1+X"模式壮大村集体经济,建成村集体经营场所55个,新增集体收入5万元以上村53个、3—5万元村64个,消除空壳村80个。扩充困难党员帮扶基金200多万元，帮扶走访困难党员1200余名。干部驻村联户工作深入开展，全县4000多名机关干部联系17.7万农户，走访慰问困难家庭5259户，新打机井92眼、硬化道路300多公里，帮助群众办实事好事8519件，救助困难学生3076名，帮扶各类款物折合资金3288万元。

（二）深入推进反腐倡廉建设 认真贯彻落实中央八项规定和省市有关要求，制定《县委常委改进工作作风十项规定》，狠刹公款吃喝反对铺张浪费，狠刹党员干部婚丧嫁娶事宜大操大办，乡镇及县直部门招待费大幅下降。严格公务用车管理，中秋、国庆期间公开曝光违规车辆。开展会员卡专项清理活动，认真落实机关干部“零持有”的要求。定期组织开展警示、廉政教育活动。深入实施“123农廉工程”，626个行政村全部实行了“三资”委托代理。加大案件查办力度，今年以来共受理信访举报113起，立案查处违纪违法案件141起，党政纪处分140人。

（三）进一步转变干部作风 启动了“三提一创”主题活动，严格落实“五项纪律，二十三个不准”和效能问责办法，开展了全员公开承诺活动，29个县直部门公开向社会承诺，部门乡镇主要负责人在电视上向社会做出个人承诺。建立了乡镇基层站所民主评议制度，通过网上、书面等方式对472个基层站所进行评议，对排名靠后的相关负责人进行整改谈话。在县委党校举办了两期作风转变培训班，对71名违规违纪人员进行了为期半个月培训。

（四）认真做好干部选拔任用工作 严格按照《干部任用条例》选拔干部。全年共调整干部130人，其中提拔重用科级干部53人、调整交流77人。在干部选拔任用过程中，对干部选任风险实施信息化预警，确保将干部调整的风险降至最低。持续加大干部培养锻炼力度，今年先后抽调500名干部到县重点工程指挥部学习锻炼，选派21名干部到省市部门挂职学习。创新干部日常考察方式，建立了“梁山县干部日常考察管理系统”，把联系群众情况纳入了干部选拔任用延伸考察。建立了领导班子和领导干部实绩公示制，每周在《今日梁山》报纸公布领导干部工作实绩，每月公布“三重”工作进展情况，接受全县广大干部群众的监督。

二、主要工作与成绩

2013年，完成地区生产总值218亿元，增长13%；公共财政预算达到8.54亿元，增长21.5%；固定资产投资完成152.9亿元，增长25%；社会消费品零售总额实现72.7亿元，增长14.8%；城镇居民人均可支配收入20847元，农村居民人均纯收入10631元，均增长15%。在全省综合排名上升了6个位次。去年全市两次群众满意度测评，我县成绩均在县市区名列前茅。

（一）工业实力明显增强 坚持“工业强县”不动摇，初步形成了“五大”工业主导产业，占全县工业总值比重在85%以上。2013年，实现工业增加值62.4亿元，增长14%。全县规模以上工业企业达到178家、比年初净增36家，增加个数位居全市前列。专用汽车产业32家进入国家公告目录，出版印刷产业相关企业发展到51家，梁山被国家书刊发行行业协会命名为“中国出版物发行产业基地”。食品加工产业占地1000余亩的梁山生物（食品）科技工业园，获得市政府批复。纺织服装产业相关企业发展到50家，蓝天纺织为我县赢得了首个中国驰名商标。

（二）重点工作成效显著 深入开展“大项目突破年”活动，全年实施重点工程81个、重点项目54个、重要事项20个；新开工亿元以上项目46个，总投资201亿元。在京津、长三角、珠三角等地区设立招商办事处15个，选拔45名精干人员驻点招商。全年引进项目107个，实际到位资金56.4亿元。加大对专业乡镇、专业村、专业户、专业市场的培育力度，已培植专业特色村50余个。馆驿镇西王庄村成为首批全国一村一品示范村。民营业户数达到2.5万户，新增小型微型企业564户、各类创业主体3763户；新增注册资金同比增长38%，增幅位居全市各县市区第一。投入2亿元用于基础设施建设，重点加大园区道路建设，全年新建扩建园区主干道8条、17.9公里。

（三）城乡建设实现突破 实施了31项城市建设重点工程，“一城四区”的城市框架全面拉开，城市核心区扩大到20平方公里，城镇化率提高3.2个百分点。顺利通过省级卫生城复验。滨河大道工程全面启动。占地3000亩的梁山泊平原水库加快土方调运。村庄道路硬化完成393个村。梁山列入山东省农村公路网化示范县。

（四）农业基础更加稳固 推进“工业项目向园区集中，农业项目向滩湖区聚拢”。梁山成为全国食用菌工厂化生产基地，鲁西黄牛、青山羊、食用菌、小尾寒羊4个产业列入全省十大重点产业，4种产品被农业部命名为“中国地理标志产品”。去年创建成为省畜牧强县，绿化造林工作受到市委表彰。

（五）文化旅游快速提升 围绕打响“水浒文化品牌”和争创国家5A级景区，有步骤有计划地加快景区景观景点建设。景区总体规划完成论证，山东旅游强县创建活动取得成功。水浒文化广场等10项重点工程进展顺利。全年景区接待游客突破200万人次，外国游客3.6万人，旅游社会收入4.8亿元，增长45.5%。

（六）民生水平持续改善 新增财政收入80%以上投向民生领域，上级民生政策都确保落实到位，民生工作没有新账。“为民十件实事”都如期实现。创造性实施了基层卫生院免费诊疗制度，14种常见病到卫生院住院，只交200元起付线。信访工作实现了“来县、去市、到省、进京”同比四个下降。社会治安综合治理水平进一步提高，社会大局持续和谐稳定。

三、创新与经验

2013年，有爬坡进取的艰辛，更有科学理性的探索。奋斗历程要求我们务必要做到以下几个“必须”。

（一）必须用好解放思想这一法宝 从思想根源上解决“想干”问题，从思想方法上解决“会干”问题，从思想境界上解决"干好"问题。

(二)必须坚持后发赶超这一追求 提升境界、拉高标杆,招大商、大招商,上项目、搞建设,千方百计壮大县域综合实力。

(三)必须激活体制创新这一动力 大力推行工程建设指挥部模式,落实招商引资责任制,创新融资建设城市景区办法,建立工作倒逼机制,完善督导考核办法,形成充满活力、富有效率的机制体制。

(四)必须夯实团结协作这一保障 把"势"立起来,把"力"聚起来,把信心决心传递给每一位干部群众,汇聚起跨越崛起的强大正能量。

(五)必须树立以人为本这一理念 始终坚持把群众利益放在首位,努力实现好、维护好、发展好最广大人民群众的利益。

(六)必须凝聚务实苦干这一共识 沉到基层,下到一线,用身影指挥人,用实干带动人,坚持抓铁有痕、踏石留印,在实干苦干中不断打开工作新局面。

附:(一)梁山县委书记、副书记、常委名单

书　记:田卫东

副书记:贾治阜　李成勇

常　委:田卫东　贾治阜　李成勇　钟秀芳(女)　秦延信　楚宪海　孔德修　李保江　王宇帆　崔加清　张传松

(二)各乡、镇、街道党(工)委书记名单

梁山街道　仲崇斌
水泊街道　马　涛
马营镇　周菊兰
寿张集镇　任仲建
小安山镇　耿树民
馆驿镇　孙长栋
韩岗镇　曹景全
韩垓镇　宋培秋
拳铺镇　王　平
大路口乡　智红光
小路口镇　孙明庆
赵固堆乡　张保贵
黑虎庙镇　陈传刚
杨营镇　孔祥华

泰　安　市

中共泰山区委工作概况

泰山区委书记　宋洪银

一、组织概况与党的建设

泰山区是泰安市市委、市政府驻地,辖5个街道、2个镇,126个行政村、71个社区。总面积336平方公里,总人口76万。共有基层党组织1021个,其中党委32个,党总支65个,党支部924个,党员22549名。

(一)干部队伍作风建设 坚定不移地把作风建设作为立区之本,以形成扎实高效的工作节奏为核心,深入开展"作风建设保障年"活动,切实解决存在的突出问题,干部队伍作风明显改善。

(二)领导班子建设 坚持"凭德才用干部,以实绩论升迁",对街道镇和部分区直部门进行调整,一批想干事、会干事、干成事、不惹事的干部走上领导岗位。以打造实干队伍为目标,开展以"学理论、学政策、学业务、考试测试"为主要内容的"三学一考",不断提升各级干部做好经济工作、社会工作、处理应急问题等方面的能力。修订完善科学发展综合考核办法,进一步完善考核内容,改进考核方式,提高了考核的针对性和实效性。

(三)基层组织建设 扎实开展"基层组织建设攻坚年"活动,在对基层班子进行全面调查摸底的基础上,巩固一类班子,提升二类班子,整顿三类班子,基层班子服务发展、服务群众能力有了显著提升。深入实施"强村固基"工程,推行片区联建、以点带面,土地联营、以转带活,村企联合、以商带农,多方联动、以帮带促"四联四带"模式,进一步发展壮大了村集体经济。开展以"创设服务组织、创新服务方式、创优服务机制、建立稳定经费保障体系"为主要内容的服务型社区党组织创建活动,这一做法先后在中组部《党建研究》、《组工通讯》及《大众日报》刊发。扎实推进非公组织党建,健全区委基层组织建设领导小组宏观指导、组织部门牵头协调、区非公党工委和社会组织党工委分线作战的领导体制,明确民政、工商、街道镇等部门职责,“两新”组织党组织覆盖率达到90.6%,工作覆盖率达到100%,打造了华伟集团、泰山工程机、居然之家等一批党建示范点。

二、主要工作与成绩

2013年,全区上下认真学习贯彻党的十八大、十八届三中全会和习近平总书记一系列讲话精神,牢牢把握“科学发展上水平”的总基调,深入实施“绿色发展战略”,全力加快经济社会转型升级,各项工作均跃上新水平。实现生产总值412.36亿元,三次产业比例达到2.5∶35.3∶62.2,规模以上固定资产投资完成307.6亿元,实现社会消费品零售额252.6亿元,完成地方财政收入25.6亿元。获得全国社区商业示范区、全国社区教育实验区、全国最佳旅游目的地、2013中国旅游竞争力百强区、全省服务业发展先进区、省级生态区等荣誉称号。

(一)突出“四个布局”,经济建设跃上新水平 把“转方式、调结构”作为重大战略任务,科学摆布空间、产业、项目、片区“四个布局”,倾力打造了一批有分量的特色亮点,经济转型的速度和质量显著提高。摆布好空间布局。以规划为基础、园区为载体、路网建设为关键,高水平完善提升总体规划、专项规划,组织实施或配合实施环山路东延、泰新路、温泉路、万官路、泰良路等道路综合整治工程,有效释放了发展空间。2013年,泰山碧霞湖旅游度假区被省政府批准为省级旅游度假区,泰安农高区被国家科技部正式批复为第五批国家农业科技园区。摆布好产业布局。着力发展以生产性服务业为主导的现代服务业,以战略性新兴产业为方向的现代工业,以特色高效农业为重点的现代农业,特别是强力推动传统服务业向现代服务业、生活性服务业向生产性服务业转变,2013年,服务业对经济增长的贡献率达到53.8%,生产性服务业税收占服务业总税收的比重达到63.5%;泰山区连续五年荣获“全省服务业发展先进区”称号,家庭服务业工作做法在全省范围推广。同时,高新技术产业产值占规模以上工业总产值的比重达到44.5%,新兴产业主营业务收入占规模以上工业总收入的比重达到47.1%;泰山花样年华景区被评为国家休闲农业与乡村旅游五星级景区。摆布好项目布局。持之以恒地狠抓策划招商、建设推进、巩固提升“三个一批”项目,强力实施“重点项目建设攻坚年”,相继竣工运营了泰山宝泰隆旅游度假区、泰山唯真文化创意产业园一期、泰山国际茶博城、长城五金机电商城一期等品牌项目,成功引进了鲁商集团、绿地集团、麦德龙集团、泰山云谷等国内外知名品牌企业,先后组织3次集中签约、3次集中开工仪式,累计签约、开工199个项目,总投资达到1574亿元,为经济转型提供了坚实支撑。摆布好片区布局。强力实施“片区建设攻坚年”,总投资310亿元的新华片区、总投资56亿元的泰安万达广场等重点片区项目进展迅速,2013年片区建设项目新开工面积达237万平方米,竣工面积115万平方米,完成投资42亿元,片区开发在提升城市形象、拓展发展空间等方面的作用日益凸显。

(二)坚持“四个为先”,社会建设跃上新水平 坚持民生为先、基层为先、服务为先、机制为先,不断深化社会保障体系建设,2013年,全区用于民生的支出达到9.85亿元,占总支出的60.2%;城镇新增就业再就业1.1万人,登记失业率2.3%,群众满意度和幸福感进一步提升。特别是不断创新社区建设模式,集中打造社区一卡通、一键通、一家通、一号通、一网通“五通”信息化快捷服务品牌,省委书记、省人大常委会主任姜异康和省委副书记、省长郭树清先后到我区就社区“五通”平台情况进行调研,并给予高度评价。

(三)提升“四力建设”,文化建设跃上新水平 坚持文化事业、文化产业双轮驱动,文化建设的凝聚力、影响力、服务力和竞争力日益增强,泰山区被省委、省政府授予全省首批文化强省建设先进区,荣获省级公共文化服务体系示范区、全省“四德工程”建设先进区等荣誉称号,“菜单式”志愿服务做法被评为全国社会管理创新典型案例一等奖。泰山美术馆有限公司成功入选全省重点文化企业。同时,大力实施“乡村文明行动”,农村环境和居民精神文化生活得到极大改善。

三、创新与经验

(一)创新联系群众机制 倾全区之力开展以“领导干部联系村(社区)、联系企业、联系信访老户,党员联系群众,解决好群众最不满意的事”为主要内容的“四联一解决”活动,做到真联系、真了解、真解决、真反馈、真考核,1800多名党员干部深入197个社区(村)、300余家企业和重点项目,征集问题1800余件,现场解决852件,尤其是围绕群众反映强烈的环境综合整治问题,认真组织实施“城乡环境百日整治行动”,群众的生产生活质量得到进一步提升。

(二)创新城郊型高效农业发展模式 创新确定现代农业“一产四化”的工作思路,即一产特色化,依托地域优势、植物资源,精心培育苗木花卉、现代奶业、有机蔬菜三大特色主导产业;一产二产化,抓好企业、合作组织、专业村三个龙头建设,提高农业发展的质量和效益;一产三产化,大力发展休闲观光农业,集中打造泰山花样年华景区、温泉路茶产业一条街、蓝莓庄园等精品项目,最大限度地激发产业活力;一产信息化,积极拓展信息技术在农业生产、经营、管理等环节的应用途径,形成了覆盖广泛、功能完备的农业信息服务体系。

(三)创新工作推进机制 重点攻坚机制。对涉及全局的重点项目、重点工作,根据工作需要第一时间成立由区级领导包保的项目部进行集中攻坚,确保快速推进。随机抽查机制。在检查调度经济建设、社会建设、生态文明建设等项目时,将所有能看的项目都作为备选项,检查前请人大代表或政协委员抽签定项目,检查结束后严格打分排名,较好地解决了重点项目、重点工作之间不平衡的问题。暗访督查机制。将暗访工作规范化、制度化,特别是要求各项工作的牵头部门尤其是领导干部在调度督导时,不提前下通知,不提前安排,不让基层同志陪同,最大限度地提高了基层抓工作落实的责任感和压力感。

附:(一)泰山区委书记、副书记、常委名单

书 记:宋洪银

副书记:赵 斌 张京洲 赵书刚(援疆)

常 委:宋洪银 赵 斌 张京洲 赵书刚(援疆) 陈庆业 展延安 宋宪春 刘焕民 安 丽 李卫国(挂职) 石中华 毕华年

(二)各街道、镇党(工)委书记名单

财源街道 刘广博
岱庙街道 黄 涛
泰前街道 吴 杰
上高街道 李 文
徐家楼街道 玄冬梅
省庄镇 李 峥
邱家店镇 杨 波

中共岱岳区委工作概况

岱岳区委书记 王永征

一、组织概况与党的建设

岱岳区设党(工)委52个。其中一级党(工)委47个,机关、事业单位党(工)委26个,乡镇(街道)党(工)委17个,工业园区党工委2个,非公有制经济组织党工委1个,社会组织党工委1个;二级党委5个。共有党总支178个,党支部1805个。党员50785名,其中农村党员30275名,"两新"组织党员2644名。

2013年,全区各级党组织深入学习贯彻党的十八大、十八届二中、三中全会以及习近平总书记系列讲话精神,以加强党的执政能力建设、先进性和纯洁性建设为主线,坚持党要管党、从严治党,围绕中心、改革创新,解决问题、狠抓落实,不断提升党的建设科学化水平,为加快推进富裕文明和谐新岱岳建设提供了坚强组织保证。

(一)干部工作稳步推进 牢固树立在一线选干部用干部的用人导向,健全完善领导班子和领导干部定期分析研判、组织部长"双向约谈"、乡镇党委书记"三制一化"考核监督、年轻干部梯次培养、差异化考核等工作机制,突出抓好干部教育和日常监督,有效激发了基层干部干事创业积极性。认真做好群众满意度提升工作,在全市群众满意度问卷调查中取得第二名的好成绩。

(二)基层组织建设全面提升 以"一村一策、三诺三评"活动为抓手,深入推进"党群连心、强村固基"工程,全区村级集体收入达到1.6亿元,同比增长43%;集体收入5万元以上的村达到86%。组织实施"梯次培养、能人治村"计划,一批政治素质高、发展能力强、奉献意识强的优秀人才走上村党组织书记岗位。大幅度提高村党组织书记补贴报酬,探索推行"四三"村级工作机制,涌现出大陡山、滩清湾、许家庄等一批村级发展先进典型。在全市"强村固基"工程现场考核中,列全市第二位。

(三)人才工作成效明显 坚持人才优先、项目切入,组织实施市区乡人才工作重点项目43个,积极开展蹲点招才、定向引智,探索建立"五位一体"合作模式和长效机制,先后举办承办"金飞虹院士工作站揭牌暨国际合作项目推进会"、"岱岳区人民政府·中国科学院'人才兴业'工程座谈会"、"2013年中科院创业CEO俱乐部年会暨泰安科技项目签约会"等技术交流、项目合作活动。积极创优人才发展环境,制定出台加强高层次人才引进工作的暂行规定,在泰山青春创业园、大汶口工业园建立人才服务中心,在重点企业建立人才服务站,为各类人才提供"菜单式"、"差异化"服务,区域人才政策优势进一步显现。人才工作经验做法荣获全市组工创新奖,《大众日报》整版刊发推广。

(四)组织部门自身建设不断加强 坚持从严抓教育、开门听意见,深入开展党的群众路线教育实践活动。先后组织开展10项主题实践活动,建立完善部机关、科室及个人三个"问题台账",敢于动真碰硬,高标准、高质量召开专题民主生活会和组织生活会,严肃认真地开展批评和自我批评。坚持立说立行,梳理公布14项马上就改的事项,确定8项在全区面上具有普遍性的问题,实行"点题交办",推动重点问题解决,真正达到了思想有新提高、作风有新转变、形象有新提升、工作有新成效的目标。

二、主要工作与成绩

深入贯彻党的十八大和十八届二中、三中全会精神,牢固树立"二次创业"思想,围绕大力发展片区特色经济的工作主轴,统筹推进经济社会各项事业发展,全力建设富裕文明和谐新岱岳。实现本区生产总值321亿元,同比增长

11.9%，三次产业结构比例优化为16.7:42.7:40.6；完成地方财政收入12.1亿元，同口径增长11.6%，税收收入同口径增长16.9%，两项增幅均列全市第2位，主体税收增幅列全市第1位。纳税过百万元的企业226家、过千万元的30家，分别增加70家和10家。被市委、市政府表彰为2012年度县域科学发展工作先进单位。

（一）三次产业协调发展 实现服务业增加值130亿元，增长12.9%，服务业增加值占比提高1.6个百分点，实现税收占全部税收的比重达到50%，提高3.9个百分点。被评为全国休闲农业与乡村旅游示范县、全省重点服务业城区先进单位、2013好客山东最美风景县。旅游接待游客和收入分别增长24%、88%。金融机构税收增长43.3%。新增规模工业企业27家，总数达到208家；规模工业增加值、主营业务收入、利税分别增长15.9%、14.7%、17.3%。新增主营业务收入过亿元企业25家，总数达到102家。粮食生产实现“十一连增”，第5次被表彰为全国粮食生产先进县。新增茶园、酿酒葡萄面积3020亩、1300亩。蚕茧产量连续13年全省第一，获得国家生猪调出大县和现代奶业示范县奖励。新发展农业精品园场50家、家庭农场53家，新增规模农业龙头企业10家、农民专业合作社256家。申请注册农产品地理标志商标7件。

（二）发展活力显著增强 新开工合同引资额3000万元以上项目98个，实际到位资金98.7亿元，增长28.7%。泰山玻纤一期、中石油天然气LNG等35个总投资192亿元的项目竣工投产运营，中国国际时尚产业设计创意园、中联建材产业园、益海嘉里产业园等27个总投资247亿元的项目建设进展顺利。新批利用外资项目7个，实际利用外资5903万美元，增长191.9%，中石油天然气LNG是全市报批项目中合同利用外资最大的项目。完成进出口总值1.82亿美元，其中出口1.66亿美元，增长11.3%。高新技术产业产值比重达到21.01%，提高0.79个百分点。区工商局创建的“5S基层商标服务模式”，被国家工商总局评为2011—2012年度最具影响力的十件商标大事。

（三）城乡面貌明显改观 配合市里抓好时代发展线、高铁新区等重点工程建设以及中南铁路、104国道改线等工程涉及我区的征地拆迁补偿等工作。协调推进三堰锦绣、樱桃园等5个片区及3个社区的城中村改造项目，累计竣工面积47.5万平方米，回迁安置居民3936户。满庄镇在全省“百镇建设示范行动”年度考核中列第8位，大汶口镇列入第二批示范镇名单。完成137个新型农村社区布点工作。投资3.3亿元，完成农房建设1713户、危房改造1131户。城乡环境综合整治投入资金2.7亿元，新增绿化面积23.5万平方米，完成道路硬化109.8万平方米。积极开展乡村文明行动，104国道乡村文明长廊建设初见成效，15个乡镇的16处垃圾中转站投入使用，实现全区环卫一体化处理。累计投资2.6亿元，新建改建农村公路622公里，农村公路网化工程通过省级验收。水利建设投资3.2亿元，完成小型水库除险加固18座，治理水土流失面积23平方公里。

（四）社会民生不断改善 区乡村2000余件为民实事全部完成。教育、社保就业、医疗卫生支出占总支出的比例达到56.6%。农民人均纯收入、在岗职工平均工资分别达到10781元、39586元，增长13.4%和14%。各项社会保险扩面3.18万人，社会保险费征缴12亿元、支出9.3亿元。建立城镇居民大病医疗保险制度，实行城镇基本医疗保险门诊统筹，扎实做好城乡居民养老保险工作。投资1300万元的区社会福利服务中心投入使用，新建综合性养老服务中心5处、城市社区日间照料中心8处、农村幸福院32处。提高城乡低保、五保供养标准，为3000余名低保重度残疾人发放生活补贴258.6万元。新农合筹资政府补助标准提高到280元，受益群众238.3万人次，补偿金额2.6亿元。教育事业投入资金7.18亿元，超额完成学前教育三年行动计划。第12届全运会我区输送的运动员获得5金1银1铜，实现全运会金牌零的突破。新建改造农村饮水安全工程17处，解决了3.3万人饮水安全问题。强化社会治安综合治理，畅通规范群众信访渠道，深入开展安全生产大检查，保持安全稳定态势。

三、创新与经验

（一）实施“双联双增”工程，干部进村入户倾听民声 组织机关联系基层、干部联系群众，增强干部服务意识，增强群众幸福感。5925干部职工联系22.08万户群众，每年春节前和“七一”前后分别登门走访1次，每月至少1次通过电话等渠道联系，群众有事随时可以联系联户干部。采取“网格化”管理，设立村级小网格、管区中网格、乡镇大网格和全区总网格，分别明确负责人，形成横到边、纵到底的群众工作大格局。联户干部对上承诺工作，对下承诺服务，及时答复处理联系户的咨询求助事项。各级收集群众诉求和意见建议8697项，协调解决8216项。

（二）开辟“民意直达”渠道，群众足不出户有求必应 区级建立区民生服务中心，搭建现场咨询、热线电话、民生网站、QQ、微博、电子邮箱六路民生“直通车”，17个乡镇（街道）分别成立相应的服务机构，80个区直有关部门分别开通网络平台，配备专职联络员，及时办理区民生服务中心转交的有关民生问题，形成上下互联互通的服务体系，确保了“事事有回音、件件有着落”。建立督查通报制度，对来电人进行回访制，区委、区政府将考核结果纳入承办单位的科学发展考核范围。区民生服务中心受理群众诉求4187件，办结4177件，群众满意率达到97.6%；在市政府便民服务电话工作综合考评中列第1位。

附：（一）岱岳区委书记、副书记、常委名单

书　记：王永征

副书记：张　韧　刘兆泉

常　委：王永征　张　韧　刘兆泉　徐永涛

李效军 蔡丽霞 雷建民 张 军
刘 琳 朱延华 张 彬 徐宗才

(二)各乡、镇、街道党(工)委书记名单

粥店街道 孙启龙
天平街道 王兆富
山口镇 赵传星
大汶口镇 金 飞
黄前镇 刘灿军
下港镇 朱英文
祝阳镇 高传波
范镇 史 伟
角峪镇 燕 光
化马湾乡 刘 灏
徂徕镇 赵永东
良庄镇 刘建新
房村镇 鲁瑞森
马庄镇 钱振华
满庄镇 张建峰
夏张镇 白安东
道朗镇 姚学理

中共新泰市委工作概况

泰安市委常委、新泰市委书记 张宏伟

一、组织概况与党的建设

全市共有基层党组织3093个,其中党委102个、党总支252个、党支部2739个;党员65314名,其中农村党员33708名。

(一)加强思想政治建设 深入学习党的十八大、十八届三中全会和习近平总书记一系列重要讲话精神,认真落实省委、泰安市委重大决策部署,在思想上、政治上、行动上与中央、省委、泰安市委保持高度一致。坚持以解放思想为先导,围绕加快转型升级、推进新型城镇化等重大课题,先后举办专题辅导报告会4次,分期分批组织党员干部外出考察学习,进一步提升了各级干部的思想境界。

(二)加强领导班子和干部队伍建设 建立健全市委重大事项决策、班子议事规则、市级领导干部公务事项公开等9类41项制度,促进领导班子规范高效运转。分层分批开展干部集中轮训,培训干部6320人,选派22名干部到重点工作指挥部、乡镇街道一线挂职锻炼,选派43名优秀干部到浙大培训,提高了干部队伍整体素质。

(三)加强基层组织建设 扎实推进"领头雁"培养、"固本培源"、"党群之家"综合服务体建设"三大工程",深化村党组织书记层级管理,开展村级班子集中整顿,全市村党组织书记补贴标准提高到上年度农民人均纯收入的两倍,新建扩建村级活动场所147个,建成村集体领办合作社532个。统筹抓好各领域基层党建工作,全市非公企业和社会组织党组织覆盖率分别达到97.72%、96.29%。我市创新出资人入党"双考察"做法在新华社《内参选编》刊发。

(四)加强党风廉政建设 认真贯彻执行中央八项规定和省委、泰安市委有关要求,制定市委常委会改进工作作风、密切联系群众的18项规定,将元旦后第一周定为"警示教育周",全面推行岗位廉政风险防控机制,开展领导干部违规经商办企业等专项治理活动,营造了风清气正的良好环境。市纪委探索建立干部作风"随手拍曝光台"的做法被中纪委、监察部推广;我市农廉建设"一通七制"做法被泰安市纪委推广。

二、主要工作与成绩

2013年,在省委和泰安市委的坚强领导下,新泰市委团结带领全市广大干部群众,紧紧围绕"争当科学发展排头兵、建设幸福和谐新新泰"总目标,以加快资源城市转型为主线,以提高经济发展质量和效益为中心,解放思想,创新实干,各项工作都取得了新成绩。全市实现生产总值765亿元,完成公共财政预算收入36.1亿元,城镇居民人均可支配收入、农民人均纯收入分别达到28056元、12885元。新泰在全国中小城市综合实力百强县中位居第41位,比上年提升4位;在中国县级市综合竞争力排行榜中位居第20位;在全省县域科学发展考核中综合实力跃居第28位,比上年前移9个位次;被评为全国绿化模范市、泰安市科学发展考核县域经济综合实力奖第一名。

(一)招商引资和项目建设成效显著 突出产业招商、招大引强,组织开展招商引资百日竞赛,全市共引进内资项目152个,实际到位外商直接投资9462万美元,同比增长164.1%,获批上级无偿资金22亿元;严格项目审核把关,组织项目建设集中开工和"双百会战",全市在建千万元以上项目319个,其中过亿元项目107个;加快推进"一核三区四园"产业园区建设,全市工业园区总面积扩容达到160平方公里。我市在泰安市半年及年终招商引资和项目建设检查考核中分别获得第一名,被评为泰安市对外开放突出贡献单位。

(二)产业转型步伐加快 坚持高端装备制造业、战略性新兴产业、现代服务业、高效生态农业"四轮驱动",三次产业比调整为7.3∶54.5∶38.2。加快工业提质增效,实施重点企业分类管理、“双50”工程、“1225”倍增计划，在泰安市率先成立工业联盟，首批5家企业在齐鲁股权交易中心挂牌上市，实现了我市企业利用多层次资本市场融资发展的零突破，全市规模以上工业企业、主营业务收入过亿元企业分别达到443家、217家。推动服务业扩规提档，加快岳华能源、天宝煤炭等物流园建设，新建续建高端商贸和文化旅游项目36个，全市服务业增加值占生产总值比重提高2个百分点，我市被确定为全省县域金融创新发展试点市，莲花山旅游度假区被批准为省级旅游度假区。促进农业规模提升，新发展千亩以上特色基地37个，新建扩建农业龙头企业26家，新增农民专业合作社269家，“楼德煎饼”被认定为中国地理标志证明商标。强化科技支撑，新引进国家“千人计划”专家2人、“两院”院士4人，我市被评为泰安市科技创新先进市、泰安市人才工作先进单位。

（三）城市品质全面提升 以中心城区、镇区、新型农村社区为节点，加快构建新型城镇体系，全市城镇化水平达到54.7%。着力打造精品城市，重点实施城区路网建设、市政设施配套、水系景观带建设、园林绿化提升等“六大工程”，全面铺开6.4平方公里的滨湖新区开发建设，新建改造城区道路26条44公里，建设完成天然气输配管网、城区供热能力提升等15项公用设施，我市被列为国家首批智慧城市试点市。着眼于提升城乡道路通达能力，完成境内61.6公里的205国道和济临路省道大修改造，开工建设村级公路295条386.7公里，我市被确定为全省村级公路网化示范县。推进镇区基础设施提档升级，设立镇域经济发展专项基金，将市直部门318项审批服务事项下放乡镇，激发了镇域发展活力，楼德镇、西张庄镇被列为省级重点建设示范镇，翟镇、汶南镇被列为泰安市级重点建设示范镇。稳妥推进新型农村社区建设，全市在建新型农村社区36个，搬迁安置农户9135户，我市被评为泰安市新农村建设工作先进市。

（四）民生福祉明显改善 全年完成民生支出33.2亿元，占公共财政预算支出的62.5%，确定的10件民生实事全部完成。就业和社会保障水平全面提高，新增城镇就业再就业和农村劳动力转移就业4.5万人，完成各项社会保险扩面6.1万人，落实保障性安居工程3685套。公共服务体系更加健全，完成98处中小学校和标准化幼儿园新建改造，5家县级公立医院实行药品零差价销售，建成农村“六个一”文体小广场654个，我市顺利通过省教育工作示范市初检、被评为国家卫生应急综合防治示范市、中国书法之乡。社会治理扎实有效，完善市乡村三级联动的综合管理服务体系，在全省率先组建县级志愿服务联合会，我市被评为全省信访工作先进单位、全省安全生产基层基础先进市、泰安市社会管理综合治理工作先进市。

三、创新与经验

（一）完善工作思路，引领跨越争先 深化完善市第十三次党代会确定的发展思路，以“提标提速提能、创新创业创先”为动力，大力实施以壮大县域经济实力为总抓手，以项目建设、城市建设、新农村建设、社会管理创新“四大重点”为支撑，以优质投入、产业倍增、镇域活力、品质城市、幸福民生、基层党建“六大提升计划”为载体，以富裕程度、生态指数、群众满意度“三提高”为目的的“1463”工程，努力实现各项工作“泰安率先、全省领先、全国争先”。

（二）争创卫生城市，建设美丽家园 举全市之力创建国家卫生城市，创卫工作顺利通过省级复审、初评和全国爱卫办专家暗访、技术评估，实现了年内“一次申报、一举夺牌”，在全市凝聚形成了以责任和担当为核心、以实干和奉献为特质的“创卫精神”。在此基础上，深入推进以休闲娱乐广场化、村规民约制度化等“十化”和有好载体、有好风尚等“六有”为主要内容的乡村文明行动，统筹抓好城乡环境综合整治和生态文明村创建。我市被确定为全省唯一的国家首批循环经济示范市，被评为全省生态文明乡村建设工作先进市，创建国家环保模范城市通过国家技术评估。

（三）实施连心工程，密切联系群众 深入实施千名领导干部包千村、万名机关干部联万户、干部三年换岗不换村“双千双万”连心工程，实行周末“三同”结穷亲、连心恳谈日等制度，建立干部选拔任用延伸到所包村户考察机制，引导干部驻村联户，为民办实事、解难题，《人民日报》、《半月谈》等媒体刊发了我市经验做法。整合“新泰民意通”、市长热线、民意调查等资源，在全省率先成立群众利益服务中心，扎口办理群众诉求。针对群众反映的突出问题，集中开展了城乡低保专项整治、新农合提速增效、农村饮水安全等“十大专项行动”。我市在泰安市群众满意度考核中位居各县市区第一名。

（四）健全工作机制，狠抓执行落实 建立分工负责、分线作战的网格化责任体系，对事关全市发展大局的重点工作实行市级领导挂帅、指挥部实体化运作，完善市级领导协调推进重大事项、包保为民所办实事、联系乡镇街道以及市直部门包保重点项目等制度；实施重点工作跟踪督查和序时动态监测，推行“拉练晾晒”工作法，对市级领导负责的工作月调度、季观摩、半年述职、年终总评；强化差异化特色化考核，对乡镇部门实行分类考核、同类同考，在领导干部中推行“三线一联”考核机制，激发了各级干部真抓实干、争强当先的积极性。

附：（一）新泰市委书记、副书记、常委名单

书　记：张宏伟（女）

副书记：刘钦海　梁久军

常　委：张宏伟（女）　刘钦海　梁久军　王长勇　刘　玉　倪建军　韩学锋　陈师超　桑　民　杨树国（挂职）　李文强　戴先锋

(二)各乡、镇、街道党(工)委书记名单

青云街道　周京文
新汶街道　朱致义
新甫街道　刘祥军
翟　镇　贾夫军
泉沟镇　史新国
羊流镇　李兴胜
果都镇　李建军
西张庄镇　何　涛
天宝镇　毛松竹
宫里镇　张　新
谷里镇　李　玲(女)
楼德镇　苏永涛
禹村镇　李绪涛
石莱镇　吕熙伟
放城镇　公维贞
刘杜镇　李锋祥
岳家庄乡　周典红(女)
小协镇　鲁　涛
东都镇　白　冰
汶南镇　周鹏飞
龙廷镇　潘吉民

中共肥城市委工作概况

肥城市委书记　张成伟

2013年,在省委、省政府和泰安市委、市政府的坚强领导下,深入贯彻落实科学发展观,团结带领全市各级党员干部和百万桃都群众,解放思想,抢抓机遇,开拓进取,拼搏实干,着力稳增长、调结构、促转型、惠民生,经济社会保持了平稳健康发展势头。在全国县域经济基本竞争力和最具投资潜力百强中继续前移,分列第43位、18位,最具区域带动力百强列山东省第4位;福布斯中国大陆最佳县级城市列第21位,比上年提高8个位次;在泰安市科学发展考核中,群众满意度电话访问连续六年居县市区首位。先后荣获全国平安建设先进市、科技进步先进县、义务教育发展基本均衡县,全省商标战略实施示范市、现代农业示范区、首届文化强省建设先进县等多项国家和省级荣誉称号。

一、组织概况与党的建设

肥城市有11个镇、3个街道办事处和1个省级高新技术产业开发区、605个行政村(居),总人口98.58万。全市有基层党组织2322个,其中,党委61个、党工委11个、党总支174个、党支部2076个,党员53471名。2013年,紧紧围绕推动科学发展、促进社会和谐选干部、配班子,建队伍、聚人才,抓基层、打基础,全市党的建设扎实推进、取得明显成效。加强领导班子和干部队伍建设,举办了科级干部进修班、十八大精神集中轮训班和中青年干部培训班,培训干部1233人次;选派248名干部到镇街、项目指挥部和信访、城管等部门实践锻炼;改进"品绩量化"考核办法,实行考核结果"一表式"反馈;完善落实工作实绩月报告、经济责任审计、个人有关事项报告等制度措施,强化干部从严监督管理。创新推进基层党组织建设,以"五化"服务型党组织创建为统领,深入开展"创新发展提升年"、"双帮双提高"、"双联双帮"活动以及"两新"组织"建组织、扩覆盖、抓规范"活动,探索实行"定期评议+个案处置"不合格党员认定处置办法,分类培训605名村党组织书记,深化远程教育"五进"工程,开办"桃都先锋"电视栏目,积极推进农村商务信息服务工作。在泰安市科学发展综合考核中,"基层组织建设"考核成绩列各县市区第一位。深入推进人才强市战略,实施招才引智"双提升"计划,铺开高新区科技孵化器建设,全年引进各类高层次人才125人,其中院士2人,国家"千人计划"专家2人,博士、专家教授61人;成功创建省级以上人才平台3家,泰安市级人才平台、基地18家,为经济社会发展提供了有力的人才支撑。

二、主要工作与成绩

(一)攻坚克难稳增长,综合实力跃上新台阶 2013年,实现地区生产总值674.46亿元、增长11.4%;三次产业比例7.32∶54.48∶38.2;完成地方财政收入31.93亿元,其中税收收入22.46亿元、增长7.43%,占地方财政收入的70.33%,同比提高了4.74个百分点;完成全社会固定资产投资413亿元、增长20%;规模以上工业主营业务收入1381亿元、利税148.1亿元、利润88.7亿元;社会消费品零售总额209.2亿元、增长13.44%;城镇居民人均可支配收入28606元、农民人均纯收入12916元,分别增长10.5%和13.1%;金融机构各项存贷款余额356.9亿元、240.9亿元,分别较年初增加42.4亿元、28.9亿元。

(二)坚定不移调结构,转型升级迈出新步伐 加大高效投入,积蓄发展后劲。扎实开展"项目招商推进年"活动,招商引资到位资金104亿元,增长19%。实际利用外资6092万美元,增长101.5%;完成外贸出口总额3.2亿美元,增长30%。633个项目被列为国家和省市扶持项目,争取到位无偿资金18.4亿元,增长27.6%。调优产业结构,提升发展质效。农业凸显规模特色,全市规模以上农业龙头企业发展到150家,农民专业合作社766家,家庭农场184家,流转土地19.6万亩,成功举办第八届中国(肥城)国际有机农产品食品博览会和全市名特优农产品展示会,现代农业高新技术产业示范区被评为国家级农业产业化示范基地,顺利通过国家级出口食品农产品质量安全示范区复核。工业趋向集群高新,工程机械及汽车配件、玻纤制品、纤维素醚产品分别被确定为全省重点产业集群、土工合成材料示范基地和优质产品生产基地;全市规模以上工业企业达到380家。服务业发展提速增效,完成服务业增加值257.62亿元、增长10.6%。重点培植的10家服务业骨干企业完成营业收入115亿元、增长22%;旅游综合收入达到16.2亿元。强化创新驱动,增强发展活力。新增国家级高新技术企业2家,总数达到12家;省级企业技术中心3家;泰安市级企业技术中心4家、创新型企业5家;市研发产业园一期研发楼建成使用。高新技术产业产值同比增长13%,占比达25.98%,比上年提高2.3个百分点。

(三)全域一体谋共荣,城乡统筹实现新突破 城市建成区扩大到44.3平方公里,城市化率53.5%,绿化率43.8%。投资近40亿元,实施重点城建项目60多个,建设了露天博物馆、晒书城、文昌阁、德园等重点文化项目,实施了城市道路改造、绿化亮化升级等惠民工程,集中打造了以市民广场、范蠡公园、百信广场、清风阁、文化中心、沿河古建筑等功能性项目为节点的龙山河"十里画廊"精品景观带,城市环境更加优美宜居、更具内涵品位。全力推进"四城联创",顺利通过国家卫生城市专家技术评估,创建国家环保模范城市、省水生态文明城市分别通过了预评估和评审,被列为全省县级绿荫城市试点。加快新一轮城镇化发展规划编制,投资3.95亿元推进小城镇基础配套设施建设,1个镇被评为国家园林城镇、投资环境百佳城镇、全国文明城镇,2个镇被列为山东省"百镇建设示范行动"示范镇,国家级和省级生态乡镇分别达到8个和12个。深入开展"桃都美丽乡村"创建活动,集中培育了30个"桃都美丽乡村"示范村,4个村被评为全省生态文明先进村,投资4932万元完成108个行政村主要街道硬化工程,稳步推进农村社区建设和旧村改造,新建改造农村住房122万平米。

(四)真心实意惠民生,百姓福祉得到新改善 市财政民生支出23.78亿元,占全市公共财政支出的56.29%,增幅高于公共财政支出5.93个百分点。10件实事全面完成。实施了西城教育园区、桃花源小学、凤山小学以及农村中学食宿设施建设等教育工程,顺利通过全国教育均衡发展先进市验收。建设了市医院门诊病房综合楼、市精神卫生康复中心,实施基本药物制度,年可为群众节支1500万元。高度重视困难群体帮扶救助,铺开建设综合性社会福利中心,在泰安市率先成立了困难群众救助中心。加强基层公共文化服务体系建设,被确定为全省第一批公共文化服务体系示范区。创新社会治理,组建公共行政服务中心和社会治理服务中心,建立社会稳定风险评估制度,完善市镇村三级便民服务网络,累计受理各类意见建议6380余条,办结5983条,群众满意率99.8%。

三、创新与经验

(一)以深化改革激增发展活力 把改革贯穿于经济社会发展的各个领域、各个环节,全方位释放和激发劳动、知识、技术、管理、资本的动力活力,不断增创体制机制优势。

(二)以内涵增长提升质量效益 始终坚持速度与质量的科学统一,紧紧抓住转型升级的关键环节,集中用力、持续攻坚,吹响转型集结号,打造发展升级版。

(三)以统筹协调促进全域共荣 抢抓新型城镇化发展的机遇,按照"全域统筹、一体共建"和"做大做强城区、做精做特城镇、做优做美农村"的理念,高起点规划、高品位设计、高标准打造,持续提升城乡建设水平,努力把肥城建设成为开放开明、宜居宜业、和谐和美的"鲁中地区独具特色魅力的现代化中等城市"。

(四)以幸福导向引领共建共享 把保障民生、惠及百姓、服务群众作为根本出发点,紧贴群众诉求,兴办为民实事,让肥城的百姓更舒心、最幸福、真满意。

(五)以创新实践抓牢党的建设 坚持党要管党、从严治党,以改革创新精神全面提升党的建设科学化水平,为推动全市科学跨越发展提供了有力保障。

附:(一)肥城市委书记、副书记、常委名单

书　记: 单传海(2014年1月离职)
张成伟(2014年1月任职)

副书记: 常绪扩　王新民

常　委: 张成伟　常绪扩　王新民　李华民
张　莉(女)　侯庆洋
王爱新(女)　辛　涛　孟庆刚
乔　磊　徐传柏

(二)各镇、街道党(工)委书记名单

新城街道	贾同国
老城街道	付　玲(女)
潮泉镇	于　芳(女)
王瓜店街道	董　军
湖屯镇	于　辉
石横镇	孙衍辉
桃园镇	刘灿玉
王庄镇	和　强
仪阳镇	张德奇
安临站镇	李宝军
孙伯镇	崔绪昌
安驾庄镇	荆文忠

边院镇 桑逢智
汶阳镇 宋玉革

中共宁阳县委工作概况

宁阳县委书记 刘学保

一、组织概况与党的建设

宁阳县共有基层党委65个,党支部1653个,党员46039人,其中乡镇(街道)党(工)委13个,村(社区)党支部560个,农村党员23609人。

2013年,宁阳县严格落实基层党建责任制,全面加强党的思想、组织、作风、制度和反腐倡廉建设,基层党建科学化水平有了新提高。深化乡镇党委工作规范化建设,鹤山乡党委“四三一”工作法在泰安市推广。在“两新”组织中开展“四建一规范”活动,天和纸业集团党支部“四维联动”推动企业提质增效的做法被评为全国非公有制企业党建优秀案例。坚持“实干就是水平,落实就是能力”,实施年轻干部“一线培优”行动,打造高素质干部队伍。大力实施农村干部“提质转型”工程,提升村级班子建设水平。强化对村“两委”干部的激励保障,对全县十星级党支部书记县财政每人每年补贴2600元,为在职“两委”干部全部办理了养老保险。深化“强村固基”工程,开展薄弱村帮扶“百村行动”,通过土地流转、创新经营机制、实现集体增收的做法在《山东组织工作》刊发。2013年,全县村级经营性收入达1.38亿元,同比增长34%。加大镇村服务阵地建设,建设乡镇便民服务大厅8个,累计投资7215万元升级改造511个村级场所,镇村公共服务能力显著增强。出台《发展党员工作责任追究办法》,明确需追责的31种情形,提升发展党员质量,有关做法在《中国组织人事报》刊发。以党的群众路线教育实践活动为契机,在全县党员干部中深入开展“作风建设年”活动,组织3800多名县乡机关干部“全覆盖”走村入户,严格执行中央“八项规定”和反对“四风”的要求,为推进科学发展、跨越赶超提供了坚强保障。

二、主要工作与成绩

我县认真贯彻落实党的十八大、十八届三中全会精神,按照中央和省、市委部署要求,抢抓纳入省“一圈一带”政策机遇,紧紧围绕建设富裕文明和谐幸福新宁阳的奋斗目标,牢牢把握发展为要、民生为先、稳定为基的工作大局,高扬“科学发展、跨越赶超”主旋律,以“项目建设推进年”和“作风建设年”为抓手,突出项目建设、统筹城乡建设、生态文明建设三大重点,全县经济社会发展呈现出良好势头。荣获首批全国义务教育发展基本均衡县、国家知识产权“强县工程”试点县、全国新农村建设档案工作示范县、全省国土资源节约集约模范县、全省乡村文明行动首批示范县、全省安全生产基层基础工作先进县等荣誉称号。

(一)县域经济跨上新台阶 全年实现生产总值316.9亿元、固定资产投资291亿元、社会消费品零售额120亿元、地方财政收入11亿元,同比分别增长11.5%、20.7%、13.5%、9.4%;实现进出口总值1.16亿美元,同比增长61.8%。“项目建设推进年”成效显著,新上、续建投资过亿元项目49个,其中过10亿元8个。三次产业比例调整为16:45.1:38.9。现代农业稳步提升,粮食生产实现“十一连增”,蔬菜、苗木花卉、林果、畜牧养殖四大产业初具规模,全县新增农业龙头企业20家、“三品一标”14个,注册家庭农场163家。工业主导地位更加突出,规模以上工业企业达到371家,主营业务收入达到1050.2亿元;主营业务收入过亿元企业、利税过千万元企业分别达到260家、301家,高新技术产业占规模工业总产值的比重达到17.58%。服务业加快发展,新增重点服务业企业69家,服务业占比比上年提高1.47个百分点。

(二)统筹城乡建设掀开新篇章 聘请名家大院科学编制区域发展战略规划、城乡统筹规划等各类规划,明确“双核一环、两轴一带”区域发展布局。加快建设生态宜居县城,投资50多亿元的21项城建重点工程达到预期目标,城中村开发改造强力推进,东部新区建设全面提速,绿化覆盖率、燃气普及率、污水集中处理率分别达到达到41%、90%、97%,建成区面积达到18平方公里,人口近20万人。“中京新城”重点推进路网配套等10大类100项工程,综合实力、承载能力、城市形象稳步提升。按照“1+X”村镇布局,稳步推进新城镇、新社区“两新”工程建设,开工建设28个农村社区,磁窑镇、华丰镇列入全省“百镇建设示范行动”示范镇。城乡基础设施不断完善,蒙馆路磁窑至宁阳城区段“二升一”改扩建工程进展顺利,全省农村公路网化示范县项目通过验收。成立宁阳县统筹城乡发展有限公司,创新投融资模式,为统筹城乡发展提供了有力支撑。

(三)生态文明建设实现新提升 围绕打造生态宁阳,着力推进植树造林、科学治水、乡村文明行动和一批环保工程设施建设。沃特森锂电池等7个重点节能项目顺利实施,对县城和磁窑污水处理厂进行了市场化改革,洸府河、海子河环境综合整治初见成效,宁阳河人工湿地水质净化工程累计完成投资1600余万元,新建完善绿色通道340公里、农田林网10.5万亩,国家级、省级生态乡镇和市级生态村分别达到2个、9个、314个。“四级惠民大舞台”通过省级公共文化服务体系示范项目验收。颜林、颜庙被列为全国重点文物保护单位。城乡一体化垃圾处理体系初步建立,城乡容貌大为改善。

(四)民生事业得到新改善 县财政用于民生事业投入占财政支出的比重达到66.5%。企业退休人员养老金实现"九连涨",城镇居民、农村居民最低生活保障标准分别提高到每人每月390元、年人均2200元。全县新增就业再就业11692人、农村劳动力转移就业19761人,成立全省首家县级大学生创业协会,外派劳务服务品牌被评为山东省服务品牌。城镇居民人均可支配收入、农民人均纯收入分别达到23306元、10752元,同比分别增长10.5%、13.2%。教育、卫生等社会事业全面发展,启动教育现代化推进工程,新农合门诊报销、乡镇住院报销和县级住院报销比例分别达到40%、85%、75%。保障性住房建设等14件惠民实事全面落实,平安宁阳建设深入推进,群众满意度显著提高。

三、创新与经验

(一)加快推进城镇化 围绕实现"人的城镇化",立足实际率先探索,积极作为力求突破,以"1+X"村镇布局为引领,以项目向园区集中、居住向社区集中、土地向规模经营集中(简称"三集中")为路径,统筹推进城乡规划、产业发展、市场体系、基础设施、公共服务、管理体制一体化(简称"六个一体化")发展,加快新城镇、新社区(简称"两新"工程)建设,深入开展农村土地股份合作、社区股份合作、专业合作(简称"三大合作")改革,大力提升城镇化发展的质量和水平,构建产业结构合理、城镇功能完善、生活品质优越、生态环境优美的城乡发展新格局。2013年,全县城镇化进程明显提速,城镇化率比2012年提高1.28个百分点。

(二)推进教育高位均衡发展 坚持把教育摆在优先发展的战略地位,以"办好人民满意的教育"目标,持续加大教育投入,着力提高教育质量,全面深化改革,优化资源配置,促进教育公平,构建起以"文化传承和理念创新带动,加大投入和统筹发展推动,城乡一体和协调推进联动,教育质量和社会效益互动"为基本内涵的"教育均衡发展模式",促进各级各类教育的优质均衡。新华社《高管信息》、《中国教育报》专题报道宁阳教育发展的有关做法。作为经济欠发达县,我县成功创建全国义务教育发展基本均衡县,是全省首批21个县市区中唯一的县。

(三)实施农村干部"提质转型"工程 针对农村干部队伍素质能力偏低的实际,在全县农村干部中实施"提质转型"工程,分层分类培训村党支部书记,大力选拔懂经济、会经营、愿意带领群众致富、能公道公正为老百姓办事的经济"能人"进班子,建立由8450名致富能手、2452名后备干部和1914名入党积极分子组成的三个"人才库",激励农村干部特别是支部书记由经验型向学习型、事务型向经济型、守摊型向创新型、管理型向服务型、利己型向廉洁型转变,一大批"项目书记"、"产业书记"、"民生书记"、"民主书记"成为引领富民强村的生力军。

附:(一)宁阳县委书记、副书记、常委名单

书　记: 刘学保

副书记: 黄正玉　陈晓娜

常　委: 刘学保　黄正玉　陈晓娜　徐兆兵　仇义军　董　磊　侯　涛　孟宪东　王国强　付望舒　马兆生(挂职)　张培峰

(二)各乡、镇、街道党(工)委书记名单

文庙街道	孙　浩
八仙桥街道	侯妍妍
泗店镇	刘　峰
东疏镇	许　军
鹤山乡	纪维建
伏山镇	张　玮
堽城镇	孔志刚
蒋集镇	乔田海
磁窑镇	马新华
华丰镇	徐彩虹
东庄镇	刘玉华
葛石镇	刘志强
乡饮乡	徐　斌

中共东平县委工作概况

东平县委书记　赵德健

一、组织概况与党的建设

全县有基层党委53个,基层党支部1897个,党员42234人。2013年,东平县认真学习贯彻党的十八大和十八届三中全会精神,以服务型基层党组织建设为抓手,全面加强党的建设,为全县经济社会发展提供了坚强保障。

(一)领导班子和干部建设得到新加强 突出"五不五看"、"适岗适位"用人导向,选优配强了一批发展型班子、干事型干部。选派干部到清华大学、浙江大学等高校,到上级部门、到实践一线挂职锻炼,提高了干部政治理论素养和解决实际问题的能力。公推竞职差额比选领导干部试点工作,被评为全市"组织工作创新奖",干部选用全程监督记实的做法得到中组部肯定。

(二)基层组织建设水平得到新提升 深入开展"五进五促"和"双联四包"活动,县乡两级选派"第一书记"到村任职,构建起直接联系服务群众的长效机制,探索出边角经济、土地股份合作、资金委托经营等村集体增收模式,全县农村迸发出前所未有的生机和活力。大力加强农村党支部书记管理,开设"村级工作擂台赛",将支部书记工资每年由5200元提高到1.2万元,激发了基层干部干事活力,涌现出孙庆元同志等一大批优秀村支部书记。"公推优选"竞争性发展党员机制,得到省委组织部充分肯定。

(三)人才强县战略迈出新步伐 围绕发展优环境、建机制,深入推进校地合作"金桥工程",连续两年举办"中国东平人才群英会",与130多家高校建立长期合作关系,引进一批高层次专业急需人才,为全县经济社会发展提供了强有力的智力支撑。

二、主要工作与成绩

围绕"推进富民强县新跨越、建设幸福魅力新东平"战略目标,强力实施"倍增计划"和"幸福工程",全县呈现出经济发展速效同增、社会大局和谐稳定、群众满意度持续提升的良好局面。2013年,全县主要经济指标增幅保持全市前两位;工业用电量和各项存款、贷款余额增幅均居全市首位;实现生产总值310.8亿元,同比增长12.2%;地方财政收入首次突破10亿元,税收收入占财政收入的比重达到87%;农民人均纯收入9466元,增长14%;城镇居民人均可支配收入20356元,增长9.3%。

(一)加快结构调整 推进产业升级。提升发展现代农业。粮食高产创建、小农水重点县等项目高效推进,优质水产品、优质核桃等85个高效农业示范园区初具规模,全县农业龙头企业达到148家、专业合作社1033家、家庭农场及专业大户118家,安山大米、大羊薄皮核桃被认定为国家地理标志证明商标。加快发展新型工业。纳税过千万元企业达到14家,瑞星、东顺、光大、新东岳、九鑫5家企业税收分别是2011年的1.4倍、2.9倍、2.9倍、1.7倍、1.6倍,瑞星集团成为全市5家"百亿航母"之一;加快推进龙美生物、博达光电等一批高新技术项目建设,实现高新技术产业产值185亿元;矿产业循环经济园区拉开"三纵四横"发展框架,全县5家铁矿已投产或试产、2家正加紧建设。繁荣发展现代服务业,围绕打造北方著名滨湖休闲度假旅游目的地,创建国家4A级景区2家、3A级景区7家;大力发展乡村旅游,星级农家乐、渔家乐达到60余家,15万群众吃上旅游饭;深入实施"顶天"、"立地"工程,文化产业和文化事业蓬勃发展;加快发展现代物流业,煤炭园区纳入全省煤炭物流布点规划。

(二)统筹城乡发展,打造宜居环境 中心城区,突出空间拓展、品位提升,清河、佛山、佛东等片区加快开发,光大广场、龙泉水街、体育会展中心等商贸文化项目相继完成;南部新区,突出产业集聚、功能配套,编制完成总体规划和详细规划,燃气管网、自来水、污水处理等一批基础设施项目加紧实施,基础框架全面拉开;滨湖新区,突出宜居宜游、休闲养生,东平湖黄金岸线、养生养老产业园、移民安居社区、宋城民俗文化街等一批重点项目有序铺开,发展容量逐步提升。实施银山大开发战略,打造东平西部隆起区;按照"两区共建"模式,推进19个新型农村社区建设,9个已实现入住;开展城乡环境综合整治和乡村文明行动,全县创建省级以上生态乡镇9个,省级文明乡村8个,市级生态村222个,被评为全省生态文明乡村建设先进县。

(三)保障改善民生,提升幸福指数 牢牢把握民生导向,社会民生支出占财政总支出的比例达到72%,高于全市平均水平16.6个百分点,走出一条"小财政、大民生"、"弱财政、强民生"的新路子。总投资9亿元的10件为民幸福实事全部兑现,城乡低保和五保供养标准逐年提高,保障性住房、农村幸福院建设水平走在全省前列,近两年教育投入达到前十年的总和,广大群众满意度不断提高。实施"天眼、灯闪、巡检"三大工程,创新社会治理,抓好重点领域、重点行业的安全监管和专项整治,确保了全县持续和谐稳定。

三、创新与经验

(一)创新工作理念,引领科学发展 在发展节奏上,坚持慢决策、快实施,谋划发展高起点、高层次、高境界,推动发展重落实、重速度、重实效,确保一张蓝图绘到底。在发展导向上,以质量效益为核心,正确处理项目与产业、速度与质量、硬环境与软环境的关系,统筹推进城乡一体化、产城融合化、公共服务均等化。在发展评价上,创新差异化考核机制,将所有乡镇、街道分成ABC三类,坚持既看基础、更看变化,既看速度、更看质量,既考核经济发展,又考核社会进步,鼓励发挥优势、突出特色、打造亮点,全县形成拼干劲、重质效、比贡献的干事氛围。

(二)创新运营方式,提升发展质效 运用市场手段突破瓶颈制约,一大批重点工程重点项目快速实施,存量资源实现保值升值,形成新的经济增长点。引进深圳锦绣中华、西部控股、普世南山等一批知名企业开发或管理景区,旅游业向市场化、精品化、高端化发展。围绕解决资金难题,引导各类主体参与,探索多元化融资机制,形成招商引资、对上争资、境外投资、社会融资共建项目的新局面。围绕突破土地制约,强力开展对上争取,用足用活挂钩政策,积极推进土地复垦,使有限的土地资源发挥最大经济效益。围绕保障民生投入,有效整合财政、移民、水利、南水北调等部门拨付资金,捆绑使用,集中投入,发挥了政策资金的最大使用效益,建成一批群众满意的重大民生事业项目。以"办事高效、群众高兴"为目标,推进重点领域改革创新,成立全省首家县级农村综合产权交易所,已注册土地股份合作社45家。

(三)创新载体平台,集聚发展能量 实施"强村固基"工程、"双联四包"活动,干群关系更加密切,村级发展路子更加清晰，探索出边角经济、土地股份合作、资金委托经营等村集体增收模式，涌现出一大批村支部书记先进典型，全县农村迸发出前所未有的生机和活力。实施“创新驱动”战略，先后与中科院、北京化工、山东农大等130多所高校和科研院所建立产学研合作关系，建立院士工作站1处、博士后科研工作站3处，主导产业实现提质增效。实施“人才优先”战略，狠抓育才、引才、用才三个环节，为人才引进开辟绿色通道，为科学发展提供了强大智力支撑。实施“走出去”战略，沃而丰、开元等多家企业到国外建设基地、承揽工程，形成“域外抱团打天下”的东平模式。

（四）创新推进机制，保障工作落实　成立4个重点片区、重点工作领导小组和8个经济建设类指挥部，坚持一线作战，一抓到底，打破条块分割，提高工作效率。开展招商引资和项目建设“百日会战”行动，组织集中开工、集中签约活动，各类建设项目实现新的突破。实行县级领导干部带头招商、乡镇党政正职轮流招商、专业招商队伍蹲点招商，发挥园区龙头招商、企业主体招商作用，引进了一批大项目、好项目和一批高层次的专家人才、管理团队。

附：（一）东平县委书记、副书记、常委名单

书　记：赵德健

副书记：王　骞　吴国庆

常　委：赵德健　王　骞　吴国庆　苗明峻　郭冬云（女）　宫庆会　常庆智　陈传帅　周　民　殷锡瑞（挂职）　陈　锋　王有敏

（二）各乡、镇、街道党（工）委书记名单

州城街道　王文忠
东平街道　仲光亮
接山镇　靳庆新
大羊镇　徐国庆
梯门镇　李茂忠
老湖镇　牛　东
旧县乡　万中原
斑鸠店镇　李振福
银山镇　许洪顺
戴庙镇　郭　芮
商老庄乡　王安伟
新湖镇　孙　琪
沙河站镇　王成元
彭集街道　王　冰

威　海　市

中共环翠区委工作概况

环翠区委书记　林红玉

环翠区现辖3个镇、5个街道，81个行政村、104个社区居委会，面积276平方公里，人口29.7万。2013年，在省委、市委的正确领导下，环翠区委深入贯彻党的十八大和十八届三中全会精神，认真落实上级各项决策部署，全区经济社会保持了持续健康发展的良好态势。2013年，完成生产总值267.7亿元，增长11.3%；实现公共财政预算收入34.6亿元，增长15%；城镇居民人均可支配收入、农民人均纯收入分别增长9.8%和11.1%。

一、组织概况与党的建设

环翠区现有党（工）委66个，党总支86个，党支部1145个，党员19256名。2013年，区委深入贯彻落实党的十八届三中全会精神，以改革创新精神全面加强党的建设。

（一）开展三项活动，不断增强基层党建工作实效　一是开展“争创一流”活动。在确定“全区奋战3年，挤进全省前30强”总目标的基础上，引导各级各部门和广大干部，选标杆、明目标、定措施，高目标追求、高标准实施、高效率落实，推动各项工作上台阶、上档次。二是开展“包百村居连万户”活动。坚持先行一步，把“包百村居连万户”活动作为践行群众路线的重要载体，由全区81个部门、2992名机关干部定向联系185个村居、10万户群众，一包3年，搭建党群干群“连心桥”。2013年，已组织集中走访2次，电话联系1次，入户率达到92.88%，征集意见建议7958条，救助困难群众1109人次。三是开展基层组织建设大检查。以“查班子运行、查财务管理、查决策程序、查社情民意、查制度落实”为主要内容，集中一个月的时间，对全区111个村居进行了一次"拉网式"排查,查摆出基层组织建设及财务资产管理方面的共性问题7个、个性问题20余个,确认二三类村居班子27个,发现潜在矛盾40余起,有效推进了农村各项工作的落实。

(二)突出三个层面,扎实推进基层组织建设提升年活动 夯实农村党建基础。重点抓好二三类村居班子整治工作,逐个列出转化整治方案,安排29名机关干部到二三类村居担任"第一书记",帮助解决实际问题;改变农村片区松散零碎的工作状态,设立镇街片区党总支,提升了镇街和村居民主议事决策科学化水平。2013年,共设立片区党总支18个,解决各类矛盾问题20余个。创新推进社区党建工作。按照"街道党工委—社区党总支—网格党支部—楼宇党小组"四级党组织设置要求,将所有城市社区党支部全部升格为社区党总支,设立网格党支部,并合理划分楼宇党小组,确保社区党组织工作与网格化管理完全融合。有效推进"两新"组织党建工作。指导各镇街打造了7个党建示范点,推荐上报鲸园社区教育学院党支部、山东工友集团党委2个党建示范点作为市级党建示范点。同时,发挥示范点的带动作用,组织开展了"党员亮身份"、"党员先锋岗"、"我为党旗增光彩"等主题实践活动120多场次,有效提升了"两新"组织党建整体工作水平。

(三)实施三项工程,全面提升党员干部队伍素质 实施"立足岗位建新功"工程。以学习践行党的十八大精神为主线,在全区广大机关党员干部中,深入开展了"立足岗位建新功"主题实践活动,通过表彰先进典型和优秀党员、设立共产党员先锋岗、召开事迹报告会及开设电视专栏等方式,教育引导机关党员干部牢记宗旨、转变作风、爱岗奉献、建功立业。实施发展党员"双推双培"工程。完善发展党员全程公开、全程记实、全程审核、全程问责的"四全程"制度,采取"多方推荐优秀人才,集中推选积极分子"及党委与党支部"双重培养"的方式,将优秀人才及时吸收入党。2013年,发展党员150名。实施党员教育管理工程。采取集中授课、专题培训、自学考试、外出观摩等形式,组织全区广大党员干部深入学习党的十八大、十八届三中全会及党的群众路线的有关精神,学习基层组织建设、招商引资、城建规划、市场经济等专业知识,提升党员干部队伍整体素质。2013年,先后举办各类培训班24期,培训党员干部5200人次。

二、主要工作与成绩

(一)以科学发展为主题,不断提高经济发展质量效益 扎实推进"园区、景区、城区"三区共融,优化产业布局,三次产业比重优化为8.14:40.43:51.43。一是深入实施工业强区战略。联片打造了55平方公里的西城科技产业园,"五横三纵"17公里园区路网全线贯通,新拓展园区10平方公里,签约落地18个新项目。实施技改项目50个,签订产学研合作项目45个,高新技术产业产值比重达到54.7%。二是加快推进中心崛起。全力放大中心城区优势,24个服务业项目投入运营;新引进金融保险机构6家,总数达到61家,打造了区科技创新孵化中心并入驻电子科大等14个项目。全区服务业税收占总税收的比重达到63.7%,占GDP的比重提高2个百分点。三是着力增强发展后劲。突出项目的带动作用,2013年规划的总投资440亿元的106个重点项目,完成投资157.9亿元,40个项目投产或部分投产。出台了招商引资奖励办法,引进内外资项目65个,实际到账外资1.09亿美元、内资100亿元,分别增长32.7%和30%。

(二)以全域城市化为方向,进一步加快新型城市化步伐 坚持区域一体、城乡统筹,高标准推进城市建设管理,提升城市档次和品位。一是基础设施全面对接。完成投入33.7亿元,实施了5项市级城建重点工程和13项区级基础设施项目,推进了区内301省道改建、羊汪线、海峰路西延等道路建设,铺设各类管线20公里。二是精细管理城乡一体。推进了17项城市精细化管理工作;投资1000余万元,新增监控探头1509个,实现了中心城区和镇村监控全覆盖。三是环境整治城乡联动。实施了14个城镇旧生活区改造工程、9个村农村环境综合整治工程、羊亭河两侧绿化及景观工程,切实改善了居民生产生活环境,省级文明区实地测评全省第一,张村镇被确定为全国首批美丽宜居小镇。

(三)以社会建设为落脚点,持续提升群众幸福指数 加快推进以改善民生为根本、以社区建设为重点、以社会治理为抓手的社会建设,切实解决好与群众关系最直接、最密切的现实问题。一是扎实推进民生工程。实施了总投资12.4亿元的10大类、70项为民实事,最大限度让全区群众共享改革发展成果。顺利通过全国义务教育发展均衡县评估验收;进一步提高了新农合、新农保、城镇居民养老保险、城乡低保、五保供养等补助标准;被确定为全省首批社区养老工作试点区;加大了困难群众救助和帮扶力度,实施了劳动者技能培训工程,免费培训城乡劳动者5005名。二是深化社区管理服务。成立了社区工作管理局,将全区划分成412个网格,全力打造网格化社区服务管理体系;建立了社会公益组织孵化园,从社区居民迫切要求解决的问题入手,进一步拓展了社区服务功能。三是加强社会治理创新。成立社会管理服务办公室,建成4000平方米的社会管理服务中心;启动"百日会战"、"和谐金秋"矛盾纠纷化解活动;创办《今日环翠》刊物,建立环翠区政务网,建成网络舆情监控系统,推进了乡村文明行动。相关经验在全省深化平安山东建设会议上进行了交流,并得到省委领导同志的批示。

三、创新与经验

(一)加大体制机制创新 准确把握十八届三中全会精神内涵,深化政府机构改革,科学调整行政机构的设置,精简审批事项,提高服务效能;创新推出社区网格化管理模式,以"区、镇街、村居、基础网格"四级网络为依托,探索建立社区工作新模式,推动社区管理逐步向社区服务转变;国有资产管理机制进一步完善，区级财政和部门预算信息更加公开，财政收支管理透明度不断提高。

（二）加大企业扶持服务力度 出台《关于实施"13585"工程推进产业转型跨越的意见》，设立8000万元鼓励企业发展专项资金，并在全区筛选了174家重点骨干、重点调度、重点联系企业进行分包联系，年底兑现鼓励企业发展专项资金4593万元；积极开展联系企业活动，创新为企服务举措，协调金融机构为企业投放贷款30.77亿元。

（三）加大自主创新能力建设 强化创新驱动，培植高新技术企业6家、市级以上研发平台11家，新元化工被认定为国家火炬计划重点高新技术企业，广泰空港等2家企业创建了我区首批博士后科研工作站，双轮股份成功申报为国家级企业技术中心，威海广泰、金富电子通过资本市场融资1.75亿元。

附：（一）环翠区委书记、副书记、常委名单

书　记：孙开连（2013年5月离职）
林红玉（2013年5月任职）

副书记：常红军　傅世涛　宋华东（援青）

常　委：林红玉　常红军　傅世涛　宋华东（援青）　陈学凯　邹智敏　王永池　孙青松　王　桥　王志波

（二）各镇、街道党（工）委书记名单

张村镇	樊西民
羊亭镇	门盛庆
温泉镇	许德峰
环翠楼街道	尹振山
竹岛街道	孔　军
鲸园街道	潘　峰
嵩山街道	沈燕萍
孙家疃街道	林　森

中共文登市委工作概况

文登市委书记　张　竞

一、组织概况与党的建设

截至2013年底，文登市共有基层党委80个，党总支26个，党支部2327个，党员54007名。

（一）扎实推进深化机关作风建设年活动 深入开展以"转作风、重规范、求创新、提效能"为主题的机关作风建设年活动，推动各级各部门进一步转变工作作风，创新工作规范，着力创先争优，提升群众满意度。认真落实中央关于改进工作作风密切联系群众各项规定，深入开展"庸懒散"专项治理，着力解决"四风"方面的突出问题，促进了机关作风进一步转变。

（二）着力加强基层组织和干部队伍建设 围绕提高基层组织的服务运转水平，将农村干部基本报酬、党支部书记星级津贴、离任村干部补助经费纳入市级财政预算，对90个村级活动场所进行整修，为村级工作开展提供保障。健全完善绩效考核办法，把考评结果与干部管理使用直接挂钩，进一步强化"有为才有位、有位必有为、无为要让位"的用人导向。加大年轻干部选拔培养力度，选派18名年轻干部充实到镇（街）党政班子任职，优化干部队伍结构，增强了基层干部队伍活力。

（三）加强党风廉政建设 开展党政班子成员向纪委全委会述廉试点工作，健全对上级重大决策部署、重大项目建设和资金落实情况的监督机制，加大专项资金审计力度，从源头上预防和治理腐败。严格落实党风廉政建设责任制，严肃查处违法违纪案件，大力加强纠风工作，不断规范完善市、镇、村三级网络平台，健全"三资"处置制度，规范农村干部用权行为，全市保持了良好的党风政风和社会风气。

二、主要工作与成绩

2013年，实现生产总值616亿元，增长11%；公共财政预算收入38.8亿元，增长15.2%。

（一）明确主攻方向和重点，着力提升两大板块建设水平 按照威海一体化发展总体布局，以打造"向南延伸一轴"为己任，以城区和南海两大板块为主体，进一步明晰主攻方向，不断提升开发建设水平。城区板块，把经济开发区作为产业升级的主阵地，突出"高"，全力突破产业高端和高端产业,实施了总投资7.5亿元的14项基础设施重点工程,与华东理工大学、航天科工集团等签订了7个技术合作协议,新引进了23个高端产业项目,实现了传统产业高端化、高端产业集群化发展。把中心城区作为新兴服务业发展的主载体,突出"优",进一步优化空间、优化环境、优化产业,加快推进13个商贸综合体项目,建成及在建商业面积134万平方米,红星美凯龙、雨润集团等一批知名企业落地,现代服务业加快集聚,商业功能进一步突出。把综合保税区作为引进高端制造和贸易物流项目的新空间,突出"快",同步快速推进规划、建设、招商等各项工作,已有10多家企业达成进驻意向。南海板块,把南海新区作为项目建设的主战场,突出"大",着力做大港口,做大项目,做大产业,做大效益,实施了28亿元的十大重点工程,南海新港一期达到运营条件,香水河特大桥开工建设,新引进35个蓝色产业大项目,城市功能不断完善,环境品质不断提升,呈现出强劲的发展势头。

(二)做大做强先进制造业,加快构建现代产业体系 坚持以转方式调结构为主线,以科技创新为动力,改造提升传统产业,做大做强新兴产业,推动三次产业优化升级。大力实施产业强市、工业带动战略,在加快推进百企升级创新发展行动计划的同时,启动了百家中小微企业梯次成长计划,"双百"企业确定的212个技改项目有101个完工投产,新增规模以上企业29家;大力培植以新材料产业为重点的新兴产业,引进建设了合鸿新材科技等28个新材料项目,有50个项目列入省级以上科技和技术创新计划,鸿通管材非金属材料复合管项目列入国家"863"计划,全年新引进投资过亿元项目69个,发明专利授权量居全省县级第一,工业经济质量效益不断提高。推进服务业扩量增容,推动旅游业加速发展,山泰生态园、大溪谷文化创意基地建成开放,中国(文登)名优特农产品展示展销中心投入运营,引进了一批养生养老项目,被评为中国老年人宜居宜游城市;加快商贸物流业发展,新建中国西洋参网、中国工艺家纺网等交易平台,电子商务产业园投入运营,引进了中国网库等12个电商项目,服务业占三次产业比重提高1.4个百分点。积极发展现代农业,重点突破皮草、西洋参等特色产业,新建了2处皮草产业园,新引进32家皮草加工企业,成为中国毛皮产业名城;新增规模以上农业企业20家、农民专业合作社179家、国家地理标志产品4个,文登大花生、西洋参、苹果被认定为中国最具影响力农产品区域公用品牌,农业产业竞争力显著增强。

(三)强化为民理念,不断提升群众幸福指数 一是扎实办好民生实事。坚持问需于民,采取"政府配菜"与"群众点菜"相结合的方式,把群众普遍关注、迫切需要解决、能够惠及大多数群众的事项作为办实事的重点,确定实施16项重点民生项目,完成投入9.3亿元,改造农村标准化卫生室200处,新建、改扩建中小学9处,新建镇级中心幼儿园10处,集中新建农村新居3000户,完成了校车运营模式改革。深入开展为民办实事和包村联户工作,各级各部门和广大干部为群众办实事2.1万多件。广泛开展"文化惠民、服务群众"活动和"仁孝文登"公民道德主题教育活动,举办大型群众性文化活动60多场次,被评为全省四德工程示范市。二是狠抓城乡环境建设。以改善城乡环境为着力点,不断加大城市基础设施、小城镇和农村社区建设力度。实施了55项城建重点工程,启动23个村的改造工程,完成80个重点村的环境综合整治,城乡环境面貌进一步改善。大力推进生态文明建设,成为国家生态市和全国生态文明建设试点地区。三是加强和创新社会管理。加快推进市镇两级社会管理服务中心建设,开展党员干部联系基层困难群众工作,全面推行城市社区网格化管理,启动居家养老服务平台建设,构建起全覆盖、经常性的联系群众机制。深入开展平安文登建设,严格落实市级领导接访、包案制度,一批重点信访案件得到有效化解;加强社会治安管理和安全生产、食品药品安全监管,全市没有发生重大安全事故,成为2009—2012全国平安建设先进市,获得首批"全国法治创建先进市"称号。

三、创新与经验

(一)突出一体发展,加快融入威海全域发展格局 站在山东半岛蓝色经济区建设的大战略和威海全域城市化、市域一体化发展的大趋势中谋划文登发展。在发展规划上对接。对《城市总体规划》进行修编,并根据《威海市城市化发展规划》,编制了文登城市化发展规划,以规划对接促进区域对接、一体发展。同时,加强重点区域建设,对威海南海海洋经济新区核心区总体规划进行了修编;完成了综合保税区控制性详细规划、产业发展规划及保税区周边的大水泊镇总体规划的编制,推动保税区与镇区、空港的有效对接和联动发展。在路网建设上对接。把路网作为一体化发展的关键,规划实施全长220多公里的骨干路网工程。向东向北,启动实施青荣城际铁路连接线、202省道改线、文山东路东延等工程,加快与威海中心城区的对接;向南向西,启动实施畅海路、道呼线、西环路等工程,规划了309国道改线南移、圣经山到南海新区快速通道等主干路网,加快城区与南海两大板块的对接。同时,启动城乡公交一体化改革,着力构建内联外通、快捷畅达的一体化交通网络。在产业发展上对接。本照优势互补、错位发展的原则,结合周边区域发展规划和产业定位,以打造先进制造业隆起带为目标,科学确定各园区的发展方向,避免同质化竞争,促进一体化发展。

(二)强化提质增效,加快转型升级步伐 坚持以提高发展质量和效益为中心,以项目建设为抓手,加快推进产业结构转型升级。以技术改造促转型。深入实施百企升级创新发展行动计划和百家中小微企业梯次成长计划,加大技术创新和金融服务力度,形成骨干企业加速膨胀、小微企业竞相跟进的发展格局。以招商引资扩规模。大力开展专业招商和定向招商,有重点地突破战略性产业大项目,不断延伸产业链条,壮大产业规模。以盘活存量增效益。采取转让、出租等方式，利用闲置土地和厂房上新项目，既提高了资源利用率，又加快了项目投产见效步伐。

(三)创新工作机制，着力夯实基层基础 建立健全党建工作长效机制，将信访稳定和社情民意调查纳入镇(街)目标绩效考核，增强各级抓党建工作的责任感。着力抓好农村基本制度建设，对镇村集中议事、民情热线、重要村务全程记实等行之有效的制度和做法进行整合，构建起服务、管理、监督"三位一体"的运行机制。建立机关事业单位在职党员到社区报到制度，利用业余时间参与所在社区建设，增强了社区工作力量，搭建了党员发挥作用新平台。针对"两新"组织党建工作不想抓、不会抓的问题，建设了4处集教育、服务、管理于一体的党员服务中心，扩大党的建设覆盖面。全面推行社会稳定风险评估，规范决策和行政行为，避免出现"政策一出台、矛盾跟着来"的被动局面。

附：(一)文登市委书记、副书记、常委名单

书　记：张　竞(女)

副书记：栾　波　张海军

常　委：张　竞(女)　栾　波　张海军　崔卫兵　张建亭　黄峻峰　林　恒　姜进军　刘昌松　刘　杰　宋跃进

(二)各镇、街道党(工)委书记名单

龙山街道	姜　利
天福街道	宋政建
环山街道	徐　琳
文登营镇	林乐健(主持工作)
大水泊镇	张晓威
张家产镇	朱友强
高村镇	徐华国
泽库镇	邢利明
侯家镇	于海洲
宋村镇	吕永昭
泽头镇	王　亮
小观镇	刘文杰
葛家镇	崔　文
米山镇	赵　刚
界石镇	姜　波
汪疃镇	曲卫伟
苘山镇	牛书华

中共荣成市委工作概况

荣成市委书记　侯世超

荣成市位于山东半岛最东端，三面环海，海岸线长近500公里。陆地面积1526平方公里，辖12个镇、10个街道，826个行政村、118个居委会，67万人。

一、组织概况与党的建设

到2013年底，全市共有党(工)委8个，党总支47个，党支部2418个；正式党员58519人，预备党员530人，女性党员9209人，少数民族党员38人。从年龄结构看，35岁以下5756人，占9.7%；36至59岁26916人，占45.6%；60岁及以上26377人，占44.7%。从学历结构看，大中专以上文化程度16610人，占28.1%；高中文化程度10217人，占17.3%；初中以下文化程度32222人，占54.6%。

(一)增强各级管党意识 健全完善市委常委会定期讨论研究党建工作制度、下级党组织向上级党委报告工作制度和班子成员抓党建工作联系点制度，把党的建设纳入制度化、规范化轨道。按照"具体抓、抓具体"的思路，对每项党建工作都明确"干什么、由谁干、如何干、何时干、干到什么程度、干不好怎么办"，确保目标清晰、标准量化、分工到人，把"软任务"变成"硬指标"。健全镇街、村居党建工作"述职评议"制度，述职述党建、评议评党建、考核考党建，确保各级党组织书记抓党建工作的领导责任真正落实到位。

(二)优化干部队伍素质 大力倡树和落实"重公开公平、重工作实绩、重社会公论"选人用人导向，围绕大局选干部、选好干部为大局。坚持从严管理、管在平时，建立以例会评价机制为主要内容的日常考核机制，严格落实从严管理干部实施意见，做到"有职必尽责、失职必问责"。坚持开放办学、开门办学，走出去与请进来相结合，组织赴复旦大学等地举办党政干部、企业家培训班4期，举办市内"月月大讲堂"13期，参训干部7000多人次。围绕学习贯彻十八届三中全会以及习总书记视察山东重要讲话等精神，组织各类培训班34期，培训干部3200多人次。加强学风建设，推行"训前谈话"、"参训承诺"制度，主体班次参学率达到98%以上。

(三)坚持重视基层导向 牢牢把握抓基层、打基础、利长远的总体思路，组织开展"强基促稳、强质提能"农村班子整治活动,完成99个后进村整治任务。启动第二批"第一书记"选派工作,138名"第一书记"深入农村,累计帮办实事860多件、解决问题760多个。创新推行"产业链建党"模式,引导村级组织与企业、合作社联建产业型党组织23个。探索推行城市社区网格化管理,指导成立社区志愿者协会,组织开展社区大讲堂、社区篮球赛等活动,提升了社区服务功能。实施"两新"组织"党建引领企业文化"工程,培植打造了10处党建文化示范点。

(四)完善人才工作体系 坚持党管人才方针,研究制定《人才工作考核办法》,出台加强专业技术、经营管理和高技能人才队伍建设等6个政策性文件,对市级以上人才项目实施绩效考核。启动"科技镇长团"活动,6名"科技镇长"引进实施产学研项目10个。组织开展"人才政策宣传月"活动,举办职工技能大赛、"首席技师"、"革新小专家"评选等活动。实施农村实用人才培训工程,累计培训6万人次。

(五)提升党建服务效能 推进新一轮包扶村工作,组织202个部门、218家企业和15名个体经营业主包扶436个村,投资投物4866万元,同比增长58.8%。推行部门联系企业工作,组织84个部门对企业进行定期走访,启动"专职驻企员"机制,选派38名机关干部常驻企业服务。组织1266名在职副科级以上干部联系1330户困难家庭,密切党群干群关系。发挥荣成远教频道覆盖面广优势,开设"农村劳动力转移就业"、"时事解读"等专栏,宣讲惠民政策,促进转移就业,创新远教工作模式服务基层的经验做法被中组部刊发推广。

二、主要工作与成绩

坚持以转方式调结构为主线,把贯彻上级部署与荣成工作实际紧密结合,确立"一个目标、两项战略、三项建设"发展思路,坚持打造城乡一体化和半岛蓝色经济"两个先行区"目标不动摇,深入实施科技兴荣战略和新型城市化战略,加快推进民生建设、诚信建设和生态建设,推动经济社会转型跨越发展。全年实现生产总值878.6亿元,同比增长11.7%,公共财政预算收入52.2亿元,增长15.5%。在省蓝区建设考核和县域科学发展年度综合评价考核中,荣成市分列第一、第二位,被评为全省蓝色经济区建设先进市。

三、创新与经验

(一)实施科技兴荣战略,推进经济转型发展 坚持以解放思想转变发展理念,开展外出学习和思想解放活动,引导各级以科技创新促转调,在转型调整中谋发展。一是坚定信心推进产业转型。坚持传统产业升级和新兴产业培植"两轮"驱动,海洋生物食品产业突出高端产品研发、终端市场开拓"两端"发展,打造捕捞、回运、加工、销售全产业链,新建远洋渔船107艘,海洋食品加工量252万吨,集群销售收入1000亿元。汽车及机械产业突出抓龙头、促配套,打造以华泰汽车和荣迪汽车两个整车生产企业为龙头、汽车零部件产业园为配套的产业集群,生产整车3万辆;修造船产业突出修造并举、错位发展,完成整船产量52万载重吨;现代服务业突出抓商贸物流和滨海旅游,启动建设5个专业市场,新增商贸设施120万平方米,服务业增加值占GDP比重提高1.8个百分点。二是着眼长远搭建发展载体。规划建设了8个特色园区,出台奖励招商引荐人、内陆向沿海园区招商激励政策,引进实施当年投资241亿元的158个大项目;建设科技创业服务中心等4个孵化器,入孵项目和企业30家;建成威海海洋职业学院,2014年新学期招生,打牢了转型发展的项目、科技、人才支撑。三是创新思路破解要素制约。坚持政府平台融资、金融机构融资、企业上市融资统揽齐抓,新设立金融机构14家,3家企业实现股权托管挂牌,整合包装海域、土地等资产,做大政府融资平台,全年信贷总量突破50亿元,促进了企业扩张发展和经济规模、质量双提升。

(二)实施新型城市化战略,加快城乡统筹发展 确立打造生态宜居幸福荣成目标,加大城乡公共投入、社会服务、民生保障"三个均等化"推进力度。一是改善城乡环境。实施镇村通暖、通天然气、通水、垃圾处理、污水处理、河道治理、面源污染治理"三通两处理两治理工程",22个镇街驻地全部通达天然气、建成污水处理设施,18中集中供暖、15个纳入城市供水管网,治理168家鱼粉企业、246家畜禽养殖场,城乡生活垃圾实现一体化处理全覆盖;推进荣乌高速、青烟威荣城际铁路建设,对80多条县道进行改造,实现城乡形态和基础设施一体化。二是建设新型社区。坚持市镇村联动改造,实施47个镇街驻地改造项目、93个城中村改造和农居工程,3000多户群众搬进新居。三是完善民生保障。实施总投资14.6亿元的十五大类民生工程,财政民生投入增长30.2%,建设容纳3000人的社会福利中心,免费为群众查体35万人次,新农合、新农保、城乡低保、五保供养保障标准保持全省县级领先水平。推进农村三项改革,搭建市镇村就业服务平台,在每个村安排就业信息员,促进农村发展和农民就业增收。加强"四德"工程建设,开展文化惠民活动,被评为全省"四德"工程建设示范市。11月份,全省深入推进生态文明乡村建设现场会在荣成召开。

(三)推进诚信荣成建设,践行党的群众路线 开展"诚信建设创新年"活动,建立联系和服务群众长效机制,树立政府公信、增进干群互信。一是优化为民服务。开展单位联村、干部联户"两个全覆盖"活动,组织所有机关干部走访联系944个村居、24万户群众,帮助群众解决问题1.7万多个;整合部门服务热线,成立民生110指挥中心,实现民生诉求"一号通";开通荣成民心网,安排80多个单位在线服务,打造"24小时不下班的网上政府";成立社会管理研判中心,对各个渠道反映的信息进行分析处置,促进社会治理创新,维护社会和谐稳定。二是提高行政效能。推进简政放权,行政审批事项减少75.5%,平均办件时限比法定时限缩短91%；设立公共资源交易中心，促进阳光行政；推进政务服务向镇街、便民服务向社区“两个延伸”，把公共服务送到群众家门口，打造“审批事项最少、时限最短、效率最高”政务环境，被评为全省投资环境最佳县市。三是转变干部作风。出台作风建设十项规定，加强机关精细化管理，建立各级班子每月工作例会制度、大项目每年三次观摩评议制度，激发各级干部比学赶超、创先争优积极性，打造为民务实清廉干部队伍。在威海市半年、年终两次社情民意调查中，荣成市群众总体满意率均达到96%以上。

在推进科学发展过程中，荣成市委充分发挥总揽全局、协调各方作用，重视与几大班子之间的配合协作，重点加强民主法治建设，重视做好双拥、统战、群团等工作，巩固安定团结的政治局面，凝聚起全市上下推动改革发展的强大正能量。

附：(一)荣成市委书记、副书记、常委名单

书　记：侯世超

副书记：江　山　战大海

常　委：侯世超　江　山　战大海　吕劭伟　张瑞英　韩宗元　王洪晓　张宏璞　于松涛　姜全文

(二)各镇、街道党委书记名单

俚岛镇　宋伟锋

成山镇　陈福泉

港西镇　陈　阳

埠柳镇　王晓辉

夏庄镇　王文杰

崖西镇　杨　军

荫子镇　王树恒

大疃镇　刘全良

上庄镇　林宏健

虎山镇　洪　超

人和镇　张大庆

滕家镇　张建华

崖头街道　王云峰

寻山街道　王大治

崂山街道　王志新

城西街道　李洪霞

港湾街道　刘　杰

斥山街道　林红光

东山街道　曲长华

王连街道　包军华

桃园街道　徐海龙

宁津街道　肖宏勇

中共乳山市委工作概况

乳山市委书记　高书良

一、组织概况与党的建设

乳山市地处山东半岛黄金南海岸，人口56.7万，面积1668平方公里，辖2个省级开发区、14个镇、1个街道办事处，601个行政村。截止2013年底，市委辖60个基层党委、31个党总支、1518个党支部，共有党员40929名，大专以上学历占20.8%，35岁以下占9.4%，女党员占14.1%。

一年来，乳山市委认真学习贯彻党的十八大和十八届三中全会精神及省委、威海市委会议精神，坚持以提高党的执政能力和保持党的先进性为主线，以开展机关作风建设年活动和党员纯洁性教育活动为抓手，用新机制推动科学发展，用新作风树立良好形象，在抓党建促发展上实现了新突破。

(一)坚持抓基层打基础，推动城乡党建统筹发展　在农村，倒排查集中整治了65个后进班子，安排218名干部到村担任“第一书记”，选派81名镇干部担任农村新型社区党总支书记，选育储备农村后备人才1065人、“三高三强”农村干部1036人，夯实了农村基层组织基础。在城区，推行社区网格化管理，发挥“爱心超市”作用，落实城市社区为民服务专项经费，有序启动社区办公和服务场所建设，提升了社区综合服务功能。在非公领域，抓好以城区、乳山口镇为重点的区域性党员服务中心建设，共新建组织26个，打造威海市级非公企业示范点4个，发挥了示范引领作用。

(二)坚持抓班子带队伍，凝聚干事创业合力　坚持在发展中使用干部、发现干部、选拔干部，建立完善以政绩评价干部的工作机制，变年终一次性考察为平时经常性考察，综合运用一线考察、联动考察、约谈考察、个性化调查等方法科学考察干部，评价部门和干部的工作主要看实绩、看发展、看项目、看群众的满意度，树立了正确的用人导向。

(三)坚持抓创新重管理，密切服务联系群众　探索推行了为民服务代办制度，开展了干部联户、联系困难群众工作，建立起了常态化的联系服务群众机制，构建起以镇级为龙头、社区为纽带、干部为主体的三级为民服务平台。组建了市委群众工作部,启动了市民服务中心建设,筹建了市民热线和民情网站两大平台,主动向群众征求最不满意事项,并加大群众反映突出问题的解决力度,群众对各项工作满意率达到96.85%,在去年下半年威海市群众满意度调查中乳山得分最高。

(四)坚持抓作风提效能,推动各项工作落实 深入开展"机关作风建设年"活动,组织实施了服务效能评议、中层干部轮岗、社情民意征询、经费管理规范、行政履责评析、工作汇报质询等十项主题活动,组织人大代表、政协委员和企业负责人对33个部门服务工作进行了会议集中评议,10个"不满意"较多的部门在常委会上进行表态,31个承担全市重点任务的单位在常委会上进行汇报质询,达到了规范行政行为、转变干部作风、促进工作落实的目的。

(五)坚持抓教育强服务,加强党员队伍建设 在威海市率先开展了党员纯洁性教育活动,健全了党员年审、党员证、日常管理等10多项规范有效的配套制度,构建起了系统的党员教育管理长效机制。深化"即时关爱"制度,使180多名突发意外事故或患病受灾的党员得到了及时救助,党内"即时关爱"新机制荣获第四届全国地方新政奖。

二、主要工作与成绩

2013年,乳山市委始终坚持科学发展不动摇,凝聚干事创业合力,推动产业转型跨越,改革创新培育亮点,推进各项工作落实,经济社会保持了健康平稳发展。2013年,完成地区生产总值399.8亿元,增长10.5%;固定资产投资376.7亿元,增长25%;公共财政预算收入24.5亿元,增长15.3%;实际利用内资96.2亿元,增长15.4%;实际到账外资9005万美元,增长93.7%;外贸进出口总值6.4亿美元,增长9.2%;社会消费品零售总额171.1亿元,增长13.3%;农民人均纯收入、在岗职工平均工资分别达到13378元、32539元,增长11%和12.1%。荣获"全国义务教育发展基本均衡县"、"全国科技进步先进市"、"全国生态文明先进市"、"全国卫生系统先进集体"、"全国基层科普行动计划先进单位"等称号。

三、创新与经验

2013年,乳山市委紧紧围绕主题主线,深入实施"工业立市、旅游兴市、文化活市"战略,加快转型优化结构,创新模式提高质量,统筹兼顾构建和谐,全市经济社会继续保持了健康持续发展的良好势头。

(一)转方式调结构,产业结构明显优化 围绕集群化振兴工业,重点培育了装备制造、绿色食品、生物科技、节能环保、新材料、新能源六大产业集群,新调整规划了食品和生物科技、新能源、精细化工等专业园区,经济开发区海洋食品产业园成为半岛蓝色经济区18个特色产业园之一。围绕品牌化突破农业,新建标准化种植基地134处,新增地理标志认证2个、绿色食品认证15个,实现了乳山绿茶等全产业可追溯管理。围绕精品化提升旅游,新开放了多福山、石佛山和金牛谷3处景区,新增3A级景区2处,总数达到6处,开通了旅游服务信息平台,完善了旅游服务功能。围绕产业化繁荣文化,繁荣发展文化事业,大力发展文化产业,荣获"山东省文化强省建设先进市"称号。围绕专业化发展养生,开工了东方国际养生园、颐和山水人家等养生养老项目,形成了专业机构养老、社区养生养老、居家养生养老、医疗康复养老四种发展模式。

(二)抓招商促合作,项目质量明显提升 加大领导分包、要素倾斜、督导调度、考核问责力度,调整理顺了产业招商部门,面向国内外招聘了13名招商顾问、招商代理和投资促进人才,全市累计组织外出招商700多批次,引进了43个过亿元项目,开工了31个过亿元项目,呈现出大项目多、工业项目多、后续项目多的良好态势。

(三)抓统筹强基础,城乡投入明显加大 坚持重点区域优先发展、率先突破,实施了总投资20.4亿元的6大类14项基础设施建设工程,切实加快滨海新区开发建设步伐。坚持城乡基础设施一体配套,实施了投资1.1亿元的城市道路建设工程、6800万元的老城区配套升级工程、2.2亿元的电力配套工程、2.9亿元的银滩配套升级工程,提升了发展承载力。按照新型城镇化建设要求,规划了178个新型社区,完成了16个农村示范社区建设工程,高标准完成了80个重点村的环境整治任务。

(四)抓民生增福祉,社会事业明显改善 规划实施了年度投资27.4亿元、涵盖10大类、67项具体内容的便民利民实事。其中,投资1.9亿元实施了以公立医院改革和城乡居民医疗保险整合扩面为重点的"健康乳山工程",投资2亿元实施了以提高城乡居民基础养老金标准、扩大社会救助为重点的"社会保障工程",投资4亿元实施了以农村安居房建设、危房改造为重点的"安居工程",投资4000万元实施了以信息化建设、校车更新为重点的"教育设施升级工程",投资3.1亿元实施了以省县乡公路改造、城乡公交一体化改造为重点的"交通公路建设工程"。

(五)抓改革求创新,发展活力明显增强 设立了2家民间融资机构和首家风投公司,开展了首期5000万元的"助保贷"业务,昊安金科成功在齐鲁股权交易中心挂牌,组建了水务、热力、城投三大国有集团,成功发行13亿元的"城投债"。开工产业孵化中心2个,创建省级研发平台2家,签订了院士工作站等4大类、21项产学研合作协议,实施了总投资16.4亿元的20大重点技改项目,新增高新技术企业6家,总数达到11家。

附:(一)乳山市委书记、副书记、常委名单

书　记:高书良

副书记:隋建波　毕兴全

常　委:高书良　隋建波　毕兴全　徐　明　丛龙海　谭　磊　李国徽　王星洵　邢海波　王建华　隋同朋

（二）各镇、街道党（工）委书记名单

城区街道　于　海
夏村镇　宫在津
乳山口镇　刘　伟
海阳所镇　张本成
白沙滩镇　毕建武
大孤山镇　于荣恺
徐家镇　于吉东
南黄镇　马　骏
冯家镇　赵　磊
下初镇　石　磊
午极镇　曹永刚
崖子镇　刘　杰
诸往镇　孙常学
育黎镇　许玉安
乳山寨镇　徐忠波

日　照　市

中共东港区委工作概况

东港区委书记　郑加贵

一、组织概况与党的建设

东港区共有507个村(社区)，其中435个村、37个纯城市社区、35个村改社区；1326个党组织，其中基层党委37个、党总支部65个、党支部1224个；党员34167名。

（一）深入落实基层党建责任制　先后召开镇街道党委书记履行党建责任制专项述职会议、全区组织工作会议、全区基层组织建设专题会议及基层组织状况大排查会议等，努力推动全区基层组织建设工作上台阶、提水平。

（二）加快村级集体经济发展　对各镇街道村社区集体经济经营性收入情况进行统计调研，将发展壮大村级集体经济纳入第四轮"双带双联"活动，并安排16个涉农及综合部门重点帮扶129个集体经济薄弱村，力争村级集体经济经营性收入3万元以上的村达到60%。

（三）全面提升党群"双向直通"工作　积极开展"深化党群双向直通、机关党员进城市社区"志愿服务活动，实施8小时之外奉献社区活动。召开党群"双向直通"暨党员干部联系困难家庭工作会议，构建"双覆盖"的直通体系。同时，把第四轮"双带双联"活动作为党群"双向直通"的载体，定期通报联带工作进展情况，提高工作成效。

（四）精心做好第一书记工作　组织召开第一书记专项述职工作会议，安排9名组织、纪检干部分三个工作组对第一书记及驻村工作组进行了全面的考察，并从区直部门单位选派了29名机关干部到村任第二批"第一书记"，确保第一书记驻村工作有序开展。

（五）积极抓好党组织书记教育培训工作　依托市委党校举行全区村社区党组织书记培训班，组织9名村社区支部书记到苏州农村干部学院参加全市村社区党组织书记培训班，扎实做好区镇两级分专题组织村社区党支部书记教育培训。

（六）切实做好村"两委"换届前的准备工作　组织9个镇街道对村社区班子进行一二三类标准分类。共调整农村两委干部106人次。开展基层组织状况大排查工作，重点排查9个镇街道470个村社区两委班子运转、党员队伍管理等群众反映热点难点问题，为村"两委"换届打好基础。

（七）扎实做好组织系统信访工作　组织深入9个镇街道村社区走访调研，重点对旧城改造村、重点项目建设村进行排查，对排查出51个涉及基层组织的信访苗头，建立工作台账，明确包案领导、办理时限。

二、主要工作与成绩

2013年，全区实现地区生产总值、公共财政预算收入分别达到396亿元、32.85亿元，分别增长9.7%、15.3%；城乡居民收入分别增长10%、12.8%。

（一）注重打基础、利长远、增后劲，进一步完善基础设施配套　在规划编制实施上，按照"一张蓝图抓到底"的要求，围绕高新区、海曲新城、小城镇等重点功能区，以及香店河区域提升改造、河山文化旅游度假区、南湖文化旅游产业园、付疃河景观设计等重点工程，多方案规划设计，集中力量推进实施。我区城镇规划项目荣获日照市"文化特色小城镇"建筑风貌设计一等奖。在重点工程建设上，抓好山海西路西延、613省道日照疏港路西延等路网工程建设，加快推进三庄河治理等9个重点农业项目和日照水库末级渠系改造等230项水利设施建设，全力做好总投资13.4亿元的日照机场建设服务项目。在资金投入保障上，设立新东港城乡发展有限公司，对重点工程项目探索实行BT等建设资金支付方式，进一步促进投资主体多元化、设施运营企业化。去年以来，已完成银行融资2亿元、达成意向4300万元。

（二）注重抓项目、调结构、优服务，进一步促进经济提质增量 在加大有效投入上，抓住“蓝、红、金”等政策叠加机遇，引进世界500强企业甲骨文公司等一批大项目，全年共提报到位资金项目447个，到位资金62亿元。对筛选出的“5项工程、70个项目”，特别是以东港为主推进的33个市级重点项目，严格落实包保责任制，确保项目快建成、快达效。在加快结构调整上，以“产业链延伸”和“价值链再造”为着力点，抓好绿茶、蓝莓等特色农业的标准化生产、精细化管理、品牌化推介，启动了投资32.6亿元的高新区提升改造工程、投资12亿元的创业中心等项目，依托中心商务区、临港商务区加快兴业·喜来登广场等30余个重点项目建设，推动东港的产业层次、经济规模、产出水平再上新台阶。在加强企业服务上，对华仁药业、兴业汽配等30家重点企业实行“一企一策”，对海恩锯业、东升地毯等33个重点技改项目靠上推进，出台《关于进一步规范涉企检查收费行为优化经济发展环境的通知》等6个文件，为企业发展壮大创造良好条件。中国名牌、山东名牌产品分别达到2个、26个，被表彰为“全国县(市)科技进步考核先进区”。

（三）注重组团式、集约型、特色化，进一步加快新型城镇建设 在优化布局、完善功能上，按照“一城六镇”的布局，抓好海曲新城规划建设和六镇新一轮规划修编实施，积极推进日照实验高中西校区、东港中医医院重点项目建设以及三庄、南湖镇驻地综合开发以及45个小城镇建设项目等工程，进一步膨胀城镇规模、完善城镇功能。2013年，全区重点城镇建设项目累计完成投资9亿元。全年拆除城中村房屋4000余处、52万平方米，新开工安置楼4365套、59.1万平方米。在强化管理、提升形象上，组织党政考察团到沂水等地学习小城镇建设管理经验，扎实推进“乡政工程”建设试点，加强规划建设、交通秩序、环境卫生等方面的管理。在积极引导、增添活力上，整合城乡建设用地增减挂钩、生态文明乡村建设、镇域旧村改造、地质灾害村庄防治、水源地保护等政策，加快推进镇驻地改造、集中居住区建设，全区城镇化率达到66.5%，比全市高16.7个百分点。

（四）注重强人脉、治水脉、增绿脉，进一步加强生态文明建设 强化人本理念，巩固全省首届“乡村文明行动”示范区成果，广泛开展“讲文明、树新风”等主题活动，抓好“道德讲堂”、“四德工程”、文明单位结对共建等工作。突出生态特色，以“强人脉、治水脉、增绿脉”为重点，制定了《东港生态区建设规划》、《关于加快建设“美丽东港”的实施意见》等政策文件，扎实开展石材加工业综合整治等工作，积极推进三庄河、营子河等河道沟渠整治。全区已建成国家级生态镇4个、省级生态镇6个，“乡村文明行动”省级示范乡镇2个、省级示范村2个、市级示范村6个，在建“美丽东港”示范村100个。健全长效机制，依托全国文明城市创建和城乡环卫一体化建设，设立区环卫处和各镇街道环卫所，投资4000余万元率先实现农村环卫基础设施全覆盖、率先建立城乡环卫一体化监控平台，被推荐上报为日照市唯一的省级生态文明乡村建设工作先进县(区)，美丽乡村建设工作得到省委书记姜异康、省委副书记王军民、市委书记杨军等领导同志的批示。

（五）注重惠民生、解难题、促统筹，进一步推动发展成果共享 拓宽群众增收渠道，以“突破三庄、带动西部”、“双带双联”、“双增工程”等工作为抓手，大力发展符合本地实际、体现当地特色的经济业态，千方百计拓宽群众增收渠道。认真落实粮食直补、良种补贴等政策，做好农技推广、农村劳动力转移、“阳光工程”培训等工作。抓好民生实事落实，认真办好12件为民实事，投资8亿余元实施18处城区学校“扩、改、提”和农村学校标准化工程，积极推进社会福利中心、社会化养老服务体系建设和被征地农民养老保险工作，加快齐鲁医院日照分院病房楼和镇街道卫生院、社区卫生室等项目建设，抓好区级文化中心、图书馆、文化馆、文明社区示范点等文化惠民工程，深化“全国农村社区管理和服务创新实验区”试点，共规划农村社区72个、已正常运转63个，推动了城乡公共服务一体化。2013年，全区用于民生领域的财政资金突破11亿元。保障社会公平正义，以“权利公平、机会公平、规则公平”为追求，积极推进土地确权登记发证、农村“三资”清理清查、城乡用地“公平补偿”等工作；以“平安东港”、“法治东港”为抓手，加强“三全”维稳体系、社会管理服务平台等建设，提高了群众幸福感和满意度。东港统筹推进社区管理服务做法得到中央政法委充分肯定，被市委、市政府表彰为“全国社会管理综合治理优秀市突出贡献奖”。

三、创新与经验

一是把全面贯彻党的十八大精神作为首要政治任务，同率先全面建成小康社会的具体实践相结合，科学谋划东港新一轮发展布局和思路措施，切实把工作指导从加快发展转到科学发展、又好又快发展上来。二是紧紧扭住发展这个第一要务，依托临海、临港和城市中心区的资源禀赋，坚定不移打好“转调创”攻坚战，着力提高经济增长的质量和效益，让东港的山更青、水更秀、百姓更富裕。三是牢固树立正确的政绩观，坚持在“显绩”与“潜绩”上两手抓、两手硬，从东港实际、长远发展和群众需求出发，不断加大财政支出和干部精力的投入倾斜力度，努力多做一些打基础、增后劲、利长远的工作。四是始终把提高党的建设科学化水平摆在突出位置，认真履行党要管党、从严治党的政治责任,引导各级把全部精力集中到用心工作、推动发展、造福群众上,汇聚起争先进位、富民强区的强大正能量。

附:(一)东港区委书记、副书记、常委名单

书　记:郑加贵
副书记:赵　刚　王汉日
常　委:郑加贵　赵　刚　王汉日　毛维岗
郭晓民　焦安勇　徐立宝
马　妮(女)　柴世民　宋　波
刘森林　辛本胜

(二)各镇、街道党委书记名单

日照街道　马宗光
石臼街道　鲁守春
秦楼街道　张守忠
河山镇　刘祥彬
后村镇　王　霞(女)
西湖镇　田洪浩
南湖镇　王海洲
陈疃镇　赵文志
三庄镇　陈洪聪

中共岚山区委工作概况

岚山区委书记　盖卫星

2013年,在省委、省政府和市委、市政府的坚强领导下,岚山区深入贯彻落实党的十八大和十八届二中、三中全会精神,坚持以"转作风、抓推动、促落实"为贯彻全年工作的总抓手,大力实施港口立区、产业强区、生态建区"三大战略",努力做好现代海洋产业、现代特色农业、现代服务业"三篇文章",聚力开展"招商引资促进年、项目建设提速年、城乡建设提升年、作风建设优化年"四个年活动,加快建设生态经济强区、打造文明宜居新区,全区经济社会实现平稳较快发展。

一、组织概况与党的建设

全区辖9个乡镇街道、423个村居,共有党组织1045个,党员28010人。一年来,岚山区委认真贯彻党要管党、从严治党的方针,切实抓好党建工作,各级党组织的创造力、凝聚力和战斗力进一步增强,党员干部队伍的整体素质不断提高。

(一)高度重视基层组织建设　创新推进基层党建创新"县委书记项目",实施服务型党支部建设工程,探索推行发展壮大村级集体经济机制,继续深化拓展党群"双向直通"机制和农村干部坐班办公便民服务机制,深入落实"三会二公一评"民主工作模式和"清晒述评"工作法,认真开展党员五星级积分管理工作,引导农村党支部从执政理念、领导方式、工作方法等各个方面实现彻底转型。

(二)高度重视干部队伍建设　加强领导班子和干部队伍建设,规范干部选拔任用工作,树立正确的选人用人导向,不断创新干部选拔任用方式,坚持以实绩论德才、凭贡献定位子,把贡献大小作为衡量德才和使用干部之根本标准,树立注重实绩、崇尚实干、鼓励创新的导向,干部选拔任用工作的科学化、制度化、规范化水平不断提高。

(三)高度重视党风廉政建设　认真贯彻落实中央、省、市"八项规定",深入开展"作风建设优化年"活动,大力实施"阳光政务"、"阳光村务"等七大阳光工程,严肃查处中梗阻行为,开展"企业宁静日"活动,加大明察暗访和案件查处力度。创新改革行政审批体制机制,规范审批收费项目和标准,全年共办理各类审批服务项目6.8万余件,现场办结率100%,全区机关行政服务效率进一步提高,发展软环境不断优化。

(四)高度重视常委班子自身建设　坚决贯彻中央方针政策和省委、市委的决策部署,确保政令畅通。严格落实民主集中制,建立了区级几大班子书记例会制度,对重大问题,充分发扬民主、集体讨论决定。坚持深入基层调研推动工作,现场办公、现场解决问题,力促各项决策落到实处。积极改进领导方式和工作方法,注重总揽全局、协调各方,积极支持区人大、政府、政协、纪委、人武部履行职权,保持了团结和谐的局面。

二、主要工作与成绩

全区实现GDP488.7亿元、增长8.6%,工业总产值977.9亿元、增长5.8%,地方财政收入20.7亿元、增长9.1%,农民人均纯收入12635元、增长13%,被表彰为国家级出口农产品质量安全示范区、中国绿色生态农业示范区、全国重点产茶县、全国产油大县、全省四德工程建设示范区、中国市辖区综合实力百强区。

(一)现代临港产业实现新突破　钢铁精品基地开工建设,项目区地质勘探全面完成,安置区一期40栋住宅楼主体竣工。岚山港10万吨级泊位开港运营,岚桥30万吨级泊位主体工程竣工,岚山港区完成吞吐量1.2亿吨,迈入亿吨大港行列。开展"项目建设提速年"活动,51个重点项目完成投资103.6亿元,万方冷轧薄板等项目投产运营;开展"招商引资促进年"活动,招引项目142个,完成投资

86.2亿元,利用外资8049万美元,对上争引资金8.87亿元。编制完成岚山冷链物流加工基地及化工、木材园区等发展规划,园区消防特勤站启用,化工园区东区污水处理厂运营,在全市率先完成山西中南部铁路正线征迁工作,珠海路等建成通车,陈家湖变电站顺利开工,园区承载功能进一步提升。

(二)产业转型升级取得新成效 工业经济稳定增长,创新开展企业大走访活动,完善中小企业公共服务中心建设,建立领导包联企业机制;开展银企洽谈会,协议信贷总额34.3亿元,6家企业已完成股权托管;开展"一企一技术"创新活动,实施省级战略性新兴产业项目2个,中楼镇被授予全省橡塑工业配套产品生产研发基地。现代农业提质增效,新发展特色农业1.7万亩,实施省海洋经济示范项目3个,正式拥有海域审批和管理权限;新建碑廓东篱等生态养殖示范场8家,争创全省畜牧产品质量安全监督示范区;顺利完成小农水重点县年度建设任务,被评为省优工程。服务业加快发展,全区物流企业达到183家,实现物流税收2.24亿元;制定支持金融业做大做强的意见,日照银行岚山支行升格中心支行,启动岚山农村信用社银行化改制,新增小额贷款公司2家;加快特色旅游业发展,建成高兴茶文化观光园,新增省级休闲农业与乡村游示范点2处,马髻山、多岛海成功创建3A级景区,巨峰镇被评为全省旅游强镇。

(三)城镇化发展迈出新步伐 开展"城乡建设提升年"活动,投资18.75亿元实施22项城建重点项目建设,建设巨峰水库向城区调水和岚山水厂一期工程,实施绣针河景观及凤凰山路等6条道路绿化亮化工程,完成旧城改造及项目征地2843户拆迁。创新乡政工程建设模式,推进公交等公共服务城乡一体化,在全市率先实现"城乡公交一体化"。探索建立城市管理网格化模式,将园林、环卫等全部纳入网格管理范畴,创新实施城建土地执法联席会议制度,成功争创省土地资源执法模范区。设立生态文明乡村建设专项资金,建立城乡环卫一体化长效机制,成为全省首批实现城乡环卫一体化镇村全覆盖的区县。

(四)和谐社会建设实现新跨越 民生建设支出12.31亿元,启动全省教育工作示范区创建工作,投资2.3亿元建设教育重点工程47个;区人民医院成功争创二级甲等医院,我区被评为省级慢性病防控示范区;建设区级综合文化服务中心,构建三级共享工程服务网络,被列为全国基层公共文化服务示范项目。建设2326套保障性住房,实施东部城区供热工程,在全市率先实现"省一级敬老院"全覆盖和为80—89周岁老年人发放生活补贴,为2万余名被征地农民办理企业职工养老保险。深入推进平安岚山建设,案件结案率和信件办理率均达到100%,被表彰为全省信访工作先进单位;开展"打非治违"和"安全生产"专项治理活动,被表彰为全省消防安全"基层基础强化年"活动先进区。

三、创新与经验

(一)实施基层党建创新"县委书记项目",全面提升"两新"组织党建规范化水平 一是坚持从"两新"组织内部选拔培养党组织书记的同时,针对一些外来投资和没有合适党务干部的"两新"组织,从副科级以上干部中为其公开遴选15名同志任党组织第一书记,选优配强带头人。二是探索建立以党务干部会员制、党组织书记导师制、党务交流轮值制、党建难题会诊制"四制一体"工作机制,在全市率先成立"两新"组织党务工作者协会,聘请了6位导师,定期组织协会会员开展党务工作交流,对一些党建工作难题进行集中会诊。三是出台了加强"两新"组织党建工作的意见、"两新"组织党组织书记规范化管理办法、第一书记考核办法,对第一书记履职情况进行考核。四是强化激励保障,让党组织书记有干头。区委设立了每年32.5万元的"两新"组织党建工作专项资金,对区委选派的"两新"组织第一书记及优秀"两新"组织党组织、党务工作者给予适当补助奖励。

(二)开展"阳光村务"活动,强化村级重大事项监督 探索推行了以"清三资、晒收支、述勤廉、评绩效"为主要内容的"阳光村务"工作机制,即以村为单位,在包村脱产干部的主持下,每月定期组织村"两委"成员、村监委会成员、村党员、村民代表召开会议,会商村集体"三资"清理与管理情况,"阳光理财"晒单据、晒合同,"阳光履职"述勤廉,包村干部点评、与会人员现场质询并组织对村"两委"干部履职情况、廉洁情况现场评议。镇里所有科级干部分片参加"阳光村务"会议,镇纪委、镇督查办跟踪专项督查,党政主要负责人现场督导,实现了村级事务的阳光决策、阳光监督和考评管理。

(三)推行"三网一中心"建设,打造基层社会治理一体化新模式 按照"先行试点、整体推进"的思路,做实项目、做细管理,构建起"三网一中心"基层社会治理一体化新模式,即建立社会化动态视频监控系统(天网)、社区管理网格(地网)、社会服务管理信息化系统(数据网)"三网",强化镇街道、村(居)社会服务管理平台建设,切实解决了社会服务管理不到位的问题,促进了基层社会和谐稳定。

附:(一)岚山区委书记、副书记、常委名单

书　记:盖卫星

副书记:张桂伟　刘国田

常　委:盖卫星　张桂伟　刘国田　马运德　申淑清(女)　成　磊　王聪儒　秦玉新　张玉新　刘玉松

(二)各乡、镇、街道党委书记名单

岚山头街道(前三岛乡)　王炳坤

安东卫街道　牟敦谊

虎山镇	杨　宁
碑廓镇	郑　伟
黄墩镇	王宗志
高兴镇	郑　强
巨峰镇	田海文
中楼镇	丰　源

中共莒县县委工作概况

莒县县委书记　刘守亮

2013年，在省、市的正确领导下，莒县县委坚持以党的十八大、十八届三中全会和习近平总书记系列重要讲话精神为指导，抓住用好“蓝、红、金”三大机遇，深化实施农业稳县、工业强县、开放兴县、文化树县“四大战略”，深入推进投资倍增、服务业提升、农业结构调整双牵引、城乡对接共进、创新驱动“五大行动”，全县经济社会发展取得新成绩，党的建设科学化水平不断提高，精神文明建设迈出新步伐，政治社会保持和谐稳定。全县实现生产总值272亿元，增长12%；地方财政收入9.28亿元，增长21.7%，税收占地方财政收入的比重达到94.15%。城镇居民人均可支配收入21243元，增长12.9%；农民人均纯收入10809元，增长13.1%；进出口总额突破60亿美元，总量位居全省县级前10名。莒县被评为全国一事一议规范管理县、全国深化小型水利工程管理体制改革示范县、全国法治县创建活动先进单位、全国县级防震减灾工作综合考核先进单位。

一、组织概况与党的建设

莒县现有县属党(工)委51个，二级党委76个，党总支192个，党支部2264个，党员58012名。

县委坚持不懈抓好党的建设，以为民务实清廉为主线，以加强党的执政能力、先进性和纯洁性建设为目标，不断提升领导和服务科学发展的能力。深化书记抓抓书记、党群双向直通等机制，强化党委书记抓党建主体责任，增强了基层组织的战斗力和凝聚力。加强干部队伍教育管理，建立压力传导机制，修订工作目标综合考核办法，调动了干部工作积极性和主动性，一批影响全县发展的难题得到有效解决。仅用3个月时间，就“无震荡、无上访”清理青峰岭水库养鱼网箱近3万个，这一做法，市委主要领导专门作出批示，《人民日报》、山东电视台予以报道。毫不放松抓好党风廉政建设，扎实开展县级党政班子成员向县纪委全委会述廉试点，在中纪委加强“一把手”监督专题调研座谈会上我县作了经验型发言。认真做好群众路线教育实践活动准备工作，深入挖掘建国前老党员事迹，倾力打造“一馆一书一课一片”，为党的群众路线教育实践活动提供鲜活教材和生动载体。深入开展包村联户、党员干部联系困难家庭等活动，帮助具体群众解决具体困难，党群干群关系进一步密切。

二、主要工作与成绩

(一)坚持投资拉动、项目带动、创新驱动，经济发展速度质量效益同步提升　一是落实“投资倍增行动”取得丰硕成果。部署开展招商引资“奋战2013”活动，新落实投资过亿元项目34个，总投资69亿元的华泰精细化工产业园等项目顺利推进。晨曦、浩宇、海汇系列项目相继建成投产，金禾博源生化高纯度柠檬酸等82个重点项目加快建设，全县完成固定资产投资175亿元，增长25%。规模以上工业企业两年累计完成固定资产投资106亿元，总额比2011年底增长108%，顺利实现“两年翻番”目标。二是产业结构优化提升。坚持工业核心地位不动摇，调整理顺莒县经济开发区管理体制，修订完善加快县域经济发展各项措施，全县税收过千万元企业达到28家，其中晨曦集团、浩宇集团、农信社3家企业税收过亿元。外向型经济加快发展，利用外资达到9215万美元，增长112%；进出口总额62.3亿美元，增长36.9%。深入推进“服务业提升行动”，以商贸流通、现代物流、文化旅游、金融保险为重点的现代服务业繁荣发展，成为全县发展的重要增长板块。莒县商贸城、莒州国际商贸城开始招商，莒州文街二期、浮来青生态园建成启用，浮来山风景区体制改革深入推进、农村信用社银行化改革顺利完成。围绕由传统农业大县到现代农业强县转变，发挥市场和农业龙头企业牵引作用，加快省级现代农业示范区建设，引导工商资本投资现代农业，全县高效经济作物面积发展到57.3万亩、农民专业合作社1549家、“三品一标”认证106个，促进了农业增效、农民增收、农村发展。

(二)牢牢把握“人的城镇化”这个核心，城乡对接共进迈出新步伐　一是沭东新区从概念到现实扎实迈进。随着“五纵七横”道路网络的实施，以及新汽车站、沭河公园、店子河景观等工程的加快建设和启用，拉出新区框架，增强了新区城市功能，城区规划面积拓展到46平方公里。二是老城提升同步推进。在加快新区开发的同时，始终不放松老城区的发展，突出抓了城中村改造、背街小巷治理等工作，开展城区环境综合整治，推行城市精细化管理，人居和创业环境持续优化。三是小城镇特色发展。坚持产城融合，统筹抓好小城镇和产业聚集区建设，镇域自我发展、自我保障能力进一步提升。夏庄镇全省“百镇建设示范行动”示范镇建设实现良好开端;招贤镇成为全省第2批示范镇。加强道路交通等基础设施建设,村级公路网化工程全部完成,寨里河镇至335省道、桑园镇至旅游大道连接线开工建设,莒竹公路改造等工程加快推进,促进镇域经济发展的基础条件更加完备。四是农村新型社区建设成效明显。全县170个社区中,党组织已全部"实体化",撤村设社区已完成158个,占93%,农村新型社区正在取代行政村成为农村社会管理服务的基本单元,标志着农村社会治理模式实现历史性变革。撤村设社区工作总体平稳顺利,得到省、市领导的充分肯定。统筹抓好村级集体经济发展、生态文明乡村建设、农村产权制度改革等工作,城乡环卫一体化实现全覆盖,农村发展活力持续增强,生态环境持续改善。

(三)着力早办、办好让群众得实惠的事,社会和谐度实现新提高 突出构建起"三个体系":一是民生保障体系。持续加大公共财政投入改善民生力度,去年达到13.2亿元,12件惠民实事项目年度任务全部完成。建立被征地农民养老保险制度,社会保障体系进一步健全,实现了提标扩面、应保尽保、应助全助。坚持教育优先发展,文心高中今年秋季可启用招生。推进县职教中心与市农业学校合作办学,职业教育竞争力不断提高。医疗卫生体制改革顺利推进,城乡公共卫生服务体系进一步健全。县人民医院东院区加快建设,群众看病难的问题得到有效解决。二是主动创稳体系。深化"全员接访、全程预访"、"两公开一会审"、"议事·学习日"等机制,具有莒县特点的社会治理体系进一步形成。我县推行"专业化"矛盾调处的做法,在深化平安山东建设工作会议上作典型发言;开展"议事·学习日"的做法,《人民日报》、山东卫视《新闻联播》作深度报道。创新实施信访"三六一"工作机制,省府领导作出批示予以推广。三是公共文化服务体系。以"文化惠民、文明育心"为主题,深入推进"四德"工程建设,广泛开展群众性精神文明创建活动,我县顺利通过省级文明县复验,被表彰为全省文化强省建设先进县、"四德"工程建设示范县。

三、创新与经验

(一)注重解决行业性矛盾纠纷,健全完善专业化调解机制 县委针对行业性矛盾不断增多、调处难度不断增大的实际,牢固树立由被动维稳向主动创稳转变的工作理念,以构建"第三方"专业化调解机制为抓手,深入推进社会矛盾源头治理,实现90%以上的行业性矛盾纠纷在专业化调解框架下得到有效化解,降低矛盾纠纷化解成本,节约执法司法资源,有力维护了社会和谐稳定。仅去年以来,全县各类专业性调解组织就有效化解行业性矛盾纠纷660余起,化解率达97%。这一做法,在深化平安山东建设工作会议上作典型发言。

(二)建立"三六一"信访工作机制,破解越级上访难题 坚持用群众工作统揽信访工作,创新工作思路,积极探索新形势下做群众工作新路子,建立实施"三六一"信访工作机制,推行接访"三公开",即向社会全面公开领导干部的接访时间、接访地点和接访专线电话;建立乡镇街道信访工作"六规范",即规范信访制度、接访场所、接访流程、接访时间、办理要求、人员配备;实行全县统一"议事·学习日"接受党员群众监督,即每月25日在全县农村开展"议事·学习日"活动,农村干部主动向党员群众公开村务、财务,接受评议监督。这一机制的实施,畅通了民意诉求渠道,夯实了基层基础,规范了信访工作流程,超前预防和化解了大量矛盾纠纷,从根本上实现了信访工作重心下移、关口前移,有效减少了矛盾上行,保持了全县社会持续和谐稳定。2013年,全县到市、去省、进京上访分别下降22.7%、21.6%和6.8%。这一做法,新华社《山东参考》予以刊发,省府主要领导作出批示予以推广。

(三)成功举办"百名博士故乡行"活动 围绕深入落实中央和习近平总书记关于实施创新驱动发展战略的指示要求,县委立足莒县籍在外高层次人才多的优势,利用国庆假期组织开展了以"乡谊·汇智·发展"为主题的"百名博士故乡行"活动,共收到建设性意见建议125条,解决技术需求和科研难题109项,初步达成合作意向41个,山东大学海汇机械工程研究院揭牌成立,政府搭桥、专企合作、互利共赢的协同创新机制深化完善,推动科学发展的人才和智力支撑更加坚实。我县开展"百名博士故乡行"的做法,日照市委主要领导批示在全市推广,山东卫视予以报道。

附:(一)莒县县委书记、副书记、常委名单

书　记:刘守亮

副书记:孟　青　韩　鹏

常　委:刘守亮　孟　青　韩　鹏　匡立福　费立志　张　东　钱建德　丁　辉　曹　临(女)　毛怀伟　王晓强　王良杰

(二)各乡、镇、街道党委书记名单

城阳街道	吴锡华
刘官庄镇	刘庆召
夏庄镇	邓　兵
小店镇	卢兆梅(女)
长岭镇	张传金
寨里河镇	王家友
龙山镇	董祥海
陵阳镇	王庆峰
店子集镇	马庆金
峤山镇	陈维国
桑园镇	孙乐芳(女)
招贤镇	张永富
东莞镇	田宗波

库山乡	孙传国
碁山镇	邵明法
安庄镇	周远东
果庄镇	王俊伟
洛河镇	宋晓军
阎庄镇	兰庆朔
浮来山镇	孙启和

中共五莲县委工作概况

五莲县委书记　马　强

五莲县辖日照市北经济开发区、五莲山旅游风景区和12处乡镇(街道),632个行政村(居),51.4万人口,总面积1497平方公里。

2013年,按照市委、市政府部署要求,围绕"十二五"规划和县十三次党代会确定的任务目标,团结带领全县上下进一步解放思想、创新突破,经济社会保持良好发展势头。全年完成生产总值180.4亿元,增长11%;实现公共财政预算收入7.85亿元,增长28%;完成规模以上固定资产投资102.77亿元,增长25%;农民人均纯收入和城镇居民人均可支配收入达到10829元、21151元,分别增长13.1%和12.9%。荣获中国最具投资潜力特色示范县、全国科技工作先进县、全国民政工作先进县、全国教育"两基"工作先进县和全省精神文明建设工作先进县、全省基层党建工作先进县、"平安山东"建设先进县、全省县域经济跨越发展先进单位等多项省级以上荣誉称号。

一、组织概况与党的建设

全县共有县委直属党(工)委37个,党(总)支部1523个,党员42940名,其中农村党员24334名。

(一)加强干部队伍和基层组织建设　坚持"实干、实绩"的用人导向,严格按《条例》选人用人,配顺配强了各级领导班子;公开选拔科级年轻干部10名,安排到乡镇和信访、招商一线部门任职。深化拓展党群"双向直通"机制,扎实开展党员干部联系困难家庭工作,帮扶困难家庭1378户。深化后进村集中整顿,选派40名机关干部到村担任"第一书记",加快后进村转化步伐。

(二)加强人才队伍建设　坚持"党管人才"原则,统筹抓好党政干部、企业家、专业技术人才、社会管理人才"四支队伍"和以村支部书记为核心的农村干部队伍建设。全年公开考选事业单位人员95名,机关公务员25名,进一步强化了人才后备支撑。组织34名企业负责人到武汉大学进行投融资专题培训,提高企业家素质能力。

(三)加强作风建设和党风廉政建设　认真落实企业扎口管理、"企业宁静日"制度,严肃查处破坏环境的人和事,对179个(次)部门、4106名干部职工开展了作风检查,20人被问责。深入贯彻落实中央和省市关于改进工作作风、密切联系群众的规定,结合五莲实际,制定20条改进作风具体措施。严格落实党风廉政建设责任制,规范领导干部从政行为,党风、政风和社会风气持续好转。

二、主要工作与成绩

(一)全力推动经济提速扩量、转型升级,产业转型升级取得新成效　项目争引建设成效明显。以项目为载体,抢抓"蓝红"机遇,全年争取上级扶持资金11.4亿元,增长21%。着力招引工业项目、新兴产业项目和现代服务业项目,全年共招引推进过千万元项目130个,其中过亿元项目45个,到位固定资产投资18.8亿元,增长83%。工业经济平稳增长。深入实施"双轮驱动"战略,做大产业集群、做强骨干企业、做优产品结构,制定出台了一系列扶持现有骨干企业和成长型企业、小微企业的政策措施,全力推进工业振兴。全县规模以上企业达到163家,实现增加值72亿元、主营业务收入412.7亿元、利税22亿元,分别增长11.7%、14.6%和21%。龙头企业五征集团健康运行,全年产销各类车辆93万辆,实现销售收入160亿元,带动形成300亿元销售收入的车辆及装备制造产业集群。现代农业稳步发展。实施新一轮"森林五莲"建设"十大工程"和农业结构调整规划,完成造林5万亩,其中发展果树面积4万亩,林木绿化率达到54.3%;落实黄烟面积3.8万亩,新发展茶园3900亩、设施蔬菜大棚280个。下大力提高农业组织化程度,新增农民专业合作社113个,新发展农业龙头企业6家,家庭农场108家。以旅游业为龙头的服务业发展势头良好。把旅游业作为支柱产业培植,树立"全景五莲、全域旅游"理念,坚持"山海联动、项目带动"思路,积极推动五莲山风景区、滑雪场、狩猎场等景区景点建设,推动观光游向休闲度假游转变。全年实现旅游总收入26.97亿元、直接收入1.49亿元,荣获"全国最美旅游生态示范县"和"中国旅游竞争力百强县"称号,五莲山旅游度假区获批省级旅游度假区。银座商城、百大商贸城等服务业重点项目加快推进,"信用五莲"试点建设取得阶段性成果,房地产业和建筑业快速发展,实现第三产业增加值49.65亿元。

(二)扎实推进基础设施建设,载体带动能力不断增强

县城,突出旧城改造、新区规划建设、精细化管理三项重点,着力打造"山水灵秀、宜居宜业"的精致县城。2013年,城建重点工程完成投资14.5亿元,新增城区绿化面积28万平方米,顺利通过省级园林城市验收。市北经济开发区,以建设蓝色产业集聚区、开放创新先导区、宜居宜业新城区为目标，继续加大基础设施投入，加快园区产业集聚，提升园区实力。2013年，园区业务总收入突破290亿元，主要经济指标均实现较快增长。城北工业区，积极配套完善道路、水电气讯及污水处理等基础设施，24个新开工项目加快推进，完成固定资产投资10亿元以上。石材产业园，完成基础设施投资3亿元，路水电等配套工程完工；园外石材业户全部关停，150家入园企业开工建设，其中51家企业进入试生产阶段；强化入园企业管理，确保锯泥、污水、粉尘零排放，努力打造全国领先的绿色石材示范园区。道路建设，新建改建城市道路和县乡公路46.7公里，总长414公里的村级公路网化示范县项目全部完工并验收通过，提前一年完成三年任务。

(三)高度重视保障和改善民生，社会持续和谐稳定 组织实施十大惠民工程，县财政用于民生方面的支出达14.3亿元，占公共财政预算支出的71.9%。努力提高职工收入，连续四年提高行政事业单位人员工资，2013年人均月增资372元，从2014年1月起，人均再月增资300元。大力发展教育事业，完成学校建设投入1.1亿元，一中、三中完成改扩建，乡镇高中学生全部进城入学，洪凝中小学迁建工作顺利完成，科技学校实训基地等建设项目加快推进。高考成绩稳步提升，全县高考一本录取率达到46%。大力发展卫生事业，加强卫生基础设施建设，疾控中心业务综合楼完成主体工程，妇幼保健院业务综合楼积极推进。加强社会救助体系建设，全面清查农村低保户，对不符合条件的，全部进行注销；大力实施“关爱工程”，完成保障性安居工程年度建设任务，新建租赁住房538套，实施棚户区改造1060户。人口计生工作目标全面完成，荣获全国人口和计划生育系统先进集体称号。体育场升级改造工程建成启用，博物馆提升改造、文化广场、文化市场等公共文化基础设施加快建设。加快生态文明乡村建设，深入开展农村环境卫生综合整治，12处乡镇垃圾压缩转运站正常运转，城乡环卫一体化工作顺利推进。

三、创新与经验

(一)进一步完善发展思路 紧紧围绕“2016年主要经济指标达到全省平均水平”任务目标，以提高经济增长质量和效益为中心，突出做大做强现有企业、项目争引建设重中之重，抓牢提升实力、转型升级、加强管理、改善民生四大任务，坚持“先干起来”，加快推进富民强县。围绕树立正确的“发展观、生态观、群众观”，在全县深入开展“树三观、找差距、促发展”活动，引导全县上下坚定“发展为要、生态优先、群众第一”理念，推动经济社会科学跨越发展。

(二)创新完善政策措施 围绕领导班子内部制度建设、重点工作决策执行监督和调动积极性，进一步提高决策水平、执行效率、落实能力。加强工业领导和服务力量，做实配强经信局和中小企业局，每个工业型乡镇都由一名县级领导担任“第一书记”，进一步形成全党抓工业的氛围。创新招商措施，实行领导干部招商引资“一岗双责”和专班推进大项目制度，确定了18个大项目，每个项目由2—4名县级领导组成专门班子，对所包项目从开工建设到投产运营，全权、全程负责，完成投资21.9亿元。进一步完善考核办法，突出重点，真考实考，结果运用。

(三)加强和创新社会管理 深化领导干部接访和干部“大下访”，确保矛盾纠纷化解在基层、化解在萌芽状态。创新县域“大社区”矫正管理模式，社区服刑人员五年来无一人重新犯罪。加强社会治安综合治理，严格落实安全生产责任制，社会持续和谐稳定，全年无刑事警情日累计达到115天，群众社会治安满意度连续五年全市第一；在省公安厅组织的群众安全感满意度电话调查中，我县位列全省区县第二名。

附：(一)五莲县委书记、副书记、常委名单

书　记：马　强
副书记：杜江涛　滕厚军　董　超
常　委：马　强　杜江涛　滕厚军　董　超
王一群　林　杰　张仲武　迟玉国
孙蕾春(女)　费守平　谢霁晓
郑　军

(二)各乡、镇、街道党委书记名单

潮河镇	解植国
街头镇	费守平
洪凝街道	石京磊
高泽镇	崔祥华
于里镇	许京建
许孟镇	管仁涛
松柏镇	王　辉
叩官镇	何茂东
中至镇	王光湘
户部乡	陆德志
汪湖镇	林桂荣
石场乡	柳春海

莱 芜 市

中共莱城区委工作概况

莱城区委书记 栾 健

一、组织概况与党的建设

莱城区辖12个镇(街道),1个省级经济开发区,1个省级农业高新技术产业示范区,668个行政村(居),总面积1370平方公里,人口78万,现有基层党(工)委33个,党总支89个,党支部1514个,党员38174名。

2013年,坚持以加强党的执政能力、先进性和纯洁性建设为主线,以改革创新精神推进党的建设,党建科学化水平不断提高。

(一)加强领导班子和干部队伍建设 深入学习贯彻十八届三中全会和习近平总书记系列重要讲话精神,全面加强学习型党组织建设,认真掌握全面深化改革精髓要义,自觉加强党性修养,始终与上级党委保持高度一致;深化干部人事制度改革,坚持一线考实绩、干部比作为,全区900名机关干部在大项目建设、薄弱村转化、北部新城攻坚、企业督导、招商引资等一线平台展示身手、施展才干,形成了“重一线、重公论、重实绩、重品德”的用人导向;探索实施区直部门、镇(街道)党政正职适岗能力测评,测评结果作为干部考核选任的重要依据。

(二)加强基层组织建设 组织开展农村干部思想作风集中教育活动,分批组织2500名农村干部接受党性教育;实行纪委、政法委、组织部“两委一部”抓乱村、镇(街道)党委抓软村、部门企业帮穷村,433个经济薄弱村全部转化;凤城街道办事处荣获全省“人民满意的公务员群体”。

(三)加强干部作风建设 围绕加强机关作风建设,以“增强群众观念、坚持依法办事、严肃党纪政纪、提高服务水平”为主题,开展干部作风集中整顿活动,出台加强纪律建设的30条规定,干部作风有了明显改善;围绕解决群众切身利益问题,以“为了谁、依靠谁、我是谁”为主题,在全区开展了下访、走访、问访、遍访“四访”活动,征求到就业、环境保护、看病治病、社会文化生活等八个方面的意见建议,并进行梳理汇总,认真进行解决;围绕加强党风廉政建设,积极推进同级述廉向下延伸,67个区直部门、12个镇(街道)全部开展了专题述廉活动;加大违法违纪案件查办力度,确保了干部清正、政府清廉、政治清明。

二、主要工作与成绩

2013年,在省委、市委的正确领导下,抢抓济莱协作区建设重大机遇,以“转调创”为主线,紧紧围绕建设富裕文明幸福莱城、全力打造首善之区这一目标,提振精气神、争当排头兵、谋求大作为,呈现出运行平稳、转型加快、后劲增强、民生改善的良好态势。全区实现生产总值329亿元、增长11%,完成固定资产投资191亿元、增长19.4%,实现地方财政收入18.8亿元、其中税收占比达到93.5%、在全省县(市区)排名列第6位,实现外贸进出口总额13.5亿美元、增长41%,城乡居民人均收入分别达到27316元和12047元,分别增长9.8%和11.7%。先后荣获全国科技进步先进区、出口农产品质量安全示范区,全省生态文明乡村建设先进区、服务业发展先进区、信访工作先进单位等一系列荣誉称号。

(一)解放思想提升境界,汇聚科学发展正能量 坚持从解放思想、提升境界入手,大力弘扬以“精气神”为核心的莱城精神,先后在全区组织开展“提升境界、抢抓机遇、全力打造首善之区”和“解放思想、勇于实践、创新发展”两轮主题教育活动,引导全区上下将莱城区置于全省县域大格局中谋划发展、争先进位,提出了“两个率先、三个突破、四个明显”的发展目标,“两个率先”即在省会城市群经济圈和济莱协作区建设中率先崛起、率先发展,力争跻身全省县域一流;“三个突破”即到2016年GDP突破600亿元、工业主营业务收入突破2000亿元、地方财政收入突破40亿元;“四个明显”即经济实力明显增强、城镇化水平明显提高、文化建设明显进步、人民生活水平明显改善,努力打造产业最优、环境最美、文化最兴、保障最好的首善之区。

(二)加快工作指导转变,增创转调发展新优势 一是项目提升助推转调。提速提质提效推进大项目,健全完善项目引建联审联批、党委书记交钥匙专职推进首问负责、镇长(主任)手续办理首办负责、区领导包项目和现场调度办公五项制度,新开工过亿元大项目115个、总数达到198个、项目单体投资5亿元,高新技术和战略性新兴产业项目占比达到55%;强力突破招商引资,全员搜、专业攻、政策扶、领导推、真奖惩，招大引强、优中选优，2013 年共洽谈引进珅诺基、红星美凯龙等项目 312 个、完成招商引资 135 亿元。二是工业振兴促转调。重点扶持九羊、汇金等龙头企业转型提升，鼓励扶持科虹、奔速电梯等成长型企业做大做强，加快培植泰莱电气、锦尔泰等新兴企业膨胀规模，新发展“三上”企业 432 家，其中新增规模以上工业企业 72 家、总数达到 252 家；奔速、汇金 2 家企业进入上市辅导期，科虹、振泰、东沃地毯 3 家企业在齐鲁股权托管中心成功挂牌。三是打造平台促转调。加速推进莱城工业区、莱芜农业高新技术产业示范区、凤城高新技术产业区和羊里嬴城钢铁、和庄线缆、牛泉盛世阳光铸造、寨里锻造科技、高庄中小企业园“三区五园”建设，完成基础设施投入 5.1 亿元，新上项目 92 个、完成投资 128 亿元，新上项目入园率达到 95%。

(三)举全区之力建设北部新城，打造协作发展主平台 加快推进基础设施、公共服务、生态环境、新社区四大组团 48 项重点工程，2013 年完成投资 24 亿元，城市核心区实现内外环闭环通车，水、电、气、管网配套服务水平大幅提升，教育、金融、商务等综合服务功能逐步完善。加大市场化运作力度，设立莱芜嬴城投资开发公司和嬴城水利投资公司，成功引进青岛巴龙、山东水务集团参与新城建设，社会化融资率达到 80%。

(四)坚持保障和改善民生，开创和谐发展新局面 健全完善就业、养老、医疗等社会保障体系，圆满完成农村道路改造提升等 10 件为民办的实事，2013 年用于民生的支出达到 18.1 亿元、占财政支出的比重达到 77%。加快实施文化惠民工程，积极参与文明城市创建，社会文明程度不断提高。坚持以群众工作统揽信访工作，纪委、政法委、组织部“两委一部”齐抓基层信访，社会保持和谐稳定。

三、创新与经验

坚持以政策创新、人才创新、机制创新推动科学发展，形成了群策群力抓落实、同心同德促改革的强大合力。

(一)创新政策激励机制 工业政策上制定出台工业振兴 10 条，设立过桥资金、助保金和贴息资金“三桶金”助推项目建设和企业发展；人才政策上制定高层次人才引进 20 条、高技能人才培训 30 条等优惠政策，2013 年引进高端创新创业人才 63 名、总数达到 119 名，其中院士 18 名、国家“千人计划”5 名；新成立院士工作站 2 家、省级工程技术中心 2 家。

(二)创新瓶颈破解机制 围绕提高服务效能，全面推行“一站式”审批、“一条龙”服务，开通了大项目建设“绿色通道”。围绕破解资金、土地等瓶颈问题，拿出 1 亿元资金在强企跨越、企业融资等方面予以扶持，强化政银企合作，2013 年帮助 50 家企业落实贷款 30 亿元；坚持土地挖潜、对上争取、增减挂钩多措并举，2013 年共落实土地指标 2806 亩。围绕优化项目建设环境，深入开展公、检、法、司、民政、信访“六长进工地”活动，创新实施纪委书记举报直通卡制度，帮助企业解决各类问题 320 个。

(三)创新推进落实机制 坚持领导带头抓落实，区、镇(街道)领导干部带头向中心和难点集中，扑下身子、脚踏实地，着力解决项目建设和企业发展中的问题；坚持服务一线抓落实，大力弘扬“务实、扎实、落实”的优良作风，积极推动广大干部下基层、到一线、进工地、解难题、办实事；坚持严格督查抓落实，严格实行周调度、月考核、季观摩，量化打分，排名公示，形成了干事创业、比学赶超、加快发展的浓厚氛围。

附：(一)莱城区委书记、副书记、常委名单

书　记：栾　健

副书记：马保岭　周光学

常　委：栾　健　马保岭　周光学　刘　真　高永胜　张凌云　吕宝泉　刘训涛　桑红军　李志平　李秋超

(二)各镇、街道党委书记名单

凤城街道	李秋超
口　镇	李国清
羊里镇	吴加庆
方下镇	张凌云
牛泉镇	亓巨川
高庄街道	王玉民
苗山镇	李明宏
和庄镇	亓军杰
茶业口镇	李文汇
大王庄镇	曹洪波
寨里镇	韩卫英
杨庄镇	张明会

中共钢城区委工作概况

钢城区委书记　胡文朴

一、组织概况与党的建设

钢城区总面积507平方公里，辖5个镇（街道）、4个功能区，230个村居，总人口33万。全区共有基层党（工）委17个，党总支19个，党支部620个，党员13695名。

（一）抓基础，激发基层党组织活力　对基层党组织实行分类定级，对村级班子进行专项整治，调整充实两委干部56人，"五个好"党支部达95%以上。对农村党组织书记实行自我发展、带动发展、服务发展"三种能力"考核，健全参与重点工作、星级管理、联系服务群众等制度，实行基数不变、动态管理、奖优罚劣的管理机制，共调整支部书记19人，为47名党组织书记发放星级津贴37.7万元。

（二）建载体，密切联系群众　重点开展四项活动：一是"到一线、解难题"。实行区级领导干部认领承包大项目、带领团队招商、帮扶重点企业等制度，靠在一线解决实际问题。二是"到村居、解贫困"。区委常委帮包10个经济薄弱村，区委委员（区委候补委员）和区纪委委员联系26个贫困村，1081名机关干部自愿联系了702户困难家庭。三是"到家中、解矛盾"。区大班子领导利用"信访大篷车"，带头深入偏远村、问题多发村，就地调处化解矛盾纠纷，变群众上访为领导下访。四是"到基层、解民忧"。从区直机关干部中选派27名村党组织"第一书记"、100名业督导联络员、6名总经理助理、30名"企业帮办"。

（三）树导向，提高选人用人公信度　坚持以德识干部、以才用干部、以一线选干部、以需要调干部、以程序定干部，从基层和项目、招商一线提拔重用的干部占总数的70%以上，评出的10名"三八红旗手标兵"、23名"劳动模范"、24名"汶源之星"、100名优秀共产党员都来自重点工作一线，形成了重品德、重实绩、重公认、重基层的用人导向。

（四）强作风，树立为民务实清廉形象　大力弘扬"钢铁意志、众志成城"的钢城精神和"快实干"的钢城作风，坚决贯彻中央八项规定等规章制度，开展了会员卡专项清退、作风集中整顿、办公用房专项清理等活动，全区性会议召开次数减少10%，发文数量减少27%，公务接待费用降低46%，发现纠正各类违反工作纪律行为70多件。深化区党政班子成员向区纪委全委会述廉工作，拓宽了对党政领导干部的监督渠道。

二、主要工作与成绩

2013年，全区GDP完成210亿元，固定资产投资完成160亿元，地方财政收入完成13.3亿元，城镇居民人均可支配收入和农民人均纯收入达到32750元、13613元，荣获文化强省建设先进区等荣誉称号。

（一）抓大项目　坚持新上项目、现有企业膨胀两手抓：一手抓新上项目。探索推行认领承包制、"六个一"服务机制等办法，开展"互看互学、比追赶超"等大项目建设竞赛活动，开工过亿元项目59个，过20亿元项目6个，50个项目投产。一手抓现有企业膨胀。莱钢100吨电炉、6万立方米制氧项目顺利投产；认真落实企业帮办、技改补助等扶持办法，培植起了钢管大王、齿轮大王、建材大王、电子大王、粉末冶金大王、红木大王六个"产业大王"，扶持了红木家具、莱芜黑猪两大特色产业，新增规模以上工业企业53家，总数达到127家。

（二）抓大招商　实行公开承诺招商，区级领导干部、镇（街道）党政主要负责人、区直部门"一把手"公开承诺招商，分别独立完成一定数额的招商引资任务。实行企地联合招商，与莱钢联合论证了46个项目，企地携手赴上海、无锡、瓦房店等地进行专题招商。实行专职招商，区人大、政协副职专职招商，部门"一把手"到各园区担任招商局长，镇（街道）党委书记到园区办公、抓招商、上项目。共引进项目115个，总投资610亿元，完成招商引资额55亿元。

（三）抓大园区　新设立了棋山风景区，形成了开发区、工业区、高新区、风景区较为完整的功能区布局，总面积约230平方公里。根据发展需要，调整了区划，充实了人员，抽调了学历高、懂经济管理的机关干部到功能区任职或挂职。加快提升园区承载能力，新修改造道路30多公里，铺设各类管线58公里，新上项目全部入驻园区。

（四）抓大城区　按照"山水之中、爱心钢城"的定位，让钢城大起来，对城区重新规划，加快推进西外环工程，形成"一环、三纵、三横"的路网框架，城区面积约80平方公里，人口约23万，基本形成"小区大城"的格局；让钢城高起来，启动了6个城中村、两个厂中村的拆迁改造，新建楼房原则上不低于11层；让钢城绿起来，实施"机关透绿、企业添绿、社区布绿、道路增绿"工程，城市绿化覆盖率达到40%以上；让钢城靓起来，完成了一山（双龙山公园）、一路（钢都大街）、六园（仁园、义园、礼园、智园、信园、乐园）等重点工程，启动了"一山（棋山风景区）、一水（大汶河公园）、一路（西外环路）、一园（钢城植物园）"工程，加快推进华诚丽都、沃商广场等城市综合体建设，打造了城市亮点。

（五）抓大民生　①村村通校车，通过市场化运作，40辆校车投入运行，在全市率先实现村村通校车；启动了区实验中学、实验小学、实验幼儿园建设。②城区通公交，20辆城市公交车投入运行，解决了"有城无车"的问题。③镇

(街道)卫生院全部托管敬老院,探索了“医养”结合的新路子。④建成集养老、托幼、扶弱等功能于一体的社会关爱中心。⑤开展教育、卫生、信访、文化新的“四下乡”活动。⑥倡导以“讲卫生、讲秩序、讲公德”为主的市民基本行为规范和以“遵纪守法、服务高效、强化本领、廉洁厚道”为主的机关干部基本行为规范,弘扬“仁爱”、“诚爱”等文化品牌,龙凤呈祥、大爱无疆,让钢城处处充满爱。⑦加强平安钢城建设,基本实现城乡视频监控全覆盖,连续五年没有发生赴省进京集体访、非正常上访。⑧开展环保百日攻坚行动,治山、治水、治大气、治垃圾,改善了环境面貌。

三、创新与经验

(一)形成“一二三四五”的总体思路 在认真贯彻落实省市一系列决策部署的基础上,结合钢城实际,探索形成了“一二三四五”的总体思路。“一”,就是一个目标,即“建设宜居幸福的绿色钢城”。“二”,就是实施工业化“122468”、城镇化“114357”两大工程。“三”,就是坚持钢铁立区、产业强区、生态文化兴区三大战略。“四”,就是采取抓重点、重点抓、积分排队、真奖真罚四项措施。“五”,就是抓好大项目、大招商、大园区、大城区、大民生五项重点工作。

(二)坚持抓重点、重点抓的工作方法 一方面,牢牢抓住重点不放松,各级各部门签订责任书,立下军令状,明确完成怎么办、完不成怎么办。同时,将区大班子领导、部门单位主要负责人、镇(街道)党政主要负责人承担的重点工作,逐一制作提示牌,摆放到办公室,随时提醒落实任务。另一方面,拿出主要精力和人员抓重点工作,所有干部不论职务高低,全部到重点工作一线,先后抽调300多名干部驻村包企业、400多名干部专职招商、300多名干部服务重点项目。

(三)完善积分排队、真奖真罚的评价机制 积分排队,就是根据科学发展考核办法,对区级领导、区直部门、镇(街道)分别进行排名,一季度一排名一公示,并在媒体上公布。真奖真罚,就是对完成任务、排名靠前的,给予奖励,作为优先提拔干部的重要依据;对完不成任务、排名靠后的,在新闻媒体上曝光检查,给予组织处理,冻结干部提拔,形成了“以项目论英雄、凭实绩用干部”的良好导向。

(四)践行新时期的钢城精神和钢城作风 钢城精神是“钢铁意志、众志成城”,就是以坚定不移的信念、百折不挠的勇气,心往一处想,劲往一处使,万众一心攻坚克难,实现科学发展、赶超跨越。钢城作风是“快实干”,快,就是快反应、快行动、快见效,嫉慢如仇;实,就是实实在在,诚心实意,绝不弄虚作假;干,就是大干、苦干、拼命干、科学干,坚持快实干,实现大发展。

附:(一)钢城区委书记、副书记、常委名单

书　记:胡文朴

副书记:张　钊　曹殿军

常　委:胡文朴　张　钊　曹殿军　周　毅　李官珊　张　勇　赵　波　亓中彪　刘彬华　袁明道

(二)各镇、街道党委书记名单

艾山街道　闫声永

汶源街道　高学常

里辛街道　毕泗柏

颜庄镇　郑光和

辛庄镇　曹卫锋

临 沂 市

中共兰山区委工作概况

兰山区委书记 耿学伟

一、组织概况与党的建设

兰山区共有基层党组织1959个，党(工)委79个，基层党总支155个，党支部1725个，其中村社区党组织322个，企业党组织764个；共有党员44461名，其中35岁及以下党员10606名，占23.85%；60岁及以上的党员13920名，占31.3%；农村党员20963名，占47.15%。2013年，以“基层组织建设提升年”和“党员队伍管理年”活动为抓手，突出农村党建、“两新”组织党建、干部选任、高层次人才引进、党员队伍管理等重点，将干部教育工作贯穿始终，强基层、打基础、提素质，全面提升党建科学化水平。

(一)围绕“夯基层、强党建”，加强基层组织和党员队伍建设 深入开展党员干部直接联系和服务群众活动，瞄准“三解三促”的目标，联系群众22万多户，收集办理诉求4372件。实施“2+1”双强帮扶，做实区直部门和强村(强企)结对帮扶经济薄弱村工作，集中整治21个后进村班子，调整理顺村社区党组织59个。成立区委“两新”组织工委，在商贸市场、城市社区、城市商圈、企业中，开展区域化服务型党组织建设，理顺非公企业党建工作领导体制，选派725名党建工作指导员，引导“两新”组织创新发展。

(二)围绕“树导向、强队伍”，抓好干部管理监督和人才培育 坚持“凭实绩识人用人”，深入基层、项目一线跟踪问效、考察、锻炼干部，激发了干事创业的激情。探索创新干部选拔任用机制，先后调整干部4批238人，得到了普遍认可。深化干部人事制度改革，对全区机关事业单位中层干部任免实施备案管理，建立后备干部信息数据库，实行动态管理。开展“干部人事档案工作提升年”活动，对全区4家管档单位进行规范完善、提档升级。坚持党管人才原则，积极引才引智，引进12名高层次人才，助推经济社会发展。

(三)围绕“抓学习、强素质”，提升党员干部能力水平 坚持强化干部培训，认真落实办班申报、点名调训等规章制度，充分发挥“名师送教”、“兰山大讲堂”的作用，增强培训的针对性、实效性，努力培养复合型人才。立足实际，务求实效，丰富兰山大讲堂内涵层次，邀请国内知名专家教授举办3场专题报告，培训干部1600余人。“送教下乡”171场次，受众10260人。围绕改造提升党性教育兰山教学点，提炼“带民致富、为民服务”教学主题，完善市场、社区2类4个现场教学点，承担省内外23个教学班次1100余人的教学任务。先后举办组工干部培训班、党员发展对象培训班、工会干部培训班等主体班次16期，培训党员干部1830人。

(四)围绕“转作风、强服务”，营造良好发展环境 严格执行“八项规定”和省市委实施办法，出台区委“二十二”条规定，坚决整治“四风”。认真执行接待标准，规范公务活动，严格公车管理，全区597台公车晚间、节假日一律入库停放。全面落实党风廉政建设责任制，把反腐倡廉任务分解为7大块，确定30个牵头部门，与经济社会发展同部署、同落实、同考核。认真开展治理“庸懒散”和会员卡清退专项活动，完善“6+1”惩防体系，深入推进“123农廉工程”，营造了风清气正、干事创业的良好发展环境。

二、主要工作与成绩

2013年，兰山区实现生产总值704.3亿元，增长11.5%；地方财政收入54.7亿元，增长20%，居全省第18位；固定资产投资505.6亿元，增长20.4%；城镇居民人均可支配收入30317元、农民人均纯收入11685元，分别增长9.8%、11.5%；再次入选“全国百强区”，居第55位，比2012年前移10个位次；荣获“全国科技工作先进区”、“全国‘六五’普法中期先进区”、“全省服务业发展先进区”、“文化强省建设先进区”、“全市县域经济‘三年倍增’先进县区一等奖”、“全市县域经济发展综合考核一等奖”等荣誉称号。11月25日，习近平总书记亲临兰山商城视察，这是兰山区特别是商城发展史上永载史册、具有里程碑意义的大事。

(一)以新型工业为支撑，提升发展质量效益 深入开展“工业提升发展年”活动，构建“10+6”产业体系，向微笑曲线两端要效益，食品、木业、有色金属、机械制造四大优势产业实现产值1060亿元，增长16.7%。培植骨干企业，实施“863”培植计划，规模企业达473家，产值过亿元企业

305家,完成产值1374亿元,增长20.1%。强化创新驱动,完成技改投资59.4亿元,实施技改项目272个,新增国家级企业技术中心1家,省级"一企一技术"创新企业3家,市级"一企一技术"技术研发中心4家。

(二)以城乡统筹为纽带,加快一体化步伐 集中开展"城镇建设管理年"活动,注重规划引领,全区322个农村整合为87个大社区;注重征收带动,77个片区重点突破、全面推进,完成征收面积545万平方米,为历年最多;注重产城互动,坚持产业区、居住区、商贸区"三区"同建,建设居民楼658.7万平方米;注重集约节约用地,验收增减挂钩指标3894亩,盘活存量建设用地6832亩,全省土地集约节约现场会在兰山召开;注重科学管理,强化环境整治,加快"四上五化",全面铺开环卫保洁一体化。

(三)以商城国际化为突破,推动商贸外向发展 扎实开展"商城国际化推进年"活动,抓主体培育,成立外贸公司59家,国际贸易示范户1000多个;抓港口对接,筹资3000万元支持出口退税,临沂港建成运营,实现进出口额8.9亿美元;抓业态提升,引进现代物流,发展电子商务,繁荣会展经济,市场商户建立网站3200多个,网上交易额达63亿元;抓提升改造,投资10多亿元,完成市场建筑面积40多万平方米,实现市场交易额1200亿元,服务业增加值360亿元。

(四)以规模品牌效益为导向,培育发展都市农业 坚持规划引领,落实《兰山区都市型现代农业发展规划》,打造都市型高效农业示范区。实施规模经营,新增优质农产品基地2.5万亩,创建国家级蔬菜标准园1处,建成优质农产品产业园和林业园6个。占领产业两端,大力发展种业、饲料、精深加工,肉制品、蔬菜、果品、粮油等四大农产品实现加工产值560亿元。全面推开农村产权制度改革,第一轮试点确权土地1733.63亩,第二轮58个村社区全面铺开。

(五)以破难题解难点为抓手,努力促进社会和谐 坚持民生为先,民生支出占财政总支出的66.8%,新增城镇就业8712人、农村劳动力转移就业6005人,新农合参合率保持100%;投资2.7亿元,新建、改扩建中小学、幼儿园25处、13万平方米,实现城乡数字化教学全覆盖。坚持稳定为要,加大矛盾纠纷排查化解力度,信访总量下降8.2%;开展"打盗抢、保民安"活动,共破获刑事案件9786件,抓获犯罪嫌疑人6286人;开展安全生产大检查活动,消除安全隐患,稳定局面得到巩固。坚持创新为重,创新流动人口"三化三管八服务"模式,促进流动人口融入兰山、建设兰山;"三调联动"、"多调对接",累计调处各类纠纷4354件。

三、创新与经验

(一)一个切合实际的思路引领发展 立足区情实际,坚持市区一体、融合发展,把握"主题主线、提质增效、创新驱动"的总体要求,着力强化"新型工业、城镇建设、商贸物流、现代农业"四大支撑,统筹推进生态文明、文旅融合、民生建设、和谐稳定,切实加强党的建设,努力实现"财政翻番倍增、强区强镇提升"。这一思路符合上级要求,符合兰山实际,引领了经济社会科学发展、质效提升。

(二)一种民生为本的理念凝聚力量 民生是和谐之本,改善民生是发展的最终目的。实现富民强区,必须把顺应群众意愿、满足群众需求、增进群众福祉、赢得群众满意作为最重要的一把标尺,不断强化群众观点,坚持决策随着民意定,项目顺着民心干,服务跟着民需走,真正把以民为本的理念融入全过程,把实事好事办到群众心坎上,以民生成效凝聚民心民意。

(三)一项创新创优的举措突破瓶颈 坚持把解放思想、改革创新作为第一驱动力,面对土地、资金、人才、生态环境等要素资源制约及不合实际的机制体制等藩篱障碍,常思创新之责,常谋创新之策,以"等不起、慢不得、坐不住"的精神状态抓创新,顺应改革大势,凝聚改革共识,着力实施思路创新、模式创新、机制创新和科技创新,以创新破解瓶颈、聚集要素、推动发展。

(四)一股干事创业的激情攻坚克难 兰山区取得一个又一个的成绩,关键在于有一种精神支撑,有一种不达目的不罢休的"精气神",这就是"实干、包容、创新、奉献"的新时期兰山精神。发扬"实干"精神,不畏艰难、拼搏奋进,脚踏实地干事业;发扬"包容"精神,市区一体、区镇同向,团结共融、开放发展;发扬"创新"精神,与时俱进、大胆探索,破除陈旧观念,完善体制机制;发扬"奉献"精神,默默无闻、任劳任怨,不讲条件、不图名利,自觉把个人的奋斗融入到新兰山建设中。

(五)一条廉洁勤政的准则转变作风 严格执行中央八项规定,落实省市委实施办法,出台区委"二十二"条规定,加大查处力度,严厉打击违规违纪行为。切实转变工作作风,坚持"为民、务实、清廉",全面加强党风廉政建设,深化"庸懒散"整治,狠刹"四风"顽疾,治庸提能、治懒增效、治散正气,促进工作效能提升,营造了风清气正的发展环境。

附:(一)兰山区委书记、副书记、常委名单

书　记:耿学伟

副书记:张佃虎　隽新阳

常　委:耿学伟　张佃虎　隽新阳　李维良　宋福亭　张红卫　王永哲　陈士贤　毛德坤(挂职)　张礼伟(挂职)　李玉华　田　海　王康亮

(二)各镇、街道党(工)委书记名单

兰山街道　胡忠良

银雀山街道　刘英娣

金雀山街道　孙兰珂

柳青街道	潘　瑜
白沙埠镇	李永军
枣沟头镇	闫德龙
半程镇	王　辉
李官镇	赵继恺
义堂镇	王玉杰
汪沟镇	雷贵松
方城镇	宋奎宇

中共罗庄区委工作概况

罗庄区委书记　段卫东

一、组织概况与党的建设

罗庄区现辖5个街道、3个镇，39个城市社区、80个农村社区，总面积500平方公里，人口53万。现有党(工)委49个、党总支92个、党支部790个，党员22298名，其中女党员占16.2%。

(一)大力加强思想政治建设　认真开展全区科级干部轮训班，培训干部669人次。举办"罗庄大讲堂"，邀请专家领导开展讲座9期，培训干部2649人次；举办新型城镇化建设和服务业发展研讨班两个主体班次，培训业务一线干部209人。围绕落实八项规定、纠正"四风"、治理"庸懒散"问题，加大明察暗访和问题查处力度，进行集中督查6轮，开展暗访18次，查处作风问题13个，全区党风政风进一步转变。

(二)选优用强干部队伍　加大竞争性选拔干部力度，公开选拔30名科级干部，对街镇和部分区直部门(单位)133名领导干部进行了调整，探索了竞争性选拔干部规模化、常态化的新路子。安排20名科级干部到产业推进工作组进行锻炼，62名党员干部直接参与到重点建设项目、镇域经济发展帮扶工作组，形成一线锻炼干部的有效平台。

(三)创新推动基层组织建设　探索实施党员违法违纪信息沟通机制，开展2013年度党员资格年审活动，建立了党内"即时关爱"救助机制。扎实推进选派"第一书记"工作，深化"三定三比四争创"活动，实施社区服务中心建设"三年三步走"、"两区同建"推进工程，加快形成了农村资源集聚、农业结构转型升级、城乡一体发展的良好格局。在全市率先完成村庄规模调整，全区统一规划调整为119个社区，对全区288名村级党组织书记进行了第二轮"链式"培训。创新"两新"组织党建，以"七型"企业建设为抓手，开展第二届"科学发展先锋企业"创建活动，有关做法得到省、市委领导肯定。

二、主要工作与成绩

2013年，罗庄区实现地方生产总值330.5亿元，同比增长12.5%，总量居全市第二位，人均超过1万美元；实现区域财政总收入32.6亿元，其中地方财政收入18.3亿元，同比增长19.8%；城镇居民可支配收入、农民人均纯收入分别达到27511元、10338元，同比增长14%、13.3%。

(一)经济运行稳中有进、逆势上扬　全区规模工业总产值、工业主营业务收入双过千亿元；完成规模以上固定资产总投资166亿元，同比增长21.6%，增幅居全市第一位；实现进出口总额25.6亿美元，对外投资8040万美元，两项指标总量均居全市第一位，实际到账外资比上年增长近4倍。罗庄区连续五年被评为全市县域经济发展一等奖，连续六届被评为"全国科技进步先进区"，荣获"国家知识产权强县工程试点区"、"全国中小城市生态建设实验区"、"山东省知识产权工作示范区"等称号。

(二)转型升级力度加大、步伐加快　加快构建"4+3"现代产业体系，实行"15315"骨干企业培植计划，推动经济结构战略性调整。工业经济稳中向好，60家企业产值过亿元，20家企业列入全市骨干企业名单，18家企业进入全市"双50"计划，入选数量居全市第一位。第三产业加速膨胀，服务业增加值过百亿元，实现税收27亿元，增长39.1%，税收贡献率达到60%。园区建设推进有力，罗庄循环经济示范区重点规划建设了化工、不锈钢、陶瓷、铝型材"四个园中园"，招引项目12个，累计完成投资近80亿元；华盛江泉工业园发展步伐不断加快，集团实现销售收入486亿元，连续12年入选中国企业500强。自主创新明显增强，新增中国驰名商标2个，获批国家科技计划项目5个，授权发明专利75件，增幅居全市第一位。

(三)城乡区域统筹推进、协调发展　投入近8亿元实施了"十路两暖一排"和农村公路建设工程，新建改造城乡道路60公里，32条主次干道竣工通车，敷设各类管网97.6公里，有效解决了城区冬季供暖和汛期积水问题。投资12.7亿元建设农房项目24个，其中万人大社区16个，全市"两区同建"现场会在罗庄召开。累计投资8.8亿元打好"环保三场攻坚战"，二氧化硫浓度降幅居全市第一位。

(四)民生幸福不断提升、持续改善　全区民生支出10.2亿元，占财政总支出的65.2%。大力发展现代都市农业，建立新型农业经营体系，发放惠农补贴6818万元，各类农民合作社发展到259家，辐射带动周边农户2万余户。在全市优质农产品基地和品牌建设现场观摩评比中，成绩居全市前列。城乡教育均衡发展，投入7100万元建设校舍6.1万平方米、公办幼儿园20处。医药体制改革逐步深化，在全市率先对民营卫生院实施基本药物制度，新农合报销1.6亿元,公共卫生均等化服务水平不断提升。计生工作全面加强,合法生育率达到87.4%,违法生育同比明显减少。社会保障稳步提高,新增城镇就业5429人,转移农村劳动力4890人,城镇登记失业率实际控制在1.5%。城市和农村低保标准不断提升。

三、创新与经验

(一)紧紧抓住了提振精气神这个切入点　以“对标找差”强化危机感,先后组织部门和街镇领导骨干赴周边地市和兄弟县区进行观摩学习,找差距,查不足,提干劲,全区上下形成了一心一意抓发展、凝心聚力抓落实的浓厚氛围;以“强化执行”增强压力感,不断加强执行力建设,推动各级各部门提效能、转作风,确保重大决策部署思想认识到位,重点工作推进到位,重要措施落实到位,全年完成拆迁面积93万平方米、腾空土地4000余亩,助企融资56.6亿元,受理各类行政审批及便民服务事项14.13万件、办结率100%,各级各部门的服务意识明显增强。

(二)紧紧抓住了项目建设这个支撑点　把重点项目建设当成首要任务,在全区吹响了重点项目“百日会战”冲锋号,连续三次召开月度观摩巡查推进会,以目标倒逼责任、以时间倒逼进度、以督查倒逼落实,掀起了抢时间、抢进度、比干劲、比质量的项目建设热潮。全区在建项目238个,其中过亿元项目84个;有实际到位资金的招商引资项目70个,计划总投资499.6亿元,其中过亿元项目30个、过10亿元项目14个;实施技改项目100个,完成投资70.2亿元。

(三)紧紧抓住了民生改善这个着力点　从群众最关心、最现实、最迫切需要解决的问题着手,重点抓好了群众最急、最怨的20项民生实事。深入开展干部直接联系和服务群众工作,突出结亲连心转变作风和履职尽责服务群众两项重点,组织全区3815名机关干部联系群众11.2万户,征集诉求2244个,全部落实解决,强化了机关效能建设,密切了党群干群关系。

(四)紧紧抓住了团结协作这个关键点　区级班子的领导同志工作冲锋在前、责任承担在前,为基层、企业、群众解决了大量的难点、热点问题;区直各部门、市属分支机构充分发挥职能作用,对制定的计划说干就干、紧张快干,给全区广大党员干部作出了表率、树立了榜样;街镇和村居的同志对区委区政府作出的部署不争论、不懈怠,在拆迁改造、环境整治、信访稳定等急难险重任务中,冲锋在前,攻坚克难,表现出了高度的事业心和责任心;企业的同志积极应对复杂多变的经济形势,克服重重困难,加快技术创新和项目建设,有力推动了全区经济发展。

附:(一)罗庄区委书记、副书记、常委名单

书　记:段卫东

副书记:王丽云　钟呈春

常　委:段卫东　王丽云　钟呈春　魏泽来
李　军　吴兴华　张玉军　彭有聚
夏洪成　李建成　贺　刚
朱孔严(挂职)

(二)各街道、镇党(工)委书记名单

罗庄街道　张其伟
盛庄街道　黄慧林
傅庄街道　齐连秀
册山街道　邵长满
高都街道　顾　伟
沂堂镇　彭长强
褚墩镇　王建平
黄山镇　宋连宗

中共河东区委工作概况

河东区委书记　王晓军

一、组织概况与党的建设

河东区设立于1995年初,位于沂河东岸,辖8个镇(街道),189个行政村,另设省级临沂汤泉旅游度假区、河东工业园区(临沂临空经济区)、省级农业高新技术产业示范区,面积617平方公里,人口54.5万。截至2013年底,全区共有区直属党(工)委21个,机关党委6个,“两新”党委5个,事业党委1个,村级党委12个,党总支116个,党支部1013个,党员24416名。

(一)扎实开展干部直接联系和服务群众工作　将联村帮弱救困“百千万”、整改落实“双十件事”、党员干部联系困难家庭、落实民生政策与直接联系和服务群众工作相结合,全区3491名机关人员直接联系服务群众138360户,实现了机关干部和群众“两个全覆盖”,共征集群众需求诉求7226件,已解决7208件,占99.75%,其它18件正在办理中。通过走访调查,梳理出全区“群众最不满意的十件事、群众最期盼的十件事”,并将整改落实任务分解到相关责任部门集中加以解决。

(二)高度重视基层组织和干部队伍建设　加强服务

型党组织建设,探索实行农村社区党组织与供销社合作共建,实施"五建五有"服务农村社区建设,《山东组工调研信息》刊发了我区的经验做法。"两新"组织建设扎实推进,制定了《非公有制企业党建经费管理使用办法》,进一步规范了企业党建经费管理,省《基层组织建设工作简报》、市委组织部转发了我区的做法。不断强化干部队伍管理,创新实施了"五制"管理模式,突出在基层和工作一线锻炼、考验和培养干部,先后选派43名干部到区土地增减挂钩指挥部、区商城管委会等重点项目指挥部工作。

(三)着力抓好党风廉政建设 认真贯彻落实中央"八项规定"、省"十条实施办法"和市"十条禁令",组织了公款宴请、公车管理、工作纪律、财务管理等专项检查,开展了会员卡、办公用房专项清理活动,全区2930名党员干部作出零持有报告,清退办公用房4023m^2,机关"三公"经费比去年同期下降10%。全面深化"效能河东"建设,落实党风廉政建设责任制,创新实施了农村廉洁风险防控"六监管",制定了《河东区科技防腐2013—2015年工作规划》,推行了镇街部门一把手向区纪委全委会、镇街副科级以上干部向同级纪(工)委、村务监督委员会向村民代表大会述职述廉制度。严肃查处党员干部违纪违法问题,发生在群众身边的腐败问题得到进一步解决。在全市干部作风电话调查中位居第三名,全区上下风清气正、心齐劲足的发展氛围更加浓厚。

二、主要工作与成绩

2013年,全区实现地方生产总值166.9亿元,增长12.3%;公共财政预算收入10.5亿元,增长30.6%,首次突破10亿元大关,超额完成"三年倍增"计划;规模以上固定资产投资124.2亿元,增长21.1%;社会消费品零售总额90亿元,增长13.7%;城镇居民人均可支配收入27511元、农民人均纯收入10330元,分别增长12.5%和13.7%。全区三次产业比例调整到5.6:50.6:43.8,发展的质量效益进一步提高。

(一)"五区"建设取得新突破 研究制定了加快河东工业园区(临空经济区)、省级农业高新技术产业示范区建设的意见及配套政策措施,深入开展"重大项目突破年"、项目建设和招商引资"百日会战"、空闲地"清零工程"等活动,"五区"建设同时发力、全面提速。2013年"五区"共完成基础设施投资14.5亿元,开工建设道路23条、58.1公里,新建供排水、燃气管网136.2公里;盘活低效闲置土地2773亩、内部挖潜土地1243亩;开工建设项目79个,其中过亿元项目58个。先后引进了投资100亿美元的金机城、投资50亿元的隆吉泰和百万平方米大型商场、投资60亿元年交易额600亿的力源不锈钢加工贸易、投资50亿元的汽车子午线轮胎、投资21亿元的碧桂园城市综合体、投资20亿元的恒大商业城市综合体以及耀莱航空产业园、九天飞行学院、顺丰航空物流等大批临空产业项目。

(二)现代产业体系构建取得新突破 组织实施了传统产业改造升级工程和新兴产业培育工程、"十大企业(产业)园区"建设、骨干企业"双30"培植计划,确立了加快推进现代农业、五金机械、节能环保、商贸物流、文化旅游、城市新兴经济6大传统优势产业和新能源新材料、城镇经济、现代服务业3大未来新兴产业的"6+3"产业发展计划。围绕现代产业体系构建,开展了"重大(重点)项目突破年"、项目建设"百日会战"活动,全年共引进各类项目168个,其中过亿元项目86个。年初确定的91个重大(重点)项目,完成到位资金172.1亿元。五金产业被确定为市级产业集群,"中国铸造产业集群试点区"顺利通过复评。

(三)城乡建设取得新突破 组织实施了城建八大工程、十大片区改造、"幸福家园"建设五年计划,确定了居住社区、产业园区、社区服务中心、社会管理平台"四位一体"同步推进的城乡社区建设模式,加快构建中心城区、小城镇、城乡社区、美丽村居互促共进的新型城镇化发展格局。完成12个片区、485万平方米的房屋征收拆迁,滨河区域开工建设面积230万平方米。完成小城镇基础设施投资11.5亿元,开工建设22个城乡新型社区,被市委、市政府评为城乡环境综合整治先进县区,郑旺镇获批省第二批"百镇建设示范行动"示范镇。总投资5.6亿元、规划面积6600亩的汤河湿地公园被评为国家级湿地公园。

(四)民生建设取得新突破 全年民生支出达12.7亿元,增长14.5%,占财政总支出的70.5%。"十大民生工程"顺利完成年度目标任务,社会保障和公共服务体系进一步健全,慈善事业取得历史性突破,共募捐资金3617万元,认捐慈善基金1.5亿元。教育优先发展三年规划顺利推进,教育学区高中部建成使用,荣获全市教育工作综合督导评估第一名,教育优先发展的经验做法被《中国教育报》头版头条报道。用"体系化"理念推动社会民生事业,新启动实施了《全民健康保障工程三年规划》、《社会养老服务体系建设三年规划》、《幸福家园建设五年计划》。在2013年度全市科学发展观综合考核群众满意度调查中位居前三名。

三、创新与经验

(一)确立了"五区托一城"发展战略 河东区自觉践行群众路线,在沂蒙跨越发展的历史背景下,组织开展了"大调研"、"大讨论"、"大下访"活动,汇集民智,凝聚共识,确立了"五区托一城"发展战略,打破了行政区划限制,按照区域功能定位实现"组团发展"。围绕这一战略的实施,确定了五区建设"规划先行、基础跟进、项目挂帅、招商带动"四个关键,深入开展"重大(重点)项目突破年"、"效能河东"建设等活动,大力推行分线工作制、一线工作法,引导全区干部群众进一步增强加快发展的责任感和紧迫感,树立跨越发展的决心和信心。

(二)用"体系化"理念推进社会民生事业 以全力构建城乡一体、均衡普惠的社会保障和公共服务体系为目标,用"体系化"的理念推动民生,先后制定实施了《教育优先发展三年规划》、《全民健康保障工程三年规划》、《社会养老服务体系建设三年规划》、《幸福家园建设五年计划》,整合全区慈善资源,形成大慈善发展格局,努力建立健全社会保障、公共教育、医疗卫生、文化惠民、社会管理五大基本公共服务体系。

(三)创新实施党员干部"五制管理" 河东区不断适应新的形势和要求,创新实施党员干部岗位目标责任制、责任承诺公示制、督导检查现场制、警示约谈见面制、责任问责追究制"五制管理"模式,从目标的制定、过程的监督到结果的问责,全程加强对党员干部的监督管理,机关效能和干部执行力有了大幅提升。

附:(一)河东区委书记、副书记、常委名单

书　记:王晓军

副书记:赵晓晖　姚运明

常　委:王晓军　赵晓晖　姚运明　吴汉林　吴　岩(女)　杨荣涛　徐立峰　王　宁　李　鲁　丁　映　钟建峰(挂职)

(二)各镇、街道党(工)委书记名单

九曲街道　诸葛夫杰

凤凰岭街道　陈芝雷

汤河镇　李善湘

太平街道　高秀飞

相公街道　庄少春

八湖镇　赵海明

郑旺镇　蔡明朋

汤头街道　李延杰

中共郯城县委工作概况

郯城县委书记　刘纪民

一、组织概况与党的建设

郯城县辖16个乡镇(街道、开发区、景区),129个农村社区,94万人;现有基层党(工)委31个,其中乡镇(街道、开发区、景区)党(工)委16个,机关企事业单位党(工)委15个,党支部1351个,党员36922人。

(一)大力加强干部队伍建设 着力抓好党的十八大、十八届三中全会精神和习近平总书记系列重要讲话精神的学习贯彻,累计举办周末大课堂16班次,轮训科级以上干部15000余人次;以推进社会主义核心价值体系建设为目标,扎实开展"爱我家乡、建我郯城"主题教育实践活动,开办了"百姓讲郯"公益性文化讲座,组织形势教育直通车"中国梦·我的梦"主题宣讲活动18场次。加大竞争性选拔力度,面向乡镇打破身份壁垒,公开竞争性选拔副科级干部28名,组织科级以下中层干部竞争性选拔工作29批次,有效激发了干部队伍活力。

(二)大力加强基层组织建设 深入推进基层组织建设提升年活动,设立农村基层组织建设专项资金1610万元,落实非公企业党建经费107.3万元,农村社区一个平台、两支队伍、三项制度"123"网格化党建工作经验被中组部刊发推广。广泛开展干部直接联系服务群众工作,全县5162名干部与223738户群众建立了常态化联系机制。扎实开展"第一书记"任职工作,省、市、县、乡选派"第一书记"205名,累计为任职村协调争取资金7300万元,帮助群众发展致富项目414个。认真做好党管密码工作,县委被市委评为全市密码工作先进单位。

(三)大力加强党风廉政建设 坚决贯彻执行中央"八项规定"和省、市、县委实施办法,坚决纠正群众反映强烈的"四风"问题,组织明查暗访活动5批87次,清查违规发放津贴补贴事项46个,查处公车私用、违规购置及滥发实物等问题31个,对99人给予党纪处分或组织处理。率先在全市自主研发了"郯城县党风廉政综合预警平台",加强对党员干部廉政勤政情况的实时监督,有效解决了权力监督不及时、社会公众参与不到位等问题。

二、主要工作与成绩

2013年,实现生产总值241.9亿元,增长12.2%;公共财政预算收入9.01亿元，增长31.5%；规模以上固定资产投资126亿元，增长25%；社会消费品零售总额102亿元，增长15%；城镇居民人均可支配收入23913元、增长15%，农民人均纯收入10520元、增长16%。

（一）以重点项目为抓手，着力膨胀县域经济总量 坚定不移实施项目带动战略，全力招大引强，全年共引进工业项目72个、总投资225亿元，其中过10亿元2个、过20亿元2个，列入市重点建设项目16个、居全市第三，被授予全市县域经济发展二等奖、重点项目建设先进县。阳煤恒通化工总投资63亿元、一期投资37.7亿元的甲醇制烯烃及PVC原料路线改造项目，广东宜华集团投资40亿元的高档家具、鲁南纸业投资10.5亿元的特种纸项目开工建设，帝龙新材料装饰纸一期、众一科环水处理剂、南泰织造、奥凯科技等过亿元项目竣工投产。坚持一手抓增量膨胀，一手抓存量盘活，完成技改项目投资48亿元、增长22%，列入省千项重点1个、市百项重点8个；盘活重组蒙恋服饰等困难企业5家。抢抓省、市实施西部经济隆起带战略机遇，抓好项目储备工作，鲁南化工产业园等19个项目纳入省规划，储备市级重点项目20个、总投资132.8亿元。

（二）以质量效益为中心，着力培育现代产业集群 充分发挥“一区五园”平台优势，大力培植发展主导产业，初步形成以化工、造纸、家电、机械、建材等传统优势产业为基础，生物制药、木业加工等新兴产业为引领的“7+4”现代产业集群，被授予全市产业推进工作先进县。工业经济持续快速发展，规模以上工业企业实现税收3.91亿元，其中阳煤恒通化工税收超过1亿元、鲁南纸业实现8020万元；全县产值过亿元企业达到173家，16家企业被确定为“临沂市骨干企业”和“双50”企业。全年实现高新技术产值104.7亿元，高新技术投资占比41.4%、提高19.5个百分点，总量及增幅均居全市前列，顺利通过全国科技进步先进县考核验收。现代农业不断提质增效，粮食播种面积155.1万亩、总产达到76.3万吨；新发展优质农产品园区13个、苗木花卉基地5.6万亩；新增“三品一标”认证7个、沂蒙优质农产品品牌5个，出口农产品质量安全示范区通过省级验收。全县市级以上产业化龙头企业达到34家，各类农民专业合作社发展到670家，育新农机化合作社、裕丰食用菌合作社被评为国家级示范社，成功创建省级平安农机示范县、平安渔业示范县。现代服务业加快发展，红花商贸物流产业园引进中信物流等项目16个，马头镇历史文化街区保护改造项目被列为山东省第三批重点文化产业项目，古镇开发全面启动，重坊中华银杏园、红花望海楼极地滑雪场等一批重点文化旅游项目建成开放，马陵山水利风景区通过省级评审验收，被评为全市服务业发展先进县。成功举办第二十届中国银杏学术研讨会暨首届中国（郯城）银杏产品交易会，实现交易额4300万元，意向投资60亿元。

（三）以城乡统筹为方向，着力构建现代城镇体系 坚持以“人的城镇化”为核心，着力走好民生优先、宜居宜业、产城融合的新型城镇化道路。中心城区建设步伐明显加快，东城新区重点工程、老城区城中村改造和产业新城、文化西城建设全面推进，人民路、郯东路、郯马路完成改造提升，郯子公园、白马河湿地公园、故城墨泉公园、古栗森林公园等公园建成开放，城市宜居指数进一步提高，成功创建省级园林城市。统筹推进小城镇和新型农村社区建设，全县规划129个新型农村社区、建成农村社区综合服务中心21个，李庄镇新城花园社区成为全市首个“五项工程”新型农村社区。积极推进美丽乡村连片打造工程，扎实开展乡村文明行动，马头镇被评为省级特色文化乡镇、列入全省百镇建设示范行动第二批示范镇。加强县乡公路改造，全面启动村级公路网化工程，累计投资3.25亿元，完成郯苍路、郯港路、沭河连心桥等路桥工程，硬化村级道路208公里，省里在我县召开了路政管理工作现场会。

（四）以民生幸福为根本，着力提高人民群众福祉 全年民生支出18.57亿元、增长19.8%。各项民生工程进展顺利，县文体中心、县医院新院区投入使用，县社会福利中心、利民小区保障房建设顺利竣工，被评为省级计划生育优质服务先进县、食品安全示范县。机关事业人员连续三年实现增资，农村低保和城市低保分别调整到每人每年2000元、4080元，城乡居民养老保险参保缴费率达到100%，发放养老金6534万元、发放率100%；新增城镇就业再就业6501人、转移农村劳动力16337人。深入推进平安郯城建设，扎实开展社会治安基础建设深化年、安全生产基层基础年、基层矛盾纠纷集中排查化解、信访积案百日集中整治等活动，维稳形势持续向好，被评为全省信访工作先进县、平安临沂建设先进县，市里先后在我县召开了基层法庭建设、警务活动“社区六进”工作、党外知识分子统战工作、工会维权帮扶工作等现场会。

三、创新与经验

（一）坚持突出重点、把握关键 立足县域经济科学跨越、突破进位，坚定不移抓重点、抓关键，集中推进了一批事关经济社会发展全局的重点项目、重点工程。全面推行重点工作项目化管理，对确定的工作任务，压实目标责任，严格奖惩考核，进一步激发了全县各级争先进位、争创一流的激情活力，带动了整体工作的突破提升。

（二）坚持解放思想、攻坚克难 始终把解放思想作为破解难题、推动发展的有力武器，积极应对各种困难挑战，着力廓清思想障碍，制定办法措施，推动了各项工作的顺利实施。认真破解要素制约，狠抓城乡建设用地增减挂钩工作，积极争取金融部门支持，加快重点项目联审联批，进一步优化了发展环境。

（三）坚持凝心聚力、真抓实干 持续开展“爱我家乡、建我郯城”主题教育实践活动，深入推进“诚信郯城”、“四德工程”建设，开办了“百姓讲郯”公益性文化讲座，大力营造风清气正的人文环境，进一步凝聚了发展合力。深入开展创先争优活动，注重在项目建设和经济发展一线考察识别、培养选拔干部,有效调动了各层面的工作积极性。

(四)坚持以民为本、执政为民 全力办好为民实事,着力解决人民群众最关心最直接最现实的利益问题,实现了民生幸福增长线与 GDP 增长线的同步提升。在财力十分紧张的情况下,持续加大民生投入,加强督查落实,确保了全县人民共享改革发展成果。

(五)坚持从严治党、清正廉洁 切实提高党建工作科学化水平,为经济社会发展提供了坚强保证。深入开展干部直接联系和服务群众工作,进一步密切了党群干群关系。加强党风廉政建设,坚决查办违规违纪现象,转变了作风,营造了风清气正的发展环境。

附:(一)郯城县委书记、副书记、常委名单

书　记:刘纪民

副书记:刘连栋　孙　利

常　委:刘纪民　刘连栋　孙　利　王　鑫　陈庆村　刘昌栋　商祥海　张　强　赵家民　代长红　姜泽涛　刘贵和

(二)各乡、镇、街道、区党(工)委书记名单

郯城街道	吴守居
马头镇	王柏亮
李庄镇	杨从军
重坊镇	王庆民
杨集镇	陈　彬
庙山镇	郝玉芳
高峰头镇	张学智
港上镇	石　洁
红花镇	夏立坤
胜利镇	张元曙
泉源乡	杨　坤
花园乡	刘忠业
归昌乡	田　勇
郯城经济开发区	李　炜
马陵山景区	王玉露
新村银杏产业开发区	王光亭

中共兰陵县委工作概况

兰陵县委书记　郑连胜

一、组织概况与党的建设

兰陵县(原苍山县,2013 年 12 月 27 日经国务院批准更名),辖 17 个乡镇(街道),1 个省级经济开发区,213 个社区、600 个行政村,总人口 130.6 万;共有党组织 1975 个,党员 46981 名。2013 年,全县各级党组织认真贯彻落实党的十八大和十八届二中、三中全会以及省十次党代会精神,以习近平总书记系列重要讲话精神为指引,大力加强党的执政能力和先进性建设,为经济社会发展提供了坚强组织保证。

(一)着力加强基层组织建设 深入开展领导干部"驻村联户惠民生"、"党员承诺践诺大家评"等主题活动,扎实推进选派"第一书记"工作,加强农村班子和党员队伍建设,发展壮大村级集体经济,为基层办了一大批实事、好事。在农村基层党组织中广泛开展"双抓双促激活力"活动,分类打造不同类别的典型示范村,深入排查矛盾纠纷,加大后进村帮扶整治力度。扎实开展非公企业"双强双争"和"建组织、扩覆盖"活动,党的工作覆盖率达到 100%。

(二)着力加强干部队伍建设 强化学习制度建设,突出抓好领导班子思想政治建设,统一思想认识,保持昂扬向上、奋发进取的良好精神状态。严格贯彻落实干部选拔任用政策法规,注重深化干部人事制度改革,积极探索推行科级干部竞争性选拔,选人用人质量和社会公信度不断提升。2013 年,全县所有新提副科级干部全部通过竞争性选拔方式产生,通过竞争性选拔方式新提正科级干部占新提正科级干部的 74.1%。

(三)着力加强党风廉政建设 认真落实中央"八项规定"和反对"四风"要求,深刻领会、准确把握、严格执行,对"庸懒散"、违规饮酒、公车私用等行为进行了督导检查和专项治理,干部作风明显转变;狠抓党风廉政建设和反腐败斗争,加强了对重点行业、部门和领域的治理,查处了一批违法违纪案件,党员干部廉洁勤政意识明显增强;深化纠风治乱,扎实开展了政策措施落实年、服务企业"四比四看"、党政机关"庸懒散"专项治理等活动,办好"行风热线"栏目,开通了"12345"市民服务热线,全县经济社会发展环境进一步优化。

二、主要工作与成绩

2013年，全县各级坚持以科学发展观为统领，认真贯彻落实中央和省、市委的一系列决策部署，坚持“稳中求进、进中求快、快中求效”的工作基调，围绕“三年倍增”计划和富民强县目标，积极作为，扎实工作，保持了经济平稳较快发展、社会持续和谐稳定。全县实现地区生产总值271.6亿元，同比增长11.5%；地方公共财政预算收入11.3亿元，增长27.7%；规模以上固定资产投资145.4亿元，增长20.7%；社会消费品零售总额172.2亿元，增长13.7%；城镇居民人均可支配收入26827元，农民人均纯收入10323元，分别增长13.1%和13.9%。

（一）县域特色经济健康快速发展 突出特色，放大优势，努力做好“矿业经济发展壮大，蔬菜产业转型升级，现有企业规模膨胀，在外人员回乡创业”县域经济发展四篇文章；积极培育“矿产建材、农副产品加工”千亿级和“机械制造、医药化工、战略性新兴产业”百亿级“2+3”工业主导产业。3家世界500强企业、1家国内500强企业在县内投资落地项目，临矿凤凰山铁矿、华商矿业、招金宝华矿业等一批矿业大项目进展顺利。2013年全县纳税过千万元企业28家、增加7家；其中10家企业进入全市纳税百强，金信皮革有限公司、荣庆集团2家企业实现主营业务收入过10亿元，临矿会宝岭铁矿、中钢山东矿业2家企业纳税过亿元，7家企业（个人）分获山东省名牌、省著名商标和临沂市“市长质量奖”，凯森制药国家“千人计划”专家张二利博士成功入选山东“泰山学者”。

（二）农业品牌优势稳固 成功举办了首届中国（苍山）国际蔬菜产业博览会，参展单位356家，参会嘉宾和企业来自韩国、以色列等17个国家和地区、国内26个省（直辖市、自治区），观展人数超过30万人次。举办了2013苍山蔬菜北京推介会、2013苍山大蒜印尼推介会。率先启动了县乡村三级农产品监管网络建设，通过创新监管模式、强化监管体系、落实监管措施，确保了农产品质量安全，成功争创国家级出口食品农产品质量安全示范区。加快农业产业化经营，全县农民专业合作组织发展到1300家，“三品一标”认证农产品218宗，省、市级农业产业化龙头企业43家；蔬菜产业收入占农民收入的63.6%。

（三）城乡统筹协调发展 全面启动国家级园林县城、国家级卫生县城、省级文明县城、全省旅游强县、全省绿化模范县等五项创建工作，坚持县乡村三级联动，新型城镇化建设步伐明显加快。抓好东城新区规划建设，旧城改造项目扎实推进，启动了教育、卫生等一批基础设施建设项目；省级重点镇兰陵镇共规划建设7个农村社区，总建筑面积232万平方米，开工4个，完成整体搬迁村3个，神山镇被列入全省第二批“百镇建设示范行动”；实施了一批重点道路交通工程，被评为“全省村级公路网化示范县先进单位”；重点实施了县域内国、省道沿线绿化提升工程和103个美丽村庄示范点建设，积极推行城乡环卫保洁一体化，被评为全市城乡环境综合整治先进县。

（四）各项社会事业扎实推进 始终把为民谋利、惠民务实作为工作的出发点和落脚点，不断加大工作力度。2013年全县民生支出23.1亿元，占公共预算支出的73.8%，实施了农村校舍危改等一批重点民生项目，覆盖城乡的社会养老、医疗保险和救助体系更加完善。2013年，投资1.3亿元，新建校（园）舍14.9万平方米，全部消除农村中小学D级危房，全市教育工作综合督导评估，兰陵县教育投入成绩列全市第一位。以更名兰陵县为契机，着力打造兰陵文化和现代农业特色品牌，举办了2013荀子思想现代价值学术研讨会，兰陵国家农业公园被评为国家4A级旅游景区，鄫国故城遗址被列入第七批全国重点文物保护单位。

三、创新与经验

（一）社会管理取得新成效 突出抓好社会稳定、安全生产工作，社会大局持续和谐稳定。实现了领导干部公开接访、带案下访制度化常态化，加大信访案件交办督办力度，推进重点案件、信访积案化解，被评为全省信访工作先进单位。始终保持严打高压态势，依法严厉打击各类违法犯罪行为。县公安局在人武部门的配合下，一举破获了“11.5”假军人诈骗案件，被央视新闻、《焦点访谈》和省、市新闻媒体报道。率先在非煤矿山企业推行驻矿安监员制度、企业安全生产由“一把手”直接分管，被省安监局在全省推广。依托驻外党组织，建立驻外人口计生协会13个，建档管理外出育龄妇女1.4万人，实现了外出人口计生管理与服务的突破。

（二）基层基础得到新加强 积极探索党员分类教育，充分挖掘整合县内党员教育资源，以鲁南革命烈士陵园、季文子廉政教育纪念馆、兰陵国家农业公园等为主体，精心打造了党性修养、廉政警示、历史文化、创业实践4类党员教育基地、15处教学点、20条教育培训专线，建立了内容丰富、功能完备、特色鲜明的党员培训教学体系。突出抓好基层党风廉政建设，整合县纪委监察局、县人民检察院、县财政局派驻乡镇工作力量，成立6个派驻乡镇廉洁风险防控办公室，实行“三位一体”联合工作机制，省市纪委给予肯定。

（三）群众满意度有了新提升 扎实开展了改进工作作风、密切联系群众活动，将全县27万户群众科学划分为18个乡镇网格、458个村级网格、4832个基础网格，由6452名县乡机关干部联系。2013年共集中开展入户走访2次，入户率达99%以上；27个驻外党组织、1460名流动党员走访外出务工经商群众1.2万户，解决了一大批群众诉求问题。全市2013年群众满意度电话访问结果，兰陵县群众满意度提高2.28分，提高幅度列全市第一，其中干部工作作风、社会治安状况两项，群众满意度大幅提升，分别提高7.43分、6.73分。

附:(一)兰陵县委书记、副书记、常委名单

书　记:郑连胜

副书记:薛　峰　矫晓斌

常　委:郑连胜　薛　峰　矫晓斌　刘　斐　纪　军(女)　孙　涛(挂职)　王剑峰　郑戏元　李　剑　管恩犁(挂职)　池永波　李增刚　孙运峰

(二)各乡、镇、街道、区党(工)委书记名单

卞庄街道	刘志军
金岭镇	孙怀广
大仲村镇	赵　华
矿坑镇	孙启全
车辋镇	马新华
下村乡	刘继永
鲁城镇	肖　欣
尚岩镇	杨振魁
向城镇	李玉昆
新兴镇	王　翰
兰陵镇	苏云涛
南桥镇	韩　杰
芦柞镇	苏保金
长城镇	祝学海
庄坞镇	宋远珍
磨山镇	张广远
神山镇	王　健
经济开发区	陈建新

中共沂水县委工作概况

沂水县委书记　刘贤军

一、组织概况与党的建设

沂水县位于鲁中南地区,辖1个街道、17个乡镇,1个经济开发区,1040个行政村,113.2万口人,总面积2434.8平方公里。有基层党委40个,党总支77个,党支部2260个,党员58184人。2013年,沂水县委坚持以邓小平理论、“三个代表”重要思想和科学发展观为指导,深入贯彻落实党的十八大、十八届三中全会精神以及省委、市委有关决策部署,切实加强党的建设,各级党组织的凝聚力和战斗力进一步增强。

(一)以干部制度规范化建设为重点,实施干部队伍建设提升工程　制定出台了《沂水县领导干部星级管理办法》、《干部诚信考核暂行办法》和《关于将“联系群众、转变作风”工作纳入干部考核及选拔使用的意见》等制度,进一步加大了对干部的管理考核力度。优化乡镇干部结构,在乡镇(街道)范围内面向公务员和事业干部公开竞争性选拔了35名乡镇大办副主任(副科级),市委组织部以《领导参阅》刊发这一做法。

(二)以青年英才成长计划为重点,实施干部教育提升工程　积极实施百名青年英才成长计划。组织开展了“十八大”精神学习竞赛活动,在全县范围内选拔了100名30周岁以下的优秀年轻干部,举办了为期一个月的“青年英才成长培训班”,落实了集党校集中培训、军事拓展训练、异地高端培训等于一体的“组合拳”式的培养计划,发现并培养了一批优秀年轻干部。

(三)以农村社区规范化建设为引领,实施基层组织建设提升工程　启动了部分行政村规模调整工作,将全县1040个行政村,调整为359个社区(村)。实施“两区同建”,坚持城乡一体规划,整合各类政策资源。目前,全县已建成规范化农村社区36个。大力实施“三年三万元”增收计划。探索实施“区域化统筹组建、网格化管理服务、一体化同步发展,创建基层服务型党组织”的非公企业党建管理服务模式,成立了全省第一个县级个体私营企业党委。探索建立了发展党员全程质量监控机制,加大党员教育资源的整合力度,探索建设“影剧院”式社区党员教育中心,我县首部党员教育微电影《春潮》,分别被市委和县委主要负责同志批示。

（四）以落实中央八项规定为重点，扎实推进党风廉政建设　扎实推进惩防体系建设，坚决贯彻落实中央八项规定精神，坚决纠正“四风”，先后通报典型问题3起6人。深入开展干部直接联系服务群众工作，对违反联系群众工作纪律的19名干部进行了责任追究。严格落实廉政“一岗双责”制度，加大源头治理和惩治腐败的力度，纪检监察机关共立查案件100起，处分党员干部103人。

二、主要工作与成绩

2013年，沂水县认真贯彻落实中央和省市的一系列部署要求，围绕“翻两番创强县”目标，咬住先进，对准方向，凝聚优势，全速赶超，经济社会实现了快速健康发展。全县实现生产总值310.9亿元，增长12.7%；地方财政收入18亿元、增长31.2%，乡镇（街道）全部过2000万元、达到15.2亿元；城镇居民人均可支配收入25650元，农民人均纯收入10249元，分别增长13%和13.5%；完成固定资产投资195.3亿元，增长20.5%；社会消费品零售总额147.5亿元，增长13.7%；金融机构存款余额292.2亿元、各类授信余额290.6亿元，新增存贷比达到139%。

（一）抓转调壮产业，构建现代产业体系　积极开展招商引资，以产品引领型、补链型项目促进规模膨胀、产业转型、产品升级，引进项目50个，其中过80亿元1个、过20亿元3个、过10亿元7个，合同利用县外资金336.7亿元，到位68亿元。加快工业转型升级，完成工业技改投资65.7亿元，其中过亿元项目32个，对276家产能落后企业进行了整合淘汰、规范提升。规模以上工业企业产值突破千亿元达到1019亿元，实现利税93.5亿元，分别增长22.2%和22.8%；产值过亿元、利税过千万元企业分别达到310家和257家。大力推进节能减排，万元GDP综合能耗0.808吨标准煤，同比下降3.77%；规模以上工业企业万元增加值能耗下降4.73%，出境断面水质达标率100%。

（二）抓园区创品牌，发展现代园区农业　以国家现代农业示范区建设为抓手，以土地规模化流转为保障，集中精力发展标准农业、生态农业、安全农业、现代园区农业，“绿色沂品”整体品牌形象初步树立。农村产权制度改革顺利推进；完成规模化流转土地3.56万亩；新成立农民专业合作组织130家；培育县级现代农业园区14处，全县达到39处；发展优质农产品基地6万亩；完成造林绿化5.7万亩、彩化7650亩；发展烤烟5.95万亩，收购烟叶16.9万担；生猪存栏74.3万头、出栏116.4万头；完成大中型沼气工程43处；农机化作业综合水平达到87%。

（三）抓规范促提升，加快现代服务业发展　建设全景沂水、发展全域旅游，通过全国旅游标准化试点县验收，“山东好客·沂水情长”旅游形象品牌进一步提升。实施旅游重点项目11个；新创2A级以上景区3个，累计达到17个；全年接待游客722万人次，实现旅游总收入71.9亿元；沂蒙风情旅游景区被评为全省乡村旅游示范镇，并与泉庄镇入选全国美丽乡村创建试点。加快物流业整合提升，实现物流业税收7516.4万元，增长240.3%。推进工农商旅融合发展，限额以上批发零售、住宿餐饮单位发展到241家，总量居全市第二。深化金融创新和金融生态建设，各类金融机构发展到54家，完成农信社银行化改革，成立了全市第2家农村商业银行。

（四）抓建管提品质，建设品质城市　立足“九五体系、山区水城”定位，按照“城市北上、工业南下、跨河发展、两翼生态”的总体布局，以“人的城镇化”为核心发展城镇产业体系，以旅游为中心建设城市、装扮乡村。县城建成区面积达到60平方公里，人口40万。实施了6大类、86项城建重点项目，完成投资42亿元。深入推进环境综合整治、小城镇改貌、彩化工程、美化田园行动。成功争创全省“村级公路网化示范县”，新建、改建村级公路594.8公里。

（五）抓民生促和谐，提升群众生活质量　实施20件民生实事，民生支出达到26亿元，占财政总支出的70%以上。投资1.5亿元新建、改扩建幼儿园153处；全面启动义务教育均衡发展工程，新建校舍2.5万平方米。完善城镇居民社会养老保险、新农保、新农合保障机制，全年社保支出达到10.6亿元，新农合报销支出3.5亿元。在全市率先启动社会养老服务体系建设工程，社会福利中心一期建成启用。扩大农村低保覆盖面2个百分点、新增入保3万余人，残疾人社会保障服务实现“五个全覆盖”。新建保障性住房1135套、10.5万平方米。实施最积极的就业政策，城镇登记失业率1.82%。

三、创新与经验

（一）立足高端，用创新思维谋划工作　以思想转调促发展转调，开展“寻梦之行”解决干部思想境界问题，“寻源之行”解决发展动力问题，持续解放思想、拓展思路。继续深入推进“四转四调”，加快建设四城、四区、四基地。发扬“大开放走出去，大转变沉下去，大落实豁出去，大跨越干上去”的干事创业精神，强化年初承诺、领导包扶、三线督查、双向督导、奖优罚劣等工作机制，推进各项重点工作开展。

（二）立足实际，用创新思维推进基层组织建设　深入推进基层组织建设，做到村级“第一书记”全覆盖；“以实干论英雄，凭实绩用干部”，形成了正确的用人导向。同时，加强对干部职工的培训，实施“千名硕博在沂水”计划，引进66名紧缺急需专业的高层次人才到企业工作。扎实开展政策措施落实年活动，全面治理“庸懒散”行为，大力压减行政审批事项，缩时提速率达60%以上。

（三）立足和谐，用群众工作夯实基础　贯彻中央、省市要求，开展万名干部直接联系百万群众工作，“全覆盖、网格化”构建群众工作新模式，动态搜集、层级解决诉求，做到“幸福民享，责任官当”，用干部的担当指数换来群众的幸福指数，共收集群众诉求需求4.8万余条，已解决95%以上；对低保、村庄道路、医疗卫生、外出人口计生查体等16类共性问题进行统筹解决，形成了围绕群众诉求抓民生的导向;社情民意满意度测评保持全市九县第一,初步取得了干部成长、作风转变、群众满意、社会和谐的效果。

附:(一)沂水县委书记、副书记、常委名单

书　记:刘贤军

副书记:杨原田　郇恒赛　王永浩

常　委:刘贤军　杨原田　郇恒赛　王永浩　吴恩坤　徐在铭　陈海龙　徐本开(女)　于青山(挂职)　赵炳伟　王汝兵　李增裕(挂职)　徐爱铎　孙中华

(二)各乡、镇、街道党(工)委书记名单

沂城街道	牛树超
道托镇	陈淑军
高桥镇	李　伟
马站镇	于　民
杨庄镇	冯培辅
富官庄镇	宋彦山
圈里乡	张树永
沙沟镇	秦照强
诸葛镇	曹传海
龙家圈镇	刘洪达
黄山铺镇	何长平
崔家峪镇	张希国
夏蔚镇	武传亮
高庄镇	张洪春
泉庄镇	孙兆龙
院东头镇	朱丽霞(女)
许家湖镇	刘健铭
四十里堡镇	杨振龙

中共沂南县委工作概况

沂南县委书记　刘淑秀

一、组织概况与党的建设

沂南县总面积1706平方公里,辖14个乡镇、1个街道和1个省级经济开发区,296个行政村(社区),91万人。现有基层党(工)委40个、党(总)支部1694个,党员49426名。

(一)抓班子带队伍,激发干事创业活力　按照信念坚定、为民服务、勤政务实、敢于担当、清正廉洁的"二十字"好干部标准,凭德才、依实绩、重公论选人用人,调整理顺部分乡镇和县直部门领导班子,共涉及领导干部228人次;加大竞争性选拔干部力度,共考选15名乡镇(街道)副科级干部和2名县直单位副科级领导干部,优化了班子结构,调动了干部工作积极性,得到了社会各界的广泛认可,选人用人满意度调查继续保持全市前列。

(二)抓教育强能力,不断增强干部队伍素质　基本完成山东沂蒙党的群众路线教育基地沂南教学点建设提升任务,沂蒙红嫂纪念馆建成开放,共承办各类培训班2000多个,培训各级领导干部近20万人次,带动前来参观学习的各地党员群众60多万人次,教学成果显著。七一期间,省委常委集体到教育基地上党课,对我县工作给予充分肯定。围绕学习贯彻党的十八大、十八届三中全会精神、习近平总书记系列重要讲话精神及省、市一系列会议精神,突出重大理论、领导能力、群众工作等主题,举办专题培训班8期,"阳都大讲堂"7期、领导干部培训班6期,组织全县机关和农村干部到教育基地现场教学,共培训党员干部9500多人次,提升了干部队伍的整体的素质。11月25日,后峪子社区党总支书记梁兆利作为优秀基层干部代表受到了习近平总书记的亲切接见。

(三)抓基层固长远,全面提升党建工作水平　积极推动行政村规模调整,全县行政村由572个调整为296个,缩减比例达48.3%。着力加强村级班子建设。着眼2014年村"两委"换届,开展届前大调研活动,托清了班子现状、干部思想、群众期盼等方面的底子。积极推进公职人员回村任职,全县共选派26名公职人员回村任职,调整充实村"两委"干部117名,转化后进班子18个。强化"两新"组织建设,进一步理顺隶属关系,成立了"两新"组织工委,全县党的组织覆盖率达到91.2%,工作覆盖率达到100%。

（四）抓创新求突破，进一步密切党群干群关系 扎实做好选派“第一书记”工作，引导“第一书记”在强班子、带队伍，解难题、聚民心方面发挥作用，培树省委组织部、省农业厅、省烟草公司和县农业局“第一书记”工作组等8个先进典型。“第一书记”共调整理顺农村班子18个，培养后备干部312名，新发展党员298名。深化干部直接联系服务群众工作，全县8941名干部直接联系24万户群众，实现了干部联系群众全覆盖；创新开展了“双联双促”活动和“组团式”服务，目前，共解决群众需求诉求1250件，群众满意度达99.2%。

（五）抓作风树形象，努力营造风清气正环境 狠抓作风转变，严格落实“八项规定”，坚决抵制“四风”。县委制定了《改进工作作风、密切联系群众有关规定的实施办法》，提出了12项要求；开展了“庸懒散”专项治理活动，共组织各类明察暗访60余次，发现问题43起，对31个单位47人进行了通报批评。狠抓惩防体系和党风廉政建设责任制落实，严肃查处违法违纪案件，全县纪检、检察机关共立案查处313人，其中科级干部3人，党风政风进一步好转。

二、主要工作与成绩

2013年，全县上下紧紧围绕“建设经济文化强县，打造富强美丽和谐新沂南”的奋斗目标，坚持幸福与经济共同增长、乡村与城市共同繁荣、生态与发展共同推进，全力抓发展、保稳定、惠民生，全县呈现出经济发展、民生改善、社会和谐的良好局面。完成地区生产总值193.2亿元，增长12.8%；实现公共财政预算收入11.5亿元，增长32.3%，在全市率先完成“三年倍增计划”；完成规模以上固定资产投资141.5亿元，增长21.3%；城镇居民人均可支配收入20600元，增长14%，农民人均纯收入10275元，增长13.8%。

（一）突出实施“工业强县”战略，经济实力不断壮大 坚持以质量效益为中心，着力做大总量，做优存量，加快培植“6+2”现代产业（电动车、优质建材、机械制造、制鞋、精细化工、农产品加工等六大主导产业和新技术新材料、文化旅游两大新兴产业），推动工业转型升级。开展了“大项目好项目建设年”活动，全县共引进县外项目71个，其中过亿元工业项目32个，过10亿元的11个，实际到位资金102亿元，增长34.2%；完成技改投入53.5亿元，规模以上工业企业达到315家，实现工业总产值512亿元、增加值97.3亿元，分别增长27.3%和16.8%；电动车等六大主导产业完成产值405亿元，增长28%，制砖机产业园被评为“全省高端装备制造产业园区”。沂南被评为“全国科技进步先进县”。

（二）大力实施“农业富民”战略，现代农业稳步推进 以农民增收为核心，以落实强农惠农政策为保障，以农村产权制度改革为动力，以“3612”工程为抓手，农业产业化水平不断提高。有机蔬菜等6大优质农产品基地规模不断扩大，“三品一标”认证达到211个，连续三年在全市优质农产品基地和品牌建设考核中名列第一，被评为“全国休闲农业与乡村旅游示范县”、“省级现代农业示范区”和“全省出口农产品质量安全县”。在全市率先完成农村产权制度改革试点任务，承办了全省土地承包经营权工作推进会议，被农业部确定为全国“农村土地承包经营确权登记试点县”。

（三）积极实施“文旅兴县”战略，现代服务业蓬勃发展 创造了政府主导、文旅融合、统筹城乡、全域发展的“沂南旅游模式”，经验在全省推广。成功举办第六届诸葛亮文化旅游节，承办了“2013好客山东休闲会”启动仪式，成为全省唯一承办该活动的县区，红石寨景区获批国家3A级景区，全县建成开放4A级景区3个、3A级景区3个。竹泉村荣膺“2013中国最美村镇”称号，沂蒙红色影视基地获首批“中国文化旅游新地标”称号，智圣汤泉在山东游客最满意的旅游温泉评选活动中位居榜首，打响了“乡村旅游看沂南，快乐休闲来沂南”的新名片。

（四）加快实施“城镇化带动”战略，城乡面貌明显改善 大力发展镇域经济，全县13个乡镇地方财政收入突破2000万元，9个乡镇增幅超过50%。深入开展“城乡建设年”活动，建设和改造提升县乡道路20条，实施了205、227、336等3条国省道沂南段改造工程；建成马牧池至孟良崮高标准二级公路，方便沿线20万群众出行；完成国省道建设116公里，新增农村公路通车里程148.3公里；开工建设了德胜、长虹、常山庄等新型农村社区67个，建成面积416万平方米。建设了东湖、汶河两个湿地公园，提升了城市水环境。环境综合整治效果明显，生态文明乡村建设扎实推进，“平改坡”和“立面改造”工作推进快、效果好，城乡面貌不断改善，被评为“省级生态文明乡村建设先进县”。

（五）全面实施“民生优先”战略，社会事业和谐进步 全县用于民生的资金占财政支出的81.8%，重点办好10件民生大事，解决好群众最不满意的10件事。连续三年为机关事业单位人员增加工资，2013年人均月增资760元。全县文化、教育、卫生、科技、环保、社会保障等工作健康发展，信访、治安秩序稳定，安全生产、食品安全形势良好，全省计划生育基层基础工作推进会议在我县召开，被评为“全省安全生产基层基础工作先进县”。群众满意度不断提高，在全市群众满意度测评排名中上升了4个位次。

三、创新与经验

（一）坚定信心，科学发展 进一步完善了“一二三四”总体发展思路，推动县域经济科学跨越发展。紧紧围绕“6+2”现代产业培植，提升产业竞争力，壮大县域经济实力；扎实推进农村产权制度改革，保障农民权益，激发农业农村发展活力；放大资源优势，创新开发模式，推动文化旅游大繁荣。

（二）突出重点，统筹发展 扎实开展了“大项目好项目建设年”、“城乡建设年”和“政策措施落实年”三大活动，抓项目增后劲,抓城乡促统筹,抓环境保发展,努力破解发展中遇到的融资难、用地难等难题,实现了经济社会又好又快发展。

(三)注重导向,激发活力　始终坚持正确的用人导向,重用一批敢当重任、实绩突出的干部,营造了干事创业的良好氛围。充分发挥党委、人大、政府、政协各大班子的工作积极性,坚持领导干部带头,推行"一线工作法",提倡"五加二,白加黑",各级始终保持了创新工作、超前工作、争先工作、倒逼工作的良好状态。

(四)转变作风,提升效能　认真执行中央"八项规定"和省、市、县各级《实施意见》,坚决纠正"四风",向作风建设要执行力。扎实开展"庸懒散"专项治理,着力解决不作为、慢作为、乱作为等问题,严格落实"无会日"、"禁酒令"等规定,营造了风清气正的良好环境。深入开展干部直接联系和服务群众工作,全县党风政风进一步好转,营造了"领导干部打头阵、党员群众齐上阵"的浓厚发展氛围。

附:(一)沂南县委书记、副书记、常委名单

书　记:刘淑秀(女)

副书记:姜　宁　张云超　周　洁(女,挂职)

常　委:刘淑秀(女)　姜　宁　张云超　周　洁(女,挂职)　唐音波　张繁咏　葛继勇　王富余　刘正生　郭明德(挂职)　马成连　葛龙江　班允振　吴　昊(挂职)

(二)各乡、镇、街道、区党(工)委书记名单

界湖街道	王立忠
依汶镇	袁俊勇
马牧池乡	杜　霞(女)
岸堤镇	聂成芳(女)
孙祖镇	张景岗
双堠镇	张京柏
青驼镇	王　涛
张庄镇	刘瑞聪
砖埠镇	于明江
大庄镇	杨玉琢
辛集镇	于长水
苏村镇	范志光
蒲汪镇	贾日明
湖头镇	曹光恕
铜井镇	陈金沂
经济开发区	唐音波

中共平邑县委工作概况

平邑县委书记　丰程秀

2013年,平邑县委以党的十八大和十八届三中全会精神为指导,深入贯彻落实科学发展观,解放思想,团结实干,在建设富裕、美丽、生态、宜居、和谐平邑中取得了新的成绩。

一、组织概况与党的建设

平邑县共有515个行政村居(社区),33个基层党(工)委,1831个基层党组织,4.3万名党员。各级党组织围绕中心、服务发展,不断提高组织工作科学化水平,为经济社会发展提供了坚强的组织保障。

(一)干部直接联系服务群众"结亲连心"活动扎实开展　坚持"网格化、全覆盖",县里设总网格,以下实行镇、片区、村和基础网格四级网格管理,共划分14个镇级网格、101个片区网格、515个村级网格、3216个基础网格,每个基础网格80户左右,由2名干部联系,每人联系40户群众,聚焦群众反映强烈的问题,解决群众需求诉求,受到群众的欢迎。

(二)领导班子和干部队伍建设不断加强　健全完善"能力在一线培养、业绩在一线考核、用人在一线选拔"的选人用人机制,特别是通过公开竞争性方式,选拔了25名镇街副科级干部,解决了基层事业干部的出路问题,调动了干事创业的激情。安排新提拔的科级干部、新考录的公务员和事业人员到街道、开发区、信访部门及县重点项目、重点工程指挥部挂职,为干部成长提供锻炼提升平台。创新干部培训方式,先后举办专题培训班17期,培训各类干部2.4万余人次。

(三)基层组织规范化建设进一步夯实　确定每月10日为村级党组织集中活动日,强化农村集体经济"四监管"制度落实,资金、账目、合同和公章实现全部监管。开展村级经济责任审计,并对违法违纪农村干部进行处理。"第一书记"任职工作成效明显,紧紧围绕"抓党建、破难题、促发展、惠民生、保稳定"主题,扎根基层,服务群众,任职村基层组织建设得到加强、村级经济发展取得突破、基础设施日益完善、环境面貌得到根本改变。

(四)党员教育工作成效明显　有3部党员教育课件获省部级表彰,北城社区和九间棚示范点被命名为"临沂市党员教育示范点",发挥远程教育作用联系服务群众的做法被中组部《党员教育通讯》刊发推广。

（五）人才工作成绩显著　成功引进1名海外创新人才，并进入国家“千人计划”答辩范围，引进14名硕士研究生到县直事业单位工作。山东天宝化工股份有限公司获批博士后科研工作站，被评为国家火炬计划重点高新技术企业。山东拜尔建材有限公司获批省级企业技术中心，12家企业新增市级工程实验室、企业技术中心等市级人才平台载体。

二、主要工作与成绩

2013年，全县实现地区生产总值236亿元，同比增长12.3%；固定资产投资133亿元，增长21.4%；社会消费品零售总额125.4亿元，增长13.9%；公共财政预算收入10.3亿元，增长30.9%，首次突破10亿元大关，在全省县区排名中上升了4个位次。城镇居民人均可支配收入和农民人均纯收入分别达到21600元和10278元，分别增长15%和13.6%。被市委、市政府授予“全市县域经济发展‘三年倍增’先进县区”、“全市县域经济发展一等奖”、“全市重点项目建设先进县区”、“全市服务业发展先进县区”。

（一）工业经济稳步增长　围绕培育壮大“8+3”现代产业集群，狠抓重点项目建设和骨干企业培植，新上续建过亿元的工业项目44个，投资15亿元的福田雷沃、11.2亿元的马克西姆等项目已经投产。全县主营业务收入过亿元、税收过百万元的“双超”企业达到100家，其中税收过千万元的企业8家。全县省级以上高新技术企业发展到7家；我县与齐鲁股权托管交易中心实现战略合作，奥联玻璃、融信小贷公司在中心成功挂牌。“罐头产业集群”获省级产业集群认定，并成功争创“山东省商标战略实施示范园区”。全县实际利用县外资金39.3亿元；新增外贸进出口获权企业20家，实现进出口总额1.67亿美元。

（二）城乡面貌明显改善　坚持老城改造和新城建设同步推进，开工建设城建重点工程14项、重点项目46个。城东、河泉、东阳等片区完成拆迁面积100多万平方米，规划建设还建楼300多栋，浚东、保定两个社区居民顺利回迁。市民服务中心、市民文化广场、中医院迁建、浚河生态公园等工程相继开工建设。投资6.1亿元实施城乡道路、桥梁和村级公路网化工程建设，平滕路大修改造实现两年工程一年通车。不断加大管网投入，铺设供气、供热、污水管网212公里，燃气管线已覆盖各镇驻地。深入开展“美丽乡村”建设，县财政安排4000万元奖补资金，重点扶持城镇驻地改貌、新型社区建设、村庄环境整治、示范基地培育，乡村面貌有了较大改善。

（三）农业发展水平进一步提高　大力发展现代农业，年初规划的12处农产品示范基地全部开工建设，武台高效葡萄、仲村仲原新科农场、卞桥前东庄设施蔬菜、白彦龙门设施蔬菜等基地示范带动作用明显，新发展优质农产品基地2.2万亩。新认证“三品一标”11个，新增农民专业合作社126家，市级以上农业龙头企业发展到40家。扎实开展农村产权制度改革，第一批次146个村的改革工作基本完成。

（四）现代服务业快速发展　完成了曾子山、天宝山旅游总体规划，开工建设了浚河生态观光带33公里的滨河大道，浚河国家湿地公园和兴水河省级湿地公园规划已经通过专家评审。与临商银行实施战略合作，临商银行对我县骨干企业授信14亿元。澳联包装、融信小额贷款在齐鲁股权托管交易中心成功挂牌，天宝化工进入上市辅导期。全县金融存贷款余额分别达到185亿元、104亿元，分别增长22%和20%。

（五）社会民生事业全面进步　全县财政用于民生方面的支出达到21.5亿元，占财政支出的75%。扎实开展“教育基础设施建设突破年”活动，投资6亿元，完成了县一中整体搬迁和83处校舍安全、标准化幼儿园、标准化学校建设，启动了职业中专迁建、县一中和实验小学城东校区建设，办学条件和教学质量明显改善。重视加强卫生事业，完成了总投资3.5亿元的县急救中心、4处中心卫生院病房楼及配套设施建设，启动了中医院迁建一期工程，城乡医疗卫生水平全面提高。加强敬老院建设与管理，投资3500万元实施了4处中心敬老院建设，改造建设农村幸福院21处、社区日间照料中心6处，初步建立了覆盖城乡的社会养老体系。高度重视人口计生工作，突出违法生育控制、出生人口性别比治理两个重点，低生育水平持续稳定。

三、创新与经验

（一）实施重点工作项目化管理制度　按照“工作项目化、项目目标化、目标责任化、责任考评化”的理念，把全县各项重点工作分解为工业、城建、农业、服务业和民生等五个大项，每个大项再细化具体项目，设定目标标准，规定完成时限，落实工作责任，实施考评奖惩，成立项目办理服务小组、财力保障小组、督导考核小组和效能督查小组4个职能小组，负责“项目化”管理工作的指导协调、监督检查、考核奖惩等具体工作，确保重点工作高效率的完成。

（二）深入开展平安乡村、法治乡村建设　加强社会管理创新，着力提升全民法律素质、社会管理科学化水平和法治化管理水平。创新建设了“实体化”乡村综治工作平台、“长效化”乡村矛盾化解机制、“立体化”乡村治安防控体系等体制机制。投资2600余万元在全省率先建成县、镇、村三级视频监控工程，群众的安全感和满意度进一步增强。

（三）创新学习培训机制　充分发挥党校、廉政教育基地、党员电教、远程教育等载体作用，切实抓好各级干部的培训工作。扎实开展“比学赶超促跨越、创业创新创一流”解放思想大讨论活动，组织党政考察团分别到江苏、上海和省内先进地区考察学习发达市县工业发展、项目建设、城市建设等方面的先进经验，进一步解放了思想，开阔了视野，坚定了跨越发展的信心。

附:(一)平邑县委书记、副书记、常委名单

书　记:丰程秀(女)

副书记:刘春波　武传成

常　委:丰程秀(女)　刘春波　武传成　冯青松　宋学军　黄　波　王经远　时光晓　宋学邦　高富迎　孙　伟　魏　强

(二)各镇、街道党(工)委书记名单

平邑街道　孙文吉

仲村镇　杨　波

武台镇　华明秀(女)

保太镇　聂海涛

卞桥镇　高　庆

地方镇　唐义柱

铜石镇　孙　峰

温水镇　陈成才

流峪镇　季　君

郑城镇　王力伟

白彦镇　华　营

临涧镇　杨明亮

丰阳镇　邱　咏

中共费县县委工作概况

费县县委书记　程守田

一、组织概况与党的建设

截至2013年底,全县共有基层党委37个(不含人武部党委)、县委派出工委3个、党组51个,党支部(党总支)1272个,其中建制村(社区)党支部(党总支)482个;党员37830名,其中建制村(社区)党员22647名;"两新"组织党组织143个,其中非公经济组织党组织129个,社会组织党组织14个。

(一)强化思想建设　加强学习型党组织建设,深入学习贯彻党的十八大、十八届三中全会和习近平总书记一系列重要讲话精神,组织宣讲团深入基层宣讲。新增投资2000多万元对大青山党性教育基地进行改造提升,组织8万多名党员干部群众到基地接受教育。积极培树典型,推出新时期优秀基层干部的代表县国土资源局原局长寻明胜。

(二)夯实基层根基　设立党建专项基金,每年拿出2000万元,重点用于保障集体经济薄弱村正常运转。开展选派"第一书记"任职工作,累计直接投入和协调帮扶资金近7000万元;以市直机关选派到我县任职工作的"第一书记"为典型,筹拍了电影《心碑》。深化党员干部直接联系和服务群众工作,6515名党员干部联系全县421个村的19.92万户群众,着力解决村级班子及党员队伍建设、民生政策落实、低保户及特困家庭摸底救助、矛盾纠纷化解等四个方面的重点问题。

(三)树立正确导向　加强和创新干部选任工作,坚持党管干部原则,坚持五湖四海、任人唯贤,坚持德才兼备、以德为先,坚持注重实绩、群众公认,注重在基层和重点工程建设一线培养选拔使用干部,树立了风清气正、积极向上的鲜明导向。制定了《县委常委会议事决策规则》等制度,进一步完善规范了党委内部制度建设和干部选拔任用程序。探索实行群众信访举报公开评查制度,全省组织部门信访举报公开评查研讨推进会推广了费县经验。

(四)坚持干净干事　强化廉政教育,组织副县级以下公务员、执法人员3130人参加了德廉知识学习测试。深化县直部门主要负责人向县纪委全委会述责述廉机制,承担了全省县级党政班子成员向县纪委全委会述廉试点工作。实施县直部门"三重一大"事项月报告制度。提升工作效能,完善"行风热线"、"民生在线"和"马上就办"三线联动机制,发挥好政务服务中心的作用。深入开展纠风专项治理和案件查办工作,营造了风清气正的良好环境。

二、主要工作与成绩

2013年,全县完成地区生产总值224.1亿元,增长11.8%;固定资产投资126.6亿元,增长21.5%;公共财政收入11.98亿元,增长28.8%;社会消费品零售总额86.5亿元,增长13.3%;城镇居民可支配收入达到20010元,增长15%;农村居民人均纯收入达到10288元,增长14%,被市委、市政府授予2013年度全市县域经济发展一等奖、全市县域经济"三年倍增"计划先进县区二等奖。

(一)工业经济转型升级　积极构建现代产业体系,重点培植新医药、新材料、高档板材家具三个产值过百亿元的产业集群。实施"8+4"产业计划,大力开展"大项目好项目建设年"活动,投资40亿元的富之岛家具项目、投资10亿元的鲁铜有色金属项目建设进展顺利,投资20亿元的凯米特新材料项目准备开工建设。投资74亿元、装机容量120万千瓦的沂蒙抽水蓄能电站项目已报国家发改委批复。全年规模以上企业完成增加值123.8亿元,增长16.3%;实现利税66.3亿元,增长20.3%。

(二)现代农业稳步提升　加强优质农产品基地和品牌建设,各类优质农产品基地达55万亩,获国家"三品"认

证的农产品65个。实施全国小农水重点县项目，投资1.82亿元的许家崖水库除险加固工程进展顺利，投资1.63亿元的三和水源工程正加快建设；实施村级公路网化工程，累计投资1.8亿元，完成410.2公里路网建设，全省村级公路网化示范县活动现场会观摩了费县现场。

（三）文化旅游凸显特色 立足费县旅游资源禀赋，努力做好“山、水、石”三篇文章，加快重点旅游项目建设，鲁商集团投资50亿元的天蒙文化旅游景区开发项目完成投资6.5亿元；总投资10.2亿元的费县中华奇石城二期建设进展顺利，投资4.6亿元的沂蒙百草园项目有序推进，举办了第三届中国（费县）国际赏石旅游文化节。费县被命名为山东省最佳生态旅游城市、“中国观赏石之乡”，被评为“2013好客山东最美风景县”。

（四）城乡建设统筹推进 总投资200亿元的温凉河、护城河治理改造工程进展顺利，已拆迁200万平方米、7000多户，投资15亿元的4个安置区已交付使用；总建筑面积80万平方米的5个安置区已开工建设。投资2.1亿元的颜真卿公园建成开放，投资8亿元的蓝色港湾等项目正加快推进。投资7000万元，新增县城供热面积130万平方米，总供热面积达到350万平方米。积极创新县城管理，在全省城市文明程度指数测评中，费县位居96个参评县市区第四名、县第一名，成功创建国家园林县城。分类打造工业型、商贸型、生态型等各具特色的小城镇，积极打造县域次中心，实施扩权强镇、区镇合一，继探沂镇之后，上冶镇也被列为全省百个示范镇。实施城乡环卫一体化保洁，形成了“村居收集—乡镇转运集中—县运输处理”的一体化管理体系。扎实开展乡村文明行动，被评为“乡村文明行动”省级示范县，全省乡村文明行动现场推进会推广了费县经验。

（五）民生保障持续改善 积极做好城乡居民养老保险工作，努力实现全覆盖。规划建设了集社会福利中心、防灾减灾中心、中心敬老院、光荣院、救助站等于一体的民生大院。连续三次为机关事业单位干部职工人均增加工资、津贴1000元。积极推行基层医疗卫生体制综合改革，县乡村三级全部实现药物零差率销售。招考400名教师充实到农村教学一线，对在农村工作满5年的教师上浮一级工资。大力实施文化惠民工程，投资2亿元的县文化综合体项目正加快建设。积极畅通群众诉求渠道，深入开展领导干部公开接访和定期下访活动，建立重点信访积案化解周例会制度。深入推进“天网工程”，严厉打击各类违法犯罪活动，严格落实安全生产责任制，创建临沂最安全地区。

三、创新与经验

（一）坚持科学发展 深入贯彻落实上级决策部署，立足费县实际，牢固树立“工业强县”理念，对接市“10+6”现代产业体系，提出了构建“8+4”产业体系规划，着力培植骨干企业做强存量，强化招商引资做大增量，围绕“建链、补链、强链”引进一批大项目好项目，完善产业链条，努力提升县域综合实力。

（二）坚持民生优先 将改善民生视为最大的责任和最大的政绩，努力做到以更大的力度保障和改善民生，拿出更多的精力、财力用于民生事业，为群众创造更多更实惠的改革红利。及时有效回应社会诉求，真心为民，成果惠民，提高社会和谐度，创造群众幸福新生活。

（三）坚持生态党建 紧紧抓住党建“生态链”中的薄弱环节和关键节点，创新性提出并践行以“五个持续、五个循环”为内涵的生态党建理念，克薄治弱，强基固本，积极构建活力高效、良性循环和可持续发展的党建工作和谐生态，有效提升了党的建设科学化水平，为全县各项事业的科学跨越发展提供了坚强的组织保障。

（四）坚持转变作风 以转作风为抓手，严格落实中央八项规定，深入查纠“四风”问题，制定具体实施办法，提出了18条具体要求，并在县电视台滚动播出，接受社会监督。开展公务用车涉牌涉证突出问题专项治理；规范公务接待，接待费同比下降50%；改进文风会风，以县委名义发文比2012年同期减少27.8%。努力做到以优良党风凝聚党心民心、带动政风民风，营造干事创业、争先进位的浓厚氛围。

附：（一）费县县委书记、副书记、常委名单

书　记： 杜昌伟（2014年1月离职）
程守田（2014年1月任职）

副书记： 刘　飞　陈海玲

常　委： 程守田　刘　飞　陈海玲　张　钰
张效玺　崔宗兴　张西涛　侯占夫
刘恒波　吴正峰　刘秀光

（二）各乡、镇、街道党（工）委书记名单

费城街道	戚广振
朱田镇	黄宗国
梁邱镇	王永祥
石井镇	于国宏
新庄镇	孙庆星
马庄镇	臧德厚
探沂镇	陈文武
胡阳镇	谭成亮
薛庄镇	李忠海
南张庄乡	陈士文
大田庄乡	张晓华
上冶镇	许庆秋

中共蒙阴县委工作概况

蒙阴县委书记　朱开国

蒙阴县总面积1605平方公里,辖1个乡、8个镇、1个街道、1个省级经济开发区、1个云蒙湖生态区、345个行政村,人口55.1万人。2013年在中央和省、市委的正确领导下,蒙阴县坚持以科学发展观为指导,深入贯彻落实党的十八大和十八届二中、三中全会以及省第十次党代会精神,开拓进取,创新实干,经济社会保持了稳中快进、稳中向好的良好态势。

一、组织概况与党的建设

全县有基层党组织1087个,其中党(工)委45个,党总支66个,党支部976个,党员28654名。2013年,县委认真履行"党要管党、从严治党"的政治责任,以党的先进性、纯洁性和执政能力建设为主线,全面加强党的思想、组织、作风、反腐倡廉和制度建设,不断提高党的建设科学化水平。

(一)加大干部教育培训力度　充分利用"蒙山讲坛"、"周末课堂"、孟良崮党性教育基地和"三同"教育基地等教育平台,引导广大党员干部认真学习党的十八大、十八届三中全会和习近平同志系列重要讲话精神,累计培训各级各类干部2.8万人次。

(二)加强基层组织建设　大力推广"党支部+合作社"富民党建模式,扎实推进"两新"组织党建,在全市率先成立合作社党委和县委"两新"组织工委,建立合作社党总支12个、党支部25个、党小组434个,非公有制企业和社会组织党组织覆盖率分别达到80.7%和95.4%;启动了村集体经济收入"破零过三超五工程",全县90%的村集体收入达到3万元以上;开展党员审核登记工作,审核登记党员25226人,暂缓登记322人,不予登记21人,除名1人。

(三)树立正确的用人导向　坚持五湖四海,任人唯贤,"唯发展论英雄,凭实绩定奖惩",以事业用人,凭实绩选人,形成了干事创业,有为有位,人心思上的鲜明导向。2013年,通过公开选拔、差额选任,公开考选了41名副科级干部,先后选派26名年轻干部到乡镇街区和信访部门挂职锻炼,选调300多名干部到改革发展稳定一线接受历练,逐步形成了来自基层一线的干部培养链、成长链和选拔链。

(四)加强干部作风建设　以构建干部直接联系和服务群众长效机制为核心,按照"网格化、全覆盖"的要求,发动4615名干部直接联系服务群众13.7万户,建立网格2564个,实现了党政机关干部和群众家庭"两个全覆盖"。开展"合力暖心,排忧解难"活动,探索建立群众诉求、收集、研判、解决、反馈动态循环机制,累计收集群众诉求3805件,已办理3079件。

(五)加强党风廉政建设　围绕贯彻落实中央"八项规定"和省市委"实施办法",坚持问题导向,弘扬整风精神,深入开展"庸懒散私奢"问题专项治理活动,全县共查处违规违纪问题38起58人,对21起37人予以通报。坚决纠正损害群众利益的不正之风,对新农合资金管理使用、教育乱收费、农村低保、强农惠农政策落实等情况,开展专项监察6次,提出监察建议20条,收缴违规资金120余万元。同时,加大经济责任审计力度,对11名干部进行了任中审计,对31名干部进行了离任审计。

二、主要工作与成绩

(一)综合实力迈上新台阶　2013年完成生产总值165.7亿元,同比增长11.6%;固定资产投资95.6亿元,增长20.8%;社会消费品零售总额88.4亿元,增长13.4%;实现公共财政预算收入7.5亿元,增长27.4%,税收占比91.3%,在全省县域科学发展综合评价中,由2012年的87位前进到61位,跨越名次列全省各县区第9位。

(二)发展质量效益稳步提升　产值过亿元、利税过千万企业分别达到105家和76家,四大主导产业产值占比达80%;优质农产品"三化率"保持40%以上,"蒙阴蜜桃"品牌价值达到32.8亿元,成功创建"国家级出口水果质量安全示范区";服务业增加值占GDP比重达到43.5%,被评为"全省服务业发展先进城区"。

(三)跨越赶超后劲明显增强　2013年,共引进过亿元项目32个,过10亿元项目7个,实际到位资金55.8亿元。临工工业园已具备年产1.1万台路面工程机械和3.5万台小型装－载机、挖掘机产能,3年内路面机械有望进入全国前3强;孟良崮不锈钢产业园已有13家企业入驻,其中3家企业投产,初步形成全产业链模式。广汇建材、瑞利塑胶、中信钙业等高精细度纳米钙等项目陆续投产见效。

(四)差异化区域经济格局初步形成　立足产业基础和资源环境约束差异,探索构建"一城五区三带"区域经济格局,配套完善差异化考核体系,鼓励发展"飞地经济",镇域发展活力充分激发。乡镇公共财政收入平均增幅42.5%,高于全县15.5个百分点;10个镇街中有9个过2000万元、2个过6000万元,有9个在全市位次前移。

(五)"江北最美乡村"建设迈上新台阶　森林覆盖率达到56.5%,水源地水质达标率连续15年保持100%。结合行政村规模调整和"两区同建",新建成农村社区11处,城镇化率达到52.1%。"岱崮地貌"获批省级地质公园和国家3A级旅游区。"江北最美乡村"注册为全国性品牌,成功创建全国首家"红色教育旅游知名品牌创建示范区"和全省首批"省级生态旅游示范县",被命名为"中国桃乡”、“中国县域十佳旅游目的地”、“中国最佳养生休闲旅游名县”和“山东省长寿之乡”。

(六)民生福祉得到优先发展 民生支出达14.5亿元,占财政总支出的73.8%,增长26.6%。城镇居民人均可支配收入和农民人均纯收入分别达到22056元和10378元,分别增长13.5%和14.1%。各类社会保险参保率均居全市前列,农村低保、城市低保、五保老人供养经费和机关事业人员工资发放补助标准大幅提高,义务兵优待金标准提高并实现全县统筹,企业退休人员基本养老金连续9年上调。城乡居民住房、养老、医疗、就学条件逐步改善,“沂蒙文化名城”建设取得新进展,人口计生指标保持全市先进行列,成功创建“全国人口和计划生育优质服务先进县”。社会治安、安全生产、森林防火保持平稳,全市群众满意度调查居各县第2名。

三、创新与经验

(一)在发展定位上,坚持生态文明惠民战略不动摇,坚定自信地当好生态文明建设先行者 以建设生态宜居的江北最美乡村为目标,自觉以“生态红线”倒逼经济转型升级,以“生态绿线”助推县域跨越发展。在区域经济布局上突出差异化、协调发展,探索构建“一城、五区、三带”区域经济格局;在发展平台上突出集约集聚、园区带动,加快项目向园区集中、产业成集群发展,着力构建以新型工业、生态农业、文化旅游和商贸物流为主体的绿色产业体系。

(二)在发展方向上,坚持“稳”与“进”的辩证统一,更加注重提高经济发展的质量和效益 坚持以增量优化带动存量提升,重点引进科技含量高、带动性强、发展前景好、产业聚集度高的高端高质高效项目。立足存量调优扶强,全面提升壮大主导产业,初步形成了机械制造、纺织服装、食品酿造、矿产建材四大新型工业集群和商贸物流等特色产业集群框架。大力实施实施创新驱动战略,不断激发企业的内生动力,企业竞争力明显增强。

(三)在发展动力上,更加注重依靠深化改革激发内生动力 坚持“正确、准确、有序、协调”的原则,把改革贯穿于经济社会发展各领域各环节,进一步完善现代市场体系,注重调动和激发社会资本的活力,推动各类市场主体开展合资合作与公平公正竞争;加快推进政府职能转变和简政放权,清理规范行政审批事项,加强市场监管,维护市场秩序,保障公平竞争,创造市场机制正常发挥作用的条件和环境。

(四)在发展保障上,树立鲜明导向,着力打造为民务实清廉的干部队伍 坚持把事业需要、岗位要求与促进干部成长、调动各方面干部积极性有机结合,大力选拔那些事业心强、作风过硬、敢于开拓创新、注重为长远发展打基础、想干事能干事干成事、实绩突出的干部,用干事创业的政绩、促进发展的成效和群众得到的实惠检验选人用人实效。不断完善差异化考核体系,注重考核结果运用,以事业用人、凭实绩选人。针对群众反映强烈的突出问题,开展“庸懒散私奢”问题专项治理活动,公开严肃查处一批违纪案件,全县上下干事创业、竞相发展的氛围更加浓厚。

附:(一)蒙阴县委书记、副书记、常委名单

书　记: 朱开国

副书记: 王皓玉　刘仕江

常　委: 朱开国　王皓玉　刘仕江　张晓兵　彭　波　孟庆龙　冯家同　徐志刚　王永凤　郭　选　张玉军　田　园(挂职)

(二)各乡、镇、区、街道党(工)委书记名单

蒙阴街道	张大伟
联城镇	包西堂
常路镇	公茂礼
高都镇	彭玉华
野店镇	石　焱
岱崮镇	李建华
坦埠镇	莫光利
旧寨乡	王锦栋
桃墟镇	王忠军
垛庄镇	李卫东
经济开发区	王世龙(主任,主持工作)
云蒙湖生态区	孙令杰(主任,主持工作)

中共莒南县委工作概况

莒南县委书记　陈一兵

一、组织概况与党的建设

莒南县地处鲁东南鲁苏交界处,总面积1388平方公里,辖12个镇街和1个省级经济开发区,242个行政村(社区),81.64万人口。全县共有党组织1862个,党(工)委48个,党总支部170个,党支部1644个,党员50043人,其中,农村党员28912人,建国前老党员1631人。2013年,县委深入学习贯彻党的十八大、十八届三中全会和习近平总书记系列重要讲话精神,创新模式抓党建,充分发挥基层党组织的战斗堡垒作用和

党员的先锋模范作用,推动全县基层党组织建设从管理型向服务型转变。

(一)务实创新抓共建 组织实施了"党建带社建,村社共建"工作,积极探索培育新型农业经营主体,增加村集体收入的新路子,实现了壮大集体经济、强化基层组织建设、促进供销社发展、带动农民增收的"四赢"目标。全县共建设"村社共建"项目66个,年增加村集体收入450万元,带动农民增收2600万元。莒南县"村社共建"工作受到了中组部组织二局、国务院发展研究中心、全国供销社、省委组织部等各级领导的充分肯定。全省"党建带社建、社村共建"工作座谈会、全省供销社推进"党建带社建、社村共建"工作会议、全市选派"第一书记"现场调度会议分别观摩了莒南县"村社共建"工作现场,并在全省"党建带社建、社村共建"工作座谈会上做典型发言。

(二)攻坚克难求突破 实施部分行政村规模调整,全县575个行政村(社区)减少到242个,减少比例达57.9%,新规划批复社区128个,精心打造石莲子新联社区、坊前镇大峪崖社区等37个新型农村社区示范点。抓好班子后进村和经济薄弱村整治,全县各级"第一书记"累计协调帮扶物资、资金折合1.29亿元,办实事解难题4956件(次)。抓好"两新组织"党建工作。成立临港产业园党委、临港物流园党总支,全县"两新"组织党的组织覆盖率达到91.59%,党的工作覆盖率达到100%。抓好基层基础工作,建立健全了归档、管理、查阅、鉴定等八项档案管理工作制度,投入60余万元按照省二类优秀档案室建设标准精心打造了一批基层党委党员档案室,实现了党员档案规范化管理。

(三)联系群众强服务 组织开展了干部直接联系和服务群众工作,全县共有141个单位6824名干部联系242个村(社区)24.4万户、67万余名群众,收集整理各类诉求11185条,统一设计印制了26万份干部直接联系服务群众慰问信,通过县财政专项列支、福彩公益金、社会捐助筹集资金272万元作为专项经费,对全县普查出的5199户特困家庭普遍进行了一次集中走访慰问。并对确定的群众反映强烈的"十件民生实事"进行集中落实,《中国纪检监察报》、《山东纪检监察调研信息》分别对莒南县的做法进行报道。

二、主要工作与成绩

莒南县委在市委、市政府的正确领导下,紧紧围绕"三年倍增争进位,五年跨越建强县"的总体目标,认真落实上级一系列方针政策和决策部署,凝心聚力,大干快干,县域经济继续争先进位,整体发展水平上了一个新台阶,各项工作取得了新成效。全年完成生产总值233.6亿元,增长11.2%;完成规模以上工业增加值107.6亿元、利税43.3亿元,增长39.6%;完成固定资产投资129.2亿元,增长20.7%;完成社会消费品零售总额105.2亿元,增长13.3%;完成进出口总额8.26亿美元,增长17.3%,其中出口5.1亿美元,增长18.3%;实现公共财政预算收入11.5亿元,同比增长30.61%,在全省县域财政收入排名中上升了5个位次;农民人均纯收入达到10284元,增长13.9%。县域经济提前超额完成了市委市政府下达的"三年倍增"计划,实现了"公共财政预算收入过10亿元、农民人均纯收入过1万元、城镇化率超过50%"的三个历史性跨越。荣获"全市县域经济发展一等奖"四连冠、"全市县域经济发展三年倍增先进县区"一等奖,莒南经济开发区荣获"全市省级经济开发区经济发展一等奖",同时还荣获"山东省服务业发展先进县"、全市"工业经济发展先进县区"、"重点项目建设先进县区"、"外经贸工作先进县区"、"招大引强工作先进县区"5个单项奖。

三、创新与经验

(一)走出了临港经济的发展路子 抢抓被省政府整体列入东陇海国家级重点开发区域、省西部隆起带规划建设等一系列重大机遇,加快"一区三园"建设,不断拓展临港经济发展新空间。莒南经济开发区规划面积达到62.5平方公里,在山东省省级经济开发区综合考核排名中列第17位,在全市省级经济开发区中率先进入全省20强。将11个村居,30.66平方公里划归临港产业园,并纳入莒南经济开发区统一管理。临港物流园、大店工业园基础设施进一步完善,大项目承载能力不断提升。扎实开展"大好项目建设年"、"项目百日会战"活动,在建5000万元以上项目155个,其中,投资过10亿元的项目8个、过5亿元的27个、过亿元的115个。

(二)完善了现代产业的发展体系 实施百家规模企业扩张、百亿企业扶持、百亿产业集群培植"三百计划",预计"6+2"产业实现产值437.3亿元,占工业总产值的93.6%,同比增长28.1%,实现税收5.16亿元,同比增长14.7%,税收过百万企业达到173家,同比增加25家。被列入全国粮食生产先进县、全省现代农业示范县,连续7年被评为"全国生猪调出大县"和"生猪良种补贴项目县"。加快推进现代服务业发展,新发展物流企业22家,荣获"山东省服务业发展先进县"。

(三)构筑了城乡一体的发展格局 坚持老城、新城、小城镇和农村社区统筹推进,同步发展,全县城镇化率达到51.5%。老城完成拆旧40万平方米,建设安置楼6万平方米,开发面积8000余亩,磐龙湖、温泉水库景区主体工程完成,山水园林特色进一步凸显。临海新城开工安置楼130座,交付59座,投资4400万元的西一路、西五路两座景观桥、投资1.1亿元的文化路建成通车,五洲广场成为县城的新地标,鸡龙河城市湿地公园被评为省级城市湿地公园,列入全国湿地公园试点,老年中心、县医院应急处置中心等重点项目开工建设。实施国家园林县城、省级文明城市"双城同创",在全市城市文明程度指数测评中取得了九县第2名的好成绩,被授予"全省生态文明乡村建设工作先进县"、"全市创新县城管理进步县",成功争创为国家园林县城。

（四）彰显了民生为本的发展理念 落实“10项民生大事”、“16件民生实事”，县财政用于民生的投入占财政总支出的比重达到73.71%，社会保险、城乡低保、保障性住房、新型农村合作医疗基本实现了应保尽保。先后3次提高机关工作人员津贴补贴，人均每月增资1015元。新规划建设中小学校安工程45处，国家级农村职业教育和成人教育示范县创建工作通过省初审。投资3800余万元对12处乡镇敬老院进行改造提升，三年任务一年完成。开展“农家书柜”试点工作，《农民日报》、《中国新闻出版报》、新华网、人民网、《大众日报》等多家媒体予以报道。深入开展八项秩序综合整治活动，群众满意度连续三年稳步提升，莒南县被评为“全省信访工作先进单位”。

（五）营造了激情创业的发展氛围 巩固并不断完善“线办”工作机制，将“5个1”的重点任务作为乡镇常态化考核指标，强化工作导向机制，进一步调动了工作积极性。切实转变工作作风，带头贯彻中央八项规定和省委、市委规定办法，研究制定了《关于改进工作作风密切联系群众的十项规定》，严格落实反对“四风”有关通知精神，扎实开展了各类专项督查及明察暗访活动。探索实施廉政谈话全覆盖，先后对全县副科级以上干部，重点执纪执法部门中层以上干部，各行政村（居、社区）党组织书记、村委会主任和普通党员四个层面，共计4.9万余名党员干部进行了廉政谈话，经验做法得到省委常委、纪委书记李法泉同志的肯定和批示。继续办好“行风热线”、“民心桥”，开通“12345”市民服务热线，进一步畅通群众诉求反映受理渠道。

附：（一）莒南县委书记、副书记、常委名单

书　记：陈一兵

副书记：赵西平　张　雷

常　委：陈一兵　赵西平　张　雷　徐宝宏　张俊春　赵树敏　李洪刚　李培用　吴广江　厉志刚　王志伟　郭荣德（挂职）　张　丛（挂职）

（二）各区、镇、街道党（工）委书记名单

莒南经济开发区	王宏霞
十字路街道	牛司正
大店镇	姚少国
板泉镇	赵以乾
文疃镇	袁兆军
坊前镇	王乐迎
洙边镇	刘志新
筵宾镇	闫家界
岭泉镇	朱礼珂
石莲子镇	胡怀军
涝坡镇	王晖青
道口镇	孙文磊
相沟镇	徐　伟

中共临沭县委工作概况

临沭县委书记　任庆虎

一、组织概况与党的建设

临沭县辖8个镇，2个街道，1个省级经济开发区，1个省级风景旅游区，1个滨海高新技术产业区，236个行政村居，63万人口，总面积1010平方公里。现有30个党（工）委，33616名党员，其中10个镇（街）党（工）委，264个建制村党组织，23个社区党组织，农民党员20385名。

2013年，临沭县以加强党的执政能力、先进性和纯洁性建设为主线，坚持围绕发展抓党建，注重加强党的思想、组织、作风、纪律建设，不断提高各级领导班子和党员干部的创造力和执行力，为推动全县经济社会科学发展提供了坚强的组织保障。

（一）加强理论学习，思想政治水平明显提高 认真学习党的十八大和十八届三中全会精神，县委常委带头发挥“一个核心、四个表率”作用，引领全县各级党员干部解放思想，干事创业；不断深化“五不五比”主题实践活动，以“争一流、创品牌”活动为契机，激发各级高点定位、加快发展；分两批组织镇街和相关县直部门党政主要负责同志赴新加坡参加经济结构转型和产业升级培训班学习，干部的思想境界和综合素质不断提高。

（二）强化考核结果运用，树立好的用人导向 坚持把德作为评价使用干部的首要标准，把工作实绩作为重要依据，不断调整优化各级领导班子。充分发挥县绩效考核办公室作用，重点对各镇街经济社会发展、县直部门服务发展情况进行综合考核，对全县重点项目和重点工作实行月调度、季通报、半年检查，有效推动了任务落实。强化考核结果运用，选拔使用干部注重工作实绩和群众评价，调动各级干事创业、真抓实干的积极性。2013年，根据工作需要和实绩考核，对部分单位领导班子及干部进行了调整充实，效果很好。

（三）坚持抓基层打基础，基层组织建设更加扎实 顺利实施了新一轮村级规模调整，涉及78个行政村居，减少行政村居51个,组建新行政村(社区)27个。加强以村支部书记为重点的村级班子建设,基层组织的凝聚力、战斗力不断增强。组织开展了选派"第一书记"、"双联双深双真"、党员干部直接联系和服务群众、"建经济强村、做党建先锋"等活动,动员党员干部进村入户,帮助村居和群众理思路、解难题,办实事、促发展。2013年,全县党员干部共走访联系群众16.7万户,解决群众诉求3760条。

(四)狠抓纪律作风建设,营造风清气正的党风政风 认真落实党风廉政建设责任制,加强对党员干部的教育监督管理,做到警钟长鸣。严格落实中央"八项规定"和省市一系列转变作风的部署要求,坚决纠正"四风",推进"四不准"规定落实,深入开展"干部作风万人评"活动,不断加强干部作风监督检查,由县纪委、组织部牵头,成立长期检查组,对机关干部在岗履职、中午禁酒、干部走读等情况进行现场检查。2013年,先后开展明查暗访20多次,通报处理44人;全县纪检监察机关立案查处各类违纪违法案件80起。在2013年度全市群众满意度测评中,我县总体评价上升了3个位次。

二、主要工作与成绩

2013年,临沭县各级以建设"幸福临沭"为总目标,突出增收、民生、环境提升三大任务,解放思想,高点定位,真抓实干,经济社会实现了又好又快发展。全县完成生产总值187.9亿元,增长12.3%;实现地方财政收入10.6亿元,增长32.8%;完成规模以上固定资产投资135.1亿元,增长20.8%。实现了全国科技进步先进县"四连冠",荣获了国家知识产权强县工程示范县、国家园林县城、全国社会主义新农村建设档案工作示范县、全省创业型城市、省级生态县等荣誉称号。2013年4月24日,全省转方式调结构、推动科学发展现场观摩交流会观摩组到临沭进行了现场观摩;11月25日,中共中央总书记、国家主席、中央军委主席习近平同志来临沭县视察工作,全县人民倍受鼓舞。

(一)经济发展的质量效益同步提升 大力推进新型工业化,全县实现规模以上工业增加值107.6亿元、利税27.7亿元,分别增长16.7%、15%;纳税过2亿元的企业1家,过亿元的2家。加快百企改造升级,全年实施企业技改项目105个,累计完成投资68.8亿元。加强科技创新,全县高新技术产业产值占比达30.7%。大力开展新型招商引资,全年到位县外资金28.6亿元。各层面发展平台进一步夯实,经济开发区综合评价进入全省40强,滨海高新区初具雏形。大力发展现代农业,新发展市级以上农业龙头企业10家,发展农业产业化生产基地19万亩,全县农民人均纯收入达到10263元,增长13.6%。繁荣发展现代服务业,沂沭铁路以及铁路物流园区建设步伐加快,金融生态环境进一步优化,全县社会融资总规模达180亿元。

(二)新型城镇化进程加快 实施大县城带动战略,整个县城框架达到32平方公里。一手抓老城区改造,投资5.4亿元实施了一批城建重点工程,启动了6个城中村、6个棚户区改造,腾空土地67万平方米;一手抓北城区建设,建成"四纵两横"道路网络;全年新增绿化面积106万平方米。启动了15个"两区同建"试点,加快建设美丽镇村、幸福家园;建成农村社区综合服务中心37处。深入开展环境整治,投入1460万元推进城乡环卫保洁一体化,全县城乡环境面貌明显改观。

(三)群众的幸福感和满意度明显提高 实施了22项重点民生工程和69件为民实事,2013年全县民生支出达16.4亿元,占公共财政支出的75.6%。深入推进"创业临沭"建设,累计发放小额担保贷款突破1亿元;社会福利中心、残疾人康复中心即将建成使用,各类社会保障水平进一步提高;优先发展教育,顺利通过省级义务教育发展基本均衡县验收;实施新农合重大疾病保险,实现县级医院"一站式"即时结算报销;人口计生工作继续保持低生育水平。深入实施文化惠民工程,农家书屋和村级文化大院实现全覆盖,广播电视"户户通"达到80%。深入推进行政审批制度改革,率先在全市县级建设"12345"市民服务热线,及时接听、处理群众反映的各类问题。

三、创新与经验

(一)以构建现代产业体系为支撑,推动县域经济科学发展 坚持产业发展项目化、项目推进责任化,加快构建以现代工业体系为主导、以现代农业和现代服务业为支撑的现代产业体系,加快推进百企改造升级,优化存量;大力开展新型招商引资,围绕建链、补链、强链,既招引优质项目和资金,又招引人才、技术和资源,不断扩大总量。

(二)以"两区同建"工作为抓手,建设美丽镇村、幸福家园 把"两区同建"工作作为全县农业农村工作的总抓手,以实施城乡建设用地增减挂钩为载体,本着科学规划、试点带动,产业先行、重点突破的原则,坚持农村居住社区和农村产业园区同步建设,搞好农村社区供水、供暖、供气等相关配套设施,同时配套超市、广场、幼儿园、卫生室等服务设施,提高农村社区的综合服务功能,促进农民向城镇集中、居住向社区集中、产业向园区集中。

(三)以"争一流、创品牌"为动力,推动各项工作上水平 制定了《关于开展"争一流、创品牌"活动的意见》,在全县各镇街、各部门开展"争一流、创品牌"活动,本着"全市一流、全省上游、全国先进"的要求,以创建国家园林县城、创建国家级经济开发区、创建国家沭河流湿地公园、创建省级高新技术开发区、创建省级旅游度假区、创建省级农业科技示范园"三国三省"创建为引领,带动全县各级实施了144项争创项目;同时通过召开动员会、推进会、调度会等方式,推动争创活动扎实有序开展,在全县上下营造了积极进取、争先进位、干事创业的浓厚氛围。

附:(一)临沭县委书记、副书记、常委名单

书　记:任庆虎

副书记:胡　勇　麻建东

常　委:任庆虎　胡　勇　麻建东　宋玉智
武玉芹　刘　飞　杨会军　宋国山
王京凯　李　涛(挂职)　王景美
李全义

(二)各镇、街道党(工)委书记名单

临沭街道	刘洪明
郑山街道	于腾金
蛟龙镇	王利锋
石门镇	王绪华
曹庄镇	崔　浩
青云镇	张伟峰
大兴镇	吴清军
白旄镇	葛　磊
玉山镇	李根深
店头镇	李光宇

德　州　市

中共德城区委工作概况

德城区委书记　王德第

一、组织概况与党的建设

德城区现有基层党(工)委28个,党支部575个,党员15481名。2013年区委认真学习贯彻落实党的十八大、十八届三中全会精神,加强党的建设,为推动全区经济社会又好又快发展奠定了坚实的思想基础和组织保障。

(一)深化理论武装,加强思想能力建设　深入学习党的十八大、十八届三中全会精神,提升全区领导干部的思想理论水平和履职能力。加大党员干部培训力度,先后与中国海洋大学、井冈山红色文化研究院、南开大学联合举办三期领导干部提升履职能力班,134名区级领导、镇街和区直部门主要负责人参加了学习培训。在南开大学开办在职研究生班,组织选拔62名优秀年轻干部在职读研。通过学习培训,广大党员干部的思想政治素养和履职能力明显提升。

(二)创新工作新机制,加强干部队伍建设　坚持区委理论中心组学习制度,推进"两带一创"主题学习活动。充分发扬民主,实施科学决策。全面开展干部"三考一谈综合研判"(定期考核、跟踪考核和日常考核,领导干部全员谈话,综合研判领导班子和干部履职能力)活动,约谈科级以上干部800余名。试点开展机关事业单位竞聘上岗,有51名优秀干部走上领导或管理岗位。

(三)注重强基固本,加强基层组织建设　大力推进网格化党员干部联系群众活动。选派30名"第一书记"到社区任职,形成联系服务网格,开展机关社区全体党员"双向报到"和领导干部联系困难家庭活动。通过蹲点实干,听民声、察民情、解民忧,解决了一批群众关注、反映强烈的实事好事。实施村级集体经济"一晋一升"计划,农村社区达标率达到60%。

(四)坚持从严治党,加强党风廉政建设　严格落实中央八项规定和市委八条禁令,坚决反对"四风"。以为民务实清廉为主题,着力解决了一批群众反映强烈的突出问题。认真贯彻党风廉政建设责任制,严格领导干部离任经济责任审计,实施廉政效能管理,促进党风政风的好转。

二、主要工作与成绩

2013年,区委坚持以科学发展为主题,以加快转变经济发展方式为主线,紧紧围绕"拓展城市发展空间、打造以服务业为核心的现代产业体系"重要思路,大力实施"建设区域中心城市和商贸名城、教育名城"重大战略,攻坚克难,真抓实干,推动跨越发展、建设幸福德城,全区经济社会实现又好又快发展。

(一)综合实力实现新提升　全年完成地区生产总值256亿元,比上年增长13%;实现财政总收入26.67亿元、地方财政收入19亿元,分别增长20.1%和20.2%;完成规模以上固定资产投资144亿元,增长25%。城镇居民人均可支配收入25360元、农民人均纯收入11230元,分别增长13%和14%。

(二)转、调、创取得新成效　围绕"三大板块"(南部生态农业板块、中部现代服务业板块、北部高端工业板块)布局,主攻以服务业为核心的城市经济,三产比例调整为2.1∶41.4∶56.5。服务业主体地位更加突出。加快发展城市综合体、现代物流、楼宇经济等现代服务业,完成投资

115.2亿元,同比增长36%。启动南城商务区建设,万达广场实现当年洽谈、签约、开工。大力发展特色商务楼宇经济,全区楼宇企业发展到420家。繁荣发展商贸物流,物流企业达到325家,各类市场92处,实现社会消费品零售总额139亿元、集贸成交额480亿元,分别增长15.6%和21%。被评为全省服务业发展先进区。工业经济转型升级。深入实施"退城进园"战略,启动鑫华润等17家企业搬迁入园。大企业培植成效显著,销售收入过亿元的企业达到51家,实华化工跻身中国化工500强。全区规模以上工业实现增加值、销售收入、利润、利税分别增长16.1%、17.4%、18.8%和20.2%。努力培植高新技术企业,1家企业入选国家重点高新技术企业,市级以上高新技术企业达到31家,高新技术产业产值占比达27.2%,被评为全国科技进步先进区和国家知识产权强县工程试点区。生态农业效益凸显。成立南部生态区开发建设管委会,集聚资源要素,突破生态板块。新建改造14条道路,搭建了"六纵六横"路网框架。完成万亩农业综合开发,粮食生产实现"十一"连增,新增"三品"认证10个,新建专业合作社25家。

(三)项目建设开创新局面　实施5000万元以上重点项目40个,完成投资117.2亿元。7个市级重点项目进展顺利,东北城一期竣工营业,唐人中心、百脑汇资讯广场等项目快速推进。馨秋生态等6个项目获"一圈一带"专项扶持资金1200万元。招商引资成果丰硕,新签约项目92个,总投资995亿元,成功引进万达广场等过10亿元项目16个。威海市商业银行、恒丰银行、中国融资租赁公司正式运营,青岛银行等8家金融机构成功落户。外经外贸稳步增长,实现进出口总值4.1亿美元,实际利用外资2200万美元。

(四)城乡建设迈上新台阶　规划实施21项重点城建工程,累计完成投资32.5亿元。实施"两河四岸"等27项征收工程,累计征收面积167万平方米。启动19个旧城改造项目,新建改造12条城市道路,完成国家园林城市创建任务。启动数字化城管工作,开展整治市容市貌等五项活动,城区环境明显改善。扎实推进"两区同建",完成134万平方米的社区建设,入住8698户。

(五)社会事业取得新进步　实施总投资34亿元的14项民生工程。新增城镇就业5216人,农村劳动力转移就业6003人。十中扩建工程竣工,明诚中学、职业学校启动建设。市立医院病房楼和区居家养老服务中心投入使用。连续9年为企业退休人员落实养老金增资待遇。新农合、城乡养老保险、城镇医疗保险、五保供养分别达到100%、98.5%、98.2%和92%。积极创新社会治理,关注群众诉求,被评为全国平安建设先进区。

三、创新与经验

(一)科学决策是发展的前提　按照科学发展观的要求,立足德城实际,我们确立了以南部高效生态观光旅游农业、中部现代服务业、北部高端工业"三大板块"为载体,围绕"拓展城市发展空间,打造以服务业为核心的现代产业体系"的重要思路,坚持"中部带动,两翼先行",南延北展,扩容提质,全力打造"一心两城"的发展战略,为全区又好又快发展奠定了坚实基础。

(二)重点突破是发展的关键　在产业布局上,以中心城区为依托,重点突破现代服务业,服务业在三次产业中比重达到56.5%,提供税收占地方财政收入的70%。在工作安排上,重点突破重大项目建设和招商引资,一批投资过10亿的项目相继引进、建设或投产,对产业发展起到重要支撑作用。

(三)真抓实干是发展的保证　实行重点工作区级领导包保责任制,对重大项目建设和招商引资进行定期调度,倒排进度,推进落实台账化。严格考核,严格督查,严格奖惩,强力推进工作高效落实。

(四)广惠民生是发展的目标　让广大人民群众共享发展成果,城镇居民人均可支配收入,农民人均纯收入保持两位数增长。城乡养老保险、医保、低保等保障体系进一步健全,建成了一大批住房、教育、医疗、文化、体育等惠及民生的重点项目,人们群众在发展中得到了实惠。

附:(一)德城区委书记、副书记、常委名单

书　记: 王德第

副书记: 王震秀　王洪林

常　委: 王德第　王震秀　王洪林　樊廷雷　孟令芳　徐世勇　贾敬银　杨振生　张仲钵　朱东松　王玉成

(二)各镇、街道党委书记名单

天衢街道　刘　明

新湖街道　安吉斌

新华街道　李国兴

广川街道　于志新(女)

黄河涯镇　张国亮

二屯镇　郑志勇

中共禹城市委工作概况

禹城市委书记　张安民

一、组织概况与党的建设

2013年，禹城市委牢固树立"抓党建就是促发展、谋幸福"的责任意识，着力完善"书记抓、抓书记"工作机制，着眼科学发展选干部、聚人才，围绕率先跨越建机制、强基础。到2013年底，全市共有36个基层党（工）委，106个党总支，1233个党支部，29490名党员。

（一）队伍建设提素质　扎实推进干部培训"百千万"工程，分三批组织150名领导干部赴南开大学培训，各级干部的战略思维、创新思维、执行能力得到新提升。牢固树立"德才兼备、以德为先"的用人导向，坚持"两公开四差额"选干部，"三看三重四考察五关注"用干部，实施道德观察员制度、全员谈话制度，营造了风清气正的选人用人环境。

（二）注重基层夯基础　投资440万元建成11处社区综合服务中心；225家非公企业、26家社会组织建立党组织，覆盖率达到83%、79%。按照德州市委"趟出路子、积累经验、创造亮点"的要求，开展以"网格化联系、个性化服务"为主要内容的基层服务型党组织建设试点，通过搭建四级平台，创新七项载体，取得了实实在在的效果。

（三）群众路线转作风　认真落实上级关于改进工作作风、厉行勤俭节约的系列规定，深入推进廉政风险防控，成为全省基层党风廉政建设工作联系点。扎实开展网格化党员干部联系服务群众活动，联系走访1.4万名基层党员、10万户群众，处理解决问题3120件，为群众办实事1740件。禹城市纪委、市委组织部先行开展党的群众路线教育实践活动，创立"廉系百姓"大讲堂，开展"乡村夜话"活动，取得了转作风、促发展的初步成效。在2013年德州市群众满意度电话调查中，干部作风排名第一位。

二、主要工作与成绩

2013年，禹城市紧紧围绕"让禹城人民更幸福，让庄严党旗更鲜艳"的执政理念，牢牢把握"科学发展、率先跨越"工作主题和"加快转变经济发展方式"工作主线，全力冲刺"三年倍增、五年翻两番、进入全省第一方阵"的奋斗目标，强力抓发展，关键抓转型，突出抓项目，重点壮实力，全力惠民生，经济社会不断跃上新台阶。全年完成地方财政收入14.5亿元，增长20.66%。荣获德州市科学发展综合考评一等奖、县域经济综合实力第二名、综合考评千分制定量指标第一名，创历史最好水平。

（一）经济发展提速，质量效益更加突出　集约推进"6+2"主导产业，重点实施"333工程"，全力打造中国"生物谷"、国家高端装备制造基地和全国重要的新能源产业基地。突出招商引资，发挥"一圈"紧密层、济南北部产业转移承接协作区战略优势，大力推进产业招商、以商招商、专业招商、重点区域招商，先后引进投资40亿元的地球卫士环保新材料、20亿元的濠吉非油炸六粮方便面、20亿元的遮阳新材料等过亿元项目53个。推进项目建设，实施总投资848.6亿元的重点项目183个，完成规模以上固定资产投资153亿元，增长26%。上报各类项目159个，批复项目103个，1个项目列入省重点，3个产业园区、5项重点工程、禹城高新区创新提升等列入"一圈一带"规划；9个项目列入德州市重点，完成投资47.5亿元。培植重点企业，突出质量效益意识、完善"双入同奖"政策，强化亩均税收管理，分类培植120家重点企业，突出抓好纳入德州市培植计划的14家重点企业，纳税过千万企业达到26家。

（二）要素保障提效，特色亮点更加彰显　科技要素，柔性引进国家千人计划等高层次人才9人，博士后工作站达到4家，国家级企业技术中心达到3家。2个项目列入国家863计划，1个项目列入国家科技支撑计划，1个项目列入国家创新基金，43个项目列入省技术创新和重点技改导向计划，成为全省5个人才工作先进县市之一，连续4届荣获全国科技进步先进县。金融要素，全年域内外新增贷款45亿元，直接融资25亿元，新增各类金融机构11家，禹城农商行、胶东村镇银行挂牌营业，成为德州市第一家农村商业银行和第一家县市开业的村镇银行。土地要素，无震荡拆迁村庄57个，验收复垦土地4283亩。生态要素，投资6.7亿元，实施47项生态工程，第二污水处理厂二期、第三污水处理厂、3600亩人工湿地等工程竣工，生态环境显著改善。

（三）平台建设提档，转调创优更加有力　工业以高新区为载体，扎实推进创新提升工程，投资13亿元完善基础设施，形成"四位一体"的科技孵化体系，国家高新区创建上报国务院。服务业以项目建设为抓手，大禹城水生态新城、金球华地城市综合体等服务业项目加快推进，徒骇河水利风景区成为省级水利风景区、省级湿地公园，禹王亭博物馆晋升3A级旅游景区，新时代购物广场正式营业。农业以规模流转为抓手，以现代农业为方向，累计流转土地16.5万亩，建设产业园区54个，粮食生产实现十一连增，被授予全国超级产粮大县，荣获全国新增千亿斤粮食项目考核第一名，获批全省高效节水灌溉试点县。

（四）城乡统筹提质，宜居宜业更加完备　立足"省会城市群经济圈紧密层"战略定位，坚持"一体两翼"，构建"1+5+40"城镇体系（主城区，5个中心镇，40个农村社区）。主城区投资54.2亿元实施了7大类49项城建民生工程，泺清河风景区一期等22项工程先后竣工,西外环公铁立交桥等27项工程加快建设;抢抓"一圈一带"扶持小城镇机遇,大力发展乡镇驻地板块经济,重点发展5个中心镇,4个乡镇地方财政收入过3000万元,房寺镇被列入全省百镇建设示范行动乡镇、"一圈一带"经济强镇,伦镇被列为区域重镇;全年共开工、续建农村社区27处,建成及在建楼房1.5万套,8236户群众搬进新居,被评为全省生态文明建设先进市。

(五)民生福祉提升,幸福禹城更加靓丽 树立"莫以事小而不为,群众利益无小事"的理念,投资8500万元实施校舍标准化建设,夺得德州高考文科状元、中考状元。基层医改工作继续走在全国前列,代表全省迎接国务院基层医改督察组检查。城乡居民社会养老保险适龄参保率达到100%,企业退休人员养老金实现"九连涨"。实施万人免费培训工程,城镇新增就业6750人,新增农村劳动力转移就业1.2万人,城镇登记失业率保持在3%以内。建设保障性住房2002套,1064套竣工投入使用。文化馆、图书馆达到国家一级标准,被评为全省公共电子阅览室建设与服务示范县。投资4300万元实施"天网"工程,连续13年未发生较大及以上安全生产事故。成功化解中农润田事件,成为全省处理群体性事件典型案例,被评为全省信访工作先进单位。

三、创新与经验

(一)形成了以"亩均税收、对赌协议"为特色的招商引资新模式 坚持两个指挥部"双线"作战,以优势产业对接为纽带,以亩均税收为核心,以对赌协议为约束,形成了"两问两做一答一看"独特的招商方法,实现了招商引资到选商选资的重大转变。

(二)形成了"质效双优、创新驱动、要素支撑"的产业发展新模式 以"双入同奖"保障质效,以科技创新保障转调,以金融创新保障资金,以两区同建保障土地,以治污减排保障生态,实现了"好"字当头、又好又快。

(三)形成了"重民生、抓安全、打基础、利长远"的城市建设新模式 城市建设及时由"拉框架、建外围"向"重内涵、强功能"转变,突出民生性、基础性、安全性,实施了"四供两排"、回迁安置、道路改造、背街小巷等一大批城建民生工程,城市承载力和宜居度显著提升。

(四)形成了"真入驻、一站式、快办理"的营商环境建设新模式 总投资4000万元的新政务服务中心正式启用,审批事项应进必进,审批流程能短则短,启用"二号"公章,简化审批流程,实施电子监控,按时办结率99%,群众满意率达98%。

附:(一)禹城市委书记、副书记、常委名单

书　记:张安民

副书记:张　磊　刘洪贵

常　委:张安民　张　磊　刘洪贵　宋士忠　闫秀丽(女)　周　亮　杨洪利　赵大鹏　刘之荣　王建国　张振河

(二)各乡、镇、街道党委书记名单

市中街道	于志祥
房寺镇	聂立波
辛店镇	王　涛
梁家镇	韩　瑞
伦　镇	田金荣
辛寨镇	杨传斌
张庄镇	王庆杰
安仁镇	孙　勇
十里望回族镇	齐　强
莒镇乡	王清华(女)
李屯乡	訾丙军

中共乐陵市委工作概况

乐陵市委书记　鄂宏达

一、组织概况与党的建设

(一)组织概况 乐陵市辖9镇3乡4个街道,491个社区(村),人口68万。全市现有基层党(工)委35个,党总支121个,党支部1290个,其中农村党组织739个;现有党员26170名,其中农村党员14433名,女党员3557名,35岁以下3949名,大专以上学历5959名。2013年发展党员345名,其中农村党员116名;"两新"组织中,已建立党委5个,党总支2个,党支部189个,联合党支部57个。

(二)党的建设 完善网格化党员干部联系服务群众制度,全市12004名党员干部共联系服务对象13万户,实现了"一村一个帮扶班子、一户一名走访党员",为深入开展党的群众路线教育实践活动奠定了坚实基础。每年6月、12月在各基层党组织开展"双述双评双推"活动,评议结果与待遇报酬、职位任免相挂钩,2013年先后对41个"两委"班子进行了调整。严格落实村干部报酬和村级组织运转经费,2013年农村税费改革转移支付总额6874万元，用于村级部分占31.7%，农村干部工资支出达1100万元。公开遴选37名市乡机关工作人员任后进社区（村）党组织书记，对2年内实现任职村转化升级、正常交接者，给予一定职级待遇。2013年，有8个社区（村）配齐配强了“两委”班子、32个工作步入正轨、实现初步转化。按照作风能力“双提升”的要求，严格正风肃纪，成立作风效能曝光台，先后曝光党员干部“庸懒散奢”等不良作风问题73起。把集体经济发展与放大产业优势相结合，大力推进农村集体经济清产核资工作，建立了农村“三资”监管信息数据库，确定了12种增收途径，全市有187个社区（村）达到“社区超10万、行政村超3万”的集体收入目标。选派171名“第一书记”，实行挂图作战、动态调整、销号管理，全市132个后进社区（村），已转化升级98个。在德州市率先成立了离退休干部党工委，组建离退休干部党总支8个、党支部108个、党小组524个，实现了组织建设和党员管理全覆盖。

二、主要工作与成绩

2013年，我们深入贯彻落实十八大和十八届三中全会精神，积极抢抓“一黄一圈一带”三大战略叠加和新京沪高速、滨德高速、德龙烟铁路“两高一铁”建设的重大历史机遇，以建设幸福乐陵为新追求，以打造“区域性中心城市”为目标，持之以恒地实施“两年翻一番、四年翻两番、七年三级跳”“三步走”战略，开放创新，实干争先，经济社会实现了持续跨越发展。

（一）围绕推进持续跨越发展，集中要素抓投入，综合实力大幅提升 2013年，实现国内生产总值214亿元，增长12.5%；公共财政预算收入8.6亿元，增长34%；完成固定资产投入147亿元，增长24.6%；社会消费品零售总额87.8亿元，增长14.5%；城镇居民人均可支配收入和农民人均纯收入分别达到24518元和11185元，分别增长12%和16%；税收收入占比达到81.1%，高新技术产值占比达到27.1%，分别高出德州市平均水平3.2和2.4个百分点；万元GDP能耗比德州市平均水平低近40%，万元工业增加值能耗低20%，实现了发展质效与发展速度同步提升。在德州市综合考评中，乐陵由2010年的第12位，跃升到2013年的第3位；在全省“黄三角”19个县市区综合考评中，也由2011年的第18位，跃升到2013年的第11位，2年时间晋升7个位次，提前2年完成进入“黄三角”区域中游水平的发展目标。

（二）围绕打造区域性中心城市，高点定位抓建设，城乡面貌明显改善 结合“黄三角”2015年乐陵基本达到生态市建设标准的发展规划，和“生态德州”建设工作部署，启动了“省级园林城市”、“省级生态文明城市”、“省级双拥模范城市”“三城联创”工作，实施了总投资30.4亿元的54项城建工程。对西部新区，按照“凸显形象、丰富内涵”的要求，先后建成西二环路、创业大道等主干道路37公里，铺设雨污、供水、热力、弱电等各类管网112公里，完成110KV变电站、污水处理厂、绿化亮化等工程，并启动了市人民医院迁建项目。对乡镇街道、农村社区，结合“两区同建”和“生态文明乡村建设”，大力完善城乡基础设施，深入推进村庄环境综合整治工作，全市所有社区（村）全部建立保洁队伍，其中，郑店、杨安镇、朱镇、市中、云红等5个乡镇（街道）与昌邑康洁保洁公司签订托管协议，将全部社区（村）的卫生保洁交由该公司运营，一批村容整洁、乡风文明的示范村初步形成。我市“乡村文明行动”的相关做法得到了省委常委、宣传部长孙守刚同志的高度评价，在省委宣传部对全省县（市、区）“乡村文明行动”群众满意度电话调查中，我市列全省第58位、德州第1位。德州市乡村文明行动现场推进会在我市召开。

（三）围绕构建和谐幸福乐陵，不折不扣抓民生，群众满意指数不断攀升 始终把民生工作作为一切工作的出发点和落脚点，2013年，全市民生事业支出达16.6亿元，同比增长14.8%，占总支出的77%。总投资4.5亿元的新一中正式启用，文化信息资源共享、城乡安全供水一体化工程实现全覆盖。卫生信息化建设成为全国典型，“半小时就业服务圈”、安全生产、涉农补贴信息比对分析平台建设全省领先，食品安全“五小”监管新模式在德州市推广。自主开发了“乐陵市信访管理系统”，大力推行领导公开接访、部门联动处结等机制，2013年市级领导公开接访298起、处结率100%。创新设立了社会舆情信息处置中心，成立了乐陵市社会矛盾纠纷调解服务中心，设立各类专项调解委员会13个，其中道路交通事故调解委员会被司法部评为“全国先进人民调解委员会”。将网格化党员干部联系服务群众与“千名干部下基层大走访”活动有机结合，作为践行群众路线的务实举措，全市1.2万名党员干部，联系服务对象13.2万户，实现联系服务全覆盖。2013年累计投入走访帮扶资金3702万元，征求意见建议9726条，为群众办实事5638件，帮助群众解决各种困难、问题5457件，全部备案登记，赢得了广大群众的一致认可和好评。德州市城乡安全供水一体化、深化平安建设基层基础工作、市民热线工作等现场会在我市召开。

三、创新与经验

（一）以提高效能、方便群众为目标，积极构建高效服务体系 健全完善了以市便民服务中心和政务（投资）服务中心为龙头、乡镇（街道）便民服务中心为延伸，社区（村）便民服务点为基础的三级便民服务网络，拓宽了服务渠道、提高了服务效能。2013年，便民服务中心提供各类服务17.8万件次，政务（投资）服务中心受理各类审批事项2.8万余项、办结率达99.2%。

（二）以限制权力、提升素质为目标，不断强化作风能力建设 深入实施廉政效能管理，扎实推进惩防体系建设，成立了行政效能督查室，建起了作风效能“曝光台”，先后有5名党员干部受到党政纪处分，2名被停职检查，在全市营造出“做人正、做事勤、作风硬”的浓厚氛围。同时，通过

"请进来、走出去"等方式锻炼干部,先后组织142名党政干部和企业人员到清华大学、江苏昆山集中培训,选派13名干部到财政部、发改委、体育总局跟班学习,争取农业部、财政部的领导同志到我市挂职,邀请财政部、省发改委等30余名领导专家讲学授课,有力提升了各级干部和企业家把握政策、抢抓机遇、协调各方的能力,为推进跨越发展提供了坚强保障。

(三)以公开公正、激发活力为核心,努力凝聚发展共识合力 在督查考核上,坚持按照"相对稳定、动态完善"的原则,不断健全督查考核体系,并积极强化考核结果运用,先后有25名考核落后单位主要负责人在电视台表态发言、2名单位"一把手"实行职务代理,营造了"比学赶超"、"实干创新"的浓厚氛围。在选人用人上,按照"以为定位、有为有位"的用人导向,探索建立了"六公开两监督两评议"科级干部竞争选拔机制,将考察结果在电视台公示,进一步增强了选人用人透明度和公信度,激发了党员干部干事创业的激情和活力。

附:(一)乐陵市委书记、副书记、常委名单

书　记:鄂宏达(满)

副书记:曲　锋　周连悦　田汝勇(挂职)

常　委:鄂宏达(满)　曲　锋　周连悦　田汝勇(挂职)　王海林　孙丰勇　刘德杰　霍丽敏(女)　张健捷　刘文学　杨晓军　康永兵　李　荣(挂职)

(二)各乡、镇、街道党(工)委书记名单

市中街道	殷宗峰
郭家街道	张天龙
云红街道	邢恩元
朱集镇	周成良
胡家街道	王之新
西段乡	谭在蛙(满)
黄夹镇	张克松
大孙乡	王三峰
丁坞镇	马　骏
孔镇镇	靳建华
化楼镇	李敬岗
杨安镇	吴　峰
郑店镇	夏文博
花园镇	李志强
寨头堡乡	赵　凤(女)
铁营镇	刘艳霞(女)

中共宁津县委工作概况

宁津县委书记　巩洪波

宁津县位于山东省西北部冀鲁交界处,面积833平方公里,辖9镇1乡2个街道1个省级经济开发区,304个农村社区,人口47万,耕地73万亩。是中国民间艺术(杂技)之乡、中国五金机械产业城、中国实木家具之乡、中华蟋蟀第一县、全国文化先进县、全国食用菌产业化建设示范县、全国深化小型水利工程管理体制改革示范县、山东省可持续发展实验区。

一、组织概况与党的建设

截至2013年底,全县共设置基层党委25个,党工委3个,党总支95个,党支部960个。共有党员20852人,其中,县直机关党员5328人,农村党员12764人,非公企业党员723人;全县建国前老党员177人,少数民族党员127人。

(一)着力加强领导班子和干部队伍建设 扎实开展学习型党组织建设,全年邀请知名专家学者及行业领军人物授课20多场次。加强各级领导班子建设,严格按照有关政策规定选用干部。出台了《中共宁津县第十二届委员会常务委员会议事规则》和《关于加强乡镇、县直部门单位领导班子建设的26条规定》,不断推进领导班子内部制度建设。

(二)坚持不懈抓基层打基础 建立了"1+X"网格化党员干部联系服务群众工作制度,促进工作重心下移,实现联系服务群众经常化、全覆盖。进一步配齐配强村级班子,共调整配齐村级班子41个。以"抓党建、促发展、惠民生"为主要工作任务,从县直科级干部中选派了289名"第一书记",为农村经济发展注入了活力。深入落实乡镇干部包村制度,实现了包村入户、走访联系经常化,督导检查、绩效问责规范化。

(三)狠抓作风转变 认真贯彻执行中央八项规定,严格落实省市相关文件要求,研究出台了《关于实行县级领导干部包乡镇责任制的意见》、《县乡干部"定、明、督、问"管理规范》等文件,建立了"高效办"工作机制,开设了"阳光政务热线",开展了"厉行勤俭节约反对铺张浪费"、"公务用房清理"、"庸懒散治理"等专项活动。

(四)强化党风廉政建设 全面深化廉政风险防控机

制，全年共监督28项重大事项决策、23项重要项目安排、60项大额资金的使用。扎实推进"全民评议"工作，完善了3000人的评议代表库，经验做法被《山东新闻联播》报道。

二、主要工作与成绩

2013年以来，宁津县认真贯彻党的十八大、十八届三中全会、习近平总书记系列讲话特别是视察山东讲话精神，按照"一二三四五"工作思路（即，牢牢把握"打基础、抓当前、蓄实力、谋长远"这一主基调；坚持一手抓全民大创业，一手抓培植大项目"两手抓"；倾力培育五金机械、实木家具、现代农业三大优势产业；大力实施工业强县、民营富县、文化靓县、开放活县"四大战略"；坚持抓思想解放、抓智力支撑、抓创先争优、抓环境建设、抓考核奖惩"五措并举"），大力开展"跨越发展突破年"活动，抢抓发展机遇，凝聚发展力量，谋求发展实效，经济社会实现了又好又快发展。全年实现地区生产总值186亿元，增长11.4%；公共财政预算收入6.4亿元，增长14.9%；规模以上工业增加值、主营业务收入、利税分别增长14.7%、16.7%、17.2%；居民储蓄存款余额111.4亿元，人均2.4万元，继续位居德州市各县市首位。

（一）现代产业体系加快构建 五金机械、实木家具、现代农业三大产业实现销售收入404亿元，同比增长17%。电梯产业列入"一圈一带"战略规划重点打造的特色产业集群；家具产业被中国家具协会评为"中国家具行业2013年度优秀产业集群"，公共服务平台被认定为2013年度省级中小企业公共服务示范平台单位；粮食生产实现了"十一连增"，小麦良种繁育基地总面积达到10万亩，宁津被列为全省唯一一处国家级小麦良种繁育示范基地规划建设。

（二）重大项目建设强力推进 年初筛选确定的总投资206亿元的65个重大项目集中推进。其中，投资25亿元的嘉和盛新材料、投资12亿元的冀伟复合板材、投资4.2亿元的和胜电器等7个市级重点项目当年全部竣工；投资30亿元的津城国际城市综合体、投资20亿元的德百城市综合体、投资5亿元的宝德龙健身器材等重大项目进展顺利；投资20亿元的河北万宏国际城、投资7.8亿元的阿诺达年产10万吨汽车零部件等项目顺利落地。

（三）骨干企业培大培强 筛选确定了6家骨干企业和9家重点企业，通过规划引领、政策扶持、领导帮包等措施，全力培大培强。其中中泰金属板材、嘉和盛新材料、迈宝赫健身器材3家企业被列入德州市重点企业，良星种业、智衡减振、美华工业、恒硕公司4家企业被列入德州市科技成长型企业。积极推动企业上市，智衡减振已经完成上市辅导，美华工业已签订境外上市协议，和膳生态正在筹备股改，并被中国证监会批准到大连商品交易所参加鸡蛋期货交割业务，汇康木业成功在齐鲁股权交易中心挂牌。

（四）对外开放持续深入 创新了"三中心一平台"招商机制，深入开展了招商引资"百日会战"活动，积极做好产业招商、企业招商、亲情招商等文章，取得显著成效。全年引进过亿元项目68个，招商引资到位资金75亿元，完成全年计划的163%。积极对接央企，与中国铝业公司、哈尔滨电气集团等达成了初步投资合作意向，与新兴际华公司实现了深层次合作。着力抓好外经贸工作，全年累计实现进出口总值突破1亿美元，其中自营出口增长30%，增幅居德州市首位。

（五）城乡面貌焕然一新 中心城区扩容提质，聘请专业机构完成了现代城镇体系规划，强力推进康宁湖杂技文化主题公园二期、津城国际城市综合体等重点城建工程，加快融入德州市"一心四极"城市发展格局。小城镇建设步伐加快，柴胡店镇被列入"西部经济隆起带区域重镇"，津城街道被列入"西部经济隆起带经济强镇"。两区同建稳步推进，全年新开工建设社区6个，续建社区28个，建成入住14553户，建成规模以上产业园区30个。

（六）社会事业全面进步 总投资10亿元的十件民生实事全部兑现，县财政用于民生方面的投入达到11亿元，占财政总支出的73%。启动标准化幼儿园建设42所，竣工18所，改扩建中小学校舍12处。社会福利中心和3个中心敬老院全面开工。新建、改造市场15处，升级改造道路23条，顺利通过省级卫生县城复审。城镇居民人均可支配收入达到24798元，农民人均纯收入达到11218元，分别增长17.7%和16%。

三、创新与经验

（一）全民创业工作强势突破 下大力气扶持初始创业，积极推动"回归创业"，着力引导小微企业提档升级；切实抓好平台建设，积极构筑县经济开发区、乡镇工业园区、农村特色产业园区"三位一体"创业平台，县经济开发区内五金机械产业基地成为全市唯一一家2013年度山东省新型工业化产业示范基地，中小企业创业辅导基地成为省级小企业创业辅导基地，新建、扩建中小微企业创业辅导基地6处，建设特色产业园区30个。2013年，全县新增小微企业1032家，规模以上企业88家，民营经济总量达到14624处，民营经济实现销售收入944亿元，完成固定资产投入152.2亿元，完成增加值198.2亿元，同比增长37.8%、33.5%、29.3%，德州市全民创业现场会在宁津召开。

（二）"诚信宁津"建设扎实推进 大力弘扬诚信文化，创新开展"诚信宁津"建设活动，搭建了宁津诚信建设综合管理系统平台，全县47万居民、1700多家企业、11000多家个体工商户的基础信息已全部录入管理系统，各乡镇、各部门的二级端口全部启用。研究出台了实施意见、诚信标准、评定办法、奖惩政策等相关文件，各级各部门都建立了相应的组织机构，相关媒体进行了广泛宣传。在此基础上扎实开展自查自纠、金融环境整治、诚信评选等活动，着力推进以政务诚信为先导、企业诚信为重点、社会诚信为核心的"三位一体"诚信体系建设，倡树以"守信为荣、失信为耻"的文明新风，筑牢富民强县的道德基础。

(三)科技创新能力不断增强 成功引进机器人、聚氨酯材料等研究团队15个,引进千人计划专家1名、长江学者1名、泰山学者1名,争取国家级创新扶持项目3项,新增市级高新技术企业4家、市级"一企一技术"研发中心1处、市级"一企一技术"创新企业2家。恒硕公司被列为省级"一企一技术"创新企业,奥来机械公司被认定为省级高新技术企业。宁津申报国家可持续发展实验区进入科技部审批阶段。

附:(一)宁津县委书记、副书记、常委名单

书　记:巩洪波

副书记:高秀鹏　朱秀彦

常　委:巩洪波　高秀鹏　朱秀彦　毕志国　孟祥胜　李玉升　周立志　胡军建　李宝国　张会利(回族)　武永生　时　磊(女)

(二)各乡、镇、区、街道党(工)委书记名单

津城街道	包志新
县经济开发区	李玉升
宁城街道	刘相治
时集镇	周建军
柴胡店镇	高俊生
张大庄镇	杜春园(副书记、镇长,主持工作)
大柳镇	周艳国
相衙镇	李　冬
长官镇	常健勇
刘营伍乡	李海伟(女)
保店镇	刘　刚
杜集镇	史恩智
大曹镇	杜　勇

中共齐河县委工作概况

齐河县委书记　孟令兴

一、组织概况与党的建设

齐河县现有32个基层党(工)委,其中乡镇党委15个,基层党组织1297个,党员32280名。2013年,齐河县委牢牢把握加强党的执政能力、先进性和纯洁性建设这条主线,扎实开展党建各项工作,为经济社会发展提供了坚强保障。一是扎实做好党的群众路线教育实践活动准备工作。认真学习贯彻中央和省、市委有关会议精神,以"四联五帮"、"135"干部大走访和联系特困家庭活动为载体进行了预热升温,收集群众意见建议1400多条,解决问题3400多个,有效密切了党群干群关系。山东卫视对此作了报道推广。二是加强思想政治建设。举办了学习党的十八大和十八届三中全会精神、农村党支部书记等培训班20多期,3000多人次,有效提升了干部整体素质。三是加强领导班子建设。出台了进一步加强领导班子建设的意见,完善了县委工作制度、"三重一大"事项决策制度,促进了决策的民主化、科学化。四是巩固基层组织。创新实行了农村社区(村)党组织书记专职化,推行了农村社区"1+5"管理服务模式,扎实推进"两新"党组织建设,战斗堡垒作用进一步增强。五是加强作风建设。出台了《中共齐河县委常委会关于改进工作作风密切联系群众的实施办法》,开展了反对铺张浪费和治理"庸懒散"专项行动,干部作风进一步转变。六是加强反腐倡廉建设。扎实开展"廉政教育月"活动,组织了"廉勤大讲堂"巡回宣讲;发挥公共资源交易管理中心和电子监察系统作用,实现了重点岗位、人员的有效监督。

二、主要工作与成绩

2013年,完成地区生产总值408.5亿元,同比增长24.5%;地方财政收入22.4亿元,增长27.4%;城镇居民人均可支配收入达到28090元,农民人均纯收入达到11410元,均增长18%。连续四年蝉联全市科学发展综合考评一等奖第一名,在全市率先实现县域经济三年倍增两年完成计划,成功跻身全省县市第一阵营。先后获得全省服务业发展先进县、文化强省建设先进县、山东旅游强县和全国粮食生产先进县、科技进步先进县、生态文明先进县等多项省级以上荣誉称号。

（一）发展质量和效益进一步提高 坚持以项目建设为抓手，大力改造传统产业，发展新兴产业。实施美国可口可乐公司饮料生产、山东永锋千亿级新型钢铁装备制造产业园等重大项目181个，总投资1541亿元。新型工业上，规模以上企业达到412家，四项指标绝对值均居全市首位。被评为中国新兴机械装备城、全省高端装备制造产业基地。现代服务业上，黄河生态文化旅游大观园入围"齐鲁文化"百大品牌。盖世冠威、普洛斯等大中型物流企业发展到近40家。现代农业上，全年粮食总产26.74亿斤，实现"十一连增"，连续六年蝉联全国粮食生产先进县称号。大力培育新型农业经营主体，新增百亩以上种粮大户、家庭农场、农民专业合作社240多个。

（二）改革开放进一步深入 一是认真贯彻落实"一圈一带"战略。规划实施了"三环六纵八横"大交通网、济齐黄河大桥等兴齐十大工程，提升了承载功能。二是深入推进招商引资。成立了17个招商引资小组和17个小分队，举行了两次集中签约、重大项目集中开工仪式，总投资588亿元的42个项目开工建设。三是打造项目平台。规划建设了齐河经济开发区、黄河国际生态城、齐鲁高新技术开发区、济北高铁枢纽经济协作区四大园区，华店民营创业园、潘店煤电科技园等一批乡镇园区加快建设。四是努力破解瓶颈制约。成立了融资性担保公司、农村商业银行等金融机构，拓展与农发行、国开行等金融机构的合作，实现社会融资221亿元。利用增减挂钩、盘活存量等方式，获得土地指标6400亩。引进各类人才1600多名，县资本运作管理中心主任等6个职位面向全国公开实施了招聘。

（三）新型城镇化进程进一步加快 坚持以人的城镇化为核心，着力构建全域现代城镇体系。一是坚持规划"一张图"。按照省会北城的定位，编制完善了水、电、暖、气等基础设施和新型工业、文化旅游业、现代农业等现代产业规划40多项，为城乡发展提供了科学指导。二是坚持建设"一盘棋"。投资50亿元实施了60多项城乡工程，新建、改造道路22条、119公里，新增绿化面积70万平方米。举办了首届房地产推介会，开工建设19个地产和城市综合体项目。被授予中国人居环境共建示范城市。启动了赵官镇省级示范镇和潘店镇国家级重点镇建设。新建、续建农村新型社区33个，2万多群众入住新居；新培植各类示范园区35个，实现了群众就近就业。新华社、中央电视台、《大众日报》、山东电视台相继对我县城镇化、两区同建工作作了深度报道。三是坚持管理"一张网"。以创建全国文明城、卫生城、园林城为抓手，不断提升城乡管理水平；深入开展城乡环境综合整治，在全市率先实现了城乡环卫一体化。

（四）民本民生进一步改善 不断加大民生投入，民生支出占到财政总支出的80%。一是提高保障水平。"零就业家庭"保持动态"消零"。深入实施"千百帮扶"工程，对全县1890多个贫困户实施了结对救助。建设保障性住房1100多套，超额完成建设任务。新增供热面积200多万平方米，受益群众2.2万户。二是发展社会事业。新建了14所乡镇中心幼儿园和第五中学，全省中小学改革创新工程现场会在我县召开。建设了乡镇卫生院门诊楼、病房楼等医疗设施，新农合、基本药物制度等得到有效落实。三是加强文化建设。46名道德建设先进人物获得市级以上表彰，"大义齐河"品牌闻名全国。举办了首届中国黑陶艺术节。被评为全省首批公共文化服务体系示范区。四是推进生态建设。全力做好海河迎查工作，重点工程已全部完工。大力开展植树造林，蝉联全市大绿化评比第一名。五是建设平安齐河。落实了治保主任星级化管理，扎实推进社区"六进"，经验在全省推广。坚持领导干部公开接访、下访制度，加强安全隐患排查治理，确保了全县和谐稳定。

三、创新与经验

（一）发展思路必须一以贯之 研究确定了"一二三四五"的战略部署：围绕建设幸福齐河这一中心，用好"一圈一带"两大机遇，迈好"三大步"，做好"四篇文章"，实现"五大目标"。迈好"三大步"：第一步，2013年进入全省第一方阵；第二步，2014年—2015年跻身全国百强县；第三步，2017年提前全面建成小康社会。做好"四篇文章"，即做好大城镇、大工业、大生态、大民生的文章。实现"五大目标"：即经济更发展、环境更优美、文化更繁荣、社会更和谐、生活更美好。有效地统一了全县干部群众的思想，凝聚起了解放思想、改革创新、加快科学发展的强大合力。

（二）优化环境必须共识共为 坚持把优化环境作为促进发展的第一品牌，开展了"转作风、优环境、促发展"等系列活动，搭建了良好的招商引资平台，实实在在引进了一批大项目、好项目，增强了发展后劲。

（三）干部作风必须常抓不懈 严格落实中央八项规定和省、市委实施办法等规章制度，扎实开展"四联五帮"、"135"县乡村干部大走访和联系特困家庭活动，"四风"问题进一步破除，干部作风进一步转变，为经济社会发展提供了坚强组织保障。

附：（一）齐河县委书记、副书记、常委名单

书　记： 魏洪祥（2013年6月离职）
孟令兴（2013年6月任职）

副书记： 王晓东　董庆新

常　委： 孟令兴　王晓东　董庆新　李文豪
滕俊国　沙淑红（女）　荣红智
李彬彬（女）　刘吉喜　张荣河
李　晗

（二）各乡、镇、街道党委书记名单

晏城街道　刘玉海
晏北街道　张　锐
表白寺镇　宋　利

安头乡	邢　涛
宣章屯镇	丁家勇
大黄乡	邵朱军
华店乡	祁传北
刘桥乡	杨孟斌
潘店镇	滕志刚
仁里集镇	张　炎
马集镇	宋善炎
赵官镇	陈　勇
胡官屯镇	缑文利
焦庙镇	汪志刚
祝阿镇	葛富义

中共陵县县委工作概况

陵县县委书记　马俊昀

2013 年,陵县县委深入贯彻落实党的十八大、十八届三中全会和习近平总书记视察山东重要讲话精神,紧紧围绕"三年翻一番,五年翻两番,十二五末跨入全省发达县"的奋斗目标,抢抓京沪高铁开通、德陵一体化、"一圈一带"、德州生态科技城建设等叠加机遇,团结带领全县广大党员干部群众,顽强拼搏、砥砺奋进,形成了经济快速增长、社会和谐稳定、事业全面进步、群众安居乐业的良好局面。

一、组织概况与党的建设

陵县辖 9 镇 3 乡 1 个省级经济开发区,1 个高新技术开发区、1 个马颊河生态岛,404 个社区(村),面积 1213 平方公里,人口 59.3 万。全县共有基层党组织 984 个,其中党委 29 个、党总支 9 个、党支部 946 个,党员 22890 名。一年来,我们始终把党的建设摆在同经济社会发展同等重要的位置,牢固树立以党建促发展、以发展强党建的理念,健全制度、完善体系、破解难题,进一步提升了各级党组织的创造力、凝聚力和战斗力。

(一)以党内民主带动人民民主,加强民主集中制建设　健全完善全委会、常委会、县委专题会议、政府常务会议等会议制度与议事规则。一方面,坚持集体领导、民主决策,凡涉及全县经济和社会发展的重大问题、重大工作部署、重要干部任免调动、重大建设项目安排等,都提交全委会或常委会讨论决定。另一方面,依托"三包一联"网格化党员干部直接联系服务群众工作平台,着力构建"大民主议事决策"格局,形成了"决策事项从群众中来,决策方案听群众意见,决策执行受群众监督,决策成效由群众评判"的决策、执行、监督新机制。

(二)健全完善惩防体系,加强党风廉政建设　教育引导党员领导干部充分认清全党上下抓勤俭节约、抓反腐倡廉的形势,看到党中央"老虎、苍蝇一起打"的力度和决心,自觉筑牢拒腐防变的防线。7 月份在全县开展了"廉政教育月"活动,充分运用警示教育、廉政党课等多种形式,教育引导广大党员干部自觉加强党性修养、恪守从政道德。严格执行中央八项规定、省委十条意见和市委八条禁令,并结合陵县实际制定了《关于厉行勤俭节约、反对铺张浪费的十条规定》,提出了"十个严禁"的具体要求。同时,健全完善了公共资源交易平台建设,坚持重大项目招投标制度。先后开展了老城改造和保障房建设专项检查、事业编招考跟踪监督、中央八项规定落实情况检查、工程建设领域突出问题专项治理、"庸懒散"专项治理等集中活动,

(三)勇于破解难题,加强基层组织建设　2013 年,投入资金 1506.7 万元,将社区支部书记报酬提高到 10421 元,比 2011 年的 2358 元提高了 8063 元。158 个社区(村)完成集体经济增收任务,超额完成 38 个社区(村)。从县直涉农部门和乡镇选拔了 50 名年轻干部担任"第一书记",进驻 50 个后进社区(村),全部实现了转化提升。建立了富路车业、普利森党委,全县"两新"党组织实现了全覆盖。与清华大学建立了对接合作关系,引进 4 名清华研究生到县直部门工作。实施了"英才引进工程",签约人才合作项目 11 个,引进中国工程院院士等高层次人才 11 名。

二、主要工作与成绩

2013 年,全县实现地区生产总值 226.9 亿元,同比增长 16%;地方财政收入 9.2 亿元,同比增长 14.7%;税收占地方财政收入的比重达到 81.9%,较上年提高 2.8 个百分点;社会固定资产投资 145.7 亿元,同比增长 20%;农民人均纯收入 11199 元,同比增长 16.8%。

(一)谋全局顶层设计,明确陵县发展的主攻方向　2013 年,我们提出"2353"的工作思路,即坚持"两个统领"(以"亲民爱民、执政为民"理念统领全县上下的思想和行动,以德陵一体化战略统领全县经济社会发展全局),开展"三提"活动(提速、提质、提效),打好"五大战役"(项目东区战役、马颊河生态岛战役、"4+2"产业园区战役、老城改造战役、"两区同建"和小城镇建设战役),打造"三个陵县"(富强陵县、品位陵县、幸福陵县),全力推动跨越发展、争先进位,得到了全县上上下下、方方面面的认可和支持,凝聚起全县干事创业的"正能量"。

(二)抓布局重点突出,"五大战役"取得丰硕战果　确立大兵团会战的工作推进机制,在五大平台上攻坚会战,打

响“五大战役”。一是德州项目东区招大引强、蓄势待发。项目东区不仅承载着陵县的高新技术产业,同时承载着德州生态科技城科技产业的希望。2013 年,共洽谈引进项目 41 个,意向投资 800 多亿元;共落地项目 23 个,总投资 138 亿元,包括投资 30 亿元的瑞冬低碳产业园、投资 11 亿元的创源科技项目等。二是马颊河生态岛拉开帷幕、初具形态。定位是通过做文化、做旅游、做生态,打造京沪高铁沿线的文化旅游明珠和德州市三次产业结构调整的战略平台。2013 年,启动了 12 平方公里核心区、凸显“岛”的概念的马颊河河道拓宽改造工程,总长 28 公里的中央核心区慢行路网竣工通车。理想镇·恺睿智慧中心、东方智慧养生苑、黑马城市综合体等 6 个项目开工建设。三是“4 + 2”产业园区山峰相映、焕发活力。入园企业达到 262 家,规模以上企业实现销售收入 680 亿元、利税 69.7 亿元,分别增长 25.7% 和 15.2%;工业用电量累计 6.31 亿千瓦时,增长 18.2%。恒丰、盛泽等 5 家企业场外挂牌,宏祥新材料、东方股份等 5 家企业引入私募,宏祥集团已进入上市辅导阶段,企业大面积的技改股改,为工业发展注入了新的活力。四是老城改造大拆大建、品位初显。探索了一条客观实用的老城改造模式:规划一次成型,集中连片开发,引进外商参与,依法征收拆迁。2013 年共完成投资 27 亿元,开工建设 7 大类 47 个城建项目,城市面貌实现较大改观。截至年底,已完成拆迁面积 130 万平方米,改造面积 5.5 平方公里,占 12 平方公里老城的 45.8%。五是两区同建和小城镇建设群众认可、良性发展。共开工社区 24 个,产业园区 36 个,整体拆迁 51 个村庄,流转土地 4.81 万亩。老百姓的生活条件明显改善、收入明显提高,农村基层组织明显强化。

在“五大战役”大力度推进的同时,其他各个“战场”也齐头并进、亮点纷呈。在农业上,粮食总产量达到 22.5 亿斤,实现“十一连增”,再获“全国粮食生产先进县”称号,赵润田和夏耕两位副省长先后在陵县召开农业现场会。在现代服务业上,开工建设了新东方商业广场和总投资 35 亿元的德尔利钢材物流园,该物流园建成后将成为华北地区钢铁行业最大的物流产业园区。在民生事业上,各类保障房开工 2049 套,开工率全市第一,全年重点民生领域财政支出占财政总支出的比重达到 70%。在信访工作上,继续深化完善信访工作的陵县模式,被省委、省政府授予“全省信访工作先进县”称号。

(三)重格局形成合力,全县一心共谋发展的氛围日益浓厚 县委统揽全局、政府高效落实,人大在抓好依法监督、政协在抓好参政议政的前提下,除一名副职负责日常工作外,其他全在“五大战役”第一线,形成了四大班子心往一处想,劲往一处使;团结和谐,高效有序;既有民主,又有集中;既有纪律,又有自由;既有统一意志,又有个人心情舒畅,这样一个能打硬仗、能驾驭复杂局面、能处理棘手问题的领导班子和工作氛围。

三、创新与经验

(一)比全国提前一年,超前开展了以“三包一联”为主要内容的党的群众路线教育实践活动 为进一步贯彻落实习近平总书记对陵县“亲民爱民、执政为民”的重要批示精神,2013 年 3 月开始,我们在 2012 年实行县委委员联系片区机制的基础上,探索实行了网格化党员干部直接联系服务群众工作机制,即“三包一联”:13 名县委常委和人大、政协党组书记包乡镇,55 名县委委员、候补委员和其他县级领导干部包片区,1048 名副科级以上干部包村居(社区),12368 名农村党员联系群众,实现对乡镇、片区、村居(社区)和群众的四个全覆盖。2013 年 6 月,姜异康、王军民、雷建国等省委领导对这一做法作出重要批示,要求在全省推广。

(二)探索出了一条在德州有影响、在全省其他地方有借鉴意义,既能维护全县的金融环境,又能维护广大职工利益,还能维护全县工业发展良好势头的企业解困成功路子 受经济大气候的影响,从 2010 年下半年开始,个别企业因资金链断裂陷入困境。2013 年,我们通过重组、破产、不良资产打包处置等几种创新方式,将风险企业控制到最少;将不良贷款率由 2010 年的 51.7%,降到 2013 年的 7%,被评为 2013 年度全市“金融工作先进县”、“企业上市工作先进县”。

(三)建立了党政干部有序进退流转的新机制 2013 年,我们分 4 个批次,对县直、乡镇部分党政正职和科级干部进行了调整。县委在实践中勇于坚持“以发展论英雄、凭实绩用干部”的用人导向,不搞论资排辈、不搞平衡照顾、不搞人情关系、不搞一团和气,真正调出了正气、调出了士气、调出了活力,实现了党政干部有序进退流转的科学化、制度化。

附:(一)陵县县委书记、副书记、常委名单

书　记:马俊昀(女)

副书记:齐永军　王　林

常　委:马俊昀(女)　齐永军　王　林　朱洪瑞　刘　芳(女)　李守学　吴士亮　沙　飞(回)　李爱民　杨炳超　王立勇

(二)各乡、镇、街道党委书记名单

临齐街道	王志超
安德街道	任　营
丁庄乡	王利民
边临镇	任　平
义渡口乡	刘　波
前孙镇	冯永军(回)

滋　镇	刘志国
郑家寨镇	李玉海
糜　镇	崔立民
于集乡	刘传银
宋家镇	李　强(回)
徽王庄镇	徐建平(女)
神头镇	张洪勇

中共临邑县委工作概况

临邑县委书记　景文新

2013 年，临邑县认真学习贯彻十八大及三中全会精神，以科学发展观为统领，积极拼抢全面深化改革和“一圈一带”战略机遇，优先发展工业，保障改善民生，加快转调步伐，提高质量效益，经济社会发展质效双优。实现GDP236 亿元、增长 12.5%，地方财政收入 10.8 亿元、增长 10.7%，固定资产投资 162 亿元、增长 25%，主要经济指标均位居德州市前列。省委副书记、省长郭树清和省委常委、省纪委书记李法泉先后来我县调研，对我县工作给予了高度评价。

一、组织概况与党的建设

临邑县共有 33 个基层党(工)委，其中乡镇(街道)党委 12 个，党总支 166 个，党支部 1370 个，党员 24424 名，其中农村党员 11366 名。全县 79 家非公有制经济组织和 11 家社会组织全部建立党组织，有党员 657 人。2013 年，县委继续把加强党的基层组织建设作为统揽全局工作的总抓手，按照“求实效、管长远、上水平、争一流”的思路，加快推动党建工作创新发展，全县基层党组织的凝聚力和战斗力不断增强。

(一)狠抓作风建设，进一步净化发展环境　认真贯彻落实中央八项规定及省市有关规定，制定出台《县委常委会改进工作作风密切联系群众实施办法》，县委常委带头落实八项规定，带头转变作风，加强调研，带头推行一线工作法，少开会、开短会、开解决问题的会；狠抓“四风”整治，开展了“厉行勤俭节约反对铺张浪费”专项行动，停办了槐花节、元宵烟花晚会及灯会，拍卖超标车、严格控制公车，执行禁酒令、限桌令等规定；贯彻落实机关作风建设“八条禁令”，共查处违规行为 12 起 26 人；开展“庸懒散”专项治理，通过行风评议和专项查办，有效提高了工作效率，形成了真抓实干、攻坚克难的浓厚氛围。

(二)狠抓基层党建，进一步夯实组织基础　加大党员干部培训力度，全年培训 1000 余人次。大力推进“三增一扶”建设，建立“三增一扶”村级组织运转保障机制，2013 年县财政投入专项资金 1865 万元，高出农村转移支付 83 个百分点，已有 71 个社区集体收入达到 10 万元以上，占全县总社区数的 40%。全面实施党员干部联系服务群众“百千万”工程，实现联系服务群众“全覆盖”。近 2 万名党员每人联系 5 户群众，解决群众反映问题 4878 件，为群众办实事好事 3648 件。

(三)狠抓制度建设，进一步强化教育管理　严格落实党风廉政建设责任制，出台《临邑县惩戒问责工作实施办法》，开展“送廉下乡”活动，2000 余名基层干部受到教育。制定出台《关于进一步加强和改进党员教育管理的意见》，执行党员入党“部门联审制度”，实行党员分类积分管理，落实“三会一课”和党员活动等组织生活制度，建立“双谈双看双促”领导干部全员谈话制度，推行社区“集中学习办公日”制度，实现党员干部队伍管理的制度化。

二、主要工作与成绩

(一)项目建设扎实推进　以十大工业项目、十大城建项目、十大民生实事为总抓手，实施了总投资 600 亿元的 81 个重点项目。1 个列入省重点，9 个列入市重点。投资 60 亿元的德宝路一期、50 亿元桦超化工、45 亿元的香港鸿盛高科技产业园、30 亿元的天鼎丰、30 亿元的天安精细化工产业园、20 亿元的朝阳新能源竣工投产。完成工业投资 95.08 亿元，增长 18.2%；技改投资 50.81 亿元，增长 28.3%；高新技术投资 31.86 亿元，增长 62.1%，均位于全市前列。

(二)优势产业培大培强　集中资源力量壮大石化产业，发展起以德宝路、恒源石化、桦超化工、索通发展为龙头的石化企业 80 多家。恒源石化销售收入 144 亿元、纳税 1.5 亿元，蝉联中国化工企业 500 强、中国制造业企业 500 强和山东省百强企业；索通发展连续五年荣膺全国碳素行业出口创汇第一和全市出口创汇第一大户，连续三年纳税过亿元。德宝路一期效益良好，桦超化工一期当年投产当年实现销售收入 20 亿元，两企业加快向百亿元挺进。全县碳四深加工能力突破 100 万吨，石化产业销售收入 500 亿元，力争 3 年时间过千亿元。

(三)二次创业深入推进　85% 以上的企业实现二次创业，承办了全省规划与技术改造工作座谈会，全县纳税过千万元的企业达到 31 家，其中过亿元 4 家；13 家列入市重点培植企业，全市最多。发展科技平台 127 个；市级以上高新技术企业达到 40 家，其中省级 12 家、国家级 2 家，全市领先；实现高新技术产值 180 亿元，占比提高 1.5 个百分点。

（四）招大引强效果明显 投资5亿元完善三大园区路水电等基础设施，西部经济开发区、东部高新区和北部大工业区形成三大增长极。提高招商质量，加大招商力度，引进了中建集团与桦超化工合作的三大项目、香港世纪高科园、朝阳新能源等25个过亿元项目。近几年，先后引进16家上市公司，8家国家级高新技术企业，10家中国驰名商标和5家中国名牌企业，成功对接中海油、中国建筑、中国供销、新兴际华四大央企。

（五）城乡建设成绩斐然 实施总投资50亿元的十大城建工程，三年修建城区道路50公里，改造城中村100万平方米，建设面积200万平方米，116栋高层建筑拔地而起。修整街道立面10万平方米，安装路灯3000余盏，改建便民市场5处，新增绿化面积120万平方米，新增花园式单位19家、花园式小区5家，成功创建省级园林城市，顺利通过省级卫生县城复审。

（六）金融保障持续发力 成为省金融创新发展试点县，全县金融贷款余额达到104.24亿元，增长27%，比2010年翻了一番；新增融资总额64亿元，其中辖内新增30.4亿元，各项金融指标继续走在全市前列。全县挂牌企业达到8家；天安化工间接登陆主板、增发4.7亿元，索通发展和峰宇面粉2014年上半年将分别在深交所和境外上市。

（七）现代农业快速发展 大力推进粮食高产创建，粮食总产92.9万吨，实现“十一连增”，连续七年获得全国粮食生产先进县，成为省现代农业示范区。积极发展新型经营主体，在全市率先建立家庭农场，基层党组织领办创办专业合作社的创新做法在全市推广。连续三年荣获全国生猪调出大县。总投资1.2亿元的小农水项目通过三年总验收，成功入选第五批小农水重点县，成为全市唯一的省高标准农田水利建设示范县。

（八）民生事业亮点纷呈 在2012年民生投入全市最多的基础上，2013年重点民生支出13.7亿元，居全市第一，跻身全国民生投入和财政管理200强，获得中央财政奖励。实施了总投资16亿元的十大民生实事，投资4.8亿元的城乡供水一体化工程正式通水；社会福利中心、130公里县乡村公路修建、县医院新门诊楼等工程顺利推进。居民储蓄余额达到106.8亿元，增幅居全市第一，比2010年翻了一番；新农合报销比例提高到75%，成为全国重特大疾病医疗救助试点县；城乡居民养老保险工作受到国务院表彰；高考成绩再夺全市各县市区第一，并在国家名牌高校上实现突破。坚持公开接访制度，实施绿色邮政“阳光信箱”，典型做法在全省推广。高度重视安全生产、食药安全，严格落实“一岗双责”，社会保持和谐稳定。

三、创新与经验

（一）树立抢抓机遇这一理念 坚持观大势、谋大事，深入学习十八大及三中全会、中央经济工作会议及省市等一系列会议对发展提出的新思想、新要求、新举措，吃透精神、把握方向，把临邑的发展放在全国、全省和全市发展大局中统筹规划，抢抓全面深化改革、加快转型升级和省“一圈一带”建设等战略机遇，超前谋划，准确定位，牢牢把握工作先机。尤其是在省“一圈一带”建设规划出台之后，我县迅速部署，抓一圈促一带，力求在“经济圈”中融合发展，在“隆起带”中率先崛起。引进了齐鲁制药、兰剑科技、山东交运集团等30余家大企业，总投资近百亿元。

（二）突出质量效益这一中心 在加快发展速度的同时，注重提高发展质量和效益。工业上坚持“三不”原则，不搞低水平简单扩大再生产，更加注重产品更新、技术装备升级；不一味求快，更加注重管理水平的提高；不过度负债，更加注重采取上市、挂牌、合作、并购等方式解决资金问题。挖潜改造、提质增效、优化存量，追求健康持续和有质量、有效益的发展；招商上不以数量比高低，要以质量论英雄，提高招商门槛，非大即高，招商选资、借力发展、做大增量，并逐步由注重工业项目调整为三产并重的格局；城乡建设上不搞运动式拆迁，既还旧账又兼顾长远，尊重规律，科学有序；民生上注重守住底线、突出重点、完善制度、引导舆论。发展质量明显提高，主体四税5.1亿元，税收占地方财政收入比重提高12.4个百分点；国税增幅50.9%，全市第一。

（三）坚持特色发展这一路径 坚持突出自身优势，集中优质资源，全力壮大石油化工产业，坚持壮大龙头，延伸链条，扩大规模，优化结构，举全县之力，加快打造千亿级绿色化工产业、全国最大的碳四深加工基地。打造优势企业集群，因企施策、梯队培育，壮大骨干财源群体。大力发展高新技术企业，坚持培植和引进两手抓两手硬，形成高新技术企业聚集区，以高新技术企业发展带动转型升级。

（四）秉承改革创新这一主线 把改革创新贯穿于各项工作，以改革稳增长、促转型、惠民生、保稳定；结合临邑实际，创造性的贯彻上级政策，创新发展资本市场、基层党组织领办创办专业合作社、公开接访“阳光信箱”、农村互助幸福院建设和社会福利中心“公办民营、管办分离”的运营模式等创新做法得到省市领导的充分肯定。

附：（一）临邑县委书记、副书记、常委名单

书　记： 景文新

副书记： 林春元　李　楠

常　委： 景文新　林春元　李　楠　杜朝生　郭永胜　王　胜　陈光春　乔云刚　王　成　马桂芳（女）　王作森

（二）各乡、镇、街道党委书记名单

恒源街道　聂志国

邢侗街道　赵　攀

临盘街道　王建华

临邑镇　张文彬

德平镇 张洪东
临南镇 蒋传军
林子镇 郑秋红
兴隆镇 刘　超
孟寺镇 王　刚
翟家镇 王　成
理合务镇 黄　斌
宿安乡 孟宪峰

中共平原县委工作概况

平原县委书记　马善军

一、组织概况与党的建设

平原县共有32个党(工)委,761个基层党支部,2.5万名党员。一年来,平原县委坚持改革创新、强基固本、狠抓落实,突出强班子、打基础、创亮点、转作风,不断提升组织工作科学化水平,为建设经济繁荣、社会和谐、可持续发展的幸福平原提供了坚强的组织保障。

(一)深化干部人事制度改革,领导班子和干部队伍呈现新活力　探索建立实绩导向干部选任机制,公开提名推荐产生县统计局和农机局局长,促进了干部选任科学化。组织对各乡镇、县直部门领导班子和班子成员年度考核测评,对13名挂职乡镇长助理进行考核,并民主推荐后备干部,了解掌握班子整体运行情况,建立后备干部人才库,对部分缺职县直部门班子进行补充。建立领导干部全员谈话制度,部长与640多名科级干部普遍开展谈心谈话,畅通了干部沟通交流渠道。开展"山东大学－平原大讲堂"活动,邀请14名山大专家教授开展专题讲座14期,累计培训各级各类干部5600余人次。

(二)坚持抓基层打基础,基层组织建设水平实现新提高　继续做好选派"第一书记"工作,发挥15名"第一书记"作用,15个村庄全部健全了班子,圆满完成黄水费征收、新农合筹资等任务。建立"三包双联五帮"网格化党员干部联系服务群众和结对帮扶困难家庭制度,全县28名县级领导、6000多名县乡机关干部联系乡镇、社区和自然村的困难党员和困难群众,结对帮扶困难家庭2901户,联系服务群众基本做到全覆盖。先后开展"四个一"、慰问困难户等集中活动,共走访群众9万多户,帮助解决实际困难5000多个,为群众办实事好事3000多件,帮助解决资金400多万元。

(三)围绕中心服务大局,人才强县战略成效进一步显现　研究出台了事业单位引进紧缺高层次人才实施办法、实施现代产业人才支撑计划等制度,公开选派14名优秀人才到企业挂职帮扶,促进人才县域内共享。探索"以项目聚人才、以人才促发展"的引才模式,共引进各类高层次人才150余人,其中,博士48名。国家著名新能源专家刘继忠、国家第七批"千人计划"创业人才许敏第等10多位知名专家来我县投资创业,为平原发展注入了强劲动力。加强对接合作,与山东大学签订合作协议,共同筹建山东大学科技创业园,打造科技成果转化平台。成立了"北美华人科技企业及创业协会平原站",建立了海外人才引进及创业基地。组织30余家企业,开展对接一所高校、解决一个难题、签订一份协议、联系一个专家、申报一项项目、转化一项成果"六个一"活动,引进创新团队5个,消化技术42项,解决技术难题60余个。

二、主要工作与成绩

2013年,平原县立足于打基础、谋长远,坚持以"转型升级、跨越赶超"为主题,以提高经济发展质量和效益为中心,对外开放合作,对内整合资源,加快发展循环经济,全县经济社会呈现出平稳健康、可持续发展的良好态势。全县实现地区生产总值200亿元,同比增长12.2%;全社会固定资产投资168亿元,同比增长17.8%;地方财政收入6.3亿元,同比增长42.7%。其中,税收收入占地方财政收入比重为83%,主体四税占地方财政收入比重为54%,同比分别提高13个百分点、4个百分点,经济发展的质量越来越好。

(一)转型升级步伐不断加快　坚持以实施"1515"工程为总抓手,即5年内培植10家税收过5000万元的企业、100家税收过500万元的企业,着力提升经济发展的质量和效益。2013年,全县纳税过3000万元的企业达到4家,过500万元的达到34家,分别比去年增加2家和6家。全年完成项目投资90.2亿元,同比增长20.6%。济铁(平原)物流园、嘉施利化肥、豪门新型材料、瑞茂兴业无纺布等33个过亿元项目顺利实施。累计签约项目63个,总投资370亿元,其中过10亿元项目7个。中远新能源、日升电子材料、天美电子、鸿荣电子等10多个科技型、成长型项目成功落户。森力啤酒、大蔡牧业、平原制药等企业,通过对外合作、兼并重组,实现了借力发展。

(二)生态文明建设加快推进　坚持用循环经济理念引领经济社会发展,重点依托阳煤(平原)化工、豪门新型建材、汉源生物质能发电等企业,初步构建起工业废弃物综合利用等方面的10条循环经济产业链。加快发展可再生能源,减少全社会的能源消费,引进实施了光热发电、光伏发电、屋顶太阳能发电等新能源项目,完成居住节能改造面积17.9万平方米。全力以赴做好海河迎查工作,投资4亿多元,高标准实施了44个重点项目,进一步夯实了促进环境改善的基础。

(三)城乡面貌显著变化　开发区基础设施建设不断加大,积极引入BOT、BT等建设模式,投资5亿多元,建设了北三环、东三环北延等8条道路、10座桥梁,“三纵三横”的框架基本构成,项目承载能力明显增强,为广大农村劳动力转移搭建了平台。两区同建建设速度加快,全县8处新建社区全部开工建设,22处续建社区加快推进;18处规模以上产业园区开工建设,33处规模以上产业园区规模不断扩大;全县13个乡镇(街区)有8个财政收入达到了2000万元以上。引进和培育农业龙头企业成果显著,肉鸭宰杀、龙飞生物、大蔡牧业、上海光明养牛场等项目顺利推进,进一步提升了农业产业化水平,实现农村劳动力就地就业和增收。同时,粮食生产实现“十一”连增,连续第3次被表彰为全国粮食生产先进县。

(四)社会保障扎实有力　在民生改善上,全县民生支出11.2亿元,占财政总支出的68.3%,保障房建设、学校规范化建设等民生实事顺利推进。在社会稳定上,积极探索建立了群工部,在处理农民工欠薪、集体突发性事件、信访难案积案等方面发挥了很大作用。扎实推进“社区六进”工作,全省公安局长会议观摩团到我县实地观摩。派驻乡镇检察室的“恩城模式”在全省检察机关推广,并引起全国广泛关注。

三、创新与经验

(一)探索了共有产权保障房建设的新模式　按照“宜补则补、宜租则租、宜售则售,补租售相结合”的原则,探索推行“产权共有”模式。在不改变廉租住房保障性质的前提下,采取由政府拿一块、群众出一块的方式共同取得房屋产权,解决低收入家庭住房困难问题,实现了廉租住房建设的可持续发展,受到群众的普遍好评。中央电视台《新闻联播》头条新闻,报道了我县“租售并举”共有产权保障房建设模式。

(二)探索了做群众工作的新路子　按照“维护群众利益、协调各方关系、切实解决问题”的原则,成立群众工作部。赋予群工部督促检查权、指导协调权、直接调配权、情况通报权、责任追究建议权等8项职权,选聘了45名“农村群众工作专员”,进一步畅通了信访渠道,提高了发现和控制矛盾纠纷的能力,及时化解了一批信访难案积案,为全县经济社会持续健康发展提供了坚强保证。

(三)探索了党员管理的新机制　建立党员能进能出机制,在13个乡镇(街区)开展“两推”试点,严把党员“入口”,研究确定不合格党员11类28条具体表现,选择13个村庄试点不合格党员处置工作,畅通党员“出口”,规范了党员发展管理。

附:(一)平原县委书记、副书记、常委名单

书　记:马善军

副书记:王洪霞(女)　袁志勇

常　委:马善军　王洪霞(女)　袁志勇　肖文昌　李　超　刘在军　谷举族　刘　辉　潘风雷　王继锋　曲智勇

(二)各乡、镇、街道、区党(工)委书记名单

开发区　孙传华
龙门街道　徐桂元
王凤楼镇　李海港
恩城镇　孙清军
张华镇　于春君
坊子乡　艾　涛
桃园街道　黄彦朋
王杲铺镇　王长文
前曹镇　邹曰亮
王打卦镇　刘有冰
三唐乡　赵玉振
王庙镇　田晓丽(女)
腰站镇　朱方刚

中共武城县委工作概况

德州市委常委、武城县委书记　张传忠

一、组织概况与党的建设

武城县共有20个基层党委,68个党总支,772个基层党支部,17996名党员。其中镇党委7个,街道党委1个,村级党组织189个,农村党员9444名。

(一)全面加强领导班子和干部队伍建设　创新工作机制,制定《关于建立领导干部全员谈话制度的实施方案》、《关于加强干部勤政督查考核工作的实施意见》,共约谈干部807人,在查处各类不勤政行为6起,有效防止了各类“庸懒散”现象。推进与省直单位干部双向挂职,争取6名中省直干部到我县挂职。实施干部教育培训“全覆盖”工程,培训干部3075人。建成全市首个综合性党员党性教育基地,培训各级党员群众5000余人次。

(二)全面加强党员队伍建设　按照发展党员工作“十

六字”方针和党中央提出的“控制总量、优化结构、提高质量、发挥作用”的新要求,开展发展党员工作,2013年共发展党员238名。按照网格化党员干部联系服务群众“一包三联一结对”工作方式,9名县委常委包镇街、45名县委委员和县级干部联系社区、3000多名机关干部和党代表联系党员、1.7万多名党员联系群众、规模以上企业结对联系困难企业,实现了五个覆盖。建立“驻村办公日”制度,开展各级党员干部送政策、送技术、送信息、送温暖、送和谐等“五送”活动。积极做好联系困难家庭工作,突出领导带头,建立长期长效帮扶联系,2166户困难家庭实现全覆盖,并为群众解难题办好事1300多件,投入资金近700万元。

(三)切实加强基层组织建设 扎实开展农村“两委”班子规范提升年活动,并选派40名县直部门干部担任后进村“第一书记”,提升农村班子建设水平。实施村级集体经济扩量年,55个立项社区(村)全面完成增收任务,工作完成率居全市首位。在全市率先探索“三无”社区增收难题,提出了土地回收、村企联合、部门帮扶、强村帮带、能人回归五种增收模式,首批确定的40个“三无”试点社区(村)集体收入全部突破5万元。继续深化“建组织、扩覆盖”活动,创新方法,健全机制,为“两新”组织党建“双百示范”创建活动奠定坚实基础,2013年高标准培树党建示范点22个。

二、主要工作与成绩

2013年按照“工业强县、民营兴县、民生安县、生态靓县”的总体思路,集中精力抓发展、齐心协力抓落实,开创了经济发展提速增效、群众生活改善提升、社会形势安定和谐的良好局面。全县实现GDP171.68亿元,增长12%;地方财政收入达到7.05亿元,同比增长19.3%,先后荣获“文化强省建设先进县”、“全省机电产品出口基地”等20余项省级以上荣誉。

(一)勇于担当,攻坚克难,创造了“武城速度” 创造了工业经济的“跨越速度”。全县完成固定资产投资141.67亿元,增长22.7%;工业技改投入占比达到49.3%,高新技术产业占比稳居全市首位。25个项目列入国家、省级盘子,13个市级以上工作现场会在我县召开。由世界轮胎16强、中国前3强玲珑集团投资108亿元的轮胎建设项目,一期工程9个月投产,二期工程即将竣工,“玲珑速度”享誉全市。纳税过百万企业增加25家,过500万元企业增加7家,20多家企业税收实现翻番。创造了基础设施“升级速度”。大屯水库、建德水库竣工蓄水,“双水源”供水成为现实,城乡供水一体化基本实现,圆了武城人民多年的“盼水梦”。德商高速开工建设,改写了武城没有高速的历史;13条县乡道路竣工通车,县域“十分钟”大路网全面贯通,开创了武城交通事业新纪元。

(二)扎实苦干,创先争优,打响了“武城品牌” 推进民生城建,打造起“宜居品牌”。不断完善城市功能,新建改造城区道路12条,铺设雨污管网19公里,投资5.2亿元的盐百购物广场提前三个月投入使用,成为周边规模最大、设施最先进的大型购物中心。启动运河文化、弦歌湖文化和状元文化等三大城市综合体建设,利用10多天时间完成3个村1000多户的拆迁任务,实现和谐、无震荡拆迁,奠定了良好的城建基础;“两区同建”扎实推进,6800余户群众乔迁新居。深化“三回”工程,打造起“武商品牌”。充分发挥武城民营经济发达、3万武商遍布全国的优势,深入实施以“人才回归、资金回流、创业回乡”为主要内容的“三回工程”,制定了《深入推进“三回工程”的若干意见》,成立了东三省、京津冀等区域性武商分会,吸引水星天元精密机械加工等20多个项目回乡建设,“武商经济”正在转化为“武城经济”。加快生态建设,打造起“靓丽品牌”。投资5亿元的运河古城文化风景区初具规模,四女寺景区对外开放,古贝春工业旅游园区晋升AAA级景区。顺应群众意愿,启动高新润农生产车间外迁工作,但企业总部设在武城、税收留在武城,实现了经济效益、环境效益、社会效益的“多赢”。深入推进三年大绿化行动,被评为“全省生态文明乡村建设先进县”,2个镇被命名为“国家级生态乡镇”。持续加大投入,打造起“幸福品牌”。11件为民实事全部完成,民生投入占财政支出比重超过70%。社会养老保险参保率达到99%,新农合参合率达到100%,低保对象应保尽保。扎实推进“平安武城”建设,社会形势和谐稳定,群众生活幸福安康。

(三)凝心聚力,团结实干,展示了“武城形象” 树立“团结实干”形象。城市建设、招商引资、优化发展环境等八项重点工作分管领导靠前指挥、一线调度,广大党员干部尽责履职、无私奉献,发展活力、内生动力全面迸发。塑造“积极进取”形象。抢抓“一圈一带”战略机遇,积极筹划储备项目494个,总投资2030亿元,已落实项目34个,争取各类资金10亿多元。彰显“互利共赢”形象。牢固树立“双赢、共赢、多赢”理念,为企业解决难题300多件,引进过亿元项目145个,实现了政府、企业、外商、群众“四满意”,县委、县政府的公信力不断提升。

三、创新与经验

(一)思想解放创新工作思路 坚持解放思想,确定了“工业强县、民营兴县、民生安县、生态靓县”的总体发展思路,明确“稳中求进、好中快进”工作原则,并按照“点线结合、分线作战”的要求将全县工作分为八项重点统筹推进,全县上下团结奋进、创新实干,创业热情不断迸发,经济社会发展实现新变化、新突破。

(二)发展工业壮大民营经济 坚持工业强县、民营兴县战略不动摇,按照“分类施策、梯次培植”的原则,在政策、资金等要素上倾斜,帮扶古贝春集团、玲珑集团、水星集团三大立县企业做大做强。全力以赴建设大项目、培植大企业、推进大招商、夯实大园区,切实让工业经济强起来、民营经济活起来,把产业优势转化为真正的优势产业。

(三)强化队伍激活发展动力 牢固树立"互利共赢"的思想理念,提倡让利于民、让利于企、让利于商,凝聚合力,加速发展。与时俱进,不断提高干部队伍驾驭市场经济和处理复杂问题的能力,明确"德才兼备,注重实绩,群众公认"的用人导向,把最优秀、最适合的干部放到最需要的岗位上。健全督查考核机制,将全程督查与不定期巡查相结合,倒逼进度,确保工作高效推进。持续优化审批程序,精简审批项目,提供"一条龙"服务,为经济社会跨越发展保驾护航。

(四)改善民生打造幸福武城 坚持民生优先导向,不断增加资金投入,重点抓好覆盖城乡、关系群众切身利益的"为民实事"工程,统筹推进教育、卫生、社会保障、社会稳定等各项事业,降低城镇化门槛,完善社会保障,扩大发展成果共享面,稳妥有序地加快幸福武城建设进程。

附:(一)武城县委书记、副书记、常委名单

书　记: 王立来(2013 年 6 月离职)
张传忠(2013 年 6 月任职)

副书记: 王胜强　马文国

常　委: 张传忠　王胜强　马文国　赵　华
王志强　井为民　季之岭　田志清
刘呈辉　乔咏梅(女)　谭清顺
冯　祯(挂职)

(二)各镇、街道党委书记名单

鲁权屯镇 田志清
武城镇 张义忠
老城镇 王德星
郝王庄镇 姚汝壮
甲马营镇 陈义太(回)
四女寺镇 张风江
李家户镇 王　芳(女)
广运街道 于春峰

中共夏津县委工作概况

夏津县委书记　王春利

一、组织概况与党的建设

夏津县现辖 12 个乡镇、2 个街道和 1 个经济开发区,314 个农村社区(村);共有基层党组织 1148 个,其中基层党委 28 个,党工委 2 个(县直机关工委、非公企业党工委),党员 23918 名,其中,女党员 3875 名。

(一)推进村社共建,突出抓好农民合作社党建 把农民合作社党建作为加强基层组织建设的突破口和着力点。聘请省农民合作社专家、原省农业厅巡视员慕永太为县政府顾问,定期进行指导。针对合作社技术培训、土地流转、融通资金等问题,制定集中扶持政策,成立合作社党工委和合作社联合社,建立合作社服务中心,为合作社提供一站式服务。60% 的合作社党组织成员加入理事会,既抓党建又抓发展,吸引 6.7 万户群众加入合作社,涌现出国家级示范社 4 个,省级示范社 4 个,市级 50 强合作社 9 个。

(二)破解党建难题,着力夯实基层基础 突出问题导向,从夯实基础、强化保障入手,促进基层组织规范化。全年基层组织建设投入 1111.4 万元,提高农村党支部书记补贴报酬,平均达到 1 万元。拨付 146 万元村级集体经济启动资金,超额完成发展村级集体经济任务。加强党员干部教育,组织 106 名领导干部到浙江大学进行思维创新与经济发展研修、组织 100 名农村干部到昆山市委党校接受素质提升教育。成立专家服务团开展农村党员轮训,依托农民合作社对 7500 多名农村党员进行"双育"(党性教育和技能培育)培训。

(三)密切联系群众,实行全覆盖、亲情化服务 认真落实市委网格化联系服务群众制度,强力转变干部工作作风,大力推行"三三制"工作法(即机关干部三分之一下基层、大走访,三分之一到一线、抓项目,三分之一留机关、保运转),12812 名"两代表一委员"、机关干部深入乡村察实情、讲真话、解民忧,实现联系无缝隙、全覆盖。共发放联系卡 13 万张,投入资金 580 万元,为群众办实事 6457 件。针对群众反映比较集中的意见和问题,投入 15.8 亿元组织实施十件惠民实事,着力解决教育、医疗、养老等最直接最现实的民生问题,真正让群众得到了实惠。

(四)突出品牌创建,统筹推进各领域党的建设 积极打造"三化一型"(区域化、规范化、品牌化和服务型)非公企业党建模式,企业党组织、党员作用得到充分发挥,这一做法在《山东信息》刊发推广。积极创建"群情众意、信通访合"、"扎根沃土、情系三农"等机关党建服务品牌,规范服务行为,打造服务特色。从县直部门选派200名"第一书记"到社区(村)开展工作,帮助抓班子、强队伍、促发展,每周组织开展政策解读、党群谈心、文化宣传、现场办公、义务劳动等活动,丰富帮扶内容,确保工作实效。

二、主要工作与成绩

2013年,继续坚持"一二三四"的总体思路,奋战三个一年,决胜九大战役,经济社会发展各项工作都取得丰硕成果。在德州市科学发展综合考评中名列第七,夺得进步奖第一名,得到上级的肯定和认可;在全市群众满意度调查中获得第二名,赢得群众的满意和赞许。

(一)经济发展健康运行,质量效益同步提升 2013年,全县实现GDP168.6亿元,增长12.8%;全年实现财政总收入9.12亿元、地方财政收入6.52亿元,分别增长14.8%、19.1%;全县税收占地方财政收入的比重达到80.2%,提高6个百分点,收入质量全市前列。全县规模以上工业增加值、利税分别实现115.3亿、72.1亿,分别增长14.9%和18.3%。三次产业结构调整为12.2:53.9:33.9,现代服务业实现新突破,第三产业实现增加值57.2亿元,增长15.1%;进出口总额完成6200万美元,增长84.4%。

(二)招商民营双轮驱动,产业支撑转型升级 全年新建续建亿元以上项目47个,总投资达150亿元。以仁和纺织15万纱锭项目、发达30万吨小麦深加工项目为代表的传统产业加速升级;以万兴新能源、宏飞五色彩印、海江压滤机等项目为代表的新兴产业加快膨胀;以德百温泉度假村、万景养老养生基地为代表的现代服务业异军突起。德百温泉度假村项目,投资100亿元,一期已运行营业,打造华北最大、全国前十的精品温泉度假基地;万景养老养生基地项目,投资20亿元,塑造全国连锁养老服务第一品牌,建设养老、养生、养心的胜地。

(三)城乡建设规划先行,县域面貌日新月异 委托华中科技大学规划研究院编制《夏津县现代城镇体系规划》,拉开了新一轮城乡发展的大框架。投资150亿元的五大类36个城建项目快速推进,德百、亿丰、四季城、弘康苑等标志性城建项目拔地而起。农村两区同建稳步推进,56万平的新型社区建成启用,4000多户农民欢天喜地搬入新居。城乡路网、水网、绿网快速提升,新建、拓展主要道路13条,改造背街小巷6条,升级2条县乡路,硬化65公里村村通及村内街道。

(四)民生改善大笔投入,幸福指数大幅提高 2013年全县民生投入达12.6亿,占财政预算总支出的80%。教育投入占民生支出的31%,实现省级标准化幼儿园全覆盖。投资3000万元的残疾人康复中心和服务中心投入使用,投资2300万元的残疾人托养中心、投资3900万元县养老服务中心、投资4000万元的康泰颐养院主体完工。投资2.3亿元的青年河湿地等11个重点治污工程已全部运行,水污染防治体系不断完善。信访稳定、社会治安、安全生产、食品药品安全工作不断深化,群众安全感普遍提高。

三、创新与经验

(一)围绕提升整体水平,着力构建三大体系 通过健全现代产业、现代城镇、现代干部管理三大体系,推动全县各项工作快速发展。实施重点项目攻坚年,打好招商引资大提速、民营经济大提效、园区建设大提质三大战役,围绕培植壮大棉纺织、油品、食品、机械制造、生态旅游五大产业,加快构建现代产业体系。抢抓城镇化的重大机遇,实施城乡建设突破年,打好城乡面貌大改观、两区同建大提升、社会管理大创新三大战役,加速构建现代城镇体系。实施干部作风转变年,打好为民全覆盖、务实提效能、清廉树新风三大战役,加快构建现代干部管理体系。

(二)围绕提高廉政效果,试行同级纪委述廉 作为全市县级党政班子向同级纪委述廉工作首个试点县,开展县级党政领导班子向同级纪委述廉工作。结合夏津实际,制定了述廉试点《实施方案》和《述廉民主评议票》,召开培训会对全体纪委委员进行集体培训。副县级以上领导干部分别结合各自工作实际述廉,现场答复县纪委委员的质询问题,并进行民主测评。民主测评后,对评议反映出的问题进行反馈,由述廉同志认真制定整改方案,明确整改要求、具体措施和完成时限,确保同级述廉效果。

(三)围绕优化发展环境,创设政务服务中心 将33个部门、230个事项纳入政务中心集中管理,内容涵盖便民服务、企业设立、建设项目审批、公共资源交易四大板块。申请事项全部纳入民众与党纪的双重监督。实行"一窗受理,全程领办",企业到政务服务中心办事,受理人员引领申办人到相关单位办理各项审批手续,并负责全程领办、督办和服务。单位受理后限时办结,电子监察系统全程跟踪监察。

(四)围绕解决三农问题,创新基层党建模式 针对农村基层组织和农民群众致富脱节等问题,因地制宜地在154个合作社建立了党组织,把党组织的政治领导、政策引导、发动群众等优势,同合作社的技术、信息、市场、资金等优势有机结合起来,在全县农村创建并推广"党支部+合作社"模式,作为农村工作总抓手,有效解决了农民增收难、农业层次低、基层组织弱、集体经济小等难题,为提升三农工作水平趟出了新路子。

附:(一)夏津县委书记、副书记、常委名单

书　记:王春利

副书记:才玉璞　张长臣

常　委:王春利　才玉璞　张长臣
张志芳(女)　张海辉　王跃华

谢德安 陈廷国 魏先军 莫 军
栾玉勇

(二)各乡、镇、街道党委书记名单

银城街道	王成华
北城街道	韩富江
南城镇	李卫东
东李官屯镇	黄增华
苏留庄镇	滕际东
新盛店镇	许士军
郑保屯镇	刘永强
白马湖镇	韩以广
雷集镇	刘景坡
宋楼镇	曲传增
香赵庄镇	赵万军
双庙镇	高新生
田庄乡	杨秀英(女)
渡口驿乡	(空缺)

中共庆云县委工作概况

庆云县委书记 侯有喜

2013年,庆云县委在上级党委的坚强领导下,深入贯彻落实党的十八大和十八届三中全会精神,坚持以科学发展观为指导,按照"继承发展、创新跨越"理念和"干实事、干好事、干正事、干大事;提高境界、提高效率、提高群众满意度"的工作要求,积极抢抓"一区一圈一带"政策叠加机遇,大力实施"1356"工作战略,干事创业、拼命实干,经济社会实现了又好又快发展。

一、组织概况与党的建设

庆云县现有19个基层党(工)委,其中乡镇(街道)党委9个,县直机关和企业党(工)委8个,非公有制经济组织党工委和社会组织党工委各1个;党总支23个,党支部568个,其中农村支部158个;党员14041名,其中农村党员7705名。2013年,围绕党的建设,重点抓了以下几方面工作。

(一)创新载体转作风,密切党群干群关系 实行"万名党员干部联系服务群众,转作风提能力办实事促发展"工作机制,全县1万余名党员、机关干部与6.3万户群众建立直接联系,1192名机关干部与1330户困难家庭结成帮扶对子;建立"工作事项协调处理机制",明确联系服务群众"八不准",帮助群众解决实际问题270余件;在全省率先成立民情局,畅通群众诉求渠道,实现了知民情、解民忧、汇民智的有机统一。

(二)多措并举促增收,壮大村级集体经济 成立了发展村级集体经济工作领导小组,创立"新风公益基金",用民间资金办理村级公益事务,对49个立项社区(村)党支部书记进行了专题培训,为158个社区(村)编发了《发展村级集体经济典型做法汇编》。2013年,49个立项社区(村)集体收入全部达标,全县完成率达到41%。

(三)抓好服务强管理,巩固基层党建基础 农村干部待遇大幅提升,社区(村)支部书记年平均报酬达10662元,村级办公经费平均12800元,有力保障了村级组织的正常运转;"第一书记"作用充分发挥,全年74名省市县乡"第一书记"争取和投入帮扶资金、物资累计1100余万元;村级活动阵地持续夯实,将新风公益基金筹集、孝德评选等纳入活动场所使用范围,提升了场所利用率。

(四)创新制度促提升,规范"两新"组织党建 以被列入全省第二批县委书记项目为契机,健全完善"两新"组织党建与业务工作双向互动机制,全县12个党建指导站全部规范提升"一厅两室一站一台"布局;积极开展"两新"组织"双十"示范点建设,明确非公企业党费返还、党建经费税前列支等制度,为非公党建开展筑牢了经费保障。

(五)优化结构提能力,加强党员教育管理 实行联合审查制度,严格按照年龄、文化、性别比例结构发展党员,注重向农村、"两新"组织等基层一线倾斜,把牢党员队伍入口关。2013年举办培训班2期,发展党员176名。

二、主要工作与成绩

(一)发展思路更加完善 坚持干实事、干好事、干正事、干大事,创新提出了"1356"工作战略,即围绕"实现富民强县、美丽幸福庆云梦"总目标,着眼"经济实力、城市功能、民生福祉"三个跨越,突出"发展大工业、提振大市场、开拓大旅游、建设大庆云、改善大民生"五大重点,强化"突出招大培强、加快开发区建设,推进农业产业化,维护社会稳定,优化发展环境,创新落实机制,严格考核奖惩"六项推进措施,成立了工业和招商等七大工作推进指挥部,得到了全县人民的一致拥护,庆云大地掀起了跨越发展的澎湃热潮。

(二)发展势头更加强劲 工业总量膨胀壮大。投资16亿元的沈阳机床产业园、投资8亿元的12万吨再生铜循环利用等39个新引进项目开工建设,由央企投资的航天新材料二期、与三星合作的万恒电子二期等33个扩产项目加快推进,中澳集团、金诺集团跻身国家级"守合同重信用"企业行列,新材料、装备制造、农产品加工、电子信息等优势产业蓬勃发展。商贸物流增创优势。强力实施提振大市场战略,启动建设2.63平方公里的庆云"中国城"项目,全面奏响了市场二次创业战役的号角。文化旅游特色彰显。以海岛金山寺景区扩建为重点的一批景区景点加快建设,"北方旅游胜地"品牌效应不断提升,成功通过省旅游强县复核验收。城乡一体步伐加快。205国道改造示范工程通过国家核查验收,"乡村文明行动"、城乡环境综合整治深入开展,碧水绕城全面贯通,德惠新河清淤、小农水项目获评优秀等级,两区同建扎实推进,全县新开工社区5个,培育示范产业园区12个,新增土地流转3万亩。民生福祉持续改善。惠民十大工程全面完成,投资8亿元的云天职业技术学院规划启动,投资10亿元的背压式热电联产项目开工建设,投资1.2亿元、设计库容990万立方米的双龙湖水库加快推进,在全省率先成立民情局,全年民生支出9.4亿元,占财政总支出的71%,人民群众幸福感、满意度大幅提升。

(三)发展保障更加有力 发展环境持续优化。严格落实"八条禁令"和《关于进一步优化发展环境的意见》,成立了"经济110"环境投诉中心,一站式政务服务中心投入使用,政务中心"阳光廉效360"荣获山东省服务名牌并在全省推广。社会大局和谐稳定。高度重视信访维稳、安全生产等工作,推动各级干部由一岗双责向一岗全责转变,平安和谐边界、"天网工程"全面深化,全县呈现出政通人和、欣欣向荣的大好局面。党的建设全面加强。深化完善"双谈双评双管"长效机制,与南开大学滨海开发研究院签订了战略合作协议、设立滨海开发研究院分院,多次组织党员领导干部赴北京大学、天津工业大学接受高端培训,被中组部批准为"加强干部日常管理监督工作示范点",县委班子内部制度建设典型做法在全省推广。

三、创新与经验

(一)坚持加快发展不动摇 发展是科学发展观的第一要义。由于特殊的县情、特定的发展阶段,尽管庆云发展年年都有新变化、一年更比一年好,各项工作都迈上了新台阶。但不容避讳的是,庆云仍是欠发达县份,最大的问题仍然是经济总量小。这种情况下,我们咬定发展不放松,把发展的大旗举得更高,把发展的氛围造得更浓,把发展的措施抓得更实,以大目标、高标准、快速度,深入实施"1356"工作战略,全力推动经济社会实现科学发展、跨越发展!

(二)坚持改善民生不动摇 坚持"民生工作无小事、事事关系群众心,抓好民生才是真正执政为民"理念,把全县工作落脚点放在改善大民生上,投巨资、下大力启动实施和投入使用了双龙湖水库、集中供热、庆云一中新校区等一批民生工程,真正做到了富民优先、成果共享,受到广大群众的由衷赞誉。

(三)坚持"三提"、"四干"不动摇 提高境界、提高效率、提高群众满意度"三提",是干部作风建设的要求,干实事、干好事、干正事、干大事是全县干事创业的方向。围绕"三提"、"四干",全县上下发扬"五加二、白加黑、晴加雨"的战斗作风,不分昼夜、全力以赴,经常性地召开"黎明会"、"夜晚会",甚至通宵达旦安排工作、推进工作,为重点工作推进提供了有力保证。

(四)坚持改革创新不动摇 改革力度有多大,发展步子就能迈多大;创新能量有多强,发展动力就有多强。始终把改革创新贯穿于经济社会发展各个领域各个环节,抢抓"一区一圈一带"政策红利,争取资金支持;全面深化对接央企名企,推动了航天碳材料基地二期项目快速建设;高度重视创新型人才建设,与南开大学滨海开发研究院签订了战略合作协议,设立滨海开发研究院分院,打造庆云版高端智库。

(五)坚持团结协作不动摇 团结协作是干好工作的前提基础。县几大班子精诚团结、步调一致,干部群众心齐劲足、协力共进,全县上下群情振奋、共谋发展,形成了加快发展的强大合力,有力推动了经济社会各项工作持续健康发展。

附:(一)庆云县委书记、副书记、常委名单

书　记: 刘长民(2013年7月离职)
侯有喜(2013年7月任职)

副书记: 许　健　高善玉

常　委: 侯有喜　许　健　高善玉　李　勇
苏兰武　李松叶　王玉东　赵作勇
张　蕾(女)　温福顺

(二)各乡、镇党委书记名单

庆云镇	刘如伟
常家镇	靳德民
尚堂镇	柳　骁
崔口镇	王建岐
东辛店镇	乔玉华
中丁乡	刘　伟
徐园子乡	张　军
严务乡	王泽起

聊 城 市

中共东昌府区委工作概况

东昌府区委书记 李小平

一、组织概况与党的建设

东昌府区辖7镇、5街道、2个工业园区，总面积841平方公里，人口75.3万。全区共有基层党组织1598个，其中，党委30个，工委3个，党总支149个，党支部1416个，党员32011人。2013年，东昌府区以党的十八大和十八届三中全会精神为指导，坚持党要管党、从严治党，全面加强党的思想、组织、作风、制度和反腐倡廉建设，党的建设科学化水平不断提升，基层党组织和党员队伍建设明显加强。

(一)加强领导班子和干部队伍建设 大力加强理论武装，突出抓好干部教育培训。充分发挥区委党校、党员干部人才教育基地的培训主阵地作用，通过举办专题培训班、东昌论坛、名师送教等方式，全面提高党员领导干部的素质和本领。共举办各类培训班79期，培训1.5万人次。

(二)加强基层组织建设 深入开展"双联共建"活动，实现了所有村(居)"双联共建"工作组和"第一书记"全覆盖。深入开展"党员干部联系困难家庭"工作，与困难群众结成帮扶对子813对，为群众解决实际困难1200余件(次)。加强村级组织活动场所建设，244个新建场所已全部完工并投入使用。广泛开展"党员进社区"活动，社区、非公有制经济组织和社会组织党建工作覆盖率进一步提高。

(三)加强党的作风建设 认真贯彻落实中央和省市关于改进工作作风、密切联系群众的有关规定，制定出台了《关于改进工作作风密切联系群众的实施办法》，全区广大党员干部的工作作风进一步好转。下发了《关于贯彻落实习近平同志关于厉行勤俭节约反对铺张浪费重要批示的通知》，坚决杜绝公款浪费现象。成立了整肃机关纪律作风联合督导组，加强"庸懒散"治理力度，机关工作效能进一步提升。积极开展以为民务实清廉为主要内容的党的群众路线教育实践活动，成立了党的群众路线教育实践活动领导小组，精心组织开展"纪检干部学白云、组工干部学孔繁森"活动，确保规定动作不走样、自选动作有创新，活动取得了明显实效。

(四)加强党风廉政建设 坚持标本兼治、综合治理、惩防并举、注重预防的方针，认真落实党风廉政建设责任制，惩防体系进一步完善。加强廉政文化精品工程建设，着力营造廉政教育和廉政文化氛围，党员干部廉洁自律意识明显增强。加强"我承诺、我清廉"廉政承诺体系建设，建立健全廉政承诺体系长效机制。加大案件查处力度，严肃惩处违法违纪行为。全区纪检监察机关立案96件，处分101人。

二、主要工作与成绩

2013年，东昌府区深入学习贯彻党的十八大、十八届三中全会以及习近平总书记一系列重要讲话精神，按照"东融西借、跨越赶超，建设冀鲁豫三省交界科学发展先行区"的战略部署，牢牢把握主题主线，转轨提速、冲锋陷阵、攻坚克难，全面完成了区十二届四次全会确定的年度目标任务。全区生产总值实现242亿元，同比增长10.2%；地方公共财政预算收入完成25.1亿元，同比增长25.07%；固定资产投资完成164亿元，同比增长20.6%；城镇居民人均可支配收入达到26087元，农民人均纯收入达到10125元，同比分别增长10.1%和13.9%。先后获得"全国群众体育工作先进单位"、"全国粮食生产先进县"、"全国科技进步先进县"、"全省服务业发展先进城区"等荣誉称号。

(一)经济结构得到新优化 凝神聚力突破工业，积极开展企业"二次创业"，工业经济实力显著增强，主营业务收入过亿元的企业达45家，利税过千万元的企业达40家，实缴税金过千万元的企业达10家，其中天工岩土全年实缴税金突破亿元大关。全面拓展领域，服务业繁荣发展，市场商贸等传统服务业加快提升，文化旅游业竞争力不断提高；现代物流、金融保险等现代服务业积极拓展，区农信社顺利完成改组，成立了区属第一家银行—聊城农商银行。大力发展现代生态农业，农村经济稳步增长，粮食总产达到67.6万吨，实现"十一连丰"；蔬菜、林果、畜牧、水产等四大主导产业的规模效益稳步提升。

(二)城乡建设取得新进展 坚持利民惠民，积极推进棚户区改造工作，全年共完成征迁面积350多万平方米，是历史上拆迁量最大、进度最快的一年。着力加快村镇建设，建设农村社区23处、农村新居8500户。牢固树立"市区一体"意识,圆满完成了柳园路拓宽改造、昌润路南延、德商高速等二十多个国家、省市重点项目建设的征地搬迁工作,特别是在"五环工程"建设工作中,仅用一个多月的时间就全面完成了涉及58个村庄、2230户居民、135家企业、6000多亩土地的征迁任务。

(三)对外开放呈现新局面 招商引资成果丰硕,投资过亿元的项目达到83个,其中10亿元以上项目9个,特别是成功引进了投资65亿元的华耀钛合金等大项目,在招大引强上实现了历史性突破。坚定不移地推进重点项目建设,开工建设了安托山稀土永磁电机、天开钨业等一批投资过10亿元的大项目、好项目,经济发展的支撑带动作用明显增强。

(四)破解瓶颈取得新突破 坚定不移地推进土地增减挂钩和标准化厂房建设,共完成土地增减挂钩拆旧2560亩,复垦1542亩;建成标准化厂房210万平方米,均超额完成市委、市政府下达的工作任务。

(五)民生事业得到新改善 全区用于教育、医疗、社保等民生支出达19.4亿元,占财政支出的71.6%。向社会承诺的教育提升、就业促进、健康惠民、社会保障、百姓安居五大民生工程全部兑现。

三、创新与经验

(一)推动跨越赶超必须明确发展路径 区委十二届四次全会按照聊城市委、市政府"东融西借、跨越赶超,建设冀鲁豫三省交界科学发展先行区"的战略部署,展开了"八大富民强区工程"和"五大保障"的工作布局,经济实力、发展质量得以快速提升。特别是我们通过抓工业、抓招商、抓项目,区财政实力显著增强。全区上下跨越赶超的信心和决心更加坚定。实践证明,区委十二届四次全会提出的发展思路完全符合科学发展、跨越赶超的要求,完全符合东昌府区实际。

(二)推动跨越赶超必须敢于攻坚克难 面对土地增减挂钩工作、棚户区改造、"五环工程"建设、标准化厂房建设等"急、难、险、重"任务,咬定目标不放松,攻坚克难求突破、万众一心促跨越,主动作为,埋头苦干,奋勇争先,圆满完成了各项工作任务。实践证明,只有勇于攻坚克难,敢于迎难而上,善于破解难题,才能在重重荆棘中闯出一条新路子、攻克一个又一个堡垒。

(三)推动跨越赶超必须高度关注民生 大力实施教育、医疗、社会保障等一系列民生工程,真心实意为群众办实事、解难题,集中解决好群众反映最强烈、要求最迫切的问题,人民群众增强了自信心和归属感。特别是在棚户区改造、土地增减挂钩等工作中,广大人民群众顾全大局、鼎力支持,成为跨越赶超最坚强、最可靠的保障。实践证明,只有尊重群众意愿,顺应群众期盼,真心为民谋利,才能充分激发和调动广大群众的积极性、创造性,科学发展、跨越赶超才会有持久动力和牢固基础。

(四)推动跨越赶超必须坚持团结大局 全区上下牢固树立大局意识,区几大班子团结一心、步调一致,各级领导干部率先垂范、任劳任怨,广大群众人心思上、人心思进,以强大的合力、坚韧的毅力、顽强的精神推动工作,创造了一流的工作业绩,展现了东昌府区干部群众的良好精神风貌。实践证明,团结出生产力,只有团结一心,共同奋斗,才能开创各项工作的新局面。

附:(一)东昌府区委书记、副书记、常委名单

书　记:李小平

副书记:孙孟来　毕黎明　赵长久(女,挂职)

常　委:李小平　孙孟来　毕黎明　赵长久(女,挂职)　吴润昌　刘培国　李　凯　黄性利　吴广海　柳玉兴　张全堂　张丹青(女)

(二)各镇、街道党委书记名单

古楼街道	张　亚
新区街道	梁满峰
柳园街道	张月莲(女)
闫寺街道	王　章
道口铺街道	庞庆法
沙镇镇	程书利
堂邑镇	朱凤瑞
斗虎屯镇	于丙凯
梁水镇镇	时宏伟
张炉集镇	孙占山
郑家镇	李钦广
侯营镇	韩　冰(女)

中共临清市委工作概况

临清市委书记　王建鹏

一、组织概况与党的建设

临清市共有基层党委47个,其中镇(街道)党委16个,市直及驻临单位党委31个;党总支60个,党支部1393个;党员33388名。

2013年,临清市委认真贯彻落实党的十八大和十八届三中全会精神,牢牢把握加强党的执政能力、先进性和纯洁性建设这条主线,深入开展强化党的群众路线、建设"服务型党组织"活动,全面提升党的建设科学化水平,各级党组织的创造力、凝聚力、战斗力进一步增强。

(一)突出党员干部这一主体,着力提素质强队伍　按照创建学习型党组织要求,把学习宣传贯彻党的十八大、十八届三中全会精神和习近平总书记系列重要讲话作为主要内容,全年共举办培训班8班次、运河名城大讲堂13期,培训干部8000余人次。认真贯彻德才兼备、以德为先用人标准,建立完善了双向约谈、干部选拔任用风险预警和全程记实等制度,制定了科级领导班子、领导干部年度考核暂行办法,对公检法干部队伍进行了调整,进一步增强了选人用人公信度。

(二)突出基层党建这一重点,着力夯基础增活力　大力开展农村党员纯洁性教育活动,增派247名优秀党员干部到村担任"第一书记",并严格执行村级目标管理"六步工作法"及无职党员设岗定责,强化村级组织活动场所建设,村级党组织建设进一步夯实。深入实施非公有制经济组织和社会组织"四强联动"工程,大力开展党员参议会、"红旗先锋生产线"创建等活动,促进党建与生产经营有效融合,取得了明显成效,这一做法被列为全省第二批基层党建"县委书记项目"。全市110个市直部门全部确定了"双联共建"村居,实现了城乡联动一体发展;新建"两新"组织党支部93个,实现了党的组织全覆盖。

(三)突出践行宗旨这一根本,着力转作风树形象　严格落实中央八项规定和各级实施办法,制定实施了市委常委会关于改进工作作风密切联系群众的实施办法,在全市各级大力开展"转作风、提效能、促跨越"集中整顿活动,在纪检和组织部门率先开展了党的群众路线教育实践活动,深入查改"四风"方面问题,促进了党员干部作风转变。同时,在市级领导干部中深入开展改进工作作风密切联系群众"五个一"活动,在全体党员干部中大力开展联系困难家庭等活动,进一步密切了党群干群关系。

(四)突出反腐倡廉这一保障,着力严纪律正风气　认真落实党风廉政建设责任制,健全党员领导干部定期报告个人重大事项、严禁婚丧喜庆事宜大操大办等制度,并组织开展了清退会员卡、清理腾退超标办公用房、治理"庸懒散"等工作,进一步规范了领导干部廉洁从政行为。着力强化纪律作风和厉行节约监督检查,组织集中督查和不定期暗访,形成了正风肃纪、反腐倡廉的强大正能量。

二、主要工作与成绩

2013年,临清市委按照聊城市委十二届四次全会关于"东融西借跨越赶超,建设冀鲁豫三省交界科学发展先行区"的战略部署,确定了三年在全省县域经济考核中"进五争十"、在聊城建设冀鲁豫三省交界科学发展先行区的进程中当标兵作表率的奋斗目标,抢抓"一区一圈一带"政策机遇,深入实施"四化"战略,转轨提速,加压奋进,真抓实干,跨越赶超三年攻坚战首战告捷,促进了经济社会平稳较快发展。全市生产总值完成335.8亿元,三次产业比例调整为6.7:60.5:32.8,公共财政总收入完成21亿元,其中地方公共财政收入13.5亿元,固定资产投资完成208亿元,城镇居民人均可支配收入和农民人均纯收入分别达到22130元、9946元。荣获中国轴承贸易之都、全国法治县创建活动先进单位、全国"一事一议"规范管理县、全省信访工作先进单位、省级文化生态保护实验区等多项省级以上荣誉称号。

(一)坚持大投入快建设,筑牢跨越赶超新基础　深入开展大项目突破年活动,144个重点项目完成投资176亿元,中色奥博特年产10万吨铜管、华兴纺织50万锭紧密纺一期等45个项目建成投产。实行全员抓招商,签订合同项目110个,引进投资过亿元项目38个,到位资金88.2亿元。全力破解项目建设瓶颈,在齐鲁股交中心挂牌企业达到11家,列全省第二位;扎实开展土地增减挂、窑厂复垦和土地挖潜,腾出土地指标2942亩。

(二)坚持转方式调结构,增创跨越赶超新优势　全力加快新型工业化进程,推动传统产业高端化和新兴产业规模化,新增规模以上企业41家、达到442家,利税过千万元的企业110家、过亿元的15家。积极引导企业"二次创业",新增中小企业370家、个体工商户2100户。自主创新能力不断增强,高新技术产业产值占比提高2.5个百分点。繁荣发展现代服务业,服务业地税收入占全市地税收入的57.5%,增加值占GDP的比重提高2个百分点。大力发展现代农业,聊城市级以上农业产业化龙头企业达到52家,"三品一标"总数达到43个,土地确权工作经验在全省推广。加强生态文明建设,大力发展循环经济、低碳经济,节能减排成效明显,顺利通过2013年国家海河流域水污染防治考核评估。

(三)坚持抓城建优环境,搭建跨越赶超新平台　着力推进城乡一体发展,城镇化率达到52%,城镇人口突破40万人,城区和镇驻地详规覆盖率达到98%、70%。加快实施“南展东扩”战略,南部新区初具规模,发展框架进一步拉大。城乡新居建设稳步推进,元明运河环境整治工程顺利完成,14个城中村和棚户区完成拆迁135万平方米,13个新型农村社区建设稳步推进,城乡环境面貌明显改善。加快完善基础设施,对总长35公里的城区11条主干道进行了建设改造,配建雨污管网75公里,工程量达到近年来城区道路建设总量的3倍多;新增绿化面积105万平方米,城区绿化率达到42.3%;南水北调临清段试通水,省道S257、S259临清段竣工通车,德商高速临清段进展顺利,城市综合承载力明显增强。

(四)坚持惠民生保民安,凝聚跨越赶超新合力 实施“民生优先”战略,十大惠民工程全部落实,群众满意度不断提高。新增城镇就业1.5万人;高考本科录取率蝉联聊城市第1位,新建改建校舍2.2万平方米;城南水库竣工投用;医疗卫生服务体系日趋完善,文体事业快速发展;城乡低保实现动态管理、应保尽保,连续第9年提高企业离退休人员养老金待遇;开工建设保障性住房4670套,发放惠农补贴1.3亿元。强化社会管理创新,妥善化解群众矛盾纠纷,深入开展严打整治活动,加强安全生产监管,社会更加和谐稳定。

三、创新与经验

(一)强化思路创新,全面提升发展境界 市委立足发展实际,科学制定了“一轴引领、一区带动、两翼提升”发展战略,即依托京杭运河发展轴、省级经济开发区和西南部轴承产业、东部纺织产业,着力建设全国知名的先进制造业基地、辐射周边的现代商贸物流基地、具有运河文化特色的旅游休闲度假基地和现代农业示范基地“四大基地”,打造建成区50平方公里、常住人口50万人的区域性中心城市。新的战略部署,确定了全市科学发展的新定位,拉开了再创运河名城新辉煌的大框架,吹响了跨越赶超的冲锋号。

(二)强化服务创新,全面优化营商环境 坚持向深化改革要活力,以打造周边行政审批项目最少、速度最快、收费最低的县市为目标,不断优化行政审批。第一时间对接上级要求,全市行政审批项目精简率达62.3%,凡涉及项目建设审批的部门,100%进驻行政服务中心、可授权项目100%授权;大力实施并联审批和“绿色通道”制度,办理时限压缩435个工作日,服务效能全面提升。严格实行执法评议、涉软投诉一次查实调离岗位并降职制,大力开展“三乱”专项整治,营造了宽松的发展环境。

(三)强化制度创新,全面激发干事热情 大力实行项目建设、城市建设、环境优化和大督查“三线作战”和重点项目帮包责任制,确保了重点工作快速推进。全面实施招商引资“任职代理”制度,构建起了全员抓招商格局。探索实施大督查工作机制,建立了大督查工作委员会,对全市重点工作进行跟踪调度督导,并严格落实末位淘汰制度,倡树起了凭实绩用干部的良好用人导向,极大地调动起了全市各级谋跨越、促赶超的强大活力与干劲。

附:(一)临清市委书记、副书记、常委名单

书　记:王建鹏

副书记:李新阁　祁学兰(女)

常　委:王建鹏　李新阁　祁学兰(女)　韩德振　李汝山　张子明　秦生春　冯子峰　衣述光　韩　青(女)　马培虎

(二)各镇、街道党委书记名单

唐园镇	陈功瑞
烟店镇	杨庆山
潘庄镇	刘天军(女)
八岔路镇	张保东
尚店镇	张瑞峰
刘垓子镇	宋绍山
戴湾镇	李子健
魏湾镇	汪　震
康庄镇	孙　阳
金郝庄镇	李树群
老赵庄镇	李汝梅(女)
松林镇	李怀国
新华路街道	刘明峰
青年路街道	王培峰
先锋路街道	左朝兴
大辛庄街道	张福志

中共冠县县委工作概况

冠县县委书记　牟桂禄

一、组织概况与党的建设

冠县共有31个基层党委、40个党组、46个党总支、1329个基层党支部，其中乡镇（街道）党委19个，农村党支部759个；党员34316名，其中农村党员21578名，2013年发展党员450名。2013年，冠县深入学习贯彻党的十八大和十八届三中全会精神，贯彻落实科学发展观，坚持围绕发展抓党建，抓好党建促发展，实现经济持续快速健康发展，社会祥和稳定。

（一）加强干部队伍建设　举办村党支部书记培训班、新任职科级领导干部培训班等主体班次，培训2820人次。党员发展实行“双推”、全程纪实、责任追究等制度，党员队伍结构进一步优化。加强对流动党员的教育和管理，建立17个流动党员服务中心，解决了“去向掌握难”的问题。

（二）加强基层组织建设　扎实做好选派第二批“第一书记”工作，大力开展“千人联千户”活动，全县1110科级以上党员干部人人联系一户困难家庭。提高村党支部书记待遇，达到一般公职人员水平。在农村推行“四议两公开双评一报告”工作法，规范村级组织运行机制。扩大“两新”组织领域党的组织覆盖和工作覆盖，实现党组织组建率100%，党的工作覆盖率100%。

（三）加强作风建设　研究出台《关于改进工作作风密切联系群众的实施意见》、《关于整肃机关纪律作风的若干规定》等，切实把中央八项规定和厉行勤俭节约、反对铺张浪费精神落到实处。大力弘扬以保持党同人民群众的血肉联系为重点的优良作风，进一步严格工作纪律、财务纪律、群众纪律等九条纪律，干部作风明显好转。

（四）加强党风廉政建设　落实重大事项报告、诫勉谈话、双述双评、责任追究等制度，开展八项规定专项检查，通报典型案件6件，党政纪处分13人，立查各类违纪违法案件132件，结案120件，处理党员干部120人，全县上下形成了风正气顺、心齐劲足的干事创业好局面。

二、主要工作与成绩

2013年完成生产总值228.9亿元，增长10.1%；公共财政预算收入7.5亿元，同比增长28.6%；规模以上固定资产投资151.3亿元，增长20.5%，其中工业投资95亿元，增长13%；城镇居民人均可支配收入22584元，增长10.5%；农民人均纯收入9995元，增长13.8%。乡镇（街道）工商税收全部过千万元，其中2个过亿元。

（一）着力突破大项目，优质增量迅速扩张　大力实施重点项目“双百工程”，开工建设投资5000万元以上的112个重点项目，其中过10亿元的项目8个，总投资370亿元，完成投资额140亿元，上达稀土永磁材料、东鼎轧钢二期、恒通晶体材料一期等49个项目建成投产或即将投产。投资30亿元的山东宝信（国际）物流园及无水港项目部分建成运营，投资7.5亿元的民生工程平原水库项目正在建设，投资10亿元的清泉河综合改造三期项目即将实施。全年引进各类项目204个，到位资金81亿元，其中过10亿元的项目7个，青岛港集团、山东立信集团、国和集团、光耀东方集团等一批知名企业相继落户冠县。

（二）着力培植大产业，经济运行提质增效　工业方面，精品钢板、纺织服装、装备制造、农副产品加工等主导产业实现量的突破和质的提升，预计主营业务收入分别达到200亿、180亿、310亿和60亿元，全县钢薄板加工能力950万吨，纱锭260万枚，新能源新材料产业快速发展。深入开展企业“二次创业”活动，规模以上工业企业达到266家；纳税过百万的企业133家，其中过千万的15家；注册企业2692户，注册资本123.1亿元，民营经济各项指标均增长30%以上。农业方面，建设高标准基本农田10万亩，粮食总产83.7万吨，被评为全国粮食生产先进县。市级以上农业龙头企业45家，规模养殖场2630个；“三品一标”农产品31个；农业专业合作社1235个。大力开展植树造林，实现道路、河渠、镇村街道“全绿化”。深化农村产权制度改革，土地流转10万亩，农村土地承包经营权确权登记、宅基地确权发证工作全面推进。服务业方面，成功举办冠县第四届“好客山东贺年会”和第八届梨园文化观光周活动；完成服务业投资42.2亿元，实现服务业地税收入3.22亿元、增长42.2%，成为全市唯一省服务业发展先进县；建安商贸城二期、金羊汽车文化城等项目顺利运营。

（三）着力搭建大平台，城乡面貌明显改观　加大投入力度，城建总投资51亿元，其中基础设施投资16.7亿元。完成和谐征收60万平方米；新增绿化面积24.4万平方米；新建改造城区道路9条、桥梁4座；铺设各类管网64公里；建设保障性住房1036套，改造危房3650户。定远寨、辛集撤乡设镇工作已经完成。新建农村新型社区46处、63.4万平方米。成为全省第二批“村级公路网化示范县”；成功争取油库、铁路货场等铁路专用线。“镇企园合一”顺利推进，北二环路建成通车，园区实际可用地面积增加12平方公里。

（四）着力优化大环境，发展活力显著增强　大力破解要素制约，完成土地增减挂603亩，复耕窑厂、废弃地2087亩，盘活存量土地1328亩；创新“一事两招商”方式，建成标准化厂房212万平方米。辖内金融机构各项存款余额149.8亿元、贷款余额111.2亿元，存贷比为74.3%；辖外银行26家,贷款规模60亿元,其中新增信贷规模14亿元,齐鲁银行冠县支行即将开业;县国有资产经营公司成功融资2亿元。

(五)着力惠民生促和谐,社会事业快速发展 全年民生支出18.7亿元,占公共财政预算支出的77.7%。建设农村中小学26处,21处乡镇(街道)中心幼儿园全部通过省验收。县乡医疗机构全部实行"先诊疗后付费",新农合基本实现全覆盖。新增城镇就业14920人,城镇登记失业率控制在2.6%。征缴各项社会保险费3.95亿元;城乡低保标准分别提高360元和400元;中心敬老院建设走在全省乃至全国前列,全国民政现场会在我县成功召开。提高公职人员工资待遇,人均增资300元。文化馆、图书馆、博物馆、大剧院完成初期论证,乡镇(街道)文化大院实现升级改造。新上60辆新能源大公交、100辆出租车。认真落实领导干部定期接访、重大信访维稳事项挂牌督办等制度,城乡居民利益诉求渠道进一步畅通。深入开展平安冠县建设,社会和谐稳定。

三、创新与经验

(一)必须坚持解放思想 把解放思想体现到每一项实际工作中,打破传统观念束缚,摆脱条条框框约束,只要有利于发展,就勇于突破、敢于创新,以与时俱进的观念谋划发展,以勇于创新的胆识推动发展,以新一轮思想大解放,推动经济社会大跨越、大发展。

(二)必须保持优良作风 始终保持"干、拼、抢"的精神状态,真改革,大开放,敢担当,拼命干,快发展,对确定的工作任务,说了干、定了办,拼速度、抢进度,不找理由、不摆困难,千方百计、干成干好。

(三)必须创新工作机制 坚持用制度管人、管事,围绕发挥职能、推动加快发展,建立完善相应的工作制度和确保制度执行的保障措施。健全完善分线作战机制,发挥好大项目、工业化、城镇化等五个工作班子的作用;实行代理负责制,年终重点工作被动且考核不达标的,对乡镇、部门主要负责人实行"代理负责";完善大督查机制,加大督促检查、追究问责、考核奖惩力度;深化行政审批制度改革,大力压减县级审批事项,提高行政效能。

(四)必须保障改善民生 解决好人民群众最关心、最直接、最现实的利益问题,协调处理好群众高度关注的热点、难点问题,维护好人民群众的根本利益,切实做到发展为了人民,发展依靠人民,发展成果由人民共享。

(五)必须加强队伍建设 始终把班子和队伍建设摆上位、抓上手,带出一个干事创业、为民务实、清正廉洁的好班子,带出一支政治合格、本领过硬、作风优良、纪律严明的好队伍,为跨越赶超提供坚强组织保障。

附:(一)冠县县委书记、副书记、常委名单

书　记:洪玉振(2013年7月离职)
　　　　牟桂禄(2013年7月任职)
副书记:张　琳
常　委:牟桂禄　张　琳　刘洪林　赵存吉
　　　　魏　雷　卢振龙　宋存志　王丽慧
　　　　巩存臣

(二)各乡、镇、街道党委书记名单

清泉街道　张海青
崇文街道　吴景博
烟庄街道　王保壮
斜店乡　耿增军
东古城镇　张伟东
北馆陶镇　李颜冰
万善乡　宋永强(乡长,主持工作)
甘官屯乡　么光宇
柳林镇　曹　鑫
店子镇　张澍民
清水镇　王　霞(镇长,主持工作)
兰沃乡　郭　雷
辛集镇　许以强
范寨乡　徐光宇
定远寨镇　翟　敏
桑阿镇　呼庆国
贾　镇　任　杰
梁堂乡　陈新华

中共莘县县委工作概况

莘县县委书记　朱加云

2013年,莘县坚持以科学发展观为指导,认真贯彻执行市委、市政府"东融西借、跨越赶超、建设冀鲁豫三省交界科学发展先行区"的战略决策,按照全县总的工作思路,解放思想,干事创业,奋力赶超,经济社会快速发展。全县生产总值完成264.78亿元,增长10.3%;固定资产投资完成155.4亿元,增长20.9%;社会消费品零售总额达到102.2亿元;地方财政收入达到7.92亿元,增长46.85%,总财力达到29.5亿元,增长21.4%;城镇居民

人均可支配收入达到21099元,增长11.3%;农民人均纯收入达到10055.39元,增长13.8%。

一、组织概况与党的建设

莘县有党组织1867个,其中党(工)委34个,乡镇(街道)党(工)委24个,县直党(工)委10个;党支部总数1797个,其中农村支部1154个。全县党员46647人,其中农村党员29260人。

(一)夯实基层组织基础 继续实施"12346"宝塔式党建工程,提升党建科学化水平。大力实施农村干部"一村一名大专生推进计划"。选派1157名科级干部到村任"第一书记",实现了所有科级干部都任"第一书记"、所有村都有"第一书记"的目标。实施村支部书记升级换代工程,175个后进村实现了转化升级。扎实开展集体土地清理整治活动,收益归集体所有,55%的村集体收入超过3万元。

(二)搭建党性教育平台 投资1.5亿元,整合红色教育资源,对鲁西第一党支部、冀南区党委、冀鲁豫区党委、苏村阻击战等16处革命旧址进行了修复和保护性重建,建设了纵贯莘县南北80公里的鲁西红色文化教育长廊项目,被授予首届山东省文化创新奖。举办了纪念中共冀鲁豫(平原)分局成立70周年座谈会暨冀鲁豫边区民主民生运动与党的群众路线学术研讨会。

(三)加强党风廉政建设 认真执行中央八项规定和市委"五项规定"、县委"十条禁令",开展"我承诺、我清廉"活动,促进干部作风转变。坚持每周走基层,倾听群众的意见,及时发现和解决问题,掌握工作主动权。严格履行廉政承诺,切实做到自身廉、家庭廉、工作廉。实行中层干部轮岗和乡镇站所双考评制度和乡镇(街道)、县直部门负责人"代理负责制",解决部分中层干部服务水平低、创新意识不强、责任心不强等"中梗阻"问题。

二、主要工作与成绩

(一)重点项目建设卓有成效 建立完善项目推进机制,实行重点项目联审联批和县级领导帮包制度,推进项目建设快开工、快建设。100个项目完成投资115亿元,其中18个市级重点项目完成投资62.5亿元。63个秋冬会战项目完成投资68.1亿元。嘉华保健大豆分离蛋白、华祥盐化离子膜烧碱、阳光岩棉、四联方管等一批大项目基本竣工。齐鲁重工产业园、巨龙新能源汽车、博恒生物制品、飞泰纺织紧密纺、九鼎新材料、中原商贸港等30多个投资过亿元的项目正在建设。招商引资到位资金85亿元,增长97%。组建了山东莘州投资集团有限公司,同舟农业科技等4家企业在股权市场成功挂牌。

(二)经济发展迈上新台阶 培育形成了油盐化工、新能源、新材料、生物科技、纺织、建材、机械制造等主导产业,全县规模以上企业完成主营业务收入650亿元、利税60亿元,分别增长27.6%和15.96%。实缴税金过500万元的企业达到10家,其中过1000万元的5家。民营经济提质增效,畜禽饲料加工、木材加工、轴承及配件加工、大豆蛋白、特钢铸造五个特色产业集群不断壮大,水晶、电缆电线、碳纤维等特色产业快速发展。全年完成民营经济主营业务收入885.23亿元、利税89.35亿元、税收9.11亿元。现代农业保持全省领先。粮食总产达到20.8亿斤。瓜菜种植面积96万亩,食用菌栽培面积600万平方米,总产460万吨。小肉食鸡出栏1.1亿只,生猪出栏125万头。新增市级以上农业产业化龙头企业3家,总数达到32家。新增"三品"认证品牌30个,总数达到66个。服务业繁荣发展。鲁西国际现代物流园被评为"全省重点服务业先进园区"。国际会展中心、温州商贸城、通达汽车财富广场、九源酒水市场、四海农机市场等一批项目即将完工。举办了第二届国际瓜菜节和第二届商贸文化节。

(三)城乡建设实现大跨越 全县城镇化率达到45%。基本完成了县城、乡镇新一轮总体规划和70个新型农村社区详规修编。启动旧城片区改造项目22个,拆迁房屋153万平方米,开工建设安置房80多万平方米。府前、儿童乐园、田庄、惠庄、人民广场一期等片区拆迁工作基本完成。人民广场二期、飞泰一期、供销学校片区丈量完毕,堤子王、外贸片区正在入户丈量。投入7亿多元,建设了道路、管网、排水等设施。启动了新区建设,1号街、任圣西路、滨河大道一期建成通车。启动农村社区建设项目28个、1.2万多户,建设安置房累计110多万平方米。大力推进城乡建设用地增减挂工作,新申报项目4个,总数达到45个,复耕2010亩。完善绿色通道120公里,新增绿地面积30万平方米。

(四)民生事业全面发展 2013年各项民生支出占财政总支出的70%。新增城镇就业1.3万人,新增农村劳动力转移就业1.07万人。征缴各项社会保险基金4.4亿元,发放社会保险4.53亿元。城乡低保实现应保尽保。经济适用房、廉租房、城市棚户区和农村危房改造完成年度任务。城乡教育均衡发展,高考继续保持全市领先,新建小学3处、乡镇(街道)幼儿园16处。城镇居民医保参保率、农村居民新农合参合率分别达到98%、99.7%。认真做好计划生育、精神文明建设工作,被评为"全省计划生育优质服务先进县"和全省"四德"工程建设示范县。创办了《莘县时讯》,开设了"文化大讲堂",举办了第二届合唱节和全民健身运动会。德商高速公路建设进展顺利,新修改造农村道路423公里,通过了全省村级公路网化示范县验收。加快政府职能转变,清理精简行政审批事项和收费项目,提高了工作效率。实施平安视频监控全覆盖工程,立体复合型防控成效明显。高度重视信访稳定工作,及时化解矛盾纠纷。加强食品药品和安全生产监管,社会保持和谐稳定。

三、创新与经验

(一)坚持不懈地解放思想 坚持用解放思想来统一思想、凝聚力量。继续开展"解放思想、大干快上、东融西借、跨越赶超、富民强县"学习实践活动,做到"三个破除",

在一产发展上破除"满"的思想,在二产发展上破除"难"的思想,在三产发展上破除"旧"的思想。树立"高新大快优"的新理念,高标定位,创新驱动,招大引强,快速推进,优化环境,打造政策"洼地"、发展高地。

(二)完善重点工作推进机制　按照"整合领导力量、突出工作重点、责任到人到时"的要求,实行县委常委会对全县经济社会发展重点工作总调度制度,在坚持八条工作主线的同时,成立了工业发展、城市建设、现代农业发展、服务业发展、环境保障和大督查工作五个指挥部,每半月召开一次调度会,每季度举行一次新上项目观摩活动,促进了重点工作的开展和重点项目建设。大力转变工作作风,强化效率意识,在全县倡导雷厉风行、定了就干、抓住不放的作风,有力推动了工作进展。

(三)狠抓工作责任落实　建立了大督查委员会,强化对招商引资、项目建设、城镇化工作、财源建设、民生工程等重点工作的督查,对督查中发现的问题实行责任追究,以严厉的措施确保工作落实。进一步改进了考核办法,实行重奖重罚,增加压力。坚持凭实绩用干部、以跨越赶超论英雄,强化"干不到一流就是失职,争不到第一就是失败"的理念,打造了激情四射的干部队伍和攻坚克难的"虎狼之师"。

附:(一)莘县县委书记、副书记、常委名单

书　记:朱加云

副书记:张国洲　张俊之

常　委:朱加云　张国洲　张俊之　孙荣军　张宪华　贾鹏柱　贾相云　王鲁清　赵　敏　夏继宏　张　媛　于福来　谭鸿宇

(二)各乡、镇、街道党(工)委书记名单

燕塔街道	王　军
莘亭街道	江德根
东鲁街道	钱书轩
莘州街道	王传杰
河店镇	徐凤华
燕店镇	刘银涛
俎店乡	秦爱利
董杜庄镇	冯秀元
大王寨镇	王运达
魏庄镇	吴朝波
王奉镇	申志鹏
张鲁回族镇	张　瑜
朝城镇	陈东存
徐庄镇	白洪朝
妹冢镇	杨晓民
张寨镇	郭　彬
十八里铺镇	张生居
樱桃园镇	张向阳
古城镇	袁振峰
观城镇	张路波
古云镇	徐启水
大张家镇	顾　磊
王庄集镇	蔡立新
柿子园镇	李占群

中共阳谷县委工作概况

阳谷县委书记　田中俊

一、组织概况与党的建设

阳谷县现有基层党组织1648个,其中党(工)委45个,党总支62个,党支部1544个;党员35094名,远程教育集中学习站点806处。全县非公有制企业中,单独建立党组织81个,建立联合党组织36个,组织覆盖率为100%,工作覆盖率达到100%;社会组织中单独建立党组织78个,建立联合党支部4个,组织覆盖率达到100%,工作覆盖率达到100%。

(一)健全完善党建工作机制　根据干部的岗位和职务变化,及时调整充实了阳谷县党建工作领导小组、阳谷县基层党建工作领导小组。对于涉及全县的党建工作,坚持召开常委会、党建工作领导小组会议等进行研究,并明确各位常委分工负责。全县119个县直部门(单位)和18个乡镇(街道)党委的1100余名干部,同1771户帮扶对象建立了联系。县级领导干部、正科级党员干部每人带头联系2户困难家庭,副科级党员干部每人至少联系1户困难家庭。通过党员干部联系困难家庭工作,增进了广大党员干部同人民群众的感情,进一步改进了领导作风和工作作风。

(二)推进基层组织建设年活动扎实开展　坚持抓基层夯基础、抓重点求突破、抓深化求创新、抓创建上水平,不断提升全县基层党建整体水平。在2012年选派86名"第一书记"的基础上,又增加30名"第一书记"驻村帮扶,帮助村民发展致富项目53个,使集体收入3万元以上的村达到了375个,占全县行政村总数的44%;带领帮扶村干部群众外出考察学习103次，为帮扶村争取资金投入687万元，解决发展项目109个。2013年4月，县委"两新"工委联合宣传、统战、工商、税务等部门，开展了非公企业党建"百日攻坚行动"。共建立非公企业党委2个，党总支3个，党支部76个，联合党支部36个。实现规模以上企业党的组织覆盖率100%，建立非公企业党建示范点21个。

（三）积极做好农村党员教育培训工作 制定下发了《阳谷县党员教育培训实施方案》（阳组发〔2013〕5号），确立了职业中专、技工学校、圣农庄园等10个县级培训基地、17个乡镇培训基地，并统一实行挂牌管理。2013年举办技能培训86个班次，培训农村党员10096人次。通过党员教育培训带动，实现乡镇（街道）新增经济收入500余万元。

二、主要工作与成绩

按照聊城市委十二届四次全委扩大会议总体部署，阳谷县高点定位，进一步明确发展目标、夯实发展载体、创新推进措施、优化发展环境，激发了全县上下干事创业、锐意进取的热情和干劲，经济社会呈现出快速健康发展的良好局面。2013年实现生产总值261.3亿元，增长10.2%；公共财政预算收入完成10.01亿元，增长38.8%；固定资产投资完成158.89亿元，增长21%；实现社会消费品零售总额116.38亿元，增长13.8%；城镇居民人均可支配收入21702元、农民人均纯收入9908.19元，分别增长10.5%和13.6%；金融机构存贷款余额分别达到233.92亿元、152.74亿元；完成进出口总额31.57亿美元，实际利用外资9651万美元，均居全市第一。

（一）发展思路更加明晰 阳谷抢抓"一区一圈一带"和济聊一体化多重发展战略机遇，结合自身优势，制定了"两城一带一区六园"的总体发展规划。"两城"即阳谷县城和祥光新城；"一带"即文化旅游带；"一区六园"即祥光经济开发区和铜产业园、食品产业园、光电信息产业园、塑化产业园、高新技术产业园、生态农业示范园。以"两城一带一区六园"建设为抓手，通过抓投入、上项目，加快推进跨越赶超步伐，为实现"三年全省综合排名前进十个位次"奠定坚实基础。

（二）发展后劲不断增强 项目建设实现新突破。2013年实施重点项目61个，总投资244.9亿元，全年完成投资130亿元。其中，纳入市重点调度项目22个，完成投资100亿元，完成年度计划的108.5%；太平洋光纤光缆产业化项目被列为省重点建设项目、省战略新兴产业项目。祥瑞铜材精密铜线和铜板带、光电产业园光纤复合绝缘电缆、金蔡伦高档印刷、天盾矿用设备精密锻件、即发集团高档服装等30个项目实现当年开工建设、当年竣工投产。招商引资取得新成效。组建了20个由县级领导任团长的招商团，自主举办了北京合作恳谈会等集中招商推介活动13次，吸引了山东省浙江商会、温州中小企业促进会等多家商会和企业前来考察洽谈。全年引进项目265个，实际到位资金过75.96亿元，增长36.176%。韩国高档油压机项目、明杰环保电器电子拆解园、温州投资的城市综合体等一批重点项目相继落地。外经外贸势头良好。三山集团与瑞典阿特拉斯顺利完成合资工作。祥光铜业在国外取得10000多平方公里的探矿权，出资3100万美元认购了欧洲矿业公司和塞浦路斯矿业公司部分股权。园区建设实现新发展。祥光经济开发区入园企业达到165家，实现主营业务收入830亿元、利税80亿元，分别增长36.1%和25.8%。祥光生态工业园按照产城一体化要求，实施了"江北铜都—阳谷新城"综合体项目，研发中心、铜都广场、生活区、学校等相继开工建设。

（三）城乡建设步伐明显加快 2013年完成城乡建设投资170.5亿元，城镇化水平比2012年提高4.5个百分点。城建重点工程进展顺利，升级改造了城区骨干道路，开工建设了金水湖、紫汇湖等城市水系工程，实施了城区绿化升级工程，新增绿化面积40万平方米。城市管理更加规范。城区日保洁面积508万平方米；生活垃圾无害化处理率100%，路灯亮化率98%以上，污水集中处理率95%以上。强力推进城市拆迁工作，全年完成征收拆迁面积156万平方米，回迁安置房全面开工建设。农村新型社区加快建设，土地增减挂钩实现突破，郭屯姜邢、高庙王前仓等8个村通过省级验收，节余土地指标762.6亩。

（四）经济发展保障机制不断完善 加大招商引资力度，建立了乡镇长离岗招商制，对完不成招商任务的乡镇党委书记和乡镇长实行"代理"制。构建大督查格局，将各项重点工作全部纳入督查范围，实时督查，定期通报。精简审批事项，加快推进行政服务中心规范化建设，优化工作流程，简化审批程序，审批事项由308项精简为123项。严格执行23天企业宁静生产经营日和首问负责制，严厉打击各类破坏发展的违法犯罪行为，营造了春天般的发展环境。

（五）民生事业协调发展 财政用于民生的支出占总支出的65%以上，11件民生实事全部落实。教育事业均衡发展，新建项目学校29处、乡镇中心幼儿园13处；就业形势基本稳定，新增城镇就业9951人；医疗卫生事业健康发展，县妇幼保健院综合楼和6处乡镇卫生院门诊楼全面建成，省级卫生县城通过复审；社会保障体系更加完善，社会福利综合服务中心投入使用，新建村级幸福院17处；高度重视信访工作，妥善处理了一批信访积案，我县被授予全省信访工作先进县。

三、创新与经验

（一）必须主动抢抓机遇，坚持跨越发展不动摇 2013年，聊城市委、市政府作出了"东融西借、跨越赶超，建设冀鲁豫三省交界科学发展先行区"的总体部署，积极抢抓"一区一圈一带"多重发展战略机遇，经过攻坚克难、真抓实干，聊城实现了经济社会的大发展。阳谷县委、县政府严格贯彻落实市委、市政府的工作部署，积极进取、顽强拼搏，也迎来了跨越发展的春天。实践证明，只要牢固树立加快发展的意识，准确把握当前政策叠加的良好机遇，主动谋划、积极作为,就一定能够取得更大的成绩,一定可以实现跨越赶超的奋斗目标。

(二)必须注重结构调整,坚持转型发展不动摇 阳谷县始终把推进产业结构转型升级作为转变经济发展方式的重点,加快实现传统产业的改造升级、战略新兴产业的培植壮大、现代农业的加快发展,以及特色旅游业的繁荣振兴,为全县经济的快速健康发展打下了坚实基础。实践证明,加快产业结构调整是加速经济发展的有效途径,只有坚定不移地加快产业结构调整,切实转变发展方式,经济发展才更具有可持续性,更加有生命力。

(三)必须做到真抓实干,坚持务实发展不动摇 阳谷县大力弘扬艰苦奋斗的精神,崇尚实干、苦干精神,有效推动了阳谷的跨越发展。实践证明,真抓实干是攻坚克难的法宝,只有真心想干、用心去干,真抓实干,才能干出一流的业绩,成就一流的事业。

(四)必须狠抓作风转变,坚持聚力发展不动摇 为进一步转变作风,切实提升效能,阳谷县先后出台了一系列规定,加大了相关处罚力度和治理措施,各级干部的精神状态和工作作风发生了明显转变,战斗力和担当意识显著提升。实践证明,作风决定行为,作风建设决定事业成败,只有切实转变作风,才能达到提升效能,优化发展环境的效果,才能营造起顽强拼搏、跨越赶超的浓厚发展氛围。

附:(一)阳谷县委书记、副书记、常委名单

书　记:田中俊

副书记:何宪卓　崔新乐

常　委:田中俊　何宪卓　崔新乐　李其超　丁洁清　王守柱　王同章　王志国　刘凡成　刘　峰　马　颖

(二)各乡、镇、街道党委书记名单

博济桥街道　王惠峰
侨润街道　赵秀军
狮子楼街道　李贵才
阎楼镇　国金耀
阿城镇　王治国
七级镇　张　涛
安乐镇　周　青
郭屯镇　曹凤昌
定水镇　周凤举
石佛镇　崔行飞
西湖镇　董信光
李台镇　马德军
寿张镇　王泽文
十五里园镇　陈鸿雁
张秋镇　陈广友
大布乡　孙德忠
高庙王镇　张宝运
金斗营乡　董经成

中共东阿县委工作概况

东阿县委书记　刘国强

一、组织概况与党的建设

东阿县共有基层党委28个,党总支29个,党支部991个,党员21541名。其中,乡镇(街道)党委10个,农村党支部507个,农村党员12197名,远程教育接收站点494个。2013年,东阿县牢固树立"抓发展必须抓党建,抓党建也是抓发展"的理念,坚持围绕中心、服务大局、拓宽领域、强化功能,不断推进学习型、服务型、创新型党组织建设,基层党组织的战斗堡垒作用和党员的先锋模范作用得到充分发挥,为全县经济社会持续健康发展提供了坚强的组织保证。

(一)抓学习教育,不断提升基层党建理论水平 加强学习型党组织建设,认真组织学习党的十八大、十八届三中全会以及习近平总书记系列重要讲话和视察山东重要讲话精神。以各乡镇为单位开设了农村党支部书记论坛,充分展示新时期支部书记开拓进取的良好形象。强化经常性培训,落实集中轮训制度,通过开设村党支部书记培训班、组织村党支部书记赴先进地区进行观摩学习等形式,不断提升基层党支部书记理论水平。

(二)抓责任分解,健全完善基层党建工作机制 坚持书记抓、抓书记,始终把基层党建作为"一把手"工程摆在突出位置,建立了五项工作制度,即县委常委会定期研究党建工作制度、县委常委包乡镇(街道)督导制度、县委书记现场点评乡镇(街道)党建创新项目制度、乡镇(街道)党委书记基层党建工作述职制度、基层党建工作目标责任考核制度。将基层党建任务目标列入县委1号文件,细化责任分工,加强调度督促,严格考核奖惩,确保各项工作落到实处。

(三)抓任务落实,扎实开展基层党建各项工作 坚持"有人办事"、"有钱办事"两手抓,确保农村基层组织正常运转。进一步完善农村党支部书记激励保障机制,将村党支部书记补贴提高到每年12672元,使其在岗有保障、干好有荣誉、退后有补助,保持了农村党支部书记队伍稳定。落实1100万元农村税费改革转移支付专项资金用于村级组织运转,同时对村集体经济收入不足三万元的村,由财政予以补贴,保证了村级党组织的正常运转。进一步抓好"两新"党组织建设,新建非公有制企业联合党支部23个,覆盖企业233家。58家新社会组织全部单独建立了党组织,实现了党的组织和党的工作"两个全覆盖"。

二、主要工作与成绩

2013年,东阿县深入学习贯彻党的十八大和十八届三中全会精神,按照市委十二届四次全会的部署要求和县委"六个六"的总体发展思路,用心把握姜异康书记联系东阿、纳入"一区一圈一带"战略叠加区和聊城市"东融西借、跨越赶超"三大历史机遇,调快步伐节奏,全面转轨提速,全县保持了"经济平稳发展、社会和谐稳定、民生全面改善、形象日益提升"的良好局面。全县生产总值完成165亿元,增长11%;全社会规模以上固定资产投资完成95亿元,增长25%;地方财政收入达到11.15亿元,增长46.32%,增幅居全市第二名,总量在全市前移了三个位次,11个乡镇(街道)、开发区财政收入都过千万元,其中过亿元的3个;城镇居民人均可支配收入19355元,增长14%;农民人均纯收入10177元,增长15%。

(一)着力转调创,促进产业转型升级 加快转调创步伐,提高经济发展的质量和效益,推动经济结构战略性调整。大力推进农业产业化、标准化、规模化,打响绿色生态农产品品牌。"东阿小麦"地理标志商标通过国家工商总局审核。"东阿黄河鲤鱼"被认定为中国农产品地理标志保护产品,是唯一获得"中国黄河鲤鱼之乡"的沿黄县。实施"招商引资一号工程"、"骨干企业扩张工程"和"中小企业成长工程",全面推动企业"二次创业",阿胶生物科技产业园、钢球产业园、汇银中小企业创业基地等60个重点项目有序推进,其中48个重点项目建成投产或部分投产。深入实施创新驱动计划,6个项目列入国家星火计划、火炬计划和战略性新兴产业项目。国家级高新技术企业达到7家,占全市的20%。东阿阿胶获首届中国质量奖提名奖。大力发展文化旅游业,国家级黄河森林公园、阿胶养生文化苑暨东阿影视城业态提升等特色旅游项目扎实推进,南水北调穿黄纪念公园、鱼山省级地质公园建设完成,"养生阿胶·养心梵呗·长寿东阿"旅游品牌深入人心,"万里母亲河,大美在东阿"的影响力日益彰显。

(二)推进新型城镇化,打造宜居宜业环境 按照"阿胶名城、生态水城、宜居绿城"的城市定位,坚持以创建国家园林县城为抓手,以生态水系综合开发为依托,实施城市"西扩南展"工程,努力在更高层次上融入"聊茌东"大三角和"全域水城"格局。坚持"最大限度让利于民"的原则,大力推进城乡建设用地增减挂钩和棚户区改造,拆旧总面积170万平方米,腾空土地2300亩,是过去10年拆迁面积的总和。大力实施"规划建设年"活动,完成了城市各项规划编制。继续开展"公路建设年"活动,扎实推进"全省村级公路网化示范县"项目,城区建设和维修改造14条道路,形成了"八纵八横"的路网格局。城区新增绿化面积128万平方米,绿化覆盖率达到40%;新增集中供热面积150万平方米,城区居民集中供热率达到82%。城市基础设施条件不断完善,吸引力和承载力不断增强。坚持"生态立县"不动摇,更加注重节能减排和环境保护。万元GDP能耗比上年降低3.75%,被授予"全省生态文明乡村建设工作先进县"。洛神湖生态湿地公园被批准为国家级湿地公园。代表聊城市和山东省接受国家海河流域水污染防治核查验收,在全国九大流域25个省(市、自治区)水污染防治工作中取得第一名的好成绩。大力开展了以治理砂石料场等为重点的大气环境综合整治,空气质量逐步改善,"环境优美、生态宜居"城市品牌更加靓丽。

(三)坚持为民务实清廉,形成强大发展合力 以改善民生为核心,以作风建设为重点,以干部队伍建设为保障,全县形成了"风正、气顺、心齐、劲足"的良好局面。牢固树立"改善民生是最大政绩"的理念,以"小财政"做好"大民生"的文章,全县民生支出占财政支出的比重达到61%。县图书馆晋升为国家一级馆。县医院、敬老院、乡镇幼儿园等达到省内一流水平。城乡低保、五保供养、孤儿救助等标准逐步提高。认真落实中央八项规定和省委十条实施办法、市委五项规定,推行"一线工作法",切实解决好群众最现实、最关心、最直接的利益问题,努力以优良的党风促政风带民风。积极转变政府职能,行政审批项目精简164项。构建大督查格局,对"庸懒散"进行了集中检查,有效保证了重点目标任务的落实。突出"重德才、重实绩、重公认"的用人导向,按照政治过硬、作风优良、业绩突出、群众公认的要求,提拔重用了一批想干事、会干事、干成事的优秀干部。切实加强党风廉政建设,严格"一岗双责三同时"制度,教育引导全县各级干部增强廉洁自律意识,树立了干部队伍的良好形象。

三、创新与经验

(一)进一步理顺发展思路 县委、县政府根据新形势新任务,以"六个六"的总体发展思路为基本遵循,进一步梳理完善已有的工作措施。根据我县的区位交通优势、生态环境优势、产业基础优势、文化资源优势,提出了把东阿建设成为聊城东融济南桥头堡、鲁西转调创产业聚集区、中国养生养心旅游目的地的目标定位。大力实施工业经济"1355"工程,即培植阿胶1个千亿产业,新型建材、高端装备、特钢循环3个百亿产业,化工、机械、纺织、食品、新兴5个特色产业和50个重点企业。

(二)深入开展"双群"活动 坚持早谋划、早行动,不等不靠,先行先试,在提前成立党的群众路线教育实践活动领导小组的基础上,研究部署了在全县开展"群众在我心中,我在群众身边"主题实践活动,以"十百千万"工程为载体,通过分包、包驻、联系、结对等形式,转作风、办实事、解难题、促和谐,真正做到"心入"、"身入"、"融入",不仅提高了基层党组织的战斗力和凝聚力,而且凝聚起东融西借、跨越赶超、率先突破的正能量。

(三)深化"平安东阿"建设 坚持落实稳定"第一责任",坚持和谐"第一追求",始终把提高社会治理水平、维护社会和谐稳定作为科学发展、跨越赶超的重要保障,通过创新方式方法,不断深化综合措施,探索建立了以网格化管理、社会化服务为主的社会治理新模式,"动态监控县"实现全覆盖,人民群众的安全感和满意度不断提高。

附:(一)东阿县委书记、副书记、常委名单

书　记: 刘国强

副书记: 周文明　申　强

常　委: 刘国强　周文明　申　强　高　峰　李艳秋　王　凯　朱凤泽　崔弘领　牛鹏飞

(二)各乡、镇、街道党委书记名单

铜城街道 张庆辉

新城街道 苏玉凤

姜楼镇 周广玉

刘集镇 温培峰

大桥镇 宋　强

牛角店镇 李尚生

高集镇 乔文军

姚寨镇 王木华

陈集乡 王瑞雪

鱼山乡 贯连勇

中共茌平县委工作概况

茌平县委书记　陈秀兴

一、组织概况与党的建设

茌平县有28个基层党委,33个党总支,1189个党支部,30863名党员。其中,农村党委1个,党总支1个,党支部737个,党员18836名。一年来,茌平县委进一步增强党的执政能力和先进性建设,为经济社会又好又快发展提供了坚强有力的组织保障。

(一)坚持抓基层打基础,深化"基层组织建设年"活动 完善县级领导干部联系乡镇(街道)、部门、非公企业制度以及正科级干部联系村、贫困户制度,19名县级干部和129名科级干部共联系148个企业。抓好"第一书记"选派工作,全县163名"第一书记"和30个县派后进村整顿工作组累计落实帮扶资金近41万元。开展党员干部对960户城乡困难家庭联系帮扶。实施"百村示范带动、后进村重点攻坚、党员干部素质提升"和县乡党委书记创新、攻坚、亮点三大工程。考察遴选20名优秀村支部书记享受副科级人员工资待遇,评选表彰130名"张国忠式的村党支部书记"和"先进村党支部书记";新建村级活动场所108处,实现村级活动场所全覆盖;对全县731名村党支部书记进行能力提升专题培训。开设"支书论坛"24期,做到竖旗一面、带动一片;拍摄制作电影《幸福的小杨屯》,被中组部评为全国党员教育电视片一等奖。筛选126名优秀人才,作为村党组织书记后备人才重点培养。

(二)强化干部监督管理,加大干部培训力度 对3个乡镇(街道)党政正职进行了调整,充实优化卫生、教育系统和县直有关部门领导班子,提拔重用女干部39名,开展"双向约谈"活动,约谈干部607人。对49名领导干部进行了经济责任审计,对县委管理的1572卷在职人员档案进行了全面审核。研究制定《关于2013年度科学发展综合考核实施意见》。开展干部教育培训,培训干部22100余人次。选派32名优秀企业家到浙大进行"经典工商管理总裁班"培训。公开招聘事业单位工作人员237人、"一村一名大学生"40人,新增科技特派员15人,科技特派员总数达225人,培训农民1万余人次,引进高层次人才53人。

(三)加强党风廉政建设,提升党建工作水平 认真组织开展党的群众路线教育实践活动,先后14次开展"厉行勤俭节约，反对铺张浪费"、"公车私用"、"庸懒散慢"等专项治理行动，与全县141个单位部门主要负责同志签订了责任书，通报了4起典型案例，并在全县范围内开展会员卡清退活动。深入开展"我承诺、我清廉、我服务"活动，全县党员干部先后走访731个村，访谈干部群众9846人次，征求合理化建议1236条，排查解决各类问题948个，为群众办实事解难题1391件。

二、主要工作与成绩

在平县坚持"一二三四五六"的奋斗目标和工作思路，聚精会神抓经济，一心一意谋发展，千方百计惠民生，持之以恒保稳定，抓重点、破难点、创亮点，各项工作有序推进，取得了显著的工作成绩。百强县建设再次实现进位提升，跃居全国第81位；荣获全国经济转型发展示范县、全国农村教育教学创新示范县、山东省文化强省建设先进县、"四德"工程建设示范县、精神文明建设先进县、省级卫生县城、生态文明乡村建设工作先进县、农村公共服务运行维护机制建设试点县等二十余个省级以上荣誉称号。

（一）综合实力迈上新台阶 全年实现生产总值389.9亿元，增长10.3%；公共财政预算收入22.2亿元，按可比口径增长20.4%；城镇居民人均可支配收入26080元，增长10.2%，农民人均纯收入10514元，增长13.6%；金融机构存款余额170亿元，增长16.4%。全年共实施重点项目125个，其中列入市级重点项目24个，项目数量质量及完成投资额度均实现大幅提高。

（二）工业经济实现新突破 全县新增规模以上企业52家，总数达到410家。实现主营业务收入1262亿元，实现利润102亿元、利税126亿元。"十大工业重点项目"顺利实施，战略新兴产业不断膨胀，转型升级步伐明显加快。"借助外力"成效明显，全年实际到位资金118亿元，实际利用外资4987万美元。民营经济发展势头强劲，个体工商户和私营企业达到1.7万户。"2246"产业园区空间布局日益提升，经济开发区进入全省开发区20强，高端产业聚集区快速膨胀，两大产业隆起带、4个百亿产业、6个乡镇特色产业园初具规模。

（三）现代农业取得新成绩 粮食总产量达到15.1亿斤。农业产业结构调整步伐加快，全县土地流转面积达11.5万亩，占耕地面积13%；菌菜、林果、畜牧、水产等产业蓬勃发展，瓜菜种植面积超过18万亩，"一村一业"发展格局逐步形成。现代观光农业迈出坚实步伐，成功举办了第二届圆铃大枣采摘节。"十大惠农工程"进展顺利，农田水利基础设施建设稳步进行，农业产业化步伐进一步加快，新增市级农业龙头企业10家，注册农民专业合作社528个，新增"三品一标"认证21个。

（四）第三产业有了新发展 "十大服务业重点工程"进展顺利，舜海物流煤炭储备配送基地、新汽车站、汽车文化产业园、泰州商贸城、信发国际会议中心等一大批重点服务业项目快速推进。金牛湖被评为省级水利风景区，县植物园、唐槐公园、鲁义姑祠等工程进展顺利，新增国家重点文物保护单位1处、省级文物保护单位5处，肖庄、博平两处观光枣园申报为2A级景区。各类服务业加速发展，消费市场保持旺盛，全年实现社会消费品零售总额90亿元，增长17%。

（五）城乡建设再上新水平 完成城乡基础设施总投资56亿元，重点抓好路网、绿网、水网、管网建设，新增绿化面积77万平方米、道路55公里、管网35公里，城区水面面积达到6650亩，新建改造博梁路、滨河大道等镇村道路460公里。改造城中村20个，拆迁面积156万平方米，新增城市建筑面积196万平方米。博平镇省级示范镇建设成效明显，冯屯镇、乐平镇被确定为第二批省级示范镇，总数达到3个，全县城镇化率达到53.3%。启动实施城乡道路综合整治"三年会战"，新造林2万亩，新建完善农田林网7.5万亩，绿色通道、水系生态保护带130公里，顺利通过省级森林公园验收。振兴街道、冯屯镇创建为国家级生态乡镇，贾寨镇创建为省级生态乡镇。

（六）社会建设开创新局面 教育事业稳步发展，启动建设了1处城区幼儿园、14处乡镇中心幼儿园，改造校舍1万平方米，省级规范学校数量占全市51所中的21%；协调发展各类教育，整合职业教育资源，组建了县职业教育中心。医疗事业健康发展，实施了县急救中心、120指挥大楼、县医院门诊楼及3处乡镇卫生院病房楼建设工程。成功举办了"第三届全民健身运动会"等一系列文体活动，群众文化生活日益丰富。

三、创新与经验

实现在平经济社会的跨越发展，需要每一个茌平人尤其是各级领导干部不懈努力，推动茌平发展、干好茌平事业是各级领导干部的分内之事，责无旁贷。

（一）必须做到胸怀大局，敢于担当 各级领导干部树立全县一盘棋的思想，有宏观视野、大局观念，思路要清、眼界要宽、标准要高、要求要严。不断加强学习，提升能力素质，增强本事本领，树立"面对任务勇挑大梁，面对矛盾迎难而上，面对危机挺身而出"的担当精神，不回避问题，不上交矛盾。要履职尽责，敢于作为，把各项工作做实、做细、做扎实，齐心协力为跨越赶超出力流汗、作出贡献，以实际工作成效体现个人价值。

（二）必须做到心无旁骛，专于事业 各级干部发扬"钉钉子""紧螺丝"的精神，见第一就争、见红旗就扛。力戒浮躁之气、破除萎靡之风，放下架子、扑下身子、担起担子，脚踏实地抓落实，一心一意谋发展。适应新形势、锻炼新能力，一门心思想正事、全力以赴干实事、想方设法干成事、廉洁奉公不出事，在实践中锻炼和提高自己。

（三）必须做到攻坚破难，真抓实干 各级干部能打硬仗、善打硬仗，敢趟"深水区"，能啃"硬骨头"。做到"四得"，即"说得了"，对从事的工作有深刻研究，心中有数、思路清晰；"下得去"，深入工作一线、基层群众，帮助解决实际问题;"撑得住",不讲条件、不讲压力,坚决落实县委、县政府交办的任务;"干得好",干出工作成绩,取得工作实效,让群众满意,让县委满意。县委"以跨越赶超论英雄,凭工作实绩用干部",坚持发展导向、考核导向、用人导向相统一。

附:(一)在平县委书记、副书记、常委名单

书　记:陈秀兴

副书记:雷　霞

常　委:陈秀兴　雷　霞　邓　丽　张雪廷　景志国　殷守来　王　琦　杜贯林　鲍世利　柴利华

(二)各乡、镇、街道党委书记名单

信发街道　李　光
振兴街道　邬美忠
温陈街道　张电广
乐平铺镇　王际胜
杜郎口镇　庞顺汉
冯官屯镇　韩　刚
胡屯镇　张　雷
韩屯镇　闫　杰
莱屯镇　迟曙光
肖庄镇　赵　鹏
贾寨镇　耿振平
洪官屯镇　张　勇
杨官屯乡　赵卫国
博平镇　陈　峰

中共高唐县委工作概况

聊城市委常委、高唐县委书记　刘春华

一、组织概况与党的建设

高唐县有基层党委30个、基层党工委4个,其中镇(街)党委12个,基层党(总)支部1485个;党员31642名,其中农村党员23162名;农村远程教育接收站点192个,县直单位接收站点120个。2013年,高唐县深入贯彻落实党的十八大和十八届三中全会精神,以"基层组织建设年"活动为契机,全面提升党建科学化水平,为加快高唐跨越赶超提供坚强的组织保证。

(一)夯基础,强素质　不断加大干部教育培训力度,每月举办高唐大讲堂,邀请知名专家学者为全县领导干部上大课,提升党员干部思想政治素质。高规格选派202名"第一书记"进驻后进薄弱村,筑牢基层党建基础,加快富民增收步伐。确定13个镇(街)党委书记基层党建创新项目,将基层组织建设年工作单独考核,实行"一票肯定"。实施村支部书记建设"三百"工程(选树100名优秀支部书记、储备100名后备干部、淘汰100名落后支部书记),出台加强村级班子建设、村集体经济发展的相关文件,加强支部书记考核管理,开展农村集体土地集中清理,多渠道增加村集体收入,村集体收入3万元以上的村达到321个,占45%。探索实行社区大党委制,成立社区党员志愿者协会,将30多项部门初审权下放社区,配齐人员,为每个社区落实10万元专项经费,确保为群众提供高效服务。

(二)抓队伍,强服务　坚持重品行、重公论、重实绩原则,倡导以跨越赶超论英雄的用人导向,健全完善"二四六"选人用人机制,提升选人用人的公信度和群众满意度。在全市率先加大竞争性干部选拔力度,通过演讲、答辩等方式公开选拔28名科级干部,使一批优秀人才脱颖而出。探索实施"3+3"群众工作机制,县镇村三级干部联动,分类解决群众难题。实行双向挂职工程,先后选派14名镇长、办事处主任到江苏如皋挂职学习,选派13名优秀干部到中直机关、省直部门挂职锻炼。

(三)改作风,强保障　严格落实中央"八项规定"及省、市委相关要求,制定《关于改进工作作风密切联系群众的实施办法》,出台整肃干部纪律作风《五项规定》,组织开展"厉行勤俭节约、反对铺张浪费"专项治理,"庸懒散"专项治理,会员卡、节庆会展、办公用房清理等活动,切实改进了机关作风，提升了行政效能。完善“2115”产业提升团队帮包机制，县级领导联合相关部门组成团队，合力帮包项目建设、招商引资、产业提升。

二、主要工作与成绩

认真落实市委、市政府“东融西借、跨越赶超”战略部署，不断加大“转调创”力度，解放思想，抢抓机遇，创新实干，推动全县经济社会实现持续健康发展。全年实现生产总值328亿元，完成公共财政收入11.2亿元、规模以上固定资产投资213亿元，城镇居民人均可支配收入、农民人均纯收入分别达到23245元、10294元。科学发展综合考核群众满意度测评全市第一。

（一）转型升级步伐加快 117个投资过千万元重点项目完成投资206亿元，超年度计划13%。时风新能源汽车、泉林循环经济两大千亿产业园产业规划通过专家评审，完成年度投资110亿元。扎实开展企业“二次创业”活动，全县规模以上企业达到401家，完成工业总产值1380亿元，万元GDP能耗下降3.7%，高新技术产业产值占工业总产值比重达到28.3%。全年引进外来投资项目231个，到位外来资金75亿元，成功申办2014年“全国春季建筑机械交易会”。新增市级以上龙头企业14家、农民专业合作社211家、标准化养殖场120处；畜牧业产值占到农业总产值56%；新认证有机品牌12个、绿色食品8个、无公害畜产品企业13家，获批省级现代农业示范区。新增限额以上商贸流通企业9家，5家企业完成非核心业务剥离并开展经营，第三产业占比提升1.8个百分点。

（二）文化事业繁荣发展 扎实开展以“讲道德、重诚信、比赶超，促跨越”主题教育实践活动，精心组织各类群众性文化活动，送戏、演出下乡70余场，农村公益电影放映5200余场。我县获评全省民间艺术之乡，梁村“兴国寺塔”被评为国家级重点文物保护单位，戏曲“四根弦”被列为省级非物质文化遗产，“百姓大舞台”文化活动获得全省公共文化服务优秀实践奖。“全国文明县城”通过复审，图书馆通过国家二级馆复查，档案馆创建为国家三级馆。成功举办第八届中国（高唐）书画博览会，被文化部、国台办命名为首批海峡两岸文化交流基地，县级唯一。

（三）城乡面貌明显提升 城镇化发展规划通过专家评审，镇区控制性详细规划、工业园区详细规划实现全覆盖。对城区57处公园、道路和节点进行绿化提升，城区绿化覆盖率达到43%。新开工保障性住房1653套、竣工966套，新增城市建筑面积150万平方米以上，新建标准厂房230万平方米，新修县乡公路177公里、桥涵20座，开工在建农村新型社区18个、14500户。清平镇被评为全省休闲农业与乡村旅游示范点，鱼丘湖街道被评为全省旅游强乡镇。

（四）民生保障更加有力 全年财政用于民生事业支出达15.9亿元，占公共财政预算支出70.9%。城镇登记失业率控制在1%以下。城乡养老、医疗、低保等各类保障救助提标提补。时风中学、县医院新院区、妇女儿童医院等一批民生工程投入使用或加快建设。拓展延伸“1+6”结对帮扶活动，238名党员干部与865户困难家庭建立结对帮扶关系，实现困难家庭群众全覆盖。完善信访工作机制，开展“打黑恶、反盗抢”，“警灯闪烁”大巡防等专项行动，连续14年被评为“全省信访工作先进县”。

三、创新与经验

（一）创新考核奖惩机制 坚持跨越赶超、条块重点工作、量化考核三个突出，综合考核结果与评先树优相结合，与班子评价相结合，与干部使用相结合，健全完善县、乡、村层级考核工作机制，形成责权利明确、绩效酬挂钩的目标考核管理体系。建立考核工作协调联动推进机制，实行“三位一体”综合考核机制，强化日常考核督导，对开发区、镇（街）重点工作进行月考核、月通报。坚持把懂经济、会招商、重实干的干部放到跨越赶超一线，坚持在信访、拆迁、招商一线跟踪考察干部，选派24名年轻干部分四批到信访局挂职锻炼，选派4名组工干部进驻四个城区拆迁指挥部，在工作一线发现识别干部。

（二）创新干部监督机制 建立电话、短信、邮箱、微博、QQ“五位一体”干部监督网，建立干部定期动态分析制度，完善双向约谈、述职述廉、诫勉函询、经济责任审计、个人重大事项报告等日常管理监督措施，严格执行干部问责制，加强关键岗位干部尤其是“一把手”的管理。通过双向约谈的方式，与500余名干部进行了谈心谈话。坚持干部选拔任用工作全程记实制度，探索建立与纪检、检察、信访等部门的信访举报信息沟通机制。

（三）创新人才激励机制 围绕“一区一圈一带”建设和企业“二次创业”，充分发挥好国家“千人计划”人选、省“泰山学者”特聘专家、省市有突出贡献的中青年专家、“高唐英才”等高层次人才的示范引领作用。加强高端人才队伍建设，扎实推进引才引智“三百”工程（到“十二五”末，实现100名高端创新创业人才进高唐、对接100家企业或项目、攻克100项技术难题），重点对装备制造、化工化纤等10大优势产业的需求人才、项目情况，进行摸底和统计，加强校地合作，实现人才资源共享，累计引进创业人才46人、创新人才17人，对接项目62个，解决技术难题38个。

附：（一）高唐县委书记、副书记、常委名单

书　记：刘春华

副书记：张　颖　朱茂明

常　委：刘春华　张　颖　朱茂明　吴黎明　王清水　张学宏　聂　磊　刘吉星　王亚男

（二）各镇、街道党委书记名单

鱼丘湖街道　王会忠

汇鑫街道	周义鹏
人和街道	方长彬
三十里铺镇	郭天舒
赵寨子镇	陈玉国
尹集镇	赵志新
姜店镇	刘泰东
琉寺镇	王保峰
清平镇	陆　山
梁村镇	孔宪友
杨屯镇	崔建军
固河镇	郝林远

滨　州　市

中共滨城区委工作概况

滨城区委书记　李家良

滨州市滨城区版图面积696.99平方公里,辖1乡2镇7个街道,行政村(居)602个,总人口48万。2013年,全区在继续坚持和完善"1241"总体工作思路的基础上,进一步明确了"工业主导"和"市辖区"两个定位,树立"三种意识",即:服务发展关键是服务企业,服务企业就是服务项目的意识;服务基层重点就是服务群众的意识;服务全市就是服务滨城的意识,全面开展了"三争双比"竞赛活动,深化推进"服务能力提升年"活动,加快建设生态和谐富裕现代化新滨城。全年实现地区生产总值339.23亿元、全社会固定资产投资252.12亿元、地方财政收入35.27亿元,城镇居民人均可支配收入28363元,增长9.9%;农民人均纯收入11759元,增长13.47%。

一、组织概况与党的建设

全区共有党委37个,党总支93个,党支部1428个,党员25073人,其中农村党员9947人。

(一)深化差异法目标管理,夯实农村基层基础　确定"实行差异化目标管理,助推滨城科学发展"党建新思路,出台《关于推进村(居)"四项差异化"管理的指导意见》,对差异化监管支部书记、差异化管理无职党员、差异化开展"三百"攻坚、差异化实施村(居)规范化工程进行了全面部署安排。确定攻坚的经济薄弱村(居)103个,难点村(居)106个,党建示范村(居)103个;各乡镇(街道)村(居)规范化工程建设全面铺开。同步建立差异化目标月调度通报、季分析研判、半年观摩评比、年终评议考核推进机制,强化过程落实。

(二)强化带头人队伍建设,增强村(居)"两委"班子战斗力　出台任前差异化定向考察、任期差异化目标管理和任中差异化全程培训指导意见。根据村(居)发展方向,找准村(居)党组织书记的"短板",量体裁衣制定好培训规划,对村(居)党组织书记分类别、分批次、"小班化"开展培训,构建"四位一体"全程培训模式。开展"公开承诺"活动,主动接受群众全程监督,凝聚了干事创业合力。

(三)创新农村党员管理机制,提升党员队伍素质　结合城中村、城郊村、农业村的不同发展方向和定位,根据党员的年龄结构、从业特点、专业特长等因素,对无职党员合理进行分类,坚持因村制宜原则,实行差异化设岗、差异化管理、差异化考核,差异化承诺,激励能力强的党员多办事、能力弱的党员也办事、党员人人办实事。

(四)打造城市社区党建"四化三全"模式,提高社区服务水平　以"组织设置系统化、活动开展经常化、管理服务制度化、作用发挥特色化"四化建设为抓手,以实现组织、服务和工作三个全覆盖为目标,推进"四化三全"城市社区服务管理模式。目前,全区建设社区综合党委31个,网格党总支102个,小区党支部306个,楼院党小组816个。全区五个精品社区,共组建秧歌队、锣鼓队、书画协会等多种类型群众活动队伍200余支。坚持"一社区一特色、一社区一品牌",打造了"7110"党员便民服务队、"民生1号"工程等服务品牌20余个,建立184支党员服务先锋队,组织党员参与志愿服务23800人次,社区党建服务水平实现大幅提升。

(五)统筹机关及"两新"党建,全面激发基层组织活力　把"学标兵、争一流"活动作为有效载体,建立创先争优、服务群众的长效机制,深入激发机关党建活力。积极拓展党员教育培训形式,增强党员教育培训的吸引力和感染力。对全区"两新"组织情况进行了"地毯式"摸排,建立工作台账，全面实现“党组织覆盖率100%、党的工作覆盖率100%”双百覆盖目标。实行小微企业发展协会与党组织同步建立、活动联办、资源共享的“1+1”党建新模式，加快小微企业联合党组织建设，逐步形成以辖区产业园为中心，以协会带企业、以党建促发展的工作格局。

二、主要工作与成绩

（一）经济平稳较快增长 牢牢把握“转调创”主题，力促三次产业高端运行，发展质量效益明显提高。进一步突出工业经济的主导地位，突出加大投入、政策倾斜和要素保障，全力抓好总投资近170亿元的19个重点工业项目建设；积极推进“两化融合”，全区已认定企业技术中心19家、高新技术企业20家，全区规模以上工业企业达到91家。大力提升服务业的层次和水平，充分发挥市辖区优势，紧紧抓住“营改增”这一政策机遇，在改造提升传统服务业的同时，全力加快发展金融保险、现代物流、电子商务、文化创意等生产性服务业，提升服务业的档次水平；36个重点服务业项目建设顺利推进，完成投资32.6亿元。加快发展特色都市农业，定位规模化、生态化、科技化、创意化、信息化、国际化、现代化，着力推动传统农业向都市农业转变；建成现代农业示范园区22个，“三品”认证总数达到39个，发展区级以上规模农业龙头企业60家、农民专业合作社201家。

（二）城市品质显著提升 坚持规划引领，推进城乡统筹，破除二元结构，努力实现城乡一体化发展。城乡环境综合整治初见成效。高点定位“123456”工作思路，全面启动、全力推进城乡环境综合整治工作，“四化五覆盖”年度计划全面完成，在2013年全市综合考核评比中，取得了全市第一名的好成绩。城市建设加快推进，积极稳妥推进城中村拆迁改造，主动配合做好我市创建国家园林城市工作。林水会战深入开展，去冬今春造林面积完成市下达任务的227%，在全市春季科学发展现场观摩中取得了较好成绩。

（三）社会建设全面进步 千方百计改善民生，《政府工作报告》中承诺的民生实事高效落实。坚持以创业带动就业，就业局势持续稳定。优先发展教育，城区3所新校建设全面启动、积极推进，城区中小学和所有具备派车条件的乡镇街道全部实现了校车“全覆盖”。社区日间照料服务逐步开展，社会救助长效机制全部建立，12343民生服务平台全面运转。文明创建水平不断提高，顺利通过国家统计局省城调总队对我区精神文明建设重点工作测评，东路大鼓《太师训徒》荣获“第十届中国艺术节‘群星奖’”。切实加快依法治区进程，区委始终坚持总揽全局、协调各方，全面落实依法治区，为全区经济社会科学发展提供制度保障。

三、创新与经验

（一）创新发展理念 全面贯彻落实党的十八大和习近平总书记系列讲话精神，始终与中央和省、市委保持高度一致。全区在继续坚持和完善“1241”总体工作思路的基础上，进一步明确了“工业主导”和“市辖区”两个定位，树立“三种意识”，即：服务发展关键是服务企业，服务企业就是服务项目的意识；服务基层重点就是服务群众的意识；服务全市就是服务滨城的意识，全面开展了“三争双比”竞赛活动，深化推进“服务能力提升年”活动，加快建设生态和谐富裕现代化新滨城。

（二）创新社会治理 以“四型五网六队”建设为主线，深化完善以“网格化、信息化、社会化”为主要内容的社区社会管理与服务“三化”工作机制，扎实推进“平安滨城”建设。坚持用群众工作统揽信访工作，严格落实信访工作“三三制”，深入开展领导干部联合接访活动，连续多年保持到省、进京上访“零登记”。着力打造智能“天网”，提前两年实现视频监控全覆盖。通过实行网格化治理，实现了社会治理与公共服务的有机融合。

（三）创新基层党建 在全区机关党员中开展了“党员到居住地城市社区党组织报到”活动，建立了“党员到居住地城市社区党组织报到”制度。截至2013年12月，滨城区32个城市社区共接收报到党员21757人，其中领岗15140人。“党员到社区报到”为机关单位党员在居住地社区发挥作用搭建了平台，提高了社区党组织的凝聚力和服务能力，是新形势下践行党的群众路线的有力举措。

附：（一）滨城区委书记、副书记、常委名单

书　记：赵伟宏（2013年6月离职）
　　　　李家良（2013年6月任职）
副书记：张宝亮　刘　峰　王凤博
常　委：李家良　张宝亮　刘　峰　王凤博
　　　　王炳照　王庆霞　王金庆　孙文利
　　　　王　成　王光新　马立明

（二）各乡、镇、街道党（工）委书记名单

滨北街道　张建军
北镇街道　李延民
彭李街道　顾全新
市东街道　张洪青
市西街道　赵福江
市中街道　李兴林
梁才街道　张亚东
杨柳雪镇　宋　涛（女）
三河湖镇　王　普
秦皇台乡　刘仲凯

中共惠民县委工作概况

惠民县委书记　范连生

惠民县辖12镇3个街道和1个省级经济开发区,1118个行政村,65万人口,共有基层党组织1958个,党员30782名,非公有制经济组织118个,社会组织54个。

一、组织概况与党的建设

(一)强化组织领导,始终把基层党建工作放在突出位置　一是认真落实党委书记抓基层党建工作责任制。始终坚持把党建与经济社会发展相结合,做到"两不误、双促进"。县委常委会每年就村级组织活动场所建设、选派干部驻村、发展壮大村级集体经济等重要工作进行专题研究。健全完善党委书记抓基层党建工作述职评议制度,每年年底,各镇(街道)党(工)委书记向县委专项述职,党建工作领导小组成员现场评议。二是健全领导干部联系点制度。建立县委全委会"五联系五服务"工作机制,每位县委委员、候补委员联系一个镇办、一个非公企业、一个集体收入空壳村、一名农村党员、一个贫困户,调查研究议思路、解决困难助发展。

(二)突出重点领域,全县基层党建工作整体水平稳步提升　2012年以来,扎实开展了"基层组织建设年"活动,从县直单位选派60名机关干部到村担任"第一书记",各单位"第一书记"驻村任职两年以来,县直部门帮扶资金到位700余万元,完成道路修建41.2公里,帮助修建办公场所48处,改造修建危桥、便民服务桥14座,向农民协调发放贷款1700多万元,解决群众生产生活困难1052件,结对帮扶困难党员群众761户。深入开展了"千名干部进农村,解民忧保稳定促增收"活动,在全县范围内遴选了910名县乡机关干部和规模以上企业负责人,分别联系一个年集体收入低于3万元的村,担任驻村联络指导员,抓实联村帮促工作。一年来,全县驻村联络指导员调查梳理问题2607个,协调或直接投入资金387.95万元,帮助解决路水电等实际问题728个。

(三)创新工作载体,基层服务型党组织建设工作有序推进　一是以"节点控制"为抓手,扎实推进村"两委"公开承诺活动。2013年,组织开展了村"两委"主职干部公开述职承诺活动。结合全省村级公路网化示范县和全市农村公路"三通"工程、村庄环境综合整治工作,新建农村公路981公里。2013年全县1118个村的7400余项承诺基本实现,群众满意度大幅提升,村班子战斗力明显增强。二是以"评星定级"管理为载体,促进村级组织活动场所规范提升。近两年来,全县累计投入近6000万元用于村级组织活动场所建设,实现了"村村有场所,村村有阵地"的全覆盖任务。目前全县所有村级场所全部达标,评定星级721处,占64.5%,场所功能发挥显著提升。

二、主要工作与成绩

2013年,惠民县在市委、市政府的坚强领导下,抢抓"黄蓝"两区开发和省、市帮扶惠民战略机遇,按照"承接融入滨州大发展,加快跻身全省先进县"的奋斗目标,经济社会保持了稳中有进良好态势。全年全县地区生产总值、固定资产投资、地方财政收入分别实现164亿元、140亿元和7.1亿元,分别同比增长9.2%、24%和9%。

(一)工业转调步伐加快　按照"板块引领、组团发展、多极崛起"的思路进行调整。全县规模以上工业企业新增41家,达到200家,全县规模以上工业企业,实现主营业务收入264亿元、利润11亿元、利税21亿元,分别增长16%、38%和32%。

(二)农业现代化水平显著提升　大力发展现代高效农业,加快建设高效农业示范园区,推动现代农业规模化种植、集约化生产、产业化经营、品牌化运作。春生食用菌等20家现代农业示范园区蓬勃发展,"三品"认证农产品达到66个,省市级农业龙头企业分别增加到6家和40家,被确定为全国高标准农田水利建设示范县。

(三)现代服务业日益繁荣　大力发展文化旅游、金融保险、现代物流等现代服务业。武定府衙景区、渤海革命老区机关旧址相继开放,银座商城、温泉文化博览园等星级宾馆进展顺利。孙子兵法城跻身"全省旅游服务名牌单位",被批准为山东省首批三个对台交流基地之一。全县社会消费品零售总额实现81亿元,同比增长12.5%。

(四)城乡统筹协调推进　按照"全域统筹、一城两区、一带一轴、两翼展开"的城镇发展格局,积极稳妥推进城镇化。老城区城市总体规划修编顺利完成,新城区县人民医院、新一中、乐安花苑投入使用。顺利通过省级卫生县城复审。孙武街道获评国家级生态乡镇,李庄镇、胡集镇被推荐为全国重点镇,辛店镇跻身省级示范镇,姜楼镇列入全市小城镇建设重点镇。

(五)基础设施扎实推进　滨惠大道、德大铁路惠民段、开发区铁路专线等扎实推进。济滨东高速完成迁占任务,乐胡路升级改建、孙武黄河大桥等重点工程进展顺利。村级公路网化工程顺利通过验收。220千伏兵圣站、110千伏胡集站、红庙站投入运行,基础设施保障能力日趋完善。

(六)民计民生持续改善　牢固树立以人为本、改善民生的执政理念,高度关心群众疾苦,认真解决实际困难,切实做好保障和改善民生工作,用"小财政"构筑"大民生",积极打造"惠风和畅、民生至上"品牌。全年民生支出17亿元,占公共财政预算总支出达74%,同比增长16%,做到让全县广大干部群众共享改革发展成果。同时，扎实推进“平安惠民”建设，社会治安状况群众满意度调查连续三年列全市第一位。

三、创新与经验

（一）坚持解放思想，理清发展思路 立足欠发达的实际，不断完善发展思路，确定2013年为“大干快上突破年”，以“承接融入滨州大发展，加快跻身全省先进县”为总目标，以“科学发展、跨越赶超”为主题，坚持“稳中求进、大干快上、创新突破”的总基调，全力推进新型工业化、信息化、城镇化、农业现代化“四化进程”，倾力培植“孙子故里、生态惠民”、“惠风和畅、民生至上”两大品牌，加快建设生态美丽幸福和谐新惠民。

（二）坚持改革创新，破解瓶颈制约 破解资金难题，鼓励金融机构多放贷，深化金融改革，搭建融资平台，抓好项目策划包装，力争更多项目资金落户惠民。破解土地瓶颈，严格落实耕地保护制度，盘活存量土地，提高集约用地水平，扎实推进城乡建设用地增减挂钩，保障项目建设用地需求。优化发展环境，为企业发展提供良好环境。

（三）狠抓工作落实，夯实发展支撑 建立重点工作领导小组负责制，整合几大班子力量，形成几大团队，各负其责，一抓到底。健全完善细分工、严考核、硬约束、重激励的推进机制，对重大决策、重点工程和重点工作，做到目标具体化、方案详细化、任务责任化、督查经常化。将全县重点工作细化为67项工作重点，每月一调度、每季一通报、半年一观摩、年终总考核，并将考核情况纳入责任领导、责任人、责任部门政绩档案。全面推行“一线工作法”，做到情况在一级发现，问题在一线解决，经验在一线总结，凝聚了以实干促发展的强大合力。

附：（一）惠民县委书记、副书记、常委名单

书　记：范连生

副书记：李守江　夏培剑

常　委：范连生　李守江　夏培剑　班福忠　刘富全　许　健　吕明涛　劳建刚　赵金沙　伊廷龙　路灿新

（二）各镇、街道党（工）委书记名单

孙武街道	袁光新
武定府街道	石　磊
何坊街道	刘新国
石庙镇	常建忠
桑落墅镇	刘洪军
麻店镇	于立森
淄角镇	武义滨
皂户李镇	宋全星
辛店镇	王建中
胡集镇	张文岭
魏集镇	苏洪德
清河镇	马元亭
李庄镇	孙卫东
姜楼镇	吴表辉
大年陈镇	朱安江

中共阳信县委工作概况

阳信县委书记　马福祥

一、组织概况与党的建设

阳信县共有25个基层党（工）委，其中乡镇（街道）党（工）委10个；党总支107个，党支部1289个，其中农村党支部854个；党员19832名，其中农村党员11832名。

（一）讲政治、守纪律，切实破除发展的惯性思维 一是坚决贯彻落实上级决策部署。对习近平总书记的系列重要讲话和省市委会议精神，先后召开18次县委常委会、理论中心组读书会原汁原味的传达学习，并研究制定下发了贯彻《实施意见》和学习《通知》，认真组织学习，武装头脑、指导实践，确保在思想上、政治上、行动上与中央、省市委保持高度一致。二是把握方向，科学调整发展的思路和路径。组成多个调研组深入基层、企业和村居进行调研、征求意见，在此基础上，召开县委常委会，经民主决策，提出了走外延式发展与内涵式发展相结合，以提升内涵式发展为重点的路子，构筑了“一体两翼”工业经济发展格局，其它区域重点发展高效生态现代农业，以新理念和新布局引领科学发展，实现了工作指导的转变。

（二）抓教育、重培训，着力提升干部能力和水平 研究制定全县干部培训计划，分党政企干部、农村干部和党外干部三个层次，分别制定了培训方案。聘请专家进行土地管理政策、执政新风与群众路线等方面的辅导；带领干部赴德州、济宁、泰安学习农村社区、土地流转、农村环境综合整治等方面的经验；在复旦大学举办两期党政企领导干部能力提升研修班，赴上海、江苏学习转调创经验。对涉及全县重点项目的110余名村主职干部进行培训，对6000余名镇村干部进行轮训。充分发挥劳店镇全省首个“党外代表人士实践锻炼基地”作用,着力打造五类7个联系点,先后有4批8名党外科级干部参加挂职锻炼,500多人次到基地学习考察和实践锻炼。省委常委、省委统战部部长颜世元对基地工作给予高度评价。

(三)抓基层、打基础,全面振兴党的基层组织 县财政安排专项资金1000万元用于党建工作,进一步夯实了党的执政基础。一是注重工作创新。强力推进镇村规范化建设,探索实施了农村基层党组织建设“四化联动”工程(类别化定目标、信息化建平台、动态化促创争、星级化抓管理),将基层党建考核,村务、党务、政务公开,村“两委”公开承诺落实等内容纳入平台,推动办理事项8000余件。二是深入实施“五有保障”工程。投资5000余万元,建设村级活动场所519处,实现了村村有场所的目标;通过强化“三资”管理、土地流转等措施,新增集体经济3万元以上的村164个;高度重视后进村整治工作,西毛、刘古良等48个后进村得到转化。三是狠抓领导班子和队伍建设。坚持正确的用人导向,旗帜鲜明地把敢想、敢为、敢当,能打硬仗、善打硬仗的干部用起来,共调整干部215人,其中提拔科级干部82人,群众公认、反响良好。四是强化人才培育工作。亲自安排部署人才引进培育计划,先后赴上海复旦大学、东华大学等高校进行洽谈对接,全县4家企业与高等院校新建立了产学研合作关系,设立了1家国家级博士后科研工作站,引进各类高层次人才24人。

(四)抓作风、树新风,始终强化为民务实清廉 一是着力解决群众反映强烈的问题。组织开展作风改进年、社情民意大调研和干部联系群众活动,全县所有干部长期联系12万户家庭,帮助解决问题。截止目前,全县共落实扶贫资金200余万元,筹集资金2.1亿元进行农村环境综合整治,全市科学发展群众满意度测评同比提升了6个位次;同时,对征集到的道路交通、医疗卫生、信访纠纷等群众反映强烈的问题抓好落实,着力改善西部交通条件,抓好相关路网大修改造工作,切实有效解决西部乡镇办群众出行难和发展的交通制约瓶颈;开展重点信访案件集中整治活动,对每一起案件由县级领导带队,组成专门工作组,深入信访群众,切实维护群众利益。二是狠抓干部作风建设。全年共减少会议53场次,精简简报139份;清理多占办公用房1.12万平方米;公务接待费减少76万元,节约办公费125万元。扎实开展“庸懒散”专项治理,切实优化营商环境,全县行政审批事项由原来的291项精简为119项。县委向县纪委全委会作述廉报告,并接受县纪委委员的质询,探索了权力监督的新模式,试点经验得到了市委的认可。

二、主要工作与成绩

2013年,实现地方财政收入5.9亿元,增长7.2%,比2010年增长了2.12倍,完成地方财政支出17.4亿元。

(一)创新转调迈出坚实步伐 成功争创了“中国经济转型发展示范县”;加强科技创新,先后获得省级鉴定科技成果2项、省自主创新专项计划1项、省科技成果转化重大专项1项。积极推进产学研合作,龙福聚能科技公司设立了全县首家博士后科研工作站;广富畜产品公司与中国农业大学合作,建立了鸿安科研基地;此外,广富与复旦大学、浙江大学,伊利源与中国农科院,鑫源与山东农业大学,清阳食品与山东农科院等还分别建立了校企合作关系,全县企业家的创新意识、经营理念得到明显提升。

(二)大项目建设势头强劲 全年完成固定资产投资110亿元,规模以上工业增加值、主营业务收入、利税分别实现48亿元、280亿元、29亿元。工业方面,滨阳三期,科宇一期等大项目相继建成投产,龙福五期、好瑞特、环宇纺织等项目建设进展顺利;新材料产业园建设快速推进,供热中心一期完成投资50亿元,汇宏新材料项目完成投资3.5亿元;总投资30亿元的久盛铝型材加工项目正式落户,一期项目已开工建设。农业方面,新增市级重点农业产业化龙头企业6家,新认定市级现代农业科技示范园区10家,投资4亿元的华胜绿色优质肉牛产业示范园项目建成投产。现代服务业方面,广富冷链物流、阳城国际大酒店、鲁北大市场建材城、银座商城、冠兴商厦等项目相继投入运营;民俗文化旅游景区获批国家AAA级旅游景区。

(三)基础设施建设取得快速突破 加快新城区开发步伐,新城区主框架逐步拓展到近10平方公里;城市重点工程进展顺利,完成了曹家塘坊、王鸿道、赵宋、皮户等12个城中村的征收拆迁;加强骨干道路建设,完成了滨阳大道西段、内环东路南延等道路主体工程;内环东路,阳古路升级改造,工业三路、八路东延等骨干道路竣工通车;德大铁路阳信段完成铺轨,火车站改移方案获批并开工建设。经济开发区综合服务中心正式启用,园区内的承载能力和服务功能全面增强。

(四)城域发展焕发新生机 各乡镇累计完成公共财政收入2.78亿元,同比增长26.85%,实施“乡镇振兴工程”三年来,增长了2.78倍。河流镇成功迈入亿元镇行列,开创了我县镇域经济发展新的里程碑。河流、商店分别入选省级、市级示范镇;各乡镇办共计投资8.15亿元,实施基础设施、小城镇和社区建设项目54个。水落坡盘古大道,河流鑫源路、府前街,劳店中心街,温店温北一路等一批小城镇主干道路建设取得突破性进展,实施了一批美化、净化、亮化及管网配套工程,小城镇建设规模与档次显著提升。扎实推进新型社区建设,全县在建社区达到18个,九龙湖花园、幸福城、中兴家园、温馨园小区、冯家社区、劳店社区、长庄社区等新型社区建设进展顺利,部分已建成入住。

(五)生态环境建设扎实推进 加强城乡环境建设,顺利通过了省级卫生县城复审;扎实开展“乡村文明行动”,以村庄硬化、净化、美化为重点,全面启动了为期三年的农村环境综合整治,全年完成投入2.1亿元,完成村庄硬化206个、净化403个、美化199个,实施农村公路“三通”工程386公里;争取并实施了“全省村级公路网化示范县”项目,建设公路121.8公里,城乡居民生活环境得到极大改善。林水会战成绩显著,累计完成合格造林2.2万亩,占市下达任务的158%。

(六)民生保障坚实有力 全年完成各类民生支出12.6亿元,占公共财政总支出的72.66%,同比增长15.28%。实施中小学校舍安全工程,累计完成农村中小学平房加固27.6万平方米;"平安校车"基本实现全覆盖;10处乡镇办标准化幼儿园全部通过升级认定,16处学校附设幼儿园改扩建、新建任务全部完成。医疗卫生方面,将新农合政府补助标准提高到280元,筹资总额1.38亿元,资金使用率达90.6%。完成了县人民医院新病房楼规划设计,新中医院一期工程主体已竣工;6处乡镇卫生院扩建项目完成主体工程,50处新建标准化村卫生室全部通过验收并投入使用。社会保障方面,将城市低保标准提高到了每人每月420元,农村低保标准提高到每人每年2500元。总投资8000万元的东、西部两处中心敬老院动工,年内完成主体工程。保障性住房建设方面,建设公租房915套;第三批113套廉租房配租到户,共计发放廉租房补贴182户、21.8万元。文化事业方面,图书馆顺利通过国家二级馆评估定级;对10个乡镇办文化站、文化大院设施进行升级改造。

三、创新与经验

(一)坚持以解放思想为引领,全县上下强化实干、拼搏、担当三种精神 切实增强机遇意识、发展意识,坚决破除小富即安、小成即满等观念的束缚,以时不我待的紧迫感抢抓、善抓和用好机遇,充分发扬永不自满、敢于争先的实干精神,永不气馁、难中求进的拼搏精神,永不懈怠、尽心尽责的担当精神。

(二)坚持以提高发展质量和效益为中心,全力推动经济科学发展 按照腾笼换鸟、凤凰涅槃的思路,突出高效生态导向,向存量要发展、要效益,资金讲使用效率,项目讲投资强度,土地讲集约利用,产业讲集群发展,努力实现速度和结构、质量、效益相统一,经济发展和人口、资源、环境相协调。

(三)坚持把人民对美好生活向往作为奋斗目标,切实解决事关群众切身利益的问题 坚持以人为本,把人民对美好生活的向往作为奋斗目标,切实做好保障和改善民生、创新社会治理这篇大文章,与全县老百姓一道,共建共享,共享共建,共筑和谐。

(四)坚持党要管党、从严治党,为全县科学发展提供坚强组织保障 切实加强思想建设,增强凝聚力;切实加强组织建设,增强战斗力;切实加强队伍建设,增强执行力;切实加强反腐倡廉建设,增强约束力。

附:(一)阳信县委书记、副书记、常委名单

书　记:马福祥

副书记:栾兴刚　王道臣

常　委:马福祥　栾兴刚　王道臣　李海峰
张继东　郑振亮　彭翠凤(女)
单纪亮　王新志　魏国青　李秀坡

(二)各乡、镇、街道党(工)委书记名单

信城街道　刘德彬
金阳街道　吕宝平
温店镇　赵树根
翟王镇　赵玉福
商店镇　朱庆林
河流镇　刘太春
流坡坞镇　李延河
水落坡镇　张新国
劳店镇　曹福清
洋湖乡　赵登敏

中共无棣县委工作概况

无棣县委书记　李恩波

2013年,无棣县委在上级党委的正确领导下,团结带领全县各级党组织和广大党员干部,牢抓"两区一圈"开发机遇,科学谋划,扎实苦干,全县经济社会保持了良好发展态势。

一、组织概况与党的建设

无棣县现有基层党工委39个,其中镇(街道)党(工)委11个,党组47个,党总支96个,党支部1283个,党员20936名。一年来,县委按照开展党的群众路线教育实践活动的部署要求,以"忠诚、为民"为核心,坚持党要管党,从严治党,以党风促政风带民风,全县上下始终保持了风正气顺心齐劲足的良好局面。

(一)加强思想建设 深入开展全民素质提升年,坚持和完善理论中心组学习、领导干部在线学习等制度,实施"万人培训工程",组织企业家到浙江大学、传化集团、娃哈哈集团等高校和企业学习考察,组织领导干部到复旦大学进行轮训,共举办各类培训班330次,党员干部队伍整体素质明显提高。县内观摩述职点评检验绩效,外出学习考察激发动力,掀起了新的解放思想和科学发展的高潮。

(二)加强组织建设 注重德才兼备、以德为先,实行

"赛选"机制,注重在指挥部和重点工作、重点项目一线选拔使用干部。拓宽选人用人视野,公开选拔了10名副科级驻村第一书记和团县委书记、报社总编、电视台台长、广播电台台长。加强基层组织建设,深入开展"农村集体经济增收突破年",全年新上村集体增收项目61个,增加集体收入1700余万元。开展千名干部下基层活动,1290名党员干部结对帮扶491户困难家庭。

(三)加强作风建设　深入贯彻落实中央八项规定和省市有关要求,加强反腐倡廉建设,整治"四风",优化环境,荣获滨州市社会评议第二名。按照"三好一高有亮点"的创建标准,扎实推进"十百千示范带动工程"示范点创建和廉政建设"六进"活动,我县被确定为全省农村党风廉政建设联系点。制定完善了厉行勤俭节约反对铺张浪费、公务用车配备等制度,开展了违反规定多占住房、超标配车、公务员津贴补贴、小金库、支农惠农政策落实等专项清理活动。制定了专门的《意见》抓营商环境,严格落实"十条禁令",健全落实服务代办、首问负责、一站式办理、限时办结等制度,公共资源交易中心建成投用,全县发展环境不断优化。

二、主要工作与成绩

2013年,无棣县坚持以"四抓"统领全局,以"八大"谋划工作,围绕"全面提升"主题,深入开展基础配套、企业效益、综合形象、为民服务、全民素质和群众幸福指数"六个提升年",经济社会发展提升到一个新的高度。

(一)整体实力全面提升　地方财政收入实现三年倍增,达到12.5亿元,收入、税收和主体税种增幅均居滨州市第一。完成地区生产总值220.8亿元,规模以上固定资产投资148亿元,增长24.9%,增速居滨州市第二位;规模以上工业利税24.5亿元,增长14%,增速居滨州市第二位;社会消费品零售总额65亿元,增长13.5%,增速居全市第二位;在岗职工平均工资38580元、农村人均纯收入11457元,分别增长15.4%、14.53%,增速分居滨州市第二位、第一位。新增规模以上企业31家。创成滨州市唯一一个黄河三角洲高效生态经济区建设先进县、首批文化强省建设先进县、全省"四德"工程建设示范县、全省优化营商环境先进县、全省投资环境最佳县和全省信访工作先进单位。

(二)综合形象全面提升　五大经济板块完成基础配套投资10多亿元,承载能力全面增强。大济路北部拓宽路基、信河路西段改造基础工程基本完成,"三纵四横"大交通网络更加优化。美丽无棣建设快速推进。顺利通过省级卫生县城复审。农村环境综合整治完成投资1.8亿元,考核获全市一等奖。新改建农村公路520公里。新海路、疏港路绿色通道全线贯通,"蔷薇花都"加快建设,林业生产全市六连冠,水利会战蝉联全市一等奖,成为全国高标准农田水利建设示范县。

(三)质量效益全面提升　全年实施过亿元工业项目30个,其中三岳一期、齐星一期、鲁北钛白粉一期、鑫岳10万吨聚醚、汇成化工一期等16个项目建成投产,完成工业投入71亿元,技改投入占比增幅全市第一,新增油盐化工综合产能100万吨。海王星的海洋工程科技创新填补国内空白;鑫岳化工的环氧丙烷产能效益全国第一;鲁北企业集团居中国化工500强第59位。

(四)文化旅游全面提升　"挖掘宣传吴式芬,促进无棣大繁荣"工作亮点纷呈,"山海古邑·儒风无棣"在全省、全国叫响。古城恢复建设快速推进,部分景点对外开放,全省旅游工作现场会在我县召开。吴氏文化电视剧《家风》即将完成剧本创作。盐雕入选全国盐文化大展,海瓷成为"十艺节"指定礼品。汇泰、正海等企业积极创办文化旅游项目,贝壳堤岛、碣石古桑一体开发加快实施,创成3A级景区2个,黄河岛通过4A级初审。乡村旅游走在全省前列。

(五)和谐构建全面提升　通过机制创新,实现了多项民生事业的全省率先、全国领先。"关爱五保老人三年集中行动"圆满完成,共整合资金4000余万元,让1137名五保老人怡享天年,五保供养服务和敬老院建设水平走在全省前列。惠及39万城乡居民的"全报销"健康运行,央视《新闻联播》、《朝闻天下》集中报道,新华社《国内动态清样》呈送党和国家领导人及省委、省政府领导参阅,郭树清省长、王随莲副省长做出重要批示,经验做法写入滨州市《政府工作报告》,在全市、全省推广。筹资1200万元,在全国率先设立特困家庭救助基金,孙绍骋副省长、张兆宏副市长做出重要批示。"民生八件实事"全面完成。社会大局持续和谐稳定。

三、创新与经验

(一)创新发展理念,科学谋篇布局　以重点突破带动全面提升。坚定不移地实施重点带动战略,产城一体,区镇合一,整合力量资源,率先突破五大经济板块,拉动县域经济快速崛起。目前,五大经济板块占全县经济总量的90%以上,4个乡镇街道纳入板块经济体系。以生态文明引领科学发展。建立完善区域环评、环境准入、容量控制、动态监管、污染防治等制度,坚持"以治促调"和"以调推治"互动融合,扶优汰劣,全面治理,鲁北高新区和新海工业园污水处理厂建成投用,新海工业园10家企业通过市级环保验收,实现规范发展、依法发展。以资本聚集增强开放活力。坚持走大开放、大招商、大合作的路子,江苏三木、邹平齐星、浙江传化、燕山石化等中国500强企业相继落户,投资22亿元的滨海化工、投资20亿元的云南普尔顿管业、投资12亿元的金润化工等重大项目开工建设。以统筹推进建设美丽无棣。在县城,大力实施老城区商贸流通、新城区行政服务、古城区文化旅游、开发区新型工业"四大片区"会战,创成省级园林城市。在镇街,实施"一轴、两带、三节点"发展战略,重点突破3个示范镇,加快棣丰、海丰、信阳与县城一体化发展,加快埕口、碣石山与鲁北高新区一体化开发,整体提升城镇化水平。在农村,加快推进农村环境综合整治，投资1.8亿元，完成了85个村硬化、347个村美化、351个村净化任务，到2015年全县实现“三化”全覆盖。

（二）创新转型路径，放大优势产业 推进工业集群化。大力实施工业强县战略，既注重引进培育高端产业，又注重延伸传统产业链条，着力打造油盐化工、铝产业、钛产业、机械制造、光电子、海洋工程、木器家具、新兴能源、海瓷艺术和农产品深加工“十大产业集群”。推进农业现代化。发挥枣棉牧渔资源优势，发展设施农业、休闲农业、林下经济和食品加工，推进传统农业向现代农业转型发展。推进文旅融合化。把文化旅游业作为战略性主导产业，按照“山海古邑·儒风无棣”的定位，古城建设、文化宣传、旅游开发齐头并进，“挖掘宣传吴式芬，促进无棣大繁荣”，打造“登泰山必看贝壳堤岛，拜圣人须知吴氏家训”品牌。

（三）创新推进机制，实行“六制管理” 目标责任制。将争先进位的目标细化为具体任务，量化为重点项目、重点工作，落实到人，分解到月。承诺公示制。对任务目标、工作重点在全县公开，接受监督。调度通报制。由县委、县政府主要领导同志牵头，建立大督查机制。对未落实工作“一月一表态”，每月召开一次督查推进会，由责任单位说明原因。对重点项目“一季一亮相”，每季度包项目县级领导和责任单位负责人在电视台公开谈项目进展情况，并在县城重要位置设立醒目的重点项目进度和重点企业纳税排名公示榜，公开接受全县人民的监督和评价。对执法服务部门实行“半年一评议”，采用网上投票、明察暗访、电话调查等方式，对后三名的单位公开通报批评。观摩述职点评制。集中亮相，交流成果，查摆不足，共同提高。约谈诫勉制。对项目建设、招商引资等重点工作达不到时间进度的，及时约谈处理。考核奖惩制。修订完善考核办法，更加注重体现工作的基本要求、突破的要求、竞赛的要求和“一票否决”的要求，考出实绩、考出正气，以鲜明的导向激发干事热情。

附：（一）无棣县委书记、副书记、常委名单

书　记：李恩波
副书记：丁海堂　臧　伟
常　委：李恩波　丁海堂　臧　伟　刘长海　荆晓玲　邱延博　刘树林　崔建国　关莉莉　李宁波

（二）各乡、镇、街道党（工）委书记名单

海丰街道	李洪涛
棣丰街道	刘豪德
信阳乡	丁卫卫
车王镇	李坤海
碣石山镇	朱洪东
小泊头镇	赵吉义
埕口镇	李金文
柳堡镇	贾维平
西小王乡	杜守国
佘家巷乡	高立珂
水湾镇	李荣海

中共沾化县委工作概况

沾化县委书记　贾善银

2013年，沾化县委团结带领全县人民，坚持“蓝黄融合、陆海联动、集约发展、加速超越”的工作方针，强力实施城镇带动、突破海上、工业强县、生态立县“四大战略”，经济社会保持了稳中有进、健康发展的良好态势。蓝黄“两区”考核和全市科学发展综合考核、党风廉政建设、群众安全感、群众正义感等5个群众满意度调查，沾化得分均列滨州市县区第一名。

一、组织概况与党的建设

全县现有基层党（工）委33个、党支部989个、党员20608名。2013年，各级党组织和广大党员干部在县委的坚强领导下，以执政能力建设和先进性建设为主线，着力提升领导科学发展的能力和水平，为经济社会发展提供了坚强的组织保障。

（一）切实改进工作作风，密切了党和群众的血肉联系 组织开展“厉行勤俭节约、反对铺张浪费”、公车私用检查等专项行动，切实解决“四风”突出问题。开展县级干部“扶弱解困、联村为民”、党员干部联系困难家庭活动，全体县级干部联系53个难点村，1235名党员干部帮扶1083户困难家庭，落实帮扶资金32.3万元。

（二）全面加强基层组织建设，构筑了坚强有力的战斗堡垒 先后选派12名“80后”年轻后备干部到乡镇（街道）挂职、选派30名后备干部任村党组织“第一书记”，发展壮大基层干部队伍。深入开展“两新”组织“五有一创”活动，全县新建非公企业党组织75个、社会党组织23个，“两新”组织党组织覆盖率均达到100%。

（三）深入推进“五进村”活动，形成了广惠民生的长效机制 加大政策、人才、科技、资金、文化向农村倾斜的力度，2013年共发放“惠农政策选编”读本2万册，组织“人才服务大集”195场次、培训班44期,举办“科技专家服务团村村行”科技讲座317场次,累计发放涉农信贷资金3.5亿元,组织进村文艺演出160场次。

(四)着力加强党风廉政建设,营造了风清气正的良好环境 深入实施党风廉政“十百千示范带动工程”,筛选确定97个示范点培育对象,典型经验在全市推广。深入推进“123农廉工程”建设,开通运行“沾化农廉网”。坚持惩防并举,严厉查处各类腐败案件,2013年立案30件、处分15人,维护了党纪国法的严肃性和权威性。

二、主要工作与成绩

2013年,全县实现GDP162亿元,同比增长9%;完成固定资产投资127亿元,同比增长6%;规模以上工业增加值增速10.8%;地方财政收入突破10亿元大关,实现10.1亿元、同比增长13.1%;城镇居民可支配收入、农民人均纯收入分别达到27240元、11534元。

(一)沿海开发加快推进 临港产业园区总体规划统筹纳入滨州市北部沿海开发的整体规划,重点工程加快建设,新防潮大堤顺利合龙,滨海大道完成二层油面铺设,创业大道全面开工,金沙水库完成一期工程的50%。大力培育龙头骨干项目,汇宏新材料、永太药业、国昌精细化工等一批重点项目加快推进,北部沿海项目加快集聚、产业快速膨胀。

(二)工业转调创步伐加快 强力推进工业“5139”、“2个千亿级”工程,新建续建投资过亿元项目36个,新增规模以上工业企业20家、达到119家,纳税过百万元企业137家、过千万元13家。制定出台加快新型工业化发展的意见,炜烨高端岩棉入选全省100个重点建设项目,鲁北药业聚谷氨酸等6个项目入选省以上科技创新项目,固安特公司、海金食品实现股权挂牌融资。2013年全县实现高新技术产业产值72亿元、同比增长40.3%。

(三)特色农业健康持续发展 大力实施沾化冬枣产业优化提升工程,果品质量再创新高,在自然灾害导致减产的情况下实现了减产不减收,枣农人均冬枣纯收入达到8000元以上,并且成功打开国际市场,在阿联酋迪拜高价热销。大力推行畜牧业标准化生产,2013年全县新增标准化规模养殖场85个、总数达到902个。流转农村土地18万亩,全县“棉改粮”7万亩,经营50亩以上的专业大户达到326家、农民专业合作社达到512家、农业龙头企业发展到92家。

(四)现代服务业长足进步 成功举办第十五届沾化冬枣产业经贸洽谈暨乡村游活动,沾化冬枣生态采摘乡村游入选全省“好客山东休闲汇”主题游活动,沾化冬枣生态旅游景区通过国家AAAA级旅游景区初审。大高国际航空学校被确定为中国青少年航空教育基地,杨家盐业遗址群被列为全国重点文物保护单位,沾化渔鼓戏经典曲目连续第四届荣获“中国戏剧奖·小戏小品奖”一等奖,沾化渔鼓戏剧团成为“山东省地方戏曲示范基地”,并荣获“第五届全国服务农民服务基层文化建设先进集体”称号。

(五)城乡面貌焕然一新 大力实施“1467工程”,全县城镇化率达到47.98%。顺利通过省级卫生县城复审,徒骇河思源湖水利风景区成为“国家级水利风景区”。下洼镇通过省级示范镇考核验收,冯家镇通过全国重点镇创建名单评审。新型农村社区建设顺利启动,滨海镇工人新村、利国乡马营新村一期竣工入住。总投资12.2亿元实施林水会战,完成118个村的硬化、净化、美化“三化”任务,沾化成为“全省村级公路网化示范县”、“全省生态文明乡村建设示范县”。

(六)民计民生持续改善 2013年全县重点民生支出达到12.8亿元、占财政总支出的65.3%。沾化一中新校等4所学校实现扩规提档,建成投用乡镇中小学4所,“平安校车”实现全覆盖。新建市级标准化农村卫生室73处,县级医院和乡镇卫生院的病房、门诊全部实现楼房化。全面提升城乡低保标准、孤儿生活费补助标准和五保集中、分散供养标准,建成投用公共租赁房613套。深化“平安沾化”建设,加快“四型五网六队”建设,沾化成为全省2个进京非正常访登记为零的县区之一。

三、创新与经验

(一)创新开展“驻村蹲点调研月”活动 4月份开展“走基层、强服务、惠民生”、“驻村蹲点调研月”活动,县委选派691名科级以上领导干部和69名村党支部“第一书记”驻村蹲点搞调研,实现了全县科级以上干部全部包村、438个行政村都有科级以上干部帮包“两个全覆盖”。活动期间在下洼镇西贾村召开了县委常委(扩大)会议,县级领导干部带头“坐上马扎议三农,沉下身子接地气”,经验做法被《人民日报》、《经济日报》、《大众日报》等媒体重点报道。

(二)创新开展村“两委”公开承诺活动 扎实开展农村“两委”班子履职公开承诺活动,围绕农村“三务”公开、增加村集体收入等方面,县派“第一书记”、包村干部、村“两委”主职干部、农村入党积极分子公开承诺、践诺事项5712项,群众满意率达到98.76%,经验做法先后被《人民日报》、《大众日报》、《支部生活》等刊发。

(三)创新党员发展与管理工作 研究制定了《关于实行“一推两诺三评”制度动态管理农村入党积极分子的意见》,探索实施党员“五制”管理(科级领导干部重点工作责任制、机关党员干部“双向选择”制、镇直部门党员干部评议制、农村支部书记“三公开”制、农村党员和入党积极分子积分制),全面激发党员队伍活力。2013年6月份,沾化被中组部确定为山东省唯一一个县级“发展党员工作直接联系点”。

(四)大力实施“渤海粮仓科技示范工程” 建设“渤海粮仓科技示范工程”项目示范区1000亩,采用“土壤改良和种植模式调整技术体系”,种植抗碱耐旱优良品种,示范区小麦、玉米平均亩产都达到400公斤以上,真正实现了

“盐碱荒地变粮仓”。沾化建设“渤海粮仓”的经验做法，在《人民日报》头版头条刊发。

（五）大力提高沾化冬枣产业科技化水平 坚持推广2号、研发3号、复纯原生代，加快实施科研攻关，推广沾冬2号2万亩，成功培育出沾冬3号杂交幼苗。推广测土配方施肥、物联网监测等新技术，沾化冬枣品质再创新高。开通网络销售平台，全县注册冬枣销售网店2000余家。与日本电装公司成功合作实施移动冷库试验项目，冬枣储存4个月后良品率保持80%。研发冬枣浓缩汁等20多个系列加工产品，浩华果汁系列冬枣产品被授权为中国十艺节指定产品，海金食品与中国高铁北京京铁列车服务公司签定了供货协议。

附：（一）沾化县委书记、副书记、常委名单

书　记：贾善银

副书记：丁　锋　李　岩（女）

常　委：贾善银　丁　锋　李　岩（女）　王立忠　巴明华　乔　铭　刘长锋　术国强　陈梦华　孔令峰　刘相忠

（二）各乡、镇、街道、海防党（工）委书记名单

下洼镇	闫　华
富源街道	刘林昌
滨海镇	韩炳辉
富国街道	郑同忠
利国乡	李全友
冯家镇	潘清军
大高镇	田道军
下河乡	刘东芳（女）
黄升镇	张法治
古城镇	吕伟凯
泊头镇	崔清连
海　防	刘志峰

中共博兴县委工作概况

博兴县委书记　焦本强

一、组织概况与党的建设

博兴县现有42个党（工）委、117个党总支、1394个党支部，27739名党员。2013年，博兴县委牢固树立“抓党建就是抓发展、就是抓关键”的工作理念，坚持“抓机制、强保障，抓载体、强基础，抓作风、优环境”，全县基层组织建设的质量和水平实现整体大幅提升。

（一）抓机制、强保障，全面落实党建工作责任 建立县四大班子成员包镇联村制度，县委常委对全县29个换届难点村实行“一对一”包保，定期深入调研，广泛听取意见，现场指导工作，解决实际困难。进一步完善考评体系，对镇（街道）党（工）委书记、包村干部（第一书记）、农村党支部书记三级责任主体分别制定考核奖惩办法，加大基层党建工作在科学发展考核中分值比重，更加突出党员干部队伍建设、民生问题改善、群众满意度等指标考核，切实树立“重党建、抓基层、打基础”的良好导向。建立全方位观摩推进机制，实行常态化督导检查机制，建立组织部各部长分片联系督导镇（街道）制度，成立党建工作巡回督查组，落实全覆盖民意调查机制，全方位督导检查。出台《离任村支部书记享受生活补贴待遇意见》，县财政每年安排1000万元基层党建专项经费，对集体经济薄弱村和“空壳”村全部实行财政“兜底”，保障了村级运转和保障民生事业健康有序开展，有效激发了在职村干部的工作积极性。

（二）抓载体、强基础，全面提升党建科学化水平 大力实施“亮身份、亮岗位、亮职责、亮承诺”农村党建“四亮”工程，扎实开展村“两委”班子公开承诺，按照“一访三议”工作流程，对公开承诺事项全部实行项目化管理，2013年度全县村“两委”班子公开承诺顺利实现“双百”目标（即，年初448个村公开承诺完成率达到100%，4220项承诺内容年终按期兑现率达到100%）。继续深化提升“百千万”工程，各帮建单位和联村企业累计投入资金1.59亿元，带动村自筹资金2.13亿元，解决了1300多个群众反映强烈的民生问题。建立干部联户长效机制，全县6926名县镇机关干部与全县12.3万户农村家庭结成长期固定结对关系，实现了干部联户全覆盖。继续开展“万名干部大培训”工作，重点对“单位一把手”、机关党员干部、农村主职干部进行培训。不断深化“两新”组织基层党组建设,积极研发非公企业党建信息化管理平台,全县非公企业党的组织覆盖率和工作覆盖率均达到100%。深入实施社区党建“聚力工程”,精心打造了“以人为本、阳光人社”、“暖心民政、幸福博兴”等10余个党建特色品牌。

(三)抓作风、优环境,全面激发科学发展强劲动力 开展以“树正气、转作风、促发展”为主题的谈心谈话活动,通过到干部所在单位“一对一”交流,深入重点工程一线“面对面”访谈,加强了对领导班子的分析研判,及时掌握了干部的思想动态,畅通了干部诉求,提高了选人用人公信度,有效激发了广大干部的干事创业热情。深入开展“查问题、抓整改、促规范”主题教育活动,着力解决全县领导班子和干部队伍发展理念不够科学、工作作风不够扎实、规章制度落实不够到位等突出问题,通过活动深入开展和有关问题强力整改,全县干部队伍作风明显转变,发展环境持续优化,群众满意度显著提升。

二、主要工作与成绩

2013年,全县上下积极抢抓“黄蓝”两区叠加开发的重大历史机遇,加快融入省会城市群经济圈步伐,扎实做好转方式、调结构、保增长、惠民生等各项工作,经济社会始终保持了健康快速发展的良好态势。完成地区生产总值283.2亿元,实现财政总收入36.6亿元,其中地方财政收入23.5亿元。先后荣获中国产业百强县、中国产业集群经济示范县、全国群众体育先进单位、全国农田水利基本建设先进县、省级文明县等称号,金属板材产业入选“中国县域产业集群竞争力100强”。

(一)全力推进转型升级,县域综合实力显著提升 始终把提高质量和效益作为转方式调结构的中心任务来抓,加快转调创步伐,倾力打造化工、粮油食品加工、厨具、新型金属材料等千亿元产业集群。全县101个投资过千万元的工业项目累计完成投资125亿元,新增规模以上企业53家,规模以上工业主营业务收入达到1292.2亿元,增长14.6%。与世界500强、国内100强合资合作企业总数达到9家,4家企业跻身中国制造业500强,成功入选全省高端装备制造产业园区。全力支持企业科技创新,现已与19所国内外高校、科研院所合作建立技术创新联盟,11家企业参与或主持制定行业标准,两家企业设立博士后科研工作站。全县物流业发展规划编制完成,冷链、液体运输能力分别达到260万吨、1500万吨。外贸进出口总额达19.97亿美元,实际利用外资3533万美元,金属型材基地入选第二批省级外贸转型升级专业型示范基地。中国钢铁超市列入国家电商集成创新示范工程,锦秋街道湾头村成为全国闻名的“淘宝村”,3家企业入选2013年度山东省服务名牌。“两节一会”合同或意向成交金额突破100亿元,实现盈利1200万元。丈八佛入选第七批全国重点文化保护单位名单,打渔张森林公园顺利通过国家水利风景区创建验收,麻大湖获批国家级湿地公园。

(二)全力推进新型城镇化,城乡统筹步伐明显加快 按照全域花园化的思路,高起点、高标准谋划城乡建设,城镇化率达53.2%。总投资30亿元的“三河两水一湖”生态文化区“三横两纵”路网搭建完成,16个旧村改造合村并居重点项目累计完成投资16.2亿元。投资1.8亿元推进农村环境综合整治,新创建市级生态文明村45个,被命名为省生态文明乡村建设工作先进县区。编制完成《博兴县现代农业发展规划》,成立了全市第一家县级农业产业化协会,规模以上农业龙头企业发展到108家、农民专业合作社达到358家,被农业部认定为首批“国家农业产业化示范基地”。林水会战完成造林4.9万亩,建成益丰、泰丰两个万亩林场,农业综合开发验收评比工作连续三年位居全市第一,被表彰为全国农田水利基本建设先进县,吕艺、乔庄被授予“山东省苗木花卉百强镇”。

(三)全力推进民生改善,社会更加和谐稳定 总投资20.6亿元的十项民生工程全部完成,民生支出占到财政预算支出的71.6%。滨南客运中心正式运营,开通博兴滨州城际公交。幼儿园扩建完成率全市第一,被评为国家高水平体育后备人才基地、全国群众体育工作先进单位。乡村医生签约服务城乡居民11.5万户,被国家卫生部确认为全省唯一乡村医生签约服务工作联系县,家庭医生签约服务经验在全省推广。各镇(街道)全部建成了面积超过500平方米的“综治维稳民生服务中心”,村村设立代理员,构建起了覆盖全县448个村的为民服务全程代理网络。

三、创新与经验

(一)突出质效并重,大力推进新型工业化 始终突出工业的主导地位,坚持精力向工业集中,优惠政策向工业倾斜,优质资源向工业汇集,以更大的勇气和决心,全力推进转方式调结构。

(二)突出拓展提升,加快发展现代服务业 坚持把发展服务业作为产业结构优化升级的战略重点,发展新业态,培育新热点,不断提高服务业的比重和水平。

(三)突出改革创新,激发科学发展新活力 遵循规范发展的理念,坚持以改革创新的精神,科学有效地破解土地、资金、环境等刚性制约。

(四)突出城乡统筹,强力推进新型城镇化 紧紧围绕推进以人为核心的城镇化,始终突出规划引领,坚持把文化元素、特色符号融入城市建设,按照规划先行、布局合理、基础配套的原则,创造性推进新型城镇化建设工作。

(五)突出以人为本,全力维护社会和谐稳定 始终把改善民生、促进和谐作为社会建设的重要任务,按照“凡是出台的民生政策必须落实到位,凡是民生资金必须一分不少用在群众身上,凡是作出的民生承诺必须不折不扣兑现”的原则,全力抓好各项民生事业。

(六)突出强基固本,全面强化基层组织建设 始终把坚强党的领导、提升干部素质作为根本保证,抓班子带队伍,抓培训提素质,抓基层打基础,抓作风优环境,切实增强各级党组织的凝聚力、创造力和战斗力。

附:(一)博兴县委书记、副书记、常委名单

书　记:李家良(2013年7月离职)
焦本强(2013年7月任职)

副书记:殷梅英　刘春国

常　委:焦本强　殷梅英　刘春国　田洪健
魏方亮　赵春良　郑令健　刘卫忠
商立波　鲍永翔　宋传胜
李亦阳(挂职)

(二)各镇、街道党(工)委书记名单

城东街道　高怀青
锦秋街道　张　钊
博昌街道　王新厂
湖滨镇　胡新国
店子镇　王　辉
兴福镇　赵秀民
曹王镇　安　峰
陈户镇　李振业
吕艺镇　刘兆强
庞家镇　王兴民
纯化镇　许　杰
乔庄镇　程　亮

中共邹平县委工作概况

邹平县委书记　赵伟宏

一、组织概况与党的建设

邹平县现有37个党(工)委,159个党总支,1934个党支部,43643名党员。

(一)加强领导班子和干部队伍建设　大力弘扬"事业至上、聚焦发展"的工作导向,着力选拔勤政务实、敢于担当、作风正派、群众公认的干部,不断完善考核体系,在全县形成干事创业求发展的主流思想。加大干部教育培训力度,落实"三站联程"基层培养锻炼机制,组织42名新提拔科级干部开展驻企驻村锻炼,组织31名干部到秦台军事训练基地参加军训。制定出台《关于进一步加强年轻干部、女干部和党外干部培养选拔工作的意见》,着力打造高素质后备干部队伍。坚持领导干部谈话、诫勉等制度,深化干部监督,对涉及调整的22名党政主要负责同志实施了离任审计。

(二)加强基层组织建设　组织村"两委"进行公开承诺,落实承诺事项5491件,完成率达97.6%。继续抓好"三进三服务"、镇街干部驻村蹲点活动,建立机关干部"零距离"联系服务群众制度,组织1000名科级以上干部、6000名机关党员干部直接联系帮扶2500个困难家庭。推行党员先锋积分管理,探索实行入党积极分子和村党支部书记积分动态管理模式,充分激发党员发挥先锋模范作用的内生动力。举办非公企业出资人培训班,开展"百名书记江南行"、"党员先锋企业"创建活动,选树魏桥创业集团等30个非公企业党建标杆。

(三)加强党风廉政建设　严格落实中央"八项规定",开展作风集中监督检查14次,涉及单位322个次,党员干部10700余人次。实施"服务大厅作风整治"百日行动,设立"流动监察室",进驻28个服务大厅,重点解决服务态度不好、办事效率不高等问题。实施"123农廉工程"百日行动,先后对200个村进行了"三资"巡查,对1174名村支部书记、主任进行了廉政谈话。开展"国库集中支付"、"收支两条线"制度执行等3项执法监察,检查单位26个,涉及资金1658.75万元,收缴入库资金196万元。加大违纪违法案件查办力度,全县纪检监察机关立案38起,处分党员干部37人,开除党籍22人。

二、主要工作与成绩

2013年,邹平县委在上级党委、政府的正确领导下,坚持以科学发展观为指导,全面贯彻落实党的十八大和十八届二中、三中全会以及省第十次党代会精神,以习近平总书记系列重要讲话和视察山东重要讲话精神为指引,按照"1247"的总体思路,坚定不移转方式、调结构,千方百计惠民生、促和谐,有效克服了复杂形势带来的严峻挑战,经济社会保持了平稳健康发展。

(一)综合实力显著增强　实现地区生产总值751亿元;完成财政总收入93.2亿元,其中地方财政收入55.8亿元;城镇居民人均可支配收入达到27850元,农民人均纯收入达到12923元。完成全社会固定资产投资199亿元,实现规模以上工业总产值3152亿元、利税223亿元、利润156亿元。引进县外资金239亿元、境外资金3.2亿美元,完成进出口41亿美元。魏桥创业集团跃居世界500强第388位。

(二)经济结构逐步优化　以宏桥铝业、齐星工业铝材等为代表的轻质高强合金铝产业示范基地已逐步形成规模和竞争优势;邹平钢铁集团注册成立,西王特钢、广富集团、传洋集团成功进入国家工信部符合钢铁行业规范条件企业

名单。实现高新技术产业产值675亿元,获评全国科技进步先进县。发展现代农业项目176个、现代农业示范园10家,获评全国粮食生产先进县。完成社会消费品零售总额136亿元、服务业增加值239亿元,获评全省服务业发展先进城区。鲁中运达保税物流中心获国家4部委批准设立,成为全省首家设在县级的保税物流中心。

(三)城乡面貌持续改善 实施城建项目54个,完成投资25.8亿元,县社会福利中心等投入使用。实施小城镇建设"百件实事"106项,完成投资17亿元,新开工农村社区19个,魏桥镇、韩店镇创建为全省第二批"百镇建设示范行动"示范镇。深入开展农村环境综合整治,178个村庄完成道路硬化、632个村庄完成净化、365个村庄完成美化,村容村貌显著改善。通过国家卫生县城复审验收,明集镇创建为国家卫生镇。

(四)民生保障更加完善 完成学校标准化建设项目13个、校舍安全工程和维修改造项目123个,新建、改扩建幼儿园15处。启动了新农合重大疾病医疗保险工作,共为参合群众补偿费用2.1亿元;县镇村三级医疗机构实现了药品零差率销售全覆盖,药品平均降价30%,共为群众节省费用1.2亿元。城镇新增就业7300人,转移农村劳动力2.1万人。全年共为60岁以上老年人发放基础养老金1.1亿元,为80岁以上老年人发放生活补助400万元。县文化中心正式启用,成功创建为首批文化强省建设先进县。

(五)社会大局持续稳定 加强社会治安综合治理,加快推进"高清天网"二期工程建设,新建高清视频监控840个、高清卡口和电子警察64处,深入开展严打整治专项行动,刑事发案同比下降26.3%。大力推进法治邹平建设,获评全国法治县创建先进单位。狠抓矛盾纠纷化解,扎实做好信访工作,深入开展领导干部下访和镇街党(工)委书记公开接访活动,有效维护了群众合法权益。深入开展安全生产大检查,有效遏制了较大以上事故发生。加强食品药品监管,顺利通过省级药品安全示范县验收。

三、创新与经验

(一)突出先进理念引领,全面提升发展境界 牢固树立科学发展、务实发展、安全发展、高效发展、创新发展"五大理念",确定了"1247"的总体思路,即:围绕"建设环境优美、产业高端、社会和谐、群众安康的现代化新邹平"一个总体目标,把握"加快创建全省科学发展样板区、加快融入省会城市群经济圈"两大发展定位,突出"打造省会城市群经济圈卫星城、加快工业高端提升、加快产业结构升级、提升全域城镇化水平"四大工作重点,强化"社会安全、生产安全、土地安全、生态安全、金融安全、财政安全、干部队伍安全"七大保障,使全县上下发展有方向、前进有目标,凝聚起了发展的强大合力。

(二)大力推进提质增效,加快工业经济向高端提升 坚持把工业做优做强作为转型升级的核心环节。积极推进存量调整提升,大力实施项目退出机制,加快推广应用新技术和先进适用技术,优化园区功能布局和资源配置,调整进出口结构。切实抓好增量优化扩张,完善科技创新体系,实施创新驱动战略,加快开发和掌握一批核心技术和高新技术产品,培植壮大新兴产业,切实提高发展质量和效益。

(三)加快产业结构升级,努力推动产业之间协调发展 坚持把结构调整作为经济提质增效的主攻方向。大力发展生产性服务业,加快提升生活性服务业,积极打造区域物流中心、金融中心。稳步推进农村土地承包经营权确权登记颁证试点,积极推进农业规模化、产业化、标准化生产经营。通过技术创新、资源整合、优化机制,打破传统企业、行业间的界限和区域壁垒,加速生产要素流动,实现高新技术渗透融合、三次产业延伸融合、产业内部重组融合、新旧产业替代融合。

(四)大力加强城乡统筹,加快推进全域城镇化进程 加快启动新一轮城镇总体规划,以全域城镇化为目标、以产业发展为依托、以公共服务均衡覆盖为基础、以群众生产生活方式转变为标准,着力打造"中心城区—卫星城—中心镇—社区"城镇化布局。统筹城市建设与城市经济发展,高标准建设中心城区,不断提升城市可持续发展能力。以人的城镇化为核心,持续加大民生投入,使群众生活得更有品质、更有尊严。

(五)全面优化环境保障,努力营造加快发展的浓厚氛围 坚持把环境建设作为立县之本。加强环境污染综合治理,强化网格化监管模式,着力营造优美舒适的生态环境。加强社会治安综合治理,创新开展"当事人评案"活动,着力营造和谐稳定的社会环境。坚持用发展统一思想,用事业凝聚人心,深入加强党风廉政建设,切实营造风清气正、干事创业的良好氛围。

附:(一)邹平县委书记、副书记、常委名单

书　记: 王传民(2013年6月离职)
赵伟宏(2013年6月任职)

副书记: 邹继刚　张宝武

常　委: 赵伟宏　邹继刚　张宝武　姜凌刚
房　斌　尹艳玲(女)　闫士柱
孙利华　花胜南　张宪强
韩清霞(女)　彭　莉(女,挂职)

(二)各镇、街道党(工)委书记名单

长山镇	牛希亮
魏桥镇	田汝滨
临池镇	赵子峰
焦桥镇	田　军
韩店镇	刘长海
青阳镇	张　斌
九户镇	董保华

孙　镇	付俊峰	黄山街道	赵　东
明集镇	李　刚	高新街道	张克武
台子镇	田旭升	西董街道	刘福生
码头镇	韩　颖(女)	好生街道	夏应枝
黛溪街道	马　龙		

菏　泽　市

中共牡丹区委工作概况

菏泽市副市长、牡丹区委书记　刘传谨

一、组织概况与党的建设

牡丹区总面积1140平方公里,人口105万,辖19个乡镇办事处。共有党组织1515个,其中党委52个,党总支55个,党支部1408个;党员38819名,其中在岗职工党员13192名;村(社区)591个,"两委"成员3116名。2013年,区委认真贯彻党的十八大和十八届三中全会精神,坚持解放思想、改革创新,坚持党要管党、从严治党,全面加强思想、组织、作风和制度建设,党建科学化水平进一步提高。

(一)加强思想政治建设　按照建设学习型党组织的总体要求,始终把用科学理论武装头脑放在思想建设的首位,大力倡导学习之风,完善党委理论学习中心组制度和党员干部学习制度,重点学习党的十八大和十八届三中全会精神、习总书记系列重要讲话特别是关于党的群众路线教育实践活动和视察山东、视察菏泽时的重要讲话精神,先后举办了97场宣讲会和6期全区领导干部专题培训班,各级干部思想政治素质明显提高。

(二)加强基层组织建设　强化乡、村两级党组织建设,每村选派一名党建工作指导员;实行城市、农村社区党支部书记双向互挂副书记,构建城乡党组织互帮互助机制。对外出务工党员实行"一网四联",联责任、联管理、联教育、联服务,引导大家回乡创业,先后有120名外出务工党员回乡创办企业。注重扩大社会团体和非公企业党组织覆盖,建立"两新"党组织259个,党的基层基础进一步夯实。

(三)加强干部作风建设　严格落实中央八项规定、省市实施办法意见,出台了《关于进一步加强县级领导干部作风建设的实施意见》,集中开展了会员卡专项清退、公款吃喝、违规使用公车等专项检查和"庸懒散"专项治理活动。实行"党员干部联系困难家庭"结对帮扶制度,全区2600名党员干部结对帮扶困难群众5260户,选派180名干部沉到基层任"第一书记"。严格落实党风廉政建设责任制,完善惩治和预防腐败体系,严肃查处违法违纪案件,干部作风进一步转变。

(四)加强制度建设　完善党建工作责任制,细化量化任务目标,各级党组织抓党建、促发展的责任意识不断提高。健全区委常委会议事规则、区委全委会议事规则等9项区委领导班子内部制度,保证了领导班子整体效能的发挥。研究出台凭实绩用干部、党政领导干部问责实施办法等32项干部管理制度,用制度管权管事管人,推动了党的建设制度化、规范化、程序化。

二、主要工作与成绩

2013年,牡丹区以科学发展观为指导,以转方式、调结构为主线,以改革开放为动力,紧紧围绕打造科学发展和邻边经济高地核心区目标,狠抓招商引资、项目建设、城镇综合开发、园区建设、民生改善和党的建设等重点工作,经济社会继续保持了平稳较快发展。全年完成地区生产总值245亿元,可比增长13.2%;三次产业比调整为11:47.8:41.2,二三产业占比提高1.3个百分点;公共财政预算收入20.29亿元,按可比口径增长8.1%;社会消费品零售总额143亿元,增长13.5%。

(一)发展思路更加明确　菏泽高新区体制理顺后,牡丹区根据新要求、新定位,明确了充分发挥中心主城区地位优势,大力实施"1446"工程的总体发展思路,即围绕打造科学发展和邻边经济高地核心区目标,突出城市开发建设和培育商贸物流、文化旅游、以牡丹为主的农副产品加工三大主导产业四项工作重点,切实抓好"四区六园"建设,打造万福河商贸物流区、规划建设牡丹文化旅游新城区、改造提升中心老城商住区、稳步推进新型农村社区,加快建设商贸物流配套加工产业园、机电制造特色产业园、木材加工特色产业园、牡丹特色产业园、食品加工特色产业园、能源新材料特色产业园六个特色产业园。

(二)工业经济逐步壮大 全年新签约50个、新开工40个、竣工投产40个过亿元项目;尧舜牡丹、步长稳心颗粒、瀚联化工等12个项目列入省、市重点;规模以上工业企业完成主营业务收入565亿元、利税88亿元,分别增长25.4%、26%。新增市级以上创新型企业4家、创新型试点企业4家;发明专利授权56件,新注册商标51件,新增中国驰名商标1件、山东省著名商标3件、山东名牌产品2个。新增高新技术企业7家,达到46家,完成产值260亿元,占规模以上工业总产值的45.9%。

(三)农业发展成效显著 粮食总产19.51亿斤,标准化基地达到56万亩;新增牡丹种植面积5.5万亩,达到20万亩,尧舜牡丹籽油生产线建成投产,两项技术通过省级科技成果鉴定,牡丹籽油产品标准获批国家行业标准;规模以上农业龙头企业达到163家,农民专业合作社达到412个。

(四)城镇建设明显加快 拉开牡丹文化旅游新城区、万福河商贸物流区建设大框架,大力提升改造中心老城区,全年实施征收项目25个、155万平方米,新开工项目19个、401万平方米,在建项目达到48个、898万平方米,建成345万平方米;突出城市基础设施配套建设,打通5条、新建18条主干道路,铺设管网43.2公里,新增绿地68万平方米;启动小城镇片区改造项目7个、新型农村社区建设项目6个,新开工面积44.5万平方米。

(五)发展环境不断优化 严格集约节约用地,狠抓节能减排,水环境、空气质量持续改善;实施城乡环境综合整治,深入开展乡村文明行动和城区交通秩序治理,城乡面貌明显改观。推行行政服务"两集中、两到位",精简区级审批事项180项,减少涉企服务收费19项,压缩审批时限65%以上。创新社会管理服务,建成投入使用群众接待大厅和便民服务中心;落实安全生产责任制,强化食品药品监管,加强社会治安综合治理,社会大局保持稳定。

(六)社会事业全面发展 民生支出占公共财政预算支出70%以上,城镇居民人均可支配收入20540元,农民人均纯收入9280元,分别增长10.5%、11.5%。征缴各项保费9.2亿元,城乡居民养老保险参保率99.9%;全面推行"先诊疗、后付费"就医模式;新招考补充中小学教师200名;送戏下乡168场,送电影下乡6756场。新建乡镇卫生院门诊病房楼3座,新建、改扩建乡镇敬老院7处、中小学幼儿园38处、乡镇综合文化站11个;新建设公租房900套,改造农村危房597套;改造农村公路146.3公里、窄危桥6座,220国道牡丹区段竣工通车,临商路提升改造顺利完成。

三、创新与经验

(一)找准定位理清思路是加快发展、科学发展的前提 配合理顺菏泽高新区体制后,牡丹区立足当前,着眼长远,突出特色, 错位发展,科学论证了"打造科学发展和邻边经济高地核心区"的发展定位,提出了充分发挥中心主城区地位优势,加快经济转型升级,大力实施"1446"工程的总体发展思路。新思路、高目标符合牡丹区发展实际,为推动经济社会科学快速发展指明了方向。

(二)良好的干部作风是加快发展、科学发展的重要条件 始终坚持把干部作风建设作为加快科学发展、提高执政能力的重要基础性工作,下大力气推进思想解放、作风转变,在全区营造了立说立行、干就干好的良好氛围,各级干部立足岗位,勤奋敬业,创先争优,全身心投入到项目建设一线,抓协调、抓推进,投入到开发建设一线,抓征收、抓拆迁,投入到维稳工作一线,抓排查、抓调解,创造出许多新亮点,有力推动了各项工作的落实。

(三)特色主导产业的壮大是加快发展、科学发展的支撑 牡丹区狠抓特色主导产业培植壮大,生物医药、农副产品加工、机电设备制造、能源新材料四大工业产业主营业务收入、利税分别占全区规模以上工业总量的92.1%、94.6%。菏泽高新区体制理顺后,牡丹区按照新的发展定位,重点培植商贸物流、文化旅游和以牡丹为主的农副产品加工三大主导产业。这些特色主导产业的发展壮大,为牡丹区实现转型升级发展、科学快速发展提供了动力和支撑。

(四)完善的工作机制是加快发展、科学发展的保障 围绕促进产业升级、加快企业膨胀、推动项目建设,牡丹区成立了产业领导小组、企业帮促办公室、项目建设指挥部,完善了领导包产业、包项目、包企业责任制,健全了督查跟踪落实、责任追究问责、考核奖惩等机制,强化了对重点工作、重点工程和项目的调度考核,形成了一套科学管用的工作推进机制,确保了各项工作的高效快速落实,为加快发展、科学发展提供了重要保障。

附:(一)牡丹区委书记、副书记、常委名单

书　记:刘传谨

副书记:张福龙　孟凡荣

常　委:刘传谨　张福龙　孟凡荣　林　东　李永辉　王永轩　赵孔灵　赵绍增　季士峰　赵效存　张　红(女)　李克和(挂职)　张体信(挂职)

(二)各乡、镇、办事处党委书记名单

东城办事处　兰昌华

西城办事处　陈金峰

南城办事处　赵弟波

北城办事处　刘　伟

牡丹办事处　陈新建

何楼办事处　张建国

沙土镇	李希靖
皇镇乡	姚　峰
安兴镇	蔡　源
胡集镇	邢继卿
吴店镇	油凤莲(女)
都司镇	晁洪波
黄堽镇	李荷玲(女)
小留镇	张　峰
高庄镇	张绍斌
李村镇	季双进
大黄集镇	彭玉奎
王浩屯镇	郭献臣
马岭岗镇	张　旭

中共曹县县委工作概况

曹县县委书记　王忠想

一、组织概况与党的建设

曹县辖22个乡镇、5个街道办事处,1176个行政村(居)。有基层党组织2097个,其中党委40个,党总支46个,党支部2011个;党员53635名,其中机关党员8437名,农村党员31858名,公有制经济党组织2498名,非公有制经济党组织1006名,社会组织党组织1041名,离退休6020名,其他2775名。

(一)围绕提升素质,加强干部队伍建设　强化教育培训,通过开展"党的十八大精神"专题培训班、"曹县大讲堂"和以"转变干部作风、提升群众满意度"为主要内容的群众路线教育实践活动等活动,干部队伍作风有了新转变,解决实际问题能力不断增强。创新和完善干部工作机制,坚持凭实绩用干部,树立了良好的用人导向,领导班子和干部队伍结构得到优化,干事创业的激情得到提升。

(二)围绕强基固本,加强党的基层组织建设　加强村两委建设,深入实施"百村集中整治"和"百村村级组织活动场所建设"的"双百工程",把农村党支部书记培养成致富带头人、把致富带头人培养成村支部书记的"双向培养工程",完善村级班子"防瘫"机制、访展评考科学评价机制,村级班子战斗力明显增强。全力做好"两新"组织跨支部党员教育管理服务工作,"两新"组织党的组织覆盖面达到100%。

(三)围绕防腐拒变,加强党风廉政建设　采取多种形式,加强廉政教育,党员干部廉政意识明显增强。强化制度建设,制定《关于进一步加强领导干部作风建设的意见》、《曹县党政机关工作人员问责暂行办法(试行)》等一系列制度,不断规范领导干部权力运行;全面落实党风廉政建设责任制,开展狠刹"四风"和"庸懒散"专项整治活动,加大案件查办力度,党风政风明显好转。

二、主要工作与成绩

2013年,在上级党委、政府的正确领导下,曹县县委全面贯彻落实党的十八大、十八届三中全会精神和习近平总书记系列重要讲话及视察山东、菏泽时重要讲话精神,团结带领全县广大干部群众,开拓进取、务实苦干,经济社会保持了良好的发展态势。实现地区生产总值254亿元,同比增长13.3%;公共财政预算收入18.3亿元,同比增长13%;固定资产投资100亿元,同比增长22%;城镇居民人均可支配收入17900元,同比增长15%;农民人均纯收入达到9242元,同比增长14.5%;金融机构存款余额208亿元,比年初增加39亿元。科学发展综合考核取得全市第一名。

(一)突出提质增效,工业化进程不断加快　以提升质量和效益为核心,以打造千亿级主营业务收入开发区为目标,加快推进九大百亿元产业园建设,采取"五个一对一"招商工作法,新落地项目26个。深入实施"3331"产能培育计划和"12515"税源培植计划,新增规模以上企业58家,达到445家,实现主营业务收入703亿元,同比增长28.6%,税收过百万元的新增39家,全市工业企业纳税前百强中,我县有16家,占比达到近1/6。

(二)突出统筹兼顾,城镇化建设扎实推进　以"一城、两点、三网、四河、五区"为重点,以实施12项公共服务重点工程、18条道路工程、6项重点配套工程为依托,全面拉动城市综合开发,城市功能不断完善。城市供热工程正式启用,结束了城区无集中供热的历史。加快"三城同创"步伐,扎实推进城市绿化、亮化、文化、美化等"四化"工程,城市环境明显改善,荣获山东省人居环境范例奖。积极推进产城融合,大力发展现代服务业,新落地投资过10亿元的商贸物流项目8个。区划调整实现突破,倪集、郑庄顺利撤镇设办。加快重点镇和新型农村社区建设,加强基础配套和公共服务能力建设,深入开展农村环境综合整治,城乡一体化进程不断加快。

(三)突出增产增收,农业现代化稳步推进　农业再获丰收,粮食总产量达到151.5万吨。农业产业化进程加快,新增市级以上农业龙头企业6家、专业合作社168家、标准化生产基地5万亩,农业产业化示范园区被评为全市首家国家农业产业化示范基地。土地流转进程加快,新增土地流转面积12.6万亩。大力发展特色农业,新增牡丹栽植面积2.8万亩。第二届曹县物资文化交流会成功举办,万亩荷塘创建国家级湿地公园通过省验收。深入实施农田水利会战、中低产田改造等重点工程建设,农业基础设施不断完善。

(四)突出民生优先,社会事业持续改善 大力发展教育卫生事业,投资1.32亿元新建城区学校2所、幼儿园95所,县一中新校区投入使用,县医院新院区二期投入使用、三期正在加紧建设。社会保障扎实推进,城乡低保、大病救助、五保供养标准大幅提高,投资建设县福利中心、乡镇敬老院,完善万户群众脱贫致富帮扶活动长效机制,低收入群体生活水平稳步提升。加强和创新社会治理,健全完善"大群工"工作格局,严厉打击违法犯罪行为,社会治安明显好转,群众满意度进一步提升。

三、创新与经验

(一)解放思想、改革创新是科学发展、加快发展的动力源泉 思想是行动的先导,思想解放的力度决定着发展的速度和程度。面对新形势、新任务、新挑战,我们通过外出考察,开展大走访、大调研、大学习、大培训等活动,全面查找制约科学发展的关键问题、影响改革开放的突出问题、涉及民生改善的热点问题,及时调整发展思路,创新工作方式,完善体制机制,用新观念研究新情况,用新思路破解新难题,以解放思想、改革创新的强大动力有力推动了曹县经济社会的快速发展。实践证明,只有解放思想、改革创新,才能破解发展难题、提升发展理念、赢得发展机遇,才能抢占发展制高点,构筑发展新优势。

(二)求真务实、真抓实干是科学发展、加快发展的强大力量 坐而论道,不如起而行之,一份部署需靠九分落实。工作中,我们把实干作为推动发展的根本出路,坚持县级领导分包责任制和一线工作法,明确目标责任,加强督导考核,在一线解决问题、推动发展,在一线化解矛盾、维护稳定,出实招、办实事、务实效,有力地推动了各项重点工作的顺利开展。实践证明,只有求真务实、真抓实干,才能战胜一切艰难险阻,才能形成推动加快发展的强大动力。

(三)依靠群众、服务群众是科学发展、加快发展的根本保证 惠民生、顺民意,才能聚民力。面对人民的新期待、新要求,我们始终把服务群众作为一切工作的出发点和落脚点,深入推进创业富民、就业惠民、社保利民、稳定安民,千方百计让群众得实惠、得利益,赢得了群众的信任和支持,凝聚起了全县161万人民共谋发展同求突破的强大合力。实践证明,只有依靠群众、服务群众,才能得到群众的理解和支持,发展才能具有牢固的根基,事业才能永远立于不败之地。

(四)转变作风、锤炼队伍是科学发展、加快发展的重要支撑 事业成败,关键在干部队伍、在优良作风。一年来,无论是深入开展"转变干部作风、提升群众满意度"主题教育实践活动、"庸懒散"专项治理等活动,还是实施新提拔干部跟踪管理办法、未落实工作问责等制度措施,我们始终坚持凭实绩用干部引导人,用制度抓管理督促人,干部干事创业的激情得到提升,作风得到明显改善,能力得到很大提高,全县上下形成了争第一、创一流、促发展的良好氛围。实践证明,只有打造一支能力过硬、作风优良的干部队伍,才能在激烈的竞争中脱颖而出,才能汇聚起加快发展、率先发展的不竭力量。

附:(一)曹县县委书记、副书记、常委名单

书　记:王忠想

副书记:谭相海　彭德启

常　委:王忠想　谭相海　彭德启　王　东　楚德勤　范继臣(女)　霍德欣　赵海林　丁建平　张培生　王晓强

(二)各乡、镇、街道党委书记名单

曹城街道	胡成祥
磐石街道	尹本田
青菏街道	申传立
郑庄街道	姚宗成
倪集街道	李　勇
普连集镇	王　斌
古营集镇	安森立
青岗集镇	王振飚
王集镇	刘　茵(女)
侯集镇	申传民
苏集镇	赵广民
孙老家镇	岳宗文
安蔡楼镇	孔繁星
青堌集镇	张世珍
庄寨镇	陈观海
魏湾镇	王世安
楼庄乡	李洪国
桃源集镇	史显海
常乐集镇	黄照彬
韩集镇	王洪昌
砖庙镇	张　庆
阎店楼镇	郭凤民
大集乡	苏永忠
梁堤头镇	马其昌(回)
邵庄镇	苗国庆
仵楼乡	邓文举
朱洪庙乡	王　柯

中共定陶县委工作概况

定陶县委书记　张红旗

一、组织概况与党的建设

定陶县位于菏泽市中部，辖10镇2个街道办事处和1个省级经济开发区，6个城市社区，361个建制村，66万人，93万亩耕地，总面积846平方公里。县委下辖22个党（工）委，39个党总支，922个党支部，其中镇街党委12个，农村党支部381个，党员28326名，其中农村党员14384名。2013年，定陶县委坚持“党要管党、从严治党”，以改革创新精神全面推进党的建设，各级党组织的创造力、凝聚力和战斗力不断增强。

（一）加强思想政治建设　建立健全理论学习制度，深入学习贯彻党的十八大和十八届三中全会以及习近平总书记系列重要讲话和视察山东重要讲话精神，举办各类培训班、学习讲座58期次，培训干部7000人次，提高了各级干部运用科学理论分析和解决实际问题的能力。

（二）加强领导班子和干部队伍建设　坚持党管干部原则和好干部标准，选贤任能重德才、重实干、重业绩、重群众意见，把一批敢于担当、踏实肯干、作风过硬、群众公认的干部选拔了上来。强化干部监督考核，完善制定了大推进、大督查、大考评、大问责机制，强化督查，跟踪问效，严格问责，确保了各项工作顺利推进。高度重视高层次人才引进、培养和服务工作，全县新引进硕士以上研究生和知名专家66人，创办了研究生实习基地2处，在菏泽市属于首例。

（三）加强基层组织建设　切实加强村级组织活动场所建设，全年新建72个，占93.5%；扩建36个，占97.3%；修缮158个，占96.3%；配套82个，占96.5%。大力发展壮大村级集体经济，2013年，集体收入3万元以上的村128个，占88.89%，实现村集体经济收入727万元。制定出台了《关于进一步加强和改进非公有制企业党建工作的实施意见》，普查核实非公有制企业132家，建立党组织87个，扩大了非公企业的组织覆盖和工作覆盖。扎实做好选派“第一书记”工作，实现了“第一书记”选派全覆盖，解决了一大批农村热点难点问题。

（四）加强反腐倡廉建设　深入贯彻落实中央八项规定和省市委实施办法，深入开展厉行勤俭节约、反对铺张浪费专项行动和“庸懒散”专项治理，责任追究30人，通报批评21个单位。加强廉政文化建设，创建市级廉政文化建设示范点15个，省级廉政文化建设示范点1个。加强科技防腐预警平台规范化建设，全年上传信息2.6万余条，县、镇平台和县直涉农部门便民服务三项信息量均居全市第一位，访问量达249.5万余人次。强化党风廉政建设，先后立查案件96件，党政纪处分99人，保持了惩治腐败的强劲态势。

二、主要工作与成绩

（一）坚持科学发展，综合实力明显增强　2013年，定陶县委紧紧围绕融入大市发展战略，大力推进工业化、城镇化、农业现代化，着力发展服务业，实现了经济社会持续平稳发展。全县完成地区生产总值116.27亿元，同比增长11.53%；公共财政预算收入6.64亿元，可比增长4.1%；完成规模以上固定资产投资56.25亿元，增长21.4%；农民人均纯收入9263元，增长13.66%；金融机构存贷余额分别达到109.6亿元和59.02亿元，分别增长18.08%、19.7%。

（二）围绕融入大市，重点对接工程加快推进　一是规划对接。聘请中国建筑设计研究院，开展全县空间布局战略研究，启动新一轮城市总体规划、控制性规划和文化旅游、绿地水系等4个专项规划，并与大市规划进行了有效对接。二是路网对接。对接大市“十路一河”工程全面启动，正稳步推进。三是园区对接。启动高新技术产业园、中小企业园以及商贸物流、现代服务、文化旅游等产业园规划，形成了与大市配套服务、借势发展的良好态势。四是项目联动。新落地过亿元大项目19个，九牧电子、新河湾小区等42个项目正在建设，润鑫化工扩建、鲁西南记忆等16个项目即将落地开工，28个重点项目信息正在跟踪推进。五是管理对接。持续开展城区环境综合整治，全面治理城市“脏乱差”，对城区道路、关键节点进行硬化、绿化、亮化、美化，市容市貌有了一定改观。

（三）坚持务实作为，科学发展迈出坚实步伐　一是工业经济持续增长。规模以上工业企业达到174家，实现主营业务收入287.48亿元，增长9.06%；利税33.65亿元，增长27.83%。新增省市级创新型试点企业5家、高新技术企业6家。二是城镇化稳步推进。全县房地产总规划面积463万平方米，开工76万平方米，竣工57万平方米。三是服务业健康发展。实现服务业增加值32.6亿元，增长14%；实现社会消费品零售总额64.95亿元，增长13.45%。四是农业现代化步伐加快。粮食总产55万吨。土地流转15万亩，新发展油用牡丹1.9万亩、玫瑰3000亩、山药5万亩。编制完成了全县新型农村社区布局规划，强力推进了9个新型农村社区建设，深入开展乡村文明行动。狠抓了节能降耗、环境保护和土地集约节约利用，企业外排污水达标率居全市第一。

（四）不断保障改善民生，社会大局和谐稳定　新增城镇就业8011人。征缴各项社保基金3.5亿元。纳入城乡低保群众3.4万人。新农合、城乡居民养老保险实现全覆盖。大病保险二次报销模式在全省推广，县医院、中医院通过二级甲等医院评审。新建2所城区学校,新建改建12处乡镇中心幼儿园。开工建设经济适用房150套,公租房104套。计划生育合法生育率92.6%,出生人口性别比为108.2。县残疾人服务中心被纳入市重点民生工程,二期工程纳入国家重点扶持项目。定陶汉墓入选2012年度全国十大考古新发现,批准为第七批全国重点文物保护单位。《爱心家园》获得十艺节戏曲门类最高奖。新建改造农村高低压线路360公里。新建农村饮水安全工程4处,新增受益人口7.3万人。新建农村网化公路131公里。高度重视群工、信访、维稳工作,改进信访积案化解、调度、督导机制,深入开展矛盾纠纷集中排查化解活动,开展打霸治痞专项斗争,强化安全生产和食品药品监管,全县未发生一起重大群体性事件和安全责任事故。

三、创新与经验

(一)抢抓发展机遇,启动对接大市发展战略 积极把握菏泽区划调整、我县即将设区机遇,立足区位、交通、资源和生态环境优势,组织专家多方论证,深入调查研究,广泛听取意见,县委常委会进一步强化了对定陶发展方向和发展定位的认识,明确了定陶在大市发展中的定位,确立了全面对接大市、融入大市发展战略,制定了"整体规划、局部先行、路网先行、项目联动"的方法路径,并迅速付诸实施。

(二)坚持深化改革,增强发展活力 积极推进社会治理创新,成立了县社会治理工作领导小组,下设党建、宣传、社会稳定三个工作组,研究制定务实管用、便捷高效的管理服务措施,推进社会治理重点领域和关键环节的创新。加快政府职能转变,高标准建设了县政务服务中心,精简审批事项70项。省委常委、省纪委书记李法泉在视察时称赞,"定陶县政务服务中心和公共资源交易中心的建设标准和服务水平,在全省县级服务中心中都是为数不多的"。创新推行财务管理"双核会审"制度,被省纪委、省监察厅评为"山东省反腐倡廉创新成果"。

(三)制定科学发展考核体系,倡树正确政绩观 成立了科学发展考核领导小组,完善了全县科学发展考核方案,增加了对县级干部、金融部门及规模企业考核内容,在考核分值上更加注重发展的质量和效益,更加突出民生问题的解决,破除发展唯GDP论,在全县各级树立了正确的发展观和政绩观。

(四)坚持统筹兼顾,促进和谐发展 牢固树立城乡一体化发展观,科学制定城镇发展规划,以新型农村社区建设为切入点,努力推进城乡经济发展互补、基础设施共享、公共服务互惠、统筹一体发展的新路子。正确处理发展与稳定的关系,集中财力为民办实事,在民生支出上保持了较大幅度增长。先后2次提高干部职工工资收入,多渠道增加农民收入,努力提高群众生产生活水平,以改善民生的实际成效取信于民,为全县经济社会发展奠定了坚实基础。

附:(一)定陶县委书记、副书记、常委名单

书　记:张毓华(2013年7月离职)
　　　　张红旗(2013年7月任职)
副书记:聂元科　刘守文
常　委:张红旗　聂元科　刘守文　周福举
　　　　孔祥坤　黄福常　陈尔桥
　　　　张　晖(女)　王铁军　张志强
　　　　田文建(挂职)　王　敏(女,挂职)

(二)各镇、街道党委书记名单

天中街道　穆　森
滨河街道　马常斌
仿山镇　张国胜
张湾镇　付道宽
马集镇　刘广杰
南王店镇　谢世山
冉堌镇　王利军
黄店镇　王奉昌
孟海镇　袁绍林
半堤镇　王瑞忠
陈集镇　张华春
杜堂镇　杜茂林

中共成武县委工作概况

成武县委书记　鲁志成

一、组织概况与党的建设

成武县辖11个镇、2个街道、1个省级经济开发区,468个行政村,10个社区,人口70万,总面积988.1平方公里。现有基层党(工)委26个,党总支部33个,党支部1061个,镇(街道)党委13个,企业党委6个,农村党支部468个。党员30211名,其中农村党员14256名。

(一)加强干部队伍建设 加大以学习党的十八大精神为主要内容的干部培训力度,开展巡回宣讲30余次,培训党员干部4000余人。严格执行《干部任用条例》,注重向基层一线倾斜,公开配备8名镇(街道、区)党政正职和

11名县直部门正职领导干部，配备优秀年轻干部、女干部、党外干部10名。深入开展“上一线、建功业”行动，选派57名干部到镇（街道、区）、农村社区、企业挂职锻炼。认真实行《干部选拔任用工作风险预警办法（试行）》、《领导干部谈心谈话工作制度》、《干部选拔任用工作事后征求意见办法（试行）》等，提升了干部监督管理制度化、规范化水平。

（二）加强基层组织建设 全面推行基层党建“访展评考”科学评价体系，对各镇（办、区）、村（社区）、机关事业单位等10类基层党组织明确了访、展、评、考四项百分制评价标准，达到了“抓党建促发展”的目的。村级组织活动场所实现全覆盖，村级运转经费管理和使用更加规范，“第一书记”工作在总结经验中不断走向深入，全县143个“两新”组织实现“两个覆盖”，基层党建工作水平实现新的提升。

（三）加强党风廉政建设 深入贯彻中央八项规定、省委十条实施办法和市委实施意见，制定了转变工作作风“十二个不准”，大力开展“庸懒散”专项治理，严查不作为、慢作为、乱作为等问题，全县问责273人次。始终保持惩治腐败的高压态势，县纪检监察机关共立查各类案件114件，给予党政纪处分113人，有力维护了党纪国法的严肃性。

二、主要工作与成绩

2013年，成武深入贯彻落实党的十八大和十八届二中、三中全会以及省第十次党代会精神，以习近平总书记系列重要讲话和视察山东重要讲话精神为指引，坚持“高点定位、奋力争先、三化融合、突破发展”的工作原则，以“大提升、大项目、大督查”为统领，坚持一切工作项目化，全面推进“五个一百工程”，经济社会保持快速健康发展。实现地区生产总值140亿元，增长12%；固定资产投资55亿元，增长21%；地方财政收入8.5亿元，增长10%；城镇居民人均可支配收入、农民人均纯收入分别达到17388元、9184元。

（一）三次产业转型升级，突显质量 工业向高端化升级。充分利用“山东省输变电优质产品生产基地”、“省级电工电气重点产业集群”、“菏泽市先进制造业产业园”等金字招牌，对接国家省市配套政策，推动机电制造、农副产品加工、精细化工三大产业向高端、高新发展。三大主导产业主营业务收入达到286.3亿元，占规模以上工业86.8%；兴驰高压开关、达驰阿尔法、鲁诺药业成功争创山东省高新技术企业，实现高新技术产业产值133亿元，增长22%，占规模以上工业36%，高于全市6个百分点。传统农业向现代农业升级。以“规模化、标准化、品牌化、产业化”为方向，推进农业现代化。粮食生产实现“十连增”，新增市级农业龙头企业4家、农民专业合作社545家、“三品一标”认证5家，良好操作技术规范达到90%，成功创建白浮图镇国家级芸豆农业标准化示范区，国家级“一村一品”示范村镇发展到2家。传统服务业向新型服务业态升级。策划实施服务业重点项目105个，总投资306.2亿元。全县金融机构存贷款余额109亿元、71.6亿元，新增9.56亿元、13.5亿元，分别增长14%、21%；健全完善金融市场体系，农村信用合作联社完成农村商业银行改制，莱商银行、邳州银行入驻成武，青岛银行、济宁银行已经开展业务，融资环境进一步优化。外经贸逆势增长，实际利用外资421万美元，实现自营进出口6944万美元，增幅均居全市第二。

（二）城镇建设功能提升，彰显特色 围绕“伯乐故里、湖畔绿城”城市定位，坚持城市开发与基础配套同步推进、同步提升。聘请清华大学、同济大学编制完成城湖一体控制性详细规划，完成东鱼河湿地公园、汉堤文化公园等项目规划，完成大田集镇、汶上集镇两个省级重点镇规划。实施房产开发项目28个，新开工面积166万平方米，主体封顶125万平方米；完成拆迁18万平方米，商品房销售1540套19万平方米；建成各类保障性住房1060套。新建改造城区道路24公里、农村公路220公里，枣曹路改造全面完成，砀定路升级改造加快实施；新增供暖、供气、供排水、弱电等各类管网66公里；新增城市绿化面积24.8万平方米；实现供暖10万平方米。小城镇和生态文明村建设稳步推进，实施新型农村社区项目30个，南鲁集镇、天宫庙镇被评为“省级生态乡镇”。

（三）民生事业统筹推进，共建共享 教育事业优先发展。完成教育投入4.9亿元，一中新校、文亭实验学校动工建设，14处镇（办、区）中心幼儿园基本建成投用，校安工程五年规划全面完成，城乡教育均衡发展，稳步提升。文化事业扎实推进。完成投入1.1亿元，文化馆、图书馆开工建设，乡村文明行动全面实施，书屋建设在全省作典型发言，被评为“山东省戏曲之乡”。医疗惠民力度加大。完成投入2.5亿元，县医院内科病房大楼建成投用，新农合参保、基本药物制度实现基层全覆盖；计划生育“三五”工作机制进一步完善，经验做法在全省推广。保障水平持续提升。累计投入3.3亿元。两次为干部职工加薪，人均月工资增长600元；城乡低保人均月补差分别达到每人210元、110元，农村五保分散和集中供养标准每人每年分别提高900元、1300元。社会保持和谐稳定。深化平安成武建设，经验被省市政法系统推广，中央电视台《天网》栏目三次播出我县典型做法；全县安全生产形势稳定；信访工作继续保持省市先进水平，被评为全省信访工作先进县。

三、创新与经验

（一）坚持质量效益并重，推动科学发展 坚持主题主线，立足资源禀赋，强化创新驱动、开放合作，全面提升经济质量效益。规模以上企业发展到182家，新增5家，其中进入全市纳税百强工业企业8家，比2012年增加4家；纳税过千万元工业企业7家，比2012年增加4家。反映工业经济效益质量的国税收入大幅增长，完成国税收入2.6亿元，增长28.3%，其中，地方级收入完成6768万元，增长40.2%。财政收入质量进一步提高，税收占比82.1%，主体税种占比48.2%。

（二）坚持更多普惠民生，推动和谐发展 把民生改善作为一切工作的出发点和落脚点，健全多元投入机制，依托“小财政”做好“大民生”，完成民生投入15.2亿元，占财政支出71.4%，比2012年新增1.98亿元。以城乡公共服务体系建设为主线，搞好就业、教育、医疗、文化、住房等各项事业，确保社会保障兜底，确保发展成果更多惠及广大群众。

（三）坚持创优发展环境，汇集发展能量　制定实施涉企检查“五项制度”、窗口服务“八个必须”、项目手续办理“四项制度”，调整简化各类审批事项48项，发展环境明显改善。以深入开展党的群众路线教育实践活动为契机，狠抓“庸懒散”专项治理，实施各级领导干部“上一线、建功业”行动，营造了风清气正、干事创业的良好氛围，汇集了发展正能量。

附：（一）成武县委书记、副书记、常委名单

书　记：鲁志成

副书记：耿振华　史长华

常　委：鲁志成　耿振华　史长华　孙迁国　马崇峰　郭　刚　王梦琳（女）　尘　峰　彭祥海　邵明合　李　强　李少华（女）　张新华

（二）各镇、街道、区党（工）委书记名单

永昌街道	邵明杰
文亭街道	张继光
九女集镇	马臣华
天宫庙镇	马华武
孙寺镇	李新民
苟村集镇	祝兆东
白浮图镇	陈居祥
大田集镇	侯凌雁
张楼镇	徐　伟
党集镇	李清法
南鲁集镇	邵天福
汶上集镇	侯居平
伯乐集镇	李邦峰
经济开发区	车宪法

中共单县县委工作概况

单县县委书记　王卫东

2013年，面对国际国内复杂形势和一系列困难与挑战，县委团结带领广大干部群众，转变作风、埋头苦干，求真务实、积极作为，有力促进了经济社会持续健康发展。

一、组织概况与党的建设

单县辖18个乡镇，4个街道，1个省级经济技术开发区，1个浮龙湖生态文化旅游开发区，502个行政村，总面积1702平方公里，人口123.4万。全县共有基层党（工）委32个，党总支59个，党支部1354个，党员45174名，其中农村党员25219人。

（一）深入开展“转作风、树形象、促和谐”活动　出台了严禁工作日中午饮酒、不准领导干部自驾公车、不准县级领导受邀出席县内各类奠基仪式、实行领导干部联系基层制度、实行“企业生产宁静日”制度等十项规定，在全县深入开展“转作风、树形象、促和谐”活动，严肃工作纪律，规范干部行为，树立了干部良好形象。

（二）创新完善工作推进机制，坚持正确用人导向　强化工业化、城镇化、生态文明乡村建设等七项重点工作领导小组负责制，重新修订乡镇（办事处）和县直部门科学发展考核办法，成立年度重点项目推进工作总指挥部，对重点工作和重点项目坚持周调度、月评比、月排名、季观摩，推动了工作落实。坚持以政绩论英雄，以事业定位置，注重在艰苦的地方、在基层岗位上、在突发事件中、在重点工作重大工程中发现干部、培养干部、提拔干部，坚持了正确用人导向。

（三）加强班子自身建设，树立廉洁自律良好形象　坚持加强县委班子自身建设，充分发挥县委统揽全局、协调各方的领导核心作用。始终保持良好学风，做到学用结合，学以致用，决策能力和执政水平不断提高。抓好《廉政准则》和四项监督制度落实，建立健全党内情况通报制度、情况反映制度和重大决策征求意见制度。认真查摆“四风”方面存在的突出问题，深入开展批评与自我批评，班子更加团结，战斗力进一步增强。深入开展反腐倡廉工作，查办了一批党员领导干部违法犯罪案件，加强了党风廉政建设。

二、主要工作与成绩

2013年，全县完成地区生产总值233亿元，可比增长

12%；规模以上企业主营业务收入540亿元，增长2%；公共财政预算收入16.2亿元，增长4%；城镇居民人均可支配收入18573元，增长10.5%；农民人均纯收入9055元，增长11%；三次产业结构调整到15.5∶52.2∶32.3，二三产业占比提高2个百分点；金融机构存贷款余额分别达到174亿元和119.2亿元，比年初增加26亿元和18.9亿元，各项贷款增量列全市第二位。单县被授予国家级绿色能源示范县、知识产权强县工程试点县、计划生育优质服务先进县和"中国长寿之乡"称号。

（一）以做大总量提升质量为主要任务，迈出发展升级新步伐 一是着力打造山东省重要的新能源、农副产品加工和可再生资源利用三大产业基地，积极培育油煤化工、机电设备制造和玻纤加工三大产业集群，基地引领、集群跟进、项目支撑，加快推进新型工业化。7次招商引资集中签约活动新签约过亿元工业项目17个，落地开工建设14个，签约项目落地率全市最高。实施总投资226.8亿元的过亿元工业项目32个，建成投产20个，10个项目列入省市重点项目。新增规模以上企业53家，进入全市纳税百强企业从年初的6家增加到10家。完成进出口总额5亿美元，同比增长95%，增幅列全市第一位。启动了循环经济园区、食品加工园区、玻纤加工园区和电动车产业园区发展规划，扎实推进了科技孵化器建设，提升了大项目落地承载能力和创新发展能力。二是加快建设辐射中原地区商贸物流和生态文化旅游两大中心，积极发展鲁苏豫皖四省交界区域教育培训和医疗卫生两大高地，以人为本、产业支撑、完善配套，着力打造辐射中原地区宜居宜商生态园林城市，加快推进新型城镇化。出台了农民进城购房优惠政策，以销售促开工带拆迁，城区23个开发片区新开工107万平方米、同比增长23%，完成商品房销售63万平方米、增长136%。重点抓了三六九国际批发城、浙江商贸城等重点商贸项目的建设和运营，全县限额以上贸易和重点服务业企业发展到272家。实施了四君子洞藏酒基地建设、老君庙二期工程建设等重点景点和基础设施工程，浮龙湖生态旅游开发区被批复为省级旅游度假区和省级休闲渔业园区。在全市率先实现了中小学标准班额，教育教学质量连续15年位居全市前列。建成启用了县中心医院门诊医技综合楼和鲁西南妇幼保健中心，吸引更多的周边外地人员来单县就医。三是扎实实施农民就业创业向小城镇、居住向社区、土地向规模经营三个集中，促使乡村农民向城镇居民、传统村落向新型农村、粗放农业向集约农业三个转变，加快推进农业现代化。新上小城镇房产开发和市场建设项目31个，新增建筑面积39万平方米。扎实推进了25个新型农村社区建设，5000户农民喜迁新居，节约复垦置换土地2928亩。新增土地流转面积11.2万亩，各类农民专业合作社发展到498家，规模以上农副产品加工企业发展到161家，农业机械化水平达到84%。

（二）以中国长寿之乡为主打品牌，开拓绿色发展新境界 牢固树立绿色发展理念，强化土地和水资源集约节约利用，切实抓好节能减排和环境保护，努力走出一条绿色发展、循环发展、低碳发展的新路子。采取"腾笼换凤"、"减肥瘦身"等措施，盘活县乡工业园区存量土地2000亩。狠抓水环境综合整治，实施了护城河、东舜河、莱河截污工程，代表省、市接受国家迎淮核查，取得了第一名的好成绩。深入开展大气污染防治，空气质量明显改善。大力推进节能降耗，淘汰高耗能设备155台（套），节能4200吨标准煤。

（三）以建设和谐幸福单县为核心追求，开启小康提速新征程 紧紧围绕建设和谐幸福单县，大力发展社会事业，积极实施民生工程，加强创新社会管理，切实解决热点难点问题，最大限度让群众共享发展成果。新增城镇就业1.4万人，4800户农民进城购房定居。投资1.1亿元，实施了5处城区学校改建扩建、21处农村中小学校舍改造和35处农村小学附设幼儿园建设。扩大了国家基本药物制度实施范围，推行了县级公立医院综合改革，各级医疗机构药品价格平均下降42.5%，减轻了群众就医负担。医疗养老保险参保范围逐步扩大，社会保障体系进一步完善。150个农村文化大院建设、为90岁以上老人发放高龄补贴等35项保障改善民生的工程和政策措施得到较好落实。全面推行以"网格化走访、网格化代办、网格化服务"为主要内容的网格化社会管理服务，努力实现城乡全覆盖。筹资1.3亿元，改造县道82.7公里，新修乡村公路117公里，解决了73个行政村群众出行难的问题，实现了县道改造三年规划一年完成的目标。深入开展了"善文化"主题教育实践活动，倡导了学善、存善、向善的良好社会风尚。人口计生、老龄、体育等各项事业健康发展，在全市群众满意度调查中取得较好成绩。

三、创新与经验

（一）坚持"强基础、谋长远、创一流、求跨越"工作主基调 这一工作主基调是在认真总结过去发展的经验教训，正确把握单县经济社会发展阶段性特征，充分考虑全县已经形成的基础条件和产业优势的情况下提出的。通过这两年的实践证明，县委确立的这一工作主基调和把握的工作重点符合中央精神，符合省市委要求，符合单县实际，越来越显示出其正确的导向作用，越来越被全县干部群众理解、接受和支持。

（二）坚持正确的政绩观 坚持不急躁冒进、不跟风、不干劳民伤财的形象工程，各项工作都稳扎稳打，所干的每一件事都经过充分论证、充分评估。全县呈现出经济稳步增长、结构调整加快、民生持续改善、社会更加和谐稳定的好势头，为实现科学跨越发展增加了动力、提供了保障。

（三）解决一系列影响发展的重大问题 下大力做好化解矛盾纠纷、维护社会稳定的工作，集中精力化解影响单县发展的重大风险，大力推进高速公路、铁路等重大基础设施建设前期工作，矛盾和风险的化解、重点工程的推进，提升了单县形象，凝聚了发展合力。

附:(一)单县县委书记、副书记、常委名单

书　记:王卫东

副书记:穆　杰　王桂荣

常　委:王卫东　穆　杰　王桂荣　宋茂民　张庆国　王占华　李贵福　杨　彬　郝永言　周在宇　岳德福

(二)各乡、镇、街道党委书记名单

北城街道　张关锋
南城街道　石永睿
园艺街道　万剑青
东城街道　刘　军
谢集镇　时圣法
莱河镇　董留柱
郭村镇　张　剑
高老家乡　黄显峰
曹庄乡　张洪福
浮岗镇　张志立
高韦庄镇　刘继君
黄岗镇　张　波
蔡堂镇　朱瑞洪
朱集镇　崔亚军
杨楼镇　孟　皓
龙王庙镇　朱文莉(女)
李田楼镇　王兰星
终兴镇　吴志圣
张集镇　庞晓东
时楼镇　田明良
徐寨镇　张　涛
李新庄镇　王玉成

中共巨野县委工作概况

巨野县委书记　成　伟

一、组织概况与党的建设

巨野县现有基层党(工)委30处,其中镇、街道党委17处,经济技术开发区党工委1处,企业党委4处,县直党政机关、事业单位党(工)委8处。共有党员35373名,分布于1165个党支部,其中,县直部门和单位的党支部514个、党员15819名;农村(社区)党支部581个,党员18895名;非公有制经济党组织58个,党员593名;社会组织党组织12个,党员66名。

2013年以来,全县各级党组织紧紧围绕县委中心工作和全县改革发展大局,坚持"重点工作着重抓、难点工作创新抓、中心工作集中抓、经常工作务实抓"的方法,圆满完成了全年组织工作的各项任务。坚持县委提出的以发展论优劣、凭实绩用干部的用人导向,选拔了一批科级领导干部,共提拔正科级干部34人、副科级干部28人。其中加大了年轻干部选拔使用力度,公开选拔了4名正科级领导干部和10名副科级领导干部,特别是首次面向全市选拔2名团县委副书记和1名县规划局副局长。加大了干部培训力度,举办了招商引资等7个专题培训班,培训干部360人;以十八大精神为主要内容,累计培训干部1580余人次;将《四项监督制度》等相关内容纳入县委党校主体班培训课程,举办培训班3期,培训人员258人。建立了县党政领导班子成员工作实绩档案,安排经济责任审计项目21个,对7个单位进行了经济责任审计,较好地发挥了经济责任审计的预防作用。基层党建工作迈上新台阶。通过召开现场会观摩、倒排工期、挂牌督导等多种方式,全县共新建村级组织活动场所182个、扩建46个、修缮66个、配套办公家具79个,实现了全县村级活动场所全覆盖,达到了省委组织部的硬性要求。认真贯彻落实基层党建"访展评考"评价机制,为基层党委提供了资料模板,督促各基层党委规范整理了相关文件制度。人才工作取得新进展。组织成立专业技术人才服务队,开展了"人才下基层"活动,帮助基层和群众解决实际问题。从去年5月份开始,提前对接中央部署,在全县党员干部队伍中开展了以"比素质、看境界,比担当、看实效,比服务、看效能,比自律、看形象"为主要内容的为民务实清廉主题教育活动,先学先改,暖场造势。中央和省委、市委对开展第二批党的群众路线教育活动作

出全面部署后，我县进一步对照上级要求，教育实践活动正在有序开展。

二、主要工作与成绩

2013年，县委领导班子紧跟中央和省、市决策部署，围绕既定思路目标，凝心聚力，砥砺奋进，攻坚克难，取得了新的显著成绩。全县完成地区生产总值216.5亿元，同比增长12.3%；完成公共预算收入20.9亿元，增长3%；城市居民人均可支配收入、农民人均纯收入达到18683元、9429元，分别增长11%和13.7%。

（一）新型工业化进程持续推进 通过招引大项目、培植大企业、构筑大产业，提升了新型工业化水平和整体实力。全县累计签约亿元以上项目78个，新落地26个、计划投资130亿元。在建亿元以上项目82个，已竣工投产和部分具备投产条件项目23个，完成规模以上固定资产投资80亿元，增长22%。规模以上工业实现主营业务收入490亿元，同比增长23%。能源化工、玻璃科技、农副产品加工等重点产业支撑力明显增强。

（二）新型城镇化进程明显加快 围绕“加快建成宜居宜业中等城市”，加快改造老城区，全面提升新城区，大力推进北部新区建设，城镇化率增长到43.5%；新增城区城建投资35亿元，新修改造城市道路11条、31公里，配套建设雨、污、热、燃等各类管网206.5公里，新增绿化100万平方米；完成征收拆迁51.5万平方米，新增综合开发126万平方米，竣工82万平方米；省级卫生县城创建工作顺利通过省爱卫办现场评估，城市管理水平有效提升。

（三）服务业发展势头良好 坚持加快繁荣发展服务业，促进产业转型升级，“四大载体”建设成效明显。全县服务业实现增加值65.8亿元，同比增长10%，占GDP比重提高1个百分点。全县在建亿元以上服务业项目32个，完成投资40.6亿元。农民书画产业成为全国亮点，央视《乡村大世界》栏目组在我县录制了“走进画乡巨野”专题节目。

（四）统筹城乡发展稳步推进 认真落实各项强农惠农政策，调整优化农业结构，加强农田基础设施建设，全面加快生态文明乡村建设。粮食连续10年丰产丰收，总产54.08万吨，创历史最高水平。新增造林1.71万亩、种植油料牡丹1.88万亩。省级现代农业示范区项目顺利通过省财政厅绩效考评。大义镇吴集被评为全国“一村一品”示范村镇。扎实开展城乡环境综合整治，镇村面貌明显改善，生态县建设稳步推进。

（五）社会更加和谐稳定 坚持办好十大为民实事。新增城乡就业4万人，转移就业工作成为全省民生改革典型。新建城区中学1所、小学2所，新建公办幼儿园35所，全面超额完成“学前教育三年行动计划”。建成了第三批公租房、经适房，住房保障更加有力。河流出境断面水质稳定达标，大气环境质量有效改善。群众满意度调查在全市综合第一。围绕织密民生“兜底网”，不断加大投入，逐步在全县范围内建立起了以城乡居民最低生活保障和五保供养为主体、专项救助为辅助、社会互助为补充的城乡一体化新型社会救助体系。春节前夕，以走访慰问为契机，通过精心组织，广泛发动，筹措资金近600万元，慰问群众5000余户、1.5万余人，较上年翻了一番，全县困难群众的基本生活得到有效保障。

（六）作风建设和党的建设力度进一步加大 坚决贯彻落实中央八项规定和省市有关要求，不断深化“四德”建设和干部作风建设，扎实开展“提质增效年”和“为民务实清廉”主题教育活动，加强了党员干部理想信念和党性党风党纪教育。坚持推行目标管理、公开承诺、责任追究、督导检查、考核奖惩等有效机制，促进了工作落实；坚持狠抓基层组织建设，村级组织活动场所建设、“第一书记”等工作成效显著。

三、创新与经验

近年来，巨野县经济社会等各项事业呈现出强劲发展势头，开创了科学发展、和谐发展、率先发展新局面，经济结构日趋优化，发展水平明显提高，城乡面貌日新月异，人民生活不断改善，社会大局和谐稳定，步入了改革开放以来最好最快的发展时期。

（一）始终坚持以解放思想为先导 把思想解放和观念更新作为加快发展的动力源泉，致力聚人心、争进位，激发跨越发展的内生动力，形成人心思上、人心思进、人心思干的浓厚氛围。通过思想大解放，进一步增强各级干部加快发展的责任感、使命感和紧迫感，以更宽的视野考量自身发展，以更高的标准和境界推动各项工作，破解发展难题，解除瓶颈制约，在全县持续掀起加快发展的热潮。

（二）始终坚持以科学发展观统揽工作全局 深入持续地统一思想，切实增强贯彻落实科学发展观的自觉性和坚定性，增强实践科学发展观的责任感和紧迫感，把科学发展观的要求在巨野具体化，使之真正统领经济社会发展全过程和各个方面的工作。

（三）始终坚持以“功成不必在我”境界抓发展 牢固树立“不耻落后、弱鸟先飞、后来居上”志向，坚持一张蓝图绘到底，按照既定思路目标，突出重点，加大力度，狠抓落实，全力全速，推进全县经济社会科学高效、跨越发展。

（四）始终坚持民主科学决策 切实加强县委班子自身建设，充分发扬团队精神，深入调查研究，顺应民意和县情实际，制定实施切实可行的发展思路、目标和工作措施，形成步调一致、团结奋进的坚强领导核心，保持了各项工作高效协调运转。

（五）始终坚持求真务实的工作作风 坚决纠正弄虚作假、效率低下问题，坚决反对奢侈之风、浮躁之气，切实改进全县各级领导班子和干部作风，促进各项工作的高效落实。每年都开展主题鲜明的作风建设活动，提出并大力弘扬“担当、奉献、求实、创新”新时期巨野精神，激发广大干部群众的工作活力和工作潜能，调动方方面面的积极性，形成强大工作合力。

(六)始终坚持抓好党的建设 坚持抓基层、打基础,抓班子、带队伍,切实把党的建设成效体现到提高执政能力上来,体现到推动科学发展、促进社会和谐上来,努力把全县各级领导班子建设成为善于领导科学发展、推进全面振兴的坚强集体。致力于决策目标、执行责任、考核监督"三大体系"建设,在全县建立健全目标管理、领导干部一线工作法、公开承诺、责任追究、督导检查、考核奖惩等工作机制,促进工作落实。

附:(一)巨野县委书记、副书记、常委名单

书　记:成　伟

副书记:王昌华　李建刚

常　委:成　伟　王昌华　李建刚　李　军　杨学锋　杨　涌　马素珍　李海鹰　薛令伟　蔡孝雷

(二)各镇、区、街道党(工)委书记名单

开发区	郭良印
凤凰街道	刘　勇
永丰街道	杜昌修
田庄镇	徐长飞
麒麟镇	陈允林
龙固镇	(空缺)
田桥镇	王华锋
太平镇	奚宽轩
万丰镇	刘义锋
营里镇	庞士振
章缝镇	申爱君
柳林镇	刘海忠
大谢集镇	张福宝
陶庙镇	李　伟
大义镇	赵占芹
独山镇	尚彦龙
董官屯镇	郑　义
核桃园镇	吴　涛

中共郓城县委工作概况

郓城县委书记　王永华

一、组织概况与党的建设

全县共有32个基层党(工)委,69个党总支,2033个党支部,45630名党员。其中,乡镇党委22个,县直基层党委5个,县直党工委4个,非公有制企业党委3个;农村党支部1017个,农村党员27181名。2013年,我们紧紧围绕全县经济社会发展大局,全面加强党的思想、组织、作风建设,不断增强了党组织的号召力、凝聚力和战斗力。

(一)高度重视思想政治建设 突出抓好理论武装,采取多种形式,深入学习宣传党的十八大、十八届三中全会和习近平总书记系列重要讲话精神,进一步统一了全县上下的思想和行动。重视思想道德建设,集中推出了一批先进典型,3人分别入选"中国好人"、"山东好人"和第四届全省道德模范,进一步树立了社会新风。我县被评为第一批"全省'四德'工程建设示范县",学雷锋常态化经验被列为全省重要宣传典型。

(二)大力推进干部队伍建设 坚持正确选人用人导向,严格按照"好干部"的要求选拔调整干部,促进了领导班子和干部队伍建设。制定出台《乡镇和县直部门领导干部目标责任考核办法》,激发了广大干部干事创业的激情和活力。加强干部培训教育,举办了党政领导干部、妇女、非党干部、村"两委"成员等各类培训班,培训2300余人次。扎实做好人才工作,形成了人才工作新机制。

(三)切实强化基层组织建设 采取"一村一策"、"一村一品"等措施,帮助村级立足自身资源、人才状况和区位特点制定发展目标和长期规划,截至2013年底,全县45%以上的村(社区)年集体经营性收入超过3万元。从县直单位、乡镇选派了649名机关干部到集体经济空壳村担任"第一书记",切实提高了村级党组织的凝聚力和战斗力。进一步加大"两新"组织党组织组建工作力度,开展了"两新"组织党的建设"扩覆盖集中活动月"活动,"两新"党组织组建率达到100%。全面推行了发展党员工作"两推荐、两公示、两票决"制度,强化入党积极分子培养,2013年共培养入党积极分子3126名、发展党员190名。

(四)全面加强党风廉政建设 坚持"标本兼治、综合治理、惩防并举、注重预防"的方针,严格执行党风廉政建

设责任制，扎实推进惩治和预防腐败体系建设，全县党风廉政建设和反腐败工作取得新进展。严格落实中央《八项规定》、省委《实施办法》和市委《实施意见》，严厉查处"四风"和"庸懒散"典型问题28起、违规违纪人员55人，产生了强有力的震慑作用。进一步加强惩防体系建设，高标准打造农村基层党风廉政建设市级示范点12个。加大案件查办力度，共立查案件131件，党政纪处分49人，移送司法机关23人，问责159人。大力纠风治乱，精减审批项目118项，深入开展了政风行风和百名科股长评议活动，进一步优化了营商环境。

二、主要工作与成绩

2013年，郓城县各级认真学习贯彻落实党的十八大和十八届二中、三中全会精神，以习近平总书记系列重要讲话和视察山东重要讲话精神为指引，坚持以科学发展观为指导，加快"转、调、创"步伐，抢抓机遇，突出重点，真抓实干，推动了全县经济社会又好又快发展。全县实现生产总值267.87亿元，同比增长12.8%；公共财政预算收入21.34亿元，增长6%；城镇居民人均可支配收入19398元，增长11.1%；农民人均纯收入9468元，增长13.7%；年底金融机构存款余额233.7亿元、较年初增加36.1亿元，贷款余额139.3亿元、新增5.4亿元。

（一）县域经济持续健康发展 三次产业比调整为13.3:55.9:30.8；规模以上工业企业主营业务收入645亿元、利税80.5亿元，分别增长18%和16%；全力培植了能源化工、机电设备制造、农副产品加工"三大主导产业"和酒类包装等特色产业。招商引资大项目建设取得显著成绩，开展了13次集中招商活动，签约项目68个，计划总投资480亿元；在建过亿元工业项目33个，计划总投资508亿元，全年新开工13个，年底竣工投产的项目达到18个。企业转型升级步伐加快，科技创新成果显著，3家企业入选国家级科技项目。

（二）城镇化建设步伐加快 完成了新一轮城市总体规划、4个重点镇总体规划和新型农村社区布局规划，启动了城市控制性详细规划；新修改造了总长24.5公里的11条城区道路，铺设管网67.1公里，新增绿地28.1万平方米；"三馆一场"和清水进城工程顺利推进，完成基础设施投资4.82亿元。城区在建房地产开发面积240万平方米、竣工180万平方米；小城镇综合开发项目达到21个；启动新型农村社区建设40个，完成危房改造1596户。220国道郓城段、巨鄄路、苏黄路升级改造工程建成通车，济董路郓城西段、日兰高速郓城南互通立交改造项目加快推进，完成投资11.2亿元。

（三）农村经济稳中有进 完成土地流转10万亩，粮食总产20.04亿斤，实现"十连增"。新增优质农产品生产基地4.5万亩、片林3万亩、油用牡丹2.1万亩，新建改建标准化规模养殖场20处。规模以上农业龙头企业达到190家，农民专业合作社发展到750家。实施了10个村开发式扶贫。完成农田水利重点工程5个，有效灌溉面积达到123万亩，农作物耕种收机械化率提高到84%，农村生产生活条件明显改善。

（四）服务业发展取得新成效 全年实现服务业增加值81亿元、同比增长12.9%，旅游总收入9.21亿元、增长29.76%。水浒文化旅游开发步伐加快，水浒好汉城二期工程建设完工并启动了国家4A级旅游景区创建。商贸流通进一步活跃，社会消费品零售总额123.4亿元，增长13.85%。

（五）生态文明建设扎实有效 大气污染和水污染防治工作取得阶段性成果，空气质量逐步改善，两条主要河流出境断面水质稳定达标，在迎淮核查中取得优异成绩。创建国家级生态乡镇1个、省级9个和省级绿色社区、学校各1个。

（六）和谐社会建设深入推进 全县财政用于民生支出28.43亿元，占总支出的76%。社会保险参保103.1万人次，新增城镇就业3.98万人，转移农村劳动力5.54万人，新建保障性住房550套。社会事业协调发展，新建改建了县社会福利中心综合楼和5处乡镇敬老院；完成了46处农村中小学校安工程，新增城区中学1所、农村标准化中小学80所、农村公办幼儿园30所，18所乡镇中心幼儿园投入使用；县医院、中医院门诊病房楼投入使用，新增床位480张，改扩建乡镇卫生院4处；新建农村文化大院156个、农家书屋87个，丰富了群众的文化生活。积极排查化解矛盾纠纷，加强社会治安综合治理，强化安全生产和食品药品质量监管，人民群众的安全感和满意度明显提高。

三、创新与经验

（一）坚持加快发展，提升经济整体规模 始终把发展作为解决前进中一切困难和问题的"总钥匙"，紧紧扭住发展第一要务不放松，坚定不移地抓好了招商引资、大项目建设和园区建设，重点培育的能源化工、机电设备制造、农副产品加工"三大主导产业"，形成了明显的规模效益。

（二）坚持转型发展，提高发展质量效益 坚持把转方式、调结构作为提升发展质量的重要切入点和突破口，牢固树立"绿水青山"就是"金山银山"的发展理念，坚持走绿色、循环、低碳发展道路，不以牺牲环境、破坏生态为代价换取一时的发展，实现了发展质量与发展速度、发展效益的齐头并进、有机统一。

（三）坚持特色发展，找准自身发展路子 结合自身实际和产业基础，坚持眼睛向内，挖掘特色，培育特色，放大特色，做到了人无我有、人有我优，先人一拍、快人一步、胜人一筹。在经营周边中充分发挥比较优势，实现差异竞争、错位发展，形成了竞争优势明显的特色板块经济。

（四）坚持协调发展，促进群众增收致富 全县各级把促进人民增收致富作为重中之重，在做大"蛋糕"的同时更多更公平地分好"蛋糕"；千方百计促进农民增收，切实增加了农民的经营性、财产性、工资性和转移性收入；切实抓好了各项民生工程,不断提高社会治理能力,人民群众的安全感和幸福指数进一步提升。

附:(一)郓城县委书记、副书记、常委名单

书　记:王永华

副书记:刘文林　孙彦军　王彦超(挂职)

常　委:王永华　刘文林　孙彦军　王彦超(挂职)　吴　振　王秀忠　李艳丽　董良峰　张　防　宋广振　姚念军　王效忠　葛广亮(挂职)　曹国如(挂职)

(二)各乡、镇、街道党委书记名单

郓州街道　杨际民
唐塔街道　王永合
双桥乡　丁永华
武安镇　孙　英
黄安镇　戴步勇
唐庙乡　郑巧玲
郭屯镇　朱道玉
南赵楼乡　王昌谦
随官屯镇　曹建文
丁里长镇　鲁仪庆
张营镇　黄守江
黄堆集乡　孙晓晨
杨庄集镇　王　彦
程屯镇　仝金安
潘渡镇　高素娟
侯咽集镇　房灵锋(副书记、镇长,主持工作)
黄集乡　何广峰
李集乡　李宗玉
玉皇庙镇　王　岩
张鲁集乡　罗永增
水堡乡　李玉增
陈坡乡　徐龙杰

中共鄄城县委工作概况

鄄城县委书记　谷瑞灵

一、组织概况与党的建设

鄄城县总面积1032平方公里,下辖15个乡镇2个街道办事处,人口86万。基层党委25个,党总支38个,党支部1063个,党员34716名。

2013年,县委坚持以科学发展观统领全局,以加强党的执政能力建设为主线,紧紧围绕全县经济社会发展大局,全面加强党的建设,不断增强党的凝聚力、号召力和战斗力。2013年12月3日,全市基层组织建设工作现场调度会在我县召开。

(一)思想政治建设持续推进　深入开展学习贯彻十八大、十八届三中全会精神和习近平总书记系列重要讲话精神等学习教育活动,2013年共举办十八大专题培训9期,巡回宣讲16场,培训5367人次,进一步提升了干部队伍整体素质。坚定不移地贯彻党的路线方针政策和中央、省市委的决议决定,始终同上级党委保持高度一致,确保了全县经济社会更好更快发展的正确方向。

(二)干部队伍建设全面加强　围绕加强全县各级领导班子执政能力建设这条主线,立足"实用、实效"原则,突出抓好教育培训,不断提高各级领导干部的理论水平和运用理论解决实际问题的能力。选派34名县级领导干部和42名科级领导干部参加上级调训;依托县委党校举办各级各类培训班8期,培训干部765人;加强农村实用人才培训,培训村支部书记和农村实用人才360人次。

(三)基层党建工作扎实推进　始终把抓基层党建工作摆在重要位置,坚持主动抓、带头抓。从县乡机关选派81名优秀党员干部到村任"第一书记",实现了后进村庄的全覆盖。全面提升"两新"组织党建工作水平,全县173家非公企业,46家新社会组织,全部建立了党组织。继续推行农村党员群众"说事日"制度和党员中心户制度,进一步推动了农村各项事业的发展和社会和谐稳定。

(四)党风廉政建设深入开展　积极推进党风廉政建设,着力解决群众反映强烈的突出问题。认真落实中央八项规定、党风廉政建设责任制,整治"庸懒散"和"四风"问题,加大反腐败力度,党风政风进一步好转。

二、主要工作与成绩

2013年，在市委、市政府的坚强领导下，鄄城县要坚持"四三二一"的工作思路，围绕"二二三三"的奋斗目标，认真学习贯彻落实十八大、十八届三中全会和习近平总书记系列重要讲话精神，紧紧围绕市委、市政府打造科学发展高地的战略部署，凝心聚力，扎实苦干，推动了经济社会更好更快发展。实现地区生产总值137.2亿元，同比增长12%；完成地方财政收入7.33亿元，同比增长11.4%；完成规模以上固定资产投资55亿元，同比增长22%；农民人均纯收入9033元，同比增长13.68%。

（一）全力加快大项目建设，发展后劲明显加强 先后组织开展了百日集中招商和长三角、珠三角、福建、胶东半岛等四大区域招商活动，签约项目70个，签约资金265.2亿元。全县新建续建过亿元项目45个，总投资126亿元。全县规模以上工业企业达到283家，比2012年增加22家，完成主体业务收入380亿元，同比增长11%。扎实开展了"为企业排忧解难办实事"百日集中活动，共为企业办结实事593件。

（二）加快城市和基础设施建设，城乡面貌日趋改善 新城区建设全面启动，县医院新院区、信息产业园、"三馆"等重点工程扎实推进。老城区开发有序推进，中央华府、上上城、御翠上府等开发项目进展顺利，广场西片区集中征收工作已经启动。新建污水管网18公里，城区管网实现了全覆盖。进一步加强城市管理，购置了大型清扫车、垃圾收集车等环卫车辆、增加了环卫力量，新增保洁面积90万平方米，城区基本实现了环卫保洁全覆盖。农村公路网化工程顺利通过省级验收，网化合格率达到100%，旧城至大埝、临濮至白虎两条县道建成通车，农村道路竣工35公里，县乡道路路域环境整治取得明显成效。

（三）积极发展农业经济，新农村建设扎实推进 粮食总产达到59万吨，实现"十连增"，首次荣获全国粮食生产先进县称号；规模以上农副产品加工企业达到102家，市级以上农民专业合作示范社达到11家，有4个农产品生产基地9种农产品通过无公害认证；全县启动建设新村49个，建成和在建房屋6794套，拆迁3676户，复垦土地1562亩。

（四）加大三产投入力度，服务业日趋繁荣 全县实现服务业增加值41.2亿元，同比增长12%。发展大型超市19家，新型商业网点1500家，新型标准"农家店"357个，社会消费品零售总额达到89.4亿元，同比增长20%。国家级舜王城中药材市场顺利完成搬迁，新市场全面启动，营业额明显增加；投资20亿元的舜耕国际商贸城完成一期工程建设。着力实施"旅游强县"战略，加快孙膑旅游城、帝尧陵等项目开发建设，东山禅寺、沙土庙晋升为国家3A级旅游景区，我县3A级以上景区在全市最多。

（五）着力保障改善民生，社会事业全面进步 扎实推进十大民心工程，民生支出占财政支出的72.2%。投入资金1.97亿元，用于校园及附属设施建设。深化医疗卫生体制改革，新农合参合率达到99.9%。深入开展了"心系民生、福进万家"活动，组织万名干部深入基层，问政于民、问需于民、问计于民。下大力开展了乡村文明行动，已有102个村达到县级及以上文明村标准，52个村达到市级文明村标准，2个村被评为乡村文明省级示范点。市委、市政府连续两次在我县召开乡村文明建设现场会，其他县区先后有170批次考察团来我县参观学习。

（六）以人为本努力做好群众工作，社会和谐稳定 积极做好群众工作，在全市首创了群众工作电话访问中心，取得良好效果，被市委、市政府评为2013年度全市群众工作先进县。深入开展社会矛盾纠纷大排查大化解活动，受理群众来信来访339件，办结332件，办结率达到98%，被省委、省政府授予"全省信访工作先进单位"，成为全市唯一连续两次获得该荣誉称号的县区。

三、创新与经验

（一）坚持发展这一要务，统筹兼顾，推动全局发展 面对新形势、新任务的要求，我们坚持以科学发展观统领经济社会发展全局，结合鄄城实际，紧紧围绕"工业立县、商贸兴县、生态靓县、旅游强县"的工作思路，依托我县传统产业和资源优势，推进招商引资和大项目建设，明确目标，严格考核，锐意进取，苦干实干，全力推进经济社会更好更快发展。

（二）坚持民生这一核心，凝聚合力，促进社会和谐 坚持以人为本，努力实现好、维护好、发展好人民群众的切身利益，实施"十大民心工程"，深入开展"心系民生、福进万家"活动，组织县级领导公开接访，深入开展矛盾纠纷大排查、大化解，以群众满意不满意作为工作的评判标准，切实解决群众反应的问题，群众的满意度不断提高，社会形势和谐稳定。

（三）坚持改革这一要求，创新机制，实现跨越发展 深入贯彻落实中央和省市委全面深化改革的决策部署，把创新机制作为催生动力、激发活力的有效手段，结合我县县情，选准发展路子，不断探索新的发展模式，增强发展后劲。

（四）坚持队伍建设这一基础，真抓实干，提供发展保障 加强干部队伍建设，才能为实现跨越发展营造干事创业的良好氛围。我县大力弘扬 "以发展论英雄、凭实绩用干部"的用人导向，把县乡领导干部和后备干部全部推向大项目建设、城镇化建设和新农村建设等工作一线，形成了凝心聚力搞建设、一心一意谋发展的浓厚氛围。

附：（一）鄄城县委书记、副书记、常委名单

书　记： 谷瑞灵

副书记： 张乾山　袁红兵

常　委： 谷瑞灵　张乾山　袁红兵　王保华　孟令选　冯艳丽（女）　黄正光　韩耀辉　侯养学　王新国　张学明

王思元(挂职)　　邹德刚(挂职)

(二)各乡、镇、街道党委书记名单

古泉街道　胡国华
旧城镇　张　华
什集镇　连海霞(女)
红船镇　殷占彩
箕山镇　李由华
阎什镇　孙晓春
彭楼镇　时志江
临濮镇　候仰义
董口镇　李玉如
李进士堂镇　张俊阁(女)
凤凰镇　吴光勇
郑营镇　周生英
富春乡　田修功
引马镇　李建民
左营乡　王永安
大埝镇　冯　涛
陈王街道　甘玉峰

中共东明县委工作概况

东明县委书记　万存周

一、组织概况与党的建设

东明县位于山东省最西南端，是黄河入鲁第一县。全县辖10镇2乡2个街道办事处和1个省级经济技术开发区，406个村(居)，80万人口，总面积1370平方公里，耕地面积115万亩。共有基层党委28个，总支46个，支部1012个，党员32915名，其中农村党支部409个，农村党员17280名。一年来，县委在省、市委的正确领导下，认真学习贯彻落实党的十八大和十八届三中全会精神，坚持“产业兴县、创新活县、精神立县、依法治县”战略，全县呈现出经济快速发展、民生持续改善、社会和谐稳定、党的建设全面加强的良好局面。

(一)思想政治工作不断强化　扎实开展党的十八大、十八届三中全会精神等重大主题宣传教育活动，牢牢把握了宣传思想工作的主动权。狠抓干部教育培训，举办各类理论和业务培训班18期，培训干部3200多人次，有效提高了干部的综合素质。

(二)基层组织和干部队伍建设不断巩固　严格落实“书记抓、抓书记”党建责任制，进一步强化了机关、企事业单位、“两新”组织党的建设，在去年选派108名驻村“第一书记”的基础上，今年从县直机关增选298名干部到行政村担任“第一书记”，实现了行政村全覆盖；截至年底，“第一书记”累计为帮包村争取资金3200余万元，解决实际问题1600多个，得到干部群众的广泛赞誉。同时，还投资280余万元，在全市率先建设了“党建—人口”便民服务平台，得到省、市远教中心的充分肯定。为贯彻落实中央“八项规定”和省、市有关要求，制定出台了《关于进一步加强县级领导干部工作作风建设的实施意见》等文件，并组织全县840多名副科级以上领导干部参加了中央“八项规定”和群众路线教育实践活动知识测试，取得良好效果。在完善县级领导干部联系乡村、企业、困难户及挂包重点项目等制度的基础上，组织开展了党员干部联系困难家庭活动，3555名党员干部与3696户困难家庭结成帮扶对子，党群、干群关系更加密切。狠抓机关干部“庸懒散”专项治理，对58起违纪违规案件进行了严肃处理。各级干部深入基层、深入一线、深入群众，调查研究、解决问题、推动工作，宗旨意识、大局意识、责任意识、服务意识不断增强。

(三)党风廉政建设不断深入　认真抓好主题教育、警示教育、示范教育和专题教育，扎实推进科技防腐平台建设，强化对重点领域、重点部门、重点项目的监督检查，集中开展突出问题专项治理活动，加大案件查办力度，共立查案件131件，党纪政纪处分109人，促进了党风政风持续好转，廉政建设责任制各项要求切实落到实处。

二、主要工作与成绩

2013年，全县实现地区生产总值215亿元，同比增长13.2%；三次产业比10.6:66.1:23.3；地方财政收入14.37亿元，增长1.97%；规模以上工业主营业务收入900亿元，增长32.2%；社会消费品零售总额82.9亿元，增长13.5%；城镇居民人均可支配收入19766元，增长16%；农民人均纯收入9600元，增长18%。经济社会各项事业呈现出良好的发展局面。

(一)工业经济稳步提升　大项目建设快速推进，全年累计组织实施投资过亿元工业项目43个，其中过10亿元项目21个，完成投资105亿元。石化集团与韩国梨树公司合作的4万吨甲乙酮、洪业集团10万吨聚合切片、明胜纺织20万锭精梳等11个项目相继建成投产，逐步发挥效益；玉皇化工30万吨异丁烷脱氢、东方化工10万吨丁辛醇等项目即将竣工；日东原油管道工程、石化铁路专用线等项目投入运营；规模以上工业企业达到148家。扎实推进节能减排，取缔“土小”企业7家，实施重点节能技改工程24项，淘汰落后设备386台套，万元GDP能耗下降3.79%，氮氧化合物和二氧化硫分别削减20%、23%。

(二)城乡建设步伐加快 旧城改造实现重大突破，顺利完成9个片区、4000余户、100余万平方米的征收工作。开工在建房产开发项目25个，开工面积311万平方米，新增主体竣工104万平方米。不断增强城市载体功能，新建、改建城区骨干道路9条、14公里，城乡道路98公里。新增绿化面积40万平方米，安装LED路灯1800余盏，铺设排水管网17.3公里。扎实推进镇村建设，乡镇驻地总体规划、控制性详规实现全覆盖，完成新型农村社区规划116个，启动新型农村社区13个，城镇化率达到40.4%。不断加强水污染防治，投入3.6亿元，建成县第二、第三污水处理厂等环境保护工程29个，日处理污水能力达到12.7万方；投入1.9亿元，加强工业污染源、城区扬尘等治理，积极推行清洁能源，狠抓秸秆禁烧，城乡环境空气质量明显改善。

(三)农村经济持续发展 全年粮食总产13.5亿斤，增长10.6%，荣获全国粮食生产先进县。不断优化种植业结构，全县经济作物面积达到120万亩，新建生态林2.5万亩，新增标准化养殖场40个。规模以上农副产品加工企业达到54家，各类专业经济合作组织发展到412家，无公害产品、绿色食品、有机产品认证达到52个。农村生产生活条件不断改善，改造整理土地13.8万亩，新增耕地1万亩，开挖治理沟渠193公里，新建、修复桥涵闸375座，新增高标准农田8万亩。农村土地确权颁证试点工作进展顺利，农机总动力达到137万千瓦，农作物耕种收机械化率达到82%。

(四)民生事业全面发展 优先发展教育事业，投入3.1亿元，新建、改建校舍及农村教师用房16.4万平方米，建成乡镇中心幼儿园及村级公办幼儿园29所。卫生事业再上新台阶，县医院新区、国家级疾控标准化实验室建设稳步推进。新农合实现全覆盖，受益群众609万人次。城乡低保、大病医疗救助标准逐步提高，实施大病救助1160人。稳步实施安居工程，新建保障性住房1178套，发放廉租补贴150多万元；城区燃盖率达到87%，农村安全饮水人口达到57万人。县综合文化活动中心建设快速推进，群众体育文化生活丰富多彩。

三、创新与经验

(一)坚持政策理论学习，营造浓厚学习氛围 把学习作为永恒的课题，作为各级领导班子和基层组织建设的基础工程，引导各级党员干部认真学习中国特色社会主义理论，深入研究党的路线方针政策和重大决策部署，提高战略思维、创新思维、辩证思维、底线思维能力，始终保持政治上的清醒和坚定。各级领导干部要发挥表率作用，带头学习，精心组织，努力在全县营造崇尚学习的浓厚氛围。

(二)强化基层组织建设，夯实执政为民基础 严格落实党建工作责任制，切实加强对基层党建工作的领导，形成推进基层党建的合力。全面强化农村基层组织建设，选好配强村级班子，进一步增强村班子的凝聚力、战斗力。继续做好“第一书记”和党员干部联系困难家庭工作，为其创造良好工作条件，搞好协调服务，抓好跟踪督导，真正使他们沉到一线，抓党建、破难题、促发展，帮助群众致富，实现村集体收入增长。坚持抓好机关党的建设，进一步提高服务基层、服务群众、服务经济发展的能力。加强企业、街道社区和“两新”组织党建工作，注重培养、树立典型，抓出亮点。

(三)注重干部选拔培养，提高科学决策能力 选拔任用干部要坚持德才兼备、以德为先，注重实绩、群众公认，严格执行《党政领导干部选拔任用工作条例》，真正把“信念坚定、为民服务、勤政务实、敢于担当、清正廉洁”的好干部用起来，选进各级领导班子。同时，加强各级干部到一线实践锻炼，着力提高各级领导干部把握全局、科学决策的能力，开拓创新、推进发展的能力，关注民生、造福百姓的能力，统筹兼顾、构建和谐的能力。

(四)深化干部作风建设，提高党员干部执行力 党员干部要牢固树立宗旨意识。增强群众观念，站稳群众立场，真正弄清楚“为了谁、依靠谁、我是谁”，解决好世界观、人生观、价值观这个“总开关”问题，把群众满意不满意作为检验工作的基本标准，时刻在思想感情上心系群众、在工作作风上深入群众、在方式方法上依靠群众、在工作目标上造福群众，真正做到发展为了群众，发展依靠群众，发展成果由群众共享。

附：(一)东明县委书记、副书记、常委名单

书　记：万存周

副书记：朱瑞军(女)　谷永强

常　委：万存周　朱瑞军(女)　谷永强　张留印　李海滨　张素华(女)　刘培廷　范茂林　苑　涛　王传印

(二)各乡、镇、街道、区党(工)委书记名单

城关街道　孙凤建
渔沃街道　张运彩
沙沃镇　谷文健
刘楼镇　杨　立
长兴集乡　郭　瑞
三春集镇　李东燕(女)
马头镇　陈东明
大屯镇　曹传杰
东明集镇　靳风光
小井镇　董建臣
武胜桥镇　李　民
菜园集镇　彭金俭
焦园乡　李洪春
陆圈镇　张庆彪
开发区　李华伟

高校党委工作概况

山东大学党委工作概况

山东大学党委书记　李守信

一、组织概况

学校党委下设威海校区党委和45个基层党委(党工委、党总支、直属党支部),977个基层党支部。现有中共党员18805人,其中正式党员16129人;教职工党员5081人;学生党员10834人,其中研究生党员6636人,本科学生党员4198人;离退休教职工党员2332人;其他558人。

二、主要工作与成绩

(一)全面加强党的建设

1. 加强思想政治建设。深入学习贯彻十八大、十八届三中全会和习近平总书记系列讲话精神,坚持立德树人根本任务,将社会主义核心价值体系建设融入学校各项工作,深入开展德性教育,增强中国特色社会主义的道路自信、理论自信、制度自信。

2. 加强领导班子和干部队伍建设。召开中共山东大学第十三次代表大会,选举产生了新一届党委,明确了学校今后五年的发展目标、路径和任务。探索新的选人用人机制,进一步健全干部管理机制。认真贯彻落实中央"八项规定"精神,加强干部队伍作风建设。健全校、院两级干部培训体系。

3. 加强基层党组织建设。推行在实验室、课题和项目组、科研基地设置党支部。注重从学科带头人、教学科研骨干中选任党支部书记。做好大学生发展党员工作,注重在杰出人才、青年教师中发展党员。

4. 加强党风廉政建设。落实党风廉政建设责任制,开展反腐倡廉教育。加强廉政风险防控体系建设。强化反腐倡廉监督检查。完善学术不端行为惩治查处机制。深入开展纠风和专项治理工作。

(二)深入开展党的群众路线教育实践活动

1. 学习教育贯穿始终。坚持把理论武装放在首位,采取多种形式,认真学习党章、中国特色社会主义理论、党的十八大、十八届三中全会和习近平总书记系列讲话精神,研读必读书目。通过开展主题讨论、观看专题片、举办图片展等一系列活动,深化学习教育成果。

2. 聚焦"四风"找准问题。采取群众提、自己找、上级点、互相帮、集体议等方式,认真查找"四风"突出问题。开门搞活动,广泛征求意见建议,对"四风"问题及具体表现逐项梳理,逐条落实。

3. 召开高质量的专题民主生活会。以整风精神,组织召开学校党委常委班子和77个中层班子的专题民主生活会,查找突出问题,深刻剖析原因,研究制定整改措施,达到了"团结-批评-团结"的目的。

4. 狠抓整改落实。坚持问题导向,研究制定并公示学校领导班子整改方案和专项整治方案,明确责任人、整改时限和标准,落实整治措施。研究制定制度建设计划,做好制度废、改、立工作。

5. 强化宣传引导。利用工作简报、专题网站、校报和党建手机报等媒体,传达中央精神和学校党委部署。通过新闻报道、工作综述、专题专访等形式,展现工作进展和活动成效。

(三)坚持内涵发展,学校各项事业迈上新台阶

1. 学科建设和科研水平显著提升。完成"985工程"(2010—2013)建设总结与评估,整体评价优秀。10个学科进入世界ESI前1%。3个学科进入全国前五名,10个学科进入全国前十名。获得国家社科基金和教育部人文社科重

大项目、年度项目等93项。科研经费达到7.6亿元，较2012年增长3.05%。专利申请量增长10.6%，专利授权量增长17.3%。科学引文索引扩展版（SCIE）排名全国高校第9位。参与的AMS项目取得重要阶段性进展。"《子海》整理与研究"首批成果在济南和台北两地发布。《文史哲》入选中国"百强报刊"。

2. 杰出人才数量持续增长。诺贝尔文学奖获得者莫言、瑞典皇家理工学院教授罗纳德、丹麦皇家科学与文学院院士颜斯乌斯特普加盟山大。张运院士当选美国超声心动图学会荣誉Fellow、欧洲心脏病学会Fellow、首届亚太超声心动图协会副主席。新增双聘院士5人，高层次人才15人。2个团队入选教育部"创新团队发展计划"，金融数学团队被评为科技部"创新人才推进计划重点研究团队"。19人入选教育部"新世纪优秀人才支持计划"。

3. 人才培养质量稳步提升。启动学分制改革。与中科院协同育人计划项目达8个，列全国高校第一。本科教学20门课程入选国家级精品课程。研究生生源质量年成效显著。本科毕业生一次就业率达91.62%，毕业研究生一次就业率达92.38%，较2012年增长11.23%，学校被评为年度全国毕业生就业典型经验高校。

4. 社会服务和对外合作交流迈上新台阶。与福田汽车集团共建"山东大学福田汽车研究院"。推进实施"世界名校合作计划"，新签校级合作协议15个，续签协议10个。授予或聘任哈佛大学约瑟夫·奈教授、麦克尔·赫兹菲尔德教授、星云大师等世界知名学者10人各类名誉学衔。与澳大利亚南澳大学共建"中澳健康研究中心"并开展项目合作。"外专引智"专项获得国家经费支持909万元，"111计划"增至5个。获评全球"孔子学院先进中方合作院校"。

5. 校区建设与发展工作稳步推进。青岛校区基本建设如期进行，学科规划、学术机构设置、人事制度建设同步推进。威海校区稳步发展，学生创新创业教育势头良好，"天、海、韩"等特色学科逐步向纵深发展，与澳大利亚皇家墨尔本理工大学合作办学项目进展顺利。

6. 和谐校园建设不断深化。举办"高雅艺术进校园"等高层次文化活动。制作《为国育贤》宣传片并在央视播出。大力推进民生工程建设，着力改善学生学习生活条件，确保伙食价格基本稳定，加强教职工宿舍及青年公寓建设、管理。深化平安校园建设，完善安全稳定责任追究机制，创造安全稳定的校园环境。

三、创新与经验

（一）坚持党的领导和社会主义办学方向 必须始终坚持党的领导，全面加强党的建设，完善党委领导下的校长负责制，不断提升党建科学化水平，保障学校事业稳步发展。

（二）坚持深化改革 必须深化学校内部治理体制机制改革，建立现代大学制度，增强学校持续发展内动力。不断加强机关作风建设和效能建设，提高工作质量。

（三）坚持把广大师生作为根本依靠力量 必须密切联系群众，最大限度凝聚广大师生员工的智慧和力量，最大限度地调动一切积极因素，众志成城，推动学校事业科学发展。

附：党委常委名单

书　　记： 李守信
常务副书记： 李建军
副 书 记： 仝兴华　尹作升
常　　委： 李守信　张　荣　李建军　王琪珑　仝兴华　尹作升　张永兵　娄红祥　陈　炎　韩圣浩　曹升元

中国海洋大学党委工作概况

中国海洋大学党委书记　于志刚

一、组织概况

中国海洋大学是一所以海洋和水产学科为显著特色的教育部直属重点综合性大学，是国家"985工程"和"211工程"重点建设高校，是国务院学位委员会首批批准的具有博士、硕士、学士学位授予权的单位。现有教职工2800余人，其中两院院士9人，"千人计划"特聘教授5人，"长江学者"16人，山东省"泰山学者"特聘教授18人，国家级有突出贡献的中青年专家9人，973计划和重大科学研究计划项目首席科学家9人，国家基金委创新研究群体2个，国家杰出青年基金获得者15人，享受国务院政府特殊津贴专家109人，博士生导师360余人。在册各类学生39500余人，其中全日制本科生15500余人、研究生8400余人、留学生900余人。

学校党委下设分党委22个、党总支（直属党支部）6个，党支部369个，其中学生党支部235个。现有教职工党员1605人，学生党员4014人。

二、主要工作与成绩

（一）全面加强党的建设

加强领导班子和干部队伍建设。按照教育部党组统一部署,在全校共产党员中深入开展了党的群众路线教育实践活动。认真贯彻《党政领导干部选拔任用工作条例》,做好年度中层领导班子和干部考核工作,协助上级部门做好校级领导班子及领导干部年度考核和干部选拔任用"一报告两评议"、干部推荐与挂职等工作。发展党员1000余人,培训入党积极分子2249人。

积极推进学习型党组织建设。邀请中央党校、国家海洋局等单位的专家来校举办党委中心组专题学习讲座,开展中层以上领导干部深入学习贯彻党的十八大精神集中轮训工作。继续加强"干部在线学习中心"资源建设,获"高校干部远程培训工作优秀单位"。举办党政管理干部研修班,创新干部培训模式。

扎实推进党风廉政建设。认真贯彻落实党中央、国务院和中纪委关于党风廉政建设和反腐败工作的部署要求,完善反腐倡廉责任体系,深入推进反腐倡廉建设。严格执行"三重一大"决策制度,完善决策机制,优化决策程序,规范学校领导班子决策行为,切实提高科学民主决策水平,推动学校事业科学发展。

(二)深入学习宣传贯彻党的十八大精神,推动学校各项事业又好又快发展

深入学习宣传贯彻党的十八大精神,以提高学校教育质量为核心,以满足国家战略需求为导向,以体制机制创新为动力,围绕不断增强服务海洋强国建设能力的紧迫任务,更新观念、深化改革、协同创新、重点突破,扎实推进人才强校战略、国际化战略和文化引领战略,努力推动重点工作取得实质性进展和阶段性成果,推动学校事业内涵式发展。

1. 学科水平再上新台阶。参加全国第三轮学科评估,"海洋科学"和"水产科学"第三次蝉联桂冠。环境学与生态学首次进入ESI全球科研机构前1%行列,全校共有8个学科(领域)进入ESI全球科研机构前1%行列(此前已有地球科学、植物学与动物学、工程技术、化学、农学、材料科学、生物学与生物化学7个学科进入前1%),并列国内"985工程"建设高校第16位。

2. 强化基地平台和协同创新中心建设。学校参与建设的青岛海洋科学与技术国家实验室获得科技部批复,作为深化科技体制改革的试点工作先行先试,力争通过3—5年建成海洋科学与技术领域国际一流的科学研究平台和国际科技交流合作基地。设计排水量5000吨的新型深海大洋综合科学考察实习船("东方红3"船)获得教育部立项批复。海洋药物研究开发协同创新中心和海水养殖良种培育与种业工程协同创新中心顺利获批山东省首批高等学校协同创新中心。

3. 人才队伍建设取得新成绩。吴立新教授当选中国科学院院士,1人入选国家"百千万人才工程",2人获国家自然科学基金杰出青年科学基金资助,3人获国家自然科学基金优秀青年基金资助,1团队入选首批科技部人才推进计划重点领域创新团队,1人入选首批科技部人才推进计划创新创业人才,11人入选教育部"新世纪优秀人才支持计划"。引进国家"千人计划"入选者2人、山东省"泰山学者海外特聘专家"1人、学校"筑峰人才工程"特聘教授4人、"绿卡人才工程"客座教授2人、"青年英才工程"人才12人,人才队伍整体水平稳步提高。

4. 教育教学质量不断提高,科技创新能力进一步增强。2个专业入选教育部"卓越工程师教育培养计划"试点专业;2个专业接受国家工程教育专业认证;3门课程入选为国家精品视频公开课,7门原国家精品课程转型升级为国家级精品资源共享课程;新启动国家级大学生创新创业训练项目103项。毕业生就业率继续保持90%以上。

实到科技经费突破6亿元。获3项国家重大基础研究规划项目。获国家自然科学基金资助项目130项。获批国家社科基金年度项目17项。学校首个国家级国际科技合作基地获科技部批准立项,第4个"111计划"创新引智基地获批。SCI、EI、ISTP收录论文1700余篇。入选国家知识产权局评定的国家级知识产权示范高校。

5. 国际化战略稳步推进。与8个国家的9所科教机构新签署了协议或备忘录。中德海洋科学中心、中澳海岸带管理研究中心稳步发展,筹建中英海洋环境科学联合研究中心,与佛得角共和国共建"中佛海洋生命科学联合实验室",获准成为"北极大学"准成员,成为我国首个加盟北极大学的教育机构。

三、创新与经验

紧紧围绕学校事业发展中心任务,深入开展党的群众路线教育实践活动。根据教育部党组的统一部署,2013年7月开始,以学校和中层领导班子、领导干部为重点,在全校共产党员中深入开展了"为民务实清廉"为主要内容的党的群众路线教育实践活动。学校党委将其作为推动高水平研究型大学建设、努力办好人民满意的大学的重大契机,坚持把学习教育贯穿始终、把整改落实贯穿始终,把师生满意度作为重要衡量标准,加强领导,精心谋划,统筹兼顾,搞好结合,聚焦"四风"问题和师生反应强烈的突出问题,切实抓好"学习教育、听取意见"、"查摆问题、开展批评"、"整改落实、建章立制"三个环节的活动,指导和督促校内各二级单位扎实推进各项任务。活动中,共汇总征求意见表和调研报告、调研记录1786份,梳理了9方面37条意见建议。重点围绕学校领导班子和领导干部"四风"方面的突出问题和师生员工反映强烈的突出问题,制定了23项整改措施、12项专项整治任务和14项制度建设计划,明确了各项任务的责任领导、完成时间等,活动实效逐步显现,切实推动了学校事业科学发展、和谐发展。

附:党委常委名单

书　记:于志刚

副书记:张　静(女)　卢光志　陈　锐

常　委:于志刚　吴德星　董双林

张　静(女)　　李巍然
闫　菊(女)　　李华军　王剑敏
卢光志　陈　锐

中国石油大学(华东)党委工作概况

中国石油大学(华东)党委书记　刘　珂

一、组织概况

中国石油大学(华东)是教育部直属全国重点大学,是国家“211工程”重点建设和“优势学科创新平台”建设并建有研究生院的高校之一,是教育部和四大石油石化企业集团、教育部和山东省人民政府共建的普通高等学校。现有青岛、东营两个校区,全日制在校本科生19235人、研究生5336人,留学生702人,函授网络在籍生76000余人。有专任教师1610人,其中两院院士6人,教授、副教授906人。学校有5个国家重点学科,2个国家重点(培育)学科,10个博士后流动站,11个博士学位授权一级学科,45个博士点,33个硕士学位授权一级学科,150个硕士点,另有工商管理硕士、翻译硕士、会计硕士和20个工程硕士授权领域,59个本科专业,学科专业覆盖石油、石化工业的各个领域。

学校党委下设26个二级党委,截至2013年12月,全校党员人数为8676人,其中学生党员5197人。在校本科生党员2755人,比例为31.7%,研究生党员2442人,比例为28.1%。

二、主要工作与成绩

2013年,中国石油大学(华东)全校上下认真学习贯彻党的十八大及十八届二中、三中全会精神,深入开展党的群众路线教育实践活动,学校党的建设与思想政治工作得到全面加强。

(一)扎实开展党的群众路线教育实践活动　各级领导班子和全体党员干部认真落实“照镜子、正衣冠、洗洗澡、治治病”的总要求,在转变作风、服务师生、促进发展上取得了实实在在的成效,广大党员干部服务师生的自觉性、改革创新的主动性和干事创业的积极性进一步增强。全校上下破除“四风”,倡行新风,营造和谐奋进的校园氛围,以作风建设的新成效进一步凝聚了创建高水平研究型大学的强大合力。

(二)坚持强化理论武装　在全校师生中深入开展对中央精神的宣传学习,完善党委理论中心组和全校政治学习制度,引导广大干部党员把理论学习和实际工作紧密结合,干部党员的思想政治素质和运用科学理论解决实际问题的能力进一步提高。

(三)优化领导班子和干部队伍结构　顺利完成中层领导班子和二级党委换届工作,集中完成机关科级干部调整配备,利用校内外、海内外多种平台和渠道加强干部教育培训,干部队伍结构更为优化,整体素质进一步提升。

(四)创新基层党建工作　开展了《基层组织工作条例》贯彻落实情况自查,扎实推进基层党建工作质量工程,进一步规范了基层党组织建设。制定实施《教学院(部)学生党建工作考评办法》,学生党员发展质量和教育管理水平得到提高。

(五)着力加强党风廉政建设　全校认真贯彻中央“八项规定”及实施细则、《党政机关厉行节约反对浪费条例》,严格执行有关纪律规定,切实改进作风,促进了优良党风建设。认真落实党风廉政建设责任制,对廉政责任进行细化分解,签署承诺书。着力构建以岗位为点、以程序为线、以制度为面的廉政风险防控网,加强廉政宣传教育,增强了党员干部拒腐防变的能力。

(六)扎实推进和谐校园建设　以校庆和教育实践活动为契机,大力加强校园文化建设,开展了石油大学精神讨论活动,在广大师生中倡导“关爱学生,尊重学者,崇尚学术”的价值观,在全校党员干部中倡导“为民、务实、清廉”的价值观,把全校的智慧和力量凝聚到学校发展目标上来。以“双建”(建功立业、建言献策)活动为载体做好统战工作,涌现出一批先进典型。用心服务、加强沟通,离退休职工关心支持学校工作的积极性进一步提高。始终抓紧平安校园建设,落实责任,强化措施,确保校园安全稳定。

三、创新与经验

结合开展的党的群众路线教育实践活动,学校党委对做好新形势下群众工作有了更深刻的认识。

一是把强化宗旨意识,增强群众观点,作为做好新形势下群众工作的思想基础。党委认为,应从世界观的高度把握党的群众路线,打牢做好群众工作的思想基础。全校党员干部在开展群众工作时应更好地尊重师生,维护师生的尊严,感情上贴近师生,最大限度地增强校园活力,最大限度地增加和谐因素,最大限度地减少不和谐因素,凝聚起最强大的力量攻坚克难。

二是把围绕目标任务和群众需求真抓实干,作为做好新形势下群众工作的基本要求。应通过卓有成效的群众工作,充分调动起师生员工的积极性、主动性、创造性,为推动学校科学发展凝聚更为广泛的共识,为实现学校“国内著名、石油学科国际一流的高水平研究型大学”的发展目标凝聚更为强大的力量。多为师生办实事,做好事,解难事,着力解决人民群众最关心最直接最现实的利益问题，是党的群众路线教育实践活动的重点任务和明确要求。必须加强学习，勇于实践，改进方法，不断提高群众工作本领。

三是把发挥党员领导干部表率作用，作为做好新形势下群众工作的重要方法。党员领导干部应带头搞好学习，接受教育，在牢固树立为民务实清廉的价值追求上作出表率。带头聚焦作风建设，在改进作风、查摆和解决存在的问题上作出表率。带头贯彻"照镜子、正衣冠、洗洗澡、治治病"的总要求，在开展批评与自我批评上作表率。带头加强制度建设，在建立健全促进党员干部坚持为民务实清廉的长效机制上作表率。

四是把群众满意，作为做好新形势下群众工作的根本标准。办好人民满意的教育是新的时代背景下，党的群众路线在教育领域的具体体现，要求我们切实履行好人才培养、科学研究、社会服务和文化传承创新的职能，特别要坚持以人才培养为核心，把促进学生健康成长作为学校的根本任务、中心工作，努力把学校办好，让师生满意，让学生家长满意，让社会满意。当前，我们应更加注重提升管理水平、服务水平，提高办学质量、办学效益，努力走出一条以质量为核心的内涵式发展道路，把推动内涵发展作为办好人民满意大学的必由之路。

附：党委常委名单

书　记：刘　珂

副书记：纪效田　王　勇

常　委：刘　珂　山红红（女）　纪效田　王　勇　孙海峰　王瑞和　查　明　李兆敏　刘华东

哈尔滨工业大学（威海）党委工作概况

哈尔滨工业大学（威海）党委书记　姜　波

一、组织概况

哈尔滨工业大学（威海）简称哈工大（威海），是哈工大"一校三区"办学格局的重要组成部分，2012年党组织关系整体纳入中共山东省委高等学校工作委员会管理。现有14个处（部、室）和12个教学院（系、部），校党委下设9个分党委、2个党总支、4个直属支部。现有61个教工党支部、26个研究生党支部、166个本科生党支部。全校党员2311名，其中，教职工党员530名，离退休职工党员53名，学生党员1726名，其他党员2名。

二、主要工作与成绩

扎实开展党的群众路线教育实践活动。按照中央和哈工大党委的统一部署，深入开展党的群众路线教育实践活动。成立教育实践活动领导小组，确立"反对四风，凝心聚力谋发展"的活动主题，先后召开领导班子集体研讨会3次，组织党员干部集体学习3次，举办专题报告会3次，召开推进会2次。通过领导带队走访、座谈、开门纳谏等方式共梳理汇总基层意见152条，归纳出"四风"问题在校区的12个具体表现。领导班子对照问题认真检查，召开专题民主生活会，开展批评和自我批评，确定了6个方面42项整改任务，并制定了整改方案、专项整治计划和制度建设计划。

党建和廉政建设工作进一步加强。坚持以建立健全党员保持先进性的长效机制为重点，深入推进党建工作。组织学习党的十八大及十八届三中全会精神，召开第一届党委书记论坛会。积极推进处级干部的考核工作，修订《哈尔滨工业大学（威海）发展党员工作实施细则》，制定《哈尔滨工业大学（威海）关于党员发展和党员管理工作的实施意见》。进行领导干部廉政谈话10余人次，对廉政风险重点岗位监督检查50余次。推行学生特邀监察员制度，下发《关于严禁公款购买印制寄送贺年卡等物品的通知》，成立了清查办公用房工作领导小组，修订了《通用办公设备及家具购置管理规定》。

教育教学质量进一步提升。不断加强和改善教学条件。3门优秀课程（群）获批山东省精品课程（群），获山东省高等学校教学改革立项项目5项,能源与动力工程专业获批"山东省本科高校特色专业"。郑宏珍教授当选哈工大教学带头人和山东省教学名师。信息与电气工程学院实验实习教学示范中心获批工业与信息化部实验教学示范中心建设单位。计算机教学示范中心获批省教学示范中心。学生在各项科技创新竞赛中累计获得省部级以上奖励270项,其中国家级以上奖励180项,国际级奖励33项。

科研实力不断增强。2013年度科研到账经费1.15亿元,33个课题获国家自然科学基金项目资助,2个课题获国家社科基金项目资助。国家级科研平台"海洋工程材料及深加工技术国际联合研究中心"获科技部批准建设,山东省特种焊接技术重点实验室通过验收。山东船舶研究院建设逐步步入正轨。与企业签订产学研合同及捐赠协议达48项,累计合同金额5755万元。具有自主知识产权的"全自动化学发光免疫分析仪"打破了国外长期对该技术的垄断,现已实现产业化。

师资队伍和生源质量进一步提升。温广武教授入选国家百千万人才工程,并获得"有突出贡献中青年专家"荣誉称号。谭建宇教授入选教育部2012年度"新世纪优秀人才支持计划",青年博士张盛平入选2013年度"香江学者计划"。2013年大部分招生省份的录取分数比往年有较大幅度提升,其中20个省(市、自治区)理工类录取平均分超过一本线60分以上。首次实行平行志愿的山东省理工科录取最低分612分,超过重点线58分。

学生志愿服务和社会实践活动广泛开展。四学子勇救跳海轻生女,蒋霁婷捐献造血干细胞,学子爱心接力"阳关订票哥"坚守车站为广大旅客义务订票,被央视和山东卫视报道。刘潍获"全国大学生自强之星"提名奖。6000余人次注册志愿者并参加校内外各类志愿服务活动,服务总时数近6万小时,学生社会实践参与率达到85%以上。共有6支实践团队、16名学生、6名教师受到山东省表彰。

民生工程和校园安全保障工作有效推进。调整了职工岗位津贴,完成了在职人员和离退休人员工资结构归并调整,提高了合同制和人才派遣人员的薪酬待遇。学生公寓和专家公寓相继落成,大学生服务区和活动中心陆续开工,及时完成各类保修项目,改善民生。学生餐厅荣获"2013年度第一批山东省级餐饮安全示范学校食堂"称号。

三、创新与经验

将党的群众路线教育实践活动与促进学校发展紧密结合,积极探索办好人民满意的教育。校领导深入基层单位,专门就质量立校、特色兴校、人才强校、文化铸校、科技创新和资源拓展等办学问题听取师生意见;邀请专家参与学校发展顶层设计和推进方案制定工作;各级党委积极分解任务,制定并严格按照时间进程表开展各项工作。以办好人民满意的教育为出发点,在学校发展中贯彻"为了师生、依靠师生、服务师生、凝聚师生"的群众观点,将党的群众路线教育实践活动落到实处。

领导模范带头,全方位加强党建工作。教育实践活动开展以来,党政领导班子和广大党员领导干部真学真听真查真改,宗旨意识、群众观点进一步增强,建立和完善了一批长效化的规章制度,解决了一批师生关心关注的实际问题。开展"弘扬工大精神,追逐中国梦想"主题教育活动,选派14名青年干部到校本部挂职学习,组织29名青年博士赴校本部"追梦行",组织60多位基层党委书记、党支部书记和青年干部外出开展党性教育,召开首届党委书记论坛,主动研讨新形势下党建工作。

附:党委成员名单

书　记:姜　波

副书记:冯吉才　王建文

委　员:姜　波　冯吉才　王建文　钟诗胜　曲世友　赵国亮　丁效华　邢成波　张　颖

山东农业大学党委工作概况

山东农业大学党委书记　邢善萍

一、组织概况

截至2013年底,山东农业大学在校生33248人,其中本科生30219人,博士、硕士研究生3029人。教职工2653人,其中教授、副教授706人,中国科学院院士2人,中国工程院院士4人,入选国家"百千万人才工程"专家8人,国家有突出贡献的中青年专家4人,国家千人计划1人,国家青年千人计划2人,国家杰出青年科学基金获得者1人,国家级教学名师4人;"长江学者和创新团队发展计划"创新团队2个,国家级教学团队3个;泰山学者攀登计划1人、"泰山学者"19人。

学校党委下设基层党委、工委、直属党总支25个,党支部202个;党员3987人,其中教工党员1209人,学生党员2129人。

二、主要工作与成绩

(一)以作风建设为着力点,加强党建与思想政治工作

校党委把"改进作风,干事创业"作为总基调,深入调研察实情、厉行节约倡勤俭、健全制度抓基础、突破难点办实事，切实加强作风建设。在党的群众路线教育实践活动中，确定了“改进作风联系群众，干事创业促进发展”的活动主题，聚焦“四风”问题，推动内涵发展。在加强学校层面制度建设的基础上，年内完成18个二级学院、1250项规章制度的修订工作，进一步完善学院党委政治核心、院长行政负责、教授委员会学术决策“三位一体”的管理体制，有力提升了二级学院的生机和活力。学校创新管理体制的经验做法写入今年年初省政府工作报告。

加大“三招一用一规范”工作监察力度，首次对全校52个单位进行全面审计。坚持立德树人，学校被遴选为山东省“德耀齐鲁”道德示范基地。抓好青年骨干教师和学生党员发展工作，年内培训党校学员4656名，发展党员988名。

（二）深化教学改革，提升教育质量，彰显办学特色　以本科教学审核评估为契机，广泛征求意见，进一步凝练办学定位和人才培养目标，明确培养专业应用型、复合应用型、创新型和拔尖型的“四型”人才培养模式，实施分类培养，提高人才培养与社会需求的契合度。依托应用基础型名校建设工程，围绕学科专业和学风建设，加大投入力度，进一步深化学分制改革，突出强化实践环节，全面促进学生自主学习和个性发展。坚持全年关注、全员参与、全程指导，促进毕业生充分和高质量就业，年内获“全国毕业生就业典型经验高校50强”荣誉称号。

（三）扎实推进协同创新，不断强化学科平台建设　全面分析第三轮学科评估结果，加强学科建设调研，制定学科发展规划。从省级、校级两个层面组建协同创新中心，探索协同创新的有效运行模式和绩效评价机制，促进学校与社会深度融合。国家控释肥工程技术研究中心和泰山生态定位站一期建设项目通过验收。国家小麦育种栽培技术创新基地获批建设；新农村发展研究院获科技部、教育部批准建设；农业部作物水分生理与抗旱种质改良重点实验室、农业部黄淮海设施农业工程科学观测实验站启动建设；山东小麦玉米周年高产高效生产协同创新中心和山东果蔬优质高效生产协同创新中心获准建设；山东省国土资源厅智慧村镇重点实验室获准建设；建成国内最先进的土壤养分循环监测实验站。

（四）加大合作共建力度，科技创新和社会服务硕果累累　对接山东省“一圈一带”发展战略，制订“服务西部经济隆起带现代农业发展行动方案”，与国家质量监督检验检疫总局签订战略合作协议，与中国林业科学研究院共建涉林学科，与潍坊市共建中国食品谷现代畜牧业协同创新中心，与章丘、平阴、诸城等市（县）人民政府签订科技合作协议。牵头成立国内第一家农业大数据产业技术创新战略联盟和研究中心。科研项目立项491项，立项经费2.59亿元；获权专利100件，其中发明专利62件；签订各类技术合同和服务协议408项。举办各类涉农培训班50余期，培训农村干部和新型农民6600余人，获批建设国家科技特派员创业培训基地。

（五）重视人才队伍建设，师资力量再上新水平　坚持培养与引进并重，实施“创新团队支持计划”，面向海内外引进高层次人才；实施“青年教师成长计划”，促进优秀中青年教师脱颖而出。新增国家千人计划1人、国家青年千人计划1人、国家杰出青年科学基金获得者1人，泰山学者3人。引进海外高层次人才2人、优秀人才85人；10人入选国际合作培养计划，6人入选国内访问学者计划；聘任兼职教授16人、讲座教授1人；博士后进站45人、出站69人，26人获国家和省博士后资助。4人被批准享受国务院政府特殊津贴，1人被评为全国师德标兵，1人被评为山东高校十大师德标兵，1人获山东省有突出贡献的中青年专家称号，1人获“山东青年五四奖章”。学校在全省高校人才工作目标责任制考核中获得优秀等次。

三、创新与经验

（一）党的群众路线教育实践活动与教育部本科教学审核评估统筹推进，相得益彰　学校党委在不断加强作风建设的同时，结合应用基础型人才培养、特色名校建设，推进教学、科研和社会服务等各项工作。根据教育部安排，学校作为第一所省属高校、全国首家农业高校参加下半年高校本科教学工作审核评估。学校在评建过程中梳理办学经验，分析存在问题，明确整改方向，真正把教育实践活动的良好成效转化为推进审核评估的强大动力，以审核评估的丰硕成果检验教育实践活动的最后实效。两不误两促进的满意成绩得到省委充分肯定，学校被确定为唯一高校代表在全省第二批教育实践活动骨干培训会议上作了题为《找准问题真整真改　以好的作风办好人民满意大学》的典型发言。

（二）大学生创新创业教育氛围浓厚，成效显著　加强创新创业组织和平台建设，成立大学生创业联盟，启动“圆梦驿站”营销与咨询中心，创建了省内首个校内培育、基地孵化、市场创业的创业体系。系统推进大学生创新创业教育，大力实施大学生创新创业引领计划（SIEG），推动创业项目化运作，组建260余支大学生创业团队，立项启动100个大学生创新创业实践项目，33个项目纳入国家级大学生创新创业训练计划。学校创新创业教育得到省政府和社会各界的充分肯定，《中国教育报》头版头条报道学校开展创业教育典型做法，学校在全省创业创新大会上作为唯一高校代表作典型发言。

附：党委常委名单

书　记：邢善萍

副书记：张敬和　董新胜

常　委：邢善萍　张敬和　孙永华　张宪省　董新胜　车先礼　朱　莉　高东升　嵇景涛　刘兴坦（挂职）

山东师范大学党委工作概况

山东师范大学党委书记　商志晓

一、组织概况

山东师范大学始建于1950年。目前,分校本部、长清校区两校区办学,设有25个学院,79个本科专业,有8个博士后科研流动站,10个博士学位授权一级学科,29个硕士学位授权一级学科,全日制在校生38370人。

学校党委下设31个院级单位党委(党总支),共有325个党支部、7290名党员,其中在职教职工党员1849人、学生党员4631人。

二、主要工作与成绩

学校党委团结带领广大师生员工,以学习贯彻党的十八大和十八届三中全会精神为主线,以深入开展党的群众路线教育实践活动为契机,以反对"四风"、强化作风建设为重点,凝心聚力、扎实工作,全面落实学校年度工作要点和重点工作项目,各项事业取得了新成绩、展现出新面貌。

(一)深入开展党的群众路线教育实践活动　扎实开展学习教育,广泛征求意见建议,深入查摆突出问题,深刻进行对照检查,于法周延建章立制,认真做好每个环节、每个步骤的工作,整个活动运转高效、推进有序,取得了阶段性成效。

(二)党建工作　认真学习十八届三中全会和习近平总书记系列重要讲话精神。切实加强思想建设,扎实推进基层党组织建设和党员队伍建设,认真组织开展党支部创新立项活动和党建调研课题征集工作。加强惩治和预防腐败体系建设,积极推进"阳光治校"。

(三)教学与人才培养　教育部、省政府同意共建山东师范大学。完成名校工程建设方案和任务书的编制与论证工作。全面实施卓越人才培养计划和大学生创新创业训练计划。大力推进本科教学质量工程建设,启动实施第九次院级单位教学工作状态评估。扎实做好历山学院迁址办学工作,2013级新生入驻青州校区。完成全国教育硕士综合改革试点任务,继续推进实施研究生培养创新工程。各附属学校工作有序推进,取得新成绩。

(四)科学研究　2项课题分别首次获国家自然科学基金重大项目课题与教育部哲学社会科学研究重大委托项目立项。2个协同创新中心分别被批准为省级立项建设协同创新中心、省级自主培育协同创新中心。组建山东省齐鲁文化研究院。大力推进产学研结合,积极为经济社会发展提供服务。学术期刊办刊质量和影响力进一步提升。

(五)人才和师资队伍建设　加大高层次人才引进力度,实施校领导联系人才制度。1个学科入选"泰山学者优势特色学科人才团队支持计划",1人被授予"泰山学者海外特聘专家"称号。扎实推进"优秀青年骨干教师国际合作培养计划",实行职称评审向优秀青年教师倾斜政策。成功入选全省高校人才工作十佳创新案例。加快推进人事分配制度改革,岗位设置与首次聘任工作基本完成。

(六)学科学位点建设　积极推进实施国家重点学科培育计划,加大扶持力度。召开重点学科中期评估评审会议。顺利完成"十二五"省级重点学科中期评估工作。

(七)对外合作交流　新签署校际友好交流协议、学生联合培养协议11份,新增海外友好合作关系学校3所。"济南中日交流之窗"项目正式启动运营。推进留学生教学和管理工作的规范化和制度化建设。新成立省内外3个校友分会,教育基金会通过省民政厅、教育厅审批。

(八)综合服务及保障工作　加快长清校区后续工程建设进度,新图书馆、第二学生食堂主体结构顺利封顶。严格财务预决算制度和程序,充分发挥审计监督和服务功能。扎实开展后勤服务质量提升年活动,不断完善招标和资产管理工作。国家级实验教学示范中心顺利通过验收。大力推进数字化校园应用系统建设,顺利完成省直医保工作。

(九)学生教育管理　大力实施青春导航等5项行动,学校被评为省社会实践活动优秀组织单位。加强学生教育管理,规范辅导员考核机制。开展辅导员素质能力提升工程,1个团队入选山东高校首批辅导员名师工作室行列。

(十)安全稳定　拓宽信息渠道,做好重点时期和敏感事件的信息掌控。积极开展隐患排查整治和校园安全大检查等工作。强化安全管理,校园发案率明显下降。

三、创新与经验

(一)着力加强领导班子和干部队伍建设　坚持党委常委会定期向全委会报告工作并接受监督制度。不断完善全委会、常委会和校长办公会机制,规范"三重一大"决策程序。改进中层干部评价考核方式,组织中层领导班子和领导干部年度述职考评,开展"倾听民声、问计基层"主题活动,虚心听取师生意见建议,营造齐心协力、干事创业的浓厚氛围。

(二)着力推进实施重点工作项目责任制　结合学校工作要点,研究确定年度重点工作项目,明确职责、统筹调度,集中力量解决制约学校发展的重点难点问题。坚持把推进落实重点工作项目的过程,作为提高决策执行力、狠抓工作落实的有力抓手,成为提升内涵、增强活力、打开局面、创新发展的过程,有效推动学校综合实力快速提升。

(三)着力提升大学生思想政治教育质量　以坚定理想信念为重点,坚持育人为本、德育为先,牢牢抓住关键环节，不断完善途径方法，推动大学生思想政治教育和管理服务在巩固成果、提高层次、辐射延伸上取得新进展。重视发挥思想政治理论课的主渠道作用，党政主要领导带头进课堂听思想政治理论课，并与任课教师和学生交流学习心得。

附：党委常委名单

书　记：商志晓

副书记：赵彦修　向来生

常　委：商志晓　赵彦修　向来生　戚万学　于　涛　钟读仁　唐　波　王少华　初乐娟（女）　王焕斌　张文新

烟台大学党委工作概况

烟台大学党委书记　崔明德

一、组织概况

学校党委下设6个分党委、16个党总支。全校共有基层党支部159个，其中6个直属党支部。党员3864人，在职教职工党员1294人，离退休职工党员411人，学生党员2159人。

二、主要工作与成绩

（一）强化教学中心地位，学生培养质量不断提高，专业优势进一步突出　扎实推进山东省名校建设工程。入选教育部国家级精品资源共享课1门，获批国家级实验教学示范中心、“法学教育部首批综合改革试点专业”、“国家大学生校外实践教育基地建设项目”以及国家级虚拟仿真实验教学示范中心各1个。

2个专业入选教育部第三批卓越工程师教育培养计划。在2013级学生中推行“目标牵引式大学生学业规划”方案。大学生参加学科竞赛获国际二等奖2项、国家特等奖2项，创历年新高。本科生初次就业率达70.05%，同比提高3%。实现毕业生连续八年安全、文明、有序离校。

获评省级研究生优秀硕士学位论文2篇、研究生创新科技成果奖4项。获批7个省级研究生教育创新项目。获省政府留学生奖学金67.5万元，额度居全省第二。新增6所友好学校，3门课程获批省成人高教特色课程。

（二）大力加强学科科研工作，扎实推进博士人才培养项目，核心竞争力不断增强　完成了首批博士招生录取工作和博士生指导教师遴选工作以及项目实施情况总结。获批国家和省部级项目105项。获省部级奖励10项。科研总经费达到5164.13万元。1人被聘为国家社科基金学科评审专家；1人入选2013年度教育部“新世纪优秀人才支持计划”。

获批首批省协同创新中心1个。我校参与协同的协同创新中心也获批立项建设。获批省知识产权优势培育单位。获批省石化轻烃综合利用工程技术研究中心。获批烟台大学教育发展基金会。

（三）加强人才和干部队伍建设，持续打造汇聚优势，队伍结构得以优化　引进各类人才60人。新增“泰山学者海外特聘专家”2人，“高等学校首席专家”3人。入选省教育厅人才创新十大案例1个。

规范了教学、科研和教辅机构设置并获省编委批复。圆满完成中层领导班子考核及处级干部换届工作，干部队伍年龄结构和知识结构显著优化。举办5期党校专题培训。选派24人参加上级培训班。

（四）坚持以人为本，高度关注民生，后勤服务和管理水平不断提高　完成了岗位津贴和教师外岗位绩效考核调整工作。召开了烟台大学五届五次教代会暨六届五次工代会，完成了31项立案落实工作。获评“全省离休退休干部先进集体”。

整合开通“网上民声”，在机关与直属单位推行摆牌上岗，机关作风明显改观。扎实推进学府小区配套工程，加强了学府小区物业管理督查督办力度。理顺了后勤管理体制。完成了校内家属区G1－3号楼和腾空旧房的选房分配工作；新增计划外屋面防水1.3万平米。获评“山东省高校餐饮服务先进单位”。

贷款余额降为2.558亿元。获批专项经费近1.2亿元。“三公”经费支出规模降幅明显。不断提高数字化校园管理和服务水平。

（五）着力加强党建思想政治工作，扎实开展党的群众路线教育实践活动，不断推进各项事业科学发展　深入学习宣传党的十八大精神，扎实开展党的群众路线教育实践活动，密切党群干群关系，有力促进了学校科学发展。对师生反应强烈的热点难点问题一项一项拿措施，一件一件抓整改，有效推进了干部作风建设、校内旧房改造、教职工子女入学、优化学生居住条件等师生关注的热点和难点问题的解决，得到了省委第11督导组的高度评价和学校师生员工的普遍认可。

学校被命名为“山东省高校廉政文化示范点”。2人入选全省高校优秀中青年思想政治理论课教师“十百工程”。“光盘行动”和“烟台大学保洁员吃剩餐倡节俭”引起众多国家级媒体高度关注和争相报道，《新闻联播》先后报道了4次。

在大学生党员中深入开展“学党章读党史正三观”活动，青年学生思想政治教育工作取得新成效。获“山东省大学生心理健康节优秀组织单位”。校团委获评“山东省五四红旗团委”。进一步加强了党外代表人士队伍建设，扎实做好反宗教渗透工作。

三、创新与经验

（一）坚持党的领导、凝心聚力。全面落实党委领导下的校长负责制，注重班子团结，发挥师生员工的首创精神，全心全意依靠师生员工办学，是学校改革发展稳定的根本保证。

（二）坚持解放思想、抢抓机遇。坚持以科学发展观统领学校工作全局，以强烈的危机感和责任感，抓住深化高等改革的重大机遇，一心一意谋发展，提高学校综合实力。

（三）坚持立足地方，发挥学校优势，主动融入区域经济社会发展，服务社会、引领社会，积极作为，以服务寻求支持，在贡献中谋求发展。

附：党委常委名单

书　记：崔明德

副书记：房绍坤　王吉法

常　委：崔明德　房绍坤　王吉法　韩晓玲（女）　孙祥斌　郭善利　张　伟　邓昌亮　刘　涛

青岛大学党委工作概况

青岛大学党委书记　夏临华

一、组织概况

青岛大学是省属重点综合性大学，山东省首批应用基础型人才培养特色名校建设单位。现有23个学院，3个教学部，100个本科专业，涵盖11个学科门类。现有博士点53个，涉及一级学科10个；硕士点240余个，涉及一级学科40个。有专业学位类型17种，其中博士专业学位类型1种，硕士专业学位类型16种。有院士2人，外聘院士8人，拥有高级专业技术职务的1125人。有全日制本科生34129人，博士、硕士研究生8346人，留学生1415人。

学校党委下设28个基层党委、39个党总支、417个党支部。有党员7239名，正式党员6205名。其中，在岗教职工党员3392名，离退休教职工党员1028名，学生党员2819名。

二、主要工作与成绩

（一）深入开展教育实践活动　按照省委安排，从2013年7月开始，校党委集中在全校组织开展了党的群众路线教育实践活动。全校共67个基层党委党总支、417个党支部、7000余名党员参加到活动中来。通过教育实践活动，各级领导班子和广大党员、干部践行群众路线的思想认识水平明显提高，解决师生关注的热点难点问题成效显著，以作风建设新成效开创学校事业发展新局面，推动了学校内涵发展的长效机制逐步健全。

（二）全面加强党的建设　出台《青岛大学党政管理干部选拔任用工作规定》，开展了新一轮处级管理干部上岗工作，进一步优化了领导班子配备和干部队伍结构。进一步调整了基层党组织设置。调整后，全校共有28个基层党委、39个基层党总支。不断完善惩治和预防腐败体系，严格落实党风廉政建设责任制，学校与学院、部门和单位的党政主要负责人签订了《党风廉政建设责任书》，强化“一岗双责”意识。贯彻落实《党政机关厉行节约反对浪费条例》，深入开展纠风和专项治理，营造了风清气正、干事创业的良好氛围。

（三）举办合并办学20周年回顾总结活动　通过总结20年合并办学以来的经验，全面展示发展成果，理清了校史脉络，确定了校史起点，完成了校史初稿，回顾了学校百余年发展历程，彰显了学校的办学实力和历史底蕴。

（四）推进省市共建和特色名校建设　医学教育综合楼和科技研发中心获批立项并已开工建设。特色名校建设方案通过省教育厅专家组论证，召开了特色名校建设动员暨教学工作大会，与18个重点建设专业所在学院签订责任书，明确了目标任务，名校建设工作进入加快实施阶段。

（五）实施育人立校战略　继续深化人才培养模式改革，组织19名华大基因创新学院学生赴密苏里州立大学交流学习，与印度国家信息技术学院联合组建的软件学院开始招生，获批成为教育部第一批临床医学硕士培养模式改革试点高校、山东省首批学分制改革试点高校。本科教学工程取得新进展，新获批1个国家级实验教学示范中心，3门国家级精品资源共享课程，1个大学生校外实践教育基地，46个国家级大学生创新创业项目。研究生培养质量达到新的高度。加强和改进大学生思想政治教育工作，完善资助、心理、就业等服务保障体系，形成全员育人格局。招生就业工作取得新突破，生源质量进一步提高。学校荣获“全国毕业生就业典型经验高校50强”。

（六）实施学术兴校战略　全面推进按一级学科管理。加大重点学科建设力度，争取和投入专项经费共计2368万元。顺利通过全国MPA教指委教学合格评估。新增教育部卓越工程师教育培养计划研究生层次学科领域3个、本科专业2个。科学研究再上新台阶。获批山东省“2011协同创新中心”2个、国家示范型国际科技合作基地1个。获批国家级重点重大项目4项、国家级普通项目69项、省部级项目126项。科研经费合同额、到账科研经费以及横向项目合同金额获得持续增长。首个教育部创新团队通过结题验收。获得各级科研奖励107项,其中省部级以上科研奖励21项。有1017篇论文被SCI、EI、ISTP收录。申请专利147项,授权专利138项。

(七)实施人才强校战略 通过实施"特聘教授人才工程",汇聚了以院士、千人计划、长江学者、国家杰青和"泰山学者"特聘教授为代表的一大批优秀人才。共引进各类人才90名,其中高层次领军人才3人,达到二层次特聘教授标准6人,具有正高级职称8人。聘请多位知名院士、专家担任我校名誉院长。入选国家"外专千人计划"1人,教育部新世纪优秀人才支持计划1人,新获批泰山学者、国家政府特殊津贴、省突出贡献中青年专家等10人。自主招收博士后24人,联合招收博士后11人。学校连续三年荣获"山东省人才工作先进单位"称号。

(八)推进开放办学 共有55个国家的1415名留学生来我校学习,首次招收2名博士留学生。与西班牙阿尔卡拉大学等9所高校建立友好关系。新开辟学生外派项目5个。与美国佛罗里达国际大学合作西班牙语本科项目顺利通过教育部评审。积极推进韩国世翰大学孔子学院、美国南佛罗里达大学孔子学院的发展,南佛孔院成为全国首批15所"魅力孔院"之一。不断深化校企合作,先后与青岛银行等签订战略合作协议。

(九)深化管理体制改革 初步撰写完成大学章程。不断深化人事制度改革,稳步推进收入分配制度改革,启动岗位设置管理工作,实施绩效工资方案。深化资产管理体制改革,强化固定资产管理,统筹实验室建设、维修和改造。深化财务管理体制改革,提高了资金使用效益。推进后勤管理体制改革,不断提升后勤保障能力,提高经济效益。

三、创新与经验

回顾一年来的工作,我们深刻体会到:

与习近平同志为总书记的党中央在思想上、政治上、行动上保持高度一致,把中央精神和省委决策部署同学校实际紧密结合起来,一切从实际出发,创造性地开展工作,是我们做好工作、加快发展的根本前提。注重开展调查研究,尊重师生首创精神,实行科学、民主、依法决策,是我们提高领导水平的重要途径。坚持统筹协调、突出重点、分类指导,是促进学校事业持续健康发展的有效方法。保持学校稳定,充分调动各方面的积极性,是我们开拓创新、干成事业的重要基础。全面加强领导班子建设和干部队伍建设,形成相互配合、相互支持、团结奋进的局面,是我们实现工作目标的重要保证。

附:党委常委名单

书　记:夏临华

副书记:王安民　邵　彬

常　委:夏临华　王安民　邵　彬　谢俊霞(女)　汪黎明　张铁柱　杜方波　夏东伟　李进京

曲阜师范大学党委工作概况

曲阜师范大学党委书记　荆兆勋

一、组织概况

曲阜师范大学是山东省重点大学,是山东省首批应用型人才培养特色名校。学校设有1个独立学院(杏坛学院),28个院(系),28个研究所,2个省级协同创新中心(含1个培育)。拥有一级学科博士点5个,博士后科研流动站5个,一级学科硕士点22个,硕士专业学位授权点10个,本科专业83个。

学校党委下设31个党总支,142个党支部,现有中共党员3551名,其中在岗教职工党员1821人,学生党员1730人,离退休教工党员458名。

二、主要工作与成绩

(一)群众路线教育实践活动扎实有效 深入开展党的群众路线教育实践活动,学校领导班子先后组织13次专题学习,各中层班子开展集中学习交流200余场次。坚持问题导向,敞开大门听意见。深入自我查摆,广泛谈心交流,找准查实"四风"问题,以整风精神开展批评和自我批评,高质量召开专题民主生活会。认真制定整改方案,坚持立说立行,狠抓整改落实,"四风"突出问题和一些群众关心的问题得到了解决,一些方面的长效机制正在建立和完善。

(二)党的建设水平不断提高 坚持思想引领,先后组织中心组学习、在线学习、专题讲座、辅导培训、主题教育等,学习贯彻十八大、十八届三中全会精神,深入学习习近平总书记系列讲话精神。

完善基层组织制度,出台了《学院党政联席会议议事规则》、《加强和改进党支部建设的若干规定》、《进一步落实基层党组织生活制度的意见》等。

加强和改进党委自身建设,修订了党委工作制度。突出作风建设,制定了落实八项规定的"二十条"实施意见并带头严格执行,认真落实联系基层各项制度。

完善干部选拔、选聘办法,提任处科级干部76名,选聘经营类单位和科研院所负责人22名。完成了新提任处科级干部培训工作，组织、选派干部出国业务学习、到国内一流大学挂职、参加上级培训等，多方面培养锻炼干部。

认真落实党风廉政建设责任制，加强廉政教育和校园廉政文化建设，获批"山东省高校廉政文化示范点"。着力抓好八项规定的落实，"三公"经费支出大幅下降。以机关作风建设为切入点，制定了《加强机关作风建设实施方案》，开展服务承诺活动，机关作风面貌有较大改观。

坚持立德树人，出台了《关于进一步加强和改进青年教师思想政治工作的意见》。深入开展社会主义核心价值体系教育，健全学生服务保障体系，实施辅导员队伍"十个一"工程，创新学生骨干培养，师生思想政治工作呈现新面貌。

（三）内涵建设成果丰硕 完成了新一轮人才培养方案修订，制定了《本科学生学分制管理规定》，深化人才培养模式创新。专业建设成效突出，获批国家级"专业综合改革试点"专业1个，省级卓越工程师培养计划专业3个、对口贯通分段培养试点专业2个，8个本科专业类在省属高校专业评估中位列第一。获得国家级教师教育精品资源共享课建设项目1门，入选国家级大学生校外实践基地1个。推进研究生教育创新计划，获得山东省优秀博士学位论文2篇，优秀硕士学位论文7篇，优秀科技创新成果奖8项，研究生教育创新计划项目12项，研究生教学成果奖7项。

获得各类国家级项目47项，其中国家社科基金重大招标课题1项。《经学大辞典》编纂工程入选《2013—2015国家辞书编纂出版计划》。获得教育部人文社科优秀成果奖1项，全国优秀社科普及作品1部，山东自然科学奖三等奖1项；获得山东社科优秀成果奖21项，列山东高校第二位。推进科研平台建设，获批山东省"2011协同创新中心"2个。

修订完善《高层次人才引进与管理工作暂行规定》，加大投入力度，提高政策吸引力，引进优秀青年博士等高层次人才63人，其中1名教授成功入选国家百千万人才工程，并被授予国家"突贡专家"。加强"1361"人才工程管理，获批山东省"突贡专家"1人、高校重点学科（研究基地）首席专家3人。

积极开展对外交流，与美、德高校新开展学生协同培养项目，新增国外友好合作高校4所。积极融入经济社会发展，入选惠普国际软件人才及产业基地项目共建高校，组织了专家博士服务团校企对接活动，社会服务取得新成效。

完成了"十二五"规划中期调研评估工作。出台了《关于实行日照校区管理委员会体制的意见》，改进了校区管理模式。加强民主管理，推进党务校务公开，落实教代会制度，开通校园问政平台，建立重大事项征询机制。大力推进美丽曲园建设，师生员工工作学习生活条件和育人环境有新改善。

三、创新与经验

（一）扎实开展群众路线教育实践活动，切实转变工作作风，凝聚发展合力 以深入开展党的群众路线教育实践活动为契机，着力解决党员干部在"四风"方面的突出问题，进一步强化群众观念，把改进工作作风与为师生办实事结合起来，教育引导广大党员干部真正把心思和精力集中到干事创业上来，以作风建设的新成效汇聚起学校科学发展的强大能量。

（二）坚定不移推进学校内涵发展战略，着力抓好重点突破，提升办学层次 坚持走质量为核心的内涵式发展道路，强化办学特色，聚焦国家级教学建设项目、高层次人才队伍、高水平科研平台建设，以重大项目为突破口努力推动学校向高水平跨越攀升，不断提升核心竞争力和办学实力。

（三）不断加快重要领域改革创新步伐，突破体制机制障碍，激发办学活力 牢牢把握改革创新的工作总基调，把改革创新作为求生存、促发展和实现不断提升的根本动力，以改革创新统揽工作全局，提升自我革新的勇气和魄力，创新体制机制，加快推进重要领域和关键环节的改革，调动和激发每位师生员工的创造创新活力。

附：党委常委名单

书　记：荆兆勋
副书记：傅永聚　刘新生　孙文亮
常　委：荆兆勋　傅永聚　刘新生　孙文亮
　　　　马东骅　康淑敏　扈庆学　王继锁
　　　　张洪海　郭辰夫

山东中医药大学党委工作概况

山东中医药大学党委书记　于富华

山东中医药大学是省属重点院校，也是全国建校较早的高等中医药院校，曾列为全国8所重点建设的中医药院校之一，目前是山东省唯一一所独立设置的医药科大学，首批应用基础型特色名校立项建设单位。

一、组织概况

2013年，学校党委下设2个附属医院党委和15个党总支，149个党支部，共有在岗教职工党员1524人，占在岗职工总数的44.82%；学生党员1625人，占全日制普通在校生总数的7.79%。学校设有13个学院，3所直属附属医院，教职医护员工3400余人。在校普通本专科生18100余人、研究生2500余人，留学生、港澳台及境外合作办学学生200余人。

二、主要工作与成绩

2013年学校党委、行政团结带领全校师生医护员工，围绕立德树人根本任务和建设高水平特色名校战略目标，坚持科学发展，实施强校富民方略，各项事业建设水平得到新的提升与发展。

（一）聚焦“四风”，深入开展党的群众路线教育实践活动　学校8月底全面启动教育实践活动，在省委第15督导组正确指导下，按照“照镜子、正衣冠、洗洗澡、治治病”的总要求，以为民务实清廉为主要内容，结合学校实际，周密部署，扎实推进，取得明显成效。学校创新活动载体，做好“自选动作”，突出实践特色，开展了关于教育报告、知识竞赛、征文活动、党课培训、专题调研和长效机制等内容的主题实践活动。立足不同岗位，加强分类指导，组织了“八个一”活动。教育实践活动坚持把师生医护员工利益放在首位，边查边改、立改立行，尤其是师生医护员工反映强烈、事关学校事业发展和师生切身利益的十件实事，校领导分别牵头负责，督促落实，把活动成效体现到学校各项工作上来，与上年同期相比，调研次数增加21.21%，会议减少30.72%，公务接待费用降低7.42%，公车管理费用降低30.26%。

（二）认真学习，全面加强党的建设　深入学习贯彻党的十八大、十八届三中全会精神和习近平总书记系列重要讲话，以党委中心组学习为引领，以政治学习制度为抓手，以党校学习、学生“三进”为途径，将全校师生思想行动统一到党的十八大精神和十八届三中全会精神上来，统一到习近平总书记系列重要讲话要求上来，把深化改革的理念思路落实到学校教育教学工作中来，用学习成果推动特色名校建设和立德树人工作。首次开展了基层党建创新活动立项，召开了“七一”基层党建工作交流会，开展了基层组织条例自查。强化干部培训锻炼，选派33名处级干部参加学习培训、挂职锻炼。发挥党校培训主体作用，完成995名入党积极分子培训，新发展党员667名。高度重视统战工作，学校被评为“全省统战工作先进单位”称号。

（三）大力推进特色名校建设，切实提高内涵建设水平　积极推进特色名校建设。认真做好应用基础型特色名校的顶层设计和工作推进，举办了本科教学工作会暨特色名校建设推进会，2个专业被评为省级特色专业。中医学专业入选教育部“地方高校第一批本科专业综合改革试点”项目。1门课程入选教育部精品教学资源共享课。开展教学成果奖评选，奖励教学成果64项。中医专业（五年制）调整到一批次招生，学校招生范围扩大至24个省市。在各项教学技能比赛中，获全国多媒体课件大赛一等奖1项，省微课教学比赛一等奖2项。3门课程获批山东省成人高等教育特色课程。圆满完成“中医临床骨干培训班”、“中医医院‘西医学习中医’”等多项培训任务，学员突破1万人，创历史新高。加强创新创业训练，近2000人次参与校级SRT项目。以“挑战杯”大学生课外学术科技作品竞赛为龙头，广泛开展了校园科技创新活动。1名学生荣获第八届中国青少年科技创新奖。国家级实验教学示范中心顺利通过验收，“附属医院临床技能综合培训中心”获批国家级大学生校外实践教育基地。

以协同创新为抓手，重点建设多点突破。成功牵头国家“重大新药创制”重大科技专项“治疗温病的中药新药研发”、中医药行业专项“我国水生、耐盐中药资源的合理利用研究”、山东省自主创新重大专项“金银花资源高值产品开发与质量控制技术研究”和山东省高等院校协同创新中心“中医药抗病毒协同创新中心”4个重大科研项目，荣获山东省科技进步一等奖2项。推进科研平台建设，立项各级课题112项，科研各类新增项目经费共计8874万元。

充分发挥师资队伍在高水平特色名校建设中的重要支撑作用，1人获山东高校“十大师德标兵”称号，新增国家973项目中医基础评审专家、全国“五一巾帼标兵”、山东高校“十大师德标兵”、省有突出贡献中青年专家、省教学名师各1名，“山东名中医药专家”11名，省高等学校重点学科首席专家3名，1人荣获“全国五一劳动奖章”。

三、创新与经验

推进基层服务型党组织建设。坚持围绕中心，服务大局，将基层服务型党组织建设融入立德树人根本任务和高水平特色名校建设中心任务，充分发挥基层党组织优势和作用，推进高水平特色名校建设。坚持把立德树人作为基层服务型党组织建设根本任务，在立德树人上增创了新优势；坚持把应用基础型创新人才培养作为基层服务型党组织建设重要目标，在人才培养上取得了新进展；坚持把转变工作作风作为基层服务型党组织建设的重要任务，在服务师生上取得了新成效。

附：党委成员名单

书　记：于富华

副书记：欧阳兵　姜少华

委　员：于富华　欧阳兵　姜少华　高　毅　毛有高　高树中　田立新　张成博

山东科技大学党委工作概况

山东科技大学党委书记　袁俊平

一、组织概况

山东科技大学党委下设2个校区党委、23个分党委、2个直属党支部、317个党支部，现有在岗教职工党员1737人，离退休教职工党员584人，学生党员2845人。

二、主要工作与成绩

（一）深入开展党的群众路线教育实践活动

成立了教育实践活动领导小组和工作机构，研究制定了活动实施方案，紧紧围绕保持党的先进性和纯洁性，以为民务实清廉为主题，按照“照镜子、正衣冠、洗洗澡、治治病”的总要求，以贯彻落实中央八项规定和省委十条实施办法为切入点，以解决“四风”方面存在的突出问题、深入推进学校内涵建设为目标，坚持严的标准，严的措施，严的纪律，扎实推进各个环节的工作，教育实践活动取得初步成效和阶段性成果。

（二）全面加强党的建设

1. *加强领导班子和干部队伍建设。*重视干部教育培训，选派34名同志分别参加了教育部、省委组织部、省委党校、省委高校工委等组织的培训班。做好干部选拔任用和调整工作，共调整处级干部36人、科级干部42人。

2. *加强基层党组织建设。*认真开展特色党建工作品牌创建活动。积极开展党员民主评议、党支部晋位升级和党员承诺践诺活动。做好党员发展与管理工作，发展党员1344名。

3. *加强宣传思想工作。*召开了全校宣传思想工作会议，总结部署全校宣传思想工作。认真学习贯彻党的十八大和十八届三中全会精神，成立了宣讲团，面向全校党员干部和广大师生组织举办宣讲报告40余场次。学校党委理论学习中心组组织专题学习4次，二级党委中心组举办学习活动80余次。

4. *加强党风廉政建设。*认真贯彻中央八项规定和省委常委会实施办法，厉行勤俭节约，反对铺张浪费，制定出台了贯彻落实措施。召开党风廉政建设暨纪委二届十一次全委会，签订党风廉政建设目标责任书。制定了《“五项费用”管理暂行规定》、《公务用车管理暂行规定》、《教职工因公出国（境）管理暂行规定》等规章制度，“三公”经费大幅下降。

5. *加强统战、群团、离退休工作。*规范健全各民主党派和无党派组织体系，加强对党外代表人士教育培养、选拔任用力度。积极开展主题教育、主题团日活动，校园文化活动丰富多彩、社会实践活动扎实有效、青年志愿者工作稳步推进。召开了第四次离退休工作会议。发挥“两老”协会、关工委在学生培养、教学督导、校园管理等方面的积极作用。

（三）内涵建设取得新进展

1. *深化教育教学改革，提高人才培养质量。*积极推进特色名校建设，名校建设工作有序进行。推进人才培养模式改革，实施应用基础型、应用型、复合型、精英型人才培养模式。完成本科专业培养方案及课程、实习、实验等教学大纲的修订工作，推进教学内容更新、教学方法和教学手段改革。获1个国家级实验教学示范中心、1个国家级虚拟仿真实验教学中心、1个教育部本科专业综合改革试点项目，获山东省特色专业2个、精品课程15门、教学名师1名。

2. *加强科研和学科建设工作。*科研经费再创新高，2013年达到2.65亿元。获得各类科技奖励246项，其中国家科技进步奖1项、省部级奖励51项，2个团队分别入选教育部科技创新团队支持计划、山东省高校优秀科研创新团队。获山东省协同创新中心、山东省高等学校协同创新中心各1个。

3. *加强人才队伍建设。*2013年新增国家百千万人才工程人选2人、享受国务院政府特殊津贴人员1人、泰山学者2人、山东省有突出贡献的中青年专家2人、山东省高校首席专家3人。

4. *深化管理体制改革。*推进校内管理体制和运行机制等方面的改革，完成了机构设置调整工作。完成首次岗位设置与分级竞聘、备案及聘任工作，聘任专业技术岗位2155人、管理岗位716人、工勤技能岗位204人。

（四）认真做好条件建设与保障服务工作

1. 加强财务管理，制定了《关于加强财务预算执行与管理的实施意见》、《专项资金管理办法》等规章制度。积极推行公务卡，初步建立了公务卡结算和管理制度。

2. 加强国家级大学科技园建设，科技园被科技部认定为“国家级科技企业孵化器”，获批国家中小企业发展专项资金扶持计划项目1项。

3. 开展“平安校园”系列安全教育活动，加大技防投入力度，努力建设平安校园。

（五）关注民生，努力解决群众关心的实际问题

1. 启动了学校人才公寓建设工程，目前已开工建设。

2. 积极推进教职工参加医保。

3. 开工建设校医院，改善教职工就医环境和条件。

4. 开工教职工宿舍楼外墙保温工程。

5. 根据学校事业发展需要，积极落实上级有关政策，增加教职工收入。

三、创新与经验

(一)深化教育教学改革 以名校建设为契机,全面实施名校建设方案,有序推进教育教学改革,育人质量进一步提高。

(二)推进校内管理体制改革 根据省编办批复,对学校部分处级机构和学院进行了调整,机构设置更加科学合理,学科结构进一步优化。完成分级聘任工作,进一步激发了办学活力。

(三)强化人才队伍建设 人才队伍建设成为学校头号工程,召开了首次人才工作会议,出台了一系列加强人才队伍建设的政策,坚持培养、引进、聘用并举的师资队伍建设方针,加强人才与师资队伍建设。

(四)不断加强和改进作风 深入开展党的群众路线教育实践活动,着力解决师生员工反映强烈的突出问题,干部作风进一步转变,党群干群关系进一步密切。

附:党委常委名单

书 记:袁俊平

副书记:任廷琦 李曙光

常 委:袁俊平 任廷琦 李曙光 陈维健 李道刚 王少鹏 刘新民 王志刚 张士强 姜同松(挂职)

青岛科技大学党委工作概况

青岛科技大学党委书记 高 青

一、组织概况

青岛科技大学是山东省属重点建设的大学,是一所以工为主,理、工、文、经、管、医、法、艺等学科协调发展的多科性大学。拥有3个一级学科博士点,22个二级学科博士点,4个博士后流动站,20个硕士学位授权一级学科,125个硕士点,设有68个本科专业。现有教职工2064人,其中,具有高级专业技术职务资格者810余人。全日制在校生3万余人。

截至2013年度,全校共有党员3768人,其中,正式党员2929人,在职教职工党员1264人,占职工总数的56.45%。离退休教职工党员407人,学生党员2097人,占在校生总数的6.96%。学校党委下设党委办公室、组织部、宣传部、统战部、学生工作部、武装部、党校等部门。设有26个党总支,281个基层党支部。

二、主要工作与成绩

2013年是学习贯彻党的十八大精神的开局之年,也是实现"十二五"规划确定的工作目标,推动学校各项事业协调、健康、可持续发展的关键一年。

(一)扎实做好党建和思想政治工作

1. 深入学习贯彻党的十八大和十八届三中全会精神。充分利用多种形式,组织广大党员干部认真学习党的十八大和十八届三中全会精神。与国家教育行政学院合作建立了"干部在线学习中心",邀请中央党校戴焰军教授和光明日报教育部主任汪大勇同志分别做了《全面提高执政党的建设科学化水平》和《高等教育发展漫谈》的主题报告。十八届三中全会召开后,党委理论学习中心组集中学习了全会精神。

2. 扎实推进党的群众路线教育实践活动。根据中央和省委的统一部署,作为第一批单位,自2013年7月中下旬正式启动了党的群众路线教育实践活动。广大党员干部认真学习了中央、省委关于群众路线教育实践活动的一系列会议和文件精神。各部门、各单位深入广泛的开展了征求意见活动,并就反映出来的突出问题进行了认真整改。各级领导班子和党员领导干部认真撰写了对照检查材料,召开了专题民主生活会,进一步明确了努力方向和整改措施。各部门、各单位对现有规章制度进行了认真梳理,开展了制度的"废、改、立"工作。

3. 积极做好党建和统战工作。认真开展新一轮处级干部聘任工作。全年发展教工党员15名,学生党员804名,举办了第二届"廉政文化建设月"活动,加强廉政文化建设和惩防体系建设,营造了浓厚的廉政文化教育氛围,被评为山东省教育纪检监察工作先进集体。重视统战工作,举行了台侨资企业进高校产学研对接洽谈会,两家台资企业分别与我校四个院系签署了产学研合作协议,学校成为全市首个"高校侨联工作示范基地"。

4. 切实加强舆论宣传工作。《光明日报》头版头条报道该校协同创新之路,《高教领导参考》连载四期报道该校特色办学之路,在《中国高校科技》刊发四个封面的学校宣传。中央及省市各级主要媒体报道该校新闻500余篇次。上线发布该校360度全景校园、开通了新浪官方微博。校报围绕学校教学科研中心工作,组织采编了一批师生的典型报道、重点报道稿。

5. 继续做好"第一书记"选派工作。选派丛松涛、代秀亭、杜希龙三名同志挂职担任第二批"第一书记",继续推进抓党建、促脱贫的各项工作。根据上级有关要求,采用"以党组织为单位组织结对联系"的方式组织实施了"党员干部联系困难家庭"工作,全校500余名党员、干部参加了结对帮扶工作,首次捐款达6万余元。

（二）坚持特色发展，学校政产学研融合工作成效显著

1. 科研立项、成果产出继续保持良好势头。全年科研立项530项，计划与合同总经费达到1.13亿元，实到经费总额9200万元。获国家自然科学基金项目47项。签订横向合同252份，经费7610万元。获专利授权150件，计算机软件著作权登记60余项。

2. 努力做好高端人才的引进与培养工作。获批泰山学者优势特色学科支持计划。公开招聘事业编制工作人员78人。招聘博士后科研人员15人，聘任兼职、客座教授6人。6人获批教育厅国际合作培养项目，1人获得泰山学者接收访问学者资助，1人获批申报国内访问学者项目。

3. 大学生科技创新和校园文化活动成效显著。在第30届全国大学生物理竞赛中获得国家一等奖8项，二等奖20项。在第十三届"挑战杯"竞赛中获山东省特等奖2项、一等奖3项。在大学生数学建模竞赛中，获全国一等奖3项、全国二等奖6项、省一等奖26项，名列山东省第一位。研究生数学建模竞赛获全国一等奖1项、二等奖12项。

三、创新与经验

1. 突出学校特色优势，推进政产学研融合工作深入开展。确立和实施特色化发展战略是当前高校生存和发展的必然选择。近年来，学校始终坚持走特色办学之路，围绕橡胶等优势学科做好产学研合作。2013年学校"绿色轮胎与橡胶协同创新中心"获批成为山东省高等学校协同创新中心，正申报认定为国家级协同创新中心。与法国道达尔－哈金森集团、三角集团、青岛市中心医疗集团、蒙阴县神农中药饮片有限公司、山东能源集团等企业签订了校企科技合作协议。与浙江省台州市、宁波市和我省潍坊市、荣成市等地进行了校地产学研合作探讨与交流。

2. 正确认识校情，找准学校定位。校情是制定学校改革发展政策的客观依据，是学校一切工作的出发点和落脚点。能否全面、客观地把握校情是能否保证学校各项工作健康顺利发展的关键所在。在正确认识校情的基础上，学校第九次党代会明确了走"特色发展"的道路，目标是建设"特色鲜明的教学研究型高水平大学"，把全校师生的思想统一到学校走内涵发展的道路上来。

附：党委常委名单

书　记：高　青

副书记：马连湘　王瑞芳　韩兆会

常　委：高　青　马连湘　王瑞芳　韩兆会　张元利　王文哲　李庆领　张淑华　韦殿华

青岛理工大学党委工作概况

青岛理工大学党委书记　薛允洲

一、组织概况

青岛理工大学是一所以工为主，理工结合，土木建筑、机械制造、环境能源学科特色鲜明，理、工、经、管、文、法、艺多学科协调发展，科学教育与人文教育相结合的多科性大学。学校设有19个教学院部，拥有59个本科专业，18个硕士学位授权一级学科、59个二级学科硕士点、9个工程硕士专业学位培养领域、1个博士学位授权一级学科、7个二级学科博士点，2个一级学科博士后科研流动站。现有教职工2283人，其中专任教师1636人。师资队伍中具有博士学位的299人，具有硕士学位的1058人；教授181人，副教授520人。目前在校普通本专科生28910人，全日制博士、硕士研究生1294人。学校党委下设26个党总支，183个党支部，教职工党员1252人，学生党员1815人。

二、主要工作与成绩

（一）深入开展党的群众路线教育实践活动，党的建设和思想政治工作扎实推进

1. 党的群众路线教育实践活动取得阶段性成果。在中央、省委统一部署下，学校参加了第一批党的群众路线教育实践活动，以"为民务实清廉"为主要内容，聚焦"四风"突出问题，扎实有序推进各环节工作，进一步增强了学校党员领导干部的为民意识，进一步提高了班子成员执政兴校和领导科学发展的能力。

2. 成功召开了第二次党代会。学校第二次党代会于11月22—23日召开。这次会议通过了第一届党委工作报告和纪委工作书面报告，选举产生了新一届党委委员和纪委委员，组建了新一届学校领导班子，为学校做好当前和今后一个时期的各项工作奠定了坚实基础。

3. 思想理论建设取得新成绩。加强了校、院两级中心组学习，认真贯彻落实中央政策和习近平总书记系列讲话精神，贯彻落实学校二次党代会精神，统一思想，凝聚力量。舆论阵地建设得到加强，新闻宣传工作的质量与水平不断提高，获评青岛思想政治工作集体、个人创新奖各1项，优秀成果奖6项。

4. 基层党组织和干部队伍力量得到增强。落实《普通高等学校基层组织建设条例》精神，抓好党员组织生活会

和民主评议党员工作，完成了基层党总支的换届选举工作。加强了高校党建理论研究，获批省党建调研课题6项，确立校主题党日活动项目33个。完成了空缺处科级岗位和辅导员岗位的系列任免工作，22人参加了校外集中教育轮训，3人参加了第二批“第一书记”抓党建促脱贫工作。坚持党管人才的原则，1人获得市青年科技奖，15人进入市委组织部专家人才库。

5. 党风廉政建设扎实推进。认真落实党风廉政建设责任制，督促各级领导班子和领导干部力行“一岗双责”，强化党风党纪和廉洁自律。加强对重点领域和关键环节的监督检查，逐步完善惩防体系，不断推进党务、校务公开。规范教育收费和治理教育乱收费的自查自纠工作，开展了教育行风的民主评议。

6. 学生思想政治教育扎实有效。秉承立德树人理念，坚持“两课”主渠道教育，加强了学生网络思想政治教育阵地建设，深入开展了社会主义核心价值体系系列教育活动。积极开展校园文化建设，共获国家级奖项84个，省级奖项174个，其中在第十三届“挑战杯”全国大学生课外学术科技作品竞赛中获全国一等奖1项、三等奖2项，实现了历史性突破。

7. 统战、群团、离退休工作取得新进展。积极引导党外知识分子建言献策，1份建言入选市主题建言献策材料汇编。工会、妇委会认真履行职能，组织开展了丰富多彩的文体活动。团委积极开展社会实践、志愿服务活动，连续八年被评为“山东省红旗团委”。切实关心离退休老干部的生活，提高了离退休教职工的生活水平。

（二）强化内涵建设，促进了学校事业又好又快发展

年内正式获批山东省应用基础型特色名校立项建设单位，启动了学分制改革和人才培养模式改革，加强了重点专业建设，教学质量与教学改革工程成效显著。实施研究生培养机制综合改革，不断提高研究生培养质量。成人教育与高职教育稳步发展。学科建设水平持续提高，获批省高校协同创新中心1个，省“泰山学者优势特色学科”1个，青岛市重点学科2个。科技创新和社会服务能力得到认可，科研经费持续增长，获国家科技进步二等奖1项、省科技进步奖2项。人才队伍建设成效显著，全年引进高层次人才6人，1人获得国务院特殊津贴，3人入选“省高等学校首席专家”名单，2人获批青岛市创新领军人才。本专科招生就业形势持续看好，一次就业率和实际签约率名列全省前茅。成功组织了建校60周年校庆，设立了教育发展基金会，组建了第四届校董会。国际合作交流不断升温。强化了资金运营、经济审计、国资管理、后勤保障力度，完善了校园公共服务保障体系。积极落实三方共建协议，推动了临沂校区健康发展。

三、创新与经验

（一）坚持围绕中心抓党建　坚持发展是第一要务，注意把党的建设同实现学校内涵发展、特色发展、质量发展结合起来，把学习贯彻党的十八大、十八届三中精神内化到学校改革发展的各项任务中，推动了学校事业又好又快发展。

（二）坚持党委领导下的校长负责制　坚持和完善党委领导下的校长负责制，抓班子，带队伍，谋全局，不断加强党的建设和思想政治工作，充分调动各级班子的积极性、主动性和创造性，为做好各项工作提供可靠保障。

附：党委常委名单

书　记：薛允洲

副书记：徐剑波　杨向荣　刘龙海

常　委：薛允洲　徐剑波　杨向荣　刘龙海　张　健　李　东　李国华　张伟星　杨兴昌

山东理工大学党委工作概况

山东理工大学党委书记　都光珍

一、组织概况

山东理工大学是一所以理工为主的多科性大学。截至2013年底，全日制在校生34414人，在职教职工2463人，专任教师1893人，其中，教授233人，副教授704人。全校设有29个党总支（党委），下设215个党支部，共有中共党员3735人，其中在职教工党员1380人，学生党员1950人。

二、主要工作与成绩

2013年，校党委坚持以邓小平理论、“三个代表”重要思想、科学发展观为指导，深入学习贯彻党的十八大、十八届三中全会和习近平总书记系列重要讲话精神，紧紧围绕立德树人根本任务，团结带领全校师生员工，进一步解放思想，抢抓机遇，深化改革，科学发展，着力抓好高素质应用型人才培养、学科专业建设、产学研协同创新、高素质人才队伍建设、党建和思想政治工作等重点工作，各项事业健康发展，取得了显著成绩。

（一）深入开展党的群众路线教育实践活动，取得明显成效　通过活动开展，党员干部宗旨意识进一步增强，党群干群关系进一步密切，有效解决了师生反映的突出问题，形成了一批作风建设的制度成果。在活动开展过程中，学校坚持把活动开展作为提高办学质量、办学水平的动力和契机，统筹兼顾，协调推进，以活动促工作、促发展，以各项工作取得的实际成绩检验活动成效，收到了良好的效果，学校发展呈现新局面。

（二）深化教育教学改革，应用型人才培养特色日益彰显 坚持教学工作中心地位，实施了第二期本科教育优质工程，全面启动应用型人才培养特色名校工程建设，深入推进教育部"卓越工程师教育培养计划"和教育信息化试点工作，着力培养高素质应用型人才。不断强化专业、课程等教学基本要素建设，在山东省高校学科专业评估中，8个专业类位居第1名，27个专业类进入前5名；24个普通本科专业被列入本科一批招生。加强教学条件建设，获批国家级实验教学示范中心1个，入选国家级精品资源共享课程3门、省级特色专业2个。强化学生创新精神和实践能力培养，学生在国际和全国各类科技大赛中获得省级以上奖励521项。研究生招生规模逐步扩大、培养质量不断提高，获省级研究生教育创新计划项目8项；入选山东省优秀硕士学位论文4篇，荣获研究生教育省级教学成果奖4项，实现了省级教学成果一等奖零的突破。积极发展国际教育，新增具有实质性合作交流项目的友好学校6所，新增中外合作办学本科项目2个。加强全国重点建设职教师资培训基地建设，职业教育、远程与继续教育统筹发展，荣获全省电大开放教育办学市级先进集体，4门课程入选省成人高等教育特色课程立项建设。

（三）加强学科建设和科研工作，科研水平不断提升 坚持有所为、有所不为，继续深入实施一级学科重点支持计划、理学学科发展计划和人文社会科学发展计划，加大投入力度，强化重点学科、重点实验室等内涵建设，打造学科优势，学科整体实力显著提升。学校正式获批成为博士学位授予单位，农业工程、机械工程、化学工程与技术等3个一级学科成为首批博士学位授权学科，实现了办学层次和办学水平质的提升。加强标志性成果和重大科研项目培育，再获国家科技进步二等奖1项，获批国家级项目46项、省部级项目77项，荣获省部级以上奖励23项。坚持汇聚人才、培育团队、成就大师，引进与培养并举，加强高层次人才队伍建设，优化人才干事创业环境，师资队伍整体水平不断提升。入选国务院政府特殊津贴人员1人、山东省有突出贡献的中青年专家2人、教育部高等学校教学指导委员会3人，荣获全国师德标兵称号1人，入选省级教学名师1人，新进优秀青年博士51人，学成归来博士25人。

（四）强化协同创新，社会服务能力显著增强 紧紧围绕经济社会转型升级发展要求，完善校地、校企合作机制，扎实推进产学研协同创新，科研实力和服务地方能力持续增强。新能源汽车协同创新中心成为山东省高等学校协同创新中心，新增1个省级工程技术研究中心，荣获山东省技术市场科技金桥奖。与多家企业签署产学研合作协议或重大科技合作项目，其中与潍坊金丝达印染有限公司、济南太湖电缆有限公司、山东昌宁集团有限公司签订的横向课题合同额均达1000万元。积极开展区域经济文化研究，主动参与地方政府、企事业单位发展规划、政策咨询，助力地方经济文化发展。

三、创新与经验

（一）突出制度落实，健全完善密切联系师生的工作机制 学校不断巩固广大师生办学育人主体地位，着力健全完善密切联系师生的制度体系建设，形成了校领导接待日、职能部门面对面、校长信箱、校领导联系学院等一系列联系师生的长效机制，发挥了良好作用。坚持以党的群众路线教育实践活动开展为契机，进一步健全完善密切联系师生的工作机制，出台了处级以上领导干部联系学生班级实施办法、党员干部联系家庭经济困难学生工作实施方案等规章制度，突出制度落实，加大执行力度，认真倾听师生意见建议，了解掌握基层一线情况，进一步拓宽了联系师生渠道，有力促进了基层学院、广大师生反映问题的解决，推动了学校各项工作的深入开展。

（二）优化干部队伍结构，提升干部队伍素质，为学校科学发展提供重要保障 学校坚持德才兼备、以德为先的选人用人标准，注重干部换届与推进干部交流相结合，注重群众公认与竞争性选拔相结合，注重推进干部队伍年轻化与调动不同年龄段干部积极性相结合，注重按需设岗、精简高效与深化完善校院两级管理，推进管理重心下移相结合，顺利完成了第四次处级干部换届聘任工作。经过换届调整，干部队伍结构进一步优化，干部队伍整体素质进一步提升，干部队伍活力进一步激发，学院办学主体地位不断加强，为学校内涵发展提供了重要保障。

附：党委常委名单

书　记：都光珍
副书记：张新义　谭秀森
常　委：都光珍　张新义　谭秀森　王学真
杜瑞成　张宇声　衣玉琛　吕传毅
邹广德　张业赏（挂职）

济南大学党委工作概况

济南大学党委书记　范跃进

一、组织概况

济南大学始建于1948年，现拥有学士、硕士、博士学位授予权和硕士研究生免试推荐权，面向全国招生。学校现设26个学院、2个教学中心，拥有86个本科专业、20个硕士学位授权一级学科、3个博士学位授权一级学科。学科专业涵盖10个门类。全日制在校生35000余人。学校党委下设办公室、组织部、宣传部、统战部、学生工作部、保卫部；有32个分党委，3个机关党总支，364个党支部；有党员5808人，其中在职教职工党员1641人、离退休党员430人，学生党员3737人。

二、主要工作与成绩

2013年，学校党委团结带领全体师生员工，鼓足干劲、真抓实干，推动学校各项事业发展迈上新台阶、实现新突破。

（一）党建与思想政治工作扎实推进、成效突出

*党的群众路线教育实践活动。*根据中央、省委的统一部署，扎实开展党的群众路线教育实践活动，集中解决一批师生反映强烈的突出问题，建立健全作风建设的长效机制，推动实现了学校各项事业的持续快速发展。

*领导班子和干部队伍建设。*组织党的十八大、十八届三中全会精神以及习近平总书记系列讲话精神的学习培训，开展学习党的十八大精神和党章知识竞赛，组织召开党委扩大会议和暑期处级干部研讨班。完成部分处科级干部调整任免工作。修订处级领导班子和处级干部年度考核办法。

*党的基层组织建设。*加强党的基层党组织和党员队伍建设，组织第二轮支部创新活动。举办学生党支部书记培训班和新党员培训班。做好发展党员工作，发展党员1800名，培训入党积极分子3887名。

*勤政廉政建设。*推进勤政建设，加强考勤管理，加大治理庸懒散力度，力戒自满和懈怠情绪。加强惩防体系建设，推进廉政风险防控管理。坚持开展"三看一算账"教育活动，开展多种形式的岗位廉政教育。认真落实中央禁令，开展纪检干部和党员领导干部清理会员卡活动，加强对中秋、元旦、春节等重点时间节点的廉政要求和检查。

（二）学校各项事业蓬勃发展

*教育教学。*学校入选山东省学分制收费改革试点高校，新增卓越工程师教育培养计划3个，新增专业交叉复合型人才培养项目2个，1门课程成为中国大学视频公开课第十六批上线课程，5门课程成为教育部国家级精品资源共享课立项建设项目，1门课程入选教育部首批来华留学英语授课品牌课程建设项目。

*学科建设。*学校成为博士学位授予单位，3个一级学科、26个二级学科成为博士学位授权学科。做好博士学位授权培育学科的遴选与建设工作。山东省建筑材料制备与测试技术重点实验室成为山东省集中建设十大重点实验室，环境工程入选山东省重点学科。化学和工程两个学科进入ESI全球排名前1%，材料科学等学科接近ESI全球前1%。

*科研工作。*获得国家级自然科学立项54项、社会科学立项20项（其中国家级重点项目1项）、教育部人文社科项目24项、其它省部级以上自然科学项目142项。年度经费总数比2012年增长25%。获得省部级以上科研奖励37项，获得知识产权授权336项，其中发明专利109项；以第一单位被SCI、EI、ISTP收录文献705篇，发表CSSCI来源期刊论文129篇。2个协同创新中心成为山东省立项建设的高校学校协同创新中心，1个省部级工程中心获得立项建设。

*人才队伍建设。*引进校聘岗位以上高水平人才或学科带头人7名，引进优秀中青年博士52人。1人获批为泰山学者特聘教授，泰山学者总数达到11人。8名教师获得国家留学基金访学、留学资助，47名教师获得省访学资助。加强青年教师培养工作，举办2期教师专业发展学习班，培训青年教师150余名。

*国际交流与合作。*与美国欧道明大学等8所高校签署校际友好合作协议，与英国格拉斯哥加利多尼亚大学等4所大学签署学分互认或学生交换协议，派出校际交换、合作培养、学分互认等学生208人。获得中国政府来华留学奖学金生、孔子学院来华留学奖学金生接收院校资格，招收长期留学生316人。做好孔子学院工作，赢得国家汉办的赞誉。

*学生科技创新。*获得第十三届"挑战杯"全国大学生课外学术科技作品竞赛一等奖1项、二等奖1项、三等奖2项，总成绩排名全国第78位，学校被评为全国优秀组织单位；获得"高教社杯"数学建模比赛全国一等奖、大学生电子设计竞赛全国二等奖。各类科技创新活动参加人次超过1万人，获得国家级奖励59项、省部级奖励567项。

另外，学校在基本建设、后勤服务、安全稳定、依法治校、校友工作等方面也取得新的成绩。

三、创新与经验

（一）坚定不移地贯彻落实"一二三四"发展思路　坚持建设综合性、开放式、国际化、有特色的高水平大学的奋斗目标，积极推进观念创新和体制创新，大力实施人才兴校、科研强校、质量立校三项战略，努力实现人才队伍和团队建设的新跨越、学科和专业建设的新跨越、人才培养质量的新跨越、大学文化建设的新跨越。

（二）坚定不移地推进改革创新 改革创新是实现学校又好又快发展的重要法宝，必须增强推进改革的信心和勇气，全面深化改革，突破束缚发展的理念、模式、体制和机制，解决发展中存在的问题和面临的挑战。

（三）增强干部的担当意识 顺境逆境看胸襟，大事难事看担当。只有广大干部增强担当意识，切实承担起建设高水平大学的责任和使命，才能推动实现学校的又好又快发展。

附：党委常委名单

书　记：范跃进

副书记：程　新　朱德强

常　委：范跃进　程　新　朱德强　蔡先金　车　滨　刘迎春　杜　斌　张硕秋　王保贤　王淑霞（挂职）

聊城大学党委工作概况

聊城大学党委书记　李　喆

一、组织概况

聊城大学设有30个学院，85个全日制本科专业，17个硕士学位授权一级学科点。全日制在校生31920人，其中，硕士研究生1186人，本专科生30734人。学校现有1个机关工委，54个党总支（分党委、直属党支部）、206个党支部；党员2955名，其中，在职教职工党员1505名、离退休党员413名，学生党员1013名；2013年发展党员1100名。

二、主要工作与成绩

（一）重点开展了深入学习贯彻党的十八届三中全会及习近平总书记系列讲话精神活动 学校党委带头先学一步，通过召开党委中心组（扩大）专题学习会、专题研讨会、专家辅导等形式，集中学习十八届三中全会精神，重点研读习近平总书记在十八届三中全会上的讲话精神和会议《决定》。在此基础上，学校举办了深入学习党的十八届三中全会和习近平总书记系列讲话精神培训班，学校党委主要领导和校外专家作专题辅导报告，与会人员结合自己的工作实际，深入思考、集中讨论，真正实现了观点的大碰撞、思想的大更新、认识的大提高。通过学习和贯彻落实党的十八届三中全会和习近平总书记系列讲话精神，学校积极寻抓未来发展面临的机遇和挑战，及时召开了党委全委会议，作出了全面深化改革，转型跨越，再次创业，努力创建一流地方综合性大学的决定，制定了“158”改革思路，描绘了学校未来7年的发展路线图。

（二）推动学校内涵发展取得了显著成绩 主要开展了7项工作：一是人才培养模式改革成效显著。围绕拔尖人才培养和增强学校创新创业能力，成立了季羡林学院和创新创业学院。全校有15%的学生可以跨学院选修专业，获评国家本科教学工程项目4项、省级特色专业2个、省级卓越工程师项目3项，农业与生态环境等骨干学科教学实验中心顺利通过省厅验收，建设了教师教育等4个骨干学科教学实验中心。我校师生共有4000余人次在全国、全省各类专业性强、层次和水平高的赛事活动中获得优异成绩。二是学科和科研工作转型进展顺利。获得国家级课题37项，新增教育部人文社科项目2项，获批省部级课题56项、厅局级课题27项；获批授权发明专利37项；获得山东省科学技术奖3项，第六届高等学校优秀科研成果奖（人文社科）等5项，举办了以光通信技术为专题的泰山学术论坛，获评山东省知识产权优势培育单位，抗体制药协同创新中心被确定为山东省高等学校协同创新中心（培育）。三是服务社会不断深入。举办了聊城大学—聊城市校地合作对接会、共建人才高地座谈会，与地方企业合作完成70余个班次的培训，校企合作新成立学科性公司2个，成立产学研基地10个、校企协同创新中心3个，向地方派驻科技挂职人员和企业科技特派员30人，联合企业申报科技项目36项，与东营市促成实质性合作项目3项，点对点对接企业100多家，实现产学研合作资金1400多万元。四是校园文化建设顺利推进。筹备启动40周年校庆工作，积极推进校史馆建设、博物馆建设，初步建成了“聊大身份标识系统”，开通了官方微信，出台了新闻发言人制度，举办了校歌制作、大学生科技文化艺术节、高雅艺术进校园等活动。五是人才队伍建设持续加强。开展了与聊城市共建人才高地工作，引进了学校急需的高层次人才7人、博士64人，引进和培养“双师素质型”人才15人，获批享受国务院政府特殊津贴专家、山东省高等学校重点学科（重点实验室、人文社会科学研究基地）首席专家3人；42名教师考取博士或进入博士后工作站，13名教师获得国内外访学进修资助；在全省高校人才工作目标责任制考核评估中再次被评为优秀等次，被评为省人才工作先进单位。六是国际合作交流与中外办学实现新的发展。与7个国家的9所高校新建立了合作关系，获批了新的中外合作办学本科专业项目，与美国北乔大学开展了互派教师讲学项目；开展来华留学生中国语言文化暑期研修、文化考察资助项目 4 个，学生出国(境)交流人数和来校留学生人数达到 250 余人次。七是科学管理体系、办学条件和服务保障体系进一步完善。成立了本科教务委员会，制定了加强效能建设、学院办公室建设等意见，启动实施了办公自动化，改革了财务报销模式，修订了党政干部经济责任审计管理等办法；进一步加强了图书、档案馆藏和数字化校园建设，推进了后勤服务产业集团、物业、聊城大学医院等改革，优化了资源配置，建设了校园节能监管平台、东校区新东大门及门内道路，改造了留学生教育中心、学生宿舍、外国语学院教学楼等基础设施。

(三)进一步加强了学校党建工作　认真开展了党的群众路线教育实践活动，顺利完成了通过学习教育、征求意见，查摆问题、开展批评，整改落实、建章立制三个环节的工作，在改进作风、服务师生等方面采取了实实在在的行动，取得了实实在在的成效。开展了社会主义核心价值观教育、"中国梦"宣传教育等活动，召开了宣传思想工作会议，开展了校领导和机关干部联系学生班级活动，116 名领导干部走进学生班级 320 余次，帮助解决实际困难 520 余项。举办了干部素质拓展培训班，加强干部培训，选拔了一批高学历、高职称的"70 后"年轻教师担任院长助理，为干部队伍梯队建设奠定了基础。召开了纪委三届五次全体(扩大)会议，制定了改进工作作风、反对铺张浪费等制度，开展了廉洁文化季、警示教育活动和庸懒散专项检查治理工作。进一步加强了服务型机关建设，以及党对统战、人民武装、离退休、工青妇工作的领导，召开了九届二次教代会，学校被评为全国厂(校)务公开民主管理先进单位，是全省唯一获此殊荣的高校。

三、创新与经验

一是坚持正确的办学方向，认真贯彻落实党的教育方针。二是坚持不断深化改革，努力在重点领域和关键环节取得突破。三是坚持以人为本，注重发挥党员领导干部的模范带头作用和广大师生员工的主人翁精神。四是坚持加强党建与思想政治工作，为学校的建设和发展提供坚强的思想政治和组织保证。五是坚持加强大学文化建设，逐步用特色鲜明的聊大文化和聊大精神凝聚人心。

附：党委常委名单

书　记：李　喆(回族)

副书记：马春林　徐传光

常　委：李　喆(回族)　马春林　徐传光

王　强　孔祥华　窦建民

张跃飞(满族)　孙兰雨

山东建筑大学党委工作概况

山东建筑大学党委书记　王崇杰

一、组织概况

山东建筑大学是一所以工为主，以土木建筑为特色，多学科相互渗透、协调发展的大学，是山东省应用型人才培养特色名校、服务国家特殊需求博士人才培养单位、山东省高校协同创新中心首批立项建设单位。学校拥有专任教师 1323 人，其中具有高级职称的教师 666 人；双聘院士 3 人，国家新世纪人才工程人员 5 人，"泰山学者"特聘教授及海外特聘专家 12 人。设有 17 个学院(部)，57 个本科专业，1 个博士人才培养项目，14 个一级学科硕士点，53 个二级学科硕士点，6 个硕士专业学位授权类别，全日制在校生 2.5 万人。拥有 1 个省部共建教育部重点实验室，16 个省级重点学科和重点实验室，7 个省级工程技术研究中心，在结构工程、绿色建筑等领域具备较强的科学研究能力。

学校党委下设 24 个党总支(直属党支部)，251 个基层党支部。截至 2013 年底，共有党员 5152 人，其中教工党员 1558 人，离退休党员 420 人，学生党员 3594 人。

二、主要工作与成绩

(一)以改革创新精神，全面推进党的建设

1. *教育实践活动取得阶段性成果*。根据省委统一部署，自 2013 年 7 月开始，学校党委紧紧围绕为民务实清廉主题，按照"照镜子、正衣冠、洗洗澡、治治病"的总要求，聚焦反对"四风"，深入开展了党的群众路线教育实践活动，取得了显著成效。重点整改事项在《大众日报》上进行了公示，一些经验做法在省委教育实践活动《工作简报》第 43 期刊发，并在驻济单位教育实践活动整改落实情况调度会上做了典型经验介绍，98% 的师生对活动评议为"好"。

2. *思想政治工作不断深入*。强化两级理论中心组学习，组织开展了十八大、十八届三中全会等专题的学习和教育活动。认真做好先优评选和表彰工作，校团委、管理学院团总支被评为全省高校思想政治教育工作先进集体，4 人被评为先进个人。加强师德建设，任瑞波教授被评为山东高校十大师德标兵。推进文化塑校工程，策划组织 8 期"筑基讲坛"，创办"启智讲坛"，设计印制校园地图，获评省高校校园文化建设优秀成果一等奖 2 项，学校文化影响力显著提升。

3. 干部队伍建设进一步加强。围绕群众路线、十八届三中全会精神等专题,组织开展两期处级干部培训班,选派28名处级以上干部参加了上级组织的学习培训。选派6名同志到上级机关挂职锻炼。选派3名同志继续担任“第一书记”,校领导和部分处级干部捐款,分两批次到“第一书记”挂职村入户走访慰问困难群众,申请省财政专项60万元,完善了三个村的基础设施。

4. 基层组织战斗力进一步增强。完善组织覆盖,设立体育教学部党总支,审批部分学院(部)增设教工党支部11个。加强基层党组织工作创新,注重把党组织活动与推动内涵建设、服务师生成长紧密结合,评选表彰校级先进基层党组织15个、优秀党务工作者10人、优秀党员118人,总结和推广基层党支部创新案例14个。严格党员发展质量,做好在中青年学术骨干和大学生中发展党员工作,全年发展党员1274名。

5. 党风廉政建设扎实推进。严格落实党风廉政建设责任制,建立了宣传教育、分级培训、廉政谈话等工作制度,党风廉政建设“大宣教”工作格局更加完善。加强廉政工作研究,学校获批建立山东省高校反腐倡廉教育研究基地。继续强化对重点岗位和关键环节的监督检查,对干部选拔、招生考试、基建工程等重点岗位和关键环节实行全方位全过程监督,预防和杜绝了腐败现象的发生。学校被评为省教育纪检监察工作先进集体,1人荣立三等功。

6. 平安校园建设成效显著。严格落实安全稳定一把手责任制,明确工作任务,加强督导检查,工作机制更加健全完善。完善技防措施,实现了校园内重点部位、重点区域、关键路段监控全覆盖。加强消防工作,落实“四防”措施,学校被评为济南市消防安全工作先进单位。加强校园综合治理,校园环境秩序明显好转。

(二)强化内涵建设,学校各项事业蓬勃发展

绿色建筑博士人才培养项目实现首届招生,形成了我校学士、硕士、博士完整的人才培养体系。成功获批教育部“建筑工程及装备虚拟仿真实验教学中心”。“可再生能源建筑利用技术省部共建教育部重点实验室”通过教育部评估验收,成为我校人才培养和科技研发的又一个高水平平台。“建筑结构移位与加固改造”研究团队入选2013年度“教育部科技创新团队发展计划”。“绿色建筑技术及其理论”学科入选“泰山学者优势特色学科人才团队支持计划”。获批山东省高校协同创新中心。发布《“五大工程”实施纲要》。建筑学等6个专业首次列入一批招生。校园内三区两网互联互通、统一身份认证和无线全覆盖,建设了校园一卡通系统和办公自动化系统,数字化校园的基本架构初步形成。

三、创新与经验

(一)必须强化内涵发展 内涵发展是高校发展的永恒主题。学校党委紧紧围绕立德树人这一根本任务,坚持走内涵发展、特色发展道路,深入实施“质量提升”、“学科引领”、“人才建设”、“管理创新”、“文化塑校”五大工程,学校的综合实力和核心竞争力不断提升。

(二)必须持续改进作风 作风建设事关学校改革发展的成败。学校党委以教育实践活动为契机,发扬“钉钉子”精神狠抓作风建设,以作风建设的新成效凝聚起改革发展的正能量,为加快建设教学研究型大学提供了坚强保障。

(三)必须坚持改革创新 改革创新是学校发展的不竭动力。面对高等教育日趋激烈的竞争,学校党委集聚教职工的智慧和力量,以“壮士断腕”的决心深化改革,在深化改革中创新发展思路,激发办学活力,实现了学校科学发展的新跨越。

附:党委成员名单

书　记:王崇杰

副书记:靳奉祥

委　员:王崇杰　靳奉祥　鹿晓阳　张　宁　韩　锋　范存礼　岳宝德　宋伯宁

鲁东大学党委工作概况

鲁东大学党委书记　毕宪顺

一、组织概况

鲁东大学是一所以文理工为主体、多学科协调发展的省属综合性大学。学校占地2134亩,校舍建筑面积86.9万平方米,设有22个学院、1个教学部,1个服务国家特殊需求博士人才培养项目、13个硕士学位授权一级学科点、77个硕士学位授权二级学科点、73个本科专业,现有普通本专科生27100余人,各类硕士研究生1300余人,外国留学生800余人,专任教师1401人,其中教授172人、副教授388人。

学校党委下设27个党总支、112个党支部,共有党员3126名,其中教工党员1320名、学生党员1806名。

二、主要工作与成绩

(一)党建思想政治工作进一步加强,为科学发展提供有力保障 把学习贯彻党的十八大精神作为首要政治任务，在全校迅速掀起了学习贯彻党的十八大、十八届三中全会精神的热潮。坚决贯彻落实中央八项规定，扎实开展党的群众路线教育实践活动，切实找准了“四风”突出问题，并全力做好整改落实、建章立制。学校会议活动较2012年减少33%，文件减少18%，公务接待费下降31%，公车运行费下降21%。调整交流正处级干部11人、副处级干部16人，提拔正处级干部9人、副处级干部10人，进一步优化了干部队伍的结构。大学文化建设深入推进，确定了“求是至善，尚实致用”的校风，建立了校园电视台，创刊35年的校内读物《贝壳》获批连续性内部资料出版刊号。

（二）博士培养项目顺利实施，学科建设与科研工作迈上新台阶 服务国家特殊需求博士人才培养项目首届招收博士研究生2名，开启了学校博士人才培养的新篇章。新增“港口海岸及近海工程”、“应用统计学”2个“十二五”省级重点学科，学校省级重点学科数量达到9个。立项国家级课题34项，到账科研经费3542万元，获省部级科研奖励12项，其中省自然科学二等奖1项、省科技进步二等奖1项。食用菌技术获批省重点实验室，吸附与分离高分子材料获批省级工程技术研究中心，高性能纤维及其复合材料协同创新中心获批省高校协同创新中心。

（三）名校建设工程积极推进，教育教学质量稳步提高 科学制定了名校工程建设方案，确定120门课程和38个实验室作为首批建设项目。深化应用型人才培养改革、教师教育改革，成功承办教育部教师培养模式改革试点现场会。获批全国大学生校外实践教育基地1个，新增省级卓越工程师教育培养计划试点专业3个、省级特色专业2个、省级精品课程群3个、省级教学名师1人。数字化语言文学获批国家级实验教学示范中心。立项省研究生创新计划项目6项；获省研究生教育教学成果奖6项，其中一等奖2项。

（四）人才队伍建设成效显著，人事制度改革不断深化 引进博士60人，其中海外博士9人、博士后3人，专任教师中博士达到431人，占专任教师比例较2012年提高了3.5%。获批享受国务院政府特殊津贴专家1名、省高校重点学科首席专家4名、烟台市“双百计划”特聘专家1名、烟台市有突出贡献的中青年专家1名。人事制度改革进一步深化，形成了岗位设置、调整、竞聘、管理、考核为一体的制度体系。

（五）“学在鲁大”理念扎实践行，学生管理服务水平不断提高 学生思想引领工作全面加强，认真组织了“中国梦·我的梦”等一系列主题教育活动，开展了暑期“三下乡”等社会实践和志愿服务活动。为1.3万余名学生发放奖助学金2000余万元，为3200多名学生办理助学贷款1865万元，为393名贫困新生办理了“绿色通道”入学手续。学生在挑战杯、数学建模大赛等赛事中，获全国竞赛奖274人次、省级竞赛奖492人次。录取本专科新生7094人，其中本科6685人、专科409人。

（六）办学条件建设年推进有力，突破资源配置与财经工作基本完成 积极推进学分制收费改革，成为全省7所试点院校之一。召开了第二次资源配置与财经工作会议，发布了《突破资源配置与财经工作绿皮书》。学校年度总收入5.5亿元，贷款降到合理空间，宏观调控能力显著增强，财经工作进入良性轨道，基本实现了大楼盖起来、贷款减下来的目标。新征土地71.9亩，新建工程6项，续建工程1项，总建筑面积13.4万平方米。固定资产、教学科研仪器设备大量增加，教学科研条件进一步改善。后勤工程投入近3000万元，圆满完成校园道路改造等“十件实事”，学校面貌焕然一新。

（七）管理体制改革不断深化，对外交流合作日趋频繁 教授委员会运行机制日趋完善，大学章程修订工作有序进行。获批“蔚山船舶与海洋学院”中外合作办学机构，标志着国际化办学进程迈出了重要一步。与8所国外高校或教育机构建立友好合作关系，首开与非洲高校合作的先河。服务地方工作向纵深发展，与泰和新材共建先进材料研究院，与长岛县政府等签订合作协议30余项，联合20余家企业申报课题，承担横向课题90余项。

三、创新与经验

（一）“学在鲁大”引领学校科学发展 学校在“一二三四”发展思路和战略的基础上，确立了“学在鲁大”的办学理念，把2013年确定为“办学条件建设年”，解放思想，深化改革，开拓创新，引领着学校各项事业实现了又好又快发展。

（二）转变方式推动学校科学发展 牢牢把握内涵发展的主题，统筹推进转方式、调结构，努力在学科专业建设上下功夫，在人才培养质量上做文章，在提升科研水平上想办法，在人才队伍建设上动脑筋，有力地促进了学校综合实力和核心竞争力的不断提升。

（三）作风改进保障学校科学发展 认真贯彻中央八项规定和省委实施办法，扎实开展教育实践活动，务实推进作风建设，密切了党群、干群关系，形成了全校上下聚精会神搞建设、一心一意谋发展的浓厚氛围。

附：党委常委名单

书　记：毕宪顺

副书记：李清山　郑明珍

常　委：毕宪顺　李清山　郑明珍　王　庆
柳新华　李德民　刘焕阳　徐祝永

青岛农业大学党委工作概况

青岛农业大学党委书记　程玉海

一、组织概况

学校党委下设17个分党委,9个党总支,155个党支部。共有党员2769人,其中教工党员1097名,学生党员1449名,离退休党员223名。

二、主要工作与成绩

2013年是学校的特色名校建设年。在省委、省政府的正确领导下,学校党政领导班子高举中国特色社会主义伟大旗帜,以邓小平理论、"三个代表"重要思想和科学发展观为指导,认真贯彻落实党的十八大和十八届三中全会精神,以特色名校建设为统领,以党的群众路线教育实践活动为推动力,全面加强内涵建设,在各方面取得了新成绩。

(一)扎实开展了党的群众路线教育实践活动　我校紧密结合农业高校的特点,牢牢把握"照镜子、正衣冠、洗洗澡、治治病"的总要求,紧紧围绕为民务实清廉主题,聚焦"四风"问题,精心谋划部署,严格活动要求,注重活动实效,突出实践特色,圆满完成了各项任务。学校领导班子和干部队伍在思想觉悟、工作作风、能力水平等方面有了较大提升,师生关注的一系列切身利益问题得到了有效的解决,广大党员干部群众给予很高评价。

(二)特色名校建设扎实推进　召开了特色名校建设动员大会,出台了推进方案,完成了建设方案和建设任务书,颁布了项目管理和资金管理办法。新增1个教育部农科教合作人才培养基地、2个省级特色专业、1个教育部本科专业综合改革试点专业、3个山东省卓越工程师教育培养计划试点专业。学生在国际国内各类大学生科技创新、创业竞赛项目中获得市级(含)以上奖项88项,其中,国家级、省级竞赛一等奖30项。

(三)学科建设和研究生教育取得新成绩　扎实推进了学科建设"四大工程",确定了22个重点建设学科。两个学科被青岛市政府列为市校共建重点学科,每个学科获得500万元的经费资助。实施了硕士学位授权一级学科培养方案,立项建设了5门研究生精品课程。扎实推进研究生创新计划,有5个项目获得省教育厅立项。加强了研究生的规范管理和培养机制改革,新制定、修订了27个研究生管理制度。

(四)科技创新和社会服务能力进一步增强　全年获得科研立项398项,科研经费超过1亿元。获得各类科技成果奖励67项,发明专利授权53件,国家计算机软件著作权75项,发表论文1508篇。"青麦6号"被省科技厅列为"渤海粮仓科技示范工程"山东示范区2013年首推小麦品种。积极推广各类实用技术,选派"第一书记"、科技扶贫特派员和专家下乡开展支农工作。"全国科技特派员培训基地"获得科技部批准。在山东省现代农业产业技术体系创新团队中,2人获聘首席专家、20人获聘岗位专家、3人获聘综合实验站站长。

(五)人才工作取得新成效　全年引进教师84人,其中博士62人。高层次人才培养取得新成效,1人入选"泰山学者"海外特聘专家,3人入选重点学科、重点实验室首席科学家,2人入选山东省有突出贡献中青年专家,6名教授获聘教育部新一届高等学校教学指导委员会委员。

(六)办学条件建设迈出较大步伐　完成实验室改造项目1140平米,购置设备4895万元,建设了3个骨干学科实验中心。教学仪器设备值达到2.57亿元。顺利启动科技实验楼工程、后勤服务中心项目建设工作,对优化规划布局、改善办学条件意义重大。

(七)管理水平进一步提高　积极探索现代大学制度,扎实推进内部管理改革,管理的科学化水平进一步提高。出台了党委领导下的校长负责制实施办法和党委会、校长办公会议事规则,现代大学的领导体制机制进一步完善。积极推进校院二级管理改革,逐步实现了管理重心下移。后勤管理体制改革成效显著,服务保障能力进一步提高。公务经费支出大幅度下降,水电暖等后勤保障支出也较往年进一步降低。

(八)党建和思想政治工作得到进一步加强　深入开展了主题教育活动和中国特色社会主义宣传教育,举办了处级干部学习班,深化了师生对党的十八大、十八届三中全会精神的理解。坚持和完善了校党委、基层党委(党总支)理论中心组学习制度,积极构建学习型党组织。以主题党日活动、党支部扶持特困生、党建创新工程为载体,进一步加强了党建品牌建设。深入实施了党建联络员制度,加大了在青年教师中发展党员的力度。深入开展了廉政教育,积极推进廉政文化建设。进一步健全了廉政风险防控制度体系,认真排查了廉政风险。深入开展了各项专项治理,确保了依法依规办学。

三、创新与经验

一是开展党的群众路线教育实践活动必须紧密结合学校特点和肩负的使命,体现特色,抓住要点。我校始终把矢志"三农"、服务"三农"作为贯彻党的群众路线的重要职责,认真总结多年来我校干部师生深入服务"三农"方面的做法和经验,从宏观层面进行系统设计,形成战略性方案,凸显了活动特色,取得了阶段性成果。二是必须紧紧依靠全校广大师生员工,怀着真挚情感了解民意、凝聚民心,汇集民智,改善民生,从师生员工中汲取智慧和力量。三是必须加强党的自身建设，坚持围绕中心、服务大局，进一步加强党的思想建设、领导班子和干部队伍建设、基层党组织和党员队伍建设，不断增强各级党组织的创造力、凝聚力和战斗力，为学校事业发展提供坚强的思想、政治和组织保证。

附：党委成员名单

书　记：程玉海

副书记：李宝笃　张铭锦　刘国秋（女）

委　员：程玉海　李宝笃　张铭锦　刘国秋（女）　戴洪义　宋希云　刘军国　王　伟　李欣章　马端忠　杨同毅

临沂大学党委工作概况

临沂大学党委

一、组织概况

临沂大学是国家设立、山东省政府直属管理的综合性大学。学校占地面积463万 m^2，建筑面积151万 m^2，开设本科专业80个，涵盖10个学科门类，普通全日制本专科在校生34349人；教职工2591人，专任教师2028人。现有国家级特色专业2个、教育部改革试点项目4个，“十二五”山东省重点学科4个、省级行业重点学科5个，省级实验教学中心3个，建有教育部党性教育基地、山东省马克思主义群众观研究中心等20余个研究和培训基地。

学校党委下设办公室、组织部、宣传部、统战部、党校、学生工作部等部门和26个基层党委、2个党总支、217个党支部，共有党员3138人，其中教职工党员1993人（在职1505人，离退休人员488人）、学生党员1145人。

二、主要工作与成绩

以深入开展教育实践活动为契机，以作风建设为抓手，全面推进党的建设，在党员干部中普遍开展了一次马克思主义群众观点和党的群众路线教育，取得了一系列思想认识成果、实践成果和制度成果，巩固了各项事业的思想基础、组织基础和群众基础。

1. *完善中心组学习制度，深入学习贯彻习总书记系列重要讲话精神。*建立党委理论中心组定期学习制度，规范学习组织，把学习贯彻党的十八大、十八届二中、三中全会精神和习近平总书记系列重要讲话精神作为重要学习内容，举办了十八届三中全会精神专题培训，确保全校党员干部思想统一到中央、省委部署要求上来。创新学习形式，结合在老区办学的政治优势，组织处级干部深入沂蒙党的群众路线教育基地，开展现场体验式教学；开展了教育实践活动和学风师德建设理论学习考试，强化了学习效果，提升了党员干部的思想理论水平。

2. *认真贯彻落实中央“八项规定”精神和省委实施办法，作风建设成效显著。*固化教育实践活动成果，修订完善落实中央八项规定和实施细则加强作风建设的实施办法，开展“四风”问题专项治理，确定重点整改项目和“四风”问题专项整治项目44个，精简会议文件同比降幅30%，清理领导干部办公用房6219m^2用于教学科研，“三公”经费同比下降50%；建立健全领导干部“三级”联系学院、班级、师生制度，建立师生联系点181个，受理收集师生意见建议341条，集中解决了一批师生反映集中的问题，践行党的根本宗旨成为党员干部的普遍自觉。

3. *完善党内生活制度，组织建设全面加强。*认真坚持贯彻民主集中制，坚持党员领导干部先学先行，全校开展民主评议活动150余次，高质量召开了校院两级领导班子专题民主生活会，党员干部以普通党员身份参加了组织生活会，诚恳开展批评和自我批评，进行正面的思想交流。校级班子查摆问题15条，班子成员之间相互提出批评意见163条，党内生活的政治性、原则性、战斗性显著增强。制定了发展党员工作实施细则，完善了党员发展答辩推优和党建组织员等工作机制，新发展党员1100人；开展了建党93周年系列表彰活动，53个党支部获评“先进党支部”；在全省高校基层党支部优秀创新案例评选活动中获一等奖、三等奖各1项。

4. *强化风险防控，反腐倡廉建设扎实推进。*不断完善廉政风险防控体系建设，建立了重点工作项目廉政风险防控事前备案制度；加大招标采购监督力度，建立了论证、采购、验收、监督“四分开”工作机制；加强对各单位“八项规定”执行情况、“三公”经费使用等的专项治理，开展了工作作风治理、工作日禁酒等专项检查，荣获“山东省教育系统纪检监察工作先进集体”称号。

5. *坚持党管人才，人才队伍建设取得新的突破。*落实“导向教学、导向科研”政策，引进紧缺专业博士硕士76人，师资结构进一步优化；实施“千名教师培训提升计划”，先后组织6批干部教师到浙江大学培训基地等高校接受了系统培训与提升；新增山东省“高等学校首席专家”2人、山东省有突出贡献的中青年专家1人、教育部“新世纪优秀人才支持计划”1人、山东优秀发明家1人。获得全省高校人才工作目标责任制考核优秀等次。

6. *突出内涵建设主线，办学实力进一步增强。*以建设山东省应用型人才培养特色名校为契机，推进科研工作“三大转变”，遴选10个重点学科平台给予倾斜支持；深入推进“服务沂蒙行动计划”，加强与地方企事业单位的产学研合作与协同创新，组织21个专家服务团深度参与地方企事业单位科技研发，在世界顶级学术期刊《自然》《科学》发表学术论文3篇，自然出版指数排名列国内高校前列；获批省部级以上科研课题82项，年度获批国家自然科学基金项目数进入全省高校前十名。

7. 固化教育实践活动成果，完善作风建设长效机制。积极开展制度“废、改、立”工作，围绕落实中央“八项规定”、“四风”整改完善作风建设制度13个，围绕内涵提升修订完善制度5个，废止制度9个，基层单位新建或修订制度65个，基本完成了学校层面的制度体系构建，为学校建设发展奠定了制度基础。

8. 坚持以人为本，推进文明和谐校园建设。积极开展全国文明单位创建活动，引导师生“践行两个文明公约”，开展了不文明现象系列专项治理活动，加强师德建设，优化了育人环境；扎实推进民生工程，完成或启动了学生生活区新增公寓建设和科技大楼建设，完成了校园绿化提升、冬季供暖、节能改造、医疗点建设等系列工程，师生幸福指数明显提升。

三、创新与经验

弘扬传承优秀传统文化，做精做实校园文艺精品项目。发挥高校的文化传承创新职能，以弘扬沂蒙精神和沂蒙优秀传统文化为主题，建成王汝涛文史馆、王小古艺术馆、张寿民书法馆，开通与市场院线同步的红色电影院，制作播出了革命历史教育专题片《红色沂蒙365》，全面完成沂蒙红色乐舞剧“三部曲”《沂蒙畅想》、《沂蒙印象》、《沂蒙情深》的创作排演，形成了系列校园文艺精品，使其成为师生学术科研阵地、实践教学基地和艺术人才的培养舞台。获批全国首批12个之一的“高校思想政治理论课教师社会实践研修基地”，获得了第七届全国高校校园文化建设优秀成果一等奖、首届山东省文化创新奖和山东省第六届“泰山文艺奖”等一系列荣誉和奖项。

附：党委成员名单

书　记：丁凤云（女）

副书记：杨　波　谢亚非

委　员：丁凤云（女）　杨　波　谢亚非　李培江　姜同松　王　勇　王明福　刘占仁　李明开（纪委书记）　孙常生　张立富

山东财经大学党委工作概况

山东财经大学党委书记　刘兴云

一、组织概况

山东财经大学于2011年7月4日由原山东经济学院和原山东财政学院合并组建而成。2012年6月9日，山东财经大学正式揭牌成立。2012年8月23日，财政部、教育部、山东省人民政府签署协议，共同建设山东财经大学。2013年7月，经国务院学位委员会批准，学校取得博士学位授予权。学校现有21个学院，62个本科专业，全日制在校生33000余人（其中研究生2100余人），专任教师1939人；拥有应用经济学、工商管理、管理科学与工程3个一级学科博士学位授权点，10个一级学科硕士学位授权点，11个专业学位授权点，涵盖73个二级学科硕士学位授权点，形成了以经济学、管理学为主，文、法、理、工、艺术和教育等八个学科门类相互支撑的学科体系。学校党委下设32个党总支，548个党支部；教职工党员1827人，占教职工总数的72.6%；学生党员为4013人，占在校生的12.2%。2013年共发展党员2100名，其中教工党员3名，学生党员2097名。

二、主要工作与成绩

全面加强党建和思想政治工作。按照全国、全省高校党的建设工作会议和党风廉政建设工作会议的部署和要求，学校党委以学习贯彻十八大精神为主线，以党的群众路线教育实践活动为中心，以实施《中国共产党普通高等学校基层组织工作条例》为重点，践行“党要管党、从严治党”的基本要求，深入开展社会主义核心价值体系教育，积极培育和践行社会主义核心价值观，全面加强各级党组织建设，围绕中心服务大局，推进深度融合，推动内涵发展，为学校事业发展提供了坚强的思想、政治和组织保证。2013年下半年，按照中央和省委的要求和部署，在全校深入开展了党的群众路线教育实践活动，按照“照镜子、正衣冠、洗洗澡、治治病”的总要求，聚焦形式主义、官僚主义、享乐主义和奢靡之风，直面问题，狠抓整改，较好地完成了三个环节的各项工作任务，工作作风进一步改善，取得了预期的效果。

绘制了学校发展新蓝图。以群众路线活动为契机，校党委着眼于学校实际和长远发展，通过举办专家论证咨询会等形式，提出了制订2014—2020年发展规划纲要，推进

"一体两翼"发展战略,实施"凝心聚力"、"特色名校"两大工程,启动校院两级管理体制改革和加强高层次人才队伍建设等决策设想。优化了学校顶层设计,明晰了建设高水平财经特色名校的时间表、路线图。

顺利获得了博士学位授予权。7月19日正式获批博士学位授予单位,应用经济学、工商管理、管理科学与工程成为博士学位授权一级学科,设立了15个二级学科博士学位授权点,形成了"本、硕、博"完整的高等财经教育人才培养体系,实现了办学层次的跨越。

成为省部共建人才培养特色名校立项建设单位。学校成功入选"省部共建人才培养特色名校立项建设单位",为学校实现又好又快发展提供了新的机遇和平台。

人才培养质量稳步提升。制定出台了《本科生培养质量提升计划》等方案。开设了以培养创新人才为目标的经济学、会计学、金融学3个创新实验班。34个本科专业跻身一本招生,录取分数再创新高;学生综合就业率位居省属高校第一。

科研创新取得新突破。2013年度国家社科基金项目立项25项,国家自然科学基金项目立项15项,国家星火计划项目立项2项,其中国家社科基金立项数列省属高校第一名,全国财经类高校第四名。

师资队伍水平不断提高。聘任客座教授、兼职教授123人;4名教授当选教育部高等学校教学指导委员会委员;3人入选省高校重点学科首席专家;张红凤当选"泰山学者"特聘教授,成为我校自主培养的首位泰山学者;1人荣获"山东高校十大师德标兵"。

对外交流与合作卓有成效。接待境外来访团组30余批80余人次,续签或新签署合作协议14项。成功举办了"财经战略年会2013"等多项高端学术活动。

学校办学条件进一步改善。学校加大资金投入,先后完成了舜耕校区室内外管网、燕山校区西苑餐厅和7、8、9号学生公寓及锅炉房维修改造工程。圈建完成圣井校区新征230亩土地围墙;完成了近2000万的资产采购、维修工作,改善了校园环境和办学条件。

三、创新与经验

开展群众路线教育实践活动坚持"五抓五强化"。为确保教育实践活动取得实效,我校在坚持省委的总体安排和步骤的前提下,结合学校实际,坚持做到"五抓五强化",即抓传达部署,强化思想认识;抓组织领导,强化责任落实;抓活动调度,强化统筹谋划;抓氛围营造,强化宣传引导;抓督导检查,强化活动实效,保证了活动扎实有效,不走过场。

开展"凝心聚力"工程,聚集学校发展正能量。广大师生员工是学校事业发展的力量源泉。学校启动实施"凝心聚力"工程,最大限度地满足师生员工的需求,办实事、惠民生、增福祉,集聚起推进学校改革发展的强大正能量,形成了学校党委、行政统筹部署、学院组织实施、职能部门相互配合、人人积极参与的新局面。活动坚持"教育以人为本,以学生为主体;办学以人才为本,以教师为主体",牢固确立师生员工的主体地位,不断增强师生自尊心、自信心和自豪感,形成了"学校与师生员工共同发展"的良性互动机制,推动了学校各项事业的良好发展。

附:党委成员名单

书　记:郝书辰(2013年5月离职)
　　　　刘兴云(2013年5月任职)
副书记:牟思伦(纪委书记)　张东超
委　员:刘兴云　牟思伦　张东超　聂培尧
　　　　綦好东　胡文波　李明勇　吴　彬
　　　　王雷亭(挂职)

齐鲁工业大学党委工作概况

齐鲁工业大学党委

一、组织概况

2013年5月23日,省政府将山东轻工业学院更名为齐鲁工业大学。6月27日,省委决定设立"中共齐鲁工业大学委员会",撤销"中共山东轻工业学院委员会",党委领导班子改任相应职务。

学校现设15个二级学院,开设65个本科专业,64个硕士学位授权点,10个工程硕士专业学位授权领域和3个艺术硕士专业学位授权领域;1个教育部重点实验室,12个省级重点实验室,8个省部级工程技术中心,9个省级重点学科,1个省级人文社科基地;全日制在校生25639人,其中研究生886人;教职工1442人,其中专任教师1206人,高级专业技术职务人员631人,博士379人;聘任两院院士3人,泰山学者海外特聘专家1人,泰山学者岗位特聘教授3人。设立二级学院等基层党委13个,党总支5个,党支部150个,共有党员3239人,其中在岗教工党员911人,学生党员2060人。

二、主要工作与成绩

2013年,学校党委团结带领全校师生员工,深入学习贯彻党的十八大和十八届三中全会精神,扎实开展党的群众路线教育实践活动,进一步更新观念,创新发展,顺利更名为齐鲁工业大学,获批"2011协同创新中心"立项建设,各项事业蓬勃发展。

(一)党建和思想政治工作不断加强

学习贯彻十八届三中全会精神。党委中心组采取多种形式开展集体学习,按照学习活动紧密联系学校事业发展实际,突出办学理念创新和实践创新的原则,对学习贯彻十八届三中全会精神进行全面部署,带动和促进学校事业发展。

群众路线教育实践活动。作为省委常委党的群众路线教育实践活动唯一高校联系点,学校党委认真贯彻落实中央、省委决策部署,高度重视,精心组织。省委副书记、省长郭树清同志两次到校指导工作,确保了活动扎实有效开展,整改落实到位,对学校事业发展起到巨大推动作用。学校教育实践活动得到省委督导组充分肯定。

基层党组织建设。在全校18个基层党委(总支)、150个党支部中开展基层党建工作创新研究与实践立项,健全项目审批、管理、结题规定,全年立项35个项目,有效提高了基层组织党建工作科学化水平。

领导班子和干部队伍建设。以提高干事创业能力为核心,继续推进管理人员专业化工程;开展多种形式干部培训,全年派出44名干部参加各类培训班和挂职锻炼;按照"量化考核、定性分析、综合评价"原则,开展干部考核和二级学院执行力考核;按照"党管人才"原则,出台《党委成员联系专家人才实施意见》,面向海内外招聘新设院长和学术带头人。

党风廉政建设。认真贯彻中央八项规定,健全惩防体系,狠抓干部作风建设。开展"治庸治懒"专项治理活动,问责常态化、制度化;组织"学风、教风、服务作风"网上调查,征集意见建议4000余条;严格整顿文风会风、公务接待、超标用车用房等问题,巩固落实中央八项规定,确保学校发展风清气正。

(二)学校各项事业蓬勃发展

教育教学工作。全面修订2013级人才培养方案,推进人才培养模式改革;出台加强教学方法改革指导性意见,初步建立特色鲜明的教学法体系;实施英语分级教学,试行全英语教学班;加强创新课程建设,全年立项76门,验收55门;获批国家级大学生创新创业训练计划项目,新上省级特色专业2个,新增本科专业3个。

科研与社会服务。获批"2011协同创新中心"1个,获省政府推荐省部共建国家重点实验室1个,国家基金立项再创新高;社会服务面向进一步扩大,与深交所等开展全面合作,签订横向合同175项,经费3221万元;连续第5年获省科技进步一等奖,首获省社科优秀成果一等奖;申报专利206项,授权284项,成为山东省知识产权优势培育单位;艺术硕士新增美术和音乐2个专业领域。

人才队伍建设。继续实施"博士化"工程,引进博士65人,考取博士32人,教学单位45岁以下博士比达63.8%。引进国家"千人计划"、国家杰出青年基金获得者各1人,1人入选国家百千万人才工程,并获"国家有突出贡献中青年专家"称号;新增享受国务院政府特贴专家1人,山东省突贡专家1人,省教学名师1人,省重点学科重点实验室首席专家3人。

国际交流与合作。与国外17所高校新签续签合作协议,开展国际课程对接等深层次多元化合作;获批中外合作办学本科项目,实现国际化办学历史突破;全年接待国外高校及相关机构来访团组40个,派出师生156人次开展留学访学,接收交换生9人。

学生教育与管理。出台党委1号文件,制定多项学风建设举措,引导学生主动学习;加强团学组织建设,优化学习资源,构建学生学习服务体系,开展就业创业服务,推进学习中心型文化公寓建设,学生管理服务水平不断提高。

三、创新与经验

(一)必须依靠改革创新推动学校发展 按照十八届三中全会有关精神要求,加快探索建立现代大学制度,推进学校内部体制改革,激发办学活力,带动学校内涵质量提升。完善党委领导下的校长负责制的运行机制,探索建立教授治学的学术管理机制,建立院校两级管理体制,推进人事制度综合改革和教师分类管理,建立以社会需求为导向的人才培养机制和多元化人才培养模式。

(二)本科教学质量和人才培养质量是高校中心工作 必须明确教学中心地位,一切工作围绕教学展开并服务于教学。进一步创新人才培养机制,深化教育教学改革,加强师资队伍建设,完善教学管理体系,健全领导责任与服务保障体系,加快推进各类学习资源建设,全面提高本科教学质量和人才培养质量。

附:党委成员名单

书　记:徐同文
副书记:陈嘉川　王光芝(女)
委　员:徐同文　陈嘉川　王光芝(女)
傅东良　匡维武　王西奎　周有波
胡兴禹(挂职)

泰山医学院党委工作概况

泰山医学院党委书记　王长松

一、组织概况

泰山医学院是省属普通高等院校,现有教职工1448人,其中专任教师1106人,有泰山学者4名,15名院士受聘为学校教授。有16个教学院、部,36个本科专业,38个硕士学位授权点,在校全日制普通本专科生23156人,研究生627人。

泰山医学院共有25个

分党委、党总支，199 个党支部，2935 名党员。其中，在职党员 1253 名（含直属附院），学生党员 1287 名，离退休党员 395 名。

二、主要工作与成绩

2013 年，校党委在上级党委的正确领导下，团结带领全校干部职工，以科学发展观统领学校工作的全局，解放思想，锐意进取，扎实工作，有力地促进了学校的发展。

一是党的群众路线教育实践活动扎实推进，干部作风建设取得显著成效。根据中央、省委统一部署，学校作为第一批单位从 7 月份参加了全党深入开展的党的群众路线教育实践活动。在活动中，学校党委始终把教育实践活动作为加强领导班子和干部队伍建设的重要契机，作为解决改革发展中遇到的突出问题的重要契机，作为推进学校事业发展的重要契机，切实推进学校工作，推动学校发展。扎实做好了“学习教育、听取意见，查摆问题、开展批评，整改落实、建章立制”三个环节的工作，领导干部都亲自撰写了个人对照检查材料，并在民主生活会上开展了批评与自我批评；在整改阶段，学校制定了“两方案一计划”，明确了九个方面 71 项整改任务、25 项专项整治任务、76 项制度建设任务。活动取得了实实在在的成效，受到广大师生和省委督导组好评。

二是积极推进内涵建设，人才培养质量稳步提升。成功入选山东省第二批应用型人才培养特色名校立项建设单位；被国家教育部、卫计委确定为第一批临床医学硕士专业学位研究生培养模式改革试点高校。临床医学本科专业被列为教育部第一批本科专业综合改革试点项目。临床学院获批为国家级“大学生校外实践教育基地”。首届卓越医生试点班正式开班。3 个专业获批为省级卓越工程师教育培养计划试点专业。新增省级特色专业 1 个，省级成人高等教育特色课程 2 门。主编教育部及卫计委规划教材 8 部。在省级以上教学比赛中获各类奖项 16 个。6 项课题获山东省教育科学“十二五”规划课题立项。4 项课题获省研究生教育创新计划立项。

年度毕业本专科学生 5495 名，其中，考取硕士研究生 1257 人，平均就业率 85.39%。在第四届高等医学院校大学生临床技能竞赛中取得华东赛区一等奖、全国总决赛三等奖的优异成绩。组织并参加首届“万东杯”全国医学影像学专业大学生实践技能大赛，荣获“特殊贡献奖”。大学生科技创新工作成效显著，获得国家专利 1 项，发表学术论文 14 篇，15 项大学生创新创业项目得到教育部立项，是省内同类院校中唯一获得国家级大学生创新创业项目的高校。基础医学院学生杨静获得“中国大学生自强之星标兵”荣誉称号。2 件作品代表山东省参加第十三届“挑战杯”全国决赛，并分别获得哲学社会科学类和生命科学类三等奖。

三是论文发表、成果获奖层次水平实现新突破，重点建设和科研工作结出硕果。史卫峰博士在《柳叶刀》以并列第一作者身份发表学术文章，影响因子高达 38.28，泰山医学院作为署名单位第一次出现在国际顶级医学期刊。李群伟教授为共同作者的研究论文，在线发表于国际著名医学期刊 JAMA，影响因子为 29.9。新增省级医药卫生重点学科 1 个，山东省医药卫生重点实验室 2 个，山东省首批中医药重点科研实验室 1 个，山东省高校优秀科研创新团队 1 个。获上级立项课题 282 项。获得上级科研奖励 55 项，其中，山东省科技进步二等奖 1 项，三等奖 1 项；山东省社会科学优秀成果三等奖 1 项。申报国家专利 31 项。直属附院顺利晋级三级甲等综合医院。

四是持续推进人才强校战略，师资队伍建设再上新台阶。成功引进博士生 13 名，其中中青年学科带头人 2 名。19 名教师考取了博士研究生。李群伟教授被评为山东省有突出贡献中青年专家。文今福教授获得“享受国务院颁发政府特殊津贴”荣誉。3 名教师被评为山东省高等学校重点学科（重点实验室）首席专家、2 名教师被评为泰安市拔尖人才。1 名辅导员被评为山东省骨干辅导员。31 名教师获得省政府、省教育厅和学校项目资助，赴国内外访学。40 名骨干教师分批赴台湾辅仁大学进行 PBL 教学法培训。顺利完成首次专业技术岗位分级设置管理与聘任工作。在省教育厅人才工作目标责任制考核中获优秀等次。

五是留学生教育规模进一步扩大，对外合作交流持续拓宽。在校留学生 800 多人，规模在山东省内医学留学生招生高校中位列第一。首批中英合作办学专科专业学生顺利毕业。充分挖掘校友资源，助力学校发展。相继成立上海、济南、北京、福建等地校友会及首个海外校友会——北美校友会。福建校友捐资 50 万设立了“健康力”校友基金。

三、创新与经验

总结一年来的工作，我们认为，党委的坚强领导是实现学校又好又快发展的关键；全校上下精诚团结艰苦奋斗是实现学校又好又快发展的根本；广大师生员工爱岗敬业甘于奉献是实现学校又好又快发展的保证；勇于“登攀”泰医精神是实现学校又好又快发展的强大精神动力。

附：党委成员名单

书　记：王长松

副书记：王学春　付朝广

委　员：王长松　王学春　付朝广　王庆宝　张成利　彭春雷　徐淑凤（女）　刘太来

滨州医学院党委工作概况

滨州医学院党委书记　刘树琪

一、组织概况

滨州医学院是省属普通本科高等医学院校、山东省应用型人才培养特色名校，分滨州、烟台两个校区办学。设有11个院(系)、25个本科专业(方向)、3个硕士学位授权一级学科、38个二级学科、2个硕士专业学位授权点，有国家级特色专业建设点4个、省级特色专业8个，省部级重点学科8个，省级科研创新平台4个、医药卫生重点实验室8个、精品课程(双语课程)22门，全日制在校生16500余人，其中硕士研究生382人。

校党委下设党总支(党委)15个，党支部84个。截至2013年底，全校党员2159名(含直属附属医院)，其中在岗教职工党员1137人，学生党员745人，离退休教职工党员269人，其它党员8人。

二、主要工作与成绩

(一)人才队伍建设　引进"泰山学者"海外特聘专家4人、新药研发团队4个，举办泰山学术论坛"精神疾病专题"和"分子影像学临床应用及新进展专题"，在2012年度全省高校人才工作目标责任制考核中获优秀等次。2人获"山东省有突出贡献的中青年专家"、1人获"山东省教学名师"称号，2人被评为省高校重点学科(实验室)首席专家。

(二)学科专业建设　临床医学专业被教育部列为地方高校第一批本科专业综合改革试点项目，麻醉学专业被评为省级特色专业。新上特殊教育、听力与言语康复学、生物制药等3个专业。

(三)教育教学工作　学校被列为山东省人才培养特色名校。率先在全省接受教育部临床医学专业认证，获得了专家组的高度评价。新增各级各类教学基地33所。学生在第四届全国高等医学院校大学生临床技能大赛中获二等奖。与山东大学签订联合在职培养博士协议，立项省研究生教育创新计划4项，获省研究生优秀科技创新成果奖、优秀硕士学位论文奖各1项。新增省成人高等教育特色课程3门。

(四)科研工作　立项国家自然科学基金14项，获科技成果奖励249项，其中省部级奖项6项。新增山东省医药卫生重点实验室8个；建成SPF级动物实验室。承办第二届分子影像学齐鲁国际论坛等学术性会议10多场次。

(五)开放合作办学与社会服务　滨州附属医院在山东省三级甲等综合医院评审中综合成绩名列前茅，获山东省"群众满意的医疗卫生机构"称号，9个专业获评省级临床重点专科。烟台附属医院编制获省编办批复，新院区建设获得烟台市重点支持。与烟台渤海制药集团有限公司共建"渤海医药研究院"，联合立项山东省自主创新项目1项，获资助2000万元。与山东国际生物科技园合作共建"新药技术开发中心"。与烟台大学合作申报"山东省首届高等学校协同创新中心"获得立项，成为烟台地区高校中首个协同创新中心。特殊教育示范园区建设项目获国家发改委、教育部、中国残联联合立项。与中国残联合作建设的"盲人医疗按摩规范化实训基地"正式挂牌，成为全国首批4个医疗按摩规范化实训基地之一。

(六)学生工作　依托社会实践、志愿服务、科技创新等平台推进学生素质提高，获国家第十三届"挑战杯"竞赛三等奖、"2012中国大学生年度人物"入围奖、"2012年度中国大学生自强之星"提名奖各1项，省级奖励23项。构建大学生"E梦园"新媒体综合服务平台。大学生心理健康协会被评为2013年山东省高校十佳心理社团。获"山东省普通高校学生宿舍管理示范单位"称号。

(七)党建和思想政治工作　深入开展党的十八大、十八届三中全会学习宣讲教育活动，出台实施方案，组成宣讲团，全校掀起了学习热潮。自7月开始，深入开展了党的群众路线教育实践活动，深入查摆"四风"问题，着力解决师生关切的突出问题，赢得了师生认可和满意，山东卫视、大众日报进行了专题报道。深入贯彻中央"八项规定"和省委"十条实施办法"，大力改进工作作风，以优良党风促进校风、教风、学风建设，取得切实成效。严格落实党风廉政建设责任制，着力加强反腐倡廉教育和制度建设，学校党风廉政建设状况良好。统战、工会和离退休工作取得新成绩，被评为全省统战工作先进集体。"平安校园"建设深入推进，校园环境安全稳定和谐。

三、创新与经验

(一)科学谋划顶层设计，广泛凝聚发展共识　积极问政于民、问计于民，开展"我为学校科学发展献一策"、解放思想大讨论等活动，收集到500余条意见建议，在此基础上，经深入研判，确立了"一个战略目标、一体两翼战略布局和五个战略支点"的办学定位和发展思路。"一个战略目标"，即"建设国内知名医科大学"。"一体两翼"，即以山东半岛为一体，以胶东半岛、黄河三角洲为两翼。"五个战略支点"，即"人才队伍建设、优势学科和特色专业、开放合作办学、社会服务、深化改革"。这为学校今后一个时期的改革发展指明了前进方向，确立了顶层设计，并得到了广大师生医护员工的广泛认可和赞同。

(二)实施项目化管理，全力突破重点工作　为提高工作效率，落实好重点专项工作任务，学校实施项目化运作模式，每项重点项目由校领导负责，由相关部门、院（系）牵头，围绕项目开展工作、力求突破，取得了明显成效，在山东省特色名校建设、临床医学专业认证、滨州附属医院三级综合医院等级评审、国家特殊教育示范园区立项、人才团队引进、协同创新与合作办学等重点工作上，都实现了较大突破。之后，学校又确立了干部与人才工程、管理体制改革工程、学科专业建设工程、教育教学改革工程、德育工程、条件建设与保障工程、开放合作工程、医疗健康产业工程等八项重点工程，以此引领、带动全校各项工作健康科学发展。

附：党委成员名单

书　记：刘树琪

副书记：王　滨　李文喜

委　员：刘树琪　王　滨　李文喜　张培功　李克祥　马爱武　张宗伟　吕长俊

潍坊医学院党委工作概况

潍坊医学院党委书记　石增立

一、组织概况

潍坊医学院党委下设1个分党委，17个党总支，99个党支部，共有党员2415名，其中在职教职工党员1033名（含附属医院），学生党员1081名。

二、主要工作与成绩

（一）教学工作与育人质量　获批成为山东省应用型人才培养特色名校立项建设单位。扎实推进国家首批“卓越医生教育培养计划项目”改革试点，遴选3个试点班。1个专业被评为山东省“卓越工程师”教育培养计划项目。初步修订完成了21个专业新版人才培养方案。新增1个省级特色专业。据2013年山东省本科高校学科专业评价报告统计，学校9大专业类的14个专业名列全省前列。获省卫生厅批准在3所非直属附属医院组建临床学院。组建了上海及北京第一临床学院。学生连续三年获得全国高等医学院校大学生临床技能竞赛全国总决赛二等奖。

（二）学科建设与科学研究　博士人才培养正式启动，招收首批两名全日制博士生。学校遴选了首届博士生导师。获批建设“健康山东”重大社会风险预测与治理协同创新中心。新增4个省医药卫生重点学科（实验室）。获得各级各类科研立项137项，其中国家级项目12项，省部级以上63项。获得上级各类奖励135项，其中省科技进步二等奖2项、三等奖2项。获国家专利16项。SCI等三大检索收录论文78篇。举办泰山学术论坛2013国际造血干细胞与白血病峰会等大型学术活动45次。

（三）人才工作与师资队伍建设　完善人才引进培养政策，聘任中国工程院院士、校友于金明教授为学校名誉院长。新聘泰山学者海外特聘专家1人。新进博士9人，硕士21人。教师国外访学6人，国内访学5人。进修19人，考取在职博士19人，参加骨干教师培训100人。1人获国务院政府特殊津贴，1人获批山东省教学名师，2人获评高等学校重点学科（重点实验室）首席专家。

（四）校内改革与制度建设　积极稳妥推进校系两级管理体制改革，扩大院（系）在人才引进、职称晋升、津贴分配等工作中的自主权。新建各类制度27个，修改完善制度19个，制定实施了贯彻落实中央八项规定的实施意见，会风、文风和工作作风明显转变。法律事务工作成效显著。

（五）条件建设与资源配置　基础实验楼二期工程获立项批复并完成施工图设计。开展了大学生文体中心可行性论证并确定了设计单位。浮烟山校区绿化硬化规划设计方案初步形成，设计绿化硬化区域27万平方米。杏林餐厅获省级餐饮安全示范学校食堂称号。编制了2014年校产购置计划和校产维修保养计划。图书馆成为卫生部医药卫生科技项目查新咨询单位合作机构。出台学校《突发公共事件应急预案》，校园安全事务中心建成并投入使用。积极拓展国内外交流与合作，接待各国外宾及知名校友40人次来校参观访问、讲学。

（六）专科性医院群及附院集团建设　学校筹建改建了口腔医院、整形外科医院、眼科中心、生殖医学中心、心理保健中心等专科性医院。附院通过了省卫生厅组织的“三甲”医院预评审，获批省级临床重点专科3个，兼并了潍坊市肿瘤医院。学校承办了“全省首期公立医院院长职业化建设培训班”。建立了山东省的“麻醉科主任培训基地”，组织了第三期全国麻醉学基础理论培训。建立了省内首家高校“红十字应急救护培训基地”。

（七）党的群众路线教育实践活动深入开展　自2013年7月，学校党委以为民务实清廉为主要内容，按照“照镜子、正衣冠、洗洗澡、治治病”的总要求，本着求真、务实、真学、真改的态度，群众路线教育实践活动取得显著成效。截至2013年12月30日，学校党委对整改方案确定的44项任务，已整改完成41项。按照上级现在的规定，房子、车、会议、办文、差旅费等改革到位。较上年同期精简会议43%，精简文件49%，压缩“三公”经费78%，清理清退公务用车2辆。全校调整办公用房4054.1平米，调整后，校级领导办公用房人均14.3平米，处级8.45平米，均低于规定面积，腾空的房屋全部用于一线教学、科研工作。这些做法，得到了广大师生医护员工的充分认可。

（八）党建与思想政治工作　完成缺职处科级干部充实调整，干部选拔任用工作在大众日报报道。建成1所全省高校党建研究基地。召开了四届三次“双代会”，积极办理提案，提案代表满意率和基本满意率达到100%。“潍医学生之家”微信服务、就业手机短信服务等技术平台初步构建。选拔206名优秀学生任班级工作助理，65名学生任公寓工作助理。大学文化建设实施方案初步修订完成。“潍医大讲堂”建成使用并开讲11期。举办了首届留学生中外文化交流节。编制了2012年20余万字的年鉴。

三、创新与经验

一是高度重视理论联系实际，深入学习贯彻党的十八大和习总书记系列重要讲话精神，强化用科学理论武装头脑，紧密结合党的群众路线教育实践活动要求，不断提高班子成员的思想政治水平和领导决策能力。二是注重顶层设计，按照学校“一二四”发展思路，科学设计了“推改革、强基础、抓重点”的2013年工作指导方针，着力推进了应用型人才培养特色名校建设和博士人才培养项目建设。三是坚持民主集中制，积极探索党委领导下的校长负责制的有效实现形式，坚持集体领导和个人分工负责相结合，完善议事规程，严格决策程序，提高了党委班子整体工作效能。四是强化监督，从“精、细、实”入手，完善廉政建设内容，与各部门、院（系）签订了内容不同的党风廉政建设责任书。在全校管理人员中开展了“庸懒散”专项治理活动。五是不断完善党务校务信息公开工作举措，推进了部门、院（系）党务政务信息公开。六是注重工作督察，狠抓落实。

附：党委成员名单

书　记：石增立

副书记：马安宁　秦玉明（兼纪委书记）　张潍华

委　员：石增立　马安宁　秦玉明　张潍华　孙宏伟　朱　军　井西学　管英俊　葛国文

济宁医学院党委工作概况

济宁医学院党委书记　侯端敏

一、组织概况

济宁医学院是山东省普通本科高等学校，创建于1952年，有济宁和日照两个校区，占地总面积1244226.22平方米，有11所附属医院，150余个实践教学基地。现有在职教工1075人，其中专任教师875人，教授、副教授328人，有硕士以上学位教师567人，聘有兼职教授446人。学校面向全国25个省、市、自治区招生，有全日制本专科在校生16800余人。现有16个教学单位，开设38个本专科专业和专业方向。设有临床医学一级学科专业硕士学位授权点。

学校党委下设办公室、组织部、宣传（统战）部、学生工作处（武装部）；建有17个党总支、2个直属党支部、1个分党委，98个党支部；党员1709人，其中教职工党员558人，离退休党员169人，学生党员982人。

二、主要工作与成绩

2013年，在省委、省政府的正确领导下，学校党委团结带领全校干部职工，认真贯彻落实党的十八、十八届三中全会精神，牢牢把握“凝聚正能量，寻求新突破”总工作基调，深入推进内涵发展，在教育教学、人才培养、社会服务、文化传承与创新等方面取得显著工作成效。

（一）学校第二次党代会胜利召开　在省委统一部署下，2013年学校成功召开了第二次党代会。大会选举产生了学校新一届党的委员会和纪律检查委员会，系统总结了学校发展成果和历史经验，科学分析了学校改革发展面临的机遇挑战，与时俱进地提出了学校工作的指导思想，适度调整了学校“十二五”发展规划，坚定不移地提出了“建设特色鲜明、国内知名高等医科院校”的奋斗目标。第二次党代会的胜利召开对于学校改革发展具有十分重要意义。

（二）党的群众路线教育实践活动扎实开展　按照中央和省委的统一部署，去年以来，在全校各级党组织和广大党员中扎实开展了以为民务实清廉为主要内容的党的群众路线教育实践活动。活动中，学校党委领导身先士卒，严把程序，严格要求，严以律己，团结带领全校党员干部认真加强学习、广泛开展调研、深入查摆“四风”问题、严格撰写对照检查材料、认真开展批评与自我批评、积极进行建章立制、切实制定整改措施,教育实践活动各环节保持了较高质量,取得了明显成效。

(三)教育教学和人才培养质量稳步提高 积极推进人才培养模式改革,教育教学质量稳步提升。以启动临床医学专业认证为契机,实施人才培养模式改革,制定了《"圣地医学班"实施方案》,认真组织完成"圣地医学班"学生遴选工作。注重强化教学研究,积极开展教改课题申报,全年获得省级以上教育科学"十二五"规划等上级教改立项课题7项。组织完成校级以上本科教学工程项目立项申报及推荐评审工作,评出校级教学名师6名,推荐山东省第八届教学名师评选1名;药物制剂专业被评为省级特色专业建设点;医学免疫学课程被评为国家第二批精品资源共享课。

(四)科研水平和社会服务能力明显增强 全年获得国家基金资助项目4项,省基金资助项目9项。科研经费稳步增长,全年获得各级各类科研经费1376万元,与往年相比,提高52.9%。全年发表论文511篇,出版著作96部。成功申报山东省高校协同创新中心首批自主培育建设项目"山东省出生缺陷研究与转化协同创新中心"。学校"山东省中美转化医学合作研究中心"被省科技厅批准为"山东省国际科技合作平台"建设项目。"中西医结合临床"被省卫生厅确定为首批山东省中医药重点学科;精神医学重点实验室被批准为山东省首批医药卫生重点实验室;"干细胞与神经肿瘤学重点实验室"被批准为山东省医药卫生重点实验室。成功申办诊断学专业国家级学术性电子期刊《中华诊断学电子杂志》。

三、创新与经验

2013年,学校党委着眼于学校长远发展,把握大局,科学规划,团结奋进,开拓创新,在解决学校重大问题上取得了突出成绩,积累了丰富经验。主要体现在以下方面:一是全面加强党建和思想政治工作,组织召开学校第二次党代会,扎实开展党的群众路线教育实践活动,为学校各项事业改革发展提供了坚强保证;二是深入推进内涵建设,教育教学、人才培养质量明显提升;三是积极开展科研合作交流,广泛开展产学研结合,科研水平和服务经济社会发展能力显著提高;四是广泛开展对外交流与合作,在合作办学、科研平台建设、成果转化等方面取得了突出成效;五是着重强化人才强校战略,召开全校人才工作会议,制定相应配套举措,学校师资队伍建设初显成效。

附:党委成员名单

书　记:侯端敏

副书记:白　波　刘学景

温杭东(兼纪委书记)

委　员:侯端敏　白　波　刘学景　温杭东

高哲学　赵　敏　司传平

山东艺术学院党委工作概况

山东艺术学院党委书记　李宗伟

一、组织概况

至2013年底,山东艺术学院设有14个教学单位,31个本科专业。有国家级特色专业3个,国家级人才培养模式创新实验区1个;省级重点学科3个,其中"十二五"省特色重点学科1个;省级文化艺术科学重点学科3个;省级重点研究基地3个;省级实验教学示范中心1个;"泰山学者"岗位2个。有艺术学门类下全部5个一级学科硕士学位授予权,是全国首批"艺术硕士专业学位"(MFA)教育试点单位、同等学力在职人员申请硕士学位授予单位和硕士研究生推荐免试资格单位。现有教职工829人,其中专任教师678人,具有高级职称人员267人,在校学生9659人。

学校党委下设党总支16个,党支部55个。有共产党员1196人,其中在职教职工党员516人,离退休党员210人,学生党员460人。

二、主要工作与成绩

(一)党建与思想政治工作扎实推进 按照中央和省委的部署要求,深入开展了党的群众路线教育实践活动,不断加强和改进党的作风建设,有力推动了学校科学发展。重视并加强党的思想建设,深入学习贯彻党的十八大、十八届三中全会精神和习近平总书记系列重要讲话精神,切实推进学习型党组织建设。进一步加强了领导班子和干部队伍建设,完成部分处级岗位干部调整工作,举办了处级干部暑期培训班,选派20人参加上级培训。认真抓好党组织和党员队伍建设,全年发展党员273人。认真做好第二批"第一书记"选派工作。进一步加强了反腐倡廉建设。高度重视思想政治工作,获"教育部高校校园文化建设优秀成果评选优秀奖"。加强了宣传工作,实现了国家主流媒体大篇幅报道学校工作的可喜局面,各级各类媒体报道学校活动达2000余次。加强了离退休工作,进一步落实老干部生活待遇、政治待遇。

(二)教学、科研、学科建设迈上新台阶 学校坚持以教学为中心,以质量为生命线,狠抓教学建设与管理,积极推进教学改革与创新,教学水平与人才培养质量不断提高。成功入选山东省"应用型人才培养特色名校"建设单位,本科专业由26个增加到31个，新增省级特色专业1个。获评省级优秀学士、硕士学位论文6篇，省研究生优秀科技创新成果奖2项，12人获研究生国家奖学金。修订完善了科研管理政策和制度，获省、厅级以上科研项目立项28项，获省、厅级以上奖45项。投入145万元经费扶持重点学科建设，进一步梳理、充实了学科发展规划，完成了省重点学科的年度检查，举办国家级、省级高端学科发展研讨会2次。

（三）艺术实践与创作取得新成果 组织师生积极参与第十届中国艺术节等重大活动，成果显著。在“十艺节”全国性单项比赛中，38件师生作品入选“全国优秀美术作品展”，9件作品入选“综合材料绘画特展”，9件作品入选山东省重大历史题材美术创作工程，挫琴组合获中国民族器乐民间乐种组合展演“演奏奖”，原创舞剧《沂蒙那座——桥》获第十届全国舞蹈比赛文华奖编导二等奖。在省、厅级以上艺术比赛与评奖中获奖720余项。与省文化厅签订了共同推动文化建设战略合作框架协议，为学校更好地开展服务社会工作搭建了新的平台。

（四）人才队伍建设取得新进展 学校坚持以高层次人才队伍建设为工作重点，以师资队伍建设为工作核心，积极引进急需人才。2013年引进博士研究生4人，副高职称1人，占录用人员的29.4%。3人被评为山东省高等学校重点学科重点研究基地首席专家，推荐选送5人进行在职提高学历学位层次教育，10人获批国内外访学。完成了省教育厅组织的人才工作目标责任制考核。深化专业技术职务评审制度改革，2013年评审推荐教授8人、副教授20人、讲师5人、助教1人，教师外系列副高3人。

（五）学团工作取得新成绩 不断加强学生工作队伍建设，开展了学生思想品德教育工作专项提升活动，召开了毕业生就业工作会议，积极鼓励学生自主创业，不断完善学生资助体系，积极开展各类主题教育活动，通过了省教育厅高校学生宿舍管理工作检查评估。不断推进共青团基层组织和团员干部队伍建设，扎实开展社会实践工作，不断深化青年志愿者活动，学团工作获“全省高校思想政治教育工作先进集体”等省级表彰7项，学工干部获省级荣誉称号15人次。

（六）办学条件又有新改善 召开了学校第五届教职工代表大会暨第四届工会会员代表大会第二次会议，通过了校内津贴分配制度改革方案，进一步改善了民生。完成了长清校区教工住宅收尾和配套工程施工任务。实施校内津贴分配制度改革，提高了在职教职工校内津贴标准和离退休人员生活补助标准，及时发放了教职工津贴和学生的奖助学金。继续推进长清校区和文东校区校园环境综合治理和改造提升工作。进一步强化了开源节流。产业完成上交学校税后利润500万元。投入约250万元，建设节能监测平台，推进节约型校园建设。加强预算管理，2013年完成预算总收入3.52亿元；严控办公经费和公务接待费用，比2012年减少近90万元。成立化债领导小组，积极筹措、争取化债资金，清退全部校内集资。学校高度重视安全稳定工作，被评为济南市“消防安全工作先进单位”。举行了建校55周年校庆活动。

三、创新与经验

第一，必须加强党对学校工作的领导。坚持党委领导下的校长负责制这一根本制度，加强党委班子思想作风和能力建设，充分发挥领导核心作用，是新形势下引领学校科学发展的根本保证。

第二，必须抓住机遇科学发展。学校多年来各方面取得的成就，都是抓住机遇加快发展的结果。要充分调动一切积极因素，抓住一切有利时机，用发展凝聚力量、增强实力。

第三，必须把人才培养作为根本任务。教育教学是学校的根本，人才培养质量是学校的生命线，坚持立德树人，实行全员育人，促进学生全面发展，是学校一切工作的出发点和落脚点。

第四，必须把安全稳定作为首要责任。必须坚持以人为本，着力解决师生员工关注的切身利益问题，及时妥善消除各种不稳定不安全因素，为学校发展提供有力保障。

附：党委成员名单

书　记：任运河（2013年7月离职）
　　　　李宗伟（2013年7月任职）
副书记：张志民　王力克
委　员：李宗伟　张志民　王力克　刘大力
　　　　高启光　兰绍彤

山东工艺美术学院党委工作概况

山东工艺美术学院党委书记　于茂阳

一、组织概况

山东工艺美术学院始建于1973年，是目前全国31所独立设置的艺术院校中唯一一所“工艺美术学院”，现有千佛山校区和长清校区两个校区。学校党委由7名委员组成，下设17个党总支，66个党支部，共有844名党员，其中在职教职工党员427人，离退休党员76人，学生党员341人。

二、主要工作与成绩

2013年,学校党委带领全体教职员工全面贯彻落实党的十八大和十八届二中、三中全会以及省第十次党代会精神,凝心聚力,全面加强党的建设,坚持内涵发展、特色发展,全校各项工作取得了突出业绩,综合办学实力进一步提升。

(一)深入开展党的群众路线教育实践活动　按照中央及省委部署,深入开展党的群众路线教育实践活动。学校教育实践活动于8月底动员大会后全面展开。活动开展以来,学校各级高度重视,活动组织周密、标准严格、推进扎实,较为圆满地完成了规定任务,取得了积极成效。学校下一步的重点工作是全面推进整改。

(二)切实加强党建工作与干部队伍建设　加强党员教育,增强党员党性观念。完成基层党组织换届工作,指导完成全校17个党总支、66个党支部换届选举工作,加强基层党组织建设。积极推进"第一书记"工作,第二批"第一书记"顺利驻村。进一步加强教育培训,加强干部队伍建设。完成中层领导班子及处级干部换届调整工作,为学校科学、持续发展奠定了坚实的组织保障。切实加强党风廉政建设,深入构建反腐倡廉工作体系,积极推进党务校务公开。

(三)举办建校40周年学术活动周活动　突出学术主题,举办了"国际艺术院(校)长高层论坛"暨"泰山学术论坛——艺术学专题"、"国际大学生设计双年展"、"山东省艺术与设计产业创新战略联盟创意研发专题工作坊"活动。邀请国内外专家和校友开展了系列学术交流活动,开展新生校情校史教育活动、校友企业专场招聘月活动等校园文化活动。注重校史文献整理,系统回顾办学历程,深入挖掘大学文化内涵,全面反映学校建设发展的突出成就。

(四)深入推进名校建设工程,实践教学体系不断完善　学校科学修订专业教学计划和课程教学大纲,加大应用型人才培养力度,为构建应用型人才培养特色名校打好坚实基础。共建设15个专业,使这些专业在全省起到示范作用。实践教学特色进一步强化,"艺术设计综合实验中心"被评为"山东省高等教育实验教学示范中心","数字艺术实验中心"被评为"国家级实验教学示范中心"。

(五)科研水平不断提升,学科建设积极推进　学校科研创作水平不断提升,获国家社科基金艺术学项目2项,教育部人文社科项目1项,文化部创新工程项目1项,其他省部级项目3项;获教育部第六届社科三等奖1项、省泰山文艺奖4项;获"山东省美术作品大展"金奖1项、铜奖4项。开展山东省"十二五"省级重点学科建设中期评估工作。加强研究生导师队伍建设和研究生培养,推进"山东省研究生教育创新计划"的深入实施并取得丰硕成果。

(六)积极开展社会服务,促进产学研结合　区域发展战略主题展馆取得重要阶段性成果。淄博工业设计研究院建设进入实质落地阶段。由学校承担设计的第九届中国(深圳)文博会山东展区荣获"优秀展示奖"和"优秀组织奖"两项大奖,体现了学校良好的办学水平,促进了相关学科专业的发展。圆满完成"十艺节"吉祥物、志愿者标志、宣传画、礼仪服装及邮品设计。

三、创新与经验

(一)深入贯彻落实党的十八大精神,加强全面建设　在党委领导下,全校教职员工认真学习和深入贯彻落实十八大精神,求真务实,踏实进取,取得了积极成效。学校党委、行政全面加强各项工作,遵循了集体研究、民主决策的良好制度,及时有效解决学校工作中的各类矛盾和问题,体现了科学发展理念。

(二)强化制度建设,提高了工作效能和执行力　根据工作实际开展调研,从加强制度约束、加大督察督办力度等方面,切实强化了制度建设,加大了行政工作的执行力度,提高了工作效能和执行力,确保政令畅通、落实到位,促进了学校和谐、健康、科学发展。

附:党委成员名单

书　记:于茂阳

副书记:潘鲁生　杨新力　裴新锋(兼纪委书记)

委　员:于茂阳　潘鲁生　杨新力　裴新锋　刁在祥　张云龙　苗登宇

山东体育学院党委工作概况

山东体育学院党委书记　张松林

一、组织概况

山东体育学院始建于1958年,是山东省唯一一所普通高等体育院校,1983年和2003年先后被国务院学位委员会批准为学士和硕士学位授权单位,2005年6月和10月,先后获全国首批体育专业硕士学位研究生培养试点单位资格和体育学硕士学位一级学科授予权,是一所以体育学学科为主,以体育相关学科为辅,多学科交叉渗透、协调发展的应用型专业院校。

2013年,学院党委由9名委员组成,设19个党总支、68个党支部,共有党员1191名,其中在职教职工党员497名、离退休教职工党员 183 名、学生党员 511 名。

二、主要工作与成绩

以深入开展党的群众路线教育实践活动为契机，以全面深化改革创新为动力，积极推进学院内涵建设，大力实施“人才强校”“科研强校”“文化强校”战略，各项工作迈上新的台阶。

（一）党的群众路线教育实践活动进展顺利 一是学院专门成立了领导小组和工作机构，召开了动员大会，并结合学院实际制定了教育实践活动实施方案。二是党委中心组学习研讨中央和省委文件精神，原原本本、认认真真领会习近平总书记系列重要讲话精神，不断提高自身和师生思想政治觉悟和理论水平。三是学院党委以及 19 个总支和 68 个支部分别召开专题民主生活会，认真贯彻落实中央“八项规定”和省委常委会实施办法，聚焦“四风”突出问题，开展批评和自我批评，认真撰写对照检查材料近百万字。四是抓好整改落实，建立长效机制。坚持“边学边改、边查边改、立查立改”原则，明确整改时限和责任人，建立了整改工作责任制，切实解决群众反映强烈的突出问题。

（二）党的建设和思想政治工作取得新成效 一是党委领导班子建设。3 月 18 日，省委下发《关于张松林、张洪涛同志职务任免的通知》（鲁委〔2013〕178 号），决定张松林同志任山东体育学院党委委员、书记，免去张洪涛同志的山东体育学院党委书记、委员职务。二是组织全院党员、干部集中学习不少于 3 天，举办专题培训班和辅导讲座 2 次，收看教育参考片和理论文献片 3 次，取得较好教育效果。认真落实规章制度、严格发展程序，2013 年共发展党员 250 名。严格按照党政干部选拔任用条例，提拔任用处级干部 2 名、科级干部 1 名。严格按照省委要求，做好 3 名驻村帮扶“第一书记”的选派和管理工作。三是贯彻落实中央和省委党风廉政建设工作会议精神，以加强作风建设为重点，积极推进以完善惩治和预防腐败体系为重点的反腐倡廉建设。加强对春节等重要时间节点的监督检查，积极推进行风建设，加强信访工作，实施“廉政文化进校园”教育活动，引导教职工廉洁从政、廉洁从教，营造廉洁校园文化氛围。四是积极践行社会主义核心价值体系，加强师德师风教育，持之以恒抓好教职工政治理论学习，注重发挥思想政治理论课在大学生思想政治教育中的主渠道作用，大力实施文化强校战略。

（三）教育教学工作取得新进展 一是圆满完成普招、单招以及艺术类招生考试工作。积极做好教育实习和毕业论文工作，更新教务管理系统，提高教材精细化管理水平，积极做好教学督导工作，全面提高本科教育教学质量。二是学科专业建设工作稳步发展。社会体育指导与管理专业获批成为省级特色专业，我院省级特色专业增至 6 个；组织完成老年体育专业申报工作，完成表演专业（武术演艺方向）人才培养方案、招考标准的制定与报备工作；完成校企合作办学表演专业（空乘方向）的考察、论证和申报工作。三是投资 428 万元完成省高校骨干学科教学实验中心建设工作，教学训练硬件设施信息化、自动化水平进一步提高。四是大学生校外实践教育基地和运动训练专业综合改革试点成为国家级“本科教学工程”项目，8 位术科教授成为全国高等体育院校运动训练和民族传统体育专业教材编写组成员，完成了 2013 版人才培养方案修订工作。

（四）训练竞赛和科研工作取得新成绩 一是参加山东省第五届体育教育专业学生基本功大赛和首届高校教师基本功大赛，教师组获得团体第一名，学生组各项比赛也获得优异成绩；体育运动学校在第 12 届全运会创造佳绩，共获得金牌 19 枚、银牌 9 枚、铜牌 12 枚，获得女子篮球和排球冠军，团体总分 553 分。二是科研质量显著提高。制度建设和创新团队建设取得新成果，先后制定出台了《科研工作量考核办法》等一系列规章制度，组建了“运动健康促进与康复机制的研究”等 3 个优秀科研创新团队，完成了“环境模拟与运动机能研究实验室”等 3 个实验室的申报、论证工作。全年共组织了 19 类 84 项各类课题的申报，获得上级政府部门科研课题 31 项，其中省部级课题 17 项，厅局级项目 14 项，横向项目 7 项。获得山东省文化艺术科学优秀成果奖二等奖 1 项，山东省高校优秀科研成果奖（人文社科类）三等奖 2 项，山东省高校优秀科研成果奖（自然科学类）三等奖 1 项，山东软科学优秀成果奖三等奖 2 项。

三、创新与经验

（一）深入开展党的群众路线教育实践活动，密切党群关系，进一步增强了领导科学发展的能力 在省委和督导组的坚强领导和正确指导下，学院通过深入开展党的群众路线教育实践活动，严格落实中央“八项规定”和省委常委会实施办法，进一步增强了党员领导干部的宗旨观念和群众观点，切实转变了工作作风，党员干部先锋模范作用凸显，基层党组织凝聚力、战斗力增强，领导科学发展的能力进一步提高。

（二）“三大战略”协同推进，提高学院内涵建设水平 以深化改革创新为动力，积极推动“三大战略”的贯彻与落实，制定出台实施细则和管理办法，进一步调动了广大教职员工干事创业的积极性、主动性和创造性，“突出教学、崇尚学术”的校园价值观进一步巩固，教学、训练和科研工作氛围进一步改善，内涵建设达到新的水平。

附：党委成员名单

书　记： 张洪涛（2013 年 3 月离职）
张松林（2013 年 3 月任职）

副书记： 韩　冬　潘耀滨

委　员： 张松林　韩　冬　潘耀滨　谷忠德　葛新发　闫立亮　原维佳　高海滨　毛莉虹

山东工商学院党委工作概况

山东工商学院党委书记　魏金陵

一、组织概况

山东工商学院，原名中国煤炭经济学院，2003年2月经教育部批准更为现名。学校现有53个本科专业，全日制在校生21000余人，享受国务院特殊津贴专家5人，全国优秀教师6人，教育部高等学校教学指导委员会委员3人，省有突出贡献的中青年专家7人，教育部新世纪优秀人才3人，省教学名师、山东高校十大优秀教师等20余名。拥有省级重点建设学科7个，省级特色重点学科1个，国家级特色专业2个，省级特色专业8个，国家级精品课程2门，省级精品课程33门，省级教学团队7个。2009年学校获得国家教学成果二等奖1项。

学校党委下设18个党总支，5个直属党支部。全校共有党支部98个，党员1729人，其中在职教职工党员698人，离退休教职工党员115人，学生党员916人。

二、主要工作与成绩

2013年学校党委努力加强自身建设，团结带领广大师生员工，扎实推进学校"十二五"规划任务落实，坚持"商蓝融合，煤经渗透，培养具有新儒商精神的高素质应用型人才"办学特色，努力开创了学校事业发展新局面。

（一）教学改革迈出新步伐　成功获批自筹建设"山东省应用型人才培养特色名校立项建设单位"。新增翻译、城市管理、软件工程、广告学4个本科专业，专业总数达到53个。获批省级特色专业1个，省级卓越工程师计划专业3个。工商管理专业获批教育部"第一批本科专业综合改革试点"。获省部级以上学科竞赛奖80余项。获批2013—2015年中央专项资金11项、省骨干学科教学实验中心项目7项。实施"大学生创新实验计划"。

（二）学科建设和科学研究收获新成果　顺利通过硕士学位立项建设单位整体验收，并完成了招生考试工作。学校牵头联合中国矿业大学等单位申报的"山东能源经济协同创新中心"获批自主培育建设"山东省高等学校协同创新中心"。获批国家社会科学基金4项、国家自然科学基金7项。获批省（部）级项目63项、厅（局）级项目11项。发表学术论文427篇。出版著作译著教材44部。获得国家专利17项。获各类科研成果奖励43项。管理学学科连续5年进入全国百强。

（三）人才队伍建设取得新成绩　新增省级教学名师1人。全年共引进教师24人，其中，博士9人，硕士15人。1人获山东省"有突出贡献的中青年专家"称号，3人被聘为教育部"高等学校教学指导委员会委员"，3人获山东省高等学校重点学科（重点实验室、人文社会科学研究基地）首席专家称号，1人获烟台市有突出贡献的中青年专家称号。此外，还选派了2名教师赴新疆支教。出台实施了《教学型教授、副教授聘任办法》，修订了《出国（境）进修培训管理规定》和《离岗进修培训教师岗位津贴发放规定》。规范和提高了编外用工人员待遇。

（四）学生教育管理工作迈上新台阶　加强对贫困生的帮扶，全年发放各类补助近千万元。举办了400余项校园文化活动。学生获得省级以上奖励300余人次。11名学生参加志愿服务西部计划。学校团委被评为"山东省红旗团委"。招生工作势头良好，录取新生5400余名。2013届毕业生一次性就业率超过80%。

（五）国际、国内合作交流工作取得新进展　与山东能源集团、烟台高新区政府、龙口矿业集团等单位签订一批战略合作协议。在上海、合肥、济南、广东、烟台、威海等地成立校友会，设立了"教育发展基金会"。新增国际合作伙伴7个，签署新协议7项，续签协议3项。学校被评为"山东省国际交流与合作先进单位"。全年出国进修教师30余人次。

（六）宣传工作又有新收获　2013年学校荣获了烟台市文明单位称号，推进了依法治校、信息公开工作，加强了新儒商文化建设，开展了校史编写，启动了校史馆筹建。一年来，《中国教育报》、《中国青年报》、山东卫视、《大众日报》等校外报刊、网络和电视报道学校新闻400余条。

（七）深入开展了党的群众路线教育实践活动　出台了《严明工作纪律　改进机关工作作风规定》，加强了机关作风建设；启动了超标办公用房的清理工作，正在制定学校的《公用房屋管理办法》；变卖处理了超标公务用车；严肃了选人用人纪律；修订了相关规定，完善了激励青年教师攻读博士学位、出国研修等政策；为教学楼安装了饮用水设备，初步解决了师生课间饮水难问题；根据学校女生比例偏高的实际，增加了女生浴室面积，延长了开放时间等等。山东卫视、大众日报、齐鲁晚报、烟台电视台等多家媒体对学校教育实践活动整改落实情况予以了关注和报道。

三、创新与经验

在教育实践活动中，坚持把解决好师生反映强烈的突出问题作为重中之重，着力从解决"四风"问题、解决师生员工关心的切身利益问题入手，深入研究对学校改革发展具有全局性、战略性、前瞻性的问题。

在干部选拔任用方面，在对部分基层党组织负责人的选拔充实过程中，民主推荐环节扩大了会议投票推荐和个别谈话推荐的范围，严肃了选人用人纪律，取得了良好的效果。

在制度建设方面,出台或修订了改进机关工作作风、规范学生党员发展、加强青年教师思想政治工作等方面的一系列规章制度,为加强基层组织建设、改进思想政治工作奠定了制度基础。

附:党委成员名单

书　记:魏金陵

副书记:刘全顺　郭金创

委　员:魏金陵　刘全顺　郭金创　盛国军　隋松智　马东太　龙希利

山东交通学院党委工作概况

山东交通学院党委书记　李　军

一、组织概况

山东交通学院始建于1956年,是山东省唯一一所以培养路、海、空、轨综合交通专业人才为主的普通高等学校。学校设有16个二级学院、4个教学部、48个本科专业,2个工程硕士领域6个方向招收专业学位硕士研究生,全日制本专科在校生19367人,在职教职工1355人,专任教师977人,其中高级职称378人,具有硕士以上学位762人,享受国务院政府特殊津贴者11人,省部级优秀教师13人,山东省有突出贡献的中青年专家2人,聘请2名院士担任学校兼职教授。

学校党委下设16个分党委,1个党总支,5个直属党支部,其中教职工党员731人,离退休党员127人,学生党员1083人。

二、主要工作与成绩

2013年,学校党委认真学习贯彻党的十八大、十八届二中、三中全会和习近平总书记系列重要讲话精神,扎实开展党的群众路线教育实践活动,凝聚起了事业发展正能量。学校党委扎实有效地开展思想建设、组织建设和队伍建设,促进了各项事业健康发展。

(一)扎实开展党的群众路线教育实践活动　深入开展了党的群众路线教育实践活动,组织处级以上领导干部集中学习,征求疏理意见建议575条,坚持边学边查边改,实施了改进工作作风的系列整改措施,深入开展批评与自我批评,开好学校领导班子专题民主生活会,召开分党委(党总支、直属党支部)专题民主生活会36次,制定了切实可行的学校领导班子整改方案、专项整治方案和制度建设计划,工作作风明显得到改善。

(二)深入学习贯彻党的十八大和十八届二中、三中全会精神　全面落实中央和省委关于学习型党组织建设的部署要求,在党委中心组、全校处级干部、党员干部和学生骨干等各个层面开展了党的十八大,十八届二中、三中全会精神和习近平总书记系列重要讲话精神的学习,并在全校师生中广泛开展"中国梦"主题实践教育活动。

(三)着力加强干部队伍建设　进一步优化干部队伍结构,选拔处科级干部45名,安排14名处科级干部交流轮岗。加强干部培训教育工作,举办为期35天的学习贯彻十八大精神处级干部培训班,选派5名学校领导和21名处级干部参加上级部门举办的干部培训班,继续组织做好"第一书记"工作,改进了处级干部考核办法。

(四)夯实基层党组织建设　为发挥基层党组织作用,根据工作需要,及时调整充实基层党组织,成立航空学院临时党支部,共设立了16个分党委,1个党总支,5个直属党支部,127个基层党支部。严格党员发展和党员管理工作,本年度发展党员649人,培训入党积极分子2349名,11个先进基层党组织、128名先进个人受到了党内表彰。

(五)宣传和校园文化建设取得新成效　改进新闻报道,全年发布新闻530余条,新闻访问量达32万余次,编辑出版校报26期,省级以上主流媒体宣传报道学校50余次。建成"79·80"号火车站文化景观,《"诚信驿站"爱心团队传递正能量》获教育部高校校园文化建设优秀成果二等奖。

(六)加强离退休、工会、共青团、统战和校友联谊等工作　建立健全了学校领导联系离退休干部制度,切实为老同志办实事。健全完善分工会和各类教工协会组织,在广大教职工中广泛开展"阳光体育活动月"活动。用社会主义核心价值观教育引领广大团员青年,充分发挥团组织的堡垒作用。建立统战对象信息动态数据库,积极举荐优秀党外人才和党外领导干部参加学习调研、培训考察等活动。加强校友联谊,累计接受校友捐赠100万元。

(七)强化党风廉政建设工作　认真贯彻上级党风廉政建设的精神,严格落实中央"八项规定",推进惩治和预防腐败体系建设。建立健全监督检查长效机制,保障两级管理体制顺利推进,积极开展校园廉政文化建设。对招生录取、基建工程等领域实施重点监督,开展了教材折扣款等5项专项检查。重视群众来信来访工作,认真处理群众反映的所有问题。

(八)抓好综合治理,确保校园安全稳定　密切掌握影响学校政治稳定的信息和动态,强化校园安全文化建设,充分利用入学教育、法制宣传月、全国消防日等契机,广泛开展法制宣传和安全教育,加强大型活动和敏感时期的安全防范，推进平安单位星级创建，确保了校园的安全稳定。

三、创新与经验

一是加强和重视理论学习，切实加强党的十八大、十八届二中、三中全会和习近平总书记系列重要讲话精神；二是扎实推进党的群众路线教育实践活动，进一步改进工作作风密切联系群众，全面推进了党员干部联系班级制度；三是重视基层党组织建设，严格党员发展程序，增强了基层党组织的战斗力；四是加大深入基层调研力度，对学校运行机制进行逐步完善，促进了学校健康发展。五是在全校组织了管理机制创新研究项目的申报、立项评审等工作，以科研项目形式展开对学校管理创新机制的研究。

附：党委成员名单

书　记：李　军

副书记：鹿　林　张祖斌　唐　勇

委　员：李　军　鹿　林　张祖斌　唐　勇　徐晓红　孙云早　顾一中　张　诚　陈松岩

山东警察学院党委工作概况

山东警察学院党委书记　张俊海

一、组织概况

山东警察学院是中共山东省委、山东省人民政府领导下的全日制高等院校，是山东公安机关的重要组成部分，全省唯一的警察本科院校，由山东省人民政府举办，实行山东省公安厅、山东省教育厅共管，以省公安厅为主的管理体制。学院现有全日制在校生3865人，教职工475人，专业技术人员277人。其中，具有高级职务的132人。

学院党委下设6个党总支，有39个基层党支部，党员1043人，其中在职教职工党员407人，离退休党员164人，学生党员472人。

二、主要工作与成绩

（一）认真组织开展党的群众路线教育实践活动　遵照中央和省委的安排部署，聚焦“四风”，深刻查摆存在问题，原汁原味收集意见建议400余条。针对查摆出的问题，认真制定整改措施，限期进行整改。召开专题民主生活会，深入开展建章立制工作，深化整改措施落实。通过教育实践活动，学院广大党员、干部得到了党性锻炼，改进了工作作风，密切了干群关系。教育实践活动带来的新变化新气象，得到师生群众的充分认同和高度评价。

（二）积极推进与山东行政学院资源整合工作　根据广大教职工的强烈要求，经积极工作和多方协调，12月15日，省政府第21次常务会议研究确定我院与山东行政学院（山东省经济管理干部学院）进行资源整合。12月17日，两校正式签订了资源整合协议书，我院负责原经干院7283名在校生的教育培养。2014年1月3日，省政府发出两校资源整合的通知。我院及时组建了工作班子，就工作对接、人员划转、财务资产等工作基本达成一致。

（三）顺利完成各项教学任务，教学质量进一步提高　一是深入开展本科教学合格评估整改工作，做好教育部审核评估基础工作。二是推进教学研究，加强教学基础建设。三是完善教师业绩考核工作和教学质量监控体系建设，保障教学质量。四是组织开展经济犯罪侦查、公安情报学、交通管理工程3个本科新专业和司法鉴定中心等申报工作。五是开展“东西合作”、援藏支教和校局合作等工作，服务公安实战一线。六是图书馆、实验中心等教辅工作发挥了重要作用。

（四）提升科研调研工作水平，主动服务公安工作需要　一是组织了23个渠道科研项目和研成果奖的申报工作。共有28项优秀科研成果获得上级奖励。二是科研管理不断完善。三是认真开展暑期调研及讲学等活动，形成25个调研课题24万字调研报告。四是学报、研究所积极发挥重要作用。

（五）加强干训教学和管理，培训工作有新突破　一是年内共举办包括全国首任公安局长班在内的国内和省内培训班20期，培训在职民警3166人次。二是干训教学质量和服务水平进一步提高。三是成人教育稳步发展。

（六）加强对外交流，圆满完成外警培训等外事任务　一是年内共举办10期外警培训班，培训了24个国家148名中高级警官。开展了公安部外警培训课题、课程的研发工作。二是根据公安部要求，对部分受训国进行了回访。组织外警学员与学院师生以及在职培训的民警开展了交流活动。

（七）加强管理，强化教育，学生工作取得新的成绩　一是加强学生警务化管理工作，取得良好效果。二是学生资助、医保和心理健康教育有序推进。三是招生和就业工作情况良好。2013年招收新生1133名。2013届毕业生的入警就业率93%。四是圆满完成“十艺节”安保任务，受到各级领导和社会各界的好评。

（八）行政后勤管理工作更加规范有序　一是完成信息化主体建设工作。二是行政管理方面，积极转变工作作风，规范工作程序，做好学院信息公开有关工作，狠抓安全保密工作。二是后勤、财务管理工作为保证学院正常运转，改善办学条件发挥了重要作用。

（九）队伍建设工作取得新进展 一是认真组织了政治理论学习，开展了学习贯彻党的十八大和十八届二中、三中全会以及省第十次党代会精神等专题活动和学习英模人物先进事迹活动。二是高度重视人才工作。2名同志被评为第一届“公安高等教育部级教学名师”。确定1名同志参加第八届省级教学名师评选。三是完成了学院岗位设置管理和首次聘任工作。兑现全院教职工基础性绩效工资标准的提高部分。完成教职工参加全省民警互助金项目。四是党风廉政建设工作深入推进。

三、创新与经验

一是必须坚持正确的办学指导思想。要认真贯彻落实党的十八大和十八届三中全会精神以及中央、省委政法工作会议和全省公安工作会议精神，紧紧围绕党委、政府和公安机关的中心工作任务，遵循教育规律，突出公安特色，充分发挥职能作用，为维护社会大局稳定、促进社会公平正义、保障人民安居乐业做出应有贡献。

二是必须坚持院校的公安性质。公安院校姓“公”，必须在公安机关的领导下开展工作。要牢记第一身份是共产党员，牢记第一职责是为党工作，牢记第一岗位是人民警察，确保绝对忠诚、绝对纯洁、绝对可靠。

三是必须把提高教学质量、培养合格人才放在中心位置，紧紧围绕公安工作的需要来开展教学科研活动。要主动服从服务警务实战需要，努力构建“教、学、研、练、战一体化”的模式。要强化学生忠诚和服从意识培养，努力把自己锻造成公安事业合格的接班人和建设者。

四是必须把队伍建设放在重中之重。通过加强各级领导班子建设和教职工队伍建设，努力解决好广大教职工关心的身份问题、待遇问题，加大从优待警的力度，调动好广大师生员工的积极性，带领全院师生求真务实，开拓奋进，干事创业，确保实现“走在前列，3—5年内建成一流公安院校”的总体目标。

附：党委成员名单

书　记：杨和德（2013年3月离职）
　　　　张俊海（2013年3月任职）
副书记：王兴发
委　员：张俊海　王兴发　王培韧　王离京
　　　　王在山　尹长杰

山东政法学院党委工作概况

山东政法学院党委书记　张士昌

一、组织概况

山东政法学院创建于1955年7月，是山东省人民政府领导、山东省教育厅主管的以法学为特色的全日制普通本科高等院校。学校现有教职工761人，其中教授、副教授236人，博士、硕士473人，50余名博士、硕士研究生导师，全日制在校生11856人。

学校党委下设党总支13个，直属党支部4个，基层党支部76个。其中在岗教职工党支部55个，离退休党支部4个，学生党支部21个。截止到2013年底，学校共有党员1468人，其中在岗教职工党员479人，离退休党员121人，学生党员868人。

二、主要工作与成绩

（一）深入开展党的群众路线教育实践活动

严格贯彻落实中央和省委部署，聚焦“四风”方面突出问题，统筹安排活动各个环节工作，形成了整改方案、专项整治方案、制度建设计划等制度成果；在解决“四风”方面突出问题取得了实实在在的效果，并解决了一批师生关注的热点问题。

（二）提升办学内涵，强化办学特色

1. 人才培养特色体系内涵日趋丰富。2013年，贯彻落实《特色人才培养行动计划》，开展了“人才培养质量内部保障体系建设年”活动，启动了“鼎山学堂”法学实验班；法学专业获批国家“本科教学工程”地方高校综合改革试点本科专业，实现零的突破。新增省级特色专业1个；学生综合素质提高，司法考试通过率达45.6%，国家公职人员考取率达21.8%，硕士研究生考取率达13.5%。先后与山东省委政法委、山东法官培训学院、山东能源集团等实务部门确立战略合作关系、签订校企联合培养项目，探索人才培养改革创新。研究生培养工作规范有序，积极打造“职业化”的实践实训环节和模块化综合培训体系。

2. 深化特色学科体系建设。省级“三重点”建设项目顺利通过中期评估；加强科研机构建设，山东政法学院社会稳定与危机管理研究中心和山东政法学院司法研究院先后挂牌成立；《政法论丛》成功入选CSSCI来源期刊。

3. 扎实推进特色学生教育管理体系建设。山政家园

"9958"爱生服务热线和网络服务平台基本建成;开展系列主题教育征文和心理健康教育活动;各类奖助学金覆盖面达31.1%;毕业生总体就业率达92.8%。组织培训学工队伍,不断提升学生管理服务水平。以精品社会实践和志愿服务等项目为依托,打造特色鲜明的团学工作品牌。

4. 持续强化办学条件保障和校园文化建设。建成数字校园统一平台,实现校园网有线无线双覆盖;建成山政特色文库平台和移动图书馆平台;新增学生使用面积5万m^2,绿化面积1.3万m^2。

5. 深入实施人才队伍建设系列工程。完成首期"青年骨干人才队伍建设521工程";新增山东省有突出贡献中青年专家1人,省重点学科首席专家1人。

6. 稳步推进后勤管理模式改革。逐步推进动力、物业、医疗、房产维修等方面的改革,节支创收,成效显著。建设节约型校园,控制成本,提升效益。

(三)坚持"围绕发展抓党建,抓好党建促发展"的党建工作理念,切实做好党的建设

1. 大力加强领导班子和干部队伍建设。严格按照干部选拔任用工作的程序规定,选拔任用、调整处科级干部23人,完成处级领导班子和领导干部任期届满考核工作。认真做好干部教育工作,初步形成长效机制;选派领导干部25人参加各类学习贯彻党的十八大精神及相关业务培训班。党委班子连续7年在省委组织部年度工作考核中获优秀等次。

2. 圆满完成了"第一书记"选派工作。圆满完成首批"第一书记"选派工作,获全省年度考核优秀等次;第二批"第一书记"帮扶工作有序推进。

3. 加强基层组织建设。根据上级部署安排,认真做好《基层组织工作条例》情况自查工作,开展了基层党支部典型案例征集评选活动。全年共发展党员473名。

4. 加强党风廉政建设。召开工作会议,学习传达了上级会议精神,研究部署党风廉政建设工作重点。根据上级部署要求,开展了会员卡专项清退活动、反腐倡廉警示教育工作,党员干部廉洁自律意识进一步增强。

5. 建设平安校园、和谐校园。继续深化平安校园建设,确保了校园持续安全稳定。建立长效机制,规范统战工作,强化师德建设。2013年,荣获"全国模范职工之家"荣誉称号,是全省唯一获此殊荣的高校。

三、创新与经验

(一)必须坚持以科学发展观统领工作全局,统筹协调,推动学校全面协调可持续发展。

(二)必须坚持把改革创新作为发展动力,不断解放思想,主动适应经济社会发展要求,服务地方区域经济社会发展。

(三)必须坚持科学定位,特色发展,坚持教学中心地位,实施学科建设工程,不断提高应用型人才培养质量。

(四)必须坚持把班子建设作为事业发展的关键,积极营造团结、干事、和谐、快乐的工作氛围。

(五)必须坚持把促进师生员工全面发展作为基本价值取向,尊重师生员工主体地位,发挥师生员工的主体作用。

(六)必须坚持以改革创新精神加强党的建设,不断增强党组织的创造力、凝聚力和战斗力,为学校改革发展提供坚强的政治和组织保证。

附:党委成员名单

书　　记:张士昌

副 书 记:李玉福　李光宝

纪委书记:张振智

委　　员:张士昌　李玉福　李光宝　张卫华　周　伟　宋云峰　徐文谋　张振智

齐鲁师范学院党委工作概况

齐鲁师范学院党委书记　尹　方

一、组织概况

学院前身系创建于1948年的山东教育学院,2010年4月,经教育部和山东省人民政府批准,改建为全日制普通本科院校并更名为齐鲁师范学院。截至2013年底,学院党委下设有19个党总支,57个党支部,中共党员881人,其中在职教工党员487人,离退休党员120人,学生党员274人。2013年新发展党员281人。

二、主要工作与成绩

(一)积极加强党建工作,提升引领事业科学发展的能力　一是教育实践活动成效显著。深入学习贯彻党的十八大、十八届三中全会精神,以改革的精神推进学校事业发展。精心组织,周密安排,圆满完成群众路线教育实践活动各项工作。召开7次座谈会,收集各方面意见和建议221条,加强整改落实,有效地解决了一大批"四风"方面的突出问题和制约学校发展的实际问题。成立了学校改革工作领导小组和六个专项改革工作小组,深入推进学校各项工作改革,为学校事业发展注入新的活力。二是干部队伍执政能力不断提高。根据学校事业发展需要,进一步优化和加强了处科级干部队伍。成功举办处级干部暑期读书班,提高了干部队伍整体素质和工作水平。顺利完成第一批、第二批“第一书记”交接调整工作，学校在财力、物力方面继续大力支持“第一书记”开展工作，得到地方政府和群众的高度认可。三是基层党组织和党员队伍建设得到加强。充分发挥校、院两级党校在入党积极分子、党员发展对象培训方面的主阵地作用，培训入党积极分子3500余名，党员发展对象500余名。按照“坚持标准、保证质量、改善结构、慎重发展”的方针，严肃认真地做好发展党员工作，全年共发展党员281名。四是廉政作风建设深入开展。层层签订了《党风廉政建设责任书》，大力开展监督检查，强化正风肃纪，树立党员干部为民务实清廉的良好形象。出台新的公务接待管理规定，严格接待标准，规范接待流程，加强制度约束力度，提高工作的规范化、制度化水平。

（二）狠抓学校软硬件建设，不断提高办学规模 一是基础设施建设得到加强。积极筹措资金，加快学校建设，使学校办学条件和环境得到极大改善。章丘校区2#教学楼、琴房、4#学生公寓、风雨操场、室外运动场、齐鲁文化长廊投入使用，5#学生公寓已做好设计和前期准备工作。二是形成以师范类专业为主体的专业架构。新增经济与金融、广播电视学、心理学、书法学等4个本科专业，新增汉语言文学（师范类）、小学教育（师范类）2个专升本专业，本科专业总数达到22个，构建了以师范本科教育为主体的专业架构。三是在校生规模达到历史新高。全日制在校生达1.1万人，办学规模达到历史最高水平。

（三）切实加强学校内涵建设，不断提高人才培养质量 一是师资队伍建设得到加强。加大高层次、高水平人才的引进力度，通过公开招聘等方式，引进博士和副教授以上职称人员8人。二是教学工作成效显著。组织召开了齐鲁师范学院第六次教学工作会议，启动了迎接教育部普通本科高校本科教学工作合格评估和2014年教学规范年活动，出台了一系列规章制度。2人获得首届全国高校微课教学比赛国家优秀奖，5人获得省级奖项。1门课程被评为省级特色课程。三是科研工作取得突破。获国家社科基金立项1项，国家自然科学基金立项1项，省部级立项19项，地厅级项目30项，获各级科研奖励30余项。四是学科建设取得新进展。《功能材料》团队被确定为省级科研创新（培育）团队。与曲阜师范大学、山东体育学院等高校开展了联合培养硕士研究生工作。五是学生就业稳步提升。组织各类就业指导大赛、讲座47场，组织或配合举办各类招聘会64场，提供7300多个就业岗位。2013届毕业生总体就业率达98.86%，正式就业率达91.66%。六是文化育人功能得到有效发挥。开展了以“弘扬齐鲁优秀文化、锤炼优良教风学风、共筑美好精神家园”为主题的第二届书香校园文化活动，获全省高校校园文化建设优秀成果三等奖。获大众网2013年度“山东省最具学生口碑”高校称号。

三、创新与经验

（一）深入开展“一学双改”工作，促进学校各项事业科学发展 “一学双改”，即把学习贯彻党的十八届三中全会精神，与推动学校教育实践活动整改落实和全面深化改革结合起来，找准学校改革发展的重点和着力点，破除制约学校发展的痼疾和“瓶颈”。通过学校改革工作领导小组和各专项改革工作小组，统筹学校各项工作改革，加强建章立制工作，切实巩固教育实践活动成果，促进学校事业科学发展。

（二）巩固和发挥学校特色与优势，不断扩大学校社会影响力 加强远程研修网络平台建设，平台主要功能点达到8万实时并发，90%以上功能服务器的响应时间在一秒以内，可承载20万人高频繁在线访问，高并发技术、平台的稳定性和基于校本课例研究功能设计在全国教育类培训平台处于领先地位。在此基础上，圆满完成全省50多万中小学教师暑期集中远程研修工作，彰显了我院教师教育的培训特色，取得良好的社会效益。此外，还顺利完成1.4万人国培计划项目、全省中小学骨干校长培训项目、中小学校长常规培训项目等。深入推进我省基础教育改革重点项目“山东省普通中小学‘1751’改革创新工程”的开展，进一步发挥了对我省基础教育改革发展的专业支持作用，扩大了我校在全省基础教育领域的影响力。

附：党委成员名单

书　记：尹　方

副书记：王玉华　李良斋

委　员：尹　方　王玉华　李良斋　张福建　王　海　李启波

山东青年政治学院党委工作概况

山东青年政治学院党委书记　张　涛

一、组织概况

山东青年政治学院现设24个处（部、室）和14个教学院、部。院党委下设14个党总支、48个党支部，共有党员815名，其中，教职工党员418名，离退休干部职工党员76名，学生党员332名。

二、主要工作与成绩

（一）思想政治工作不断深入，党的建设全面加强 组织开展学习贯彻党的十八大、十八届三中全会、习近平总书记系列重要讲话精神和“中国梦”主题教育活动。扎实开展党的群众路线教育实践活动，切实改进工作作风和教风学风。进一步优化党支部设置形式，选拔基层党支部书记34人，严格执行干部选拔任用工作程序，选拔正处级干部22人、副处级干部31人，实行党支部创新活动立项工作，严格党员发展程序，培训入党积极分子900余名，新发展党员291名。扎实推进惩治与预防腐败体系建设，抓好重大事项、重点环节的监督。离退休、工会、妇女、校友等工作与学校事业同步发展。

(二)本科教学基础日益巩固，人才培养质量稳步提高　2013年录取新生4063人，其中本科生1582人，现有本科专业25个。深入实施"本科教学工程"，初步建立起省校两级质量工程项目建设体系，打造"经济与管理实验中心"综合实验平台，筹建济南山青社会工作服务中心、酒店管理综合实践教学中心，完善学生考研服务保障体系。深化与西南大学的在职研究生教育合作，自学考试和远程网络教育在读学生数量达到历史新高。启动与台湾国立高雄餐旅大学等4所高校的合作办学项目，继续深化与韩国诚信女子大学的合作。扎实开展团干部培训工作，着力打造教师队伍和精品课程建设，坚持专家讲学制度，先后完成全省乡镇团干部、全省重点联系企业、全省大学生骨干等18期培训班，培训学员共计1423人。

(三)科研水平明显提升，学术研究成果丰硕　年内博士科研基金项目立项13项，学术专著出版基金资助项目5项，我校省级人文社科基地和重点实验室顺利通过中期检查评估。全年组织完成申报各级重点研究项目27类，省社科规划研究项目立项7个，省社科规划课题青少年研究专项立项9个。获山东省软科学优秀成果一等奖1项，获山东省文化艺术科学优秀成果二等奖3项、三等奖4项。继续举办"山青讲坛"，邀请国内外一流专家学者来校讲学。

(四)人才强校战略深入实施，师资队伍建设稳步推进　年内共引进教师47人，其中C类高层次人才2人、具有高级专业技术职务4人、博士20人。年内有5人通过博士入学考试，17人提升了学位层次，9名优秀青年教师到国内外访学，3名博士进入博士后流动站在职从事科研工作，王玉香教授被评为山东省高等学校思想政治教育重点学科首席专家。组织完成了岗位设置管理与首次人员聘用工作，建立健全《校内津贴方案》等规章制度，完善了人事工作流程，扎实推进人事管理规范化建设。

(五)学生教育管理成效显著，学生就业状况持续向好　充分发挥思想政治理论课主渠道作用，注重运用新兴传媒手段做好思想引领，不断加强和改进大学生思想政治教育。切实履行共青团组织的教育、引导和服务职能，以重要节日、重大事件为契机，组织开展一系列主题教育活动，不断提高大学生的思想政治素质和人文素养。成功召开学校第二次团代会，明确提出了今后五年共青团工作的指导思想、奋斗目标和主要任务。完善网站、广播等校园文化阵地，精心组织"山青讲坛"，打造"五月的鲜花"中华美文诵读大赛、"百善孝为先"主题活动等校园文化活动品牌，承办"高雅艺术进校园"等大型活动和文化赛事。积极推动大学生教育管理全程化，引导大学生自我监督和自我管理。拓宽学生就业渠道，引导和鼓励毕业生面向基层就业、灵活就业，毕业生初次就业率达到91.75%。启动建设大学生创业孵化基地，培养大学生创业意识和创业能力。

(六)服务保障能力显著增强，基础办学条件日臻完善　不断深化后勤社会化改革，加强对餐厅等经营单位的管理监督，增设教职工就餐区域，吸引社会投资300万元对超市进行装修改造。对学校供暖实行合同承包，改善了供暖效果，节省了经费开支。全年财政拨款总额11562万元，追加财政专项资金3513万元，合理筹措和使用资金，偿还各类债务9099万元，年度节约利息500万元，银行负债率降至50%；加强财务预算和收支管理，全年节省开支、增加收益近2000万元。7号学生公寓建成投入使用，加强图书馆、档案馆建设，优化图书馆馆藏结构，推进档案编研利用。提升资产网络化管理水平，多方协调，积极论证智慧校园建设。获省财政高校骨干学科教学实验中心建设工程专项资金1200万元，获中央财政支持地方高校发展专项资金1064万元，进一步整合实验教学资源，着力打造"经济与管理实验中心"综合实验平台。创办了《山东青年政治学院报》，先后在国家级媒体发表新闻报道近30次。强化"三防"措施，及时处置安全事件。把教职工住宅建设作为首要的民生实事常抓不懈，组建了"银丰山青"项目部，教职工住宅建设项目进入实质性建设阶段，实现校园无线网络全覆盖。

三、创新与经验

——要牢牢把握内涵式发展这条主线。要苦练"内功"、励精图治、奋发图强，要统筹好外延和内涵、规模和质量、结构和效益之间的关系，实现外延扩展与内涵提升相互协调、相互促进。

——要牢牢把握规范化建设这个总抓手。要从管理制度、运行规范、工作标准等不同层面着手，切实抓好建章立制工作，不断提高制度规范的科学性、协调性和可行性。要狠抓制度落实，确保各项制度得到严格执行，充分发挥制度的约束、激励和导向作用，为事业发展奠定坚实的制度基础。

——要牢牢把握深层次改革这个强大动力。要把思想认识从不适应本科办学要求的观念、做法和体制中解放出来，增强改革创新的自觉性和紧迫感，敢于啃硬骨头、敢于涉险滩，不失时机地深化重要领域和关键环节的改革。要统筹把握改革的力度、发展的速度和稳定的程度，抓好试点，以点带面，稳步推进，努力推动学校各项事业不断实现新跨越。

附：党委成员名单

书　记：张　涛

副书记：张书明　刘先义

委　员：张　涛　张书明　刘先义　化　旭
李章泉　高　峰　王林山　刘　涛

山东女子学院党委工作概况

山东女子学院党委书记　郭翠芬

一、组织概况

山东女子学院是由教育部和山东省人民政府批准、山东省人民政府领导的全日制普通本科女子高等院校，是山东省唯一一所女子院校、全国三所女子普通本科院校之一。学校坚持服务经济社会和妇女发展的办学宗旨，以实施普通高等学历教育为主，兼有妇女干部培训、职业资格培训、幼儿骨干教师培训等职能，是全国家庭教育实验研究基地、全国和山东省妇女/性别研究与培训基地、山东省教师教育基地、山东省“十二五”高校人文社科基地女性人力资源开发与管理研究基地、山东高校妇女理论研究基地。

学校总占地面积75.59公顷，建筑面积24.74万平方米。设有11个教学院部，开设22个本科专业、43个专科专业，34个成人本专科专业。学院党委下设12个党总支，48个党支部，有中共党员843人，其中教职工党员503人，学生党员340人。

二、主要工作与成绩

（一）党建和思想政治工作　按照中央和省委部署，扎实开展党的群众路线教育实践活动，聚焦作风建设，落实为民务实清廉要求，着力抓好学习教育、听取意见，查摆问题、开展批评，整改落实、建章立制三个环节的工作，取得了明显成效，“四风”问题得到有效整改，师生反映的热点难点问题得到初步解决，作风建设的系列制度进一步完善，党员干部思想认识有了较大提高，与师生的联系更加密切，服务师生、服务基层的能力和水平进一步提升。坚持和完善政治理论学习制度，认真学习贯彻党的十八大、十八届二中、三中全会和习近平总书记系列重要讲话精神，切实推进学习型组织建设。修订了党总支、党支部等工作条例，举办了党支部书记培训班；做好党员发展工作，共发展党员292人，培训入党积极分子1955人。加强干部工作，继续开展在线学习培训，共培训干部120人；对处级领导班子和处级干部进行了任期届满考核，完成了干部换届工作，新提拔处级干部39名、科级干部33名；选派5名科级干部到山东师范大学、济南大学等高校挂职锻炼。做好纪检、监察和审计工作，被评为“山东省教育纪检监察工作先进集体”。

（二）学生教育与管理工作　开展了评选“优良学风班”、“学习标兵”及学习经验交流会、研讨会、读书会等学风建设活动，编写了《2011—2013年学风建设汇编》，推动了校风和学风建设。加强学生工作队伍建设，先后选派11名辅导员参加各类专题培训班，参加全省高校学生教育与管理工作优秀成果评审获二、三等奖。山东女子学院获得“山东省高校学生公寓管理工作示范单位”、“山东高校大学生心理健康节优秀组织奖”等荣誉称号。

（三）民主政治建设　召开了第一届教职工代表大会暨工会会员代表大会第三次会议，认真落实代表提案。不断拓宽沟通交流和民主监督渠道，充分发挥各民主党派、无党派人士、各级政协委员、人大代表等在学校发展中的作用，2013年共发展民主党派党员3人，成立了致公党山东女子学院支部。全面推进党务、校务公开工作，确保师生员工的知情权、参与权和监督权。

（四）人才培养工作　计算机科学与技术获批省级卓越工程师教育培养计划项目；俄语、知识产权被确定为2014年新上本科专业；组织了女大学生综合素质教育系列教材的编写和出版工作；充分发挥新媒体和现代技术手段在教学管理中的作用，被授予“高校新媒体应用先锋”和“中国高校新媒体创新之星奖”；注重培养学生的创新实践能力，出台了创新学分制度。扩大国际交流与合作，选派2名学生参加世界女子教育联盟学生代表大会；与美国曼荷莲女子学院、史密斯女子学院等达成了在女性教育与研究、师资互派等方面的合作意向；选派15名交换生到荷兰斯坦德大学、西班牙卡迪斯大学等合作院校进行学习交流。2013年招生3827人，毕业生总数为2552人，总体就业率为96.16%，优质就业率为54.27%。

（五）科学研究工作　获批全国妇女/性别研究与培训基地、山东高校妇女理论研究基地，举办了“女性生存与发展”、“山东社科论坛——妇女解放、发展及社会性别”、“山东社科论坛——青少年素质教育”研讨会。获得省部级奖15项，厅局级奖26项，发表学术论文371篇。《山东女子学院学报》共出刊6期，刊发文章115篇，有3篇文章被人大复印资料《妇女研究》全文转载。

（六）师资队伍建设　加大人才引进工作力度，引进和招聘人才35人，其中具有高级职称和博士学位的8人。重视师资培养，组织了2012年培养期届满的22名青年教师验收工作，委派14名教师赴国内外高校做访问学者或学习深造，对首届6名教学与学术骨干进行届满考核，选拔了第二批共9名中青年骨干教师，有43名教师晋升为高级职称。

三、创新与经验

第一，一切为了师生、一切依靠师生，是学校各项事业不断推进的坚实基础。

第二，积极稳妥地推进各项改革，是学校事业发展的强大动力。

第三，提高决策力和制度的执行力，是学校事业发展的重要保证。

附：党委成员名单

书　记：孙秀丽（女）（2013年12月离职）
郭翠芬（女）（2013年12月任职）

副书记：范素华（女）　宿建沛（女）

委　员：郭翠芬（女）　范素华（女）
宿建沛（女）　王淑霞（女）
宋兆静（女）　汪　琦（女）
贺兴利

德州学院党委工作概况

德州学院党委书记　李保海

一、组织概况

德州学院是经国家教育部批准建立的综合性普通本科院校。学校现有62个本科专业，教职工1745人，其中，教授108人，副教授426人，在校学生22757人。学校党委下设28个党总支和87个党支部，教职工党员884人，占教职工总数的50.65%；学生党员516人，占在校生总数的2.27%。

二、主要工作与成绩

（一）切实强化党的建设，着力凝聚学校跨越发展合力　深入学习和贯彻落实党的十八大和十八届三中全会精神。学校把党的十八大和十八届三中全会精神的学习列入理论中心组和教职工学习计划，组织了多次专题报告会，起草下发了《关于学习宣传贯彻党的十八届三中全会精神的通知》和《关于深入学习贯彻习近平总书记一系列重要讲话精神的通知》，切实做到学习好、宣传好、落实好。同时，立足学校实际，以十八大精神和十八届三中全会精神为指导，科学谋划学校未来发展的总依据、总布局和总任务。

扎实推进群众路线教育实践活动，大力改进工作作风。按照中央和省委部署，在省委督导组的精心指导下，学校聚焦"四风"问题，深入开展教育实践活动。活动期间，系统学习了有关群众路线的文件和论述，党员干部的宗旨意识得以强化；征集意见建议650余条，查摆问题467个，确定整改任务521项；深入开展作风问题专项整治活动，文山会海等7个方面问题得到有效整治；215名处级以上干部进行了对照检查，严肃开展了批评和自我批评，形成了党内民主生活的良好机制；确定了6个方面27项学校层面制度建设任务，以及424项二级单位制度建设任务，着力形成作风建设的长效机制。教育实践活动的开展，使广大党员干部得到了自我净化、自我完善、自我革新、自我提高，进一步凝聚了广大教职员工的战斗力，学校办学氛围为之一新。

（二）全面强化内涵建设，着力提高办学水平　应用型人才培养迈出新步伐。新增国家和省级本科工程项目9项，新上本科专业3个，获大学生科技文化竞赛国家级奖励238项、省部级奖励442项。招生就业工作保持良好态势，共录取本专科学生6390人，硕士研究生13名，外国留学生18人，中专招生2206人，成人教育招生4425人，综合就业率达到97%。

科研、学科建设和服务地方取得新突破。获批山东省工程实验室1个，获批国家级球类运动研究中心1个。获批国家级课题8项，省部级课题32项，均创历史最好成绩。获得省社科优秀成果奖3项，省刘勰文艺评论奖2项，山东省文化创新奖1项，1部著作获全国百部优秀社科普及作品，其他科研奖励116项；被评为山东省知识产权优势培育单位。组建了"德州生物物理技术与生物制造协同创新中心"。被评为山东省社会科学普及工作先进单位。

人才队伍建设开创新局面。坚持党管人才，深入推进人才强校战略，共引进和培养博士等高层次人才21人，晋升副高以上人员41人，1人任高等学校教学指导委员会委员，2人获省高校重点实验室首席专家称号。加强管理人才队伍建设，圆满完成处级、科级干部换届调整工作，配合省委组织部推荐产生了两名副校级干部。

（三）加强办学条件建设，着力提高管理和保障服务水平　东扩建设扎实推进。东扩总建设面积46万平米，总投资约16亿元。已投入资金6.78亿元，4万平米的1#学生公寓和1#能源中心已投入使用，极大地改善了教学与科研条件。

管理服务水平不断提高。制定了《德州学院党委中心组理论学习制度》和学习督导制度，积极创建学习型党组织。实施了预算绩效管理办法，获得山东省2013年预算绩效奖励270万元，被山东省教育会计学会评为年度会计工作先进单位。在全省教育系统纪检监察工作座谈会上做典型发言，1人被评为山东省教育纪检监察工作先进个人。被评为全省高校办公室工作先进集体、德州市党外代表人士队伍建设工作先进单位。

三、创新与经验

(一)创新思维、深化改革,切实将党委工作聚焦到学校重点工作上 思维“关口”前移,深刻把握高等教育发展的新形势、兄弟院校发展的新态势、区域高校发展的新情况和学校当前发展的新问题,抓住创新性应用型人才培养、硕士学位点培育、推进东扩建设三项重点,找差距,谋对策,以规范服务为支撑,以党的建设为保障,坚定地走以提高质量为核心的内涵式发展道路。

(二)转作风、促规范,着力提升学校党委的综合治理水平 聚焦四风问题,着力完成好教育实践活动确定的整改任务,制定、完善各项制度,建立健全加强作风建设的长效机制。扎实开展作风问题专项整治活动,对“庸懒散”等问题进行集中整治,切实改进工作作风。认真落实《德州学院督查督办暂行办法》,提高工作执行力。发挥好党政联席会制度的作用,坚持管理重心下移,规范管理程序,提升工作标准,凝聚共识,共谋发展合力。

(三)提素质、重能力,努力打造想干事、会干事、干成事的干部队伍 以增强学习研究的能力、担当干事的能力、攻坚克难的能力、统筹协调的能力为抓手,着力实施领导干部任期目标责任制、领导班子和处级干部考核评价办法和党员领导干部党风廉政建设制度,努力打造一支既有满腔热情,又有精湛业务的干部队伍,努力担负起创建德州大学的历史重任。

附:党委成员名单

书　记:李保海

副书记:冯　健　展德明

委　员:李保海　冯　健　展德明　季桂起　巩建闽　孙海滨　王金利　张明征　吴兴华

潍坊学院党委工作概况

潍坊学院党委书记　辛丕宏

一、组织概况

潍坊学院是一所省属全日制普通本科院校,是山东省应用型人才培养特色名校立项建设单位。学校现占地面积 2100 亩,校舍建筑面积 81 万平方米。设有 23 个教学院部,63 个本科专业,有教职工 2110 人,全日制普通在校生 25000 余人。

学校党委下设 26 个党总支,6 个直属党支部。党总支下设 67 个教工党支部,20 个学生党支部。现有党员 2180 人,其中在职教职工党员 1177 人,学生党员 649 人,离退休教职工党员 354 人。

二、主要工作与成绩

(一)深入学习贯彻党的十八大和十八届三中全会精神 坚持党委理论中心组(扩大)学习制度,通过专题报告、研讨交流、宣讲辅导等多种形式,认真组织学习党的十八大和十八届三中全会和习近平总书记系列讲话精神。充分发挥校内外媒体的作用,努力营造浓厚的舆论氛围,推出“杰青人物专访”、“闻香书院”等一批特色专栏专版,在市级以上媒体发稿 500 余篇。全年举办学习报告会 7 场次,党员干部分批学习培训 16 期次。坚持理论联系实际、学以致用,把学习型组织建设与推进教育教学改革、提高人才培养质量、加快内涵发展转型提升紧密结合起来,武装了头脑、指导了实践、推动了工作。

(二)扎实开展党的群众路线教育实践活动 根据中央、省委的统一部署,在省委督导组的指导下,学校党的群众路线教育实践活动认真按照“照镜子、正衣冠、洗洗澡、治治病”的总要求,牢牢把握“坚持党的群众路线,办好人民满意教育”的主题,聚焦作风建设,着力解决“四风”突出问题。通过座谈交流、调查问卷、分别走访等多种形式广泛征求意见建议;深刻查摆问题,进行党性分析和自我剖析,召开领导班子专题民主生活会,开展批评和自我批评;认真制定整改方案,开展专项整治活动,扎实推进建章立制和整改落实工作。党员的宗旨意识和党性观念进一步增强,“四风”突出问题得到有效整治,工作作风明显好转,制度机制更趋完善,教育实践活动取得重要阶段性成果,赢得了广大师生员工的拥护和支持,得到省委督导组的肯定与好评。

（三）切实加强领导班子和干部队伍建设　着力加强干部队伍建设，不断完善领导班子议事决策机制，切实提高决策的科学化、民主化水平。以作风建设为重点，强化基层基础工作，严格选人用人标准，进一步增强了各级党组织和党员干部的凝聚力、执行力和影响力。推荐产生2名校级干部，对全校46个中层领导班子和148名处级干部、440名科级干部进行了年度考核。利用暑假、寒假举办处级领导干部研讨班，推荐29名干部分别参加省委党校、高校工委、市委党校培训班和挂职锻炼。第六批挂职干部、驻村帮包"第一书记"和"博士服务团"工作成效显著，受到当地党委政府和干部群众好评，首批驻村帮包"第一书记"总体考核优秀。

（四）推动学校内涵发展转型提升再上新水平　学校党委按照"抓基础、上水平、创特色"的总体要求，紧紧围绕提高人才培养质量这一核心，深入实施"教学立校、科研兴校、人才强校、特色名校"四大战略，推动学校各项事业取得长足进步。突出教学中心地位，深化教育教学综合改革，获批国家级工程实践教育中心、教育部首批综合改革试点专业，召开第三次教学工作大会，坚持走以质量提升为核心的内涵发展道路。省级重点学科和省高校科研创新平台建设更趋完善，联合培养在校研究生27人，1项成果获省泰山文艺奖一等奖。实施杰出青年人才支持计划，柔性引进"长江学者"2人，实现领军人物新突破，人才工作连续两年获得省考核优秀等次，工作案例入选全省"十佳"创新案例。主动对接"蓝黄"国家发展战略，参与省部共建潍坊国家职业教育创新发展试验区建设，坚持内涵发展转型提升，学校被确定为省应用型特色名校立项建设单位。

（五）大学生思想政治教育取得新成效　坚持立德树人，把促进每一个学生健康成长作为学校一切工作的出发点和落脚点，进一步完善党委统一领导、党政齐抓共管、专兼职队伍相结合、全校师生员工积极参与的学生教育管理工作机制。创新大学生思想政治教育模式，改进思想政治理论课教学，积极推动社会主义核心价值体系进教材进课堂进头脑。组织开展"学生工作年"活动，提高辅导员专业化、职业化水平，辅导员队伍心理咨询师比例达到37%以上。创新学生服务平台，探索实行住宿书院制改革。组织开展"我的中国梦"系列校园文化活动、"三下乡"社会实践活动和志愿服务活动，学校团委被表彰为山东省先进团委，学工在线网站被评为全国高校百佳网站。

三、创新与经验

（一）不断深化教育教学改革，加快推进现代大学制度建设　继续深化以"一创三改两试点"为主要内容的教育教学改革，探索建立"党委领导、校长负责、教授治学、民主管理"的有效途径和方式，健全科学民主决策机制，全面加强党的思想、组织、作风、反腐倡廉和制度建设，提高党建科学化水平，努力建设团结和谐、干事创业、求真务实、清正廉洁的领导班子。

（二）坚持密切联系群众，持之以恒抓好作风建设　重视学习教育，突出思想性；重视领导带头，突出示范性；重视解决实际问题，突出实效性；重视制度机制建设，突出长效性，巩固扩大党的群众路线教育实践活动成果。

（三）创新大学生思想政治教育模式，探索实行住宿书院制　立足学生的思想成长、行为养成、人格塑造和实践锻炼，成立弘德书院、明志书院，着力打造第二课堂，推动学生在知识的广博与专精上融通合一、在求学与修身上相得益彰，促进了学生全面发展、个性发展，受到学生、家长和社会的广泛好评。

附：党委成员名单

书　记：辛丕宏

副书记：王守伦　牛钟顺

委　员：辛丕宏　王守伦　牛钟顺　冯滨鲁
王清明　丁子信　马茜华（女）
朱猷武　赵光强

泰山学院党委工作概况

泰山学院党委书记　王庆功

一、组织概况

泰山学院现有教职工1252人，其中专任教师830人，教授、副教授290人，具有博士、硕士学位的教师589人。设有18个二级学院（部），59个本科专业，涵盖9个学科门类，全日制在校生18124人。学校党委下设21个党总支，18个直属党支部，党总支下设71个基层党支部，共有党员1677名，其中学生党员704人。

二、主要工作与成绩

（一）教育实践活动扎实开展，党建工作卓有成效

1. 扎实开展党的群众路线教育实践活动。按照中央和省委的统一部署，按照"照镜子、正衣冠、洗洗澡、治治病"要求，集中解决"四风"问题。广大党员干部思想认识进一步提高、作风进一步转变、党群干群关系进一步密切、为民务实清廉形象进一步树立，营造了风清气正、团结进取的良好学风、教风和校风。

2. 思想政治工作不断深入。推进学习型党组织建设，强化两级理论中心组集体学习制度和效果,科学理论武装工作扎实深入。通过集体学习、专题辅导等形式,认真学习贯彻党的十八大和十八届三中全会精神,制定教职工政治学习制度,编印教职工政治学习参考资料6期,中层干部学习材料2期。

3. 干部队伍和基层组织建设进一步加强。充分发挥党委总揽全局、协调各方作用,着力加强班子自身建设,集体领导与个人分工负责相结合的制度不断健全;修订完善党委会和院长办公会议事规则;圆满完成33名处级干部和69名科级干部试用期满考核工作;成功举办中层干部学习党的十八大精神培训班。积极做好在中青年学术骨干和优秀大学生中发展党员的工作,共发展党员455人。

4. 党风廉政建设扎实推进。严格落实党风廉政建设责任制,加强廉政警示教育,筑牢领导干部反腐倡廉的思想防线;加强对重点环节和重点部位的全过程、全方位监督,杜绝了腐败现象的发生;积极开展各项审计业务,协助省审计厅完成审计整改工作。

(二)加强内涵建设,学校各项事业实现又好又快发展

1. 教育教学质量稳步提升。积极申报省级特色名校,并成功进入前10名;新增"本科教学工程"综合改革试点专业1个,新增省级特色专业1个,获得省级卓越工程师教育培养计划项目3项;新增山东省有突出贡献的中青年专家1名,省级教学名师1名;建立动态调控机制,专业结构更趋合理。完成398门课程的试卷库建设工作,较好地推进了教考分离;毕业生考研成绩突出,考研上线率和录取率分别为55%和38%;普通本专科招生5432人,本专科第一志愿报考率均超过100%;派出赴国外访问团1个,与7个国家的高校或机构进行合作洽谈并与签署合作协议6个;举办各类学术讲座50余场;校地、校企、校际合作共建进一步拓展,签署合作协议17个。

2. 学科建设与科研工作呈现良好势头。学科建设进一步加强,顺利完成骨干学科教学实验中心建设工程中期考评工作;投入1000万元,启动实施重点学科专项支持资金建设项目;获得市厅级以上立项14类134项,资助经费270.4万元;社会服务成效显著,横向科研经费达到240万元,比往年有大幅提高;全年取得各类科研成果573项;组织申报科研成果95项,获市厅级以上奖励66项,其中省社会科学优秀成果二等奖1项,省高校优秀科研成果奖7项,省软科学优秀成果奖19项,省文化艺术优秀成果奖6项。

3. 人才队伍建设进一步加强。加大人才工作力度,引进博士研究生20人,招聘优秀硕士研究生17人;聘请兼职(客座)教授36人;1名教师被评为山东省高校重点学科首席专家;8名教师获得国内访学资助;顺利完成首批"136"优秀人才工程培养对象的届满考核工作;改革职称评审制度,实行职称评定量化办法,共评审通过教授7人,副教授26人、讲师43人;顺利通过全省高校人才工作目标责任制考核工作,并取得良好等级。

4. 学生工作再上新台阶。实施德育系统工程,顺利完成二级学院德育工作评估;开展学风建设系列活动,学风考风明显好转;完善资助育人体系,3000余名学生获得各类奖助学金,总金额1027万元;加强学生心理普测和危机干预,预防心理危机事件的发生;顺利通过省教育厅的学生公寓检查评估,学校被评为山东省高校学生公寓管理工作示范单位。举办各类科技文化竞赛300余项、周末文化活动350余场;学生参加各类学科专业科技竞赛,共获得国家级奖励102项、省级奖励244项。严格落实就业工作目标责任制,成功举办各类专场招聘会160余场,2013届毕业生总体就业率达94.47%。

5. 办学条件不断改善。高标准推进二期教职工公寓建设工作,主体建设基本完工;南校区400米8跑道塑胶田径场项目建设进展顺利;留学生公寓改造任务顺利完成;加强对水电、饮食、卫生、交通、维修等工作的精细化管理,教职工宿舍区水电"户表改造"基本完成,为宿舍区实现物业管理奠定了基础;加大投入力度,图书文献资源进一步完善;新建网络中心机房面积240平方米,启用新的万兆交换机,网络运行速度有了明显提高。

三、创新与经验

一是切实推进民主科学决策。坚持民主集中制和党委领导下的校长负责制,及时有效解决学校发展中的各类矛盾和问题,遵循集体研究、民主决策的良好制度,贯彻科学发展理念;二是坚持党建工作和教育教学工作一起抓,同部署,两促进。切实将广大党员干部的积极性、创造性和工作干劲引导到学校改革发展事业当中,以改革发展的工作实绩进一步检验和增强了基层党组织的号召力、凝聚力和战斗力;三是继续保持和发扬艰苦奋斗精神,严格按照中央八项规定和省委实施办法,崇尚节约、反对浪费、注重实干、拒绝空谈,努力营造踏实干事、勤勉敬业的良好风气;四是坚持干部选拔唯才是举,真正配备一批能靠得住、用得上的"德才兼备"的好干部,进一步提高了广大干部的综合素质和办事效率。

附:党委成员名单

书　记:王庆功

副书记:秦梦华　邹成顺

委　员:王庆功　秦梦华　高德海　王雷亭　邹成顺　胡立东　于鸿远　殷　敏　徐　跃

枣庄学院党委工作概况

枣庄学院党委书记　胡小林

一、组织概况

枣庄学院是经教育部批准建立的全日制综合性普通本科院校。学校现有19个院(部)，共22个教学单位，48个本科专业，35个专科专业，初步形成了文学、理学、工学、管理学、教育学、历史学、法学、经济学、艺术学等学科协调发展的专业格局，在校生13470余人。学校党委下设31个基层党总支。全校共有党员1287人，其中在岗教职工党员701人，离退休教职工党员102人，学生党员484人。

二、主要工作与成绩

(一)以党的群众路线教育实践活动为抓手，党建工作得到全面提升　根据省委统一部署，学校深入开展为期8个月的党的群众路线教育实践活动，广大党员干部思想进一步提高、作风进一步转变、党群干群关系进一步密切，在全校营造了良好学风、教风和校风。校党委高度重视自身建设，坚持党委中心组理论学习制度，建设学习型领导班子。大力推进党务公开，加大组织工作信息宣传力度，拓宽信息反映渠道。配合省委组织部完成了校级领导班子的调整并选派一名校领导到青岛大学挂职工作。选配调整了第二批“第一书记”。拓宽干部教育培训渠道，选派20名处级干部外出培训，选任了30余名科级干部。培训1900余名入党积极分子并把全校预备党员轮训一遍，发展党员238人。

认真贯彻落实中央和省委关于党风廉政建设的各项规定，出台了《中共枣庄学院委员会关于改进工作作风、密切联系群众的实施意见》，严格执行“八项规定”，大力推行“阳光工程”、“阳光招生”、“阳光收费”、“阳光采购”等一系列廉政措施，加强和规范党风廉政建设。校纪委监察处、审计处坚持对重大经济项目全程监督、跟踪监督，做到组织监督、班子内部相互监督及党员监督、群众监督相结合，形成上下联动的监督机制。

(二)以培养应用型人才为中心，教学科研工作水平逐步提升　学校启动培养应用型人才专业平台建设改革方案，新增本科专业2个，申报增设3个与地方经济社会发展紧密联系的应用型本科专业；新设校企共建化学化工类人才培养模式创新实验区、生物技术专业人才培养模式创新实验区。有3个本科专业获批省级卓越工程师教育培养计划项目；1个专业获批教育部“本科教学工程”地方高校第一批本科专业综合改革试点专业、1个专业被批为省级特色专业。本科生大学英语四、六级通过率分别达到81.0%和27.8%，计算机文化基础考试通过率达到98.9%。2013届本科毕业生考研成绩优异，694人被录取为研究生，其中中国科学院和985、211院校260余人，占录取人数的38%，8人考取法国和香港高校的研究生，考研路径得以进一步拓展。5月13日至16日，我校顺利接受了教育部本科教学工作合格评估，评估专家组对我校本科办学9年来所取得的成绩给予充分肯定。

有4项成果荣获省级社科优秀成果奖，其中一等奖1项，填补了我校省级社科成果一等奖的空白；1人荣获省重点学科首席专家，1人荣获省级社会科学学科新秀奖，1人荣获枣庄市首届青年科技奖。同时，我校获得国家社科基金项目、国家自然科学基金项目和国家星火计划项目等国家级科研课题6项；获得山东省科技发展计划项目、山东省优秀中青年科学家奖励基金项目、山东省自然科学基金、山东省社会科学规划项目等省部级科研课题14项；获得市厅级科研课题29项，获得横向科研课题3项。有40项成果获市厅级以上科研奖励。山东省社会科学普及教育基地在我校挂牌。

(三)成功打造以世界语为载体的国际合作与交流平台　世界语是近几年来我校重点打造的国际性交流平台，受到国家外文局领导的大力支持和帮助。我校连续两年参加国际世界语大会，以世界语教学与研究为平台，不断扩大与国外高等学校、科研机构的交流与合作。2013年11月，我校承办了第十届全国世界语大会，300余名世界语专家参会，同时，我校建设的世界展陈面积最大、功能最现代化的世界语博物馆揭幕，一年来接待国内外宾客千余人，引起全世界世界语者高度关注。目前，学校正在参与世界语大词典的编纂工作。我校国际化水平和社会影响力进一步提升。

三、创新与经验

(一)以先进理论为指导，加强党员思想修养　学校党委在师生党员思想政治理论学习中，时刻以先进的理论武装头脑，指导实践，提高师生党员思想认识，转变工作作风，以作风建设的新成效促进学校各项事业的发展。

(二)立足地方需求，调整学科专业建设　结合地方发展实际，积极调整学科结构，打造面向地方经济建设的学科专业群，新增3个与地方经济社会发展紧密联系的应用型本科专业，构建适应地方需求的学科专业体系。根据地方紧缺人才实际需求，不断创新与地方经济发展密切相关的人才培养模式，确定校企共建化学化工类人才培养模式创新实验区、生物技术专业人才培养模式创新实验区为我校第二届人才培养模式创新实验区，主动为地方培养创新型、应用型、技能型紧缺人才。

附:党委成员名单

书　记:胡小林

副书记:曹胜强

委　员:胡小林　曹胜强　曾宪明　高庆喜　李进京　颜世昌

滨州学院党委工作概况

滨州学院党委书记　步乃章

一、组织概况

滨州学院是一所省属全日制综合性普通本科院校,设有21个系(院)、49个本科专业、38个专科专业,普通本专科在校生17604人;在职教职工1271人,其中,博士生导师3人、硕士生导师29人,教授51人、副教授207人,博士70人、硕士783人。校党委下设23个党总支、20个直属党支部;党总支下设52个教工党支部、27个学生党支部;共有党员1620人,其中在职教职工党员812人、学生党员613人、离退休教职工党员183人、其他党员12人。

二、主要工作与成绩

(一)坚持以质量为核心,人才培养质量进一步提高 制定实施《滨州学院本科教学质量提升计划》,新上3个本科专业并顺利招生,3个专业获批"山东省卓工计划"项目,新增1个省级特色专业,飞行技术专业获批教育部首批地方高校"本科教学工程"综合改革试点专业。1项教材编写和出版项目被列为普通高等教育"十二五"应用型本科规划教材,实现了国家级规划教材零的突破。录取全日制学生5922人,新生报到率达到95.6%;2013级毕业生初次就业率达到96.9%;考研录取率达到29.4%。实训中心、分析测试中心投入运行;新增国家级大学生校外实践教育基地1个、省级实验教学示范中心1个;获批国家级大学生创新创业训练计划实施单位,立项51项;学生参加学科竞赛获国家级奖项98项、省级奖项225项。成立实体教师教育学院,省级教师教育基地建设取得明显成效。加强对外交流与合作,成人教育、远程教育、产学研合作教育稳步发展;与英国亚伯大学签署合作意向,中外合作办学项目进一步拓展。

(二)坚持以特色为引擎,服务社会能力进一步提升 飞行技术专业录取新生165人,交通运输(空中交通管理与签派方向)专业首届招生35人。新开辟河南、河北2个招飞区域,新增春秋航空公司等4家合作伙伴,106名飞行技术学生顺利毕业,联合培养"大改驾"飞行员90人;完成ATPL理论培训和飞行员执照考试18批次,培训学员1000余人次。成立滨州学院社会科学界联合会,隆重召开第三次科研工作会议。争取到科研项目126项,其中国家级项目2项、省部级项目44项,获得科研经费830余万元;获市厅级以上科研成果奖136项,"黄河三角洲文化创新工程"荣获山东省首届文化创新奖。与滨州、淄博、德州等地企事业单位联合共建实验室、研发中心,"化工副产品中有效成分的检测与提纯"等一批项目产业化取得成功;联合举办"万人培训工程",与有关中小学开展"顶岗实习,置换培训"项目;举办"山东社科论坛—全国沿海高校服务区域经济发展联盟研讨会"、"海峡两岸孙子文化论坛"、"青年学生孙子兵法友谊辩论赛"等活动;参与第十届中国(惠民)国际孙子文化旅游节、孙子故里祭拜兵圣大典,创作话剧《孙武》等,服务行业和区域经济社会发展。

(三)坚持以人才为支撑,队伍整体结构进一步优化 引进博士12人、硕士30人,培养博士、硕士25名,具有博士、硕士学位的教师达到720人,占专任教师比例达到83.5%。新增山东省教学名师1人、山东省高校首席专家2人、滨州市有突出贡献的专业技术人员3人、滨州市首批青年学术技术带头人5人;1人获山东高校十大师德标兵称号,2人获全省高校优秀中青年思想政治理论课教师"十百工程"骨干教师称号;评选校级教学名师5人、师德标兵13人。多名教师在全国、全省高校微课教学比赛中取得佳绩。

(四)坚持以创新为驱动,管理服务水平进一步提高 首次开展岗位设置与聘用工作,逐步实现由身份管理向岗位管理的转变。优化资源配置,新增教学科研仪器设备值1770万元、图书15万册,建成无线网络和"校园一卡通"系统,公共教学楼一期工程、工程训练中心交付使用,公共教学楼二期土建工程已完成,学苑花园教职工住宅楼建设工程达到验收条件,办学条件进一步改善。推进节约型校园建设,加大融资力度,学校债务降到历史最低水平。加大对资金、重点项目、物资采购等的监管力度,监察、审计、招投标工作成效显著。高度重视"平安大学"建设,和谐稳定局面进一步巩固。健全规划、计划落实机制,完善重点工作督查制度,确保党委、行政决策部署落实到位。

(五)坚持以德育为首位,大德育格局进一步形成 组织党的十八届三中全会精神专家辅导等主题教育活动,实施"青年马克思主义者培养工程"、"榜样工程"等,推进社会主义核心价值观进校园、进课堂、进头脑。累计发放国家奖助学金1035.2万元,帮助学生贷款1261.1万元。举办校园科技创新竞赛和创业培训讲座,开展"三下乡"社会实践、大学生科研训练计划（SRTP）等活动，参加山东省科技文化艺术节、"挑战杯"大学生课外学术科技作品竞赛等，促进学生全面成长。

（六）坚持以党建为基础，政治保证进一步加强　贯彻执行《党政领导干部选拔任用工作条例》，严格落实"四项监督制度"，选拔任用了45名处级、60名科级领导干部。坚持一年两次干部集中培训和定期学习制度，完善中层领导班子和领导干部学年度考核办法，坚持"三会一课"制度和民主生活会制度，培训入党积极分子3000余人，发展党员310名，壮大了师生党员队伍。做好"第一书记"帮包贫困村和贫困家庭工作，对困难家庭进行了两次走访慰问。严格落实党风廉政建设责任制，强化监督检查机制，有力促进了学校健康发展。

三、创新与经验

2012年10月，学校经过教育部本科教学工作合格评估后，校党委按照专家组的意见和建议，经过一年多的努力，顺利完成了整改工作，有力地促进了我校本科教学工作，提升了学校教育教学质量和整体办学水平。按照"照镜子、正衣冠、洗洗澡、治治病"的总要求，聚焦作风建设，深入开展党的群众路线教育实践活动，取得了让师生满意的成效，《山东高教》专门刊文介绍我校的做法和经验。

附：党委成员名单

书　记：步乃章

副书记：罗公利　刘文烈

委　员：步乃章　罗公利　刘文烈　杨洪章　张业赏　杨淑云　李长海　宋淑平

菏泽学院党委工作概况

菏泽学院党委书记　张存金

一、组织概况

（一）学校概况　菏泽学院位于菏泽北郊，是山东省菏泽市唯一的全日制普通本科高校。现有本科专业50个、专科专业23个，全日制在校生17000余人，成人教育、远程教育和职业教育在读生10000余人，教职工1300余人。

（二）党建工作　菏泽学院党委下设26个党总支、22个直属党支部、28个教工党支部、8个离退休干部党支部、24个学生党支部、2个基层党委。2013年，学校以学习党的十八大精神为动力，全面加强党的思想政治建设、基层组织建设、干部队伍建设、党风廉政建设，不断提高党建工作科学化水平，为各项工作顺利开展奠定了坚实的组织保障。学校认真贯彻落实《基层组织工作条例》和第21次全国高校党建工作会议精神，对全校各级党组织落实情况和党员发挥作用及教育培训情况进行全面调查摸底，形成了书面调查报告。深入开展党建带群建创先争优、"党员和人才双向培养"、基层党建创新立项和"学党章、用党章"等党建活动，以实际行动争创学习型、创新型、服务型党组织。积极创新中层领导班子和领导干部年度考核方式方法，并适用于2012年考核工作。进一步加强干部培训工作，选调学员32人次参加上级各类干训班。继续推进组织工作约谈制度。认真落实干部个人有关事项报告、任前经济责任审计等制度，对副科级以上干部在企业兼职情况进行了调查和清理。进一步做好发展党员工作，对5247名入党积极分子进行培训，发展党员820名，其中教工党员4名、学生党员816名。列支党费7000元，用于慰问建国前老党员和特困党员及各方面党员代表14人。

（三）党的群众路线教育实践活动　按照省委的统一安排部署，在督导组的具体指导帮助下，作为第一批教育实践活动单位，7月16日启动，历时7个半月，历经3个主要环节，取得了明显的阶段性成果。整个活动，共确定整改任务28项，专项整治任务27项，制度建设计划21项，每项任务都明确了整改落实的目标、方式和时限要求，都有具体措施。通过这次党的群众路线教育实践活动，进一步增强了党员干部为民务实清廉的自觉性和主动性，积累了党内生活经验，推动了作风建设的常态化、长效化，激发了学校改革发展的动力和活力。

二、主要工作与成绩

（一）教学科研　2013年是学校的教学整改建设年，学校专门成立了整改建设办公室和专项工作小组，制定了《整改建设工作方案》，并认真贯彻落实。组织开展了"转变教育思想、促进教学改革、推动学校发展"主题讨论活动，出台了《菏泽学院教学工作奖励办法》等文件，进一步加强教学管理制度建设。专业建设稳步推进，新增两个本科专业，生物科学专业获批省级特色专业。科研方面。修订出台了核心期刊目录和科研奖励办法。全年共发表论文636篇，其中核心期刊论文178篇、被三大索引收录论文83篇。甄选出校级重点学科5个、重点实验室3个、人文社科研究基地2个，学科带头人7人、中青年学术骨干10人。

（二）管理工作　为进一步提高管理科学化水平，出台了《关于进一步规范有关工作规程的意见》，推行首问负责、限时办结等工作制度，进一步细化了公务接待、公车使用、公文办理等工作规程，促进了公务活动的制度化、规范化建设。出台了《关于加强实验室中心化建设的意见》等文件；对北校区办公用房进行了清理整顿；细化招投标程序，全面启动数字化校园建设，提高了资产管理科学化水平。配合省政府做好人事上划的各项工作，进一步细化职称评聘办法，实施"5136"人才工程建设，做好人才引进、稳定与培养工作。招生、后勤等方面也不断加强政策研究，创新工作方法，提高管理水平，取得了良好的效果。

（三）服务地方　制定了《2013年度菏泽学院服务菏泽科学发展行动计划实施方案》，编制了《菏泽学院服务菏泽科学发展项目申请表》，修订了《菏泽学院服务菏泽科学发展专家及服务项目手册》，召开了服务菏泽科学发展调度会，安排部署各项对接与项目遴选工作。与东明县、开发区、牡丹区进行了洽谈磋商，积极搭建服务平台，有针对性地与企业开展对接交流，形成了学校和地方发展的良性互动。与市农业局、旅游局、菏泽监狱以及山东多友科技有限公司、山东省农业科学院畜牧兽医研究所、银香伟业等62家企业单位进行有效对接，合作取得了突破性进展。

（四）开放办学　对外合作层次得到大力提升，交流渠道得到大幅拓展。美国得克萨斯州沙罗斯州立大学、俄罗斯波多利斯克市政府代表团、马来西亚世纪大学、澳大利亚格里菲斯大学和天主教大学先后访问我校，洽谈合作办学，开展校际合作交流。在充分沟通协商的基础上，与韩国全州大学等6所国外高校签订了友好学校协议。积极协调有关部门，帮助我校代表团赴韩国首尔参加了"2013年国际类人机器人比赛"，并取得2个单项一等奖、1个团体二等奖的优异成绩，填补了我校参加国际学术交流和比赛的空白。邀请2013感动中国十大人物之一高秉涵两次为我校学生开展感恩教育，邀请高秉涵的女儿、台湾东南科技大学资深音乐教师高士珮为学生学术报告。加强外教引进与管理工作，新聘外教2名，美国外教马修获得山东省教育厅颁发的"2012年度外国专家教学奖"。深入探索开放式办学路径，2名选修韩语的学生赴全州大学免学费学习一年，2名日语专业学生赴日本九州外国语学院参加教育实习项目，2名同学参加了"暑期赴美带薪实习"项目。积极配合省教育厅开展国家汉办公派教师、孔子学院和孔子课堂教师遴选工作，目前已有7名教师在国外开展对外汉语教学。

（五）思想政治教育　组织开展了2013年度大学生思想状况调查，为有针对性地开展教育和管理提供了科学依据。进行了大学生思想政治教育工作测评，对大学生思想政治教育工作进行了全面梳理和总结。举办了新党员集体入党宣誓仪式、大学生科技文化艺术节、心理健康活动月、读书节、十佳教师评选、"三下乡、四进社区"志愿服务等活动，推行"三进三有"辅导员工作方法，宣教结合，务求实效，打开了各项工作的新局面。

（六）校园安全管理　开展了主题为"加强安全教育管理，构建平安和谐校园"的安全教育月活动，推动校园安全文化建设。举行了防震减灾应急疏散演练和消防逃生演练活动，加强技防设施建设。加强网络安全管理，积极做好网络舆论监督工作。做好敏感时段维稳工作。在"六四""七五""9.18"和十八届三中全会期间，学校有关部门密切配合，做好应急预案和信息沟通，发现问题及时调处，发现矛盾及时化解，确保了学校大局稳定。全年未发生学生重大意外事故、群体性事件等，学校的和谐稳定局面得到了巩固。

三、创新与经验

一是实施课堂提质教育，通过大力提升教学质量，推动创新素质教育；二是开展创新创业教育，把创新创业教育当作大学生综合素质教育的重要一环；三是积极吸引高端人才，进行人才创新，优化人才结构，取得不错成绩。

附：党委成员名单

书　记：张存金

副书记：郗章玉　赵　普

委　员：张存金　郗章玉　赵　普　赵汝坤　孟令美　黄济民　刘兴坦

济宁学院党委工作概况

济宁学院党委书记　郗章玉

一、组织概况

学校占地面积1613亩，校舍建筑面积近35万平方米。图书馆藏书150余万册。教学仪器设备值8000余万元。学校设17个教学单位。设本科专业31个，专科招生专业21个，分属经济学、教育学、文学、历史学、理学、工学、管理学、艺术学等8大学科门类，初步形成了学科门类较为齐全、结构合理、特色鲜明、文理工协调发展、教师教育与非教师教育并举的办学格局。学校现有教职工1196人，教师886人，有教授47人，副教授258人，博士53人，硕士462人。博士研究生导师2人，硕士研究生导师9人；享受国务院特殊津贴4人；山东省有突出贡献的中青年专家1人；省级教学名师6人。长期聘任外籍教师任教6人。现有全日制普通在校生15055人。

学院党委下设3个党委，18个党总支，75个党支部。共有党员1872人，其中教工党员1351人，学生党员496人，其他党员25人。

二、主要工作与成绩

2013年是全校学习党的群众路线的一年，是我校加强作风建设，推进制度建设，迎接教育部本科教学评估工作，实现学校科学发展、跨越发展的关键一年。一年来，在学校党委的正确领导下，学校整体实力稳步提高。

（一）加强党建和干部队伍建设工作

1.党的群众路线教育实践活动成效明显。以民主测评、谈话、座谈会等形式，听取师生对党员干部“四风”方面的意见建议，深刻查摆“四风”问题。在中层以上干部中，认真撰写班子及个人对照检查材料，召开专题民主生活会，开展批评和自我批评。先后到39个单位和部门发放调查问卷1800余份，征求意见400余条，收集各类剖析材料132份。

2.政治理论学习常抓不懈。以校党委理论学习中心组为重点，以学习型党组织建设为载体，组织党员干部和师生员工深入学习了党的十八大和十八届二中、三中全会精神，以及习近平总书记一系列重要讲话精神。组织宣讲党的十八大、十八届三中全会精神3次。

3.基层党组织建设进一步强化。建立健全基层党组织工作规章制度。全年共发展预备党员403名，预备党员转为正式党员231名。做好了“第一书记”抓党建促脱贫工作，选派第二批“第一书记”到帮包村工作。省委组织部对学校第一批“第一书记”工作考核为优秀等次。

4.干部队伍建设不断加强。选拔调整了19名正处级和21名副处级干部。推荐7名处级干部参加省高工委处级干部培训，推荐2名干部到省委党校学习。

（二）规范内部管理

1.顺利通过教育部本科教学工作合格评估。经过全校上下共同努力，评估进程顺利，效果良好，得到了专家的充分肯定。

2.教学投入不断增加。新增教学仪器设备购置资金2301万元，图书、期刊、图书书架购买资金920万元。争取中央、省政府专项经费共计2050.5万元。顺利完成了生物与生命科学系400万中央财政专项的实施工作和物理与信息工程系400万省骨干学科财政专项的实施工作。

3.师资队伍建设不断加强。完成职称评审推荐、岗位聘任工作。办理107人岗位聘任及工资待遇兑现。引进博士研究生2人，硕士研究生31人。完成在编在职人员上划省属工作。完成岗前培训、短期进修、访问学者、挂职锻炼等师资培训工作。

4.后勤管理和服务水平不断提高。完成了国家财政部、住建部光伏发电示范项目。做好了“卫生间节水技术改造工程”，平均耗水量减少30%，获政府奖励性节能补助资金60万元。减少了跑冒滴漏现象，启用自备井定时器开关，避免了长流水现象。改变供暖计费方式，降低采暖费15%。稳定物价，不断提高餐厅就餐环境，改善了师生就餐条件。

5.校园基础设施进一步完善。完成了相关的道路、水电暖等配套设施，修复检查井排水系统及照明系统；安装了太阳能路灯照明系统，完成各教学楼、办公楼、图书馆顶防渗漏工作，彻底维修了体育场馆设施，全面检修了外教宿舍，维修改造了实验楼，改造了各楼公共卫生间、洗手间，清洁整理了整个校园建筑物外墙污损，重新粉刷了各教学楼、实验楼、办公楼内墙，校园面貌得到彻底改善。

（三）加强党风廉政建设，做好反腐倡廉工作

逐步完善了“三重一大”集体决策、学科和专业设置专家咨询、涉及广大群众切身利益征求群众意见等制度。进一步规范了科研经费管理审计、重大工程招标验收、财务审计报销等制度。重点加强对领导干部特别是主要负责人监督，先后50余人次对教学、科研课题评审、招生录取、职称评选、评先评优、人才招聘、物资采购招投标等方面进行监督。

三、创新与经验

（一）彰显儒家文化的办学特色 学校充分利用曲阜的地理位置和历史文化资源，实施弘扬儒家文化的建设工程，彰显办学特色，将儒家文化精髓搬进课堂，开设儒家文化选修课和系列知识讲座，积极培育儒家文化新的增长点。

（二）产学研和服务地方工作不断推进 确定了21个济宁学院首批服务地方项目。启动了与济宁市重点企业、文化教育部门、工商企业和部分县区的合作对接，成立了济宁学院产学研合作办公室，搭建了校地、校企深入合作平台，与6家单位达成新的合作意向。

附：党委成员名单

书　记： 王应进（2014年1月离职）
郁章玉（2014年1月任职）

副书记： 吕灵昌　谢安庆

委　员： 郁章玉　吕灵昌　谢安庆　王庆成
刘德胜　朱松涛　张德芳　许记中

山东广播电视大学党委工作概况

山东广播电视大学党委书记　郭建磊

一、组织概况

山东广播电视大学是以现代信息技术为主要手段，采用广播、电视、文字和音像教材、计算机网络等多种媒体，面向全省进行现代远程开放教育的高等学校。由省电大、34 所市（直管县）级电大、138 个教学点组成的覆盖全省城乡的远程教育网络和统筹规划、分级办学、分级管理的现代远程开放教育教学系统，举办本科、专科、中专学历教育和多种形式的非学历教育、继续教育和岗位培训。山东广播电视大学校本部是省校办学实体，下设直属学院、继续教育学院、职业技术学院、计算机与通信学院、经济管理学院、会计学院和公共基础教学部。学校党委班子成员 7 人，党委下设 6 个党总支，27 个党支部，共有党员 279 人，其中在职党员 182 人，离退休党员 75 人，学生党员 22 人。

二、主要工作与成绩

（一）认真开展党的群众路线教育实践活动　我校的教育实践活动从 7 月 31 日开始，到 12 月 31 日基本结束。按照“照镜子、正衣冠、洗洗澡、治治病”的总要求，以为民务实清廉为主要内容，聚焦“四风”问题，认真扎实地做好每个环节的工作，共征求意见建议 151 条，其中涉及“四风”问题 26 个，制订了切实可行的整改方案，确定了 17 项整改任务，明确了 10 项专项整治任务，新建制度 7 个，修订 3 个。活动取得了明显成效，工作会议同比减少了 10%，发文数量同比减少 29%，因公出国（境）费同比减少 94%，公务用车费用同比减少 53%，2013 年学校行政办公经费压缩 10%。

（二）切实加强党建工作　健全了党委中心组学习制度，认真学习党的十八大、十八届三中全会精神和习近平总书记系列重要讲话。党委总揽全局，坚持正确的发展观和政绩观，坚持党委领导下的校长负责制，抓大事，议大事，团结协作。认真做好入党积极分子培训和发展党员工作，转正预备党员 39 人，发展新党员 46 人。认真做好“第一书记”抓党建促脱贫工作，组织开展了各支部与帮包村支部的“结对共建”活动，开展了党员干部联系困难家庭工作。

（三）落实党风廉政建设责任制　强化对党员领导干部的廉政教育，组织各类学习活动达 60 余次，筑牢拒腐防变思想防线。遴选了廉政工作联络员并组织培训，初步构建了纪委委员、纪委监察专职人员、廉政工作联络员三级廉政建设工作网络。设立了党风廉政建设意见箱和书记电子意见箱，认真落实党务公开工作。认真组织会员卡清理、教育收费、科研经费管理自查等。

（四）促进电大事业稳定发展　开放教育春秋两季共招生 37048 人，东校区高职招生 1321 人，成人大专招生 2864 人，三二连读招生 563 人，武警学院招生 426 人，计算机考核 22482 人次。加强全省电大系统建设，新增教学点 2 个，3 个专科教学点升格为本科教学点、8 个教学点新获得“一村一名大学计划”项目招生资格。加大直管县级电大工作力度，新增第三批直管县级电大 2 所，第四批省级援助电大 4 所，投入了 20 余万元专项资金援助并进行了业务培训。深入开展“开放教育教学过程落实年”活动，深化教学过程“十落实”。扎实开展开放教育“教学资源建设年”活动，切实加强非统设课程资源建设，加强精品课程建设，3 门课程荣获 2013 年度国家开放大学精品课程。《演讲与口才》和《齐鲁文化概论》两部教材获得教育部“十二五”职业教育国家规划教材选题立项。积极开展“考试安全建设年”活动，稳步推进考试改革，加大开卷考核力度，开卷科目占到了全部省开课程的 91.22%。加强信息化建设，建设开通了全省电大网站群。加强科研工作，申报省级项目 7 项，厅级项目 7 项，5 项成果获得厅级优秀科研成果奖。

（五）高职办学和内部管理成绩显著　稳步推进东校区一体化建设，规范教务教学管理，全面提高教学质量。扎实做好高职招生及学生管理等工作。建立了校领导接待日制度和每周工作预告制度，建立了校领导联系基层电大教学点制度。开通后勤服务热线，不断提高后勤工作服务水平。加强校园文化建设。通过了省直文明单位复审。加强安全保卫，确保了学校安全稳定。

三、创新与经验

（一）坚持群众路线，紧紧依靠教职工，凝聚发展动力　以开展党的群众路线教育实践活动为契机，全面加强党的基层组织建设、政治思想建设和作风建设，依靠教职工办学，凝心聚力，转变作风，共同奋斗，共享成果。

（二）推进开放大学建设，促进电大转型发展　抓住机遇，以建设开放大学为着力点，不断加强内涵建设，全力推进电大向开放大学的战略转型。

（三）深化改革，增强全省电大系统整体功能　加大直管县试点力度，大力加强系统建设，不断增强系统发展活力，促进学校事业持续发展。

附：党委成员名单

书　记：郭建磊

副书记：李清民　周子健

委　员：郭建磊　李清民　周子健　陈　骥

王泺民 朱宪珍 尹光庆

山东行政学院(山东省经济管理干部学院)党委工作概况

山东行政学院(省经济管理干部学院)
党委书记 高玉清

一、组织概况

山东行政学院(省经济管理干部学院)是参照《公务员法》管理的省政府直属单位,承担着山东省高中级公务员培训、省属企业干部培训和高等学历教育三大任务,是山东省公务员和国有企业管理人员教育培训的主渠道、公共行政理论和政府管理创新研究的重要基地、政府决策咨询的思想库。截至2013年12月31日,学院有教职工537人,其中在职职工416人。学院党委下设有9个党总支,39个党支部,其中有16个直属党支部,6个学生党支部。党员总数553人,其中教职工党员330人,学生党员135人。

二、主要工作与成绩

在省委、省政府的正确领导下,学院党委带领全体教职员工,认真贯彻落实党的十八大和十八届三中全会精神,深入开展党的群众路线教育实践活动,以"求真务实、开放创新"为导向,以"研究山东、服务山东"为宗旨,努力构建教学、科研、咨询"三位一体"办学体系,各项工作扎实推进。

(一)明确发展思路,妥善解决历史遗留问题 研究确定发展总体思路。在深入调研的基础上,对学院情况实事求是地进行了梳理,对下步发展作了总体规划,研究起草了《山东行政学院(省经干院)发展总体思路的报告》。

改革办学运行体制机制。积极争取省编办、省财政厅等部门支持,推动落实行政学院定位、规范机构编制、财政拨款体制等问题。加强教学、科研、咨询三位一体建设,探索由教学培训引发科研咨询、科研咨询成果为教学培训服务的创新模式。

妥善解决历史遗留问题。按照教育部对管理干部学院发展的要求和省委省政府规范学历教育的意见,在省领导和省直部门的关心支持下,省政府第21次常务会议确定山东省经济管理干部学院与山东警察学院进行资源整合,审议通过了《山东省经济管理干部学院与山东警察学院资源整合实施方案》。资源整合工作扎实推进。

(二)突出办学特色,教学培训工作迈上新台阶 打造品牌班次。注重发挥学院优势,精心设置培训班次,全年共举办各类培训班70期,培训学员5240人次。其中组织调训16期,培训学员818人次;合作培训(中欧应急管理教育项目培训班、科技创新培训班、孵化器管理人员培训班、新闻发言人培训班、企业经营管理人员培训班等)54期,培训学员4422人次。

创新培训模式。突出专业化、团队化运作,整合全院力量,组建了7个培训团队和6个教学团队。从省内外遴选了58名学术理论水平高、实践经验丰富的专家学者担任学院特聘教授。创新教学方式方法,实施集体备课、团队授课、跟踪评课等方法,积极运用案例教学、异地教学模式,取得较好培训效果。

抓好学历教育。坚持教学中心地位。完善教学评价体系,加强教学检查与质量监控,提高教师授课水平,保证了教学秩序稳定。发挥实训基地作用,强化了实践教学。根据实际情况,适时调整专业设置。加强了毕业生就业指导与服务。

(三)科学研究取得新进展,咨询服务水平有新提高 科研成果数量明显增加。积极开展科学研究,鼓励多出精品力作。2013年共有15项科研与咨询项目获准立项,其中省部级项目11项。开展了院级课题的招标,立项院级科研课题8项、决策咨询课题4项。重视做好院刊建设,全年编辑出版学报6期。入选《中国党政系列数字化专业期刊》论文54篇。

发挥科研咨询的基础性作用。加强科研咨询管理,制定了《科研咨询管理办法》。鼓励科研团队、科研成果进课堂,带动教师上水平。通过开展调研课题结项成果专题研讨会等形式,推动由科研项目团队向教学培训团队的转化,逐步建立具有行政学院特色的培训专题库、专家库。

(四)坚持开放办学,学院社会影响力不断扩大 主动为省直部门和大企业搞好服务。与省委政法委、省发改委、省国资委、省人力资源和社会保障厅、省教育厅、省科技厅、山东能源集团、大众报业集团等20多家省直有关部门、大企业签署了合作协议,开展教学、科研、咨询等方面的紧密合作。

努力搭建教学科研咨询平台。山东省应急管理培训基地正式启用。省国资委省管企业经营管理干部教育培训基地、中国政法大学教学实践基地等先后挂牌。积极开拓高层次学历教育发展新领域,与复旦大学等高校在人才培养、决策咨询等方面达成合作意向。

积极争取国家行政学院支持。与国家行政学院出版社(音像出版社)签订了合作协议,在山东行政学院设立"国家行政学院出版社分社"。国家行政学院的中欧应急管理学院教学基地在学院挂牌。

(五)以开展党的群众路线教育实践活动为契机,促进

管理服务水平提升 深入开展党的群众路线教育实践活动。严把活动方向，深入查摆问题，召开了领导班子专题民主生活会，认真开展批评和自我批评，制定了整改工作方案，积极落实各项整改任务。大众日报、山东电视台等新闻媒体对学院用机制和制度推动教育实践活动开展进行了专题报道。

推行扁平化管理。严格贯彻落实中央"八项规定"和省委"实施办法"。重视抓好廉政建设，认真开展审计工作。加强管理工作的规范化、标准化、制度化建设。建立了党委、党政例会议定事项督办制度。对机关人员出勤情况进行不定期督查。实行干部职工在岗挂牌服务。稳步推进各项改革，统筹做好人事、财务、基建、后勤、资产、图书管理等方面工作，营造了安全稳定的校园环境。

三、创新与经验

一是坚持服务大局，紧紧围绕省委省政府重心开展工作。这是由行政学院的性质、职能定位决定的，是行政学院的生命力所在。要有围绕中心、服务大局的敏锐意识，及时把握党委和政府重大决策部署，努力做到见事早一步、领会深一步、反应快一步。

二是搞好顶层设计，科学制定学院下一步发展总体思路。在认真研究干部教育培训规律、行政学院办学规律基础上，提出了"一二三四五"发展战略，努力探索走出一条具有行政学院办学特色的发展路子，进一步明确创建省级一流行政学院的目标定位。

三是坚持群策群力，大力倡导和贯彻施行以人为本理念。大力实施"人才强院"战略，优化队伍结构，培养教学梯队、科研梯队和管理梯队。在着力做好民生工作上下更大功夫，及时回应群众诉求，通过不断发展谋利于民。

附：党委成员名单

书　记：高玉清

副书记：王卫东

委　员：高玉清　王卫东　朱光明　刘增营　艾思同　邵　华

山东农业工程学院党委工作概况

山东农业工程学院党委书记　董忠堂

一、组织概况

山东农业工程学院是经国家教育部批准，由山东省人民政府举办的全日制普通本科院校，其前身是1971年6月组建的山东省"五七"干部学校，1979年改为山东省农林干校，1983年改为山东省农业管理干部学院，2013年4月18日经国家教育部批准改建为全日制普通本科院校——山东农业工程学院。目前，主要承担普通本专科教育、成人高等教育、县处级领导干部岗位培训和新型农民培训任务。学院建有济南校区、北校区两个校区，现有教职工635人，其中专任教师417人，专任教师中博士研究生21人，硕士研究生146人。校园占地面积2620.41亩，校舍建筑总面积26.97万平方米。拥有78个教学实验实训室，10个工程实训车间。图书馆藏纸质图书76万册，教学仪器设备总值6199.26余万元。普通高等教育设有11个教学系部，5个本科专业，34个专科专业，在校生7900余人；成人高等教育设有17个本科专业、21个专科专业，并与中国农业大学、华中师范大学等联合举办网络教育；干部培训主要承担山东省内县处级农业领导干部培训、东西部公务员对口培训和地方政府委托培训任务；新型农民培训主要培训鲁西北和鲁中地区新型农民。

学院党委下设机关党委1个，党总支20个、直属支部11个、分支部68个，共有党员713人。2013年发展教工、学生党员254名。

二、主要工作与成绩

（一）以开展党的群众路线实践教育活动为契机，持续推进党的建设，为学院改革发展提供有力思想和组织保障

一是按照中央、省委的统一部署和要求，学院教育实践活动于2013年8月14日正式启动，2014年2月19日召开总结大会，集中开展活动时间历时6个月，完成了学习教育、听取意见，查摆问题、开展批评，整改落实、建章立制三个环节工作任务，取得了转变作风、教育干部、凝聚民心的明显成效。

二是加强基层党组织建设和干部队伍建设，开展"作风建设月"活动，举办处级干部培训班、专项学习及测试，加强中层干部履职能力的培训，提高干部队伍整体工作水平。

三是做好党员发展工作,2013年培训入党积极分子共1000余人次,发展学生预备党员112人,完成学院15名教职工预备党员和127名学生预备党员的转正工作。

四是严格按照《党员领导干部选拔任用条例》要求,选拔任用27名科级干部;调整13名处级干部、11名科级干部工作岗位。

五是完善调研工作制度,在全院党员干部、教师中开展"双向约谈"工作,促进学院领导与一线教师、职工的沟通交流。

六是进一步推进党风廉政建设和反腐倡廉建设,加强廉政风险防控管理机制建设,做好统战工作和老干部工作。

七是从讲政治高度,抓好"第一书记"工作和科技特派员的选派工作。在全院范围内组织了第二批3名"第一书记"的选派工作,通过争取省级财政经费、地方政府支持、设立"梦想基金",为困难家庭捐助慰问经费等渠道,多方筹措资金为"第一书记"帮扶村脱贫致富提供帮助。

(二)以创建应用型普通本科院校为目标,持续加强内涵建设,不断提高办学水平

一是顺利完成将学院改建为普通本科院校的历史性任务。国家教育部于2013年4月18日(教发函〔2013〕45号)、山东省人民政府于2013年5月23日(鲁政字〔2013〕96号)相继发文批准原山东省农业管理干部学院改建为山东农业工程学院,学院由此实现了办学性质由成人院校向普通本科院校的彻底转变。

二是修订教学计划、课程体系、教学内容及本科专业培养方案,重新确定通识选修课等课程模块,强化学籍管理,规范考务工作,加强教材建设、教学管理研究和教学质量监控体系建设。启动省级重点实验室、省级教学示范区、人才培养模式创新实验区等发展计划。

三是新建食品科学与工程系、艺术系,完成物联网工程等五个本科专业的调研、论证和报批工作,做好2014年新上本科专业的前期调研论证工作。

四是2013年招生就业工作。本科录取858人,实际报到837人,报到率97.55%;专科实际录取2846人,实际报道2608人,报到率91.67%;毕业生总体就业率96.26%。

五是质量工程建设。2013年立项院级精品课程24门,申报并获批省级精品课程10门,省级特色专业1个,省级教学名师1名。

六是人才工作。2013年引进高级职称教师4人,硕士学位以上研究生38人。推荐评审高级职称教师12人,中级26人。并适时做好取得专业技术职务资格人员的培训和聘任工作。

七是科研工作。2013年获准上级主管部门立项科研课题46项,其中省级项目24项,厅级项目22项,山东省地方标准3项。首次获得山东省农业重大应用技术创新课题立项2项。受省科技厅委托,开展"城镇化过程中现代农业发展趋势及科技对策"调研课题研究,承担调研山东(2013)之蔬菜安全调查及科普活动。全年获上级科研资助经费392.4万元,上级资助经费30万元以上项目达到6个。

八是加强教师对外交流和合作办学工作。完善外事管理及外教聘用等制度,完成食品营养与检测专业中澳合作办学招生开班工作。

九是干训工作。全年共举办各类班次23期,培训2730人。在2013年11月进行的全省新型农民创业培训绩效考评中,学院被评为"优秀"。

十是加强学生思想政治工作,推行处以上领导干部联系学生班级制度,做好学生的奖、贷、助、补、帮扶等工作,2012—2013学年度累计奖、贷、助、补、帮扶学生3583人次,评选院级以上先进班集体等19个,学生参加省级以上比赛累计获奖41项。

十一是基本建设。完成北校区2幢学生公寓($10000M^2$)、1幢学生食堂($5000M^2$)规划论证和手续办理工作,启动专家公寓、教工公寓建设规划。新建多媒体教室22个,更新多媒体教室设备12套。新增图书27477册。

十二是加强内部管理,完善财务预决算和后勤、资产等规范管理机制,突出抓好安全稳定工作,平安校园、和谐校园建设有序推进。

三、创新与经验

一是必须坚持党建工作和学院中心工作两手抓、两促进,以党建工作带动具体工作开展,以具体工作成效检验党建工作成绩。

二是必须充分发挥各基层党总支、支部和广大教职工在教学育人工作中的主体作用以及党员领导干部在教学育人工作中的示范带头作用。

三是必须密切联系经济社会发展人才需求导向,强化办学特色与优势,增强学校核心竞争力。

附:党委成员名单

书　记: 董忠堂

副书记: 李允祥　王向军

委　员: 董忠堂　李允祥　王向军　温传富　林松柏　王兴国　杨永欣(纪委书记)

山东管理学院党委工作概况

山东管理学院党委书记 冯晋祥

一、组织概况

学校是一所特色鲜明的省属普通本科高校，创建于1938年，2013年经教育部、省政府批准由山东省工会管理干部学院改建为山东管理学院。设有26个教学部门和处室，47个专业，在校生7856人。学校党委下设10个党总支、31个党支部，教工党员260人，学生党员117人，离退休党员63人。

二、主要工作与成绩

2013年是学校凝心聚力、跨越发展的一年。学校在各级领导的关心支持下，认真学习贯彻党的十八大、十八届三中全会精神以及习近平总书记系列讲话精神，深入开展党的群众路线教育实践活动，创新转轨、特色发展，各项工作迈上了新的台阶。

（一）党建工作有了新气象 按照“照镜子、正衣冠、洗洗澡、治治病”的总要求，以“为民务实清廉”为主题，聚焦解决“四风”方面存在的突出问题，科学安排，严密组织，从严要求、强化落实，扎实开展党的群众路线教育实践活动，圆满完成各项工作任务，取得明显成效。坚持党委理论中心组学习制度，认真学习十八大、十八届三中全会精神及习近平总书记系列讲话精神，并贯彻落实到实际工作之中，领导班子理论修养和执政能力明显增强。认真落实中央八项规定和省委实施办法，切实加强党风廉政建设，党员干部党性修养进一步提升，党组织的战斗力进一步增强。继续推进党务、校务公开和信息公开，工会、女工委、共青团、学生会、民主党派、离退休老同志的作用得到进一步发挥。注重干部队伍建设，选派2名校领导到外地、外单位挂职，继续选派3名同志到成武县担任“第一书记”。树立正确的用人导向，根据工作需要，调整选拔了21名处级干部。稳妥推进基层党组织建设，2013年，共表彰先进基层党支部4个，优秀共产党员12人，优秀党务工作者2人，新发展党员209名，预备党员转正44名。

（二）思想政治工作取得新成效 突出抓好社会主义核心价值观教育，加强思想政治理论课建设，厉行勤俭节约、反对铺张浪费，开展“我的中国梦”主题教育活动，师生员工政治素质明显提升。明确了学校精神、办学方针、校训、教风和学风，开展“社团文化月”活动，成功举办学校首届体育文化节，校园文化育人功能明显增强。

（三）学校成功改建为普通本科院校 2013年4月和5月，山东省工会管理干部学院经教育部、山东省政府批准改建为普通本科院校——山东管理学院，标志着学校办学体制发生根本转变，办学层次得以提高，实现了历史性跨越，开创了学校可持续发展的新局面。

（四）教育教学工作取得新突破 新开设本科专业4个，新申报本科专业5个，适当调整专科专业，初步形成了以管理学科为主体，管、经、工、文、法、艺多学科协调发展的学科专业体系。新增省级特色专业1个、精品课程13门，省级成人教育特色课程1门，全国工会系统特色课程8门。学生在省级以上各类比赛中获奖46项，2人获山东省“创业之星”荣誉称号，1人获“中国大学生自强之星”提名奖。学生录取成绩创历年新高，生源质量大幅提升，截止2013年底，毕业生初次就业率达到95.5%。国际合作办学继续深化，美国纽约州立大学等6所国（境）外高校代表团来我校访问，组织安排2个团次赴4个国家的考察，与巴西联邦大学等4所国外高校签署合作意向。

（五）科研创新工作有了新亮点 教师共发表论文141篇，科研立项25个，申请国外专利4项、国家发明和实用新型专利各2项，主编、参编教材17部。获省、厅级优秀科研成果奖6项，在省级以上专业比赛中获奖32项。学报更名为《山东工会论坛》。

（六）工会培训工作取得新成绩 圆满完成全总、省总交办的工作任务，举办培训班32期，培训3178人，有两项指标居全国第一；首次承办了建校以来第一期全国工会干部培训班；顺利完成对口支援青海藏族工会主席培训任务；承接完成了民政部和全总工会重点调研课题2项。被全国总工会评为首批“全国工会干部教育培训示范校”。

（七）服务保障能力有了新提升 资金来源渠道进一步拓宽，办学经费得到保障。强化财务管理，严格审计监督，资金管理使用更加规范。学校基础建设稳步推进，科研办公楼、学术交流中心将按期交付使用；大学生文体中心工程已完成项目立项。开展节约型校园建设，被评为山东省“高效节能先进单位”，并获批100万元节能平台建设专项资金。全年评选、发放各级各类奖、助学金360多万元，惠及学生1982人。实施校园提升工程，强化校内治安防控工作，净化校园周边安全环境，绿色、平安校园建设得到加强。

三、创新与经验

推动学校健康协调持续发展，必须坚持党的正确领导，加强党风廉政建设，建立作风建设的长效机制；必须树立质量立校，人才强校观念，走特色可持续发展道路；必须加强管理，完善制度，明确职责，提高绩效，走科学管理之路；必须统一意志，团结合作，走和谐发展之路。

附:党委成员名单

书　记:冯晋祥

副书记:曹广东　荀方杰

委　员:冯晋祥　曹广东　荀方杰　梁守兰　安立志　杨西国　胡兴禹

企 业 党 建

企业党委工作概况

胜利石油管理局党委工作概况

胜利石油管理局党委书记　席秀海

2013年，在山东省委、省政府和中国石化党组正确领导下，胜利石油管理局党委以学习贯彻党的十八大、十八届三中全会和省第十次党代会精神为主线，认真学习贯彻习近平总书记系列重要讲话和视察山东时的讲话精神，按照集团公司建设“人民满意、高度负责任、高度受尊敬”企业要求，坚持稳中求进、改革创新，聚焦转方式、调结构、提质量、增效益，精心筹划、务实推进各方面工作，较好完成了全年生产经营任务。全年新增油气经济可采储量2781万吨当量，实现储采平衡，生产原油2776.24万吨，同比增加21.24万吨，生产天然气5亿立方米，实现营业收入1731.18亿元、利润299.27亿元、税费490.74亿元。局党委和各级组织坚持融入中心、进入管理、推动发展、促进和谐，创新加强党建思想政治工作，为油田持续健康发展保驾护航。胜利油田被评为“全国企业文化优秀案例企业”，连续六年荣获“全国文明单位”荣誉称号，油田两项研究成果被评为中央企业党建思想政治工作优秀研究成果。

一、以十八大、十八届三中全会精神为引领，加强改革创新、转型发展、从严管理，全力推动油田发展质量和效益上水平

局党委把学习贯彻党的十八大和十八届三中全会精神作为首要政治任务，用中央精神统一思想、指导工作，把上级决策部署变成油田发展实践，扎实推进油气主业走油公司发展之路，石油工程走高端高质高效发展之路，矿区服务走创新社会化管理之路，油地合作走共赢发展之路，结构调整走绿色低碳发展之路，切实提升质量效益，努力实现可持续发展。

十八届三中全会吹响了全面深化改革的集结号，对国企改革提出了明确要求。局党委深入分析面临的形势任务，引导油田上下切实增强进取意识、机遇意识、责任意识，紧紧围绕提质增效升级，着力深化全方位改革创新，制定了《关于进一步深化油田改革的指导意见》，推进油公司体制机制建设，充分释放体制机制活力；着力实现转型发展，加快结构调整，优化资源配置，提升企业价值创造力和核心竞争力；着力加强从严管理，强化“发展不能以牺牲人的生命为代价”的理念，建立全覆盖、可追溯、严考核的QHSE管理体系，落实“党政同责、一岗双责、齐抓共管”，完善从各级领导干部到基层员工的岗位责任制，坚决做到零容忍、严执法、硬考核、重实效，严防重特大安全环保事故。

2013年四季度，面对集团公司追加的6万吨原油生产任务，油田上下主动担当、迎难而上，实施超产增效、优化增效、精细管理增效、一体化运行增效“四项措施”，开展“奋战四季度，进尺120万米”劳动竞赛，引导干部员工立足岗位、扎实工作，奋力超产保效，为中国石化生产经营任务完成和国家经济增长做出了应有的贡献。

二、深入开展党的群众路线教育实践活动,落实党要管党、从严治党,着力推进作风建设常态化长效化

十八大以来,中央坚持党要管党、从严治党,出台了关于改进工作作风,密切联系群众的八项规定,自上而下开展党的群众路线教育实践活动。山东省委和集团公司党组加强干部队伍作风建设也体现了从严的要求。局党委抓住机遇、乘势而上、主动作为,细化落实具体措施,促进了党员干部队伍作风形象提升。

坚持领导带头。从油田领导班子带头做起,发挥示范作用,通过集体学习、个人自学、专家辅导、学习研讨等形式,系统学习习近平总书记系列重要讲话,以及中央、省委和集团公司领导讲话精神,提高了思想认识,增强了宗旨意识和群众观念。把教育实践活动与“忆传统、爱企业、创一流”专题教育有机结合,采取邀请老石油举办专题讲座、刊发老石油回忆文章、组织离退休老干部巡回宣讲等形式,开展“三老四严”优良传统教育。加强警示教育,组织2.6万名党员干部集中收看警示教育片105场次,召开座谈讨论会76场,撰写体会文章3668篇;开展“核算人生成本、永葆清正廉洁”巡回宣讲70多场次,3.4万名处科级干部和重点岗位工作人员受到教育。

坚持开门搞活动。把群众参与作为推动活动开展的原动力,把开门搞活动和“开门办企业、开放办企业”结合起来,通过专题调研、谈心谈话、深入基层联系点、召开老干部座谈会、走访地方政府和兄弟企业等多种方式,全方位、立体式听取意见,累计征求意见建议4200余条(次),其中涉及领导班子及成员的意见建议206条,查摆了影响油田改革发展的“八大问题”,找准了存在的“四风”问题。把群众满意作为检验标准,扎实开展“回头看”,真心实意进行意见“再征集”。对基层反映比较集中的问题,组织33个机关责任处室到基层进行面对面解释答复,着力解决员工群众最关心最直接最现实的利益问题,进一步密切了党群干群关系。

坚持立行立改。对有条件的立即进行整改落实,对整改难度大、周期长,需要综合施策的,研究制定了18类35项措施,印发了《教育实践活动整改方案》。抓好建章立制工作,制定了制度建设计划,出台了《规范领导干部经营管理行为的十条规定》,以及公务接待管理规定、“三公”经费预算管理和公开办法等20项制度。对会议文件检查偏多、公务用车、公款吃喝以及庸懒散等问题进行专项治理,在改进文风会风、规范管理行为、管控职务消费等方面,取得了明显成效。2013年油田各类会议同比下降32.5%,各类文件同比下降46%,油田机关管理费同比下降15.4%。总体上干部作风在转变、形象在提升,基层负担在减轻、条件在改善。

三、做实党建思想政治工作,着力推进政治优势转化,为油田改革发展提供坚强保障

坚持聚焦企业生产经营,把党建思想政治工作往深处做、往细处做,把政治优势转化为企业发展的核心竞争力,推动油田实现更有质量更有效益更可持续发展。

深入开展主题活动。扎实推进“潜力再认识、对标再分析、办法再创新,打造一流上水平”主题活动,突出质量效益,引导观念转变,开展对标追标,促进从严管理。强化“发展至上、效益优先”、深化改革管理、绿色低碳等鲜明导向,组织“潜力办法在哪里”、“我为企业创效做什么”大讨论,开展“碧水蓝天”专项行动,干部员工的市场意识、效益观念、环保理念持续增强。坚持融入生产经营、融入基层岗位,完善季度排名办法,开展指标分析讲评,总结推广先进典型经验,激发了各层面对标追标活力。勘探开发板块对标国内外大油田,完善经济类、效率类、市场类指标,开展“低速低效”潜力分析,提高勘探效率,控制开发成本。石油工程板块对标沙特阿美等一流公司,提速提效,打造高端。公用工程板块树立“一切工作都能对标”理念,挖潜力、补短板、追标杆,服务保障能力不断增强。矿区服务板块建立3大类15项精细管理对标体系,综合管理水平持续提升。

着力加强基层组织和党员干部队伍建设。着重加强思想政治建设,教育党员干部保持清醒头脑,变革思维方式,做到辨是非、明中偏、知取舍。坚持在“好人”中选“能人”、选干活的人,完善领导干部业绩行为档案和履职业绩评价体系,探索处级正职综合量化考核,严格干部选用程序,扩大干部选用民主,提高选人用人的透明度、公信度和满意度。建立健全基层党建管理提升机制,实施基层党组织书记素质提升工程,开展党员“三亮三比三评”活动,基层党支部战斗堡垒作用和党员先锋模范作用得到充分发挥。实施人才强企战略,明确油田技能人才成长规划目标,规范技术专业人才聘任选拔,畅通各类人才成长通道。油田现有资深首席高级专家1人,首席高级专家4人,高级专家62人;首席技能大师4人,技能大师17人;中华技能大奖获得者4人,山东省首席技师22人,集团公司技能大师3人。

培育主流价值取向。深入学习贯彻习近平总书记视察山东时的重要讲话精神和中央《关于培育和践行社会主义核心价值观的意见》,把培育社会主义核心价值观与“想胜利油田好、为胜利油田好”的主流价值取向有机结合起来,着力建设一种凝心聚力、向上向善的企业文化。加强正面宣传引导,广泛开展道德实践,组织参与“感动胜利”、“感动石化”、“山东好人”等评选活动,组织举办讲故事比赛,褒奖善行义举,形成修身律己、崇德向善、礼让宽容的道德风尚。油田职工代旭升、薛梅分别荣获“感动石化”人物、山东省“最美劳动者”称号,10人当选“山东好人”,5人获全省道德模范提名奖。以诚信建设为重点,注重经济行为

和价值导向的有机统一，经济效益和社会效益的有机统一，履行社会责任，讲求社会效益，合法经营、公平竞争、诚信守约，实现企业发展与道德建设的良性互动，树立高度负责任的企业形象。

四、坚持以人为本、企地共建，切实保障改善民生，全力确保油田大局和谐稳定

强化"发展企业、造福员工"的思想共识，在推动企业发展的同时做好民生保障工作，努力让发展成果惠及广大员工群众，为油田生产经营建设提供良好环境。

切实加强民生建设。处理好"应该"与"可能"、"尽力"与"量力"、"解决"与"解释"的关系，依政策、建机制、可持续地抓好民生工作，着力构建民生建设的良好秩序。在省委省政府、集团公司和油区所在地市支持下，扎实推进职工住房建设，加大棚户区、老旧小区和公共租赁住房改造力度，做好了调整员工和城镇居民医疗保险政策、基本薪酬考核晋档等工作，最大限度地维护员工群众利益。持续实施规范扶持改制企业、改造提升一线基层队和帮扶困难员工的"十百千"工程，油田局处两级全年投入资金1.36亿元，改造提升204个基层队；改制企业全年实现收入283亿元、同比增长18亿元；元旦、春节期间共走访慰问困难群众81779人次，发放慰问品、慰问金折款4201.13万元，发展成果最大限度地惠及员工群众，营造了和谐融洽的环境氛围。

扎实做好群众工作。坚持全心全意依靠工人阶级，加强民主管理和厂务公开，尊重基层职工群众的智慧力量，凝聚提升发展质量效益、维护和谐稳定的共同合力。坚持以群众工作统揽信访工作，管好用好局长书记信箱，组织领导干部定期接访、机关部门联合接访，畅通干群沟通交流渠道。建立基层联系点制度，推行信访代理制度，变群众"上访"为干部"下访"，引导各级干部经常深入基层一线，准确把握员工群众思想脉搏，用群众听得懂的语言沟通交流，用群众信得过的方式处理问题，把"需要让群众知道的"和"群众想要知道的"讲清楚，解疑释惑、打开心结，着力营造一种良性互动、和谐融洽的干群关系。

深化油地共建协同发展。坚持"融入地方、借势发展、合作共赢"，以项目共建为纽带，探索建设油地合作示范区工程，推动油地实现多层次、多形式、多内容的结合。与东营市签署了《油地共建协同发展框架协议》，确定了28个合作项目，实施进展顺利。在胜利石油工程公司、山东胜利水务有限公司实现当地注册的基础上，加快推进石化总厂变更注册。持续扩大油公司规模和开发区块，2013年油公司在东营辖区内生产原油160万吨，同比增加6万吨，向东营地炼供应原油280万吨，同比增加90多万吨。全年实现税费山东省级75.41亿元，东营市级41.48亿元。同时油地联合开展油区治安和安全综合整治，建立油地联合稽查站，油地联手开展管道占压治理，有力维护了油区治安秩序，保障了油城人民生命财产安全。

附：胜利石油管理局党委书记、副书记、常委名单

书　记：席秀海

副书记：孙焕泉　许卫华　张梅河

常　委：孙焕泉　席秀海　许卫华　张梅河

张　煜　张善文　张洪山

齐鲁石化公司党委工作概况

齐鲁石化公司党委书记　凌逸群

2013年，是齐鲁石化公司强化管理、推进改革、加快发展、开拓进取，各项工作取得显著成效的一年。面对严峻的市场形势和巨大的效益压力，齐鲁石化公司党委在中共山东省委和中国石化集团公司党组的正确领导下，紧紧围绕企业生产经营管理中心工作，切实发挥党委的政治核心作用，努力把国有企业党组织的政治优势转化为企业的核心竞争力，做了大量卓有成效的工作。

特别是9月5日新班子上任以来，扎实开展党的群众路线教育实践活动，团结带领广大干部员工，以更好的作风、更好的状态、更好的精神，不断深化"双学"活动，抓紧、抓实、抓细各项工作，优化生产、细化管理；紧紧围绕效益中心，抓作风、抓效益、抓发展、抓改革，较好地完成了各项生产经营任务。在面对四年一次的停工大检修不利影响、高氯陆上原油事件和"11.22"黄岛事故导致原油进厂量减少的情况下，全年加工原油1012万吨，生产乙烯72.3万吨，热电发电29.8亿度。全年实现营业收入710亿元，上缴税费91亿元。

一、基层党建工作水平不断提升，为企业持续有效发展提供了有力的组织保证

一是党的群众路线教育实践活动扎实推进　深入落实中央八项规定精神，把教育实践活动作为首要政治任务和促进工作、推动发展的有效载体，在扎实做好"规定动作"的同时，结合企业实际，做好"自选动作"，狠反"四风"。深入基层，面对面听取党员、群众和基层对领导班子及班子成员在"四风"方面存在问题的反映，共征求意见和建议102条，针对存在问题深刻剖析原因，着力抓好问题整改。建立健全各项规章制度，以制度机制固化作风建设的成果，让员

工群众看到了新变化、见到了实实在在的成效。认真执行中央“八项规定”和中国石化集团公司党组实施细则，坚持勤俭办企业，压减接待费、办公费、出国人员经费等六项费用2067万元；按照求真务实、注重实效的原则，大力精减各类台账，压减各类会议44%，精简文件简报33%，清理评比表彰项目62%，减轻了基层不必要的负担。

二是基层党支部和党员队伍建设成效显著　抓好党建工作“两个文件”的贯彻执行，把创建“三好”党支部作为加强基层党建工作的重要举措，明确了创建标准、目标和考核标准，加大考核力度，确保安全生产好、经济指标好、队伍精神状态好。加强党员队伍建设，开展了党员身边“四无”和“我是党员”教育实践活动，激发了广大党员发挥先锋模范作用的责任感和主动性。

三是领导班子和干部队伍素质不断提升　认真贯彻落实中国石化集团公司党组《直属单位党委（常委）会议事规则》和《直属单位领导班子议事规则》，按照团结、敬业、清廉的要求，切实加强领导班子建设，不断完善领导班子议事和决策机制。举办了处级以上领导干部学习贯彻党的十八大精神轮训班，公司班子成员结合实际授课，教育引导领导干部转变观念，变革思维，使公司全体处级以上干部把握了党的十八大精神实质和思想内涵。新班子到位后，通过组织学习中国石化集团公司傅成玉董事长在齐鲁公司干部大会上的讲话精神以及公司近期工作会议精神，正确认识公司目前的现状、面临的难题，明确了公司发展方向，干部队伍的思想认识水平、创先争优意识、干事创业能力和做群众工作的能力都有了明显提高。

二、坚持理论学习与思想引导并重，宣传思想教育工作务实有效

一是政治理论教育稳步推进　认真组织学习贯彻党的十八大和十八届三中全会精神、全国“两会”精神、习近平总书记系列重要讲话精神。结合贯彻落实“八项规定”和教育实践活动，组织学习了《群众路线—重要论述摘编》、《厉行节约　反对浪费—重要论述摘编》等学习材料。以两级党委中心组学习为主要载体，组织了17次专题学习，举办了“学习贯彻习近平总书记系列重要讲话精神报告会”和“学习贯彻十八届三中全会精神报告会”，促进了领导干部事业心与责任心进一步增强，提高了领导干部解决实际问题的能力。

二是有针对性地开展员工思想引导工作　开展有针对性的形势任务教育，举办了9场“形势任务讲堂”，到生产一线与职工群众面对面宣讲形势任务，运用案例、数据，引导员工清醒认识公司现状，牢固树立效益观念，使大家充分认识到有好效益才有好日子。组织开展了“忆传统、爱企业、创一流”专题教育活动，组织全体员工学习了陈锦华同志文章《中国石化30年》和《中国石油化工发展历程简明读本》等书籍，开展了“我与石化三十年”征文活动，系统回顾中国石化30年来的发展历程，增强了自豪感和自信心。

三是新闻宣传工作水平进一步提高　围绕公司生产经营、改革发展、公司大检修、教育实践活动等重点工作，做好对外新闻报道工作。宣传工作做到了“四多”，多传递山东省委和集团公司党组的声音，多把镜头、笔头对准齐鲁石化各个层面建功立业的操作人员、工程技术人员和管理人员，多关注公司党委班子、行政班子成员在各自分管工作中的重要作用，多向中国石化等媒体传递齐鲁石化新举措、新进展、新成就。全年在社会媒体发稿682篇，其中，中央媒体发稿14篇，省部级媒体发稿122篇，当地媒体发稿358篇，网络媒体188篇，及时报道了公司在绿色环保、履行社会责任等方面所作出的积极贡献。坚持“开门办企业，开放办企业”，组织实施了“走进新国企”、“碧水蓝天—齐鲁石化在行动”、“尼日利亚记者团参观采访”、“美丽家园，企地共建”志愿者为民服务等4次大型开放活动，各大社会媒体对公司绿色环保、责任国企等方面进行了专题报道，收到良好的效果。

三、切实加强党风廉政建设，纪检监察工作保障有力

一是贯彻落实“八项规定”扎实有效　制定下发了《贯彻落实改进工作作风密切联系群众“八项规定”实施细则》，从7个方面明确了21条具体规定，建立健全和完善了涉及落实“八项规定”方面的8项配套制度和规定。立项开展了落实“八项规定”专项效能监察，对各单位业务招待费、会议费、培训费等有关费用的使用情况开展了专项效能监察。对上级要求的禁止公款购买、印制贺年卡等物品落实情况进行了监督检查；开展了清退会员卡专项活动，共有20429名党员、干部做出了零持有报告。

二是效能监察工作深入生产经营全过程　全年共立项73项，重点组织开展了物资需求招投标和储备管理、大检修安全和检维修管理、重点工程建设项目、大宗原料采购优化管理等效能监察。认真开展业务公开“比学赶帮超”活动，坚持每月对上网巡视情况进行通报考核，督促有权限查看人员上网巡视，及时反馈发现的疑点问题并落实整改。

三是深入开展反腐倡廉教育　开展了“双鉴”警示教育活动，集中观看了《放纵》和《代价》2部警示教育片，组织130余名党员干部到淄博监狱接受警示教育，增强了各级领导干部廉洁从业的思想防线。坚持抓好理想信念和党性党风党纪教育，组织学习了《领导干部从政道德启示录》、《廉声心语》等教育书籍。开展了廉洁自律“四个一”活动，对新任处级领导人员谈话34人次，提出反腐倡廉合理化建议336条，起到了较好的教育效果。

四是廉洁风险防控工作取得初步成效　全面启动实施了风险防控工作，注重加大工作督导和检查力度，定期对岗位风险梳理排查及风险点的确定情况进行审核和讲评，已确定3538个涉险岗位，廉洁风险点8444个，其中高风险点1106个；制定防控措施14346项；绘制风险流程图1445份。通过开展廉洁风险防控工作，有效促进了企业规范管理、干

部廉洁从业。

四、坚持以人为本，关爱服务员工，群众工作取得新成效

一是深化企业民主管理 坚持全心全意依靠职工办企业，认真抓好公司、厂、车间三级职代会制度建设，及时召开职代会和职代会联席会，落实职代会职权。坚持职工代表联系人工作制度和民主沟通机制，把握员工思想情绪“第一信号”，及时协调解决基层员工反映的诉求和问题，共征集处理公司级、厂级职工代表联系人意见建议909项，及时进行了答复、沟通、公开。

二是完善了“六化一找一会”帮扶工作机制 坚持以人为本、真心关爱员工，深入落实“三不让”承诺，健全完善帮扶救助制度，增加了“特殊帮扶实物化”新举措，形成“六化一找一会”工作机制。建立了困难人员档案信息库，运用《帮扶管理信息系统》应用软件，公司三级帮扶体系实现了系统化运转。公司三级帮扶中心发放帮扶救助金695余万元，探访困难人员、先模等各类群体人员共计56868人次。

三是丰富职工群众文化体育生活 举办了春节系列演出活动、庆“七一”电视文艺晚会和“中国石化之歌”传唱活动，连续18年组织消夏晚会，演出60余场，深受职工群众欢迎。承办了中国石化“齐鲁石化杯”第四届职工游泳比赛。用心、用情做好离退休服务工作，公司关工委荣获全国“五好基层关工委先进集体”称号。

四是贴近青年做好服务青年工作 坚持党建带团建，通过开展“传递金钥匙”等活动，促进了团员青年岗位成才。开展了庆祝“五四”青年节暨纪念公司建团40周年大会，激励公司团员青年为公司再创辉煌建功立业。开展了“学雷锋”和“美丽家园，企地共建”志愿服务活动，在公司社区为民服务。组织了“我为检修做贡献”青年突击队活动，为大检修实现“〇〇一”目标做出了青年人应有的贡献。开展了“情系泉源、放飞梦想”主题团日活动，以孤贫儿童为重点，开展关爱服务活动。

五、积极推动事要解决，企业和谐稳定局面得以不断巩固

一是用心用情做好信访工作 坚持以人为本，妥善处理各类信访问题。针对突出信访问题和矛盾纠纷，公司领导先后12次亲自主持、组织专题会议，评估稳定风险，研究化解办法，安排管理稳控措施，并按照“预警处置不过夜”的要求，及时进行接访约访。全年妥善处理了向阳、峰山、相家社区居民以及近两年公司退休职工等信访问题，确保了公司和谐稳定。

二是严格落实信访稳定工作责任 制定下发了《关于加强信访稳定工作的实施意见》，严格落实信访稳定工作责任；加强领导，健全信访稳定工作领导体制；强化管理，完善信访稳定工作管理体系；完善机制，提高信访稳定工作效能。坚持每月一次信访情况通报，对公司信访情况进行综合分析和通报。完善了每月一次的信访稳定定期例会制度，梳理研究月度突出信访问题，及时妥善解决突出信访问题。2013年公司信访总量、来访总量、来信来电总量分别同比下降11.8%、9%、14.4%。

附：齐鲁石化公司党委书记、副书记、常委名单

书　记：李安喜（2013年9月离职）
　　　　凌逸群（2013年9月任职）

副书记：王洪亮

常　委：凌逸群　王洪亮　吴　耘　翟丕沐

企业党建典型

围绕中心　发挥优势 为促进企业持续健康发展 提供强大保障

莱芜钢铁集团有限公司董事长、党委书记　田克宁

始建于上世纪70年代初的莱芜钢铁集团有限公司(以下简称莱钢),设计生产能力为年产钢50万吨,为山东省直属企业。目前,已发展成为具有年产1800万吨钢以上综合生产能力的大型钢铁企业集团,先后被授予全国用户满意企业、全国质量管理先进企业、全国AAA级信用企业等荣誉称号,2005年被确定为国家第一批循环经济试点单位,先后获得全国质量奖、"全国资源综合利用十佳企业"、"中国企业文化建设十大创新单位"、"全国售后服务行业十佳单位"。2013年,在经营形势严峻、压力空前的情况下,圆满完成了各项目标,保持了持续健康发展。莱钢继续保持了全国、全省"基层先进党组织"称号。

一、坚持围绕发展抓党建、抓好党建促发展,形成企业党建长效机制

莱钢党委坚持"发展是第一要务"的理念,紧紧围绕企业发展这个中心开展工作加强党建,显示出强大的生机和活力。

(一)以保证企业科学决策、民主决策为目标,不断完善党组织参与重大问题决策机制　坚持健全机制、依靠制度规范参与决策、确保参与成效。2013年,进一步健全完善了《党组织参与企业重大问题决策的实施办法》、《"三重一大"决策制度实施办法》等制度和"集体领导、民主集中、个别酝酿、会议决定"的议事原则、程序,使党组织参与企业重大问题决策制度化、规范化,凡涉及发展战略、中长期发展规划、干部任免、生产经营方针、收入分配、改革改制等重大事项,党委均参与决策。为了保证这些制度的有效实施,完善了"双向进入、交叉任职"的领导体制,公司各级领导干部分别按有关规定实行了交叉任职,保证了党组织参与决策和发挥监督作用。公司和各二级单位党群工作部门分别与有关行政部门进行复合设置、合署办公,整合了职能与人员,充分发挥了党组织全面参与的针对性、实效性和有效性。

(二)以开展创建"三型"党组织活动为载体,建立企业党建工作创新机制　以党的十八大和十八届三中全会为指引,扎实推进"三型"(即学习型、服务型、创新型)党组织建设,制定下发了《莱钢学习型党组织建设评价体系》、《关于进一步深化莱钢学习型党组织建设的意见》,突出抓好公司党委、二级单位党委和基层支部三个创建层次,不断完善五大创建机制(即持续学习、创新提升、反思改进、交流共享、创先争优机制),丰富了创建的载体、形式、方法,增强了工作的生机和活力。深入推进创先争优活动,健全党员干部联系群众、党组织和党员承诺等制度,搭建多种平台,促进了各级党组织战斗堡垒作用和党员先锋模范作用的发挥。

(三)深入扎实开展党的群众路线教育实践活动,建立作风建设长效机制　加强对党员干部的教育引导,通过学好规定内容、拓宽自学内容、创新学习方式方法,让两级党委及各支部班子成员普遍接受了一次深刻的思想政治洗礼。强化作风转变和作风建设,有效遏制"四风"等方面的突出问题,厉行勤俭节约,转变了文风会风和领导作风,大幅压减了办公费用,巩固了贯彻中央"八项规定"精神的成果。注重解决涉及职工群众切身利益的热点难点问题,供暖改造、屋面漏雨、社区医疗等一批职工关注的突出问题得到有效解决,党群干群关系进一步融洽。加强制度建设,累计制订、修改、废除各项制度20项,贯彻群众路线、改进作风的长效机制进一步健全完善。

(四)完善廉洁效能管理体系,构建起廉政建设与管理效能有机结合的监督机制　莱钢廉洁效能管理的主要经验曾在《中国监察》等媒体上宣传推广。2013年,继续坚持教育、管理、监督并举,认真落实党风廉政建设责任制,不断完善责任体系。深化廉洁风险防控,排查廉洁风险,不断完善防控措施。强化廉洁教育,全公司共举办廉洁党课160余场,14000余人次接受了专题教育。利用《明镜》期刊、廉洁警示片、"廉政杯"征文等形式和载体,营造浓厚的廉洁文化氛围。党员领导干部和重点岗位人员廉洁自律意识进一步增强,全公司190余人次主动上交无法拒收和退还的礼

品、礼金、购物卡价值合计53.2万余元，职工群众对公司和二级单位领导班子廉洁勤政情况的满意度达99%。

二、强化领导班子建设，提高班子科学决策、组织管理能力

企业要发展，领导班子是关键。我们扎实开展“四好”领导班子创建活动，持续提高班子学习力、凝聚力、执行力和创新力，为企业发展提供了强有力的组织保证。

（一）建立持续学习机制，提高班子学习力 以“学理论、转观念、议大事、出思路、强班子”为目的，通过中心组学习、“三会一课”等多种形式，认真学习贯彻党的十八大和十八届三中全会精神、习近平等中央领导的重要讲话及党的各项方针政策，提升了党员领导干部的政治理论和政策水平；注重学用结合，增强了运用理论解决实际问题、推动企业发展的能力。

（二）加强班子自身建设，提高班子科学决策能力和水平 坚持以制度作保证，增强参与意识和积极性、主动性，把参与重点放在把握方向、抓住关键和保证决策实施上，准确把握尺度，做到了到位不越位、参与不干预、督办不包办。坚持和健全民主集中制，班子成员经常沟通思想和工作，相互尊重、信任、支持，自觉维护班子的团结与统一，“聚精会神干事业，一心一意谋发展”，形成了风正、气顺、劲足的良好局面。

（三）强化对领导班子和干部队伍的管理，增强活力动力 不断完善领导班子和领导干部综合考评体系，推行末位淘汰制和年中考评制度，对改制公司领导班子和主要领导进行了年度考评，将考评结果作为领导干部调整任免、年薪发放的重要依据，合理拉开收入差距，有效发挥了激励导向作用。制定下发《处科级干部任职年龄等有关问题的规定》和《关于进一步规范科级干部管理工作的通知》。加大竞争性选拔干部力度，使差额选拔常态化、规范化，尤其在科级干部选用上广泛推行竞争上岗办法，全年共调整任免处级干部126人，机关科级干部15人。

三、以“四优一带”为载体，开创党员队伍建设新局面

为展现共产党员先进性，党委在广大党员中持续开展“四优一带”活动，使党员始终做到政治觉悟优于普通职工，学习力优于普通职工，创新能力优于普通职工，工作业绩优于普通职工，真正成为广大职工群众的表率。

（一）坚持落实党员教育制度，不断创新教育方法 坚持落实“三会一课”、民主评议党员制度，每月制定学习计划，编制党课教案，确定学习篇目，提出学习要求，并做好指导、监察、考核工作。积极创新教育方法，采取“互动+体验”方式、“访谈”、“对话”等形式，提高了学习效果，增强了教育的吸引力和感染力。

（二）开展党性实践活动，为党员发挥作用、建功立业搭建平台 在广大党员中深入开展了以“三学、四比、五做”（学理论、党章、业务；比组织观念、业务本领、工作成绩、奉献精神；做支持改革、顾全大局的模范，敬业爱岗、争创一流的模范，艰苦奋斗、勇挑重担的模范，遵章守纪、从严管理的模范，关心群众、舍己助人的模范）为基本内容的“我是共产党员”党性实践活动，使党员在工作中身份亮出来、技能显出来、作用看出来、形象树起来。

四、深入扎实的党建工作，促进了企业的持续健康发展

充满生机与活力的党建工作，有力地保证和促进了企业生产经营建设和改革发展，集团公司全年生产钢1500.6万吨；实现营业收入765.72亿元、利税总额40.38亿元、利润总额9.74亿元，分别比上年增加48亿元、15亿元和11.2亿元。实现了年初确定的“集团公司盈利5亿元、钢铁主体本部挖潜增效19亿元、莱芜分公司确保盈利”三大目标；实现了较大及以上安全事故为零的目标；注重环境保护，加大对大气污染、污水、粉尘、噪音的治理，吨钢综合能耗607.04kg，同比降低3.43kg；吨钢水耗3.424t，同比降低0.011t；固废资源综合利用率达98.9%，莱钢被中国资源综合利用协会授予“清洁生产奖”；重视绿化美化和城市化建设，营造了优美宜人的生态环境、和谐文明的人文环境。

发挥党建工作优势
争创全国一流房企

鲁商置业股份有限公司党委书记　徐东芬

鲁商置业股份有限公司（以下简称鲁商置业）是山东省商业集团有限公司控股的一家专业从事房地产开发、经营管理的上市公司，下设22家子公司，开发项目近30个，分布在山东、北京、重庆、辽宁、黑龙江等省市，职工千余人。先后获得“最具品质地产运营商”、“2013齐鲁品牌房地产开发企业”、“国家优质工程奖”、“省级文明单位”、“青年文明号”、“工人先锋岗”、“巾帼建功立业标兵岗”、“青年安全示范岗”等多个荣誉奖项。多年来，鲁商置业党委积极贯彻落实上级各项指示精神，以队伍建设、思想建设、组织建设为抓手，全面深化改革，不断夯实党建工作基础，丰富党建工作内容，努力推进基层党建工作，确保企业又好又快全面健康发展。

一、注重理论学习，加强组织建设，切实发挥党组织的战斗堡垒作用

鲁商置业党委认真贯彻落实党的十八大和十八届三中全会以及省第十次党代会精神，以改革创新精神加强基层党组织建设，为全面推进企业党风、政风建设提供了坚强的组织保证。

一是加强学习教育，深刻领会中央和省委的指示精神 公司党委为了保证企业发展的正确方向和发挥政治核心作用，注重强化核心团队的理论武装，重点抓了党的十八大、十八届三中全会和习近平总书记系列讲话精神的学习贯彻。根据产业布局广的特点，通过召开视频会议、集体学习、支部专题研讨、领导干部带头宣讲、观看十八大开幕式和中央宣讲团报告会等方式，全面准确、深入系统地学习会议精神，深入分析历次会议释放的政策信号给企业带来的新机遇，力求学深学透、融会贯通。组织召开了“领会十八大会议精神、分析房地产市场形势”专题研讨会，对十八大报告中提出的要“老有所养、住有所居”、要“建立市场配置和政府保障相结合的住房制度”、要“逐步把符合条件的农业转移人口转为城镇居民”等论述开展了热烈的讨论。通过学习教育，切实把学习成果转化到了提高党员干部理论水平、工作能力和作风素质上来，真正达到了统一思想、提高认识的目的。

二是不断加强党员队伍建设，基本实现组织机构全覆盖 公司党委下设25个党支部，分散在北京、重庆、锦州、哈尔滨、青岛、济南、临沂等12个城市，共有党员282人。在企业浓厚的党性氛围感召下，青年团员积极向党组织靠拢，共有200余人次递交了入党申请书。为进一步加强基层党组织建设，不断发展壮大党员队伍，公司党委及时吸收政治理论水平高、理想信念坚定、思想作风过硬的同志加入到党员队伍中来，自成立以来，共有85名同志通过组织层层筛选和考验，成为光荣的共产党员。此外，高度关注各项目当地招聘人员中流动党员的管理，将他们纳入各支部统一管理，一起参加党员学习和各项党组织活动。

二、深化廉洁从业教育，筑牢党员领导干部思想道德防线

把开展党风廉政教育，提高党员领导干部廉洁从业意识纳入党的宣传教育工作总体部署，筑牢思想防线，加强制度建设，从源头上防治腐败发生，取得了明显效果。

一是着眼宣传教育，切实提升廉洁从业意识 公司党委高度重视党风廉政教育，通过认真学习贯彻党的十八大精神、观看工程建设领域预防腐败警示教育宣传片、召开反腐倡廉专题座谈会等多种方式，不断加强党员的党性修养，提高廉洁从业意识，逐步在企业内部形成依法经营、廉洁从业、民主管理的良好风尚。

二是着眼“四风”问题，切实做到真抓实改，务求实效 党的群众路线教育实践活动开展以来，公司党委积极按照上级党委的部署要求，不走过场、不务虚功，有计划有步骤的开展各项活动，切实做到了基层调研深入、查摆问题到位、批评和自我批评坦诚、整改落实扎实。通过教育实践活动，企业党员领导干部夯实了群众观念、扭转了工作作风，达到了预期的目的。

三是着眼敏感部位，加强重点环节制度建设 2013年，公司纪委加大廉洁风险防控力度，对财务资金管理、投资管理、业务外包管理、采购付款管理、合同管理等9个方面进行了“麻雀解剖”式检查，共查找出风险点316处，绘制流程图98个。为进一步加强风险防控，公司新上线了合同管理和成本管理系统，同时建立完善了《招标采购工作管理办法》、《议标管理办法》和《甲供材验收入库管理办法》等制度，从源头上防止腐败现象的滋生。

三、结合企业实际，大力推进管理机制改革

2013年，公司党委按照十八大精神要求，大力推进企业改革创新，在深化用人体制、安全管理和驻外员工管理等方面进行了积极探索，取得了一定的成效。

一是深化企业用人机制改革 面对当前严峻的经济形势，深化企业用人制度改革刻不容缓。公司党委积极探索具有企业特色的用人机制，在“选人”、“用人”和“留人”上下功夫。按照“公开、平等、竞争、择优”的原则，严把“入口关”，通过公开招聘和内部竞争上岗的双重方式选拔高素质人才。同时，对于企业人才架构中急缺的建筑师、规划设计人员、专业工程师等专业人才，通过与猎头公司合作吸纳引进；在用人方面，有针对性的根据每个员工的自身特点安排合适的岗位，改变了以往只根据学历和专业的用人机制，通过合理安排岗位为员工施展个人能力和才华提供了宽广的平台；在留人方面，将物质激励和精神激励相结合，在充分考虑市场化机制的前提下，同时大力通过给予员工畅通的晋升渠道、多方面多层次的培训机会、优秀的企业文化氛围、开展新老员工“置业讲坛”等方式增加员工对企业的认同感和忠诚度。

二是建立健全安全管理制度 为最大程度降低安全生产隐患，保证员工安全工作，建立健全了《安全管理培训制度》和《安全管理检查制度》。通过安全知识专项培训和定期检查，有效提高了员工安全生产意识，强化了安全生产技能，同时对检查中发现的安全隐患和不达标问题及时进行了整顿，保证了安全生产，不出问题。为进一步规范企业安全管理工作，制定印发了《安全管理标准手册》和《安全氛围标准》，编制了《安全管理季刊》，并在已交付小区全部建立了消防特勤班，配备了专业安全消防用具，有效防止安全隐患的发生。

三是有效完善爱心帮扶机制 公司千余名员工一半以上驻外工作，公司党委通过解决他们的实际生活困难，积极做好驻外员工的后勤保障工作，切实解决了他们的后顾之忧，增强了企业的凝聚力、向心力。及时疏导驻外员工家庭

关系，积极打造爱心企业文化氛围，成立了青年志愿者服务队、专业维修服务队等，为驻外员工家庭提供应急儿童接送、医院陪护、学生课外辅导、家庭上门维修等多项服务。组织了以“你我一家亲”为主题的一对一家庭帮扶活动，将驻济员工家庭与驻外员工家庭结成对子，在日常生活中互帮互助。每年春节前夕，公司党委都要组织驻外员工家属联谊会，为家属抒发情感、释放压力提供了渠道。定期为驻外员工家属送上祝福卡片，感谢他们长期以来对驻外员工的理解和支持，并在开展“评先树优”活动时评选模范家属。

强化党建工作创新
凝聚攻坚克难合力

山东能源临沂矿业集团有限责任公司
董事长、党委书记　张希诚

2013年，山东能源临沂矿业集团有限责任公司（以下简称“临矿集团”）认真学习贯彻落实党的十八大和十八届三中全会精神及省第十次党代会精神，围绕“强基固本、突围转型”中心任务，通过强化党建工作创新，在党的群众路线教育实践活动、廉洁风险防控工作、人才队伍建设、青工创新发展等方面不断闯出新路，凝聚起了攻坚克难的强大合力，有力地应对了市场危机，保持了企业和谐稳定、健康发展。企业先后荣获全国优秀企业、全国五一劳动奖状、山东省企业文化建设成果“十佳单位”等称号，继续保持了“山东省思想政治工作优秀企业”、“山东省企业文化建设示范单位”等称号。

一、深入开展党的群众路线教育实践活动，推动企业党的建设科学发展

临矿集团党委党的群众路线教育实践活动自2013年7月20日启动以来，始终坚持精学深学求真谛、深入群众接地气、即知即改求实效，做到边学边查边整边改边定“五边”并进，教育实践活动稳步推进并取得显著效果，营造了积极向上、民主团结、健康和谐的党内生活，促进了企业改革发展，党的建设取得新的进步。活动开展以来，各级领导班子开展集体学习讨论132次，撰写心得体会418篇；建立联系点184个，到联系点进行调研指导913次；共发放调查问卷5000余份、《征求意见表》1190份，开展座谈交流45场（次），谈话、访谈1400余人（次），征求意见建议102条；班子成员开展谈心谈话1763次，对照检查查摆问题66条，民主生活会上提出相互批评意见、建议981条；确定整改问题176条，制定整改措施510条；建章立制197条，其中新建64条、修订86条、废止47条；各类会议、文件、简报降幅分别为28.9%、16.5%、25%，职工群众满意度达99.6%。

二、强化廉洁风险防控工作，为企业健康发展保驾护航

（一）推行“五化”管理　一是推行项目化管理。把廉洁风险防控的所有任务按照项目申报、审核、审批、实施、评估等流程进行管理，全面推行任务项目化、项目标准化、目标责任化、责任具体化。二是实施信息化监督。构建廉洁风险防控信息网络，借助ERP和SAP系统，对经营管理、资金动向、资源配置等重要业务、关键领域环节进行动态分析、提示和预警，有效解决了个人垄断或占用经营资源、虚列成本、挪用资金和转移资产、利用信息不对称谋取不正当利益等问题。三是推动制度化防控。建立健全制度规范，对招投标管理、工程建设管理实行分权，初步形成了内控体系持续改进与更新机制。四是推进权力规范化运行。实施了对招投标工作的制度廉洁性评估，从规范权力运行的角度厘清、严格、固化招投标程序，有效增强了权力设置的合理性、监督制约措施的有效性、实体内容的科学性、制定程序的合理性。五是促进管理常态化提升。全面构建涵盖教育认知、动态管理、廉洁风险监测、廉洁风险预警纠错、评估修正等内容的长效管理机制，形成廉洁风险防控人人有责的理念，确保廉洁风险防控的制度化、常态化落实。

（二）强化预警体系建设　一是拓宽廉洁风险预警信息的收集渠道。重点收集容易滋生腐败的重点领域和权力运行的关键部位的廉洁风险信息，并及时汇总分析上报。二是建立廉洁风险预警防控联席会议制度。每月召开一次廉洁风险预警分析会，及时研判廉洁风险信息及违规违纪迹象，并对相关责任人发出预警。2013年，对13件次突出廉洁风险信息进行了重点提醒，对基层单位3人发出了廉洁风险预警，有效防止了腐败迹象演化成为腐败行为。

（三）创新廉洁教育方式　一是“考廉”。对矿处级干部就相关政策法规、廉政基本知识、廉洁从业行为规范等内容进行闭卷廉政知识考试，并对考试成绩在全集团公司进行了通报和张贴，着实让有的领导干部“冒了汗”、“红了脸”。二是“思廉”。通过组织集团公司全体党员收看山东能源集团举办的“反腐倡廉警示教育巡回报告会”、“反腐倡廉警示教育报告会”，让各级领导干部直击心灵，触动灵魂，时刻绷紧了廉洁从业这根弦。三是“育廉”。借助省纪委创建省级廉政文化建设示范点的重要契机，积极创建省级廉政文化建设示范点。

三、创新人才队伍建设，为企业长期发展提供源动力

（一）实施人才发展“三通道”，激发创新活力 临矿集团全面导入“不唯学历、资历、身份，只唯实力、能力、业绩”的人才工作新理念，建立起“按需设岗、竞聘上岗、按岗聘用、以岗定薪”的岗位管理新机制，搭建起“管理、技术、技能”3条人才成长通道。“三通道”的建立，打开了技术人员和技能人才的晋升通道，为优秀人才脱颖而出搭建起了更为宽广的舞台，激发出了各类人才创新、创造的活力，推动了企业健康良性发展。2009—2013年，临矿集团列入省级以上的科技计划达177项，其中32项列入中国煤炭工业科技计划；完成科技项目211项，小改小革项目535项，获国家实用新型专利32项、发明专利1项，制定国家标准1项、行业标准3项。

（二）推行员工职业生涯规划和“导师制”，助推新入职大学生平稳跨过入职门槛 推行职业生涯管理体系，给予优秀员工明确而具体的职业发展指导，充分发挥其潜能，使其更加清晰地看到企业的职业发展平台和职位切入点，促进员工成长与企业发展同步进行。对新入职大学生采用“导师制”培养，用结对子、一帮一、言传身教的方式，对大学生进行全方位的指导、教育和培养，从而帮助大学生员工较快地度过入企适应期，树立起正确的职业理想和价值取向，塑造优良的职业道德，提高技术技能。“导师制”已成为临矿集团培育大学生成才的有效形式。

（三）柔性引进博士入企挂职研究，破解高层次人才缺乏困局 临矿集团按照“不求所有、但求所用”的用人引智原则，与中国矿业大学开展密切合作，吸引高端博士人才前来企业开展科研工作，并在科研经费、科研队伍配置、工作研究环境、工资待遇等方面向博士倾斜，解决其后顾之忧。先后引进4名挂职博士到古城煤矿、邱集煤矿、王楼煤矿和莱芜煤机公司开展科研工作，均取得显著成效。挂职博士在企业的研究成果，促进了矿井的安全生产、水害治理等问题的解决和煤机板块重大疑难技术问题的突破，为企业创造了可观的经济效益。

四、坚持以党建带团建，着力激发青工队伍的创新活力

（一）持续深入开展青工创新工作法评选命名活动 自2009年5月开展首届青工创新工作法评选命名活动以来，至2013年已成功举办5届，取得显著成绩。一是工作机制日益成熟。青工创新工作法已成为培植临矿集团核心竞争力的重要组成部分和重要品牌，形成了党政工团上下推动、团的系统自主联动、青工创新广泛行动、激励机制持续推动的工作格局。二是品牌效应倍增。青工创新活动融入生产经营大局，抓住了企业发展的兴奋点，把握住了生产一线的困难点，聚焦了青工渴望成才的关注点，形成了企业核心竞争力的助推点，成为年轻人展示青春活力的大舞台。三是创新成果丰硕。5年来，共有600余项成果参与申报，800多名青工参与到这项活动中来。其中，获奖项目60余项，涵盖了5大板块的几乎所有工种，渗透到各个领域，产生的经济效益达10亿元以上。

（二）实施大学生创新团队建设 坚持“以干为用、是才就给舞台”和“能带一个团队就当团队负责人、能干一个项目就当项目经理、能干一番事业就当领军人物”的理念，在照顾好、安排好大学毕业生的同时，大胆起用年轻人才。借鉴东岳集团“以效益体现价值、用财富回报才智”的经验做法，加大奖励力度，重奖科技创新，有效调动了大学生的工作积极性，唤醒了创新潜力。目前，临矿集团已组建了10支大学生创新团队，分别赋予了软岩支护、防冲击地压、防治水等各项事关企业长远发展的科技命题，真正为那些怀有理想抱负、立志干事创业的大学生创设和打造了用武之地、创业热土及晋升空间。王楼煤矿大学生采煤队自组建以来，紧紧依托矿井生产实际，在承担井下采煤任务的同时，又承担科研攻关任务，将所学理论充分运用于实践，不断刷新该矿日产纪录，保持着安全生产“零事故”。其优秀事迹先后被人民日报、上海东方卫视、山东电视台、临沂电视台、济宁电视台等多家媒体报道，社会反响较好，其队长吴振华被评为“第二届全国煤炭工业百名优秀青年矿工”，该团队已成为临矿集团推动大学生创新团队建设的成功典范。

立足服务　创新机制
努力提升党建工作水平

潍柴控股集团有限公司党委书记、
副总经理　徐　宏

潍柴集团成立于1946年，是山东重工集团旗下核心企业，拥有整车整机、动力总成、核心零部件和豪华游艇四大业务板块，是中国综合实力最强的汽车及装备制造集团之一。2013年，潍柴集团党委深入贯彻落实党的十八大和十八届二中、三中全会精神，充分发挥国有企业的传统政治优势，坚持把党建工作的重心放在服务员工、服务基层、服务企业发展上，创新工作机制，不断提升企业党建工作科学化和规范化水平，为实现企业又好又快发展提供了强大的政治保障和群众基础。

近年来,潍柴集团先后荣获"全国先进基层党组织""中国工业大奖""国家科技进步二等奖""全国质量奖""全国厂务公开民主管理先进单位""山东省先进基层党组织""山东省省管企业先进基层党组织""山东省思想政治工作优秀企业"等荣誉称号。在全体干部员工的共同努力下,2013年实现销售收入1003.6亿元,利税64.9亿元,利润40.3亿元,继续保持了行业领先地位。

一、立足标准化建设,推进党建工作规范化运作

集团党委高度重视基层党组织的基础建设,2013年召开了第十次党代会,选举产生了新一届党委、纪委领导班子,完成了各级党组织换届工作,并强化党建与思想政治工作制度建设,为二次创业提供了坚实的组织和制度保障。

一是完善党建工作标准化流程 先后制定完善《党员组织关系管理办法》《基层党组织换届选举工作指导办法》《党员发展工作管理办法》等,规范组织工作流程,提升基层党组织工作效率。针对集团往派异地子公司工作的党员较多的情况,实施党员证明信制度,加强党员跨区域管理。针对海外党员分散较广、统一管理难的问题,集团将进出口公司党支部升级为海外营销党总支,下设印度、独联体、非洲美洲等六个海外党支部,扩大党组织覆盖面,增强党建工作活力。对于并购的异地子公司党组织,在坚持属地化管理的基础上,推行"双重管理"模式,强化指导与督促,实现了集团党建工作的全面提升。

二是编制《党支部标准化工作流程手册》 潍柴集团党委以党建基础工作、党员教育管理、党建文书、制度建设、统战工作、群众工作等内容为重点,突出完整性、实用性,对基层党支部工作进行全面梳理分类,制定工作标准,明确工作内容,规范工作流程,做到有章可循、有据可依,推动管理的制度化、规范化、高效化,实现基层党组织工作流程标准化。

三是建立党建与思想政治工作协调制度 潍柴集团党委借助党政联席会和党建思想政治工作研究会两个平台,坚持"月度调度、季度协调、年度评审"的工作机制,推动集团党建与思想政治工作的落地实施。2013年编辑出版了《党建思想政治工作论文选集》两卷,《研究实践与创新》论文集,共收录党建思想政治工作及企业文化优秀论文、案例500余篇,丰富了企业思想政治及企业文化的理论成果。同时开展"廉政文化长廊"和"企业文化长廊"建设,营造了良好的精神文化氛围。

二、立足于服务使命,着力提升党群组织服务成效党建工作

党建工作要取得实实在在的成效,需要科学、规范、长效的工作机制作保障。2013年,潍柴集团党委创新工作思路,以服务员工、服务企业为切入点,建立党、工、群五部门联合的工作机制,形成立体化推进体系。

一是立足于服务员工,着力推进党建品牌建设 2013年,集团党委借助党的群众路线教育实践活动的有利时机,着力解决员工关注的热点问题。公司领导先后新增联系点21个,召开座谈会24场,现场征集意见近400条,解决了大量实际问题。如,一号工厂加工车间员工反映车间通风循环差、油雾难排出、空气湿度大的问题,集团党委立即组织动能公司,联系中国第四设计院进行通风循环系统改造方案论证,投资上百万元,彻底解决了通风难的问题,赢得了员工的一致好评。职业学院员工浴室改造、滨海工业园员工餐厅改造、员工班车更新等问题都得到有效解决。集团领导班子成员,全部在内部网络开通博客,拓展了员工建言献策的渠道。将关系员工切身利益、影响员工工作生活的72项重点工作列入了网络实施计划,定期督办。同时,集团党委注重党建品牌建设,持续深化"党员挂牌上岗"、"党员责任区"和"党员示范岗"等品牌活动。坚持每年开展评先树优工作,大力表彰先进基层党组织和优秀共产党员。截止2013年集团公司涌现出了一大批先进典型,其中,全国劳模2人,"五一"劳动奖章获得者2人,山东省劳模4人,"千人计划"4人,"泰山学者"7人,"富民兴鲁""富民兴潍"奖章获得者23人。

二是立足于服务企业,着力推动重点工作落地 2013年,潍柴集团提出了"打造百年企业永葆基业长青"的目标,确定了人才、战略、创新、品牌、全球化、文化等六个方面的重点工作,集团党委把促进六项重点工作落地作为党建工作目标,利用"五一""十一"两个假期,以中心组的形式,组织集团高管进行读书会和头脑风暴,对六项重点工作的执行进度进行盘点与反省,适时调整工作策略与进度计划,以研讨报告的形式固化讨论结果,保证高管层在思想上达成高度一致。同时集团党委着力推进六项工作的落地,先后组织了"商业模式创新""品牌建设研讨""国际化挑战"等专题培训16场,参训人员达到3200余人,收到建设性提案270余项,对目标达成形成了强有力的保障。

三是立足于服务成效,着力完善党群工作评价机制 集团党委为保证党群工作成效,对党群工作推行模块化管理。2013年,集团党委把班子建设、责任落实、基层组织建设、党员队伍建设、企业文化建设、群团工作、稳定工作、党风廉政建设、文明创建等工作,划分为12个大类、56个子类,制定明确的考核目标和工作内容,对各类指标分别赋予不同的考核权重和评价分值,按"百分制"进行考核,实现党建工作成果的量化考核。同时,集团党委根据职能部门职责,把考核督导任务分解到组织、宣传、纪检、党办、群工等五个部门,按照统一标准对直属党组织定期进行专项考核与评价,确保了党委各项工作的落地。

三、抓好"三个"结合,确保教育实践活动实效

潍柴集团党委按照"照镜子、正衣冠、洗洗澡、治治病"

的总要求，以深入践行"约法三章"、集中解决"四风"问题、加快推进企业创新发展和进军世界500强为主要任务，立足"三个结合"，聚焦作风建设，确保了教育实践活动实效。

一是与践行"约法三章"相结合，着力加强作风建设 潍柴集团一贯注重领导干部思想作风建设，较早提出的领导干部"约法三章"，就是践行党的群众路线的具体体现，受到了党和国家领导人的高度肯定。在活动中，潍柴集团党委把自觉践行"约法三章"作为切入点，与解决"四风"问题，强化作风建设，推进班子建设有机结合起来，既增强了活动的针对性，又突出了潍柴的特色文化，使党的群众路线教育实践活动成为强化领导班子作风建设的有力抓手。集团党委班子先后召开征求意见座谈会3次，发放征求意见问卷74份，指导联系点工作21次，调研基层组织41个，征求意见1681个，梳理问题240余项，其中23项涉及"四风"问题全部整改到位。

二是与企业管理提升相结合，着力建章立制工作 活动中，潍柴集团重点对涉及干部作风、企业管理等问题进行了系统梳理。集团党委及各基层党组织制定了整改任务书和专项整治方案，梳理了制度建设计划，确定重点整改方案10项，专项整治方案7项。先后完善了领导班子调查研究制度、中心组学习制度，印发了《关于进一步改进领导干部工作作风的五项规定》，各直属单位累计确立整改任务380多项，修订及新建制度160多项，提升了企业管理水平。

三是与企业文化建设相结合，着力发挥引领作用 集团领导班子成员带头践行"责任、沟通、包容"的文化价值理念，深入实际、深入基层、深入员工，接地气、通下情，虚心向员工学习，诚心接受员工监督，热心为员工服务，真心对员工负责，受到了员工的一致好评，党群干群关系进一步融洽和谐。通过开展专题民主生活会，集团班子成员之间相互提出意见建议，真正做到了查摆问题，实事求是；剖析深刻，触及灵魂；开展批评，认真坦率；整改措施，明确有力，取得了"红脸出汗、加油鼓劲"的效果。2013年，集团党委建立了以公司高管人员为主要力量的文化导师队伍，对企业引进的240余名社会人才进行文化引领，帮助引进人才学习理解企业的核心价值理念，使企业文化成为他们成长的内在动力。

一年来，潍柴集团党委立足服务使命，通过创新工作理念、工作思路和工作机制，党建工作虚功实做、亮点频出、成效显著，推动了企业持续健康发展，为实现打造百年企业、进军世界500强的"潍柴梦"提供了坚强的组织保证。

抓党建铸造高效团队 激活力推动创新发展

齐鲁证券有限公司潍坊分公司
总经理、党委书记　刘华琦

齐鲁证券有限公司潍坊分公司（以下简称潍坊分公司）成立于2011年11月，是一家拥有员工240人、18家证券营业部、30多万客户及托管资产180多亿元，集证券经纪、投行、固定收益、场外市场、资产管理、金融创新等全牌照业务为一体的证券经营机构，并以其占有潍坊地区证券业务份额70%以上的雄厚实力，稳居区域券商龙头地位。多次被山东省证监局和山东省证券业协会评为"先进单位"；连续两年被山东省国资委团委授予"青年文明号"称号；连续三年被授予"潍坊市文明诚信服务窗口"称号；连续三年被评为"突出贡献企业"。

2013年，潍坊分公司党委团结带领全体干部职工，凝心聚力、积极作为，充分发挥自身专业、技术和资源优势，为当地企业改制、上市融资、股权融资、债券融资及"新三板"挂牌等业务提供了全方位、深层次、多渠道的资本市场服务，对加快资本市场发展，推动产业结构调整，促进经济转型升级起到了积极作用。

一、固本强基，全力打造高素质党员队伍

公司党委共管理党员30人，是一支有战斗力、在日常工作中能够发挥先锋模范作用的党员队伍。2013年，以党的群众路线教育实践活动为契机，从完善基础工作入手，采取多种行之有效的措施狠抓党员队伍建设。

一是调整优化组织构架，加强支部建设 根据各营业网点分布特点和党员分布情况，优化调整了全部4个基层党支部管辖范围，完善了党支部的组织领导机制，形成了更为紧密的组织结构，给党员提供了用武的平台。制定了《潍坊分公司党委基层党组织建设工作意见》、《潍坊分公司党委党建工作联系点制度》等6项党建工作制度，提升了党建工作规范化水平。大力推行"调查问卷"、"民主评议"机制，按季度检查落实，不断增强党建工作的针对性和时效性。坚持"讨论问题讲民主、决策问题讲集中、执行决议讲纪律"的组织原则，坚决杜绝"四风"现象，定期组织分

公司领导班子成员进行集中学习和专门约谈，凡涉及人事安排、大项财务开支等重大问题，都由班子成员共同讨论决定，保证了经营决策的正确性和科学性。

二是坚持以人为本，在党群共建中激发党员活力　分公司党委联合工会、团委组织员工积极组织开展各类主题活动，全年开展了“青年文明号”、“文明诚信服务窗口”、“党员先锋岗”等争创活动。开展了党员与困难员工结对帮扶活动，切实解决困难员工生活、工作上的后顾之忧，将潍坊分公司大家庭的温暖送到每个员工的心坎上。大力开展党员“六带头”活动，要求每个党员要在管理创新上带头、在经营管理上带头、在思想政治上带头、在遵纪守法上带头、在廉洁自律上带头、在攻坚克难上带头，立足岗位创先争优，充分发挥党员的先锋模范作用，带动员工强化业务学习，形成全体员工共创先进、齐争优秀、同谋发展的良好局面。

三是狠抓人才培养，优化人才发展环境　注重在优秀人才中发展党员，在党员中选拔干部，坚持用党组织的先进性为团队注入正能量，提升了分公司的核心竞争力。诸城营业部党员张斌同志，急公司之所急，主动团结身边党员群众协同完成一些新型业务，特别是在渠道合作方面，做出了突出的贡献。2012 年被潍坊分公司聘任为部门业务经理，2013 年被聘任为分公司所属营业部业务总监。潍坊分公司综合部经理崔明同志，自 2011 年底开始受命组建分公司机构业务部，他克服自身专业不对口、无机构业务经验等不利条件，带领本部门员工攻坚克难，完成了分公司机构业务从无到有的转变，促成了多项业务的成功落地，其本人光荣入党，2013 年被破格提拔为分公司总经理助理。

二、深耕市场，全力打造区域综合金融服务平台

分公司以党的十八大报告关于“深化金融体制改革，推进金融创新，加快发展多层次资本市场”的精神为指引，深入贯彻落实省政府“金改 22 条”及潍坊市“金创 33 条”的有关要求，坚持创新发展和内涵提升，强力推进客户服务体系转型建设，加快产品和服务创新，积极参与多层次资本市场建设，加强对潍坊地区重点区域、重点领域、重点项目和重点产业的金融支持，进一步提升了自身服务实体经济的能力和水平。

一是创造性开展工作，传统业务实现了新突破　与当地交通银行、农业银行等达成全面合作协议，拓展了银证全面合作渠道。通过大力发展融资融券业务，带动了分公司投融资、产品销售等非通道业务的快速发展。2013 年融资融券业务余额达 4.92 亿元，收入 5568 万元，既为客户提供了新的投融资渠道，也为自己开辟了新的利润增长点。按照有效账户数量增加、产能提升、“大投行业务带动经纪业务”的工作目标，持续推广“理财下乡”活动，从高管到员工深入乡镇企业，将金融理财产品送到田间地头，积极抢占广大的农村市场。2013 年销售公募基金 9515 万元，其他金融产品 16160 万元。

二是开辟新的业务增长点，非传统业务实现跨越式发展　与潍坊市政府、潍坊高新区政府、寿光市政府、潍坊市金融控股集团签署了全面战略合作协议，主动介入并积极发挥社会资源的配置作用，积极为当地政府、为实体经济服务。针对机构业务方面起步不久的现状，专门成立以党员为主导的项目组，大力推动“齐鲁—财通—临朐沂山实业BT 项目集合资产管理计划”等项目落地，令当地政府、企业及同行刮目相看。凭籍完美的协同作战和诚实守信的团队精神，2013 年度完成 2 单中小企业私募债项目，为当地企业募集资金 3.2 亿元；资产管理类项目已为企业募集资金过亿元；完成多家新三板项目的挂牌、签约，另有 30 余单新三板项目完成了储备，成功运作完成 3 单齐鲁股权挂牌项目；完成大型专项培训会 6 次，大型综合性推介会 5 次，小型专题报告会 19 次，积极配合政府发展金融事业；与各级政府、金融机构、中介机构、社会服务团体等开展合作，联系政府、企业建设投资项目 130 余个、银行大额授信重点企业 260 余家、中小企业 300 余家。

三是升级财富管理，实现财富增值　围绕“大财富管理”概念，为客户提供多种类型的产品和全方位综合服务。打造金融超市，提供个性化服务。以“伴随客户共同成长”为宗旨，通过整合资源，在做好基础服务的同时，根据客户投资偏好设计和引入相应产品，从低风险的固定收益类产品到高风险高收益的结构化产品，形成完整的产品系列，以满足不同投资者的理财需要，逐渐实现“散户机构化”。通过激励机制和长效化差异化培训，提升投资顾问的专业能力和服务水平，打造了一支包括投资建议型、资产配置型、设计开发型等不同类型的财富管理和投资顾问队伍，为客户提供了全方位个性化综合服务。

三、传播文化，全力打造企业品牌

潍坊分公司始终坚持以客户为中心，打造公司良好服务形象，提升企业品牌价值，积极履行社会责任。2013 年，分公司积极参与潍坊市金融办倡议的“慈心一日捐”活动、潍坊市慈善总会倡议的各种定向捐赠活动、潍坊创建文明卫生城市活动的义工服务活动、潍坊市总工会组织的各项文体活动；发动员工捐资助学，长期帮扶部分县区贫困学生；无偿为潍坊市退休老职工组成的“知音乐队”提供训练活动场地；积极举办“股市沙龙”、“投资报告会”，走企业、进社区，广泛开展投资者教育活动。每逢“六一”儿童节，公司党委便组织捐资助学活动，已成为潍坊分公司党建工作的传统项目。2013 年，为临朐县寺头镇丹崮村小学捐款 22275 元，帮助贫困学生实现了求学的梦想。2013 年潍坊市创建“文明卫生城市”活动期间，积极响应政府号召，带领广大党员、群众大力开展义工服务活动，专门抽调员工轮流上街站岗值班，风雨无阻，无偿进行秩序维持、卫生清理、帮扶老弱病残幼等义工服务，前后共计派出达 1500 多人次，对潍坊市文明建设、卫生、社会事业等方面水平的整体

提升做出了应有的贡献。

潍坊分公司党委围绕先进文化建设，营造积极向上的文化氛围，大力弘扬企业精神，凝聚了全体员工的力量，也传播了齐鲁证券先进的企业文化理念，提升了分公司的社会影响力，赢得了社会各界的广泛赞誉。

党建推动世纪金榜实现华美转身

山东世纪金榜科教文化股份有限公司

党委书记　袁立新

山东世纪金榜科教文化股份有限公司是一家从事传播文化、服务读者、成就英才这一阳光事业的大型文化企业。近年来，公司党委充分发挥在企业发展中的中流砥柱作用，紧紧围绕公司生产经营组织开展形式多样的党建活动，促进了企业的持续快速发展。公司党委先后获得了山东省非公有制企业齐鲁先锋党组织、山东省非公有制经济组织党建工作先进单位、济南市委非公有制经济组织先进基层党组织等荣誉称号。

一、“党”字成就众多“第一”

公司党委成立于2009年8月，下设五个支部（机关支部、编务支部、文印支部、发行支部、物流支部）。公司现有党员62名，预备党员10名，入党积极分子164名。公司年策划图书4300多种，年发行图书1.5亿册。教育类图书全面覆盖从小学到大学各阶段，少儿图书《全能宝贝》等版权出口到新加坡等国家，社科类、名著类、国学类、动漫类图书家喻户晓。近年来，公司实施“创新驱动、转型发展”战略，在数字出版、网络出版方面结出丰硕成果：数字复合出版平台被认定为山东省重点文化产业项目；与央视动画有限公司结成动漫产业联盟；手机电视获广电总局授权。公司年销售码洋17.2亿元，年纳税额7600余万元，连续三年被评为济南市纳税A级企业和济南市财源建设杰出贡献单位。卓越的产品品质、敏锐的创新意识、持续的品牌打造，使得企业综合实力连续五年在全国民营书业中综合排名第一。

从2002年到2013年，仅用十余载，“世纪金榜”这个名字从一个名不见经传的小书店成长为全国民营书业中唯一一家独立承担国家十五、十一五规划教育部重点课题的出版机构；世纪金榜商标是全国出版业唯一被国家工商总局全品认定的中国驰名商标。公司在全国民营书业中第一家开发出教学课件光盘；第一家开发出互动教育平台；第一家开发出双窗口界面视频教学软件；第一家开发出智能题库组卷软件……

在世纪金榜发展的轨迹中，最闪亮的符号，是党徽；最鲜艳的元素，是党旗；最关键的力量，是党员。正是党组织的中流砥柱作用，为世纪金榜的腾飞作出了最有力的注脚！当前，全体党员员工的模范带头作用日益凸显，“党群共建”使企业内部形成了很强的凝聚力和向心力，集中精力干事，一心一意创业的工作氛围日渐浓厚。

二、三项措施打造发展之船

（一）正确决策为发展之船导航　金榜人高举党旗，稳掌“方向”，制定了《一二三准则》，即一坚持，坚持中国共产党的领导；二尊重，在工作中尊重党组织或党员的建议；三满足，活动经费满足拨付，活动场所满足需要，资料物品满足供给。在世纪金榜，凡是股东会、董事会重大决策，首先会征求党委的建议。项目论证、重大投资、人事变动、年度人员考核，一般先由党委提出意见。在班子建设上，公司总经理兼任党委书记，核心领导层以党员为主。公司开展活动，也着重考虑了党员的参与性和代表性。这就赋予了党组织更多的企业活动决策权和具体工作处理权，实现了党建工作与生产经营的有效结合。

（二）标准管理为发展之船扬帆　公司党委扎实推进党建工作标准化建设，制定了《党支部工作绩效考评标准》和《党支部工作标准化建设手册》，把党支部工作纳入月度综合计划考评体系，“软任务”变成了“硬指标”，使党建工作与生产经营工作同计划、同安排、同检查、同考核。实施“党员素质教育工程”，不断加强党员理想信念和权利义务教育。对“共产党员示范岗”实行星级管理和末位淘汰；每季度开展一次“民主评议党员”活动；“班前十分钟党课”、以“书记讲党课，党员讲标准，模范讲技术”为载体的“三讲”活动等特色党建活动，使公司党员员工的战斗力大为增强。公司党员员工先后有3人获“济南市五一劳动奖章”、7人获“济南市建功立业先进个人”、1人获济南市“首席技师”等荣誉称号。

（三）有效机制为发展之船助力　公司党委坚持“为企业所需要、为股东所理解、为职工所拥护、为党员所欢迎”的“四为”工作原则，紧贴企业经营管理实际，不断完善基层党组织建设体制机制。一是思想帮扶机制。公司党委从全体党员中选拔具有坚定理想信念、良好品德作风的同志为“党代表”，安排其与各部门对接，出任部门的“思政辅导员”。他们深入各科室，针对大家关心的热点、焦点问题，及时进行积极地帮助和引导，成为公司员工的人生导师和知心朋友。二是英雄评选机制。各支部推举党员中的杰出代表，利用广播台、宣传栏等宣传平台，每日更新“金榜英雄志”；所有候选人信息全部上网，全员参与网上票选；由公司党委主要领导组成的评审委员会对参选人事迹进行评审；结合平时绩效考核、网络投票数据，评选出“金榜英雄”；公司专门召开大会对“金榜英雄”进行表彰。该活动已连续组织了七年，营造了学先进、争干事的良好氛围。三是三“日”宣教机制。公司党委以三个日子——“生日”、“金榜日”、“入党日”为抓手，强化和谐企业建设。在生日当天，员工会收到同事的祝福和公司送出的精美礼物；在来公司纪念日当天，员工会收到公司党委领导寄寓的希望，获得与同日进入公司的同事聚餐的机会，共同分享金榜岁月中的点点滴滴；在“入党日”当天，组织开展“请记住你的入党日子”主题宣教活动，教育引导党员员工增强党性意识。

三、三点启动推动跨越发展

（一）遵循“典型引路、系统推进”这一途径　一个先进带动一个集体。企业全体员工的精气神的提升，离不开“金榜英雄”等先进榜样的带动。“以党委为轮轴，以党委接待日、党员学习制、党员评优法和党代表辅导制为辐条”的“一轮四动”党建工作法，使得公司党建工作更加系统规范。轮轴连带车轮，推动企业加快发展。2011 年，公司加入了济南市首家非公有制经济组织党建联谊会——槐荫区“红色家园”党建联谊会，与全区发展成熟的非公有制企业交流学习、共同进步，进一步促进了公司党建工作地开展。

（二）把握“提升素质、树好龙头”这一关键　非公有制企业党建工作的最终目的还是要带领企业健康发展。近年来，公司党委激发党员开动脑筋创技术，最先在行业里使用轻型纸，图书减重 40%，并将色彩还原到最好，为学生的眼睛和书包同时减负；最先在行业里倡行大豆油墨印刷，图书环保、无污染，达到食用标准，为学生的健康负责到底。2006 年，公司在同行业中首践“图书召回制”，面向全国各地代理商召回了稍有瑕疵的高二地理（下）图书，并把 48 万元图书全部化为纸浆，为清正行业风气、强化品质意识起到了引领龙头作用。

（三）立好“履行责任、树好形象”这一招牌　推动企业履行社会责任是非公企业党建工作的一项重要课题。公司党委根据企业发展状况和行业特点，制定出了履行社会责任的方向、突破口和有效途径，建立企业内部责任制和外部监督制双重制度。在汶川大地震、玉树地震、舟曲泥石流灾害发生后，世纪金榜多次捐款捐物，捐助总额达到 300 万元。与共青团济南市委合作设立了济南市青少年维权扶助基金，与济南市残联联合开展了“金榜之路”爱心助学活动，并在槐荫区慈善总会设立了 300 万元的世纪金榜慈善基金。

坚持抓党建工作促企业科学发展

青岛地恩地机电科技股份有限公司
党支部书记　卢　军

青岛地恩地机电科技股份有限公司于 2002 年 12 月在胶州市成立，拥有国际同行业领先的技术研发和技术创新能力，主要从事台式电动工具等产品的研制、生产和国内外销售。2013 年产值 8 亿元，实现利税 1600 万元，为中国名牌高新技术企业。公司现有职工 1360 人，其中，高级专业技术人员 52 人，党员 32 人，党员占员工总数的 2.3%。近几年来，地恩地公司作为青岛市非公有制企业党建示范点，贯彻落实党的十八大关于加大非公有制经济组织、社会组织党建工作的要求，坚持围绕发展抓党建、抓好党建促发展的理念，大力实施基础投入、载体建设、和谐共建、模范带动、文化建设五大工程，打造了非公企业党组织的坚强堡垒，实现了公司党建工作和企业发展的互促共进。

实施基础投入工程，在环境营造中提升非公党建保障力　公司党支部在财政预算中专门设立了非公企业党建专项资金，为企业非公党建硬环境建设提供了强力支撑。一是建设企业党支部阵地。投资建成 150 平方米的阅览室，购置图书 8000 余册，建设了篮球场、健身房和能够同时容纳 1500 多人的小礼堂，使党支部组织工作开展有阵地，党员职工活动休闲有“家园”。二是规范党支部制度建设。党支部建立健全了“四会一课”制度、党务公开制度、党员目标管理制度、党员联系群众制度、民主生活会制度、发展党员工作制度、民主评议党员制度、党风廉政建设制度等等，并保障制度建设卓有成效。三是打造温馨“党员之家”。投资 100 多万元建立标准化“党员之家”，配备桌椅、电视、DVD、电脑、图书、各类健身器材等，党建资料齐全，按时开展党建活动。四是设立党建宣传栏。宣传栏每月更新一次，宣传党的方针政策，展示公司党建成果和广大党员良好的精神风貌。

实施载体建设工程，在丰富活动中提升非公党建凝聚力　本着“支部引导、企业发动、员工主体、全员参与”的原则，积极开展各种活动，丰富活跃员工业余生活，打造“活力团队、和谐企业”。一是开展企业娱乐活动。企业每年举办拔河比赛、乒乓球比赛、篮球比赛等活动，举行颁奖晚会对胜出者予以奖励。二是举办演讲比赛。每年 5 月份，公司以企业中青年员工为主体，举办演讲比赛，紧扣时代特色,如"最美地恩地人"、"桃乡先锋在我身边"、"我为企业添光彩"等。通过讲时代的先进楷模、身边的优秀人物、自己的亲身经历,选树先进典型,激发党员和员工奋勇争先的内生动力。三是开展"技能比武"。公司每两年开展一次"金牌技师"选聘活动,挖掘出一批善于攻克技术难关、推动技术创新的杰出技能人才。在管理期间,每月由公司发放津贴300元,并将不定期组织政治理论培训,外出考察等活动。经过多年积累,公司现有技术骨干226名,每年申报技术创新奖不少于60项。四是举办"相亲会"。为留住公司青年人才,公司每年4月份在"胶北桃花节"期间,联合办事处妇联、非公经济党工委、劳动保障等部门,举办企业相亲会,为公司单身男女架"鹊桥"、牵红线、结良缘。近几年来,公司共有20余对青年男女相亲成功,步入婚姻的殿堂,并逐步成长为公司的业务骨干。

实施和谐共建工程,在反哺社会中提升非公党建影响力 在发展壮大的同时,公司更认识到企业回报社会是一种责任。每年设立专项资金发展社会公益事业,在反哺社会的同时树立公司良好的社会形象。一是资助贫困儿童。公司捐助建成地恩地希望小学后,每年拿出6万元对学校中家庭贫困的学生进行资助,目前共捐助贫困儿童138人。二是救助困难职工。公司每年都为家庭困难职工进行救助。为困难职工吴炳志组织捐款活动,一天就募集捐款5万余元;烟台籍职工王雪林的哥哥身患癌症,家庭失去收入来源,党支部为其家属安排了打扫卫生的工作,保证了每个月1500元的收入,同时为他的两个孩子每人每月提供200元的助学金。几年来,共捐出帮扶款300多万元,衣物1200多件,帮助协调解决子女就学、生产经营等困难180余项。三是开展党内救助。让每一名职工幸福、让每一名职工享受发展成果是企业党组织和党员的共同责任。公司相继开展了"一帮一、结穷亲"、"企业党员带责任走义亲当服务员"等活动,32名企业党员干部全部参与活动中来,都与2名以上的困难职工结成义亲,帮助他们解决一些实际困难和问题。四是开展"捐绿植绿"活动。每年4月份,组织党员员工开展"地恩地光彩林"捐植活动,以植树造林为载体,树立企业形象,展示企业风采,增强党员员工绿化意识。目前,累计捐植树木13000余株。

实施模范带动工程,在互动双赢中提升非公党建创造力 党支部通过在党员中开展"为企业增效,为员工解难,为党旗添彩"活动,推动了企业科学发展,扩大了党组织影响力、凝聚力,实现了非公党建工作和企业发展互动双赢。一是开展争做"党员先锋"活动。立足企业实际,要求党员在"急、重、难"任务面前争当先锋,建立党员示范岗、党员帮带制度。每个月评选一名党员先锋,两名工人先锋,一个优秀班组和一个先进车间。引导全体党员在技术改造、挖潜增效中建功立业,形成"你争先,我创优"相互激励、相互促进的良好风气。二是开展党员身边"三无"活动。即党员身边无事故、党员身边无次品、党员身边无违纪。活动开展后在员工中树起了标杆,激发了党员建功立业积极性,生产效率和产品质量得到大幅提高。三是开展"三比三争"活动。开展以"比奉献、比作为、比贡献"和"争做模范员工、争做先进青年、争做巾帼标兵"为主要内容的"三比三争"活动,涌现出一大批优秀骨干。公司党员先锋赵相和在"三比三争"活动中,创新改造风送料的上料设备,有效避免了产品的二次污染,使该产品的生产量比之前增加了一倍,不但为企业节省了人力、物力,还为企业增加了销售收入。四是开展"双爱双评"活动。结合每年党员民主评议情况,在定期征求职工的意见和建议的基础上,党支部联合工会开展"评爱企业的优秀员工,评爱员工的优秀经理"活动,同时进行"先锋党员"和"先锋车间"评选,引导员工树立"公司兴我荣,公司衰我耻"的观念,营造了"企业爱员工、员工爱企业"的良好氛围。

实施文化建设工程,在汇聚共同信念中提升企业核心价值观的向心力 公司在发展中,不但重视"硬"管理,更注重"软"管理,即注重企业中的文化因素,注重全体职工共有的价值观念,注重强化职工对本企业的向心力。一是推行"三信"教育。针对少数党员信仰缺失、信念模糊、信心不足不强等问题,党支部通过党性教育、党内谈心、党员之间开展谈心交心活动、撰写党员心得体会等措施对公司党员进行"信仰信念信心"再教育,从思想深处解决好对党的理想信念问题,促使公司党员始终保持思想上的朝气、工作上的锐气、为民服务的正气。二是抓好企业夜校。党支部定期邀请专家和组织部门领导为党员和部分员工骨干讲解党的十八大精神、先进技术和管理知识,激发员工的政治热情。制定夜校人才储备制度,为参加夜校的党员设计职业发展规划,激励党员和员工自觉参加学习。三是办好刊物《地恩地人》。创办了内刊《地恩地人》,内容包括公司快讯、党员先锋、员工天地等,给员工提供了充分发挥聪明才智的平台,员工的文化娱乐生活进一步丰富,党员的思想觉悟得到大幅提高。四是举办企业年会。公司每年春节前3天都要举行年会,表彰优秀部门和个人,分享成功经验,向标杆学习,提出瓶颈问题,深挖问题根源,共商解决方案,团结号召党员职工一起为企业未来努力工作。通过召开年会,公司与员工间加强了沟通,增进了感情,强化了企业文化,提升了企业核心价值观的向心力。

让党旗在企业高高飘扬

齐峰新材料股份有限公司
党总支书记　李学峰

齐峰新材料股份有限公司始建于1976年,位于淄博市临淄区朱台镇境内,现有员工1652人,拥有16条国际一流水平的新型装饰材料生产线,总资产34.9亿元,净资产22.79亿元。2010年12月在深交所A股上市,市盈率53倍,融资15.355亿元,创造了全国同行业中上市发行价格第一高。目前,公司拥有山东省企业技术中心、院士工作站和中国驰名商标,是国家标准的起草人,先后荣获中国专利山东明星企业,全国最具投资价值企业50强,中轻联全国卓越绩效先进企业、国家新材料产业化基地骨干企业,中国民营企业综合竞争力50强,山东省轻工行业功勋企业等荣誉称号。2013年公司生产装饰新材料21.7万吨,同比增长了18.32%,实现销售收入21.08亿元,同比增长了19.1%,实现净利润1.89亿元,同比增长了31.07%。上交税金8558万元,同比增长了82%。

当前的齐峰有五个认可:市场认可、环保认可、银行认可、政府认可,资本市场认可。有五个特点:需求旺盛,效益提升,结构优化,项目推动,持续健康发展。

为什么一个名不见经传的民营小企业能有如此的发展成就?关键在于三十八年来齐峰新材坚持按照“围绕经济抓党建,抓好党建促经济”的指导思想,立足企业实际,大胆探索实践,用创新的思维、创新的手段,凝众人之心、聚群体之力,提高了克服困难的信心和勇气,充分发挥党组织的战斗堡垒作用和共产党员的先锋模范作用,团结带领广大干部职工,坚定不移地走中国特色社会主义道路。全公司38名共产党员都在重要岗位上工作,重大事项先开党总支会议、支部会议,研究讨论决策,安排的任务党员和行政干部一块贯彻落实,结合新形势、新特点,研究新问题,制定新措施,有力地保持了党在企业发展中的核心地位。公司党总支连续多年被市、区党委评为先进党组织,被山东省委、省政府评为“改革开放三十年山东省优秀企业”,我作为董事长多次被评为“山东省轻工系统优秀党委书记”。

一、加强党组织建设和党员队伍管理

多年以来,我们一直非常重视党的组织建设,并把党组织的战斗堡垒作用深深地融入企业生产经营中去,真正起了组织保障作用。

(一)抓学习,提高驾驭企业发展的本领　近年来,公司党组织不断加强党员理论学习,以开展“创建学习型企业,争当知识型员工”活动为载体,采用党总支学习中心组、专家教授讲课等多种形式,开展理论宣传和思想教育活动,学习党的方针政策,学习业务专业知识,学习古代商业哲学。党总支先后组织党员干部到孟良崮战役纪念馆、革命圣地西柏坡、焦裕禄纪念馆、南街村等先进村党支部参观学习。在公司党总支的统一安排下,在朱台镇政府广场隆重举行了“颂歌献给党—齐峰新材文艺汇演”大型活动。齐峰人用一首首经典歌曲,讴歌了党的光辉历程和丰功伟绩,为全厂职工及朱台人民奉献了一道精彩纷呈的文化大餐。2013年,公司还组织全体党员、部分干部职工到河南红旗渠参观学习,亲身感受林县人民战天斗地,誓把河山重安排的英雄气概,给广大党员和干部职工上了一堂生动的艰苦创业的教育课。

我作为公司总支书记、董事长,外出学习或开会回来总是第一时间传达学习内容,培训干部职工,我还带领广大党员学习《实践论》、《矛盾论》等一系列毛泽东著作,有效提升了广大党员干部的思想理论水平。

近几年,我们认真学习运用春秋战国之际著名人物范蠡的经商之道,学习运用他贱买贵卖,薄利多销的原则,他对货物的买与卖说出了很深的道理:“贵上极则反贱,贱下极则反贵;贵出如粪土,贱取如珠玉,财币欲其行如流水”。就是说物价高到极点就会下降,下降到极点就会上升,所以价格高的时候应该出手,而价格低时应当买进,这样才能加快资金流转,取得好的效益。贱买贵卖的操作要把握好商机,而商机变化莫测,有时转瞬即逝。范蠡主张“能敏捷,犹豫不决,终归无成”。关键时刻应当机立断,迅速抉择,或买或卖。我们这几年就是按照这些经商之道去做的,卖出了成本,卖出了效益。

(二)狠抓制度建设,提高党建水平　党的思想、组织、作风、廉政建设,哪一方面都离不开制度建设。制度具有根本性、全局性、稳定性和长期性,因此制度建设是实现党建科学化的关键环节和重要保证。公司党总支按照中央建立保持共产党员先进性长效机制和党的群众路线教育实践活动的要求,制定了《党总支工作职责》、《群众路线教育实践活动管理办法》等制度,明确了非公有制企业党组织在企业中处于政治核心作用。相继探索建立了《创建学习型企业制度》、《党内情况通报制度》、《发展党员公示制度》和《民主生活会制度》、《党员学习教育制度》、《党员联系贫困户制度》等,激发了企业党员的积极性,发挥了党员的先锋模范作用和民主监督作用。

二、创新发展目标,把企业做强做大

2013年公司党总支、董事会规划了公司发展战略目标:做强装饰装修新材料,做大装饰墙壁新材料,研发其他装饰新材料,探索其他领域的新项目。13年来,齐峰年年上项目,年年大发展,敢花大钱买世界上最好的设备。特别是上市以后为企业发展注入了资金和活力,为企业大发展奠定了坚实基础。我们集中精力、集中投资强度搞主业,搞专业化,不去跟风搞多元化,不做产业链的上下游延伸配套,只做这个行业中的一个环节,“挖一米宽,掘一百米深”,“伤其十指不如断其一指”,“不怕千招会,就怕一招鲜”,要搞就搞成世界第一,第三、第四就要被动挨打。截止目前,齐峰新材料的年生产能力已达27万吨,是临淄区的支柱产业。国家统计局每年三月份在北京人民大会堂举行全国市场商品销量信息发布会,已连续七年公布齐峰新材料在全国同行业中销量和销售额为第一名。我们每年都把一年的目标任务概括为两句口号,朗朗上口,好记易懂。目标就是旗帜,公司党总支用目标统一大家的思想,增强了广大党员干部职工的凝聚力、向心力。

三、充分发挥党组织战斗堡垒作用和党员先锋模范作用,促进企业又好又快发展

(一)充分发挥企业党员在企业中的骨干带头作用,为企业发展注入强大活力 2013年,面对错综复杂的国内外环境,在公司党总支、董事会的坚强领导下,全公司上下坚持以市场为导向,以增加效益和提高发展质量为重点,以项目建设为总抓手,围绕销售增利、供应减支、生产降耗开展工作,各项工作取得新进展,圆满地完成了全年目标,取得了有史以来经济效益的最好水平。

由于市场供不应求,为了抢占市场,2013年我们新上了年产10万吨装饰原纸新材料项目,在设备安装时间紧、任务重的情况下,党员同志充分发挥了模范带头作用。为了攻克安装工程中的难关,他们经常带领职工加班到深夜,直至把问题全部解决。他们与车间全体员工同甘共苦,对待工作精益求精。在安装过程中,对每一条管线的走向、流量除按设计要求施工外,还根据我们产品的特点与施工单位和现场工程师进行交流,不断改善各条管线的工艺流程。党员同志总是出现在安装过程中最紧急、最危险的地方,一丝不苟地搞好安全措施后亲自操作,正是他们在安全生产方面的表率作用,使全体职工的安全意识得到很大的提高。由于很多部件都是在晚上到的,他们经常带领大家夜间加班卸车,然后连夜安装,一直干到凌晨。整个项目建设从开工到试车成功,不到一年的时间,创造了业界的奇迹。正是党员们这种无私奉献埋头苦干的精神,激发了广大干部职工干事创业的热情,项目建设提前两个月完成。为企业抢占市场、快速发展作出了重要贡献。

(二)做好思想政治工作,促进经济效益的提高 一是经常进行经济形势教育,转变观念。我们结合生产经营和职工关心的热点难点问题,教育职工认清当前形势,明确自己的责任与义务,进一步增强紧迫感和危机感,坚定了发展信心。在我们发动职工开展节能降耗“金点子”活动中,共收集合理化建议200多条,多项建议被采纳,均取得了较好的效果。二是经常分析职工的思想动态,有针对性地做好工作。领导班子成员都能较好地密切联系群众,经常与一线职工谈心、交心,征求意见,关心一线职工,努力为职工服务。

在未来的发展中,齐峰新材将继续加强党的建设,坚持用党的十八大精神指导企业发展,与时俱进,不断增强基层党组织的创造力、凝聚力和战斗力,为开创齐峰工作的新局面作出新的更大贡献。

建设学习型党组织 推进企业科学发展

枣庄矿业集团新安煤业有限公司
党委书记 提文科

山东能源枣矿集团新安煤业公司是枣矿集团实施战略西移、缓解老区接续而建设的矿井,现有员工4200余人,年生产能力500万吨。近年来,公司以学习型党组织建设为引领,大力推进学习型企业建设,着力构建学习型领导班子、学习型区队(党支部)、学习型班组(党小组)、学习型党员、学习型员工,保持了各级党组织的生机和活力,促进了企业和谐发展、创新发展、科学发展。公司被山东煤监局评估为安全程度“10A”级矿井,先后荣获山东省文明单位、山东省思想政治工作优秀企业、山东省“四星级”劳动关系和谐企业、全国双十佳煤矿、全国文明煤矿、全国煤炭工业先进集体、全国工人先锋号、全国煤炭工业企业文化示范矿、全国煤炭系统思想政治工作优秀企业、中国工业党建优秀单位、中国学习型组织创建先进单位等荣誉称号。

一、学以立德,建设精神家园,推进企业和谐发展

公司党委坚持学以立德,以学习型党组织建设推进企业共有精神家园建设。**一是坚持灌输科学理论,铸就共同理想。**重点加强了党员队伍和员工思想建设,抓好理论武装工作,充分运用中心组学习、“三会一课”、政治学习日等形式把各层次党员、干部和员工组织到政治理论学习中,深入普及中国特色社会主义理论,让党的理论创新成果深入

人心，引导激励全体员工共同为深化改革、加快发展、维护稳定、实现和谐做出贡献。公司开展了“创建学习型党组织，争做学习型党员”活动，以内部网络和自办刊物为阵地，举办了“理论学习讲座”、“新安发展论坛”、“班组长论坛”以及“学习型党组织建设深度汇谈”等活动，以学习型党员、学习型班组、学习型支部建设带动学习型企业建设，实现了广大党员干部和员工思想观念的解放。**二是深化核心价值观教育，引领社会思潮。**公司坚持上下贯通、抓好融合，将“24字”社会主义核心价值观的学习和践行，与落实山东能源集团“明德立新，包容超越”的核心价值理念有机结合，贯穿到思想政治工作、党的建设、精神文明建设全过程。公司相继组织开展了“学党史、忆传统、增党性、作贡献”活动以及回顾红色历史、传唱红色歌曲、诵读红色经典、展播红色影片、追寻红色足迹等“红色活动”；以应对市场困难、推进各项工作任务落实为主题，组织开展了讲形势、讲同心、讲责任为内容的“形势任务教育”活动，运用座谈会、征文比赛、演讲赛、宣讲会、重温入党誓词、参观革命圣地等形式，对各级党员干部和员工进行爱党爱国爱企教育；深化“四德”教育，完善职工道德规范体系，营造了“知荣辱、讲正气、树新风、促和谐”的良好氛围。**三是抓好育人塑形，构建企业文化品牌。**为保障公司持续健康发展、提升核心竞争力，公司党委以“打造激情新安矿，塑造可爱新安人”活动为引领，抓好育人塑形工作，从修身、齐家、尽孝、忠企、报国五方面入手，撰写“新安规”及系列导读故事，全面阐述“可爱新安人”的形象标准。公司每年评选一批“可爱新安人”作为安全、文明、节俭、廉洁、管理、创新、服务、奉献等方面的“形象代言人”，让广大干部员工学有目标、赶有方向、追有动力。同时，坚持以文化力激活生产力，充分挖掘文化资源，凝炼价值理念，完善支撑体系，丰富文化内涵，逐渐形成了以“激情+可爱”品牌文化为统领，以安全文化、廉洁文化、创新文化、准军事化管理执行文化等子文化为支撑的独具新安特色的企业文化建塑模式，发挥了企业文化的聚力和引领作用。

二、学以增智，提升创造力，推进企业创新发展

公司各级党组织牢固树立与时代、形势、任务相适应的新的学习理念，以卓越学习力增强凝聚力、焕发创造力。**一是实施全员素质提升工程。**公司党委坚持“干什么、学什么，缺什么、补什么”的原则，制定了《关于开展全员素质提升工程的实施意见》，对全矿4000余名员工全部进行了轮训，大力加强员工的知识功底、专业功力、技能功夫的培训以及身心素质、职业素养的提升，使广大员工成为本领域本行业的行家里手。党员和入党积极分子做到了“三先三最”。即：党的方针政策带头先学习，先进技术带头先掌握，生产任务带头先完成，达到思想觉悟最高、业务能力最强、工作业绩最优。公司党委还加强了职工书屋和基层单位区队书屋建设，为基层支部配备了各类学习材料和书籍，持久做好“每天读书半小时”、“家庭共读一本书”等活动。**二是实施人才成长工程。**打造“双H型”人才成长通道。坚持把企业内部人才的培养作为一项实用型、系统性工程，把重点放在培养优秀专业技术人才、高级技师、技师和高级技工上。把理论培训与实践锻炼、内部培养与外部培训、短期培训与长期自培等有机结合，建立了8大实景培训基地，完善了广覆盖、多层次、开放式的人才培养体系。集中开展优化机关机构设置和全员竞聘上岗工作，岗位设置坚持向生产一线和技术岗位倾斜，打通了管理、专技、技能型人才成长的三条通道。**三是实施“212”创新工程。**公司构建了以管理创新、技术创新、技术能手、创新先进单位和创新成果推广应用先进单位为内容的“212”创新管理考评体系，建立健全了创新引导机制、激励机制、评选机制、竞争机制、推广机制，通过每季召开一次创新表彰大会，每年拿出200万元鼓励全员开展技术与管理创新、小改小革、技术攻关活动，为矿井实现跨越式发展激发了创新活力。据统计，近年来全公司共申报创新项目3500余项，表彰奖励2200余项，并全部在矿井生产、管理中得到了应用，实现了较好的经济效益和社会效益。

三、学以创业，突出实践性，推进企业科学发展

把学习型党组织建设与企业科学发展的实际结合起来，注重实践，注重应用，把学习成果转化为谋划发展的思路、推动发展的动力和加快发展的现实生产力。**一是把学习成果转化为指导工作的思路。**根据山东能源集团建设“具有较强国际影响力和核心竞争力的国际化、现代化大型企业集团”的目标要求，公司在做优做强和提升核心竞争力上下功夫，将建设本质安全型、高产高效型、资源节约型、自主创新型、和谐发展型“五型矿井”作为发展目标，科学制定发展规划，明确企业发展战略。突出安全生产、经济效益和运行质量，突出绿色低碳和节能减排，突出科技创新和转型升级，全面打造负责任的国有大矿形象，打造受人尊敬企业。近年来，新安煤业公司原煤产量逐年增加，经济效益逐年攀升，员工收入逐年提高，企业形象不断改善，以优良的业绩赢得了广大员工的认可和社会各界的尊重。**二是把学习成果转化为加快企业发展的动力。**通过推进学习型党组织建设，实现了党建工作与生产经营的有机结合。特别是把学习型党组织创建与企业文化建设相结合，与创先争优活动和党建绩效管理活动相结合，使党建工作既有思想政治工作任务又有生产经营标准规范，行政管理既有生产经营任务又有文明创建要求，实现了“一岗双责”、互融互促，营造了浓厚的干事创业氛围，推动了管理和科技创新。“员工是家人”的理念得到全面落实，党支部工作有了有力的抓手，广大党员和员工的积极性有效激发；创新推进“五精”管理工作，变传统管理对结果的控制为对过程的控

制，进一步量化、细化了工作过程，使全公司呈现出事事有人管、人人都管事的良好态势。**三是把学习成果转化为抓落实的具体行动。**通过建设学习型党组织，提升了党员干部和员工的学习力、创造力，进一步探索了党组织和党员作用发挥的途径和方法，增强了组织活力和党建工作实效，并成为有效推动企业发展的现实生产力。特别是学习型党组织创建活动培养造就了“四支队伍”，即一支具有深厚理论功底和实践能力的党务工作者队伍，一支崇尚学习、甘于奉献的党员队伍，一支善于传播先进思想的理论宣讲队伍，一支能打硬仗、敬业爱岗的员工队伍。各级党组织和广大党员及企业员工，围绕中心工作献计献策、提升绩效，保持了企业的稳定健康快速发展。

增添企业发展的强劲动力

山东胜利明珠集团有限公司
党支部书记、董事长　许林民

山东胜利明珠集团有限公司创建于2002年4月，占地66万平方米，现有职工1200人，党员27名，总资产31亿元，是一家集石油装备制造、房地产开发、物业管理、金融、新能源科技研发、物流运输等为一体的综合性企业集团。自公司2010年成立党支部以来，紧紧围绕企业生产经营，党支部扎实开展形式多样、富有成效的党建活动，提高了党组织在企业的影响力、凝聚力和战斗力，促进了企业的健康科学发展。

一、抓班子、建机制，不断增强企业党组织的凝聚力

公司党支部把班子自身建设作为一项基础性任务，通过健全工作制度、强化日常管理，实现党的活动正常化和党组织作用最大化。**一是从基础工作做起，健全各项教育管理制度。**公司党支部成立之始就建立健全了“三会一课”、党建工作例会、党建工作责任目标、党员年度目标和民主评议党员等制度，通过加强党支部的基本制度建设，确保党的活动有章可循、规范运行。公司党支部根据企业生产经营特点，制定了党支部“集中学习日”制度，利用每月最后一周周末，以车间班组为单位组织党员开展集中学习。**二是理顺领导体制，提升党组织战斗力。**在班子建设上，公司坚持“交叉任职、有利协调、便于管理”的工作思路，把党性强、懂经营、会管理、善谋事、勤思考的党员骨干推荐到公司班子中，充实到公司管理岗位，形成“两个班子、一套人马”的工作格局。在具体工作中，企业党组织积极参与研究制定企业重大事项决策，并把党建工作与企业发展同步研究、同步落实。目前，担任集团公司副总经理以上职务的管理层全部为党员，担任中层以上管理职务的达到15名，党员既是企业政治上的“红人”，又是企业经营管理上的“能人”，提高了党组织战斗力。**三是健全联系帮扶机制，推进党建任务落实。**针对公司员工构成复杂且流动性较大的特点，党支部建立党建工作目标责任制，把党建工作重心下沉到各部门、车间、班组，实行党员“一对一”联系班组制度，建立27个“服务联系对子”，有效避免了党建工作措施落实不到位、党内生活制度执行不到位的问题，形成了党建工作与生产经营的有机融合。

二、抓党员、带员工，充分发挥党员的模范带头作用

公司党支部结合自身特点，积极探索创新党员队伍教育管理方式，充分调动党员参与企业发展的积极性。**一是积极做好发展党员工作。**公司党支部认识到企业的发展离不开有能力、高素质人才这一要素，结合企业现状，积极推进党员发展工作，加大在优秀员工中发展党员的力度，现党员人数已由成立之初的10名上升至27名。**二是强化党员经常化教育。**坚持党员教育培训经常化，围绕塑造“员工靠企业实现价值，企业靠员工创造财富”等工作理念，积极开展各类培训活动，教育党员以主人翁的精神做好工作，为提高企业核心竞争力、构建和谐企业做贡献。**三是强化党员日常管理。**公司党支部除每月排查梳理公司员工中党员的流动变化情况外，还做好对新入职员工的身份、流动等情况的调查摸底和登记管理。对流动变化的党员，督促和帮助其及时办理组织关系转移和党员登记，并指派党支部成员进行专门跟踪管理，避免党员队伍教育和管理上可能出现的疏漏，使全体党员始终处于党支部的教育、管理和监督之下。2013年集团公司党支部新发展党员2名，转入党员5名，转出党员3名。**四是发挥党员示范作用。**重点是教育党员发扬奉献精神，树立先锋模范形象。在公司内部组织党员“一对一”帮扶困难职工15人，累计捐出帮扶资金20余万元。同时，多年来，公司党支部和全体党员先后为各类学校、医院、部队以及新农村建设等社会公益事业捐款捐物累计3000万元，赡养和安置社会四残人员200余人，积极参与救助玉树地震灾区，以及全市见义勇为基金会、垦利县和谐促进会组办的一系列社会公益活动，树立了党员的光辉形象。

三、抓关键、促发展，不断形成企业发展的推动力

公司党支部坚持把党的活动与企业发展有机融合，根据企业发展的不同阶段，以及生产经营的变化需求，采取党

建带工建带团建，以及加强企业文化建设等措施，提高企业发展的竞争力。**一是发挥工会组织作用，积极构建和谐劳动关系。**在公司党支部领导下，公司工会千方百计为职工谋利益，为职工办理了养老、医疗等保险。投资200多万元为公司职工配备了篮球场、乒乓球室、羽毛球场，整修了员工宿舍，安装电视、空调等生活家电，极大改善了员工生活环境。公司职工的各项权益得到了很好的保障，员工对公司的满意度不断上升，职工队伍一直稳定有力，劳动关系协调持续，提高了企业的向心力，促进了企业全面健康和谐发展。2013年公司工会获得"工人先锋号"的荣誉称号。**二是发挥共青团组织作用，引导青年职工成长成才。**根据公司党支部的统一安排，指导团组织结合自身的工作重点，找准切入点，积极做好各项工作。注重加强调查研究，及时分析掌握团员青年的思想动态，不断提高团员青年的事业心和责任心，促进他们树立正确的价值观。及时发现并解决他们工作和生活中的实际困难，帮助他们规划职业愿景，确定科学的发展目标。积极强化团员青年的岗位技能和成才意识，为团员青年建功立业创造了条件。**三是发挥思想政治优势，积极构建和谐企业文化。**公司党支部在充分听取员工意见的基础上，建立了信息交流平台，建立员工信息处理、反馈的有效渠道，如设立意见箱、编发内部刊物、召开各类座谈会等，实时掌握员工的思想动态。党支部先后组织开展了讨论公司核心价值观的演讲比赛、"我为公司献策"主题大讨论、"打造一流的制造企业"职工劳动竞赛等，让企业文化在"润物细无声"中改变员工的工作习惯，丰富员工的科学文化知识。**四是发挥党的人才培养优势，营造全体员工共同的学习氛围。**党支部牵头制定了员工学习培训规划，结合公司实际对员工学习培训进行统筹安排，提高员工的业务素质和技术修养。比如，分阶段、分批次地对一线员工安全操作规程等进行培训；充分利用社会、高校的资源，逐步建立工作学习化、学习工作化的培训模式，开展全方位、多层次的管理人员培训；组织优秀员工到高校深造，与高校合作开办各种函授班。2013年公司党支部全年组织各类培训10余次，共培训员工1000余人次。

以党的建设引领企业发展

山东丽鹏股份有限公司
党委书记、董事长　孙鲲鹏

山东丽鹏股份有限公司创建于1995年，总部位于烟台市牟平区姜格庄镇，下设7个分公司，是亚洲最大的防伪瓶盖生产基地、最大的复合型防伪印刷铝板集散地、最大的铝板复合型防伪印刷基地，是中国铝防伪瓶盖、组合式防伪瓶盖行业标准主要起草单位。2010年在深圳证券交易所挂牌上市；2013年完成产值8.6亿元，实现营业收入6.6亿元，上交税金3629万元，实现出口3132万美元。

公司党委成立于1997年，现下设5个党支部、10个党小组，党员200人。多年来，公司党委立足长远谋规划，立足管用出实招，立足发展求实效，以党的建设引领企业发展，靠企业发展推动党的建设，先后荣获"全国精神文明创建工作先进单位"、"山东省先进基层党组织"称号。

一、突出"管理兴企"抓党建，着力提升企业发展凝聚力

一是持续强化党组织核心地位　丽鹏公司创立之初就率先成立了党支部，随后抢抓牟平区委对纳税过千万元企业实行发展党员计划单列的机遇，每年争取发展党员指标10个左右，并在公司内部作出"职工不主动要求入党，不得提拔使用"的硬性规定，调动干部职工入党积极性。1997年，公司党支部升格为牟平区第一个非公企业党委，并借鉴"支部建在连上"的经验，将党组织覆盖到车间、班组，建立以"制度化、程序化、精细化、信息化"为主要内容的党建工作标准体系，带动企业规范工作流程，不断巩固提升企业组织化程度。目前，公司127名中层以上干部均为党员，实现党的组织机构与企业管理系统高度融合。

二是持续扩大党组织覆盖范围　坚持"企业发展到哪里、职工队伍拉到哪里、党的工作就跟进到哪里"的思路，在6个驻外分公司中全部成立党支部，并按照党员"一方隶属，双重管理"的原则，成立5个"双管双责"登记党支部，党员接受党籍所在地党支部和登记党支部的双重管理，坚持教育培训"一把尺子"卡到底、开展活动"一个标准"抓到边，实现党的工作无缝覆盖，有力保证驻外公司组织体系建设。2011年，下属成都海川制盖有限公司党支部被四川

省成都市评为非公有制基层先进党组织。

三是持续放大党组织的引领作用 牢固树立“党的政策是灯塔，党委是掌舵人”的意识，坚持把党组织的政治优势转化为保障企业发展的引领优势。在上级党委的支持下，丽鹏公司由一个只有四台机床的小作坊发展成为拥有7个子公司的上市公司。1999年，公司党委积极争取上级政策扶持，获得国家首批自营进出口权，实现公司走出国门的第一次跨越；2008年，面对国际金融危机，公司党委积极响应牟平区委弯道超越战略，走资本市场经营转型之路，于2010年成功上市，实现了由“望人项背”到稳坐亚洲“头把交椅”的跨越。随着企业发展壮大，公司广大干部职工“致富思源、富而思进、永远跟党走”的信念更加坚定。

二、突出“人才兴企”抓党建，着力提升企业发展竞争力

一是坚持发挥党组织的先锋优势培养人才、吸引人才 牢固树立“企业竞争就是人才竞争”的意识，坚持以党的政治动员激励人、以活动载体聚合人，以组织温暖关爱人，在“内育外引”中构建起全方位人才支撑体系。坚持对内“育才”，创新“将优秀人才培养成党员、将优秀党员培养成业务骨干”的“递进培养”模式，围绕企业生产经营，每年开展“三亮三比三争”、党员示范岗（区）、“争当创业先锋”等活动，对涌现出的先进典型，利用“十一”长假组织到延安、井冈山等地进行“红色旅游”，在强化党性教育中激发党员职工的积极性。坚持对外“引才”，与山东大学、鲁东大学、北京自动化研究所等高等院所建立战略合作关系，平均每年签约30多名大学毕业生；常年与鲁东大学、烟台工程职业技术学院联合开办职工夜校，打造高端人才团队。

二是坚持发挥党员的带头作用攻坚克难、助力发展 牢固树立“科学技术是第一生产力，自主创新是第一竞争力”的意识，坚持在科技创新上冲锋在先，在助力发展上贡献在前。在争取上级支持组建省级企业技术中心和工程技术中心的基础上，专门成立由党委副书记挂帅的8人“科研攻关党员突击队”，先后完成技术创新80多项，获得国家专利34项，其中，高速自动冲压成型机获山东省科技成果认定，瓶盖装箱机自动控制系统获国家专利奖。公司先后被评为“中国专利山东明星企业”、“山东省高新技术企业”，并主持制定了全国铝防伪瓶盖和组合式防伪瓶盖行业标准，成为同行业中为数不多的行业标准制定者。

三、突出“文化兴企”抓党建，着力提升企业发展软实力

针对职工思想观念和价值取向日益多样化的情况，丽鹏公司党委坚持发挥党组织和党员在企业文化建设中的主导作用，重点搭建三个平台：

一是搭建“宣传平台” 公司广播站每天早晨播放《歌唱祖国》，转播中央人民广播电台《新闻和报纸摘要》节目，帮助职工及时了解党政要闻；坚持每次举行大型会议或活动，奏《国歌》、《国际歌》；创办刊物《丽鹏之声》，在车间、餐厅、办公室醒目位置设立标语牌、警示牌、宣传栏130多处，宣传党和国家方针政策及党员先进事迹，靠传播党的声音奏响企业文化“主旋律”。

二是搭建“活动平台” 投资100多万元建成现代化党员活动中心，完善配套设施，坚持每周举行升旗仪式，每年“七一”举行庆祝党的生日活动，组织全体党员参加升旗仪式、“重温入党誓词”，使爱党、爱国、爱集体成为每一个丽鹏人的自觉。

三是搭建“激励平台” 叫响“工厂如战场、政令如军令、军令如山倒”、“厂规如军规、治厂如治军、军中无戏言”的口号，对领导干部实行“一年一聘，三个免职”：凡不孝敬父母、不注重学习、改革创新成效不明显的就地免职，无论职务高低一视同仁，塑造纪律严明的管理文化；每年举行五次大规模的文体活动，即，“三八”家庭文化节、“五四”厂校联谊运动会、“八七”夏令营、“十一”国庆宴会暨青年集体婚礼和年终总结表彰大会，塑造亲如一家的团队文化，将企业建成“一处工厂、一所学校、一座军营、一个家庭”。

四、突出“和谐兴企”抓党建，着力提升企业发展影响力

坚持以“立足报国、服务社会、回报股东、造福职工”为宗旨，在履行社会责任中回报社会，在主动服务社会中回馈群众，企业社会公信力和社会形象持续提升。

一是树立“服务大局”的良好形象 坚持同党中央和上级党委保持一致，积极响应上级号召，特别是在实施“西部大开发”等战略中，公司党委面对亚洲金融风暴冲击逆势而动，优先将发展重心向国家扶持地区倾斜，先后投资近亿元，在新疆、湖北、四川成都和泸州一举建立四个分公司，同时坚持除专业技术人才外，一律就地招工、就地培养、就地使用，为提高当地就业、增加政府税收、推动经济发展作出了积极贡献。

二是树立“回报社会”的良好形象 坚持践行“公司财产来源社会，最终目标是服务社会”的承诺，多年来组织党员职工累计为社会捐款、捐物达600多万元，并采取留本捐息方式，向慈善总会捐出10万元，用于慈善事业，四川汶川、青海玉树地震后，公司党委第一时间快速反应，一次性向灾区捐款80多万元。

三是树立“反哺农村”形象 坚持践行“企业来自农村、致富回馈乡亲”的承诺，致力带动周边村庄发展。先后投资近300万元，改善村民的生产生活条件；每年投资2万多元，为群众补助新农合、城镇居民医疗保险，为老年人、儿童和困难群众提供帮扶。在丽鹏公司党委的帮扶带动下，周边村庄全部实现“小有幼教、老有所养、医有所保”，过上了“有线电视水泥道、盏盏路灯通夜照”的幸福生活，企业驻地邹革庄村多次被省、市、区评为“文明村庄”和“村镇建设明星村”。

建设“五好”党组织
增强企业软实力

孚日集团总经理、党委书记　孙　勇

孚日集团创建于1987年，是坐落于高密的一家以家用纺织品为主导产业，集国内外贸易、房地产、新型电机、能源科技等多元产业于一体的大型企业集团，现有员工18000名、资产85亿元，是全球生产规模最大的家纺产品生产基地，出口额自1999年以来一直保持中国家纺行业第一位，2006年11月在深圳证券交易所上市，是全国家纺行业第一家整体上市企业。“孚日”牌系列产品荣获“中国驰名商标”、“中国名牌产品”、“中国出口名牌”等称号。

近年来，孚日集团党委坚持一手抓发展，一手抓党建，积极打造“领导班子好、党员队伍好、工作机制好、发展业绩好、群众反映好”的先进党组织，使集团党委的组织优势不断转化为竞争优势，实现了党建工作和企业发展“双促进、双丰收”。目前，党委下设19个党支部，共有党员800多名，其中在职党员近600名。企业先后荣获“全国模范劳动关系和谐企业”、“全国精神文明创建工作先进单位”、“全国纺织行业民营企业党建工作十佳示范企业”、“山东省基层党建工作示范点”、“潍坊市先进基层党组织”等荣誉称号。

一、主要做法

（一）抓班子建设，增强科学发展的牵引力　一是配强领导班子。按照结构合理、德才兼备的原则，通过实践培养、民主评议、组织考核等形式，把政治坚定、作风过硬、团结务实、创新能力强、懂经营会管理的年轻干部选拔进党委领导班子。2011年3月份集团党委领导班子完成换届调整，高学历、高素质、年轻化的党员干部被选入新一届领导班子，党委领导班子结构更加优化，领导科学发展能力进一步增强。二是优化组织架构。按照“双向进入、交叉任职”的要求，7名党委成员中有5名兼任董事、1名兼任监事，并配备一名党委副书记主抓党建工作，19名支部书记全部兼任分公司或部门经理。三是延伸组织网络。为适应企业扩张发展的需要，集团党委及时在所有新建单位建立党支部，在党员3人以上的分厂、车间建立了70多个党小组，党组织组建率达到100%。

（二）抓队伍建设，形成率先发展的带动力　实施把经营管理人员、技术骨干和生产一线骨干培养成党员、把党员培养成经营管理人员、技术骨干和生产一线骨干，把党员推荐进经营管理层、推荐进党务工作队伍的“双培双推”工程，发展壮大党员队伍。目前，企业管理人员中50%以上是党员，在技术能手、生产标兵、劳动模范等先模人物群体中党员比例占到80%以上。加强党员干部教育培训力度，采取请进来讲和走出去学相结合的方式，组织党员参加各项实践活动和外出参观学习，提升了党员干部的工作能力和领导水平。同时，加大对财务、采购等重点部门（岗位）的监督审核力度，建立竞争上岗、末位退出机制，有效转变了党员干部作风，激发了干事创业的动力。

（三）抓机制建设，打造持续发展的保障力　严格落实各级党组织负责人职责，督促履行职责、担当使命，做到“责任到人”。完善党员参与机制、利益诉求机制、权利保障机制，通过设立董事长信箱、公布监督电话、开展党务公开等多种途径，让党员干部广泛参与民主决策、民主管理和民主监督的全过程，对经营管理和改革发展、涉及职工切身利益的事项广泛听取党员的意见，使管理更加科学民主。同时，不断加强党员的管理和监督，建立健全“三会一课”、民主生活会、民主评议党员等党建工作制度，促使党员加强学习、勇于实践，发挥好模范带头作用。坚持党工团工作一体化，集团党委1名副书记兼任工会主席和团委书记，工会副主席兼任妇联主席，党委组织干事兼任工会干事。通过交叉任职，充分整合了人力资源，构建起党委牵头抓总、工团妇密切配合的协作运行模式。

（四）抓发展业绩，提升竞争发展的推动力　近几年，为应对严峻的形势，党委带领企业加快市场结构调整，积极实施“向优势市场转移”和“进军中高端市场”的发展战略，以“深耕日本市场，巩固欧美市场，发展多元市场”为总体思路，转变营销模式，参与高端竞争，拓展新兴市场，带领广大党员干部和员工成功战胜了各种危机和困难，进一步巩固了企业在国际市场的优势地位，成为世界家纺行业的知名企业。同时，围绕品牌建设这一战略重点，充分发挥党组织的战斗堡垒作用，加快品牌营销理念创新，强化品牌资源支持，不断丰富品牌内涵，使国内市场销售额一直保持着40%左右的增长，“孚日牌”毛巾系列产品连续多年保持国内市场综合占有率第一位，并力争到十二五末国内贸易实现20亿元的发展目标，促进国内外贸易平衡发展，提升企业驾驭全球市场的能力。

（五）抓群众口碑，凝聚和谐发展的向心力　集团党委认为，不能只依靠职工全心全意干活，更要让职工群众享受到企业发展的成果。近几年，集团生产经营持续快速增长，职工收入稳步提高，年增幅近20%。特别是2012年金融危机发生以来，集团不仅坚持不减产、不减员、不减薪，而且逆势大幅度提高工资，并在行业内率先实现周六、周日和节假日上班双薪制，使企业上下思想同心，目标同向，合力工作，共度难关。集团坚持为职工多办实事，先后投资6亿多元为职工建设孚日花园、惠达公寓等六处居民小区，缓解职工住房难的问题；投资3000多万元建设了一座现代化、高档次、综合性的职工俱乐部，使得职工的业余文化生活更加丰富；建立“孚日特困员工救助基金”，到目前已发放200多万元。同时，集团党委还积极参与社会民生、公益事业，最大程度回报社会。建立“孚日教育基金”，累计出资440万元，资助和奖励当地3600多名高考贫困生和优秀师生；发动党员干部职工为汶川、玉树地震灾区捐款410多万元；出资6000万元参与高密市供暖管网系统改造工程，使当地民生改善从企业经济发展中获得了持续动力，投资7500多万元的孚日学校无偿捐赠给政府，等等。截至目前，集团党委已累计为社会公益事业出资2亿多元。

二、几点启示

总结孚日集团党委在非公企业党建工作的经验，我们主要有以下几点启示和创新点：

（一）助推发展是根本 非公企业党建必须紧贴企业发展中心，才能保持旺盛的生命力。因此，非公企业党组织必须将围绕中心、推动发展作为工作的基点，积极为企业发展出谋划策，帮助企业协调解决发展过程中的各种难题，同时充分发挥党组织的思想政治优势，团结凝聚广大党员职工，教育引导他们共同致力推动企业发展，以党建工作的实际成效彰显其重要作用。

（二）以人为本是关键 以人为本是非公企业党建工作的根本方法。非公企业党组织要把尊重理解和关心关爱党员、员工作为工作的重要内容，从思想、工作、生活等各个层面，为每一位职工提供帮助，让他们切实感受到组织的温暖。要敢于坚持原则，在职工群众的合法权益受到侵害时，能够挺身而出，维护职工群众的合法利益。要领导和支持非公有制企业中的工会、共青团、妇女等群团组织开展工作，赢取广泛的群众基础，确保事半功倍。

（三）创新载体是重点 非公企业党组织和党员要发挥积极作用必须注重创新非公企业党建工作载体，把准全体员工的思想脉搏，构建共同的价值理念，培育积极向上、与时俱进的企业精神，通过全面营造良好氛围，大力建设组织阵地，积极倡树先进典型，精心开展主题活动，使党组织更好地发挥鼓舞人、凝聚人、激励人的作用，打造富有特色的党建格局。

党旗在这里飘扬

山东永华机械有限公司党支部书记 陈 勇

山东永华机械有限公司成立于2007年，占地面积120000平方米，注册资金5575万元，现有员工320人，平均年龄26岁，大专以上学历员工占90%，主要研发、制造各类高端数控机床。公司党支部成立于2010年11月。近年来，公司党支部始终围绕企业发展发挥政治核心作用，以创建“双强六好”党组织为目标，以服务和促进企业生产经营为突破口，不断创新党建机制，加强党员队伍建设，积极开展“红帆工程”，促进企业效益快速发展，2013年公司实现销售收入3.37亿元、利税3461万元。公司先后荣获国家级“高新技术企业”、省级“工程技术研究中心”等30余项荣誉称号，企业产品也被评为“山东名牌”，公司党支部多次被评为济宁市兖州区先进基层党组织。

一、加强思想建设，提高党员干部的政治素质

坚持把加强党支部建设作为企业发展壮大的基础保障，不断提高党员素质能力。一是在坚持“三会一课”制度的基础上，建立了党建工作协调会议制度。坚持定人员、定目标、定要求，党支部成员及时交流沟通党建和企业生产工作，把基层党建工作纳入规范化、制度化的轨道。二是加强党员教育管理，提供发挥先锋模范作用的平台。开展了“党员责任区”、“党员先锋岗”、“青年岗位能手”、“青年文明号”等活动，引导党员亮出身份、作出承诺、挂牌上岗，鼓励和组织党员在本职岗位和急难险重的任务中勇挑重担，做到关键岗位有党员、困难面前有党员、突击攻关有党员，形成“职工看党员，党员比贡献”的浓厚氛围。三是建立完善企业后备干部人才库和入党积极分子信息库。发展党员工作严格采取审慎的态度，重点考察群众基础好、年龄在37岁以下、大专及以上学历、能发挥模范带头作用的入党积极分子，从源头上保证党员队伍的质量，起到发展一个，带动一片的作用。

二、加强制度建设，增强党组织的凝聚力、战斗力

一是落实党建工作责任制。公司党支部将党建工作目标层层下达，建立了目标考核机制，一把手亲自抓，相关负

责人具体抓，逐项抓落实，不定期地对公司党支部组织开展活动情况进行检查，切实做到党建工作年初有计划、年终有总结。二是以完善的规章制度促进组织建设。进一步完善了党务公开制，增强党组织工作透明度。制定了《基层党组织工作条例》，确保基层党组织参与有途径、工作有规范、活动有载体。建立和完善了党内民主选举和党员评议制度等，保障了党员的选举权、知情权、参与权、监督权。制定和完善了公司各项管理制度，并有效实施管理。签订了党风廉政建设责任书，在项目管理、人员竞岗、干部竞聘、财务管理及收支两条线等方面都严格按照国家有关规定及程序办理，做到纵向到底，横向到边。三是做好党员发展和党费收缴工作。将更多的优秀人才培养为入党积极分子，强化培养教育，结合公司实际进行正面引导，关心他们的工作、学习、生活，创造有利于入党积极分子健康成长的良好环境。2012 年、2013 年公司党支部新发展了 6 名党员，进一步充实了党员队伍，提高了党支部的战斗力。四是公司党支部始终把党建工作纳入企业管理体系之中，把党组织工作经费纳入企业管理费用，每年列支 4 万元用于党建宣传、召开会议、党员走访慰问等，保障了党组织生活的正常开展。

三、加强党员人才建设，健全完善“三向培养”机制

公司党支部坚持把党员人才培养贯穿于企业生产经营全过程，以把技术骨干向党员培养，把党员向技术骨干培养，把党员技术骨干向企业高级管理干部培养的“三向培养”活动为载体，大力实施“人才强企”战略，发挥各类专业技术人才中的党员先锋模范带头作用，形成了高层管理岗位、管理技术骨干、入党积极分子三个梯队的党员人才培养战略，实现了开展企业党建与促进生产经营的互动双赢。目前，公司科技研发中心已建立起一支技术创新能力强大的科研队伍，其中拥有高级职称技术人员 16 人，中级职称技术人员 35 人，长期聘用专家级资深顾问 16 人。同时，公司党支部采取党组织负责人、党建指导员、党员与入党积极分子、工人结对子的形式，开展结对帮扶活动，有效促进了党员成长成才和公司业务快速发展，公司党支部多名成员被评为“新长征突击手”、“劳动模范”、“十大杰出青年”等荣誉称号。

四、强化服务意识，完善党员职工关心关怀机制

公司党支部以关怀党员、服务群众、凝聚社会为宗旨，党员、群众为主要服务对象，通过共享党员职工信息等，提供教育培训、维护合法权益、技术指导、心理咨询、困难帮扶等服务，构建相互交流、服务党员职工的信息平台。公司高层坚持定期到各岗位听取工作落实情况汇报，定期到生产一线与干部职工交流谈心，及时了解和掌握他们的生活状况，利用节假日集中走访慰问。充分利用互联网、公司广播、公司简报等方式，大力弘扬艰苦奋斗、艰苦创业的精神，营造以人为本、相互帮助、共同致富的良好氛围。通过举办运动会、文艺联欢会等形式，丰富员工的业余文化生活，促使员工更好地以主人翁姿态投身生产经营，把党组织的政治优势、组织优势、人才优势转化为非公企业实实在在的发展动力，发挥出党组织的服务功能、引导功能和监督功能，凝聚人心，为企业发展注入活力。

五、发挥党建引领作用，促进企业持续快速发展

企业发展了，才有能力抓好党建工作；只有党建工作抓好了，企业才能持续、健康发展。永华机械有限公司之所以快速健康发展，就在于实现了党组织建设与企业发展的互惠双赢。公司通过企业科技人才带动特别是党员人才的模范带动，先后研发了大型龙门加工中心、高精密卧式加工中心、高速立式加工中心、超重型数控龙门移动镗铣床等 6 个系列数十款高档精密数控机床，获得多项国家专利和重大技术成果。成功研发的“五轴联运数控机床”，打破了欧美发达国家在数控机床高精度加工的技术垄断，被列入山东省自主创新专项计划。产品广泛应用于航空、航天、核电、风电、兵器、船舶、汽车等多个领域，各类机床年总产能达 1000 台，一跃成为鲁西南地区最大的高档数控加工中心研发制造基地，荣获国家级“高新技术企业”称号，企业产品也被评为“山东省名牌产品”。

创新“四维联动”推动企业提质增效

山东天和纸业有限公司
党支部书记、董事长　许振利

山东天和纸业有限公司是以造纸为核心，纸制品加工、制浆、造纸化工、废水治污为一体的民营企业，资产总额 3.2 亿元，员工 1100 余人，党员 41 人，党小组 5 个。近年来，公司坚持“围绕发展抓党建，抓好党建促发展”理念，秉承“人本、诚信、创新、和谐”企业精神，创新机制，探索实施以三“点”融入、三“线”决策、全“面”对标、立“体”关怀为主要内容的“四维联动”党建工作机制，有效提升了公司党支部引领发展、推动发展、服务发展的能力。公

司先后被评为"山东省消费者满意单位"、"山东省个体私营经济践行科学发展观示范企业"、"泰安市创新型企业"、"泰安市先进基层党组织"。

一、凝心聚力,三"点"融入

找准切入点,党建工作与品牌建设相融入。公司秉承"身正气正品牌正"理念,根据不同时期工作重点,有针对性地开展思想教育和宣传发动,为完成各项工作目标奠定了思想基础。坚持形势任务教育不断线,以"人无我有为新,人有我精为妙,人精我奇为胜"为方针,积极引导党员、职工树立积极进取的思想观念,全力打造魅力天和特色品牌。

立足支撑点,党建工作与安全教育相融入。公司始终把安全工作作为头等大事来抓,从管理上强化了以人为本、以人身安全为重点的管理思想。在党员活动中,把党员在安全生产方面发挥先锋模范作用作为重要内容,经常开展党员身边无"三违"、提建议、查隐患、堵漏洞和党员争上安全放心岗活动,保证了安全生产,实现了生产"零事故"。

明确着力点,党建工作与创优产品相融入。围绕"以质取胜,造就魅力天和"开展质量评优、节能技改创新等活动,党员积极带动,营造了人人关心质量的良好氛围,进一步增强了职工质量意识。

二、科学谋划,三"线"决策

突出实践线,党员代表参加经营管理层会议,建言献策。参会党员做到"三个主动",即平时主动联系员工,会上主动建言献策,会后主动贯彻执行;组织开展"我为发展进一言"金点子征集活动,引导广大员工围绕实现企业快速发展出主意、想办法、谋良策、办实事,真正以主人翁的身份为企业献计献策。

突出民主线,定期召开党员员工说事会议,广泛问策。企业党组织定期召开员工说事会,与企业工会、群团组织广泛听取党员员工的意见建议,征集发展良策,为科学决策提供来自基层一线的参考。同时,主动倾听党员心声,了解员工所思所想,对员工提出的要求,会上能答复的尽量答复,不能答复的限时承诺答复。

突出政治线,党组织负责人参加决策层会议,科学定策。党支部相关负责人参加决策层会议,坚持会前调查研究,通过召开党小组会、设置意见箱、专题讨论等形式征询意见与建议;会上适时表达党组织的建议和主张,反映企业党员员工心声;会后积极向员工传达决策层形成的决议,引导党员率先贯彻落实,真正发挥模范带头作用。

三、四亮四比,全"面"对标

亮身份,比素质。广泛开展亮身份活动,采取"一贴一卡片"方式,公开党员身份。在公司宣传栏等显要位置亮出党员姓名、职务、工作职责等内容,并设置留言簿、意见箱等,接受群众监督。制作写有党员姓名、职务、特长、电话等信息的"党员连心卡",发放至公司员工手中,形成党员群众自然结对、互助提升的局面。

亮岗位,比干劲。设立"党员示范岗"、"党员先锋岗"和"党员责任区",激发党员奉献企业、推动发展的热情。在企业技术攻关、改进生产工艺等方面发挥党员的骨干带头作用,构建实干型党组织。

亮承诺,比作风。围绕推动公司"十二五"晋段跃升、推进人才队伍建设、构建和谐企业、建设先进企业文化、创建服务型党组织等内容,开展新一轮党员公开承诺,并在公司宣传栏、局域网公示,扩大承诺公开公示范围,方便群众监督。

亮业绩,比贡献。以"一周一推,攻擂夺标"的形式推树典型,每周公司党员大会提出上周工作业绩突出、在工作岗位上起到模范带头作用的优秀党员人选,经公司职工晨会表决后成为上周"党员之星",给予一定物质奖励,并引导其在每周员工培训中作典型发言,引导党员把劲头聚焦在"干"字上,把功夫下在行动上,争创一流工作业绩,争当"八带头"党员。

四、以人为本,立"体"关怀

创优环境,让员工舒心工作。公司投资63万元建起企业文化长廊,设立企业党校、党员活动室、远教活动室,购置计算机、VCD播放设备,定期对党员员工进行培训。投资10万多元,建设高标准篮球场等健身娱乐场所,丰富员工精神生活。投资400万元,建设2栋职工宿舍楼,解决了300户职工的居住问题,

人文关怀,让员工轻装上阵。党支部牵头成立了"济难帮困基金会",先后帮扶救助困难职工近60名,发放救助金8万余元;公司党支部在每一个员工生日时,送上生日蛋糕、生日贺卡,每年免费为职工订做2身工作服,为上夜班的职工每人每月补助6斤鸡蛋,夏天为员工免费发放防暑茶,切实增强了员工对企业的认同感和归属感;每年"五一"、"国庆节",举办文艺联欢会、拔河、篮球赛等活动,增强凝聚力和向心力。

回馈社会,让员工以公司为荣。公司坚持村企共建双赢,先后与郭临村、路临村、徐马高村、杨集村结成共建对子,向共建村提供帮扶资金8万余元,投资30万元帮助郭临村修建村中心路,投资10万元帮助八仙桥街道派出所进行警区建设。积极参加社会公益活动,每逢中秋节、春节、老人节都走访敬老院老人和共建村生活困难群众,每年助残日都向残联捐款2000元,进一步增强了员工对企业的认同感和归属感,让员工以企业为荣。

随着非公企业不断发展,党建工作面临许多新情况和新课题。公司把党建工作放到公司发展稳定的大局中去思考、去谋划,创新实施"四维联动"党建工作模式,把党组织的政治核心力转化为公司发展的推动力和保障力,以真情和服务赢得广大党员员工的信任和支持,进而凝聚人心、汇聚力量,极大地推进了企业健康快速发展。从中我们可以

得到以下启示:一要找准结合点。非公企业的党建工作要找准党建工作与企业生产经营的结合点,充分发挥党组织和党员作用,进一步凝聚发展合力,使党建工作更好的服务经营、贴近生产、融入工作,进而推动企业的品牌创建。二要拓宽覆盖面。非公企业要把握党组织"议大事、谋大局、把方向"定位,充分发挥党组织政治核心作用、党员骨干带头作用、员工建言献策作用,使企业的各项决策既符合科学发展观要求,又贴近企业发展实际,符合广大党员员工的意愿。三要培树闪光点。非公企业要多开展各类评先树优活动,引导党员干部多渠道亮身份、多方位树形象,以党员职工工作中的闪光点激发其他职工干事创业的热情和内在驱动力,促使大家进步有方向,学习有榜样,追求有目标,进而在企业上下形成人心思上、共谋发展的良好局面。四要夯实落脚点。非公企业应坚持以人为本,把提升员工幸福指数作为落脚点,把发展成果最大限度地惠及企业员工,以感恩之心回报社会。

实施"善小·海葵"行动彰显先锋引领作用

国网威海供电公司党委书记　马德俭

国网威海供电公司成立于1990年5月,是隶属于国网山东省电力公司的大型企业,现有全民员工659名,担负着威海市131.8万客户的供电服务任务。公司党委下设21个党支部,党员324名。

近年来,公司党委牢牢把握"行业争一流、服务争先锋"这一主线,深入实施"善小·海葵"行动,对内服务基层,狠抓干部作风建设,对外服务客户,认真履行社会责任,有力地保障了人民群众正常的生产生活用电,服务了全市经济发展大局。2013年全社会用电量完成100.67亿千瓦时,同比增长3.24%,实现利税1.13亿元。市县公司行风评议连续14年实现"满堂红"。

一、实施"善小·海葵"强基工程,在夯实基层基础中彰显党委的政治核心作用

一是突出规范管理抓组织建设。围绕提升基层党建管理水平,投资16万元组织研发了党务一体化管理系统,建立起"综合协调、专业协同、分层负责"的党建管理工作新机制,实现为市县公司党委纵向联动、横向对标搭建了一个互相学习交流的平台,实现了党委对党务工作的实时管理与考核,激发了基层党组织你追我赶、奋力争先的工作热情,提升了公司党建工作水平。2013年,公司党委再次荣获省公司"先进基层党委"荣誉,15个党支部被省公司党委授予"电网先锋党支部"称号。

二是突出领导干部抓作风建设。针对公司不同程度存在的一些形式主义、官僚主义、享乐主义等歪风,从党员干部抓起,大力倡导"我以我行率众行"的优良作风,即要求员工做到的,党员干部必须首先做到;要求员工不做的,党员干部坚决不做。在强化自律约束的基础上,所有党委班子成员与21个基层车间班组建立了常态联系,及时掌握和解决基层安全生产、优质服务等工作中存在的各类问题。2013年公司党委成员累计深入基层一线、检修现场300余人次,解决各类问题156个。公司队伍作风建设相关做法被中宣部思想政治工作研究会作为"做好新形势下党的群众工作"课题予以研究;并在《人民日报》予以刊发。

三是突出活力工程抓党建创新。以打造"一支部一特色、一支部一品牌"为目标,公司党委全面开展了"实践创新在支部"活动。各县公司党委围绕提升服务能力、加强党员队伍建设等课题,扎实开展了"三解三促"、"三型"党组织建设等一系列活动,进一步密切了党群干群关系,打造了电网先锋党支部。公司各党支部依托党员技术骨干,成立了8个生产服务专业创新工作室,吸引青年员工积极参与技术革新,公司先后有30项技术革新成果获得国家发明专利、实用新型专利。2013年,公司管理对标进入全省先进行列。

二、实施"善小·海葵"铸魂工程,在攻坚克难中彰显党支部的战斗堡垒作用

一是弘扬"四个特别"铁军精神,促进电网建设实现提速提质。围绕全市"六大重点区域"建设,公司各党支部团结带领全体党员大力发扬"特别负责任、特别能吃苦、特别能战斗、特别能奉献"的电力铁军精神,顶风冒雨、鏖战冰雪,用两年左右的时间里,累计完成总投资25亿元,建成投运了包括220千伏正棋、文登变电站在内的51项输变电工程,全市供电能力提升了50%,电网规模增加了一倍,初步构建了"四横四纵"的坚强电网,为全市经济发展提供了坚强的供电保障。

二是弘扬"我是党员我先行"担当精神,确保电网实现安全稳定运行。公司全体党员以"我是党员我先行"的担当精神,义无反顾地冲在了保证电网安全稳定运行的第一线。在220千伏荣成站和石岛站检修现场,变电运检室党员突击队创造了3天敷设1万3千米电缆、72小时拆装1台主变的新记录。变电运维室党支部不讲条件讲奉献,团结带领所属党员创造了年均10万次操作零失误、零差错、零违章的安全骄人记录;输电运检党支部所属党员在争创"党员模范线路岗"的比拼中,累计步行巡线里程达13万多公里,相当于绕地球走了3.3圈,人均每年登塔2000余

次，相当于攀登了12次珠穆朗玛峰，全年及时发现消除各类隐患130余处，保障了输电线路大动脉的安全通畅。

三是弘扬"三敢"拼搏精神，推动智能配电网实现全覆盖。立足少停电不停电快复电，公司各党支部充分发扬敢想、敢干、敢为人先的拼搏精神，用不到两年的时间完成了投资4亿元、342条配电线路的智能化建设与改造工作，在全省率先建成了智能配网。作为工程施工的主力军，配电运检室党员突击队和青年突击队开展了"比安全、比速度、比质量"劳动竞赛，创造了连续施工改造567次无违章、2190处安装无缺陷的安全纪录，实现了对全市用电客户的实时在线监控。各县公司党委围绕智能配网建设，纷纷成立党员突击队，实施项目化管理、标准化作业，开展联合攻坚，县域中心区智能配网实现全覆盖，并率先通过省公司验收，为实现电网故障快速抢修奠定了坚实的基础。

三、实施"善小·海葵"彩虹工程，在为民服务中彰显党员的先锋模范作用

一是服务民生"零距离"。围绕破解联系服务群众最后一公里问题，积极创新思路，与移动、联通、广电、银行合作，形成了充值卡、支付宝、银行代扣、自助营业厅等20种交费方式，全市电费交纳网点达到4288个，平均每个网点服务客户284户，平均服务半径不超过1公里，达到国内领先水平。针对群众反映的自管小区电能质量差、搭车收费等问题，公司连续5年实施"一户一表改造工程"，免费为7.9万户居民进行户表改造，剩余137个小区、4.1万户计划2015年底前改完，届时将在全省率先实现市区居民小区直供直管。

二是故障抢修"零等待"。依托抢修指挥平台，实现抢修工单、任务派送和各抢修点的快速联动。成立了党员应急抢险突击队，实行人员军事化管理，装备专业化配置，应急常态化演练，确保发生电网突发事件和各类灾害后，抢修人员能够第一时间到达现场、第一时间处置。强化保电管理，对一些大型社区、重要客户发生的突发停电故障，派出发电车先行恢复供电。2013年，公司配网故障定位时间从原来的平均60分钟缩短至30秒，客户平均停电时间从原来的12.3分钟缩短至2.7分钟，超过了法国、日本等发达国家水平。

三是办事审批"零障碍"。从"优化报装流程、缩短接电时限"入手，将原来串联式办理业务所需的16个环节、20多种资料，优化整合成目前的7个环节、9种资料，变链条式服务为扁平式、交互式服务模式。党员先锋岗（大客户经理）负责提供定项目、定责任、定时限，包项目进度、包问题协调、包政策落实的"三定三包"服务，实现电力客户、供电部门、委托单位三个维度之间的"互联互通"，真正实现了上电"一窗式受理、一站式办结、一条龙服务"。2013年，全市新增报装平均送电时间由原来的56天缩短至29天。

四是服务发展"零缝隙"。实施新一轮农网改造升级工程，新建90个电气化村、2个电气化镇、1个电气化县，进一步缩小了城乡公共事业发展差距，提升了农村供电质量。组建了34支彩虹共产党员服务队，积极开展"四维度"服务：为各级党委政府配备30名"电力高参"，在电力设施规划、保障区域经济发展用电方面为政府提供参谋建议；为全市300个大客户配备104名"项目顾问"，提供个性化的企业电工培训、电力设施经济运行等"一对一"服务；为全市2200多家中小企业配备125名"点子管家"，每月对企业用电量和交费情况进行分析，有针对性提供用电政策解答、节能用电建议等服务，指导企业科学合理用电，节省电费支出；为全市1600余个社区配备554个"社区经理"，广泛开展"电保姆"行动，引导社区居民安全用电、节约用电，做好电费缴纳提醒、故障报修等服务工作，并对辖区孤寡老人、弱势群体定期提供困难帮扶等志愿服务。2013年，公司共产党员服务队被省公司授予"十佳服务队"。

五是行风问题"零容忍"。坚持请群众监督、让群众评议，在社会各界聘请138名行风监督员，随时监督反馈供电服务问题。定期参加行风热线，并开展走访调查1000个农户、100个村庄、100个企业的"三个一"活动，广泛听取群众的意见建议。借鉴抓安全生产"四不放过"（事故原因没有查清不放过，责任人没有处理不放过，整改措施没有落实不放过，有关人员没有受到教育不放过）的经验，建立了投诉举报"说清楚"和惩处制度，以铁的制度、铁的面孔、铁的处理从严查处行风问题。2013年，公司累计行政处理职工11人次，实施经济处罚71人次，罚款2.96万元。

以党的建设引领企业科学发展

鲁圣集团党总支书记　郑淑胜

山东鲁圣集团始建于1984年，1999年改制，2006年成立集团公司，是日照市首家免行政区划、免行业的国家级集团公司。下设十六个子公司，经营范围涵盖电力器材、电气设备、钢结构、建筑、酒店服务、商贸流通及金融等行业。公司1998年7月成立党支部，是岚山区最早成立党组织的民营企业，2013年4月成立党总支，下设3个党支部，现有党员48人。"鲁圣"商标2004年被评为山东省著名商标，"鲁圣"牌系列电力器材2005年被评为山东省名牌产品。公司多次被上级有关部门授予"全国重合同守信用企业"、"全国创名牌重点企业"、"全国诚信守法企业"、"全国青年文明号"、"全国售后服务满意、产品

放心示范企业”、“中国成长企业百强”、“中国公益事业十大先锋企业”等荣誉称号。

近年来，鲁圣集团党总支以开展争创“双强六好”党组织活动为抓手，充分发挥党组织在企业发展中的政治引领作用和在职工群众中的政治核心作用，团结凝聚广大党员干部职工，助力企业科学发展。

一、加强企业制度建设，不断提高党建规范化水平

集团党总支按照规范化党组织建设要求，认真落实各项党建规章制度，建立健全党建工作制度体系。一是建立了“一簿、一诺、两会”制度。“一簿”，指《党员先锋簿》。为每位党员建立了《党员先锋簿》，把党员参加组织活动、履行岗位职责、领创党员责任区和示范岗、为企业献计献策、参加技能培训、联系服务群众、奉献社会以及党组织关爱党员等方面情况及时记入《党员先锋簿》，作为考核党员的一个重要依据。“一诺”，指党员岗位增效承诺。每名党员年初撰写《党员岗位增效承诺书》，提出岗位增效的具体目标和措施。岗位承诺书在公开栏里进行公示，年终接受党员、职工的评议和监督。“两会”，指企业发展恳谈会、党组织履职评议会。每季度召开企业发展恳谈会，召集企业中层、党员、职工代表以及工、青、妇等群团组织负责人，通过听取企业中层和职工对党群工作的意见、建议，进一步围绕企业生产经营状况对党群组织活动作统一安排和科学设计，动员企业骨干、妇女代表、团员青年等群团组织成员参与；每半年，召开由街道选派的党建指导员参加的党组织履职评议会，党组织负责人向全体党员、职工代表以及群团组织负责人报告工作，并请他们对党建工作进行评议。在2013年的年终评议中，党组织获得了全体党员和职工代表99.5%的满意票。二是建立党群“双向直通”机制。通过建立党组织领导班子成员联系党员、党员联系职工的“双向直通”制度，树立“以人为本，以情治厂”的全新管理理念，党组织领导班子成员经常深入到车间、一线走访党员、职工，收集党员、职工的意见建议，及时化解企业与职工之间、职工与职工之间的矛盾纠纷，构建和谐劳动关系，主动关心、热忱服务党员和职工群众，帮助企业职工解决实际困难。三是建立新“三会一课”制度。建立党组织书记参加“两新”组织重要决策会、党组织与管理层协商恳谈会、党员建言献策参议会和新政策新技术学习课为主要内容的新“三会一课”制度，让企业党组织为企业发展建言献策，让党员、职工参与到企业决策制定中，提高了企业党组织和党员在企业的“话语权”，充分调动了职工的创造性和积极性。近年来，共收到职工合理化建议200多条，其中已被公司采纳46条，为企业节支150余万元，增收220余万元。

二、加强组织建设，不断增强企业发展活力

一是实施党群一体化工程，构建企业“大党建”工作新格局。集团成立了由党总支书记任组长，集团党总支副书记任副组长，各分公司党支部书记和工青妇负责人任成员的党建群团工作领导小组，下设办公室，全面实施党群一体化共建工程。同时，在选好用好群团组织主要负责人上下工夫，严格标准、大胆使用，选拔任用有学历、有能力的年轻干部担任群团组织负责人，加强了集团工会、共青团、妇女组织建设，使党建工作带领群团工作共同提升。建立了党群共建工作联席会议制度，每季度召开一次会议，分析当前工作的形势任务、明确下一步的工作目标；深入开展党群组织联建、活动阵地联用、思想工作联做、文体活动联办等共建活动，构建了企业“大党建”的工作新格局。二是选优配强企业党组织书记队伍，提升党建工作水平。以促进企业健康发展为目标，集团把党组织活动与生产经营管理紧密结合起来，实现目标同向、互促共进。集团建立了党组织班子成员与管理层双向进入、交叉任职机制，集团董事长任党总支书记，总经理任党总支副书记，各党支部书记都是企业管理层人员，为开展党建工作创造了更加有力的环境条件。2013年，岚山区委通过面试遴选定资格、双向选择定去向的方式，向集团派出了第一书记赵家安。第一书记到任后，进一步建立完善的党建制度、建立规范的党建活动阵地、开展丰富的党建活动，集团党建工作更加规范、成效更加明显。三是加强党员队伍教育管理，激发党员队伍活力。实施“三培养”工程，即把党员培养成技术骨干，把技术骨干培养成党员，把党员技术骨干培养成企业管理层和党组织成员。通过实施“三培养”工程，让优秀的职工加入了党员队伍，让党员成为了企业中坚力量，进一步增强党组织的凝聚力和党员的战斗力。同时，在发展党员工作中，实行了先进性积分制考察制度，把政治标准放在首位。对入党申请人、入党积极分子、预备党员等考察对象在政治素质、学习培训、落实工作、服务群众、遵纪守法、党群直通以及参与急难险重任务等方面的表现，以分数量化的形式进行先进性考察和评估，严把党员发展“质量关”，从源头上保持党员队伍的先进性纯洁性。

三、开展争创“双强六好”党组织活动，不断丰富党建活动载体

集团以党建强、发展强为目标，按照生产经营好、企业文化好、劳动关系好、党组织班子好、党员队伍好、社会评价好的标准，开展了丰富多彩的“双强六好”创建活动。一是引导党员职工创先争优，发挥党员先锋模范带头作用。在企业生产经营中开展了“一创双争”（创先进、争做一流业绩、争当时代先锋）、“党员先锋岗”、“党员科技标兵”、“党员身边无事故”等主题活动，让企业党员亮身份、树形象、做表率，引导党员主动发挥先锋模范作用，带动企业职工共同创先争优。二是建设先进企业文化，增强企业凝聚力。集团坚持用社会主义核心价值体系引领文化建设，把党建工作与文化建设互通共融，在企业内网上专门开辟了“党建园地”和“职工论坛”栏目，利用企业内刊《鲁圣报》刊登

公司党建信息，设立了荣誉展示厅，产品展示大厅，让职工了解企业情况、关心企业发展，激发职工的归属感、荣誉感。坚持“先做人后做事、先推销人品后推销产品、先有人才后有市场”的企业精神，在长期的发展历程中形成了“一家人、一条心”的企业文化，增强了员工的团队意识和集体观念，在企业和职工中形成了业绩共创、责任共担、时艰共克、成果共享的良性互动格局。三是树立产业报国、回报社会的理念，回馈服务社会。集团公司一直努力在守法经营、照章纳税、富而思源、回报社会、为国分忧、为民解难等方面做出积极贡献。多年来，鲁圣集团坚持“以振兴地方经济为己任，贡献国家，奉献社会”的理念，累计为400多名下岗职工和100多名残疾人安排了工作，在扶贫济困、捐资助学、拥军优属、民企帮村、修路救灾等社会公益事业捐助累计达2000多万元。

与时俱进抓党建 抓好党建促发展

山东莱芜金雷风电科技股份有限公司
党总支书记　伊廷雷

山东莱芜金雷风电科技股份有限公司位于莱芜钢城区里辛街道，于2006年3月注册成立，是一家集风力发电机主轴研发、生产和销售于一体的高新技术企业，注册资本4500万元，总资产5亿元，占地9万平方米，建筑面积5万平方米。目前，公司党总支共有党员46人，设四个党支部。近年来，在各级党委政府的领导和关怀下，公司生产规模不断壮大，企业实力显著提升，2013年公司实现销售收入达3.7亿元，纳税额在全市非公企业中位列前10强，公司已成为国内风电主轴制造行业的领军企业，并朝着“世界风电主轴第一品牌”的发展目标而稳步前进。

自公司成立以来，我们始终坚持把党建工作作为企业发展的引领，作为企业管理的重中之重，筑强组织堡垒，夯实党建基础，实现了党建与企业发展目标同向、工作同步。主要做到了以下几点：

一、准确定位，全面加强党总支自身建设

近年来，公司党总支认真学习全面贯彻党的十八大和十八届三中全会精神，紧紧围绕科学发展和文明和谐两大目标，以创先争优等活动为载体，努力争创“双强六好”非公党建品牌。**一是抓思想建设。**公司建设了高标准的党员活动室，配备了多媒体和报刊书籍等学习材料，由各支部采用开放式、互动式等多种学习形式，组织党员学理论，学政策，学业务，开展学习心得交流活动。成立了“金雷学堂”，定期对职工进行生产技能、企业文化等方面的培训工作，聘请国内知名专家到公司讲座，选派中层干部到外地进行专业培训机构轮训等，全面提升党员干部职工素质，培养了一大批有理想、有素质、有能力的干部职工队伍，为企业发展注入不竭动力。**二是抓制度建设。**健全党建工作长效机制，“三会一课”制度、发展党员制度、党员民主评议制度、争先创优制度，公司重大决策坚持民主集中制原则，保障了公司发展战略的科学性。落实党员目标管理制度，加强对党员日常监督管理，组织党员“三带头”，即带头参与企业管理，带头学知识学本领，带头执行公司规章制度，带动其他员工为公司发展献策出力。同时，按照发展党员“十六字”方针要求，从关键岗位管理人员和一线技术骨干中培养入党积极分子，不断加强教育培养，认真做好党员发展工作。目前，公司有党员46人，其中中层以上党员领导占到了70%以上。**三是抓作风建设。**近年来，公司先后开展了“保持共产党员先进性教育”、“创先争优”、慰问沂蒙六姐妹、汶川地震捐助、走访老党员、给贫困职工捐款、参观台儿庄战役纪念馆等一系列的活动，教育党员职工发挥吃苦在前、奉献在前、表率在前、模范在前的带头作用，受到各级充分肯定。近年来公司党总支先后被莱芜市委授予“赢牟先锋基层党组织”、钢城区党委“先进基层党组织”等荣誉称号。

二、夯实基础，将党建工作融入企业发展主战场

在公司发展过程中，始终做到把党建工作与企业经营有机结合，实现了企业党建与企业发展共建双赢。**一是注重党员模范带头作用的发挥。**公司设立了党务公开宣传栏，在机关、车间等四个支部设立了“党员示范岗”、“党员责任区”、“党员示范车间”，在急、难、险、重等任务中，党员都能走在前、干在先，使员工学有典型、比有标杆，凝聚人心，形成合力。近年来，公司党员共提出合理化建议110多条，解决公司重大技术难题50多个，在公司制度完善、技术革新等方面发挥了积极的作用，实现经济效益600万元以上。**二是充分发挥群团组织在党建中的作用。**公司不断健全工会和团支部组织机构，选优配强工会主席和团支部书记，做到有机构、有人员、有制度、有场所，定期组织开展各类活动，让党员与职工结对子，及时向工会和公司反应职工

生产、生活中遇到的各类困难并加以解决，了解职工诉求，给员工提供“五险一金”、年终奖和午餐、住房、交通补助。近年来，公司开展篮球赛、棋牌赛、拔河比赛、《弟子规》学习、文艺演出等各类活动60余次，职工技能比武大赛30余次，解决职工各类问题90余个，培训员工2400人次。2009年被共青团钢城区委授予“先进团支部”，2011年被钢城区总工会授予“全区工会先进单位”。**三是多措并举，广揽人才，筑牢企业发展之基。**公司先后与山东大学、大连大学等高校建立了密切的技术合作关系，公司目前为山东大学产学研基地和大学生企业实习实训基地。采取市场选聘、项目引才等方式，从国内大型企业聘请了6名企业管理人才和专业技术人才到公司担任重要职务。其中，引进的总经理葛菁杰博士、技术副总经理李新生高级工程师，被钢城区委、区政府授予首届“汶源英才”荣誉称号。同时，为加大人才引进力度，公司设立了工作“业绩奖”、“创新奖”等奖项，建立了人才参股制度和人才专用资金制度等一系列人才激励机制，目前，公司现有员工378人，其中博士1人，硕士6人，本科69人，专科及以上学历人员占到职工总数的一半以上，人才工作的蓬勃发展，给企业发展注入强劲动力。

三、形成合力，实现党建与企业经营协调发展

公司着重做好了非公企业党建工作中“三个协调、两个优先、一批骨干”的工作。“三个协调”即坚持做到党建工作与企业发展相协调，党员活动与经营活动相协调、党员素质提高与企业效益提高相协调；“两个优先”即坚持“招聘职工党员优先、晋升干部党员优先”，不断提升党员在公司职工中的占比，党组织班子成员和经营管理层干部交叉任职，优化公司治理结构，以党建促发展，把党建工作转化为企业核心竞争力；“一批骨干”即发挥基层党组织的战斗堡垒作用，重点培养业务骨干，通过设立“党员先锋岗”，把党员培养成骨干，把骨干发展成党员，以点带面，整体提升企业实力，实现公司科学发展。

做好党建工作，既是企业义不容辞的责任，也是公司发展的实际需要，下一步，公司党总支将继续坚持以“围绕经济抓党建，抓好党建促发展”这一主线，以党的第二批群众路线教育实践活动为契机，组织公司党员干部认真学习贯彻“十八大”会议精神，深入学习习近平总书记系列重要讲话，对照企业发展和党员干部职工自身实际，改进学风，狠抓作风，针对业务发展的各个环节，边学、边查、边改，确保学出成果，改出成效，持续发挥基层党组织的战斗堡垒作用和共产党员的先锋模范作用，为企业的科学发展领路护航，为地方经济社会的发展做出新的更大的贡献！

强企富民党委领航 和谐发展党建保障

山东金正大生态工程股份有限公司
党委书记　张晓义

山东金正大生态工程股份有限公司是一家从事复（混）合肥、缓控释肥及其它新型肥料的研发、生产和销售的国家重点高新技术企业和亚洲最大的缓控释肥生产基地。公司于1998年在临沂市临沭县成立，2007年11月成立党委，下设5个党支部，党员191人；公司于2010年9月上市，现有总资产近77亿元，员工7000余人；2013年实现销售收入120亿元、净利润6.68亿元，缴纳各类税收2.43亿元。近年来，公司党委推行“四服务双引领”工作法，充分发挥党组织的政治引领和政治核心作用，坚持服务与发挥作用并举，使公司党委赢得地位、赢得认可、赢得支持、赢得信任。公司先后荣获“全国模范职工之家”、“山东省非公有制企业齐鲁先锋党组织”、“沂蒙先锋基层党组织”等荣誉称号。

服务企业发展　以“有为”赢得“有位”

一是推行“双覆盖”加强组织建设。多年来，公司党委按照“围绕经济抓党建，抓好党建促发展”的工作思路，实行“党组织筹建工作组在企业筹建之初提前介入，实行招聘员工与吸纳党员和入党积极分子同步进行、生产行政组织与党组织同步建立、生产行政干部与党务干部同步配备、生产管理制度与党建制度同步制定”的“一提前四同步”党建模式，进一步优化党支部设置，对机构不健全、人员配备不足的党支部及时进行完善充实，对作用发挥不好的党支部及时组织调整，有效理顺了党组织隶属关系，保证了企业发展到哪里，党的组织就设置到哪里，党的工作就延伸到哪里，党组织和党员作用就发挥到哪里。目前，省内金正大公司下设的各个子公司、分厂、车间、班组，全部实现了党的组织和党的工作“双覆盖”。**二是推行“双向互动”参与企业决策。**公司党委充分发挥主观能动性，主动参与企业决策，凡是涉及投资方向、重点项目建设等重大问题的，均召开党政联席会议研究决定，把党组织决定融入企业决策之中。公司党委还积极参与干部升降与考核、薪酬定级、绩效设置、福利标准制定等工作，切实保证了党组织在企业发展中

的政治核心地位。**三是推行"双向培养"加强队伍建设。**公司党委坚持把业务骨干发展成党员，把企业党员培养成业务骨干，确保每名党员都能起到先锋模范作用。公司拥有一支由土壤、肥料、化工、机械、农学等多个学科的党员组成的研发团队，其中博士4名、硕士20名。现已获授权发明专利153项，极大提升了自主创新能力，奠定了在缓控释肥行业的领先地位。

服务企业党员　以"关怀"赢得"归属"

公司党委筹措资金30万元建立了党内关怀基金，用于对党员的帮扶、激励和关爱。每年组织党员到井冈山、西柏坡、孟良崮等革命教育基地进行参观学习，并定期开展一系列红色主题教育活动，让党员接受革命传统教育。广泛开展"精一岗、会二岗、懂三岗"教育实践活动，组织党员加强学习，完善机制，不断提高党员队伍的政治素质和工作能力；同时，公司党委在支部内划分党员责任区，设立党员先锋岗，实行党员挂牌上岗，引导党员立足岗位做贡献。公开叫响"党员身边无违纪、党员岗位无事故、党员岗位无次品，争创党员示范车间、党员示范岗"的口号，真正做到困难面前有党员，关键岗位有党员，克难攻坚有党员，探索出一条党员带动促生产、党员带动促经营、党员带动促管理、党员带动促发展的新机制。

服务企业职工　以"关爱"赢得"支持"

公司党委紧紧围绕"创新、和谐、国际化，健康、快乐、超小康"的发展目标，始终把关爱员工作为党委的重要职责，大力倡导"关爱职工就是关爱企业"的工作理念，从员工最关心、最直接、最现实的利益入手，政治上关心、生活上关怀、工作上关爱，为员工诚心诚意办实事，尽心竭力解难题。通过实施健康工程、幸福工程、培训工程、温暖工程、福利工程、亲情工程、助学工程、帮扶工程、奖学金工程、安居工程"十大工程"，让员工切实感受到党的温暖，主动心系公司前途，积极融入企业发展。连续5年，每年召开"感恩父母团拜会"，拿出100万元"孝亲工资"直接发放到员工父母手中，代员工尽孝；连续8年，资助职工子女上学，现已累计资助学生400余人，发放助学金500余万元；每逢中秋、春节等节日，组织开展"送温暖、献真情"活动，走访慰问贫困职工，等等。

服务"三农"　以"务实"赢得"信任"

"成为世界级高端肥料供应商和受人尊重的农业服务商"是金正大的企业愿景。从2008年起，金正大与全国农业技术推广服务中心连续多年在全国24个省区市开展缓控释肥料示范推广工作，掀起了缓控释肥在我国推广应用的高潮。同时，公司党委以"帮助农民增收、促进农业发展"为己任，在推广应用缓控释肥过程中，建立了完善的农化服务体系。投资5000万元在全国成立500个农化服务队，并配备500台农化服务车，建立了"专家＋业务员＋经销商"的专业化农化服务体系，通过开展免费测土、配方施肥、试验示范、现场培训和田间指导、免费赠送科技丛书等一系列公益活动，为广大农民提供技术服务。开通了免费服务电话，聘请专家定期进行热线答疑，免费为农民群众提供技术咨询。累计接听电话咨询18万人次，免费捐赠种肥同播机1.3万余台，帮助7500多户农民脱贫致富。

引领企业文化建设　以"和谐"赢得"活力"

一是倡导人本文化理念。公司党委注重关心员工的工作生活，以"金正大：我们共同的家"为口号，着力打造"诚信、创新、责任、共赢"的核心理念，先后结集印发了《金正大企业文化集》、《我爱我家》、《媒体眼中的金正大》、《创新：金正大的中国力量》、《企业社会责任报告》等，坚持人本和资本并重战略，努力让员工过上"健康、快乐、超小康"的幸福生活。**二是关注员工文化生活。**投资500多万元建设了党员职工活动中心，投资1000多万元建起了职工食堂、洗浴中心、塑胶灯光球场、文化音乐广场等，公司每年"三八"节举行各种形式的女职工活动，连续10年举行"五一"职工运动会，连续6年利用"七一"建党节开展演讲比赛、文艺汇演等纪念活动，积极组织开展"创建学习型企业、争当知识型员工"活动；同时，以开展"双强双争"活动为契机，定期考评奖励"党建强、发展强"突出的"优秀党员"、"五星员工"、"明星班组长"、"优秀主管"等，按季、按项目成果颁发奖金，在逐步丰富员工业余文化生活的同时，激发员工活力，展现了员工健康向上的精神风貌，营造了和谐的文化氛围。

引领企业回馈社会　以"责任"赢得"声誉"

公司党委十分重视公益事业建设，大力推行"反哺社会工程"，将履行社会责任、回馈社会作为推动企业发展的动力之源、活力之本。从2004年起，公司先后在山东农业大学、中国农业大学设立"金正大科研基金"，并在中国农业大学、山东农业大学、青岛农业大学和临沂大学等院校设立"金正大奖学金"，目前已有1200多名贫困学子获得奖学金。积极参与扶助贫困山区、向灾区捐款捐物等公益事业，累计捐款捐物超过2000余万元。几年来，在公司党委的大力倡导下，金正大已为2600多名待业青年和500多名下岗职工提供了就业机会。公司先后被授予"支持社会公益事业民营企业"、"新农村建设中国十大贡献企业"。

百舸争流千帆竞，乘风破浪正远航。金正大公司党委将继续沿着"四服务双引领"的发展轨道，积极倡导"党建引路，用心服务"的发展理念，努力践行"发展企业、回报股东、造福员工、奉献社会"的承诺，不断推进金正大党建工作扎实开展，为实现"十年再造十个金正大"的奋斗目标保驾护航！

全力推进非公企业凝心聚力开创新局面

山东鼎力枣业食品集团有限公司
党支部书记 刘玉林

山东鼎力集团是农业产业化国家重点龙头企业，是全国规模最大的枣制品专业生产企业，拥有国家级枣加工技术研发中心。集团拥有4个现代化工业园区和“十万亩枣园”绿色食品基地，通过了HACCP、GMP、有机食品认证、绿色食品认证等多项认证。鼎力集团自创立之初就高度注重党的建设，充分发挥基层党组织的战斗堡垒作用。集团党支部成立于1999年7月，经过十几年的发展，党员队伍由12人发展到48人，并建立健全了运行管理机制，注重提升党员队伍整体素质，致力于服务企业发展、关爱员工和奉献社会，推动了企业快速腾飞。

完善工作机制

鼎力集团党支部立足自身实际，依托县委制定的党建与业务双向互动机制，进一步健全制度、完善机制，实现了非公企业服务型党建工作的科学化、规范化、常态化。**一是搭建平台，强化党员职工联系沟通。**建立健全党员职工沟通会和党员联系职工制度，明确要求企业每名党员按照“岗位相关、年龄相仿”的原则联系2—3名职工，重点联系入党积极分子、业务骨干和家庭生活困难职工，充分发挥党员的先锋模范作用。每月26日召开党员职工“说事”会议，由联系党员“一对一”答复广大职工提出的诉求，能现场解决的现场解决，不能解决的由党组织协调解决。机制建立以来，共为职工解决生产生活各类问题87件，深受广大职工好评。**二是引领方向，强化党组织参与企业决策。**集团党支部把参与重大问题决策，作为发挥党组织作用的切入点，引领和保证企业正确发展方向。每月26日召开党员建言献策会和决策协商研究会，并专门制定党组织参与企业重大问题决策制度。决策前，党支部牵头开展一次经营动态和职工思想状态调研，为科学决策提供依据；决策中，党支部参与论证，保证决策科学；决策后，发挥党的思想政治优势，保证有效执行。在此基础上，每季度召开一次扩大会议，邀请企业中高层管理人员参加，对收集到的意见建议进行总结、归纳，共同研究促进非公企业发展的措施和方法。2001年集团涉足啤酒行业和2004年扩产建设新工业园区等重大决策都得益于企业党组织的参与和引导。**三是完善自我，强化党组织与企业共同提升。**通过邀请专家讲课、观看电教片、现场观摩等形式学习党的理论、国家政策和新型技术；制定企业党组织与管理层共同学习制度，每月组织企业决策层干部、管理层党员和入党积极分子开展党的理论知识等方面的学习，提高企业决策层管理能力和党员、入党积极分子的党性修养。自2010年以来，集团党支部联合县职专开展“职工夜校”活动，鼓励企业职工利用业余时间再充电、再进修、再提升。截至目前，已成功举办培训班6期，开课100余课时，200余名职工受益。

提升服务能力

鼎力集团党支部积极推进“三培养”，即：把技术骨干培养成党员、把党员培养成技术骨干、把优秀党员技术骨干培养成管理人员，提升党员干部队伍素质，不断夯实组织基础。**一是内培外引，为党员队伍注入优质血液。**按照“坚持标准、保证质量、改善结构、慎重发展”的方针，制定“鼎力集团发展党员工作程序”，注重在生产、管理、研发和营销一线发展党员，对在日常工作、活动开展中表现突出的员工，认真考察其政治素质、思想觉悟，合格的作为入党积极分子进行培养，为党支部补充新鲜血液。三年来，先后发展党员8名。在引进人才上，明确提出“德才兼备，以德为先”的原则，同等条件下，优先引进党员技术管理人才，近几年引进的各类高级人才中，党员占50%以上。**二是选贤任能，挺党员队伍厚重脊梁。**鼎力集团把企业管理层中思想作风正派，组织领导能力强，善于做思想政治工作的党员干部选进党支部，我作为集团董事长担任党支部书记，集团副总经理鞠学政、魏霞担任党支部副书记，把企业中懂经营、善管理、职工拥护的5名党员选进了支部班子。鼎力集团党支部在6个分公司均设立了党小组，确保了党组织的决策在各分公司发挥作用。在参加党支部活动时，党员积极为企业发展建言献策，共提供降低成本、技术改进等意见建议128条。**三是励志提能，为党员队伍强健筋骨。**强化集团党支部班子的服务意识，促进意识和保障意识，坚持围绕企业发展中心来设计和开展活动，在企业发展方向、企业文化建设等方面下功夫，发挥党组织的引领和助推作用；通过举办培训班、研讨交流、典型引路和外出学习考察等形式，加强对企业党务工作者和党员的教育培训，增强工作的有效性、针对性。今年以来，集团党支部邀请党校专家讲课3次，带领20名党员先后参加了市县培训班，举办“支部讲堂”授课20课时，进一步提升了企业决策层、支部班子、党员的政治觉悟和思想认识。

创新活动载体

鼎力集团党支部从指导思想上跳出“就党建抓党建”的自我循环小圈子，确立了“围绕发展抓党建、抓好党建促发展”的大循环思路，逐渐形成了经济效益和党建工作“双赢”局面。**一是与生产经营合拍，党组织成为了企业发展的“领航员”**。集团党支部积极组织职工参加全县技能比赛；通过设置意见箱、开展“双爱双评”、“业务尖子、生产标兵”、“我为公司献一计”等活动，形成了“比技能、比奉献、比业绩”、“厂兴我荣、厂衰我耻”的良好氛围。集团建立了专门的党员活动室、阅览室，投入资金20余万元添置了电脑、电视、投影仪等办公用品，订阅了大批的党报党刊杂志等，搭建了学习提升的平台，促进了企业的良性发展。**二是与党员职工连心，党组织成为了服务员工的“知心人”**。定期开展“党员责任区”、“党员先锋岗”、“党员示范岗”评选活动、“党员传帮带，处处充满爱”活动，对新进或在岗员工在技术方面存在的疑难问题，由企业技能骨干党员负责解决。在重大节假日开展慰问贫困员工、看望坚守在一线工作岗位职工等活动，对因病、因伤的职工（家属）开展爱心捐款，并积极解决职工福利待遇，体现了企业党组织的人文关怀。开展“春风助学行动”，每年从工作经费中拿出30000元资助贫困员工子女，已成功帮助10名员工子女完成学业。**三是与和谐社会同步，党组织成为了奉献社会的“排头兵”**。鼎力集团党支部热心参加各项社会公益活动，定期组织企业党员、入党积极分子及热心员工结对帮扶空巢老人、留守儿童、残疾人、低保户。截至目前，向社会捐赠价值60万元的百合红枣汁饮料15000余箱；汶川地震、玉树地震和雅安地震后为灾区捐款110余万元；支持教育事业为建设新一中捐款200万元；捐款100万元成立了鼎力集团“百万爱心基金”，共资助贫困学生28名，累计资助资金达80余万元。

党建工作的开展有力地推动了鼎力集团的健康快速发展，2013年鼎力集团年销售收入达到25亿元，进入了山东省民营食品企业发展实力20强，综合生产能力跻身中国同行业前三名。同时还带动庆云县6万户农民走上了致富之路，推动了当地种植业、运输业、包装业、零售业等相关行业不断向纵深发展，为社会提供了4000多个就业岗位。我作为鼎力集团董事长、党支部书记被评为“山东省劳动模范”，当选为山东省第十二届人大代表。山东鼎力集团党支部被中共山东省委授予“山东省先进基层党组织”荣誉称号。

建设美丽中国时风
同心共筑千亿产业崛起梦

时风集团党委书记、董事长　刘义发

时风集团自1993年成立以来，认真贯彻落实中央、省委和市、县各级党委要求，结合时风集团发展实际，强化基层党组织建设，组织全体党员、全体员工认真学习贯彻党的十八大和十八届三中全会精神，用党的十八大和十八届三中全会精神统一思想、凝聚力量，搞好企业生产经营，促进企业健康发展。2013年，实现主营业务收入310.5亿元，利税15.5亿元，生产整车142万辆，发动机135万台，轮胎243万套，电动车50360辆，发电4亿度。

一、团结务实，科学决策，为企业发展提供组织保障

集团由小到大、由弱到强，关键是有一个把握机遇、科学决策、团结务实的领导班子。领导班子凭借强烈的市场意识、敏锐的洞察能力和果敢的决策能力，在企业发展中及时抓住发展机遇，善于决策、敢于决策，有效地规避了各种经营风险，为企业持续健康发展提供了坚强的组织保障。集团连续多年被评为“省级文明单位”，连续十多年被评为山东省“思想政治工作优秀企业”，集团党委多次被评为“山东省先进基层党组织”、“聊城市先进基层党组织”、“水城先锋基层党组织”等荣誉称号。

二、一岗双责，务实高效，创新企业党建工作机制

集团党委全面推行“一岗两责”，坚持“人员交叉任职，工作相互渗透，目标共同提高”的原则，公司党委会、董事会和经理层成员交叉任职，党委设有专职副书记负责党务工作。针对集团产业园区多、党员分散、党建工作任务重等实际，党委下设12个党支部，按照属地管理原则，以产业园、子公司为单位设立党支部，在时风中央研究院、市场营销两个前沿领域分别单独设立党支部。党支部书记兼任各产业园厂长、子公司经理、技术副总、营销副总，党小组组长兼任部门、车间负责人。集团党员大都身处关键岗位、肩负双重职责，对关键岗位的群众领导干部、管理人员、骨干员工，集团党委都按照党员标准严格要求，充分调动他们的工

作积极性。党委把党务工作纳入整体工作范围内，一起部署、一起检查、一起考核，做到了认识到位、措施到位、工作到位，形成了一级管一级、一级带一级，一级为一级负责，建立了抓到支部、抓到党员、抓到积极分子的党建工作长效发展机制。

三、立足本职、创新管理，党建工作与生产经营两不误、两促进

集团党委带领全体党员干部职工，立足本职、创新管理，推动传统产业转型升级、战略新兴产业加快发展，凝心聚力建设和谐时风、幸福时风、平安时风，加快“二次创业”步伐，积极推动跨越赶超。

与学习型党组织建设相结合。集团党委历来高度重视学习、坚持学习、热爱学习、用心学习。每个工作日的晨会，各个党支部的党员干部现代远程教育接收站点都同时同步播放视频学习资料，集体学习党的理论知识、时政要闻、先进管理理念、优秀企业文化，每人都有发言机会，互相交流学习体会、共同剖析经典案例，充分发挥远程教育接收站的阵地作用，有效促进学习型党组织建设。

与工艺装备改进提升相结合。在贯彻落实“用工艺装备保证产品质量，用工艺技术提升产品质量”中，广大党员结合各自的本职工作，快速反应、马上行动，全面全力推进数控化、加工中心化、自动化、机器人应用，促进发展走进智能工厂新时代。通过购置数控加工中心、三维激光切割机、下料自动化等高精尖设备，使冲压、焊装、涂装、总装等工艺装备水平达到汽车行业领先水平。集团已引进机器人22台，并将继续不断引进，建设国内最先进的机器人自动化车身焊装线、大型自动化冲压线、全自动涂装生产线、机械化以太网总装生产线以及铸造自动化生产线，实现工艺装备向高端制造的转型。

与重点项目建设相结合。重点项目建设是党员作用发挥的一面旗帜，相关产业园区的支部书记是项目建设第一责任人，相关处室的党员领导干部、管理人员具体负责项目推进，他们冲锋在前，处处体现党员模范带头作用。支部书记田中民是化纤轮胎产业园锦纶工业布项目第一责任人，通过引进先进装备、改进工艺技术，原丝、帘子布、切片等产品质量不断提高，受到市场一致认可。当前产品供不应求，已经陆续开始和国内著名大厂家合作配套，该项目将成为集团未来发展的“金饭碗”。机关党支部书记刘英亮是20兆瓦太阳能光伏电站并网发电项目的第一责任人，太阳能光伏电站立足于电动汽车产业园和现代农业装备产业园厂房屋顶，采用国际最先进技术，建设30万平方米，铺设240瓦太阳能电池组件8.3万块，建成总装机功率20兆瓦的太阳能发电能力。该项目国家补贴1.1亿元，上面是太阳能发电，下面是停车场，可停放1200辆电动汽车，并设立储能装置利用太阳能为电动汽车充电，形成了典型的新能源汽车循环发展模式。

与战略新兴产业发展相结合。电动汽车是集团战略新兴产业，集团党委号召全体党员、领导干部、管理人员、骨干员工全员参与，在推动电动汽车产业发展中解放思想，树标杆、做榜样，率先建成了全国最大的电动汽车产业园，冲压、焊装、涂装、总装四大工艺达到轻型汽车先进水平，形成年产20万辆的产能，建设了国内最先进的电动汽车检测线、试验场和零部件检测中心，至2020年建成年产100万辆电动汽车产能，打造电动汽车千亿产业。集团借“全省加快转调创进程、推动科学发展现场交流会”的东风乘胜而上，按照三一定律（只要三分之一的人认可时风电动汽车，就会产生越来越多的人认可时风电动汽车的雪崩效应），在聊城市、高唐县全面推广时风电动汽车进机关、进工厂、进社区、进学校、进医院，同机动车尾气推高PM2.5数值相比，时风电动汽车节能环保、经济实用，利己、利民、利国，成为工薪族、企业员工、教师、护士等交通工具的首选，产品供不应求，出现了蓬勃发展、跨越发展的强劲势头。

与平安时风建设相结合。集团党委始终坚持“抓安全不能手软”，要求大家争当保证生产安全的柱石。将6月份作为集团“安全生产月”，集团党委要求，领导班子成员、各厂厂长、各部门车间负责人要深刻认识自己肩负的重大安全职责，吸取教训，高度警惕，举一反三，切实抓好员工安全教育培训、抓好安全隐患的排查整改、抓好重点区域和重点部位的突发事故应急预案演练，依靠扎实的安全生产基础管理，建设平安时风、和谐时风、幸福时风。

走进新时代，实现时风梦。集团党委将继续以十八大精神统领时风发展全局，切实用十八大精神武装头脑、指导实践、推动工作，把全体党员、领导干部、管理人员及骨干员工的智慧和力量凝聚成巨大的正能量，在建设美丽中国时风、实现千亿产业崛起梦的征程上为地方经济发展做出更大的贡献。

持续加强党的建设
努力打造一流家纺企业

滨州亚光毛巾有限公司董事长、
党委书记 王延平

山东滨州亚光毛巾有限公司党委在上级党委正确领导下，以“创先争优”活动为契机，积极探索党建工作思路，按照“五好”党支部目标要求，着力加强思想建设、组织建设、作风建设、制度建设，充分发挥公司党委在企业发展中的的政治核心作用，取得较好成效。目前，公司党委下设5个党总支，18个党支部，现有党员414人，预备党员18人，涵盖各分公司，30多个车间、部门，形成横到边、纵到底的党组织全覆盖格局。通过多年的努力，企业被授予“山东省富民兴鲁劳动奖状”、多次被省、市、区授予“管理先进企业”“纳税大户”、“先进基层党组织”等荣誉称号，为滨州经济社会发展做出了积极的贡献。

一、加强学习型党组织建设，提升党员素质，夯实党建工作基础

（一）抓学习型党组织建设，促进党员和全体员工素质的提升 党员的素质和能力直接关系企业的发展与管理水平，而提高素质的主要途径是加强政治理论学习。公司党委采取集体学习、党员自学、专家讲学等形式，组织全体党员认真学习党的光辉历史和优良传统、中国特色社会主义理论体系、党章和党的十八大、十八届三中全会精神以及中央和省市区委领导同志一系列讲话精神，紧跟时代脉搏，贴近党员职工实际，不断提升党员的党性修养和政策理论水平。坚持不懈地抓党员学习制度建设，全面提高领导班子成员和全体党员的思想政治素质。在学习制度上力求规范，做到全年有计划，月月有安排；在学习要求上注重效果、突出实效；在学习方法上形式多样，采取集中学与分散学相结合，自学与交流相结合，集中讲座与电化教育相结合，建立了使党员长期受教育的机制。积极开展创建“学习型组织”活动，加快党员队伍向学习型、知识型转变。通过强化学习制度、加强落实计划，全体党员提高了思想认识与政治理论水平和业务能力，进一步增强了党组织的凝聚力和向心力，为加强企业党建奠定了坚实基础。

（二）认真做好发展党员工作，真正起到“发展一个，带动一片”的作用 在党员发展工作中，公司党委着眼于干部职工党员队伍长远建设，把发展党员工作作为提高企业党组织建设整体水平的重要措施，注意把政治素质好、年纪轻、有文化、懂技术善管理的职工纳入视野，重点培养，吸收入党，进一步改善企业党员队伍的结构和分布。同时，严格落实党员发展规程，从严把关，确保新发展党员质量。近5年来，公司党委共发展党员115名，新发展党员都是技术骨干、优秀管理人才，为公司的发展注入了新的活力。同时，公司党委通过强化党员管理，不断加强党性教育，严格要求党员处处以身作则，在企业发展中发挥模范带头作用，真正起到“发展一个，带动一片”的作用。

二、抓党建，促发展，使党建与企业发展融为一体

公司党委通过开展不同类型、不同层次的活动，全力打造文明高效、开拓进取、团结和谐的优秀团队。在党员中开展了“争当先进个人示范岗”、在班组开展了“争创‘十佳’班组”、在车间开展了“争创示范车间”、在支部开展了“争创先锋党组织”活动。通过一系列活动的开展，公司在技术研发、节能降耗、转型升级等方面取得了骄人的业绩。公司先后建设了亚光家纺工业园项目、亚光家纺工业园二期项目、高档特殊纤维功能性毛巾生产线项目、高档巾被生产线技术改造项目、自动化立体仓库项目等省市重点技术改造项目。通过一系列的技术改造的实施，公司生产装备和技术水平大幅度提高。充分发挥基层党组织和党员在“全员节能”行动中的先锋作用，成功实现了节能降排由“外力推动”到“自发需求”的转变。在广大党员的带领下，广大员工在工作中从以往被动的“要我节能、增效”转变为主动的“我要节能、增效”。2013年公司9个项目节约能耗2074万Kwh，节约用水96万方，减少二氧化碳排放1.6万吨，产生经济效益1500万元，获得沃尔玛颁发的最高奖项——能效提升项目杰出表现企业大奖，在国际市场上树立了良好的负责任的中国企业形象，实现了健康运营和良性发展。

三、发挥党组织的引导作用，促进企业和谐发展，树立负责任的企业形象

（一）坚持“以人为本”的工作方针，积极为职工办实事，办好事，不断提升员工幸福指数 公司党委牢固树立“职工利益无小事”的观念，把职工遇到的现实困难，放在心上，跑在腿上。在党委的大力推动下，在就餐方面，公司自2006年6月起实行午餐补助，每年支出职工午餐补助达400多万元。投资17万元对职工餐厅进行装修改造，投资15.38万元购置电磁炉、冷柜、电视机、豆汤机等设施，高温车间配备热水机、冷饮机、豆汤机、茶等，为企业生产一线员工提供全方位服务。并加强对厂区餐厅的管理和监督，在油、面、菜等的进货和选择上加强控制监督，使员工吃上放心饭菜，为员工提供良好地就餐环境。在住宿方面，公司员工宿舍具备了冬有暖气、夏有空调、饮水机、有线电视、24

小时开水的条件，让职工拥有舒适的居住环境。采取人性化管理方式，改造供双职工入住的标间，让员工有了一个安全舒适的生活环境。公司党委在企业发展的同时，不断丰富职工文化生活。在现有图书馆的基础上创建"职工书屋"，购买10台电脑建立电子阅览室，并扩大了书屋面积，增设室外乒乓球台及羽毛球柱等娱乐设施。每年"亚光文化艺术节"投入近6万元活动经费，举办了职工篮球赛、乒乓球赛，足球赛、台球赛、象棋赛、跳棋赛、田径长跑赛、踢毽子赛、消防技能赛、文艺汇演、劳模事迹报告会等十多项比赛；每年重大节日，党委都组织举办类似文体活动，弘扬亚光文化，同时组织劳模外出旅游和为女职工发放三八纪念品，此项费用每年投入近20万元。公司树立了"以人为本"的管理理念，构建了和谐的劳资关系，增强了企业的凝聚力，职工的幸福指数不断提升。

（二）扶危济困，热心公益事业，赢得社会各界广泛赞誉 多年来，公司党委积极投身抗震救灾、扶危济困等公益事业活动，先后为汶川、玉树、新疆喀什等灾区捐款达200余万元；为山东菏泽曹县侯集回族村捐助70万元；2013年，为滨州少数民族促进会捐款100万元，为见义勇为基金会捐款10万元；自2012年起，投资近20万元为滨北窦家及其他贫困村修建公路。这些公益行动得到了政府和社会的充分认可和高度赞誉。同时，公司还设立了2000万元的企业慈善基金，用以帮扶和救助企业及社会上的贫困人士和团体，每年帮扶和救助企业及社会上的贫困人士和团体30多万元，展示了一个负责任的企业形象。

围绕中心　服务大局
努力开创企业党建新局面

曹县供电公司党委书记　马献彬

国网山东曹县供电公司是国有中一型县供电企业。主要负责曹县境内24个乡镇、3个办事处和一个省级开发区的1179个行政村的电网规划、建设、运营和电力供应。公司下属21个供电所。企业固定资产7.09亿元。供电总面积1969平方公里，供电人口为156.22万人。2013年完成供电量14.77亿千瓦时，售电量13.79亿千瓦时，同比增长14.94%和15.34%。公司党委共有党总支2个，党支部17个。党员519名。公司相继荣获"全国职工教育培训优秀示范企业"、"全国廉政文化进企业示范点"、"菏泽市最具爱心企业"、"支持地方经济发展先进集体"、"省公司先进基层党委"等多项荣誉称号。公司继续保持了"省级文明单位"、"山东省优秀基层党校"、"市级优秀政工企业"、"市级企业文化建设示范单位"等荣誉称号。

一、树立品牌、展示风采，不断提升优质服务水平

公司党委始终高度重视党建工作，并把党建工作作为推动各项任务完成的强大动力。通过加强基层党组织建设，提高党务工作者工作能力，强化基层党组织工作考核，开展争创"电网先锋党支部"活动，切实落实支部（总支）主体责任，更好地发挥党组织、党员凝聚力和号召力，基层党组织各项工作得到有序开展，增强了公司党组织的工作能力，进而不断提升了服务社会的水平，促进了当地经济社会发展。发挥党员先锋带头作用，深入开展"美丽彩虹"光明服务、共享平安、文化育人主题实践活动，大力实施"善小"品牌推广示范工程，"善小"促进管理、提升素质、传播正能量的作用日益明显。2013年，公司以"善小"雷锋团队为平台，在公司上下成立"善小"雷锋志愿服务队27支，广泛开展"善小"进农村、进学校、进农忙一线、进职工心间等活动。累计深入16个乡镇、60余个行政村开展扶贫帮困活动；与21所中小学218名贫困学生建立了定向帮扶机制，向贫困学生捐赠书籍、学习用品2600余件；组织63辆农忙"招手停"电力服务车，义务巡检农忙线路2000余公里，安装农忙用电设备6000余台次。同时，还深入开展了我为兄弟提个醒、五分钟"工前安全课"、职工家属走进国家电网等活动，得到上级领导好评。公司"善小"雷锋团队荣获省公司"善小金牌团队"称号。

二、强化教育、转变作风，切实加强廉政建设力度

公司党委认真组织全体职工深入学习党的十八大、十八届三中全会和习近平总书记系列重要讲话精神，并对照公司实际，切实抓好贯彻落实，激发了职工的政治热情，塑造了职工爱岗敬业精神。不间断的强化党员教育，为每个党支部和每名党员分别发放了《联系服务群众经验做法》、《损害群众利益典型案例》等学习书籍，提高了学习针对性。加强党委理论中心组学习，集中学习12次，撰写心得体会18篇，严格落实中央八项规定，坚决反对"四风"，定期组织明察暗访和基层调查活动，严格查处"庸懒散"工作行为。按照县委统一部署，提前开展党的群众路线教育实践活动，成立组织机构，制定实施方案，全年解决群众用电问题1280个，慰问贫困群众400户。深化党风廉政建设，不断提升廉政文化建设水平。大力实施"廉洁高效供电所"建设，加大基层服务单位监督和指导力度，发挥典型示范供电所辐射作用，引导各供电所奋力争先。青菏、庄寨供电所分别荣获省、市廉洁高效供电所称号。加强行风建设指标动态评价，加快投诉举报调查、处置速度，公司连续13

年获得公共服务行业测评第一名。2013 年，公司被省公司评为先进基层党委，3 个党支部分别荣获省、市公司先进党支部，7 名同志荣获省、市公司优秀党员。

三、培养典型、提高素质，努力打造国企良好形象

公司党委开展了“中国梦 · 国网情”系列主题学习活动、“道德教育大讲堂”活动、党员服务队“三公开”活动。定期开展公司内部道德模范人物选树，激励职工争做“四德”教育模范，鼓励员工践行社会公德、职业道德、家庭美德和个人品德，凸现社会正能量，提高了职工的综合素质。相继涌现出拾金不昧模范刘新建、赵金表，救火英雄李学长、陈峰，见义勇为者谢鹏、王硕，山东好人、省五四青年奖章获得者、曹县骄傲的人陈强，菏泽市最美劳动者赵英，曹县骄傲的人、37 年无怨无悔照顾八位老人的敬老孝老标兵谢照乾等一大批先模人物，30 余家媒体跟踪报道，引起社会广泛关注，为公司树立了良好社会形象。同时，优化业务界面和管理职责，完善培训、考核、使用、奖惩、待遇一体化机制，认真落实“三定”、“三考”，加强全员培训，为职工锻炼成才搭建平台，共举办职业技能、生产运行等培训班 8 次，培训职工 696 人次，参加省、市公司各类培训班 36 期，送培 157 人次，1 人当选省公司优秀专家人才，6 人当选市公司优秀专家人才。注重青年课题攻关小组建设，积极开展技术创新、“青春建功”、青年职业技能赛、“业务讲堂”等活动。

四、落实制度、关心职工，积极创建和谐企业文化

公司历年来始终严格执行《国家电网公司职工民主管理纲要》，切实履行民主管理制度，健全“双路径、三保障”的职工民主管理体系，因而被评为全省厂务公开民主管理先进单位，山东省自主创新模范企业。同时注重加强班组建设，举办班组信息化管理人员培训班，开展班组信息化建设互查考评，确保了班组建设管理“四大体系”高效运行，班组规范化水平明显提高；积极开展“一对一”、“师带徒”等传帮带活动，把竞赛、比武、培训等活动细化分解到班组，提高针对性和灵活性。为此公司从深化职工健康管理，开展职工健康体检，推进标准化健康食堂建设；积极开展“送温暖”、“金秋助学”等活动，走访劳模、困难职工和一线职工；关心离退休职工，全面落实离退休人员政治待遇和生活待遇，开展丰富多彩的老年活动项目，让老同志老有所为、老有所用、老有所乐；积极发挥工会和共青团的作用，适时举办绘画、书法、体育比赛等群众性团体活动，激发了员工活力，陶冶了职工情操。另外，公司党委紧紧围绕公司发展，切实加强了形势任务教育，跟踪员工思想动态，妥善处理安全稳定和改革发展的关系，深入细致地做好思想政治工作，超前做好政策解释和思想疏导，确保了企业环境和谐稳定。

五、围绕中心、立足本地，积极服务全县社会大局

公司党委勇于探索，富于创新，紧紧围绕公司中心业务和地方经济社会发展，充分发挥了党组织的战斗堡垒作用。2013 年，公司滚动修编曹县电网“十二五”发展规划，根据地方发展编制了《曹县电网现状分析及改造需求计划》，完成了 220 千伏曹城变电站二期扩建工程和 110 千伏卢庄变电站的初设和可研批复。加强与地方政府的汇报沟通，县政府成立电网建设领导小组，电网建设外部环境不断优化。协助省、市公司建成投运了 220 千伏党蔡线，实现了 220 千伏双电源供电，为电网迎峰度冬奠定坚实基础。建成投运了 110 千伏龙跃输变电工程、110 千伏石河输变电工程、110 千伏邵庄扩建增容、110 千伏蔡邵线、35 千伏蔡青线 5 项重点工程，新增变电容量 20 万千伏安，架设 35 千伏以上线路 45.3 公里。110 千伏石河输变电工程获国网公司输变电优质工程（县公司）。圆满完成城区配网自动化建设任务，实现了 8 条 10 千伏线路“手拉手”供电，有效提升城区电网供电可靠性。完成农网改造升级投资 8243 万元，新建、改造 10 千伏线路 25 条、长 219.76 公里，改造低压行政村 49 个、192 个台区、户表 27305 户。庄寨白茅东台区改造工程获省公司 2013 年度“农网百佳工程”，仵楼、朱洪庙、安蔡楼三个乡镇被省经信委和省公司命名为电气化乡镇，苏集大朱庄、安蔡楼林庄等 68 个村被命名为电气化村。

农村党建

小村庄的大变化

济南市历城区郭店街道相公庄
村党支部书记　王　群

济南市历城区相公庄村位于郭店街道办事处西北部，紧邻济南东绕城高速和机场路，村庄不大，一共有367户、800多人，土地面积904亩。相传在明代，因刘公河自东向西绕村而过，被视为风水宝地，能出"72位相公"，为祈盼多出贤人，沿称相公庄。几年前，我们这个东部小村的人均收入只有2000多元，经过几年的发展，村里一幢幢楼房错落有致，家家户户的资产都在百万元左右，已经成了远近闻名的全国文明村。

抢抓机遇谋发展，强村富民展新颜

近年来，按照加快社会主义新农村建设的要求，村"两委"一班人结合本村实际，规划出了"经济发展—村民致富—环境改善"的发展思路。依托区位优势，村里先后引进了山东冶金建设有限公司、济钢混凝土搅拌站、济南鲍德炉料废钢厂等3家大企业。同时，依托三家大企业成立了劳务队、工程队、运输队，吸纳了大部分富余劳动力就业，实现了由一产向二三产业的第一次成功转型。赚到"第一桶金"后，我村又组建了相公商贸中心，进一步盘活了集体资产，促进了持续增收。

村民有钱了，改善村民的居住条件摆在了面前，村支部带领村里的党员到青岛、南山集团等地参观学习，回来后产生了一个大胆的想法，那就是"搞旧村改造，为村民建楼房"。这一想法赢得了村民的赞同，说干就干，村里在村东废弃多年的旧窑坑破土动工实施了新农村建设的第一期楼房建设，在旧村址上建设了"相公·吉祥苑"住宅小区。小区占地300余亩，绿化率达60%，建有音乐喷泉广场、老年健身广场和8个小型的休闲健身广场。村民都高兴的说："我们也成了城里人了。"

繁荣文化提素养，群众生活上水平

村民住进了楼房，物质生活提高了，精神生活如何提高，成了摆在村"两委"面前的又一课题。为满足富裕后村民对文化生活的追求，村里先后投资1000多万元，建起了美术馆、图书馆、档案馆、多媒体室等文体场所，建起了休闲广场、文化长廊、音乐喷泉和棋牌活动室等娱乐场所，并利用这些场馆，定期举办各种文体活动；定期聘请书画家来村举办讲座、现场培训，培养了大批书画爱好者；组建了舞蹈队、戏社、太极健身队等群众文艺团体。这些丰富而健康的活动不仅充实了村民的业余文化生活，也提高了村民参与村庄建设的积极性，更提升了村庄的文明程度。村里还修建了相公民俗博物馆，馆里陈列满了木犁、钉耙、风箱、花轿等已不为现代人所常见的农村"老物件"，成为相公村近百年历史变迁的一个最好的见证。

为切实解决村民养老、看病、吃饭、上学等问题，我村实行了女45岁、男50岁以上村民每月400—1000元退休金和不足退休年龄村民每月200元生活补助金发放制度；出台了新农合再次报销规定，村民看病报销比例最高达到95%；每季度为村民每人发放30斤大米、40斤面粉、10斤花生油；配备了学生专车，全程接送小学、初中的孩子上学放学；开通了相公庄村直达市区的313路专线公交车。另外，村里还为50岁以上的村民购买了人身意外伤害保险，为全村60岁以上老人发放300元的生日祝寿金，重阳节还为60岁以上的老人发放节日补助金，切实提高了村民的幸福生活指数。

求真务实勤为民，清正廉洁树形象

随着村级经济的发展，村里近几年来各项事业投资近亿元，但在财务经济问题上，从来没出过问题，村“两委”一班人始终坚持民主管理、民主决策、民主监督，凡涉及村民利益的重要事项都经党员代表、村民代表会议讨论通过。同时，拓宽公开渠道，保持民意畅通，通过公开栏公示、为每家设立报箱等形式，将涉及到的重大事项，都及时的公开。特别是在财务管理上，聘请专业审计事务所每半年审计一次，严格规范了集体资金收支的管理，做到村“两委”干部不乱花集体一分钱，更不用集体的钱为自己办私事。

另外，还为每户村民配发了手机，随时随地将村内大事小情，以短信的形式，发送到村民的手机上。村民也可以随时将自己的意见或建议反馈给村干部，做到干群之间的信息互动，架起了村干部与村民的沟通桥梁，增强了村民“以相公为荣、为相公出力”的荣誉感和责任感。

美好前景终在望，和谐富裕谱新章

为让相公庄在新的起点上实现新的跨越，在立足区位优势的基础上，通过招商引资、开办村企等，大力发展二三产业，努力盘活集体资产。村里相继成立了相公投资公司、相公物业公司、相公文化艺术品公司，村“两委”会以村集体门头房为原始资金，为每位村民配发2万元股金，让村民都成为村集体的股民，进一步增强了健康发展的凝聚力。

党的十八大报告指出：“要大力推进生态文明建设，着力推进绿色发展、循环发展、低碳发展，形成节约资源和保护环境的空间格局、产业结构、生产方式、生活方式。”下一步村“两委”一班人将致力于开发开办绿色企业，发展绿色经济，促进绿色增收，为村集体经济谋划可持续发展，早日将相公庄村建设成富裕、民主、文明、和谐的现代化新型社区。

实施“五个一”工程
建设高效服务型党组织

章丘市双山街道三涧溪村
党支部书记　高淑贞

三涧溪村位于章丘市城郊，现有3100口人、120名党员。过去的三涧溪是有名的乱村，曾在6年内换了6位支部书记，人心涣散，群众怨声载道。2004年以来，村党支部从建强班子、带好队伍做起，从服务群众、带领群众致富抓起，创新实施为民服务“五个一”工程，把三涧溪建成了“全国民主法治示范村”、“全国平安家庭创建先进单位”。我作为村党支部书记先后被评为“全国优秀党务工作者”、“全国三八红旗手”。

“一套机制”凝聚群众，让班子威信树起来　打铁先要自身硬。为把村班子打造成能打硬仗的坚强集体，党支部抓住制度建设这一根本，建立规范了一整套村务工作流程。凡重大事项决策，一律按照党员群众建议—支部提议—“两委”商议—上级党委政府审议—村民（代表）会议决议“五步议事法”操作，做到“干什么”让群众拍板；成立了村务监督委员会，主动邀请经常提意见的人参加，大小事务、收支账目，经监委会通过才能执行，做到“怎么干”让群众监督；建立了“看水浇地式”矛盾排查法，把排查和处理群众各类问题的责任落实到每一名党员身上，做到“出什么事”让群众自我管理，形成了村策民决、村务民监、村事民理的工作机制。

“一面旗帜”带动群众，让党员形象亮起来　结合推行党员中心户制度，开展了“党旗飘飘映四邻、四邻联动党放心”活动，在村党员活动室制作了一面展板，把全体党员姓名按居住位置标注在展板上，每个名字下面印一面党旗，“旗帜为圆心、四邻为半径”，党员带动四邻，四邻互帮互助。开设了“党员论坛”，每月15日晚上作为党员集中学习日，由老党员讲历史谈经验、中青年党员讲新知识新技能、外出回乡党员讲见闻和信息，全体党员在抓服务、促发展上凝成了一股绳、形成了一股劲。创新建立了“党员认领先锋岗”制度，设立了创业先锋、带富先锋等15个具体的先锋岗位，让党员面向群众自主认领，公开承诺。实行“捆绑式、积分制”考评，把每个党员家庭成员表现列入党员个人积分，每半年一次组织群众对党员家庭进行民主评议，进一步激发了党员"为群众服务、受群众监督"的责任感和积极性。

"一支队伍"服务群众,让村级组织动起来 为充分发挥各类配套组织的服务职能,村党支部以党员干部为骨干,组织成立了120人的志愿者服务队,分为政策宣传、科技示范、卫生保洁等24个服务小组,免费为群众提供各类服务。组织100多名妇女成立了"巾帼宣传服务队",下设妇儿维权、秧歌表演、戏曲表演等6个小分队,长期活跃在大街小巷。同时,党支部分别成立了"五老"调解会和监督委员会,谁有威信谁来调解、谁有意见谁来监督,发挥群众优势解难题。"五老"调解会由退职老干部、老党员、老退伍军人、老工人以及其他有威望的老年人组成,许多看似难以调和的矛盾,经他们一出面往往迎刃而解。监督委员会成员由村民小组推荐产生,村里的大小事务全部经监委会通过才能执行,还主动邀请那些经常向村里提意见的人参加监委会,使监督变被动为主动、变消极因素为积极因素,最爱找毛病、提意见的变成了最会出点子、提建议的。

"一张卡片"连接群众,让互助服务火起来 为切实方便每一个村民,对群众衣食住行、收割耕种等日常事务,把能够提供服务的村民、部门和单位的联系方式印成一张服务卡,送到每家每户。服务内容涉及五大类100多项,实行无偿服务和低偿服务相结合。党支部在村里设立了为民服务室,开通了服务热线电话,村干部24小时轮流值班。无论何时何地,群众只要打个电话,就会在最短的时间里得到最便捷的服务,起到了"一线通连接你我他,一张卡方便每一家"的效果。同时,党支部建立了"众"字型问题排查责任体系和"家"字型平安建设管理体系,把排查和处理群众各类问题的责任落实到每一名党员干部身上。全村800多户人家,各种矛盾问题都能及时反馈到村党支部,及早把困难解决掉,把矛盾问题化解在萌芽状态。

"一个职介所"致富群众,让村民生活好起来 为解决村民致富难题,党支部领办了农民职业培训介绍所,统一联系用工单位、统一组织岗前培训、统一签定用工合同,全村80%的劳力都得到妥善安置,人均收入达到1.3万元。依托三涧溪紧邻济南经十东路的区位优势,先后引进了70多家企业和5所高等院校,建起了农业生态示范园、生态养殖示范区,成立了养狐、养猪、养牛三个协会,开发了古地道旅游项目,群众致富路越走越宽,村集体收入从无到有,发展到每年200多万元。近年来,先后投资4000多万元,实施了近30项民生工程,硬化了40条背街36条小巷,新建改建了花园式的村小学、幼儿园、卫生所和全省一流的敬老院,12栋高标准的农民公寓楼也已建成入住。舒适、优美的生活环境,悄然改变了村民的生活方式,家家户户过上了幸福生活。

切实转变作风 贴心服务群众

平阴县孝直镇孝直村党委书记 殷景玉

孝直村位于济南市最南部,是平阴县孝直镇的驻地村。全村1187户,3729口人,耕地4385亩。村党委下设7个党支部,党员124人。我村以前是个远近闻名的"乱子窝",经过几十年的不断努力,逐步走出了一条由"人治"到"法治"和"德治"再到"文化兴村"的发展路子,2013年,全村工农业总产值4.34亿元,农民人均纯收入1万元。先后荣获"全国先进基层党组织"、"全国精神文明创建先进单位"、"全国文明村"等荣誉称号。

这个好,那个好,群众拥护才真好

群众路线是党的生命线和根本工作路线。1985年以前,孝直村村风不正、民风不好,外村人走路躲着孝直街,办事让着孝直人。主要原因是村干部工作没真事、说话没人听、遇事管不了。1985年,镇党委任命我为支部副书记,村民选举我任村委会主任,主持村里的工作。

上任后,我做的第一件事就是整顿村班子,提出"要让群众服,先服群众管",明确了村干部"五个不能用"的标准:即没有正义感,不能扶正压邪,遇事没有态度,是非不明的不能用;没有事业心、紧迫感,不干实事的不能用;缺乏知识、没有远见,只顾眼前利益、不顾大局的不能用;不善于做群众思想工作,没有管理才能的不能用;好占便宜,"近水楼台先得月"的不能用。不但把"五个不能用"贴在办公室里,让村干部警钟长鸣,还通过广播、公开栏、明白纸等方式宣传到每家每户,让群众监督。每次召集村干部开会,都进行全程录音,会后把村干部的发言,通过广播公布于众,村里议的什么事、怎么议的事,干部谁有私心、谁讲公正,村民一听了然;村里有了摄像机和自办电视台以后,又实行了现场直播。

在孝直村,群众有充分的发言权。工作干得好孬由群众评说。全体村干部,每年都要由村民进行"信任投票",投票结果张贴在街头路口,好、中、差票多少张,群众一目了然。村干部拿多少工资也由群众说了算,村干部根据本年度测评成绩确定该拿多少钱,由全体党员评议,最后由村民代表确定。实行村"两委"换届直选,不管是党支部还是村委会,选举时都不提名候选人,村民每人一张选票随意填,谁能当村干部,完全由群众说了算。这一系列制度和机制的落实，激发了村干部的“力争上游、誓争一流”的工作活力和热情，增强了村干部“为官一任、造福一方”的工作责任感和使命感，形成一支坚强有力的村“两委”班子。2011年6月成立了孝直村党委，成为平阴县首个村级党委，村干部实行直线职能制，按照分工，村干部各司其职、各负其责、分工明确，保证了各项工作的顺利推进。

说一千，道一万，发扬民主最关键

“民主不是替民作主，由民作主才是真民主”，孝直村由“大乱”到“大治”，关键是落实了人民当家作主的原则。

坚持村务民议，凡是涉及群众利益的村级重大事项，都要反复召开村民座谈会、干群问答会广泛征求意见，提交党员议事会和村民代表议事会表决。多数群众拥护和支持的事，村里马上就办；多数群众不同意的事，好处再大，也不急于去办。

坚持村财民理，在严格执行财务公开制度的同时，还制定了严格的审批程序，所有报账单据都要通过经办人签字、报账员审核、民主理财小组审查、村主要负责人复核签字后才能报销；大额支出必须先作计划，经班子集体审议通过后才能办理。同时，进一步建立健全了集体账目、企业管理、土地承包、宅基地审批等村务公开制度，对重大事项及时张榜公布，对大宗物品项目的购进、卖出采用招投标的办法，全程录像，接受群众监督。

千道理，万道理，发展才是硬道理

村级要发展，经济要先行。我们充分利用地域优势和人才资源优势，优先发展实体经济，增加村集体收入。为吸引外地人才到我村创业，建起了“人才楼”，我村制定了高薪聘任、奖励住房、配股分红、利润均分等一系列优惠政策，吸引几十名企业经营管理人员、工程技术人员前来创业办厂，先后引进了齿轮厂、衬套厂等十多家企业前来扎根落户，机械加工成为全村的支柱产业。为把企业管得更好，创建了“精神文明物质奖，五好家庭当股东”机制。“五好家庭”奖金不直接发到村民手上，而是转为村办企业个人股份，到年底分红，使精神变物质、物质变精神，形成了企业发展依靠群众，群众支持企业发展的良好局面。目前，全村已拥有以齿轮、轴瓦、缸体、衬套等为主导产品的企业15家，2013年全村工业企业销售收入达到3.18亿元。

这重要，那重要，思想教育最重要

近年来，我村坚持评先树优不动摇，在继承传统的基础上，坚持探索创新，培育出独具特色的孝直文化。

1996年以来，先后投资2000余万元建起了孝直村文化广场，修建了“孝直”铜像、正义厅、奉献厅等标志性建筑，塑起了孔子、包拯、范仲淹等先贤雕像，以“有形的建筑”弘扬“无形的文化”，教育村民弘扬尊贤敬老、见义勇为、无私奉献精神，传承孝直文化。不仅仅让村民学文化，还让村民讲文化、写文化、演文化。让能写的上报纸，能讲的上电视，会演的上舞台。先后开展了“谁为村增光、谁为村遮光”、“论尊严、辨是非”等写讲评活动，引导村民积极参与“真与假”、“善与恶”、“美与丑”的大讨论；2006年办起了《孝直村》报，鼓励村民勇敢地拿起笔，“泥腿子”变成了“笔杆子”。我村的消夏文艺晚会已连续举办八届，以“孝直村大舞台，有才你就来；孝直村大学校，比学赶帮超”为口号，鼓励村民踊跃登上舞台，自编自演，自娱自乐，在娱乐中提高村民文化水平和道德观念。每年坚持开展优秀五好家庭、优秀文明经商户“双优”评选和正义星、奉献星、敬老星“三星”评选等系列评先树优活动，采取实名投票，避免了有些村民只唱赞歌、不愿得罪人的现象，选出真正合适的人，让每位村民服气，没怨言。

发展壮大集体经济
打造美丽和谐乡村

即墨市鳌山卫街道院上村
党支部书记　刘元山

院上村共有村民258户、815人，中共党员36人。近年来，村庄党支部坚持以党建为抓手，以合作社发展为重点，充分发挥党组织的战斗堡垒作用，促进了村庄经济和各项社会事业快速健康发展。村庄先后荣获青岛市“一村一品”先进村，即墨市先进党支部荣誉称号。

一、实施阳光村务，规范村级事务管理

按照即墨市全面推行“阳光村务”的部署要求，党支部积极创新举措，着力构建党组织领导下的村级事务民主管理服务机制，推动农村社会治理创新。**一是坚持发扬民主，让管理决策体现群众意愿。**进一步规范了村庄事务管理、细化了操作程序，按照“六议两审四公开”的要求，把财务收支、土地流转等涉及农村经济和农民切身利益的村级事务让群众参与、由群众评判、受群众监督，使一些容易引发村庄矛盾的工作由“暗箱操作”变为“阳光作业”，村民自发观看公开事项，主动到村委咨询、反映问题，自觉为村庄发展献计出力，群众意愿得到充分反映，群众参与村庄管理、民主决策的积极性空前高涨。**二是坚持便民利民，推行“一站式”服务。**针对村庄集体经济发展较快、村民服务需

求日益提高的实际，党支部不断优化便民服务，积极争取街道扶持资金，投入上万元建立了"阳光村务"便民服务大厅，村民在办理计划生育、劳动保障、土地流转、养老保险等18项事务时，不出村就可以直接办理。对于村民申请办理的事项，村庄按照"申请、受理、公示、办理、公开、回复"程序，能办理的快速高效办，可办可不办的，尽心尽力协调办，确实不能办的，耐心说明情况、解释原因。通过实施"阳光村务"，村庄近年来没有发生一起因决策不民主、办事不"阳光"而导致的上访事件，切实维护了村庄和谐稳定的良好局面。

二、发展专业合作社，开辟村集体致富新道路

发展壮大集体经济是促进村庄经济社会和谐发展的基石。党支部紧紧围绕拓宽村民增收渠道、提升群众生活水平的目标，以发展专业合作社为抓手，积极致力于本村的经济建设工作。**一是规模化发展花卉产业。**花卉种植业是院上村传统优势产业，为进一步做大做强花卉产业，2005年，村庄整合零散农户，牵头成立了"即墨院上苗木协会"；2007年7月，投资80.5万元注册成立了"青岛院上花卉苗木专业合作社"，采取"合作社＋基地＋农户"的经营管理模式，对村民花卉苗木种植栽培进行技术指导、信息咨询、新品种引进和产品统一收购销售，带动了全村90%以上农户从事花卉苗木栽培。2012年，成功引进培植了亚洲唯一的大型观赏树木对接白蜡；桂花"两头嫁接法"获得国家专利。2013年，村庄花卉种植面积已发展到1300余亩，仅花卉苗木一项，全村经济收入就达2000万元，人均经济纯收入25400元。同时，在村庄的辐射带动下，周边下庄子、东上庄、西上庄等30余个村庄也发展起花卉苗木种植3000余亩，产品销往北京、天津、大连、烟台、威海等地，带动就业1000余人。**二是注重发挥党员先锋模范作用。**2009年5月，村庄成立了即墨院上苗木协会党支部，不定期为群众进行技术指导，联系苗木销售，形成了支部带协会、党员带农户的帮扶模式，解决了种植户在生产营销、技术等方面存在的问题，促进了村庄花卉产业规模化发展，为群众共同致富创出了一条新路子。合作社被青岛市委组织部、市农委、青岛农业大学、青岛广播电视大学认定为"党员干部现代远程教育学用示范基地"，被青岛市委组织部确定为"党员干部现代远程教育规范点"，被青岛市农委认定为"四化农民专业合作社"。

三、实施"五化"工程，建设美丽幸福家园

院上村三面环山、地远偏僻，为改变道路坑洼不平、崎岖难行，垃圾遍地、杂草丛生的旧貌，党支部积极响应市委、市政府号召，以"城乡同治、全域共美"生态环境综合整治活动为契机，团结带领村庄广大党员干部，从群众最关心的事做起，以村庄改造、改善人居环境为突破口，制定规划、真抓实干，大力改善村容村貌，努力建设美丽乡村。**一是实施"净化、美化、绿化、硬化、亮化"五化工程。**村庄在北山规划了30亩岭地，新建别墅式住宅楼区；全面硬化和绿化了进村路和街道，整治全村的背街小巷，栽植黑松、红枫、樱花、紫薇等苗木，并安装太阳能路灯；综合治理了村中心河道，河床清淤1800米，新建拦水坝5座，整治了脏水养蚊子、杂草满河床、垃圾两岸堆、道路不通畅的脏、乱、差环境；修建了化粪池，并实施了污水处理工程。**二是始终坚持建管并重。**由村庄党员干部带头，广泛发动群众，成立了卫生保洁队伍，实行承包到人、分片管理的常态化管理机制，进一步加大了环境卫生整治力度，彻底改变了村庄面貌，为村民创建了一个山清水秀、文明和谐的美好家园。

让党员联户老办法焕发新活力

平度市明村镇兰科村党支部书记　卢法文

平度市明村镇兰科村共有118户，428人，基本农田1500亩。支部成员3名，党员35名。近年来，村党支部以创建基层服务型党组织为契机，坚持开展党员联户活动，并根据新农村发展需要，赋予其更多内涵，增强了村党支部服务产业发展、服务党员群众的功能，使老办法焕发新活力。被评为山东省文明村庄、青岛市文明村庄、青岛市党风廉政建设先进村和平度市先进党支部。2013年全村人均纯收入达30000元，增长20%，高于全省农民人均纯收入9个百分点。

一、党员亮明身份做表率

着眼于发挥好农村党支部的战斗堡垒作用，更好地凝聚党员、凝聚群众，调动党员积极性，发挥好党员作用，村党支部坚持实行党员联户制度，要求党员亮明身份，带头做好表率。

党员联户的关键是让党员切实履行好职责。村党支部根据党员年龄、居住位置、从事行业等情况，动员32名有生产能力的党员联系农户、服务农户，重点联系生活困难户、种植专业户等，听取联系户的意见和建议并及时向村党支部反馈，了解所联系农户的思想、生活和生产状况，以便于带领群众增收致富。十几年来，村党支部始终把抓党员教育作为重要任务，坚持"三会一课"制度，利用每月10号的"村级民主日"，组织党员学习党的基本知识、理论，研读上

级政策，统一党员思想。为强化党员意识，村党支部为每名党员制作了“党员家庭户”门牌，使党员进进出出时明白自己党员的身份，时刻提醒自己要表现出党员先进性；同时这也便于群众监督党员的言行举止，无形中督促村庄党员严格要求自己，为群众做示范、树标杆。目前全村除老弱病残失去能力的党员外，都联系一定数量的农户，实现村庄农户党员联系全覆盖。

二、让党员成为群众的主心骨

在党员联户过程中，突出联发展、联民生、联稳定、联感情的“四联”模式，赋予党员联户新内容。根据村庄党员的自身优势和农户的特点，引导党员合理确定联系对象，致富带富能力强的党员联系生产生活困难户，具有专业技术特长的党员联系从事相关专业的农户，组织协调能力强的党员联系邻里关系、家庭关系不和睦的农户等等。同时，为让党员在开展党员联户时用心做、服务好，村党支部又研究实行了连带责任制，即村民完不成上级党组织和村“两委”统一安排的任务，联户党员要负连带责任，帮助联户农民一起完成任务。近几年，村里大多工作都是采取“两委”定方向、村民作决策、党员抓落实的办法，党员的作用得以充分发挥，工作开展较为顺利，得到了广大村民的拥护和支持。

为充分调动党员积极性，让党员成为群众的主心骨，村党支部组织实施党员服务承诺制和党员述职评议制，为每名党员配备了“党员联户手册”，包括服务的具体时间、帮助完成的事项、村民的意见等，都要记录在册。参加联户的党员每半年都要向党支部和群众代表汇报工作情况，年终结合评议党员工作，采取联户测评、党员自评和支部综合评定相结合的方式进行考核，并在村庄公开栏中公示年度考核结果。对联户工作突出的党员，在支部大会上予以表彰，优先推荐评选优秀共产党员，调动了党员的积极性和主动性。

三、致富路上不让一户群众掉队

“带领大伙一块富，不让一户掉队”是村党支部成员对群众的庄严承诺。2007 年，全村仅有 8 个冬暖式大棚。面对这种情况，村党支部号召党员带头建大棚。目前，全村共建大棚 170 个、面积 630 亩，小拱棚 400 亩，设施栽培面积 1030 亩、占土地总面积的 68%。设施农业的发展提高了村庄的经济收入，2013 年上半年，仅西瓜销售收入就达 600 多万元。村党支部还组织成立了青岛先科果蔬专业合作社、青岛兰科西瓜专业合作社、青岛兰科西红柿专业合作社 3 家专业合作社，注册了“兰科牌”商标，并通过了无公害果蔬产品认证。为让农户不出村庄就能销售农产品，村党支部筹资在村内建设了一处农产品购销市场，每年为村民销售的果蔬产品达 600 余万公斤。

为降低设施农业种植中的风险，近年来凡引进的果蔬新品种、新技术，村党支部成员坚持先在自家和部分党员棚里进行种植试验，成功后再进行推广，把风险留给党员干部，把实惠让给村民；为解决群众卖瓜难问题，村党支部成员主动外出跑客商，自费邀请客商参观考察；为解决部分村民建大棚的资金困难，村党支部成员积极联系当地银行，以个人名义做担保，统一为村民办理了 96 万元贷款。

支部联党员，党员联农户，不仅实现了村庄的和谐稳定，也让村民提前圆了小康梦，十几年来村里没有发生一起刑事案件，整个村庄民风淳朴、文明富有、和谐安定。

创建民主为民品牌 加快强村富民步伐

莱西市店埠镇东庄头村党委书记　于永浩

店埠镇东庄头村位于莱西市西南部、大沽河畔，共有 789 户，2766 人，耕地 1700 亩。村党委下设 4 个党支部，103 名党员。近年来，村党委依托市场优势，坚持推进基层党建工作，发挥基层党组织在带领群众发展中的核心作用，创建“民主为民”党建品牌，带领群众走向市场，积极发展民生事业，加快了强村富民步伐。建立了占地 480 亩的全国最大的村办产地蔬菜批发市场——青岛东庄头蔬菜批发市场和占地面积 1100 亩的东庄头食品工业园。先后荣获“山东省先进基层党组织”、“山东省模范村民委员会”、“全省民主法治示范村”、“青岛市社会主义新农村建设先进村”“莱西市先进基层党组织”等荣誉称号。

一、加强村庄党建，激发党员活力

（一）创新议事决策制度 高度重视议事决策科学化、制度化、规范化，对村内重大事项，采取“一提三议两公开”的决策方式，即支部提出方案后，经由两委会商议、党员大会审议、村民代表会决议，三议通过后执行，执行过程中，注重财务公开、执行结果公开。依靠健全规范的机制，实现了党的领导、民主化和依法办事三者的有机统一，推动了村庄的科学发展。

（二）加强党员队伍建设 依托蔬菜批发市场和企业，给每名党员都设岗定责，让每名干部都能够在工作中得到全面锻炼和提高。同时，根据党员的日常表现，挑选工作能力强、群众威信高的党员担任村办企业、经济实体的负责人。科学的人才培养机制为村庄发展输送了“新鲜血液”，促进了村庄健康持续发展。

（三）发挥群团组织作用 支持团支部、妇委会等群团组织在村党委的领导下,根据职责分工参与村庄事务管理工作,发挥好参谋助手作用。引导村老年协会发挥自身优势,先后组建起了热带果蔬园、园艺场等经济实体19个,有效提高了服务群众发展经济的水平。

二、创建党建品牌,民主为民办实事

(一)建立"联户"制度 始终坚持村党员和村民代表联户制度,对于村庄的重大决策,先由村党委提出初步方案,再召开党员和村民代表会议进行通报,然后由党员和村民代表分头到所联系的农户家中征求意见,最后把意见带上来,经过村党委修订完善,召开党员和村民代表会议进行议决。这个过程,不仅使决策更加民主科学,而且消除了村党委与村民的隔阂,凝聚了民心,激发了村民的创造力。

(二)开展"民主日"活动 2010年以来,每年开展两次村民"民主日"活动。内容包括公开村务、公开财务、村党委干部述职、村民发表意见或提出质询、村党委干部答复、决议重大村务共6项内容,得到了村民的一致认可。活动开展以来,先后为村党委提供意见建议60余条,有效推动了村庄的科学发展。

(三)坚持党务村务财务公开 村党务村务财务公开监督小组成员由村民大会选举产生,村民民主理财小组成员从党务村务财务公开监督小组成员中挑选,只对村民负责。每次"民主日"活动中,监督小组和民主理财小组都要向村民做党务村务公开和财务审计汇报。村民民主理财小组每月对村里的总账进行一次审计,每季度对各集体实体账目进行一次审计,然后报镇经管统计审计中心把关,填写由镇统一印制的财务公开榜,在规定的时间进行公开。

三、加快经济发展,促进民生改善

一方面,积极发展村庄经济 为进一步扩张市场规模,发展村庄经济,村党委带领村民走出了一条"以市场为轴心,带活周边二三产业"的发展道路。投资3000多万元,为市场增设了电子结算系统、电子信息大屏幕、电子磅等现代化管理设施,新建玻璃钢交易大棚18000平方米,硬化交易场地20万平方米,配套总容量达3万吨的冷风库和3000吨级的脱水蔬菜加工厂;融资1600多万元,为园区硬化道路6条,建大型桥梁3座,浆砌排水沟12000米,栽植绿化苗木10000余株,安装路灯380余盏,园区一期建设占地面积达到1100亩,进驻食品加工企业21家,投资总额为3.6亿元;投资120多万元,规划了占地200亩的农业科技示范园,建成高档次日光温室32个,崂山式大棚160个,并与省农学院等科研部门建立了长期的协作关系,推广新技术8项,引进蔬菜新品种10个,棚均收入1.5万元以上,带动本村和周边村庄发展起了5000多个蔬菜大棚,为市场发展提供了充足的货源。

另一方面,全力解决百姓难题 在带领村民发展经济的同时,集中力量为群众办实事、办好事。先后投资230多万元,建设了老年公寓;投资50万元,建起了花园式公墓;投资98万元建起了秸秆气化站,对村民统一免费供气;投资150万元建起了社区医疗服务中心;实施旧村改造,改造面积4000平方米,改造后,东庄头社区已完成二层居民楼建设121户,建筑面积16000余平方米,并初步完成了配套的1200平方米小区花园广场建设;累计投入20多万元,为村民缴纳部分新农合参合费用,使群众真正得到了实惠。

积极打造"四美"
加快美丽乡村建设

淄博市周村区南郊镇李家村
党委书记　张作祥

李家村位于周村区南郊镇,共有537户1518人,耕地1000余亩。村党委下辖4个党支部,全村现有党员94人。近年来,李家村党委以"生态宜居村庄美、兴业富民生活美、文明和谐乡风美、改革创新活力美"为目标,突出村容村貌整治、社区服务管理、富民产业支撑、农村产权改革等,倾力打造"宜居、富裕、和谐、活力"新农村,使老先进迈出了新步伐,被中宣部精神文明委表彰为全国创建文明村工作先进村,先后获省级文明村、省先进基层党组织、省绿化示范村及市模范村委会、市级文明村、"创业兴周"先进单位等荣誉称号。2013年,村集体经济收入665万元,农民人均纯收入达18720万元,被区委、区政府表彰为建设实力周村全区经济发展"村居二十强"第3位。

一、打造生态宜居村庄美,实现生活宽裕

一是发展超前,规划先行。李家村发展起步早,70年代开始发展工副业,90年代初实施村庄整治提升,分期分批进行土坯房、砖瓦房改造。按照有利生产、方便生活、适度集中的原则,将整个村庄统一规划为集中居住区、文体休闲区、新型工业园、现代农业园"两区两园"四大功能区,实现了有序科学发展。二是提升改善居住条件。先后建起224栋宽敞明亮、美观典雅,水、电、气、暖等配套齐全的别墅式居民楼,村内道路全部实现硬化、绿化、亮化、美化,土农民住上了小洋楼。2000年开始,又为祖孙三代的老人建起了老年公寓,村民住宅楼、老年公寓每5年盖一批,村委给予50%的住房补贴,分5年返还。三是竭力为民谋福祉。村内小学、幼儿园、少年宫、卫生室、储蓄银行等配套齐

全，让村民学有所教、病有所医、老有所养。村民考上大学的一次性奖励 1000－2000 元，服役义务兵每人每年补助 5000 元，村民医疗养老保险费由村委缴纳，年满 60 周岁以上老人每人每年生活补助 2400－4200 元。

二、打造兴业富民生活美，实现生产发展

一是树立务实的发展理念。坚持把农村产业发展作为生态文明乡村规划和建设的出发点和落脚点，实施新型农村、经济园区同步规划、同步建设、同步发展，方便村民创业就业，实现了农民“离土不离乡、就业不离家、进厂不进城、就地市民化”。二是走工业富民之路。建起占地 1000 余亩的李家村工业园，形成了“化纤、纺织、印染、工艺”一条龙的工业产业体系；加快产业结构调整，引进入园企业 60 余家。2013 年，园区实现工业总产值 20 亿元，上交税金 2200 万元，带动全村 800 余名农民就近创业就业，村民人均纯收入中工资性收入占 90% 以上。三是加强农业基础设施建设。投资 800 万元，打水井 28 眼，农业耕、种、管、收全部由村里出资统一经营。对不愿种地者，村委给予 1000 元/亩的粮食补贴，然后将土地集中起来承包给种粮大户搞规模经营，进一步提高了农业综合生产能力，农业生产基本实现了机械化和社会化。

三、打造文明和谐乡风美，实现村容整洁

一是推行“一站式”便民服务。整合公共服务资源，创新网格化管理服务，建起了 70 平方米的便民服务大厅，为辖区群众提供社会保障、金融服务等 10 类 85 项便民服务，实现了“群众动嘴、干部跑腿”的“一站式”服务。二是搞好环境美化绿化。建立卫生、治安、绿化专业队，建立“户集、村收、镇运、区处理”的垃圾处理长效机制，生活垃圾集中收集率达 100%，生活污水进入工业园污水管网，实现污水集中处理、达标排放。三是丰富居民文体生活。投资 100 万元，建设了村文体活动中心，修建文体长廊、健身广场，棋牌室、排球场、篮球场等一应俱全。节假日举行合唱、舞蹈、戏曲等文体活动和比赛，引导村民更新观念、摒弃陋习、移风易俗，培养村民形成了健康、科学、文明的生活方式。

四、打造改革创新活力美，实现管理民主

一是加强村民事务管理。建立健全村级组织机构，注重发挥村务监督小组、红白理事会、调解委员会等作用；实行村级财务预决算制度，坚持对下年度村集体收支进行预算，并在党员和村民代表大会上讨论通过，提高村务和财务管理的透明度；《村规民约》涉及村整体规划及管理等方面的 30 条 100 余项内容明确，使村民能够清清楚楚的了解情况，更加自觉地遵守和执行。二是农村土地流转“流”出经济效益。土地确权登记颁证后，全村 1000 亩耕地全部流转给新型农业经营主体发展花卉苗木和粮食种植。农民在出租土地坐享 1000 元租金的同时，一部分被聘用到园区内企业打工，成为按月领薪的工人，另一部分则从事第三产业，村民有打工收入、地租收入“双薪”，人均增收 16000 元。三是集体产权改革“改”出高效管理。对村办集体企业全部进行股份制、民营改造，集体股份退出，村里保留企业生产经营用地的所有权，对企业实行土地租赁，用置换的方式保留水电公用工程的所有权、管理权。成立李家村工业园管委会，负责全村工业和其他经济事务，成为企业的总后勤。角色身份职能的转换，既使村“两委”从纷繁复杂的企业经营管理事务中脱离出来，更好地管理村里事物和民生事业，又确保村集体收入稳步增加，使村集体收入有效的用到村民福利和基础设施建设上，进一步增强了党组织的向心力和凝聚力，加快了美丽乡村建设步伐。

立足党建抓发展
搭建舞台聚力量

淄博市临淄区敬仲镇党委书记　路德芝

敬仲镇位于临淄区北部，总面积 60 平方公里，辖 50 个行政村，3.4 万人，耕地 6.23 万亩，属典型农业大镇。全镇共有基层党支部 67 个，1591 名党员。2013 年，敬仲镇加强农村党的建设，紧紧围绕建设“优美富裕和谐敬仲”这一舞台，凝聚力量，激发活力，大力开展“乡村文明行动”，实现了农村“五化”、“耕种管收”集体耕作、农村困难群众救助、“网格联系、代办服务”、村级事务“五代理”、农村饮水安全等十个领域的全覆盖，党建工作和社会经济实现同频共振、协同发展。先后被评为淄博市先锋基层党组织、首批“乡村文明行动”省级示范镇、省级文明镇。2013 年，全省“乡村文明行动”现场推进会在敬仲召开，中央文明办号召学习推广敬仲经验，全年累计接待省市区（县）各级考察团 200 余次、2 万多人。

一、完善制度，转变作风，切实加强党员干部队伍建设

一是加强班子建设。完善党委议事决策机制，认真履行八项规定，定期召开两委会，实行民主决策、科学决策，打造团结、有战斗力、为民、务实、清廉的领导班子。二是健全内部制度。完善驻村指导员、群众事务党员代办等十余项制度，实行机关干部、村干部双向述职考核和千分制考核，杜绝工作推诿、搪塞等不良现象。三是加强作风建设。以党风促政风、行风，积极开展作风教育培训。全年开展作风

教育7次，受教育党员干部1200余人次；举办党员培训3期，参加培训党员562人次；举办入党积极分子培训班1期，参学人员60人。党员干部经过作风教育转变了作风，赢得了民心。

二、创新思路，强化服务，激发基层党组织活力

一是实施"网格联系、代办服务"。依托驻村指导员制度，将全镇划分为127个网格，选派302名代办员，建立镇代办中心1处，村级代办站50处，构建起"群众办事动动嘴、党员干部帮跑腿"的"一站式"便民服务模式，提高了基层党组织服务能力。全年共代办群众事务1263件，群众满意率达100%。淄博市电视台为此录制专题片"零距离催生凝聚力"，在齐鲁先锋网上播出推广。二是发挥"党员活动日"制度的引领作用。镇党委每月确定活动日主题，结合学习十八届三中全会精神、庆七一、计划生育查体、秸秆禁烧、化工行业综合整治等重点工作开展活动。各支部全部正常开展活动，党员活动参与率达80%以上，既增强了党组织的凝聚力，又促进了全镇各项工作的顺利开展。三是创新思路，探索基层党建新举措。开展争创"红旗党支部"活动，从党建基础性工作落实情况、工作业绩、群众满意度三个方面进行评比，评选出"红旗党支部"，给予表彰奖励，在全镇基层党组织中形成了比学赶帮超的良好局面。开展"党支部结对子"活动，根据村庄规模、发达程度、班子强弱等因素，将全镇50个村党支部结成25个对子，在经济发展、环境卫生、社会事业等方面取长补短、相互借鉴，年底表彰结对子先进村居。通过以强带弱，实现了"优势带弱势，互动促发展"的工作格局，整体提升村支部的工作能力和战斗力。在两项活动带动下，村级党组织焕发出新的活力，50个村各项事业同步推进，真正实现以党建促发展。

三、紧扣主题，搭建平台，提升基层党组织驾驭发展能力

工作中把开展"乡村文明行动"，建设"优美富裕和谐敬仲"作为基层党建的指挥棒、历练能力的大舞台、提升水平的试金石，在锤炼基层党组织敢于担当、为民务实优良作风的同时也实现了镇村全面发展。全镇50个村"农村五化"实现全覆盖。全镇硬化村内道路70多万平方米，修建进出村路、连村路83千米，农村公路网化达到省级要求；坚持"应绿尽绿，科学植绿"，栽植乔木、花灌木16万棵，地被36万平方米，实现村内全覆盖、道路无断档，三季有花、四季常绿的绿化格局；加大环境卫生整治力度，全镇配备保洁员、建筑垃圾管理员和绿化管护员，实现"三员"定岗分责，严格奖惩，确保各村大街小巷每日扫保和日常管护常态化；强化农村阵地建设，实现村级便民服务中心、文化大院、村级健身场所、农家书屋全覆盖，每村建有文化一条街、一支文艺队伍和一批"四德"榜样，引导各村形成文明向善村风民俗。大力发展特色农业，新建临淄敬仲桂花基地，举办首届桂花节，打响敬仲桂花品牌；高标准规划建设敬仲花卉苗木基地，首期流转土地3000亩，培育农民新的致富增长点，增加农民收入。大力开展化工行业综合整治，取缔化工生产及存储企业30家、塑料清洗业户12家、非法洗车点9家，原地整治18家化工企业、55家存储业户，还群众碧水蓝天。

四、着眼普惠，务实为民，抓好基层民生党建

坚持以党建水平的提升促进民生质量的改善，抓好群众关心的民生工程。集中实施镇主干道亮化工程，安装太阳能路灯300盏，解决群众晚上出行安全问题。为全镇60岁以上老人进行健康查体，并为全镇3.4万名常住居民建立电子卫生档案。改善敬老院基础设施，为镇敬老院安装空调、净水、洗浴等设备，提高"五保"老人生活补助标准。实施残疾人家庭无障碍改造工程，为残疾人量身定做无障碍设施，发放辅助器具，改善残疾人生活居住条件。投资350万元完成呈羔幼儿园新建工程和姬王幼儿园改造工程，全镇幼龄儿童享受到优质学前教育。新建污水集中处理设施一套，解决了镇集中区的生活污水排放处理问题。大力实施困难群众合力救助帮扶，让每一名困难群众感受到党的温暖。依托党员干部社情民意大走访，实施一户一策，对困难家庭、帮扶对象实行动态管理，重点改善困难群众的衣食住行等基本生活条件。镇村两级各设立50万元的救助帮扶基金，实现救助帮扶的长效化。全镇上下呈现出风正气顺、人和政兴的良好态势。

抓实农村党建　夯实工作基础

沂源县南鲁山镇孟坡村第一书记　王克水

孟坡村位于南鲁山镇东北9公里，总面积7920亩，耕地面积1235亩，由两个自然村组成，全村住户383户，人口1088人。村"两委"成员5人，其中党支部成员3人、村委会成员3人，交叉任职1人，党员36名。长期以来，受制于孟坡村较差的经济条件，党建工作比较落后，班子战斗力不强、执行力较弱。2012年4月市委党校派驻到村工作以来，密集调研，积极谋划，提出了针对性较强的意见和建议，采取了相应的措施，党建工作成效显著。

一、抓班子建设，增强向心力

党支部班子在村务工作中起着火车头的作用，党支部班子建设关系到各项工作成效的好与否，关系到上级各项决策的贯彻落实。只有加强党支部班子建设，才能推动孟坡村各项事业的发展，这是关键因素。针对孟坡村的实际，我们的做法是：一是坚持民主集中制原则。始终注意发挥党支部"一班人"的作用，发扬党内民主，增进班子团结和谐，凡是重大工作思路、重大经济开支都经过班子集体讨论作出决策，并坚持做好村务公开、党务公开，维护村民的知情权和监督权。二是定期组织党支部书记、全体党员参加理论学习，不断提高党支部班子成员的文化素养，提高驾驭工作的能力和水平。三是努力构建和谐团结的党支部班子集体。班子是一个集体，党支部书记是党支部"一班人"的核心，起着关键作用，负有特别重要的责任，要坚持大事讲原则，小事讲风格，自觉维护班子团结，增强班子的向心力，全力推动工作的开展。

二、抓思想建设，提高党员战斗力

高度重视党员队伍的思想建设，努力发挥好党员的先锋模范作用。一是加强党员学习，统一思想认识。紧紧围绕"党员干部受教育、人民群众得实惠、基层组织有加强、科学发展上水平"的目标，把"第一书记"的工作任务与孟坡村的工作实际、生产生活实际紧密结合起来，选择一些符合村情实际、群众便于接受的载体，用农民群众自己朴素的语言、身边的鲜活事例，向村里的党员群众宣讲党的方针、政策和惠民措施。二是联系本村的生产生活实际，突出解决实际问题，扎扎实实办成几件老百姓看得见、摸得着的实事好事，以实事好事和发展的成果来体现开展创先争优活动的成效。两年来，在校党委的支持下，孟坡村投资100多万元，修建了生产生活路，全体村民吃上了自来水，资助21名贫困学生等，实实在在地让村民得到了实惠，得到了广泛赞誉。三是鼓励引导党员、干部率先致富。"富不富，看干部"，当老百姓的目光盯在干部身上时，村里的党员干部就必须率先垂范，树立榜样。鉴于此，我们强调每一名党员干部必须在发家致富、改变种植结构、主动创业等方面开阔视野、趟出路子，成绩优秀者给予适当奖励。

三、抓制度建设，提高执行力

靠制度管人管事，是党支部各项工作得以顺利开展的前提。两年来，驻村"第一书记"协助村"两委"以抓班子带队伍作为工作重点，建立健全各项规章制度，不断加强村级班子建设，切实增强班子的凝聚力，进而提高执行力，孟坡村党支部多年来首次被南鲁山镇评为先进党支部。一是建立村"两委"联席会议制度。凡涉及村民切身利益的重大事项，应经联席会议讨论通过后，提交由村民委员会召集的村民会议或村民代表会议讨论决定。二是健全"三会一课"制度。在与支部班子充分沟通的基础上，认真执行"三会一课"制度，不仅把支委会、党员大会和民主生活会制度化、规范化，而且坚持每月给全体党员上一次党课，带领党员重温入党誓词、重学党员义务，使全体党员更清楚入党为什么、在党干什么、为党留什么，增强党员的党性觉悟和奉献意识。三是完善领导帮带制度。在坚持平时加强支部班子和党员教育的基础上，校领导每月进村与"两委"成员座谈，进行全方位帮带，帮助提高做好群众工作的能力。四是坚持规范办事制度。从村"两委"自身建设入手，建立健全了财务公开、村民事务代办、民主决策、工程招标、村务监督等一系列制度，使"两委"工作规范化，用公平、公正、公开来取得群众的信任与支持，提高了党支部的执行力，许多工作得以顺利开展。

四、抓自身建设，提升榜样力

密切党群、干群关系，干部是主体，坚持用人民群众满意不满意这面镜子对照自己，加强自律，不断改进工作作风。一是沉下心铺下身，入户走访知民情。按照"五必访、五必问"的要求，基本了解了村里的家族分布、每户人家的实际情况、哪些人家有什么具体困难、群众反映最集中的要求是什么。努力做到吃孟坡饭、喝孟坡水、说孟坡话、办孟坡事、做孟坡人，把自己实实在在融入到孟坡村的群众中。基本做到了与孟坡的村民心贴心、面对面、情连情。二是强化自身建设，树立良好形象。在担任"第一书记"的工作中，按照组织部和党校党委的要求，加强学习不断提高实际工作能力。重点学习农村工作的相关政策、理论和实际工作能力，充分利用乡镇党委干部的工作经验、村两委干部熟悉实际情况的资源、农业特派员和法律顾问的知识优势，不断提高履职能力。注意细节树良好形象。坚决按照校党委要求，不给村里和群众添麻烦、增负担，吃住行自行解决，不让村两委安排吃喝，以实际行动树立"第一书记"良好形象，以务实的工作作风，与群众打成一片，不断改善村里的党群干群关系，取得村民的认可和支持。三是加强自我约束，严格纪律要求。从工作制度上坚持走访入户并天天记工作日志；从驻村时间上严格遵守组织部规定的每月至少20天驻在村里的具体要求；从组织纪律上按时参加沂源第八临时党支部的各项活动，从未请假不参会或迟到早退；从工作内容上坚持相应的请示汇报及与村两委的定期会商制度等。在两年的工作中，时时处处注意慎独，严格遵守各项纪律要求，在群众中树立了良好的党员形象。

探索实行差别化管理
推动不同类型村级党组织晋位升级

枣庄市山亭区冯卯镇党委书记　褚红丽

枣庄市山亭区冯卯镇辖35个行政村,5.8万人,现有村级党总支1个、党支部34个,农村党员1067人。针对村级发展不均衡的实际,冯卯镇从优化村干部管理考核机制入手,探索推行村级班子差别化管理、差异化考核,让不同类型的村级班子都能创先进、争优秀,从而大大激发了村级立足实际干事创业的内动力。

一、坚持尊重差异,科学划分村级类别

镇党委成立由党委书记任组长,镇党政班子成员及相关部门负责人为成员的村级差异化管理领导小组,并研究出台《冯卯镇关于实行村级差异化管理的实施意见》,根据各村发展的基础条件、班子建设、区位优势、资源潜力、产业特色、村风民风、社会稳定等综合因素,在多渠道调查摸底、多角度分析研判的基础上,把全镇村级党组织划分为一、二、三类。其中一类村党组织10个,占29%;二类村党组织15个,占42%;三类村党组织10个,占29%。针对一、二、三类村分别设置体现差异性的目标任务。

二、坚持同类同考,合理确定差异化考核目标

根据不同类型的村设置不同的考核内容和考核指标体系,充分考虑工作目标值的基数、参数和变数。把同一类型的村作为一个独立的考核单元,考核内容由年度公共目标和个性目标两大模块组成,公共目标主要是指"三农"工作、计划生育、社会稳定、党建工作、新农保、新农合、城乡环卫一体化及国土资源管理等工作;个性目标主要是指各村结合实际实施的土地挂钩置换、社区建设、招商引资、水电路改造、岩马水库库面管理及镇党委、政府临时交办的重要工作等。坚持先进村求跨越、中间村求提升、后进村求稳定的原则,对不同类别的村个性目标的完成情况赋予不同的权重值。一类村突出实体经济、招商引资和社区建设等分值权重;二类村突出特色农业、土地合作社建立及集约化经营等分值权重;三类村突出基础设施建设、村务管理等分值权重。采取村级申报、办事处初审、镇党委(扩大)会议审议、镇村联合公示的程序,对审定的村级考核目标建立台账,进行跟踪管理。

三、坚持分类推进,综合运用考核结果

根据村级差异化任务目标的完成时限、项目进度、推进措施、验收标准等,每个季度对村级进行一次跟踪考核排名,年终进行总评。在考核方式上,综合采用听取述职、查看现场、民主测评、个别座谈等形式,体现多维考核。考核责任主体由考核组原来年终一考定成绩变为部门季度动态考核与考核组年底综合考核相结合,体现动态管理。在考核结果的运用上,坚持考核结果直接与村班子的评先树优、与村干部的绩效工资和政府雇员选聘相挂钩,变奖少罚多为奖多罚少,变经济奖励为政治激励。设立村级考核专项奖,根据年终总评成绩,采取以奖代补的形式予以重奖;对原属于二类、三类,进步比较明显的村,授予进位奖;对年度内,因工作成绩显著,受到区级以上表彰奖励的村和相关村干部,授予特别贡献奖。连续两年以上考核前十名的村干部,具有参选镇政府雇员的资格;连续三年考核前三名的村书记,可直接选聘为镇政府雇员。对没有完成年度个性目标任务的,扣除村干部的绩效补贴;对连续两年没完成公共目标的村书记,进行诫勉谈话,视情节给予批评教育或劝其引咎辞职。

村级差异化管理机制的实行,有效地激发了村级组织和村干部干事创业的热情和干劲,促进了农村各项工作的落实,加快推进了全镇经济社会的又好又快发展。**一是为村干部干事创业增添了新活力。**根据不同类型的村实际,确定考核内容和指标权重,既突出中心工作的公共目标,又兼顾村级个性化目标,让不同类型的村都能在考核中找到位置,找到符合本村特点的发展思路。注重差异化目标任务的考核和考核结果的运用,使村干部的经济待遇、政治出路与工作实绩直接挂钩,让干成事者有位置,奋进者有希望,较好地解决了村干部干多干少、干好干坏一个样的问题。村级的目标明确了,村干部的责任清晰了,由"要我干"变成了"我要干",全镇形成了村村创先进、个个谋发展的生动局面。**二是为提高基层组织建设科学化水平开辟了新路子。**差异化管理实行分类考核,同类相比,改变了传统的少数村创先进和在少数村中评先树优的情况,有效破解了基层组织发挥作用不强,村级干部动力不足、压力不够的问题,通过办实事、解难事,实现了聚民心、赢民心,增强了基层组织的凝聚力、战斗力和号召力,同时树立了"有为有位有奔头"的用人导向,提高了村级岗位的吸引力。2013年,冯卯村、北山村2名村党支部书记被选聘为第三批镇政府雇员。全镇132名村干部中,已有12名被选聘为镇政府雇员。**三是为镇村经济社会更好更快发展提供了新动力。**推行差异化管理,充分调动了村班子和村干部积极因素,自觉发挥主观能动性,不等不靠,创新实干,利用一切可以利用的资源,充分做好对上争取、对外协调、对内挖潜的工作,赢得各方参与和支持,凝聚合力,确保目标任务如期完成。各村紧贴实际,突出特色,竞相发展,全镇经济社会呈现出

经济增长、结构优化、活力增强、民生改善、社会和谐的良好局面。在冯卯新干线沿线村党组织的大力配合下，镇政府提前3年建成冯卯交通新干线，彻底解决了制约冯卯发展的道路交通难题，打造了镇南部新的经济聚集带；在岩马水库沿岸16个库区村党组织的积极努力下，迅速平稳完成了岩马水库4万多架网箱清理工作，创造了全省同类水库网箱清理"数量最多、速度最快、过程最稳"三项纪录。2013年度，在山亭区对各镇街工作考核的31项指标中，冯卯镇有19项位居全区前三名，在连续两次的全区群众满意度调查中，分别位列第一、二名。

发挥党支部引领作用 加快农民增收致富奔小康步伐

枣庄市台儿庄区马兰屯镇顿庄村党支部书记 孙井全

马兰屯镇顿庄村位于马兰屯镇南部、京杭大运河北岸，由2个自然村组成，全村270户，870人，耕地1640亩，党员40名，"第一书记"、大学生村官各1名。近年来，村"两委"以农民增收为主线，以新农村建设为目标，借力土地流转，通过发展合作社经济、引进企业项目、协调项目资金等三项措施壮大集体经济，增加集体收入，2013年实现集体增收20余万元，为村级各项事业发展奠定经济基础。先后获得台儿庄区先进基层党组织、文明示范村居、文化建设先进集体，枣庄市平安创建先进集体，山东省省级银龄之家、全省妇联基层组织建设示范村居、山东省生态文明村等荣誉称号。

一、支部引领，发展合作经济，拓宽集体增收渠道

为增加村民收入，壮大集体经济，村"两委"紧紧抓住枣庄被列入"全国农村改革实验区"的机遇，强力推进土地流转工作，先后组织党员干部群众赴苍山、连云港等地考察学习10余次，最终确立了以土地流转为主抓手，以专业经济合作社为载体的发展模式。先后与客商联合成立了鸿丰金银花种植专业合作社和成东蔬菜种植专业合作社，在承包土地不变的基础上，采用"反租"农民土地的形式，以每亩租金1000元/年的价格，成功流转土地400亩。农户在获取流转土地租金的同时，参与种植与管护，月平均工资可达1500元。村委会通过为合作社提供必要的办公场所、协调解决生产经营中的困难，以服务的形式入股，按合作社年收入的5%进行分红，仅此一项，每年就为村集体增收15万元。同时，2010年，采用"党支部＋合作社经纪人＋农户"的经营模式，引进连云港客商，建立了占地200亩的泥鳅养殖基地，建设标准化养殖池38个，安置顿庄村富余人员10人。在此基础上，又扩大养殖规模300亩，打造集泥鳅养殖、园林绿化、休闲观光于一体AAAA级农业休闲观光园。2013年，按照此模式又成立了占地300亩的鑫聚源玫瑰种植专业合作社，实现真正意义上的农民专业合作社。

二、成立协会，鼓励青年创业，拓宽村民创业渠道

在创建农民专业合作社的同时，党支部成立了顿庄村发展互助资金组织协会。协会通过组织参加阳光工程培训，提供资金、技术、场地、信息等方面的支持，鼓励青年自主创业，为他们施展才华搭建舞台，创造宽松的发展环境。自该协会成立以来，立足扶持协会会员大力发展农村经济、破解资金周转难题，共为会员提供小额借款18万余元，为近20名青年创业者提供了资金支持，不仅使他们实现了创业梦，还为村民提供就业岗位30余个。会员龙克业通过协会扶持，开张"醉爱农家乐"，饭店生意红红火火，月收入在6千元左右，并为村民提供就业岗位5人；会员龙克超通过扶持，成立全顺劳保手套来料加工厂，月收入在7000余元，安排就业23人；会员龙克祥通过扶持，在家养牛3头，年增加收入近万元；会员岳鑫通过扶持，开展水电暖安装工程，月收入4千元；会员袁成金通过扶持，建筑队生意规模进一步扩大，安置劳动力就业20余人；会员王得民通过扶持，铝合金门窗加工业务生意红火，年收入近5万元；会员田仲焕通过扶持，拖拉机运输生意红火，年收3万余元。

三、利用资源，引进企业项目，拓宽村民就业渠道

为充分利用村内闲置资源，村"两委"利用村内原造船厂闲置厂房，引进上海昊缘服饰有限公司来村投资，开设服饰加工厂，安置富余劳动力22名，实现村民每月增收800—1400元左右，并通过收取租金、税收等为村集体每年增加1万元的收入。利用村北6亩空闲项目用地，引进福建客商，投资350万元兴建了山东天净秸秆能源加工厂，回收加工农作物秸秆，此项目既解决了村里及周边村庄作物秸秆回收利用难题，安置20余名村民就业，同时为村集体每年增收租金1万元。目前，引进的福兴塑料制品分拣中心已投产，为村民提供就业岗位20个；投资1.4亿港元的香港中油港航燃气公司现已开工建设，将安置富余劳动力就业20余人，村集体每年增收10万余元。

四、发挥优势，完善设施建设，提高村民生产生活条件

为改善群众的生产生活条件，党支部多方争取电力部门项目资金300万元，完成高标准农电网改造工程，彻底解决村民用电难的问题；邀请水利专家对本村村域水系进行规划设计，实施村域水系工程整治项目。工程分3期进行，目前，一期废弃坑塘治理项目和农田整治项目已完工，共修建生产桥2座，整修节制闸2座，整修生产路5000多米，维护和新修水渠3000多米，修建村内道路2000多米，安装路灯60盏，整个工程完工后，可以解决村庄内涝问题、农田抗旱排涝问题；新整修的水渠两旁全部栽植了绿化树木，新建垃圾池12个；完成了20万元的自来水工程，使家家户户吃上了干净卫生的自来水。积极实施“四化四改”工程，基本改变了过去农户柴草乱放、粪土乱堆、污水乱倒、家禽乱跑、垃圾乱倒的“五乱”现象，改善了人居环境，广大村民逐渐形成了讲卫生、有礼貌的好习惯。大力实施城乡村环卫一体化建设，建起了占地1000平方米的文化休闲广场，增添了健身设施，并以此为依托经常组织开展文化娱乐活动，将失传30多年的民间舞蹈竹马会整理挖掘，使其重现历史舞台，2013年，竹马会被列入枣庄市非物质文化遗产，我村也被评为山东省竹马会之乡。

筑强战斗堡垒　建设富美新村

东营市河口区义和镇艾河村
党支部书记　王玉红

艾河村位于河口区义和镇政府驻地以西3公里，全村共124户，316口人，村“两委”班子成员共4人，党员14名，村民代表21名，主导产业为林果种植，2013年农民人均纯收入11200元。近年来，艾河村党支部以“强村富民”为目标，坚持抓班子、带队伍、促发展，积极加快产业结构调整步伐，实现了农民增收、农业增效。我村先后被评为“东营市生态文明示范村”、“东营市卫生村”等荣誉称号。

一、抓班子、带队伍，增强村党组织的凝聚力

村党支部十分重视班子自身建设，通过抓学习、建制度、带队伍，提高村级班子的凝聚和服务功能，发挥党员队伍的模范带头作用。**一是抓学习强素质。**每月的第一个星期六定为党员集中学习日，组织村干部和党员定期开展政策理论学习，准确把握上级要求。同时，依托新型农民学校，采取会议培训、外出学习等形式，开展经常性科技法规、民主管理等知识的培训，增强党员干部的政策把握能力、团结协作能力和处理疑难问题能力。**二是建制度促管理。**建立完善村党支部例会制度、支部委员结对帮扶困难户制度、组织生活会制度、党员“一岗双责”等制度。每月定期召开党支部工作例会；每名党支部委员联系一户贫困群众，定期开展结对帮扶活动；每半年召开一次村党支部班子组织生活会，认真开展批评与自我批评；组织党员开展无职党员设岗定责，在村级管理中有效发挥作用。**三是带队伍聚合力。**探索实行“12345”党员发展新模式，对在经济发展中带动能力强、群众基础好、积极要求进步的优秀分子，积极吸收加入党的组织，提高发展党员的质量。同时，注重后备干部队伍建设，实行经常性培养考察，为村级长远发展奠定基础。

二、转方式、调结构，拓宽群众致富渠道

村党支部以发展特色种植和公司化经营为突破口，积极融入义和镇西黄河故道开发建设中，重点打造千亩锦绣庄园生态旅游采摘项目，带动农业增效、带领农民增收。**一是高标准搞好规划。**在西黄河故道区域规划的基础上，村党支部委托青岛农业大学编制艾河村锦绣庄园总体规划，划分休闲采摘、水景灌溉、管理服务等功能区块，以规划为依托，大力发展乡村休闲旅游采摘，努力打造花香一年、果鲜四季的独特生态旅游新村。**二是实行公司化运营。**在现有“绿野”农民专业合作社的基础上，由村“两委”成员联合发起，出资200万元注册成立“东营市锦绣园生态农业有限公司”，鼓励村民以土地入股，将土地流转到“锦绣园”公司，由公司统一管理、规模种植。探索推广现代农业营销模式，实施品牌战略，通过举办采摘节、超市果品直供等形式，打响“锦绣园”品牌。**三是积极优化种植结构。**通过到枣庄考察万亩石榴园，结合村庄实际，在稳定500亩苹果园、100亩梨杏等杂果园的基础上，建设260亩石榴经济示范园，栽植大青皮、大红袍、大马牙等优良品种20000余株。同时，积极发展林下经济，在幼果期至初果期的苹果园，推广苹果与花生、草莓、蔬菜等高效作物间作。在盛果期，果园推广“苹果＋金蝉”种植模式，实现苹果、金蝉两不误、双丰收。在石榴园内间作西瓜、辣椒，提高果园经济效益。同时，还积极引进滨州蔬菜公司，投资80万元，建设春暖式大棚12个、占地50亩。**四是发展农家生态旅游。**建设锦绣榴园、锦绣富硒苹果园、锦绣梨园、锦绣湖等四个精品观光点，打造以休闲观光为特点，集生产、示范、观光、垂钓、休闲为一体的生态园区。全力打造“锦绣园”优质苹果、梨、杏等拳头品牌，拓宽果品流通渠道，积极与银座购物中心、胜

大超市对接，推进超市果品直供，解决产品销路的问题。

三、重民生、办实事，促进乡村文明和谐

村党支部始终把群众冷暖放在心上，把解决关系群众生产生活的热点难点问题作为工作的出发点和切入点，积极为老百姓办实事、做好事。**一是广泛听取群众意见，合理确定工作重点。**村“两委”成员带领广大党员深入田间地头、群众家中，问计于民、问需于民，全面掌握群众需求。采取座谈交流、发放意见征求表等形式，定期征求对全村发展的意见和建议。在此基础上，每年确定一批民生实事，集中推进实施。**二是调动多方力量，千方百计抓好民生实事落实。**在村庄硬化时，我作为村党支部书记、村委会主任带头捐款5万元，并动员本村在外的工作人员及经济能人积极捐款捐物80多万元，将全村“四横三纵”七条街道和果园生产路共计2000米的道路全部进行了硬化。在此基础上，协调资金15万元，在街道两侧安装了路灯，修建了排水沟，栽植了绿化树木，清除了沿街“三堆”。短短几年时间，全村面貌焕然一新，社会风气有了明显好转。**三是倡树社会文明新风，促进村庄和谐建设。**村里专门成立了红白理事会、义务工队伍和道德评议会，先后组织开展了“文明户”、“好媳妇”、“优秀村民”等评选活动，弘扬美德，倡树新风，营造家庭比孝顺、邻里比和睦、人人树新风的良好社会风气。全村共评选出文明户18户、优秀村民8名，广大村民自觉出义务工2860多个，形成了“人人参与公益事业，个个争当优秀村民”的浓厚氛围。

规范管理　服务群众
激发基层党建工作活力

广饶县丁庄镇党委书记、
人大常委会主任　韩海亮

广饶县丁庄镇位于东营市区南23公里，版图面积363平方公里，辖45个行政村，4.3万口人。镇党委下设7个党总支，93个党支部，现有党员2179名，其中农村党员1599名。近年来，镇党委按照“围绕发展抓党建、抓好党建促发展”的工作思路，突出抓规范管理、抓为民服务，着力激发基层党建工作活力，推动了全镇经济社会科学发展。镇党委先后荣获“山东省基层党建工作示范点”、“山东省先进基层党组织”、“东营市基层党建示范点”等荣誉称号。

一、抓规范管理，提升村级工作科学化水平

针对群众关注的热点问题，从健全工作机制、促进管理规范入手，不断推进村级工作制度化、科学化。**一是规范村级财务，堵塞资金管理漏洞。**开展了以农村财务报账、财务公开、规范村集体举债行为等为主要内容的农村财务管理规范提升行动。制定《农村财务管理实施细则》，建立村级备用金制度，变“报账制”为“审批制”，强化事前、事中管理。制定《农村中小工程招投标管理办法》，明确工程建设必须按照民主决策、公开公示、招投标、工程质量监督和验收等步骤进行，从程序上堵塞漏洞，确保资金花得清楚、干部干得清白。**二是规范村务决策，实行“五步工作法”。**探索实行了以“民主提议、民主商议、民主决议、公开承诺、监督执行”为主要内容的村级事务决策“五步工作法”，村级重大事务一律民主决策，全程监督管理，确保村级工作决策科学、落实有力。**三是规范日常监管，建立村级工作“五个一”制度。**即每周一天集中办公、每月一次述职交流、每季度一次现场观摩、每半年一次考核评议、每年办一批惠民实事，不断强化村干部的责任意识，把工作抓紧抓实。一年来，全镇共有12个村兴办总投资1500余万元的18件惠民实事。

二、抓为民服务，提高党建工作群众满意度

坚持以基层服务型党组织建设为抓手，引导村党组织以民生为重，倾心为民，扎实为老百姓办实事办好事，让群众真正看到变化、得到实惠。**一是搭建服务群众平台。**成立丁庄镇为民服务代理中心，村级设立为民服务代理点，实行村内事项限时办结和村外事项全程代理制度，保证群众有事有人管、及时帮着办。同时，投资30余万元，对20个村的村级组织活动场所进行规范提升，配套完善服务功能，进一步方便群众办事。一年来，为民服务代理中心共为群众办理各类事项300多件，协调资金500余万元，提供惠农信息60余条。**二是完善服务群众机制。**深化“一带四联”、“第一书记”驻村帮扶和党员干部“联户帮困”活动，实现联系服务群众常态化，进一步转变干部作风，提高群众满意度。目前，全镇667名党员与685名困难群众结对帮扶，15家企业与17个村实施联建，形成了帮扶发展、共创先进的浓厚氛围。**三是开展创业引领服务，促进农民创业致富。**建立完善镇、农管办、村三级创业服务网络，依托新型农民学校平台，大力开展创业培训，提供资金扶持，跟踪指导服务，帮助农民创业致富。2013年，共开展各类培训102期，培训群众8000余人次，培养致富带头人82人。同时，探索实行“1＋X”党建帮带模式，先进村党支部帮带后进村党支

部，共同提高为群众服务能力；党员致富能手与困难群众建立“一助一”或“一助多”帮扶关系，让党员在服务群众中展现党员风采，树立良好形象。

三、抓难点突破，推动农村经济社会科学发展

坚持把党建工作作为加快科学发展的基础工程和保障工程来抓，注重破解各类工作难题，激发党建活力，形成发展强劲动力。**一是着眼于解决村级组织无钱办事的问题，积极发展壮大村级集体经济。**采取盘活集体资产、发展特色产业、三产服务增收、成方连片推进等措施，千方百计拓宽村级集体经济增收路子。2013 年，全镇 45 个村中，村集体收入达到 3 万元以上的 41 个，其中 10 万元以上的 35 个，有 9 个村突破 50 万元，增强了村级组织为群众服务能力。**二是着眼于解决村党组织驾驭能力不强的问题，积极实施薄弱村转化提升工程。**确定三岔村、东南坡村、王暑埠村等 3 个村作为重点整顿转化对象，整合镇村机关干部、县直职能部门单位下派工作力量，分别成立工作组，因村施策，对症下药，加快转化提升。工作中，镇党委协调资金 180 余万元，实施村级活动场所改造、道路硬化等惠民工程，帮助村级组织解决群众关心的问题，化解了干群矛盾，增强了村班子的战斗力。**三是着眼于解决群众增收致富渠道窄问题，积极实施产业示范村培育工程。**在实际工作中，镇党委立足区域实际，积极引导村“两委”调整产业结构，改变传统种植模式，发展高效生态农业，建设产业示范村，带动村民发展特色产业、增收致富。目前，全镇共培育果蔬、冬枣、大蒜等 12 个特色种植示范村和 10 个畜牧、水产养殖示范村，发展农民专业合作组织 74 家。2013 年，全镇实现生产总值 38 亿元，农民人均纯收入 13545 元。

努力创建基层服务型党组织

烟台市福山区福新街道垆上居民区
党支部书记　于伟善

烟台市福山区福新街道垆上居民区是全市目前唯一的城区规划村，现有人口 780 人，党员 29 人，党支部班子成员 3 人。近年来，居民区党支部以创建基层服务型党组织为目标，强化制度建设，拓宽服务渠道，全心全意为群众办实事、解难题，连续多次被福山区委评为“先进基层党支部”，2011 年被烟台市委授予“先进基层党组织”称号，并涌现出全国优秀大学生村官张广秀这一先进典型，得到中央和省市委领导充分肯定。2013 年，居民区实现集体经济收入 19.7 万元，居民人均纯收入 17822 元，比上年分别增长 15% 和 16.1%。

一、定制度、抓管理，着力夯实基层党建基础

居民区党支部以增强基层党组织战斗力、凝聚力为重点，围绕发展党员、集体决策、党内关爱等方面，健全制度、强化管理，全面提升党建工作科学化、规范化水平。**一是健全发展党员公推公示制度。**坚持从源头上保持党员队伍先进性和纯洁性，把发扬民主、公开透明、加强监督贯穿发展党员工作全过程，严格执行发展党员推荐制、公示制、预审制、票决制、责任追究制等规章制度，构建以两推荐、四公示、两预审、两票决、四追究为主要内容的“二四二二四”党员质量保证体系，不断提高发展党员的透明度和公信力。**二是健全联席会议制度。**注重加强“两委”成员之间的沟通交流，实行重点工作集体决策、民主协商机制，支部每月召开一次联席工作会议，针对不同时期的热点难点问题，有针对性地研究部署，明确责任分工、制定具体措施，确保了决策的科学性和实效性。**三是健全党内关爱制度。**党支部委员与普通党员不定期地开展谈心谈话，及时了解思想动态，适时做好正面引导，确保党员时刻站稳立场、坚定信念。同时，积极帮助生活困难党员向上争取帮扶政策和资金，每年给 60 周岁以上老党员发放 900 元生活补助金和米面油等生活必需品，切实增强了党员的归属感和荣誉感。

二、创思路、拓渠道，着力提高为民服务水平

居民区党支部紧紧围绕服务这条主线，创新思路、拓宽渠道，努力为党员发挥先锋模范作用创造条件、搭建舞台。**一是创新“广秀代办”服务模式**。为大力发扬优秀大学生村官张广秀扎根基层、服务群众的奉献精神，更好地用身边事影响身边人，创新建立了“广秀代办”服务模式，把一人先进这个“点”扩大到全居先进这个“面”。实践中，在居委会设立便民服务代办点，安排“两委”干部任专职代办员坐班办公，公开24小时代办服务电话，建立坐班干部“基本情况登记卡”、干部群众“双向联系卡”和代办员服务台账“两卡一账”，及时为群众提供民政、社保、计生等便民服务，最大程度地满足了广大群众的办事需求。**二是畅通党员服务渠道**。依托全区联村联户心连心工作，探索建立了居民区党员普遍联系群众制度，引导广大党员与群众面对面沟通、心贴心交流，主动了解群众所思所想，准确掌握群众所盼所需，真正做到急群众之所急、解群众之所忧。**三是推行党员服务承诺制**。在居委会大院设立党员服务承诺公示墙，要求每名党员围绕崇仁尚德、维稳防控、帮困扶贫等事项作出公开承诺，年终组织全体党员和居民代表对每名党员承诺事项完成情况进行评议，择优推选“群众满意好党员”，有效激发了广大党员为民服务的热情和干劲。2013年，共为群众办理各类事项500余件，解决难题280多件；29名党员承诺的110余项实事全部如期完成，4名党员被评为“群众满意好党员”。

三、办实事、惠民生，着力推动居民区和谐发展

坚持把改善民生摆在党支部工作的突出位置，深入开展环境整治、爱心帮扶、文化乐民三大工程，努力提高群众的幸福感和满意度。**一是开展环境整治工程**。投资80多万元，对居民区5条主干道实施沿线植树绿化、道路亮化、墙体美化和违章搭建清理、景观全线布点等工程，认真落实门前“三包”、垃圾日产日清制度，彻底解决了随意倾倒、露天堆放、污染环境等问题，农村人居环境得到明显改善。**二是开展爱心帮扶工程**。以全区“福在福山”文明行动为载体，积极动员引导辖区企业主动履行社会责任，采取爱心捐助、走访慰问、结对帮扶等方式参与“春蕾计划”、“贫困助学”、“为困难家庭送温暖”等活动，真正为生活困难和需要帮助的群众解决实际问题，用帮扶的实际成效传递社会正能量。**三是开展文化乐民工程**。充分发挥文化引领风尚、教育群众、推动发展作用，持续加大文化“软硬件”建设力度，先后建成520平方米的文化活动大院和90平方米的老年活动之家，组建了秧歌队、腰鼓队、健身队，开设了螳螂拳武术协会等，这些群众喜闻乐见的文体活动，进一步丰富了群众的精神文化生活。

筑牢发展根基　实现强村富民

烟台市莱山区莱山街道东沟村
党支部书记　刘维波

东沟村位于莱山区南部，毗邻莱山机场，是莱山街道的驻地村。全村共有居民450户，1300人，其中党员48名，现有“两委”班子成员5人。近年来，村党支部积极发挥基层党组织在新农村建设中的战斗堡垒作用，村容村貌逐年改观，文明和谐新风兴起，群众生活一年比一年好，正阔步向社会主义新农村目标迈进。村庄先后获得省级“文明示范村”、“民主法治示范村”、“村务公开民主管理示范村”、“生态文明村”、市级先进基层党组织、新农村建设“乡村型示范村”等荣誉称号。

一、抓党组织建设，筑牢发展根基

为提高班子凝聚力和战斗力，村党支部大力加强班子自身建设，不断提高政策理论水平，综合素质和执政能力不断提升，赢得了党员群众的信赖和拥护。**一是开展创星行动，提升履职能力**。积极开展村级班子及村干部星级化管理，年初班子和班子成员签订星级争创目标责任书，制定具体工作措施，村书记与每名村干部签订责任状，明确工作目标和奖惩措施。2013年底，东沟村被评为“七个金星”级村级班子，村书记被评为“十星级”党支部书记，其他4名班子成员均被评为“五星级”村干部，均为全区最高档级。实施星级化管理，极大调动了村干部干事创业和为民服务的积极性，形成了权责明确、分工协作、真心实意为群众、凝心聚力抓发展的良好局面。**二是健全管理制度，夯实工作基础**。建立了干部群众“对话制度”，在村内设置对话室，每季度第一个月的上旬举行一次对话会，面对面听取群众意见、解答群众咨询，目前已举行对话会5次，听取群众意见制定改进措施12条。建立班子成员“议事”机制，村“两委”常年坚持每天早上碰头一次，每周总结一次，研究解决问题，制定工作措施，形成了村务管理长效化模式。**三是锻炼党员队伍，发挥模范作用**。在全区率先将星级化管理模式向全体党员延伸，给党员定权责、评星级、抓奖惩，增强党员的荣誉感和发挥作用的自觉性。创新性地开展“七一党员就在我身边”活动，联系群众50多人次，为群众办实事办好事20多件，着力打造全区党建示范工程。坚持和完善“三会一课”、远程教育集中收看日、党员联户和设岗定责

等制度，积极开展“奉献我村、服务群众”活动，引导党员干部发挥先锋模范作用，以实际行动赢得群众的拥护和支持。**四是组织学习培训，增强自身素质。**坚持固定日学习制度，每周组织一次村干部学习，每月组织一次“两委”成员、党员和村民代表学习，主要学习党的方针政策、市场经济知识、科技、法律知识等。村“两委”还多次外出参观学习先进经验，参加区组织的“两委”干部培训班以及街道组织的各种培训活动。

二、抓主导产业，实现强村富民

坚持把发展作为第一村务，认真分析村庄自然条件，确定了“开发荒山，发展绿色环保、生态旅游、农家餐饮、休闲娱乐为主体的特色产业”的工作思路，在短时间内使村庄发生翻天覆地的变化，走出了一条独具特色的发展之路。多年前，东沟村曾是出了名的贫穷落后的山村，老百姓辛辛苦苦忙一年，收入不足千元，村集体欠外债200多万元。为改变落后面貌，村党支部一手抓党建，一手抓发展，招商引资谋发展，实现村企共建。经过多方洽谈，2008年，东沟村与海南华贝沃投资有限公司达成了合作协议，引进了总投资1.7亿元，集观光旅游、水上乐园、生态种植养殖、热带雨林餐厅等于一体的嵋秀山庄生态旅游项目。目前，一期工程已经完工。近期，又成功引进了锦源春国际旅游度假区项目，项目由祥隆集团投资建设，总投资15亿元、总占地580亩，目前一期水上乐园项目已基本完工，为村里解决闲置劳动力300余人。另外，村集体还投资260万元，成立了烟台裕东包装制品有限公司，现已投入生产；投资150多万元，建成了梅花鹿养殖场；投资200万元，建成了农家乐餐厅，实施了引水上山工程，引导村民种植莱山蜜桃、大樱桃等。这些项目全部建成后，既能解决村内剩余劳动力问题，又进一步发展壮大村级集体经济。2013年，全村经济总收入1.06亿元，集体经营性收入6674万元，农民人均纯收入1.84万元。

三、抓民心工程，促进社会和谐

“金杯银杯不如老百姓的口碑”。村党支部始终秉持“群众利益无小事”的理念，实行以人为本的人性化管理，不断改善群众的居住环境和生活条件，让村民过上幸福安康的生活。**一是实施村容“四化”计划，打造美丽新村。**近年来，村里共投资254万元，实施村庄硬化、绿化、亮化、美化工程，硬化村内13条道路，硬化面积3.3万平方米。村里成立了物业管理公司，村内卫生保洁纳入全区城市卫生保洁范围，所有垃圾统一清扫清运、日清日洁。每年组织大规模的植树造林行动，村“两委”班子成员每年植树不少于200棵，全村男女老少齐上阵，共投入绿化美化资金100多万元，栽植绿化苗木1.3万余棵，绿化面积达6900平方米，村里的1600多亩山峦林木覆盖率达到75%以上。**二是实施民生保障计划，打造福利新村。**村集体出资7万元，为全体村民办理了合作医疗；出资80多万元，为村民办理了养老保险；60岁及以上村民每年发放福利款1800元，60岁以下800元；在幼儿入托、学生考入大学、五保供养等方面，也都给予补助和补贴，老年公寓也正在筹建之中，形成了老少共享的福利体系和保障机制。**三是实施精神富民计划，打造文明新村。**村集体先后出资建设了2600平方米的体育广场、180米的休闲长廊、1000多平方米的文化大院、350平方米的党员活动室和藏书5000余册的农家书屋，为干部群众提供了良好的文化娱乐场所，组织开展了丰富多彩的群众文体活动，成立了大秧歌队、吕剧团等3支文艺队伍，极大丰富了群众的精神文化生活，全村形成了尊老爱幼、邻里和睦的良好风尚。

践行党的宗旨　真心服务群众

蓬莱市北沟镇党委书记　崔洪勋

北沟镇地处蓬莱市城西，总面积154平方公里，辖80个行政村，6.2万人口。全镇共有党支部96个，党员4217名。近年来，北沟镇党委认真学习贯彻党的十八大和十八届三中全会精神，牢固树立“党建第一保障”的理念，全面建设基层服务型党组织，为全镇经济社会发展提供了坚实的组织保障。2013年，实现国内生产总值39.9亿元，地方财政收入1.3亿元，同比分别增长9.6%、61.3%。先后荣获“全国创建文明村镇工作先进村镇”、“国家环境优美乡镇”、“山东省先进基层党组织”、“山东省文明村镇”等称号。

一是加快经济发展，打造“富民党建”。始终坚持“围绕发展抓党建，抓好党建促发展”，将党建工作与主导产业发展、中心工作有机结合，互促共进。一方面，加大招商引资力度，加快产业转型升级。以打造省内一流的专业示范园区和建设胶东半岛蓝色经济崛起带为目标，加快推进北沟工业园区和船舶工业园区建设，积极抓好基础设施建设和产业配套，扩大产业规模，提升产业层次，先后引进总投资53.2亿元的27个产业项目安家落户，形成了以造船重工、石油化工、滨海能源、纺织印染、水泥建材为主导的产业格局。另一方面，构建特色产业链条，带动群众增收致富。围绕促进农业增产、农民增收，在产业和项目引进发展之初，提前建立行业和项目党组织，打造“机关站所+基层党组织+协会+产业大户”的“致富产业链”，发挥党组织在推动发展、服务群众方面的作用，形成“建一个组织、兴一项产业、富一方百姓”的效应；采取“村企共建、村村联建”党总支的模式，先后建立8个区域党总支，通过强企联弱村、强村带弱村，整合资源推动共同发展，年增加村集体收入200多万元。

二是加大民生投入，打造“惠民党建”。从群众需求出发，不断完善惠民体系，办好惠民实事，全力打造基层服务型党组织。近年来，累计投入4亿多元办结了44项为民实事。加强村级组织活动场所建设，投资240多万元进行危旧活动场所改造和升级提档，配套办公设施和远程教育设备，全镇村级组织活动场所覆盖率、达标率达到100%，成为农村议事、党员活动、服务群众的综合阵地。加强农村基础设施建设，全面实施农村“绿化、亮化、硬化、净化”工程，全镇村村通公路率达到100%，自来水普及率达到85%，城乡生活垃圾一体化处理率达到100%。加快农村社会保障体系建设，新建了卫生院、中小学校，农村养老保险、合作医疗、最低生活保障机制不断健全，农村养老保险覆盖率达到90%以上，基本公共医疗服务实现全覆盖，群众生产生活条件明显改善。

三是践行群众路线，打造“亲民党建”。在镇机关层面，深入开展“两走进、两承诺”活动，组织全体机关干部走进基层一线、走进百姓家中，公开承诺办理实事、公开承诺办结时限，并与困难家庭“一对一”结成帮扶对子；广泛开展“关爱民生大走访”活动，组织机关干部逐村逐户上门走访，倾听群众心声，了解群众意愿，掌握群众诉求，密切干群联系。共走访群众2.2万户，发放宣传材料12万份，征求群众意见建议360多条。在农村党员干部层面，广泛开展“一日双带三联系”活动，每月5日集中开展“民主议政日”活动，发动党员带头致富、带领群众致富，每名党员联系一个贫困户、一个工作重点户和一个致富带头户，广大党员干部与群众结成帮扶对子3012个，帮助群众解决实际问题1100个。

深入践行群众路线 扎实推进群众自治

寿光市洛城街道东斟灌村
党支部书记　李新生

洛城街道东斟灌村现有586户、2073口人，党员59名，耕地4486亩。近年来，村党支部突出群众主体地位，自觉用群众思维考虑问题，用群众观点看待问题，用群众方法解决问题，着力推动群众自主议事、自治管理、自我服务，促进了经济持续发展、社会文明和谐。2013年村集体收入70万元，农民人均纯收入16000元，连续15年无信访上访事件、无刑事案件，先后被评为全国人口和计划生育基层群众自治示范村、潍坊市文明村、潍坊市党风廉政建设先进单位。

一、坚持自主议事，群众的事让群众说了算

群众是真正的“诸葛亮”。我们村坚持15年如一日，每年至少召开两次村民大会，每月至少召开一次村民代表会议，让群众自主议事。村党支部采取“自下而上”的方式，通过民情信息员、党员中心户和征求意见箱、民主公开日等渠道，广泛征集群众意见，党支部把群众意见汇总筛选后，提出需要办理的事项，视群众关切程度，分别提交村“两委”成员和村监委成员联席会议、党员会议、村民代表会议或全体村民大会，进行审议表决，从群众角度出发，发现、分析和解决问题。村干部主要负责宣传解释政策、制订完善方案，把村务办理的动议权直接交给村民群众。

在村务决策上，我们村行权于民。对集体资金使用、土地出让、公益事业等30多类重大事项，推行票决制，按照党支部提议、村“两委”商议、党员大会审议、村民代表大会或全体村民大会以无记名投票决议“四个步骤”“拍板”，集体的事办不办，群众说了算，真正做到了让群众“当家作主”。村里成立的3个合作社，都是由村民表决通过的。在土地流转前，村里先后召开了14次党员、村民代表会和4次村民大会，将流转方案发到每家每户，每个地块的流转价格，都由村民表决。土地流转方案通过后，仅2天时间，就全部签订了4486亩土地的流转协议。

二、坚持自治管理，群众的事让群众自己管

村党支部充分相信群众，紧紧依靠群众，放手发动群众，做到群众的事群众办、大家的事大家管。从财务收支、土地补偿分配，到涉农补贴和最低生活保障费的发放等，都让群众全程参与，全程管理。2012 年，村里土地流转丈量土地时，全村临时“公选”35 名村民全程监督，丈量结果在村务公开栏内集中进行公示，凡发现违规行为的，立即重新安排丈量，并严肃处理。最终，全村没有一户对丈量结果提出异议。村务管理中，最敏感的是工程建设问题。村里在道路建设、设施配套等工作中，全部实行招投标，科学分权，由村监委监督运作，村“两委”负责组织实施，推进落实，做到职责明确、分工合理、监督有力、公道透明。2013 年，村里修路，砂石料由村监委统一招投标，用了多少石子、用什么样的材料，全部由村监委和村民代表现场测量验收。量地请村民看尺子，修路请村民验石子，群众就心无顾虑跟着你走。近 10 年来，该村先后对 50 多项重大工程进行了招投标，涉及金额 600 多万元，从未出现任何问题。

我们村通过建立村规民约，健全党员议事会和村民代表会，完善村监委、党员、群众全员参与的立体监督机制，把事后监督变为事前、事中、事后全程监督，打消了群众疑虑，赢得了群众信任。

三、坚持自我服务，群众的难事支部帮着办

农村有些问题，单靠一家一户难以解决，必须靠集体的力量。我村种植彩椒已近 20 年，2008 年以前，村民都在村头地边小市场卖菜，蔬菜批发商扯皮压价、克扣菜款、打白条，甚至欠款跑路的事，时有发生，群众经常吃“哑巴亏”。群众呼声就是工作方向。2008 年 10 月，村党支部根据群众愿望和需求，领办了斟都果菜合作社，实行“合作社中介、买卖分离、购销钱款集体负责”的办法，根治了收菜不付款、打“白条”问题，并在技术、农资、营销、品牌等方面为菜农提供服务。2011 年，合作社注册斟都品牌，产品通过国家“绿色食品”认证，叫响了“斟灌彩椒、中国‘椒’傲”的口号，产品出口到俄罗斯、新加坡等地，辐射带动发展彩椒种植 5000 多亩。

随着彩椒产业发展壮大，许多菜农想扩大种植规模，但没有地；相反，还有 200 多户村民因种种原因，不想种地。为解决人地矛盾问题，2012 年 5 月，村党支部根据群众意愿，领办了土地股份合作社，村民以土地经营权入股，人均 1 亩，1 亩占 1 股，每股年保底收入 600 元。剩余土地作为集体股，收益按集体 60%、社员 40% 的比例分红，并根据人口、地价变动情况，一年一调股，3 年一调承包费，实现了集体、村民双受益。

土地流转后，农业规模化经营程度提升，菜农们资金流动快，信贷需求也更多。2013 年 10 月，村里又成立了资金互助合作社。350 户村民加入，募集互助金 120 万元，给 26 户社员发放 95 万元，方便了群众生产。

“三个合作社”的成立，促进了村集体和村民收入双增长，集体有更多的财力为群众办实事、办好事。2013 年，村里投入 43 万元，维修改造村内外道路 15000 米；投入 20 万元为全体村民办理了新农合、家庭财产保险，为 60 至 80 岁以上老人办理了银龄安康保险；投入 13 万元，与周边村联建了辖区实验小学教学楼；同时，每年还对独生子女和新入学的大学生进行奖励，春节和中秋节为 190 位 70 岁以上老人发放生活补助，群众生活幸福指数节节攀高。

推行“两托管一代办”建设农村服务型党组织

临朐县冶源镇傅家李召村
党委书记　傅绍卓

傅家李召村位于临朐县城南部郊区，现有 713 户 2500 口人，党员 114 名，土地 1150 亩。2013 年，村党委探索推行以农事托管、家事托管、民事代办为主要内容的“两托管一代办”为民服务机制，全村群众切身感受到了“农事家事民事，事事不愁靠组织”的贴心服务，趟出了一条新形势下农村党组织服务发展、服务民生、服务群众的新路子。

一、农事托管——干部“聚力”，群众“兴业”

近年来，按照“工业强村、科技兴村、三产活村”的发展思路，先后建成占地 100 亩的工业区和占地 150 亩的标准化奶牛养殖小区，流转土地 350 亩建设果蔬大棚 450 个，沿潍九路建设商业用房 600 多间，发展个体工商户 170 余户。2012 年，全村实现总产值 5.2 亿元，村集体收入 120 万元，农民人均现金收入 15800 元。通过发展工业、设施农业和第三产业，劳动力大量转移，从事传统农业生产的群众越来越少，责任田种管收力量不足。同时，虽然设施农业有了一定规模，但一家一户的传统粗放种养模式管理不规范，化肥农药使用混乱，食品安全不能保证；由于缺乏品牌认证，质量效益差，市场竞争力低，抗风险能力弱。解决农业生产缺人手、提高规模效益和农产品质量有效控制成为村党委的

头等大事。

新形势催生新理念。村党委经过认真调研，广泛征求群众意见，决定依托村内现有的果蔬、奶牛2个专业合作社，为群众提供急需的农事服务。通过与合作社协商，在村党委的帮助下，合作社分别组建了15人的专业服务队，为群众提供种子、化肥、农药、果蔬苗木、畜禽幼苗、饲料、农膜等农资代购服务，土地代耕、种苗代播、水肥代施、病虫害防治等种养代管服务，大棚、圈栏、农机具等设施管护服务和农产品采收、加工、检验、运输、销售等后续服务共26项服务，合作社本着"互助合作、微利经营"原则，按照市场价收取费用。

工作中，村党委安排村干部兼任服务队队长，从为困难群众服务开始，让群众逐步认识农事托管的好处，打开了工作局面。57岁的傅廷江有5亩地的西瓜大棚，两个儿子一个外出打工、另一个上大学，由于缺人手，管理跟不上，收益不高，他将大棚托管给合作社后，比去年多收入2600元。目前，村党委共引导615户农户参与农事托管，同时积极将服务拓展到企业发展一线，组织村内企业开展资金互助，引导相关企业建立循环产业链，抱团发展提高经营效益。

开展农事托管，整合农民专业合作社或产业协会的技术、管理和市场资源，为群众提供生产、管理、销售等方面服务，提升了组织化水平，降低了生产成本，提高了产品质量和效益。2013年，果蔬专业合作社统一管理的130个西瓜、油桃、樱桃大棚，预计可增加农民收入10万元，注册的"杨善牌"西瓜成为著名品牌；奶牛合作社对散户养殖奶牛实行托管后，村民养殖收入增长近20%；部分责任田管理不善问题得到解决，预计粮食产量比以前提高10%以上。

二、家事托管——干部"操心"，群众"省事"

近年来，在群众物质生活水平不断提高的同时，红白喜事盲目攀比、大操大办、搞封建迷信活动等不文明现象有所抬头，加重了群众负担，破坏了乡风文明，一定程度上影响党组织的公信力。对此，村党委整合了红白理事会、老年协会、民事调解委员会、妇代会、团支部等村级下属组织，成立家事托管服务队，为群众提供婚丧嫁娶操办等红白喜事服务，矛盾纠纷调处和孤寡老人照看、留守儿童托管等社会公益服务共28项服务。

红白喜事服务方面，本着"喜事新办、丧事简办"原则制定操作章程，为群众提供通知送达、物资采购、日程安排、宴席操办等"一条龙"服务，集体出资5万元，购置餐具、桌椅等物品，供群众免费使用，丧事花费由原来10000元减至4000元左右，红事喜事平均减少开支2000元，有效杜绝了铺张浪费、封建迷信等不文明现象。

社会公益服务方面，开展老人赡养保障服务，按每个子女每年不少于400元的标准，由服务队收取赡养款转交老人，拒不缴纳的通过广播通报批评，形成了厚养薄葬的良好风气；针对儿童放学后无人看管实际，依托村幼儿园，从幼儿教师和妇女党员中选聘3名"爱心妈妈"，建立"留守儿童活动站"，提供爱心辅导服务；开展为空巢老人、行动不便的残疾人提供生活必需品购买和家务料理，为群众协调处理因婚姻、家庭、邻里关系引发的矛盾纠纷等服务；村集体每年拿出80万元，补贴群众新农合、新农保参保费用，发放60岁以上老年人、贫困群众及残疾人、义务教育期内学生生活补助。

实行家事托管，虽然村干部操了心，但解决了一家一户办不好的事，让农民群众省心、省事、省钱。2013年以来，开展移风易俗，共为群众节约红白喜事开支近10万元，调处邻里纠纷158起，帮助解决生活中的实际困难375件，广大群众既得到了实实在在的实惠，又倡树了文明新风、促进了农村和谐发展。

三、民事代办——群众"动嘴"，干部"跑腿"

近年来，虽然村里高标准配套建设了社区服务中心，群众的一般事项都能在社区办结，但如行政审批、证件办理等事项，有时需往返镇村数次，浪费人力物力，影响群众满意度。对此，将全村划分为5个民事服务代办片区，每个片区明确1名村干部，免费为群众办理建房用地审批、个体工商户证照、户口迁移、流动人口婚育证明、准生证、人口出生登记等证件，代办须到镇党委、政府出具的证明、介绍信等材料，代办农村合作医疗报销款的领取与送达，代办村内残疾人、行动不便群众或孤寡老人的对外联系及相关事务，为群众提供外出务工信息、就业介绍、法律咨询服务等共42项服务。

推行民事代办，变过去"群众跟着干部跑"为现在"干部围着群众转"，群众只要找到代办员，不出村就可以办成事，既不欠人情，也不多花钱。村里大学生傅廷豪就业后回村转户口，请了3天假，没想到民事代办员仅用半天就办完手续，他当天就返回单位。民事代办过程中产生的费用，除明确规定应由当事人承担外，往返路费等均由村集体承担。2013年以来，共免费为群众跑腿120多次，有的群众说："民事代办把服务送到家门口，动动嘴就能办成事，这件事办到了我们心坎上！"

撤片建社区
推动农村管理体制改革

昌乐县红河镇党委书记　张志强

红河镇位于昌乐县最南部，辖62个行政村，党组织113个，党员4257名，人口11.6万，镇域面积194.5平方公里。近年来，随着农村社会的不断发展，农民生产生活方式、思想观念发生了很大变化，群众对服务需求越来越高，乡镇工作片粗放式管理模式与新形势新要求不相适应，迫切需要改革。2013年，红河镇以农村新型社区建设为突破口，全部取消工作片，实行社区管理模式，由乡镇直接抓村，变为抓社区带村的新型农村管理体制。

一、完善组织架构，科学设置社区党组织

在科学规划好农村新型社区的基础上，坚持党建引领，以规划的农村新型社区为基本管理单位，根据所覆盖村、企业、农民专业合作社、社会组织等党员数量，因地制宜，设立16个社区党总支，逐步完善以党组织为核心、自治组织为主体、群团组织为纽带、各类经济社会组织为补充的社区新型管理体系，实现党组织全覆盖。社区党组织成员一般设5—9人，社区党总支书记全部由副科级干部任职，社区主任由中层干部担任。选拔威望高、能力强的中心村党支部书记担任社区党总支副书记，协助处理社区有关事务。社区成员由社区覆盖的村、企业、农民专业合作社及社会组织党组织书记担任，打造了一支农村工作经验丰富、战斗力强的社区班子。理顺镇、社区、村三者关系，社区党总支为社区的领导核心，在镇党委直接领导下开展工作，明确经济发展、社会管理、社区建设三项工作重点，制定组织居民创业就业、健全社会保障体系、发展农业规模经营等十项服务职能；社区与村是领导与被领导的关系，社区负责搞好所辖村班子建设、工作开展及村与村之间的合作协调，并统筹推进辖区内各村“三化”进程，实现有机衔接、相互融合。

二、工作力量沉到底，联系服务群众“面对面”

按照每个社区配备3—10名工作人员的要求，镇上除保留必要人员做好综合协调、值班接待等工作外，全部下沉到社区。采取社区书记“点兵”、工作人员“选将”双向选择方式，配齐社区专职人员。全镇共有128名机关干部下沉到社区，占镇机关干部总数的74.5%，每个社区平均拥有下沉机关干部8人，比实行工作片模式时增加2.6倍，初步形成了情况在社区掌握、问题在社区解决、作风在社区转变、业绩在社区创建的生动局面。结合农村实际，要求社区人员要吃住在社区、工作在社区、服务在社区，当好社区建设的指挥员、经济发展的信息员、为民解忧的服务员、矛盾纠纷的调解员“四大员”。社区干部上班就到社区，工作就到村，利用一早一晚入户走访，主动到群众家里，了解群众诉求，帮助解决实际困难，真正打通联系服务群众“最后一公里”问题。通过社区干部“大走访”，共征求涉及生产生活难题、干部作风、基础建设等13个方面的意见建议1447条，解决生产、生活、子女上学、就医等方面实际困难280多件，深受群众欢迎和好评。

三、构建新型工作体系，推进社区规范化运行

一是建立“四个一”机制。在社区全面推行一个计划、一套制度、一份档案、一本台账“四个一”机制，从细处着眼，从小处入手，抓住了社区规范化运行的“关键点”，干部干事更有计划、责任更加明确、执行更加有力，社区运行的更加规范。机关干部、村干部一块商议社区、村庄发展，集中解决群众诉求，就跟“小政府”似的，调动了干部干事的积极性、主动性。二是建立保障机制。每个社区都建立了办公面积不低于100平米的服务中心，统一配备了电动车以及办公、食宿等设施，为群众提供一流的服务条件，为干部提供一流的办公环境，确保了社区干部吃住、工作、服务在社区，为群众提供24小时全天候服务。三是建立社区考核机制。镇上安排的各项工作任务，以社区为单位，一个口子，安排任务、组织考核。考核指标重点是社区规划完善、建设进度、社区为民服务、社区经济发展、社会稳定及党的建设等六项内容，在面上形成对社区的理性认识和工作把握。

农村新型社区服务模式启动以来，有效解决了传统工作片模式的种种“藩篱”，适应了新型城镇化发展要求。一是管理服务更科学了。机关干部普遍认为，社区取代工作片，实现了对农村工作的扁平化、精细化管理，对农村工作抓得更紧更细了。二是群众办事更加便利快捷。广大机关干部沉到一线，到群众家门口服务，解答疑惑，代理群众申办事项，满足了群众多元化需求。正像有的老党员说的，干群越走越亲，工作越干越实，以前的老传统又回来了。三是夯实了基层基础。社区干部为村干部做“后盾”，撑腰壮胆，村干部谋发展促和谐的门路多了，群众也更信任班子，真正把群众拧成了一股绳，力量聚集起来了。目前，各社区共接受群众申办代办事项3756件，解决矛盾纠纷287起，发展农民专业合作社9家，1000余户群众搬进了新楼，越来越多的农民过上了城里人一样的生活。

抓好党员队伍管理 打造村级事务决策平台

济宁市任城区二十里铺街道
党工委书记 陈元强

针对农村党组织存在的党组织活动开展不正常、党员先锋模范作用发挥不明显的问题，济宁市任城区二十里铺街道党工委开展了农村党员记分亮化考核工作，在创新党员管理机制、破解党员管理难题方面进行了行之有效的探索，并实现了村级事务的民主决策。

一、主要做法

2012年年底，二十里铺街道党工委组织全体科级干部和包村干部，到各村对老党员、老干部、村“两委”成员和困难户、村民代表户、信访户分别进行了走访调查。走访中，党员群众集中反映村党组织活动开展不正常、党员教育培训不经常等问题，影响了党组织和党员的整体形象，在群众中造成了不良影响。对此，街道党工委在充分论证的基础上，制定出台了《党员分类记分亮化管理办法》等一系列文件，在创新党员管理机制、破解党员管理难题方面进行了行之有效的探索。

一是设立“党员活动日”，规范党组织活动正常开展。街道党工委要求各村党支部每月固定一天为“党员活动日”。根据各村党支部上报的会议内容情况，街道党工委结合当前重点工作科学确定各村党员会议具体内容，并组成督导组进行专项督查，发现年度内未按规定两次不组织召开会议或连续三次组织不规范，取消该村党组织评先树优资格。在保证每月召开一次的基础上，党员会议可以根据各村实际情况随时组织召开。对于村内道路整修、环境综合整治、财务收支管理等需要集体决策的村级事务，党员会议吸收村“两委”成员、村民代表、村理财小组成员等参会，共同讨论商议，使“党员活动日”成为“民主议事日”，党员会议成为处理村级事务的决策平台。

二是明确专职党务工作者，提高党组织活动开展质量。街道党工委要求每村明确一名责任心强、党务知识扎实、有一定文化水平的正式党员作为专职党务工作者，重点做好本村党组织活动的文字和影像记录、各项材料的归档整理等上级党组织和本村党支部安排的各项工作任务。街道党工委对村专职党务工作者实行积分制管理考核，按每村每年1000元的标准列支专项经费，专门用于奖励专职党务工作者。

三是分类记分亮化管理，激发党员队伍生机活力。街道党工委在农村党员中全面实施“党员分类记分亮化管理”，将党员划分为不同层次，细化考核内容，严格考核和结果运用。一是摸清党员底数。实行“一档、一卡、一证、一牌”四个一党员管理模式，其中，“一档”是指重新整理所有党员档案，实现电子和纸质档案并用；“一卡”是指推行党员信息电子卡，电子记录党员信息和签到情况；“一证”是指向党员颁发《党员证》，证明党员身份，记录年度评定档次和组织关系变动情况；“一牌”是指在农村党员门口逐户悬挂“党员家庭户”门牌，亮明党员身份。二是合理确定考核范围。考核对象主要为村党支部中有正常行为能力，党组织关系在本村的全体党员。对年老体弱，行动不便，或因其他原因造成无正常行为能力的党员不列入考核范围。三是细化考核内容。考核内容包括履行基本义务、发挥先锋模范作用、违法违纪等方面。其中，党员出现不履行基本义务情况的记负分，积极参与村内公共事务、发挥先锋模范作用的记正分，出现严重违法违纪等情况的，不考虑加分因素，直接列为不合格党员。比如：党员无故不参加党组织活动记负分，一次记负2分；党员主动参加义务劳动记正分，一次记0.2分。四是规范考核程序。考核采取公开记分的方式，每月党员活动日或党组织活动时，由村专职党务工作者统计并记入《党员分类记分亮化管理台账》。加分或减分情况当场公布，党员得分情况每季度在党务公开栏进行公示。五是严格考核结果运用。考核期限为每个自然年度，实行按月统计，年终累计。累计分值作为党员评先树优、兑现奖惩和组织处置的重要依据。5分（不含5分）以上的，确定为优秀等次；5分至0分（含0分）的，确定为合格等次；0分至负5分（含负5分）的，确定为基本合格等次；负5分以下或出现直接列为不合格党员情况之一的定为不合格等次。对考核定为基本合格和不合格等次的党员，按照有关程序和规定，视情形给予批评教育、限期改正、劝退、党内除名等组织处置。

二、取得的成效

党员的规范管理和党组织活动扎实有效开展，激发了党员队伍的生机活力，增强了村级党组织的凝聚力、战斗力，村级党组织服务能力得到有效提升。

一是党员先锋模范作用和党组织的战斗堡垒作用得到充分发挥。党组织活动的正常开展，激发了党员干部特别是村党支部书记积极谋事、主动干事、合力成事的热情和积极性。党员干部在参与村级重大决策过程中积极建言献策，组织协调能力得到了进一步锻炼，先锋模范作用得到充分发挥。

二是村级决策更加民主透明，推动了社会事业的发展。党员会议将村级事务纳入研究内容，并吸收村民代表参加，增加了工作的透明度，既推进了工作民主，又促进了村务规范。会议商定的事情及时办理，推动了社会事业的发展，提升了村民的幸福感和满意度。

三是村级执行上级政策渠道更加畅通。党组织活动的正常开展，使上级党委政府的政策主张和意图有效地传达给了党员群众，村级党组织及时组织党员群众认真研究上级精神，贯彻执行上级安排的工作任务，极大地提高了工作效率。

红船引领新航向 党旗辉映大运河

微山县高楼乡渭河村党支部书记　孙茂东

高楼乡渭河村坐落于微山湖腹地，全村320户，1352人，共有党员49名，分为四个党小组。全村现拥有湖田1150亩，养殖水面11200亩，水上运输吨位20万吨，拖头21个，拥有拖轮150条，是一个运输、养殖、旅游多业并举的村。近年来，渭河村“两委”班子围绕“抓党建促发展”这一中心，努力在管好、管活、服务上下功夫，有力地发挥了党组织的凝聚作用和党员的先锋模范作用，党组织的创造力、凝聚力和战斗力不断增强。在2004年、2008年，两次被省委授予“山东省先进基层党组织”荣誉称号，2012年被中组部授予“全国创先争优先进基层党组织”荣誉称号。

一、抓规范、强根本，大湖深处党旗红

村党支部一班人面对新形势下农村基层党建面临的新情况新问题，不断健全村级管理制度，创新工作方式方法，逐步健全完善了一套富有湖区特色的工作运行机制。开展了“一抓三创”党性实践活动。“一抓”即抓党支部班子自身建设；“三创”即创建一支人员广泛的入党积极分子队伍，创建一支高素质的村级后备干部队伍，创建一支科技意识强、服务意识强的村级干部队伍。村党支部认真落实“三会一课”制度、民主评议党员制度、村党支部议事制度、党员发展票决制度等，村级重大事务采用“四议两公开”工作法，实行民主决策、阳光运行，有力加强了村党支部班子的自身建设。以党员为骨干，健全完善了村综治、团委、妇联、调解等7个工作机构，这些组织机构的人员中党员占80%左右。着力加强党员教育管理，在全村49名党员中深入开展“五个好”党员争创、设岗定责活动，引导农村党员不仅要保持思想上的先进性，还要成为经济上的发展能手，真正使党员在工作中发挥模范先锋作用。充分发挥党员活动室、党员电教、远程教育的作用，组织党员干部观看远程教育科技片，普及科技知识，培养了一支党性强、有文化、综合素质高的村党员干部队伍。2004年5月，村投资21万元建造了一艘湖上村务流动办公船，健全了各项规章制度，把村内党务和政务情况及时通报到广大渔民船头。这一做法，曾被以《阳光洒满微山湖》为题刊登在中国纪检监察报上广泛宣传。

二、开红船、擎红旗，流动党员织红网

根据村从事运输的党员数量较多的实际，村党支部按照管到位、服务好的要求，创新了流动党员管理方式，实行流动党员“每人一证、每人一卡、每季一访、每年一评”的“四个一”管理模式，构筑“水上红线工程”，规定“五一”、“七一”、“十一”、“元旦”为流动党员的回归日，流动党员回来参加村党支部集体活动。发挥外出流动党员信息灵、交际广的优势，为家乡建设“拉红线、当红娘”，积极献言献策，累计提供有价值的信息397条，合理化建议566条。村流动党员史友好、王林柱投资30多万元，开发微山湖渔家水街旅游项目，经过大户带动，资金投建，该村目前共有9名流动党员回乡投资开发旅游建设，投资金额累计达201万元，形成了独具微山湖特色的水上一条街。为提升服务流动党员水平，经报上级党委同意，村党支部率先在船队上成立了2个流动党小组，负责及时传达党组织的指示，随时记录流动党员表现，建立健全流动党员台账。先后在盐城、东营、潍坊等地设立流动党小组，并在运输船队上设立流动党员活动室，解决了部分流动党员经营在外，村里管不着，驻地无人管的状况，让流动党员身处外地同样感觉到“家”的温暖，在千里运河之上实现了流动党员离家不离党，船行千里不迷航。同时，按照“组织一体设置、工作一体谋划、制度一体完善、活动一体开展”的原则，2012年，渭河村投资140万，新建设了湖上党群服务中心，把党员活动室、代表活动室、为民服务代办、文体活动中心等活动阵地整合在一起，为湖区广大党员群众提供咨询、帮困、教育、培训和娱乐等服务，成为基层党群组织服务党员、群众的重要平台。村党支部还建立流动党员QQ群，通过视频聊天，了解流动党员的工作、学习情况，让他们为家乡发展出谋献策，带动广大群众共同发展航运业。流动党员“三建四联五帮”模式得到了上级组织部门认可，2011年被中组部确定为全国党员教育基层联系点。

三、领致富、奔小康，集体经济节节高

发展是硬道理。村党支部一班子围绕引领群众发家致富、壮大提升村级集体经济，按照“靠水吃水，做大、做强水文章，向大湖讨个说法”的发展定位，想办法、谋思路，通过支部带动，资金扶持，党员示范带动，实现了全村集体经济科学发展、跨越发展。2013年，全村养蟹面积已发展到

8000余亩，现又引进河蟹鳜鱼套养新技术，在渭河村河蟹养殖场，池塘里是河蟹，网箱里是鳜鱼。注册成立了微山县兴渭航运公司，打造江北"渭河水上列车"，目前运输吨位近20万吨，拖头发展到21个，年收入1800余万元，人均增收1500元，成为全乡航运业的顶梁柱。此外，村党支部一班人，充分挖掘和发挥湖区特有的生态、民俗、风俗文化内涵，打造生态、民俗、休闲旅游业，建设"微山湖渔家水街"景点项目，注册成立了微山湖渔家水街旅游开发有限公司，先后建设湖内游乐场景12处、垂钓点18处、渔家生态旅游点4处，改造高标准住家船20条，并集体投资80万元建设了集餐饮、食宿、娱乐为一体的三层旅游度假船，仅旅游一项当年人均增收1000多元。独具北方渔乡风情的渔家水街景区填补了微山湖民俗生态旅游的空白，渭河村也先后被评为"全国农业旅游示范点"、"山东省旅游特色村"。先富带后富，共同致富才是最终的发展目标。为此村"两委"干部积极开展和群众"结对子"活动，每人帮扶5名贫困群众发展生产，脱贫致富。每名党员在养殖业、运输业、旅游业中选一个产业为群众带头示范，带动群众选定奔富路。

长风破浪会有时，直挂云帆济沧海。渭河村党支部紧跟科学发展的步伐，以党的建设推进农村经济发展，不断带动群众创业致富，带领全村正向着富裕、民主、文明、和谐的新渔村方向大踏步前行。

"四化"建设打造惠农利民农村党建示范区

汶上县义桥镇党委书记　王秋霞

2013年，汶上县义桥镇以全面提高基层党组织服务能力为目标，以提升群众对党组织及党员干部的满意度为标准，着力打造各具特色的惠农利民党建示范区，形成学有榜样、赶有目标、争先进位、统筹推进的基层党建工作新格局。

为了打造精品惠农利民党建示范区，义桥镇围绕"以践行群众路线，提升党员干部作风建设新水平为核心，以打造民生党建为重点，以提高服务群众能力、建立长效机制为保障，创建民生党建示范区，践行党建惠民，推动科学发展"的党建工作思路，创新民生化、契约化、集约化、生态化"四化"建设，重点创建了以冯庄、三义（义东、义中、义西）、四马（马东、马西、马南、马北）为主的示范区，打造精品，集中培育了一批产业富民、党员服务、民主管理、党群共建、志愿者服务等示范典型，赢得了广大干部群众的认可。

一、创建民生化党建，解决牢记宗旨、真心服务的问题

为谁服务，能否持之以恒、真心服务，是提升党建工作的前提。义桥镇始终坚持把加强党员干部的宗旨教育作为一项经常性工作来抓。先后组织党员干部200余人次到临沂红色教育基地、孔繁森纪念馆、淄博沂源等地接受宗旨教育；邀请泰安、沭阳等地优秀支部书记来义桥镇做经验报告；每月组织一次由镇党委牵头，镇村党员干部参加的访贫问苦活动，倾听群众民生需求；每月组织各村党支部书记参加一次镇机关集中学习，以课件的形式汇报交流各村为民服务落实情况；先后为党委班子成员、镇中层干部、各村支部书记购置了《正能量》、《华西道路》、《华西影响力》、《看法与说法》等学习书籍300余套；2013年底，义桥镇党委在优秀共产党员王国福同志的家乡孙汪村筹备建设王国福同志事迹展馆，号召党员群众学习王国福同志先进事迹，引导各级党员干部牢记宗旨、加强党性、倾听民声、求真务实，践行党的宗旨，真正把心思、精力全部集中到为民服务、为民谋利上来。

二、创建契约化党建，解决尊重实践、服务对路的问题

找准服务内容、解决问题结合点，切合群众实际需求，是确保党建工作实效的关键。2013年1月份，义桥镇利用一个月的时间，逐村召开民情民愿调查摸底座谈会，明确了民生工作重点，召开点对点、面对面的约谈会、论证会，列出了完成20个村的环境整治、构建29个村的监控防盗体系和全部行政村办公场所的改造升级任务，村村有集体经济发展路子，村村有群众增收致富产业项目，村村有群众文化健身场所、活动队伍，村村开展图文并茂的党建文化等12项2013年需要完成的民生任务。各村党支部分别列出了2013年必须落实的民生事项，责任具体到人，明确落实标准、完成时限，并在党务公开栏进行了公示，向广大干部群众公开承诺，并在镇党委进行备案，接受镇党委对公开承诺事项完成情况的督导、检查和考核。开展无职党员设岗定责活动，全镇共有1300名无职党员自选了奉献岗位，公开亮明身份，履行职责。通过公开承诺，极大地调动了党员干部抓落实促发展的积极性和主动性，也推动了各项承诺事项的快速有效落实。

三、创建集约化党建，解决整合资源、服务高效的问题

怎样做事，如何撬动方方面面的力量，充分挖掘支部、党员、群众的潜能，是确保工作实效的重要保障。义桥镇按照"一村一品、突出特色、连片创建、整体推进"的思路，精心打造了民生党建示范区，实现党建资源集约化，将11项

创建标准涉及的组织资源、网络资源、载体资源、服务资源、惠农项目等进行统一整合，优先集中到示范区，打造了为民服务示范村、产业富民示范村、合作服务示范村、党员服务示范村、民主管理示范村、党群共建示范村、集体经济示范村等9种党建品牌示范类型。同时，树立“大党建”的创建意识，将幸福进农家精神文明建设示范区、廉政文化示范区、人口文化示范园等创建活动，全部整合到民生党建示范区，实现资源共享，促进党建工作的集约发展，取得显著的社会效果。2013年，义桥镇共新建村级办公场所16处，5400平方米，修缮村级办公场所14处，3330平方米。全镇经营性场所新开工18个村，已投入使用的11个村。发展苗木产业“支部+合作社”组织13处，彩色林商会1处，平均每个行政村年增加集体收入5至30万元。

四、创建生态化党建，解决党性长青、先锋永驻的问题

如何让党员干部队伍积极向上、健康和谐，永葆干事创业的动力、活力，是做好党建工作的有力支撑。义桥镇一是通过制度规范，严格督查考核，铁腕执行村务财务纪律，定期开展廉政教育，警示干部依规依法办事；二是开展以“争星创旗”、“做最好的党支部”、“最好的支部书记”、“最好的村官”、“最好的共产党员”、“党员干部志愿者”等评比活动，激励党员干部争当先锋。涌现出了一大批好支部、好书记、好村官、好党员。三是定期组织外出，解放思想，开阔视野，鼓励党员干部及时调整工作高度，把握工作尺度，实现创先争优。促使党员干部转变作风，树立苦干、实干，敢于负责，勇于创新的干部形象，充分发挥党员干部示范带头作用，不断提高服务群众的能力。

抓住关键　夯实基础
提升农村基层党建工作水平

泰安市岱岳区满庄镇党委书记　张建峰

满庄镇党委下设8个党总支、81个党支部，共有2786名党员。近年来，镇党委紧紧围绕“服务科学发展、打造高效班子、夯实基层基础”三大目标，充分调动基层党组织和党员的工作积极性，深入实施“党群连心、强村固基”工程，抓住关键环节，着力破解村级组织“有人办事、有钱服务”难题，使干部作风进一步转变，基层基础更加坚实，有力促进了镇域经济社会科学发展、跨越发展。先后荣获国家级生态文明镇、省级文明镇、省级旅游强乡镇、泰安市“五个好”乡镇党委等荣誉称号，被列入国家第三批发展改革试点镇，确定为全省“百镇建设示范行动”镇。

一、抓关键人，让村班子强起来

牢牢抓住村干部这一群体，特别是村党组织书记这个“关键”，大力实施“梯次培养、能人治村”计划，以关键带全局，活全局促发展。一是选用能人治村。坚持从“好人”中选“能人”，按照“政治坚定、作风正派、遵纪守法、勤劳致富、热爱家乡、乐于奉献”的标准，打破地域、身份、职业、经历等界限，把农村致富能手、专业合作组织负责人、外出务工成功人士和民营企业主中的各类“能人”纳入选拔培养范围，统一建档立卡，建立“能人信息库”，实行动态管理，每年进行更新和调整。先后将53名致富能人吸收为预备党员或确定为后备干部，对5个战斗力不强、群众反映较差的村班子进行了调整，动员7名经济能人回村担任党支部书记或主持工作，使村级面貌焕然一新。二是提高待遇保障。针对村干部待遇偏低，工作量日益加重，村级班子岗位吸引力不强等问题，镇财政不断加大投入用于保障村干部补贴报酬，为42名村党组织书记全部办理了养老和医疗保险。从2013年1月份开始，将在职村干部月平均报酬提高到1889元，其中村党支部书记达到2263元，养老、医疗保险人均每月228元，镇财政全年用于村干部补贴报酬专项资金达到536.64万元，比上年增长14%。同时，镇财政每年还拿出40万元作为专项奖励资金，根据年终考核结果，对管区、村两委主要干部进行奖励，有效提升了村干部干事创业的积极性主动性。三是注重政治激励。积极探索对村干部政治激励的办法，先后任命19名村党组织书记担任管区党总支书记、副书记职务，发挥“能人治村”的辐射和示范效应。推荐85名优秀村干部担任各级“两代表一委员”，进一步增强了他们的政治荣誉感和社会责任感。

二、抓关键点，让村级集体经济活起来

以“强村固基”工程为载体，制定一系列扶持政策，整合各方面的资源，聚力推动村级集体经济发展。一是加强指导帮规划。充分发挥“第一书记”、包村干部、部门和强村的帮带作用，进一步明确薄弱村发展规划，理清发展思路，与村班子一起策划创收性项目，增强持续增收能力。按照地域相邻、资源相近、产业相同的原则，结合大汶口工业园区发展，将全镇42个村（社区）划分为四大发展片区，实现产业聚集、示范带动、分片提升、抱团发展。同时，积极开展“问题合同”专项清理，共修订、完善各类经济合同2602份，剔除废除不合理合同291份，为发展壮大村级集体经济创造了良好环境。被授予“全省农村集体经济组织清产核资工作先进单位”。二是拓宽渠道帮资金。着力解决村集体没钱干事的问题，进一步扩大筹资渠道，动员60家经济效益好、社会责任感强的企业，按照4家企业帮1个薄弱村

的办法，对15个相对薄弱村开展定向帮扶，累计向薄弱村投入资金850多万元，支持为群众办实事、好事80余件。三是撬动发展求实效。镇财政整合各类资金450余万元，建立“强村固基”专项补助资金，支持村级集体经济发展，并将资金重点投向发展潜力大、可操作性强、风险较低的集体创收项目。镇党委成立资金管理小组，负责做好项目审批立项、资金拨付、使用监管、全程监督等工作，累计审批、实施各类村级集体增收项目50余个。2013年全镇村级集体经营性收入达到832.4万元，同比增长46%。

三、抓关键事，让党员动起来

镇党委把实施“强村固基”工程与改进工作作风、创建基层服务型党组织结合起来，探索实践联系服务群众长效机制，上下联动，党群互动，让群众共享发展成果。一是定期下访察民情。采取领导干部“倒排正包”制度，每人联系一个薄弱村，定期进村入户，倾听群众呼声，帮助村班子开展工作。党委书记逐村约谈党支部书记，面对面给他们交任务、压担子、提要求。全体联户干部累计入户走访2.2万户，慰问困难群众1400余户，为群众解决实际困难和问题300余件。二是“实事工程”惠民生。坚持一手抓村集体经济发展、一手抓民生实事，实现强村与惠民的有机统一。2013年，共完成各类民生实事110余项，涉及道路硬化、饮水安全、生态环境、社会保障等各个方面，全部得到有效落实。三是“全程代办”解民忧。整合财政、劳动保障、民政、三资管理等部门人员力量，投资20多万元建成民生受理服务中心，设立了“8531123”民生服务热线，受理各类群众诉求262件，办结259件，群众满意率达95%。在全区两次群众满意度电话抽查中，均取得第一名的好成绩。

手拉手互帮共建 心连心共同发展

肥城市老城街道东关居党支部书记　陈思忠

肥城市老城街道东关居共有610户，1491人，耕地面积441亩，2013年集体经营性收入达到712.8万元。2013年3月，我被派驻到老城街道张花峪村担任“第一书记”。到村任职后，我主动融入村里发展，两村结成互帮共建对子，思想上相互交流，资源上共同开发，党员群众经常一块活动，实现了帮扶一体化、发展区域化。

一、不当客人当主人，强村弱村一家亲

以前，东关居的帮扶对子就是张花峪村，但对张花峪来说是简单“输血”，两个村各自为政，缺少深度融合。2013年，肥城市选派我到张花峪村担任“第一书记”，转变了帮扶角色，使张花峪村和东关居真正成了一家人。

作为“第一书记”，我每月都会拿出一半的时间，到张花峪村办公，到了村里，从来不蹲办公室，有空就到村里转，碰见村里群众，就和他们聊家常，家里几口人、收入怎么样、有什么困难、对“两委”班子有什么意见建议是经常挂在嘴边上的问题。通过拉呱聊天，及时了解了群众的所需、所盼和所怨，明确了村“两委”工作的方向。在村里议事定事前，都要召开党员群众代表会，我每次都参加，听取大家伙意见，参与村里决策，帮助村“两委”修订工作方案。2013年，帮助张花峪村修路改水都遵循了老百姓的意愿，得到了大家的支持。

既然是“一家人”，就要目标同向，发展同步，重要的是把两个村的“两委”干部拧成一股绳。东关居与张花峪村实行组织共建、党员共管、活动共抓，共同制定五年发展规划和年度工作计划，定期组织“两委”干部互换交流工作岗位，张花峪村干部到东关居学发展经济、村庄管理，东关居村干部到张花峪村挂职锻炼、帮扶发展，每月召开联席会，共同探讨发展难题，交流工作经验；先后组织张花峪村党员群众代表40余人次到东关居亲身体验，帮助他们打开“思想闸门”，提升发展境界；两村党员建立联谊关系，在增收致富、扶贫帮困等方面，加强沟通联系，东关居10名党员联系帮扶张花峪村10户困难群众，凝聚了发展向心力。

二、帮钱帮物不如帮项目，互帮共建一体发展

传统的帮扶主要是送钱送物，很多时候是“帮扶一阵风，过后就稀松”，薄弱村“没钱干事”的问题还是得不到根本解决。在帮扶工作中，东关居坚持“帮钱帮物不如帮个好项目”，变“输血”为“造血”，从根本上提升张花峪村的自我发展能力。

为发展壮大村级集体经济，带动村民增收，东关居和张花峪村不断探索合适的增收路子。通过论证分析，东关居有资金和种茶技术优势，但发展空间受限；张花峪村经济相对薄弱，但有土地资源和生产茶的地理条件，如果共同建设有机茶种植项目，就能优化资源，取长补短。于是，两个村的工作重心都放在了茶园建设上，张花峪村挨家挨户做工作，消除群众的惜地思想；为保证群众利益，东关居提高了承包价格，每亩地从每年600元提到750元，提前预支一年的费用，并优先安排进茶园务工，仅用半个月的时间，就流转土地150亩，促成了茶园项目在张花峪村落地生根。在张花峪村的积极协调下，茶园面积扩大到周边3个村，面积达到1400亩。几年来，东关居持续投入资金3000多万元，建成了有机茶烘炒车间、品茶室和综合办公楼，一连推出了

肥子茶、泰山君子茶、桃花红茶等多个高端系列产品，东关居年增收300万元。张花峪村积极融入茶园发展，集体又流转出土地50亩，发展有机茶叶种植，收益按股分红，村集体每年能增收5万多元。同时，东关居帮助张花峪村成立了劳务合作社，统一组织村民到茶园打工，每人每天提取2元管理费，仅此一项张花峪村年收入5万元。

建好有机茶种植项目，还要让群众增加收入。张花峪村集体牵头，组织150多名群众进行培训，掌握了管理、采摘、烘炒等技术，全部进入茶园务工，实现了家门口就业。对老弱病残，茶园特别照顾，和年轻人员一样开工资，最低每人每天40元。去年，仅发给村民的劳务费就有120万元。

三、让老百姓真正得实惠，才是强村固基的根本

与张花峪村结成对子后，东关居"两委"一班人就达成共识，帮扶就要让老百姓真正看到变化、得到实惠，决不"蜻蜓点水"走过场。我任职"第一书记"后，帮扶的第一件事就是修建环村路，解决村民出行难的问题。2013年4月份，环村路工程开始动工，要清除路旁的房屋、院墙和树木，我和"两委"干部逐户做工作。那段时间，安排完东关居的工作，我就盯靠在施工现场。用了一个月时间，680米的环村路修建完成。张花峪村村民还有一个多年的愿望，就是吃上干净卫生的自来水。之前村里多次打井失败，村民一直吃着地表水。我向村"两委"提议，实施饮水改造工程，从10里路外的小窑村向张花峪村调水，沿途建设3个加压站、1个水塔。目前，已投资20多万元，建完两个加压站，通水管道已挖完，工程总投资约80多万，项目建成后，村民就能吃上甘甜的自来水了。

让张花峪村村民享受东关居村民一样的待遇，是我任"第一书记"后向村民许下的承诺。2012年以来，东关居已连续两年出资8万元，组织张花峪村130名65岁以上的老年人进行免费全面查体；出资1万多元，帮助张花峪村成立了"爱心慈善基金会"，为困难群众提供大病医疗资金救助，帮他们树起生活的信心；投资10万元修缮了办公场所、老年活动中心，建起220平方的文化广场，方便群众休闲娱乐。几年来，东关居对张花峪村的帮扶资金累计达到120余万元。

下一步，东关居和张花峪村将持续不断地壮大村级集体经济，真心实意地办好民生实事，构建"以强带弱"长效机制。同时，东关居扩大居民楼建设规模，承接张花峪村实施村庄搬迁，最终实现村庄融合、一体发展，让两个村的老百姓共同过上好日子！

开展村级工作擂台赛 激发农村党支部书记干事创业活力

东平县彭集街道党工委书记 王 冰

2013年，东平县彭集街道党工委组织开展"村级工作擂台赛"，党委设台，支书打擂，量化考核，定期排名，奖优罚劣，搭建起村党支部书记干事创业、比学赶超的有效平台，形成了"不比条件比干劲、不比基础比发展"的鲜明导向，实现了"先进有压力、中间有活力、后进有动力"的生动局面，街道整体工作得到全面提升，南部新城建设步伐明显加快。

一、分解村级工作，设置"五大擂台"

将农村主要工作任务分解，重点围绕美丽乡村、满意乡村、文明乡村、和谐乡村、富裕乡村"五个乡村"建设任务，设置"五大擂台"。"美丽乡村擂台"抓村容村貌，环境整治，改善村庄人居环境，增强群众的舒适感。"满意乡村擂台"抓公共服务，民生保障，推进农村社会事业发展，增强群众的安全感。"文明乡村擂台"重点抓村风民风、"四德"建设，推进农村文化繁荣，增强群众的幸福感。"和谐乡村擂台"抓班子建设，民主管理，保证村庄和谐稳定，增强群众的满意度。"富裕乡村擂台"抓集体经济、群众增收，推进农村产业发展，增强群众的成就感。

二、精心设计程序，确保"全程对决"

既抓结果，更重过程，通过全过程打擂对决，让支部书记干有方向、创有目标、争有动力。**一是年初选擂**。年初，在街道党工委的指导下，由村党支部书记自主选擂，每人至少选择一个擂台，确保年内每个村都有工作发生较大变化。去年，全街道53个村共申报擂台161项，平均每村申报3项。前郑海村、后围村等13个基础较好的经济强村申报全部5项擂台，东史庄村、柳营村等基础较差村也根据各自实际，从易处着手，分别申报了打擂项目。**二是年中打擂**。建立"管区例会"制度，每月以管区为单位召开一次支部书记会议，逐人上台就本月各项工作和下月工作打算述职，党工委派员列席会议，对工作开展情况进行记录汇总，建立工作台账。设立"支部书记讲坛"，每个季度召开支部书记会议，由支部书记上台讲工作，讲成绩，说打算，激励先进，鞭策后进。开展"双述双评"活动，每半年，村支部书记向党

工委和村内党员群众述职并接受评议，分擂台按成绩拉出名次，在各村公示。同时，对每名支部书记，不管村庄基础好坏，只要干事，就给平台；只要干得好，就全力支持；只要有新变化，就给予精神奖励。**三是年底评擂。**年底，党工委以干成了多少事，发生了多少变化，取得了多少实绩为标准，分擂台对支部书记进行综合排名，第一名授予“擂主”称号。在此基础上，对村级工作整体排序，第一名授予“总擂主”称号。对年终评出的“擂主”，在街道经济工作会上进行命名表彰，并给予现金奖励，特别优秀的聘请为街道办事处名誉副主任或主任助理。对于出现计划生育、重大信访问题、重大治安刑事案件的村，取消评选资格。工作被动、出现严重问题的村，免去或责令辞去村支部书记职务。2013 年，街道财政拿出 40 万元，奖励村党支部书记，最高的能拿到 3 万元奖金，工作没有起色的，不仅拿不到一分钱，还要上台说明工作被动的原因。

三、比拼成效明显，实现“三大变化”

一是村级工作活力明显增强。通过擂台赛，让支部书记干与不干不一样、干好干差不一样，从根本上破除了“等、靠、要、拖”的懈怠思想。2013 年，全街道 53 个村全部进行了环境卫生整治、办公场所提升，全部都有了发展路子和增收项目，村级文化大院达到 30 个，水、电、路等基础设施得到完善，一大批群众关心的热点问题有效解决，群众满意度明显提升。**二是南部新城区建设顺利推进。**以擂台赛为抓手，激励支部书记想办法、干工作，群众切身感受到了变化，提升了对街道工作的认同感和支持度。街道承担的南城区建设、国际物流园区、矿产业循环经济园区、晋鲁铁路、105 国道、山钢铁矿等重点项目扎实推进，没有发生一起越级信访案件。陈流泽村党支部书记陈树莲不分昼夜靠在工地，不到二十天的时间，共清理砂 12 万方、树株 2000 余棵、房屋 30 余间，清理出土地 173 亩，确保了县重点项目的顺利开工建设。**三是支部书记发展能力有效提升。**对擂主进行重奖，增强了支部书记岗位的吸引力；进行分类排序，让一部分能力不足的支部书记不好意思再干下去。由此，一大批能人相继回村任职，成为致富带富的领路人。安村原来是全街道有名的差村、穷村，在外经商党员孙庆元回村后，用两年多的时间，发展起四大产业。2013 年，安村集体收入 503 万元，农民纯收入 1.3 万元，今年集体收入有望突破 700 万元。

健全完善农村干部激励约束机制

威海市经济技术开发区桥头镇
党委书记　贺传军

桥头镇是内陆镇，辖 51 个村，1815 名农村党员。近年来，在区工委管委的正确领导和大力支持下，桥头镇党委坚持把抓基层、打基础，固堡垒、强保障作为重中之重，把精力投到农村，指导下到农村，财力倾斜到农村，不断激发农村干部创业激情，为镇域经济社会持续健康发展提供坚强组织保障。

一、坚持“强保障”，让农村干部吃下“定心丸”

一是加大投入增保障。在统筹使用好区财政拨付的 108 万元农村干部报酬专项经费基础上，镇财政又配套 150 万元，全额承担村干部基本报酬，使村干部平均月报酬达到 843 元。镇财政又“挤”出 103.5 万元，对全镇 41 个年集体经济收入在 3 万元以下的村拨付村级组织办公经费。再整合环境整治经费 100 万元，使区镇两级财政总投入达到 460 多万元，切实解决了村级组织有钱服务的问题。

二是统一范围扩覆盖。按照全区统一要求，把财政保障范围从村书记、主任、会计、妇女主任“四职干部”扩大到分设的“两委”委员，使保障人数从 153 人增加到 255 人；对村级组织运转保障也由原来的 10 个村增加到 51 个，实现了对所有村级组织和农村干部工作岗位的全覆盖。

三是调整标准提水平。对村干部待遇，以上年度全镇农民人均纯收入作为报酬基数，并从全市的三年上调一次，变为逐年滚动增长。2013 年村干部报酬基数达到 8450 元，以后每年保持 10% 左右的增幅。为了树立书记主任“一人兼”的导向，经考核合格，“一人兼”书记主任的报酬不低于基数的 2 倍，会计和妇女主任为 1.8 倍，分设的“两委”委员为 1 倍。对运转经费也建立了稳定增长机制，镇财政以每个村 1.5 万元为基数，每百户上浮 2 千元，村平均财政补助资金从 4.6 万元提高到 9 万元。从 2014 年起，基数保持每年 30% 的增幅，充分体现镇域经济发展与村级保障水平的关联性。

四是按月兑付抓发放。变半年考核为月考核、月兑现，每月由分管部门负责考核，镇党政办进行汇总，党委会进行研究，由镇财政所把报酬直接打到村干部“一卡通”上。村级运转经费也由镇财政按季度足额拨付到村集体账户上，保证不拖、不欠。

二、坚持“增活力”，设计干事创业“指挥棒”

一是兼容并包，突出考核的全面性。结合东部滨海新城建设，将镇村工作分为常规工作、中心工作和重点工作三大块，全部纳入考核管理。常规工作包括干部坐班、例会召开、《村情月报》发放等日常工作，占70%的比重；中心工作包括镇党委政府每月安排部署的相关工作，占30%的比重；重点工作包括部分村承担的重要任务和试点工作、承办现场会议及获得上级荣誉等，为加减分项。全年镇域农村基层基础工作落实情况良好，滨海新城建设涉及的征地拆迁、农村普查等一批中心工作顺利推进；义河北、观里西、董家夼等3个村，在党建工作、村务交流、土地产权改革试点等方面，获得了重点工作奖励加分。

二是设岗定责，突出考核的针对性。为保证“千斤重担众人挑”，将考核内容细化到人，考核结果落实到人。所有村干部按业绩拿报酬，不吃“大锅饭”、“平均粮”，真正体现出绩效差别。全镇农村干部因业绩差异，党组织书记月报酬最高的1500元，最低的900元，有12人次停发当月工资。通过在服务重大项目、完成急难险重任务等工作中，让“九牛爬坡，各个尽力”，使广大村干部在党员群众中树起了良好形象。

三是统筹兼顾，突出考核的实效性。坚持常规工作联合考核，由镇相关业务科室到村进行综合检查，并结合区直部门的专项考核通报进行打分。中心工作动态考核，由镇包片领导、包村干部列席每季度召开的片务工作会、每月召开的党员和村民代表会、每周召开的村“两委”扩大会，听取村干部汇报工作完成情况，直接进行督导考核。重点工作采取一事一议的形式单独考核。雅格庄村因新城园区建设需征用466亩土地，涉及201户，工作难度极大。为此，镇党委将其列为该村重点工作，设置了2万元的奖励，激励引导村班子深入细致做工作，该村圆满完成了征地任务。

三、坚持“抓结合”，打造固本强基“助推器”

一是结合舆论引导，激发敬业精神。把每月考核结果和全镇排名情况在各村公开栏张贴，并在《村情月报》上刊登，发放到每家每户。通过这种方式，让广大党员群众掌握村干部的具体表现，使干事的深入民心，不干事的没有“市场”，从而让排名靠后的有紧迫感，加压奋进，攀高登强。

二是结合评先选优，营造争先氛围。为避免“一考定终身”，年底，镇党委对各村本年度的月份考核结果进行汇总和排名，据此拟定区级表彰对象，督促各村注重日常积累，把功夫下在平时。全镇14个年度区级农村工作表彰对象均通过该方式产生。同时，把每月农村考核结果与包村机关干部当月工作考核挂钩，敦促他们沉到一线指导工作。

三是结合班子建设，夯实基层堡垒。把村级工作考核情况作为农村班子强化提升的重要依据，每半年进行一次汇总分析，对多次考核排名靠前的村进行通报表扬，组织其他村观摩学习，村干部在党委扩大会上做典型经验交流；对多次排名靠后的列入调整范围，通过开展“班子强化提升月活动”进行专项整治。全年共调整农村干部9人，圆满完成全镇5个后进村的整治任务。为适应新形势需要，又出台了农村干部规范化管理长效机制，建立健全了选拔任用、职责任务、教育培训等七项规章制度，同时对农村干部考核办法再作修订，实现有制度管人理事，进一步提高农村干部管理的制度化、规范化、科学化水平。

让乡亲们过上城里人生活

荣成市寻山街道赵家村
党支部书记　孙玉晓

赵家村，位于荣成市寻山街道北部，全村170户，党员32人，原是一个经济基础薄弱的山区村。2007年开始，我们“两委”班子带领广大党员群众，克服种种困难，多方筹措资金进行新农村建设，利用土地增减挂钩这一政策，实施了整村改造，并以此为突破口，落实了发展集体经济、理顺服务机制等一系列举措，让发展成果惠及于民，在增强党支部凝聚力、号召力的同时，大幅提高了群众满意度。

一、理顺班子，凝聚人心

村庄要想得以发展没有个强有力班子是不行的，没有群众的支持就更不行了。2006年以前，我们村班子软弱涣散，“穷争饿吵”的现象十分突出，越穷就越乱、越乱就越穷，基础设施十分落后，村容村貌脏乱不堪，村党组织在群众中毫无威信可言。那时，我在外从事个体经营，虽不经常回村，但对村里的一草一木都有着深厚的感情，作为土生土长的赵家人，村庄的落后面貌深深地刺痛着我的心。2006年，街道党委动员我回村任职。那时我最真实的想法是为村里做点事。2007年村“两委”换届，村里选举产生了我们3人的班子，面对人心背离、一穷二白的乱摊子，我们首先把抓班子、带队伍摆在首要位置，连续主持召开了多个由村两委干部、党员、村民代表等不同层面人员参加的会议，解放思想谋出路，并深入老党员、老干部家里，就村庄的发展征求意见，达到统一思想、凝聚人心的目的。与此同时，我们还探索了3项机制：一是联系群众全覆盖。“两委”干部每人联系50多户村民，经常性走访联系，了解群众心声，听取群众意见，通过帮助解决村民难题，拉近干群关系。二是民主管理有创新。设立村级事务协调委员会，由7名威望较高的老党员、老干部组成，每周召开一次会议，发挥建言献策、监督村务、沟通协调作用，缓冲和化解干部与干部、干部与村民、村民与村民之间的矛盾纠纷。三是志愿服务常态化。组建村内党员志愿服务队，引导党员积极参与村内建设，发挥模范带头作用。同时，还在村内设立党员责任岗，督促村内党员履职尽责，赢得群众认可。

二、攻坚克难，改建新村

要干好工作光有一腔热情不够，关键要把工作做到群众的心坎上。针对群众反映的环境脏乱问题，启动实施了两轮新农村建设民心工程，全面改善村容村貌，并建设社区综合服务中心、健身广场。2009年，山东省开始实施土地增减挂钩项目，我们感到这是个解决村民居住环境的难得机遇。对此，我们全力抢抓政策契机，酝酿高标准启动全村百姓整体搬迁工程。但这不是一句话说说就能行的。当时一提想法，就得到了部分人的质疑、反对，有些甚至是善意的劝解。农民怎能住楼房？住楼房吃饭、睡觉的问题怎么解决？有那么多的资金建楼吗？针对这些，我们一方面筹措资金建设，在最困难的时候，我甚至把自己家的房权证进行抵押贷款。另一方面，发挥村级事务协调委员会作用，起早贪黑分头深入群众家中做宣传，最终赢得了群众的理解与支持。2012年底，投资3000多万元，配套设施齐全、精细装修的8栋安置楼建起来了，2013年元旦，170户居民全部搬进新居。

三、开阔思路，壮大经济

“手中无米，唤鸡不来”。经济不发展，其他一切都是表象，改变不了本质。为填补2400万元土地增减挂钩补偿资金与3490万元安置费用之间巨大的差距，进一步提高群众生活水平，我们村“两委”把发展集体经济摆在重要位置，在反复审视挖掘自身资源优势的基础上，壮着胆子、硬着头皮提出了神岭湖休闲度假区这个概念，并发起成立了神岭湖旅游开发有限公司，建设艺术创作基地，用山水资源创造收入并提升区域对外影响，并以基地为平台募集资金，收效良好。目前，基地已与20多名省内外书画家签订入驻协议。同时，以正在推行的农村“三项改革”为契机，将全村山、水、地、林等资源统一整合，引导群众以土地入股的形式成立专业合作社，目前已成立“神岭湖休闲旅游合作社”和“神岭湖淡水鱼养殖合作社”，发展生态观光旅游。一期生态体验及旅游绿道已经建成，开始接待游客；二期观光水面及垂钓平台建设，现已基本完成；三期建设生态观光采摘园，发展现代生态农业。利用土地增减挂钩复垦的88亩土地及周边菜地，建成现代化冬暖式大棚6个、春暖式大棚12个，种植有机蔬菜、葡萄、猕猴桃、蓝莓等水果以及曼地亚红豆杉、北海道黄杨、小龙柏等高档苗木。另外，在群众自愿的基础上，将全村400亩耕地纳入集体统一经营，继续种植有机蔬菜和各种水果，扩大采摘园规模。

四、完善配套，共享成果

发展的最终目的是让老百姓过上好日子，我们坚持把改善居住环境、优化公共服务、提升生活水平作为首要任务，多方筹资启动实施了一系列民生项目，也得到了村内党员群众的一致拥护。一是完善配套设施。楼房建成后，村里根据村民居住特点出资进行了配套和装修，水、电、暖、网、气等配套设施同步完成，成为全市首家接通管道天然气、采取集中供暖的新型农村居住区，村集体还投资100多万元，建设了污水处理站、垃圾运转站，进一步改善居住环境。二是优化公共服务。结合市里推行的行政服务向镇街、便民服务向社区“两个延伸”活动，建成了现代化的村级公共便民服务中心，街道10个部门入驻办公，实现了对群众的零距离服务。同时，为方便群众进楼后的生活，村里成立了村庄物业管理委员会，实现了从居住条件到管理维护的与城市无差异服务。三是提升福利待遇。集体收入增加、居住环境改善的同时，群众福利待遇也实现了阶梯式增长，2007年将实行了近30年的60岁以上老人每人每年70元的养老补助，提升到了150元，现在已达到每年1200元的标准。土地流转后，群众每亩每年领取1000元补偿金，并以生态农业合作社股东的身份直接参与生态园建设与管理经营，进行分红，与村庄形成利益共同体，完成由传统农民向产业农民的转变。

抓好党建激活力 夯实根基促发展

莒县长岭镇石井一村党支部书记 史同洲

莒县长岭镇石井一村共有420户，1145口人，耕地面积570亩，村“两委”干部5名，党员57名。近年来，村党支部认真贯彻十八大和十八届三中全会精神，大力加强服务型党组织建设，打基础、聚合力，促进了经济社会各项事业健康持续快速发展，群众幸福度和社会满意度持续提升。2013年，村集体收入达到130余万元，人均纯收入达到15600元。我村先后被授予“省级文明村”、“省级文明社区（村）”、“市级示范社区（村）”、“市级先进基层党建组织”、“市级基层党建工作示范点”等荣誉称号。

一、坚持德才并重，大力加强班子自身建设

村党支部始终坚持领导班子建设常抓不懈，着力提升“两委”干部干事创业能力素质。**一是加强教育培训，提升班子素质能力。**严格落实“三会一课”制度，建立班子成员学习例会制度，坚持每周一次理论学习，每月一次业务学习，每年举办一次“村级发展”研讨会，定期组织村“两委”成员走出去参加各类培训，着力提升班子成员的文化水平和素质能力。**二是加强思想品德建设，提高班子宗旨意识。**坚持每年“七一”召开一次组织生活会，班子成员带头查找思想上的问题和不足，带动党员开展批评与自我批评，自觉加强党性修养；定期到孟良崮、马牧池等“红色教育”基地参观学习，感受老党员“本色”情怀，接受心灵洗礼；每年年底举办“公心”节，班子成员面向全体村民述职述廉，由群众现场评议，提高了村“两委”干部的公心意识。

二、注重激发活力，让各类优秀人才充分涌现

党支部充分发挥“牛鼻子”作用，党员干部带头，发挥群众的聪明才智，提升他们的创造力。**一是组建党员志愿服务队，发挥模范带头作用。**制定党员志愿者队工作规范和年度计划，充分发挥他们的特长优势，定期组织参与社区救助、卫生保洁、公共服务等志愿服务活动，进一步提升党员形象。在此基础上，建立入党积极分子和预备党员志愿服务激励机制，把志愿服务活动量化、细化为10个大项36个小项，每名入党积极分子和预备党员到党支部认领服务项目、服务时间和服务效果，作为吸收为预备党员和预备党员转正的重要条件，优先从外出经商、打工、大中专毕业生、退伍军人中发展党员，增强了党员队伍的生机和活力。**二是开展创建评选活动，营造良好社会风气。**通过“支部提名、党员评议、群众评选”办法，评选“和谐文明户”、“好媳妇”和“好婆婆”，在“四德”榜上公布照片、事迹，对他们给予表彰和激励。**三是开设“农业讲堂”，培养新型农民。**利用远程教育网络进行网上培训，定期邀请市、县农技人员给群众授课，培养新型技术人才，提升村民素质水平，激发全村上下活力。

三、突出建章立制，着力推动村级事务规范化

一是实行“重大事项议事决策”制度。对涉及土地承包、集体资产转让、厂房出租、楼房安排、项目建设等情况，村“两委”做决策前，当面征求党员和村民代表的意见和建议，然后确定实施方案，增加工作透明度，保障群众知情权、参与权和决策权。**二是完善民主监督机制。**规范党务、政务公开栏，及时公开村务、党务情况。每月25日为党员群众“议事·学习日”，在会上，将本月发生的收支业务单据逐项向党员和村民代表做出说明和解释，预审下月大额开支情况。同时，建立健全了监事会、村民议事会、民主理财小组等一系列村级自治管理组织，真正做到了党务、村务、财务“三公开”。**三是完善“党群双向”直通机制，建立党员帮扶困难户制度。**支部成员联系困难党员和建国前老党员，无职党员与困难家庭结成帮扶对子，开展“一对一”、“面对面”帮扶活动，为困难家庭提供资金、技术等方面的服务。2013年，在党员的结对帮扶下，共有25户困难户实现了脱贫。

四、牢记发展使命，不断为群众谋取福祉

新班子成立后，把发展村级集体经济，提高群众生活水平作为首要任务来抓。村西岭土石以页岩粘土为主，是烧制各种砖瓦的优质原料，村党支部在听取党员群众意见、考察论证的基础上，确定把发展建材产业作为村级主导产业来抓，通过上级扶持、支部协调、党员带头、能人带动、抱团发展，开拓了富民强村之路。几年来，已拥有大型砖缸瓦企业36家，新型建材厂3家，从业人员5000余人，仅此一项，增加村民人均纯收入3000余元。同时，依托农村社区中心村的优势，对“水、田、路、居”进行规划建设，先后投资1200余万元，新建多层居民楼6栋180余套、沿河别墅楼120套、老年公寓楼24套，全部通上了水、电、暖、气；投资150余万元硬化道路12条，铺设人行道2800余平方米，安装路灯70余盏，栽植各类绿化苗木15万余株，绿化面积达4000平方米；投资60余万元对石井河进行改造。同时，充分发挥社区中心村在党建、文化、教育等方面的辐射带动作用，

投资580余万元，建设石井花园小学和石井幼儿园各一所，在校学生达1600余人；投资160万元，按照"一厅两栏十四室"的要求，高标准建设了1200平方米的便民服务中心一处，并建成街头公园和文化广场各1处，配备了室外电子屏幕，完善配套了各种体育、休闲、娱乐设施，确保了各项服务设施更加贴近群众，更好地满足群众生活需要。2013年，我村被评为"省级文明社区(村)"。

以人为本　凝心聚力
构建富裕文明和谐示范镇

五莲县委常委、矿产和石材管委主任兼石材产业园管委主任、街头镇党委书记　费守平

街头镇是日照市和五莲县的传统经济强镇，尤其以石材业闻名国内外。近几年，我镇在深入推进石材业综合整治和省级示范镇建设的过程中，高度重视人的作用，突出加强党的基层组织建设，强化作风建设，为经济社会发展转型升级和提速发展注入了强大的活力，为创建"中国石材第一城"和"国家级园林城镇"打下了坚实的基础。

一、以组织建设"强基"，不断提升执政能力和落实能力

石材业综合整治和省级示范镇建设是街头镇两项重点工作，石材产业园和示范镇工程建设任务繁重、时间急迫，园外石材业关停拆除面临群体思想不一、维稳压力大。面对巨大的工作压力，街头镇突出抓好镇村两级党组织建设，夯实经济社会发展组织基础。**加强班子建设。**我们制定了"四线工作法"，加强石材、小城镇建设、农业农村、党建精神文明社会稳定四条工作线的建设，对各线充分授权放权，日常工作各线内部商讨、沟通，出主意、抓落实，重要事项线内先出思路、定措施，并及时上报、经集体研究通过后实施；坚持联席会议制度，各线每周汇报工作开展情况和下周工作打算，重点工作重点调度。各线班子成员团结干事，落实科学发展能力全面增强。**加强管区组织建设。**每个管区配备三名专职机关干部，强化工作力量，全面负责管区内各村经济社会发展事务。**加强农村支部书记队伍建设。**通过现场观摩总结会议、组织赴外地参观学习、请专家进行讲课等形式，提高村干部干事创业能力。以石材业综合整治、省级示范镇建设等工作为平台，提升干事创业能力。在石材业综合整治中，8名兼营石材业的支部书记带头整合周围业户报名入园、拆除园外石材企业，部分石材业经营户由于表现出色，而被选拔为村支部书记或村务负责人，带领群众打开工作局面，推动农村工作提效率上水平。

二、以长效机制建设"固本"，健全完善发展长效机制

高度重视制度建设在党建中的根本性作用，突出长效机制建设，用制度规范从政行为，确保各项重点工作扎实有序推进。**完善民主决策制度。**石材业综合整治面对群体庞大，涉及面广，政策性强，示范镇规划建设涉及地方发展的长远，坚持"个别酝酿、民主协商、集体研究、会议决定"的民主决策制度，涉及重大决策事项的，坚持通过大范围的调研摸底，广泛征求意见建议，反复论证，特别是重大项目立项，多次到外地考察调研，尽最大努力实现科学决策。对石材业综合整治等政策性强、牵扯面广的事情，坚持从长远发展着想，提前预测政策执行中会遇到的问题，增强工作的主动性。坚持经常性的召开领导干部务虚会议，开展批评和自我批评，探讨工作思路和措施，班子成员的政治思想素质全面提高。建立政务咨询制度，聘请专家为规划顾问，确保决策上的科学性。**强化镇村干部管理制度建设。**健全机关、管区、农村干部管理制度、考评制度，以及农村干部中午饮酒备案制度和领导干部和办公室人员工作日全面禁酒制度，严惩"庸散懒"现象，用制度管事、凭制度管人。**强化镇村工程、财务管理制度。**建立和遵循严格的工程质量监督程序，明确监督管理任务、内容、范围、职责和权利，完善监督管理内容，规范各方主体行为，引入质量评优机制，确保工程质量，确保工程健康高效推进；制定并严格实施农村集体经济财务管理、村级重要事项评审查验等制度，推动农村财务、工程管理明朗化。

三、以水杉精神"塑魂"，锻造过硬的干事创业作风

水杉树高大挺拔、一心向上，是街头镇驻地主要绿化树种，深得当地群众喜爱。街头镇深入挖掘水杉优秀品质，结合新时期"五莲精神"精髓，在园镇村干部中大力弘扬以"扎根实际、坚韧挺拔、昂扬向上、心无旁骛、精诚团结"为主题的水杉精神，着力培树勇毅笃行的稳劲、抓铁有痕的韧劲、逢山开路的闯劲、甩开膀子的干劲，以及众人拾柴的心劲。教育镇村干部，一切看工作，以工作为评价、使用干部的最终导向，增强使命感，弘扬正气，自我加压，负重前进，集中提升干部队伍素质，着力打造一支善打硬仗能打胜仗的虎狼之师、胜利之师。在园镇重点工程、入园企业建设的关键时期，规划建设人员日夜蹲守工地，监督工程质量，督促工程进度；在园外企业集中关停拆除开始后，石材业执法人员坚持三个月不休班，有的一两个月不回家，全副身心投

入到业户走访工作中去，克服业户态度伪劣、避而不见、电话号码被拉入黑名单等一系列困难，坚持稳字当头，把思想动员工作做到家，业户不自行关停坚决不罢休，确保关停工作平稳顺利完成。

四、以践行群众路线"聚气"，致力建设富裕和谐示范镇

突出民生工程建设。在示范镇建设中，注重把发展的成果落脚到确保群众的利益上，突出中小学改造提升、医院病房楼建设、敬老院新建等民生工程建设，大力提升群众教育、医疗、卫生、敬老等事业建设，扶持各村对自来水进行改造；加强镇驻地旧村改造、社区中心和商业小区的建设，全面铺开环卫一体化建设，招引商贸服务项目，提升群众生活水平。**坚持走群众路线。**坚持群众利益无小事，真诚把群众、企业的事情当作自己的事情，全心全意帮助普通群众和企业解决难题，坚持问计于民，正确对待群众信访问题，切实维护群众和企业的利益。在石材业综合整治和环卫一体化建设过程中，发挥人民群众的力量，争取群众和石材业户对园镇决策的高度认同，凝聚发展共识，形成强大的舆论压力，推动工作进展，着力打造健康和谐的党群关系和新型政企关系，凝聚推动发展的强大合力，全力构建富裕和谐文明的示范镇。

支部引领发展　党员带动致富

莱芜市莱城区牛泉镇毕毛埠村
党支部书记　毕奉水

莱芜市莱城区牛泉镇毕毛埠村共有村民1106户、2688口人，有党员98名，村"两委"成员7名，耕地面积2544亩，2013年实现村集体收入182万元，人均纯收入13129元。近年来，毕毛埠村始终坚持以党建引领发展，以产业推动致富，以民生改善促进社会和谐，发展三大特色产业，推动富民强村。先后荣获"莱芜市先进基层党组织"、"山东省文明村"等一系列荣誉称号。

一、加强支部引领，提供坚强组织保障

为使决策更加民主、得到党员群众认同，村党支部紧扣"管理民主"要点，依托"三项制度"、"村务公开"等工作，全面落实民主管理、民主决策和民主监督机制，村内各项事务走上了民主化、规范化道路，保障了党支部的决策与民意吻合。

一是完善民主管理制度。认真贯彻落实市委、区委关于党员干部联系群众的"三项制度"，即支部书记接访、"两委"干部走访、党员包户，及时了解村民在村级发展、个人诉求、事务办理等方面的意见建议，帮助村民解决实际困难。建立以党支部为核心、村民代表大会为主要形式的民主管理制度，党员、群众代表每月集中议事，广泛听取群众意见建议，通过民主管理，群众认可的事就干，群众反对的事就不干，实现事前议事民主化、事中决策科学化、事后监督规范化，保障村民的知情权、决策权、参与权和监督权。

二是深化党员议事、理财制度。把全村20个小组分成5大片，实行村干部包片，每片推选出威信高、正派、敢言的3名优秀党员，协助村负责本片生活生产工作，听取、归纳群众意见，引导群众执行支部的决议；每片推选出1名代表，每月1日参与村民理财小组，严格审查村内收支事项，设置政务、村务公开栏，自觉接受群众的监督，树立支部在群众中的威信。

三是实行党员监督村干部制度。从全部党员中推选24名，每4名党员监督一名村干部，全部党员和村"两委"干部监督村党支部书记，推行党务村务全过程、全方位、全公开的"三全"监督模式规范村级管理。支部书记、村干部定期和党员交流，通报工作开展情况，党员对村干部的工作提出意见、建议。通过民主监督，促进村级事务的公开透明，提高村干部的公信力。

二、党员带动产业，加快富民强村步伐

党支部根据村庄实际，确立了温室大棚、梳绒加工、兔舍加工三大产业共同发展，实现农业增效、农民增收的总体发展思路。充分发挥党员模范带头作用，开展党员致富示范工程，党支部在资金、技术上给予全力支持，有条件的党员带头兴办一个创业项目，带动群众致富。目前，全村党员带动260户群众创业，安置农村劳动力800多人，人均增收5000元。

一是制订优惠措施，扶持产业发展。围绕温室大棚，提出逐步淘汰落后产品，引进优良品种的思路。凡是外村有新品种、新技术的，在我村发展温室的，享受村民待遇，目前已有5户外村村民在此建棚；鼓励利用温室大棚间的采光空隙，大力发展养兔业以及葡萄种植；对每个建棚户协调解决2—3万元贷款，免费提供3吨水泥，3年内免交土地承包费。

二是成立专业合作社，发挥示范带动效应。2010年6月，发起的汶源蔬菜专业合作社，现发展社员830户，党员9名。合作社坚持标准统一化，统一建蔬菜大棚和葡萄大棚，统一种植品种，统一技术指导，统一供水、电、肥料，统一销售，逐步推动蔬菜、水果产业向高端迈进。这个社现已投入资金1500万元，流转土地1450亩，建成大棚360个，2013年底社员人均收入4万余元。

三是扶持大户发展，实现龙头带动效应。村党支部支

持梳绒大户、种植大户发展，规划出10亩地建设泰山雪绒有限公司，目前公司拥有梳绒机110余台，职工300多人，产品远销日本、德国、意大利等国家。对产业大户发展的相关事项，村“两委”给予大力支持，维护好企业的利益。

三、改善民生事业，建设和谐幸福乡村

我村加大基础设施投入力度，完善各项民生工程建设，在保持村级产业高速发展的同时，使全体村民共享经济发展的便利和实惠。一方面抓好民生事业，在实现“老有所养、幼有所教”上下功夫。坚持“抓两头带中间”的工作思路，抓好老年人的赡养工作，抓好儿童的教育问题，解决青壮年后顾之忧，带动其干事创业。村集体对创业户免除一切费用，创业户根据经营规模出资赡养全村70岁以上老人；规定每个温室大棚一年赡养1名老人，标准为每年500元；开展“孝心榜”评选活动，营造尊老敬老的良好氛围。2013年，投资20万元，高标准改造村幼儿园，完善教学设施。每年投资5万元，聘请高素质教师任教，实现本村幼儿免费入园。

另一方面完善基础设施，在实现“绿化、亮化、美化”上做文章。为彻底改善全村面貌，经多方筹措资金，投资260多万元，硬化街道11公里，安装路灯80盏，栽植各类绿化苗木1.2万棵，实现了全村整体面貌的“绿化、亮化、美化”；整修生产路3500米，新修水渠1000多米，埋设地下暗管800米，解决村级产业发展上面临的困难；开展“宽带免费入温室”活动，投资2.5万元，为20户温室大棚种植户免费通上宽带，使村民及时了解产业发展信息。

强基固本优服务
社村共建促发展

临沂市河东区汤头街道龙车辇社区
党总支书记　杜运忠

临沂市河东区汤头街道龙车辇社区处于临沂（河东）省级农业高新技术产业示范区核心区内，西临滨河东路，辖车庄、龙王堂子、红埠岭、辇沂庄、隆沂庄等5个自然村，有耕地5210亩，居民1588户、3813人，党员149名。近年来，在上级党委政府的正确领导下，在市直选派任职“第一书记”的帮扶下，社区党总支深入贯彻落实党的十八大、十八届三中全会精神，按照“围绕经济抓党建、抓好党建促发展”的工作思路，积极探索实行“五建五有”做法，走出了一条“抓党建带社建，以社建促党建，村社共建齐发展”的新路子。社区先后荣获“全市文明社区”、“全区先进基层党组织”等荣誉称号。2013年，全省供销社推进党建带社建社村共建工作现场会到社区观摩。

固本强基：夯实基层党建工作基础

社区党总支始终把班子建设和党员队伍建设作为一项重要工程，紧紧围绕“强组织、建阵地、聚人心”，不断探索社区管理和党员管理的新办法、新措施。**一是加强制度建设**。狠抓社区“两委”规章制度建设，制定了社区干部任期目标责任制、社区财务管理制度、民主议事制度等一系列规章制度，设立公开栏，定期对村务、党务、财务进行公开，增强工作透明度；**二是实行网格化管理**。引入城市社区管理理念，设立社区党总支—网格党支部—楼宇党小组，实行组团式服务、网格化管理。由社区党总支牵头，把社区工作分成党建服务组、综合服务组、综治调解服务组、文体活动服务组、计生卫生服务组、社区建设服务组、经济发展服务组等功能性机构，实行“分线责任制”，由社区干部专人负责，一抓到底；**三是凸显党员先锋作用**。根据党员个体的不同特长和社区建设的实际需要，实行设岗定责、公开认领，同时吸纳热心群众，组建了夕阳红服务队、志愿者服务队、文体活动协会，义务提供调解帮教、家政、休闲健身等服务，发挥党员先锋模范作用，使无职党员有岗有责，让有职党员尽职尽责。

十有十进：提升社区管理服务水平

社区投资2.3亿元，完成55栋、25万平方米的居民楼建设，扎实推进“幸福家园”民生工程。同时，积极筹措资金2670万元，同步规划建设了总建筑面积1.5万平方米社区综合服务中心，配套有社区组织办公场所、综合服务大厅、卫生室、计生服务室、警务室、学校幼儿园、党员活动室、多功能会议室、文体活动中心、商贸超市等服务设施，实现社区功能“十有”；大力推进党建工作、政策宣传、治保调解、教育科普、社会保障、妇幼老龄、文体娱乐、卫生计生、社团活动、志愿服务的一站式办公，实现社区服务“十进”，使农民群众不出社区就能享受优质便捷的服务。同时，根据群众精神文化需求不断提高的实际，不定期组织开展科技和法律知识普及活动和社区文艺演出，丰富居民业余文化生活，增强社区居民的归属感和认同感。社区“十有十进”为社区居民提供了全方位便民服务，提升了社区档次和水平，有效提高了居民群众参与社区建设的积极性。

五建五有：党建引领村社共融发展

由社区党总支提供土地，供销社投资663万元，建设了4900多平方米的社区生产生活服务中心，为社区村民提供农资、超市、餐饮等服务；由汤头供销社发起，社区和农户参

股，共建了祥泉蔬菜种植合作社，入社社员500余户，引领农民发展订单蔬菜种植800多亩；由区供销社亿嘉担保公司延伸，吸收社区和农户入股，共建社区资金互助组织，互助资金规模达430万元；共建社区生产服务队，提供农机、农资、技术等规模化服务，发展全程托管小麦600亩、玉米1000亩；共建社区粮食银行、再生资源回收站等经营实体，开展粮食代存、代销服务，推动卫生、文明社区建设。每年可为社区集体增收9.6万元，带动农民增收180万元。同时，把社区旧村改造腾退和土地流转溢出的1700亩土地，以每亩1200元的价格流转给农高区发展高端农业、休闲观光园区等产业，年可增加社区集体收入200多万元，转移劳动力4000人。通过实施村社共建项目，实现了社区服务有保障、集体收入有增长、民生状况有改善、供销组织有发展、党建水平有提升的“五有目标”。

强组织聚民心　兴产业促发展

沂南县岸堤镇岸堤社区党委书记　张长为

岸堤社区位于沂南县岸堤镇驻地，2013年在行政村规模调整中实现了19个自然村合一，是临沂市调整规模最大、融合最好的农村社区之一，共有4421户、1.3万人、568名党员。近年来，社区党委以党的十八大、十八届三中全会精神为指导，充分发挥党组织的战斗堡垒作用，坚持发展与创新并举，走出了一条“强堡垒、聚民心，兴产业、促发展，党群共建新农村”的路子。2013年，社区人均纯收入达到12600元，集体收入220万元。先后荣获“全国人口和计划生育基层群众自治示范村居”、“全国妇联基层组织建设示范社区”、“全市基层党建工作示范村”等30多项荣誉称号。

强组织、促规范，推动社区“深度融合”

软班子带不出硬队伍，散班子形不成战斗力。社区党委从抓班子带队伍入手，在规范管理上下功夫，不断健全党组织，完善工作机制，努力打造新农村建设的坚强领导核心。在健全组织上，立足实际，打破原行政村区划界限，合理设置党支部，选优配强社区党委班子。2013年3月成立社区党委后，通过设立功能党支部和保留自然村党支部相结合的方式，化块为条，按行业、产业、党员年龄和分布状况等情况，下设1个党总支和花园蔬菜合作社、工贸、劳务、老年学校等4个职能党支部及7个行政村党支部，实现了下属党组织全覆盖。在干部选用上，严格党员推荐、村两委干部评议、党委考察，真正把群众威信高、驾驭能力强的干部，推荐到社区党组织领导班子。经过推荐和选举，调整前的原行政村各产生了1名“两委”成员，且都兼任原所在行政村的村民大组长，各自负责日常工作。在工作机制上，社区党委责权定位在制定决策和总揽全局上，统领各党支部、居委会和居民小组开展工作，探索实行“统分结合，抓大放小，权责下移，逐层管理，以统为主”的运行机制，建立社区居民代表制度，实行民主管理、民主决策、民主监督、民主议事“四民主”机制，构建了“集体办公、共同议事、集体决策、共谋发展”的工作格局。在工作规范上，坚持以规治村，制定《岸堤社区工作章程》，对议事决策、财务管理、党的建设等工作作出明确规定，以村规民约的形式固定下来，进一步规范了党务、村务工作，成为推动社区发展的“小宪法”。在财务管理上，实行财务统一管理，2013年结合新一轮行政村规模调整，对所辖各村进行了清产核资，建立了社区总账和分账，实现了财务上的统筹管理，避免了村庄融合后的“形合神散”问题。

抓经济、促发展，让群众“鼓起钱袋子”

一个党组织能否得到拥护，关键在于能否带领群众增收致富。社区党委始终坚持繁荣社区经济、致富一方百姓的理念，带领群众宜工则工、宜农则农、宜商则商，加速劳动力转移，促进群众增收致富。夯实农业基础。投资40余万元，修建农业生产桥涵11座、蓄水池4座，铺设管道2000米，并投资30万元建成了大型农副产品交易市场，极大地改善了农业生产基础条件。创建合作组织。采取基地协会+党支部的运作模式，成立农业开发党支部和花园蔬菜合作社，对生产实行统一管理，及时发布供求信息，实现了“产、供、销”一条龙经营体系，并对芸豆、茄子、黄瓜等5个蔬菜品种进行了绿色产品认证，极大地提高了农产品附加值。现已发展会员300多户，种植规模达到600余亩，会员人均增收1200余元，社区集体增收16万元。加快两区同建步伐。2013年，结合社区规模调整新规划建设了一处居民小区，一期开发建设多层居民楼4座，开发沿街商住楼16000平方米，建设了沿河二层居民楼62座，并投资150万元新建了1000平方米的社区综合服务中心、幼儿园、卫生室等便民设施；实施了沿河路西通工程，投资300余万元，拓宽了育才路，新建了宽22米、长1000米的沿河景观大道；采取土地流转、盘活资产的方式，引进了翔宇鞋厂、绿之源食品加工厂等企业，建设了蔬菜批发市场2处，通过办企业、商品楼出租、沙厂承包、蔬菜市场承包等途径，转移农村富余劳动力1000多名，村集体增收126万元，群众的生活更加殷实富足。

树新风、促和谐，着力提高“幸福指数”

高度重视精神文明建设，积极培树良好的社风民风，努力提升社区文明指数。通过民主评选"好媳妇"、"好婆婆"、"五好家庭"和"遵守计划生育十星级文明户"、"计划生育带头户"等,累计评选出各种荣誉户近300家,先进个人600多人次,社情民风进一步好转。社区各职能党支部依托红色文化资源优势,投资80余万元,改建社区文化大院,开设远程教育学习室、阅览室、棋牌室等,不断丰富群众的文化生活。依托抗日军政干部学校和省委党校纪念馆建设,投资120余万元在沿河路两端修建红色文化广场,并成立28人组成的文艺宣传队,编写了舞蹈、快板、小品等地方特色节目,用身边事教育身边人、用身边事激励身边人,活跃了社区群众参与活动的氛围。大力倡树婚育新风,不断改进计生服务方式,以图文并茂的形式,设立了计生宣传一条街,促进了人口与计划生育工作的顺利开展,15年来未出现一例计划外生育。把维护稳定当作为民服务的重要工作,以"平安村"创建为抓手,健全了社区治安、综合治理制度,建立了"全民参与,人人为我,我为人人"的治安防范模式,每天晚上由一名两委干部带班,村民义务站岗巡逻。多年来,辖区内未发生重大安全责任事故,社会治安秩序良好,群众的幸福感、满意度不断提高。

与时俱进谋发展 干事创业建新村

临沭县临沭街道兴安社区
党支部书记　徐敏迎

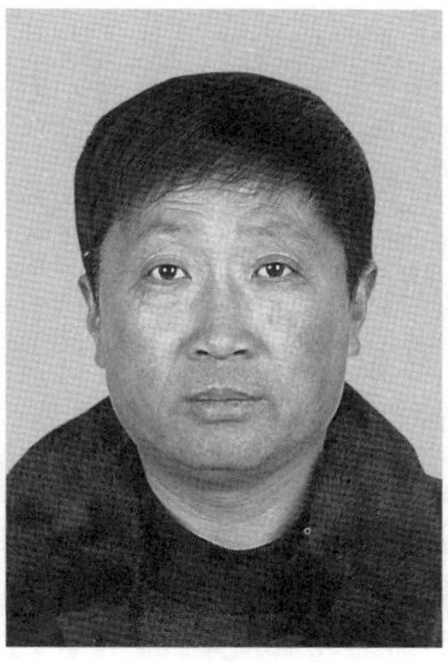

临沭县临沭街道兴安社区位于县城南4公里处,2013年4月由周庄居、徐兴居、高湖居、前琅村四个村合并而成,耕地面积13377亩,居民3209户,人口10600人,党员287名。2013年,社区实现集体经济收入180万元,居民人均纯收入10300元。先后荣获全国"平安家庭"示范社区、全省"小康环保示范村"等荣誉称号。

强化组织建设,建章立制强堡垒

一是加强队伍和制度建设。在坚持村民自治制度基础上,大力实施公开承诺、坐班值班、居民评议、档案管理等农村社区管理制度,推动农村社区管理工作走向制度化、规范化;建立健全农村社区服务和管理工作队伍,不断提高社区化服务的能力和水平。**二是规范民主理事程序**。建立村级重大事项由党员代表、群众代表和村干部组成的"党群联议会"决策制度,严格按照党支部提议、"两委"会商议、党员大会审议、居民代表会议决议"四步法"规范操作,进一步规范了村务、财务的决策管理。**三是坚持管理与服务无缝隙全覆盖**。开展党员联系服务居民网格化管理和党员志愿者服务活动,社区共划分三个责任区,下设18个责任片,形成党支部—党小组责任区—党员中心户责任片三级居民网格化管理模式;按照"登记造册、服务认定、实事记实"的原则,组织好党员志愿服务,实行"定人、定位、定向、定责、定时",由20名党员组成"社区义务巡逻队"、"环境卫生服务队"、"扶老助残服务队"等社区志愿者服务队伍。每名志愿者根据自身特长,公开承诺,形成了多元化的社区服务团队。

建靓服务中心,科学规范优服务

一是科学规划,完善设施。自筹资金180万元,按照"一厅六办五室四配套"的配置标准,建设了社区服务中心。内设"一站式"服务大厅,承接党员服务、民政事务、劳动保障、卫生计生等服务事项;配套建设了幼儿园小学、社区图书室、治安警务室、综治调解室、社区卫生室、便民超市、农家影院和文体广场等,使服务中心成为社区发展经济、服务群众、推进民主、促进和谐的综合体。**二是建章立制,规范服务**。社区按照"管理规范、效益明显,常开常用、常用常新"的总体要求,围绕农民群众的生产生活需求,制定了符合社区实际的首问责任制、代理制、即办制、AB岗等管理制度,努力为居民提供"一站式"、全方位、综合性、社会化的便捷、优质、高效服务。同时,抓实值班接待、卫生保洁、安全保卫等日常管理工作,确保服务中心管理有序。**三是完善考核,提升素质**。社区通过购买服务的方式,推行代办员制度,聘任4名热爱社区工作、责任心强的社工担任专职代办员,专职从事社区服务中心服务工作。同时,将上级选调到社区的大学生村官安排到社区服务中心,实现了服务中心专人理事、专人管事、专人办事。建立服务中心工作人员考核管理办法,实行工资报酬与工作业绩考核相结合;定期组织教育培训,不断提升服务人员专业服务能力和群众工作能力。

实施五区同建,强村富民树榜样

社区依托区位资源优势,按照经营社区的工作理念,以服务大社区发展为根本,以发挥社区综合服务中心载体作用为主线,科学定位,多点推进,孵化五个配套区域(生活区、加工区、养殖区、商贸区、物流区)建设,探索形成了"围绕一个中心、孵化五个配套"的兴安模式。**一是建优生活区**。推进环境整治,实施"五化"工程,先后投资120余万元,实现了户户通有线电视、户户通自来水;投资300万元,安装路灯58盏,栽种花木3万余株,硬化道路8.5公里;开展旧村改造,建设小康楼260户、居民楼10幢、高标准老年公寓300户,居民生产生活环境得到明显改善。**二是做大**

加工区。结合社区紧靠城南工业区的优势,社区服务中心通过集体出租土地、招商引资建企业、为企业提供服务等方式,加速膨胀社区加工园区,先后有25家企业落户园区,年实现利税400万元,实现社区集体收入100万元,可吸引社区80%的居民进厂打工,每人年可增收近万元。**三是培育养殖区**。大力调整产业结构,社区"两委"带头发展养猪、养鸡等特色产业,依托服务中心成立兴安养殖合作社,培育高效养殖区。社区服务中心还通过为养殖户免费建立个人信息档案、提供惠农政策和市场行情信息、开展技术培训等服务方式,实现户户有项目、人人有特长的致富目标。**四是搞活商贸区**。依托社区处于城南出入口,大力发展商贸经济,投资9000万元在中山南路两侧建设仿古商业街一条,共有商铺186栋,7400平方米,年可增加村集体收入80万元。积极引导餐饮服务、酒水代理、服装加工、手机配件、五金百货等商家入驻,服务中心主动帮助入驻商户办理营业执照,协调水、电、气等配套设施,为商户排忧解难。五是开拓物流区。社区以沂沭铁路建设为契机,大力发展仓储物流业,拓展社区物流园区功能,为入园物流企业提供流转土地、介绍用工等服务,使之尽快落户,成为村集体经济新的增长点,同时也为居民家门口就业增加了机会。

倾力服务群众 构建和谐社区

禹城市房寺镇邢店社区党总支书记 王富勇

邢店社区由邢店、郑牛、魏庄、张宋、辛庄、前禚、虎头尚、崔庄、曲庄、楼子王10个村组成,5066口人,1498户,属于居民居住区和农业产业区"双区并建型"社区。2013年以来,社区党总支团结带领社区班子成员,搭建服务平台、创新服务载体、倾力服务发展、强化服务保障,实现了社区经济持续、快速、健康发展。社区人均纯收入达到12000元,是全市闻名遐迩的富裕社区,科学发展示范社区。

一、推进创新管理,提升服务水平

邢店社区以基层服务型党组织建设为机遇,以提高基层党组织服务群众、做群众工作的能力为目标,建强班子,搭建平台,创新载体,改善民生,全方位服务群众,激发了基层组织活力,拉近了党群干群距离,提升了群众的幸福感和满意度。一是推行社区网格化管理。社区组建了以党员为成员的综合管理服务队,下设10个服务小组,由党总支委员担任组长,把社区分成10个服务责任区,每个服务小组实行"包干服务",每个队员都是综治管理员、卫生监督员、信息采集员、计生管理员,形成了"网格化"管理模式,使党员在社区服务发展、服务群众方面发挥了先锋模范作用。2012年以来已为社区居民群众提供服务216余人次,解决实际困难30余件。二是搭建便民服务平台。社区投资195万元,建成了1500平方米社区便民服务中心,采取"集中办公"与"个别值班"相结合。集中办公即:周一至周五,所有部门的工作人员准时满员到岗办公。个别值班即:每逢周末,便民服务中心轮流安排一至二名工作人员值班以维持中心的日常接待、接件、咨询等工作。"集中办公"时间,由一名社区领导在便民服务中心带班,接待群众来信来访。由社区干部和骨干党员担任为民服务代办员,为群众代办事务、调解邻里纠纷,构建小事不出社区、大事不出镇的村级便民服务体系。三是创新服务群众载体。结合社区实际,积极开展个性化、特色化服务,设立"四点半"课堂,85名农村党员干部结对帮扶空巢老人和残疾人36名,培植发展妇女创业加工点3处。立足服务民生、推动发展,解决了一批群众反映突出的热点、难点问题,凝聚了民心。

二、改善人居环境,打造宜居社区

一是完善硬件建设。邢店社区是房寺镇最早启动的农村社区,邢店社区规划建设楼房74栋、692套、11.9万平方米,总投资1.3亿元。截止2013年底,邢店、辛庄、张宋、魏庄等4个村全部拆迁入住。社区坚持城乡一体、整体推进的发展思路,全面实施"绿化通道",建成3纵3横6条主街道,沿街栽植花草树木500株,新上路灯100盏,铺设2000米地下管道,完善了供排水等基础设施,美化了村容村貌。实现硬化、净化、绿化、亮化、美化"五化"工作。整个社区集行政、文化、商业、医疗、休闲、教育、福利事业为一体,社会公共服务体系完善。二是实施综合治理。为规范社区管理,社区成立了物业办,建立了50人的保洁队伍,对街道定期清理,做到村貌整洁。争取资金635万元,在社区周边建设了富民奶牛养殖专业合作社沼气站、污水处理站、社区垃圾压缩站等3项"农村环保双百工程"的重点工程,社区环境得到彻底治理,社区环境明显改善。三是培育新型农民。一是社区每年都进行"好媳妇"、"好婆婆"、"十佳文明家庭"等评选活动,评选出的先进个人,全部通过善行义举四德榜进行公示,弘扬了正气,树立了新风尚,促进了精神文明建设的发展。二是开展孝德文化进社区活动,崇尚敬老爱老。我作为社区党总支书记,自己出资供养了村里7位孤寡老人。每年中秋节给社区70岁以上的老人发节日礼品,让老人感受到温暖。三是广场舞开展得有声有色。每晚社区村民组织广场舞活动,不断丰富乡村文化生活。

三、加快园区建设,实施富民工程

邢店社区本着"社区带园区、园区促社区"的思路,通过大力发展产业园区，实现土地的规模化、集约化经营，让农民群众实现入园就近就业，通过改变就业结构、收入结构，带动农民生产生活方式的改变。与社区建设相结合共建设了两个产业园区。一是建设富民奶牛养殖产业园区。依靠邢店原有1处千头奶牛场、一个奶站的基础优势，引进济南一客商，又新建1处千头奶牛场，客商投资基础设施和购买奶牛，吸引群众靠劳动力入股经营。二是建设静远花卉蔬菜育苗示范基地。基地设计规模占地500亩，总投资3000万元，建设钢骨架大棚200个，项目建成后年可实现农业增收2000万元。目前一期工程200亩已完成并见到效益，安置300多名社区群众就业，使农民"离土不离乡、就业不离家、进厂不进城、就地市民化"。

近年来，房寺镇邢店社区先后获"全国基层先进党支部"、"全国计划生育协会工作先进单位"、"山东省先进基层党组织"、"平安山东建设先进基层单位"、"山东省基层先进经济合作组织"、"德州市农村红旗党支部"、"德州市十佳文明单位"等荣誉称号。

支部领办农业合作社 开创群众、干部、集体三赢局面

临邑县孟寺镇赵家社区党支部书记　赵成广

德州市临邑县孟寺镇赵家社区由赵家、北崔、孔家、前刘、后刘、于家6个自然村组成，社区共有596户、2251口人、4744亩地。2013年，赵家社区党支部领办创办合作社，集体管理农田2906亩，夏秋两季就为群众节省成本44万余元，促进集体增收5.6万元，开创了群众增收、干部得锻炼、集体有活力的好局面。

一、动　因

社区党组织创办合作社，具体原因有三点：一是传统农业生产经营方式走到拐点。受传统农业经营方式制约，每到农忙时节，农业生产成了负担，"年轻的不愿种、年老的种不动"，土地粗放低效经营，群众期盼改变。二是村集体"有人无钱"难办事的问题。赵家社区集体经济薄弱，村级党组织"有心办事、无钱支撑"，道路维护及一些公益性建设项目跟不上。三是惠民政策的引导与推动。党的十八大对于建设基层服务型党组织、构建新型农业经营体系提出了明确要求，一些种养大户自发成立合作社，为农业增收、群众得实惠树立了榜样，临邑县委县政府出台了农村基层党组织领办创办合作社的意见，加速了农业专业合作社的发展步伐。2013年，赵家社区党支部领头创办合作社，先后有赵家、孔家、北崔三个村的群众267户入社，入社土地达2906亩。

二、主要做法

一是教育引导干部，深入宣传发动群众。首先统一村组干部、党员和群众代表的思想认识，通过外出学习考察、反复开会讨论，明确党支部领办合作社的定位、具体政策及运作模式，教育引导村组干部克服长期以来的惯性思想和惰性行为。分头挨家挨户做工作，把农民关心的土地合作政策、步骤、好处等讲细、讲透，达到家喻户晓。注重在宣传中算好两个对比账：一是把党支部领办合作社与能人、大户领办合作社作对比，让群众认识党支部领办的优势；二是细算入社前后投入、产出对比账，让群众认识入社的好处，帮助消除思想顾虑。

二是实行"双向进入"，强化党组织领导核心。坚持"党组织领办"这一定位，大力推行社区两委班子成员与合作社管理层"双向进入、交叉任职"，社区党组织书记担任合作社负责人，社区两委其他4名成员也都在合作社任职，充分发挥社区干部政治素质好、带富能力强、协调能力强的优势，帮助合作社建立健全理事会、监事会等组织机构，完善民主决策、财务管理、利益分配等工作机制，确保群众利益不受侵蚀、集体利益不受损害。合作社下设收割、播种、浇地、喷药、施肥等5个服务小组。吸收社区无职党员为监督员，对服务情况进行监督。

三是发挥组织保障作用，完善合作社运行机制。坚持"依法、自愿、有偿"原则和"五不一保证"的发展方针，即不强迫命令，不违背多数农户意愿，不人为降低社员收益，不向社员摊派费用，不随意违反合同协议，保证不坑农、害农。特别在土地流转和农机具整合过程中，村党组织重点做好登记、信息发布、委托及转包合同的签订等服务工作，对合同双方的责权利把关，避免发生纠纷。赵家社区合作社根据入社地亩数，采取"政府补贴一块、厂家让利一块、银行贷款一块、干部群众筹集一块"的方式购置农机，新购农机由合作社承担51%，群众自愿入股承担49%，收益按出资比例分红。

三、主要成效

一是为实现农民、集体"双增收"创造了条件。合作社压缩了成本费用，提高了土地产出率，实现了节本增收、增效增收。入社的2906亩地，麦收期间共实现收入14.53万元，纯利润7.53万元，其中股民分红3.69万元，集体分红3.84万元。通过收种各环节让利和争取国家免费玉米良种，累计为社员节省19.9万元。大量农村劳动力从土地上解放出来并向二三产业转移，村内涌现出大量养殖专业户，预计年纯收入能达到300多万元，相当于本村所有土地纯

利润的2.57倍。**二是为农村干部锻炼成长搭建了平台。**社区干部党员自愿无偿服务于合作社初期运转，在领办合作社中，有问题想在前、有困难冲在前，得到了历练，提高了应对复杂问题、做群众工作和服务群众的本领。特别是在夏秋两季收种期间，村干部盯在田间地头，保证给群众的服务承诺兑现到位，确保统一收播顺利进行。今年有4人递交了入党申请书，储备了优秀人才。**三是为基层组织服务群众提供了保障。**合作社把党支部与农民群众紧紧"拴"在一起，结成了紧密的利益共同体。集体收入一方面用于还贷，一方面用于党组织自身运转、服务基础建设、公益事业。今年投资16万余元对组织活动场所进行了扩建，建设了文化广场，并对村内道路、生产路和村里的路灯进行了维护，为村民带来了实惠和方便。

办好合作社　富民又强村

夏津县渡口驿乡渡口驿社区
党总支书记　刘德华

渡口驿社区位于夏津县渡口驿乡政府驻地，地处山东、河北两省交界处，西邻京杭大运河，距今已有1500多年的历史。社区共有人口964户，4343人，耕地6255亩，党员105名。近年来，社区党总支充分发挥战斗堡垒作用，通过领办古渡蔬菜种植合作社，提高了社区群众的经济收入，实现了强村富民的目标。2013年，社区人均纯收入达1.5万元。社区党总支连续多年被评为全县先进基层党组织。

一、支部领办合作社，合作共赢闯市场

渡口驿社区有多年种植蔬菜的传统，由于种植规模小，管理技术低，一旦市场发生变化，就会遇上销售渠道不畅等问题，抗风险能力很差。为摆脱这种困境，2010年9月，社区党总支一班人经多方考察，决定创办蔬菜种植合作社，把群众组织起来，走合作共赢、抱团闯市场的新路子。合作社创办之初，党总支先后五次组织干部党员和有种植意向的群众到河北省、泰安市等拱棚蔬菜种植基地实地参观学习。社区党总支积极带领群众外出买材料、跑贷款、引技术、找销路，积极为群众解决生产难题，以诚心换取群众的信任和支持，社区蔬菜种植面积迅速从原来的20亩扩大到了800多亩。为更好地服务群众生产，党总支研究决定成立党员服务小组，选出种植管理经验丰富、服务意识强的15名党员分别成立"大棚修建组"、"技术指导组"、"协调服务组"，更加及时为群众提供帮助，做到了种植户一个电话，服务马上到棚里。2011年冬天，全镇普降大雪，大棚面临着损毁的危险，党总支一般人迅速组织大棚修建组到每个棚里指导抢险，整个社区无一座大棚倒塌。目前，合作社社员已发展到215户，拱棚蔬菜种植面积达1500多亩，年产值超2500万元，亩均纯收入1万元以上。

二、凝心聚力抓发展，促进党员发挥作用

面对农村党员发挥作用不明显，缺少平台等现实问题，社区党总支将合作社作为党员发挥作用的重要载体，积极引导社区党员种植拱棚菜，加入合作社。合作社党员拥有社员和党员的双重身份，为更好发挥党员作用，社区党总支从基础性教育和技能性培训两个方面入手，抓好社区党员的教育管理：一是重点抓好党员的基础培训。组织党员集中学习党的政治理论，增强服务观念和发展意识，提升思想政治水平。二是抓好党员带领群众致富的能力。为进一步提高社区党员的服务能力，党总支把培训课堂搬进大棚，邀请农业专家现场教学，并组织党员外出参观学习，强化党员开拓意识，提升带富致富的能力水平。另外，为提升党员服务群众的能力，社区党支部组织党员带头联系帮扶困难群众、困难党员，每名党员联系帮扶5户困难群众和党员，帮生产、帮生活，党员24小时为帮扶对象提供服务，帮助解决实际问题；先后设立了42个党员示范岗和责任区，党员亮出身份，佩戴党徽，带头参与种苗采购、技术指导、经纪营销等关键环节，切实将党员先锋模范作用发挥与带动经济发展有机结合起来，做出了好榜样，树立了新形象。

三、建立健全制度，规范管理运行机制

社区党总支坚持靠制度管人管事，探索完善并实施了一系列制度。创新推行"双评议"制度，即每年开展两次党内评议活动，一次在"七一"前夕，围绕党组织服务能力、党务村务财务公开的程度、党员志愿服务，党员发挥作用情况等开展评议；一次在年底，围绕廉政建设、社区事务管理、党员承诺践诺等情况开展评议。同时，把征求党员群众的意见作为重要内容，设立专门的意见簿，接受党员群众给班子提意见建议。通过推行"双评议"制度，给班子评出了压力，更评出了积极发展的活力。推行社区党总支与合作社理事会联席会制度。每月初5日，定期召开社区党总支与合作社理事会联席会，探讨合作社发展中遇到的问题，未来的种植规划、市场情形分析等内容。如遇到市场调整、土地流转或自然灾害等重大问题，可随时召开联席会。社区党总支合作社理事会联席会制度的推行，实现了资源信息共享，减少了人力物力的投入，实现了合作社发展与社区班子强化的双赢。

抓好党建促发展
全力建设新农村

阳谷县安乐镇刘庙村党支部书记　刘庆安

刘庙村现有326户,1369人,1300亩耕地。党员70名。国家大型农业产业化龙头企业——凤祥集团坐落于此。2003年12月13日,时任中共中央总书记、国家主席胡锦涛同志到刘庙村视察指导工作。2008年4月21日,山东省委书记姜异康同志到刘庙视察工作时,称赞刘庙村是山东新农村建设的一个好典型。

近年来,村党支部以"抓党建、促发展、构和谐"为主题,深入贯彻落实党的十八大精神,狠抓党员干部教育管理,不断夯实基层基础,扩大基层党内民主,有效提升了党建工作水平,促进了全村经济科学发展。刘庙村党支部连年被评为市、县先进党支部,山东省先进基层党组织,全国先进基层党组织。刘庙村被命名为小康模范村、中国特色经济村、省级计划生育先进单位、省级民主法制示范村、省级绿化示范村、山东省精神文明建设先进单位、全国创建文明村镇工作先进单位。我作为党支部书记被评为全国优秀共产党员。目前全村人均收入达到20000元。

一、全面加强组织建设,充分发挥党员先锋模范作用

近年来,村党支部坚持"围绕经济抓党建,抓好党建促发展"的工作思路,结合基层组织建设年活动,进一步加强村级组织建设。一是抓管理、促提高,加强班子建设。按照"完善职能、建强班子、激活队伍"的要求,重点围绕村班子和村干部年度工作任务的完成情况,分别采取召开党支部会议、党员大会,按照自己述、大家议的方式,开展了"双评双议"活动,不断促进村班子整体素质的提高和村干部作风的进一步转变,形成了团结有力的班子形象。二是认真开展组织生活。定期召开党员会、民主生活会,不搞"一言堂",让党员参政议政。明确村两委成员的职责,全村党员之间形成了"尽职不推职,履责不卸责,补台不拆台"的良好氛围,通过完善制度建设、民主建设、组织建设,增强了班子凝聚力、向心力。三是积极开展党员"双带"活动,使广大共产党员成为村经济发展的领军人物。共产党员、全国人大代表刘学景领办了全国大型农业产业化龙头企业山东凤祥集团,2005年又投资兴建了年产40万吨阴极铜的阳谷祥光铜业公司,为全县的经济发展做出了突出贡献。近年来又相继涌现出刘光波、宋士国、于效全、刘景军等一批经济发展的带头人,共产党员的先锋模范作用得到很好发挥。四是实行了每名党员承诺践诺制。结合基层组织建设年活动,党支部立足本村实际做出承诺并实施了六项工程,先后投入近百万元,完善扬水站配套设施;村内所有胡同及主要街道铺设排水管道;对村内垃圾进行彻底清理,建设了无害化厕所;对村内所有道路和胡同两旁进行硬化;为70岁以上老人每月发放生活补助。

二、狠抓经济建设,促进集体、农民收入双增加

多年来,村党支部带领村民不断探索刘庙村发展的新路子,从1991年开始,刘庙村成功走出了一条农业、企业、第三产业协调发展的路子,把一个在1990年全村人均收入450元,村级集体经济空壳村,发展成为一个全村人均收入2万元,村集体资产过千万元的文明富裕村。一是加快发展民营企业。在村"两委"大力支持下,新凤祥集团已由原来肉鸡加工、销售,发展成为鸡副产品深加工、板材、乳业、电力和阴极铜加工等跨行业经营、纵深发展的大型企业。2013年,该集团实现销售收入502.5亿元,利税25.42亿元,进出口总额29.4亿美元。同时,我村充分发挥凤祥集团的人流、物流、信息流等优势,民营企业异军突起。到目前,全村拥有固定投资50万元以上的企业16家,形成了以凤祥集团为主,一批中小项目为辅的凤祥工业群体。全村已有80%以上的劳动力转移到二三产业上来。工业企业的发展,聚集了大量的人流、物流、信息流,促使以商铺为主的流通服务业迅速发展。二是优化提升种养结构。目前我村杂果面积已发展到680亩,优质葡萄300亩,成为远近闻名的"杂果之乡"。依托凤祥集团,我们发展3000只规模养鸡场16处,规模种鸡场5处,规模孵化场6处,500头奶牛饲养场2处,规模养猪场4处,养殖业已成为村民增收的重要渠道之一。2012年,筹建注册了阳谷金阳畜禽养殖专业合作社。

三、坚持经济社会协调发展,和谐刘庙建设扎实推进

在经济持续发展的同时,我村坚持让全体村民共享发展成果,不断加强农业基础设施建设的投入,农业生产各个环节全部实现了机械化,农田灌溉实现了电气自动化。全村平均50亩地一眼机井,做到了旱涝保收。先后投入2000多万元用于新村规划建设,建起了高标准的现代化中学、小学、幼儿园,硬化、绿化了村中的道路;安装了路灯、有线电视、程控直拨电话、自来水;村民厨房、居室实现了电气化,成为鲁西第一个电气化村;村民文体活动室、图书室、微机室一应俱全;村里对60岁以上的党员定期发给生活补助;村民"新农合"参保率和契约式家庭财产保险达到了100%。大力开展精神文明创建活动,涌现出一大批"好媳

妇”、“好婆婆”、“五好家庭户”45户，“遵纪守法光荣户”，进一步增强了村党支部的凝聚力和向心力。

分类指导因村施策 党建“五化”强基固本

东阿县新城街道党工委书记　苏玉凤

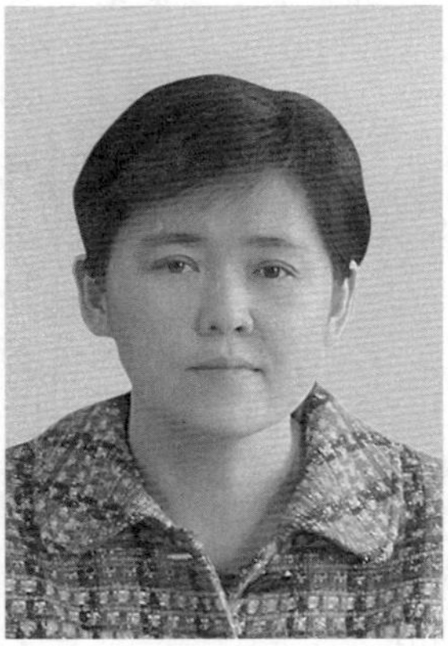

2013年，新城街道为建设服务型基层党组织，重点完善组织设置、保障组织运转、加强制度规范、提高党员素质、抓好矛盾化解，坚持思想整顿与组织调整相结合，上级党组织帮助与村级党组织提高解决自身问题的能力相结合，提出村级党建“五化”工作法，区别情况，因村制宜，一村一策，分类指导，不断提升农村党组织的凝聚力和战斗力。

一、队伍配置科学化，解决农村班子战斗力不强的问题

针对村级组织班子不健全、班子领导核心作用不强、党组织书记能力素质偏低等问题，坚持符合村情、德才兼备、协作无间、运转高效的原则，采取思想整顿和组织整顿相结合的办法，建设好村级班子。**一是完善组织设置。**对于村级组织不健全的，按照规定的程序和条件，选好带头人，配齐配强村“两委”班子。2013年共帮助付庄等3个村配齐配强了班子，保证各项工作正常开展。**二是促进班子和谐。**对于“两委”关系不协调的，进一步明晰工作职责，切实强化组织引导和制度规范，促其自觉摆正位置、协作共事。**三是增强责任意识。**对于安于现状、思想保守的，强化政策理论、岗位职责教育，通过交任务、压担子，增强班子的责任感和使命感。**四是提高发展能力。**对于发展能力不强的，采取实践锻炼、考察学习、集中培训等方式开展教育培训，2013年共组织3次集体学习培训，着力增强班子成员带头致富、带领群众增收致富的本领。**五是及时调整班子。**对不胜任现职的党组织书记，及时采取组织手段进行调整。加大在本村致富能手、专业大户、复退军人、大学生村官中选拔培养村干部的力度；提倡和鼓励党政机关退休退养、身体健康、熟悉农村工作的老党员、老干部回原籍村任职，帮助抓班子、带队伍、促发展。**六是严肃查处。**对于个别村党组织、村干部利用职权贪占截留、公款私用、非法占有集体财产，在群众中造成恶劣影响的，严肃查处，涉嫌犯罪的移送司法机关处理。

二、发展思路差异化，解决农村集体经济薄弱的问题

针对各村自然条件、经济基础、发展优势、存在问题各不相同的情况，逐村指导和帮助认真分析谋划出一个符合本村实际的发展思路，针对发展思路不清、主导产业不明、经济发展缓慢、服务群众水平不高等问题，研究制定中长期发展规划和年度工作计划，充分体现与周边村的差异化，避免区域发展“同质化”，推动加快发展。**一是更新观念促发展。**采取鼓励党员干部创业等办法，带动软弱涣散村班子克服等、靠、要思想，切实增强发展意识和开拓创新精神。**二是明晰思路促发展。**围绕新城街道经济发展格局和市场需求，进一步明确发展方向，详细制定发展规划，找到符合实际的发展路子。**三是培育产业促发展。**以发展现代农业为重点，帮助各村根据区位、土壤、水源等要素，选择各自适合的特色农业，帮助培育群众稳定增收的主导产业，进一步拓宽农民收入渠道，推动群众尽快脱贫致富。**四是项目支持促发展。**整合农田水利基本建设、扶贫开发、土地整理、生态建设等资金项目，重点向软弱涣散村进行倾斜。**五是专项保障促发展。**把村级财税改革转移支付的20%全部用于保障村级党组织正常运转，截止2013年底，共拨付村级组织运转保障专项经费23.2万元，切实解决软弱涣散村短资金、缺项目、基础设施薄弱等问题。

三、机制运行民主化，解决农村事务管理不规范的问题

针对软弱涣散村工作不规范、机制不健全、管理不民主等问题，从健全完善各项制度入手，努力形成一套好机制。**一是抓管理机制。**进一步健全完善以民主评议党员、“三会一课”、党员设岗定责等为主要内容的党员教育管理制度。**二是抓决策机制。**以落实村级民主决策议事、民主管理、“四议两公开”工作法为主要内容，帮助各村制定系统规范的决策议事规则，规范村级资金、资产、资源的管理。**三是抓监督机制。**认真落实党务村务财务公开制度，把农村低保、惠农政策落实、救灾款物发放等群众反映突出的内容纳入公开范围，积极探索建立民主监督的有效形式，切实保障党员群众的知情权、参与权和监督权。

四、党员管理实效化，解决农村党员作用难发挥的问题

针对农村党员带头致富和带领群众致富能力不强、先锋模范作用发挥不好等问题，切实增强党员教育管理的效果，着力培养年富力强、作风过硬的村级党员队伍。**一是强化培训。**充分利用现代远程教育等培训资源，有针对性地对党员进行教育培训，切实提高党员的带头学习、带头致富本领。**二是设岗定责。**深入开展党员联户和“设岗定责、双向承诺”活动，让党员亮出身份，真正发挥出党员的先锋

骨干和示范带动作用。**三是发展党员**。对多年不发展党员或党员队伍严重老化的村党支部，注意发展35岁以下的青年农民入党，不断改善农村党员队伍结构。**四是加强管理**。加强流动党员队伍管理，进一步完善流出地、流入地双重党组织管理制度，外出党员定期联系汇报等制度，明确29名流动党员长效管理制度，使外出流动党员离乡不离党、流动不流失。**五是及时处置**。对于思想退化，作用弱化、宗旨观念淡化以及不按规定缴纳党费、不服从组织管理、不参加组织活动的不合格党员及时教育警告，保持党员队伍的纯洁性和先进性。

五、矛盾化解常态化，解决影响农村发展稳定的突出问题

针对部分村党群干群关系紧张、不稳定因素较多等问题，敢于触及深层次矛盾和遗留问题，努力找准工作切入点和突破口，着力解决一些群众关心关注的热点难点问题。**一是开展农村不稳定因素集中攻坚化解活动**。对于由遗留问题造成的干群矛盾突出的村，注重运用教育、行政、法律等手段，着力解决群众反映强烈的突出问题，赢得群众的信赖和支持。**二是建立领导包案制度**。对于已经出现的问题，有一名街道班子成员牵头包案，结合纪委、综治、信访等部门成立工作组，形成纵向到底、横向到边的问题调查网络，深入调查，及时化解。**三是建立健全村级矛盾排查化解长效机制**。注重源头预防控制，对苗头性、倾向性的问题进行前期介入，采取适当方法，力争把问题化解在萌芽状态。

建设富裕秀美新桃园

高唐县尹集镇桃园新村党支部书记　唐丹云

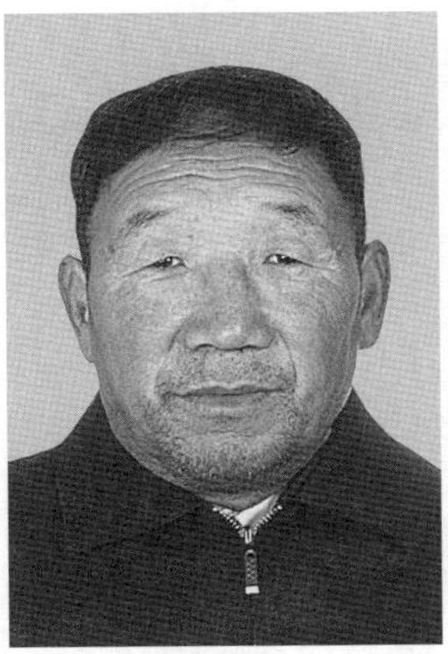

尹集镇桃园新村由原温庄、唐东、唐西3个村，按照“政府引导、群众自愿、联村自治”的原则于2002年合并而成，意为桃园三结义。全村现有耕地2276亩，人口1173人、320户，4个村民小组，党员67名，村“两委”干部8人。近年来，桃园村党支部坚持以发展生产为依托，以加强党建为突破口，健全完善村民自治制度，倡树文明乡风民俗，推进新型农村社区建设，促进群众生产生活水平大幅提升。村支部先后荣获省齐鲁先锋基层党组织、市级文明村镇、市先进基层党组织、市计划生育“三为主”模范村，市党员干部现代远程教育规范站点等荣誉称号。

一、坚持服务为民，赢得百姓信赖与支持

村党支部积极围绕群众需求开展工作，通过多种形式的便民、利民服务举措，以实际行动赢得群众的信赖与支持。

完善基础设施建设。带领党员干部扎实开展环境综合整治，新建垃圾池，清运三大堆，铺设环村公路，安装路灯，栽植塔松、垂柳1000余株；新打机井9眼，购置安装潜水泵16台，铺设地下管道10000余米，架设低压线路2500米，群众生产生活环境显著改善。建设健身广场，置办健身器材等，相继成立秧歌队、篮球队等，群众文化生活随之丰富，群众精神风貌焕然一新。

积极营造文明村风。大力开展“四德工程”示范点建设活动，倡导宣传优生优育、计划生育、团结互爱的文明新风。选取15位好公公、好婆婆、好丈夫、好儿媳，并在村内显著位置张贴“四德榜”，让好人“扬眉吐气”。针对村内婚丧嫁娶大操大办、攀比之风盛行等问题，支部一班人精简村民理事会，取消干部“过节费”，鼓励“一杯清茶”办事，受到了党员、群众的好评。

关爱扶助弱势群众。成立帮扶困难群众小组，对村内20余户生活困难孤寡老人、烈军属，村集体每年供给600斤小麦、150斤玉米以及油、衣服等，还有每月20元的零用钱，使每个困难群众都有专人帮扶、定期慰问。

二、规范议事程序，确保党务政务公开透明

坚持“三会一课”、“党群民主议事会”，建立健全党组织议事、办事公开等10多项制度，每月组织村“两委”班子成员开展理论学习，建立便民服务室，村干部定岗轮流值班，确定每月5日为“党员奉献日”，强化党员干部宗旨意识，队伍素质得到显著提高。结合本村实际，改变过去“增人添地，减人去地”的土地调整办法，坚持土地承包期30年不变的政策不动摇，赢得群众高度认可。同时，坚持责任到人，党员干部轮流值班巡逻，维护群众财产安全。加强村级民主制度建设，变“一言堂”为透明工作法，做到小事有沟通，大事会上定，村内财务收支、用工情况、干部报酬等涉及群众切身利益的热点、难点问题，由村民代表大会讨论决定，并在村务公开栏中每月进行公开，接受群众监督。党支部书记每年在全村党员群众大会上，公开承诺办理的具体实事，年终就办理实事情况进行述职。

三、坚持找优挖潜，确保群众和集体“双增收”

坚持从实际出发，找优势、选路子、挖潜力，带领全村党员干部群众艰苦奋斗，干事创业，一手抓产业结构调整、发展民营企业，增加群众收入，一手盘活集体资产，增加集体收入，实现了群众、集体收入双增长。近年来，发展大棚42

个，棚均收入3万元；发展养猪户6户，养羊户4户，户均达到40只规模。依托南邻省道316、西临两唐路的有利区位优势，引导群众发展路域经济。党支部通过协调土地、协调银行贷款帮助解决资金困难等措施，先后发展工商业户30多家，涉及超市、饭店、农资门市部、加油站、木器加工等多个行业；引进棉纺织加工企业2家，建材企业1家，机械加工企业1家，吸纳本村群众60多人进厂打工，带动全村42户群众为企业收购贩卖棉花，户均收入5—6万余元。另外，坚持盘活集体闲置资产，引进项目，村集体依托租赁房屋和土地，每年增收6万多元，壮大了村集体收入，提高了村级保障能力。2013年，村集体通过房屋、土地租赁等实现集体收入达到19.7万元，比2010年增加集体收入10余万元。

四、勇于开拓创新，探索新型农村社区建设新模式

随着群众对新农村建设认识程度的不断提高，村支部因势利导，结合尹集镇统筹发展总体规划，本着统一部署、节约用地、规模发展、配套完善的原则，规划建设桃李社区。计划建设“4+1”住宅楼22栋，社区服务中心一栋，总建筑面积9万平方米，规划安置区占地150亩，全部安置温庄等4个村的720户村民。整个项目计划2—3年的时间完工，可复垦土地600多亩。复垦后的宅基仍归群众所有，道路等公共用地归村集体所有，群众、村集体复垦的土地以入股的形式统一运作，进行规模种植或引进项目，以增加群众和集体收入。目前9栋楼房已完成主体建设正在装修。

如今的桃园新村，到处是一片欣欣向荣的景象，发展的浪潮一浪高过一浪，在村党支部的带领下，桃园新村群众正快马走在新农村建设的康庄大道上，和谐幸福之花在这里越开越艳。

加强基层党建
发展特色产业　实现富民强村

滨州市滨城区三河湖镇王立平村
党支部书记　李奎生

王立平村位于滨城区三河湖镇政府西南4公里处，总户数244户，人口816人，耕地1253亩，现有党员27人。主导产业为蔬菜种植、特色农业、乡村旅游。2013年，村“两委”班子加强党支部和党员、干部队伍建设，结合差异法目标管理，依托蔬菜专业合作社，提出了以打造“立平”牌韭菜为主线，农家乐休闲、餐饮旅游为辅助的发展模式，逐步壮大了产业规模，增加了集体和村民收入。王立平村先后获得“滨州市产业化重点合作社”、“滨城区优秀专业合作社”、“省级生态文明村”、“滨州市人才创业基地”、市“一村一品”韭菜示范村等荣誉称号。

一、借力蔬菜合作社，发展特色产业，群众收入不断提高

王立平村是典型的韭菜“专业村”，也是最早大面积发展韭菜的中心村和示范村。在2007年12月成立蔬菜专业合作社，以有机韭菜为主，全力打造有机韭菜品牌。我村经济社会的快速发展，得益于村“两委”拥有一个锐意进取、务实肯干的班子队伍。村“两委”一班人，坚定发展信念，明确发展方向，克服重重困难，率先发展韭菜种植产业。在党支部的指导下和广大党员的示范带动下成立合作社，密切了党群干群关系，赢得群众的支持和拥护，带动了各个涉农项目的落地，有效推动了土地流转，拓宽了群众致富门路，促进了集体经济可持续发展和村民增收致富。全村注册登记蔬菜专业户已达150个，有126名村民获得农民技术员证书，种植面积已达600亩，占耕地面积47.88%。韭菜种植已成为全村发展致富的一项特色主导产业。

为进一步增加群众的收入，提升韭菜产品品质，提高管理水平，2013年，我村将合作社申请更名为“滨州市滨城区王立平蔬菜专业合作社”，规范相关制度，建设了占地1300平米的集蔬菜包装、小杂粮包装、农民技术培训于一体的农民技术培训基地，并出资注册了“立平”牌韭菜商标。合作社以社员入股的形式，发展高标准绿色有机韭菜种植基地200余亩，建设占地50余亩的防虫网有机韭菜种植示范基

地，安装“物联网”先进设备，对基地内韭菜安全生产全方位、全天候、全过程进行跟踪检查。同时，村“两委”班子依托合作社培训基地，多方聘请专家对菜农进行培训，提高菜农的种植水平。按照统一种植规划、统一生产资料供应，统一生产标准，统一技术指导，统一经济谈判，统一信息发布，统一产品销售“七统一”的管理模式，逐步引导家庭式生产和社会化销售转化为“合作社＋基地＋农户”的产业化经营方式，逐步形成“区域化布局、专业化生产、科学化管理、规范化经营、社会化服务”新格局。利用全村“改厕”工程，引领群众推广使用生物有机肥，在种植区建立沼液沼渣循环池，利用沼气产生的废渣、废液积极发展循环农业，禁止使用高毒高残留农药，提倡使用频振式杀虫灯诱杀害虫，确保了“立平”牌韭菜的绿色无公害品质。合作社有机韭菜的科学发展为农民每亩增收2000元，人均年收入达到12000元。

二、借势景区开发，推进土地流转，集体经济不断壮大

我村毗邻三河湖生态文化旅游度假区，区位条件优越，自然环境优美。近年来，我村立足实际，借助良好的形象口碑，积极招商引资，大力推进土地流转。截至目前，全村流转土地755亩，占全村土地的60.4%，年流转土地收入61万元，其中，村级集体年收入34万元。康源蔬菜基地占地170亩，是我省优秀运动员蔬菜供应基地，每年为村集体增收10万元。2012年，集中流转王素先至李潮岗村路以南200余亩土地，打造高端苗木基地。仅此项目，平坎填沟溢出土地每年又给我村带来集体收入4万元。我村借势景区开发，大力推进土地流转，将土地流转过程中因填沟平坎溢出的土地，都划为集体承包地，借助“边角效应”壮大了村集体经济；有些村民不愿种地却未在项目流转范围内的，村集体都流转过来承包，为今后项目落地储备了后备土地资源。

三、借助集体实力，发展公益事业，生活环境不断改善

通过规范“两委”议事规则、重大事项民主决策制度、述职评议制度、完善理财制度等各项制度，利用合作社带动、土地流转等多种形式增加集体收入，村集体实力不断壮大。村“两委”将村内公益事业作为重点工作之一，村集体先后出资建设了围村路、健身广场、办公场所、合作医疗室等基础设施；每年村集体都承担村民水费、合作医疗费、自来水费以及安全保险费等费用的支出。这样做，减轻了群众的经济负担，赢得了广大群众的认可，同时调动了广大党员、干部的参与村级工作的积极性、主动性、创造性，进一步激发了广大党员、干部的进取心与敬业精神，确保了村民集体双增收，真正加快了富民强村的步伐。

以旗帜鲜明的党建工作引领新农村建设

博兴县陈户镇北相村党支部书记　沈兴光

博兴县陈户镇北相村现有村民123户，416人，其中党员22名，耕地980亩。以粮棉种植业为主，2013年农民人均纯收入8000元。2012年被评为县级生态文明村，2013年成功争创市级生态文明村。

一、选好“当家人”

面对新时期农村工作的新特点、群众的新期盼，北相村原“两委”班子思想观念落后，创新意识不强，严重影响了新农村建设。尤其是农村基础设施建设落后，民生问题突出，引发党群干群关系紧张；农业发展路子单一，导致村级经济发展缓慢。选配一支思想解放、作风扎实、服务意识强的村“两委”班子成为北相村亟待解决的关键问题。在镇党委、政府的领导下，2011年4月村“两委”成功换届，村民积极参与，选出了群众满意、组织放心的新一届村“两委”班子，我被全票当选为村支部书记。

新一届村“两委”班子履职上任后，即着手建章立制，先后制定完善了村规民约、村务和财务公开制度、重大事项集体议事制度、村民代表议事制度等规章制度，做到按规办事，为村级各项工作的顺利推进提供了制度保障。一是加强党支部建设，完善党员民主评议制度、民主生活会制度、定期学习制度、党费收缴制度等，坚持以制度加强管理，以制度约束每个党员行为。通过严格组织生活和健全党建制度，支部充分发挥了战斗堡垒作用，党员的思想认识和政治素质得到提高。二是坚持民主集中制，充分尊重党员和村民的民主权利。坚持每月召开不少于4次班子成员会议。凡村重大事情，经村“两委”讨论研究后，一律提交村民代表大会讨论决定，涉及村未来发展的，必须提交村民大会讨论决定。严格按照上级要求，实行村务公开制度和财务“双代管”制度。每月5日“民主议政日”组织党员进行理论学习，结合本村实际，开展大讨论；还组织全体党员外出参观学习，拓展党员的发展视野，引导党员树立开拓进取的观念。三是加强党员干部廉政建设。每年定期开展村“两委”干部廉洁承诺、述职述廉，实行村“两委”主职干部重大事项报告制度，严格落实中央八项规定。通过透明公开议事决策、公平公正推选优秀，树立了村“两委”班子公正清廉的良好形象，赢得了群众的支持，为新农村建设凝聚了民

心,汇聚了民力。

二、做好“惠民事”

新一届村“两委”班子将解决好村内的棘手民生问题作为任期内的首要任务。2012年我村从整治村庄环境入手,积极借助“百家企业乡村行”活动,争取利丰达化工有限公司投资38万元对“四纵九横”村内道路进行了整修,安装路灯25盏,同时,协调油田资金对长1.8公里的进村路进行了重建,解决了困扰村民多年的出行难题。在村“两委”班子的带领下,村民自筹资金20万元,出义务工500人次开展绿化、美化、净化建设,栽植木槿、扶芳藤等绿化苗木2000余株;粉刷墙体16000平米,创建“党建”、“普法”、“计生”文化宣传街;集中清理村庄“三大堆”132处,村容村貌显著提升。2013年5月,村“两委”班子主动协调利丰达化工有限公司20万元,用于新建办公场所、老年活动中心的建设和方田干渠清淤,解决了办公场所老化、农业生产设施落后的问题。村“两委”不等不靠,多方协调,巧借外力,广惠民生,以实际行动在群众中树立了诚心干事、团结奋进的良好形象。

三、找好“致富路”

我村的经济基础一直比较薄弱,如何带领群众尽快脱贫致富奔小康,是村“两委”干部考虑得最多的一件事。村“两委”深入学习党的十八大精神,经过多方考察,将目光投向了农民专业合作社。我村以种植为主,土地多,而且农民专业合作社享有国家财政、金融、税收等优惠扶持政策,上级政府也会给予资金、信息、技术等方面的扶持。2013年4月村“两委”组建成立了北相村裕农兴粮种植合作社。村民以土地为资本入股合作社,自主选举合作社社长、监督委员会,并建立健全管理制度、财务制度、监督制度。全村有121户村民加入合作社,首批500亩土地按照沟渠路桥涵闸“六配套”标准进行了方田化整理。

我村“两委”班子用自己的实际行动践行着入党时的誓言,履行着对乡亲们的承诺,始终做到勤勤恳恳,踏踏实实,坚持为村民办实事、办好事,解百姓之忧、排群众之难,以饱满的工作热情,扎实的工作作风,带领全体村民,共创经济富裕文明、社会和谐稳定、村庄环境优美、生活充满生机、民生幸福美满的新农村。

实施“双强工程”做细做实农村党建工作

邹平县长山镇东尉村党支部书记　牛光胜

邹平县长山镇东尉村,现有181户、730人、党员28名。2013年,全村实现工业总产值7亿元,利税5000万元,农民人均纯收入13000元。近年来,在各级党委、政府的正确领导下,东尉村党支部以建设高标准农村基层党组织和高素质农村党员干部队伍为目标,以实施强核心、强服务“双强工程”为抓手,不断提升党建工作水平,抓班子、保稳定、促发展,极大地激发了农村党员干部活力,提升了以党支部为核心的村级班子整体效能,走出了一条以工带农,以党建促发展,全面建设社会主义新农村的发展之路。

一、强核心,充分发挥村党支部领导核心作用

加强党员干部队伍建设　以建设学习型党组织为目标,组织开展党的理论知识学习,将每周五确定为“党员学习日”,依托长山镇党委组织的村干部集中培训及帮带机制,强化对村“两委”班子和村后备干部的学习教育和业务培训,突出抓好对农业实用技术、村级民主决策、土地流转承包及信访稳定相关知识的培训,着力提高党员干部理论素养和致富带富能力。建立健全党小组,设立党风廉政义务监督员,明确责任分工,着力增强班子抓党建、带队伍、促发展的意识,夯实党建基础,为村内各项工作的开展提供了强有力的保障。

深入开展创先争优活动　以开展“一诺两述三亮牌”和党员年初承诺、党员先锋积分为载体,全力创建带富型党支部,切实加强村党支部的吸引力、凝聚力和战斗力。将党建目标和年初党员承诺结合起来,细化党建各项指标,实行量化考核。采取以评促建的方式,召开党员代表会,要求党员进行述职,聘请村里老党员、老干部、村民代表、群众代表等各方人士参加,进行评议。对不称职票超过60%的立即予以调整,对不称职票超过30%的挂黄牌警告,并进行诫勉谈话,限期3个月整改,逾期不改,予以调整。坚持评议与整顿相结合,使党员人人有危机感、不断增强责任感,不甘落后,创先争优,为党支部各项工作的顺利开展奠定基础。

二、强服务，建立完善联系服务群众机制

“两贴近两落实”实现为民服务网格化 贴近民生，落实“党员干部联系困难群众”。对本村贫困户进行梳理，党员重点联系1—2户绝对贫困户，普遍联系6—7户相对贫困户，确保人员不漏、对象不重。贴近民意，落实“入户走访”。将党员入户走访作为听民情、解民意的载体，深入村民家中交心谈心，在认真分析和评估全村发展形势的基础上，排查矛盾纠纷，切实解决实际问题。

创新“两项机制”实现为民服务常态化 创新民主管理机制。严格落实“四民主、两公开”等各项制度，切实保障群众的知情权、参与权、决策权、监督权。把每月5日确定为村民代表议政日、党员活动日、财务公开日活动，村民代表、党员集中议发展、议村务、议稳定，实现党务、村务群众参与、集体决策。对于事关群众切身利益的事项，严格按照民主决策程序，广泛征求群众意见，5日集体讨论，小事通报，大事公示，自觉接受监督和质询。创新为民服务机制。成立为民服务中心，与县、镇两级实现联网办公，实行“群众动嘴、干部跑腿”的村干部代理服务机制，着力为村民提供方便快捷的服务。

突出“四个重点”确保为民服务见实效 一是重宣传，确保活动家喻户晓。充分运用标语横幅、明白纸、公开栏、民主议政日活动等方式，全方位宣传创先争优活动，特别是“一诺两述三亮牌”活动，真正实现宣传到户。二是重实效，确保村民受益。开展活动坚持“实效第一”原则，按照“干部铺好路，党员带好头，群众得实惠”的发展思路，加大民生投入力度。投资9600万元，完成新小康村规划，建设高标准老年公寓，65岁以上老人全部入住，铺设“三横两纵”柏油路，配套安装路灯、自来水管道以及通讯光缆，完善了村内基础设施。三是重落实，保证承诺到人。全村28名党员全部完成个人公开承诺，共承诺事项90余条，涵盖范围包括党员个人素质提升、为民服务解难事、农村环境综合整治等诸多方面。兑现率已达到30%以上。四是重视台账，确保工作顺利开展。对全村党员开展创先争优活动情况按月进行统计，分类建立台账，现已建立村支部创先争优资料、党员个人承诺资料、“一述两述三亮牌”资料和活动照片资料等各类材料。

心系群众谋发展 构建和谐新社区

菏泽市牡丹区牡丹办事处彩虹社区
党支部书记 肖培习

牡丹办事处彩虹社区辖2个自然村，1182人，330户，1100亩耕地，43名党员。近几年来，社区党支部一班人，按照社会主义新农村建设的要求，积极带领党员群众搞建设，一心一意谋发展，取得了令人瞩目的成绩。

一、临危受命建班子，理清思路上正轨

1999年以前，彩虹社区（原伊庙行政村）是全处出了名的乱摊子，穷村子。1999年6月，经过党员大会选举，我被高票当选村党支部书记。那时，我正在乡镇敬老院工作，没有任何思想准备，临危受命感到从未有过的压力，一个千疮百孔的烂摊子村，不好收拾，一头是党委政府的重托，另一头是村党员和父老乡亲的信任和期盼，不能辜负。上任伊始，我便下定决心，一定要努力工作，打开局面，带领群众走上致富路。经过一个又一个不眠之夜，反复思考，反复征求群众意见。先后组建了村民理财小组，理清了账目，公开了财务、党务、村务，还群众一个明白。从此，伊庙村的各项工作一步步走上了正轨。

二、想方设法搞建设，一心一意谋发展

伊庙村底子薄，基础差，多年来各项工作一直停滞不前，百姓怨声载道。我担任支部书记的第二年，便确立了搞好村建设，服务百姓，带领群众共同走向幸福之路的治村目标。

想致富，先修路。伊庙村是远近闻名的“北大洼”，由于没修公路，村里道路大坑连小坑，一到雨天，连拖拉机都很难进出，对此，村民意见很大。2001年，村党支部一班人经过积极努力，多方协调、筹措资金，取得上级支持，把村里的五横两纵道路全部铺上柏油路，百姓们交口称赞。

上任十几年来，我和支部一班人为彩虹社区的发展倾注了心血：带领干部群众捐资，为伊庙小学修建了一座高标准三层教学楼；多方筹资，清理田间地头沟渠，打机井24眼，实现了庄稼旱涝保丰收；改造线路，安装路灯、监控设备；修建下水道，栽植绿化树木，美化村庄环境；借上海路开

通之机，大力招商引资，多方增加村民收入。如今，彩虹社区发生了翻天覆地的变化，各项事业蒸蒸日上，百姓安居乐业。

三、倡导乡村文明，创建和谐社区

在搞好物质文明建设的同时，我和支部一班人没有放松抓社区精神文明创建工作。为切实改善社区文化硬件建设严重不足的现实，社区“两委”班子深入调研、统筹规划，决定筹建社区文化大院。规划确定后，积极向上级领导汇报协调，多方沟通，争取到“一事一议”资金40万元。目前，文化大院建设项目已征地20余亩，现已完成规划设计，土方工程基本完工。为丰富居民文化生活，组织成立了社区秧歌队，并经常组织参加秧歌比赛。同时向区文体局申请配备了两套健身器材；在新的文化大院建设期间，为了保障群众文艺活动有场地，组织修建了临时性的文化广场和百姓大舞台。同时购置了书籍，充实了农家书屋；开设了道德讲堂。每年组织开展评选表彰“好儿女、好婆媳、好夫妻、好邻居”活动，评选出孝老爱亲“四德”模范人物85人。并每月组织开展“新农村新生活”教育培训活动，不断提高群众文化素质，丰富群众精神文化生活。

四、注重制度建设，建立长效机制

村庄环境变好了，我们又开始考虑怎样建立长效机制。为此，广泛征求社区干部群众意见，认真梳理总结归纳，学习借鉴其他社区成功经验，在深入讨论分析的基础上，制定出了符合社区实际情况的村规民约。同时创新实施垃圾清理工作机制，推行“户收集、社区清运、集中处理”的垃圾处理模式。制定了“四德”人物评选表彰办法。每个村干部负责包一条街，每周对每位村干部进行考评一次。有符合要求需要建房的居民户，需要向保洁员交2000元押金，房屋建好后根据卫生保持情况，决定是否给予退换押金。建立了各居民户负责保持和清扫自家门前卫生制度等一系列规章制度，形成比较完整的制度体系，为彩虹社区的长远健康发展奠定了坚实基础。这些为民办实事的做法，不仅赢得了民心，而且得到了群众的大力支持。

十多年来，我和支部一班人心系群众、解民之困，协调部门、大搞建设，沟通社会，积极争取资金和项目，带领党员群众开拓创新，积极进行村庄建设、美化、净化、亮化工作，使社区面貌焕然一新，居民生活居住环境有了很大提升，切实推动了全区“乡村文明行动”的有效开展，使“转作风惠民生”集中活动落到了实处。

全心全意带领群众奔小康

单县杨楼镇尤庄村党支部书记　李茂东

杨楼镇尤庄村辖尤庄、王楼、苏刘庄3个自然村，2086人，610户，党员51人，村“两委”班子8人。3037亩耕地。基础设施建设发展迅速，村内两纵三横五条主要街道已硬化，总长达5.4公里，农村电网已进行改造，有线电视和电话入户率达80%以上，村民全部用上自来水。近年来，村支部以“生态文明村”及远程教育示范村创建为突破口，利用县下派“第一书记”契机，抓村级组织建设，为全村经济和社会事业全面发展提供了坚强的政治保障和组织保障。尤庄村先后获得“全县文明村”、“全县农村经济强村”、“全县社会治安综合治理先进村”、“全县社会主义新农村建设示范村”、“全县”五好“党支部村”等荣誉称号。

一、抓班子带队伍，强化阵地建设

村党支部从自身做起，努力做政治坚定、思想解放、清正廉洁的典型，严格执行各项规章制度，强化责任，明确分工，使支部工作制度化、规范化、支部班子整体合力增强。为增强村党支部干部工作能力，提高办事效率，村党支部都会在每月月初进行学习，主要学习党的路线、方针和政策。充分利用党内“三会一课”、党员干部远程教育网等方式方法，提高村两委干部理论水平，增强村党支部干部工作能力，转变村党支部工作作风，增强村“两委”班子抓党建、带队伍促发展的意识，为村各项工作开展提供强有力的保障。

村党支部在新建村部的基础上，不断配备办公设施，完善材料，在举行各项活动中密切联系群众，增强群众对组织的信任，夯实了农村基层党组织工作基础。

二、立足本村实际，拓宽农民增收渠道

一是加大种植业结构调整力度。找准本村资源优势和市场需求的“结合点”，村“两委”一班人通过调查研究，论证分析，多方征求意见，充分利用我村群众有种植西红柿的习惯，决定把“宝”押在大棚菜种植上。为让群众深刻认识并积极响应，我村先后多次组织召开了党员座谈会、群众代表会和群众大会，聘请专家、教授定期授课，组织群众到先进地区开眼界、长见识，通过上市场课、算精细帐，渐渐热了乡亲们建棚种菜的心。为给群众购到物美价廉的棚料，村

干部多次奔赴商丘、济宁等地，进行考察。经过一番苦干实干，全村共建起温室大棚112个，棚均收入2万元左右，有力地促进了集体增财、农民增收。

二是组建建筑公司，帮乡亲“洗脚上岸”。村民王建启、王朝信等有多年的建筑经验，常年在外带班搞建筑。村“两委”一班人经过多次开会研究，决定组建由其二人牵头的建筑公司，让村里的富余劳力吃“手艺饭”挣“技术钱”。在村“两委”班子的帮助下，王建启、王朝信投资数百万元购买了建筑器械，正式申报注册建筑公司，并对招进的工人进行专业培训。他们常年在济南、泰安等地搞建筑。每年仅从事建筑行业外出务工人就达400余人，为当地经济及各项事业的进步和发展做出了积极的贡献，目前全村从事建筑业的农民人均年收入都在四万元左右。

三、构建平安村庄，促进社会事业进步

近年来，村“两委”一班人十分重视抓好村里各项事业的统筹与发展，力求把村建设成为一个环境优美、民风淳朴、村容整洁、治安状况良好的文明村。一是重视抓好村级社会治安综合治理，紧紧围绕创建“平安杨楼”活动，大力开展平安建设，为投资商和群众创造一个良好的发展环境。二是关注群众利益，及时解决和协调好群众反映的热难点问题，努力构建和谐社会。三是完善村基础设施。在村领导干部带领下，村民积极参与到改善村基础设施的行动中来。现在尤庄村内两纵三横五条主要街道已硬化，总长达5.4公里。农村电网已进行改造，有线电视和电话入户率达80%以上，村民全部用上自来水。

新农村建设不仅优化了环境，完善了基础设施，而且化解了大量矛盾，凝聚了民心，构筑了和谐。街道和居民点排列整齐，供水、供电等基础设施配套齐全，街道整齐划一，建筑排列有序，展现出环境新、气象新、面貌新的新农村新景象。

四、抓民心树新风，推动精神文明建设

随着村民生活水平的不断提高，对精神需求也越来越大，党支部通过多种形式宣传党在农村的方针政策、宣传法律法规，极大的丰富了村民的精神生活。同时积极组织各种活动：如十星级文明户、五星级党员评比，鼓励群众积极参与，并对活动进行总结，表彰先进，鞭策后进，共同进步。建立健全了民调会、治保会、治安巡逻队，这几个机构分工协作，各负其责，在精神文明建设上起到了重要的作用。开展评选“好婆婆、好媳妇”、“学习道德模范”等活动，通过典型引导，榜样带动，全体村民的精神文明意识得到进一步提高。现在村里社会安定，邻里和睦，村里一心一意发展经济的新风尚正在形成。为丰富村民业余生活，村党支部干部动员大家，取消了村里的一些封建落后的迷信陋习，将先进的文化生活方式带入村里。

建设民心工程 夯实致富道路

巨野县大义镇孔庄村党支部书记 孔庆宝

巨野县大义镇孔庄村位于大义镇政府驻地东南7.5公里，人口总数为736人，户数184户，党员17名。近两年，孔庄村党支部在省派“第一书记”的帮扶下，紧紧围绕抓党建促脱贫的目标要求，深入走访调研，加快调整种植业结构和产业结构，加大脱贫致富配套措施，为扎实推进我村民心工程建设、尽快使村民脱贫致富打下了坚实的基础。

一、知民情、察民意、聚民心

多年来，种植业一直是我村的支柱产业，种植农作物收入薄弱，外出务工成为村民的主要收入来源。村内无集体经济、无规模养殖业、无加工业的“三无”局面限制了村域经济的发展和村民生活水平的提高。村党支部不断探索致富道路，省派“第一书记”的到来更为村干部和群众注入了一剂强心针，村党支部和“第一书记”面对村民殷切的眼神，深感肩上压力的同时也很快达成共识，一定要为带领孔庄村的村民脱贫致富做点实事。村党支部与“第一书记”走访老党员、老干部、村民代表，召开党员干部大会、班子民主生活会、村民代表会，切实摸清村情、民情，弄清群众所思、所想、所急、所盼，制订定完善工作计划和规划，确定重点从看得见、摸得着的实事好事入手，分阶段打开局面。

二、建章立制，提升素质，培养人才

经过深入调查研究，村党支部认为必须健全完善村级“三资”管理制度，党务、村务、财务公开制度，“三会一课”制度，坚持用制度管人、管事、管财、管物，让权力在阳光下运行，用各项制度来维护农民权益，为村民谋福祉。孔庄村党员干部共17名，文化程度普遍为初中，部分为小学文化程度。为了改变党员干部文化程度较低的现状，村党支部在党员干部中大力倡导学习之风，投资5万元修建文化书屋，配备了电脑、笔记本电脑、数码相机、空调、书架和图书及音像制品等；积极联系山东农业大学，实施科技帮扶，邀请专家进行种植、养殖等方面知识的授课解答。组织党员干部认真学习十八大精神，并组织村党员干部走出去学习，先后到泰安等地进行专题培训，开阔视野，丰富知识，启发思路，提高脱贫致富的信心和能力。在提升党员干部素质

的同时，积极与镇党委配合，从农村优秀青年、退伍军人、致富能手中选拔培养后备干部，为村庄长远发展储备人才。目前，为孔庄培养入党积极分子3人。

三、完善设施，建立产业，探索致富路

种植业是我村的支柱产业，但农田灌溉能力不足和电力供应能力较低的现状限制了种植业的发展。面对这种情况，村党支部加快农田灌溉项目和电网省级工程的建设，在村北水闸桥西侧新建扬水站一座，新打机井2口，铺设灌溉管路到地头，有效解决1500余亩耕地灌溉问题，实现"有旱涝保收田"目标，提高农业产出效益，促进农民增产增收。积极联络县、镇供电部门，更换1台老旧变压器，增加1台变压器，改造村内负荷低的供电线路，改善村民生产生活用电条件。我村狭窄的土路严重影响了农副产品的输出，针对这种情况，村党支部加大与交通部门的沟通、协调，争取省交通扶贫资金80余万元，对村北至机场路2.4公里生产路进行了拓宽和硬化。在此基础上，对村内2.3公里主干道进行了高标准水泥硬化，对其余5公里道路铺设了沙石，安装路灯20盏，为村内农副产品顺利输出提供了保障。面对村内青年和返乡农民工强烈的创业意愿，村党支部在"第一书记"的帮扶下建立了扶贫互助社，以省财政厅、省扶贫办财政扶贫开发支持资助金为基础，以15万元财政资金为引导，以农户自愿出资和社会捐赠资金为补充，在孔庄村设立村民发展互助资金，为贫困户发展生产提供小额、短期和低成本有偿借款，切实解决有创业意愿的农户发展资金短缺问题。

畅通的道路、充足的资金和完善的水电设施为孔庄村调整种植业结构、建立新的产业链条提供了保障。围绕实现"有致富项目"和"村集体有一定的经营性收入"的目标，依托巨野资源优势，大力发展大蒜种植、山羊养殖等项目，全村种植大蒜950亩，养殖山羊500余只，收益日益明显。我村将继续扩大大蒜种植面积和养殖业规模，以引进资金和集体出资的方式建设农产品加工厂和畜牧产品加工厂，延伸产业链条，增加农副产品附加值，增加村民收入。

四、着眼民生，办好实事，凝聚群众

初始阶段的民情民意调查，让村党支部深感村民在文化、体育、卫生等方面的迫切需求。村党支部和"第一书记"便带领村内党员干部集资修建了健身场所。平整硬化篮球场、健身场地600余平方米，安装2个篮球架、8件健身器材。此外，针对村内幼儿上学难、村民就医难等问题，为孔庄村新建幼儿园一处，有效解决了幼儿入园难问题。积极协调县镇卫生部门，为孔庄村规划建设一处卫生服务站，解决群众就医难问题。帮助寒门子弟入学，儿童节、建党节、教师节期间给儿童、老党员和教师送去节日的慰问和礼品，为困难户送去慰问金，为村民争取复合肥和优质麦种等等行动，解决了群众的迫切需求，赢得了群众的信任，增强了村民的凝聚力。

社区党建

齐心服务群众　共建幸福家园

济南市天桥区工人新村南村街道
西区社区党委书记　田象霞

天桥区工人新村南村街道西区社区建于上世纪80年代，面积0.71平方公里，有居民楼70栋，居民3073户、8025人，是典型开放式老旧小区。面对基础条件差、共建资源少、弱势群体多的现实状况，社区党组织认真践行党的群众路线，在联系群众、服务群众中组织群众、发动群众，走出了一条党群同心协力、共建幸福家园的社区发展之路。

一、统筹党群资源，汇聚服务群众的工作力量

充分发挥党的组织优势，引导社区党员、热心居民等各方力量共同参与社区管理服务，变社区干部"孤军奋战"为社区党员群众"齐心作战"。**一是推进组织下沉。**推行社区党建网格化管理，将299名党员划入8个片区、27个楼群，构建"社区党委—片区党支部—楼群党小组"组织架构，打造立体式、全覆盖的组织网络，使为民服务的触角直达社区"神经末梢"。建立党委抓委员、委员抓支部、支部抓党员、党员带群众"三抓一带"工作机制，实现"组织带动党员，党员影响邻里"，把服务群众的力量紧紧凝聚到党组织周围。**二是发挥党员作用。**开展"亮身份、亮承诺"活动，在社区设置24块"党员承诺公示牌"，公开党员照片、服务岗位、承诺事项，促使党员"浮出水面"，发挥作用，接受监督。实行党员设岗定责，结合党员职业特点、爱好特长，组建文化宣传、治安巡逻、纠纷调解等8支服务小分队，带头参与社区事务、带头服务居民群众、带头义务奉献。**三是扩大群众参与。**长期张贴《致广大居民的一封信》，大力宣传"社区是我家，建设靠大家"理念，深入开展"我身边的为民服务典型"选树活动，引导社区居民热爱社区、服务社区。探索实行"奉献换积分、积分换服务"激励机制，建立"志愿服务积分银行"，对居民参与社区公益活动情况进行写实记录、折算积分，积分可兑换社区购买的理发、保洁、体检等免费服务，激发群众"为社区建设出力、为服务他人尽心"的热情。

二、广泛联系群众，及时掌握社区居民的意愿诉求

综合运用传统方式和现代科技手段，拓宽民意收集渠道，让群众"话有处说、怨有处诉、难有处解"。**一是选聘"民意联络员"。**采取自愿报名、楼栋推荐、定向邀请等方式，以老党员、离退休老干部、楼栋长为主体，组建165人的民意联络员队伍，及时收集大到社区环境、小到个人诉求的社情民意，作为改进工作、优化服务的重要依据。**二是发放"民情联系卡"。**"按片发放、一户一卡"，注明社区干部、片区负责人、楼栋长的姓名、联系方式及服务内容，联系电话24小时畅通，确保居民随时"找得到、叫得应"。**三是建立"民情台账"。**为社区困难家庭、弱势群体、"两劳"释放人员、老上访户等四类特殊群体建立"民情台账"，由社区干部和党员骨干联系帮包、经常走访，做到思想动态、就业状况、劳动技能、迫切需求"四个清楚"，遇到意外灾害、红白喜事、逢年过节、发生矛盾纠纷、非正常上访"五个必到"。**四是开通"社区博客"。**居民可以随时登陆，了解社区事务运转情况，并在相应版块留言，提出问题或意见建议。博客开通以来，访问量超过7.4万次，收集意见建议近千条。

三、完善服务体系，全力办好群众的身边小事

顺应社区居民多样化、多层次服务需求，打造集公共服务、便民服务、关爱服务、志愿服务于一体的社区服务体系，把群众的每件小事都精心办好。**一是承接公共服务。**整合社区服务资源，建立社区党群服务大厅，设置党务管理、计划生育、劳动保障等服务窗口，推行"窗口受理、全程代办"服务模式，让社区居民"进一个门、办一揽子事"。**二是发展便民服务。**积极推进"十分钟生活服务圈"建设，协助社区居民兴办餐饮、维修、美容美发、家政服务等便民服务项目，协调邮政、电信等单位设立便民站点，与辖区银行和医院建立合作关系，使社区居民在步行十分钟的范围内就能满足大部分生活需求。**三是开展关爱服务。**实施"夕阳暖心工程"，通过设立"一滴水"爱心基金，采取财政资金引导、社会资金注入的方式筹集善款，为社区60岁以上低保人群和80岁以上残疾人提供免费中餐，组织党员上门提供日间照料、健康保健服务；开办"四点半课堂"，邀请老党员、老教师担任辅导员，对小学生进行辅导照顾，解除家长后顾之忧；依托社区科普大学开设"4050培训班"，聘请专业师资，为下岗职工提供技能培训，并帮助联系工作岗位。**四是做强志愿服务。**大力倡导"有困难找义工、有时间做义工"，以党员为骨干、热心居民为主体成立社区义工队，定期组织公益服务活动，服务内容涵盖环境整治、治安巡逻、爱心护学、文明城市创建等社区工作的各个方面。目前，辖区成立各类义工队伍13支，注册义工500多人，2012年以来集中开展志愿服务65次，参与人数超过5200人次。

四、注重文化引领，把社区居民团结凝聚在党组织周围

积极发挥社区文化在吸引群众、教育群众、凝聚群众方面的作用，搭建文化引领、活动凝聚的群众参与平台。**一是壮大文体队伍。**发动有文体特长、有活动热情、有组织能力的居民骨干，组建朝霞艺术团、朝阳健身队、朝歌合唱队、朝艺腰鼓队、杨氏太极队、河畔书画队等15支社区群众文体队伍，定期举办主题活动，组织文体演出，广泛发动居民参与。**二是丰富活动载体。**坚持传统节日庆典与社区特色节庆相结合，做到社区活动"长流水"、"不断线"。每年"七一"、"十一"等重大节日，组织开展红歌会、朗诵会、党史国史知识竞赛等活动，引导居民"爱社区、跟党走"；发展独具西区特色的"三节一会"（社区文化艺术节、社区邻里节、社区电影节和邻里一家亲运动会），弘扬传统、陶冶情操、和睦邻里，近年来先后组织大型社区文艺演出40余场，参与人数超过3000人次。**三是凝聚价值共识。**每年举办一次"好婆婆·好儿媳"、"模范夫妻"、"生活的强者"、"文明和谐家庭"评选活动，以身边事教育身边人，倡树尚德精神，培育向善力量；开展社区之歌、社区口号、社区精神征集活动，在集思广益、投票表决的基础上，确定《我们是社区的主人》作为社区之歌，"我的社区，我们的家"作为社区口号，"团结、向上、奉献、创新"作为社区精神，凝聚了价值共识，增强了广大居民对社区的归属感和认同感。

五、强化民主管理，让为民服务在民主公开中赢得满意

建立尊重和体现群众意愿的社区民主管理运行机制，搭建民主议事平台，畅通群众参与渠道。**一是社区的事让群众做主。**对涉及居民切身利益的重大事项，严格执行"三议一公示"民主决策程序，由居民代表提议，社区"两委"商议，社区党委、居委会、服务站、居民议事会、共建委员会"五位一体"联席会议决议，决议结果进行公示，实现了从"代民做主"到"让民做主"的转变。**二是社区的事让群众监督。**邀请居民（党员）代表列席社区"两委"会议，请其监督工作、建言献策；每季度公开一次社区党务、居务、财务情况，并召开楼栋长、党员代表、居民代表参加的情况通报会，面对面接受群众监督质询；对上级下发的每年20万元群众工作经费，由社区干部、党员代表、居民代表组成理财小组，实行"阳光"管理，"一事一公示"，让关乎群众利益的每一分钱都花得清清楚楚、明明白白。**三是社区的事让群众评判。**把群众满意不满意作为衡量社区工作的根本标准，每年10月集中开展一次社区工作满意度调查，请居民代表对社区党建、民生、稳定等工作进行测评，低于85分的立项整改；每年年底组织"两委"成员向党员群众代表述职，接受划票评议，评议结果作为确定考核等次的重要依据，与薪酬发放、表彰奖励直接挂钩，让群众真正成为评价社区工作和社区干部的"主考官"。

创优“蜂式”工作法
提升社区党组织服务能力

青岛市市北区宁夏路街道台湛路社区
党总支书记、居委会主任　王　平

宁夏路街道台湛路社区地处青岛市老城区，辖区面积0.3平方公里，居民3326户，人口9177人。社区党总支下设10个党支部，30个党小组，共有党员505人。辖区呈现老旧楼院多、困难群体多、矛盾隐患多等特点，服务群众任务非常繁重，提升党组织服务能力的要求更显迫切。针对上述情况，台湛路社区党总支把服务群众、凝聚民心作为基层党组织建设的立足点和出发点，坚持抓特色、求实效、创品牌，借鉴蜂巢“结构紧密、相互依托”、蜂队“分工明确、团结协作”、工蜂“辛劳酿蜜，从不奢取”等特点，探索建立了“建蜂房、组蜂队、做工蜂”为主要内容的“蜂式工作法”，不断提高服务群众的能力和水平，有力地促进了文明和谐社区建设。

一、主要做法

一是搭建平台，主动深入群众。首先是建“蜂房”。借鉴蜂巢的特点，依托楼院网格党支部，按照地缘相近、便于服务原则，以200—300户为单位，将辖区划分为12个“蜂房”，建立起“蜂式”工作领导小组—社区党组织—蜂队三级管理服务网络，充分发挥党组织在社会管理中的核心作用，确保“每个居民都有人服务，每项任务都有人落实”，解决基层管理与服务中“主体缺位”和“管理真空”问题。其次是筑“蜂巢”。开发了“蜂式服务工作平台”——“蜂巢”系统。以“以房管人”为原则，将辖区住户、流动人口、企业网点、事业单位等均纳入管辖范围，为每套房子中的每个户籍设立了唯一的十一位编码。依托“蜂队”将辖区3326户居民家庭的成员、就业、计生、优抚救助等信息和服务需求全部采集录入，每月进行数据更新、维护，实现“逐户建档、随时调用、全面共享”。**二是凝聚力量，紧密依靠群众。**首先是配“蜂队”。变“条块分割”为“条块联动”，为每个“蜂房”配备一支专群结合的“蜂队”，由楼院党支部书记、机关包片干部、社工、兼职委员、社区民警和志愿者等6人组成，按照“一岗多责”要求，承担政策宣传、民情收集、安全巡查、矛盾调解等职责，并在每个“蜂房”所辖楼院制作统一的宣传栏，公示“蜂队”人员情况和联系方式，提高知晓率。2013年，结合全省、市、区党员干部联系困难家庭工作，又把区直机关包片干部充实到基本“蜂队”中，与所在“蜂房”的91户急需帮扶的特困家庭结成帮扶对子，帮助解决实际困难。扩大“蜂队”的后备队伍后，确保了每个“蜂房”都有党组织、每户居民都有人服务、每项任务都有人落实。形成了“人人管蜂房、人人享和谐”的良好局面。其次是育文化。面对社区纷繁琐碎的事务，巧鉴蜂群不嫌花小蜜散，勤于劳作采摘，巧于加工治理的劳作精神，形成以“主动‘找’事畅渠道，为民议事解难题，倾心办事促和谐”为原则的自主奉献型“蜂式”服务文化，逐步形成爱心传递的正能量，实现“蜂式”集群服务效应。第三是谋共建。将“蜂式”工作法延伸至企业和社会组织，成立了“社区服务组织联合会”，吸纳企业、社会组织和志愿者协会为会员单位，引导30余家驻街单位和270余名在职党员积极参与到“蜂队”中，把服务内容拓展到就业创业、养老托管、法律援助等方面，发挥其在决策和执行中的建议、协调、服务等作用，将以捐款捐物为主的服务形式扩大至结对帮扶、岗位提供、矛盾调解等方面。**三是完善体系，倾力服务群众。**首先是“五带”走访。“蜂队”对“责任蜂房”家庭进行每年2次的集中走访，带着真情走、带着责任走、带着熟人走、带着服务走、带着任务走，为有针对性的管理服务摸清底子。通过发放《民意需求调查表》等，掌握基本情况并收集意见建议。建立重点人群重复走访制、约访制等，实现“随时访、重点访、应访尽访”。其次是“三级”议事。对搜集到的服务建立了“三级联动”问题处理机制，实行网上登记、汇总、分析、分流、督查形式。简单问题即时处理，并建档立卡实行“痕迹化”管理；一般问题通过召开“党员议事会”分工办理，7日内进行反馈、公示并接受评价；复杂问题由社区党总支通过“蜂巢”系统上报“蜂办”，“蜂办”通过“进程督查”模块分解至责任领导和相关科室包办，重大问题提交党工委会研究解决。

二、取得成效

一是共性需求志愿办。把“蜂房”作为“责任田”，“蜂队”队员全面开展为民代理服务。配置了工具齐全的“便民工具箱”，成立了“百事帮”服务队，周末将“便民直通车”开进楼院，提供理发、家电维修等便民服务；组织160名志愿者成立“5060”养老接力队伍，开展居家养老服务。目前已服务群众3000余人次，受到群众一致好评。**二是邻里问题自治办。**目前已对80%以上家庭进行了至少1次走访，搜集合理化诉求建议600余条，完善户情档案1.4万余份。通过鼓励和引导“邻里事务自主解决”，调动了党组织和党员群众的自治热情，社区已召开“党员（民主）议事会”20余次，解决安装防盗门、停车、供热、排水等邻里问题42余件，成功率达到95%以上，促进了社区的和谐稳定。**三是矛盾隐患专门办。**综合司法、民政、法律服务等力量，运用提前介入法、法律援助法和亲情关怀法，成立了“王主任调

解室”等品牌调解室，组织培训了30多名热心党员为“义务调解员”，已调处矛盾纠纷67起，成功率95%，由“蜂队”调处成功的达40%。此外，将社区民警等下沉配置到“蜂房”，形成“蜂式布控、精细防控、全员参与”新机制，群众“见警率”和民警“管事率”均有所提升。**四是特殊困难协调办。**对“蜂巢”系统所登记的困难家庭给予特别关注，与12349便民服务超市、“颐康关爱长者服务社”等合作，提供残疾人关爱、慈善救助、就业咨询等30余种特殊服务，将为民服务社区“独唱”变为社会“大合唱”，被帮扶人员积极参加志愿活动，形成了互助互爱的良性循环。

三、几点启示

一是多元密切的联系平台确保基层党组织接地气、知民情。由于所有社会成员都存在于形态各异的社区单元中，将各方资源整合到基层，以家庭为单位、面对面的开展组团式服务，不留死角、不留盲区，不仅实现了服务网络的全覆盖，而且最大限度地发挥了党的组织优势，提高了以人为本、服务群众的能力。**二是科学完善的服务流程确保社区党员顺民意、争作为。**服务群众的重要着力点在于让党员走进百姓家门，建立一套严谨规范、保障有力而又信息化、极具效率的工作机制，将“软约束”变成“硬规范”，不仅提升了服务的有效性和针对性，更激活了大多数“党员细胞”的服务意念和能力，形成了创先争优的浓厚氛围。**三是精细多样的服务方式确保群众差异需求有着落、得解决。**建立广泛、分类、立体的服务模式，把党全心全意为人民服务的宗旨和政府“以人为本、执政为民”的理念通过各种系统的、细致入微的、进家入户的服务生动地展现出来，使每个居民在生老病死、衣食住行等大事小情中，体会到党和政府的温暖。**四是自主奉献的服务文化确保党群关系无隔阂、渐深入。**在服务中，通过党员干部身先士卒，变被动“等”事为主动“找”事议事办事，党的先进性不断展现和发扬，党的基层骨干队伍越来越壮大，党群关系越来越密切。只有立足社区、面向居民、无私奉献，党的基层组织才能始终保持旺盛的生命力和广泛的影响力。**五是与社会管理创新融为一体的党组织转型是构建和谐社会的有力保障。**以党建工作创新引领社会管理创新、以社会管理创新强化基层党建工作创新，引导党员群众自我管理、自我教育、自我服务，建成“五个一线”的管理服务体系，“小事不出居，大事不出街”的基层社会管理目标才能得到保障，党的各项工作才能不断适应和谐社会建设的新要求、广大人民群众的新期待。

发挥党组织引领作用
创建服务型和谐社区

淄博市周村区青年路街道航北社区
党总支书记　张立惠

航北社区居委会隶属于青年路街道，面积约0.13平方公里，辖区现有居民楼46栋，居民1286户、4500余人。党总支下设5个党支部，现有党员116名，其中机关在职党员支部1个，接收报到在职党员30名。近年来，航北社区不断强化党组织建设，坚持党群共建，以创建服务型和谐社区为目标，立足社区、服务群众，本着资源共享、便民利民这一根本宗旨，从群众最关心、反映最强烈的重点、难点、热点问题出发，多层次、全方位的开展社区建设工作，赢得了社区群众的认可好评，获市级文明单位、区创城先进集体、计划生育先进单位、区第一个省级退休人员社会化管理“3A”级单位等荣誉称号。

一、加强社区党建工作，增强基层组织战斗力和凝聚力

社区党总支坚持按照“抓党建，促全面”的工作方针，通过开展一系列活动，筑牢广大党员思想基础，有效激发广大党员的先锋模范作用，使社区党建工作再上新台阶。组织社区党员按照计划深入学习十八届三中全会、廉洁勤政等内容，提高党员的自身素质，增强基层党组织的战斗力。为着力推进社区建设和社区党建工作，按照区委组织部、街道党工委统一部署，在辖区开展“机关在职党员进社区”、“党员联系群众”等工作，充分发挥广大机关党员8小时外的先锋模范作用，积极参与社区建设。将机关党员在工作岗位和居住地发挥作用有机结合，并逐家发放服务联系卡，推动形成各方共同关注、支持社区建设的强大合力，实现“双联互促”。结合活动开展情况，积极建立健全各项规章制度，规范工作程序，不断创新在职党员双重管理工作的方式、方法和运行机制，确保活动取得实实在在的效果，目前共为社区办理实事13件，内容涉及法律、政策、文化、生活等方面。

二、探索社区管理新模式，提高为民服务水平

为更好地为社区广大群众服务，社区在探索社区管理

新模式和提高服务水平上下功夫，取得了良好效果。一是强化“一人主抓、全员联动”模式。按照划定区域，逐一落实责任人，落实责任目标，提高工作效率，确保各项工作顺利开展。2013年，社区已婚育龄妇女查体参查率达98%以上，流动人口办证验证率达100%。及时上报申请低保、大病救助等的群众信息，各类救助物资、资金及时发放到位。二是健全网格化管理工作。每座楼确定一名联络员，成为联系社区和群众的纽带，协助社区加强管理，确保了社区管理效果。2013年，通过实行网格化管理，社区共受理民间纠纷56件，接待来访咨询26件，调解成功率达100%；在重大活动期间未发生重大上访事件，无信访积案；认真排查安全生产隐患，并及时督促整改。三是抓好重点工程建设。认真完成全国文明城市创建、全国卫生城市复查等工作。同时，对社区服务大厅升级改造，完善社区服务场所，新增室外活动场所600平方米、图书1000余册及活动器材，为社区居民业余生活提供了条件。

三、开展丰富多彩活动，营造美好和谐氛围

为丰富辖区企业退休人员夕阳红生活，社区成立了舞蹈队、秧歌队、舞剑队、空竹队、书法棋牌队等，以节日为平台，积极组织开展主题文体活动，丰富群众业余文化生活。“3.5”学雷锋日，社区组织25名志愿者在小区开展了便民服务活动，为居民提供医疗保健、法律咨询、电器修理等现场服务，受到居民好评；“三八”国际妇女节，开展了妇女维权、生殖保健等针对妇女朋友的服务活动；“七一”党的生日，组织辖区退休老党员参观西柏坡纪念馆；“十一”国庆节，组织社区老党员、群众代表座谈。这些活动的开展，进一步增进了居民与居民之间、居民与社区之间的感情，为和谐社区的建设营造了积极向上的良好氛围。

推行“三四五”工作法
打造和谐新社区

枣庄市峄城区坛山街道党委书记　李桂林

枣庄市峄城区坛山街道辖21个社居，面积20.8平方公里，常住人口8.1万人。街道党委共辖党支部55个，直管党员1146人，其中社区直管党员567人。为探索城市社区党建的新路子，在十八大提出的“为民务实清廉”的党建主题之后，结合峄城区委组织部开展的服务型党组织建设年的要求，坛山街道以鹭鸣山庄为试点，推行“三四五”群众工作法，发挥街道机关党员和在社区居住的在职党员两支部队伍的作用，开创了城市社区服务群众工作的新局面。

一、工作动因

近几年，因城市发展、棚户区改造，街道管辖范围内的新社区不断出现，鹭鸣山庄社区就是一个典型代表。该社区位于峄城区西部，是峄城区最大的楼宇式社区。全社区分为丰源家园东区、丰源家园西区、金海岸、悠然居和鼎盛山庄五个居民区，84栋楼，可容纳近3万人居住。作为一个新社区，没有老住户，居民来自不同的地方，从事不同的行业，人员组成较为复杂，在居务管理上，出现所在地居党支部不好统筹、物业公司管理不到位、居住地党员作用难以发挥的现象。为了解决这个问题，需要探索新的党建工作方法，更好的服务社区群众，打造服务型党组织，构建和谐新社区。

二、主要做法

（一）“三有”奠定了服务群众的基础　一是有人管事。在社区成立党工委，把街道机关党建的工作触角向最基层的社区延伸，以街道机关人员为主、居住在社区的老干部为辅成立党工委班子；设5个党支部，由社区热心公益事业的退休老党员担任党支部书记，构建了街道党委一社区党工委一党支部三级组织架构，实现了有人管事的目标。引进了“蜂巢式”管理模式，五个居民区分别有党支部书记、楼长代表、邻里纠纷调解员、社区民警、党员代表、群众代表组成的六边形“蜂巢式”管理服务团队，共有30人，受社区党工委统一领导，参与社区居民党群议事会，为社区发展献计献策。二是有钱办事。针对鹭鸣山庄为纯居住社区、无集

体项目落地的现状,社区把经费纳入街道财政进行统筹,下一步将由社区服务中心接管物业公司,由鹭鸣山庄社区党工委直接管理经营,经营收入纳入社区经费。社区还把社区康复中心、餐厅的租赁收入作为经费来源,实现了有钱办事。三是有场所议事。街道投资1000多万元,建成集办理民政社保、政策补贴、社会管理为一体的综合便民服务中心,内设便民服务大厅、爱心慈善超市、居民议事厅、义工协会、警务室、医疗室、健身室等多个功能室,为辖区五个居民区,1200余户居民,约5000人提供优质服务,实现了有场所议事。

(二)"四推"找到了服务群众的方法 一是推行"目标承诺"。每年初,党工委书记和党支部书记要在征求意见的基础上,围绕办实事、解难题的要求,提出年度目标承诺,目标承诺经街道党委审批后报区直机关党工委备案,由街道党委督催落实,社区居民以此作为对社区干部满意度测评的重要依据。二是推行"民主决策"。成立由社区党工委成员、党支部成员、居民代表、物业管理代表为主体的居民议事会,每季度在社区居民议事大厅功能室组织召开一次居民议事会,就涉及居民重大利益的事项进行讨论和决议,广泛征求意见、倾听呼声,确保民主、公正。三是推行"群众监督"。党工委书记和党支部书记的年度目标承诺经居民议事会决议后,在社区公开栏内进行公示,接受群众监督。社区党工委设立一部固定电话为民情连线,将电话号码在社区内公布,对反映的民情,建立台账,实行督导办理,限时反馈。四是推行"激励奖惩"。年底,街道党委就社区党工委书记和党支部书记履行目标承诺的情况进行考评,对考评结果为优秀的,优先作为各级评先树优的推荐对象;对考评结果为较差的,进行诫勉谈话。同时,为提高机关党员参与社区活动的积极性,街道党委创新干部的考察方式,在提拔重用机关股级干部时,除考察机关党员在单位的工作表现外,还将征求党员居住地党组织的意见,考察机关党员在社区发挥作用、参与活动的表现,从而提高了机关党员参与社区活动的积极性。

(三)"五化"把服务群众落到了实处 一是管理网格化。把金海岸、悠然居等五个居民区划成五个网格,每个网格成立一个党支部,每栋楼推选一名党员作为楼长,每个单元推选一名德高望重、热心公益事业的老党员或老干部作为单元长,每名居住地机关党员联系周围5—10户群众,从而建立起社区党工委、居民区党支部、楼宇、单元、家庭五级管理服务网络。二是户情信息化。将社区每家每户的家庭成员状况、政治面貌、住房、就业、计生、救助、劳保等信息都纳入电脑进行管理,及时进行更新,并制作社区户况图,实现信息共享和快速反应,提升管理有效性和服务针对性。三是党员先锋化。开展"亮身份、作奉献"活动,让在职党员到社区报到,建立在职党员信息库,引导他们加入义工服务队等,实现作用发挥。四是服务人性化。发挥社区内居住的机关党员和热心公益事业"五老"、青年志愿者等群体的作用,组建"和事佬"服务队、文明巡访团、治安巡逻队等功能性团队,实现管理服务的全方位、全覆盖。倡导居住地党员发挥"工蜂"精神,为网格内的孤寡老人、残疾人等弱势群体提供新农合、廉住房申请等各类代办服务。五是活动有效化。街道党委在机关党员干部中开展了"下基层、接地气、送温暖、强服务"活动,引导机关党员干部联系服务群众。开展"1+3"帮扶活动,每名在职党员干部联系帮扶一户困难群众、一名贫困学生、一名孤寡老人,用行动践行党的群众路线。开展"五好家庭"、"好媳妇、好婆婆"、"鹭鸣好人"、"鹭鸣好义工"、"鹭鸣慈善明星"等一系列的评选活动,传播正能量。

三、工作成效

(一)社区党组织找到了服务群众的新路子 "三有"扎好了社区服务的"根","四推"育好了社区服务的"叶","五化"开好了社区服务的"花","三四五"群众工法是社区开展工作的好载体,具有良好的可复制性,今后一个时期将成为落实为民服务的好方法。街道将全面总结试点工作经验,在街道所有社居全面推开。"三四五"群众工法扩大了基层民主,改变了基层政治生态,提高了群众参与集体工作的积极性,逐步让群众研究群众的事、群众解决群众的问题。目前,徐楼社区、凤鸣山庄等五个社区,正在借鉴鹭鸣山庄的经验,已收到初步成效。

(二)党员队伍找到了发挥作用的好平台 "亮身份、作奉献",让口袋党员、在职党员在居住地亮出了自己的身份,体现了党员的主体意识,并通过组建阳光助学、行孝敬老、助残济困、环境卫生等多个义工服务队,让他们不断发挥作用。目前,有122名党员参加了社区各类服务队,为居民办理安装社区监控等承诺事项11件,开展无偿服务389人(次),组织为慈善超市捐款捐物折合人民币27万余元,有效传播了正能量,体现了党员价值,得到了群众的一致好评。

(三)提高了群众生活的幸福指数 通过开展延时服务、预约服务、上门服务,让年老体弱的居民都能得到优质服务,社区和谐了,居民幸福了。例如社区组织由大学生村官牵头的"大学生—小菜篮"计划,通过电话订购、基地配菜、登门送货的营销方式,为居民提供优质、高效的蔬菜配送服务,既方便群众生活又增加菜农收入,深受广大群众的欢迎和信赖。目前,大学生小菜篮经营近5个月,微利597.8元,全部捐给了义工协会。

互助共建聚力量
党群连心促和谐

东营市东营区胜利街道胜宏社区
党总支书记　梅玉莲

东营区胜利街道胜宏社区辖区面积28.53平方公里，共有8371户，老年人家庭和弱势群体较多。社区党总支自2008年4月成立以来，始终秉持"用心服务，情满社区"的服务理念，以"胜宏·心连心"社区服务品牌建设为抓手，以弱势群体救助和困难家庭帮扶为重点，积极构建"互助共建、党群连心"的社区服务工作格局。社区先后荣获"省级文明社区"、"市级文明社区"、"平安东营建设先进集体"、"东营市社会治安综合治理模范村居"等荣誉称号。

一、加强组织体系建设，构建党组织服务网络

社区党总支充分发挥统领作用，以党组织的全覆盖带动社区服务的全覆盖，不断满足居民的服务需求。**一是推行"1＋N"党组织设置体系。**社区党总支设立4个地域型党支部和心连心、党群连心、银发映红等3个特色党支部，建立党员责任区、党员志愿岗等制度，做到哪里有党组织哪里就有党的服务，哪里居民需要服务哪里就有党的组织。**二是推行"居站分设"管理机制。**辖区设1个工作站，4个居委会，划分51个服务网格，每个层级都由党组织或党小组牵头，承担政府下沉到社区的公共管理服务职能，督促社区内各个居委会履行自我管理、服务、教育、监督等职责。**三是创办党群连心互助社。**为了更好的服务特困群众，社区党组织主动与东营市各界社会公益组织联系，通过公益qq群、电子论坛、网络媒体等平台发布爱心救助策划方案，吸引爱心团体和爱心人士的参与，搭建形成了以党建为引领、党员干部为先锋、统筹各类社会资源的服务平台——党群连心互助社，并积极创设党建服务品牌"一米阳光"，为党建服务赋予了鲜活的生命力。

二、搭建居民服务平台，畅通社区为民服务渠道

社区立足辖区实际，根据不同群体需要，积极搭建形式多样的服务载体，畅通党组织为民服务的渠道。**一是建设数字智能小区，利用现代技术手段提高服务质量。**投资100余万元，建成智能楼宇联防监控平台，实现了楼宇对讲与治安监控的功能联动。平台建成以后，既改善了小区治安状况，也为空巢老人及残疾人提供了居家生活、轻松养老服务，以及社区居民的购物、家政、物业维修等综合性服务。**二是建设慈善超市，积极开展面向弱势群体的救助服务。**超市商品通过区民政局物资配送、区级便民公益金扶持项目、社会公益组织和爱心居民的无偿捐赠三个渠道筹集而来，面向弱势群体免费发放。超市通过树立"服务存档爱心、积分换购温情"服务理念，以爱心积分的方式，激发居民参与社区建设的热情，实现扶贫助困和劳动所得相结合的人性化救助。目前超市运营可满足300户困难户的商品帮扶。**三是引进苇编手工培训基地，提供就业服务平台。**针对辖区内下岗职工多、老年人多、残疾人多的具体实际，社区党组织创办了新型市民学校，与黄河口芦苇文化研究所共同搭建了苇编手工培训基地，帮助社区居民免费学习传统芦苇编织技术，实现辖区居民的技能培训和在家就业。**四是建设老年人日间照料中心，积极为社区老年人服务。**中心建有电子阅览室、健身活动室、医疗保健室、心理咨询室、为老志愿服务工作站等功能室，是一处集生活照料、膳食供应、医疗保健、法律维权、文体健身于一体的高标准、人性化为老服务机构。该中心，可同时为100余名老年人提供日托养老服务，提升了社区养老服务水平。

三、发挥党员骨干作用，积极开展志愿服务活动

由于胜宏社区是东营市下岗职工经济适用房和廉租房、公租房驻地，老年人家庭和弱势群体较多，社会救助任务重。社区党总支以"六心"服务为主题，发挥社区党员作用，深入开展社区志愿服务活动。**一是连心访谈。**社区组织党员志愿者每半年开展一期低收入困难家庭普查登记工作，采集低收入的原因和家庭成员的健康、职业、享受社会保障等情况，并分类建立档案，全面、准确的掌握辖区弱势群体生活状况，便于对困难居民实施有计划分类救助。**二是慧心助学。**践行让爱的阳光温暖家园每个角落，不让每一名贫困儿童掉队是社区不变的誓言，探索"1＋1"助学模式，发动社区党员利用节假日开展对困难儿童和残疾儿童的结对帮扶，共筹集爱心助学资金5万余元，帮扶60多名贫困学生走进校园。**三是红心助困。**借助"党员回家"活动，引导辖区党员参与社区救助活动，目前已有23名党员结对帮扶困难群众，从日常走访到节日慰问，从家庭琐事到生活要事，解决生活中遇到的困难。**四是爱心助残。**在认真落实残疾人应享有的基本医疗、养老和最低生活保障等优惠政策的基础上，支持残疾人参加楼长、夕阳红志愿者、文艺志愿者等团体，参与社区共建，培养积极向上的精神，提高残疾人生存能力和生活幸福指数。**五是励心助岗。**采取创业指导、技能培训、资金扶持、结对帮扶、励志教育等措施，帮扶下岗失业人员实现再就业。目前已培训下岗失业职工316人，安置就业97人。**六是孝心助老。**把敬老、爱老、助老工作放在突出位置，围绕"尊老敬老"、"给老人一

个温暖的家”长期开展志愿服务活动，弘扬了广大志愿者助人为乐、尊老敬老的良好品德，使老人感受社区的关爱和温暖。

四、统筹整合各类资源，提高为民服务水平

社区将以往分散的社区服务资源进行整合，变政府服务为调动社会各界力量共同服务。一方面，社区党组织依托党群连心互助社，整合感恩365、东营义工、油田义工等多个社会公益组织参与社区“连心”志愿服务活动。另一方面，根据社区居民的特长，引导居民参与到居家养老服务队伍、困难儿童救助队伍和“心连心”社会义工队伍中来，配合社区开展入户走访、群众座谈，了解辖区的困难群体情况，主动担负志愿服务重任，聚集开展社区服务的各方力量。同时，建立社区共驻共建联席会、小区议事协商会、物业管理联席会等，定期研究解决社区居民反映的各项事宜，实现服务居民常态化。

创新模式　强化服务
着力构建社区党建工作新格局

烟台市芝罘区开源社企联合
党委书记　陈希亮

烟台市芝罘区幸福街道开源社企联合党委的前身是原幸福四村，在相继完成“村改居”和综合配套改革后，于2008年成立社区，2014年2月，调整成立开源社企联合党委，现辖4个党支部，有党员121名。近年来，开源社企联合党委紧密结合社区群众服务需求，以争创“幸福·开源”服务品牌为目标，创特色、出亮点、树品牌，激发党建工作活力，不断提高服务群众的能力水平，形成了党建先行、党群联动、和谐发展的局面。几年来，先后迎接中央创先争优活动领导小组、缅甸联邦巩固与发展党、越南共产党、莱索托副首相以及国家人社部公共就业处、省人社厅、民政厅等国内外重要参观活动，2012年6月还承办了国家文明委“三关爱”活动启动仪式。2011年被省委组织部授予“山东省先进基层党组织”称号。

一、以服务提升社区党建水平，解决群众最关心、最直接的问题

一是搭建载体，立足服务当表率。以“双管双责”活动为载体，实行服务项目认领制、参与活动积分等制度，结合“民情网格项目服务”工作法，将172名报到党员和自管党员纳入43个网格实施动态管理，每一名党员都要主动认领社区内一个楼栋作为志愿服务区，每季度到居民家中履行政策宣传、联系走访、舆情反馈等职责，对居民反映的大事小事，党员都在《民情日记》上做好写实记录并及时向社区反馈。为了有效解决群众诉求，社区开通了即时服务短信平台，将群众反映强烈、涉及面广的17个热点、难点问题建立台账，通过短信平台定期向报到党员发布，报到党员通过手机短信回复进行认领，在缩短服务时间的同时，为广大群众提供更加快捷高效的服务。目前，通过社区党组织牵头、组织党员认领承办等方式，已完成包括危墙修建、绿化带除虫、西福泰建筑垃圾清理、安装交通警示设施、为绝症少年筹集善款等重点项目12个。

二是构建品牌，多元服务惠百姓。针对辖区群众的需求，社区推出“健康28、法律28、就业28、开源讲堂”等系列服务载体，每月28日邀请专业医生，定期开展健康义诊活动24次，为辖区300余名居民进行健康查体11次，开出诊断处方240余张，举办健康知识讲座34场次。同时，每月28日邀请法律工作者来到社区，为居民解答婚姻、遗产继承等方面的法律疑问，并协助社区开展邻里矛盾纠纷调解工作。几年来，社区组织报到党员、自管党员、专业党员举办各类知识讲座50余次，为1000余名群众提供健康义诊和法律咨询，帮助30余人完成下岗再就业。

三是管好经费，推动服务提质量。健全经费服务机制，努力管好用好手中的每一分钱，力争多帮群众办好事，办实事。对困扰社区多年且无力解决的难点问题实行项目化管理，每月召开网格长、楼片长工作会议，研究申报经费的项目内容和投入方向。去年以来，开源社区申报专项服务经费15万元，支持“网格化管理服务系统”、“社区书屋”、“金婚纪念活动”等重点为民服务项目7个。还支持开展了以“邻里守望”为主要内容的“爱心天天行”、“月圆家圆、缘聚开源”包饺子活动以及“缘聚开源、情系你我”青年联谊会等活动，通过党组织服务群众专项经费的使用，社区服务的质量和层次有了明显提升，群众对社区的认同感、归属感得到了增强。

二、以创新推动服务精细化，让群众体验最便捷、最贴心的服务模式

一是创新载体，便民服务零距离。开通社区服务网站，居民在家只需轻点鼠标，就可以实现与社区的沟通，查询政策法规、提交意见建议、了解生活百科、进行邻里交流等，网站开通以来受理群众反映房屋维修、邻里纠纷、扰民等问题48件，办结41件。社区还开展以“心树善念、予人善容、待人善言、履职善为、勤学善思”为主要内容的“五善社区”创建活动，通过规范接听电话礼仪、开辟温馨一角等措施，建立流畅高效的服务模式，在窗口全面推行“三米三声”服务模式，推广满意度评价系统，每月评选窗口服务明星等活

动，努力为百姓提供优质服务。居民张大妈曾因为下水管道堵塞带着情绪到社区反映问题，当她感受到工作人员亲切的微笑和贴心的语言后，气就先消了一半。通过服务礼仪的规范化、制度化、长效化，社区群众工作满意度有了大幅度提升，年底满意度问卷调查显示，社区居民满意率达98%以上。

二是创新理念，分类设计优服务。启动“幸福民情管家”微信服务平台，定期向居民发送惠民政策办事流程、党员服务项目认领、社区党建活动剪影、生活小知识等，努力打造服务群众的小帮手。搭建“民情管家”综合服务平台，自主设计开发网格化服务和户情档案电子软件，对党员队伍、计划生育、社会保障等实行信息化管理，划分7个区片、党员分包楼栋210个、直接联系群众4000余人。建立“三层网格、四级分包”管理体制，社区干部每月分片走访，结合设立的民情信箱、热线电话、网站等形式，收集群众意见建议500余条，帮助解决实际难题340余个。

三是创新服务，敬老爱幼送温暖。针对社区老年人和儿童这部分弱势的群体，社区修订完善了居家养老、关爱护幼机制，组建22个“以老助老”互助小组，在社区设立聊天角，举办“幸福开源·爱在九九”联欢会，开展“冬日暖阳”关爱老年人活动，为62名80岁以上居民免费发放老人手机和健康足浴盆；开办“四点半学校”、“社区托管班”，依托图书室、阅览室等场所，组织有相关专长的28名辖区报到党员、志愿者等，为50多个“双职工”家庭和外出打工的留守子女提供暑期和业余时间学习辅导。通过多种形式的服务，真正让弱势群体感受到党组织带来的温暖和关爱。

三、以服务资源的有效整合，满足群众多层次、多领域需求

一是整合优势资源，扶贫帮困办实事。与河南方城组织部共同建立了“河南方城驻烟台创业人员党支部”，无偿提供办公室及活动场所，定期组织流动党员到困难群众、老党员家中开展家庭保洁、美容美发、物品代购等服务。社区还创新党组织设置，联合辖区周边13家小型企业成立开源小微企业党支部，几年来，企业为社区投入活动费6万余元，企业党员与社区困难家庭结成帮扶对子27个，党员承诺办实事140件，解决实际困难65个。

二是激发参与活力，推动活动上水平。为进一步充实服务力量，社区依托党群服务中心按照企业功能组建3支志愿者服务队，组织建立以党员为骨干的志愿者协会，下设9大类、25支服务队伍，总人数达600余人。根据群众实际需求发放“志愿服务卡”近4000张，2013年开展了环境整治、空巢老人走访、科普宣讲等活动610余次，惠及群众1万余人；建立“爱心屋”，设立“爱心基金”，接受社会各界捐赠，先后为辖区50余户因难群众送去慰问金1万余元，为中大集美学校流动人员子女提供价值2万余元的校服、书包等物品；协调有关单位、企业，对下岗失业人员进行保安、月嫂、面点等专业培训110人次，并依托网站免费发布用工信息，累计帮助29名下岗失业人员实现再就业。

三是搭建文体平台，丰富生活促和谐。针对群众精神生活需求，社区党委在开展活动中有针对性地培养文体骨干，并于2013年成立了社区社会组织孵化基地——“幸福梦”文体联谊会，通过提供经费场所支持、引进特长骨干人才等，建立700余名群众参加的社区舞蹈队、老年秧歌队、腰鼓队等10余支，2013年举办羽毛球比赛、消夏晚会、演讲比赛、交谊舞演出等近30场群体活动，极大地丰富了居民的精神文化生活，激发了群众参与文化活动的热情。

深化社区“大党委”制
提升社区服务水平

潍坊市奎文区大虞街道孙家社区
党委书记　张光辉

大虞街道孙家社区是顺应奎文区城市发展布局调整和社区建设大势，在完成城中村改造、农村集体资产经营管理体制改革、村改居的基础上组建的新型网格化大社区。社区东至新华路、西依虞河风景带、南到卧龙街、北接玉清街，总面积1.2平方公里，现有居民4953户，总人口13000人。现辖孙家股份经济合作社党支部和虞河北党支部2个直管支部，直管党员102名。近年来，在上级党委的坚强领导下，孙家社区党委坚持以党建创新为引领，积极创先争优、创业实干、创新发展，发挥了基层党组织的战斗堡垒作用和党员的先锋模范作用，在加快城乡一体化建设、创新社会管理、改善人居环境等方面发挥了示范带动作用，成为奎文区社区建设的一面旗帜。社区先后荣获全国城市社会工作示范社区、全国综合减灾示范社区、全国妇联基层组织建设示范社区、省级文明社区等荣誉称号。

一、创新党建工作模式，构建社区“大党建”工作格局

孙家社区以社区大党委建设为统领，不断创新社区党建工作的载体内容，开展形式多样的主题实践活动，创先争优、服务群众，社区党组织的凝聚力、向心力和影响力显著增强。**一是向社区党组织延伸，凝聚共建合力。**坚持以社区大党委为核心，整合辖区潍坊市园林管理处、潍坊水利工程处、潍坊建设学校、育才学校、山潍拖、红旗医院等八家驻

区单位党组织等优势资源，坚持定期沟通交流社区建设，集中研究表决社区建设的重大事项，增强了各驻区单位“社区是我家、建设靠大家”的意识，调动起了方方面面社区共建的积极性，构建起了“条块结合、优势互补、资源共享、服务联动”的社区党建新格局。**二是向社区党员延伸，增强参与活力。**健全完善了社区党委、社区委员会、社区居民委员会、社区成员代表大会、社区监督委员会“五个主体组织”和社区一片区一小区(单位)一楼座一单元“五级责任网格”，利用这一组织形态，发挥骨干党员作用，对在职党员实行双向管理，建立“反馈卡”和“联系单”，督促在职党员和党员骨干履行义务，发挥作用，扩大了社区党员参与层面，实现了社区管理服务的全覆盖无缝隙。**三是向流动党员延伸，增进聚合力。**加强流动党员的教育管理，在流动党员相对集中的建筑工地等场所，亮党员身份、设党员示范岗，通过落实党内关爱机制，吸引流动党员进入“党员之家”，并依靠阵地，对流动党员进行教育、管理和监督，增强他们的党员意识，积极发挥党员作用。

二、精心搭建载体平台，增强群众工作的针对性实效性

组织、教育、管理和服务好基层党员，挖掘和发挥好党员的作用，必须使他们感到有一个属于自己的“家”，社区积极从三个方面入手，搭建一流载体平台，增强了基层党建工作的吸引力、凝聚力和感召力。**一是搭建党群服务中心载体。**社区党委结合城中村改造和村改居，自主投资1500万元，建成了总建筑面积5300平方米的孙家社区党群服务中心，并结合服务中心功能布局，集中打造阳光健身休闲、阳光公共服务、阳光爱心温暖、阳光民主议事、阳光社区文化“五大特色板块”，着力推进数字化社区建设、网底工程建设和人性化服务建设。配备了一站式服务大厅、社区卫生室、社区警务室、“两代表一委员”联络室、民主议事厅、社区党校、调解室、书林漫步、e站冲浪、体艺空间、翰墨结缘等功能设施，使党群服务中心成为奎文北部人气旺、特色鲜明的载体阵地。**二是搭建数字化服务平台。**社区党委把社区新型服务平台建设抓在手上，进一步转变工作理念、服务理念和管理服务方式，以信息化建设为关键切入点，加强组织队伍建设，创新管理服务内容和方式，以基层基础的规范高效便捷，全面提升社区公共服务水平。认真学习借鉴先进经验，构建以三维仿真立体地图为基础，社区信息管理平台、社区服务网站为载体的数字化服务系统，实现了通知短信群发、居民来电显示、数据快速查询、信息准确定位等功能，为群众提供全面便捷高效的公共服务。引入了12343直流配送中心、民生在线等信息化服务项目，让社区居民在家门口就享受到与城市居民一样的公共服务和社会保障。**三是打造一流公共服务平台。**社区党委围绕社区服务的新趋势、新特点、新需求，结合城中村改造，加大以服务民生为导向的社会投入力度，投资3700万元、建筑面积13000平方米的养老、幼教、卫生保健工作平台正在加快建设，将彻底解决好“一老一小”的管理服务问题。其中，建筑面积10500平方米的奎文区金色阳光老年公寓，已完成投资1600万元，现正进行内部装修，计划后期投资1500万元，将该老年公寓建成集托老养老、日间照料、保健康复、医疗照护于一体的综合老年公寓，预计2014年底建成投入使用。幼教平台预计总投资700万元，规划建筑面积2500平方米。卫生保健平台面积500平方米，主要为社区居民提供有效、经济、便捷、综合的健康医疗服务。孙家社区结合城中村改造，共建设社区公共服务平台1.83万平方米，累计投资将达到1亿元。四是搭建民主参与平台。普遍推行党务公开、政务公开、居务公开等公开办事制度，健全完善重大问题决策征求群众意见的机制，探索推行“公开、公议、公决”的办法，民主解决个体群众的利益诉求问题。在社区两委换届中，拓展民主范围，实行“四推一选”，并在每个社区党委设立社区纪委，通过社区纪委和社区监督委员会，把党内监督、群众监督工作延伸到最基层。

三、突出品牌建设，建设幸福温馨社区

社区以创先争优为动力支撑，坚持以品牌建设为抓手，以文化建设为灵魂，突出基层党组织“五个好”、共产党员“五带头”建设。结合工作实际，积极开展形式多样的主题实践活动。突出党组织的引领教育作用，坚持不懈加强爱国主义、集体主义思想教育和法制教育、职业道德教育以及家庭美德教育，定期评选道德模范、文明户、文明楼道以及好媳妇、好婆婆等，积极用身边人、身边事教育引导群众，共评选出126名先进典型，使邻里和睦、家庭美满、社区和谐的理念更加深入人心。突出“阳光一家亲”服务品牌建设，先后与潍坊育才学校、潍坊建筑职工中等专业学校党组织签订了社区资源共享协议书，组建了社区老年合唱团、舞蹈队、京剧社、吕剧社、诗朗诵、表演等团体，出资28000元购置了必要的活动器材和道具，坚持每周一至周日全天进行活动，结合重大节庆活动开展庆“六一”亲子趣味运动会、健康知识讲座、感恩母亲节、植树公益行、消夏晚会、书画摄影手工艺品联展、学讲话颂党恩促和谐等丰富多彩的文化活动，年均开展丰富多彩的文化活动60余场次，着力打造全体居民的“亲情之所”、“阳光之家”。开展了“身边的榜样”评选活动，评选出“五好”党委、都市堡垒、社区先锋、党务标兵、优秀党代表等五类模范典型150个，引导社区各类成员积极参与为民服务活动。

“瘦”了街道 “壮”了社区 深入推进服务型社区党组织建设

济宁市高新区党工委组织部部长 石 君

近年来，济宁高新区坚持“大社区”发展理念，将全区规划为12个新型社区，特别是将黄屯街道32个村组团整合为1个2.4万人的大型社区，将王因街道59个村整合为2个大型社区，洸河新苑、绿色家园、金色嘉苑、杨柳国际新城等一大批新型社区相继建成投入使用。社区规模大了，人居环境、城市品位得到优化提升，但“硬件”的升级也对“软件”提出了更高的要求，社区管理服务理念落后、体制滞后、体系不健全等系列问题逐渐凸显。为此，高新区立足于建设济宁市社会民生示范区定位，自2010年起探索推行了“小街道、大社区”管理运行机制，推动街道重心向社区下移、职能向民生归位，着力加强和改进基层社会管理，取得了明显成效。

一、推行“小街道大社区”，让街道“瘦”下来

随着经济社会的发展和城镇化步伐加快，社区日益成为各种利益关系的交会点、各种社会矛盾的集聚点、社会建设的着力点和党在基层执政的支撑点。为了加强和改进基层社会管理，从源头上破解各种体制性障碍和束缚，在认真调研的基础上，2010年10月，高新区率先实施了街道职能转型、财政区级保障、城市管理一体化等改革，出台了《关于推行“小街道、大社区、重管理、强服务”工作机制的实施意见》、《济宁高新区社区管理工作考核暂行办法》等系列文件，推进工作重心下移。取消了街道办事处招商引资、经济指标考核，将街道职能主要定位在民生事业发展、社区建设管理、环境卫生整治、综合治税、社会稳定和服务大项目建设上，街道干部全部下沉到社区承担职责任务、服务民生、服务群众，推动街道人财物联动下移。结合“大规模驻村入户、面对面谈心交流”活动，引导干部入驻社区、走家串户，问情于民，问计于民，问需于民。通过建立健全分片包干制、错时工作制、岗位兼容制等制度，大力推动街道干部进网格办公、为群众服务，形成“人到格中去、事在网中办”，全覆盖、共管理的良好局面。

二、理顺社区管理服务体制，让社区“壮”起来

一是建立“六位一体”社区自治管理体系。突出社区党组织领导核心作用，强化社区居委会自治组织职能，建立健全社区党组织、村（居）委员会、社区服务中心、社区组织、业主委员会、物业管理公司等“六位一体”的社区自治管理体系，在社区党组织领导下，按照专干不单干、分工不分家的原则，整合服务资源和力量，承接政府公共服务和社区公益服务等事项。规范完善业主委员会、物业公司的协调监督机制，强化社区物业服务和环境管理，逐步还原社区自我管理、教育、服务和监督的自治体制。**二是加强社区服务中心规范化建设。**根据社区人口规模，合理规划教育、商业、文化、环卫、体育、养老、卫生、超市、农贸市场等配套基础设施，打造社区事务受理中心、科教文体中心、卫生计生服务中心“三大新型社区服务平台”，推行“一门式”服务，提升社区服务功能。凡与社区居民基本生活相关的社保、治安等便民事项，实现“不出社区、一站办结”。洸河街道西闸社区服务中心占地面积5.6亩，室内建筑面积3790m^2，规划了社区服务中心、社区医院、警务室、计生办、社区超市以及中国银行存取款点等配套基础设施，内设8个服务窗口，采用“一门式受理服务系统”，接入了社保和民政两条专线，可为居民办理新农合、新农保、城镇医疗保险等手续。**三是建立网格化管理服务模式。**推行联系群众、服务群众的社区网格化管理服务模式，人财物、责权利联动下移，实行“网格化”管理。以街道干部、社区专兼职工作者、村（居）干部、村（居）民代表等为管理责任主体，实行分片包干、责任到人、设岗定责、服务到户。社区内所有主次干道、公共场所、企事业单位等都纳入网格进行管理，实行公共安全联防、环境卫生联创、流动人口联管、群众工作联做、民生保障联帮、精神文明联建、区域党建联动，努力将问题解决在基层、矛盾化解在基层、工作推动在基层。**四是建立社区经费保障机制。**按照每人60元、每个社区20万元的标准，高标准落实了社区党组织运转经费和社区党组织服务群众专项经费，确保社区工作正常运转。对到社区工作的干部，除保持原有级别、待遇和编制身份不变外，对专、兼职人员分别按照每人每月300元、100元标准予以补贴。同时，积极引导社区采取发展第三产业、租赁经济、兴办专业市场、建设标准化厂房等路子壮大集体经济，进而反哺社区服务运转费用，实现社区良性运转。

三、强化社区工作督导考核，打造“民心工程”

坚持以群众满意作为检验社区工作成效的第一标准，将开展“小街道、大社区”工作情况与社区业绩考核和专职人员待遇相挂钩，分阶段制定工作任务，量化细化考核目标，定期督查通报社区管理服务工作开展情况。通过严考核、明赏罚，激发干部干事动力，倒逼干部自我加压、抢抓落

实，努力把“小街道、大社区”机制打造成服务居民、造福居民的民心工程。实际运行中，到社区任职的干部原工作分工不变、承办的重点项目、具体抓的工作不变，使得日常工作量成倍加大，干部比原来更累更辛苦了，但换来了群众满意度的上升，赢得了群众的信任和认可。近两年，在全市科学发展综合考核群众满意度调查电话随机访问中，高新区群众满意度成绩名列全市前茅。

创新服务机制
打造“华新一家亲”服务品牌

泰安市泰山区上高街道华新社区
党支部书记 廉 静

泰安市泰山区上高街道华新社区位于泰城东部，社区成立于2003年12月，辖凤台、华新两个小区，占地200余亩；共有居民2210户，6100人，社区党员275名。近年来，社区党支部积极创新党组织服务群众工作机制，着力搭建“六缘三会一中心”载体，向居民倾心提供“五彩特色服务”，努力打造“华新一家亲”服务品牌，有力提升了社区管理服务水平，居民生活质量得到显著改善。社区先后获得“全国绿色社区创建活动先进社区”、“全国妇联基层组织建设先进单位”、“省科普示范社区”、“省级文明和谐社区”、“市泰山先锋先进基层党组织”、“全市菜单式志愿者服务先进社区”、“全市‘五个好’党建示范社区”、“区‘泰山先锋’先进基层党组织”等荣誉称号。

一、优化组织设置，搭建党建服务平台

面对社区党员数量众多、结构复杂的新形势、新要求，在优化组织设置上力求创新，依据党员的职业、兴趣、特长等情况，组建“六缘党支部”。在志愿者服务队中建立志缘党支部，在兴趣爱好相同的党员中建立趣缘党支部，在驻社区单位、商贸市场中建立业缘党支部，在居民楼栋中建立地缘党支部，在热心公益团体中建立情缘党支部，在社区老年大学中建立学缘党支部，社区党员结合自身情况自行选择加入相应党支部，增强了基层党组织的凝聚力和战斗力，充分调动起党员参与社区建设的热情，实现了党员教育管理效果最优化。为提升党组织建设的规范化水平，制定了党员议事会、党员联谊会、党员互助会三项制度，广开党员群众言路，多方收集意见建议，不断提高议事办事的效率和水平。改善党员服务中心硬件条件，完善拓展服务功能，为开展为民服务提供有力阵地保障。依托“六缘三会一中心”，大力实施区域化党建，成立了社区联合党委，加强与驻地单位党组织的沟通协调，推动社区党建工作从相对独立向融合互助转变，构建起“事情共商、资源共享、活动共办、发展共有”的新格局。目前，社区“六缘党支部”共吸纳党员101名，与18个单位党组织建立了共建关系，为社区开展为民服务活动提供了坚强的组织保障。

二、丰富服务载体，开展多种亲情服务

坚持立足群众民生需求和社区建设需要，搭建形式多样、内容丰富的活动载体，为居民提供贴心、暖心服务。**一是强化服务设施建设。**社区多方筹集资金，投资260万元建成2000平方米的高标准为民服务中心，向居民提供集党建工作、计划生育、劳动保障、文化娱乐、志愿服务于一体的“一站式”公共服务。加强便民利民服务网点建设，引进了平价超市、蔬菜店、洗衣店、家政服务等服务网点共54处，在满足居民购物、餐饮、维修等基本生活需求的同时，安置社区下岗职工就业40余人。**二是结对帮扶弱势群体。**建立“爱心帮扶站”，对老弱病残等弱势群体进行集中摸底调查，先后组织50多名党员与30户困难群众结成帮扶对子，对于因病致困家庭，积极帮助申请大病救助等帮扶资金8万余元；对于困难大学生，设立社区“朝阳助学基金”，在爱心人士和困难学生之间架起了“爱心桥”，先后资助8名困难学生圆了大学梦；为方便社区独居老人生活，为31名老年人安装爱心助老“一键通”，使老人需要帮助时不出家门就可以享受到方便快捷的服务。**三是活跃群众文体生活。**按照“提升文化设施、培育文化队伍、开展文化活动”的思路，组建健身队、合唱团、腰鼓队、舞蹈队等十余支文体队伍，由社区内有文体特长的老年人成立的“夕阳美”艺术团，目前成员已发展到近60人，在组织管理上实现了周周有安排、月月有活动、常年不断线。社区举办的各项节庆文艺演出，以及“社区是我家”、“百家团圆一家亲”、“红歌嘹亮、党性闪光”等一系列文体活动，吸引驻地单位及广大党员群众踊跃参与，陶冶了居民情操，密切了社区和单位关系，有力提升了社区精神文明建设水平。

三、创新服务方式，提升综合服务水平

根据群众的多元化需求，将鲜明色彩注入社区活动阵地建设之中，打造了以“红色老年大学、紫色‘一家亲’心灵驿站、绿色生命绿洲儿童俱乐部、橙色石大姐手工制作社、蓝色书法绘画室”为主题的“五彩服务”。红色寓意老年生活的红红火火，成立了社区老年大学、“一家亲”文体协会，为社区老年人开设舞蹈、健身、书法绘画等免费培训，圆了社区200余名老年人上大学的愿望，有力促进了和谐社区的建设；紫色寓意心灵港湾的温馨温暖，通过“一家亲”心灵驿站专业的心理咨询师和律师，解决了不少居民的烦心

事;绿色寓意儿童的健康成长,针对居民反映的儿童看护问题,生命绿洲儿童俱乐部组织社区居民和热心专业人士成立了辅导队,定期举办赏识教育、"小手拉大手"等主题活动,让儿童们感受到关爱又学到了知识,有效解决了孩子看护问题;橙色寓意对弱势群体阳光般的关怀,针对居民反映的下岗职工再就业的问题,石大姐手工制作社和冬梅珠编艺术协会,免费为下岗职工进行培训,帮助下岗职工找到了合适的致富途径,让社区居民足不出户就能挣钱;蓝色寓意"银龄幸福之家"的平静安详,邀请专业老师建立了蓝色书法绘画室,向社区居民提供书法绘画培训、举办书画作品展览,丰富了居民的文化生活。开展"五彩服务"以来,居民的社区生活变得更加丰富多彩,整个社区形成了温馨和谐、积极向上、安居乐业的良好局面。

四、完善工作机制,实现服务规范长效

健全完善党组织运行机制,加强对辖区内党员的服务和管理,充分发挥社区在职党员的先锋模范作用。**一是在职党员"领岗认责"机制。**建立"党员先锋站",做好在职党员的报到、登记、管理工作,动员在职党员根据各自工作、爱好、特长等情况认领服务岗位。落实报到党员"四簿三诺一卡"制度,"四簿"即建立党员心声登记簿、党员活动登记簿、党员责任区登记簿、党员志愿者登记簿四个档案,"三诺"即落实领岗认责承诺、为民服务践诺、党员群众评诺的流程,"一卡"即发放党员为民服务亲情卡,强化党群联系。目前,共有86名在职党员认领党建指导岗、社区议事岗、民主监督岗、公益服务岗、文明新风岗、治安维护岗等6大岗位。**二是志愿服务"按需配餐"机制。**坚持从居民现实需求和社区建设需要出发,设立志愿服务岗位,提升志愿服务的针对性和实效性。按照"备菜－点菜－送菜－品菜"的程序,大力开展"菜单式"志愿服务。由"党员先锋站"通过入户访谈、设立意见箱等方式,收集社区居民关心的热点难点问题,建立居民需求台账;以"六缘党支部"为单位,组织党员根据自身情况认领实事项目,实现了志愿服务与居民需求的供需对接,提升了社区党员志愿服务活动的效率和质量。**三是在职党员"双向管理"机制。**社区联合党委与驻地单位签订《区域党建目标责任书》,对驻地单位在职党员推行"双重管理、双向服务",每年两次向驻地单位集中反馈党员现实表现情况,逐步形成在职党员"工作在单位、活动在社区、奉献双岗位"的管理机制。制定在职党员奉献积分办法,对党员参加的志愿服务活动分别赋予不同分值,年终按照积分情况,评选出"星级"党员志愿者,并提供赠阅党刊、爱心医疗、红色旅游等六个级别的亲情服务。目前,社区与26个单位党组织签订了《区域党建目标责任书》,依托党员"活力细胞"行动,组织单位进社区活动200余次,参加活动党员累计达4000余人次,"党员先锋站"为居民解决热点难点问题120件,办理实事45件。组织党员成立治安义务巡逻队,为居民提供24小时义务巡逻,受到了居民普遍赞誉。

搭建党员联系服务群众新平台

文登市南山社区党支部书记　张斌华

近年来,威海市文登区环山街道南山社区党支部针对社区工作力量薄弱、服务能力不足,机关在职党员业余时间自动"隐身"、没有发挥应有的作用,党群干群关系逐步疏远等问题,在社区试点推行了机关事业单位在职党员到社区报到制度,组织引导党员在"八小时"以外亮明身份,充分发挥机关党员整体素质高、社会资源丰富的优势,积极参与社区建设,努力提升社区服务和管理水平,有效密切了党群干群关系,促进了社区文明和谐发展。

一、深入发动,集中报到,让党员在社区亮明身份

为稳妥操作、顺利推进党员到社区报到制度,社区党支部联系区委组织部通过下发文件、会议发动等方式,进行广泛动员部署,组织全区各机关事业单位对在职党员进行全面摸底排查,落实每名党员的家庭住址,发动党员到所居住的社区报到。社区党支部对报到党员进行登记造册,详细注明党员的单位、职务、个人特长和联系方式。在此基础上,按照居住区域、从事行业、熟识程度等划分党小组,推选责任心强、担任一定职务、具有较强能力和较高威信的党员担任小组长。以党小组为单位,组织党员深入走访社区居民,通过发放宣传册、明白纸、联系卡等形式,加大活动宣传力度,提高社区群众的知晓率,方便广大居民联系党员。目前,已有176名机关事业单位在职党员到南山社区报到。

二、明确职责,丰富载体,让党员发挥作用有舞台

为促使党员在社区履行好宣传党的方针政策、服务社区和居民、维护社区和谐稳定、协助推进重点工作等职责,指导社区党支部按照"立足党员本职、服务社区居民、活动方便易行、党员力所能及"的原则,采取灵活有效的方式,为党员发挥作用搭建平台。**一是集中活动。**社区党支部从居民需求出发,制定全年活动计划,定期开展专题讲座、政策宣讲、体育比赛、文艺演出等活动,引导报到党员发挥自身特长和职业优势积极参与,为居民生产生活提供服务。目前,已开展集中走访调查、联系困难群众、组建"爱心超

市”、美图征集等20多项活动，组织各类文体活动、专题讲座10多场次。**二是领岗服务。**社区党支部设置了政策宣传、治安调解、法律援助、便民维修、医疗保健等9个党员服务岗位，明确职责要求，由报到党员自愿认领社区事务，进行定向服务。活动开展以来，党员积极响应，纷纷发挥自身优势踊跃认岗，共有60多名党员认领了服务岗位。**三是分组行动。**各党小组根据自身实际和群众需求，自行安排活动时间、地点和内容，组织小组成员开展志愿服务行动，帮助照料困难群众生活，化解邻里纠纷，开展义务劳动等，为社区居民提供力所能及的服务。**四是随时服务。**在统一活动的基础上，发动到社区报到党员在平时注重倾听群众心声，及时了解群众困难和需求，力所能及地为社区居民提供就业推荐、代办手续、心理疏导、调解纠纷、慰问救济等服务，通过帮办小事，温暖人心、树立形象，进一步密切党群干群关系，促进社区和谐稳定。目前，到社区报到党员共帮社区群众办实事好事500多件。

三、整合力量，跟踪督导，让党员奉献服务有动力

探索建立“多方联动、双向管理”机制，着力打造“所在单位督导、报到社区管理、社区群众评议”的报到党员管理模式，通过制度促进党员发挥作用。**一是捆绑联系制度。**明确党员所在单位责任，社区党支部与各单位加强沟通联系，让单位积极支持党员在社区发挥作用，切实帮助解决党员在服务社区和群众中遇到的困难。目前，到社区报到党员所在单位共为社区提供办公、健身设施24件（套），帮助党员解决实际困难120多个。**二是积分管理制度。**社区党支部制定出台党员积分管理考核办法，明确赋分项目、分值，并确定了最低积分标准。各党小组及时了解和记录党员参加活动、发挥作用情况，党支部每季度收集汇总一次党员表现情况，根据党员服务社区发展、参与社区活动、服务社区居民等情况，按标准进行赋分。同时，设立报到党员展示台，公开党员姓名、职务、联系方式，每半年集中公布一次党员积分情况。**三是信息反馈制度。**定期组织社区群众对报到党员进行评议，由社区党支部将党员积分和群众评议情况定期向党员所在单位进行反馈。各单位将党员在社区的表现作为单位推荐表彰优秀共产党员、推选各级党代表候选人的重要依据，激发了党员奉献社区、服务群众的热情。

探索推行机关事业单位在职党员到社区报到制度，让在职党员直接参与社区工作，近距离服务群众，发挥党员的先锋模范作用，有效增强了党员宗旨意识和服务意识，密切了党群干群关系，提升了社区管理服务水平，收到了良好成效。

一是有力促进了社区工作顺利开展。在职党员人数多、综合素质高、服务能力强。到社区报到后，他们主动深入社区、服务群众，成了不拿报酬的社区干部。“众人拾柴火焰高”，在报到党员的指导帮促下，社区很多无力开展的工作陆续开展起来，社区党组织的为民服务能力明显提高，凝聚力、感召力不断增强。社区干部反映：“以前我们想自主开展为民服务活动，不是没精力，就是没能力。有了报到党员的帮助，现在社区各项活动开展得丰富多彩，特别受居民欢迎，我们在居民心中也有了位置。”

二是充分展示了党员队伍的良好形象。党员到社区报到，不仅是向社区居民亮明了身份，还把所在单位的职能带进了社区，把优质高效的服务送给了居民。在社区开展集体活动时，党员总能成为活动的“主角”；在清扫积雪、整治社区环境时，出现最多的是党员的身影；在居民需要咨询政策、医疗诊治、困难求助时，身边的党员就能帮他排忧解难。报到党员零距离接触群众、近距离服务群众，让社区群众亲眼看到了党员的先进性，切身感受到了党员就在身边，体会到了党的温暖，有效拉近了党员群众之间的距离，提高了党组织的凝聚力、战斗力。目前，报到党员成为居民倍感亲切的人、值得信赖的人，社区党群关系明显改善。

三是搭建了党员发挥作用和监督管理平台。通过机关事业单位在职党员到社区报到服务，进一步拓展了党员发挥作用途径，促使党员既要履行好“单位人”的职责，又要发挥好“社会人”的作用，促使党员从身边的事情做起，自觉履行党员义务，主动参与社区建设，积极联系服务群众，时时处处起到模范带头作用。在职党员到社区报到后，不仅要接受所在单位和社区党组织的领导，而且还要接受社区和群众的监督，实现了由“单一管理”到“多重管理”的转变，提高了党员监督管理的严格性和广泛性，促使党员在“八小时”内外都严格要求自己，注重品行修养，树立党员的良好形象。

四是有效带动了更多力量参与社区建设。通过实行党员到社区报到制度，使党员参与社区建设，整合充实了社区工作力量。党员的带动、示范，让更多居民参与社区事务，有效解决了社区党建人手不足、管理不到位等问题。报到党员在服务社区和居民的同时，充分发挥人脉优势和联系纽带作用，吸引各种力量参与社区建设。在社区组织的党员奉献日、文艺晚会等活动中，部分区直部门、街道和企业纷纷发挥优势，主动参与到社区建设中来，有效增强了活动的影响力。宜临房地产开发有限公司为社区无偿提供了1000多平方米的活动场所，投资80多万元高标准建设了一处社区休闲广场；区口腔医院在社区设立了“健康19”工作室，每月19日安排医生到社区义务坐诊，让群众在家门口就能享受到优质便捷的医疗服务。

党群"双向直通"　品牌服务惠民

日照市东港区秦楼街道城市花园社区
党支部书记　韩　冬

城市花园社区于2009年7月1日正式挂牌成立，其辖区范围：西起烟台路，东到青岛路，北起山东路，南至济南路。内有小区11个，居民楼131栋，应住户数4368户，居住人口近15000人。社区党支部以十八大和十八届三中全会精神为指导，加强社区党的建设，充分发挥党员的模范带头作用，开展精神文明创建活动，搞好居民自治，真诚服务群众，把城市花园建成了"居民自治、管理有序、服务完善、治安良好、环境优美、文明祥和"的生态宜居社区。

一、实行党员网格化管理，构建社区党群"双向直通"网络

社区党支部共有党员638人，其中在职党员560人，离退休党员64人，直管党员14人。2013年以来，为了畅通党组织与党员、党员与群众的密切联系，社区党支部提出了"管理无缝隙，服务零距离"的管理与服务理念，将社区划分为8个网格，每个网格设一个党小组，由一名退休党员干部担任组长，对党员进行管理。在具体工作中，党员们以社区讲坛和远程教育网络为平台，组织网格中居民学习党的路线、方针、政策以及文体知识，让精神食粮丰富党员群众的生活。社区党支部还号召社区党员结合自身特长积极为居民提供志愿服务，开展助民惠民活动，逐步形成了社区党员"八小时之内服务单位，八小时之外奉献社区"的服务理念。他们主动下沉到网格中，了解社情民意，提供面对面的服务，将工作做到居民家中。

二、设立党员志愿服务岗，创新社区党建活动载体

社区党支部按照"机关党员进社区"的有关要求，积极发动居住生活在社区内的党员自行认领岗位、公开承诺。在社区服务中心的便民服务超市和党员接待站设置党员专岗，先后设立了生活服务、卫生保洁、纠纷调解、治安巡逻、文化宣传等党员先锋岗，由党员自己认领岗位，公开做出服务承诺事项，实时开展细致入微的服务咨询项目，主动接受居民监督评议，真正做到全心全意为人民服务。党员志愿者们甘于奉献的行为带动了社区内20支社会志愿者服务队伍和17支文体队伍广泛开展服务。2013年党员志愿者们参与调解社区各类矛盾53起，组织社区广场文艺演出20余场，倡导创建文明社区建设，发放"给社区居民的一封信"2000余份，居民手册3000余本，为493名育龄妇女定期提供避孕、节育保健服务，并定期邀请医护人员给社区居民免费体检。党员志愿者的志愿服务行动进一步调动了全社区居民共同参与社区建设的积极性，形成了创建文明和谐社区的工作合力。

三、打造服务品牌，全心全意服务居民

社区党支部经过不断探索，确立了以人为本，党群直通面对面，服务群众零距离的原则，把全心全意为居民服务的宗旨落实到社区每一位党员干部身上，以真诚的服务态度、星级服务方法让社区居民享受星级的服务效果，真正把群众是否满意作为检验党员服务成果唯一标准。党员志愿者在入户走访中了解到，许多家长有让孩子学习书法的愿望，他们便多方联系，动员毕业于中国美术学院书法专业的党员王厚良免费为社区中小学生开设了"周末书法课堂"，教授硬笔书法和铅笔字。自2012年2月开班以来，王厚良已培训中小学生113人，受到广大社区居民的一致好评。同样是针对学生尤其是低年级的小学生，社区部分退休党员教师发现社区居民大都是上班族，工作日期间早出晚归，无暇照顾孩子，便开办"放学来吧"，把放学回家的孩子聚集到社区，代为短暂照看，同时为孩子辅导作业，教授一些课外知识，解决了部分家长的后顾之忧。"放学来吧"的开办，深受社区居民的欢迎。如今，"放学来吧"已成为日照市城市社区服务社区居民的著名品牌。城市花园社区居民构成特色是居民家庭经济条件比较优越，但是社区老年居民比较多，其中60岁以上的老年居民300多位，社区工作人员及党员志愿者不辞辛苦，主动上门，为老人们全部建立了信息齐全的健康档案，并制作了党群"双向直通"党员联系服务卡发放给老人们，上面有党员联系人的电话等信息，使老人们有困难第一时间就能找到可以提供服务的人，联系直通党员上门提供服务。

党建引领服务 构建和谐社区

莱芜市莱城区凤城街道吕花园社区
党总支书记 吕宜顺

凤城街道吕花园社区地处市区中心,辖区面积1.4平方公里,居住人口12900人,社区党总支成员9人,下设2个党支部,共有党员92名。2013年社区实现经济总收入22714万元,同比增长30%;实现集体收入760万元;人均纯收入达到15800元,同比增长23%。近年来,社区党总支坚持以服务为核心,抓党建夯基础,抓管理优服务,重民生促和谐,着力打造活力社区、宜居社区。

一、抓班子带队伍,夯实社区工作基础

社区党的建设是社区工作的基础和核心,党员是社区建设的骨干力量。社区党总支立足实际,不断加强班子自身建设,创新组织网络,加强党员经常性教育管理,为社区管理服务奠定了坚实的组织基础。

一是狠抓班子自身建设。社区党组织高度重视加强自身建设,完善落实《社区党总支议事制度》、《民主决策制度》等制度,严格民主提议、民主商议、上级审议、告知听议、民主决议"五步工作法",重大事项居民全程参与,确保群众的知情权、参与权;党总支班子成员分工负责,工作情况一天一安排、一周一总结,一月一通报,每月召开党员和居民代表会议,通报情况,讨论决定社区的重大事项,促进社区党总支决策科学化、规范化、民主化。建立了班子成员联系居民制度,社区党总支及各个党支部班子成员每人联系一片楼宇,直接联系10户居民,每月至少与所联系居民沟通一次,了解民意,帮助解决实际问题。建立班子成员定期学习制度,每月利用远程教育网络组织4次集中学习,并采取走出去学、请进来教等办法,每年都组织党员干部外出参观,邀请先进典型作报告。去年,组织班子成员和全体党员到烟台、大连参观学习,到旅顺日俄监狱旧址接受爱国主义教育。

二是完善组织服务网格。以开展规范完善社区党建试点工作为契机,组织20多人的工作力量,对社区党员进行摸底排查,分类建立外来党员、困难党员、离退休党员基本情况台账和电子档案。按照"就近、类聚、小型、灵活"的原则和"党总支建在社区、党支部建在片区、党小组建在楼栋"的思路,以300户、6栋楼为一个网格,将社区划分为7个网格,成立7个楼宇党支部,设立了28个党小组,将驻区单位、在生活工作的758名党员全部纳进网格,就近组织开展党的活动,发挥党员作用。

三是强化党员教育管理。针对不同类型党员实际,实行分层分类一体化管理,对原村(居)居民中的党员实行"直管",离退休党员实行"协管",进城务工党员实行"共管",下岗和解除劳动合同的职工、未就业的大中专毕业生和复转军人等人员中的党员全面"接管",驻区单位党员实行"双重管理",同上党课、同过组织生活、同参加活动、同享受党内关怀,使党员自觉融入社区,主动开展承诺践诺、联系服务群众等活动,为社区建设建言献策,贡献力量。

二、抓投入优环境,提升社区管理服务水平

坚持服务导向、把管理寓于服务之中,加大服务投入,搭建服务平台,提高社区管理服务水平,提升整体档次。

一是搭建服务平台。投资1500万元建设社区为民服务中心,设立了300多平方米的便民服务大厅,设置党员服务、劳动就业、计划生育、物业管理等9个便民服务岗位,推行窗口服务、一站式服务。服务中心成立以来,累计向社区居民提供服务3000多件次。同时,引导百货超市、卫生室等便民设施向服务中心集中,近距离、全方位为社区居民提供服务。

二是优化居住环境。投资200万元,建设高标准文化广场,购置跑步机、综合体能训练器等健身器材20余套健身器材,设立了乒乓球室、棋牌室等,为居民提供了良好的健身娱乐场所。同时,投资80万多元建立了高标准的监控室,安装先进的电子监控设备,实行全天候全方位监控,治安巡逻队员昼夜巡逻,居民的安全感明显增强。按照市场化运作方式,成立了由26人组成的保洁队伍,配置了60个垃圾箱,设立了垃圾清运点,生活垃圾日产日清,优化了居民的生活环境。

三是强化服务保障。2002年,社区抓住市高新技术经济开发区建设的有利时机,规划建设了占地500亩的经济园区。采取市场化运作的方式,先后筹集资金6000多万元,修建道路6000多米,建设标准厂房12万多平方米。积极开展招商引资,目前园区企业达到56家,固定资产投资累计达5亿元。特别是引进的柴油发动机生产制造项目,总投资1.6亿元,建设标准厂房2万平方米,投产达产后可形成利税2000万元,集体每年可增收150万元。同时,发挥区位优势,高标准规划建设了吕花园美食街,采取社区搭平台、业主租赁经营的方式,大力发展特色餐饮。目前,已发展餐饮、娱乐等店铺90多家,安置劳动力1200多人,年增加集体经济收入100多万元。

三、抓民生激活力,增强社区向心力

坚持以人为本,积极帮助社区居民解决实际困难,组织开展系列文体娱乐活动,增强了社区的吸引力、凝聚力。

一是强化民生保障。定期为老年人发放生活补助,55

周岁以上的每人每月100元,60岁以上的140元,70岁以上的150元,80岁以上的200元;居民新农合、家庭财产保险由集体统一办理,让居民共享发展成果。同时,对考入大学和当兵入伍的一次性奖励1600元和1000元;对困难家庭、残疾人等群体,采取企业认领、工商业户帮扶、班子成员联系等办法,让弱势群体过上有尊严的生活。

二是开展群体文化活动。成立了老年健身队、妇女秧歌队和青年篮球队"三支队伍",队员涵盖老中青三代,坚持每周开展扭秧歌、唱红歌、打太极等活动,提高了社区群众的精神文化生活质量,增强了驻地单位和居民群众对社区的归属感和认同感。目前,社区有业余表演团队3个,文艺骨干65人,常年参与文体活动的达到1200人次以上,成为了联系群众、凝聚群众的重要桥梁和纽带。同时,加大文化设施建设力度,设立了图书室、电子阅览室、少年之家、老年活动室等活动场所,满足了不同年龄段居民的活动需求,促进了社区和谐发展。

三是倡树文明新风。坚持把和谐社区、文明社区建设放在突出位置,大力弘扬崇尚科学、助人为乐、尊老爱幼、见义勇为的社区新时代精神,弘扬奉献、友爱、互助、进步的志愿精神,加强对居民的思想道德、文明礼仪、法律知识等方面的教育,组建了党员志愿服务队,定期开展家电维修、医疗服务、法律咨询等便民利民活动,每年开展"文明家庭"、"好媳妇"、"好婆婆"评选等活动,形成了健康文明、平安和谐的社区环境。

强化服务理念　打造宜居社区

临沂市兰山区兰山街道砚台岭社区
党委书记　蒋相忠

砚台岭社区位于临沂城西,属城乡结合部,现有常驻居民4025人,户数1700户。社区党委下设1个党总支、5个党支部、划分11个党小组(其中1个企业流动党小组),共有党员113人。社区党委紧紧围绕"强化服务理念、全面提升基层党建工作科学化水平"的思路,以"创建宜居精品社区"为目标,通过"特色党小组"、"常态学习活动机制"等载体,促进了社区和谐发展、科学发展。社区先后获得"山东省先进村(居)老工委"、"园林绿化先进单位"等荣誉称号,先后四次被兰山街道党工委授予"先进基层党组织"荣誉称号。

一、完善工作制度,促进社区党建规范化

社区党委始终以创建"五个好"活动为标准,建立完善各项工作制度,促进社区党委各项工作规范运作,进一步发挥党委的政治核心作用和党员的先锋模范作用。

制定完善工作制度　制定完善党委工作职责、党委书记岗位职责、社区党员议事日、社区党建经费保障等20余项党委工作制度;同时制定社区工作人员《接待社区群众来访制度》、《社区首问接待员制度》等。党委要求"两委班子"成员服务居民做到"五个一"。即:一把椅子、一杯热茶、一张笑脸、一声问候、一个满意答复。通过明确工作职责和标准,社区工作人员普遍提高了服务意识,树立了良好的工作形象。

严格落实"三会一课"制度　社区党委每月28日召开全体党员会议,吸收居民代表一同参与,总结当月工作,研究下月的工作打算,一贯坚持,雷打不动。在党员会上,除邀请市、区委党校专家教授讲课外,还进行政治理论、当前形势、法律法规等方面的学习,要求党员做笔记、写心得,并定期检查,评比交流。同时积极组织党员外出参观学习,拓宽他们的视野,陶冶情操。社区党委下设11个党小组,都有各自的党建活动场所,每月集中开一次例会,梳理工作中遇到的问题,由组长负责汇总上报党委讨论研究,最终定出解决方案。

实行党员分类管理制度　在党委成员走访的基础上,针对党员的现有状况进行分类管理。针对在职党员,开展网络与周日组织生活相结合;针对退休且行动不便的党员,开展定期上门过组织生活;针对具有特长爱好的,开展特色组织活动;针对流动党员,通过商圈、市场党支部开展组织生活。实行分类管理、个性化组织生活,凝聚党员。

二、理顺工作体制,激发社区党建工作活力

社区党委始终坚持把党建工作作为首要任务来抓,通过建立特色党小组、丰富活动载体、实行设岗定责等方式,进一步理顺社区党建体制,确保各项党建工作更好服务惠民。

建立特色党小组　社区成立以党委书记为组长的党建工作领导小组,党委委员和支部书记每人带领一个党小组,每个党小组长带领10余名党员,党员包户服务群众,构建党建工作的网络体系,覆盖社区全体党员,真正形成党委书记亲自抓、分管同志靠上抓、各党小组有人管、全体党员抓落实、上下联动齐抓共管的有效运行机制,让广大党员切实为社区居民群众服务。

丰富党建活动载体　以开展活动的方式把党员凝聚起来,切实增强党员的组织观念。社区党委充分利用节假日、纪念日开展丰富多彩的活动:春节晚会以"构建和谐社区建设美好家园"为主题,从导演到演员全是社区居民,所有节目都是居民们自编自导自演;以如何提高"两委"成员在群众中处理问题和解决问题的能力为题,开展党员"议事

日”活动；七一期间，组织党员到山东省党性教育基地进行现场教学，进一步锤炼党性，激发广大党员的爱国热情和参与党委工作的积极性。

开展“设岗定责”活动 党支部不断完善党员管理模式，按照分类管理的原则，在社区党员中开展设岗定责活动，通过科学设置岗位、党员自愿认岗、公开公示岗位、坚持实绩考核等方式，让广大党员“有职有责、有岗有位、有位有为”，同时，按照“先上岗后入党”的原则，对申请入党的先进积极分子也全部安排岗位，进行入党前的岗前培训、教育和锻炼。目前社区共设有28个岗位，在岗党员设岗率为100%。

三、强化服务理念，增进社区党建为民实效

社区党委以“创建宜居精品社区”为目标，确定了“服务群众，打造宜居精品社区”的主题，以“开展三项活动，实施五大工程”为活动载体，进一步拓展“以人为本、服务居民”的活动内涵，致力精品社区的创建。

加大硬件投入力度 完善建筑面积5000平方米的文化大院功能，高标准设立电子阅览室，配备电脑42台，定期、按时分批组织社区党员观看学习远程教育，被中共临沂市委组织部党员教育中心设为“临沂市党员教育示范点”。把计划生育、矛盾调解、物业管理等便民服务落到实处，提升便民服务水平；加快配套设施超市、幼儿园、宾馆饭店、老年公寓建设速度，全面提升社区便民服务功能；加速4000平方米的社区医疗服务中心建设，全力解决社区居民看病难、看病贵的问题。修建社区体育健身长廊、篮球场、乒乓球场各一处。在小区中心设有大型广场一处，安装大型电子屏幕，每晚19点准时播放中央电视台《新闻联播》及群众喜闻乐见的文艺节目、电影和影视剧，播放内容健康，进一步丰富居民文化生活。

切实提高居民幸福指数 把关注民生、为居民排忧解难，提高社区居民生活水平和生活质量放在首位。在发展壮大集体经济的前提下，稳步有序提升社区居民特别是老年人的福利待遇，去年开始，社区居民“两节”福利待遇从原来的每人300元提升到600元；社区老年人均可享受老年人待遇，每人每月发放面粉20斤、大米10斤、玉米面5斤、花生油2斤和每岁3元的补助金；独生子女和双女户享受双份福利待遇，构建起了科学合理的保障体系，整体提高了社区居民的生活水平，真正过上了安居乐业的小康生活。

大力提升社区治安水平 设置覆盖社区的监控网络平台，强化人防、物防、技防，社区监控网络与兰山街道办事处综治中心监控网络对接，提高社区安全稳定水平和处置突发事件的能力，有效维护社区和谐稳定。自2008年撤村改社区以来，居民小区内从未发生偷盗事件。

近年来，社区党委不断完善工作制度、理顺工作机制、强化服务理念，逐步建立了一支廉洁勤政、务求实效、群众拥护的党员干部队伍，建设了一处环境优雅、和谐宜居的新型居民社区，得到了省、市、区各级领导的充分肯定，走出了一条在城乡结合部建设现代化新型社区的好路子。重点工作推进更加提速，先后完成了临沂大学片区拆迁，居民小区还建，社区配套设施建设等重大任务；社区班子更加团结，社区两委民主决策、民主管理制度进一步规范，党员的主体地位进一步确立，党员干部服务意识进一步增强，工作作风更加扎实；居民更加满意，社区党委紧扣科学发展这个主题，努力发展壮大自身实力，千方百计增加居民收入，社区集体经济得到蓬勃发展，社区居民满意度和幸福指数同步提升。

夯实基础　塑造品牌
全力推进服务型社区党组织建设

德州市德城区新湖街道南关社区
党支部书记　邢　敏

一、综　述

德州市德城区新湖街道南关社区成立于1960年1月，位于城区中心，辖区面积1.2平方公里，总人口8920人。社区工作人员7名，其中专职党务工作者1名，社区党支部工作人员3人，社区直管党员63名。近年来，社区党支部以创建服务型党组织为目标，做好新形势下社区党建工作，把党员的身份亮出来，把党的旗帜树起来，积极在服务理念、服务渠道、服务领域、服务载体等方面大胆探索，走出一条独具特色的创新之路，有力地促进了社区建设各项工作的开展。先后荣获“全国社区服务先进社区”、“德城区区级文明社区”等荣誉称号。

二、加强党组织建设

社区党支部把班子成员的思想建设、作风建设和组织建设作为工作的首要任务，坚持“三会一课”制度，规范党建工作，抓好党员教育管理，注重党员政治理论、业务知识学习，积极引导党员干部通过学习把握正确的政治方向。按照“抓落实、全覆盖、求实效、受欢迎”的要求，创新载体，落实责任，筑牢坚实阵地，不断增强党组织的创造力、凝聚力和战斗力。规划建设了50余平方米的“一站式”服务站，充分发挥党建在社区建设中的统领作用，通过公示明岗、自我认岗、民主定岗，设置了九个岗位，明确岗位职责，为每名党员提供了展示才华、争当先锋的舞台。坚持“四

个面向”，即面向下岗职工、面向优抚对象、面向社区居民、面向外来人口开展系列服务，先后有50多名党员积极参与。与辖区单位签订“共建公约”，进一步提升了党组织的凝聚力和亲和力。

三、提升服务水平

创新党建区域化管理模式，开展以“察民情、解民忧、传民声、聚民心”为主题的网格化党员干部联系服务群众活动、党员“双向报到”活动，转变党员干部作风，为在职党员联系服务群众提供宽阔平台，26名机关干部来社区报到，认领多个服务岗位，切实打造了以街道党委为核心，社区党支部为基础，辖区单位党组织和全体党员共同参与的党建区域化管理新格局。社区先后投入5万元对无收入老党员进行帮扶，对重症困难家庭提供必要的生活救助。16名社区直管党员根据自己特长，每人有针对性地联系5户群众，向居民群众宣传党和政府的各项政策，并认真听取基层党员干部群众的意见建议。加强文体阵地建设，建立了一支由14名文体骨干组成的社区文体辅导员队伍，组建了党员志愿者艺术团、老年戏曲票友社团、夕阳红街舞队、红叶模特队等6支文体团队，每年开展10余次文体活动，丰富居民文化生活，提高居民幸福指数。

四、创新服务载体

围绕“明、新、高、实”的主线，结合第二批党的群众路线教育实践活动，全力打造“党建助老”品牌，在全市创建首家社区老年人日间照料中心，为辖区60岁以上、生活能够自理的老年人提供膳食供应、保健康复、休闲娱乐等日间托养服务的场所。是一种适合老年人“白天入托接受照顾和参与活动，晚上回家享受家庭生活”的社区居家养老服务新模式。老年人日间照料中心环境优雅，温馨舒适，设有休息室，内设床铺、空调、数字电视、餐厅、卫生室、棋牌室、康复训练室、图书室、网络室、心理疏导室、文体活动室、洗浴室等场所，能有效解决老年人的生活后顾之忧，真正做到“托老服务在日间照料中心，老有所乐到日间照料中心”。

完善机制，创新载体，增强社区党组织的凝聚力

聊城市东昌府区古楼街道湖北社区
党总支书记　陈　静

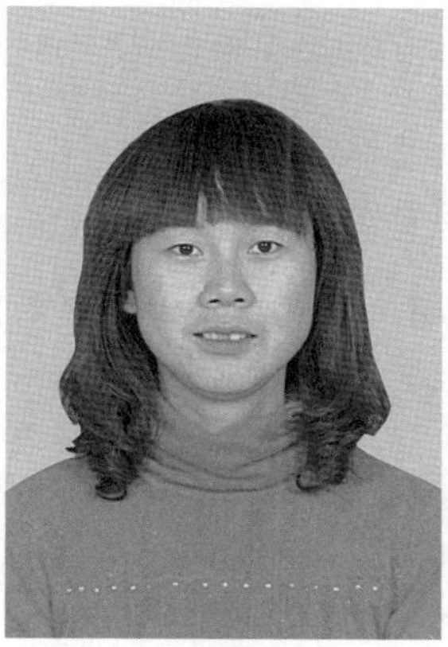

古楼街道湖北社区成立于2003年6月，位于风光秀丽的东昌湖畔，面积1.2平方公里，人口2.15万人，辖32个机关、企事业单位，设有16个居民小组。社区党总支共设5个党支部，自管党员222名，机关党员进社区人员551名，流动党员8名。社区成立以来，始终坚持以党建统领全局，不断探索社区党建工作的新途径、新经验、新思路，社区党组织的凝聚力、向心力和战斗力不断增强，曾先后获得“全国五好基层关工委先进集体”、“全国五四红旗团支部”、“全国创建学习型家庭示范社区”、“山东省先进基层党组织”、“山东省基层党建示范点”、“山东省科普示范社区”、“山东省优秀文化先进社区”、“省级无传销社区”、“省级精神文明建设先进社区”、“省级文明和谐社区”等荣誉称号。社区的党建工作曾在2005年8月2日中央电视台《新闻联播》中进行过报道。

一、健全三级党组织核心网络

随着社会的转型、经济的转轨，大量“单位人”向“社会人”变迁，为更好的引领这些曾在党旗下庄严宣誓的人永葆先进性，社区大力推进社区党组织三级核心网络建设，积极构筑社区党建新模式。科学划分了16个居民小组，推选产生了16个居民小组长，居民楼院长42人，在3名党员以上的党小组成立了党支部，条件暂不成熟的通过“联合、挂靠”的方式建立了联合党支部，推选楼宇党小组长72人。从而形成了社区党总支—居民小组党支部—楼宇党小组“三级”党组织核心网络。

二、创新社区党建工作机制

（一）创新党员管理机制　针对辖区党员流动性大、来源复杂的特点，实施了党员的分类管理“五管”制度，即：对在册党员实行直管，对辖区单位在职党员实行协管，对离退休党员实行积极接管，对流动党员参管，对“两新”组织党员联管，把各类党员凝聚到社区党组织身边，强化党的凝聚力和感召力。对住区在职党员，提出了“一名党员一面旗”

的口号，下发了《致在职党员的一封公开信》，号召他们到社区报到。同时，根据每个党员的特点，建立"在职党员信息库"，为每名在职党员发放了《党员联系手册》，成立了7支志愿者服务队伍，开展党员认岗定责活动，每半年把党员表现以《在职党员现实表现记实薄》的形式向所在单位反馈。

（二）创新党员服务机制　建立了下岗职工"就业人才库"，对辖区下岗职工党员的职业技能、求职意向、家庭状况等一一登记造册，以爱心家政职业中介机构为桥梁，积极向社区内外的用人单位推荐，2013年共为下岗失业人员推荐公益岗位68个，开发公益项目13个；建立了流动党员联络站，设立了流动党员党支部，配备了专职工作人员，先后为8名流出党员及时发放了流动党员证。同时积极接转离退休党员组织关系，并及时将他们编入党支部，参与组织生活，发挥余热。

（三）创新党员教育培训机制　针对社区内不同类型的党员，采取不同的教育管理手段，以促使广大党员形成"住在社区、奉献社区、服务社区"的思想意识。一是以社区党校、党员活动室、远程网络教育为教育基地，每周一下午组织各支部书记进行城市建设与管理、社区党建理论、市场经济和工作方法等方面的集中培训；对外出务工经商的党员通过书信和打电话、发送手机短信等形式主动联系教育；对因经营繁忙或暂时外出而未能参加学习的党员主动沟通教育，并开展送政策、送法律、送信息等上门服务活动；对年老多病、身体残疾参加组织生活不便的党员主动上门为他们送报刊、讲政策，解疑惑，使他们坚定党的信念，做方针政策的明白人和生活的强者。二是多次邀请"全国十大杰出检察官"白云同志及市、区两级党校教授专家作事迹报告和专题讲座；三是组织社区党员参观孔繁森纪念馆、烈士陵园、运河博物馆等教育基地，开展"百部爱国主义教育电影进小区"活动，用鲜活的事例激发党员们的爱国热忱，树立为民服务意识。

三、以人为本，创新服务载体和运行机制

（一）以平安创建为载体，打造平安社区　组建了以社区民警、治安主任、离退休党员、民兵连、单位保安为主的治安管理队伍，完善了信息督查员网络，组建义务巡逻队28人，老年义务调解员80余人，形成了"预防、控制、化解"于一体的社会治安综合治理体系。先后驱逐传销团伙15个近千余人，排查调处矛盾纠纷14起，为居民营造了安全有序的治安环境。

（二）以社区艺术团为载体，丰富群众文化生活　组建了社区艺术团，分设少儿艺术团、老年艺术团、青年艺术团，为其配备了表演服装、道具、音响，并依照大家的不同需求，聘请艺术专家给予技术指导，在丰富社区大院文化、倡导科学健身的同时，还多次代表社区、办事处参加文艺汇演，并取得较好的成绩。

（三）以志愿者活动为载体，倡导爱心接力　向辖区居民及共建单位提出了加入社区志愿者组织的倡议书，动员大家发挥优势和特长，向他人奉献一份爱心。社区自管党员在每月工资中捐助街道"阳光银行"10元钱，帮助辖区内鳏寡孤独、老弱病残的弱势群体，让他们感受到社区大家庭的温暖。2013年8月1日，社区联合市公安局、区法院、市人民医院眼科专家志愿者，开展了暑期夏令营活动，为孩子们讲解自我保护常识和科学用眼知识，丰富了孩子们的暑假生活。

四、整合资源，积极开展共驻共建

（一）创新共驻共建机制　成立了由社区党总支牵头，辖区单位党组织负责人参加的社区党建工作联席会，邀请社区公共单位党组织共同协商、共同筹划、共同参与，充分挖掘社区各类资源，实现社区党组织、同辖区公共单位党组织共驻共建、资源共享。共建单位无偿开放文化、学习、健身、娱乐场所20余处，初步形成了思想共育、资源共用、任务共担、责任共负、社区共建、成果共享的社区党建新格局。目前社区已与32个驻区单位签订了共建协议，议定了共建项目20个，落实了驻区单位党组织与社区党组织的共建共管责任，初步构建了社区党建工作的"五联五共"新格局，即："思想教育联做，共育四有新人；公益事业联办，共建服务设施；生活环境联建，共创文明社区；文化活动联谊，共同陶冶情操；社会治安联抓，共建平安社区"。实现了真正意义的资源共享，促进了党建工作的开展。

（二）深入开展机关党员进社区活动　以"机关党员进社区"活动为契机，引导机关党员进社区"亮身份、做贡献、树形象"，积极参与"和谐社区"建设工作，当好社区建设的"五员"：主动为社区居民群众宣讲党的方针、政策，当好党的政策法规的"宣讲员"；协助社区党组织理清发展思路，解决工作难题，当好社区发展的"参议员"；带头讲文明话，办文明事，做文明人，当好社区文明建设的"示范员"；积极参与社区各项公益活动，当好社区公益事业的"促进员"；积极为社区开展科教文体活动创造条件、搭建平台，当好社区科教文体活动的"普及员"；发挥专业优势，协调化解社区各种矛盾纠纷，当好社区维稳的"安全员"。

创机制 优载体 创建党建工作新格局

博兴县博昌街道乐安社区
党总支书记 张美芳

乐安社区地处博兴县博昌街道辖区中部，东起胜利二路，西至乐安大街，北起博城二路，南至博城五路，总面积1.88平方公里。辖区内有三纵四横主要街道，是博兴县城个体工商业户和机关事业单位老住宅区的聚集地，其中个体工商业户512家，机关企事业单位40个，居民住宅区60个，常住居民5217户，总人口20156人，党员1924人。社区内交通便利，环境优美，公共设施完善，是省级文明社区、充分就业示范社区、反邪教示范社区；市级一类社区、科普示范社区。

社区始终把党建引领全局工作、服务凝聚民心合力、关爱彰显工作特色作为社区工作的总体思路，积极探索创新社区党建工作新思路，用党建引领社区各项工作扎实推进，将社区各项特色服务活动开展得有声有色。

一、核心引领，创新模式抓聚力

社区为突出党组织的领导核心地位，建立以社区党总支为核心、社区居委会为主体、社区服务中心为载体、社会管理综合治理为平台的“四位一体”社区管理服务机制。通过“四位一体”社区管理服务机制的有效运转，把社区党员、居民凝聚在党组织周围，逐步形成党员和居民广泛参与、双向互动、资源共享的社区党建工作新格局，实现了社区服务的“六有”规范化管理。社区工作人员尤其是社区党员用行动做到了“六有”规范管理要求，即：社区服务“有队伍”，当好“贴心人”；社情民意“有收集”，当好“明白人”；矛盾纠纷“有调处”，当好“调解人”；关爱帮扶“有保障”，当好“爱心人”；共驻共建“有机制”，当好“牵头人”；社区工作“有评议”，当好“责任人”。

二、网格建设，“双创新”发展体系显活力

社区不断创新党建工作新思维，通过网格化管理，实现社区党建以及社区对党员管理的零缝隙、全覆盖。一是在直管党员中建立党支部与在非直管党员中建立党建指导站相结合的组织网络，实现党组织的全覆盖；二是以居住小区为基本网络，建立居住小区、责任片区、服务中心“三级”工作网络，实现工作的全覆盖；三是对辖区内的直管党员、在职党员、离退休党员、流动党员、下岗失业党员、“两新”组织党员、新居民党员分别实行制度化、责任化、关爱化、融入化、服务化、承诺化、引导化的“七化”分类管理新模式，提升社区党员管理的有效性和时效性，增强社区党建工作的渗透力和凝聚力。

三、规范分类，“七化”管理强渗透

针对社区党员的不同类型，社区党总支积极探索创建了党员“七化”管理的分类管理新模式，进一步提高社区党员管理的科学性。

一是对社区直管党员实行“制度化”管理。通过对社区直管党员实行“学习制、岗位制、承诺制、约谈制、评议制的“五制”管理，提升党员整体素质，实现党员的身份意识强、奉献意识强、宗旨意识强、廉政意识强的“四强”意识。

二是对社区离退休党员实行“关爱化”管理。实行“三必到，三必访”制度：喜事必到、节庆日必到、政治生日必到；生活困难必访、突发急病必访、家庭变故必访。做到喜事送上祝福、悲伤给予安慰、困境鼓舞激励、病痛相扶照顾。同时，引导老党员积极认领公益服务岗位，鼓励他们参加社区文体、协会组织活动，让他们在感受到党组织关爱的同时，发挥余热，关爱他人、奉献社会。

三是对下岗失业党员实行“服务化”管理。建立“失业登记卡，再就业培训档案，定期联系手册”的“一卡一档一册”制，及时为下岗失业党员提供就业信息和就业培训，为实现下岗失业党员再就业提供全程化服务。

四是对流动党员实行“融入化”管理。建立流动党员信息卡，实行定专人联系、定时间走访、定内容服务的“一卡三定”动态化服务。定期组织流动党员参加组织生活，鼓励积极参加社区志愿服务活动，使其真正融入社区大家庭。

五是对“两新”组织党员实行“承诺化”管理。对“两新”组织党员实行“亮身份、践承诺、争先锋”的承诺化管理。在“两新”组织设立党员先锋榜、党员示范岗、党员责任区，党员的公开承诺事项上墙公示，践诺过程自觉接受监督，践诺结果接受公开评议。同时，党员根据自身能力和特长，到社区认领公益性岗位，开展志愿服务活动，真正做到“一名党员，一面旗帜，一个标杆”。积极参加社区志愿服务活动并且评议结果优异的，授予“党员示范商户”，予以挂牌鼓励。

六是对在职党员实行“责任化”管理。为在职党员建立党员登记卡、党员志愿服务卡、定期反馈卡、双向联系手册的“三卡一册”。强化在职党员服务社会的责任意识，鼓励认领公益岗位，积极参与社区志愿服务活动，发挥党员先锋模范作用。

七是对新居民党员实行“引导化”管理。充分发挥新居民党员的优势，积极倡导他们回报社会，为社区困难或特

殊人群提供帮助。实行“3+1”的管理模式,即:“联系一户贫困家庭,帮助一名下岗失业人员,参与一项社区事务”为主要内容的“三个一”党性实践活动,并认领或领办一项社区慈善事业项目。慈善项目包括:关爱鳏寡孤独和空巢老人、帮扶肢体及智力残障人士、特困家庭救助、特困学生援助、特殊人群就业指导和援助、社区公益项目捐建等。

四、凝心聚力,爱心银行显大爱

“爱心得到积蓄,积蓄得到回馈,回馈激励爱心”。社区为认领公益性岗位和参加社区志愿服务的党员专门建立了“爱心银行”,打破了献爱心100%无偿的传统思维模式。将爱心人士的志愿服务换算成积分存储于“爱心银行”,当储户遇到困难需要帮助时,可以通过申请支取爱心“存款”来获得其他志愿者的无偿服务;还可以根据积分享受社区一卡通商户提供的打折优惠,形成“奉献—积分—回馈”的爱心传递链条,实现“奉献今天,享受明天”的奉献爱心大接力。爱心银行的建立激发了党员积极服务、自愿服务的热情;同时,多种多样各具特色的公益岗位使党员能够在最大程度上发挥优势、展现特长,更好地服务于居民群众。

五、暖心工程,关爱一生贴民心

社区党总支坚持将党组织的温暖传递到每一个居民身边,全力打造暖心工程,使每一个居民都能切身感受到党组织的关怀与帮助。社区设立党员维权救助站、妇女儿童维权站、爱心救助站,组建以社区志愿者、社区党员、社区妇女组织为主的专业化帮扶维权队伍,实现帮扶维权的常态化和制度化。“关爱一生”特色服务组织党员志愿者,广泛开展居民大走访活动,了解社情民意,掌握居民群众的所需、所求、所盼。通过志愿走访活动,对居民从出生、入学、婚育、幸福、失业、帮困、残疾、节日、养老、离世等10个人生的重要节点给予65项关爱,为社区居民喜事送上祝福、悲伤给予安慰、困境鼓舞激励、病痛相扶照顾,让他们切实感受到社区大家庭的温暖与关爱,着力打造“服务无止境、关爱零距离”的社区服务理念,切实提高社区居民的归属感、安全感、幸福感。

加强基层基础建设,打造富裕文明新村

菏泽市高新区万福办事处龙泉社区党支部书记　王雨生

龙泉社区辖4个自然村,人口1400余人,平均年收入12000元,共有党员26人。社区“两委”班子成员6人,交叉任职3人。近年来,社区坚持“发展新产业、建设新社区、培育新农民、展示新风貌”的思路,创新工作举措,强化基层基础建设,解决突出问题,办好群众想办的事,解决好群众想解决的问题,做到让群众满意,为实现“生产发展、生活宽裕、乡风文明、村容整洁、管理民主”的建设目标而不断努力。

一、抓班子、带队伍,提高班子整体素质

社区党支部班子成员始终牢记自己的使命,把为群众服务放在第一位,坚持学习进步,以不断适应新形势下的发展需要。

(一)强化自身建设,凝聚集体力量　社区班子日常工作中,始终不忘抓好班子团结、凝聚人心、汇聚集体资源要素,充分调动社区委员力量,有事共同商议,困难问题组织协调,逐渐形成“上下一盘棋”的强大合力。社区先后被评为“科学发展先进单位”、“科学目标管理先进单位”、“创先争优先进基层党组织”、“2013年度综合考核三等奖”等荣誉称号。

(二)加强日常学习,提高理论水平　为提高社区班子成员整体素质,党支部要求班子成员每月读一本好书,每周组织一次面对面学习心得交流,不断提高“两委”班子的思想政治素质。每月定期组织党员学习会,学习党的十八大和十八届三中全会精神,学习习近平同志系列重要讲话,学习党的群众路线教育实践活动有关文件,武装头脑、提高认识、指导工作。

(三)注重真诚交流,强化合作意识　社区党支部班子在上任之初,面对的历史遗留问题多,各种矛盾突出,尤其是在公共财物、租金、水库征地以及园区建设问题上群众反应比较强烈。为了解决这一突出问题,社区干部通过走访群众代表,与社区离休干部谈心,与党员代表交流,进行沟通协调。经过不懈努力,社区干部的真诚和带领群众致富

决心得到了群众的认可，社区各项工作逐渐走向了正轨。我作为支部书记多次被评为牡丹区和万福办事处办事处“优秀共产党员”，2008 年被评为“菏泽市优秀村支书”，2012 年被选为牡丹区第 17 届人大代表。

（四）推进民主管理，创建帮扶机制 首先健全规范村规民约，形成“以制度管人、按章办事”的工作格局。建立“四议两公开”工作机制，实行党务村务公开，推行民主决策。同时，开展“走千家、访万户”活动，村干部每周都要深入田间地头和村民家中，了解群众所思所盼。开展结对帮扶活动，党员与群众结成“一帮一”对子，经常上门为村民们送信息、送技术、送服务。同时为贫困家庭减免合作医疗部分费用，帮助困难家庭解决子女入学问题。群众深深感受到社区的温暖。两年来，先后有多人向支部递交入党申请书，党员队伍中出现了你追我赶、争当先锋的可喜变化。

二、办实事、惠民生，创造农村生活新貌

（一）加强基础设施建设，改善村容村貌 社区党支部从解决群众出行难、饮水难等问题入手，大力加强交通、水利等基础设施建设，先后硬化路面 2.8 公里，修建下水道，设置垃圾箱桶，安装自来水主管道，安装路灯 70 盏。社区投资近 18 万元，带领群众拆除了 5 间危旧房，填平废旧坑塘 800 多平方，粉刷涂料 1 万多方，并组建了一支专门的清洁队伍打扫社区卫生，极大地美化了村居环境。

（二）传承孝老爱亲风尚，弘扬传统美德 社区始终把做好“孝老爱亲”工作，发展老龄事业以及帮扶贫困家庭走出困境作为维护社区稳定和家庭和睦的一项重要工作来抓。不断拓展服务领域，弘扬爱老新风，为老年人提供全方位、多渠道的服务，为贫困家庭及时解决现实困难。每年春节来临之际，社区都出资为全社区 60 岁以上老人送去食用油或面粉等生活必需品，使老人们感受到大家庭的温暖，过一个安定、祥和的新年。2013 年底，社区先后投资 15 万元，新建立了社区老年活动中心，硬化院子 200 多平方，修建围墙 30 多米，并新增健身器材 20 余套，得到了社区群众的一致认可。发挥“四德榜”典型带动作用，开展“好媳妇好婆婆”、“好儿子好儿媳”、“福星寿星”等多种文明称号的评选工作，倡树文明新风。

（三）加强文娱载体建设，丰富群众生活 为了满足群众对知识的渴求，社区还组建了农村书屋，收有图书 8 千多册，内容涉及农业、文化、法律、卫生、计生及生活等各个方面。社区组建了自己的秧歌队，舞狮队，在万福办事处农民文化艺术节上多次获奖。注重传统文化与现代文明相结合，以“诵经典、传古训、评乡风、树新风”为核心内容，精心设计乡村道德讲堂的主题和内容，不断丰富其文化内涵。2013 年，社区修建文化广场，安装体育健身器材，极大的丰富了广大人民群众的业余生活，促进了社区精神文明建设。

三、创特色、育产业，建设富裕文明新村

长期以来，社区主要产业是粮食种植，农民增收缺乏后劲。近几年来，为激发社区群众致富热情，社区党支部充分发挥社区的区位优势和资源优势，提出了“发展特色养殖业、打造建设富裕文明新村”的发展思路。社区党支部大胆实践，调整产业结构，引导农村能人、养殖大户、运销大户，建设畜牧、劳务输出、市场供求等为一体信息平台。利用社区周边企业较多的资源优势，成立社区群众务工委员会，及时收集周边企业招聘信息，为更多群众提供就业机会。同时，在办事处的大力支持下，社区党支部组织有能力、有条件的人员到职业技术学校进行免费培训，学习电气焊、烹饪等专业技术知识，鼓励自主创业。目前，已有 10 多人通过技术培训当上了个体户，实现了可观的利润收入。积极为养殖户提供资源信息，现在龙泉社区养鸡专业户 4 户，平均养殖规模达到了 2000 只；养兔专业户 4 家，平均养殖规模达到 200 多只，党员群众都高兴地说：“跟着党支部，我们有劲头、有奔头”。

机 关 党 建

努力提升机关党建科学化水平

省委办公厅巡视员　郭　芬

省委办公厅作为省委的综合办事机构，责任重大，使命光荣。要更好地服务省委工作大局，发挥好参谋助手作用，加强机关党建工作尤为重要。省委办公厅机关党建工作，在省委秘书长、办公厅主任的正确领导下，紧紧围绕“三服务”工作大局，以创新为引领，以服务为抓手，以作风素质提升为目标，建立健全理论建设、载体建设、基层党组织建设、党风廉政建设和群团建设的工作机制，全面提升机关党建工作科学化水平，促进全厅各项工作提水平、上层次、见实效。

一、推进理论建设，着力提升党员的学习能力和政治素质

根据新形势新任务的需要，不断创新理论学习方式方法，用科学理论武装党员头脑、指导推动工作。**一是创新学习理念。**引导党员充分认识省委办公厅所处的地位和职能，制定《关于加强和改进学习的规定》，倡导树立全员学习、终身学习理念，把学习与工作摆在同等重要的位置。各处室、单位制定党总支、支部年度学习计划，并抓好落实。围绕提升党员学习的内在动力，建立相应的党组织学习机制、述学评学考学机制和激励保障机制，让政治理论学习成为党员的一项自觉行动。**二是突出学习重点。**坚持把学习贯彻习近平总书记系列重要讲话、视察山东重要讲话精神作为重大政治任务，与学习贯彻党的十八大和十八届二中、三中全会精神紧密结合起来，切实将党员的思想和行动统一到中央精神和省委工作部署上来。**三是创新学习方式方法。**采取理论中心组、党支部集中学习，举办培训班、报告会、交流会和知识竞赛等形式，狠抓学习。举办学习党的十八大精神培训班，分 3 批对全厅 190 多名处以上干部进行轮训，增强贯彻落实党中央决策部署的自觉性。每季度举办系列学习讲座，邀请专家学者和领导干部就中央深化改革、国家安全形势、党性党风教育、科学技术和应急管理等专题进行辅导。利用身边典型开展教育，请厅里 2 位驻村“第一书记”给全厅党员讲党课，增强党员的群众观念。定期深入县市基层联系点开展调研，联系群众，增强分析处理问题的能力。**四是坚持学用结合、学以致用。**积极引导党员将理论学习和实际工作结合起来，将学习成果落实到政务服务、事务服务和内部管理各项工作中，提升自身发现问题、解决问题的能力，不断用学习成果指导实践、推动工作。

二、推进载体建设，以党的群众路线教育实践活动的实际成效提升党建工作层次水平

把党的群众路线教育实践活动作为改进工作作风、提升工作水平的重要契机，积极创新活动载体建设和方式方法，提升党建工作水平。**一是学习教育务求深入有效。**厅领导班子发挥示范带头作用，先后 8 次召开厅理论中心组读书会，集中学习中央和省委的会议精神，原原本本通读中央规定的 3 本辅导资料。各处室以党支部为单位，组织党员结合实际，谈收获、讲体会，交流学习心得。注重创新学习形式，组织全厅党员到济南战役纪念馆参观，收看《沂蒙六姐妹》等影片，接受革命传统教育。组织党支部到苍山扶贫联系点走访帮扶 21 户贫困家庭，问民生、接地气，接受群众路线教育。**二是征求意见务求准确深刻。**召开厅机关 18 个处室局办和 12 个事业单位负责人座谈会，向 17 市党委、省直 29 个部门发出征求意见函，邀请省直 18 个部门办公室主任座谈，到离退休老同志家中走访，设立征求意见箱

和电话，共收集100余条意见和建议，全面准确地反映了各方面对办公厅工作的评价。**三是专题生活会务求严肃认真**。把批评和自我批评的武器运用于民主生活会全过程。省委书记、副书记，常委、秘书长以普通党员身份，分别参加所在处室党支部的专题生活会，认真开展批评和自我批评。省委秘书长、办公厅主任领导班子和厅级党员领导干部利用两天的时间，召开两个专题民主生活会，创新了厅级党员领导干部民主生活会的形式和内容，对提升民主生活会的质量，作了有益的探索。各处室、单位党组织严格按照要求召开专题生活会，厅教育办全部派人参加并作点评，大家普遍经历了一次积极健康的党内政治生活洗礼。**四是抓整改落实务求切实可行**。针对征求的意见建议、专题生活会上所提的意见建议和党员干部反映的问题，厅领导班子研究制定整改工作方案，涉及9个方面内容、43条整改措施，并对每条整改措施明确牵头领导、责任处室和整改时限，确保整改事项全部落到实处。对厅内部规章制度进行修订完善，新出台8项制度，修订完善38项，编辑《规章制度汇编》，为各项工作有序高效运转打下基础。

三、推进组织建设，着力增强党建工作内在活力

针对省委办公厅人员多，摊子大，党员构成复杂的实际，坚持把内部建设摆在突出位置，用心用力抓好谋划落实。**一是加强对基层党建工作领导**。根据形势发展变化，完善机关党建工作机制，制定机关委员会议事制度，严格执行民主生活会制度、领导班子廉政建设和党建责任制等规章制度，定期召开党支部书记会议，传达上级精神，强化对基层党组织的领导。**二是优化基层组织设置**。严格执行基层组织工作条例，加强基层组织建设，集中对全厅18个处室局办和2个事业单位进行换届，理顺组织关系，增强党组织的内在动力。**三是创新主题实践活动**。创新活动内容和形式，开展“改进作风提高效能”主题实践活动，从解决履职中存在问题、转变党员不良作风、创新“三服务”工作和完善作风建设制度等方面，引导党员比学习、比创新、比提高。综合室、秘书处、机要交通处制定的三个工作法，被评为“山东省省直机关先进工作法”。以“接地气、受教育、解难题、办实事”为主题，开展党员联系帮扶困难家庭工作，组织全厅党员为困难家庭捐款捐物。切实做好“城乡文明牵手共建”工作，帮助“共建”村——汶上县杨店镇王村谋划发展思路，协调落实扶贫项目，落实扶贫资金50余万元。**四是严格党的组织生活**。完善“三会一课”制度，做好对党员的民主评议，按规定召开民主生活会，充分发扬民主，增进团结。

四、推进党风廉政机制建设，着力营造风正气顺心齐的良好环境

坚持把党风廉政建设贯穿机关党建工作始终，不断筑牢机关党员拒腐防变思想道德防线。**一是创新教育机制**。紧密结合党员的思想和工作实际，自觉把党风廉政教育融入厅理论中心组和处室单位的学习计划，通过举办党风党纪专题报告会、收看《失德之害》廉政教育片、在《厅刊》和内网开设专栏等形式，抓好反腐倡廉宣传教育。**二是坚决落实责任制**。严格执行“一岗双责”，明确厅党风廉政建设责任制领导小组成员责任分工，认真制定全年党风廉政建设和反腐败工作规划，厅领导班子带头发挥表率作用，处室单位对照党风廉政法规制度进行全面自查，做到从严监督、从严管理。**三是健全监督检查机制**。认真开展“庸懒散”专项治理和会员卡专项清理活动，全厅459名干部填写《个人会员卡零持有报告》，报告率达100%。建立有效监督机制，加强对项目改造、设备采购等40余项工程招标、物资采购和处级干部等20余项选人用人工作的监督力度。做好年度财务审计，坚持阳光操作，规范运行。**四是完善制度约束机制**。制定《关于在工作日午间、值班和执行公务期间禁酒，进一步规范公务接待活动的实施意见》、《关于进一步加强机关作风建设的意见》等制度，不断增强党员干部廉洁自律意识。认真执行党内监督条例，制定《关于加强厅领导集体廉政建设的意见》、《关于实行廉政谈话制度的意见》等规章，严格执行领导干部述职述廉、民主评议和个人有关事项报告等制度，健全防范廉政风险长效机制。

五、推进群团建设，着力增强机关向心力凝聚力战斗力

群团组织是联系干部职工的桥梁和纽带。厅机关工会、共青团、妇工委坚持服务中心工作大局，积极开展各项适合办公厅实际和群团特点的活动，营造机关团结和谐的浓厚氛围。**一是广泛开展帮扶和慰问活动**。对机关、单位10户困难家庭进行救助，对生病的干部职工及时探望，提高工会会员福利水平和救济补助标准，春节和“五一”节对先模人员进行走访慰问，“三八”节期间开展“致厅妇女一封慰问信”活动，看望驻港、援藏、“第一书记”、“五好文明家庭”家属。**二是认真组织社会实践活动**。组织团员青年到英雄山烈士陵园扫墓，接受革命传统教育。厅学雷锋志愿者服务队“五四青年节”在省委大院开展义务劳动。积极参加青年文明号创建工作，全厅建成国家青年文明号1个、省级青年文明号5个、省直青年文明号3个，山东大厦团委被团中央授予“全国五四红旗团委”荣誉称号。**三是积极开展丰富多彩文体活动**。定期组织厅乒乓球队、篮球队、羽毛球队、太极拳与广播体操队、戏曲爱好者协会等9个业余文体队组，举办篮球联谊赛、书画摄影展、机关羽毛球赛等系列活动，开展舞蹈健身活动，丰富机关干部职工的精神文化生活。组织参加省直机关第十二届职工运动会，荣获“精神文明代表队”荣誉称号。

围绕中心　服务大局 运用科学思维推进机关党建创新发展

省人大常委会机关党委书记　韩　军

省人大机关党委按照党的十八大"全面提高党的建设科学化水平"的目标要求，牢牢把握加强党的执政能力建设、先进性和纯洁性建设这条主线，深入学习贯彻习近平总书记系列重要讲话精神，紧密结合人大工作实际，注重运用战略思维、系统思维、法治思维、辩证思维、创新思维和底线思维指导机关党建生动实践，有力保证了人大各项工作的圆满完成。

以战略思维深刻认识机关党建重要性　人大机关党委通过深入学习领会习近平总书记关于"机关党的建设是党的建设新的伟大工程的重要组成部分"的重要论述，深刻认识到：人大及其常委会是党领导人民依法行使国家权力的机关，人大机关党建工作的成效直接关系机关建设水平、干部素质强弱和工作效率高低，直接影响到省人大对党的路线方针政策的贯彻落实，关系党执政的成效、执政地位的巩固和执政使命的完成，关系为省人大及其常委会依法履职的服务保障水平，这就决定了省人大机关党建具有特殊的重要意义，必须牢固树立"机关党建一盘棋"的思想，以战略思维谋划工作全局，确保认识到位、措施到位、保障到位，凝聚机关合力。为此，机关党委加强组织领导，完善党建工作体制机制，实行党组书记负总责、党委书记具体抓、党支部书记直接抓的领导责任制，形成了一级抓一级、层层抓落实的工作机制。机关党委定期分析党建形势，及时研究工作，提出意见建议，明确具体任务，做到党建工作有部署、有检查、有总结，为机关党建工作科学发展奠定了坚实基础。

以系统思维准确把握机关党建职能作用　实践证明，机关党建工作只有紧紧围绕中心、自觉服务大局、建强骨干队伍，才能大有作为。人大机关党委准确把握机关党建"服务中心、建设队伍"的职责作用，进一步强化使命意识、责任意识，运用系统思维统筹机关党建与人大业务工作的关系，坚持党建工作与业务工作目标同向、部署同步、工作同力，充分发挥好服务、监督和保证作用。近两年来，在组织建设方面，机关党委精心组织支部书记改选工作，坚持与人事部门一起考核人选，为24个基层党组织选准配强"一把手"；在干部队伍建设方面，针对机关新进人员较多的实际，机关党委采取党员谈话、党课培训、业务讲座等形式，加强岗前培训，使机关党建和人大业务工作有机结合，有力促进了人大各项工作的稳步发展。

以法治思维推动机关党建规范化　人大机关党委以贯彻落实《中国共产党党和国家机关基层组织工作条例》为契机，注重运用法治思维和法治方式，依靠党内法规加强机关党的建设，建立健全相关制度机制，坚持以法治凝聚共识、规范基层党建，严格依法办事，不断提高机关党建工作科学化水平。一是抓党务工作培训。支部书记换届改选之后，机关党委以党章和基层党组织工作条例为主要内容，举办了机关党委、纪委成员和党支部书记参加的机关党务干部专题培训班，使大家熟练掌握党务工作的内容、程序和要求，支部"一把手"的责任意识增强，党务工作能力不断提高。二是抓党建制度完善。建立健全了教育、管理、服务、激励、关怀、帮扶党员的长效机制，从思想、工作、生活上关心党员，进一步增强了党支部的凝聚力和战斗力。建立完善了以党组理论学习中心组为龙头，以处级以上领导干部为重点，以党支部为抓手、全员参与的人大机关理论学习制度，坚持党委计划、支部落实、督导检查，不断提高党员干部的理论素养和能力水平。三是抓考核管理规范。修订完善了《省人大常委会机关党支部建设实施办法》，建立了机关党建工作目标责任制，以明确责任、考核监督、服务保障为重点，定期对党支部工作进行考核管理，加强指导和服务力度，进一步落实规范基层党组织的各项制度。

以辩证思维推动机关作风建设常态化　作风问题具有反复性、长期性的特点，加强机关作风建设，只有进行时，没有休止符，作风建设永远在路上。人大机关党委运用辩证思维抓机关作风建设，坚持不懈反"四风"、树新风，坚持既打攻坚战，又打持久战，使之形成一种工作常态、一种行为习惯、一种机关风尚。一是在整改落实中解决问题。针对党的群众路线教育实践活动查找出来的"四风"方面问题，人大机关研究制定了9大类32条整改措施，着力解决突出问题，按照整改任务书、时间表和路线图，一项一项捋清思路，一件一件整改到位。二是在教育监督中狠抓落实。围绕贯彻落实中央八项规定和《党政机关厉行节约反对浪费条例》、《党政机关国内公务接待管理规定》等制度要求，机关党委加大对党员领导干部秉公用权、廉洁从政的教育监督力度，领导干部率先垂范，自觉履行党风廉政建设"一岗双责"，既以身作则、严格自律，又敢抓敢管、认真负责，推动了党风政风持续好转。三是在建章立制中强根固本。围绕转作风、树正气，人大机关加强对作风建设突出问题的源头治理，先后制定修改了联系群众、联系代表、调查研究、公务员请销假及考勤、物资管理、公务用车管理、机关网络管理、宿舍管理等方面的若干制度，建立健全了促进党员干部坚持为民务实清廉的长效机制，为巩固作风建设成果提供制度保障，促进了机关作风建设制度化、规范化、常态化。

以创新思维提高思想政治建设实效性 没有创新的思维方式，就没有创新的行动和实践。人大机关党委注重运用创新思维开展思想政治教育，并把成功做法经验化、零星探索系统化，使之成为机关干部职工共同的价值追求和精神品质。一是在践行核心价值观中强化责任。大力宣传和培育社会主义核心价值观，组织党员干部分赴西柏坡革命旧址、沂蒙山革命老区学习，感受革命历史，重温入党誓词，强化宗旨意识，引导党员干部坚定立党为公、执政为民的理想信念，坚定道路自信、理论自信、制度自信，自觉把个人追求与党的事业、人大工作结合起来，忠诚党的事业，奉献人大工作，进一步夯实干部职工团结奋斗的思想基础和价值追求。二是在文化引领中激发活力。机关党委努力营造24字核心价值观、“三严三实”等文化氛围，结合纪念现行宪法30周年、人民代表大会制度60周年，举办图片书法绘画摄影展览，注重培养、树立和宣传党员干部中涌现出来的先进典型，引导党员干部大力倡导“团结、务实、严谨、高效”的机关文化，提倡和鼓励机关干部事不避难的敢于担当精神，增强永不自满、永不停滞、永不懈怠的进取精神，不断提升机关干部干事创业的精气神。三是在资源整合中创新载体。机关党委坚持“平台 + 科技”的工作思路，每季度举办一次学习讲座，搭建起以《人民权利报》、《山东人大工作》、《山东人大信息网》为依托的媒体学习交流平台，开通人大机关手机短信服务平台，指导机关团委探索开办官方微博，大力营造互学互助、交流提高的良好氛围，把各方面创新热情充分激发出来，汇聚成推动人大工作与时俱进的强大正能量。

以底线思维始终确保安全防线不出问题 底线思维，是“有守”和“有为”的有机统一。机关党委注重运用底线思维指导安全防线工作，喜不忘忧、未雨绸缪，做到有备无患、防患未然。“有为”，就是机关党委坚持把理论武装作为首要任务，深入开展中国特色社会主义宣传教育，积极宣传党的路线方针政策和重大决策部署，学习贯彻落实好习近平同志系列讲话精神，引导党员干部把思想和行动统一到中央精神上来，说党的话、办党的事、做党的人，严守政治纪律，坚决维护中央和省委权威；“有守”，就是教育党员干部强化纪律意识，明确党的纪律是铁的纪律，是带电的高压线，谁都不能触碰，必须严格遵守，切实维护，确保有令必行、有禁必止。人大机关各级领导干部强化廉政纪律和自律意识，敢于在班子和队伍面前喊出向我看齐、对我监督，要求别人做的首先自己做到，要求别人不做的自己坚决不做。加大执纪力度，敢于向一切违反党的纪律的行为“亮剑”，坚决同一切腐败现象作斗争，对违纪违法问题严肃处理，对相关责任人给予通报批评、作大会检查等处分，有效维护了党纪的严肃性权威性，让党员干部牢记“手莫伸，伸手必被捉”，不能对违法违纪行为抱有侥幸心理，自觉在约束中工作，习惯在监督下干事，进一步筑牢安全防线。

深入基层转变作风
脚踏实地服务群众

省民政厅党组成员、副厅长、
机关党委书记 王建东

在深入开展党的群众路线教育实践活动中，山东省民政厅结合民政工作实际，突出“自选动作”特色，组织开展了党员干部基层体验活动。广大党员干部走出机关小天地，走进基层大熔炉，深入体验基层疾苦，广泛听取群众意见，在与基层群众同吃同住同劳动的过程中，拉近干群距离、加深群众感情，在亲身经历和体验基层工作的艰辛中，树立宗旨意识、践行群众路线。

一、背景与起因

群众工作，是党的根本工作，是党的政治优势。做好群众工作是我们党多年形成的宝贵经验和优良传统。如何在新形势下做好群众工作，是当前领导干部作风建设面临的一个突出问题。“为民”是民政工作的根本出发点和落脚点，是民政机关义不容辞的重大责任。作为党和政府联系群众的桥梁和纽带，民政部门在贯彻党的群众路线方面必须坚持高标准、严要求、走在前。实践证明，机关干部只有走出机关、深入基层，为基层群众解难事、办实事、做好事，才能在实践中接触生活、触动思想、转变作风、增强党性、提升能力。基于此，山东省民政厅组织党员干部深入基层、开展体验、锤炼作风，从听取基层意见中找准突出问题和存在差距，在与基层互动交流中寻找问题解决办法和有效经验，从协同协作中推进基层民政工作开展和落实。

二、主要做法

（一）加强组织领导 厅党组对开展党员干部基层体验活动高度重视，时任厅党组书记、厅长孙建功同志多次主持召开党组会进行研究，厅教育实践活动领导小组办公室制定印发了《山东省民政厅党员干部基层体验活动方案》，提出“厅级干部到乡镇当一天民政助理员，处级干部到敬老院当三天院长，普通党员干部到民政服务机构当一天义工”，并明确了基层体验活动的指导思想、参与范围、活动内容、组织方式和工作要求。

（二）精心组织实施 为组织好体验活动，厅教育实践领导小组分期分批召开动员会，对基层体验活动做出具体部署，并邀请相关处室同志介绍有关业务知识和基层民政服务机构情况，发放基层体验活动须知，明确注意事项，确保活动有序开展。自2013年7月活动开展以来两个多月时间，全厅160多名党员干部分赴济南、泰安、东营、莱芜、德州、滨州等地开展基层体验，全部11名厅级干部分别到基层乡镇担任了一天民政助理员，机关50名处级干部分别到农村敬老院当了三天院长，近100名普通党员干部分别到基层优抚医院、光荣院、社会福利院、儿童福利院、救助站等民政服务机构开展了义工服务。

（三）注重体验效果 在基层体验活动中，厅领导班子充分发挥带头示范作用，坚持带头深入基层，带头参加劳动，带头化解矛盾，带头撰写调查报告，带头办理为民实事。广大机关干部在深入基层服务群众的过程中，与工作人员同吃同住同劳动，认知基层一线工作的艰辛，主动为服务对象提供生活照料、精神慰藉、文化娱乐等服务，架起了干部与群众的“连心桥”。在全面了解掌握基层现状的基础上，每名党员干部都撰写了一篇高质量的调研报告或基层体验日记，为制定政策措施、解决突出问题提供了第一手资料。

（四）加强监督检查 在基层体验活动中，各级党员干部严格遵守中央八项规定和省委十条实施办法，严格遵守厅党组的要求，轻车简从，不给基层添麻烦。参与人员一律在基层单位安排食宿，不搞任何特殊。期间还派出了巡视督导组，对党员干部在基层单位活动情况进行跟踪检查，确保基层体验活动顺利开展。

三、实际成效

（一）增强了贯彻群众路线的坚定性和自觉性 通过开展三项基层体验，党员干部进一步加深了对中国特色社会主义理论体系的认识、理解和把握，坚定了理想信念，增强了宗旨意识，进一步拓宽了联系群众渠道，接通了地气，体察了困难群众的冷暖疾苦，巩固了“以民为本、为民解困、为民服务”的工作理念，增强了做好民政工作的责任感、紧迫感和使命感。

（二）办了一批基层和群众期盼的实事 针对基层群众反映的突出问题，省民政厅制定出台了一批符合基层实际和群众意愿的惠民政策，使广大群众和基层部门切身感受到教育实践活动带来的变化和成效。2013年，全省新增养老床位8.9万张，新建城乡社区老年人日间照料中心、农村幸福院3973处，新建县级养老服务信息平台34处，对462个敬老院进行了设施改造。为80至89岁、90至99岁享受低保的老年人每人每月发放100元、200元高龄补贴，为五保对象每人每年补助500元。出台了抚恤定补优抚对象住房优待暂行办法。免费培训自主就业退役士兵32089人。放宽了社会组织登记权限和登记门槛，实现了行业协会商会等四类社会组织由民政部门直接登记。免除了低保对象、五保对象、优抚对象的基本殡葬服务费。为全省1800多个乡镇（街道）民政办、1600多个农村敬老院分别配备2台和1台电脑。

（三）促进机关作风进一步转变 通过与群众面对面的交流，认真听取和梳理群众意见和建议，加深了群众感情，也进一步认清了“四风”危害，找准查实了“四风”问题的具体表现和症结根源，并制定了整改措施，推动了机关作风的进一步转变。通过专项整治，厅机关对公车配备进行了认真清理，对公务接待进行了严格规范，对超标准使用办公用房进行了全面调整。厅发公文同比减少16.2%，会议数量同比减少35.7%，因公出国（境）人数同比下降71%，办公室设在民政厅的省委、省政府议事协调机构由10个缩减到3个。

四、经验启示

（一）开展党员干部基层体验，必须密切联系群众、拉近与百姓的距离 “心系群众鱼得水，背离群众树断根”。保持党同人民群众的血肉联系，很重要的一点就是培养与人民群众的深厚感情。基层一线是与人民群众距离最近的地方，只有建立了真挚的情感，才会对群众的疾苦感同身受，才能真正设身处地为群众着想。有了对群众的真感情，就能时刻把群众的困难、冷暖放在心上，切实融洽与群众的关系，为群众解难帮困；有了对群众的真感情，就能不消极、不懈怠、不折腾，扑下身子埋头苦干；有了对群众的真感情，就能到群众最需要的地方去，在艰苦的环境中锤炼意志，砥砺品格。总之，党员干部基层体验，必须利用各种机会走访和接触服务对象和基层工作人员，与他们谈心交心做朋友，与他们同吃同住同劳动，一起感受幸福与快乐、困难与艰辛。

（二）开展党员干部基层体验，必须注重转变机关作风 基层是增长本领的最好课堂，群众是提升能力最好的老师。组织机关干部深入基层，必须注重向基层干部学习，学习如何做好群众工作，如何处理复杂问题，如何在艰苦的环境中自觉奉献；必须注重向实践学习，把本职工作和基层实际紧密结合起来，及时研究新情况、新问题，把基层实践中好的做法和经验，总结上升为更好地推动工作的政策建议；必须注重向群众学习，坚持问政于民、问需于民、问计于民，充分听取群众的意见和诉求，真正做到谋划发展思路向人民群众问计，查找存在问题听取人民群众意见，改进政策措施向人民群众请教，衡量发展成效由人民群众评判。唯有如此，才能实现民情在一线掌握、政策在一线落实、作风在一线转变。

（三）开展党员干部基层体验，必须坚持推动中心工作改革创新 “知屋漏者在宇下，知政失者在朝野。”干部沉到基层，进到农家，一方面可以了解政策落实情况，摸清政策缺失缺陷，为制定完善政策措施打下良好基础，另一方面可以指导基层民政机构进一步改进工作，理清发展思路、明确发展方向。因此，基层体验取得真正实际成效，必须坚持从落实中央重大决策部署和完成本单位中心任务出发，结合机关工作职能和党员干部岗位特点，组织机关干部深入基层，做有重点有深度的调研，不断深化对工作规律的把握和认识；必须坚持总结推广基层实践中的有效做法和成功经验，形成符合基层实际的政策措施；必须坚持选择条件较差和情况复杂的基层单位，拿出更多的时间和精力，帮助他们解决实际问题，指导各项工作。深入基层的实践充分证明，广大机关干部只有走进基层，直接接触群众，倾听群众呼声，学会用群众听得懂的语言、喜闻乐见的形式，向群众宣传政策、提供服务，才能使基层体验的过程变成推进机关作风转变、推动工作创新发展、增加群众幸福感的过程。

抓好两项工程　提升党建水平

省国土资源厅副厅长、党组成员　王桂鹏

2013年以来，省国土资源厅直属机关党委在省委省直机关工委和厅党组的正确领导下，坚持以邓小平理论、"三个代表"重要思想和科学发展观为指导，深入学习贯彻党的十八大、十八届二中、三中全会和习近平总书记系列重要讲话精神，紧紧围绕服务中心、建设队伍两项核心任务，按照"基础工作抓规范，重点工作抓深化，特色工作抓创新，整体工作抓提升"的工作思路，创新开展以机关建设、作风建设、能力建设、党风廉政建设和干部队伍建设为内容的"五个建设"党建工程和以学习寻明胜、杨艳萍为内容的"双先"模范示范工程，全面提升基层党建工作科学化水平，为加快推进全省国土资源事业深化改革、加快发展提供了坚强的组织保障。

一、以"五个建设"党建工程为载体，全面夯实基层党建基础

厅党组立足我省国土资源工作实际，科学审视新形势，创新探索新思路，在全省国土资源系统深入开展"五个建设"党建工程，党组织的向心力和凝聚力以及服务国土资源事业改革发展的带动力和战斗力显著增强。

（一）"五个建设"党建工程的主要内容　"五个建设"党建工程对党的建设各项工作进行了分解细化，包括机关建设、作风建设、能力建设、党风廉政建设和干部队伍建设等五个要素。机关建设是保障，重点加强内部管理、制度建设和组织纪律等方面的建设，推动机关各项工作更加规范有序，科学高效；作风建设是关键，直接关系到全省国土资源系统的形象，重点加强思想作风、工作作风和领导作风等方面的建设；能力建设是根本，直接影响各项建设水平，重点加强学习能力、履职能力、创新能力和团结协作能力等方面的建设；党风廉政建设是重点，关系各项建设工作的成败，重点加强党风廉政建设责任制、惩防体系和权力运行监督等方面的建设；干部队伍建设是基础和保证，队伍强则事业兴，重点加强领导班子、思想和组织等方面的建设。"五个建设"党建工程的五个要素，既各成体系，又相辅相成、缺一不可，是分解细化党的建设各项工作、全面提高党的建设科学化水平的重要载体和创新举措，贯穿于党的建设和国土资源事业改革发展的全过程。

（二）"五个建设"党建工程的推进方法　召开全省国土资源系统视频会议，从省厅到乡镇国土资源所进行全面动员部署，以厅党组名义分别下发了加强"五个建设"党建工程的《意见》、《有关事项的通知》和《重点工作任务及责任分工》，全力推进"五条线"工作机制。组织领导线。全省各级国土资源部门分别成立了由一把手任组长的领导小组，定期研究在推进"五个建设"党建工程中出现的重大问题；结合各自实际，分别制定了《实施意见》或《工作方案》，进一步细化分解工作目标、工作标准和责任，形成了一级抓一级、层层抓落实、人人齐参与、个个有目标的工作机制。建章立制线。根据我省国土资源工作面临的新形势、新任务、新要求，运用系统思维，加强制度建设，针对"五个建设"党建工程推进过程中暴露出的薄弱环节及时完善相关制度，形成制度完备、科学规范、运行高效、务实管用、群众满意的制度体系。督查评估线。实行月调度年评估，对"五个建设"党建工程开展情况，每月进行一次逐级汇报，每年开展一次自查评估，及时、全面掌握各单位"五个建设"党建工程开展情况，强化督导。宣传交流线。每年召开两次以上经验交流会，取长补短，相互学习，共同提高；在内部媒体开辟专栏，对典型、经验和做法通过网络、报纸、杂志、信息专刊等及时进行交流推广，发表文章500余篇，营造了浓厚氛围。考评落实线。结合各单位年度考核，综合分析信访、违法违纪案件、土地卫片执法监察、行风评议、媒体曝光、服务对象满意度调查、文明创建等多项指标，对"五个建设"落实情况进行考评，奖优惩劣，激励提高"五个建设"党建工程整体水平。"五条线"联线成网、相辅相成，保障"五个建设"党建工程深入推进并持续深化。

二、以"双先"模范示范工程为引领，激发党组织和党员的内生动力

在党建工作中，高度重视先进典型的模范引领作用，把学习、宣传、推广先进典型作为激发党组织和党员内生动力、提升党建科学化水平的重要抓手和关键环节，积极开展"双先"模范示范工程，推动党建工作"有形、有声、有色、有效"。

（一）深入挖掘典型，用身边事教育身边人　总结创先争优活动和作风能力建设系统工程中的典型选树经验，在全省国土资源系统深入挖掘先进典型，选树了"全国模范

国土资源局局长”寻明胜和“新时期测绘好干部”杨艳萍，构建起用身边事教育身边人的典型选树机制。选树过程中坚持三个基本原则。一是坚持实事求是。在典型选树上，以事实为依据，既不人为拔高、也不降格以求，确保典型不失真、不夸大，真实可信，经得起考验。二是坚持群众路线。以群众公认为原则，以群众信服为标准，坚持从群众身边推荐宣传先进典型。三是坚持与时俱进。将学习“双先”活动与学习贯彻十八大及十八届二中、三中全会精神相结合，与培育和践行社会主义核心价值观相结合，与党的群众路线教育实践活动相结合，与“五个建设”党建工程相结合，突出时代特征，反映时代需要，展示时代风貌，体现时代精神，引领时代价值取向，使身边的典型融入到党建工作的每个环节，贯穿到党建工作的全过程，做到用身边事教育身边人。

（二）加强宣传学习，树立国土资源良好形象 厅党组分别下发了向寻明胜、杨艳萍学习的决定和进一步学习的通知，在全省国土资源系统广泛开展并不断深化学习活动，及时组织召开学习“双先”工作交流会，举办“双先”事迹展，结集出版“双先”事迹宣传册，营造了学习先进、争当先进的浓厚氛围。同时，分别组建寻明胜、杨艳萍同志先进事迹报告团，广泛开展巡回报告。2013 年 7 月 18 日，国土资源部在全国国土资源系统举办寻明胜先进事迹报告会，受众十万余人，姜大明部长作重要讲话，号召全系统向他学习。8 月 30 日，国家测绘地理信息局在全国测绘地理信息系统举办杨艳萍专场报告会，徐德明局长号召全系统向她学习。杨艳萍先进事迹报告团先后在省内 21 个单位和京、川、渝、琼、黑、陕、浙及解放军总参某部共作报告 29 场，受众五万余人。他们的先进事迹经国内众多主流媒体宣传报道，引起强烈反响。寻明胜被山东省委追授为“山东省优秀共产党员”，被国土资源部追授“全国模范国土资源局局长”荣誉称号；杨艳萍被省政府授予山东省先进工作者，被国家测绘地理信息局党组授予“新时期测绘好干部”荣誉称号，并被评为全国十大感动测绘人物。一年之内推出两大典型，力度之大，效果之好，影响之深远，荣誉之崇高，前所未有，使本系统的先进典型走出了系统，走出了山东，走向了全国，提升了我省及国土资源系统的良好形象。

三、准确把握两项工程的推进方法，全面提升党的建设科学化水平

在推进“五个建设”党建工程和“双先”模范示范工程中，坚持统筹兼顾，注重搞好结合，努力做到“三个三”。

处理好“三个关系”：一是处理好“点”与“面”的关系，既注重点上开花，又注重面上结果。在点上培养先进典型，总结经验做法的同时，在面上全面推广，以此推动党的建设水平整体提高。二是处理好“当前”与“长远”的关系，既注重当前见成效，又注重长远建机制。既明确目标任务，有计划有步骤地扎实推进，又善于梳理总结，上升到制度机制层面，建立长效机制。三是处理好“继承”与“创新”的关系，既注重继承以往好的做法，又注重创新思维增强特色和吸引力。

坚持“三个结合”：做到党务、业务、队伍深度融合。一是坚持与业务工作相结合，充分发挥党建对业务工作的促进作用，不断增强履职奉献热情，提高业务工作水平，促进各项重点工作顺利完成。二是坚持与群众路线教育实践活动相结合，进一步转变作风，深入基层，密切联系群众。三是坚持与文明单位创建活动相结合，不断提升文明单位创建水平，树立良好的国土资源系统形象。

做到“三个贯穿始终”：一是把学习党的十八大、十八届二中、三中全会及习近平总书记一系列重要讲话精神和省委、部党组重要部署贯穿始终，准确定位，明确方向，不断提高两项工程的水平和质量。二是把调查研究贯穿始终，坚持走群众路线，在调查研究中掌握具有国土资源特色的党建工作规律，寻求解决问题的方法。三是把落实整改贯穿始终，以教育实践活动为契机，以先进典型为镜鉴，认真查找党建工作中存在的问题，切实抓好整改提高。

加强学习型党组织建设
提升服务科学发展水平

省商务厅巡视员、直属机关党委书记 张 霖

建设学习型党组织是建设学习型政党的基础工程，是新形势下贯彻落实党的十八大精神，深入开展党的群众路线教育实践活动的重要基础。近年来，省商务厅积极推进学习型党组织建设，坚持围绕中心、服务大局，以点带面、整体推进，形成了领导带动、上下联动、竞相学习的良好局面。省商务厅被省委宣传部评为“全省理论大众化示范点”、“全省理论教育工作先进单位”，被省直机关工委评为“学习型党组织和学习型机关建设先进单位”。

一、发挥示范效应，领导带动学习

厅党组坚持把加强学习型机关建设作为推动商务发展的重要措施，厅领导班子成员带头学习调研，发挥带动作用和示范效应。**一是带头学习理论。**制定完善并坚持落实厅党组中心组学习制度，2013 年厅领导班子成员采取“轮流领读、逐个发言”的方式，用 5 次 4 整天的时间集中学习了中国共产党党章、党的十八大报告，认真研读《论群众路线——重要论述摘编》、《党的群众路线教育实践活动学习

文件选编》等学习材料。先后召开党组中心组学习会和商务工作务虚会,深入学习党的十八届三中全会精神和习近平总书记系列讲话精神,领会深刻内涵,把握精神实质。厅领导班子成员在提高自身学习力的同时,为机关和基层作了十余场形势政策报告,把学习和研究的理论思考、心得体会向党员干部进行宣讲。**二是带头调查研究**。厅领导班子成员树立全局视野、世界眼光、战略思维,加强对国内外经济宏观形势研究和商务发展全局的重大战略问题研究,结合分工制定年度调研计划,班子成员确定了重点开展的27个重大调研课题,围绕推动内外贸相互融合一体化发展、打造山东经济开发区升级版、优化外贸结构提升国际竞争力等重点热点问题开展调研,撰写了较高质量的调研报告,所提部分建议被省委、省政府和商务部采纳。厅领导组织撰写的《关于当前我省对外贸易面临的困难及对策建议》被省政府研究室评为山东省政府系统优秀调研成果一等奖。**三是带头学以致用**。领导班子成员运用科学发展观等理论成果,带头做好"结合"文章,着眼于为商务发展提供政策指导,组织开展了"一圈一带"开放型经济发展专题调研,提出了"规划先行、开放引领、错位发展、转型升级"的指导性意见;根据省政府关于优化营商环境的工作部署,牵头10部门开展了优化开放环境专题调研,提出了优化开放环境的措施建议;组织开展了外贸外资企业大走访活动和商贸流通大调研活动,向省委省政府写出专题报告。在厅班子成员优良学风的引领示范下,工作学习化、学习工作化蔚然成风,为创建学习型党组织注入了持久动力。

二、开展主题活动,广泛参与学习

坚持把机关干部作为重点学习对象,把政治理论、业务素养作为重点学习内容,不断提高机关干部的理论水平。**一是开展群众路线专题学习活动,增强党性修养**。牢牢抓住学习教育这个基础,采取集中学习、辅导报告、撰写体会文章等方式学习党的政治理论特别是最新理论成果,切实增强党员干部的宗旨意识和群众观点。举办群众路线演讲比赛,以马克思主义群众观点和党的群众路线为主题,引导党员干部牢固树立群众观点,坚定群众立场,增进群众感情。注重将典型示范与警示教育相结合。先后组织党员干部集中观看了《严守党的纪律》、《苏联亡党亡国20年祭》等专题教育片,党员干部深受教育和启发。**二是开展学习能力年主题活动,增强理论素质**。按照省直机关工委部署,开展学习年主题活动,组织党员干部参加工委理论学习讲座等读书节系列活动,开展每月读一本好书活动,为机关干部推荐优秀书籍,每年配发3至5本优秀书籍,组织征文活动,开展了研讨交流和知识竞赛。开展"能力年"活动,围绕研究能力强有重大成果、执笔能力强有精品力作、执行能力强有突出业绩,组织"我的履职能力是从哪里来的"主题演讲、公文写作测试、计算机应用竞赛,增强商务系统党员干部服务商务科学发展的本领。**三是开展"每月一讲"活动,增强业务水平**。举办转作风促工作商务论坛,坚持"每月一讲",围绕当前经济形势、商贸流通、外贸外资、走出去、开发区、服务贸易、电子商务、依法行政、金融和健康知识等专题,邀请专家教授授课,部分厅领导、处长分别作学习交流,增强党员干部的工作能力和业务水平。

三、组织业务培训,深入组织学习

坚持"要精、要管用"的原则,开展大规模政策业务培训,提升了全省商务系统干部职工服务商务事业发展的本领。**一是坚持"引进来",组织专题培训**。举办专题培训、视频会、现场会、形势分析会等,围绕指导全省基层商务部门、内外贸企业如何转方式调结构等,邀请国务院发展研究中心对外经济研究部部长隆国强等国内外的专家学者授课,开展大规模政策业务培训。近三年组织各类培训140多期,培训6万多人次。**二是坚持"走出去",组织境外培训**。充分利用国际组织、外国政府援助项目等境外培训资源,积极组织商务系统干部职工到国外培训。三年多来组织自主创新与制造业竞争力提升、园区发展蓝色经济和低碳经济等境外培训30多期,培训达1000多人次。**三是坚持"全覆盖",组织网上宣讲**。依托山东国际商务网,围绕基层企业关心的商务政策和热点难点问题,组织理论讲解、政策宣讲、网上答疑,日均更新信息200多条,月访问量200万多次。开设机关处室、市商务局、国家级经济开发区主要负责人在线访谈栏目,共有30多人上线为基层企业群众答疑解惑。

四、提供多种保障,夯实学习基础

统筹各种资源,加强基础性建设,为商务系统干部职工学习提供保障。**一是做好培训需求调查工作**。为深入把握教育培训的规律性,切实增强教育培训的针对性,通过发放调查问卷、召开座谈会、查阅资料、实地查看,向机关各处室、直属单位、17个市商务局、140个县(市、区)商务主管部门以及600多家企业,广泛征求意见,弄清不同层级干部职工对培训内容的具体要求。**二是加强师资力量开发配置**。建立商务系统培训专家库,加大商务系统师资的挖掘和开发,加强培养、选拔、交流,广泛吸纳政府、科研院校、商贸流通和外经贸企业中具备较深理论功底、拥有丰富实践经验的领导专家教授,使商务系统内外的专家为我所用。**三是提供学习阵地资金保障**。加强教育培训基础设施建设,在泰安、青岛建立实训基地,开通全省商务视频培训系统,增强了承接教育培训的能力。在厅机关开设图书阅览室,为干部职工学习阅读搭建了平台。设立培训专职机构,安排专职人员常年专门从事计划制定、经费审批、培训组织、效果评估等工作。加大资金投入,把教育培训经费列入年度经费预算,申请培训专项资金,逐步建立起规范、有效的经费投入机制。

五、抓好重点环节,健全学习机制

抓好学前、学中、学后三个重点环节的管理,完善加强学习服务发展的制度保障。**一是学前调研审批机制。**学习前，向党员干部发放调查问卷，征求党员干部对学习课程设置的意见；实行集中学习备案审批制度，从学习内容、人员、经费、师资等方面，严格审批，确保学习质量。**二是学中严格管理机制。**厅党组印发了《关于严肃培训纪律进一步加强学风建设的通知》，就加强学风建设、严肃培训纪律提出明确要求，党员干部集中学习培训前签订承诺书。制定机关党员干部学习制度，严格落实集中学习请假制度、集中学习考勤登记制度、严肃培训会议纪律，对干部学习出勤及遵守学习纪律情况检查。**三是学后双向评估机制。**加强对集中学习培训课程及师资的评估，集中学习后由受训干部填写教师考核表、培训质量评估表等，根据评估结果及时优化师资和课程设置。完善述职必述学、考核必考学、评优必评学的激励机制，组织“十佳文稿”和优秀调研课题评选活动，把理论素养和学习成效作为民主评议的重要依据，一批优秀年轻干部脱颖而出，成长为各处室的工作骨干。

通过组织学习理论知识，干部改善了知识结构，增强了综合素质，提升了工作能力。近年来厅党组根据干部能力和工作实绩使用干部，形成能者上、平者让、庸者下的用人导向。我们还建立健全学习成果转化制度，促进学习成果及时运用于商务工作决策，解决商务发展中的实际问题，推动了全省商务事业发展，各项业务指标居全国前列。

充分发挥垂管优势
切实加强系统党建

省地税局党组成员、纪检组长　王莉莉

地税系统实行省以下垂直管理体制，党的组织归属地方各级党委领导，党员占干部总数的85%以上。省地税局党组充分发挥垂直管理优势，认真履行党建指导职责，着力解决部分基层党组织管理不到位、党务工作组织机构不健全、经费保障不足、党员活动不经常、党组织和党员“两个作用”发挥不够的问题，创建了“两创一建两加强”的“系统党建工作指导法”，努力提高系统机关党建科学化水平，有效发挥了全系统机关党建服务全省大局和保障促进地税系统中心工作的作用。

一、创建系统党建工作组织体系

建立相应组织机构，承担党组对全省地税系统党建工作指导的职责。省地税局党组按照中央、省委和省直工委关于加强党建工作的要求，依据《中国共产党党和国家机关基层组织工作条例》，成立了党组党建工作指导组，由党组书记任组长，党组成员任副组长，局机关有关处室负责人为成员，党建工作指导组办公室设在机关党委。市、县（市、区）地税局党组相应成立由局主要负责同志任组长的党组党建工作指导组，办公室设在市、县局机关党委（或总支）。各级机关党委（或总支）在抓好本级机关党建的同时，承担党组党建指导组对系统党建工作的日常指导，落实党组对系统党建工作的部署和要求。系统党建工作指导建立责任制，党建工作与地税业务工作做到同部署、同检查、同总结、同考核。党组对系统党建工作的指导从组织机构上落到了实处。

二、创新系统党建工作指导办法

制定办法，使系统党建指导有章可循。省地税局党组立足系统党建工作实际，以中央、省委以及省直工委关于加强党建工作的要求和《中国共产党党和国家机关基层组织工作条例》为指导，先后于2010年、2012年初，研究制定了《关于加强和改进全省地税党建工作指导的意见》，《关于进一步提高全省地税系统党建工作科学化水平的指导意见》，明确规定系统党建工作的任务、方式和方法，对全系统的党建工作提出新的目标要求。各级党组指导系统党建工作、基层党组织开展党建工作有了章法、规范和遵循。系统各级地税基层党组织自觉在地方党组织的领导下开展工作，认真做好“规定动作”；同时，各级地税局党组党建工作指导组立足地税工作和队伍建设特点，对地税基层党组织实施指导，开展富有地税特点的“自选动作”。当地党组织的领导与地税党建工作指导组的指导实现了有机结合，有力地促进了地税系统党建工作整体水平的提升。2011年以来，全系统相继开展了“弘扬沂蒙精神、做好地税工作”的党性教育活动、优秀党员先进事迹巡回报告等富有地税特点的党建活动，借助临沂党性教育基地，先后举办党性教育培训班10期。全省地税相当一部分单位的基层党建工作得到地方党组织的充分肯定，被树立为标杆和榜样。2012年底、2013年底，省委省直机关工委分别在济宁、德州地税局召开现场会，推介地税加强系统党建工作指导的经验做法。

三、建立系统党建工作指导制度

党建工作指导的制度建设带有根本性。省地税局党组在系统党建工作中建立了三项制度。一是建立了系统党建分片协作交流制度。省地税局把全省17个市地税局分成三个党建工作协作交流片组，各片组成员单位每年轮流主办、定期召开会议，市地税局分管领导、机关党委专职副书记、部分县地税局党务干部参加，交流党建经验，现场观摩党建工作成果，实现党建经验共享。省地税局分管领导现场点评，研究推进系统党建工作措施。近年来分别在12个市地税局召开党建协作交流片组会议12次，400多名党务干部参加交流和观摩，大力推介了日照市局“网上党支部”、潍坊市局“网上快乐学习平台”等十余项先进党建工作做法，充分发挥典型示范作用。每一次片会，每一次现场观摩，都对成员单位党建工作水平带来一次新的提升。二是建立党组成员党建工作联系点制度。省、市地税局班子成员结合各自分工，在基层建立党建工作联系点，及时了解基层党建工作情况，总结经验，发现问题，帮助解决。三是建立经常性的创先争优制度。省地税局党组每两年在全系统开展一次“党建工作先进党组(党委)”争创活动，每两年评选一次全系统党建工作先进集体和先进个人。2011年、2013年省地税局党组从全系统评选出46个市、县(市、区)地税局党组和52名党务干部为全系统党建工作先进集体和先进个人，进行了隆重表彰。2012年，在全系统组织开展了“十佳党员先锋岗”、“十佳党员示范窗口”和“十佳党务工作者”的推荐和评选活动，2013年，在全系统开展了优秀党建品牌推荐和评选活动，分别于“七一”前夕由省地税局党组予以通报表彰，树立了标杆和榜样。

四、加强系统党建工作的保障

省地税局党组对系统党建指导的各项保障做出专门规定，以抓铁有痕、踏石留印的精神狠抓落实。人员保障方面，增加专职党务干部，省、市、县三级地税局机关党委配备专职副书记，党务干部分别配到6、3、2人。经费保障方面，各级地税局将党建工作经费列入年度经费预算，为党务部门开展工作提供必要的条件。2011年，围绕纪念建党90周年，省地税局举办了全系统庆祝建党90周年暨党建工作颁奖晚会，开展了庆祝建党90周年优秀征文评选活动，举办了全系统优秀共产党员先进事迹巡回报告会，2013年，以小品、表演唱等艺术形式，举办了全系统先进共产党员事迹宣讲视频会，极大地激发了全系统广大党员的工作热情。工作条件保障方面，自2010年开始，帮助县(市、区)局和基层中心税务所建立和完善党建工作室、党员谈心室、党员活动室等400多个，党员活动做到了有房子、有牌子、有制度、有阵地、有资料。干部培训上保障，省地税局结合大规模干部教育培训，把党员干部特别是党务干部培训作为重点，通过设立“山东地税大讲堂”，组织党员干部到井冈山干部学院、清华大学等高等院校进行专题培训等措施，不断提高广大党员干部的思想政治业务素质。2012年8月份，组织1500名基层党组织书记采取视频会议的形式进行集中培训，2013年4月举办了全系统处级干部党的十八大精神培训班。从2011年开始，每年初组织省、市地税局党务干部集中进行为期一周的专门培训。每年度的全系统目标考核，把党建工作各项保障落实情况列入其中。

五、加强了系统党建典型经验的推介工作

省地税局党组党建工作指导组运用多种形式和手段，在着力发现培养系统党建工作典型、总结党建工作经验做法的同时，大力推广先进典型经验做法，用先进典型经验引领带动全系统党建工作不断上台阶、提水平。一是从2011年开始，利用每年一次的全系统党务干部培训班，先后安排党建工作成绩突出的11名县(市、区)地税局的一把手介绍经验。二是利用每年三次的党建工作协作片会，先后组织观摩了20个先进单位的党建工作现场。三是利用系统党建网页、省局党组党建工作指导组办公室文件，先后批转了全系统党建工作经验62份。青岛市地税局的党建品牌建设、淄博市地税局的廉政教育基地建设等做法，已在全系统得到普遍推广。

省地税局党组切实加强对系统党建工作的指导，全系统党的基层组织的战斗堡垒作用、广大党员的先锋模范作用得到进一步发挥，实现了系统党建工作与税收业务工作的两促进、双丰收。2013年，全系统共组织入库各项收入3240亿元，同比增长13%，增幅高于全国平均水平2.7个百分点。省地税局机关和13个市地税局进入“全国文明单位”行列，全系统涌现出了一大批全国、全省先进单位和个人，全系统“省级文明单位”达到207个。

抓班子带队伍　聚合力促发展
为推进工商改革创新提供
坚强的组织保障

省工商行政管理局党组成员、
纪检组长　李瑞华

2013年，是工商行政管理改革发展压力大、困难多、任务重、要求高的一年，省工商局机关党委在省委省直机关工委和局党组的正确领导下，深入贯彻落实党的十八大和十八届三中全会精神，紧紧围绕工商中心工作，充分发挥机关党建工作的服务促进作用，抓班子、带队伍，攻坚克难、扎实工作，为省工商局在全面深化改革的大潮中把握大势、乘势而为，提供了坚强的组织保障，实现了机关党建工作和工商改革工作的整体推进。

一、抓自身提能力，切实加强学习型机关建设

一是强化理论武装。坚持把强化领导干部学习、提高党员领导干部思想政治素质作为首要任务常抓不懈，带动全体干部职工的理论学习。坚持领导干部上党课、每季度

举办一次领导干部集体学法活动、每周半天学习、自学及学习检查考核等制度。充分发挥支部书记的作用，组织各支部和广大党员干部认真学习贯彻党的十八大和十八届三中全会精神及习近平总书记视察山东时的重要讲话精神。为全局党员干部统一购买了《中国共产党党史第二卷》等书籍2000多册。广泛开展读书笔记展评，把支部书记、支委会成员的读书笔记、支部学习交流等情况纳入机关文明处室和先进党支部的考核评比，确保了学习效果。**二是注重学以致用。**在局机关开展了"我的履职能力是从哪里来的"和"中国梦、工商梦、我的梦"征文演讲活动，对获奖作品进行了结集出册。坚持"问题导向、底线思维"，省局领导班子和各支部赴基层工商所开展了为期3天的蹲点调研，与基层同志同生活、同工作，把调查研究的成果作为决策的重要依据。**三是注重学习交流。**在红盾信息网、机关局域网设置了"机关党建"、"学习心得体会"等活动专栏，充分利用《机关党讯》宣传交流各支部党建活动的经验做法，调动了各党支部和广大党员群众参与党建活动的积极性和主动性，达到了全员学习、共同进步的目的。发挥先进典型的导向作用，用身边的事教育、感召身边的人，在省局机关开展了"红盾在基层闪光"—"第一书记"报告会和为民服务报告会，分别邀请6位驻村和驻企业的"第一书记"以及6名基层同志作报告，使全体机关党员干部深受教育和鼓舞。

二、抓班子强队伍，努力提高党建工作整体水平

一是将党建工作列入重要议事日程。制定了《中共山东省工商行政管理局党组机关党的工作责任制》，每年多次专题听取机关党委的工作汇报，认真研究机关党的思想、组织和作风建设，以党组文件印发《省局机关党的工作要点》，统一思想认识，加强科学指导。**二是深化党建目标管理机制。**按照《中国共产党党和国家机关基层组织工作条例》和省委实施办法的规定，进一步修定《省局机关党的工作考核办法》，细化考核内容，健全考核方法，提高考核工作的规范化和制度化水平。局党组书记和分管局长签订党风廉政建设责任书，分管局长和各党支部书记签订党风廉政建设责任书，明确责任任务。充分发挥党支部的战斗堡垒作用，实行"一岗双责"，处室负责人兼任党支部书记，坚持业务工作与党建工作同部署、同检查、同考核，实现了业务工作与党建工作的一体化，从根本上解决了业务与党建"两张皮"现象。按照领导班子好、党员干部队伍好、工作机制好、工作业绩好、群众反映好"五个好"的标准，每年评选先进党支部和优秀共产党员。**三是重视机关党的组织建设。**针对机关内部人员调整实际情况，年初对人事处等11个党支部(总支)完成了换届改选工作，健全了机关党建工作组织体系，保证了支部班子的健全完整和领导作用的发挥。配备了3名学历高年富力强的专职党务干部，集中精力抓好局机关思想、作风、制度建设。形成了党组抓机关党委、机关党委抓支部、支部抓党员的党建工作体系。

三、抓文明促和谐，确保蝉联"全国文明单位"荣誉

省局党组对文明创建工作非常重视，始终坚持把文明建设工作摆到重要位置，成立了以党组书记、局长为组长的文明创建工作领导小组，各处室主要负责人担任创建活动第一责任人，形成了人人身上有责任、人人参与创建的良好氛围。提出了不断巩固、提高文明创建成果，确保蝉联"全国文明单位"荣誉，确保"全国文明单位"金牌永不褪色的创建目标。按照《全国文明单位测评体系(试行)》和《山东省文明单位考核标准(2012年版)》相关要求，修订完善了《关于开展"创文明处室、建和谐机关、做系统表率"活动的实施意见》和《文明处室考核细则》，并把创建活动固化为工作常态，形成了人人追求、维护、促进文明机关创建的良好局面。成立了以青年为主的学习雷锋志愿服务队，积极开展学雷锋活动和志愿者服务活动。成立了由青年干部为主的省局机关网络文明传播志愿者小组，在中国文明网建立了山东省工商行政管理局户头，利用博客、微博、论坛等新型传播形式，集中展示省局机关文明创建情况和文明传播活动。积极探索机关文化建设的新途径，大力推进以为民务实清廉为主题的省局机关文化阵地建设。开设了道德讲堂，邀请原海南省司法厅副厅长兼省监狱管理局局长张发同志为大家作了题为《播撒中华文化的种子，扎下守规矩的根》的专题讲座。坚持以党建带群建，充分发挥工会、团委、妇委会的带动示范作用，先后组建了足球队、篮球队、乒乓球队、羽毛球队、瑜伽队、户外健身队、业余摄影等文化体育爱好者组织，各级领导率先垂范，带头参加各项活动，各个队伍积极主动地开展形式多样、富有特色的文化体育活动，让广大干部职工养成天天参与锻炼的健康生活习惯，在省局机关营造团结、和谐、向上的良好氛围，增强了凝聚力和向心力。

四、抓教育改作风，大力提升干部队伍良好形象

把开展好党的群众路线教育实践活动作为重要政治任务，精心组织实施，学习教育、听取意见，查摆问题、开展批评，整改落实、建章立制各个环节扎实推进，共梳理汇总"四风"方面存在的具体问题240个，制定整改措施83条，确定办好10项实事和10项整治重点。紧扣为民务实清廉要求，紧密结合工作实际，坚持"两手抓""两促进"，用实际行动践行群众路线。为认真落实省委、省政府关于改善营商环境的工作部署，出台了《关于进一步发挥职能优化市场环境的意见》("30条")，以及促进网络经济健康发展的《意见》，有效激发了我省市场主体的发展活力。积极回应群众和市场主体关切，组织全系统开展了"走企业、听建议、解难题、促发展"活动，帮助企业解决难题1.9万个。积极发挥职能作用，严厉打击侵害群众利益的违法行为。深

入推进党风廉政建设，出台了作风建设“八项禁令”，开展了“庸懒散”专项治理，组织局机关处级干部到临沂革命教育基地开展了党的群众路线教育；不折不扣落实好中央和省委改进作风的各项规定，局机关“三公”经费和会议费同比下降31%，全年以省局名义召开的全省性工作会议压缩15%，制发的各类公文同比减少27%，局机关只保留一份简报；对局机关公务用车实行了集中统一管理，对超标的办公用房进行了调整；除保留与人社厅联合表彰事项外，省局其他评比达标一律取消。通过开展教育实践活动，全局党员干部经历了思想洗礼、实践升华，精神面貌焕然一新，工作作风不断改进。省局教育实践活动群众满意率和基本满意率达到97%，得到了服务对象、中央和省委活动办公室，以及省委督导组的充分肯定。

在局党组的领导下，机关党委和各党支部充分履行职责，重视和加强思想政治工作，坚持两手抓、两手硬，抓班子、带队伍，提升了党员干部队伍坚强的执行力和战斗力，保证了上级党委政府方针政策的贯彻落实，为经济文化强省建设做出了积极贡献。

抓党建　促和谐　推动现代畜牧业发展

山东省畜牧兽医局党组成员、副局长、机关党委书记　刘凤军

2013年，省畜牧兽医局在省委省直机关工委的指导下，以创建文明单位和党建工作目标考核为平台，努力追求党建工作的科学性、实效性、创新性和持久性，注重党建工作与班子建设、业务工作、干部队伍建设及日常文体活动的有机结合，切实加强局机关党的思想、组织、作风、反腐倡廉和制度建设，机关党建科学化水平不断提高，有效发挥了机关党组织的战斗堡垒作用和共产党员先锋模范作用，促进了和谐机关建设，推动了我省现代畜牧业的发展。

一、强化理论学习　提高政治素质

一是加强理论学习。重点学习贯彻了党的十八大、十八届二中、三中全会精神和习近平总书记系列讲话精神。组织了省委省直机关工委举办的处级干部十八大精神学习轮训和党的群众路线教育实践活动系列学习。通过举办专题辅导报告会、学习交流会、支部党员会、骨干培训班等多种学习形式，把党员干部的力量凝聚到畜牧兽医事业科学发展上来。**二是党组中心组引领学习。**年初，局党组中心组拟定全年理论学习八个专题内容和具体时间安排，中心组共进行了15次集体学习。**三是创新学习形式。**在充分利用“干部学习网”学习的同时，印制《读书笔记》和《党支部三会一课、组织生活会学习记录本》，提升党员相互学习和主动学习积极性；7月份，组织全局16个党支部253名党员参加庆“七一”学习新党章和十八大知识竞赛；9月份，组织全局职工观看电影《周恩来的四个昼夜》及教学片《力量》；10月份，组织各单位工会主席、各处室工会组长赴诸城市参观王尽美纪念馆、省级“创先争优示范窗口”单位。**四是注重宣传教育。**创建《机关党讯》，集中展示党务工作与业务工作有机结合、相互促进的业绩，全年印发41期；我局《做好党建与业务工作整体推进的大文章》调研论文荣获2013年全省机关党建课题调研一等奖，并被省直工委授予“2013年度机关党建宣传报道先进单位”称号。

二、认真落实《条例》　加强组织建设

一是建立党建工作责任制。局党组印发《2013年山东省畜牧兽医局机关党的工作要点》)，明确全年机关党的工作任务，加强各支部党建工作目标考核，把述职和考核情况作为评选先进党支部的重要条件。**二是深化党内民主建设。**鼓励党员干部围绕畜牧发展与改革，积极提出意见和建议；开好专题组织生活会；成立省畜牧兽医局基层党组织党务公开工作领导小组，主动接受群众监督，不断促进党内民主建设。**三是发挥先进的示范作用。**我局兽药质量检验所高迎春同志荣获2013年度“省级先进工作者”称号并受到表彰。“七一”前夕，省直工委对我局推荐的优秀共产党员、优秀党务工作者和先进基层党组织进行了表彰。同时，机关党委对全局2011—2013年度的7个党支部、48名共产党员和22名优秀党务工作者进行了表彰。四是对支部委员加强培训。4月上旬和5月下旬，我局对各党支部宣传委员和组织委员进行了业务培训，进一步明确工作职责，提高工作水平。五是积极慎重做好党员发展工作。纳新两名预备党员、两名预备党员按期转正，党员队伍结构不断优化。

三、以教育实践活动引领作风建设

一是扎实推进“作风年”主题实践活动。按照省直机关实施作风能力建设系统工程的总体部署和《山东省省直机关“作风年”主题实践活动实施意见》，我局在上半年开展了“作风年”主题实践活动，于3月20日召开动员大会，印发《山东省畜牧兽医局机关开展“作风年”主题实践活动实施方案》，开展“我的身边有一缕清风吹过”有奖征文活动。活动重点抓住“摆、清、查、改”四个环节，着力解决了在全局工作作风方面存在的精神不振、作风不实、服务不

佳、执行不力、效能不高等问题。**二是深入开展党的群众路线教育实践活动。**于7月25日召开动员大会,印发《党的群众路线教育实践活动实施方案》、《学习配档表》、《学习教育、听取意见环节实施意见》、《整改落实建章立制环节实施意见》,着力解决影响和制约畜牧业科学发展、人民群众反映强烈的问题,密切干群关系,提高服务行业能力。

四、以文明创建促和谐机关建设

一是培育和践行社会主义核心价值观。以培育和践行社会主义核心价值观为统领,以提高机关干部职工的思想文化素养为重点,以繁荣发展机关文化为目标,培育机关精神,引领机关价值取向,不断巩固干部职工团结奋斗的共同思想道德基础。**二是学习贯彻《管理条例》和《考核细则》。**为推动文明单位创建工作规范化、制度化,我局组织局属省直文明单位对《山东省省直文明单位(机关)管理条例》和《山东省省直文明单位(机关)考核细则》进行全面学习和贯彻落实。**三是巩固文明创建成果。**加强对局属省直文明事业单位日常管理,我局省直文明单位均顺利通过年度复查。**四是积极开展省级文明创建活动。**局属事业单位省兽药质量检验所在2013年12月底顺利通过省级文明委考核验收,获得"省级文明单位"称号,实现我局文明创建工作新突破。

五、加强廉政建设　端正党风行风

一是加强领导,高度重视党风廉政建设工作。局党组把党风廉政建设纳入全局工作之中,与业务工作同部署、同落实、同检查;安排部署2013年党风廉政建设和反腐败工作,印发《2013年党风廉政建设和反腐败工作意见》;落实党风廉政建设责任制,冯继康局长与各处室、单位主要负责人签订《党风廉政建设责任书》,强化"一岗双责"。**二是多措并举,全面落实党风廉政建设工作。**局党组印发《关于改进工作作风、密切联系群众有关规定的实施办法》,贯彻落实中央八项规定和省委十项措施;做好阳光政务热线和齐鲁民声网的工作,调查核实督办并及时反馈两期"阳光政务热线"中群众反映相关问题,及时处理齐鲁民声网反映的咨询和投诉问题,群众满意率较高;加大监管力度,接受群众监督,确保各项支农惠农政策落到实处;强化警示教育,组织党员干部到省监狱接受警示教育,邀请山东省检察机关预防警示教育宣讲团来我局举行专题预防警示教育报告会。**三是专项整治,有力促进党风廉政建设工作。**以"治庸提能力、治懒增效率、治散聚合力"为工作目标,与教育实践活动紧密结合,有力促进党风廉政建设工作。四是配合协调,社会认可党风廉政建设工作。省纠风办通过对全省61个部门和行业进行综合评议,省畜牧兽医局在2012年度全省民主评议政风行风活动中荣获"经济和社会管理类第一名"。

六、发挥工青妇组织的作用

一是关心干部职工生活。定期组织职工健康查体,对患病住院职工及时看望、对直系亲属病逝的职工陪领导前去慰问,为过生日的职工送上蛋糕,组织构建和谐家庭专题讲座。**二是关注青年干部和妇女干部工作。**"三八"妇女节期间组织女工座谈会和球类友谊赛,并对13名"巾帼建功先进个人"和8名"优秀妇女工作者"进行表彰;增强团员意识和团组织凝聚力,3月12日,组织我局青年干部代表参加省直机关团工委组织的种植速生柳防护林活动,受到省直机关团工委表扬;5月3日,组织机关青年干部和事企业单位青年代表,参观山东省党史纪念馆和"五三惨案"纪念馆,实地进行党性教育和爱国主义教育;围绕"作风年"主题实践活动,开展《我的身边有一缕清风吹过》和《我与慈善故事》有奖征文活动;为庆祝"七一"纪念建党92周年,6月19日,局机关党委组织青年党员赴沂南红嫂教育基地和蒙阴孟良崮战役纪念馆参观学习。**三是积极组织文体活动。**2013年度我局组织举办了拓展训练及迎新春文艺汇演等群众性活动;10月份,我局参加山东省省直机关第十二届运动会,在参赛112个厅局代表队中总分排名第41位,实现历史突破,并被评为"精神文明代表队",取得运动成绩和精神文明双丰收。**四是做好慈善救助工作。**9月中旬,全局党员干部分别到鄄城县左营乡5个村、65户困难群众中送上联系卡和慰问金,总共捐款捐物合计人民币5.2万元;机关党委在2013年印发《慈善"学习宣传年"及慈心一日捐活动实施意见》,全局共325人参与爱心捐款,捐款额44725元;局机关党委在2013年春节走访慰问困难职工2名,并向省慈善总会省直分会提交了困难职工救助申请,已获得审核通过。

我省畜牧业坚持稳中求进的工作总基调,围绕"保供给、保安全、保生态、保增收"总体目标,坚持不懈抓落实,千方百计促发展,圆满完成了全年各项任务目标。

围绕科研抓党建
抓好党建促科研

山东社会科学院党委书记 张 华

山东社会科学院党委紧紧围绕社科院所的自身特点和工作实际，积极探索新形势下加强机关党建工作的思路措施，在党建工作内容、机制、方式方法上，大胆开拓，勇于实践，逐步形成了“围绕科研抓党建、抓好党建促科研”的党建工作路子，不断使机关党建工作充满活力、富有成效，有力促进了全院各项事业的蓬勃发展。

一、补强政治理论之钙，确保正确政治方向和学术导向

习近平总书记反复强调，理想信念是共产党人精神上的“钙”。坚定理想信念，是党员干部安身立命的根本，也是保持正确学术导向的筋骨。理想信念之“钙”，从理论学习中来，从实践修炼中来。为此，院党委始终把政治理论学习，作为党的思想政治建设的首要任务，紧扣形势要求和上级部署，结合党员思想实际，每年都精心组织形式多样的专题学习教育活动，努力增强广大党员的理论思维能力、观察分析能力、明辨是非能力，不断提高践行党的路线方针政策及院党委各项部署要求的坚定性和自觉性。在及时组织好中央和省各种重要文件、会议精神学习贯彻的同时，重点组织开展了党的十八大、十八届三中全会、省委全会精神学习贯彻活动，采取集中和分散相结合，运用专题讲座、辅导报告、读书会、知识竞赛等多种方式，增强学习效果。在组织政治理论学习活动中，狠抓学习制度建设和制度落实，每个主题学习都做到有计划、有布置、有动员、有辅导，并要求全体党员把学习的收获落实到自己的本职工作中，以正确的政治方向、科学的理论指导自己的科研工作，实现理论与实践的有机结合，取得了扎实有效的成果。

二、夯实党组织建设之基，不断提升凝聚力战斗力

狠抓组织建设和干部队伍建设，促进工作更加协调高效，推动了院各项工作的深入健康发展。**一是及时健全组织。**根据院机构和人事的变化，及时调整党支部的设置，对党支部和机关工会进行了换届改选，不断优化了党支部成员的年龄和知识结构，增强了机关工会的力量配备，成立了院首届妇委会，推进了妇女工作的深入开展。**二是注重对支部书记能力素质的培养。**针对处、所支部书记大都是兼职而且本职工作任务都很繁重的现实，一方面提高他们对做好支部工作重要性的认识，增强他们的责任感；另一方面通过举办党支部书记培训班、外出参观、研讨交流等多种形式，帮助支部书记提高做好支部工作的能力，使其担当好双重角色，做到党的工作与业务工作紧密结合，不脱节、不冲突、不挤占。**三是加强党支部目标管理。**制定出台了《山东社会科学院关于加强党支部工作的意见》、《山东社会科学院党支部工作目标化管理考核办法》等一系列制度措施，切实加强对党支部工作的检查、指导、考核和监督，促使各成员在其位、履其职、尽其责。**四是认真落实党风廉政建设责任制。**认真开展对党员干部的党纪条规教育，增强廉政意识，规定各处所支部书记是本部门党风廉政建设的第一责任人，并与院纪委签订“党风廉政建设责任书”，形成了廉洁自律、勤政履职的良好氛围。五是认真做好日常党务工作。把党务工作做在平时，认真做好党员管理、党员监督、党员发展、党费收缴、党内统计、党报党刊订阅等各项工作，确保了机关党建工作健康有序发展。

三、搭建党员活动载体，增强党员集体观念和责任意识

坚持把开展丰富多彩的文体活动，作为增进团结友谊、提高集体意识的有效途径和重要举措，每年都拿出相当多时间和精力，统筹安排、精心组织各种大家乐于参与的群众性文体活动，务实构建党员活动载体。相继组织开展了羽毛球赛、乒乓球赛、跳绳、踢毽子、投篮、文艺联欢晚会等多种文体活动，开展了公务礼仪讲座、书画摄影展、巾帼建功、青年论坛、双语研讨会等系列活动，广大干部职工在积极参与中加强了沟通交流，增进了团结友谊，提高了集体观念和责任意识，受到普遍欢迎和好评。同时，认真组织各种慈善和捐助活动，不仅增强了集体合力，也为我院树立了良好形象。精心组织参加省直机关各种文体比赛活动，多次取得优异成绩。社科院院女性研究中心被评为全国“巾帼文明岗”先进集体，科研处被评为省直机关职业道德建设先进集体，人口所被评为“山东省工人先锋号”等，还有许多单位、个人和家庭被授予多项荣誉称号。

四、发挥社科研究优势，认真开展党建理论研究

围绕机关党建工作方式方法创新问题，发挥社会科学研究优势，结合本单位机关党建工作实际，积极开展党建工作研究，既有理论上的研究探索，又有实践中的经验总结，提出了一系列有新意和价值的观点，具有很强的时代性和实效性，为加强和改进新形势下机关党建工作提供了有力的理论支撑。近年来，承担完成了省直机关工委党建研究专委会《加强干部队伍素质建设的有效方法和途径》课题调研工作，研究形成了《山东社科院围绕建设一流智库加

强机关党建工作》、《国内外党政对互联网的运用及对我国政党建设和政治发展的影响与启示》、《网络环境下党的群众工作创新研究》等一批成果，分别在《机关党建》、《山东大学学报》、《政治学》、《新华文摘》发表或转载，其中《网络环境下党的群众工作创新研究》获省社科二等奖。《寿光市创建城乡党建一体化新模式的调查与思考》等一批成果，先后在《大众日报》等报刊大篇幅报道，被省领导批示和当地党委政府采纳，对地方的实际工作起到了较大推动作用。

五、强化机关文化与党建队伍建设，努力提高党建科学化水平

始终坚持把加强机关党委自身建设放在重要位置，把机关文化建设和文明创建活动与党员的先进性建设、群众路线教育实践活动紧密结合起来，全面提高机关党建科学化水平。适时制定下发了《关于健全完善我院保持共产党员先进性长效机制的意见》、《关于院党委党的群众路线教育实践活动实施意见》、《关于开展创建省直机关文明单位的实施意见》等文件，通过多种形式组织开展党的各项活动，增强党员的宗旨意识和创先争优意识，促使每位党员都能够自觉以优异工作业绩和良好作风形象体现党员的先进性、纯洁性，努力把机关党委建设成为学习型组织、创新型集体、实干型团队，确保全院党的工作始终保持正确的政治方向、扎实的优良作风和旺盛的工作活力。今年以来，结合党的群众路线教育实践活动，相继开展了领导讲党课、重温入党誓词、形势报告会、观看教育影片、机关党建成果展、到革命纪念地参观考察、主题征文、演讲比赛、心得交流等一系列主题活动，成功组织了争创“五个好”基层党组织、“五个好”党员、“两好一高”等特色活动。通过一系列教育活动，全体党员坚定了理想信念，增强了文明单位创建意识和参与意识。山东社会科学院连续三年被授予“省级文明单位”，机关党委相继获得了“党内统计先进单位”、“机关党建宣传报道先进单位”、“省直机关先进基层党组织”等多种荣誉。一批党员和研究人员被评为优秀共产党员、先进工作者、先进个人等荣誉称号，全院上下不断营造起昂扬向上、奋发进取、人才辈出的生动局面，推动省社科院各项工作不断迈上了新水平。

突出重点　注重实效
扎实开展党的群众路线
教育实践活动

山东出入境检验检疫局党组成员、
纪检组长、机关党委书记　高秀燕

党的群众路线教育实践活动开展以来，山东出入境检验检疫局按照山东省委、国家质检总局党组的统一部署，在派驻督导组的具体指导下，全力以赴，扎实推进，活动整体进展顺利，取得了预期效果。

一、主要做法

（一）把准备做足　做到“四个到位”。一是组织领导到位。确立党组负总责，领导小组总协调、党员领导干部为主体、全体党员参与的工作格局。二是工作制度到位。制定领导小组及办公室16项工作职责，有针对性建立了一系列行之有效的制度规定。三是服务保障到位。提前编印学习辅导材料，为领导小组办公室提供专用办公场所，并配备专用工作设备。四是绩效跟踪到位。将教育实践活动内容细化分解为6个方面、18个类别，纳入年度考核目标之中，实行绩效管理。

（二）把学习抓紧　一是党组成员带头学。党组中心组先后安排13次集中学习，撰写读书笔记、心得体会人均2万字以上。二是组织参观现场学。组织处以上干部到沂蒙革命老区，参观红嫂纪念馆和孟良崮战役纪念馆，老区人民的牺牲和奉献精神震撼心灵，大家对宗旨观念有了更深理解。三是开展交流启发学。统一组织交流研讨会3次，各支部组织学习讨论90多场次。在内网专题栏目刊登学习体会文章150多篇。四是搞好调研深入学。开展以“为民、便民、惠民”为主题的调研活动，取得了丰硕的学习和调研成果，形成高质量调研文章69篇。

（三）把问题找准　一是主动摆，把问题找准找实。党组3次召开专题会议，归纳了“软骨症”、“冷漠症”、“浮躁症”、“懒散症”、“虚荣症”等病症，把“四风”问题找准、查实、搞清，做到对症下药。二是相互提，把意见谈开谈透。开展集中谈心活动，做到处级以上干部一个不漏，要表达意见建议的职工一个不漏，相互交流要谈的意见一个不漏。三是组织审，把材料写好写深。党组和个人对照检查材料几经反复、数易其稿。查摆问题没找准、没讲清的不通过，

分析原因不深刻、不到位的不通过,材料格式不规范、不严谨的不通过。力求对照检查触动灵魂,具体实在,符合要求。

(四)把会议开好 一是自我批评深刻。党组成员敢于自我揭短亮丑,不回避、不掩饰,紧扣“四风”深入查摆自身存在的问题。二是相互批评直接。每人都提出了2条以上的批评意见。大家开诚布公,坦诚相见,杜绝了放空炮、哑炮、礼炮的现象。国家质检总局纪检组长王炜同志、第九督导组组长谢丽娟同志对民主生活会给予充分肯定。王炜组长认为,“会议充分体现了以整风精神开展批评与自我批评的根本要求,是一次高质量的民主生活会。”

(五)把整改落实 一是执行规定立即改。中央八项规定出台后,山东局对发现的问题及时纠正。目前,发文数量同比减少33.7%,会议减少35%,会议费支出减少19%,公务接待费用减少20%,出访团组和人次分别减少49.1%和54.9%,清理简报3种,对领导干部车辆配备、办公用房标准等进行了彻底整改、落实到位。二是专项整治重点改。明确7项整治重点,对问题突出的着重抓,一项一项整治,一个一个突破。三是制定措施系统改。研究制定意见建议整改任务责任分解表,明确整改牵头责任单位、责任人、整改措施、完成时间等。目前已整改完成35条,88条正在整改中。

二、初步成效

一是思想观念有转变。开展“访民情、听民意、解民忧”活动,推出联系群众、融入群众、服务群众的新举措,受到基层和群众欢迎。在客户满意度调查时,外贸企业人员说:“教育实践活动以来,检验检疫人员,对自己的要求严了,对客户的态度好了,对企业的帮助多了。”干部职工的宗旨意识、群众观念普遍增强。

二是服务发展有成效。把为群众办实事、解难题作为开展教育实践活动的落脚点。迅速落实国务院《关于促进进出口稳增长、调结构的若干意见》,累计减免检验检疫收费6.54亿元。共新增154家绿色通道企业,新增数量位居全国前列。开展“无纸通关”模式,为企业放行货物119.12万批,累计节约29万个工作日。进一步缩短流程时限,进出口货物验放周期缩短20%。指导企业利用原产地优惠政策扩大出口,今年为企业减免进口国关税约3.67亿美元。

三是建章立制有规范。把创新机制、规范管理贯穿于教育实践活动全过程,逐步建立健全行之有效的长效机制,清理废除了不合时宜的规章制度。针对执法过程中不作为、乱作为以及自由裁量权过大等顽疾,制定了《行政执法请示报告制度》、《关于进一步加强权力监督制约深入推进综合管理体系建设的意见》、《关于纵向层级职权分解的通知》等制度文件,促进了依法行政工作,提高了一线执法工作的统一性、公开性和规范性。

四是树立典型有亮点。在教育实践活动中,山东局推出了莱州局创建“为民、务实、清廉”机关的经验做法,莱州局被评为第八届全国“人民满意的公务员集体”,是全国质检系统第一个获得该荣誉称号的单位;推出姚伟敏先进事迹,国家质检总局支树平局长做出了批示;我作为纪检组长撰写的《关于加强一线检验检疫工作人员权利监督制度的思考》,受到支树平局长的充分肯定。通过组织先进典型研讨、编印先进典型事迹,推荐先进典型材料,一批敬业奉献、为民服务的优秀党员干部“亮”了起来。

五是社会形象有提升。年度外部顾客满意率调查中,满意度达95.67%,比2012年提高0.13个百分点。在本年度公布的全省政风行风评议中,山东检验检疫系统在18个行政执法类单位中名列前茅,创历史最好名次。

改革和创新

加强村级民主决策的制度建设

济南市天桥区委常委、组织部部长　韩　伟

村级党组织是党在农村的执政基础。自2012年以来，天桥区通过实行决策前风险评估，加强村级民主决策制度建设，形成以“一报四议两公开”为主要内容的村级管理制度链条，做到用制度管人、管事、管钱，进一步提高了村级组织运行制度化、规范化、科学化水平。

一、设立“一报”环节，把好村级决策“方向盘”

针对部分村乱决策、乱作为的问题，在实行“四议两公开”工作法基础上，增设“一报”环节，要求村级组织凡涉及集体资产处置、重大项目谈判、重大资金开支、土地发包等事项，决策实施前必须向乡镇党委提交书面报告，对相关意向进行详细说明。通过事前报告有关事项，将监督关口前移，加强对村级决策运行的跟踪指导监管，进一步降低了村级事务决策风险。报告的内容主要包括：本村发展规划和“两委”年度工作计划；制订和修改《村规民约》或自治章程；村集体土地、房屋等集体资产的承包、租赁、投资、收益分配以及各类经济合同的签定、执行及变更；村公益事业建设资金筹集、组织实施与监督管理，村集体大额款项支出；村集体土地征用及补偿款分配，村民宅基地分配及审批；享受村干部误工补贴、养老保险的人员及标准；确定农村低保对象、困难家庭救助、救灾救济款物发放以及安排计划生育指标情况；村集体经济组织改制方案以及村公益金分配情况；重要工作人员的聘用；需要议决的其他村级重大事项。

乡镇党委收到报告三日内，召开由乡镇党政成员、镇属办事处以及国土、建委、审计等相关部门负责同志参加的综合评审会，对村居决策意向进行风险评估。重点从是否违背相关法律法规，是否维护群众切身利益，项目是否可行、方案是否完善等方面进行决策把关。分片区定期召开村居交流提升会，调度工作，交流经验，增强村居提报意向的可行性。自2012年该项制度全面推行以来，先后否决村“两委”低价格发包集体土地6起、违章用地建房13起，保证村“两委”班子想干事、干成事、不出事。

二、严格“四议”程序，推动村级决策规范化

报告事项经乡镇党委批准后，本着先党内后党外、先党员后群众的原则，按照党组织会议提议、“两委”会议商议、党员大会审议、村民代表会议或村民大会决议的程序进行集体研究。为确保村级组织严格履行“四议”程序，从乡镇机关干部中选派169名政治素质好、纪律观念强、基层经验丰富的党员担任村级“党建指导员”，指导村党组织按照程序进行民主决策。对党建指导员实行“双重管理”，即党建指导员在接受镇党委领导、教育、管理、监督的同时，将其组织关系转至派驻村，参加村党组织会议、“两委”联席会、党员大会，列席村民代表大会，全程参与村级重大决策的实施，并提出合理意见建议。通过履行“四议”程序，党员村民都能参与到村级重大决策的制定过程中来，一方面在源头上消解了矛盾，促进了村民群众的知情权、参与权，有效提高了村级决策的民主化程度；另一方面，在决策制定的全过程，充分征求了广大村民的意见建议，体现了科学决策的精神，有效改变了过去“拍脑门”、“一言堂”等决策现象，规避了村级组织发展的风险。

三、强化“三项”监管，确保制度落到实处

一是实行村章镇管。在不改变村“两委”公章所有权、使用权的前提下，经村民委托，由乡镇公章监管办公室对村“两委”公章进行统一代管。因个人事务需加盖公章的，由其本人提出申请，填写《公章签批表》，经村党组织书记、村委会主任签字后，由村干部为群众代办盖章。因村集体事务需要加盖公章的，在填报《公章签批表》的同时，须一并提交相关会议研究材料，经审核已履行议事程序的，准予加盖公章，杜绝“村官自治”和公权私有化现象。成立重大事务决策专项督查组，对村“两委”落实“一报”制度情况进行专项检查，对村级重大事项落实情况进行全程监督，及时发现问题、完善措施、总结经验。

二是实行村财镇管。设立乡镇记账服务中心，对村级集体资金、财务账目进行统一管理；为每个村建立单独账户、账册，定期审核记账，并将各村收支情况及时公开，确保集体资金安全、规范使用。加强对村民理财小组成员的培训，确保他们切实履行职责。同时，定期对村财务收支情况进行审计，审计结果报街镇存档备查。

三是实行民主监督。成立村务监督委员会，其成员与民主理财小组成员交叉任职，并列席“两委”会议。村务监督委员会主要对村级重大事务的决策与实施进行监督，并及时向村民（代表）会议报告村级事务监督情况。同时，严格按照规定时间、规定内容公开村级党务、村务、财务，在公开阶段，村级组织还要接受群众监督，对村民提出的意见和质疑须在规定时间内予以答复。

通过实行村级组织“一报四议两公开”工作法，有效解决了村级决策“一言堂”的现象，增加了农村决策的透明度，调动了村民参与村级事务的积极性，杜绝个别“村官”以“村民自治”为幌子，无序用权、公权私有现象，确保了村务规范、村官安全、村民放心、村庄和谐。

构建农村服务型党组织建设新机制

章丘市委常委、组织部部长　杨高峰

2012 年以来，章丘市顺应农村改革新形势和农民群众新需求，以建设农村服务型党组织为主线，以密切党群干群关系为核心，探索实施以“支部＋合作社、支部＋便民超市、支部＋服务队”为主要内容的支部“一加三”固本强基惠民工作，努力构建“党建引领、服务推动、市场运作”的农村服务型党组织建设新机制，初步走出了“支部有作为、集体增收益、群众得实惠”的多赢之路。

一、工作动因

党的十八大报告明确提出：“以服务群众，做群众工作为主要任务，加强基层服务型党组织建设。”十八届三中全会对深化农村改革、加快构建新型农业经营体系作出了部署。这是我们实施支部“一加三”工作的指导思想和重要遵循。**首先，实施支部“一加三”是建立服务型农村基层党组织的现实选择。**实行联产承包责任制以来，农民作为市场经济的重要主体，对党组织依赖程度逐渐减弱。适应形势发展，加快农村党组织从领导向指导转变，从管理向服务转变，转型发展势在必行。我们以支部“一加三”为新载体开展党的活动，使党员干部在带领群众抓生产、服务群众闯市场的实践中，把党组织和群众紧密联接起来，有利于丰富基层党组织工作内涵，提高农村党建科学化水平。**其次，实施支部“一加三”是发展壮大村级集体经济的现实选择。**从农村实际看，部分村集体经济实力不强，没有条件承办修路、照明、保洁、治安等群众关心的村级事务。实施支部“一加三”，使党的活动始终站在经济发展的第一线、渗透到农业产业化发展的各个环节，有利于拓宽村级集体经济增收渠道，提高村级班子为群众办事的能力和保障水平。**第三，实施支部“一加三”是满足农村群众公共服务需求的现实选择。**当前，农民对政策项目、生产经营指导、市场信息等需求越来越迫切，农村也面临着劳动力短缺、留守人口年龄老化等现实问题。群众迫切需要农村党组织牵头把各类为农服务资源整合起来，解决那些靠个人解决不了的生产生活难题。实施支部“一加三”，把村党支部的组织优势、市镇两级的政策优势、社会各方面的资源优势有机整合，上下一体联动，有利于满足农村群众日益多元化的服务

需求，提高社会化公共服务水平。

二、主要内容

发展集体经济，重点难点是“空壳村”和薄弱村，关键是找准村党支部与市场主体的利益结合点，增强村集体造血功能和村支部服务能力。我们以市场为导向、以利益为纽带、以服务为核心，把村支部的组织优势、市场主体的带动作用、城乡社会的服务资源有机结合，以共建载体促进资源整合，以服务创新推动集体增收。**一是推行“支部+合作社”**。就是支部领办创办、引导对接等形式参与农民合作社建设，在服务社员中实现集体增收。去年全市新发展村支部主导下的农民合作组织389家，带动农户近20万户。小康村党支部领办金银花合作社，组织党员干部每人负责一个种植品种、一片种植区域，为群众提供全程指导服务，群众每亩土地增收1.8万元，村集体增收200万元。**二是推行“支部+服务队”**。就是发挥村支部协调服务作用，整合社会服务资源，成立大田作物托管、劳务中介、治安保洁等117支专业服务队，为群众提供有偿、微利的标准化服务。辛寨镇组织16个村支部与大锤农机“服务队”合作，群众每亩地每年只花300元就能享受“一条龙”机械化服务，解决了外出打工和返乡种地的“两难”困境，2万多亩农田实现了统一托管。**三是推行“支部+便民点”**。就是利用村级组织活动场所，引导村支部与龙头企业合办“便民超市”、专业市场等，打造集办公、服务、经营于一体的新平台。目前，全市已有472个村建成便民超市，共计让利于民2000多万元。魏化林村与章丘供销社合作，建设了1处农资超市和1处日用品超市，在服务群众的同时村集体每年增收5万元以上。

三、保障体系

为强力推进支部“一加三”工作，我们注重顶层设计和分类指导，着力构建“多种经营、为农服务、综合保障”三大体系：**一是健全多种经营体系**。把支部的领导服务融入合作社、龙头企业、园区基地等多种经营主体，村党支部为农民群众和市场主体提供土地流转服务、园区物业服务、市场带动服务、品牌合作服务，形成了“村党组织多类型对接、经营主体多元化发展、农民群众多渠道受益”的格局。目前，我市农业基地园区、农民合作组织分别覆盖70%、60%以上的行政村，村企合作的集体增收项目达到359个。**二是健全为农服务体系**。出台《发展壮大村级集体经济的意见》，明确财税、土地、金融等扶持政策。市财政每年拿出1000万元，今年又设立1200万元的项目基金，扶持村集体经常性、经营性增收项目。整合涉农资金1.2亿元，实施了覆盖457个村的良种推广、劳务输出、生产托管等13类扶持项目。实施“百村牵手”，强化部门包村、第一书记驻村工作，落实帮扶项目200余个、帮扶资金1800万元，在推进农业社会化服务、产业化发展中引领支部“一加三”向纵深发展。**三是健全综合保障体系**。成立市委书记任组长、专职副书记靠上抓、组织部具体抓的领导小组，制定三年行动计划和年度工作目标，纳入年度民生工程和综合考评体系强力推动。加强村支部班子建设，严格执行“四会管村、五章理事、三网惠民”村级规范，持续开展农村党组织“晋档创牌”和“双十强村”评选活动。在各镇街设立公共资源交易中心，建设“农廉网”，对村集体经济事项实行统一管理，保障支部“一加三”工作运作规范、群众满意。

四、初步成效

经过近两年的探索实践，支部“一加三”工作有效发挥了村支部的领导核心作用，初步实现了“支部有作为、集体增收益、群众得实惠”的多方共赢。**一是实现了支部有作为，进一步密切了党群干群关系**。支部“一加三”突出党组织主体作用，村支部变决策指挥为创业带动、服务引导，对群众由“事务服务”拓展为“利益服务”；党员干部变个人致富为带头致富、示范服务，村支部和党员干部在群众中树立起较高的政治威信。2013年，我市一类村班子由22.8%发展到37.9%，三类班子由10.2%减少为4.7%，党员示范户、党员致富带头人达9000余人。**二是实现了集体增收益，提高了村支部的服务能力**。两年来，全市经济“空壳村”由315个减少为96个，3万元以上的村由369个增长为544个，一批穷村弱村摆脱了“经济空壳、组织空转、服务空白”的局面，村支部服务发展找到了有效契合点，服务群众的能力明显增强。**三是实现了群众得实惠，促进了农村和谐稳定发展**。通过整合“三农”服务资源，把政府公共服务、市场化经营服务直接送到群众家中，做到了政策惠民、服务便民，以微利服务让利于民，形成了从日常生活、生产经营到社区配套服务的“一条龙服务链”，带动了群众增收致富，农民生产经营组织化程度大大提高。2013年，在支部“一加三”的带动下，全市转移农村富余劳动力1.2万人，农民人均纯收入15490元、增长14%，村级公益事业投入达到9600万元，村级信访问题比同期下降71%，形成了和谐稳定的美丽乡村建设新格局。全国党建研究会将该做法列为重大调研课题，在章丘召开专题研讨、现场观摩会。中央政治局常委、书记处书记刘云山在我市万新村调研时给予充分肯定。

创新“半封闭准物业”模式
提升开放式楼院服务水平

青岛市市南区金门路街道
党工委书记　张万华

青岛市市南区金门路街道面积4.22平方公里，下设8个社区工作站，辖8个社区居委会，有楼院520个，居民3.2万户，人口9.2万人，是区域面积较大、常驻人口较多的街道之一。金门管区有开放式楼院484个，封闭式物业小区36个，居民楼座953栋，其中开放式无物业管理楼座611栋，且多为上世纪80年代建设，是集经济适用房、回迁房、房改房和商品房于一体的混合老城区旧宅居住区，居民身份多元化、楼院环境卫生差、居住安全系数低，面临居民楼院自治“有难度”、专业物业公司“不愿干”、没有物业管理又“乱了套”的局面。如何在开放式楼院中创新管理服务模式，筑牢创建和谐小区基础，成为摆在面前的崭新课题。近年来，金门路街道积极探索，创新实践，在天山社区的大亚小筑小区、仙游路社区长汀路1号青岛大学宿舍小区和高雄路社区的香港中路143号等三个开放式小区，探索建立了“半封闭准物业”管理服务模式，目前已在八个社区推广运行，形成了自治服务特征明显、准物业管理成效显著的开放式楼院长效管理服务新模式，提升了宜居环境，促进了和谐稳定，居民群众的满意度和幸福感不断增强。

一、建好一支“准专业”队伍，破解开放式楼院服务难题

为切实解决老旧楼院公共部位无人管理、无人维修的现状，街道党工委立足管区实际和居民需求，建立了“1+8”楼院服务新模式，即在街道注册建立1个“我来帮·4S”志愿服务社，在社区组建老专业、好帮手等8支社区服务队，凝聚起160余名有技术专长、热心社区公益事业的党员群众组成的志愿服务队。街道投资40余万元给每支服务队伍进行了专业化配置，实行服务场所、服务标识、服务工具、服务标准的“四个统一”，实行以真诚（sincere）、服务（service）、快捷（shortcut）、满意（satisfactory）为核心的“四位一体”服务群众工作模式，服务范围涵盖公共设施检修、安全巡检、设施焊接、防盗门维修等10余个方面，他们进楼院、进楼道、进家庭，积极为楼院居民群众办好事、办实事、解难题，做到贴心服务“零差错”、服务到位“零距离”、服务主动“零超时”。“准专业”队伍组建以来，对开放式楼院易损公共部位开展巡检、维修等1000余次，为居民解决防盗门维修、下水道疏通等热点、难点问题600余件，有效地维护了老旧楼院的基础设施，让居民足不出居就能享受到便捷、高效的便民服务、暖心服务。目前，这支队伍在引领服务群众的基础上，正在拓展服务内容，扩大服务范围，发动有一技之长的党员群众参与进来，将“我来帮·4S”服务延伸至每个楼道、每个单元，不断推动楼院居民自我管理、自我教育、自我服务，实现了“带动一片、辐射一片、服务一片”的管理服务目标，让越来越多的居民感受到了“准专业”带来的好处，为开放式楼院“准物业”管理服务奠定了坚实的“软环境”。

二、实施两个“环境提升”工程，夯实开放式楼院硬件基础

（一）实施“安全环境”提升工程　为切实解决开放式楼院内停车乱、消防通道堵塞、生命通道不畅通等问题，街道、社区成立8个排查整治工作组，制定了安全隐患专项治理行动实施方案，将管区划分8个社区网格、122个片区网格，采取逐条道路、逐个小区进行摸底排查，建好台账，确保排查工作无盲区，整治整改无漏点。协调组织公安、消防、城管等部门对违法违规设置且阻碍交通或占用安全消防通道的行为，依法进行了取缔。同时，根据开放式小区内道路条件、交通流量、停车需求、消防通道规划等情况，充分挖掘现有的停车资源，按照“应划尽划”的原则，投资50万余元在背街小巷、开放式楼院内进行停车标线施划、禁停标志设置，实现背街小巷畅通无阻、居民小区前后门贯通，确保生命通道畅通有序。

（二）实施“宜居环境”提升工程　为切实解决老旧楼院管线老化、房屋破损、环境脏乱差等外貌上的“伤疤”问题，街道坚持高起点规划、高标准建设，先后投资1000余万元对相对集中、居民成分相对单一的开放式楼院进行小区整体半封闭改造。根据楼院环境和地貌特点，按照园林型、花园式建设标准，进行自然环境深度整治，采取广种密植的方法，在楼院多余出口种植绿篱，形成了个性化绿色屏障，促进景色搭配与楼院安全相得益彰。根据开放式楼院地形地貌，进一步完善小区功能，在楼院空闲地方增建了网球场、羽毛球场、综合健身小广场、儿童游乐场等健身场所；设置了轩辕长廊、彩色鹅卵石步行道等休闲景观场所，突出人性化理念，营造了舒适的生活环境，为开放式楼院“半封闭”管理服务奠定了坚实的“硬指标”。

三、突出三个“安全防范”结合，全力打造零发案平安小区

（一）构筑“一个中心”，形成开放式小区安全防范管理格局　整合综治、信访、民政、城管、安监、团委、妇联、公安、

交警、司法等资源，成立社区综治工作中心，将安全稳定工作原有分散资源和力量统筹调配，实行“一站式”服务，健全“统一受理、归口分流、催办督办、跟踪回访”的运作流程，定期召开楼院联席会议，通报开放式小区治安情况，做到周有交流、月有分析、季有通报。

（二）壮大“两支队伍”，加强开放式小区安全防范巡控力量 加强社区综合服务队建设，动员党员骨干、热心群众加入治安巡逻队，加大开放式小区巡逻密度，有效降低入室盗窃发案率。加强楼院志愿者队伍建设，配备了773名楼栋信息员，他们及时上报楼栋民情民意、安全隐患、突发性事件，实现小区安全信息早发现、早知道。

（三）完善“三个网络”，实现开放式小区安全防范内保外联 倡导“邻里守望”、“邻里一家亲”理念，开展“我爱金门、守卫家园”、“治安防范进万家”等主题活动，对社会治安“三大群体”重点人员，健全源头管理信息平台，有针对性地采取管控、稳控、跟控、防控等措施，全面提升开放式小区立体防控能力。

四、健全四项“机制运行”保障，实现开放式小区长效管理

（一）建立“业主决策”机制 采取群众推荐和本人自愿相结合的方式，公开选举产生开放式小区居民自治委员会。对涉及小区居民共同利益的重要事项和重大问题，及时召开居民业主会议，进行集体讨论、民主决议，使小区管理的各项决定充分体现居民的意愿。制定自治管理服务公约，引导小区居民自觉遵守、自我约束、自主监督。在开放式小区“准物业”管理的各个环节中，通过征求意见、方案联审、内容公示、居民参与等多种形式，认真落实业主决策工作机制，做到“改不改”问情于业主、“改什么”问需于业主、“怎么改”问计于业主、“改得好不好”问绩于业主，落实业主的知情权、参与权、选择权和监督权。

（二）强化“监督管理”机制 成立小区“准物业”管理处，推行“管理无盲点、服务无挑剔、业主无怨言”服务。同时，设立了“两牌一箱”，在楼道内设置了邻里告知牌，为邻里之间的相互告知提供了平台；在楼院内设置了服务信息公示牌，对服务人员照片、联系电话进行公示；在楼院设置了意见箱，做到服务质量群众监督、居民意见街道掌握。

（三）实行“经费筹集”机制 采取居民掏一点、企业出一点、街道补一点的方法，筹集小区养护保障资金，自治委员会坚持小区事务公开，每季度公开一次收支账目，将各项收支情况以表格形式张贴在小区公告栏内，自觉接受社区居委会和全体居民的监督。在经费使用上，本着“取之于民、用之于民”的原则，自治委员会将物业费和车位费等收入专款专用，有计划地用于小区管理员的补贴发放和设施管理维修，有效防止了乱收费、乱开支问题。

（四）完善“三方联动”机制 构建以“社区党建引领社区服务、社区服务促进社区党建”模式，将社区居委会、小区自治委员会和“准物业”管理处联系起来，按照社区居委会指导、小区自治委员会监督、“准物业”管理处落实的方法，形成“三方联动”工作机制，促进各方按照各自职能在小区管理服务工作中共同发挥作用，实现小区由无人管理向“准物业”自治管理转变。

改革创新铸辉煌

青岛市李沧区九水路街道党工委书记　徐介彬

九水路街道是青岛市内面积最大的街道办事处，也是2014年青岛世界园艺博览会主园区所在地，面积29.7平方公里，辖19个社区、近7万名居民。在落实党的惠民政策、执行上级决策的同时，承担着世园会主园区及配套设施建设带来的数百万平米拆迁和社区管理升级的重任。街道党工委、办事处带领60名工作人员坚持“为民、务实、清廉”，将基层作为干事创业的舞台，抢抓世园会历史机遇，发扬“诚信实干、奋勇争先”的李沧精神，切实在群众“最盼”上赢民心，在群众“最急”上见真情，在群众“最需”上办实事，辖区经济社会发展取得了令人瞩目的成绩。街道党工委、办事处年均获得20余项省市区荣誉称号，实现全区科学发展绩效考核连续5年优秀。2012年，街道被评为青岛市第四届“人民满意的公务员集体”，2013年被山东省授予“人民满意公务员集体”等称号。

一、攻坚克难，主动作为，推动辖区大发展

借助辖区自然和区位优势，积极融入青岛世园生态新区建设，以社区改造为主抓手，以经济转型升级为目标，推动辖区经济社会加快发展。

一是勇于担当推进社区改造。近年来，街道启动社区旧村改造，需要搬迁居民11307户，拆除住宅面积167.33万平米、非住宅面积149.05万平米，还有数以千计的坟墓要迁移，人均拆迁量近3万平米。作为李沧区较早启动拆迁工作的区域，九水路街道在拆迁的道路上并没有多少经验可以借鉴。面对群众期待的目光，全体工作人员立下了“阳光拆迁、和谐拆迁”的“军令状”。为完成任务，街道全体工作人员打破常规工作方式，主动放弃一切休息日，累计加班18200余人次。经过不懈努力，取得了居民签约率99%以上的良好成绩，拆除了旧村庄，迎来了新气象，其他区市兄弟单位纷纷前来学习工作经验。

二是转调并举促进经济发展。在招商引资过程中创新

工作方法，转方式调结构促发展。围绕迎办世园会，突出招商重点，强化招商责任，重点引进商业地产、文化旅游、商务办公、特色酒店餐饮等项目。万科、绿城、中南、卓越等知名企业纷纷到辖区投资兴业。打造一流物流园区，九州通、苏宁、蒙牛、鲁抗、利群等5家大型物流企业已经全部开工建设。近几年，街道共引进过亿元项目5个，过十亿元项目7个。街道财政收入连续三年快速增长，由2008年的3,000万元增长为2013年的6.41亿元，对区内经济增长的贡献占到了1/5。

三是高点定位加快城区建设。旧村改造的根本目的是改善居民群众的居住环境，九水路街道把居民安置房建设作为城区建设的首要任务，从开发商的遴选、安置区的划定到安置房的设计，街道都会同有关部门进行严格把关，做到高起点规划、高标准建设。已完成6个社区的回迁工作，回迁房屋6594套、约70.8万平米，辖区居民从世代居住的低矮平房搬进了花园洋房，居住条件得到根本改善，居民满意率达98%以上，其中绿城片区3个社区被誉为山东省最好的城中村改造小区。同时，积极推进2014青岛世园会建设区域、李村河、金水河综合治理工程建设进程，高标准完成了金水路、九水东路、世园大道、铜川路等辖区内主干道的拓宽改造工程。金水路一期被评为青岛市最美道路，李村河上游综合治理一期被评为国家人居环境范例奖，为世园会的举办营造了一流的城区环境。

二、以人为本，创新实干，建设和谐新社区

一是创新管理模式，打造现代社区。在对市内部分居民小区特别是回迁小区管理现状进行调研基础上，针对回迁社区特点，街道与社区共同创新管理模式，实行居委会、物业公司、业主委员会相结合的“三位一体”的管理模式，规范各自工作职责，强化监督机制。在物业工作人员的配备上，实行外聘和“自家人”管理相结合的模式，既确保了物业管理的专业化，又最大限度消除了物业和业主的摩擦，扩大了社区居民的就业途径。

二是发展社区文化，丰富居民生活。按照十八大报告“让人民享有健康丰富的精神文化生活”的要求，九水路街道在丰富居民文化生活方面也下足了功夫。投资1000余万元，打造了3处综合文化活动中心，建成居民10分钟文化圈，居民在家门口可以享受到娱乐、健身、文化、科普、日间照料等便民服务。李家上流社区的市民中心更是成为其他区市参观学习的模板。同时，街道每年深入社区组织纳凉晚会、趣味运动会、文艺比赛40余场，举办各类讲座百余场。

三是做好慈善救助，打造惠民工程。为提高慈善救助力度，给弱势群体更多关爱，街道率先成立九水路街道慈善分会，街道工作人员和辖区党员群众共筹集善款150余万元，个人及企业冠名基金1100万元，激发了公众支持参与慈善事业的热情。在19个社区成立了慈善工作站，建立慈善救助长效机制，不断创新救助形式，及时帮助困难群体。街道慈善分会的基层组织网络建设工作被省市有关部门列为学习榜样。

四是规范城市管理，改善居住环境。以全国文明城市创建为契机，努力克服城乡结合部面积广、基础设施缺、城市管理欠账多等不利因素，改变粗放式城市管理格局，实现了城市管理规范化。几年来，街道下大力气进行环境整治，对李村河沿岸区域、青银高速路两侧、毛杨路、工业园等存有卫生死角的区域开展专项整治300余次，共清运垃圾2000余吨，辖区面貌有了质的飞跃。

五是加强防控力度，维护安全稳定。大拆大建期间通常是矛盾高发期，街道及时排查化解矛盾，多年来未发生重大信访事件。坚持“打、防、管、控”有机结合，完善社会治安防控体系，加强平安社区建设。严格落实安全生产责任制，定期检查生产经营单位，多来年未发生一起安全生产事故。为确保大面积山林防火安全，街道成立应急防火机动队，聘请了25名专业人员、投入资金购买了30台灭火机和一台车辆，进行24小时不间断巡查。同时，街道全体工作人员积极参加保护山林的志愿服务，年均开展护绿行动2000余人次。

三、提升素质，强化作风，彰显为民情怀

一是抓好班子建设。坚持打造“学习型、创新型、实干型”干部队伍，将班子建设作为干事创业的基础，培养了一支敢于开拓、勇于担当的领导班子。基层工作点多面广线长，许多任务在节假日更为紧迫，每逢7月至9月汛期夜间也要坚守防汛一线。面对繁重的任务，党工委主要领导和班子成员身先士卒，以身作则，勇于开拓，促进了发展，保住了平安，实现了和谐。

二是抓好队伍建设。“为民、务实、清廉”是街道全体工作人员对辖区居民的庄严承诺。随着工程建设的不断增加，涉及工程款项动辄几百上千万，街道开展专题廉政教育讲座，与工作人员签订《工程建设廉政责任书》，确保了资金安全和干部安全。正是由于廉政工作的常抓不懈，街道在承接大量市区工程推进过程中，未出现一位干部倒下，未出现一次公款旅游，未发生一起私设小金库。

三是抓好基层建设。街道以“千名党员入万家”工程为载体，搭建党群沟通平台，通过“问事、理事、议事、办事”，全面打通了“党工委－党支部－党小组－党员－群众”沟通环节。街道千余名党员每人联系10户群众，每月到群众家走访1次。近年来，通过党员联户提出合理化建议267条，帮助居民解决实际问题539件，居民意见和建议答复率达100%。群众对所在党(委)支部的平均满意率达到95%以上。

推动机关作风建设融入中心务求实效

淄博市委副秘书长、市直机关工委书记 魏坤隆

2013年，淄博市市直机关广泛开展“服务发展、服务群众、服务基层，争创优秀服务机关”主题实践活动，推动市直各部门、单位把改进工作作风、密切联系群众的要求落实到强化服务意识、提高机关效能上来，充分发挥机关党组织“推动发展、服务群众、凝聚人心、促进和谐”的作用，为全面开展党的群众路线教育实践活动打下坚实基础。

一、科学设计载体，积极探索加强机关作风建设新途径

探索加强作风建设新途径是机关适应新形势、担当新任务的迫切需要。党的十八大召开不久，中央政治局即制定出台了改进工作作风、密切联系群众的八项规定，山东省委也提出了落实八项规定的十条实施办法，对机关作风建设提出了新的更高的要求。淄博市委市政府领导班子调整后，更加重视机关作风建设，制定实施了十二条举措，并围绕建设更高水平更高质量全面小康社会目标，旗帜鲜明地提出“发展、实干和以项目建设为纲”的工作导向。面对新形势新要求，淄博市直机关工委认真分析了当前市直机关作风建设的现状，对形式主义、官僚主义、享乐主义和奢靡之风等问题进行了梳理剖析，从切实履行“服务中心、建设队伍”职责任务出发，在深入调研、反复论证的基础上，春节后正式提出从突出解决庸懒散奢“四风”等问题入手，以公开承诺践诺、跟踪服务重点项目、优质高效服务群众、机关与基层结对共建为主要载体，在市直机关广泛开展“服务发展、服务群众、服务基层，争创优秀服务机关”主题实践活动。把机关党建和机关建设有机统一起来，主动融入中心、服务中心、推动中心，引导市直机关党员干部以更实的工作作风、更高的工作效能主动扎实服务发展，真心实意服务群众，满腔热情服务基层。

“三服务一争创”活动与全市中心工作同向，目标同一，一经提出就得到市委市政府高度重视和支持。市委常委会听取专题汇报，把主题实践活动列入市委工作部署，活动领导小组办公室设在市直机关工委。市委书记周清利、市长徐景颜等市领导多次作出批示，对活动开展提出明确要求。全市上下高度认同，各部门、单位贯彻市委决策部署态度坚决、行动迅速，主要负责同志亲自抓，负总责，坚持把活动作为转变工作作风、推动科学发展、服务基层群众的主要载体，狠抓落实、不走过场。广大机关党员干部积极响应、主动参与，普遍形成了通过开展“三服务一争创”活动转作风、提效能，服务人民群众、服务科学发展的共识。

二、抓住关键环节，解决突出问题

扎实开展好“三服务一争创”主题实践活动的前提是统一思想，更新观念。市直各部门、单位组织党员干部认真学习党的十八大、十八届三中全会、习近平总书记一系列重要讲话和省市委重要会议精神，撰写“贯彻十八大、服务主旋律、机关怎么办”人人谈体会文章5751篇、“转作风提效能、如何当好机关科长（主任）、党支部书记”征文2215篇，市及各部门单位层层举办提升机关干部服务能力讲坛484场，为活动开展奠定扎实思想基础。在加强学习、广泛征求意见基础上，各部门、单位以推动项目建设、发展民生社会事业和解决群众关心关注问题为重点，不断提高服务中心工作的能力、服务发展的实效、服务基层群众的质量。

抓项目服务发展。围绕市委市政府确定的年度重大项目，各部门、单位采取领导干部挂包、现场办公、建设项目“联合审批”、项目审批“绿色通道”等形式，简化审批手续，压缩审批时限，减免相关规费，在土地供应、财政贴息、信贷支持等方面做好保障，促进重点项目迅速落地、投产达产达效。至12月底，95%以上进驻行政服务大厅的单位压缩审批时限三分之一，全市128个建设项目全部开工。市发改委实行“一个窗口”办理、承办全责、限时办结，取消近50项办理流程；市规划局压缩两级三审为两级二审，原市级规划业务审核工作全部转移至基层；市法制办扎实推进行政审批“两集中、两到位”改革，精简市级行政审批事项41.8%，进一步提高服务效能。

抓品牌服务群众。各部门、单位把“机关就是服务、管理就是服务”内化为基本行为准则，从各自职能任务出发，积极争创“群众满意窗口”、创建“优质服务品牌”，进一步改进服务态度、完善便民措施、提升服务质量，快办事、办成事、不误事。在“三服务一争创”主题实践活动中，市人社局“温暖淄博人社”、市药监局“六个零服务”、市民政局“阳光民政”等10个机关优质服务品牌的推出，发挥了良好的示范作用，为群众提供了更直接、更有效的服务。

抓共建服务基层。各部门、单位把“三服务一争创”活动与“十万农户脱贫奔康工程”、“第一书记”驻村等工作紧密结合起来，扎实落实好挂包帮扶任务。市直机关845名县级领导干部、1015个科处室及机关党支部与6195户困难家庭结对，面对面与群众交流沟通，真心实意为他们解决实际问题。146个部门、单位机关党组织与183个贫困村、47个社区党组织结成联建共建对子，通过开展蹲点调研、

共同过组织生活、换位体验等活动，进一步密切党员干部与群众的感情，切实为基层排忧解难。全年共走访群众13118户(次)，筹集帮扶资金5530.8万元，帮助上项目459个，办实事好事6077件。

抓承诺提高效能。活动是否取得实效，最有发言权的是基层和群众。各部门、单位通过多种方式广泛征求各方特别是服务对象的意见建议6610条，认真查摆工作方式、工作态度、工作作风、工作能力等方面存在的问题，列出清单，建立台账，销号管理，抓好整改。活动办公室把市直部门、单位公开承诺的573项改进服务、提高效能及为群众为基层办实事好事事项，在《淄博日报》用6个整版集中公示。设立了公开电话、电子信箱、群众监督建议网络及短信平台，在市直部门综合办公楼、行政服务中心大厅等5处办公场所分别设置意见箱，多方面收集群众意见建议，并及时反馈给相关部门，督促解决。至12月底，各部门、单位承诺事项完成率达98.4%，以实实在在的践诺成效取信于民。

三、加强督查调度，务求实效

为推动活动扎实深入开展，在建立健全保障机制、抓好落实上下功夫，让基层和群众真切感受到机关作风转变的新气象、新成效。

一是把示范引导贯穿始终。从活动一开始，活动办公室就分类确定30个典型单位进行重点培养。同时，通过完善工作方案、全方位多角度宣传、召开现场推进会等形式总结推广经验做法，发挥示范引领作用，带动面上活动深入开展。刊发“三服务一争创”工作专刊80期、《淄博日报》“三服务一争创”专栏文稿55篇，宣传活动部署安排和工作典型，形成了浓厚的活动氛围。

二是把督查调度贯穿始终。在活动各个环节和重要节点，灵活运用调度会、专题调研、工作通报等多种方式，及时进行督查调度，并根据部门单位不同职能，分类指导做好各项工作。同时，注重建立健全考核评价机制，把日常督导检查、年终集中考核和社会评价相结合，制定了活动考核办法，充分发挥“指挥棒”和“方向标”的作用，引导激励约束各部门单位把活动组织好开展好落实好。

三是把务求实效贯穿始终。为确保活动实效，在谋划活动载体、制定实施方案时，就充分考虑各部门、单位的职责特点，力求更有针对性、更有操作性；在活动开展过程中，不搞千篇一律、一刀切，指导各部门、单位在完成“规定动作”的同时，结合自身实际创新“自选动作”，突出部门职能，展示自身特色；在部署工作任务时，不“另起炉灶”，紧密结合全市重点项目建设、招商引资、党员干部联系困难家庭、“第一书记”挂包、扶贫包村等重点工作，统一组织，配合跟进，使“三服务一争创”活动与全市重大部署、中心工作直接融合、同频共振。

网格化管理服务激发基层党建新活力

淄博市临淄区副区长、闻韶街道党工委书记　国爱梅

闻韶街道位于临淄主城区，面积5.9平方公里，辖12个社区，1个行政村，人口2.4万户、6.9万人，加齐鲁石化和流动人口，共约11万人。街道党工委下辖3个党总支，15个党支部，直管党员1077名。作为纯城区办事处，街道始终将党建工作的重心放在强化管理、为民服务上。近年来，在上级党委的正确领导下，街道不断创新管理服务模式，逐步构建起“网格管理为基础，党员代办为抓手，联动机制作保障”的社区党建新模式，全面增强基层组织凝聚力、战斗力，提升党员干部沟通力、服务力，实现了党建工作与街道经济社会发展的有机融合。

一、实行网格管理，下移工作重心，实现党建工作与社区管理的无缝链接

(一)细划网格，每名党员干部都有自己的“责任田”

依托现有13个村居工作格局，以200户左右为一个网格标准，并纳入就近沿街商铺，划分为119个工作网格，实现了整个辖区的无交叉、全覆盖。同时，将102名机关、社区党员干部分散至各个网格，确保每个网格都有一名机关、社区党员干部，并作为第一责任人分别担任网格督导员和网格长，通过对网格工作的考核实现对机关、社区党员干部的考核，每个网格都成了一块实实在在的“责任田”。

(二)组建队伍，每个网格都有自己固定的“信息员”

在每个网格配备机关、社区党员干部的同时，街道专门设立了网格党小组长和网格员，组成了“两员两长”网格队伍。其中，网格员主要由在本网格内居住、40岁左右、善于交流、有一定社会经验的热心居民担任，负责网格内实有人口、环卫保洁、乱搭乱建、反宣品及居民诉求等各类信息的收集上报，做到网格信息“十必报”，切实发挥了“信息员”作用。通过信息收集，街道已逐步建立了居民实有人口、老人的养老服务需求、退休人员管理等各类档案并及时汇总录入了电子系统，建立了信息化管理服务平台。此外，街道还加大对网格员培训指导力度，以每月每户4元的标准进行补助，为网格化管理工作长期开展提供业务支撑和经费

保障。

（三）常态走访，网格团队成为社区居民的“知心人” 在日常工作中，网格员根据居民情况，实行分类走访，将老年人、低保户、残疾人、心理疾病患者、涉法涉诉等人员作为重点关注群体，通过走访掌握网格信息，了解居民诉求，实现网格情况“一口清”。同时街道还要求机关党员干部每周2次到网格，扑下身子，与网格员交流，与居民谈心，记录《民情日记》，熟悉网格情况，征集居民建议。2013年，党员干部通过《民情日记》共收集整理居民各类意见、建议854项，并全部办结反馈，得到了居民的一致认可。

二、完善服务体系，推行上门代办，实现党员干部服务居民心贴心零距离

（一）代办服务，干部跑腿架起干群之间的“连心桥” 居民反映的“办事难”问题，主要原因是不熟悉办事流程。“内行人跑腿事半功倍”，据此，街道在网格管理的同时，由102名驻网格的机关、社区党员干部兼任居民事务代办员，开展代办服务。一是在各社区设立了代办服务站，确定了包含计划生育、民生保障、证件办理等16项程序性工作及水、电、暖、气等70余项民生生活问题作为居民咨询及代办服务的项目。二是向每户居民下发了《代办服务联系卡》，公开代办事项和代办员联系电话。三是将社区物业、驻片民警、医疗卫生等社区服务资源整合纳入到网格内，在每个单元门口设置了《网格团队信息单元牌》，向居民公示网格团队人员及各类服务资源的联系方式和监督电话，通过网格走访收集、居民电话反馈，实现了居民与党员干部双向联系。2013年以来，共为居民代办各类事项2210件，提供咨询服务6320件，实现了“居民问题早发现，居民办事在网格”。

（二）健全体系，社区成为服务居民的“最前沿” 在开展代办服务的同时，街道在各社区建立了“一站式”服务大厅，同时根据辖区老龄化日益严峻的趋势，建立了“闻韶街道居家养老服务中心”，在各社区建立了日间照料服务站，依托家政公司专业服务和党员干部志愿服务，使老年人在社区内享受到细致周到的服务。2013年街道还全面开展了合力救助帮扶工程，为辖区137户困难户量身制定了“一户一策”的帮扶措施，机关、社区党员干部与困难家庭“一对一”结对帮扶，使贫困家庭感受到党和政府的温暖。一年来有30户困难家庭成功脱贫，部分困难家庭还共同为街道送上了“残疾人的温床，居民的父母官”和“为人民排忧解难，做人民满意公仆”的锦旗。

（三）分类调处，网格成为矛盾化解的“主阵地” 通过网格走访，党员干部及时发现一些苗头性问题和矛盾纠纷等不稳定因素，对能处置的当场处置，难以解决的由社区牵头召开研判分析会，本着“抓早、抓小、抓苗头、抓预防、抓处置”的原则，提出风险评估意见、化解措施并及时调处。自2013年以来，社区、网格共化解各类矛盾纠纷163起，其中涉及房屋维修、排污、停车位改造等群体性矛盾34起。

三、发挥核心作用，建立联动机制，实现基层党建和社区建设的交融互补

一是网格党组，成为党员参与社区活动的“新组织”。 在119个网格分别组建起了网格党小组，并确定了党小组长，将基层党组织延伸覆盖到辖区的角角落落。在机关、社区党员干部广泛开展代办服务工作的同时，街道充分发挥利用网格党小组的作用，以网格为单位，开展党员学习实践日、邻里互助、爱心敲门、志愿服务等活动，逐步引导网格内的党员参与其中，将网格党员的组织生活由单位逐步移向社区、移入网格。在党员参与活动的过程中，也增强了他们参与社区管理、社区建设的积极性。2013年，在辖区68个生活区业主委员会组建、换届以及生态环境综合提升、卫生城市迎审等工作中，网格党小组发挥了重要的作用，处处可见党员参与的身影。

二是四位一体，基层组织成为社区建设的“引领者”。 城市社区在社区建设、物业管理服务过程中矛盾多发，很多问题投诉无门，针对这些，街道在各社区建立了以党支部为统领，社区居委会、业委会、物业公司参与的“四位一体”社区精细化管理模式，定期召开联席会，社区大事、物业服务共同协商，协调推进。一年多来通过联席议事妥善解决了涉及房屋维修、排污、停车位改造等群体性问题34起，在社区建设、物业管理、市容环保、邻里纠纷等方面实现了零投诉、零上访，基层组织的战斗堡垒作用得到了充分的发挥和体现。

三是以点带面，党员成为文明和谐社区建设的“带头人”。 城区居民普遍对社区的归属感不强，对社区工作的参与度不高，为此我们充分发挥网格党小组和网格党员的辐射带动作用，以点带面引导居民参与到社区活动中来。在2013年街道开展“文明单元创建”活动中，我们以网格员配合单元楼长、网格党员共同宣传发动，引导广大居民支持和参与，取得了良好的效果。同时在社区活动中，我们也以党员干部为核心，组建了各类文体队伍60余支，志愿者队伍130余支。这些活动的开展，丰富了居民的生活，营造了和谐的社会氛围。

“网格联系，代办服务”架起了沟通党员干部和社区居民的“连心桥”，全体党员干部用自己的实际行动践行了群众路线，畅通了民生诉求渠道，密切了干群关系，转变了工作作风，做到了服务群众最亲、最实，落实工作最快、最佳，辖区居民的满意度和幸福指数也大幅提升。下一步我们将继续把网格化管理服务作为践行党的群众路线的重要载体，进一步健全工作机制，丰富服务内容，夯实组织基础，全力建设和谐、善美、幸福的闻韶街道。

发展文化创意产业
推进老工业区转型发展

枣庄市市中区委常委、宣传部部长 高 淦

枣庄,因煤而建,以煤而兴,也因煤而困。2009 年 3 月,山东省枣庄市被国务院列为全国第二批资源枯竭型城市,成为东部地区唯一的资源枯竭城市转型试点市,踏上了转型发展之路。枣庄市市中区作为全市中心城区的东部核心区、全市商业中心区和城市转型的示范区,因矿产丰富,工业发达,地理位置优越而成为“中国民族工业的发祥地、中国民族工业第一支股票的诞生地”,见证了中国近代工业成长历程。市南工业区作为市中区境内的唯一老工业区基地,见证了枣庄现代工业发展的历程,赋予了一定的文化底蕴,营造了发展文化创意产业良好氛围。

一、市南工业区基本情况

市南工业区总面积约 3.35 平方公里,含市属及以上企事业单位 19 家,其中市属企业 7 家,职工约 6660 人,是 1958 年大跃进后,按照中央计划经济要求、由政府主导建设的工业聚集区,是枣庄传统工业的摇篮,枣庄工业的缩影。2012 年,新一届市区两级党委、政府正式启动市南工业区改革发展工作,坚持“改制、棚改、发展”三位一体的总体思路,按照“市政府政策主导、区政府具体实施,市区联动,协调推进”的原则,成立了市区两级高规格领导小组,统筹开展企业改制、棚户区改造、基础设施建设、环境综合整治等各项工作,经过 1 年多的努力,工业区内 7 家市直企业完成破产终结工作,企业改制取得决定性胜利,目前工作重点由企业改制转向招商建设阶段。

根据全市产业分布和区位优势,市中区委、区政府确定把文化创意和电子商务产业作为市南工业区的主导产业,成立聚艺谷文化创意运营有限公司,规划在原市天鹅地毯厂建设天鹅坊文化创意产业园;原市鲁南瓷厂建设彩虹坊创业产业园;原市水泥厂建设上海大世界基尼斯枣庄基地;原市肉联厂和市化肥厂错位发展特色餐饮,打造聚艺谷美食广场,通过商业步行街将地毯厂和肉联厂进行连接,实现园区融合发展,全力将市南工业区打造成融特色旅游、特色娱乐、特色餐饮于一体的“创意之谷、活力高地、青春之城”。

二、发展文化创意产业主要做法

市南工业区作为老工业基地,工业区内破产企业大多资不抵债,可供开发土地资源有限,必须另辟蹊径,才能支撑区域经济的可持续发展,实现财政收入的稳定增长。文化创意产业是资源消耗低、环境污染小、附加价值高、发展潜力大的新兴产业,它具有更强劲的拉动效应和更明显的溢出效应,符合市南工业区长期发展需要。

(一)强化组织领导、科学规划设计 市中区委、区政府成立了高规格的市南工业区改革发展领导小组,由区委书记任组长,副书记、区长任副组长,成立市南工业区管理委员会,定期召开区委常委会、党政联席会、区政府常务会议、专题会进行安排部署,抽调 180 名科级干部和机关工作人员脱岗进驻市南工业区,统筹开展招商引资、产业培育、企业改制等各项工作。同时,按照《市中区文化产业发展规划(2012——2020)》要求,围绕发展创意设计、广播影视、网络动漫等文化产业,实施重大项目带动策略,加快文化产业园区和基地建设,塑造培植 50 年工业文化、福禄文化等品牌,培育文化市场主体,不断推进文化产业转型升级。

(二)强化政策扶持,破解发展瓶颈 积极利用国家和省、市出台的一系列扶持政策,制订相关实施细则,起草完成了《市南工业区产业招商优惠政策》,明确相关企业和经营业户准入、扶持和退出机制,对符合产业发展,具有较高科技含量和发展潜力的企业和经营业户,享受减免租金、物业费、金融支持、人才培训等一系列政策。一是加大财政支持。区财政采取贴息、奖励、资助等形式,建设公共服务平台、扶持重点项目、奖励优秀企业,支持文化创新。二是拓宽投融资渠道。放宽市场准入领域和条件,支持引导社会资本投资文化产业,在国家政策许可范围内,减少行政审批环节,简化审批手续。组建山东民安投资发展有限公司,鼓励金融机构加大对文化企业的信贷支持。三是破解土地制约瓶颈。将文化设施用地纳入土地利用总体规划,在国家法律政策许可范围内,优先安排文化产业重大项目的用地计划。盘活用地存量,鼓励利用工业厂房、仓储用房等存量土地发展文化产业聚集区。四是加强文化产业人才培养和引进。制定文化人才资源开发规划,实施引进和激励人才的优惠政策,安排必要的专项资金,加大人才培养和引进力度,采取合作培养、奖励、扶持补贴等多种形式,支持和鼓励与高校对接培养文化产业短缺人才。

(三)加大基础投入,改善硬件环境 一是加快企业改制扫尾步伐。市炼铁厂、山东鲁南瓷厂、市强源化工厂、市水泥厂、市化肥厂、市天鹅地毯厂等 6 家破产终结企业 4125 名职工,已签订安置协议 4118 名,占比 99.85%,历史遗留问题得到有效解决。二是强化基础设施建设。2013 年投资 1.5 亿元完成振兴南路、汇泉路建设,2014 年投资开展复兴路、枣庄发布大道(新规划东西路)、清泉路三条道路建设,园区路网逐步完善。三是推进棚户区改造。完成原市肉联厂、地毯厂、焦化厂、化肥厂、陶瓷厂等职工宿舍1240户约8万平方米房屋征收任务，职工宿舍安置区、十里泉二期棚改项目进展顺利，园区人居环境得到有效提升。

（四）突出项目建设，增强发展后劲 把重点项目建设作为优化经济结构、实现转型发展的关键措施来抓，千方百计大上项目、上大项目、上好项目。⑴上海大世界基尼斯枣庄基地项目。该项目位于于原市水泥厂内，总投资6.1亿元，占地180余亩，由上海大世界基尼斯总部与我区开展全面战略合作，共同建设的一项重点文化产业项目。主要建设内容是对原枣庄市水泥厂立窑、仓库等10万余平方米的工业遗存进行包装改造利用，建设大世界基尼斯主题乐园，配套建设展览馆、演艺中心、颁证中心、发布中心，并在上海大世界基尼斯的基础上推出新的“枣庄发布”品牌。⑵聚艺谷国际艺术双年展项目。该项目位于天鹅坊西部，总投资3.15亿元，占地350亩，委托威尼斯艺术双年展策展人通过改造老旧厂房，开展艺术品展览活动，打造国内知名展会品牌。⑶彩虹坊创意产业园项目。该项目位于原鲁南瓷厂厂区，项目总投资1亿元，占地160亩，由德国优曼策划公司进行整体策划，建设内容包括阿凡提互动式木偶博物馆、区科技孵化园、区创业就业示范园等部分，通过利用原老厂区的旧厂房、老仓库等进行旧改复兴、价值重塑，打造成为集网络销售、科技研发、产品设计、营销策划和展示位一体的文化创意和电子商务产业聚集区。⑷工业遗存及保护利用项目。该项目总投资1.2亿元，总建筑面积约5万平方米，涉及到工业区内12家单位的老办公楼、老车间、冷库、铁轨月台等共计19处工业遗存，该项目主要是通过对工业遗存项目的保护修复和包装利用，打造成以吃、住、游、购为主线的互动式旅游景区建设。⑸天鹅坊文化创意产业园区项目。该项目位于原枣庄市天鹅地毯厂内，总投资5亿元，占地100余亩，由德国优曼策划公司进行整体策划，利用原厂区保存完好且具有工业文明的旧厂房、老仓库，新（改）建展览馆、茶吧、经济型酒店等服务业业态，打造“艺术企业家工场”和“艺术企业总部”，建设内容包括市南记忆展览馆、福禄（葫芦）文化馆、聚艺谷国际艺术双年展等项目。

（五）加大宣传推介，营造良好氛围 按照打造“六个市中”的要求，围绕市南工业区产业布局和重点项目建设，不断加大招商引艺、引智、引才、引资力度，围绕北京、成都、南京、青岛及台湾等境内外大城市，开展专题招商推介会。遴选优质客商，整合行业资源，扩大聚艺谷影响力。同时，加大信息投放力度，在《山东新闻联播》、《枣庄新闻》、《热点观察》等省市媒体持续进行宣传专访8期、刊发文字消息35篇，录音报道16篇；在《大众日报》、《齐鲁晚报》、《枣庄日报》等平面媒体刊发报道10余篇；在市区主干道设置电子显示屏、广告牌5处；开通了聚艺谷门户网站和微博微信，发布招商动态信息410余条。

发展庄户剧团　繁荣城乡文化

枣庄市峄城区委常委、宣传部部长　闫羲和

2013年，枣庄市峄城区按照省委省政府、市委市政府部署要求，牢固树立“文化惠民”理念，以文化乐民、文化育民、文化富民为基本要求，坚持以庄户剧团为抓手，着力打造群众文化品牌，丰富群众精神文化生活，提高基层公共文化服务水平。目前，峄城区共成立庄户剧团65家，吸纳民间艺人2000余人，年均演出1600余场次，服务群众10万余人次，为繁荣城乡文化做出了积极贡献。

一、加大扶持引导力度，营造庄户剧团良好发展环境

峄城区高度重视发挥庄户剧团的重要作用，将庄户剧团作为丰富城乡群众精神文化生活的重要突破口摆上工作日程，在民间自发组建的基础上，通过指路子、搭梯子、给票子，组织“文艺草根”组成庄户剧团，全区庄户剧团迅速发展壮大。

出台政策支持发展。组织文化、财政等部门单位成立调研小组，对全区庄户剧团日常管理、人才培养、资金投入、节目创作、市场化经营等方面进行了专题调研。在此基础上，制定出台了《关于大力培育庄户剧团的实施方案》，成立了全区庄户剧团领导小组，建立了扶持、考核、评比、奖励等一系列工作机制，为庄户剧团长远发展提供了制度保障。

制定规划引导发展。根据全区庄户剧团发展实际和群众文化需求，科学谋划庄户剧团发展思路，制定了峄城区庄户剧团发展三年规划，明确了到2014年“全区发展100个庄户剧团，培养1000名骨干演艺人才，打造一系列演艺品牌，组建一个演艺联盟，形成一个演艺产业链，建设一系列演艺设施”的具体目标任务，为全区庄户剧团发展指明了方向。

加强管理规范发展。严格按照《枣庄市庄户剧团认定管理办法》，根据演员数量、演出场次、硬件设施等方面的标准，对全区庄户剧团进行资质认定、登记造册和分类动态管理，实现了庄户剧团管理规范化制度化。同时，将庄户剧团认定结果作为评先树优、扶持奖励的重要依据，做到每年扶持一批、培育一批、带动一批，形成梯次和规模，促进庄户剧团规模化、差异化、专业化发展。

加大扶持推动发展。充分利用镇村综合文化站、文化

广场、文化大院等文化设施，免费为庄户剧团排练、演出提供场所支持和配套服务，推动庄户剧团与基层文化阵地互动发展。区、镇两级加大资金扶持力度，区财政列支100万元专项资金，鼓励镇（街）拿出配套资金，重点扶持庄户剧团发展。积极争取省、市资金，为10余家优秀庄户剧团配备了演出器材、道具。大力实施"群众看戏、政府埋单"的运作模式，通过政府采购、经费补贴、以奖代补等形式，组织庄户剧团开展各类文艺演出活动，广泛吸引社会资本参与庄户剧团建设，形成了政府主导、部门帮建、多元投入的发展模式，有效解决了庄户剧团发展资金不足的难题。

二、创新发展理念和经营模式，推动庄户剧团持续健康发展

峄城区积极探索庄户剧团发展的新举措、新办法，以"人才、平台、市场"为着力点，以提升庄户剧团的演艺水平和市场竞争力为主要目标，不断建立完善庄户剧团发展长效机制，为庄户剧团持续健康发展注入了新动力。

培育基层文艺人才。通过举办民俗文化节、农民艺术节，组织"齐鲁文化之星"评选等活动，对全区各类文艺人才进行了全面普查摸底，建立了一个完整的文艺人才库。开展了庄户剧团"优秀组织工作者"、"十佳庄户剧团"和民间艺术家评选活动，进行了隆重的表彰奖励，并将他们的事迹和艺术成就编辑成册、广泛宣传，营造民间文艺人才脱颖而出的社会氛围。同时，针对各类文艺人才的不同特长，通过组织座谈、专家指导、技能培训、学习调研等方式进行重点培养。采取一系列扎实有效的措施，峄城区涌现出了以丁杨柳、邵明思、孙法科为代表的一大批优秀文艺人才，建立了一支扎根基层、数量充足、技艺精湛的基层文化人才队伍，为庄户剧团持续发展提供了强有力的人才支撑。

搭建演艺交流平台。充分利用传统节庆时机，广泛开展庄户剧团展演、巡演、汇演等活动，增加庄户剧团演出、交流、锻炼的机会。结合各类文艺演出和送戏下乡活动，组织专业剧团与庄户剧团同台演出、传业授道、切磋技艺。加强区直部门单位与庄户剧团的联系合作，引导庄户剧团参与文化惠民工程、文艺巡演、广场演出等活动。在参加各类演出活动的过程中，庄户剧团积累了丰富的演出经验，逐步提高了节目质量和演艺水平。

培育扩大演艺市场。探索庄户剧团生存发展新路径，鼓励庄户剧团走市场化道路。成立了以庄户剧团为主的演艺联盟和以剧团内老教师、老干部、文艺工作者为主要成员的庄户剧团创作协会，逐步形成了要节目有人创作，要演出有人表演，要活动有人组织的良好格局。在演艺联盟和创作协会的带动下，全区庄户剧团经常参加节日庆典、企业宣传、红白喜事等商业演出活动，年创收入1000余万元，先后承办了第二届全国非物质文化遗产博览会、全市计划生育宣传、"第一书记"慰问等专场文艺演出120余场，带动租赁、中介、婚庆、道具等相关产业的产值达到5000余万元，走上了经济文化融合发展之路。

三、推进剧团发展和文化建设有机统一，激发庄户剧团文化活力

庄户剧团的广泛普及，有效激发了群众参与文化建设的主体意识，推进了基层文化活动的深入开展，推动了文化建设真正扎根基层，迸发出强劲活力。

坚持数量质量并重，打造文化服务群众品牌。目前，峄城区65家庄户剧团遍布乡村，活跃乡村，庄户剧团唱出了大文化，成为了百姓的大舞台、农村文化建设的主力军。其中，枣庄市首家社区艺术团——徐楼社区艺术团，枣庄市首家镇级文化艺术联合会——阴平文化艺术联合会，山东省首家文化志愿者服务队——古邵镇文化志愿者服务队，人员多、规模大、水平高，是全区庄户剧团中的明星品牌。人民日报、新华社内参、中宣部《时事报告》、新华网、人民网等中央主流媒体对我区发展庄户剧团的经验做法多次进行了深度报道，进一步提升了我区庄户剧团的知名度和影响力。

广泛开展演出活动，丰富群众文化生活。庄户剧团坚持常规主题活动年年有和不定期演出活动不断线的原则，形成了演出活动经常举办、节目质量逐步提升、受益群众不断扩大的良好局面。全区庄户剧团先后参与了贺新春系列活动、广场文化系列活动、"一年一村一场戏"等文化惠民活动，深入农村、机关、学校、企业演出1000余场。平时利用节会、集会、农闲等时机，开展形式多样、内容丰富、贴近生活的演出活动，丰富了广大农民群众的文化生活。

创作推出优秀剧目，弘扬地方传统文化。立足地方特色文化资源，庄户剧团深入挖掘了一批具有表演性质的非物质文化遗产项目，整理包装，推陈出新，走出了挖掘、保护、传承、弘扬传统文化的新路子。通过组织庄户剧团演出，整理涉及非物质文化遗产的戏剧、民乐、歌舞等表演形式80余项。其中，独杆轿、峄县评词、峄县甩花等民俗曲艺已列入省、市级非物质文化遗产保护名录，狮子、龙灯、旱船、运河大鼓等剧目一年演出数十场，成为峄城区庄户剧团的看家剧目。在继承传统的基础上，他们还创新推出了《石榴花开别样红》、《女娲宫词》、《运河赞》等一大批新剧目，让优秀传统文化焕发出生机和活力。

突出群众主体地位，实现宣传思想文化工作润物无声。围绕不同时期的宣传工作任务，全区庄户剧团先后开展了计划生育、法制教育、党的十八届三中全会精神等专题演出，广泛开展党的政策法规宣传和形势教育，宣传活动面广量大，统一了思想、凝聚了力量。围绕"四德"工程创建和乡村文明行动，他们根据身边人和事，自编自演了戏曲《倔婆婆和犟媳妇》、小品《争创幸福家庭》、京东大鼓《幸福家庭齐创建》、歌曲《四个老汉四德赞》等群众看得高兴、听得明白的文艺节目60余个，孝老爱亲在全区蔚然成风。这些贴近生活、贴近群众的文化活动，在潜移默化中改变了群众的思想认识、精神状态和生活方式，在引领文明风尚、倡树文明新风，教育群众、凝聚人心等方面发挥了积极作用。

三步公选 民主择优
从源头上提高农村发展党员质量

利津县委常委、组织部部长 张和森

为从源头上保证发展党员质量，2013年，利津县在农村发展党员工作中探索采取“三步公选、民主择优”确定入党积极分子的办法，积极扩大农村发展党员工作中的民主，提高了农村发展党员工作科学化、民主化水平。

一、动 因

当前，农村党员队伍老龄化、家族化、派系化现象突出，严重影响了党群干群关系，损害了党在人民群众心目中的形象，影响党在农村的执政基础。究其原因，主要是长期以来农村发展党员工作存在“少数人说了算”的问题，特别是在入党积极分子这个“关口”，确定程序不规范、不民主，“近亲繁殖”、暗箱操作，严重影响了发展党员质量。为此，我们按照中央提出的“扩大发展党员工作中的民主”要求，在落实省委组织部“两推一公示”要求的基础上，结合本地实际，创新思路举措，在农村采取“三步公选、民主择优”的办法确定入党积极分子，真正从源头上把好发展党员质量关。

二、做 法

“三步公选、民主择优”，即通过“培训考试＋陈述推荐＋组织考察”的办法，在严格程序、发扬民主的基础上，对入党申请人进行层层把关，择优确定入党积极分子。一般情况下，每季度组织一次。

一是组织培训，严格把好思想认识关。将党的基本知识培训考试作为向群众宣传、引导群众靠拢的重要手段和确定入党积极分子的第一个环节，严格组织实施。首先，举办党的基本知识培训班。各党支部下发培训班书面通知，确保群众知晓和充分参与。对有入党意愿的群众进行集中培训，培训内容以党章、十八大报告、县党代会报告和本年度县政府工作报告为主。培训结束时，引导有入党意愿的群众及时向党支部递交入党申请书。培训完成后一周左右，全县统一组织入党申请人党的基本知识考试。考试参照公选干部模式组织，委托专门机构进行命题，在试卷押运、交接过程中严格管理和保密。考试完成后，委托专门机构阅卷，考试成绩单以书面形式反馈到各党支部，并在各村公开栏张贴。

二是陈述推荐，严格把好群众基础关。党员群众公认是确定入党积极分子的基础要求。各村党支部召开陈述推荐大会，由乡镇（街道）工作区人员主持，由入党申请人陈述个人基本情况、入党动机、现实表现和今后打算等，然后由参会党员、群众代表进行无记名投票，并现场唱票计票，按照（同意票数/参会人数）×100计算入党申请人陈述推荐环节得分。重点把握三个环节：第一，提前下发通知。各党支部提前2天书面通知每名党员、每户群众、每名入党申请人，告知大会具体事宜。第二，公示群众户主名单。将除去党员家庭户、陈述人家庭户的所有群众户主名单提前1天在公开栏内公示，作为大会现场被抽取群众。第三，现场抽取参会群众。在“两代表一委员”、村务监督委员会成员和全体党员监督下，将群众户主名单制作成号签，会议现场抽取并电话联系10名群众参会。抽取群众时，一并抽取组织考察环节走访群众名单。“两推”环节党员群众推荐票未过半数的，不能确定为入党积极分子，不能进入考察环节。

三是组织考察，严格把好综合素质关。党（工）委成立考察组，对入党申请人进行全面考察。主要通过三种方式：第一，随机走访群众。按照总户数10%的比例抽取群众（最多抽取20户）。考察组到户进行走访，重点了解入党申请人的综合表现和群众基础，并征求走访群众是否同意入党申请人作为入党积极分子考察人选的意见。第二，面对面交流。考察组与入党申请人进行面对面交流，进一步了解入党申请人的入党动机和综合表现。第三，征求执法执纪部门意见。入党申请人存在违法违纪行为的，不得确定为入党积极分子人选。对于通过考察的入党申请人，按照（同意人数/走访群众人数）×100计算组织考察环节得分。

以上三步完成后，乡镇（街道）党（工）委按照考试成绩占30%、陈述推荐占60%、组织考察占10%的比例，计算入党申请人最终得分。参照上年度党（工）委发展党员数量，由高分到低分确定入党积极分子。入党申请人综合成绩单及确定入党积极分子情况，由党（工）委以书面形式反馈给党支部，党支部反馈给本人，公示7天，公示期满无异议的，确定为入党积极分子，纳入全县入党积极分子工作台账。2013年，利津县共启动了4次确定入党积极分子程序，共确定农村入党积极分子275名。

三、成 效

实行“三步公选、民主择优”确定农村入党积极分子，在农村党员群众中引起了强烈反响，取得了明显效果。

一是扩大了基层民主，提升了农村发展党员工作公信度。“三步公选、民主择优”确定入党积极分子，拓宽了党员群众民主参与渠道，充分保障了党员对党内事务的参与权。民主推荐、组织考察两个环节，通过实行随机抽取群众，改变了过去参会群众由支部书记“内定”、“都是自己人”的局面，使群众的评价更加客观公正、更能体现广泛民意，也从根本上提高了发展党员工作的群众公信度。

二是解决了突出问题，创新了农村发展党员工作机制。"三步公选、民主择优"确定入党积极分子，整个过程置于"阳光下"，从根本上解决了"少数人说了算"的问题，有效避免了支部"暗箱操作"，支部书记"一言堂"的现象。在具体实施过程中，实行党委统一领导，党员群众全程参与，实现了党委把关、群众评判，从源头上保障了发展党员质量。

三是选拔了优秀人员，拓宽了农村入党积极分子队伍源头。在确定入党积极分子时，全面考察入党申请人的知识能力、群众基础和违纪情况，充分体现了群众认可程度，使各项考察指标更加细化、更加准确、更具有操作性，也使得一大批有能力、有潜力的优秀人员脱颖而出，优化了入党积极分子队伍结构，为农村储备了一批优秀的后备干部。全县确定的275名农村入党积极分子，与往年入党积极分子相比，35岁以下人员比例增加了52个百分点，女性比例增加了16个百分点，高中以上学历人员比例增加了41个百分点，致富能手比例增加了24个百分点，人员结构不断优化，素质能力明显提升。

四、启　示

"三步公选、民主择优"确定农村入党积极分子，对于解决当前发展党员中存在的突出问题、扩大基层组织民主、提高发展党员质量，具有重要的启示意义。

一是必须抓住关键，敢于创新突破。农村发展党员工作存在把关不严、质量不高等突出问题，是农村基层党建工作的"老大难"。如果任其发展，必将影响整个农村党员队伍的质量，动摇党在农村执政的根基。要想破解发展党员难题，必须找准根源，敢于创新。"三步公选、民主择优"确定入党积极分子，抓住了"源头"，实现了"关口"前移，通过层层把关，确保了真正优秀的人员能够进入入党积极分子队伍。

二是必须树立导向，形成思想共识。发展什么样的人入党，导向至关重要。个别农村党组织在发展党员工作中"任人唯亲"、"近亲繁殖"，造成了极坏影响，降低了党在群众心目中的形象。通过"三步公选、民主择优"的办法，树立了"坚持标准、保证质量"的发展党员工作导向，让各级党组织和广大党员群众认识到，只有先进分子才能入党。

三是必须扩大民主，践行群众路线。农村发展党员"少数人说了算，少数人有机会"的问题，造成了发展党员工作封闭运作，党员不满意，群众不知晓，影响极坏、危害极大。通过"三步公选、民主择优"的办法，充分保障了党员对党内事务的参与权；同时，广泛吸收群众参与，把全过程真正置于群众的监督之下，体现了群众意愿，注重了群众公认，确保了发展党员工作的透明度和公信力，得到了广大党员群众的普遍认可和全社会的广泛认同。

全力推动县域经济在新起点实现新跨越

烟台市委常委、龙口市委书记　杨洪旭

龙口市深入贯彻落实党的十八大、十八届二中、三中全会和省十次党代会以及烟台市十二次党代会精神，以习近平总书记系列重要讲话和视察山东重要讲话精神为指引，坚持科学发展、锐意改革创新，团结带领全市干部群众解放思想、积极作为，经济社会保持了"稳中有进、转中提质"的良好态势，县域综合实力位居全国百强县前列、全省首位。2013年，全市完成地区生产总值935.2亿元，公共财政预算收入71.6亿元，同比分别增长11%和15%。

一、科学谋划、高标定位，以创新的思路引领县域发展

一是丰富完善科学发展思路。坚持"发展无终点、创新无止境"，积极探索顺应形势发展、符合上级精神、契合龙口实际的发展路径，适时将"生态龙口"建设纳入全市发展目标，形成了"一三五七"总体工作思路，即紧紧围绕加快转变经济发展方式这条主线，突出抓好"实力龙口"、"幸福龙口"、"生态龙口"三大建设，深入实施新型工业化、城乡一体化、以港兴市、服务业跨越、创新驱动五大战略，着力做好项目建设、改革开放、金融发展、现代农业、文化事业、社会管理、党的建设七项重点工作，县域科学发展思路内涵得到进一步丰富完善。

二是全面强化争先领先意识。在全市各级中叫响了"勇于担当、争创一流"的口号，引导广大干部拓宽视野、提升眼界，以当好"烟台北部增长极龙头、全省县域科学发展旗帜和江北城乡统筹发展样板"为定位，将目光锁定在烟台、全省乃至全国的范围内找坐标、定位次，县域发展实现了由总量领跑向质效双优、全面领先的跨越。

二、突出重点，扭住关键，以高效的举措推动县域发展

一是集中精力抓好转调。围绕塑强优势，坚持"工业强市"不动摇，加速传统产业提升和新兴产业培育，实行骨干企业培育和外部招商引资并举，做好高端铝材料、汽车零部件等主导产业链式运作的文章，实施了铝合金高端装备

产业园等一批优质高效项目，有效提升了主导产业竞争力，全年六大主导产业主营业务收入突破2000亿元，规模以上工业企业达316家，主营业务收入过亿元的企业达200家。抢抓蓝区发展机遇，启动了山东省中关村（烟台南山）高新技术产业示范基地建设，培植了飞机组装、航空运营等新兴产业集群，积蓄了科学发展的强大后劲。围绕补齐短板，在繁荣发展商贸流通等传统服务业的基础上，加快推进二三产业剥离，着力发展现代物流、金融商务、总部经济、养生养老等新型服务业态，完成服务业增加值335.2亿元，占GDP比重比上年提升1.4个百分点，服务业滞后局面得到有效改观。加强农田水利设施建设，提高农业综合产出效益，农业基础地位日趋巩固。围绕激发活力，在科技创新方面，引导鼓励企业用好"拿来主义"，全面引进国内外高端人才和先进技术设备，推进联合创新，建立产学研联合体60个，全市高新技术产业产值占规模以上工业总产值比重达到51.7%，科技对经济发展贡献率进一步提升；在全民创业方面，大力弘扬"崇商文化"，优化扶持政策，降低准入门槛，全力培育发展市场主体，全市个体工商户发展到3.2万户，营造了"人人就业、家家创业"的浓厚氛围。

二是全力以赴惠及民生。为改善群众生活条件，实施了新人民医院、明德学校、黄县林苑改造、残疾人综合服务中心等一批打基础、利长远的公共服务设施工程，有效提升了城市形象和宜居度；加快新型城镇化步伐，累计开工社区项目30个，惠及51个村庄、1.6万户群众，启动了"美丽乡村"建设，集中开展了农村人居环境综合整治活动，实现了农村面貌的大改观。为提升群众生活水平，在拓宽群众增收渠道的同时，以"普惠性民生指标全省领先"为定位，安排了50.5亿元的资金用于教育、养老、医疗、文化、交通等民生领域，群众的幸福感和满意度逐年攀升。城镇居民人均可支配收入为35321元，增长11.7%；农民人均纯收入为17075元，增长12.3%。为提高全民素质，积极践行社会主义核心价值观，深入开展了以"孝德"建设为先导的"四德"工程建设，大力弘扬"诚信、崇商、友善、进取"的城市精神，组织开展了全方位、多层次的道德实践和群众文化活动5000多场次，涌现出刁娜、姜永祥等一批全国道德模范和山东好人，倡树了崇德向善、文明和谐的社会新风。

三是矢志不渝改善生态。在编制规划上，聘请专业机构编制了生态龙口建设规划，超前规划好全市的工业用地、建设用地和限制开发区域，切实以科学的规划指导县域发展和生态建设。在生态治理上，扎实开展了石材、小造纸、小铸造和农业面源污染等专项治理活动，取得了阶段性成效；加大对自然保护区、水源地等重点区域的生态保护力度，大力推进绿化造林，全市新增绿化面积近2万亩，森林覆盖率达55.5%。在节能减排上，严把新建项目准入关，杜绝新上高耗能、有污染、低效益的项目；积极发展低碳循环经济，重点推行了铝业、煤炭、黄金、化工等产业循环发展新模式；狠抓节能减排，加快淘汰落后产能，实施了百年电力机组整机优化、小火电关停等一批节能减排项目，城乡生态环境进一步优化。

三、完善机制、强化落实，以务实的作风创优发展环境

一是营造提速增效、简政放权的营商环境。一方面营造崇商亲商的社会环境，深入开展"行政效能提升年"活动，以"政策最好、环境最佳、服务最优"为目标，倡树"宽民、宽企、宽外、宽才"导向，进一步优化政务服务流程，完善网上审批、监管和"绿色通道"机制，全面精简审批环节，冻结审批事项，压减办理时限，真正做到简政放权。同时，全面强化主动、超前、感动服务意识，把服务由事前管理向事中事后监管转变，做到了"多服务、少干预，多解困、少添乱"，以政府权力的"减法"换取了发展活力的"加法"。另一方面，营造助商安商的发展环境。设立了"过桥贷款基金"、政府风险补偿金，出台了金融机构信贷投放奖励办法，为企业发展提供有力的金融支撑；完善了以政府投入为引导，以企业投入为主体的科技投入体系，进一步加大对科技创新的引导扶持；推行了市级领导、部门单位包帮"四·二〇"（20户骨干企业、20户成长性企业、20个重点在建项目和20个重点推进项目）工程企业项目制度，帮助企业及时解决生产经营中遇到的实际困难，助力龙头企业快速崛起。

二是凝聚想事谋事、干事成事的强大合力。充分发挥考核的"指挥棒"作用，按照"以发展论英雄、凭实绩用干部"的原则，进一步修订完善责任目标考核意见。在考核分类上，突出同类同考、鼓励竞争。根据市级领导干部、镇街区领导干部、部门领导干部和一般干部分门别类设计考核内容，确立考核评价办法。在考核内容上，坚持突出重点、统筹兼顾。把经济与社会考核、预期性指标与约束性指标、发展与惠民、机关评价与群众评判并重，使考核内容充分体现科学发展观要求。通过建立科学公平的考核体系，全市各级抓发展、惠民生、促和谐的工作热情更加高涨，社会氛围更加浓厚。

三是弘扬抓铁有痕、踏石留印的务实作风。按照"工作落实年"的具体要求，健全完善了干部联系困难户、包村联户、"双包双联双推进"等制度，引导领导干部深入基层一线、企业车间，用抓落实的身影指挥人、影响人，为基层群众和包帮企业送服务、解难题；建立完善了季度项目建设观摩评比、考核督导检查等机制体制，切实把各级的精力聚焦到抓落实上。

认真解决群众最不满意问题 切实提升群众幸福指数

莱州市委书记 李 明

党的群众路线教育实践活动开展以来，莱州市坚持将“转干部作风”与“让群众满意”双线结合，从解决群众最不满意的问题切入，探索建立了以民意收集、归类督办、结果反馈、考核运用为主要内容的“群众最不满意问题”整改机制，使转变干部作风、践行群众路线有了具体体现，让群众看到了变化、得到了实惠、感到了满意。

一、构建直面群众体系，常态化推进群众工作

牢固树立“群众路线是根本路线，群众满意是最大追求”的工作理念，将群众满意工作摆到重要位置，牢牢抓在手上。**一是成立常设机构，群众工作常抓不懈。**成立中共莱州市委让群众满意工作办公室（简称“满意办”），发挥组织协调、情况综合、督促指导等作用，把重点放到基层，把功夫下在平时，推动让群众满意工作由阶段性向长期性、由活动型向常态型转变。强化正确的政绩观，把群众不满意的地方作为整改解决的方向；把各方面资源和力量整合调动起来，在不断解决问题中为群众办实事、解难事。**二是将窗口设在市委，直接倾听群众意见。**把信访工作当成做群众工作的“晴雨表”，把群众上访作为送上门的群众工作，在市委大院设立群众工作中心和信访大厅，每天安排一名市级领导接访。在大厅内为每个镇街和重点部门设立一个接待室，分头接待上访群众。市纪委监察局派驻人员现场监督，问责问效，确保群众诉求一站式接待、一条龙办理、一揽子解决。**三是把根基扎在基层，拉近与群众的距离。**在领导干部层面，开展“五个一”活动，即：市级领导和镇街班子成员每人联系1个新农村建设示范村、1个班子软弱涣散村、1家企业、1所学校、1个困难户，每月定期到联系点调查研究；在机关干部层面，开展“六个十”活动，即：每名机关党员负责联系10名老干部、10名村党员、10名村民代表、10名个体私营企业主、10名贫困户和10名上访户，详细记录“户情日记”，确保群众想法随时掌握、困难随时解决。同时，组织3846名机关党员到基层党组织报到登记、接受“双重”管理；选聘119名“大学生村官”，选派203名“第一书记”进驻村庄、企业和社区，抓党建、促脱贫，听民声、解民忧。2013年，市镇党员干部通过下基层、摸实情，实打实解决群众生产生活难题，帮扶资金、物资达800余万元。

二、拓宽直通民意渠道，及时掌握回应群众诉求

把全面掌握群众所急所盼作为整改群众不满意问题的切入点，通过多种渠道搭建直通民意桥梁，无遗漏听取群众最真实的“不满意”。**一是用好平台，直通民意。**依托网络开展“阳光对话”，在广播电台开展“阳光政务热线”活动，畅通“市长公开电话”、各类投诉举报电话等渠道，受理解决群众反映的问题。由“满意办”加强对上线率、回复率、办结率的调度督导，每月对各个渠道梳理的问题进行汇总分析，促使各条热线高效运转。**二是强化职能，直面问题。**严格落实党建工作责任制，深入实施镇街党委书记抓基层党建工作专项述职、基层党建创新“书记项目”等制度，连续开展农村干部“干事创业”活动，每年拨付财政资金3000万元用于保障村级运转，拿出105万元表彰奖励优秀村支书。在17个镇街建立党务村务服务中心，采取“窗口化、一站式”模式直接服务基层群众。以农村工作片为单位建立工作区党总支，每周集中办公不少于2天、走访不少于1天。在村庄推行村干部日常工作“记工式”考核，确保村党支部“天天开门、有人办公”。**三是创新载体，直接服务。**按照“政府搭台、企业唱戏、社会参与、群众受益”的思路，建立烟台首家“12343”民生服务中心，该中心服务内容涵盖家政、托老、医疗、维修等多个民生领域，群众有需求时，只要拨打“12343”服务热线，就能得到快捷优质的上门服务，最大限度的方便了群众日常生产生活需要，成为政府公共服务的有益补充。

三、健全督办工作机制，保证问题件件落实

把加强督办当作转变服务作风、促进服务事项落实的重要手段，重点实行三项制度。**一是实行归类管理、重点交办制度。**对收集的社情民意，按分工确定牵头部门，根据问题的性质和轻重缓急归类管理。“满意办”每月从中筛选10件群众最不满意的问题，以《督办通知单》的形式向市级领导和单位主要负责人交办，于月内限期办理。对短期内难以解决的复杂疑难问题，纳入年度督办范围。对未列入重点督办范围但群众关注度较高的其他问题，以《信息反馈单》的方式向相关责任单位反馈，提醒该单位尽快介入，将问题化解在萌芽。2013年，我们梳理各类社情民意信息1.5万余条，将其中社会治安、环境保护等极具影响的12大类问题列为2014年为民服务实事，并向社会公开承诺。**二是实行市委常委会每月调度制度。**市委常委会坚持将群众关注热点作为改善民生重点，每月听取让群众满意工作情况汇报，对交办给市级领导的重要事项进行调度，对梳理的群众最不满意问题逐件作出评价，其中对涉及“群众最

不满意问题”的单位，要求单位“一把手”当场说明情况，并形成专题报告，集体研究解决方案，限期整改落实。2013年，市委常委会对涉及教育、医疗、环境、交通等40多件月度群众最不满意问题进行了研究；将群众意见比较集中的10方面问题确定为“年度群众最不满意问题”，先后部署开展了整治出租车市场和废旧塑料加工场所、打击非法围填海及盗采海砂河砂等160多项“息民怨、舒民心”行动，真正让群众看到了变化，得到了实惠。**三是实行“满意办”每月督导制度。**由“满意办”每月采取明查暗访、电话随访以及通过人大、政协相关会议测评等形式，对各责任单位整改措施、工作效果、群众反馈等情况进行跟踪督导，直到问题彻底解决。

四、坚持群众评判打分，做到有言必行有诺必践

明确民意在“解决不满意问题”工作考评中的首要地位，健全完善群众参与和评判机制，把“实绩”交给群众去评判。**一是把办理情况向群众反馈。**每月通过新闻媒体、网络微博、《工作简报》以及张贴明白纸等方式，对群众不满意问题办理情况和整改效果向社会公布，接受群众监督。同时，大力推广好经验、好做法，在各级各部门间营造比学赶超、创先争优的浓厚氛围。2013年，公开反馈整改落实情况35期次，回复群众来电、来信及网络留言3000余条次。**二是把最终评判权交给群众。**由“满意办”牵头，采取实地调查、问题回访、电话随访、座谈交流等方式，了解群众对问题整改的满意度。同时，人大、政协、组织部通过召开人大代表、政协委员、干部监督员会议，对热点问题整改情况进行专项满意度测评。2013年，群众对月度最不满意问题整改情况的满意率均达到90%以上。莱州在全省“蓝黄”两区满意度调查中分别位居“黄区”第1位、“蓝区”第2位；在烟台市群众满意度调查中第4次位居各县市区首位。**三是把整改效果纳入考核。**将“解决群众最不满意问题”工作纳入年度目标责任考核，提高考核权重；将年底群众满意度调查结果作为各部门年终考核的重要指标，强化导向作用，真正考出正能量。加大问责问效力度，每季度组织机关干部和服务对象对本单位办理热点问题情况进行打分评议，得分作为评先选优和提拔重用的重要参考，对工作不力、群众不满意的单位和个人，依纪下发提醒书、函询书、谈话书或诫勉书，责令限期整改，切实强化群众评价对干部的约束作用。

打造“四个体系”全面解决农村饮水不安全问题

潍坊市水利局局长　赵刚毅

潍坊市高度重视农村饮水安全问题，把农村饮水安全工作当作民生工作的突出内容来抓，创新工作理念，提出并打造了具有潍坊特色的农村供水“四个体系”的建管模式，强力推进饮水安全工作，到2013年底在全国率先实现了国家提出的农村饮水安全目标。

一、基本情况

由于受自然地理条件的影响，潍坊市一直以来都存在着农村饮水困难问题，经过多年的努力，到2011年底全市基本解决了农村饮水困难问题。但是仍然存在工程基础还比较薄弱、运行管理不够规范、农村供水服务不到位、监督管理机制还不完善等许多问题。根据实际情况，潍坊市委、市政府及时转变执政理念，树立大食品理念，把饮水问题和食品安全同等对待，把保障群众饮水安全，让人民群众喝上安全水、放心水作为政府的重要任务，强力推进农村饮水安全工作，强化顶层设计，科学规划布局，创新体制机制，优化政策环境，大力实施以规模化集中供水工程为主要内容的农村饮水安全工作，取得了显著成效。

经过两年的努力，至2013年底全市基本建立起了保障农村饮水安全的工程体系、运营体系、服务体系、监管体系，一个供水规模大、行政监管严、运行机制活、管理服务好的农村饮水安全保障体系在潍坊市初步建立起来，彻底解决了高氟、苦咸、水污染、微生物等有害物质造成的水质安全问题，解决了由于水量不足、季节性缺水、取水不便等严重影响群众正常生活的问题，改善了农民群众的生产生活条件，密切了党群关系。

二、强化顶层设计，健全完善以“四个体系”为主要内容的建管新模式

一是规模化集中供水工程体系。在工程形式上提出了“以发展规模化集中供水为主要形式，以提高水质合格率为最终目的”的工作思路。在寿光、昌邑等平原区，推行了“全县一网”供水模式；在安丘、诸城、青州、临朐等山丘区，以水库或较丰富的地下水资源为依托，实现“一个流域一网、一县几网、网间互通”；在城市近郊地区，利用城市自来水供水管网向周边村庄延伸辐射；对已建成规模较小的供

水工程，进行扩建改建、整合联网，扩大供水规模，进一步扩大集中供水覆盖范围。对一些因地形条件所限，不能实现集中供水的山区村庄，因地制宜采取单村、联村供水等工程措施保障饮水安全。全市规模化集中供水工程达到70处，其中千吨万人以上农村规模化集中供水工程50处，全市农村规模化集中供水覆盖人口由2011年底的45%提高到94.6%。

二是公司化专业化运营体系。为确保农村饮水安全工程规范高效运转，潍坊市提出了公司化运营专业化管理的理念，按照"产权清晰、权责明确、政企分开、管理科学"的要求建立供水公司，全市成立县级供水公司7家，以工程为单位成立供水公司27家，配备配齐了专业技术人员、专业技术设备，规范生产工艺流程，严格水质监测标准。各供水公司都实行专业化运营管理，严格按照《生活饮用水卫生标准》进行生产，保证了出厂水全部达标。对单村和小型联村工程，因地制宜确定了专业公司代管、供水协会管理的模式，保障了小规模供水工程的专业化管理水平，实现了规范、高效、良性运营。

三是便民高效公共服务体系。本着突出农村饮水工程公益性质、及时解决农村群众饮水安全诉求的原则，在全省率先全面建立了"水利116"服务体系，成立了13个县级"水利116"服务指挥中心，公布了供水服务热线和监督电话，全市成立了65个专业维修队，9325个村都设立了村水管员，初步建立起市县乡三级联动的服务架构。职能明确、运转高效、服务到位、保障有力的农村供水服务体系基本建成，为工程持久发挥效益奠定了基础。

四是多层次全方位监管体系。市、县都成立了农村饮水安全专管机构，加强农村饮水安全工程的行政监管和行业管理；建立了信息化管理系统，农村饮水安全信息调度中心与千吨万人以上供水工程联网，实现工程运行自动化、数据采集信息化、工程监管智能化；建立了水质检测中心，配备了专业检测人员，检测能力达到国标中的42项常规指标要求；制定了水厂日检、县级月抽检、市级季抽检的水质检测制度，农村供水水质检测实现了常态化、规范化、制度化；出台了水源地保护办法，对千吨万人以上规模集中供水工程划定了水源地保护区，从源头上保障农村饮用水水质安全；制定了农村供水应急预案，建立了应急备用水源，提高了处置突发事件的能力。

三、强化政府主导，全力推进农村饮水安全工作

一是党委政府高度重视。2013年3月市委常委会明确提出：在改善民生上要突出饮水安全，加快推进农村供水城市化、城乡供水一体化，提前两年完成国家提出的饮水安全目标。市政府出台了一系列加强农村饮水安全工作的政策，连续召开六次现场会来强力推进这项工作，与各县市区政府签订了农村饮水安全工作责任书，进一步明确了各级政府是农村饮水安全工作的责任主体。各县市区党委、政府高度重视农村饮水安全工作，把解决农村饮水安全作为统筹城乡发展，实现社会公共服务均等化，落实群众路线教育实践活动的具体行动，积极推进农村饮水安全工作。

二是部门协同配合有力。各相关部门根据工作职责，密切配合，共同推动农村饮水安全工作。水利部门科学编制规划，制定实施方案，着力抓好工程建设。财政部门优化支出结构，大幅度提高本级财政对农村饮水安全工作的投入，两年来市、县两级财政投入达到12亿元。卫生部门依法办理供水单位卫生许可，定期对农村饮水安全工程的水质进行检测。环保部门，及时制定了水源地保护办法，对农村供水工程水源地划定保护区，切实保障农村饮用水源地水质安全。供电、国土、物价、税务等部门也根据各自职责，认真落实用地、用电、税收等各项优惠政策，确保了农村饮水安全工作有序高效推进。

三是建立健全规章制度。市政府出台了《加强农村饮水安全工作的意见》、《健全农村饮水安全工作体制机制的意见》、《加快水利公共服务体系建设的意见》等一系列规章制度，为推进农村供水工程建设、管理和服务奠定了基础。制定了《实施农村饮水安全工程水质检测方案》、《潍坊市农村公共供水工程维修专项资金管理暂行办法》，建立了常态化的水质检测机制，明确了维修资金的使用范围和管理办法。出台了支持单村、联村供水工程运行管理的财政补助政策，为全市单村联村工程的运行管理提供了保障。

四是加强督导考核力度。潍坊市委、市政府将农村饮水安全工作纳入科学发展考核体系，与各县市区政府签订了责任状，将农村饮水安全工作纳入对各县市区、开发区科学发展考核"一票否决"内容。市委。市政府将农村饮水安全工作列入重点督查事项，实行"周调度、月通报、年底考评奖惩"机制。市水利局把此项工作列为全市水利系统的头号重点工程，列入了局长办公会的常设议题，成立了8个督导组包靠相关县市区，建立了常态化检查督导机制，并建立了农村饮水安全旬报制度，工作进展情况直接报送市及各县市区党政主要负责人和分管负责人，为这项工作的顺利开展创造了良好的环境。

五是严格验收确保实效。为确保农村饮水安全目标的实现，市水利局、财政局、卫生局联合成立了验收组，各负其责，密切配合，认真组织农村饮水安全验收工作。市水利局负责工程验收，组织了20人的专业队对全市所有农村饮水安全工程和9325个农村村庄采取"村村到"的方式，逐一检查验收。财政局对资金使用管理和财政资金扶持政策落实情况、卫生局对供水工程卫生监督和水质检测等方面进行了全面验收。对验收中发现的问题，及时提出了整改意见，落实了整改措施，确保任务目标如期实现。

以改革创新的精神
加快建设潍坊滨海海洋经济新区

潍坊市滨海经济技术开发区
纪工委书记　刘晓伟

潍坊滨海是潍坊发展最大的空间和优势，市委、市政府站在落实海洋强国战略和“蓝黄”国家战略的高度，作出举全市之力突破滨海的重大决策。无论是突破滨海战略本身，还是突破滨海的各项具体工作，都体现了改革创新的精神，都以改革的思维、创新的办法大力推动，滨海的优势得到发挥、潜力得到挖掘、活力得到释放，加快进入建设沿海城市、海洋城市的轨道。

一是创新领导机制。加强突破滨海组织领导工作，建立总指挥部统筹指挥、指挥部办公室协调调度、市直部门全程参与、县市区开发区协力推进的工作机制。成立了全市突破滨海总指挥部，市委书记任总指挥，几位副市级领导任副总指挥，统筹谋划滨海发展的重大思路举措，研究决定突破滨海的重大政策措施，协调解决滨海建设中的重大问题；总指挥部下设办公室，在滨海集中办公，调度各县市区、开发区和市直部门支持滨海建设情况，督导突破滨海重点任务措施和政策落实情况；各县市区、开发区都成立了主要领导挂帅的突破滨海工作领导小组，设立了滨海特色产业园管委会常驻滨海；市直39个部门与滨海对口部门联合办公，共同推动任务落实。

二是创新实行规划先行、标准跟进、分工明确、督查落实的工作推进机制。坚持规划先行，按照2015年、2020年和远景三个时间节点，编制了产业、交通、物流、能源、用地、用海、生态等10个专项规划，在吸收整合以上规划优秀成果的基础上，形成了潍坊滨海海洋经济新区开发建设规划和滨海开发区总体规划，确保以科学规划引领和指导开发建设。坚持标准跟进，组织制定了特色园区20条、生态小镇30条建设标准，编制了产业指导目录，为产城一体建设提供指导和依据，确保突破滨海在起步阶段就导入现代化轨道。明确任务分工，将重点任务和工作分工细化分解到县市区、开发区和市直部门，明确推进落实的时间节点、标准要求，保证干有目标、促有主体。强化督查落实，对确定的各项工作任务，通过定期不定期召开会议调度、现场督查、观摩交流、单独约谈等各种方式，督促推进落实。

三是创新实行飞地经济开发机制。把滨海作为潍坊转型升级的平台，鼓励引导县市区、开发区在滨海建设特色园区，发展飞地经济。实行了“市里花钱配套、县市区全部受益”的政策，规定特色产业园所需土地指标全市统筹解决，基础设施由市级统一配套，园区项目实缴税金滨海留成部分划归所属县市区、开发区，园区产生的统计指标归所属县市区、开发区。这不仅为县市区、开发区提供了空间、容量和资源，也为滨海加快开放开发带来了聚集效应，目前15个特色产业园20平方公里完成基础设施配套，引进项目55个、总投资520亿元，43个开工建设。

四是创新园区公司化运作机制。在重点园区片区、重大项目工程全面推行“公司化运营、市场化运作”模式，组建或引进实体公司作为主体推进园区开发、项目建设，主要探索实行了国有公司开发、企业独立自主开发、政企联合开发等方式。先后成立了旅游集团、滨发公司、教育投资公司等国有公司对滨海旅游度假区、中央商务区、科教创新区等园区以及山海湖河综合改造工程、潍坊体育学校等公益性项目进行开发运作；引进龙威公司、卓达集团、佰富集团等企业对潍坊渔港、卓达生态城、佰富综合体等项目进行独立开发；海化工业园、潍坊港由政企共同组建公司联合开发。“公司化运营、市场化运作”模式既发挥了政府规划指导、统筹协调职能，又发挥了市场配置资源的作用，有效利用了社会资本。

五是创新政府服务机制。全面推行“三制三零三全”机制，着力建设公开透明、廉洁高效服务型政府，实现小政府大服务。“三制”：审批备案制，就是在落户项目材料不齐全时，先行办理项目备案登记，后补办相关材料；专管员联评制，就是对项目的环评、安评、能评、水评由专管员统一受理，联评审查；限时办结制，就是服务事项能当场办结的当场办结，不能当场办结的限时办结。“三零”：零首付注册，对注册资本100万以下的内资企业免缴首期注册资本，对大项目先颁发实缴注册资本为零的营业执照，再分期补缴注册资本；零收费管理，大力创建“无费区”，明确取消16类45项行政事业性收费项目，保留的5类7项收费项目按最低标准收费；零距离服务，实行首接负责制，开通24小时服务热线，设立项目流动服务车，建立投资创业绿色通道，做到上门服务、面对面服务。

“三全”就是为企业和群众提供全方位、全过程、全天候服务。截至目前，全区办理备案登记事项2223件，专管员联评事项71件，完成零首付注册企业12家，累计为企业和居民减少行政事业性收费9864万元，提供上门服务72车次，办理事项272项，赢得了企业、群众一致好评。

六是创新开发建设保障机制。按照产城一体、统筹城乡要求，加快推进全域城市化，让广大群众最大限度地共享滨海开发建设成果。财政每年拿出3亿元，按照政府、集体、个人3∶3∶4的比例，把所有农民纳入城市居民保障范围，在全区范围内实行基础教育免费、公交免费、直饮水免费。探索推行村民宅基地换社区住房、集体资产量化换股权、集体建设用地换社区公共设施、惠农政策换社会保障的“四换”措施，实现农民市民化、居住社区化，已在丰台、丰渔等村进行试点，完成了房产产权固化。加快9个生态小镇建设，为产业工人和社区居民打造高品质、低成本的现代居住区。推行全域城市化，赢得了各方支持，使群众从内心深处和言语行动上真正支持、参与突破滨海，保障了开发建设顺利进行。

服务提升得民心
“四德”铸就文明魂

曲阜市小雪街道武家村党支部书记　武怀祥

小雪街道武家村位于中华文化标志城项目区内，距小雪街道镇驻地2公里，村东、北与九龙山相视，西邻孟子出生地—凫村，南与邹城市接壤。现有耕地2060亩，荒山3000亩，总人口2330人。现有党员63名，村“两委”成员7人。2013年村集体收入50多万元，年人均纯收入13800元。武家村土壤肥沃，山区历史文化古迹众多。主要文物有全国重点文物保护单位之一的龙山汉鲁王墓和山东省级重点文物保护单位的九龙山摩崖造像石刻。近年来，村党支部带领村民发展壮大集体经济，村民生活富裕，村容村貌改观。深入开展“四德”教育，倡树文明新风，有力推动了新农村建设。我村先后荣获“国家级最具魅力休闲乡村”、山东省“生态旅游名村”、曲阜市“先进基层党组织”、“文明单位”、“文明村居”、“财务管理规范化示范村”等荣誉称号。2013年，山东省乡村文明现场会及山东省“四德”教育现场会均在我村召开。

一是以“百强示范村”创建为载体，村容村貌大改观。2012年3月14日，曲阜市委在武家村召开十三届十二次常委（扩大）会议，专题研究武家村“百强示范村”创建工作，成立武家村“生态文化旅游村”创建工作指挥部，制定创建实施方案，分解任务，明确责任。我村投资170万元硬化小街小巷28条，实现“户户通”；投资10万元实施自来水改造；投资120万元实施了农电网改造；投资50万元安装路灯64盏；实施土坯房改造32户、沼气池改造29户，实现了集中供气；投资30万元实现弱电入地，投资40万元改造了幼儿园；投资60万元对两条主干道1.5万平方进行柏油罩面，路两边全部铺上路沿石。共栽植冬青7万棵、百日红400棵、红叶石楠100棵、麦冬15万株。投资300万元对主干道两侧的房屋进行仿古改造，墙壁粉刷1万平方米，村内基础设施和村容村貌得到极大改善，为村内各项事业的发展奠定了基础。

二是以壮大集体经济为引领，服务能力大提升。近年来，村“两委”带领村民积极发展壮大村集体经济，千方百计增加村集体收入，大力实施“基层党组织服务能力提升工程”，村党组织服务群众的能力的得到明显提升。2012—2013年共流转土地2000多亩，专业发展生态园林，栽植高档苗木花卉，2014年又流转1100多亩，结合樱花源基地建设，大打生态休闲旅游品牌，仅此一项村集体增加收入26万元。从整治湖地入手，挖坑填沟，抬高湿地，增加良田面积，对整治出的水池、小湖进行对外招商，吸引专业人员投资生态园，通过租赁能增加村集体收入3万元。同时，把荒山荒滩全部利用起来，共开发80亩，以每亩300元的价格承包给村民发展经济林，村集体年增加收入近3万元。2013年，我村响应济宁市委组织部“千村集体经营场所”建设计划，投资60万元新建村集体经营示范场所一处，用于经营农资超市和生活超市，不仅方便了村民生活，而且每年为村集体增加收入5万元。集体经济发展了，村党组织通过各种方式为群众服务，多办好事、办实事。投资400多万元兴建了武家村文化大院，为曲阜市首家集党员教育、科技、文化、娱乐为一体的仿古四合院型综合服务办公场所，建筑面积1300平方米，功能设施齐备，分别设有棋牌室、监控室、农民信贷服务室、远程教育服务室、第一书记工作室、和为贵调解室、图书室，配置了20余台电脑和5000余册图书。2013年新打200米以上深水井2眼；涝洼地治理，修桥6座，挖排水沟1500米，村内排水沟1600米；新建文化广场一处及百姓大舞台，投资建设了石亭长廊。

三是以倡树孝道为重点，“四德”建设大迈进。我村大力开展“四德”建设，制作了24米“四德”长廊，通过村党支部与村民代表深入座谈、入户交流沟通、重点考察倡树孝道的表现、召开村民代表大会进行表决确定“四德”模范，同时设立监督箱、监督电话，成立由村“两委”干部、党员代表和群众代表组成的考核组，每月对“四德”榜上榜人物进行考核一次。建有高标准的道德讲堂，每月定期开展培训，让村民和旅游观光的人员都能感受到传统文化和文明礼仪的熏陶，利用党员活动室对群众开展教育培训，授课内容主要有孝贤礼仪、致富培训、种养知识等，可供100多人同时参加培训。开展了孝亲敬老活动，村民给父母的生活费定期张榜公示。开展“好媳妇、好婆婆”、“孝贤儿女”、“好邻居”、“文明卫生示范户”等评先树优活动，用村内的人和事对周围的群众进行摸得着看得见的四德教育。依托第一书记工作室，经常开展各种类型的农民教育培训。村“两委”不定期开展“学先进、做先进”的先进事迹学习交流会，提高党员的服务本领和服务意识，坚持每月走访30户以上村民，每个“两委”成员结对帮扶困难群众10户，了解他们的情况，及时解决反映的难点问题。依托和为贵调解室，调解村民之间的土地纠纷、邻里矛盾、债务纠纷,家庭内部的婆媳矛盾、夫妻不和,促进了村庄的和谐。按照打造"东方圣城·首善之区"的要求,采取群众公推、集体评议的办法,深入开展"彬彬有礼道德家庭"、"彬彬有礼四德胡同"、"好媳妇、好婆婆"等评选活动,用身边的人和事教育感召身边的人,形成人人争上四德榜的良好氛围,有力推动了社会主义新农村建设。

探索建立民意收集分理机制提升群众满意度

泗水县督考办常务副主任　孙献宝

为深入贯彻党的群众路线,全面及时地掌握社情民意,更好地畅通群众诉求的渠道,解决群众关注的热点难点问题,我们探索建立了民意收集分理机制,实现了民意信息多渠道收集、分类办理、定期分析和即时反馈,有效解决了群众诉求,提升了群众满意度。

一、实施动因

近年来,泗水县坚持以人为本、执政为民,把维护群众切身利益作为一切工作的出发点和落脚点,不断探索群众诉求解决长效机制,群众满意度不断提升。但在解决群众诉求方面,还存在以下三个问题。

一是群众诉求渠道不够畅通。泗水县群众诉求渠道主要有县委书记信箱、县长信箱、县长公开电话、行风热线、效能投诉热线、e线民生等,看似诉求渠道多样,但在实际运作过程中,由于诉求渠道宣传不够、群众文化水平限制等原因,群众诉求还不能有效表达。在群众满意度电话随机访问时,就有受访群众表示,"俺老百姓有事没地方说,也不知道找谁反映",这是群众诉求表达不畅通的一个缩影。

二是群众诉求收集不够主动。了解群众诉求更多的是蹲在"家"里等群众送上门,表现在开通一部热线、公开办事信箱,就认为工作到位了。但由于在"家"等诉求,群众的问题与诉求不能快速反映上来,这样被动、片面、滞后地接受群众诉求,往往造成矛盾纠纷的扩大化。

三是群众诉求办理机制不够完善。承担群众诉求办理的单位各自为战,信息不能互通,资源不能共享,致使在全县层面上不能全面掌握群众诉求,分析研判不到位,影响科学决策。另外,缺乏对群众诉求办理情况监督和有效督查,个别部门解决群众诉求不积极,存在推诿扯皮现象,办事效率低下,容易引发群众不满。

二、主要做法

坚持敞开大门听诉求,顺应民意抓改进,突出群众满意,2012 年 10 月,县委组织人员深入基层,就如何畅通群众诉求渠道、解决群众提出的问题进行了专题调研。2013 年 3 月,逐步探索建立了一套民意收集分理机制。6 月县委出台了《关于建立健全民意收集分理机制提升群众满意度的实施办法(试行)》,民意收集分理工作全面铺开。9 月,泗水县充分利用现代信息网络技术,构建了四位一体(县委书记和县长信箱、电话、短信、网络)、功能完善(社情民意调查及民意信息的收集、处理、转办、反馈、回访的一体化)、运作高效的综合服务信息平台——泗水县民意受理中心。实现了民意信息的立体收集、系统分析、分类办理、即时反馈,确保群众诉求快发现、快解决、快办理。

(一)建立健全多渠道民意收集机制　围绕做好民意收集工作,打造了五大平台,即民意收集箱、电子信箱(书记、县长)、电话(民意受理中心电话、县长公开电话、乡镇民情热线、投诉热线)、短信、网络;用好四支队伍,即村"两委"干部、乡镇和县直服务窗口机关干部、"两代表一委员"及各级选派的"第一书记";建立县、乡(镇)、村三级"宝塔形"立体民意收集网格,多渠道广泛收集民意信息。民意信息主要包括群众对干部工作作风、社会治安、就业及收入水平、社会救助、中小学教育、医疗卫生、群众文化生活、环境保护等方面反映的问题。乡镇(街道)、县直部门单位明确一名民意信息收集员负责上报工作,于每月 5 日前报县督考办。县督考办汇总各单位的民意信息,形成泗水县民意信息库。

在村(居)、社区:"两委"班子成员向全体村(居)民公布联系方式,配备群众意见簿;在人群相对集中的地方安装民意收集信箱,明确专人定期收集,同时在信箱上公布县民意受理中心电话(3266789)、县长公开电话(4212345)和乡镇(街道)民情热线电话,便于群众及时快速地反映意见建议。

在乡镇(街道):设立民情热线;信访办、民政办、司法所、劳保所、派出所、农技站配备群众意见簿和民意收集信箱,便于群众在办理业务或咨询信息后留下意见建议;每月征集乡镇(街道)本级党代表和人大代表的意见建议。组织办负责收集整理各方面信息,形成民意收集台账。

在城区:县直群众满意度责任部门单位利用窗口科室(配备民意收集信箱及意见簿)、下属机构及网络广泛收集群众意见建议;县人大办公室、政协办公室、组织部、宣传部、信访局、经信局和下派办分别收集人大代表、政协委员、党代表、网民、上访群众、企业、"第一书记"和驻村联户干部等民意信息并建立台账。

(二)建立健全民意定期分析机制　民意收集涉及单位及时对收集到的社情民意进行汇总、梳理和分类,定期召开专题分析会，重点研究分析群众反映较为集中的问题，并形成分析材料报送县督考办。县督考办认真梳理收集到的民意信息，进行综合分析研判，针对全县热点、难点及群众普遍关注的问题形成民情专报报送有关领导。县委定期召开专题会议研究解决相关问题。

（三）建立民意分类办理机制 乡镇（街道）和部门单位对收集到的民意进行分类，有针对性地研究制定工作措施并进行办理，办理方式包括直接办理、上报、转办等，办理情况详细记入台账。当时能够办理的立即办；短期内能够办理的，5个工作日内办结；短期内不能解决的，向群众作好解释工作，并告知办理时限；本单位不能解决的，及时上报县督考办，由县督考办提请有关县级领导安排协调相关部门单位解决。

（四）建立民意办理反馈机制 乡镇（街道）和群众满意度工作责任部门单位及时将民意解决情况通过打电话、登门拜访等方式向群众反馈。对于本单位不能解决的，由县督考办调度问题解决情况并向群众予以反馈。另外，建立办理情况回访机制，了解各单位民意办理情况，对诉求群众进行电话回访，征求其对办理单位的满意情况，作为评价部门单位工作开展情况的重要参考。

（五）建立民意收集分理督查考核机制 成立县民意收集分理工作领导小组，统筹抓好民意收集分理工作的组织协调，及时研究解决工作中遇到的困难和问题。2012年6月，泗水县整合县委督查室、县政府督查室、县考审办职能，成立了县督考办，构建了大督查大考核运作机制。县督考办具体负责民意收集分理综合协调、督导考核等工作，定期对民意收集分理工作进行督导检查，督导检查结果纳入对部门单位综合考核。同时，泗水县把群众满意度作为乡镇（街道）部分指标的考核系数，赋予了县直部门单位市对县满意度单项成绩和民意收集分理工作较高权重，单项访问成绩排全市末位的一票否决。

三、初步成效

一是畅通了民意诉求渠道。民意收集分理机制的建立，做到了第一时间把沉淀在基层的各类民生问题收集上来，成为倾听群众呼声、解决群众合理诉求、消除群众怨气的有效载体，为群众提供了利益表达的制度性平台，群众的利益诉求能够及时有效表达。截至2013年12月，全县共收集民意信息16800多条，办结率达到99.6%。

二是真帮实助解决问题。实行民意收集分理，建立了问题发现、领办、代办、督办、落实、反馈一套无缝隙对接高效运转的问题处理机制，强有力的督查考核使部门单位解决问题有了“硬约束”，实现了“要我办”为“我要办”，群众反映的问题得到了快办理。金庄镇辛庄村村民李涛缺乏创业启动资金，村里了解情况后，向镇里反映，镇里向县督考办上报，县督考办积极协调县人社局就业办为其办理创业贴息贷款10万元，仅10天时间李涛就拿到了贷款，扩大了超市经营规模，圆了李涛创业梦。

三是密切了党群干群关系。民意收集分理机制的建立，有效转变了干部作风，破除了蹲在“家”里等诉求的被动局面，变群众上访为干部下访。广大党员干部走街串巷、入户拉呱，倾听民意、汇集民智，在与群众面对面交流中进一步增强了群众观点，在解决群众诉求中进一步拉近了党群干群关系。县民政局干部在泉林镇北泽沟村入户走访中，了解到25岁的顾捧妮身患侏儒病，身高不到1.1米，家庭特别困难，遂为其办理了低保。通过民意收集分理机制，为群众办了大量实事、好事，群众满意率达到99.5%以上，成为群众最满意的“民心”工程。

发挥职能优势
扎实开展党员“活力细胞”行动

泰安市物价局党组书记、局长 段爱华

泰安市物价局现有在职干部职工42人，党员40名，局机关设党总支，下设3个党支部。近年来，我局坚持把创建服务型党组织作为加强机关党建工作的着力点，立足价格职能优势，以打造“阳光物价、民生至上”服务品牌为目标，深入实施党员“活力细胞”行动，引导党员走出机关、走进基层，密切党群干群关系，解决群众关心的热点问题，树立了机关干部良好形象，提升了全市价格管理水平。

一、创新组织设置，健全服务制度

组织党员主动到居住地社区党组织登记、报到，亮明党员身份，服从社区党组织的管理，局机关成立了志愿服务队，各党支部成立服务小队，居住在同一社区的党员成立服务小组，老干部党员成立互助小组，明确各服务组织负责人、联络人和职责范围。全局共成立志愿服务队1个，服务小队3个，服务小组9个，互助小组3个，志愿者亮出党员身份，参加志愿服务，树起了党员服务群众、岗位奉献的鲜明旗帜。建立定岗承诺制度，根据党员自身特长、工作等实际，按照政策宣传、绿化美化、扶贫帮困等岗位形式，组织党员认领社区志愿服务岗位，由局机关党总支和社区党组织共同审核确定，签订《党员领岗认责协议书》，全局40名党员共在15个社区认领志愿服务岗位58个。按照承诺、定诺、践诺、评诺的程序，由志愿服务党员提出服务承诺，向党员群众公开，接受群众监督，年终对党员践诺情况进行评议。

实行“志愿服务奉献积分卡”制度，对党员志愿服务情况进行量化评分，局机关党总支为每名党员志愿者建立“奉献积分卡”，每次志愿服务结束后，由党员在积分卡上如实填写服务内容，服务对象签字确认。区分志愿服务的难易轻重以及奉献大小，合理确定奉献积分分值，积分80分（含80分）以上为优，60－79分（含60分）为良，60分以下为差。年终，根据党员志愿服务情况，计算总分，以此作为评先树优、考核奖惩的重要依据，激发了党员服务基层、奉献社会的动力。

二、立足价格职能，服务经济民生

发挥物价部门职能优势，拓展志愿服务范围，以价格服务“进社区、进农户、进企业、进学校、进医院、进商场”为主要内容，深入开展“价格服务进万家”活动，送政策上门，送服务到家，让群众明明白白消费。组织党员做好五项工作，即：政策宣传，成立了“价格政策进社区”义务宣讲组，到各社区进行巡回宣讲，举办价格政策和物价知识讲座，向群众发放《价格法》、《价格违法行为行政处罚规定》等宣传材料，现场解答群众提出的价格问题。目前已举办讲座11场，发放宣传材料400余份，现场解答问题30多个，受到社区群众的欢迎。这项活动他们将长期开展下去，计划用一年多的时间，走遍泰城70多个社区。结合“3.15”、法制宣传月、“五下乡”等活动，向农户、农民发放价格收费政策汇编、缴费明白卡、宣传单等19万余份。走访调研，深入企业、居民区、楼宇、商铺等，了解群众需求，摸清群众、社区、企业等基层单位情况，解答价格方面有关问题，听取群众意见建议，做好社情民意的上传下达。对调研中发现并能协调解决的问题，采取党员干部上门解、部门结对帮扶解、相关部门联动解等方法，帮助基层和群众解决难题，取信于民。全局党员志愿者共走访居民群众1200多人次、基层单位50多家。为帮扶村争取到修建扬水站及五小水利工程专项资金38万元、道路整修专项经费15万元，为可再生能源发电企业争取政策补贴748万元。建议建言，围绕如何加强社区、企业、学校、医院建设方面建言献策，提出一条以上科学合理的意见建议，帮助解决实际问题。目前，共向基层单位提出意见建议55条，有47条被采纳。价格监督，深入医疗、教育等贴近民生的单位，以规范明码标价、倡导价格诚信、培育价格自律意识为重点，畅通价格投诉举报渠道，加强价格监督，切实减轻群众负担。目前，全市共设立价格服务（监督）站1100个，聘请价格监督员2097名，安装各类价费公示牌5000多块，公布市场价格动态信息25600多条，受理举报投诉案件585件，处理乱收费单位30多家，查处乱收费额300余万元，维护了群众的价格权益。座谈交流，定期召开党员“活力细胞”行动座谈交流会，对开展志愿服务活动情况进行总结展示，交流经验，查找问题，整改提高。“价格服务进万家”活动的开展，搭建起了以物价部门为线，以乡（镇）、村和社区为面，以广大群众为点的全覆盖的价格监管服务网络，打造出价格服务的新“亮点”。

三、开展服务活动，促进社会和谐

积极与社区党组织对接，结合社区和物价工作实际，发挥党员志愿者先锋引领作用，开展服务群众活动，促进社会和谐稳定。**一是开展公益服务活动。**与嘉德、大河等社区签订《志愿服务协议书》，开展了向大河社区“社区书屋”捐书活动，党员干部共捐书181册，并拿出部分资金购置新书129册。组织15名党员志愿者到岱道庵社区，开展“学雷锋作表率”主题服务活动，进行环境卫生大扫除，设置咨询服务台，向社区居民宣传价格政策法规，提供法律服务援助，在两个多小时的活动中，共清理垃圾20多处，接受群众咨询100余人，发放宣传材料1000多份。清明节期间，组织12名党员到泰山观光路防火林，协助岱道庵社区开展防火宣传活动，在墓地、进山入口处设置防火宣传站，严把入山关，向每名上山祭祀和踏青的人员发放“山东省人民政府森林防火‘四个一律’的指令和“泰安市森林防火指挥部野外禁火令”，提高了群众的防火意识，有效预防了火灾事故的发生。开展“绿色清明、美化泰山”义务植树活动，倡导大家爱护环境，种下一份爱心，再添一抹新绿，为建设美丽生态泰山贡献力量。**二是开展扶贫帮困活动。**在党员居住比较集中的岱道庵、广生泉和御碑楼等社区，对社区老党员、特困户、低保户、贫困学生、特困职工进行摸底调查，与28户困难家庭结成对子，采取“一帮一、一帮多、多帮一”等形式，通过送政策、送资金、送信息、送技能、送岗位、送温暖等多种措施，帮助他们解决实际困难。组织党员捐款捐物，定期上门走访慰问，先后为他们送去慰问金20000多元，花生油400多升，大米面粉等慰问品2000多斤，除定期上门走访外，还通过召开座谈会、电话联系等多种形式，与结对帮扶对象随时取得联系，切实做到听民声、察民情、解民忧。为缓解物价上涨对低收入群众生活带来的困难，经市政府同意，拿出894.2万元价格调节基金，对64731名城乡低保、五保和优抚对象发放了价格补贴。**三是开展文明牵手共建活动。**组织志愿者服务队开展“三个结对”文明牵手共建活动，即：结对一个社区，共树文明新风。与花园社区结对，大力倡导科学、健康、文明的生活方式，破除陈规陋习，扎实推进文明社区创建活动。结对一条街道，与岱宗大街主要路段结对，开展“门前三包”督查和文明劝导等志愿服务活动，实现无乱扔乱倒垃圾、无乱停车辆、无乱晒乱挂等不良行为。结对一个路口，倡导文明交通。与泰师附小路口结对，配合市交警一大队执勤民警开展以“礼让斑马线，安全伴我行”为主题的文明交通劝导活动，制止各类不文明的交通行为。

下一步，我局将以深入开展党的群众路线教育活动为契机，以服务人民群众、服务社会管理、打造过硬队伍为目标，不断深化党员“活力细胞”行动，疏通联系服务群众的“最后一公里”，为推进富民强市、建设幸福泰安作出新贡献。

实施“双千双万”连心工程 建立党员干部联系服务群众新机制

新泰市委常委、组织部部长 桑 民

2013年，新泰市实施以“千名领导干部包千村、万名机关干部联万户”为主要内容的“双千双万”连心工程，以“干部经常受教育、群众长期得实惠”为目标，创新推行“五三”工作法，推动党员干部联系服务群众长效化，在全市形成了“党心连民心、干群一家亲”的生动局面。“双千双万”连心工程荣获2013年度泰安市创新工作奖，成为党员干部联系服务群众的亮点品牌，开展群众路线教育实践活动的重要载体。《人民日报》、《半月谈》、《新华社内参》、《中国组织人事报》、《山东通讯》、《大众日报》、《泰安日报》等全国和地方多家媒体、网站、党建刊物先后刊载了我们的经验做法。

落实“连心卡、责任区、恳谈会”三项措施，让干部经常联系群众 把保持与人民群众血肉联系作为工程实施的根本出发点，创新载体，严格要求，推动党员干部联系群众经常化。一是户户发放连心服务卡。设计连心服务卡，注明驻村干部姓名、联系电话、服务内容，将连心服务卡插在统一印制的“爱心台历”上，全市35万户群众逐户登门发放，亮明干部身份，方便群众联系，接受群众监督。二是人人包保联户责任区。实行“1+3”联户责任制，根据驻村工作组人员数量划分区域，每名干部包保一个责任区，长期联系区内3户群众，坚持周末到村与群众同学习、同议事、同劳动。三是月月召开民情恳谈会。每月固定一天作为民情恳谈日，召开连心恳谈会，工作组会同村“两委”干部，向党员和群众代表通报征集意见办理、重点工作推进落实、矛盾纠纷调处等情况，接受群众质询，听取群众意见建议，商讨解决问题办法，真正与群众打成一片。目前，群众有难题首先找工作组已经成为习惯。

采取“入户走访、网上征寻、信箱收集”三种形式，让群众多渠道反映意愿 坚持问需于民、问计于民、问政于民，畅通群众诉求表达渠道。一是入户走访全覆盖。按照家家到户户访的要求，各驻村工作组集中1个多月时间，采取晚上入户、电话预约、田间地头同劳动等多种方式，先后走访35万余农户，心交心拉家常、面对面听民声，切实摸清了村情民意。二是网上征集直通式。开通“新泰民意通”网站“双千双万”工程专栏，安排专门人员答复和转接办理。工程实施以来，网民留言9012条，征集问题5778件，98%以上的问题得到及时答复或有效解决。三是信箱收集定点化。在各村定点设立连心箱，收集群众意见建议，工作组每周收取一次，分类汇总登记，及时研究处理。

完善“村情档、民情图、整改账”三套信息，让村情民意全方位展现 把掌握村情民意作为解决问题、服务群众的前提，健全三套信息，为工作开展提供第一手资料。一是建立村情档案。根据各村基本情况，围绕班子建设、经济收入、民生实事等五个方面，细化17项具体内容，分好中差三个层次标注不同颜色，使村级状况一目了然。二是绘制民情示意图。按照所包村群众实际居住位置，写实绘制示意图，并用不同颜色标示出示范户、党员户、困难户、重点户，标明每名工作组成员的责任区和联系户，加强动态监测分析。三是完善问题整改台账。连心工程开展以来，全市共收集群众提出的5个方面25类114项76.8万条意见建议。针对这些问题，市、乡、村分别建立整改台账，树立起“群众利益无小事”的鲜明导向。

畅通“商议、办理、反馈”三个环节，让群众反映问题及时解决 强化问题导向意识，切实为群众办实事、解难题。一是坚持民主商议。遵循群众最不满意、要求最迫切、工作组最有把握解决的原则，确定“一号工程”。各驻村工作组召开党员群众代表会酝酿讨论，报经乡镇党委研究，市委督导组审核把关，确保每个“一号工程”符合村级实际、体现群众意愿。全市共确定“一号”工程913个，其中，水电路等基础设施建设413个、经济发展项目55个、生态文明村创建200个、其它便民项目245个。二是坚持直通快办。对群众日常反映问题，及时交办、即时即办。村级能够办理的，工作组和村“两委”及时办理；需乡镇办理的，由乡镇领导小组办公室日清日结、研究解决；需市级解决的，由群众利益服务中心及时转交有关部门，跟踪督办，限期解决。目前，全市共解决群众身边“小事”27800余件。三是坚持及时反馈。对群众反映问题，不符合政策或短时期内无法办理的，说明原因，做好解释；对符合政策要求的，归口办理、分级解决，确保事事有回音、件件有着落。

强化“公开承诺、民主评议、延伸考察”三项制度，让群众评价工作成效 把群众满意作为唯一标准，干部干得好不好、作风实不实，一切都由群众说了算。一是实行公开承诺制度。在各村公开栏和村口显要位置设置驻村干部形象展示台，张贴年度工作计划和“一号工程”内容，向党员群众作出公开承诺，每季度公布一次进展情况，接受群众监督。针对群众反映比较集中、需要市级层面解决的突出问题，分解到36个市直部门，各单位一把手在媒体上作出整改承诺。二是实行满意度评议制度。每年召开一次满意度评议会议，驻村工作组组长述职，接受质询，党员和群众代表进行投票评议，作为年终考核的重要依据。三是实行延伸考察制度。市委在干部选拔任用中，延伸到村考察，做到驻村干部的民情日志必查、联系的三户群众必访、村“两委”干部和责任区内群众的意见必征求。今年新提拔任用干部都进行了延伸考察，对1名群众满意度低的干部延迟使用，建立起民考官、民选官工作机制，激励各级干部切实转变作风、为民服务。

连心工程实施以来，工作组认真履行职责，切实发挥抓发展、保稳定、强班子、促和谐等方面的积极作用，取得扎实成效。一是增进了干群鱼水之情。通过面对面听民声、手牵手帮民困、实打实解民忧，提高了群众的信任感。群众把干部当亲人，干部把群众当家人，进一步拉近了距离，增进了感情。二是提升了干部素质能力。广大机关干部走出机关、走进基层、了解实际，亲身体验农民之苦，普遍受到一次深刻的群众路线教育。在帮助群众排忧解难中锤炼了党性，转变了作风，增强了工作责任感，提升了政策水平、依法办事能力以及化解复杂矛盾、理顺群众情绪等方面的本领，接通了“地气”，增添了“底气”，焕发了“生气”。三是提高了群众满意度。工作组把为群众谋利益放在首位，坚持送政策释民惑，编印《“三同”亲情手册》，收集涉农优惠政策免费向群众发放；送服务助民生，协调完成农民培训5.6万人次，帮助农村劳动力转移就业1.15万人，发展高效农业1.7万亩，促进农民增收；送爱心解民忧，共筹集发放困难群众救助金172.8万元，为4200余名群众进行了义诊，切实提高了群众满意度，在2013年度泰安市科学发展综合考核中，新泰市群众满意度总成绩列六县市区第一位。其中，入户问卷调查16个项目居泰安市第一位。四是加快了新农村建设步伐。驻村干部发挥路子多、联系广的优势，帮助村里协调新上项目788个、总投资2.1亿元。全面启动生态文明村创建工作，开展农村环境综合整治，目前已达标的80个。深入实施“强村固基”工程，引导村集体领办合作社，为村级提供稳定增收来源。做好信访稳定工作，帮助化解各类矛盾纠纷1126起，信访案件发案率较工程实施前下降37.8%。强化村级班子建设，选拔后备干部2450人；确定后进村书记116名，调整撤换72名，帮扶转化44名。

探索纯洁新机制
激发党员正能量

乳山市委常委、组织部部长　邢海波

乳山市共有60个基层党委、31个党总支、1518个党支部，共有党员40929人。从2013年7月份开始，根据上级的安排部署，乳山市利用半年时间在全市范围内集中开展了一次党员纯洁性教育活动，并进行了党员登记工作。活动开展以来，按照党的十八大精神要求，反复研究政策，精心制定方案，严把政策界限，严格方法步骤，保证了活动有力启动、有序推进。整个活动分为宣传发动、专题教育、登记评议和巩固提高等4大环节12个步骤，根据党员现实表现和民主评议结果，经上级党组织审批，对申请登记的党员作出准予登记、暂缓登记、不予登记等三种决议，达到了摸清党员底数、强化党性意识、纯洁党员队伍的初步效果，也为今后加强和改进党员教育管理、保持党的先进性和纯洁性探索了路子、积累了经验。主要做法如下：

一是深入宣传发动。坚持开门搞教育，充分利用电视台、报纸和网站等媒体连续1个周发布活动公告，在全市601个村、355个居民小区、400多个企事业单位显要位置张贴活动公告5000余份，广泛宣传这次活动的目的意义和活动要求，形成了强大的舆论氛围；深入开展“组织找党员、党员找组织”活动，运用致党员一封信、电话联络、逐人通知等方式，让活动家喻户晓、深入人心。通过大声势、多角度、全方位的宣传，形成了正确的舆论导向，党员群众参与的热情和积极性显著提高。据统计，这次活动中，全市党员参与率达到96%以上，有1000多名长期失去联系党员重新找到了归属。

二是党员申请登记。活动中，主要采取党员登记的方式，对党员资格进行审查和确认。(1)发布公告。登记前1个周，各级党组织通过召开党员大会、广播、明白纸、公开栏等途径发布登记公告，明确登记方法步骤和截止时间。(2)送达通知。党支部将登记通知书送达每名党员手中，通知其在规定时间内主动向所在党组织提出登记申请，逾期视为自动放弃登记。(3)申请登记。每名党员经过慎重考虑后，向党支部表明登记意愿。对申请登记的党员，发放登记申请表，引导其撰写党性分析材料，总结剖析2007年以来在思想、作风和工作等方面表现。对不愿登记的党员，尊重其选择，由本人填写自愿放弃登记表并签名。

三是现实表现鉴定。为客观评价党员遵守纪律和履行义务情况，采取“个人申报、组织鉴定”的方式，对党员现实表现逐一进行鉴定，做到自我评价和组织评价有机结合。在评价内容上，依据不合格党员表现，列出了受到纪律处分、参与集体上访、不参加党内活动、不及时交纳党费、不执行党组织决议等5项具体明确、便于认定的行为表现，按权重分别赋分，满分为100分。在评价方法上，采取“个人申报、组织认定”的步骤，先由党员进行自我评价，如实向党组织申报，由所在党支部集体研究后，逐项认定并累计扣分，最终做出组织鉴定意见。凡党员对自身存在问题隐匿不报的，一经查证属实，双倍扣分。

四是开展民主评议。在做好现实表现鉴定的基础上，坚持发扬民主，充分放权给党员，运用民主评议的办法，实行党员互评、集体评价。为提高评议的严肃性和实效性，以支部为单位组织全体党员进行评议，到会人数超过应到会人数80%的会议有效。会议按照“组织宣誓、公布登记和现实表现鉴定结果、逐人进行党性口头分析、开展民主评议”等4个步骤进行，上级党委派人全程监督，现场设立秘密写票处，当场投票计票唱票、当场公布评议得票情况，会后予以公示，确保整个过程公开透明。对一些情况复杂、问题较多的支部，还坚持全程录像，增强公信力和说服力。

五是处置不合格党员。在坚持正面教育的基础上，加大对不合格党员处置力度，进一步畅通出口。坚持定量与定性相结合，对现实表现鉴定低于60分、或民主评议合格率低于60%，或积极整改的“三不”党员，或涉嫌违法违纪正在审查等4种情形的，给予暂缓登记处理。对拒不整改的“三不”党员、信仰宗教或参与“法轮功”等邪教组织、现实表现鉴定低于60分且民主评议合格率低于60%等3种情形的，不予登记。坚持实事求是与公正公开相结合，对暂缓登记和不予登记党员的认定和处置，全部经党支部集体决定、上级党委审批把关、组织部复核同意后，最终形成决议，做到事实清楚、理由充分、认定恰当。决议作出后，召开党员大会进行公布，向党员本人反馈，并在一定范围内公示，允许党员申辩。坚持帮教与处置相结合，对暂缓登记党员，进行为期1年的帮教，给予改正机会；对不予登记的党员，按组织程序进行处置，由党委安排专人进行谈心谈话，不歧视、不排斥。

六是建立长效配套机制。围绕巩固党员纯洁性教育活动成果，着眼长远，以系统的思维健全党员教育管理长效配套机制，确保活动常抓常管。在坚持这次党员纯洁性教育活动实行登记、资格审查等行之有效的好经验、好做法的同时，针对党员教育管理方式方法落后和现实中组织不敢管、党员不听管、制度没法管等问题，多管齐下，标本兼治，出台了发展党员全程监控、党员经常性教育、日常管理、党费收缴、民主评议、现实表现鉴定、党员证、党员资格年审、组织关系转接、党内关爱、联系困难群众等10多项具体实在、有可操作性的制度，让党员长期受教育、队伍长期保持纯洁。

这次党员纯洁性教育活动，由于各级重视、组织严密、程序严格、措施到位，党员认可，基层党组织欢迎，社会反响良好，真正收到了党员受教育、工作上台阶的效果。

一是纯洁了队伍，树立了形象。本次活动中，本着“入党自愿，退党自由”的原则，通过党员自主申请登记，充分尊重党员个人意愿和选择，淘汰了一批不愿意受党内规章和党纪管束的党员；按照《党章》规定，对“三不”党员进行从严审查、从严教育、从严整改，淘汰了一批不履行党员义务的党员；采取组织鉴定、党员评议等上下结合评价的办法，淘汰了一批不符合党员标准条件、现实表现差和党内威信低的党员，有效解决了过去“开除党籍”和“个人要求退党”涉及面窄、“劝退除名”和“自行脱党”难认定等问题，疏通了党员出口渠道。

二是增强了党性，提升了素质。开展这次活动，使党员接受了一次深刻的党性教育和精神洗礼，特别是亲自参与学习、慎重提出申请、重温入党誓词、开展党性分析和公开民主评议等，感受到了党内生活的严肃性和庄重性，党员党性意识明显增强。一些老党员激动地说，多少年没有参加过这样有意义的党内活动了，早就应该抓，今后要持续抓、长久抓。一些因企业关停并转、外出经商打工等原因长期与组织失去联系的党员，回归愿望强烈，积极克服困难，主动到所在党组织提出申请，整改问题不打折扣。此次活动中，涌现了义捐毕生积蓄30.5万元的85岁老党员邵本道这一重大典型，引起新闻媒体的广泛关注，掀起了一股学习热潮。

三是强化了管理，端正了党风。通过开展纯洁性教育活动，有效解决了过去党员教育管理中存在的组织活动难、教育管理难、表现评价难、作用发挥难“四难”现象，特别是通过党员登记、资格审查、现实表现鉴定、民主评议等方式，给支部提供了强有力的抓手，增强了支部威信，也规范了党员日常行为，激发了党员参与的热情和积极性。活动开展以来，全市601个村全部取消存续多年的“党员误工补贴”，党员不但没有提出异议，相反参会率较以前大幅提升。对不合格党员的组织处置，发挥了很好的警示作用，扭转了党风，树立了正气，达到了“处置一个人、教育一大片”的效果。

以群众满意度考量党建责任落实度

日照市委常委、组织部部长　邹斌芳

山东省委常委、组织部部长高晓兵在全省组织工作会议上提出，要做实基层党建责任制、完善述职、改进考核。做实基层党建责任制，关键在于把责任评准考实。今年以来，日照市采取电话测评、问卷调查两种办法，开展了乡镇党委抓基层党建群众满意度"双评议"，让基层党员干部群众客观真实评价乡镇党委党建工作情况，实现了基层党建"下评上"，健全完善了基层党建责任体系，初步形成了以乡镇党委抓基层党建群众满意度"双评议"为主体，以乡镇党委书记抓基层党建专项述职为补充的工作格局，打通了基层党建责任落实"最后一公里"。

一、动　因

近年来，日照市在基层组织建设调研中发现，乡镇党委抓基层党建工作有三个问题比较突出。**一是基层党建责任制在有的乡镇"落了空"**。有的乡镇党委特别是党委书记重经济、轻党建，忽视基层基础工作，对基层党建"平时不愿抓、忙了没空抓、检查突击抓"。**二是一些政策和制度在有的乡镇"断了层"**。有的乡镇对上级党组织的制度规定执行落实不到位，工作不规范，群众不满意。**三是考核乡镇党委抓基层党建缺乏民意评价**。当前考核基层党建工作的办法很多，包括党委书记专项述职、现场观摩等，但主要是"上评下"，出现了"不看僧面看佛面"，打"人情分、面子分"的问题。基于以上认识，我们体会，抓基层党建工作，关键要落实乡镇党委基层党建责任制，考准考实这一责任，就突破了基层党建的"中梗阻"。为此，2013 年 6 月份以来，日照市先后召开市县乡村四级 10 多个座谈会，访谈干部群众 200 余人，在几上几下、充分听取基层意见基础上，开展了以群众满意为标准，以电话测评、问卷调查为主要方式的"双评议"活动，形成了评价乡镇党委基层党建责任长效机制。

二、主要做法

在评议主体上，突出群众和基层导向。测评主体为群众、党员和基层干部三类群体。把握了三个方面。一是具有广泛性。建立各乡镇群众、党员和基层干部数据库。其中群众库由通讯公司提供，党员和基层干部库由乡镇提供，共收集信息 23 万余条。二是体现知情性。由知情人评价责任人，参与测评的群众、党员和基层干部，在乡镇长期居住，能够有效了解乡镇党建工作情况，反映对基层党建的直观感受。三是注重代表性。群众包括普通群众和"两代表一委员"，党员包括农村社区、"两新"组织和机关企事业单位党员等，基层干部包括村"两委"干部和乡镇干部，确保每类测评群体都能从不同侧面为乡镇党建工作准确"画像"。

在评议方式上，采取"电话 + 问卷"办法。引入第三方参与，分别由市社情民意调查中心、国家统计局日照调查队开展电话测评、问卷调查。根据乡镇户籍人口数量确定测评人数，其中，户籍人口 4 万以下、4 – 6 万、6 万以上的，分别电话测评 300、360、420 人，问卷调查 100、120、150 人，问卷调查同时包括书面征求意见内容。电话测评以区县为单位逐乡镇进行，区县组织部负责同志、乡镇党委书记现场旁听，达到"红红脸、出出汗"的效果。问卷调查采取现场公布调查对象、现场通知领表、现场独立填写、现场收回形式，每个区县集中一天完成，乡镇工作人员不得参与。同时，制定"双评议"各个环节工作流程、工作要求和工作纪律，提前对工作人员进行培训，做好工作预案，确保"双评议"每个环节都公开公正，民声民意反映畅通。

在评议内容上，设计个性化测评项目。聚焦基层党建开展评议，共确定 36 项测评项目。其中电话测评党员、群众 13 项、基层干部 7 项，问卷调查 16 项。抓好"两个突出"。一是突出评议重点。群众测评项目，主要反映乡镇日常党建工作情况和工作成效；党员、基层干部的测评项目，主要包括发展党员、"五有"建设等市县基层党建重点工作项目。每项测评分满意、基本满意、不满意三个等次，分别赋分，实行百分制考核。二是突出可操作性。电话测评采取口语化、拉家常的方式，确保群众一听就懂、一听就能回答。调查问卷项目包括党员发展和教育管理，村级集体经济，镇村干部作风等方面，每项都易懂易答。通过评议项目，全面反映乡镇党建情况。

在结果使用上，实行全市量化排名通报。根据各乡镇"双评议"情况，按照电话测评占 60%、问卷调查占 40% 的比例计算各乡镇成绩，在全市排名通报。其中，既通报综合成绩排名，又通报各评议项目乡镇排名情况，让各乡镇看到党建整体工作、单项工作在区县和全市的位置，找到差距不足、找准努力方向。"双评议"结果作为乡镇科学发展、评先树优和干部提拔任用的重要依据。同时，下发做好"双评议"结果运用工作《通知》，组织各区县、乡镇对照评议结果开展自查、抓好整改，自查和整改情况作为镇村开展党的群众路线教育实践活动重要内容。

三、取得成效

乡镇党委抓基层党建群众满意度"双评议"，是日照市做实考准乡镇党委党建工作责任制的积极探索，取得了

"三个转变"的初步成效。

做实了乡镇党委基层党建责任制，实现由"要我抓"向"我要抓"的转变。满意度"双评议"有效反映了县乡基层党建工作情况。比如，有的区县每月开展"议事日"活动，综合成绩比全市平均分高0.6%；有的乡镇实行党员积分管理，党员满意度高于平均分2.8%，有的乡镇村干部补贴报酬发放及时到位，测评得分高，这证明基层党建干与不干不一样，干好干孬不一样，有效提高了县乡党委抓基层党建的积极性。通过现场旁听"双评议"，群众每个"不满意"都引起乡镇党委书记的震动和思考，"脸红了、汗出了、脖子粗了"，有的甚至"信心十足来、低头沉思走"。评议结束后，各乡镇对照评议结果进行自查分析，先进的感到有压力，不敢怠慢，落后的感到有动力，主动作为。同时，各区县围绕测评项目开展了乡镇党委书记专项述职，普遍感到，通过"双评议"活动，乡镇党委书记的述职"更实在、更具体，更有针对性"，切实督促乡镇党委书记履行基层党建"第一责任人"职责。

对乡镇基层党建工作量化排名，实现由"定性考核"向"定量考核"转变。以往对乡镇党建的考核，主要采取听汇报、看现场、工作检查等形式，获得表面、主观印象多，很难量化；各乡镇的自我比较也停留在区县层面。"双评议"打破了地域限制，实现了基层党建全市量化排名，每个乡镇既看到了在本区县的位置，又看到了在全市的位置，工作定位和重点更加突出。得分低的乡镇，能找准出现问题的原因和环节；得分高的也看到了相对薄弱的环节，产生了压力，比如，综合成绩第二的乡镇，发展集体经济得分低于平均分0.22%；中间状态乡镇与先进乡镇比，有不足有优势，有劲头有奔头。"双评议"结果也和我们平时掌握情况相互印证、基本一致。比如，工作检查中发现一个乡镇村干部补贴发放不及时，结果这一评议项目得分全市垫底。

抓好了评议结果的运用，实现由"就党建抓党建"向"解决问题、围绕中心"转变。评议结束后，在对县乡成绩排名通报基础上，对评议结果详细分析，形成《分析报告》，逐项研究满意度80分以下、80－85分、85分以上乡镇工作情况和特点，坚持问题导向，剖析群众满意度低的原因，提出整改建议，作为镇村开展教育实践活动重要内容。各区县、乡镇针对满意度低的环节，扎实开展征求意见、查摆问题、整改落实等工作，为教育实践活动打下基础。目前，各乡镇共征求党员群众和基层干部意见建议2700余条，其中关心基层、提高镇村干部待遇类870多条，镇村干部作风类690多条，发展党员、村级运转保障等意见建议1100多条，县乡初步制定整改措施1650余项。

建立"议事·学习日"制度
促进村级工作开放和规范

莒县县委常委、组织部部长　丁　辉

为解决农村存在的党员活动不正常，议事决策不够民主、公开、透明，基础工作不够规范等问题，自2012年12月开始，莒县探索实施了农村党员群众"议事·学习日"制度，即每月25日，全县所有行政村都要组织召开会议或开展活动，进行民主议事或学习，到2013年12月底，已连续举办了13次，走出了一条有效领导农村工作、加强农村基层组织建设的路子，全县呈现出农村干部主动接受监督的意识、村级班子向心力、党员队伍凝聚力不断增强的良好趋势。

一、主要做法

（一）精心设计活动内容，灵活采取活动形式　为保证"议事·学习日"有事议、议党员群众关心的事，每月的议题实行县、乡、村上下结合、"一月一议"，按照"5＋X"模式来确定。"5"为规定动作，即所有村每个月都要组织开展的内容：一是组织与会人员观看电教片。二是通报上月议定事项落实情况。三是调度"党群联组"组长开展工作情况。四是开展"两公开一会审"，即公开当月财务收支、现金结余情况，对下月财务收支预算进行预公开，与会人员对相关事项进行会审、讨论、集体表决。五是通报来信来访调查处理情况，接受与会党员群众的评议和质询。"X"为自选动作，采取县、乡命题与村点题相结合的方式确定，各乡镇街道、村可根据工作需要，增列其他议题，总量掌握在3项以内。在活动形式上做到"五为主"，即以利用远程教育设备组织看电教片为主，以县乡包村干部辅导为主，以开展谈心交流为主，以举办文体娱乐和志愿者服务活动为主，以外出参观为主。

（二）提出硬性要求，执行无例外　为防止农村党员群众"议事·学习日"制度执行走了样、落实不到底的问题，县委统一规定，所有行政村的活动时间统一定在每月25日，无特殊情况不得随意更改；每月22日，各村党组织负责将当月"议事·学习日"活动的议题、时间、地点，通过广播喇叭、村务公开栏进行公示；活动结束后，各村形成决议的事项要及时公开。参加活动的人员为村"两委"成员、全体党员和村民代表、村务监督委员会成员，吸收入党积极分子和自愿参加的群众列席旁听。“议事·学习日”活动由村主职干部主持或委托乡镇街道包村干部主持，指定专人点名、做记录，记录经村主职干部、包村干部审核无误并签字后存档备查。县乡包村干部要全程参与所包村的“议事·学习日”活动，并负责采取录像或照相的方式进行实时监督。以上要求，对所有行政村实行“一刀切”、无例外。

（三）强力督查，严格考核 县委提出，活动一经开始，将毫不放松地一抓到底，坚决防止虎头蛇尾、有始无终、失信于民，县直各部门单位一律不得影响和干扰“议事·学习日”制度的正常执行。每月24日，县电视台利用滚动字幕，全天播发当月农村党员群众“议事·学习日”活动议题；县委组织部利用手机短信平台，向县乡包村干部、农村党组织书记、大学生村官宣传当月“议事·学习日”的内容。县委组织部从县基层组织建设工作领导小组成员单位抽调42名工作人员，组成21个督查组，每个组督查一个乡镇街道（包括莒县经济开发区），每个乡镇街道每次督查3个村，督查组每次要全程参与一个村的议事学习活动。每月25日，各督查组统一到县委组织部领取任务，乘出租车，带着地图和照相机，不打招呼，直接到所督查村看、听、访，督查情况通过《基层组织建设简报》进行通报。县委组织部通过电话，每次随机调查100名农村党员群众，进一步了解各乡镇街道、村“议事·学习日”活动组织和开展情况。对不按时组织或“议事·学习日”活动无实际内容，导致流于形式、走了过场的村，在全县通报批评，并与乡镇街道基层组织建设考核、包村干部考核、村主职干部补贴挂钩；督查组工作不细致、不深入或者弄虚作假的，也在全县通报批评，并通知其所在单位换人。

二、初步成效

一是畅通了农村党员群众宣传教育渠道 “议事·学习日”制度实现了党员群众学习的经常化，农村党员群众通过看电教片、机关干部辅导、讨论交流以及组织外出参观考察等方式，及时学习上级最新精神和应知应会的知识。制度实施以来，各村组织党员群众先后学习了党的十八大精神、2013年中央一号文件，观看了电教片《信仰》、《兴村三十六策》以及介绍诸城市、奎文区社区建设及党建经验等系列电教片，学习了县委、县政府最新的文件精神，做到了上级号召什么、要求什么，村一级就及时学习宣传什么，实现了政策、知识和信息的直通。

二是保障了农村党员群众的民主权利 每次活动事先公示议题，议事时允许任何人参与或旁听，重大事项和财务支出由党员群众集体审议和表决，议定事项会后及时公开，并在下一次“议事·学习日”调度落实情况，使党员群众的知情权、参与权、表决权和监督权得到了充分体现，提高了村级决策的民主化、科学化水平。活动开展以来，全县累计审议村级重大事项和财务收支项目7万余项，经党员群众提议并实施的重大村务300余件，当场否决的事项43件，否决不合理开支90多笔，从源头上减少了新的不稳定因素的发生。

三是培养锻炼了基层干部 “议事·学习日”制度把县乡机关干部推到了直接联系服务群众的最前沿，在参与和指导开展“议事·学习日”活动中，机关干部增强了服务意识，转变了工作作风，提高了做群众工作的能力和水平。

四是掌握了农村工作的主动权 不管是常规工作还是阶段性的重点工作，不管是经济工作还是党建工作，不管是前期部署还是后期推进落实，不管是调度工作还是补齐工作短板，都可以列为“议事·学习日”活动议题，通过强力督导，达到预期目的，收到立竿见影的效果。我们组织各村先后开展了农村党员和干部述职述廉评议、农村返乡人才恳谈、研究村“两委”年度工作目标和为民办实事项目、开展环境综合整治等，把完成上级部署的工作任务和加强基层组织建设有机结合。目前，村级党组织活动不正常、活动场所不达标、工作不规范等系列问题，均有了较大改观，基层基础工作显著加强。

三、几点思考

第一，必须坚持领导重视，始终“书记抓、抓书记”。“议事·学习日”制度作为县委抓农村工作的总抓手，列入乡镇街道基层组织建设考核和党委书记党建述职的重要内容，引导党委书记自觉抓好制度实施。县委书记刘守亮带头参加所包村的“议事·学习日”活动，经常以个人名义给乡镇党委书记发短信，提出指导意见和具体要求。其他43名县级领导和县直292名包村机关干部也都参加所包村“议事·学习日”活动，指导活动开展，对有关政策和问题进行解读和释疑。

第二，必须把立足实际，顺应基层群众的需求作为谋划工作的出发点和落实点。“议事·学习日”制度充分考虑基层和群众的承受能力，顺应农民盼望发家致富、当家作主以及和谐稳定的期待，从转变干部作风、规范干部履职行为入手，积极探索和完善服务措施，干部不断受教育，群众持续得实惠。加强基层组织建设的制度设计只有从群众的需要出发，而不是闭门造车，制度就会具有强大的生命力。

第三，必须用统筹的思路，整合力量抓推进。县委组织部利用强有力的督查和考核两个手段，增强了县乡村干部参与、指导和组织“议事·学习日”活动的责任感；通过与县农村基层组织建设工作领导小组各成员单位建立共建共享机制，把农村党员群众“议事·学习日”变成各成员单位部署工作、推动落实和检验成效的开放式平台，有效地调动了各成员单位参与督查、集思广益、巩固扩大“议事·学习日”制度成果的积极性。

第四，必须强力实施，在不断研究新问题、解决新情况中抓好工作落实。“议事·学习日”制度实施以来，坚持雷打不动，风雨无阻，不折不扣抓好执行。实践证明，只有真抓实查、强力推进，才能纠正有令不行、有禁不止的行为，维护制度的严肃性和权威性，达到预期目的。同时，“议事·学习日”制度必须坚持在探索中推进，在推进中完善，不断解决实施过程中发现的新问题、新情况，使制度不断焕发新的生机，在推动农村科学发展、维护社会和谐稳定、加强基层组织方面不断展现新作为。

"三项制度"搭建党群干群"连心桥"

莱芜市委常委、组织部部长　黄希俭

莱芜市委组织部在开展党的群众路线教育实践活动中，坚持以联系服务群众为落脚点，在全市村（社区）全面推行以党组织书记接访、"两委"成员走访、党员包户为主要内容的基层党组织联系服务群众"三项制度"，从人民群众需求出发，重心下移，工作下沉，接地气，听民声，解决群众看得见、摸得着的突出问题，进一步转变了基层干部作风，密切了党群干群关系，夯实了基层组织基础，为全市经济社会科学发展提供了坚强的组织保证。

一、主要做法

"三项制度"知民情，搭建党群连心桥　在全市1057个村（社区）全面推行以党组织书记接访、"两委"成员走访、党员包户为主要内容的基层党组织联系服务群众"三项制度"，充分发挥基层党组织的战斗堡垒作用和共产党员的先锋模范作用，真正做到走遍每一个家庭，遍访每一户民情，倾听每一个诉求，解决每一个问题，构建起了无缝隙、全覆盖的社会管理网络。一是党组织书记接访制度。村（社区）党组织书记每周至少固定一天时间接待群众来访，与群众"零距离"接触，"面对面"沟通，"心贴心"交流，认真倾听群众意见和要求。确定接访日后，通过党务（村务）公开栏、广播、手机短信、村报、网络等方式告知群众，扩大群众的知情权、参与面。对接访中群众反映的问题，认真答复办理，如实填写《莱芜市村（社区）党组织书记接访记录本》，做到一人一记、一事一记，由党组织书记亲自办理或安排专人负责办理。二是"两委"成员走访制度。按照不漏一户的原则，由村（社区）党组织确定"两委"成员走访群众的户数和名单，"两委"成员每户每年至少上门走访两次，并视工作需要和群众需求随时走访。开展走访时做到"双清"，即"两委"成员清楚走访户的基本情况，增强工作的针对性；群众清楚走访的两委"成员"情况，清楚谁来走访，怎么联系，通过什么方式反映问题。积极推行"党群连心名片"，走访时将"两委"成员和村（社区）党员的有关信息以名片的方式发放给群众，让群众随时联系得上，找得着人，诉求能在第一时间得到表达。全市每个村（社区）都做到了一户一张"党群连心名片"，实现了党群干群全天候、无障碍沟通。三是党员包户制度。按照党员包户"全覆盖"的原则，由村（社区）党组织研究确定每名党员承包的户数和名单，并建立规范的包户工作台账。党员每个季度到联系户至少开展一次走访慰问、谈心交流、牵手共建等活动，做到真正关心、真情关怀、真心帮助。包户党员每个季度要向村（社区）党组织汇报包户工作情况，对一些苗头性、倾向性问题，突发性事件和不稳定因素，随时汇报，并提出解决问题的意见建议。

三本记录保实效，实实在在解民忧　在推行"三项制度"中着力落实三本记录，实行销号管理制度，办好一件，销号一件，确保群众的诉求件件有着落、事事有回音。一是填写接访记录。书记对接访中群众反映的问题，能当场答复解决的，当场答复解决；不能当场答复解决的，如实填写《村（社区）党组织书记接访记录本》，事后提交党组织研究处理，村（社区）解决不了的问题，按程序上报有关部门进行办理。二是撰写民情日志。村（社区）"两委"成员和党员按照分工安排，进家入户走访群众，特别是把贫困户、残疾人、鳏寡孤独老人、留守儿童和上访户等群体作为重点走访对象，在座谈了解的基础上认真撰写民情日志，逐项详细记录群众家庭的重要信息和反映的问题。对党员群众提出的意见建议及时整理汇总，交付村（社区）党组织研究处理。对走访中发现掌握的苗头性、倾向性问题，突发性事件和不稳定因素，及时逐级上报。三是健全民情档案。以"两委"成员和党员走访掌握的情况为依据，做到"一户一档，全部建立规范的纸质和电子民情档案，并根据走访情况，及时调整充实档案信息，确保民情档案底数清、情况明、信息全，增强社会管理工作的针对性。在建立三本台账的同时实行意见反馈制度，明确党组织书记接访、"两委"成员走访和党员包户走访时群众反映问题的办理反馈时限。属村（社区）"两委"工作职责范围内的一般事项，3天内办结反馈；需报请上级部门解决的问题，及时转交处理，并向群众反馈信息。对不符合政策法规和有关规定、确实解决不了的问题，做好耐心细致的解释工作，让群众明白、请群众理解。

三个监督促落实，凝心聚力促和谐　通过强化三个监督，确保"三项制度"健康运行，切实打造群众满意工程。一是群众全程监督。为防止"三项制度"流于形式，书记接访台账、"两委"成员走访台账和党员包户台账均须群众在《群众意见办理反馈单》上填写评价意见并签字，并作为上级组织部门和镇（街道）党委实施督查考核的重要依据。二是上级党组织定期监督。市、区组织部门和镇（街道）党委通过实地暗访、随机走访、入户调查等形式定期组织督查活动，并将推行"三项制度"情况纳入镇（街道）、村（社区）工作实绩考核范畴，年终实施专项考核，对工作流于形式、落实不力、没有效果、群众意见较大的，单位和个人取消评先树优资格，村（社区）干部不得发放全额补贴报酬。三是媒体舆论监督。注重发挥新闻媒体舆论监督作用，对落实“三项制度”不力的或群众意见较大的，一经查实，通过新闻媒体曝光，进行严肃处理，并责令相关单位和个人限期整改，直至取得明显成效，达到组织和群众满意。

二、取得成效

“三项制度”的全面推行，进一步健全完善了基层干部联系群众、服务群众的工作机制和运行机制，为村（社区）持续健康发展注入了源源不断的活力，形成了村（社区）党组织和党员群众共同参与和谐村（社区）建设的生动局面。制度实行以来，全市村（社区）共开展接访12600多次，解决群众反映的问题2658个，为群众办实事1477件。

一是掌握了基层社情民意，促进了社会和谐稳定 通过制度层面的框定和刚性措施的制约，基层干部定期开展接访、走访，并为村（社区）群众建立档案，及时掌握流动人口、困难对象、上访对象、帮教转化对象等各类重点人员的动态，甄别筛选、逐级向党组织上报各类情况，从而较好地解决了基层党组织在管理服务中情况不明、底子不清、信息不全等问题。这样也为全面掌控社情民意，有效化解各类矛盾纠纷储存了翔实的第一手资料，工作的针对性、时效性更强，群众关心的诸如社区治安、水电气暖、教育医疗、环境绿化、贫困救助、文体活动等热点、难点问题得到及时有效的解决，党群干群关系理顺了，整个村（社区）心齐了，气顺了，社会也就和谐稳定了。

二是改进了工作方式，促进了干部作风转变 开展“三项制度”让基层干部把精力、身子下沉下去，把办公室搬到群众家门口，为基层干部开辟了深入基层、走向群众的通道，进一步拉近了干群之间的距离，增强了基层干部做群众工作、处理实际问题和应对复杂局面的能力。群众普遍反映，过去是群众千方百计找村（社区）干部，干部张张嘴、群众费尽周折去跑腿，现在倒过来了，是村（社区）干部真心实意找群众，群众张张嘴、干部心甘情愿去跑腿。“张嘴”、“跑腿”不仅仅是前后位置的变化，更是宗旨观念和服务理念质的转变和提升，这样的工作作风，这样的基层干部肯定是受群众欢迎的，这样的村（社区）党组织肯定是能得到群众拥护的。

三是规范了村（社区）管理，夯实了基层组织基础 基层党组织实行“三项制度”，将村（社区）民主决策、民主管理、民主监督有机结合起来，村（社区）干部自觉遵守议事规则，依法依规办事，自觉接受群众监督，村（社区）各项事务坚持在阳光下操作，管理进一步规范，群众的知情权和参与权进一步扩大，基层党组织的凝聚力和战斗力明显增强。同时“三项制度”的全面推行也为广大党员提供了发挥先锋模范作用的广阔舞台，党员的荣誉感和责任感明显增强，宗旨意识、服务意识明显提高。

弘扬沂蒙精神　践行群众路线

沂水县委书记　刘贤军

沂水县地处沂蒙革命老区，是沂蒙精神的重要发源地之一。沂蒙精神是党的群众路线的生动写照，密切联系群众是沂蒙精神的最鲜明特质，也是这片红色热土不断跨越发展的精神动力。为进一步继承革命传统，切实转变作风，密切联系群众，近年来，沂水县积极传承弘扬沂蒙精神，按照党的十八大提出的在全党开展党的群众路线教育实践活动的要求，早行动、早部署，于2013年1月启动了干部“联系群众、转变作风”活动，开展“寻源之行”，把转变作风化为发展的强大动力。

一、网格化、全覆盖，做到直接联系服务群众

以“幸福民享、责任官当”理念为引领，坚持全员联系，把直接联系作为一条底线来严格要求，改变以往干部联系村干部，联系个别困难群众的做法，全县10180名干部全覆盖联系33.7万户、113.2万群众，把所有干部、所有群众全部纳入工作体系。总体工作做到“五个一”：一张承诺卡、为民服务公开化，一条联系线、沟通交流经常化，一份民情表、群众冷暖明细化，一门好亲戚、解困释疑亲情化，一张为民网、联系群众网格化；每名干部做到“五个一”：拉一次家常呱，吃一顿农家饭，住一宿农家房，听一条群众意见，提一条工作建议，同时要求干部只要在沂水工作，岗位可以变动，联系户保持不变，经常联系，长期联系。针对联系面广的实际，实行网格化管理，区域化定责，每名干部根据群众居住区域集中联系30户左右，作为基础网格；每村为一个小网格，由若干名联系干部组成；每个工作片为一个中网格；每个乡镇为一个大网格，在全县形成了一张横到边、纵到底、定人定责、直观清晰的群众工作“鱼鳞图”。以“全覆盖、网格化”的设计，破解操作层面难题，实现了干部、群众两个“全覆盖”，干部“用脚步丈量民情”，与群众一年至少见面2次，平时通过电话、短信等方式保持经常联系，建立起了“直通线”，群众有困难能知道干部在哪里，有事能随时找到干部。

二、运用数字信息化手段，破解联系群众工作难题

针对联系群众面广量大，用传统方式来落实责任、考核工作，存在成本高、实效性差、人为因素大、考核不实等实际问题，我们围绕“可抽查”的要求，充分运用现代化信息网络技术，建立大数字库，把所有干部和群众信息编号录入联系群众工作管理系统，每名干部与30户左右的群众信息一一对应，干部责任、网格责任一目了然，联系情况、搜集解决问题情况清晰可查，据此建立起常态化公开抽查机制。领导干部没有任何特权，既要带好头，也与所有干部平等接受抽查。通过对每名干部进行随机抽查，核实干部的联系情况和解决群众诉求需求情况，并由群众评价是否满意，让弄虚作假者无处遁形。目前，已举行7次大规模的现场直播调查会，公开抽查了50多名干部，其中包括副县级以上领导干部15人；日常随机抽查、分区域分专业抽查6000余人，占全县联系干部的50%以上。为深化推进工作，部署各县直部门建立联系群众专业平台，凡能够对群众公开的工作全部公开，从工作安排、中间检查到最后验收考评，全部用群众的思维方式、群众的工作方法、群众的评判标准、群众的监督渠道来解决，群众的评议结果就是部门工作的考核成绩，既简化了工作流程，降低了行政成本，提高了工作效率，也对管理手段进行了有益的探索创新。如：对畜禽养殖面源污染实施专项整治行动，改变过去环保部门组织检查的方式，利用专业平台对7204家养殖场（户）整治情况进行了抽查，群众满意才过关；司法局将社区矫正人员管理和法律调解工作纳入平台，公开具体工作的责任人、办理情况，向有关群众调查评价情况；水利局将水域治理区域面积、整治要求、责任人和周边群众信息输入平台，进行量化定责、针对性抽查，等等。

三、建立联系群众循环体系，解决回应群众诉求需求

在全覆盖、网格化的基础和前提下，总结出了一个“循环理论”，建立起了群众工作大循环体系。具体做法是：干部全面掌握每户联系群众的家庭成员、社会关系、收入来源、生产生活、困难需求等基本情况，对每户群众提出的诉求问题，建立搜集、研判、解决、反馈机制，这样就形成一个动态小循环，每名干部联系30户就是30个循环，一万多名干部各联系30户群众就是30多万个循环，从而在全县形成一个大循环格局。通过这一体制，既能全面真实地了解掌握群众情况，又能在这个体系里面把所有群众的问题解决，没有遗漏，不留死角，也让县委、县政府决策层做到心中有数、有据可依，解决群众问题能够对症下药、科学决策，工作更有信心、更有底气。目前，统筹帮扶工作已取得这样一些实效：通过全省村级公路网化示范县资金扶持和县财政投资，修建、硬化村庄道路900公里，实现村村硬化一条主街道；重新对农村低保进行公开评定，退出“关系保”3925人，新增低保户33071人；2年投资6.5亿元完善学校软硬件建设，实行教师绩效考核办法，357名走上领导岗位的教干重返讲台，7919名教师联系学生家长103845人，促进城乡教育均衡发展，提高教育教学质量；建立全县老年人和高血压、心脏病、糖尿病等20余万特殊病患群体及乡村医生信息网络平台，与“120”急救体系对接，缩短病人急救时间；新增乡镇卫生院药品118种、村卫生室57种，免费为65岁以上老人查体11.68万人，862名医护人员联系患者或家属1.9万人；计生部门“走出去”到外出打工妇女集中地为育龄妇女查体25057人次；“千场公益演出送基层”演出2420场次、农村电影放映19718场；为70岁以上老人免费安装固定电话和手机2337户；为60岁以上老人免除数字电视初装费845户，为低保户、特困户、病灾户等特殊群体减免数字电视收视费322户，等等。全县收集群众诉求56966条，已有效解决的占92.4%以上，有部分问题没有解决、正在解决办理或需要县级统筹解决，主要是历史遗留问题、涉法涉诉问题和政策限制问题，县委、县政府正在统筹资源加以解决。

四、务求长效，充分运用联系群众工作成果

县委明确要求，联系群众工作“只有起点、没有终点”，是一项长期任务，干部要通过转变观念，把联系群众作为工作、生活和感情的一部分，让干部群众互为亲人的一部分，用干部的辛苦指数换来人民群众的幸福指数；县里要把联系群众作为促进基层工作开展的筑基工程，建立起长效机制，逐步走出一条从解决诉求到逐步地分类分层次满足需求、以党风政风转变促进民风和社会风气转变的科学路径。坚持领导干部带头，通过干部轮训（对全县8000余名一般干部进行群众工作专门培训）、事迹经验介绍、典型宣传等形式，加强正向引导；严肃纪律，反向推动工作，对19名弄虚作假、敷衍塞责的干部进行了党纪政纪处分和组织处理。建立了“干部承诺，群众评议”机制，将群众评议结果作为干部评先树优和提拔重用的重要依据。2013年，对新提拔的87名干部全部由干部所联系的群众进行评议，满意度达100%，形成了“要过组织关，先过群众关”的鲜明导向，调动了干部联系服务群众的自觉性、积极性。群众体会到这项工作的实效性，也增强了积极参与、主动联系的动力，形成了干群互动的良好局面。

推进“村社共建” 实现强基固本

莒南县委书记、县人大常委会主任 陈一兵

自2012年起，莒南县在全县部署开展了“村级党组织+基层供销社+合作经济组织”三位一体模式的“党建带社建、村社共建”工作，积极探索培育新型农业经营主体，增加村集体收入的新路子，取得了初步成效。全县新办各类农村新型合作经济组织137个，入社会员6.35万户，发展优质农产品基地22万亩，年加工销售农产品20多万吨，实现销售收入8亿元，同比增长17.5%。有7个村集体收入实现“零”的突破，年经济收入增加3万元以上的有16个村，增加5万元以上的有12个村，增加10万元以上的有4个村。已经完成的46个“村社共建”项目，每年带动农民增收2600万元。

一、秉持服务“三农”宗旨

探索推进“村社共建”工作，有三个方面的初衷：**一是着眼于供销社的改革发展。**供销社的生命力和活力就在于服务“三农”。目前供销社的基层组织只局限在乡镇一级，服务体系还没有覆盖到广大农村，无法充分发挥服务“三农”的作用。近年来，莒南县以实施现代流通网络“十百千”工程为突破口，加快建设日用品直营店、连锁店，着力构建农村现代流通服务体系。在此基础上，探索“村社共建”，把服务体系延伸到田间地头，把组织体系延伸到村级基层经济组织，能够进一步拓展服务领域，更直接、更深入、更有效地服务于“三农”。**二是着眼于促进村集体增收。**村集体增收难一直是困扰农村发展的大问题。“村社共建”可将供销社的市场网络、技术人才和基础设施等优势，与村集体的土地、组织等优势有机结合，为村集体增收找出一条好路子。**三是着眼于增强村级组织体系服务功能。**目前，不少村级组织服务不够到位、存在真空盲区，服务比较单一，群众还不满意。推进“村社共建”，能够使村级党组织、村民组织、供销社和合作社经济组织有机融合在一起，强化服务功能，打造村级组织综合服务平台，有效解决村组织“有钱办事、有人办事”的问题，提高基层党组织的凝聚力、向心力和战斗力，进一步巩固党在农村的执政基础，农村缺乏人才、服务手段单一的问题迎刃而解。

二、打造示范项目载体

“村社共建”主要是靠示范项目去落实和带动。工作中，我们着力推进“建流通网络、建社区服务中心、建农产品基地、建农民专业合作社、建批发交易市场”五大类“村社共建”项目。**一是共建优质农产品基地。**村集体通过反租倒包、委托承包、有序流转、股份合作等形式，流转出土地，提供给供销社建设基地。截至2013年，已在30个村(社区)建设农产品基地35处，年增加村集体经济收入80余万元。**二是共建农民专业合作社。**基层供销社、村两委、专业大户领办、创办或联办专业合作经济组织，村集体为合作社提供组织、人力支持，合作社购置机械、信息等设备，为社员提供大田托管、农资供应、资金互助、产品收购、加工、销售等系列化服务。**三是共建社区服务中心。**坚持“政府引导、供销社主办、多方参与、市场运作”的原则，结合新一轮行政村规模调整，村集体提供场所，与供销社合作建设高标准、多功能的社区服务中心。目前，已在20个村(社区)启动社区服务中心建设项目。四是共建农村现代流通网络。进一步完善连锁直营店(点)，培育壮大日用品和农资、再生资源现代流通网络，培育新型业态，全县新建村级各类直营店(点)22处。五是共建农产品批发市场。根据各村(社区)的产业特色，供销社与村集体共同出资，规划建设蔬菜、草莓等农产品产地批发交易市场，加强与大中型城市农贸市场、超市的合作对接，建立直接采购关系，将优质农产品直接打入终端市场。2013年已在13个村(社区)建立农产品批发交易市场，年增加村集体经济收入170余万元。

三、系牢利益关系纽带

主要采取三种模式：**一是供销社主导模式。**供销社对原有的经营项目进行整合优化，带动村集体参与合作社项目建设，通过利益分成，达到强村富民兴社的目的。比较典型的是岭泉镇淇岔河共建示范点，“共建项目”实施以来，村集体负责收集村民购买大宗商品的信息，供销社为其团购，通过团购提成增加村集体收入。另外，村集体新流转土地200亩，作为股本加入到该村的乐源蔬菜专业合作社，促进了合作社的发展，也增加了村集体的经济收入，实现了一举多赢。**二是合作经营模式。**大多数村主要采取这种模式，由村集体出地，供销社、专业合作社出资，或共同出资建设项目，按照投资比例进行分成。这种模式比较典型的是道口镇曹家庄子共建示范点。2012年，该村提供土地，道口供销社投资建设300平方米日用品超市和200平方米农资超市各一处，日常销售按低于市场价2%让利于民，村集体每年收取供销社场所租赁费1.5万元及经营利润分成1万元。此外，供销社和村集体按照12.5∶87.5的比例共同出资50万元，建设了占地20亩的蔬菜批发交易市场和1500平方米交易大棚，实行股份制经营，双方根据参控股和出资比例，进行盈余分红。村集体和供销社共同出资成立了道口香水稻种植专业合作社，村集体提供流转土地，供销社通过“大田托管”的方式负责管理和经营，按比例盈利分红。该村集体经济年收入由原来不足3万元，增加到2013年的10多万元。**三是村级组织主导模式**。经济比较富裕的村主要采取这种方式，由村集体出地、出资建设，供销社负责经营，按比例进行分红。这种模式比较典型的是石莲子镇郝家庄村共建示范点。村集体和石莲子供销社出资50万元，注册成立绿源合九果蔬专业合作社，辐射周围7个村，发展社员400余户，吸引社员投资320万元，建成400亩的果蔬基地，由村集体负责基地的土地流转及日常管理，由供销社负责产品的销售，合作社收益的60%对社员进行分红，20%纳入发展基金，15%作为村集体收入。

四、强化人才队伍支撑

一是实行“两个优先”，实现人才共享。不断完善供销社、村集体、合作社三方人才交流机制，将专业合作社的优秀负责人和村干部优先安排到供销社任职；将基层供销社和专业合作经济组织的能人优先安排到村两委任职，实现人才交流全覆盖，所有合作社实现基层党组织全覆盖。积极推进组织体系向村级向基层经济组织延伸，组建和培育兼合式、新型基层服务型党组织，在合作社中设立党支部，由村集体、供销社互派党员任职。截至2013年底，已分别在大店草莓专业合作社联合社、筵宾蔬菜专业合作社联合社、坊前联农农民专业合作社联合社设立了党总支，在35个合作经济组织设立兼合式党组织，吸纳党员82名，有27人在村社交叉任职。**二是成立专家服务团，吸纳优秀人才**。组织涉农部门300多名技术水平高、管理经验丰富的技术人员，成立服务团，定期到基层指导群众生产。**三是加强实践锻炼，培养优秀人才**。借助“村社共建”项目的技术、人才优势，大力实施现代农业人才支撑工程，加大对村两委干部、合作社社员、农民培训力度，在全县建立了10处农村实用人才培训基地，培训农村实用人才3800余名，组织360多名社员外出参观学习6次。依托“大田托管”统一种苗引进、统一测土配方施肥、统一种植技术规程、统一病虫害防治、统一产品质量监测、统一销售的“六统一”管理模式，200多名群众在实践中提高了种植和管理水平，成为农村专业技术型人才。

五、建立合力推进机制

先后出台《关于实施“村社共建”发展村级集体经济的意见》、《关于开展“村社共建”工作的实施方案》等文件，确定了年度工作任务和三年发展规划。成立以县委书记为组长，县委副书记为常务副组长，组织部长、分管副县长为副组长，县直相关部门主要负责人、各乡镇（街道）党（工）委书记为成员的“村社共建”工作领导小组，负责对全县“村社共建”工作的领导。各乡镇和有关职能部门也相应制定了规划和工作计划，成立了相应机构，抓好工作落实。把“村社共建”纳入“基层党建创新项目”，并注重与“第一书记”工作、农村社区建设一体推进。组织部门负责牵头抓总，统筹协调，供销部门具体负责项目实施，农业、水利、畜牧、民政等涉农部门积极参与，将农业产业化、新农村建设、扶贫开发等涉农项目资金重点向“村社共建”项目倾斜，其他部门密切配合，形成了推进“村社共建”工作的强大合力。2013年，全县各级各部门共协调帮扶“村社共建”项目村资金、物资折合3000多万元。县里每年拿出100万元专项资金，重点支持“村社共建”项目建设，并将“村社共建”纳入镇域经济发展“五个一”工程考核，一年两次观摩，看进度，看成效，促进了“村社共建”的深入开展。

探索实行农村社区（村）党组织书记专职化

齐河县委常委、组织部部长　沙淑红

一、综　述

为解决农村社区（村）党组织书记队伍不稳、活力不足、能力不强、精力投入不够等问题，2013年10月份以来，齐河县探索实行了农村社区（村）党组织书记专职化，参照乡镇机关在编人员管理，县委组织部审批备案，县财政按月发放工资，县人社局办理养老保险，实现在职有合理待遇，干好有发展前途，退职有基本保障，保证有足够精力抓主业，做到专人专职专岗。

二、动　因

农村社区（村）党组织书记在推动农村发展，维护农村和谐稳定中具有不可替代的作用。近年来，齐河县坚持加强农村社区（村）党组织书记队伍建设，2005年起对社区（村）党组织书记实行星级管理，考评合格的每三年晋升一个星级，共八星级，星级与补贴报酬挂钩。2007年，县委将社区（村）党组织书记补贴报酬纳入县财政统筹，并先后两次提高标准。尽管如此，仍然出现了“好汉子不愿干、赖汉子干不了”的现象。有些社区（村）“选人难”，乡镇党委不得不降格以求，削弱了党组织战斗堡垒作用。主要原因有四点：一是待遇低，没干头。2012年全县社区（村）党组织书记年均补贴报酬为8000元，不足一个普通农民外出务工收入的三分之一，较低的补贴报酬与工作付出不成正比，直接影响了党组织书记的工作积极性。二是地位低，没奔头。

目前，党组织书记缺少政治激励，在位当支书，退职当农民，基本没有什么前途和出路。用他们的话说："干好干坏一个样，既没有什么实惠，也没有什么前途。"三是无保障，没盼头。2012年全县社区（村）党组织书记退职工资年均仅768元，而且只有2007年退职之后的党组织书记才享受这一待遇。有些书记因为原来干工作得罪了人，退下来后没人理，也没有保障。有的乡镇党委在工作方面交任务、压担子多，关心支持不够，甚至以威胁的态度对待社区（村）党组织书记，一有难事过不去就先讲："你干不了就换人"，出了事干脆免掉职务，调整比较随意。

三、做　法

（一）强化管理，实现专职专岗　一是实行双重管理。社区（村）党组织书记由县委组织部建档备案、审批任免，乡镇党委负责日常管理、监督考核。社区（村）党组织书记的调整，由乡镇党委研究提出意见，报县委组织部审核后，由乡镇党委履行任免程序，有效避免了调整的随意性。对社区（村）无党组织书记合适人选的，按照"自主选报、双向选择"的原则，从县乡机关企事业单位工作人员中公开选拔，任期2年，工作与原单位工作脱钩。二是实施目标管理。建立社区（村）党组织书记岗位目标责任制，围绕落实发展壮大集体经济、联系服务群众等工作任务，确定社区（村）党组织书记任期目标和年度目标，年底进行考评，考评成绩与报酬待遇、评先树优挂钩。三是建立日常管理制度。建立社区（村）党组织书记坐班值守及请销假制度，对不请假擅自离岗的进行组织通报，累计通报超过3次的，取消当年评先树优资格。

（二）提升岗位吸引力　一是在职有合理待遇。农村社区（村）党组织书记工资，参照乡镇工作人员工资增长比例定期调整，由基础工资、星级工资、绩效工资三部分构成，由县财政直接发放到本人手中。其中，除去按月发放基础工资和星级工资外，绩效工资根据年度考核结果，由乡镇党委提报考核等次、县委组织部审核后年底发放。县乡机关企事业单位工作人员担任社区（村）党组织书记的，任职期间原单位工资待遇不变，另外每人每年5000元岗位补贴。二是干好有发展前途。年度考核"优秀"的农村社区（村）党组织书记，优先推荐为各级党代表、人大代表、政协委员人选，通过颁发证书、发放奖金等形式表彰奖励，让干好的不仅经济上得实惠，而且社会上有地位。县乡机关企事业单位工作人员担任社区（村）党组织书记，任职期满、考核优秀、成绩突出的提高待遇。三是退职有基本保障。按标准为50岁以下的农村社区（村）党组织书记办理养老保险，养老保险费以县财政补助为主、个人承担为辅。对年龄较大、不愿办理养老保险的，由县财政发放退职工资。同时，由县财政一并对建国以来连续任职10年以上、年满60周岁、正常离任的713名农村社区（村）党组织书记，按照标准发放退职工资。实行专职化后，县财政每年的投入由原来850万元增长到2330万元。

（三）加强对干部培养支持　一是加强教育培训。县财政按每人每年1000元标准列支培训经费，对农村社区（村）党组织书记进行不少于7天或40学时的集中轮训；每年，在发达地区举办1－2期培训班，接受一次异地高端培训；每年分期分批组织社区（村）党组织书记到先进地区考察学习。二是真正关心爱护。每个社区（村）每年按照5000元标准由县财政按季度拨付运转经费，保证运转开支。乡镇党委书记每年至少对所辖农村社区（村）调研一遍，为他们上一次党课。乡镇机关干部每人联系一个农村社区（村），班子成员带头联系后进村和集体经济薄弱村，帮助解决实际问题，为他们鼓劲撑腰。

四、需要解决的问题

推行农村社区（村）党组织书记专职化是一项系统工程，有些现实问题仍需采取配套措施认真加以解决。

（一）解决其他社区（村）干部补贴报酬较低的问题　当前，农村干部补贴报酬纳入县里统筹的除农村社区（村）党组织书记外，还有治保主任和计生专职主任，但是标准较低。补贴报酬标准的明显差异，使党组织书记以外的其他社区（村）干部产生了心理上的不平衡。为此，下一步计划将其他社区（村）"两委"干部报酬逐步纳入乡镇财政统筹发放，合理确定发放标准，建立以财政投入为主、多种方式筹措为辅的为民服务经费保障机制。

（二）解决选人用人标准不高的问题　为保证社区（村）党组织书记队伍的总体稳定性，在专职化工作推进初期，对年度考核合格的社区（村）党组织书记一般都自然过渡到专职化队伍中。报酬待遇的提高，增强了岗位吸引力。一是储备一批。拓宽选人视野，从农民专业合作社带头人、回乡大学生等党员中发现储备一批社区（村）后备干部，并对其进行培训。二是选拔一批。结合村"两委"换届工作，严格按照标准，选拔社区（村）党组织书记，同时配强其他社区（村）"两委"成员。三是淘汰一批。建立不合格社区（村）干部退出机制，对于不认真履行职责，述职评议"基本合格"和"不合格"票数合计高于50%，或连续两年考核为"较差"等情形的，予以免职。

（三）解决社区（村）服务阵地不完善问题，搭建服务型党组织工作平台　社区（村）党组织书记专职化的推行，初步解决了"有人办事"的问题，但是缺少服务阵地的问题仍然比较突出。对此，一是进一步加强村级活动阵地建设。加大投入力度，对不达标的活动场所进行改造升级。二是建立健全社区（村）服务中心。整合利用现有村级办公（服务）用房等，健全完善社区（村）服务中心。三是健全经营性服务网点。以市场化运作方式，鼓励和支持社会组织、企业和个人到社区（村），开办金融、超市、餐馆等商业服务网点。

（四）解决党组织服务功能单一问题，增强农村基层服务型党组织建设工作实效　当前，一些社区（村）党组织服务群众手段比较单一。下一步，一是围绕农民增收致富开展服务。鼓励有能力的社区(村)党组织书记带头领办经济合作组织,构建党群致富联合体,带动致富。二是围绕精神文明建设开展服务。培训社区文艺骨干,开展广场舞活动,丰富群众的精神文化生活。三是围绕农村社会治理开展服务。完善社区村规民约、村民自治章程,规范社区居民行为。积极培育公益性社会组织和志愿者队伍,开展志愿互助性服务。

探索建立不合格党员处置机制

平原县委常委、组织部部长　刘在军

党的十八大指出,要健全党员能进能出机制,优化党员队伍结构。针对个别党员理想信念动摇、丧失党员资格,个别党员不履行党员义务,混同于甚至不如一般群众,部分党员的党员意识不强、活力不足等问题,2013年以来,平原县立足实际,积极探索不合格党员处置工作。在6个乡镇8个村庄开展试点。目前,已有7个村初步确定了不合格党员,进入处置程序,为面上工作开展探索了路子。这项工作沿着"坚持标准、准确认定,教育为主、处置为辅,程序严谨、积极稳妥,处置一个、警示一片"的总体思路,坚持"先农村,后机关、企事业单位,试点先行、压茬进行",即2013年8月至12月,在13个乡镇的16村庄试点,2014年,在农村全面推开;2014年1月至6月,在县乡机关、企事业单位中的10个单位进行试点,下半年全面推开。

一、确定不合格党员表现

根据所掌握情况,我县初步确定了不合格党员的11方面28条具体表现:(1)理想信念动摇。痴迷封建迷信,遇事求神拜佛,热衷算卦相面,信仰宗教,参与"法轮功"等邪教组织;对党失去信心,书面申请或公开扬言退党。(2)组织生活散漫。无正当理由连续6个月不参加党的组织生活,或不缴纳党费,或不做党所分配的工作。(3)政治立场不坚定。在大是大非问题上丧失党性原则,对党的路线、方针、政策不拥护、不执行,甚至公开抵制反对;在公开场合或媒体上发表、传播错误言论甚至反党言论;对坏人坏事不揭露、不批评、不斗争,甚至包庇纵容。(4)组织纪律涣散。不履行公民和党员义务,不服从、不执行党组织的决议、决定;自由散漫,不遵守所在单位的规章制度;长期在外不与党组织联系;不维护党的团结,拉帮结派,诬陷他人,搞小集团或其他非组织活动;违反《信访工作条例》,煽动、组织、参与非法上访;违反计划生育、治安管理处罚条例等政策法规。(5)宗旨观念淡薄。私心重,不公道、不正派,对困难群众漠不关心,为谋取个人或小团体利益损害群众的合法权益;对上级党委安排的工作不执行,甚至阻碍重点工作开展。(6)工作作风不实。因失职、渎职给国家、集体和人民群众的生命财产造成重大损失;在工作、生产和各项社会活动中长期消极落后或长期旷工、消极怠工;对党不忠诚、不老实,弄虚作假,欺下瞒上,劳民伤财,骗取名利。(7)党性党悟差。事业心差,不思进取,自甘落后,精神颓废"庸懒散";在遇到急、难、险、重等任务时袖手旁观或退缩逃避,个人素质不如一般群众。(8)廉洁自律松懈。对党的廉洁自律规定有令不行、有禁不止;利用职务上的影响为自己或他人谋取不正当利益;办事铺张浪费,生活腐化,贪污腐败。(9)道德行为扭曲。不遵守社会公德和职业道德,见利忘义,损人利己;家庭不和睦,不赡养父母,不抚养子女,虐待家庭成员;为人霸道,与邻里不和;参与"黄、赌、毒、偷"等行为,生活不检点,群众反映强烈。(10)违背中央、省、市、县有关规定、禁令、制度、纪律的行为。(11)其他不合格表现。

二、处置原则

一是尊重事实原则,做到事实清楚、证据充分,准确认定不"误伤",处理恰当,经得起检验;二是坚持群众路线原则,充分发扬民主,让群众监督,使处置结果和工作过程符合群众意愿,体现群众要求;三是定性与定量相结合原则,以定量分析为参考,定性分析为依据,集中大多数党员群众的正确意见,保证处置结果客观公正;四是上级组织把关原则,严格依据党章规定操作,基层党委和组织部门审核把关,保证程序严格无遗漏、工作严肃无偏差;五是公开透明原则,整个过程公开透明,不搞提前"酝酿",不设"靶向",防止个别人打击报复。

三、处置程序

1. 排查摸底。以乡镇党委为单位,全面开展农村党员摸底排查工作,完善党员信息,建好党员台账,实现"账、人一致"。重点排查党员有无以上11方面表现,对常年在外"空挂"党员,重点了解党组织是否了解党员情况,党员是否与党组织保持联系,流入地与流出地是否加强党员管理等情况。2. 确定调查对象。在准确掌握党员情况的基础上,主要通过两种方式筛选调查对象。一是民主测评。以村为单位,召开全体党员和部分户代表会议(户代表要具有代表性,一般不低于总户数的30%)。会上,宣读不合格党员具体表现和处置程序,对全体党员进行民主测评,测评分优秀、合格、基本合格、不合格四个档次,对基本合格和不合格率达到30%左右的,确定为调查对象。二是直接确定。对排查摸底中发现的明显存在以上九方面问题的,由党支部研究，直接确定为调查对象，进入处置程序。在认定调查对象时，重点区分四种情况：把因为制度不落实，党的活动开展不正常，同党员本人主观上不愿意参加活动、不履行党员义务区别开来；把思想跟不上形势，认识模糊，同不讲党性，不讲原则区别开来；把长期患病、年老体弱等原因不能参加党的正常活动，无力完成党组织分配的工作，同革命意志衰退，长期消极落后，不起党员作用区别开来；把有正当理由不履行党员义务与组织纪律性差、无故不完成组织分配任务区别开来。3. 调查核实。乡镇党委派专人（2人以上）会同党支部，对调查对象存在的问题进一步调查核实，形成书面材料。4. 初步认定。调查结束后，召开支委会，听取调查情况，研究认定不合格党员，填写《不合格党员初步处置意见表》。5. 党委初审。党支部将有关材料上报乡镇党委审核把关。6. 组织部备案。乡镇党委将有关材料报县委组织部，县委组织部复审、备案。7. 组织谈话。乡镇党委派人会同党支部与初步认定的不合格党员谈话，听取本人说明和申辩，签字并完善相关材料。本人拒不配合的，直接提交支部大会表决。8. 支部会议决定。召开支部党员大会进行表决，确定不合格党员，报乡镇党委审批。9. 党委审批。召开党委会，集体研究做出决定。10. 宣布决定。召开支部党员大会宣布。本人拒绝参加会议的，由党支部书记宣布决定并作出说明。本人对处置决定不服的，有权向上级党组织提出申诉。11. 教育处置。遵循"坚持标准、教育为主、区别对待、综合治理"的原则，根据实际情况确定处理方式。对自愿退党的，本人写出申请，予以除名；对事实清楚、拒不整改的，劝其退党，劝而不退的予以除名；愿意整改的，限期半年至一年整改，整改期满重新组织评议，仍被认定为不合格党员的予以除名。对在预备期被确定为不合格的，延长预备期或取消预备党员资格。

四、配套措施

一是建立考核评价机制。将党员发展管理纳入基层党委综合考核评价体系，作为评选先进基层党组织的重要依据。建立党员发展与管理工作责任追究制度，明确责任主体，定期调度考核。对存在问题的，追究有关责任人的责任。二是推进基层组织生活正常开展。落实"三会一课"制度，每季度至少集中学习一次。每年"七一"或年底，开展党员评议和党性分析。抓好党员集中教育培训。通过落实"党员活动证"制度，抓好流动党员和农民工党员管理。落实必要的党建活动经费，保障基层党组织生活正常开展。三是建立健全党内激励关怀帮扶机制。设立困难党员帮扶基金，结合落实网格化制度，深化困难党员结对帮扶活动，增强党组织的吸引力和党员的归属感。四是营造党员能进能出的舆论氛围。加大党章、中央《关于加强新形势下发展党员和党员管理工作的意见》及党员能进能出机制的宣传力度，增强党员意识，强化党性观念，激发党员队伍活力。

纯洁农村党员队伍
夯实党建工作基础

临清市委常委、组织部部长　秦生春

为解决农村党员队伍中存在的教育管理松散、党性党悟低、思想滑坡、不参加组织生活、带头能力弱等问题，临清市积极开展农村党员纯洁性教育活动，认真稳妥地抓好党员日常学习教育以及后进党员的整改、转化和处置，畅通党员队伍出口，极大提高了农村党员队伍的先进性和纯洁性，党员的先锋模范作用得到更好发挥。对此，中组部领导专程来我市调研，共产党员网、《山东组工信息》、《山东新闻联播》、《大众日报》等对此经验做法给予了宣传报道。

一、主要做法

（一）创新丰富学习活动内容　将学习贯穿活动始终，以村级党支部为单位，组织全体党员集中学习《党章》，党在农村的方针政策，以及市委各项农村工作部署，进一步强化党员职责，明确党员权利义务。着力丰富学习培训形式，统一编发了6期农村党员纯洁性教育系列教材，开设了理论讲堂、支书讲堂、法制讲堂等"三大讲堂"。从市委党校抽调优秀教师担任"理论讲堂"讲师，深入到乡村开展巡回宣讲活动，提高党员的政治理论素养；开设"优秀村支书讲堂"，由各镇、街道根据自身需要邀请不同的支书开展"需求培训"，运用优秀支书现身说法，传授党员教育、村务管理、产业发展、服务群众等经验做法；开设"法制讲堂"，邀请市直部门有关业务负责人担任讲师，对农村党员干部进行法制教育培训，增强党员的法制意识。同时，通过发挥远程教育、党建频道、临清党建网等阵地作用，采取观摩交流等形式，增强培训效果，使农村党员普遍接受党性教育，坚定理想信念，增强政治意识、大局意识和责任意识。活动期间，全市共组织支部集中学习会、报告会、观摩活动1300多场次，参与学习的党员达23500多人次，党员参学率达97%以上，进一步提升了农村党员干部的整体素质。

（二）深刻到位开展查摆分析　全面进行党员登记申请，党支部向每名正式党员发出书面通知，让党员深入总结思想、工作、作风、生活等方面的表现，向党支部提出登记与否的意愿，全市14925名农村党员有14898名向党组织递交了登记申请。在集中学习基础上，以村级党支部为单位，组织全体党员召开专题民主生活会，由镇、街道党委选派党员领导干部主持，以农村党员先进性的标准要求和后进党员的现实表现为主题，结合各村实际，开展集中讨论，深入查摆剖析。以支部为单位，列出先进党员的标准条件和后进党员的现实表现，并进行张榜公示。同时，召开民主测评会议，全体党员及村民代表参加，以无记名投票测评的方式，对申请登记党员作出优秀、合格、不合格等次的评议。测评过程中公开唱票、计票，当场公布评议得票情况。

（三）全面有力进行整改提高 根据确定的党员先进标准和后进表现情况，每名党员结合自身实际，有针对性地制定改进措施，撰写党员纯洁性教育整顿意见书，确定全面整改提高的工作计划、具体措施和完成时限，上交党支部，由党支部负责督导检查落实。镇、街道党委结合民主评议情况，按照倒排10%左右的比例，召开党委会研究确定每个村的后进党员，全市共评议确定后进党员1268名，均进行了张榜公示，让短处“亮”出来。对后进党员，分类归纳了组织观念弱化、宗旨意识不牢、党性修养欠佳、道德规范缺失、致富带富偏弱等5个方面的后进原因，建立“四位一体”的帮包责任体系，每名后进党员确定了乡镇领导干部、乡镇驻村干部、村党支部书记、先锋模范党员为帮包联系人，建立帮扶对子，采取不同措施进行分类整顿，与其约谈，指出不足，开展思想教育，进行限期整改，跟踪督导落实。

（四）公正严谨做好集中处置 整改期满后，征求纪检、政法、综治、信访、计生等有关部门的意见，党支部结合民主评议汇总情况和整改转化情况进行综合分析、分类处置，对合格党员进行评优、登记，对后进党员进行暂缓登记、不予登记。由镇、街道召开党委会研究上报。市委组织部成立考察组，以见面谈话的形式，对确定的暂缓登记和不予登记的党员进行全面考察，确保处置结果的公正透明。组织谈话做到“六必谈”，即与镇、街道党委书记、村党支部书记、村“两委”干部、党员代表、群众代表、党员本人等六类人员见面谈话，谈话人员不少于20人。市委组织部考察审核批准后，党支部及时召开党员大会表决通过，公布党员登记结果，并对暂缓登记、不予登记和自愿放弃登记的党员发出书面通知，将相关材料存入党员个人档案。活动中全市共确定暂缓登记党员90名，不予登记党员64名，均按组织程序进行了及时处置。

另外，为巩固农村党员纯洁性教育活动成效，在农村无职党员中推行设岗定责机制，通过科学设岗、双向定岗、规范履岗、积分考核等方式，让农村无职党员有位有为，搭建了作用发挥平台。

二、初步成效

（一）村级党支部凝聚力明显增强 活动开展以来，村级党支部定期召开党员会议，组织生活进一步规范。通过多种方式组织党员学习，提高了党员的自身修养，强化了党性观念，进一步统一了思想，凝聚了人心。

（二）党员责任意识明显提高 通过活动开展，广大农村党员的政治觉悟得到提升，对党员享有的权利和应该承担的义务，有了更清楚的认识，明确了职责担当。在农村无职党员中推行了设岗定责、服务承诺和积分考核，使农村党员的工作目标更加明确，责任意识和服务意识明显增强，普遍达到了立足本职、干事创业、服务群众、发挥作用的目标要求。

（三）群众满意度明显提升 活动的每一个环节，都体现以群众满意度作为工作的衡量标尺，能公开的及时向群众公示，在党员民主测评中，充分吸收群众代表积极参与，党员干得好不好由群众来评判。这一活动的开展，纯洁了农村党员干部队伍，党员的先锋模范和示范带头作用更加突出，得到广大群众的普遍认可。

三、几点启示

（一）强化党性观念是开展农村党员纯洁性教育的目的 坚持从组织农村党员集中学习入手，第一时间在农村党员干部中引起关于保持党员纯洁性的激烈讨论，为查摆分析存在问题和制定整改提高措施创造了良好的舆论氛围和思想基础。通过集中学习，绝大多数农村党员都能清楚认识到纯洁性的基本含义和要求，党员的组织观念和党性意识有明显提高，面貌有明显改观，村级党组织建设进一步规范。

（二）严格处置程序是开展农村党员纯洁性教育的前提 处置不合格党员是教育活动中最慎重的阶段，是检验农村党员纯洁性教育活动是否成功的关键一环。要保证处置工作公平，严格处置程序，严格按标准进行评议，保证后进党员的确定没有争议。在整改提高阶段，乡镇党员领导干部确定帮包扶持对象，对差评党员进行最大程度的教育引导，使处置人选争议降到了最低。在集中处置过程中，经过党委申报、征求部门意见、组织见面考察、党员大会表决等环节，确保处置结果的公正公平。

（三）确保群众参与是开展农村党员纯洁性教育的保障 为保证过程和结果公平公正，召开民主测评会，由各村（居）的全体党员和群众代表参加，票选结果票票等值，并综合所有投票确定不合格党员人选。通过广泛动员群众参与，在确定不合格党员问题上，没有出现恶性冲突和对峙，也使得受到处置的党员信服处置决定，更加心平气和地看待自身问题，保证党的集中统一。

（四）健全长效机制是开展农村党员纯洁性教育的根本 保持党员纯洁性工作的根本目的，是通过将不合格的人及时清除出党员队伍，维护党的凝聚力和向心力。要从健全完善农村党员学习教育、组织生活、定责管理、民主评议、整顿提高和评优处置等一系列长效机制入手，巩固深化党员纯洁性教育活动成果，使其长期有效发挥作用。

立足优势 传承创新 全力推进冀鲁豫边区中心区红色资源开发

莘县县委常委、组织部部长 贾鹏柱

莘县位于山东省西部，冀鲁豫三省交界处，人口104万，面积1416平方公里，是聊城市人口最多、面积最大的县；抗日战争时期是我党在华北敌后打击日本侵略者的重要战场，解放战争时期，是我军强渡黄河、挺进大别山的前进基地，革命斗争历史留下很多遗址。对这些遗址等红色资源进行挖掘、保护、开发、利用，深入开展革命传统教育，成为莘县工作的重要内容之一。

一、红色资源保护、开发和利用的重要性和必要性

据统计，全县有22处重大革命遗址，这些遗址铭刻着党领导莘县人民为民族独立、人民解放英勇奋斗的光辉历程，蕴含着莘县儿女"艰苦奋斗、不怕牺牲；不屈不挠、意志坚定；一心向党、无私奉献"为主要内容的革命老区精神，是党和人民群众宝贵的精神财富。作为当年冀鲁豫边区的中心区，莘县做好县内革命遗址保护开发利用工作义不容辞。

（一）革命遗址年久失修，毁损严重，抢救性保护开发十分必要 县内很多重要革命遗址意义重大，但是因为各种原因，很多革命遗址惨遭破坏。并且，革命遗址大多散布在农村，农民种田和革命遗址"争地"现象日益突出，还有一些革命旧址和民居错杂，往往被"侵占"，甚至被拆除，城乡基本建设等活动往往也对革命遗址造成很大的影响。如果不对县内革命遗址进行抢救性保护开发，这种损失将无法弥补，我们将愧对革命前辈，愧对革命先烈，也将愧对子孙后代。

（二）经历革命战争年代的干部群众越来越少，抢救、留存"红色记忆"的任务十分迫切 经历过革命的干部群众、革命老人是我们党的宝贵财富。随着岁月流逝，这些人年龄越来越大，记忆力越来越差。只有抓紧把他们经历的革命活动整理收集，才能保存革命历史资料，起到应有的资政育人的作用。同时，对遗址保护修复，把红色记忆"固化"下来，也是莘县革命历史的见证。

（三）保护、开发、利用好革命遗址是进行爱国主义教育、党性教育和群众路线教育的现实需要 革命遗址见证了党由小到大、由弱到强、从胜利走向胜利的历史，见证了党与广大人民群众心连心、同呼吸、共命运的光荣传统。加强革命遗址保护、开发和利用，让全县广大党员干部群众，特别是青少年参观本地重要革命遗址、实物和代表性建筑，能更直观地了解革命的发展历程和地方党的奋斗史，更深地感受"没有共产党就没有新中国"、"只有共产党才能发展中国"。

二、各级领导高度关注，保护开发利用初见成效

2012年，县委成立了建设工作领导小组和专门的筹建办公室，制定了科学的规划和施工方案。2012年4月份开始，16处革命纪念场馆相继开工建设，主要有：

（一）鲁西第一支部纪念馆 1929至1933年间，中共山东省委多次遭到敌人严重破坏。1935年，济南乡师党员赵健民两次来莘县徐庄村寻找党组织，见到了直南特委书记兼冀鲁豫特委书记黎玉，从而恢复重建了山东省委。其中，徐庄村党支部发挥了重要作用，被誉为"鲁西第一党支部"。鲁西第一支部纪念馆总投资1235万元，占地面积4万平方米，主展馆面积1200平方米，馆内展出实物200余件、图片1000余幅，展现了徐庄村党支部在山东省党组织的恢复重建过程中发挥的重要作用。

（二）中共中央冀鲁豫（平原）分局旧址 濮范观抗日中心区是鲁西地区军民抗击日军的钢铁堡垒，后来成为鲁西、冀鲁豫党政军机关的所在地，被誉为"钢铁濮范观"、"边区小延安"。1941年7月1日，鲁西和冀鲁豫两区合并为新的冀鲁豫区，区党委驻地在莘县红庙。1942年9月，刘少奇曾住在红庙村指导革命斗争。1942年10月，黄敬担任冀鲁豫区党委书记。1943年11月，中共中央决定建立冀鲁豫中央分局（统称平原分局），黄敬任书记，领导冀鲁豫、冀南两个区党委，机关仍然在红庙村。

（三）莘县革命历史暨苏村阻击战陈列馆 1941年1月，我八路军潘溪渡战斗全歼日军一个中队，日军为报复，组织1000多人分6路企图包围扫荡鲁西军区和行署机关。为掩护军区、行署机关安全转移，1月17日，特三营营长率两个连130多人进驻苏村，阻击敌人。面对80多辆汽车、6架飞机、10门大炮、十倍于己的顽敌，我八路军从清晨打到黄昏，接连打退敌人的4次进攻，击毙日军300余人，为边区机关和当地军民的安全转移赢得了时间。战斗结束后，阵亡的123名指战员合葬在苏村村东。2011年，我县对烈士墓地进行扩建，改建为莘县革命历史纪念馆暨苏村阻击战陈列馆。工程总投资800万元，占地30亩，建筑面积4500平方米。

（四）马本斋纪念馆 马本斋是回族人民的优秀儿子，著名抗日英雄，曾任八路军冀中军区回民支队司令员。1942年至1944年，马本斋率领回民支队由冀中转战鲁西

北，在莘县境内与日、伪、顽英勇战斗。毛泽东同志称其部队为“百战百胜的回民支队”。时任冀鲁豫区党委书记的黄敬称赞他是“后起的天才军事家”。1944年2月7日，积劳成疾的马本斋在冀鲁豫后方医院不幸逝世，终年43岁。马本斋逝世后，安葬莘县张鲁回族镇。2012年，莘县修建马本斋纪念馆，总投资3200万元，纪念馆占地面积13288平方米。

（五）冀南区党委旧址 1941年冬，冀南区抗日斗争形势严峻。经中共中央北方局批准，宋任穷率领冀南区党委、行署、军区部分后方机关，从河北陆续转移到现莘县大杨庄村，领导冀南军民的革命斗争。1943年7月，中共中央北方局决定把原属冀鲁豫边区抗日根据地的鲁西北地区划归冀南区，作为冀南区党政机关的后方。宋任穷在此指挥了南宫、临清、莘县等一系列重大战役。冀南区党委旧址总投资960万元，占地120亩。一期投资300万元，对冀南区党委旧址、宋任穷生活和办公场所等进行修复。2012年10月17日一期工程完工并举行落成典礼。二、三期工程将对兵工厂、冀南银行、后方医院、抗战地道等修复建设。

另外，全县还建有全国劳动模范曾广福纪念馆、鲁西北烈士陵园、耿楼烈士陵园、马本斋烈士陵园、刘邓大军强渡黄河准备会议陈列馆暨刘伯承旧居、冀鲁豫军区旧址暨朱德旧居、军事文化公园等一大批革命纪念场所。这些纪念场馆沿县内丈樱公路构成纵贯全县南北的近80公里的红色教育长廊。

莘县革命旧址的开发建设力度，得到了各级领导的高度关注。2012年3月，北京军区原司令员李来柱上将专程来莘县对革命旧址建设工作进行调研。2012年4月，中央统战部、国家民委、中国伊斯兰教协会等部门领导来莘出席马本斋纪念馆奠基仪式。2012年6月，张全景为徐庄村题词——“山东省委恢复地”，中央党校党史教研部主任柳建辉等18位党史专家来莘县举行专题研讨会。2012年9月，时任中共中央政治局委员、上海市委书记的俞正声同志就冀鲁豫区党委旧址建设工作给时任聊城市委书记宋远方同志亲笔回信，省委书记、省人大常委会主任姜异康就这项工作做出重要批示。

2012年下半年，总投资1.5亿元的鲁西抗日爱国党性教育基地初步建成。8月30日，全国劳模曾广福纪念馆开馆；10月17日，冀南区党委旧址落成，陈赓之子陈知建、陈再道之女陈冰兵、陈江平，宋任穷之女宋勤等129师后代出席落成典礼；11月2日，鲁西第一党支部旧址陈列馆开展，中共中央组织部原部长张全景，省委常委、秘书长雷建国等省市领导，以及革命前辈黎玉、赵健民的子女出席。

2013年“九一八”纪念日期间，北京卫视合作拍摄的《马本斋与白文冠 抗日烽火中的母子情》、《抗日烽火中那条看不见的交通线》两部专题片，在北京卫视播出，引起很大反响。

鲁西抗日爱国党性教育基地先后被聊城市委党校、聊城大学、山东行政学院等单位确定为第二课堂，被确定为山东省关心下一代教育基地，聊城市爱国主义教育基地、聊城市党史教育基地、聊城市党的群众路线教育实践活动现场教学基地。2013年9月份，荣获首届山东省文化创新奖。

推行“三评四议五保障”工作法促进村村晋位升级

滨州市滨城区委常委、组织部部长　孙文利

在基层组织建设年中，滨城区推行了农村党组织“‘三评四议五保障’差异法目标管理”，实行差异化考核，差异化评价，分层次表彰，使不同的村居有不同的目标任务，有不同的努力方向，重点看变化、看进步、看发展，激励不同层次、不同类型的村居立足实际干事创业，促进村村晋位升级。

一、“三评”科学分类定级

年初，利用2个月的时间，我们进行了大量深入细致的拉网式调研摸底，全面摸排602个村居的基本情况，建立了包含班子建设、制度建设、集体经济收入，以及村居存在主要问题等信息的管理台账。以此为依据，采取自下而上、自上而下的方式，按照党员群众测评，“两委”班子自查自评，乡镇（街道）党（工）委综合分析评定的办法，为每个村居把脉会诊，查问题、找短板，按照“五有”标准，进行分类定级，划分为先进、一般、后进三个等级，根据分类定级情况进行差异法目标管理。先进村居重点奔“五优”，支部书记要有市级以上表彰，群众满意率测评不低于98%；村集体收入要达到20万元以上；活动场所设施配套、利用率高；制度建设规范，程序化管理，民主公开落实好；基础设施建设到位，注重民生保障，服务高效，服务满意率测评不低于95%。一般村居重点建“五好”，做到支部班子好，党员队伍好，活动开展好，制度建设好，作用发挥好。后进村居重点抓“五有”，做到有好带头人、有集体收入、有活动场所、有管用制度、有满意服务。

二、“四议”定准差异目标

采取自下而上、自上而下的方式，坚持“四级联动”，根据先进村居确定的努力方向，一般村居和后进村居存在的突出问题，通过“四议”逐村确定晋位升级的差异目标，分阶段实施。**一是党员群众提议。**通过党员联户、群众代表包片等形式，广泛征求群众的意见和需求，并进行分类整理登记。利用民主议政日活动，在党员、群众代表进行充分讨论的基础上，向“两委”班子提出差异化目标要求。**二是“两委”班子商议。**“两委”班子根据党员群众提出的差异化目标要求，结合村居实际，充分考虑村居经济能力、干部和党员队伍的现状、村居特点优势和发展方向，集体进行讨论商议。根据晋位升级所需要解决的突出问题和当前群众急需、急盼的实事，初步提出差异化目标任务。**三是乡镇(街道)评议。**乡镇(街道)组成由党政班子成员和有关方面负责人及村居党支部书记、包村干部参加的评审组，对村居提报的差异化目标从政策把握、项目可行性、操作性等方面，进行联合评议。确保既不超出村居承受能力，又要有一定难度。同时，又保证符合政策规定。评议结果由村居党员群众代表表决通过。**四是区委审议。**由区基层组织建设年办公室组织党建领导小组成员单位进行审议，把好程序关，综合分析审定，统一向社会公示，实行台账管理。同时，对涉及班子建设等村居不宜自主提出的差异目标由上级党组织提出，列入村居晋位升级的差异目标。2013 年，全区共确定村居差异化目标 2042 个，涉及民生问题、经济发展、基层组织建设、和谐稳定、精神文明建设五个大类。

三、“五项保障”抓差异目标落实

(一)选优训强好带头人，建立差异化定向培训机制 积极定向培树带头人队伍，把适合村居发展需要的人才适时选拔到支部书记岗位上来。及时调整不适应村居发展、群众不认可的支部书记，建立正常选任、退出机制。同时，根据村居差异化目标的不同需求，有针对性地对村居党支部书记分批次“小班化”分类培训。

(二)发挥党员先锋模范作用，建立认岗领责机制 在差异化目标项目实施中，结合目标确定情况，分别设置矛盾调处化解、种养技术顾问、红白理事会理事、信息联络、村风监督等多种岗位，组织党员结合自身特长，认领服务岗位，做出公开承诺，明确自身职责，主动参与村居管理服务。党员履职尽责情况进行写实登记，一人一档，定期公开展评，促进党员主动发挥先锋模范作用，不断提升服务水平。

(三)坚持“输血”、“造血”并重，建立对症帮扶机制 根据村居分类定级和差异目标确定情况，按照部门职能特点、干部自身特长，通过选派“第一书记”、千名干部下基层、部门结对帮扶，强化定向帮扶，对症施策，把人力、物力、财力向基层倾斜。帮扶中，既注重物质支持“输血”，更着眼长远，注重深挖内潜，激发自身活力，提升“造血”功能，推动村居可持续发展。

(四)保证村级工作有效运转，建立经费保障机制 把基层组织建设纳入地方执政成本，区乡财政拿出 2000 余万元用于基层组织建设。根据差异法目标管理考核情况，按照年集体经济收入不低于 3 万元的标准，年终一次性补足，彻底消灭集体经济空壳村居，保证村级组织的有效运转。设立项目奖补资金，根据各村居差异化目标完成情况，采取以奖代补的形式进行奖励。同时，对示范村居、突出进步村居、干事创业模范村居及重大村居民心工程分类进行重奖，激励不同层次村居晋位升级。

(五)强化过程管理，建立责任考核机制 区委常委每人包一个乡镇(街道)，对所包乡镇差异目标落实负总责。乡镇(街道)党(工)委书记作为“第一责任人”，村居支部书记作为“直接责任人”，村居班子成员根据分工具体抓好差异目标项目的实施。同时，选派“第一书记”和部门结对帮扶的村居，“第一书记”和部门主要负责人与支部书记“捆绑”作为“直接责任人”。对全区差异目标进展情况，一月一调度，每季一通报，半年一观摩，年终对照村居晋位升级的差异目标进行综合考核。同时，通过不定期暗访，无缝隙、全覆盖检查督促，强化过程管理、考核落实。考核结果作为评先树优和干部选拔使用的重要依据。

实施“差异法目标管理”，让乡镇(街道)党(工)委书记明确了农村党建怎么抓、抓什么，让“书记抓、抓书记”有了好抓手，让先进村居有了压力，让后进村居产生了动力，使各类村居都迸发了活力，激发了基层干部干事创业的热情。2013 年完成差异化目标 2042 个，累计投入资金 2.45 亿元，真正办成了群众满意工程。党员群众普遍认为，通过差异法目标管理，干部真干事了，党员站出来了，村居有了新变化，群众更满意了，基层党组织的战斗力、凝聚力、感召力得到了全面提升。

推行党员“终身”联系服务群众制度 密切党群干群关系

邹平县青阳镇党委书记 张 斌

邹平县青阳镇现有党总支 6 个，党支部 39 个，党员 1467 人。2013 年，青阳镇探索推行党员“终身”联系服务群众制度，较好实现了党群、干群联系的常态化、制度化，有效激发了党员、干部为民服务意识和责任意识，广大党员、干部的工作作风明显改善，党群干群关系更加密切。

一、实施动因

近年来，镇党委针对党员干部与群众联系少、感情浅、党员作用难发挥、群众诉求难反映的问题，积极实施了党员联系服务群众制度，每年集中一个月时间，开展党员干部联系群众专项行动，在宣传落实政策、促进经济发展、维护社会稳定等方面取得较好效果。但是由于活动时间不连续、人员不固定、要求不明确、监督跟不上，出现了联系走过场、帮扶走形式、成绩难考核、群众不满意等问题，参与活动的党员不能真正与群众打成一片，没有发挥出党员联系群众"连心桥"作用，执行效果大打折扣。对此，镇党委经过深入调研，创新推行了党员"终身"联系服务群众制度，通过实行定联系户、定联系制度、定联系形式、定处理机制"四定"制度，实现了党员联系固定化、联系要求明确化、联系任务具体化、联系效果最大化，进一步改进了党员作风、提升了群众满意度、密切了党群干群联系，促进了全镇各项工作的顺利开展。

二、主要做法

（一）定联系户 对于机关党员，实行领导干部、中层干部包责任区制度，每人每村联系3户，其中1户党员、2户群众；一般干部每人联系2个村，每村联系5户，其中每村1户党员、4户群众。对于农村党员，村"两委"干部包生产小组，每个小组联系3户，其中1户党员、2户群众；一般党员（有联系能力）每人联系5—10户。对于企业党员，根据岗位进行联系，每人联系5名职工。为党员定联系户，使每名党员肩上都有了担子，宗旨意识、责任意识进一步加强，工作作风明显改善。

（二）定联系制度 一是实行联系户"终身"联系制度。领导干部、中层干部和一般干部在岗期间，无特殊情况，不随意更换联系户。若因工作变动，要将联系户工作、联系记录本做好交接，并由接任者继续联系，杜绝出现断档。二是实行联系人"全程"服务制度。联系人是联系户的首问负责人，对联系户需要办理的事情、来镇需要解决的问题、提出的意见建议进行全程接待、解答、指导、反馈，确保群众满意。三是实行联系效果"全面"督查制度。镇党建办公室对党员联系服务群众情况，不定期进行现场回访或电话督导，全面掌握党员联系群众工作的开展情况，并将督查情况在全镇通报，调动了党员干部执行的积极性。

（三）定联系形式 一是建立党建工作通报制度。规定每名党员、干部每月与所联系户通一次电话或进户走访一次，并对所发现的问题进行汇总整理；镇党建办公室牵头，组成独立考核组，对走访情况在全镇通报。二是建立困难党员、群众联系帮扶制度。全镇的困难党员、低保户和困难群众，按照每人2—3户的标准，由所在村党支部党员自愿联系、帮扶，力所能及的帮助贫困户解决困难，同时将贫困户的实际困难向党组织反映，当好贫困户的"代言人"和"知心人"。三是建立短信联系平台。充分利用青阳镇党员积分管理信息平台，把党员联系户纳入短信通讯网络，定期向其传达上级精神、政府决策等信息，用信息化的手段畅通党群联系。

（四）定处理机制 建立了汇总、处理、反馈"三步走"的快速处置机制，最快速度、最大程度解决群众反映的问题，努力做到群众诉求快回应、群众问题快解决，最大限度提升群众满意度。一是全面汇总。参与活动的党员要将每次的联系情况进行汇总，将群众反映的问题、提出的意见或建议形成书面材料，交镇党建办公室统计备案。二是快速处理。镇党建办公室将意见或建议分类后，批办给相关部门进行处理；对于全局性或特殊性的问题，提请镇党委政府研究处理；处理意见或结果形成后，统一交镇党建办公室存档。三是及时反馈。镇党建办公室第一时间将处理意见交相关党员联系人，由联系人负责向联系户进行反馈，并做好解释工作，最大限度让群众满意。

三、初步成效

（一）党员、干部责任意识明显增强 党员"终身"联系服务群众制度，由原来集中走访、形式单一的联系形式变为联系对象固定化、联系时间灵活化、联系任务具体化的走访形式，使联系群众工作有章可循，联系群众的成绩一目了然，提升了党员、干部为民服务的责任意识，改进了党员、干部作风。全镇党员、干部联系群众3867户，受理问题5大类165个，已处结121个，群众满意度大大提升。

（二）群众切实得到了实惠 党员"终身"联系群众制度的实行，可及时将基层群众呼声上传，将镇村发展政策、思路下达，有效拓宽了上下联系的渠道。广大群众的困难和问题"亮"在了党员的面前，调动了党员帮群众解决问题和困难的主动性，让群众切实得到了实惠。通过走访，镇党委政府了解到各村普遍存在着垃圾乱倒、村容村貌差等问题，经过研究，投资100余万元，为全镇17个村庄安装地埋式垃圾箱83个。同时，为建立村内环境卫生的长效机制，镇财政出资为各村聘用了112名保洁员，群众生产生活环境得到有效改善。特别是在土地流转方面，党员、干部在联系钟家村群众时，了解到群众有土地流转的意愿，经镇党委政府研究后，向钟家村"两委"做了反馈，目前该村已流转土地1100亩，成立了两个农业合作社，群众直接增收65万元。

（三）镇风民风得到改善 通过实行党员"终身"联系群众制度，党员心里有群众，群众心里有党员，党员、干部与联系群众成了好朋友，相互关心、相互理解，电话联系、上门走访成为日常工作，密切了党群干群关系，镇风民风得到了明显改善。镇党委政府为了进一步丰富群众的精神文化生活，又在全镇开展了"醴泉文化进基层，文明新风进家庭"活动，所有村庄都建立了文化大院，通过组织群众跳广场舞、讲青阳故事、编写《青阳三字歌》等活动，群众之间关系更加融洽，荣辱观念和集体观念显著增强，镇风民风得以有效改善。

四、几点启示

一是有助于获得群众支持。当前，镇域经济发展、社区建设、维护稳定任务非常繁重，迫切需要群众支持。实行党员"终身"联系服务群众制度，可以使党员、干部进农村、进家庭常态化，最大程度统一群众思想，获得群众支持。**二是有助于掌握实际情况**。通过与群众保持长期联系，可以有效吸收群众的意见、建议，使党委政府能够充分掌握发展的第一手资料，从而对村级发展进行正确评估和科学决策。**三是有助于改进干部作风**。"终身"联系服务群众制度，联系对象固定、联系要求明确、任务更加具体，干的好不好，态度认真不认真，取得的效果怎样，都一目了然，便于考核和管理，有利于增强党员干部的责任感，改进党员干部的工作作风。

务实创新 锐意进取
全力开创菏泽公安工作新局面

菏泽市人民政府党组成员，市公安局
党委书记、局长 单立新

菏泽市位于山东省西南部、鲁苏豫皖四省结合部，总面积12239平方公里，人口968万，是一个人口大市、资源大市、农业大市和经济欠发达市。全市在岗警力4623名，警力万分比为4.8，低于全省平均水平5.3个万分点。敌社政情复杂，维护稳定任务艰巨繁重，迫切需要公安机关不断更新警务理念，创新警务机制，推动警务改革创新。2012年以来，在市委、市政府和上级公安机关的坚强领导下，菏泽市公安机关认真贯彻落实党的十八大、十八届三中全会精神，求真务实、开拓创新，整体公安工作实现新提升、新发展。2013年，上下半年菏泽市科学发展综合考核社情民意调查，群众对社会治安满意度连续两次蝉联第一；全市群众安全感和满意度分别达到96.55%、96.84%，增幅居全省第一，被山东省公安厅评为全省市级优秀公安局。

一、以警务指挥模式改革为牵引，深入推行警务改革创新

坚持"规范执法、创人民满意从接处好每一起警情开始"的理念，把警务指挥模式改革作为整个公安工作的龙头来抓，以局长坐镇指挥和110接处警跟踪延伸为重点，以常态化督导和刚性化问责为手段，强化科技支撑、规范处置流程、健全管理制度，带动了整个公安工作和队伍建设科学发展。**一是实行局长坐镇指挥**。每天有一名局党委成员坐镇指挥中心值班，赋予其警情指挥权、先期处置权、警力调配权、前期指定管辖权和设卡指令权等权限。要求值班局长身到、心到、神到，做到知工作规范，知工作预案，知辖区分布；熟悉当天警情，熟悉当天舆情，熟悉当天维稳情况和熟悉当天布警情况，真正拥有"战场感知力"。实行值班局长与处警民警捆绑考核，每月、每年开展优秀指挥长、优秀处警班组评选活动。**二是推行延伸跟踪调度**。抽调指挥中心、法制、治安、刑警等部门业务骨干成立警务改革指挥部，与值班局长同步关注、调度警情，对疑难、敏感、复杂警情，及可能造成的执法风险，及时为值班局长提供法律政策、指挥策略、处置方法等方面的支撑。对处警民警现场处置程序、调查访问、证据提取等方面进行监督提醒。对当日未处结警情现场勘察、证据提取、走访调查、视频资料调取等工作进行跟踪调度、督导，直至案结事了。负责对每起警情从立案直至侦查终结各环节把关，对案件处置进行全程监督。实行警情"日分析、周调度、月考核"制度，及时对警情进行汇总、分析研判，有效指导打防管控。**三是依靠科技信息支撑**。配备移动图像监控系统、移动目标卫星定位系统、移动通信指挥系统等，组建无线集群、有线通信、公安网络、可视指挥等指挥通信网络；在处警车辆统一安装3G无线图传系统等，为处警民警统一配发单兵取证摄录仪、分体式摄像机等装备，实现了处警过程同步录音录像、全程可视可控。积极争取党委政府支持，强力推进维稳视频监控系统建设，建成一二三级监控平台184个，安装、整合监控探头12.8万余个。改革以来，出警速度由原来的平均5-8分钟缩短到现在的3分钟之内，接处警快速反应、合成作战，驾驭社会治安局势能力大幅提升；现场抓获率从改革前的3.8%提高到目前的17.6%；警情案件处置更加规范、科学、有效，群众对110警情处置综合满意度保持在97%以上；涉警投诉、民警违法违纪起数逐年下降30%以上。

二、以群众满意为根本标准，全面推进民意主导警务工作

坚持把群众满意作为检验和衡量公安工作的根本标准，秉持"民意为上、民事为天"的工作理念，将群众诉求作为公安机关发现问题、改进工作的最佳捷径，探索建立民意主导警务工作长效机制。省长助理、公安厅长徐珠宝和菏泽市委书记于晓明先后作出批示，予以充分肯定。**一是整合收集渠道**。把公安民生服务在线、市长热线、行风热线、局长公开电话等16个渠道的群众诉求受理工作全部纳入民意主导警务办公室，统一受理，统一登记，统一派送。每月对110接处警、户政、出入境、车驾管等执法相对人进行回访，征求意见建议，把不满意的情况全部收集起来。**二是集体研判推送**。成立纪检、督察、法制等警种部门组成的研判委员会，派送前对每起群众诉求进行认真讨论分析，提出详细处理意见建议后再行派送，从而保证承办单位办理起来重点突出，目标明确，措施具体。发现民警执法违法违纪问题的，立即启动倒查程序和快速反应机制，指派倒查问责

行动队对问题进行倒查。对各单位办结的群众诉求进行审核，对二次回访群众仍不满意的，重点跟踪督办，直至问题解决或群众满意为止。**三是注重整改落实。**对群众诉求涉及多的单位进行重点调度，帮助分析原因，提出改进措施；对法律、政策规定不能办理的，安排有关单位和民警做好解释和沟通工作；对因民警服务意识、执法能力等因素引发的投诉，明确法制等部门牵头开展针对性培训，提升民警群众意识和履职水平。**四是综合分析预警。**建立日研判、周统计、月分析、季测评的工作机制，查找问题和薄弱环节，提出加强、改进业务工作和队伍建设的建议，为科学决策提供准确依据。改革前，群众信访每月平均400余件，运行一个月后下降到186件，由原来平均每天十余件下降到目前一两件。按期办结率达99%以上，办理周期同比缩短了5—7天，按期办结率同比提升了18%；一次性办结群众满意率达到80%，同比提升9个百分点。

三、以覆盖城乡的消防力量体系为目标，深入推进政府专职消防队伍职业化建设

积极探索，勇于创新，在全省率先建立以“单位事业编制、人员合同用工、经费财政保障、管理消防为主”为主要特征的政府专职消防队伍建设模式，走出了一条改变消防警力增长方式、向社会要警力的新路子。公安部副部长刘金国、省委书记姜异康等领导多次作出批示予以肯定。2012年5月，山东省政府召开全省消防工作“菏泽现场”观摩会，推广经验做法，荣获2012年度山东省公安厅社会管理创新二等奖第一名。**一是以职业化为方向建立正规建制。**提请市政府出台《政府专职消防队伍管理办法》，明确队员身份属性、建设标准和建管职责，形成职能部门齐抓共管的工作格局。将县（区）政府专职消防队全部批准为财政全额拨款的公益一类事业单位，由当地公安消防大队管理。按照每个县区不少于1个的标准建立政府专职消防队，订立劳动合同期限一般为5年，对工作满8年的订立无固定期限合同。市政府批准成立市专职消防队伍管理处，具体负责全市多种形式消防队伍的建设管理指导，以及专职消防员的招收管理等工作，并明确各级公安、消防、人社、民政等部门的职责。**二是以竞争性为核心规范用工用人制度。**严把入口关，对原有体制下的合同制消防员、消防文员，按照“本人申请、基层推荐、考核审批”的程序，套改为政府专职消防员。完善选任关，实行三等七级的等级管理制度，与工资晋档、晋级、奖惩、去留挂钩。畅通出口关，对违反合同、累计2个年度考核不合格等6种情况的，解除劳动合同，同时明确不同工作年限及对应待遇标准。**三是以留得住为目标完善配套保障体系。**市政府出台《菏泽市地方消防经费保障标准实施意见》，每人年均经费保障标准提高到6.18万元，同时每年为每名专职消防队员发放高危补贴2400元。为专职消防队员统一购买“五险一金”，投保人身意外伤害险，消除他们的后顾之忧。实行供给制，伙食标准和服装供给标准参照消防义务兵标准执行。**四是以战斗力为标准建立科学运行机制。**细化岗位设置，将消防文员、专职消防队员定岗、定位、定责，实现人定其位，各尽其才。推行国家职业资格制度，推进消防文员参与辅助执法，将消防职业技能等级作为招收、定级、晋级、任职、续聘的主要依据。探索实施“三班两运转”执勤模式，积极开展消防理论、技术、战术、装备、体能等训练，不断提高政府专职消防队伍的灭火救援能力。

情系百姓疾苦　打造安居工程

菏泽市住房保障和房产管理局
党组书记、局长　练建军

菏泽市住房保障和房产管理局机关党委下辖3个支部，共有党员147人。近年来，局党组带领全体党员干部在市委、市政府和上级部门的坚强领导下，认真贯彻落实党的十八大、十八届三中全会精神，求真务实、开拓创新，先后实施了包括经济适用住房、廉租住房、棚户区改造、公共租赁住房等多种形式在内的城镇保障性安居工程建设，连续4年全部提前超额完成了各项任务目标。截至目前，全市共实施住房保障10万多户，为20多万低收入住房困难群体解决了住房问题。

一、不断完善住房保障政策和制度体系，为工作顺利开展奠定坚实基础

为推进保障性安居工程的顺利实施，局党组高度重视，召开专题会议进行研究，安排党员干部到群众中开展调查。根据调查结果，代市政府相继起草了《菏泽市经济适用住房管理办法》、《菏泽市廉租住房保障办法》、《菏泽市区廉租住房实物配租暂行办法》、《菏泽市公共租赁住房管理办法》等一系列规范性文件，同时制定了《菏泽市2011—2015年住房保障发展规划》。各县也都结合县域实际出台了自己的文件，完善了住房保障政策和制度体系。

为了促进住房保障工作顺利健康发展，市政府成立了住房保障工作领导小组和协调小组及城市棚改工作领导小组，并建立了严格的工作调度和推进机制。各县区也都建立了同样的领导机构，确保了整体工作的环环相扣和层层落实。菏泽市各级住房保障部门会同各有关部门通力合作，协调一致，坚持将住房保障工作纳入全市科学发展综合

考核、纳入年度目标责任制管理。同时，建立健全了工作调度制度，采取电话调度、现场检查、考核评比、综合验收等方式，对保障性住房建设项目实行重点调度，确保了住房保障工作顺利进行。

二、建设不同类型保障房，探索创建独具特色的分层次住房保障体系

局党组为了更好的服务群众，践行党的群众路线，解决群众住房困难，先后多次组织党员干部深入实际，开展调查研究，在反复论证的基础上，探索创建了独具特色的分层次住房保障体系，对最低收入家庭实施廉租房实物配租保障，对低收入家庭实施经济适用房保障为主、发放租赁补贴为辅的保障方式；对新就业人员、外来务工人员和中等偏下收入家庭，通过公共租赁住房保障改善住房条件。分层次的住房保障体系，有效保障了各类不同群体的基本住房需求，为社会稳定和谐做出了贡献。

（一）建设经济适用房，圆贫困户安居梦 经济适用房是有产权的保障房，仅2013年市区内就有近3000户低收入住房困难家庭分配到了梦想已久的经济适用住房。据统计，近三年来，市区内集中在建经济适用房项目共有4个，建筑面积66万平方米，近8000套，总投资达10亿多元。经济适用房建设和分配管理，是市委、市政府近年来为民办的实事之一。市委、市政府无偿推出经济适用房用地500多亩，仅此一项，就少收土地出让金5亿元，在经济欠发达的菏泽市，彰显了党委、政府解决住房问题的信心和决心。

公平分配，是经济适用房建设的生命线，但真正做到审核精准、分配公平可是非常不易。为了有效破解这一全国性的难题，市局党组进行了积极的尝试和探索：一是实行承诺保证金制度。让申请户交纳3000元保证金，一旦查实申请人虚假申请，保证金予以没收。在受理时，要求申请人在保证书上签字，承担因虚假申请产生的法律责任，在保证书的下面，附着刑法第266条，此举既震慑了虚假申请，同时又减少了行政审核成本。二是实行住房保障监督员制度。为了加大社会监督，聘请市人大代表、政协委员、媒体记者、纪检监察人员作为住房保障工作监督员，在保障房审核、分配方面全程监督。对被举报的申请家庭，住房保障工作人员联合监督员一道深入到所在社区、单位、家庭进行深入细致的调查核实，保证了监督员的参与深度和监督的力度。三是实行全方位公开公示制度。在住房保障门户网站专门开设了住房保障公示专栏，全面向社会公开了年度建设计划、开工计划、申请分配房源、申请人员名单、摇号中号情况等，接受社会监督和举报，对举报属实的坚决清退。四是创新分配机制，实行电脑摇号、公证处公证、纪检监察及相关部门和人大代表、政协委员、新闻媒体现场监督，受益群众代表全过程参与的分配方式，有效确保了住房保障分配公正公平，赢得群众广泛赞誉。在菏泽市区亨达经济适用房摇号分配过程中，又采取了电视直播方式，取得了良好的社会效果，维护了政府的公信力。

（二）建设廉租房和公租房，民心工程贴民心 菏泽市区龙田名郡廉租房项目是近年来市委、市政府面向最低收入无房家庭建设的重点民生工程，也是在商品房项目中以代建回购方式建设廉租住房的创举。项目建设廉租住房288套，总投资3000多万元。其中，交通家园公租房项目是市政府通过采购方式购买的，共有公租房42套，套均建筑面积60平方米，主要面向低收入家庭、外来务工人员、新就业职工出租，也是首次将外来务工人员纳入住房保障体系的保障性住房，它的建成投入使用，为外来务工人员撑起了一片天。除交通家园之外，市住房保障和房产管理局党组在水岸嘉苑小区购买了9套、在中富奥斯卡春城五期项目购买了68套，在滨河新城保障房项目建设了176套，在康馨雅苑项目建设了264套，在和谐家园项目建设了176套，随着上述项目的建设并投入使用，必将极大地解决低收入家庭及外来务工人员的住房问题。

（三）实施棚户区改造，惠民举措暖人心 平房低矮破败，基础设施不齐，胡同狭窄，土质路面，无下水道，雨天两脚泥，晴天一身土，这是菏泽棚户区改造前的缩影。2010年，菏泽市委市政府将棚户区改造作为最大的民生工程纳入重要议事日程，并于当年年初全面启动，采取政府主导、市场化运作方式，下大力气抓好设计和施工监管，一般进行原地安置，安置区域内与商品房建设区域不隔离，配套设施、物业服务均享受同等服务。2010至2012三年间，共改造城市棚户区13252户，101万平方米。2013年，在延续原有棚户区改造模式的同时，加大了城中村改造力度，全年实施改造6080户，49.38万平方米，其中城中村780户，8.1万平方米，所有项目均在上级部门规定的时间内开工建设。拆旧房，建新楼，不但改善了群众的居住环境，而且提升了他们的生活质量，让棚户区居民尽享改造工程带来的福祉。

三、实施严格的质量管理，确保项目质量和安全

局党组在项目实施过程中，采取多项措施，确保工程质量：一是加强项目法人管理。项目法人切实担负工程质量管理的主体责任，统一协调安排工程建设各相关方，严格执行基本建设程序，严把工程发包关口，保证合理工期和造价，加强对勘察、设计、物品采购和施工质量的过程控制和验收管理，确保工程质量。二是抓好设计管理。在保障房设计上突出以人为本、功能齐全、方便使用，对容易产生质量通病的部位和环节，进行优化和细化，确保设计文件满足质量、安全、抗震、节能、防火、环保、公共卫生和居住方便以及结构安全和使用功能的需要，并在设计使用年限内有足够的可靠性。三是强化施工监管。要求施工企业建立健全质量管理体系，实行质量终身负责制、分户验收制、永久性标志牌等制度。一旦出现问题，终身追究责任，全力打造精品工程。四是落实监理单位责任。实行项目总监负责制，配备足够的、专业的监理人员。严格按照监理规划和监理程序，采取旁站、巡视、平行检验等多种形式，及时到位进行

监督检查,对不符合质量要求的建筑材料、设备不得进场使用,确保工程质量和安全。五是积极组织保障性安居工程劳动竞赛活动。在全市参与保障性安居工程的开发建设、施工、设计、监理单位中开展建设品质、安全生产、建设进度、节能减耗、科技创新、劳务管理等六个方面的竞赛活动,选拔一批先进典型,达到出精品工程、出优秀人才、出科技成果、出典型经验的目标。

光 荣 榜

山东省人才工作先进单位名单
（共 50 个）

济南市
青岛市
淄博市
烟台市
潍坊市
济宁市
章丘市
莱西市
淄博市淄川区
东营市东营区
莱州市
寿光市
济宁市任城区
泰安市泰山区
文登市
费县
禹城市
莘县
惠民县
山东省鲁信投资控股集团有限公司
兖矿集团有限公司
山东能源集团有限公司
山东省商业集团有限公司
山东重工集团有限公司
山东农业大学
山东师范大学
青岛大学
山东科技大学
济南大学
聊城大学
青岛农业大学
泰山医学院
山东省分析测试中心
山东省农业科学院农产品研究所
山东省肿瘤医院
山东省药学科学院
山东大学齐鲁医院
山东省立医院
山东大学第二医院
山东中医药大学第二附属医院
济南高新技术产业开发区
青岛高新技术产业开发区
潍坊高新技术产业开发区
济宁高新技术产业开发区
青岛经济技术开发区
东营经济技术开发区
烟台经济技术开发区
临沂经济技术开发区
兖州工业园区
文登经济开发区

全省老干部工作先进集体和先进个人名单

一、全省老干部工作先进集体名单(220 个)

中共济南市委老干部局
中共章丘市委老干部局
中共济南市市中区委老干部局
中共济南市槐荫区委老干部局
中共济南市天桥区委老干部局
济南市国资委企业离退休干部局
济南市城市管理局离退休干部处
平阴县老年人大学
济阳县老年人大学
济南市长清区老年大学
济南市人大离退休干部党支部
济南市老科技工作者协会
济南广播电视台离退休干部党支部
济阳县教育体育局离退休干部党支部
济南市历下区老教育工作者协会
中共济南市长清区委老干部局离退休干部党支部
中共青岛市委老干部局
中共青岛市市南区委老干部局
中共青岛市李沧区委老干部局
中共青岛市城阳区委老干部局
中共青岛市黄岛区委老干部局
中共胶州市委老干部局
中共平度市委老干部局
青岛市老年大学教务处
青岛市市北区老年大学
青岛市城阳区老年大学
青岛经济技术开发区老年大学
即墨市老年大学
青岛市关心下一代工作委员会宣传调研指导团
青岛港(集团)有限公司大港分公司离退休干部党支部
青岛市市南区关心下一代工作委员会
青岛市市北区敦化路街道办事处伊春路社区祥和离退休干部党支部
青岛市崂山区中韩街道老干部党总支
中共即墨市委老干部局离退休干部党支部
中共莱西市委老干部局离退休干部党支部
淄博市市级机关干部休养所
中共淄博市张店区委老干部局
中共淄博市临淄区委老干部局
中共沂源县委老干部局
淄博市老年人大学
淄博市淄川区老年大学
桓台县老年人大学
淄博市淄川区教育体育局离退休干部党总支
淄博市周村区老年人体育协会
桓台县老干部书画学会
高青县老年人体育协会
中共枣庄市委老干部局
中共滕州市委老干部局
枣庄老年大学
滕州市老年大学
枣庄市山亭区政府办公室老干部党支部
中共东营市委老干部局
广饶县老年大学
中共东营市东营区委离退休干部工作委员会
中共烟台市委老干部局
中共烟台市牟平区委老干部局
中共蓬莱市委老干部局
中共龙口市委老干部局
中共招远市委老干部局
中共莱州市委老干部局
烟台市经济和信息化委员会
烟台市财政局
海阳市老年大学
莱阳老年大学
龙口市老干部学校
烟台市国资委企业离休干部党总支
烟台市芝罘区老干部艺术团
烟台市福山区区直离退休干部第四党支部
海阳市行村镇老干部党支部
莱阳市沐浴店镇老干部党支部
栖霞市人民检察院老干部党支部
烟台经济技术开发区古现街道离退休干部党支部
中共潍坊市委老干部局
中共潍坊市潍城区委老干部局
中共潍坊市寒亭区委老干部局

中共青州市委老干部局
中共高密市委老干部局
中共昌邑市委老干部局
潍坊高新技术产业开发区党工委老干部局
潍坊市人民检察院离退休干部处
潍坊市老年大学
诸城市老年大学
临朐县老年大学
潍坊市公安局离退休干部党支部
潍坊市奎文区大虞街道离退休干部党支部
寿光市离休退休干部协会
青州市老干部艺术团
昌乐县五图街道离休退休干部党支部
中共济宁市委老干部局
中共济宁市原市中区委老干部局
中共济宁市兖州区委老干部局
济宁市财政局
济宁市社会保险事业局
济宁老年大学
微山老年大学
济宁市关心下一代工作委员会
济宁市老年人体育协会
济宁市老科学技术工作者协会
济宁市任城区老科学技术工作者协会
中共泰安市委老干部局
中共肥城市委老干部局
中共宁阳县委老干部局
泰安市老年大学
新泰市老年大学
泰安市老科学技术工作者协会
泰安市公路局老干部党支部
中共威海市委老干部局
中共荣成市委老干部局
中共乳山市委老干部局
威海市老年大学
威海市环翠区老年大学
文登市干部休养所离退休干部党支部
威海市公路管理局机关离退休干部党支部
日照市老干部大学
日照市财政局
五莲县国家税务局离退休干部党支部
中共莱芜市委老干部局
莱芜市老年大学
莱芜市莱城区羊里镇离退休干部党总支
中共临沂市委老干部局
中共临沂市兰山区委老干部局
中共沂水县委老干部局
中共平邑县委老干部局
临沂市财政局
临沂市老年大学
郯城县老年大学
临沭县老年大学
临沂市行业协会管理办公室离退休老干部第一党支部
临沂市罗庄区罗庄街道老干部党支部
苍山县老年人体育协会
蒙阴县老年人体育协会
莒南县人大常委会机关离退休干部党支部
中共德州市委老干部局
中共德州市德城区委老干部局
中共禹城市委老干部局
中共乐陵市委老干部局
武城县老年大学
德州市水利局离退休干部党支部
平原县交通运输局离退休干部党支部
夏津县财政局离退休干部党支部
中共聊城市东昌府区委老干部局
中共高唐县委老干部局
聊城市财政局
高唐县老年大学
聊城市公安局离退休干部处党总支
临清市新华路街道办事处离退休干部党支部
莘县徐庄镇离退休干部党总支
中共博兴县委老干部局
中共无棣县委老干部局
滨州市老年大学
滨州市老干部活动中心
邹平县老年大学
滨州市关心下一代工作委员会
阳信县人民法院老干部党支部
中共曹县县委老干部局
中共成武县委老干部局
中共郓城县委老干部局
菏泽市公路管理局
菏泽市老年大学
菏泽市牡丹区老年大学

菏泽市人大常委会老干部党支部
政协菏泽市委员会老干部党支部
单县离休干部党总支
巨野县供销社离退休干部党支部
济南铁路局离退休管理处
济南铁路局济南客运段离休退休干部党总支
胜利油田黄河钻井总公司老年综合管理中心
胜利油田孤岛采油厂孤二油藏经营管理区老年党支部
齐鲁石化公司离退休工作部
齐鲁石化公司银龄爱心志愿分团
山东省老干部活动中心
山东老年大学《老年教育》杂志社
中共山东省委办公厅老干部处
山东省人民政府办公厅离退休干部处
政协山东省委员会办公厅离退休干部处
中共山东省委党校离退休干部处
山东省公安厅政治部离退休干部处
山东省财政厅离退休干部处
山东省水利厅离退休干部处
山东省商务厅离退休干部处
山东省卫生厅离退休干部处
山东省监狱管理局离退休干部处
山东省科学院老干部处
山东省立医院保健工作办公室
山东能源新汶矿业集团离退休职工管理服务中心
山东能源肥城矿业集团老干部管理处
山东省烟草专卖局(公司)离退休人员管理办公室
山东体育学院离退休工作处
鲁东大学离退休工作处
兖州矿业集团老年大学
山东省人大常委会机关离退休干部党支部
中共山东省纪委省监察厅机关离退休干部党支部
山东省妇女联合会离休干部党支部
山东省经济和信息化委员会离退休干部处党总支
山东省民族事务委员会(宗教局)离退休干部党支部
山东省国家安全厅离退休干部党支部
山东省交通运输厅老干部党总支
山东省省级机关事务管理局机关离退休干部党支部
山东省人民防空办公室离退休干部党支部
山东省农业科学院老干部处党委
山东省地质矿产勘查开发局机关离退休党总支
山东省交通运输集团有限公司老干部党支部
山东能源临沂矿业集团老干部处党总支
山东财经大学离休干部党支部
烟台大学老教育工作者协会
山东省人力资源和社会保障厅离退休干部处
济南市人力资源和社会保障局离退休干部处
东营市人力资源和社会保障局
泰安市人力资源和社会保障局
威海市人力资源和社会保障局
日照市人力资源和社会保障局
莱芜市人力资源和社会保障局
临沂市人力资源和社会保障局
德州市人力资源和社会保障局
滨州市人力资源和社会保障局
山东省退伍军人和军队离休退休干部安置办公室
泰安市民政局
威海市民政局
青岛市军队离休退休干部第五服务管理中心第十八党支部
菏泽市牡丹区军队离休退休干部休养所党支部

二、记一等功老干部工作先进个人名单(15 名)

蔡海林　中共商河县委组织部副部长、老干部局局长
张　明　中共青岛市委老干部局副局长
段名钰　中共淄博市委组织部副部长、老干部局局长
朱先同　中共日照市东港区委老干部局副局长
李兆峰　中共聊城市委老干部局办公室主任
谷守彬　中共滨州市委组织部副部长、老干部局局长
胡秀章　中共菏泽市委老干部局县区科科长
张　峰　山东省文化厅离退休干部处处长
杨　娟(女)　山东省轻工业协会离退休干部处主任科员
马　杰　山东老年大学办公室主任
朱建国　淄博市老年人大学教务科科长
王洪民　烟台老年大学副校长
张运海　乳山市老年大学校长
秦承良　蒙阴县老年大学校长
栾琪玮　烟台市人力资源和社会保障局工资福利科科长

山东省文化强省建设先进市县名单

一、文化强省建设先进市(8个)

济南市
青岛市
淄博市
烟台市
潍坊市
泰安市
威海市
临沂市

二、文化强省建设先进县(市、区)(41个)

济南市历下区
济南市市中区
济南市槐荫区
济南市天桥区
青岛市市南区
青岛市黄岛区
青岛市城阳区
即墨市
胶州市
淄博市周村区
桓台县
枣庄市山亭区
枣庄市台儿庄区
广饶县
垦利县
烟台市牟平区
蓬莱市
龙口市
莱州市
诸城市
寿光市
高密市
兖州市
曲阜市
泰安市泰山区
肥城市
荣成市
乳山市
日照市东港区
莒县
莱芜市钢城区
临沂市兰山区
临沂市河东区
沂水县
齐河县
武城县
茌平县
邹平县
无棣县
菏泽市牡丹区
郓城县

全省信访工作先进单位和先进个人名单

一、先进单位

县(市、区)(68个)

济南市历下区
济南市市中区
济南市槐荫区
济南市历城区
章丘市
济阳县
商河县
青岛市黄岛区(青岛经济技术开发区)
青岛市城阳区
胶州市
即墨市
平度市
莱西市

淄博市淄川区
淄博市博山区
淄博市临淄区
桓台县
枣庄市山亭区
滕州市
东营市河口区
垦利县
烟台市牟平区
烟台市莱山区
龙口市
莱州市
蓬莱市
招远市
潍坊市奎文区
青州市
诸城市
寿光市
临朐县
昌乐县
曲阜市
邹城市
微山县
金乡县
嘉祥县
新泰市
肥城市
东平县
威海市环翠区
荣成市
乳山市
日照市东港区
日照市岚山区
莱芜市莱城区
临沂市河东区
郯城县
沂水县
苍山县
莒南县
禹城市
陵县
宁津县
临邑县
临清市
阳谷县
高唐县
滨州市滨城区
阳信县
无棣县
邹平县
菏泽市牡丹区
成武县
巨野县
鄄城县
定陶县

乡镇(街道)(88个)

济南市市中区十六里河街道
济南市天桥区泺口街道
济南市长清区文昌街道
章丘市刁镇
平阴县孔村镇
济阳县回河镇
济南高新区舜华路街道
青岛市市南区湛山街道
青岛市市北区阜新路街道
青岛市崂山区王哥庄街道
青岛市李沧区九水路街道
青岛市城阳区夏庄街道
淄博市张店区马尚镇
淄博市博山区石马镇
淄博市临淄区金山镇
淄博市周村区王村镇
高青县花沟镇
沂源县悦庄镇
淄博文昌湖旅游度假区商家镇
枣庄市市中区西王庄乡
枣庄市薛城区常庄镇
枣庄市峄城区吴林街道
枣庄市台儿庄区张山子镇
枣庄高新技术产业开发区兴城街道
东营市东营区牛庄镇
广饶县李鹊镇
利津县凤凰城街道
烟台市芝罘区幸福街道
烟台市福山区门楼镇

莱阳市城厢街道
栖霞市庄园街道
海阳市方圆街道
长岛县黑山乡
潍坊市坊子区坊安街道
青州市黄楼街道
安丘市郚山镇
昌邑市都昌街道
高密市密水街道
济宁市市中区阜桥街道
济宁市任城区仙营街道
兖州市新驿镇
泗水县高峪镇
邹城市钢山街道
鱼台县唐马镇
汶上县军屯乡
梁山县梁山街道
济宁高新技术产业开发区洸河街道
泰安市泰山区省庄镇
泰安市岱岳区满庄镇
宁阳县文庙街道
泰安市泰山景区大津口乡
文登市泽库镇
威海工业新区草庙子镇
五莲县许孟镇
莒县闫庄镇
莱芜市钢城区颜庄镇
莱芜高新技术产业开发区鹏泉街道
临沂市兰山区李官镇
临沂市罗庄区盛庄街道
沂南县依汶镇
费县南张庄乡
平邑县白彦镇
蒙阴县垛庄镇
临沭县曹庄镇
德州市德城区广川街道
乐陵市寨头堡乡
陵县陵城镇
庆云县庆云镇
夏津县新盛店镇
武城县武城镇
德州运河经济开发区运河街道
聊城市东昌府区沙镇
莘县大张家镇
茌平县振兴街道
东阿县高集镇
冠县梁堂乡
聊城经济开发区许营镇
惠民县孙武街道
阳信县河流镇
无棣县水湾镇
沾化县滨海镇
博兴县纯化镇
滨州北海新区马山子镇
曹县曹城街道
单县蔡堂镇
郓城县随官屯镇
东明县陆圈镇
菏泽经济开发区岳程街道

部门(单位)(64个)

济南市信访局
济南市公安局
济南市公安局交警支队
济南市公安局特警支队
武警济南市支队
青岛市做好企业军转干部工作领导小组办公室
淄博市信访局
枣庄市信访局
东营市委政法委
烟台经济技术开发区
烟台高新技术产业开发区社会事务局
烟台昆嵛山国家级自然保护区社会事务服务中心
潍坊市委政法委
潍坊市信访局
潍坊市潍城区信访局
济宁市信访局
泰安高新技术产业开发区
威海市公安局
日照市信访局
莱芜市钢城区信访局
临沂市国土资源局
德州市信访局
聊城市信访局
滨州市信访局
菏泽市信访局

省纪委信访室
省委办公厅保卫处
省委组织部干部监督处
省委宣传部办公室
省委统战部七处
省委政法委执法督查处
省委老干部局办公室
省委党校办公室
省妇联权益部
省残联维权部
省政府办公厅保卫处
省法院立案庭
省检察院控告申诉检察处
武警山东省总队政治部秘书群工处
省经济和信息化委人事处
省教育厅人事处
省公安厅信访处
省安全厅维稳工作领导小组办公室
省民政厅信访处
省司法厅办公室
省财政厅行政政法处
省人力资源社会保障厅办公室
省国土资源厅信访办
省交通运输厅办公室
省农业厅信访办
省海洋与渔业厅办公室
省人口计生委办公室
省国资委宣传与信访工作处
省地税局办公室
省安监局办公室
省金融办金融稳定处
省国税局办公室
省立医院信访办
大众报业集团机关纪委
山东钢铁股份有限公司莱芜分公司棒材厂
山东高速服务区管理有限公司
省农村信用社联合社信访办
省邮政公司办公室
胜利石油管理局胜东社区管理中心

二、先进个人

记一等功(24名)

王世华 济南市信访局副局长
安玉成 济南市信访局副巡视员
曹玉新 济南市长清区委办公室副主任,区信访局局长
沈建军 青岛市信访局副局长
宋方元 胶州市委政法委副书记,市信访局党支部书记
马中举 沂源县委办公室副主任,县信访局局长
蒋　涛 枣庄市信访局办公室主任,市政府信访事项复查复核办公室副主任
李明安 东营市委副秘书长,市信访局局长
张文香(女) 烟台市芝罘区委办公室副主任,区信访局局长
李海凌(女) 潍坊市寒亭区委办公室副主任,区信访局局长
姜传辉 嘉祥县委政法委副书记,县信访局局长
王立新 泰安市岱岳区委办公室副主任,区信访局局长
李忠楠 威海市信访局原局长
吴洪涛 莒县县委办公室副主任,县信访局局长
亓　群 莱芜市委副秘书长,市信访局局长
冯自忠 临沂市河东区委办公室副主任,区信访局局长
张振军 齐河县委办公室副主任,县信访局局长
张玉芝(女) 聊城市东昌府区委办公室副主任,区信访局局长
孙卫东 惠民县委办公室副主任,县信访局局长
刘贵生 菏泽市牡丹区委办公室副主任,区信访局局长
王发展(女) 省政府信访事项复查复核办公室主任
李克岱 省公安厅信访处处长
赵甲海 省人力资源社会保障厅办公室调研员
张文成 省城乡建设史志办公室副主任

山东省"党管武装好书记"名单

李继民 济南市槐荫区委书记	宋洪银 泰安市泰山区委书记
刘赞松 即墨市委书记	高书良 乳山市委书记
苏 星 沂源县委书记	马 强 五莲县委书记
董沂峰 滕州市委书记	刘纪民 郯城县委书记
贾瑞霭 东营市东营区委书记	张安民 禹城市委书记
金志海 烟台市莱山区委书记	陈秀兴 茌平县委书记
李 辉 潍坊市奎文区委书记	李恩波 无棣县委书记
张玉华 济宁市兖州区委书记	万存周 东明县委书记

寻明胜同志先进事迹

寻明胜,男,1963年2月出生,1982年参加工作,1986年1月加入中国共产党,2011年11月10日因病去世,生前系费县国土资源局党组书记、局长。

寻明胜同志长期在基层工作,无论在什么岗位,始终勤勤恳恳,任劳任怨,廉洁奉公,恪尽职守,受到广大干部群众的赞誉。在费县芍药山乡工作期间,他带领全乡干部群众扎实苦干,在砂石遍地的贫瘠土地上打造了全国闻名的"核桃之乡"。任费县国土资源局局长期间,面对严峻复杂的国土资源管理形势,他勇于担当,主动作为,率先垂范,团结带领全局干部职工圆满完成各项工作任务。在得知身患绝症的情况下,仍然坚守岗位,忘我工作。在亲情、金钱、权位面前,耐得住清贫,经得起诱惑,管得住小节,从不利用手中的权力谋取私利。寻明胜同志用自己的实际行动兑现了入党时的誓言,用自己的生命诠释了一名共产党员对党的事业的无限忠诚,充分体现了一名党员干部不计名利、无私奉献的不懈追求,展现了一名共产党员生命不息、奋斗不止的高尚情操,是广大党员干部学习的榜样。

2013年8月9日,中共山东省委作出《关于追授寻明胜同志"山东省优秀共产党员"荣誉称号的决定》(鲁委〔2013〕508号),决定追授寻明胜同志"山东省优秀共产党员"荣誉称号。省委要求,全省各级党组织和广大共产党员要深入开展向寻明胜同志学习活动。学习他忠诚于党、一心为民的政治品质,把崇高的理想信念变为扎扎实实的具体行动,以无私奉献实现共产党员的人生价值;学习他心系群众、真抓实干的优良作风,牢固树立宗旨意识和群众观念,密切联系群众,一心一意为群众办实事、做好事、解难事;学习他恪尽职守、忘我工作的敬业精神,认真履行岗位职责,昂扬进取、乐观顽强,努力争创一流业绩;学习他严于律己、清正廉洁的公仆本色,牢记"两个务必",正确行使人民赋予的权力,永葆共产党人的浩然正气。

山东省党组织发展统计资料

2013 年山东省党员基本情况一览表(一)

单位名称	总　数					年　龄				
		预备党员	女	少数民族	台湾省籍	35 岁及以下	36 岁至 45 岁	46 岁至 54 岁	55 岁至 59 岁	60 岁及以上
总　计	6434514	129902	1252378	39313	59	1179607	1297870	1207827	711424	2037786
济南市委	446248	6385	109831	6054	11	89855	87749	80262	50298	138084
青岛市委	674640	15002	173568	3377	7	146912	128053	121697	73513	204465
淄博市委	327366	7925	66602	1400	2	59183	66968	65231	36270	99714
枣庄市委	215045	3691	36033	1410	2	37935	49431	44983	23060	59636
东营市委	112820	2381	23524	166		26517	25920	19570	11036	29777
烟台市委	562294	12095	109105	1092	8	96616	102977	107153	65729	189819
潍坊市委	585074	9695	102276	1753	4	101035	115003	114333	65684	189019
济宁市委	474362	6888	82252	3555		81844	96624	94022	54495	147377
泰安市委	380037	7524	67399	3402	6	58024	78512	76184	43188	124129
威海市委	222422	3457	44130	483	2	31569	37681	41695	27005	84472
日照市委	210411	3425	34113	187		35137	49328	41823	20487	63636
莱芜市委	96773	1473	16470	316		15763	22358	19219	10267	29166
临沂市委	559119	9303	90692	2029		99403	120383	102881	56966	179486
德州市委	291330	4244	48370	3405	3	40889	55441	53882	37735	103383
聊城市委	311911	5847	52772	2865		50981	60905	56720	37773	105532
滨州市委	227117	4411	39556	658	1	41315	46315	41499	26881	71107
菏泽市委	382691	3606	55028	2768	2	45262	77812	73531	44968	141118
省直工委	121758	3141	32627	1350	7	36398	25842	20723	10606	28189
高校工委	76244	15922	36820	1283	2	53912	7188	5386	2304	7454
省国资委	25847	720	6336	360		9455	7154	4385	1945	2908
胜利油田	108940	2441	20494	982	2	18931	31051	17564	8895	32499
齐鲁石化	22049	310	4375	417		2659	5174	5082	2318	6816
省社工委	16	16	5	1		12	1	2	1	

注:1. 本资料系全省党员和党组织的统计情况。本资料不包括济南铁路局所属党员和党组织。

2. 统计存量数字的截止时间为 2013 年 12 月 31 日,动态数字的起止时间为 2013 年 1 月 1 日至 12 月 31 日。

3. 2010 年 2 月成立了中共山东省委社会组织工作委员会。

2013年山东省党员基本情况一览表(二)

单位名称	入党时间									学历					
	1937年7月6日及以前	1937年7月7日至1945年9月2日	1945年9月3日至1949年9月	1949年10月至1966年4月	1966年5月至1976年10月	1976年11月至1978年12月	1979年1月至2002年10月	2002年11月及以后	2007年11月及以后	研究生	大学本科	大学专科	中专	高中、中技	初中及以下
总　计	12	11320	65072	461692	976619	188422	2902690	1828687	1040592	133432	1147443	1014097	621030	1143430	2375082
济南市委		471	2851	30782	59301	12616	205464	134763	71863	10756	102031	83588	45149	73902	130822
青岛市委	1	758	7031	51069	82639	19665	308788	204689	114142	25228	159280	108192	61348	108693	211899
淄博市委		505	2639	23086	44763	8251	150410	97712	57957	6450	65442	57590	33887	63565	100432
枣庄市委		118	719	13305	26848	5556	105839	62660	33776	2374	37569	40099	24493	37648	72862
东营市委		80	928	5729	16473	3149	44317	42144	24805	2125	27227	20193	11231	14927	37117
烟台市委		1939	12316	36241	92279	17228	243611	158680	91046	9231	96805	80903	50156	106591	218608
潍坊市委		435	4973	43068	92239	19500	267466	157393	89693	7745	91078	91834	55537	106010	232870
济宁市委		353	1760	35696	71262	13331	233356	118604	63818	6951	73508	76435	48230	89779	179459
泰安市委	1	333	1831	31296	58566	10883	176818	100309	56572	4609	57195	62648	39862	78769	136954
威海市委	2	1013	6367	20707	39943	6659	96618	51113	29155	3145	37136	28893	17087	38531	97630
日照市委		559	3793	13051	31094	5679	94462	61773	36255	2153	28646	28015	17993	37451	96153
莱芜市委	1	231	1034	6753	14137	2773	43300	28544	15409	1357	17626	15776	8719	18369	34926
临沂市委	1	2428	6543	42207	88741	17001	246576	155622	84180	5503	72783	83189	54291	88549	254804
德州市委		350	3198	20618	54786	9294	131878	71206	40857	2329	35372	42469	29522	51806	129832
聊城市委	1	462	2693	23299	54960	9777	138095	82624	47547	3538	39775	47106	30902	50627	139963
滨州市委		192	2003	14118	39458	6809	97852	66685	39511	2717	33756	36023	25923	35314	93384
菏泽市委	2	510	2106	34463	72433	13314	184609	75254	40768	2056	41021	53259	39266	80439	166650
省直工委	3	424	1432	6514	11671	2545	51967	47202	25561	14436	55339	23008	9047	9619	10309
高校工委		69	279	1732	2569	627	16122	54846	46514	13599	26543	3981	1361	29731	1029
省国资委		53	185	602	1329	318	10452	12908	7117	2602	12107	6364	1528	1847	1399
胜利油田		10	233	5800	18192	2973	43557	38175	21069	4109	31918	19276	12681	16989	23967
齐鲁石化		27	158	1556	2936	474	11133	5765	2961	417	5274	5254	2817	4274	4013
省社工委								16	16	2	12	2			

2013 年山东省党员职业情况一览表（一）

单位名称	总计	一、在岗职工	公有制经济单位							非公有制经济单位					
			合计	党政机关工作人员	事业单位专业技术人员（管理人员）	企业管理人员	企业专业技术人员	工人（营业员、服务员）	农民工	合计	企业管理人员	企业专业技术人员	民办非企业单位专业技术人员（管理人员）	工人（营业员、服务员）	农民工
总计	6434514	2458955	1963545	360652	860799	219397	142872	379825	2840	495410	137435	120431	16775	220769	9768
济南市委	446248	182251	148662	32120	59566	16448	13581	26947	358	33589	10728	10910	2191	9760	1077
青岛市委	674640	283729	207393	40484	86105	28428	20826	31550	315	76336	20671	21477	3769	30419	399
淄博市委	327366	136287	96935	20465	43356	10437	5439	17238	29	39352	12011	9393	1032	16916	46
枣庄市委	215045	92362	82963	12199	36643	11274	5073	17774	319	9399	3103	1909	698	3689	82
东营市委	112820	49662	38755	8878	19924	2132	1639	6182		10907	2361	3398	211	4937	188
烟台市委	562294	192222	139329	28189	62202	16413	9463	23062	14	52893	15206	14466	1730	21491	158
潍坊市委	585074	220718	152552	28293	80962	11287	7048	24962	247	68166	17684	14748	1784	33950	1733
济宁市委	474362	176665	148231	24145	64198	15691	9018	35179	752	28434	8417	6963	792	12262	2462
泰安市委	380037	147082	119704	16751	52772	17679	8029	24473	117	27378	8257	6281	454	12386	175
威海市委	222422	83462	55633	12262	26059	5122	3738	8452	160	27829	9147	5590	625	12467	908
日照市委	210411	68780	50861	9538	24178	3652	2652	10841	10	17919	3320	3111	380	11108	185
莱芜市委	96773	39819	32474	4593	10644	5227	2771	9239	188	7345	2450	2258	130	2507	380
临沂市委	559119	183973	151113	25518	77608	7997	5855	34135	71	32860	6393	5251	843	20373	621
德州市委	291330	101239	88704	19740	39692	7913	4696	16663	215	12535	3776	2517	641	5601	230
聊城市委	311911	92194	80858	17135	41701	6126	2063	13833	23	11336	3836	1733	356	5411	433
滨州市委	227117	81838	65818	14000	33601	4127	3168	10922	22	16020	3505	4705	197	7613	505
菏泽市委	382691	117027	107099	22984	51282	5579	3985	23269		9928	2289	1315	645	5679	186
省直工委	121758	80221	78052	21820	27277	11534	8862	8559		2169	464	1619	49	37	
高校工委	76244	23163	23163		22016			1147							
省国资委	25847	21545	19995	146	556	9746	6777	2770		1550	994	429	31	96	
胜利油田	108940	71793	65248	995	457	20033	15537	28226		6545	2034	1637		2874	
齐鲁石化	22049	12918	10003	397		2552	2652	4402		2915	789	721	212	1193	
省社工委	16	5								5			5		

注:2013 年度党内统计指标在工人(营业员、服务员)中单列出了农民工。“农民工”系指户籍在农村,主要在非农业生产领域,采取受雇或自营的形式,并以生产经营收入为主要收入来源的人群。工人中的“农民工”系指在工人岗位工作,并与用工单位签订正式劳动合同的农民工。

2013年山东省党员职业情况一览表（二）

单位名称	二、农牧渔民		三、军人、武警	四、学生	五、离、退休（退职）人员	六、其他	新的社会阶层								
		外出务工经商人员					合计	民营科技企业创业人员和技术人员	受聘于外资企业管理技术人员	个体劳动者		私营企业主		中介组织从业人员	自由职业人员
											城镇个体劳动者		民营科技企业创业人员		
总　计	2492817	54990	4899	90055	1105356	282432	56656	11305	5235	23159	11677	6502	782	6327	4910
济南市委	122641	1704	19	808	105586	34943	3089	1419	186	255	70	138	12	719	384
青岛市委	192951	3133	29	13771	144934	39226	12527	3428	3258	2050	681	963	165	1408	1585
淄博市委	100857	3486		3376	71607	15239	2214	919	6	392	324	265	12	330	314
枣庄市委	73577	1645		721	38317	10068	1054	291	3	451	251	97	31	167	76
东营市委	43600	1307		137	15483	3938	782	113	52	204	181	221	15	178	29
烟台市委	236263	984	16	6727	96555	30511	4260	272	802	732	294	1217	57	517	777
潍坊市委	261604	3707		2487	86929	13336	5586	913	102	3799	2751	639	269	391	11
济宁市委	195898	6435	1	3511	83392	14895	3134	1436	153	878	548	340	21	346	2
泰安市委	140145	1492	17	4824	72012	15957	2422	692	73	760	531	354	68	304	307
威海市委	95703	4342		2018	35505	5734	2540	649	240	358	163	249	4	472	576
日照市委	111435	6999		237	22717	7242	1765	307	176	711	543	218	5	196	162
莱芜市委	36760	2489		85	15932	4177	545	76	4	202	85	110	4	132	25
临沂市委	292778	5249		1481	61058	19829	4575	60	36	3500	948	487	2	493	1
德州市委	140691	4377		787	45407	3206	646	185		54	28	259	39	146	41
聊城市委	151200	4243		1121	46805	20591	1637	155	17	766	351	290	16	181	244
滨州市委	106054	2179		1626	32134	5465	3104	285	98	2314	1077	257	26	143	33
菏泽市委	190660	1219		946	51033	23025	6581	105	29	5733	2851	273	36	134	343
省直工委			4817	1384	31584	3752	70							70	
高校工委				43795	7685	1601									
省国资委				175	3545	582	4					4			
胜利油田				8	29571	7568	65					65			
齐鲁石化				30	7565	1536	56					56			
省社工委						11									

注：新的社会阶层合计＝民营科技企业创业人员和技术人员＋受聘于外资企业管理技术人员＋个体劳动者＋私营企业主＋中介组织从业人员＋自由职业人员－民营科技企业创业人员。2013年度党内统计指标在农牧渔民中单列出了外出务工经商人员，农牧渔民中的“外出务工经商人员”系指到非户籍所在地务工或经商的农牧渔民，不含在工人岗位工作，并与用工单位签订正式劳动合同的农民工。

2013 年山东省党员职业情况(补充资料)

单位名称	企事业、民办非企业单位党员中担任高级专业技术职务的	女	35 岁及以下	担任中级专业技术职务的	女	35 岁及以下	担任初级专业技术职务的	女	35 岁及以下	中央驻地方单位的机关干部党员	省驻地方单位的机关干部党员
总　计	92275	22022	1647	199858	65038	26303	174047	61912	74100	22778	19463
济南市委	4323	1394	20	12467	5070	1170	12406	5102	6430	965	1536
青岛市委	8468	2431	270	21557	8446	3757	23049	9657	11133	2370	1986
淄博市委	4616	1065	21	9395	3327	1245	8055	3277	4099	993	1692
枣庄市委	2244	456	13	5180	1517	428	5224	1689	2184	681	570
东营市委	1462	293	6	3522	1288	496	3496	1314	1595	581	505
烟台市委	6848	1949	39	14086	5356	1352	11935	4833	5044	1960	1897
潍坊市委	5683	1105	24	16854	5195	1226	14840	5566	5367	2018	1558
济宁市委	6457	1301	56	15850	4216	1152	11348	3626	4418	1640	1171
泰安市委	5789	1160	38	12716	3774	1227	9649	3169	4005	820	921
威海市委	2681	780	26	4925	1997	681	4476	1872	2228	774	965
日照市委	2895	442	12	6330	1583	324	5519	1775	1933	839	538
莱芜市委	1684	403	16	3792	1206	613	2169	789	1122	292	191
临沂市委	5208	968	26	14988	4035	944	16403	5465	5891	1498	1025
德州市委	2837	685	19	5184	1673	349	3168	1125	1069	1058	1438
聊城市委	2166	556	17	6372	1901	613	5138	1552	2038	699	1572
滨州市委	2698	602	39	5607	1622	736	5937	2031	2361	745	974
菏泽市委	3396	632	8	10851	2657	343	13757	3459	2651	1497	811
省直工委	4573	1337	89	5521	1959	1580	5315	2139	4165	3315	
高校工委	5582	2097	459	6411	3412	3507	2382	1378	2012		
省国资委	497	109	13	1090	268	277	1230	281	876	33	113
胜利油田	11892	2166	433	16088	4195	4077	7702	1565	3089		
齐鲁石化	275	91	3	1072	341	206	849	248	390		
省社工委	1										

2013 年山东省农村党员情况一览表(一)

单位名称	总计	年龄					学历			
		35 岁及以下	36 岁至 45 岁	46 岁至 54 岁	55 岁至 59 岁	60 岁及以上	大专及以上	中专	高中、中技	初中及以下
总　计	2996621	421551	503049	544533	350400	1177088	404983	215295	580298	1796045
济南市委	154163	24971	27095	28243	18740	55114	24157	11688	31861	86457
青岛市委	204369	27427	34876	38275	23933	79858	25265	14131	38536	126437
淄博市委	143215	22664	25027	27107	16313	52104	26580	11045	34963	70627
枣庄市委	92268	15781	18180	17062	10050	31195	18354	9298	16109	48507
东营市委	57184	11093	11351	9147	6246	19347	12018	4416	9160	31590
烟台市委	272152	34739	43025	50919	32076	111393	33005	15605	58215	165327
潍坊市委	286086	42109	46044	50949	33070	113914	37271	18399	57403	173013
济宁市委	243970	38536	40987	46260	29258	88929	35236	19665	50906	138163
泰安市委	186963	24885	30542	35185	22487	73864	28394	16102	41231	101236
威海市委	112308	9554	11805	19265	13819	57865	11748	5346	18914	76300
日照市委	126908	17911	24895	24664	12604	46834	14536	8197	23825	80350
莱芜市委	45803	6525	6806	8628	5769	18075	6762	2966	9618	26457
临沂市委	348649	54700	63219	61684	35530	133516	49791	25746	55862	217250
德州市委	165897	19511	25456	27972	22473	70485	15763	10517	29979	109638
聊城市委	181559	25365	29530	31345	22826	72493	20921	10885	31120	118633
滨州市委	128463	18618	23143	23122	15839	47741	17839	10532	20966	79126
菏泽市委	246664	27162	41068	44706	29367	104361	27343	20757	51630	146934

注:农村党员,2010 年之后在党内统计中表述为乡(镇)、建制村党员,但指标解释无变化:党的正式组织关系在乡镇和建制村的党员情况,其中包括各类开发区、城市街道、国有农场等单位管理的建制村的党员情况。

2013 年山东省农村党员情况一览表(二)

单位名称	总数	入党时间							
		1937 年 7 月 6 日及以前	1937 年 7 月 7 日至 1945 年 9 月 2 日	1945 年 9 月 3 日至 1949 年 9 月	1949 年 10 月至 1966 年 4 月	1966 年 5 月至 1976 年 10 月	1976 年 11 月至 1978 年 12 月	1979 年 1 月至 2002 年 10 月	2002 年 11 月及以后
总　计	2996621	3	6895	41244	272177	606142	106346	1240197	723617
济南市委	154163		80	861	12160	29034	5492	64441	42095
青岛市委	204369		208	3701	18107	40621	8366	87825	45541
淄博市委	143215		255	1291	12481	26390	4292	59997	38509
枣庄市委	92268		27	216	7333	15666	2915	40813	25298
东营市委	57184		60	679	3988	11196	2048	20168	19045
烟台市委	272152		1327	8780	21307	55567	9177	108703	67291
潍坊市委	286086		217	3168	26679	58870	11207	117970	67975
济宁市委	243970		114	590	22744	46220	8034	109319	56949
泰安市委	186963		140	756	20421	35917	6450	79556	43723
威海市委	112308	2	804	5048	15254	26787	3706	42882	17825
日照市委	126908		472	3138	9797	23406	3919	51590	34586
莱芜市委	45803		158	745	4392	9232	1858	18124	11294
临沂市委	348649		2018	5118	32188	68068	12033	140892	88332
德州市委	165897		233	2372	13765	39016	6068	66956	37487
聊城市委	181559		273	1841	16006	38729	6493	72191	46026
滨州市委	128463		119	1322	9482	27812	4483	52253	32992
菏泽市委	246664	1	390	1618	26073	53611	9805	106517	48649

2013 年山东省党的基层组织数量和换届情况一览表

单位名称	党的基层组织数	基层党委	基层党总支	基层党支部	任届期满	本年换届	城市街道	乡镇	企业	事业单位	机关	其他
总计	309792	12084	17182	280526	19348	19347	54764	105700	102888	56778	37352	112774
济南市委	23447	894	1644	20909	707	707	6409	6249	8072	3684	3555	8136
青岛市委	35992	1606	1480	32906	1877	1877	10983	6996	13747	6684	3752	11809
淄博市委	15808	705	1035	14068	495	495	1941	5686	6125	2523	2199	4961
枣庄市委	10513	382	826	9305	356	356	1143	3974	3452	1997	1617	3447
东营市委	7720	189	303	7228	858	858	1604	2640	2538	1128	1049	3005
烟台市委	23610	876	1052	21682	1355	1355	5399	7822	8219	4037	2354	9000
潍坊市委	27541	1264	1410	24867	1443	1443	7445	9078	7693	4486	2536	12826
济宁市委	22735	732	1643	20360	1379	1379	2845	9610	7117	4250	2990	8378
泰安市委	17006	646	1291	15069	538	538	2050	6633	6302	3616	1824	5264
威海市委	10460	478	305	9677	199	199	1965	4201	3999	1721	1095	3645
日照市委	8869	366	505	7998	134	134	1276	3639	2486	1401	1097	3885
莱芜市委	4515	140	223	4152	349	349	538	1622	1938	631	489	1457
临沂市委	22920	672	885	21363	2979	2979	3255	11097	7161	4293	2558	8908
德州市委	13967	421	978	12568	325	325	1710	6362	4206	1816	1564	6381
聊城市委	14267	375	849	13043	421	421	2143	6986	2711	2358	1809	7389
滨州市委	13316	299	903	12114	180	180	2470	5638	2853	1845	2124	6494
菏泽市委	14577	353	539	13685	2562	2562	1588	7467	3374	2607	2051	6545
省直工委	7913	682	480	6751	736	736			1739	2863	2560	751
高校工委	4734	177	315	4242	402	401				4734		
省国资委	1963	233	160	1570	8	8			1870	74	11	8
胜利油田	6446	497	313	5636	1843	1843			6343	30	73	
齐鲁石化	1001	60	39	902	202	202			943		45	13
省社工委	472	37	4	431								472

2013年山东省公有经济控制的企业法人单位建立党的基层组织情况一览表

单位名称	单位数	已单独建立党组织			已建立联合党支部的	有3名以上党员的	联合党支部数	未建立党组织				补充情况			
		建立党委的	建立总支部的	建立支部的				应建尚未建立党组织的	建立党小组的	仅有个别党员的	没有党员的	在岗职工	党员	工人	党员
总　计	13885	2063	974	10405	414	152	140			26	3	3283055	605991	2141534	245785
济南市委	1007	188	90	686	43	14	16					210700	46489	106838	17133
青岛市委	1522	347	146	981	48		18					439103	72037	252203	22477
淄博市委	513	99	41	369	4	1	1					144825	28720	104417	12991
枣庄市委	597	115	87	360	35	22	11					222150	30788	153324	15057
东营市委	196	27	5	164								27368	5962	19912	2275
烟台市委	1260	178	97	924	61		14					187290	39661	113952	13362
潍坊市委	618	129	30	456	3	2	2					186422	31845	139653	13067
济宁市委	1021	95	66	805	55	31	14					272885	47647	203870	22716
泰安市委	909	140	108	661								266497	42666	184915	17043
威海市委	714	56	18	574	66	38	20					77125	14151	53231	5379
日照市委	482	43	17	389	23	6	8			10		50040	12526	34221	6263
莱芜市委	247	38	8	198	3		1					62090	15132	42071	7073
临沂市委	922	104	50	751	17	8	7					160486	32126	119505	19407
德州市委	870	93	24	753								139756	20556	78139	8290
聊城市委	731	56	50	620	5		5					145239	16922	106578	8488
滨州市委	560	62	23	454	21	12	9					98498	12626	68594	5663
菏泽市委	1028	50	34	929	15	12	8					94171	19806	66599	10001
省直工委	301	96	39	148	4	3	2			11	3	106178	23853	38574	3753
高校工委															
省国资委	384	144	41	183	11	3	4			5		172933	19143	93820	2736
胜利油田	1	1										190690	63745	143788	28225
齐鲁石化	2	2										28609	9590	17330	4386

2013年山东省非公有经济控制的企业法人单位建立党的基层组织情况一览表

单位名称	单位数	党建工作指导员联系的	已单独建立党组织						未建立党组织			补充情况						
			建立党委的	建立总支部的	建立支部的	已建立联合党支部的	有3名以上党员的	联合党支部数	应建尚未建立党组织的	仅有个别党员的	没有党员的	党建工作指导员	在岗职工	党员	已建立党组织的企业在岗职工	党员	未建立党组织，已派出党建指导员的企业在岗职工	党员
总　计	78551	43252	1516	909	34780	33576	532	5259	8	223	7539	26288	7499838	428642	7251832	428460	198483	182
济南市委	7957	4832	130	63	2898	2904	17	390			1962	2419	360584	25071	318716	25071	41868	
青岛市委	14794	6369	209	155	6301	7160		784			969	5952	1162475	67145	1148298	67145	14167	
淄博市委	5012	3012	134	102	2569	1225	19	187			982	2725	502901	32691	474211	32691	28690	
枣庄市委	1537	882	24	25	760	142	25	47	7	55	524	695	157123	8250	138665	8186	18458	64
东营市委	2815	1578	27	23	1599	844	25	166			322	1036	249045	8969	239538	8969	9507	
烟台市委	7444	4070	138	112	3143	3802		661		5	244	2001	738395	46788	730716	46785	7679	3
潍坊市委	7240	5989	213	79	2832	4116	239	570				3457	775807	50349	775807	50349		
济宁市委	5635	4959	77	64	1843	3032	40	375			619	3161	386618	24515	372192	24515	14426	
泰安市委	4146		75	53	1745	2273	7	329					382431	26010	373343	26010	5865	
威海市委	2790	1849	106	49	1762	873	20	157				661	411398	25780	411398	25780		
日照市委	1420	416	60	24	944	367	21	86			25	339	236678	17198	236062	17198	616	
莱芜市委	1084	809	15	9	515	458	11	67			87	388	99704	6262	97555	6262	288	
临沂市委	6380	4091	91	46	2903	2686	48	713		39	615	1842	597683	32061	586406	32050	11277	11
德州市委	3646	3646	61	27	1797	1299		327			462	1351	392818	11735	375144	11735	17674	
聊城市委	2191	644	26	26	948	346	1	42		118	727	129	308865	10615	236872	10518	27837	97
滨州市委	1937		41	18	946	932	35	160					476011	14349	476011	14349		
菏泽市委	2299	100	28	10	1156	1105	24	195				126	209867	8869	209867	8869		
省直工委	36		1	3	32								4618	1251	4618	1251		
高校工委																		
省国资委	46		11	2	19	12		3	1		1		5740	1504	5467	1504		
胜利油田	65		36	8	21								27217	6545	27217	6545		
齐鲁石化	77	6	13	11	47					6		6	13860	2685	13729	2678	131	7

2013 年山东省机关法人单位建立党的基层组织情况一览表

单位名称	单位数	已单独建立党组织			已建立联合党支部的	具有3名以上党员的	联合党支部数	未建立党组织				补充情况	
		建立党委的	建立总支部的	建立支部的				应建尚未建立党组织的	建立党小组的	仅有个别党员的	没有党员的	在岗职工	党员
总计	11635	1048	1716	8713	158	100	111					676888	550329
济南市委	812	97	120	576	19	14	12					54379	49204
青岛市委	870	131	96	620	23		11					48826	41887
淄博市委	644	60	129	455								36236	30541
枣庄市委	469	38	105	306	20	18	17					26075	23281
东营市委	406	41	39	326								17189	16003
烟台市委	1025	52	130	836	7		4					51669	42302
潍坊市委	913	74	102	724	13	12	13					55005	47445
济宁市委	999	51	188	756	4	1	3					59097	42687
泰安市委	443	23	91	329								36875	27776
威海市委	464	35	38	381	10	10	10					24774	18292
日照市委	383	70	77	236								20487	15666
莱芜市委	170	16	21	133								14419	7079
临沂市委	849	86	118	645								46519	35578
德州市委	903	36	93	774								47483	39134
聊城市委	629	35	115	479								42752	33588
滨州市委	703	46	65	577	15	15	12					33543	27921
菏泽市委	772	24	170	531	47	30	29					31407	26911
省直工委	174	129	19	26								27932	23480
高校工委													
省国资委	5	2		3								178	146
胜利油田	1	1										1552	995
齐鲁石化	1	1										491	413

2013 年山东省事业法人单位建立党的基层组织情况一览表

单位名称	单位数	已单独建立党组织			已建立联合党支部的	具有3名以上党员的	联合党支部数	未建立党组织				补充情况			
		建立党委的	建立总支部的	建立支部的				应建尚未建立党组织的	建立党小组的	仅有个别党员的	没有党员的	在岗职工	党员	专业技术人员	党员
总计	27503	1672	2004	21969	1826	554	399	7	7	23	2	2358807	774935	1353804	454517
济南市委	2054	112	190	1660	92	29	30					129431	49174	67778	26300
青岛市委	2722	184	217	2105	216		72					249973	89866	152219	50534
淄博市委	1369	92	137	1128	12	7	4					107850	35615	67946	20010
枣庄市委	1381	65	77	1045	194	56	38					88643	26106	45743	12674
东营市委	599	32	57	455	55	33	10					48114	15773	30345	9074
烟台市委	2383	113	106	1971	193		36					153380	54914	94269	34304
潍坊市委	2437	220	181	1982	54	28	18					203967	71090	122240	44060
济宁市委	2687	94	175	1995	423	135	45					234430	56518	112175	35691
泰安市委	1752	115	102	1520	15		4					136876	47098	77146	26964
威海市委	1194	76	42	973	103	57	29					67934	22425	37215	12578
日照市委	860	60	55	701	30	10	5			14		73082	21819	39941	14410
莱芜市委	404	14	19	346	25	5	8					27761	10068	17375	6765
临沂市委	1860	88	153	1603	5	3	3	7	7	3	1	237829	79837	139100	49224
德州市委	1184	28	77	1076	3	3	1					107403	26930	56691	13912
聊城市委	1225	85	103	1006	31	13	11					135531	29564	72559	16108
滨州市委	1017	30	91	818	78	49	16					85771	23672	51855	15342
菏泽市委	1637	50	112	1186	288	123	65				1	163074	59981	97362	33670
省直工委	699	182	106	396	9	3	4			6		63287	30470	37399	16702
高校工委	30	27	3									40468	22798	31664	15388
省国资委	8	4	1	3								1851	709	1327	469
胜利油田	1	1										2152	508	1455	338

2013年山东省发展党员情况一览表(一)

单位名称	总计	一、在岗职工	公有制经济单位							非公有制经济单位						二、农牧渔民		三、军人、武警	四、学生	五、离退休人员	六、其他
			合计	党政机关工作人员	事业单位专业技术人员(管理人员)	企业管理人员	企业专业技术人员	工人(营业员、服务员)	农民工	合计	企业管理人员	企业专业技术人员	民办非企业单位专业技术人员(管理人员)	工人(营业员、服务员)	农民工		外出务工经商人员				
总计	125329	53561	38285	4411	17108	4600	3734	8432	153	15276	4584	4298	670	5724	512	26176	819	155	42978	45	2414
济南市委	6050	3875	3067	379	1268	364	355	701	20	808	326	206	86	190	54	1392	25	1	484	6	292
青岛市委	13327	5782	4056	220	1580	715	596	945	19	1726	529	495	104	598	34	1596		1	5668	6	274
淄博市委	7066	3719	2331	332	954	244	180	621		1388	421	395	44	528	1	1207			1988	4	148
枣庄市委	3059	1879	1623	189	731	209	118	376	12	256	107	73	22	54	7	738	24		322		120
东营市委	2236	1344	869	109	530	34	43	153		475	198	177	5	95	12	615	28		233		44
烟台市委	11276	3902	2196	263	994	370	228	341		1706	543	520	81	562		3331	1	1	3893		149
潍坊市委	9506	5007	2967	349	1703	232	144	539	14	2040	548	498	28	966	115	2543	26		1697	4	255
济宁市委	7157	2753	2108	312	986	238	177	395		645	182	217	43	203	57	2265	137		2053		86
泰安市委	7464	3333	2540	166	907	523	250	694	19	793	288	187	24	294	12	1545	48	1	2382	3	200
威海市委	3429	2010	977	183	420	133	80	161	2	1033	266	299	19	449	22	469	2		888	1	61
日照市委	3352	1612	946	124	493	123	46	160	3	666	159	129	40	338	66	1359	151		310		71
莱芜市委	1439	988	708	60	189	66	107	286	16	280	79	85	17	99	32	323	68		92		36
临沂市委	8589	4537	3385	393	1883	243	253	613	8	1152	238	322	40	552	15	3006	26		887	6	153
德州市委	4122	2120	1627	440	841	120	68	158	37	493	176	126	62	129	27	1447	145		500		55
聊城市委	5999	2543	2074	168	1491	127	80	208		469	166	96	22	185	40	2113	132		1149	3	191
滨州市委	4150	2296	1400	255	697	46	72	330	3	896	224	370	2	300	16	1018			782	2	52
菏泽市委	4008	1241	1057	135	688	35	80	119		184	50	48	20	66	2	1209	6		1376	1	181
省直工委	2557	1493	1456	308	527	214	199	208		37	15	17	1	4				151	893	2	18
高校工委	17377	219	219		209			10											17142		16
省国资委	669	493	480	3	9	234	133	101		13	5	5	2	1					176		
胜利油田	2211	2170	1995	21	8	313	445	1208		175	56	27		92					33	7	1
齐鲁石化	270	240	204	2		17	80	105		36	8	6	3	19					30		
省社工委	16	5								5			5								11

2013年山东省发展党员情况一览表(二)

单位名称	总数	女	少数民族	年龄			学历					
				35岁及以下	36岁至59岁	60岁及以上	研究生	大学本科	大学专科	中专	高中中技	初中及以下
总计	125329	46764	1010	90741	34452	136	1373	28695	16834	9077	53781	15569
济南市委	6050	2132	80	3576	2460	14	72	2125	1236	567	1094	956
青岛市委	13327	5620	130	9931	3381	15	195	3499	1727	784	6015	1107
淄博市委	7066	2563	31	4477	2571	18	63	1652	1211	673	2686	781
枣庄市委	3059	852	27	1989	1066	4	37	823	730	339	743	387
东营市委	2236	714	3	1247	989		8	720	369	239	487	413
烟台市委	11276	4351	37	8366	2910		93	1966	1408	823	5335	1651
潍坊市委	9506	3213	30	6567	2933	6	102	2219	1369	1024	3207	1585
济宁市委	7157	2483	42	5563	1590	4	82	1661	997	542	3078	797
泰安市委	7464	2694	66	5249	2209	6	44	1472	1312	635	3333	668
威海市委	3429	1379	23	2333	1086	10	43	978	494	277	1149	488
日照市委	3352	1008	8	2007	1343	2	20	669	493	354	799	1017
莱芜市委	1439	373	7	776	663		15	427	306	132	394	165
临沂市委	8589	2625	31	5284	3287	18	66	2161	1297	696	2160	2209
德州市委	4122	1279	63	2738	1381	3	40	1087	749	371	1204	671
聊城市委	5999	1885	57	4091	1903	5	59	1457	908	449	2044	1082
滨州市委	4150	1403	30	2732	1411	7	28	936	735	518	1131	802
菏泽市委	4008	1291	42	2881	1110	17	15	702	426	245	1899	721
省直工委	2557	901	20	1972	583	2	116	1005	300	96	1021	19
高校工委	17377	9116	248	17295	82		197	1986	98	4	15091	1
省国资委	669	214	8	490	179		37	317	109	18	185	3
胜利油田	2211	588	21	1041	1165	5	36	730	496	274	639	36
齐鲁石化	270	75	5	124	146		3	91	62	17	87	10
省社工委	16	5	1	12	4		2	12	2			

附录：

2013年山东省主要经济指标一览表

指标名称	单位	2013年	比上年增长(%)
年末总人口	万人	9733.39	0.5
地区生产总值	亿元	54684.33	9.6
第一产业	亿元	4742.63	3.8
第二产业	亿元	27422.47	10.7
#工业增加值	亿元	24222.16	10.9
第三产业	亿元	22519.23	9.2
地区生产总值构成			
第一产业	%	8.7	提高0.1个百分点
第二产业	%	50.1	下降1.3个百分点
第三产业	%	41.2	提高1.2个百分点
人均地区生产总值	元	56323	9.0
规模以上工业增加值	亿元	—	11.3
高新技术产业产值占规模以上工业的比重	%	30.23	比上年增加1.12个百分点
规模以上工业利税总额	亿元	14124.17	12.4
规模以上工业利润总额	亿元	8715.36	11.6
固定资产投资(不含农户)	亿元	35875.86	19.6
社会消费品零售额	亿元	22294.84	13.4
进出口总值	亿美元	2671.59	8.8
进口总值	亿美元	1326.49	13.5
出口总值	亿美元	1345.10	4.5
实际到账外资金额	亿美元	140.53	13.8
公共财政预算收入	亿元	4559.95	12.3
公共财政预算支出	亿元	6688.80	13.4
金融机构人民币存款余额	亿元	62077.88	比年初增加7722.42元
#居民储蓄存款余额	亿元	29796.08	比年初增加3442.49元
金融机构人民币贷款余额	亿元	44761.26	比年初增加4613.35元
城镇居民人均年可支配收入	元	28264	9.7
城镇居民人均年消费支出	元	17112	8.5
农民人均纯收入	元	10620	12.4
农民人均生活消费支出	元	7393	9.1
城镇非私营单位在岗职工平均工资	元	47652	11.9

2013 年全省各市主要经济指标一览表(一)

地　区	地区生产总值(亿元)	人均生产总值(元)	生产总值比上年增长(%)	公共财政预算收入(亿元)	人均地方财政收入(元)	地方财政收入占 GDP 的比重(%)	公共财政预算支出(亿元)	实际到帐外资金额(亿美元)	进出口总值(亿美元)
济南市	5230.19	74994	9.6	482.1	6912	9.2	519.32	13.2	95.7
青岛市	8006.60	89797	10.0	788.9	8848	9.9	1014.23	55.2	779.1
淄博市	3801.24	82889	9.5	273.1	5954	7.2	324.54	5.3	90.1
枣庄市	1830.63	48346	10.1	130.7	3452	7.1	207.80	1.6	12.5
东营市	3250.20	156356	11.2	183.8	8842	5.7	232.25	1.9	131.5
烟台市	5613.87	80357	10.2	437.2	6259	7.8	541.74	16.1	493.1
潍坊市	4420.70	47943	10.6	383.9	4164	8.7	493.96	8.1	161.6
济宁市	3501.54	42796	11.0	302.2	3694	8.6	428.27	8.3	52.3
泰安市	2790.70	50296	10.6	168.8	3042	6.0	259.07	3.1	24.8
威海市	2549.69	91010	10.8	195.2	6968	7.7	263.99	9.2	171.5
日照市	1500.16	52778	10.6	100.1	3521	6.7	158.25	5.3	330.4
莱芜市	653.48	49390	10.1	46.8	3534	7.2	75.81	1.2	25.0
临沂市	3336.81	32902	11.0	216.1	2131	6.5	405.50	3.1	94.1
德州市	2460.59	43542	11.2	150.0	2655	6.1	267.35	2.1	35.4
聊城市	2365.87	40084	10.0	135.6	2297	5.7	258.25	1.6	61.9
滨州市	2155.73	56771	9.8	170.1	4479	7.9	251.71	3.0	82.9
菏泽市	2050.01	24542	12.0	159.3	1907	7.8	320.24	2.2	29.7

2013 年全省各市主要经济指标一览表(二)

地　区	出口总值（亿美元）	进口总值（亿美元）	进出口总额比上年增长（%）	三次产业结构比	规模以上工业增加值增速（%）	规模以上工业利税总额（亿元）	规模以上工业利润总额（亿元）	固定资产投资总额（亿元）	固定资产投资总额比上年增长（%）
济南市	54.8	40.9	4.7	5.4:39.3:55.3	11.3	465.2	250.0	2638.3	20.7
青岛市	419.6	359.5	6.4	4.4:45.5:50.1	11.4	1677.6	895.7	5027.9	21.1
淄博市	52.5	37.6	-5.6	3.6:57.1:39.3	11.3	1277.3	761.5	2078.5	19.5
枣庄市	9.5	3.0	10.7	8.2:56.7:35.1	12.2	349.4	185.9	1238.2	20.5
东营市	58.0	73.5	7.2	3.6:69.5:26.9	12.7	1962.7	1239.7	2332.1	20.8
烟台市	294.7	198.4	3.2	7.5:54.8:37.7	11.5	1387.9	1045.5	3538.2	20.1
潍坊市	116.0	45.6	7.9	9.8:52.0:38.2	12.6	953.7	647.1	3429.9	19.5
济宁市	33.3	19.0	2.2	12.0:51.1:36.9	12.5	551.2	329.0	2188.3	23.0
泰安市	13.7	11.2	15.2	9.3:49.0:41.7	12.5	736.9	452.5	1981.8	20.5
威海市	107.0	64.5	0.2	8.0:51.5:40.5	11.7	552.5	344.9	1923.7	20.5
日照市	38.8	291.6	30.6	8.7:52.3:39.0	11.9	133.4	80.4	1069.0	20.0
莱芜市	7.5	17.5	17.9	7.6:56.0:36.4	12.5	48.0	27.3	472.6	19.5
临沂市	46.4	47.7	19.1	9.7:47.5:42.8	16.6	809.8	549.6	2431.6	20.8
德州市	20.3	15.1	30.2	11.1:52.9:36.0	14.3	917.5	518.7	1686.6	20.9
聊城市	20.0	41.9	10.6	12.1:53.2:34.7	12.3	757.4	524.8	1511.1	20.5
滨州市	35.4	47.5	32.1	9.8:51.3:38.9	12.6	474.7	303.2	1517.2	19.6
菏泽市	17.5	12.2	-7.1	12.5:54.3:33.2	17.8	730.2	452.6	810.8	23.1

2013 年全省各市主要经济指标一览表(三)

地　区	社会消费品零售总额(亿元)	人均社会消费品零售总额(元)	城镇居民人均可支配收入(元)	城镇居民人均消费性支出(元)	居民人民币储蓄存款余额(亿元)	农民人均纯收入(元)	粮食产量(万吨)	肉类总产量(万吨)
济南市	2743.4	39336	35648	21667	3267.8	13248	266.6	40.2
青岛市	2986.8	33498	35227	22060	4140.6	15731	322.4	61.5
淄博市	1568.2	34195	30889	18425	1884.2	13932	142.6	18.3
枣庄市	645.1	17036	25238	16201	779.8	10878	171.2	26.2
东营市	593.7	28561	33983	19569	1051.3	13000	72.3	27.6
烟台市	2158.7	30900	32956	22006	3078.7	14952	212.0	49.2
潍坊市	1830.4	19851	28386	17482	2792.8	13273	475.3	142.8
济宁市	1534.1	18750	27956	18502	1950.3	11348	450.4	83.5
泰安市	1066.4	19219	28201	18201	1375.1	11547	281.3	45.4
威海市	1082.2	38628	31442	20127	1336.7	15582	89.9	18.5
日照市	486.6	17118	25090	15901	758.0	11304	102.0	21.2
莱芜市	257.8	19481	29179	16977	417.9	12161	28.2	6.6
临沂市	1789.8	17647	30317	15529	2250.3	10389	439.2	76.8
德州市	1007.4	17827	24812	15475	1266.4	10876	627.1	71.4
聊城市	851.8	14432	26087	16766	1185.4	10083	466.1	53.8
滨州市	664.9	17510	28363	17202	833.5	11358	266.0	47.4
菏泽市	1027.8	12304	21236	13689	1427.2	9309	564.4	66.0

2013 年山东省主要工业产品在全国位次

指标名称	单位	指标值	在全国位次
原油产量	万吨	2765.6	5
布产量	亿米	128.5	2
农用化肥(折纯量)	万吨	826.3	2
水泥	万吨	16217.8	3
钢材产量	万吨	8109.1	3
家用电冰箱产量	万台	524.4	5
发电量	亿千瓦时	3510.9	4

后　记

一、本卷记述了2013年度山东各级党组织的工作情况和基本经验。共开设中共山东省委工作概况、政治纲要、大事记、省委各部门及工青妇工作概况、党风和党纪、武装工作、党建论坛、执政论坛、重要纪事、市委工作概况、县(市、区)委工作概况、高校党委工作概况、企业党建、农村党建、社区党建、机关党建、改革和创新、光荣榜、山东省党组织发展统计资料等19个部类。本卷政治纲要、县(市、区)委工作概况、企业党建、光荣榜等部类划分为栏目、分目、条目三个层次,其他部类皆为栏目、分目两个层次。

二、"中共山东省委工作概况"、"政治纲要"、"大事记"、"重要纪事"、"光荣榜"、"山东省党组织发展统计资料"、"附录"等,由中共山东省委办公厅、组织部、政策研究室、党史研究室、省统计局提供。部分稿件由《中共山东年鉴》编辑部撰写。农村党建、社区党建、改革和创新部类的典型由各市委推荐,机关党建的典型由省委省直机关工委推荐,企业党建典型由各市委和省国资委推荐。本卷刊登的中央领导人照片由大众日报社提供。

三、本卷稿件附录中领导成员名单,除"第一责任人"变更的已注明离、任职时间外,其他成员原则上以截稿日(2014年3月31日)在职为准,人名、地名排序,均按原稿刊登。本卷所采用的数据资料一般截至2013年12月31日。

四、"党建论坛"和"执政论坛"稿件的成文日期为2014年7月1日至2014年7月30日,作者职务一般以成文时间在职为准。

编　者

2014年12月